D1618816

Eisenführ · Schennen
Gemeinschaftsmarkenverordnung
4. Auflage

Heymanns Taschenkommentare
zum gewerblichen Rechtsschutz

# Gemeinschaftsmarken-verordnung

Kommentar von

**Dipl.-Ing. Günther Eisenführ**
Patentanwalt in Bremen

**Dr. Detlef Schennen**
Vorsitzender einer Beschwerdekammer,
Harmonisierungsamt für den Binnenmarkt, Alicante

4. Auflage

Carl Heymanns Verlag 2014

**Zitiervorschlag:** Eisenführ/Schennen, GMV, 4. Aufl., Art 9 Rdn 1

**Bibliografische Information der Deutschen Nationalbibliothek**

Die Deutsche Nationalbibliothek verzeichnet diese Publikation in der Deutschen Nationalbibliografie; detaillierte bibliografische Daten sind im Internet über http://dnb.d-nb.de abrufbar.
(Heymanns Taschenkommentare zum gewerblichen Rechtsschutz)

ISBN 978-3-452-27896-8

Umschlagkonzeption: Martina Busch, Grafikdesign, Homburg Kirrberg
Satz: WMTP Wendt-Media Text-Processing GmbH, Birkenau
Druck und Weiterverarbeitung: L.E.G.O. S.p.A. – Lavis, Italy

Gedruckt auf säurefreiem, alterungsbeständigem und chlorfreiem Papier.

# Vorwort zur 4. Auflage

Die 4. Auflage unseres im deutschsprachigen Raum bei den Anwendern des Rechts der europäischen Gemeinschaftsmarke – einschließlich der Gerichte bis hin zum deutschen Bundesgerichtshof und der Generalanwaltschaft des Europäischen Gerichtshofes – eingeführten Kommentars zur Gemeinschaftsmarkenverordnung erscheint in einer Zeit, in der eine Verstetigung der einschlägigen europäischen Rechtsprechung sowohl materiell als auch prozessual feststellbar ist. Das soll nicht heißen, dass diese Rechtsprechung in jeder Hinsicht auf den Beifall der Betroffenen – und der Kommentatoren – trifft, es ist aber festzustellen, dass in den materiell umstrittensten Bereichen, den absoluten und relativen Schutzhindernissen, eine gewisse Beruhigung eingetreten ist. Sowohl die Entscheidungen des HABM in Eintragungs-, Widerspruchs- und Nichtigkeitsverfahren als auch die Urteile der europäischen Gerichte in anschließenden Klageverfahren sind für den Eingeweihten einigermaßen prognostizierbar. Den Status dieses »Eingeweihten« zu erreichen, soll die neue Auflage dieses Kommentars – wie die Vorauflagen – befördern. Sie soll dabei auch deutlich machen, dass es verfehlt ist, von einer Interpretation des Gemeinschaftsmarkenrechts auszugehen, die mit der etwa des deutschen Markengesetzes identisch ist – auch wenn beides auf der Ersten Markenrechtsrichtlinie der EU vom 21. Dezember 1988 beruht, die aber ausweislich ihrer dritten Erwägung (2008) bzw. vierten Erwägung solche totale Übereinstimmung gerade nicht anstrebt.

Im Bereich der materiellen Rechtsprechung haben wir daher auf möglichst viele Hinweise, zum Teil in mehr oder weniger tabellarischer Form, auf jeweils einschlägige Entscheidungen vornehmlich der Gerichte, teilweise aber auch eine Auswahl der vieltausendfachen Entscheidungen der Beschwerdekammern, Wert gelegt. Dem Nutzer unseres Kommentars soll damit das Auffinden eines »seiner« Fallgestaltung möglichst nahekommenden Falles erleichtert werden. Andererseits übersteigt die auf diese Weise zu beurteilende Fülle des materiell-rechtlichen Stoffes die Kapazität eines Bearbeiters, so dass wir uns insoweit veranlasst sahen, die auf der Kommentierung in den Vorauflagen aufbauende Darstellung der weiteren Rechtsprechung und ihre Kommentierung auf zusätzliche – und jüngere – Bearbeiter zu verteilen.

Nun erscheint diese 4. Auflage auch in einer Zeit, in der die europäische Rechtsetzung beabsichtigt, sowohl die Markenrechtsrichtlinie als auch die

Gemeinschaftsmarkenverordnung in nicht unerheblichen Punkten zu ändern. Es dürfte allerdings noch eingehende, nationale und multilaterale Erörterungen sowie entsprechende Zeit erfordern, bis Inhalt und Inkrafttreten der Novellierung feststeht. Wir haben die Vorschläge der Kommission, die vom Ende März 2013 datieren, deshalb zunächst nur in der Vorbemerkung vor Artikel 1 im Überblick dargestellt und auf einzelne Vorschläge in den allgemeinen Einführungen der betroffenen Vorschriften hingewiesen, ohne deren vorerst unsichere Tragweite zu kommentieren. Wir sehen uns darin bestärkt durch die grundsätzliche Aussage der Kommission, dass sich das Gemeinschaftsmarkensystem voll bewährt hat, so dass die Vorschläge der Kommission als behutsame Fortentwicklung und nicht als radikale Kurswechsel verstanden werden sollten. Bis Ende März 2013 konnten wir auch noch die wichtigsten Urteile berücksichtigen.

*Bremen und Alicante, im März 2013*          *Günther Eisenführ*
*Detlef Schennen*

# Bearbeiter der vierten Auflage

**Dr. Julian Eberhardt**, Rechtsanwalt, Bremen
Art 9–14, 54–57, 110–111 (mit G. Eisenführ)

**Dipl.-Ing. Günther Eisenführ**, Patentanwalt, Bremen
Vor Art 4–9, Art 4, 7 (1), 7 (2); Art 7 (3) (mit H. Förster); Art 8 (1)–(4)
(mit U. Sander); Art 8 (5) (mit H. Förster); Art 9–14 (mit J. Eberhardt);
Art 15 (mit Y. Holderied); Art 29–35; 51 (mit Y. Holderied); Art 52; 53
(mit U. Sander); Art 54–57 (mit J. Eberhard); Art 95–103 (mit S. Overhage); Art 110–111 (mit J. Eberhardt); Sachregister (mit M. Feddermann)

**Marlene Feddermann**, Rechtsanwältin, Hamburg
Sachregister (mit G. Eisenführ)

**Harald Förster**, Rechtsanwalt, Bremen
Art 7 (3), 8 (5) (mit G. Eisenführ)

**Yvonne Holderied**, Rechtsanwältin, München
Art 15, 51 (mit G. Eisenführ)

**Dr. Stefanie Overhage**, Rechtsanwältin, Berlin
Art 95–103 (mit G. Eisenführ)

**Ulrich Sander**, Rechtsanwalt, Bremen
Art 8 (1)–8 (4) und 53 (mit G. Eisenführ)

**Dr. Detlef Schennen**, Vorsitzender einer Beschwerdekammer, Harmonisie-
rungsamt für den Binnenmarkt, Alicante
Einleitung, Art 1–3, 5, 6, 16–28, 36–50, 58–94, 104–109, 112–167,
Sachregister

# Bearbeiter der Vorauflagen

**Dipl.-Ing. Günther Eisenführ**

Art 4, 7–15, 29–35, 51–57, 95–103, 110, 111, Sachregister (3. Auflage)

Art 4, 7–15, 29–35, 42, 43, 50–56, 91–99, 106, 107, Sachregister (2. Auflage)

Art 4, 7–15, 29–35, 42, 43, 50–56, 91–99, 106, 107, 142, Sachregister (1. Auflage)

**Dr. Detlef Schennen**

Einleitung, Art 1–3, 5, 6, 16–28, 36–50, 58–94, 104–109, 112–167, Sachregister (3. Auflage)

Einleitung, Art 1–3, 5, 6, 16–28, 36–41, 44–49, 57–90, 100–105, 108–160, Sachregister (2. Auflage)

Einleitung, Art 1–3, 5, 6, 16–28, 36–41, 44–49, 57–90, 100–105, 108–141, 143, Sachregister (1. Auflage)

# Inhaltsübersicht

# Inhaltsübersicht

# Benutzungshinweise

**1. Artikel** der Gemeinschaftsmarkenverordnung werden ohne den Zusatz »GMV« zitiert. Die Konkordanztabelle zwischen der ursprünglich angenommenen GMV (VO Nr 40/94) und der 2009 kodifizierten Fassung (VO Nr 207/2009) ist als Anhang 1.1 abgedruckt. Mit einer in Klammern gesetzten arabischen Ziffer nach dem Artikel wird der Absatz bezeichnet, zB Art 7 (1). Auf Sätze und Nummern wird mit »Satz« bzw. »Nr« hingewiesen, zB Art 17 (2) Satz 2. Die Überschriften über den Artikeln der Gemeinschaftsmarkenverordnung sind amtlich. Andere Gesetze, Verordnungen, Richtlinien oder Abkommen sind gemäß dem Abkürzungsverzeichnis abgekürzt, wobei den nationalen Gesetzen ein Landeskürzel vorangestellt ist, zB § 8 DE-MarkenG.

**2. Entscheidungen** des HABM, des EuGH und des EuG werden mit Aktenzeichen, Entscheidungsdatum, soweit zutreffend mit einer der Zeitschriftenfundstellen (unter Angabe der Seite, auf der der Abdruck beginnt) und dem amtlichen Stichwort zitiert. Das Stichwort ist in Kursivschrift wiedergegeben und wurde zum Teil behutsam vereinfacht; bei Entscheidungen des HABM ist es in Großbuchstaben gehalten, wenn es sich um die Bezeichnung der streitbefangenen Wortmarke handelt, in allen anderen Fällen in Normalbuchstaben. Bei Entscheidungen in Kollisionsverfahren steht die angefochtene Marke vor dem Schrägstrich. Zur Orientierung in längeren Entscheidungstexten wird zusätzlich die jeweilige Randnummer angegeben (zB EuG T-232/00 vom 13.6.2002, ABl-HABM 2002, 1835 (Nr 43) *Chef*).

**3.** Alle Entscheidungen des HABM, des EuGH und des EuG sind auf im **Internet** auf der HABM-Webseite frei zugänglich, die Entscheidungen des EuGH und des EuG unter http://oami.europa.eu/ows/rw/pages/CTM/case Law/appealsOffice.en.do die der Beschwerdekammern unter http://oami.europa.eu/search/legaldocs/la/DE_boa_index.cfm.

**4. Kommentare** werden in der Regel mit Angabe des jeweiligen Bearbeiters zitiert (zB Benkard/Schäfers, PatG, § 35 Rn 1). Der Hinweis auf Aufsätze in Zeitschriften und Festschriften erfolgt ohne Angabe des Titels, ebenfalls unter der Seite, auf der der Aufsatz beginnt (zB Knaak, GRUR 2001, 21). Für häufiger zitierte Werke sind im Literaturverzeichnis abgekürzte Zitierweisen angeführt (zB Casado, S 8).

**5.** Die **Abkürzung** »**Rdn**« steht für Binnenverweisungen innerhalb des Kommentars, die Abkürzung »**Rn**« für Randnummern in anderen Kommentaren und Lehrbüchern und die Abkürzung »**Nr**« für die Randnummernzählung in Entscheidungen des HABM, EuGH oder EuG.

**6.** Die **Fußnoten** sind innerhalb der einzelnen Artikel durchnumeriert.

**7.** Im **Literaturverzeichnis** sind **Kommentare, Lehrbücher und Monographien** aufgeführt. Für die Literatur zur Gemeinschaftsmarke soll eine vollständige Übersicht gegeben werden, für das nationale Marken- und Kennzeichenrecht eine Auswahlbibliographie, und für sonstige Rechtsgebiete werden nur die häufiger zitierten Werke angeführt. **Zeitschriftenaufsätze, Festschriftenbeiträge und Monographien zu Einzelthemen** sind vor der Kommentierung des jeweiligen Artikels nachgewiesen.

**8.** Das **Entscheidungsregister** enthält alle in den Fußnoten der Kommentierung nachgewiesenen Entscheidungen des EuGH, des EuG, der Nichtigkeitsabteilungen des HABM und der Beschwerdekammern des HABM, nach Spruchkörpern sortiert. Innerhalb der Spruchkörper sind die Entscheidungen nach Stichwort, Aktenzeichen, Zeitschriftenfundstelle oder Datum und Fundstelle im Kommentar aufgeführt. Verzichtet wurde auf die Aufnahme von Entscheidungen nationaler Gerichte oder des EPA, von zwar in Zeitschriften veröffentlichten, aber nicht im Kommentar zitierten Entscheidungen, von Fundstellen in Zeitschriften, die nur den Leitsatz oder eine kommentierte Version enthalten, und von Entscheidungen, die in den Rechtsprechungsübersichten zu Artikel 7 und 8 aufgelistet sind.

**9.** Im **Sachregister** bezeichnen die halbfett hervorgehobenen Zahlen die Artikel der GMV. Die dahinter stehenden Zahlen bezeichnen die Randnummern der Kommentierung der fraglichen Norm.

# Literatur

## I. Zur Gemeinschaftsmarke und zum Gemeinschaftsgeschmacksmuster:

Annand/Norman, Blackstone's Guide to the Community Trade Mark, London 1998

Bastian/Schricker, Gemeinschaftsmarke und Recht der EU-Mitgliedstaaten, München 2006

Bender, Europäisches Markenrecht, Köln/Berlin/München 2008

Benussi, Il marchio comunitario, Milano 1996

Bumiller, Durchsetzung der Gemeinschaftsmarke in der Europäischen Union, München 1997

Casado Cerviño, El sistema comunitario de marcas: normas, jurisprudencia y práctica, Valladolid 2000 (zitiert: Casado, S)

Cohen, Le droit des dessins et modèles, Paris 2004

Cohen Jehoram/van Nispen/Huydecoper, European Trade Mark Law, Austin/Boston 2010

Comentarios a los Reglamentos sobre la marca comunitaria, hrsg von Casado Cerviño und Llobregat Hurtado, 2. Aufl, Madrid 2000 (zitiert: Bearbeiter, Comentarios, S)

Concise European Trade Mark and Design Law, Kommentar, hsrg von Gielen und von Bomhard, Alphen aan den Rijn 2011 (zitiert: Concise/Bearbeiter, S)

Dell'Arte, I Marchi d'Impresa nella Comunità Europea, 2. Aufl, Forlì 2011

Ebert-Weidenfeller (hrsg), Marque communautaire, London 2000

ECTA Guide to E.U. Trade Mark Legislation, hrsg von David Tatham und William Richards, London 1998

European Community Trade Mark, Commentary to the European Community Regulation, hrsg von Franzosi, Den Haag/London/Boston 1997 (zitiert: Bearbeiter, ECTM Commentary, S)

European Design Protection, hrsg von Franzosi, Den Haag 1996 (zitiert: Bearbeiter, European Design Protection, S)

Fernández-Novoa, El Sistema Comunitario de Marcas, 1995 (zitiert: Fernández-Novoa, S)

Gastinel, La marque communautaire, Paris 2000

Gastinel, Legal aspects of the Community trade mark, Den Haag/London/Boston 2001

Hackbarth, Grundfragen des Benutzungszwangs im Gemeinschaftsmarkenrecht, Köln/Berlin/Bonn/München 1993

# Literatur

Hildebrandt, Harmonisiertes Markenrecht in Europa (Rspr des EuGH), 2. Aufl, Köln/Berlin/München 2008

Ingerl, Die Gemeinschaftsmarke, Stuttgart/München/Hannover/Berlin/Weimar/Dresden 1996 (zitiert: Ingerl, S)

Just, Die Gemeinschaftsmarke im System des internationalen Kennzeichenschutzes, Frankfurt am Main/Berlin/Bern 2001

Klaka/Schulz, Die Europäische Gemeinschaftsmarke: Überblick für die Praxis, Bonn 1996

Lobato García-Mijan, La Marca Comunitaria. Aspectos procesales y de Derecho Internacional Privado del Reglamento sobre la marca comunitaria, Bologna 1997

Maniatis/Botis, Trade Marks in Europe: A Practical Jurisprudence, 2. Aufl, London 2010

Marca y Diseños Comunitarios, Pamplona 1996 (zitiert: Bearbeiter, in: Marca y Diseños Comunitarios, S)

Marco Alcalá, Las causas de denegación de registro de la marca comunitaria, Valencia 2001

Martín Mateo/Díez Sanchez, La marca comunitaria, derecho público, Madrid 1996

Marx, Deutsches, europäisches und internationales Markenrecht, 2. Aufl, Köln/Berlin/München 2007

Meister, Marke und Recht, 3. Aufl, Wiesbaden 1997

Pagenberg/Munzinger, Leitfaden Gemeinschaftsmarke, München 1996

Pohlmann, Verfahrensrecht der Gemeinschaftsmarke, München 2012 (zitiert: Pohlmann, S)

Ruhl/Schlötelburg, Gemeinschaftsgeschmacksmuster, Kommentar, 2. Aufl, Köln/Berlin/München 2010 (zitiert: Ruhl/Schlötelburg, Art, Rn)

Saiz García, El uso obligatorio de la marca (nacional y comunitaria), Valencia 1997

Schaper, Durchsetzung der Gemeinschaftsmarke, Köln/Berlin/Bonn/München 2005

Schönfeld, Die Gemeinschaftsmarke als selbständiger Vermögensgegenstand eines Unternehmens, Baden-Baden 1994

van der Kooij, The Community Trade Mark Regulation – An Article by Article Guide, London 2000

Velayos Martínez, El Proceso ante los Tribunales de Marcas Comunitarias Españoles, Elcano (Navarra) 2004

von Mühlendahl/Ohlgart/von Bomhard, Die Gemeinschaftsmarke, München/Bern 1998 (zitiert: von Mühlendahl/Ohlgart, S)

## II. Zum nationalen Marken- und Wettbewerbsrecht:

Bercovitz, Comentarios a la Ley de Marcas, Navarra 2003

Berlit, Markenrecht, 7. Aufl, München 2008

Bertrand, Le droit des marques et des signes distinctifs, Paris 2000

Botana Agra, La protección de las marcas internacionales, 1994

Büscher/Dittmer/Schiwy, Gewerblicher Rechtsschutz, Urheberrecht, Medienrecht, Kommentar, 2. Aufl, Köln/Berlin/München 2010

Braun, Précis des marques, 5. Aufl, Bruxelles 2009

Busse/Starck, Warenzeichengesetz, Kommentar, 6. Aufl, Berlin 1990

Clark/Smyth, Intellectual Property Law in Ireland, 2. Aufl, Haywards Heath 2005

Cohen Jehoram/van Nispen, European Trademark Law, Alphen aan den Rijn 2010

Fernández-Novoa, Fundamentos de derecho de marcas, Madrid 1984

Fernández-Novoa, Tratado sobre Derecho de marcas, 2. Aufl, Madrid/Barcelona 2004

Fezer, Handbuch der Markenpraxis, 2 Bände, München 2007

Fezer, Markenrecht, Kommentar, 4. Aufl, München 2009 (zitiert: Fezer, MarkenG bzw PVÜ, § und Rn)

Franceschelli (hrsg), Brevetti, marchi, ditta, insegna, Torino 2003

Gloy/Loschelder/Erdmann, Handbuch des Wettbewerbsrechts, 4. Aufl, München 2010

Goldmann, Der Schutz des Unternehmenskennzeichens, 2. Aufl, Köln/Berlin/München 2005

Hacker, Markenrecht, 2. Aufl, Köln 2011

Henning-Bodewig/Kur, Marke und Verbraucher. Funktionen der Marke in der Marktwirtschaft, Band I, 1988, Band II, 1989, Weinheim

Hildebrandt, Marken und andere Kennzeichen, 2. Aufl, Köln/Berlin/München 2009

Hoffmann/Kleespies/Adler, Formular-Kommentar Markenrecht, Köln/Berlin/München 2008

Ingerl/Rohnke, Markengesetz, Kommentar, 3. Aufl, München 2010 (zitiert: Ingerl/Rohnke, § und Rn)

Johannes, Gewerblicher Rechtsschutz und Urheberrecht im Europäischen Gemeinschaftsrecht, Heidelberg 1973

Kerly's Law of Trade Marks and Trade Names, 15. Aufl, London 2011

Köhler/Bornkamm, Wettbewerbsrecht, Kommentar zum UWG, 31. Aufl, München 2013

# Literatur

Kucsko (hrsg), marken.schutz, Kommentar zum österreichischen Markenschutzgesetz, Wien 2006 (zitiert: Kucsko/Bearbeiter, Marken.schutz, S)

Lange, Marken- und Kennzeichenrecht, München 2005

Largo Gil, Las marcas de garantía, 2. Aufl, Navarra 2006

Lobato, Comentario a la Ley 17/2001 de Marcas, 2. Aufl, Navarra 2007

Loschelder, Geographische Herkunftsangaben und Ursprungsbezeichnungen, 2. Aufl, Köln/Berlin/München 2007

Mathély, Le droit français des signes distinctifs, Paris 1984

Mathély, Le nouveau droit français des marques, Paris 1994

Michaels, A Practical Guide to Trade Mark Law, London 2002

Morcom/Roughton/Graham, The Modern Law of Trade Marks, London/Dublin/Edinburgh 1999

Nordemann, Wettbewerbs- und Markenrecht, 10. Aufl, Baden-Baden 2004

O'Callaghan Muñoz, Propiedad Industrial – Teoria y Práctica, Madrid 2001

Omsels, Geographische Herkunftsangaben, Köln/Berlin/München 2007

Phillips, Trade Mark Law, Oxford 2002

Prüfer-Kruse, Interessenschwerpunkte im Markenrecht, München 2010 Salmi/Häkkanen, Tavaramerkki, Helsinki 2008

Schricker/Stauder, Handbuch des Ausstattungsrechts, Festgabe für Friedrich-Karl Beier zum 60. Geburtstag, Weinheim 1986

Scuffi, Diritto processuale della proprietà industriale ed intelletuale, Milano 2009

Sena, Il nuovo diritto dei marchi, Milano 2001

Ströbele/Hacker, Markengesetz, Kommentar, 10. Aufl, Köln 2012

Thorning/Finnanger, Trademark protection in the European Union with a Scandinavian View, Kopenhagen 2010

Tilmann, Die geographische Herkunftsangabe, München 1976

Ubertazzi, Commentario breve al diritto della concorrenza, 3. Aufl, Padova 2004

van Innis, Les signes distinctifs, Bruxelles 1997

Vanzetti/Cataldo, Manuale di diritto industriale, Milano 2003

von Schultz, Kommentar zum Markenrecht, 3. Aufl, Heidelberg 2012

Willi, Markenschutzgesetz, Zürich 2002

# Literatur

## III. Zum Patentrecht und zu internationalen Verträgen:

Adolphsen, Europäisches und Internationales Zivilprozeßrecht in Patentsachen, 2. Aufl, Köln/Berlin/München 2009

Benkard, Patentgesetz, Gebrauchsmustergesetz (Kommentar), 10. Aufl, München 2006 (zitiert: Benkard/Bearbeiter, PatG bzw GbmG, §, Rn)

Benkard, EPÜ, Kommentar zum Europäischen Patentübereinkommen, 2. Aufl, München 2012 (zitiert: Benkard/Bearbeiter, EPÜ, Art, Rn)

Bodenhausen, Pariser Verbandsübereinkunft zum Schutz des gewerblichen Eigentums, Kommentar, Köln/Berlin/Bonn/München 1971

Busche/Stoll, TRIPS-Internationales und europäisches Recht des geistigen Eigentums, Köln/Berlin/München 2007

Busse, Patentgesetz, Kommentar, bearbeitet von Keukenschrijver, Schwendy und Baumgärtner, 5. Aufl, Berlin 1999 (zitiert: Busse, PatG, §, Rn)

Casado Cerviño/Cerro, GATT y propiedad industrial, 1994

Celli, Internationales Kennzeichenrecht, Basel/München 2000

Dybdahl, Europäisches Patentrecht, 3. Aufl, Köln/Berlin/München 2009

Fitzner/Lutz/Bodewig, Patentrechtskommentar, München 2012 (zitiert: Fitzner/Bearbeiter, PatG, §, Rn)

Fromm-Russenschuck/Dugall, WTO und TRIPS, Köln/Berlin/München 2004

Gall, Die europäische Patentanmeldung und der PCT in Frage und Antwort, 7. Aufl, Köln/Berlin/München 2006

Gervais, The TRIPS Agreement, Drafting History and Analysis, 3. Aufl, London 2008

Ladas, Patents, Trademarks and Related Rights, Cambridge 1975

Miosga, Internationaler Marken- und Herkunftsschutz, München 1967

Münchner Kommentar zum Europäischen Patentübereinkommen, Köln/Berlin/Bonn/München, Einzellieferungen seit 1984 (zitiert: Bearbeiter, Münchner Kommentar zum EPÜ, Art, Rn)

Schulte, Patentgesetz, Kommentar, 8. Aufl, Köln/Berlin/München 2008 (zitiert: Schulte, PatG, §, Rn)

Singer/Stauder, Europäisches Patentübereinkommen, 6. Aufl, Köln 2013 (zitiert: Singer/Bearbeiter, Art, Rn)

Troller, Die mehrseitigen völkerrechtlichen Verträge im internationalen gewerblichen Rechtsschutz und Urheberrecht, Basel 1965

van Hees/Breitmayer, Verfahrensrecht in Patentsachen, 4. Aufl, Köln 2010

Wieczorek, Die Unionspriorität im Patentrecht, Köln/Berlin/Bonn/München 1975

# Literatur

## IV. Sonstige häufiger zitierte Werke:

Baumbach/Lauterbach/Albers/Hartmann, Zivilprozeßordnung, Kommentar, 68. Aufl, München 2010 (zitiert: Baumbach/Lauterbach/Bearbeiter, ZPO, § und Rn)

Bleckmann, Europarecht, 6. Aufl, Köln/Berlin/Bonn/München 1997

Gärditz, VwGO., Kommentar, Köln 2013 (zitiert: Gärditz/Bearbeiter, VwGO, §, Rn)

Geiger, EUV/EGV, Kommentar zum EG-Vertrag, 3. Aufl, München 2000 (zitiert: Geiger, EG-V, Art, Rn)

Knack, Verwaltungsverfahrensgesetz, bearbeitet von Busch, Clausen, Dürr, Henneke und Meyer, 8. Aufl, Köln/Berlin/Bonn/München 2003 (zitiert: Knack/Bearbeiter, VwVfG, §, Rn)

Kopp/Ramsauer, Verwaltungsverfahrensgesetz, 12. Aufl, München 2011 (zitiert: Kopp/Ramsauer, VwVfG, §, Rn)

Münchner Kommentar zur ZPO, 2. Aufl, München 2000 (zitiert Münchner Kommentar zur ZPO/Bearbeiter, § und Rn)

Musielak, Kommentar zur ZPO, 4. Aufl, München 2005

Oppermann, Europarecht, 2. Aufl, München 1999

Palandt, BGB, Kommentar, 72. Aufl, München 2013 (zitiert: Palandt/Bearbeiter, BGB, § und Rn)

Pietzner-Ronellenfitsch, Das Assessorexamen im öffentlichen Recht, Widerspruchsverfahren und Verwaltungsprozeß, 8. Aufl, Düsseldorf 1993 Schmidt, Gesellschaftsrecht, 4. Aufl, Köln/Berlin/Bonn/München 2002

Schwertdfeger, Fachanwaltskommentar Gesellschaftsrecht, 2. Aufl, Köln 2010 (zitiert: Schwerdtfeger, Gesellschaftsrecht, S)

Stelkens/Bonk/Sachs, Verwaltungsverfahrensgesetz, Kommentar, 5. Aufl, München 1998

Teplitzky, Wettbewerbsrechtliche Ansprüche und Verfahren, 9. Aufl, Köln/Berlin/ München 2007

von der Groeben/Thiesing/Ehlermann, Kommentar zum EWG-Vertrag, 5. Aufl, Baden-Baden 1997 (zitiert: Groeben/Thiesing/Bearbeiter, Art, Rn)

Zöller, Zivilprozeßordnung, Kommentar, 25. Aufl, Köln 2005 (zitiert: Zöller/Bearbeiter, ZPO, §, Rn)

# Abkürzungen

| | |
|---|---|
| aA | anderer Ansicht |
| aaO | am angegebenen Ort |
| ABl-EG | Amtsblatt der Europäischen Gemeinschaften |
| ABl-EU | Amtsblatt der Europäischen Union |
| ABl-EPA | Amtsblatt des Europäischen Patentamts |
| ABl-HABM | Amtsblatt des Harmonisierungsamts für den Binnenmarkt (Marken, Muster und Modelle) |
| Abs | Absatz |
| AcP | Archiv für die civilistische Praxis |
| aE | am Ende |
| aF | alte Fassung |
| AG | Aktiengesellschaft; Amtsgericht |
| Anh | Anhang |
| Anm | Anmerkung |
| AO | Ausführungsordnung |
| Art | Artikel |
| AT | Österreich |
| Aufl | Auflage |
| | |
| BAG | Bundesarbeitsgericht |
| BayObLG | Bayerisches Oberstes Landesgericht |
| BayVGH | Bayerischer Verwaltungsgerichtshof |
| BB | Der Betriebs-Berater (Zeitschrift) |
| BE | Belgien |
| betr | betreffend |
| BFH | Bundesfinanzhof |
| BFHE | Entscheidungen des Bundesfinanzhofs, Entscheidungssammlung |
| BGB | Bürgerliches Gesetzbuch |
| BGBl | Bundesgesetzblatt (zitiert nach Jahr, Teil, Seite) |
| BGH | Bundesgerichtshof |
| BGHZ | Entscheidungen des Bundesgerichtshofs in Zivilsachen (Entscheidungssammlung) |
| BlPMZ | Blatt für Patent-, Muster- und Zeichenwesen (Zeitschrift) |
| BPatG | Bundespatentgericht |
| BPatGE | Entscheidungen des Bundespatentgerichts, Entscheidungssammlung |
| BVerfG | Bundesverfassungsgericht |
| BVerwG | Bundesverwaltungsgericht |
| bzw | beziehungsweise |

| | |
|---|---|
| C | Aktenzeichen des Gerichtshofs |
| CH | Schweiz |
| DE | Deutschland |
| ders | derselbe |
| dies | dieselbe |
| dh | das heißt |
| DK | Dänemark |
| DPMA | Deutsches Patent- und Markenamt (früher: Deutsches Patentamt) |
| DV | Durchführungsverordnung (Verordnung Nr 2868/95 der Kommission zur Durchführung der Verordnung Nr 40/94 des Rates über die Gemeinschaftsmarke vom 13.12.1995) |
| EG | Europäische Gemeinschaften |
| EGInsO | Einführungsgesetz zur Insolvenzordnung |
| EGKS | Europäische Gemeinschaft für Kohle und Stahl |
| EG-V | Vertrag zur Gründung der Europäischen Gemeinschaft |
| engl | englisch |
| EPA | Europäisches Patentamt |
| EPA-BK | Beschwerdekammer des Europäischen Patentamtes |
| EPO | Europäische Patentorganisation |
| EPÜ | Europäisches Patentübereinkommen |
| EPÜ-AO | Ausführungsordnung zum Europäischen Patentübereinkommen |
| ES | Spanien |
| EStG | Einkommensteuergesetz |
| etc | et cetera |
| EU | Europäische Union |
| EU-V | Vertrag über die Arbeitsweise der Europäischen Union (Vertrag von Lissabon) (ABl-EG C 115 vom 9.5.2008, S 47) |
| EuG | Gericht erster Instanz der Europäischen Gemeinschaften |
| EuGH | Europäischer Gerichtshof |
| EuGVÜ | Übereinkommen über die gerichtliche Zuständigkeit und die Vollstreckung gerichtlicher Entscheidungen in Zivil- und Handelssachen vom 27.9.1968 (Brüsseler Vollstreckungsübereinkommen) – ABl-HABM 1998, 394 |
| EuR | Europarecht (Zeitschrift) |
| EWG | Europäische Wirtschaftsgemeinschaft |
| EWR | Europäischer Wirtschaftsraum |
| f | folgende |
| ff | fortfolgende |

| | |
|---|---|
| FR | Frankreich |
| franz | französisch |
| FS | Festschrift |
| | |
| GAO | Gemeinsame Ausführungsordnung zum Madrider Abkommen über die internationale Registrierung von Marken und zum Protokoll zu diesem Abkommen |
| GB | Vereinigtes Königreich von Großbritannien und Nordirland |
| GebrMG | Gebrauchsmustergesetz |
| GebV | Gebührenverordnung (Verordnung Nr 2869/95 der Kommission über die an das Harmonisierungsamt (Marken, Muster und Modelle) zu entrichtenden Gebühren vom 13.12.1995) |
| ggf | gegebenenfalls |
| GGV | Gemeinschaftsgeschmacksmusterverordnung (Verordnung (EG) Nr 6/2002 des Rates vom 12.12.2001 über das Gemeinschaftsgeschmacksmuster, ABl-EG L 3 vom 5.1.2002, S 1 = ABl-HABM 2002, 598) |
| GM | Gemeinschaftsmarke |
| GMA | Gemeinschaftsmarkenanmeldung |
| GmbH | Gesellschaft mit beschränkter Haftung |
| GMV | Gemeinschaftsmarkenverordnung (Verordnung (EG) Nr 40/94 des Rates vom 20.12.1993 über die Gemeinschaftsmarke, kodifizierte Fassung: Verordnung (EG) Nr 207/2009 des Rates vom 26.2.2009 über die Gemeinschaftsmarke) |
| GPÜ | Gemeinschaftspatentübereinkommen |
| GrBK | Große Beschwerdekammer (wenn nichts anderes angegeben, des HABM) |
| grds | grundsätzlich |
| GRUR | Gewerblicher Rechtsschutz und Urheberrecht |
| GRUR Int | Gewerblicher Rechtsschutz und Urheberrecht, internationaler Teil |
| | |
| HABM | Harmonisierungsamt für den Binnenmarkt (Marken, Muster und Modelle) |
| HABM-BK | Beschwerdekammer des Harmonisierungsamts |
| HABM-NA | Nichtigkeitsabteilung des Harmonisierungsamts |
| HGB | Handelsgesetzbuch |
| hrsg | herausgegeben |
| | |
| IA | Internationale Anmeldung nach dem Madrider Protokoll |
| idF | in der Fassung |
| IIC | International Review of Industrial Property and Copyright Law |
| IntPatÜG | Gesetz über internationale Patentübereinkommen |

# Abkürzungen

| | |
|---|---|
| IR | Internationale Registrierung nach dem Madrider Protokoll |
| iSd | im Sinne des/der |
| iSv | im Sinne von |
| iVm | in Verbindung mit |
| | |
| J | Aktenzeichen von Entscheidungen der JurBK des EPA |
| JA | Juristische Arbeitsblätter |
| JurBK | Juristische Beschwerdekammer des Europäischen Patentamts |
| | |
| KG | Kommanditgesellschaft |
| | |
| LG | Landgericht |
| | |
| MA | Der Markenartikel |
| MarkenG | Markengesetz |
| MarkenR | Markenrecht (Zeitschrift) |
| MarkenRichtl | Markenrechtsrichtlinie (Richtlinie 2008/95 des Europäischen Parlaments und des Rates vom 22.10.2008, kodifizierte Fassung der Ersten Richtlinie 89/104/EWG des Rates vom 21.12.1988 zur Angleichung der Rechtsvorschriften über die Marken) |
| MarkenV | Markenverordnung |
| MDR | Monatsschrift für Deutsches Recht |
| Mitt. | Mitteilungen der Deutschen Patentanwälte |
| MMA | Madrider Abkommen über die internationale Registrierung von Marken (Madrider Markenabkommen) |
| MP | Madrider Protokoll |
| mwN | mit weiteren Nachweisen |
| | |
| nF | neue Fassung |
| NJW | Neue Juristische Wochenschrift |
| NL | Niederlande |
| Nr | Nummer |
| | |
| OAMI | Oficina de Armonización del Mercado Interior (Marcas, Dibujos y Modelos) = Harmonisierungsamt für den Binnenmarkt (Marken, Muster und Modelle) |
| oä | oder ähnliches |
| ÖBl | Österreichische Blätter für gewerblichen Rechtsschutz und Urheberrecht (Zeitschrift) |
| OGH | Oberster Gerichtshof (Österreich) |

| | |
|---|---|
| OHG | Offene Handelsgesellschaft |
| OLG | Oberlandesgericht |
| | |
| PatG | Patentgesetz |
| PCT | Patent Cooperation Treaty (Patentzusammenarbeitsvertrag) |
| PLT | Patentrechtsharmonisierungsvertrag (Patent Law Treaty) |
| PrüfRiLi | Prüfungsrichtlinien (sofern nichts anderes angegeben, Richtlinien für die Verfahren vor dem HABM) |
| PVÜ | Pariser Verbandsübereinkunft zum Schutz des gewerblichen Eigentums |
| | |
| R | Regel; Aktenzeichen von Entscheidungen der Beschwerdekammern des HABM |
| Rdn | Randnummer (innerhalb dieser Kommentierung) |
| RiLi | Richtlinien (sofern nichts anderes angegeben, Richtlinien für die Verfahren vor dem HABM) |
| RKGE | Rekurskommission für Geistiges Eigentum (Schweiz) |
| RL | Richtlinie (der EG) |
| Rn | Randnummer (in anderen Werken) |
| Rs | Rechtssache (Aktenzeichen des EuG und des EuGH) |
| Rspr | Rechtsprechung |
| | |
| S | Seite |
| SE | Schweden |
| sic | Zeitschrift für Immaterial-, Informations- und Wettbewerbsrecht (Schweiz) |
| Slg | Amtliche Sammlung der Rechtsprechung des Europäischen Gerichtshofs |
| StGB | Strafgesetzbuch |
| | |
| T | Aktenzeichen von Entscheidungen des EuG oder der TechnBK des EPA |
| TechnBK | Technische Beschwerdekammer des Europäischen Patentamts |
| TLT | Markenrechtsvertrag (Trademark Law Treaty) |
| TRIPS | Abkommen über handelsbezogene Aspekte der Rechte des geistigen Eigentums (Trade-Related Aspects of Intellectual Property Rights) |
| | |
| ua | unter anderem |
| US | Vereinigte Staaten von Amerika |
| usw | und so weiter |
| uU | unter Umständen |

# Abkürzungen

# Kommentar

# Inhalt

Verordnung (EG) Nr 207/2009 des Rates über die Gemeinschaftsmarke (GMV) des Rates vom 26. Februar 2009 über die Gemeinschaftsmarke (ABl EG Nr L 78 vom 24.3.2009, S 1)

# Inhalt

# Inhalt

# Inhalt

# Inhalt

# Inhalt

# Inhalt

# Präambel

Erwägungsgründe der Verordnung (EG) Nr 207/2009 des Rates vom 26. Februar 2009 über die Gemeinschaftsmarke (ABl EG Nr L 78 vom 24.3.2009, S 1)[1]

*Schennen*

## Der Rat der Europäischen Union –

gestützt auf den Vertrag zur Gründung der Europäischen Gemeinschaft, insbesondere auf Artikel 308,[2]

auf Vorschlag der Kommission,

nach Stellungnahme[3] des Europäischen Parlaments,[4]

in Erwägung nachstehender Gründe:

Die Verordnung (EG) Nr. 40/94 des Rates vom 20. Dezember 1993[5] ist mehrfach und in wesentlichen Punkten geändert worden. Aus Gründen der Übersichtlichkeit und Klarheit empfiehlt es sich, die genannte Verordnung zu kodifizieren.[6]

Die harmonische Entwicklung des Wirtschaftslebens innerhalb der Gemeinschaft und eine beständige und ausgewogene Wirtschaftsausweitung sind durch die Vollendung und das reibungslose Funktionieren des Binnenmarktes zu fördern, der mit einem einzelstaatlichen Markt vergleichbare Bedingungen bietet. Um einen solchen Markt zu verwirklichen und seine Einheit zu stärken, müssen nicht nur die Hindernisse für den freien Waren- und Dienstleistungsverkehr beseitigt und ein System des unverfälschten Wettbe-

---

1 Die Erwägungsgründe entsprechen denen der VO Nr 40/93, soweit nicht in den Fußnoten anderes angegeben ist.
2 Bezugnahme geändert in VO Nr 207/2009.
3 Bezugnahme auf den Wirtschafts- und Sozialausschuss gestrichen in VO Nr 207/2009.
4 ABl-EG C 146 E vom 12.6.2008, S 79.
5 ABl-EG L 11 vom 14.1.1994, S 1.
6 Eingefügt durch VO Nr 207/2009. Dadurch verschiebt sich die Numerierung der folgenden Erwägungsgründe um einen nach oben.

werbs innerhalb des gemeinschaftlichen Marktes errichtet, sondern auch rechtliche Bedingungen geschaffen werden, die es den Unternehmen ermöglichen, ihre Tätigkeiten in den Bereichen der Herstellung und der Verteilung von Waren und des Dienstleistungsverkehrs an die Dimensionen eines gemeinsamen Marktes anzupassen. Eine der besonders geeigneten rechtlichen Möglichkeiten, über die die Unternehmen zu diesem Zweck verfügen müssten, ist die Verwendung von Marken, mit denen sie ihre Waren oder Dienstleistungen in der gesamten Gemeinschaft ohne Rücksicht auf Grenzen kennzeichnen können.

Für die Verwirklichung der oben erwähnten Ziele der Gemeinschaft ist ein Tätigwerden der Gemeinschaft erforderlich. Es ist ein Markensystem der Gemeinschaft zu schaffen, das den Unternehmen ermöglicht, in einem einzigen Verfahren Gemeinschaftsmarken zu erwerben, die einen einheitlichen Schutz genießen und im gesamten Gebiet der Gemeinschaft wirksam sind. Der hier aufgestellte Grundsatz der Einheitlichkeit der Gemeinschaftsmarke gilt, sofern in dieser Verordnung nichts anderes bestimmt ist.

Im Wege der Angleichung der Rechtsvorschriften kann das Hindernis der territorialen Beschränkung der Rechte, die den Markeninhabern nach den Rechtsvorschriften der Mitgliedstaaten zustehen, nicht beseitigt werden. Um den Unternehmen eine unbehinderte Wirtschaftstätigkeit im gesamten Binnenmarkt zu ermöglichen, sind Marken erforderlich, die einem einheitlichen, unmittelbar in allen Mitgliedstaaten geltenden Gemeinschaftsrecht unterliegen.

Da im Vertrag keine spezifischen Befugnisse für die Schaffung eines derartigen Rechtsinstruments vorgesehen sind, ist Artikel 308 EG-Vertrag[7] heranzuziehen.

Da gemeinschaftliche Markenrecht tritt jedoch nicht an die Stelle der Markenrechte der Mitgliedstaaten, denn es erscheint nicht gerechtfertigt, die Unternehmen zu zwingen, ihre Marken als Gemeinschaftsmarken anzumelden, da die innerstaatlichen Marken nach wie vor für diejenigen Unternehmen notwendig sind, die keinen Schutz ihrer Marken auf Gemeinschaftsebene wünschen.

Das Recht aus der Gemeinschaftsmarke kann nur durch Eintragung erworben werden, die insbesondere dann verweigert wird, wenn die Marke keine

---

7 Bezugnahme geändert in VO Nr 207/2009.

Unterscheidungskraft besitzt, wenn sie rechtswidrig ist oder wenn ihr ältere Rechte entgegenstehen.

Zweck des durch die eingetragene Marke gewährten Schutzes ist es, insbesondere die Herkunftsfunktion der Marke zu gewährleisten; dieser Schutz muss im Falle der Identität zwischen der Marke und dem Zeichen und zwischen den Waren oder Dienstleistungen absolut sein.[8] Der Schutz muss sich ebenfalls auf Fälle der Ähnlichkeit von Zeichen und Marke sowie Waren und Dienstleistungen erstrecken.[9] Der Begriff der Ähnlichkeit ist im Hinblick auf die Verwechslungsgefahr auszulegen. Die Verwechslungsgefahr muss die spezifische Voraussetzung für den Schutz darstellen;[10] ob sie vorliegt, hängt von einer Vielzahl von Umständen ab, insbesondere dem Bekanntheitsgrad der Marke auf dem Markt, der gedanklichen Verbindung, die das benutzte oder eingetragene Zeichen zu ihr hervorrufen kann, sowie dem Grad der Ähnlichkeit zwischen der Marke und dem Zeichen und zwischen den damit gekennzeichneten Waren oder Dienstleistungen.

Aus dem Grundsatz des freien Warenverkehrs folgt, dass der Inhaber der Gemeinschaftsmarke einem Dritten die Benutzung der Marke für Waren, die in der Gemeinschaft unter der Marke von ihm oder mit seiner Zustimmung in den Verkehr gebracht worden sind, nicht untersagen kann, außer wenn berechtigte Gründe es rechtfertigen, dass der Inhaber sich dem weiteren Vertrieb der Waren widersetzt.

Der Schutz der Gemeinschaftsmarke sowie jeder eingetragenen älteren Marke, die ihr entgegensteht, ist nur insoweit berechtigt, als diese Marken tatsächlich benutzt werden.

Die Gemeinschaftsmarke ist als ein von dem Unternehmen, dessen Waren oder Dienstleistungen sie bezeichnet, unabhängiger Gegenstand des Vermögens zu behandeln. Sie kann unter der Bedingung, dass das Publikum durch den Rechtsübergang nicht irregeführt wird, übertragen werden. Sie kann[11] außerdem an Dritte verpfändet werden oder Gegenstand von Lizenzen sein.

---

8  Aus unerfindlichen Gründen geändert in VO Nr 207/2009 von »ist absolut« in »muß absolut sein«.
9  Dito.
10  Unzulässige inhaltliche Änderung durch VO Nr 207/2009, zu der der Kodifikator nicht befugt war.
11  Sprachliche Anpassung in VO Nr 207/2009.

Das mit dieser Verordnung geschaffene Markenrecht bedarf für jede einzelne Marke des administrativen Vollzugs auf der Ebene der Gemeinschaft. Deshalb ist es erforderlich, unter Wahrung des bestehenden organisatorischen Aufbaus der Gemeinschaft und des Gleichgewichts ein fachlich unabhängiges sowie rechtlich, organisatorisch und finanziell hinreichend selbständiges Harmonisierungsamt für den Binnenmarkt (Marken, Muster und Modelle) vorzusehen.[12] Für dieses Harmonisierungsamt[13] ist die Form einer Einrichtung der Gemeinschaft mit eigener Rechtspersönlichkeit erforderlich und geeignet, welche ihre Tätigkeit gemäß den ihr in dieser Verordnung zugewiesenen Ausführungsbefugnissen im Rahmen des Gemeinschaftsrechts und unbeschadet der von den Organen der Gemeinschaft wahrgenommenen Befugnisse ausübt.

Den von den Entscheidungen des Amtes in Markensachen Betroffenen ist ein rechtlicher Schutz zu gewährleisten, welcher der Eigenart des Markenrechts voll gerecht wird. Zu diesem Zweck ist vorgesehen, dass die Entscheidungen der Prüfer und der verschiedenen Abteilungen des Amtes mit der Beschwerde anfechtbar sind. Sofern die Dienststelle, deren Entscheidung angefochten wird, der Beschwerde nicht abhilft, legt sie die Beschwerde einer Beschwerdekammer des Amtes vor, die darüber entscheidet. Die Entscheidungen der Beschwerdekammern sind ihrerseits mit der Klage beim Gerichtshof der Europäischen Gemeinschaften anfechtbar; dieser kann die angefochtene Entscheidung aufheben oder abändern.

Nach Artikel 225 Absatz 1 Unterabsatz 1 EG-Vertrag ist das Gericht erster Instanz der Europäischen Gemeinschaften im ersten Rechtszug zuständig für Entscheidungen insbesondere über die in Artikel 230 EG-Vertrag genannten Klagen, mit Ausnahme derjenigen Klagen, die einer gerichtlichen Kammer übertragen werden, und der Klagen, die gemäß der Satzung dem Gerichtshof vorbehalten sind. Die dem Gerichtshof durch diese Verordnung übertragenen Befugnisse zur Aufhebung und Abänderung der Beschlüsse der Beschwerdekammern werden infolgedessen im ersten Rechtszug vom Gericht erster Instanz ausgeübt.[14]

---

12  Unverständliche Änderung in VO Nr 207/2009 von »zu schaffen« in »vorzusehen«. Ämter werden nicht »vorgesehen«.
13  Sprachliche Anpassung in VO Nr 207/2009.
14  Geändert in VO Nr 207/2009.

Zum besseren Schutz der Gemeinschaftsmarken sollten die Mitgliedstaaten gemäß ihrer innerstaatlichen Regelung eine möglichst begrenzte Anzahl nationaler Gerichte erster und zweiter Instanz benennen, die für Fragen der Verletzung und der Gültigkeit von Gemeinschaftsmarken zuständig sind.

Die Entscheidungen über die Gültigkeit und die Verletzung der Gemeinschaftsmarke müssen sich wirksam auf das gesamte Gebiet der Gemeinschaft erstrecken, da nur so widersprüchliche Entscheidungen der Gerichte und des Markenamtes und eine Beeinträchtigung des einheitlichen Charakters der Gemeinschaftsmarke vermieden werden können. Die Bestimmungen der Verordnung (EG) Nr. 44/2001 des Rates vom 22. Dezember 2000[15] über die gerichtliche Zuständigkeit und die Vollstreckung gerichtlicher Entscheidungen in Zivil- und Handelssachen[16] sollten für alle gerichtlichen Klagen im Zusammenhang mit den Gemeinschaftsmarken gelten, es sei denn, dass diese Verordnung davon abweicht.

Es soll vermieden werden, dass sich in Rechtsstreitigkeiten über denselben Tatbestand zwischen denselben Parteien voneinander abweichende Gerichtsurteile aus einer Gemeinschaftsmarke und aus parallelen nationalen Marken ergeben. Zu diesem Zweck soll, sofern Klagen in demselben Mitgliedstaat erhoben werden, sich nach nationalem Verfahrensrecht – das durch diese Verordnung nicht berührt wird – bestimmen, wie dies erreicht wird; hingegen erscheinen, sofern Klagen in verschiedenen Mitgliedstaaten erhoben werden, Bestimmungen angebracht, die sich an den Vorschriften über Rechtshängigkeit und damit im Zusammenhang stehenden Verfahren der Verordnung (EG) Nr. 44/2001[17] orientieren.

Es wird für notwendig erachtet, dem Amt einen eigenen Haushalt zuzubilligen, um eine völlige Selbständigkeit und Unabhängigkeit zu gewährleisten. Die Einnahmen des Haushalts umfassen in erster Linie das Aufkommen an Gebühren, die von den Benutzern des Systems zu zahlen sind. Das Haushaltsverfahren der Gemeinschaft findet jedoch auf eventuelle Zuschüsse aus dem Gesamthaushaltsplan der Europäischen Gemeinschaften Anwendung. Außerdem ist es angezeigt, dass die Überprüfung der Kontenabschlüsse vom Rechnungshof vorgenommen wird.

---

15  Bezugnahme geändert in VO Nr 207/2009.
16  ABl-EG L 12 vom 16.1.2001, S 1.
17  Bezugnahme hinzugefügt in VO Nr 207/2009.

Die zur Durchführung dieser Verordnung erforderlichen Maßnahmen sollten gemäß dem Beschluss 1999/468/EG des Rates vom 28. Juni 1999[18] zur Festlegung der Modalitäten für die Ausübung der der Kommission übertragenen Durchführungsbefugnisse[19] erlassen werden – hat folgende Verordnung erlassen:

---

18  Bezugnahme geändert in VO Nr 207/2009.
19  ABl-EG L 184 vom 17.7.1999, S 23.

# Einleitung

*Schennen*

**Literatur zur Entwicklung des Gemeinschaftsmarkenrechts:**
*Albert*, Die Neuordnung des Markenrechts; Bericht über das 10. Ringberg-Symposium des MPI vom 16.–21.9.1996, GRUR Int 1997, 449; *Barbero Checa*, Comentarios al Reglamento (CE) N° 422/2004 del Consejo de 19 de febrero de 2004 por el que se modifica el Reglamento (CE) N° 40/94 sobre la Marca Comunitaria, in: FS für Alberto Bercovitz, Barcelona 2005, S 81; *Beier*, Ziele und Leitgedanken des europäischen Markenrechts, GRUR Int 1976, 363; *Gielen/Strowel*, Guide to the New Trademark Law in Europe, Mitt. 1995, 198; *Harte-Bavendamm/von Bomhard*, Strategische Aspekte der Gemeinschaftsmarke, WRP 1996, 534; *Krieger*, Europäisches Markenrecht im Werden, GRUR Int 1979, 279; *Knaak/Kur/von Mühlendahl*, Die Studie des Max-Planck-Instituts zum Funktionieren des europäischen Markensystems, GRUR Int 2012, 197; *Martino*, Auf dem Weg zur Gemeinschaftsmarke, WRP 1978, 92; *Over*, Die europäische Gemeinschaftsmarke – Anmelden oder abwarten?, WRP 1996, 274; *McGuire*, Ein Binnenmarkt für Geistiges Eigentum, MarkenR 2011, 438; *Riehle*, Funktion der Marke und europäisches Markenrecht, GRUR Int 2001, 337; *Rudloff-Schäffer*, Das künftige europäische Markensystem nach der MPI-Studie, GRUR Int 2012, 208; *Schwartz*, Zur Politik der Europäischen Kommission im Hinblick auf die Europa-Marke, GRUR Int 1975, 71; *Sosnitza*, Die weitere Entwicklung des europäischen Markenrechts, MarkenR 2012, 436; *Tilmann*, Grundfragen des EWG-Markenrechts, GRUR Int 1979, 20; *von Mühlendahl*, Alicante im Jahr 10, MarkenR 2005, 430; *ders*, Das künftige Markenrecht der Europäischen Gemeinschaft, GRUR Int 1989, 353; *ders*, Das neue Markenrecht der Europäischen Union, in: FS DPA 100 Jahre Marken-Amt, 1994, S 215; *ders*, Markenschutz zu Beginn des 21. Jahrhunderts: Rückblick, Bestandsaufnahme, Ausblick, in: NJW-Sonderheft 100 Jahre Markenverband, 2003, S 74.

Rechtsgrundlage des Gemeinschaftsmarkenrechts ist die Verordnung des Rates über die Gemeinschaftsmarke (GMV). Sie wurde erlassen als Verordnung des Rates Nr 40/93 vom 20.12.1993.[1] Sie wurde seitdem neunmal geändert. Im Februar 2009 wurde eine »kodifizierte Fassung« erlassen; Verordnung (EG Nr 207/2009 des Rates vom 26.2.2009 über die Gemeinschaftsmarke.[2] **1**

---

1 ABl-EG L 11 vom 14 1.1994, S 1 = ABl-HABM 1995, 52.
2 ABl-EG L 78 vom 24.3.2009, S 1; auch abgedruckt in GRUR Int 2009, 680.

Diese »kodifizierte Fassung« wurde erlassen, da dies für alle Gemeinschaftsrechtsakte Usus ist, sobald sie eine bestimmte Zahl von Änderungen erfahren haben. Aus Art 166 Satz 2 VO Nr 207/2009 folgt, dass die VO Nr 207/2009 rechtlich mit der VO Nr 40/94 identisch ist. Jede Bezugnahme in Rechtsakten, Entscheidungen oder offiziellen Verlautbarungen des Amtes auf die GMV gilt automatisch als Bezugnahme auf die kodifizierte Fassung, die VO Nr 207/2009. Die kodifizierte Fassung darf keine sachlichen Änderungen enthalten, sondern lediglich geringfügige rechtsförmliche Anpassungen, hat dies in Einzelpunkten gleichwohl, befremdlicherweise, getan. Ebenso unnötigerweise hat die VO Nr 207/2009 die Art neu durchnumeriert, so dass sich ab Art 37 aufwärts die Artikelnummern erhöht haben. Auch in dieser Aufl wird in den Artikelüberschriften noch parallel auf die alte Numerierung hingewiesen.

2 Wie alle Rechtsakte der EG liegt die GMV in den Sprachfassungen der Amtssprachen aller Mitgliedstaaten vor. Gewisse Abweichungen der Übersetzungen sind (sicher besonders bei den Sprachen der neuen Mitgliedstaaten) unvermeidbar. Für die Rechtsanwendung wichtig ist, dass alle diese Sprachfassungen grundsätzlich gleichwertig sind. Es ist also nicht etwa die deutsche Fassung der GMV heranzuziehen, wenn es um ein Verfahren in deutscher Sprache geht.[3] Vielmehr ist der zutreffende Norminhalt durch Auslegung zu bestimmen. Dazu sind diese nach dem wirklichen Willen des Gesetzgebers und dem Zweck der Norm im Lichte der Fassungen aller Sprachen auszulegen.[4]

3 Die GMV wurde bereits mehrfach geändert. Die erste Änderung erfolgte durch die Verordnung (EG) Nr 3288/94 des Rates vom 22. 12.1994 zur Änderung der Verordnung (EG) Nr 40/94 über die Gemeinschaftsmarke zur Umsetzung der im Rahmen der Uruguay-Runde geschlossenen Übereinkünfte.[5] Diese Änderungen sind in Kraft getreten, bevor überhaupt GMAen eingereicht werden konnten. Die geänderten Bestimmungen sind somit von Anfang an in dieser geänderten Form wirksam geworden. Heute noch relevant sind folgende Änderungen, die gemeinsam haben, die Verpflichtungen

---

3 Vgl auch unter Art 93 Rdn 11 zu einem Fall der Berufung auf den schwedischen Text der GMV.

4 EuGH C-569/08 vom 3.6.2010, GRUR Int 2010, 849 (Nr 33, 35) *Reifen.eu.*

5 ABl-EG L 349 vom 31. 12. 1994, S 83; in der Veröffentlichung im ABl-HABM 1995, 52 bereits berücksichtigt.

der EG aus dem Beitritt zum WTO-Abkommen umzusetzen und WTO-Mitglieder wie Staaten, die der PVÜ angehören, zu behandeln:

Einfügung eines weiteren absoluten Eintragungshindernisses als Art 7 (1) (j)  4
in Bezug auf Marken, die Angaben zur Bezeichnung der geographischen Herkunft von Weinen oder Spirituosen enthalten;

Änderung von Art 29 (1), (5) durch Ausdehnung des Prioritätsrechts auf  5
Erstanmeldungen aus Staaten, die WTO-Mitglied sind.

Die zweite Änderung erfolgte durch Art 3, Anhang II, Nr 48 der VO  6
Nr 807/2003 vom 14.4.2003[6] mit Wirkung zum 7.6.2003: Das jetzt in Art 163 vorgesehene Komitologieverfahren wurde an den aktuellen Stand des EG-Rechts angepasst. Diese Änderung ist rein institutioneller Art.

Die dritte Änderung erfolgte durch VO Nr 1653/2003 vom 18.6.2003 zur  7
Änderung der GMV, in Kraft getreten am 1.10.2003,[7] mit der ein neuer Art 123 betr den Zugang zu Dokumenten des HABM eingefügt und die Regelung über die Finanzkontrolle an den Stand der Fortentwicklung des EG-Rechts angepasst wurde.

Die vierte und bisher wesentlichste Änderung erfolgte durch VO  8
Nr 422/2004.[8] Mit dieser VO sollte das Gemeinschaftsmarkensystem nach 10 Jahren Praxiserfahrung reformiert und verbessert werden.[9] Sie verwirklicht vier Hauptziele:

Anpassung der Bestimmungen der GMV in der Weise, dass der Beitritt der  9
Gemeinschaft zum TLT möglich wird, dh Einführung der freien Teilung der GMA und der GM;

Reform des Recherchensystems unter Berücksichtigung der Berichte zum  10
Funktionieren des Recherchensystems und des Systems der berufsmäßigen Vertretung, die die Kommission nach Art 38 und nach einer Erklärung im Ratsprotokoll vorzulegen hatte;

Berücksichtigung des Standes der Fortentwicklung des Gemeinschaftsrechts  11
in anderen Bereichen, insbesondere des teilweise schon moderneren Gemein-

---

6  ABl-EG L 122 vom 16.5.2003, S 36.
7  ABl-EG L 245 vom 29.9.2003, S 36.
8  ABl-EG L 70 vom 9.3.2004, S 1 = ABl-HABM 2004, 622.
9  Der Kommissionsvorschlag vom 27.12.2002 ist veröffentlicht in ABl-HABM 2003, 1168.

schaftsgeschmacksmusterrechts nach der GGV, zB Abschaffung aller Einschränkungen hinsichtlich der Staatsangehörigkeit des Anmelders;

12 weitere Änderungen vor allem verfahrensrechtlicher Art, die auf den praktischen Erfahrungen des HABM aus 7 Jahren Anwendung des Gemeinschaftsmarkensystems beruhen.

13 Hauptpunkte der VO Nr 422/2004 sind:

14 Änderung von Art 5 durch Zulassung der Anmelder aller Nationalitäten;

15 Änderung der Frist und der Sanktionen für die Weiterleitung von Anmeldungen, die bei nationalen Ämtern eingereicht sind (Art 25);

16 Zulassung der freien Teilung von GMAen und GMn;

17 Kompromiss hinsichtlich der nationalen Recherchenberichte, die nicht, wie ursprünglich vorgeschlagen, abgeschafft, aber seit 2008 optional sind;

18 Gleichstellung von Rechten, die auf EG-Recht beruhen, zB von Gemeinschaftsgeschmacksmustern mit älteren Rechten, die auf nationalem Recht beruhen (Art 8, Art 53);

19 eingeschränkte Zulassung der Abhilfe in zweiseitigen Verfahren (neuer Art 62);

20 Zulassung der Wiedereinsetzung in die Prioritätsfrist;

21 Einführung des Rechtsbehelfs der Weiterbehandlung bei Fristversäumnissen;

22 Einführung der Möglichkeit des Widerrufs offensichtlich falscher Entscheidungen und Registereintragungen unter ganz engen Voraussetzungen (neuer Art 80);

23 Regelung der Pflicht zur Vorlage von Vollmachten in der DV mit der Absicht, diese Pflicht erheblich einzuschränken;

24 Schaffung einer Großen Beschwerdekammer;

25 Ernennung der Mitglieder der Beschwerdekammern durch den Verwaltungsrat des Amtes statt durch den Ministerrat der EG;

26 Streichung der Gebühr für die Eintragung von Rechtsübergängen.

27 In Kraft getreten ist die VO Nr 422/2004 am 10.3.2004. Jedoch sind diejenigen Bestimmungen, die einer Umsetzung in der DV oder GebV bedurften,

erst am 25.7.2005 in Kraft getreten, nämlich am Tag des Inkrafttretens der VO Nr 1041/2005 und der VO Nr 1042/2005.[10]

Die Bestimmungen, die die Beschwerdekammern betreffen, sind erst am Ta- **28** ge der Änderung der VerfOBK in Kraft getreten, dh am 28.12.2004.[11] Die Änderungen betr Art 38 traten erst zum 10.3.2008 in Kraft.

Die fünfte Änderung der GMV erfolgte durch den Vertrag zum Beitritt von **29** 10 neuen Mitgliedstaaten zur EG. Der Vertrag zum Beitritt dieser neuen Mitgliedstaaten enthält als Anhang[12] auch eine Änderung der GMV mit Übergangsbestimmungen betr den Beitritt neuer Mitgliedstaaten. Dieser Art 165 regelt die Erstreckung der bestehenden GMAen und GMn auf die neuen Mitgliedstaaten und enthält Bestimmungen über den Bestandsschutz erstreckter GMAen und GMn und den Schutz wohlerworbener Rechte.

Durch VO Nr 1992/2003 vom 27.10.2003 zur Änderung der GMV wurde **30** der Beitritt der EG zum MP umgesetzt.[13] Dadurch wurde in die GMV ein neuer Titel XII mit Art 145–161 zur Umsetzung des MP eingefügt, der Bestimmungen über internationale Anmeldungen, die auf eine GMA oder GM als Basismarke gestützt werden (Art 146–150) und über internationale Registrierungen, in denen die EG benannt ist (Art 151–161), enthält. Diese VO trat am 1.10.2004 in Kraft, zu dem Tag, an dem gemäß Beschluss des Rates vom 27.10.2003 über die Genehmigung des Beitritts der EG zum MP[14] das MP für die EG wirksam wurde.[15]

Art 1 der VO Nr 1891/2006 des Rates vom 18.12.2006[16] hat in Umsetzung **31** des Beitritts der EG zur Genfer Akte des Haager Musterabkommens Art 139 geändert und bestimmt, dass auch die Einnahmen aus individuellen Gebühren für internationale Eintragungen von Geschmacksmustern in den Gesamthaushaltsplan des HABM eingestellt werden.

---

10 Mitteilung der Kommission, ABl-EG C 163 vom 5.7.2005, S 8 = ABl-HABM 2005, 1186.
11 Mitteilung der Kommission, ABl-EG L 362 vom 9.12.2004, S 16 = ABl-HABM 2005, 464.
12 ABl-EG L 236 vom 23.9.2003, S 342.
13 ABl-EG L 296 vom 14.11.2003, S 1 = ABl-HABM 2004, 98.
14 ABl-HABM 2004, 126.
15 Mitteilung der Kommission, ABl-EG L 256 vom 3.8.2004, S 23; Mitteilung des Präsidenten des HABM Nr 9/04 vom 15.9.2004, ABl-HABM 2004, 1386.
16 ABl-EG L 386 vom 29.12.2006, S 14.

32 Weitere Änderungen passten Art 165 an den Beitritt Rumäniens und Bulgariens zum 1.1.2007 und Kroatiens zum 1.7.2013 an. Die dort für die zum 1.5.2004 beigetretenen Staaten vorgesehenen Erstreckungs- und Bestandsschutzregeln wurden auf Bulgarien, Rumänien und Kroatien übertragen.

33 Das Gemeinschaftsmarkenrecht besteht außerdem aus den folgenden drei Verordnungen, die auf der Grundlage von Art 144 (3) und Art 162 (3) von der Kommission erlassen worden sind:

34 Verordnung (EG) Nr 2068/95 der Kommission vom 13.12.1995 zur Durchführung der Verordnung (EG) Nr 40/94 des Rates über die Gemeinschaftsmarke, die kurz als Durchführungsverordnung oder DV bezeichnet wird;[17]

35 Verordnung (EG) Nr 2069/95 der Kommission vom 13.12.1995 über die an das Harmonisierungsamt für den Binnenmarkt (Marken, Muster und Modelle) zu zahlenden Gebühren, die kurz als GebV bezeichnet wird;[18]

36 Verordnung (EG) Nr 216/96 der Kommission vom 5. 2.1996 über die Verfahrensordnung vor den Beschwerdekammern des Harmonisierungsamts für den Binnenmarkt (Marken, Muster und Modelle), die VerfOBK.[19]

37 Diese Bestimmungen sind ebenfalls mehrfach geändert worden, im wesentlichen zur Umsetzung der genannten Änderungen der GMV, nämlich durch:

38 VO Nr 782/2004 der Kommission vom 26.4.2004 zur Änderung der DV,[20] deren Hauptziel die Umsetzung der VO 1992/2003 und des Beitritts zum MP ist;

39 VO Nr 781/2004 der Kommission vom 26.4.2004 zur Änderung der GebV[21] mit derselben Zielsetzung;

40 VO Nr 1041/2005 der Kommission vom 29.6.2005 zur Änderung der DV,[22] mit der die VO Nr 422/2004 umgesetzt wird sowie zahlreiche weitere verfahrensrechtliche Reformen der DV vorgenommen wurden.

---

17 ABl-EG L 303 vom 15.12.1995, S 1 = ABl-HABM 1995, 258.
18 ABl-EG L 303 vom 15.12.1995, S 33 = ABl-HABM 1995, 414.
19 ABl-EG L 28 vom 6.2.1996, S 11 = ABl-HABM 1996, 398.
20 ABl-EG L 123 vom 27.4.2004, S 88 = ABl-HABM 2004, 840.
21 ABl-EG L 123 vom 27.4.2004, S 85 = ABl-HABM 2004, 886.
22 ABl-EG L 172 vom 5.7.2005, S 4 = ABl-HABM 2005, 1098.

Die VO Nr 1041/2005 hat wesentliche Änderungen des Verfahrensrechts ge- **41** bracht, auch solche, die nicht zwingend durch die VO Nr 422/2004 veranlasst waren. So wurde das Widerspruchsverfahren neu und übersichtlich, wenngleich ohne wesentliche inhaltliche Änderungen geregelt, verspätetes Vorbringen eingedämmt und die Regeln über Fristen und Zustellungen aktualisiert. Auf diese Änderungen wird in der Kommentierung vertieft hingewiesen.

VO Nr 1042/2005 der Kommission vom 29.6.2005 zur Änderung der **42** GebV[23] mit derselben Zielsetzung;

VO Nr 2082/2004 der Kommission vom 6.12.2004 zur Änderung der Ver- **43** fOBK,[24] in Kraft getreten am 28.12.2004, die die VO Nr 422/2004 umsetzt, soweit diese das Verfahren vor der Beschwerdekammer neu regelt;

VO Nr 1687/2005 der Kommission vom 14.10.2005 zur Änderung der **44** GebV,[25] mit der die Gebühren massiv gesenkt wurden;

VO Nr 355/2009 der Kommission vom 31.3.2009 zur Änderung der DV **45** und der GebV,[26] in Kraft getreten am 1.5.2009, mit der die Gebühren erneut massiv gesenkt wurden und die Eintragungsgebühr auf Null gesetzt, dh mit der Anmeldegebühr verschmolzen wurde.

Diese drei Rechtsvorschriften (DV, GebV, VerfOBK) sind bei den jeweiligen **46** Bestimmungen der GMV, zu denen sie gehören, kommentiert und im Volltext in konsolidierter Fassung als Anhänge 1–3 abgedruckt. In ihnen wird noch auf die Artikelnumerierung gemäß der VO Nr 40/94 Bezug genommen. Im Interesse der Klarheit haben wir die Artikelnummern nach der VO Nr 207/2009 in Klammern hinzugefügt; diese sind nicht Bestandteil des Gesetzestexts.

Keinen Rechtsnormcharakter, allenfalls Auslegungshilfe haben die Gemein- **47** samen Erklärungen von Rat und Kommission im Ratsprotokoll zur GMV und zur Markenrechtsrichtlinie, die als Anhänge 5 und 6 abgedruckt sind und die ebenfalls bei den Bestimmungen der GMV, zu denen sie gehören, mitkommentiert sind.

---

23  ABl-EG L 172 vom 5.7.2005, S 22 = ABl-HABM 2005, 1180.
24  ABl-EG L 360 vom 7.12.2004, S 8 = ABl-HABM 2005, 448.
25  ABl-EG L 271 vom 15.10.2005, S 14 = ABl-HABM 2005, 1413.
26  ABl-EG L 109 vom 30.4.2009, S 3.

**48** Nicht Bestandteil der GMV, aber Bestandteil des Gemeinschaftsmarkenrechts im weiteren Sinne und eine vom HABM durchgeführte Norm ist die VO Nr 386/2012 vom 19.4.2012 zur Übertragung von Aufgaben, die die Durchsetzung von Rechten des geistigen Eigentums betreffen, einschließlich der Zusammenführung von Vertretern des öffentlichen und des privaten Sektors im Rahmen einer Europäischen Beobachtungsstelle für Verletzungen von Rechten des geistigen Eigentums, auf das Harmonisierungsamt für den Binnenmarkt (Marken, Muster und Modelle),[27] in Kraft getreten am 7.6.2012. Damit wurde das HABM – konkret die Abteilung Beobachtungsstelle – nach Art 2 dieser VO für folgende Aufgaben zuständig:

a) Verbesserung des Verständnisses des Werts des geistigen Eigentums;

b) Verbesserung des Verständnisses von Verletzungen der Rechte des geistigen Eigentums in ihrem Umfang und ihren Folgen;

c) Verbesserung der Kenntnis bewährter Praktiken des öffentlichen und des privaten Sektors zum Schutz von Rechten des geistigen Eigentums;

d) Unterstützung bei der Sensibilisierung der Bürger für die Folgen von Verletzungen der Rechte des geistigen Eigentums;

e) Verbesserung der Sachkunde der an der Durchsetzung von Rechten des geistigen Eigentums mitwirkenden Personen;

f) Verbesserung der Kenntnis der technischen Instrumente zur Verhinderung und Bekämpfung von Verletzungen der Rechte des geistigen Eigentums, einschließlich Verfolgungs- und Rückverfolgungssystemen, die es erleichtern, echte Produkte von nachgeahmten Produkten zu unterscheiden;

g) Schaffung von Mechanismen, die zur Verbesserung des Online-Austauschs von Informationen über die Durchsetzung von Rechten des geistigen Eigentums zwischen den dafür zuständigen Behörden der Mitgliedstaaten beitragen, und Förderung der Zusammenarbeit mit und zwischen diesen Behörden;

h) Leistung eines Beitrags – im Benehmen mit den Mitgliedstaaten – zur Förderung der internationalen Zusammenarbeit mit den Ämtern in Drittländern mit dem Ziel der Ausarbeitung von Strategien und der Entwicklung von Methoden, Kompetenzen und Instrumenten zur Durchsetzung der Rechte des geistigen Eigentums.

**49** Zur Durchführung dieser, vorher von der Kommission wahrgenommenen, Aufgaben hat das HABM Ende 2012 ein ehrgeiziges Arbeitsprogramm be-

---

27 ABl-EU L 129 vom 16.5.2012, S 1.

schlossen, ua mit dem Ziel der Gewinnung empirischer Daten zur Bewertung neuer Geschäftsmodelle und des Wertes gewerblicher Schutzrechte, daneben im wesentlichen koordinierender und beratender, aber keinesfalls exekutiver Art. ZB wird im Bereich der Grenzbeschlagnahme lediglich der Informations- und Erfahrungsaustausch vorangetrieben werden.

Das europäische Markenrecht, einschließlich der GMV, ist erneut auf den **50** Prüfstand gestellt worden. Am 27.3.2013 hat die Kommission umfangreiche Vorschläge[28] zur Änderung der GMV und der MarkenRichtl vorgelegt. Diese speisen sich im wesentlichen aus zwei politischen Entwicklungslinien: 2007 bat im Zuge der Diskussion über die Ausgewogenheit der Gebühren für GMn der Rat die Kommission, eine großangelegte Studie über das Funktionieren des GM-Systems zu erstellen. In diese bezog die Kommission auch das Verhältnis des GM-Systems zu den nationalen Markensystemen, und damit die MarkenRichtl, ein. Sie beauftragte mit dieser Studie das Max-Planck-Institut in München, welches eine Umfrage bei den Benutzern durchführte und 2011 seinen Bericht vorlegte. Der Rat reagierte auf einen Zwischenbericht bereits am 25.5.2010 mit einer Stellungnahme.[29] Die zweite Entwicklungslinie liegt in den eigenen Initiativen der Kommission zur Stärkung des Geistigen Eigentums im Binnenmarkt, angefangen von einer Initiative zur Stärkung der KMUs[30] bis hin zur Strategie zum Schutz der Rechte des geistigen Eigentums aus dem Jahr 2011.[31]

Die Reformvorschläge der Kommission zur GMV basieren auf fünf Zielset- **51** zungen:

Erstens: Anpassung an den EU-V und an die gemeinschaftsrechtliche Termi- **52** nologie. Hierzu sollen das HABM, die GM, der Verwaltungsrat und der Präsident umbenannt werden, die Befugnisse des Verwaltungsrats erweitert werden und das Verfahren der Ernennung des Präsidenten und der Mitglieder der Beschwerdekammern stärker in die Hand der Kommission gelegt werden.

---

28  Kommissionsdokument COM (2013) 161 (zur GMV) und 162 (zur Marken-
     Richtl).
29  ABl-EG C 140 vom 29.5.210, S 22.
30  Kommissionsdokument COM (2008) 394 vom 25.6.2008.
31  Ein Binnenmarkt für IPR – Kommissionsdokument COM (2011) 287.

53 Zweitens: Vereinfachung des Eintragungsverfahrens. Im wesentlichen: Abschaffung der Recherchen und der Einreichungsmöglichkeit bei nationalen Ämtern.

54 Drittens: Als Klarstellungen deklarierte materiellrechtliche Änderungen, im wesentlichen im Bereich der Wirkungen der Marke (Art 9) und der Ausnahmen (Art 12).

55 Viertens: Schaffung eines institutionalisierten Kooperationsrahmens zwischen HABM und nationalen Ämtern. Zunächst werden alle Aufgaben des HABM in einem neuen Art 123b zusammengefasst und von der Administration des GM-Systems und des GGM-Systems auf deren Promotion ausgedehnt; sodann wird in einem neuen Art 123c ein verpflichtender Rahmen für die Zusammenarbeit mit den nationalen Ämtern einschließlich der Harmonisierung der Prüfungspraxis geschaffen, unter Finanzierung aus den HABM-Gebühren.

56 Fünftens: Anpassung an Art 290 EU-V: Die DV und die GebV bleiben VO-en der Kommission, doch wird die Globalnorm des Art 162 ersetzt durch spezifische Vorschriften nach jedem Titel mit Einzelermächtigungen, die dem Bestimmtheitsgebot genügen, entsprechend der Art und Weise, in der im deutschen Recht zum Erlass von Rechtsverordnungen ermächtigt wird.

57 Aus den zahllosen Einzelvorschlägen sollen in der Reihenfolge der Artikel hier die wichtigsten vorgestellt werden, wobei in der Kommentierung nach Möglichkeit unter Punkt 1, Allgemeines, darauf spezifisch hingewiesen werden wird:

58 In Art 2 soll aus dem HABM die European Trade Marks and Designs Agency (»Agentur«) und in Art 4 aus der GM die »europäische Marke« werden.

59 In Art 4 und Art 26 wird das Erfordernis der graphischen Wiedergabe der Marke durch das Erfordernis der Wiedergabe im Register, auch elektronischer Form, ersetzt, ohne dass dadurch Änderungen gegenüber dem geltenden Recht (zB Zulässigkeit von Klangdateien) beabsichtigt sind.

60 In Art 7 sollen die absoluten Eintragungshindernisse auf alle gemeinschaftsrechtlich geschützten Herkunftsangaben (unproblematisch), auf ältere Sortenbezeichnungen (problematisch) und alle fremdsprachigen Angaben (zB auch der Transliteration aus dem Chinesischen – unter der Prämisse der Vermeidung bösgläubiger Fehlmonopolisierungen lobenswert, aber praktisch wohl uferlos) ausgedehnt werden.

In Art 9 soll geregelt werden, dass keine Rechte aus eingetragenen Marken **61** gegenüber Inhabern älterer Rechte geltend gemacht werden können, dass eine wettbewerbsrechtlich zulässige vergleichende Werbung auch keine Markenverletzung ist, dass markenrechtliche Ansprüche auch gegenüber firmenrechtlicher Benutzung bestehen, und dass auch gewisse Vorbereitungshandlungen und auch die Durchfuhr schon markenverletzend sind. Entgegen der Präsentation des Kommissionsvorschlags sind dies Änderungen gegenüber dem geltenden Recht.

In Art 12 soll klargestellt werden, dass das Privileg der Benutzung des eige- **62** nen Namens nur für den Namen natürlicher Personen gilt.

In Art 15 soll im Einklang mit dem jüngsten EuGH-Urteil[32] klargestellt **63** werden, dass eine rechtserhaltende Benutzung der Marke in abweichender Form nicht davon abhängt, ob die abweichende Form ebenfalls eingetragen ist.

In Art 18 soll der Anspruch auf Übertragung der Agentenmarke auch vor **64** dem HABM durchgesetzt werden können.

In Art 25 soll die Möglichkeit, eine GMA bei einem nationalen Amt ein- **65** zureichen, gestrichen werden.

In Art 27 soll die Anmeldegebühr sofort mit der Anmeldung zu zahlen sein. **66**

In Art 28 soll das Urteil »IP Translator«[33] gesetzgeberisch verpflichtend wer- **67** den.

In Art 30 soll die Nachfrist nach R 6 (2), nach Einreichung der GMA eine **68** Priorität zu beanspruchen, gestrichen werden.

In Art 37 sollen Disclaimer entfallen. **69**

Art 38, nationale und gemeinschaftliche Recherchenberichte, soll ersatzlos **70** entfallen.

In Art 42 und Art 57 soll die 5-Jahres-Benutzungsfrist schon mit dem Priori- **71** tätsdatum beginnen (problematisch).

In Art 50 soll ein Verzicht während eines anhängigen Nichtigkeitsverfahrens **72** ausgeschlossen sein (problematisch).

---

32  EuGH C-553/11 vom 25.10.2012, GRUR Int 2012, 1257 *Rintisch/Eder.*
33  EuGH C-307/10 vom 19.6.2012, GRUR Int 2012, 749 *IP Translator.*

73  Art 62, Abhilfe in Inter-partes-Verfahren, soll wieder entfallen.

74  Neben Gemeinschaftskollektivmarken sollen auch Gemeinschaftsgütezeichen (certification marks) eingeführt werden.

75  Die Vorschriften über Zustellungen, Fristen und die Form von Entscheidungen sollen in die GMV überführt werden.

76  In Art 80 soll die Frist, innerhalb deren eine Entscheidung widerrufen werden kann, von 6 Monaten auf 1 Jahr ausgedehnt werden.

77  Für Veröffentlichungen, die Registerführung und die Akteneinsicht wird klargestellt, dass diese auch elektronisch erfolgen können (wie derzeit bereits Praxis).

78  Art 124 ff werden ersetzt durch eine neue Leitungsstruktur: ein Management Board, das das Arbeitsprogramm des Amtes und die grundsätzlichen Leitlinien der Arbeit des Amtes beschließt und Amtsleitung und Beschwerdekammermitglieder ernennt, und ein Exekutivdirekor, der das Amt administrativ leitet.

79  In Art 156 wird der Beginn der Widerspruchsfrist gegen eine IR vorverlegt.

80  Die MarkenRichtl wird erweitert und zu einer weitreichenden Harmonisierung auch des markenspezifischen Verfahrensrechts umgestaltet. So werden Widerspruchs- und Löschungsverfahren vor dem nationalen Amt und der Schutz von Kollektivmarken verpflichtend.

81  Zusammenfassend lässt sich sagen, dass die nach Umfang weitreichendsten Änderungen organisationsrechtlicher Art sind und die Bemühungen des Amtes, ein europäisches Marken- und Muster- Netzwerk aufzubauen, gesetzgeberisch flankieren. Ein weiterer beachtlicher Teil besteht in begrüßenswerten Verfahrensvereinfachungen, durch die die Grundstrukturen des HABM-Markeneintragungsverfahrens nur noch deutlicher hervortreten. Im Bereich der Wirkungen der Marke soll es echte Rechtsfortentwicklung geben. Einige Detailvorschläge sind nicht recht einsichtig und auch in der Begründung des Vorschlags nicht erläutert. Es muss aber ohnehin angesichts der Fülle der Vorschläge, auch zur MarkenRichtl, mit längeren Beratungen im Rat und dann sicher auch mit Änderungen und Anpassungen im Gesetzgebungsverfahren gerechnet werden. Für eine Kommentierung der praktischen Auswirkungen der einzelnen Vorschläge ist es von Ausnahmen abgesehen daher noch zu früh.

Wichtig ist dagegen die Hauptaussage: Erneut wird bestätigt, dass das GM- **82** System nicht nur erfolgreich war, sondern sich auch hervorragend für die Wirtschaft bewährt hat. Die Vorschläge zur Kooperation mit den nationalen Ämtern und zur MarkenRichtl können als Versuch der Übertragung dieser Erfolgsstory auf die nationalen Markensysteme gesehen werden. Deren Fortbestand wird gesichert, aber in ein europäisches Netzwerk integriert. Wichtig ist die Erkenntnis der Kommission, dass unerwünschte strukturelle Ungleichgewichte zwischen GM-System und nationalen Systemen nicht nur aus unterschiedlichen Schutzniveaus und der Gebührenhöhe, sondern auch aus verfahrensrechtlichen Strukturen (zB hinsichtlich des Angriffs gegen die Gültigkeit der Widerspruchsmarke) resultieren können. Wichtig ist auch, was nicht vorgeschlagen wird. Die Parameter der Einheitlichkeit der GM und die Kriterien der rechtserhaltenden Benutzung bleiben unangetastet, der gemeinschaftsweite Rechtsschutz bleibt weiterhin von einer Benutzung[34] oder Verwechslungsgefahr in dem Land der Durchsetzung unabhängig. Die gemeinschaftsweite Dimension der GM bleibt erhalten und wird noch gestärkt. So wurden Vorschläge[35] aufgegriffen, im Rahmen der MarkenRichtl die Mitgliedstaaten zur Berücksichtigung von Eintragungshindernissen in anderen Sprachen zu verpflichten, um der den Intentionen des Binnenmarktes entgegengesetzten Argumentation, eine beschreibende Marke könne in anderen Mitgliedstaaten wunderbar unterscheidungskräftig sein, entgegenzuwirken, mit entsprechenden normativen Rückwirkungen auf die HABM-Verfahren.

---

34  Dazu EuGH C-149/11 vom 19.12.2012, GRUR 2013, 182 *Onel*.
35  Schennen, in: FS 50 Jahre BPatG, S 749 (allerdings beschränkt auf EG-Amtssprachen).

# Titel I  Allgemeine Bestimmungen

## Artikel 1  Gemeinschaftsmarke

(1) Die entsprechend den Voraussetzungen und Einzelheiten dieser Verordnung eingetragenen Marken für Waren oder Dienstleistungen werden nachstehend Gemeinschaftsmarken genannt.

(2) Die Gemeinschaftsmarke ist einheitlich. Sie hat einheitliche Wirkung für die gesamte Gemeinschaft: sie kann nur für dieses gesamte Gebiet eingetragen oder übertragen werden oder Gegenstand eines Verzichts oder einer Entscheidung über den Verfall der Rechte des Inhabers oder die Nichtigkeit sein, und ihre Benutzung kann nur für die gesamte Gemeinschaft untersagt werden. Dieser Grundsatz gilt, sofern in dieser Verordnung nichts anderes bestimmt ist.

*Schennen*

**Literatur:**

*Beier,* Das europäische Markenrecht und sein Verhältnis zum nationalen Marken- und Wettbewerbsrecht, GRUR Int 1976, 263; *Humphreys,* Territoriality in Community Trade Mark Matters: The British Problem, EIPR 2000, 405; *Knaak,* Grundzüge des Gemeinschaftsmarkenrechts und Unterschiede zum nationalen Markenrecht, GRUR Int 2001, 665; *Tilmann,* Gemeinschaftsmarke und internationales Privatrecht, GRUR Int 2001, 673; *von Mühlendahl,* Ko-Existenz und Einheitlichkeit im europäischen Markenrecht, GRUR Int 1976, 27; *ders,* National Laws Cover Major Gaps in EC's Community Trade Mark Law, IP Worldwide 1996, 3; *ders,* Territorialität und Einheitlichkeit im europäischen Markenrecht, in: FS für Schricker, 2005, S 853.

## 1 Allgemeines

**1** Art 1 (1) stellt zunächst die GM als gemeinschaftsweites Schutzrecht und Regelungsgegenstand der GMV vor. Es gibt zwei Arten von Gemeinschaftsmarken: die Individualmarke und als Sonderfall die Kollektivmarke (Art 66), deren Inhaber ein Verband von Herstellern ist.

Art 1 wird ergänzt durch die gemeinsame Erklärung von Rat und Kommission im Ratsprotokoll Nr B 2,[1] wonach Rat und Kommission der Auffassung sind, dass die Tätigkeit des Waren- und Einzelhandels als solche keine Dienstleistung darstellt, für die aufgrund dieser Verordnung eine GM eingetragen werden kann. Die Bedeutung dieser Protokollerklärung ist unter Art 28 kommentiert. **2**

Art 1 (2) bestimmt den Grundsatz der Einheitlichkeit der GM, der zentrale Bedeutung hat. Neben dem Grundsatz der Einheitlichkeit wird das Gemeinschaftsmarkenrecht noch von einer Reihe weiterer tragender Grundsätze gekennzeichnet,[2] und zwar nach hiesiger Auffassung von den Grundsätzen der relativen Autonomie, der Koexistenz einschließlich der Äquivalenz im Verhältnis zu nationalen Marken und der Permeabilität (Durchlässigkeit) des Gemeinschaftsmarken-Systems mit den nationalen Markensystemen. Soweit im folgenden von »nationalen Marken« gesprochen wird, bedeutet dies für Belgien, die Niederlande und Luxemburg die Benelux-Marke, die für das Territorium dieser drei Länder ebenfalls einheitliche Wirkung hat und aufgrund des einheitlichen Benelux-Gesetzes über die Marken vom Benelux-Amt erteilt wird; nationalen Markenschutz gibt es daneben in Belgien, den Niederlanden und Luxemburg nicht. Soweit von »nationalen Marken« gesprochen wird, bedeutet dies ferner grundsätzlich eingetragene nationale Marken, einschließlich Marken, die mit Wirkung für einen Mitgliedstaat der EG über das MMA oder das MP registriert wurden. Daneben kennen viele nationale Markensysteme auch den Schutz nicht eingetragener Marken, zB Deutschland. **3**

## 2 Grundsatz der relativen Autonomie

Der Grundsatz der relativen Autonomie bedeutet, dass sich der Schutz der GM grundsätzlich ausschließlich nach der GMV als einer Verordnung der EG mit Wirkung für alle Mitgliedstaaten der EG richtet.[3] Relativ ist dieser Grundsatz jedoch insofern, als neben den Bestimmungen der GMV auch an- **4**

---

1 ABl-HABM 1996, 612.
2 Siehe insbesondere Fernández-Novoa, S 34; von Mühlendahl/Ohlgart, S 8; Knaak, GRUR 2001, 21.
3 Von Mühlendahl/Ohlgart, S 8.

dere Bestimmungen des Gemeinschaftsrechts und, soweit in der GMV ausdrücklich vorbehalten, auch Vorschriften des nationalen Rechts hinsichtlich der Voraussetzungen, der Wirkungen und der Schranken der Benutzung der GM sowie der jeweiligen Verfahren herangezogen werden können.

## 2.1 Geltung der Gemeinschaftsmarkenverordnung

5  Grundsätzlich folgt das Gemeinschaftsmarkenrecht allein aus der GMV. Die Durchführungsverordnung (DV), Gebührenverordnung (GebV) und Verfahrensordnung der Beschwerdekammern (VerfOBK) sind aufgrund einer Ermächtigung in der GMV erlassen worden. Grundsätzlich ist die Anwendung anderer Rechtsvorschriften hinsichtlich des Schutzes der GM ausgeschlossen, es sei denn, es handelt sich um Vorfragen.

## 2.2 Geltung des übrigen Gemeinschaftsrechts

6  Allerdings gilt selbstverständlich das übrige Gemeinschaftsrecht, soweit es sich um Materien handelt, die in der GMV nicht geregelt sind. Das HABM ist als Einrichtung der Gemeinschaft dem übrigen Gemeinschaftsrecht unterworfen. Grundsätzlich entfalten jedoch andere Vorschriften des Gemeinschaftsrechts nur für die dort geregelten Sachverhalte Wirkung und haben gegenüber der GMV keinen Vorrang. Ausnahmen: Vorrang gegenüber der GMV haben lediglich die Bestimmungen des EG-V, wobei insbesondere auf die Bestimmungen zum Rechtsweg zum EuGH und zu den Grundsätzen über den freien Warenverkehr (Art 30, 36 EG-V, nunmehr Art 35, 36 EU-V) hinzuweisen ist. Kraft ausdrücklicher Bestimmung in Art 164 hat außerdem die VO Nr 510/2006 über Ursprungsbezeichnungen und geographische Angaben Vorrang vor der GMV, was das Verhältnis von Ursprungsbezeichnungen und geographischen Angaben zu Marken betrifft. Insbesondere sind die Kollisionsregelungen in Art 13 und 14 dieser Verordnung zu beachten. Dies bedeutet konkret, dass diese Bestimmungen auch als außerhalb der GMV bestehende absolute und relative Eintragungshindernisse unmittelbar heranzuziehen sind.

## 2.3 Ergänzende Geltung nationalen Rechts

7  Die ergänzende Geltung nationalen Rechts ist nur möglich, wenn und soweit sie in der GMV selbst ausdrücklich zugelassen ist.

8  Hinsichtlich der Sanktionen regelt die GMV lediglich den Unterlassungsanspruch (Art 9 (1), (2), Art 102 (1)). Die Sanktion der Grenzbeschlagnah-

me schutzrechtsverletzender Erzeugnisse ist außerdem in der Verordnung des Rates Nr 3295/94 vom 22.12.1994 (mit späteren Änderungen) geregelt. Art 102 (2) bestimmt, dass für alle übrigen Sanktionen das nationale Recht gilt; dies betrifft insbesondere Schadensersatz- und Auskunftsansprüche. Diese sind inzwischen durch die RL 2004/48/EG vom 29.4.2004 zur Durchsetzung der Rechte des geistigen Eigentums[4] harmonisiert; über die Umweg des nationalen Rechts sind somit auch die Sanktionen für die Verletzung von GMn nun harmonisiert.

Das nationale Recht regelt, welche Art von dinglichen Rechten möglich sind, **9** die nach Art 19 an einer GM bestellt werden können, und ist gemäß Art 16 für die Behandlung der GM als Gegenstand des Vermögens maßgeblich.

Nationales Verfahrensrecht kann ergänzend zu den verfahrensrechtlichen Be- **10** stimmungen der GMV und der zu seiner Durchführung ergangenen Verordnungen herangezogen werden (Art 83), sofern es sich um in den Mitgliedstaaten allgemein anerkannte Verfahrensgrundsätze handelt.

Die Durchsetzung der GM kann grundsätzlich nur durch nationale Stellen **11** erfolgen. So ist die Vollstreckung der Kostenentscheidungen des HABM durch nationale Gerichte oder Behörden sicherzustellen (Art 86 (2)). Zuständig für Verfahren für die Verletzung von Gemeinschaftsmarken sind Gemeinschaftsmarkengerichte, bei denen es sich um nationale Gerichte mit gemeinschaftsweiter Zuständigkeit handelt (Art 95 (1)). Die Gemeinschaftsmarkengerichte wenden subsidiär ihr eigenes Verfahrensrecht an (Art 101 (2)).

Wesentlich durch nationales Recht mitgeprägt ist schließlich die Regelung **12** über die Berechtigung, als berufsmäßiger Vertreter vor dem HABM aufzutreten. Grundsätzlich folgt die Vertretungsberechtigung vor dem HABM der entsprechenden Vertretungsberechtigung vor dem nationalen Amt, und zwar nach Art 93 (1) (a) hinsichtlich der Rechtsanwälte und nach Art 93 (2) (c) hinsichtlich der zugelassenen Vertreter.

Eine wesentliche Einbruchstelle nationalen Rechts stellen außerdem Art 110 **13** und Art 111 dar, auf die im folgenden noch näher eingegangen wird.

---

4 ABl-EG L 157 vom 30.4.2004, S 45.

## 2.4 Keine nationalen Verfahren

14   Eine weitere Ausprägung des Grundsatzes der relativen Autonomie der GM ist, dass Verfahren, die die Gültigkeit, Inhaberschaft und Verletzung der GM betreffen, in der GMV abschließend geregelt sind.[5] Es ist somit nicht möglich, die Rechtsgültigkeit der GM auf anderem Wege als in der GMV geregelt anzugreifen, was durch Art 99 (1) und Art 107 noch näher bekräftigt wird. Auch nationale Verfahren wie die Eintragungsbewilligungsklage stehen in Bezug auf eine GM nicht zur Verfügung.

## 2.5 Autonomie

15   Dass das Gemeinschaftsmarkensystem gegenüber den nationalen Markenschutzsystemen autonom und in seiner Anwendung von jedem nationalen System unabhängig ist, liest man in zahlreichen Urteilen des EuG.[6] In den Urteilen des EuGH sucht man diesen Begriff vergeblich. Vor dem EuG ging es jedes Mal um die Indizienwirkung der Eintragung ähnlicher oder identischer Marken durch das HABM oder nationale Ämter oder der nationaler Entscheidungen in Kollisionsverfahren.[7] Der Autonomiebegriff verbietet nicht, dass solche Entscheidungen im Einzelfall als relevant berücksichtigt werden.[8] Wohl aber wird eine Indizwirkung regelmäßig verneint. Für Eintragungen in Drittstaaten folgt dies schon aus den Unterschieden der, nicht harmonisierten, nationalen Rechtsordnungen, die den jeweiligen Entscheidungen zu Grunde lagen.[9] Auch Eintragungen durch nationale Ämter der EG ist die Indizwirkung abzusprechen.[10] Schließlich lehnt der EuGH auch bei der Beurteilung der Schutzfähigkeit einer nationalen Marke jede Indizwirkung einer Eintragung in anderen Mitgliedstaaten ab.[11] Die gebotene

---

5   Hartmann, Die Gemeinschaftsmarke im Verletzungsverfahren, S 38; siehe auch Knaak, GRUR Int 1997, 873.

6   ZB EuG T-290/10 vom 27.11.2011 (Nr 35) *Tennis Warehouse*; EuG T-322/03 vom 16.3.2006, ABl-HABM 2006, 973 (Nr 30) *Weisse Seiten*; EuG T-032/00 vom 5.12.2000 (Nr 47) *Electronica*; EuG T-106/00 vom 27.2.2002, ABl-HABM 2002, 1090 (Nr 47) *Streamserve*.

7   So in EuG T-535/08 vom 27.9.2012 (Nr 89f) *Emidio Tucci/Tuzzi*.

8   EuG T-498/10 vom 8.3.2013 (Nr 109) *David Mayer/Daniel&Mayer*.

9   EuG T-345/99 vom 26.10.2000, ABl-HABM 2001, 448 (Nr 41) *Trustedlink*.

10  EuGH C-104/00 vom 19.9.2002, ABl-HABM 2002, 2468 (Nr 39) *Companyline*; EuGH C-039/08 vom 12.2.2009 (Nr 14, 18) *Volkshandy*.

11  EuGH C-363/99 vom 12.4.2004 GRUR 2004, 674 (Nr 44) *Postkantoor*.

Harmonisierungswirkung muss vom Gemeinschaftsmarkensystem, dh vom HABM und dem EuGH, ausgehen und nicht von nationalen Vorentscheidungen. Einzelheiten unter Art 37 Rdn 15.

Eine Berücksichtigung nationaler Vorentscheidungen oder Voreintragungen 16 führt in Wahrheit nur zu einer Versteinerung nationaler Besonderheiten, die mit dem Harmonisierungsziel der GMV nicht vereinbar sind. Das Markenrecht der EG kann nicht dadurch harmonisiert werden, dass das HABM seinerseits bestehende nationale Eintragungen zur Eintragung zulässt.[12] Andere Marken, die möglicherweise früher zu Recht oder zu Unrecht eingetragen wurden, sind nicht Verfahrensgegenstand.[13] Auch darf es der interessierten Partei nicht überlassen bleiben, sich die für ihren Standpunkt günstigsten nationalen Entscheidungen auszusuchen.

Die Harmonisierungswirkung des Gemeinschaftsmarkensystems ist aber keine Einbahnstraße. Das Gemeinschaftsmarkensystem baut auf den nationalen 17 Markensystemen auf und bedarf eines harmonischen Miteinanders mit diesen. Zum harmonisierten europäischen Markenrecht gehören nicht nur die GMV, sondern auch die Markenrechtsrichtlinie, das MP, dem die EG angehört, die PVÜ und das TRIPS-Übereinkommen, an das die EG gebunden ist. Das Gemeinschaftsmarkensystem ist somit vor dem Hintergrund der Markenrechtsrichtlinie, des TRIPS-Abkommens, der PVÜ und der in diesen Rechtsakten zum Ausdruck kommenden gefestigten Grundsätze des Markenrechts auszulegen.[14] Außerdem können die nationalen Gerichte Fragen der Auslegung des harmonisierten nationalen Markenrechts mit dem Vorlageverfahren nach Art 234 EG-V (Art 267 EU-V) vor den EuGH bringen. Gelegentlich hat der EuGH in solchen Verfahren die Europarechtskonformität nationaler Auslegungsgrundsätze zu beurteilen.[15] Zur Autonomie des Gemeinschaftsmarkensystems kommt der Vorrang der Rechtsprechungsgewalt des EuGH.

12 EuG T-219/00 vom 27.2.2002, GRUR Int 2002, 600 (Nr 55) *Ellos*.
13 EuG T-299/09 vom 3.2.2011 (Nr 41) *Ginstergelb und silbergrau*; BPatG MarkenR 2009, 554 *Burg Lissingen*.
14 Siehe EuGH C 245/02 vom 16.11.2004, ABl-HABM 2005, 378 *Anheuser-Busch*.
15 EuGH C-108/97 vom 4.5.1999, ABl-HABM 1999, 1054 (Nr 35) *Chiemsee*; EuGH C-120/04 vom 6.10.2005, ABl-HABM 2005, 1468 *Thomson Life*.

**18**  Die Autonomie des Gemeinschaftsmarkensystems zeigt sich ganz praktisch dann, wenn nationalen Urteilen auf europäischer Ebene die Bindungswirkung abgesprochen wird, die Gemeinschaftsorgane aber umgekehrt eine Bindung der Entscheidungen des HABM und des EuG gegenüber nationalen Klageverfahren reklamieren. Das EuG hatte dem Widerspruch gegen die Wortmarke »Zirh« aus der Bildmarke »Sir« mangels Verwechslungsgefahr den Erfolg versagt;[16] dieses Urteil wurde vom EuGH bestätigt.[17] Das LG Hamburg[18] hat in einem Verletzungsprozess zwischen denselben Parteien Verwechslungsgefahr bejaht und eine Unterlassungsverfügung ausgesprochen; das Urteil wurde übrigens auf Berufung hin vom OLG aufgehoben. Der Generalanwalt kritisierte,[19] dass das LG Hamburg zu anderen Ergebnissen kam,[20] ja sogar ausdrücklich dem EuG in der Beurteilung der Verwechslungsgefahr widersprach. Bedenklich war, dass der Erfolg des Anmelders der jüngeren Marke vor dem EuG folgenlos bleibt, weil der Anmelder der jüngeren GM zwar das vom Inhaber der älteren Marke »Sir« angestrengte Widerspruchsverfahren letztinstanzlich gewinnt, seine jüngere Marke jedoch nicht benutzen darf, ohne dass sich der Anmelder der jüngeren GM hiergegen durch Angriff auf die ältere Marke zur Wehr setzen kann, denn an deren Rechtsbeständigkeit bestehen keine Zweifel, lediglich an deren Schutzumfang. Ein solcher Zielkonflikt kann aber nicht über das Institut des Vorabentscheidungsersuchens, sondern nur über eine europafreundliche Rspr der nationalen Gerichte gelöst werden.

**19**  Auch ist es Ausfluss des Autonomiegrundsatzes, dass sich das EuG nicht zu einer Überprüfung der Rechtsbeständigkeit nationaler Marken befugt sieht.[21] Es ist eine Frage des Verfahrensrechts, ob im Widerspruchsverfahren vor dem HABM der Jüngere einwenden kann, eine prioritätsältere Marke als der Widersprechende zu besitzen (Einwand des besseren nationalen Rechts).

---

16  EuG T-335/02 vom 3.3.2004, MarkenR 2004, 162 *Sir/Zirh*.

17  EuGH C-206/04 vom 23.3.2006, ABl-HABM 2006, 790 *Zirh/Sir*.

18  LG Hamburg vom 6.5.2004, 315 O 158/03, zitiert bei von Mühlendahl, in: FS für Kolle und Stauder, S 503, 507.

19  Schlussanträge des Generalanwalts Ruíz-Jarabo vom 10.11.2005 in der Rs C-206/04 *Zirh/Sir*.

20  Von Mühlendahl, in: FS für Kolle und Stauder, S 503, 512: »rechtens aber unbefriedigend«.

21  EuG T-269/02 vom 21.4.2005, ABl-HABM 2005, 970 (Nr 28, 30) *Ruffles/Riffels*.

Diesen Einwand hat das EuG zutreffend verneint.[22] Im Widerspruchsverfahren vor dem HABM ist von der Rechtsgültigkeit der geltend gemachten älteren GM oder nationalen Marke auszugehen (siehe auch unten, Art 1 Rdn 50); jedoch kann der Anmelder der GM die Widerspruchsmarke in einem nationalen Verfahren mit einem Nichtigkeitsantrag angreifen, worauf das Widerspruchsverfahren ggf auszusetzen ist. Im Verletzungsverfahren vor einem Gemeinschaftsmarkengericht ist der Einwand des besseren Rechts nach Art 99 (3) ohne weiteres zulässig.

Zur Bindungswirkung der Eintragung der GM siehe auch unter Art 6 **20** Rdn 14–21.

### 3 Grundsatz der Einheitlichkeit

Der Grundsatz der Einheitlichkeit der GM ist in Art 1 (2) niedergelegt und **21** bedeutet zunächst, dass die GM ein supranationales, EG-weites Schutzrecht ist und nicht lediglich ein Bündel nationaler Schutzrechte.

#### 3.1 Was Einheitlichkeit nicht bedeutet

Der Grundsatz der Einheitlichkeit der Marke bezieht sich auf die Territoria- **22** lität des Schutzes und bedeutet nicht:

#### 3.1.1 Einheitlichkeit der Wiedergabe der Marke

Der Grundsatz bedeutet nicht, dass die Wiedergabe der Marke unteilbar **23** bzw unabänderlich ist. Der Grundsatz der Unteilbarkeit der Marke als Gegenstand der Eintragung folgt zwar aus Art 43 und Art 48, hat jedoch nichts mit der spezifisch supranationalen Komponente der GM zu tun. Ebenso bedeutet Art 1 (2) nicht, dass die Marke als Gegenstand der Eintragung unteilbar ist. Vielmehr kann die Marke im Falle einer Teilübertragung für einzelne Waren und Dienstleistungen in zwei Eintragungen aufgeteilt werden (Art 17 (1), R 32), und es besteht nunmehr auch die Möglichkeit der freien Teilung der Anmeldung oder Eintragung der GM auf Antrag des Anmelders oder Inhabers (Art 44 und 49, eingefügt durch VO Nr 422/2004). Teilung bedeutet Aufteilung einer Marke in mehrere Marken für jeweils verschiedene Waren und Dienstleistungen.

---

22 EuG T-269/02 vom 21.4.2005, ABl-HABM 2005, 970 (Nr 26) *Ruffles/Riffels*.

### 3.1.2 Teilbarkeit des VerzWDL

24 Einheitlichkeit bedeutet ferner nicht, dass das VerzWDL unteilbar wäre. Im Gegenteil ist eine teilweise Zurückweisung, Zurücknahme, Nichtigerklärung oder ein teilweiser Verzicht für nur einen Teil der Waren und Dienstleistungen jederzeit möglich. Die Tatsache, dass die GM für jede der in ihr beanspruchten Waren und Dienstleistungen ein unterschiedliches Schicksal haben kann, bedeutet jedoch nicht, dass die GM virtuell als eine Summe von Einzelmarken für jede einzelne beanspruchte Ware oder Dienstleistung anzusehen wäre. Im Gegenteil ist das VerzWDL grundsätzlich nicht als bloße Summe der Einzelbegriffe, sondern als Einheit in dem Sinne anzusehen, dass die einzelnen in ihm enthaltenen Begriffe aufeinander bezogen ausgelegt werden können. Ein im VerzWDL beanspruchter Begriff ist somit nicht isoliert vom Rest des VerzWDL auszulegen.[23]

### 3.2 Bedeutung des Grundsatzes der Einheitlichkeit

25 Der Grundsatz der Einheitlichkeit ist nach dem EuGH mit den Zielen des Binnenmarkts und der Gewährleistung des freien Warenverkehrs verknüpft.[24] Der Begriff »in der Gemeinschaft« meint im Zweifel die EG ohne Bezug auf bestimmte Mitgliedstaaten oder ihre Summe.[25] Gemäß Art 1 (2) bedeutet er:

### 3.2.1 Erwerb, Fortbestand, Erlöschen

26 Der Erwerb, der Fortbestand und das Erlöschen der GM ist nur einheitlich und mit Wirkung für das gesamte Gebiet der EG möglich. Die GM ist ein supranationales Schutzrecht, das nur mit Wirkung für die gesamte EG angemeldet und eingetragen werden kann. Der Schutz der GM mit »Löchern« oder »à la carte« nach Wunsch des Anmelders ist durch Art 1 (2) ausgeschlossen. Da der Erwerb durch Eintragung (siehe Art 6) der GM nur mit Wirkung für die gesamte Gemeinschaft möglich ist, stehen absolute und relative Eintragungshindernisse, die in einem Mitgliedstaat bestehen, der Eintragung der GM als Ganzes entgegen. Für absolute Eintragungshindernisse ist dies in

---

23 Schlussanträge der Generalanwältin Sharpston in der Rs C-273/05 vom 14.12.2006 (Nr 90) *Celltech*; anders EuG T-356/00 vom 20.3.2002, ABl-HABM 2002, 1552 (Nr 46) *Carcard*.

24 EuGH C-149/11 vom 19.12.2012, GRUR 2013, 182 (Nr 32, 42) *Onel*.

25 EuGH C-149/11 vom 19.12.2012, GRUR 2013, 182 (Nr 43) *Onel*.

*Schennen*

Art 7 (2) niedergelegt, für relative Eintragungshindernisse folgt dies aus der Anerkennung nationaler Marken als relative Eintragungshindernisse in Art 8 (2) (a) (ii). Dies wird auch als »Alles-oder-Nichts-Prinzip« bezeichnet.[26] Ausdrücklich bestimmt ist außerdem, dass die GM nur für und mit Wirkung in der gesamten Gemeinschaft übertragen werden kann; eine Aufspaltung der GM durch Übertragung auf verschiedene Inhaber in verschiedenen Mitgliedstaaten ist somit nicht möglich. Was für den Erwerb gilt, gilt auch für das Fortbestehen: Auch die Verlängerung der GM ist nur einheitlich mit Wirkung für die gesamte EG möglich. Gleiches gilt für das Erlöschen, sei es durch Zurücknahme oder Zurückweisung der Anmeldung durch Verzicht auf die Eintragung (Art 50) oder für die Erklärung der Nichtigkeit oder des Verfalls, die ebenfalls nur einheitlich und mit Wirkung für die gesamte EG erfolgen können.

### 3.2.2 Einheitlichkeit als Vermögensgegenstand

Als einheitliches, supranationales Schutzrecht ist die GM außerdem auch ein einheitlicher, unteilbarer Gegenstand des Vermögens. Dies äußert sich zunächst darin, dass nach Art 16 die GM nur einem einheitlichen Realstatut hinsichtlich der Regelung der vermögensrechtlichen Wirkungen der GM angehören kann, das zwingend das nationale Recht eines Mitgliedstaates (unter Ausschluss des Rechts von Drittstaaten) ist. Ferner äußert sich dies darin, dass dingliche Rechte (Art 19), Zwangsvollstreckungsmaßnahmen (Art 20) und Konkursverfahren (Art 21) die GM als ganzes erfassen. **27**

### 3.2.3 Einheitliche Wirkungen

Die GM hat EG-weit einheitliche Wirkung (Art 14 (1)). Wirkungen und Inhalt des Schutzrechts sind einheitlich. Die Durchsetzung der GM als Verbietungsrecht ist gemeinschaftsweit möglich, wobei es dem Schutzrechtsinhaber überlassen bleibt, welche Verletzungshandlungen und mit welcher territorialen Wirkung er verfolgen will. Entscheidend ist vielmehr, dass für den Fall, dass der Schutzrechtsinhaber die GM durchsetzen will, dies mit einheitlicher Wirkung in der ganzen EG geschieht und dass der Schutzrechtsinhaber die Gemeinschaftsmarkengerichte bemühen kann, die gemeinschaftsweite Kompetenzen über die Grenzen der Mitgliedstaaten hinweg besitzen, soweit nicht in Art 98 (2), Art 103 (2) Ausnahmen hiervon vorgesehen sind. **28**

---

26 Hackbarth, Grundfragen des Benutzungszwangs, S 21.

29  Die Untersagung der Benutzung einer jüngeren Marke, Art 102 (1), ebenso
wie alle anderen, durch Art 102 nicht harmonisierten, Sanktionen, setzen voraus, dass für die einheitliche Wirkung habende GM ein Verletzungstatbestand (Art 9) bejaht wurde. Es ist zunächst einmal streng zu unterscheiden
zwischen der Bejahung eines Verletzungstatbestands, der territorialen Reichweite der daraufhin anwendbaren Sanktionen und der Zuständigkeit des angerufenen Gerichts. Der Verletzungstatbestand ergibt sich aus Art 9–14, wobei die Untersagung der Benutzung nur verlangt werden kann, wenn auch
nach Art 8 die Eintragung der jüngeren Marke verhindert werden kann, und
umgekehrt. Die anwendbaren Sanktionen ergeben sich aus Art 102 und sind
gemeinschaftsweit anzuordnen, Art 98 (1), es sei denn, die Zuständigkeit des
Gemeinschaftsmarkengerichts beruht auf dem forum deliciti commissi,
Art 98 (2). Die Zuständigkeit des Gemeinschaftsmarkengerichts folgt aus
Art 97 und hat rein gar nichts mit dem Verletzungsort zu tun, außer im Falle
des forum delicti commissi, Art 97 (5).

30  Die Verletzung der GM ist in dem Gebiet festzustellen, in dem sie geschützt
ist, nämlich die gesamte EG. Es folgt auch aus dem Grundsatz der Einheitlichkeit der GM,[27] dass es für die Verwechslungsgefahr ausreicht, dass sie in
einem Teil der EG (1 Mitgliedstaat, 1 Amtssprache) besteht.[28] Zusätzlich betont das EuG den Gleichlauf zu Art 7;[29] ergänzend wäre zu berücksichtigen,
dass eine ältere GM nicht schlechter gestellt werden kann als ein Bündel nationaler Marken. Im Pago-Fall bestätigte der EuGH, dass dies grundsätzlich
auch für die Qualifikation, ob eine GM bekannt iSv Art 8 (5) ist, gilt.[30] Das
EuG geht ohne weiteres davon aus, dass eine GM »bekannt« iSv Art 8 (5) ist,
wenn sie in einem (großen) Mitgliedstaat bekannt ist.[31]

31  Der EuGH hat im DHL-Fall nunmehr ausdrücklich bejaht, dass die Sanktionen daraufhin gemeinschaftsweit beantragt werden können, und zwar als

---

27  EuGH C-514/06 vom 18.9.2008 (Nr 57) *Armafoam/Nomafoam*.
28  EuGH C-459/09, Beschluss vom 16.9.2010 (Nr 30) *Dominio de la Vega/Palacio
de la Vega*; EuG T-355/02 vom 3.3.2004, MarkenR 2004, 162 (Nr 36) *Sir/Zirh*;
EuG T-312/03 vom 14.7.2005, GRUR Int. 2005, 943 (Nr 29) *Selenium ACE*;
EuG T-322/05 vom 22.3.2007, GRUR Int 2007, 597 (Nr 29) *Terranus/Terra*.
29  Die Effekte beider Normen können aber entgegengesetzt sein, dazu Schennen,
in: FS 50 Jahre BPatG, S 756.
30  EuGH C-301/07 vom 6.10.2009, GRUR 2009, 1158 (Nr 29) *Pago*.
31  EuG T-131/09 vom 28.10.2010 (Nr 62) *Botumax/Botox*.

Regelfall.[32] Im Pago-Fall hatte er dies wegen verfehlter Fragestellung des vorlegenden Gerichts noch nicht zu prüfen.[33] Im Schon im Nokia-Fall[34] hatte der EuGH entschieden, dass das mit Art 98 (1) verfolgte Ziel darin besteht, das mit der GM verliehene Recht im gesamten Gebiet der EG einheitlich gegen die Gefahr der Verletzung zu schützen. Um diesen einheitlichen Schutz zu garantieren, muss sich daher das von einem zuständigen Gemeinschaftsmarkengericht ausgesprochene Verbot, die Handlungen fortzusetzen, die eine Gemeinschaftsmarke verletzen oder zu verletzen drohen, grundsätzlich auf das gesamte Gebiet der Union erstrecken. Wenn die territoriale Reichweite dieses Verbots auf das Gebiet des Mitgliedstaats, für den dieses Gericht die Handlung, die eine Gemeinschaftsmarke verletzt oder zu verletzen droht, festgestellt hat, oder auf das Gebiet lediglich der Mitgliedstaaten, die zu dieser Feststellung Anlass gegeben haben, beschränkt wäre, bestünde die Gefahr, dass der Verletzer die GM in einem Mitgliedstaat, für den das Verbot nicht ausgesprochen wurde, erneut benutzt, und es würden zusätzliche gerichtliche Verfahren, mit der Gefahr divergierender Entscheidungen, anzustrengen sein.[35] Eine Weigerung, diese Sanktionen für einzelne Teile der EG auszusprechen, würde Art 1 (2) Satz 3 widersprechen.[36] Gewisse Einschränkungen können sich allenfalls aus flexiblen Voraussetzungen der jeweiligen Norm selbst (rechtfertigende Gründe iSv Art 8 (5) oder Art 102 (1)) ergeben.

Der Kläger kann immer (und muß es sogar im Falle des Art 98 (2)) den Unterlassungsantrag räumlich auf das Gebiet eines Mitgliedstaates begrenzen.[37] Fraglich sein kann nur – und ist dann nach nationalem Prozeßrecht zu beantworten, Art 101 (2) –, wie ein Antrag auszulegen ist, der keine ausdrückliche Bezugnahme auf ein bestimmtes Territorium enthält.[38] Die deutsche **32**

---

32  EuGH C-235/09 vom 12.4.2011, WRP 2011, 736 (Nr 38, 44) *DHL*.

33  EuGH C-301/07 vom 6.10.2009, GRUR 2009, 1158 (Nr 31) *Pago*.

34  EuGH C 316/05 vom 14.12.2006, GRUR 2007, 228 (Nr 60) *Nokia/Wärdell*.

35  EuGH C-235/09 vom 12.4.2011, WRP 2011, 736 (Nr 44f) *DHL*.

36  AA Hartmann, Die Gemeinschaftsmarke im Verletzungsverfahren, S 76, 87 (verfehlt, denn Art 1 gilt sehr wohl im Verhältnis von 2 GMn).

37  EuGH C-235/09 vom 12.4.2011 (Nr 48) *DHL*; AT-OGH GRUR Int 2007, 433 *Cilgin Bolga*; so auch bereits von Mühlendahl/Ohlgart, S 9; Knaak, GRUR Int 2007, 386.

38  So die Ausgangslage in EuGH C-235/09 vom 12.4.2011, WRP 2011, 736 (Nr 25) *DHL*.

Rspr kehrt das Regel-Ausnahme-Verhältnis des Art 1 um, indem sie im Zweifel eine ausdrückliche Bezugnahme auf die gesamte EG verlangt.[39] Auf die Bejahung des Verletzungstatbestands hat dies aber keine Auswirkungen. So kann die Untersagung der Benutzung auch in DE verlangt werden, auf der Grundlage der Bejahung der Verwechslungsgefahr im engl.[40] Der Verletzungstatbestand entfällt nicht, nur weil prozessual zulässig ein eingeschränkter Antrag gestellt wird.[41] Der GM-Inhaber ist überhaupt nicht einmal gezwungen, Unterlassung im Hauptsacheverfahren zu beantragen (siehe Art 103).

33 Obwohl dazu nach der Vorlagefrage kein Anlass gewesen wäre, hat der EuGH im DHL-Fall die Einschränkung gemacht, dass die territoriale Reichweite der Sanktionen zu begrenzen sind, wenn das Gericht feststellt, dass die verletzende Handlung sich auf einen Mitgliedstaat beschränkt, etwa wenn der Beklagte den Beweis erbringt, dass die Benutzung des fraglichen Zeichens insbesondere aus sprachlichen Gründen die Funktionen der Marke nicht beeinträchtigt oder nicht beeinträchtigen kann.[42] Abgesehen von der höchst überflüssigen Bezugnahme auf die Funktionen der Marke (es geht doch um die Interessen des Verletzten, nicht die Frage, ob die Verletzungshandlung markenmäßig war) liegt dem die Vorstellung zu Grunde, dass die Verwechslungsgefahr in dem Gebiet bestehen muß, für das die Sanktionen beantragt werden. Diese Ausnahme vom grundsätzlich gemeinschaftsweiten Verbot muß aber der Verletzer darlegen und beweisen.

34 Noch radikaler vertritt eine in der Lit verbreitete Meinung,[43] der GM-Inhaber könne Verletzungshandlungen nur verbieten, sofern ein »wirklicher Konflikt« bestehe, dh die Verwechslungsgefahr sei Tatfrage, Art 9 setze eine gebietsbezogene Verwechslungsgefahr voraus, andernfalls fiele dem GM-Inhaber durch ein gemeinschaftsweites Verbot ein »Overkill« zu. Für eine grundsätzliche Beschränkung der Reichweite der Verletzungssanktionen ent-

39  OLG Düsseldorf MarkenR 2006, 369 *Rodeo Drive*.

40  LG Hamburg vom 6.5.2004, 315 O 158/03, zitiert bei von Mühlendahl, in: FS für Kolle und Stauder, S 503, 507; ebenso AT-OGH GRUR Int 2007, 258 *Lucky Strike*.

41  AA Hartmann, Die Gemeinschaftsmarke im Verletzungsverfahren, S 114.

42  EuGH C-235/09 vom 12.4.2011, WRP 2011, 736 (Nr 45) *DHL*.

43  Hartmann, Die Gemeinschaftsmarke im Verletzungsverfahren, S 111ff; Hye-Knudsen/Schafft, MarkenR 2004, 213.

hält aber die GMV keinen Anhaltspunkt.[44] Art 9 enthält keine Bezugnahme auf ein Gebiet, in dem die ältere Marke geschützt ist. Eine solche Bezugnahme findet sich wohl in Art 8 (1) (b), dort aber lediglich im Hinblick auf ältere nationale Marken; das Gebiet, in dem die GM geschützt ist, ist die ganze EG. Im Gegenteil muß der Inhaber der älteren GM nicht nur die Eintragung, sondern in dem gleichen Umfang auch eine Benutzung der jüngeren Marke untersagen können und umgekehrt bei Verneinung der Verwechslungsgefahr im Rahmen des Amtsverfahrens auch die Verwechslungsgefahr im Verletzungsverfahren verneint werden.[45] Von diesem Gleichklang geht die GMV aus, was der identische Wortlaut von Art 8 und 9 zeigt. Zudem besteht die Gefahr, dass der Verletzer die schutzrechtsverletzenden Waren gezielt in einem Hafen eines Mitgliedstaats anlandet, für den die oa Ausnahme in Betracht kommt, um die so in Verkehr gebrachten Waren anschließend frei in der gesamten EG zu verbreiten. Das zeigt, dass die vom EuGH genannte Ausnahme nur auf Fälle beschränkt werden sollte, in denen ohnehin ein Rest von Verwechslungsgefahr hingenommen werden könnte oder der prozessual geltend gemachten Streitgegenstand ohnehin flexibel zu definieren[46] ist. Solche Ausnahmefälle können ohnehin »besondere Gründe« iSv Art 102 (1) darstellen, die ohnehin der Verhängung der Sanktion entgegenstehen können.[47]

### 3.2.4 Einheitlichkeit der Schranken

Ebenso wie die Wirkungen der GM einheitlich sind, sind auch die Ausnahmen hiervon, nämlich die Schutzrechtsschranken, einheitlich. Für die Erschöpfung ist in Art 13 der Grundsatz der gemeinschaftsweiten Erschöpfung vorgesehen, was der Rspr des EuGH zum freien Warenverkehr vor Erlass der GMV entspricht. Auch die Schutzschranken des Art 12 gelten gemeinschaftsweit. Dies bedeutet beispielsweise, dass, soweit Art 12 (b) den beschreibenden Gebrauch von als GM geschützten Begriffen freistellt, diese beschreibende Benutzung EG-weit möglich ist und nicht lediglich in dem Mitgliedstaat, in dessen Sprache der Begriff beschreibend ist.

35

---

44 Im Ausgangspunkt auch: Von Mühlendahl, S 47.

45 Schlussanträge des Generalanwalts Ruíz-Jarabo vom 10.11.2005 in der Rs C-206/04 *Zirh/Sir.*

46 Von Mühlendahl/Ohlgart, S 47.

47 Dazu EuGH C 316/05 vom 14.12.2006, GRUR 2007, 228 (Nr 37-44) *Nokia/ Wärdell* (diese Ausnahme ist eher restriktiv auszulegen).

### 3.2.5 Untersagung der Benutzung

36   Art 1 (2) Satz 3 bestimmt ferner, dass die Benutzung der GM grundsätzlich nur für die gesamte EG untersagt werden kann. Dieser Grundsatz erfährt Einschränkungen in Art 110 und Art 111 (siehe dazu unten, Art 1 Rdn 39–41 und 42).

### 3.3 Ausnahmen vom Grundsatz der Einheitlichkeit

37   Gemäß Art 1 (2) Satz 4 gilt der Grundsatz der Einheitlichkeit nur, soweit in der GMV nicht Ausnahmen vorgesehen sind. Dies bedeutet, dass Ausnahmen möglich sind, jedoch einer ausdrücklichen Bestimmung in der GMV bedürfen.

### 3.3.1 Lizenz

38   Während die Übertragung der GM nur einheitlich möglich ist und dingliche Rechte nur einheitlich bestellt werden können, ist eine Lizenz (Art 22 (1)) auch für lediglich einen Teil der Gemeinschaft, insbesondere einen oder mehrere Mitgliedstaaten, möglich (siehe Art 22 Rdn 14–15).

### 3.3.2 Untersagung der Benutzung

39   Art 110 regelt zwei Fälle, in denen die Benutzung einer GM aufgrund nationalen Rechts mit Wirkung für einen bestimmten Mitgliedstaat und in diesem Mitgliedstaat untersagt werden kann.

40   Nach Art 110 (1) kann der Inhaber einer älteren nationalen Marke in dem Mitgliedstaat, in dem diese geschützt wird, auch die Untersagung einer Benutzung einer jüngeren GM verlangen. Dies bedeutet nichts anderes, als dass jemand, der rechtswidrig eine ältere Marke benutzt, sich nicht damit verteidigen kann, selbst eine prioritätsjüngere Marke, sei es auch eine GM, zu besitzen.

41   Zum anderen bestimmt Art 110 (2), dass die Benutzung einer GM in einem Mitgliedstaat aufgrund nationalen Rechts unter den gleichen Bedingungen möglich ist wie die Untersagung der Benutzung einer identischen nationalen Marke. Auch dies bedeutet, dass jemand, der eine Marke täuschend oder im Rahmen irreführender Werbung benutzt, sich nicht damit verteidigen kann, Inhaber einer eingetragenen Marke zu sein. Insofern gibt die GM kein positives Benutzungsrecht.

### 3.3.3 Ältere Rechte von örtlicher Bedeutung

Nach Art 111 geben nationale ältere Rechte von lediglich örtlicher Bedeu- 42
tung, die zwar nicht gemäß Art 8 (4) gegen den Bestand der GM geltend gemacht werden können und keine relativen Eintragungs- oder Nichtigkeitsgründe darstellen, gleichwohl das Recht, die Untersagung der Benutzung
einer jüngeren GM zu verlangen, falls solche Ansprüche nach nationalem
Recht gegenüber nationalen Marken bestehen.

### 3.3.4 Durchsetzbarkeit in den neuen Mitgliedstaaten

Eine Ausnahme vom Grundsatz der Einheitlichkeit der GM stellt es ferner 43
dar, dass nach Art 165 (5) iVm Art 110, 111 eine am 1.5.2004 auf die 10
neuen Mitgliedstaaten der EG erstreckte GM in dem neuen Mitgliedstaat
nicht benutzt werden darf, in dem eine vor dem 1.5.2004 erworbene ältere
nationale Marke (oder ein Kennzeichenrecht nach Art 8 (4) oder ein sonstiges Recht nach Art 53 (2)) besteht. Solche älteren nationalen Marken oder
Rechte in den neuen Mitgliedstaaten können nach Art 165 (3), (4) gegen
den Bestand der GM nicht geltend gemacht werden, wohl aber gegen deren
Benutzung. Die GM bleibt also gültig, darf aber ohne Zustimmung des Inhabers der nationalen Marke in dem neuen Mitgliedstaat nicht ausgeübt
werden. Dies verwirklicht den Bestandsschutz zugunsten der Inhaber dieser
nationalen Rechte, denen vor dem Beitritt in ihrem Gebiet ein kennzeichen-
rechtliches Ausschließlichkeitsrecht zustand, das ihnen durch den Beitritt
nicht genommen werden darf. Von Koexistenz kann hier nicht gesprochen
werden. Art 165 (5) hat schließlich zur Folge, dass die Beschränkung der
Durchsetzbarkeit entfällt, wenn die nationale Marke wegfällt (vielleicht sogar
aufgekauft wird). Die Regelung entspricht der Lösung in Art 110, der in
Art 165 auch in Bezug genommen wird.

### 3.3.5 Ausweg: Umwandlung

In gewisser Hinsicht stellt es auch eine Ausnahme von Grundsatz der Ein- 44
heitlichkeit dar, dass der Inhaber einer fehlgeschlagenen GMA oder GM
gemäß Art 112 deren Umwandlung in nationale Markenanmeldungen beantragen kann, da dies den Grundsatz, dass der Erwerb der GM nur gemeinschaftsweit möglich ist, verfahrensrechtlich abmildert. Art 112 ist außerdem
Ausdruck der Permeabilität der GM.

#### 4 Grundsatz der Koexistenz

45   Es gilt ferner der Grundsatz der Koexistenz mit nationalen Marken und sonstigen Kennzeichenrechten.

##### 4.1 Fortbestand nationaler Marken und Schutzrechte

46   Dies bedeutet zum einen, dass die GMV die bestehenden nationalen Marken und Kennzeichenrechte sowohl in ihrem Bestand als auch in ihren Wirkungen unangetastet lässt.

47   Die Koexistenz der GM im Verhältnis zu nationalen Rechten besteht nicht nur gegenüber eingetragene Marken, sondern auch gegenüber nicht eingetragene Marken und nach Art 14 gegenüber anderen nationalen Schutzrechten und sonstigen Ansprüchen kennzeichenrechtlicher, wettbewerbsrechtlicher oder sonstiger Art. Dies schließt den Schutz durch Geschmacksmusterrechte, Urheberrecht, als geographische Herkunftsangabe und den gegen unlauteren Wettbewerb ein.

##### 4.2 Wahlfreiheit

48   Dies bedeutet ferner, dass auch in Zukunft die Anmelder und die Industrie die freie Wahl haben, ob sie Gemeinschaftsmarkenschutz, Schutz über nationale Marken oder eine Kombination beider Schutzmöglichkeiten wünschen. Die GM soll die nationalen Markensysteme auch in Zukunft nicht ersetzen, sondern neben diese treten. Unternehmen, die keinen Schutz auf Gemeinschaftsebene wünschen, sollen sich für eine Benutzung nationaler Marken entscheiden können, ohne gezwungen zu sein, ihre Marken als GM anzumelden.[48] Dieser Grundsatz wird auch im Rahmen der Vorschläge der EG-Kommission zur Reform des Gemeinschaftsmarkensystems (im Anschluss an die Studie des Max-Planck-Instituts) nicht nur unangetastet bleiben, sondern es werden sogar Vorschläge gemacht, die die beiden Systeme noch stärker aufeinander abstimmen sollen, durch erweiterte materiellrechtliche und verfahrensrechtliche Reglungen in der MarkenRichtl. Einen Wettbewerb der Systeme soll es insoweit geben, als jedes System durch Qualität überzeugen muß, nicht aber in der Weise, dass das eine System gegenüber dem anderen künstlich attraktiv gehalten wird. Auch der Wettbewerb in der Qualität wird durch die Aktivitäten des HABM im Rahmen des Konvergenzprogramms

---

48   EuGH C-149/11 vom 19.12.2012, GRUR 2013, 182 (Nr 26, 40) *Onel.*

stärker auf eine partnerschaftliche gemeinsame Angebotsebene gehoben. HABM und nationale Ämter betreuen das gemeinschaftliche, durch MarkenRichtl und GMV errichtete Markensystem im Verbund und bilden das »European Trademark and Design Network«.[49] Damit hängt der Erfolg der GM weiterhin davon ab, ob die Markeninhaber den Schutz der GM tatsächlich als vorteilhaft ansehen.

Die Anmelder können sich auch dafür entscheiden, den Schutz der GM und **49** der nationalen Marke zu kumulieren. Ein Doppelschutz derselben Marke als GM und als nationale Marke ist ohne weiteres möglich. Eingeschränkt ist in diesem Falle lediglich die Geltendmachung des Schutzes durch Art 109, der wiederholte aufeinander folgende Klagen aus GMn einerseits und aus nationalen Marken andererseits ausschließt und zur Klagenkonzentration zwingt.

### 4.3 Weitere Auswirkungen der Koexistenz?

EuGH[50] und EuG[51] sehen es als Auswirkung der Koexistenz der GM mit **50** nationalen Marken an, dass nationale Marken nur von nationalen Instanzen (Gerichten, Ämtern) für nichtig erklärt werden können. Daraus hat der EuGH in »F1« die weitere Folgerung gezogen, dass in einem auf eine ältere nationale Marke gestützten Widerspruchsverfahren der älteren Marke nicht jede (originäre) Kennzeichnungskraft abgesprochen werden kann, da dies den Schutz der nationalen Marke aufheben könnte; die Bezeichnung eines Zeichens als beschreibend sei gleichbedeutend mit dem Verneinen der Unterscheidungskraft, letzteres sei gleichbedeutend mit einer Verneinung der Gültigkeit.[52] Eine Antwort, wie denn in einem solchen Fall die Kennzeichnungskraft der älteren nationalen Marke zu bestimmen sei, wird nicht gegeben. Im Ausgangsfall hatte das EuG[53] völlig zutreffend ausgeführt, die Eintragung der nationalen Marke schließe nicht aus, dass sie beschreibend sei oder anders ausgedrückt geringe Kennzeichnungskraft habe, und dass die Gültigkeit der nationalen Marke nur in einem nationalen Nichtigkeitsverfahren in Frage gestellt werden kann; gleichwohl wurde es aufgehoben.

---

49  HABM, Strategic Plan, S 45, 63.
50  EuGH C-196/11 vom 24.5.2012, GRUR 2012, 825 (Nr 38) *F1-LIVE/F1.*
51  EuG T-269/02 vom 21.4.2005, ABl-HABM 2005, 970 (Nr 26, 28) *Ruffles/Riffels.*
52  EuGH C-196/11 vom 24.5.2012, GRUR 2012, 825 (Nr 40ff) *F1-LIVE/F1.*
53  EuG T-010/09 vom 17.2.2011 (Nr 46f) *F1-LIVE/F1.*

**51**   Die Koexistenz-Theorie von »F1« ist von Grund auf verfehlt. Zunächst folgt aus einem eingetragenen Schutzrecht nicht schon ein bestimmter Schutzumfang (Unterschied von Schutzgegenstand und Schutzumfang). Dass eine nationale Marke eingetragen ist, bedeutet zunächst nur, dass sie als eingetragen und nicht als nicht eingetragen zu behandeln ist. Eine schutzunfähige ältere Marke gewährt allemal Schutz bei Doppelidentität (Art 8 (1) (a)), in dessen Rahmen es auf die Kennzeichnungskraft der älteren Marke nicht ankommt;[54] außerhalb dieses Bereichs muß die Verwechslungsgefahr positiv festgestellt werden. Wie das EuG im Ausgangsfall auch zutreffend ausgeführt hat, ist die Kennzeichnungskraft der älteren Marke im Hinblick auf die Verbraucherwahrnehmung zu definieren. Diese hängt von den Umständen zum Zeitpunkt der Entscheidung über den Widerspruch ab und nicht oder nicht notwendigerweise von denen, die zum Zeitpunkt der Eintragung der älteren Marke zu berücksichtigen waren. Die Kennzeichnungskraft der älteren Marke kann durch Benutzung gesteigert sein, wofür ebenfalls der Zeitpunkt der Entscheidung über den Widerspruch maßgeblich ist. Der Begriff der Kennzeichnungskraft (Unterscheidungskraft[55]) ist in Art 7 und Art 8 gleich und fällt mit den Funktionen der Marke als Herkunftshinweis[56] zusammen. Die Verbraucherwahrnehmung ist jeweils gleich; ein Zeichen, das gar keine Herkunftsfunktion wahrnimmt, hat gar keine und nicht etwa nur geringe Kennzeichnungskraft. Die Zurückweisung des Widerspruchs oder die Abweisung der Verletzungsklage aus einer älteren Marke lässt deren Rechtsbestand unbeeinträchtigt.

**52**   Sodann: Das Koexistenzargument insinuiert hier, es gälte Anderes, wenn die ältere Marke eine GM sei. Umgekehrt: Aus Koexistenz und Äquivalenz folgt, dass ältere nationale und GMn gleich zu behandeln sind. Aus der Autonomie des GM-Systems folgt, dass der nationalen Eintragung als solcher nur ein Indizwert zukommen kann, an die die Gemeinschaftsorgane nicht gebunden sind (vgl unter Art 37 Rdn 15 zur fehlenden Bindungswirkung im Verfahren betr absolute Eintragungshindernisse). In Wahrheit privilegiert hier der EuGH unter dem Koexistenzargument die nationalen Marken, was dem Ausgangspunkt gerade widerspricht.

---

54   Zumal dann denklogisch auch die jüngere Marke schon nach Art 7 nicht eintragbar ist.

55   Synonyme Begriffe: Ingerl/Rohnke, § 14 Rn 499.

56   So der EuGH selbst: EuGH C-037/03 vom 15.9.2005, ABl-HABM 2005, 1434 (Nr 60) *BioID*; EuGH vom 12.1.2006, GRUR 2006, 233 (Nr 60) *Standbeutel.*

Die Argumentation des EuGH versagt, wenn es mehrere Widerspruchsmar- 53
ken gibt und zwischenzeitlich nur einige von ihnen für nichtig erklärt wurden. Soll nun der Prioritätsjüngere gezwungen sein, auch die übrigen Rechte
noch im Bestand anzugreifen, sollen nun unterschiedliche Maßstäbe der
Kennzeichnungskraft für dieselbe Marke gelten, oder kann nun der Jüngere
spiegelbildlich einwenden, die Bejahung der Kennzeichnungskraft für die
nicht vernichteten Rechte würde die nationalen Nichtigkeitsurteile aufheben? Die einzig logische und praktikable Lösung ist dann, dass das HABM
weder an die Eintragungsentscheidungen noch an die Löschungsentschei-
dungen gebunden ist, dh es auch keinen gegenteiligen Automatismus gibt,
wonach das HABM automatisch an eine nationale Entscheidung gebunden
ist, die eine der Widerspruchsmarken für nichtig erklärt hat, was die Kennzeichnungskraft der übrigen Marken betrifft.

Der Grundsatz der Bindungswirkung an die Eintragung kommt aus dem 54
Verletzungsverfahren und besagt dort, dass Einwendungen gegen die Rechtsgültigkeit der Klagemarke separat vorzubringen sind, beim DPMA oder (im
Falle des Patentnichtigkeitsverfahrens) vor dem BPatG, sog Trennungsprin-
zip.[57] Unter der GMV ist die Ausgangslage insofern ganz anders: Die GM
kann vor dem Verletzungsgericht mit Widerklage, Art 100, in ihrem Bestand
angegriffen werden, und wahlweise kann sogar die Gültigkeit rein durch
Einwendung angegriffen werden, nämlich mit dem Einwand des eigenen
prioritätsälteren Rechts und dem der Löschungsreife wegen Nichtbenutzung,
Art 99 (3). Eine ausdrückliche Bindungswirkung gibt es nur in allen anderen
Fällen und nur zu Lasten der nationalen Gerichte, Art 99 (2) und Art 107.
Sodann kann der Verletzungsbeklagte sich immer darauf berufen, dass die
Verwendung des Begriffs in seiner Marke eine beschreibende Benutzung dar-
stellt (Art 12),[58] oder dass der Begriff, da beschreibend, in seiner GMA kei-
nes der dominierenden Bestandteile darstellt.[59]

Es bleibt der Kompetenzgesichtspunkt hinsichtlich der Befugnis, eine natio- 55
nale Marke für ungültig zu erklären. Dieser ist aber gar nicht berührt, wenn

---

57  Ströbele/Kirschneck, MarkenG, § 41 Rn 6; Ingerl/Rohnke, § 14 Rn 17, 23; Fitz-
    ner/Voß, PatG, vor § 139, Rn 1.
58  EuGH C-100/02 vom 7.1.2004, ABl-HABM 2004, 1183 (Nr 19) *Gerolsteiner/*
    *Putsch.*
59  So ist »Memory« kein dominierendes Element in »Educa Memory Game«,
    EuG T-243/08 vom 19.5.2010, GRUR Int 2010, 875 (Nr 40) *Educa Memory*
    *Game/Memory.*

die Eintragung aufrecht bleibt, nur Verbietungsrechte gegen Dritte verneint werden.

56  Eine GM kann mit einer älteren nationalen Marke, deren Gültigkeit nicht angegriffen wurde oder sogar wegen Zeitablauf nicht einmal mehr angegriffen werden kann (zB nach 10 Jahren nach § 50 (2) Satz 3 DE-MarkenG), koexistieren. Sie gewährt dann gegenüber dem Prioritätsälteren kein Verbietungsrecht oder positives Benutzungsrecht. Gleiches gilt im Verhältnis ältere GM/jüngere nationale Marke.[60] Das erscheint uns selbstverständlich,[61] doch galt in Spanien bislang eine andere Doktrin, nach der der Prioritätsjüngere so lange seine Marke benutzen durfte, bis der Ältere ihren Bestand beseitigte.

## 5  Grundsatz der Äquivalenz

57  Der mit dem Grundsatz der Koexistenz verwandte[62] Grundsatz der Äquivalenz bedeutet, dass nationale Marken und GMen im Verhältnis zueinander gleichwertig sind, was insbesondere die Wirkung als älteres Recht und die Anforderungen an den Benutzungszwang angeht.

### 5.1  Wirkung der GM im nationalen Verfahren

58  Erstens zeigt sich die Äquivalenz der GM zur nationalen Marke darin, dass die GM im nationalen Verfahren die Wirkung eines älteren Rechts hat und damit in seiner Wirkung als älteres Recht den in dem betr Mitgliedstaat geschützten nationalen Marken gleichgestellt ist. Dies ist in Art 4 (2) (a) (ii) MarkenRichtl vorgesehen, im deutschen Recht umgesetzt durch § 125b DE-MarkenG.

### 5.2  Wirkung nationaler Rechte im HABM-Verfahren

59  Zweitens sind im Verfahren nach der GMV, also im Widerspruchs- und Nichtigkeitsverfahren vor dem HABM sowie im Falle der Widerklage vor den Gemeinschaftsmarkengerichten, auch nationale Rechte als ältere Rechte

---

60  EuGH C-561/11 vom 21.2.2013 (Nr 33, 38) *Fédération Cynologique Internationale*; zum GGM zuvor schon: EuGH C-488/10 vom 16.2.2012 (Nr 52) *Celaya*.

61  Vgl Ingerl/Rohnke, § 14 Rn 31.

62  Nach Fernández-Novoa, S 38, nur dessen Unterfall.

zu berücksichtigen. Eine eingetragene nationale Marke, einschließlich einer IR mit Wirkung in einem Mitgliedstaat, steht nach Art 8 (2) (a) (ii), (iii) im Widerspruchsverfahren vor dem HABM einer jüngeren GMA als älteres Recht entgegen. Gleiches gilt nach Art 8 (4) für ältere nationale nicht eingetragene Marken oder sonstige nicht eingetragene Kennzeichenrechte. Ferner stehen nach Art 53 (2) andere nationale Rechte nicht kennzeichenrechtlicher Art, insbesondere Namensrechte und Urheberrechte, der GM als relative Nichtigkeitsgründe entgegen; diese Rechte nicht kennzeichenrechtlicher Art können jedoch nicht im Widerspruchsverfahren geltend gemacht werden. Auf alle diese nationalen Rechte kann schließlich im Verletzungsverfahren nach Art 100 (1) eine (erga omnes wirkende) Widerklage auf Nichterklärung der GM oder nach Art 99 (3) der (relativ wirkende) Einwand des prioritätsälteren Rechts des Beklagten gestützt werden.

### 5.3 Verwirkung durch Duldung

Ausdruck des Grundsatzes der Äquivalenz ist ferner die Gleichstellung der 60 GMen und der nationalen Marken, was die Verwirkung durch Duldung angeht. Art 54 (2) regelt den Fall, dass ein Inhaber einer nationalen Marke die Benutzung einer jüngeren GM geduldet hat. Umgekehrt regelt Art 9 (1) iVm Art 4 (2) (a) (ii) der MarkenRichtl den Fall, dass der Inhaber einer GM die Benutzung einer nationalen Marke geduldet hat.

### 5.4 Benutzungszwang

Die Gleichstellung von nationalen Marken und GMen zeigt sich ferner in 61 den verfahrensrechtlichen Konsequenzen des Benutzungszwangs: gemäß Art 42 (3) ist im Widerspruchsverfahren, wenn eine ältere nationale Marke als Widerspruchsgrund geltend gemacht wird, auf Verlangen des Anmelders der GMA der Nachweis der Benutzung des älteren Rechts gemäß den Kriterien des Art 42 (3) und des Art 15 zu erbringen. Nationale Marken, die als ältere Rechte im Widerspruchsverfahren und (Art 57 (2)) im Nichtigkeitsverfahren geltend gemacht werden, unterliegen somit in gleicher Weise der Einrede der Nichtbenutzung wie als ältere Rechte geltend gemachte GMen. Umgekehrt ist eine GM im nationalen Verletzungsverfahren (Art 99 (3)) und im nationalen, gegen eine nationale Marke gerichteten Widerspruchs- oder Löschungsverfahren nicht durchsetzbar, wenn sie nicht gemäß Art 15 benutzt wurde. Das ergibt sich aus Art 11 (1) MarkenRichtl, der für alle »älteren Marken« gilt, zu denen nach Art 4 (2) (a) (i) MarkenRichtl auch ältere GMn zählen. Dies ist auch für DE ausdrücklich geregelt in § 125b Nr 4

DE-MarkenG, der darüber hinaus klarstellt, dass für die ältere GM die Benutzung in der EG ausreicht und es nicht gefordert ist, dass die GM in DE (in dem Mitgliedstaat, in dem sie als älteres Recht geltend gemacht wird) benutzt wurde.[63] Dagegen hat sich zuletzt Widerstand geregt.[64] Jedoch hat nun der EuGH begrüßenswerterweise entschieden, dass für die rechtserhaltende Benutzung einer GM die Grenzen der Hoheitsgebiete der Mitgliedstaaten außer Acht zu lassen sind,[65] so dass es nur darauf ankommt, ob die Benutzung in der EG erfolgt – unbeschadet der Notwendigkeit, eine angemessene quantitative Schwelle der »Ernsthaftigkeit« der Benutzung festzulegen. Damit ist auch inzidenter entschieden, dass eine Benutzung der GM in dem Gebiet, in dem Ansprüche geltend gemacht werden, nicht verlangt werden darf.

## 6  Grundsatz der Permeabilität

62  Darüber hinaus hat der Gemeinschaftsgesetzgeber sich nicht lediglich mit der Koexistenz und der Gleichstellung nationaler Marken und der GMen begnügt, sondern die GM durch spezielle Vorschriften privilegiert, die die GM stärker mit den nationalen Markensystemen verzahnen sollen und insbesondere den Rechtsschutz von der GM zum nationalen System und umgekehrt stärker durchlässig gestalten sollen. Mit Fernández-Novoa[66] kann somit vom Grundsatz der Permeabilität der GM als einem weiteren tragenden Grundsatz des Gemeinschaftsmarkensystems gesprochen werden.

### 6.1  Priorität

63  Eine Selbstverständlichkeit ist es, dass die GM die Priorität einer nationalen Markenanmeldung in Anspruch nehmen kann, Art 29. Dieses Prioritätsrecht basiert auf Art 4 PVÜ. Umgekehrt führt Art 32, der der GM die Wirkung einer nationalen Hinterlegung verleiht, dazu, dass eine GMA prioritätsbegründend ist für spätere Hinterlegungen derselben Marke als nationale Marke. Da jedoch das Prioritätsrecht von der PVÜ vorgegeben ist, handelt

---

63  BPatG 25 W (pat) 29/06 vom 15.5.2008 *Stella*; Ströbele/Kober-Dehm, § 125b Rn 14.
64  Benelux-Markenamt vom 15.1.2010, *ONEL/OMEL*, zitiert auf S 144 der Studie des Max-Planck-Instituts.
65  EuGH C-149/11 vom 19.12.2012, GRUR 2013, 182 (Nr 57) *Onel*.
66  Fernández-Novoa, S 38.

es sich hierbei nicht eigentlich um einen Aspekt der Permeabilität beider Systeme, obwohl dies in der Praxis zur Erleichterung des Einstiegs bzw Umstiegs vom nationalen Markenschutz zum Schutz als GM und umgekehrt führt.

## 6.2 Seniorität

Jedoch hat der Gemeinschaftsgesetzgeber die Permeabilität der GM zur nationalen Marke zusätzlich durch Art 34, 35 vergrößert, die die Inanspruchnahme des Zeitrangs einer älteren nationalen Marke für eine jüngere GM regeln. Die wirksame Beanspruchung des Zeitrangs (der Seniorität; es handelt sich nicht um einen echten Zeitrang im Sinne einer Priorität) führt dazu, dass der Inhaber der GM, falls er die nationale Marke fallen lässt, weiterhin dieselben Rechte hätte, als ob die nationale Marke als eingetragene Marke fortbestehen würde (Art 34 (2)). Wirtschaftlicher Sinn dieser Vorschrift ist, dass der Anmelder einer GM für den Fall, dass er dieselbe Marke bereits als nationale Marke eingetragen hat, die Möglichkeit haben soll, ohne Rechtsverlust diese nationalen Marken fallen zu lassen und somit das Markenportfolio gebührensparend auf die GM konzentrieren kann.

**64**

## 6.3 Umwandlung

Während Art 34, 35 den Weg von der nationalen Marke zur GM erleichtern, erleichtert Art 112 den Weg von der GM zurück zur nationalen Marke und ermöglicht die Umwandlung einer fehlgeschlagenen GMA oder GM in nationale Markenanmeldungen. Art 112 stellt somit ein Korrektiv zum Alles- oder- Nichts- Prinzip dar: Wird die GMA wegen des Bestehens eines absoluten Eintragungshindernisses in lediglich einer Sprache der EG oder in lediglich einem Mitgliedstaat der EG notwendigerweise als Ganzes zurückgewiesen, so kann über die Umwandlung der GMA in nationale Markenanmeldungen Rechtsschutz noch für diejenigen Mitgliedstaaten gesichert werden, in denen das betr Eintragungshindernis nicht besteht, und zwar unter Wahrung des ursprünglichen Anmeldetags der GMA sowie ggf des für die GMA beanspruchten Prioritäts- oder Senioritätsdatums, Art 112 (3).

**65**

## 7 Territorialer Anwendungsbereich der GMV

In der GMV treten Fragen des geographischen Anwendungsbereichs (territoriale Aspekte) in verschiedenen Kontexten auf. Es geht zum einen um die Frage, in welchem Gebiet die GM gültig ist (geographischer Geltungsbereich

**66**

der GM). Die GMV verwendet zum anderen an verschiedenen Stellen die Begriffe »in der Gemeinschaft«, »in einem Mitgliedstaat« oder »Angehörige eines Mitgliedstaates«. Diese Begriffe sind nicht deckungsgleich.

67 Zum Begriff »Angehörige eines Mitgliedstaates« siehe unter Art 5 Rdn 7.

68 Der Begriff »in der Gemeinschaft« und der in Art 1 verwendete Begriff »in der gesamten Gemeinschaft« entspricht dem Gebiet, auf dem die GM gültig ist. Dies ist auch das Gebiet, auf dem die GMA und die eingetragene GM Rechtsschutz gewährt und für das ein Gemeinschaftsmarkengericht zuständig ist.

69 Außerdem ist für einzelne Gebiete der Mitgliedstaaten der Schutz der GM einseitig erstreckt worden, so dass die GM dort Rechtsschutz als eingetragene nationale Marke gewährt, ohne dass jedoch deshalb die Vorschriften der GMV dort unmittelbar anwendbar würden oder beispielsweise sich die Zuständigkeit der Gemeinschaftsmarkengerichte auch auf diese Gebiete erstrecken würde.

70 Der Begriff »in der Gemeinschaft« wird auch verwendet, um zu definieren, in welchem Gebiet die GM nach Art 15 benutzt werden muß[67] und wo die Erschöpfung nach Art 13 eintritt.

71 Ein Gebiet, das nicht »in der Gemeinschaft« ist, ist nicht »Teil der Gemeinschaft« und wird nicht nach Art 7 (2) für absolute Zurückweisungsgründe oder nach Art 15 für die Zwecke der rechtserhaltenden Benutzung berücksichtigt.

72 Nur wer keinen Wohnsitz oder Geschäftssitz »in der Gemeinschaft« hat, muß nach Art 92 (2) durch einen berufsmäßigen Vertreter vertreten sein. Auch ein Vertreter muß nach Art 93 (1), (2) (b) seinen Geschäftssitz »in der Gemeinschaft« haben.

73 Der Begriff »in einem Mitgliedstaat« beschreibt den geographischen Geltungsbereich der Wirkung als nationale Anmeldung nach Art 32 und die Wirkung einer Umwandlung in eine nationale Markenanmeldung nach Art 112 (2), (3). Der Wohnsitz »in einem Mitgliedstaat« ist für die internationale Zuständigkeit der Gemeinschaftsmarkengerichte nach Art 97 (1)–(3) maßgeblich. Ein Rechtsanwalt muß nach Art 93 (1) (a) »in einem Mitgliedstaat« zugelassen sein.

---

67  EuGH C-149/11 vom 19.12.2012, GRUR 2013, 182 (Nr 38, 43) *Onel.*

Für die wenigen Mitgliedstaaten, die Gebiete mit Sonderstatus oder Gebiete 74
außerhalb Europas haben, muß unterschieden werden zwischen Gebieten,
die sich innerhalb oder außerhalb Europas befinden, die integraler Bestandteil der betreffenden Mitgliedstaaten sind oder für die dieser die äußeren Beziehungen wahrnimmt, und ob für das Gebiet die PVÜ anwendbar ist oder
nicht.[68]

## 7.1 Dänemark

Grönland ist ein außereuropäischer Bestandteil Dänemarks, der einen be- 75
grenzten Autonomiestatus innerhalb des Königreichs Dänemark hat und für
den der EG-V nicht gilt. Das gleiche gilt für die Färöerinseln, die allerdings
geographisch zu Europa gehören. Art 299 (6) (a) EG-V (Art 355 (5) (a)
EU-V) schließt die Anwendung des EG-V auf die Färöerinseln ausdrücklich
aus. Dies bedeutet:

Der geographische Anwendungsbereich der GM und der Begriff »in der Ge- 76
meinschaft« bedeutet Dänemark ohne Grönland und die Färöer. Der Begriff
»in einem Mitgliedstaat« bedeutet Dänemark einschließlich Grönland und
der Färöer.

Der Begriff »Angehörige eines Mitgliedstaates« schließt für Dänemark natür- 77
liche Personen ein, die in Grönland oder auf den Färöerinseln geboren sind,
da diese dänische Staatsangehörige sind, und schließt juristische Personen
mit Sitz in Grönland oder auf den Färöerinseln ein.

## 7.2 Niederlande

Die Niederlande bestehen aus dem Königreich der Niederlande in Europa 78
und aus Aruba, Curaçao, Sintmarten und dem Gebiet Bonaire, Sint-Eustati-
us und Saba. Mit Ausnahme von Aruba bildeten diese bis 10.10.2010 die
»niederländischen Antillen« und bilden jetzt eigene Gebiete mit eigener Verwaltung und Markengesetzgebung innerhalb des Königreichs der Niederlande. Die genannten außereuropäischen Gebiete sind nicht »in der Gemeinschaft« und auch nicht »in einem Mitgliedstaat«. »Angehörige eines
Mitgliedstaates« umfaßt natürliche Personen, die die niederländische Staatsangehörigkeit haben, was Personen von diesen Gebieten einschließt, sowie
juristische Personen mit Sitz im Königreich der Niederlande in Europa, je-

---

68  Siehe insbesondere Broschüre »*Nationales Recht zur GM*«, Kapitel 4.

doch nicht juristische Personen mit Sitz auf diesen außereuropäischen Gebieten.

79   Die Niederlande haben die Anwendung der PVÜ auf diese außereuropäischen Gebiete ausgedehnt.[69]

### 7.3  Frankreich

80   Zu Frankreich gehören die Überseedépartements (Martinique, Guadeloupe, Réunion, Guyana), die »collectivités territoriales« Mayotte und St. Pierre-et-Miquelon sowie verschiedene Überseeterritorien.

81   Der geographische Geltungsbereich der GM und die Begriffe »in der EG« und »in einem Mitgliedstaat« schließen die Überseedépartements ein, nicht jedoch die überseeischen Territorien und collectivités territoriales (Art 299 (2), (3) EG-V).

82   Der Begriff »Angehörige eines Mitgliedstaates« schließt natürliche und juristische Personen aus den überseeischen départements und den collectivités territoriales ein, nicht jedoch aus den überseeischen Territorien.

83   Gleichwohl genießen nach Art 29 auch natürliche und juristische Personen aus den überseeischen Territorien Prioritätsrecht, da Frankreich die Anwendung der PVÜ auf alle überseeischen Besitzungen ausgedehnt hat.

84   Außerdem hat Frankreich einseitig bestimmt, dass die Benutzung einer GM auch auf folgenden Territorien untersagt ist, als ob es sich um eine nationale französische Marke handeln würde: Neukaledonien, Wallis und Futuna, Französisch-Polynesien, französische Südsee- und Antarktisgebiete und Mayotte (Art L 811–4 FR – Code de la propriété intellectuelle, eingefügt durch Art 7 der Verordnung vom 25.7.2001).[70] Dadurch wird die GMV jedoch nicht auf diesen Gebieten anwendbar.

### 7.4  Spanien

85   Die Kanarischen Inseln, Ceuta und Melilla sind Bestandteil Spaniens. Sie befinden sich sowohl »in der EG« als auch »in einem Mitgliedstaat«.[71]

---

69   Paris Notification Nr 116; Broschüre *»Nationales Recht zur GM«*, Kapitel 4 (b).
70   Broschüre *»Nationales Recht zur GM«*, Kapitel 4 (a) und (b).
71   López de Rego, ECTM commentary, S 281.

### 7.5 Portugal

Die Azoren und Madeira sind Teil Portugals und, wie Art 299 (2) EG-V   86
(jetzt Art 355 (1) EU-V) ausdrücklich bestimmt, »in der EG«. Personen aus
diesen Gebieten sind »Angehörige eines Mitgliedstaates« iSv Art 5 (1) (a).

### 7.6 Zypern

Der Beitritt Zyperns zur EG gilt nur für den nicht türkisch besetzten Teil   87
der Insel. Letzterer ist nicht »in der Gemeinschaft«, die GM gilt dort nicht.
Dort bestehen auch keine Hoheitsträger, die diese durchsetzen könnten.

### 7.7 Großbritannien

Das Vereinigte Königreich besteht aus Großbritannien (England, Wales,   88
Schottland) und Nordirland. Alle anderen Gebiete, zB Gibraltar, die Kanalinseln, die Insel Man, Bermuda, die Britischen Jungferninseln und die Falk-
landinseln, die einen unterschiedlichen Status haben, etwa als Kronkolonie
oder Dominion, sind lediglich Gebiete, für deren äußere Beziehungen Großbritannien verantwortlich ist. Für diese Gebiete gilt der EU-V entweder gar
nicht oder nur in einem hier nicht interessierenden eingeschränkten Umfang
(Art 355 (3), (5) (c) EG-V). Ausnahme ist Gibraltar, für das der EU-V
(Art 299 (4) EG-V) gilt, was Art 355 (3) EU-V und Nr 55 der Erklärungen
zur Schlussakte zur Regierungskonferenz zum Vertrag von Lissabon[72] unter
Wahrung der Rechtsstandpunkte Spaniens bekräftigt hat.

Der geographische Geltungsbereich der GMV und der Begriff »in der EG«   89
schließt somit Gibraltar ein, jedoch keines der übrigen Gebiete, auch nicht
die Kanalinseln oder die Insel Man. Der Begriff »in einem Mitgliedstaat«
schließt außerdem auch Gibraltar aus.

Der Begriff »Angehörige eines Mitgliedstaates« beinhaltet lediglich natürli-   90
che Personen mit britischer Staatsangehörigkeit, was nicht Personen einschließt, die einen britischen Pass mit dem Vermerk »Kanalinseln« oder »Insel Man« haben. Juristische Personen müssen ihren Sitz im Vereinigten
Königreich von Großbritannien und Nordirland haben, ohne Einschluss der
Kanalinseln oder der Insel Man.

---

72   ABl-EG C 115 vom 9.5.2008, S 335, 356.

**91**   Die Berechtigung, als Verbandsangehöriger ein Prioritätsrecht (Art 29) zu genießen, erstreckt sich jedoch außerdem auf natürliche und juristische Personen mit Wohnsitz usw auf der Insel Man, weil Großbritannien die Anwendung der PVÜ hierauf ausgedehnt hat.[73]

**92**   Außerdem hat die Insel Man durch die »CTM Order 1998«, in Kraft getreten am 1.1.1999, einseitig die Anwendung der GMV für die Insel Man vorgesehen. Ebenso hat Jersey mit Art 4 und Art 12 des Trade Marks (Jersey) Law 2000 bestimmt, dass eine GM auf Jersey ohne weitere Formalitäten Schutz gewährt. Hierdurch wird jedoch nicht die GMV für diese Inseln anwendbar; der Schutz folgt vielmehr allein aus dem nationalen Recht der Insel Man bzw Jerseys.

## Artikel 2   Amt

**Es wird ein Harmonisierungsamt für den Binnenmarkt (Marken, Muster und Modelle), nachstehend »Amt« genannt, errichtet.**

*Schennen*

**Literatur:**
*Meister,* Der Sitz des Europäischen Markenamts, MA 1986, 526.

## 1   Allgemeines

**1**   Dieser Artikel sieht die Errichtung des HABM vor. Die GMV und damit auch Art 2 ist am 15.3.1994 in Kraft getreten; das HABM hat jedoch erst am 1.9.1994 seine Arbeit aufgenommen. Im HABM sind sodann die Vorbereitungen für die Einreichung von GMAen getroffen worden. Mit Be-

---

73   Siehe Broschüre »Nationales Recht zur GM«, Kapitel 4 (b).

schluss des Verwaltungsrats Nr CA-95–19 vom 11.7.1995[1] ist sodann gemäß Art 143 (3) der 1.4.1996 als der Tag bestimmt worden, ab dem GMA-en eingereicht werden konnten.

Das HABM ist zuständig für die Ausführung der GMV sowie der darauf 2 basierenden Rechtsvorschriften (DV, GebV, VerfOBK). Seitdem ist dem HABM noch die Ausführung der GGV, dh die Behandlung von Anmeldungen und Eintragungen für eingetragene Gemeinschaftsgeschmacksmuster, zugewachsen. Schließlich ist dem HABM die Zuständigkeit als Beobachtungsstelle für Verletzungen von Rechten des geistigen Eigentums (VO Nr 386/2012 vom 19.4.2012[2]) übertragen worden. Die Kommission plant, die Zusammenarbeit mit den nationalen Ämtern und die Konvergenz- und Kooperations- Programme des HABM in Gesetzesform zu gießen und damit anzuerkennen und aufzuwerten (Vorschläge zur Einfügung von Art 123b und Art 123c).

Vorschriften über das Amt konzentriert die GMV in Titel XII (Art 115–144).

## 2 Bezeichnung des Amtes

Noch bis Oktober 1993 war in den Vorschlägen zur GMV vom »Europäi- 3 schen Markenamt« die Rede. Die Reformvorschläge der Kommission nehmen dieses Thema wieder in Reprise, wenn sie jetzt vorschlagen, das HABM in »European Trade Marks and Designs Agency« umzubenennen.

Die Bezeichnung des Amtes »Harmonisierungsamt für den Binnenmarkt (Marken, Muster und Modelle)« wurde auf einer Tagung der Staats- und Regierungschefs am 19.10.1993 festgelegt. Zu jenem Zeitpunkt sahen die Vorschläge der Kommission für eine Verordnung zur Schaffung eines Gemeinschaftsgeschmacksmusters noch eigenständige Vorschriften über die Zuständigkeit eines Amtes für Geschmacksmusterangelegenheiten vor, ohne dass eindeutig war, ob damit das HABM gemeint war oder die Errichtung eines eigenständigen Geschmacksmusteramtes bezweckt war. Die Bezeichnung des HABM diente somit der politischen Festlegung, dass das HABM auch für das künftige Gemeinschaftsgeschmacksmuster zuständig sein werde, und zwar noch bevor der Vorschlag der Kommission ausdrücklich eine entsprechende Zuständigkeitsregel enthielt, die nunmehr in Art 2 GGV enthal-

---

1 ABl-HABM 1995, 12.
2 ABl-EU L 129 vom 16.5.2012, S 1.

ten ist. Der Titel »Harmonisierungsamt« reflektiert in der Tat heute korrekter die weitgefassten direkten und indirekten Zuständigkeiten des HABM im Bereich des geistigen Eigentums und die vielfältigen Kooperationsprojekte mit den nationalen Ämtern zur Harmonisierung der Markenpraxis. Ironischerweise soll dies nach den Vorstellungen der Kommisision sich gerade in dem Moment wieder ändern, in dem diese harmonisierende Wirkung des GM-System erstmals voll zum Tragen kommt.

4   Die Bezeichnung des Amtes in den anderen Sprachfassungen der GMV ist teilweise nicht korrekt, stimmt auch teilweise nicht mit der in der DV und GebV verwendeten Bezeichnung des Titels des Amtes überein und wurde noch nicht einmal mit VO Nr 207/2009 korrigiert. Der Verwaltungsrat des Amts hat bereits 1995 sich auf eine einheitliche Zitierweise in allen elf Sprachen geeinigt. Dazu gehört zB, dass in der englischen Fassung »Trade Marks and Designs« mit Großbuchstaben geschrieben wird, dass es im Spanischen »Dibujos y Modelos« statt »Diseños y Modelos« heißt und dass der italienische Titel »Ufficio per l'Armonizzazione nel Mercato Interno (marchi, disegni e modelli)« lautet.

### 3   Sitz des Amtes

5   Das Amt hat seinen Sitz in Alicante. Dies ergibt sich nicht unmittelbar aus der GMV selbst, sondern aus der folgenden Erklärung des Rates und der Kommission zum Sitz des HABM:[3]

Anlässlich der Annahme der Verordnung über die Gemeinschaftsmarke nehmen der Rat und die Kommission zur Kenntnis,
–   dass die auf Ebene der Staats- und Regierungschefs vereinigten Vertreter der Regierungen der Mitgliedstaaten am 29. Oktober 1993 beschlossen haben, dass das Harmonisierungsamt für den Binnenmarkt (Marken, Muster und Modelle) seinen Sitz in Spanien in einer von der spanischen Regierung zu benennenden Stadt haben wird;
–   dass die spanische Regierung Alicante als Sitz dieses Amtes benannt hat.

In Art 8 des Sitzabkommens (dazu unter Art 117 Rdn 3) wird ebenfalls indirekt der Sitz in Alicante bestätigt.

---

3   ABl-EG Nr L 11 vom 14.1.1994, S 36.

#### 4 Das Amt als Einrichtung der Gemeinschaft

Mit wenigen engbegrenzten Ausnahmen (Zuständigkeiten der Kommission 6
im Bereich des Kartellrechts) sieht der EG-V keine Zuständigkeiten für die
Kommission vor, das Gemeinschaftsrecht praktisch anzuwenden; die Anwendung des Gemeinschaftsrecht ist vielmehr grundsätzlich Sache der Behörden
der Mitgliedstaaten. Art 308 EG-V sieht somit vor, dass, soweit Gemeinschaftsrecht zentral auf EG-Ebene angewendet und umgesetzt werden soll,
hierfür gesonderte neue Einrichtungen der Gemeinschaft geschaffen werden.
Zu diesen zählt das HABM, aber auch zB die Europäische Arzneimittelagentur.

Das HABM ist »Einrichtung«, nicht jedoch »Institution« der Gemeinschaft. 7
Es ist Bestandteil der EU, ohne einer der Institutionen unmittelbar zugeordnet oder untergeordnet zu sein. Es ist eine der dezentralen Agenturen der
EU. Zwar obliegt der Kommission nach Art 122 die Rechtsaufsicht über
Handlungen des HABM; das HABM ist jedoch kein Unterorgan der Kommission. Zentrale Bestimmung ist Art 115, der dem HABM volle Rechts-
und Geschäftsfähigkeit verleiht, so dass das HABM eine eigene juristische
Person des öffentlichen Rechts ist.[4] Dies äußert sich ua darin, dass nach
Art 116 das Personalstatut für die Bediensteten des Amtes gilt und nach
Art 117 das Protokoll über die Vorrechte und Befreiungen der EG ebenfalls
gilt, wobei diese Vorschriften vom HABM eigenständig angewendet werden.
So ist Anstellungsbehörde für das Personal des HABM der Präsident
(Art 116 (2), Art 124 (2) (e)).

Als Einrichtung der Gemeinschaft ist das HABM an alle Vorschriften des 8
Gemeinschaftsrechts gebunden.

#### 5 Die Entwicklung des HABM

Am 1.9.1994 nahm eine kleine Kernmannschaft um Präsident und Vizeprä- 9
sidenten ihre Tätigkeit auf. Am 1.1.1996 zum Start der Entgegennahme von
GMAen gab es erst 70 Mitarbeiter. Die weitere Entwicklung betrug 180
Mitarbeiter Ende 1996 und 380 Mitarbeiter im Oktober 1998 bis auf 693
Mitarbeiter im August 2001. Bis 2011 blieb die Mitarbeiterzahl in etwa konstant, inzwischen steigt sie, auch auf Grund der Übertragung neuer Aufgaben. Das 2000 bezogene neue Gebäude ist schon zu klein geworden, im

---

4 Siehe von Mühlendahl/Ohlgart, S 227.

Januar 2013 wurde der Grundstein für einen Erweiterungsbau (»2. Phase«) gelegt.

**10** 1996 wurden bereits 43 100 GMAen eingereicht, statt der von den Experten prognostizierten 15 000. Die Anmeldezahlen stiegen seit 1997 (27 200) mit einer kurzen Konsolidierung 2002 stetig an, zumal der Beitritt zum MP, die geographische Erweiterung des Geltungsbereichs der GM und zwei Gebührensenkungen die Attraktivität der GM weiter stärkten. 2009 wurden 88 000 Anmeldungen verzeichnet, 2010 98 200 und 2012 der bisherige Höchststand von 108 000 Anmeldungen. Davon sind 15 % Benennungen nach dem MP.

## Artikel 3 Rechtsfähigkeit

**Für die Anwendung dieser Verordnung werden Gesellschaften und andere juristische Einheiten, die nach dem für sie maßgebenden Recht die Fähigkeit haben, im eigenen Namen Träger von Rechten und Pflichten jeder Art zu sein, Verträge zu schließen oder andere Rechtshandlungen vorzunehmen und vor Gericht zu stehen, juristischen Personen gleichgestellt.**

*Schennen*

## 1 Allgemeines

**1** Diese Bestimmung regelt die Parteifähigkeit (Beteiligtenfähigkeit) in Verfahren vor dem HABM, und zwar durch Verweisung auf das nationale Recht. Parteifähig (beteiligtenfähig) ist, wer rechtsfähig ist. Aus Art Art 5 er-

gibt sich, dass dies auf alle natürlichen und juristischen Personen (gleich welcher Staatsangehörigkeit) zutrifft. Letzteren stellt Art 3 Gesellschaften und »Einheiten« gleich, die nach dem für sie maßgeblichen nationalen Recht kumulativ (das Wort »oder« vor »andere Rechtshandlungen« ist sachlich fehlerhaft) folgende Bedingungen erfüllen:
- Fähigkeit, Verträge zu schließen,
- Fähigkeit, Rechtshandlungen vorzunehmen,
- Fähigkeit, Träger von Rechten und Pflichten in eigenem Namen zu sein,
- Fähigkeit, vor Gericht zu klagen und verklagt zu werden.

Die GMV verwendet den Begriff der juristischen Person nur in Art 5, 40, 56 2 (1) (a), ferner noch in Art 92 (2), (3) und Art 93 (1), wo der Begriff »natürliche und juristische Personen« nichts anderes ist als das Synonym für alle Markenanmelder und -inhaber. Art 56 (1) a)) schließt auch Interessenverbände und Verbraucherverbände ein, was überflüssig ist, da diese ohnehin rechtsfähig sein müssen – und auch regelmäßig sind.

Ob eine »Einheit« die obengenannten Bedingungen erfüllt, richtet sich allein 3 nach dem für sie anwendbaren nationalen Recht und nicht nach der GMV. Entscheidend ist also nur, ob die betr Person oder Einheit nach ihrem Heimatrecht rechtsfähig ist.

## 2 Wer kann anmelden und Markeninhaber werden?

Art 3 und Art 5 folgt, dass jeder, der rechtsfähig ist, auch Anmelder und Inha- 4 ber einer GM sein kann. Vor allem ist nicht erforderlich, dass der Anmelder/ Inhaber der GM einen Geschäftsbetrieb hat. Es können auch Holdinggesellschaften, Minderjährige und Hausfrauen GMn erwerben. Anmeldungen von nicht gewerblich tätigen Privatpersonen dürfen nicht von vornherein dem Verdacht der Spekulation ausgesetzt werden,[1] auch nicht im Rahmen des Art 52 (1) (a) unter dem Gesichtspunkt der Bösgläubigkeit des Anmelders.

Dies entspricht dem Charakter der GM als verkehrsfähigem Wirtschaftsgut 5 und der uneingeschränkten Zulassung ausschließlicher und nichtausschließlicher Lizenzen (Art 17, Art 22).

Art 3 enthält somit nur eine Selbstverständlichkeit: Wer rechtsfähig ist, kann 6 auch Rechte des geistigen Eigentums, einschließlich einer GM, erwerben. Ein nicht rechtsfähiges Gebilde kann auch durch Eintragung ins Register des

---

1 So aber Meister, WRP 1995, 366, und Füllkrug, WRP 1995, 378.

HABM kein Recht erwerben, denn das HABM verleiht Marken, keine Rechtsfähigkeit. Wer nicht klagen und verklagt werden kann, kann auch die Rechte aus einer GMA nicht vor dem HABM, dem EuGH und einem Gemeinschaftsmarkengericht verteidigen oder durchsetzen. Einen eigenen Begriff der »Markenrechtsfähigkeit« oder ein Sonderrecht für die Inhaberschaft an Marken gibt es nicht.[2]

### 3 Beispiele rechtsfähiger Personen und Einheiten

#### 3.1 Natürliche Personen

7 Natürliche Personen sind rechtsfähig von der Geburt bis zum Tod. Minderjährige und Entmündigte sind rechtsfähig. Sie können aber nur durch ihre gesetzlichen Vertreter handeln.[3] Der Tod der natürlichen Person bewirkt automatisch den Übergang der GMA oder GM auf den oder die Erben als Rechtsnachfolger gemäß Art 17.

8 Im Rechtsverkehr auftreten darf die natürliche Person unter einem Pseudonym. Das berührt ihre Identität nicht. Doch muss es sich um ein tatsächlich gebrauchtes Pseudonym handeln. Beispiel: GMA Nr 8245318 eingereicht von »Jean-Philippe Smet genannt Johnny Halliday«. Das Pseudonym ist unter diesen Voraussetzungen auch namensrechtlich geschützt.[4]

#### 3.2 Juristische Personen des Privatrechts und gleichgestellte »Einheiten«

9 Rechtsfähige juristische Personen oder rechtsfähige »Einheiten« des Privatrechts sind:
- eingetragene Vereine (§§ 21 ff DE-BGB);
- Stiftungen (§ 80 DE-BGB);
- alle Kapitalgesellschaften: Aktiengesellschaft, Kommanditgesellschaft auf Aktien (KGaA), die GmbH, die GmbH & Co KG, die OHG und die KG (letztere sind keine juristische Person, können aber klagen und verklagt werden und eigene Rechte und Verbindlichkeiten erwerben);[5]
- der Versicherungsverein auf Gegenseitigkeit (VVaG);

---

2 So auch Ingerl/Rohnke, § 7 Rn 1; abzulehnen: Fezer, MarkenG, § 7 Rn 6, 13.
3 Siehe Ströbele/Kirschneck, MarkenG, § 7 Rn 2.
4 HABM-NA C 1378173-1 vom 5.8.2004, *GINA WILD*; BGHZ 30, 7; Palandt/Ellenberger, BGB, § 12 Rn 8.
5 BGHZ 62, 133; Zöller/Vollkommer, ZPO, § 50 Rn 17a; Baumbach/Lauterbach/Albers/Hartmann, ZPO, § 50 Rn 8; Stein/Jonas/Bork, ZPO, § 50, Rn 13; Ben-

– die eingetragene Genossenschaft (eG), § 17 DE-Genossenschaftsgesetz;
– politische Parteien einschließlich der Gebietsverbände der jeweils höchsten Stufe, § 3 DE-Parteiengesetz;[6]
– Gewerkschaften kraft ihrer Tariffähigkeit;[7]
– die Europäische wirtschaftliche Interessenvereinigung (EWIV).[8] Die EWIV hat die Fähigkeit, im eigenen Namen Träger von Rechten und Pflichten jeder Art zu sein, Verträge zu schließen oder andere Rechtshandlungen vorzunehmen und vor Gericht zu stehen. Auf die Einordnung der EWIV nach nationalem Recht (der deutsche Gesetzgeber hat sie dem OHG-Recht unterstellt) kommt es nicht an;[9]
– die Partnerschaftsgesellschaft, Gesetz vom 25.7.1994. Es handelt sich um einen Zusammenschluss von Angehörigen freier Berufe zur gemeinschaftlichen Berufsausübung, für die weitgehend OHG-Recht gilt.[10]

BGB-Gesellschaften deutschen Rechts (§§ 705 ff. DE-BGB) sind, wenn sie eine sogenannte Außengesellschaft sind, seit dem jüngsten Grundsatzurteil des BGH[11] nach deutschem Zivilrecht[12] und auch nach Praxis des HABM rechtsfähig. Beispiele für BGB-Gesellschaften, die GMn anmelden: Popgruppen und Anwaltssozietäten. **10**

Nicht eingetragene Vereine sind als BGB-Gesellschaft zu behandeln:[13] Sie sind nicht als solche rechtsfähig, sondern nach § 50 (2) DE-ZPO nur passiv, nicht aktiv parteifähig.[14] Doch finden auf sie nach § 54 DE-BGB die Vorschriften über die BGB-Gesellschaft Anwendung. **11**

---

kard/Schäfers, PatG, § 34 Rn 1; Ingerl, S 42; Ingerl/Rohnke, § 7 Rn 11; Gómez Segade, Comentarios, S 47; Schwerdtfeger, Gesellschaftsrecht, S 9, 317.
6 BGH NJW 1973, 277; Zöller/Vollkommer, ZPO, § 50 Rn 22.
7 BGHZ 50, 325; 109, 17; Zöller/Vollkommer, ZPO, § 50 Rn 35; Stein/Jonas/Bork, ZPO, § 30 Rn 16.
8 VO Nr 2137/85/EWG vom 25.7.1985, ABl-EG Nr L 199 S 1.
9 Ekey/Klippel/von Kapff, GMV, Art 3 Rn 10; Ingerl, S 42.
10 Zöller/Vollkommer, ZPO, § 50 Rn 19; Schwertfeger, Gesellschaftsrecht, S 103; Seibert, Die Partnerschaft, 1994.
11 BGH Mitt. 2001, 176 = NJW 2001, 1056; unter Aufgabe von BGHZ 80, 227 und BGH WRP 2000, 1151 *Ballermann*.
12 Zusammenfassend: Schwerdtfeger, Gesellschaftsrecht, S 2267; schon früher Fezer, FS Boujong, 1996, S 123; Ahrens, FS Nirk, 1992, S 1.
13 Ströbele/Kirschneck, MarkenG, § 7 Rn 6.
14 BGHZ 109, 18.

**12** Rechtsfähig nach ausländischem Recht sind:
- die US-partnership und die limited partnership;[15]
- die Offene Erwerbsgesellschaft (OEG) und die Kommandit-Erwerbs-gesellschaft (KEG) nach österreichischem Recht.[16]

**13** Gesellschaften in Gründung sind Gesellschaften, denen zum Erwerb der Rechtsfähigkeit noch eine Registereintragung oder ein sonstiger Formalakt fehlt.[17] Soweit bereits Vermögensgegenstände in die Gesellschaft eingebracht worden sind, ist die Gesellschaft in Gründung in Anbetracht dieser Vermögensgegenstände rechtsfähig.[18] Will eine solche Gesellschaft in Gründung für ihren späteren Geschäftsbetrieb eine GM erwerben, so kann sie bereits in der Gründungsphase die Anmeldung vornehmen. Die Anwartschaft auf die GM wird dann Gesellschaftseinlage.

**14** Demzufolge akzeptiert das HABM auch Anmeldungen auf den Namen einer Gesellschaft in Gründung.

### 3.3 Juristische Personen des öffentlichen Rechts

**15** Rechtsfähig sind ferner juristische Personen des öffentlichen Rechts; der Zusatz »und diesen gleichgestellte Einheiten« hat hier keine Bedeutung.

**16** Rechtsfähige öffentlich-rechtliche Körperschaften sind der Bund, die Länder und die Selbstverwaltungskörperschaften (Gemeinden, Kreise, Universitäten). Ihre Behörden (Ministerien, Ämter) vertreten sie, sind aber nicht selbst rechtsfähig. Rechtsfähige Anstalten des öffentlichen Rechts erwerben Rechtsfähigkeit durch Gesetz und Gründungsakt. Beispiele sind die Bundesanstalt für Arbeit und die Landesrundfunkanstalten (Beispiel: GMA Nr 1505619 »KIKA« des ZDF und des MDR). Auch die katholische Kirche ist rechts- und parteifähig, auch eine einzelne Kirchengemeinde.[19]

---

15  Ekey/Klippel/von Kapff, GMV, Art 3 Rn 19; aA von Mühlendahl/Ohlgart, S 22.

16  Österreichisches BGBl vom 18.5.1990, Nr 257; Kucsko/Merckens, Marken.schutz, S 92; Ekey/Klippel/von Kapff, GMV, Art 3 Rn 16.

17  Siehe näher K. Schmidt, Gesellschaftsrecht, S 290 ff., 1370.

18  Für die GmbH BAG NJW 1963, 680; Zöller/Vollkommer, ZPO, § 50 Rn 24.

19  BGH GRUR 2008, 984.

## 4 Nicht rechtsfähige Gebilde

Behörden sind nicht Verwaltungsträger, sondern Organe eines Verwaltungs- **17** trägers, mittels derer der Träger dem Bürger gegenüber handelt. Ämter sind noch nicht einmal Behörden, sondern bloß organisatorische Untergliederungen von Behörden. Ebenso sind einzelne Fakultäten oder Institute von Universitäten nicht rechtsfähig.[20] Nicht rechtsfähige Anstalten sind per definitionem nicht rechtsfähig; Beispiele sind staatliche und kommunale) Schulen, Universitätskliniken (Anstalten der Universitäten), Krankenhäuser, Museen, Büchereien und das politische Archiv des Auswärtigen Amtes.[21]

Nicht rechtsfähige Gebilde des Privatrechts sind: **18**
– die Bruchteilsgemeinschaft (§ 741 DE-BGB) einschließlich der Wohnungseigentümergemeinschaft nach dem Wohnungseigentumsgesetz;[22] hierbei handelt es sich um eine nicht rechtsfähige bloße Mehrheit von Berechtigten bzw Beteiligten ohne gesamthänderische Bindung;
– die Erbengemeinschaft;[23]
– Verbände und Bürgerinitiativen, es sei denn, sie sind in der Rechtsform des eingetragenen Vereins organisiert;[24]
– Innengesellschaften.[25]

Nicht rechtsfähig ist die »maatschap« nach niederländischem Recht,[26] die **19** der BGB-Gesellschaft entspricht. Das NL-Burgerlijk Wetboek (BGB) erkennt der maatschap keine Rechtsfähigkeit zu. Damit nicht in Einklang

---

20 Siehe BGH GRUR 1990, 349; Baumbach/Lauterbach/Albers/Hartmann, ZPO, § 50 Rn 19; abzulehnen Fezer, MarkenG, § 7 Rn 30.
21 BVerwGE 18, 35; alles andere als akademisch, siehe jetzt Conze/Frei, Das Amt, München 2010, S 613, 718.
22 Zöller/Vollkommer, ZPO, § 50 Rn 27; Baumbach/Lauterbach/Albers/Hartmann, ZPO, § 50 Rn 18; BGH NJW 1977, 1686; Ingerl/Rohnke, § 7 Rn 13; Musielak/ Weth, ZPO, § 50 Rn 23; abzulehnen Fezer, MarkenG, § 7 Rn 71 und Ströbele/ Kirschneck, MarkenG, § 7 Rn 6.
23 Baumbach/Lauterbach/Albers/Hartmann, ZPO, § 50 Rn 13; Zöller/Vollkommer, ZPO, § 50 Rn 30;Ingerl/Rohnke, § 7 Rn 13.
24 Musielak/Weth, ZPO, § 50 Rn 26.
25 Zöller/Vollkommer, ZPO, § 50 Rn 26; Schwerdtfeger, Gesellschaftsrecht, S 2266.
26 Titel 7 A Art 1655 des NL-Burgerlijk Wetboek; Slagter, Ondernemingsrecht Compendium, S 297 ff.

steht, dass die HABM-BK[27] die »maatschap« als rechtsfähig angesehen hat:
Der Beschwerdeführer hatte verschiedene niederländische Gerichtsurteile
vorgelegt hatte, die für oder gegen »maatschappen« ergangen waren. Daraus
folgt aber nur, dass Gesellschafter gesamthändisch für die im Namen der Gesellschaft eingegangenen Verbindlichkeiten haften.

20  Auch die österreichische Rspr spricht der Gesellschaft bürgerlichen Rechts
österreichischen Rechts die Fähigkeit ab, als solche Markeninhaber zu sein;
Markeninhaber können nur die Gesellschafter sein.[28] So wurde etwa die Anmeldung durch eine Volksmusikgruppe zurückgewiesen.[29]

### 5  Rechtsfolgen der Anmeldung im Namen einer BGB-Gesellschaft oder Firma

21  Meldet eine BGB-Gesellschaft auf den Namen der Gesellschaft an, so fragt
sich, ob alle Gesellschafter genannt werden müssen. Aus praktischen Gründen wird dies vom HABM nicht verlangt. Es reicht aus, dass die Gesellschaft unter ihrem Namen bezeichnet wird und erkennbar ist, wer als Vertreter der Gesellschaft nach außen auftritt.[30] Die Auswechslung der Angabe
des Namens der Gesellschaft durch die Namen der einzelnen Gesellschafter
ist Berichtigung der Anmeldung nach R 13. Es handelt sich nicht um eine
Namensänderung nach R 26, da keine Änderung in den tatsächlichen Verhältnissen eingetreten ist, sondern die Angabe »BGB-Gesellschaft« von vornherein zutreffend war. Es handelt sich nicht um eine Übertragung nach
Art 17, da die Gesellschaft und die Summe der Gesellschafter identisch
sind.

22  Zur Unterzeichnung der GMA ist ein Gesellschafter berechtigt; die Unterzeichnung durch andere Mitanmelder ist nicht erforderlich.[31] Das HABM
prüft die Vertretungsbefugnis nach nationalem Recht nicht. Entsprechendes
gilt für andere Verfahrenshandlungen wie die Einlegung einer Beschwerde.

---

27  HABM-BK R 195/1998-1 vom 28.7.1998 *Nauta Dutilh*.
28  OGH ÖBl 1996, 32; 1989, 73; Kucsko/Merckens, Marken.schutz, S 92; siehe
auch Gamerith, ÖBl 1996, 63; Ekey/Klippel/von Kapff, GMV, Art 3 Rn 15.
29  OGH ÖBl 1996, 32.
30  Siehe Schwerdtfeger, Gesellschaftsrecht, S 2268 – zur entsprechenden Situation
im Zivilprozess.
31  Siehe GrBK EPA, ABl-EPA 2002, 347, 358.

Nach § 714 DE-BGB ist ein Gesellschafter, dem im Innenverhältnis die Befugnis zur Geschäftsführung zusteht, im Zweifel, soweit nichts anderes vereinbart ist, befugt, die anderen Gesellschafter im Außenverhältnis Dritten gegenüber zu vertreten. Der im Innenverhältnis bevollmächtigte Gesellschafter berechtigt und verpflichtet die übrigen Gesellschafter, sofern er erkennbar in ihrem Namen handelt (§ 164 (2) DE-BGB),[32] was beim Handeln im Namen einer BGB-Gesellschaft der Fall ist.

Wird eine GM auf den Namen der Firma eines Einzelkaufmanns angemel-   23
det, so ist dies zulässig, soweit die Benutzung der Firma im Rechtsverkehr zulässig ist. Ein Einzelkaufmann kann eine Firma führen, unter der er auch klagen und verklagt werden kann (§ 17 DE-HGB). Rechtsträger und damit Beteiligter ist aber nicht die Firma, die kein selbständiges Rechtsgebilde ist, sondern ihr Inhaber.[33]

### 6 Rechtsfolgen der Anmeldung auf den Namen nicht rechtsfähiger Gebilde

Wird auf den Namen eines nicht rechtsfähigen Gebildes (zB Bürgerinitiati-   24
ve) angemeldet, so kommt eine Berichtigung der Bezeichnung des Anmelders nicht in Betracht: Der Anmelder muss von Anfang an feststehen und bestimmt, jedenfalls nach eindeutigen objektiven Kriterien bestimmbar sein. Eine Übertragung der Anmeldung (Art 17) auf die hinter der Anmeldung stehenden natürlichen Personen scheidet aus.

Ob der Anmelder rechtsfähig ist, ist im Rahmen der Formerfordernisse (R 9   25
(3)) zu prüfen. Dies stellt die Änderung von Art 36 (1) (b) durch VO Nr 422/2004 klar, die die Prüfung von den Voraussetzungen der DV auf alle Voraussetzungen nach der GMV und der DV erweitert hat. Ausgeräumt werden kann ein solcher Mangel nur, wenn eine Berichtigung der Bezeichnung möglich ist. Andernfalls ist nach Anhörung der Person, die sich als Einreicher identifizieren lässt, oder des bestellten Vertreters die GMA im Wege der Formalprüfung ohne weiteres zurückzuweisen.

Auch andere Verfahrenserklärungen wie Widersprüche oder Beschwerden   26
sind dann unzulässig. Es liegt in diesen Fällen keine wirksame Verfahrenserklärung der angeblichen Partei vor.

---

32  Siehe Palandt/Sprau, BGB, § 714 Rn 5.
33  Siehe Zöller/Vollkommer, ZPO, § 50 Rn 25; K. Schmidt, Handelsrecht, S 338.

27  Die Auslegung der Bezeichnung des Beteiligten und die Berichtigung einer ungenauen oder unrichtigen Bezeichnung[34] findet ihre Grenze in der Bestimmbarkeit des Beteiligten. Eine solche Berichtigung der Parteibezeichnung sollte beim Handeln für Körperschaften des öffentlichen Rechts akzeptiert werden, sofern erkennbar ein Handeln für und gegen die Körperschaft vorlag (Fakultät für die Universität, Ministerium für Land oder Bund), nicht jedoch darüber hinaus (»Aktion sowieso« eines Universitätsinstituts).

## 7  Falsche Partei

28  Von »falscher Partei« spricht man zum einen, wenn ein verfahrenseinleitender Schriftsatz einer Person zugestellt wird, die nicht gemeint war, zB bei Namensgleichheit. Handelt es sich um eine fehlerhafte Zustellung durch das HABM, so ist der Scheinbeteiligte aus dem Verfahren zu entlassen. Zum anderen werden mit diesem Begriff auch Fälle belegt, in denen der als Beteiligter Auftretende mit dem wahren Beteiligten nicht identisch ist. Dann liegt vollmachtloses Handeln vor und ist das Verfahren mit dem wahren Beteiligten fortzuführen.

29  Eine »richtige Partei« kann, einmal Verfahrensbeteiligter geworden, ihre rechtliche Existenz nicht verlieren. Entweder tritt ein Gesamtrechtsnachfolger (Erbe, fusioniertes Unternehmen) an ihre Stelle, oder die Gesellschaft wird insolvent und ggf liquidiert, ist dann aber für die Zwecke der Inhaberschaft an der GMA weiterhin als fortbestehend anzusehen, auch um die Verwertung der GM für die Zwecke der Insolvenz oder Liquidation, ohne zeitliche Begrenzung, zu ermöglichen.[35] »Inhaberlose« Schutzrechte gibt es also nicht. Die Insolvenz kann lediglich zu einer Unterbrechung des Verfahrens nach R 72 (1) (b) führen.

30  Davon zu unterscheiden ist die sachliche Berechtigung der »richtigen Partei« (Aktivlegitimation und Passivlegitimation).

31  Steht der Partei das geltend gemachte Recht sachlich nicht zu, so ist der Antrag oder die Verfahrenshandlung unbegründet. So ist der Widerspruch zurückzuweisen, der von einem anderen als dem Inhaber des älteren Rechts erhoben wird (siehe unter Art 42 Rdn 19).

---

34  Siehe dazu BGHZ 4, 328; BGH NJW 1988, 1587; Zöller/Vollkommer, ZPO, vor § 50 Rn 6 f.
35  Siehe Ingerl/Rohnke, § 7 Rn 10.

Ebenso ist ein Antrag auf Erklärung der Nichtigkeit unbegründet, der nach **32** der Eintragung eines Rechtsübergangs gegen den bisher Eingetragenen gerichtet wird, dem also zum relevanten Zeitpunkt die Passivlegitimation fehlt.

# Titel II  Materielles Markenrecht

## Vor Art 4 bis 9

*Eisenführ*

Im Bereich des Titels II »Materielles Markenrecht« bilden die Art 4 und 7 **1** bis 9 den materiell-rechtlichen Kern der GMV. Während Art 4 den konstitutiven Rahmen der GM beschreibt, definieren die Art 7 und 8 absolute und relative Eintragungs- und damit Schutz-Hindernisse, also solche, die einerseits die Eintragung einer GM für das angemeldete Zeichen bezüglich der angegebenen Waren und/oder Dienstleistungen (Produkte) generell ausschließen sowie andererseits deren Eintragung aufgrund älterer nationaler oder gemeinschaftsweiter Rechte Dritter verhindern.

Die Eintragung der GM ist konstitutiver Akt (Art 6). Auf andere Weise (Be- **2** nutzung, Bekanntheit etc) kann keine GM entstehen. Sie kann ferner nur einheitlich für das gesamte Territorium der Gemeinschaft (Europäische Union) ent- und bestehen (Art 1 (2)). Der Eintragung geht die Bekanntmachung voraus, sofern kein absolutes Eintragungshindernis iSv Art 7 besteht. Falls dann innerhalb von drei Monaten keine älteren Rechte iSv Art 8 durch Widerspruch geltend gemacht werden oder ein solcher rechtskräftig zurückgewiesen wird, erfolgt die Eintragung. Die GM kann insbesondere wegen unzureichender Benutzung der Marke (Art. 15) für verfallen oder aufgrund zuvor nicht berücksichtigter absoluter bzw. relativer Schutzhindernisse für nichtig (Art. 52, 53) erklärt werden.

Art 9 umschreibt die Rechte, die dem Inhaber der GM als Eintragungswir- **3** kung zuwachsen. Sie beschränken sich gemeinschaftsrechtlich auf Unterlassungsansprüche gegen die ungenehmigte Benutzung kollidierender Zeichen im geschäftlichen Verkehr, gemäß den Voraussetzungen der lit a, lit b und/oder lit c des Abs 1. Annex- und Folgeansprüche richten sich unter Beachtung des Titels X (Art 94 bis 108) nach nationalem Recht am Ort des Verletzungsgerichts (Gemeinschaftsmarkengericht; Art 14 (1)). Gleiches gilt für das anzuwendende Verfahrensrecht (Art 14 (3)).

Die zeichenbezogenen Kriterien der rechtsverletzenden Benutzung (Art 9 (1) **4** (a–c)) entsprechen im Wesentlichen den der kollisionsbegründenden Markenanmeldung (Art 8 (1) (a) bis (b) und (5)). Sie beruhen auf den Vorgaben der Ersten Markenrechtsrichtlinie der Gemeinschaft (MarkenRichtl). Die GM ist damit insbesondere gegen die Beeinträchtigung ihrer kommerziellen Herkunftsfunktion für die von ihr erfassten Produkte geschützt, darüber hinaus auch die Beeinträchtigung solcher weiterer Funktionen, deren Bestand ebenfalls im berechtigten Interesse des Markeninhabers liegt.

5  Im »Harmonisierungsamt für den Binnenmarkt (Marken, Muster und Modelle)« (Abk dt »HABM«, engl »OHIM«, span »OAMI«) in Alicante, Spanien, sind Prüfungsabteilungen zur Prüfung von GMAen auf Formalien und absolute Eintragungshindernisse (Art 7), Widerspruchsabteilungen zu deren Prüfung auf geltend gemachte relative Eintragungshindernisse (Art 8), Nichtigkeitsabteilungen zur Prüfung von Anträgen zur Erklärung des Verfalls oder der Nichtigkeit von GMn wegen absoluter und/oder relativer Schutzhindernisse (Art 51f) sowie Beschwerdekammern (BKn) zur Überprüfung der Abteilungs-Entscheidungen gebildet worden. Gegen Entscheidungen der BKn steht die Klage gegen das HABM vor dem Europäischen Gericht erster Instanz (EuG) in Luxemburg offen, gegen dessen Urteil Rechtsmittel (iSv Revision) zum Gerichtshof (EuGH). Letzterer entscheidet auch über Vorabentscheidungsgesuche (Vorlagen) nationaler Gerichte zwecks bindender Interpretation der MarkenRichtl.

6  Die Wertungsgrundsätze bei der Beurteilung der für den Schutz einer GMA oder GM maßgeblichen Kriterien sind in allen Bereichen der GMV die gleichen. Das gilt für die – originäre oder durch Benutzung erworbene – Unterscheidungskraft ebenso wie für die Ähnlichkeit von Marken bzw Zeichen einerseits und die Ähnlichkeit der von ihnen erfassten Produkte andererseits, wobei zwischen den Begriffen Unterscheidungskraft und Kennzeichnungskraft kein sachlicher Unterschied besteht.

7  Die Kommentierungen der vorstehend angesprochenen Vorschriften in den frühen Vorauflagen mussten sich großenteils auf BK-Entscheidungen stützen, weil Urteile des EuG und EuGH (Vorab- und Rechtsmittel-Entscheidungen) noch nicht in größerer Zahl zur Verfügung standen. Das hat sich geändert. Gleichwohl sind teilweise die Anmerkungen zu frühen BK-Entscheidungen in die Neuauflage übernommen worden, weil sie die Entwicklung der einschlägigen Rspr dokumentieren und meist spezifische Fallgestaltungen betreffen, die häufig gar nicht zur Überprüfung durch die Gerichte gestellt worden sind. Entsprechendes gilt für neuere – regelmäßig sehr sorgfältig begründete – BK-Entscheidungen, deren Aufnahme in die Kommentierung deshalb beibehalten wurde.

# 1. Abschnitt Begriff und Erwerb der Gemeinschaftsmarke

## Artikel 4 Markenformen

Gemeinschaftsmarken können alle Zeichen sein, die sich graphisch darstellen lassen, insbesondere Wörter einschließlich Personennamen, Abbildungen, Buchstaben, Zahlen und die Form oder Aufmachung der Ware, soweit solche Zeichen geeignet sind, Waren oder Dienstleistungen eines Unternehmens von denjenigen anderer Unternehmen zu unterscheiden.

*Eisenführ*

Literatur:
*Bender*, Die graphische Darstellbarkeit bei den neuen Markenformen, in: FS für von Mühlendahl, 2005, S 157; *Eisenführ*, Die graphische Darstellbarkeit der Marke in der deutschen und europäischen Praxis – Eine Bestandsaufnahme, Mitt. 2006, 413; *Erdmann*, Schutz von Werbeslogans, GRUR 1996, 550; *Fezer*, Die graphische Darstellbarkeit eines Markenformats, in: FS für von Mühlendahl, 2005, S 43; *ders.*, Farbmarkenschutz, MarkenR 1999, 73; *ders.*, Grundprinzipien und Entwicklungslinien im europäischen und internationalen Markenrecht, WRP 1998, 1; *Guth*, Das Urteil des

EuGH zur Riechmarke – Anmerkungen und Folgerungen, Mitt. 2003, 97; *Helmreich/ Stellmann*, Kennzeichenrechtlicher Schutz für Gebäudenamen: Marke oder Geschäftsbezeichnung?, MarkenR 2000, 202; *Hildebrandt*, Zum Begriff der geographischen Darstellbarkeit des Art 2 der Markenrechtsrichtlinie, MarkenR 2002, 1; *Hüttermann/ Storz*, Zur graphischen Darstellbarkeit von Hörmarken nach der neueren Rechtsprechung des Europäischen Gerichtshofs, Mitt. 2005, 156; *Kur*, Was macht ein Zeichen zur Marke?, MarkenR 2000, 1; *Lewalter*, Akustische Marken, GRUR Int 20006, 546; *Meinel/Bonn*, Das Libertel-Urteil und seine Auswirkungen auf die deutsche Rechtsprechung, MarkenR 2004, 1; *Meister*, Markenfähigkeit und per-se-Ausnahmen im Gemeinschaftsmarkenrecht, WRP 2000, 967; *Riehle*, Funktion der Marke und europäisches Markenrecht, MarkenR 2001, 337; *Sambuc*, Was soll die Markenrecht?, WRP 2000, 985; *Schmidt*, Die akustische Wiedergabe von Hörmarken und deren Eintragbarkeit an Hand von Sonagrammen, MarkenR 2006, 245; *Sessinghaus*, Die graphische Darstellung von Geruchsmarken vor dem Hintergrund des deutschen Markenrechts, WRP 2002, 650; *Sieckmann*, Die Eintragungspraxis und -möglichkeiten von nicht-traditionellen Marken innerhalb und außerhalb der EU, MarkenR 2001, 236; *ders.*, Erste Entscheidungen zur Eintragung einer Geruchsmarke nach der Gemeinschaftsmarkenverordnung, WRP 1999, 618; *ders.*, Zum Begriff der graphischen Darstellbarkeit von Marken, MarkenR 2002, 149; *Schaeffer*, Der Einfluss der EuGH-Entscheidung »Philips/Remington« auf die Markenfähigkeit, in: FS für Eisenführ 2003, S 29; *Simon*, How Does »Essential Function« Doctrine Drive European Trade Mark Law?, IIC 2005, 401; *Steinbeck*, Der EuGH muß Farbe bekennen, MarkenR 2002, 273; *Theißen*, Die graphische (Nicht-) Darstellbarkeit der Farbmarke, GRUR 2004, 729; *Ulferts-Römmermann*, Die abstrakte oder konturlose Farbmarke, FS für Eisenführ 2003 S 39; *Völker/ Semmler*, Markenschutz für Farben und Farbkombinationen, GRUR 1998, 93; *Völker*, Der Konflikt um die Farbmarke, WRP 2002, 639; *Weiher/Keser*, Markenfähigkeit abstrakter Farben im konkreten Verwendungszusammenhang, MarkenR 2005, 117.

## 1 Allgemeines

1  Mit der Angabe von Markenformen definiert Art 4 den materiellen Begriff der GM entsprechend Art 2 MarkenRichtl. Er sagt aus, welche Zeichen abstrakt Markenfähigkeit besitzen und daher als GMn durch Eintragung geschützt werden können (Art 6), nämlich solche, die Zeichencharakter haben, die graphisch darstellbar und die geeignet sind, die Waren oder Dienstleistungen eines Unternehmens von denjenigen anderer Unternehmen zu unterscheiden.[1] Ob ein Zeichen, welches Markenfähigkeit iSv Art 4 besitzt oder

---

1  EuGH C-104/01 vom 6.5.2003, GRUR 2003, 604 (Nr 23) *Libertel*; EuGH C-321/03 vom 25.1.2007, GRUR 2007, 231 (Nr 28) *Dyson*.

besitzen könnte, tatsächlich eingetragen wird, hängt im Einzelfall vom Ergebnis der Prüfung auf absolute und ggf relative Eintragungshindernisse ab (Art 7, 8); Art 7(1)(a) schließt Zeichen von der Eintragung aus, die nicht unter Art 4 fallen. Die Anforderungen an die Wiedergabe der Marke bei ihrer Anmeldung behandelt R 3; vgl Art 26 Rdn 16 f.

Der Novellierungsvorschlag der Kommission sieht vor, die graphische Darstellbarkeit als Element der Markenfähigkeit (Art 4 Rdn 20) aufzugeben und durch die Forderung nach einer Wiedergabeart der Marke zu ersetzen, welche es den betroffenen Behörden sowie der Öffentlichkeit ermöglicht, den genauen Gegenstand des Schutzes zu bestimmen, den die Marke seinem Eigentümer verleiht. **2**

Der Gemeinschaftsmarkenschutz ist nur durch Eintragung erzielbar, Art 6. Einen durch die qualifizierte Benutzung eines Zeichens begründeten Markenschutz, etwa im Sinne der Benutzungsmarke gemäß § 4 Nr 2 DE-MarkenG, kennt die GMV nicht. **3**

Die Aufzählung der Markenformen in Art 4 ist nicht abschließend. Die Einleitung durch »insbesondere« lässt erkennen, dass auch andere Markenformen als die ausdrücklich genannten dem Schutz durch Eintragung als GM zugänglich sein sollen, sofern sie die zugleich angegebenen Voraussetzungen der graphischen Darstellbarkeit und ursprungsidentifizierenden Unterscheidungseignung erfüllen. **4**

Die unter »Markenformen« zu subsumierenden Begriffe »Markenkategorie« und »Art der Marke« können bei mehrteiligen Marken, an denen unterschiedliche Markenformen beteiligt sind (siehe »Komplexe Marken« Art 4 Rdn 62), Probleme dann hervorrufen, wenn die entscheidende Markenform im Anmeldeformular unter »Art der Marke« angegeben werden muss (Pflichtangabe), wobei nur eine Art-Angabe zulässig ist. Kommt es zB bei einem mit bestimmten Farben ausgestatteten dreidimensionalen Gegenstand auf die Anordnung dieser Farben an bestimmten Teilen des Gegenstandes an, handelt es sich vermutlich eher um eine Farbmarke als eine 3D-Marke.[2] Weil die GMV die Begriffe »Markenkategorie« und »Art der Marke« nicht kennt und R 9 (3)(a) DV die Anmeldeerfordernisse der R 3 DV als lediglich formal bezeichnet, müssen ggf Änderungen der Markenkategorie-Angabe **5**

---

2 HABM-BK R 1538/2009-1 vom 27.5.2010 *Farbanzeige bei Messinstrumenten (zB Uhr)*; EuG T-25/11 vom 29.1.2013 *Manueller Fliesenschneider.*

(»Art der Marke«) zulässig sein (siehe Art 43 Rdn 43). Auch ein Disclaimer hinsichtlich schutzunfähiger Markenteile kommt in Betracht (siehe Art 37 Rdn 30f), jedoch erscheint es widersprüchlich, im obigen Beispiel die Formgebung des Gegenstandes einer 3D-Markenanmeldung vom Schutz auszuschließen; dann kommt nur die Änderung der Markenkategorie in Frage.

## 2  Zeichencharakter

6   Voraussetzung für die Markenfähigkeit ist die Bestimmtheit des Zeichens. Abstrakte Begriffe und allgemeine Eigenschaftsangaben sind unbestimmt, weil sie sich auf eine Vielzahl von Erscheinungsformen erstrecken können, ihnen fehlt der Zeichencharakter.[3] Eine allgemein auf die Eigenschaft der Durchsichtigkeit von Staub-Auffangbehältern für Staubsauger gerichtete Markenanmeldung stellt kein Zeichen iSv Art 4 dar.[4] Hingegen steht der Bestimmtheit und dem Zeichencharakter nicht entgegen, dass ein Zeichen nicht visuell wahrnehmbar ist, sondern andere Sinne anspricht (siehe Art 4 Rdn 22).Unbestimmt und daher nicht markenfähig sind auch Zeichen, deren Bestandteile variabel sein sollen. Ihre Wiedergabe ist nicht eindeutig und ihr Eintragungsschutz wäre für Dritte nicht auszumachen.[5] Soweit die deutsche Rechtsprechung unter dem Warenzeichengesetz die Auswechslung von Zeichenteilen zuließ, beispielsweise der Produktangabe auf Etiketten, dürfte sie jedenfalls auf GMAen nicht anwendbar sein, selbst dann nicht, wenn alle Austauschelemente in der Beschreibung aufgeführt werden.[6]

## 3  Unterscheidungseignung

7   Das ist in der Tat das Charakteristikum einer Marke schlechthin: Produkte (Waren oder Dienstleistungen) gleicher Art, aber dennoch verschieden in bestimmten Eigenschaften, durch individuelle Kennzeichnung voneinander unterscheidbar und damit vor allem hinsichtlich ihres Ursprungs identifizierbar zu machen.

8   Es liegt in der menschlichen Natur, alle äußeren Merkmale bekannter und vertrauter Gegenstände, welche erfahrungsgemäß nicht deren selbstverständ-

---

3  EuGH T-7/09 vom 21.04.2010 (Nr 25) *Teil eines Spannfutters mit drei Rillen.*
4  EuGH C-321/03 vom 25.1.2007, GRUR 2007, 231 (Nr 37/39) *Dyson.*
5  HABM-BK R 437/2009-4 vom 29.4.2010 (Nr 11 f) *Oase Living Water.*
6  Vgl *Kirschneck* in *Ströbele/Hacker,* 9. Aufl, Rdn 64 (2. Abs) zu § 32 DE-MarkenG.

liche, inhärente Attribute sind, als besondere Merkmale und somit als Informationen zu werten, die sie individualisieren und sie damit von solchen – materiellen oder immateriellen – Gegenständen gleicher Art unterscheiden, welche jene Merkmale nicht aufweisen; dabei sind unter »Gegenständen« auch Darstellungen und sonstige Wiedergaben in Publikationen jeglichen Mediums zu verstehen, die sich auf die Gegenstände beziehen. Soweit es sich bei diesen Gegenständen um im geschäftlichen Verkehr befindliche Produkte handelt, können jene Merkmale Marken sein.

Art 4 knüpft die Markenfähigkeit eines »Zeichen« genannten besonderen **9** Merkmals von Waren oder Dienstleistungen – neben seiner grafischen Darstellbarkeit (Art 4 Rdn 20 f) – an zwei Voraussetzungen: Das Zeichen muss zur Individualisierung (Unterscheidung) der Produkte geeignet sein, und diese Individualisierung muss eine Identifizierung des Unternehmens ermöglichen, welches das die mit dem Zeichen versehenen Produkte anbietet oder anderweitig für deren Eigenschaften, namentlich ihre Qualität, verantwortlich ist.[7] Während beispielsweise die Farbe eines Automobils dieses gegenüber einem Automobil gleichen Typs, aber anderer Farbe individualisiert, ermöglicht die so bewirkte Unterscheidung ersichtlich keine Unternehmens-Identifizierung und muss die Qualifikation als Marke verfehlen. Nur solche Individualisierungsmerkmale sind Marken, welche aufgrund ihrer Konstitution und Wahrnehmung im Verkehr auch jene Identifizierungsfunktion leisten (»qualifizierte Individualisierung«).

Die Identifizierungsfunktion eines Zeichens im Verkehr ist abhängig von **10** den Menschen, die von den mit dem Zeichen versehenen Produkten angesprochen werden (sollen). Sie müssen das Zeichen wahrnehmen, sich merken und es bei neuerlicher Begegnung wiedererkennen (können). Das Erzeugen der Abfolge WAHRNEHMEN – MERKEN – WIEDERERKENNEN macht ein individualisierendes Zeichen zur Marke.

Die Möglichkeiten, in diesem Sinne Produkte mit Marken zu kennzeichnen, **11** sind vielgestaltig. Das gilt namentlich für Waren, weniger für Dienstleistungen, weil diese nicht gegenständlich in Erscheinung treten. Gerade die Waren selbst oder ihre Verpackungen sind aber naturgemäß besonders geeignete Kennzeichnungsträger. Neben Worten und Bildern, zu denen einerseits auch Buchstaben und nicht-aussprechbare Buchstabenkombinationen, Ziffern und Zahlen sowie Kombinationen aus Buchstaben und Ziffern, anderer-

---

7 EuGH C-039/97 vom 29.9.1998, GRUR 1998, 922 *Canon*.

seits graphische Gestaltungen gehören, können Farben und Farbkombinationen als solche (»konturlos«) oder in besonderer Anordnung, ferner Geräusche, Töne und insbesondere Tonfolgen den Charakter eines Kennzeichens haben. Weil diese Art von Identifikation und damit Unterscheidung vom Eindruck der betreffenden Mittel auf die menschlichen Sinne abhängt, können grundsätzlich alle einen dieser Sinne beeinflussende Merkmale eines Produkts ebenso wie dem Produkt beigegebene Informationen Produkt-unterscheidenden und damit Produkt-identifizierenden Charakter haben (»alle Zeichen«). Das gilt auch für den Duft oder die haptisch fühlbare Oberflächenstruktur (Textur) einer Ware oder ihrer Verpackung.

12  Allerdings bedarf das als Zeichen vorgesehene Mittel der zumindest gedanklichen Unabhängigkeit vom zu kennzeichnenden Produkt (»Zutat«), um Markenfähigkeit zu besitzen. Das bedeutet keine »Selbständigkeit« der Marke gegenüber der Ware.[8] Es gilt naturgemäß vor allem für solche Formgestaltungen einer Ware, die zugleich ein ursprungsidentifizierendes Kennzeichen darstellen (sollen): Die Spiralform einer Nudel lässt sich gedanklich von der Nudel trennen, ohne den Nudelcharakter des Produkts zu ändern,[9] so dass die Markenfähigkeit der Nudelform gegeben ist. Ob ein absolutes Eintragungshindernis des Art 7 (1) (e) eingreift, ist gesondert zu prüfen, desgleichen die übrigen absoluten Eintragungshindernisse, namentlich das der fehlenden konkreten Unterscheidungskraft (Art 7 (1) (b)).

13  Alle diese die menschlichen Sinne ansprechenden Informationen sind jedenfalls iSv Art 4 abstrakt geeignet, irgendwelche Produkte von anderen Produkten gleicher Art zu unterscheiden und dadurch zu identifizieren. Die abstrakte Unterscheidungskraft ist also unabhängig von einer Beziehung zu bestimmten Produkten festzustellen. Ob diese Unterscheidungskraft auch im Einzelfall konkret gegeben ist, lässt sich nur unter Berücksichtigung aller Umstände dieses Falles, insbesondere des Aussagegehalts des zur Eintragung als GM angemeldeten Zeichens und der Eigenheiten der betroffenen Produktart(en), also produktabhängig feststellen. Dies geschieht im Rahmen der Prüfung auf absolute Eintragungshindernisse gemäß Art 7, zu denen nach Art 7 (1) (b) das Fehlen konkreter Unterscheidungskraft gehört. Es liegt auf

---

8  So auch Ekey/Klippel/Bender, GMV, Art 4 Rn 35; aA Lange, Marken- und Kennzeichenrecht, Rn 251 unter Hinweis auf BGH GRUR 1999, 491, 492, *Farbmarke gelb/schwarz.*

9  NL-Hoge Raad GRUR Int 1986, 126 *Wokkels.*

*Eisenführ*

der Hand, dass beispielsweise die Farbe eines bestimmten Produkts in einem Falle als kennzeichnende und somit auch konkret unterscheidungskräftige Marke, bei einem andersartigen Produkt aber als bloße Oberflächengestaltung wahrgenommen wird, die keinerlei Individualisierungsfunktion hat und deshalb auch nicht als identifizierende Marke gewertet wird. An der abstrakten Unterscheidungseignung der Farbe ändert letzteres aber nichts (siehe unten, Art 4 Rdn 50).

Das Fehlen abstrakter Unterscheidungseignung im Sinne von Art 4 be-  14 schränkt sich auf Ausnahmefälle. Dass ein bestimmtes sinnlich wahrnehmbares Merkmal eines Produkts, sei es Teil einer Ware oder einer Verpackung, sei es Teil einer auf eine Dienstleistung bezogenen Publikation, unter keinen wie auch immer gearteten Umständen vom angesprochenen Verkehr als Ursprungshinweis verstanden werden kann, erscheint nahezu ausgeschlossen. Ein schlichter Punkt, ein gerader Linienabschnitt mag in Frage kommen, aber selbst insoweit sind Zweifel angebracht.[10] Komplexen Werken, namentlich längeren Gedichten oder Prosa-Stücken, dürfte auf Grund fehlender Merkbarkeit, welche Voraussetzung für das produktidentifizierende Wiedererkennen und damit die Unterscheidungsfunktion ist, die abstrakte Unterscheidungseignung fehlen. Im Hinblick aber darauf, dass das Fehlen abstrakter Unterscheidungskraft auch durch Benutzung im Verkehr (»Verkehrsdurchsetzung« iSv Art 7 (3), siehe Art 7 Rdn 260–278) nicht überwunden werden kann, fehlt einem Zeichen die abstrakte Unterscheidungseignung nur dann, wenn völlig ausgeschlossen erscheint, dass auch im Falle intensivster Benutzung der angesprochene Verkehr das Zeichen als Kennzeichen im Sinne einer Marke wahrnehmen wird.

### 4 Waren oder Dienstleistungen

Art 4 nennt Waren oder Dienstleistungen als Objekte der unterscheidenden  15 Kennzeichnung mittels GMn. Damit wird das gesamte Spektrum wirtschaftlicher Tätigkeit im geschäftlichen Verkehr umschrieben. Zwar schließt die Verordnung nicht die von § 1 DE-MarkenG neben den Marken einbezogenen geschäftlichen Bezeichnungen (Firmennamen, Logos etc) ein, welche die Unternehmen selbst und nicht – jedenfalls nicht unmittelbar – die von diesen vertriebenen Waren oder Dienstleistungen voneinander unterscheiden.

---

10  Vgl HABM-BK R 1134/2007-1 vom 26.11.2007 (Nr 12), *Ausrufezeichen*, bestätigt EuG T-75/08 vom 30.9.2009.

Soweit aber diese Unternehmen unter ihrer geschäftlichen Bezeichnung im geschäftlichen Verkehr auftreten und Produkte (Waren oder Dienstleistungen) vertreiben, stellen die geschäftlichen Bezeichnungen zugleich Marken iSv Art 4 dar;[11] sie werden üblicherweise auch als solche eingetragen.

16 Während der Begriff Dienstleistung alle Handlungen und Geschäftsbesorgungen (für Dritte) umfasst, erstreckt sich der markenrechtliche Warenbegriff auf alle Sachen, einerlei, ob sie materieller oder immaterieller Natur sind, und ob es sich um Mobilien oder Immobilien handelt. Eine Beschränkung etwa durch Ausschluss von Immobilien vom Markenschutz für Waren – unter Hinweis auf den Markenschutz für die Dienstleistung des Handels mit Immobilien oder deren Vermittlung – ist nicht berechtigt.[12] Entsprechendes gilt entgegen der gemeinsamen Protokollerklärung des Rats und der Kommission vom 20.12.1993[13] nach der »GIACOMELLI SPORT«-Entscheidung[14] für Einzelhandelsdienstleistungen, die allerdings dahingehend zu erläutern sind, auf welche Art von Waren sich die Dienstleistung des Auswählens und Zusammenstellens solcher Waren für Dritte erstrecken soll.[15] Dem hat sich der EuGH angeschlossen: in einem Vorlageverfahren[16] hat er festgestellt, dass der Begriff »Dienstleistungen« iSd MarkenRichtl auch solche Dienstleistungen umfasst, die im Rahmen des Einzelhandels mit Waren erbracht werden.[17] Über die vorerwähnte Erläuterung der bezogenen Waren oder Arten von Waren hinaus ist keine konkrete Bezeichnung der fraglichen Dienstleistungen erforderlich.

17 Die Angaben der Waren und Dienstleistungen, für die ein Markenanmelder den Schutz seiner Marke begehrt, müssen so klar und eindeutig sein, dass die zuständigen Behörden und die Wirtschaftsteilnehmer allein auf dieser Grundlage den Umfang des Markenschutzes bestimmen können. Dem steht

---

11 Vgl EuGH C-017/06 vom 11.09.2007, GRUR 2007, 971 *Céline*.
12 Für das deutsche Markenrecht noch offen gelassen durch BGH MarkenR 2001, 211 *BAUMEISTER-HAUS*.
13 Anhang 5, (B) (2) zu Art 1 (1).
14 HABM-BK R 046/1998 vom 17.12.1999, ABl-HABM 2000, 730 *GIACOMELLI SPORT*.
15 Siehe Mitteilung Nr 3/01 des Präsidenten des Amtes vom 12.3.2001 ABl-HABM 2001, 1222 und unter Art 28 Rdn 30–34.
16 Vorlagebeschluss des BPatG vom 15.10.2002, MarkenR 2003, 71 *Einzelhandelsdienstleistungen*.
17 EuGH C-418/02 vom 7.7.2005, GRUR 2005, 764 (Nr 52) *Praktiker*.

die Verwendung der Klassen-Oberbegriffe der Nizza-Klassifikation nicht entgegen, wenn sie hinreichend klar und eindeutig sind. Wer alle Oberbegriffe einer Klasse angibt, muss klarstellen, ob sich seine Anmeldung auf alle oder nur auf einige der in der alphabetischen Liste dieser Klasse aufgeführten Waren oder Dienstleistungen bezieht; im letzteren Falle muss er diese spezifisch angeben.[18]

## 5 Unternehmensbezug

Art 4 spricht nicht von Unterscheidungseignung schlechthin, sondern verlangt, dass die Produkte eines Unternehmens von denen anderer Unternehmen unterscheidbar sein sollen. Der Unternehmensbezug grenzt die (abstrakte) Unterscheidungseignung im kennzeichenrechtlichen Sinne gegen Unterscheidungen anderer Art ab. Es geht nicht um irgendwelche Differenzierungskriterien, sondern es steht die Unterscheidung von Produkten nach wirtschaftlichen Marktkriterien, insbesondere nach ihrer Herkunft, im Fokus. Freilich ist ein Zeichen, das diese leistet, zugleich zur Unterscheidung verschiedener Produkte desselben Unternehmens geeignet. Die Marke »Astra« unterscheidet einen bestimmten Automobiltyp von einem anderen Typ desselben Herstellers, etwa dem »Corsa«, ebenso von einem Automobiltyp eines anderen Herstellers, etwa dem »Golf«. Die Bezugnahme auf *Unternehmen* ist teils historisch durch die Entwicklung des Markenrechts erklärbar, teils Ausfluss der von der MarkenRichtl betonten Herkunftsfunktion der Marke.[19] Der EuGH umschreibt den Unternehmensbezug auch durch den Begriff der Ursprungsidentität mit der Maßgabe, dass der Verkehr in der Marke eine Identifizierung des Produkt-Ursprungs in dem Sinne sieht, dass die Produkte der Kontrolle eines bestimmten Unternehmens unterliegen, auch wenn sie ggf aus wirtschaftlich miteinander verbundenen Unternehmen stammen.[20]

**18**

Schließlich ist der Begriff »Unternehmen« nicht im Sinne eines Gewerbebetriebes zu verstehen. Zwar regelt die Verordnung wie jedes nationale Markenrecht nur die Verwendung von Kennzeichen im geschäftlichen Verkehr (Art 9 (1)), jedoch steht die Beteiligung an diesem auch Privatpersonen offen.

**19**

---

18 EuGH C-307/10 vom 19.6.2012, GRUR 2012, 822 *IP-Translator*.
19 MarkenRichtl, zehnter Erwägungsgrund.
20 EuGH C-039/97 vom 29.9.1998, GRUR 1998, 922 (Nr 28, 29) *Canon*.

## 6 Graphische Darstellbarkeit

**20** Neben der abstrakten Eignung eines Zeichens, als herkunftsidentifizierendes Kennzeichen zu dienen, bedarf es für seine Markenfähigkeit iSv Art 4 der graphischen Darstellbarkeit. Nur soweit diese nach dem Stand der Wiedergabetechnik gegeben ist, kann durch Eintragung gemäß Art 6 eine GM erworben werden. Denn das Gebot der Rechtssicherheit erfordert eine klare und eindeutige Definition des Schutzgegenstandes im Register, um dem Bestimmtheitsgrundsatz Rechnung zu tragen und es Dritten zu ermöglichen, Inhalt und Umfang jeder GM festzustellen,[21] vgl Art 4 Rdn 2.

**21** Die Forderung nach graphischer Darstellung lässt sich ohne weiteres erfüllen, wenn es sich um ein zweidimensionales Zeichen handelt, das visuell wahrnehmbar ist und unmittelbar wiedergegeben werden kann (R 3), also namentlich bei Worten, Bildern und anderen graphischen Gestaltungen einschließlich Farben. Soll ein Wortzeichen oder ein aus Buchstaben und/oder Zahlen bestehendes Zeichen in Normalschrift eingetragen werden, so ist es nach R 3 (1) in üblicher Schreibweise im Anmeldeformular wiederzugeben. Besondere graphische Ausgestaltungen solcher Zeichen bedürfen der Wiedergabe auf einem besonderen, dem Anmeldeformular beizufügenden Blatt (vierfach), für das die Vorschriften der R 3 (2) gelten; im Falle einer farbigen Ausgestaltung des Zeichens ist außerdem R 3 (5) zu beachten.

**22** Auf einen Vorlagebeschluss des DE-BPatG[22] hat der EuGH im Urteil »Sieckmann/Geruchsmarke«[23] festgestellt, dass auch ein Zeichen, das als solches nicht visuell wahrnehmbar ist, eine Marke sein kann,[24] sofern es insbesondere mit Hilfe von Figuren, Linien oder Schriftzeichen grafisch dargestellt werden kann und die Darstellung klar, eindeutig, in sich abgeschlossen, leicht zugänglich, verständlich, dauerhaft und objektiv ist. Diesen Anforderungskatalog an die graphische Darstellung hat der EuGH im Urteil

---

21  Siehe EuGH C-273/00 vom 12.12.2002, MarkenR 2003, 26 (Nr 48–50) *Sieckmann/Geruchsmarke.*

22  BPatG GRUR 2000, 1044 *Riechmarke.*

23  EuGH C-273/00 vom 12.12.2002, MarkenR 2003, 26 *Sieckmann/Geruchsmarke.*

24  Vgl TRIPS-Abkommen vom 15.4.1994 Art 15 (1) Satz 4, wonach die Mitgliedsländer den Eintragungsschutz von Marken von deren visueller Wahrnehmbarkeit abhängig machen können; davon ist für die GMV kein Gebrauch gemacht worden.

*Eisenführ*

»Libertel«[25] für die abstrakte (konturlose) Farbmarke und im Urteil »Shield Mark/Kist«[26] für die Hörmarke wiederholt.

Für die visuell wahrnehmbare, aber konturlose und deshalb hinsichtlich ihrer Ausdehnung und ggf. Konfiguration unbestimmte Farbmarke gilt nach dem Urteil »Libertel«, dass für ihre graphische Darstellung ein bloßes Farbmuster allein nicht genügt (Nr 31), sondern die Hinzufügung einer sprachlichen Beschreibung nötig ist, ggf ergänzt durch einen international anerkannten Farb-Kennzeichnungscode (Nr 36, 38). Im übrigen ist auch hier R 3 (5) zu beachten,[27] Näheres Art 4 Rdn 50. Die Frage der absoluten Eintragungshindernisse ist unabhängig von der bejahten Markenfähigkeit abstrakter Farbmarken zu prüfen (siehe Art 7 Rdn 102). **23**

Besteht die Marke aus einer räumlichen Gestaltung (der Ware selbst bzw eines Teiles von ihr oder eines davon unabhängigen Gegenstandes), bedarf es regelmäßig mehrerer – fotografischer oder zeichnerischer – Darstellungen in verschiedenen Perspektiven (R 3 (4)). Keine dieser Darstellungen stellt für sich genommen das die Marke bildende Zeichen dar, es besteht vielmehr in der sich aus der Zusammenschau aller Perspektiven ergebenden räumlichen Konfiguration. Die Marke wird also mit Hilfe der graphischen Darstellung(en) nur mittelbar wiedergegeben; Näheres Art 4 Rdn 42 bzw 44. **24**

Noch indirekter ist die graphische Darstellung einer als Hörmarke einzutragenden Tonfolge in Form einer Notenschrift; in solchen Fällen ist der graphischen Markendarstellung keinerlei unmittelbarer Markeneindruck zu entnehmen. Der EuGH verlangt ein in Takte gegliedertes Notensystem, das insbesondere einen Notenschlüssel, Noten- und Pausenzeichen, deren Form ihren relativen Wert angeben, und gegebenenfalls Vorzeichen enthält.[28] R 3 (6) erlaubt nunmehr auch die Einreichung einer Klangdatei, allerdings nur zusätzlich zu einer graphischen Darstellung und bei elektronischer Anmeldung. Über die Zulässigkeit der graphischen Darstellung einer Hörmarke durch ein Sonagramm, die (ggf. digitale) Aufzeichnung auf einem Tonträger oder einer Kombination hiervon hat der EuGH nicht entschieden. Die graphische Darstellbarkeit von Hörmarken in Form von Geräuschen und Einzeltönen, die keine (melodiöse) Tonfolge bilden, ist also höchstrichterlich **25**

---

25 EuGH C-104/01 vom 6.5.2003, WRP 2003, 735 *Libertel.*
26 EuGH C-283/01 vom 27.11.2003, GRUR 2004, 54 *Shield Mark.*
27 HABM-BK R 007/1997-3 vom 12.2.1998, GRUR Int 1998, 612 *Orange.*
28 EuGH C-283/01 vom 27.11.2003, GRUR 2004, 54 (Nr 62) *Shield Mark.*

noch offen geblieben. Sie wurde zunächst vom Amt bejaht,[29] mit einer jüngeren, sich davon ausdrücklich distanzierenden Entscheidung jedoch verneint.[30] Weitere Hinweise siehe Art 4 Rdn 53 und 54.

26  An der Forderung nach graphischer Darstellbarkeit scheitert bislang auch die Eintragung von Geruchsmarken. Der Versuch, erstere durch beschreibende Bezugnahme auf Referenzdüfte oder -gerüche graphisch darzustellen,[31] begegnet dem Vorwurf unzureichender Eindeutigkeit. Dem für Brenn- und Kraftstoffe angemeldeten »Duft von Himbeeren« hat die 3. Beschwerdekammer des Amtes zwar die Markenfähigkeit – also auch die graphische Darstellbarkeit mittels verbaler Beschreibung – zuerkannt, aber die Eintragung gleichwohl wegen fehlender Unterscheidungskraft abgelehnt, weil das Publikum in der Himbeerodorierung eines Kraftstoffes nur dessen Geruchsverbesserung, aber nicht einen Ursprungshinweis sehen werde.[32] Demgegenüber hat der EuGH im »Sieckmann«-Urteil entschieden, dass bei einem Riechzeichen den Anforderungen an die grafische Darstellung weder durch eine chemische Formel noch durch eine Beschreibung in Worten, die Hinterlegung einer Probe des Geruchs oder die Kombination dieser Elemente genügt werde. Weiteres siehe Art 4 Rdn 56–60.

27  Der allgemeinen Definition der Anforderungen an die graphische Darstellbarkeit eines Zeichens in den Urteilen »Sieckmann«, »Libertel« und »Shield Mark/Kist« des EuGH ist grundsätzlich zuzustimmen. Das Gebot der Rechtssicherheit erfordert eine klare und eindeutige Feststellbarkeit des gewährten Schutzes im Register. Fraglich erscheint aber, weshalb im Falle eines Geruchs weder die chemische Formel der den Geruch abgebenden Substanz noch eine Beschreibung des Geruchs (wie beispielsweise »Der Duft von Himbeeren«) diesen Anforderungen genügen soll. Es dürfte zutreffen, dass wenige Menschen in einer chemischen Formel den zugehörigen Geruch erkennen; dasselbe gilt aber auch für eine Tonfolge an Hand der Notenschrift bezüglich derjenigen, die das Lesen von Notenschriften nicht gelernt haben. Und dass die Formel nicht den Geruch der Substanz, sondern die Substanz

---

29  HABM-BK  R 295/2005-4 vom 8.9.2005, *HEXAL*; Besprechung in MarkenR 2005, 541.

30  HABM-BK  R 708/2006-4 vom 27.09.2007 (Nr 19) *TARZAN YELL*.

31  *Frisch geschnittenes Gras* für Tennisbälle: HABM-BK  R 156/1998-2 vom 11.2.1999, WRP 1999, 681 *The smell of fresh cut grass*.

32  HABM-BK  R 711/1999-3 vom 5.12.2001, GRUR 2002, 348 *Der Duft von Himbeeren*.

selbst wiedergibt, ist lediglich ein Element der indirekten Zeichenwiedergabe,[33] die das europäische Markenrecht auch an anderer Stelle akzeptiert; wiederum können die Hörmarken als Vergleichsbeispiel dienen. Ein größerer Mangel an Klarheit, Eindeutigkeit und Objektivität einer solchen Darstellung eines olfaktorischen Zeichens ist nicht erkennbar.[34]

Die Auffassung des EuGH vom Wesen und der markenrechtlichen Bedeutung der graphischen Darstellbarkeit von Marken als Eintragbarkeitsvoraussetzung begegnet deshalb Bedenken, wie sie bereits durch die Schlussanträge des Generalanwalts Ruíz-Jarabo Colomer vom 6.11.2001 zum »Sieckmann«-Fall ausgelöst worden waren. An der abstrakten Fähigkeit von Gerüchen, eine Kennzeichnungsfunktion zu erfüllen, hatte auch er keinen Zweifel (Nr 29). Die graphische Darstellbarkeit hat mit dieser Markenfunktion nichts zu tun, sie soll lediglich die für die Eintragung der Marke zutreffend verlangte Rechtssicherheit gewährleisten; deshalb hat die deutsche Umsetzung von Art 2 MarkenRichtl die graphische Darstellbarkeit auch nur als absolute Eintragungsvoraussetzung ausgeformt: § 8 (1) DE-MarkenG. Die Verknüpfung der Unterscheidungsfähigkeit einer Marke mit ihrer graphischen Darstellbarkeit, die der Generalanwalt vorgenommen hatte,[35] ist nicht verständlich. Die Anforderungen an die graphische Darstellbarkeit müssen sich an ihrer rechtlichen Funktion orientieren, durch eindeutige, reproduzierbare Definition des Schutzgegenstandes dessen Bestimmtheit und die notwendige Rechtssicherheit herbeizuführen. Wenn dieses Ziel beispielsweise durch die graphisch darstellbare Angabe einer (chemischen) Substanz gelingt, welche immer und nur den als Marke zu schützenden Geruch abgibt, so sollte dies der gesetzlichen Anforderung an die graphische Darstellbarkeit genügen. Es ist nicht einzusehen, dass die zusätzliche Mittelbarkeit der Darstellung über die Substanz gegenüber der mittelbaren Darstellung von Hörmarken (Notenschrift) oder Formmarken (mehrere Ansichten) ein rechtlich relevanter Hinderungsgrund sein soll, vgl Art 4 Rdn 2.

28

---

33 Wenn, wie im Fall »Sieckmann«, eine Zwangsbeziehung zwischen der Substanz und ihrem Geruch besteht.

34 EuGH C-273/00 vom 12.12.2002, MarkenR 2003, 26 (Nr 69, 70) *Sieckmann/ Geruchsmarke*.

35 Nr 37, 38; wiederum in den Schlussanträgen vom 12.11.2002 in der Rs C-104/01, aber überholt durch das Urteil EuGH C-104/01 vom 6.5.2003, WRP 2003, 735 *Libertel*; siehe Art 4 Rdn 20.

29  Allerdings ist mit den derzeit allgemein zur Verfügung stehenden Mitteln ein
Geruch nicht »dokumentierbar«. Während eine Tonfolge, ein Geräusch oder
dergleichen unschwer in einer Datei (siehe R 3 (6)) aufgenommen werden
kann, lässt sich ein Geruch nur mit erheblichem apparativen Aufwand hinsichtlich seiner komplexen chemischen Zusammensetzung objektiv definieren. Die Darlegung und Glaubhaftmachung des Eingriffstatbestandes im
Verletzungsfall wäre dadurch erheblich erschwert, wenn nicht de facto unmöglich, falls nicht eine Beschreibung des Geruchs oder eine Probe für ausreichend angesehen werden sollte.

30  Bemerkenswert ist in diesem Zusammenhang das (nicht in einer Markensa-
che ergangene) Urteil des OLG München vom 12.4.2001 (6 U 5458/97),
wonach eine Duftnote verbal und mit Hilfe der Essenzen beschrieben werden könne.

31  Es ist hiernach festzuhalten, dass die Forderung nach graphischer Darstellbarkeit nicht der Natur dessen entspringt, was eine Marke im Wirtschafts-
leben leisten soll und kann, sondern eine gewissermaßen bürokratische Kom-
promissmaßnahme ist zur Sicherung eines möglichst objektiven Umgangs
mit den zwangsläufig widerstreitenden Interessen der jeweiligen Marktbeteiligten im Bereich der durch Registereintrag begründeten Markenrechte. Diese Einsicht zwingt dazu, die graphische Darstellbarkeit einer Marke und damit ihre Schutzfähigkeit durch Registrierung nur dann zu verneinen, wenn
die zur Verfügung stehenden Darstellungsmittel in der Tat nicht ausreichen,
eine justiziable Definition des Schutzgegenstandes zuverlässig herbeizuführen. Der enge Rahmen, den der EuGH seinem Verständnis von der graphischen Darstellbarkeit eintragbarer Marken gegeben hat, erscheint jedenfalls
mit dem weitgefassten Markenbegriff des in der Markenrechtsrichtlinie niedergelegten europäischen Markenrechts nicht kompatibel zu sein. Das gilt
vor allem mit der sich weiterentwickelnden Verbraucherwahrnehmung von
Marken unkonventioneller Formen und der Anerkennung solcher Markenformen durch den EuGH, darüber hinaus grundsätzlich für alle diejenigen
Marken, die sich aufgrund ihrer Natur der ruhenden zweidimensionalen
Darstellung entziehen.[36]

32  Mit sich ändernden Zeichenformen muss sich logischerweise auch ihre Darstellungsweise ändern, und das gesetzliche Erfordernis der graphischen Darstellbarkeit darf nur den begleitenden technischen Rahmen auf dem Weg der

---

36  Eisenführ, Mitt. 2006, 413.

Weiterentwicklung des Markenrechts, aber kein materielles Hindernis dieser Weiterentwicklung darstellen.[37] Die heute schon zur Verfügung stehenden elektronischen Aufzeichnungsträger können Bildfolgen und Filme, Hologramme und Töne in Form von Melodien und sonstigen Geräuschen dauerhaft und objektiv speichern und jedem Interessierten klar und verständlich, eindeutig und in sich abgeschlossen leicht zugänglich machen. Hiernach kann es nur noch darauf ankommen, den Begriff der graphischen Darstellbarkeit entsprechend auszufüllen.

## 7 Markenformen im einzelnen

Einen grundsätzlichen Ausschluss bestimmter Zeichenarten vom Schutz als GM kennt die Verordnung nicht. Sie knüpft ihre prinzipielle Zulassung nur an das Vorliegen abstrakter Unterscheidungseignung und graphischer Darstellbarkeit. Eine Ausnahme bildet die aus einer Warenform bestehende dreidimensionale Marke insoweit, als sie im Rahmen der absoluten Eintragungshindernisse den besonderen Ausschlussregeln des Art 7 (1) (e) unterliegt, die auch nicht durch Verkehrsdurchsetzung (Art 7 (3)) überwunden werden können, siehe Art 7 Rdn 211–223. **33**

Die Sondervorschriften für Warenform-Marken können als Ausfluss der allgemeinen Regel angesehen werden, dass eine Marke nicht das Produkt selbst, also für dieses nicht wesensbestimmend sein darf. Das bedeutet **34**

zwar nicht eine körperliche, wohl aber eine begriffliche Trennbarkeit zwischen Produkt und Marke (»Zutat zur Ware«), siehe oben Art 4 Rdn 12. Aus diesem Grund dürften beispielsweise olfaktorische Marken, soweit eines Tages ihre graphische Darstellbarkeit und damit Eintragbarkeit doch noch bestätigt werden sollte, nicht für Parfüms eingetragen werden können, weil bei diesen der Geruch das Wesen des Produkts selbst darstellt.

## 7.1 Wortzeichen und Slogans

Markenfähig sind nicht nur Einzelwörter, zu denen die ausdrücklich genannten Personennamen in Form von Vor- oder Zunamen gehören, sondern auch Wortzusammenstellungen. Solche mehrteiligen Wortmarken können aus nebeneinander gestellten Substantiven bestehen oder aus Slogans in Form von **35**

---

37  Bender, in: FS für von Mühlendahl, S 157, 168.

– meist kurzen – Sätzen oder auch nur Satzbruchstücken.[38] Sie bilden keine Unterkategorie der in Art 4 angegebenen Wortzeichen, was aber weder auf die Markenfähigkeit noch die Unterscheidungskraft Einfluss hat.[39]

36 Fraglich könnte die Markenfähigkeit größerer Satzgebilde oder gar aus mehreren Sätzen bestehende Wortzusammenstellungen sein, weil zweifelhaft ist, ob sie nach der Verkehrsauffassung tatsächlich geeignet sind, Waren oder Dienstleistungen eines Unternehmens von denjenigen anderer Unternehmen zu unterscheiden (Art 4 Rdn 9). Weil letzteres aber – beispielsweise bei einem kurzen Gedicht – nicht völlig ausgeschlossen erscheint, dürfte auch hier die abstrakte Unterscheidungseignung, aber nur in Ausnahmefällen die konkrete Unterscheidungskraft gemäß Art 7 (1) (b) zu bejahen sein, beispielsweise auf Grund der Benutzung in Werbung und Vertrieb gemäß Art 7 (3); fehlende Markenfähigkeit (Art 7 (1) (a)) aber wäre auf diese Weise nicht zu heilen.

## 7.2 Bildzeichen (einschließlich Bewegungszeichen)

37 Abbildungen stellen in der Markengeschichte die ältesten Kennzeichen dar. Dabei kann es sich gleichermaßen um einfache grafische Darstellungen wie um komplexe Bilder handeln. Der Umstand, dass ein Bildzeichen die von ihr erfasste Ware naturalistisch darstellt, beraubt es zwar der konkreten Unterscheidungskraft iSv Art 7 (1) (b),[40] sofern nicht die dargestellte Warenform selbst ursprungsidentifizierende Unterscheidungskraft besitzt,[41] nicht aber der abstrakten Unterscheidungseignung iSv Art 4 für andere als die dar-

---

38 Als markenfähig und konkret unterscheidungskräftig (Art 7 (1) (b)) zugelassen EuG T-138/00 vom 11.12.2001, GRUR Int 2002, 509 *Das Prinzip der Bequemlichkeit*, vom Amt beim EuGH angefochten, aber vom EuGH bestätigt: C-64/02 P vom 21.10.2004, GRUR 2004, 1027 *Das Prinzip der Bequemlichkeit*; HABM-BK R 073/1998-2 vom 11.2.1998, MarkenR 1999, 173 *Beauty isn't about looking young but looking good*; Unterscheidungskraft abgelehnt in: HABM-BK R 232/2001-3 vom 12.9.2001, GRUR 2002, 702 *DAS BESTE GEBEN*; HABM-BK R 239/2002-3 vom 3.7.2002, MarkenR 2002, 443 *MEHR FÜR IHR GELD*.

39 EuGH C-311/11 vom 12.7.2012, GRUR Int 2012, 914 (Nr 40) *Wir machen das Besondere einfach*.

40 HABM-BK R 1130/2010-4 vom 13.10.2010 (Nr 7 mwN) *Gebäck*.

41 HABM-BK R 301/1999-3 vom 17.11.1999, GRUR Int 2000, 552 *Bremstrommel*.

gestellten Waren oder Dienstleistungen. Beispielsweise hat die naturalistische Abbildung eines üblichen Spatenblatts zwar keine konkrete Unterscheidungskraft für die Ware Spaten, wohl aber für die Ware Bier und damit auch abstrakte Unterscheidungseignung. Ein auf die Oberfläche von Glaserzeugnissen aufgebrachtes graphisches Muster in Form sich unbegrenzt wiederholender Striche ist zwar markenfähig, für (opakes) Glas aber von Haus aus nicht konkret unterscheidungskräftig.[42] Auch alle sonstigen Zweifelsfragen, die sich im Zusammenhang mit der Eintragbarkeit von Bildzeichen ergeben (Abbildungen lebender Personen, Piktogramme etc.) berühren nicht die Markenfähigkeit, sondern die konkrete Unterscheidungskraft oder andere absolute Eintragungshindernisse.

Zu den Bildmarken können auch Hologramme gerechnet werden, unge- **38** achtet ihrer (scheinbar) räumlichen Darstellung. Denn sie sind graphische Flächenelemente, was zugleich ihre graphische Darstellbarkeit begründet, auch wenn diese besondere Arbeitstechniken erfordert. Das Amt trägt Hologramm-Marken ein, wenn mehrere Darstellungen, jeweils unter den verschiedenen Wiedergabe-Winkeln, eingereicht werden.

Hologramme können aber auch – wie Linsenrasterbilder – Bewegungsein- **39** drücke erzeugen und deshalb als Bewegungszeichen angesehen werden, die durch eine Bildsequenz visualisiert werden. Im Fall der Türbewegung eines Lamborghini-Sportwagens hat das Amt eine derartige Bildsequenz als ausreichende graphische Darstellung angesehen, aber die Schutzfähigkeit aus absoluten Gründen verneint.[43]

Einer aus 20 Elementen bestehenden Bildfrequenz einer Flüssigkeitsbewe- **40** gung war die Markeneintragung von der Prüferin versagt worden, weil auch unter Berücksichtigung der Beschreibung der Bewegungsablauf nicht klar und eindeutig sei. Die BK hat die Zurückweisung aufgehoben, offensichtlich unter dem Eindruck eines von der Anmelderin eingereichten »Daumenkinos« (flipbook) sowie mit Rücksicht auf ähnliche Voreintragungen.[44]

---

42  EuG T-36/01 vom 9.10.2000, ABl-HABM 2002, 2558 *Glasmuster.*
43  HABM-BK R 772/2001 vom 23.9.2003, GRUR 2004, 63 *Lamborghini Bewegungsmarke.*
44  HABM-BK ›R 443/2010-2 vom 23.9.2010 (Nr 18, 21) *Red liquid flowing in sequence of stills.*

### 7.3  Buchstaben und Zahlen

41  Hierunter sind nicht nur Einzelbuchstaben[45] oder einzelne Ziffern zu verstehen, sondern auch nicht als Wort aussprechbare Buchstabenkombinationen, mehrziffrige Zahlen[46] sowie Kombinationen aus Buchstaben und Buchstaben/Buchstabenzusammenstellungen und Ziffern/Zahlen. Auch für alle diese Zeichen gilt, dass sie markenfähig sind, aber im Einzelfall absolute Eintragungshindernisse ihrem Markencharakter entgegenstehen können.[47]

### 7.4  Form der Ware und der Verpackung

42  Art 4 spricht der Formgestaltung einer Ware ausdrücklich Markenfähigkeit für die von ihr verkörperte Warengattung zu, worunter auch eine dreidimensionale Form zu verstehen ist,[48] selbstverständlich unter den beiden Voraussetzungen der graphischen Darstellbarkeit und Eignung zur Ursprungsidentifizierung. Erstere dürfte regelmäßig kein Problem darstellen, letztere dafür um so mehr, wenn auch »nur« im Sinne der konkreten Eintragungshindernisse des Art 7 (1). Diese schließen gemäß Art 7 (1) (b) Formen ohne ursprungsidentifizierende Unterscheidungskraft[49] und gemäß Buchstabe (e) solche Formen von der Eintragung aus, die bestimmte sachliche Beziehungen zur Ware haben.[50] Das letztgenannte Eintragungshindernis kann auch durch eine noch so intensive Benutzung und ihr folgende Verkehrsgeltung nicht überwunden werden. Wohl aber kann eine derartige Benutzung gemäß Art 7 (3) einer nicht originär konkret unterscheidungskräftigen Warenform zu erworbener Unterscheidungskraft und damit zur Eintragung verhelfen.

---

45  EuGH C-265/09 vom 9.9.2010, GRUR 2010, 1096 (Nr 28) α; HABM-BK R-1279/2011-2 vom 28.11.2011 π.

46  EuGH C-51/10 vom 10.3.2011, GRUR Int 2011, 400 (Nr 29, 30) *1000*; desgl. C-54 bis C-56/10 vom 22.6.2011 *350, 250, 150, 222, 333, 555, 100, 300.*

47  HABM-BK R 004/1998-2 vom 11.3.1998, GRUR Int 1998, 613 *IX*; HABM-BK R 063/1999-3 vom 22.6.1999, MarkenR 1999, 323 *7.*

48  Gemeinsame Protokollerklärungen des Rates und der Kommission vom 20.12.1993, Anhang 5, (B) (4) (b); ferner HABM-BK R 104/1999-3 vom 28.10.1999, GRUR Int 2000, 363 *Strahlregler*; HABM-BK R 466/1999-3 vom 18.10.2000, Mitt. 2001, 314 *Feuerzeug.*

49  EuG T-088/00 vom 7.2.2002, ABl-HABM 2002, 1322 *Taschenlampe*; EuG T-129/00 vom 19.9.2001, MarkenR 2001, 418 *Waschmitteltablette*, bestätigt EuGH C-473 und 474/01 vom 29.4.2004.

50  EuGH C-299/99 vom 18.6.2002, GRUR Int 2002, 842 *Philips/Remington.*

Was für die Form der Ware gilt, soll auch für deren Verpackung jedenfalls 43
dann gelten, wenn es sich bei der Ware um eine Flüssigkeit oder ein anderweitig nicht formstabiles Produkt handelt (Paste, Schüttgut usw), so dass für
die Prüfung der Anmeldung die Verpackung der Form der Ware gleichzusetzen ist.[51] Hingegen ist die generelle Gleichsetzung von Warenform und Verpackungsform nicht gerechtfertigt,[52] vielmehr kann bei Waren ohne hinreichend engen Zusammenhang mit ihrer Verpackung diese der Form der Ware
nicht gleichgestellt werden,[53] siehe auch Art 7 Rdn 133, 224 f.

### 7.5 Aufmachung der Ware (ua Positionsmarken, Kennfäden)

Unter den Begriff der Warenaufmachung fallen einerseits Ausstattungen der 44
Ware selbst mit namentlich dekorativen, meist applizierten Elementen, die
keinen Einfluss auf die Warenform haben und von dieser weitgehend unabhängig sind (Beispiel: Drei-Streifen-Ausstattung von Adidas), andererseits
die Gestaltung der Waren-Verpackungen, die sowohl hinsichtlich ihrer Form
als auch ihrer Aufdrucke usw markenfähig sind und konkrete Unterscheidungskraft originär besitzen oder durch Benutzung erwerben können; für
Verpackungsformen ist die Markenfähigkeit ohne die für die Ware selbst
gemäß Art 7 (1) (e) geltenden Einschränkungen gegeben, sofern es sich
nicht um Verpackungen für amorphes Verpackungsgut handelt (siehe Art 7
Rdn 225)

Positionsmarken sind keine eigene Markenform, sondern sind unter der 45
Markenform-Angabe »Aufmachung der Ware« besondere Ausprägungen anderer Markenformen durch die Maßgabe, dass ein Bildelement, ein 3D-Ele-
ment, ein Buchstabe oder eine Zahl, ggf auch ein Wortelement an einer bestimmten, stets gleichbleibenden Stelle (Position) auf der Ware angeordnet
ist,[54] beispielsweise Ziernähte in graphischer Gestaltung auf einer Jeans-
hosen-Gesäßtasche,[55] einem farbigen Querbalken im Schuhabsatz, Längsril-

---

51 EuGH C-218/01 vom 12.2.2004, GRUR Int 2004, 413 (Nr 33) *Henkel.*
52 Gemeinsame Protokollerklärungen vom 20.12.1993, Anhang 5, (B) (5).
53 EuGH C-218/01 vom 12.2.2004, GRUR Int 2004, 413 (Nr 32) *Henkel.*
54 *Bingener* in MarkenR 2004, 377.
55 HABM-BK R 668/2006-1 vom 15.05.2007 *Gesäßtasche rechts*, bestätigt EuG
   T-283/07 vom 28.4.2009.

len auf Rohren[56] Randkerben auf einer Bremstrommel,[57] farbig abgesetzte Kappen an Socken[58] oder dergleichen.

46  Die eindeutige Bestimmung der Position auf der Ware ist ein Wesensmal der Positionsmarke und hat zur Folge, dass der eigentliche Markengegenstand mit der Ware verschmilzt und nicht unabhängig von der Ware ist. Die Angabe der Position muss sich aus der Beschreibung ergeben und darf nicht zu Zweifeln an der Eindeutigkeit Anlass geben. Weil auch das Abmessungsverhältnis vom Markengegenstand zur Ware den Eindruck vom Markencharakter beeinflusst, muss dieses aus der grafischen Darstellung und/oder auch der Beschreibung hervorgehen; in der Darstellung sollte die nicht zur Marke gehörende Warenform zurücktretend, beispielsweise mittels unterbrochener Umrisslinien, angegeben werden. Hiernach kommt der richtigen Formulierung der Beschreibung einer Positionsmarke, auch wenn sie nicht am Schutzumfang der Marke teilnimmt und den Offenbarungsgehalt ihrer Wiedergabe nicht erweitern darf (Art 36 Rdn 23),entscheidende Bedeutung zu.[59] Die Markenfähigkeit von Positionsmarken steht außer Frage,[60] zu ihrer konkreten Unterscheidungskraft siehe Art 7 Rdn 139.

47  Schließlich dürften auch die – im deutschen Warenzeichen- und Markenrecht seit langem eine Sonderstellung einnehmenden – Kennfäden zu den Warenausstattungs-Marken bzw Positionsmarken gehören; § 10 DE-MarkenV behandelt sie als dreidimensionale Marken. Solche farbigen Fäden werden Drähten und Litzen von Kabeln oä beigefügt. Weil sie der Ursprungsidentifizierung dienen und ohne weiteres graphisch darstellbar sind, haben sie zweifelsfrei Markenfähigkeit. Gleiches gilt für farbige Streifen in den Kanten von Stoffbahnen, die in der Textilindustrie seit alters her Markencharakter haben,[61] oder auch Streifen, Wellenlinien u. dgl. auf Schläuchen[62] und Rohren.[63]

---

56  HABM-BK R 247/2007-1 vom 04.12.2007 *Längsrillen.*
57  HABM-BK R 394/2005-4 vom 06.11.2006 *Bremstrommel-Kerben.*
58  EuGH C-429/10 vom 16.5.2011, GRUR Int 2011, 720 (Nr 12) *Strumpfspitze in Orange;* s auch HABM-BK R 1506/2006-1 vom 26.09.2007 *Socken.*
59  HABM-BK R 1004/2011-1 vom 14.6.2012 *Kristall auf Zollstock.*
60  HABM-BK R 306/2007-1 vom 26.09.2007; HABM-BK R 938/2000-1 vom 07.05.2002, MarkenR 2002, 430 *Positionsmarke auf Sportschuh.*
61  HABM-BK R 174/2002-2 vom 1.8.2002, MarkenR 2002, 454 *Webkante.*
62  HABM-BK R 613/2005-4 vom 16.1. 2006 *Sanitärschlauch.*
63  HABM-BK R 247/2007-1 vom 4.12.2007 *Längsrillen.*

Weitere, in Art 4 nicht ausdrücklich genannte Markenformen sind vor al- 48
lem:

### 7.6 Warenunabhängige Formzeichen

Selbständige dreidimensionale Gestaltungen können sowohl für Waren als 49
auch Dienstleistungen Markencharakter haben (Beispiele: Michelin-Männchen in Bezug auf Reifen; Frauenfigur Emily in Bezug auf Automobile; Perle
in Bezug auf Dienstleistungen[64]). Sie sind uneingeschränkt markenfähig und
unterliegen nicht den spezifischen Eintragungshindernissen der Warenform-
Marken. Zweifel daran könnten angebracht sein, wenn es sich um eine mi-
niaturisierte Wiedergabe einer gemäß Art 7 (1) (e) von der Eintragung ausgeschlossene Warenform handelt; siehe auch Art 7 Rdn 211.

### 7.7 Farben und Farbkombinationen

Sie sind als solche, also auch »konturlos«, ohne weiteres markenfähig, weil 50
sie grundsätzlich zur Herkunftsunterscheidung geeignet und graphisch darstellbar sind.[65] Der EuGH hat die Markenfähigkeit abstrakter (konturloser)
Farben oder Farbzusammenstellungen entgegen den Schlussanträgen von
Generalanwalt Léger[66] in den Urteilen »Libertel«[67] und »Heidelberger Bauchemie« bejaht.[68] Die Schlussanträge des Generalanwalts im Vorlageverfahren »Libertel« gingen von der Vorstellung aus, dass eine form- und konturlose Farbe als solche kein graphisch darstellbares Zeichen ist, welches geeignet
wäre, die Waren oder Dienstleistungen eines Unternehmens von denjenigen

---

64  BPatG 26 W (pat) 62/00 vom 12.9.2001, DE-Marke 398 43 125.
65  Vgl Gemeinsame Erklärungen des Rates und der Kommission vom 20.12.1993,
    Anhang 5, (B) (4) (a).
66  Schlussanträge des EuGH-Generalanwalts Léger vom 12.11.2002 in der Rs
    C-104/01 *Libertel* (Farbe orange) und vom 15.01.2004 in der Rs C-49/02 *Heidel-
    berger* (Farben blau und gelb).
67  EuGH C-104/01 vom 6.5.2003, WRP 2003, 735 *Libertel* auf Vorlagebeschluss
    des NL-Hoge Raad vom 23.2.2001.
68  EuGH C-049/02 vom 24.6.2004 GRUR 2004, 858 *Heidelberger* auf Vor-
    lagebeschluss des BPatG vom 22.1.2002, GRUR Int 2002, 618 *Abstrakte Farb-
    marke*; vgl dazu den vor allem wegen des die ursprünglich in Form zweier benach-
    barter Rechtecke angemeldete Marke auf eine andere geometrische Form
    beschränkenden (?) Tenors interessanten Beschluss HABM-BK R 2244/2010 -2
    vom 15.6.2012 *Farbmarke Blau und Schwarz.*

anderer Unternehmen zu unterscheiden. Die Überlegungen des Generalanwalts sind intellektuell interessant, aber im Ausgangspunkt unzutreffend
und im Ergebnis abzulehnen. Denn selbstverständlich sind Farben im
schlichten Wortsinn graphisch darstellbar. Daran ändert auch die – zutreffende – Feststellung des Generalanwalts nichts, dass eine Farbe stets das Attribut einer Sache ist (Nr 90). Das gilt ebenso für jede andere Markenform.
Auch ein Wort oder Bild erhält seine kennzeichnende Bedeutung iSv Art 4
erst durch seine Verbindung oder Beziehung zum damit versehenen Produkt
(siehe auch Art 4 Rdn 7 f und Art 7 Rdn 3).

51  Die graphische Darstellung muss nach den Worten des EuGH klar, eindeutig, in sich abgeschlossen, leicht zugänglich, verständlich, dauerhaft und objektiv sein. Die bloße Wiedergabe der betreffenden Farbe auf Papier erfüllt
diese Voraussetzung nicht, wohl aber die Bezeichnung der Farbe nach einem
international anerkannten Kennzeichnungscode (Urteil »Libertel« Nr 68; siehe Art 4 Rdn 23). Darüber hinaus bedarf es der wörtlichen Benennung der
Farbtöne unter Einreichung eines Farbmusters sowie im Falle einer Farbzusammenstellung einer systematischen Anordnung, in der die betreffenden
Farben in vorher festgelegter und beständiger Weise verbunden sind; überdies muss feststehen, dass die Farben oder Farbzusammenstellungen in dem
Zusammenhang, in dem sie verwendet werden, sich tatsächlich als Zeichen
darstellen (Urteil »Heidelberger Bauchemie«, Nr 49). Eine im Widerspruch
zur graphischen Darstellung der Farbzusammenstellung stehende Beschreibung führt zur Zurückweisung der Anmeldung wegen Verstoß gegen
Art 7(1)(a);[69] vgl auch Art 26 Rdn 18.

52  Einen lehrreichen Fall der Ignorierung von Anforderungen der vorstehenden
Art liefert das EuG-Urteil zu einer Anmeldung von einer Reihe von 7 beanstandeten farbigen Quadraten zuzüglich einer Beschreibung, welche den Leser anwies, sechs dieser Quadrate mittels kreuzender Linien in Schwarz (die
7. Farbe) in 3 x 3 kleinere Quadrate zu unterteilen und nach Art von Wür-
felseiten zueinander anzuordnen – im Ergebnis die Seiten des bekannten
»Zauberwürfels«. Das Gericht bestätigte die Zurückweisung der Anmeldung,
die offenbar die Forderung des EuGH-Urteils »Heidelberger Bauchemie«,
die Farben einer Farbzusammenstellung in festgelegter und beständiger Weise zu einer systematischen Anordnung zu verbinden, mit Hilfe der Beschreibung zu erfüllen suchte. Dies verstoße gegen die aus Art 4 abgeleitete Forde-

---

69  HABM-BK R 1004/2006-2 vom 13.12.2006 (Nr 21) *PURPLE/WHITE*.

rung nach einer klaren, genauen und einfach zugänglichen Information über die durch Registrierung geschützten Zeichen.[70]

## 7.8 Hörmarken

Hörmarken sind Geräusche oder Tonfolgen wie beispielsweise Erkennungs-signale oder -melodien. Sie haben Markenfähigkeit, weil sie sich zweifelsfrei zur Ursprungsunterscheidung eignen.[71] Ihre graphische Darstellbarkeit ist auch gegeben, jedoch hat der EuGH dies – aufgrund eines insoweit be-schränkten Vorlagefalles – bislang nur für Tonfolgen in Form von Noten-schriften bestätigt, an die er besondere Anforderungen stellt, siehe Art 4 Rdn 25. Eine Beschreibung durch Schriftsprache in Form eines Hinweises auf die Noten eines Musikwerkes, auf einen Tierlaut oder in Form eines Onomatopoetikums (Lautmalerei) ist als graphische Darstellung ungeeignet. R 3 (6)[72] verlangt als graphische Wiedergabe der Klangfolge – allerdings im Rahmen des Art 26 – eine Notenschrift nur »vornehmlich« und stellt für den Fall einer elektronischen Anmeldung die Beifügung einer Datei mit der klanglichen Wiedergabe anheim.

Weil im Vorlagefall »Shield Mark/Kist« die Anmeldung nicht in Form eines Sonagramms, eines Tonträgers, einer digitalen Aufzeichnung oder einer Kombination hiervon eingereicht worden war, hat der EuGH die diesbezüg-liche Vorlagefrage unbeantwortet gelassen (Nr 54). Die graphische Darstell-barkeit von Geräuschen ist daher noch nicht höchstrichterlich geklärt. Die vorstehend angesprochene (Neu-)Fassung der R 3 (6) schien die Absicht erkennen zu lassen, dem Amt die Eintragung auch solcher Hörmarken zu ermöglichen. Das geschah auch mit der Eintragung einer Hörmarke auf der – alleinigen – Basis eines Sonagramms.[73] Hiervon hat sich jedoch eine jüngere BK-Entscheidung ausdrücklich distanziert und die Eintragung von Hörmar-ken auf der Grundlage von Sonagrammen abgelehnt, weil die graphische Darstellung von Geräuschen durch ein Sonagramm nicht ausreiche. Es erfül-le nicht die Forderung nach einer in sich abgeschlossenen, klaren und ver-ständlichen Darstellung (Nr 19), weil niemand ein Sonagramm als solches

53

54

---

70 EuG T-293/10 vom 14.6.2012 (Nr 55) *Seven squares of different colours.*
71 Gemeinsame Erklärungen des Rats und der Kommission vom 20.12.1993, An-hang 5 (B) (4) (a).
72 Neufassung vom 29.6.2005, ABl-EG L 172 vom 5.7.2005, S 4.
73 HABM-BK R 295/2005-4 vom 8.9.2005, MarkenR 2005, 541 *Hexal.*

lesen könne, und es sei überdies auch nicht leicht zugänglich (Nrn 20–23). Schließlich sei das beanspruchte Hörzeichen aus dem Sonagramm mit bekannten Mitteln nicht, jedenfalls nicht ohne weiteres, reproduzierbar.[74]

55 Die eingehende Begründung dieses Beschlusses überzeugt, weil sie sich zwangsläufig auf den mit der Anmeldung eingereichten Ausdruck als graphische Darstellung des ursprünglich elektronisch erstellten Sonagramms bezieht. Der Hinweis der Kammer am Ende der Begründung (Nr 46) auf die von der Neufassung der R 3(6) für den Fall elektronischer Anmeldung freigestellte Einreichung einer elektronischen Klangdatei, welche vom Amt in elektronischer Form veröffentlicht werde, und die leicht zugänglich sowie in sich abgeschlossen sei, lässt nicht erkennen, ob in Verbindung mit einer solchen Klangdatei ein gleichzeitig eingereichter Sonagramm-Ausdruck die Forderung nach graphischer Darstellung erfüllt. Hinzugefügt sei, dass der »Tarzanschrei« schon 2004, vor der Novellierung der R3(6), angemeldet worden war.

### 7.9 Geruchsmarken

56 Die Markenfähigkeit sog. olfaktorischer Marken ist nach Auffassung des EuGH mangels graphischer Darstellbarkeit von Gerüchen derzeit nicht gegeben.[75] Sie war zunächst vom Amt bejaht worden;[76] Näheres oben Art 4 Rdn 26.

57 Die Argumentation des EuGH in den Gründen des Urteils »Sieckmann« kann nicht überzeugen. Er stellt u. a. darauf ab, dass die Angabe der chemischen Formel des Stoffes, welcher – offenbar unbestritten – stets und nur den als Riechmarke angemeldeten Geruch abgibt, weil nur wenige in einer solchen Formel den fraglichen Geruch wiedererkennen würden und deshalb die Formel nicht verständlich genug sei. Außerdem gebe sie nicht den Geruch einer Substanz, sondern die Substanz selbst wieder, weshalb es ihr auch an der nötigen Klarheit und Eindeutigkeit fehle (Nr 69).

---

74 HABM-BK R 708/2006-4 vom 27.09.2007 *TARZAN YELL*; siehe auch Art 26 Rdn 20.

75 EuGH C-273/00 vom 12.12.2002, Marken R 2003, 26 *Sieckmann/Geruchsmarke.*

76 HABM-BK R 156/1998-2 vom 11.2.1999, WRP 1999, 681 *The smell of fresh cut grass* (für Tennisbälle); HABM-BK R 711/1999-3 vom 5.12.2001, GRUR 2002, 348 *Der Duft von Himbeeren* (für Brenn- und Treibstoffe).

Beide Vorwürfe sind irrelevant, weil sie ersichtlich auf den unmittelbaren **58** Eindruck der von der graphischen Darstellung ausgehenden Information abheben (Substanzangabe), ohne zu berücksichtigen, dass jede nicht visuell wahrnehmbare Marke nur eine mittelbare graphische – also visuell wahrnehmbare – Darstellung erlaubt. Auch in einer Notenschrift können »nur wenige« die mittelbar wiedergegebene Tonfolge erkennen, und auch ist die Notenschrift nur ein »Surrogat« der die eigentliche Marke bildenden Tonfolge. Selbst die eindeutige Form eines dreidimensionalen Markengebildes erschließt sich dem Betrachter der zweidimensionalen Ansichten nur, wenn er diese in seinem Gehirn zur virtuellen Körperlichkeit zusammensetzt.

Indem der EuGH im Interesse eines modernen, umfassenden Markenkon- **59** zepts entschied, auch nicht visuell wahrnehmbaren Zeichen die markenmäßige Unterscheidungseignung zuzuerkennen, musste er zwangsläufig auf die unmittelbare Wahrnehmbarkeit und damit Erkennbarkeit solcher Marke aufgrund ihrer graphischen Darstellung verzichten, welche nur eine visuelle Wahrnehmung ermöglicht.

Im übrigen ist es ohnehin verfehlt, hinsichtlich der graphischen Darstellbar- **60** keit einer Marke auf den – einem Erkennen notwendig voraufgehenden – Eindruck der Marke auf den Empfänger der von ihr übermittelten Information abzustellen. Verlangt ist allein die graphische Darstellung des die Information abgebenden Senders, also der Marke selbst, und alle vom EuGH aufgestellten Forderungen an graphische Markendarstellungen beziehen sich allein und ausschließlich auf Sachmerkmale dieser Marken, nicht jedoch auf von diesen beim Leser, Betrachter, Hörer, Riecher oder Taster erzeugten Eindrücke, die im Bereich aller Markenformen in Abhängigkeit von vielschichtiger Individualität bei verschiedenen Menschen höchst unterschiedlich sein können.[77]

### 7.10 Tastmarken

Die haptisch fühlbare Oberfläche von Gegenständen, namentlich von Waren **61** oder ihrer Verpackung besitzt Markenfähigkeit, sofern sie graphisch dargestellt werden kann, weil ihr die abstrakte Unterscheidungseignung nicht abgesprochen werden kann.[78] Es bedarf jedoch ausreichender Angaben insbesondere über die Größe des Tastgegenstandes und die Beschaffenhit der

---

77  Eisenführ, Mitt. 2006, 413.
78  HABM-BK R 1174/2006-1 vom 30.10.2007 (Nr 21) *Tastmarke*.

Materialien, welche seine Oberfläche bilden.[79] Hingegen bedarf es nicht der Angabe der vom Tastgegenstand ausgelösten Empfindungen[80]

### 7.11 Komplexe Marken

62 Erhebliche Bedeutung haben in der Praxis Kombinationen der vorstehend isoliert dargestellten Markenformen, wenn auch weniger unter dem Gesichtspunkt der abstrakten Unterscheidungskraft und damit ihrer Markenfähigkeit, sondern unter dem Gesichtspunkt der eintragungsbegründenden konkreten Unterscheidungskraft (Art 7). So kann beispielsweise ein aus einem Einzelbuchstaben bestehendes Zeichen, das für die von ihm erfassten Waren und Dienstleistungen keine originäre Unterscheidungskraft besitzt, durch eine besondere graphische Gestaltung zu einer originär unterscheidungskräftigen und damit ohne weiteres eintragbaren Bildmarke werden. Gleiches gilt für das Inkorporieren von Farben oder Farbkombinationen in graphische Bildzeichen oder Formmarken, wodurch die Farben nicht länger »konturlos« sind. Diese Aufzählung von Kombinationszeichen aus mehreren Markenformen lässt sich nahezu beliebig erweitern. Die Zuordnung solcher komplexer Marken zu einer bestimmten Markenkategorie bereitet häufig Schwierigkeiten, vgl Art 4 Rdn 5.

### Artikel 5  Inhaber von Gemeinschaftsmarken

**Inhaber von Gemeinschaftsmarken können alle natürlichen oder juristischen Personen, einschließlich Körperschaften des öffentlichen Rechts sein.**

*Schennen*

---

79 HABM-BK R 1174/2006-1 vom 30.10.2007 (Nr 33, 34) *Tastmarke.*
80 HABM-BK R 1174/2006-1 vom 30.10.2007 (Nr 24) *Tastmarke*; vgl auch die dieselbe Marke betreffende Entscheidung des DE-BGH in GRUR 2007, 148 »*Tastmarke*«.

## 1 Allgemeines

Zusammen mit Art 3 bestimmt Artikel nur Selbstverständliches: Anmelder 1
und Inhaber einer GM sein kann, wer rechtsfähig ist. Nunmehr kann jedermann Anmelder und Inhaber einer GM sein. Dass Art 5 natürliche und juristische Personen und Körperschaften des öffentlichen Rechts erwähnt, fügt
dem nichts an Regelungsgehalt hinzu. Ob und unter welchen Voraussetzungen öffentlich rechtliche Körperschaften oder privatrechtliche Gesellschaften
rechtsfähig sind, richtet sich nach Art 3 und dem nationalen Recht (siehe unter Art 3 Rdn 1, 9, 15).

Die eigentliche Aussage des Art 5 erschließt sich erst aus dem Vergleich mit 2
der bis 2004 geltenden Fassung: Mit Änderung von Art 5 durch VO
Nr 422/2004 wurden für die Anmeldeberechtigung alle Beschränkungen der
Staatsangehörigkeit oder des Wohnsitzes abgeschafft.

Gleichzeitig wurden die Bestimmungen der GMV, in denen auf die Voraus- 3
setzungen des Art 5 Bezug genommen wird oder Beschränkungen der Anmeldeberechtigung vorausgesetzt wurden, ebenfalls geändert.

Und zwar wurde in Art 36 (1) (b) die Frage der Rechtsfähigkeit (der Voraus- 4
setzungen von Art 3 und nun auch von Art 5) als Formerfordernis der Anmeldung behandelt, Art 37 gestrichen, in Art 39 (2) die Bezugnahme auf die
Möglichkeit einer Zurückweisung nach Art 37 gestrichen, und in Art 51 (1)
und Art 52 (1) (a) die Nichterfüllung oder der Wegfall der Voraussetzungen
des Art 5 als Verfalls- oder Nichtigkeitsgrund gestrichen. In der DV wurde
R 10 geändert, die die Prüfung der Voraussetzungen des Art 5 regelte, R 101
(Feststellung der Gegenseitigkeit) auf den Fall des Art 29 beschränkt und
R 31 (3) gestrichen, so dass auch für die Eintragung eines Rechtsübergangs
keine persönlichen Beschränkungen mehr bestehen. Diese Änderungen gelten seit 11.3.2004 ohne Übergangsregelung, so dass ab diesem Zeitpunkt
keine auf Art 5 aF gestützte Nichtigkeitsanträge mehr möglich sind, auch
wenn die GM von einem Anmelder eingereicht wurde, der seinerzeit die
Staatsangehörigkeitsanforderungen des Art 5 aF nicht erfüllte.[1]

Bis 2004 galt eine Beschränkung auf Staatsangehörige oder Personen mit 5
Wohnsitz in einem Mitgliedstaat der EG, der PVÜ oder der WTO (des

---

[1] HABM-BK R 889/2007-1 vom 7.5.2008 (Nr 19) *GOLDEN ELEPHANT BRAND*.

TRIPS-Abkommens) oder auf Staaten, für die Gegenseitigkeit festgestellt worden ist.

6   Es ist nicht erforderlich, dass der Anmelder eine Benutzungsabsicht hat oder dass er einen Geschäftsbetrieb besitzt.[2] In der Tat sind die ersten GMn für Organisationen eingetragen worden, deren Zweck nicht die Gewinnerzielung ist, nämlich AIPPI, ECTA, FICPI, INTA und »Magister Lucentinus« für die Universität Alicante. Ebenso ist, wie in Art 6 (2) PVÜ gefordert, eine Eintragung der Marke im Heimatland des Anmelders (Heimatschutz) nicht erforderlich, ausgenommen im Fall der Benennung der EG in einer IR, die nach Art 2 MP eine Basismarke im Ursprungsland voraussetzt (siehe unter Art 146 Rdn 38–42).

## 2   Der personale Geltungsbereich der GMV

7   Die Änderung von Art 5 hat aber nicht alle Fragen des personalen Geltungsbereichs der GMV obsolet gemacht. Einschränkungen gemäß Staatsangehörigkeit und Wohnsitz bestehen unverändert für die Berechtigung zur Inanspruchnahme eines Prioritätsrechts (Art 29, R 101). Auch in Art 92, 93 wird auf Staatsangehörigkeit und Wohnsitz abgestellt. Ferner kann eine IA nach Art 146 nur von Personen mit Sitz oder Wohnsitz in der EG eingereicht werden. Somit soll hier ein allgemeiner Überblick über die in der GMV relevanten personalen Anknüpfungspunkte gegeben werden.

### 2.1   Der Begriff »Angehöriger«

8   Bei natürlichen Personen bedeutet der Begriff »Angehörige«, daß die betreffende Person die Staatsangehörigkeit eines der in Frage kommenden Staaten haben muß. Der Begriff der Staatsangehörigkeit richtet sich nach nationalem Recht.[3] Die Staatsangehörigkeit ist nicht immer mit dem Besitz eines Reisepasses deckungsgleich. So fallen unter den Begriff »Staatsangehörige« für Deutschland Personen, die Deutsche im Sinne von Art 116 des Grundgesetzes sind, und im Vereinigten Königreich Personen mit britischer Staatsange-

---

2   Von Mühlendahl/Ohlgart, S 21; López de Rego, ECTM commentary, S 283; aA Füllkrug, WRP 2006, 664; Ströbele/Kirschneck., MarkenG, § 7 Rn 1.

3   EuGH C-369/90, Slg 1992, 4239 *Micheletti*; López de Rego, ECTM commentary, S 284.

hörigkeit, jedoch nicht Personen mit britischem Pass, der den Vermerk »Kanalinseln« oder »Insel Man« trägt.[4]

Die Angehörigkeit einer juristischen Person zu einem bestimmten Staat, also **9** ihre Staatsangehörigkeit, richtet sich in einigen Staaten nach der sogenannten Gründungstheorie, also danach, wo die Gesellschaft errichtet worden ist, mehrheitlich und insbesondere im kontinentaleuropäischen Recht jedoch nach der sogenannten Sitztheorie, also danach, wo die Gesellschaft ihren tatsächlichen Sitz hat. Das HABM wendet die Grundsätze des EG-V und der Rspr des EuGH an, wonach grundsätzlich die Sitztheorie maßgeblich ist. Die Bestimmung des Sitzes wird einheitlich nach Art 54 EU-V (bisher Art 48 EG-V) angeknüpft,[5] der das Erfordernis des tatsächlichen Sitzes mit dem Kriterium des Rechts des betreffenden Staates verbindet. Maßgeblich ist nicht das nationale Recht des Staates, auf dessen Staatsangehörigkeit oder Sitz sich der Verfahrensbeteiligte beruft; auch Art 59, 60 der VO Nr 44/2001, wonach der Richter die lex fori anwendet, kann nicht herangezogen werden, da dies bedeuten würde, daß vom HABM stets spanisches Recht anzuwenden wäre.

Staatenlose im Sinne des Übereinkommens vom 28.9.1954 werden den **10** Staatsangehörigen des Staates gleichgestellt, in dem sie ihren gewöhnlichen Aufenthalt haben.

Internationale Organisationen, zB die EPO, werden regelmäßig durch völ- **11** kerrechtlichen Vertrag gegründet, haben in einem bestimmten Staat oder mehreren Staaten ihren Sitz und genießen dort diplomatische Vorrechte und Befreiungen. Sie gehören nicht einem bestimmten Staat an. Gleichwohl sind internationale Organisationen als »Angehörige« des Staates zu betrachten, in dem sie ihren Sitz haben.[6]

## 2.2 Begriff des Wohnsitzes, Sitzes oder der Niederlassung

Art 92 (2) verlangt, daß die betr Person in dem Gebiet der EG ihren »Wohn- **12** sitz oder Sitz« oder eine tatsächliche und nicht nur zum Schein bestehende gewerbliche oder »Handelsniederlassung« hat.

---

4 Broschüre »Nationales Recht zur GM« des HABM, Kapitel 4.
5 RiLi, Teil A, 5.3.1.1 (zum Vertretungszwang nach Art 92).
6 López de Rego, ECTM commentary, S 283.

**13**  Da es sich um eine konventionsrechtliche Verpflichtung nach Art 3 PVÜ handelt, derartige Personen den eigenen Staatsangehörigen gleichzustellen, und da diese Bestimmung in Art 2 (1) des TRIPS-Abkommens inkorporiert ist, dem die EG angehört, ist dieser Begriff in dem gleichen Sinne wie Art 3 PVÜ auszulegen.

**14**  Der Begriff des Wohnsitzes ist nach nationalem Recht des betr Staates zu verstehen und nicht notwendigerweise auf einen ständigen Aufenthalt oder eine überwiegende Anwesenheit begrenzt. Allerdings muß der Wohnsitz wirklich und nicht nur zum Schein bestehen. Kein Wohnsitz wird begründet durch vorübergehende Aufenthalte. Es ist aber nicht ausgeschlossen, daß eine Person mehrere Wohnsitze hat. Der Begriff »Wohnsitz« ist für natürliche Personen maßgeblich.

**15**  Für juristische Personen ist der »Sitz« durch Satzung oder durch Gesetz bestimmt. Eine juristische Person kann nur einen Sitz haben.

**16**  Alternativ reicht aus, wenn eine »tatsächliche und nicht nur zum Schein bestehende gewerbliche oder Handelsniederlassung« besteht. Dies ist nicht auf juristische Personen beschränkt. Unter diesem Begriff sind etwa Zweigstellen oder Zweigniederlassungen zu verstehen. Ferner wird zu fordern sein, daß dort mit eigenem Personal eigene geschäftliche Tätigkeiten der juristischen Person entfaltet werden, ohne daß erforderlich ist, daß von der Zweigstelle aus Umsatzgeschäfte mit Dritten vorgenommen oder angebahnt werden. Es reicht jedoch nicht aus, wenn lediglich eine Agentur besteht, die von freien Handelsvertretern oder anderen Dritten, die lediglich im Auftrag oder in Kommission der Gesellschaft handeln, betrieben wird. Natürlich reicht auch eine bloße Briefkastenadresse nicht aus.[7] Nur zum Schein oder vorübergehend, ad hoc errichtete Niederlassungen reichen nicht.[8]

### 2.3  Prioritätsrecht

**17**  Art 29 setzt eine Voranmeldung in einem Verbandsland der PVÜ oder einem WTO-Mitgliedstaat voraus, darüber hinaus aber auch Verbandsangehörigkeit des Anmelders (siehe unter Art 29 Rdn 8–10).

---

7  López de Rego, ECTM commentary, S 287 f.
8  Gómez Montero, Comentarios, S 67.

Der PVÜ gehören inzwischen über 160 Staaten an. Die Liste wird jährlich **18** in BlPMZ veröffentlicht.[9]

Die Unionspriorität steht nur Verbandsangehörigen zu, Art 2 (2), 3 PVÜ.[10] **19**

Es ergibt sich aus Art 1 (3), 2 (1) TRIPS-Abkommen (Verpflichtung zur An- **20** wendung von Art 1–20 PVÜ) eine eigenständige Verpflichtung nicht nur zur Inländerbehandlung, sondern auch zur Gewährung des Prioritätsrechts – als eines besonderen durch die PVÜ gewährten Rechts – in dem in Art 2, 3 PVÜ definierten Umfang.[11] Was den Umfang dieser Verpflichtung angeht, besteht kein Unterschied zwischen Staatsangehörigen und den in Art 3 PVÜ genannten Personen mit Sitz oder Wohnsitz usw, weil Art 1 (3) TRIPS-Abkommen unter »Angehörigen« der WTO-Mitglieder diejenigen Personen versteht, die den Kriterien für den Zugang zum Schutz nach der PVÜ entsprechen würden, wenn alle WTO-Mitglieder PVÜ-Mitglieder wären. Hierbei handelt es sich um eine Verpflichtung aus Art 1, 2 TRIPS-Abkommen zur Anwendung der PVÜ, nicht um eine Verpflichtung, die aus der Mitgliedschaft eines Staates im WTO-Abkommen resultiert. Deshalb sollte das Prioritätsrecht auch Angehörigen eines WTO-Mitglieds, das nicht PVÜ-Verbandsland ist, eingeräumt werden.

Nach Art 29 (5) kommt das Prioritätsrecht auch denen zugute, die in einem **21** Staat oder Territorium vorangemeldet haben, das nicht PVÜ-Verbandsland oder WTO-Mitglied ist, wenn dieser Staat oder dieses Territorium gemäß einer veröffentlichten Feststellung der Kommission Gegenseitigkeit gewährt. Dafür gilt R 101. R 101 nF erwähnt nicht mehr den Begriff des »Angehörigen« eines solchen Staates, der noch in R 101 (3) aF hinsichtlich des persönlichen Anwendungsbereichs enthalten war. Es ist jedoch unverändert darauf abzustellen, daß das Prioritätsrecht auch den Angehörigen solcher Staaten zukommen soll, weil die Gegenseitigkeitsfeststellung die betr Staaten mit den PVÜ-Verbandsländern auf eine Stufe stellt und weil normalerweise die Erstanmeldung im Heimatland vorgenommen wird. Diese Regelung gilt nur zu Gunsten von »Angehörigen« dieser Staaten, nicht für Personen, die dort lediglich ihren Wohnsitz haben.

---

9  Zuletzt: BlfPMZ 2011, 136.
10  Busse/Keukenschrijver, PatG, § 41 Rn 12.
11  Benkard/Ullmann, PatG, Internationaler Teil, Rn 14, 18.

22 Das nähere Verfahren für die Feststellung der Gegenseitigkeit bestimmt R 101. Die Kommission nimmt, gegebenenfalls auf Anregung des Präsidenten des HABM, Kontakt mit der diplomatischen Vertretung des betreffenden Landes auf, um zu ermitteln, ob der betreffende Staat Gegenseitigkeit gewährt.

23 Die Feststellung der Gegenseitigkeit durch die Kommission nach R 101 ist konstitutiv, unabhängig davon ob in einem Drittstaat eine Gegenseitigkeit tatsächlich bereits besteht.[12]

24 Die Mitteilung der Kommission ist im ABl-EG zu veröffentlichen und nennt den Zeitpunkt, ab dem sie wirksam wird; dieser kann auch rückwirkend sein (bis zum 1.4.1996).

25 Die Kommission hat Bekanntmachungen der Gegenseitigkeit für Taiwan,[13] die ab 1.8.1998 gilt, und für Andorra,[14] die rückwirkend zum 1.4.1996 gilt, erlassen. Die Bekanntmachung der Kommission für die Kaimaninseln[15] gilt nicht für das Prioritätsrecht.

## Artikel 6   Erwerb der Gemeinschaftsmarke

**Die Gemeinschaftsmarke wird durch Eintragung erworben.**

*Schennen*

---

12 Fernández-Nóvoa, S 48; aA Marco Alcalá, Las causas de denegación del registro de la marca comunitaria, S 95.
13 ABl-EG C 351 vom 5.11.1998, S 3 = ABl-HABM 1999, 490.
14 ABl-EG C 359 vom 11.12.1999, S 31 = ABl-HABM 2000, 350.
15 ABl-EG C 149 vom 19.5.2001, S 21 = ABl-HABM 2001, 1752.

## 1 Allgemeines

Diese Bestimmung stellt eines der tragenden Grundprinzipien der GM auf, 1
das Eintragungsprinzip. Diese Bestimmung wirkt positiv durch die Definition des Erwerbstatbestands, negativ durch den Ausschluss anderer Erwerbstatbestände, limitativ durch die Begrenzung auf die eingetragene Form und attributiv durch die Regelung der Zuordnung von Rechten an den Inhaber.

## 2 Positive Wirkung

Positiv bestimmt Art 6, dass die Eintragung der GM, die in Art 45 geregelt 2
ist, rechtsbegründend ist. Mit der Eintragung stehen dem Inhaber die Rechte aus der GM zu. Zugleich entsteht die GM als subjektives Privatrecht mit absoluter Wirkung, das Gegenstand des Rechtsverkehrs sein kann (Art 17 ff.). Die Veröffentlichung der Eintragung der GM im Blatt für GMn (Art 87, R 85 (a)) ist demgegenüber nur für die Geltendmachung der Rechte aus der GM gegenüber Dritten erforderlich, Art 9 (3) Satz 1. Umgekehrt kann die GM nur durch einen der in der GMV bezeichneten Erlöschenstatbestände erlöschen. Löschungsansprüche nach nationalem Recht sind nicht zulässig,[1] wohl hingegen Ansprüche auf Untersagung der Benutzung nach Art 110.

## 3 Negative Wirkung

Negativ bewirkt Art 6, dass der Schutz als GM nur durch Eintragung gemäß 3
dem in der GMV vorgesehenen Anmelde- und Eintragungsverfahren und nicht anderweitig erworben wird. Eine nicht eingetragene GM oder einen Erwerb des Schutzes als GM nur durch Benutzung gibt es nicht.[2]

Ebensowenig gibt es eine EG-weite notorische Marke iSd Art 6[bis] PVÜ. Die 4
notorische Marke nach Art 6[bis] ist stets eine nationale Marke,[3] wobei es sich um eine in dem Mitgliedstaat, in dem die Marke notorisch bekannt ist, eingetragene Marke oder nicht eingetragene Marke handeln kann.[4]

---

1 Ingerl, S 119.
2 Ingerl, S 31; von Mühlendahl/Ohlgart, S 21.
3 Ingerl, S 32; Fernández-Nóvoa, S 51.
4 WIPO – Joint recommendation on well-known marks, Art 2 (3) (i).

#### 4 Limitative Wirkung

5 Limitativ wirkt Art 6 iVm Art 43, 45 und 48 durch die Begrenzung der GMA und der eingetragenen GM auf die eingetragene Form. Nur die Marke in der angemeldeten und eingetragenen Form ist geschützt, nicht die in der tatsächlich benutzten Form.[5] Nur die angemeldeten und eingetragenen Waren und Dienstleistungen sind im Rahmen des Kollisionstatbestandes des Art 8 und 9 geschützt (Spezialitätsprinzip),[6] soweit nicht besonders Ausnahmen von diesem Prinzip vorgesehen sind, wie in Art 8 (5).

#### 5 Attributive Wirkung

6 Anders als das Patent-, Urheber- oder Geschmacksmusterrecht weist die GMV das Recht an der Marke nicht einer bestimmten Person (im Patentrecht dem Erfinder, im Urheberrecht dem Urheber) zu. Weder dem »Schöpfer« der Marke noch ihrem Benutzer wird das Recht auf die Marke zugewiesen. Vielmehr erwirbt die Marke derjenige, der sie angemeldet hat; nur auf seinen Namen kann die Marke eingetragen werden, sofern kein Rechtsübergang nach Art 17 eingetragen wird.

7 Von diesem Grundsatz kennt die GMV nur eine Ausnahme: den Anspruch auf Übertragung der Agentenmarke nach Art 11, 18.[7] Diese Vorschriften schützen den Inhaber einer bestehenden Marke dagegen, dass diese nunmehr von seinem Agenten oder Vertreter auch als GM angemeldet wird. Der Prinzipal hat vier Ansprüche. Erstens kann er nach Art 18 die Übertragung der GM (oder nach Art 18 iVm Art 24 die Übertragung der GMA) auf sich beanspruchen. Zweitens hat er nach Art 11 Anspruch auf Untersagung der Benutzung. Drittens kann der Prinzipal die Anmeldung des Agenten durch Widerspruch (Art 8 (3)) zu Fall bringen. Viertens kann er die zugunsten des Agenten eingetragene GM mit dem Antrag auf Erklärung der Nichtigkeit (Art 53 (1) (b)) angreifen.

8 Darüber hinaus kann spekulativen Anmeldungen mit dem Antrag auf Erklärung der Nichtigkeit begegnet werden, wenn der Anmelder bei der Anmeldung der GM bösgläubig war, Art 52 (1) (b). In diesem Fall hat aber der

---

5  HABM-BK  R 301/1999-3 vom 17.11.1999, GRUR Int 2000, 551 *Bremstrommel*.
6  Siehe Casado, S 231.
7  Fernández-Nóvoa, S 53.

durch die bösgläubige Anmeldung Geschädigte keinen Anspruch auf Übertragung der GM.

Die Rechte derjenigen, die einen schöpferischen Beitrag zur Schaffung der 9
Marke bzw der in der Marke enthaltenen oder verwendeten Zeichen geleistet
haben, werden schließlich durch Art 53 (2) (c), (d) geschützt. Der Inhaber
eines Urheber- oder Geschmacksmusterrechts kann danach die Nichtigerklärung der GM verlangen, wenn der Gegenstand des Geschmacksmusters oder
das urheberrechtlich geschützte Werk rechtswidrig in die GM aufgenommen
wurde, vorausgesetzt dass dies nach dem anwendbaren nationalen Recht Ansprüche auf Untersagung der Benutzung der betr Marke gibt. Auch hier wiederum kann der Inhaber des Urheber- oder Geschmacksmusterrechts nur die
Erklärung der Nichtigkeit der GM und die Untersagung deren Benutzung
verlangen, nicht die Übertragung der GM auf sich.

Bei Art 17 erfolgt der Rechtsübergang rechtsgeschäftlich oder kraft Gesetzes 10
außerhalb des Registers; der Rechtsübergang ist entweder wirksam oder
unwirksam mit den sich daraus ergebenden Folgen für die Eintragung im
Register. Dies gilt auch im Rahmen des Art 23, soweit miteinander inkompatible Übertragungen betroffen sind. Auch dort ist für eigenständige Vindikationsansprüche kein Raum.

## 6 Keine Anwendbarkeit nationalen Rechts

Im Rahmen des Art 6 ist die ergänzende Anwendung nationalen Rechts aus- 11
geschlossen.

Dem nationalen Recht ist es verwehrt, der GM auch ohne oder vor der Ein- 12
tragung Wirkungen zuzumessen oder gar eine »nicht eingetragene GM« zu
schützen. Zulässig ist nach dem vierten Erwägungsgrund der MarkenRichtl
(RL 89/104/EWG) der Schutz nationaler Marken, die »durch Benutzung erworben« sind.

Ebenso ist es dem nationalen Recht verwehrt, Ansprüche auf Übertragung 13
der GM oder andere Regelungen der Zuordnung des Rechts an einer GM an
andere Personen als den Anmelder oder Inhaber vorzusehen.[8] Soweit nach
Ingerl/Rohnke[9] für nationale Marken ein Vindikationsanspruch etwa aus po-

---

8 Wie hier wohl auch Fernández-Nóvoa, S 53.
9 Ingerl/Rohnke, vor §§ 14 Rn 318.

sitiver Vertragsverletzung oder Geschäftsführung ohne Auftrag für möglich erachtet wird, kann dies nicht für die GM gelten.

## 7 Bindungswirkung der Eintragung

14 Von der Rechtsgültigkeit der Eintragung der GM ist in einem Verfahren vor dem HABM sowie auch im nationalen Verfahren (siehe unter Art 1 Rdn 14) auszugehen, Art 99 (1) (siehe auch Art 107 zur Wirkung im nationalen Verfahren), soweit nicht, wie in Art 99 (3), die GMV selbst ausdrücklich Ausnahmen vorsieht.

15 Die Eintragung der GM hat die Wirkung, dass dieser der gesetzliche Schutz zusteht, solange sie nicht rechtskräftig für nichtig oder verfallen erklärt worden ist. Die Eintragung legt den Gegenstand des Schutzrechts, sowohl hinsichtlich der Wiedergabe der Marke als auch des VerzWDL, bindend fest, und zwar grundsätzlich zeitlich unbeschränkt, sofern keine Änderung der Marke nach Art 48 stattfindet. Der gesetzliche Schutz umfasst mindestens den der Doppelidentität des Art 8 (1) (a), der von keinen weiteren Voraussetzungen abhängig ist. Am Inhalt der Eintragung und der dadurch vermittelten Rechtsgültigkeitsvermutung nehmen außerdem teil:

16 – Der Disclaimer; dieser ist Teil der Eintragung und bindet alle Instanzen bei der Bemessung des Schutzumfangs in der Weise, dass der betr Bestandteil als nicht unterscheidungskräftig anzusehen ist (siehe unter Art 37 Rdn 30, 39);

17 – Die Beschreibung und die Angabe der Farben (R 3 (3), (5)), unabhängig von deren begrenzter Wirkung für die Bestimmung des Inhalts und des Offenbarungsgehalts der Marke;

18 – Nicht abschließend geklärt ist, ob die Eintragung einer GM auf Grund von Verkehrsdurchsetzung (Art 7 (3), R 84 (1) (k)) Bindung in dem Sinne entfaltet, dass für spätere Verfahren dem Inhaber der GM der Einwand abgeschnitten wird, seine Marke sei originär unterscheidungskräftig, oder ob damit Dritten der Einwand abgeschnitten wird, die Voraussetzungen der Verkehrsdurchsetzung lägen nicht oder nicht mehr vor, oder gar, dass der GM mindestens durchschnittliche Kennzeichnungskraft zuzumessen ist.[10]

---

10 Letzteres verneinend: BGH MarkenR 2012, 390 *B/B* (Nr 42); bejahend: Ingerl/Rohnke, § 14 Rn 630.

Es gibt dagegen keine Bindungswirkung von Erklärungen des Anmelders 19
über den Schutzbereich oder die kennzeichnungskräftigen Bestandteile seines
Zeichens im Eintragungsverfahren, die keinen Ausdruck im Inhalt des Registers gefunden haben, dh keinen file wrapper estoppel. Es gibt auch keine
Bindungswirkung von Feststellungen der Schutzfähigkeit im Eintragungsverfahren durch das Amt. So hat eine im Eintragungsbeschwerdeverfahren erfolgte Feststellung der HABM-BK, dass die ältere GM nur aufgrund der
nach unten verschobenen Positionierung des Buchstabens »A« schutzfähig
ist, nicht die Wirkung, dass dieser Marke im Widerspruchsverfahren Schutz
nur gegen solche Zeichen zustünde, die die gleiche exzentrische Anordnung
aufweisen.[11]

Die Bindungswirkung der älteren Marke zeigt sich ferner rein formal da- 20
durch, dass im Widerspruchsverfahren relative Einwände gegen die Schutzfähigkeit der Widerspruchsmarke, also der Einwand des eigenen besseren
Rechts, grundsätzlich ausgeschlossen ist,[12] anders als im Verletzungsverfahren nach Art 99 (3).

Dagegen zwingt die Eintragung einer GM oder einer nationalen Marke das 21
HABM in späteren Verfahren nicht dazu, dieser einen bestimmten Schutzumfang zuzusprechen. Der Schutzumfang der älteren Marke ist im Kollisionsverfahren (Widerspruchsverfahren, Nichtigkeitsverfahren) vor dem HABM
autonom zu bestimmen. Dies gilt nicht nur für die Bemessung des Schutzumfangs (nicht der Schutzfähigkeit, deren Eintragbarkeit steht im Widerspruchsverfahren gar nicht zur Debatte) beschreibender oder nicht unterscheidungskräftiger Bestandteile von Kombinationsmarken, sondern auch älterer
Wortmarken als solcher. Alllerdings lehnt es der EuGH[13] – im Ergebnis so
wie auch die Rspr des BGH[14] – ab, einer eingetragenen nationalen Marke im
Widerspruchsverfahren jede Schutzfähigkeit abzusprechen; dh auch der rein
beschreibenden Marke wäre zumindest geringe Kennzeichnungskraft zuzumessen (zur Kritik daran siehe unter Art 1 Rdn 50). EuGH und EuG lehnen
es strikt ab,[15] daraus den Grundsatz abzuleiten, der schutzunfähigen Marke

---

11 Zutreffend EuG T-115/02 vom 13.7.2005, GRUR Int 2005, 254 (Nr 14, 21)
   *Adolf Ahlers*.
12 EuG T-269/02 vom 21.4.2005, ABl-HABM 2005, 970 (Nr 27) *Ruffles/Riffels*.
13 EuGH C-196/11 vom 24.5.2012, GRUR 2012, 825 (Nr 40ff) *F1-LIVE/F1*.
14 BGH GRUR 2009, 909 *Pantogast*.
15 EuGH C-171/06 vom 15.3.2007 (Nr 41) *Quantum/Quantième*; EuG T-134/06
   vom 13.12.2007 (Nr 71) *Pagesjaunes.com/Les pages jaunes*.

komme nur ein auf ein Minimum, gegen identische oder quasiidentische jüngere Zeichen, reduzierter Schutzumfang zu.[16] Damit ohne weiteres vereinbar ist es aber, einer Abwandlung einer schutzunfähigen Angabe Schutz nur gegen jüngere Zeichen zu gewähren, die diese schutzbegründende Abwandlung ebenfalls aufweisen.[17] Im Falle des Widerspruchs aus einer schutzunfähigen älteren Marke gegen eine identische oder fast identische Nachanmeldung ist das Ergebnis, dass die jüngere Anmeldung zurückgewiesen wird, ohnehin gerecht, da diese ebenso wenig schutzfähig wäre wie die Widerspruchsmarke. Im Verletzungsverfahren hilft direkt Art 99 (2).

**22**  Wer aus einem schutzunfähigen Zeichen in Anspruch genommen wird, ist nicht gehalten, das ältere Zeichen mit isolierter Nichtigkeitsklage oder Widerklage in seinem Bestand anzugreifen, sondern kann sich nach Art 12 (b) darauf berufen, dass das ältere Zeichen in dem jüngeren Zeichen lediglich in beschreibender Weise benutzt wird. Greift eine schutzunfähige ältere Wortmarke eine Kombinationsmarke mit für sich schutzfähigen Bestandteilen an, so kann der Jüngere sein Zeichen ohne die betr beschreibende Angabe anmelden und dann nach Art 12 (b) mit dieser benutzen.

**23**  Im deutschen Recht ist seit jeher eine Bindungswirkung der Eintragung für das Verletzungsverfahren in der Weise anerkannt, dass, anders als die isolierte Schutzfähigkeit einzelner Markenbestandteile, die Schutzfähigkeit der Widerspruchsmarke selbst im Hinblick auf die durch im Prüfungsverfahren erfolgte Prüfung als solche nicht oder nur noch eingeschränkt in Zweifel gezogen werden kann.[18] Dies kann damit gerechtfertigt werden, dass der Verletzungsrichter der Eintragung nicht jeden Schutz absprechen darf, zumal er oft nicht über die Sachkunde des DPMA und des BPatG zur Beurteilung absoluter Eintragungshindernisse verfügt. Eine Bindungswirkung im Rahmen eines Widerspruchsverfahrens vor dem DPMA kann diese Überlegung schon nicht begründen. Unter der GMV ist die gesetzliche Ausgangslage anders; auch müssen in Widerspruchs- und Nichtigkeitsverfahren vor dem HABM sowohl GMn als auch nationale Marken Berücksichtigung finden,

---

16  So aber Ströbele/Hacker, § 14 Rn 168; Weberndörfer, MarkenR 2001, 436; ebenso Rohnke, in: FS für Hertin, S 643, mit noch weitergehender Kritik am Bindungsprinzip.

17  So, begrüßenswert klar:BGH MarkenR 2012, 384 *Pjur* (Nr 39); im Ergebnis auch: BGH MarkenR 2012, 390 *B/B*.

18  Ingerl/Rohnke, § 14 Rn 17, 23.

einschließlich solcher, die ohne jede Prüfung auf absolute Eintragungshindernisse eingetragen wurden.

### Artikel 7  Absolute Eintragungshindernisse

(1) Von der Eintragung ausgeschlossen sind

a)  Zeichen, die nicht unter Artikel 4 fallen;

b)  Marken, die keine Unterscheidungskraft haben;

c)  Marken, die ausschließlich aus Zeichen oder Angaben bestehen, welche im Verkehr zur Bezeichnung der Art, der Beschaffenheit, der Menge, der Bestimmung, des Wertes, der geographischen Herkunft oder der Zeit der Herstellung der Ware oder der Erbringung der Dienstleistung oder zur Bezeichnung sonstiger Merkmale der Ware oder Dienstleistung dienen können;

d)  Marken, die ausschließlich aus Zeichen oder Angaben zur Bezeichnung der Ware oder Dienstleistung bestehen, die im allgemeinen Sprachgebrauch oder in den redlichen und ständigen Verkehrsgepflogenheiten üblich geworden sind;

e)  Zeichen, die ausschließlich bestehen

   i)  aus der Form, die durch die Art der Ware selbst bedingt ist;

   ii)  aus der Form der Ware, die zur Erreichung einer technischen Wirkung erforderlich ist;

   iii)  aus der Form, die der Ware einen wesentlichen Wert verleiht;

f)  Marken, die gegen die öffentliche Ordnung oder gegen die guten Sitten verstoßen;

g)  Marken, die geeignet sind, das Publikum zum Beispiel über die Art, die Beschaffenheit oder die geographische Herkunft der Ware oder Dienstleistung zu täuschen;

h)  Marken, die mangels Genehmigung durch die zuständigen Stellen gemäß Artikel 6ter der Pariser Verbandsübereinkunft zum Schutz des gewerblichen Eigentums, nachstehend »Pariser Verbandsübereinkunft«, zurückzuweisen sind;

i)  Marken, die nicht unter Artikel 6ter der Pariser Verbandsübereinkunft fallende Abzeichen, Embleme und Wappen, die von besonderem öffentlichem Interesse sind, enthalten, es sei denn, dass die zuständigen Stellen ihrer Eintragung zugestimmt haben;

j)  Marken, die eine geographische Angabe enthalten oder aus ihr bestehen, durch die Weine gekennzeichnet werden, oder Marken, die eine geographische Angabe enthalten oder aus ihr bestehen, durch die Spirituosen gekennzeichnet werden, in bezug auf Weine oder Spirituosen, die diesen Ursprung nicht haben;

k) Marken, die eine gemäß der Verordnung (EWG) Nr 2081/92 des Rates eingetragene Ursprungsbezeichnung oder geografische Angabe enthalten oder aus einer solchen bestehen und auf die einer der in Artikel 13 der genannten Verordnung aufgeführten Tatbestände zutrifft und die die gleiche Art von Erzeugnis betreffen, wenn der Antrag auf Eintragung der Marke nach dem Zeitpunkt der Einreichung des Antrags auf Eintragung der Ursprungsbezeichnung oder der geografischen Angabe bei der Kommission eingereicht wird.

(2) Die Vorschriften des Absatzes 1 finden auch dann Anwendung, wenn die Eintragungshindernisse nur in einem Teil der Gemeinschaft vorliegen.

(3) Die Vorschriften des Absatzes 1 Buchstaben b), c) und d) finden keine Anwendung, wenn die Marke für die Waren oder Dienstleistungen, für die die Eintragung beantragt wird, infolge ihrer Benutzung Unterscheidungskraft erlangt hat.

*Eisenführ, Förster*

**Literatur:**

*Beier*, Unterscheidungskraft und Freihaltebedürfnis, GRUR Int 1992, 243; *Bender*, Die absoluten Schutzversagungsgründe für die Gemeinschaftsmarke – Rechtsprechung der Beschwerdekammern des Harmonisierungsamtes, MarkenR 2000, 118; *ders.*, Die Gemeinschaftsmarke im Lichte der Rechtsprechung der Beschwerdekammern, Mitt. 1999, 330; *ders.*, Neue Markenformen in Alicante, MarkenR 1999, 117; *Berlit*, Der Begriff der Verkehrsdurchsetzung, WRP 2002, 636; *ders.*, Die Verkehrsbekanntheit von Kennzeichen, GRUR 2002, 572; *Bölling*, Der EuGH und die abstrakte Farbmarke, MarkenR 2004, 384; *Folliard-Monguiral/Rogers*, The Protection of

Shapes by the Community Trade Mark, EIPR 2003, 169; *Eichmann,* Schutzvoraussetzungen und Schutzwirkungen von Abbildungsmarken, GRUR Int 2000, 483; *Firth/ Gredley/Maniatis,* Shapes as Trade Marks: Public Policy, Functional Considerations and Consumer Perception, EIPR 2001, 86; *Gloy,* Verkehrsauffassung – Rechts- oder Tatfrage?, in: FS für Erdmann, 2002, S 811; *Grabrucker,* Offene Fragen zur Praxis der abstrakten Farbmarke, WRP 2000, 1331; *Griss,* Absolute Eintragungshindernisse – allgemeine Kriterien, MarkenR 2002, 425; *Ingerl,* Die markenrechtliche Rechtsprechung des Europäischen Gerichtshofs – Weichenstellungen für die Entwicklung des europäischen Markenrechts, GRUR Int 2001, 581; *ders.,* Die Öffnung des Markenregisters für nur mittelbar produktbeschreibende Angaben und Werbeappelle, WRP 1998, 473; *Jordan,* Gedanken zur Farbmarke, in: FS für Tilmann, 2003, S 347; *Keeling,* Clearer it could be! Some comments on recent European case law on slogans as distinctive trade marks, in: FS für von Mühlendahl, 2005, S 217; *Krüger,* Zur gemeinschaftsrechtlichen Bedeutung des markenrechtlichen Freihaltebedürfnisses, MarkenR 2002, 145; *Kur,* Alles oder Nichts im Farbmarkenschutz?, GRUR Int 2004, 755; *Llobregat Hurtado,* La protección de las creaciones de forma, Revista de Derecho Mercantil 2001, 543; *Meier,* Motifs absolus d'exclusion: la notion du domaine public dans une perspective comparative, in: 125 Jahre Markenhinterlegung, sic! Sondernummer 2005, S 67; *Meister,* Beschaffenheitsangaben in Art (1) (c) Gemeinschaftsmarkenverordnung, WRP 2001, 230; *ders.,* Konkrete Unterscheidungskraft in Artikel 7 (1) (b) Gemeinschaftsmarkenverordnung, WRP 2000, 1098; *ders.,* Üblich gewordene Gattungsbezeichnungen in Artikel 7 (1) (d) Gemeinschaftsmarkenverordnung, WRP 2001, 796; *Mountstephens,* Der markenrechtliche Schutz technisch bedingter Warenformen und naturgetreuer Warenabbildungen nach der Ersten Markenrechtsrichtlinie 89/104/EWG, GRUR Int 2000, 393; *Niedermann/Schneider,* Der Beitrag der Demoskopie zur Entscheidfindung im schweizerischen Markenrecht: Durchgesetzte Marke – berühmte Marke, sic! 2002, 815; *dies,* Empirische Erkenntnisse zur Verkehrsdurchsetzung, GRUR 2006, 367; *dies,* Surveys as Evidence in Proceedings Before OHIM, IIC 2006, 260; *Osenberg,* Markenschutz für urheberrechtlich gemeinfreie Werkteile, GRUR 1996, 101; *Osterloh,* Die Ware als Marke, in: FS für Erdmann, 2002, S 445; *Pagenberg,* Trade dress and the three-dimensional mark – The neglected children of trade mark law?, IIC 2004, 835; *Philips,* Trade Mark Law and the Need to Keep Free, IIC 2005, 389; *Rassat,* La pratique de l'examen sur les motifs absolus au point de vue de l'OHMI, Revue des Affaires Européennes 1999, 5; *Renck/ Petersenn,* Das Ende dreidimensionaler Marken in der EU?, WRP 2004, 440; *Seifert,* Markenschutz und urheberrechtliche Gemeinfreiheit, WRP 2000, 1014; *Ströbele,* Chiemsee – Aufbruch zu neuen Ufern?, WRP 2000, 1028; *ders.,* Probleme bei der Eintragung dreidimensionaler Marken, in: FS für von Mühlendahl, 2005, S 235; *Verbruggen,* Baby-dry – The origin function »revisited«, GRUR Int 2002, 213; *Völker/ Schuster,* Gemeinschaftsmarken und absolute Eintragungshindernisse – Die Praxis des HABM zu Art. 7 GMV im Vergleich zur deutschen Praxis (Teil 2), MarkenR 2000, 10; *Viefhues/Klauer,* Farbmarken, GRUR Int 2004, 584; *von Bomhard,* Die Entschei-

# JURION™

## SCHALTEN SIE DIESES BUCH KOSTENLOS ALS jBOOK AUF JURION FREI!

**Nutzen Sie die Inhalte dieses Buches jetzt auch kostenlos online als jBook auf JURION.DE und profitieren Sie von zahlreichen Vorteilen:**

- **kostenlos:** der Online-Zugriff ist bereits im Preis dieses Printwerkes enthalten
- **verlinkt:** mit allen relevanten zitierten Rechtsnormen und Entscheidungen
- **durchsuchbar:** Recherche-Möglichkeiten wie in einer Datenbank
- **gratis:** alle bundes- und europarechtlichen Entscheidungen und Vorschriften

### Und so schalten Sie Ihr jBook frei:

1. Registrieren Sie sich kostenlos auf www.jurion.de
2. Klicken Sie links auf der Startseite in das Fenster „Produkt freischalten?".
3. Geben Sie im Folgenden Ihren persönlichen Freischaltcode ein (Sie finden diesen in einem Kuvert vorne in Ihrem Buchumschlag).
4. Klicken Sie auf „jBook freischalten"
5. Ihr jBook wird freigeschaltet und steht Ihnen zur Recherche unter „Meine Inhalte" zur Verfügung.

Bei Fragen wenden Sie sich gerne an unsere
JURION Produktberater: Tel. 0221 94373 7050 oder
E-Mail an jurion-produktberatung@wolterskluwer.de

 Wolters Kluwer

dungspraxis des Gerichts erster Instanz in Markensachen und ihre Umsetzung durch das Harmonisierungsamt, MarkenR 2002, 374; *von Kapff*, Gemeinschaftsmarke – Wann ist eine Marke vage und unbestimmt?, European Law Reporter 2001, 70; *von Schultz*, Die Farbmarke: ein Sündenfall?, GRUR Int 1997, 714; *Winkler*, Das deutsche Freihaltebedürfnis – Europa-tauglich?, FS für Eisenführ 2003 S 65; *Wittenzellner*, Schutzfähigkeit von Farben nach dem neuen MarkenG, in: FS für Beier, 1996, S 333.

Soweit die nachstehende Kommentierung Rechtsprechungshinweise in Tabellenform beinhaltet, ist darauf hinzuweisen, dass derart gelistete Entscheidungen nicht zusätzlich im Entscheidungsregister genannt werden.

## 1 Allgemeines

Die Eintragung einer GM verleiht ihrem Inhaber das Recht, Dritten die Be-  1
nutzung eines identischen oder verwechselbar ähnlichen Zeichens in Bezug auf die von der eingetragenen Marke erfassten oder diesen ähnliche Produkte zu untersagen (Art 9). Die Verleihung dieses Rechts lässt sich gegenüber Wettbewerbern nur mit dem Allgemeininteresse an einer sicheren Produktidentifizierung und einem unverfälschten Wettbewerb[1] rechtfertigen. Diese Rechtfertigung fehlt bei solchen Zeichen, die jene Aufgaben einer GM nicht erfüllen können oder dürfen, und die deshalb von der Eintragung ausgeschlossen werden müssen. Zugleich besteht nach Auffassung des EuGH auch ein Allgemeininteresse am Eintragungsausschluss solcher Zeichen, die eine betriebliche Herkunftsunterscheidung nicht leisten können, sowie solcher, deren Art nur über einen begrenzten Vorrat verfügt; Näheres Art 7 Rdn 12–27.

Der Kommissionsvorschlag für die Novellierung der Markenverordnung  2
sieht vor, die spezifischen Eintragungshindernisse der lit j) und k) (Art 7 Rdn 4 und 17) durch drei Unterabsätze zu ersetzen, welche aufgrund EU-Recht oder internationaler Verträge einerseits Ursprungsbezeichnungen und geografische Angaben sowie andererseits hergebrachte Bezeichnungen für Wein und traditionelle Spezialitäten ausschließen, ferner auch solche Marken, die in Bezug auf dieselbe Produktart aus einer älteren Sortenbezeichnung gemäß der Verordnung (EC) Nr 2100/94 vom 27.07.1994 bestehen oder diese enthalten. Abs 2 soll dahingehend ergänzt werden, dass Abs 1 auch dann anzuwenden ist, wenn die in einer Fremdsprache oder in fremder

---

1  1. Erwägungsgrund MarkenRichtl und 1. Erwägungsgrund GMV.

Schreibweise vorliegende Marke in die Schreibweise oder eine Amtssprache
eines Mitgliedstaates zu übertragen bzw zu übersetzen ist.

3   Im Hinblick darauf, dass die GMV den Erwerb von Rechten durch die Benutzung einer Marke nicht kennt und also der Eintragung als allein rechts-
begründendem Akt (Art 6) hohe Bedeutung zukommt, spielen die Eintragungshindernisse im Eintragungsverfahren eine zentrale Rolle. Sie sollen
gewährleisten, dass nur solche Zeichen GMn werden, die ihre Funktion, die
betroffenen Produkte zu individualisieren und ihrem Ursprung nach zu
identifizieren, ohne Einschränkung erfüllen können. Das ist einerseits dann
nicht der Fall, wenn der Verkehr dem Zeichen keinerlei Individualisierung
entnimmt, andererseits dann, wenn ihm wegen des Bestehens (und Gebrauchs) identischer oder ähnlicher Zeichen für identische oder ähnliche
Produkte die Möglichkeit der Unterscheidung im Sinne namentlich der Ursprungsidentifizierung genommen ist. Dementsprechend definiert in Umsetzung der MarkenRichtl einerseits Art 7 (Art 3 MarkenRichtl) absolute Eintragungshindernisse für solche Zeichen, die in bezug auf die von ihnen
erfassten Produkte die essentielle Markenfunktion der Ursprungsidentifizierung von Haus aus nicht leisten können, andererseits Art 8 (Art 4 Marken-
Richtl) relative Eintragungshindernisse, die wegen des Bestehens kollidierender Kennzeichenrechte Dritter den infolge Benutzung verwechselbarer GMn
eintretenden Verlust der Unterscheidungsfähigkeit dieser Kennzeichen verhindern sollen.

4   Der Katalog der absoluten Eintragungshindernisse in Art 7 (wie auch der
der relativen Eintragungshindernisse in Art 8) ist abschließend, weil die 7.
Begründungserwägung der MarkenRichtl bestimmt, dass alle diese Hindernisse und Ungültigkeitsgründe erschöpfend aufzuführen sind.[2] Aber zum einen ist der große Auslegungsspielraum der Begriffe »*keine Unterscheidungskraft*« in Abs 1 (b) und »*zur Bezeichnung sonstiger Merkmale*« in Abs 1 (c) zu
beachten, den beispielsweise die deutsche Eintragbarkeits-Rechtsprechung
über viele Jahre ausgelotet hat, zum anderen können Spezialregelungen des
Gemeinschaftsrechts die Ausschlussgründe erweitern, wie Art 164 (früher
Art 142) zeigt, welcher der VO Nr 2081/92 zum Schutz von geographischen
Angaben und Ursprungsbezeichnungen für Agrarerzeugnisse und Lebensmittel Vorrang einräumt, später aber außerdem als Abs 1 (k) in Art 7 aufgenommen wurde.

---

2   Vgl EuGH C-363/99 vom 12.2.2004, GRUR 2004, 674 (Nr 78) *Postkantoor.*

Alle in den Untergliederungen des Abs 1 genannten Eintragungshindernisse 5
sind voneinander unabhängig auszulegen und einzeln auf ihre Relevanz zu
prüfen.[3] Insbesondere ist das Eintragungshindernis der fehlenden konkreten,
also auf die vom angemeldeten Zeichen erfassten Produkte bezogenen Unterscheidungskraft (lit b) den weiteren Ausschlussgründen des beschreibenden
Charakters (lit c) und der sprachüblich gewordenen Gattungsbezeichnung
(lit d) nicht derart übergeordnet, dass letztere nur Beispielsfälle mangelnder
Unterscheidungskraft angäben. Zwar werden häufig beschreibende Angaben
und (sekundäre) Gattungsbezeichnungen (Art 7 Rdn 146–191, 204–210)
auch keine Unterscheidungskraft besitzen, aber weder ist das zwangsläufig
immer der Fall, noch fehlt ausschließlich solchen Angaben und Bezeichnungen die erforderliche konkrete Unterscheidungskraft.

Weil die praktisch wesentlichen absoluten Eintragungshindernisse produkt- 6
bezogen sind, kommt der Berücksichtigung der angemeldeten Waren und
Dienstleistungen bei deren Beurteilung erhebliche Bedeutung zu. Das gilt
namentlich für den Ausschluss beschreibender Angaben, während fehlende
Unterscheidungskraft aufgrund mangelnder Markenwahrnehmung (Art 7
Rdn 41) idR produktübergreifend festzustellen ist. Es muss also das Eintragungshindernis für alle Anmeldewaren und -dienstleistungen im einzelnen
geprüft und begründet werden;[4] lediglich für homogene Kategorien ist eine
globale Aussage zulässig.[5] Eine Änderung des VerzWDL, die über die Streichung einzelner Produkte hinausgeht (Art 43 (1)), ist nach Auffassung des
EuG nach Abschluss des Beschwerdeverfahrens nicht mehr zulässig.[6] Deshalb sollte spätestens im Beschwerdeverfahren sorgfältig überlegt werden, ob
nicht eine Beschränkung des – in solchen Fällen zunächst »aufgeblähten« –
VerzWDL auf die tatsächlich benötigten Produkte eine für den Anmeldeer-
folg möglicherweise vorteilhafte Veränderung des relevanten Publikums mit
sich bringen könnte (Fachkreise statt Letztverbraucher etc).

Art 7 hat die Wirkung einer Verbotsnorm und ist daher eng auszulegen. Er- 7
füllt ein zur Eintragung als GM angemeldetes Zeichen die Ausschlusskrite-
rien nicht unmittelbar und eindeutig, so ist es zur Eintragung zuzulassen.

---

3  EuGH C-329/02 vom 16.9.2004, GRUR 2004, 943 (Nr 25) *SAT.2*; Schlussanträge des EuGH-Generalanwalts Jacobs in der Rs C-383/99 (Nr 67, 72) *Baby-Dry.*
4  EuG T-379/05 und 118/06 vom 2.4.2009, GRUR Int 2009, 741 (Nr 25, 26/30,
   31) *ULTIMATE FIGHTING (CHAMPIONSHIP).*
5  EuGH C-239/05 vom 15.2.2007, GRUR 2007, 425 (Nr 38) *The Kitchen Company.*
6  EuG T-296/07 vom 21.2.2009 (Nr 11, 12) *PharmaCheck.*

Deduktionen sind unzulässig.[7] Abwandlungen eines ausgeschlossenen Zeichens fallen daher, sofern die Abweichungen für den durchschnittlich informierten, aufmerksamen und verständigen Durchschnittsverbraucher unschwer erkennbar sind, nicht unter den Ausschlusskatalog des Art 7.[8] Aus mehreren Bestandteilen zusammengesetzte (komplexe) Zeichen sind regelmäßig eintragbar, wenn einem nicht vernachlässigbaren Bestandteil kein Eintragungshindernis entgegensteht[9] und kein Fall der lit (e) bis (k) vorliegt.

8 Einige der absoluten Eintragungshindernisse, nämlich die der lit (b) bis (d), sind durch eine solche Benutzung der Marke überwindbar, welche ihren ursprünglichen Mangel an Unterscheidungskraft ausreichend beseitigt, Abs 3. Das gilt auch dann, wenn die fehlende Unterscheidungskraft eine Folge des beschreibenden Charakters der Marke oder ihres Allgemeingebrauchs ist (Art 7 Rdn 146–191, 204–210); Näheres Art 7 Rdn 260–278.

9 Ob einer GMA ein absolutes Eintragungshindernis entgegensteht, wird zunächst im Eintragungsverfahren von Amts wegen geprüft (Art 37, R 11); die Prüfungsrichtlinien[10] des HABM behandeln die absoluten Eintragungshindernisse im Abschnitt 8. Zurückweisungen durch Prüfer des Amtes können mit der Beschwerde angegriffen werden (Art 58), Entscheidungen der Beschwerdekammern durch Klage gegen das Amt beim Europäischen Gericht erster Instanz (EuG), dessen Urteil ggf mit Rechtsmittel an den EuGH angefochten werden kann (Art 65). Auch noch nach der – möglicherweise fehlerhaften – Eintragung einer GM können absolute Eintragungshindernisse von jedem Dritten im Wege eines Nichtigkeitsantrages (Art 52) oder von einem aufgrund der GM Beklagten im Wege der Widerklage (Art 100) geltend gemacht werden.

10 Die Prüfung einer GMA hat sich stets auf deren Gesamteindruck zu erstrecken. Das schließt aber nicht aus, zunächst einzelne Elemente hinsichtlich ihrer Schutzfähigkeit zu beurteilen. Das gilt insbesondere für komplexe Marken aus Elementen unterschiedlicher Markenformen, etwa einer als 3D-Mar-

---

7 Problematisch EuG T-226/07 vom 17.9.2008 GRUR Int 2008, 1040 *PRANAHAUS*, siehe Art 7 Rdn 153.

8 In diesem Sinne ist wohl auch EuGH C-383/99 vom 20.9.2001, MarkenR 2001, 400 *Baby-Dry* zu verstehen.

9 Es sei denn, dass der in Alleinstellung eintragbare Bestandteil durch die Kombination seine Eintragbarkeit verliert, vgl Art 7 Rdn 69 und Rdn 76.

10 Www.oami.europa.eu/de/mark/marque, Richtlinien, Teil B.

ke angemeldeten GMA mit grafischen oder farblichen Elementen; in solchem Fall genügt, dass ein Element einer Markenform die Gesamtmarke eintragbar macht,[11] s auch Rdn 7.

Inzwischen hat das Amt tausende Beschwerdeentscheidungen veröffentlicht, die mit Bezug auf das absolute Eintragungshindernis der fehlenden konkreten Unterscheidungskraft ergangen sind. Der Hauptteil dürfte auf den beschreibenden Charakter der GMAen zurückgehen. Weil eine Darstellung aller einschlägigen BK-Entscheidungen den Rahmen dieser Kommentierung sprengen würde, sind neben den schon in der Vorauflage angezogenen frühen nur jeweils einige der jüngeren BK-Entscheidungen aufgenommen worden, welche nur noch über die Internet-Datenbank des Amtes zugänglich sind. **11**

## 2 Allgemeininteresse

In einer Reihe von Vorlage- und Rechtsmittel-Entscheidungen zu Art 3 MarkenRichtl bzw. Art 7 (1) GMV hat der EuGH die Doktrin entwickelt, dass jedes der dort genannten absoluten Eintragungshindernisse im Licht des Allgemeininteresses auszulegen sei, das jedem von ihnen zugrunde liegt. Das bei der Prüfung jedes dieser Eintragungshindernisse berücksichtigte Allgemeininteresse könne oder müsse sogar je nach dem betreffenden Eintragungshindernis in unterschiedlichen Erwägungen zum Ausdruck kommen.[12] **12**

Es liegt zweifellos im Allgemeininteresse, dass der freien, ungehinderten Benutzung im Verkehr nicht solche Zeichen durch Monopolisierung kraft Markeneintragung entzogen werden dürfen, die von den Beteiligten zur sachgerechten Vermarktung der von ihnen angebotenen Waren und Dienstleistungen benötigt werden. Anderenfalls wären die Möglichkeiten der Gewerbetreibenden eingeschränkt, das Publikum über Art, Eigenschaften und Vorteile ihrer Produkte umfassend zu informieren, was dem erklärten Ziel der GMV und der ihr zugrundeliegenden MarkenRichtl zuwiderlaufen würde, im einheitlichen Markt der Europäischen Gemeinschaft einen unverfälschten Wettbewerb zu gewährleisten.[13] Es besteht aber auch ein unmittelbares Interesse der Verbraucher daran, dass nur solche Zeichen den Status einer GM erhalten, die deren Hauptaufgabe der Produktidentifizierung zu **13**

---

11 HABM-BK R 1198/2005-4 vom 5.7.2006 (Nr 14) *Wellenkupplung*.
12 EuGH C-329/02 vom 16.9.2004, GRUR 2004, 943 (Nr 25) *SAT.2*.
13 Erster – jetzt zweiter – Erwägungsgrund der GMV.

erfüllen vermögen und kein Irreführungspotential in sich tragen. Angesichts verschiedenartiger Markenformen und schon aus diesem Grunde, aber auch wegen anderer Umstände unterschiedlicher Fallgestaltungen hält Art 7 einen Katalog von absoluten Eintragungshindernissen bereit, deren Normzweck unterschiedlichen Motiven entspringt.

14  So schließt Abs 1 (a) die Eintragung markenunfähiger Zeichen iSv Art 4 aus (Rdn 36–38), Abs 1 (b) von Zeichen, denen jegliche konkrete, also auf die von ihnen erfassten Produkte bezogene Unterscheidungskraft fehlt (Rdn 39–61). Abs 1 (c) verbietet die Markeneintragung von beschreibenden Angaben einschließlich solcher der geographischen Produktherkunft (Rdn 146–191) und Abs 1 (d) die von üblich gewordenen Gattungsbezeichnungen (Rdn 204–210), um die Monopolisierung von Angaben zu verhindern, die von Haus aus nicht als Marken wirken können. Abs 1 (e) schließt aus rechtspolitischen Gründen bestimmte Warenformen von der Eintragung als dreidimensionale Marken aus (Rdn 211–223; zur Erstreckung auf Verpackungsformen Rdn 224–230), und Abs 1 (f) schuldet der ordre publique den Eintragungsausschluss von Zeichen, die gegen die öffentliche Ordnung oder die guten Sitten verstoßen (Rdn 231–242).

15  Dabei sind die Rechtsfolgen des Unterfallens einer jener Bestimmungen des Art 7 in mehrfacher Hinsicht unterschiedlich: Einerseits lassen die lit (b) bis (e), nämlich fehlende konkrete Unterscheidungskraft, beschreibender Charakter oder geographische Herkunftsangabe, üblich gewordene Gattungsbezeichnung, bestimmte Warenform (aber auch lit (a), sofern nicht mangelnde graphische Darstellbarkeit die Ursache ist), die Markeneintragung nur dann scheitern, wenn das Zeichen *ausschließlich* aus Angaben der ausgeschlossenen Art *besteht* (wobei das »dienen können« in lit (c) dieser Bestimmung zusätzlich ein spekulatives Element verleiht (Rdn 177)), während ua lit (f) das Eintragungshindernis schon dann eingreifen lässt, wenn das Zeichen die dort genannten Elemente nur *enthält*. Andererseits können die Eintragungshindernisse der lit (b) bis (d) durch Benutzung im Verkehr und Erwerb der originär fehlenden Unterscheidungskraft iSv Abs 3 überwunden werden, während dies für die Fälle fehlender Markenfähigkeit (lit (a)), bestimmte Warenformen (lit (e)) sowie die übrigen Bestimmungen des Abs 1 nicht gilt.

Im Vorlage-Urteil »Chiemsee«[14] bezeichnete es der EuGH als das im All- **16**
gemeininteresse liegende Ziel der Vorschrift des Art 3 (1) (c) MarkenRichtl
(= Art 7 (1) (c)), dass beschreibende Angaben von allen frei verwendet werden können und deshalb nicht durch Markeneintragung einem Unternehmen
vorbehalten werden dürfen (Nr 25). Das Eintragungsverbot sei absolut
und dürfe nicht von einem konkreten, aktuellen oder ernsthaften Freihaltebedürfnis abhängig gemacht werden. Diese Auffassung vom Zweck jener
Vorschrift widerspreche auch nicht Art 6 (1) (b) MarkenRichtl (= Art 12 (b)
GMV), zumal diese Vorschrift keinen ausschlaggebenden Einfluss auf jene
habe (Nr 28); siehe auch Rdn 152–160 und 183–191.

Das spätere »Baby-Dry«-Urteil[15] des EuGH – das im Klageverfahren gegen **17**
das Amt (Art 65) und nicht wie die »Chiemsee«-Entscheidung im Vorlageverfahren gemäß Art 234 EG erging – schien eine Kehrtwende des Gerichtshofes zu markieren. Auf der Grundlage der Schlussanträge des Generalanwalts Jacobs löste der EuGH das absolute Eintragungshindernis des Abs 1
(c) – jedenfalls außerhalb der geographischen Herkunftsangaben – von der
Messlatte des Freihaltebedürfnisses und wies ihm wieder den Stellenwert zu,
den es aufgrund Art 6$^{quinquies}$ B (2) PVÜ von alters her hatte, nämlich die
Eintragung solcher Zeichen als Marken auszuschließen, die ihrer Art nach
ungeeignet sind, die Grundfunktion einer Marke zu erfüllen, weil sie für das
angesprochene Publikum nur Merkmale der mit ihnen versehenen Produkte
beschreiben und diese nicht nach ihrem Ursprung oder vergleichbaren
Kriterien unterscheiden können. Die Freihaltung der lauteren Benutzung
beschreibender Angaben durch Dritte obliege im Rahmen der »Zusammenschau« des Art 7 (1) (c) einerseits und des Art 12 (b) andererseits der letztgenannten Vorschrift, indem sie die Wirkungen einer eingetragenen GM gegenüber einer solchen Zeichenbenutzung nicht eintreten lässt (Nr 37).

Die Konturierung, die der EuGH mit seinem »Baby-Dry«-Urteil der Aus- **18**
schlusswirkung des der Fallzahl und der wirtschaftlichen Bedeutung nach
wichtigsten absoluten Eintragungshindernisses des Abs 1 (c) unter Abkehr
vom Orientieren an einem – mit einem Allgemeininteresse begründeten –
Freihaltebedürfnis gegeben hat, blieb nicht ohne Widerspruch. In seinen
Schlussanträgen vom 31.1.2002 im Fall »Postkantoor« drängte General-

---

14  EuGH C-108/97 vom 4.5.1999, MarkenR 1999, 189 (Nr 25) *Chiemsee.*
15  EuGH C-383/99 vom 20.9.2001, MarkenR 2001, 400 (Nr 37) *Baby-Dry.*

anwalt Ruiz-Jarabo Colomer[16] den EuGH nachdrücklich, zu seiner »Chiemsee«-Linie bezüglich beschreibender Zeichen zurückzukehren. Es gelang. Im »Postkantoor«-Urteil[17] wie im gleichzeitig verkündeten »BIOMILD«-Urteil[18] bezeichnete es der EuGH unter Bezugnahme auf sein Urteil »Chiemsee« als das im Allgemeininteresse liegende Ziel des Art 3 (1) (c) MarkenRichtl (= Art 7 (1) (c) GMV), dass solche Marken, die ausschließlich aus Zeichen oder Angaben bestehen, die im Verkehr zur Bezeichnung von Merkmalen der Waren oder Dienstleistungen dienen können, von allen frei verwendet werden können. Die Vorschrift erlaube es daher nicht, dass solche Zeichen oder Angaben aufgrund ihrer Eintragung als Marke nur einem Unternehmen vorbehalten werden.

19  Allerdings hatte zu diesem Zeitpunkt der EuGH jenes Allgemeininteresse im Vorlageurteil »Philips/Remington«[19] bereits auf den Eintragungsausschluss des Art 3 (1) (e) MarkenRichtl (= Art 7 (1) (e) GMV) für bestimmte Warenformen mit dem Argument erweitert, es dürfe der Markenschutz seinem Inhaber kein Monopol für technische Lösungen oder Gebrauchseigenschaften einer Ware einräumen (Nr 78–80), nachdem er zuvor allgemein festgestellt hatte, dass die verschiedenen Eintragungshindernisse des Art 3 MarkenRichtl (= Art 7 GMV) im Lichte des Allgemeininteresses auszulegen seien, das ihnen jeweils zugrunde liegt (Nr 77); die dort in Bezug genommenen Passagen des »Chiemsee«-Urteils (Nr 25–27) tragen diese Ausweitung des Allgemeininteresses allerdings nicht.

20  Im späteren »Libertel«-Urteil[20] wurde im Hinblick auf die begrenzte Zahl von Farben, die vom Publikum unterschieden werden können, ein Allgemeininteresse an deren freier Verwendbarkeit anerkannt, allerdings ohne ausdrücklichen Bezug auf ein Eintragungshindernis des Art 3 MarkenRichtl bzw Art 7 GMV, etwa die fehlende konkrete Unterscheidungskraft iSv Abs 1 (b) dieser Vorschriften. Das wurde vom EuGH in dem Geschirrspülmittel-

---

16  Vgl die Schlussanträge des Generalanwalts in der Rs C-408/08 vom 15.10.2009 (Nr 90f) *COLOR EDITION*.

17  EuGH C-363/99 vom 12.2.2004, GRUR 2004, 674 (Nr 54) *Postkantoor*.

18  EuGH C-265/00 vom 12.2.2004, GRUR 2004, 680 (Nr 36) *Biomild*.

19  EuGH C-299/99 vom 18.6.2002, GRUR Int 2002, 842 (Nr 78–80) *Philips/Remington*.

20  EuGH C-104/01 vom 6.5.2003, GRUR 2003, 604 (Nr 54) *Libertel*.

Tabletten von Henkel betreffenden Rechtsmittelurteil[21] nachgeholt und neuerlich im »Sat.2«-Fall[22] bestätigt. Dort hatte das EuG die mit fehlender Unterscheidungskraft begründete Zurückweisung durch die BK des Amtes mit dem Argument bestätigt, dass die absoluten Eintragungshindernisse des Art 7 (1) (b) bis (e) das im Allgemeininteresse liegende Ziel verfolgten, dass die von ihnen erfassten Zeichen von allen frei verwendet werden können.[23] Diese pauschale Heranziehung eines Freihaltebedürfnisses als einheitliche Begründung für alle von Abs 1 (b) bis (e) ausgeschlossenen Zeichen hat der EuGH als rechtsfehlerhaft bezeichnet und das EuG-Urteil aufgehoben (Nr 36–38).

Ein dogmatisch tragfähiges Argument für die Verknüpfung eines Allgemeininteresses an einer Freihaltung von Zeichen, die einer Markenform von begrenztem Zeichenvorrat angehören, mit einem Allgemeininteresse am Eintragungsausschluss von Zeichen, denen die konkrete Unterscheidungskraft fehlt (Abs 1(b)), ist allerdings nicht zu erkennen. Die vorstehend angegebenen Fundstellen zeigen auch, dass sich der EuGH für das behauptete Allgemeininteresse am Ausschluss von Zeichen, denen die konkrete Unterscheidungskraft fehlt, stets lediglich und ohne sachliche Verknüpfung auf seine »Libertel«-Begründung der geringen Anzahl praktisch unterscheidbarer Farben bezieht. Andererseits hat er es ausdrücklich als rechtsfehlerhaft bezeichnet, das Allgemeininteresse an der Freihaltung beschreibender Begriffe und geografischer Herkunftsangaben iSv Abs 1 (c) auf Zeichen (vermeintlich) fehlender Unterscheidungskraft auszudehnen.[24]   **21**

Die Rechtsprechung des EuGH, die alle absoluten Eintragungshindernisse **22** des Art 7 mit einem zwar angeblich verschieden ausgeformten, aber weithin undefiniert bleibenden Allgemeininteresse am Verhindern unberechtigter Markeneintragungen begründet, kann nicht überzeugen. Während die von lit (e) erfassten Warenformen unter allen Umständen von der Markeneintragung ausgeschlossen sind und bleiben, gilt das für die Angaben der lit (b) bis (d) nur dann, wenn sie nicht durch Benutzung im Verkehr ihren ursprünglich fehlenden Markencharakter erwerben (Abs 3). Aber unabhängig davon

---

21 EuGH C-456/01 vom 29.4.2004, GRUR Int 2004, 631 (Nr 47, 48) *Tabs Henkel.*

22 EuGH C-329–02 vom 16.9.2004, GRUR 2004, 943 (Nr 23–26) *SAT.2.*

23 EuG T-323/00 vom 2.7.2002, GRUR Int 2002, 858 (Nr 36) *SAT.2.*

24 EuGH C-329/02 vom 16.9.2004, GRUR 2004, 943 (Nr 36) *SAT.2.*

erfolgt die Markeneintragung stets ohne weiteres, wenn die von lit (b) bis (e) ausgeschlossenen Angaben bzw Formen jeweils nur ein *Bestandteil* des die Marke bildenden Zeichens sind, welches darüber hinaus mindestens einen weiteren, originär eintragbaren Bestandteil enthält. Das Gleiche gilt, wenn das Zeichen eine Anlehnung an die ausgeschlossene Angabe darstellt oder dieser nur ähnlich, aber in jedem Fall unterscheidungskräftig ist. Auch solche alleingestellten Worte gehören dazu, die erst in Kombination mit anderen Wortbestandteilen eine beschreibende Angabe bilden können[25] (siehe auch Rdn 76).

23 Weil das so ist, können eingetragene *mehrteilige* Marken sämtlicher Markenformen (Wortmarken, Bildmarken, Warenformmarken usw) Bestandteile enthalten, die für sich allein überhaupt nicht (zB bestimmte Warenformen) oder nur bei erworbener Unterscheidungskraft als Marke eingetragen werden könnten. Es steht außer Frage, dass dem Inhaber einer mehrteiligen Marke mit einem aus absoluten Gründen schutzunfähigen Bestandteil, der nur im vorstehend beschriebenen »Huckepack«-Verfahren seinen Weg ins Markenregister gefunden hat, durch die Eintragung der zusammengesetzten Marken kein Schutz und Ausschließlichkeitsrecht an jenem Bestandteil zuwachsen darf, auch dann nicht, wenn es sich bei diesem Bestandteil beispielsweise um das Wort in einer Wort/Bild-Marke handelt und dieses bei der Vergleichsprüfung im Kollisionsfalle dominant erscheint. Entsprechendes gilt ebenso selbstverständlich für den umgekehrten Fall, dass eine von Haus aus unterscheidungskräftige Marke eingetragen ist, deren verwechslungsrelevante Ähnlichkeit mit einem von Haus aus schutzunfähigen Zeichen dieses gleichwohl nicht verdrängen darf.

24 In beiden Fällen besteht aber die Gefahr, dass der Inhaber der eingetragenen Marke daraus Rechte gegen den Benutzer des originär schutzunfähigen Zeichens – etwa einer beschreibenden Angabe oder einer schutzunfähigen Warenform – herleitet. Dass solche Ansprüche in eindeutigen Fällen dieser Art letztlich scheitern müssen, ist evident. Aber zum einen bedeuten sie selbst in eindeutigen Fällen ein »Bedrohungspotential« für den Zeichennutzer, und zum anderen sind erfahrungsgemäß die meisten derartigen Fälle keineswegs

---

25 Vgl HABM-BK R 147/1998-2 vom 4.3.1999, MarkenR 1999, 247 (Nr 14) *KALI* (= griechisch »gut«), vgl aber negativ HABM-BK R 1126/2005-4 vom 29.6.2006 (Nr 22) *BOA* (= portugiesisch »gut«); HABM-BK R 374/2000-1 vom 17.11.2000 *THE*.

eindeutig, weil offen ist, ob es sich bei dem benutzten Zeichen um eines handelt, dessen Benutzung im öffentlichen (Wettbewerbs-)Interesse jedermann bedingungslos freistehen muss oder im anderweitigen Allgemeininteresse jedenfalls nicht eingetragen werden soll. Die absoluten Eintragungshindernisse des Abs 1 (b) bis (e) können also im hier interessierenden Bereich nur solche Zeichen im Allgemeininteresse vom Markenregister fernhalten, die *ausschließlich* daraus bestehen. Deshalb sind die Bestimmungen des Art 7 zur Sicherung der freien, ungehinderten Benutzbarkeit solcher Zeichen nur bedingt geeignet, weil sie nicht die Eintragung von Marken verhindern können, aus denen – jedenfalls vordergründig – Rechte gegen die Benutzung freizuhaltender Zeichen hergeleitet werden können.

Aus diesem Grunde hat die GMV die Befriedigung eines tatsächlich bestehenden Freihaltebedürfnisses an »Angaben über die Art, die Beschaffenheit, die Menge, die Bestimmung, den Wert, die geographische Herkunft oder die Zeit der Herstellung der Ware oder der Erbringung der Dienstleistung oder über andere Merkmale der Ware oder Dienstleistung« dem Art 12 (b) (= Art 6 (1) (b) MarkenRichtl) zugewiesen, wenn auch unter dem Vorbehalt, dass die Benutzung im geschäftlichen Verkehr »den anständigen Gepflogenheiten im Gewerbe oder Handel entspricht«. Zutreffend adressiert diese Vorschrift die Parteien des »Bedrohungspotentials«, nämlich den Benutzer eines beschreibenden oder anderweitig freizuhaltenden Zeichens einerseits und den Inhaber einer damit potentiell kollidierenden GM andererseits. Es sind in der Tat die *Wettbewerber* des Markeninhabers – und nicht die die Allgemeinheit im wesentlichen bildenden Verbraucher –, die ein Interesse an der Benutzung und damit ein Freihaltebedürfnis an beschreibenden Bezeichnungen, geographischen Herkunftsangaben, bestimmten Formen der Ware, gebräuchlichen Farben usw haben. **25**

Demgegenüber adressiert Art 7 die *Markenanmelder,* denen im Lichte des öffentlichen Interesses keine Markeneintragung für solche Zeichen gewährt werden soll, die – *ausschließlich* – produktbeschreibend sind, die geographische Herkunft angeben, aus anderen Gründen keine konkrete Unterscheidungskraft besitzen oder aus rechtspolitischen Gründen niemandem monopolisiert werden sollen. Die im »Baby-Dry«-Urteil für die Vorschrift des Art 7 (1) (c) hervorgehobene »Zusammenschau« mit der Vorschrift des Art 12 (b) ist mithin zielführend und zutreffend. **26**

Läge ein Freihaltebedürfnis etwa an beschreibenden Angaben tatsächlich im Interesse der Allgemeinheit und damit der Verbraucher, dann dürfte nament- **27** lich die Eintragungshürde des Abs 1 (c) nicht mit Verkehrsdurchsetzung (Abs 3) überwunden werden können, wie es folgerichtig zB bei täuschenden Marken auch nicht der Fall ist (Abs 1 (g)). Das hat – möglicherweise ungewollt – Generalanwalt Ruiz-Jarabo Colomer im Rahmen seiner Schlussanträge im Fall »Linde, Winward und Rado«[26] bestätigt, wenn er vom überragenden Interesse daran spricht, es den Einzelnen nicht zu gestatten, sich durch die Inanspruchnahme der Marke Ausschließlichkeitsrechte an natürlichen Formen, technischen Lösungen und ästhetischen Formgebungen zu sichern, und fortfährt: »Dieser Logik entsprechend hat der Gesetzgeber den Buchstaben e nicht unter den Eintragungshindernissen aufgeführt, die nach Art 3 Abs 3 Satz 1 MarkenRichtl überwunden werden können« (Nr 29); dieser Vorschrift der MarkenRichtl entspricht Art 7 (3) Satz 1 GMV. Im Rückschluss ergibt sich aus dem Umstand, dass das Eintragungshindernis des Art 7 (1) (c) gemäß der letztgenannten Vorschrift sehr wohl überwunden werden kann, dass ihm eben nicht jenes überragende Interesse der *Allgemeinheit* am Ausschluss beschreibender und geographischer Herkunftsangaben zu Grunde liegt.

### 3  Maßgebliche Verkehrskreise

28  Einige der absoluten Eintragungshindernisse nehmen ausdrücklich Bezug auf diejenigen Beteiligten am geschäftlichen Verkehr, an die sich die zur Eintragung angemeldeten Zeichen angesichts der von ihnen erfassten Waren oder Dienstleistungen wenden. Das sind ungeachtet der scheinbar gleichgerichteten Formulierungen »im Verkehr«, »im allgemeinen Sprachgebrauch«, »Verkehrsgepflogenheiten«, »das Publikum« häufig recht unterschiedliche Verkehrskreise, die im Einzelfall in Betracht zu ziehen sind. Bestimmte Waren und Dienstleistungen wenden sich – ausschließlich oder doch überwiegend – an allgemeine Endverbraucher, beispielsweise Produkte des täglichen Bedarfs. Andere Waren oder Dienstleistungen sind ausschließlich für spezialisierte Fachleute bestimmt, was regelmäßig für Investitionsgüter gilt. Es liegt auf der Hand, dass mit der Relevanz unterschiedlicher Verkehrskreise diesen auch unterschiedliche Kenntnisse und ein unterschiedliches Wahrnehmungsverhalten zu unterstellen sind, sei es im Hinblick auf Spezialbegriffe, auf Verkehrsgewohnheiten, auf den Sprachgebrauch einschließlich allgemeiner Kenntnisse toter Sprachen oder lebender außerhalb der von EU-Mitgliedsstaaten, seien es Markt- und Produktkenntnisse bezüglich Warenformen so-

---

26  Vom 24.10.2001 zu den verbundenen Rechtssachen C-53/01 – C-55/01.

wie graphischer und farblicher Kennzeichnungen. Auch ist zu unterscheiden, ob ein Eintragungsausschluss die Monopolisierung bestimmter Zeichen zu Lasten von Wettbewerbern des Anmelders verhindern soll oder das öffentliche Allgemeininteresse den Grund für ein absolutes Eintragungshindernis bildet.

Darüber hinaus verlangt auch Abs 2 eine Feststellung und Abgrenzung der **29** relevanten Verkehrsbeteiligten, weil auf Grund der in einem Teil der Gemeinschaft gesprochenen Sprache oder dort vorliegender kultureller Gegebenheiten nur in diesem Teil der Gemeinschaft bestimmte absolute Eintragungshindernisse vorliegen.

Indem das vom EuGH allen wettbewerbsrechtlichen und also auch marken- **30** rechtlichen Beurteilungen zu Grunde gelegte Verbraucherleitbild auf den – durchschnittlich informierten, aufmerksamen und verständigen – Durchschnittsverbraucher abstellt, wird den vorstehend dargelegten Umständen dadurch Rechnung getragen, dass der Durchschnittsverbraucher in Abhängigkeit von Gegebenheiten des Einzelfalles unterschiedlich konfiguriert sein kann, hinsichtlich Muttersprache, Fremdsprachenkenntnissen, Bildungsstand, Berufsbild, Alter und Sozialstand. Die zutreffende Definition des jeweils in Betracht zu ziehenden Durchschnittsverbrauchers ist von erheblicher Bedeutung für die im Einzelfall zu treffende Entscheidung. Das gilt für die meisten der absoluten Eintragungshindernisse, in möglicherweise noch höherem Maße für die Beantwortung der Frage, ob ein von Haus aus nicht unterscheidungskräftiges Zeichen durch seine Benutzung iSv Abs 3 Anerkennung im relevanten Verkehr und damit Unterscheidungskraft erworben hat.[27]

### 4 Maßgeblicher Zeitpunkt

Art 7 nennt die Eintragungshindernisse nur inhaltlich, ohne anzugeben, wel- **31** cher Zeitpunkt ihres Bestehens für den Eintragungsausschluss einer GM maßgeblich ist. Eine zeitliche Komponente enthält lediglich Abs 3, indem er auf die Vollendung einer Entwicklung, nämlich den erzielten Erwerb einer zunächst nicht vorhandenen (konkreten) Unterscheidungskraft abstellt. Es ist also die Frage zu beantworten, ob es für die Feststellung absoluter Eintragungshindernisse auf den Zeitpunkt der Anmeldung oder den Zeitpunkt der Eintragung ankommt. Einerseits ist nicht auszuschließen, dass ein bei seiner

---

27 Vgl Ekey/Klippel/Bender, GMV, Art 7 Rdn 16, 17.

Anmeldung beispielsweise auf Grund fehlender Unterscheidungskraft eintragungsunfähiges Zeichen dieses absolute Eintragungshindernis bis zur Entscheidung über die Eintragung in Folge intensiver Benutzung überwindet (Abs 3). Andererseits ist auch denkbar, dass ein Zeichen, bezüglich dessen bei seiner Anmeldung kein Eintragungshindernis erkennbar ist, sich im Laufe des Eintragungsverfahrens auf Grund von Marktentwicklungen, Änderung der Sprachgewohnheiten und anderer Umstände zu einer beschreibenden Angabe für die angemeldeten Produkte entwickelt oder aus anderen Gründen seine Unterscheidungskraft verliert. Der Umstand, dass nach den auch hier anzuwendenden Prioritätsregeln die Rechte an und aus einer GM gegenüber konkurrierenden Rechten Dritter auf den Zeitrang der Marke – also deren Anmelde- oder Prioritätstag – zurückgehen, spricht dafür, auf den Anmeldetag abzustellen.[28] So sehen es auch die Beschwerdekammern in ständiger Rechtsprechung[29] und sind vom EuGH bestätigt worden.[30]

32  Der Umstand, dass eine entgegen Abs 1 (b), (c) oder (d) eingetragene Marke gemäß Art 52 (2) nicht für nichtig erklärt werden kann und also ihren ursprünglichen Anmelde- oder Prioritäts-Zeitrang behält, wenn sie zwischenzeitlich durch Benutzung iSv Abs 3 die erforderliche Unterscheidungskraft erlangt hat, legt allerdings ein Abstellen auf den Zeitpunkt der Eintragung nahe (wie dies in Deutschland der Fall ist, im Hinblick auch auf § 37 (2) DE-MarkenG, siehe Rdn 35). Denn im Falle zwischenzeitlich erworbener Unterscheidungskraft ist es kaum vorstellbar, dass ein Dritter im Intervall zwischen Anmeldung und Eintragung schützenswerte Markenrechte erwirbt, welche beim Abstellen auf den Eintragungszeitpunkt denjenigen aus einer ursprünglich eintragungsunfähigen Marke vorgehen und mit ihnen iSv Art 8

---

28  Von Mühlendahl/Ohlgart, S 27.

29  HABM-BK R 294/1999-2 vom 15.12.2000, ABl-HABM 2001, 1834 (Nr 19) *tds*; HABM-BK R 592/2001-1 vom 19.6.2003 (Nr 25) *WEISSE SEITEN*; EuG T-322/03 vom 16.3.2006, GRUR Int 2006, 416 *Weisse Seiten*; EuG T-247/01 vom 12.12.2002, GRUR Int 2003, 646 (Nr 36) *Ecopy*.

30  EuGH C-192/03 vom 5.10.2004 (Nr 39, 40) *BSS* für eine im Anmeldezeitpunkt iSv Art 7 (1) (d) üblich gewordene Angabe; für beschreibende Angaben iSv Art 7 (1) (c) in den Geschirrspültabs-Urteilen vom EuG unentschieden gelassen EuGH C-456/01 vom 29.4.2004, GRUR Int 2004, 631 (Nr 62) *Tabs Henkel*; EuGH C-468 bis 472/01 vom 29.4.2004, GRUR Int 2004, 635 (Nr 58) *Tabs Procter & Gamble*; EuGH C-473/01 vom 29.4.2004, GRUR Int 2004, 639 (Nr 58) *Tabs Procter & Gamble II*.

kollidieren. Ist auch eine solche Drittmarke aus absoluten Gründen eintragungsunfähig, so begründet ihre Anmeldung oder bloße – nicht zur Verkehrsgeltung erstarkende – Benutzung keine Rechte; es handelt sich um ein Nullum, und es müsste lebensfremd erscheinen anzunehmen, dass sich für identische oder ähnliche Produkte eine gleich oder ähnlich geprägte, ebenfalls von Haus aus nicht schutzfähige Marke parallel zur ersteren im Verkehr durchsetzt. Vergleichbares gilt aber auch für eine von Haus aus schutzfähige Drittmarke, weil ausgeschlossen erscheint, dass solche Rechte ohne wettbewerbsrechtlich relevanten Bezug zu der intensiv benutzten und daher unterscheidungskräftig gewordenen GM begründet werden. Dessen ungeachtet haben sich die Gerichte für das ausschließliche Abstellen auf den Anmeldetag entschieden[31] und die Regelung des Art 52 (2) mit einem Vertrauensschutz begründet.[32]

Dass im umgekehrten Fall des Verlusts der Eintragbarkeit während des Eintragungsverfahrens, also des Entstehens absoluter Eintragungshindernisse erst nach Anmeldung der GM, die Eintragung nicht erfolgen darf, ergibt sich aus den Worten »eingetragen worden ist« des Art 52 (1) (a), wonach eine solche GM für nichtig zu erklären ist; insoweit ist also ohnehin auf den Eintragungszeitpunkt abzustellen (s aber Rdn 34). Auch schließt Art 39 die Möglichkeit ein, dass eine erst nach ihrer Veröffentlichung erfolgende Zurückweisung der Anmeldung aus absoluten Gründen (Art 37 (1)) auf solche Umstände gestützt wird, die erst nach dem Anmeldezeitpunkt eingetreten sind. Es wäre in der Tat ungerechtfertigt, ein Zeichen trotz zwischenzeitlich entstandener absoluter Eintragungshindernisse wissentlich gleichwohl einzutragen und dadurch belastete Dritte auf das Nichtigkeitsverfahren zu verweisen. Problematisch könnte das nur dann sein, wenn das Entstehen eines absoluten Eintragungshindernisses auf gezielte Maßnahmen Dritter zurückzuführen sein sollte, gegen die sich der Anmelder noch nicht mit der Geltendmachung von Markenrechten zur Wehr setzen kann; aber einerseits dürften (national) wettbewerbsrechtliche Ansprüche durchgreifen, andererseits kommt es für die Anwendung von Art 7 nicht darauf an, wie es zu dem tatsächlich bestehenden Hindernis gekommen ist. **33**

---

31  Vgl EuGH C-078/09 vom 24.9.2009 (Nr 18 f) *BATEAUX MOUCHES.*
32  EuGH C-542/07 vom 11.6.2009, GRUR Int 2009, 917, bestätigt EuG T-461/04 vom 20.9.2007 *PURE DIGITAL.*

34   Das EuG hat sich im »Flugbörse«-Urteil[33] der vorstehend dargelegten, in der
     Vorentscheidung auch von der BK[34] vertretenen Auffassung nicht ange-
     schlossen und entschieden, dass allein auf den Anmeldetag abzustellen sei.
     Die Begründung überzeugt nicht. Entgegen Nr 23 stellen die dort zitierten
     Wendungen in der Einleitung von Abs 1 und bei Art 52 (1) (a) nicht nur ei-
     ne inhaltliche Ausschlussnorm dar, sondern zugleich den relevanten Zeit-
     punkt für die Feststellung dieses Inhalts, was aus den englischen Formulie-
     rungen »shall not be registered« und der Überschrift »Absolute grounds for
     refusal« (statt »Absolute Eintragungshindernisse« in der deutschen Fassung)
     noch deutlicher hervorgeht. Mit dem sowohl oben als auch von der BK
     (Nr 43) betonten Umstand, dass es widersinnig wäre, ein nach der Anmel-
     dung zu einer beschreibenden oder üblichen Angabe (lit c bzw lit d) gewor-
     denes Zeichen erst einzutragen und dann im Nichtigkeitsverfahren wieder zu
     löschen, hat sich das Gericht bezeichnenderweise nicht auseinandergesetzt.
     Gleichwohl hat sich der Gerichtshof dem EuG angeschlossen und das vom
     Amt eingelegte Rechtsmittel zurückgewiesen.[35] Die Überzeugung hat aller-
     dings nicht zugelegt.

35   Ungeachtet dessen sollte das von Art 52 (2) geschützte Vertrauen in eine ur-
     sprünglich fehlerhafte Eintragung nicht überbewertet und außerdem berück-
     sichtigt werden, dass die GMV eine Zeitrangverschiebung nicht kennt, wie
     sie im deutschen Markenrecht § 37 (2) DE-MarkenG vorsieht.

## 5   Fehlende Markenfähigkeit (lit a)

36   Von der Eintragung ausgeschlossen sind gemäß Abs 1 (a) solche Zeichen, die
     nicht die Voraussetzungen des Art 4 erfüllen, also im Sinne der GMV nicht
     markenfähig sind. Diese Vorschrift nennt bestimmte Markenformen aus-
     drücklich, jedoch nur »insbesondere«, die sich anschließende Aufzählung ist
     mithin nicht erschöpfend und lässt die Eintragung von Marken weiterer,
     nicht ausdrücklich genannter Zeichenarten zu.

37   Einschränkungslos verlangt Art 4 neben der abstrakten Unterscheidungseig-
     nung, also der qualifizierten Individualisierungsfähigkeit (Art 4 Rdn 9) allein
     die graphische Darstellbarkeit von Zeichen, die als GMn eingetragen werden
     sollen. Allerdings impliziert die Bezugnahme auf »Zeichen« in Art 4 zusätz-

---

33   EuG T-189/07 vom 3.6.2009 *FLUGBÖRSE*.
34   HABM-BK R 1084/2004-4 vom 22.3.2007 *FLUGBÖRSE*.
35   EuGH C-332/09 vom 23.4.2010 *FLUGBÖRSE*.

lich dessen Bestimmtheit als Voraussetzung für seine Markenfähigkeit. Ist das Zeichen unbestimmt, fehlt ihm der Zeichencharakter[36] (Art 4 Rdn 6).

Im Unterschied zu Art 4, der nur die Möglichkeit der graphischen Darstellung anspricht, muss aber im Rahmen des Abs (1) (a) die Zurückweisung erfolgen, wenn tatsächlich keine, eine unrichtige oder eine unbestimmte graphische Darstellung eingereicht wird.[37] Dann ist sogar nach Art 26 (1) (d) bereits der Anmeldetag zu versagen. Soweit aber die graphische Darstellung – unmittelbar oder mittelbar – eines Zeichens gesichert ist, dürfte dessen Eintragbarkeit nur im extremen Ausnahmefall an einem Mangel abstrakter Unterscheidungskraft im Sinne von Art 4 scheitern; Näheres siehe Art 4 Rdn 7–13. Sollte aber einem Zeichen tatsächlich die abstrakte Unterscheidungseignung und damit die Markenfähigkeit fehlen, dann ist dieser den Eintragungsausschluss begründende Mangel auch durch Verkehrsdurchsetzung (Abs 3) nicht heilbar. **38**

## 6 Keine konkrete Unterscheidungskraft (lit b)

Ein Zeichen, das bestimmte Produkte nicht hinsichtlich ihres Unternehmens-Ursprungs individualisierbar und damit im markenrechtlichen Sinne von gleichartigen Produkten aus anderen Unternehmen unterscheidbar machen kann, stellt auch ungeachtet gegebener Markenfähigkeit (als Folge abstrakter Unterscheidungseignung und graphischer Darstellbarkeit) keine eintragbare Marke dar (Abs 1 (b)). Denn es ist allein die produktbezogene Unterscheidungskraft, die ein Zeichen, also eine wörtliche Angabe, eine Darstellung, eine Formgebung oder eine sonstige Aufmachung zu einer Marke für das damit versehene Produkt werden lässt. **39**

Daher trifft die Feststellung fehlender konkreter Unterscheidungskraft iSv Abs 1 (b) ein zur Eintragung als GM angemeldetes Zeichen gewissermaßen ins Herz. Die übrigen absoluten Eintragungshindernisse, soweit sie nicht wie Abs 1 (e) bis (k) rechtspolitisch begründet sind, haben regelmäßig auch das Fehlen konkreter Unterscheidungskraft zur Folge, ohne dass das Fehlen jeglicher Unterscheidungskraft auf jene Fälle beschränkt ist. Deutlich wird dies **40**

---

36 EuGH C-321/03 vom 25.1.2007, GRUR 2007, 231 (Nr 37/39) *DYSON*.
37 HABM-BK R 1004/2006-2 vom 13.12.2006 (Nr 21) *PURPLE/WHITE*; R 2/2007-4 vom 5.6.2007 (Nr 14f) *LOUDSPEAKER IV*; R 708/2006-4 vom 27.9.2007 (Nr 47) *TARZAN YELL*; R 1174/2006-1 vom 30.10.2007 (Nr 35) *Tastmarke*.

aus Abs 3, wonach das Eintragungshindernis gleichermaßen für die Fälle des Abs 1 (b), (c) und (d) überwunden wird, falls die Marke für die angemeldeten Produkte »infolge ihrer Benutzung Unterscheidungskraft erlangt hat«.

41  Daher bedarf die konkrete, also auf die angemeldeten Produkte (Waren und/oder Dienstleistungen) bezogene Unterscheidungskraft eines Zeichens iSv Abs 1 (b) nicht selten einer besonderen und wertenden Beurteilung. Dabei sind alle einschlägigen Umstände des Einzelfalls zu berücksichtigen, zu denen die Möglichkeit gehört, dass die Natur der GMA die Wahrnehmung der Marke durch die angesprochenen Verkehrskreise beeinflusst, weil beispielsweise die in einer bestimmten Form der Ware oder ihrer Verpackung bestehende Marke vom relevanten Verkehr nicht notwendigerweise und ohne weiteres als solche erkannt wird.[38] Die konkrete Unterscheidungseignung eines Zeichens ist im Rahmen einer Prognose und unabhängig von jeder tatsächlichen Benutzung des Zeichens iSv Abs 3 zu ermitteln.[39] Die zu beantwortende Frage lautet: Wird der von den fraglichen Produkten angesprochene Verkehr, der aus durchschnittlich informierten, aufmerksamen und verständigen Durchschnittsverbrauchern besteht (vgl Rdn 30), das zur Eintragung angemeldete Zeichen mit Rücksicht auf dessen sinnlich wahrnehmbaren Aussageinhalt als Marke ansehen, also als ein jene Produkte insbesondere hinsichtlich ihrer Herkunft identifizierendes Unterscheidungsmittel? Die Antwort lautet *nein*, wenn das Zeichen bezüglich der betroffenen Produkte und im Hinblick auf die Verkehrsusancen auf dem Markt dieser Produkte jene für den Markencharakter eines Zeichens entscheidende Kennzeichnungsfunktion nicht zu leisten vermag,[40] insbesondere weil es aus der Sicht der maßgeblichen Verkehrskreise im geschäftlichen Verkehr gewöhnlich für die Präsentation der betreffenden Waren oder Dienstleistungen verwendet wird

---

38  Vgl Eisenführ, »Muss das Publikum lernen, ein Zeichen als Marke zu erkennen?« in: FS für Ullmann, juris 2006, S 175.

39  EuG T-088/00 vom 7.2.2002, MarkenR 2002, 56 (Nr 33, 34) *Taschenlampe*, bestätigt im Rechtsmittelverfahren durch EuGH C-136/02 vom 7.10.2004, GRUR Int 2005, 135 (Nr 50, 53) *Taschenlampe*; vgl auch das im BGH-Vorlageverfahren ergangene Urteil EuGH C-053/01 vom 8.4.2003, GRUR 2003, 514 *Linde, Winward und Rado* und anschließend BGH GRUR 2004, 506 *Stabtaschenlampe II*.

40  EuG T-345/99 vom 26.10.2000, MarkenR 2000, 150 (Nr 32) *Trustedlink*; EuG T-79/00 vom 27.2.2002, WRP 2002, 426 (Nr 25–28) *Lite*.

*Eisenführ*

oder bei dem zumindest aufgrund konkreter Anhaltspunkte anzunehmen ist, dass es in dieser Weise verwendet werden kann.[41]

Es ist also erstens zu untersuchen, was die Unterscheidungskraft einer Kennzeichnung und damit deren Markencharakter ausmacht, und es ist zweitens zu untersuchen, wie dies qualitativ und quantitativ zu ermitteln und zu bewerten ist. 42

Die menschlichen Sinnesorgane als Empfänger vornehmlich optischer und 43 akustischer Reize erhalten aus ihrem sich häufig verändernden Umfeld unablässig Informationen. Soweit diese Informationen eine Sache oder Sachgesamtheit betreffen (die nicht notwendigerweise gegenständlich ist), werden sie als deren Eigenschaften wahrgenommen. Wenn es sich bei diesen Eigenschaften um bekannte – notwendige oder übliche – Attribute der Sache handelt, werden sie als Gattungsmerkmale erkannt und bewertet; solche sind offensichtlich ungeeignet, das betreffende Produkt von einem anderen Produkt gleicher Art, aber anderer Herkunft zu unterscheiden.[42]

Ein derartiger Vorgang läuft unmerklich nicht anders ab, als wir es von der 44 Informationsverarbeitung in unseren Computern kennen: Die eingehende Information wird mit denjenigen Informationen verglichen, welche bei früheren Gelegenheiten – etwa der ersten Begegnung mit einer bestimmten Information – gespeichert wurden. Indiziert dieser Vergleich Übereinstimmung, wird die neu aufgenommene Information als bekannt wiedererkannt und entsprechend ihrer mitgespeicherten Art nach bewertet. Hat man etwa schon als Kind die Information »Platte auf Beinen = Tisch« als Gattungsinformation gespeichert, so wird man, wenn man einer Platte mit Beinen ansichtig wird, diesen Gegenstand als Mitglied der Gattung Tisch wiedererkennen.

Entsprechendes gilt, wenn die wiedererkannte Information im menschlichen 45 Speicher ihrer Art nach nicht als Gattungsmerkmal, sondern als Ursprungs- oder Herkunftskennzeichen eingeordnet worden war. Dann führt das Wiedererkennen dazu, dass die betreffende Sache als einer bestimmten Quelle

---

41 EuG T-324/01, ABl-HABM 2003, 1886 *Goldbarren* und EuG T-110/02 vom 30.4.2003, GRUR Int 2003, 944 (Nr 29) *Form einer Zigarre.*
42 Vgl Schlussanträge des EuGH-Generalanwalts Ruíz-Jarabo Colomer in den verbundenen Rechtssachen C-53/01 bis C-55/01 vom 24.10.2002 (Nr 2 bis 5) *Linde, Winward und Rado.*

entstammend oder einer vergleichbaren Kategorie zugehörig identifiziert wird.

46   Führt der Vergleich einer im Zusammenhang mit einer bestimmten Sache von den menschlichen Sinnen aufgenommenen Information nicht zu einem Übereinstimmungssignal, so handelt es sich um eine für die betreffende Person neue Information. Indem sie sie in ihren Speicher aufnimmt, wird sie sie gleichzeitig ihrer Art nach qualifizieren. Dies geschieht regelmäßig spontan auf Grund des Eindrucks, den die – zu den relevanten Verkehrskreisen gehörende – Person der empfangenen Information entnimmt. Geht der Eindruck dahin, dass es sich um eine Variation eines bekannten Gattungsmerkmals handelt, so wird sie als solche aufgenommen, abgespeichert und als bloßes Gattungsmerkmal bewertet werden.

47   Indiziert der Eindruck hingegen eine nicht zwanglos gattungsimmanente Ausbildung der Sache oder Zutat zu ihr, so wird dies als – zumindest möglicherweise – den Ursprung oder eine vergleichbare Kategorie des Produkts individualisierendes Kennzeichen wahrgenommen und entsprechend bewertet sowie abgespeichert werden: Das die betreffende Information aussendende Merkmal hat für den Empfänger eine die Unternehmensherkunft des Produkts identifizierende und damit kennzeichnende Unterscheidungskraft.

48   Der Prognose (Rdn 41) ist hiernach der überwiegend wahrscheinliche spontane Eindruck von der Art der empfangenen Information – des Zeichens – beim relevanten Verkehrskreis zu Grunde zu legen. Spricht dies für die Wahrnehmung des Zeichens als Herkunftshinweis, so hat das Zeichen Unterscheidungskraft.

49   Weil es sich bei den vorstehend beschriebenen Vorgängen um die individuelle Wahrnehmung und Verarbeitung von Informationen handelt, kann angesichts unterschiedlich wahrnehmender und auch hinsichtlich der Informationsverarbeitung unterschiedlich strukturierter Individuen keine Einheitlichkeit der Informations-Beurteilung unterstellt werden. Es bedarf also der Objektivierung durch eine Art Norm-Individuum. Dies findet sich in Gestalt des durchschnittlich informierten, aufmerksamen und verständigen Durchschnittsabnehmers der jeweils in Rede stehenden Produkte, welcher dem vom EuGH auch in anderem Zusammenhang zu Grunde gelegten Verbraucherleitbild entspricht;[43] vgl auch Rdn 30.

---

43   EuGH C-210/96 vom 16.7.1998, GRUR 1998, 795 *Gut Springenheide*.

Das Fehlen der konkreten Unterscheidungskraft eines Zeichens, also das 50
Fehlen seines Markencharakters in Bezug auf bestimmte Produkte kann unterschiedliche Ursachen haben. Entscheidend ist in jedem Fall, dass der von den fraglichen Produkten angesprochene Verkehr die ihm vom Zeichen angebotene Information nicht als Marke erkennt und ihm also keine Identifizierung namentlich des Ursprungs entnimmt. Das gilt für nichtssagende Worte und ebensolche Bilddarstellungen, etwa bloße Dekorationsgrafik, einerseits wie andererseits für beschreibende Angaben, die jeglichen Markeneindruck vermissen lassen. Fehlende konkrete Unterscheidungskraft ist daher auch die regelmäßige Folge des beschreibenden Charakters eines Zeichens (Abs 1 (c)) oder seines Eingehens in den allgemeinen Sprachgebrauch (Abs 1 (d)), ohne allerdings darauf beschränkt zu sein.

Die Rechtsprechung der BK des HABM verlangt für die Feststellung der Ein- 51
tragbarkeit lediglich ein Minimum an (konkreter) Unterscheidungskraft,[44]
also der Intensität der qualifizierten Individualisierung (Art 4 Rdn 9). Dem hat sich das EuG angeschlossen.[45] Denn auch eine geringe Unterscheidungskraft erfüllt nicht den Tatbestand »keine Unterscheidungskraft« des Abs 1 (b).[46] Jedoch muss das Amt bei seiner Beurteilung eine konkrete Prüfung vornehmen, bei der alle Umstände des Einzelfalles, zu denen auch die Benutzung der Marke gehört, zu berücksichtigen sind.[47] Im übrigen muss sich auch eine geringe originäre Unterscheidungskraft auf im wesentlichen den gesamten Binnenmarkt erstrecken, ihre Feststellung in einem bloß lokalen Bereich genügt nicht. Ferner muss sie alle unter Produkt-Oberbegriffe fallenden Waren und Dienstleistungen des VerzWDL erfassen.

Eine allgemein anerkannte Definition der Einflussgrößen, welche die Unter- 52
scheidungskraft als Marke geeigneter Zeichen begründen, besteht nicht. Eigenart, Eigentümlichkeit oder gar Phantasieüberschuss haben keine richterliche Billigung gefunden:[48] In der Tat dürfte eher der Begriff »Ungewöhnlichkeit« (der Wortbildung, der bildlichen Darstellung, der Formgebung usw) geeignet sein, das Entscheidende zum Ausdruck zu bringen. Die mitunter genannte »Einprägsamkeit«, die in der Abfolge »Wahrnehmung – Mer-

---

44 HABM-BK R 104/1998-3 vom 11.2.1999, Mitt. 1999, 115 (Nr 16) *SELECTA.*
45 EuG T-034/00 vom 27.2.2002, MarkenR 2002, 88 (Nr 29) *Eurocool.*
46 EuGH C-104/00 vom 19.9.2002, GRUR 2003, 58 (Nr 20) *Companyline.*
47 EuGH C-104/01 vom 6.5.2003, GRUR Int 2003, 638 (Nr 77) *Libertel.*
48 EuG T-087/00 vom 5.4.2001, MarkenR 2001, 181 (Nr 39/40) *Easybank.*

ken – Wiedererkennen« (Art 4 Rdn 10) den Mittelteil anspricht, ist häufig nur eine Folge der Ungewöhnlichkeit.

53   Die Forderung des Abs 1 (b) nach konkreter Unterscheidungskraft unterscheidet nicht zwischen verschiedenen Markenkategorien. Die Kriterien für die Beurteilung der Unterscheidungskraft sind mithin bei allen Markenformen die gleichen.[49] Gleichwohl ist zu berücksichtigen, dass nicht jedes Zeichen dieser Kategorien von den maßgeblichen Verkehrskreisen notwendig in gleicher Weise wahrgenommen wird, so dass der die Herkunft des Produkts identifizierende Charakter und damit die Unterscheidungskraft bestimmter Arten von Marken schwieriger nachzuweisen ist.[50] Strengere Kriterien für die Beurteilung der Unterscheidungskraft solcher Marken sind dennoch nicht gerechtfertigt,[51] und auch nicht die Annahme, sie hätten *a priori* keine Unterscheidungskraft.[52]

54   Vor allem aber stellt sich die Frage, wer was »nachzuweisen« hat, welche tatsächlichen Umstände festzustellen und wie sie zu bewerten sind. Soweit das EuG die herkunftsrelevante Unterscheidungswirkung des Gegenstandes einer GMA in den von ihren Produkten angesprochenen Verkehr im Wege einer Prognose ermittelt sehen will[53] (oben Rdn 41), ist dies mit einem Nachweis nicht kompatibel: Prognosen lassen sich nicht beweisen. Sie lassen sich aber begründen, und zwar mit Fakten und deren Bewertung, zu der auch ein-

---

49   EuGH C-299/99 vom 18.6.2002, GRUR Int 2002, 842 (Nr 48) *Philips/Remington*; EuGH C-053/01 vom 8.4.2003, GRUR 2003, 514 (Nr 46) *Linde, Winward und Rado*; EuGH C-445/02 vom 28.6.2004, MarkenR 2004, 449 (Nr 21) *Glasmuster*; EuGH C-064/02 vom 21.10.2004, GRUR 2004, 1027 (Nr 33) *Das Prinzip der Bequemlichkeit*; EuGH C-447/02 vom 21.10.2004, GRUR Int 2005, 227 (Nr 78) *KWS/Orange*.

50   EuGH C-456/01 vom 29.4.2004, GRUR Int 2004, 631 (Nr 38) *Tabs Henkel*; EuGH C-468/01 vom 29.4.2004, GRUR Int 2004, 635 (Nr 36) *Tabs Procter & Gamble*; EuGH C-445/02 vom 28.6.2004, MarkenR 2004, 449 (Nr 22) *Glasmuster*.

51   EuGH C-064/02 vom 21.10.2004, GRUR 2004, 1027 (Nr 36) *Das Prinzip der Bequemlichkeit*.

52   EuG T-23/07 vom 29.4.2009 (Nr 34) *Buchstabe* α (alpha).

53   EuG T-088/00 vom 7.2.2002, GRUR Int 2002, 531 (Nr 34) *Taschenlampe*; bestätigt durch EuGH C-136/02 vom 7.10.2004, GRUR Int 2005, 135 (Nr 12, 50, 53) *Taschenlampe*.

*Eisenführ*

schlägige Erfahrungswerte gehören, sofern sie sachlich ausreichend fundiert sind.

Auszugehen ist davon, dass derjenige, der eine Verbotsnorm geltend macht (Rdn 7), ihre Anwendbarkeit im konkreten Fall zu belegen hat. Will also das Amt oder das EuG ein absolutes Eintragungshindernis einwenden, muss es zeigen, dass die Gegebenheiten des Falles für den Eintragungsausschluss sprechen.[54] Geht es um das (vermeintliche) Fehlen jeglicher Unterscheidungskraft, muss anhand der von der betroffenen GMA erfassten Produkte deren Marktsituation (Handelsstufe, Produktauftritt, Kennzeichnungsgewohnheiten, beteiligte Verkehrskreise und deren Marken-Wahrnehmungsverhalten etc) festgestellt werden. Dazu gehört nicht zuletzt, inwieweit die so ermittelten Verkehrskreise sich daran gewöhnt haben, aufgrund der Kennzeichnungsgewohnheiten der Anbieter auch nicht herkömmliche Markenformen als Unternehmenshinweis wahrzunehmen.[55]

Insoweit ist im Grundsatz richtig, dass Zeichen nicht-konventioneller Markenformen von den maßgeblichen Verkehrskreisen nicht notwendig in gleicher Weise wahrgenommen werden wie Wort- oder Bildmarken.[56] Zur Zeit der Wende vom 19. zum 20. Jahrhundert erstreckte sich die fehlende Gewöhnung des Publikums im Deutschen Reich sogar noch auf Wortmarken, weil das erste deutsche »Gesetz über Markenschutz« vom 30. November 1874 bis zu seiner Novellierung im Jahre 1894 nur Bildmarken Schutz gewährte.[57] Es trifft auch zu, dass zur Gewährleistung der wesentlichen Markenfunktion der Herkunftszuordnung, die oben mit der Abfolge »Wahrnehmen – Merken – Wiedererkennen« beschrieben wurde, eine deutliche Abweichung des als Marke Beanspruchten vom Üblichen zu fordern ist. Dabei muss zwangsläufig die Abweichung um so deutlicher ausfallen, je vielfältiger der Bereich des Üblichen ist, weil in solchem Fall selbst dann, wenn das »Wahrnehmen« noch möglich oder gar wahrscheinlich ist, das »Merken«

---

54 EuGH C-273/05 vom 19.4.2007, MarkenR 2007, 204 *Celltech*; EuG T-67/07 vom 2.12.2008, GRUR Int 2009, 518 (Nr 41, 54) *FUN*.

55 Zur Abgrenzung von der Gewöhnung an eine bestimmte Marke iSv Abs 3 siehe EuG T-194/01 vom 5.3.2003, GRUR Int 2003, 754 (Nr 49) *Ovoide Waschtablette*.

56 Für eine dreidimensionale Marke: EuGH C-456/01 vom 29.4.2004, GRUR Int 2004, 631 (Nr 38) *Tabs Henkel*.

57 Eisenführ, in: FS GRUR, 1991, S 766; ders., in: FS für Ullmann, juris 2006, S 175, 180.

und »Wiedererkennen« soweit erschwert sein kann, dass jene Markenfunktion nicht mehr gewährleistet ist. Es ist mithin anzuerkennen, dass ein unterscheidendes Individualisieren nicht zwangsläufig zum herkunftskennzeichnenden Identifizieren führt.

57  Gleichwohl begegnet die inzwischen manifest gewordene einschlägige Rspr des EuGH – und ihm folgend die des EuG und des HABM – vor allem dogmatischen Bedenken. In der »Waschmittelflasche«-Entscheidung[58] hat der Gerichtshof ausgeführt, Unterscheidungskraft iSv Art 3 (1) (b) MarkenRichtl (= Art 7 (1) (b) GMV) bedeute, dass die Marke geeignet ist, die Ware, für die die Eintragung beantragt wird, als von einem bestimmten Unternehmen stammend zu kennzeichnen und diese Ware somit von denjenigen anderer Unternehmen zu unterscheiden. Daraus folge, dass ein *bloßes* Abweichen von der Norm oder der Branchenüblichkeit noch nicht genügt, um jenes Eintragungshindernis entfallen zu lassen. Hingegen sei eine Marke, die von der Norm oder der Branchenüblichkeit *erheblich* abweicht und deshalb ihre wesentliche Herkunftsfunktion erfüllt, nicht ohne Unterscheidungskraft.

58  Die am Gesetzeswortlaut (Art 4) ausgerichtete Definition der Unterscheidungskraft ist zutreffend und gilt in der Tat für Marken aller Markenformen. Weshalb aber soll »daraus« folgen, ebenfalls pauschal für alle Markenformen, dass ein bloßes Abweichen vom Üblichen nicht genügt, das Eintragungshindernis der fehlenden Unterscheidungskraft entfallen zu lassen? Im Bereich der Wortmarken verleiht nach Feststellung des Gerichtshofes jede merkliche Abweichung von der Ausdrucksweise, die im üblichen Sprachgebrauch der betroffenen Verbraucherkreise für die Bezeichnung der Ware verwendet wird, einer solchen Marke die für ihre Eintragung erforderliche Unterscheidungskraft.[59]

59  Aber auch in der möglicherweise gemeinten Beschränkung auf dreidimensionale Marken, um die es im »Waschmittelflasche«-Fall ging, wird die logische Verknüpfung (»daraus folgt«) der verlangten erheblichen Abweichung mit der Zubilligung von Unterscheidungskraft nicht einsichtig. Es ist kein Erfahrungssatz bekannt, dass Unterschiede von Worten oder Bildern besser und/oder schneller wahrgenommen werden als Unterschiede von Formen, Farben, Klängen etc. Das Problem der neuen, nicht herkömmlichen Markenformen liegt – wie oben dargetan – nicht in der Wahrnehmung von Un-

---

58  EuGH C-218/01 vom 12.2.2004, GRUR Int 2004, 413 (Nr 48, 49) *Henkel*.
59  EuGH C-363/99 vom 12.2.2004, GRUR 2004, 674 (Nr 100) *Postkantoor*.

terschieden, sondern in der Erkenntnis, dass es sich beim Wahrgenommenen um eine – herkunftsidentifizierende – Marke handelt. Wie soll dieses qualitative Problem durch eine anderweitige quantitative Maßnahme, nämlich die Vergrößerung der Abweichung vom Üblichen gelöst werden? Weshalb soll das Publikum in einer geringen Abweichung beispielsweise der Waren- oder Verpackungsform von üblichen Formen keine, in einer größeren Abweichung jedoch sehr wohl eine herkunftsidentifizierende Marke sehen?

Es erschiene sachgerechter, bei der Beurteilung der Unterscheidungskraft von **60** GMAen (und von GMn im Nichtigkeitsverfahren aus absoluten Gründen) die Frage zu beantworten, ob aufgrund der Gegebenheiten auf dem Markt der betroffenen Waren (oben Rdn 41) angenommen werden kann, der relevante Verkehr werde das beanspruchte Zeichen als Marke erkennen. Der Anmelder oder Inhaber hätte die dafür sprechenden Umstände darzutun und ggf zu belegen. Das Verlangen eines (schlüssigen) Nachweises des Verkehrsverständnisses, wie ihn die Rspr derzeit fordert, ist jedoch verfehlt. Er muss nicht einmal für die Verkehrsdurchsetzung iSv Abs 3 erbracht werden und begegnet denselben Problemen, aufgrund derer das Gericht eine entgegengesetzte Verpflichtung des Amtes abgelehnt hat.[60]

Mit der Glaubhaftmachung des Markencharakters seiner GMA wäre der **61** Markeninhaber zugleich gegen den Vorwurf in einem von ihm angestrengten Verletzungsprozess gewappnet, die angegriffene Gestaltung werde nicht als Marke benutzt und stelle daher keine Verletzung dar. Mit diesem Argument werden die jedenfalls in Deutschland relativ leicht erzielbaren Eintragungen im Bereich der nicht-konventionellen Markenformen entwertet.[61]

## 7 Konkrete Unterscheidungskraft verschiedener Markenformen

### 7.1 Worte

Phantasieworte sind stets unterscheidungskräftig. Diese Qualifikation müs- **62** sen sie, um als GM schutzfähig zu sein, allerdings in allen Sprachen der Gemeinschaft haben. Was in einer Sprache keinerlei Begriffsinhalt hat, mag in einer anderen Sprache einen festumrissenen Sinn haben. Im Interesse der

---

60  EuG T-194/01 vom 5.3.2003, GRUR Int 2003, 754 (Nr 48) *Ovoide Waschtablette.*

61  ZB BGH GRUR 2003, 332 *Abschlussstück*; vgl auch OLG Frankfurt MarkenR 2000, 30 *Standbeutel.*

Einheitlichkeit der GM genügt gemäß Abs 2 das Vorliegen absoluter Eintragungshindernisse in nur einem Teil der Gemeinschaft für den Ausschluss der Marke von der Eintragung.[62] Sofern der Begriffsinhalt aber keine sachliche, namentlich beschreibende Beziehung zu den vom Markenwort erfassten Produkten hat, tut das der Unterscheidungskraft keinen Abbruch.[63] Außerhalb der Gemeinschaft gesprochene Sprachen werden nicht berücksichtigt.

63  Fehlende Unterscheidungskraft ist hingegen insbesondere bei solchen Worten zu diagnostizieren, die ausschließlich aus einer gewöhnlichen Sachangabe über das betroffene Produkt bestehen. Das gilt nicht nur für glatte Produktbeschreibungen (»Brot« für Backwaren), sondern neben den in Abs 1 (c) spezifisch genannten auch für solche Angaben, die umgangssprachlich »sonstige Merkmale« der jeweiligen Produkte, also neben konstitutionellen und funktionalen Eigenschaften beispielsweise auch die Bestimmung der jeweiligen Ware oder Dienstleistung bezeichnen. Insoweit überschneidet sich der Ausschlussgrund der ausschließlich beschreibenden Angabe mit der der fehlenden Unterscheidungskraft.[64] Das gilt zB auch für die wissenschaftliche Bezeichnung einer Fischart, wenn sie Eingang in den Wirtschaftsverkehr gefunden hat.[65] Unzutreffend für die Feststellung der originären Unterscheidungskraft eines Zeichens ist der Umstand, dass das Zeichen im geschäftlichen Verkehr gewöhnlich verwendet wird, weil dafür lit (c) relevant ist:[66] am Bestehen des Eintragungshindernisses ändert das allerdings nichts.

64  Besteht ein Einwortzeichen aus mehreren – häufig zwei – Wortbestandteilen, die jeder für sich eine beschreibende Bedeutung für die davon erfassten Produkte haben, so kann ihre Aneinanderreihung ohne Vornahme einer ungewöhnlichen Änderung insbesondere syntaktischer oder semantischer Art nur

---

62  HABM-BK R 172/1998-2 vom 28.4.1999, GRUR Int 1999, 962 *TOXALERT*; HABM-BK R 120/1999-3 vom 29.7.1999, GRUR 1999, 1085 *EASYCOVER*.

63  EuG T-67/07 vom 2.12.2008, GRUR Int 2009, 518 *FUN*; HABM-BK R 031/1999-3 vom 17.9.1999 *INTERVIEW*; HABM-BK R 668/1999-3 vom 12.4.2000 *STENOGRAPH* und HABM-BK R 356/1999 vom 14.4.2000 *SMARTPEN*, alle für EDV-Produkte; HABM-BK R 287/1999-1 vom 14.4.2000 *ITEM* (für Metall- und Kunststoff-Bauteile).

64  HABM-BK R 087/1999-3 vom 21.7.1999, GRUR 1999, 1081 = MarkenR 1999, 364 *CLINICWARE*; EuG T-79/00 vom 27.2.2002, GRUR Int 2002, 604 *Lite* (= light).

65  EuGH C-582/11 vom 10.7.2012 *SCOMBER MIX*.

66  EuGH C-037/03 vom 15.9.2005, GRUR Int 2005, 1012 (Nr 61, 62) *BioID*.

zu einem auch insgesamt beschreibenden Zeichen führen.[67] Liegt hingegen bei Mehrwort-Marken eine nicht sprachübliche Syntax vor, dann handelt es sich weder um eine (glatt) beschreibende Angabe, noch fehlt dem Zeichen das erforderliche geringe Maß an Unterscheidungskraft.[68] Ist jedoch eine mehrdeutige Angabe in mindestens einer Bedeutung beschreibend, so erfüllt sie insoweit die Ausschlussvoraussetzung des Abs 1 (c) und darf nicht eingetragen werden. Vom EuGH ist daher im »DOUBLEMINT«-Fall das im Widerspruch zur HABM-BK stehende, die konkrete Unterscheidungskraft aufgrund von Mehrdeutigkeit bejahende Urteil des EuG aufgehoben und die Eintragung versagt worden;[69] die Verkehrsdurchsetzung der Marke iSv Abs 3 stand nicht zur Debatte.

Auch wird das Fehlen des beschreibenden Charakters und damit das Vorliegen markenmäßiger Unterscheidungskraft einer produktbezogenen Angabe nicht schon dadurch indiziert, dass diese nicht die Produktangabe selbst, sondern eine spezielle Spielart des Produkts nennt. Ebenso wie »Kasper« und »Gendarm« stellt »New Born Baby« (= »Neugeborenes«) nichts anderes als die schlichte Sachangabe für eine entsprechend ausgebildete Puppe dar und hat mithin für die Ware »Puppen« keinerlei Unterscheidungskraft. Für Puppenzubehör gilt nichts anderes, weil »new born baby« insoweit eine glatt beschreibende Bestimmungsangabe ist. Die anders lautende Entscheidung des EuG[70] ist daher abzulehnen; in dem vom Amt eingeleiteten Rechtsmittelverfahren vor dem EuGH wurde die Anmeldung zurückgezogen.[71] **65**

Darüber hinaus wird der Verkehr solchen Wortangaben keine Ursprungsidentifizierung entnehmen, die völlig nichtssagend sind oder sich bestenfalls in unspezifisch anpreisenden Äußerungen erschöpfen; derartige Zeichen haben daher ebenfalls keine Unterscheidungskraft. Insoweit ist aber Vorsicht geboten und insbesondere sorgfältig zu untersuchen, ob letzteres auch für die **66**

---

67  EuGH C-363/99 vom 12.2.2004, GRUR 2004, 674 (Nr 98) *Postkantoor*; EuGH C-265/00 vom 12.2.2004, GRUR Int 2004, 410 (Nr 39) *Biomild; EuGH C-408/08 vom 25.2.2010, GRUR 2010, 931 (Nr 61 - 63) COLOR EDITION.*

68  EuGH C-383/99 vom 20.9.2001, MarkenR 2001, 400 (Nr 40) *Baby-Dry.*

69  EuGH C-191/01 vom 23.10.2003, GRUR 2004, 146 *Doublemint.*

70  EuG T-140/00 vom 3.10.2001, MarkenR 2001, 415 *New born Baby.*

71  Siehe Schlussanträge des Generalanwalts vom 19.2.2004 in der Rechtssache C-498/01 und EuGH C-498/01, Beschluss vom 1.12.2004, Slg 2004 I-11349 *New Born Baby.*

im Einzelfall betroffenen Produkte gilt. Auch spielt in solchen Fällen die graphische Ausgestaltung des Zeichenworts häufig eine große Rolle.[72]

67  Schließlich sind die in Art 4 als Sonderfall der Wortzeichen genannten Personennamen nicht gegen das Fehlen originärer Unterscheidungskraft gefeit. Wer etwa »Hut« heißt, kann seinen Namen nicht als GM für Kopfbedeckungen eingetragen erhalten. Jedoch dürfte das für die unüblich gewordene Schreibweise »Huth« schon nicht mehr gelten. Das niederländische Wort »APPEL« für Apfel ist auch für einen deutschen Anmelder mit diesem Namen nicht als GM für Lebensmittel eintragbar.[73] Im übrigen aber gilt für die Unterscheidungskraft von Personennamen als einzutragende GM nichts anderes als für Zeichen anderer Markenformen. Die Verbreitung eines Personennamens hat keinen Einfluss auf seine originäre Unterscheidungskraft, jedoch ist die Wahrnehmung durch die von den betroffenen Produkten angesprochenen Verkehrsbeteiligten zu berücksichtigen. Auf die Beurteilung der Unterscheidungskraft eines Personennamens hat die Schutzschranke des Art 12 (a) keine Auswirkung.[74]

68  Die Alleinstellung von Domains (Internet-Adressen) indiziert nicht deren markenrechtliche Unterscheidungskraft. Handelt es sich dabei um eine beschreibende Angabe, so wird der Verkehr darin einen Hinweis auf die Bereitstellung entsprechender Produkte, nicht aber auf einen bestimmten Anbieter solcher Produkte sehen.[75]

69  Eine besondere Fallgestaltung hatten zwei Vorlagen des DE-Bundespatentgerichts zum Gegenstand, die vom Gerichtshof zu gemeinsamem Verfahren und gemeinsamer Entscheidung verbunden wurden. Die jeweiligen Anmeldezeichen bestanden aus einer die erfassten Dienstleistungen beschreibenden Wortfolge und einer vor- bzw nachgestellten, für sich genommen nicht beschreibenden Buchstabenkombination aus den Anfangsbuchstaben der jeweiligen Wortfolge. Obwohl üblicherweise ein einziger schutzfähiger Bestandteil einer mehrteiligen Marke deren Eintragbarkeit begründet, kam hier der EuGH ebenso wie die Vorinstanzen des BPatG zum gegenteiligen Ergebnis. Denn der Verkehr werde die Buchstabenfolgen als Abkürzungen (Akronyme)

---

72  HABM-BK R 104/1998-3 vom 11.2.1999, Mitt. 1999, 115 *SELECTA*.
73  HABM-BK R 298/1999-3 vom 11.10.1999, MarkenR 2000, 35 *APPEL*.
74  EuGH C-404/02 vom 16.9.2004, GRUR 2004, 946 (Nr 28, 30, 32) *Nichols*.
75  EuG T-338/11 vom 21.11.2012 (Nr 31 f) *PHOTOS.COM*.

der beschreibenden Wortfolgen erkennen und sie daher ebenso wie jene als beschreibend verstehen.[76]

Die beiden ersten vom EuGH entschiedenen Rechtsmittelverfahren gegen **70** Urteile des EuG betrafen die Zurückweisung von GMAen wegen absoluter Eintragungshindernisse, nämlich fehlender Unterscheidungskraft von Wortzeichen auf Grund ihres beschreibenden Charakters. Mit dem ersten der beiden Urteile hob der EuGH die vom EuG bestätigte Zurückweisung der Marke »Baby-Dry« durch das HABM auf und stellte fest, dass der Eintragungsausschluss der Wortverbindung »Baby-Dry« von der Eintragung als GM auf einem Rechtsfehler beruhe, weil das Eintragungshindernis des Abs 1 (c) der Eintragung nicht entgegenstehe; damit entfiel auch die Zurückweisung mangels Unterscheidungskraft.[77] Im zweiten Fall hat der EuGH dem das HABM bestätigenden Urteil des EuG zugestimmt und die GMA »Companyline« für Dienstleistungen des Versicherungs- und Finanzwesens mangels Unterscheidungskraft endgültig zurückgewiesen,[78] siehe dazu Rdn 64 und 171 f.

Darüber hinaus ist in den folgenden Fällen die Zurückweisung von Wort- **71** marken-Anmeldungen durch die Beschwerdekammern des Amtes wegen fehlender konkreter Unterscheidungskraft, die zumeist auf beschreibenden Inhalt zurückging (vgl. Rdn 50 und Rdn 146 f), vom EuG bestätigt worden:

T-091/99 vom 30.3.2000, MarkenR 2000, 150 »OPTIONS«

T-135/99 vom 31.1.2001, GRUR Int. 2001, 556 »CINE-ACTION«

T-136/99 vom 31.1.2001, GRUR Int. 2001, 864 »CINE-COMEDY«

T-331/99 vom 31.1.2001, GRUR Int. 2001, 866 »GIROFORM«

T-345/99 vom 26.10.2000, GRUR Int. 2001, 241 »TRUSTEDLINK«

T-357/99 vom 14.6.2001, GRUR Int. 2001, 937 »UNIVERSAL TELE-FONBUCH«

---

76 EuGH C-90/11 und C-91/11 vom 15.3.2012, GRUR 2012, 616 (Nr 32 f) *Multi Markets Fund MMF* und *NAI-Der Natur-Aktien-Index.*

77 EuGH C-383/99 vom 20.9.2001, MarkenR 2001, 400 *Baby-Dry;* EuG T-163/98 vom 8.7.1999, Mitt, 1999, 276 *Baby-Dry;* HABM-BK R 035/1998-1 vom 31.7.1998, Mitt. 1998, 388, *BABY-DRY.*

78 EuGH C-104/00 vom 19.9.2002, MarkenR 2002, 391 *Companyline;* EuG T-19/99 vom 12.1.2000, GRUR Int 2000, 429 *Companyline;* HABM-BK R 072/1998-1 vom 18.11.1998, GRUR Int 1999, 449, *COMPANYLINE.*

T-358/99 vom 14.6.2001, GRUR Int. 2001, 937 »UNIVERSAL KOM-MUNIKATIONS-VERZEICHNIS«

T-359/99 vom 7.6.2001, GRUR Int. 2001, 970 »EuroHealth«

T-360/99 vom 26.10.2000, GRUR Int. 2001, 239 »Investor World«

T-024/00 vom 31.1:2001, GRUR Int. 2001, 332 »VITALITE«

T-032/00 vom 5.12.2000, GRUR Int. 2001, 338 »electronica«

T-079/00 vom 27.2.2002, WRP 2002, 426 »LITE«

T-106/00 vom 27.2.2002, MarkenR 2002, 290 »STREAMSERVE«

T-219/00 vom 27.2.2002, MarkenR 2002, 98 »ELLOS«

T-355/00 vom 20.3.2002, WRP 2002, 516 »TELE AID«

T-356/00 vom 20.3.2002, WRP 2002, 510 »Carcard«

T-358/00 vom 20.3.2002, ABl-HABM 2002, 2242 »TRUCKCARD«

T-079/01 vom 20.11.2002, ABl-HABM 2003, 446 »Kit Pro«

T-086/01 vom 20.11.2002, ABl-HABM 2003, 446 »Kit Super Pro«

T-247/01 vom 12.12.2002, MarkenR 2003, 82 »ECOPY«

T-122/01 vom 3.7.2003, GRUR Int 2003, 834 »BEST BUY«

T-222/02 vom 26.11.2003, GRUR Int 2004, 324 »Robotunits«

T-348/02 vom 27.11.2003, »Quick«

T-061/03 vom 27.5.2004 »quick-grip«

T-289/02 vom 8.7.2004, GRUR Int 2004, 947 »Telepharmacy Solutions«

T-270/02 vom 8.7.2004, GRUR Int 2004, 951 »bestpartner«

T-311/02 vom 20.7.2004, GRUR Int 2004, 952 »Limo«

T-173/03 vom 30.11.2004, GRUR Int 2005, 326 »Nurseryroom«
T-367/02 vom 12.1.2005, GRUR Int 2005, 484 »SnTEM, SnPUR, SnMIX«

T-387/03 vom 19.1.2005, GRUR Int 2005, 486 »Bioknowledge«

T-316/03 vom 7.6.2005, GRUR Int 2005, 839 »MunichFinancialServices«

T-019/04 vom 22.6.2005, GRUR Int 2005, 839 »Paperlab«

T-242/02 vom 13.7.2005, GRUR Int 2005, 908 »TOP«

T-178/03 vom 8.9.2005 »DigiFilm«, »DigiFilmMaker«

T-320/03 vom 15.9.2005, GRUR Int 2006, 44 »LIVE RICHLY«

T-123/04 vom 27.9.2005, GRUR Int 2005, 1023 »CARGO PARTNER«

T-322/03 vom 16.3.2006, GRUR Int 2006, 416 »WEISSE SEITEN«

T-439/04 vom 3.5.2006, GRUR 2006, 770 »EUROHYPO«; bestätigt EuGH C-304/06 vom 8.5.2008, GRUR 2008, 608

T-302/03 vom 10.10.2006, »map & guide«; bestätigt EuGH C-512/06 vom 26.10.2007

T-204/04 vom 15.2.2007, »HAIRTRANSFER«; bestätigt EuGH C-212/07 vom 13.2.2008, MarkenR 2008, 160

T-230/05 vom 6.3.2007, »GOLF USA«

T-339/05 vom 12.6.2007, »LOKTHREAD«

T-190/05 vom 12.6.2007, »TWIST & POUR«

T-207/06 vom 14.6.2007, »EUROPIG«

T-164/06 vom 12.9.2007, »BASICS«

T-461/04 vom 20.9.2007, »PURE DIGITAL«

T-105/06 vom 17.10.2007, »WinDVD Creator«

T-405/04 vom 23.10.2007, »Caipi« (vgl Rdn 204)

T-459/05 vom 8.11.2007, »manufacturing score card«; bestätigt EuGH C-017/08 vom 6.2.2009

T-117/06 vom 12.12.2007, »suchen.de«

T-88/06 vom 24.1.2008, »SAFETY 1ST«; bestätigt EuGH C-131/08 vom 30.1.2009

T-341/06 vom 12.3.2008, »GARUM«

T-181/07 vom 2.4.2008, »STEADYCONTROL«

T-294/06 vom 17.4.2008, »Vitality«

T-254/06 vom 22.5.2008, GRUR Int 2008, 835, »RadioCom«

T-330/06 vom 10.6.2008, GRUR Int. 2008, 844, »BLUE SOFT«

T-160/07 vom 8.7.2008, »COLOR EDITION«; bestätigt EuGH C-408/08 vom 25.2.2010

T-323/05 vom 9.7.2008, GRUR Int. 2008, 851, »THE COFFEE STORE«

T-47/07 und 48/07 vom 16.9.2008, »BioGeneriX«

T-226/07 vom 17.9.2008, »PRANAHAUS«; bestätigt EuGH C-494/08 vom 9.7.2009.

T 248/05 vom 24.9.2008, »I.T.@Manpower«

T-166/06 vom 29.9.2008, GRUR Int. 2008, 840, »POWERMED«

T-224/07 vom 10.10.2008, »LIGHT & SPACE«

T-158/06 vom 23.10.2008, »FLEX«

T-256/06 vom 5.11.2008, »HONEYCOMB«

T-373/07 vom 12.11.2008, »PrimeCast«

T-346/07 vom 13.11.2008, »EASYCOVER« (partiell)

T-269/06 vom 19.11.2008, »RAUTARUUKKI«

T-325/07 vom 25.11.2008, »SURFCARD« (partiell)

T-147/06 vom 26.11.2008, »FRESHHH«

T-184/07 vom 26.11.2008, »ANEW ALTERNATIVE«

T-435/07 vom 26.11.2008, »NEW LOOK«

T-136/07 vom 9.12.2008, »VISIBLE WHITE«

T-365/06 vom 10.12.2008, »BATEAUX MOUCHES«

T-335/07 vom 16.12.2008, »Patentconsult«, bestätigt EuGH C-80/09 vom 5.2.2010

T-424/07 vom 20.1.2009, »OPTIMUM«

T-296/07 vom 21.1.2009, »PharmaCheck«

T-307/07 vom 21.1.2009, »AIRSHOWER«

T-399/06 vom 21.1.2009, »GIROPAY«

T-343/07 vom 25.3.2009, »ALLSAFE«

T-81/08 vom 29.4.2009, »E-Ship«

T-211/06 ua vom 19.5.2009, »CYBERCREDIT«, »CYBERGESTION«, »CYBERGUICHET«, »CYBERBOURSE«, »CYBERHOME«

T-405/07 vom 20.5.2009, »P@YWEB CARD«, »PAYWEB CARD« (partiell), bestätigt EuGH C-282/09 vom 18.3.2010

T-132/08 vom 11.6.2009, »MaxiBridge«

T-464/07 vom 17.6.2009, »PharmaResearch«

T-257/08 vom 9.7.2009, »BioMonitor«

T-471/07 vom 15.9.2009, »TAME IT«

T-396/07 vom 23.9.2009, »UNIQUE«

T-339/07 vom 28.10.2009, »Panorama«

T-399/08 vom 19.11.2009, »CLEARWIFI«

T-234/06 vom 19.11.2009, »CANNABIS«; bestätigt EuGH C-5/10 vom 16.5.2011

T-486/08 vom 9.12.2009, »SUPERSKIN« (partiell)

T-476/08 vom 15.12.2009, »BEST BUY«; bestätigt EuGH C-92/10 vom 13.1.2011, GRUR Int 2011, 255

T-113/09 vom 9.2.2010 »SupplementPack«

T-289/08 vom 11.2.2010, GRUR Int 2010, 520 »Deutsche BKK«

T-77/09 vom 9.3.2010 »NATURE WATCH«

T-15/09 vom 9.3.2010 »EURO AUTOMATIC CASH«

T-586/08 vom 29.4.2010 »BIOPETRA«

T-464/08 vom 19.5.2010 »Superleggera«

T-163/08 vom 19.5.2010 »Golden Toast«, GRUR Int 2010, 993

T-315/09 vom 9.6.2010 »safeload«, GRUR RR 2010, 436 (Ls)

T-118/08 vom 15.6.2010 »TERRAEFFEKTmatt & gloss«

T-85/08 vom 9.7.2010 »Vektor Lycopin«

T-64/09 vom 8.9.2010 »packaging«

T-505/08 vom 9.9.2010 »HUNTER«

T-233/08 vom 10.9.2010 »ROI ANALYZER«, bestätigt EuGH C-536/10 vom 7.7.2011

T-200/08 vom 29.9.2010 »FOODLUBE«

T-47/09 vom 7.10.2010 »diegesellschafter.de«

T-230 + 231/08 vom 12.10.2010 »WIENER WERKSTÄTTE«

T-307/09 vom 9.12.2010 »NATURALLY ACTIVE«

T-286/08 vom 16.12.2010 »Hallux«, bestätigt EuGH C-87/11 vom 21.3.2012

T-497/09 vom 16.12.2010 »KOMPRESSOR PLUS«, bestätigt EuGH C-88/11 vom 25.2.2011

T-281/09 vom 16.12.2010 »CHROMA«

T-161/09 vom 16.12.2010 »ilink«

T-310/08 vom 21.1.2011 »executive edition«

T-14/10 vom 24.3.2011 »carcheck«

T-419/09 vom 24.3.2011 »AK 47«

T-310/08 + 383/09 vom 12.4.2011 »BEHAVIOURAL INDEXING« und »BEHAVIOURAL INDEX«

T-28/10 vom 12.4.2011 »EURO AUTOMATIC PAYMENT«

T-7/10 vom 17.5.2011 »υγςια« (Ygeia)

T-341/09 vom 17.5.2011 »TXAKOLI« (Chakoli), GRUR Int 2011, 1094

T-392/10 vom 24.5.2011 »EURO AUTOMATIC CASH«

T-487/09 vom 28.6.2011 »*ReValue*«

T-463/08 vom 30..2011 »DYNAMIC HD«

T-318/09 vom 6.7.2011 »TDI«, vgl GRUR Int 2009, 720 (T-174/07) + GRUR RR 2004, 239 + T-16/02 vom 3.12.2003

T-258/09 vom 6.7.2011 »BETWIN«

T-208/10 vom 7.7.2011 »TRUEWHITE«

T-201/09 vom 21.9.2011 »SCOMBER MIX«, bestätigt EuGH C-582/11 vom 10.7.2012

T-512/10 vom 21.9.2011 »DYNAMIC SUPPORT«

T-87/10 vom 11.10.2011 »PIPELINE«

T-363/10 vom 15.11.2011 »RESTORE«, bestätigt EuGH C-21/12 vom 17.1.2013

T-561/10 vom 22.11.2011 »DIRECT DRIVE«, bestätigt EuGH C-21/12 vom 17.1.2013

T-290/10 vom 22.11.2011 »TENNIS WAREHOUSE«

T-59/10 vom 23.11.2011 »AMPLIDECT«

T-425/10 vom 14.12.2011 »MIXFRONT« verb. mit T-531/10 »VOR-FRONT« + T-166/11 »INFRONT«

T-513/10 vom 17.1.2012 »Atrium«

T-321/09 vom 2.2.2012 »arraybox«

T-565/10 vom 6.3.2012 »Highprotect«

T-242/11 vom 29.3.2012 »3D eXam«

T-435/11 vom 2.5.2012 »Universal PHOLED«

T-328/11 vom 24.4.2012 »EcoPerfect«

T-325/11 vom 10.5.2012 »AUTOCOACHING«

T-559/10 vom 11.7.2012 »natural beauty«

T-470/09 vom 12.7.2012 »medi«, angefochten EuGH C-410/12

T-497/11 vom 5.9.2012 »EURO AUTOMATIC PAIEMENT«

T-72/11 vom 13.9.2012 »ESPETEC«

T-371/11 vom 16.10.2012 »Clima Comfort«

T-415/11 vom 8.11.2012 »Nutriskin Protection Complex«

T-338/11 vom 21.11.2012 »PHOTOS.COM«

T-171/11 vom 29.11.2012 »Clampflex«

T-625/11 vom 15.1.2013 »ecoDoor«

T-544/11 vom 16.1.2013 »STEAM GLIDE«

T-33/12 vom 8.2.2013 »MEDIGYM«

T-427/11 vom 21.2.2013 »BIODERMA« (zugelassen für diätetische Mittel für medizinische Zwecke)

Abgesehen davon, dass das EuG in zahlreichen der oben als ablehnend gelisteten Fälle nur eine Teilversagung ausgesprochen und für die übrigen Waren bzw Dienstleistungen das Vorliegen absoluter Eintragungshindernisse verneint hat (wobei aber der Eintragungsausschluss für die den jeweiligen Anmelder vermutlich am meisten interessierenden Produkte bestätigt wurde), sind vom EuG in einigen Fällen die zurückweisenden Entscheidungen der BK des HABM aufgehoben worden, weil nach Auffassung des Gerichts die konkrete Unterscheidungskraft der betroffenen Zeichen nicht verneint werden konnte. Das sind beispielsweise – hier in der Reihenfolge ihres Entscheidungsdatums – die Fälle: **72**

T-087/00 vom 5.4.2001, MarkenR 2001, 181 »EASYBANK«

T-034/00 vom 27.2.2002, MarkenR 2002, 88 »EUROCOOL«

T-360/00 vom 9.10.2002, MarkenR 2003, 112 »UltraPlus«

T-260/03 vom 14.4.2005, GRUR Int 2005, 831 »CELLTECH«

T-341/06 vom 12.3.2008, »GARUM«

T-230/06 vom 15.10.2008, GRUR Int 2009, 241, »PORT LOUIS«

T-67/07 vom 2.12.2008, GRUR Int 2009, 518, »FUN«[79]

T-462/05 vom 10.12.2008, »IFS«

---

[79] Nach Zurückverweisung erneut (rechtskräftig) zurückgewiesen: HABM-BK R 1135/2006-1 vom 30.7.2009.

T-180/07 vom 16.9.2009, »MADRIDEXPORTA«

T-344/07 vom 10.2.2010, GRUR Int 2010, 597 »Homezone«

T-507/08 vom 7.6.2011, GRUR Int 2011, 1081 »16 PF« (16 personality factors)

T-275/10 vom 22.11.2011 »MPAY 24«

T-123/10 vom 30.11.2011 »Complete« (Begründungsmangel), GRUR Prax 2012, 8

T-165/11 vom 12.6.2012 »COLLEGE« (Nichtigkeitsantrag auch von den Vorinstanzen zurückgewiesen)

T-209/10 vom 5.7.2012 »Deutscher Ring Sachversicherungs-AG«

## 7.2 Slogans

73 Slogans sind Wortfolgen und meist Werbesprüche. Sie sind – entgegen der früheren deutschen Rspr – auch dann originär unterscheidungskräftig und schutzfähig, wenn sie kein schon für sich allein eintragungsfähiges Markenwort enthalten, sondern ausschließlich aus umgangssprachlich üblichen Worten bestehen, sofern deren Zusammenstellung auffallende Originalität besitzt, sei es auf Grund der Prägnanz der Aussage, infolge eines tatsächlichen oder scheinbaren inneren Widerspruchs, wegen einer witzigen Formulierung, eines Kurzreimes oder ähnlichem. So wurden »Beauty isn't about looking young but looking good«[80] für ua Parfümerien und »Früher an Später denken!«[81] für Versicherungsdienstleistungen eingetragen, ferner »Component User's Conference« für Dienstleistungen in den Bereichen Telekommunikation und Software.[82]

74 Grundsätzlich aber gelten für Slogans, weil sie keine eigene Markenform bilden, auch keine anderen Kriterien der Schutzfähigkeit als für andere Wortzeichen. Im Allgemeinen spielt auch eine fachliche Spezialisierung der maßgeblichen Verkehrskreise keine Rolle, weil keine generelle Abhängigkeit der Unterscheidungseignung eines Zeichens vom Grad der Spezialisierung des

---

80 HABM-BK R 073/1998-2 vom 11.2.1998, MarkenR 1999, 173 *Beauty isn't about looking young but looking good.*

81 HABM-BK R 153/1998-2 vom 4.5.1999, GRUR Int 1999, 964 *FRÜHER AN SPÄTER DENKEN!*

82 HABM-BK R 208/1999-1 vom 13.9.2000, MarkenR 2000, 458 *COMPONENT USER'S CONFERENCE.*

relevanten Verkehrs besteht. Eine solche Abhängigkeit ist im Einzelfall nicht ausgeschlossen, kann aber nicht erstmalig im Rechtsmittel-Verfahren geltend gemacht werden.[83]

Das EuG hatte die Eintragbarkeit des Slogans »Das Prinzip der Bequemlich- 75 keit« für ua Polstermöbel bejaht, weil die Kombination der Angabe »Das Prinzip« mit einer Beschaffenheitsangabe ungewöhnlich und originell sei, es werde in der Werbung nicht gemeinhin verwendet.[84] Gegen diese Entscheidung hat das Amt Rechtsmittel zum EuGH eingelegt, das allerdings allein auf die fehlerhafte Beurteilung der originären (konkreten) Unterscheidungskraft (lit (b)) und nicht auch auf mangelnde Berücksichtigung des beschreibenden Charakters (lit (c)) gestützt wurde. Der EuGH hat das Rechtsmittel zurückgewiesen.[85] Das muss Bedenken begegnen. Einem produktbeschreibenden Zeichen fehlt regelmäßig jegliche Unterscheidungskraft, diese Überlappung der Eintragungshindernisse der lit (b) und (c) hat der EuGH immer wieder bestätigt. Dann kann das Fehlen der Unterscheidungskraft eines Zeichens aufgrund seines beschreibenden Charakters nicht mit dem Argument ignoriert werden, der beschreibende Charakter sei nicht Prüfungsgegenstand.

Im Übrigen mag dieser Fall als Beispiel für die Tatsache dienen, dass ein für 76 sich allein in Bezug auf die von der GMA erfassten Produkte (hier: Polstermöbel) nicht beschreibendes und unterscheidungskräftiges Zeichenwort (hier: PRINZIP) durch Kombination mit einer beschreibenden Angabe seine Unterscheidungskraft verlieren kann. In dieser Weise ist begründet worden, dass der Markenbestandteil »memory game« ein einheitlicher und glatt beschreibender Begriff (»Gedächtnisspiel«) ist, der sich deutlich von der Marke »MEMORY« unterscheidet.[86] Umgekehrt ist der englischsprachige bestimmte Artikel »THE« für Schrauben uÄ eingetragen worden, weil ihm ohne ein nachfolgendes Adjektiv oder Substantiv jeder Aussagegehalt fehlt,[87] aus dem

---

83  EuGH C-311/11 vom 12.7.2012, GRUR Int 2012, 914 *WIR MACHEN DAS BESONDERE EINFACH.*

84  EuG T-138/00 vom 11.12.2001, MarkenR 2002, 52 (Nr 46) *Das Prinzip der Bequemlichkeit.*

85  EuGH C-064/02 vom 21.10.2004, GRUR 2004, 1027 *Das Prinzip der Bequemlichkeit.*

86  HABM-BK R 597/2007-2 vom 8.4.2008, bestätigt EuGH C-370/10 vom 14.3.2011 *EDUCA Memory game/MEMORY.*

87  HABM-BK R 374/2000-1 vom 17.11.2000 ABl-HABM 2003, 492 *THE.*

gleichen Grunde auch das Zahlwort »TEN« für Musik betreffende Waren und Dienstleistungen.[88]

77 In seiner das Urteil des EuG, mit dem die Markeneintragung des (bekannten!) Slogans »Vorsprung durch Technik« wegen fehlender Unterscheidungskraft abgelehnt worden war, abändernden Entscheidung hat der Gerichtshof[89] klargestellt, dass die Wahrnehmung einer nicht iSv Art 7 (1) (c) beschreibenden Sachaussage als Werbeslogan durch das relevante Publikum nicht fehlende Unterscheidungskraft indiziert. Auch ein Werbeslogan kann durchaus als betrieblicher Herkunftshinweis verstanden werden, also Unterscheidungskraft besitzen. Dass der Gerichtshof dies im »Vorsprung durch Technik«-Fall mehr oder weniger allein wegen der Bekanntheit dieses Slogans bejaht hat (Nr 53, 59), obgleich Abs 3 nicht Verfahrensgegenstand war, macht seine Entscheidung im ähnlich gelagerten »BEST BUY II«-Fall[90] deutlich, mit der er die Zurückweisung durch das EuG bestätigte.

78 Das EuG hat die Zurückweisung folgender Slogans bestätigt:

T-130/01 vom 5.12.2002, GRUR Int. 2003, 356 »REAL PEOPLE, REAL SOLUTIONS«

T-216/02 vom 31.3.2004, GRUR Int 2004, 653 »LOOKS LIKE GRASS ... FEELS LIKE GRASS .... PLAYS LIKE GRASS«

T-281/02 vom 30.6.2004, GRUR Int 2004, 944 »MEHR FÜR IHR GELD«

T-28/06 vom 6.11.2007, GRUR Int 2008, 151 »VOM URSPRUNG HER VOLLKOMMEN«

T-88/06 vom 24.1.2008, »SAFETY 1ST«, bestätigt EuGH C-131/08 vom 30.1.2009

T-128/07 vom 12.3.2008, »Delivering the essentials of life«

T-186/07 vom 2.7.2008, »DREAM IT, DO IT!«

T-70/06 vom 9.7.2008, GRUR Int 2008, 847 »Vorsprung durch Technik«, aber abgeändert durch EuGH C-398/08 vom 21.1.2010 (siehe Rdn 77)

T-58/07 vom 9.7.2008, GRUR Int 2008, 853 »Substance for Success«

---

88 HABM-BK R 1121/2006-2 vom 4.10.2006 *TEN*.
89 EUGH C-398/08 vom 21.1.2010, MarkenR 2010, 79 (Nr 56–59) *Vorsprung durch Technik*.
90 EuGH C-92/10 vom 13.1.2011, GRUR Int 2011, 255 *BEST BUY II*.

T-471/07 vom 15.9.2009, »TAME IT«

T-80/07 vom 16.9.2009, »BUILT TO RESIST«

T-473/08 vom 17.11.2009, »THINKING AHEAD«

T-564/08 vom 4.3.2010 »SUDOKU SAMURAI BINGO«

T-31/09 vom 10.3.2010 »LE GOMMAGE DES FACADES«

T-157/08 vom 8.2.2011 »Insulate for Life«

T-12/09 vom 7.4.2011 »Run the globe«

T-524/09 vom 7.9.2011 »Better Homes and Gardens«

T-251/08 vom 23.9.2011 »PASSION FOR BETTER FOOD«

T-377/09 vom 15.12.2011 »PASSIONATELY SWISS«

T-22/11 vom 11.12.2012 »QUALITÄT HAT ZUKUNFT«

Die BK des Amtes haben ua folgende Slogans mangels Unterscheidungskraft **79** zurückgewiesen:

R 232/2001-3 vom 12.9.2001, GRUR 2002, 702 »DAS BESTE GEBEN«

R 330/1999-2 vom 21.9.2000, ABl-HABM 2001, 540 »PAIN RELIEF WITHOUT PILLS«

R 865/1999-3 vom 12.3.2001, ABl-HABM 2002, 42 »MEMBER OF THE SOCIETY OF FINANCIAL ADVISERS« (Kollektivmarke)

R 465/1999-3 vom 12.4.2000, Abl-HABM 2000, 1362 »Plain Paper Optimized Printing Technology«

R 468/1999-1 vom 4.4.2001, Abl-HABM 2002, 1184 »International Star Registry Carcard«

R 590/2004-1 vom 21.4.2006, »We bring Quality to Light«

R 601/2004-4 vom 2.5.2006, »In the Best of Hands«

R 1317/2005-1 vom 4.5.2006, »Technik fürs Leben«

R 1283/2005-1 vom 16.6.2006, »Stronger by Design«

R 121/2006-1 vom 20.9.2006, »Turning Science into Caring«

R 763/2006-1 vom 5.10.2006, »Genießen macht glücklich«

R 885/2006-1 vom 17.1.2007, »Wachstum braucht Wurzeln«

R 617/2006-4 vom 1.2.2007, »MAKE IT HAPPEN«

R 1197/2006-2 vom 13.2.2007, »MORE THAN JUST A HANGER«

R 623/2006-1 vom 15.2.2007 »ALLE WERDEN GLÜCKLICH«

R 1592/2006-1 vom 29.3.2007, »SEE WHAT YOU CAN DO«

R 1387/2006-2 vom 30.3.2007, »A TRADITION OF INNOVATION«

R 1629/2006-4 vom 20.4.2007, »DIE SCHLAUE ART ZU WASCHEN«

R 1459/2006-4 vom 3.5.2007, »ENDLILCH DAS RICHTIGE«

R 1569/2006-4 vom 30.5.2007, »BE SAFE.BE SURE«

R 46/2007-1 vom 14.6.2007, »MADE FOR WINNERS«

R 101/2007-1 vom 28.6.2007, »COMFORT ON CONTACT«

R 718/2007-2 vom 3.9.2007, »DRINK WATER, NOT SUGAR«

R 846/2007-2 vom 5.10.2007, »GO FOR ENGLISH!«

R 500/2007-1 vom 9.10.2007, »A MUST AGAINST DUST«

R 933/2007-4 vom 25.10.2007, »PROTECT TODAY, PREVENT TO-MORROW«

R 1397/2007-2 vom 28.11.2007, »DRAUFBEISSEN.DURCHATMEN«

R 1281/2005-4 vom 10.12.2007, »FINDE DIE LIEBE DEINES LEBENS«

R 859/2009-4 vom 8.1.2010 »IDEAS FOR A BETTER WORLD«

R 880/2009-1 vom 4.2.2010 »ALL YOU NEED TO KNOW ABOUT EVERYTHING THAT MATTERS«

R 1039/2009-1 vom 9.4.2010 »LOOK FOR THE GREEN BANNER«

R 1099/2009-2 vom 24.2.2010 »Your roof. For life.«

R 77/2010-2 vom 9.3.2010 »GO BEYOND BORDERS«

R 1582/2010-1 vom 20.5.2010 »A STEP FORWARD«

R 224/2010-2 vom 28.5.2010 »IT'S HEALTHIER ON THE WEB«

R 171/2010-1 vom 23.6.2010 »SQUEEZE-TO-RELEASE«

R 211/2010-1 vom 3.9.2010 »SMART FOR LIFE COOKIE DIET«

R 715/2010-2 vom 9.9.2010 »FEEL THE DIFFERENCE«

R 664/2010-1 vom 30.9.2010 »DISCOVER OUR ENERGY«

R 818/2010-1 vom 30.9.2010 »GET-A-USED«

R 1160/2010-1 vom 30.9.2010 »IT'S A BLESSING«

R 467/2010-2 vom 21.10.2010 »INVEST IN ANDALUCIA«

R 1399/2010-2 vom 8.12.2010 »RIGHT CHOICE BY RIGHT MANAGE-MENT«

R 957/2010-2 vom 1.2.2011 »WE MAKE IT YOURS«

R 1376/2010-1 vom 20.4.2011 »We Turn Ideas Into Patents«

R 1652/2010-2 vom 21.4.2011 »Taking You Farther«

R 2057/2010-1 vom 28.4.2011 »SUSTAINABILITY BY DESIGN«

R 585/2011-4 vom 23.6.2011 »ONE COMPANY INFINITE PACKING SOLUTIONS«

R 238/2011-4 vom 7.7.2011 »Designed to do more«

R 1798/2010-G vom 8.7.2011 »La qualité est la meilleure des recettes«, angefochten T-570/11

R 668/2011-2 vom 13.7.2011 »LET'S HAVE A PROPER BREW« (partiell)

R 2457/2010-4 vom 19.7.2011 »Simply buy the market«

R 2527/2011-1 vom 21.7.2011 »NATURALLY HEALTHY NATURALLY TASTY«

R 1967/2010-2 vom 22.7.2011 »INNOVATION FOR THE REAL WORLD«, angefochten T-515/11

R 188/2011-4 vom 3.8.2011 »Leistung aus Leidenschaft«, angefochten T-539/11

R 2569/2010-1 vom 4.8.2011 »MAKING SURE IT'S SECURE«

R 2002/2010-4 vom 4.8.2011 »DAS BESTE ODER NICHTS«

R 940/2011-4 vom 16.8.2011 »The Taste of Pure Pleasure«

R 186/2011-1 vom 22.9.2011 »Ihr Schlaf in besten Händen«

R 714/2011-4 vom 22.9.2011 »What passion can accomplish«

R 614/2011-4 vom 17.10.2011 »Vodkaas it should be«

R 821/2011-4 vom 20.10.2011 »SCHMECKT & PFLEGT TAG FÜR TAG«

R 523/2011-1 vom 14.11.2011 »GET IN SHAPE EVERYDAY, EVERY-WHERE«

R 918/2011-1 vom 17.11.2011 »What a save«

R 1424/2011-1 vom 24.11.2011 »THE SCIENCE OF HAPPINESS AT WORK«

R 1265/2011-4 vom 30.11.2011 »THE JOY OF LIFELONG LEARNING EVERY DAY«

R 1233/2011-4 vom 10.1.2012 »More than Silicon«

R 1523/2011-4 vom 11.1.2012 »LET'S GET COMFORTABLE«

R 1263/2011-1 vom 12.1.2012 »Designer For Tomorrow«

R 1342/2011-1 vom 19.1.2012 »Das will ich auch«

R 1864/2011-5 vom 27.4.2012 »MONEY ON THE MOVE«

R 2086/2011-4 vom 3.5.2012 »WIR MACHEN ES EINFACH«

R 1553/2011-2 vom 1.8.2012 »A UNIQUE EXPERIENCE ... MINT«

R 581/2012-4 vom 12.9.2012 »Your excellent smile«

R 2120/2011-2 vom 21.9.2012 »We believe in the Power of Nature«

R 2276/2011-2 vom 9.10.2012 »FEEL THE DIFFERENCE«

R 2548/2011-2 vom 6.11.2012 »MORE THAN MANURE«

80  Neuerdings sind aber die folgenden Prüfer-Zurückweisungen von der Zweiten Beschwerdekammer mit interessanten Begründungen aufgehoben worden.

R 1264/2011-2 vom 7.2.2012 »DEFINING TOMORROW, TODAY«

R 2197/2011-2 vom 10.5.2012 »WE RESTORE, YOU RECOVER«

R 103/2012-2 vom 7.8.2012 »Passion for People«

### 7.3  Buchstaben und Zahlen

81  Zu dieser Markenform gehören nicht nur einzelne Buchstaben und Ziffern, sondern auch aus mehreren Ziffern zusammengesetzte Zahlen und Buchstabengruppen, die kein aussprechbares Wort bilden, ferner Kombinationen aus Buchstaben und Ziffern/Zahlen. Zwischen der Anzahl der Glieder solcher Buchstaben- und/oder Zahlen-Zeichen und ihrer Unterscheidungskraft besteht allenfalls ein begrenzter Zusammenhang. Es ist nicht selbstverständlich, dass etwa die Bezeichnung »BBB« für einen Tisch von Haus aus unterscheidungskräftiger ist als »Z« oder »234« als »90«. Die Begründung für die Zurückweisung der Zahl »90« wegen fehlender Unterscheidungskraft geht kaum über die Behauptung hinaus, dass der Verkehr darin für Automobillacke eine Sachangabe sehen könnte und beweist nicht das Fehlen originärer Unterscheidungskraft.[91] Ähnliches gilt für die Begründung, mit der die Eintragung der Zahl »7« wegen fehlender Unterscheidungskraft abgelehnt wurde: dass diese »belongs in the public domain and forms part of the store of signs available to all traders«, indiziert keinen Mangel an Unterscheidungs-

---

91  HABM-BK R 197/1999-2 vom 2.12.1999, GRUR Int 2000, 554 (Nr 190) *90*.

kraft,[92] weil das für alle Zahlen (und Buchstaben sowie deren Kombinationen) gilt. Aber richtig ist natürlich, dass in Bezug auf viele Produkte – wohl die meisten – ein einzelner Buchstabe oder eine Ziffer als verkürzte Sachangabe (zB »E« für Energie) oder schlicht nicht als Kennzeichen wahrgenommen wird.[93] Das gilt auch für Buchstaben anderer Alphabete, beispielsweise für griechische Buchstaben im Hinblick auf Abs 2;[94] zugelassen jedoch »α« (alpha) ohne grafische Besonderheit in Bezug auf alkoholische Getränke (ohne Bier und Weine).[95] Zugelassen auch »m« in einer besonderen Schriftart und in lila Farbe als Bildmarke.[96]

Beachtlich ist auch die bestätigte Eintragbarkeit der Buchstaben »a« und »J« **82** mit einfachen graphischen Elementen als Bildmarken.[97] Der Buchstabe R in Negativdarstellung wurde – nahezu gleichzeitig – im schwarzen Kreis abgelehnt und im schwarzen Quadrat für eintragbar gehalten.[98] Kombinationen von Buchstaben-Zusammenstellungen und Zahlen sind als schutzfähig selbst dann angesehen worden, wenn erstere gebräuchliche Akronyme für die betroffenen Waren sind.[99]

---

92  HABM-BK R 063/1999-3 vom 22.6.1999, MarkenR 1999, 323 (Nr 14) *7*.

93  Zugelassen (entgegen HABM-BK) EuG T-441/05 vom 13.6.2007, GRUR Int 2007, 856 *I* (mit Querstrichen und in blau), jedoch nach Zurückverweisung erneut und rechtskräftig abgelehnt: HABM-BK R 559/2004-1 vom 28.5.2008; EuG T-302/06 vom 9.7.2008, GRUR Int 2008, 1035 *E* (wegen Begründungsmangel), abgelehnt T-329/06 vom 21.5.2008, GRUR Int 2008, 838 *E* und T-174/07 vom 28.1.2009 *TDI* (wie schon T-16/02 vom 3.12.2003, GRUR Int 2004, 328, Rm C-82/02 durch GMA-Rücknahme erledigt: Beschluss vom 16.1.2006).

94  HABM-BK R 370/2006-4 vom 12.7.2006 *Omega*.

95  EuG T-23/07 vom 29.4.2009; bestätigt EuGH C-265/09 vom 9.9.2010, GRUR 2010, 1096 α (alpha).

96  HABM-BK R 715/2011-1 vom 9.1.2012 *m*; vgl auch HABM-BK R 1008/2010-2 vom 30.9.2010 *W*, aber HABM-BK R 294/2010-4 vom 12.5.2011 *Q* (in Sonderdarstellung als Bildmarke).

97  HABM-BK R 091/1998-2 vom 28.5.1999, ABl-HABM 2000, 388 *a*; HABM-BK R 480/1999-2 vom 10.7.2001, ABl-HABM 2002, 2094 *J*.

98  HABM-BK R 135/2005-4 vom 17.11.2005 *R im Kreis*; HABM-BK R 527/2005-2 vom 22.11.2005 *R im Quadrat*.

99  HABM-BK R 1995 bis 2000 und 2010 bis 2011/2011-2 vom 20.6.2012 *Lpc-37 ua*.

**83** Mit einer großen Zahl von GMAen hat ein polnisches Unternehmen versucht, die Zahlen 350, 250, 150 und 1000 sowie 222, 333 und 555 in jeweiliger Alleinstellung, ferner die Zahlen 100 und 300 mit grafisch einfachem, aber mehrfarbigem Beiwerk in Bezug auf ua Druckereierzeugnisse, Spiele und Rätsel geschützt zu erhalten. Das ist in allen Fällen misslungen, obwohl ähnliche Zeichen vom Prüfer früher unmittelbar eingetragen worden waren; im Falle der GMAen mit grafischem Beiwerk hatte sich die Anmelderin geweigert, bezüglich der Zahlen einen Disclaimer iSv Art 37 (2) abzugeben.[100] Die Zurückweisung wurde vom Gericht stets mit dem beschreibenden Charakter der Zahlen begründet (Abs 1 (c)), das zuvor von der BK auch gesehene Fehlen von Unterscheidungskraft offengelassen. Die Begründungen für die möglichen Bedeutungen (Seitenzahlen, Auflagenstärke etc) wirken gekünstelt, es erschiene überzeugender festzustellen, dass das angesprochene allgemeine Publikum in bloßen Zahlen keinen betrieblichen Herkunftshinweis sieht und diese daher keine Unterscheidungskraft besitzen. Der Gerichtshof hat sämtliche einschlägigen Urteile des Gerichts bestätigt.

**84** Vom Diktum fehlender Unterscheidungskraft zu unterscheiden sind Überlegungen, die an der begrenzten Zahl von Buchstaben und Ziffern anknüpfen und aus rechtspolitischen Gründen einer Monopolisierung dieses begrenzten Zeichenvorrats entgegentreten; das steht jedoch auf einem anderen Blatt (siehe Rdn 20).

**85** Letzteres trifft auch auf gebräuchliche Akronyme und Abkürzungen zu, die sich häufig einer nicht als Wort aussprechbaren Buchstabenkombination bedienen. Diese sind dann wegen ihres beschreibenden Charakters gemäß Abs 1 (c)[101] oder gemäß Abs 1 (d) wegen verlorener Unterscheidungskraft von der Markeneintragung ausgeschlossen, nicht aber mangels originärer

---

100  EuG T-64/07 bis 66/07 vom 19.11.2009; bestätigt EuGH C-54/10 und C-55/10 vom 22.6.2011 Zahlen *350, 250, 150*; EuG T-425 und 426/07 vom 19.11.2009 Zahlen *100, 300* (mit Grafik) bestätigt EuGH C-56/10 vom 22.6.2011; EuG T-298/06 vom 19.11.2009; bestätigt EuGH C-51/10 vom 10.3.2011, GRUR 2011, 1035 Zahl *1000* und EuG T-200/07 bis T-202/07 vom 19.11.2009; bestätigt EuGH C-54/10 und C-55/10 vom 22.6.2011 Zahlen *222, 333, 555*.

101  EuG T-278/09 vom 15.11.2012 *GG* (Großes Gewächs) für Wein; HABM-BK R 1425/2008-4 vom 18.1.2010 *E-RTG* (el. betriebene Kranart) für Krane; HABM-BK R 103/2010-2 vom 15.3.2010 *MVP* (Mitral Valve Prolapse) für W/DL Kl. 9 und 41.

Unterscheidungskraft.[102] Zugelassen daher – entgegen BK – die Buchstaben-gruppe »IFS« für »steering and power steering, both for vehicles and parts therefor, excluding independent front suspension« (die unterstrichenen Buchstaben bilden das vermeintlich beschreibende Akronym), weil für Len-kungen keine Beschreibung der Üblichkeit feststellbar war;[103] ein Täu-schungsvorwurf iSv lit g war im Beschwerdeverfahren nicht erhoben worden (Nr 41). Besteht hingegen das Anmeldezeichen aus einer beschreibenden Wortfolge und dem hinzugefügten Akronym aus deren Anfangsbuchstaben, so teilt dieses das Schicksal der mangelnden Eintragbarkeit mit jenem.[104]

Wenig überzeugend begründet ist die Ablehnung der Abkürzung »tds« für **86** Kraftfahrzeuge und Kraftfahrzeugmodelle wegen beschreibenden Charakters und deshalb fehlender Unterscheidungskraft mit der Argumentation, »TD« sei die gebräuchliche Abkürzung für TurboDiesel und durch das Hinzufügen eines »s« werde die Marke, die in keinem der konsultierten Nachschlagewer-ke für Abkürzungen aufzufinden war, nicht weniger beschreibend, zumal »ds« für »Diesel« nicht ungewöhnlich sei und der Buchstabe »s« auf andere Charakteristika der Kraftfahrzeuge – wie »schnell« oder »sicher« – hinweisen könne.[105] Denn dem ist entgegenzuhalten, dass nach der ständigen Rspr der Beschwerdekammern und des EuG nur unmittelbar und eindeutig beschrei-bende Angaben Abs 1 (c) unterfallen und vagen, vieldeutigen Angaben auch nicht die originäre Unterscheidungskraft fehlt; spekulative Deutungsversuche bei unbekannten Buchstabenkombinationen sind fehl am Platze.

---

102 HABM-BK R 345/2000-3 vom 21.2.2001, ABl-HABM 2001, 2014 *HD*; HABM-BK R 751/2000-4 vom 3.9.2001, ABl-HABM 2002, 532 *PMI*; HABM-BK R 515/2007-1 vom 19.11.2007 *ECO*; HABM-BK R 1055/2007-1 vom 8.11.2007 *X LITE*; HABM-BK R 637/2007 vom 18.10.2007 *FRM*; HABM-BK R 390/2007-1 vm 16.9.2007 *CFROI*; HABM-BK R 416/2007-2 vom 16.7.2007 *PCT FILER*; HABM-BK R 1016/2006-1 vom 31.5.2007 *sci.net*; HABM-BK R 1623/2006-2 vom 23.3.2007 *FX MAP*; *HABM-BK R 1279/2005-4 vom 8.3.2007 XAL*; hingegen zugelassen HABM-BK R 871/2006-1 vom 19.7.2007 *MIPS*; HABM-BK R 1633/2006-1 vom 23.3.2007 *BSB*, vgl auch EuGH C-037/03, GRUR Int 2005, 1012 (Nr 70) *Bio-ID*.
103 EuG T-462/05 vom 10.12.2008 *IFS*; vgl auch HABM-BK R 163/2010-2 vom 7.7.2010 *iCR*.
104 EuGH C-90/11 und C-91/11 vom 15.3.2012, GRUR 2012, 616 8Nr 32 f) *Multi Markets Fund MMF* und *NAI – Der Natur-Aktien-Index*.
105 HABM-BK R 294/1999-2 vom 15.12.2000, ABl-HABM 2001, 1834 *tds*.

**87** Ähnliches wie für übliche Abkürzungen gilt für geläufige – namentlich englischsprachige – Verballhornungen wie »B2B« (für »Business to Business«),
»4U« (»for you«), die nicht anders als etwa die Marke »K2r« originäre Unterscheidungskraft haben, aber zumindest in bezug auf bestimmte Produkte in
den allgemeinen redlichen Sprachgebrauch eingegangen sind und wie die
Abkürzung »BSS«[106] auf das absolute Eintragungshindernis des Abs 1 (d)
treffen.

**88** Hingegen dürfte beispielsweise – weil ungebräuchlich – die aus einer Ziffer
und einem Wort kombinierte Marke »3Spitz« in bezug auf Hüte nicht an
Abs 1 (c) oder (d) scheitern und auch ausreichende Unterscheidungskraft besitzen, obgleich »Dreispitz« als Hutgattung glatt beschreibend und ohne jede
Unterscheidungskraft ist. Fehlsam wäre der Einwand, phonetisch seien
»3Spitz« und »Dreispitz« identisch, so dass fehlende Unterscheidungskraft als
Folge des beschreibenden Charakters von »Dreispitz« auch der Eintragung
von »3Spitz« entgegenstehe: Eingriffskriterien wie die Verwechslungsgefahr
haben für die absoluten Eintragungshindernisse keine Relevanz.

**89** Eintragbar können auch andere Kombinationen eines Buchstabens oder
einer Zahl mit einem Bestandteil einer anderen Markenform sein, beispielsweise eine Bildmarke aus einem in besonderer Weise in ein Quadrat gesetzten Buchstaben »a« oder aus einem stilisierten und unüblich lang unterstrichenen Buchstaben »J«.[107]

### 7.4 Abbildungen

**90** Bildmarken sind die ältesten Ursprungskennzeichen. Ihre originäre Unterscheidungskraft steht selten in Frage, häufig selbst dort nicht, wo eine sachliche Brücke von der Abbildung zum damit gekennzeichneten Produkt besteht. Es gibt jedoch Ausnahmen:

### 7.4.1 Abbildung der Ware oder ihrer Verpackung

**91** Die naturgetreue, etwa fotografische Abbildung einer Ware, deren Gestaltung selbst nichts Ungewöhnliches für die betroffene Warenart aufweist,
wird vom Verkehr regelmäßig nicht als ursprungsidentifizierendes Kennzei-

---

106  EuG T-237/01 vom 5.3.2003, GRUR Int 2003, 751 *BSS*.
107  HABM-BK R 091/1998-2 vom 28.9.1999, ABl-HABM 2000, 388 *a*; HABM-
BK R 480/1999-2 vom 10.7.2001, ABl-HABM 2002, 2094 *J*.

chen wahrgenommen werden und hat deshalb keine Unterscheidungs-kraft.[108] Insoweit ist die Rechtsprechung, die zu dreidimensionalen Marken entwickelt wurde, welche aus dem Erscheinungsbild der Ware selbst beste-hen, auch dann einschlägig, wenn die angemeldete Marke eine Bildmarke ist, die aus der zweidimensionalen Darstellung der Ware besteht.[109] Gleiches gilt für die Abbildung einer Verpackung bzw. der verpackten Ware wie beispiels-weise der naturalistischen Darstellung einer zusammengedrehten Bonbonver-packung[110] oder einer Milchflasche (mit Etikett).[111] Hiernach unterscheidet sich die Beurteilung der Unterscheidungskraft von Warenabbildungen nicht von der Beurteilung entsprechender Warenformen (3D).[112]

Aber auch die Abbildung einer ungewöhnlich gestalteten Ware hat dann kei-  **92** nen Markencharakter und besitzt keine Unterscheidungskraft, wenn sich die Gestaltung als besonderes Design darstellt, das gleichwohl als gattungsgemäß angesehen wird; allerdings gilt das nur für Waren der dargestellten Gat-tung.[113] Bedenklich daher, dass die stilisierte Abbildung eines elektrischen Messgeräts mit der – zweifelsfrei beschreibenden und als solche nicht unter-scheidungskräftigen – Inschrift »Intelligent Voltage Guard« auch für Waren wie Steckverbindungen, Leuchtdioden etc in den Kl. 9 und 11 keine konkre-te Unterscheidungskraft besitze, weil der Verkehr aufgrund des Wortbestand-

---

108  EuG T-030/00 vom 20.9.2001, MarkenR 2001, 481 *Waschtablette/Bildmarke*, von der HABM-BK für Waschmittelforschung zugelassen; EuG T-398/04 vom 17.1.2006 *Waschtablette, blauer ovaler Kern*; EuG T-127/06 vom 5.12.2007 *Blaues* Sägeblatt; EuG T-387 bis 390/06 vom 10.10.2008 Palettenbilder; EuG T-297/07 vom 15.10.2008 Voltmessgerät; EuG T-73/06 vom 21.10.2008 *An-sicht einer* Tasche; EuG T-7/09 vom 21.4.2010 *Spannfutter mit 3 Rillen*; vgl auch EuG T-160 vom 11.5.2005; GRUR Int 2005, 833 *Spielkarte Heraclio Fournier*, bestätigt EuGH C-311/05 vom 4.10.2007; T-326/10 ua vom 19.9.2012 *Karo-Stoffmuster*; HABM-BK R 1527/2009-2 vom 11.2.2010 *Pattern of Ovals*.
109  EuGH C-546/10 vom 13.9.2011 (Nr 58) *Gitarrenkopf*; siehe auch Art 7 Rdn 117.
110  EuGH C-025/05 P vom 22.6.2006, GRUR 2006, 1022 *Bonbonverpackung*.
111  HABM-BK R 1442/2009-2 vom 16.6.2010 *Bild Milchflasche*.
112  EuG T-152/07 vom 14.9.2009 (Nr 70) *Zifferblatt Lange-Uhr*.
113  HABM-BK R 353/2006-1 vom 26.9.2006 (Nr 23) *Regalträger*; partiell aufgeho-ben durch EuG T-387 bis 390/06 vom 10.10.2008; EuG T-237/10 vom 14.12.2011 *Bild eines (Koffer-) Verschlusses* (teils zugelassen und angefochten EuGH C-97/12); HABM-BK R 110/2011-1 vom 8.9.2011 *Bild eines Teddybä-ren* (für Spiele, Spielzeug).

teils annehme, solche Waren seien mit einer Vorrichtung zur Spannungs-
regulierung ausgestattet.[114] An fehlender Unterscheidungskraft ändert eine
partiell aufgebrochene Warendarstellung mit zeichnerischen Funktionshin-
weisen nichts.[115]

93 Anders hingegen, wenn die Form der Ware selbst Unterscheidungskraft und
somit Markencharakter besitzt und die dafür maßgebenden Umstände der
Abbildung zu entnehmen sind.[116] Zu akzeptieren auch, wenn die Warenabbildung in ungewöhnlicher Weise verfremdet[117] oder durch grafische,
farbliche oder sonstige Zusätze zu einer die naturalistische Warenabbildung
nur unter anderem enthaltenden, mehrteiligen Marke von unterscheidungs-
kräftigem Gesamteindruck ergänzt[118] worden ist; zu Positionsmarken s Rdn
142 f..

94 Eine besondere Situation ist durch die bildliche Darstellung einer allein an
ihrer Formgestaltung erkennbaren Ware für andere Waren gegeben. Sie stellte sich im Falle einer GMA für die übliche Frontalabbildung einer (Oliven-
kopf-)Trense für Waren in unterschiedlichen Klassen. Zunächst in vollem
Umfang zurückgewiesen, wurde sie im Beschwerdeverfahren für zahlreiche
Waren in den Klassen 9, 14, 18 und 25 zugelassen.[119] Die im Ergebnis erfolgte Zulassung jener Abbildung als Marke für ein Schmuckstück in Form
einer Olivenkopftrense erscheint problematisch.

95 Bemerkenswert die Beschwerde-Zulassung der Bildmarke 9 494 873, die in
einem schwarzen Rechteckrahmen die Seitenansicht von 6 Dübeln für
Schrauben (fälschlich als »Schraubverschlüsse« bezeichnet) in aufsteigender
Größe und in unterschiedlichen Farben zeigt, mit einem in den Entscheidungstenor aufgenommenen Disclaimer – noch dazu in der Beschwerdespra-
che Schwedisch – dahingehend, dass der Markenschutz sich nicht auf die

---

114  EuG T-297/07 vom 15.10.2008, GRUR Int 2009, 244 (Nr 16) *Intelligent Voltage Guard*.

115  HABM-BK R 2168/2010-1 vom 20.7.2011 *Darstellung eines Tampons*.

116  HABM-BK R 301/1999-3 vom 17.11.1999, GRUR Int 2000, 552 *Bremstrommel*; EuG T-128/01 vom 6.3.2003, GRUR Int 2003, 262 *Kühlergrill*; zweifelhaft
daher EuG T-152/07 vom 14.9.2009 *Zifferblatt Lange-Uhr*.

117  HABM-BK R 874/2005-4 vom 8.2.2006 (Nr 21) *Stilisierter Haftverschluss I*.

118  HABM-BK R 888/2006-4 vom 18.10.2006 *Fan*.

119  HABM-BK R 2311/2010-1 vom 12.1.2012 *Bild einer Trense*.

Form und Farbe der einzeln dargestellten Dübel erstreckt (vgl Art 6 Rdn 16 und Art 37 Rdn 30 f).[120]

### 7.4.2 Grafik

Rahmenlinien in Form geometrischer Figuren[121] sowie diese selbst (Kreis, **96** Quadrat usw) als solche und einfache Hintergrundfarben[122] dürften regelmäßig nicht als Ursprungshinweis wahrgenommen werden und haben deshalb keine originäre Unterscheidungskraft. Das soll auch für ein Nahtmuster gelten;[123] vgl Rdn 143 f zu Positionsmarken. Zurückgewiesen wurden ferner räumliche (3D)-Linienscharen mit dreieckförmigen Ausbuchtungen.[124] Vorsicht ist aber auch hier geboten. So können beispielsweise drei in Dreiecksformation angeordnete Kreisflächen durchaus originären Markencharakter haben und entsprechend Unterscheidungskraft besitzen.[125] Letzteres gilt auch für einen grünen Achteck-Rahmen (abweichend von der BK),[126] eine stilisierte Blüte (abweichend vom Prüfer),[127] und für ein nicht ganz banales Etikett.[128] Auch einem Bogen in Form eines umgedrehten U ist ausreichende Unterscheidungskraft zugebilligt worden.[129] Aber ein bloßer roter Rhombus hat keine originäre Unterscheidungskraft.[130] Und ein Schachbrettmuster aus 5 x 5 abwechselnd hellen und dunklen Quadraten wird auch dann als ba-

---

120  HABM-BK R 1843/2011-2 vom 1.6.2012 *Bildmarke Dübel*.
121  HABM-BK R 1633/2008-4 vom 21.5.2010 *Rechteck I*; HABM-BK R 500/2009-2 vom 9.12.2010 *Yellow frame*.
122  EuG T-122/01 vom 3.7.2003, GRUR Int 2003, 834 *Best buy*; EuG T-304/05 vom 12.9.2007, GRUR Int 2008, 51 *Pentagon*; EuG T-282/09 vom 9.12.2010 *konvex berandetes grünes Quadrat*; EuG T-159/10 vom 13.4.2011 *An einem Ende nach vorn gebogenes Parallelogramm* (zweifelhaft); EuG T-499/09 vom 13.7.2011 *Konvex gewölbtes purpurnes Rechteck*.
123  HABM-BK R 1051/2010-2 vom 23.11.2010 *Stiched pattern*.
124  HABM-BK R 11/2010-2 vom 30.4.2010 *Räumliche Linienscharen*.
125  Vgl HABM-BK R 182/1998-1 vom 30.4.1999, ABl-HABM 1999, 1448 16 *Atma*; HABM-BK R 073/1999-3 vom 7.6.1999, GRUR Int 1999, 966 *Dreiecke*, aber zurückgewiesen HABM-BK R 409, 410, 412 und 413/2012-2 vom 9.10.2012 *Kreisteilfläche und Kreisflächengruppen*.
126  EuG T-263/11 vom 6.2.2013 *Grünes Achteck*.
127  HABM-BK R 1235/2009-1 vom 9.9.2010 *Bild stilisierte Blüte*.
128  HABM-BK R 690/2000-4 vom 3.5.2001 *PHILADELPHIA*.
129  HABM-BK R 698/2012-2 vom 16.12.2012 *Inverted U*.
130  HABM-BK R 1272/2011-4 vom 23.8.2011 *Roter Rhombus*.

nale Musterung von Gegenständen wie Taschen, Regenschirmen etc. wahrgenommen, wenn alle Quadrate in sich webstoffartig gemustert sind.[131] Eine schwarze Rechteckfläche mit gerundeter Schmalseite und benachbartem Quadratloch wurde auch zurückgewiesen,[132] ebenso ein Muster aus schwarzen Quadraten mit weißen Zwischenfugen nach Art von Fliesen.[133] Der Austausch des Verbs »LOVE« gegen die übliche grafische Herzdarstellung im Slogan »I LOVE YOU« führt nach Auffassung der Zweiten Beschwerdekammer nicht zu einer unterscheidungskräftigen Bildmarke für Waren, wohl aber für Dienstleistungen.[134]

97   Die Zurückweisung eines schmalen Keils mit dreieckig verdickter Basis beruht auf einer Fehlbeurteilung durch die BK und hätte vom Gericht nicht wegen Unzulässigkeit der Änderung bestätigt werden sollen.[135] Unzutreffend ebenfalls die Beurteilung einer grafischen Figur aus einer gekrümmten, unterschiedlich breit verlaufenden Linie mit einer Art flächiger Pfeilspitze am dünnen Ende, welches – sachlich und rechtlich unbeachtlich – als »halber Smiley« bezeichnet wurde; weder handelt es sich, wie die BK meinte, um ein sehr einfaches noch um ein gewöhnliches Motiv, und der Vorwurf »rein dekorativer Funktion« ist durch nichts belegt. Hätte sich das Gericht an die selbst zitierte Maxime gehalten, dass ein Zeichen dann unterscheidungskräftig ist, wenn es unmittelbar als Hinweis auf die betriebliche Herkunft der betroffenen Waren oder Dienstleistungen wahrgenommen werden kann, dann hätte es die BK-Entscheidung aufheben müssen.[136] Bedenklich auch die Zurückweisung einer aus mehreren geometrischen Figuren bestehenden Grafik mit einer Schrotladung unterschiedlicher Argumente,[137] deren keines zutreffend erscheint, schon gar nicht die vom EuGH im »Sat.2«-Urteil zurückgewiesene Behauptung, allen absoluten Eintragungshindernissen des Abs 1 (b) bis (e) läge im Allgemeininteresse ein Freihaltebedürfnis zu Grunde.

---

131 HABM-BK R 1854/2011-1 vom 16.5.2012 *Schachbrettmuster*, angefochten EuG T-360/12.

132 HABM-BK R 524/2009-4 vom 15.1.2010 *Elongated rectangle with square hole*.

133 HABM-BK R 2600/2011-1 vom 14.11.2012 *BLACK AND WHITE PATTERN:*.

134 HABM-BK R 1447/2009-2 vom 16.6.2010 *Bildmarke I LOVE YOU*.

135 EuG T-388/04 vom 5.4.2006, GRUR Int 2007, 246 *Keil mit Dreieck*.

136 EuG T-139/08 vom 29.9.2009 *Halber Smiley*.

137 HABM-BK R 785/2005-1 vom 27.1.2006 *Grafik mit geometrischen Figuren*.

In der Tat gibt die Neigung des Amtes, namentlich mancher Beschwerde- 98
kammer, die Zurückweisung vor allem von grafischen Bildzeichen mit Unterstellungen ihrer Benutzung in einem ihre Unterscheidungskraft – vermeintlich oder tatsächlich – beeinträchtigenden Kontext zu begründen, zu
erheblichen Bedenken Anlass. Sie werden noch dadurch verstärkt, dass die
Gerichte sich darauf beschränken, solche Unterstellungen als Ausübung von
Sachkunde des HABM zu tolerieren. Ein beklemmendes Beispiel ist die Behandlung eines Bildzeichens aus einem breitstreifigen, um 90° gekippten
Winkel in Gestalt eines liegenden V mit innenseitig eng parallel zu den Win-
kelrändern verlaufenden gestrichelten Linien in Bezug auf normale und orthopädische Schuhe bis zum Beschluss des Gerichtshofes.[138] Dieser zitiert
(Nr 14) aus dem angefochtenen EuG-Urteil, es habe die Analyse der BK bestätigt, »*dass sich diese Marke als Applikation auf einem Schuh darstelle, dass sie
kein wesentliches charakteristisches Merkmal habe, das sie hinreichend von denen
unterscheide, die andere Unternehmen benutzten oder die in der Schuhbranche
üblicherweise Verwendung fänden, und dass sich die vorgeschlagene Form der
Marke nicht erheblich von den Grundformen der Waren in dieser Branche unterscheide.*« Was aber haben die Grundformen der (Schuh-)Waren mit dem
Bild eines grafisch ausgestalteten liegenden V zu tun? Es habe, so wird weiter
referiert, der BK »freigestanden«, ihre Prüfung der Marke auf ihre wahrscheinlichste Verwendung zu stützen, nämlich als dekorative oder verstärken-
de Verwendung auf Schuhen (Nr 54). Dass das so »sein könnte«, habe das
Gericht festgestellt, und dass damit nicht von Norm oder Üblichkeit in der
Schuhbranche abgewichen werde. Abs 1 (b) verpflichte das Amt nicht, seine
Prüfung auf andere Marken-Verwendungen zu erstrecken als diejenige, die es
mit Hilfe seiner Sachkunde als die wahrscheinlichste erkennt (Nr 55). Und
einen Beweis für die übliche (!) Verwendung der Anmeldemarke musste die
BK nicht erbringen, weil Abs 1 (b) die Beurteilung der Unterscheidungskraft
einer Marke unabhängig von jeder tatsächlichen Benutzung iSv Abs 3 (!)
nicht verlangt. Hiernach stellt sich nur noch die Frage, ob die deutschsprachigen IP-Zeitschriften auf die Veröffentlichung der in Deutsch (und gegen
ein deutsches Unternehmen) ergangenen Entscheidung trotz oder wegen ihrer Fehlsamkeit verzichtet haben; vgl zum Thema die BGH-Entscheidung
»TOOOR!« in GRUR 2010, 1100.

---

138  EuGH C-307/11 vom 2.4.2012 *Winkel.*

**99** Grafische Bilddarstellungen sind ferner Oberflächengestaltungen von Waren wie beispielsweise texturierte Glasoberflächen. Diesen haben HABM-BK, EuG und EuGH ausreichende Unterscheidungskraft abgesprochen;[139] vgl aber EuGH zu den Flaschen-Oberflächen von »Freixenet« (Rdn 141).

**100** Als Bildmarken werden auch grafisch ausgestaltete Worte, Buchstaben und Zahlen gewertet, auch dann, wenn die spezifisch angegebene Schriftart eine übliche ist (Rdn 62 f und 81 f).[140] Gleiches gilt für ein Ausrufezeichen, dem keine Unterscheidungskraft zugebilligt wurde.[141]

### 7.4.3 Piktogramme

**101** Piktogramme stellen häufig einen aufs äußerste bildlich abstrahierten Sachverhalt dar, etwa eine stilisierte Darstellung, die eine bestimmte Information vermittelt. Soweit es sich dabei um eine Ware oder Dienstleistung handelt, wird der angesprochene Verkehr darin – gerade wegen der Abstraktion – keine Individualisierung sehen und folglich damit keine Vorstellung einer Ursprungsidentität verbinden, so dass Piktogrammen in der Regel die originäre Unterscheidungskraft fehlt. Beispielsweise wird die Darstellung einer stilisierten Hand, die eine (Bank- oä)Karte an ihrer einen Schmalseite hält, während auf ihrer anderen Seite drei in Längsrichtung hintereinander angeordnete Dreiecke eine Bewegungsrichtung signalisieren, als Betätigungshinweis und nicht als betrieblicher Herkunftshinweis verstanden.[142] Eine stilisierte Posthorn-Darstellung in einem Kreisrahmen für Transport-Dienstleistungen wird als Sachangabe wahrgenommen.[143] Einfache Tierdarstellungen können Bestimmungsangaben für entsprechendes Futter sein, vgl Rdn 197.

---

139  HABM-BK R 137/2000-1 vom 30.11.2000, bestätigt durch EuG T-36/01 vom 9.10.2002 und EuGH C-445/02 vom 28.6.2004 *Glasmuster*; HABM-BK R 986/2004-4 vom 1.3.2006, bestätigt durch EuG T-141/06 vom 12.9.2007 und EuGH C-513/07 vom 17.10.2008 *texturierte Glasoberfläche*.

140  EuG T-441/05 vom 13.6.2007, GRUR Int 2007, 856 *I* (gegen HABM-BK R 559/2004-4 vom 1.9.2005), jedoch nach Zurückverweisung erneut und rechtskräftig abgelehnt: HABM-BK R 559/2004-1 vom 28.5.2008.

141  EuG T-75/08 vom 30.9.2009 *Ausrufezeichen*; T-191/08 vom 30.9.2009 *Ausrufezeichen* mit Rechteckrahmen.

142  EuG T-414/07 vom 2.7.2009 (Nr 37) *Bild einer eine Karte haltenden Hand*.

143  HABM-BK R 836/2011-4 vom 3.5.2012 *Posthorn-Darstellung*.

## 7.5 Farbe

Die Farbe kann als solche ursprungsidentifizierendes Unterscheidungsmittel **102** sein. Das gilt grundsätzlich für Einzelfarben ebenso wie für Farbkombinationen.[144] Gleichwohl wurde zunächst schon die Markenfähigkeit abstrakter (konturloser) Farben oder Farbzusammenstellungen in Frage gestellt[145] (siehe Art 4 Rdn 50–51). Der EuGH hat die Markenfähigkeit der abstrakten Farbmarke bejaht.[146] Für die Eintragung bedarf es der wörtlichen Benennung der Farbtöne und ihrer Bezeichnung nach einem international anerkannten Farbklassifikationssystem sowie der Einreichung eines Farbmusters, bei Farbzusammenstellungen ferner einer systematischen Anordnung, in die die betreffenden Farben in vorher festgelegter und beständiger Weise verbunden sind.[147] Der EuGH hat ferner festgestellt, dass es unabhängig davon im Regelfall, namentlich bei Einzelfarben, von Haus aus an der konkreten Unterscheidungskraft von Farbmarken fehlen wird.[148] Die Unterscheidungskraft kann jedoch durch Benutzung iSv Abs 3 erworben werden.[149]

---

144 Gemeinsame Protokollerklärung (B) (4), Anhang 5; EuGH C-447/02 vom 21.10.2004, GRUR Int 2005, 227 *KWS/Orange*; HABM-BK R 136/1999-1 vom 25.1.2000, GRUR Int 2000, 556 *Schwarz-Grün-Schwarz* (für Versicherungsdienstleistungen).

145 BPatG Vorlagebeschluss vom 22.1.2002 zum EuGH, GRUR Int 2002, 618 abstrakte Farbmarke; Schlussanträge Generalanwalt Léger vom 12.11.2002 in der Rs C-104/01 *Libertel*.

146 EuGH C-104/01 vom 6.5.2003, GRUR 2003, 604 *Libertel* (betr die Farbe Orange); EuGHC-049/02 vom 24.6.2004,GRUR 2004, 858 *Heidelberger* (für die Farbkombination Blau/Gelb).

147 EuGH C-049/02 vom 24.6.2004, GRUR 2004, 858 *Heidelberger*; EuG T-234/01 vom 9.7.2003, GRUR Int 2003, 836 *Orange-grau*.

148 In diesem Sinne: EuGH C-447/02 vom 21.10.2004, GRUR Int 2005, 227 *KWS/Orange*; EuG T-316/00 vom 29.9.2002 ABl-HABM 2002, 2490 *Grüngrau*; HABM-BK R 007/1997-3 vom 12.2.1998, GRUR Int 1998, 612 *Orange*; HABM-BK R 122/1998-3 vom 18.12.1998, Mitt. 1999, 187 *LIGHT GREEN*; HABM-BK R 208/1998-2 vom 29.6.1999, MarkenR 1999, 326 *Gelb/Grau*; HABM-BK R 477/2000-1 vom 24.7.2001, GRUR 2002, 449 *Orange/Hellgrau*; HABM-BK R 379/1999-1 vom 22.6.2000, ABl-HABM 2001, 44 *Farbe Gelb*; für ein horizontal von Lila zu Rot verlaufendes Farbzeichen s HABM-BK R 317/2010-2 vom 17.9.2010 *CARMIN, FUCHSIA ET VERMILLON:*.

149 EuG T-137/08 vom 28.10.2009 *Farbmarke Gelb/Grün*.

**103**  Einen Sonderfall der fehlenden Unterscheidungskraft einer Farbmarke stellt ein schwarz umrandetes Rechteck aus $4 \times 6 = 24$ durch ebenfalls schwarze Striche unterteilten Quadraten in unterschiedlicher Färbung dar, welches ausdrücklich als Farb- und nicht als Bildmarke angemeldet wurde, wobei die Anmelderin weder ein Recht zur ausschließlichen Verwendung der in der angemeldeten Farbkombination enthaltenen (durch Farbcodeangaben definierten) Einzelfarben noch ein Recht zur ausschließlichen Verwendung aller möglichen Kombinationen dieser Einzelfarben beanspruchte, sondern nur die ganz konkrete, im Hinblick auf Form, Anteil und Verteilung klar definierte Zusammenstellung. Die Zurückweisung durch die BK des Amtes[150] wurde im wesentlichen damit begründet, dass die Zusammenstellung aus 24 verschiedenen Farben nicht erinnerungsfähig sei und sie daher nicht die Eignung besitze, auf die betriebliche Herkunft der betreffenden Waren und Dienstleistungen in den Kl 9, 16 und 42 hinzuweisen. Das hat das EuG bestätigt.[151] Beide Entscheidungen heben zwar auf die Anmeldeprodukte und damit die konkrete Unterscheidungskraft ab, jedoch wird zwischen den Zeilen deutlich, dass im Grunde schon der Markencharakter oder die abstrakte Unterscheidungskraft zu verneinen ist (Art 4 Rdn 6 und 10).

**104**  Eine Farbe oder Farbkombination kann aber auch mit einem Markenbestandteil anderer Markenform zu einer somit mehrteiligen Marke zusammengesetzt sein, namentlich einer Bild- oder Formmarke. Schon die Farbigkeit der Buchstaben eines Wortzeichens führt zu einer Kombinationsmarke, jedoch wird der Bestandteil Farbe darin häufig keine (mit-) kennzeichnende Rolle spielen.[152] Gleiches gilt für die Farbigkeit einer Warenabbildung.[153]

### 7.5.1  Farbe der Ware oder ihrer Verpackung

**105**  Da es die modernen technischen Mittel erlauben, praktisch jeden Gegenstand (Lebensmittel, täglicher Bedarf, Investitionsgut) mit jeder beliebigen Farbe auszustatten, ist für den Regelfall davon auszugehen, dass der jeweils angesprochene Verkehr in einer bestimmten Farbe als solcher kein die betreffende Ware ihrem Ursprung nach identifizierendes Kennzeichen sehen wird,

---

150  HABM-BK R 30/2007-4 vom 30.8.2007 *Farbquadrate*.
151  EuG T-400/07 vom 12.11.2008, GRUR 2009, 173 *24 Farbkästchen*.
152  HABM-BK R 1274/2009-2 vom 5.7.2010 *Rotes Zeichenwort*.
153  HABM-BK R 607/1999-3 vom 5.7.2000, ABl-HABM 2001, 104 *Henkelflasche*; HABM-BK R 354/1999-2 vom 23.5.2001, ABl-HABM 2002, 508 *electric tool*.

die abstrakte Farbe also für die meisten Waren von Haus aus keine markenmäßige Unterscheidungskraft besitzt.[154] Das schließt nicht aus, dass im Einzelfall in Bezug auf bestimmte Waren[155] – oder auch Dienstleistungen[156] –
einer bestimmten Farbe originäre Unterscheidungskraft zukommt. Beispielsweise für generell oder in Bezug auf das betreffende Produkt ungewöhnliche
Farben sowie namentlich Farbkombinationen mag das zutreffen, so dass in
solchem Fall die Eintragung einer abstrakten Farbe oder Farbkombination
möglich ist. In den weitaus meisten Fällen jedoch dürfte die Unterscheidungskraft einer abstrakten Farbe oder Farbkombination das Ergebnis einer
intensiven Benutzung sein und damit erst auf Grund Verkehrsdurchsetzung
iSv Abs 3 Unterscheidungskraft erlangen.[157] Ohne diese werden abstrakte
Farben und Farbkombinationen regelmäßig von der Markeneintragung ausgeschlossen.[158]Gleiches gilt für die Farben oder Farbkombinationen von Verpackungen.[159]

Im Falle von Farbmarken für Dienstleistungen, die ungegenständlich sind, **106**
während die Erbringung und Vermarktung von Dienstleistungen die Benutzung gegenständlicher Mittel beinhaltet, die eine Farbe haben können, müssen die Mittel untersucht werden, die bei den vom streitigen Zeichen umfassten Dienstleistungen zum Einsatz kommen. Aber bei der Beurteilung der
Unterscheidungskraft einer Farbmarke für Dienstleistungen sind die gleichen
Kriterien anzuwenden wie im Fall von Farbmarken für Waren. Ein Farbzeichen, das sich aus einer Kombination dreier Linien, bestehend aus den Far-

---

154  HABM-BK R 1175/2004-4 vom 4.9.2006 *Verkehrsrot* (für Maschinen und Geräte); HABM-BK R 1200/2009-2 vom 24.11.2010 *Orange* (für Maschinenteile,
Schrauben etc); HABM-BK R 339/2010-1 vom 23.9.2010 *Gelb* (für chem. Erzeugnisse etc); HABM-BK R 1628/2010-4 vom 14.4.2011 *Grün* (für rechteckigen Sockel); HABM-BK R 1325/2012-1 vom 22.11.2012 *Zinkgelb* (für Schläu-
che und Rohre).

155  HABM-BK R 371/2009-2 vom 11.2.2010 *Gelb* (für Gummisauger von Melkmaschinen).

156  EuG T-173/00 vom 9.10.2002, MarkenR 2002, 412 *Orange,* bestätigt durch
EuGH C-447/02 vom 21.10.2004, GRUR Int 2005, 227 *KWS/Orange.*

157  EuG T-137/08 vom 28.10.2008 *Farbmarke Gelb/Grün.*

158  EuG T-97/08 vom 13.9.2010 *Orange Farbton*; EuG T-329/09 vom 9.12.2010
*Farbton Kastanie*; EuG T-299 und 300/09 vom 3.2.2011 *Farbkombinationen
Gelb/Silbergrau*; HABM-BK R 1264/2008-4 vom 17.3.2010 *Farbmarke Grün.*

159  EuGH C-218/01 vom 12.2.2004, GRUR 2004, 428 (Nr 14) *Henkel*; HABM-
BK R 1/2005-4 11.1.2006, MarkenR 2006, 293 *Roter Hilti-Koffer.*

ben Verkehrsrot und Lichtgrau, zusammensetzt und das für Dienstleistungen der Beförderung von Personen und Gütern mittels Schienenbahnen angemeldet wurde, weist keine für die maßgeblichen Verkehrskreise wahrnehmbare Abweichung von den Farben auf, die üblicherweise für die beanspruchten Dienstleistungen verwendet werden, weil insbesondere die Farbe Verkehrsrot als Warnfarbe für Verkehrsschilder verwendet wird. Ihm fehlt daher die erforderliche Unterscheidungskraft.[160]

### 7.5.2 Farbe als Markenbestandteil

**107**  Soweit die Farbe Bestandteil einer mit ihr zusammengesetzten und insoweit mehrteiligen Marke ist, muss sie sich in ein konturiertes Markenbild einfügen und verliert dadurch ihre Abstraktheit. Das gilt gleichermaßen für die Farbe oder Farbkombination als Bestandteil einer Bildmarke, als Bestandteil einer Formmarke, als Bestandteil einer Ausstattungs- oder Positionsmarke,[161] aber auch als Bestandteil einer Wort-, Buchstaben- oder Zahlenmarke, sei es als Hintergrundkolorierung[162] oder als Farbgebung der alphanumerischen Angaben selbst (vgl Rdn 104) Es gilt auch dann, wenn die Farbe oder Farbkombination auf der betreffenden Ware selbst angebracht ist.

**108**  In diesen Fällen der bloßen Beteiligung einer Farbe oder Farbkombination an einer Marke wird deren Einfluss auf den Gesamteindruck regelmäßig gering sein und nur in Ausnahmefällen eigenständige Bedeutung erlangen.[163] Dennoch kann die besondere Farbigkeit einer anderenfalls von Haus aus nicht (konkret) unterscheidungskräftigen Marke zur Unterscheidungskraft verhelfen, namentlich dann, wenn diese Farbigkeit in Verbindung mit den übrigen Markenbestandteilen für die betroffenen Produkte ungewöhnlich oder die besondere Farbgestaltung ungewöhnlich ist.

---

160  EuGH C-45/11 vom 7.12.2011, GRUR Int 2012, 333 (Nr 41, 43, 49) *Waagerechte Kombination der Farben Grau und Rot.*
161  HABM-BK R 1538/2009-1 vom 27.5.2010 *Farbanzeige bei Messinstrument* (zB Uhr).
162  HABM-BK R 1404/2011-2 vom 16.1.2012 *Kastanienbraunes Farbrechteck mit Buchstabenimitat.*
163  EuG T-337/99 vom 19.9.2001 (Nr 51) *Waschmitteltabs*; HABM-BK R 1123-2 vom 5.4.2006 *Zweifarbige Sprühflaschen.*

## 7.6 Form (3D)

Anders als in den meisten Fällen die Farbe ist die Form regelmäßig ein eigen- 109
ständiges Kennzeichnungsmittel. Zu unterscheiden ist einerseits die vom
gekennzeichneten Produkt unabhängige Formmarke, die auch Dienstleistungen erfassen kann (vgl Art 4 Rdn 49), und andererseits die im Markenfor-
men-Katalog des Art 4 ausdrücklich genannte Form der Ware selbst sowie
deren Verpackung.

### 7.6.1 Produktunabhängige Formmarke

Der vom Produkt unabhängigen Formmarke wird in der Regel originäre 110
Unterscheidungskraft zukommen; man denke an das »Michelin-Männchen«
als Marke für Fahrzeug-Bereifungen oder die Rolls-Royce-Kühlerfigur »Fly-
ing Lady« (Emily) als Marke für Kraftfahrzeuge. Etwas anderes könnte für
absolut nichtssagende Formkörper oder eine nur maßstäblich verkleinerte
Form der Ware gelten, die selbst keine Unterscheidungskraft besitzt. Zurückgewiesen wurde aber die Form eines – weitgehend aus Glas bestehenden –
Ausstellungsgebäudes für Kraftfahrzeuge (»Smart-Turm«), weil der Verkehr
nicht daran gewöhnt sei, in der Architektur eines Gebäudes einen Hinweis
auf die Herkunft der darin feilgebotenen Waren zu sehen.[164]

### 7.6.2 Form der Ware selbst

Entscheidend anders sind die Fälle zu beurteilen, in denen die Formgebung 111
der Ware selbst das ursprungsidentifizierende Kennzeichen bilden soll. Hier
sind nicht nur zusätzlich die die Eintragbarkeit einschränkenden Kriterien
des Abs 1 (e) zu beachten (Rdn 211–223), sondern es ist auch das Vorliegen
der konkreten Unterscheidungskraft besonders sorgfältig zu prüfen. Wenngleich die Kriterien für die Unterscheidungskraft dreidimensionaler Marken,
die aus der Form der Ware bestehen, keine anderen sind als die für die übrigen Markenkategorien geltenden,[165] werden dreidimensionale Marken, die

---

164 HABM-BK R 001/2003-4 vom 7.7.2004, GRUR 2004, 1033 *Smart-Turm*;
vgl BGH GRUR 2005, 419 *Räucherkate*.
165 EuGH C-299/99 vom 18.6.2002, GRUR Int 2002, 842 (Nr 48) *Philips/Re-
mington*; EuGH C-053/01 vom 8.4.2003, MarkenR 2003, 187 (Nr 48) *Linde,
Winward und Rado*; EuGH C-473/01 vom 29.4.2004, GRUR Int 2004, 639
(Nr 36) *Tabs Procter & Gamble II*; EuGH C-136/02 vom 7.10.2004, GRUR
Int 2005, 135 (Nr 30) *Taschenlampe*.

aus der Form oder den Farben der Ware selbst bestehen, von den maßgeblichen Verkehrskreisen nicht notwendig in gleicher Weise wahrgenommen werden wie die von den betroffenen Waren unabhängigen Wort- oder Bildmarken.[166] Dabei ist zu fragen, ob das angesprochene Publikum dazu neigen dürfte, die Formgebung einer ihm erstmalig entgegentretenden Ware nicht als gattungsgemäß, sondern als ursprungskennzeichnend anzusehen (Rdn 47). Das gilt gleichermaßen für eine neue Warenart wie für eine neue Ausführung einer bekannten Warenart.[167]

112   Nicht zu berücksichtigen ist in diesem Stadium die Möglichkeit, dass sich die fragliche Warenform auf Grund besonderer Marketing-Maßnahmen und -anstrengungen des Anbieters gemäß Abs 3 im Verkehr als die Ursprungsidentität der Ware kennzeichnende Marke durchsetzen und damit Unterscheidungskraft erlangen könnte. Vielmehr kommt es darauf an, dass der individualisierende und die Ware ihrem Ursprung nach identifizierende Charakter der Formgebung vom betroffenen Publikum ohne weiteres als Marke wahrgenommen wird.[168]

113   Worauf das Erzeugen eines derartigen Eindrucks beim angesprochenen Verkehr zurückzuführen ist, lässt sich nicht für alle denkbaren Fälle definieren. Allgemein lässt sich sagen, dass im Regelfall eine ungewöhnliche, dem Verkehr nicht als gattungsgemäß erscheinende Formgebung der Ware zwingende Voraussetzung für die originäre Unterscheidungskraft einer Warenform ist (Rdn 43), wobei es auf den dem Produkt vom Verbraucher entgegengebrachten Grad an Aufmerksamkeit ankommt, der je nach der Art der betroffenen Waren oder Dienstleistungen unterschiedlich hoch sein kann[169] und bei Waren des täglichen Verbrauchs – wie etwa Waschmitteltabletten – nicht hoch veranschlagt werden darf.[170] Im Hinblick auf diese Umstände kann nach Auffassung des EuGH für eine besondere Warenform die Wirkung einer herkunftskennzeichnenden Marke nur prognostiziert werden, wenn die Ab-

---

166   EuGH C-96/11 vom 6.9.2012 (Nr 38) *3D-Schokoladenmaus*; HABM-BK R 100/2010-1 vom 8.7.2010 *Lampe*.

167   Vgl HABM-BK R 082/1999-1 vom 21.12.1999 *Muschelförmige Pumpe*.

168   EuG T-129/00 vom 19.9.2001, MarkenR 2001, 418 (Nr 63) *Waschmitteltablette*; EuGH C-136/02 vom 7.10.2004, GRUR Int 2005, 135 (Nr 50) *Taschenlampe*.

169   EuGH C-342/97 vom 22.7.1999, GRUR Int 1999, 734 (Nr 26) *Lloyd*.

170   EuG T-129/00 vom 19.9.2001, MarkenR 2001, 418 (Nr 53) *Waschmitteltablette*.

weichung der Form von Norm und Üblichkeit erheblich ist,[171] vgl aber
Rdn 58 f.

Auch wenn man den Ausgangspunkt des EuG als zutreffend unterstellt, er- **114**
scheinen Zweifel an der zutreffenden Anwendung dieser Grundsätze auf jenen »Waschmitteltablette«-Fall und die gleichartige Zeichen betreffenden Pa-
rallelfälle berechtigt, obgleich die Urteile des EuG sämtlich vom EuGH
bestätigt wurden.[172] Wohl wird man dem EuG darin beipflichten müssen,
dass im Falle einer dreidimensionalen Marke, die aus der Form (und ggf den
Farben) der Ware selbst besteht, die Wahrnehmung durch die angesprochenen Verkehrskreise nicht notwendig die gleiche ist wie bei einer Wort-, Bild-
oder dreidimensionalen Marke, die nicht aus der Form der Ware besteht.
Denn letztere wird in der Tat von den angesprochenen Verkehrskreisen gewöhnlich unmittelbar als herkunftskennzeichnendes Zeichen wahrgenommen werden, was nicht notwendig für den Fall gilt, dass das Zeichen mit
dem äußeren Erscheinungsbild der Ware selbst übereinstimmt. Beizupflich-
ten ist auch der Feststellung des Gerichts, dass die rechteckige (oder quader-
förmige) Grundform der Tablette mit leicht abgerundeten Ecken für sich
genommen auch dann nicht eine ihre Herkunft kennzeichnende Form darstellt, wenn man die eingesprenkelten, durch unterschiedliche Farbe oder unterschiedlichen Grauwert erkennbaren Zusatzwirkstoffe berücksichtigt.

Aber ist tatsächlich die Annahme gerechtfertigt, dass die auf einer Oberseite **115**
mittig eingelassene dreieckige, dunklere Vertiefung das äußere Erscheinungsbild der Tablette nicht als Hinweis auf die Warenherkunft bestimmt
(Nr 59)? Mit dem Hinweis auf die »Verwendung zweier geometrischer
Grundformen« (Nr 60) lässt sich das nicht überzeugend begründen, zumal
aus den übrigen Ausführungen des EuG ersichtlich ist, dass die Dreiecksform
des in der Mitte der Tablette eingelassenen Teils ohne weiteres, ja auffällig
erkennbar ist und sich die streitige Tablette gerade darin von ähnlichen Tabletten anderer Hersteller unterscheidet (auch wenn es hierauf wegen des in
Frage stehenden Beurteilungszeitpunktes nicht ankommen soll, Nr 64). Die

---

171  EuGH C-218/01 vom 12.2.2004, GRUR Int 2004, 413 (Nr 39) *Henkel*; EuGH
     C-173/04 vom 12.2.2006, GRUR Int 2006, 226 (Nr 31) Standbeutel, vgl auch
     HABM-BK R 1489-1490/2009-1 vom 16.9.2010 *Stand up pouch*; EuGH
     C-144/06 vom 4.10.2007, GRUR-RR 2008, 303 (Nr 37) *Waschmittel-Tabs*.
172  EuGH C-456/01 vom 29.4.2004, GRUR Int 2004, 631 *Tabs Henkel*; EuGH
     C-468/01 vom 29.4.2004, MarkenR 2004, 231 *Tabs Procter & Gamble*; EuGH
     C-473/01 vom 29.4.2004, GRUR Int 2004, 639 *Tabs Procter & Gamble II*.

Feststellung des Gerichts in Nr 63, dass der durch die Kombination von Form und Muster der streitgegenständlichen Tablette hervorgerufene Gesamteindruck es den angesprochenen Verkehrskreisen nicht ermögliche, zum Zeitpunkt der Kaufentscheidung die fraglichen Waren von solchen anderer Herkunft zu unterscheiden, wird von jenem Tatbestand nicht getragen.

116  Eine andere Frage, die offenbar im voraufgegangenen Beschwerdeverfahren eine Rolle gespielt hat, ist die, inwieweit das Augenmerk des Verbrauchers überhaupt auf die Formgebung einer Waschmitteltablette dieser Art gelenkt wird. Insoweit hat das Amt geltend gemacht, Tabletten für Wasch- oder Geschirrspülmaschinen würden vom Verbraucher aus ihrer Verpackung genommen, um sofort in die Maschine eingefüllt zu werden; der Verbraucher richte sein Augenmerk somit auf die Verpackung der Ware, die die Wortmarke des Herstellers trage, und nicht auf ihre genaue Form und Farbe, um sie beim späteren Einkauf wiederzuerkennen (Nr 32). Das mag für den – derzeitigen – Regelfall zutreffen, kann aber für die Beurteilung der Unterscheidungskraft einer Warenform nicht relevant sein, zumal diese auch auf der Verpackung abgebildet werden kann. In einer solchen Abbildung wäre eine Markenbenutzung iSv Art 9 zu sehen, weil sie der Herkunftsunterscheidung dient;[173] im umgekehrten Fall der Benutzung des in einer Bildmarke dargestellten Gegenstandes hatte schon das Deutsche Reichsgericht im Jahr 1939 in diesem Sinne entschieden.[174]

117  Bestätigt hat der Gerichtshof die von allen Vorinstanzen festgestellte fehlende Unterscheidungskraft des in eine Goldfolie verpackten und mit einem roten Halsband nebst Glöckchen versehenen kauernden Schokoladehasen, weil weder diese Einzelmerkmale noch der Gesamteindruck von dem Branchenüblichen erheblich abweichen.[175] In gleicher Weise ist die Zurückweisung der Form einer kreisrunden Uhr auf einer quadratischen Platte mit nach Art einer Briefmarkenperforation gezähnten Rändern bestätigt worden.[176]

118  Ein anderes Problem des zum Feststellen der Unterscheidungskraft faktisch ausschließlichen Abstellens auf die »Abweichung der Form von Norm und Üblichkeit« beleuchtet die Rechtsmittel-Entscheidung zum Bildzeichen der

---

173  EuGH C-063/97 vom 23.2.1999, GRUR Int 1999, 438 *BMW/Deenik.*
174  GRUR 1939, 799 *Grieneisen-Leuchter.*
175  EuGH C-98/11 vom 24.5.2012, GRUR 2012,925 (Nr 43 f) *Goldhase.*
176  EuGH C-453/11 vom 14.5.2012 (Nr 43) *Form einer Uhr mit Briefmarkenzähnung.*

Form eines Gitarrenkopfes.[177] Dem Anmelder-Einwand, das Erscheinungsbild von Gitarrenköpfen diene üblicherweise als Hinweis auf den Gitarren-
hersteller, begegnet der EuGH mit der Feststellung, dies sei nur deshalb so,
»weil das Erscheinungsbild einer ausreichenden Zahl dieser Waren oder ihrer
Elemente erheblich von der Branchennorm oder –üblichkeit abweicht«
(Nr 56).Das ist logisch nicht nachvollziehbar, weil in sich widersprüchlich.
Vor allem aber muss es möglich sein, die der Forderung nach *erheblicher* Abweichung zugrunde liegende Unterstellung, der Verkehr nehme manche
Markenformen anders wahr als etwa Wortmarken, für bestimmte Waren in
geeigneter Weise zu widerlegen. Denn wenn sich der Verkehr daran gewöhnt
hat, derzeit nicht-konventionelle Markenformen ebenso wahrzunehmen wie
Wort- und Bildmarken, dann gibt es keinen Grund mehr, zur Feststellung
ausreichender Unterscheidungskraft höhere Anforderungen von der Gat-
tungsnorm zu verlangen.[178]

Vom EuG wurde außerdem die Zurückweisung folgender Warenform- **119**
GMAen (bzw Nichtigkeit von GMn) wegen fehlender Unterscheidungskraft
bestätigt:
– Form einer Zigarre für Schokolade und Backwaren T-324/01 (und
  T-110/02) vom 30.4.2003, GRUR Int 2003, 944
– Form eines Seifenstücks T-063/01 vom 12.12.2002, MarkenR 2003, 77,
  bestätigt durch EuGH C-107/03 vom 23.9.2004, MarkenR 2004, 456
– Form eines Bonbons T-396/02 vom 10.11.2004, GRUR Int 2005, 322,
  bestätigt durch EuGH C-024/05 vom 22.6.2006, MarkenR 2006, 322
– Ovoide Geschirrspültablette T-194/01 vom 5.3.2003, GRUR Int 2003,
  754
– Form des BIC-Feuerzeugs T-262 und T-263/04 vom 15.12.2005
– Form einer Wurst T-15/05 vom 31.5.2006, GRUR Int 2006, 746
– Oberflächenrelief (Waffelmuster) T-283/04 vom 17.1.2007
– Form eines Mikrofonkorbs T-358/04 vom 12.9.2007, GRUR Int 2008,
  47
– Form einer Tasche T-73/06 vom 21.10.2008
– Form eines (roten) Lego-Steins T-270/06 vom 12.11.2008, GRUR Int
  2009, 508; bestätigt EuGH C-048/09 vom 14.9.2010
– Form eines Sonnenschutzdaches T-351/07 vom 17.12.2008

---

177  EuGH C-546/10 vom 13.9.2011 (Nr 56) *Gitarrenkopf.*
178  Vgl *Eisenführ*, »Muss das Publikum lernen, ein Zeichen als Marke zu erkennen?«
     in FS für Ullmann, juris 2006, S 175.

- Form einer Muschel T-8/08 vom 10.3.2009
- Form eines Parfümzerstäubers T-104/08 vom 5.5.2009, GRUR Int 2009, 920
- Brezelform aus Würsten T-449/07 vom 5.5.2009, GRUR Int 2009, 861
- Form einer Pinzette (Lochmuster) T-78/08 vom 11.6.2009
- Form eines Schokoladenriegels (Bounty) T-28/08 vom 8.7.2009
- Form eines Griffs (für ua Heckenscheren) T-391/07 vom 16.9.2009
- Form eines facettierten Motorgehäuses T-253 und 254/09 vom 9.12.2010
- Form eines Vibrators T-137/12 vom 18.1.2013
- Form eines manuellen Fliesenschneiders T-25/11 vom 29.1.2013
- Form einer Damenhandtasche T-409/10 vom 22.3.2013
- Form einer Damen-Tragetasche T-410/10 vom 22.3.2010

120  Die BKn des Amtes haben beispielsweise folgende dreidimensionale GMAen zurückgewiesen:
- Form einer Sicherheitsgurtschnalle HABM-BK R 142/1999-1 vom 15.11.1999
- Form eines Feuerlöschventils HABM-BK R 564/1999-1 vom 30.11.2000, ABl-HABM 2001, 1786
- Form eines Seifenspenders HABM-BK R 450/1999-3 vom 18.10.2000
- Form eines Feuerzeugs HABM-BK R 466/1999-3 vom 18.10.2000, Mitt. 2001, 314
- Form des »Schogetten«-Schokoladestücks HABM-BK R 203/2000-3 vom 8.3.2001, GRUR-RR 2001, 211
- Form eines Teebeutels HABM-BK R-319/2006-4 vom 16.5.2006
- Form eines Zweischicht-Bonbons HABM-BK R 1051/2005-4 vom 12.6.2006
- Form einer Wellenkupplung HABM-BK R 1198/2005-4 vom 5.7.2006 (bedenklich)
- Form eines Gehäusedeckels HABM-BK R 14/2006-1 vom 5.7.2006
- Form einer Trackball-Mouse HABM-BK R 419/2006-4 vom 25.7.2006
- Stoffgeflecht HABM-BK R 527/2009-4 vom 10.2.2010
- Form eines ovalen Ringes HABM-BK R 1296/2008-4 vom 1.3.2010
- Form eines elektrischen Geräts HABM-BK R 1064/2009-1 vom 7.5.2010 und HABM-BK R 1065/2009-1 vom 29.6.2010
- Form eines Lebensmittel-Behältnisses HABM-BK R 344/2010-2 vom 29.6.2010
- Formen von Shrimpslagen auf Tablett HABM-BK R 366 bids 369/2010-1 vom 8.7.2010

- Form eines Parfümflakons HABM-BK R 491/2010-4 vom 19.7.2010
- Form einer Gitarre HABM-BK R 1035/2004-1 vom 22.7.2010 (nach EuG T-317/05)
- Form einer Flasche HABM-BK R 1098/2009-2 vom 3.8.2010 (partiell)
- Form eines drahtlosen Ohrhörers HABM BK R 901/2010-4 vom 2.9.2010
- Form eines Getränkekartons HABM-BK R 1198/2009-2 vom 4.10.2010
- Schlüsselkopf mit Brillant HABM-BK R 995/2010-1 vom 28.10.2010
- Form eines 4-rippigen Teils HABM-BK R 1355/2010-1 vom 9.12.2010
- Herzförmiger Behälter HABM-BK R 1742/2010-4 vom 28.2.2011
- Form eines Bechers HABM-BK R 92/2011-4 vom 12.5.2011
- Form eines Getriebes HABM-BK R 2563/2010-2 vom 12.5.2011
- Form eines Glasbehälters mit Deckel HABM-BK R 1906/2010-4 vom 7.6.2011
- Form eines offenen Glasbehälters HABM-BK R 2093/2010-4 vom 7.6.2011
- Form einer Handtasche HABM-BK R 401/2011-2 vom 4.7.2011
- Form einer Spülmittelflasche HABM-BK R 2501/2010-1 vom 4.8.2011
- Form einer Verpackungshülse HABM-BK R 283/2011-4 vom 17.8.2011
- Form einer First- und Gratrolle HABM-BK R 185/2011-4 vom 24.8.2011
- Transmissionsriemen HABM-BK R 834/2011-2 vom 5.10.2011
- Formen von (Schaum-)Weinflaschen HABM-BK R 586 bis 588/2011-1 vom 8.10.2011
- Form einer Vaginalkugel HABM-BK R 615/2011-1 vom 17.11.2011
- Gestaltung einer farbwechselnden Eieruhr HABM-BK R 1027/2011-2 vom 21.11.2011
- Präsentationstisch in Form eines Taschenmessers HABM-BK R 177/2011-4 vom 21.11.2011
- Form einer offenen Schachtel HABM-BK R 892/2011-2 vom 7.12.2011
- Form einer kleinen Dose HABM-BK R 581/2011-5 vom 24.1.2012
- Form einer Schutzhülle (Schachtel) HABM-BK R 2579/2011-4 vom 8.5.2011
- Form einer elektrischen Lampe HABM-BK R 1730/2011-2 vom 25.5.2012
- Form eines Grills HABM-BK R 2451/2011-2 vom 7.6.2012
- Form einer Flasche HABM-BK R 1913/2011-1 vom 27.7.2012
- Formen von Steigbügeln HABM-BK R 241 und 1007/2012-4 vom 24.8. bzw 4.9.2012

- Form einer (ovalen) Glasflasche HABM-BK R 774/2012-4 vom 4.9.2012
- Form eines Koffers HABM-BK R 514/2012-2 vom 9.10.2012
- Form eines Fahrradsattels HABM-BK R 503/2012-1 vom 29.11.2012

121 Unverständlich ist die Zurückweisung einer als 3D-Marke angemeldeten Kunststoffplatte mit einer Fadeneinlage,[179] die nicht weniger originären Markencharakter haben dürfte als die etablierten Kabelkennfäden (siehe Art 4 Rdn 47) oder die zur Eintragung zugelassenen Webkantenfäden;[180] es handelt sich eigentlich um eine Positionsmarke (siehe Rdn 139).

122 Auch zahlreichen, für nicht ausreichend ungewöhnlich gehaltenen Flaschenformen wurde die Markeneintragung für die Ware Flaschen verweigert, vor allem aber als Verpackungsform für die Inhaltsware (siehe Rdn 131).

123 Hingegen wurden einer Gürtelschnalle,[181] waffelförmigen Zerealien[182] und Formen von Wertstoff-Sammelbehältern[183] ausreichend originäre Unterscheidungskraft zuerkannt, desgleichen der deutschen Brunneneinheitsflasche für die Ware Flaschen.[184] Auch der mit einem aus Punkten bestehenden Muster versehene Griff eines Messers wurde für Messerschmiedewaren, Gabeln und Löffel als dreidimensionale Warenform-Marke eingetragen.[185]

124 Aufgrund dreier Vorlagebeschlüsse des BGH zum Markencharakter der Formgestaltung eines Gabelstaplers,[186] von Stabtaschenlampen[187] und einer Uhr[188] hat der EuGH – den Schlussanträgen des Generalanwalts Ruiz-Jarabo Colomer folgend – wie schon im Fall »Philips/Remington« entschieden, dass bei der Beurteilung der Unterscheidungskraft von Warenform-Marken

---

179  HABM-BK R 490/2006-2 vom 5.9.2006 *Kunststoffplatte mit Faden.*
180  HABM-BK R 421/1999-2 vom 4.4.2001, ABl HABM 2002, 766 *Webkante*; HABM-BK R 174/2002-2 vom 1.8.2002, MarkenR 2002, 454 *Webkante.*
181  HABM-BK R 272/1999-3 vom 3.5.2000, ABl-HABM 2000, 1624 *Gürtelschnalle.*
182  HABM-BK R 565/1999-1 vom 22.9.2000, MarkenR 2000, 454 *Waffel.*
183  HABM-BK R 753/1999-1 vom 17.1.2001 *Wertstoffsammelbehälter.*
184  HABM-BK R 205/1998-2 vom 17.11.1999, GRUR Int 2000, 549 *Brunneneinheitsflasche.*
185  HABM-BK R 1091/2000-2 vom 31.10.2001, ABl-HABM 2002, 2106 *Messer.*
186  BGH GRUR 2001, 334.
187  BGH GRUR 2000, 888.
188  BGH GRUR 2001, 75.

kein strengerer Maßstab als bei anderen Markenformen anzulegen ist,[189] allerdings unter Berücksichtigung der unterschiedlichen Wahrnehmung von Warenformmarken durch den Verkehr; siehe auch Rdn 111. Jedoch seien dreidimensionale Marken, die aus der Form der Ware bestehen, neben der Prüfung auf das Vorliegen der – unüberwindbaren – absoluten Eintragungshindernisse des Art 3 (1) (e) MarkenRichtl (= Art 7 (1) (e) GMV)[190] ggf einer weiteren Prüfung auf das – mit Verkehrsdurchsetzung iSv Art 7 (3) überwindbare – Eintragungshindernis des Art 3 (1) (c) MarkenRichtl (= Art 7 (1) (c) GMV) hinsichtlich ihres möglicherweise beschreibenden Charakters zu unterwerfen. Bei letzterem sei das im Allgemeininteresse liegende Freihaltebedürfnis zu berücksichtigen; hierzu siehe Art 7 Rdn 13 f, 180.

Wohl in vermeintlicher Adaption dieser Rspr ist die Eintragung von Warenform-Marken (und Verpackungsform-Marken: siehe folgenden Abschnitt) durch das Amt – einschließlich seiner Beschwerdekammern – praktisch zum Erliegen gekommen. Dafür ist ein durchgreifender Grund nicht erkennbar. Zutreffend ist allerdings davon auszugehen, dass der Verkehr Besonderheiten von Warenformen im allgemeinen nicht als Hinweis auf eine bestimmte Herkunft der Ware ansehen wird, weil er an einen kennzeichnenden Einsatz derartiger Besonderheiten (noch) nicht gewöhnt ist.[191] Es ist daher richtig, im Rahmen der Prognose, ob eine Warenform im Verkehr herkunftsidentifizierend zu wirken geeignet ist, eine höhere Hürde als im Falle von Wort- oder auch Bildzeichen aufzurichten. Das hat der EuGH mit seiner Forderung nach einer »erheblichen Abweichung der Form von Norm und Branchenüblichkeit« getan[192] – im Gegensatz zu (zunächst) »jedem erkennbaren Unterschied«, dann »einem ungewöhnlichen, merklichen Unterschied« bei **125**

---

189  EuGH C-53//01 vom 8.4.2003, MarkenR 2003, 187 (Nr 49) *Linde, Winward und Rado.*

190  Vgl dazu HABM-BK R 808/2009-2 vom 26.1.2010 *Shape of an oven* und Art 7 Rdn 224 f.

191  Vgl Eisenführ, »Muss das Publikum lernen, ein Zeichen als Marke zu erkennen?« in FS für Ullmann, 2006, S 175.

192  Ständige Rspr; EuGH C-173/04 vom 12.1.2006, GRUR 2006, 233 (Nr 31) *Standbeutel*; Unterscheidungskraft bejaht: HABM-BK R 782/2010-2 vom 13.9.2010 (Nr 21) *Shape of a loudspeaker*; zunächst auch bejaht für die Form eines Bang & Olufsen-Lautsprechers: EuG T-460/05 vom 10.10.2007, GRUR Int 2008, 52 (Nr 42), jedoch zurückgewiesen aufgrund Art 7 (1) (e) (iii) durch EuG T-508/08 vom 6.10.2011 (Nr 60 f) *Form eines Lautsprechers* (Art 7 Rdn 220).

Wortzeichen.[193] Damit wird zugleich dem Ablehnungsargument der Design- oder Formenvielfalt Rechnung getragen, weil eine solche den Bereich unwesentlicher Abweichungen vergrößert.

126   Aber es geht zu weit, wenn beispielsweise einer erkennbar aus dem Rahmen fallenden Gestaltung eines mobilen Stromgenerators die markenrechtliche Unterscheidungseignung mit dem Argument abgesprochen wird, der Verkehr werde darin keine besondere und unübliche 3D-Marke sehen, sondern (nur) ein besonderes und unübliches Design.[194] Für diese Differenzierung gibt es keine rechtliche Grundlage, auch nicht durch Abs 1 (e) (iii), vgl Art 7 Rdn 219.

127   Im Übrigen sollten die Prüfer/innen und die Beschwerdekammern ihre Anforderungen an die »Erheblichkeit« der Formabweichungen vom Üblichen nicht überspannen und mit einer realistischen Beurteilung des Eindrucks beim relevanten Publikum, dessen Aufmerksamkeit und Informiertheit nicht unterschätzt werden sollte, zu einer lebensnahen und damit sachgerechten Prognose der Unterscheidungskraft von 3D-Marken kommen.[195]

### 7.6.3 Verpackungsform

128   Eine gewisse Sonderstellung nehmen Verpackungen ein, deren Formgebung ebenfalls Markenfunktion ausüben kann (siehe aber auch Art 7 Rdn 224–230). Dabei ist zu beachten, dass die von der Verpackungsform-Marke erfasste Ware die von ihr umhüllte ist, die produktbezogene Prüfung der Unterscheidungskraft der Formmarke also auf den Verpackungsinhalt und damit auf den von diesem angesprochenen Verkehr abzustellen hat. Dabei begründet beispielsweise die freie Benutzung von Standbeuteln für andere flüssige Lebensmittel die fehlende Unterscheidungskraft solcher Standbeutel für Fruchtsäfte,[196] die Prüfung der Formüblichkeit ist somit auf benachbarte Produktsektoren zu erstrecken. Verpackungen von amorphen Waren wie Flüssigkeiten, pastöse Massen, Schüttgüter uä stellen einen Be-

---

193   EuGH C-383/99 vom 20.9.2001, MarkenR 2001, 400 *Baby-Dry*; EuGH C-363/99 vom 12.2.2004, GRUR 2004, 674 *Postkantoor*.

194   HABM-BK R 218/2005-1 vom 15.9.2005 (Nr 16) *ROTER STROMGENERATOR*.

195   Als Negativbeispiel HABM-BK R 248/2005-1 vom 16.1.2006 *Tulpenform eines Flaschenverschlusses*.

196   EuGH C-173/04 vom 12.1.2006, GRUR 2006, 233 (Nr 32, 66) *Standbeutel*.

standteil der Ware dar.[197] Soweit andererseits eine flexible Verpackung die Ware eng anliegend umhüllt, ist die Verpackungsform der Warenform gleichzusetzen.[198]

Die Rspr hat inzwischen die Forderung nach erheblicher Abweichung von **129** Norm und Branchenüblichkeit generell auf Verpackungsformen ausgedehnt, betroffen sind namentlich Flaschenformen. Gerade dort ist nicht selten unklar, in welcher »Maßeinheit« die Abweichung bestimmt wird und ab wann sie als erheblich anzusehen ist. Apodiktische, aber nur vage und unvollständige Vergleichsfeststellungen zu Vergleichsformen, die zufällig erscheinen und die Aussagen nicht belegen, diskreditieren solche Entscheidungen,[199] vgl Art 7 Rdn 55. Und es verblüfft, mit welcher Leichtigkeit postuliert wird, eine Verpackung, also beispielsweise eine Schachtel, die die unübliche, aber vielleicht nicht ausreichend ungewöhnliche Form der darin untergebrachten Bonbons aufnimmt, werde vom Verkehr nicht als Orientierungsmerkmal für die Herkunftsunterscheidung angesehen.[200]

Bestätigt wurde vom HABM die Unterscheidungskraft der Granini-Flasche **130** für deren Inhalt[201] und vom EuG die der Vittel-Flasche[202] sowie einer transparenten, kopfstehenden Flasche mit weißem Verschluss für Reinigungsmittel,[203] die das HABM jeweils verneint hatte. Ebenso wurde einer Flasche mit rillenförmigen Streifen,[204] einer Babyflasche[205] und einer Parfümflasche[206] Unterscheidungskraft zuerkannt. Auch ein vielflächiger Glasbehälter für Kaffee, Suppen uä, der »von oben gesehen an einen geschliffenen Edelstein erinnert«, wurde als Verpackungsform-GM eingetragen, zumal in elf Mitgliedstaaten Voreintragungen bestanden.[207]

---

197  EuGH C-218/01 vom 12.2.2004, GRUR 2004, 428 *Henkel.*
198  EuG T-336/08 vom 17.12.2010, GRUR 2011, 425 (Nr 18) *Goldhase.*
199  HABM-BK R 1913/2011-1 vom 27.7.2012 (Nr 16) *Form einer Flasche.*
200  HABM-BK R 542/2011-1 vom 19.1.2012 (Nr 24) *Ovale Form.*
201  HABM-BK R 139/1999-1 vom 4.8.1999, MarkenR 1999, 366 *Granini-Bottle.*
202  EuG T-305/02vom 3.12.2003, GRUR Int 2004, 326 *Nestle-Flasche.*
203  EuG T-393/02 vom 24.11.2004, Mitt. 2005, 229 *Kopfflasche.*
204  HABM-BK R 321/2000-3 vom 4.4.2001.
205  HABM-BK R 337/2000-1 vom 19.12.2000.
206  HABM-BK R 476/2001-3 vom 7.8.2001.
207  HABM-BK R 739/1999-1 vom 13.2.2001, ABl-HABM 2002, 42 *Parfümflasche.*

**131**  Demgegenüber wurden zahlreiche Flaschenformen für Wein, Spirituosen, Öl, Ketchup, Senf sowie Wasch- und Spülmittel mangels Unterscheidungskraft für nicht eintragbar gehalten, so eine Flasche für alkoholfreie Getränke,[208] zwei Weinflaschen,[209] eine hellblaue Mineralwasserflasche,[210] die »Berentzen-Flasche«,[211] eine Likörflasche (»GODET«),[212] ein Senf-»Tönnchen«,[213] die Guhl-Flasche,[214] die Heinz-Flasche (Ketchup),[215] die ILLVA SARONNO-Flasche (Mandellikör)[216] und geriffelte Ölbehälter (Flasche und Kanister).[217] Keinen Erfolg hatte die Beschwerde gegen die Ablehnung eines flaschenartigen Gefäßes mit einem roten Verschluss.[218] Zurückgewiesen wurde auch die als Kollektivmarke angemeldete Bocksbeutel-Flasche.[219] Die Ablehnung von GMAen für die mattschwarz und weiß besandeten Freixenet-Flaschen für Schaumwein wurde vom EuG bestätigt, jedoch vom EuGH aufgehoben[220] (siehe Art 7 Rdn 141). Auch die Zurückweisung einer GMA für die Form einer Käseschachtel,[221] ferner einer GMA für die Form einer Limonadenflasche, für eine Schokoladenverpackung in Goldbarrenform, für einen zylindrischen Parfüm-Zerstäuber und für eine Bierflasche hat das Gericht bestätigt.[222] Das gegen gleichartige Entscheidungen des EuG

---

208  HABM-BK R 558/2000-1 vom 26.10.2001.

209  HABM-BK R 815/1999-1 vom 7.3.2001; HABM-BK R 464/1999-3 vom 28.6.2000.

210  HABM-BK R 377/1999-1 vom 25.7.2000.

211  HABM-BK R 052/1999-1 vom 10.3.2000.

212  HABM-BK R 752/1999-2 vom 17.11.2000.

213  HABM-BK R 263/1999-3 vom 13.4.2000, NJWE-WettbR 2000, 244.

214  HABM-BK R 355/1999-3 vom 22.6.2000.

215  HABM-BK R 488/1999-2 vom 3.8.2000.

216  HABM-BK R 805/2009-1 vom 3.2.2010 *Shape of a bottle* (ILLVA SARONNO).

217  HABM-BK R 055/1998-2 vom 14.12.1998; HABM-BK R 60/1998-2 vom 14.12.1998.

218  HABM-BK R 183/2011-1 vom 15.9.2011 *Flasche mit rotem Verschluss.*

219  HABM-BK R 479/2004-1 vom 25.4.2006 *Bocksbeutel-Flasche.*

220  EuG T-188/04 und 190/04 vom 4.10.2006, EuGH C-344/10 und 345/10 vom 20.10.2011, GRUR 2012, 610 (m Anm *Rohnke*) *Freixenet-Flaschen.*

221  EuG T-360/03 vom 23.11.2004, GRUR Int 2005, 329 *Käseschachtel.*

222  EuG T-012/04 vom 30.11.2005, GRUR Int 2006, 136 *Almdudler-Flasche*; EuG T-110/02 vom 30.4.2003, GRUR Int 2003, 944 *Goldbarren*; EuG T-104/08 vom 5.5.2009 *Zerstäuber*; EuG T-323/11 vom 12.7.2012 *Bierflasche.*

in Bezug auf Standbeutel für Fruchtsäfte, für eine Bierflasche mit einer Zitronenscheibe im langen Hals, für die Form einer Ketchupflasche und für eine Zigarettenschachtel mit abgerundeten Längskanten von der jeweiligen Anmelderin eingelegte Rechtsmittel hat der EuGH zurückgewiesen.[223]

Als Verpackungsform ist auch eine transparente (Waschmittel-)Kugel anzusehen, die eine grüne Flüssigkeit enthält, und die als banal und gewöhnlich abgelehnt wurde[224] (siehe auch Art 7 Rdn 125). **132**

Weil es sich bei der Verpackung jedenfalls bei nicht-amorpher Ware um einen von der verpackten Ware unabhängigen Gegenstand handelt, erscheint die markenrechtliche Gleichbehandlung ihrer Formgebungen aus dogmatischen Gründen keineswegs zwingend, jedoch haben der Rat und die Kommission in ihren gemeinsamen Protokollerklärungen anlässlich der Annahme der GMV am 20.12.1993 ihrer Auffassung Ausdruck gegeben, dass bei verpackten Waren der Ausdruck »Form der Ware« in Abs 1 (e) auch die Verpackung umfasst[225] (Art 7 Rdn 224). Aber auch für die Unterscheidungskraft der Formgebung einer Verpackung gilt, dass sie nur dann als originär gegeben unterstellt werden kann, wenn die Form erheblich von der Norm oder der Branchenüblichkeit abweicht.[226] Dabei ist insbesondere bei Flaschen sowie anderen Behältnissen für Flüssigkeiten und ähnliche Waren der Warenbezug zu beachten: Ein für Mineralöl gebräuchlicher Kanister mag für Wein oder Spirituosen auf Grund seiner dortigen Ungewöhnlichkeit und des großen Warenabstandes originäre Unterscheidungskraft besitzen. **133**

Sofern die Marke nicht von der Form, sondern einer anderen Eigenschaft der Verpackung gebildet sein soll, handelt es sich um eine Aufmachung der Verpackung (Art 7 Rdn 139 f). Das gilt neben der oben separat besprochenen Verpackungsfarbe (Art 7 Rdn 105) beispielsweise auch für die Oberflä- **134**

---

223 EuGH C-286/04 vom 30.6.2005, GRUR Int 2005, 823 *Coronita-Flasche*;
C-173/04 vom 12.1.2006, GRUR 2006, 233 *Standbeutel*; EuGH C-238/06
vom 25.10.2007, GRUR Int 2008, 135 *Develey-Flasche*; EuGH C-497/07
vom 27.6.2008 *Zigarettenschachtel*.
224 HABM-BK R 134/2001-1 vom 4.3.2002, ABl-HABM 2002, 2182 *Waschmittel
(Kugel, grün)*.
225 Abgedruckt in Anlage 5, (B) (5).
226 EuGH C-218/01 vom 12.2.2004, GRUR 2004, 428 (Nr 49) *Henkel*.

chengestaltung (Textur) von Flaschen, welche Gegenstand eines bis zum Gerichtshof geführten Eintragungsverfahrens war[227] (siehe Art 7 Rdn 141).

### 7.7 Hörmarken

135 Klang-, Geräusch- oder Schallmarken, die allein den Hörsinn des Menschen ansprechen, begegnen eher dem Problem ihrer grafischen Darstellbarkeit, die eine normative Schutzvoraussetzung und auch Eintragungshindernis unter Abs 1 (a) ist (Art 4 Rdn 25, 53–55), als absoluten Eintragungshindernissen wie dem der fehlenden Unterscheidungskraft, obschon anzunehmen ist, dass beispielsweise dem Gackern eines Huhnes in Bezug auf (Hühner-)Eier keine Unterscheidungskraft zukommt. Einschlägige Entscheidungen der europäischen Gerichte zur Unterscheidungskraft von Hörmarken sind nicht bekannt geworden.

136 Die Zurückweisung des als Hörmarke angemeldeten gesprochenen Slogans »Arzneimittel Ihres Vertrauens: HEXAL« durch den Prüfer wurde von der BK aufgehoben, die Sonagramm-Darstellung als ausreichend angesehen und festgestellt, dass diese Hörmarke in Bezug auf die Anmeldewaren, nämlich Arzneimittel und medizinische Produkte, Unterscheidungskraft iSv Abs 1 (b) besitzt, die sich allerdings nur auf die Schallfolge bezieht und sich nicht auf den geschriebenen Text erstreckt.[228] Zur Zulassung der graphischen Markendarstellung durch ein Sonagramm siehe Art 4 Rdn 25 und die BK-Entscheidung zur GMA »Löwengebrüll« auf der Grundlage eines solchen.[229]

### 7.8 Geruchsmarken

137 Mit seinem auf einen Vorlagebeschluss des BPatG[230] ergangenen Urteil vom 12.12.2002[231] hat der EuGH auf der Grundlage der von ihm festgelegten

---

227 C-344 und 345/10 vom 20.10.2011, GRUR 2012, 610 (m Anm *Rohnke*) *Freixenet-Flaschen.*

228 HABM-BK R 295/2005-4 vom 8.9.2005 *HEXAL*, Besprechung in MarkenR 2005, 541.

229 HABM-BK R 781/1999-4 vom 25.8.2003, GRUR Int 2004, 333 *Geräuschmarke.*

230 BPatG GRUR 2000, 1044 *Riechmarke.*

231 EuGH C-273/00 vom 12.12.2002 MarkenR 2003, 26, *Sieckmann/Geruchsmarke*, siehe auch die Schlussanträge des Generalanwalts *Ruíz-Jarabo Colomer* vom 6.11.2001.

Anforderungen und der derzeit bestehenden Dokumentationsmöglichkeiten die graphische Darstellbarkeit von Geruchsmarken und damit deren Markenfähigkeit iSv Art 4 verneint (Art 4 Rdn 26, 56–60). In seiner jüngeren Entscheidung »Duft einer reifen Erdbeere« hat sich das EuG davon vorsichtig distanziert und es als nicht völlig ausgeschlossen bezeichnet, dass ein Riechzeichen Gegenstand einer Beschreibung sein kann, die alle Voraussetzungen des Art 4 in seiner Auslegung durch die Rechtsprechung erfüllt.[232] Ähnlich hatte sich eine BK des Amtes bezüglich einer Farbcode-Darstellung eines Geruchs geäußert, aber die betroffene GMA gleichwohl zurückgewiesen.[233]

Derzeit kann die originäre Unterscheidungskraft von olfaktorischen Marken an sich dahinstehen. Bei der umstrittenen Eintragung der Geruchsmarke »The smell of fresh cut grass« für Tennisbälle wurde sie vom Amt bejaht.[234] Im Falle »Der Duft von Himbeeren« ist sie für Brenn- und Kraftstoffe verneint worden; mit der in ihrer Pauschalität nicht einleuchtenden Begründung, der Verkehr werde darin nur eine »Parfümierung« der Ware sehen.[235] Ist das nicht der Sinn und Zweck jeder Geruchsmarke? Richtig aber ist, dass beispielsweise die Geruchsverbesserung von Lampenöl üblich und daher zu unterstellen ist, dass jedenfalls insoweit der Verkehr in einem vom Eigengeruch dieser Ware abweichenden Geruch – noch dazu einem angenehmen – keinen Ursprungshinweis sehen wird, sofern die Verbraucher nicht »gelernt« haben, in dem abweichenden Geruch einen solchen Hinweis zu erkennen.

138

### 7.9 Aufmachung (ua Positionsmarken)

Die in Art 4 aufgeführte Markenform »Aufmachung der Ware« ist inhaltlich nicht eindeutig definiert. Zur Aufmachung gehört gewiss die – hinsichtlich ihrer Formgebung vorstehend bereits erörterte – Verpackung, jedoch gehören dazu auch Musterungen oder Farbgebungen der Ware selbst oder Zutaten wie Anhänger, Bänder, Aufkleber usw, einschließlich der sogenannten

139

---

232  EuG T-305/04 vom 27.10.2005, GRUR 2006, 327 (Nr 28) *Geruch einer frischen Erdbeere.*

233  HABM-BK R 186/2000-4 vom 19.1.2004, MarkenR 2004, 315 *Geruchs-Farbcode.*

234  HABM-BK R 156/1998-2 vom 11.2.1999, WRP 1999, 681 *The smell of fresh cut grass.*

235  HABM-BK R 711/1999 vom 5.12.2001, GRUR 2002, 348 *Der Duft von Himbeeren.*

Positionsmarken (siehe Art 4 Rdn 45). Diesen wird konkrete Unterscheidungskraft von Haus aus nur dann fehlen, wenn es sich um übliche, namentlich nur als schmückend angesehene oder funktionale Attribute wie Verschlussmittel und dergleichen handelt. Wendelstreifen auf einem Schlauch,[236] ein umgekehrtes »Y« auf dem Bund von Unterhosen[237] und die Anordnung von 5 Rippen am Rand von optischen Linsen[238] sind zur Eintragung zugelassen worden, ferner ein mäanderförmig erscheinender, farbiger Webkantenfaden.[239] Auch ein roter Punkt auf einer Schere wurde als Ausstattungsmarke eingetragen,[240] ferner die Rotfärbung der Schuhsohle von »high heels«.[241] Die Zurückweisung eines bloßen Ausrufezeichens aber wurde vom EuG bestätigt.[242]

140   Einem das Ergebnis eines besonderen Herstellverfahrens bildenden Glasmuster (Ornamentglas) ist mangels originärer Unterscheidungskraft die Eintragung versagt worden;[243] diese Auffassung hat das EuG bestätigt, aber die Beschwerdeentscheidung auf Grund eines Verfahrensfehlers gleichwohl aufgehoben.[244] Der EuGH hat ebenfalls fehlende Unterscheidungskraft festgestellt.[245] Versagt wurde auch die Anordnung einer Dreiecksform in einer Regalkante[246] sowie die Gelbfärbung des Spitzenbereichs eines kegelförmigen Filters (angemeldet als 3D-Marke),[247] ebenfalls die Orangefärbung von

---

236  HABM-BK R 177/1999-2 vom 13.6.2000; ein farbig abgesetzter Längsstreifen aber zurückgewiesen: HABM-BK R 1243/2009-4 vom 21.4.2010 *Schwarzer Schlauch mit gelben Längsstreifen.*

237  HABM-BK R 608/1999-3 vom 29.5.2000.

238  HABM-BK R 448/1999-2 vom 21.3.2001.

239  HABM-BK R 421/1999-2 vom 4.4.2001, ABl-HABM 2002, 766 *Webkante*; siehe auch HABM-BK R 174/2002-2 vom 1.8.2002, MarkenR 2002, 454 *Webkante.*

240  HABM-BK R 983/01-3 vom 20.11.2002, Mitt 2003, 218 *Roter Punkt.*

241  HABM-BK R 2272/2010-2 vom 16.6.2011 *SEMELLE ROUGE.*

242  HABM-BK R 1134/2007-1 vom 26.11.2007; EuG T-75/08 vom 30.9.2009 *Ausrufezeichen.*

243  HABM-BK R 137/2000-1 vom 30.11.2000, ABl-HABM 2001, 1263 *Glasmuster.*

244  EuG T-036/01 vom 9.10.2002, ABl-HABM 2002, 2558 *Glasmuster.*

245  EuGH C-445/02 vom 28.6.2004, MarkenR 2004, 449 *Glasmuster.*

246  HABM-BK R 330/2003-1 vom 8.9.2004 *Dreieckseinsatz.*

247  EuG T-201/06 vom 10.9.2008 *Filter mit gelber Spitze.*

Strumpfspitzen als Positionsmarke[248] und ein kleines Herz am Rand einer Hosen-Gesäßtasche.[249] Verständlich ist die Zurückweisung eines neutralen, unbedruckten Papierfähnchens, das am Bein einer Spielzeugpuppe oder eines Spielzeugtieres anzubringen ist, weil sich das nicht von einem Preis-Anhänger unterscheidet.[250]

Erfolg hingegen hatte die spanische Schaumwein-Herstellerin Freixenet mit **141** Anmeldungen für zwei Flaschen gleicher Form und gleich matter, aber im einen Fall schwarzer, im anderen Fall weißer Oberflächengestaltung. Letztere nimmt, so die Beschreibung, im Füllzustand eine mattgoldene Farbe an, und so lautet auch die Farbangabe. Nach zwei Beschwerdeverfahren, zwischen denen das EuG die erste zurückweisende Beschwerdeentscheidung aus formalen Gründen aufgehoben hatte, bestätigte das Gericht die wiederholte Zurückweisung. Im Rechtsmittelverfahren wurde sie vom Gerichtshof aufgehoben, weil das Gericht das auch hier entscheidende Kriterium für ausreichende Unterscheidungskraft, nämlich die erhebliche Abweichung eines vom Erscheinungsbild der mit der Marke gekennzeichneten Ware nicht unabhängigen Zeichens von der Branchennorm oder –üblichkeit, zwar richtig wiedergegeben, aber statt dessen Prüfung die Zurückweisung darauf gestützt habe, dass keine Flasche ohne Etikett mit einem Wortelement verkauft werde und die Mattierung des Flaschenglases für Schaumwein im Hinblick auf die maßgeblichen Verkehrskreise »als Marke funktionieren« könne, wenn sie nicht in Verbindung mit einem Wortelement verwendet würde.[251] Damit dürfte jene an hergebrachten Kennzeichnungsvorstellungen orientierte Beurteilung erledigt sein. Allerdings weist *Rohnke* unabhängig davon zutreffend darauf hin, dass diese Entscheidung den Eindruck erweckt, der EuGH wolle das Tatbestandsmerkmal »erhebliche Abweichung«, das bislang nur als notwendige Voraussetzung galt, allein für die Bejahung ausreichender Unterscheidungskraft genügen lassen und die zuvor als hinreichend angesehene weitere Voraussetzung der konkreten Verkehrsauffassung ausblenden.

Positionsmarken (Art 4 Rdn 45) bestehen aus einem Markenelement einer **142** Markenform oder deren mehrerer, beispielsweise einer farbigen Grafik, das

---

248 C-429/10 vom 16.5.2011, GRUR Int 2011, 720 *Orangefarbige Strumpfspitze.*
249 HABM-BK R 238/2010-2 vom 20.3.2010 *Herz auf Gesäßtasche.*
250 HABM-BK R 2322/2011-1 vom 27.9.2012 *Papierfähnchen.*
251 C-344 und 345/10 vom 20.10.2011, GRUR 2012, 610 (m Anm *Rohnke*) *Freixenet-Flaschen.*

an einer bestimmten Stelle auf der Ware angebracht ist. Wenn das Marken-element für sich genommen über keine originäre Unterscheidungskraft ver-fügt, kann es durch die Verbindung mit der Ware hinsichtlich der Position (und der Größenrelation) Unterscheidungskraft gewinnen.[252] Als Anschau-ungsbeispiele mögen die drei Beschwerdefälle »Feld auf Tür I bis III« dienen, denen rote Bedienelemente in unterschiedlicher Konfiguration und Anord-nung auf Laborschränken u dgl zugrunde lagen.[253] Die Zurückweisung in allen Fällen weckt Zweifel, jedenfalls hinsichtlich eines in der freien oberen Türecke aufgesetzten Bedienfeldes in Form eines roten ungleichschenkligen Dreiecks (III). Letzteres dürfte losgelöst von der Schranktür tatsächlich keine Unterscheidungskraft haben. Aber an der beanspruchten Position ist es ein merkfähiger Eye-catcher, dem nur dann ausreichende Unterscheidungskraft abgesprochen werden kann, wenn diese Bedienfeld-Position üblich sein soll-te, was die Beschwerdebegründung gerade nicht festgestellt hat (Nr 21).

143  Abgelehnt wurde die Markeneintragung für Ziernähte auf einer Jeans-Hosen-tasche. Die insoweit ergangenen BK-Entscheidungen verdienen keinen Beifall, ihrer Begründung ist nicht zu folgen.[254] Es trifft nicht zu, dass die auf einer Gesäß-Hosentasche angebrachten Ziernähte »per se nicht geeignet sind«, Jeanshosen eines Herstellers von denen eines anderen zu unterschei-den. Tatsächlich handelt es sich um Marken im klassischen Sinne – wie wei-land (und heute noch) die Brandzeichen auf den Hinterflanken von Rin-dern. Die gleichwohl die konkrete Unterscheidungskraft der Ziernaht oder andersartiger Applikationen verneinenden Begründungen der Beschwerde-kammern sind nicht nachvollziehbar. Schon das Anerkenntnis, dass ein »ge-ringfügig phantasievolles Merkmal« vorliegt, verbietet es, die Unterschei-dungskraft iSv Abs 1 (b) zu verneinen (siehe Art 7 Rdn 51); es sei denn, man wollte an unterschiedliche Markenformen – etwa aus den oben unter Art 7 Rdn 53 ausgesprochenen Gründen – unterschiedliche Anforderungen hin-sichtlich ihrer Unterscheidungskraft stellen. Das hat jedoch das EuG wieder-

---

252  *Schell* in GRUR-Prax 2012, 201/203; unzutreffend die pauschale Verneinung in HABM-BK R 1674/2010-1 vom 31.3.2011 (Nr 12) *Pair of strips on the back of a garment.*

253  HABM-BK R 1214 bis 121/2010-4 vom 8.3.2011 *Feld auf Tür II, I, III.*

254  HABM-BK R 088/1998-2 vom 11.11.1999, MarkenR 2000, 110 *Hosentasche* (Hugo Boss); HABM-BK R 108/2000-1 vom 19.1.2001, Mitt 2001, 273 *M-för-mige Steppnähte*; HABM-BK R 919 und 920/2012-4 vom 24.9.2012 *Device of stitching on rear pocket of jeans.*

holt sowohl für Bild- als auch für Formmarken ausgeschlossen.[255] Dennoch hat es sich der BK-Auffassung zur Unterscheidungskraft von Ziernähten auf Hosentaschen angeschlossen.[256]

Die BK-Entscheidung »Positionsmarke auf Sportschuh«[257] ließ zunächst eine **144** Korrektur jener Rspr erkennen, die dieselbe BK in anderer Besetzung mit ihrer späteren Zulassung einer ähnlichen Positionsmarke bestätigte.[258] Um so unverständlicher, dass sie zwischenzeitlich eine wiederum ähnliche Streifenmarke wegen fehlender Unterscheidungskraft zurückwies,[259] mit der Bezugnahme auf die ausschließliche Gesetzesbindung (Nr 16) lässt sich eine solche willkürlich erscheinende Entscheidungspraxis nicht rechtfertigen. Verständlicher ist allerdings die Zurückweisung einer Positionsmarke für Längsrillen auf Rohren, weil diese vom Verkehr eher als technisch veranlasst angesehen werden.[260]

Tatsächlich kommt es nach wiederholten Feststellungen des EuG nicht auf **145** einen Phantasieüberschuss, sondern allein auf die Eignung zur Herkunftsunterscheidung an.[261] Diese kann nicht mit dem Argument verneint werden, es sei eine genaue Inaugenscheinnahme der Marke notwendig, um jenes »geringfügig phantasievolle Merkmal« zu entdecken.[262] Denn es ist ein Charakteristikum von Positionsmarken, dass der Verkehr an ihre Anordnung an einem bestimmten Teil der Ware gewöhnt ist, was die Jeansnähte-Beschwerdeführer nachdrücklich, aber im Allgemeinen erfolglos vorgetragen haben;[263]

---

255 EuG T-030/00 vom 19.9.2001 (Nr 48) *Waschtablette/Bildmarke*; EuG T – 337/99 vom 19.9.2001 (Nr 45) *Waschmitteltabs*.
256 EuG T-388/09 vom 28.9.2010 *Kreuzende Kurven auf Hosentasche*.
257 HABM-BK R 938/2000-1 vom 7.5.2002, MarkenR 2002, 430 *Positionsmarke auf Sportschuh*.
258 HABM-BK R 306/2007-1 vom 26.9.2007 *Streifen auf Sportschuh*.
259 HABM-BK R 1109/2004-1 vom 26.9.2005 *5 Streifen auf Sportschuh*, desgl HABM-BK R 174/2011-2 vom 30.10.2012, angefochten EuG T-85/13.
260 HABM-BK R 247/2007-1 vom 4.12.2007 *Positionsmarke Rohrrillen*.
261 EuG T-079/00 vom 27.2.2002, ABl-HABM 2002, 1068 (Nr 30) *Lite* mwN.
262 HABM-BK R 088/1998-2 vom 11.11.1999, MarkenR 2000, 110 (Nr 11) *Jeanstasche*; HABM-BK R 108/2000 vom 19.1.2001, Mitt 2001, 273 (Nr 11) *M-förmige Steppnähte*.
263 In HABM-BK R 730/2009-4 vom 11.1.2010 (Nr 11 f) *A device of a pocket* anerkannt, aber gleichwohl (unlogisch) verworfen; vgl auch HABM-BK R 868/2009-4 vom 29.7.2010 *A device of a pocket*.

in der Sache »M-förmige Steppnähte« hat die HABM-BK schlicht ihre Tatsachenbehauptung, der angemeldeten Marke fehle die Kapazität, von den Verbrauchern erkannt zu werden und als kennzeichnender Herkunftshinweis zu wirken, an die Stelle jenes Beschwerdevortrags gesetzt (Nr 12). Ein ähnlicher Vorwurf muss die ablehnende Entscheidung zu einer als 3D-Marke angemeldeten Kunststoffplatte mit eingelegtem (Kenn-)Faden treffen.[264] Und die neue 5. BK verwendet erheblichen sprachlichen Aufwand auf Überlegungen, welche Erwägungen die Benutzer von Kochtöpfen und Pfannen anstellen mögen, in einem umfänglich in die Außenwand solchen Geräts eingelassenen Ring aus Kupfer als lediglich technischen oder gestalterischen Zwecken dienendes Attribut zu sehen, statt ihn wegen seiner Besonderheit als Kennzeichen wahrzunehmen; mit der Realität modernen Marketings und des davon beeinflussten Verbraucherverhaltens hat das nichts zu tun.[265]

## 8 Beschreibende Angaben

**146**  Bei den gemäß Abs 1 (c) von der Eintragung ausgeschlossenen »Zeichen oder Angaben« geht es um solche, die üblicherweise pauschal »beschreibende Angaben« genannt werden. Es handelt sich um eindeutige Bezeichnungen der angemeldeten Produkte oder ihrer Eigenschaften, also verkehrsüblich formulierte Attribute (»sonstige Merkmale«). Die ursprünglich geforderte Unmittelbarkeit des Beschreibens hat die Rspr dadurch aufgeweicht, dass sie es als für den Eintragungsausschluss ausreichend ansieht, wenn das fragliche Zeichen zu den von ihm erfassten Waren oder Dienstleistungen einen hinreichend direkten und konkreten Bezug aufweist, der es dem betreffenden Publikum ermöglicht, unmittelbar und ohne weitere Überlegung eine Beschreibung der in Rede stehenden Waren oder Dienstleistungen oder eines ihrer Merkmale zu erkennen.[266]

**147**  Nicht erforderlich ist im Hinblick auf die Formulierung »dienen können«, dass solche Angaben bereits zur Bezeichnung bestimmter Charakteristika der Produkte benutzt werden; es genügt die potentielle Eignung.[267] Es bedarf

---

264  HABM-BK R 490/2006-2 vom 5.9.2006 *Kunststoffplatte mit Faden.*

265  HABM-BK R 902/2011-5 vom 25.1.2012 (Nr 25 f) *Kochgerät mit Kupferring.*

266  EuG T-19/04 vom 22.6.2005, GRUR Int 2005, 842 (Nr 25) *Paperlab.*

267  EuGH C-108/97 vom 4.5.1999, GRUR 1999, 723 = MarkenR 1999, 189 *Chiemsee* zu einer in Art 7 (1) (c) gleichrangig aufgeführten geographischen Herkunftsangabe.

ferner keines konkreten, aktuellen oder ernsthaften Freihaltebedürfnisses (Art 7 Rdn 152 f) zugunsten Dritter, nicht mangelnder Verfügbarkeit anderer Begriffe und auch nicht einer tatsächlichen Verwendung als beschreibende Angabe.[268] Für eine Entwicklung der fraglichen Bezeichnung zu einer beschreibenden Angabe müssen aber klare Indizien vorliegen, bloße Spekulationen reichen nicht aus. Allerdings greift der Eintragungsausschluss nur dann, wenn die angemeldete Marke *ausschließlich* aus einer solchen, bestimmte Merkmale der angemeldeten Produkte im obigen Sinne bezeichnenden Angabe – oder mehreren solchen Angaben – besteht; Näheres Art 7 Rdn 163.

Im frühen Rechtsmittelfall »Baby-Dry« hat der EuGH festgestellt, dass unter 148 Abs 1 (c) solche Zeichen und Angaben fallen, die im normalen Sprachgebrauch nach dem Verständnis der angesprochenen Verkehrskreise dazu dienen können, die angemeldeten Waren oder Dienstleistungen entweder unmittelbar oder durch Hinweis auf eines ihrer wesentlichen Merkmale zu bezeichnen. Denn solche Zeichen und Angaben werden von der Verordnung als ihrem Wesen nach ungeeignet angesehen, die Herkunftsfunktion der Marke zu erfüllen, sofern sie nicht gemäß Abs 3 Unterscheidungskraft durch Benutzung erlangen.[269] Das EuG hat daraus die in ständiger Rechtsprechung benutzte Formel entwickelt, dass ein Zeichen nur dann unter das in jener Vorschrift vorgesehene Verbot falle, wenn es einen hinreichend direkten und konkreten Zusammenhang mit den fraglichen Waren oder Dienstleistungen aufweist, der es den betroffenen Verkehrskreisen ermöglicht, sofort und ohne weiteres Nachdenken eine Beschreibung der fraglichen Art von Waren oder Dienstleistungen oder eines ihrer Merkmale wahrzunehmen.[270] Daraus ergibt sich, dass der beschreibende Charakter eines Zeichens nur in Bezug auf die betroffenen Waren und Dienstleistungen sowie unter Berücksichtigung des Verständnisses beurteilt werden kann, das die angesprochenen Verkehrskreise von ihm haben.[271]

---

268  EuGH C-80/09 vom 5.2.2010, GRUR Int 2010, 503 (Nr 37, 38) *Patentconsult.*

269  EuGH C-383/99 vom 20.9.2001, MarkenR 2001, 400 *Baby-Dry.*

270  EuG T-334/03, GRUR Int 2005, 428 (Nr 25) *Europremium*; vom HABM angefochten (C-121/0), worauf die GMA zurückgenommen wurde; EuG T-160/07 vom 8.7.2008 (Nr 41); bestätigt EuGH C-408/08 vom 25.2.2010, GRUR 2010, 931 *COLOUR EDITION.*

271  EuG T-356/00 vom 20.3.2002, GRUR Int 2002, 751 (Nr 26) *Carcard*; ständ Rspr.

149  Soweit der beschreibende Charakter eines Zeichens sich nur auf einen Teil einer Kategorie des VerzDWL bezieht, erstreckt sich der Schutzausschluss gleichwohl auf die gesamte Kategorie, weil anderenfalls der Markeninhaber nicht gehindert wäre, die Marke auch in Bezug auf diejenigen Waren oder Dienstleistungen dieser Kategorie geltend zu machen, für die sie beschreibend ist.[272]

150  Es liegt auf der Hand, dass sich beschreibender Charakter in Wortzeichen darstellt (vgl die hier nicht wiederholte Zusammenstellung in Rdn 71). Aber nicht ausschließlich: Mit seinen Vorlagebeschlüssen zu den vom DE-BPatG zurückgewiesenen Warenformzeichen-Anmeldungen eines Gabelstaplers, von Stabtaschenlampen und einer Armbanduhr fragte der BGH den EuGH ua, ob solche Zeichen neben der Prüfung auf das Eintragungshindernis der lit (e) zusätzlich auf das der lit (c) geprüft werden müssten. Das hat der EuGH bejaht.[273] Für Bildzeichen kann nichts anderes gelten, wenn auch die Gerichte einschlägige Fälle regelmäßig allein unter fehlender Unterscheidungskraft behandeln.[274]

151  Im »Streamserve«-Fall, in dem es um ein Rechtsmittel gegen die vom EuG bestätigte Abweisung dieser Anmeldung durch das Amt ging, hat die Anmelderin an die von Generalanwalt *Jacobs* im »Baby-Dry«-Fall vertretene Auffassung erinnert, dass Abs 1 (c) nicht darauf abziele, jeder Monopolisierung gewöhnlicher beschreibender Ausdrücke vorzubeugen, sondern die Eintragung beschreibender Marken zu vermeiden, für die kein Schutz gewährt werden könne (Nr 78); das vom Gericht angewandte Kriterium sei also zu streng. Darauf antwortete der EuGH mit der schon im »Chiemsee«-Fall[275] benutzten und inzwischen ständige Rechtsprechung gewordenen Formel, Abs 1 (c) verfolge das im Allgemeininteresse liegende Ziel, dass solche Zeichen oder Angaben von allen frei verwendet werden können, die im Verkehr zur Bezeichnung von Merkmalen der Waren oder Dienstleistungen dienen können, für die die Eintragung beantragt wurde.[276]

---

272  EuG T-304/06 vom 9.7.2008 (Nr 92 mwN) *Mozart*; dass der Markeninhaber nicht an der *Verwendung* der Marke gehindert wäre, dürfte ein Missgriff sein.

273  EuGH C-053/01 vom 8.4.2003, MarkenR 2003, 187 (Nr 70) *Linde, Winward und Rado.*

274  EuG T-127/06 vom 5.12.2007 (Nr 25) *Bild Sägeblatt.*

275  EuGH C-108/97 vom 4.5.1999, MarkenR 1999, 189 *Chiemsee.*

276  EuGH C-150/02 vom 5.2.2004 (Nr 21, 25), Slg 2004-I 1461 *Streamserve.*

*Eisenführ*

## 8.1 Freihaltebedürfnis?

Mit diesem Verständnis vom absoluten Eintragungshindernis für beschrei- 152
bende Angaben – einschließlich geografischer Herkunftsangaben – hat sich
der EuGH der namentlich vom BGH in Deutschland entwickelten Doktrin
vom Freihaltebedürfnis angeschlossen. Es ist unstreitig, dass die Monopolisierung beschreibender Zeichen die Möglichkeiten anderer Marktbeteiligter
einschränken würde, das Publikum über Art, Eigenschaften und Vorteile ihrer Produkte umfassend zu informieren, was dem erklärten Ziel der GMV
und der ihr zugrunde liegenden MarkenRichtl zuwiderlaufen würde, im einheitlichen Markt der Europäischen Gemeinschaft einen unverfälschten Wettbewerb zu gewährleisten.[277] Die Frage ist jedoch, wie dieses Ziel unter ver-
nünftigem Ausgleich der berechtigten Interessen aller Marktbeteiligten zu
erreichen ist, und vor allem: Wie die Urheber der MarkenRichtl und damit
der GMV diese zweckentsprechend strukturiert haben.

Zutreffend hat der EuGH schon im »Canon«-Urteil[278] festgestellt, dass aus 153
Gründen der Rechtssicherheit und der ordnungsgemäßen Verwaltung sicherzustellen sei, dass Marken, deren Benutzung vor Gericht mit Erfolg entgegengetreten werden könnte, nicht eingetragen werden. Diese auf ältere
Kennzeichenrechte und damit relative Eintragungshindernisse (Art 8) bezogene Aussage hat er im »Libertel«-Urteil[279] mit Bezug auf die absoluten Eintragungshindernisse wiederholt und festgestellt, dass die hierauf gerichtete
amtliche Prüfung anlässlich des Antrags auf Eintragung nicht auf ein Mindestmaß beschränkt werden dürfe. Diese Prüfung müsse vielmehr streng und
vollständig sein, um eine ungerechtfertigte Eintragung von Marken zu vermeiden. Entgegen der von der Kommission vertretenen Auffassung dürfe die
Kontrolle der absoluten Eintragungshindernisse nicht mit dem Argument
auf ein Mindestmaß verringert werden, dass die Schutzschranken des
Art 6 MarkenRichtl (= Art 12 GMV) die Durchsetzung von Rechten aus einer zu Unrecht – weil beispielsweise freizuhaltenden – eingetragenen GM
verhindern. Eine solche Auffassung sei mit dem System der MarkenRichtl
unvereinbar, das auf einer der Eintragung vorausgegangenen und nicht auf
einer nachträglichen Kontrolle beruht. Letztlich würde damit der zuständigen Behörde die Aufgabe der Beurteilung der absoluten Eintragungshinder-

---

277 Erster – jetzt zweiter – Erwägungsgrund der GMV.
278 EuGH C-039/97 vom 29.9.1998, GRUR 1998, 922 (Nr 21) *Canon.*
279 EuGH C-104/01 vom 6.5.2003, GRUR 2003, 604 (Nr 59) *Libertel.*

nisse im Zeitpunkt der Eintragung der Marke genommen und auf die Gerichte übertragen, die die Ausübung der Rechte aus der Marke im Einzelfall zu gewährleisten haben.

154  Zweifel an der Bedeutung und Wirksamkeit der Schutzschranke des Art 12 (b) in der »Zusammenschau«[280] mit Abs 1 (c) sind jedoch unberechtigt (s auch Art 7 Rdn 183f). Richtig ist allerdings, dass jene die Schutzwirkung der *eingetragenen* Marke beschränkende Vorschrift keinen Einfluss auf die Beurteilung der Eintragbarkeit eines *angemeldeten* Zeichens haben kann. Auf eine solche »vorauseilende« Wirkung des Art 12 (b) kommt es aber auch nicht an, wenn es um den befürchteten Missbrauch von Marken – tatsächlich oder vermeintlich – beschreibenden Inhalts in einem vom Wettbewerb bestimmten Markt geht, in dem markt- und finanzstarke Marktteilnehmer schwächere Wettbewerber mittels »beschreibender Marken« materiell unberechtigt unter Druck setzen und deren Marktauftritt, insbesondere deren sachgerechte Werbung mit beschreibenden Angaben behindern könnten (siehe Art 7 Rdn 24 und 160 »Bedrohungspotential«, ferner Art 7 Rdn 189 f).

155  Der Bundesgerichtshof hatte vor 45 Jahren versucht, dieser Gefahr dadurch zu begegnen, dass er den freihaltenden Ausschluss beschreibender Angaben auch auf damit unmittelbar verwechslungsfähige Bezeichnungen ausdehnte; wegen des beschreibenden Charakters von »Polyester« wurde auch »Polyestra« von der Eintragung ausgeschlossen.[281] In der Folgezeit kam es in Deutschland zu einer »Kahlschlag-Prophylaxe« mit haarsträubenden Begründungen für den Eintragungsausschluss von Wortzeichen, die einem vermeintlich freihaltungsbedürftigen Anmeldezeichen ähnlich erschienen.[282] Dreißig Jahre später musste der BGH eingestehen, dass dieses Vorgehen fehlgeschlagen war, das Ziel war nicht erreicht worden. Es kann auf diese Weise auch im Rahmen der GMV nicht erreicht werden, ua weil wegen der Eintragbarkeit von komplexen Zeichen, die neben einem originär unterscheidungskräftigen, aber häufig wenig kennzeichnungskräftigen – beispielsweise grafischen – Bestandteil ein Wort oder eine Wortkombination von vermeintlich, aber nicht eindeutig beschreibendem Charakter enthalten, die reale Freihaltung solcher Angaben durch Abs 1 (c) begrenzt ist und sich ggf nur mit Hilfe von Art 12 (b) durchsetzen lässt (siehe Art 7 Rdn 25).

---

280  EuGH C-383/99 vom 20.9.2001, MarkenR 2001, 400 (Nr 37) *Baby-Dry.*
281  BGH GRUR 1968, 694 *Polyestra.*
282  Sambuc, Mitt. 1991, 105 und Eisenführ, GRUR 1994, 340.

Gleichwohl hat die »Polyestra-Doktrin« den EuGH erreicht. In seinen 156
Schlussanträgen zum »Doublemint«-Fall[283] verlangte Generalanwalt Jacobs,
dass die Eintragung einer Marke, deren Unterschied zu einer beschreibenden
Bezeichnung nur minimal sei Abs 1 (c) zuwiderlaufen würde; nur ein Unterschied, der die Ähnlichkeit ausschließt, reiche für die Eintragbarkeit. Diese
Diktion hat der EuGH in seinem Urteil zwar nicht übernommen – es bestand dafür auch keine unmittelbare Veranlassung –, jedoch hat darin die
von ihm im »Libertel«-Urteil[284] verlangte strenge und vollständige Prüfung
offensichtlich ihre Wurzel.

Eine die Zurückweisung bestätigende Beschwerdeentscheidung des Amtes 157
macht deutlich, welche Konsequenzen der Versuch hat, mit Hilfe jener
»strengen Prüfung« die Eintragung von Marken mit denkbarem Miss-
brauchspotential zu verhindern, ohne an die für den Benutzungsfall (!) vorgesehene Korrekturschranke des Art 12 zu denken: Einer aus mehreren geometrischen Grafikelementen bestehenden Bildmarke unterstellt die Prüferin,
das »control panel« einer Foto- oder Filmkamera abzubilden, und sie weist
die angemeldete Grafik als Verzierung ohne Unterscheidungskraft zurück.
Die Beschwerdekammer räumt die Eintragbarkeit grafischer Darstellungen
ein, beschäftigt sich dann des längeren mit den absoluten Eintragungshindernissen und der Verbraucherwahrnehmung von grafischen Darstellungen auf
den von der GMA erfassten Produkten und stellt fest, dass der Anmelder
keinen Nachweis dafür erbracht hat, dass der Durchschnittsverbraucher an
Marken der angemeldeten Art (Bildmarke!) gewöhnt sei. Vielmehr läge es
nahe, dass er in der GMA die typische Darstellung der »panels« von digitalen
Foto- oder Videokameras sähe, die ohne zusätzliche Wortelemente keine Unterscheidungskraft habe. Es folgen Erwägungen zum Freihaltebedürfnis;[285]
vgl Art 7 Rdn 54, 55.

Diese Entscheidung und ihre Begründung sind unverständlich und nicht ak- 158
zeptabel; beides beruht offenbar auf dem dumpfen Gefühl, dass eine auf die
Anmeldung eingetragene GM missbräuchlich benutzt werden könnte (Art 7
Rdn 25). Die Zurückweisung kann jedoch nur ein offensichtliches und ein-

---

283 Schlussanträge des Generalanwalts Jacobs vom 10.4.2003 in der Rs C-191/01
(Nr 76, 77) *Doublemint.*
284 EuGH C-104/01 vom 6.5.2003, GRUR 2003, 604 (Nr 59) *Libertel.*
285 HABM-BK R 785/2005-1 vom 27.1.2006 (Nr 16–25) *Grafik mit geometrischen
Figuren.*

deutiges Unterfallen des angemeldeten Zeichens unter eines der absoluten Eintragungshindernisse rechtfertigen. Tatsächlichen Missbrauch zu verhindern ist Aufgabe der Schutzschranke des Art 12.

**159** An anderer Stelle der oben angesprochenen Ausführungen des Generalanwalts Jacobs zu »Doublemint«[286] heißt es, das HABM habe verneint, dass Art 12 (b) ausreiche, den fairen Gebrauch beschreibender Ausdrücke in denjenigen Fällen zu schützen, in denen verwandte Ausdrücke als Marken eingetragen worden seien; daher sei es notwendig, derartige Marken im Stadium der Eintragung einer genauen Prüfung zu unterziehen (Nr 24). Ähnlich hat sich offenbar das Vereinigte Königreich im »Doublemint«-Verfahren geäußert.[287] Unzutreffender kann eine Würdigung der einschlägigen GMV-Struktur kaum sein: *Nur* die Wirkungsbeschränkung des Art 12 (b) kann beispielsweise die lautere Benutzung einer beschreibenden Angabe bzw eines aus anderen Gründen freizuhaltenden Zeichens gegen Ansprüche aus einer verwechselbar erscheinenden Marke schützen, welche aufgrund ihrer Abweichungen vom freizuhaltenden Zeichenelement den absoluten Eintragungshindernissen nicht unterliegt. Die Alternative ist jener »Polyestra«-Irrweg der »Kahlschlag-Prophylaxe«, seine europäische Wiederholung möge uns erspart bleiben.[288]

**160** Natürlich weiß der Praktiker, dass das Bedrohungs-Argument (Art 7 Rdn 24, 154) nicht ohne weiteres vom Tisch zu wischen ist. Er weiß aber auch, dass selbst die rigideste, in Deutschland über viele Jahre geübte Praxis des Eintragungsausschlusses von Wortzeichen, die als beschreibend oder solchen ähnlich angesehen wurden, Machenschaften jener Art nicht verhindern konnte, und er weiß ferner, dass es sich dabei – unabhängig vom Grad der Eintragungs-Liberalität – stets um Ausnahmefälle gehandelt hat und überzogene Vorstellungen der betroffenen Markeninhaber vom Umfang ihres Markenschutzes in aller Regel ohne unzumutbaren Aufwand auf ein realistisches Maß zurückgeschnitten werden konnten. Und schließlich weiß der Praktiker,

---

286 Schlussanträge des Generalanwalts Jacobs vom 10.4.2003 in der Rs C-191/01 (Nr 24) *Doublemint*.

287 Schlussanträge des Generalanwalts Jacobs vom 10.4.2003 in der Rs C-191/01P (Nr 33) *Doublemint*.

288 BGH GRUR 1968, 694 *Polyestra*; Sambuc, Mitt 1991, 105 und Eisenführ, GRUR 1994, 340; vgl dazu die Erwägungen des Generalanwalts Jacobs in seinen Schlussanträgen vom 10.4.2003 in der Rs C-191/01 (Nr 76, 77) *Doublemint*.

dass nicht eben wenige jener als schwach und schützenswert angesehenen Wettbewerber sich durchaus mit Fleiß und Vorsatz an die Marken ihrer erfolgreichen Mitbewerber angehängt haben und alsdann versuchten, sich deren Zugriff durch Bezugnahme auf den beschreibenden Charakter ihrer Kennzeichnungen zu entziehen; die »ROYALE«-Entscheidung des BGH[289] schildert ein beredtes Beispiel.

## 8.2  Marktordnungsinstrument?

Die absoluten Eintragungshindernisse sind auch kein Marktordnungs-Instrument, wie *Meister* meint.[290] Seinem Credo »im Zweifel für den Markt« wird jeder vernünftige Praktiker zustimmen, nur meint er damit im Bereich des Abs 1 (c) leider »im Zweifel gegen die Markeneintragung«, und das atmet weder den wettbewerbsfördernden Geist des Europäischen Markenrechts, wie er in der ersten Begründungserwägung der GMV niedergelegt ist, noch entspricht es seinem Buchstaben. »Für den Markt« muss im Gemeinschaftsmarkenrecht heißen: marktorientierte, marktkonforme Feststellung und Eintragungsausschluss dessen, was in den Augen des von den angesprochenen Produkten betroffenen Verkehrs *unmittelbar beschreibend* ist, und Markeneintragung für alles, was in den Augen des durchschnittlich informierten, aufmerksamen und verständigen einschlägigen Verbrauchers davon (ausreichend) abweicht und deshalb geeignet ist, die Produkte verschiedener Anbieter zu individualisieren und auf diese Weise voneinander zu unterscheiden. Behinderungen kreativer Marktteilnehmer durch Ausschluss ihrer assoziativen, »sprechenden« und daher kommunikativen Marken von der Eintragung behindert nur die Stimulanz des Wettbewerbs und dient Trittbrettfahrern der Marktentwicklung.  **161**

## 8.3  Was sind beschreibende Angaben?

Abs 1 (c) zählt die spezifischen Angaben, welche nach dieser Vorschrift von der Eintragung ausgeschlossen sind, nicht abschließend auf. Auch andere Bezeichnungen als die der Art, der Beschaffenheit, der Menge, der Bestimmung, des Wertes, der geographischen Herkunft oder der Zeit der Herstellung der Ware bzw der Erbringung der Dienstleistung fallen unter dieses absolute Eintragungshindernis, wie aus der Ergänzung »oder zur Bezeich-  **162**

---

289  BGH GRUR 1988, 542 *ROYALE*.
290  Meister, WRP 2001, 207.

nung sonstiger Merkmale der Ware oder Dienstleistung« hervorgeht. Von den ausdrücklich genannten Angaben sind es diejenigen, die der Bezeichnung der Art, der Beschaffenheit und der Bestimmung der jeweils in Rede stehenden Produkte dienen, die am ehesten ins Fadenkreuz dieses absoluten Eintragungshindernisses geraten; Näheres Art 7 Rdn 192–203.

163 Unter das Eintragungshindernis des Abs 1 (c) fallen nur solche Wort-Zeichen und sonstige Angaben, die im normalen Sprachgebrauch nach dem Verständnis des Verbrauchers die angemeldeten Waren oder Dienstleistungen entweder unmittelbar oder durch Hinweis auf eines ihrer wesentlichen Merkmale bezeichnen können.[291] Der Umstand, dass manche beschreibende Fachbegriffe nicht allgemein bekannt sind, ändert an ihrer Schutzunfähigkeit nichts, zumal sich diese Situation ändern kann (»dienen können«).[292] Gleiches gilt für die Verwendung von Abkürzungen in relevanten Fachkreisen.[293] Beschreibende Angaben können neben Buchstaben, Akronymen und Zahlen aber auch bildliche oder 3D-Darstellungen von Produkten des VerzWDL sein, s Art 7 Rdn 180, 181.

164 Weil ein Zeichen nur dann unter das in dieser Vorschrift vorgesehene Verbot fällt, wenn es einen hinreichend direkten und konkreten Zusammenhang mit den fraglichen Waren oder Dienstleistungen aufweist, der es den betroffenen Verkehrskreisen ermöglicht, sofort und ohne weiteres Nachdenken eine Beschreibung der fraglichen Art von Waren oder Dienstleistungen oder eines ihrer Merkmale wahrzunehmen,[294] ist die Ablehnung von »PRANAHAUS« als Verkaufsstätte für die Anmeldewaren mit ›spezifischem thematischen Inhalt‹ (PRANA = zentraler Begriff in der Praxis des Yoga) zweifelhaft.[295]

165 Keine Rolle spielt nach »Postkantoor«,[296] ob es andere – möglicherweise sogar gebräuchlichere – beschreibende Bezeichnungen für die betroffenen Pro-

---

291 EuGH C-383/99 vom 20.9.2001, MarkenR 2001, 400 (Nr 39) *Baby-Dry*; EuG T-334/03 vom 12.1.2005, GRUR Int 2005, 428 (Nr 24) *Europremium*.

292 HABM-BK R 230/2007-4 vom 20.32009 (Nr 27) *SCOMBER MIX*.

293 EuG T-311/02 vom 20.7.2004, GRUR Int 2004, 952 (Nr 44) *LIMO*.

294 EuG T-334/03 vom 12.1.2005, GRUR Int 2005, 428 (Nr 25) *Europremium*; EuG T-207/06 vom 14.6.2007 *EUROPIG*.

295 EuG T-226/07 vom 17.9.2008, GRUR Int 2008, 1040 (Nr 33) *PRANAHAUS*; angefochten EuGH C-494/08, vgl BGH GRUR 1999, 988 *HOUSE OF BLUES*.

296 EuGH C-363/99 vom 12.2.2004, GRUR 2004, 674 *Postkantoor*.

dukte oder ihre Merkmale gibt (Synonyme), ob die vom Zeichen beschriebenen Merkmale wirtschaftlich wesentlich oder nebensächlich sind, ob das Zeichen bereits beschreibend benutzt wird oder wurde, ob es viele oder wenige Interessenten für die Benutzung des Zeichens gibt oder geben könnte,[297] ob in einem anderen Mitgliedstaat das Zeichen als Marke eingetragen wurde und ob das Zeichen für andere als von der GMA erfassten Produkte keine beschreibende Bedeutung hat.

Abwandlungen beschreibender Bezeichnungen werden vom Eintragungsausschluss nicht erfasst. Auch nur mittelbare Angaben, etwa Umschreibungen von Produktmerkmalen, sind in der Regel nicht als beschreibende Angabe im Sinne dieses absoluten Eintragungshindernisses zu werten, das gilt aber nicht, wenn damit zu rechnen ist, dass nicht unbeachtliche Teile des Verkehrs die Angabe als (andere) Angabe in beschreibendem Sinne verstehen. Entsprechendes gilt für unspezifische Adjektive in Alleinstellung, die erst in Verbindung mit einer Produkt- oder sonstigen Beschaffenheitsangabe zu einer beschreibenden Aussage werden.[298] Das müsste auch für solche Substantive gelten, die ihre produktbezogene Aussage erst durch die Verbindung mit einer produktspezifischen Angabe erhalten; daher die Nichtigerklärung aufgrund Abs 1 (c) von »MEMORY« für Spiele bedenklich,[299] obgleich »memory game« und vielleicht auch »memory cards« als beschreibend anzusehen sind (vgl Art 7 Rdn 76), jedoch haben EuG und EuGH die Löschung bestätigt.[300] **166**

Ferner können GMn für alle Zeichen eingetragen werden, die beschreibende Angaben enthalten oder aus solchen bestehen, sofern letzteres nicht ausschließlich der Fall ist, sondern Elemente oder Merkmale vorhanden sind, durch die das angemeldete Zeichen gegenüber einer verkehrsüblichen Darstellung der Angabe(n) hinreichend unterschiedlich ist. Entscheidend ist allein, dass derartige Zeichen als Ganzes die Eignung und Fähigkeit besitzen, Produkte eines Unternehmens von denen anderer zu unterscheiden. Daher ist auch nur diese Auslegung der angesprochenen Eintragungshindernisse mit Art 4 vereinbar, der an den Markencharakter eines Zeichens neben der **167**

---

297 Vgl die Ablehnung eines aktuellen oder ernsthaften Freihaltungsbedürfnisses in EuGH C-108/97 vom 4.5.1999, MarkenR 1999, 189 (Nr 35) *Chiemsee.*
298 HABM-BK R 673/2008-2 vom 23.2.2009 (Nr 26, 27) *BEL.*
299 HABM-BK R 305/2008-2 vom 8.1.2009 (Nr 22f) *MEMORY.*
300 EuGH C-369/10 vom 14.3.2011 *MEMORY.*

grafischen Darstellbarkeit keine weiteren Anforderungen als die jener (qualifizierten) Unterscheidungsfunktion stellt. Deshalb genüge es, – so der EuGH
weiter – dass das Zeichen »Baby-Dry« in den einschlägigen Verkehrskreisen
– gerade auch den englischsprachigen – keine übliche Bezeichnung für Baby-
windeln, sondern eine »lexikalische Erfindung« sei, um das absolute Eintragungshindernis des Abs 1 (c) zu überwinden.[301]

**168**   Es muss bezweifelt werden, dass diese restriktive Ausdeutung des Abs 1 (c)
iSv »unmittelbar beschreibend« noch heute Bestand hat (vgl Art 7 Rdn 156,
159). Allerdings ist die Erinnerung an das »Baby-Dry«-Urteil des EuGH
beim EuG noch nicht ganz ausgestorben, wie eine Bezugnahme hierauf und
die Feststellung in einem jüngeren Urteil zeigt, dass jede wahrnehmbare Abweichung (»any perceptible difference«) einer Wortkombination vom üblichen Sprachgebrauch zur Bezeichnung beschreibender Angaben über die betroffenen Produkte geeignet ist, eine eintragbare Marke zu bilden,[302] vgl
auch Art 7 Rdn 171 f. Gewissermaßen den Gegenpol markiert die eine der
beiden »BioGeneriX«-Entscheidungen des EuG,[303] dem es für den beschreibenden Charakter genügt, dass die maßgeblichen Verkehrskreise sofort und
ohne weiteres Nachdenken eine konkrete und unmittelbare *Verbindung*
zwischen den beanspruchten Produkten und dem Bedeutungsgehalt der angemeldeten Marke herstellen. Diese Definition gilt aber auch für jede »sprechende Marke«, eine Markenspezies, die von der klassischen Markenpsycho-
logie besonders geschätzt wird, und sie steht auch im Widerspruch zu der in
ständiger Rspr geforderten Wahrnehmung eines *beschreibenden Zusammenhangs* (Art 7 Rdn 163).

**169**   Wie im Fall »Baby-Dry« ist der beschreibende Charakter von mehrteiligen
Wortzeichen häufig umstritten. Dabei spielt regelmäßig keine oder allenfalls
eine untergeordnete Rolle, ob die Wortbestandteile zu einem Wort zusammengezogen (»Companyline«, »Postkantoor«) oder durch einen Bindestrich
verbunden sind (»Baby-Dry«); bei Groß-/Kleinschreibung zu einem einheitlichen Wort zusammengezogener Worte kommt auch die Großschreibung
des jeweiligen Anfangsbuchstabens – »Binnenversal« – in Frage (»TeleBingo«,
»combiTab«, »ProBank«; siehe Art 7 Rdn 71 f). Von der Markeneintragung

---

301   EuGH C-383/99 vom 20.9.2001, MarkenR 2001, 400 (Nr 38, 43, 44) *Baby-
Dry.*
302   EuG T-133/06 vom 23.10.2008 (Nr 30) *PAST PERFECT.*
303   EuG T-47/07 (und 48/07) vom 16.9.2008 (Nr 28) *BioGeneriX.*

ausgeschlossen sind solche Wortkombinationen nur dann, wenn sie auch als Ganzes eine beschreibende Angabe darstellen.[304] Auf den beschreibenden Charakter der beteiligten Einzelworte, deren separate Prüfung in einem ersten Schritt sinnvoll und zulässig ist, kommt es nicht an, wenn ihre Verknüpfung keinen beschreibenden Gesamteindruck hervorruft. Jede erkennbare Abweichung in der Formulierung einer angemeldeten Wortverbindung von der Ausdrucksweise, die im üblichen Sprachgebrauch der betroffenen Verkehrskreise für die Bezeichnung der Ware oder der Dienstleistung oder ihrer wesentlichen Merkmale verwendet wird, ist geeignet, einer Wortverbindung die für ihre Eintragung als Marke erforderliche Unterscheidungskraft zu verleihen.[305] Das kann beispielsweise auf der Zusammenführung beschreibender Angaben unterschiedlicher Sprache, der Kombination in sich widersprüchlicher beschreibender Angaben[306] oder der syntaktisch ungebräuchlichen Verbindung solcher Angaben[307] beruhen.

Sofern der beschreibende Charakter von Zeichenbestandteilen nicht offensichtlich ist, kann und sollte das Amt vom Anmelder einen Disclaimer verlangen (Art 37 (2)), der freilich auch ohne Aufforderung vom Anmelder angeboten und abgegeben werden kann. **170**

Die Rspr zu »Companyline« wird vielfach als Abkehr von der mit »Baby-Dry« assoziierten Rspr angesehen. Das lässt sich nicht eindeutig feststellen. Das Urteil des EuGH[308] ist schon deshalb unglücklich, weil das dem Rechtsmittel unterliegende Urteil des EuG zumindest unklar war und der EuGH die ihm auch unter revisionsrechtlichen Gesichtspunkten zur Verfügung stehenden Möglichkeiten der Klärung nicht ausgeschöpft hat. Er hat die Beschränkung des EuG-Urteils[309] auf die Beurteilung der konkreten Unter- **171**

---

304 HABM-BK R 201/1999-3 vom 8.3.2000, ABl-HABM 2000, 932 *SIMPLY SODA*; R 480/2004-4 vom 18.11.2005 *FAT AWAY PAN*; R 605/2003-4 vom 31.1.2006 *DIGITAL PERFORMER*.

305 EuGH C-363/99 vom 12.2.2004, GRUR 2004, 674 *Postkantoor*; vgl ferner die umfassend begründete Nichtigkeitsentscheidung HABM-BK R 1105-5 vom 21.11.2011 *Flugbörse*.

306 HABM-BK R 057/1998-3 vom 16.10.1999, GRUR Int 1999, 967 *INHOUSE-OUTSORCING*.

307 EuGH C-383/99 vom 20.9.2001, MarkenR 2001, 400 (Nr 43) *Baby-Dry*; C-363/99 vom 12.2.2004 GRUR 2004, 674 (Nr 98) *Postkantoor*.

308 EuGH C-104/00 vom 19.9.2002, MarkenR 2002, 391 *Companyline*.

309 EuG T-019/99 vom 12.1.2000, GRUR Int 2000, 429 *Companyline*.

scheidungskraft der GMA iSv Abs 1 (b) akzeptiert, obgleich die einschlägige Urteilsbegründung nur die Kriterien des beschreibenden Charakters, also des Abs 1 (c) herangezogen hatte (Nr 26) und nach gefestigter Rspr alle Eintragungshindernisse des Abs 1 unabhängig voneinander zu prüfen sind. Auch das Amt hat sich offenbar an der Verwirrung beteiligt, wie aus den Schlussanträgen des Generalanwalts Ruiz-Jarabo Colomer[310] hervorgeht, der den Vortrag des Amtes folgendermaßen zitiert:

172 »Jedenfalls bestehe das streitige Zeichen nur aus der bloßen Aneinanderfügung zweier beschreibender Begriffe ohne zusätzlichen Fantasiegehalt, weshalb es unmittelbar beschreibend sei. Das Urteil des Gerichts beruhe daher nicht auf einer fehlerhaften Anwendung von Artikel 7 Absatz 1 Buchstabe b der Verordnung.«

173 Zutreffend beklagt der Generalanwalt hiernach Subsumtionsprobleme (Nr 42) und vermerkt, dass das EuG keine Feststellung zum beschreibenden Charakter des Zeichens in seiner Gesamtheit getroffen habe (Nr 64), und dass er unter logischem und dogmatischem Aspekt die Stützung des EuG-Urteils auf Abs 1 (b) nicht für richtig halte (Nr 69). In der Tat sollte der Ausschluss beschreibender Angaben von der Eintragung auch dann auf Abs 1 (c) gestützt werden, wenn der beschreibende Charakter einer GMA zugleich zu fehlender Unterscheidungskraft führt (Abs 1 (b)).[311]

174 Eine Prüfung des Gesamtzeichens »Companyline« auf das Vorliegen des absoluten Eintragungshindernisses beschreibender Charakter iSv Abs 1 (c) hat also weder im Rahmen der Überprüfung durch die BK[312] noch die des EuG stattgefunden. Dabei hätte das nicht nur auf Grund des Sachverhalts und der Notwendigkeit nahe gelegen, alle absoluten Eintragungshindernisse unabhängig voneinander zu prüfen, sondern auch angesichts der Vergleichbarkeit der Fallgestaltung mit derjenigen, die dem »Baby-Dry«-Urteil zu Grunde lag. Dort hatte der EuGH die ihm vom EuG ebenfalls angediente Formel vom Fehlen eines »zusätzlichen Bestandteils«[313] nicht aufgegriffen, sondern festgestellt, dass jede erkennbare Abweichung in der Formulierung einer angemeldeten Wortverbindung von der Ausdrucksweise, die im üblichen Sprach-

---

310 Vom 14.5.2002, Nr 33.

311 HABM-BK R 1176/2000-4 vom 2.7.2002 ABl-HABM 2003 (Nr 9) *WAP-Applicance.*

312 HABM-BK R 035/1998-1 vom 31.7.1998, Mitt. 1998, 388 *BABY-DRY.*

313 EuG T-163/98 vom 8.7.1999, Mitt 1999, 276 (Nr 27), *Baby-Dry.*

gebrauch der betroffenen Verbraucherkreise für die Bezeichnung der Ware oder der Dienstleistung oder ihrer wesentlichen Merkmale verwendet wird, geeignet ist, einer Wortverbindung die für ihre Eintragung als Marke erforderliche Unterscheidungskraft zu verleihen, weil – so ist hinzuzufügen – sie wegen jener Abweichung als Ganzes nicht (mehr unmittelbar) beschreibend wirkt.

Gleichwohl schlug der Generalanwalt dem EuGH im »Companyline«-Fall **175** vor, das Rechtsmittel gegen das allein auf fehlende Unterscheidungskraft (Abs 1 (b)) gestützte EuG-Urteil zurückzuweisen, weil die bloße Verbindung von zwei Oberbegriffen ohne jede graphische oder inhaltliche Änderung kein zusätzliches Merkmal aufweise, welches dem Gesamtzeichen Unterscheidungskraft verleihe (Nr 65). Jene Verbindung führe zu keiner erkennbaren Abweichung der Bedeutung des Zeichens von den im normalen Sprachgebrauch des angesprochenen Verbraucherkreises üblichen Begriffen zur Bezeichnung der Dienstleistung (Nr 66). Die Quelle der Üblichkeitskenntnis des Generalanwalts ist seinen Schlussanträgen nicht zu entnehmen, wohl aber seine kaum verhüllte Ablehnung des »Baby-Dry«-Urteils, dem er die Formel von der *erkennbaren Abweichung* entnommen hatte. Er will darunter nur eine solche Abweichung verstehen, die bedeutende Elemente der Form oder des Sinns der angemeldeten Marke betrifft. Das sei bezüglich der Form dann der Fall, wenn wegen des ungewöhnlichen oder fantasievollen Charakters der Kombination die Neuschöpfung gegenüber der bloßen Verbindung der Bestandteile überwiegt, bezüglich des Sinnes dann, wenn die sich aus dem zusammengesetzten Zeichen ergebende Bedeutung nicht genau der Summe der Aussagegehalte der beschreibenden Bestandteile entspricht (Nr 51).

Im gleichen Sinne hatte sich derselbe Generalanwalt schon einige Monate **176** vorher zum »Postkantoor«-Fall geäußert, der dem EuGH vom niederländischen Gerichtshof Den Haag vorgelegt worden war. Er wandte sich gegen das Übergehen des Freihaltebedürfnisses im »Baby-Dry«-Urteil und hielt »jede erkennbare Abweichung« für unzureichend.[314] Dem hat der EuGH nach mehr als zwei Jahren mit seinem »Postkantoor«-Urteil Rechnung getragen.[315] Er hat sein früheres Verständnis von dem im Allgemeininteresse liegenden Ziel wiederholt, dass Produktmerkmale beschreibende Zeichen oder

---

314 Schlussanträge vom 31.1.2002 in der RS C-363/99 (Nr 69) *Postkantoor*.
315 EuGH C-363/99 vom 12.2.2004, GRUR 2004, 674 *Postkantoor*.

Angaben von allen frei verwendbar bleiben müssen (Nr 54, 55, 95), und die bloße Aneinanderreihung beschreibender Zeichenbestandteile ohne Vornahme einer *ungewöhnlichen* Änderung, insbesondere syntaktischer oder semantischer Natur, als zu einem auch insgesamt beschreibenden – und damit von der Markeneintragung ausgeschlossenen – Zeichen führend bezeichnet (Nr 98). Nur wenn eine solche Kombination einen sowohl akustischen als auch visuellen Eindruck erweckt, der *hinreichend weit* von dem der bloßen Zusammenfügung *abweicht*, könne das Eintragungshindernis des Abs 1 (c) entfallen (Nr 99). Ein solcher *merklicher* Unterschied setze eine Ungewöhnlichkeit der Kombination voraus, oder dass das Gesamtzeichen mit einer gegenüber seinen Bestandteilen autonomen Bedeutung, die keine beschreibende ist, in den allgemeinen Sprachgebrauch eingegangen ist (Nr 100).

177 An der markenrechtlichen Beurteilung von Wortkombinationen unter dem Gesichtspunkt ihres beschreibenden Charakters offenbart sich in besonderem Maße die Problematik dieses Eintragungshindernisses und seiner Handhabung. Soll einerseits jede kreative Neuschöpfung »sprechender Marken« unter dem Gesichtspunkt des »... dienen können« prophylaktisch vom Markenschutz ausgeschlossen werden? Oder soll auf der anderen Seite jede noch so banale »lexikalische Erfindung« genügen, Dritte auf Dauer von deren Benutzung auszuschließen? Gewiss unbehelflich ist die analysierende Zergliederung von Wortkombinationen oder ihre Beurteilung an Hand philologischer Kriterien. Allein zielführend und zulässig kann die am Sinn und Zweck der Markeneintragung ausgerichtete Antwort auf die Frage sein, ob die Adressaten der von der Anmeldung erfassten Produkte das zur Eintragung als GM angemeldete, aus mehreren per se beschreibenden und daher nicht unterscheidungskräftigen Bestandteilen zusammengesetzte Zeichen als eine diese Produkte unmittelbar beschreibende Angabe verstehen. Ist das nicht der Fall – etwa aus den in Art 7 Rdn 166 angesprochenen Gründen –, dann fehlt dem Zeichen insoweit auch nicht das von Abs 1 (b) geforderte Minimum an Unterscheidungskraft. Ob dies für den Anmeldezeitpunkt (derzeit herrschende Meinung) oder für den Eintragungszeitpunkt festgestellt werden muss, harrt noch höchstrichterlicher Entscheidung[316] (vgl Art 7 Rdn 31 f). Zukünftig denkbare Entwicklungen sind mit äußerster Vorsicht einzubeziehen; schon das in diesem Zusammenhang benutzte Wort Prophylaxe weckt unter dem Stichwort »Polyestra« Erinnerungen an die zeitweilige

---

316 EuG T-129/00 vom 19.9.2001, MarkenR 2001, 418 (Nr 64) *Waschmitteltablette*.

Ausschließungspraxis des DPMA und BPatG mit weitreichend negativen Folgen für die deutsche Markenwelt und das Ansehen der deutschen Markenrechtspraxis im Ausland (siehe Art 7 Rdn 155, 159).

Umgangssprachlich benutzte Worte oder Wortkombinationen mit bestimmtem Sinngehalt beschreibenden Charakters sind nicht generell als beschreibende Angaben von der Markeneintragung ausgeschlossen, sondern nur in Bezug auf solche Produkte, die sie tatsächlich konkret und unmittelbar beschreiben. Beispielsweise ist »Spaten« für Geräte zum Graben nicht eintragbar, wohl aber für Bier. **178**

Auf ähnliche Produkte erstreckt sich das Eintragungshindernis nicht.[317] Entscheidend aber ist, ob die den Eintragungsausschluss indizierende Produktart von der diesbezüglichen Angabe im Waren-/Dienstleistungsverzeichnis erfasst wird. So dürfte beispielsweise das vorerwähnte Wort »Spaten« nicht nur für »Geräte zum Graben«, sondern auch in Bezug auf »Gartengeräte« schlechthin von der Eintragung auszuschließen sein. **179**

Beschreibende Angaben sind im allgemeinen wörtliche Bezeichnungen, jedoch fallen auch solche bildlichen Darstellungen darunter, die ausschließlich ein bestimmtes Produkt darstellen oder eine bestimmte Dienstleistung anbieten und keinen individualisierenden Überschuss aufweisen, was beispielsweise bei piktogrammartigen Abbildungen der Fall sein könnte (unbeschadet urheberrechtlicher Kriterien), siehe auch Art 7 Rdn 101 und 150. Neben Art 3 (1) (e) MarkenRichtl (= Art 7 (1) (e) GMV) hat auch Art 3 (1) (c) MarkenRichtl (= Art 7 (1) (c) GMV) Bedeutung für dreidimensionale Marken, die aus der Form der Ware bestehen, so dass also ggf eine zusätzliche Prüfung erforderlich ist, wenn die Form der Ware zur Bezeichnung der Merkmale einer Ware oder Dienstleistung dienen kann und Abs 1 (e) nicht greift;[318] siehe auch Art 7 Rdn 124. Es erscheint allerdings oft naheliegender, in solchen Fällen unmittelbar mangelnde konkrete Unterscheidungskraft (Abs 1 (b)) zu konstatieren.[319] **180**

Letzteres gilt auch und noch deutlicher für Zeichen aus Buchstaben und Ziffern (allein oder in Kombination) einschließlich Abkürzungen und Akrony- **181**

---

317  HABM-BK R 715/2008-1 vom 11.6.2009 (Nr 12, 13) *SERAFINO*.
318  EuGH C-053/01 vom 8.4.2003, MarkenR 2003, 187 *Linde, Winward und Rado*.
319  Vgl EuG T-063/01 vom 12.12.2002, MarkenR 2003, 77 *Soap II*.

me (oben 7.3). Denn nur in Ausnahmefällen dürften solche Zeichen aus sich heraus unmittelbar beschreibend sein. Dafür bedarf es nicht nur einer *klaren und spezifischen Beziehung* zwischen dem Zeichen und den betroffenen Produkten (schon diese fehlt bei derartigen Zeichen meist), sondern auch der weiteren Voraussetzung, dass diese Beziehung es dem relevanten Publikum ermöglicht, *unmittelbar und ohne weitere Überlegung eine Beschreibung* jener Produkte oder eines ihrer Merkmale zu erkennen (Art 7 Rdn 146).[320]

182   Das Wort »ausschließlich« in Abs 1 (c) bezieht sich auf »bestehen«[321] und nicht auf »zur Bezeichnung ... dienen können«. Wenn ein Zeichen oder eine Angabe beim Publikum allgemein einen das damit versehene Produkt unmittelbar beschreibenden Eindruck hervorruft, dann spielt keine Rolle, dass auch noch andere Begriffsdeutungen möglich sind.[322] Formulierungen wie »ausschließlich beschreibend« beispielsweise im »Baby-Dry«-Urteil des EuGH[323] sind daher zumindest missverständlich.

### 8.4  Verhältnis von Art 7 (1) (c) zu Art 12 (b)

183   Von erheblicher Bedeutung ist das Verhältnis des absoluten Eintragungshindernisses gemäß Art 7 (1) (c) zu den von Art 12 (b) bestimmten Schranken der aus einer GM herleitbaren Rechte gegenüber im geschäftlichen Verkehr redlich benutzten Angaben produktbeschreibenden Charakters (s auch Art 7 Rdn 152 f). Im »Chiemsee«-Urteil,[324] das auf einen Vorlagebeschluss des LG München I gemäß Art 234 EG-V zu einer geographischen Herkunftsangabe erging, hatte sich der EuGH dahingehend geäußert, dass der Art 12 (b) GMV entsprechende Art 6 (1) (b) MarkenRichtl keinen ausschlaggebenden Einfluss auf die Auslegung des Art 7 (1) (c) GMV entsprechenden Art 3 (1) (c) MarkenRichtl. habe. Auch widerspreche Art 6 (1) (b) MarkenRichtl (= Art 12 (b) GMV) nicht dem im Allgemeininteresse liegenden Ziel jener Vorschrift, dass Zeichen oder Angaben, die die Waren- oder Dienstleistungsgruppen beschreiben, für die eine Eintragung beantragt wird, von allen frei verwendet werden können. Namentlich an der Freihaltung von geographi-

---

320  Fraglich daher HABM-BK R 294/2010-4 vom 12.5.2011 (Nr 10) *Q.*
321  Vgl die Formulierung in Art 7 (1) (e).
322  EuGH C-191/01 vom 23.10.2003, GRUR 2004, 146 (Nr 32) *Doublemint.*
323  EuGH C-383/99 vom 20.9.2001, MarkenR 2001, 400 (Nr 39) *Baby-Dry.*
324  EuGH C-108/97 vom 4.5.1999, MarkenR 1999, 189 *Chiemsee.*

schen Bezeichnungen bestehe dieses Allgemeininteresse (Nr 25, 26, 28); siehe Art 7 Rdn 16.

Daraus war geschlossen worden, dass die von Art 12 (b) bewirkte Immuni- 184
sierung beschreibend benutzter Angaben gegen anderweitige Markenrechte
nur ein »Sicherheitsventil« darstelle, welches allenfalls reflexartig eine liberale
Eintragungspraxis erlaubt, nämlich auch solchen Zeichen den Status von
GMn zubilligt, die – wie beispielsweise Abwandlungen beschreibender Angaben – möglicherweise zur Unterdrückung der legitimen Benutzung beschreibender Angaben missbraucht werden könnten. Keinesfalls aber dürfe
das dem Interesse von Wettbewerbern an der Freihaltung beschreibender Angaben dienende Eintragungshindernis des Art 7 (1) (c) im Hinblick auf
Art 12 (b) zurückgedrängt oder gar außer Kraft gesetzt werden.

Im jüngeren »Baby-Dry«-Urteil[325] des EuGH, das allerdings in einem 185
Rechtsmittelverfahren über eine Eintragungsklage gegen das Amt und auch
nicht zu einer geographischen Angabe ergangen ist (diese werden in den Entscheidungsgründen jedoch nicht ausgenommen: Nr 25), war eine Abkehr
von der Sichtweise des »Chiemsee«-Urteils zu erkennen (siehe Art 7 Rdn 17).
Basierend auf den Begründungen des Generalanwalts Jacobs in seinen
Schlussanträgen vom 5.4.2001 stellt der Gerichtshof fest, dass die Vorschriften des Art 7 (1) (b) und (c) mit Art 12 in der Zusammenschau gesehen werden müssten (Nr 35–37). Mit dem Verbot, ausschließlich beschreibende Zeichen oder Angaben als Marken einzutragen,[326] werde der Zweck verfolgt,
die Eintragung solcher Zeichen und Angaben als Marken zu verhindern, die
wegen ihrer Übereinstimmung mit der üblichen Art und Weise, in der die
betroffenen Waren oder Dienstleistungen oder ihre Merkmale bezeichnet
werden, die Funktion nicht erfüllen könnten, das sie vertreibende Unternehmen zu identifizieren, und die daher nicht die Unterscheidungskraft besitzen, die diese Funktion voraussetzt (Nr 37). Nur diese Auslegung sei auch
mit Art 4 vereinbar (Nr 38).

Dabei ist jedoch – wie schon erwähnt – zu beachten, dass das »Chiem- 186
see«-Urteil als Vorab-Entscheidung nach Vorlage durch ein deutsches Gericht (LG München I) ergangen ist und nicht wie etwa das spätere »Baby-
Dry«-Urteil als Rechtsmittel-Entscheidung im Rahmen einer Anmelderklage

---

325 EuGH C-383/99 vom 20.9.2001, MarkenR 2001, 400 *Baby-Dry.*
326 Das von Art 6[quinquies] B (2) PVÜ als Eingrenzung (!) der Kompetenzen der Verbandsländer vorgesehen wurde.

gegen das HABM. Zwar beruht das dem Vorlagebeschluss zu Grunde liegende deutsche MarkenG ebenso wie die GMV auf der MarkenRichtl, jedoch lässt diese innerhalb ihrer umzusetzenden Vorgaben den nationalen Markenrechtsordnungen gewisse Freiheiten. Die dritte Begründungserwägung der MarkenRichtl stellt fest, es erscheine gegenwärtig nicht notwendig, die Markenrechte der Mitgliedstaaten vollständig anzugleichen; es sei ausreichend, wenn sich die Angleichung auf diejenigen innerstaatlichen Rechtsvorschriften beschränkt, die sich am unmittelbarsten auf das Funktionieren des Binnenmarktes auswirken.

187   Der EuGH sah sich daher in der »Chiemsee«-Entscheidung offenbar nicht veranlasst, die vom früheren deutschen Warenzeichenrecht in das harmonisierte Markenrecht übernommene Doktrin vom Freihaltebedürfnis für grundsätzlich unvereinbar mit der MarkenRichtl zu erklären. Einer derartigen Beschränkung ist der EuGH bei Entscheidungen über Rechtsmittel gegen Urteile des EuG nicht unterworfen, hier hat er auf der Grundlage der GMV als Revisionsgericht[327] unmittelbar Recht zu sprechen und an Hand der ihm vorgelegten Fälle die GMV als autonome, von nationalen Markenrechtsordnungen unabhängige Umsetzung der MarkenRichtl auszulegen und zu konturieren.

188   Damit soll nicht zum Ausdruck gebracht werden, dass Vorlageentscheidungen des EuGH, die zwar zur MarkenRichtl, nicht aber spezifisch auf der Grundlage der GMV ergehen, für deren Auslegung durch das HABM und das EuG unbeachtlich seien. In der Tat haben diese Spruchkörper Ausführungen des EuGH in Vorab-Entscheidungen – wie etwa im »Chiemsee«-Urteil zu Fragen der Schutzfähigkeit und Verkehrsdurchsetzung, in den »Sabèl/Puma«- und »Lloyd«-Urteilen zu Fragen der Verwechselbarkeit, im »Canon«-Urteil zu Fragen der Warenähnlichkeit usw – auch in ihre GMV-Rspr übernommen wie umgekehrt die nationalen (deutschen) Gerichte sich auch an Entscheidungen des EuGH orientieren, die auf der Grundlage der GMV ergangen sind. Es ist aber festzustellen, dass ungeachtet der gemeinsamen Grundlage in der MarkenRichtl genug Spielraum für mitunter wesentliche Unterschiede zwischen der Rechtsprechung nationaler Ämter und Gerichte einerseits sowie den europäischen Gerichten in GMV-Sachen ande-

---

327  Vgl EuGH C 104/00 vom 19.9.2002 MarkenR 2002, 391 (Nr 22) *Companyline*.

rerseits bleibt (was Generalanwalt Ruíz-Jarabo Colomer in Nr 58 seiner Schlussanträge in der Rechtssache C-363/99 »Postkantoor« übersah).

Ein Beispiel hierfür schien jenes Freihaltebedürfnis zu sein, welches der 189 EuGH mit dem »Chiemsee«-Urteil im Kern für die deutsche Markenrechtsordnung akzeptiert, in der »Baby-Dry«-Entscheidung für den Bereich der GMV jedoch im Hinblick auf Art 12 nicht übernommen hat, nachdem ihm dies von Generalanwalt Jacobs in seinen Schlussanträgen empfohlen worden war. Dieser hatte argumentiert, dass Art 12 (b) geradezu ein Indiz für das vom Verordnungsgeber unterstellte Entstehen von GM für Angaben beschreibenden Charakters sei; würden solche durch Abs 1 (c) effektiv von der Eintragung ausgeschlossen, würde es des Art 12 (b) nicht bedürfen (Nr 81). Nur Art 12 (b) stelle sicher, dass der (lautere) beschreibende oder informierende Gebrauch von beschreibenden Zeichen oder Angaben durch einen Markeninhaber nicht verboten werden kann. Die Vorschrift des Abs 1 (c) habe lediglich den Zweck, Markeneintragungen zu verhindern, die wegen ihres beschreibenden Inhalts keine Schutzwirkung entfalten. Zwar hat sich der EuGH der Auffassung des Generalanwalts, dass das dem Abs 1 (c) vermeintlich zu Grunde liegende Freihaltebedürfnis durch Art 12 (b) ausreichend Rechnung getragen werde, nicht ausdrücklich angeschlossen, ist ihr aber durch den Hinweis auf die Zusammenschau von Art 7 (1) (c) mit Art 12 (Nr 37) inhaltlich gefolgt (Art 7 Rdn 17, 154). Für eine Prüfung und Berücksichtigung des – gesetzlich ohnehin nicht vorgesehenen – Freihaltebedürfnisses wäre daher im Rahmen des Abs 1 (c) GMV kein Raum.

Im späteren Verfahren um die vom niederländischen Hoge Raad vorgelegte 190 Frage nach der Eintragbarkeit einer Marke für die die Farbe Orange als solche (abstrakt/konturlos) hat die Kommission vorgetragen, der Gedanke, dass bestimmte Zeichen frei bleiben müssten und daher nicht schutzfähig seien, komme in Art 6 MarkenRichtl (= Art 12) und nicht in deren Art 2 und 3 (= Art 4, 7) zum Ausdruck. Dem sei jedoch – so der EuGH im Urteil »Libertel« (C-104/01 vom 6.5.2003) – nicht zu folgen. Schon die Beschwerdekammern des Amtes hatten immer dann, wenn eine Art Rückwirkung der Freistellung durch Art 12 (b) auf Art 7 (1) (c) geltend gemacht wurde, dies mit dem – zwar formal zutreffenden, aber letztlich irrelevanten (Art 7 Rdn 154) – Argument abgelehnt, bei Art 12 ginge es um die Wirkungen einer bereits eingetragenen GM, während Art 7 die Frage beträfe, ob ein angemeldetes Zeichen überhaupt eingetragen werden könne. Dennoch hat sich dem der EuGH angeschlossen und die Erklärung der Kommission mit dem Argument zurückgewiesen, dass Art 6 die Beschränkung der Wirkungen der einmal eingetragenen Marke betreffe und das Vorbringen der Kommission darauf hinauslaufen würde, dass die Kontrolle der Eintragungshindernisse des Art 3 MarkenRichtl (= Art 7 GMV) bei der Prüfung des Eintragungsantrags auf ein Mindestmaß beschränkt werden würde, so dass letztlich der zuständigen Behörde die Aufgabe der Beurteilung der Eintragungshindernisse im Zeitpunkt der Eintragung der Marke genommen und auf die Gerichte übertragen werden würde, die die Ausübung der Rechte aus der Marke im Einzelfall zu gewährleisten haben (Nr 58).

191   Diese Argumentation entbehrt der Realität, weil sie verkennt, dass sich die Behörde im Eintragungsverfahren einer entscheidend anderen Fallgestaltung gegenüber sieht als sich dem Gericht im Falle der Kollision einer eingetragenen Marke mit einem (vermeintlich freizuhaltenden) benutzten Zeichen präsentiert. Auch die gesetzlichen Grundlagen und die zu treffenden Entscheidungen sind deshalb ganz anderer Art. Wenn es im »Libertel«-Urteil dann weiter heißt, die Zahl und die ausführliche Beschreibung der Eintragungshindernisse in den Art 2 und Art 3 MarkenRichtl (= Art 4, Art 7 GMV) sowie der breite Fächer an Rechtsbehelfen bei Ablehnung der Eintragung sprächen dafür, dass die Prüfung anlässlich des Antrages auf Eintragung nicht auf ein Mindestmaß beschränkt werden dürfe, die Prüfung müsse vielmehr streng und vollständig sein, um eine ungerechtfertigte Eintragung von Marken zu vermeiden (Nr 59), so ist dem nicht zu widersprechen. Aber es lässt sich damit nicht begründen, dass die absoluten Eintragungshindernisse der Befriedigung des Freihaltebedürfnisses dienten. Denn mit dem Eintragungsausschluss aufgrund absoluter Eintragungshindernisse lassen sich – wie oben dargelegt (Art 7 Rdn 159) – solche Zeichen, die freizuhaltende Angaben oder Gestaltungen nur enthalten bzw ihnen ähnlich sind und die deshalb die freie Benutzung des freizuhaltenden Zeichenelements behindern könnten, nicht aus dem Markenregister verbannen. Siehe auch Art 12 Rdn 23.

### 9   Fallgruppen beschreibender Angaben

192   Die meisten der Entscheidungen, welche die Eintragung einer angemeldeten GM wegen fehlender Unterscheidungskraft gemäß Abs 1 (b) abgelehnt haben, beruhten auf dem beschreibenden Charakter des angemeldeten Zeichens und dem somit indizierten Ausschlussgrund des Abs 1 (c). Zur Vermeidung umfangreicher Wiederholungen wird auf die Entscheidungsangaben zu Abs 1 (b) unter 7.1 (Art 7 Rdn 70 f) verwiesen.

## 9.1 Art der Waren oder Dienstleistungen

Bezeichnungen der Art von Waren oder Dienstleistungen sind primäre Gat- **193** tungsbezeichnungen, beispielsweise *Wurst, Anzug, Fahrrad.*[328] Manche der unter diese allgemeinen Gattungsbezeichnungen fallenden sekundären Gattungsbezeichnungen (zu den vorgenannten primären Gattungsbezeichnungen, namentlich Sortenangaben wie *Landjäger, Stresemann, Mountainbike*) dürften eher von Abs 1 (d) erfasst sein, weil sie ursprünglich keine beschreibenden Angaben waren (siehe Art 7 Rdn 204–210); insoweit überschneiden sich die beiden Ausschlussvorschriften.[329]

## 9.2 Beschaffenheit

Beschaffenheitsangaben sind Beschreibungen konstitutiver Eigenschaften der **194** Produkte, bei denen es sich regelmäßig um Waren handelt. Hier gilt, wie bei den wesentlich häufiger als Ausgangspunkt von Markenbildungen gewählten Verwendungen und Funktionen der Produkte (Bestimmungsangaben), dass nur solche Zeichen von der Eintragung ausgeschlossen sind, die die betroffenen Waren oder Dienstleistungen eindeutig unmittelbar beschreiben.[330] Die Beschreibung kann sich auch auf Inhaltsstoffe von Waren beziehen[331] oder auf deren Bestandteile.[332] Umschreibungen ungewöhnlicher Art fallen nicht unter diesen Ausschlussgrund,[333] wohl aber übliche.[334]

Bedenklich ist daher die Schlussfolgerung, dass das Wortzeichen »Mozart« **195** für feine Backwaren, Konditorwaren, Schokoladewaren und Zuckerwaren für deutschsprachige Verbraucher beschreibend sei, weil es ein Hinweis auf das Rezept sei, nach dem diese Waren hergestellt werden, denn es existiere

---

328 Vgl HABM-BK R 298/1999-3 vom 11.10.1999, MarkenR 2000, 35 *APPEL*; HABM-BK R 480/2004-4 vom 18.11.2005 *FAT AWAY PAN.*
329 Vgl zB HABM-BK R 232/2004-4 vom 18.11.2005 *SNAKEBITE.*
330 EuG T-160/07 vom 8. 7.2008 *COLOR EDITION*, EuGH bestätigt C-408/08 vom 25.2.2010; EuG T-136/07 vom 9.12.2008 *VISIBLE WHITE*; HABM-BK R 581/2003-4 vom 28.11.2005 *CORE SHELL.*
331 EuG T-234/06 vom 19.11.2009 (Nr 36); bestätigt EuGH C-5/10 vom 16.5.2011 *CANNABIS.*
332 HABM-BK R 304/2010-2 vom 14.6.2010 *LCD* (= liquid crystal display für chemische Detektoren).
333 HABM-BK R 163/1999-3 vom 27.7.1999, GRUR 1999, 1084 *HYPERLITE.*
334 EuGH C-88/11 vom 10.11.2011 *Kompressor plus.*

der deutsche Gattungsbegriff »Mozartkugel« für ein mit Schokolade über-
zogenes Konfekt. Da der Bestandteil Kugel dieses Gattungsbegriffs nur die
Form des Konfekts bezeichne und ein nach einem anderen Rezept hergestell-
tes kugelförmiges Konfekt keine »Mozartkugel« sei, verstünden deutschsprachige Verkehrskreise den Begriff »Mozart« zwangsläufig als Hinweis auf das
Rezept für das Mozartkugel genannte, unter alle Kategorien des Warenverzeichnisses fallende Konfekt.[335] Die Begründung des beschreibenden Charakters eines Zeichens aus einem vom Publikum bezüglich der erfassten Waren vermuteten gleichen Herstellungsrezept für ein Produkt abzuleiten, das
unter einem das Zeichen nur enthaltenden sekundären Gattungsbegriff (Sortenbezeichnung Art 7 Rdn 193) bekannt ist, erscheint bizarr.

196  Ausgeschlossen von der Eintragung sind auch insbesondere geläufige Abkürzungen von Produkteigenschaften (Akronyme), beispielsweise »TDI« (Turbo
Diesel Injection oder Turbo Direct Injection) für Verbrennungsmotoren und
einschlägige W/DL.[336] Bedenklich aber erscheint die Zurückweisung des
Wortzeichens »ROI ANALYZER« als unmittelbare Angabe des Zwecks oder
des Gegenstandes der fraglichen Waren und Dienstleistungen, weil ROI das
Akronym von »return on investment« sei und der Verkehr *sofort und ohne
weitere Überlegung* erkennen werde, dass es um die Analyse der Rentabilitäts-
rate von Investitionen gehe.[337]

### 9.3 Bestimmung

197  Bestimmungsangaben sind solche, welche den Adressaten des Produkts oder
Zeit, Ort, Art und Weise usw seiner Verwendung angeben; beispielsweise ist
»Hund« in bezug auf Hundefutter eine Bestimmungsangabe und keine Beschaffenheitsangabe, bei »Rind« wäre es umgekehrt.[338] Das gilt auch für Pik-
togramm-Bilder.[339] Eine typische Bestimmungsangabe für orthopädische Artikel und Schuhwaren ist das Wortzeichen HALLUX (lat. für Großzehe),
welches zugleich die gängige Bezeichnung für eine krankhafte Deformation

---

335  EuG T-304/06 vom 9.7.2008 (Nr 94–97) *Mozart.*
336  EuG T-174/07 vom 28.1.2009, GRUR Int 2009, 720 und EuG T-318/09
     vom 6.7.2011 *TDI.*
337  EuG T-233/08 vom 10.9.2010, bestätigt EuGH C-536/10 vom 7.7.2011 *ROI
     ANALYZER.*
338  EuG T-219/00 vom 27.2.2002, MarkenR 2002, 98 *Ellos.*
339  EuG T-385/08 vom 8.7.2010 *Hundebild*; vgl auch EuG T-386//08 vom
     8.7.2010 *Pferdebild.*

jener Zehe ist.[340] Als Bestimmungsangaben können auch für Dienstleistungen vorgesehene Zeichen ausgeschlossen werden, so wurde dem Wortzeichen BATEAUX MOUCHES (frz kleine Personendampfer) für Schiffstransport, Hotel- und Gaststättenbetrieb an Land und an Bord die Eintragung verweigert.[341]

Das oben zu Beschaffenheitsangaben Gesagte gilt gerade auch für Bestim- **198** mungsangaben. Es ist ein Charakteristikum einer »guten« Marke, dass sie als »sprechende« Marke dem angesprochenen Verbraucher Nutzwerte und Vorteile des mit ihr versehenen Produkts signalisiert. Geschieht dies nur indirekt und mittelbar, indem das Zeichen die Botschaft verschleiert, vage oder mit Hilfe Gedankenoperationen erfordernder Analogien transportiert, so erkennt der Verkehr darin zugleich das individualisierende Unterscheidungsmittel und wird es als Marke verstehen. Aber für »MaxiBridge« in Bezug auf elektrische Bauteile, die in Brückenschaltungen Verwendung finden (können), gilt das nicht.[342] Und auch die Marke »MEMORY« für Gedächtnisspiele wurde rechtskräftig für nichtig erklärt.[343] Ob aber »Atrium« für Bauholz, namentlich Bodenbeläge aus Holz, eine von der Markeneintragung auszuschließende beschreibende Angabe ist, weil es – abgeleitet vom altlateinischen Begriff für den Hauptraum des Wohnhauses – heute einen offenen oder verglasten Innenhof (als Bestimmung jener Waren) bezeichne, mag füglich bezweifelt werden.[344] Es handelt sich für das Publikum der ganzen Gemeinschaft um ein Fremdwort, das eher mit Kinos als mit Wohngebäuden in Verbindung gebracht werden dürfte, von »sofort und ohne weiteres Nachdenken« (Art 7 Rdn 168) ganz zu schweigen. Und wenn im Einzelfall doch, dürfte der lautere Hinweis eines Wettbewerbers auf die Bestimmung seines Bauholzes für ein Atrium von Art 12 (b) freigestellt sein (vgl Art 7 Rdn 189).

### 9.4 Geographische Herkunft

Eine gewisse Sonderstellung nehmen die in Abs 1 (c) ebenfalls spezifisch **199** genannten geographischen Herkunftsangaben ein, weil insoweit die VO

---

340  EuGH C-87/11 vom 21.3.2012 *HALLUX*.

341  EuG T-365/06 vom 10.12.2008 *BATEAUX MOUCHES*, bestätigt EuGH C-078/09 vom 24.9.2006.

342  EuG T-132/08 vom 11.6.2009 *MaxiBridge*.

343  EuGH C-369/10 vom 14.3.2011; EuG T-108/09 vom 19.5.2010, GRUR Int 2010, 877 *MEMORY*.

344  EuG T-513/10 vom 17.1.2012 *Atrium*.

Nr 510/2006 vom 20.3.2006 (die die VO Nr 2081/92 vom 14 7.1992 abgelöst hat) gemäß Art 164 von der GMV unberührt bleibt; Einzelheiten unter
Art 164 Rdn 3. Auch ist die Sondervorschrift des Abs 1 (j) zu beachten, welche durch die VO Nr 3288/94 vom 22.12.1994 in die GMV eingefügt wurde und für Weine und Spirituosen die Markeneintragung von geographischen Angaben oder auch solche Angaben nur enthaltenden Zeichen
verbietet, sofern die betreffenden Waren ihren Ursprung nicht in der von der
geographischen Angabe bezeichneten Region haben; ferner der – gewissermaßen zusätzlich zu Art 164 – als lit (k) durch die VO (EG) 422/2004 vom
19.2.2004 in Abs 1 eingefügte Ausschluss von Marken, die eine der in
Art 164 angesprochenen Bezeichnungen enthalten oder daraus bestehen.
Diese Eintragungshindernisse sind auch nicht durch Verkehrsgeltung iSv
Abs 3 zu überwinden. Schließlich haben geographische Herkunftsangaben
gegenüber anderen beschreibenden Angaben insofern einen besonderen Status, als sie den Gegenstand von Gemeinschaftskollektivmarken bilden können, Art 66 (2) Satz 2 errichtet eine Art 12 (b) entsprechende Schranke gegen den Missbrauch einer solchen Kollektivmarke.

200 Auf diesen Sonderstatus geographischer Herkunftsangaben im Kontext des
Eintragungsausschlusses beschreibender Angaben hat der EuGH im »Chiemsee«-Urteil[345] ausdrücklich hingewiesen. Dies mag als Indiz dafür zu werten
sein, dass die Aufweichung, die der EuGH in Nr 26, 29 und 36 des »Chiemsee«-Urteils dem Unterschied geographischer Herkunftsbezeichnungen gegenüber sonstigen geographischen Bezeichnungen zuteil werden lässt, nicht
auf die Absicht zurückgeht, das Eintragungshindernis für geographische Herkunftsangaben unter dem Gesichtspunkt des Gesetzestextes »... dienen können« exzessiv auszudehnen (vgl Nr 30).

201 In der Tat kann nicht jede geographische Angabe allein schon wegen ihrer
schieren Existenz – also etwa ein im Ortsverzeichnis der Europäischen Union
auffindbarer Ortsname – eine entsprechende Markeneintragung zwingend
verhindern; vielmehr ist davon auszugehen, dass dies nur dann der Fall ist,
wenn der angegebene geographische Bereich tatsächlich als geographische
Herkunft des Produktes ernsthaft in Betracht kommt; unter diesem Gesichtspunkt abgelehnt »OLDENBURGER« für Milchprodukte,[346] aber ak-

---

345  EuGH C-108/97 vom 4.5.1999 (Nr 27), MarkenR 1999, 189 (Nr 27) *Chiemsee.*
346  EuG T-295/01 vom 15.10.2003, GRUR Int 2003, 1020 *Oldenburger.*

zeptiert »Cloppenburg« für Einzelhandels-Dienstleistungen.[347] Dem steht, wie die Antworten des EuGH auf die Vorlagefragen des LG München I im »Chiemsee«-Fall zeigen, die Ablehnung des »konkreten, aktuellen oder ernsthaften Freihaltebedürfnisses« als Schutzhindernis (Nr 35) nicht entgegen, auch der EuGH stellt neben der aktuellen Beziehung zwischen Warengruppen und geographischer Bezeichnung auf die Frage ab, ob eine solche Beziehung »vernünftigerweise zu erwarten ist« (Nr 37). Demzufolge hat das EuG einerseits ein komplexes Bildzeichen Eisbär auf Eisscholle mit Wort ALASKA und das Wortzeichen ALASKA für ua Mineralwässer, die vernünftigerweise nicht nach Europa transportiert werden dürften,[348] sowie andererseits das Wortzeichen »PORT LOUIS« zur Eintragung für ua Heimtextilien, Lederwaren und Bekleidung zugelassen, weil der Name der Haupt- und Hafenstadt des Inselstaats Mauritius, auch wenn er touristisch bekannt sei, in der Gemeinschaft nicht mit den Anmeldewaren in Verbindung gebracht werde.[349] Auch wurde die Wortmarke »MADRIDEXPORTA« für Drucksachen in der Kl. 16 und Dienstleistungen in den Kl. 36, 38, 39, 41 und 42 zugelassen,[350] aber »PASSIONATELY SWISS« für Waren in der Kl. 16 und Dienstleistungen in den Kl. 35, 41, 43 und 44 zurückgewiesen.

### 9.5 Zeit der Warenherstellung oder Dienstleistungserbringung

Die mit einem – erfolglosen – Nichtigkeitsantrag angegriffene GM »PAST **202** PERFECT« (deutsch: Plusquamperfekt) gehört zu den selten auftretenden Zeichen, denen die Zeit der Herstellung der von ihnen erfassten Ware als beschreibende Angabe zur Last gelegt wurde. Das hielt in bezug auf Musikaufzeichnungen das EuG wie die Vorinstanzen für unzutreffend und sah auch kein Fehlen von Unterscheidungskraft.[351]

---

347 EuG T-379/03 vom 25.10.2005, GRUR Int 2006, 47 *Cloppenburg*.
348 EuG T-225 und 226/08 vom 8.7.2009 *ALASKA*.
349 EuG T-230/06 vom 15.10.2008, GRUR Int 2009, 241 (Nr 66) *PORT LOUIS*, nach Auffassung von Bender, MarkenR 2009, 85/90 unangemessen großzügig; vgl auch HABM-BK R 281/2009-1 vom 26.1.2010 *GREAT CHINA WALL*.
350 EuG T-180/07 vom 16.9.2007 *MADRIDEXPORTA*; EuG T-377/09 vom 15.12.2011 *PASSIONATELY SWISS*.
351 EuG T-133/06 vom 23.10.2008 (Nr 40) *PAST PERFECT*.

### 9.6 Sonstige Merkmale

**203**  Die Öffnungsklausel »zur Bezeichnung sonstiger Merkmale der Ware oder Dienstleistungen« erfasst beschreibende Angaben, die im Verkehr unmittelbar als solche – und daher nicht als Produktquelle – verstanden werden, ohne einer der in lit (c) spezifisch genannten Arten von Angaben zu unterfallen. Dazu gehören spezielle Sachangaben, vor allem aber Angaben über die Funktion[352] der betroffenen Produkte, die auch die Form von Slogans haben können[353] oder über die Art der Vertriebsstellen,[354] ferner Zahlenangaben für die in lit c ausdrücklich genannten Angaben über die Menge oder des Wertes der betroffenen Produkte (vgl Art 7 Rdn 80). Aber auch Fälle von üblich gewordenen Übertragungen beschreibender Angaben auf anders beschaffene Produkte, beispielsweise infolge Imitation,[355] können darunter subsumiert werden, auch wenn Überschneidungen mit Beschaffenheits- oder üblich gewordenen Angaben bestehen.

### 10  Üblich gewordene Angaben (lit d)

**204**  Abs 1 (d) erweitert die Ausschlussvorschrift des Abs 1 (c) auf solche Angaben zur Bezeichnung der Ware oder Dienstleistung, die im allgemeinen Sprachgebrauch oder in den redlichen und ständigen Verkehrsgepflogenheiten üblich geworden sind. Hierunter fallen in erster Linie die oben als sekundäre Gattungsbezeichnungen bezeichneten Angaben (Art 7 Rdn 193), sofern sie tatsächlich allgemein nur beschreibend verwendet werden.[356] Zu den beteiligten Verkehrskreisen gehören alle Personen, an die sich die von der GMA oder GM erfassten Produkte wenden, im Falle eines Fachbegriffs ist dessen Üblichkeit auch dann zu berücksichtigen, wenn sie nur in Fachkreisen be-

---

352  HABM-BK R 382/2004-4 vom 4.11.2005 *DARKTAN* (für Kosmetika).

353  HABM-BK R 762/2005-2 vom 30.11.2005 *PAY BY TOUCH* (für Zahlungssysteme).

354  HABM-BK R 16062008-4 vom 15.2.2010 und R 470/2009-4 vom 23.2.2010 *Grünes Kreuz*.

355  EuG T-458/05 vom 20.11.2007, GRUR Int 2008, 501 (Nr 89) *TEK* (= Teak, für Regale aus Metall).

356  EuG T-237/01 vom 5.3.2003, GRUR Int 2003, 751 (Nr 37) *BSS*, bestätigt durch EuGH C-192/03 vom 5.10.2004; EuG T-322/03 vom 16.3.2006, GRUR Int 2006, 416 (Nr 49) *Weisse Seiten*; EuG T-133/06 vom 23.10.2008 (Nr 51) *PAST PERFECT*, HABM-BK R 004/1999-2 vom 17.7.2000, ABl-HABM 2000, 1810 *OBERON*.

steht und Endverbraucher den Fachbegriff nicht kennen.[357] Auch üblich gewordene Abkürzungsworte und Buchstabengruppen wie Akronyme gehören zu den adressierten Angaben.[358] Nur gelegentlicher und eher zufälliger Gebrauch eines als GM angemeldeten Zeichens durch Dritte, der beispielsweise im schnelllebigen und gut recherchierbaren Internet festgestellt wird, erfüllt diese Voraussetzung nicht.[359]

Maßgeblich für den Eintrittszeitpunkt dieses Schutzhindernisses soll nicht **205** sowohl der Anmeldetag als auch der Eintragungstag einer einschlägigen Marke sein (Art 7 Rdn 30, 32), sondern nur der Anmeldetag,[360] was Bedenken begegnet (Art 7 Rdn 34).

Kritisch ist die Abgrenzung gegenüber solchen besonders starken Marken für **206** bestimmte Produkte, bei denen der Verkehr dazu tendiert, die Marke (zugleich) als Bezeichnung der Produktart einzusetzen (»Tempo« für Papiertaschentücher, »Nescafé« für löslichen Pulverkaffee usw). Häufig ist diese Tendenz, eine Marke als Gattungsbezeichnung zu verwenden, bei der Einführung eines neuartigen Produktes unter einer neuen Marke auf dem Markt zu beobachten. Deshalb darf dieses absolute Eintragungshindernis erst eingreifen, wenn ein wesentlicher Teil des Verkehrs in der fraglichen Bezeichnung keine Marke mehr sieht;[361] deutlich wird dies auch durch die Aussage »... geworden sind« im Gegensatz zum »... dienen können« der Ausschlussvorschrift des Abs 1 (c).

Es obliegt dem Markeninhaber, die Entwicklung seiner Marke zu einer üblichen **207** Produktbezeichnung und damit (sekundären) Gattungsbezeichnung zu verhindern. Nach Art 51 (1) (b) kann eine GM für verfallen erklärt werden, wenn sie infolge des Verhaltens oder der Untätigkeit ihres Inhabers im ge-

---

357 HABM-BK R 595/2008-4 vom 21.4.2009 (Nr 24, 28, 30); bestätigt EuG T-190/09 vom 9.3.2011, GRUR Int 2011, 519 (Nr 40) *5 HTP*.

358 EuG T-405/04 vom 23.10.2007 (Nr 33/34, 45) *Caipi*; EuG T-16/02 vom 3.12.2003, GRUR Int 2004, 328 (Nr 31) und T-174/07 vom 28.1.2009 (Nr 49) *TDI*; HABM-BK 595/2008-4 vom 21.4.2009; bestätigt EuG T-190/09 vom 9.3.2011, GRUR Int 2011, 519 (Nr 40) *5 HTP*.

359 HABM-BK R 363/2000-2 vom 31.7.2002 *Limo*; bestätigt durch EuG T-311/02 vom 20.7.2004, GRUR Int 2004, 952 *LIMO*.

360 EuGH C-192/03 vom 5.10.2004 (Nr 40) *BSS*; EuG T-189/07 vom 3.6.2009 (Nr 19) *FLUGBÖRSE*.

361 HABM-BK R 803/2004-1 vom 5.4.2005 (Nr 20) *TAE BO*.

schäftlichen Verkehr zur gebräuchlichen Bezeichnung einer der von ihr erfassten Waren oder Dienstleistungen geworden ist.

208 Im übrigen beschränkt jedoch diese Vorschrift ebenso wie die des Abs 1 (c) den Eintragungsausschluss üblich gewordener Bezeichnungen auf diejenigen Produkte, bezüglich derer dieser Zustand eingetreten ist. Keinesfalls erfasst Abs 1 (d) einen solchen Begriff der Umgangssprache, der keine spezifische Beziehung zu den von seiner Anmeldung erfassten Produkten hat. Vielmehr ist ein derartiger Begriff nur dann von der Eintragung auszuschließen, wenn er zur Bezeichnung gerade dieser Waren und Dienstleistungen üblich geworden ist.[362] Dabei sind mehrteilige Zeichen – wie im Falle von Abs 1 (c) – in ihrer Gesamtheit und nicht in ihren Elementen zu würdigen.[363]

209 Grundlage der Beurteilung ist das VerzW/DL der Streitmarke in der angemeldeten bzw eingetragenen Form. Dieses und nicht – im Falle eines Nichtigkeitsantrages – die konkrete Form der Markenbenutzung oder einer Vermarktungsstrategie bestimmt das relevante Publikum, auf dessen Wahrnehmung und Verständnis es ankommt.[364]

210 Zwar hat der EuGH wiederholt seiner Auffassung Ausdruck gegeben, dass alle Eintragungshindernisse des Abs 1 im Licht des Allgemeininteresses auszulegen seien, das jedem von ihnen zugrunde liegt, und dass bei der Prüfung dies Allgemeininteresse je nach Art des betreffenden Eintragungshindernisses in unterschiedlichen Erwägungen zum Ausdruck kommen kann oder muss, jedoch sind bislang keine spezifischen Erwägungen zu Abs 1 (d) bekannt geworden, obgleich die unter diese Vorschrift fallenden Zeichen oder Angaben ebenso wie diejenigen »zur Bezeichnung der Art« gemäß Abs 1 (c) Gattungsbezeichnungen sind, deren ungehinderte lautere Benutzung im geschäftlichen Verkehr jedermann freistehen muss. Auch werden sie im Gegensatz zu den Angaben des Abs 1 (c) in Art 12 (b) nicht einmal expressis verbis angesprochen. Das könnte als Indiz dafür genommen werden, dass das »Draufsatteln« des Freihaltebedürfnisses auf das Eintragungshindernis des Abs 1 (c) keineswegs naheliegend ist (siehe Art 7 Rdn 12, 20 f).

---

362 EuGH C-517/99 vom 4.10.2001, MarkenR 2001, 403 *Bravo*; HABM-BK R 328/2002-2 vom 1.7.2003 (Nr 28) *BRUSCHETTA*.

363 EuG T-248/05 vom 24.9.2008 (Nr 62) *I.T.@MANPOWER*.

364 HABM-BK R 618/2008-4 vom 8.8.2008 (Nr 12f) *MPPI*.

## 11 Absolut ausgeschlossene Warenformen (lit e)

Abs 1 (e) definiert – neben dem möglichen Ausschlussgrund beschreibenden 211
Charakters und/oder fehlender Unterscheidungskraft – spezifische Eintragungshindernisse für dreidimensionale Zeichen, allerdings nur solche, welche
die Form der betreffenden Ware selbst zum Gegenstand haben. Nicht betroffen sind also Formmarken, die von der Ware unabhängig sind, wie zB das
bekannte Michelin-Männchen als Kennzeichen für Kraftfahrzeugreifen.

Die Beschränkung des Ausschlusses auf bestimmte räumliche, also dreidi- 212
mensionale Gestaltungen schließt nicht aus, dass die Zeichendarstellung der
3D-Form eine flächige Abbildung ist.[365] Diese muss dann allerdings die den
Ausschluss begründende räumliche Ausbildung des dargestellten Gegenstandes eindeutig wiedergeben, interpretierende Bezugnahmen auf anderweitige
Quellen, beispielsweise Patentschriften über denselben Gegenstand, sind unzulässig.[366]

Im Gegensatz zu den Eintragungshindernissen gemäß Abs 1 (b) bis (d) sind 213
die Eintragungshindernisse gemäß Abs 1 (e) (i) bis (iii) nicht durch Benutzung im Verkehr (Abs 3) überwindbar.[367]

Die drei von Abs 1 (e) aufgestellten Schranken sollen verhindern, dass Wa- 214
rengestaltungen monopolisiert werden, die dem Gebrauch durch Wettbewerber billigerweise nicht entzogen werden dürfen.[368] Sie schließen die Eintragung der Warenform als Marke allerdings nur dann aus, wenn das
angemeldete Zeichen ausschließlich aus einer der gesperrten Formen für die
vom Warenverzeichnis der GMA erfassten Waren besteht.[369] Enthält das angemeldete Zeichen die ausgeschlossenen Formmerkmale nur gemeinsam mit
anderen, unterscheidungskräftigen Merkmalen, so steht dies der Eintragung
nicht entgegen. Das schließt die Anwendung dieser Vorschrift einerseits auf
solche Warenform-Zeichen aus, bei denen zwar mindestens eine der Ein-
griffskonditionen des Abs 1 (e) (i) bis (iii) vorliegt, die das Zeichen bildende
Ware aber weitere iSd Abs 1 (b) unterscheidungskräftige Merkmale aufweist,

---

365 EuG T-331/10 vom 8.5.2012, GRUR Int 2012, 1125 (Nr 22-28) *Fläche mit
schwarzen Punkten*; angefochten EuGH C-337/12.
366 EuG T-331/10 vom 8.5.2012, GRUR Int 2012, 1125 (Nr 31, 34) *Fläche mit
schwarzen Punkten*; angefochten EuGH C-337/12.
367 EuGH C-371/06 vom 20.9.2007, GRUR 2007, 970 *Benetton/G-Star*.
368 EuGH C-048/09 vom 14.9.2010, GRUR 2010, 2008 (Nr 43) *Lego*.
369 HABM-BK R 458/2004-2 vom 17.12.2004 (Nr 15) *Pflanzkübel mit Auslauf*.

beispielsweise zusätzliche Formmerkmale,[370] eine besondere Farbgebung,[371] einen verbalen oder graphischen Aufdruck oder dergleichen, sowie andererseits auf Abbildungen einer unter Abs 1 (e) (i) bis (iii) fallenden Ware. Die Frage der konkreten Unterscheidungskraft einer solchen Abbildung bleibt davon unberührt und unterliegt einem »eher strengen Maßstab«,[372] obschon die Rspr für die Prüfung der Unterscheidungskraft die Anwendung unterschiedlicher Maßstäbe auf unterschiedliche Markenformen ausdrücklich ausschließt[373] (Art 7 Rdn 53).

215 Ohne weiteres einsichtig ist das erste der drei Hindernisse (Abs 1 (e) (i)), welches die der Warenart immanente Form vom Markenschutz ausschließt. Der Zinkenabschnitt einer Gabel als solcher kann keine Formmarke für Gabeln (Essbesteck) bilden, weil eine Gabel ohne Zinken keine Gabel wäre. Das gilt allerdings nur für wesensimmanente (Gattungs-) Merkmale der jeweiligen Ware, nicht für besondere Ausprägungen derselben. So kann eine ungewöhnliche und vom Verkehr als herkunftskennzeichnende Besonderheit erkannte Formgebung jener Gabelzinken durchaus eine Formmarke bilden, deren Eintragung nicht an Abs 1 (e) (i) scheitert.[374]

216 Ähnliches gilt für eine solche Form der Ware, die zur Erreichung einer technischen Wirkung erforderlich ist Abs 1 (e) (ii). Hat beispielsweise die vorstehend angesprochene spezifische Form der Gabelzinken keine oder allenfalls eine vernachlässigbare technische Wirkung (über die Grundfunktion von Gabelzinken hinaus), so steht auch jene Vorschrift der Markeneintragung nicht entgegen. Es ist jedoch nicht Aufgabe des Markenschutzes, technische Gestaltungen ad infinitum dem Gemeingebrauch zu entziehen. Deshalb soll diese Vorschrift verhindern, dass als Marken Warenformen eingetragen werden, deren wesentliche Merkmale einer technischen Funktion entsprechen, mit der Folge, dass die dem Markenrecht innewohnende Ausschließlichkeit

---

370 EuG T-122/99 vom 16.2.2000, MarkenR 2000, 107 *Soap*; überholt durch EuG T-63/01 vom 12.12.2002, MarkenR 2003, 77 *Soap II*.

371 HABM-BK R 1856/2010-1 vom 21.7.2011, vgl mit HABM-BK R 771/2010 vom 28.10.2010 (bestätigt EuG T-25/11 vom 29.1.2013) *Manueller Fliesenschneider*.

372 HABM-BK R 607/1999-3 vom 5.7.2000, ABl-HABM 2001, 104 *Henkelflasche*.

373 EuG T-030/00 vom 19.9.2001, MarkenR 2001, 481 (Nr 48) *Waschtablette/Bildmarke*.

374 Vgl EuGH C-136/02 vom 7.10.2004, Mitt 2004, 556 (Nr 31) *Taschenlampe*.

die Mitbewerber daran hindern würde, eine Ware mit einer solchen Funktion anzubieten oder zumindest die technische Lösung frei zu wählen, die sie einsetzen möchten, um ihre Ware mit einer solchen Funktion auszustatten.[375] Das gilt auch für Formen der Verpackungen für solche Waren, die aus mit der Art der Ware selbst zusammenhängenden Gründen verpackt Gegenstand des Wirtschaftsverkehrs sind,[376] siehe Art 7 Rdn 225.

Daher schließt, wenn die wesentlichen Merkmale der Form einer Ware nur **217** der technischen Wirkung zuzuschreiben sind, Abs 1 (e) (ii) ein aus dieser Form bestehendes Zeichen von der Eintragung selbst dann aus, wenn die fragliche technische Wirkung (oder technische Lösung) durch andere Formen erzielt werden kann.[377] Der auf die *wesentlichen* Formmerkmale beschränkten Beurteilung der technischen Wirkung steht das »ausschließlich bestehen« in Abs 1 (e) nicht entgegen.[378] Wird in einer Patentschrift die fragliche Formgebung als technisch vorteilhaft bezeichnet, so indiziert dies die Anwendung von Abs 1 (e) (ii), zB für die spezifische Ausgestaltung des lamellenartigen Bürstenteils eines im Übrigen herkömmlichen Rohrreinigers.[379]

Die Abgrenzung der technisch-funktionalen Formmerkmale von insoweit **218** neutralen Gestaltungsmerkmalen, die sich zur kennzeichnenden Individualisierung und damit Ursprungsunterscheidung eignen, ist nicht ohne Probleme. Denn auch dort, wo die technische Funktionalität der Form im Vordergrund steht (Beispiel: Flugzeug), bleibt in der Regel Raum für nicht von der Funktion bestimmte, unterscheidungskräftige Formmerkmale (Flugzeug-

375  EuGH C-299/99 vom 18.6.2002, GRUR Int 2002, 842 (Nr 79) *Philips/Remington*; EuG T-164/11 vom 19.9.2012 *Messerhandgriff*.
376  EuGH C-218/01 vom 12.2.2004, GRUR 2004, 428 (Nr 37) *Henkel*; EuGH C-173/04 vom 12.1.2006, GRUR 2006, 233 *Standbeutel*.
377  EuGH C-299/99 vom 18.6.2002, GRUR Int 2002, 842 (Nr 83) *Philips/Remington*; dem folgend: HABM-BK R 856/2005-G vom 10.7.2006 *Lego-Brick*, bestätigt durch EuG T-270/06 vom 12.11.2008 GRUR-RR 2009, 52 *Roter Lego-Stein* und EuGH C-048/09 vom 14.9.2010, GRUR 2010, 1008 (Nr 58) *Lego*.
378  EuG T-270/06 vom 12.11.2008, GRUR-RR 2009, 52 (Nr 38) *Roter Lego-Stein*; bestätigt EuGH C-48/09 vom 14.9.2010, GRUR 2010. 1008 (Nr 50 f) *Lego*.
379  HABM-BK R 747/2005-2 vom 5.9.2006 *Rohrreiniger (Plunger)*; so auch HABM-BK R 808/2009-2 vom 26.1.2010 (Nr 28 f) *Shape of an oven*.

Beispiel: Rumpfspitze/Kanzel-Design).[380] Es wäre fatal, wenn eine exzessive Auslegung der »Philips«- und »Lego«-Urteile – nicht zuletzt hinsichtlich der Bewertung der vorhandenen Formmerkmale als »wesentlich« (Art 7 Rdn 217) – die Eintragung von Warenform-Marken über Gebühr einschränken würde. Freilich ist auch außerhalb des Bereichs des Abs 1 (e) (ii) die konkrete Unterscheidungskraft der Warengestaltung zu prüfen, die häufig schon aufgrund ihrer eingeschränkten Wahrnehmung als Marke problematisch ist.

219 Schließlich soll auch eine solche Warenform nicht dem Markenschutz zugänglich sein, welche der Ware einen wesentlichen Wert verleiht (Abs 1 (e) (iii)). Angesprochen ist mit dieser – nicht ganz glücklich formulierten – Vorschrift die Abgrenzung einerseits zwischen dem (urheberrechtlich oder auch speziell geschmacksmusterrechtlich zu schützenden) Design, dessen Wert in ihm selbst liegt, und andererseits der von der Formgestaltung ausgehenden Ursprungsidentifizierung, welche Charakteristikum einer Marke ist. Übt die fragliche Formgestaltung diese Markenfunktion als Zutat zur Ware aus, welche ihren eigentlichen Nutzwert aus artgemäßen Eigenschaften bezieht, so steht der Eintragung als Formmarke auch dann kein Hindernis im Wege, wenn es sich um eine ästhetisch besonders gelungene Gestaltung handelt.[381]

220 Es war allerdings zu erwarten, dass jene Abgrenzung in der Praxis Schwierigkeiten bereiten würde. Während im Vorlagefall »Benetton/G-Star«[382] der EuGH die (fehlsame) Auffassung des vorlegenden Gerichts tatbestandlich als zutreffend zu unterstellen hatte, dass die dort streitbefangenen Jeanshosen ihren wesentlichen Wert iSv Abs 1 (e) (iii) aus ihrer Form bezogen, hat in der Auseinandersetzung um die GM-Eintragbarkeit der Form des Bang & Olufsen-Lautsprechers BeoLab 8000 die Achte Kammer des EuG die BK-Zurückweisung der 3D-GMA[383] aufgrund Abs 1 (e) (iii) bestätigt,[384] nachdem von der Dritten Kammer die erste BK-Zurückweisung vom

---

380  Vgl HABM-BK  R 730/2007-1 vom  14.2.2008 *Absperrorgan*; HABM-BK R 1156/2005-1 vom 14.6.2007 *Stockschlaufe*; HABM-BK R 1198/2005-4 vom 5.7.2006 *Wellenkupplung*.

381  Vgl HABM-BK R 486/2010-2 vom 14.12.2010 (Nr 13 f) *Shape of a chair*, angefochten EuG T 161/11.

382  EuGH C-371/06 vom 20.9.2007, GRUR 2007, 970 *Benetton/G-Star*.

383  HABM-BK R-497/2005-1 vom 10.9.2008 *LOUDSPEAKER (3D-MARK)*.

384  EuG T-508/08 vom 6.10.2011 (Nr 60 f) *Form eines Lautsprechers*.

22.9.2005[385] auf der Grundlage von Abs 1 (b) aufgehoben worden war[386] (Art 7 Rdn 125).

Offenbar war die gerichtliche Klärung der rechtlichen Kontur jenes absolu-  221
ten und nicht durch Benutzung überwindbaren Eintragungsausschlusses das
primäre Ziel der neuerlichen Zurückweisung durch die BK, auch wenn sie
auf den ersten Blick wie Rechthaberei anmutet. Denn ihre Begründung listet
umfangreich alle bis dato vorliegenden Kommentare und einschlägigen Erwägungen der Kammer auf. Sie verkennt auch nicht, dass ein angenehmes,
attraktives Design der Warenform als solches den Eintragungsausschluss
nicht rechtfertigen kann (Nr 26, vgl Art 7 Rdn 219 aE) es würde in der Tat
absurd erscheinen, zumal nur die erheblich vom Üblichen abweichende
Formgestaltung die Hürde des Abs 1 (b) überspringen kann. Aber die Vorstellung, dass die – oben als artgemäß bezeichneten – Eigenschaften und
Qualitätsmerkmale der betroffenen Ware irrelevant seien (Nr 27) ist ebenso
unzutreffend wie es die vermeintlichen Testfragen sind, ob der Hersteller die
Form des Produkts als »marketing tool« ansieht und der Verbraucher das
Produkt wegen seines ästhetischen Wertes erwirbt.

Wer kauft denn einen (teuren) BeoLab 8000-Lautsprecher, um ihn ohne An-  222
schluss an ein Tonübertragungssystem nach Art einer der Dekoration dienenden Stele in seine Wohnung zu stellen? Und die Behauptung, dass De-
sign-Möbel nicht wegen ihrer Funktion – also Sofas nicht zum Hinsetzen
und Schränke nicht zum Unterbringen von Dingen – gekauft werden
(Nr 25), kann nicht ernst genommen werden. Nein, es geht bei Art 1 (e) (iii)
nicht um die Abgrenzung des Gegenstands- oder Funktionswerts vom Designwert der angesprochenen Ware, sondern um die Frage, ob der Verbraucher allein in dem ästhetischen Gehalt der Form den wesentlichen Wert der
Ware sieht und es deshalb von vornherein als ausgeschlossen angesehen werden kann, dass der Form neben ihrer ästhetischen Wirkung zumindest auch
die Funktion eines kommerziellen Herkunftshinweises zukommen kann,[387]
die für die Eintragbarkeit einer GM entscheidend ist (Art 7 Rdn 219). Denn
die Einleitung von Abs 1 (e) stellt generell nur auf solche Zeichen ab, die
»ausschließlich« aus den ausgeschlossenen Formen bestehen. Das gilt bezüg-

---

385  HABM-BK R-497/2005-1 vom 22.9.2005 *LOUDSPEAKER (3D-MARK)*.
386  EuG T-460/05 vom 10.10.2007, GRUR Int 2008, 52 *Form eines Lautspre-*
     *chers.*
387  Vgl BGH GRUR 2008, 71 (Nr 18) *Fronthaube.*

lich lit e (iii) für Werke der bildenden Kunst, vielleicht auch für nur der Dekoration dienende Gegenstände, aber schon Bilderrahmen, Aufsatzträger für Skulpturen etc sind ungeachtet hoher designerischer Qualität keineswegs wegen Abs 1 (e) (iii) vom (Form-)Markenschutz ausgeschlossen.

223 Sofern nicht der unüberwindbare absolute Ausschlussgrund des Abs 1 (e) eingreift, kann die von Haus aus fehlende Unterscheidungskraft einer Warenform-Marke durch Benutzung iSv Abs 3 erworben werden und die Eintragung der Marke ermöglichen.

### 12 Absolut ausgeschlossene Verpackungsform (lit e)

224 Obgleich sämtliche Unterziffern des Abs 1 (e) nur die als Marke beanspruchte Form der Ware adressieren, sollen darunter auch Verpackungen der betroffenen Waren fallen, wie sich aus den gemeinsamen Protokollerklärungen des Rates und der Kommission vom 20.12.1993[388] ergibt. Diese sind nach Auffassung des EuGH nicht verbindlich.[389] Die Formulierung »der Rat und die Kommission sind der Auffassung, dass bei verpackten Waren der Ausdruck ›Form der Ware‹ auch die Verpackung umfasst«, wirft überdies die Frage auf, ob für die Beurteilung der Tatbestände des Abs 1 (e) (i) bis (iii) auf die Merkmale der Ware oder auf die Merkmale ihrer Verpackung abzustellen ist. Der Erklärungswortlaut spricht für ersteres, jedoch ist nicht auszuschließen, dass letzteres gemeint war.

225 Der EuGH hat sich differenzierend geäußert. Wo kein hinreichend enger Zusammenhang zwischen der Verpackung und der Ware besteht – wie (vermeintlich) bei regelmäßig verpackt vertriebenen Nägeln –, kann für die Prüfung einer Markenanmeldung die Verpackung der Form der Ware nicht gleichgestellt werden. Jedoch ist die Form der Verpackung gleichzusetzen, wenn die Ware keine ihr innewohnende Form besitzt und die gewählte Verpackung dem – beispielsweise körnigen, pudrigen oder flüssigen – Produkt seine Form verleiht.[390] Ungeachtet dessen ist bei der Prüfung auf absolute Eintragungshindernisse, also auch bezüglich Abs 1 (e), auf das das verpackte Produkt erfassende Warenverzeichnis abzustellen.[391] Demzufolge wäre denk-

---

388 Anhang 5, (B) (5).
389 EuGH C-292/89 vom 26.2.1991 *Antonissen*; vgl Schlussanträge in der Rs C-218/01 (Nr 16) *Henkel*.
390 EuGH C-218/01 vom 12.2.2004, GRUR Int 2004, 413 (Nr 32, 33) *Henkel*.
391 EuGH C-218/01 vom 12.2.2004, GRUR Int 2004, 413 (Nr 50, 53) *Henkel*.

bar, dass eine Flasche mit ungewöhnlich geformter Ausflussöffnung unter Abs 1 (e) (ii) fällt, weil die fragliche Form das saubere und tropffreie Ausgießen eines dickflüssigen Flascheninhalts ermöglicht. Das ist problematisch, wenn das für dünnflüssiges Material gleicher Art nicht gilt, oder die Flüssigkeit selbst auch eine markenrechtlich relevante Farbe hat.

In der Entscheidung »Galliano-Flasche« (für die Ware Liköre)[392] hat die **226** HABM-BK, ohne diese Frage anzusprechen, keine Anhaltspunkte dafür gesehen, dass die für die Flasche gewählte Form in erster Linie durch deren (!) Funktion bedingt ist (Nr 17). Damit schloss sie an ihre zumindest zweifelhaft formulierte Feststellung (Nr 16) an: »Besteht die Marke in der Form der Ware oder ihrer Aufmachung, reicht es nicht aus, wenn sie in erster Linie durch die Funktion bedingt ist und sich in ganz einfachen ornamentalen Gestaltungselementen erschöpft.« Abgesehen davon, dass dieser Satz unterschiedliche markenrechtliche Kriterien anspricht, erscheint keineswegs selbstverständlich, dass durch die in Rede stehende Protokollerklärung der Begriff der »Ware« in den Unterziffern (i) bis (iii) des Abs 1 (e) ggf schlicht durch den Begriff »Verpackung« ersetzt werden sollte, dergestalt, dass solche Verpackungsformen von der Markeneintragung für die jeweils von der Verpackung umhüllten Waren ausgeschlossen sind, welche durch die Art der Verpackung selbst bedingt sind, die zur Erreichung einer technischen Wirkung der Verpackung erforderlich sind oder die der Verpackung einen wesentlichen Wert verleihen. Denn während der gesetzgeberische Zweck des Ausschlusses entsprechender Warenformen vom potentiell infiniten Markenschutz einleuchtend ist und allgemeine Zustimmung erfährt, lässt sich eine derartige Ausdehnung auf Verpackungen nicht in gleicher Weise begründen, solange sie nicht – wie im Falle der »Brunneneinheitsflasche«[393] – die Ware selbst darstellen.

Als Verpackungen für Flüssigkeiten benutzte Flaschen haben in diesem Zu- **227** sammenhang kaum Beispielcharakter, weil die verpackte Ware keine eigene Form besitzt. Aussagekräftiger ist daher der Fall einer Verpackung für Mini-Pizzen, die mit einer perspektivischen Explosionsdarstellung einer Rundschachtel mit entsprechend kreisförmigem Deckel als dreidimensionale Mar-

---

392 HABM-BK R 537/1999-2 vom 21.3.2001, ABl-HABM 2002, 490 *Galliano-Flasche*.

393 HABM-BK R 205/1998-2 vom 17.11.1999, GRUR Int 2000, 549 *Brunneneinheitsflasche*.

ke ua für Fertigbeläge für Pizzen und Pizzen selbst angemeldet worden war.[394] In ihrer ablehnenden Entscheidung stellt die HABM-BK fest, dass gemäß Art 4 die Form einer Ware als GM eingetragen werden könne, wenn die Form gewisse Merkmale aufweise, auf Grund derer die Verbraucher das Produkt ausschließlich auf Grund seines Aussehens erkennen und einem bestimmten Unternehmen zuordnen könnten. Des weiteren müsse die Form die Bedingungen von Abs 1 (e) erfüllen (Nr 12). Mit dem Begriff »Form der Ware« bezieht sich die HABM-BK offenbar auf die Form der als Marke angemeldeten Verpackung. Das ist jedoch nicht die Ware der Anmeldung, bei der es sich um Mini-Pizzen (kreisrund mit kleinem Durchmesser) und deren Beläge handelt. Dass deren Form mit Abs 1 (e) kollidieren könnte, wird niemand ernsthaft behaupten, und Gleiches gilt für die – selbstverständlich nicht vorhandene – Unterscheidungskraft ihrer Merkmale. Gemeint also hat die HABM-BK nicht die Ware, sondern deren Verpackung und offenbar ohne weitere Erörterung unterstellt, dass – wie oben dargelegt – auf Grund der Protokollerklärung in den einschlägigen Fällen jeweils das Wort »Ware« in den Unterziffern des Abs 1 (e) durch »Verpackung« zu ersetzen sei.

228   Im Beispielsfall fand keine sachliche Beurteilung des Anmeldungsgegenstandes hinsichtlich der Konditionen des Abs 1 (e) statt, weil die Prüferin von sich aus dieses Eintragungshindernis nicht eingewandt hatte, wohl aber die angemeldete Verpackungsform für nicht unterscheidungskräftig hielt (Abs 1 (b)). Dass die zurückweisende Beschwerdeentscheidung (auch) insoweit erheblichen Bedenken begegnet, weil sie nicht erkennen lässt, auf der Grundlage welcher Marktumstände der angemeldeten Verpackungsmarke jegliche Unterscheidungskraft abgesprochen wurde, sei in diesem Zusammenhang nur am Rande erwähnt. Die tragende Begründung in Nr 14 erschöpft sich in bloßen Behauptungen, die noch dazu selbst dann, wenn sie als richtig unterstellt werden, die negative Entscheidung nicht zu tragen vermögen.

229   Letzteres gilt, wenn auch nicht in annähernd gleichem Maße, für den von derselben HABM-BK ebenfalls negativ entschiedenen Fall einer dreidimensionalen Verpackungsmarke für Brillengestell-Zubehör und Ohrstöpsel, also auch für feste Gegenstände.[395] Hier wird die aus dem fehlenden Auseinan-

---

394   HABM-BK R 217/1999-1 vom 14.4.2000, ABl-HABM 2001, 318 *Verpackungsform*.

395   HABM-BK R 381/2000-1 vom 20.12.2000, ABl-HABM 2001, 1520 *BRILLENETUI*.

derhalten von Ware und Verpackung folgende Unklarheit aus dem Umstand deutlich, dass die als Formmarke angemeldete Verpackung als solche (für eine Vielzahl von Verpackungsgegenständen) bekannt war, aber geltend gemacht wurde, in Bezug auf die Anmeldewaren liege, wenn nicht originäre Unterscheidungskraft, so doch eine iSv Abs 3 erworbene Unterscheidungskraft vor. Ausweislich der Begründung hat die HABM-BK nicht geltend gemacht, dass die angemeldete Verpackungsform auch hinsichtlich der Ausschlussgründe des Abs 1 (e) zu untersuchen sei, obgleich – wie allgemein bekannt – die im Wesentlichen rohrförmige Pappverpackung mit endseitigen Einklaplaschen auf Grund ihres Zuschnitts sowie der Falzung und »Übertotpunkt«-Einfaltung ihrer Endlaschen durchaus technisch-funktionale Merkmale aufweist.

Abgesehen davon ist diese Entscheidung aber auch deshalb interessant, weil **230** sie sich eingehend mit der Frage befasst, inwieweit eine Verpackungsform auch dann eigene Unterscheidungseignung und -wirkung besitzt, wenn sie regelmäßig mit Marken anderer Art, also Wort- und/oder Bildmarken, im Verkehr erscheint. Die Begründung, mit der die HABM-BK – ungeachtet des die Beschwerde letztlich zurückweisenden Entscheidungstenors – diese selbständige (originäre) Unterscheidungseignung einer Verpackungsform auch im Rahmen eines stets multiplen Markenauftritts iSv Erst- und Zweitmarken im Markt bejaht, verdient Zustimmung: Sie verweist nicht zuletzt auf die Neigung von Wettbewerbern, »look alike«-Produkte mit mehr oder minder identischer Verpackung, aber abweichenden Wort- oder Bildzeichen in der Hoffnung auf den Markt zu bringen, sich an den Markterfolg des originären Verpackungsform-Inhabers anzuhängen (Nr 20, 21).[396] Die differenzierte Beurteilung von Verpackungen für formhaltige Waren einerseits und amorphe Produkte andererseits im »Perwoll«-Urteil des EuGH[397] kann als dies stützend verstanden werden.

## 13 Verstoß gegen die öffentliche Ordnung oder die guten Sitten (lit f)

Abs 1 (f) schließt Marken von der Eintragung aus, die gegen die öffentliche **231** Ordnung oder gegen die guten Sitten verstoßen. Dieses Eintragungshinder-

---

396 Abzulehnen daher HABM-BK R 182/2005-4 vom 8.1.2007, MarkenR 2007, 230 *ZIGARETTENSCHACHTEL*; siehe auch Aufsatz Eisenführ im selben Heft, S 189.
397 EuGH C-218/01 vom 12.2.2004, GRUR Int 2004, 413 *Henkel.*

nis setzt nicht voraus, dass eine Marke ausschließlich aus solchen Angaben besteht; es reicht aus, dass die Marke derartige Bestandteile enthält.

232   Die öffentliche Ordnung ist bestimmt durch die verfassungsgemäße Struktur der Gesellschaft und die dieser Struktur zu Grunde liegenden Prinzipien. Solange eine einheitliche europäische Verfassung nicht existiert, wird ungeachtet weitreichender Übereinstimmungen der öffentlichen Ordnungen der Mitgliedsstaaten die des jeweils betroffenen Mitgliedsstaates der Beurteilung zu Grunde zu legen sein, es sei denn, dass der betroffene Sachverhalt bereits von europäischem Recht erfasst wird. Entscheidende Bedeutung kommt dieser Differenzierung nicht zu, weil ein Verstoß gegen die öffentliche Ordnung auch in nur einem Mitgliedsstaat im Hinblick auf Abs 2 zum Eintragungsausschluss führt.[398] Von der Eintragung auszuschließen sind hiernach alle Zeichen, deren Benutzung gegen gemeinschaftsweite oder nationale gesetzliche Regelungen in mindestens einem der Mitgliedsstaaten verstoßen würde.

233   Den Beurteilungs-Maßstab für einen Verstoß gegen die guten Sitten bilden nicht gesetzliche Vorschriften und die diesen zu Grunde liegenden verfassungsmäßigen Ordnungsprinzipien, sondern die Verkehrsauffassung. Damit ist zugleich festgestellt, dass die einschlägige Beurteilung ebenso Wandlungen unterliegt wie die Auffassung des durchschnittlich informierten, aufmerksamen und verständigen Durchschnittspublikums.[399] Auch legt es nahe, das scharfe Schwert des Eintragungsausschlusses mit Vorsicht und Sensibilität zu handhaben.

234   Demgemäß hat das Eintragungshindernis des Abs 1 (f) einen engen Anwendungsbereich; die Bestimmung ist restriktiv auszulegen.[400] Gegen die öffentliche Ordnung oder die guten Sitten verstoßen nur solche Angaben, die gegen die tragenden Grundsätze der Rechtsordnung verstoßen. Unter dem Aspekt der guten Sitten fallen darunter nur solche Angaben, die grob herabsetzend, diskriminierend oder ekelerregend sind, zB rassistische Ausdrücke,[401] blasphemische Ausdrücke oder Ausdrücke aus dem Fäkalbereich. Un-

---

398   T-232/10 vom 20.9.2011, GRUR Int 2012, 364 (Nr 52) *Staatswappen der ehemaligen Sowjetunion.*

399   HABM-BK R 495/2005-G vom 6.7. 2006 *SCREW YOU.*

400   HABM-BK R 356/2005-4 vom 12.5.2006 (Nr 22) *EROTIK LOUNGE;* HABM-BK R 558/2006-2 vom 18.7.2006 *REVA.*

401   HABM-BK R 1805/07 vom 16.9.2009, bestätigt EuG T-526/09 vom 5.10.2011, GRUR Int 2012, 247 *PAKI.*

ter dem Aspekt der öffentlichen Ordnung fallen darunter Ausdrücke, die Gewalt verherrlichen oder dazu auffordern, oder die strafbare Handlungen verherrlichen; die bloße Einbindung des sprachüblich gewordenen Begriffs »MAFIA« in eine Marke tut letzteres nicht.[402]

Nicht erfasst durch die Vorschrift werden Ausdrücke, die lediglich als ge-  **235** schmacklos oder schlüpfrig empfunden werden. Abs 1 (f) schützt das öffentliche Interesse, dass nicht Ausschließlichkeitsrechte an schlechthin rechtswidrigen Angaben oder für schlechthin rechtswidrige Tätigkeiten erlangt werden, nicht das individuelle Interesse des Anmelders, geschmacklose und deshalb ggf weniger kommerziell erfolgreiche Kennzeichnungen zu vermeiden.

Dieses Eintragungshindernis spielt in der Praxis des HABM fast keine Rolle.  **236** Zurückgewiesen wegen Verstoßes gegen die öffentliche Ordnung wurde »BIN LADIN« als respektlos gegenüber den Opfern eines Terroristen,[403] nicht jedoch »ETA«, das Akronym der terroristischen baskischen Untergrundbewegung, in bezug auf wärmetechnische Anlagen,[404] jedoch »Fidel« wegen Hinweises auf das kubanische Staatsoberhaupt unter dem Gesichtspunkt, dass die Anmeldung von Namen von Staatsoberhäuptern durch Dritte gegen die öffentliche Ordnung verstoße (zweifelhaft). Die Zurückweisung der GMA »DICK & FANNY« durch den Prüfer, weil es sich bei dieser Vornamen-Zusammenstellung um eine gegen die öffentliche Ordnung und Moral verstoßende englische Slang-Bezeichnung der menschlichen Geschlechtsorgane handele, wurde von der BK aufgehoben,[405] aber das Bild einer Feuerschale mit einem spanischen Slogan und dem Zusatz »HIJOPUTA« (HIJO DE PUTA = span. Hurensohn, Schweinehund) auch vom EuG zurückgewiesen.[406] Von der BK bestätigt wurde die Zurückweisung von »CURVE 100« (und 300) für Kamine, weil »Curve« die Pluralform eines grob herabsetzenden und damit rassistisch-diskriminierenden rumänischen Ausdrucks für Prostituierte ist, die englische Bedeutung spielt aus der anzuwendenden Sicht rumänischen Publikums keine Rolle.[407]

---

402  HABM-BK R 1224/2011-4 vom 13.1.2012 »MAFIA II«.
403  HABM-BK R 176/2004-2 vom 29.9.2004 *Bin Laden arabisch.*
404  HABM-BK R 74/2009-2 vom 29.2.2009 *ETA.*
405  HABM-BK R 111/2002-4 vom 25.3.2003 *DICK & FANNY.*
406  EuG T-417/10 vom 9.3.2012 *HIJOPUTA.*
407  HABM-BK R 254 (und 288)/2012-2 vom 1.6.2012 (Nr 22, 23) *Curve 100* (und 300).

**237** Nicht gegen Abs 1 (f) verstößt »INTERTOPS« für die Dienstleistungen eines Buchmachers,[408] weil es auf die Frage, ob die Erbringung von Dienstleistungen in bestimmten Mitgliedstaaten einer behördlichen Genehmigung bedarf, nicht ankommt.

**238** Grundsätzlich ist bei diesem Eintragungshindernis auf die angemeldete Marke abzustellen. Eine Zurückweisung wird jedoch auch dann in Betracht kommen, wenn die beanspruchten Waren und Dienstleistungen für sich genommen verbrecherisch sind, wie zB eine Briefbombe[409] oder Dienstleistungen, die in der Ausführung von Straftaten bestehen. Ferner wird dieses Eintragungshindernis auch dann eingreifen müssen, wenn kriminelle oder terroristische Vereinigungen Marken anmelden.

**239** Jedoch folgt schon aus Art 7 PVÜ und Art 15 (4) TRIPS, dass gesetzliche oder verwaltungsmäßige Beschränkungen oder Verbote der Herstellung oder des Vertriebs von Waren oder der Erbringung von Dienstleistungen kein Eintragungshindernis sein dürfen.[410] Der gleiche Grundsatz folgt aus Art 4$^{quater}$ PVÜ und Art 6$^{quinquies}$ (B) (3) PVÜ.

**240** Der Begriff der guten Sitten ist nach einem gemeinschaftsweiten Maßstab zu beurteilen. Besonders strenge moralische Normen in dem einen oder anderen Mitgliedstaat führen somit nicht zu strengeren Eintragungskriterien im Rahmen des Abs 1 (f). Aus Abs 2 folgt nichts anderes. Abs 2 greift vielmehr dann ein, wenn der Verstoß gegen die guten Sitten oder die öffentliche Ordnung ggf nur in einem Mitgliedstaat erkennbar oder relevant wird, etwa bei blasphemischen oder rassistischen Begriffen in finnischer Sprache oder bei Symbolen von Religionsgemeinschaften, die nur in einem Mitgliedstaat bekannt sind.[411]

**241** Im Einzelfall kann der Verstoß produktübergreifend festzustellen, also von der Art der angemeldeten Waren und/oder Dienstleistungen unabhängig sein. In anderen Fällen kann die öffentliche Ordnung, namentlich eine bestimmte gesetzliche Regelung, die Eintragung eines angemeldeten Zeichens

---

408  EuG T-140/02 vom 13.9.2005, GRUR Int 2005, 1017 *Intertops*; unter Bestätigung von HABM-BK R 338/2000-4 vom 21.2.2002, GRUR 2002, 897 *INTERTOPS*.

409  Siehe Singer/Schatz, Art 53 Rn 14 als Beispiel für eine sittenwidrige Erfindung iSv Art 53 EPÜ.

410  Siehe Miosga, Internationaler Marken- und Herkunftsschutz, 1967, S 82.

411  Vgl HABM-NA C-422014, Mitt. 2000, 304 *INTERTOPS*.

nur in Bezug auf bestimmte Produkte hindern; dann ist die Eintragung nur insoweit ausgeschlossen.[412]

Anders als das deutsche Markengesetz mit § 8 (2) Nr 9 enthält die GMV **242** keine Ausschlussvorschrift bezüglich solcher Zeichen, »deren Benutzung ersichtlich nach sonstigen Vorschriften im öffentlichen Interesse untersagt werden kann«. Gleichwohl kann eine Überschneidung des generellen Eintragungsausschlusses wegen Verstoßes gegen die öffentliche Ordnung mit spezifischen Eintragungshindernissen bestehen, wie etwa den des Abs 1 (i), (j) und (k). Soweit sich ein Verstoß gegen die öffentliche Ordnung nicht zweifelsfrei aus einer gesetzlichen Vorschrift ergibt, wird mit dem absoluten Eintragungshindernis des Abs 1 (f) 1. Alternative sehr vorsichtig umzugehen sein.

## 14  Täuschende Marken (lit g)

Täuschungsgefahr gemäß Abs 1 (g) setzt voraus, dass die angemeldete Marke **243** unzutreffende Aussagen über die im Verzeichnis der Waren und Dienstleistungen beanspruchten Waren oder Dienstleistungen enthält, was die Art, Beschaffenheit oder geographische Herkunft der Waren oder Dienstleistungen betrifft.[413] Außerdem muss diese Angabe geeignet sein, das angesprochene Publikum zu täuschen und es in seiner (Kauf-)Entscheidung zu beeinflussen;[414] der Nachweis einer bereits eingetretenen Täuschung ist nicht erforderlich. »Publikum« sind die von den beanspruchten Waren oder Dienstleistungen angesprochenen Verkehrskreise, bei dem es sich um jedermann oder um spezialisierte Kunden handeln kann. Auch haben beispielsweise Kinder ein anderes Markenverständnis und unterliegen eher einer Täuschung als Erwachsene. Allerdings ist zu beachten, dass die Formel des EuGH vom »aufmerksamen Durchschnittsverbraucher« gerade zum Begriff der Täuschungsgefahr entwickelt wurde.[415]

---

412  HABM-BK R 498/2005-G vom 6.7.2006 (Nr 27 f) *SCREW YOU.*

413  EuG T-234/06 vom 19.11.2009 (Nr 43); bestätigt EuGH C-5/10 vom 16.5.2011 *CANNABIS*; HABM-BK R 426/2012-5 vom 13.6.2012 »TEA BY THÉ«.

414  HABM-BK R 580/2001-1 vom 19.6.2003 (Nr 88) *WEISSE SEITEN*, bestätigt durch EuG T-322/03 vom 16.3.2006, GRUR Int 2006, 416 *Weisse Seiten*; HABM-BK R 1074/2005-4 vom 7.3.2006 *WINE OH!*

415  EuGH C-210/96 vom 16.7.1998, GRUR Int 1998, 795 *Gut Springenheide.*

244 Täuschungsgefahr setzt eine unzutreffende Sachaussage voraus;[416] eine bloß suggestive, anspielende Bezeichnung ist nicht täuschend, auch wenn wort-wörtlich die Angabe auf das Produkt nicht zutrifft, wie zB »Metal Jacket« für Jacken aus Textilien.[417] Auch unklare Angaben können nicht täuschen.[418] Allerdings reicht es für eine Zurückweisung nach Abs 1 (g), wenn die Marke lediglich einen täuschenden Bestandteil enthält.[419] Besteht aber die Möglich-keit, dass eine Marke sowohl nicht täuschend als auch täuschend eingesetzt werden kann, scheitert ihre Eintragung nicht an diesem absoluten Eintra-gungshindernis; im Falle tatsächlich täuschender Benutzung greift dann nach Art 14, 110 das nationale Wettbewerbsrecht ein.

245 Keine Täuschung des Publikums über die Art, die Beschaffenheit oder die Herkunft der mit einer Marke gekennzeichneten Ware tritt ein, wenn die Marke aus dem Namen einer die Ware personifizierenden Designerin be-steht, auf ein Drittunternehmen übertragen und für diese Waren weiter be-nutzt wird. Dieser Umstand steht weder der Eintragung der Namensmarke für das Unternehmen entgegen, noch begründet er einen Verfall iSv Art 12 (2) (b) MarkenRichtl (= Art 51 (1) (c) GMV).[420] »ALASKA« als Gegenstand oder Teil einer für Mineralwässer eingetragenen GM täuscht nicht, auch wenn die Marke für deutsche Produkte verwendet wird, weil das Publikum das Zeichen nicht als geographische Herkunftsangabe, sondern als anspielen-den Phantasienamen auffasst.[421] Nicht iSv Art 7 (1) (g) täuschende Marken

---

416 HABM-BK R 899/2002 vom 1.3.2004 (Nr 24–37) *KontraKalk*; vgl auch HABM-BK R 888/2006-4 vom 18.10.2006 *Propellerbild* sowie EuG T-41/10 vom 5.5.2011 *esf ecole du ski français*.

417 HABM-BK R 314/2002-1 vom 23.10.2002 *METAL JACKET*; s aber HABM-BK R 333/2009-1 vom 29.4.2010 (Nr 50-52) *TEQUILERO*:.

418 HABM-BK R 124/2004-4 vom 5.4.2005 (Nr 15, 18), bestätigt durch EuG T-248/05 vom 24.9.2008 (Nr 65f), angefochten EuGH C-520/08 *I.T.@MAN-POWER*; vgl auch EuGH C-220/98 vom 13.1.2000, GRUR Int 2000, 354 (Nr 27, 29) *Lifting Creme*.

419 Vgl HABM-BK R 1104/2011-2 vom 28.6.2012 iVm Art 6ter (1)(b) und (c) PVÜ, ferner HABM-BK R 1211/2011-1 vom 1.3.2012 *Europa-Emblem*.

420 EuGH C-259/04 vom 30.3.2006, GRUR Int 2006, 594 (Nr 53) *Elizabeth Ema-nuel*; vgl. EuG T-165/06 vom 14.5.2009 (Nr 30–35) *ELIO FIORUCCI*, ange-fochten EuGH C-263/09.

421 HABM-BK R 877/2004-4 und R 1124/2004-4 vom 8.4.2008 *ALASKA*, ange-fochten EuG T-225 und 226/08; vgl auch HABM-BK R 281/2009-1 vom 26.1.2010 *GREAT CHINA WALL*.

mit dem Wortbestandteil »Bavaria« behalten bei gutgläubiger Eintragung Bestandsschutz gegenüber der geschützten geografischen Angabe (g.g.A.) »Bayerisches Bier«.[422]

Eine Täuschung scheidet ferner aus, wenn eine GMA für Arzneimittel einem INN (International Non-proprietary Name) ähnlich, mit diesem aber nicht verwechselbar ist.[423] Auch die Übereinstimmung eines für eine bestimmte Pflanzensorte bestimmten Anmeldezeichens mit dem Sortennamen einer anderen Pflanzensorte begründet keine Täuschungsgefahr.[424]    246

Nach gefestigter Prüfungspraxis des HABM, die von den Beschwerdekammern bestätigt worden ist, greift Abs 1 (g) nur ein, wenn die Marke für alle Waren, die unter den beanspruchten Begriff fallen, täuschend wäre.[425] Beispielsweise wird eine Marke, die die Angabe »echtes Leder« enthält, für Schuhe akzeptiert, ohne dass eine Einschränkung auf »Schuhe aus Leder« verlangt wird. Eine Ausnahme gilt lediglich für geographische Angaben im Rahmen von Abs 1 (j): Dort ist zur Vermeidung einer Täuschungsgefahr eine Einschränkung auf Weine oder Spirituosen aus der geographischen Region, deren Bezeichnung Bestandteil der Marke ist, erforderlich.[426]    247

Eine Täuschungsgefahr besteht, wenn die Marke einen in Wahrheit nicht bestehenden offiziellen Status vortäuscht oder Leistungen verspricht, die nicht erbracht werden können. Eine Täuschungsgefahr wurde bejaht für die Marke »INTERNATIONAL STAR REGISTRY«, weil die versprochene Leistung, für Sterne einen vom Kunden frei wählbaren Namen zu vergeben, nicht möglich ist, da der Anmelder der Marke auf die offizielle Sternnomenklatur keinen Einfluss hat.[427] Keine Berühmung einer amtlichen Eigenschaft, son-    248

---

422 EuGH C-343/07 vom 2.7.2009, GRUR 2009, 961 (Nr 125) *Bavaria*.

423 HABM-BK 551/2006-2 vom 15.9.2006 *PERACILLIN/PIPERACILLIN*.

424 HABM-BK R 102/210-4 vom 17.5.2010 *BLUE BIRD*.

425 HABM-BK R 367/1999-3 vom 5.4.2000 *GERMANSAT*; HABM-BK R 778/2010-1 vom 4.11.2010 *Best Medical* (für Schuhe); vgl auch HABM-BK R 978/2008-1 vom 27.11.2008 (Nr 39) *Schmuckwelten* und HABM-BK R 197/2008-4 vom 3.11.2008 (Nr 18) *choc-.o-.laté*.

426 Bestätigt durch HABM-BK R 246/1999-1 vom 27.3.2000 *ARCADIA*.

427 HABM-BK R 468/1999-1 vom 4.4.2001 ABl-HABM 2002, 1184 *INTERNATIONAL STAR REGISTRY*.

dern lediglich eine suggestive Angabe wurde dagegen angenommen bei »THE E-COMMERCE AUTHORITY«.[428]

249 Ist eine Marke beschreibend, so kann sie nicht zulässig auf Waren, die unter einen Oberbegriff fallen, eingeschränkt werden, auf die die beschreibende Bedeutung gerade nicht zutrifft. In diesem Fall wird nicht nur das Eintragungshindernis des Abs 1 (c) nicht ausgeräumt, sondern es tritt das Eintragungshindernis des Abs 1 (g) hinzu. Bei der Marke »New Born Baby«, angemeldet für Puppen, würde es dem Anmelder also nichts nützen, das Warenverzeichnis auf »Puppen, die nicht wie Babys aussehen« einzuschränken. Wird »WATERCELL« für Betten und Matratzen angemeldet, so würde eine Einschränkung auf »Matratzen, ausgenommen solche, die Wasser enthalten« das Eintragungshindernis des Abs 1 (g) erfüllen.[429]

250 Soweit sich hingegen die beschreibende Bedeutung der GMA nicht auf strukturelle Eigenschaften der betroffenen Produkte, sondern deren Bestimmung bezieht, kann ein Ausschluss der beschriebenen Bestimmung nicht zur Täuschung führen, aber auch den beschreibenden Charakter der GMA nicht beseitigen: KEYCLEAN bleibt für Reinigungsmittel beschreibend, auch wenn deren Anwendung auf Computer-Tastaturen im Warenverzeichnis ausgenommen wird,[430] weil eine solche Beschränkung Verbrauchern und Konkurrenten nicht erkennbar und deshalb unzulässig wäre;[431] zu solchen Einschränkungen siehe auch unter Art 43 Rdn 18.

251 Anmeldungen von Namen berühmter Personen durch Dritte sind nicht täuschend iSv Abs 1 (g). Dies gilt nach der Praxis des HABM auch dann, wenn zwischen dem Namen der berühmten Person und der beanspruchten Ware ein Bezug besteht, der als Sponsoring interpretiert werden könnte, zB bei Namen von berühmten Tennisspielern oder Fußballspielern für Tennis- oder Fußballausrüstung. Abs 1 (g) ist kein Substitut für relative Eintragungs-

---

428 HABM-BK R 803/2000-1 vom 11.7.2001 *THE E-COMMERCE AUTHORITY.*

429 HABM-BK R 408/2000-3 vom 14.3.2001 *WATERCELL*; die Entscheidung behandelt auch die verfahrensrechtlichen Aspekte, wenn in derartigen Fällen von Art 7 (1) (c) auf Art 7 (1) (g) übergegangen wird.

430 HABM-BK R 1031/2005-4 vom 11.7.2006 *KEYCLEAN.*

431 EuGH C-363/99 vom 12.2.2004, GRUR 2004, 674 (Nr 114) *Postkantoor*; HABM-BK R 1492/2005-4 vom 7.4.2006 (Nr 15) *MARIN.*

hindernisse; im übrigen sind derartige Fälle auch über die Bösgläubigkeit (Art 52 (1) (b)) zu lösen, die allerdings nicht als Eintragungshindernis, sondern als Nichtigkeitsgrund ausgestaltet ist.

### 15 Staatliche Hoheitszeichen sowie Abzeichen u. dgl. von öffentlichem Interesse (lit h und i)

Art 6<sup>ter</sup> PVÜ verpflichtet alle Verbandsländer (und damit über ihre Mitglieder auch die Mitgliedstaaten der EG), Wappen, Flaggen und andere staatliche Hoheitszeichen dieser Länder nicht als Marken einzutragen und deren Benutzung zu verbieten, sofern nicht eine Erlaubnis der zuständigen Stellen vorliegt.[432] Das gleiche gilt für Wappen, Flaggen und andere Kennzeichen, Siegel oder Bezeichnungen der internationalen zwischenstaatlichen Organisationen, denen Mitgliedstaaten angehören.[433] Dem trägt Abs 1 (h) Rechnung. Dabei bezieht sich der Schutz gegen jede Nachahmung im Falle eines Bildes, zB eines Wappens, nicht auf das Bild als solches, sondern seinen heraldischen Ausdruck, so dass eine Nachahmung auch dann vorliegen kann, wenn die GMA und das Hoheitszeichen sich parallel entwickelt haben oder sich die GMA von dem Hoheitszeichen herleitet.[434] **252**

Abs 1 (i) schließt solche Marken von der Eintragung aus, welche zwar nicht unter die Liste von Wappen, Hoheitszeichen sowie Prüf- und Gewährzeichen fallen, deren Markeneintragung Art 6<sup>ter</sup> PVÜ verbietet, die aber Abzeichen, Embleme und Wappen von besonderem öffentlichen Interesse enthalten, sofern keine Zustimmung der zuständigen Stellen zur Eintragung vorliegt. Dabei handelt es sich zunächst um solche Zeichen, die in § 8 (2) Nr 6 DE-MarkenG neben den von Art 6<sup>ter</sup> PVÜ erfassten genannt sind, also den Wappen von Orten und Kommunalverbänden eines Mitgliedslandes. Aber **253**

---

432 Vgl EuG T-215/06 vom 28.2.2008 *Ahornblatt + RW,* insoweit bestätigt duch EuGH C-202/08 vom 16.7.2009, GRUR Int 2010, 45.

433 HABM-BK R 190/1999-3 vom 25.7.2000 *Euro-Symbol;* HABM-BK R 1414/2007-1 vom 19.11.2008 *ESA;* HABM-BK R 1903/2010-1 vom 14.7.2011 *A im Europa-Sterne-Kreis;* EuG T-413/11 vom 15.1.2013 *EDS im Europa-Sterne-Kreis.*

434 EuG T-397/09 vom 25.5.2011, GRUR Int 2011, 949 (Nr 21) *Hannover-Wappen (SUSCIPERE ET FINIRE).*

auch die Freihaltung nationaler wie europäischer Symbole liegt im öffentlichen Interesse.[435]

254 Zu beachten ist, dass diese Ausschlussvorschrift auch dann greift, wenn die angemeldete Marke das Wappen etc. nur enthält, also neben diesem noch weitere Bestandteile aufweist, oder das Abzeichen im heraldischen Sinne nachahmt.[436] Abweichungen von bildlichen Symbolen (und besondere Umstände) können die Eintragbarkeit begründen.[437]

255 Ungeachtet der Tatsache, dass Art 6ter PVÜ den hier erörterten Schutzausschluss nur auf Waren und nicht auf Dienstleistungen bezieht, sind die PVÜ-Mitgliedstaaten frei, diese Vorschrift auch auf Dienstleistungen auszudehnen. Hiervon hat das Gemeinschaftsmarkensystem Gebrauch gemacht.[438]

### 16 Unrichtige geografische Ursprungsangaben für Weine und Spirituosen sowie Benutzung geschützter Ursprungsbezeichnungen und geografischer Angaben (lit j und k)

256 Für Weine und Spirituosen ist durch die VO (EG) Nr 3288/94 vom 22.12.1994 ein absolutes Eintragungshindernis für solche GMA in die GMV eingefügt worden, die unzutreffende Angaben über den Ursprung solcher Produkte machen. Dabei spielt keine Rolle, ob die GMA aus der Angabe besteht oder sie nur enthält.[439] Ferner kommt es nicht darauf an, ob der

---

435 EuG T-127/02 vom 21.4.2004, GRUR Int 2004, 657 *ECA*; HABM-BK R 190/1999-3 vom 25.7.2000 *Euro-Symbol*.

436 EuGH C-202/08 vom 16.7.2009, GRUR Int 2010, 45 (Nr 50f) *Ahornblatt + RW*; HABM-BK R 1104/2011-2 vom 28.6.2012 (Nr 46) *Europa-Emblem*; HABM-BK R 325/2004-2 vom 25.4.2005, GRUR 2005, 684 (Nr 17) *efcon*; HABM-BK R 503/2006-2 vom 16.6.2006 *Maple*; vgl aber HABM-BK R 1/2006-2 vom 16.5.2006 *CEE*.

437 HABM-BK R 1444/2005-2 vom 28.6.2006 *Malteserkreuz*.

438 EuGH C-208/08 vom 16.7.2009, GRUR Int 2010, 45 (Nr 71f) *Ahornblatt + RW*.

439 HABM-BK R 1220/2000-2 vom 11.12.2002 *DUQUE DE PENAFIL*; HABM-BK R 1221/200-2 vom 11.12.2002 *DUQUE DE VILLENA*; HABM-BK R 53/2010-2 vom 28.4.2010 *RIOJA SANTIAGO*; s auch HABM-BK R 1896/2007-1 vom 19.11.2008 *CABEZA DE TORO/SANGRE DE TORO*; HABM-BK R 1142/2007-4 vom 10.12.2007 *THE FAT TROUT* und HABM-BK R 1477/2009-2 vom 1.12.2010 *LE PATRON*.

anderweitige Ursprung in gleicher oder ähnlicher Weise bezeichnet wird, also insoweit nicht unzutreffend ist, und dass keine Irreführung des Publikums möglich erscheint.[440] Jedoch führt bei einer aus üblichen Vor- und Nachnamen gebildeten GMA die Übereinstimmung des Nachnamens mit einem Bestandteil von Ursprungsbezeichnungen für Wein nicht zu ihrem Ausschluss.[441] Ferner gilt ein Ausschluss jeweils nur für Wein oder nur für Spirituosen, eine für alkoholische Getränke angemeldete Marke, die eine für Wein unrichtige geografische Angabe enthält, kann eingetragen werden, wenn das Warenverzeichnis Wein ausschließt.[442]

Das durch die VO (EG) Nr 422/2004 vom 19.2.2004 in die GMV eingefügte absolute Eintragungshindernis der lit (k) stellt einerseits auf die Eintragung einer geografischen Angabe oder Ursprungsbezeichnung gemäß der VO 510/2006 (ex 2081/92) und das zeitliche Verhältnis des GMA-Anmeldetages zum Datum des Eintragungsantrages für die Angabe bzw Bezeichnung und andererseits auf die Gleichartigkeit der von der GMA mit den von der Eintragung erfassten Waren ab; zuvor war dies nur indirekt und nur hinsichtlich der Benutzung durch Art 142, jetzt Art 164 bestimmt; Einzelheiten siehe dort.[443] **257**

## 17 Eintragungshindernisse nur in einem Teil der Gemeinschaft (Abs 2)

Es ist ein Charakteristikum der Europäischen Union, dass sie vielsprachig ist **258** und verschiedene Kulturen einschließt. Was in einem Land – einer Sprache – eine glatt beschreibende Produktbezeichnung ist, kann in einem anderen Land, einem anderen Sprachraum als reine Fantasieangabe gelten; möglicherweise ist die betroffene Produktart dort gar nicht bekannt. Um so mehr ist im Interesse des einheitlichen Marktes sicherzustellen, dass Zeichen, die in einem Teil der Gemeinschaft die entscheidende Markenfunktion der Ursprungsidentifizierung nicht haben, insgesamt keine – gemäß Art 1 (2) ein-

---

440 EuG T-237/08 vom 11.5.2010 *CUVÉE PALOMAR* (das Urteil enthält eine wohl lückenlose Übersicht aller einschlägigen Rechtsakte des Völkerrechts (TRIPS), des Gemeinschaftsrechts und des spanischen nationalen Rechts).
441 HABM-BK R 2274/2011-4 vom 25.4.2012 *MICHEL LEON*.
442 HABM-BK R 635/2005-1 vom 25.9.2005 *OLD PORT*.
443 S auch EuGH C–4/10 und C-27/10 vom 14.7.2011 *Cognac*.

heitliche – GMn werden können.[444] Für nationale Markeneintragungen gilt das – leider – nicht;[445] vgl auch Art 8 Rdn 199.

259   Dabei ist »Teil der Gemeinschaft« nicht an Ländergrenzen der beteiligten Nationalstaaten gebunden, es genügt, wenn in einer territorial nicht ganz untergeordneten Region, die – von Sprache und Kultur geprägt – Teil eines Landes sein, aber auch Territorien benachbarter Länder umfassen kann, eines der in Art 7 definierten absoluten Eintragungshindernisse besteht. Das wird allerdings nicht so weit gehen können, dass lokale Bezeichnungs-Usancen in einem einsam gelegenen Bergdorf die Eintragung einer ansonsten unterscheidungskräftigen Marke blockieren (Art 7 Rdn 201). Naheliegend ist eine Wechselwirkung dahingehend, dass eine angemeldete Marke um so großzügiger von einem absoluten Eintragungshindernis freigestellt werden kann, je geringer die territoriale Bedeutung des Hindernisses ist; beispielsweise dürfte der Name jenes Bergdorfes viel weniger als geographische Herkunft ins Gewicht fallen als der Name einer europäischen Großstadt.[446]

## 18   Erworbene Unterscheidungskraft (Abs 3)

*Eisenführ, Förster*

260   Die absoluten Eintragungshindernisse des Abs 1 (b), (c) und (d) können dadurch überwunden werden, dass die betreffenden Zeichen auf Grund (intensiver) Benutzung im Verkehr für bestimmte Waren und/oder Dienstleistungen die ihnen von Haus aus fehlende Unterscheidungskraft und damit Markencharakter erwerben (»acquired distinctiveness«). Nicht überwindbar sind die absoluten Eintragungshindernisse im Falle der fehlenden Markenfähigkeit (Abs 1 (a)), der nicht eintragbaren Formgestaltung (Abs 1 (e)) sowie der übrigen, namentlich gegen den ordre publique verstoßenden oder eine Täuschungsgefahr begründenden Zeichen (Abs 1 (f) bis (i)), schließlich

---

444   EuGH C-104/00 vom 19.9.2002 (Nr 40), MarkenR 2002, 391 (Nr 40) *Companyline*; EuG T-339/05 vom 12.6.2007 (Nr 41) LOKTHREAD; HABM-BK R 147/1998-2 vom 4.3.1999, MarkenR 1999, 247 *KALI*; HABM-BK R 298/1999-3 vom 11.10.1999, MarkenR 2000, 35 *APPEL*; HABM-BK R 816/2005-2 vom 26.1.2006 *CHONDROGUARD*; HABM-BK R 506/2005-1 vom 24.1.2006 (Nr 11) *PERFORMANCE BOBBIUS*.
445   EuGH C-421/04 vom 9.3.2006, GRUR 2006, 411 *MATRATZEN II*.
446   Vgl EuGH C-108/97 vom 4.5.1999, MarkenR 1999, 189 *Chiemsee*; EuG T-295/01 vom 15.10.2003, GRUR 2004, 148 *Oldenburger*; EuG T-379/03 vom 25.10.2005, GRUR 2006, 240 *Cloppenburg*.

auch der unrichtigen Ursprungsangaben von Weinen und Spirituosen (Abs 1 (j)) und der Benutzung geschützter Ursprungs- und geografischer Angaben (Abs 1 (k)). Im Bereich des Abs 1 (b) bis (d) aber gilt die Möglichkeit, die von Haus aus fehlende Unterscheidungskraft durch entsprechende Benutzung iSv Abs 3 zu erwerben, für alle Markenformen.

Tatbestandsmerkmale sind zum einen die Benutzung des Zeichens und zum anderen die dadurch erlangte Unterscheidungskraft für die angemeldeten Waren und/oder Dienstleistungen dahingehend, dass das Zeichen nunmehr geeignet ist, die von ihm erfassten Produkte als von einem bestimmten Unternehmen stammend zu kennzeichnen und sie damit von denjenigen anderer Unternehmen zu unterscheiden.[447] Daraus folgt, dass die Benutzung des Zeichens als solche nicht ausreicht, die Anwendung von Abs 3 zu begründen, wenn sich aus Art und Umfang der Benutzung nicht auch auf den Erwerb ausreichender Unterscheidungskraft im relevanten Verkehr schließen lässt. Hinsichtlich der Art der Benutzung muss es sich um eine »als Marke« handeln, also als Hinweis auf die Herkunft der betroffenen Produkte aus einem bestimmten Unternehmen; die Benutzung nach Art einer üblichen Bezeichnung einer Ware erreicht das Gegenteil.[448] Dabei gehören nicht nur die aktuellen, sondern auch die potentiellen Verbraucher zum relevanten Verkehr.[449]   **261**

Im Hinblick auf die Vorschrift des Abs 2 und den Grundsatz der Einheitlichkeit der Gemeinschaftsmarke muss im gesamten Gebiet der Gemeinschaft die Eintragbarkeit einer GMA gegeben sein. Hiermit einher gehen allerdings in der Praxis erhebliche Beweisprobleme. Zwar bedarf es nicht notwendig einer Erfolgskontrolle durch Meinungsumfragen oä, jedoch muss für das Amt – oder das Gericht – aus den vorgelegten Benutzungsangaben und -unterlagen nach der Lebenserfahrung glaubhaft werden, dass in zumindest einem wesentlichen Teil jenes Verkehrs das angemeldete Zeichen die ihm originär fehlende konkrete Unterscheidungskraft für die angemeldeten Waren und/oder Dienstleistungen erworben hat.[450] Der EuGH stellt im Hinblick auf Art und Umfang der Beweisführung fest, dass es zu weit ginge, zu verlangen, dass der Nachweis des Erwerbs der Unterscheidungskraft für jeden Mitglied-   **262**

---

447  EuGH C-108/97 vom 4.5.1999, MarkenR 1999, 189 *Chiemsee*.

448  HABM-BK R 595/2008-4 vom 21.4.2009 (Nr 37f) *5 HTP*, angefochten EuG T-190/09.

449  HABM-BK R 666/2005-1 vom 18.1.2006 (Nr 14, 28) *Form einer Flasche*.

450  HABM-BK R 262/2004-2 vom 20.10.2005 (Nr 26, 27) *Form einer roten Schale*.

staat einzeln erbracht werden muss.[451] Diesen Hinweis wird man so zu verstehen haben, dass der unmittelbare Beweis, beispielsweise durch eine Verkehrsbefragung, nur für einige wenige Länder zu erbringen ist, wohingegen in Kombination mit einem solchen unmittelbaren Beweis in anderen Ländern (einzelfallabhängig) auch eine mittelbare Beweisführung ausreichen könnte, beispielsweise durch Nachweis vergleichbarer Marktanteile und Marketingaufwendungen wie in dem Land, zu welchem die Verkehrsbefragung vorliegt.

263　Die vorerwähnten Beweisprobleme können aber nicht dadurch gelöst werden, dass man es ausreichen lässt, wenn die Unterscheidungskraft zumindest in einem wesentlichen Teil der Gemeinschaft erworben worden ist.[452] Diese Auffassung ist mit dem Prinzip der Einheitlichkeit der Gemeinschaftsmarke unvereinbar und daher abzulehnen. Die Beweisführung darf sich auch nicht auf andere Produkte als die im VerzWDL enthaltenen beziehen.[453]

264　Das Tatbestandsmerkmal der erworbenen Unterscheidungskraft ist mit dem vom deutschen Markenrecht her bekannten Inhalt des Begriffs der Verkehrsdurchsetzung nur bedingt gleichzusetzen. Die deutsche Rspr verlangt bisher das Erreichen eines Zuordnungsgrades (Zuordnung zu einem bestimmten, nicht notwendigerweise namentlich bekannten Unternehmen) von mindestens 50 % in allen beteiligten Verkehrskreisen, also regelmäßig Herstellern, Händlern und Verbrauchern.[454]

265　Demgegenüber knüpft die Forderung des Abs 3 nach erworbener Unterscheidungskraft an das absolute Eintragungshindernis des Abs 1 (b) an. Das gilt auch für die Fälle, in denen sich das absolute Eintragungshindernis aus Abs 1 (c) oder (d) herleitet und die fehlende Unterscheidungskraft nur Folge des beschreibenden oder umgangssprachlichen Charakters der angemeldeten Marke ist. Während jedoch für die Überwindung der Eintragungsschranke des Abs 1 (b) nach ständiger Rspr auch eine sehr geringe originäre Unterscheidungskraft ausreicht, kann dies für die zur Überwindung der Eintragungsschranke namentlich des Abs 1 (c) erforderliche erworbene Unterscheidungskraft nicht gelten, vielmehr wird in solchen Fällen zu fordern sein, dass

---

451　EuGH C-98/11P vom 24.5.2012 (Nr. 62) Lindt-Schokoladenhase.
452　Kind GRUR 2007, 216 f.; Knaak/Kur/von Mühlendahl, GRUR Int 2012, 197, 203.
453　EuG T-174/07 vom 28.1.2009 (Nr 73) *TDI*.
454　BGH GRUR 90, 360 *Apropos Film II*.

ein erheblicher oder wesentlicher Teil des von den in Rede stehenden Produkten angesprochenen Verkehrs sich daran gewöhnt hat, in dem wegen seines beschreibenden Charakters von Haus aus nicht eintragbaren Zeichen eine individualisierende und die die Herkunft betroffenen Produkte identifizierende Marke zu sehen.[455] Für Abs 1 (d) gilt jene Forderung nur bedingt, weil davon auszugehen ist, dass umgangssprachliche (sekundäre) Gattungsbezeichnungen dem einschlägigen Verkehr bekannt sind, was bei – insbesondere potentiell – beschreibenden Angaben nicht vorausgesetzt werden kann.

Überdies muss die Neigung der angesprochenen Verkehrskreise, die mit dem  **266** originär nicht unterscheidungskräftigen Zeichen versehene Produkte gleichwohl als aus einem bestimmten Unternehmen stammend zu erkennen, auf der Benutzung des Zeichens als Marke und somit deren Unterscheidungsfunktion beruhen.[456] Dabei kann es sich auch um eine Zweitmarke – beispielsweise der Warenform neben einem Wortkennzeichen als Erstmarke – handeln.[457] Auch die Benutzung eines Wortzeichens in einer besonderen Schriftart oder zusammen mit einem Bildelement ist unschädlich.[458] Aber eine nur werbende Verwendung eines Slogans stellt keinen Gebrauch als Marke dar.[459]

Der EuGH hat im »Philips«-Urteil offen gelassen, ob die Bedingung der Benutzung als Marke erfüllt ist, wenn die Zuordnung einer Warenform zu einem bestimmten Anbieter seitens der Verbraucher auf einer länger andauernden faktischen Monopolstellung beruht, die dieser Anbieter für die fragliche Form besitzt.[460] Weil aber mit dieser Zuordnung durch das angesprochene Publikum die alleinige Testbedingung des EuGH offensichtlich erfüllt ist, indem die Unterscheidungsfunktion vorliegt, dürfte jene Frage – entgegen der Auffassung der Regierung des Vereinigten Königreiches (Nr 54) – zu bejahen sein; vorausgesetzt natürlich, dass überhaupt ein dem Abs 3 zugänglicher Fall

---

455  EuGH C-108/97 vom 4.5.1999, MarkenR 1999, 189 (Nr 52) *Chiemsee*; EuGH C-299/99 vom 18.6.2002, GRUR Int 2002, 842 (Nr 65) *Philips/Remington*.

456  EuGH C-299/99 vom 18.6.2002, GRUR Int 2002, 842 (Nr 64, 65) *Philips/Remington*.

457  HABM-BK R 666/2005-1 vom 18.1.2006 (Nr 34) *Form einer Flasche.*

458  HABM-BK R 717/2005-1 vom 16.1.2006 (Nr 21) *WORLD OF ART.*

459  HABM-BK R 596/2005-2 vom 1.12.2005 (Nr 14, 20) *NOW EVERYONE CAN FLY.*

460  Vgl zur deutschen Rspr zum WZG BGH GRUR 1964, 621 *Klemmbausteine*; BGH GRUR 1969, 541 *Grüne Vierkantflasche.*

gegeben ist und das Zeichen nicht etwa wie im »Philips/Remington«-Fall der nicht überwindbaren Ausschlussvorschrift des Abs 1 (e) unterfällt.

268 Abs 3 stellt auf die Benutzung des Zeichens als Summe aller Maßnahmen ab, die dazu dienen, das Zeichen im Verkehr als Marke, also als das damit versehene Produkt insbesondere hinsichtlich seines Ursprungs identifizierendes Kennzeichen bekannt zu machen. Deshalb wird der Erfolg außer durch Erklärungen von Industrie- und Handelskammern oder Berufsverbänden regelmäßig als Rückschluss aus dem durch Marktanteil, geographische Verbreitung, Intensität und Dauer der Benutzung, Umsatzerlöse und Werbeaufwendungen erkennbaren Umfang der Zeichenbenutzung festgestellt,[461] jedoch kann auch eine empirische Ermittlung der erworbenen Unterscheidungskraft – sei es mittels Verbandserhebungen bei Zeichen, die sich an gewerbliche Verbraucher wenden, sei es mittels demoskopischer Umfragen bei Produkten für den Endverbraucher – zumindest in Zweifelsfällen eine Rolle spielen.[462] Eine solche Ermittlung muss zum Ergebnis haben, dass jedenfalls ein erheblicher Teil der beteiligten Verkehrskreise die fragliche Ware oder Dienstleistung aufgrund der Marke als von einem bestimmten Unternehmen stammend erkennt.[463]

269 Endverbraucher-Umfragen sollten sorgfältig geplant und durchgeführt werden. Professionelle Hilfe einschlägiger Institute und Sozialpsychologen ist dringend anzuraten, vor allem weil falsche, namentlich suggestive Fragestellungen die Beweiskraft des Ergebnisses gefährden.[464] Auch muss sichergestellt sein, dass den Befragten nur die vermeintlich verkehrsbekannte Marke entgegentritt; handelt es sich bei dieser beispielsweise um die Form einer Flasche, darf diese nicht mit einer weiteren Marke, etwa in Form eines Etiketts, versehen sein. Wichtig ist eine möglichst enge und scharfe Begrenzung des der GMA zugrunde gelegten Produktverzeichnisses, die in der Regel auch den relevanten Verkehrskreis einengt, was meist einen höheren Be-

---

461  EuG T-164/06 vom 12.9.2007 (Nr 47) *BASICS*; EuG T-269/06 vom 19.11.2008 (Nr 46) *RAUTARUUKKI*.

462  EuGH C-108/97 vom 4.5.1999, MarkenR 1999, 189 (Nr 51, 53) *Chiemsee*.

463  EuGH C-108/05 vom 7.9.2006, MarkenR 2006, 205 (Nr 28) *Europolis*; EuG T-405/05 vom 15.10.2008, GRUR Int 2009, 427 (Nr 129) *MANPOWER*, bestätigt durch EuGH C-553/08 vom 2.12.2009.

464  Vgl Besprechung in MarkenR 2006, 293 zu: HABM-BK R 001/2005-4 vom 11.1.2006 *Roter Hilti-Koffer*.

kannheits- und Zuordnungsgrad zur Folge hat.[465] Allerdings gehören zum relevanten Verkehrskreis nicht nur die aktuellen, sondern auch die potentiellen Verbraucher.[466]

Quantitative Mindestwerte, deren Erreichen für die Zuerkennung ausrei-　**270** chender Unterscheidungskraft im Sinne von Art 7 (3) erforderlich sind, lassen sich nicht allgemein, beispielsweise durch Rückgriff auf bestimmte Prozentsätze, angeben.[467] Sie werden auch je nach Fallgestaltung unterschiedlich sein. Ausgeschlossen ist die in der deutschen Rspr zur Verkehrsdurchsetzung übliche Forderung nach einem um so höheren Zuordnungsgrad und damit einer Differenzierung der geforderten Unterscheidungskraft, je höher ein vermeintliches Freihaltebedürfnis an dem Zeichen ist.[468] Jedoch impliziert der stete Hinweis des Gerichts und der BKn auf die unterschiedliche Verbraucher-Wahrnehmung des Markencharakters der neuen Zeichenformen, insbesondere von Warenformzeichen, gegenüber klassischen Zeichenformen wie Wort- und Bildmarken, dass bei letzteren eine durch Benutzung erworbene Unterscheidungskraft leichter anerkannt werden kann als bei ersteren.[469] Das mag sich mit der Gewöhnung des Verkehrs an Marken der neuen Kategorien ändern, wahrscheinlich wird man sich eines Tages über solche Differenzierungen wundern.

Die Anforderungen an die Maßnahmen zum Erwerb originär fehlender Un-　**271** terscheidungskraft können ferner von der Art der unter dem Zeichen vertriebenen Produkte abhängig sein. So darf die Höhe des Umsatzes mit Luxusartikeln und der dafür getriebene Werbeaufwand geringer sein als für Durchschnittsgüter, wenn die erforderliche Bekanntheit im relevanten Markt gleichwohl erzielt wird.[470] Entsprechendes gilt für hochpreisige Güter, die

---

465　HABM-BK R 255/2004-2 vom 6.10.2005 (Nr 6, 14) *Farbe Gelb/Orange*.
466　HABM-BK R 666/2005-1 vom 18.1.2006 *Form einer Flasche*.
467　EuGH C-108/97 vom 4.5.1999, MarkenR 1999, 189 (Nr 52) *Chiemsee*; EuGH C-342/97 vom 22.6.1999, GRUR Int 1999, 734 (Nr 24) *Lloyd*.
468　EuGH C-108/97 vom 4.5.1999, MarkenR 1999, 189 (Nr 48) *Chiemsee*.
469　EuGH C-053/01 vom 8.4.2003, MarkenR 2003, 187 (Nr 41) *Linde, Winward und Rado*; EuGH C-456/01 vom 29.4.2004, GRUR Int 2004, 631 (Nr 38) *Tabs Henkel*; HABM-BK R 262/2004-2 vom 20.10.2005 (Nr 19) *Form einer roten Schale*.
470　HABM-BK R 254/1999-1 vom 14.4.2000, ABl-HABM 2000, 1188 (Nr 24) *VARA-Schleife*; HABM-BK R 148/2004-2 vom 26.4.2006 *Orange Farbton*; HABM-BK R 866/2005-2 vom 5.7.2006 *MEISTERSTÜCK*.

sorgfältig ausgewählt werden; auf solchem Markt kann ein kleinerer Marktanteil ausreichen, die Marke im Gedächtnis der Verbraucher zu verankern.[471]

272  Fehlt die Unterscheidungskraft von Haus aus in nur einem Mitgliedstaat, so muss sie (nur) dort erworben werden, fehlt sie in mehreren Ländern, so muss sie in allen diesen Ländern erworben werden.[472] Wird also beispielsweise ein Wort angemeldet, welches für die betroffenen Produkte in der deutschen Sprache als beschreibend zu werten ist, so genügt nicht der Nachweis der erworbenen Unterscheidungskraft in Deutschland, vielmehr muss dies auch für Österreich nachgewiesen werden.[473] Entsprechendes trifft für den Fall zu, dass das angemeldete Wortzeichen in zwei unterschiedlichen Sprachen beschreibenden Charakter hat.

273  Allerdings muss die zu unterstellende Sprachkenntnis nicht immer auf die Mitgliedstaaten beschränkt sein, in denen die betroffene Sprache Amtssprache ist. Das gilt insbesondere für die englische Sprache, deren Grundwortschatz auch außerhalb Großbritanniens, Irlands, Maltas und Zyperns weithin bekannt ist. Daher scheiterte der Anmelder der GMA »NEW LOOK«, der für Skandinavien, Finnland und die Niederlande keine erworbene Unterscheidungskraft nachweisen konnte.[474] Für außerhalb des Basis-Englisch liegende englischsprachige Begriffe bedarf es jedoch einer sorgfältigen Prüfung, ob sie in eine andere Landessprache allgemeinen Eingang gefunden haben.[475] In jedem Falle genügt allein eine verbreitete Kenntnis des Englischen beim maßgeblichen Publikum oder bei einem erheblichen Teil dieses Publikums noch nicht, wenn die englische Sprache in diesem Zusammenhang nicht tatsächlich verwendet wird, um dieses Publikum anzusprechen (Nr 76).

---

471  EuG T-137/08 vom 28.10.2009 (Nr 43, 44) *Farbmarke Gelb/Grün*.
472  EuGH C-108/05 vom 7.9.2006, MarkenR 2006, 205 (Nr 23) *Europolis*; EuG T-091/99 vom 30.3.2000, MarkenR 2000, 150 *Options*; EuG T-269/06 vom 19.11.2008 (Nr 45) *RAUTARUUKKI*.
473  EuG T-405/05 vom 15.10.2008, GRUR-RR 2009, 58 (Nr 71) *MANPOWER*.
474  EuG T-435/07 vom 26.11.2008 (Nr 20) *NEW LOOK*, so schon HABM-BK R 427/2006-2 vom 4.9.2006 *BANKLINE*.
475  EuG T-405/05 vom 15.10.2008 GRUR-RR 2009, 58 (Nr 75–93) *MANPOWER*.

Hingegen muss bei solchen Zeichen, bei denen die Beurteilung der Unter- 274
scheidungskraft nicht von einem Sprachverständnis abhängig ist, die von
Haus aus fehlende Unterscheidungskraft in der gesamten Gemeinschaft erworben werden. Die BKn des Amtes haben insoweit einen wesentlichen Teil
der Gemeinschaft ausreichen lassen und es als unklar bezeichnet,[476] ob das
EuG sich dem angeschlossen hat.[477] Das ist nicht geschehen,[478] jedoch müssen die Beweismittel nicht für jeden Mitgliedstaat von gleicher Art sein.[479]

Das Zeichen, für das durch Benutzung erworbene Unterscheidungskraft gel- 275
tend gemacht wird, muss mit der GMA (bzw GM) übereinstimmen. Allenfalls können hinzugefügte bildliche Elemente, die den Gesamteindruck beim
relevanten Publikum nicht verändern, den Nachweis akzeptabel erscheinen
lassen.[480] Das schließt jedoch nicht aus, dass die Unterscheidungskraft einer
Marke iSv Abs 3 infolge der Benutzung dieser Marke als Teil oder in Verbindung mit einer eingetragenen Marke erworben werden kann.[481]

Ferner muss mit Rücksicht auf den Anmeldetag (bzw Prioritätstag) als maß- 276
geblichem Zeitpunkt (Art 7 Rdn 31) die durch Benutzung erworbene Unterscheidungskraft schon zu diesem Zeitpunkt vorliegen. Eine erst danach
erlangte Verkehrsdurchsetzung kann das originär bestehende absolute Eintra-

---

476  HABM-BK R 262/2004-2 vom 20.10.2005 (Nr 30 bis 32) *Form einer roten
     Schale*.
477  EuG T-399/02 vom 29.4.2004, GRUR Int 2004, 664 (Nr 47) *Coronita-Flasche*;
     EuG T-402/02 vom 10.11.2004, GRUR Int 2005, 317 (Nr 86) *Bonbonver-
     packung*, bestätigt durch EuGH C-025/05 vom 22.6.2006, GRUR 2006,
     1022.
478  EuG T-262/04 vom 15.12.2005, GRUR 2006, 587 (Nr 68) *BIC*; EuG T-71/06
     vom 15.11.2007 (Nr 44) *Windenergiekonverter*; EuG T-28/08 vom 8.7.2009
     (Nr 47) Schokoriegel; EuG T-152/07 vom 14.9.2009 (Nr 133) *Zifferblatt Lan-
     ge-Uhr*; EuG T-137/08 vom 28.10.2009 (Nr 39) *Farbmarke Gelb/Grün*; vgl auch
     HABM-BK R 417/2007-4 vom 26.2.2009 (Nr 46f) *Schreibgerät* (3D) und
     HABM-BK R 908/2007-4 vom 4.3.2009 (Nr 45f) *SHARPIE* (3D).
479  EuG T-137/08 vom 28.10.2009 (Nr 39) *Farbmarke Gelb/Grün*.
480  HABM-BK R 1689/2007-4 vom 2.2.2009 (Nr 18, 20) *PIECES ACCESSO-
     RIES*.
481  EuGH C-353/03 vom 7.7.2005, GRUR 2005, 763 (Nr 29, 30) *Nestlé/Mars*
     [Have a break]; vgl ergänzend EuG T-137/08 vom 28.10.2009 (Nr 26) *Farb-
     marke Gelb/Grün*.

gungshindernis nicht beseitigen.[482] Eine Verschiebung des Anmeldetages auf den Zeitpunkt des nachweisbaren Eintritts der erworbenen Unterscheidungskraft kennt die GMV – anders als das deutsche MarkenG[483] – nicht. Es kann aber unschädlich sein, wenn ein Teil des Beweismaterials nicht oder nach dem Anmeldetag datiert ist;[484] ergänzend ist für das Nichtigkeitsverfahren auf Art 52 (2) hinzuweisen, dessen deutsche Fassung sich – anders als in anderen Sprachen – nicht ausdrücklich auf »nach der Eintragung« bezieht.[485] Jedoch rechtfertigt diese Regelung nicht eine analoge Anwendung auf das Anmeldeverfahren iSv »nach der Anmeldung«.[486]

277  Die Beschwerdekammern des Amtes haben die in Hunderten von Fällen geltend gemachte Verkehrsdurchsetzung in nur einigen dieser Fälle anerkannt, so beispielsweise – in jüngerer Zeit – mit den Wortzeichen-Entscheidungen

R 858/2005-2 vom 6.4.2006 »NO MORE TEARS« für Babyprodukte

R 866/2005-2 vom 5.7.2006 »MEISTERSTÜCK« für Schreibgeräte

R 724/2006-2 vom 22.11.2006 »Haustierhütte (3D)« für Haustierhütten und Zubehör

R 1535/2006-2 vom 29.3.2007 »MAIZITOS« für Obst und Gemüse, Blumen

R 1620/2006-2 vom 4.5.2007 »Farbmarke Purple« für Futtermittel und Milch für Katzen

R 291/2007-2 vom 1.8.2007 »MEMORY STICK« für Datenspeicher

R 1493/2005-1 vom 24.9.2008 »Farbmarke Orange/Weiss« für Filz- und Faserschreiber

R 1282/2007-1 vom 6.11.2008 »DOMAINS BY PROXY« für Registrierung von Domains für Dritte

R 999/2008-2 vom 18.11.2008 »KEEPALL« für Lederwaren

---

482  EuGH C-542/07 vom 11.6.2009, GRUR Int 2009, 917 (Nr 49) *PURE DIGITAL*; EuG T-247/01 vom 12.12.2002, GRUR Int 2003, 646 *Ecopy.*

483  § 37 (2) DE-MarkenG.

484  HABM-BK R 262/2004-2 vom 20.10.2005 (Nr 34) *Form einer roten Schale.*

485  EuG T-405/05 vom 15.10.2008, GRUR-RR 2009, 58 (Nr 126) *MANPOWER.*

486  EuG T-461/04 vom 20.9.2007 (Nr 78) *PURE DIGITAL*, bestätigt durch EuGH C-542/07 vom 11.6.2009.

R 875/2008-2 vom 19.11.2008 »EBOOKERS« für Versicherungs-, Reise-
und Hotelreservierungs-Dienstleistungen

R 232/2010-2 vom 26.4.2010 »EUROPE DIRECT« für Telefonservice für
Informationen

R 1257/2008-4 vom 17..2010 »berge & meer« für Buchung und Vermittlung von Reisen

R 1865/2010-1 vom 3.3.2011 »MEISSEN Fine Arts« für Porzellanwaren

R 1739/2010-1 vom 5.7.2011 »bottelpack« für Füllmaschinen für Behälter
(Fachpublikum)

R 2244/2010-2 vom 15.6.2012 »Roxtec« (Bildmarke) für Kabel und Rohre
(Fachpublikum)

Anerkannt wurde ferner die als Warenformmarke erworbene Unterschei-    278
dungskraft der »Vara-Schleife« für Juwelierwaren, Lederwaren und Bekleidung[487] und des roten HILTI-Koffers für Bohrhämmer-Koffer.[488] Als
(konturlose) Farbmarke wurde »ORANGE« für alkoholische und nicht-alkoholische Getränke (Klasse 32 und 33) zugelassen,[489] was angesichts der nur
für Champagner (Veuve Clicquot) erworbenen Unterscheidungskraft zu weit
geht.

## Artikel 8   Relative Eintragungshindernisse

(1) **Auf Widerspruch des Inhabers einer älteren Marke ist die angemeldete
Marke von der Eintragung ausgeschlossen,**
a) **wenn sie mit der älteren Marke identisch ist und die Waren oder
Dienstleistungen, für die die Marke angemeldet worden ist, mit den
Waren oder Dienstleistungen identisch sind, für die die ältere Marke
Schutz genießt;**
b) **wenn wegen ihrer Identität oder Ähnlichkeit mit der älteren Marke
und der Identität oder Ähnlichkeit der durch die beiden Marken erfassten Waren oder Dienstleistungen für das Publikum die Gefahr von Verwechslungen in dem Gebiet besteht, in dem die ältere Marke Schutz**

---

487  HABM-BK R 254/1999 vom 14.4.2000, ABl-HABM 2000, 1188 *VARA-Schleife.*
488  HABM-BK R 001/2005-4 vom 11.1.2006 *Roter Hilti-Koffer* (Besprechung in
MarkenR 2006, 293).
489  HABM-BK R 148/2004-2 vom 26.4.2006 *Orange Farbton.*

genießt; dabei schließt die Gefahr von Verwechslungen die Gefahr ein, dass die Marke mit der älteren Marke gedanklich in Verbindung gebracht wird.

(2) »Ältere Marken« im Sinne von Absatz 1 sind

a) Marken mit einem früheren Anmeldetag als dem Tag der Anmeldung der Gemeinschaftsmarke, gegebenenfalls mit der für diese Marken in Anspruch genommenen Priorität, die den nachstehenden Kategorien angehören:

   i) Gemeinschaftsmarken;

   ii) in einem Mitgliedstaat oder, soweit Belgien, Luxemburg und die Niederlande betroffen sind, beim BENELUX-Amt für geistiges Eigentum eingetragene Marken;

   iii) mit Wirkung für einen Mitgliedstaat international registrierte Marken;

   iv) auf Grund internationaler Vereinbarungen mit Wirkung in der Gemeinschaft eingetragene Marken;

b) Anmeldungen von Marken nach Buchstabe a), vorbehaltlich ihrer Eintragung;

c) Marken, die am Tag der Anmeldung der Gemeinschaftsmarke, gegebenenfalls am Tag der für die Anmeldung der Gemeinschaftsmarke in Anspruch genommenen Priorität, in einem Mitgliedstaat im Sinne des Artikels 6$^{bis}$ der Pariser Verbandsübereinkunft notorisch bekannt sind.

(3) Auf Widerspruch des Markeninhabers ist von der Eintragung auch eine Marke ausgeschlossen, die der Agent oder Vertreter des Markeninhabers ohne dessen Zustimmung auf seinen eigenen Namen anmeldet, es sei denn, dass der Agent oder Vertreter seine Handlungsweise rechtfertigt.

(4) Auf Widerspruch des Inhabers einer nicht eingetragenen Marke oder eines sonstigen im geschäftlichen Verkehr benutzten Kennzeichenrechts von mehr als lediglich örtlicher Bedeutung ist die angemeldete Marke von der Eintragung ausgeschlossen, wenn und soweit nach dem für den Schutz des Kennzeichens maßgeblichen Recht der Gemeinschaft oder des Mitgliedstaats

a) Rechte an diesem Kennzeichen vor dem Tag der Anmeldung der Gemeinschaftsmarke, gegebenenfalls vor dem Tag der für die Anmeldung der Gemeinschaftsmarke in Anspruch genommenen Priorität, erworben worden sind,

b) dieses Kennzeichen seinem Inhaber das Recht verleiht, die Benutzung einer jüngeren Marke zu untersagen.

(5) Auf Widerspruch des Inhabers einer älteren Marke im Sinne des Absatzes 2 ist die angemeldete Marke auch dann von der Eintragung ausgeschlossen, wenn sie mit der älteren Marke identisch ist oder dieser ähnlich ist und für Waren oder Dienstleistungen eingetragen werden soll, die nicht denen ähnlich sind, für die die ältere Marke eingetragen ist, wenn es sich im Falle einer älteren Gemeinschaftsmarke um eine in der Gemeinschaft bekannte Marke und im Falle einer älteren nationalen Marke um eine in dem betreffenden Mitgliedstaat bekannte Marke handelt und die Benutzung der angemeldeten Marke die Unterscheidungskraft oder die Wertschätzung der älteren Marke ohne rechtfertigenden Grund in unlauterer Weise ausnutzen oder beeinträchtigen würde

*Eisenführ, Förster, Sander*

**Übersicht**

Soweit die nachstehende Kommentierung Rechtsprechungshinweise in Tabellenform beinhaltet, ist darauf hinzuweisen, dass derart gelistete Entscheidungen nicht zusätzlich im Entscheidungsregister genannt werden.

**Literatur:**
AIPPI, Resolution zu Frage 127, Beurteilung der Verwechselbarkeit im Markenrecht, GRUR Int 1996, 1045; *Baeumer*, Die berühmte Marke in neuen Gewändern, in: FS für Beier, 1996, S 227; Bender, Das Ende der Koexistenzeinrede im Widerspruchsverfahren, in: 125 Jahre Markenhinterlegung, sic Sondernummer 2005, S 93; *Büscher*, Der Schutzbereich zusammengesetzter Zeichen, GRUR 2005, 802; Clayton-Chen, Freihaltebedürfnis und Kennzeichnungskraft von Marken im Rahmen der Verwechslungsgefahr, MarkenR 2008, 476; *Dassas*, Les marques notoires, Revue des affaires européennes 1998, 334; *Eichelberger*, Bainbridge – Das Ende der noch unbekannten Markenfamilie im Gemeinschaftsmarkenrecht?, MarkenR 2008, 7; *Eisenführ*, Der Schutzbereich zusammengesetzter Zeichen, GRUR 2005, 811; *Felchner*, Armer PICASSO – Die »Neutralisierungslehre« des EuG, MarkenR 2005, 377; *ders.*, Sei kein FROSCH, MarkenR 2006, 253; *Füller*, der Identitätsschutz im Markenrecht – eine systematische Neuorientierung, MarkenR 2007, 365; Grabrucker, Zur Markenusurpation der älteren durch die jüngere Marke, FS für Eisenführ 2003, 3; *Gürtler*, Schutz

bekannter Marken im Gemeinschaftsmarkenrecht, GRUR Int 2005, 273; Handbuch des HABM zur aktuellen Gemeinschaftsmarkenpraxis (englisch), Part C: Opposition, herunterladbar auf der Webseite des HABM www.oami.eu; Harte-Bavendamm, Das Unternehmenskennzeichen unter dem Einfluß der Markenrechtsharmonisierung, in: FS für von Mühlendahl, 2005, S 23; *Jäcker*, Markenverlust durch Harmonisierung?, MarkenR 2008, 468; Keller/Glinke, Die »Medion«- Entscheidung des EuGH: Neujustierung der verwechslungsrelevanten Ähnlichkeit bei Kombinationsmarken, WRP 2006, 21; *Krings*, Die Verwechslungsgefahr mehrgliedriger Wortzeichen und die Prägetheorie im Lichte der Rechtsprechung des EuGH, WRP 2000, 931; *Kur*, Die Verwechslungsgefahr im europäischen Markenrecht, MarkenR 1999, 2; *Mansani*, Die Gefahr einer gedanklichen Verbindung zwischen Zeichen im Markenrecht der Gemeinschaft, GRUR Int 1998, 830; *Mostert*, Famous and Well-Known Marks – An International Analysis, London 1997; Piper, Der Schutz der bekannten Marken, GRUR 1996, 429; *ders.*, Zu den Anforderungen an den Schutz der bekannten Gemeinschaftsmarke nach der Gemeinschaftsmarkenverordnung, GRUR 1996, 657; *Preglau/ Neuffer*, Die Kollisionsprüfung im Widerspruchsverfahren vor dem Harmonisierungsamt für den Binnenmarkt, MarkenR 1999, 41; *Rohnke*, Die Prägetheorie nach »THOMSON LIFE«, GRUR 2006, 21; *Schmitthuber/Torka*, die Serienmarke nach der Bainbridge-Rechtsprechung, WRP 2009, 545; *Schwarz*, Die Berechenbarkeit der Verwechslungsgefahr, MarkenR 2008, 237; *Ströbele*, Die neuen Markenformen im Widerspruchsverfahren, in: FS für Erdmann, 2002, S 491; *Teplitzky*, Die markenrechtliche Verwechslungsgefahr in der Rechtsprechung des BGH und des EuGH, WRP 2003, 415; *ders.*, Verwechslungsgefahr und Warenähnlichkeit im neuen Markenrecht, GRUR 1996, 1; *van Bunnen*, Übereinstimmung, Verwechslungsgefahr und/ oder Assoziation?, GRUR Int 1998, 942; *van Manen*, Assoziationsgefahr, »Raubkatzen«- Urteil des EuGH und Benelux-Markenrecht, GRUR Int 1998, 471; *Velu*, La Loi Uniforme Benelux sur les Marques après l'arrêt Sabel/Puma de la Cour de Justice des Communautés Européennes, Revue de Droit Commercial Belge 2000, 332; *Vierheilig*, »Ernsthafte« Verwechslungsgefahr?, GRUR Int 1982, 506; *von Mühlendahl*, Zum Schutz bekannter Marken im europäischen Markenrecht – Die Davidoff-Vorlage des Bundesgerichtshofs (Rs C-292/00), in: FS für Erdmann, 2002, S 425; *Weberndörfer*, Auswirkungen der Umsetzung der EG-Markenrechtsrichtlinie auf den erweiterten Schutz »bekannter« Marken, Berlin 1997; *ders.*, Die maßgebliche Bedeutung des gerechtfertigten Schutzumfangs der älteren Marke für die Ausfüllung des Abgrenzungskriteriums »Verwechslungsgefahr«, MarkenR 2001, 436; *ders.*, »Post-sale« Confusion and the Parameters of Opposition Decisions, in: FS für von Mühlendahl, 2005, S 255.

## 1 Allgemeines

1 Eine GM kann ihre zentrale Funktion, Waren und Dienstleistungen verschiedener Unternehmen voneinander zu unterscheiden, nur dann erfüllen, wenn andere Marken für gleiche und ihnen nahestehende Produkte soweit abweichend gebildet sind, dass sie nicht mit ihr verwechselt werden können. Im Interesse unverfälschten Wettbewerbs die Gefahr von Markenverwechslungen auszuschließen, ist daher ein wesentliches Ziel der Verordnung. Die Verwechslungsgefahr ist ein Schlüsselbegriff des gemeinschaftsrechtlichen Markensystems; soweit sie reicht, reicht auch der Schutz der GM, wie es – etwas missverständlich formuliert – Satz 4 des siebten – jetzt achten – Erwägungsgrundes zum Ausdruck bringt.

2 Im Kommissionsvorschlag für die Novellierung der Markenverordnung ist vorgesehen, als weiterer Widerspruchsgrund eine ältere (verwechselbare) Marke, die außerhalb der EU geschützt ist, einzuführen, sofern diese Marke am Tag der Anmeldung der GMA in Benutzung war und der Anmelder bösgläubig war.

In Absatz 4 soll in der Einleitung nicht mehr auf das maßgebliche Recht der Gemeinschaft abgestellt werden, sondern auf das Gemeinschaftsrecht zu Ursprungsbezeichnungen und geografischen Herkunftsangaben.

In Absatz 5 soll schließlich klargestellt werden, dass die Vorschrift auch Anwendung findet, wenn die auszuschließende GMA für ähnliche oder identische Waren oder Dienstleistungen eingetragen werden soll.

3 Es gilt daher zunächst, nur solche Zeichen als GMn einzutragen, die nicht mit älteren in der Gemeinschaft bestehenden Kennzeichenrechten verwechselbar sind. Solche rangbesseren Kennzeichenrechte stellen relative Eintragungshindernisse dar. Das ist Gegenstand von Art 8, der in Übereinstimmung mit Art 4 (1) bis (3) MarkenRichtl[1] die als solche Eintragungshindernisse – durch Widerspruch (Art 41) oder durch Nichtigkeitsantrag (Art 56) bzw Nichtigkeits-Widerklage (Art 100) – geltend zu machenden älteren Kennzeichenrechte behandelt.

4 Es gilt aber auch, eingetragenen GMn Schutz gegen die Benutzung verwechslungsfähiger jüngerer Zeichen durch Dritte zu gewähren. Dies ist Ge-

---

1 Und teilweise auch Art 4 (4) MarkenRichtl: Art 8 (4) und (5) GMV; ferner ist in diesem Zusammenhang Art 51 (2) zu beachten, siehe Rdn 8.

genstand von Art 9, der die Rechte des Markeninhabers gegen Eingriffe Dritter definiert. Soweit beiden Aspekten derselbe Begriff des Markenschutzes zu Grunde liegt, wird er nachstehend im Rahmen des Art 8 behandelt.

Art 8 adressiert die Inhaber von Kennzeichenrechten in der Gemeinschaft, welche mit einer vom Amt zur Eintragung zugelassenen und deshalb bekannt gemachten GMA kollidieren sowie dieser gegenüber prioritätsälter sind; durch die Bezugnahme von Art 53 auf Art 8 (1) gilt dies auch für bereits eingetragene GMn, gegen die solche prioritätsälteren Kennzeichenrechte im Nichtigkeitsverfahren geltend gemacht werden können. **5**

Die Struktur von Art 8 ist nicht ganz stringent. Abs 1 definiert relative Eintragungshindernisse (Widerspruchsgründe Art 8 Rdn 29) in Form materiellrechtlicher Kriterien für das Verhältnis einer GM zu einer »älteren Marke« und bestimmt in Abs 2, um was für ältere Marken es sich dabei handeln kann. Abs 5 erweitert jene Kriterien für den Fall, dass es sich bei der älteren Marke um eine bekannte Marke handelt (Art 8 Rdn 15). Die Abs 3 und 4 hingegen nennen – nebengeordnet, weil ohne Bezugnahme auf Abs 1 und/oder Abs 2 – spezifische Kriterien für weitere relative Eintragungshindernisse, die in einer vom »ungetreuen Agenten« widerrechtlich vorgenommenen GMA für eine (eingetragene oder nicht-eingetragene) Marke des rechtmäßigen Inhabers begründet sind (Art 8 Rdn 25) oder in einer nicht-eingetragenen (notwendig älteren) Marke bzw. einem »sonstigen Kennzeichenrecht« bestimmter Qualifikation bestehen. **6**

Wegen jener Nebenordnung der Abs 3 und 4 ist nicht klar, ob und inwieweit die Widerspruchskriterien des Abs 1 auch für die dort bezeichneten Marken und außerdem die sonstigen Kennzeichenrechte des Abs 4 gelten sollen. Soll ein Agent oder Vertreter iSv Abs 3 eine gegenüber der Originalmarke abgewandelte, aber verwechselbar ähnliche Marke für gleiche Produkte behalten dürfen? Und für die Anwendung des Abs 4 kann nicht genügen, dass der Widersprechende ua das Bestehen nationaler Verbietungsrechte nachweist (Art 8 Rdn 19), letztlich entscheidend muss sein, dass diese im konkreten Fall auch durchgreifen. Weil die *ratio legis* des Art 8 das Vermeiden von Verwechslungen und damit Irreführungen des Publikums ist, müssen auch für Abs 3 und 4 die Kriterien des Abs 1 entsprechend gelten.[2] **7**

---

2  Vgl für Abs 3 HABM-BK R 1547/2006-4 vom 30.9.2009 (Nr 11 letzter Spiegelstrich) *POWERBALL*, bestätigt durch EuG T-484/09 vom 16.11.2011 *POWERBALL*.

**8** Der für die absoluten Eintragungshindernisse geltende Grundsatz, dass ein nur in einem Teil der Gemeinschaft vorliegendes Eintragungshindernis die Eintragung einer GM insgesamt verhindert (Art 7 (2)), gilt auch für die relativen Eintragungshindernisse. Bestehen also ältere kollidierende Kennzeichenrechte in nur einem Mitgliedstaat, muss die Eintragung der GM insgesamt versagt werden.[3] Die Anmeldung kann dann jedoch unter Erhalt ihres Zeitrangs in nationale Markenanmeldungen in denjenigen Mitgliedstaaten umgewandelt werden, in denen die relativen Eintragungshindernisse nicht bestehen (Art 112).

**9** Allerdings ist diese Gleichbehandlung absoluter und relativer Eintragungshindernisse nur eine scheinbare. Denn anders als erstere, bei deren Prüfung zutreffend stets die gesamte Gemeinschaft zu Grunde gelegt wird, werden letztere – in Fällen national bestehender älterer Rechte – nur bezüglich des Mitgliedstaates bzw. der Mitgliedstaaten geprüft, in dem bzw in denen die älteren Rechte bestehen. Die Konsequenzen lassen sich an den Fällen »Steninge« und »Matratzen« veranschaulichen:

**10** Der auf die ältere schwedische Marke »STENINGE KERAMIK« gestützte Widerspruch gegen die GMA »STENINGE SLOTT« scheiterte, weil der jeweilige Bestandteil STENINGE in Schweden als Ortsname bekannt ist und deshalb seinen *prima vista* dominanten Charakter zu Gunsten der – ausreichend unterschiedlichen – Wortkombinationen verliert.[4] Aus der nun eingetragenen GM »STENINGE SLOTT« kann ihr Inhaber Rechte sowohl gegen die Benutzung als auch die Eintragung der ursprünglich älteren Marke »STENINGE KERAMIK« (als GM oder nationale Marke) beispielsweise in Portugal geltend machen, wo STENINGE wohl kaum als geografische (Herkunfts-) Angabe erkannt wird.

**11** So erging es der Inhaberin der GMA »Matratzen Markt CONCORD«, deren Eintragung auf Widerspruch aus der nationalen spanischen Marke »Matratzen« (beides für ua Matratzen) versagt wurde,[5] ein in Spanien unbekannter Begriff (Art 8 Rdn 197). Hätte der Inhaber der älteren Marke »STE-

---

3  EuG T-355/02 vom 3.3.2004, MarkenR 2004, 163 (Nr 36), bestätigt durch EuGH C-206/04 vom 23.6.2006, GRUR Int 2006, 504 *Sir/Zirh*.

4  EuG T-499/04 vom 17.10.2006, *Steninge*.

5  EuG T-006/01 vom 23.10.2002, MarkenR 2002, 417 *Matratzen Markt Concord*; bestätigt durch EuGH C-003/03 vom 28.4.2004, GRUR Int 2004, 843 *Matratzen Markt Concord*.

NINGE KERAMIK« seinen Widerspruch (auch) auf eine GM oder eine nationale Markeneintragung außerhalb Schwedens stützen können, dürfte die Eintragung der GMA »STENINGE SLOTT« versagt worden sein. Beides gibt Anlass zu der Überlegung, ob insoweit ein »Webfehler« des Gemeinschaftsmarkensystems vorliegt. Allerdings wird das Problem umso stärker in den Hintergrund treten, je mehr die geltend gemachten älteren Rechte auch selbst in GMn bestehen; in diesen Fällen ist dann eine Art 7 (2) analoge Situation gegeben.[6]

Keine Lösung kann die Berücksichtigung eines »Freihaltebedürfnisses« für **12** bestimmte Zeichen oder – bei komplexen Zeichen – für ihre Bestandteile bei der Prüfung auf Verwechslungsgefahr sein. Ein solches Bedürfnis gehört nicht zu den dafür relevanten Umständen gemäß Abs 1 (b) bzw Art 5 (1) (b) MarkenRichtl. Es hat weder mit der Beurteilung des Grades der Ähnlichkeit zwischen der bekannten Marke und dem von dem Dritten benutzten Zeichen noch mit der gedanklichen Verknüpfung etwas zu tun, die die beteiligten Verkehrskreise zwischen dem Zeichen und der Marke herstellen könnten. Es kann somit auch kein relevanter Gesichtspunkt für die Prüfung sein, ob die Benutzung des Zeichens die Unterscheidungskraft oder die Wertschätzung der Marke in unlauterer Weise ausnutzt oder beeinträchtigt. Darüber hinaus könnten vermeintlich freizuhaltende Zeichen in missbräuchlicher Weise mit dem Ziel benutzt werden, beim Verbraucher Verwechslungen hervorzurufen, was die wirksame Anwendung der in Abs 1 (b) vorgesehenen Regelung beeinträchtigen würde. Das Eingreifen der Schutzschranke des Art 12 (b) bleibt davon unberührt.[7]

Die Geltendmachung älterer Kennzeichenrechte gegen eine angemeldete **13** GM kann innerhalb von drei Monaten nach deren Bekanntmachung durch einen auf die materiellen Gründe des Art 8 gestützten Widerspruch erfolgen. Das Widerspruchsverfahren ist in Art 41 und 42 sowie R 15 bis 22 geregelt.[8] Nach der Eintragung der GM können ältere Kennzeichenrechte durch Stellung eines nicht fristgebundenen Nichtigkeitsantrages (Art 56) oder durch Widerklage im Verletzungsverfahren (Art 100) geltend gemacht werden; die-

---

6  Vgl EuGH C-514/06 vom 18.9.2008 (Nr 13, 54f) *ARMAFOAM/NOMAFO-AM*.

7  EuGH C-102/07 vom 10.4.2008, GRUR Int 2008, 589 (Nr 31, 43) *adidas*.

8  HABM-BK R 200/1998-3 vom 29.4.1999, ABl-HABM 1999, 1526 (Nr 15) *EDI-TORIAL PLANETA*.

se Verfahren können auch auf die zusätzlichen Nichtigkeitsgründe des Art 53 (2) gestützt werden.

14  Art 8 reflektiert die unterschiedliche Ausformung des Eintragungsverfahrens von GMn gegenüber dem des deutschen DE-MarkenG. Dieses lässt sowohl den Widerspruch als auch den Nichtigkeitsantrag wegen des Bestehens älterer Rechte (§§ 42, 51 DE-MarkenG) gegen die eingetragene und ggf zu löschende Marke richten, während nach der GMV ein Widerspruch die erst bekannt gemachte GMA angreift (wie dies auch unter dem früheren deutschen Warenzeichengesetz geschah). Deshalb ist Art 8, der materiell die relativen Eintragungshindernisse angibt, zugleich prozessual als Widerspruchsvorschrift ausgebildet, während § 9 DE-MarkenG nur die materiellen Löschungsgründe nennt. Sachlich hat diese Unterschiedlichkeit der Gesetzesstruktur und des Widerspruchsverfahrens keine wesentliche Bedeutung, insbesondere stellen die relativen Eintragungshindernisse des Art 8 gemäß Art 53 (1) auch relative Nichtigkeitsgründe dar. Näheres zur Widerspruchserhebung und zum Widerspruchsverfahren ist der Erläuterung der Art 41 und 42 zu entnehmen.

15  Nach Abs 5 sind gegenüber einer GMA auch solche älteren identischen oder ähnlichen Marken, mit denen mangels Produktähnlichkeit keine Verwechslungsgefahr besteht, dann relative Eintragungshindernisse, wenn sie bekannt sind und ihre Unterscheidungskraft oder Wertschätzung durch die Benutzung der angemeldeten GM unlauter ausgenutzt oder beeinträchtigt werden würde (ua Image-Transfer oder Verwässerungsgefahr), ohne dass es dafür eine Rechtfertigung gibt (Art 8 Rdn 229 f). Der EuGH hat diesen Bekanntheitsschutz auf identische und ähnliche Produkte ausgedehnt[9] (Art 8 Rdn 31 f).

16  Grundsätzlich ist jedes der in Art 8 genannten relativen Eintragungshindernisse unabhängig von den anderen zu sehen und muss getrennt geprüft werden. Die relativen Eintragungshindernisse des Schutzes der bekannten Marke in Abs 5 und der Verwechslungsgefahr in Abs 1 (b) haben einen je eigenen Anwendungsbereich und hängen weder voneinander ab noch schließen sie einander aus.[10]

---

9  EuGH C-292/00 vom 9.1.2003, MarkenR 2003, 61 *Davidoff/Durffee*.

10  HABM-BK R 348/2008-1 vom 9.11.2008 (Nr 11) *Daniel Swarovski Privat*; angefochten EuG T-55/09.

## 2 Widerspruchsbegründende Rechte

Zum Widerspruch berechtigen ältere Markeneintragungen und ältere Mar- **17**
kenanmeldungen, letztere aber nur insoweit, als sie zur Eintragung führen.
Zu diesen älteren Markenrechten gehören zeitrangbessere GMn, die also einer jüngeren GMA in allen Ländern der Gemeinschaft vorgehen. Aber auch
ältere nationale oder regionale (Benelux-)Marken berechtigen zum Widerspruch, und Gleiches gilt für international registrierte Marken nach dem
MMA oder dem MP, sofern diese Marken Schutzwirkung in mindestens einem Mitgliedstaat der Gemeinschaft haben (Abs 2 (a) und (b)); selbstverständlich ist auch eine IR-Marke, die für die gesamte EU benannt ist, als eine zum Widerspruch berechtigende Marke anzusehen.

Dazu gehören ferner auch Marken, die – ohne dass sie eingetragen sein müs- **18**
sen – am Tage des Zeitrangs der angegriffenen Marke in (mindestens) einem
Mitgliedstaat gemäß 6^bis PVÜ notorisch bekannt waren (Abs 2 (c)), und
zwar im gesamten Hoheitsgebiet dieses Mitgliedstaates oder in einem wesentlichen Teil dieses Staates.[11] Bei der Prüfung, ob eine Marke im Sinne der
PVÜ notorisch bekannt ist, ist jeder Umstand zu berücksichtigen, aus dem
sich die notorische Bekanntheit der Marke ableiten lässt, darunter der Grad
der Bekanntheit oder Anerkanntheit der Marke in den maßgeblichen Verkehrskreisen, die Dauer, das Ausmaß und der geografische Umfang der Benutzung der Marke, die Dauer, das Ausmaß und der geografische Umfang
der Förderung der Marke einschließlich Werbung für die mit ihr gekennzeichneten Waren oder Dienstleistungen und deren Präsentation auf Messen
und Ausstellungen, die Dauer und der geografische Geltungsbereich aller
Eintragungen oder Anmeldungen der Marke, soweit sich darin die Benutzung oder Anerkanntheit der Marke widerspiegeln, die erfolgreiche Geltendmachung der Rechte an der Marke, insbesondere das Ausmaß, in dem die
zuständigen Behörden die Marke als notorisch bekannt anerkannt haben,
und der Wert, der mit der Marke verbunden ist.[12]

Darüber hinaus kann ein Widerspruch gegen eine GMA auf nicht eingetra- **19**
gene national begründete Marken- oder sonstige Kennzeichenrechte, beispielsweise Firmenrechte oder andere geschäftliche Bezeichnungen, gestützt
werden (Abs 4), sofern kumulativ vier Voraussetzungen erfüllt sind:

---

11  EuGH C-328/06 vom 22.11.2007, GRUR 2008, 70 *Nuño/Franquet (FINCAS
    TARRAGONA)*.
12  EuG T-420/03 vom 17.6.2008, GRUR Int 2009, 39 (Nr 80) *Boomerang TV*.

- Die Marken- oder Kennzeichenrechte müssen im geschäftlichen Verkehr benutzt sein,
- sie müssen mehr als lediglich örtliche Bedeutung haben,[13]
- sie müssen nach dem nationalen Kennzeichenrecht des betreffenden Mitgliedstaates vor dem Zeitrang der angegriffenen GMA erworben worden sein, und
- sie müssen nach jenem nationalen Recht ihrem Inhaber das Recht verleihen, die Benutzung einer jüngeren Marke im betreffenden Mitgliedstaat zu untersagen.[14]

20 Die ersten beiden Voraussetzungen, nämlich diejenigen der Benutzung im geschäftlichen Verkehr und der – nicht lediglich örtlichen – Bedeutung des geltend gemachten Zeichens, sind im Licht des Gemeinschaftsrechts auszulegen, weil sie sich unmittelbar aus der GMV ergeben. Nur die beiden anderen Voraussetzungen unterliegen dem Recht desjenigen Mitgliedstaates, in dem die Zeichenrechte belegen sind. Daraus folgt, dass der – unbedingt erforderliche –[15] Nachweis über das Vorliegen der vorstehend letztgenannten (nationalen) Voraussetzung einer Verbietungsrechts-Bestimmung nicht als Nachweis der überörtlichen Bedeutung des Zeichenrechts dienen kann, vielmehr muss unabhängig dargetan werden, dass das Zeichen nicht nur für einen geringen Teil des maßgeblichen Gebiets von Bedeutung ist.[16] Daraus folgt ferner, dass zur Beurteilung dieser Voraussetzung das Amt die nationale Tatsachen- und Rechtslage genauestens klären muss.[17]

21 Der – ebenfalls unbedingt erforderliche –[18] Nachweis der Benutzung eines gemäß Abs 4 geltend gemachten Kennzeichenrechts im geschäftlichen Ver-

---

13 Vgl. HABM-BK R 1245/2005-4 und R 73/2006-4 vom 7.11. bzw. 19.11.2007 (Nr 38) *PORTER*.

14 HABM-BK R 906/2000-1 vom 2.10.2001, ABl-HABM 2002, 1426 *DA VINCI/DA VINCI*; HABM-BK R 548/2000-1 vom 12.3.2002, ABl-HABM 2002, 2406 *NEW GAMES*; HABN-NA C-533182/1 vom 2.7.2001, ABl-HABM 2002, 152 *THE CHALLENGER AGENCY*; HABM-BK R 1547/2006-4 vom 30.9.2009 (Nr 15f) *POWERBALL*, bestätigt durch EuG T-484/09 vom 16.11.2011 PO-WERBALL; EuG T-124/09 vom 7.7.2010 *CARLO RONCATO/RONCATO*.

15 HABM-BK R 1155/2006-4 vom 22.10.2009 (Nr 72) *oceanfree.net/OCEANO*.

16 EuG T-318/06 vom 24.3.2009 (Nr 33, 39, 42) *GENERAL OPTICA*.

17 EuG T-225/06 ua vom 16.12.2008 (Nr 199) *BUD/bud*; nach Zurückverweisung durch den EuGH (C-96/09) entschieden am 22.1.2013.

18 HABM-BK R 1062/2005-4 vom 3.9.2009 (Nr 24f) *PHOTO SERVICE*.

kehr[19] entspricht nicht dem Benutzungsnachweis gemäß Art 43 (2) und (3), er unterliegt auch nicht R 22, so dass auch nicht die Forderung nach »ernsthafter Benutzung« Anwendung findet.[20] Ebenso wenig darf die Feststellung der überörtlichen Bedeutung des Kennzeichenrechts von dessen Benutzung abhängig gemacht werden.[21] Andererseits aber muss es sich bei der Benutzung um eine markenmäßige handeln, also als Hinweis auf die betriebliche Herkunft der betroffenen Produkte.[22]

Um die Existenz nationaler Vorschriften nachzuweisen, welche dem Wider- **22** sprechenden (oder Antragsteller im Nichtigkeitsverfahren) das Recht verleiht, die Benutzung der angegriffenen Marke im betreffenden Mitgliedstaat zu verbieten, müssen die entsprechenden Gesetzestexte und – sofern sich die Anwendbarkeit auf den Fall daraus nicht ergibt – einschlägige Gerichtsentscheidungen (ggf auch jeweils in Übersetzung) vorgelegt werden, welche am besten die geltend gemachte Marke selbst betreffen und ihren Status bestätigen; anderenfalls von einem als solchem erkennbaren Vergleichsfall. Eine Übersicht über die nationalen Vorschriften enthält das vom HABM herausgegebene, auch online abrufbare Druckwerk »National Law Relating to the Community Trade Mark and the Community Design«.[23]

---

19 HABM-BK R 547/2005-4 vom 17.10.2008 (Nr 15–17) *ZARA* (Benutzung eines Designer-Namens ist keine Benutzung im geschäftlichen Verkehr mit Bekleidung.

20 EuG T-225/06 ua vom 16.12.2008 (Nr 163) *BUD/bud*; nach Zurückverweisung durch den EuGH (C-96/09) entschieden am 22.1.2013.

21 EuG T-225/06 ua vom 16.12.2008 (Nr 180) *BUD/bud*; nach Zurückverweisung durch den EuGH (C-96/09) entschieden am 22.1.2013.

22 EuG T-435/05 vom 30.6.2009 (Nr 25f) *Dr. No.*

23 3. Auflage Dezember 2006, Chapter 5, Seiten 53 bis 73; vgl. ferner: Zum britischen »passing off« EuG T-114 und 115/07 vom 11.6.2009; HABM-BK R 846/2006-4 vom 8.6.2007 (Nr 13) *800-FLOWERS* und HABM-BK R 1547/2006-4 vom 30. 9.2009 (Nr 20f) *POWERBALL* (bestätigt durch EuG T-484/09 vom 16.11.2011); zum österreichischen Vereinsnamen § 9 AT-UWG HABM-BK R 1498/2008-4 vom 31.8.2009 (Nr 21f) *Internationaler ST HUBERTUS ORDEN*; zu registrierten Ursprungsbezeichnungen nach dem Lissabonner Übereinkommen (und französischen Ursprungsbezeichnungen EuG T-53/04 ua, T-57/04 ua und T-60/04 ua vom 12. 6.2007 *BUDWEISER* und *BUD*; zu deutschen geschäftlichen Bezeichnungen HABM-BK R 817/2008-4 vom 23.10.2009 *GOLFAMEDIA/AMEDIA* (im Ergebnis bedenklich, vgl. EuG T-317/03 vom 26.1.2006, GRUR Int 2006, 312 *Variant/Derbivariant*).

**23** Materiell haben in bisherigen auf Abs 4 gestützten Widerspruchs- oder Nichtigkeitsverfahren vor allem die Regeln des »Passing-off« aus dem britischen Common Law Anwendung gefunden, auf die schon die Erklärung des Rates und der Kommission zu Art 14 (2) – und damit in anderem Zusammenhang – vom 20.12.1993[24] Bezug genommen hatte. Nach diesen Regeln müssen zur Durchsetzung einer nicht eingetragenen Marke gegen eine kollidierende Kennzeichnung drei Voraussetzungen erfüllt sein: Erstens muss das angebotene Produkt aufgrund seiner Präsentation unter der Marke bei den maßgeblichen Verkehrskreisen Ansehen – goodwill – gewonnen haben[25] (dabei ist auf den Anmeldezeitpunkt der angegriffenen GMA abzustellen), zweitens muss die Präsentationsweise der Produkte der angegriffenen Kennzeichnung (potenziell) irreführungsgeneigt und damit verwechslungsrelevant sein, und drittens muss dies geeignet sein, dem Inhaber der nicht eingetragenen (common law-)Marke einen geschäftlichen Schaden zuzufügen.[26]

**24** Soweit diese für die Zulassung eines Kennzeichenrechts iSv Abs 4 maßgeblichen Regeln bereits Prüfungselemente iSv Abs 1 (b) enthalten, werden im Ergebnis letztere von ihnen verdrängt. So hat das EuG im »LASTMINUTE.COM«-Fall[27] entschieden, dass bei der Prüfung auf Verwechslungsgefahr nicht allgemein auf die normal informierten, angemessen aufmerksamen und verständigen Durchschnittsverbraucher der fraglichen Waren und Dienstleistungen im Vereinigten Königreich, sondern auf die Kundschaft der Inhaberin der nicht eingetragenen nationalen Marke abzustellen sei, und dass nach jenen Regeln ferner eine Marke und ebenso ihre einzelnen Bestandteile ein eigenständiges Ansehen durch Benutzung auch dann erwerben können, wenn sie beschreibend sind und keine Unterscheidungskraft haben. Demzufolge wurde die Abweisung des Nichtigkeitsantrages durch die BK wegen Verstoßes gegen Abs 4 aufgehoben und im Ergebnis der Antrag zur neuerlichen Prüfung zurückverwiesen.

**25** Schließlich ist auch der materielle Inhaber einer für ihn nicht eingetragenen Marke widerspruchsberechtigt, wenn diese von einem »ungetreuen Agenten«

---

24 Anhang 5, Nr 8.
25 HABM-BK R 889/2007-1 vom 7.5.2008 (Nr 23–26) *GOLDEN ELEPHANT*, insoweit bestätigt durch EuG T-303/08 vom 9.12.2010 *GOLDEN ELEPHANT*.
26 HABM-BK R 239/2007-4 vom 20.3.2009 (Nr 21) *HOUSE DOCTOR*; EuG T-304/09 vom 18.1.2012 *BASmALI/BASMATI*.
27 EuG T-114 und 115/07 vom 11.6.2009 (Nr 67, 88, 101) *LAST MINUTE TOURS/LASTMINUTE.COM*.

ohne seine Zustimmung für diesen Agenten oder Vertreter zur Eintragung als GM angemeldet wurde und der Anmelder sein Tun nicht rechtfertigen kann (Abs 3, siehe auch Art 11, 18).[28] Zur Frage der Zustimmung sind die EuG-Urteile »FIRST DEFENSE« instruktiv.[29]

Abs 3 stellt – ebenso wie § 11DE-MarkenG und anders als früher §§ 5 Abs 4 Satz 2 und 11 Abs 1 Nr. 1 a DE-WZG – nicht darauf ab, dass die ungenehmigte Anmeldung der »Agentenmarke« während der Dauer des Vertragsverhältnisses erfolgte. In der Tat wird man eine über dessen Beendigung hinaus nachwirkende Treueverpflichtung unterstellen dürfen, die aber auch ein Ende haben muss und beispielsweise nach einem Jahr als erloschen angesehen werden kann.[30] Im Übrigen findet auf unberechtigt von Agenten oder Vertretern angemeldete Marken der absolute Nichtigkeitsgrund der Bösgläubigkeit Anwendung (Art 52 (1) (b), dort Rdn 15). **26**

Keinerlei Rechte im Widerspruchs- oder Nichtigkeitsverfahren vor dem HABM verleihen nationale Marken oder sonstige nationale Kennzeichenrechte, die der Inhaber der angegriffenen GMA im Mitgliedstaat der mit dem Widerspruch oder Nichtigkeitsantrag geltend gemachten nationalen Rechte haben mag und die diesen gegenüber prioritätsälter sind. Solche »Heimat-Streitfälle« müssen dort ausgetragen werden, ggf vor der Weiterführung des GMA- oder GM-Verfahrens.[31] **27**

Rechtsmissbräuchliches Verhalten des Markenanmelders (namentlich Bösgläubigkeit) ist weder als Widerspruchsrecht noch im Widerspruchsverfahren zu berücksichtigen, ein solches Verhalten kann nur Gegenstand im Nichtigkeitsverfahren gemäß Art 52 sein. In diesem Zusammenhang sei auch auf die weiteren nicht zum Widerspruch begründenden Rechte (beispielsweise **28**

---

28 HABM-BK R 1547/2006-4 vom 30.9.2009 (Nr 10f) *POWERBALL*, bestätigt durch EuG T-484/09 vom 16.11.2011 *POWERBALL*.
29 EuG T-6/05 vom 6.9.2006, GRUR Int 2007, 51 FIRST DEFENSE AEROSOL PEPPER PROJECTOR/FIRST DEFENSE und T-262/09 vom 13.4.2011 FIRST DEFENSE, DEF-TEC PRODUCTS/FIRST DEFENSE AEROSOL PEPPER PROJECTOR.
30 HABM-BK R 1245/2005-4 und R 73/2006-4 vom 7. bzw. 19.11.2007 (Nr 26) *PORTER*.
31 HABM-BK R 1277/2007-2 vom 15.9.2008 (Nr 27) *GRANUflex*, bestätigt durch EuG T-534/08 vom 30.9.2010 *GRANUflex*.

aufgezählt in Art 53) hingewiesen, die ausschließlich in diesen erst nach der Eintragung möglichen Verfahren vorgebracht werden können.

### 3 Widerspruchsgründe

29  Ein Widerspruch ist begründet und führt zum Ausschluss einer bekanntgemachten GMA von der Eintragung, wenn entweder Identität sowohl der Marken als auch der von ihrem VerzDWL erfassten Produkte besteht (»Doppelidentität«, siehe Art 8 Rdn 37–39), oder wenn bezüglich mindestens eines dieser beiden Kriterien – ggf bei Identität im Übrigen – Ähnlichkeit derart vorliegt, dass für den angesprochenen Verkehr die Gefahr von Verwechslungen besteht. Soweit eine ältere Wortmarke nur in einem Teil der Gemeinschaft Schutz genießt, ist die Verwechslungsgefahr mit einer Wort-GMA für diesen Teil zu beurteilen (Art 8 Rdn 9); falls es sich dabei um mehrere Mitgliedstaaten unterschiedlicher Sprachregionen handelt, genügt es für den Eintragungsausschluss, wenn die Verwechslungsgefahr für einen der Sprachbereiche zu bejahen ist.

30  Ist die ältere Marke eine in der Gemeinschaft bekannte GM oder eine im betreffenden Mitgliedstaat bekannte nationale Marke, kann ein Widerspruch des Markeninhabers auch dann zum Ausschluss der angemeldeten Marke von der Eintragung führen, wenn keine Verwechslungsgefahr gegeben ist, aber der relevante Verkehr die GMA im Falle der Benutzung mit der bekannten Widerspruchsmarke verknüpft und dies deren Ruf ausbeuten oder beschädigen bzw ihre Kennzeichnungskraft verwässern würde und die Handlungsweise des Benutzers ohne rechtfertigenden Grund als unlauter zu qualifizieren ist (Abs 5). Damit wird der Schutz bekannter Marken mit Hilfe einer wettbewerbsrechtlichen Komponente über den Bereich der Verwechslungsgefahr, die insbesondere bei den ausdrücklich genannten unähnlichen Produkten nicht mehr gegeben ist, hinaus erweitert; Näheres Art 8 Rdn 229 f Zu beachten ist, dass der erweiterte Bekanntheitsschutz nur eingetragenen Marken zugutekommt, nicht aber nicht-eingetragenen Kennzeichen iSv Abs 4, weil sich Abs 5 ausschließlich auf ältere Marken iSv Abs 2 bezieht.[32]

31  Es hatte sich die Frage gestellt, weshalb dieser erweiterte Schutz auf die Fälle des Zusammentreffens identischer oder ähnlicher Marken, von denen die ältere eine bekannte ist, in Bezug auf unähnliche Produkte beschränkt wurde.

---

32  EuG T-263/03 vom 11.7.2007 (Nr 56) *TOSKA/TOSCA*.

*Eisenführ/Sander*

In mindestens gleicher Weise über die Verwechslungsgefahr hinaus erweitert schutzbedürftig ist eine bekannte Marke auch gegenüber einer solchen für identische oder ähnliche Produkte bestimmten jüngeren Marke, die ihr nach markenrechtlichen Kriterien für das Bejahen einer Verwechslungsgefahr nicht ausreichend ähnlich ist,[33] wohl aber auf Grund ähnlichkeitsrelevanter Umstände eine gleichartige Bedrohung für ihre Wertschätzung oder Unterscheidungskraft darstellt. Das umso mehr, als eben die erfassten Produkte sogar identisch oder ähnlich sind.[34] Diese Konstellation war Gegenstand des BGH-Vorlagebeschlusses »Davidoff/Durffee«.[35] Die Schlussanträge des Generalanwalts Jacobs vom 21.3.2002[36] lehnten die vom BGH intendierte Ausdehnung des Schutzes bekannter Marken ab. Wenn auch mit Rücksicht auf den breiteren Schutz von Marken mit hoher Kennzeichnungskraft[37] keine Verwechslungsgefahr feststellbar ist, dürften weitergehende (nationale) wettbewerbsrechtliche Vorschriften nicht gegen die angegriffene Marke ins Feld geführt werden; die insoweit von der MarkenRichtl den Mitgliedsstaaten eingeräumten Befugnisse zum Erlass fakultativer Schutzbestimmungen seien abschließend,[38] siehe auch Art 8 Rdn 236 f.

Dem ist der EuGH in seinem Urteil vom 9.1.2003[39] nicht gefolgt. Er hat – **32** auch unter Bezugnahme auf Satz 2 der neunten Begründungserwägung der MarkenRichtl – auf die Vorlagefrage des BGH geantwortet, dass die Art 4 (4) (a) und 5 (2) MarkenRichtl[40] dahin auszulegen sind, dass sie den Mitgliedstaaten die Befugnis geben, einen besonderen Schutz einer bekannten eingetragenen Marke (auch) vorzusehen, wenn die jüngere Marke oder das jüngere Zeichen mit der eingetragenen Marke identisch oder ihr ähnlich ist und – entgegen dem (wohl nicht ausschließend gemeinten) Wortlaut der Bestimmungen – für Waren oder Dienstleistungen benutzt werden soll oder be-

---

33 EuGH C-251/95 vom 11.11.1997, GRUR 1998, 387 (Nr 22) *Sabèl/Puma*.

34 Vgl EuGH C-251/95 vom 11.11.1997, GRUR 1998, 387 (Nr 20, 21) *Sabèl/Puma*.

35 BGH GRUR Int 2000, 1017.

36 Schlussanträge in der Rs C-292/00 vom 31.3.2002.

37 EuGH C-251/95 vom 11.11.1997, GRUR 1998, 387 (Nr 24) *Sabèl/Puma*; EuGH C-039/97 vom 29.9.1998, GRUR 1998, 922 (Nr. 18) *Canon*; EuGH C-425/98 vom 22.6.2000, MarkenR 2000, 255 (Nr 41) *Adidas/Marca Mode*.

38 Vgl auch von Mühlendahl, in FS für Erdmann 2002, S 425.

39 EuGH C-292/00 vom 09.1.2003, MarkenR 2003, 61 *Davidoff/Durffee*.

40 Dem entsprechen Art 8 (5) und 9 (1) (c) GMV.

nutzt wird, die mit den Waren oder Dienstleistungen, die von der eingetragenen Marke erfasst werden, identisch oder ihnen ähnlich sind.[41]

33  Der Gerichtshof begründet das damit, dass er einerseits im Urteil »Sabèl/Puma« eine weite Auslegung von Art 4 (1) (b) MarkenRichtl (und entsprechend Art 5 (1) (b) MarkenRichtl)[42] im Sinne einer großzügigen Anerkennung der Verwechslungsgefahr ausgeschlossen habe, andererseits diese Vorschriften keine Auslegung erhalten dürften, die zur Folge hätte, dass bekannte Marken im Fall der Benutzung eines Zeichens für identische oder ähnliche Waren oder Dienstleistungen in geringerem Maße geschützt wären als im Fall der Benutzung eines Zeichens für nicht ähnliche Waren oder Dienstleistungen.[43] Bei der Auslegung von Art 5 (2) MarkenRichtl[44] dürfe nicht allein auf seinen Wortlaut abgestellt werden, sondern es seien auch die allgemeine Systematik und die Ziele der Regelung, in die er sich einfügt, zu berücksichtigen. Vor dem Gerichtshof sei nicht ernsthaft bestritten worden, dass die bekannte Marke im Fall der Benutzung eines Zeichens für identische oder ähnliche Waren oder Dienstleistungen einen mindestens genauso umfassenden Schutz genießen muss wie im Fall der Benutzung eines Zeichens für nicht ähnliche Waren oder Dienstleistungen.[45]

34  Die Erweiterung des Schutzes besonders bekannter nationaler Marken im jeweiligen Mitgliedstaat – der auch in der Gemeinschaft besonders bekannten GMn zuteil wird (Art 4 (3) MarkenRichtl) – steht unter der Bedingung, dass die Benutzung des als kollidierend angegriffenen Zeichens die Unterscheidungskraft oder die Wertschätzung der Marke in unlauterer Weise ausnutzt oder beeinträchtigt und dafür kein rechtfertigender Grund vorliegt (Art 8 Rdn 272).[46]

---

41  EuGH C-292/00 vom 09.01.2003, MarkenR 2003, 61 (Nr 30) *Davidoff/Durffee*.
42  Dem entsprechen Art 8 (1) (b) und 9 (1) (b) GMV.
43  EuGH C-292/00 vom 09.01.2003, MarkenR 2003, 61 (Nr 25, 28) *Davidoff/Durffee*.
44  Und damit Art 4 (4) (a) MarkenRichtl, siehe EuGH C-292/00 vom 9.1.2003, MarkenR 2003, 61 (Nr. 17) *Davidoff/Durffee*.
45  EuGH C-292/00 vom 9.1.2003, MarkenR 2003, 61 (Nr 24, 26) *Davidoff/Durffee*.
46  Art 4 (4) (a) und 5 (2) MarkenRichtl entsprechend Art 8 (5) und 9 (1) (c) GMV.

Offen gelassen hat der EuGH, auf welche Weise einer bekannten Marke der 35
besondere, über die Verwechslungsgefahr[47] hinaus reichende Schutz gewährt
werden soll, ob dies in die Entscheidung der Gerichte gestellt oder der europäische Gesetzgeber gefordert ist. Zumindest vorläufig dürfte ersteres der
Fall sein.[48]

Die Bekanntheit der jüngeren Marke kann in einem Widerspruchs- oder re- 36
lativen Nichtigkeitsverfahren nicht berücksichtigt werden.[49] Soweit ihr Inhaber keine Möglichkeit hat, die geltend gemachte ältere Markeneintragung in
einem nationalen oder auch GMV-Nichtigkeitsverfahren zu beseitigen, muss
auch eine bekannt gewordene jüngere Marke weichen. Zumindest sehr problematisch daher die BK-Entscheidung,[50] mit der trotz – für den Fall des An-
legens üblicher Beurteilungskriterien – anerkannter Verwechslungsgefahr im
Widerspruch aus einer älteren Marke »BOSKER« gegen die GMA »Boxter«
mit dem Argument zurückgewiesen wurde, dass es sich bei dieser GMA um
den Namen eines berühmten Kraftfahrzeugs der Anmelderin Porsche handle
– noch dazu in Bezug auf Bekleidung, Spielzeug und Sportgeräte sowie Reisedienstleistungen, weil diese dem Merchandising dienten! Auch wenn es
durchaus wohltuend ist zu lesen, dass eine Verwechslungsgefahr nicht infolge
mechanischen Vergleichs, gewissermaßen im Vakuum festgestellt werden dürfe und dies nicht der richtige Weg sei, mit Markenkonflikten in Europa umzugehen (Nr 19), so muss dieser freihändige Umgang mit der Kernproblema-
tik des Markenrechts doch erheblichen Bedenken begegnen.

Ausnahmsweise kann die Bekanntheit der jüngeren Marke zu berücksichtigen sein, wenn die Marke aus dem Vor- und Nachnamen einer bekannten
Person besteht, da diese Bekanntheit von Einfluss auf die Wahrnehmung der
beteiligten Verkehrskreise sein kann.[51]

## 4 Doppelidentität

Im Falle der Doppelidentität (von Marken und Produkten) ist das relative 37
Eintragungshindernis des Abs 1 (a) absolut.[52] Für die Prüfung der Frage, ob

---

47 I.S.v. Art 8 (1) (b) und 9 (1) (b) GMV.
48 Vgl. BGH GRUR 2004, 235 *Davidoff II*.
49 Vgl. EUG T 461/11 vom 13.12.2012 *natura/Natura*.
50 HABM-BK R 77/2003-2 vom 11.5.2004 *Boxter/BOSKER*.
51 EuGH C 51/09 vom 24.6.2012 *Barbara Becker*.
52 Siebter – jetzt achter – Erwägungsgrund der GMV, Satz 1.

möglicherweise trotz Doppelidentität aus bestimmten Gründen eine relevante Verwechslungsgefahr zu verneinen sein könnte, ist kein Raum. Hat der Zuckerbäcker an der Straßenecke einer Kleinstadt in Portugal eine für Süßwaren eingetragene und nach fünf Eintragungsjahren rechtserhaltend benutzte nationale Marke, so kann im Widerspruchsfalle eine gleichlautende GM beispielsweise zu Gunsten eines internationalen Süßwaren-Konzerns nicht eingetragen werden, obgleich kaum damit zu rechnen ist, dass das Publikum irregeführt wird. Liegt aber bezüglich mindestens eines der beiden Kriterien nur Ähnlichkeit vor, so wird dadurch die – für das relative Eintragungshindernis meist entscheidende – Prüfung auf Verwechslungsgefahr gemäß Abs 1 (b) eröffnet. Dabei stellen beide Varianten (a) und (b) des Abs 1 ein einheitliches Eintragungshindernis dar und müssen nicht gesondert geltend gemacht werden.[53] Es ist auch unschädlich, wenn im Falle einer Markenidentität wegen fehlender Produktidentität nach Abs 1 (b) die Verwechslungsgefahr bejaht wird, obgleich bezüglich eines Produktes der GMA doch Identität vorliegt, so dass insoweit Abs 1 (a) anzuwenden gewesen wäre.[54]

38 Produktidentität ist gegeben, wenn die einander gegenüberstehenden Waren oder Dienstleistungen gattungsgleich sind, also ihrer Art nach übereinstimmen. Die Produktangaben müssen nicht *sprachlich* identisch sein, es genügt, wenn sie *inhaltlich* gleichbedeutend sind; auch synonyme oder äquivalente Angaben führen zur Identität. Auch reicht wesentliche Identität, aber im Zweifel ist die Identität zu verneinen. Stehen sich allgemeine Angaben und spezielle Angaben gegenüber, so gilt Identität, wenn die Produktangaben der Anmeldung im Produktverzeichnis der älteren Marke enthalten sind. Soweit die vom jüngeren Zeichen erfassten Produkte über die von der Marke erfassten Produkte hinausgehen, liegt keine (Voll-) Identität und im Übrigen ggf Produktähnlichkeit vor; hierzu Art 8 Rdn 59–61, 112–141.

39 Markenidentität liegt vor, wenn ein Zeichen ohne Änderung oder Hinzufügung alle Elemente wiedergibt, die die Marke bilden, oder wenn es als Ganzes betrachtet Unterschiede gegenüber der Marke aufweist, die so geringfügig sind, dass sie einem Durchschnittsverbraucher entgehen können. Ausgenommen sind daher allenfalls solche Bestandteile, die vom Verkehr nicht als Teil der Marke wahrgenommen werden; das mag das Registrierzeichen ®, eine

---

53 HABM-BK R 067/2000-2 vom 13.3.2001, ABl-HABM 2001, 2286 (Nr 15) *FLEXI/FLEXY.*
54 EuG T-483/08 vom 16.12.2009 (Nr 39–44) *GIORDANO.*

unscheinbare Rahmenlinie oder eine sonstige den Gesamteindruck der Marke so gut wie gar nicht beeinflussende grafische Zutat sein. Bei Wortmarken kommt es nicht auf die schriftliche Darstellung, etwa die verwendeten Buchstabentypen an; etwas anderes kann nur gelten, wenn eine starke bildliche Gestaltung der Anmeldung deren Gesamteindruck gegenüber der Normalschrift wesentlich ändert. Zwischen »Arthur« und »Arthur et Félicie« besteht keine Identität.[55] Zur Markenähnlichkeit siehe Art 8 Rdn 63–77, 83–111.

## 5 Verwechslungsgefahr

### 5.1 Grundlagen

Der Schutzbereich der GM wird durch das Areal bestimmt, welches diejenigen angemeldeten (Art 8) oder benutzten (Art 9) Drittzeichen umschließt, die der Gefahr von Verwechslungen mit der GM unterliegen. Die Verwechslungsgefahr ist daher die zentrale Rechtsfigur zur Bestimmung der Reichweite des Markenschutzes. Das ist Ausdruck der Individualisierungs- und Identifizierungsfunktion der Marke, weil sie diese zum Zwecke der Unterscheidung von Produkten ihrem Ursprung nach nicht mehr erfüllen könnte, wenn ursprungsunterschiedliche Produkte gleicher Art mit verwechselbaren Kennzeichen nebeneinander auf dem Markt aufträten.   **40**

Da ein Streit um identische Marken für identische Produkte zu den seltenen, weil für den prioritätsjüngeren GMn-Anmelder oder Markenbenutzer aussichtslosen Vorgängen gehören dürfte, kommt der Beurteilung der Verwechslungsgefahr regelmäßig entscheidende Bedeutung zu. Das gilt gleichermaßen für unterschiedliche Marken, deren verwechslungsrelevante Ähnlichkeit bei identischen Produkten geltend gemacht wird, für identische Marken, die für vermeintlich verwechslungsrelevant ähnliche Produkte bestimmt sind, wie auch für solche Marken, bei denen Ähnlichkeit sowohl hinsichtlich der unterschiedlichen Zeichen selbst als auch der von ihnen erfassten unterschiedlichen Produkte zu bewerten ist.   **41**

Für diese Beurteilung ist vom funktionalen Inhalt des Begriffs »Verwechslungsgefahr« auszugehen, der ihm – auf der Grundlage der MarkenRichtl – von der GMV zugewiesen wurde. In Übereinstimmung mit dem zehnten Erwägungsgrund der Richtlinie sagt der siebte (jetzt achte) Erwägungsgrund der GMV aus, dass die Verwechslungsgefahr einerseits die spezifische Voraus-   **42**

---

55 EuGH C-291/00 vom 20.3.2003, GRUR 2003, 422 *Arthur et Félicie*.

setzung für den Schutz (des jeweils älteren Kennzeichenrechts) darstellt, und dass sie andererseits von einer Vielzahl von Umständen abhängt, insbesondere dem Bekanntheitsgrad der (älteren) Marke auf dem Markt, der gedanklichen Verbindung, die das Vergleichszeichen zu ihr hervorrufen kann, sowie dem Grad der Ähnlichkeit zwischen der Marke und dem Zeichen und zwischen den damit gekennzeichneten Waren oder Dienstleistungen. Der Begriff der Ähnlichkeit – so heißt es offensichtlich mit Bezug sowohl auf die Marken- als auch die Produktähnlichkeit weiter – ist im Hinblick auf diese Verwechslungsgefahr auszulegen.

43   Demzufolge stehen die verwechslungsrelevanten Kriterien Produktähnlichkeit, Markenähnlichkeit und Kennzeichnungskraft der älteren Marke in einer Wechselbeziehung zueinander, so dass ein geringerer Grad der Ähnlichkeit der gekennzeichneten Waren oder Dienstleistungen durch einen höheren Grad der Markenähnlichkeit ausgeglichen werden kann und umgekehrt,[56] und dass bei hoher Kennzeichnungskraft der älteren Marke eine Verwechslungsgefahr schon bei geringeren Ähnlichkeiten besteht.[57]

44   Hiernach ist das Vorliegen einer Verwechslungsgefahr für das Publikum unter Berücksichtigung aller relevanten Umstände des Einzelfalls umfassend zu beurteilen.[58] Dabei ist gemäß st Rspr hinsichtlich der Ähnlichkeit der betreffenden Marken in Bild, Klang oder Bedeutung auf den Gesamteindruck abzustellen, den die Marken hervorrufen, und es sind insbesondere ihre unterscheidungskräftigen und dominierenden Elemente zu berücksichtigen. Es kommt entscheidend darauf an, wie die Marke auf den Durchschnittsverbraucher der betreffenden Art von Waren oder Dienstleistungen wirkt.[59] Der Durchschnittsverbraucher nimmt jedoch eine Marke regelmäßig als Ganzes wahr und achtet nicht auf die verschiedenen Einzelheiten. Abzustellen ist auf einen normal informierten, aufmerksamen und verständigen

---

56   EuG T-162/01 vom 9.7.2003, GRUR Int 2003, 840 (Nr 32) *GIORGIO BEVERLY HILLS*.

57   EuGH C-039/97 vom 29.8.1998, GRUR 1998, 922 (Nr 29) Canon; EuGH C-016/06 vom 18.12.2008 (Nr. 64) *Obelix/Mobilix*; EuG T-185/07 vom 7.5.2009 (Nr 33) *CK*, bestätigt durch EuGH C-254/09.

58   EuGH C-251/95 vom 11.11.1997, GRUR 1998, 387 (Nr 22) *Sabèl/Puma*; EuGH C-342/97 vom 22.6.1999, GRUR Int 1999, 734 (Nr. 18) *Lloyd*; EuGH C-425/98 vom 22.06.2000, GRUR Int 2000, 899 (Nr 40) *Adidas/Marca Mode*.

59   EuG T-434/07 vom 2.12.2009 (Nr 46) *SOLVO/VOLVO*.

Durchschnittsverbraucher der betreffenden Waren. Jedoch ist zu berücksichtigen, dass sich dem Durchschnittsverbraucher nur selten die Möglichkeit bietet, verschiedene Marken unmittelbar miteinander zu vergleichen, sondern dass er sich auf das unvollkommene Bild verlassen muss, das er von ihnen im Gedächtnis behalten hat. Außerdem ist zu berücksichtigen, dass die Aufmerksamkeit des Durchschnittsverbrauchers je nach Art der betreffenden Waren oder Dienstleistungen unterschiedlich hoch sein kann. Kommen sowohl Fachleute als auch Durchschnittsverbraucher als Abnehmer der Waren in Betracht (zB bei Werkzeugen Bauhandwerker und Hobbybastler), ist das Publikum mit dem niedrigsten Aufmerksamkeitsgrad zu berücksichtigen. Dies gilt auch bei verschreibungspflichtigen Arzneimitteln.[60]

Ferner ist die Verwechslungsgefahr umso größer, je höher sich die Unterscheidungskraft der älteren Marke darstellt. Somit genießen Marken, die von Haus aus oder wegen ihrer Bekanntheit auf dem Markt eine hohe Unterscheidungskraft besitzen, umfassenderen Schutz als Marken, deren Unterscheidungskraft geringer ist. Die Unterscheidungskraft der älteren Marke und insbesondere ihre Bekanntheit sind daher bei der Beurteilung, ob eine Verwechslungsgefahr vorliegt, auch zu berücksichtigen. Eine umfassende und zugleich strukturierte Beurteilung dieser Art liefert bspw die »BALI«-Entscheidung einer BK.[61]

Für die Praxis bedeutet das, dass **45**
– zunächst das von den streitbefangenen Produkten angesprochene Publikum zu bestimmen ist,
– dann einerseits die beiderseitigen Produkte und andererseits die beiderseitigen Marken zu vergleichen sind,
– alsdann der der älteren Marke infolge ihrer Kennzeichnungskraft zukommende Schutzbereich zu bestimmen ist, um schließlich
– zu einer Beurteilung der Verwechslungsgefahr zu gelangen.

Die Verwechslungsgefahr ist ein Rechtsbegriff,[62] auf den Eintritt tatsäch- **46** licher Verwechslungen kommt es nicht an. Die Wahrnehmung von Marken

---

60 EuG T-222/09 vom 9.2.2011 *ALPHAREN/ALPHA* D3; vgl auch T-363/09 vom 16.12.2010 *RESVEROL/LESTEROL*, bestätigt durch EuGH C 081/11 vom 8.3.2012; T-213/09 vom 15.2.2011 *YORMA'S/NORMA*, bestätigt durch EuGH C-191/11 vom 8.2.2012.
61 HABM-BK R 247/2006-4 vom 27.5.2008 *BALI KITCHEN/BALI*.
62 So auch Weberndörfer, MarkenR 2001, 436.

durch das relevante Publikum bedeutet ein Ansprechen der daran beteiligten menschlichen Sinne und des Intellekts, so dass der jeweilige Gesamteindruck und damit der Vergleich von Marke und Zeichen durch deren Ähnlichkeiten hinsichtlich der von diesen Sinnen und dem Intellekt beeinflussten Aspekte, also je nach Gegebenheiten vor allem von klanglichen, bildlichen oder begrifflichen Ähnlichkeiten bestimmt wird.[63] Verwechslungsgefahr besteht hiernach, wenn das Publikum glauben könnte, dass die in Frage stehenden Waren oder Dienstleistungen aus demselben Unternehmen oder gegebenenfalls aus wirtschaftlich verbundenen Unternehmen stammen.[64]

**47**  Der Durchschnittsverbraucher ist – bezogen auf die jeweilige Produktart – durchschnittlich informiert, aufmerksam und verständig.[65] Allerdings hat er nur selten die Möglichkeit, verschiedene Marken unmittelbar miteinander zu vergleichen, so dass er sich auf das unvollkommene Bild verlassen muss, das er von einer Marke im Gedächtnis behalten hat. Außerdem kann seine Aufmerksamkeit je nach Produktart unterschiedlich hoch sein.[66] Naturgemäß bestimmt die Produktart auch die Art der angesprochenen Verkehrskreise; Spezialprodukte wenden sich an Fachleute, Waren des täglichen Bedarfs an die Allgemeinheit, Spielzeug (vornehmlich) an Kinder etc, so dass zur umfassenden Beurteilung von Kollisionen zunächst die Feststellung der im Einzelfall maßgeblichen Verbraucher gehört.[67]

**48**  Namentlich teure Produkte gehören zu denen, die der Durchschnittsverbraucher erst nach einer besonders aufmerksamen Prüfung erwirbt. Dann kann dieser Umstand die Verwechslungsgefahr zwischen Marken für solche Produkte in dem entscheidenden Zeitpunkt der Wahl zwischen diesen Produkten und ihren Marken verringern. Mithin ist für die Beurteilung der Verwechslungsgefahr bei solchen Waren auf den besonders hohen Aufmerksamkeitsgrad der Verbraucher beim Kauf abzustellen.[68] Auch bei Arzneimit-

---

63  EuGH C-251/95 vom 11.11.1997, GRUR 1998, 387 (Nr 23) *Sabèl/Puma*; EuGH C-342/97 vom 22.6.1999, GRUR Int 1999, 734 (Nr 25) *Lloyd*.

64  EuG T-185/07 vom 7.5.2009 (Nr 31 mwN) *CK*, bestätigt durch EuGH C-254/09 vom 2.9.2010.

65  EuGH C-210/96 vom 16.7.1998, GRUR Int 1998, 759 (Nr 31) *Gut Springenheide*.

66  EuGH C-342/97 vom 22.6.1999, GRUR Int 1999, 734 (Nr 26) *Lloyd*.

67  Vgl EuG T-256/04 vom 13.2.2007 (Nr. 73) *Respicur/Respicort*.

68  EuGH C-361/04 vom 12.1.2006, GRUR 2006, 237 (Nr 40, 47) *Picaro/Picasso*.

teln[69] und bei Finanzdienstleistungen[70] wird dem Durchschnittsverbraucher ein höherer Aufmerksamkeitsgrad unterstellt. Nicht zu berücksichtigen ist in diesem Zusammenhang eine Vertriebsart, die nicht von objektiven Eigenschaften der Produkte vorgegeben (vgl. Art 8 Rdn 140), sondern freihändig änderbar ist, auch wenn sie im konkreten Fall zu einer erhöhten Aufmerksamkeit des Publikums führt.[71]

Eine rein sprachliche Interpretation des Begriffsinhalts von »Verwechslungs- **49** gefahr« greift zu kurz. Dass die eine Marke für die andere gehalten wird, ist zwar der eklatanteste Fall von Verwechslungsgefahr, schöpft aber dessen markenrechtlichen Begriffsinhalt nicht aus. Dieser erstreckt sich vielmehr auf alle sonstigen Arten der von Markenkriterien verursachten Fehlzurechnungen und Produkt-Identifikationsstörungen, also auf von der Produktkennzeichnung verursachte Irreführungen des von den betreffenden Produkten angesprochenen Verkehrs, wobei »Irreführung« hier nicht im Sinne des wettbewerbsrechtlichen terminus technicus, sondern eher iSv »Irrtum« zu verstehen ist. Der englische Begriff »likelihood of confusion« bringt dies besser als der deutsche Begriff »Verwechslungsgefahr« zum Ausdruck. Wie weit der Begriff »Verwechslungsgefahr« reicht, wird auch aus dem Umstand deutlich, dass die von Abs 1 (b) angesprochene Gefahr des gedanklichen In-Verbindung-Bringens als ein Unterfall der Verwechslungsgefahr (»assoziative Verwechslungsgefahr«) und nicht als ein eigener Kollisionstatbestand zu verstehen ist.[72] Näheres Art 8 Rdn 157–228.

Soweit Abs 1 (b) als relatives Eintragungshindernis eine Verwechslungsgefahr **50** bezeichnet, die wegen der Ähnlichkeit der angemeldeten Marke mit einem älteren Kennzeichenrecht und wegen der Ähnlichkeit der von ihnen erfassten Waren oder Dienstleistungen gegeben erscheint, bedeutet das zwar, dass in diesen Fällen eine solche Ähnlichkeit Voraussetzung für das Bejahen des Eintragungshindernisses ist (Art 8 Rdn 59–62, 63–82), nicht aber, dass jegliches Vorhandensein dieser beiden Ähnlichkeiten zwangsläufig die Verwechslungsgefahr indiziert und zum Ausschluss der angemeldeten Marke von der Ein-

---

69  Vgl EUG T 517/10 vom 12.7.2013 *HYPOCHOL/HITRECHOL.*
70  Vgl EUG T 337/06 vom 27.4.2013 *UniCredit Wealth Management/UNI-FONDS.*
71  EuGH C-171/06 vom 15.3.2007 (Nr 56, 59) *QUANTUM/Quantième.*
72  EuGH C-251/95 vom 11.11.1997, GRUR 1998, 387 (Nr 18) *Sabèl/Puma.*

tragung führt.[73] Vielmehr können vorhandene Ähnlichkeiten so gering sein, dass trotz deren Vorhandensein – und unter Einbeziehung aller sonstigen relevanten Umstände, insbesondere der Kennzeichnungskraft der älteren Marke – die Gefahr von Verwechslungen auszuschließen und nicht mit einer Beeinträchtigung der mit seiner älteren Marke verbundenen wirtschaftlichen Interessen des Markeninhabers zu rechnen ist.[74]

51  Unzulässig aber ist es, relevante Ähnlichkeiten im Bereich eines Wahrnehmungsaspekts, also beispielsweise im klanglichen Bereich, gegen Unterschiede in einem anderen Wahrnehmungsbereich, beispielsweise dem begrifflichen, derart aufzurechnen (»Neutralisierung«), dass eine Ähnlichkeit ganz verneint und damit eine Prüfung auf Verwechslungsgefahr ausscheidet, so dass diese Gefahr erhöhende Umstände wie insbesondere eine erhöhte Kennzeichnungskraft der älteren Marke nicht mehr berücksichtigt werden können (siehe Art 8 Rdn 72).

52  Die Aussage von Abs 1 (b) ist somit dahingehend zu verstehen, dass eine GMA von der Eintragung ausgeschlossen ist, wenn wegen des *Grades* ihrer Ähnlichkeit mit der älteren Marke und des Ähnlichkeits*grades* der durch die beiden Marken erfassten Waren oder Dienstleistungen für das Publikum die Gefahr von Verwechslungen besteht. Verwechslungsrelevante Ähnlichkeitsfaktoren sowohl auf der Marken- als auch auf der Produktseite gibt es in weit mehr Fällen als tatsächlich zur Bejahung einer Verwechslungsgefahr führen; der relativ geringe Anteil erfolgreicher Widerspruchsverfahren an deren Gesamtzahl spricht eine deutliche Sprache. Hinzu kommen noch die zuvor durch Vergleich erledigten Kollisionen, und in allen diesen Fällen gab es zweifellos Umstände, die der Inhaber der älteren Kennzeichenrechte für eine Verwechslungsgefahr ins Feld führen konnte.

53  Soweit mindestens eine der einander gegenüberstehenden Marken eine mehrteilige ist, also beispielsweise aus mehreren Worten oder aus einer Kombination von Elementen unterschiedlicher Markenformen (Wort/Bild/Farbe etc) besteht, kommt es zwar auf den Gesamteindruck der komplexen Marken an, jedoch wird dieser häufig von einem der Elemente dominiert oder geprägt, so dass der Verkehr sich daran orientiert und geneigt ist, eine (nur) diesem Element ähnliche Marke mit der komplexen Marke zu verwechseln.

---

73  HABM-BK R 506/2003-2 vom 30.8.2004 (Nr 108) *Rohrförmiger Verpackungsbehälter.*
74  EuGH C-206/01 vom 12.11.2003, GRUR Int 2003, 229 (Nr 51, 54) *Arsenal.*

Soweit der EuGH – in inzwischen ständiger Rspr – von den »unterscheiden-den und dominierenden Elementen« spricht, die bei der Beurteilung des von Marken hervorgerufenen Gesamteindrucks insbesondere zu berücksichtigen seien, hat er die Marken-Wahrnehmung durch den von den relevanten Produkten angesprochenen Durchschnittsverbraucher im Blick.[75] Daher sind solche Markenelemente *unterscheidend und dominierend*, denen das angesprochene Publikum in erster Linie eine Unterscheidungsfunktion namentlich iS eines betrieblichen Herkunftshinweises entnimmt. Für komplexe Marken, vor allem aus Elementen verschiedener Markenformen bestehende mehrteilige Marken bedeutet das, dass Elemente herkömmlicher Markenformen (Wort, Buchstaben, Bild) idR Dominanz gegenüber den Elementen nicht-konventioneller, dem Verkehr ungeläufiger Markenformen (3D, Farben etc) haben.[76] Aber auch im Bereich der üblichen Markenformen ist es nicht zielführend, vornehmlich auf Größe, Flächenanteil und Hervorhebung der Elemente statt auf ihren Charakter als vom Durchschnittsverbraucher spontan als Identifizierungsmerkmale wahrgenommene Elemente abzustellen, wie es das EuG in Sachen einer Kollision zweier aus Buchstabengruppen, beschreibenden Angaben und bildlichem Beiwerk bestehenden Marken getan und die zutreffend begründete BK-Entscheidung aufgehoben hat.[77]

Wird jedoch bei identischen Waren oder Dienstleistungen eine normal **54** kennzeichnungskräftige Marke mit der Unternehmensbezeichnung eines Dritten zu einem komplexen Zeichen verbunden, ohne dessen Gesamtein-druck zu prägen, so besteht gleichwohl Verwechslungsgefahr, wenn die Marke in dem komplexen Zeichen eine selbständig kennzeichnende Stellung be-halten hat.[78] Diese am konkreten Fall einer Vorlageentscheidung orientierte Aussage wird man auf die Übernahme einer normal kennzeichnungskräfti-gen Marke in eine Kombination mit einer (starken) Marke eines Dritten erweitern dürfen, der Usurpations-Tatbestand ist der Gleiche.

Vorsicht ist aber geboten, wenn die zum Vergleich stehenden Wortzeichen **55** ohne weiteres erkennbar eine glatt beschreibende Angabe, etwa eine Gat-tungsbezeichnung der betreffenden Ware, enthalten. Deren Schutzunfähig-

---

75 EuGH C-251/95 vom 11.11.1997, GRUR 1998, 387 (Nr 23) *Sabèl/Puma*.

76 Vgl Eisenführ, »Muss das Publikum lernen, ein Zeichen als Marke zu erkennen?« in: FS für Ullmann, juris 2006, S 175.

77 EuG T-168/07 vom 4.3.2009 (Nr 31–33) *PTR/RPT*.

78 EuGH C-120/04 vom 6.10.2005, GRUR 2005, 1042 *Thomson Life*.

keit iSv Art 7 als solche, die im Widerspruchsverfahren nicht nach Art eines Nichtigkeitsantrags gemäß Art 52, 56 geltend gemacht werden kann,[79] schließt nicht aus, dass sie den Gesamteindruck der Zeichenworte mitbestimmt, deren Ähnlichkeit deshalb zu bejahen sein kann. Die dies im Fall »AIR MARITIME/AIR MARIN« verneinende Beschwerdeentscheidung[80] ist mit einer Klage vor dem EuG angefochten, aber rechtskräftig geworden.[81] Bei »ENANTONE/ENANTYUM« wurde die Ähnlichkeit bejaht, aber die Verwechslungsgefahr wegen des beschreibenden Charakters von »ENANT« (= griechisch: Gegenteil) und des Indikationsabstandes der pharmazeutischen Präparate verneint.[82]

56 Die Übereinstimmung nur in einem (mehr oder weniger) schutzunfähigen Bestandteil schließt ungeachtet formaler Ähnlichkeit eine Verwechslungsgefahr aus.[83] Bedenklich daher die Bejahung der Verwechslungsgefahr von »HELLO!« und »HELLO HELLOWEEN«,[84] weil die Widerspruchsmarke »HELLO« in der GMA nicht selbständig kennzeichnend und deren – doppelt auftretender – Bestandteil »HELLO« dort auch nicht dominant ist; man hat nicht selten den Eindruck, dass der originären Kennzeichnungskraft der als verwechslungsrelevant angesehenen Marken(-bestandteile) namentlich vom EuG[85] nur geringe Aufmerksamkeit und Würdigung zuteilwird. Aber kennzeichnungsschwache Widerspruchsmarken dürfen nicht unabhängig von ihrer Ähnlichkeit mit der angegriffenen Marke auf einen Identitätsschutz reduziert werden.[86]

---

79  EuG T-186/02 vom 30.6.2004, GRUR Int 2004, 854 (Nr 71) *Dieselit/Diesel.*

80  HABM-BK R 789/1999-2 vom 31.7.2001, ABl-HABM 2002, 1642 *AIR MARITIME/AIR MARIN.*

81  EuG T-257/01, Beschluss vom 3.7.2003 *AIR MARITIME.*

82  HABM-BK R 222/1999-2 vom 15.12.2000, ABl-HABM 2000, 1464 *Enantone/Enantyum.*

83  Fragwürdig EuG T-10/03 vom 18.2.2004, GRUR Int 2004, 518 (Nr 60) *CONFORFLEX/FLEX;* vgl HABM-BK R 569/2000-4 vom 16.4.2002, MarkenR 2002, 422 *SYSNET/T-SYSTEMNET.*

84  HABM-BK R 606/2005-2 vom 10.2.2006 *HELLO HELLOWEEN/HELLO!*

85  Bedenklich: EuG T-147/03 vom 12.1.2006, GRUR Int 2006, 319 (Nr 110) *Quantum/Quantieme;* Rechtsmittel aber zurückgewiesen: EuGH C-171/06 vom 15.3.2007.

86  EuG T-305/06 vom 15.10.2008 (Nr.60) *Ferromaxx/Ferromix ua,* bestätigt durch EuGH C-579/08 vom 15.1.2010.

Bei der Feststellung der absoluten Schutzunfähigkeit des älteren Wortzei- 57
chens oder eines seiner Teile ist auf die Sprache des Schutzlandes abzustellen.
Die für Möbel aller Art einschließlich Betten und Matratzen eingetragene
spanische Marke »Matratzen« dringt gegen die aus einem Bildbestandteil
und den Worten »MATRATZEN Markt CONCORD« bestehende Markenanmeldung durch, weil »Matratzen« in der spanischen Sprache keinen beschreibenden Sinngehalt und dieses Wort im angemeldeten Zeichen das dominierende, den Gesamteindruck prägende und die Unterscheidungskraft
begründende Element darstelle (Art 8 Rdn 197).[87]

Auch den Bildbestandteil des angemeldeten Zeichens hat das Gericht im 58
»Matratzen«-Fall für beschreibend und deshalb nicht dominierend angesehen.[88] Dass aber auch bei solchen Wort/Bild-Kombinationen, deren Bildbestandteil nicht beschreibend ist, dem Bildbestandteil gleichwohl nicht die
dominierende Bedeutung zukommen muss, geht schon aus dem »Sabèl/Pu-
ma«-Urteil des EuGH hervor[89] und ergibt sich auch aus der ständigen Rspr
des EuG.[90]

### 5.2 Produktähnlichkeit

Die Produktähnlichkeit (siehe auch Art 8 Rdn 112 f) ist zwar keine von an- 59
derweitigen Umständen (etwa der Kennzeichnungskraft der älteren Marke)
abhängige, also relative, aber innerhalb des Verwechslungstatbestandes eine
flexible Größe, welche die Assoziationsverwandtschaft zwischen verschiedenen Waren und Dienstleistungen insoweit umfassen kann, als diese das Bestehen wirtschaftlicher Beziehungen zwischen den beteiligten Unternehmen
– im Sinne der »Canon«-Entscheidung[91] – als naheliegend erscheinen lässt.[92]
Von Bedeutung ist in diesem Zusammenhang nicht nur die Art der jeweili-

---

87  EuG T-006/01 vom 23.10.2002, MarkenR 2002, 417 (Nr 37, 38) *Matratzen*
    *Markt Concord*; bestätigt vom EuGH C-003/03, Beschluss vom 28.4.2004,
    GRUR Int 2004, 843 *Matratzen Markt Concord*.
88  EuG T-006/01 vom 23.10.2002, MarkenR 2002, 417 (Nr 41) *Matratzen Markt*
    *Concord*.
89  EuGH C-251/95 vom 11.11.1997, GRUR 1998, 387 (Nr 24, 25) *Sabèl/Puma*.
90  ZB EuG T-104/01 vom 23.10.2002, GRUR Int 2003, 247 (Nr 46) *miss fifties/*
    *Fifties*; EuG T-312/03 vom 14.7.2005, GRUR Int 2005, 943 (Nr 40) *Selenium-*
    *ACE*.
91  EuGH C-039/97 vom 29.9.1998, GRUR 1998, 922 (Nr 18) *Canon*.
92  Eisenführ, GRUR 1998, 214; Kur, MarkenR 1999, 2, 9.

gen Produkte, sondern gerade auch ihr regelmäßiger Marktauftritt, die »Bedingungen, unter denen sie vertrieben werden«.[93] So kann ein regelmäßiger Warenverkauf »nach Sicht« bildlichen Unterschieden zwischen einer jüngeren und einer älteren Marke zu erhöhter Bedeutung verhelfen und den Einfluss der klanglichen Ähnlichkeit zurückdrängen, so dass eine Verwechslungsgefahr ausscheidet.[94]

60  Gleichwohl hat die Produktähnlichkeit eine Grenze, jenseits derer selbst im Falle identischer Marken keine Verwechslungsgefahr festzustellen ist.[95] Sie liegt bei einem solchen Verhältnis unterschiedlicher Waren oder Dienstleistungen zueinander, bei dem das aufmerksame, verständige und durchschnittlich informierte Publikum selbst dann nicht auf den gleichen Ursprung oder eine wirtschaftliche Beziehung der beteiligten Unternehmen schließen würde, wenn die ältere Marke, mit der das eine Produkt versehen ist, höchste Kennzeichnungskraft besitzt, und die das andere Produkt kennzeichnende Marke identisch ist.[96] Dass in einem solchen Fall die sehr bekannte ältere Marke auch jenseits dieser Grenze nicht schutzlos ist, ergibt sich aus Abs 5. Besteht aber keinerlei Ähnlichkeit der zum Vergleich stehenden Produkte, dann kann es auch keine Verwechslungsgefahr geben.[97]

61  Bis zu jener »absoluten« Null-Grenze der Produktähnlichkeit wird – ausgehend von Identität – in jedem Einzelfall der jeweilige Ähnlichkeitsgrad der einander gegenüberstehenden Produkte einen entsprechenden »Risiko«-Beitrag der Verwechslungsgefahr liefern. Wie groß dieser ist, ergibt sich aus der Ermittlung und Bewertung der die einschlägigen Faktoren beeinflussenden tatsächlichen Umstände; nach der »Canon«-Entscheidung gehören zu diesen Faktoren, die das Verhältnis zwischen Waren oder Dienstleistungen kennzeichnen, insbesondere (!) deren Art, Verwendungszweck und Nutzung sowie ihre Eigenart als miteinander konkurrierende oder einander ergänzende Waren oder Dienstleistungen.[98] Ob dann der sich hieraus ergebende Produkt-Ähnlichkeitsgrad in Verbindung mit dem Ähnlichkeitsgrad der einander ge-

---

93  EuGH C-342/97 vom 22.06.1999, GRUR Int 1999, 734 (Nr. 27) *Lloyd*.

94  EuGH C-206/04 vom 23.3.2006, GRUR 2006, 413 (Nr 28 iVm Nr 11) *Sir/Zirh*.

95  EuGH C-196/06 vom 9.3.2007 (Nr 26) *COMP USA*.

96  Teplitzky, GRUR 1996, 1.

97  EuG T-202/03 vom 7.2.2006, GRUR Int 2006, 507 (Nr 35), bestätigt durch EuGH C-196/06 vom 9.3.2007 (Nr 26, Beschluss) *COMP USA*.

98  EuGH C-039/97 vom 29.9.1998, GRUR 1998, 922 (Nr 23) *Canon*.

genüberstehenden Marken sowie der Kennzeichnungskraft der älteren Marke ausreicht, eine Verwechslungsgefahr iSv Abs 1 (b) zu diagnostizieren,[99] muss die gewichtende summarische Einzelfall-Beurteilung zeigen.[100] Zur Produktähnlichkeit Näheres unter Art 8 Rdn 112–141.

Für die Prüfung der Produktähnlichkeit ist hinsichtlich der älteren Marke **62** von denjenigen W/DL auszugehen, für die sie eingetragen/geschützt ist. Befindet sich die eingetragene ältere Marke jedoch außerhalb der Benutzungsschonfrist, so sind im Falle eines Benutzungsnachweises für nur einen Teil der eingetragenen W/DL lediglich diese für den Vergleich mit den W/DL der jüngeren GMA oder GM zugrunde zu legen (Art 8 Rdn 118).[101]

### 5.3 Markenähnlichkeit

Der Begriff der Zeichen- und Markenähnlichkeit (siehe auch Art 8 **63** Rdn 83 f) ist in der GMV ebenso wenig wie in der MarkenRichtl definiert. Sie ist eine der entscheidenden Einflussgrößen auf die Verwechslungsgefahr, mit der sie den Schutzbereich bestehender Markenrechte über die Zeichenidentität hinaus ausdehnt (Art 8 Rdn 1). Zugleich stellt das Abhängigkeitsverhältnis der Verwechslungsgefahr von der Zeichenähnlichkeit (»wegen ihrer Ähnlichkeit«) klar, dass diese Ähnlichkeit Voraussetzung für das Bejahen einer Verwechslungsgefahr ist.

Hinsichtlich der Ähnlichkeit der Marken im Bild, im Klang oder nach dem **64** Sinngehalt (sowie ggf sonstigen Sinneswahrnehmungen) ist auf den Gesamteindruck abzustellen, den die Marken hervorrufen, wobei insbesondere die sie unterscheidenden und dominierenden Elemente zu berücksichtigen sind.[102] Dabei ist »unterscheidend« in diesem Kontext nicht iSv »unterschiedlich« misszuverstehen, sondern iSv »charakteristisch« zu verstehen; es geht um diejenigen Elemente, welche für die ursprungsidentifizierende Unterscheidungskraft der Marke maßgeblich sind. Beschreibende oder andere Zeichenelemente ohne Kennzeichnungskraft gehören nicht dazu (Art 8 Rdn 82).

---

99  EuGH C-039/97 vom 29.9.1998, GRUR 1998, 922 (Nr 24) *Canon.*
100 EuGH C-206/04 vom 23.3.2006, GRUR 2006, 413 (Nr 36) *Sir/Zirh.*
101 EuG T-16/08 vom 1.7.2009 (Nr 32) *CENTER.*
102 EuGH C-251/95 vom 11.11.1997, GRUR 1998, 387 (Nr 23) *Sabèl/Puma*;
    EuGH C-342/97 vom 22.6.1999, GRUR Int 1999, 734 19 (Nr 25) *Lloyd*;
    EuG T-292/01 vom 14.10.2003, GRUR Int 2003, 1017 (Nr 47) *Bass/Pash.*

65  Keine Rolle spielt die verbale Bezeichnung der Marke, die das Amt Nicht-Wortmarken aus Identifizierungs- und Recherchegründen im Register angibt (»Wortlaut der Marke«), und die idR auf eine ungeprüfte Anmelderangabe zurückgeht. Zugrunde zu legen ist ausschließlich die eingetragene bzw angemeldete Form der Marke. Weil Worte und Buchstaben-Kombinationen, die nicht in Normalschrift wiedergegeben sind, als Bildzeichen angesehen werden (Art 8 Rdn 94), liegt es nahe, die graphisch gestalteten Worte/Buchstaben als »Wortlaut«-Angabe zu verwenden, jedoch kann die bildliche Verfremdung so weit gehen, dass der relevante Verkehr diese im Zeichen nicht erkennt. Dann darf sie der Markenbeurteilung nicht zugrunde gelegt werden, weil es entscheidend auf die Wahrnehmung des Zeichens durch das Publikum ankommt.[103]

66  Weil es auf den Gesamteindruck der GMA im Vergleich zum Gesamteindruck der älteren Marke ankommt, spielen bei mehrteiligen (komplexen) Marken auch solche Bestandteile der GMA eine Rolle, die neben den als möglicherweise verwechslungsrelevant anzusehenden Bestandteilen ihren Gesamteindruck bestimmen. Dadurch kann es zu einer Verschiebung der Dominanz beim Gesamteindruck der GMA gegenüber dem der älteren Marke und ggf. zum Ausschluss einer Verwechslungsgefahr kommen.[104] Gleiches gilt, wenn die GMA einen die ältere Marke mitbestimmenden Bestandteil nicht enthält.[105]

67  Wenn aber der Gegenstand oder ein dominanter Bestandteil einer älteren Marke identisch (dem stehen kaum wahrnehmbare Abweichungen gleich) als dominanter Bestandteil in eine GMA übernommen wird, ist in der Regel Verwechslungsgefahr gegeben.[106] Sie ist nur dann nicht zu bejahen, wenn

---

103  EuG T-211/03 vom 20.4.2005, GRUR Int 2005, 600 (Nr 21) *Faber/Naber*.

104  So schon EuGH C-251/95 vom 11.11.1997, GRUR 1998, 387 *Sabèl/Puma*; EuG T-301/03 vom 28.6.2005, GRUR Int 2005, 844 (Nr 50) *Canal Jean/Canali* (problematisch); EuG T-3/04 vom 24.11.2005, GRUR Int 2006, 236 (Nr 49) *Kinji by Spa/Kinnie* (sehr bedenklich); EuG T-185/07 vom 7.5.2009 (Nr 52) *CK*.

105  EuG T-035/03 vom 12.10.2004 (Nr 22) *Carpo/Harpo Z*; EuG T-423/04 vom 5.10.2005, GRUR Int 2005, 1026 *B.K.R./BK Rods*.

106  EuG T-129/01 vom 3.7.2003, GRUR Int 2003, 939 *Bud/Budmen*; EuG T-286/02 vom 25.11.2003, GRUR Int 2004, 143 *Kiap Mou/Mou*; EuG T-022/04 vom 4.5.2005, GRUR Int 2005, 922 *Westlife/West*; EuG T-031/03 vom 11.5.2005, GRUR Int 2005, 705 *Grupo Sada/Sadia*; EuG T-169/04 vom

der übernommene Bestandteil in der GMA nicht dominant ist oder mit einem anderen Bestandteil zu einem neuen Gesamtbegriff verschmilzt, eine »gedankliche Einheit« eingeht, und dieser Gesamtbegriff einen anderen Eindruck als der übernommene Bestandteil hervorruft.[107]

Eine Ausnahme hat der EuGH für den Fall bestimmt, dass der übernommene Bestandteil in der GMA (bzw in der als verletzend angegriffenen Marke) zwar nicht dominant ist, aber darin seine selbständig kennzeichnende Stellung behalten hat[108] (Art 8 Rdn 53) und daher nicht zu vernachlässigen ist.[109] Zwar ist die Entscheidungsformel des Vorlageurteils darauf beschränkt, dass die übernommene Marke im Gegenzeichen mit einer Unternehmensbezeichnung kombiniert wird, dies ist jedoch offensichtlich der Fallgestaltung geschuldet und gilt auch für den Fall, dass die übernommene Marke mit einem anderen bekannten und dominant kennzeichnenden Markenelement kombiniert wird (Nr 34). **68**

Im Rahmen sämtlicher maßgebender Faktoren sind vor allem die Eigenschaften zu berücksichtigen, die die Marken von Haus aus besitzen, einschließlich des Umstandes, ob sie beschreibende Elemente in Bezug auf die betroffenen Waren oder Dienstleistungen aufweisen, deren originäre Kennzeichnungskraft folglich gering ist, was zwar nichts unmittelbar an Ähnlichkeiten ändert, aber im Rahmen der Prüfung auf Verwechslungsgefahr eine Rolle spielt, siehe Art 8 Rdn 78. **69**

---

14.12.2005, *Carpovirusine/Carpo*; zweifelhafte Anerkennung der Verwechslungsgefahr bei Teilübernahme: EuG T-317/03 vom 26.1.2006, GRUR Int 2006, 312 *Variant/Derbivariant*.

107 EuG T-110/01 vom 12.12.2002, GRUR Int 2003, 552 (Nr 57) *Hubert/Saint-Hubert 41* (e contrario); bestätigt vom EuGH C-106/03 vom 12.10.2004, GRUR Int 2005, 221 (Nr 52–54) *Saint Hubert 41/Hubert*; EuG T-385/03 vom 7.7.2005, GRUR Int 2005, 940 (Nr 47, 48) *Biker Miles/MILES*; EuG T-194/03 vom 23.2.2006, GRUR Int 2006, 404 (Nr 110, 112) *Bainbridge/Bridge*, bestätigt vom EuGH C-234/06 vom13.9.2007, GRUR Int 2007, 1009 *BAINBRIDGE*.

108 EuGH C-120/04 vom 6.10.2005, GRUR 2005, 1042 (Nr 30) *Thomson Life*.

109 EuGH C-334/05 vom 12.6.2007, GRUR Int 2007, 833 (Nr 42) *LIMONCHE-LO/Limoncello* und Schlussanträge der Generalanwältin Juliane Kokott vom 8.3.2007 (Nr 21); inzwischen ist das EuG dem EuGH gefolgt: EuG T-7/04 vom 12.11.2008, und hat einen Parallelfall im selben Sinne entschieden: EuG T-210/05 vom 12.11.2008 *Limoncello di Capri/LIMONCHELO*.

**70** Es kann allein die Ähnlichkeit in einem Wahrnehmungs-Aspekt ausreichen,[110] insbesondere kann eine klangliche Ähnlichkeit der (Wort-)Marken
eine Verwechslungsgefahr hervorrufen;[111] jedoch ist die Würdigung einer etwaigen klanglichen Ähnlichkeit nur einer der relevanten Umstände im Rahmen der umfassenden Beurteilung.[112] In diesem Zusammenhang wird gegen
die Prädominanz der klanglichen Ähnlichkeit eingewandt, dass jedenfalls
Produkte des täglichen Bedarfs heutzutage weit überwiegend »auf Sicht« in
Selbstbedienungsläden oä erworben werden, wo eher der optische Eindruck
einer Marke eine Rolle spielt, weil es zu deren lautlicher Wiedergabe nicht
kommt.[113] Das ist regelmäßig zutreffend und gilt gerade auch für die Kaufentscheidung bei teuren Waren und Dienstleistungen, bei der im Allgemeinen schriftliche Angebote und damit bildliche Markendarstellungen vorliegen. Die Erfahrung lehrt aber, dass auch die bloße Betrachtung einer
Wortmarke bei einem des Lesens und Sprechens mächtigen Betrachter häufig zu einer – im Allgemeinen stummen – phonetischen Wiedergabe der
Marke führt und diese den Eindruck von der Marke maßgeblich bestimmt.
Daher sollte auch im Falle der Kaufentscheidung »auf Sicht« eine klangliche
Ähnlichkeit der Vergleichsmarken berücksichtigt werden.

**71** Die zwangsläufig auf Wortmarken beschränkte klangliche Wahrnehmung
von Marken ist von deren Wiedergabe abhängig. Zu berücksichtigen sind alle Aussprachemöglichkeiten, sofern sie den einschlägigen Sprachregeln entsprechen. Handelt es sich bei der Widerspruchsmarke um eine GM, sind alle
Sprachen der Gemeinschaft zu berücksichtigen, sonst nur die Sprache(n) des
betroffenen Mitgliedstaates. Letzterer gilt entsprechend für ein Verletzungsverfahren vor einem (nationalen) Gemeinschaftsmarkengericht (siehe auch
Art 8 Rdn 86).

**72** Nach der Auffassung des EuG,[114] die der EuGH bestätigt hat,[115] können
klangliche Ähnlichkeiten von Marken und Zeichen durch insbesondere begriffliche oder auch optische/bildliche Unterschiede neutralisiert werden, so

---

110  HABM-BK R 070/2002-2 vom 11.9.2003 (Nr 40) *Kabel 1/ARD 1*, mit weiteren
     Nachweisen.
111  EuGH C-342/97 vom 22.6.1999, GRUR Int 1999, 734 (Nr 28) *Lloyd*.
112  EuGH C-206/04 vom 23.3.2006, GRUR 2006, 413 (Nr 21) *Sir/Zirh*.
113  EuG T-292/01 vom 14.10.2003, GRUR Int 2003, 1017 (Nr 55) *Bass/Pash*.
114  EuG T-292/01 vom 14.10.2003, GRUR Int 2003, 1017 (Nr 54) *Bass/Pash*.
115  EuGH C-361/04 vom 12.1.2006, GRUR 2006, 237 (Nr 20, 23) *Picaro/Picasso*;
     EuGH C-206/04 vom 23.3.2006, GRUR 2006, 413 (Nr 35) *Sir/Zirh*.

dass trotz jener phonetischen Ähnlichkeit keine Verwechslungsgefahr besteht. Aus dem – nicht zuletzt wegen seiner Begründung mit der großen Bekanntheit des Malernamens höchst problematischen (siehe Art 8 Rdn 177) – »Picasso«-Urteil des EuGH[116] ergibt sich, dass eine solche »Neutralisierung« auf der Ebene der Verwechslungsgefahr zu prüfen ist. Das folgt schon aus der Erkenntnis des EuGH, dass die Zeichenähnlichkeit nicht voraussetzt, dass die Zeichen in allen drei Aspekten (klanglich, bildlich, begrifflich) ähnlich sind.[117] Unzutreffend und daher abzulehnen ist daher die nicht selten zu erkennende Neigung des EuG, nicht erst auf der Stufe der Verwechslungsprüfung die ggf. gegenläufigen Einflüsse der verschiedenen Ähnlichkeitsaspekte zu berücksichtigen, sondern schon bei der Ähnlichkeitsprüfung eine »Neutralisierung« von Ähnlichkeitsaspekten durch andere Ähnlichkeitsaspekte festzustellen, mit der Folge, dass eine Markenähnlichkeit gänzlich verneint wird und eine Verwechslungsgefahr ausscheidet, ohne dass weitere Einflüsse auf die Verwechslungsgefahr wie zB die Bekanntheit der älteren Marke berücksichtigt werden können.[118]

Höchst bedenklich sind daher – auch unabhängig vom Ergebnis – Begründungen von EuG-Urteilen wie die im »HUBERT«-Fall,[119] im »HOOLIGAN«-Fall,[120] im »Faber«-Fall,[121] im »Limoncello«-Fall[122] und einigen weiteren, die beispielsweise in der letztgenannten Fundstelle aufgeführt sind; abzulehnen auch die Verneinung der für eine Verwechslungsgefahr ausreichende Ähnlichkeit der GMA »NARS« mit der für identische Waren einge- **73**

---

116 EuGH C 361/04 vom 12.1.2006, GRUR 2006, 237 (Nr 23) *Picaro/Picasso*; vgl. ähnliche Begründung HABM-BK R 1732/2007-2 vom 9.9.2008 (Nr 18) *AMTEUS/AMADEUS*.

117 EuGH C-342/97 vom 22.6.1999, GRUR Int 1999, 734 (Nr 28) *Lloyd*.

118 Ströbele/Hacker, MarkenG, 10. Aufl, § 9 Rn 44, 352.

119 EuG T-110/01 vom 12.12.2002, GRUR Int 2003, 552 (Nr 65) *Hubert/Saint-Hubert 41*; das bestätigende Urteil des EuGH C-106/03 vom 12.10.2004, GRUR Int 2005, 221 (Nr 52–54) *Saint Hubert 41/Hubert* geht an diesem Problem vorbei.

120 EuG T-057/03 vom 1.2.2005, GRUR Int 2005, 489 (Nr 68) *Hooligan/Olly Gan*.

121 EuG T-211/03 vom 20.4.2005, GRUR Int 2005, 600 (Nr 50, 51) *Faber/Naber*.

122 EuG T-007/04 vom 15.6.2005, GRUR Int 2005, 93 (Nr 68) *Limoncello/Limonchelo*; vom EuGH aufgehoben C-334/05 vom 12.6.2007, GRUR Int 2007, 833.

tragenen nationalen Marke »MARS« (mit separatem Bildbestandteil).[123] Ebenso wie das »Limoncello«-Urteil ist auch das im vorliegenden Zusammenhang vergleichbare EuG-Urteil in Sachen »MOBILIX/OBELIX« beim EuGH angefochten worden.[124] Ersteres wurde aufgehoben, letzteres jedoch bestätigt, in unverständlicher Weise auch hinsichtlich der Neutralisierung auf der Ebene der Zeichen-Ähnlichkeit (Nr 98, 99). Ein weiteres Beispiel für eine solche sach- und rechtswidrige Beurteilung der Zeichen-Ähnlichkeit ist das Urteil des EuG im idea/IKEA-Fall, das nach langatmiger Darstellung vieler kleiner, manche falsche einschließender Argumentationsschritte zum Schluss kommt, dass jene Marken unähnlich seien und deshalb die Bekanntheit der IKEA-Marke keine Rolle spielen könne.[125]

74  Die Beurteilung der Ähnlichkeit von Marken muss an tatsächlichen Gegebenheiten anknüpfen, die in der Natur der Marken selbst liegen, zB bei Wortzeichen ihre Länge, Silbenzahl und -trennung, Vokalfolge etc. Welchen Einfluss diese Gegebenheiten auf die Wahrnehmung durch den angesprochenen Durchschnittsverbraucher haben, hängt von verschiedenen Faktoren ab, bei Wortmarken beispielsweise von den Referenzsprachen, aber auch vom Ähnlichkeits- oder gar Identitätsverhältnis der betroffenen Produkte zueinander und der Kennzeichnungskraft der älteren Marke, weil etwa eine klangliche Ähnlichkeit der GMA in diesem Falle eher zu einer Verwechslungsgefahr führt und Unterschiede der Marken in anderer Hinsicht zurücktreten. Daher dürfen gegenläufige Einflüsse von Ähnlichkeiten und Unterschieden der Vergleichsmarken erst bei der Verwechslungsgefahrprüfung berücksichtigt und nicht schon im Vorfeld bei der Ähnlichkeitsfeststellung gegeneinander aufgerechnet werden.

75  Die Neutralisierungsdoktrin des EuG verstößt auch unmittelbar gegen den Grundsatz der siebten – jetzt achten – Begründungserwägung der GMV, dass der Begriff der Ähnlichkeit im Hinblick auf die Verwechslungsgefahr auszulegen ist.[126] Hätte der Verordnungsgeber gewollt, dass dabei unter »Ähnlichkeit« der Saldo von ähnlichen und unterschiedlichen Eigenschaften von Marke und Zeichen verstanden werden soll und deshalb trotz tatsächlich

---

123  EuG T-088/05 vom 8.2.2007 *Nars/Mars*.
124  EuG T-336/03 vom 25.10.2005, GRUR Int 2006, 49 (Nr 81–84) *MOBILIX/OBELIX*; vom EuGH bestätigt: C-16/06 vom 18.12.2008.
125  EuG T-112/06 vom 16.1.2008 (Nr 80–84) *idea/IKEA*.
126  EuGH C-039/97 vom 29.9.1998, GRUR 1998, 922 (Nr 17) *Canon*, EuGH C-342/97 vom 22.6.1999, GRUR Int 1999, 734 (Nr 19) *Lloyd*.

vorhandener Ähnlichkeit(en) die von Art 8 (1) b) und 9 (1) b) für eine Verwechslungsgefahr zwingend vorausgesetzte Ähnlichkeit fehlen könne, hätte er das zum Ausdruck bringen müssen. Er hätte damit allerdings seine eigene Vorgabe desavouiert, dass die Verwechslungsgefahr von jener »Vielzahl von Umständen« abhängt, von denen die achte Begründungserwägung die wichtigsten nennt. Dazu gehört neben dem Bekanntheitsgrad der älteren Marke auf dem Markt auch der »Grad der Ähnlichkeit« zwischen der Marke und dem Zeichen – und schon diese Detaillierung der Ähnlichkeitsmaßgabe macht deutlich, dass die Abwägung zwischen Ähnlichkeiten und Unterschieden der Verwechslungsprüfung vorbehalten bleiben soll.

Im Übrigen verkennt das Aufrechnen von begrifflichen Unterschieden bei  76
Wortmarken gegen deren klangliche oder visuelle Ähnlichkeiten, dass die semantische Differenzierung demjenigen nicht hilft, der sich verhört oder verliest, und dass begriffliche Unterschiede klanglich nicht wahrnehmbar sind, wenn die Begriffe identisch ausgesprochen werden.[127]

Schließlich kann auch eine komplexe Verwechslungsgefahr gegeben sein,  77
wenn keine der Ähnlichkeiten der Marke mit dem Zeichen im Klang, im Bild oder im Sinngehalt jeweils für sich allein die Verwechslungsgefahr begründen kann, diese sich jedoch gegenseitig unterstützen und daher gemeinsam die Gefahr von Verwechslungen begründen. Doch hat wie die Produktähnlichkeit auch die Markenähnlichkeit eine Grenze, jenseits derer keine Verwechslungsgefahr (mehr) besteht. Näheres zur Markenähnlichkeit Art 8 Rdn 83–111.

### 5.4 Kennzeichnungskraft

Erhöht werden kann die Verwechslungsgefahr – bei gegebener Produkt- und  78
Markenähnlichkeit – durch eine gesteigerte Kennzeichnungskraft der älteren Marke. Schon die originäre Kennzeichnungskraft kann aus verschiedenen Gründen schwach (Anlehnung an beschreibende Angabe, viele ähnlich gebildete Marken für Produkte gleicher Art etc) oder stark sein (große Einprägsamkeit, Alleinstellung auf dem einschlägigen Markt etc). Aber in beiden Fällen kann eine von Werbung und Marketing unterstützte starke Marktstellung zu einem hohen Bekanntheitsgrad der Marke führen, der ihre Kenn-

---

127  EuG T-057/03 vom 1.2.2005, GRUR Int 2005, 489 (Nr 68) *Hooligan/Olly Gan*: unberücksichtigt blieb die identische Aussprache im Französischen (vgl Art 8 Rdn 88).

zeichnungskraft entsprechend vergrößert. Maßgebend ist dafür insbesondere eine langanhaltende Benutzung der Marke für die relevanten Produkte.[128] Ferner kann die erhöhte Kennzeichnungskraft einer Marke auch aus deren Benutzung einer sie enthaltenen komplexen (mehrteiligen) Marke hergeleitet werden, wenn der Verkehr den fraglichen Kombinationsmarken-Teil als (selbständigen) betrieblichen Herkunftshinweis ansieht.[129] Liegt keine Markenähnlichkeit vor, verhilft allerdings vergrößerte Kennzeichnungskraft der Widerspruchsmarke nicht zum Erfolg.[130]

79 Ist die Kennzeichnungskraft vergrößert, so kann eine Verwechslungsgefahr auch in Fällen festzustellen sein, in denen die Produkt- und/oder Marken-Ähnlichkeit unter Zugrundelegung durchschnittlicher oder gar geringer Kennzeichnungskraft der älteren Marke jene Feststellung nicht rechtfertigt.[131] Es besteht demzufolge eine Wechselbeziehung und Wechselwirkung zwischen der Produktähnlichkeit, der Markenähnlichkeit und der Kennzeichnungskraft der älteren Marke (Art 8 Rdn 43). Näheres zur Bedeutung der Kennzeichnungskraft für die Verwechslungsgefahr unter Art 8 Rdn 144–150.

## 5.5 Einfluss der Markenform

80 Die Gefahr von Verwechslungen besteht nicht nur bei Marken derselben Markenform. Vielmehr kann beispielsweise eine Wortmarke mit einer Bildmarke verwechselbar sein, wenn diese ausschließlich den Sinngehalt des Wortes bildlich darstellt; überdies sind beide Markenarten Gegenstand einer grafischen Gestaltung, die einen optischen Eindruck vermitteln kann.[132] Entsprechendes gilt für das Verhältnis von Formmarken zu Wort- und insbesondere Bildmarken, wenn diese die Gegenstände von Formmarken in üblicher Weise benennen oder abbilden.

81 Bedeutung kann die Markenformen übergreifende Verwechslungsgefahr namentlich bei Marken-Mischformen (bildlich gestaltete Worte, farbige Grafik

---

128 EuG T-168/04 vom 7.9.2006, GRUR Int 2007, 142 (Nr 78–88) *Aire Limpio.*

129 EuGH C-488/06 vom 17.7.2008, GRUR Int 2008, 830 (Nr 49f) *Aire Limpio*, unter Hinweis auf EuGH C-353/03 vom 7.7.2005, GRUR 2005, 763 – *Nestlé/ Mars (HAVE A BREAK).*

130 EuGH C-254/09 vom 2.9.2010 *CK*; C-216/10 vom 25.11.2010 *A+/AirPlus.*

131 EuGH C-016/06 vom 18.12.2008 (Nr 64) *Obelix/Mobilix.*

132 EuG T-110/01 vom 12.12.2002, GRUR Int 2003, 552 (Nr 51) *Hubert/Saint-Hubert 41.*

usw.) erlangen; hier gelten im Allgemeinen die Grundsätze der Verwechslungsgefahr von mehrteiligen Marken dahingehend, dass es auf den jeweils dominanten und unterscheidungskräftigen Bestandteil ankommt (Art 8 Rdn 64 f). Bei bildlich ausgestalteten Wortmarken wird regelmäßig der Wortbestandteil im Vordergrund stehen, zumal der klangliche Ähnlichkeitsaspekt Bildbestandteile nicht erfassen kann (siehe aber Art 8 Rdn 65). Gleiches gilt häufig auch für separate Bildbestandteile.[133]

Stets sind bei komplexen Marken mit Bestandteilen unterschiedlicher Markenformen diese Bestandteile unabhängig voneinander auf die Ähnlichkeitskriterien hin zu analysieren.[134] Zu beachten ist in allen Fällen, dass schutzunfähige, weil keine Unterscheidungskraft besitzende Merkmale und Bestandteile von Marken deren Verwechselbarkeit nicht begründen können. Näheres zu Einzelfällen und Fallgruppen der Verwechslungsgefahr unter Art 8 Rdn 157–228. **82**

## 6 Markenähnlichkeit im Einzelnen

In die Ähnlichkeitsbeurteilung sind alle Umstände des jeweiligen Falles einzubeziehen; letztlich kommt es auf den Gesamteindruck an, den der durchschnittlich informierte, verständige und je nach betroffenem Marktsegment mehr oder weniger aufmerksame Durchschnittsverbraucher von der Marke hat und vom Zeichen empfängt. Dieser Gesamteindruck wird in erster Linie von den dominierenden, prägenden, für die Unterscheidungseignung und -kraft der Marke verantwortlichen Elementen bestimmt.[135] Ferner ist davon auszugehen, dass den übereinstimmenden Merkmalen größere Bedeutung als den voneinander abweichenden Merkmalen zukommt, weil die Vergleichstechnik der menschlichen Wahrnehmung stets nach Wiedererkennung sucht. **83**

Die Ermittlung der Ähnlichkeit der zum Vergleich stehenden Marken ist eine Tatsachenfeststellung, sie knüpft an den in Erscheinung tretenden Gegebenheiten der Marken und ihrer Wahrnehmung durch den angesprochenen **84**

---

133 Aber EuG T-34/04 vom 22.6.2005, GRUR Int 2005, 938; bestätigt durch EuGH-Beschluss C-324/05 vom 1.6.2006, MarkenR 2006, 527 *Turkish Power.*

134 EuG T-211/03 vom 20.4.2005, GRUR Int 2005, 600 (Nr 39) *Faber/Naber.*

135 EuGH C-251/95 vom 11.11.1997, GRUR 1998, 387 (Nr 23) *Sabèl/Puma.*

Verkehr an (Art 8 Rdn 65). Eine Bewertung des Einflusses der Ähnlichkeit und namentlich ihrer unterschiedlichen Aspekte (Klang, Bild, Begriff) auf die Verwechslungsgefahr ist erst bei deren Prüfung zulässig. Weder hat die Frage, ob die jeweils betroffenen Produkte »auf Sicht« gekauft – und deshalb das Bild der Marke Vorrang hat – oder unter Markennennung verlangt werden – was dem klanglichen Aspekt größere Bedeutung verleiht – Bedeutung für die Feststellung der Marken-Ähnlichkeiten, noch darf vor der Prüfung auf Verwechslungsgefahr unter Berücksichtigung der Wechselwirkung (siehe Art 8 Rdn 142–143) eine Aufrechnung von Unterschieden gegen solche Ähnlichkeiten erfolgen (zur »Neutralisierung« siehe Art 8 Rdn 72–76).

85 Noch weitgehend ungeklärt sind die Gesichtspunkte, welche im Rahmen der Prüfung auf Verwechslungsgefahr bei den für viele nationale Markenrechtsordnungen – jedenfalls die deutsche – neuen Markenformen, also namentlich den Farb- und Hörmarken sowie den dreidimensionalen Marken, in erster Linie als die Ähnlichkeit begründende Umstände in Betracht zu ziehen sind.

Im Einzelnen:

### 6.1 Wortmarken

86 Wortzeichen gehören der einzigen Markenform an, für die das Medium Sprache relevant ist, weil einerseits der Klangeindruck eines Wortes oder einer Wortkombination von Ausspracheregeln und andererseits ihr Begriffsinhalt von semantischen Regeln und Usancen bestimmt wird; für Buchstabenkombinationen, die kein Wort im eigentlichen Sinne bilden, kann in manchen Fällen Gleiches gelten. Deshalb unterliegen sie in der Gemeinschaft, in deren Mitgliedstaaten verschiedene Sprachen gesprochen werden, entsprechend unterschiedlichen Beurteilungskriterien (Art 8 Rdn 71). Beim Zeichenvergleich sind grundsätzlich dieselben Regeln auf beide Zeichen anzuwenden; es kann jedoch bei Vergleichszeichen, die eindeutig verschiedenen Sprachen angehören, angemessen sein, die jeweiligen Regeln bei der klanglichen und semantischen Vergleichsbeurteilung zu unterlegen (Art 8 Rdn 88).

87 Primäre, die Verwechslungsgefahr begünstigende Ähnlichkeitsfaktoren sind bei allen Wortmarken die Übereinstimmungen der einander gegenüberstehenden Zeichen in phonetischer (klanglicher), visueller (optischer, ggf schriftbildlicher) und inhaltlicher, also begrifflicher oder semantischer Hinsicht. Der EuGH schien zunächst am traditionellen Vorrang der klanglichen

Übereinstimmung als ähnlichkeitsbegründendem Kriterium festhalten zu wollen, indem er feststellte, es lasse sich nicht ausschließen, dass allein die klangliche Ähnlichkeit von Marken eine Verwechslungsgefahr hervorrufen kann.[136] Das will der EuGH aber offenbar als Sonderfall verstanden wissen, wie sich aus seiner Aussage ergibt, dass die Würdigung einer klanglichen Ähnlichkeit nur einer der relevanten Umstände im Rahmen der umfassenden Ähnlichkeitsbeurteilung hinsichtlich Bedeutung, Bild und Klang sei und aus seiner früheren Feststellung nicht hergeleitet werden könne, dass notwendig immer dann Verwechslungsgefahr vorläge, wenn nur eine klangliche Ähnlichkeit der beiden Zeichen besteht;[137] siehe auch Art 8 Rdn 158–180.

Für die phonetische Ähnlichkeit sind regelmäßig in erster Linie die Silben- **88** zahl und die Vokalfolge bestimmend, weil diese den klanglichen Eindruck einer Wortmarke im Allgemeinen prägen. Sind aber die Vokale mit unterschiedlichen und starken, dh das Klangbild stark beeinflussenden Konsonanten verbunden, so kann dadurch die klangliche Ähnlichkeit der Vergleichszeichen entsprechend stark reduziert werden. Umgekehrt kann die Vokalfolge zurücktreten, wenn bei gleicher Silbenzahl und -länge die Konsonanten identisch sind.[138] Zu berücksichtigen sind alle Aussprachemöglichkeiten, im europäischen Kontext also auch die möglicherweise deutlich unterschiedlichen Wiedergaben einer GM bzw GMA nach den Regeln aller Sprachen der Gemeinschaft, soweit nicht eine nationale Gegenmarke die Berücksichtigung auf die Sprache des Referenzlandes beschränkt. Das gilt zumindest für Phantasieworte, während es für solche Worte, die Begriffe einer der Sprachen in der Gemeinschaft sind, vor allem auf deren Ausspracheregeln ankommt. Wenn der Widerspruch auf ein nationales Kennzeichen gestützt wird, muss die Verwechslungsgefahr allein nach den Sprach- und Ausspracheregeln im Schutzland beurteilt werden.[139]

Erfahrungsgemäß spielen für die Ähnlichkeitsfeststellung gleiche Wortanfän- **89** ge eine große Rolle, während Endungen und – bei längeren Wortzeichen – Mittelteile in ihrem Einfluss auf den Gesamteindruck und damit ihrer Be-

---

136  EuGH C-342/97 vom 22.6.1999, GRUR Int 1999, 734 (Nr 28) *Lloyd*; vgl auch EuG T-099/01 vom 15.1.2003, GRUR Int 2003, 760 (Nr 45, 48) *Mystery/Mixery.*
137  EuGH C-206/04 vom 23.3.2006, GRUR 2006, 413 (Nr 21, 22) *Sir/Zirh.*
138  EuG T-95/07 vom 21.10.2008 (Nr 48) *PRAZOL/PREZAL.*
139  EuG T-388/00 vom 23.10.2002, GRUR Int 2003, 237 (Nr 71) *ILS/ELS.*

deutung zurücktreten.[140] Handelt es sich aber bei letzteren um besonders charakteristische, den Gesamteindruck des Zeichens beispielsweise wegen ihrer Klangstärke oder Unüblichkeit prägende Teile, so kann auch bei unterschiedlichen Anfangsteilen Ähnlichkeit vorliegen. Das gilt vornehmlich dann, wenn nur die Anfangsbuchstaben abweichen, die Zeichenworte im Übrigen aber gleich sind.[141]

**90**   Die »miss fifties/Fifties«-Entscheidung[142] beleuchtet auch den Einfluss zusätzlicher Marken- oder Zeichenbestandteile, wobei unerheblich sein soll, ob sie in der älteren Marke oder dem angemeldeten Zeichen auftreten. Weil es sich beim Wortbestandteil »fifties« der älteren Marke um deren klanglich und semantisch dominantes Element handelt, kommt dem Zusatz »miss« sowie einer blassen (italienischen) Anpreisung ebenso wie dem Bildbestandteil der Widerspruchsmarke kein entscheidender Einfluss auf die Verwechslungsgefahr zu. Inzwischen hat sich dies in ständiger Rechtsprechung zu der Regel verdichtet, dass wenn eines von nur zwei Wörtern, aus denen eine Wortmarke besteht, bildlich oder klanglich mit dem einzigen Wort identisch ist, aus dem eine ältere Wortmarke besteht, und diese Wörter insgesamt oder für sich genommen für die betreffenden Verkehrskreise keine begriffliche Bedeutung haben, die fraglichen Marken, jeweils in ihrer Gesamtheit betrachtet, regelmäßig als ähnlich anzusehen sind.[143] Problematisch daher die Zulas-

---

140   EuG T-129/01 vom 3.7.2003, GRUR Int 2003, 939 (Nr 47, 48) *Bud/Budmen*; EuG T-183/02 vom 17.3.2004, GRUR 2004, 957 (Nr 83) *Mundicor/Mundicolor*; EuG T-186/02 vom 30.6.2004, GRUR Int 2004, 854 (Nr 50) *Dieselit/Diesel*; HABM-BK R 260/1999-3 vom 13.4.2000, ABl-HABM 2000, 1378 *MOTO/MOTOR*; HABM-BK R 380/1999-2 vom 27.9.2000, ABl-HABM 2001, 1030 *LINDEBOOM/LINDENER*.

141   EuG T-388/00 vom 23.10.2002, GRUR Int 2003, 237 (Nr 66) *ILS/ELS*; aber EuG T-211/03 vom 20.4.2005, GRUR Int 2005, 600 (Nr 40, 48 f) *Naber/Faber* und EUG T-353/04 vom 13.2.2007, dessen zergliedernde Würdigung allerdings nicht überzeugt.

142   EuG T-104/01 vom 23.10.2002, GRUR Int 2003, 247 (Nr 51) *miss fifties/Fifties*; vgl. ferner HABM-BK R 1099/2000-3 vom 24.4.2002 MarkenR 2002, 424 *A2A/A ZWEI*.

143   EuG T-212/07 vom 2.12.2008 (Nr 30 mwN) *Barbara Becker/Becker*, insoweit relativiert durch das dieses Urteil aufhebende EuGH-Urteil C-51/09 vom 24.6.2010, weil ausnahmsweise die Bekanntheit der gleichnamigen Markeninhaberin verwechslungsmindernd zu berücksichtigen war.

sung der GMA »ROYAL« gegenüber dem Widerspruch aus der älteren Marke »ROYAL FEITORIA« für identische bzw. hochgradig ähnliche Waren (Weine).[144]

Naturgemäß spielt auch das Verhältnis der Abweichungen zu den Übereinstimmungen eine Rolle sowie der jeweilige Grad von Abweichungen innerhalb desselben Ähnlichkeitsaspekts. Bei dreibuchstabigen Worten etwa genügt im Allgemeinen die Abweichung in einem Buchstaben, vor allem im Anfangsbuchstaben; aber auch dort dann nicht unbedingt, wenn der Austauschbuchstabe dem ausgetauschten klanglich oder schriftbildlich sehr nahe steht.[145]    **91**

Eine schriftbildliche Ähnlichkeit von Wortmarken wird von Übereinstimmungen in der Folge ähnlich konfigurierter Buchstaben herbeigeführt,[146] wobei alle üblichen – nicht ausgefallenen – Typografien zu berücksichtigen sind,[147] beispielsweise auch die handschriftliche Wiedergabe.    **92**

In der Praxis treten mitunter Fälle auf, in denen eine entscheidungserhebliche Verwechslungsgefahr nicht allein aus der klanglichen und auch nicht allein aus der schriftbildlichen Ähnlichkeit der einander gegenüberstehenden Wortmarken hergeleitet werden kann, aber eine komplexe Berücksichtigung beider Umstände – mitunter sogar unter Hinziehung begrifflicher Verwandtschaft – die Verwechslungsgefahr indiziert (vgl Art 8 Rdn 182) In entsprechender Weise kann aber auch der in einer Richtung bestehenden Ähnlichkeit durch eine gravierende Unähnlichkeit in anderer Richtung entgegengewirkt werden, wenn beispielsweise eine phonetische Ähnlichkeit durch einen für jedermann sofort erkennbar unterschiedlichen Sinngehalt im Rahmen der abschließenden Verwechslungsprüfung – nur dort! – aufgewogen wird; zur sogenannten Neutralisierung von Ähnlichkeitsaspekten siehe Art 8 Rdn 72 f. Zur Verwechslungsgefahr von Marken unterschiedlicher Markenformen siehe Art 8 Rdn 80–82.    **93**

---

144  EuG T-501/04 vom 15.2.2007 *ROYAL/ROYAL FEITORIA*.

145  EuG T-388/00 vom 23.10.2002, GRUR Int 2003, 237 (Nr 71) *ILS/ELS*.

146  EuG T-35/04 vom 15.3.2006, GRUR Int 2006, 510 (Nr 54) *Ferro/Ferrero*; T-95/07 vom 21.10.2008 (Nr 40) *PRAZOL/PREZAL*.

147  Vgl. auch EuGH C-292/00 vom 9.1.2003, MarkenR 2003, 61 *Davidoff/Durffee*.

## 6.2 Bildmarken

94 Weil alle zweidimensionalen Gestaltungen, die ein Wort oder mehrere Worte
nicht in Normalschrift wiedergeben, im Gemeinschaftsmarkensystem als
Bildmarken angesehen werden, sind die unterschiedlichen Arten von Bildmarken, nämlich reine Bildmarken und komplexe (mehrteilige) Marken mit
bildlich ausgestalteten Wort-, Buchstaben- sowie Zahlenbestandteilen oder
mit unabhängigen Bildbestandteilen, auch hinsichtlich ihres Schutzbereichs
und damit ihrer Verwechslungsgefahr mit Bildmarken gleicher und anderer
Art sowie mit Marken der jeweils anderen Markenform zu vergleichen.[148]
Relativ selten stehen sich reine Bildzeichen gegenüber und gegründet der
Bildbestandteil einer komplexen Marke die Markenähnlichkeit.[149] Es ist daher nicht überraschend, dass die »Aire Limpio«- und »La Española«-Urteile
der Gerichte auf hohe Aufmerksamkeit gestoßen sind:[150]

95 Im »Aire Limpio«-Fall standen der Bild-GMA in Form einer vermenschlich-
ten Tannenbaum-Silhouette mit der Inschrift »Aire Limpio« mehrere Widerspruchsmarken gegenüber, die sämtlich eine Tannenbaum-Silhouette enthielten, einige mit Inschrift, eine ohne. Die letztere wurde als Teil[151] der in
Italien sehr bekannten Marke nebst Inschrift »ARBRE MAGIQUE« mit der
GMA verglichen und die Verwechslungsgefahr bejaht.

---

148  EuG T-110/01 vom 12.12.2002, GRUR Int 2003, 552 (Nr 51) *Hubert/Saint-
Hubert 41*; EuG T-035/04 vom 15.3.2006, GRUR Int 2006, 510 (Nr 52) bestätigt EuGH C-225/06 vom 11.9.2007 *Ferro/Ferrero*; HABM-BK R 965/2000-2
vom 3.6.2002 MarkenR 2002, 433; *T/iti*, HABM-BK R 473/2000-3 vom
7.3.2001 *PALERMO/FREE*; vgl. auch die Benutzungsfälle HABM-BK R 562/
1999-1 vom 11.7.2000 ABl-HABM 2000, 1786 *NIDEK/NIDER(S)*; HABM-
BK R 641/1999-3 vom 4.10.2000 ABl-HABM 2001, 1056 *SIDI/SIDE 1*.
149  EuG T-214/04 vom 21.2. 2006, GRUR Int 2006, 401 (Nr 41) *Beverly Hills Polo
Club/Polo*; EuG T-153/03 vom 13.6.2006, GRUR Int 2006, 749 (Nr 47) *Kuhhaut*; HABM-BK R 070/2002-2 vom 11.9.2003 *Kabel 1/ARD 1*; HABM-BK
R 445/2004-2 vom 22.2.2006 *Rotes Bild*.
150  EuGH C-488/06 vom 17.7.2008, GRUR Int 2008, 830 *Aire Limpio*; EuG
T-363/04 vom 12.9.2007, GRUR Int 2008, 406 *La Española/Carbonell*; entgegen Schlussanträgen vom 3.2.2009 bestätigt durch EuGH C-498/07 vom
3.9.2009.
151  EuGH C-353/03 vom 7.7.2005, GRUR 2005, 763 (Nr 32) *Nestlé* [Have a
beak].

Im Fall »La Española« ging es um die Verwechslungsgefahr bei Etikettenmar- 96
ken für Olivenöl, die jeweils am Oberrand ein gebogenes Schriftband für die
Produktangabe, am Unterrand ein Schriftband mit gewölbter oberer Begrenzung für die Marke und dazwischen die Bilddarstellung einer neben einem
Baum in einer Olivenhain-Landschaft sitzenden Frau aufwiesen. Entgegen
der BK, die den Widerspruch zurückgewiesen hatte, sah das EuG in zahlreichen bildlichen Einzelähnlichkeiten eine für das Bejahen der Verwechslungsgefahr ausreichende Gesamtähnlichkeit. Weil das Gericht jedoch eine vergleichende Beurteilung der Wortmarken »La Española« und »Carbonell« und
ihres Einflusses auf den Gesamteindruck unterlassen habe, den die relevanten
Verbraucher wahrnehmen, hat der Generalanwalt die Aufhebung des EuG-
Urteils und Zurückverweisung vorgeschlagen. Dem ist der EuGH nicht gefolgt, sondern hat das EuG bestätigt.

Problematisch ist (auch) bei Kombinationszeichen mit Bildbestandteilen die 97
Maßgeblichkeit der Dominanz eines Bestandteils (Art 8 Rdn 67) für die
Markenähnlichkeit und die Verwechslungsgefahr dann, wenn in einer solchen Kombination ein anderer als der dominante Bestandteil Gegenstand einer älteren Marke ist und in der Kombination eine selbständig kennzeichnende (der Herkunftsunterscheidung dienende) Stellung behalten hat:

Das frühe »Sabèl/Puma«-Urteil[152] des EuGH erging in einem vom BGH 98
vorgelegten Fall. Dort standen sich im deutschen Widerspruchsverfahren eine aus Wort und Bild bestehende Kombinationsmarke als Anmeldezeichen
und ein reines Bildzeichen als Widerspruchsmarke für teils identische, teils
sehr ähnliche Waren (Bekleidungsstücke, Lederwaren) gegenüber. Der Bildbestandteil der jüngeren Marke zeigte eine vermeintlich springende Raubkatze in relativ naturalistischer Darstellung, während die widersprechende Bildmarke aus einer Scherenschnitt-Darstellung der Raubkatze in nahezu
identischer Körperhaltung bestand. In der jüngeren Marke befand sich unter
der Raubkatzen-Darstellung das Firmenschlagwort »sabèl«, seitliche Halb-
kreise schlossen Wort- und Bildbestandteile gemeinsam ab. Weil in der Widerspruchsmarke der Wortbestandteil der jüngeren Marke keine Entsprechung hatte, ging es allein darum, ob der Bildbestandteil der jüngeren
Marke geeignet war, die Gefahr von Verwechslungen mit der älteren Bildmarke zu begründen, namentlich unter dem Gesichtspunkt des gedanklichen
In-Verbindung-Bringens.

---

152 EuGH C-251/95 vom 11.11.1997, GRUR 1998, 387 *Sabèl/Puma*.

**99**  Der EuGH hat klargestellt, dass letzteres nur eine Variante des Entstehens von Verwechslungsgefahr und nicht ein eigenständiger Tatbestand ist (siehe Art 8 Rdn 151–156). Ob allerdings die vom BGH mit den Formulierungen seiner Vorlagefrage und ihrer Begründung suggerierte Antwort des EuGH der vorliegenden markenrechtlichen Fallgestaltung gerecht wurde, erscheint fraglich. Denn es ist zu bezweifeln, dass die durch Fehlzuordnung oder auch eine gedankliche Verbindung, welche der Verkehr auf Grund der Bildzeichen-Ähnlichkeit herstellt, allein auf »die Übereinstimmung des Sinngehalts« dieser Bildzeichen zurückzuführen wäre (Nr 24, 25). Vielmehr sind diese Bildelemente außerdem von hoher Konturenähnlichkeit, der gegenüber die naturnahe Fleckenfell-Ausfüllung einerseits und das scherenschnittartige Schattenbild andererseits zurücktritt. Die offenbar als tragend empfundene Argumentation des BGH, dass sich die Zeichenbestandteile an einen beschreibenden Inhalt anlehnen, der Natur entnommen sind und wenig verfremdende Fantasie aufweisen, kann schon deshalb nicht überzeugen, weil nicht erkennbar ist, inwiefern die Darstellung einer Raubkatze – sei sie sitzend, laufend oder springend – für Bekleidungsstücke oder Lederwaren beschreibend sein und keinen von Haus aus ursprungsidentifizierenden Charakter haben sollte. Unzählige Bildmarken, gerade auch Tierdarstellungen sind »der Natur entnommen« und stellen vortreffliche Herkunftshinweise dar.

**100**  Es hätte also nicht fern gelegen, mit der Vorentscheidung des BPatG in dem Bildbestandteil der jüngeren Kombinationsmarke das eigentliche Produktkennzeichen zu sehen, dem neben dem Firmenschlagwort die entscheidende Dominanz zukommt, um dem Vorwurf einer Usurpation der widersprechenden Bildmarke durch Hinzufügen eines Firmenschlagworts zu begegnen.[153] Aber selbst ohne Feststellung der Dominanz des Bildbestandteils dürfte nach der jüngeren »THOMSON LIFE«-Entscheidung des EuGH[154] die Verwechselbarkeit im »Sabèl/Puma«-Fall zu bejahen sein, weil auch dort die ältere Bildmarke als hochgradig ähnlicher Bestandteil der jüngeren Marke ihre selbständig kennzeichnende Stellung behalten hat.

---

153  Vgl BGH GRUR 1996, 404 *Blendax Pep/Pep* mit Anm Eisenführ GRUR 1996, 547.

154  EuGH C-120/04 vom 6.10.2005, GRUR 2005, 1042 (Nr 32, 36) *Thomson Life*.

Das Rechtsmittel im Fall »POWER« gegen »Turkish Power« mit dem ver- 101
meintlich dominanten Kopfbild eines brüllenden Löwen[155] wurde vom
EuGH als offensichtlich unbegründet zurückgewiesen;[156] der Fall unterscheidet sich vom Fall »THOMSON LIFE« zumindest dadurch, dass nicht
eine Unternehmensbezeichnung, sondern eine – originär kennzeichnungsschwache – Marke eines Dritten in ein zusammengesetztes Zeichen übernommen wurde, die wegen ihrer Kennzeichnungsschwäche in letzterem keine selbständig kennzeichnende Stellung behalten hat (siehe auch Art 8
Rdn 206).

Anders als im letzteren Falle, in dem das zusätzliche Bildelement in den 102
Wortkontext eingebunden war und der Zusatz »Turkish« eine Art spezifischer Personalisierung des übereinstimmenden Wortes »Power« bewirkte,
so dass die Markenähnlichkeit verneint werden konnte, ist die entsprechende
Verneinung im Falle »NARS/MARS« nicht nachvollziehbar. Dort bestand
keine visuelle oder begriffliche Verbindung des Wortes »MARS« der Widerspruchsmarke zum darüber angeordneten Globusbild, dessen behauptete
Dominanz mit seinem Durchmesser nicht ernsthaft zu begründen war. Wie
hätten die BK und das Gericht wohl entschieden, wenn die angegriffene
GMA nicht aus einem dem Wortbestandteil ähnlichen Wort, sondern einem
dem Bildbestandteil ähnlichen Globusbild bestanden hätte?[157]

Ein Beispiel für die Bedeutung des Bildcharakters einer besonderen Schreib- 103
weise von Worten (»Wortbildzeichen«) vermittelt die Vorlage-Entscheidung
des BGH im Fall »Davidoff/Durffee«,[158] auch wenn es dort um die Auslegung der dem Art 8 (5) entsprechenden Vorschrift des Art 5 (2) Marken-
Richtl geht. Denn die Ähnlichkeit der älteren Marke »Davidoff« mit dem
Bestandteil »Durffee« der jüngeren ergibt sich nur zum kleineren Teil aus
den übereinstimmenden Buchstaben D...ff und überwiegend aus der kal-
ligraphisch besonderen Schreibweise dieser Namen. Das Urteil des EuGH[159]
hat im Übrigen die Möglichkeit eröffnet, einer bekannten Marke Schutz gegenüber jüngeren Zeichen zu gewähren, die außerhalb einer Verwechslungs-

155 EuG T-034/04 vom 22.6.2005, GRUR Int 2005, 938 (Nr 54) *Turkish Power/
Power.*
156 EuGH C-324/05, Beschluss vom 1.6.2006, MarkenR 2006, 527 *Turkish
Power.*
157 EuG T-88/05 vom 8.2.2007 *NARS/MARS.*
158 BGH I ZR 236/97 vom 27.4.2000, MarkenR 2000, 333.
159 EuGH C-292/00 vom 9.1.2003, MarkenR 2003, 61 *Davidoff/Durffee.*

gefahr für identische oder ähnliche Produkte bestimmt sind oder benutzt werden und die Lauterkeitsschwelle des Art 5 (2) MarkenRichtl (= Art 8 (5) GMV) überschreiten; siehe Art 8 Rdn 30–35, 238.

### 6.3 Buchstaben- und Ziffernmarken

104   Von erheblichem Einfluss auf die verwechslungsrelevante Ähnlichkeit ist oft auch hier der bildliche Gesamteindruck der Marken. So wurde die Ähnlichkeit der übereinander gestellten Buchstaben »C« und »M« mit denselben nebeneinander angeordneten Buchstaben verneint[160] (beide Marken hatten zusätzlich bildliche bzw beschreibende Wort-Bestandteile). Der bildliche Unterschied war auch für das Verneinen der Ähnlichkeit zweier Buchstaben »P« verantwortlich, von denen der eine aber stärker an den griechischen Buchstaben phi erinnerte.[161] Ähnlich die Beurteilung im Ziffer »1«-Fall (ARD vs. Kabel 1),[162] siehe auch Art 8 Rdn 212–221 f. Die Marken »J & B« und »J.G.B.8« wurden für klanglich und schriftbildlich ähnlich gehalten.[163] Desgleichen im Fall von bildlich identisch abgewandelten Buchstaben H.[164] Die Ähnlichkeit – hinsichtlich aller Aspekte – wurde auch im Vergleich von »T-4« mit »4 T« bejaht,[165] zwischen dem Kürzel »MGM« und einem Dreiwortzeichen mit herausgestellten Anfangsbuchstaben »M-G-M« hingegen verneint.[166] Desgleichen die der Buchstaben »iti« und »T«, jeweils in einem Quadrat aus quadratischen Punkten (»digits«).[167]

105   Jüngere Entscheidungen des EuG befassen sich mit komplexen GMAen, die Buchstabenkombinationen als ein Element unter anderen enthalten, und gegen die Widersprüche aus Marken erhoben wurden, die entweder aus (denselben oder ähnlichen) Buchstabengruppen bestehen oder sie ebenfalls als

---

160   EuG T-390/03 vom 11.5.2005, GRUR Int 2005, 928 *CM/Capital Markets CM*.

161   HABM-BK R 459/2004-4 vom 27.4.2005 *P*.

162   HABM-BK R 070/2002-2 vom 11.9.2003, GRUR-RR 2004, 202 *1*, übereinstimmend mit BGH vom 20.10.1999, GRUR 2000, 608.

163   HABM-BK R 512/2000-4 vom 15.1.2002, ABl-HABM 2002, 2310 *J.G.B.8/J & B*.

164   HABM-BK R 209/2004-4 vom 24.4.2006 *H*.

165   HABM-BK R 1171/2000-1 vom 11.11.2002 *4T/T-4*.

166   HABM-BK R 437/2001-3 vom 5.9.2002 *M-G-M/MGM*.

167   HABM-BK R 965/2000-2 vom 3.6.2002, MarkenR 2002, 433 *iti/T*.

ein Element enthalten.[168] Der einen (»CK«) ist zuzustimmen, weil die GMA das dominierende Mehrwort-Element »CREATIONES KENNYA« aufweist, der anderen (»PTR/RPT«) nicht, weil die Buchstabengruppen (Akronyme) die Marken dominieren (vgl Art 8 Rdn 53) und deren aus den Gesamtzeichen erkennbare identische begriffliche Bedeutung keineswegs durch die anderen Zeichenelemente aufgehoben wird.

## 6.4 Farbmarken

Die abstrakte Farbmarke wird ihren Schutzbereich unter dem Gesichtspunkt **106** der Markenähnlichkeit kaum über mehr oder minder geringfügige Schattierungen derselben Farbe hinaus ausdehnen können;[169] bei abstrakten Farbkombinationen dürfte man etwas großzügiger sein können als bei Einzelfarben, zumal Farbkombinationen auch eher als Einzelfarben beim Publikum den Eindruck einer den Ursprung identifizierenden Kennzeichnung hervorrufen. Natürlich spielt gerade auch hier der Grad der erworbenen Kennzeichnungskraft für die Verwechslungsgefahr eine große Rolle.[170]

Sofern aber die Farbe oder Farbkombination nicht konturlos, sondern in be- **107** stimmter grafischer Konfiguration – flächig oder plastisch, gegebenenfalls verknüpft mit der Form der Ware oder ihrer Verpackung – die ältere (Kombinations-)Marke bildet, könnte auch eine größere Abweichung der Farbe der jüngeren Marke (oder der Farben bei Farbkombinationen) die Verwechslungsgefahr namentlich dann begründen, wenn die grafische oder räumliche Konfiguration übereinstimmend oder zumindest sehr ähnlich ist.[171] Dem vorgeschaltet aber ist die Prüfung, ob der Verkehr in der Farbe oder Farbkombination überhaupt eine Marke, also ein Mittel zur betrieblichen Herkunftsindividualisierung erkennt. Dazu bedarf es idR einer längeren kohärenten Benutzung; ist diese bei einem der Beteiligten nicht gegeben, gibt es keine Kollision.[172]

---

168  EuG T-168/07 vom 4.3.2009 *PTR/RPT,* EuG T-185/07 vom 7.5.2009 *CK, bestätigt durch EuGH C-254/09 vom 2.9.2010*; vgl auch HABM-BK 40/2006-4 vom 10.7.207 *sdz/SAZ.*
169  Vgl. DE-BGH GRUR 2004, 151 (4. Leitsatz) *Farbmarkenverletzung I.*
170  Vgl DE-BGH GRUR 2005, 427 (3. Leitsatz) *Lila-Schokolade.*
171  Vgl HABM-BK R 445/2004-2 vom 22.2.2006 *Rotes Bild.*
172  EuG T-137/08 vom 28.10.2009 (Nr 26, 73) *Farbkombination GRÜN/GELB.*

**108**  Zu den zuletzt angesprochenen Fällen ist zu beachten, dass der Schutzbereich farbig eingetragener Marken einer anderen Markenform, also namentlich von Wortmarken aus farbigen Buchstaben oder von farbigen Bildmarken, auf die dargestellte(n) und angegebene(n) Farbe(n) beschränkt ist, anders als dies vor Inkrafttreten der GMV – und des DE-Markengesetzes – jedenfalls von der deutschen Rspr gesehen wurde.[173] Nur wenn die ältere Marke keine spezielle Farbe beansprucht, erstreckt sich ihr Schutz auch auf ihre farbige Ausgestaltung.[174]

### 6.5 Hörmarken

**109**  Der Ähnlichkeitsbereich einer Hörmarke mit einer jüngeren Marke gleichen Genres wird gewiss nicht von Übereinstimmungen in der Darstellung bestimmt, mit der die Eintragung erfolgt, weil es auf ähnliche Notenbilder nicht ankommt. Vielmehr wird eine Ähnlichkeit nur dann zu bejahen sein, wenn die beiden Hörmarken wegen eines ähnlichen Klangbildes, insbesondere auf Grund eines übereinstimmenden Rhythmus, aber auch gleicher oder zumindest sehr ähnlicher Harmonien nahezu im Verhältnis eines »Plagiats«, jedenfalls einer unfreien Bearbeitung iSv § 3 Satz 2 DE-UrhG zueinander stehen.

### 6.6 Formmarken

**110**  Handelt es sich bei einer Formmarke um eine mehr oder weniger komplexe Form, so ist bei der Ähnlichkeitsprüfung zunächst festzustellen, welche Merkmale der älteren Marke für den Individualisierungs- und Identifizierungseffekt der Form(-Marke) bestimmend sind; dabei kann es sich aus Rechtsgründen nicht um Merkmale handeln, welche gemäß Art 7 (1) (e) als solche von der Eintragung ausgeschlossen sind und daher in der älteren – aber auch in der jüngeren – Marke nicht schutzbegründend wirken können.[175] Nur eine Übereinstimmung der beiderseitigen Formmarken in jenen den Gesamteindruck unterscheidungskräftig bestimmenden Merkmalen

---

173  HABM-BK  R 40/2006-4  vom  10.7.2007  (Nr 25)  *sdz/SAZ*;  HABM-BK  R 1179/2005-4 vom 11.6.2007 (Nr 22–24) *i plus/e-plus*; vgl. auch Hacker in Ströbele/Hacker, Markengesetz, 10. Aufl. Rdn 197 Rdn 197ff zu § 9 MarkenG.

174  EuG T-418/07 vom 18.6.2009, GRUR-RR 2009, 420 (Nr 65) *LiBRO/LIBeRO*.

175  EuGH C-299/99 vom 18.6.2002, GRUR Int 2002, 842 (Nr 83) *Philips/Remington*.

kann eine Markenähnlichkeit begründen, welche bei Vorliegen der übrigen Kriterien das Bestehen einer Verwechslungsgefahr indiziert. Das schließt allerdings nicht aus, dass in den Gesamteindruck der Formen auch diejenigen Merkmale eingehen, die in Alleinstellung die Marken-Eintragbarkeit der Form nicht begründen könnten; entscheidend ist, dass die Ähnlichkeit der zum Vergleich stehenden Formen nicht allein auf solchen Merkmalen beruht.

Stehen angemeldeten Kombinationsmarken mit 3D- und Wortbestandteilen **111** ältere Wortmarken gegenüber, so üben übliche 3D-Bestandteile im allgemeinen keinen Einfluss auf die Ähnlichkeit aus, so dass nur die Ähnlichkeiten der Worte zu beurteilen sind; das gilt namentlich für Verpackungen mit Wortaufdrucken[176] die anderslautende »Bamba/Bomba«-Entscheidung muss fragwürdig erscheinen.[177] Ist hingegen die ältere Marke für eine reine (Verpackungs-)Form eingetragen – und also unterscheidungskräftig –, so ist die Ähnlichkeit mit einer Kombinationsmarke, die derselben Form Wortelemente hinzufügt, nicht zu verneinen.[178] Allerdings können bei einer sehr einfachen (Verpackungs-) Form wie einem bloßen Rohrabschnitt schon geringe Abweichungen ausreichen, die verwechslungsrelevante Ähnlichkeit zu verneinen (siehe auch Art 8 Rdn 226 f).[179]

## 7 Produktähnlichkeit im Einzelnen

Die Ähnlichkeit der von den zum Vergleich stehenden Marken erfassten Waren oder Dienstleistungen (Produktähnlichkeit) ist ein weiterer der maßgeblichen Ursachenlieferanten für die Verwechslungsgefahr und zugleich Abgrenzungskriterium für den durch die Verwechslungsgefahr bestimmten Schutzbereich einer Marke (Art 8 Rdn 59 f). Analog der Markenähnlichkeit erweitert sie also einerseits den Schutzbereich einer geschützten Marke auf Produkte, für die sie nicht expressis verbis eingetragen wurde oder benutzt wird, andererseits begrenzt sie diese Erweiterung auf »ähnliche« Produkte. **112**

---

176 HABM-BK R 519/2003-2 vom 14.12.2004 *Tifany/Box TIFFANY & CO*; HABM-BK R 486/2004-1 vom 24.2.2005 *BRU/Flasche B.L.U.*

177 HABM-BK R 263/2002-1 vom 8.9.2003 *BOMBA ENERGIA/BAMBA*.

178 Abzulehnen daher HABM-BK R 182/2005-4 vom 8.1.2007, MarkenR 2007, 230 *Zigarettenpackung*; siehe auch Art 7 Rdn 230, inzwischen ist aber die Widerspruchsmarke gelöscht worden.

179 HABM-BK R 506/2003-2 vom 30.8.2004 (Nr 126f) *M & M Minus Tube/ Smarties Tube*.

Besteht Identität der von der eingetragenen Marke erfassten Waren oder Dienstleistungen mit denjenigen, für die ein jüngeres Zeichen angemeldet oder benutzt wird, so spielt für die Frage der Verwechslungsgefahr insoweit nur noch die Ähnlichkeit der einander gegenüberstehenden Kennzeichen und die Kennzeichnungskraft der älteren Marke eine Rolle. Ist jedoch keine Produktidentität gegeben, kann gleichwohl Verwechslungsgefahr bestehen, wenn sich die – unterschiedlichen – Waren oder Dienstleistungen wirtschaftlich so nahe stehen, dass der angesprochene Verkehr auf Grund zugleich bestehender Ähnlichkeit oder gar Identität des Zeichens mit der Marke Gefahr läuft, diese zu verwechseln. »Ähnlichkeit« ist hier also nicht – wie bei der Markenähnlichkeit – im umgangssprachlichen Sinne eines ähnlichen Eindrucks, sondern im übertragenen Sinne einer ähnlichen Marktpositionierung zu verstehen.

113  Im Falle der territorialen Beschränkung geltend gemachter älterer Rechte auf nur ein Teilgebiet der Gemeinschaft hat sich auch die Beurteilung der Produktähnlichkeit auf dieses Teilgebiet zu beschränken. Auf Grund unterschiedlicher Markt- und Marketingsituationen sowie unterschiedlicher Verbrauchervorstellungen in verschiedenen territorialen Gebieten der Gemeinschaft kann die Ähnlichkeit der von den Vergleichsmarken erfassten Produkte in unterschiedlichen Territorien der Gemeinschaft unterschiedlich zu bewerten sein.

114  Die Produktähnlichkeit ist ein gegenüber dem Gleichartigkeitsbegriff des früheren deutschen Warenzeichengesetzes neuer Rechtsbegriff, der wegen seiner Unbestimmtheit der Ausfüllung bedarf. Maßgebend dafür sind diejenigen tatsächlichen Umstände, welche in den Augen des angesprochenen Verkehrs (»für das Publikum«) die zum Vergleich stehenden Waren oder Dienstleistungen einander wirtschaftlich so nahestehend erscheinen lassen, dass sie als im Rechtssinne ähnlich anzusehen sind, weil sie geeignet sind, die Gefahr einer Verwechslung des jüngeren Zeichens mit der älteren Marke (mit) zu begründen. Die Frage der Produktähnlichkeit ist also – ebenso wie die Frage der Verwechslungsgefahr insgesamt – eine auf der Grundlage jener tatsächlichen Umstände zu entscheidende Rechtsfrage.

115  Mit seiner »Canon«-Entscheidung hat der EuGH die Produktähnlichkeit mit der Herkunftsfunktion der Marke verknüpft, deren Inhalt er gegenüber der früheren, an Gleichartigkeitskriterien orientierten und deshalb auf gleiche Fertigungsstätten abhebenden deutschen Rechtsprechung allerdings modifiziert hat: Weil die Hauptfunktion der Marke darin bestehe, dem Ver-

braucher oder Endabnehmer die Ursprungsidentität der gekennzeichneten Ware oder Dienstleistung zu garantieren, muss die Marke die Gewähr bieten, dass alle mit ihr versehenen Produkte unter der Kontrolle eines einzigen Unternehmens hergestellt oder erbracht worden sind, welches für ihre Qualität verantwortlich gemacht werden kann. Ähnlichkeit von Waren oder Dienstleistungen – mit der Folge einer Verwechslungsgefahr bei identischen oder ähnlichen Zeichen – liegt also vor, wenn das Publikum glauben könnte, dass die betreffenden Waren oder Dienstleistungen aus demselben Unternehmen oder ggf. aus wirtschaftlich miteinander verbundenen Unternehmen stammen: Auf den Ort der Herstellung der betreffenden Waren bzw Erbringung der Dienstleistungen kommt es nicht an.[180]

Auf Grund welcher Umstände aber könnte das Publikum glauben, dass bestimmte – unterschiedliche – Waren oder Dienstleistungen aus demselben Unternehmen oder aus wirtschaftlich miteinander verbundenen Unternehmen stammen? Schon in seiner frühen »Ideal Standard«-Entscheidung[181] hatte der EuGH »enge Beziehungen« der einander gegenüberstehenden Waren (aber auch von Dienstleistungen untereinander bzw. von Waren gegenüber Dienstleistungen) als für die Produktähnlichkeit maßgeblich bezeichnet. Das hat er im »Canon«-Urteil dahingehend ergänzt, dass bei der Beurteilung der Ähnlichkeit der betroffenen Waren oder Dienstleistungen alle erheblichen Faktoren zu berücksichtigen sind, die das Verhältnis zwischen den Waren oder Dienstleistungen kennzeichnen. Zu diesen Faktoren gehören insbesondere deren Art, Verwendungszweck und Nutzung sowie ihre Eigenart als miteinander konkurrierende oder einander ergänzende Waren oder Dienstleistungen.[182] **116**

Ehe solchen Beziehungen und Faktoren im Einzelnen nachgegangen wird, ist darauf hinzuweisen, dass die flexible Zuordnung der für die Verwechslungsgefahr maßgeblichen Einflussfaktoren (»Wechselwirkung«, siehe Art 8 Rdn 142–143) eine individuelle Bewertung des *Grades* der Produktähnlichkeit (siehe Art 8 Rdn 52) in jedem Einzelfall erfordert. Keine Bedenken bestehen gegen generelle Ähnlichkeits- oder Unähnlichkeits-Feststellungen für den Regelfall, jedoch darf diesen keinesfalls die unbedingte Anwendbarkeit **117**

---

180 EuGH C-039/97 vom 29.9.1998, GRUR 1999, 734 (Nr 28, 29) *Canon*.
181 EuGH C-009/93 vom 22.6.1994, GRUR Int 1994, 614 *Ideal Standard*.
182 EuGH C-039/97 vom 29.9.1998, GRUR 1999, 734 (Nr 23) *Canon*; EuG T-169/03 vom 1.3.2005, GRUR Int 2005, 303 (Nr 54) *Sissi Rossi/Miss Rossi*.

auf den Einzelfall beigelegt werden, wie dies weiland mit den deutschen Gleichartigkeits-Feststellungen geschah. Denn besondere Umstände können üblicherweise unähnliche Produkte im Einzelfall ähnlich erscheinen lassen und umgekehrt. Beispielsweise dürften Papierwaren und Klebstoffe regelmäßig als unähnlich anzusehen sein, namentlich solche für industrielle Zwecke; handelt es sich aber um einen in kleinem Spezialgebinde für den Modellbau angebotenen Klebstoff, dürfte die Ähnlichkeit mit Modellbau-Papierbogen nicht zu verneinen sein (vgl Art 8 Rdn 131).

118   Bei älteren Marken, die sich außerhalb der Benutzungsschonfrist gemäß Art 15 befinden, und für die ein Benutzungsnachweis gemäß Art 42 (2) bzw (3) erbracht wird, dürfen nur die »benutzten« Waren und Dienstleistungen der Ähnlichkeitsbeurteilung zugrundegelegt werden. Soweit die eingetragenen Waren oder Dienstleistungen mit allgemeinen Formulierungen darüber hinausgehen, muss für diese Beurteilung eine Beschränkung auf diejenigen kohärenten Gruppen oder Untergruppen der Produkte erfolgen, zu denen die benutzten Produkte gehören.[183]

119   Dabei spielt die Zugehörigkeit der beiderseitigen Produkte zur gleichen oder einer anderen Klasse der Nizzaer Klassifikation keine, allenfalls eine indizielle Rolle.[184] Beispielsweise besteht zwischen den in die Klasse 5 fallenden Waren und selbst den darin enthaltenen Arzneimitteln keineswegs zwangsläufig Produktähnlichkeit; ein Unterschied in der Darreichungsform ist allerdings nicht ausschlaggebend.[185] Problematisch aber erscheint die Auffassung, dass die schädlichen Folgen der regelwidrigen Verwendung eines Arzneimittels aufgrund der Verwechslung von ECHINAID mit ECHINACIN darauf beruhen, »dass der Verbraucher die Identität oder Merkmale des Mittels verwechselt, nicht aber seine betriebliche Herkunft« iSv Abs 1 (b),[186] weil Vorstellungen über die betriebliche Herkunft eines Arzneimittels nur haben kann, wer weiß, welches Mittel er vor sich hat; richtigerweise wäre hier zu prüfen, ob der Schutzbereich der älteren Marke wegen des beschreibenden Charakters von »ECHINA-« reduziert ist.

---

183  EuG T-126/03 vom 14.7.2005, GRUR Int 2005, 914 (Nr 44–46) *Aladin/Aladdin*; EuG T-71/08 vom 8.7.2009 (Nr 24) *PROSIMA/PROMINA*.

184  EuG T-203/03 vom 7.2.2006, GRUR Int 2006, 507 (Nr 38) *COMP USA*; EuG T-430/07 vom 29.4.2009 (Nr 22) *MONTEBELLO*.

185  EuG T-154/03 vom 17.11.2005, GRUR Int 2006, 141 (Nr 50) *Artex/Alrex*.

186  EuG T-202/04 vom 5.4.2006, GRUR Int 2006, 599 (Nr 32) *Echinaid/Echinacin*; vgl EuG T-146/06 vom 13.2.2008 (Nr 69f) *ATURION/URION*.

Ein lehrreiches Beispiel der praktischen Beurteilung von Produktähnlichkeit 120
liefert die EuG-Entscheidung im Widerspruchsverfahren der GM »AFFI-
LIN« gegen die GMA »affilene« (mit Grafik).[187] Die Anmelderin hatte das
ursprüngliche VerzW/DL »Extrakte von Medizinalpflanzen zur Verwendung
in den pharmazeutischen, kosmetischen und Lebensmittel-Industrien« im
Widerspruchsverfahren durch den Zusatz »nicht für Diagnosezwecke« beschränkt, worauf die BK den ua auf die Waren »Diagnose- und Analyse-Prä-
parate für ärztliche und Veterinär-Zwecke ..., insbesondere Antikörper ...
enthaltende« der Widerspruchsmarke abwies. Das Gericht hat diesen Beschluss aufgehoben, weil einerseits »insbesondere« keine Beschränkung darstellt und andererseits die Beschränkung der angemeldeten Waren die – der
Diagnose regelmäßig vorhergehende – Analyse als Warenzweckbestimmung
nicht ausgeschlossen hat.

Für die Produktähnlichkeit (Waren und Dienstleistungen) im weiten Bereich 121
der EDV-Hardware und Software gibt die »LIBRO/LIBERO«-Entschei-
dung[188] umfangreiche Beurteilungshilfen. Weitere einschlägige, aber sehr spezielle Erwägungen enthält das »EASYHOTEL«-Urteil.[189] Die Produktbeziehung von Wein zu Bier und anderen (alkoholischen und nicht-alkoholischen)
Getränken ist Gegenstand eingehender Feststellungen im »MEZZO«-Urteil
des EuG.[190] Zum Verhältnis von verschreibungspflichtigen zu homöopathi-
schen Arzneimitteln siehe die BK-Entscheidung »VALAD/WALA«.[191]

Zur Frage der Produktähnlichkeit von Waren einerseits und Dienstleistun- 122
gen andererseits ist das EuG-Urteil »COYOTE UGLY« instruktiv, welches
auf eine von beiden Parteien eingeleitetes Beschwerdeverfahren zurückging.[192] In diesem hatte die BK die Ähnlichkeit von Bier nicht nur – wie die
Widerspruchsabteilung – mit »Cocktail lounge services«, sondern auch mit
»Services for discos, night clubs« bejaht und die nahezu identische GMA insoweit zurückgewiesen.[193] Dem hat das EuG zugestimmt.

---

187  EuG T-87/07 vom 12.11.2008 (Nr 40–47) *affilene/AFFILIN*.
188  EuG T-418/07 vom 18.6.2009, GRUR-RR 2009, 420 (Nr 53f) *LiBRO/LIBE-RO*.
189  EuG T-316/07 vom 27.1.2009 (Nr 46–65) *EASYHOTEL*.
190  EuG T-175/06 vom 18.6.2008, GRUR Int 2009, 143 (Nr 61f) *MEZZO/MEZ-ZOPANE*.
191  HABM-BK R 634/2007-4 vom 9.6.2009 (Nr 18) *VALAD/WALA*.
192  EuG T-161/07 vom 4.11.2008 *COYOTE UGLY*.
193  HABM-BK R 165 und 194/2006-2 vom 2.3.2007 (Nr 43f) *COYOTE UGLY*.

**123**  Besondere Bedeutung hat jene Frage für das Verhältnis von (selbständigen) Dienstleistungen des Handels mit bestimmten Waren zu den betreffenden Waren selbst erhalten, nachdem der EuGH in der »Praktiker«-Entscheidung die Eintragbarkeit derartiger Dienstleistungsmarken bestätigt hatte (Art 4 Rdn 16). Das EuG hat dazu festgestellt, dass Einzelhandelsdienstleistungen, die Waren betreffen, welche mit den von einer älteren Marke erfassten Waren identisch sind, mit diesen in engem Zusammenhang stehen, sich nämlich einander beim (Ver-)Kauf ergänzen und deshalb zu einem gewissen Grad ähnlich sind.[194]

**124**  Nicht sehr häufig ist die Ähnlichkeit von Dienstleistungen untereinander streitig, weil idR die beurteilungsrelevanten Fakten klar zutage liegen: ob die angesprochenen Verbraucher die gleichen sind, die DL sich funktional ergänzen oder in Wettbewerb stehen und ob die Vertriebswege vergleichbar sind. Unverständlich und nicht nachvollziehbar daher eine BK-Entscheidung, mit der die Ähnlichkeit der von einer GMA »DEGUSMILES & MORE« (die Anmelderin DeguDent will es als »DEGU-SMILES & MORE« gelesen sehen) erfassten DL »... Organisation und Betrieb eines Bonusprogramms auf dem Gebiet der Zahnmedizin und Zahntechnik« mit den DL »Betrieb eines Bonussystems für Flugzeugbenutzungen, Hotelbenutzungen, Mietwagenbenutzungen und Kreditkartenbenutzungen« der Lufthansa-Marke »MILES & MORE« verneint wurde.[195] Die BK begründet das – nach eingehender Erörterung (nur) der ihr offenbar bekannten Zuteilung von »Bonusmeilen« für Lufthansa-Flugbuchungen – mit unterschiedlicher Funktionalität der beiden Bonusprogramme, unterschiedlicher Dienstleistungsstruktur und letztlich unterschiedlichen Endverbrauchern; insoweit will sie aus der Formulierung »Gebiet der Zahnmedizin und Zahntechnik« schließen, dass es sich nicht um »zahnärztliche Dienstleistungen« handele, die sich nicht – wie der Flugmeilenbonus – an Letztverbraucher richte, sondern an Zahnärzte und Zahntechniker beim Kauf von zahnärztlichen Instrumenten, Zahnprothesen u.dgl (Nr 27) Die Erwägungen der BK sind als solche interessant, sie übersehen aber zumindest, dass die (weit verbreiteten) MILES & MORE-Kreditkarten im Sinne des VerzDL auch für Zahlungsvorgänge »auf dem Gebiet der Zahnmedizin und Zahntechnik« (mit Bonusmeilen-Ge-

---

194  EuG T-116/06 vom 24.9.2008 (Nr 56, 58) *O STORE/THE O STORE.*
195  HABM-BK R 216/2007-4 vom 10.12.2007 *DEGUSMILES & MORE/MILES & MORE.*

*Eisenführ/Sander*

winn) eingesetzt werden können, was keines Nachweises bedarf und auch nicht der Lebenserfahrung widerspricht (Nr 21).

Zu den ähnlichkeitsrelevanten Produktbeziehungen im Einzelnen: 125

### 7.1 Funktionale Beziehungen

Der gleichartige oder ähnliche Einsatzzweck dürfte am ehesten und stärksten 126 geeignet sein, in den Augen des angesprochenen Verkehrs eine Ähnlichkeits-beziehung zwischen verschiedenen Produkten herzustellen, auch dann, wenn sie regelmäßig unterschiedlichen Fabrikations- oder Angebotsstätten ent-stammen und/oder – bei Waren – in unterschiedlicher Erscheinungsform (Material, Gestaltung, Betriebsweise) auftreten.[196] Denn ein gleichartiger oder ähnlicher Verwendungszweck unterschiedlicher Waren, möglicherweise gar ihre Substitutionseignung, legt es dem Publikum in besonderem Maße nahe, eine wirtschaftliche Beziehung zwischen solchen Waren herzustellen und diese, wenn sie mit identischen oder ähnlichen Marken gekennzeichnet sind, dem gleichen Ursprung zuzuschreiben.[197]

Umgekehrt kann ein unterschiedlicher Verwendungszweck die Produktähn-lichkeit selbst dann ausschließen oder jedenfalls stark verringern, wenn stoff-liche Übereinstimmung besteht, wie beispielsweise bei Tierfuttermitteln und Nahrungsmitteln für Menschen,[198] oder wenn die Produkte aus Rohstoffen gleicher Gattung stammen wie beispielsweise Sekt und Fruchtsaft.[199] Bejaht wurde die Ähnlichkeit von »chocolate products« mit »non-medicated che-wing gum products«, aber verneint mit »medicated chewing gum pro-

---

196 HABM-BK R 891/2004-2 vom 1.3.2005 (Nr 21) *ISOWA*; HABM-BK 664/2003-4 vom 10.2.2006 (Nr 47 f) *AQUARELE/AQUARELLO*.

197 EuG T-364/05 vom 22.3.2007 (Nr 94) *PAM*; EuG T-425/03 vom 18.10.2007, GRUR Int 2008, 494 (Nr 65) *AMS*; EuG T-243/06 vom 10.9.2008 (Nr 33f) *PROMAT/PROMA*; EuG T-48/06 vom 10.9.2008 (Nr 42) *Astex*; HABM-BK R 674/2000-4 vom 5.9.2001, ABl-HABM 2002, 1252 (Nr 12) *MAMAS & PA-PAS/MAMA'S & PAPA'S*; HABM-BK R 1330/2007-1 vom 5.6.2008 (Nr 11f) *TAZZA/TAZZA D'ORO*.

198 HABM-BK R 232/2000-4 vom 14.9.2001, ABl-HABM 2002, 1266 (Nr 12) *ORLANDO*.

199 HABM-BK R 036/2002-3 vom 17.7.2002, MarkenR 2002, 448 *LINDERHOF/LINDENHOF*, mit lesenswerter Begründung, bestätigt durch EuG T-296/02 vom 15.2.2005, GRUR Int 2005, 493 (Nr 50 f) *Linderhof/Lindenhof*.

ducts«.[200] Feuerschutz- und Isolierplatten auf mineralischer Basis in Klasse 17 sind wegen ganz unterschiedlicher Einsatzzwecke (und weitgehend auch Eigenschaften) nicht produktähnlich mit Verpackungsmaterial (Polster) aus Gummi oder Kunststoff, Packungs- und Isoliermaterial in derselben Klasse, auch wenn hinsichtlich der Isolierwirkung – scheinbar – Übereinstimmung besteht.[201]

### 7.2 Zusammengehörigkeit

128  Ähnliches gilt für einander funktional ergänzende oder auf andere Weise »zusammengehörige« Produkte. Als Beispiele mögen Videorecorder und Fernsehgeräte, Tuner und Lautsprecher, Tonwiedergabegeräte und Kopfhörer oder Bügeleisen und Bügeltisch dienen.[202] Im Fall »Mixery/Mystery« hat das EuG die zur Verwechslungsgefahr führende Ähnlichkeit von Bier und bierhaltigen Getränken mit alkoholfreien Getränken bestätigt, weil bierhaltige Mischgetränke auch alkoholfrei sein könnten, gleiche Produktionsstätten und Vermarktungswege hätten und für die Verbraucher austauschbar seien.[203] Ähnlich auch Schuhe und Bekleidungsstücke, ferner Handtaschen sowie andere Lederwaren und Bekleidungsstücke einschließlich Schuhen und Kopfbedeckungen.[204] Das EuG hat eine BK-Entscheidung bestätigt, mit der eine funktionale Beziehung von Oxygenatoren und Nahtlegevorrichtungen in der Chirurgie verneint, eine Zusammengehörigkeit aber bejaht wurde.[205] Auch Baumaterialien sind untereinander ähnlich.[206]

129  Man wird aber nicht so weit gehen dürfen, beispielsweise alle unter den modern-populären Begriff »Lifestyle« fallenden Waren und Dienstleistungen als

---

200  HABM-BK R 222/2005-2 vom 10.5.2006 (Nr 30, 31) *X-CITE*.
201  EuG T-71/08 vom 8.7.2009 (Nr 23f) *PROSIMA/PROMINA*.
202  HABM-BK R 525/2001-3 vom 19.3.2002, ABl-HABM 2002, 1744 (Nr 15), bestätigt durch EuG T-186/02 vom 30.6.2004, GRUR Int 2004, 854 *Dieselit/Diesel*.
203  EuG T-099/01 vom 15.1.2003 (Nr 40) *Mystery/Mixery*.
204  EuG T-032/03 vom 8.3.2005, GRUR Int 2005, 583 (Nr 50) *Jello Schuhpark/Schuhpark*; EuG T 443/05 vom 11.7.2007 (Nr 51) *PiraÑAM/PIRANHA*, insoweit noch ablehnend EuG T -8/03 vom 15.12.2004 *Emilio Pucci/Emidio Tucci*.
205  EuG T-325/06 vom 10.9.2008 (Nr 78, 79) *CAPIO/CAPIOX*; vgl auch EuG T-48/06 vom 10.9.2008 (Nr 41) *Astex*.
206  EuG T-364/05 vom 22.3.2007 *PAM PLUVIAL/PAM*.

ähnlich anzusehen, ohne Rücksicht auf ihre funktionale Nähe. Es ist jedoch nicht zu verkennen, dass namentlich solche Waren, deren Zugehörigkeit zu einem bestimmten Marktsektor prononciert hervorgehoben wird, vom Publikum als im Rechtssinne ähnlich bewertet, nämlich bei gleichen oder ähnlichen Marken derselben Quelle zugeordnet werden. Natürlich gilt das vor allem dann, wenn solche Waren in gleichen, spezialisierten Ladengeschäften angeboten werden; wie denn überhaupt manche der die Produktähnlichkeit begründenden Umstände häufig komplex zusammenwirken, so dass in solchen Fällen die Produktähnlichkeit auch dort zu bejahen ist, wo sie auf Grund der einzelnen Faktoren allein nicht anzunehmen wäre.[207] Inzwischen ist die Produktähnlichkeit von Damenschuhen und -handtaschen allgemein anerkannt, darüber hinaus auch für weitere Waren in den Klassen 25 und 18.[208] Allerdings reicht das Bestehen eines bloß ästhetischen Ergänzungsverhältnisses zwischen den fraglichen Produkten nicht aus, um eine Produktähnlichkeit zu bejahen, vielmehr müssen die Verbraucher das Vermarkten jener Produkte unter derselben Marke (oder einer verwechselbar ähnlichen) als gängig ansehen.[209]

Kein Ergänzungsverhältnis besteht zwischen Produkten unterschiedlicher **130** Fertigungs- und Vertriebsstufe, also beispielsweise zwischen Vor- oder Zwischenprodukt und Endprodukt, weil sie sich an unterschiedliche Abnehmerkreise richten.[210]

Letzteres gilt namentlich auch für den gemeinsamen Vertrieb »zusammen- **131** gehöriger« Produkte. Beispielsweise ist es üblich geworden, Müsli-Mischungen und Joghurt in Doppelkammerpackungen voneinander getrennt, aber gemeinsam anzubieten, so dass sie vom Verbraucher zum Verzehr rasch und

---

207 Zwar nicht Produktähnlichkeit von Damenschuhen und Damenhandtaschen verneint, wohl aber dann Verwechslungsgefahr: EuG T-169/03 vom 1.3.2005, GRUR Int 2005, 303 (Nr 54, 69, 78) *Sissi Rossi/Miss Rossi*; bestätigt, aber aus formalen Gründen, durch EuGH C-214/05 vom 18.7.2006, GRUR 2006, 1054 *Sissi Rossi/Miss Rossi*; HABM-BK R 674/2000-4 vom 5.9.2001, ABl-HABM 2002, 1252 *MAMAS & PAPAS/MAMA'S & PAPA'S*.
208 EuG T-483/08 vom 16.12.2009 *GIORDANO*.
209 EuG T-150/04 vom 11.7.2007, GRUR Int 2007, 1023 (Nr 37) *TOSCA BLU/ TOSCA*.
210 EuG T-316/07 vom 22.1.2009 (Nr 58) *Easyhotel*; HABM-BK R 1550/2008-4 vom 15.5.2009 (Nr 21) *DOC 3/DOC 3D*; HABM-BK R 1426/2006-4 vom 27.9.2007 (Nr 19–21) *SOLEA/solae*.

einfach miteinander gemischt werden können. Das BPatG hat unter diesem Gesichtspunkt die Ähnlichkeit von Getreide- und Milchprodukten bejaht, obgleich eine Beziehung hinsichtlich der stofflichen Beschaffenheit und der Erzeugungsstätten nicht bestcht.[211] Ähnlichkeitsfeststellungen dieser Art dürften jedoch auf tatsächlich im Sinne wechselweiser Ergänzung und einheitlichen Vertriebs zusammengehörige Produkte zu beschränken sein. Beispielsweise erschiene es fragwürdig, generell die Ähnlichkeit von Klebstoffen mit Papier-, Papp- und Kunststoffprodukten zu bejahen, weil Anbieter von Bausätzen für Modelle (aus Papier, Pappe oder Kunststoff) den zum Zusammenbau benötigten Klebstoff in Form einer Tube oder eines Fläschchens beifügen und darüber hinaus davon ausgegangen werden kann, dass selbst beim separaten Vertrieb solcher Klebstoff-Tuben oder -Flaschen unter der Marke des Bausatz-Anbieters oder einer damit verwechselbaren Marke der Verkehr diesem auch den Klebstoff zurechnet, obgleich weitere Ähnlichkeitskriterien zwischen den beiden Produktgruppen nicht erkennbar sind (vgl Art 8 Rdn 117).

132 So hat es das EuG abgelehnt, die Ähnlichkeit von Glaswaren mit Wein zu bejahen, auch wenn es sich bei den Glaswaren um Weingläser, Dekanter u dgl handelt, weil gelegentlicher gemeinsamer Vertrieb dieser Waren mit Wein nicht zu einer Verkehrsanschauung der generellen Produktähnlichkeit führt, zumal Weil auch aus anderen Gefäßen getrunken wird und die Glaswaren auch anderen Zwecken dienen.[212]

133 Keine die Produktähnlichkeit indizierende Zusammengehörigkeit liegt im Verhältnis komplexer Sachgesamtheiten zu deren nicht wesensbestimmenden Komponenten vor. Obwohl Kraftfahrzeuge in ihren Scheinwerfern Leuchtmittel haben, besteht zwischen diesen als solchen und Kraftfahrzeugen keine Ähnlichkeit. Aber die verwechslungsrelevante Ähnlichkeit von »motor land vehicles and parts and fittings therefor« mit »audio, video and security equipment for vehicles« wurde bejaht.[213]

134 Im Dienstleistungsbereich besteht keine Ähnlichkeit zwischen Transportdienstleistungen und dem Vertrieb von Waren über das Internet, auch wenn diese Waren zwangsläufig und stets zum Käufer transportiert werden müs-

---

211 BPatG 28 W (pat) 146/95 vom 29.1.1997 *FROSTIES/FROSY.*
212 EuG T-105/05 vom 12.6.2007 (Nr 34) *WATERFORD.*
213 HABM-BK R 991/2002-2 vom 17.11.2003 (Nr 20) (EuG angefochten T-21/04) *FUSION.*

sen.[214] Ferner stehen zwar Reifen und Reparaturdienstleistungen, insbesondere das Wechseln von Reifen, Stoßdämpfern, Lampen und Batterien im Ähnlichkeitsverhältnis zu Transportdienstleistungen, nicht aber die Organisation von Sportwettkämpfen.[215]

### 7.3 Material- und Fertigungsbeziehungen

Die deutsche Gleichartigkeits-Rechtsprechung zum früheren DE-WZG **135** räumte der Übereinstimmung gleicher Herstellbetriebe verschiedener Produkte und ihrer (vorherrschenden) stofflichen Beschaffenheit hohe Bedeutung für die Feststellung ihrer Gleichartigkeit ein. Das dürfte seine Ursache nicht zuletzt darin gehabt haben, dass in der Entstehungszeit dieser Rspr für jedwede Materialbearbeitung große handwerkliche Fähigkeiten erforderlich waren und auch nur sehr spezielle, häufig teure Maschinen zur Verfügung standen. Ferner hatte die arbeitsteilige Diversifikation der Endprodukt-Hersteller mit geringer Fertigungstiefe und vielen Zulieferern bei weitem noch nicht das heute übliche Niveau erreicht. Mit Blick auf die heutigen Produktionsverhältnisse und den Stand der Entwicklung von Werkstoffen sowie ihrer Ver- und Bearbeitung sind deutsche Gleichartigkeitsentscheidungen des vorigen Jahrhunderts besonders dann unverständlich, wenn sie sich auf Unterschiede der einander gegenüberstehenden Produkte im Material oder in ihren regelmäßigen Fertigungsstätten stützen.

Zweifellos kann beides auch heute noch eine Rolle bei der Ähnlichkeits- **136** beurteilung spielen. Das Publikum weiß, dass mancher Werkstoff »monokulturell«, also beispielsweise Glas regelmäßig in Spezialbetrieben verarbeitet wird, welche sich nur mit diesem Material beschäftigen. Solche Materialorientierung und Produktionsstruktur ist heute aber nicht mehr die Regel, und weil darüber hinaus der Bedeutung der Fertigungsstätten für den Produktauftritt auf dem Markt ohnehin abgenommen hat und dies dem Verkehr durchaus bekannt ist, ist die Bedeutung ihrer Übereinstimmung für die Ähnlichkeit unterschiedlicher Produkte stark zurückgegangen.[216] Ähnliches gilt für die Bedeutung gleichen Materials für unterschiedliche Produkte, nach-

---

214 EuG T-202/03 vom 7.2.2006, GRUR Int 2006, 507 (Nr 48), bestätigt EuGH C-196/06 vom 9.3.2007 *Comp USA/Comp USA*; vgl. auch HABM-BK R 874 und 910/2006-1 vom 7.3.2007 *ARANDA*.
215 EuG T-031/04 vom 15.3.2006 (Nr 38) *Euromaster*.
216 Vgl. EuG T-85/02 vom 4.11.2003, GRUR Int 2004, 322 (Nr 33) *CASTILLO*.

dem die Austauschbarkeit von Werkstoffen einen früher nicht für möglich gehaltenen Grad erreicht hat. Wenn aber das VerzW/DL der älteren Marke einen Oberbegriff enthält (zB Waren aus Metall), der nicht aus Benutzungsgründen einzuschränken ist, dann besteht Warenähnlichkeit mit allen aus Klassifikationsgründen darunter zu subsumierenden Metallwaren im VerzW/DL der GMA, auch wenn im VerzW/DL der älteren Marke Spezialwaren als »insbesondere« geschützt angegeben sind.[217]

137 Beides bedeutet, dass die Ähnlichkeit unterschiedlicher Produkte nicht allein wegen ihrer Identität in der stofflichen Beschaffenheit oder ihrer regelmäßigen Herstellung in denselben Fertigungsstätten bejaht werden kann, dass aber andererseits auch Unterschiede der zum Vergleich stehenden Waren in diesen beiden Kriterien nicht automatisch dazu führen können, ihre Ähnlichkeit zu verneinen.[218] Die Bedeutung von Übereinstimmungen oder Unterschieden in jenen Kriterien dürfte mit Rücksicht auf die von der MarkenRichtl, der GMV und der Rspr des EuGH ins Zentrum gestellte Maßgeblichkeit der Publikumsauffassung in der Stärkung oder Schwächung anderer Ähnlichkeitskriterien liegen.

### 7.4 Vertriebsweg-, Verkaufsstätten- und Abnehmer-Beziehungen

138 Der gleiche Vertriebsweg kann regelmäßig nur insoweit Einfluss auf die Beurteilung der markenrechtlichen Ähnlichkeit unterschiedlicher Produkte haben, als dies dem Publikum geläufig, also nicht nur einer Minderheit, sondern überwiegend bekannt ist und eine wirtschaftliche Nähe der Produkte nahe legt. Auch gleiche Verkaufsstätten stellen nur ein schwaches Indiz für Produktähnlichkeit dar;[219] allenfalls sehr spezialisierte Ladengeschäfte, die Produkte ohnehin erheblicher Gebrauchsnähe vertreiben, können deren Einfluss verstärken (vgl Art 8 Rdn 129).[220]

139 In ähnlicher Weise können gleiche Abnehmer nur in Sonderfällen eine »komplexe Produktähnlichkeit« stützen, namentlich in spezialisierten Markt-

---

217 HABM-BK R 1602/2007-4 vom 13.8.2008 (Nr 16) *SCHNEIDER.*

218 EuG T-085/02 vom 4.11.2003, GRUR Int 2004, 322 (Nr 33) *Castillo* (betr Käse/Kondensmilch).

219 Ausnahme: Einzelhandelsdienstleistungen und die betroffenen Waren: EuG T-116/06 vom 24.9.2008 *O STORE,* vgl. Art 8 Rdn 123.

220 EuG T-164/03 vom 21.4.2005 (Nr 53) *monBeBe/bebe.*

bereichen. Die Tatsache gleicher Endverbraucher spielt bei unterschiedlicher Bestimmung der Waren (Verwendungszweck) keine Rolle.[221]

## 7.5 Marktauftritt

Grundsätzlich ist richtig, die markenrechtliche Ähnlichkeit unterschiedlicher **140** Produkte an Hand ihrer Gattung »nach dauerhaft charakteristischen Kriterien«[222] zu beurteilen. Die weithin gewünschte und erforderliche Flexibilität von Ähnlichkeitsfeststellungen darf das jedoch nicht behindern, zumal die heutzutage häufigen Änderungen des Marktauftritts von namentlich an Endabnehmer gerichteten Produkten die Vermutungen des Publikums hinsichtlich des Ursprungs solcher Produkte aus gleichen oder wirtschaftlich miteinander verbundenen Unternehmen[223] entsprechend ändern.

Es ist auch keineswegs auszuschließen, dass sich eine ähnlichkeitsbegründen- **141** de Vermutung des Publikums gerade auf Grund einer bestimmten Marketing- oder Werbestrategie des Benutzers einer Marke bildet, die derjenigen mit einer älteren Marke zumindest ähnlich ist, so dass eine Verwechslungsgefahr entsteht. Dann kann man den Inhaber der rangbesseren Marke kaum darauf verweisen, dass sich die Verwechslungsgefahr verflüchtigt, wenn jener Benutzer seine Vertriebsstrategie wieder ändert.

## 8 Wechselwirkung von Marken- und Produktähnlichkeit

Quantitativ kann der Einfluss der Marken- und Produktähnlichkeit auf die **142** Verwechslungsgefahr im Einzelfall sehr unterschiedlich sein, insbesondere besteht eine Wechselwirkung zwischen diesen beiden Einflussfaktoren dergestalt, dass bei geringer Produktähnlichkeit, also größerem wirtschaftlichen Abstand der Produkte, eine Verwechslungsgefahr gleichwohl gegeben sein kann, wenn die Marken identisch oder sehr ähnlich sind. Umgekehrt reicht bei identischen oder einander sehr nahe stehenden Produkten auch eine relativ geringe Markenähnlichkeit noch aus, die Verwechslungsgefahr zu begründen.[224]

---

221 HABM-BK R 232/2000-4 vom 14.9.2001, ABl-HABM 2002, 1266 (Nr 11) *ORLANDO*.
222 Ingerl/Rohnke, 3. Aufl § 14 Rn 748.
223 EuGH C-039/97 vom 29.9.1998, GRUR 1998, 922 (Nr 29) *Canon*.
224 EuGH C-251/95 vom 11.11.1997, GRUR 1998, 387 (Nr 19) *Sabèl/Puma*; EuGH C-342/97 vom 22.6.1999, GRUR Int 1999, 734 (Nr 17) *Lloyd*; EuGH

143   Hinzu aber kommen weitere, im Einzelfall zu berücksichtigende Umstände. Dazu gehört – vom siebten Erwägungsgrund der GMV ausdrücklich hervorgehoben – in erster Linie die Kennzeichnungskraft des älteren Kennzeichens.

## 9  Kennzeichnungskraft der älteren Marke

144   Ist die Kennzeichnungskraft der älteren Marke beträchtlich – einerlei, ob von Haus aus oder durch intensive Benutzung im Markt erworben –, so kann die von einer jüngeren Marke ausgehende Verwechslungsgefahr auch dort zu bejahen sein, wo sie in Ansehung der Marken- und Produktähnlichkeit im Regelfall zu verneinen wäre.[225] Voraussetzung dafür ist, dass überhaupt – wenn auch ggf geringe – Marken- und Produktähnlichkeiten gegeben sind (siehe Art 8 Rdn 50, 60);[226] deshalb muss jegliche Markenähnlichkeit bei der Prüfung auf Verwechslungsgefahr unter Einbeziehung der Wechselwirkung aller relevanten Kriterien berücksichtigt werden. Gegen diese Grundregel wird vom Amt und vom EuG nicht selten verstoßen, siehe Art 8 Rdn 72–76. Andererseits ist es im »flexiblen System verschiedener Beurteilungskriterien«[227] zu berücksichtigen, wenn die Kennzeichnungskraft der älteren Marke von Haus aus oder aus Gründen des Marktumfeldes geringer als normal bzw durchschnittlich ist; in solchem Fall kann die Verwechslungsgefahr auch dort zu verneinen sein, wo sie im Regelfall zu bejahen wäre.[228] Bei offensichtlicher Unähnlichkeit der Zeichen hat der EuGH es allerdings als unbedenklich angesehen, wenn allein deshalb der Widerspruch zurückgewiesen wird und keine Feststellungen zur Kennzeichnungskraft der Widerspruchsmarke (und/oder zur Produktähnlichkeit) getroffen werden.[229]

145   Für die Beurteilung der Kennzeichnungskraft der älteren Marke sind zunächst ihre originären Eigenschaften zu bestimmen. Erkennbar beschreibende oder auf dem betreffenden Produktgebiet übliche Zeichenelemente sind

---

C-425/98 vom 22.6.2000, GRUR Int 2000, 899 (Nr 40) *Adidas/Marca Mode*.

225   EuGH C-39/97 vom 29.9.1998, GRUR 1998, 922 (Nr 19) *Canon*.

226   EuG T-175/06 vom 18.6.2008 (Nr 108) *MEZZOPANE/MEZZO u MEZZO-MIX*; EuG T-287/06 vom 18.12.2008 (Nr 76) *Torre Albeniz/TORRES*.

227   So Fezer, MarkenG, § 14 Rn 103.

228   EuG T-117/02 vom 6.7.2004, GRUR Int 2005, 140 (Nr 53) *Chufi/Chufafit*; EuG T-202/04 vom 5.4.2006, GRUR Int 2006, 599 (Nr 55) *Echinaid/Echinacin*.

229   EuGH C-254/09 vom 2.9.2010 *CK*; C-216/10 vom 25.11.2010 *A+/AirPlus*.

naturgemäß nicht geeignet, der Marke eine von Haus aus durchschnittliche oder gar hohe Kennzeichnungskraft zu verleihen. Problematisch daher die Anerkennung der Verwechslungsgefahr zwischen der GMA »HAPPY DOG« und einer komplexen Widerspruchsmarke aus (dominanter) Hundedarstellung mit Fressnapf, auf dem in kleiner Schrift »HAPPIDOG« steht, beide für Hundefutter.[230] Ist die Marke bzw ihr verwechslungsrelevanter und dominanter Bestandteil hingegen ungewöhnlich und deshalb einprägsam gebildet, kann bereits die originäre Kennzeichnungskraft höher angesetzt werden. Die Feststellung von Umständen, welche die originäre Kennzeichnungskraft schwächen könnten, muss sich auf die betroffenen W/DL beziehen und darf nicht auf andere Produkte, die nicht in enger Verbindung zu den von der Schwächung erfassten stehen, erstreckt werden.[231] Auch ist bei der Prüfung auf vermeintlich schwächende Umstände die zu vermutende Wahrnehmung der Marken(-Bestandteile) durch das relevante Publikum zugrunde zu legen.[232] Ferner darf der Einfluss der Kennzeichnungsschwäche einer älteren Marke nicht zur Neutralisierung ihrer Ähnlichkeit mit der GMA herangezogen werden.[233]

Für Gartengeräte hat das Wort »Spaten« keine Unterscheidungskraft und da- **146** mit auch keine oder allenfalls sehr geringe originäre Kennzeichnungskraft; diese ist jedoch beträchtlich in Bezug auf Bier (Art 8 Rdn 117). Unter »Libelle« für lebende Tiere in der Klasse 31 wird jedermann eine glatt beschreibende Tierartenangabe verstehen, im selben Zeichen für Hubschrauber in der Klasse 12 jedoch eine fantasievolle und originär kennzeichnungskräftige Marke sehen. Die originäre Kennzeichnungskraft einer Wortmarke hängt auch von der Sprache und – allgemeiner – vom kulturellen Ambiente des beteiligten Verkehrs ab. Was etwa in einem Land, einer Sprache als fremdartige und daher originär kennzeichnungskräftige Bezeichnung erscheint, mag in einem anderen Land, einer anderen Sprache als vielleicht nicht unmittelbar beschreibende, aber doch nur wenig fantasievolle und daher auch wenig kennzeichnungskräftige Bezeichnung für die betroffenen Produkte gewertet werden. Die »Matratzen«-Entscheidung ist ein eindrucksvolles Beispiel (Art 8 Rdn 57).

---

230  EuG T-20/02 vom 31.3.2004, GRUR Int 2004, 654 *Happy Dog*.
231  EuG T-109/07 vom 25.3.2009 (Nr 28) *SPA THERAPY/SPA*.
232  EuG T-185/07 vom 7.5.2009 (Nr 43) *CK*, bestätigt durch EuGH C-254/09 vom 2.9.2010.
233  EuG T-7/04 vom 12.11.2008 (Nr 57) *Limoncello/Limonchelo*; vgl auch EuG T-10/07 vom 17.9.2008 (Nr 54) *FVB/FVD*.

**147**  In allen Fällen aber ist es vor allem die intensive Benutzung der Marke im Markt, die ihr zu einer höheren Kennzeichnungskraft verhilft, welche bei der Verwechslungsprüfung im Sinne eines erweiterten Schutzbereichs zu berücksichtigen ist. Elemente solcher intensiven Benutzung sind deren Dauer, die geographische Verbreitung und die Benutzungsintensität, welche sich insbesondere im Marktanteil niederschlägt, den das unter der Marke vertriebene Produkt innerhalb der betreffenden Produktgruppe besitzt.[234] Der Marktanteil, also der Umsatz mit diesem Produkt in der Relation zum Umsatz aller unmittelbaren Wettbewerbsprodukte, ist häufig aussagekräftiger als absolute Umsatzzahlen, weil die umsatzbezogene Marktaufnahme bei unterschiedlichen Produkten in außerordentlich weiten Grenzen unterschiedlich sein kann. Dabei kann selbst innerhalb desselben Marktsegments auf die jeweilige Marktebene abzustellen sein; beispielsweise haben die Marken von Luxusgütern häufig einen höheren Bekanntheitsgrad und damit eine höhere Kennzeichnungskraft als vielfach umsatzstärkere Durchschnittsgüter desselben Marktsegments.[235]

**148**  Ungeachtet dessen spielen die absoluten Umsatzzahlen unter einer Marke und die einschlägigen Werbeaufwendungen eine große Rolle, wenn im Widerspruchs- oder Verletzungsverfahren eine höhere als die durchschnittliche Kennzeichnungskraft der älteren Marke geltend gemacht werden soll. Dabei sind die Konstitution und Größe des relevanten Marktes und der als Verbraucher beteiligten Marktteilnehmer zu definieren. Unterstützend kann auf Erklärungen von einschlägigen Berufsverbänden sowie von Industrie- und Handelskammern Bezug genommen werden. Selbstverständlich haben auch demoskopische Erhebungen einen hohen Aussagewert, scheitern aber häufig an hohen Kosten. Überdies scheidet ein Rückgriff auf bestimmte Prozentsätze, wie sie das Ergebnis solcher Erhebungen sind, für die Beurteilung des Bekanntheitsgrades einer Marke aus.[236]

---

234  EuGH C-108/97 vom 4.5.1999 MarkenR 1999, 189 (Nr 51) *Chiemsee*; EuGH C-342/97 vom 22.6.1999, GRUR Int 1999, 734 (Nr 23) *Lloyd*; EuG T-363/06 vom 9.9.2008 (Nr 52f) *MAGIC SEAT/SEAT*.

235  HABM-BK R 254/1999-1 vom 14.4.2000 ABl-HABM 2000, 1188 (Nr 24) *VARA-Schleife*.

236  EuGH C-342/97 vom 22.6.1999, ABl-HABM 1999, 1568 (Nr 24) *Lloyd*; EuGH C-108/97 vom 4.5.1999, ABl-HABM 1999, 1054 (Nr 52) *Chiemsee*; vgl. auch BGH GRUR 2002, 340 *Fabergé*.

Eine gesteigerte Kennzeichnungskraft muss in jedem einschlägigen Verfahren  149
(Widerspruch, Nichtigkeitsantrag) so früh wie möglich geltend gemacht und
belegt werden; das Gericht kann nur solche Tatsachen berücksichtigen, die
bereits beim HABM vorgetragen wurden. Bloße Behauptungen oder Hinweise auf die Nennung der Marke im Internet reichen als Beleg für eine
durch Benutzung erhöhte Kennzeichnungskraft einer Marke nicht aus.[237]

Zu beachten ist, dass die gesteigerte Kennzeichnungskraft einer älteren Mar-  150
ke, die die Verwechslungsgefahr iSv Art 8 (1) (b) mit einer jüngeren Marke
erhöhen kann, der älteren Marke noch nicht den Schutz einer bekannten
Marke iSv Art 8 (5) zugänglich macht. Diese Vorschrift verlangt für ihre Anwendung weder identische Produkte (Art 8 Rdn 31 f, 236 f) noch Verwechslungsgefahr, aber neben ausreichender Bekanntheit der älteren Marke weiter,
dass ihre Unterscheidungskraft oder Wertschätzung durch die Benutzung der
jüngeren Marke ohne rechtfertigenden Grund in unlauterer Weise ausgenutzt oder beeinträchtigt werden würde (Art 8 Rdn 229 f).

## 10  Gedankliches In-Verbindung-Bringen (1) b)

Abs 1 (b) unterstreicht in Übereinstimmung mit dem siebten Erwägungs-  151
grund der GMV die Vielgestaltigkeit der eine markenrechtliche Verwechslungsgefahr begünstigenden und begründenden Umstände durch den
Hinweis, dass sich eine Gefahr von Verwechslungen auch aus einem gedanklichen In-Verbindung-Bringen (Assoziation) ergeben könne. Damit ist allerdings nicht gemeint, dass jede gedankliche Verbindung zwischen unterschiedlichen und/oder unterschiedlich gekennzeichneten Produkten schon
die Gefahr von Verwechslungen heraufbeschwört. Die fragliche Passage des
Abs 1 (b) beschreibt nicht ein relatives Eintragungshindernis neben der Verwechslungsgefahr, sondern lediglich einen von mehreren möglichen Wegen
ihrer Entstehung.[238]

Nach der in Deutschland allgemein vertretenen Auffassung fallen die dort  152
von der Rechtsprechung entwickelten Rechtsfiguren der mittelbaren Verwechslungsgefahr und der Verwechslungsgefahr im weiteren Sinne (bzw der
unmittelbaren und mittelbaren Verwechslungsgefahr im weiteren Sinne) un-

---

237  EuG T-99/01 vom 15.1.2003, GRUR Int 2003, 760 (Nr 34) *Mystery/Mixery.*
238  EuGH C-251/95 vom 11.11.1997, GRUR 1998, 387 (Nr 18) *Sabèl/Puma*; sie-
     he auch EuG T-224/01 vom 9.4.2003, MarkenR 2003, 200 *Nu-Tride/Tufftri-
     de.*

ter jene Gefahr assoziativer Verwechslungen, weil es dabei trotz des Erkennens bestehender Unterschiede zu Fehlzurechnungen und somit Irreführungen im Sinne der »likelihood of confusion« kommen kann. Für den Geltungsbereich des deutschen MarkenG schließt dessen Begründung weitere Fallkonstellationen aber nicht aus.[239]

**153** Hauptsächlicher Fall einer Verwechslungsgefahr unter dem Gesichtspunkt der gedanklichen Verbindung ist der von der jüngeren Marke erzeugte Eindruck, zur Markenfamilie des Inhabers älterer Rechte zu gehören. Solche auch als Serienmarken bezeichneten Marken einer Markenfamilie bestehen regelmäßig aus einem gemeinsamen Stammbestandteil, dem jeweils unterschiedliche Bestandteile hinzugefügt sind. Anerkannt wurde vom EuG das Bestehen einer Markenfamilie im Fall der Bildmarke »Polospieler«,[240] wobei es genügte, dass die Markenfamilie auf der Idee des Polosports für Waren der Klasse 3 aufbaut. Voraussetzung für die Anerkennung einer Markenfamilie und der damit eröffneten Verwechslungsgefahr-Argumentation ist die Benutzung zumindest mehrerer der »Familienmitglieder«, Defensivmarken-Eintragungen des Widersprechenden bilden keine Markenfamilie.[241] Im selben Urteil hat das EuG auch klargestellt, dass die GMA nicht nur den zur Serie gehörenden ähnlich sein, sondern auch Merkmale enthalten muss, die geeignet sind, sie mit der Serie in Verbindung zu bringen. Dies könnte beispielsweise dann nicht der Fall sein, wenn ein den älteren Serienmarken gemeinsamer Bestandteil in der angemeldeten Marke an anderer Stelle als derjenigen, an der er sich gewöhnlich bei den zu der Serie gehörenden Marken befindet, oder mit einem anderen semantischen Inhalt verwendet wird.[242] Auch der EuGH führte in der »UNI«-Entscheidung (C-317/10 vom 16.6.2011) aus, dass ein Widerspruch auch auf eine Markenfamilie/Markenserie gestützt werden kann.

**154** Im Falle »Obelix« gegen »Mobilix« hat das EuG die Verbindung der Widerspruchsmarke zur Cartoon-Serie »Asterix« und damit die Gefahr der gedank-

---

239 Eisenführ, Mitt. 1995, 22.

240 EuG T-214/04 vom 21.2.2006, GRUR Int 2006, 401 (Nr 44) *Beverly Hills Polo Club/Polo*.

241 EuG T-194/03 vom 23.2.2006, GRUR Int 2006, 404 (Nr 40–45, 118–126), vom EuGH bestätigt: C-234/06 vom 13.9.2007, GRUR Int 2007, 1009 *Bainbridge/Bridge*.

242 EuG T-194/03 vom 23.2.2006, GRUR Int 2006, 404 (Nr 127) *Bainbridge/Bridge*.

lichen Verbindung der GMA »Mobilix« zu dieser mit dem Argument zurückgewiesen, dass die Widersprechende keinerlei Recht zur ausschließlichen Benutzung der Endung »ix« geltend machen könne.[243] Dem ist der EuGH nicht entgegengetreten und hat darauf hingewiesen, dass der Widerspruch nur auf »Obelix« und nicht auch auf die anderen, zur »Asterix«-Markenfamilie gehörenden Marken mit der Endung -ix gestützt worden sei.[244]

Keine Gefahr des gedanklichen Inverbindungsbringens besteht, wenn eine **155** GMA und eine ältere Marke in einem Bestandteil übereinstimmen, der nicht unterscheidungskräftig ist und/oder beide Marken nicht dominierend prägt. Das hatte bereits der EuGH im Vorlageurteil »Sabèl/Puma«[245] festgestellt und wurde vom EuG im Fall »Nu-Tride/Tufftride« bestätigt:[246]

Zu beachten ist, dass das vom EuGH für den besonderen Schutz bekannter **156** Marken (Abs 5) entwickelte Kriterium der »gedanklichen Verknüpfung« nichts mit der gedanklichen Verbindung oder dem gedanklichen Inverbindungsbringen zu tun hat. Letzteres stellt eine besondere Art des Entstehens von Verwechslungsgefahr dar, die »gedankliche Verknüpfung« hingegen lässt den besonderen Schutz der bekannten Marke eintreten, obgleich keine Verwechslungsgefahr besteht, sofern eine unlautere Ausnützung oder Beeinträchtigung ihrer Unterscheidungskraft oder Wertschätzung droht; siehe Art 8 Rdn 244, 247.

## 11 Verwechslungsgefahr im Einzelnen

Im Folgenden ist bei allen Fallgestaltungen zunächst die Wiedergabe von **157** frühen BK-Widerspruchsentscheidungen und wenigen EuG-Urteilen in der Voraufl mit einigen Ergänzungen beibehalten worden, zum einen zwecks Dokumentation der Amtspraxis-Entwicklung, zum anderen wegen der etwas ausführlicheren Darstellung als bei der nachfolgenden – zur besseren Übersichtlichkeit knapperen – Auflistung der EuG- und EuGH-Rechtsprechung in Rechtsmittelverfahren (soweit jeweils vorhanden). Insbesondere nimmt die Darstellung der Essentialia der EuG-Urteile, die bis März 2013 erlassen

---

243  EuG T-336/03 vom 27.10.2005, GRUR Int 2006, 50 (Nr 51, 85) *Mobilix/Obelix.*
244  EuGH C-016/06 vom 18.12.2008 (Nr 100) *Mobilix/Obelix.*
245  EuGH C-251/95 vom 11.11.1997, GRUR 1998, 387 (Nr 18) *Sabèl/Puma.*
246  EuG T-224/01 vom 9.4.2003, GRUR Int 2003, 829 (Nr 61) *Nu-Tride/Tufftride*; EuG T-117/02, GRUR Int 2005, 140 (Nr 59) *Chufi/Chufafit.*

wurden, breiten Raum ein. Vorlageurteile des EuGH sind hier nicht aufgeführt, weil sie lediglich Auslegungshilfen geben und keine Entscheidungen treffen.

### 11.1 Einteilige Wortzeichen untereinander

**158**   Hier ist vorauszuschicken, dass auch zusammengeschriebene, aber ersichtlich aus mehreren Worten bestehende Zeichen als Mehrwortzeichen zu werten sein können, weil häufig eine Kollision nur hinsichtlich eines ihrer Bestandteile auftritt und angesichts des geringen Einflusses der Zusammenschreibung auf den Gesamteindruck des Zeichens (ohnehin nur in optischer Hinsicht) die Zusammenschreibung nicht entscheidend sein kann. Solche Fallgestaltungen sind unter Art 8 Rdn 181–190 und Art 8 Rdn 191–211 zu finden.

**159**   Ferner sollen unter »Wortzeichen« auch solche vom Amt als Bildzeichen geführten Anmelde- oder Widerspruchsmarken verstanden werden, bei denen die Bildbestandteile praktisch keinen Einfluss auf die Unterscheidungsfunktion der Marken haben und sich der Kollisionsvorwurf allein auf Wortelemente stützt.

**160**   Letzteres traf auf die deutsche Widerspruchsmarke »iLS« zu, deren Bildbestandteile lediglich aus der Negativ-Wiedergabe der Buchstaben und einer etikettenartigen Umrandung bestanden, gegenüber der aus dem Wort »ELS« bestehenden GMA.[247] Die HABM-BK[248] hatte die Verwechslungsgefahr im Hinblick auf die im Deutschen unterschiedliche Aussprache der Vokale »I« und »E« sowie offenbar den Kurzzeichen-Charakter der Vergleichszeichen verneint. Das Gericht widerspricht dem und weist darauf hin, dass angesichts der von der GM erfassten Dienstleistung englischen Sprachunterrichts die Marke auch engl ausgesprochen werden könne und dann in Deutschland phonetische Identität der Marken bestehe. Bei teilweiser Identität und teilweiser Ähnlichkeit der beiderseitigen Dienstleistungen sei hiernach die Verwechslungsgefahr nicht zu verneinen.

**161**   Auch im Falle »MOTOR/MOTO«[249] wies die spanische Widerspruchsmarke schriftbildliche Abweichungen von der Normalschrift und eine Rahmen-

---

247   EuG T-388/00 vom 23.10.2002, GRUR Int 2003, 237 *ILS/ELS*.

248   HABM-BK R 074/2000-3 vom 18.10.2000 *ILS/ELS*.

249   HABM-BK R 260/1999-3 vom 13.4.2000, ABl-HABM 2000, 1378 *MOTO/ MOTOR*.

linie sowie die Warenangabe »Jeans« auf, beides ohne Einfluss auf deren Unterscheidungskraft. Unter Anerkennung der Markenähnlichkeit beschränkte die HABM-BK die Verwechslungsgefahr der nur für Jeans eingetragenen Widerspruchsmarke mit der angemeldeten GM auf Bekleidungsstücke und Gürtel, verneinte sie aber hinsichtlich der ferner angemeldeten Schuhwaren, Socken und Kopfbedeckungen.

Im Falle »AGAROL/ACAMOL«[250] ging es um pharmazeutische Präparate, **162** und zwar bei der angemeldeten GM »ACAMOL« zur Linderung von Schmerzen und Fieber, bei der deutschen Widerspruchsmarke um Abführmittel. Die HABM-BK verneinte die von der Widerspruchsabteilung bejahte Verwechslungsgefahr, weil sowohl die Ähnlichkeit der Waren als auch die Ähnlichkeit der Marken begrenzt sei. Zwischen Schmerzmitteln und Abführmitteln bestehe ein großer Unterschied, und es scheine »die irrtümliche Einnahme eines Schmerzmittels anstatt eines Abführmittels oder umgekehrt kein ernstes Problem darzustellen«. Ferner könne die Übereinstimmung der Marken in der Endung »-ol« wegen deren häufigen Vorkommens auf dem einschlägigen Sektor gegenüber den konsonantischen Unterschieden keine entscheidende Bedeutung haben. Beifall verdient diese Entscheidung nicht; sie ist zumindest als Grenzfall einzustufen. Siehe auch Art 8 Rdn 167, 168.

Anders im Fall »HERBAPURA/HERVALIA«,[251] in welchem ebenfalls die **163** von der Widerspruchsabteilung bejahte Verwechslungsgefahr von der HABM-BK verneint wurde, weil ungeachtet zumindest partieller Warenidentität diese nicht auf die Übereinstimmung der Vergleichszeichen in dem den Kräutergehalt beschreibenden und daher kaum Unterscheidungskraft besitzenden Bestandteil HERBA bzw. HERVA gestützt werden könne, auch wenn dieser am verwechslungsfördernden Anfang der Vergleichszeichen stehe.

Geringe Unterscheidungskraft der allein kollisionsbegründenden Wortele- **164** mente bestimmte auch die schon von der Widerspruchsabteilung ausgesprochene Verneinung der Verwechslungsgefahr in der Beschwerdesache »AD-

---

250  HABM-BK R 501/1999-1 vom 15.5.2000, ABl-HABM 2000, 1404 *ACAMOL/ AGAROL*; ähnlich auch wegen unzureichender Markenähnlichkeit HABM-BK R 261/2004-2 vom 24.2.2005 *AGROTEL/AGRITEC*.
251  HABM-BK R 362/1999-1 vom 19.7.2000, ABl-HABM 2000, 1832 *HERBA-PURA/HERVALIA*.

VANTAGE/ADVANTA«.[252] Oberhalb der Wortelemente war in beiden für identische Dienstleistungen bestimmten Zeichen ein Bildelement angebracht, welches im Fall der GMA »ADVANTA« aus einer stilisierten menschlichen Figur unter Einbeziehung des durch Weglassen des Querstrichs verfremdeten mittleren A gebildet worden war. Angesichts der nicht vollständigen Identität der Wortbestandteile war auf Grund der deutlich unterschiedlichen Bildelemente keine Verwechslung zu befürchten.

165  Die umgekehrte Fallgestaltung lag der Beschwerdesache »CAMOMILLA/ Camomilla«[253] zu Grunde. Das identische Wortelement war jeweils Bestandteil sehr unterschiedlicher Bildelemente, deren Einfluss auf den Gesamteindruck gleichwohl hinter den des Wortelements zurücktrat. Daher wurde die Warenähnlichkeit zwischen den in die Klasse 18 fallenden Taschen, Lederwaren usw. mit den Widerspruchswaren Bekleidungsstücke und Accessoires für ausreichend angesehen, die Verwechslungsgefahr zu bejahen[254] (vgl Art 8 Rdn 186).

166  Im Fall »Mixery/MYSTERY«[255] wurde die Verwechslungsgefahr der GMA »MYSTERY« mit der deutschen Widerspruchsmarke »Mixery« für den Bereich der Warenähnlichkeit und der mit Rücksicht auf die deutsche Widerspruchsmarke maßgeblichen Aussprache beider Zeichenworte in Deutschland bejaht. Warenähnlichkeit wurde für die Anmeldewaren »alkoholfreie Getränke mit Ausnahme alkoholfreien Biers« einerseits und die Widerspruchswaren »Biere und bierhaltige Getränke« andererseits angenommen, weil Biere häufig mit alkoholfreien Getränken gemischt werden. Diese Entscheidung wurde vom EuG bestätigt.[256] Hingegen wurde die Verwechselbarkeit von NU-TRIDE mit TUFFTRIDE verneint,[257] weil die unterschiedli-

---

252  HABM-BK R 038/2000-1 vom 18.12.2000, ABl-HABM 2001, 1306 *ADVAN-TAGE/ADVANTA*.

253  HABM-BK R 158/2000-3 vom 23.1.2001, ABl-HABM 2001, 1948 *CAMO-MILLA*.

254  Vgl aber EuGH C-214/05 vom 18.7.2006, GRUR Int 2006, 939 *Sissi Rossi/Miss Rossi*.

255  HABM-BK R 251/2000-3 vom 12.2.2001, ABl-HABM 2002, 10 *MYSTERY/ MIXERY*.

256  EuG T-099/01 vom 15.1.2003; GRUR Int 2003, 760 *Mystery/Mixery*.

257  EuG T-224/01 vom 9.4.2003, GRUR Int 2003, 829 *Nu-Tride/Tufftride*.

chen Anfangsteile wegen des beschreibenden Charakters der Endungen die Unterscheidung gewährleisten.

Ähnlichen Bedenken wie die Entscheidung »AGAROL/ACAMOL« (Art 8 **167** Rdn 162) begegnet die ebenfalls Pharmazeutika betreffende Beschwerdeentscheidung im Fall »PONALAR/BONOLAT«.[258] Auch hier hatte die Widerspruchsabteilung dem auf die für Analgetika und Antirheumatika eingetragene deutsche Marke »PONALAR« gestützten Widerspruch stattgegeben, weil teils Identität, teils Ähnlichkeit mit den alle Waren der Klasse 5 erfassenden Waren der GMA bestand. Im Beschwerdeverfahren nahm die Anmelderin Analgetika und Antirheumatika aus dem Warenverzeichnis aus, und die HABM-BK stellte sich auf den Standpunkt, dass wegen der gesundheitlichen Folgen der irrtümlichen Einnahme oder Anwendung eines nicht gewollten Arzneimittels auch ein Durchschnittsverbraucher – der Apotheker ohnehin – der Bezeichnung des Arzneimittels stärkere Aufmerksamkeit schenken würde, als dies beim Kauf eines anderen Produktes der Fall sein wird, so dass nunmehr die Verwechslungsgefahr zu verneinen sei.[259]

Dem ist nicht zu folgen, weil selbst größte Aufmerksamkeit eine Verwechs- **168** lung dann nicht verhindern kann, wenn jener Durchschnittsverbraucher sich nicht mehr genau an die Bezeichnung des ihm bekannten Produkts erinnern kann. Dabei ist ergänzend zu berücksichtigen, dass die bloße Ausnahme der speziellen Widerspruchswaren aus dem Warenverzeichnis der Anmeldung deren Inhaber eine sehr viel höhere Indikationsannäherung möglich macht als – wie im »AGAROL/ACAMOL«-Fall (Art 8 Rdn 162) – die Beschränkung auf eine ganz andere Klasse von Arzneimitteln. Diese Entscheidung darf daher keine Schule machen.

Dieselbe HABM-BK hat im Falle »LINDEBOOM/LINDENER«[260] die von **169** der Widerspruchsabteilung bejahte Verwechslungsgefahr bestätigt, und zwar im Hinblick auf die Warenidentität (Bier) und den prägenden Charakter des am Anfang beider Zeichen stehenden Bestandteils »LINDE«.

---

258  HABM-BK R 303/1999-2 vom 2.8.2000, MarkenR 2000, 451 *BONOLAT/PONALAR.*
259  Vgl auch EuG T-202/04 vom 5.4.2006, GRUR Int 2006, 599 (Nr 32) *Echinaid/Echinacin;* ferner EuG T-146/06 vom 13.2.2008 *ASURION/URION.*
260  HABM-BK R 380/1999-2 vom 27.9.2000, ABl-HABM 2001, 1036 *LINDEBOOM/LINDENER.*

170 Ein Gegenbeispiel liefert die Entscheidung »ENANTONE/ENANTY-UM«.[261] Wiederum ging es um Pharmazeutika, wenn auch unterschiedlicher Anwendungsbereiche (und beträchtlichen preislichen Unterschieds, siehe Nr 46). Jedoch handelte es sich beim übereinstimmenden Anfangsteil »ENANT« um ein Wort der griechischen Sprache, welches »Gegenteil« bedeutet und offenbar für Produkte aus dem chemischen und pharmazeutischen Bereich häufig als Markenbestandteil benutzt wird, so dass seine Kennzeichnungskraft als schwach und sein Einfluss auf den Gesamteindruck als gering angesehen wurde. Im Hinblick hierauf hob die HABM-BK die die Verwechslungsgefahr bejahende Entscheidung der Widerspruchsabteilung auf.

171 Eine bestimmte, beiden Zeichen entnehmbare Bedeutung war auch für die Beschwerdeentscheidung »DIESEL/DIESELIT« maßgeblich, aber im entgegengesetzten Sinne, weil nach Auffassung der Beschwerdekammer ein Zeichen mit einer ganz bestimmten begrifflichen Bedeutung sich leichter einprägt als andere (nichtssagende) Zeichen und deshalb als ein von Haus aus starkes Zeichen anzusehen ist, sofern diese begriffliche Bedeutung nichts mit der Art der betroffenen Waren oder Dienstleistungen zu tun hat, so dass eine Verwechslungsgefahr zu bejahen ist, wenn das jüngere Zeichen von dem begrifflichen Sinngehalt der älteren Marke Gebrauch macht. Auf der Produktseite ging es um Gerätschaften zum Bügeln, und die HABM-BK bestätigte die dem Widerspruch stattgebende Entscheidung der Widerspruchsabteilung. Auch das EuG entschied in diesem Sinne.[262]

172 Mit ihrer den Widerspruch zurückweisenden Beschwerdeentscheidung im Falle »LOCKETS/ROCKLETS«[263] stellte die HABM-BK entscheidend auf die als problemlos bezeichnete Koexistenz der beiden Marken in zahlreichen Mitgliedsstaaten ab. Die Widerspruchsabteilung hatte die Verwechselbarkeit der für teils identische, teils einander sehr nahestehende Waren bestimmten Zeichen bejaht. Es erscheint nicht bedenkenfrei und entspricht auch nicht

---

261  HABM-BK R 222/1999-2 vom 15.12.2000, ABl-HABM 2001, 1464 *Enantone/Enantyum*.

262  HABM-BK R 525/2001-3 vom 19.3.2002, Abl-HABM 2002, 1744 *DIESEL/DIESELIT*; bestätigt durch EuG T-186/02 vom 30.6.2004, GRUR Int 2004, 854 *Dieselit/Diesel*.

263  HABM-BK R 115/1999-2 vom 7.3.2001, ABl-HABM 2001, 2030 *LOCKETS/ROCKLETS*.

mehr der neueren Praxis des HABM,[264] eine faktische Koexistenz von Marken in bestimmten Territorien, auch wenn es sich um solche der Gemeinschaft und namentlich das Ursprungsland der nationalen Widerspruchsmarke handelt, als Messlatte für die Entscheidung der normativen Frage nach einer bestehenden Verwechslungsgefahr zu verwenden; insoweit kann auf die Anmerkungen zum »SHIELD/GOLDSHIELD«-Fall unter Art 8 Rdn 191 verwiesen werden.

Im Fall »ORLANDO/ORLANDO«[265] besaß die GMA neben dem Wortbestandteil ein darüber angeordnetes Bildelement, welches aus einem durch mehrere Rahmenlinien graphisch ausgestalteten »S« bestand; überdies wurden bestimmte Farben beansprucht. Anmeldewaren waren Milchprodukte in der Klasse 29 sowie Mehl und Getreidepräparate in der Klasse 30. Die aus dem bloßen Wort »ORLANDO« bestehende Widerspruchsmarke hingegen war für Tierfutter eingetragen. Ungeachtet des Umstandes, dass die Adressaten von Tierfutter auch Milchprodukte und Getreidepräparate kaufen, stellte die HABM-BK einen so großen Marktabstand der beiderseitigen Produkte fest, dass die Gefahr von Verwechslungen nicht bestehe. **173**

Auch in der Beschwerdesache »JUST/JU.ST«[266] standen sich ein Wortzeichen und eine ältere GM mit einem Bildelement gegenüber. Weil es um identische Bekleidungsstücke ging und das Bildelement aus der graphischen Wiedergabe eines Fischgrät-Stoffmusters bestand, sah die Beschwerdekammer darin ebenso wie die Widerspruchsabteilung mit Recht keinen dominanten Bestandteil und bestätigte die Verwechslungsgefahr der Wortelemente, zumal auch der die Buchstaben des Anmeldezeichens unterbrechende Punkt keinen entscheidenden Einfluss auf die Übereinstimmung der Worte in optischer und phonetischer Hinsicht habe. **174**

Die für nahezu identische Waren (Schaumweine/Weine) bestimmten Marken »TOSTI/TORTI«[267] hat die HABM-BK als verwechselbar angesehen **175**

---

264 Vgl Bender, in: 125 Jahre Markenhinterlegung, sic Sondernummer 2005, S 93.
265 HABM-BK R 232/2000-4 vom 14.9.2001, ABl-HABM 2002, 1266 *ORLANDO.*
266 HABM-BK R 794/2001-3 vom 20.2.2002, ABl-HABM 2002, 2150 *JU.ST/JUST.*
267 HABM-BK R 566/2001-3 vom 23.1.2002, ABl-HABM 2002, 2128 *TOSTI/TORTI.*

und die abweichende Entscheidung der Widerspruchsabteilung aufgehoben. Dabei bedurfte es nicht des Arguments, es sei in der Weinbranche üblich, Familiennamen als Marken zu verwenden, und in der Tat ist es unbeachtlich, dass beide Kennzeichen im Kollisionsland Italien als Geschäftsbezeichnungen koexistieren.

176 Rechtsmittel-Urteile des EuGH in Widerspruchs- oder Nichtigkeitsverfahren haben wegen der jeweils vorangegangenen Verfahrensdauer erst relativ spät eingesetzt. Bejaht wurde die Verwechslungsgefahr in folgenden einschlägigen Fällen:
   – **Vitakraft = Krafft** C-512/04 vom 1.12.2005 (Beschluss)
     Für den relevanten spanischen Verbraucher habe im Gegensatz zu »vita« der Bestandteil »kraft« des angegriffenen Zeichens keine begriffliche Bedeutung, so dass er das Gesamtzeichen beherrsche. Er stimmt klanglich und – ungeachtet des Doppel-f – bildlich mit der älteren Marke überein. Weil im Spanischen Marke und Zeichen keine klar erkennbare Bedeutung besitzen, habe das EuG[268] bei identischen und ähnlichen Waren zutreffend entschieden.
   – **Vitafruit = Vitafrut** C-416/04 vom 11.5.2006, GRUR Int 2006, 735
     Angesichts der hochgradigen Ähnlichkeit der für identische Waren angemeldeten bzw eingetragenen Marken ging es allein um den ernsthaften und rechtserhaltenden Charakter der geringfügigen Benutzung der nationalen Widerspruchsmarke, der auch schon vom EuG[269] bejaht worden war.
   – **NICKY = NOKY** (+ Bild) bzw **noky** C-92/06 vom 13.7.2006 (Beschluss)
     Die für gleiche Waren bestimmten Marken sind visuell, phonetisch und begrifflich ähnlich. Sie unterliegen daher einer Verwechslungsgefahr. Der EuGH kann weder eine Tatsachenverfälschung durch das EuG[270] noch einen Rechtsirrtum feststellen.
   – **QUANTUM = Quantième** (+ Grafik) C-171/06 vom 15.3.2007
     Die Widerspruchsabteilung hatte dem Widerspruch stattgegeben, die BK hat ihn zurückgewiesen. Das EuG[271] hat diesen Beschluss aufgehoben,

---

268  EuG T-356/02 vom 6.10.2004, GRUR Int 2005, 256 *Vitakraft/Krafft*.
269  EuG T-203/02 vom 8.7.2004, GRUR Int 2005, 47 *Vitafruit/Vitafrut*.
270  EuG T-396/04 vom 23.11.2005, GRUR Int 2006, 142 *NICKY/NOKY*.
271  EuG T-147/03 vom 12.1.2006, GRUR Int 2006, 319 *QUANTUM/QUANTIÈME*.

und der EuGH hat das bestätigt. Die beiderseitigen Waren waren unstreitig identisch oder ähnlich und die Zeichen visuell und phonetisch ähnlich. Streitbefangen waren in erster Linie begriffliche Unterschiede, die aber nach Auffassung der Gerichte dem relevanten Publikum nicht ohne Weiteres gegenwärtig sind.

– TELETECH GLOBAL VENTURES = TELETECH INTERNATIONAL C-312/05 vom 27.03.2007 (Beschluss)
Der Gerichtshof findet keinen Fehler in der Feststellung des EuG,[272] dass der identische Bestandteil »TELETECH« beider Marken dominant ist und die Verwechslungsgefahr bezüglich identischer oder ähnlicher Dienstleistungen in Klasse 38 begründet.

– Travatan = Trivastan C-412/05 vom 26.4.2007, GRUR Int 2007, 718
Weil die kollisionsbefangenen Marken sich auf verschreibungspflichtige Arzneimittel beziehen, besteht das maßgebliche Publikum nicht nur aus Endverbrauchern, sondern auch aus Fachleuten, nämlich Ärzten und Apothekern. Trotz unterschiedlicher Indikationen und Darreichungsformen bestehe Warenähnlichkeit. Durch die Zwischenschaltung medizinischer Fachleute, die die Produktwahl des Endverbrauchers beeinflussen und sogar bestimmen können, werde nicht jede Verwechslungsgefahr beim Endverbraucher ausgeschlossen. Angesichts visueller und klanglicher Ähnlichkeit der Marken sei – so auch schon das EuG[273] – Verwechslungsgefahr gegeben.

– FERRÓ (+ Grafik) = FERRERO C-225/06 vom 11.9.2007 (Beschluss)
Das EuG[274] hatte festgestellt, dass für teils identische, teils ähnliche Waren die Ähnlichkeit der Marken in visueller und phonetischer Hinsicht ausreicht, eine Verwechslungsgefahr für den deutschen Durchschnittsverbraucher zu begründen. Das gilt umso mehr im Hinblick auf die hohe, durch Benutzung erworbene Kennzeichnungskraft. Diese Feststellungen sah der EuGH durch die Einwände der Anmelderin nicht in Frage gestellt.

– Terranus = terra (+ Bild) C-243/07 vom 15.2.2008 (Beschluss)
Der die Widerspruchsmarke dominierende Wortbestandteil sei auch beherrschender Bestandteil der GMA, in dem er am besonders verwechs-

---

272  EuG T-288/03 vom 25.5.2005, GRUR Int 2005, 692 *TELETECH*.
273  EuG T-130/03 vom 22.9.2005, GRUR Int 2005, 1019 *TRAVATAN/TRIVAS-TAN*.
274  EuG T-35/04 vom 15.3.2006, GRUR Int 2006, 510 *FERRÓ/FERRERO*.

lungsrelevanten Anfang stehe. Angesichts identischer Dienstleistungen sowie Zeichenähnlichkeit in visueller, klanglicher und begrifflicher Hinsicht bestehe, wie das EuG[275] zutreffend festgestellt habe, Verwechslungsgefahr.

- **FERRO** (Wort) = **FERRERO** C-108/07 vom 17.4.2008
  Ein Ausnahmeurteil: Der EuGH hebt das angefochtene EuG-Urteil[276] auf, welches ebenso wie die Vorinstanzen den Widerspruch zurückgewiesen hatte. Ungeachtet der für eine erhöhte Kennzeichnungskraft der Widerspruchsmarke vorgelegten Beweise hatten die Vorinstanzen die Ähnlichkeit der Ferrero-Produkte »Raffaelo«, »Giotto« und »Mon Chéri« mit der Anmeldeware »Salzgebäck« nicht für ausreichend gehalten, eine Verwechslungsgefahr zu begründen. Nach Auffassung des EuGH wird jedoch die geringere Produktähnlichkeit durch die Markenähnlichkeit und die hohe Kennzeichnungskraft der Widerspruchsmarke kompensiert, so dass die vom EuG bestätigte Verneinung einer Verwechslungsgefahr durch die BK auf einem Rechtsfehler beruhe.

- **ARMAFOAM** = **NOMAFOAM** C-514/06 vom 18.9.2008, IIC 2009, 240
  Die Zurückweisung des Widerspruchs war von der BK aufgehoben und dies durch das EuG[277] bestätigt worden, und zwar im Hinblick darauf, dass für das nicht englisch sprechende Publikum die Übereinstimmungen der Vergleichsmarken gegenüber deren Unterschieden überwiegen und hinsichtlich der identischen oder hochgradig ähnlichen Waren Verwechslungsgefahr bestehe. Diesen Ansatz hat der EuGH gut geheißen.

- **TDK** = **TDK** C-197/07 vom 12.12.2008 (Beschluss)
  Eine besondere Entscheidung insoweit, als keine Verwechslungsgefahr zwischen der für Bekleidung angemeldeten GMA und den Waren der Widerspruchsmarken bestand, es sich bei dieser jedoch um eine bekannte Marke iSv Art 8(5) handelte. Im Hinblick auf Sport-Sponsoring durch die Widersprechende ist, so auch das EuG,[278] die Gefahr nicht von der Hand zu weisen, dass eine Benutzung der identischen Marke für Sportbekleidung eine unlautere Ausnutzung der Unterscheidung und Wert-

---

275  EuG T-322/05 vom 22.3.2007, GRUR Int 2007, 597 *TERRANUS/TERRA*.
276  EuG T-310/04 vom 15.12.2006.
277  EuG T-172/05 vom 10.10.2006, GRUR Int 2007, 55 *ARMAFOAM/NOMA-FOAM*.
278  EuG T-477/04 vom 6.2.2007, GRUR Int 2007, 327 *TDK*.

schätzung der Widerspruchsmarke ohne rechtfertigenden Grund zur Folge haben würde.

- **nasdaq = NASDAQ** C-320/07 vom 12.3.2009, IIC 2009, 990
  Duplizität der Entscheidungen: Auch hier – unabhängig von Produktähnlichkeit oder -unähnlichkeit – eine Zurückweisung der GMA[279] wegen Besorgnis einer unlauteren Ausnutzung der Unterscheidungskraft und der Wertschätzung der Widerspruchsmarke, welche als Indexbezeichnung einer New Yorker Wertpapierbörse iSv Art 8(5) bekannt ist.

- **SUNPLUS (+ Bild) = SUN** C-21/08 vom 26.3.2009, IIC 2009, 991
  Der EuGH bestätigt das Urteil des EuG,[280] der die Ähnlichkeit der für identische oder ähnliche Waren bestimmten Marken damit begründet hatte, dass die Widerspruchsmarke im Wort der GMA vollständig wiederkehre und der zusätzliche Wortbestandteil »plus« nur eine darauf bezogene anpreisende Bedeutung habe, so dass in visueller, phonetischer und begrifflicher Hinsicht Ähnlichkeit bestehe, was eine Verwechslungsgefahr indiziere.

- **ZIPCAR = ZICAR** C-394/08 vom 3.6.2009 (Beschluss)
  Für das von der spanischen Widerspruchsmarke angesprochene spanische Publikum sind die Vergleichszeichen zwar nicht visuell sehr ähnlich, aber phonetisch. Die begriffliche Übereinstimmung im Englischen »car« hat für Spanien keine Relevanz und würde im Übrigen angesichts ua auf Mietwagen und Reisedienstleistungen bezogenen Dienstleistungen beider Marken keine besondere Bedeutung haben. Der EuGH hat die vom EuG[281] festgestellte Verwechslungsgefahr bestätigt.

- **QUARTZ = QUARTZ** C-416/08 vom 10.7.2009 (Beschluss)
  Angesichts der Markenidentität konzentriere sich der Streit auf die Ähnlichkeit der für den Banksektor ausgenommenen Ware Computer-Betriebssystem für IT-Entwickler mit der Ware Programmpakete für Banken und die Dienstleistungen Computerprogrammierung und -datenverarbeitung sowie Software-Entwicklung und zugehörige Dienstleistungen, sämtlich in Bezug auf Banken. Die vermeintliche Nicht-Übereinstimmung des angesprochenen Publikums hat das EuG[282] nicht akzeptiert und mit den Vorinstanzen die Waren/Dienstleistungs-Ähnlichkeit sowie

---

279  EuG T-47/06 vom 10.5.2007, IIC 2007, 997 *NASDAQ*.
280  EuG T-38/04 vom 15.11.2007.
281  EuG T-36/07 vom 25.6.2008.
282  EuG T-328/05 vom 1.7.2008.

die Verwechslungsgefahr bejaht. Im Rechtsmittel hat der EuGH keine Kritik an der Rechtsanwendung erkannt.

– **ALUMIX / FERROMIX / INUMIX = ALUMAXX / FERROMAXX / INUMAXX** C-579/08 vom 15.1.2010 (Beschluss)

Obwohl das EuG bei den hier in Rede stehenden Waren der Klassen 1 und 4 (Gase, Schweißgase, Brennstoffe) nicht korrekt das relevante Publikum definiert hatte (anders als in der aufgehobenen BK-Entscheidung), hat der EuGH das Urteil bestätigt, weil das EuG zutreffend den Aufmerksamkeitsgrad des relevanten Publikums berücksichtigt hatte. Im Übrigen hatte sich das EuG bei der Beurteilung der bildlichen, klanglichen und begrifflichen Markenähnlichkeit sowie bei der Berücksichtigung des Aufmerksamkeitsgrads der Verkehrsbeteiligten an die Vorgaben des EuGH gehalten, was zur offensichtlichen Unbegründetheit der Rechtsmittelrügen führte.

– **ECOBLUE = BLUE** C-23/09 vom 22.1.2010 (Beschluss)

Alle drei Vorinstanzen hatten die angemeldeten DL der GMA der Klassen 35, 36 und 38 als identisch oder ähnlich zu den Widerspruchswaren der Klasse 9 und den Widerspruchs-DL der Klassen 36 und 38 angesehen und aufgrund der Zeichenähnlichkeit trotz schwacher Kennzeichnungskraft der älteren Marke auf Verwechslungsgefahr beim hier relevanten allgemeinen Publikum erkannt. Die gegen diese Beurteilung gerichteten Rechtsmittelgründe wurden als teils offensichtlich unzulässig und teils offensichtlich unbegründet zurückgewiesen.

– **Sensixx = centrixx** C-448/09 vom 30.6.2010 (Beschluss)

Gegenüber standen sich identische Haushaltsgeräte, relevant war der deutsche Verbraucher. Die Widerspruchsabteilung hatte den Widerspruch zurückgewiesen, die BK hob diese Entscheidung auf, die dagegen gerichtete Klage wies das EuG ab. Gegen diese Beurteilung hatte der EuGH nichts einzuwenden.

– **Clina = CLINAIR** C-22/10 vom 27.10.2010 (Beschluss)

Gegenüber standen sich insbesondere in Klasse 3 identische Waren, die BK hatte Verwechslungsgefahr festgestellt, das EuG bestätigte die Entscheidung. Die gegen diese Beurteilung vorgebrachten Rügen erachtete der EuGH als teils offensichtlich unzulässig, teils offensichtlich unbegründet.

– **UNIFONDS, UNIRAK, UNIZINS = UNIWEB, UniCredit Wealth Management** C-317/10 vom 16.06.2011

Ein Ausnahmeurteil, mit dem der EuGH die beiden vom EuG zur gemeinsamen Entscheidung verbundenen Rechtssachen T-303/06 und

T-337/06 aufgehoben hat. Die Widersprüche gegen die GMA UNIWEB und UniCredit Wealth Management waren auf drei Marken UNI-FONDS, UNIRAK und UNIZINS gestützt, die für Investmentgeschäfte eingetragen waren. Die Widerspruchsabteilung hatte dem Widerspruch stattgegeben, die dagegen gerichtete Beschwerde wurde abgewiesen, wobei sowohl die WA als auch die BK längere Ausführungen dazu gemacht hatte, dass und warum die Inhaberin der Widerspruchsmarke die Benutzung einer Markenserie nachgewiesen habe und waren demzufolge zu dem Schluss gekommen, dass die Anmeldemarken deshalb gedanklich mit den Widerspruchsmarken in Verbindung gebracht werden könnten. In seinem Urteil hatte sich das EuG zwar mit den Argumenten auseinandergesetzt, war allerdings zum gegenteiligen Ergebnis gelangt.

Der EuGH stellte klar, dass das Bestehen von Verwechslungsgefahr beim Publikum unter Berücksichtigung aller relevanten Umstände des Einzelfalls umfassend zu beurteilen ist. Obwohl die Würdigung dieser Umstände eine Frage tatsächlicher Art ist, die sich der Kontrolle durch den Gerichtshof entzieht, stellt das Versäumnis, alle diese Umstände zu berücksichtigen, einen Rechtsfehler dar und kann als ein solcher im Rahmen eines Rechtsmittels geltend gemacht werden. Im vorliegenden Fall konnte dem EuG mit Erfolg vorgehalten werden, es habe den Inhalt der streitigen BK-Entscheidungen verfälscht (Nr. 51) und außerdem unzureichend begründet (Nr. 52). Die Sache wurde an das EuG zurückverwiesen, weil in diesem Fall die umfassende Beurteilung der Verwechslungsgefahr eine komplexe Tatsachenwürdigung implizierte, um zu ermitteln, ob, wie die Beschwerdekammer angenommen hat, eine Gefahr besteht, dass das relevante Publikum glauben könnte, dass die Anmeldungen zu der vom Widersprechenden angeführten Markenserie gehören (Nr. 64).

Die Entscheidung ist zu begrüßen. Sie zeigt nicht nur auf, unter welchen (engen) Voraussetzungen Rechtsmittel gegen EuG-Urteile überhaupt erfolgreich sein können, sondern bestätigt außerdem, dass das Argument der Markenfamilie oder der Serienmarke im Gemeinschaftsmarkenrecht verankert ist (was im Fall »BAINBRIDGE« C-234/06 vom 13.11.2007 zwar erörtert wurde, aber schon deshalb nicht entscheidungserheblich war, weil es sich zum Teil um unbenutzte Defensivmarken handelte).

177  Hingegen wurde die Verwechslungsgefahr in den folgenden Rechtsmittel-
Fällen vom EuGH verneint:
  – **PICARO** ≠ **PICASSO** C-361/04 vom 12.1.2006, GRUR Int 2006, 229
    Bestätigt wird die Auffassung des EuG,²⁸³ dass zwar die ältere Marke
    (GM) und die jüngere Marke (GMA) dreisilbig seien, dieselbe Vokalfolge
    in gleicher Stellung haben und mit Ausnahme des Austausches von »SS«
    durch »R« auch dieselben Konsonanten enthalten (tatsächlich besteht in
    jenem Austausch der einzige Unterschied), dass aber auch bei vorliegen-
    der Produktidentität (Kraftfahrzeuge) diese Ähnlichkeiten durch den be-
    grifflichen Unterschied zwischen dem den maßgeblichen Verkehrskreisen
    besonders gut bekannten Namen des berühmten Malers Pablo Picasso
    und der allenfalls aus der spanischen Literatur bekannten Figur des Picaro
    neutralisiert, also aufgehoben wird, so dass eine Verwechslungsgefahr a
    priori ausgeschlossen ist.
    Diese Entscheidung ist abzulehnen. Dahinstehen kann, ob die Doktrin
    von der Neutralisierung bestimmter Ähnlichkeitsaspekte durch andere
    Ähnlichkeitsaspekte grundsätzlich tragfähig ist (vgl dazu Art 8 Rdn 72 f),
    eine Benutzung von »Picasso« für Kraftfahrzeuge (Citroen) war vom Wi-
    dersprechenden nicht einmal vorgetragen. Doch führt die Urteilsbegrün-
    dung zwangsläufig zu dem Schluss, dass bei einem geringeren Bekannt-
    heitsgrad des Malernamens und damit der Marke die Verwechselbarkeit
    bejaht worden wäre – was die Absicht der siebten Begründungserwägung
    der GMV und der zehnten der MRRL auf den Kopf stellt –, und zum an-
    deren übersieht sie, dass die Begrifflichkeit der älteren Marke nichts
    nützt, wenn das jüngere Zeichen wegen seiner großen schriftbildlichen
    und klanglichen Ähnlichkeit trotz der beim Kauf von Kraftfahrzeugen
    unterstellten Aufmerksamkeit unzutreffend wahrgenommen wird, der
    Angesprochene sich also verhört oder verliest.
  – **ZIRH** ≠ **SIR** (und Wappenbild) C-206/04 vom 23.3.2006, GRUR Int
    2006,504.
    Trotz teils identischer, teils ähnlicher Kosmetik-Waren wird auch hier die
    Auffassung des EuG²⁸⁴ bestätigt, dass die klangliche Ähnlichkeit der
    Marken durch die eindeutige und bestimmte Bedeutung der einen Marke
    (bei bildlicher Unähnlichkeit) neutralisiert wird und mangels Marken-
    ähnlichkeit keine Verwechslungsgefahr bestehen kann.

---

283  EuG T-185/02 vom 22.6.2004, GRUR Int 2004, 850 *Picaro/Picasso*.
284  EuG T-355/02 vom 3.3.2004, MarkenR 2004, 162 *Zirh/Sir*.

*Eisenführ/Sander*

Auch wenn dieser Fall mit dem dem Picasso-Urteil zugrundeliegenden Sachverhalt insofern nicht vergleichbar erscheint, als das Wort SIR nicht alleiniger Bestandteil der älteren Marke und außerdem seine originäre Kennzeichnungskraft (für »männliche« Kosmetikartikel) begrenzt ist, begegnet wiederum die Anwendung der Neutralisierungsdoktrin (Art 8 Rdn 72 f) erheblichen Bedenken. Denn auch hier kann es wegen der klanglichen Ähnlichkeit (die vielleicht noch größer als im Picasso-Fall ist) zum Verhören und damit zur Verwechslung kommen. Dem steht nicht entgegen, dass der Verkauf unter Markenbenennung – statt »auf Sicht« – nicht liquide dargetan war; wenn man ihn nur in derartigen Fällen berücksichtigen wollte, brauchte im Regelfall die klangliche Ähnlichkeit gar nicht geprüft zu werden (siehe aber Art 8 Rdn 70).

- **QUICKY** (+ Bild **Hasencartoon**) ≠ **QUICKIES** C-193/06 vom 20.9.2007
  Anders als die Vorinstanzen sieht der EuGH den Bildbestandteil der GMA nicht als »quantité négligeable« im Rahmen des Gesamteindrucks an und verweist den Fall an das EuG zurück (siehe auch Art 8 Rdn 216).
- **Bainbridge** ≠ (The) **Bridge** u a C-234/06 vom 13.11.2007, GRUR Int 2007, 1009
  Das auf eine der Widersprechenden gehörende Markenfamilie mit dem Stammbestandteil »Bridge« gestützte Argument drang schon beim EuG[285] nicht durch, weil es sich bei den meisten der geltend gemachten Widerspruchsmarken um – nach italienischem Markenrecht zulässige – Defensivmarken handelte, deren Benutzungserfordernis nicht durch die Benutzung anderer Familienmitglieder erfüllt werden kann und die tatsächlich benutzten Marken keine für eine Verwechslungsgefahr hinreichende Ähnlichkeit mit der GMA hatten.
- **Mobilix** ≠ **Obelix** C-16/06 vom 18.12.2008
  Der EuGH bestätigt ein EuG-Urteil,[286] mit dem eine Verwechslungsgefahr verneint wird, weil »die einander gegenüberstehenden Zeichen unter bildlichem, klanglichem und begrifflichem Aspekt nicht als identisch oder ähnlich angesehen werden können« und daher »der Umstand, dass die ältere Marke weithin bekannt oder eine in der Europäischen Union bekannte Marke ist, die Gesamtwürdigung der Verwechslungsgefahr unberührt« lässt (Nr 84). Denn die zuvor festgestellten bildlichen und

---

285 EuG T-194/03 vom 23.2.2006, GRUR Int 2006, 404 *BAINBRIDGE*.
286 EuG T-336/03 vom 27.10.2003, GRUR Int 2006, 49 *MOBILIX*.

klanglichen Ähnlichkeiten würden durch den begrifflichen Bedeutungs-
unterschied neutralisiert, der sich der aus der Bezugnahme der Widerspruchsmarke »Obelix« auf den »Protagonisten aus der überall in der Europäischen Union bekannte Cartoonserie« ergebe (Nr 79). Und weil es
ohne Markenähnlichkeit – wegen Neutralisierung auf der Ähnlichkeitsebene!, vgl Art 8 Rdn 72 – an einer Grundvoraussetzung für die
Verwechslungsgefahr fehlt, spielt die Kennzeichnungskraft der Widerspruchsmarke keine Rolle. Deren dafür verantwortliche Bekanntheit als
Cartoonfigur die phonetische und visuelle Markenähnlichkeit »neutralisiert« und damit die Verwechslungsgefahr ausgelöscht haben soll, fürwahr
mehr als ein Zirkelschluss: ein Kurzschluss.

Und was ist von einem Rechtsmittelurteil zu halten, das seinen Vorwurf
eines falschen Verständnisses des EuG-Urteils bzw damit begründet, dass
das EuG lediglich festgestellt habe, dass die Widerspruchsmarke »*auf eine
berühmte Cartoonfigur hinweise und sich deshalb begrifflich vom Zeichen
MOBILIX unterscheide*«. Es habe »*sich daher zur notorischen Bekanntheit
der Marke OBELIX nicht geäußert*« (Nr 96). Dass der Name – die Marke
– einer *berühmten* Cartoonfigur zwangsläufig zur Bekanntheit eben dieser
Marke führt, scheint dem EuGH entgangen zu sein. Im Übrigen läuft
diese Ausformung der Neutralisierungstheorie darauf hinaus, dass bekannte Marken wegen ihrer Bekanntheit nicht verwechselt werden – eine
Auffassung, die schon in der Frühzeit des modernen Markenschutzes als
falsch und verfehlt erkannt worden ist.

Die zweifellos fehlerhafte – weil auf der Ähnlichkeitsebene mit totalem
Ähnlichkeitsausschluss vorgenommene – Anwendung der Neutralisierungstheorie mit der apodiktischen Feststellung zu bemänteln, dass das
EuG sämtliche Gesichtspunkte für eine umfassende Beurteilung der Verwechslungsgefahr geprüft habe und die Neutralisierungstheorie anwenden
durfte (Nr. 97, 99), spricht nicht für die (notwendige) Qualität der
höchstrichterlichen Urteilsüberprüfung.

– **CAMELO** (+ ua Kamelbild) ≠ **CAMEL** (+ ua Kamelbild) C-136/08
vom 30.4.2009 (Beschluss)

Der gegen die für Röstkaffee bestimmte GMA erhobene Widerspruch
aus mehreren spanischen Wort- und Wort/Bild-Marken ist in allen Instanzen gescheitert, weil einerseits die beiderseitigen Waren unähnlich sei-
en und deshalb keine Verwechslungsgefahr bestehe sowie andererseits die
Bekanntheit der Widerspruchsmarken keinen Schutz iSv Art 8 (5) begründe, weil eine unlautere Ausnutzung oder Beschädigung der Wertschätzung bzw. Unterscheidungskraft der älteren Marke(n) nicht erkenn-

bar sei. Die große Ähnlichkeit der beiderseitigen Kameldarstellungen und der sie umgebenden weiteren Bildelemente lässt jedoch erhebliche Zweifel an der Richtigkeit dieser Feststellung des EuG[287] aufkommen, der sich der EuGH angeschlossen hat.

– **ARCOL ≠ CAPOL** C-193/09 vom 4.3.2010
Der EuGH bestätigte das EuG, das bereits aufgrund der Unähnlichkeit der Zeichen keine Verwechslungsgefahr festgestellt hatte, ohne zusätzlich die Ähnlichkeit der Waren und Dienstleistungen und die Kennzeichnungskraft der Widerspruchsmarke zu prüfen. Das Ergebnis der Zeichenunähnlichkeit sei auch nicht dadurch in Frage zu stellen, dass vorher keine möglicherweise erhöhte Kennzeichnungskraft der Widerspruchsmarke geprüft worden sei. Die gegen diese Beurteilung gerichteten Rechtsmittelgründe griffen nicht durch, das Rechtsmittel wurde insgesamt als teilweise offensichtlich unzulässig, teilweise offensichtlich unbegründet zurückgewiesen.

– **FAMOXIN ≠ LANOXIN** (Nichtigkeit) C-461/09 vom 9.7.2010 (Beschluss)
Die Beschränkung der angegriffenen Gemeinschaftsmarke auf pharmazeutische Erzeugnisse zur Behandlung von Stoffwechselkrankheiten führte zu einem erheblichen warenmäßigen Abstand der älteren nur für Herz-/Kreislaufmittel benutzten Marke; mit Blick auf die weiteren Unterschiede bei den Marken hatte das EuG Verwechslungsgefahr ausgeschlossen. Sämtliche dagegen vorgebrachte Rechtsmittelrügen wies der EuGH als unbegründet bzw unzulässig zurück.
Die Entscheidung ist zu kritisieren, da die Zeichen sowohl klanglich als auch schriftbildlich ähnlich sind und die Waren ebenfalls im Ähnlichkeitsbereich liegen. Aufgrund des Revisionscharakters des Rechtsmittelverfahrens hätte der EuGH aber nur aufheben können, wenn er festgestellt hätte, dass das EuG Tatsachen verfälscht hätte, aber so weit mochte man offenbar nicht gehen. Das ist nicht nur zu bedauern, sondern zeigt einmal mehr, dass der EuGH sich mit Rechtsmittelverfahren gegen EuG-Entscheidungen nur noch in (krassen) Ausnahmefällen befassen möchte und sich lieber auf die Vorlage-Fragen nationaler Gerichte konzentriert.

– In den nachfolgend gelisteten EuGH-Entscheidungen, die hier nicht näher kommentiert werden sollen, bestätigte der EuGH regelmäßig im Wege des Beschlusses (Art 119 VerfOEuGH) die Richtigkeit der angegriffe-

---

[287] EuG T-128/06 vom 30.1.2008.

nen EuG-Urteile mit Begründungen, die verdeutlichen, dass nur krasse Fehler des EuG in der Rechtsmittelinstanz vom EuGH zum Erfolg führen können. Die eingelegten Rechtsmittel waren nach Auffassung des EuGH in den schlimmsten Fällen entweder »offensichtlich unzulässig« oder »teilweise offensichtlich unzulässig und teilweise offensichtlich unbegründet«, im besseren Falle »teilweise unzulässig und teilweise offensichtlich unbegründet« und im besten Fall »offensichtlich unbegründet«:

- EuGH C-459/09 vom 16.09.2010 PALACIO DE LA VEGA/DOMINIO DE LA VEGA (Bestätigung von EuG T-458/07 vom 16.9.2009)
- EuGH C-342/09 vom 27.10.2010 GALLO/Gallecs (Bestätigung von EuG T-151/08 vom 11.6.2009)
- EuGH C-156/10 vom 15.12.2010 DSB/DSBW (Bestätigung von EuG T-34/07 vom 21.1.2010)
- EuGH C-353/09 vom 15.02.2011 CENTER/CENTER SHOCK (Bestätigung von EuG T-16/08 vom 1.7.2009)
- EuGH C-349/10 vom 02.03.2011 CLARO/Claro (Bestätigung von EuG T-225/09 vom 28.4.2010)
- EuGH C-388/10 vom 24.03.2011 RIOJA/RIOJAVINA (Bestätigung von EuG T-138/09 vom 9.6.2010)
- EuGH C-418/10 vom 28.03.2011 STABILAT/stabilator (Bestätigung von EuG T-60/09 vom 7.7.2010)
- EuGH C-378/11 vom 21.09.2011 VITATHION/VITACHRON MALE (Bestätigung von EuG T-95/11 vom 15.4.2011)
- EuGH C-316/11 vom 21.09.2011 VITATHION/VITACHRON FEMALE (Bestätigung von EuG T-96/11 vom 15.4.2011)
- EuGH C-514/10 vom 30.09.2011 VISTA ALEGRE/PORTO ALEGRE (Bestätigung von EuG T-369/09 vom 8.9.2010)
- EuGH C-067/11 vom 20.10.2011 SOLARTIA/Solaria (Bestätigung von EuG T-188/10 vom 15.12.2010)
- EuGH C-076/11 vom 29.11.2011 GOLDEN ELEPHANT/Golden Elephant Brand (Bestätigung von EuG T-303/08 vom 9.12.2010)
- EuGH C-191/11 vom 08.02.2012 NORMA/YORMA'S (Bestätigung von EuG T-213/09 vom 15.2.2011)
- EuGH C-406/11 vom 09.03.2012 ATLASAIR/ATLAS (Bestätigung von EuG T-145/08 vom 16.5.2011)
- EuGH C-081/11 vom 08.03.2012 LESTEROL/RESVEROL (Bestätigung von EuG T-363/09 vom 16.12.2010)
- EuGH C-334/11 vom 29.03.2012 FOCUS/ACNO FOCUS (Bestätigung von EuG T-466/08 vom 14.4.2011)

- EuGH C-354/11 vom 22.03.2012 G/G (Bestätigung von EuG T-187/10 vom 10.5.2011)
- EuGH C-599/11 vom 28.06.2012 Curry King/TOFUKING (Bestätigung von EuG T-99/10 vom 14.4.2011)
- EuGH C-327/11 vom 06.09.2012 POLO-POLO/U.S. POLO ASSN. (Bestätigung von EuG T-228/09 vom 13.4.2011)
- EuGH C-624/11 vom 27.09.2012 BRIGTHON/BRIGHTON (Bestätigung von EuG T-403/10 vom 27.9.2011)
- EuGH C-611/11 vom 10.10.2012 A/A mit zwei Hörnern (Bestätigung von EuG T-174/10 vom 26.10.2011)
- EuGH C-649/11 vom 03.10.2012 ROSALIA/ROSALIA DE CASTRO (Bestätigung von EuG T-421/10 vom 5.10.2011)
- EuGH C-042/12 vom 29.11.2012 alpine/ALPINE PRO SPORTSWEAR & EQUIPMENT (Bestätigung von EuG T-434/10 vom 5.11.2011)
- EuGH C-261/12 vom 17.01.2013 AJ ARMANI JEANS/AJ AMICI JUNIOR (Bestätigung von EuG T-420/10 vom 27.3.2012)
- EuGH C-393/12 vom 21.03.2013 HELLIM/HALLOUMI (Bestätigung von EuG T-534/10 vom 13.6.2012)
- EuGH C-354/12 vom 11.4.2013 FEMIFERAL/feminatal (Bestätigung von EuG T-110/11)

Neben den Vorentscheidungen zu den vorstehenden EuGH-Urteilen hat das EuG folgende einschlägige Urteile gefällt; dabei ist die GMA an erster und die ältere Marke an zweiter Stelle genannt. **178**

Verwechslungsgefahr bejaht: **179**
- **ELS = iLS** (mit Bild) T-388/00 vom 23.10.2002, GRUR Int 2003, 237
  Angesichts der Dominanz des Wortbestandteils »iLS« reicht der Unterschied im Anfangsbuchstaben nicht aus, zumal bei englischer Aussprache der GMA neben optischer auch klangliche Ähnlichkeit besteht; für identische/ähnliche Waren und DL in den Klassen 16 und 41 (siehe auch Art 8 Rdn 160).
- **MYSTERY** (Schriftbild) = **Mixery** T-99/01 vom 15.1.2003, GRUR Int 2003, 760
  Klangliche Ähnlichkeit bei schriftbildlicher Unähnlichkeit und abweichendem, aber vermeintlich unklarem Sinngehalt; für ähnliche Waren in Klasse 32 (siehe auch Art 8 Rdn 166).
- **MUNDICOR = MUNDICOLOR** T-183/02 vom 17.3.2004, GRUR Int 2004, 647

Ausgeprägte bildliche und klangliche Ähnlichkeit wird durch semantische Unähnlichkeit nicht neutralisiert; für identische/ähnliche Waren in Klasse 2.

– **DIESELIT** = **DIESEL** T-186/02 vom 30.6.2004, GRUR Int 2004, 854
Klangliche, bildliche und semantische Ähnlichkeit, bloße Hinzufügung der Endung -IT reicht nicht aus; für identische und ähnliche Waren in Klasse 7, 11 und 21 (siehe auch Art 8 Rdn 171).

– **Glove** (mit Mövenbild) = **GLOBE** (Wortbild) T-261/03 vom 10.12.2004 (Beschluss ohne Begründung, weil Klage offensichtlich unbegründet) Bestätigt Beschwerdeentscheidung R 67/2001-2 vom 19.5.2003: Klangliche und visuelle Ähnlichkeit; für identische Waren in Klasse 25

– **INTEA** = **INTESA** T-353/02 vom 13.4.2005
Begrifflicher Unterschied kann klangliche und visuelle Ähnlichkeit (namentlich in Italien) nicht neutralisieren; für identische/ähnliche Waren in den Klassen 3 und 21

– **RUFFLES** = **RIFFELS** T-269/02 vom 21.4.2005, GRUR Int 2005, 604
Verwechselbarkeit für ähnliche Waren in Klasse 30 nicht bestritten; die eingewandten älteren Rechte aus Gegenstand der GMA im Schutzland der nationalen Widerspruchsmarke sowie die daraus abgeleitete Koexistenzsituation durch deren Benutzung sind nicht ausreichend belegt (anders als im Falle »Goldshield/Shield« R 415/1999-1, siehe Art 8 Rdn 191).

– **ALADIN** = **ALADDIN** T-126/03 vom 14.7.2005 GRUR Int 2005, 914
Ähnlichkeit oder Identität hinsichtlich aller Aspekte; für ähnliche Waren in Klasse 3 an Gewerbetreibende.

– **ALREX** = **ARTEX** T-154/03 vom 17.11.2005, GRUR Int 2006, 141
Bildlich und klanglich ähnlich, keine Neutralisierung durch mögliche begriffliche Unterschiede, für ähnliche Arzneimittel unterschiedlicher Indikation in Klasse 5.

– **PERFIX** (mit Bild) = **cerfix** (mit Grafik) T-206/04 vom 1.2.2006
Starke phonetische Ähnlichkeit der Worte wird nicht durch die Abweichungen neutralisiert und reicht aus (vgl EuGH-Urteil Lloyd), für identische/ähnliche Waren in Klasse 6, 17 und 19, die sich an Baufachleute wenden.

– **EuroMASTER** (mit Bild/Grafik) = **EUROMASTER** T-31/04 vom 15.3.2006
Ähnlichkeit in allen Aspekten, aber Produktidentität bzw -ähnlichkeit nur bei Reifen in Klasse 12.

- **Emergia** (+ Grafik und Farbe) = **EMERGEA** T-172/04 vom 27.9.2006
  Im Bereich der identischen/ähnlichen Telefondienstleistungen (Klasse 38)
  besteht wegen der Zeichenähnlichkeit Verwechslungsgefahr.
- **GALZIN** = **CALSYN** T-483/04 vom 17.10.2006, GRUR Int 2007, 416
  Angesichts der visuellen und klanglichen Ähnlichkeit genügt entgegen
  der BK-Meinung die erhöhte Aufmerksamkeit des Publikums gegenüber
  Arzneimitteln (Klasse 5) nicht, eine Verwechslungsgefahr auszuschließen.
- **RESPICUR** = **RESPICORT** T-256/04 vom 13.2.2007, GRUR Int
  2007, 593
  Die für (identische) Arzneimittel bestimmten Marken sind visuell und
  klanglich ähnlich. Für Endverbraucher (Patienten) steht auch begriffliche
  Ähnlichkeit, die für Fachleute (Ärzte, Apotheker) jedoch gering ist.
- **ALLTREK** = **TREK** T-158/05 vom 16.5.2007, GRUR Int 2007, 1014
  Im Bereich ähnlicher Waren besteht Verwechslungsgefahr, aber Kraftfahr-
  zeuge und Fahrräder sind nicht ähnlich.
- **Ω OMEGA** = **OMEGA** T-90/05 vom 6.11.2007, IIC 2008, 625
  Im Bereich identischer/ähnlicher W/DL besteht Verwechslungsgefahr, der
  die Existenz älterer nationaler Eintragungen für die GMA als der Wider-
  spruchsmarke (und eine dortige Koexistenz) nicht mit Erfolg entgegen-
  gehalten werden kann.
- **Top iX** = **TOFIX** T-57/06 vom 7.11.2007
  Angesichts identischer Waren begründen die optische und vor allem phonetische Ähnlichkeit die Verwechslungsgefahr.
- **Bial** (Wortgrafik) = **BIAL** T-10/06 vom 11.12.2007
  Für identische bzw. ähnliche Waren in Klasse 5 und einschlägige Dienstleistungen in Klasse 42 besteht aufgrund visueller Ähnlichkeit und phonetischer Identität der Marken Verwechslungsgefahr.
- **AMPLITUDE** = **Amply** (farbig) T-9/05 vom 15.1.2008
  Von der Widerspruchsabteilung wurde der Widerspruch zurückgewiesen,
  von der BK wurde ihm jedoch stattgegeben. Im Hinblick auf die Bedeutung der insoweit übereinstimmenden Wortanfänge für die visuelle
  Ähnlichkeit, die deutliche klangliche Ähnlichkeit für die relevanten spanischen Verbraucher und die semantische Verwandtschaft der Marken-
  worte besteht Verwechslungsgefahr in Bezug auf die identischen Waren
  Brillen und (optische) Linsen.
- **Orsay** (+ Grafik und Farbe) = **D'ORSAY** (+ Bild) T-378/04 vom
  14.2.2008

In Bezug auf die identischen Waren Bekleidungsstücke (Klasse 25) besteht in Spanien Verwechslungsgefahr aufgrund visueller und vor allem klanglicher Ähnlichkeit. (Gleiches gilt für den Parallelfall T-39/04)

- **GALVALLOY = GALVALLIA** T-189/05 vom 14.2.2008
  Die Widerspruchsabteilung gab dem Widerspruch statt, die BK wies ihn ab. Das Gericht hob den BK-Beschluss auf und stellte fest, dass im Hinblick auf Warenidentität (Stahlprodukte mit Schutzüberzug) die visuell sehr ähnlichen Marken hinsichtlich ihres Bestandteils »alloy« (= Legierung) auch im französischen Sprachraum ›englisch‹ verstanden werden und daraus eine phonetische Ähnlichkeit resultiert sowie wegen der beiderseitigen Bezugnahme auf Galvanisierung und Legierung auch begriffliche Verwandtschaft vorliegt, so dass sie einer Verwechslungsgefahr unterliegen.

- **WORDLINK = LINK** (+ Grafik) T-325/04 vom 27.2.2008
  Für Finanzdienstleistungen in Klasse 36 besteht Verwechslungsgefahr, weil auch in der GMA der mit der Widerspruchsmarke identische Bestandteil die Kennzeichnungskraft von »WORLD« (trotz dessen Anfangsstellung) überwiegt.

- **EL TIEMPO = TELETIEMPO** T-233/06 vom 22.4.2008
  In Bezug auf identische W/DL in den Klassen 16 und 38 begründet der den Marken gemeinsame Bestandteil »TIEMPO« eine Verwechslungsgefahr, nachdem die jeweils anderen Markenbestandteile geringe Unterscheidungskraft besitzen.

- **REVERIE = REVERT** (+ Bild Indianerkopf) T-246/06 vom 6.5.2008
  Hinsichtlich der streitbefangenen identischen Textilwaren (Klasse 24) besteht visuelle Ähnlichkeit der GMA mit der GM sowie klangliche Ähnlichkeit in Deutsch und Spanisch, während in Deutschland, Spanien und Österreich keine Begrifflichkeit vorliegt, so dass dort Verwechslungsgefahr besteht.

- **exē = EXE** T-96/06 vom 10.9.2008
  Identität der Waren Schuhe in Kl. 25 und eines Teils der Lederwaren in Kl.18 führten in allen Instanzen zur Bejahung der Markenähnlichkeit und Verwechslungsgefahr.

- **CAPIO = CAPIOX** T-325/06 vom 10.9.2008
  Der auf Vorrichtungen zum Legen einer chirurgischen Naht (Klasse 10) beschränkten GMA stand eine für Oxygenatoren in derselben Klasse benutzte nationale Widerspruchsmarke gegenüber. Die Widerspruchsabteilung wies den Widerspruch ab, die BK gab ihm statt, bestätigt vom EuG

unter Hinweis auf den komplementären Charakter jener Geräte und der Ähnlichkeit der Marken.

- **PROMAT = PROMA** (+ Grafik und Produktbild) T-243/06 vom 10.9.2008

  Die aus Metallwaren und Holzteilen für Möbel und Türen bestehenden Streitwaren wenden sich an Fachleute des Baugewerbes und Endverbraucher. Weil der Wortbestandteil der Widerspruchsmarke vollständig in der GMA wiedergegeben ist, besteht angesichts der visuellen und phonetischen Ähnlichkeit sowie der geringen Individualität der Bildbestandteile Verwechslungsgefahr. Entsprechend auch T-300/06 vom 10.9.2008.

- **Ferromix, Inomix, Alumix = FERROMAXX, INOMAXX, ALUMAXX** T305/06 bis T-307/06 vom 15.10.2008 (bestätigt durch EuGH C-579/08 vom 15.1.2010)

  Wenn auch die übereinstimmenden Anfangsteile der jeweiligen Vergleichsmarken kennzeichnungsschwach sind, darf die davon hervorgerufene Ähnlichkeit nicht zu Lasten der dadurch begründeten Verwechslungsgefahr bagatellisiert werden, so dass in Bezug auf identische/ähnliche Waren in den Klassen 1 und 4 die verneinende Entscheidung der BK aufgehoben wurde.

- **PRAZOL = PREZAL** T-95/07 vom 21.10.2008

  Bei Warenidentität (Arzneimittel) gab die Widerspruchsabteilung dem Widerspruch statt, die BK wies ihn zurück, und das EuG hob den BK-Beschluss auf, weil die Zeichen visuell und phonetisch sehr ähnlich seien und die ihrer Natur nach identischen Waren sich auch an Endverbraucher wenden.

- **Affilene** (+ Grafik) **= AFFILIN** T-87/07 vom 12.11.2008

  Auch hier war angesichts der großen Markenähnlichkeit vor allem die Produktähnlichkeit im Streit: Extrakte von medizinischen Pflanzen für die pharmazeutische, kosmetische und Lebensmittel-Industrie in Klasse 1 der GMA standen ua biologische Zubereitungen für Laboranalysen und -diagnosen sowie pharmazeutische und Veterinär-Produkte in Klasse 5 gegenüber, so dass im Gegensatz zur Widerspruchsabteilung die BK dem Widerspruch nur bezüglich der Pflanzenextrakte für die pharmazeutische Industrie stattgab und ihn im Übrigen abwies. Diese Beschränkung hob das Gericht auf, welches Produktähnlichkeit und Verwechslungsgefahr in vollem Umfange als gegeben ansah.

- **Q2WEB = QWEB** (und QWEB Certified Site + Grafik) T-24/07 vom 12.11.2008, GRUR Int 2009, 594 (Nichtigkeit)

Bei Identität oder Ähnlichkeit der jeweils erfassten W/DL in den Klassen 9, 35, 38 und 42 besteht (unterschiedlich starke) Ähnlichkeit der Marken hinsichtlich aller Aspekte und damit Verwechslungsgefahr.

– **Ecoblue = BLUE** T-281/07 vom 12.11.2008 (bestätigt durch EuGH C-23/09 vom 22.1.2010)
Die DL der GMA in den Klassen 35, 36 und 38 sind mit denen der Widerspruchsmarke und ihren Waren in Klasse 9 identisch oder ähnlich, und weil die Widerspruchsmarke gänzlich in der GMA enthalten ist, besteht beim allgemeinen Publikum, welches einen nicht vernachlässigbaren Teil des relevanten Verkehrs bildet, Verwechslungsgefahr.

– **ATOZ = ARTOZ** T-100/06 vom 26.11.2008
Angesichts visueller und phonetischer Ähnlichkeit – und begrifflicher Neutralität – besteht für identische/ähnliche DL Verwechslungsgefahr.

– **Cellutrim = Cellidrin** T-169/07 vom 2.12.2008 (Beschluss/Nichtigkeit)
Die beiderseits sich an Fachleute (Ärzte, Apotheker) und Endverbraucher wendenden Arzneimittel sind ähnlich, und die betroffenen Marken sind sowohl klanglich als auch schriftbildlich für deutsches Publikum ähnlich, daher besteht Verwechslungsgefahr.

– **Vitro** (+ Grafik) **= VITRAL** T-412/06 vom 10.12.2008
Das für Bauzwecke bestimmte Glas der GMA ist den ebenfalls in die Klassen 19 fallenden Bauelementen der widersprechenden GM identisch oder ähnlich, und weil auch die Marken visuell sowie phonetisch ähnlich sind, besteht außerhalb des lateinischen Sprachraums – wo die Anlehnung an »vitro« erkennbar ist – auch bei Fachleuten Verwechslungsgefahr. Entsprechend T-295/07 vom 10.12.2008.

– **METRONIA** (+ Grafik) **= METRO** (gelb) T-290/07 vom 10.12.2008
Mit Blick auf identische Waren und Dienstleistungen in den Klassen 9, 20, 28 und 41 gab die Widerspruchsabteilung dem Widerspruch statt, die BK wies ihn wegen vermeintlich fehlender Markenähnlichkeit zurück. Diesen Beschluss hob das Gericht auf und bejahte, trotz fehlender visueller und begrifflicher Ähnlichkeit, aufgrund phonetischer Ähnlichkeit die Verwechslungsgefahr.

– **DADA** (+ Bild) **= DADA** T-101/07 vom 10.12.2008
Die in die Klasse 42 fallenden Dienstleistungen beider Marken sind hinreichend ähnlich, um angesichts der (partiellen) Markenidentität eine Verwechslungsgefahr zu begründen.

– **Vitro = VITRAL** T-295/07 vom 10.12.2008
Angesichts identischer oder hochgradig ähnlicher Waren in Klasse 19 führt die Übereinstimmung der GMA mit der Widerspruchsmarke in

den vier ersten Buchstaben zu visueller und phonetischer, aber auch begrifflicher Ähnlichkeit, der die unterschiedlichen Endungen nicht entgegenwirken können, so dass Verwechslungsgefahr besteht.

– **SPALINE = SPA** T-21/07 vom 25.3.2009

Weil die Kosmetikprodukte der GMA sich an dasselbe Publikum wenden wie das Mineralwasser der Widersprechenden, besteht angesichts der Bekanntheit der Widerspruchsmarke iSv Art 8 (5) die Gefahr einer Ausnutzung der Wertschätzung der Widerspruchsmarke.

– **milkoΔ** (+ Bild und Grafik) = **Milka** (+ Grafik) T-204/06 vom 10.6.2009

Gegenüber der großen optischen und phonetischen Ähnlichkeit von »milko« und »Milka« treten die weiteren Bestandteile der GMA als Unterscheidungsmerkmale zurück, zumal das griechisch geschriebene »DELTA« von vielen Endverbrauchern in der Gemeinschaft nicht erkannt und daher bei der Bezugnahme weggelassen wird; die Waren sind hochgradig ähnlich.

– **OPDREX** (+ Grafik) = **OPTREX** T-33/08 vom 11.6.2009

Wegen der weitgehenden Buchstaben-Übereinstimmung besteht visuelle Ähnlichkeit, und entsprechendes gilt für den phonetischen Eindruck, während eine begriffliche Übereinstimmung sich zumindest nicht aufdrängt. In Bezug auf die ähnlichen oder gar identischen Waren in der Klasse 5 (chirurgische Tücher und Verbandmaterial) besteht mithin Verwechslungsgefahr.

– **LiBRO** (+ Grafik) = **LIBERO** (+ Grafik) T-418/07 vom 18.6.2009

Ein Teil der Anmeldewaren/Dienstleistungen in den Klassen 9, 38, 42 ist mit einem Teil der in dieselben Klassen fallenden Produkte der GMA identisch oder ähnlich. Angesichts der weitgehenden Buchstabenübereinstimmung besteht visuelle Ähnlichkeit, gleiches gilt für die klangliche Ähnlichkeit, während die begriffliche begrenzt ist; hiernach besteht Verwechslungsgefahr, ohne dass diese durch eine verringerte Kennzeichnungskraft der Widerspruchsmarke ausgeräumt werden könne.

– **Centrix = sensixx** T-446/07 vom 15.9.2009 (bestätigt durch EuGH C-448/09 vom 30.6.2010)

Trotz geringer Kennzeichnungskraft der Widerspruchsmarke ist wegen großer klanglicher und durchschnittlicher bildlicher Ähnlichkeit bei Unvergleichbarkeit in begrifflicher Hinsicht Verwechselbarkeit gegeben, zumal das maßgebliche Publikum beim Erwerb der Waren (Klasse 7) keine besondere Aufmerksamkeit aufbringt.

- **Zerorh+** (»zero« rote Buchstaben) = **zero** T-400/06 vom 16.9.2009
  Die – auf der Hand liegende – Ähnlichkeit der Marken bezüglich aller
  Kriterien führt bei identischen/ähnlichen Waren in den Klasse 9 (Brillen
  etc), 18 und 25 zur Verwechslungsgefahr.
- **Bebimil** = **BLEMIL** T-221/06 vom 16.9.2009
  Für identische oder ähnliche Waren in den Klassen 5 (Baby-Produkte),
  29, 30 und 32 besteht aufgrund der bildlichen und klanglichen Ähnlich-
  keit der Marken Verwechslungsgefahr.
- **FILDOR** = **PHILDAR** T-99/06 vom 23.9.2009
  Während die BK trotz identischer oder ähnlicher Waren in den Kl. 22 bis
  26 den bildlichen Unterschied wegen unterstellten ›Kaufs auf Sicht‹ für
  stärker hielt als die klangliche Übereinstimmung, bestätigte das Gericht
  die Verwechslungsgefahr aufgrund der überwiegenden Ähnlichkeiten.
- **Agile** (Handschrift) = **Aygill's** T-386/07 vom 29.10.2009
  Entgegen der BK-Auffassung sind der bildliche Unterschied und der Begriffsinhalt der GMA (in einigen Ländern) nicht entscheidend. Im Ge-
  samteindruck besteht genug Ähnlichkeit, um die Verwechslungsgefahr bei
  identischen Waren in den Klassen 18, 25 und 28 (Sportgeräte) festzustellen.
- **CITRACAL** = **CICATRAL** T-277/08 vom 11.11.2009
  In visueller und phonetischer Hinsicht sind die Marken sehr ähnlich, und
  weil keine klare begriffliche Zuordnung möglich ist, besteht bei gleichen
  Waren in Kl.5 Verwechslungsgefahr.
- **Clina** = **Clinair** T-150/08 vom 11.11.2009 (bestätigt durch EuGH
  C22/10 vom 27.10.2010)
  Die problematische Begründung für die richtige Entscheidung (»clin« cle-
  an ist beschreibend!) macht die Schwierigkeit deutlich, mit linearer De-
  duktion die Komplexität eines Gesamteindrucks zu erfassen.
- **TRUBION** = **TriBion Harmonics** (+ Grafik) T-412/08 vom 15.12.2009
  Der mit der GMA sehr ähnliche Wortbestandteil der Widerspruchsmarke
  ist dominant. Verwechslungsgefahr in Bezug auf ähnliche Arzneimittel in
  Klasse 5.
- **GIORDANO** = **GIORDANO** T-483/08 vom 16.12.2009
  Verwechslungsgefahr auch jenseits der absolut ausgeschlossenen Schuhwa-
  ren der älteren Marke, nämlich in den Klassen 25 und 18.
- **R.U.N.** = **ran** T-490/07 vom 17.12.2009
  Wegen der phonetischen und begrifflichen Ähnlichkeit besteht Verwechs-
  lungsgefahr bei den identischen oder ähnlichen Dienstleistungen in den
  Klassen 35, 38 und 42.

- AVANZALENE = AVANZ T-477/08 vom 4.3.2010
  Die sich gegenüberstehenden Waren (pharmazeutische Erzeugnisse) waren identisch. Einen Bedeutungsgehalt wiesen beide Zeichen nicht auf, wohl aber eine gewisse bildliche Ähnlichkeit, weil sie fünf Buchstaben in derselben Reihenfolge aufwiesen. In klanglicher Hinsicht wurde eine mittlere Ähnlichkeit festgestellt.
- eliza = ELISE T-130/09 vom 24.3.2010
  Die Zeichen waren sowohl bildlich, klanglich und konzeptionell ähnlich. Die Waren und Dienstleistungen lagen im Identitäts- bzw. Ähnlichkeitsbereich (Klassen 9, 37, 42 einerseits und 9, 16, 35 und 42 andererseits).
- HUNAGRO = UNIAGRO T-423/08 vom 24.3.2010
  Die Waren der GMA (konserviertes Obst und Gemüse) lagen im Ähnlichkeitsbereich der Widerspruchswaren (frisches Obst und Gemüse). Relevant war der europäische Durchschnittsverbraucher, der in Frankreich das Anfangs-H der GMA nicht mitspricht.
- YoKaNa = YOKONO T-103/06 vom 13.4.2010
  Relevant war der europäische Durchschnittsverbraucher der sich in den Klassen 18 und 25 gegenüberstehenden identischen Waren. Die Zeichen wurden als schriftbildlich, begrifflich und klanglich ähnlich eingestuft.
  Die Beurteilung der Zeichenähnlichkeit ist in klanglicher Hinsicht nicht nachzuvollziehen. Während man die Ähnlichkeit in begrifflicher Hinsicht mit der Begründung, dass der Verbraucher beiden Zeichen einen asiatischen Ursprung zuweisen wird, noch folgen kann, ist eine klangliche Ähnlichkeit zwischen den Zeichen nicht mehr gegeben. Dies ändert nichts an der Richtigkeit der Entscheidung, da bei Warenidentität bereits die Ähnlichkeit im Schriftbild oder in begrifflicher Hinsicht zur Bejahung der Verwechslungsgefahr ausreicht.
- PROCAPS = PROCAPTAN T-35/09 vom 2.6.2010
  Relevant war das Fachpublikum in Italien ebenso wie der italienische Durchschnittsverbraucher, die in Rede stehenden Waren waren insbesondere Arzneimittel. Die Dienstleistungen der GMA in den Klassen 35, 39, 40 und 44 lagen nach Auffassung des Gerichts im Ähnlichkeitsbereich mit den in die Klasse 5 fallenden Waren der italienischen Widerspruchsmarke. Aufgrund der Ähnlichkeiten der Zeichen in klanglicher und bildlicher Hinsicht bestand ungeachtet der Existenz anderer Zeichen mit der Vorsilbe »PROCA« Verwechslungsgefahr.
- RIOJAVINA = RIOJA T-138/09 vom 9.6.2010 (bestätigt durch EuGH C-388/10 vom 24.3.2011)

Sowohl in der Anmeldemarke, einer Wortmarke, als auch in der Widerspruchsmarke, einer Bildmarke, war der Wortbestandteil »RIOJA« der dominante. Die ältere Gemeinschaftskollektivmarke war für »Weine« eingetragen, die GMA sollte für »Essig und Groß- und Einzelhandelsdienstleistungen, Import und Export in Bezug auf Essig« eingetragen werden. Zwischen den Waren der Widerspruchsmarke und den Waren und Dienstleistungen der GMA bestand geringe Ähnlichkeit. Deshalb und aufgrund der visuell, klanglich und begrifflich ähnlichen Zeichen bestand Verwechslungsgefahr.

– **KREMEZIN = KRENOSIN** T-487/08 vom 16.6.2010
Die sich gegenüberstehenden Arzneimittel lagen im Ähnlichkeitsbereich. Relevant waren sowohl das Fachpublikum als auch der Endverbraucher. Dem Endverbraucher wurde aufgrund der Art der Arzneimittel, die zur Behandlung schwerer Krankheiten vorgesehen waren, ein besonderer Grad an Aufmerksamkeit unterstellt. Die sich gegenüberstehenden Zeichen sind klanglich und schriftbildlich ähnlich, am Anfang und am Ende sind sie identisch. Deshalb bestand für die angesprochenen Verkehrskreise Verwechslungsgefahr.

– **ICEBREAKER = ICEBERG** T-112/09 vom 8.9.2010
Es handelte sich um identische Waren (Bekleidung, Schuhwaren) für italienische Durchschnittsverbraucher. Aufgrund der klanglichen und schriftbildlichen Ähnlichkeit bestand Verwechslungsgefahr.

– **SCORPIONEXO = ESCORPION** T-152/08 vom 8.9.2010
Den Waren der GMA der Klassen 9 und 28 (ua Brillen, Motorradhelme, Schutzbekleidungsstücke für Motorradsport) standen Widerspruchswaren in Klasse 28 (ua Sportartikel) gegenüber, die als ähnlich beurteilt wurden. Angesprochen waren Verbraucher in Spanien mit zum Teil höherem und zum Teil niedrigerem Aufmerksamkeitsgrad. Die Zeichen waren schriftbildlich, konzeptionell und unter Berücksichtigung spanischer Ausspracheregeln auch klanglich ähnlich.

– **ENERCON = ENERGOL** T-400/08 vom 13.9.2010
Die sich gegenüberstehenden Waren in den Klassen 1, 2 und 4 waren ähnlich. Das relevante Publikum bestand aus Fachleuten der chemischen Forschung und Industrie. Im Rahmen der Gesamtbeurteilung ist der gemeinsame Anfangsbestandteil »ENER« trotz beschreibenden Anklangs mit zu berücksichtigen, weil das Zeichen in seiner Gesamtheit zu sehen ist. Aufgrund der bildlichen und klanglichen Zeichenähnlichkeit bestand Verwechslungsgefahr.

– **OFTEN = OLTEN** T-292/08 vom 13.9.2010
Den hier zugrunde zu legenden spanischen Verbrauchern war angesichts
der Waren (Uhren und Juwelierwaren) ein erhöhter Aufmerksamkeitsgrad
zuzubilligen. Die Zeichen wiesen optisch und klanglich einen erheblichen
Grad an Ähnlichkeit auf. Es bestand daher Verwechslungsgefahr.

– **smartWings = EUROWINGS** T-72/08 vom 13.9.2010
Die sich gegenüberstehenden Waren und Dienstleistungen waren identisch bzw ähnlich. In den zu vergleichenden Zeichen war »Wings« das dominierende Element. Die Zeichen wurden als konzeptionell, klanglich
und begrifflich ähnlich beurteilt. Somit bestand Verwechslungsgefahr.

– **Sorvir = NORVIR** T-149/08 vom 13.9.2010
Die Produkte waren identisch (Klasse 5), relevante Verkehrskreise waren
Ärzte und Apotheker sowie Endverbraucher. Während die BK schriftbild-
liche und klangliche Ähnlichkeit der Zeichen verneint hatte, bejahte das
EuG die Zeichenähnlichkeit in beiden Hinsichten und hob damit die
BK-Entscheidung zu Recht auf.

– **i GAI = YGAY** T-546/08 vom 21.9.2010
Die Widerspruchswaren (alkoholische Getränke) umfassten die Waren
der GMA (Weine). Die Widerspruchsmarke war eine kombinierte Wort-/
Bildmarke, deren grafischer Bestandteil zu vernachlässigen war, der weitere Wortbestandteil »MARQUÉS DE MURRIETA« wurde als Her-
stellerangabe verstanden. Für den spanischen Durchschnittsverbraucher
bestand daher Verwechslungsgefahr.

– **Seroslim = SEROSTIM** T-201/08 vom 28.9.2010
Die sich gegenüberstehenden Waren (Klassen 3 und 5) lagen teilweise im
Ähnlichkeitsbereich, zum Teil waren sie identisch. Angesichts der hoch-
gradigen Ähnlichkeit der Zeichen bestand Verwechslungsgefahr.

– **Medidata = MeDiTA** T-270/09 vom 30.9.2010
Die GMA war in Klasse 35 für »Durchführung der privatärztlichen Honorarabrechnung« angemeldet. Die Widerspruchsmarke war eingetragen
in Klasse 35 für »Werbung, Geschäftsführung und Unternehmensverwaltung«. Die maßgeblichen Verkehrskreise bestanden aus Privatärzten sowie
aus dem Verwaltungspersonal und dem kaufmännischen Personal von
Arztpraxen und Einrichtungen der medizinischen Versorgung; bei diesen
Verkehrskreisen war von einem erhöhten Aufmerksamkeitsgrad auszugehen. Die Dienstleistung »Geschäftsführung« wurde als hochgradig ähnlich zu den Dienstleistungen der GMA angesehen, weil mit Dienstleistungen der Honorarabrechnung für im Gesundheitssektor Tätige diesen
eine operative Unterstützung bei ihrer administrativen und geschäftlichen

Organisation geboten werden soll. Der Begriff »Geschäftsführung« ist nicht auf Dienstleistungen beschränkt, die mit der Leitung oder Führung eines Unternehmens zusammenhängen.

– **BOTUMAX = BOTOX** T-131/09 vom 28.10.2010
Zwischen den pharmazeutischen Erzeugnissen in der Klasse 5 bestand Identität bzw große Ähnlichkeit. Aufgrund der Identität der ersten drei Buchstaben und des letzten Buchstabens war auch von schriftbildlicher Ähnlichkeit auszugehen, da Zeichenanfänge stärker beachtet werden. Die Ähnlichkeit gilt auch für den klanglichen Vergleich. Da die Widersprechende einen hohen Bekanntheitsgrad ihrer Marke beim Fachverkehr und dem allgemeinen Verbraucher nachgewiesen hatte, bestand selbst bei unterstellter hoher Aufmerksamkeit des Publikums für die Produkte in Klasse 5 Verwechslungsgefahr.

– **GASOLINE = GAS** T-380/09 vom 15.12.2010 (Nichtigkeitsverfahren)
Die identischen Waren (Brillen) richteten sich an den allgemeinen Durchschnittsverbraucher in der EU, der bei solchen Waren einen etwas höheren Grad an Aufmerksamkeit aufwendet. Angemeldet war die Wortmarke »GASOLINE«, die Widerspruchsmarken (Wort-/Bildmarken) wurden durch den Wortbestandteil »GAS« geprägt. Die Übereinstimmungen hinsichtlich des Bestandteils »GAS« reichte dem EuG aus, um aufgrund der klanglichen und konzeptionellen Ähnlichkeit zwischen den Zeichen insgesamt eine Verwechslungsgefahr zu bejahen.

– **Solaria = SOLARTIA** T-188/10 vom 15.12.2010
Beide Marken waren Wort-/Bildmarken, die sich hinsichtlich ihrer bildlichen Bestandteile unterschieden. Die sich gegenüberstehenden Dienstleistungen waren identisch. Es bestanden zwischen den die Marken jeweils dominierenden Wortbestandteilen eine hochgradige klangliche Ähnlichkeit sowie ein gewisser Grad an Ähnlichkeit in bildlicher und konzeptioneller Hinsicht.

– **RESVEROL = LESTEROL** T-363/09 vom 16.12.2010 (bestätigt durch EuGH C-081/11 vom 8.3.2012)
Die sich gegenüberstehenden Waren in der Klasse 5 waren identisch oder ähnlich. Die Verkehrskreise bestanden aus Fachpublikum und Verbrauchern mit einem höheren Grad von Aufmerksamkeit in Österreich, Deutschland, Frankreich, Ungarn, Rumänien und dem Benelux-Raum. Die Zeichen wurden als klanglich und schriftbildlich ähnlich angesehen. Der erstmals vor dem Gericht erhobene Nichtbenutzungseinwand war unbeachtlich.

- **Topcom** = TOPCOM T-336/09 vom 19.1.2011
  Die GMA sollte eingetragen werden für »elektrische Küchenmaschinen und -geräte, insbesondere Waagen«. Die Widerspruchsmarke war für eine große Anzahl von Waren der Klasse 9 eingetragen, unter anderem für »Thermometer«. Elektrische Thermometer für den Gebrauch in der Küche waren vom Warenverzeichnis der GMA erfasst. Es bestand daher Waren- und Zeichenidentität.

- **ALPHAREN** = ALPHA D3 T-222/09 vom 9.2.2011
  Ungeachtet dessen, dass die sich gegenüberstehenden pharmazeutischen Erzeugnisse verschreibungspflichtig waren, kam das EuG zu der Schlussfolgerung, dass die maßgeblichen Verkehrskreise sich sowohl aus medizinischen Fachleuten als auch aus Durchschnittsverbrauchern zusammensetzten. Ein etwaiger Irrtum der Beschwerdekammer hinsichtlich der Freiverkäuflichkeit der sich gegenüberstehenden Arzneimittel war deshalb unerheblich.

- **YORMA'S** = NORMA T-213/09 vom 15.2.2011 (bestätigt durch EuGH C-191/11 vom 8.2.2012)
  Die relevanten Verkehrskreise bestanden zum Teil aus Fachleuten mit höherem Aufmerksamkeitsgrad und zum Teil aus Durchschnittsverbrauchern; deshalb war auf die Verkehrskreise mit dem geringsten Aufmerksamkeitsgrad abzustellen. Die angemeldeten Dienstleistungen in den Klassen 35 und 42 (Einzelhandelsdienstleistungen, Beherbergung von Gästen) lagen im Ähnlichkeitsbereich mit den Widerspruchswaren (Lebensmittel in den Klassen 29, 30, 32 und 33), weil es sich insoweit um einander ergänzende Waren und Dienstleistungen handelt. Aufgrund der Ähnlichkeit der Zeichen bestand Verwechslungsgefahr.

- **Friboi** = FRIBO T-324/09 vom 17.2.2011
  Die Waren waren identisch bzw ähnlich (Fleisch, Gemüse), die Zeichen hochgradig ähnlich. Für das relevante englischsprachige Publikum besteht Verwechslungsgefahr.

- **COMIT**= Comet T-84/08 vom 7.4.2011
  Es ging um die an den deutschen Durchschnittsverbraucher gerichteten Dienstleistungen der Klassen 35, 36, 41 und 42. Die Zeichen sind klanglich und bildlich ähnlich. Die in begrifflicher Hinsicht bestehenden Unterschiede fallen nicht entscheidend ins Gewicht.

- **APETITO** = apetito T-129/09 vom 4.5.2011
  Angesichts der Identität der Marken kam es nur noch auf die Ähnlichkeit der sich gegenüberstehenden Waren an (Klasse 29); die Auslegung des

Warenverzeichnisses der Widerspruchswaren ergab, dass den Milchprodukten der GMA Speisen aus Milchprodukten gegenüberstanden.
- **Olymp = OLIMPO** T-203/09 und T-204/09 vom 5.5.2011
  Die sich in den beiden Verfahren gegenüberstehenden Waren sind identisch (Bekleidungsstücke). Die Zeichen sind klanglich, schriftbildlich und konzeptionell ähnlich. Für den relevanten spanischen Verbraucher bestand damit Verwechslungsgefahr.
- **Cheapflights = CheapFlights, CheapFlights.ie, CheapFlights.tm** T-460/09 und T-461/09 vom 5.5.2011
  Die BK hatte die Zeichen im Gegensatz zur WA nicht für verwechselbar angesehen aufgrund des deskriptiven Charakters der Wortbestandteile für die angemeldeten DL. Dem folgte das EuG nicht und hob die Beschlüsse der BK auf.
- **FLACO = FLACO** T-74/10 vom 11.5.2011
  Die spanische Widerspruchsmarke war für »landwirtschaftliche Maschinen« eingetragen, die begrifflich die angemeldeten Waren (Melkmaschinen) umfassen oder als komplementär gelten zu den ebenfalls angemeldeten »Waschmaschinen für Melkmaschinen«. Die erst vor der Beschwerdekammer erhobene Nichtbenutzungseinrede war nicht statthaft.
- **PEPEQUILLO = PEPE, PEPE JEANS** T-580/08 vom 19.5.2011
  Die sich gegenüberstehenden Waren der Klassen 18 und 25 waren identisch bzw ähnlich. Relevant waren der europäische Durchschnittsverbraucher aufgrund einer Widerspruchsgemeinschaftsmarke und der spanische Durchschnittsverbraucher, da die Widerspruchsmarken in Spanien einen höheren Bekanntheitsgrad hatten. Aufgrund der Ähnlichkeit der Zeichen in Bild, Klang und Bedeutung bestand Verwechslungsgefahr.
- **E-PLEX = EPILEX** T-0161/10 vom 24.5.2011
  Die Widerspruchsmarke war eingetragen für Antiepileptika, die der Anmelder aus seinen Waren (pharmazeutische Erzeugnisse) durch Teillöschung ausdrücklich ausgeschlossen hatte. Gleichwohl bestand noch eine nicht allzu hohe Warenähnlichkeit. Für die hier relevanten portugiesischen Verkehrsbeteiligten bestand keine begriffliche Ähnlichkeit, jedoch eine ausreichende klangliche Ähnlichkeit. Auch beim unterstellt überdurchschnittlich aufmerksamen Publikum war im Ergebnis Verwechslungsgefahr festzustellen.
- **ancotel = ACOTEL** T-408/09 vom 24.05.2011
  Die WA hatte dem Widerspruch stattgegeben, die BK die dagegen gerichtete Beschwerde zurückgewiesen. Die BK hatte festgestellt, dass die An-

melderin nicht den von der WA vorgenommenen Vergleich der einander gegenüberstehenden Marken angegriffen habe. Hinsichtlich der maßgeblichen Verkehrskreise hatte die BK ausgeführt, dass die von der Anmeldung erfassten Dienstleistungen nach deren Beschränkung für gewerbliche Nutzer bestimmt seien und an anderer Stelle ausgeführt, dass für die Feststellung einer möglichen Verwechslungsgefahr davon auszugehen sei, dass es sich bei den von diesen Dienstleistungen angesprochen Verkehrskreisen um Durchschnittsverbraucher in sämtlichen Ländern der Europäischen Union handele.

Das EuG sah diese Feststellungen als verfahrensfehlerhaft an, da die BK eine eigenständige Prüfung der Frage der Verwechslungsgefahr vorzunehmen hat und dass die BK unzutreffende Feststellungen für die relevanten Verkehrskreise getroffen hat, so dass die Entscheidung aufzuheben war.

– **SYTECO = TECO** T-229/10 vom 15.6.2011
Die Verkehrsbeteiligten setzten sich aus Fachleuten und allgemeinen Verbrauchern mit höherem Aufmerksamkeitsgrad aus den Ländern Deutschland, Spanien, Großbritannien und Benelux zusammen. Die sich gegenüberstehenden Waren und Dienstleistungen waren zum Teil identisch, zum Teil ähnlich. Die Widerspruchsabteilung hatte die Zeichen nur im Warenidentitätsbereich als verwechslungsfähig angesehen, die Beschwerdekammer hatte nach Anschlussbeschwerde den Bereich auch auf die ähnlichen Waren und Dienstleistungen erstreckt. Dieses Ergebnis hat das EuG bestätigt. Da der Wortanfang »SY« in englisch- und französischsprachigen Ländern gebräuchlich war, galten die Zeichen in Großbritannien und den Benelux-Staaten als ähnlich.

– **GLÄNSA = GLANZ** T-88/10 vom 13.7.2011
Die für den europäischen Durchschnittsverbraucher bestimmten Waren der Klasse 11 waren identisch. Zwar haben die Zeichen für schwedische bzw deutsche Verbraucher einen klaren begrifflichen Aussagegehalt, für die übrigen Verbraucher in der Europäischen Union haben die Zeichen jedoch keine Bedeutung. Somit bestand aufgrund der visuellen und klanglichen Ähnlichkeiten Verwechslungsgefahr.

– **ZUFAL = ZURCAL** T-222/10 vom 14.7.2011
Relevant war der EU-Durchschnittsverbraucher mit erhöhtem Grad an Aufmerksamkeit für die identischen sich hier gegenüberstehenden Waren der Klasse 5. Die Zeichen wurden als visuell und klanglich ähnlich angesehen, wobei die klangliche Ähnlichkeit insbesondere in Bezug auf den deutschen Verbraucher festgestellt wurde.

- **ERGO = URGO** T-220/09 vom 15.7.2011
  Es ging um Waren in den Klassen 3 und 5, die für den europäischen Durchschnittsverbraucher bestimmt waren.
  Beide Zeichen bestehen aus zwei Silben, deren Aussprache in Rhythmus und Sprachmelodie übereinstimmt. In der englischen Sprache sind die Zeichen klanglich hochgradig ähnlich. Außerdem sind die Zeichen schriftbildlich ähnlich.
- **ERGO = CERGO** T-0382/09 vom 9.9.2011
  Die Widerspruchsmarke war eingetragen für »Ofen zur Herstellung von Zahnersatz und -implantaten«, die GMA sollte eingetragen werden für »Zahnfüllmittel und Abdruckmassen für zahnärztliche Zwecke, zahnärztliche Instrumente und Apparate«. Die sich gegenüberstehenden Waren wurden als durchschnittlich ähnlich beurteilt. Das relevante Publikum bestand aus Zahnärzten und Zahntechnikern in der Europäischen Union, mithin aus Fachleuten mit erhöhter Aufmerksamkeit. Die Zeichen sind bildlich und klanglich ähnlich. Während »CERGO« keinen Bedeutungsgehalt in einer der europäischen Sprachen aufweist, handelt es sich bei »ERGO« um ein lateinisches Wort mit einer Bedeutung »also« oder »folglich«, das in dieser Bedeutung in einigen europäischen Sprachen existiert. Jedoch würden nicht alle maßgeblichen Verbraucher die ursprüngliche lateinische Bedeutung dieses Wortes unmittelbar erfassen, so dass der begriffliche Vergleich der beiden in Rede stehenden Zeichen neutral ausfalle. Aufgrund der klanglichen und schriftbildlichen Ähnlichkeit und der Warenähnlichkeit bestand Verwechslungsgefahr.
- **IC4 = ICE** T-274/09 vom 9.9.2011
  Sowohl die Widerspruchsabteilung als auch die Beschwerdekammer hatten den Widerspruch zurückgewiesen. Das EuG hob beide Entscheidungen auf. Aufgrund der identischen Dienstleistungen und der Zeichenähnlichkeit sowie des Umstands, dass die Widerspruchsmarke in Deutschland aufgrund ihrer Bekanntheit eine hohe Kennzeichnungskraft aufwies, bestand Verwechslungsgefahr.
- **OMNICARE = OMNICARE** T-290/09 vom 9.9.2011 **OMNICARE CLINICAL RESEARCH = OMNICARE** T-289/09 vom 9.9.2011
  Die sich gegenüberstehenden Dienstleistungen waren noch als geringfügig ähnlich anzusehen. Bei der Widerspruchsmarke bestand der »Anfangsbuchstabe« aus einem Kreis und weiteren grafischen Elementen, danach folgten die Buchstaben »MNICARE«; aufgrund der Positionierung und Ausgestaltung wurde vom Verkehr jedoch der Begriff »OMNICA-

RE« erkannt. Mithin bestand für das hier relevante deutsche medizinische Fachpublikum Verwechslungsgefahr.
- **META = METAFORM** T-1/09 vom 20.9.2011
  Die sich insbesondere in den Warenklassen 11, 20 und 21 gegenüberstehenden Waren waren identisch bzw. ähnlich. Die Widerspruchsmarke verfügte außerdem über einen Bildbestandteil, der jedoch nicht als prägend anzusehen war, die Wiedergabe der Marke erfolgte mit dem Wortbestandteil. Die Marken wurden als klanglich und visuell ähnlich angesehen, wobei die klangliche Ähnlichkeit größer war. In begrifflicher Hinsicht galten die Zeichen als ähnlich bei denjenigen Verkehrsbeteiligten, die »META« von ihrer Bedeutung her kennen.
- **LOOPIA = LOOP/LOOPY** T-150/10 vom 29.9.2011
  Die Dienstleistungen der GMA in Klasse 42 (Hosting von Webseiten) lagen im Ähnlichkeitsbereich mit den Widerspruchsdienstleistungen der einen Widerspruchsmarke »LOOP« in den Klassen 38 und 42; zu den Waren der anderen Widerspruchsmarke (Software und Telekommunikationsausrüstung) bestand ein funktionelles Ergänzungsverhältnis, da die Produkte zur Informationstechnologie gehören und in Verbindung mit Computerprogrammen stehen. Aufgrund der bildlichen und klanglichen Ähnlichkeit war Verwechslungsgefahr festzustellen, so dass die BK-Entscheidung aufzuheben war, mit der die Verwechslungsgefahr verneint wurde, weil diese unzutreffend von Waren- und Dienstleistungsunähnlichkeit ausgegangen war.
- **BLAST = BLAST** T-425/09 vom 6.10.2011
  Die sich gegenüberstehenden Waren (Außenbordmotoren und strukturelle Teile und Zubehör einerseits und Auspuffanlagen und Auspuffanlagenzierteile für Autos und Motorräder andererseits) lagen noch im Ähnlichkeitsbereich. Der beschreibende Anklang des englischen Wortes »blast« wurde nicht überall innerhalb der EU verstanden. Selbst wenn deshalb eine verringerte Kennzeichnungskraft bei der älteren Marke vorliegen würde, wäre angesichts identischer Marken und noch ähnlicher Waren Verwechslungsgefahr nicht auszuschließen.
- **deutschemedi.de = medi.eu** T-0247/10 vom 6.10.2011
  Die Dienstleistungen der GMA lagen im Identitäts- bzw Ähnlichkeitsbereich der Waren und Dienstleistungen der älteren Marke. Zwar besitzt die ältere Marke nur eine schwache Kennzeichnungskraft, in der Kombination »deutschemedi« hat »medi« aber eine selbstständige Stellung bewahrt, so dass Verwechslungsgefahr anzunehmen war.

– **NaViKey = NAVI** T-393/09 vom 13.10.2011
Die Waren der GMA (Computer und Computer-Monitore) ergänzten
die Widerspruchswaren oder wurden mit diesen benutzt. Beide Begriffe
(NaVi und Key) der GMA sind als gleichermaßen schwach anzusehen.
Deshalb kann »NaVi« nicht völlig außer Acht gelassen werden; angesichts
der klanglichen, begrifflichen und bildlichen Ähnlichkeiten bestand Verwechslungsgefahr.

– **COR = CADENACOR** T-0214/09 vom 20.10.2011
Die sich gegenüberstehenden Waren (Möbel) waren identisch, relevante
Verkehrskreise waren die spanischen Durchschnittsverbraucher mit höherer als der üblichen Aufmerksamkeit. Unter »CADENA« versteht der spanische Verbraucher eine Kette von Geschäften, so dass dieses Element nur
geringe Kennzeichnungskraft aufweist. Die Marken wurden als verwechselbar angesehen.

– **P = p POLYPIPE** T-189/09 vom 20.10.2011
Die Waren und Dienstleistungen waren teilweise identisch, teilweise ähnlich (Waren der Klassen 6, 11, 17, 19 und Dienstleistungen der Klasse 42
bei der GMA; die Widerspruchsmarke »p POLYPIPE« war eingetragen
für Waren der Klassen 6, 11, 17, 19 und 20). Bei der Anmeldemarke
handelte es sich um ein stilisiertes »P«. Der Anfangsbestandteil der Widerspruchsmarke »p POLYPIPE« bestand aus einem ähnlichen stilisierten
»P« und dem in Versalien geschriebenen Begriff »POLYPIPE«. Der Widerspruch war zunächst noch auf eine weitere Gemeinschaftsbildmarke
gestützt worden, die dem Anfangsbestandteil der ersten Widerspruchsmarke entsprach, jedoch war hier keine rechtserhaltende Benutzung
nachgewiesen worden. Relevant waren Fachleute und Durchschnittsverbraucher in der EU. Das EuG wertete den Bildbestandteil der Widerspruchsmarke als das unterscheidungskräftige und dominierende
Element. Zwar sei der Wortbestandteil »POLYPIPE« nicht zu vernachlässigen, jedoch weise dieser Bestandteil auf die Art der Waren hin, insbesondere beim englischsprachigen Teil der Verkehrskreise. Diese Verkehrsbeteiligten würden dieses Wort als »mehrere Rohre« verstehen,
welche Merkmale der in Rede stehenden Waren darstellen.
Die Entscheidung ist abzulehnen. Bei der aus einem stilisierten »P« und
dem Wortbestandteil »POLYPIPE« zusammengesetzten Widerspruchsmarke ist »POLYPIPE« das klar dominierende Element, für die in Rede
stehenden Waren ist dieses Wort weder beschreibend noch bezeichnet es
Merkmale dieser Waren. Das vorangestellte stilisierte »P« wird bestenfalls
wahrgenommen als Hinweis auf den Anfangsbuchstaben der Wider-

spruchsmarke, kann aber nicht als die Widerspruchsmarke prägend angesehen werden.

– **CHABOU = Chalou** T-323/10 vom 16.11.2011
Die sich gegenüberstehenden Waren der Klasse 25 (Sportbekleidung einerseits, Ober- und Unterbekleidung andererseits) waren zwar nicht identisch, gehörten jedoch aus Sicht der maßgeblichen Verkehrskreise derselben Warengattung an. Aufgrund der bildlichen und klanglichen Ähnlichkeit zwischen den Zeichen bestand Verwechslungsgefahr.

– **PUKKA = PUKAS** T-483/10 vom 23.11.2011
Die GMA sollte für Waren der Klasse 18 eingetragen werden, die Widerspruchsmarken waren in Klasse 25 ua für »Gürtel« eingetragen. Diese wurden als hochgradig ähnlich mit den »Taschen und Koffern« der Anmeldewaren angesehen. Angesichts der Ähnlichkeit der Zeichen war auf Verwechslungsgefahr zu erkennen.

– **Ragolizia = FAVOLIZIA** T-462/09 vom 12.1.2012
Die sich gegenüberstehenden Waren der Klasse 30 waren identisch, relevant war der europäische Durchschnittsverbraucher. Aufgrund der hochgradigen klanglichen und schriftbildlichen Ähnlichkeit der Zeichen bestand Verwechslungsgefahr.

– **HELL = Hella** T-522/10 vom 17.1.2012
Aufgrund der schriftbildlichen und klanglichen Ähnlichkeit der sich gegenüberstehenden Marken und der überaus ähnlichen Waren (Energydrinks / alkoholfreie Getränke) bestand beim relevanten europäischen Durchschnittsverbraucher Verwechslungsgefahr.

– **KICO = KIKA** T-249/10 vom 17.1.2012
Die relevanten Waren der Klasse 16 waren identisch bzw ähnlich und richteten sich an den allgemeinen EU-Verbraucher. Das EuG beurteilte die beiden Zeichen als klanglich und visuell ähnlich. Die klangliche Ähnlichkeit wurde sogar als hochgradig bezeichnet.

– **BASmALI = BASMATI** T-304/09 vom 18.1.2012 (Abs 4)
Der Widersprechende hatte den Widerspruch auf ein Recht gemäß Art 8 Abs 4 gestützt (unter Bezugnahme auf die nationalen Vorschriften Großbritanniens (»passing off«). Sowohl das Harmonisierungsamt als auch die Beschwerdekammer waren davon ausgegangen, dass der Widersprechende nicht den Nachweis erbracht habe, dass ihm Rechte an dem nicht als Marke eingetragenen älteren Zeichen »BASMATI« für Reis zusteht. Die – hier aus Platzgründen nicht auszuführende – Begründung der BK erachtete das EuG als nicht ausreichend, weil nicht im Einzelnen überprüft worden war, ob der Widersprechende nach den Rechtsvorschriften des

Vereinigten Königreichs Rechte am fraglichen Kennzeichen erworben hatte, so dass die Entscheidung der BK aufgehoben wurde.

– **mtronix = Montronix** T-353/09 vom 1.2.2012

Die sich gegenüberstehenden Waren in Klasse 9 waren teilweise identisch, teilweise ähnlich. Relevant waren die Durchschnittsverbraucher der Europäischen Union sowie für einen Teil der Waren auch das Fachpublikum. Die ältere Marke wies durchschnittliche Kennzeichnungskraft sowie hohe visuelle und zumindest durchschnittliche klangliche Ähnlichkeit zur GMA auf, so dass eine Verwechslungsgefahr festgestellt wurde.

– **ARANTAX = ANTAX** T-387/10 vom 2.2.2012

Das EuG ging bei der Widerspruchsmarke davon aus, dass sie für Dienstleistungen eines Steuerberaters, für die auch die GMA eingetragen werden sollte, rechtserhaltend benutzt sei. Die Zeichen wurden trotz unterschiedlicher Silbenanzahl als visuell und klanglich durchschnittlich ähnlich eingestuft. In begrifflicher Hinsicht stellte das EuG fest, dass die beiden Zeichen für die maßgeblichen deutschen Verkehrskreise keine Bedeutung haben. Selbst wenn diese jedoch die Endsilbe »TAX« in ihrer englischen Bedeutung erkennen würden, würde die Verwechslungsgefahr durch einen gemeinsamen Bestandteil, der einen Bezug zu den relevanten Dienstleistungen aufweist, nur noch verstärkt.

Die Ausführungen zur begrifflichen Verwechslungsgefahr sind abzulehnen. Falls einem Zeichenbestandteil eine beschreibende Funktion zukommt, vermindert dies den Schutzumfang des Gesamtzeichens. Der gegenteilige Ansatz würde dazu führen, dem nicht per se eintragbaren (weil beschreibenden) Bestandteil zu einem solchen Angaben nicht zustehenden Monopolschutz zu verhelfen. Ungeachtet dessen ist die Entscheidung im Ergebnis zutreffend.

– **DYNIQUE = DIPTYQUE** T-305/10 vom 7.2.2012

Die sich gegenüberstehenden Waren und Dienstleistungen in den Klassen 3 und 44 waren identisch bzw. ähnlich. Die Zeichen sind klanglich und bildlich ähnlich.

– **Run² = RUN2DAY** T-64/11 vom 07.02.2012

Die zum Teil identischen Waren (Klasse 25) richteten sich an den EU-Durchschnittsverbraucher. Die MA hatte dem Widerspruch stattgegeben, die BK hatte der dagegen gerichteten Beschwerde stattgegeben. Die Zeichen seien begrifflich nicht ähnlich, bildlich seien sie verhältnismäßig ähnlich und klanglich seien sie ähnlich, jedoch hätten die Marken nur geringe Kennzeichnungskraft, da der Bestandteil »Run« beschreibend sei, so dass keine Verwechslungsgefahr vorliegen würde. Dieser Beurteilung schloss sich das EuG nicht an, da insbesondere eine begriffliche Ähnlichkeit zwischen den Zeichen vorlag, so dass die Entscheidung der BK aufzuheben war.

- **ZYDUS = ZIMBUS** T-288/08 vom 15.3.2012
  Die GMA war angemeldet für »pharmazeutische und veterinärmedizinische Erzeugnisse« sowie »Sanitätsprodukte«. Diese wurden als identisch bzw. hochgradig ähnlich mit den Widerspruchswaren »pharmazeutische Erzeugnisse« angesehen. Beim Vergleich der Zeichen wurden eine deutliche klangliche und eine gewisse bildliche Ähnlichkeit festgestellt. Diese Übereinstimmungen reichten aus, um Verwechslungsgefahr anzunehmen.

- **ALIXIR = Elixeer** T-157/10 vom 23.3.2012
  Die für »alkoholfreie Getränke und Biermischgetränke« eingetragene Widerspruchsmarke traf auf »Biere, alkoholfreie Getränke und Sirupe für die Zubereitung von Getränken«. Beim relevanten deutschen Durchschnittsverbraucher wurde unterstellt, dass er wegen der ihm geläufigen englischen Sprachregeln die Widerspruchsmarke wie das deutsche Wort »Elixier« aussprechen würde, weshalb die Marken klanglich ähnlich und auch konzeptionell nahestehend waren, weil die GMA ebenfalls mit dem deutschen Wort »Elixier« assoziiert wurde.

- **Bebio = BEBA** T-41/09 vom 28.3.2012
  Die Waren (Lebensmittel) waren teils identisch, teils ähnlich. Die Unterschiede in den Zeichenendungen (A/io) wurden nicht als ausreichend angesehen, um eine klangliche Ähnlichkeit zu verneinen.

- **CALCIMATT = CALCILAN** T-547/10 vom 29.3.2012
  Die sich gegenüberstehenden chemischen Produkte lagen im Ähnlichkeits- bzw. Identitätsbereich. Schriftbildlich waren die ersten fünf Buchstaben und der siebte Buchstabe gleich, so dass bei den aus acht bzw. sieben Buchstaben bestehenden Zeichen schriftbildliche Ähnlichkeit festzustellen war. Die Marken sind auch klanglich ähnlich. Begrifflich deutet der Bestandteil »CALCI« auf Kalziumverbindungen hin, so dass auch in begrifflicher Hinsicht ähnliche Zeichen vorliegen. Aufgrund des beschreibenden Anklangs des Bestandteils »CALCI« war diesem nur eine schwache Funktion als Hinweis auf die betriebliche Herkunft der erfassten Waren zuzubilligen, aufgrund der übrigen Übereinstimmungen war jedoch von Verwechslungsgefahr auszugehen.

- **Keen = KIN** T-280/11 vom 15.5.2012
  Gegenüber standen sich kosmetische Waren und Dienstleistungen, die zum Teil identisch und zum Teil ähnlich waren. Der relevante europäische Durchschnittsverbraucher spricht die Zeichen im Englischen und im

Dänischen mit langem bzw. kurzem »i«-Vokal aus. Für Teile der Verbraucher wiesen die Zeichen begriffliche Unterschiede auf, die die Verwechslungsgefahr dort ausschlossen (Verbraucher der Niederlande, Großbritanniens und Irlands). Im Rest der EU bestand jedoch Verwechslungsgefahr.

- **Kindertraum = Kinder** T-580/10 vom 16.5.2012

   Die sich gegenüberstehenden Waren der Klassen 16 und 28 waren überwiegend identisch. Die beteiligten Verkehrskreise bestanden aus italienischen Durchschnittsverbrauchern. Der italienische Verbraucher kennt im Allgemeinen die Bedeutung des deutschen Wortes »Kinder« nicht. Im Ergebnis war Verwechslungsgefahr anzunehmen.

- **PENTEO = XENTEO** T-585/10 vom 22.5.2012

   Die sich gegenüberstehenden Waren und Dienstleistungen waren teilweise identisch, teilweise ähnlich (Klassen 9, 36, 37, 38 und 42). Die Zeichen waren klanglich und schriftbildlich ähnlich. In begrifflicher Hinsicht war kein Vergleich möglich; es war nicht ersichtlich, dass in der GMA die griechische Zahl »Penta« erkannt werden würde.

- **FEMIFERAL = Feminatal** T-110/11 vom 22.5.2012 (bestätigt durch EuGH C-354/12 vom 11.4.2013)

   Zwischen den beiden bildlich und klanglich ähnlichen Marken, die für zum Teil identische, zum Teil ähnliche Waren in Klasse 5 vorgesehen sind, besteht für das relevante Publikum – bestehend aus dem polnischen Durchschnittsverbraucher und dem medizinischen Fachverkehr – Verwechslungsgefahr ungeachtet des möglicherweise kennzeichnungsschwachen Charakters der Vorsilbe »Femi«.

- **MILRAM = RAM** T-546/10 vom 22.5.2012

   Die in Spanien eingetragene Widerspruchsmarke war eine durch den Wortbestandteil »RAM« geprägte Bildmarke. Bei den Waren handelte es sich um Nahrungsmittel, die einen Bezug zur Gesundheit von Kindern und Kranken aufwiesen, so dass die Verkehrsbeteiligten zum Teil aus Fachleuten und zum Teil aus Endverbrauchern bestanden, die angesichts dieser Art von Waren aufmerksamer als durchschnittlich sind. Die Marken wurden als bildlich und klanglich ähnlich angesehen, weil und spanische Verbraucher die zweite Silbe der GMA betont. Unter den gegebenen Umständen reichte dem EuG der erhöhte Aufmerksamkeitsgrad der maßgeblichen Verkehrskreise nicht, um jegliche Verwechslungsgefahr zwischen den Zeichen auszuschließen.

   Die Entscheidung vermag nicht zu überzeugen. Der Schutzumfang des aus drei Buchstaben bestehenden Widerspruchszeichens wurde zu weit gezogen. Wäre der Anfangsbestandteil »MIL« überwiegend oder gar glatt beschreibend für den spanischen Verbraucher gewesen, hätten die Marken fraglos als verwechselbar bezeichnet werden können. Das EuG hatte aber festgestellt, dass keines der beiden Zeichen im Spanischen eine begriffliche Bedeutung aufweise und folglich ein begrifflicher Zeichenvergleich nicht möglich sei, selbst dann nicht, wenn der Begriff »MIL« als Bezugnahme auf die Zahl »1.000« in spanischer Sprache aufgefasst werden könnte. Durch die Voranstellung der drei Buchstaben »MIL« liegt verglichen mit dem Kurzzeichen »RAM« ein völlig anders geprägtes zweisilbiges Zeichen vor, wobei auch für einen spanischen Verbraucher der Zeichenanfang regelmäßig bedeutsamer als das Zeichenende sein dürfte, weil Zeichen bei ihrer Wahrnehmung oder Wiedergabe beginnend mit dem Anfangsbestandteil wahrgenommen oder ausgesprochen werden. Der zwischen den Zeichen bestehende Abstand ist groß genug,

– **JUMPMAN = JUMP** T-233/10 vom 25.5.2012
Es bestand Warenidentität (Bekleidung, Schuhwaren). Relevant war der allgemeine spanische Verbraucher. Der spanische Verbraucher fasst »JUMP« als Fantasiewort auf, die Bedeutung von »MAN« ist ihm jedoch geläufig, er wird darin einen Hinweis auf Herrenbekleidung sehen.

– **iHotel = i-hotel** T-277/11 vom 13.6.2012
Interessante Ausführungen zur Dienstleistungsähnlichkeit (die GMA sollte eingetragen werden für Dienstleistungen in den Klassen 35, 39, 41, 42 und 43, die Widerspruchsmarke war eingetragen in den Klassen 16, 41 und 43). Angesichts der praktisch identischen Zeichen und der identischen bzw. ähnlichen Dienstleistungen bestand Verwechslungsgefahr.

– **Yakut = Yakult** T-276/09 vom 21.6.2012
Die Zeichen waren bildlich und klanglich überaus ähnlich. Die GMA sollte für »alkoholische Getränke (ausgenommen Bier)« eingetragen werden, die Widerspruchsmarke war unter anderem für »Biere« eingetragen. Diese Waren wurden als überaus ähnlich eingestuft, weil zu alkoholischen Getränken beispielsweise auch Cidre und Alkopops gehören, die Bier ähneln.

– **CLOROX = CLORALEX** T-135/11 vom 10.7.2012
Relevante Verkehrskreise waren griechische Durchschnittsverbraucher. Die sich gegenüberstehenden Waren der Klassen 3 und 5 waren identisch. Die Marken wurden sowohl in visueller als auch in klanglicher und konzeptioneller Hinsicht als ähnlich angesehen. Trotz seines beschreibenden Charakters ist der Anfangsbestandteil »CLOR« bzw. »CLORO«, den der griechische Verbraucher als Hinweis auf »Chlor« versteht, aufgrund seiner

jeweiligen Stellung in den Zeichen zu berücksichtigen, so dass im Ergebnis von Verwechslungsgefahr auszugehen ist.

- **DOLPHIN = DOLPHIN** T-361/11 vom 12.7.2012
  Die GMA war ua angemeldet für »elektrisches und elektronisches Zubehör« in Klasse 9. Diese Waren wurden als ähnlich angesehen zu den Waren der älteren Marke »Strichcode- und Bildscanner sowie zugehörige Software zur Verwendung damit«.

- **BÜRGER = Bürgerbräu** T-460/11 vom 18.9.2012
  Die sich gegenüberstehenden Waren (Bier) waren identisch. Innerhalb der GMA, einer Wort-/Bildmarke, war der Wortbestandteil dominierend. Bildlich wurde die Ähnlichkeit als gering eingestuft, klanglich und konzeptionell als durchschnittlich, weil »Bräu« als beschreibend empfunden wird.

- **f@ir Credit = FERCREDIT** T-220/11 vom 19.9.2012
  Die Dienstleistungen in Klasse 36 waren identisch und richteten sich an EU-Durchschnittsverbraucher mit höherem Aufmerksamkeitsgrad. Die Zeichen wiesen eine gewisse Ähnlichkeit in visueller und begrifflicher Hinsicht und einen hohen Grad an klanglicher Ähnlichkeit auf, so dass Verwechslungsgefahr bestand.

- **eco-pack = ECOPAK** T-445/10 vom 20.9.2012
  Die GMA war angemeldet für »Waren aus Papier oder Pappe (Karton) und Verpackungsmaterial aus Kunststoff« in Klasse 16, die Widerspruchsmarke war eingetragen für »Anzuchtplatten aus Kunststoff« in Klasse 20. Nach Auffassung der BK bestand keine Ähnlichkeit zwischen den Waren, was für »Verpackungsmaterial aus Kunststoff« auch bestätigt wurde. Es war jedoch nicht berücksichtigt worden, dass es auch Anzuchtplatten aus Papier und Pappe gibt und diese unter den Oberbegriff »Waren aus Papier und Pappe« subsumiert werden können, so dass die Entscheidung der BK aufzuheben war.

- **CITGATE = CITI, CITICORP, CITIGROUP, CITIBOND, CITIEQUITY, CITIGARANT, CITIBANK, CITICARD, CITIGOLD, THE CITI NEVER SLEEPS** T-301/09 vom 26.9.2012
  Die sich in den Klassen 9, 16, 35 und 42 gegenüberstehenden Waren und Dienstleistungen waren zum Teil identisch und zum Teil ähnlich und für den EU-Durchschnittsverbraucher bestimmt. Die konkurrierenden Zeichen wurden als hochgradig ähnlich in klanglicher und bildlicher Hinsicht angesehen. Im Bereich der identischen und ähnlichen Produkte bestand Verwechslungsgefahr. Aufgrund des hohen Bekanntheitsgrads der

Widerspruchsmarke CITIBANK wurden die nicht ähnlichen Dienstleistungen gemäß Art 8 Abs 5 GMV zurückgewiesen.

- **GRANUflex = GRANUFLEX** T-534/08 vom 30.9.2012
Die Widersprechende ging aus ihrem gleichlautenden Firmenschlagwort gegen die GMA vor. Sie wies Umsätze von über EUR 100.000,00 pro Jahr nach (gegenüber standen sich die Waren Kautschukfliesen). Selbst angesichts eines spezialisierten und aufmerksamen Publikums bestand Verwechslungsgefahr.

- **ZEBEXIR = ZEBINIX** T-366/11 vom 9.10.2012
Relevant war der Durchschnittsverbraucher in der EU, die sich gegenüberstehenden Waren in den Klassen 3 und 5 waren identisch. Die Zeichen selbst wurden als klanglich und bildlich ähnlich beurteilt.

- **ARTIS = ARTIS** T-558/11 vom 21.11.2012
Aufgrund der Zeichenidentität kam es nur auf die Ähnlichkeit der Waren an. Trotz unterschiedlicher Klassenzugehörigkeit wurden die Widerspruchswaren der Klassen 1 und 19 als ähnlich zu den Anmeldewaren der Klassen 2 und 17 angesehen, relevant waren die Do-it-Yourself-Bastler und das Fachpublikum des Bausektors in Frankreich.

- **natura = NATURA** T-461/11 vom 13.12.2012
Die einander gegenüberstehenden Waren in Klasse 20 (Möbel etc) waren für die allgemeine Verbraucherschaft der Union bestimmt und lagen im Identitäts- oder Ähnlichkeitsbereich. Innerhalb der GMA dominierte der Wortbestandteil, der bildliche Bestandteil trat zurück. Somit waren die Zeichen als klanglich und begrifflich identisch anzusehen.

- **BELLRAM = RAM** T-237/11 vom 15.1.2013
Die konkurrierenden Waren sind hochgradig ähnlich (Käse einerseits, Milch andererseits). Relevant war der Durchschnittsverbraucher in Spanien. Das EuG sah die Zeichen als klanglich und visuell ähnlich an und bejahte eine Verwechslungsgefahr.
Die Entscheidung ist abzulehnen. Zwar ist die Widerspruchsmarke in vollem Umfang als zweite Silbe der GMA in dieser enthalten, jedoch handelt es sich um ein sehr kurzes Zeichen, den der Wortanfang der GMA bildet. Etwaige klangliche oder schriftbildliche Restähnlichkeiten werden durch den Anfangsbestandteil »BELL« der GMA mehr als nur neutralisiert.

- **Gigabyte = GIGABITER** T-451/11 vom 15.1.2013
Die konkurrierenden Dienstleistungen der Klassen 37 und 42 betrafen den IT-Bereich und waren ähnlich. Relevant waren sowohl das Fachpublikum als auch der Durchschnittsverbraucher mit jeweils erhöhtem Auf-

merksamkeitsgrad. Angesichts der großen Zeichenähnlichkeit bestand Verwechslungsgefahr.

– **nfon = fon** T-283/11 vom 29.1.2013
Die Dienstleistungen in Klasse 38 waren identisch, die sich gegenüberstehenden Waren der Klasse 9 lagen im Ähnlichkeitsbereich; relevant waren Fachleute und Endverbraucher mit überdurchschnittlichem Aufmerksamkeitsgrad im Bereich der EU. Zwischen den Marken bestand hochgradige bildliche und klangliche Ähnlichkeit; außerdem bestand ein gewisser Grad an bildlicher Ähnlichkeit. Im Gegensatz zur BK erkannte das EuG eine Verwechslungsgefahr.

– **Sunless = LONCAR-SUNLESS** T-662/11 vom 29.1.2013
Die Widerspruchswaren (ua Webstoffe und Textilwaren, Klassen 23 und 24) lagen im Ähnlichkeitsbereich mit den Waren der GMA (Jalousien aus Metall und nicht aus Metall, Vorhänge, Rollos etc, Klassen 6, 19, 22 und 24). Relevant war der EU-Verbraucher mit überdurchschnittlichem Grad an Aufmerksamkeit, da die Waren relativ teuer sind. Dem Bildbestandteil der GMA kam keine entscheidende Bedeutung zu, und in den nicht-englischsprachigen Mitgliedstaaten ist dem Wort »Sunless« eine mittlere Kennzeichnungskraft zuzubilligen.

– **babilu = BABIDU** T-66/11 vom 31.1.2013
Aufgrund der hochgradigen Zeichenähnlichkeit und der weitgehenden Dienstleistungsidentität bestand Verwechslungsgefahr.

– **FARMASUL = MANASUL** T-553/10 vom 13.3.2013
Relevant war der spanische Durchschnittsverbraucher im Bereich von Waren in den Klassen 5, 30 und 31. In klanglicher und visueller Hinsicht wurden die Zeichen als ähnlich angesehen, so dass Verwechslungsgefahr bestand.

– **ONESTO = ENSTO** T-624/11 vom 19.3.2013
Es bestand Warenidentität, relevant war das Fachpublikum im Bereich der Waren der Klassen 7, 9 und 11 sowie der Durchschnittsverbraucher jeweils in Europa. In schriftbildlicher Hinsicht wurde eine geringe Ähnlichkeit festgestellt. In klanglicher Hinsicht wurde insbesondere beim französischsprachigen Verbraucher eine hohe klangliche Ähnlichkeit festgestellt, so dass Verwechslungsgefahr bestand.

– **ASTALOY = HASTELLOY** T-505/10 vom 10.4.2013
Die sich gegenüberstehenden Waren in Klasse 6 galten als ähnlich und waren bestimmt für ein Fachpublikum in der EU auf dem Gebiet der Metallbearbeitung. In begrifflicher Hinsicht bestand eine gewisse Ähnlichkeit, da die Endsilben eine Anspielung auf das englische Wort »alloy«

darstellten. Auch klanglich und bildlich waren die Zeichen ähnlich, so dass insgesamt Verwechslungsgefahr bestand.

- **Snickers = KICKERS** T-537/11 vom 19.4.2013
  Relevant war der italienische Durchschnittsverbraucher von Bekleidung und Schuhen. Aufgrund der klanglichen und visuellen Ähnlichkeit und der identischen Waren bestand Verwechslungsgefahr.
- **ENDURACE = ENDURANCE** T-109/11 vom 23.4.2013
  Die sich gegenüber stehenden Waren (Teile, Bestandteile und Zubehör von Fahrzeugen) waren identisch und für den EU-Durchschnittsverbraucher mit teilweise höherer Aufmerksamkeit bestimmt. Die Zeichen waren schriftbildlich ähnlich und klanglich fast identisch, und da das Wort »ENDURANCE« nichts zum englischen Grundwortschatz gehört, kannten viele der Verkehrsbeteiligten nicht dessen Bedeutung. Im Ergebnis reichte es aus, die Verwechslungsgefahr für die nicht englischsprachigen und nicht französischsprachigen Verkehrskreise festzustellen, so dass insgesamt Verwechslungsgefahr bestand.
- **METROINVEST = METRO** T-284/11 vom 25.4.2013
  Die Marken waren relevant für Dienstleistungen in Klasse 36 für ein deutsches Fachpublikum. Sowohl in klanglicher, bildlicher und konzeptioneller Hinsicht wurde zwischen den Zeichen eine gewisse Ähnlichkeit festgestellt. Da der Zeichenbestandteil »INVEST« als beschreibend anzusehen war, bestand Verwechslungsgefahr.

In den nachstehenden Fällen, in denen sich Einwortzeichen gegenüberstanden, hat das EuG die Verwechslungsgefahr verneint: **180**

- **BASS ≠ PASH** T-292/01 vom 14.10.2003, GRUR Int 2003, 1017
  Die Bedeutungsunterschiede neutralisieren weitgehend die optischen und phonetischen Ähnlichkeiten; für identische Waren in Klasse 25
- **Starix** (mit Bild) **≠ ASTERIX** T-311/01 vom 22.10.2003, GRUR Int 2004, 138
  Angesichts vermeintlicher visueller und phonetischer Unterschiede und fehlender gängiger Bedeutung, also fehlender Markenähnlichkeit, spielt die aufgrund Bekanntheit erhöhte Kennzeichnungskraft der Widerspruchsmarke keine Rolle; für teils identische, teils ähnliche Waren/ Dienstleistungen in Klasse 9 und 38. Problematische Entscheidung.
- **Galáxia** (mit Packungsbild) **≠ GALA** T-66/03 vom 22.6.2004, GRUR Int 2004, 1024

Obgleich die Widerspruchsmarke in der GMA am Anfang identisch enthalten ist, besteht in keinem Aspekt Ähnlichkeit; für identische Ware Kaffee in Klasse 30

– **CHUFAFIT** ≠ **CHUFI** T-117/02 vom 6.7.2004, GRUR Int 2005, 47
Keine klangliche und bildliche Ähnlichkeit, die begriffliche Ableitung von chufa = spanische Erdmandel ist beschreibend; für Nüsse in Klasse 29 und 31

– **LINDENHOF** ≠ **LINDERHOF** (Bild Etikett) T-296/02 vom 15.2.2005, GRUR Int 2005, 493
Keine Produktähnlichkeit von Sekt und alkoholfreien Getränken (aber von Sekt und Bier). Angesichts hochgradiger Markenähnlichkeit hinsichtlich aller Aspekte unter dem Gesichtspunkt der Wechselwirkung problematisch (Art 8 Rdn 142–143); vgl ferner die Rechtssache C-214/05 Miss Rossi/Sissi Rossi: markenrechtliche Ähnlichkeit von Damenschuhen und Damenhandtaschen (Art 8 Rdn 187).

– **SHARK** (Wortbild) ≠ **Hai** T-33/03 vom 9.3.2005, GRUR Int 2005, 586
Begriffliche Ähnlichkeit (DE) setzt Übersetzung voraus und wird von den bildlichen und klanglichen Unterschieden neutralisiert; für identische Waren/DL in den Klassen 5, 32, 33, 35, 42.

– **CALPICO** ≠ **CALYPSO** T-273/02 vom 20.4.2005, GRUR Int 2005, 597
Keine klangliche (DE) und begriffliche sowie vermeintlich keine schriftbildliche Ähnlichkeit, für ähnliche Waren in Klasse 32.

– **Faber** (mit Grafik) ≠ **Naber** T-211/03 vom 20.4.2005, GRUR Int 2005, 600
Die phonetische Ähnlichkeit der sich an Fachleute (Klassen 1, 2 und 3) wendenden Marken ist geringer als der Einfluss des unterschiedlichen Anlauts. Wegen vieler spanischer »-aber«-Marken gilt das auch für das bloße Wort, hinzu tritt die Grafik.

– **ECHINAID** ≠ **ECHINACIN** T-202/04 vom 5.4.2006, GRUR Int 2006, 599
Weil Echina- (von Echinacea) im pharmazeutischen Bereich beschreibend ist und in Drittzeichen verwendet wird, schließen die unterschiedlichen Endungen eine relevante Ähnlichkeit aus.

– **VITACOAT** ≠ **VITAKRAFT** T-277/04 vom 12.7.2006, GRUR 2006, 316
Die vom identischen Anfangsteil »Vita« (deren erhöhte Kennzeichnungskraft nicht ausreichend bewiesen wurde) verursachte schwache visuelle

und klangliche Ähnlichkeit wird durch die Unterschiede der Endungen verringert und durch den begrifflichen Unterschied neutralisiert; für identische Waren in den Klassen 3, 5 und 21.

- **BUD** ≠ **Bit** T-350 bis 352/04 vom 19.10.2006, GRUR Int 2006, 1024
  Zwar sind die Waren identisch (Bier), jedoch liegt trotz schwacher klanglicher und visueller Übereinstimmungen keine Markenähnlichkeit vor. Damit ist auch eine Voraussetzung für den Bekanntheitsschutz (Abs 5) nicht erfüllt. Anders BGH I ZR 212/98 vom 26.4.2001, MarkenR 2001, 465.

- **CURON** ≠ **EURON** T-353/04 vom 13.2.2007, IIC 2007, 742
  Trotz identischer Waren in der Klasse 10 sei der Unterschied im Anfangsbuchstaben und der Begrifflichkeit ausreichend, die Verwechslungsgefahr zu verneinen. Bedenklich.

- **COR** ≠ **DOR** (Frakturschrift) T-342/05 vom 23.5.2007, GRUR Int 2007, 842
  Die bildliche Besonderheit der Widerspruchsmarke, die in der GMA keine Entsprechung hat, schließt in Verbindung mit dem Umstand, dass die betroffenen Waren auf Sicht verkauft werden, trotz einer gewissen klanglichen Ähnlichkeit (bei unterschiedlich gebildeten Anfangslauten) eine Verwechslungsgefahr aus. Nicht unproblematisch.

- **FENNEL** (+ Bild FL) ≠ **FENJAL** T-167/05 vom 13.6.2007
  Bei gleichen Waren reichen die Unterschiede des jeweiligen Gesamteindrucks aus. Nicht überzeugend, zumal der Bildbestandteil keinen Beitrag leistet.

- **CASTELLANI** (+ Bild) ≠ **CASTELLUCA** T-149/06 vom 20.11.2007, GRUR Int 2008, 231
  In Bezug auf die identische Ware Weine hat der gemeinsame Bestandteil »Castell« kaum Kennzeichnungskraft, so dass die deutlichen Unterschiede am Schluss der Worte zur Unterscheidung ausreichen und Verwechslungen nicht zu befürchten sind.

- **Idea** (+ Gitterhintergrund) ≠ **IKEA** (+ Grafik) T-112/06 vom 16.1.2008 (Nichtigkeit)
  Der klanglichen Ähnlichkeit stehen bildliche und konzeptuelle Unähnlichkeiten entgegen, zumal der GMA-Wortbestandteil geringe Unterscheidungskraft hat und außerdem in das Gitterraster eingebettet ist. Das Gericht verneint daher die Ähnlichkeit insgesamt, was nicht nur die Verwechslungsgefahr ausschließt, sondern auch die Berücksichtigung erhöhter Kennzeichnungskraft und des Bekanntheitsschutzes nach Abs 5. Die hinsichtlich der Wahrnehmung des GMA-Gesamteindrucks durch die

normalen Letztverbraucher unrealistisch argumentierende und die Neutralisierungstheorie (vgl Art 8 Rdn 72 f) zumindest falsch anwendende
Entscheidung ist abzulehnen.

– **BAU HOW** (zweizeilig und farbig) ≠ **BAUHAUS** T-106/06 vom
  23.1.2008, GRUR Int 2008, 746
  Es bleibt trotz vieler Worte unklar, weshalb die für Deutsche, Niederlän-
  der und Engländer anerkannt große klangliche Ähnlichkeit der Marken
  nur geringen Einfluss auf die Verwechslungsgefahr haben soll, und weshalb trotz der identischen Bau-Bezugnahme nur geringe begriffliche Ähnlichkeit bestehe. Entsprechendes gilt für die visuelle Ähnlichkeit, weder
  die Zweizeiligkeit noch die Farbigkeit der Buchstaben der GMA kann für
  das Schriftbild der Wortmarke entscheidend ins Feld geführt werden. Angesichts identischer oder zumindest ähnlicher Produkte wäre die Verwechslungsgefahr selbst dann zu bejahen gewesen, wenn der Verdacht,
  dass jene Ähnlichkeiten kein Zufall sind, unberücksichtigt bleibt.

– **ATURION** ≠ **URION** T-146/06 vom 13.2.2008
  Als Marken stehen sich zwar Arzneimittel gegenüber, jedoch einerseits
  Diuretika, andererseits Herzmittel. Deshalb reichen die von der zusätzli-
  chen Silbe der GMA am einflussreichen Anfang bewirkten Unterschiede
  in visueller und klanglicher Hinsicht aus, Verwechslungen auszuschließen.
  Problematisch.

– **Celia** (+ Grafik) ≠ **CELTA** T-35/07 vom 23.4.2008
  Die Vergleichszeichen seien phonetisch und visuell nicht ausreichend
  ähnlich, selbst für identische und ähnliche Lebensmittel eine Verwechslungsgefahr zu begründen. Weil sie sich nur in einem mittleren der in
  beiden Fällen fünf Buchstaben unterscheiden (I/T), bei deren Wahrnehmung man sich durchaus verlesen kann, stößt die Entscheidung auf Bedenken.

– **MEZZOPANE** (+ Grafik) ≠ **MEZZO/MEZZOMIX** T-175/06 vom
  18.6.2008, GRUR Int 2009, 143
  Es stehen Weine der GMA den Bieren und alkoholfreien Getränken der
  Widerspruchsmarken gegenüber. Visuell stehe am bedeutsamen Wortanfang eine erhebliche Übereinstimmung, welche durch die unterschiedlichen Wortlängen bzw. abweichenden Endteile verringert werde. Ähnliches gelte für den klanglichen Vergleich, während es eine begriffliche
  Vergleichsgrundlage nicht gebe. Weil aber die Vergleichswaren nicht ähnlich seien, bestünde insgesamt keine Verwechslungsgefahr. Dieser Schluss
  ist im Hinblick auf die Grundregeln der Produktähnlichkeit (Austausch-
  verhältnis von Wein, Bier und alkoholfreien Getränken) nicht nachvoll-

ziehbar und die Entscheidung abzulehnen. Zumal die Widersprechende für ihre Marke erhöhte Kennzeichnungskraft geltend gemacht hat.

- **POLARIS** (+ Grafik) ≠ **POLAR** T-79/07 vom 26.6.2008
  Streitbefangen waren identische Computerwaren in der Klasse 9. Im Hinblick auf die ungleiche Wortlänge und Silbenzahl seien die Marken unterschiedlich und auch klanglich sowie konzeptuell (?) verschieden, so dass keine Verwechslungsgefahr bestehe; nicht in allen Fällen sei sie gegeben, wenn die Vergleichsmarken in Anfangsteilen übereinstimmten. Die Beschlussbegründung ist ein unrühmliches Beispiel für eine zergliedernde, lebensfremde Betrachtungsweise, die letztlich auch den entscheidenden Gesamteindruck außer Acht lässt.

- **Stradivari 1715** (Handschrift) ≠ **Stradivarius** (+ Grafik) T-340/06 vom 2.7.2008
  Auch in Bezug auf identische und ähnliche Waren in den Klassen 14 und 16 reichen die erheblichen bildlichen und damit visuellen Unterschiede der Vergleichszeichen aus, eine Verwechslungsgefahr zu verneinen. Im Hinblick auf die in der Tat erhebliche Verfremdung der Zeichenworte kann dem zugestimmt werden.

- **BioVisc** ≠ **PROVISC** und **DUOVISC** T-106/07 vom 10.9.2008
  Wegen der für die Augenheilkunde bestimmten (identischen) Produkte der Vergleichszeichen ist die Kennzeichnungskraft des gemeinsamen Bestandteils »visc« sehr gering, so dass die Unterschiede der Vergleichszeichen am ohnehin bedeutsamen Wortanfang eine Verwechslungsgefahr ausschließen.

- Bild mit Wort **Aprile** ≠ **ANVIL** T-179/07 vom 24.9.2008
  Ungeachtet identischer Bekleidungswaren besteht angesichts der Prädominanz des Bildes der GMA und der visuellen sowie klanglichen Unterschiede der Zeichenworte keine Verwechslungsgefahr.

- **Nanolat** ≠ **TANNOLACT** T-6/07 vom 19.11.2008, GRUR Int 2009, 598
  Obschon in die Klasse 5 fallend, richten sich die badetherapeutischen Produkte der Widerspruchsmarke an Endverbraucher. Visuell weisen die Vergleichszeichen zahlreiche identische Buchstaben auf, unterscheiden sich aber in deren Gesamtzahl und damit -länge. Klanglich bestehen bei der relevanten deutschen Aussprache deutliche Abweichungen. Begrifflich kann hinsichtlich der Widerspruchsmarke auf »Tannen« und »Lactose« verwiesen werden, während »Nano« auf die so bezeichnete Mikrotechnologie verweise. Daher sei Verwechslungsgefahr nicht gegeben.

- **BRILLO'S** ≠ (Bild mit Wort) **brillante** T-275/07 vom 2.12.2008
  Auch für den spanischen Durchschnittsverbraucher besteht selbst bei
  identischen Lebensmitteln in der Klasse 29 keine Verwechslungsgefahr,
  weil die bloße Identität in den Anfangsbuchstaben »brill« eine solche
  nicht begründe.
- **Gallecs** (+ Bild) ≠ **GALLO** (+ Hahnbild) T-151/08 vom 11.6.2009 (bestätigt durch EuGH C-342/09 vom 27.10.2010)
  Sowohl wegen der den jeweiligen Gesamteindruck der Marken dominierenden unterschiedlichen als auch der phonetischen Wortunterschiede besteht keine eine Verwechslungsgefahr begründende Ähnlichkeit.
- **Oli** (bildlich) ≠ **olay** T-240/08 vom 8.7.2009
  Weil die bildlichen und klanglichen Unterschiede die Ähnlichkeiten übersteigen und begrifflich kein Vergleich möglich ist, besteht keine Verwechslungsgefahr in Bezug auf Waren in den Klassen 3 und 5, ohne dass
  es auf eine erhöhte Kennzeichnungskraft der Widerspruchsmarke ankom-
  me. Außerdem sei bei Waren in Klasse 5 die Aufmerksamkeit des Publikums höher als sonst. Beides ist im Ansatz bedenklich.
- **ESTER-E** ≠ **ESTEVE** T-230/07 vom 8.7.2009
  Der geringen bildlichen steht eine (normale) phonetische Ähnlichkeit gegenüber. Begrifflich wird die GMA mit einem chemischen Begriff oder
  einem Mädchennamen verbunden, während die Widerspruchsmarke
  (nur) in Spanien als Familienname bekannt ist, also insoweit keine Ähnlichkeit besteht. Und weil die Streitwaren in Klasse 5 sorgfältig ausgewählt werden, besteht keine Verwechslungsgefahr. Nicht bedenkenfrei.
- **FAMOXIN** ≠ **LANOXIN** (Nichtigkeit) T-493/07, T-26/08, T-27/08
  vom 23.9.2009; bestätigt durch EuGH C-461/09 vom 9.7.2010
  Weil die (in verschiedenen Ländern für unterschiedliche Inhaber eingetragene) Gegenmarke nur für Herz/Kreislauf-Mittel benutzt wurde und die
  GM auf Mittel gegen Stoffwechsel-Erkrankungen beschränkt ist, unterstützen die unterschiedlichen Indikationen die Unterschiede der Marken
  und schließen eine Verwechslungsgefahr aus. Wiederum bedenklich, weil
  sich jene Unterschiede praktisch auf den Anlaut beschränken und hinsichtlich Buchstaben- und Silbenzahl sowie Klangrhythmus Übereinstimmung besteht.
- **S-HE** ≠ **SHE** (bildlich) T-391/06 vom 23.9.2009
  Angesichts der geringen Kennzeichnungskraft beider Marken reichen die
  Unterschiede in bildlicher und klanglicher Hinsicht aus, eine Verwechslungsgefahr auch in Bezug auf identische/ähnliche Waren in den Klassen 3, 9 (Brillen), 18 und 25 auszuschließen.

- **REDROCK** ≠ **ROCK** T-146/08 vom 13.10.2009
  Die für W/DL des Bauwesens in den Klassen 1, 17, 19 und 37 bestimmten Marken unterscheiden sich ungeachtet der Übereinstimmung in »ROCK« (engl Fels, Gestein) hinsichtlich aller Kriterien: Keine Verwechslungsgefahr.
- **RNAiFect** ≠ **RNActive** T-80/08 vom 28.10.2009
  Wegen des beschreibenden Charakters des identischen Markenbestandteils »RNA« (ribonucleid acid) reichen die Unterschiede im Übrigen aus, eine Verwechslungsgefahr zu verneinen. Für Waren in den Klassen 1 und 5.
- **SpagO** ≠ **SPA** T-438/07 vom 12.11.2009
  Die sehr bekannte Widerspruchsmarke wird in der GMA nicht erkannt, weil nur geringe klangliche und visuelle Ähnlichkeit besteht. Eine Verknüpfung iSv Abs 5 ist daher nicht gegeben, die angesichts der Unterschiede von alkoholischen Getränken und Mineralwasser erforderlich wäre.
- **Solfrutta** ≠ **FRUTISOL** T-331/08 vom 27.1.2010
  Relevant war der EU-Durchschnittsverbraucher im Bereich von Getränken. Die Zeichen selbst wurden als klanglich und schriftbildlich schwach ähnlich beurteilt. In begrifflicher Hinsicht verstehen die Verbraucher in Mitgliedstaaten wie Italien und Spanien aufgrund der Bestandteile »FRUT« und »SOL« die Begriffe Frucht und Sonne, was aber in diesen Ländern nur zu einer geringen Ähnlichkeit in begrifflicher Hinsicht führt, der in den anderen Mitgliedstaaten noch viel geringer ist. Im Ergebnis wurde die Verwechslungsgefahr verneint.
- **Mirtillino** ≠ **MIRTO** T-427/07 vom 19.3.2010
  Die für den EU-Durchschnittsverbraucher bestimmten Waren waren teils identisch, teils ähnlich. In Italien und Spanien hatten die Zeichen teilweise eine bestimmte Bedeutung, im Rest der Gemeinschaft nicht. Nach Auffassung des EuG waren die Unterschiede zwischen den Zeichen hinreichend deutlich, um eine Verwechslungsgefahr auszuschließen.
- **nollie** ≠ **NOLI** T-363/08 und T-364/08 vom 24.3.2010
  Die GMA war ua für Waren in den Klassen 9 und 14 »Sonnenbrillen, Armbänder, Ringe, Halsketten, Uhren, Ketten, Anhänger, Colliers« angemeldet. Die Widerspruchswaren »Parfümeriewaren, Kosmetika, Waren aus Leder, Koffer und Reisetaschen, Bekleidungsstücke« wurden als unähnlich angesehen.
- **unibanco** ≠ **UniFLEXIO, UniZERO, UniVARIO** T-392/06 vom 27.4.2010

Die Dienstleistungen in Klasse 36 waren identisch. Die Widersprechende faxte innerhalb der ihr hierfür vom HABM gesetzten Frist zur Substantiierung ihres Widerspruchs einen Schriftsatz, der zahlreiche Anlagen enthielt, ohne diese Anlagen. Per Post ging der Schriftsatz mit sämtlichen Anlagen nach Fristablauf beim HABM ein. Die Anlagen bestanden aus Bescheinigungen über die Eintragung von Marken mit der Vorsilbe Uni und Urteilen des Landgerichts Frankfurt. Das HABM berücksichtigte die zu spät eingegangenen Schriftstücke nicht und teilte dies den Beteiligten mit. Es wies den Widerspruch zurück, weil das Vorbringen der Klägerin, es bestehe Verwechslungsgefahr zwischen der Anmeldemarke und der ihr gehörenden Markenserie, nicht hinreichend bewiesen sei. Die BK bestätigte die Entscheidung der WA, das EuG hatte daran nichts auszusetzen. Die Entscheidung ist hart, aber vertretbar. Vor allem schafft sie Rechtssicherheit. Was nicht innerhalb der gesetzten Frist beim Amt vorliegt oder vorgetragen wurde, wird im Rahmen des Widerspruchsverfahrens nicht berücksichtigt.

– **stabilator ≠ STABILAT** T-60/09 vom 7.7.2010 (bestätigt durch EuGH C-418/10 vom 28.3.2011)
Anders als die Widerspruchsabteilung hatte die Beschwerdekammer die sich gegenüberstehenden Waren (Klasse 19 einerseits und Klassen 1, 7, 11 und 20 andererseits) und Dienstleistungen (Klassen 37 und 42 einerseits und Klassen 37, 40 und 42 andererseits) als nicht ähnlich angesehen. Das EuG teilte diese Bewertung.

– **acsensa ≠ ACCENTURE** T-244/09 vom 7.10.2010
Die sich gegenüberstehenden Waren und Dienstleistungen waren identisch bzw. ähnlich, relevant war u. a. der europäische Durchschnittsverbraucher. Die GMA verfügte auch über einen Bildbestandteil, der die in bildlicher Hinsicht bestehende Ähnlichkeit neutralisierte. Klanglich und begrifflich bestand keine Zeichenähnlichkeit.

– **GOTHA ≠ gotcha** T-169/09 vom 25.11.2010
Relevant war der EU-Durchschnittsverbraucher, die konkurrierenden Waren der Klassen 18 und 25 lagen im Identitäts- bzw Ähnlichkeitsbereich. In bildlicher Hinsicht bestand nur eine leichte Ähnlichkeit, da die Widerspruchsmarke ein nicht völlig zu vernachlässigendes Bildelement (schwarze Rose) aufwies. In klanglicher Hinsicht ergaben sich sowohl für den englischsprachigen als auch für den deutschsprachigen Verkehr deutliche Unterschiede, in den anderen europäischen Sprachen wurden die beiden Wörter ebenfalls nicht klanglich ähnlich ausgespro-

chen. In begrifflicher Hinsicht war keine Ähnlichkeit festzustellen. Im Ergebnis war Verwechslungsgefahr zu verneinen.

- **TOLPOSAN ≠ TONOPAN** T-331/09 vom 15.12.2010
Relevant waren Verbraucher mit erhöhtem Grad an Aufmerksamkeit in Österreich und Spanien. Zwischen den Vergleichswaren (Arzneimittel) bestand leichte Ähnlichkeit. Der klangliche und visuelle Ähnlichkeitsgrad wurde als nicht sehr hoch angenommen, so dass keine Verwechslungsgefahr bestand.
- **Wind # Wind T-451/09 vom 15.12.2010**
Die beiden Zeichen waren fast identisch, die figurativen Elemente fielen nicht ins Gewicht. Somit kam es nur noch auf die Produktähnlichkeit an. Die Widerspruchsmarke wurde benutzt für Reparatur von Kraftfahrzeugkarosserien, die GMA war in Klasse 12 u.a. angemeldet für Seniorenfahrzeuge, Motorräder und deren Teile sowie Quads. Die Waren und Dienstleistungen wurden als unähnlich angesehen, so dass keine Verwechslungsgefahr festzustellen war.
- **CA ≠ KA** T-486/07 vom 22.03.2011
Dem hier relevanten europäischen Durchschnittsverbraucher war ein höherer Aufmerksamkeitsgrad als normal zu unterstellen bezogen auf die in Rede stehenden Produkte, die hochpreisig bzw. sicherheitsrelevant sind. Während das Widerspruchszeichen eindeutig als stilisierter Schriftzug »KA« zu identifizieren war, ließ das Zeichen der angemeldeten GMA verschiedene Deutungen zu, eine davon war »CA«, eine weitere der Buchstabe »C« mit einer schräggestellten Zahl »4« oder auch ein nach rechts offener Kreis kombiniert mit einem großen »A« oder einer schräggestellten Zahl »4«. Das EuG erachtete die Zeichenunterschiede als groß genug, um eine Verwechslungsgefahr zu verneinen. Dies galt auch vor dem Hintergrund, dass die ältere Wortmarke in Bezug auf Automobile ein höheres Maß an Kennzeichnungskraft besaß und ein Teil der Verkehrsbeteiligten die GMA wie »KA« ausspricht.
- **KIOWA ≠ COHIBA** T-207/08 vom 18.5.2011
Gegenüber standen sich identische Waren in Klasse 34. Zulässigerweise hatte die Beschwerdekammer nur die Verwechslungsgefahr im spanischsprachigen Bereich überprüft, weil die Widerspruchsmarken spanische Elemente aufwiesen und davon auszugehen war, dass auch in der Union keine Zeichenähnlichkeit vorliegt, wenn sie nicht im spanischsprachigen Raum besteht. Neben der Unterschiedlichkeit der Wortelemente wiesen die Widerspruchsmarken noch den Hinweis »La Habana, Cuba« auf. In klanglicher Hinsicht bestanden gewisse Ähnlichkeiten, die jedoch durch

die konzeptionellen und grafischen Unterschiede neutralisiert wurden, so dass keine Verwechslungsgefahr anzunehmen war.

– **McKENZIE ≠ Mc KINLEY** T-502/07 vom 18.5.2011

Die für den europäischen Durchschnittsverbraucher bestimmten Waren der Klassen 18 und 25 waren identisch bzw sehr ähnlich. Trotz gleicher Buchstaben- und Silbenanzahl, gleichem Zeichenanfang »McK« und klanglich gleichlautendem Zeichenende hielt das EuG die Zeichen für hinreichend verschieden.

Die Entscheidung ist grenzwertig. Im nicht-englischsprachigen Teil der EU besteht Verwechslungsgefahr, was auch schon die WA so gesehen hatte.

– **Buonfatti ≠ Bonfait** T-471/09 vom 28.6.2011

Die sich gegenüberstehenden Lebensmittel waren hochgradig ähnlich bzw. identisch. Relevant war der Durchschnittsverbraucher in den Benelux-Staaten, so dass auf die Sprachen Französisch und Niederländisch abzustellen war. Die Widerspruchsabteilung hatte den Widerspruch zurückgewiesen, die Beschwerdekammer hatte der Beschwerde stattgegeben und die Marken als verwechslungsfähig angesehen. Das EuG kam zu dem Ergebnis, dass die sich gegenüberstehenden Zeichen nur einen jeweils geringen Grad an begrifflicher, bildlicher und klanglicher Ähnlichkeit aufwiesen, so dass im Ergebnis keine Verwechslungsgefahr festzustellen war.

– **TOP CRAFT ≠ Krafft** T-374/08 vom 12.7.2011

Relevant war der spanische Durchschnittsverbraucher im Reich identischer und ähnlicher Waren in den Klassen 1 und 3. Die GMA war eine Wort-/Bildmarke, der Wortbestandteil »TOP« war deutlich größer dargestellt als der zweite Wortbestandteil, der als nicht prägend für das Gesamtzeichen angesehen wurde.

– **METRONIA ≠ METRO** T-525/09 vom 8.9.2011

Relevant war der Durchschnittsverbraucher in Deutschland mit hohem Aufmerksamkeitsgrad für die hier relevanten (technischen) Waren (Computer, Elektronik-Spiele, DV-Programme etc) und Dienstleistungen, weshalb die klangliche Ähnlichkeit nur eine untergeordnete Rolle spielte. Nachdem die BK in der ersten Entscheidung die Verwechslungsgefahr bejaht hatte, hatte das EuG diese Entscheidung in seiner ersten Entscheidung (T-290/07 vom 10.12.2008) zunächst aufgehoben, in der zweiten Entscheidung hatte die BK nach Wiedereröffnung des Falls entschieden, dass keine Verwechslungsgefahr besteht, was das EuG bestätigte.

– **MEN'Z ≠ WENZ** T-279/10 vom 14.9.2011

Der Widerspruch war auf eine ältere geschäftliche deutsche Bezeichnung gestützt worden. Die Entscheidung ist informativ im Hinblick auf die vorzulegenden Nachweise für ein solches Widerspruchszeichen, die im vorliegenden Fall als nicht ausreichend erachtet wurden, so dass der Widerspruch zurückgewiesen wurde.

– **BRIGHTON ≠ BRIGHTON** T-403/10 vom 27.9.2011
Der für »Bekleidung« angemeldeten Wortmarke standen nicht eingetragene Wort-/Bildzeichen »BRIGHTON« in Großbritannien, Italien, Irland und Deutschland gegenüber (Geschäftsabzeichen und bekannte Zeichen im Sinne von Art 8 Abs 4 GMV). Da die Widersprechende nur ungenügende Nachweismittel vorgelegt hatte, die eine ausreichende überörtliche Benutzung nicht belegten, hatte die Widerspruchsabteilung den Widerspruch zurückgewiesen, was die nachfolgenden Instanzen bestätigten.

– **NATURAVIVA ≠ VIVA** T-107/10 vom 29.9.2011
Dem hier relevanten Publikum in der gesamten EU wurde mit Blick auf die speziellen Waren und Dienstleistungen (Parfümerien, physikalische Therapien, Schönheitssalons) ein höherer Aufmerksamkeitsgrad unterstellt. Innerhalb der GMA wurde beiden Bestandteilen (NATURA und VIVA) jeweils nur geringe Kennzeichnungskraft zugebilligt. Aufgrund der Unterschiede in Klang, Schriftbild und Bedeutung wurden die Zeichen als unähnlich angesehen.

– **Caldea ≠ BALEA** T-304/10 vom 18.10.2011
Gegenüber standen sich unter anderem identische Waren in Klasse 3, relevant war der EU-Durchschnittsverbraucher. Die Marken waren begrifflich und schriftbildlich nicht ähnlich. In klanglicher Hinsicht wurden sie als schwach ähnlich angesehen, was aber von untergeordneter Bedeutung war, da die relevanten Waren auf Sicht gekauft werden.

– **LINE ≠ Line** T-449/08 vom 18.10.2011
Nachdem die WA die Verwechselbarkeit der sich gegenüberstehenden Wort-/Bildmarken (beide vom Wortbestandteil dominiert) festgestellt hatte, wurde die ua für »Leuchten und Lampen« angemeldete GMA beschränkt durch den Zusatz »unter Ausschluss von beleuchteten Schildern«; dessen ungeachtet war die BK der Auffassung, dass hiermit die Widerspruchsdienstleistungen »Zusammensetzung, Installation, Reparatur, Instandhaltung und Reinigung von Leuchten in Schildern« noch im Ähnlichkeitsbereich liegen und deshalb für den spanischen Durchschnittsverbraucher Verwechslungsgefahr bestehe. Das EuG stellte demgegenüber fest, dass sich die Dienstleistungen nur an ein Fachpublikum richteten und aufgrund des warenmäßigen Ausschlusses keine Produktähnlichkeit mehr vorlag, so dass eine Verwechslungsgefahr ausgeschlossen wurde.

- **BAM** ≠ **BAM** T-426/09 vom 26.10.2011
  Die in Deutschland für Straßenbaumaschinen in Klasse 7 und verschiedene Baumaterialien in Klasse 19 eingetragene Widerspruchsmarke stand den Anmeldewaren »Rohre für Bauzwecke, nicht aus Metall, transportable Bauten, nicht aus Metall und Denkmäler, nicht aus Metall« sowie den Dienstleistungsangaben »Bauwesen, Reparaturwesen und Reparaturen und Wartung« gegenüber. Nach Erhebung der Benutzungseinrede konnte lediglich die Benutzung der Widerspruchswaren »Asphalt und Baumaterialien, hergestellt aus Asphalt und für die Produktion von Asphalt« nachgewiesen werden. Diese lagen nicht mehr im Ähnlichkeitsbereich mit den Produkten der GMA. Die wechselseitigen Produkte standen auch in keinem Ergänzungsverhältnis.
- **NATY'S** ≠ **Naty** T-72/10 vom 26.10.2011
  Zwischen den Widerspruchswaren »Waffeln« und den Waren der GMA wie beispielsweise »Kirschen in Sirup, Heidelbeersoße, Dips für Snacks, Erdnussbutter, Nachos und Ahornsirup« bestand nach Auffassung des EuG keine Warenähnlichkeit, die Waren stünden nicht im Wettbewerb zueinander. Es bestehe auch kein Ergänzungsverhältnis, obwohl einige Produkte wie beispielsweise Konfitüren und Früchte als Topping für Waffeln verwendet werden können, da ihre Verwendung als solche optional und keineswegs zwingend sei.
- **EuroBasket** ≠ **Basket** T-596/10 vom 2.2.2012
  Relevant waren die EU-Durchschnittsverbraucher von ua Waren in Klasse 25 und 28 (Bekleidungsstücke, Spiele, Turn- und Sportartikel). Die Zeichen wurden als klanglich, begrifflich und schriftbildlich ähnlich angesehen. Jedoch wurde der gemeinsame Bestandteil »Basket« nicht als kennzeichnungskräftiger Bestandteil aufgefasst, sondern als beschreibende Angabe (die Widerspruchsmarke war eine Wort-/Bildmarke), so dass die zwischen den Zeichen bestehenden Unterschiede als ausreichend angesehen wurden für die Feststellung, dass keine Verwechslungsgefahr vorliegt.
- **BIODANZA** ≠ **BIODANZA** T-298/10 vom 8.3.2012
  Gegenüber standen sich eine aus Wort- und Bildbestandteilen zusammengesetzte GMA, deren prägender Bestandteil »BIODANZA« war, und eine deutsche Wortmarke. Die sich gegenüberstehenden Waren und Dienstleistungen der Klassen 16 und 41 waren identisch. Die Widersprechende hatte zum Nachweis der rechtserhaltenden Benutzung lediglich Kopien von Werbeanzeigen in Zeitschriften vorgelegt, ohne die Auflagenhöhe und Reichweite der Publikationen mitzuteilen, was nicht ausreichte, weil es sich um Spezialzeitschriften und nicht um allgemein bekannte

Zeitungen oder Magazine handelte. Die Widersprechende hatte sich außerdem auf Bösgläubigkeit berufen, was zwar ein Nichtigkeitsgrund, aber im Widerspruchsverfahren nicht zu prüfen ist.

– **ISENSE** ≠ EyeSense T-207/11 vom 9.3.2012

Die sich gegenüberstehenden Waren und Dienstleistungen in Klasse 10 und 42 waren identisch bzw. ähnlich. Die relevanten Verkehrskreise bestanden aus Fachkreisen des medizinischen und medizintechnischen Bereichs in Deutschland, denen ein erhöhter Aufmerksamkeitsgrad unterstellt werden konnte und die über gute Englischkenntnisse verfügten. Für diese Verkehrskreise bestand jedoch kein Anlass, die GMA englisch auszusprechen. Klanglich und begrifflich waren die Zeichen daher unähnlich, sie wiesen lediglich eine gewisse schriftbildliche Ähnlichkeit auf, was jedoch nicht ausreichte, um eine Verwechslungsgefahr festzustellen.

– **KARRA** ≠ KARA T-270/10 vom 3.5.2012

Die GMA war angemeldet worden für Waren der Klassen 18, 20, 24 und 25 und Dienstleistungen in Klasse 35, die Widerspruchsmarke war eingetragen unter anderem für Waren in den Klassen 18 und 25. Nachdem die Widersprechende lediglich die rechtserhaltende Benutzung in Bezug auf bestimmte Lederwaren nachweisen konnte, war dem Widerspruch in diesem Bereich stattgegeben worden. Die vorgelegten Benutzungsunterlagen reichten nicht aus, um andere Waren des Widersprechenden als benutzt anzusehen. Die Klage des Widersprechenden wurde folglich abgewiesen.

– **ALLERNIL** ≠ ALLERGODIL T-492/09 vom 7.6.2012 und T-147/10 vom 7.6.2012

Die sich gegenüberstehenden Waren (pharmazeutische Erzeugnisse und bestimmte Arzneimittel) waren identisch. Die maßgeblichen Verkehrskreise bestanden sowohl aus spezialisiertem Publikum als auch aus Durchschnittsverbrauchern in Gestalt von Patienten, die einen überdurchschnittlichen Grad an Aufmerksamkeit aufbringen. Sowohl in klanglicher, schriftbildlicher und begrifflicher Hinsicht wurde der Grad an Ähnlichkeit zwischen den Zeichen als nicht hoch angesehen. Im Ergebnis wurden die Zeichenunterschiede als ausreichend angesehen, um eine Verwechslungsgefahr zu verneinen.

– **HELLIM** ≠ HALLOUMI T-534/10 vom 13.6.2012; bestätigt durch EuGH C-393/12 vom 21.3 2013

Die maßgeblichen Verkehrskreise wurden von der breiten Öffentlichkeit in der Union gebildet, die GMA war für »Milch und Milchprodukte« angemeldet, die Widerspruchsmarke war für »Käse« eingetragen. Klanglich und bildlich waren die Zeichen nicht ähnlich. In begrifflicher Hinsicht bestand eine gewisse Ähnlichkeit, weil in Zypern Griechisch und Türkisch Amtssprachen sind und der Durchschnittsverbraucher dort verstehen wird, dass die Wörter »HALLOUMI« und »HELLIM« beide dieselbe zyprische Käsespezialität bezeichnen. Die Übereinstimmung in begrifflicher Hinsicht genügte jedoch nicht, um eine Verwechslungsgefahr zu begründen.

– **CORONA** ≠ **KARUNA** T-357/10 vom 20.6.2012
  Relevant war der Durchschnittsverbraucher von Schokolade in Estland, Lettland und Litauen. Jedoch hielt das EuG die zwischen den Zeichen bestehenden Unterschiede für ausreichend, um eine klangliche, bildliche und begriffliche Ähnlichkeit zu verneinen.

– **COSMOBELLEZA** ≠ **COSMO** T-344/09 vom 27.6.2012
  Der Widerspruch wurde gestützt auf verschiedene Wort- und Bildmarken und nicht eingetragene Zeichen wie beispielsweise »COSMO«, »COSMOPOLITAN«, »COSMO TEST« und »COSMOPOLITAN TELEVISION« mit Gültigkeit in verschiedenen Mitgliedsstaaten. Da dem Zweitbestandteil der GMA »BELLEZA« Unterscheidungskraft beizumessen war, bestanden hinreichend deutliche klangliche, schriftbildliche und konzeptionelle Unterschiede, so dass keine Verwechslungsgefahr bestand.

– **DOLPHIN** ≠ **DOLPHIN** T-361/11 vom 12.7.2012
  Beide Marken beanspruchten Schutz in Klasse 9, die GMA unter anderem für »Telekommunikationssysteme und -installationen, interaktive Terminals zum Darstellen und Bestellen von Waren und Dienstleistungen«, die Widerspruchsmarke für »Strichcode- und Bildscanner sowie zugehörige Software«. Diese Waren wurden als unähnlich angesehen. Sie standen auch nicht in einem Ersetzungs- oder Konkurrenzverhältnis, weil sie für unterschiedliche Verkehrskreise bestimmt waren.

– **HYPOCHOL** ≠ **HITRECHOL** T-517/10 vom 12.7.2012
  Die Waren galten als identisch (cholesterinsenkende pharmazeutische Erzeugnisse), die relevanten Verkehrskreise bestanden aus Gesundheitsfachleuten wie Apothekern und Ärzten sowie Endverbrauchern, insbesondere cholesterinkranken Patienten mit überdurchschnittlich hohem Aufmerksamkeitsgrad. In klanglicher und schriftbildlicher Hinsicht wurde eine geringe Zeichenähnlichkeit festgestellt. In begrifflicher Hinsicht waren die Zeichen unähnlich. Das Suffix »CHOL« konnte vom Fachverkehr als Hinweis auf Cholesterin verstanden werden, jedoch überwogen im Ergebnis die Unterschiede zwischen den Zeichen, so dass keine Verwechslungsgefahr festzustellen war.

– »la Caixa« ≠ CAIXA T-255/09 vom 13.7.2012
Die sich gegenüberstehenden Waren und Dienstleistungen betrafen den
Finanzsektor und waren identisch. Relevant war der portugiesische
Durchschnittsverbraucher. Die GMA verfügte über einen nicht völlig zu
vernachlässigenden bildlichen Bestandteil. Von den zahlreichen Widerspruchsmarken hatte sich die Beschwerdekammer lediglich mit der nach
ihrer Meinung am nächsten kommenden Wortmarke »CAIXA« befasst,
was nicht zu beanstanden war. Dem Wort »CAIXA« wurde nur geringe
Kennzeichnungskraft zugesprochen, weil dieses Wort in der portugiesischen Sprache »Kasse« bedeutet. Trotz der klanglichen und konzeptionellen Ähnlichkeiten wurden die Unterschiede als ausreichend angesehen
und folglich eine Verwechslungsgefahr verneint.

– erkat ≠ CAT T-566/10 vom 12.09.2012 (Nichtigkeitsverfahren)
Die sich gegenüberstehenden Waren und Dienstleistungen galten als
identisch. Die BK hatte anders als die Nichtigkeitsabteilung zwischen den
Zeichen eine Verwechslungsgefahr gesehen. Das EuG teilte diese Auffassung nicht und hob die Entscheidung auf, insbesondere weil die GMA
nicht zerlegt werden kann in zwei separate Bestandteile.

– Daxon ≠ DALTON T-29/12 vom 28.11.2012
Trotz zum Teil identischer Waren in den Klassen 3 und 5, die sich auch
an das allgemeine Publikum in der EU richteten, bestand keine Verwechslungsgefahr zwischen den Marken, die jede für sich genommen
kennzeichnungskräftig sind und über hinreichend Unterschiede verfügen.

– Fitcoin II ≠ coin T-272/11 vom 1.2.2013
Die sich gegenüberstehenden Waren und Dienstleistungen der Klassen 16, 28, 35, 36 und 41 waren identisch. Jedoch waren die zwischen
den Marken bestehenden Zeichenunterschiede ausreichend, so dass für
den EU-Durchschnittsverbraucher keine Verwechslungsgefahr in diesem
Waren- und Dienstleistungsbereich bestand. Im Bereich der identischen
Waren in Klasse 25 wurde Verwechslungsgefahr bejaht. In diesem Kontext wurde »fit« als beschreibend angesehen für die korrekte Passform der
Kleidung, so dass insoweit die Zweitsilbe »coin« prägend war.

– DIGNITUDE ≠ Dignity T-504/11 vom 4.2.2013
Die GMA war angemeldet für Strumpfwaren, Unterwäsche und Unterhosen (Klasse 25), die Widerspruchswaren der Klassen 5 und 10 lauteten ua
»Bandagen für hygienische Zwecke, Textilien und Textilwaren für medizinische Zwecke, Windeln, sämtliche vorgenannten Waren für Inkon-
tinenzzwecke«. Die Waren wurden als nicht ähnlich angesehen, weshalb
keine Verwechslungsgefahr vorlag.

– **KMIX ≠ BAMIX** T-444/10 vom 21.2.2013
Die sich gegenüberstehenden Waren (Küchenmaschinen, Mixgeräte etc)
lagen im Identitäts- bzw Ähnlichkeitsbereich. Jedoch wurden die Zeichen
als nicht ähnlich beurteilt, so dass keine Verwechslungsgefahr bestand.

### 11.2  Mehrwortzeichen untereinander

181 Auch die ersichtlich aus zwei Wörtern bestehenden, aber zusammengeschriebenen Wortzeichen können je nach üblicher Wahrnehmung als Mehrwortzeichen gewertet werden (siehe Art 8 Rdn 158). Ein Beispielsfall, in dem der
Widerspruch gegen ein Mehrwortzeichen sowohl auf ein Einwortzeichen als
auch ein damit zusammengesetztes Mehrwortzeichen gestützt war, ist unter
Art 8 Rdn 194 erläutert: ALPHA STAR/ALPHA bzw. ALPHACARB.

182 Im Falle »AIR MARIN/AIR MARITIME«[288] standen sich für identische
Dienstleistungen ähnlich gebildete Mehrwortmarken gegenüber. Zwar wurde
der identische erste Markenteil im Hinblick auf Flug-Reisedienstleistungen
für kennzeichnungsschwach gehalten, jedoch nicht ohne Einfluss auf den Gesamteindruck, und es gab trotz der optischen und klanglichen Abweichungen
der Zweitteile deren ähnliches Schriftbild und vor allem ihre sehr ähnliche
Bedeutung den Ausschlag für eine Bejahung der (komplexen) Verwechslungsgefahr. Gegen diese Entscheidung hat die Anmelderin vor dem EuG Klage
erhoben (T-257/01), das Verfahren wurde ohne Entscheidung beendet.

183 Bejaht wurde die Verwechslungsgefahr auch zwischen den nahezu identischen Mehrwortmarken »MAMAS & PAPAS/MAMA'S & PAPA'S«,[289] obgleich sie nicht für identische Waren bestimmt waren. Die Warenähnlichkeit
wurde von der HABM-BK aber mit dem gleichen Verwendungszweck bei
Babys und Kindern, der gleichen Käuferschaft und der wechselseitigen Ergänzung der Waren begründet, welche »Bedürfnisse befriedigen, die gedanklich miteinander in Verbindung gebracht werden können« (Nr 12).

184 Der Fall »Krüger All Day/ALL-DAY AQUA«[290] unterschied sich von den
zuvor besprochenen Fällen dadurch, dass in der Widerspruchsmarke der Na-

---

288 HABM-BK R 789/1999-2 vom 31.7.2001, ABl-HABM 2002, 1642 *AIR MA-
RITIME/AIR MARIN*.

289 HABM-BK R 674/2000-4 vom 5.9.2001, ABl-HABM 2002, 1252 *MAMAS
& PAPAS/MAMA'S & PAPA'S*.

290 HABM-BK R 814/2001-3 vom 18.3.2002, ABl-HABM 2002, 1988 *KRÜGER
ALL DAY/ALL-DAY AQUA*.

me »Krüger« Teil eines über den Worten »All Day« angeordneten Firmenlogos war. Der Auffassung, dass das Logo einschließlich seines Wortbestandteils als Firmenzeichen außer Betracht bleiben und der Wortbestandteil »All Day« als eigentliche Produktmarke gewertet werden müsse, hat sich die HABM-BK nicht angeschlossen und die Verwechslungsgefahr trotz identischer Waren verneint, weil der durchschnittlich informierte, aufmerksame und verständige Durchschnittsverbraucher ein Zeichen in der Regel als Ganzes wahrnehme, ohne es einer analysierenden Betrachtungsweise zu unterziehen. Und weil es sich bei »All Day« um eine im Kosmetikbereich häufig verwendete und somit schwach, wenn überhaupt unterscheidungskräftige Haltbarkeitsangabe handelt, bezögen beide Marken ihre Unterscheidungskraft aus dem jeweils weiteren Bestandteil, die keinerlei Ähnlichkeiten aufweisen, wobei nur durch die Kombination mit dem ebenfalls beschreibenden und somit kennzeichnungsschwachen »AQUA« das Gesamtzeichen hinreichende Unterscheidungskraft erhält.

Darauf bezieht sich offenbar auch der Hinweis der HABM-BK, dass die Inhaberin der GM weder deren Bestandteil »AQUA« gegenüber dem Element »ALL DAY« absetzen oder in letzterem den Bindestrich weglassen dürfe, wenn sie nicht Gefahr laufen wolle, den Schutz der GM zu verlieren (Nr 70); ein Hinweis, der ungeachtet seiner sachlichen Berechtigung nicht in die Zuständigkeit der HABM-BK fällt, weil über die Reichweite des durch Art 9 begründeten Markenschutzes allein die nationalen Gemeinschaftsmarkengerichte zu befinden haben. Der in ähnlichen Fällen stets aufkommende Gedanke an eine Usurpation fremder Kennzeichen durch Hinzufügen eines weiteren Bestandteils (Art 8 Rdn 68) greift hier nicht durch, weil der übereinstimmende Markenbestandteil ein Nullum ist, das sich nicht usurpieren lässt.   **185**

Vom EuGH liegen bislang nur die folgenden Rechtsmittelurteile vor, mit denen er jeweils die Entscheidung des EuG bestätigt und die Verwechslungsgefahr bejaht hat:   **186**
– **PC WORKS = W WORK PRO** C-314/05 vom 29.6.2006 (Beschluss)
  Die Computer und Computerhardware der GMA sind den audiovisuellen Geräten der Widerspruchsmarke ähnlich. Die Feststellung des EuG,[291] dass die Vergleichsmarken visuell, phonetisch und konzeptionell

---

291 EuG T-352/02 vom 25.5.2005 *PC WORKS/W WORK PRO.*

ähnlich sind, liegen auf tatbestandlichem Gebiet und können im Rechtsmittelverfahren nicht in Frage gestellt werden. Bei der anschließenden Beurteilung der Verwechslungsgefahr unter Berücksichtigung aller relevanten Faktoren hat das EuG keinen Rechtsverstoß erkennen lassen.

– **EMILIO PUCCI = EMIDIO TUCCI** C-104/05 vom 28.9.2006 (Beschluss)

Die BK hatte den stattgebenden Widerspruchsbeschluss der Widerspruchsabteilung um einige zusätzliche Waren in der Klasse 18 erweitert. Die noch weitergehenden Vorstellungen der Widersprechenden hinsichtlich Warenähnlichkeit und Verwechslungsgefahr sind vom EuG[292] und EuGH zurückgewiesen worden.

– **QUANTUM = Quantième** (+ Grafik) C-171/06 vom 15.3.3007

Die Widerspruchsabteilung hatte dem Widerspruch stattgegeben, die BK hat ihn zurückgewiesen. Das EuG[293] hat diesen Beschluss aufgehoben, und der EuGH hat das bestätigt. Die beiderseitigen Waren waren unstreitig identisch oder ähnlich und die Zeichen visuell und phonetisch ähnlich. Streitbefangen waren in erster Linie begriffliche Unterschiede, die aber nach Auffassung der Gerichte dem relevanten Publikum nicht ohne Weiteres gegenwärtig sind.

– **TeleTech Global Ventures = Teletech International** C-312/05 vom 27.3.2007 (Nichtigkeit/Beschluss)

Die beiderseitigen Dienstleistungen in den Klassen 35 und 38 sind ähnlich oder identisch. Weil die Tatsachenfeststellung der Dominanz des beiderseitigen Bestandteils »Teletech« als Tatsachenfeststellung nicht angreifbar ist und auch die übrigen Rechtsmittelgründe nicht durchgreifen, bestehe kein Anlass zur Aufhebung des EuG-Urteils.[294]

– **Kids Vits = VITS 4 KIDS** C-84/10 vom 22.10.2010 (Beschluss)

Die an das allgemeine Publikum gerichteten Waren (ua diätetische Präparate für medizinische Zwecke) waren unstreitig identisch bzw ähnlich, so dass die Umkehrung der Reihenfolge der beiden Zeichenbestandteile »KIDS« und »VITS« nicht zu ausreichendem Zeichenabstand führte. Alle drei Vorinstanzen hatten die Verwechslungsgefahr bejaht, die gegen das EuG-Urteil vorgebrachten Rechtsmittelgründe wurden als teilweise offen-

---

292  EuG T-8/03 vom 13.12.2004 *PUCCI/TUCCI.*

293  EuG T-147/03 vom 12.1.2006 *Quantum.*

294  EuG T-288/03 vom 25.5.2005 *Teletech.*

sichtlich unbegründet und teilweise offensichtlich unzulässig zurückgewiesen.

Auch in den folgenden Fällen hat der EuGH das Urteil des EuG bestätigt, **187**
der hier aber die Verwechslungsgefahr verneint hatte:
- **SISSI ROSSI** ≠ **MISS ROSSI** C-214/05 vom 18.7.2006, GRUR Int
2006, 939

Das Scheitern der Widersprechenden ist im Wesentlichen darauf zurückzuführen, dass sie die – selbst vom HABM bejahte – Ähnlichkeit von Damenhandtaschen mit Damenschuhen nicht rechtzeitig belegt und das EuG deshalb die Verwechslungsgefahr mangels Produktähnlichkeit verneint hatte. Angesichts der früheren Entscheidung »CAMOMILLA« (siehe Art 8 Rdn 165) unverständlich; für die genannten Waren in den Klassen 18 und 25.

Der EuGH begnügt sich mit der Feststellung, dass das EuG im angefochtenen Urteil[295][296] die Ähnlichkeit der Marken und die Verwechslungsgefahr beim Publikum umfassend gewürdigt und dabei alle im vorliegenden Fall erheblichen Fakten berücksichtigt sowie seine Feststellungen auch rechtlich hinreichend begründet habe. Dort war insbesondere die Ähnlichkeit von Damenschuhen und Damenhandtaschen für nicht verwechslungsrelevant gehalten (überholt durch C-104/05 vom 28.9.2006 PUCCI/TUCCI, siehe Art 8 Rdn 186) und die Verwechslungsgefahr im Hinblick auf das häufige Auftreten des italienischen Nachnamens »Rossi« (auch in Frankreich) verneint worden.

Die vom EuGH gutgeheißene Begründung ist – bei allem Verständnis für den Revisionscharakter des Rechtsmittels – ein weiteres Beispiel für leere Erbsenzählerei an Stelle der verbal immer wieder geforderten Beurteilung des Gesamteindrucks der Marken auf das relevante Publikum. Welche Shopperin wird sich, nachdem sie einmal Schuhe der Marke »Miss Rossi« gekauft hatte, noch mit ausreichender Sicherheit an das »Miss« erinnern, wenn ihr eine (passende!) Handtasche »Sissi Rossi« angeboten wird – zumal »Miss« und »Sissi« auch noch klanglich und optisch erhebliche Gemeinsamkeiten haben –, oder selbst im Falle entsprechender Wahrnehmung annehmen wird, dass die »Miss« nun einen Namen, nämlich »Sissi« bekommen hat oder eben die Taschen unter dieser Schwestermarke vom Schuhhersteller bzw. einem mit ihm verbundenen Unternehmen stam-

---

295  EuG C-084/10 vom 22.10.2010.
296  T-169/03 vom 1.3.2005, GRUR Int 2005, 303.

men? Nein, in Fällen wie diesem stünde es dem EuGH gut an, in Rechtsmittelverfahren nicht nur festzustellen, *ob* das Vordergericht die zahlreichen Ursachenlieferanten für eine Verwechslungsgefahr geprüft und bewertet hat, sondern auch *wie* diese Bewertungen zustande gekommen und zu einem unter dem Primat des Gesamteindrucks vernünftigen Endergebnis zusammengeführt worden sind (vgl *Hacker* in Ströbele/Hacker, 9. Aufl, Rdn 330 zu § 9 DE-MarkenG).

– **COMP USA** ≠ **COMP USA** C-196/06 vom 9.3.2007
Streitpunkt war ersichtlich nicht die Ähnlichkeit der (identischen) Zeichen,[297] sondern die Waren- bzw Dienstleistungen, für die sie bestimmt sind. In allen Instanzen scheiterte die Widersprechende mit dem Argument, angesichts der Zeichenidentität wäre Verwechslungsgefahr trotz der Unähnlichkeit ihrer Transportdienstleistungen mit den Waren Computerhard- und -software sowie zugehörige Reparatur- und Einzelhandelsdienstleistungen. Der Umstand, dass die Waren der einen mittels der Dienstleistungen des anderen transportiert werden, schafft jedenfalls keine wahre Produktähnlichkeit und schließt damit die Verwechslungsgefahr aus.

– **GATEWAY** (+ weitere Worte) ≠ **ACTIVY Media Gateway** C-57/08 vom 11.12.2008, IIC 2009, 735
Ungeachtet weitreichender Identität oder Ähnlichkeit der beiderseitigen Waren und Dienstleistungen ist im Hinblick auf den beschreibenden Charakter des Wortes »Gateway« für diese Produkte die Ähnlichkeit der in beiden Fällen mit weiteren Worten zusammengesetzten Zeichen verneint worden,[298] weil sich der Verkehr nicht an jenem übereinstimmenden Wort orientiert und dieses in den mehrteiligen Wortzeichen auch keine selbstständig kennzeichnende Stellung einnimmt.

– **Barbara Becker** ≠ **Becker, Becker Online Pro** C-51/09 vom 24.6.2010
Aufgrund der Häufigkeit des Namens »Becker« in Deutschland war die Beschwerdekammer zu dem Ergebnis gelangt, dass die Unterschiede zwischen den für Waren der Klasse 9 bestimmten Marken ausreichend seien. Das EuG hatte dies anders gesehen und die Verwechslungsgefahr bejaht. Der EuGH hat den dagegen geltend gemachten Rechtsmittelgrund – Verstoß gegen Art 8 Abs 1 b) – für durchgreifend erachtet und den Fall zurückverwiesen. Insbesondere hatte das EuG fehlerhaft angenommen, dass

---

297  EuG T-202/03 vom 7.2.2006 *COMP USA*.
298  EuG T-434/05 vom 27.11.2007 *GATEWAY*.

dem Markenbestandteil »Becker« innerhalb der GMA die größere Bedeutung zukäme, weil es sich bei dem Bestandteil »Barbara« um einen bloßen Vornamen handele. Jedoch war im vorliegenden Fall auch die etwaige Bekanntheit der Person zu berücksichtigen, die die Eintragung ihres Vor- und Nachnamens zusammen als Marke begehrte, da diese Bekanntheit ganz offenkundig von Einfluss auf die Wahrnehmung der Marke durch die maßgeblichen Verkehrskreise sein könne.

Die Entscheidung ist im Ergebnis zu begrüßen, weil die Annahme des EuG, der Nachname präge die GMA, bei derartigen Allerweltsnamen und klangkräftigen Vornamen wie »Barbara« durchaus in Frage gestellt werden kann. Allerdings ist eine solche Annahme nicht völlig unvertretbar, im Normalfall dominiert durchaus der Nachname derartige Zeichen. Außerdem ist die Bekanntheit der angemeldeten Marke grundsätzlich kein Kriterium, das bei der Prüfung der Frage der Verwechslungsgefahr einzubeziehen wäre.

– **CK CREACIONES KENNYA** ≠ **CK Calvin Klein** C-254/09 vom 2.9.2010

Das EuG hatte zutreffend festgestellt, dass innerhalb der GMA der Bestandteil »CREACIONES KENNYA« prägend und deshalb der Bestandteil »CK« zu vernachlässigen ist. Trotz Warenidentität und Bekanntheit der älteren Marken wurde die Verwechslungsgefahr verneint. Die dagegen erhobenen Rechtsmittelgründe wurden als unbegründet zurückgewiesen.

– **A+** ≠ **AirPlus International** C-216/10 vom 25.11.2010 (Beschluss)

Das EuG hatte lediglich die Zeichenunähnlichkeit festgestellt und weitere Feststellungen zur Waren- und Dienstleistungsähnlichkeit und zum Bekanntheitsgrad der älteren Marke nicht mehr vorgenommen. Dies hat der EuGH gutgeheißen, weil die Voraussetzungen für die Verwechslungsgefahr kumulativ vorliegen müssen, und die gegen diese Beurteilung gerichteten Rechtsmittelrügen teils als offensichtlich unzulässig, teils als offensichtlich unbegründet zurückgewiesen.

– **SEVEN FOR ALL MANKIND** = **Seven** C-655/11 vom 21.2.2013

Das EuG hatte im Gegensatz zur BK die Zeichen als klanglich und schriftbildlich ähnlich angesehen. Die dazu vom EuG getroffenen Feststellungen wurden vom EuGH gebilligt. Auch bei der Bestimmung der Kennzeichnungskraft und der Feststellung der Zeichenähnlichkeit hatte das EuG nach Auffassung des EuGH alle relevanten Kriterien berücksichtigt, so dass die Rechtsmittelrügen zurückzuweisen waren.

**188**   Die Entscheidungspraxis des EuG bei Mehrwortzeichen untereinander

**189**   Verwechslungsgefahr bejaht:
- **GAS STATION** = **BLUE JEANS GAS** (Wortbild) T-115/03 vom 13.7.2004, GRUR Int 2005, 51
  Identischer Bestandteil GAS dominant; für Bekleidung in Klasse 25
- **ENZO FUSCO** = **ANTONIO FUSCO** T-185/03 vom 1.3.2005, GRUR Int 2005, 499
  Nachname FUSCO ist dominant; für identische Waren in den Klassen 3, 9, 18, 24 und 25
- **RIGHT GUARD XTREME SPORT** (mit Bildbest.) = **WILKINSON SWORD XTREME III** (mit Bildbestandteil) T-286/03 vom 13.4.2005, GRUR Int 2005, 594
  Der bildlich dominierende Bestandteil XTREME, der keine besonders geringe Kennzeichnungskraft hat, wird durch die übrigen (Wort-)Bestandteile nicht neutralisiert, und es besteht Ähnlichkeit in allen Aspekten; für ähnliche Waren in Klasse 3
- **STAR TV** (mit Bild Stern) = **STAR TV** T-359/02 vom 4.5.2005, GRUR Int 2005, 925
  Der Wortbestandteil der Wort/Bild-Marke ist das dominierende Element. Also besteht bildliche, klangliche und begriffliche Ähnlichkeit bzw. Identität; für identische/ähnliche Dienstleistungen in den Klassen 38 und 41
- **PAM-PIM'S BABY-PROP** = **PAM PAM** (mit Bild) T-133/05 vom 7.9.2006, GRUR Int 2007, 412
  Bei identischen Waren (Windelhosen) führt die Ähnlichkeit des in der GMA dominierenden Bestandteils PAM-PIM'S mit PAM PAM zur Verwechslungsgefahr.
- **OMEGA 3** (mit farbigem Bild Herz + Grafik) = **PULEVA-OMEGA 3** T-28/05 vom 18.10.2007
  Auch wenn das Wortelement »OMEGA 3« beschreibend ist, verleiht die farbige und grafische Ausgestaltung der Widerspruchsmarke diesem Bestandteil Dominanz und begründet die Verwechslungsgefahr (problematisch); für identische/ähnliche Waren in Klasse 29.
- **PAGESJAUNES.COM** = **LES PAGES JAUNES** (Schriftbild) T-134/06 vom 13.12.2007
  Unabhängig von etwaiger Bekanntheit der Widerspruchsmarke noch jeglichen Einwands absoluter Schutzhindernisse ist wegen visueller und klanglicher sowie begrifflicher Ähnlichkeit Verwechslungsgefahr in Bezug auf identische Waren in der Klasse 16 gegeben.

- Coto d'Arcis (+ Bild) = **EL COTO** und **COTO DE IMAS** T-332/04 vom 12.3.2008
  Für identische/ähnliche Waren in Klasse 33 (und 32) besteht Verwechslungsgefahr wegen Dominanz des identischen Markenbestandteils, zumal der Verkehr annehmen kann, dass die GMA ein weiteres Element der Markenfamilie der Widersprechenden ist.
- **O STORE** = **THE O STORE** T-116/06 vom 24.9.2008 (Nichtigkeit), GRUR Int 2009, 421
  Der zunächst in Bezug auf Groß- und Einzelhandelsdienstleistungen für ua bestimmte Taschen und Bekleidungsstücke eingetragenen GM stand die für Leder- und Taschenwaren sowie Bekleidung eingetragene ältere nationale Marke gegenüber. Das Gericht bejahte die Ähnlichkeit der Waren mit den diese betreffenden Handelsdienstleistungen (Art 8 Rdn 123) und damit – wegen der großen Markenähnlichkeit – auch deren Verwechslungsgefahr.
- **COYOTE UGLY** (+ Grafik) = **COYOTE UGLY** T-161/07 vom 4.11.2008
  Angesichts der an Identität grenzenden Ähnlichkeit der Zeichen stand die Produktähnlichkeit im Streit, nämlich »Cocktail Lounge-Services« und Dienstleistungen für Discos, Nachtclubs ua gegen ua Bier. Die Produktähnlichkeit und damit die Verwechslungsgefahr wurden (im Wesentlichen) in allen Instanzen bejaht.
- **FOCUS Radio** = FOCUS MILENIUM T-357/07 vom 16.12.2008
  Weil beide Zeichen mit dem unterscheidungskräftigen Wort »focus« beginnen, könnte das relevante Publikum wirtschaftliche Verbindungen zwischen den betroffenen Waren und Dienstleistungen und deshalb deren Herkunft aus miteinander verbundenen Unternehmen vermuten, so dass Verwechslungsgefahr – allerdings nur hinsichtlich der identischen Produkte – besteht.
- **LifeScience** (+ Bild) = **Life Sciences Partners** (+ Bild) T-413/07 vom 11.2.2009
  Bezüglich der identischen Dienstleistungen in den Klassen 35 und 36 stellen die Wortbestandteile der Widerspruchsmarke keine beschreibende Angabe dar. Aufgrund der Ähnlichkeit mit dem Wortbestandteil der GMA besteht insoweit Verwechslungsgefahr.
- **InvestHedge** (+ Grafik) = **HEDGE INVEST** (+ Grafik) T-67/08 vom 11.6.2009
  Die beiderseitigen Dienstleistungen in den Klassen 36 bzw. 41 sind identisch oder ähnlich. Die getauschte Reihenfolge beider Wortbestandteile

ändert nichts an den visuellen und phonetischen Ähnlichkeiten der im Kern begrifflichen Identität der Vergleichszeichen, so dass Verwechslungsgefahr besteht, nachdem der Wortbestandteil »Hedge« in den nicht englisch sprechenden Ländern keinen beschreibenden Inhalt besitzt.

– **LAST MINUTE TOUR** (+ Bild/Grafik) = **LASTMINUTE.COM** T-114, 115/07 vom 11.6.2009
Die nicht eingetragene nationale Widerspruchsmarke LASTMINUTE.COM erfüllt die Voraussetzungen des Art 8 (4). Für die identischen Produkte Reisevermittlung und verwandte Dienstleistungen besteht aufgrund des übereinstimmenden und ausreichend unterscheidungskräftigen Wortbestandteils »last minute« Verwechslungsgefahr – entgegen dem BK-Beschluss.

– **DOMINIO DE LA VEGA** (+ Grafik) = **PALACIO DE LA VEGA** (+ Bild) T-458/07 vom 16.9.2009 (bestätigt durch EuGH C-459/09 vom 16.9.2010)
Angesichts des Beiwerkcharakters der bildlichen Markenelemente begründen für identische Waren in Klasse 33 die übereinstimmenden Wortbestandteile die Verwechslungsgefahr, weil die abweichenden Worte beschreibend sind.

– **OFFSHORE LEGENDS** (+ Grafik und Farbe) = **OFFSHORE ONE** (+ 1 + Grafik) T-305 und 306/07 vom 16.9.2009
In Bezug auf die primär streitbefangenen Waren in den Klassen 18 und 25 besteht Verwechslungsgefahr wegen der Übereinstimmung im Bestandteil »OFFSHORE«.

– **VENATTO MARBLE STONE** (+ Grafik) = **VENETO CERAMICAS** (+ Grafik) T-130/08 vom 16.9.2009
Wegen der klanglichen und schriftbildlichen Ähnlichkeiten der nicht warenbeschreibenden Markenelemente besteht Verwechslungsgefahr für Waren in den Klassen 19 und 21 sowie DL in Klasse 40.

– **OUT 4 Living** (+ Grafik) = **Living & Co** (+ Grafik) T-307/08 vom 20.10.2009
Wegen der Warenidentität (Klassen 18 und 25) sowie der bildlichen Identität von »Living« in Handschrift liegt mit weitgehender optischer und visueller Ähnlichkeit Verwechslungsgefahr vor.

– **James Jones** = **JACK & JONES** T-11/09 vom 23.2.2010
Die sich gegenüberstehenden Wortmarken waren für identische Waren (Bekleidung, Schuhwaren) vorgesehen. Zwar war das Zeichen »Jones« nicht das dominierende Element, stand aber jeweils an der gleichen Stelle. Die Anfangsbestandteile verfügten über gewisse Ähnlichkeiten und wur-

den als Vornamen wahrgenommen. Die Zeichenähnlichkeiten wurden als ausreichend angesehen, um Verwechslungsgefahr zu bejahen.

- **star foods = STAR SNACKS** T-492/08 vom 11.5.2010
Die sich gegenüberstehenden Waren (Lebensmittel) waren identisch bzw ähnlich bis auf die angemeldeten »Biere«, die nach Auffassung des EuG nicht mehr im Ähnlichkeitsbereich mit den Widerspruchswaren lagen. Die beteiligten Verkehrskreise bestanden aus normal informierten und angemessen aufmerksamen und verständigen Durchschnittsverbrauchern der Europäischen Union. Aufgrund des gemeinsamen Zeichenbestandteils »star« wurde eine hohe begriffliche Ähnlichkeit festgestellt, im Übrigen eine geringe klangliche und visuelle Ähnlichkeit. Mithin bestand Verwechslungsgefahr.

- **M PAY = MPAY24** T-557/08 vom 7.7.2010
Beide Zeichen wiesen nur eine geringe Kennzeichnungskraft auf. Die BK hatte dem Widerspruch deshalb nur in Bezug auf die identischen bzw. sehr ähnlichen Waren und Dienstleistungen stattgegeben. Das Gericht erachtete dies als rechtsfehlerhaft. Aufgrund der hochgradigen Zeichenähnlichkeit wurde auch für den weiteren Waren- und Dienstleistungsbereich eine Verwechslungsgefahr festgestellt.

- **GRAIN MILLERS = Grain Millers** T-430/08 vom 9.7.2010
Die widersprechende deutsche Gesellschaft ging aus ihrer gleichlautenden geschäftlichen Bezeichnung gegen die GMA vor. Die zur Benutzung der geschäftlichen Bezeichnung eingereichten Unterlagen hätten nicht ausgereicht, die rechtserhaltende Benutzung einer entsprechenden Marke zu belegen. Gleichwohl dokumentierten die eingereichten Unterlagen, dass die Benutzung der geschäftlichen Bezeichnung im Rahmen der gewerblichen Tätigkeit im Hinblick auf die Erzielung eines wirtschaftlichen Vorteils erfolgte und nicht als private Angelegenheit, was das EuG als ausreichend ansah.

- **PORTO ALEGRE = VISTA ALEGRE** T-369/09 vom 8.9.2010 (bestätigt durch EuGH C-514/10 vom 30.9.2011) (Nichtigkeitsverfahren)
Relevant war der portugiesische Durchschnittsverbraucher für die identischen Waren Portwein. Aufgrund des gemeinsamen Wortbestandteile »ALEGRE« und des beschreibenden Charakters von »PORTO« bestand Verwechslungsgefahr.

- **Golden Elephant Brand = GOLDEN ELEPHANT** T-303/08 vom 9.12.2010 (Nichtigkeitsverfahren) (bestätigt durch EuGH C-076/11 vom 29.11.2011)

Das ältere Recht war eine im Vereinigten Königreich nicht eingetragene Marke, die nach dortigem Recht Verbietungsrechte verlieh. Aufgrund der Ähnlichkeit der Zeichen und der Identität der Waren (Reis) bestand beim britischen Verbraucher Verwechslungsgefahr.

- **Oyster cosmetics = Kadus oystra AUTO STOP PROTECTION** T-437/09 vom 2.2.2011
  Die GMA sollte für Waren der Klasse 3 eingetragen werden und wurde geprägt durch den Wortbestandteil »Oyster«; darunter war in kleineren Buchstaben der Begriff »cosmetics« wiedergegeben, zusätzlich war ein Bildelement in Gestalt einer geöffneten Auster vor den Wortbestandteilen abgebildet.
  Die Widerspruchsmarke war ebenfalls aus Wort- und Bildelementen zusammengesetzt, wobei der Wortbestandteil »Kadus« räumlich abgesetzt vom in größeren Lettern wiedergegebenen Wortbestandteil »oystra« sowie unterhalb von »oystra« in klein gehaltener Schrift die Worte »AUTO STOP PROTECTION« sowie drei wassertropfenförmige Punkte wiedergegeben waren. Das Wort »oystra« dominierte dieses Zeichen. Die zwischen »Oyster« und »oystra« bestehenden und sonstigen Unterschiede reichten nicht aus, um eine Ähnlichkeit verneinen zu können.
- **Linea Natura Natur hat immer Stil = natura selection** T-54/09 vom 24.3.2011 (bestätigt durch Urteil EuGH C-306/11 vom 28.6.2012)
  Die GMA war eine durch die Wortelemente »Linea Natura« dominierte Wort-/Bildmarke; die Widerspruchsmarke bestand aus den oberhalb und unterhalb einer stilisierten Erdkugel angebrachten Wortbestandteilen »natura« und »selection«. Die sich in diversen Klassen gegenüberstehenden Waren und Dienstleistungen richteten sich an den europäischen Durchschnittsverbraucher. Sie waren identisch oder ähnlich. In klanglicher Hinsicht wurde wegen des gemeinsamen Wortes »Natura« eine gewisse Ähnlichkeit bejaht. Dem Wortelement »Natura« wurde größere Unterscheidungskraft zugesprochen als »Linea« bzw »selection«. In begrifflicher Hinsicht wurden die Marken als sehr ähnlich angesehen, in visueller Hinsicht wiesen die Marken nur geringe Ähnlichkeit auf. Das Gericht meinte, dass die starke begriffliche Ähnlichkeit die namentlich in visueller Hinsicht zwischen den fraglichen Zeichen bestehenden Unterschiede neutralisieren könne, so dass diese Zeichen von den maßgeblichen Verkehrskreisen als ähnlich aufgefasst werden.
- **ALDER CAPITAL = Halder / Halder Investments** T-209/09 vom 13.4.2011

Bei den in Rede stehenden Finanzdienstleistungen war der Wortbestandteil »CAPITAL« der GMA von lediglich untergeordneter Bedeutung. Klanglich war der Unterschied zwischen »ALDER« und »Halder« zu gering, so dass trotz unterstellt hoher Aufmerksamkeit der beteiligten Verkehrskreise Verwechslungsgefahr bestand.

– **BINGO SHOWALL = SHOW BALL** T-179/10 vom 13.4.2011
Die sich gegenüberstehenden Waren und Dienstleistungen (der Klassen 9, 28 und 41 einerseits und 9 und 42 andererseits) waren identisch bzw ähnlich. Beim nicht englischsprachigen europäischen Durchschnittsverbraucher war davon auszugehen, dass er die (begrifflichen) Unterschiede zwischen »SHOWALL« und »SHOW BALL« nicht verstehen würde. Zudem war »SHOWALL« das dominierende Element der GMA, so dass die Marken insbesondere aufgrund ihrer klanglichen Ähnlichkeit als verwechselbar angesehen wurden.

– **PUERTA DE LABASTIDA = CASTILLO DE LABASTIDA** T-345/09 vom 13.4.2011
Die Widersprechende hatte die rechtserhaltende Benutzung der Widerspruchsmarken für Deutschland, Spanien und Großbritannien nachweisen können für Weine und bestimmte auf Lebensmittel bezogene Dienstleistungen, die denen entsprachen oder ähnelten, für die auch die GMA vorgesehen war. Die Waren waren für den täglichen Gebrauch bestimmt, während die Dienstleistungen für spezialisierte Verkehrskreise bestimmt waren. Obwohl »LABASTIDA« eine geografische Angabe ist und den Herstellungsort für eine bestimmte Weinsorte bezeichnet, wurde dieser Bestandteil in beiden Bezeichnungen als der kennzeichnungskräftige Bestandteil angesehen, jedenfalls bezogen auf die Verbraucher in Deutschland und Großbritannien, die diesen Begriff nicht mit dem Produktionsort in Verbindung bringen. Aufgrund der Zeichenähnlichkeit und der großen Ähnlichkeit der Waren und Dienstleistungen bestand Verwechslungsgefahr.

– **TORO DE PIEDRA = D. ORIGEN TORO** T-358/09 vom 13.4.2011
Beide Marken waren für Weine vorgesehen. Die Verkehrsbeteiligten bestanden aus durchschnittlich aufmerksamen Verbrauchern in der EU. Das EuG stellte fest, dass in beiden Zeichen der Bestandteil »TORO« einen besonders bedeutsamen Faktor darstellt. In klanglicher und bildlicher Hinsicht wurde eine durchschnittliche Zeichenähnlichkeit festgestellt. In konzeptioneller Hinsicht bestand eine höhere Ähnlichkeit, weil »TORO« auch als Weinregion oder als das spanische Wort für »Stier« aufgefasst werden kann.

– **U.S. POLO ASSN. = POLO-POLO** T-228/09 vom 13.4.2011 (bestätigt durch EuGH C-327/11 vom 6.9.2012)
Die sich gegenüberstehenden Textilwaren in Klasse 24 richteten sich an den europäischen Durchschnittsverbraucher. Die Marken wurden als begrifflich, bildlich und klanglich ähnlich angesehen. Die Abkürzungen in der GMA wurden vom englischsprachigen Publikum verstanden, die erste Abkürzung als geografische Herkunftsangabe auch von den anderen Verbrauchern.

– **Tila March = CARMEN MARCH** T-433/09 vom 14.4.2011
Die sich gegenüberstehenden Waren der Klassen 3, 18 und 25 waren identisch. Relevant war der spanische Durchschnittsverbraucher. In beiden Zeichen war »March« das kennzeichnungskräftigere Element, so dass Verwechslungsgefahr bestand.

– **ATB CENTROS DE BRICOLAGE Brico Centro, CENTROS DE BRICOLAGE BricoCentro = Affiliato BRICO CENTER bzw. BRICO CENTER Città bzw. maxi BRICO CENTER bzw. BRICOCENTER bzw. BRICO CENTER Garden** T-475/09, T-476/09, T-477/09, T-478/09, T-479/09, T-480/09, T-481/09, T-482/09 und T-483/09 vom 28.6.2011
Die zu vergleichenden Marken wurden nicht zuletzt durch den Wortbestandteil »Brico« geprägt, der nur in Teilen der EU als Abkürzung für den beschreibenden Begriff »Bricolage« (Heimwerkerarbeiten) erkannt wurde. Die sich gegenüberstehenden Dienstleistungen in der Klasse 35 (einerseits Werbung, Geschäftsführung, Unternehmensverwaltung und Büroarbeiten sowie andererseits Hilfe bei der Geschäftsausübung und Verkaufsförderung) lagen im Ähnlichkeitsbereich.

– **O-live = Olive line** T-485/07 vom 14.9.2011
Die für Lebensmittel der Klassen 29, 30, 31 und 33 angemeldete GMA bestand aus dem Anfangsbuchstaben »O« in Form einer Olive und einem sich daran mit Bindestrich anschließenden handschriftlichen Wortbestandteil, der für sich genommen sowohl als »line« oder als »live« wahrgenommen werden konnte. Der Widerspruch war gestützt auf einen spanischen Handelsnamen, dessen prägende Worte »Olive line« lauteten und der für »Geschäftstätigkeiten eines Zwischenhändlers« eingetragen worden war. Der Widersprechende benutzte das Zeichen in Katalogen, in denen nicht nur Olivenöle und Oliven, sondern auch andere spanische Spezialitäten wie Konserven oder Brot vertrieben wurden. Vor diesem Hintergrund wurden die Tätigkeiten des Zwischenhändlers als ähnlich zu

den Waren der GMA angesehen. Aufgrund der Ähnlichkeit der Zeichen war sodann Verwechslungsgefahr anzunehmen.

– **COTO DE GOMARIZ = COTO DE IMAZ/EL COTO** T-276/10 vom 15.11.2011 (Nichtigkeitsverfahren)
Die identischen Waren (Weine) richteten sich an den EU-Durchschnittsverbraucher. Der Nichtigkeitsantragsteller hatte erhöhte Zeichenbekanntheit seiner Marken behauptet. Die BK war zu dem Ergebnis gelangt, dass die Zeichen nicht ähnlich seien. Dieser Beurteilung schloss sich das EuG nicht an und stellte fest, dass die BK insoweit einen Fehler gemacht habe, als sie nicht die Zeichenähnlichkeit festgestellt habe.

– **MONSTER ROCK = MONSTERS OF ROCK** T-216/10 vom 23.11.2011
Die sich gegenüberstehenden Waren richteten sich an den spezialisierten Durchschnittsverbraucher in Großbritannien und waren zum Teil identisch, zum Teil lagen sie im Ähnlichkeitsbereich. Die Zeichen sind klanglich, visuell und begrifflich ähnlich.

– **SE © SPORTS EQUIPMENT = SE So Easy** T-477/10 vom 30.11.2011
Gegenüber standen sich ähnliche und identische Waren in den Klassen 18 und 25, maßgebliche Verkehrskreise waren Verbraucher in Deutschland. Die WA hatte dem Widerspruch stattgegeben, die BK hatte diese Entscheidung aufgehoben. Das EuG stellte zwischen den Zeichen eine Verwechslungsgefahr fest. Zwar wurde die Widerspruchswortmarke nicht durch den Anfangsbestandteil »SE« geprägt, aber im Hinblick auf die Gewichtung war dieser Bestandteil als größer anzunehmen als die beiden Bestandteile »So Easy«. In der GMA war »SE« der klar prägende Bestandteil. Die Zeichen wurden als klanglich und begrifflich ähnlich angesehen.

– **Schinken King = Curry King** T-61/09 vom 13.12.2011
Es ging um Lebensmittel des täglichen Verbrauchs, relevant war der deutsche Durchschnittsverbraucher. Eine Dominanz des gemeinsamen Wortbestandteils »King« vermochte das EuG trotz der klar beschreibenden jeweils anderen Bestandteile nicht zu erkennen. Es kam daher auf den Gesamteindruck an. Aufgrund des gemeinsamen Elements »King« wurde eine gewisse Ähnlichkeit in bildlicher Hinsicht festgestellt, eine klangliche Ähnlichkeit der Zeichen war aber zu verneinen. In begrifflicher Hinsicht wurde ebenfalls eine gewisse Ähnlichkeit auch im Hinblick auf die anderen beiden beschreibenden Bestandteile angenommen. Angesichts der Identität bzw. Ähnlichkeit der sich gegenüberstehenden Waren war Verwechslungsgefahr anzunehmen.

Die Entscheidung ist im Ergebnis richtig, die Begründung hätte jedoch einfacher ausfallen können. Sowohl das Anfangswort der Anmeldemarke »Schinken« als auch das der Widerspruchsmarke »Curry« sind glatt beschreibende Lebensmittelangaben, die jeder Deutsche versteht. Das prägende und somit auch dominierende Element in beiden Zeichen ist der Zeichenbestandteil »King«, der in Bezug auf Lebensmittel keinerlei beschreibenden Anklang aufweist.

- **LA VICTORIA DE MÉXICO = VICTORIA Málaga 1928** T-205/10 vom 31.1.2012
  Die für Getränke angemeldete GMA-Wortmarke wird durch den Wortbestandteil »VICTORIA« dominiert. Dies galt auch für die Widerspruchsmarke, eine Wort-/Bildmarke in Form eines Flaschenetiketts, das weitere Wortbestandteile wie »cerveza«, »pilsener« und »Málaga« aufwies. Das Gericht bejahte eine Ähnlichkeit der Zeichen in bildlicher, begrifflicher und klanglicher Hinsicht. Mit dem Argument, dass im relevanten Getränkebereich »VICTORIA« ein häufiger Markenbestandteil sei, konnte eine Schwächung dieses Wortelements nicht belegt werden, weil hierfür die tatsächliche Marktsituation hätte dargelegt werden müssen und nicht lediglich die Registerlage.
- **AJ AMICI JUNIOR = AJ ARMANI JEANS** T-420/10 vom 27.3.2012 (bestätigt durch EuGH C-261/12 von 17.01.2013)
  Bei der GMA waren die Initialen »AJ« klar dominant, innerhalb der Widerspruchsmarke waren diese Initialen ebenfalls deutlich hervorgehoben. Für die Annahme der Markenähnlichkeit wurde es nicht als zwingend angesehen, dass stets deren gemeinsame Bestandteile die jeweiligen Zeichen dominieren müssen. Deshalb bestand für den italienischen Durchschnittsverbraucher der Waren der Klassen 9 und 25 und der Dienstleistungen der Klasse 35 Verwechslungsgefahr.
- **7 Seven Fashion Shoes = Seven** T-244/10 vom 8.5.2012
  Die klanglich und visuell ähnlichen Zeichen waren für identische Waren (Lederwaren) vorgesehen und richteten sich an den allgemeinen Durchschnittsverbraucher mit durchschnittlicher Aufmerksamkeit in Italien. Die Widerspruchsabteilung hatte den Widerspruch zurückgewiesen, die BK ihm stattgegeben, was das EuG bestätigte.
- **Royal Veste e premia lo sport = veste lo sport** T 348//10 vom 8.5.2012
- Die BK hatte die für u.a. identische Waren (Klasse 25) vorgesehenen Zeichen als gänzlich unähnlich angesehen, insbesondere weil ihrer Meinung nach innerhalb der GMA der Anfangsbestandteil »Royal« dominierte.

Dieser Beurteilung schloss sich das EuG nicht an, so dass die Entscheidung aufgehoben wurde.

- **O-LIVE = Olive line** T-273/10 vom 22.5.2012
Die Zeichen waren visuell, klanglich und begrifflich ähnlich. Die sich gegenüberstehenden Waren waren teilweise identisch (Seifen und Parfümerien in Klasse 3). Aufgrund der beschreibenden Anklänge beider Wortbestandteile der Widerspruchsmarke war nur von schwacher Kennzeichnungskraft auszugehen. Diese reichte aufgrund der bestehenden Zeichenähnlichkeiten aus, um eine Verwechslungsgefahr festzustellen.

- **Mc. Baby = Mc Kids. always quality** T-466/09 vom 5.7.2012
Gegenüber standen sich zwei Wort-/Bildmarken, die durch die Wortbestandteile »Mc. Baby« bzw »Mc Kids« geprägt wurden. Die sich gegenüberstehenden Waren und Dienstleistungen (Bekleidungsstücke/Einzelhandelsverkauf von Bekleidung) waren identisch bzw ähnlich. Die Zeichen wurden als konzeptionell und klanglich ähnlich angesehen, in bildlicher Hinsicht bestanden keine Ähnlichkeiten. Im Ergebnis war daher von Verwechslungsgefahr auszugehen.
An der Entscheidung ist zu kritisieren, dass das Gericht von einer klanglichen Ähnlichkeit ausging. Begründet wurde dies damit, dass der gemeinsame Bestandteil »Mc« wie »Mac« ausgesprochen würde. Wegen der klanglich höchst unterschiedlichen Wortelemente »Baby« und »Kids« ist die Annahme einer klanglichen Verwechslungsgefahr aber zu weitreichend, es sei denn, man hätte feststellen können, dass die Zeichen wegen des beschreibenden Gehalts dieser weiteren Bestandteile nur verkürzt wiedergegeben werden, wofür es aber keine Anhaltspunkte gab. Im Ergebnis ist die Entscheidung richtig aufgrund der relativ hohen begrifflichen Zeichenähnlichkeit.

- **Emidio Tucci II = Emilio Pucci** T-373/09 vom 27.9.2012
In Bezug auf die identischen Waren »Bekleidungsstücke« war aufgrund der hochgradigen Zeichenähnlichkeit Verwechslungsgefahr anzunehmen. Da die Widerspruchsmarke überdies in Italien für Damenbekleidung über einen sehr hohen Bekanntheitsgrad verfügte, bestand für einige außerhalb des Ähnlichkeitsbereichs liegende Anmeldewaren (zB in Klasse 3) das Eintragungshindernis des Art 8 Abs 5 GMV.

- **star foods II = STAR SNACKS** T-333/11 vom 10.10.2012
Die BK sah die Marken als nicht ähnlich an, so dass trotz identischer und ähnlicher Waren (Lebensmittel) für den EU-Durchschnittsverbraucher keine Verwechslungsgefahr angenommen wurde. Diese Beurteilung hat das EuG nicht geteilt. Seiner Meinung nach waren die Marken hochgra-

dig begrifflich ähnlich, so dass Verwechslungsgefahr angenommen werden musste.

– **tesa TACK = TACK Ceys** T-555/10 vom 13.11.2012

Die für zum Teil identischen Waren in Klasse 16 vorgesehen Marken richteten sich an den spanischen Durchschnittsverbraucher. In beiden Wort-/Bildmarken war der Wortbestandteil »TACK« von Bedeutung, die Bedeutung des englischen Worts »tack« (Stift) ist dem spanischen Publikum nicht geläufig, so dass insoweit auch keine beschreibende Angabe anzunehmen war. Aufgrund der Identität der Waren und der zwischen den Zeichen bestehenden Ähnlichkeiten bestand Verwechslungsgefahr.

– **MAGIC LIGHT = MAGIC LIFE** T-34/10 vom 13.12.2012

Die relevanten Waren der Klasse 3 und Dienstleistungen der Klasse 44 lagen im Ähnlichkeits- bzw Identitätsbereich der Widerspruchswaren. Die Zeichen weisen in klanglicher und visueller Hinsicht eine ausgeprägte Ähnlichkeit auf, so dass Verwechslungsgefahr anzunehmen war.

– **JACKSON SHOES = JACSON OF SCANDINAVIA AB** T-474/09 vom 24.1.2013 (Nichtigkeitsverfahren)

Aufgrund der identischen Waren (Schuhe) und der Übereinstimmung zwischen der GMA in Bezug auf deren prägenden Bestandteil »JACKSON« und den prägenden Bestandteil der Firma der Widersprechenden »JACSON« bestand Verwechslungsgefahr.

– **Peek & Cloppenburg = Peek & Cloppenburg** T-506/11 vom 18.04.2013 und T-507/11 vom 18.04.2013

Angesichts der Identität der sich gegenüberstehenden Bezeichnungen ging es in erster Linie darum, ob die Widersprechende, die ihre Widersprüche auf ihre deutsche geschäftliche Bezeichnung im Sinne von § 5 Abs. 2 MarkenG gestützt hatte, diese Bezeichnung mit Recht entgegenhalten durfte und ob die Benutzung eine mehr als lediglich örtliche Bedeutung im Sinne von Abs. 4 hatte. Es wurde festgestellt, dass die Gemeinschaftsmarkenanmeldung die in Deutschland bestehende Gleichgewichtslage zwischen den beiden Zeichen stört, was als eine gegen die guten Sitten verstoßende Benutzungshandlung angesehen werden konnte und die Widersprechende die geschäftliche Bezeichnung in großen Teilen Deutschlands benutzte, so dass beide Widersprüche Erfolg hatten.

**190**  Verwechslungsgefahr verneint:

– **GIORGIO AIRE ≠ GIORGI LINE** und **MISS GIORGI** (mit Bildbest.) T 156/01 vom 9.7.2003, GRUR Int 2003, 843

GIORGI(O) sei nicht dominant und AIRE nicht beschreibend, ferner liege keine bildliche und klangliche Ähnlichkeit vor; für identische Parfümerien und Kosmetika in Klasse 3 in Spanien. Bedenklich, weil der Seriencharakter von GIORGI für dessen prägenden Charakter unberücksichtigt blieb.

- **GIORGIO BEVERLY HILLS** ≠ **GIORGI LINE** und **MISS GIORGI** T-162/01 vom 9.7.2003, GRUR Int 2003, 840
Parallelentscheidung, Begründung und Kritik dieselbe.
- **M+M EUROdATA** ≠ **EURODATA TV** T-317/01 vom 30.6.2004, GRUR Int 2004, 1020
Marke und Zeichen wegen der Bestandteile TV bzw. M+M klanglich, bildlich und begrifflich nicht ähnlich, anderer Gesamteindruck. Verneinung der Dominanz von Eurodata problematisch; für Dienstleistungen in Klasse 35.
- **B.K.R.** (Etikett, Worte, Grafik) ≠ **BK RODS** T-423/04 vom 5.10.2005, GRUR Int 2005, 1026
Anfangsteil BK darf nicht mit dem Erstbuchstaben des Wortes RODS zusammengezogen werden, daher keine klangliche und optische Ähnlichkeit; für identische Waren in Klasse 25.
- **MARCO ROSSI** ≠ **MISS ROSSI** und **SERGIO ROSSI** T-97/05 vom 12.7.2006
Der Name Rossi ist im relevanten Territorium (IT und FR) verbreitet und nicht dominant, für identische Waren in den Klassen 18 und 25.
- **STENINGE SLOTT** ≠ **STENINGE KERAMIK** T-499/04 vom 17.10.2006, IIC 2007, 497
Weil STENINGE ein Ortsname im Referenzland Schweden, daher für sich allein nicht dominant ist und die Glas/Kristall-Waren der GMA nur geringe Ähnlichkeit mit den Blumentöpfen der Widerspruchsmarke haben, besteht keine Verwechslungsgefahr; vgl Art 8 Rdn 9, 11.
- **L'Altra Moda** (+ Grafik) ≠ **Alba Moda** (+ Grafik) T-224/06 vom 25.6.2008
Ungeachtet identischer Bekleidungswaren (Klasse 25) halten alle Instanzen die Vergleichszeichen trotz ihrer klanglichen und visuellen Ähnlichkeiten (letztere wird durch die Zweizeiligkeit in beiden Fällen noch verstärkt) für nicht verwechselbar. Diese Entscheidung ist in hohem Maße bedenklich.
- **TG Torre Galatea** (bildlich) ≠ **TORRES 10 ua** T-8/07 vom 18.12.2008
Wie schon in der Entscheidung T-247/03 vom 11.7.2006 (Torres/Torre Muga Art 8 Rdn 209) festgestellt, reicht die Ähnlichkeit im spanischen

Wort für »Turm« auch bei identischen Waren in Klasse 33 nicht aus, eine Verwechslungsgefahr zu begründen.
So auch T-285 bis 287/06 und T-16/07 vom 18.12.2008.

– **PTR PROFESSIONAL TENNIS REGISTRY (+ Bild)** ≠ **RPT Registro Professional de Tenis** (+ Grafik) T-168/07 vom 4.3.2009
Wegen der stärkeren Kennzeichnungskraft der bildlichen Markenelemente gegenüber den Worten sowie der visuellen und klanglichen Unterschiede der Abkürzungen sind keine Verwechslungen zu befürchten.

– **TRACK & FIELD (+ gefiedertes Wappenschild mit USA)** ≠ **TRACK & FIELD (+ Bild Läufer)** T-103/07 vom 23.9.2009
Weil für Bekleidung (Klasse 25) die übereinstimmenden Wortelemente beschreibenden Charakter haben und überdies hinter die Bildelemente zurücktreten, ist eine Verwechslungsgefahr ausgeschlossen.

– **CARBON CAPITAL MARKETS** ≠ **CM Capital Markets** T-563/08 vom 22.6.2010 und T-490/08 vom 22.6.2010
Die sich gegenüberstehenden Finanzdienstleistungen waren überwiegend identisch und richteten sich an sehr aufmerksame und gut informierte Verkehrskreise. Für die in Rede stehenden Dienstleistungen waren die Wortbestandteile »Capital« und »Markets« glatt beschreibend. Trotz der Übereinstimmungen in Bezug auf diese beiden Worte galten die Zeichen weder als bildlich noch begrifflich ähnlich, die insoweit bestehenden Unterschiede reichten aus, um die geringe klangliche Ähnlichkeit zu neutralisieren.

– **JOSE PADILLA** ≠ **JOSE PADILLA** T-255/08 vom 22.6.2010
Der Widersprechende hatte verschiedene Widerspruchsgründe ins Feld geführt, darunter zwei spanische Wortmarken für identische Wortmarken und Dienstleistungen der Klassen 9 und 41, eine bekannte Marke »JOSE PADILLA«, eine notorisch bekannte Marke »JOSE PADILLA« und die Rechte aus dem im geschäftlichen Verkehr benutzten Zeichen »JOSE PADILLA«. Die Widerspruchsabteilung hatte den Widerspruch zurückgewiesen, weil das Bestehen der älteren Marken und die übrigen Rechte nicht nachgewiesen worden seien, die dagegen gerichtete Beschwerde war zurückgewiesen worden. Das EuG bestätigte die Richtigkeit dieser Entscheidungen.

– **SEVE TROPHY** ≠ **Seve Ballesteros Trophy** T-192/09 vom 17.12.2010
Die GMA war angemeldet für sämtliche Waren in Klasse 9. Mit diesen wurden die Widerspruchswaren (Klassen 3, 14, 25 und 28) und die Widerspruchsdienstleistungen (Klassen 35 und 41) als nicht ähnlich angesehen.

– **F1-LIVE ≠ F 1 / F 1 Formula 1** T-10/09 vom 17.2.2011
Die sich gegenüberstehenden Waren und Dienstleistungen (Klassen 16, 38 und 41) waren identisch bzw ähnlich und für den EU-Durchschnittsverbraucher bestimmt. Die GMA war eine aus Wort- und Bildbestandteilen zusammengesetzte Marke, die durch einen Bindestrich getrennten Wortbestandteile »F1« und »LIVE« befanden sich in einem dunkelfarbigen Rechteck, in dessen Mitte eine Kreisfigur angeordnet war, die eine von Weiß zu Schwarz übergehende Schattierung aufwies. Da den Verbrauchern bekannt ist, dass »F1« die gebräuchliche Abkürzung von »Formel 1« ist, wurde ihnen unterstellt, dass sie den Bestandteil »F1« in der Anmeldung nicht als kennzeichnungskräftigen, sondern als einen beschreibend verwendeten Bestandteil wahrnehmen. Unter dieser Prämisse reichten die Zeichenunterschiede aus, um festzustellen, dass keine Verwechslungsgefahr bestand.

– **AIR FORCE ≠ TIME FORCE** T-81/10 vom 19.5.2011
Die sich gegenüberstehenden Waren in Klasse 14 (ua Uhren) waren identisch und richteten sich an den europäischen Durchschnittsverbraucher. Der beiden Zeichen gemeinsame Zweitbestandteil wurde nicht als das dominierende Element angesehen. Nach Auffassung des EuG gewannen die beiden Zeichen gerade aus der Kombination ihrer verschiedenen Elemente ihre Kennzeichnungskraft, wobei sich die Anfangsbestandteile deutlich unterschieden. Sowohl klanglich als auch schriftbildlich und konzeptionell wurden die Zeichen als unähnlich angesehen.
Die Entscheidung ist abzulehnen. EU-Verbraucher mit Englischkenntnissen können dem Anfangsbestandteil der Widerspruchsmarke »TIME« in Bezug auf Uhren nichts Unterscheidungskräftiges abgewinnen. Wegen des gemeinsamen Wortbestandteils »FORCE« kann außerdem eine schriftbildliche Ähnlichkeit angenommen werden.

– **SPS space of sound ≠ space ibiza** T-144/10 vom 24.5.2011
Sowohl die GMA als auch die zahlreichen Widerspruchsmarken waren Wort/Bildmarken. Innerhalb der GMA dominierte jedoch die Buchstabenfolge SPS, innerhalb der Widerspruchsmarken dominierte das Element space. Angesichts der erheblichen bildlichen und klanglichen Differenzen bestand trotz zum Teil identischer Waren in Klasse 9 (Geräte zur Wiedergabe von Ton und Bild) und Dienstleistungen (Dienstleistungen von Discotheken) keine Verwechslungsgefahr.

– **H.EICH ≠ H SILVIAN HEACH** T-557/10 vom 19.6.2012
Bezüglich der Waren in den Klassen 18 und 25 bestand überwiegend Identität. Relevant waren die Durchschnittsverbraucher dieser Waren in

mehr als zehn Mitgliedsstaaten, in denen die ältere IR-Marke gültig war. Die ältere Marke wurde als Vor- und Nachname erkannt, der Buchstabe »H« war oberhalb der beiden Wortbestandteile angebracht. Schriftbildlich unterschieden sich die Zeichen, die klangliche Ähnlichkeit war gering. Auch konzeptionell waren die Zeichen nicht ähnlich, da sie unterschiedliche Namen enthielten, die keinen Bezug zu den in Rede stehenden Waren aufwiesen. Im Ergebnis war eine Verwechslungsgefahr zu verneinen.

– **bluepod MEDIA ≠ blue spot** T-227/11 vom 12.7.2012
Die sich gegenüberstehenden Zeichen wiesen eine gewisse klangliche und bildliche Ähnlichkeit auf. Für eine Reihe von Dienstleistungen wurde die GMA zurückgewiesen. Zum Teil drang der Widerspruch jedoch nicht durch, weil die Widerspruchsdienstleistungen »Werbung, Verkaufsförderung für Dritte und Public Relations« nicht als ähnlich mit den Anmeldedienstleistungen »Unternehmensverwaltung und Büroarbeiten« (alle Klasse 35) angesehen wurden und die Widerspruchsdienstleistungen »Telekommunikationsdienstleistungen, Nachrichten-, Bild- und Datenübermittlung, automatische Weiterleitung von Informationen« nicht im Ähnlichkeitsbereich lagen mit den angemeldeten Dienstleistungen in Klasse 41 wie beispielsweise »Unterhaltungsveranstaltungen, Bereitstellung von Informationen (Bildung, Unterhaltung, Freizeit), Dienstleistungen eines Nachrichtenreporters, Verleih von Tonaufzeichnungen«.

– **LE LANCIER ≠ EL LANCERO** T-265/09 vom 26.9.2012
Relevant war der Allgemeinverbraucher in Spanien. Zwischen den Waren der GMA (Speisefette, Essig, Gewürze) und den Widerspruchswaren (Lebensmittel) bestand ein Ergänzungsverhältnis, so dass die Waren als gering ähnlich angesehen wurden. Klanglich und bildlich wurde geringe Zeichenähnlichkeit angenommen. In begrifflicher Hinsicht wurde keine Ähnlichkeit angenommen, da der spanische Verbraucher nur über geringe Französischkenntnisse verfügt und deshalb anzunehmen war, dass er die Bedeutung des französischen Wortes »LANCIER« (Lanzenreiter) nicht versteht, obwohl Lancero im spanischen den gleichen Bedeutungsgehalt aufweist.

– **MISS B ≠ miss H.** T-485/10 vom 17.10.2012
Die konkurrierenden Waren in den Klassen 14 und 25 waren identisch und für den Durchschnittsverbraucher in Deutschland und im Beneluxraum bestimmt. Diese Verbraucher erkennen »MISS« als Hinweis auf junge Frauen und als einen beschreibenden Hinweis auf das Zielpublikum der Waren, so dass es sich um eine rein beschreibende Angabe handelte. Das EuG nahm deshalb nur eine geringe Zeichenähnlichkeit an,

die trotz Warenidentität nicht ausreichte, um eine Verwechslungsgefahr zu bejahen.
- **CLUB GOURMET ≠ CLUB DEL GOURMET** T-571/11 vom 20.3.2013
Die GMA war angemeldet für Waren in den Klassen 16, 21, 29, 30, 32 und 33. Die Widerspruchsmarke war in Spanien in Klasse 35 für die Dienstleistung »eine Werbeaussage« und deren vorgesehene Verwendung eingetragen, die keinen Bezug zu Waren enthielt. Der Widerspruch wurde zurückgewiesen.

### 11.3 Einwortzeichen gegen Mehrwortzeichen

Ein typisches Beispiel für den unter Art 8 Rdn 158 angesprochenen Fall des Zusammentreffens eines Einwortzeichens mit einem unechten, weil aus zwei Wörtern bestehenden, aber zusammengeschriebenen Wortzeichen, das tatsächlich als Mehrwortzeichen zu werten ist, war der Fall »SHIELD/GOLD-SHIELD«.[299] Die Widerspruchsabteilung hatte die für Mittel zur Körper- und Schönheitspflege sowie weitere Waren der Klasse 3 angemeldete GM »GOLDSHIELD« mit der für identische Waren in der Klasse 3 sowie solche in der Klasse 5 eingetragene britische Widerspruchsmarke »SHIELD« für verwechselbar gehalten. Die HABM-BK hat den Widerspruch zurückgewiesen, weil die beiden Marken im Land der Widerspruchsmarke seit mehreren Jahren koexistierten und wegen der geringen Kennzeichnungskraft von »SHIELD« für jene Waren auch sonst keine Verwechslungsgefahr bestehe (was letztlich der Grund für die Koexistenz sei). Das ist in mehrfacher Hinsicht problematisch. **191**

Fragwürdig ist das Koexistenz-Argument schon im Hinblick darauf, dass das Amt in anderem Zusammenhang – namentlich bei der Prüfung auf absolute Eintragungshindernisse – die Argumentation mit nationalen Parallelfällen aus gutem Grund nicht oder nur sehr eingeschränkt gelten lässt. Es ist zwar richtig, dass ein erfolgreicher Widerspruch der Anmelderin mit Hilfe der Umwandlung der GMA in nationale Anmeldungen (Art 112) zum Markenschutz in allen Mitgliedstaaten mit Ausnahme des Heimatlandes der nationalen Widerspruchsmarke verhelfen würde und sich – weil dort ohnehin Koexistenz besteht – gegenüber der Situation bei Zurückweisung des Wider- **192**

---

299 HABM-BK R 415/1999-1 vom 12.9.2000, ABl-HABM 2001, *672 SHIELD/ GOLDSHIELD.*

spruchs nichts ändern würde. Allerdings nur scheinbar, weil niemand weiß, ob die Widersprechende nicht auch über nationale Marken in anderen Mitgliedstaaten verfügt, die ins Feld zu führen sie für überflüssig hielt. Ferner kann die Koexistenz auf Vereinbarungen – ggf. mit bestimmten Benutzungsbeschränkungen – beruhen:[300] Die Entscheidung ist mit Recht vereinzelt geblieben; siehe Art 8 Rdn 172.

193  Vor allem aber ist in materieller Hinsicht zu berücksichtigen, dass mit dem Verneinen der Verwechslungsgefahr in einem derartigen Fall das Tor zur Markenaneignung (Usurpation) schon ein Stück geöffnet wird, vgl. Art 8 Rdn 68. Es ist schlechterdings nicht nur nicht auszuschließen, sondern sogar wahrscheinlich, dass die Hinzufügung der Farb- oder Qualitätsangabe »Gold« zur Marke eines anderen beim Publikum den Eindruck erweckt, es handle sich bei den mit »GOLDSHIELD« gekennzeichneten Produkten um eine höherwertige Ausführung, eine farbliche Abwandlung oä der ihm unter der Marke »SHIELD« bekannten Produkte. In solchem Fall die Verwechslungsgefahr zu verneinen, heißt letzten Endes den innersten Kern des Markenschutzes zu gefährden, wie er in der siebten (jetzt achten) Begründungserwägung der Verordnung umschrieben ist. Daran kann auch die Kennzeichnungsschwäche der Widerspruchsmarke »SHIELD« nichts ändern. Solange dieses Zeichen als (nationale) Marke eingetragen ist, muss ihr Schutz respektiert werden. Ergänzend ist zu bemerken, dass das Hinzufügen der eher noch kennzeichnungsschwächeren Vorsilbe »GOLD« keinen Gesamtbegriff schafft, in welchem die Drittmarke »SHIELD« derart unterginge, dass der Verkehr sie darin nicht wiedererkennte.

194  Noch bedenklicher muss in diesem Zusammenhang die Entscheidung in der Beschwerdesache »Alpha/ALPHA STAR«[301] erscheinen. Dem für Tonerde-Bauxit-Minerale angemeldeten Zeichen »ALPHA STAR« standen die für identische oder jedenfalls hochgradig ähnliche Waren in Deutschland eingetragenen und zum Teil international registrierten Marken »Alpha« (mit unerheblichem Bildbestandteil), »ALPHACARB« und »ALPHACAL« gegenüber. Nach umfangreicher Diskussion der unbestreitbaren und weithin unbestrittenen Identität bzw starken Ähnlichkeit der beiderseitigen Waren und einem

---

300  Vgl HABM-BK  R 661/1999-1 vom 3.10.2001 ABl-HABM 2002, 1460 *COLEX(Bild)/COLEX DATA*.

301  HABM-BK  R 195/2000-4 vom 4.7.2001, ABl-HABM 2002, 352 *ALPHA STAR/ALPHACARB*.

irrelevanten, weil eine gänzlich andere Fallgestaltung betreffenden Zitat aus der »Sabèl/Puma«-Entscheidung des EuGH erklärt die HABM-BK, dass der Übereinstimmung der Vergleichszeichen im Element »ALPHA« nur eine untergeordnete Bedeutung zukomme, weil es sich bei »ALPHA« um den ersten Buchstaben des griechischen Alphabets handle, dies somit (!) kein Zeichen oder Element eines Zeichens mit starker Kennzeichnungskraft darstelle und man es deshalb mit einem begrifflich sehr schwachen Element zu tun habe (Nr 41). Kein Wort der Begründung zu den betroffenen Waren, die nicht unterlassen werden durfte.

Mit der vermeintlichen Kennzeichnungsschwäche von »Alpha« rechtfertigt die HABM-BK alsdann die zergliedernde Verschiebung der Vergleichsprüfung auf die abweichenden Bestandteile der Vergleichszeichen. Auch viele der sich anschließenden Erwägungen – deren Erörterung hier zu weit gehen würde – lassen elementare Regeln der markenrechtlichen Verwechslungsprüfung außer Acht, wie etwa das Verneinen der Verwechslungsgefahr von »ALPHA STAR« und »ALPHACARB«, die klanglich sehr ähnlich sind, wegen Getrennt- bzw Zu-sammenschreibung und Einzelbuchstaben-Abweichungen, ohne Rücksicht auf die vom EuGH zutreffend vorgeschriebene Beurteilung der Vergleichszeichen als Ganzes und unter Berücksichtigung ihres Gesamteindrucks. Diese Entscheidung ist sowohl in ihrem Ergebnis als auch in ihrer Begründung abzulehnen. **195**

Zu den ersten Widerspruchsentscheidungen des EuG gehört die zu »Fifties/ miss fifties«.[302] Die ebenso wie die aus einem Wort bestehende GMA für Bekleidungsstücke (Jeans) bestimmte spanische Widerspruchsmarke enthielt neben dem Zweiwort-Bestandteil »miss fifties« auch noch graphische Elemente und die italienische Anpreisung »eccellente nella tradizione«. Das Gericht hat die von der Widerspruchsabteilung und der Beschwerdekammer bejahte Verwechslungsgefahr bestätigt und festgestellt, dass der Wortbestandteil »fifties« der Widerspruchsmarke diese dominiert, so dass weder die übrigen Wortbestandteile noch die bildlichen Unterschiede geeignet seien, angesichts der Warenidentität die klangliche und semantische Ähnlichkeit der Zeichen zu beseitigen (Nr 45, 46). Der zusätzlich vorgeschaltete Bestandteil »miss« ließe die Widerspruchsmarke im Verhältnis zur angemeldeten GM als **196**

---

302 EuG T-104/01 vom 23.10.2002, GRUR Int 2003, 247 *miss fifties/Fifties*; vgl hierzu EuGH C-214/05 vom 18.7.2006, GRUR Int 2006, 939 zu EuG T-169/03 vom 1.3.2005, GRUR Int 2005, 303 *SISSI ROSSI/MISS* ROSSI.

Kennzeichen zweier unterschiedlicher Produktserien desselben Herstellers erscheinen, wie dies in der Bekleidungsbranche üblich sei (Nr 49). Auf das Zeitrangverhältnis zwischen Einwort- und Mehrwort-Marke komme es dabei nicht an (Nr 51).

197   Der vom EuG am selben Tag entschiedene Fall »MATRATZEN/MATRATZEN markt CONCORD«[303] ist dem zuvor erörterten insoweit ähnlich, als auch hier ein Einwortzeichen einem mit zusätzlichen Bildbestandteilen ausgestatteten Mehrwortzeichen gegenüberstand, allerdings mit umgekehrtem Zeitrang. Vor allem aber bestand die spanische Widerspruchsmarke aus einem in der deutschen Sprache schlichten Gattungsbegriff für einen wesentlichen Teil der Widerspruchswaren und der von der angemeldeten GM erfassten Waren in der Klasse 20. Weil jedoch das deutsche Wort Matratze dem spanischen Durchschnittsverbraucher, offenbar auch dem durchschnittlich informierten, aufmerksamen und verständigen spanischen Durchschnittsverbraucher, der nur das entsprechende spanische Wort »colchón« kennt, keinen Sinngehalt vermittelt, sah sich das Gericht ebenso wie die Vorinstanzen außer Stande, die Verwechslungsgefahr zu verneinen, denn in der komplexen Anmeldemarke müsse der Bestandteil »MATRATZEN« als dominierendes und deshalb den Gesamteindruck prägendes Element angesehen werden (Nr 43). Die Klage gegen eine im Wesentlichen gleichlautende Entscheidung der HABM-BK bezüglich der GMA »MATRATZEN CONCORD« (ohne »markt«) wurde zurückgenommen.[304] Die »Matratzen«-Fälle haben insofern ein pikantes Element, als Inhaberin der spanischen Widerspruchsmarke der spanische Ableger eines deutschen Unternehmens ist.

198   Diesen aus deutscher Sicht merkwürdig erscheinenden Entscheidungen, die der EuGH durch Beschluss bestätigt hat,[305] wird man gleichwohl aus der Sicht der (nur) spanisch Sprechenden ihre innere Logik und Stringenz kaum absprechen können. Allerdings stellt sich die Frage, ob nicht in allen Ländern der Gemeinschaft bei der Eintragbarkeitsprüfung von Wortzeichen so über den sprachlichen Tellerrand geschaut werden sollte, wie dies in Deutschland seit langem üblich ist, wo auch die in einer wichtigen Fremd-

---

303   EuG T-006/01 vom 23.10.2002, MarkenR 2002, 417 *Matratzen Markt Concord/Matratzen.*

304   EuG T-105/02, Beschluss vom 21.10.2004 *MatratzenMarkt Concord*; HABM-BK R 1045/2000-2 vom 25.1.2002 *MATRATZEN MARKT CONCORD/MATRATZEN.*

305   EuGH C-003/03 vom 28.4.2004, Mitt. 2004, 312 *Matratzen Markt Concord.*

sprache (»Welthandelssprache«) sprachüblichen Gattungsbegriffe nicht als nationale Marke eingetragen werden.

Gescheitert ist allerdings der Versuch der deutschen Anmelderin von »MAT- **199** RATZEN markt CONCORD«, die spanische Widerspruchsmarke zu löschen. Auf Vorlage des angerufenen spanischen Gerichts hat der EuGH entschieden, dass Art 3 (1) (b) und (c) MRRL (= Art 7 (1) (b) und (c) GMV), der Eintragung einer nationalen Marke in einem Mitgliedstaat für ein Wort nicht entgegensteht, welches in diesem Mitgliedstaat keine erkennbare Bedeutung hat, in einem anderen Mitgliedstaat aber die betroffenen Waren oder Dienstleistungen beschreibt oder aus anderen Gründen keine Unterscheidungskraft hat siehe dazu Art 8 Rdn 8–11.[306]

Ferner stellt sich anders gewendet die Frage, ob Art 12 (b) der im Gemein- **200** schaftsmarkensystem gescheiterten deutschen Anmelderin erlaubt, ihre komplexe Marke mit dem im Herkunfts-Sprachraum glatt beschreibenden Bestandteil »MATRATZEN markt« auch in Spanien für einschlägige Waren zu benutzen, weil davon auszugehen sein dürfte, dass eine solche Benutzung nicht am Lauterkeitsvorbehalt jener Vorschrift scheitert. Eine Rückwirkung der Wirkungsschranke des Art 12 (b) auf das Widerspruchsverfahren hat das EuG in materieller Hinsicht mit dem Hinweis ausgeschlossen, dass der Bestandteil »MATRATZEN« der angemeldeten GM in Spanien gerade nicht beschreibend sei; aus demselben Grund dürfte dann auch die Benutzung dieser Marke in Spanien nicht gegen die Geltendmachung von Rechten aus der nationalen Gegenmarke immunisiert sein.

Verneint hat das EuG wie zuvor die HABM-BK die Verwechslungsgefahr im **201** Fall »HUBERT (mit Bild)/SAINT-HUBERT 41«,[307] weil die bloße Übereinstimmung im Vornamen Hubert – das Anmeldezeichen besaß noch eine Kochabbildung, auf die sich der Name zu beziehen scheint – keine ausreichende Zeichenähnlichkeit herbeiführt, zumal »SAINT-HUBERT« eine gedankliche Einheit bildet (Nr 57). Diese – vom EuGH bestätigte[308] – Entscheidung ist deshalb problematisch, weil die Widerspruchsmarke »SAINT-HUBERT 41« unstreitig einen hohen Bekanntheitsgrad in Frankreich und

---

306 EuGH C-421/04 vom 9.3.2006, GRUR 2006, 411 *Matratzen II.*
307 EuG T-110/01 vom 12.12.2002, GRUR Int 2003, 552 *Saint-Hubert 41/Hubert.*
308 EuGH C-106/03 vom 12.10.2004, GRUR Int 2005, 221 *Saint-Hubert 41/Hubert.*

damit eine vergrößerte Kennzeichnungskraft hatte, deren Einfluss auf die Beurteilung der Verwechslungsgefahr dadurch vereitelt wurde, dass den Marken – bei identischen Waren – jegliche Ähnlichkeit abgesprochen wurde. Angesichts der Identität der Bestandteile »HUBERT« und der geringen originären Kennzeichnungskraft der jeweils anderen Bestandteile eine fragwürdige Feststellung (vgl Art 8 Rdn 72).

202 Im Falle »Chio Pitta/Chipita«[309] war der Wortbestandteil »Chipita« mit geschwungener Schrift in eine dunkle Kreisfläche, diese an beiden Seiten überragend, gesetzt worden, so dass der Einfluss des graphischen Markenbestandteils auf den Gesamteindruck der Marke eher unterdurchschnittlich ist, auch wenn er von der HABM-BK als bedeutend angesehen wurde (Nr 15). Mit Rücksicht hierauf und die optisch in Erscheinung tretende getrennte Schreibweise der Widerspruchsmarke sowie deren »t«-Verdoppelung, das phonetisch eine zusätzliche Silbe bildende »o« der Widerspruchsmarke und die begriffliche Beziehung von »Pitta« auf eine türkische Brotsorte verneinte die HABM-BK die von der Widerspruchsabteilung bejahte Verwechslungsgefahr.

203 Auch diese Entscheidung begegnet Bedenken. Ungeachtet des in üblicher Weise gebetsmühlenartig wiederholten Zitats der vom EuGH in seinem »Sabèl/Puma«-Urteil aufgestellten Grundsätze für die Beurteilung der Verwechslungsgefahr sind diese hier nicht zutreffend angewendet worden, weil keine Rede davon sein kann, dass es sich bei den bildlichen Elementen der angemeldeten GM um dominierende handelt, welche den Gesamteindruck der Marke prägen. Vielmehr bestimmt in den Augen des maßgeblichen Verkehrs offensichtlich der dominante Wortbestandteil die ursprungsidentifizierende Unterscheidungskraft des Zeichens, dem gegenüber graphisches Beiwerk und optisch wie phonetisch kaum, wenn überhaupt in Erscheinung tretende Abweichungen der Wortelemente, so die getrennte Schreibweise der Widerspruchsmarke, deren »t«-Verdoppelung oder ihr zusätzliches »o«, kaum Einfluss auf den Gesamteindruck ausüben. Nichts anderes gilt für den geltend gemachten Begriffsinhalt von »Pitta« als türkische Brotsorte. Es kann kaum einem Zweifel unterliegen, dass ein Vergleich der reinen Wortzeichen »Chio Pitta« und »Chipita« zur Anerkennung der Verwechslungsgefahr hätte führen müssen; dann kann die Hinzufügung graphischen Beiwerks nicht dazu füh-

---

309 HABM-BK R 1022/2000-2 vom 22.10.2001, ABl-HABM 2002, 1924 *CHIO PITTA/CHIPITA*.

ren, dass der jüngere Markenanmelder dem Schutzbereich der älteren Marke entkommt und damit deren Schutz verwässert wird.

Auch in der Beschwerdesache »Deutsche Hyp Deutsche Hypothekenbank **204** Frankfurt AG/HYP«[310] stand der aus dem schlichten Wort »HYP« bestehenden GMA eine Mehrwort-Widerspruchsmarke gegenüber, in der die Worte »Deutsche Hyp« hervorgehoben und von einem seitlich daneben angeordneten graphischen Bildelement flankiert sind. Trotz teils Identität, teils hochgradiger Ähnlichkeit der angemeldeten bzw von der Widerspruchsmarke erfassten Dienstleistungen wurde die Verwechslungsgefahr verneint, weil für den Verkehr keine Veranlassung bestehe, die Widerspruchsmarke auf »Hyp« zu verkürzen, was in der Diktion des EuGH bedeutet, dass der Wortbestandteil »Hyp« der Widerspruchsmarke nicht deren dominantes, ursprungsunterscheidendes Element darstellt; es war offenbar untunlich, die ältere Marke mit einer Fülle von beschreibenden Angaben zu belasten und dadurch zu beschränken.

Eine ähnliche Fallgestaltung lag der Entscheidung in der Nichtigkeitssache **205** »THE CHALLENGER AGENCY/CHALLENGE«[311] zugrunde. Hier war jedoch die Einwortmarke die ältere, und es wurde anerkannt, dass in der jüngeren Mehrwortmarke nur der kollisionsbegründende Bestandteil »CHALLENGER« Unterscheidungskraft und somit Dominanz in der angegriffenen GM besitzt, so dass bei identischen Dienstleistungen die Marke wegen Verwechslungsgefahr mit der älteren nationalen Marke für nichtig erklärt wurde.

Erst vom EuGH endgültig entschieden wurde der Fall »Turkish Power/ **206** Power«, in dem das zwischen die Worte der GMA eingefügte Bild eines Löwenkopfes eine Besonderheit bildete.[312] In seiner wegen vermeintlich offensichtlicher Unbegründetheit im Beschlusswege ergangenen Entscheidung übernimmt der EuGH die Tatsachenwürdigung des EuG,[313] die er nicht für eine Rechtsfrage hält, obgleich sie die Beurteilung der Verwechslungsgefahr entscheidend bestimmt, deren Status als Rechtsfrage nicht in Zweifel gezo-

---

310 HABM-BK R 763/2001-3 vom 6.3.2002, GRUR 2002, 817 *HYP/HYPOTHE-KENBANK.*
311 HABM-NA C-533182/1, ABl-HABM 2002, 152 *THE CHALLENGER AGENCY.*
312 EuGH C-324/05 vom 1.6.2006, MarkenR 2006, 527 *Turkish Power.*
313 EuG T-34/04 vom 22.6.2005, GRUR Int 2005, 938 *Turkish Power.*

gen werden sollte. Seitenlanges Zitieren der wolkigen EuG-Begründungen für vermeintliche optische, klangliche und begriffliche Unterschiede der Vergleichszeichen steigern nicht deren Überzeugungskraft, sondern stellen den Sinn des Rechtsmittels in Frage. Dabei lässt sich das Diktum fehlender Verwechslungsgefahr auch im Hinblick auf die Kernaussagen der späteren »Focus/Micro Focus«- und »Thomson Life/Life«-Entscheidungen durchaus begründen, und zwar wesentlich mit dem Argument, dass »Turkish Power« einen Gesamtbegriff bildet, der durch eine Art Personalisierung nicht nur eine entscheidende Veränderung des Begriffsinhalts gegenüber »Power« hervorruft, sondern auch verhindert, dass Letzteres in diesem Gesamtbegriff selbständig kennzeichnend in Erscheinung tritt (unbehelflich scheint demgegenüber das EuG-Argument, der brüllende Löwenkopf verleihe dem Begriff der Stärke des Wortes ›Power‹ eine davon verschiedene Konnotation der Aggressivität). Zu beklagen ist mithin, dass in Gerichtsentscheidungen wie diesen an die Stelle einer nachvollziehbaren Subsumtion des jeweiligen Tatbestandes unter die Vorgaben der gesetzlichen Regelung und eines in sich geschlossenen, stringenten Rechtssprechungsrahmens mitunter feuilletonistisch anmutende Einzelfall-Beurteilungen treten, die nicht selten den gefährlichen Eindruck von Beliebigkeit, Zufälligkeit oder gar Willkür hervorrufen (siehe auch Art 8 Rdn 101).

**207**   Im Folgenden sind auch hier die einschlägigen EuGH- und EuG-Urteile mit einer Kurzangabe des maßgeblichen Entscheidungsgrundes aufgelistet; einschließlich der vorstehend bereits angesprochenen Fälle.

**208**   Verwechslungsgefahr vom EuGH bejaht:
  – **MATRATZEN markt CONCORD** (mit Bild) = **Matratzen** C-003/03 vom 28.4.2002 (Beschluss), Mitt. 2004, 312; bestätigt EuG T-006/01 vom 23.10.2002, MarkenR 2002, 417
     Das Wort »Matratzen« hat in Spanien keine inhaltliche Bedeutung (span: colchòn) und ist in der Gegenmarke dominant; für identische Waren der Klasse 20 (siehe Art 8 Rdn 57 und 197 f).
  – **FLEXI AIR** = **FLEX** C-235/05 vom 27.4.2006 (Beschluss)
     Der EuGH billigt die (schon der BK getroffene) Feststellung des EuG,[314] dass die Zeichen visuell, phonetisch und begrifflich ähnlich sind (EuG: Warum soll ein aus zwei Worten bestehendes Zeichen nicht mit einem Einzelwortzeichen visuell ähnlich sein, Nr 15) und führt zum Einwand

---

314  EuG T-112/03 vom 16.3.2005, GRUR Int 2005, 589 *FEXI AIR/FLEX*.

der geringen Kennzeichnungskraft der Widerspruchsmarke aus, dass die Bevorzugung dieses Umstandes gegenüber der Zeichenähnlichkeit dazu führen würde, eine Verwechslungsgefahr bei einer Marke von geringer Kennzeichnungskraft nur im Falle von Zeichenidentität anzuerkennen, Nr 45.

- **CRISTAL CASTEL BLANCH** (+ Bild/Grafik) = **CRISTAL** C-131/06 vom 24.4.2007 (Beschluss)
  Das EuG hatte die für im Wesentlichen identische Waren (Schaumwein/Champagner) in Frankreich sehr bekannte Marke »CRISTAL« in der insoweit identischen GMA für verwechslungsrelevant gehalten. Diese Tatsachenfeststellung stand nicht zur Überprüfung durch den EuGH offen.

- Etikett **Limoncello della Costiera Amalfitana** (mit Bild **Zitronenteller**) = **Limonchelo** C-334/05 vom 12.6.2007, GRUR Int 2007, 833
  Das EuG hatte zunächst[315] – mit Blick auf den für Zitronenlikör beschreibenden Charakter von »Limoncello« – die Darstellung eines mit Zitronen bemalten Tellers für dominant gehalten und die Verwechslungsgefahr verneint. Darin hat auf Rechtsmittel das HABM der EuGH keine umfassende Beurteilung der Verwechslungsgefahr gesehen und das EuG-Urteil aufgehoben. Mit erneutem Urteil vom 12.11.2008[316] hat das EuG die Verwechslungsgefahr der Bild GMA wegen der Ähnlichkeit ihres Wortbestandteils »Limoncello« mit der nationalen spanischen Wortmarke »Limonchelo« bejaht.

- **Focus** = **Micro Focus** C-344/07 vom 11.4.2008 (Beschluss)
  Die GMA stimmt mit dem zweiten Wortbestandteil der Widerspruchsmarke überein, so dass bildlich, klanglich und begrifflich Ähnlichkeit bestehe. Weil sich der weitere Bestandteil der Widerspruchsmarke auf jenen Bestandteil beziehe, sei er darin auch dominant, so dass – wie das EuG zutreffend festgestellt habe –[317] bei identischen oder hochgradig ähnlichen Produkten bei den maßgeblichen Durchschnittsverbrauchern in Deutschland Verwechslungsgefahr bestehe.

- **ENERCON** = **TRANSFORMERS ENERGON** C-204/10 vom 23.11.2012 (Beschluss)

---

315  EuG T-7/04 vom 15.6.2005, GRUR Int 2005, 934 *Limoncello/Limonchelo*.
316  EuG T-7/04 vom 12.11.2008, GRUR Int 2007, 833 *Limoncello/Limonchelo*.
317  EuG T-491/04 vom 16.5.2007, GRUR Int 2007, 839 *FOCUS/MICRO FOCUS*.

Die sich gegenüberstehenden Waren der Klassen 16, 18, 24, 25, 28 und 32 waren identisch. Die BK hatte die dem Widerspruch stattgebende Entscheidung der WA bestätigt, das EuG die dagegen gerichtete Klage zurückgewiesen. Aufgrund der Gleichwertigkeit der Wortbestandteile der Widerspruchsmarke hatten sämtliche Vorinstanzen eine Verwechslungsgefahr angenommen. Gegen diese Bewertung hatte der EuGH keine Einwände.

209  Verwechslungsgefahr vom EuGH verneint:
- **HUBERT**  (mit Bild)  ≠  **SAINT-HUBERT 41**  C-106/03 vom 12.10.2004, GRUR Int 2005, 221; bestätigt EuG T-110/01 vom 12.12.2002, GRUR Int 2003, 552
  Keine Markenähnlichkeit hinsichtlich aller Aspekte, daher spielt unstreitige Bekanntheit der Widerspruchsmarke »SAINT-HUBERT 41« (in Frankreich) keine Rolle; für identische Lebensmittel in Klasse 29 und 30. Angesichts der Identität von »Hubert« bedenklich, siehe auch Art 8 Rdn 201.
- **Turkish Power** (+ Bild Löwenkopf)  ≠  **Power** C-324/05 vom 1.6.2006 (Beschluss), MarkenR 2006, 527; bestätigt EuG T-34/04 vom 22.6.2005, GRUR Int 2005, 938
  Das zwischen die beiden Worte der GMA eingefügte Bild eines brüllenden Löwenkopfes und das am Anfang stehende Wort »Turkish« gebe dieser eine ganz andere Optik und Begrifflichkeit, so dass dort das Wort »Power« weder prägend noch dominant für den Gesamteindruck sei (siehe auch Art 8 Rdn 101 und 206).
- **SELEZIONE ORO** (plus »Barilla« und Grafik)  ≠  **ORO** (und **ORO SAIWA**) C-245/06 vom 9.3.2007 (Beschluss); bestätigt EuG T-344/03 vom 5.4.2006
  Der Bestandteil ORO in der GMA ist weder dominant noch selbstständig kennzeichnend, sondern geht mit dem anderen Wortbestandteil (neben »Barilla«) eine Einheit ein, die nicht dazu führen kann, dass der Verkehr glauben könnte, die ihm unter der GMA angebotenen Waren stammten aus dem Unternehmen der Widersprechenden oder einem mit dieser verbundenen Unternehmen.
- **Torre muga** (+ Bild)  ≠  **TORRES** C-405/06 vom 24.9.2007 (Beschluss), bestätigt EuG T-247/03 vom 11.07.2006
  Ungeachtet identischer Waren (alkoholische Getränke) besteht keine eine Verwechslungsgefahr indizierende Ähnlichkeit der einen bestimmten (und bildlich dargestellten) Turm angebenden Wortangabe mit der spa-

nischen (Referenzland) Sachbezeichnung »Torre« (= Turm) und der nicht individualisierten (Namens-)Angabe »Torres«.

– **les charcutero artesano** (+ Bild eines Kochs) ≠ **El Charcutero** (+ Bild eines Kochs) C-81/08 vom 13.11.2008 (Beschluss)
   Trotz identischer Waren und identischer Wortbestandteile ist die Verwechslungsgefahr in allen Instanzen verneint worden, namentlich im Hinblick auf den quasi beschreibenden Charakter jener Wortbestandteile und die Unterschiede der Bildelemente.[318]

– **Archer Maclean's Mercury** ≠ **Merkur** C-532/10 vom 29.6.2011
   Das EuG hatte in der teilweise für identische Waren (Computerspiele, Spielkonsolen) angemeldeten GMA die Dominanz des Zeichenbestandteils »Mercury« gegenüber den weiteren Wortbestandteilen »Archer Maclean's« (der dem Namen der Anmelderin entspricht) zwar größere Bedeutung zugemessen, im Rahmen der Gesamtbetrachtung aber festgestellt, dass die anderen Worte nicht zu vernachlässigen seien. Die dagegen gerichteten Rechtsmittelrügen hat der EuGH teils offensichtlich unzulässig, teils offensichtlich unbegründet zurückgewiesen.
   Die Entscheidung des EuG hätte im Licht der EuGH-Entscheidung C-120/04 (LIFE / THOMSON LIFE) unter dem Gesichtspunkt der Markenusurpation eher zugunsten der Widersprechenden ausfallen können; gleichwohl betrafen die Rügen im Rechtsmittelverfahren im Ergebnis keine Rechtsfragen, sondern Tatsachenfragen, für die sich der EuGH als nicht zuständig ansah.

Verwechslungsgefahr vom EuG bejaht:                                      210
– **GRUPO SADA** (mit Bildbest.) = **SADIA** T-31/03 vom 11.5.2000, GRUR Int 2005, 705
   Der dominante Zeichenbestandteil SADA ähnelt der Marke klanglich und bildlich; für identische Lebensmittel in Klasse 29.

– **Fifties** = **miss fifties** (mit Bild) T-104/01 vom 23.10.2002, GRUR Int 2003, 247
   »fifties« ist dominant, daher klangliche und begriffliche Ähnlichkeit; für identische Waren (Jeans) in Klasse 25. Siehe Art 8 Rdn 196.

– **BUDMEN** = **BUD** T-129/01 vom 3.7.2003, GRUR Int 2003, 939
   Die Widerspruchsmarke ist dominanter erster Teil der GMA, deren zweiter Teil eher beschreibend ist im Sinne männlicher Bekleidung; für identische Waren in Klasse 25.

---

318  EuG T-242/06 vom 13.12.2007 *CHARCUTERO*.

- **CASTILLO** = **EL CASTILLO** T-85/02 vom 4.11.2003, GRUR Int 2004, 322
  Marke und Zeichen nahezu identisch und »Castillo« nicht geschwächt; für Käse bzw Kondensmilch in Klasse 29.
- **KIAP MOU** = **MOU** T-286/02 vom 25.11.2003, GRUR Int 2004, 143
  Marke im Zeichen identisch enthalten, daher grundsätzlich Ähnlichkeit, sofern keine begriffliche Bedeutung (Nr 39). Beide Worte der GMA gleich dominant, ohne dass der übereinstimmende Bestandteil MOU seine Unterscheidungskraft verliert (Nr 43) für Lebensmittel in den Klassen 29 und 30 (vgl EuGH C-120/04 GRUR 2005, 1042, Thomson Life).
- **CONFORFLEX** = **FLEX** (mit Bild) T-010/03 vom 18.2.2004, GRUR Int 2004, 518
  Ungeachtet »andeutendem Aussagegehalt« neutralisiert semantische Ähnlichkeit in Spanien »gewisse Unähnlichkeit« in bildlicher und klanglicher Hinsicht und führt zu gedanklichem In-Verbindung-Bringen; für identische Bettwaren in Klasse 20. Sehr bedenklich.
- **HAPPY DOG** = **HAPPIDOG** (mit Bild) T-020/02 vom 31.3.2004, GRUR Int 2004, 654
  Ungeachtet des überwiegenden Bildes der Marke und der geringen originären Kennzeichnungskraft entscheidet die Fast-Identität; für Hundefutter in Klasse 31.
- **NEGRA MODELO** (Etikett auf Bierflasche) = **Modelo** T-169/02 vom 15.2.2005, GRUR Int 2005, 497
  Stattgabe des Widerspruches durch die HABM-BK nur für die identische Ware Bier, nicht aber für die ebenfalls identische Warengruppe Bekleidung (insoweit keine Klage). Gemeinsamer Bestandteil ist dominant, NEGRA (in Portugal) für Dunkelbier beschreibend, bildliche Unterschiede werden durch gleichen Klang und gleiche Bedeutung neutralisiert.
- **JELLO SCHUHPARK** = **Schuhpark** T-32/03 vom 8.3.2005, GRUR Int 2005, 583
  »Schuhpark« ist dominant (in DE), vgl Urteil KIAP MOU oben, für identische Schuhwaren und ähnliche Bekleidung in Klasse 25; vgl DE-BGH GRUR 2008, 1002
- **West** = **Westlife** T-22/04 vom 4.5.2005, GRUR Int 2005, 922
  Ältere Marke im Zeichen am Anfang identisch enthalten, vgl BUD/BUDMEN und MOU/KIAP MOU; für identische/ähnliche Waren in den Klassen 9, 16, 25 und 41.

- **BIKER MILES** (mit Grafik) = **MILES** T-385/03 vom 7.7.2005 GRUR Int 2005, 940
  Marke identisch übernommen, ohne dass das Zeichen eine gedankliche Einheit bildet; für identische Bekleidung in Klasse 25.
- **Julián Murúa Entrena** (Weinetikett mit Grafik) = **MURÚA** T-40/03 vom 13.7.2005, GRUR Int 2005, 846.
  Familienname MURÚA dominiert gegenüber zweiten Familiennamen Entrena (Spanien), dem Vornamen und der Etikett-Grafik, vgl auch Urteil »FUSCO«; für identische Waren (Weine) in Klasse 33.
- **SELENIUM ACE** = **Selenium Special A-C-E** (und Grafik) T-312/03 vom 14.7.2005, GRUR Int 2005, 943
  »Selenium« ist dominierendes Element und am Anfang, zusätzlich ähnlich in A-C-E/ACE, daher Ähnlichkeit in Bild, Klang und Bedeutung; für identische/ähnliche Waren in den Klassen 3 und 5.
- **ARTHUR ET FELICIE** = **Arthur** (mit Grafik) T-346/04 vom 24.11.2005, GRUR Int 2006, 144
  Identisches Wort »Arthur« ist prägender Bestandteil des Zeichens an dessen Anfang. Ähnlichkeit in allen Aspekten; für identische/ähnliche Waren in den Klassen 24 und 25.
- **Online Bus** = **BUS** (mit Bild) T-135/04 vom 24.11.2005, GRUR Int 2006, 232
  »BUS« dominiert Marke und Zeichen. Bedenklich, weil es Fachwort für Marktstudien, also nicht nur für Fahrzeuge beschreibend ist (zu spät vorgetragen); für ähnliche Dienstleistungen in Klasse 35.
- **CARPOVIRUSINE** = **CARPO** T-169/04 vom 14.12.2005
  Die ältere Marke ist dominantes Element im Zeichen und unterscheidungskräftig; für Fungizide, Herbicide etc in Klasse 5.
- **VARIANT** = **DERBIVARIANT** T-317/03 vom 26.1.2006, GRUR Int 2006, 312
  Das identisch gemeinsame »VARIANT« ist dominant (DERBI = Derby beschreibend), begriffliche Ähnlichkeit wird von klanglichen und visuellen Unterschieden nicht neutralisiert, für identische und ähnliche Waren (Fahrzeuge etc) und Dienstleistungen in den Klassen 7, 12 und 35.
- **BROTHERS by CAMPER** = **BROTHERS** T-43/05 vom 30.11.2006
  Hinsichtlich identischer Waren (Klasse 25) liegt ungeachtet des Zusatzes »by Camper« und einer Grafik im Buchstaben O der Widerspruchsmarke Verwechslungsgefahr vor.

– **PAM PLUVIAL = PAM** T-364/05 vom 22.3.2007
  Der zusätzliche GMA-Bestandteil tritt wegen seiner Bedeutung in den
  Referenzsprachen Spanisch und Französisch zurück und kann als Produktlinie der identischen Hauptmarke wahrgenommen werden. Für ähn-
  liche Bausektor-Waren in den Klassen 6, 17 und 19.
– **House of Donuts** (+ Grafik) = **donuts** T-333 und 334/04 vom 18.4.2007
  Weil wegen der geringen Englischkenntnisse in Spanien, dem Land der
  Widerspruchsmarke, der identische Bestandteil der GMA nicht als be-
  schreibend, sondern dominant anzusehen ist, besteht dort Verwechslungs-
  gefahr für die identischen Backwaren, Getränke und DL in den Klas-
  sen 30, 32 und 42.
– **NIMEI LA PERLA MODERN CLASSIC** = **la PERLA** (+ Grafik)
  T-137/05 vom 16.5.2007 (Nichtigkeit)
  Unter Anerkennung der Bekanntheit der Widerspruchsmarke für
  Schmuckwaren in Italien und der Voraussetzungen des Art 8 (5) hebt das
  EuG die anderslautende BK-Entscheidung auf.
– **TOSKA LEATHER** (+ Bild) = **TOSCA** T-28/04 vom 11.7.2007
  Die in Deutschland für Parfümerien und Körperpflegemittel notorisch
  bekannte, nicht eingetragene Marke dringt nur in Bezug auf ähnliche Wa-
  ren (Klassen 3 und 25) durch, weil die Anwendung von Art 8 (5) auf eine
  nicht eingetragene Widerspruchsmarke ausscheidet.
– **LA MER = LABORATOIRE DE LA MER** T-418/03 vom 27.9.2007,
  IIC 2008, 363
  Angesichts teils identischer, teils ähnlicher Waren in Klasse 3 und der be-
  grifflichen Aussage der zusätzlichen Teile der Widerspruchsmarke bei
  Identität im Übrigen besteht Verwechslungsgefahr.
– **AMS** (+ Bild u weitere Worte) = **AMS** T-425/03 vom 18.10.2007,
  GRUR Int 2008, 494
  Wegen der Dominanz des mit der Widerspruchsmarke identischen
  GMA-Bestandteils und der funktionalen Ähnlichkeit der Waren in den
  Klassen 10 bzw 5 besteht Verwechslungsgefahr.
– **Charlott France Entre Luxe et Tradition** (+ Bild) = **charlot** (+ Grafik)
  T-169/06 vom 8.11.2007
  Die im Referenzland rechtserhaltend benutzte Widerspruchsmarke ist mit
  dem dominanten Bestandteil der GMA praktisch identisch, so dass Ver-
  wechslungsgefahr gegeben ist, weil die jeweils anderen Zeichenbestandtei-
  le kaum zur Unterscheidung beitragen.
– **ODA** (+ Castell del Remei + Bild) = **RODA** ua T-101/06 vom
  14.11.2007

Weil der Bestandteil ODA in der GMA dominant ist und die Waren in der Klasse 33 (Wein etc) identisch sind, besteht Verwechslungsgefahr.
- **VITAL & FIT** (+ Grafik) = **VITAFIT** T-111/06 vom 21.11.2007
  Die beiderseitigen Marken sind visuell, klanglich und begrifflich ähnlich, so dass in Bezug auf die identische Ware Fruchtsäfte Verwechslungsgefahr besteht.
- **Presto! BizCard Reader = Presto** (+ Bild) T-205/06 vom 22.5.2008, GRUR Int 2009, 56
  Die Dominanz von »Presto« in beiden Marken wird nicht durch eine Kennzeichnungsschwäche aufgehoben, und es besteht bei identischen/ ähnlichen Dienstleistungen bzw Waren Verwechslungsgefahr.
- **MAGIC SEAT = SEAT** T-363/06 vom 9.9.2008, GRUR Int 2009, 149
  Dass es sich beim Bestandteil »SEAT« der GMA um das englische Wort für »Sitz« handelt, steht angesichts der Bekanntheit der gleichlautenden Automarke nicht der Feststellung entgegen, dass für Waren in der Klasse 12 Verwechslungsgefahr besteht, weil der GMA-Bestandteil »MAGIC« auch auf den Kfz-Hersteller bezogen sein kann.
- **Astex TECHNOLOGY** (+ Bild) = **ASTEX** T-48/06 vom 10.9.2008
  Auch wenn in mehrteiligen Wort- und Bild-Marken nicht notwendigerweise der Wortbestandteil als dominant anzusehen ist, liegt hier der Fall vor, dass der Verkehr sich die GMA am Bestandteil »astex« merken wird, so dass wegen dessen Identität mit der Widerspruchsmarke Verwechslungsgefahr gegeben ist.
- Etikettenbild mit »**Limoncello di Capri**« = **Limonchelo** T-210/05 vom 12.11.2008
  Weil dem spanischen Referenzverbraucher die Bedeutung des italienischen Sachbegriffs »Limoncello« unbekannt ist, besteht aufgrund dessen Dominanz in der GMA und Ähnlichkeit mit der Widerspruchsmarke Verwechslungsgefahr in Bezug auf identische Waren in der Klasse 33 (vgl EuGH C-334/05 vom 12.6.2007 und EuG T-7/04 vom 12.11.2008, GRUR Int 2009, 588, nach Urteil vom 15.6.2005, GRUR Int 2005, 934).
- **Tomorrow Focus = FOCUS** (+ Bildgrafik) T-90/06 vom 11.12.2008, GRUR Int 2009, 606
  Auch wenn in der GMA der identisch übernommene Wortbestandteil »Focus« nicht dominant ist, besteht in Bezug auf die identischen Waren/ Dienstleistungen der Klasse 9 und 42 Verwechslungsgefahr.

– **MANSO DE VELASCO** = **VELASCO** T-259/06 vom 16.12.2008
Im Hinblick auf identische Waren (alkoholische Getränke) und die Dominanz der in die GMA identisch übernommenen Widerspruchsmarke
besteht Verwechslungsgefahr.

– **Milko ΔEΔTA** (+ Bild + Grafik) = **Milka** T-204/06 vom 10.6.2009
Weil optisch der GMA-Bestandteil »milko« gegenüber dem weithin unbekannten griechischen (Buchstaben-)Wort ›delta‹ und den als bloße Orna-
mentik angesehenen Bild- und Grafik-Bestandteilen hervorsticht, besteht
Verwechslungsgefahr mit der visuell, phonetisch und konzeptionell sehr
ähnlichen Widerspruchsmarke.

– **CENTER SHOCK** = **CENTER** T-16/08 vom 1.7.2009 (Nichtigkeit),
bestätigt durch EuGH C-353/09 vom 15.2.2011
Die beiderseits in die Klasse 30 fallenden Lebensmittel sind teils identisch, teils ähnlich. Es besteht auch Zeichenähnlichkeit wegen der Übereinstimmung in »CENTER«. Selbst wenn dieser Bestandteil der GMA
darin nicht dominant sein sollte, trete er selbständig kennzeichnend in
Erscheinung, so dass Verwechslungsgefahr bestehe.

– **ALFONSO** = **PRINCIPE ALFONSO** T-291/07 vom 23.9.2009
Im Gegensatz zur BK, die angesichts einer GM als Widerspruchsmarke
zu einseitig auf die Wahrnehmung in romanischen Ländern abgestellt habe, hat das Gericht die Verwechslungsgefahr wegen der Identität im Na-
men(-bestandteil) bestätigt.

– **First-On-Skin** = **FIRST** T-273/08 vom 28.10.2009
In Bezug auf (vornehmlich) Unterwäsche und Strümpfe besteht klangliche und hochgradige begriffliche Ähnlichkeit, so dass bezüglich identischer und auch ähnlicher Waren in Klasse 25 Verwechslungsgefahr zu bejahen ist.

– **LIFE BLOG** = **LIFE** T-460/07 vom 20.1.2010
Die sich gegenüberstehenden Waren und Dienstleistungen (Klassen 9, 38
und 41) waren identisch bzw ähnlich. Verkehrsbeteiligte waren deutsche
Durchschnittsverbraucher mit zum Teil erhöhter Aufmerksamkeit wegen
der Hochpreisigkeit der Waren. Die beiden Wortbestandteile der GMA
wurden als gleichwertig hinsichtlich ihrer Kennzeichnungskraft für die
meisten Waren und Dienstleistungen eingestuft. Soweit sich das Waren-
und Dienstleistungsverzeichnis auf Produkte im Bereich Informatik oder
Telekommunikation bezog, galt der Wortbestandteil »BLOG« als schwächerer Bestandteil. Zwischen den Zeichen bestand sowohl in visueller als
auch klanglicher und begrifflicher Hinsicht eine gewisse Ähnlichkeit.
Dies reichte aus, um eine Verwechslungsgefahr festzustellen.

- **ENERCON = TRANSFORMERS ENERGON** T-472/07 vom
  3.2.2010 (bestätigt durch EuGH C-204/10 vom 23.11.2012)
  Die Waren der Klassen 16, 18, 24, 25, 28 und 32 waren identisch. Innerhalb der Widerspruchsmarke kann das Wort »ENERGON« nicht ignoriert werden, beide Worte sind gleichermaßen kennzeichnungskräftig. Eine begriffliche Ähnlichkeit konnte nicht festgestellt werden, obwohl sowohl »ENERCON« als auch »ENERGON« gewisse Andeutungen an das englische Wort für »Energie« darstellen. Jedoch reichte die klangliche Ähnlichkeit zusammen mit den identischen Waren aus, um die Verwechslungsgefahr zu begründen.
- **BILLY'S Products = BYLY** T-514/08 vom 14.4.2010
  Die sich in den Klassen 3 und 5 gegenüberstehenden identischen Waren richteten sich an den europäischen Durchschnittsverbraucher. Da innerhalb der GMA der Zeichenbestandteil »Products« nicht dominierte, wurden die Zeichen als klanglich und schriftbildlich ähnlich angesehen.
- **Metromeet = meeting metro** T-407/08 vom 25.6.2010
  Sämtliche Waren und Dienstleistungen der GMA bezogen sich auf das Gebiet der Metrologie. Dementsprechend bestanden die maßgeblichen Verkehrskreise aus Fachleuten auf diesem Gebiet und Erbringern diesbezüglicher Dienste. Für das relevante deutsche Fachpublikum kann dem Bestandteil »Metro« für Waren und Dienste im Bezug zur Metrologie keine hohe Kennzeichnungskraft zuerkannt werden. Gleichwohl ist dieses Wort nicht glatt beschreibend, und überdies stimmen die Zeichen hinsichtlich des Wortes »meet« überein, das die Verkehrskreise in seiner Bedeutung erkennen. Insbesondere aufgrund der begrifflichen Identität wurde eine Verwechslungsgefahr angenommen und die Beschwerdekammerentscheidung aufgehoben, mit der die Entscheidung der dem Widerspruch stattgebenden Widerspruchsabteilung aufgehoben worden war.
- **peerstorm = PETER STORM** T-30/09 vom 8.7.2010
  Die sich gegenüberstehenden Waren (Bekleidungsstücke, Schuhe, Kopfbedeckungen) waren identisch. Nachdem der Widersprechenden der Benutzungsnachweis in ausreichendem Maße gelungen war, war aufgrund der zwischen den Zeichen bestehenden visuellen, klanglichen und begrifflichen Ähnlichkeiten eine Verwechslungsgefahr festzustellen.
- **Acumed = AQUAMED ACTIVE** T-575/08 vom 8.9.2010
  Für den hier relevanten spanischen Durchschnittsverbraucher war der Wortbestandteil »ACTIVE« bei den hier relevanten Waren der Klasse 5 beschreibend, weshalb eine gewisse Prägung durch »AQUAMED« vorlag. Die begrifflichen Unterschiede zwischen »Acu« und »AQUA« hatten für

das Publikum keine klare bestimmte Bedeutung, die die Feststellung erlauben würde, dass deshalb eine Verwechslungsgefahr ausgeschlossen werden könne. Das EuG bestätigte die BK-Entscheidung, die bereits die dem Widerspruch stattgebende Entscheidung der Widerspruchsabteilung bestätigt hatte.

– **FREE = free LA LIBERTÉ N'A PAS DE PRIX** T-365/09 vom 27.10.2010
Die Widersprechende hatte mehrere Widerspruchsgründe ins Feld geführt, die Beschwerdekammer gab dem Widerspruch aus einer nationalen französischen Marke statt, deren dominanter Bestandteil »free« lautete. Die angemeldeten Waren der Klasse 16 (Zeitschriften, Bücher, Fotografien etc) lagen im Ähnlichkeitsbereich der Widerspruchsdienstleistungen (Werbung, Zeitungsabonnementdienste, Telekommunikation etc). Die hohe Zeichenähnlichkeit wurde als ausreichend angesehen, die geringere Ähnlichkeit bei den Produkten auszugleichen.

– **ARTESA NAPA VALLEY = ARTESO, LA ARTESA** T-35/08 vom 23.11.2010
Die sich gegenüberstehenden Waren (Weine, alkoholische Getränke) waren identisch. Der bildliche Gesamteindruck der beiden Wort-/Bildzeichen wies nur sehr schwache Ähnlichkeit auf, weil in diesem Kontext die Wortbestandteile nicht dominierten. In klanglicher Hinsicht bestand jedoch eine erhebliche Ähnlichkeit, da das englischsprachige Publikum »NAPA VALLEY« als geografische Herkunftsangabe erkannte. Der Widerspruch war in allen drei Instanzen erfolgreich.

– **EPCOS = epco SISTEMAS** T-132/09 vom 15.12.2010
Das relevante Publikum bestand aus spanischen Fachleuten, gegenüber standen sich in Klasse 9 ähnliche Waren. Da innerhalb der Widerspruchsmarke »SISTEMAS« kennzeichnungsschwach war, dominierte »epco«. Im Ergebnis war aufgrund der bildlichen und klanglichen Ähnlichkeit Verwechslungsgefahr nicht auszuschließen.

– **GOLD MEISTER = MEISTER** T-372/09 vom 21.3.2011
Die Waren der Klasse 14 waren identisch, die Verkehrskreise bestanden aus Facheinkäufern im Schmuckbereich und aus den europäischen Durchschnittsverbrauchern. Das Wort »GOLD« wird als zum englischen Grundwortschatz gehörig überall in Europa verstanden. In nicht-deutschsprachigen Ländern wird das Element »MEISTER« nicht in der Bedeutung von »Handwerksmeister«, sondern als Eigenname verstanden. Die Beschwerdekammer hatte die Verwechslungsgefahr bejaht und insoweit

lediglich konkret den italienischen und griechischen Verbraucher bei der Prüfung zugrunde gelegt, was das EuG nicht beanstandete.

- **ACNO FOCUS = FOCUS** T-466/08 vom 14.4.2011 (bestätigt durch EuGH C-334/11 vom 29.3.2012)
  Gegenüber standen sich »Mittel zur Körper- und Schönheitspflege« und »Schminkmittel«; im Kontext dieser Waren war der Anfangsbestandteil der GMA »ACNO« ein Hinweis auf das deutsche Wort »Akne«, so dass »FOCUS« dominierte.

- **BAHIANAS LAS ORIGINALES = havaianas** T-422/09 vom 25.5.2011
  Bei den identischen Waren der Klasse 25 bestand aufgrund der insbesondere klanglichen Ähnlichkeit der Zeichen für den EU-Durchschnittsverbraucher entgegen der Auffassung der BK Verwechslungsgefahr.

- **ERGO Group = URGO** T-221/09 vom 15.7.2011
  Die Waren der Klassen 3 und 5 richteten sich an den europäischen Durchschnittsverbraucher. Innerhalb der GMA war »ERGO« der dominierende Bestandteil, der bei englischer Aussprache klanglich hochgradig ähnlich zur Widerspruchsmarke war.

- **FISHBONE = FISHBONE BEACHWEAR** T-415/08 vom 29.9.2011
  Für den hier relevanten griechischen Durchschnittsverbraucher bestand aufgrund der identischen Waren (Bekleidungsstücke) und der hohen klanglichen Zeichenähnlichkeit Verwechslungsgefahr.

- **BLOOMCLOTHES = BLOOM** T-118/09 vom 5.10.2011
  Die Waren (Bekleidung) waren identisch, die Dienstleistungen der GMA (Groß- und Einzelhandel mit Bekleidung) waren ähnlich. Der relevante deutsche Durchschnittsverbraucher erkannte den beschreibenden Charakter des Zeichenbestandteils »CLOTHES«, so dass Verwechslungsgefahr gegeben war.

- **ROSALIA DE CASTRO = ROSALIA** T-421/10 vom 5.10.2011 (bestätigt durch EuGH C-649/11 vom 3.10.2012)
  Die sich gegenüberstehenden Waren (Weine und andere Getränke) sowie die angemeldeten Dienstleistungen (Einzelhandelsdienstleistungen mit Getränken) waren identisch bzw ähnlich. Die Zeichen waren klanglich, bildlich und konzeptionell ähnlich.

- **SEVEN FOR ALL MANKIND = Seven** T-176/10 vom 6.10.2011 (bestätigt durch EuGH C-655/11 vom 21.2.2013)
  Die wechselseitigen Waren der Klassen 14 und 18 waren zum Teil identisch und zum Teil ähnlich und wandten sich an den EU-Durchschnittsverbraucher. Im Gegensatz zur BK sah das EuG eine gewisse klangliche und schriftbildliche Ähnlichkeit der Zeichen aufgrund des gemeinsamen

Elements »SEVEN«, den Wörtern »FOR ALL MANKIND« kam nur geringe Kennzeichnungskraft zu. Die Kennzeichnungskraft von »SEVEN« wurde als normal angesehen, so dass im Ergebnis Verwechslungsgefahr bestand.

- **TOFUKING = Curry King** T-99/10 vom 20.9.2011 (bestätigt durch EuGH C-599/11 vom 28.6.2012)

  Die sich gegenüberstehenden Lebensmittel in Klasse 29 waren identisch. Sie waren bestimmt für den allgemeinen deutschen Verbraucher. Das EuG stellte eine mittlere visuelle und klangliche Ähnlichkeit zwischen den Zeichen fest. Auch in begrifflicher Hinsicht wurde eine mittlere Ähnlichkeit festgestellt vor dem Hintergrund, dass der Bestandteil »King« in Deutschland werbend im Sinne von »der Beste in einem Bereich« verstanden wird.

- **see more = CMORE** T-501/08 vom 23.9.2011

  Die GMA sollte für »Computer und Computerzubehör, nämlich Computermonitore« eingetragen werden, die Widerspruchsmarken waren in Finnland für »optische Apparate und Instrumente« sowie »Datenverarbeitungsgeräte und Computer« eingetragen. Die GMA wurde durch die Wortbestandteile geprägt. Da im Computerbereich die englische Aussprache verbreitet ist, war diese auch für die dänischen und finnischen Verkehrsbeteiligten relevant, die sich aus allgemeinen Durchschnittsverbrauchern und erfahrenen Computerspezialisten zusammensetzten. Angesichts der klanglichen Identität der Zeichen bestand Verwechslungsgefahr.

- **VICTORY RED = Victory** T-356/10 vom 28.9.2011

  Die GMA war in Klasse 28 für diverse Golfsportartikel angemeldet, die aus der ebenfalls für Sportartikel eingetragenen Widerspruchsmarke ausdrücklich ausgenommen waren. Dessen ungeachtet wurden die Waren als ähnlich erachtet.

- **Horse Couture = HORSE** T-238/10 vom 20.10.2011

  Die sich gegenüberstehenden Wort-/Bildmarken verfügten jeweils über einen Wortbestandteil »Horse« und eine stilisierte Pferdedarstellung, die unterschiedlich waren. Der Begriff »Horse« war für die relevanten Waren der Klasse 18 nicht beschreibend. Aufgrund der klanglichen und konzeptionellen Ähnlichkeiten bestand Verwechslungsgefahr.

- **AYUURI NATURAL = AYUR** T-313/10 vom 10.11.2011

  Die Widerspruchsabteilung hatte die Verwechslungsgefahr bejaht, die Beschwerdekammer hatte sie verneint. Im Bereich der hier relevanten Waren der Klassen 3 und 5 war der Zeichenbestandteil »NATURAL« aufgrund häufiger Verwendung nur zweitrangig, so dass eine hohe bildliche Zeichenähnlichkeit sowie eine klangliche Zeichenähnlichkeit vom EuG angenommen wurden.

– ALPINE PRO SPORTSWEAR & EQUIPMENT = alpine T-434/10 vom 15.11.2011 (bestätigt durch EuGH C-042/12 vom 29.11.2012)
  In beiden Marken war »ALPINE« der dominante Bestandteil, daher galten die beiden Marken als klanglich und konzeptionell ähnlich. Die Waren (Klassen 18 und 25) waren teilweise identisch, teilweise ähnlich.

– ALIA = ALAÏA PARIS T-152/10 vom 7.12.2011
  Zwischen den Waren der GMA (Klassen 3, 14, 18 und 25) und den Widerspruchswaren und -dienstleistungen (Klassen 16, 20 und 35) bestand Ähnlichkeit, das relevante Publikum war der allgemeine Verbraucher in der Union. Bei der Widerspruchsmarke war der Wortbestandteil »ALAÏA« als prägend anzusehen, und zwischen diesem und der GMA war beispielsweise im französischen oder italienischen Sprachraum eine mittlere klangliche Ähnlichkeit festzustellen.

– QUALIFIER = Qualifiers 2006 T-424/09 vom 13.12.2011
  Relevant waren die durchschnittlich aufmerksamen Unionsverbraucher. Diesen wurde bei den hier in Rede stehenden Waren (Reifen) ein durchschnittlicher Aufmerksamkeitsgrad zugebilligt, obwohl diese Waren nicht zu denjenigen des täglichen Bedarfs gehören, jedoch erfordere ihr Erwerb keine längeren Überlegungen. Vor dem Hintergrund identischer Waren und der Zeichenähnlichkeit bestand Verwechslungsgefahr trotz schwacher Kennzeichnungskraft der älteren Marke.
  Der Entscheidung ist im Ergebnis zuzustimmen, jedoch ist der hier unterstellte Aufmerksamkeitsgrad der Verkehrskreise zu hinterfragen. Regelmäßig erfordert der Erwerb von Reifen eine relativ hohe Aufmerksamkeit des Verbrauchers, schon weil er die passende Reifengröße und die sonstigen Eigenschaften im Hinblick darauf überprüfen muss, ob der Einbau für seinen Pkw überhaupt zulässig wäre. Vielfach wird sich der Reifenkäufer durch Fachpersonal beraten lassen, dem dann naturgemäß ebenfalls ein hoher Aufmerksamkeitsgrad zu unterstellen ist.

– VISUAL MAP = VISUAL T-260/08 vom 24.1.2012
  Relevant waren allgemeine Verbraucher sowie Fachleute im Bereich Optik in Frankreich. Gegenüber standen sich identische Dienstleistungen eines Optikers. Die Widerspruchsmarke stellte eine Variante des französischen Wortes »visuel« dar, weshalb auch konzeptionelle Ähnlichkeit bestand (neben Ähnlichkeit in Klang und Bild).

- **SERVO SUO = SERVUS** T-525/10 vom 29.2.2012
  Gegenüber standen sich identische Waren (alkoholische Getränke), relevant war der allgemeine Durchschnittsverbraucher mit durchschnittlicher Aufmerksamkeit. Die Zeichen wurden als durchschnittlich klanglich und bildlich ähnlich angesehen; für die italienischen Verkehrsbeteiligten bestand auch eine konzeptionelle Ähnlichkeit.

- **SEVEN SUMMITS = Seven** T-179/11 vom 22.5.2012
  Die sich gegenüberstehenden Waren der Klasse 18 waren teilweise identisch, teilweise ähnlich. Relevant war der europäische Durchschnittsverbraucher mit normalem Aufmerksamkeitsgrad. Beide Marken waren Wort-/Bildmarken; die Widerspruchsmarke bestand aus dem englischen Zahlwort »Seven« in stilisierter Schreibschrift, bei der aus zwei Worten gebildeten GMA war »SEVEN« in blauen Druckbuchstaben oberhalb des Wortes »SUMMITS« positioniert, wobei die Buchstaben von »SUMMITS« ebenfalls in blauen Versalien geschrieben waren, mit Ausnahme der beiden »M«, die wie zwei kegelförmige Berge gestaltet waren. Das EuG stellte aufgrund des gemeinsamen Elements »seven« in schriftbildlicher und klanglicher Hinsicht eine gewisse Zeichenähnlichkeit fest. Auch in begrifflicher Hinsicht lag Ähnlichkeit vor, weil die Zahl Sieben für die in Rede stehenden Waren keine beschreibende Angabe darstellt und Zahlwörter grundsätzlich als Marke eintragbar sind.

- **SG SEIKOH GIKEN = SEIKO** T-519/10 vom 13.6.2012
  Die sich gegenüberstehenden Waren (Schleifmittel, Maschinen) waren identisch, relevant war der durchschnittlich aufmerksame und informierte europäische Durchschnittsverbraucher. Aufgrund der Bestandteile »SEIKOH«/»SEIKO« wurde zwischen der GMA und der Widerspruchsmarke eine schwache klangliche und bildliche Ähnlichkeit angenommen, was ausreichte, um Verwechslungsgefahr anzunehmen.

- **Antonio Basile = BASILE** = T-133/09 und T-134/09 vom 28.6.2012 (Nichtigkeitsverfahren)
  Die Waren (Bekleidungsstücke) waren identisch. Innerhalb der GMA wurde der Nachname »Basile« als unterscheidungskräftiger als der Vorname »Antonio« angesehen.

- **Twist System = Twix** T-334/10 vom 12.7.2012 (Nichtigkeitsverfahren)
  Die sich gegenüberstehenden Waren der Klasse 21 (insbesondere Reinigungsgeräte und -utensilien) waren identisch oder ähnlich. Die maßgeblichen Verkehrskreise bestanden aus Angehörigen der gewerblichen Reinigungsbranche ebenso wie aus dem allgemeinen Publikum in der Eu-

ropäischen Union. Die Zeichen waren bildlich und klanglich ähnlich, mithin bestand Verwechslungsgefahr.

– **BAÑOFTAL = PAN-OPTHAL/KAN-OPTHAL** T-346/09 vom 12.7.2012

Relevant war der deutsche Durchschnittsverbraucher mit erhöhtem Aufmerksamkeitsgrad im Hinblick auf die identischen pharmazeutischen Präparate. Die BK hatte die Zeichen klanglich als nicht ähnlich angesehen, was das EuG als fehlerhafte Beurteilung ansah, weil die Buchstaben »Ñ« und »N« in der deutschen Sprache gleich gesprochen werden. Die Entscheidung war daher aufzuheben.

– **f@ir Credit = FERCREDIT** T-220/11 vom 19.9.2012

Beide Marken waren für die Dienstleistungsoberbegriffe der Klasse 36 vorgesehen. Das relevante Publikum bestand aus den Durchschnittsverbrauchern der EU, denen aufgrund der Art der Dienstleistungen ein relativ hoher Aufmerksamkeitsgrad zugeschrieben wurde, weil diese Dienstleistungen erhebliche finanzielle Folgen für den Verbraucher haben können. In visueller Hinsicht besteht eine gewisse Ähnlichkeit zwischen den Zeichen, klanglich sind sie hochgradig ähnlich.

– **COLOR FOCUS = FOCUS** (Nichtigkeitsverfahren) T-204/10 vom 5.10.2012 (Rechtsmittel eingelegt, C-593/12)

Die Zeichen sind ähnlich in bildlicher, klanglicher und konzeptioneller Hinsicht und für identische Waren in Klasse 3 für den EU-Durchschnittsverbraucher vorgesehen. Der Wortbestandteil COLOR der GMA ist beschreibend, so dass zwischen den Marken Verwechslungsgefahr besteht.

– **BIMBO DOUGHNUTS = DOGHNUTS** T-569/10 vom 10.10.2012

Von den diversen Widerspruchsmarken war insbesondere eine nationale spanische Marke relevant; die wechselseitigen Waren richteten sich an den spanischen Durchschnittsverbraucher. Mit Blick auf dessen mangelnde Englischkenntnisse war der Zeichenbestandteil »DOUGHNUTS« der GMA nicht zu vernachlässigen, so dass Verwechslungsgefahr anzunehmen war.

– **VITAL & FIT = VITAFIT** T-552/10 vom 25.10.2012

Relevant war der deutsche Durchschnittsverbraucher der identischen Waren alkoholfreie Getränke. Die bildlichen Elemente der GMA wurden als weniger prägend als die Wortbestandteile »VITAL« und »FIT« angesehen. Nach Auffassung des EuG bestand mittlere visuelle Ähnlichkeit, klangliche Ähnlichkeit und begriffliche Identität. Selbst wenn die Widerspruchsmarke nur schwach unterscheidungskräftig sein sollte, bestünde Verwechslungsgefahr.

Die Entscheidung ist abzulehnen. Die Wortbestandteile der GMA sind in Bezug auf die Waren glatt beschreibend und werden vom deutschen Verbraucher auch so verstanden. Aufgrund ihres beschreibenden Charakters können die Wortbestandteile der GMA nicht als prägend angesehen werden.

– **Impulso creador** = IMPULSO T-529/11 vom 14.11.2012
Die wechselseitigen Dienstleistungen waren identisch bzw ähnlich (Klassen 35 und 42). Relevant war das EU-Fachpublikum mit höherem Aufmerksamkeitsgrad. Zwar verfügte die Widerspruchsmarke noch über zusätzliches grafisches Element, dennoch waren die Zeichen als klanglich, bildlich und konzeptionell ähnlich anzusehen, so dass Verwechslungsgefahr bestand.

– **interdit de me gronder IDMG** = DMG T-568/11 vom 11.1.2013
Die identischen Waren (Bekleidungsstücke etc) richteten sich an den allgemeinen Durchschnittsverbraucher im Benelux-Raum. Innerhalb der GMA dominierte die Buchstabenfolge »IDMG«, so dass eine gewisse klangliche und bildliche Ähnlichkeit bestand und daher eine Verwechslungsgefahr festzustellen war.

– **DISCO DESIGNER** = DISCO T-189/11 vom 24.1.2013
Die konkurrierenden Waren sind die der Klasse 11. Relevant war neben Fachleuten auch der EU-Durchschnittsverbraucher, so dass für die Beurteilung der Verwechslungsgefahr auf dessen Aufmerksamkeitsgrad abzustellen war. Vor dem Hintergrund identischer Waren und der Ähnlichkeit der Zeichen bestand Verwechslungsgefahr.

– **WALICHNOWY MARKO** = MAR-KO T-159/11 vom 4.2.2013
Die sich gegenüberstehenden Waren lagen im Identitäts- bzw Ähnlichkeitsbereich in Klasse 29. Innerhalb der GMA dominierte der Zeichenbestandteil »MARKO«, so dass für den allgemeinen EU-Durchschnittsverbraucher Verwechslungsgefahr bestand.

– **METRO KIDS COMPANY** = METRO T-50/12 vom 7.2.2013
Die konkurrierenden Waren und Dienstleistungen der beiden sich gegenüberstehenden Wort-/Bildmarken waren identisch. Während der Bildbestandteil der Widerspruchsmarke in den Hintergrund trat, dominierte in der GMA ebenfalls nicht das bildliche Element (ein Wappen), so dass im Ergebnis Verwechslungsgefahr bestand.

- **BERG** (Wortmarke) = Christian Berg T-224/11 vom 20.2.2013 **BERG** (Wort-/Bildmarke) = Christian Berg T-225/11 vom 20.2.2013 **B BERG** (Wort-/Bildmarke) = Christan Berg T-631/11 vom 20.2.2013
  In diesen drei Entscheidungen waren die EU-Verbraucher mit durchschnittlicher Aufmerksamkeit relevant im Bereich der Waren in den Klassen 25 (Bekleidungsstücke, Schuhwaren, Kopfbedeckungen) und 28 (Turn- und Sportartikel sowie -geräte), die mit den Widerspruchswaren in Klasse 25 identisch bzw ähnlich waren. Die Zeichen wurden in bildlicher, klanglicher und begrifflicher Hinsicht als ähnlich angesehen. Da innerhalb der Widerspruchsmarke »Berg« der kennzeichnungskräftigere Teil ist, bestand Verwechslungsgefahr.
- **Al bustan** = **ALBUSTAN** T-454/11 vom 19.4.2013 (Nichtigkeitsverfahren)
  Relevant waren die Verbraucher in Griechenland. Die Nichtigkeitsklägerin konnte die Benutzung ihrer Marke für Tomatenprodukte wie Tomatenmark etc. nachweisen, so dass alle hiermit im Ähnlichkeitsbereich liegenden Waren der Klassen 29, 30, 31 und 32 zu löschen waren.

Verwechslungsgefahr vom EuG verneint: 211
- **NU-TRIDE** ≠ **TUFFTRIDE** T-224/01 vom 9.4.2003, GRUR Int 2003, 829
  Wegen des beschreibenden Charakters von »TRIDE« kommt es auf die Anfangsteile an, für identische/ähnliche Waren und Dienstleistungen in den Klassen 1 und 40, die sich an wenige hochspezialisierte Fachleute wenden.
- **CARPO** ≠ **HARPO Z** T-35/03 vom 12.10.2004
  Der Buchstabe Z stellt einen wesentlichen und unterscheidungskräftigen Bestandteil der Marke dar (Nr 22) für Fungizide, Herbicide etc in Klasse 5.
- **HOOLIGAN** ≠ **OLLY GAN** T-57/03 vom 1.2.2005, GRUR Int 2005, 489
  Trotz klanglicher Ähnlichkeit wegen schriftbildlicher und begrifflicher Unterschiede (Marke Namenscharakter); für identische Waren der Klasse 25. Bedenklich, siehe Art 8 Rdn 72.
- **CANAL JEAN CO. NEW YORK** (mit Schachbrett-Grafik) ≠ **CANALI** T-301/03 vom 28.6.2005, GRUR Int 2005, 844
  Die Ablehnung der Dominanz von »CANAL« mit dem Argument, dass »nur ein Teil des ersten Wortes der älteren Marke in der angemeldeten Marke« vorkomme (Nr 54), ist falsch (weil die ältere Marke nur aus ei-

nem Wort besteht, vgl Art 8 Rdn 53, 67) und nicht überzeugend, weil das fehlende »i« im allein unterscheidungskräftigen und am Anfang stehenden Wort »CANAL« der Anmeldung begrifflich, klanglich und visuell kaum Einfluss hat. Tatsächlich liegt eine der jüngeren EuGH-Vorlageentscheidung »Thomson Life« (GRUR 2005, 1042) im Wesentlichen entsprechende Fallgestaltung vor; das EuG-Urteil ist abzulehnen. Für identische Bekleidung in Klasse 25.

– **KINJI by SPA** (mit Bild) ≠ **KINNIE** T-003/04 vom 24.11.2005, GRUR Int 2006,236
   Klangliche Ähnlichkeit wurde durch bildliche und begriffliche Unterschiede »eindeutig neutralisiert« (Nr 55). Weil die Unterschiede nur das Anmeldezeichen betreffen und dessen Wortbestandteil »KINJI« unstreitig hervorgehoben ist, ist das Urteil abzulehnen (wie Urteil CANALI/CANAL, vgl auch hier EuGH »Thomson Life«); für identische und ähnliche Waren in den Klassen 29 und 32.

– **clean x** (mit Grafik) ≠ **CLEN** T-384/04 vom 15.12.2005
   Keine visuelle und klangliche Ähnlichkeit, zusätzliches »x« hat Einfluss; für Reinigungsmittel in Klasse 3.

– **ROYAL** ≠ **ROYAL FEITORIA** T-501/04 vom 15.2.2007
   In der mehrteiligen Wort-GMA wirkt »ROYAL« adjektivisch und nicht herkunftskennzeichnend; für identische Waren in der Klasse 33 entgegen HABM keine Verwechslungsgefahr.

– **TAI CROS** (über Eck doppelt im Quadrat) ≠ **CROS** (und ERCROS) T-315/06 vom 19.11.2008, GRUR Int 2009, 600
   Weil – bei identischen Produkten, auch wenn sie sich an Fachleute richten – die grafische Gestaltung der GMA das Wort »CROS« praktisch in (zweifacher) Alleinstellung erscheinen lässt, besteht angesichts dessen Identität mit der primären Widerspruchsmarke hochgradige Verwechslungsgefahr. Die Entscheidung ist falsch.

– **GIORGIO BEVERLY HILLS** ≠ **GIORGIO** T-228/06 vom 10.12.2008
   Zutreffend hatte die BK auf Verwechslungsgefahr erkannt, weil der Verkehr bei Bekleidung (Klasse 25) in »GIORGIO« die eigentliche Marke und im GMA-Zusatz nur einen Vertriebsort-Hinweis sehen kann. Letzteres könnte auch generell für eine Zweitmarke – zB Produktlinie – gelten. Was das Gericht für seine abweichende Meinung geltend macht, überzeugt nicht.

– **TORRE DE BENÍTEZ** ≠ **TORRES** T-16/07 vom 18.12.2008
   Weil in der GMA der Bestandteil »TORRE« beschreibend ist und mit den übrigen Worten eine Einheit bildet, kommt ihm nicht eine Domi-

nanz zu, welche Anlass für eine Verwechslungsgefahr sein könnte; vgl Art 8 Rdn 90 und 190.

In gleicher Weise T-285 bis 287 vom gleichen Tage.

– **PIAZZA del SOLE** ≠ **PIAZZA** (und **PIAZZA D'ORO**) T-265/06 vom 12.2.2009

Auch identische oder ähnliche W/DL in den Klassen 21, 29, 30 und 42 können im Hinblick auf die Kennzeichnungsschwäche von »Piazza« nicht zu einer Verwechslungsgefahr führen.

– **MONTEBELLO RHUM AGRICOLE** (+ Bild) ≠ **MONTEBELLO** T-430/07 vom 29.4.2009

Weil das übliche Wort »MONTEBELLO« in der komplexen GMA zurücktritt und ihrer Ware Rum die allein benutzte Ware Wein (beides Klasse 33) der Widerspruchsmarke gegenübersteht, seien Verwechslungen nicht zu befürchten. Zweifelhaft.

– **LA KINGS** (in Wappenbild) ≠ **KING** (+ Grafik) T-415/05 vom 7.5.2009

Ungeachtet starker phonetischer und (unter Einschluss des GMA-Bildes) konzeptueller Ähnlichkeit sah das Gericht, anders als die BK, vor allem im Hinblick auf die große visuelle Unähnlichkeit keine Verwechslungsgefahr.

– **CK CREACIONES KENNYA** ≠ **CK** (und CK Calvin Klein) T-185/07 vom 7.5.2009, GRUR Int 2009, 923 (bestätigt durch EuGH C-254/09 vom 2.9.2010)

Trotz identischer Waren in den Klassen 18 und 25 bestand keine Verwechslungsgefahr, weil die Buchstabenfolge »CK« in der GMA nicht dominant ist und der Verkehr sich nicht daran orientieren kann.

– **MANGO adorably** ≠ **J'ADORE** und **ADIORABLE** T-308/08 vom 15.9.2009

Die Marken unterscheiden sich hinsichtlich aller Aspekte und werden nicht verwechselt, zumal das Adverb »adorably« in der GMA gegenüber »MANGO« zurücktritt; siehe auch Art 8 Rdn 261.

– **TiMi KINDERJOGHURT** (+ Grafik) ≠ **KINDER** T-140/08 vom 14.10.2009 (Nichtigkeit)

Dem nach erfolglosem Widerspruchsverfahren gestellten Nichtigkeitsantrag wurde von der Nichtigkeitsabteilung stattgegeben. Die BK lehnte ihn ab und wurde vom Gericht bestätigt, weil das Wort »KINDER« in der GM mit dem Wort »JOGHURT« eine Einheit bildet und diese außerdem gegenüber »TiMi« zurücktritt, so dass keine für eine Verwechslungsgefahr ausreichende Markenähnlichkeit besteht (siehe auch Art 8 Rdn 258).

– **A+ ≠ AirPlus International** T-321/07 vom 3.3.2010 (bestätigt durch EuGH C-216/10 vom 25.11.2010)
Die sich gegenüberstehenden Waren und Dienstleistungen waren identisch bzw ähnlich, relevant war der EU-Durchschnittsverbraucher. Die GMA bestand aus einem stilisierten Großbuchstaben »A« gefolgt von einem umrahmten »+«. Die Zeichen wurden als bildlich und klanglich unähnlich angesehen, in konzeptioneller Hinsicht wurde eine beschränkte Ähnlichkeit angenommen. Die zwischen den Zeichen bestehenden Unterschiede wurden als ausreichend angesehen, um die Verwechslungsgefahr zu verneinen.

– **EGLÉFRUIT ≠ UGLI bzw »UGLI« Fruit – but the affliction is only skin deep** T-488/07 vom 15.4.2010 (Nichtigkeitsverfahren)
Relevant war der Durchschnittsverbraucher in Großbritannien, die sich gegenüberstehenden Waren (diverse Lebensmittel) waren identisch. Schriftbildlich und konzeptionell waren die Zeichen unterschiedlich, sie wiesen lediglich eine gewisse klangliche Ähnlichkeit auf, die jedoch nicht groß genug war, um eine Verwechslungsgefahr zu bejahen.

– **EDUCA Memory game ≠ MEMORY** T-243/08 vom 19.5.2010 (Nichtigkeitsverfahren), bestätigt durch EuGH C-370/10 vom 14.3.2011
Relevant waren die deutschsprachigen Verbraucher der Waren in Klasse 28 (Spiele). Bei der GMA handelte es sich um eine Wort-/Bildmarke, innerhalb derer der Zeichenbestandteil »EDUCA« deutlich hervorgehoben gegenüber dem darunter stehenden Schriftzug »Memory game« erschien. Innerhalb der GMA wurden die Worte »Memory game« als beschreibend verstanden, so dass die Zeichen unähnlich waren.

– **CARLO RONCATO ≠ RONCATO** T-124/09 vom 7.7.2010 (Art. 8, Abs. 4)
Der Widerspruch wurde auf nicht eingetragene italienische Benutzungsmarken gestützt. Allerdings hatte der Widersprechende keine überörtliche Benutzung seiner älteren Marken nachgewiesen, was jedoch nach italienischem Recht notwendig gewesen wäre, um der Anmeldung einer Gemeinschaftsmarke entgegengehalten zu werden.

– **Archer Maclean's Mercury ≠ Merkur** T-106/09 vom 9.9.2010 (bestätigt durch EuGH C-532/10 vom 29.6.2011)
Die sich gegenüberstehenden Waren der Klassen 9 und 28 waren teilweise identisch und teilweise ähnlich und richteten sich an deutsche Verbraucher, deren Aufmerksamkeitsgrad im hier besonders relevanten Bereich

der Computer- und Videospiele als höher als normal angesehen wurde. Obwohl die GMA, eine Wort-/Bildmarke, erheblich durch den deutlich hervorgehobenen Wortbestandteil »Mercury« geprägt wurde, wurde angenommen, dass »Archer Maclean's« von diesen Verkehrsbeteiligten nicht übersehen würde. Das EuG nahm an, dass das Publikum, welches den englischen Begriff »Mercury« versteht, eher an die Bedeutung von »Quecksilber« denken werde als an einen römischen Gott oder einen Planeten, weshalb auch diese Verkehrsbeteiligten die Zeichen nach dem Bedeutungsgehalt nicht miteinander in Verbindung bringen würden. Aufgrund der ausreichenden visuellen, klanglichen und konzeptionellen Unterschiede wurde eine Verwechslungsgefahr ausgeschlossen.

Die Entscheidung überzeugt im Ergebnis nicht. »Archer Maclean« war der Name des Anmelders der GMA, so dass »Mercury« klar der prägende Bestandteil dieser GMA war, an dem sich die Verkehrsbeteiligten als eigentliche Produktmarke orientieren mussten. Begrifflich sind »Mercury« und »Merkur« selbst für deutsche Verbraucher, die nicht alle Bedeutungen des englischen Wortes »Mercury« kennen, ähnlich, weil sie diesen Begriff ebenso wie das Widerspruchszeichen mit dem römischen Gott bzw dem Planeten in Verbindung bringen werden. Für die Verbraucher, die den englischsprachigen Begriff »Mercury« in seinen verschiedenen Bedeutungen kennen, sind die Zeichen in ihrer begrifflichen Bedeutung praktisch gleich. Die Marken hätten als verwechselbar angesehen werden müssen. Im Rechtsmittelverfahren (C-532/10 vom 29.6.2011) ergriff der EuGH nicht die Chance, das Urteil zu korrigieren. Die Annahme des EuG, dass »Mercury« nicht der prägende Markenbestandteil sei, war nach Ansicht des EuGH eine Tatsachenfrage, für deren Überprüfung im Rechtsmittelverfahren folglich kein Raum war.

– **P& G PRESTIGE BEAUTE** ≠ **prestige** T-366/07 vom 13.9.2010
Die Waren (Kosmetika) richteten sich an den italienischen Durchschnittsverbraucher und waren teilweise identisch. Der Schutzumfang der Widerspruchsmarke wurde als gering eingestuft, da die Anlehnung an das italienische Wort »prestigio« vom Verbraucher erkannt wird. Somit ist innerhalb der GMA der Anfangsbestandteil »P&G« als prägend anzusehen, im Ergebnis war die Verwechslungsgefahr zu verneinen.

– **LINEAS AEREAS DEL MEDITERRANEO LAM** ≠ **LAN** T-194/09 vom 8.2.2011
Es handelte sich um zum Teil identische Dienstleistungen (Beförderung, Verpackung von Waren), relevant war der europäische Durchschnittsverbraucher. Innerhalb der GMA, einer Wortmarke, war der Bestandteil

»LAM« nicht prägend. Das EuG vertrat die Auffassung, dass sowohl für die spanischsprachigen Verbraucher als auch für die nicht-spanischsprachigen Verbraucher die Wortbestandteile der GMA »LINEAS AEREAS DEL MEDITERRANEO« nicht zu vernachlässigen seien.

– **ANN TAYLOR LOFT ≠ LOFT** T-385/09 vom 17.2.2011
Relevant waren die französischen Verbraucher, die den sich in den Klassen 18 und 25 gegenüberstehenden Waren durchschnittliche Aufmerksamkeit entgegenbrachten. Sowohl die Widerspruchsabteilung als auch die Beschwerdekammer hatten Verwechslungsgefahr bejaht. Das EuG betrachtete bei der GMA die Anfangsworte »ANN TAYLOR« als unterscheidungskräftigsten Bestandteil und beurteilte die Zeichenähnlichkeit insgesamt nur als schwach. Trotz einer gewissen Ähnlichkeit in begrifflicher Hinsicht wurde eine Verwechslungsgefahr verneint.
Die Entscheidung vermag im Ergebnis nicht zu überzeugen. Erhebliche Teile auch der französischen Verkehrsbeteiligten werden den Anfangsbestandteil »ANN TAYLOR« als Vor- und Nachnamen einer Person zuordnen, die – wie vielfach üblich im Bereich Bekleidung und Lederwaren – Designerin bzw Herstellerin derartiger Waren ist. Der Zeichenbestandteil »LOFT« besitzt dann innerhalb der zusammengesetzten GMA die Funktion einer Zweitmarke, mithin der eigentlichen Produktbezeichnung. An dieser Produktbezeichnung orientiert sich der Verkehr dann aber in erster Linie, so dass er innerhalb der Gesamtmarke wenn nicht als prägend mindestens als gleichwertig mit dem Designer-/Herstellernamen anzusehen ist. Dass der Verbraucher, der die Produkte der Widerspruchsmarke »LOFT« kennt, beim Anblick der GMA auf denselben Waren gedankliche Verbindungen zu der ihm bekannten Marke herstellt oder vermutet, dass die Produkte aus wirtschaftlich miteinander verbundenen Unternehmen stammen, liegt keineswegs fern, so dass Verwechslungsgefahr hätte bejaht werden müssen.

– **T TUMESA TUBOS DEL MEDITERRANEO S.A. ≠ TUBESCA** T-98/09 vom 13.4.2011
Gegenüber standen sich zwei Wort-/Bildmarken. Innerhalb der GMA war der Wortbestandteil TUMESA prägend, innerhalb der Widerspruchsmarke der Wortbestandteil TUBESCA. Die Waren wiesen nur geringe Ähnlichkeit zueinander auf und waren überwiegend für Fachpublikum bestimmt.

– **FARMA MUNDI FARMACEUTICOS MUNDI ≠ mundipharma** T-76/09 vom 22.6.2011

Die Widerspruchsmarke war in Klasse 5 für »pharmazeutische und veterinärmedizinische Erzeugnisse« und »Sanitärprodukte« eingetragen und in
Klasse 44 für »medizinische und veterinärmedizinische Dienstleistungen«
und »Gesundheits- und Schönheitspflege«. Die GMA sollte in Klasse 5
für »pharmazeutische und Hygiene-Präparate« eingetragen werden, in
Klasse 35 für »Einzelhandelsdienstleistungen« betreffend diese Produkte
und in Klasse 39 für »Lagerung, Verteilung, Lieferung und Verpackung«
dieser Produkte. Dem Widerspruch wurde stattgegeben in Bezug auf die
Waren der Klasse 5 und die Dienstleistungen der Klasse 35. Im Verfahren
vor dem EuG ging es nur noch um die Dienstleistungen der GMA in
Klasse 39. Die konkurrierenden Waren und Dienstleistungen wurden als
unähnlich angesehen, sie standen nicht im Wettbewerb miteinander, es
war auch kein Ergänzungsverhältnis anzunehmen.

– **OFTAL CUSI ≠ Ophtal** T-160/09 vom 14.7.2011
Bei den sich identisch gegenüberstehenden Waren (pharmazeutische Au-
gen- und Ohrenpräparate) war der Widerspruchsmarke aufgrund ihrer
Anlehnung an den Begriff der Ophtalmologie nur sehr eingeschränkte
Kennzeichnungskraft zuzubilligen. Für die beteiligten Verkehrskreise
(Fachleute im medizinischen und sanitären Bereich mit erhöhtem Auf-
merksamkeitsgrad) bestand daher aufgrund des weiteren Markenbestand-
teils der GMA »CUSI« keine Verwechslungsgefahr.

– **Austria Leasing Gesellschaft mbH Mitglied der Raiffeisen-Bankengrup-
pe Österreich ≠ Raiffeisen bzw Raiffeisenbank** T-197/10 und T-199/10
vom 9.9.2011
Trotz identischer Dienstleistungen bestand zwischen den sich gegenüberstehenden Wort-/Bildmarken keine Verwechslungsgefahr, weil der Begriff
»Raiffeisen« in den angemeldeten GMA nur eine untergeordnete Rolle
spielte.

– **PM PROTON MOTOR ≠ PROTON** T-581/08 vom 27.9.2011
Die Waren und Dienstleistungen der GMA (Elektroantriebe mit Brennstoffzellen, Brennstoffzellen sowie Entwicklung von Systemen zur Ener-
gieumwandlung) wurden als unähnlich zu den Widerspruchswaren und
-dienstleistungen der Widerspruchsmarke (motorisierte Landfahrzeuge
und deren Teile, Bestandteile und Zubehör, Reparatur und Wartung für
motorisierte Landfahrzeuge) angesehen. Im Gegensatz zu den Wider-
spruchsprodukten waren die Anmeldeprodukte für ein reines Fachpublikum bestehend aus Wissenschaftlern, Ingenieuren und Fahrzeugherstel-
lern mit hoher Aufmerksamkeit bestimmt. Im Übrigen bezogen sich die
Produkte der GMA auf eine spezielle elektrochemische Technologie und

standen trotz des Umstands, dass diese Produkte auch beim Kraftantrieb von Fahrzeugen in Betracht kommen, weder im Wettbewerb mit Kfz-Teilen und -Zubehör noch in einem Ergänzungsverhältnis.

- **GSS GALILEO SISTEMAS Y SERVICIOS ≠ GALILEO** T-488/08 vom 6.10.2011
  Die GMA wurde geprägt durch die deutlich herausgestellten Buchstaben »GSS«, die Widerspruchsmarken bestanden aus dem Wort »GALILEO« und zum Teil noch aus weiteren Wort- und Bildelementen. Klanglich und schriftbildlich waren die jeweils zu vergleichenden Zeichen nicht ähnlich. Die Übereinstimmungen im Wortbestandteil »GALILEO« reichten im Ergebnis nicht aus, um eine Verwechslungsgefahr anzunehmen.
- **doorsa FÁBRICA DE PUERTAS AUTOMÁTICAS ≠ DORMA** T-500/10 vom 16.11.2011
  Die sich gegenüberstehenden Waren (Türen, Schließvorrichtungen etc) waren identisch bzw ähnlich und richteten sich an Durchschnittsverbraucher mit erhöhter Aufmerksamkeit. In klanglicher Hinsicht waren die Zeichen als ähnlich zu beurteilen, schriftbildlich und konzeptionell nicht. Die Ähnlichkeit in klanglicher Hinsicht reichte nicht aus, um eine Verwechslungsgefahr anzunehmen.
- **only givenchy ≠ ONLY** T-586/10 vom 8.12.2011
  Es handelte sich um identische Waren (Kosmetika) bestimmt für den allgemeinen dänischen Verbraucher. Die GMA verfügte noch über weitere grafische Bestandteile, die allerdings beschreibend waren; ferner wurde auf der etikettenartigen Aufmachung der GMA auch noch einmal »givenchy Paris« geschrieben. Für den EuG reichten die zwischen den Zeichen bestehenden Unterschiede aus.
  Die Entscheidung ist grenzwertig. Der Name des Anmelders der GMA lautet Parfums Givenchy SA, so dass als prägend oder jedenfalls als Zweitmarke und somit als eigentliches Produktkennzeichen »only« angesehen werden musste. Unter dem Gesichtspunkt der Markenusurpation hätte dem Widerspruch stattgegeben werden sollen. Eine Auseinandersetzung mit dem EuGH-Urteil C-120/04 (Medion) fand nicht statt.
- **SPA GROUP ≠ SPAR** T-378/09 vom 31.1.2012
  Es handelte sich um für den deutschen Durchschnittsverbraucher bestimmte identische bzw ähnliche Waren und Dienstleistungen in den Klassen 16, 35 und 41. Obwohl der Bestandteil »GROUP« beschreibend sein kann, war er im Rahmen des Gesamtzeichens zu berücksichtigen, so dass erhebliche klangliche und bildliche Unterschiede zwischen den Zeichen bestanden. Auch in begrifflicher Hinsicht sind die Zeichen unter-

schiedlich. Im Übrigen war die Kennzeichnungskraft der älteren Marken als geringer anzusehen, da sie an das deutsche Verb »sparen« angelehnt sind.

- SWIFT GTi ≠ GTI T-63/09 vom 21.3.2012
  Im Bereich von Kraftfahrzeugen waren die Buchstabenkombinationen »gt« und »gti« insbesondere unter Fachleuten in der Automobilbranche bekannte Abkürzungen für »gran turismo« oder »grand tourisme« bzw »gran tourisme iniezione« oder »gran tourisme injection«. Aufgrund des beschreibenden Charakters der Buchstabenfolge war der Widerspruch zurückzuweisen.

- MERCATOR STUDIOS ≠ Mercator T-417/09 vom 29.3.2012
  Sowohl die Dienstleistungen der GMA (Forschung auf dem Gebiet der Technik und Mechanik, Entwurf und Entwicklung von Kraftfahrzeugen etc) und die Widerspruchsdienstleistungen (Computerprogrammierung) waren für Fachpublikum bestimmt. Die Dienstleistungen wurden als unähnlich angesehen.

- O-LIVE ≠ Olive line T-273/10 vom 22.5.2012
  Die Widerspruchswaren von Klasse 3 (Mittel zur Körper- und Schönheitspflege etc auf der Grundlage von Olivenöl) wurden gegenüber den Dienstleistungen der GMA »medizinische Dienste, veterinärmedizinische Dienste, Dienstleistungen im Bereich der Land-, Garten- und Forstwirtschaft« als unähnlich eingestuft.
  Hingegen war die Ähnlichkeit der Zeichen bejaht worden in Bezug auf die Ähnlichkeit der Widerspruchswaren mit den Waren der GMA »Mittel zur Körper- und Schönheitspflege« und den Dienstleistungen »Gesundheits- und Schönheitsdienstleistungen für Menschen und Tiere« in Klasse 44.

- SUISSE PREMIUM ≠ Premium T-60/11 vom 22.5.2012
  Bei beiden Zeichen handelte es sich und Wort-/Bildmarken. Die Widerspruchsmarke bestand aus dem Wort »Premium« vor schwarzem rechteckigen Hintergrund, darunter war eine Ähre abgebildet. Die GMA bestand aus den Wortbestandteilen »SUISSE« oberhalb angeordnet von »PREMIUM« vor einem dunklen Hintergrund, darüber waren zwei Ähren abgebildet und ein Kreuz, das an das Kreuz in der Schweizer Flagge erinnerte. Trotz teilweise identischer Waren in Klasse 30 wurden die zwischen den Zeichen bestehenden Unterschiede als ausreichend angesehen.

- TORO XL ≠ XL T-169/10 vom 24.5.2012
  Relevant war der europäische Durchschnittsverbraucher alkoholischer Getränke. Die Widerspruchsmarke verfügte über eine auffällige schwarz-

grüne Hintergrundschraffierung, die als mitprägend anzusehen war. Innerhalb der GMA konnte das »XL« als Hinweis auf einen Stier erheblicher Größe verstanden werden, die Buchstaben stehen in Europa allgemein für »extralarge«, deshalb war innerhalb der GMA »TORO« als
prägend anzusehen.

– **Clean Twist ≠ TWIX** T-61/11 vom 12.7.2012 (Nichtigkeitsverfahren)
Die für den EU-Durchschnittsverbraucher bestimmten Waren in Klasse
21 waren identisch bzw. sehr ähnlich (Reinigungsgeräte etc). Da »TWIX«
ein Fantasiewort darstellte, war ein Vergleich in begrifflicher Hinsicht
nicht möglich. In klanglicher und schriftbildlicher Hinsicht wurden die
Zeichen aufgrund des Anfangsbestandteils »Clean« der GMA als unähnlich beurteilt.
Die Entscheidung überzeugt nicht. In Bezug auf Reinigungsgeräte ist »Clean« glatt beschreibend. Das Hinzufügen eines glatt beschreibenden Anfangsbestandteils kann aus Rechtsgründen nicht eine ansonsten zwischen
»Twist« und »TWIX« bestehende Verwechslungsgefahr beseitigen. Für den
der englischen Sprache mächtigen EU-Durchschnittsverbraucher kann im
vorliegenden Fall eine Verwechslungsgefahr angenommen werden.

– **duschy ≠ DUSCHO Harmony** T-295/11 vom 12.9.2012
Die zu vergleichenden Waren (Duschkabinen, Badmöbel etc) waren identisch bzw. ähnlich und für den EU-Durchschnittsverbraucher dieser
Waren bestimmt. Die Zeichen wurden als unähnlich in klanglicher und
schriftbildlicher Hinsicht beurteilt. In konzeptioneller Hinsicht bestand
eine geringfügige Ähnlichkeit, die jedoch wegen des beschreibenden Charakters der Wortbestandteile »dusch...« nicht als ausreichend angesehen
wurde, um die Unterschiede in visueller und schriftbildlicher Hinsicht
aufzuheben.

– **WESTERN GOLD # WeserGold** T-278/10 vom 21.9.2012
Die sich gegenüberstehenden Waren – Spirituosen und alkoholfreie Getränke – galten als zu einem geringen Grad ähnlich. Die Zeichen galten
trotz ihrer bildlichen und klanglichen Ähnlichkeiten als nicht ähnlich,
weil aufgrund der erheblichen begrifflichen Unterschiede diese Ähnlichkeiten neutralisiert wurden. Allerdings hatte die Widersprechende erhöhte Kennzeichnungskraft ihrer Zeichen geltend gemacht, was die BK nicht
hinreichend berücksichtigt hatte, so dass die Entscheidung aufzuheben
war.

– **PUCCI ≠ Emidio Tucci** T-39/10 vom 27.9.2012
Innerhalb der Widerspruchsmarke wurde dem Vornamen »Emidio« aufgrund seiner Ungewöhnlichkeit ein dem Nachnamen vergleichbarer

kennzeichnungskräftiger Charakter zugebilligt, so dass die Zeichen trotz identischer Waren (Bekleidungsstücke) als unähnlich beurteilt wurden.

– **Emidio Tucci** ≠ TUZZI T-535/08 vom 27.9.2012
Relevant war der allgemeine Durchschnittsverbraucher in Österreich, Frankreich, Polen und den Benelux-Staaten der identischen Waren Bekleidung. Diesem Publikum ist der nur in Italien benutzte Vorname »Emidio« kaum geläufig, so dass dieser Zeichenbestandteil als genauso kennzeichnungskräftig wie der Nachnamenbestandteil »Tucci« angesehen wurde. Aufgrund der bildlichen, klanglichen und begrifflichen Zeichenunterschiede bestand mithin keine Verwechslungsgefahr.

– **TEQUILA MATADOR HECHO EN MEXICO** ≠ **MATADOR** T-584/10 vom 3.10.2012
Die GMA beanspruchte nach Teillöschung zuletzt noch Schutz für die Waren Tequila aus Mexiko, alkoholische Cocktails mit Tequila aus Mexiko und Tequilaliköre aus Mexiko. Die Widerspruchsmarke war für Biere, Mineralwässer und Fruchtgetränke eingetragen. Die Waren wurden als unähnlich angesehen (Abgrenzung zu EuG T-175/06 – MEZZOPANE – wo ausgeführt wurde, dass zwischen Wein und Bier eine geringe Ähnlichkeit bestehe).

– **QUADRATUM** ≠ **LOACKER QUADRATINI** T-42/09 vom 7.12.2012
Relevant war der EU-Durchschnittsverbraucher von identischen Backwaren. Jedoch wurden die Marken weder als bildlich, klanglich noch konzeptionell ähnlich angesehen, weil nach Auffassung des EuG »QUADRATINI« nicht das dominierende Element in der älteren Marke darstellt. Auch wenn der Begriff »LOACKER« den Herstellernamen darstelle, könne er nicht vernachlässigt werden.

– **SPORT** ≠ **K2 SPORTS** T 54/12 vom 31.1.2013
Die Widerspruchsmarke war eine Wortmarke, die GMA bestand aus dem Wortbestandteil »SPORT« und einem vorangestellten bildlichen Bestandteil, der aus zwei gebogenen Linien bestand, die sich nicht berührten, an ihrer bauchigen Wölbung aber sehr eng beieinander standen und entfernt an ein stilisiertes X erinnerten. Auch ein stilisiertes H war möglich, es war jedoch nicht sonderlich wahrscheinlich, dass der Verbraucher hier ein K sieht. Die Verwechslungsgefahr wurde verneint.

– **eventer EVENT MANAGEMENT SYSTEMS** ≠ **Event T-353/11 vom 21.3.2013**
Die GMV war angemeldet für Dienstleistungen in Klasse 35 (Werbung, Geschäftsführung) und 41 (ua Organisation und Durchführung von Ausstellungen und Events), die Widerspruchsmarke war eingetragen für

»Entwicklung von Hotels und Dienstleistungen eines Hotels und Restaurants«. Relevant war der Fachverkehr in Deutschland in Bezug auf »Entwicklung von Hotels«, im Übrigen der Durchschnittsverbraucher in Deutschland. Zwar wurde zwischen »Entwicklung von Hotels« und »Geschäftsführung« Dienstleistungsähnlichkeit angenommen, jedoch bestand keine Verwechslungsgefahr, da der Fachverkehr aufmerksam genug ist; im Übrigen bestand keine Dienstleistungsähnlichkeit.

– **Caffé KIMBO ≠ BIMBO T-277/12 vom 20.3.2013**
  Im Rechtsmittelverfahren vor dem EuG standen sich in Klasse 30 noch die Anmeldewaren »Mehle, Konditorwaren, Speiseeis, Hefe und Backpulver« und die Widerspruchswaren »verpacktes aufgeschnittenes Brot« gegenüber. Diese Waren wurden als nicht ähnlich angesehen, es bestand zwischen ihnen auch kein Ergänzungs- und Konkurrenzverhältnis.

– **Giuseppe GIUSEPPE ZANOTTI DESIGN # ZANOTTI T-336/11 vom 9.4.2013 und Giuseppe BY GIUSEPPE ZANOTTI # ZANOTTI T 337/11 vom 9.4.2013**
  Relevant war der EU-Durchschnittsverbraucher mit durchschnittlicher Aufmerksamkeit für die identischen Waren in Klasse 25 (Schuhwaren). In beiden GMA trat der Zeichenbestandteil »ZANOTTI« aber deutlich zurück gegenüber dem herausgestellten Bestandteil »Giuseppe«, und überdies wurde festgestellt, dass die Waren auf dem speziellen Modemarkt überwiegend aufgrund ihres bildlichen Eindrucks erworben werden. Insgesamt reichten daher die bestehenden Ähnlichkeiten in klanglicher und konzeptioneller Hinsicht nicht aus, um eine Verwechslungsgefahr festzustellen.
  Die Entscheidungen sind zu kritisieren. Es erscheint keineswegs fernliegend, dass die Zeichen gedanklich miteinander in Verbindung gebracht werden.

### 11.4 Bildzeichen (einschließlich Wortbildzeichen) untereinander und mit Wort- oder Wort/Bildzeichen

212 Die Kollision reiner Bildzeichen (ohne jeglichen Wortbestandteil) ist relativ selten. Dazu gehört der vom EuG entschiedene Widerspruchsfall, in dem sich zwei einfache, flächige Figuren mit einem umgekehrt U-förmigen Einschnitt gegenüberstanden, welche als Torbögen einer Brücke gedeutet werden konnten. Wegen der starken figürlichen Ähnlichkeit und Übereinstimmung im Motiv wurden die Unterschiede in der Farbe und perspektivischen Neigung nicht als ausreichend angesehen, die Verwechslungsgefahr bezüglich

identischer Waren in der Klasse 18 beim relevanten Endverbraucher-Publikum auszuräumen.[319]

In der Widerspruchs-Beschwerdesache einer GMA für das berühmte »da **213** Vinci-Logo«,[320] seine Proportionsstudie nach Vitruv, stand dieser dasselbe Bild als in Großbritannien nicht eingetragenes Kennzeichen iSv Art 8 (4) gegenüber. Weil die reinen Bildzeichen sich lediglich in geringfügigen graphischen Abweichungen unterschieden und daher praktisch identisch waren, wurde die Verwechslungsgefahr in Bezug auf identische Dienstleistungen sowie diesen nahestehende Dienstleistungen und Waren bejaht.

Im Folgenden werden Entscheidungen zu solchen Mischform-Zeichen ange- **214** sprochen, bei denen die geltend gemachte Kollision auf dem Bildbestandteil beruhte oder dieser einen wesentlichen Einfluss auf die Beurteilung der Verwechslungsgefahr hatte. Entsprechendes gilt für Wortbildzeichen, also solche, bei denen die grafische Gestaltung des Wortes oder der Buchstaben selbst kollisionsbegründend erscheint. Dabei ist zu bedenken, dass Buchstabenzeichen, die definitionsgemäß kein aussprechbares Wort darstellen (auch wenn die Buchstaben einzeln ausgesprochen werden können und insoweit ein Klangbild ergeben), wegen zusätzlicher Grafik häufig Bildzeichen sind.

Im Fall des Widerspruchs B 14250 »NF/MF«[321] standen sich bildlich aus- **215** gestaltete Doppelbuchstaben-Zeichen gegenüber, wobei ein bildlich stark ins Gewicht fallender Unterschied darin bestand, dass die GMA »MF« nur die nebeneinander stehenden Buchstaben in stark verfremdeter Graphik enthielt, während die französischen Widerspruchszeichen normale Buchstaben in Winkelstellung vor einem graphischen Hintergrund zeigten. Diese optische Unterschiedlichkeit führte ungeachtet des auf identische Waren beschränkten Widerspruchumfanges zur Verneinung der Verwechslungsgefahr durch die Widerspruchsabteilung.

Nachdem im Fall QUICKY (+ Bild Hasencartoon)/QUICKIES[322] alle Vor- **216** instanzen wegen der Ähnlichkeit der Zeichenworte (bei identischen Waren) die Verwechslungsgefahr bejaht hatten, hob der EuGH das Urteil des

---

319 EuG T-304/07 vom 5.11.2008 *Bild Torbogen*.
320 HABM-BK R 906/2000-1 vom 2.10.2001, ABl-HABM 2002, 1426 *DA VINCI/DA VINCI*.
321 HABM, Widerspruchsentscheidung Nr 1392/2001, ABl-HABM 2002, 100 *NF/MF*.
322 EuGH C-193/06 vom 20.9.2007.

EuG[323] auf und verwies den Fall an ihn zurück, um die visuelle Ähnlichkeit unter Einbeziehung des GMA-Bildelements zu prüfen, welches im Ersturteil als nebensächlich und damit nach Auffassung des EuGH unter dem Gesichtspunkt des Gesamteindrucks der komplexen GMA rechtlich unzutreffend gewürdigt worden war.[324]

217  Ebenfalls zum EuGH gelangt ist das Widerspruchsverfahren um ein vermenschlichtes Tannenbaumbild, auf dem die Worte »Aire Limpio« standen. Widerspruch war erhoben worden ua aufgrund einer GM für eine Tannenbaumsilhouette und einer IR mit Schutz in Italien für eine sehr ähnliche Silhouette mit der Inschrift »ARBRE MAGIQUE«, welche seit Jahrzehnten in Italien für einen Luftverbesserer benutzt worden war und deshalb dort gesteigerte Kennzeichnungskraft erworben hatte. Gestützt hierauf und die EuGH-Entscheidung »HAVE A BREAK« (C-353/03), wonach die Kennzeichnungskraft/Unterscheidungskraft einer Marke aus ihrer Benutzung und daraus folgenden Bekanntheit als Teil einer anderen Marke hergeleitet werden könne, bestätigte der EuGH die Vorentscheidungen der BK und des EuG dahingehend, dass Verwechslungsgefahr der GMA mit der reinen Bildmarke (Tannenbaumsilhouette) besteht.[325]

218  Im Fall »Beverly Hills Polo Club/Chantilly Polo Club«[326] standen sich zwar im Kern Bildzeichenelemente gegenüber, welche Polospieler mit ihren Pferden zeigten, wenn auch in einem Fall einen, im anderen Fall zwei Spieler und im Übrigen in etwas unterschiedlichen Spielsituationen. Die Ähnlichkeit der Darstellungen wurde aber nicht zuletzt dadurch herbeigeführt, dass in jedem Fall darunter die Worte »POLO CLUB« in gerader Zeile und darüber in gleichartiger Krümmung zum einen die Worte »Beverly Hills«, zum anderen das Wort »Chantilly« angeordnet waren. Die betroffenen Waren (im Wesentlichen Juwelierwaren und Bekleidungsstücke) waren identisch, und die Widerspruchsabteilung hatte die Verwechselbarkeit bejaht. Die Beschwerdekammer war anderer Meinung. Sie mochte dem Inhalt der übereinstimmenden Bildelemente und der übereinstimmenden Wortangabe »Polo Club« im Hinblick auf die Beziehung des Polospiels zu Bekleidungsstücken

---

323  EuG T-74/04 vom 22.2.2006 *QUICKY/QUICKIES*.
324  EuGH C-193/06 vom 20.9.2007 *QUICKY/QUICKIES*.
325  EuGH C-488/06 vom 17.7.2008, GRUR Int 2008, 830 *AIRE LIMPIO* (nach EuG T-168/04 vom 7.9.2006, GRUR Int 2007, 142).
326  HABM-BK R 714/2000-1 vom 10.5.2001, ABl-HABM 2001, 2056 *CHANTILLY POLO CLUB/BEVERLY HILLS POLO CLUB*.

und Juwelierwaren (Letztere in Form von Wettbewerbs-Preisen) nur geringe Kennzeichnungskraft zubilligen und sah in den Worten »Beverly Hills« bzw »Chantilly« die dominanten (Wort-)Elemente der Vergleichszeichen, welche auf Grund ihrer Unterschiedlichkeit eine Verwechslungsgefahr ausschlössen. Dass das EuG im nachstehend aufgeführten Parallelfall des Polospieler-Bildes (T-214/04) wiederum auf dieses als dominant abgestellt hat, ist zutreffend der andersartigen Gegenmarke geschuldet.

Weitere Entscheidungen des EuG                                                                 219

Die GMA wird in den nachfolgend zitierten Entscheidungen an erster Stelle genannt.

Verwechselbarkeit bejaht:                                                                      220
– »a« (negativ in Quadrat) = »a« (negativ in Oval) T-115/02 vom 13.7.2004, GRUR Int 2005, 254
  Bildliche Ähnlichkeit entscheidet, ungeachtet geringer Kennzeichnungskraft eines Einzelbuchstabens, für identische und ähnliche Waren der Klasse 25.
– NLSPORT, NLJEANS, NLACTINE, NL Collection = NL (Monogramm) T-117/03 bis T-119/03 und T-171/03 vom 6.10.2004, GRUR Int 2005, 144
  Wegen des beschreibenden Charakters der Zusätze der GMAen ist deren Bestandteil NL dominant und mit der Marke klanglich sowie begrifflich identisch; für Bekleidung in Klasse 35.
– Bild **Polospieler** (mit Wort POLO) = Bild **Polospieler** (mit Worten ROYAL COUNTY OF BERKSHIRE POLO CLUB) T-214/04 vom 21.2.2006, GRUR Int 2006, 401
  Das Polospieler-Bild ist originär unterscheidungskräftig für die Streitwaren in Klasse 3 und dominant. Die Markeninhaberin besitzt eine Markenfamilie, »die auf der Idee des Polosports für Waren der Klasse 3 aufbaut«.
– Bild **Hirschkopf** (frontal im Kreis) = Bild **Hirschkopf** (frontal im Kreis mit Wort VENADO) T-081, 082 und 103/03 vom 14.12.2006, GRUR Int 2007, 520
  Bei identischen Waren (alkoholische und nicht-alkoholische Getränke) reicht die Ähnlichkeit der Hirschkopf-Darstellungen für die Anerkennung der Verwechslungsgefahr aus. Das Wort »venado« beschreibt im Referenzland Spanien das Bild, und das von Strahlen umgebene Kreuz im Hirschgeweih der älteren Marke ist nicht dominant.

– Bild **PELIKAN** (+ Grafik) = **PELIKAN** (+ Pelikanbild) T-389/03 vom 17.4.2008

Im Hinblick darauf, dass das Wort »Pelikan« das Pelikan-Bild verstärkt, überwiegen die begriffliche Identität und die phonetische Identität bzw starke Ähnlichkeit die geringere visuelle Ähnlichkeit, so dass Verwechslungsgefahr besteht.

– Wort-/Bildmarken **Golden Eagle** und **Golden Eagle Deluxe** mit rotem Kaffeebecher = Abbildung einer Bildmarke mit rotem Kaffeebecher T-5/08, T-6/08 und T-7/08 jeweils vom 25.03.210

Die BK hatte jegliche Verwechslungsgefahr aufgrund der Unterschiedlichkeit der Zeichen ausgeschlossen, innerhalb der GMA nahm der Schriftzug »Golden Eagle« eine dominante Stellung ein. Aufgrund der bildlichen Übereinstimmungen kam das EuG jedoch zu dem Ergebnis, dass nicht jegliche Ähnlichkeit in bildlicher und begrifflicher Hinsicht verneint werden kann, so dass die Beschlüsse der BK aufzuheben waren.

– **61 A NOSSA ALEGRIA** = **CACHAçA 51** T-472/08 vom 3.9.2010

Die GMA war eine durch die Zahl 61 geprägte Wort-/Bildmarke, die diversen Widerspruchsmarken waren ebenfalls Wort-/Bildmarken und wurden durch den Bestandteil »51« geprägt, die Waren (alkoholische Getränke) waren identisch. Die Widerspruchsabteilung und die BK hatten die Verwechslungsgefahr bei den ua portugiesischen Verbrauchern verneint. Das EuG bejahte die Verwechslungsgefahr.

Die Entscheidung ist grenzwertig, jedoch vertretbar. Die Widerspruchsmarken waren ausnahmslos Flaschenetiketten, die außer der Zahl 51 keine weiteren kennzeichnungskräftigen Wortbestandteile enthielten und deren grafische Elemente nicht in den Vordergrund traten. Bei der GMA traten die Worte »A nossa Alegria« sehr deutlich hinter den Zeichenbestandteil »61« zurück.

– **POLO SANTA MARIA** = **Polospielersilhouette** T-376/09 vom 18.5.2011

Die Waren der Klassen 18 und 25 waren identisch. Die GMA war eine Wort-/Bildmarke mit den Wortbestandteilen »SANTA« und »MARIA«, die getrennt wurden durch die Silhouette eines Polospielers auf einem Pferd, umrahmt von einer hufeisenförmigen Darstellung, auf der das Wort »POLO« zu lesen war. Die Widerspruchsmarke war eine reine Bildmarke und zeigte eine stilisierte Abbildung eines reitenden Polospielers. Relevant war das Durchschnittspublikum im Benelux-Raum. Die ältere Marke verfügte über erhöhte Kennzeichnungskraft, schriftbildlich und konzeptionell waren die Marken ähnlich. Für das Gericht spielten die Wortbestandteile »SANTA« und »MARIA« keine entscheidende Rolle; nach Auffassung des Gerichts wurde die Anmeldung nicht durch diese Worte geprägt.

Im Ergebnis ist der Entscheidung zuzustimmen, die Begründung vermag jedoch in Teilen nicht zu überzeugen. Innerhalb der GMA waren die Wortbestandteile »SANTA« und »MARIA« unübersehbar rechts und links von der zentralen Polospielersilhouette angebracht; es ist kein Grund dafür ersichtlich, dass die Wortbestandteile für den niederländischen Durchschnittsverbraucher im Rahmen des Gesamtzeichens nur eine völlig untergeordnete Rolle spielen. Nachvollziehbarer wäre die Argumentation, dass das zentrale Bildelement des reitenden Polospielers im Rahmen der aus Wort- und Bildbestandteilen zusammengesetzten GMA keine völlig untergeordnete Rolle spielt und dass aufgrund der Ähnlichkeit dieses Bildbestandteils mit der lediglich aus einem Bild bestehenden Widerspruchsmarke und deren höherer Bekanntheit ausnahmsweise ein Fall von Verwechslungsgefahr vorliegt.

– **AGATHA RUIZ DE LA PRADA = Schwarzweiße Blume** T-523/08 und T-522/08 vom 13.9.2011
Die Widerspruchsmarke bestand aus einer stilisierten fünfblättrigen Blumenabbildung in Schwarz/Weiß, die beiden GMA zeigten ebenfalls eine fünfblättrige stilisierte Blume mit magentafarbenen Blättern, angeordnet um einen mittigen gelben Kreis, umrahmt von einem grünen Rechteck, unter dem in relativ klein gehaltener Schrift »AGATHA RUIZ DE LA PRADA« stand. Die sich gegenüberstehenden Waren lagen im Ähnlichkeitsbereich. Da der Wortbestandteil gegenüber der stilisierten Blumendarstellung deutlich in den Hintergrund trat, wurden die Vergleichszeichen sowohl visuell als auch konzeptionell als ähnlich angesehen.

– Rautenförmige Wort-Bildmarke **BASE-SEAL** = rautenförmige Bildmarken, zum Teil mit Wortbestandteil »**COLAS**« T-172/10 vom 9.3.2012
Die relevanten Waren (insbesondere der Klassen 1 und 19) richteten sich an das Fachpublikum und das allgemeine Publikum in Frankreich, Polen, Schweden, Deutschland und der Tschechischen Republik. Die GMA bestand aus den Wortbestandteilen BASE-SEAL, der vor einem rautenförmigen Hintergrund stand. Zwei Widerspruchsmarken waren reine rautenförmige Bildmarken, eine weitere Widerspruchsmarke trug den Wortbestandteil »COLAS« vor einem ebenfalls rautenförmigen (gelbfarbigen) Hintergrund. Aufgrund des beschreibenden Anklangs von BASE-

SEAL (Basisabdichtung) bestand nach Auffassung des EuG eine gewisse bildliche Ähnlichkeit, so dass die Entscheidung der BK, die eine Zeichenähnlichkeit verneint hatte, aufzuheben war.

– **Wellenlinie, schwarz = Wellenlinie, weiß auf schwarzem Grund** T-379/08 vom 15.3.2012
Gegenüber standen sich zwei Wellenlinien; die der GMA war schwarz, die der Widerspruchsmarke war weiß auf einem rechteckigen Hintergrund. Die Waren der Klassen 3, 18 und 25 waren identisch bzw ähnlich. Aufgrund des ähnlichen wellenförmigen Verlaufs der Zeichen wurde ein mittlerer Ähnlichkeitsgrad zwischen den Marken in visueller Hinsicht festgestellt, was zur Verwechslungsgefahr ausreichte.

221 Verwechselbarkeit verneint:
– **CM** (übereinander und mit »CAPITAL MARKETS«) ≠ **CM** (mit Bildbestandteil) T-390/03 vom 11.5.2005, GRUR Int 2005, 928
Bildliche und begriffliche Unterschiede neutralisieren klangliche Ähnlichkeit; für identische/ähnliche Dienstleistungen in den Klassen 35, 36 und 38
– Bild Milchpackung mit **Kuhhaut**-Hintergrund ≠ Bild **Kuhhaut** T-153/03 vom 13.6.2006, GRUR Int 2006, 749.
Zwar prägt das Kuhhautmotiv den bildlichen und begrifflichen Eindruck von der älteren Marke, jedoch schließen erheblich visuelle Unterschiede und die geringe Unterscheidungskraft des Motivs die Gefahr von Verwechslungen aus.
– Bild **Fünfzackiger schwarzer Stern** (in grauem Kreis + Worte IBIZA REPUBLIC) ≠ Bild **Fünfzackiger weißer Stern** (in weißem Kreis) T-311/08 vom 2.7.2009
Die visuelle Ähnlichkeit wird durch die vom dominanten Wortbestandteil begründeten phonetischen und begrifflichen Unterschiede überkompensiert, so dass trotz identischer Waren in Klasse 25 keine Verwechslungsgefahr besteht.
– Bild **Gefiedertes Wappen** (+ Wort USA + TRACK & FIELD) ≠ Bild **Läufer** (+ Wort TRACK & FIELD) T-103/07 vom 23.9.2009
Gegenüber den warenbezogenen Angaben »TRACK & FIELD« (Klasse 25) sind die Bildelemente dominant und schließen eine Verwechslungsgefahr aus.
– Bild **Spirale mit Strahlenkranz** (+ Wort GREEN by missako) ≠ Bild **3 Quadrate** senkrecht übereinander (mit eingeschriebenem MI-SA-KO) T-162/08 vom 11.11.2009

Weil der GMA-Zusatz »by missako« dem Wort »GREEN« in winziger, kaum lesbarer Schrift beigefügt ist (und der Wortbestandteil der Widerspruchsmarke aus getrennten, übereinander angeordneten Silben besteht), liegt die Dominanz der Marken auf ihren Bildbestandteilen und bei der GMA dem Wort »GREEN«, so dass keine Ähnlichkeit besteht und trotz identischer Waren in den Klassen 18 und 25 keine Verwechslungsgefahr gegeben ist.

- **Thai Silk (Vogeldarstellung)** ≠ **Vogelbild** T-361/08 vom 21.4.2010
  Beide Marken zeigten Vogeldarstellungen, die an einen Pfau erinnerten. Im unteren Bereich der GMA waren in kleingehaltener Schrift die Worte »Thai Silk« angebracht. Das EuG kam zum Ergebnis, dass die zwischen den Zeichen bestehenden visuellen und klanglichen Unterschiede geeignet seien, die schwache begriffliche Ähnlichkeit zu neutralisieren.

- **A mit 2 Hörnern** ≠ **A** T-174/10 vom 26.10.2011 (bestätigt durch EuGH C-611/11 vom 10.10.2012)
  Relevant war der Durchschnittsverbraucher mit mittlerer Aufmerksamkeit in Deutschland für identische Waren in den Klassen 18 und 25. Die Widerspruchsmarke bestand aus dem Majuskel »A«. Die GMA bestand aus einem fett geschriebenen A, neben dem links und rechts nach oben gerichtete grafische Elemente angebracht waren, die an Hörner erinnerten. Die Widerspruchsmarke wurde als kennzeichnungsschwach beurteilt, die grafischen Bestandteile der GMA waren dort das dominierende Element, so dass keine Verwechslungsgefahr bestand.

- **F.F.R.** ≠ **CHIANTI CLASSICO** T-143/11 vom 5.12.2012
  Die GMA wurde durch die Abbildung eines orangefarbenen Hahnes vor einem dunkelroten wappenförmigen Hintergrund geprägt, die Buchstaben »F.F.R.« fanden sich in sehr kleingehaltener Schrift unterhalb der Hahnenabbildung.
  Die Widerspruchsmarken wiesen alle ebenfalls eine Hahnendarstellung auf (schwarz), sie waren kreisrund und verfügten alle über Wortbestandteile wie CONSORZIO, CHIANTI CLASSICO, VINO. Trotz identischer Waren war keine Verwechslungsgefahr anzunehmen.

### 11.5 Buchstabenzeichen

Bloßen Einzelbuchstaben oder Buchstaben-Kombinationen fehlt häufig die **222** für den Markenschutz erforderliche Unterscheidungskraft (Art 7 Rdn 81f)[327]

---

327  Vgl aber HABM-BK R 004/1998-2 vom 11.3.1998, GRUR Int 1998, 613 *IX*.

so dass sie meist mit bildlichen und/oder grafischen Elementen als Bildmarken eingetragen werden (Art 8 Rdn 214, 220, 221) und jene Elemente deren Gesamteindruck bestimmen (zB Art 8 Rdn 215). Ansonsten werden sie – schon wegen der Aussprechbarkeit als Einzelbuchstaben auch in Kombination – als Wortmarken behandelt.

223 Solche standen sich im Fall FVB/FVD[328] gegenüber. Die betroffenen Produkte Finanzdienstleistungen in Klasse 36 waren identisch. In Übereinstimmung mit der BK befand das Gericht, dass auch unter Berücksichtigung einer gewissen originären Kennzeichnungsschwäche namentlich der Buchstaben F und V für Finanz- und Versicherungsdienstleistungen im Referenzland Deutschland sowohl die visuelle wie auch die klangliche Ähnlichkeit zu einer Verwechslungsgefahr führen.

224 Der für elektronische Speichermedien bekannten Marke »TDK« wurde Schutz vor unlauterer Ausbeutung iSv Abs 5 gegen die für Bekleidung bestimmte identische Buchstabenkombination zugebilligt. Das EuG-Urteil[329] hat der EuGH bestätigt (C-197/07, Art 8 Rdn 176).

225 Im Fall »PRT/RPT« waren die Buchstabenkombinationen Akronyme der jeweils anschließenden, wohl als beschreibend einzustufenden Wortangaben. Weil die Marken aber außerdem noch grafische bzw bildliche Elemente enthielten, schloss das EuG[330] aufgrund deren Unterschiede eine Verwechslungsgefahr aus (Art 8 Rdn 190).

Neuere Entscheidungen:

**DSBW = DSB** T-34/07 vom 21.1.2010, bestätigt durch EuGH C-156/10 vom 15.12.2010

Die sich gegenüberstehenden Dienstleistungen der Klassen 39, 41 und 43 waren teilweise identisch, teilweise ähnlich. Die Marken sind klanglich und visuell ähnlich. Die Dienstleistungen sind für ein Publikum bestimmt, das aus normal informierten und angemessen aufmerksamen und verständigen Durchschnittsverbrauchern besteht, so dass angesichts dieser Umstände die Gefahr besteht, dass die maßgeblichen Verkehrskreise glauben könnten, die

---

328 EuG T-10/07 vom 17.9.2008, GRUR Int 2009, 157 *FVB/FVD*.
329 EuG T-477/04 vom 6.2.2007, GRUR Int 2007, 327 *TDK*.
330 EuG T-168/07 vom 4.3.2009.

betreffenden Dienstleistungen würden aus demselben Unternehmen oder ggf aus wirtschaftlich miteinander verbundenen Unternehmen stammen.

**G = G** T-187/10 vom 10.5.2011 (bestätigt durch EuGH C-354/11 vom 22.3.2012)

Es handelte sich um teilweise identische Waren (Brillen, Lederwaren, Bekleidungsstücke). Dominierender Bestandteil der angemeldeten Marke war ein stilisiertes »G«, darunter war in sehr kleiner Schrift »G Line« hinzugefügt worden. Zwei der Widerspruchsmarken bestanden ebenfalls aus einem stilisierten »G« (ohne jegliche Zusätze). Die Widerspruchsmarken waren das Emblem für das bekannte Modehaus Gucci und verfügten daher über einen hohen Bekanntheitsgrad.

**Buchstabe e auf Hosentasche = Buchstabe e** T-22/10 vom 10.11.2011

Gegenüber standen sich zwei Marken für Bekleidungsstücke, die jeweils wie ein stilisiertes »e« ausgebildet waren, wobei die GMA diesen Buchstaben auf einer Hosentasche zeigt. Der Buchstabencharakter war bei beiden Marken nicht eindeutig, bei der auf der Hosentasche angebrachten Darstellung ging ein Teil des Verkehrs von einer bloßen Verzierung aus. Bei der Widerspruchsmarke erkannte ein Teil der hier allein relevanten deutschen Verbraucher ein stilisiertes »c«. Die Zeichen wurden als einander bildlich in mittlerem Maße ähnlich beurteilt; für diejenigen Verbraucher, die beide Zeichen als Darstellung desselben Buchstabens auffassten, waren die Zeichen außerdem klanglich und begrifflich ähnlich. Im Ergebnis war bei einem noch erheblichen Teil des Publikums von Verwechslungsgefahr auszugehen.

**LT LIGHT-THECNO = LT** T-143/10 vom 10.11.2011

Die sich beispielsweise in Klasse 11 gegenüberstehenden Waren (Beleuchtungseinrichtungen) richteten sich sowohl an spezialisierte Verkehrskreise als auch an EU-Durchschnittsverbraucher. Innerhalb der GMA war die Buchstabenfolge »LT« klar das dominante Element, was ebenfalls bei der Widerspruchsgemeinschaftsmarke der Fall war, weil die im Vordergrund stehenden grafischen Elemente als stilisierte Buchstaben »L« und »T« angesehen werden konnten, so dass sowohl in bildlicher als auch in klanglicher Hinsicht im Gegensatz zur Annahme der BK eine Zeichenähnlichkeit festzustellen war.

**B ≠ B (Bumerang)** T-593/10 vom 24.1.2012

Die Waren in Klasse 25 waren identisch und für den europäischen Durchschnittsverbraucher bestimmt. Die GMA bestand aus verschiedenen Zeichenelementen vor einem roten rechteckigen Hintergrund, von denen einer als stilisierter Buchstabe »B« oder als »8« verstanden werden konnte. Bei der Widerspruchsmarke war eindeutig der Buchstabe »B« zu erkennen, links davon war ein bumerangähnliches Zeichen angebracht. Auch die GMA enthielt kurvenförmige Zeichen, die allerdings nicht an einen Bumerang erinnerten. Aufgrund der bildlichen und konzeptionellen Unterschiede zwischen den Zeichen wurde trotz Warenidentität keine Verwechslungsgefahr angenommen.

Der Entscheidung ist uneingeschränkt zuzustimmen. Die Zeichen vermittelten einen völlig unterschiedlichen Gesamteindruck, das einzige mehr oder weniger übereinstimmende Element bestand aus einem Einzelbuchstaben. Dieser war wiederum in beiden Fällen höchst unterschiedlich gestaltet.

**PPT ≠ PPTV** T-118/07 vom 18.2.2012

Gegenüber standen sich Dienstleistungen in Klasse 41. Die Widerspruchsmarke war für sämtliche Dienstleistungsoberbegriffe eingetragen (Bildung, Ausbildung, Unterhaltung und sportliche und kulturelle Aktivitäten). Die GMA war vorgesehen ua für Verleih von Videos, DVDs, Videorekordern und DVD-Playern. Diese Dienstleistungen wurden nur als entfernt im Ähnlichkeitsbereich liegend zu den Widerspruchsdienstleistungen angesehen. Unter Berücksichtigung der ansonsten bestehenden Zeichenunterschiede wurde keine Verwechslungsgefahr angenommen.

Der Entscheidung ist zuzustimmen. Insbesondere können sich Markeninhaber nicht darauf berufen, sämtliche Waren- oder Dienstleistungsbegriffe abgedeckt zu haben, wenn sie nur die Oberbegriffe in der Klasse eintragen ließen (vgl hierzu auch EuGH C-307/10 – IP Translator).

**L112 = L.114** T-77/10 vom 29.2.2012

Die Verkehrskreise bestanden aus französischen Durchschnittsverbrauchern und aufgrund der in Rede stehenden pharmazeutischen Erzeugnisse auch aus Verbrauchern mit einem größeren Grad an Aufmerksamkeit. Die Zeichen sind schriftbildlich und konzeptionell ähnlich. Klanglich ähnlich sind sie für den französischen Verbraucher nicht. Gleichwohl war im Ergebnis eine Verwechslungsgefahr festzustellen.

**L112 ≠ L.114** T-78/10 vom 29.2.2012

Im Verfahren vor dem EuG standen sich noch gegenüber die Anmeldewaren »Präparate für die Gesundheitspflege« sowie »diätetische Lebensmittelkonzentrate auf Basis von Schalentieren (wie Chitosan)« und die Widerspruchswaren »pharmazeutische Produkte zur Behandlung und Erkrankung des Verdauungssystems«. Relevant war der Durchschnittsverbraucher in Frankreich mit überdurchschnittlichem Aufmerksamkeitsgrad. Nach Auffassung des EuG bestand zwischen diesen Waren keine Ähnlichkeit. Der Umstand, dass die Waren von pharmazeutischen Unternehmen hergestellt und in Apotheken verkauft werden können, ändert nichts an ihrer Unterschiedlichkeit. Die diätetischen Lebensmittelkonzentrate standen auch nicht in einem Ergänzungsverhältnis zu den Widerspruchswaren. Deshalb war eine Verwechslungsgefahr zu verneinen.

**G = G+** T-101/11 vom 8.5.2012; bestätigt durch EuGH C-341/12 (Beschluss)

Es handelte sich um identische Waren (Bekleidungsstücke, Schuhwaren etc). Prägender Bestandteil war bei beiden Marken ein stilisiertes »G«. Aus der Anmeldemarke ragte oben rechts eine Pfeilspitze, unten links war an dem »G« ein kleinerer Buchstabe »x« angebracht. Bei der Widerspruchsmarke befand sich oben rechts ein »+«-Zeichen, das dem »x« der Anmeldemarke ähnelte. Damit bestand im Ergebnis für den europäischen Durchschnittsverbraucher Verwechslungsgefahr.

**RT = RTH** T-371/09 vom 22.5.2012

Die angemeldete Bildmarke wurde durch die Buchstaben »RT« geprägt und sollte für ärztliche Instrumente und Apparate eingetragen werden. Die spanische Widerspruchs-Wortmarke galt nach relevanter Nichtbenutzungseinrede noch für »befüllte Nahrungsbehälter zur enteralen Verabreichung von medizinischer Nahrung« als benutzt. Exakt diese Waren schloss die Anmelderin aus ihrem Verzeichnis aus, allerdings erst nach der für sie ungünstigen Entscheidung der Beschwerdekammer. Diese Einschränkung war im Verfahren vor dem EuG unbeachtlich. Deshalb galten die sich gegenüberstehenden Waren immer noch als hochgradig ähnlich, und aufgrund der Ähnlichkeiten zwischen den Zeichen – durchschnittliche klangliche und bildliche Ähnlichkeit – war Verwechslungsgefahr festzustellen.

**FŁT-1 = FŁT** T-571/10 vom 22.3.2013

Die für identische Waren vorgesehenen Marken (Rollen in Klasse 7) richteten sich an den europäischen Durchschnittsverbraucher. Innerhalb der GMA nahm eine stilisierte Hirschdarstellung breiten Raum ein, die Buchstaben-/ Zahlenfolge »FŁT-1« wurde dadurch aber nicht völlig in den Hintergrund gedrängt. Sowohl WA als auch BK hatten auf Verwechslungsgefahr erkannt, was das EuG bestätigte.

### 11.6 Formzeichen (Ware oder Verpackung)

226  Kollisionen von 3D-Marken haben Seltenheitswert. Auch wegen der – gelinde gesagt – zurückhaltenden Eintragungsbereitschaft des Amtes dürfte die Zahl einschlägiger Widerspruchsverfahren gering bleiben. Immerhin gibt es eine EuG-Entscheidung,[331] die anderen bekannt gewordenen Entscheidungen stammen von den BK.

Im folgenden Fall hat das EuG die Verwechslungsgefahr abgelehnt:

**Flaschenform (wendelförmiger Hals)** ≠ **Flaschenform (wendelförmiger Hals)** T-24/08 vom 4.3.2010

Relevant waren die EU-Durchschnittsverbraucher, die sich insbesondere in den Klassen 32 und 33 gegenüberstehenden Waren lagen im Identitäts- bzw. Ähnlichkeitsbereich. Die beiden dreidimensionalen Zeichen wiesen jeweils eine zylindrische Flaschenform mit einem wendelförmigen Hals auf. Die GMA trug auf ihrem zylindrischen Teil die Aufschrift »snipp«, die jedoch kaum wahrnehmbar war. Allerdings wies die GMA eine gedrungene Kontur auf und mindestens vier Windungen, während die Widerspruchsmarke länglicher gestaltet war und einen schlanken Eindruck vermittelte und lediglich zwei Windungen aufwies. Die Zeichen wurden in visueller Hinsicht als gering ähnlich angesehen, was nicht ausreichte, um eine Verwechslungsgefahr festzustellen.

227  Gegen die Anmeldung einer 3-D-GM für eine rohrförmige, mit Aufdrucken versehene Verpackung von Süßwaren und Schokolade wurde von der Inhaberin ähnlicher französischer Markeneintragungen und entsprechender internationaler Registrierungen Widerspruch erhoben. Die Widerspruchsabteilung wies den Widerspruch trotz identischer Waren mangels Markenähnlichkeit ab. Erst im Beschwerdeverfahren machte die Widersprechende eine hohe Bekanntheit der Widerspruchsmarken geltend, worauf die Beschwerdekammer die Sache an die Widerspruchsabteilung zurückverwies.[332] Die erneute Zurückweisung durch die Widerspruchsabteilung wurde von

---

331  EuG T 24/08 vom 04.03.2010 *Flaschenform (wendelförmiger Hals)*.

332  HABM-BK R 1031/2000-3 vom 31.10.2001, ABl-HABM 2002, 946 *M&M/Nestlé*.

der Beschwerdekammer – mit einem umfassend begründeten und lesenswerten Beschluss[333] – bestätigt. Sie anerkannte zwar die erhöhte Kennzeichnungskraft der das »nackte« Verpackungsrohr unter Schutz stellenden Widerspruchsmarken und deren selbständige, von den Aufdrucken unabhängige Wahrnehmung durch die Verbraucher, verneinte aber die Verwechslungsgefahr aufgrund des deutlich unterschiedlichen Verschlusses (Deckel) und des abweichenden Längen/Durchmesser-Verhältnisses.

Im Fall eines Widerspruchs aus einer deutschen 3D-Markeneintragung für eine Zigarettenschachtel mit abgeschrägten Längsrändern und demzufolge achteckigem Grundriss gegen eine nahezu identische 3D-GMA, die zusätzlich einen Wortaufdruck auf der Schachtel und eine bestimmte Schachtelfarbe aufwies, verneinte die BK eine Verwechslungsgefahr im Hinblick auf jene weiteren Merkmale der GMA.[334] Im Grunde ging die BK von einer fehlenden Schutzfähigkeit der Widerspruchsmarke aus, musste diese aber zugrundelegen.[335] Später wurde die Widerspruchsmarke durch Beschluss des DE-BPatG[336] gelöscht, im Ergebnis entsprechend dem vom EuG bestätigten Eintragungsausschluss einer 3D-GMA für eine ähnliche Zigarettenschachtel.[337]     **228**

Auch in den folgenden Fällen, in denen jeweils mindestens eine 3D-Marke involviert war, haben die BK die Verwechslungsgefahr verneint:
– R1144/08-4 vom 16.7.2009
  Runde Keksformen mit Gesicht, Kl. 29,30
– R1529/06-1 vom 16.7.2009
  Flaschen mit besonderen Halsformen, Kl. 21, 30, 32
– R1145/08-4 vom 11.8.2009
  Keksformen (rund und eckig, mit Gesicht; Abbildungen auf Verpackungen), Kl. 29, 30

---

333 HABM-BK R 506/2003-2 vom 30.8.2004 (Nr 60, 118, 121–130) *Mars/Nestlé (m&m's/Smarties)* vgl auch Parallelentscheidung HABM-BK R 821/2002-2 vom selben Tage.

334 HABM-BK R 182/2005-4 vom 8.1.2007, MarkenR 2007, 230 *Shape of a box of cigarettes.*

335 Vgl *Eisenführ* in MarkenR 2007, 189 und in FS Mes, BECK München 2009, 101/107.

336 DE-BPatGE 26 W (pat) 22/05 vom 5.10.2007; die nicht zugelassene Rechtsbeschwerde wurde zurückgewiesen: BGH I ZB 98/07 vom 10.4.2008, GRUR 2008, 1027.

337 EuG T-140/06 vom 12.9.2007 *Forme d'un paquet de cigarettes.*

- R1062/05-4 vom 3.9.2009
  Wort-/Bildmarke »DIGITAL PHOTO SERVICE« ./. 3D-Verpackungs-
  marke mit Aufdruck »PHOTO SERVICE«, Kl. 1, 9, 16, 37, 40, 42
- R0108/09-4 vom 26.3.2010
  Amaretto-Flaschenformen, Kl. 33
- R0806/09-4 vom 9.11.2010
  Schokoladenhasen-Formen mit grafischen Elementen und Wortbestand-
  teilen, Kl. 30
- R1104/10-1 vom 22.3.2011
  Form eines Hasenkopfes (»Playboy«-Hase) ./. Darstellung eines Hasen-
  kopfes (»Vaillant«-Hase), Kl. 11
- R1456/10-2 vom 20.6.2011
  3D-Verpackungsmarke mit Aufdruck »Sweet Roses GOLD« ./. Wortmar-
  ken und Wort-/Bildmarken »ROSES«, Kl. 30
- R0672/11-2 vom 21.9.2011
  Wortmarke »LUNAE« ./. dreidimensionale Flaschenmarke mit Aufdruck
  »agua de luna«, Kl. 32, 35, 39
- R2492/10-2 vom 14.2.2012
  Pyramidenförmige Teebeutel, Kl. 5, 16, 22, 30
- R1877/10-2 vom 17.2.2012
  Dreidimensionale Flaschenform mit Aufdruck »PROFESSIONAL« ./.
  dreidimensionale Flaschenform, Kl. 33
- R2307/10-4 vom 6.3.2012
  Dreidimensionale Flaschenformmarke in Form einer Patrone mit Auf-
  druck »9MM« ./. Wortmarke »MM«, Kl. 32, 33

## 12 Erweiterter Schutz bekannter Marken (5)

*Eisenführ, Förster*

### 12.1 Grundlagen

229 Abs 5 erweitert den im Widerspruchsverfahren als relatives Eintragungshindernis geltend zu machenden Schutz bekannter (und eingetragener) Marken
(siehe Art 8 Rdn 17) über den Bereich ähnlicher Produkte hinaus auf nicht-
ähnliche Produkte, also auf Zeichenbenutzungen jenseits der Verwechslungsgefahr, sofern die Benutzung des jüngeren Zeichens für diese Produkte »die
Unterscheidungskraft oder die Wertschätzung der älteren Marke ohne rechtfertigenden Grund in unlauterer Weise ausnutzen oder beeinträchtigen würde«. Damit werden markenrechtlich Kollisionsfälle gelöst, die früher in

Deutschland mangels Warengleichartigkeit und Verwechslungsgefahr nicht
warenzeichenrechtlich lösbar waren und deshalb – ungeachtet zweifelhaften
Wettbewerbsverhältnisses – wettbewerbsrechtlich gelöst werden mussten.[338]
Ähnliches wie für diese Fälle des »Image-Transfer« gilt für die Fälle der sogenannten Markenverunglimpfung.[339]

Im »Chevy«-Fall[340] hatte sich der EuGH erstmals mit der Vorschrift des **230**
Art 5 (2) MarkenRichtl zu beschäftigen, welche Art 8 (5) zu Grunde liegt.
General Motors hatte gegen die Eintragung und Benutzung jener für Kraftfahrzeuge, namentlich leichte Lastwagen bekannten Marke durch ein Drittunternehmen für Detergentien und Reinigungsmittel geklagt. Warenähnlichkeit und somit Verwechslungsgefahr waren nicht gegeben. Das vorlegende
Gericht wollte wissen, welche Kriterien in qualitativer, quantitativer und territorialer Hinsicht erfüllt sein müssen, wenn die Bekanntheit iSv Art 5 (2)
MarkenRichtl anerkannt werden soll.

Der EuGH hat festgestellt, diese Vorschrift sei dahin auszulegen, dass eine **231**
eingetragene Marke, um in den Genuss eines auf nicht-ähnliche Waren oder
Dienstleistungen erweiterten Schutzes zu kommen, einem bedeutenden Teil
desjenigen Publikums bekannt sein muss, welches von den durch die Marke
erfassten Waren oder Dienstleistungen betroffen ist. Dabei hat der EuGH
für das Erfordernis einer Bekanntheitsschwelle ins Feld geführt, dass nur
dann, wenn eine Marke einen genügenden Bekanntheitsgrad hat, das Publikum bei Konfrontation mit der jüngeren Marke ggf auch bei nicht ähnlichen
Waren oder Dienstleistungen eine Beziehung (»Verknüpfung«) zwischen den
beiden Marken herstellen kann (vgl Art 8 Rdn 239), so dass die ältere Marke
beeinträchtigt werden würde (Nr 23).

Die Festlegung eines bestimmten Bekanntheitsgrades in Form eines Prozent- **232**
satzes des im Einzelfall betroffenen Publikums lehnt das Urteil ab, weil ein
solcher weder mit dem Buchstaben noch dem Geist der Richtlinienvorschrift
vereinbar sei. Vielmehr seien alle relevanten Umstände des Falles zu berücksichtigen, also insbesondere der Marktanteil der Marke, die Intensität, die
geographische Ausdehnung und die Dauer ihrer Benutzung sowie der Umfang der Investitionen, die zur Förderung der Marke getätigt worden sind
(Nr 25, 27). In territorialer Hinsicht kann nicht verlangt werden, dass sich

---

338  BGH GRUR 1985, 550 *Dimple*; BGH GRUR 1983, 247 *Rolls-Royce*.
339  BGH GRUR 1995, 57 *Nivea*; BGH GRUR 1994, 808 *Mars*.
340  EuGH C-375/97 vom 14.9.1999, GRUR Int 2000, 73 *Chevy*.

die Bekanntheit auf das gesamte Gebiet des Mitgliedstaats erstreckt; es genügt, dass sie in einem wesentlichen Teil davon vorliegt (Nr 28). Insoweit wird man davon ausgehen können, dass die Bekanntheit einer GM in einem beachtlichen Gebiet des Territoriums der Gemeinschaft für die Anwendung des Abs 5 ausreicht.

233   Zu beachten ist, dass neben der Identität oder Ähnlichkeit mit der Gegenmarke die Bekanntheit einer Marke nur eine der Voraussetzungen für die Erstreckung ihres Schutzes auf nicht ähnliche Waren ist. Es muss – neben einer gedanklichen Verknüpfung beider Zeichen – auch die weitere Bedingung erfüllt sein, dass durch die Benutzung des jüngeren Zeichens die Unterscheidungskraft oder Wertschätzung der älteren Marke ohne rechtfertigenden Grund ausgenutzt oder beeinträchtigt wird. Der EuGH hat im »Chevy«-Urteil darauf hingewiesen, dass um so eher eine Beeinträchtigung vorliegen wird, je größer die Unterscheidungskraft und die Wertschätzung der älteren Marke ist (Nr 30).

234   Die Stattgabe eines Widerspruches aufgrund Art 8 (5) setzt mithin kumulativ voraus, dass
   – die ältere Marke im relevanten Territorium zum relevanten Zeitpunkt einem relevanten Publikum weithin bekannt ist[341] (der englische Begriff »reputation« fügt dem quantitativen zutreffend einen qualitativen Aspekt hinzu)
   – die Vergleichsmarken identisch sind oder einen solchen Ähnlichkeitsgrad aufweisen, dass der Verkehr geneigt ist, sie gedanklich miteinander zu ›verknüpfen‹ (Art 8 Rdn 239);
   – die Gefahr besteht, dass die Benutzung der GMA eine unlautere Ausnutzung (Image-Transfer) bzw. Beeinträchtigung (Verwässerung, Verunglimpfung) der Unterscheidungskraft oder Wertschätzung der älteren Marke mit sich bringt;[342] und
   – es für eine derartige Benutzung keinen rechtfertigenden Grund gibt.[343]

235   Für die ersten drei Voraussetzungen trifft den Widersprechenden (bzw ggf den Antragsteller im Nichtigkeitsverfahren nach Art 52) die Beweislast, für

---

341   In der Terminologie des EuGH: »bedeutender Teil des Publikums«, EuGH C-375/97 vom 14.7.1999, GRUR Int 2000, 73 (Nr 26) *Chevy*.
342   EuG T-215/03 vom 22.3.2007, GRUR Int 2007, 730 (Nr 35f) *VIPS*.
343   EuG T-21/07 vom 25.3.2009, GRUR Int 2009, 735 (Nr 16) *SPALINE/SPA*.

die letztgenannte ist der Anmelder beweispflichtig.[344] Eines stringenten Nachweises für die oben an dritter Stelle genannte Gefahr bedarf es nicht, die Glaubhaftmachung durch das Anführen von Gesichtspunkten, aus denen auf die nicht nur hypothetische Gefahr einer künftigen unlauteren Ausübung oder Beeinträchtigung geschlossen werden kann, reicht aus.[345]

An dem so erweiterten markenrechtlichen Schutz bekannter Marken nahm **236** niemand Anstoß, wohl aber daran, dass besonders bekannten Marken nicht auch innerhalb des Produkt-Ähnlichkeitsbereiches eine Schutzerweiterung zuteil wird. Die insoweit geführte historische Debatte über das Bestehen einer »Schutzlücke« stand im Mittelpunkt des EuGH-Verfahrens über den BGH-Vorlagebeschluss zu »Davidoff/Durffee«. Dem Argument, es müsse der bekannten Marke innerhalb der Produktähnlichkeit erst recht ein erweiterter Schutz zugebilligt werden, wenn man ihr diesen sogar jenseits der Produktähnlichkeit einräume, hat der EuGH mit seinem Davidoff/Durffee-Urteil[346] Rechnung getragen; siehe Art 8 Rdn 31 f.

Da der Verkehr aber bei geringer Ähnlichkeit des Zeichens mit der Marke **237** überhaupt nicht auf den Gedanken kommt, das Zeichen trotz der einander nahestehenden Produkte und der ihm geläufigen älteren Marke zu verknüpfen, ist auch nicht erkennbar, dass durch die Benutzung des Zeichens die Unterscheidungskraft oder die Wertschätzung der älteren Marke in unlauterer Weise ausgenutzt oder beeinträchtigt werden könnte.[347] Die »Davidoff/Durffee«-Entscheidung war bei der gegebenen Sachlage also eigentlich überflüssig. Es hätte die Einsicht – und ggf der Hinweis – genügt, dass bei sehr bekannten Marken auch eine geringe Markenähnlichkeit – unter welchem Aspekt auch immer – ausreichen kann, die Verwechslungsgefahr zu bejahen (die siebte – jetzt achte – Begründungserwägung der GMV macht allerdings keinen Unterschied zwischen einem großen und einem minder großen Bekanntheitsgrad der älteren Marke hinsichtlich dessen Einflusses auf die Verwechslungsgefahr).

---

344  EuG T-067/04 vom 25.5.2005, GRUR Int 2005, 698 (Nr 30) *Spa-Finders/Spa*; HABM-BK R 214/2004-2 vom 13.3.2006 (Nr 23) *hands logo*; zweifelhaft die Verweigerung des Bekanntheitsschutzes im Hinblick auf die in den Entscheidungsgründen detailliert dargestellte Prüfung umfangreichen Beweismaterials; vgl ferner EuG T-215/03 vom 22.3.2007, GRUR Int 2007, 730 (Nr 43f) *VIPS*.
345  EuG T-181/05 vom 16.4.2008, GRUR Int 2009, 53 (Nr 77) *Citigroup/CITI*.
346  EuGH C-292/00 vom 9.1.2003, MarkenR 2003, 61 *Davidoff/Durffee*.
347  Vgl zu allem Kur, MarkenR 1999, 2.

**238**    Gleichwohl hat die »Davidoff/Durffee«-Klarstellung oder -Erweiterung dazu beigetragen, die Andersartigkeit des Schutzes deutlich zu machen, den Art 8 (5) – und in gleicher Weise Art 9 (1) c) – bereit stellt. Während für den Schutz nach Art 8 (1) b) – bzw Art 9 (1) b) – die Verwechslungsgefahr unabdingbare Voraussetzung für die Schutzgewährung ist, gehen Art 8 (5) und Art 9 (1) c) vom Fehlen einer Verwechslungsgefahr aus und begründen die Schutzgewährung damit, dass die Benutzung des jüngeren Zeichens ohne rechtfertigenden Grund geeignet ist, die Unterscheidungskraft oder Wertschätzung der bekannten älteren Marke in unlauterer Weise auszunutzen oder zu beeinträchtigen,[348] siehe oben Art 8 Rdn 229. Es geht also um Fälle, in denen die streitbefangenen Marken – sei es aufgrund Unähnlichkeit der von ihnen erfassten Produkte, sei es aufgrund zu geringer Markenähnlichkeit – keiner Verwechslungsgefahr unterliegen, aber das ›Standing‹ der bekannten älteren Marke unlauter ausgenutzt oder beeinträchtigt wird.

**239**    Das setzt unabhängig vom Produktverhältnis eine bestimmte Art der Beziehung der streitbefangenen Marken voraus. Die Vorschriften verlangen insoweit nichts anderes als im Bereich der Verwechslungsgefahr, nämlich Identität oder Ähnlichkeit. Diese Übereinstimmung ist misslich, weil sie die tatsächlich notwendige Beziehung der Marken zueinander nicht deutlich macht. Diese notwendige Beziehung wird erst durch das Merkmal der »Verknüpfung« hergestellt.

### 12.2  Bekanntheit der älteren Marke

**240**    Bekanntheit i.S.v. Art. 8 (5) setzt voraus, dass die ältere Marke einem bedeutenden Teil des Publikums bekannt ist.[349] Die Bekanntheit der älteren Marke »als solche« ist nicht relevant; relevant ist allein deren Bekanntheit in Bezug auf die Waren, für welche die Bekanntheit geltend gemacht wird.[350] Zahlenmäßige Angaben zu erforderlichen Bekanntheitsgraden hat der EuGH bislang nicht gemacht und diese sind, da stets eine Einzelfallbetrachtung vorzunehmen ist, auch nicht zu erwarten. Eine absolut gesehen geringere Be-

---

348   EuGH C-425/98 vom 22.6.2000, GRUR Int 2000, 899 (Nr 36) *Adidas/Marca Mode*; EuGH C-408/01 vom 23.10.2003, GRUR Int 2004, 121 (Nr 27) *Adidas/Fitness World*.

349   EuGH C-375/97 vom 14.09.1999 (Nr 22, 23), GRUR Int 2000, 73 *Chevy*; EuG T-67/04 vom 25.5.2005 GRUR Int 2005, 698 (Nr 34) *Spa-Finders*.

350   HABM-BK R 0011/2008-4 vom 22.7.2010 (Nr 44, 48) *Casas de Fernando Alonso*.

kanntheit der Marke kann, wenn sie auf einen kleineren Markt zu beziehen ist, zu einer höheren relativen Bekanntheit führen. Erforderlich ist damit eine Bestimmung des Marktes, in welchem der Bekanntheitsschutz geltend gemacht wird, hinsichtlich der betroffenen Öffentlichkeit sowie des territorial relevanten Gebietes.

Betroffene Öffentlichkeit sind zunächst die aktuellen, aber genauso auch die **241** potentiellen Kunden.[351] Bei Marken, die sich an unterschiedliche Verkehrskreise richten, kann eine Bekanntheit in einem abgrenzbaren Teil der Verkehrskreise ausreichen.[352] Stets ist aber eine sachlich zutreffende Beschreibung des Marktes erforderlich; willkürliche Segmentierungen bei Marken, die sich sowohl an professionelle Anwender als auch an Endkunden wenden, werden zutreffend regelmäßig als unzulässig angesehen.[353] Bei Endverbraucherprodukten, die aber auch von Fachleuten nachgefragt werden, und bei welchen der Nachweis der Bekanntheit bei der breiten Öffentlichkeit erbracht ist, ist grundsätzlich davon auszugehen, dass sie auch Fachleuten geläufig sind.[354]

Hinsichtlich der regionalen Erstreckung hat der EuGH eine Konkretisierung **242** des Kriteriums vorgenommen, dass die Marke einem bedeutendem Teil des Publikums bekannt sein muss,[355] es kann nämlich im Einzelfall eine hohe Bekanntheit in einem einzigen Mitgliedsstaat ausreichen.[356] Der Nachweis ist für jede Ware, für welche Bekanntheit geltend gemacht wird, separat zu führen[357] und hat das Territorium, in welchem der Bekanntheitsschutz geltend gemacht wird, zu betreffen.[358] Hinsichtlich des Zeitpunktes des Nachweises ist grundsätzlich das Datum der Anmeldung der jüngeren Marke ent-

---

351  EuG T-47/06 vom 10.05.2007 (Nr 47, 51) *Antartica v OHMI - Nasdaq Stock Market (nasdaq)*, bestätigt C-320/07; EuG T-60/10 vom 6.7.2012 GRUR Int 2013, 52 (Nr 35, 36) *ROYAL SHAKESPEARE*.

352  EuGH C-375/97 vom 14.9.1999, GRUR Int 2000, 73 (Nr 24) *Chevy*.

353  EuG T-47/06 vom 10.5.2007 (Nr 47, 51) *Antartica v OHMI - Nasdaq Stock Market (nasdaq), bestätigt C-320/07*; EuG T-60/10 vom 6.7.2012 (Nr 35, 36) *ROYAL SHAKESPEARE*.

354  EuGH C-100/11 vom 10.5.2012 Rz.66 *BOTOCYL*.

355  EuGH C-375/97 vom 14.9.1999, GRUR Int 2000, 73 (Nr 26) *Chevy*.

356  EuGH C-301/07 vom 06.10.2009, GRUR 2009,1158 (Nr 30) *PAGO*.

357  HABM-BK R 1588/2009-4 (Nr 43) *Pineapple*.

358  HABM-BK R 1718/2008-1 vom 22.3.2011 (Nr 53) *LINGLONG*; HABM-BK R 1795/2008-4 vom 14.6.2010 (Nr 45) *ZAPPER-CLICK*.

scheidend, die Bekanntheit muss aber bis zum Datum der Entscheidung fortdauern. Der hierfür erforderliche Nachweis bereitet insbesondere dann ein Problem, wenn Umfragen oder Zahlen nicht den relevanten Anmeldetag der angegriffenen Marke betreffen. Insoweit ist entsprechend allgemeinen Grundsätzen der Beweiswert solcher Beweismittel höher einzuschätzen, welche dem Anmeldetag der jüngeren Marke zeitlich näher sind.[359]

243 Der Grad der Bekanntheit der Marke ist unter Berücksichtigung aller relevanter Faktoren festzustellen, namentlich des (prozentualen) Bekanntheitsgrades, der Intensität, geografischen Ausdehnung und der Dauer der Benutzung der Marke einschließlich der Größe des Investments.[360] Hinsichtlich der einzelnen Faktoren ist es nicht möglich, a priori feste Grenzen zu bestimmen.

### 12.3 Ähnlichkeit und gedankliche Verknüpfung der Marken

244 Im »Adidas/Fitness World«-Vorlageverfahren sah sich der EuGH mit der Frage konfrontiert, ob in einem Fall der hier erörterten Art die Ähnlichkeit von Marke und Zeichen anhand eines anderen Maßstabs als desjenigen der (unmittelbaren oder mittelbaren) Herkunftsverwechslung zu beurteilen ist, und wenn ja, anhand welchen Maßstabs? In seiner Antwort verwies der Gerichtshof zunächst darauf, dass die geforderte Ähnlichkeit insbesondere Gemeinsamkeiten im Optischen, im Klang oder in der Bedeutung erfordert (man beachte das *oder* in Nr 28 als Ausdruck der Alternativität; vgl Art 8 Rdn 70), um dann festzustellen, dass es zu den in Rede stehenden Beeinträchtigungen nur als Folge eines bestimmten Grades der Ähnlichkeit zwischen der Marke und dem Zeichen kommen könne, aufgrund dessen die beteiligten Verkehrskreise einen Zusammenhang zwischen dem Zeichen und der Marke sehen, d. h. die beiden gedanklich miteinander verknüpfen, ohne sie jedoch zu verwechseln (Nr 29).[361] Eine solche gedankliche Verknüpfung, heißt es dann weiter, sei wie die Verwechslungsgefahr im Rahmen von Art 5 (1) b) MarkenRichtl (= Art 8 (1) d) GMV) unter Berücksichtigung aller relevanten Umstände des konkreten Falles umfassend zu beurteilen (Nr 30), was wohl als sybillinisch bezeichnet werden darf. Demzufolge lautet die Antwort

---

359  EuG T 262/04 15.12.2005 GRUR Int 2006, 315 (Nr 82) *Shape of a Ligther.*

360  EuGH C-375/97 vom 14.09.1999, GRUR Int 2000, 73 (Nr 25,27) *Chevy.*

361  Die dabei vom EuGH in Bezug genommene Nr 23 des »Chevy«-Urteils – GRUR Int 2000, 73 – enthält diese Aussage allerdings nicht.

des EuGH an das vorlegende Gericht, dass der durch Art 5 (2) Marken-Richtl (= Art 8 (5) GMV) gewährte Schutz nicht voraussetzt, dass zwischen der bekannten Marke und dem Zeichen ein Grad der Ähnlichkeit festgestellt wird, der so hoch ist, dass für die beteiligten Verkehrskreise eine Verwechslungsgefahr zwischen beiden besteht. Eine gewisse Ähnlichkeit der älteren Marke und des jüngeren Zeichens sind eine notwendige Voraussetzung für die Anwendung von Art. 8 Abs. 5,[362] es genügt aber, dass der Grad der Ähnlichkeit zwischen der bekannten Marke und dem Zeichen unter Berücksichtigung der Einzelfallumstände bewirkt, dass die beteiligten Verkehrskreise das Zeichen und die Marke gedanklich miteinander verknüpfen.[363]

Mit dem Vorlageurteil »Intel/CPM«[364] hat der EuGH diese Kriterien des erweiterten Bekanntheitsschutzes näher definiert: Er stellt fest, dass es gleichbedeutend mit dem Bestehen einer Verknüpfung im vorstehenden Sinne ist, wenn die jüngere Marke dem normal informierten, angemessen aufmerksamen und verständigen Durchschnittsverbraucher die bekannte ältere Marke in Erinnerung ruft. Insofern verlangt er, dass das Bestehen einer Verknüpfung zwischen der bekannten älteren Marke und der jüngeren Marke unter Berücksichtigung aller relevanten Umstände des Einzelfalls umfassend zu beurteilen ist. Allerdings implizierten die Tatsachen, dass **245**

– die ältere Marke für verschiedene bestimmte Arten von Waren oder Dienstleistungen sehr bekannt ist,

– diese Waren oder Dienstleistungen den Waren oder Dienstleistungen, für die die jüngere Marke eingetragen ist, unähnlich oder in hohem Maße unähnlich sind und

---

362 EuGH C 552/09 P vom 24.3.2011 GRUR Int 2011, 500 (Nr 65, 66) *TiMi Kinderjoghurt*; EuGH C-254/09 P vom 2.9.2010, GRUR 2010, 1098 (Nr 53) *Calvin Klein Trademark Trust/HABM*.

363 EuGH C-408/01 vom 23.10.2003, GRUR Int 2004, 121 (Nr 31) *Adidas/Fitness World*; EuG T-181/05 vom 16.4.2008, GRUR Int 2009, 53 (Nr 64) *Citygroup/CITI*; EuG T-140/08 vom 14.10.2009 (Nr 54) *TiMi KINDERJOGHURT/KINDER und EuGH C-552/09 Nr 64*. Abzulehnen HABM-BK R 597/2007-2 vom 8.4.2008 *EDUCA Memory game/MEMORY* (angefochten EuG T-243/08), weil im Referenzland Deutschland der mit der älteren Einzelwortmarke identische Bestandteil in der jüngeren GM für Spiele zweifellos die Erinnerung an die dafür bekannte ältere Marke weckt (Nr 45, 46); die zugrundeliegende Feststellung fehlender Ähnlichkeit in allen Aspekten (Nr 39) ist ersichtlich falsch.

364 EuGH C-252/07 vom 27.11.2008, GRUR Int 2009, 319 *Intel/CPM*.

– die ältere Marke in Bezug auf Waren oder Dienstleistungen gleich welcher Art einmalig ist,

nicht zwangsläufig das Bestehen einer Verknüpfung im obigen Sinne zwischen den einander gegenüberstehenden Marken.[365] Auch reichen die Bekanntheit oder die Wertschätzung der älteren Marke sowie die Identität oder die Ähnlichkeit der betroffenen Waren oder Dienstleistungen bei Fehlen irgendeiner Ähnlichkeit zwischen der älteren Marke und dem jüngeren Zeichen nicht aus, um eine Verwechslungsgefahr und das Vorliegen einer gedanklichen Verknüpfung dieser Marke mit dem Zeichen durch die beteiligten Verkehrskreise anzunehmen.[366]

246  Letztlich ist die gedankliche Verknüpfung eine Tatsachenfrage, die unter Berücksichtigung aller relevanten Umstände zu beurteilen ist, namentlich (i) dem Grad der Ähnlichkeit der einander gegenüberstehenden Marken, (ii) der Art der Waren und Dienstleistungen, für die die einander gegenüberstehenden Marken jeweils eingetragen sind, einschließlich des Grades der Nähe oder der Unähnlichkeit dieser Waren und Dienstleistungen, (iii) dem Ausmaß der Bekanntheit der älteren Marke, (iv) dem Grad der der älteren Marke innewohnenden oder von ihr durch Benutzung erworbenen Unterscheidungskraft und (v) dem Bestehen einer Verwechslungsgefahr für das Publikum.[367] Hierbei müssen aber nicht alle Kriterien vorliegen bzw. positiv festgestellt werden.

247  Zu beachten ist, dass die gedankliche Verknüpfung etwas substantiell anderes ist als das gedankliche In-Verbindung-Bringen des Art 4 (1) (b) und Art 5 (1) (b) MarkenRichtl (= Art 8 (1) b bzw Art 9 (1) (b GMV), bei dem es sich nur um eine genauere Bestimmung der Verwechslungsgefahr handelt,[368] die positiv festgestellt werden muss. Denn es reicht nicht aus, dass wegen des Grades der Übereinstimmung eines jüngeren Zeichens mit einer älteren Marke und deren besonderer Unterscheidungskraft zwischen diesen eine gedankliche Verbindung besteht und deshalb (nur) »nicht ausgeschlossen« wer-

---

365  EuGH C-252/07 vom 27.11.2008, GRUR Int 2009, 319 (Nr 64) *Intel/CPM*.

366  EuGH C 552/09 P vom 24.3.2011 GRUR Int 2011, 500 (Nr 65, 66) *TiMi Kinderjoghurt*; EuGH C-254/09 P vom 2.9.2010, GRUR 2010, 1098 (Nr 53) *Calvin Klein Trademark Trust/HABM*.

367  EuGH C-252/07 vom 27.11.2008, GRUR Int 2009, 319 (Nr 42) *Intel/CPM*.

368  EuGH C-251/95 vom 11.11.1997, GRUR 1998, 387 *Sabèl/Puma*.

den kann, dass dies zu einer Verwechslung führt.[369] »Gedankliche Verknüpfung« und »gedankliche Verbindung« bedeuten in der Diktion des EuGH mithin ganz unterschiedliche Tatbestände.

### 12.4 Unlauterkeit

Ist hiernach das Bestehen einer Verknüpfung festgestellt, so ist das Vorliegen **248** einer Benutzung der jüngeren Marke, die die Unterscheidungskraft oder die Wertschätzung der älteren Marke in unlauterer Weise ausnutzt oder beeinträchtigt oder ausnutzen oder beeinträchtigen würde, unter Berücksichtigung aller relevanten Umstände des Einzelfalls umfassend zu beurteilen.[370]

Hierbei liegt eine Beeinträchtigung der Unterscheidungskraft i.S. einer »Ver- **249** wässerung« oder »Schwächung« der bekannten Marke vor, wenn die Eignung dieser Marke, die Waren oder Dienstleistungen, für die sie eingetragen ist, zu identifizieren, geschwächt wird, weil die Benutzung des identischen oder ähnlichen Zeichens durch Dritte zur Auflösung der Identität der Marke und ihrer Bekanntheit beim Publikum führt. Dies ist insbesondere der Fall, wenn die Marke, die eine unmittelbare Zuordnung der von ihr erfassten Waren und Dienstleistungen zu einem bestimmten Unternehmen hervorrief, dies nicht mehr zu bewirken vermag.[371]

Eine Beeinträchtigung der Wertschätzung (»Verunglimpfung« oder »Herab- **250** setzung«) der bekannten Marke ist anzunehmen, wenn die Waren oder Dienstleistungen, für die das identische oder ähnliche Zeichen von Dritten benutzt wird, auf die Öffentlichkeit in einer solchen Weise wirken können, dass die Anziehungskraft der Marke geschmälert wird. Die Gefahr einer solchen Beeinträchtigung kann sich insbesondere daraus ergeben, dass die von Dritten angebotenen Waren oder Dienstleistungen Merkmale oder Eigenschaften aufweisen, die sich negativ auf das Bild einer bekannten älteren Marke auswirken können. Dabei genügen die hohe Bekanntheit der älteren Marke und ihre Einmaligkeit allein nicht für den Nachweis, dass die Benutzung der jüngeren Marke die Unterscheidungskraft oder die Wertschätzung der älteren Marke im Sinne von Abs. 5 in unlauterer Weise ausnutzt oder be-

---

369  EuGH C-425/98 vom 22.6.2000, GRUR Int 2000, 899 (Nr 42) *Adidas/Marca Mode.*
370  EuGH C-100/11P vom 10.05.2012 GRUR Int 2012, 630 (Nr 94) *BOTO-CYL.*
371  EuGH C-252/07 vom 27.11.2008, GRUR Int 2009, 56 (Nr 29) *Intel.*

einträchtigt bzw. ausnutzen oder beeinträchtigen würde. Vielmehr muss zur Stützung des Vorwurfs einer Beeinträchtigung die Unterscheidungskraft oder Wertschätzung der Marke dargetan werden, dass sich das wirtschaftliche Verhalten des Durchschnittsverbrauchers der Waren oder Dienstleistungen, für die die ältere Marke eingetragen ist, infolge der Benutzung der jüngeren Marke geändert hat oder dass die ernsthafte Gefahr einer künftigen Änderung dieses Verhaltens besteht.[372] Dann kann die Benutzung der jüngeren Marke die Unterscheidungskraft der bekannten älteren Marke selbst dann beeinträchtigen, wenn die ältere Marke nicht einmalig ist, wobei eine erste Benutzung dafür genügen kann. Im Hinblick auf die Tatbestandsalternativen der Beeinträchtigung der Wertschätzung oder Unterscheidungskraft ist der Nachweis, dass sich das Konsumverhalten im Hinblick auf die beeinträchtigte Marke ändern würde, mit praktischen Hindernissen verbunden. In mehreren Entscheidungen wurde daher der prima facie Beweis zugelassen auf Basis von logischen Deduktionen und einer Analyse von Wahrscheinlichkeiten sowie unter Berücksichtigung der üblichen Praxis in den relevanten Verkehrskreisen und aller weiteren Umstände.[373]

251  Eine unlautere Ausnutzung der Unterscheidungskraft oder der Wertschätzung der älteren Marke durch einen Dritten (»parasitäres Verhalten« oder »Trittbrettfahren«) liegt nach dem »L'Oréal/Bellure«-Vorlageurteil des EuGH[374] vor, wenn dieser durch die Verwendung eines der bekannten Marke ähnlichen Zeichens versucht, sich in den Bereich der Sogwirkung dieser Marke zu begeben, um von ihrer Anziehungskraft, ihrem Ruf und ihrem Ansehen zu profitieren und um ohne finanzielle Gegenleistung die wirtschaftlichen Anstrengungen des Markeninhabers zur Schaffung und Aufrechterhaltung des Images dieser Marke auszunutzen.

## 12.5  Fallbeispiele

252  Über die bereits genannten Fälle hinaus hatten sich das EuG, der EuGH und die Beschwerdekammern des Amtes mit zahlreichen Widersprüchen auf der Grundlage des Art. 8 Abs 5 auseinanderzusetzen, in denen also die angegriffenen Anmeldungen für Waren oder Dienstleistungen außerhalb des Pro-

---

372  EuGH C-252/07 vom 27.11.2008, GRUR 2009, 56 (Nr 37, 38) *Intel.*
373  EuG T-181/05 vom 16.4.2008, GRUR Int 2009, 53 (Nr 78) *CITI/Citibank*; EuG T 570/10 vom 22.5.2012, GRUR Int 2012, 1132 (Nr 52) *Outils Wolf.*
374  EuGH C-487/07 vom 18.6.2009, GRUR Int 2009, 1010 *L'Oréal/Bellure.*

dukt-Ähnlichkeitsbereichs der Widerspruchsmarke angemeldet worden waren, und in welchen die vorgenannten rechtlichen Gesichtspunkte relevant wurden:

### 12.5.1 Bekanntheit

Neben vielen Entscheidungen zu Einzelfragen der Art und Weise der Beweisführung und der Beweiskraft bestimmter Dokumenten betrafen zahlreiche Entscheidungen die Frage, unter welchen tatsächlichen Voraussetzungen der Nachweis der Bekanntheit i.S.v. Art. 8 Abs. 5 geführt ist. 253

In einer Reihe von Entscheidungen wurde immer wieder betont, dass eine prozentuale Angabe der Bekanntheit nicht ausreichend bzw. nicht das einzige Kriterium für den Nachweis von Bekanntheit i.S.v. Art. 8 Abs. 5 ist. In der Entscheidung BOTOCYL stellte das EuG fest, dass der bedeutende Marktanteil von BOTOX im Vereinigten Königreich in Höhe von 74,3% im Jahre 2003 ebenso wie der Bekanntheitsgrad der Marke von 75% beim mit der pharmazeutischen Behandlung von Falten vertrauten Fachpublikum genüge, um den hohen Wiedererkennungswert auf dem Markt zu belegen.[375] 254

In der Entscheidung ROYAL SHAKESPEARE stellte das EuG unter Bezugnahme auf eine Verkehrsbefragung fest, dass die Marke aus Sicht der Verkehrskreise mit hoher Qualität und artistischer Exzellenz verbunden wird und eine außerordentliche Reputation und hat für Theater-Aktivitäten und Ausbildung und Erziehung. Damit kam es letztlich auf den relativ geringen Marktanteil nicht mehr an.[376] 255

Einen anderen Weg konnte das EuG in der NASDAQ-Entscheidung gehen: Auch ohne Feststellungen zum Marktanteil attestierte das EuG in der NASDAQ-Entscheidung eine Bekanntheit u.a. aufgrund der nahezu täglichen Erwähnung in den einschlägigen Presseorganen und Fernsehsendungen wie BBC World und CNN als bewegter Untertitel in der Fußleiste.[377] 256

Ebenfalls ohne Verkehrsgutachten zur Bekanntheit konnte die BK die Bekanntheit der Marke ›KENZO‹, einer von zahlreichen »legendary figures in 257

---

375  EuGH C-100/11 vom 10.5.2012 (Nr 34) *BOTOCYL*.
376  EuG T-60/10 vom 6.7.2012 GRUR Int 2013, 52 (Nr 38) *ROYAL SHAKESPEARE*.
377  EuG T-47/06 vom 10.05.2007 (Nr 47 - 52) *Antartica v OHMI - Nasdaq Stock Market (nasdaq), bestätigt durch EuGH C-320/07.*

the fashion world« aufgrund der intensiven Werbung für Kosmetika und Bekleidung in Magazinen und Zeitungen wie Elle, Men's Health, Playboy, Vogue, El Mundo, Figaro, Le Monde, Vanity Fair und Cosmopolitan, sowie zahlreichen KENZO Stores feststellen.[378]

### 12.5.2  Ähnlichkeit und gedankliche Verknüpfung der Marken

**258**  Das EuGH-Urteil in Sachen »TiMi KINDERJOGHURT/KINDER« betraf einen Widerspruch aus der älteren Marke »Kinder«.[379] Der EuGH schloss sich den Vorinstanzen an, dass eine Reihe von visuellen und klanglichen Merkmalen der fraglichen Zeichen ausschließe, dass diese als ähnlich wahrgenommen würden, so dass die Bekanntheit der älteren Marke und die Ähnlichkeit der von den streitigen Marken erfassten Waren im Ergebnis gar nicht mehr zu berücksichtigen waren (Nr. 67, 68). Ferner bestätigte der EuGH, dass die Anforderungen an eine für das Eingreifen der Vorschrift hinreichende Zeichenähnlichkeit vergleichbar mit der Prüfung nach Art. 8 Abs. 1 b) GMV sind.[380]

**259**  Weil die Ähnlichkeit (oder Identität) der zum Vergleich stehenden Marken auch für die Anwendung von Art 8 (5) zwingende Voraussetzung ist und diese zutreffend verneint wurde, wurde der auf die in Deutschland bekannte Marke »Fa« gestützte Widerspruch gegen die GMA »FADOWN« zurückgewiesen.[381]

**260**  Gegen mehrere Wort- bzw Wort/Bild-GMAen aus bzw mit dem Wort »Bud« wurde aus deutschen Wortmarkeneintragungen »Bit« und »Bitte ein Bit!« Widerspruch erhoben und Bekanntheitsschutz nach Abs 5 in Anspruch genommen. Das EuG hat ihn verweigert, weil die Streitzeichen nicht ähnlich seien.[382]

**261**  Die für Parfüm und Kosmetika bekannte Marke »J'adore« hatte gegen die für gleiche Waren (Kl. 3) bestimmte GMA »MANGO adorably« keinen Erfolg, weil die Marken nicht für ähnlich angesehen wurden, so dass es auf die

---

378  R 1659/2011-2 vom 29.5.2012 (Nr 29) *KENZO.*

379  EUGH C 552/09 P vom 24.3.2011 *TiMi Kinderjoghurt.*

380  EUGH C 552/09 P vom 24.3.2011 (Nr 53) *TiMi Kinderjoghurt.*

381  HABM-BK R 594/2004-4 vom 5.4.2006 (Nr 28) *FA/FADOWN.*

382  EuG T-350 bis 352/04 vom 19.10.2006, GRUR Int 2006, 1024 (107, 136) *Bud/Bit.*

Unterstellung der Widersprechenden, es läge ein bewusstes Anlehnen an ihre bekannte Marke vor, nicht ankam.[383]

Entsprechend der Intel Entscheidung hat der EuGH die Tatsache, dass die **262** jüngere Marke INTELMARK dem normal informierten und angemessen aufmerksamen und verständigen Durchschnittsverbraucher die bekannte ältere Marke INTEL in Erinnerung ruft, als gleichbedeutend mit dem Bestehen einer Verknüpfung beider Zeichen angesehen.[384]

In einem Widerspruchsverfahren wurde die für zahlreiche Waren, insbeson- **263** dere Drucksachen, eingetragene und für Zeitschriften bekannte Marke »MARIE CLAIRE« gegen die für Bade- und Unterbekleidung angemeldete gleichlautende Marke geltend gemacht.[385] Die Widerspruchsabteilung hatte den Widerspruch zurückgewiesen, die Beschwerdekammer gab ihm unter dem Gesichtspunkt eines in den Augen des angesprochenen Verkehrs bestehenden »Link« zwischen den Anmeldewaren und der – diese behandelnden – Zeitschrift statt. Jene Verknüpfung hatte im Ergebnis das Ausnutzen der Wertschätzung der älteren Marke zu Folge. Die von der Anmelderin beim EuG anhängig gemachte Klage (T-148/06) ist von ihr zurückgezogen worden.

Das EuG hat – wie schon die BK – das Vorliegen aller Voraussetzungen der **264** Anwendung von Art 8 (5) bezüglich der für Mineralwasser im Benelux-Raum sehr bekannten Marke »SPA« gegenüber der für Parfümerien und Kosmetikwaren (Kl. 3 bestimmten GMA »MINERAL SPA« bejaht.[386] Gleiches wurde hinsichtlich der GMA »SPALINE«[387] (ebenfalls für Waren der Kl. 3) festgestellt, während die auch für solche Waren in der Kl. 3 eingereichte GMA »SPA THERAPY« schon auf der Grundlage von Abs 1 (b) zurückgewiesen wurde. Hingegen drang »SPA« gegen die GMA »SpagO« (für alkoholische Getränke (mit Ausnahme von Bier) nicht durch, weil die Ähnlichkeit der Marken – und die Ähnlichkeit der alkoholischen Getränke in Kl. 33 mit Mineralwasser in Kl. 32 – so gering sei, dass der Verkehr die Widerspruchsmarke in der GMA gar nicht erkenne und es zu der für die Anwendung von Abs 5 erforderlichen Verknüpfung nicht komme.[388]

---

383 EuG T-308/08 vom 15.9.2009 (Nr 71) *MANGO adorably/J'adore.*
384 EuGH C-252/07 vom 27.11.2008, GRUR Int 2009, 319 (Nr 63) *Intel/CPM.*
385 HABM-BK R 530/2004-2 vom 6.3.2006 *MARIE CLAIRE.*
386 EuG T-93/06 vom 19.6.2008 (Nr 33–46) *MINERAL SPA/SPA.*
387 EuG T-21/07 vom 25.3.2009 (Nr 22–41) *SPALINE/SPA.*
388 EuG T-438/07 vom 12.11.2009 (Nr 35–38) *SpagO/SPA.*

265 Im Fall BOTOX gegen die jüngeren Marken BOTOLYST und BOTOCYL machte die Markeninhaberin eine gesteigerte Wertschätzung ihrer Marke für die Behandlung von Falten in Großbritannien am Anmeldetag der jüngeren Marken geltend. Die Waren, für welche die jüngeren Marken BOTOLYST und BOTOCYL angemeldet waren, betrafen keine identischen Waren, aber dieselben Marktteilnehmer, nämlich sowohl anwendende Ärzte als auch die Endverbraucher. Die Marken beginnen mit dem übereinstimmenden Zeichenbestandteil BOTO-, welcher einen Großteil der bekannten Marke »BOTOX« ausmacht, so dass der EuGH in Übereinstimmung mit dem EuG zutreffend feststellen konnte, dass die relevanten Verkehrskreise eher eine gedankliche Verknüpfung zwischen diesen Marken herstellten, als dass sie die angegriffenen Marken mit dem Wirkstoff »Botulinum« in Verbindung brächten.[389]

266 Die Entscheidung T-332/10 betraf die in Klasse 5 für pharmazeutische Produkte eingetragene Marke VIAGRA.[390] Die jüngere Marke VIAGURA war für nicht alkoholische und alkoholische Getränke in den Klassen 32 angemeldet worden. Es besteht also keine Warenähnlichkeit. Unter Berücksichtigung des hohen Bekanntheitsgrades der älteren Marke und der klanglichen und schriftbildlichen Ähnlichkeiten der Zeichen konnte das EuG aber feststellen, dass die Verkehrskreise mit recht hoher Wahrscheinlichkeit eine Verknüpfung zwischen den beiden Zeichen annehmen würden. Die Bekanntheit der Marke VIAGRA sei hoch und die Anwendung der VIAGRA-Produkte sei nicht rein medizinisch indiziert. Daher sei nachvollziehbar ist, dass der aus der Benutzung des jüngeren Zeichens sich ergebende Vorteil als unlautere Ausnutzung der Unterscheidungskraft oder der Wertschätzung der Marke VIAGRA anzusehen ist. Die Anmelderin begebe sich in den kommerziellen Wirkungsradius der älteren Marke, um von ihrer Anziehungskraft, ihrem Ruf und ihrem Ansehen zu profitieren, und ohne finanzielle Gegenleistung die wirtschaftlichen Anstrengungen der Inhaberin der älteren Marke auszunutzen.

267 Im Widerspruchsverfahren, welches die ältere Marke RED BULL sowie die jüngere Anmeldung der Wort-/Bildmarke Red Dog, beide für Getränke

---

389 EuGH C-100/11P vom 10.5.2012 GRUR Int 2012, 630 (Nr 96) *Helena Rubinstein und L'Oréal / HABM*.

390 EuG T-332/10 vom 25.01.2012 *Viaguara / OHMI - Pfizer (VIAGUARA)*.

eingetragen bzw. angemeldet, betraf,[391] hat die Beschwerdekammer zutreffend angenommen, dass der Durchschnittsverbraucher, welcher die bekannte Marke RED BULL kennt und die jüngere Marke Red Dog sieht, an die ältere bekannte Marke RED BULL erinnert wird, so dass letztlich eine Verknüpfung zwischen beiden Marken hergestellt wird. Angesichts des für die Marke RED BULL betriebenen Werbeaufwandes wird man die getroffene Annahme teilen können.

Im Verfahren betreffend die in Großbritannien bekannte Marke RSC ROY-   **268**
AL SHAKESPEARE COMPANY gegen die jüngere Anmeldung ROYAL SHAKESPEARE stellte das EuG zunächst fest, dass die einander gegenüberstehenden Zeichen klanglich, bildlich und konzeptionell hochgradig ähnlich sind, um sodann auf Basis dieser hochrangigen Ähnlichkeit festzustellen, dass die Verkehrskreise verstehen und erwarten, dass auch dann, wenn die Dienstleistungen Theaterproduktionen und Durchführung von kulturellen Veranstaltungen einerseits, sowie die Verpflegung von Gästen andererseits zwar nicht unmittelbar miteinander verbunden sind, doch eine erhebliche Nähe und damit eine Verknüpfung zwischen diesen Dienstleistungen besteht.[392] Diese wirtschaftliche Betrachtung ist angesichts der heute häufig kommerziellen Ausrichtung auch von Veranstaltungshäusern sicherlich zutreffend.

Umgekehrt hat die Beschwerdekammer eine Verknüpfung zwischen der älte-   **269**
ren und nur für die Distribution von Energie bekannten Marke REPSOL und dem jüngeren, für zahlreiche Waren angemeldeten Wort-/Bildzeichen »resol« verneint, und zwar mit dem Argument, dass aufgrund des erheblichen Abstandes zwischen den hier infrage stehenden Waren und Dienstleistungen die relevanten Verkehrskreise beide Zeichen nicht miteinander in Verbindung bringen würden.[393]

Trotz der nicht unerheblichen klanglichen Ähnlichkeiten hat das EuG in   **270**
dem Verfahren betreffend die für Bekleidung bekannte ältere Wort-/Bildmarke »G-Star« gegen die jüngere Markenanmeldung »G Stor« eine Verknüpfung zwischen beiden Zeichen aufgrund der erheblichen visuellen und insbesondere der konzeptionellen Unterschiede abgeleht, wobei letztere darin

---

391  HABM-BK R 0070/2009-1 vom 11.01.2010 *Red Dog [Fig. Mark]/RED BULL.*
392  EuG T-60/10 vom 6.7.2012 GRUR Int 2013, 52 (28, 30) *ROYAL SHAKESPEAREv.*
393  HABM-BK R 0724/2009-4 vom 29.4.2010 *Repsol.*

bestehen, dass nur der Zeichenbestandteil »Star« eine Bedeutung hat, nicht aber der in der jüngeren Anmeldung enthaltene Bestandteil »Stor«.[394] Erst recht war daher in dem Verfahren »ONLY« gegen die Wort-/Bildmarke »only givenchy« mangels klanglicher, bildlicher und konzeptioneller Ähnlichkeit eine gedankliche Verknüpfung zwischen den beiden Zeichen zu verneinen.[395] Ebenso reichten in dem Widerspruchsverfahren betreffend die ältere Marke »Karuna« gegen die jüngere Wort-/Bildmarkenanmeldung »Corona« die geringen klanglichen, bildlichen und konzeptionellen Ähnlichkeiten nicht für die Annahme aus, die an Schublade interessierten Verkehrskreise würden eine Verknüpfung zwischen diesen beiden Zeichen annehmen.[396]

271   Nicht unzweifelhaft erscheinen auch die Feststellungen in der Entscheidung des EuG, welche die ältere und für das Finanz- und Aktienlisting-Dienstleistungen bekannte Marke NASDAQ betraf.[397] Das EuG stellte eine Verknüpfung mit der jüngeren Wort-/Bildmarkenanmeldung nasdaq, welche unter anderem für Sportbekleidung angemeldet worden war, fest. Finanzdienstleistungen und Sportartikel haben aber aus Sicht der Verbraucher wenig bis nichts miteinander zu tun, so dass kein Grund für die Befürchtung besteht, dass der Vertrieb der so gekennzeichneten Waren und Dienstleistungen aufgrund der Verknüpfung mit der Wertschätzung der älteren Marke erleichtert wird.

### 12.5.3 Ausnutzung der Wertschätzung und Unterscheidungskraft

272   In der Intel Entscheidung hat der EuGH bestätigt, dass der Grad an Wertschätzung und Unterscheidungskraft der älteren Marke ein wesentliches Kriterium für die Ausnutzung oder Beeinträchtigung der Wertschätzung ist: Je unmittelbarer und stärker die ältere Marke von der jüngeren Marke in Erinnerung gerufen wird, desto größer ist die Gefahr, dass die gegenwärtige oder künftige Benutzung der jüngeren Marke die Unterscheidungskraft oder die Wertschätzung der älteren Marke in unlauterer Weise ausnutzt oder be-

---

394   EuG T 309/08 vom 21.1.2010 (Nr 32-35) *G-Star Raw Denim v OHMI - ESGW (G Stor)*.

395   HABM-BK R 1556/2009-2 vom 07.10.2010 bestätigt durch EuG T-586/10 vom 8.12.2011 (Nr 32-35).

396   EuG T-357/10 vom 20.6.2012 *Corona/Karuna*.

397   EuG T-47/06 vom 10.5.2007 *Antartica v OHMI - Nasdaq Stock Market (nasdaq), bestätigt EuGH C-320/07*.

einträchtigt.[398] Umso stärker der einmalige Charakter der älteren Marke ausgeprägt ist, desto mehr ist die Benutzung einer identischen oder ähnlichen jüngeren Marke geeignet, die Unterscheidungskraft der älteren Marke zu beeinträchtigen.[399]

Ein anschaulicher Anwendungsfall dieser Kriterien findet sich in dem Beschluss der Beschwerdekammer im Widerspruchsverfahren auf Basis der Marke des bekannten Onlinedienstes »Twitter« gegen die jüngere und für u.a. T-Shirts, Schals und Uhren erfolgte Markenanmeldung »TWITTER«.[400] Die Verknüpfung zwischen beiden Marken wird der Endverbraucher leicht annehmen, ferner ist ersichtlich, dass der Markenanmelder sich einen unangemessenen und ausschließlich auf der Bekanntheit der älteren Marke beruhenden Wettbewerbsvorteil verschaffen wollte. **273**

In dem oben bereits erwähnten Verfahren betreffend die ältere Marke RSC-ROYAL SHAKESPEARE COMPANY bestätigte das EuG, dass eine unlautere Ausnutzung der Unterscheidungskraft und Wertschätzung der älteren Marke in deren Übertragung auf eine bei wirtschaftlicher Betrachtung für ähnliche Waren angemeldete Marke besteht, mit der Folge, dass der Vertrieb der so gekennzeichneten Waren und Dienstleistungen aufgrund der Verknüpfung mit der Wertschätzung der älteren Marke erleichtert wird.[401] **274**

Im Verfahren T-59/08 war der Widerspruch auf die in Italien bekannte, ältere Marke la PERLA gestützt, welche für Juwelier- und Schmuckwaren sowie Uhren eingetragen war. Eine Verwechslungsgefahr zu der jüngeren Markenanmeldung NIMEI LA PERLA MODERN CLASSIC konnte auf Art. 8 (1) b) mit Blick auf die Waren Edelmetalle und Edelsteine gestützt werden. Mit Blick auf den italienischen Markt war die Marke la PERLA für Perlen aber beschreibend, so dass keine Verletzungsgefahr i.S.v. Art. 8 (1) b) bestand. Aufgrund der Bekanntheit der älteren Marke la PERLA und der Tatsache, dass die an Juwelierwaren und insbesondere an Perlen interessierten Verbraucher eine wirtschaftlich sinnvolle Verknüpfung mit den unter der jüngeren Markenanmeldung vermarkteten und mit Perlen dekorierten Bikinis, Twin- **275**

398  EuGH C-252/07 vom 27.11.2008, GRUR Int 2009, 319 (Nr 28) *Intel/CPM*.
399  EuGH C-252/07 vom 27.11.2008, GRUR Int 2009, 319 (Nr 67, 74) *Intel/CPM*.
400  HABM-BK R 1074/2011-5 vom 16.3.2012 *Twitter*.
401  EuG T-60/10 vom 6.7.2012 (Nr 48) *ROYAL SHAKESPEARE*.

sets und Westen erkannten, konnte zutreffend die Gefahr einer unlauteren Ausnutzung der Wertschätzung der älteren Marke festgestellt werden.[402]

276   In tatsächlicher Hinsicht interessant an der Beatles-Entscheidung des EuG ist zunächst, dass ein unterschiedlicher Grad an Wertschätzung dieser Marke für Ton und Videoaufnahmen und Filme einerseits und die entsprechenden Merchandising-Artikel andererseits festgestellt wurde.[403] Interessant ist ferner, dass die Wertschätzung nicht nur als Fakt festgestellt wurde, sondern auch hinsichtlich ihrer Art, nämlich der Verknüpfung mit dem sehr positiven Bild von Freiheit, Jugend und Mobilität insbesondere bei der Generation, welche diese älteren Marken aus den 1960er Jahren kennen. Auf Basis dieser sehr abstrakt festgestellten Wertschätzung der älteren Beatles-Marken konnte der EuG auch für sehr weit entfernte Waren, nämlich Möbel für Behinderte, einen unlauteren Imagetransfer feststellen, da diese Werte auch für diese Verkehrskreise relevant sind. Für welche Verkehrskreise bzw. für welche Waren soll die Relevanz dieser Werte aber nicht gelten? Kritisch anzumerken ist daher, dass mit der Erhöhung des Grades der Abstrahierung der Werte, welche mit der bekannten Marke verbunden werden, der Weg dafür geebnet wird, die Nutzung eines ähnlichen Zeichens auch für ansonsten wirtschaftlich nicht miteinander in Verbindung stehende Waren oder Dienstleistungen zu untersagen.

277   Im Outils Wolf-Fall, welcher die Verwendung eines ähnlichen Kanidenkopfs für Gartengeräte betraf, stimmte das EuG der Beschwerdekammer zu, dass die Nutzung eines ähnlichen Motivs die Gefahr mit sich bringt, dass die Verbraucher dieser Geräte das Bild des Kaniden schließlich nicht mehr unmittelbar mit den Waren der älteren Marke in Verbindung bringen.[404] Eine bekannte Marke ist regelmäßig Träger anderer Mitteilungen, insbesondere über die speziellen Eigenschaften oder Merkmale der mit ihr gekennzeichneten Waren oder Dienstleistungen, oder der mit ihr vermittelten Bilder und Empfindungen wie etwa Luxus, Lebensstil, Exklusivität, Abenteuer oder Jugendlichkeit, und diese können durch das jüngere Zeichen beeinträchtigt werden.[405] Solche Botschaften machen den Wert der bekannten Marke aus.

---

402   EuG T-59/08 vom 7.12.2010 GRUR Int 2011, 324 (Nr 67) *Nute Partecipazioni and La Perla / OHIM - (NIMEI LA PERLA MODERN CLASSIC).*

403   EuG T-369/10 vom 29.3.2012 GRUR 2012, 791 (Nr 29) *You-Q / OHIM - Apple Corps (BEATLE), Rechtsmittel anhängig C-294/12 P.*

404   EuG T 570/10 vom 22.5.2012, GRUR-Int 2012, 1132 (Nr 62) *Outils Wolf.*

405   EuG T 570/10 vom 22.5.2012, GRUR-Int 2012, 1132 (Nr 63) *Outils Wolf.*

Diese weiteren Funktionen können beeinträchtigt werden, wenn ähnliche Kanidenköpfe für Gartengeräte genutzt werden. Die Berücksichtigung dieser weiteren Funktionen der bekannten Marke ist aber unter dem Gesichtspunkt der Rechtssicherheit nicht unkritisch. Auch wenn die Bekanntheit einer Marke in den meisten Fällen das Ergebnis beträchtlicher Anstrengungen und Investitionen ihres Inhabers sein dürfte, so führt eine solche Abstrahierung der mit der Marke verbundenen Werte dazu, eine nahezu beliebige Ausdehnung des Schutzbereichs der bekannten Marke auf auch sehr entfernte, d.h. hinsichtlich der Zeichen oder Waren unähnliche Markenanmeldungen zu ermöglichen. Auch wenn das Merkmal der »Verwässerung« grundsätzlich konturschwach ist, so sollte einer weiteren Verwischung der Konturen nicht durch Abstrahierung der Kriterien Vorschub geleistet werden.

Vom Sachverhalt her eindeutiger gelagert waren demgegenüber das Widerspruchsverfahren zu der für Sportartikel bekannten Marke KAPPA gegen eine identische Markenanmeldung für bestimmte Rauchartikel.[406] Hier war die Beeinträchtigung der älteren Marke greifbar. Ebenfalls unmittelbar ersichtlich war die Beeinträchtigung in einem auf die in Belgien für Mineralwasser bekannte Marke SPA gestützten Widerspruch, in welchem die Beschwerdekammer im Ergebnis zutreffend eine Beschädigung der Unterscheidungskraft und des Wertes der Marke durch eine Markenanmeldung, welche den Zeichenbestandteil SPA enthielt, festgestellt hatte.[407] Für eine Beschädigung oder Verwässerung zu weit entfernt waren (unter Berücksichtigung der Einzelfallumstände) demgegenüber die Waren Olivenöl einerseits und Pflanzenprodukte andererseits,[408] sowie Organisation von Sportveranstaltungen und Waren der Klasse 9 (u.a. wissenschaftliche Apparate und Instrumente) andererseits.[409] Ebenso hat das EuG den auf die im Beneluxraum vornehmlich für Mineralwasser sehr bekannten Marken »SPA« und »LES THERMES DE SPA« gestützten Widerspruch gegen die GMA »SPA-FINDERS« für Drucksachen und Reisevermittlung zurückgewiesen, weil durch deren Benutzung keine Beeinträchtigung oder Ausnutzung der

278

---

406  HABM-BK R 0297/2011-5 vom 12.3.2012 *KAPPA*.
407  HABM-BK R 0417/2008-1 vom 22.7.2010 *SPACE NK (FIG. MARK) / SPA, LES THERMES DE SPA*.
408  HABM-BK R 2559/2010-1 vom 15.2.2012 *GALLO*.
409  EuG T-192/09 vom 17.12.2010 *SEVE TROPHY*.

Unterscheidungskraft oder Wertschätzung der älteren Marken festzustellen war.[410]

279  Eine in mehrfacher Hinsicht interessante Fallgestaltung liegt einer Beschwerdekammer-Entscheidung zugrunde, mit der wiederum eine stattgebende Entscheidung der Widerspruchsabteilung aufgehoben und der Widerspruch zurückgewiesen worden ist.[411] Es ging um die identische Übernahme (allerdings unter Positiv/Negativ-Austausch) des von zwei einander zugewandten offenen »beschützenden« Händen gebildeten Bestandteils einer älteren Marke in eine GMA, wobei zugleich der weitere Bildbestandteil eines stilisierten Moleküls durch einen stilisierten Tropfen ersetzt und das Firmenschlagwort der Anmelderin mit zurücktretenden Buchstaben darunter gesetzt worden war. Die ältere Marke ist das Logo der europäischen Vereinigung der Chemischen Industrie und als Kollektivmarke für Drucksachen in der Kl. 16 sowie verschiedene Dienstleistungen in den Klassen 35, 41 und 42 eingetragen. Die GMA hingegen beanspruchte chemische und pharmazeutische Waren in den Klassen 1 bis 5. Die Widerspruchsabteilung bejahte die Anwendbarkeit von Art 8 (5), jedoch meinte die Beschwerdekammer, dass ungeachtet umfangreichen, von der Widersprechenden vorgelegten Materials die Benutzung ihres Logos im relevanten Zeitraum – durch sie selbst sowie durch die ihr angeschlossenen nationalen Verbände und deren Mitglieder – nicht bewiesen worden sei. Es hat den Anschein, dass damit die Anforderungen an den Benutzungsnachweis überspannt werden, zumal der Verdacht nicht fern liegt, dass die Übernahme des den Bildeindruck beherrschenden – wenn auch vielleicht originär kennzeichnungsschwachen – Bestandteils des Logos eines europäischen Verbandes durch ein chemisches Unternehmen kein Zufall ist.

280  Im Falle eines Widerspruches, der auf die Wortmarke »NIKE« und die Bildmarke eines verlaufenden Hakens (»swoosh«) gestützt wurde, die einzeln und in Kombination sehr bekannt sind, und der sich gegen eine Kombinationsmarke aus dem Wort »D'Nickers« sowie zwei ähnliche Haken unterhalb und oberhalb des Wortes richtete, hob die Beschwerdekammer die den Widerspruch zurückweisende Entscheidung der Widerspruchsabteilung auf und wies die GMA zwar nicht wegen einer Verwechslungsgefahr nach Art. 8 (1)

---

410  EuG T-067/04 vom 25.5.2005, GRUR Int 2005, 698 (Nr 50, 53) *Spa-Finders/ Spa.*
411  HABM-BK R 214/2004-2 vom 13.3.2006 *hands logo.*

b), aber wegen einer gedanklichen Verknüpfung und einer unlauteren Ausnutzung des Rufs und des unterscheidungskräftigen Charakters der bekannten Marke zurück.[412]

Im Verfahren TDK/TDK standen den Anmeldewaren Bekleidung in Kl. 25 **281** Geräte zur Aufzeichnung, Übertragung und Wiedergabe von Ton und Bild in Kl. 9 gegenüber. Mit der BK stellte das EuG fest, dass die Widerspruchsmarken aufgrund geschäftlicher Aktivitäten und des Sport-Sponsoring über eine großen Bekanntheitsgrad und eine hohe Wertschätzung verfügen. Die Benutzung der GMA zB für Sportbekleidung müsse daher dazu führen, dass die Anmelderin daraus in unlauterer Weise Nutzen ziehen würde.[413]

Im »CAMEL«-Fall war eine angemeldete Kamelbildmarke mit dem Wort **282** »CAMELO« für Kaffee (Kl. 30) aus mehreren ähnlichen spanischen Eintragungen der für Zigaretten (Kl. 34) uä sehr bekannten »CAMEL«-Marke mit einem Widerspruch angegriffen worden. Er scheiterte nicht an der Bekanntheit der »CAMEL«-Marken und der Wahrscheinlichkeit, dass das Publikum eine Verknüpfung zwischen den Marken herstellt, sondern an der fehlenden Glaubhaftmachung, dass die Benutzung der GMA die Gefahr einer unlauteren Ausnutzung oder Beeinträchtigung der Wertschätzung der älteren Marke mit sich bringt. Das Rechtsmittel der Widersprechenden ist durch Beschluss des EuGH zurückgewiesen worden.[414]

Gegen die für Zollabfertigung und Immobiliendienstleistungen bestimmte **283** GMA »CITI« wurde aufgrund von »Citibank« sowie weiterer Marken mit dem Anfangsteil »Citi« Widerspruch erhoben und mit dem Vorliegen der Voraussetzungen für die Anwendung von Art 8 (5) begründet. Die BK verneinte dies, weil der Verkehr in »Citibank« nicht eine Markenfamilie mit dem gemeinsamen Stammbestandteil »Citi« sehe; deshalb gab sie dem Widerspruch auf der Grundlage von Art 8 (1) b) nur in Bezug auf die Immobiliendienstleistungen statt. Das EuG bestätigte diese Entscheidung, weil die Bekanntheit der älteren Marke und deren Ähnlichkeit mit der GMA gegeben sei und die Gefahr bestehe, dass die Benutzung der GMA (auch für Zollspeditionen) zu einer unlauteren Ausnutzung der gefestigten Wertschät-

---

412  HABM-BK R 301/2005-2 vom 19.5.2006 (Nr 31, 35) *NIKE/D'NICKERS.*
413  EuG T-477/04 vom 6.2.2007 *TDK/TDK.*
414  EuG T-128/06 vom 30.1.2008, EuGH C-136/08 vom 30.4.2009 *CAMELO/ CAMEL.*

zung der älteren Marke führen würde, wofür die Benutzung von »CITI« in Spanien keine Rechtfertigung biete.[415]

## 2. Abschnitt  Wirkungen der Gemeinschaftsmarken

### Artikel 9  Recht aus der Gemeinschaftsmarke

(1) Die Gemeinschaftsmarke gewährt ihrem Inhaber ein ausschließliches Recht. Dieses Recht gestattet es dem Inhaber, Dritten zu verbieten, ohne seine Zustimmung im geschäftlichen Verkehr

a)  ein mit der Gemeinschaftsmarke identisches Zeichen für Waren oder Dienstleistungen zu benutzen, die mit denjenigen identisch sind, für die sie eingetragen ist;

b)  ein Zeichen zu benutzen, wenn wegen der Identität oder Ähnlichkeit des Zeichens mit der Gemeinschaftsmarke und der Identität oder Ähnlichkeit der durch die Gemeinschaftsmarke und das Zeichen erfassten Waren oder Dienstleistungen für das Publikum die Gefahr von Verwechslungen besteht; dabei schließt die Gefahr von Verwechslungen die Gefahr ein, dass das Zeichen mit der Marke gedanklich in Verbindung gebracht wird;

c)  ein mit der Gemeinschaftsmarke identisches oder ihr ähnliches Zeichen für Waren oder Dienstleistungen zu benutzen, die nicht denen ähnlich sind, für die die Gemeinschaftsmarke eingetragen ist, wenn diese in der Gemeinschaft bekannt ist und die Benutzung des Zeichens die Unterscheidungskraft oder die Wertschätzung der Gemeinschaftsmarke ohne rechtfertigenden Grund in unlauterer Weise ausnutzt oder beeinträchtigt.

(2) Sind die Voraussetzungen des Absatzes 1 erfüllt, so kann insbesondere verboten werden:

a)  das Zeichen auf Waren oder deren Aufmachung anzubringen;

b)  unter dem Zeichen Waren anzubieten, in den Verkehr zu bringen oder zu den genannten Zwecken zu besitzen oder unter dem Zeichen Dienstleistungen anzubieten oder zu erbringen;

---

415 EuG T-181/05 vom 16.4.2008, GRUR Int 2009, 53 (Nr 80–85) *CITI/Citibank*.

c)  Waren unter dem Zeichen einzuführen oder auszuführen;

d)  das Zeichen in den Geschäftspapieren und in der Werbung zu benutzen.

(3) Das Recht aus der Gemeinschaftsmarke kann Dritten erst nach der Veröffentlichung der Eintragung der Marke entgegengehalten werden. Jedoch kann eine angemessene Entschädigung für Handlungen verlangt werden, die nach Veröffentlichung der Anmeldung einer Gemeinschaftsmarke vorgenommen werden und die nach Veröffentlichung der Eintragung aufgrund der Gemeinschaftsmarke verboten wären. Das angerufene Gericht darf bis zur Veröffentlichung der Eintragung keine Entscheidung in der Hauptsache treffen.

*Eisenführ, Eberhardt*

**Literatur:**

*Dworkin*, Efectos de la marca comunitaria, in: Marca y diseño comunitarios, S 91, Pamplona 1996; *Eisenführ*, Marken als Freiwild für Wareneigenschaften?, in: FS für Tilmann, 2003, S 313; *Felchner*, Die Spruchpraxis der Gerichte zur Verletzung von 3-D-Formmarken im engeren Sinne, MarkenR 2005, 209; *Hye-Knudsen/Schafft*, Territorial unterschiedliche Verwechslungsgefahr bei der Verletzung von Gemeinschaftsmarken, MarkenR 2004, 209; *Joller*, Zur Verletzung von Markenrechten durch Domainnamen – eine Standortbestimmung, MarkenR 2000, 341; *Karl*, Die Rechte des Markeninhabers gegenüber dem Modellhersteller, WRP 2006, 848; *Kilbey*, The ironics of Arsenal v Reed, EIPR 2004, 479; *Leitzen*, Innergemeinschaftlicher Transit, Markenverletzung und Produktpiraterie, GRUR 2006, 89; *Rütz*, After Arsenal and Electrocoin: Can the Opinions on Trade Mark Use be Reconciled?, IIC 2005, 682; *von Mühlendahl*, Rechtsstreitigkeiten über Gemeinschaftsmarken: Eintragungsverfahren und Verletzungsverfahren dargestellt am Fall SIR/ZIRH, in: Festschrift für Kolle und Stauder, Köln/Berlin/Bonn/München 2005, S 503; *Würtenberger*, Schutzumfang bei Warenformmarken – Anmerkung zu EuGH »Linde, Winward und Rado«, GRUR 2003, 671.

## 1  Allgemeines

1   Das dem Inhaber einer GM gewährte ausschließliche Recht, Dritte an der Benutzung eines im Markt kollidierenden Zeichens zu hindern, stellt die zentrale Funktion des Markenschutzes dar. Weitestgehend parallel zu Art 5 MarkenRichtl bestimmt Art 9, die Benutzung welcher Zeichen eine Kollision mit der GM begründet (Abs 1), und welche Benutzungshandlungen in erster Linie (»insbesondere«) als Verletzungshandlungen untersagt werden können (Abs 2). Die Durchsetzung von Ansprüchen wegen Verletzung von GMn überlässt die GMV nationalen Gemeinschaftsmarkengerichten (Art 14 (1), 94ff). Das gilt auch für die Regelung weitergehender Ansprüche, also namentlich von Auskunfts- und Schadensersatzansprüchen, die die GMV nicht nur prozessual, sondern auch materiell den nationalen Rechtsordnungen der Mitgliedstaaten unterwirft (Art 102). Allerdings ist durch die Enforcement-Richtlinie (2004/48/EG) dieses nationale Recht inzwischen in wesentlichen Fragen vereinheitlicht worden. Lediglich für den Zeitraum zwischen der Veröffentlichung der Anmeldung und der Veröffentlichung der Eintragung der Marke spricht Abs 3 Satz 2 dem Markeninhaber eine angemessene Entschädigung zu. Nationales Recht gilt auch für außermarkenrechtliche Ansprüche (Art 14 (2)).

2   Die Geltendmachung des Ausschließungsrechts setzt voraus, dass der GM-Inhaber der angegriffenen Zeichenbenutzung nicht zugestimmt hat. Die Zustimmung kann auch konkludent erfolgen, jedoch müssen die dafür spre-

chenden Anhaltspunkte und Umstände den Rechtsverzicht des GM-Inhabers mit Bestimmtheit erkennen lassen.[1] Näheres Art 9 *Rdn* 69-75

Welche Arten der Benutzung eines kollidierenden Zeichens das ausschließ-  3
liche Recht des Inhabers einer GM verletzen, lässt Abs 1 offen. Die Rechtsprechung des EuGH sieht nur in der Benutzung eines Zeichens »als Marke«
einen Eingriff in ein bestehendes Markenrecht und versteht darunter die Beeinträchtigung einer der anerkannten Markenfunktionen (Herkunftsfunktion, Garantiefunktion, Werbefunktion, Investitionsfunktion, Kommunika-
tionsfunktion[2]). mit dem Schwerpunkt auf der Herkunftsfunktion.[3] Diese
Funktion Marke dient in erster Linie der Herkunftsgarantie für die mit ihr
gekennzeichneten Produkte. Sie soll gewährleisten, dass der Verbraucher ein
von ihm als gut wahrgenommenes Erzeugnis ohne Irreführung erneut kaufen
kann und ein abgelehntes Produkt vermeidet; dazu Art 9 Rdn 33-36.

Daneben aber kann insbesondere eine im Verkehr bekannte Marke weitere  4
Funktionen erfüllen, die zumeist an ihrer Anmutung, ihrem Image anknüpfen und auf der Identifizierung gründen, die mit dem Wiedererkennen Teil
des Unterscheidungsvorganges ist.

Welche Markenfunktion(en) im Einzelnen für die Frage der rechtsverletzen-  5
den Benutzung maßgeblich ist (sind), bemisst sich danach, welcher der Ver-
letzungstatbestände gemäß Abs. 1 (a) bis (c) herangezogen wird.

Im Falle der Doppelidentität gemäß Abs 1 (a) ist ein »absoluter« Schutz nor-  6
miert. Dieser ist aber nur »relativ absolut«, als dass nicht jede Markenverwendung verboten werden kann, sondern nur solche, die in die anerkannten
Markenfunktionen eingreifen; Einzelheiten Art 9 Rdn 37-52. Abs 1 (b) gewährt Verwechslungsschutz im Falle der (mindestens Teil-) Ähnlichkeit von
Marke und Zeichen einerseits sowie der Produkte andererseits (Abs 1 (b)).
Für diesen Verletzungstatbestand ist die Herkunftsfunktion (allein) maßgeb-

---

1  EuGH C-414 bis 416/99 vom 20.11.2001, GRUR Int 2002, 147 (Nr. 47) *Davi-
   doff/Levi Strauss*.
2  EuGH C-487/07 vom 18.6.2009, GRUR 2009, 756 (Nr. 58) *L'Oréal*; EuGH
   C-236 bis-238/08 vom 23.3.2010, GRUR 2010, 445 (Nr. 77) *Google France*;
   EuGH C-278/08 vom 25.3.2010, GRUR 2010, 451 (Nr. 21) *BergSpechte*.
3  EuGH C-063/97 vom 23.2.1999, GRUR Int 1999, 438 (Nr. 38) *BMW/Deenik*;
   EuGH C-017/06 vom 11.9.2007, GRUR 2007, 971 (Nr. 20) *Céline*; EuGH
   C-487/07 vom 18.6.2009, GRUR 2009, 756 (Nr. 58) *L'Oréal*; EuGH C-236
   bis-238/08 vom 23.3.2010, GRUR 2010, 445 (Nr. 82) *Google France*.

lich;[4] Weiteres Art 9 Rdn 45-46. Abs 1 (c) versieht schließlich die bekannte Marke mit einem besonderen Schutz, sofern einer der vorgegebenen Unlauterkeits-Tatbestände gegeben ist,[5] und bezieht damit auch für die bekannte Marke weitere Markenfunktionen neben der Herkunftsfunktion in den Schutz mit ein; siehe Art 9 Rdn 33-34, 37 ff.

7   Das durch die Eintragung einer GM konstituierte Ausschlussrecht ihres Inhabers begründet nicht nur Unterlassungsansprüche gegen die Benutzung kollidierender Kennzeichen im (relevanten; dazu Art 9 Rdn 76-78) Territorium der Gemeinschaft, sondern auch gegen deren Eintragung als GM auf eine Anmeldung mit jüngerem Zeitrang. Letzterer gegenüber stellt die ältere GM ein relatives Eintragungshindernis dar (Art 8), welches durch Widerspruch (Art 41) oder Nichtigkeits-Antrag bzw -Widerklage (Art 56, 100) geltend gemacht werden kann. Allerdings kann eine ältere GM grundsätzlich jenseits der vorgenannten Verfahren nicht in einem Widerspruchsverfahren als Einwand geltend gemacht werden, welches der Inhaber einer jüngeren GM gegen eine weitere noch jüngere GMA des Inhabers der erstgenannten, »ältesten« GM eingeleitet hat. Der Inhaber dieser »ältesten« GM ist in einem solchen Fall gehalten, mit den Mitteln eines Nichtigkeits-Antrags gegen die »mittlere« GM vorzugehen (auf welcher der Widerspruch basiert). Nur wenn der Inhaber der »ältesten« GM diese »Zwischenmarke« mit diesen Mitteln eliminiert, kann er auf Grundlage seiner »ältesten« GM den Widerspruch gegen seine jüngere GMA zu Fall bringen.[6]

8   Eine GM kann nur durch Eintragung erworben werden (Art 6), nicht durch Benutzung gleich welchen Umfangs. Allerdings stellen nationale durch Benutzung erworbene Rechte ebenso wie andere nationale Marken- und sonstige Kennzeichenrechte relative Eintragungshindernisse für eine kollidierende GM dar, so dass der Geltendmachung der GM in einem Widerspruchsverfahren oder einem Verletzungsprozess – sofern dafür Grund und Veranlassung besteht – durch Stellung eines Nichtigkeitsantrags (Art 56) oder Erhebung einer auf Nichtigerklärung der GM gerichteten Widerklage (Art 100) begegnet werden kann. Im Erfolgsfalle führt dies zur (ggf teilweisen) Lö-

---

4   EuGH C-236 bis-238/08 vom 23.3.2010, GRUR 2010, 445 (Nr. 78) *Google France*; EuGH C-278/08 vom 25.3.2010, GRUR 2010, 451 (Nr. 22) *BergSpechte*.

5   EuGH C-252/07 vom 27.11.2008, GRUR Int 2009, 319 *Intel/CPM*; EuGH C-487/07 vom 18.6.2009, GRUR 2009, 756 *L'Oréal*.

6   EuG T-585/10 vom 22.5.2012 (Nr. 23) *Xenteo/Penteo*.

schung der GM und lässt die Anspruchsgrundlage für den Widerspruch bzw. die Verletzungsklage entfallen. Dabei gehen die geltend zu machenden relativen Nichtigkeitsgründe (Art 53) sogar noch über die relativen Eintragungshindernisse (Art 8) hinaus und umfassen gemäß Art 53 (2) diejenigen sonstigen älteren nationalen Rechte, auf deren Grundlage nach den jeweiligen nationalen Rechtsvorschriften die Benutzung der angegriffenen GM untersagt werden kann. Ein älteres nationales Recht von lediglich örtlicher Bedeutung hingegen kann zwar die Benutzung der GM behindern, lässt aber den Bestand der GM unberührt (Art 111).

Wird die GM über einen zusammenhängenden Zeitraum von fünf Jahren **9** nicht iSv Art 15 benutzt, geht ihr Inhaber seiner Markenrechte verlustig. Soweit die Benutzung nur für einen Teil der Eintragungsprodukte erfolgt, tritt der Rechtsverlust für die übrigen Eintragungsprodukte ein. Ferner ist das Ausschließlichkeitsrecht des Markeninhabers durch die Schutzschranken der Art 12 (Wirkungsbeschränkung) und Art 13 (Erschöpfung) begrenzt. Schließlich können Ansprüche infolge Duldung verwirkt sein (Art 54). Auf die Erläuterungen dieser Vorschriften sei verwiesen.

Weil der Umfang des dem Markeninhaber verliehenen Ausschließungsrechts **10** in Abs 1 (Schutzbereich der GM) mit den durch die Markeneintragung begründeten relativen Eintragungshindernissen gegenüber Anmeldungen von jüngeren GMn inhaltsgleich ist, werden diese gemeinsam bei Art 8 behandelt und hier lediglich Spezifika der Verletzungshandlungen erörtert.

Der aktuelle Kommissionsvorschlag zur Reform der GMV[7] sieht folgende **11** wesentliche Klarstellungen / Änderungen zur Art 9 vor:
– Klarstellung, dass die Rechte aus einer GM nicht gegenüber den Inhabern prioritätsälterer Kennzeichenrechte geltend gemacht werden können. Bisher ist in der GMV insoweit nur in Art. 99 Abs 3 etwas »versteckt« vorgesehen, dass ältere Rechte einer Verletzungsklage als Einrede entgegengehalten werden könne.
– Ergänzung, dass auch im Bereich der Doppelidentität (derzeitger Abs 1 (a)) für eine Verletzung erforderlich ist, dass die Herkunftsfunktion der Marke beeinträchtigt wird. Dies würde die derzeitige Rechtsprechung des EuGH, dass im Bereich der Doppelidentität - anders als bei Fällen von nur Ähnlichkeit nach Abs 1 (b) - eine Verletzung auch aus der Beeinträ-

---

7 Kommisionsdokument COM (2013) 161.

chigung weiterer Markenfunktionen folgen kann (vgl Art 9 Rdn 6, 44 ff), kippen.

- Klarstellung, dass der Schutz der bekannten Marke nach derzeitigem Abs 1 (c) auch im Bereich identischer und ähnlicher Zeichen / Produkte greift.
- Ergänzung, dass die GM auch gegen die reine Benutzung von Firmennamen durchgesetzt werden kann.
- Bestätigung, dass die Benutzung einer GM in nach der RL 2006/114 (EG) unzulässiger vergleichender Werbung eine Verletzung der GM ist.
- Ergänzung, dass es für eine GM-Verletzung in Importfällen ausreicht, wenn nur der Absender geschäftlich handelt.
- Ergänzung, dass bereits die faktische Einfuhr von verletzenden Waren in die EU eine Verletzhung auch dann darstellt, wenn die Waren nicht zur zollrechtlichen Einfuhr in die EU vorgesehen sind. Damit dürften – so dieser Kommisionsvorschlag angenommen wird - auch Fälle des zollrechtlichen Transits zukünftig eine GM-Verletzung darstellen.
- Ergänzung, dass bereits die reine Anbringung einer Marke auf Verpackung etc. – und das Anbieten solcher Verpackungen etc. – eine GM-Verletzung ist, wenn es wahrscheinlich ist, dass diese Verpackungen etc. GM-verletzend benutzt werden. Ob damit auch solche Konstellationen wie im Fall »Winters/Red Bull« (vgl Art 9 Rdn 23) zukünftig als GM-Verletzung anzusehen wären, bleibt aber bei der derzeitigen Formulierung dieses Vorschlags unklar.

## 2 Schutzeintritt

12 Für das Recht auf die GM und damit die aus ihr herleitbaren Rechte gilt, wie überall im gewerblichen Rechtsschutz, das Prioritätsprinzip. Der von ihrem Anmelde- oder Prioritätstag bestimmte Zeitrang einer GM definiert den Beginn des Vorrangs der Marke gegenüber kollidierenden Kennzeichen (GMn oder nationalen Marken sowie sonstigen Kennzeichenrechten in Mitgliedstaaten der Gemeinschaft) mit einem späteren Zeitrang. Demgemäß ist der Schutz einer GM gegen Verletzungshandlungen durch die Benutzung kollidierender Zeichen unabhängig von deren angemeldetem oder bestehendem prioritätsjüngeren Markenschutz.[8]

---

8 EuGH C-561/11 vom 21.2.2013 (Nr. 52) *FCI/FCIPP.*

Der Markenschutz der GM tritt jedoch erst mit der Veröffentlichung ihrer    13
Eintragung ein (Abs 3 Satz 1). Erst ab diesem Tage können die vollen, auf
das Ausschlussrecht gegründeten Ansprüche gegen die Benutzung kollidierender Zeichen geltend gemacht und die teils vom Gemeinschaftsmarkenrecht, teils von den nationalen Rechtsordnungen vorgesehenen Sanktionen
sowie ihre gerichtliche Durchsetzung wirksam eingeleitet werden. Lediglich
ein Widerspruch gegen eine GMA kann auf eine prioritätsältere GMA – vor
oder nach ihrer Veröffentlichung gemäß Art 39 (1) – gestützt werden, vorbehaltlich ihrer späteren Eintragung (Art 8 (2) (b)); bezüglich jüngerer nationaler Marken(-Anmeldungen) gilt nationales Recht, in Deutschland erlaubt
§ 9 (1) Nr 1 und Nr 2 iVm § 125b DE-MarkenG die Widerspruchserhebung auf Grund einer älteren GMA.

Das hindert jedoch nicht, schon vor dem Tag der Veröffentlichung der Ein-    14
tragung der GM den Benutzer eines kollidierenden Zeichens und damit
künftigen Verletzer auf das im Entstehen befindliche Ausschlussrecht hinzuweisen, zumal dann rasch geklärt wird, ob der Adressat über ältere, namentlich ältere nationale Markenrechte verfügt. Auch ist erfahrungsgemäß
für alle Beteiligten die einvernehmliche Lösung einer Markenkollision umso
leichter, je früher sie erkannt wird, weil dann die Aufgabe einer Marken-
position einen entsprechend geringeren Verzicht auf bereits getätigte Investitionen bedeutet. Überdies ist zu beachten, dass Abs 3 Satz 2 dem Markeninhaber eine »angemessene Entschädigung« für die Benutzung eines
kollidierenden Zeichens im Zeitraum zwischen der GMA-Veröffentlichung
und der Eintragungsveröffentlichung zuspricht.

Inwieweit im Vertrauen auf die vom Amt angekündigte Eintragung eine    15
schon vor der tatsächlichen Eintragung eingereichte Klage durch die nachträgliche Eintragung ihre Begründetheit erhält, richtet sich nach dem betreffenden nationalen Zivilprozessrecht (Art 101 (3)). Stellt der als künftiger
Verletzer Angegriffene die angegriffene Benutzung vor der Veröffentlichung
der Eintragung ein, bleibt die Klage allerdings unbegründet, und auch eine
Begehungsgefahr dürfte nur dann bestehen, wenn erkennbare Umstände für
eine Wiederaufnahme der Benutzung sprechen. In jedem Fall darf das angerufene Gericht vor der Veröffentlichung der Eintragung der GM keine
Hauptsache-Entscheidung treffen (Abs 3 Satz 3).

## 3  Aktivlegitimation

**16**  Aktiv legitimiert, also zur Geltendmachung von Verletzungsansprüchen berechtigt, ist zuvörderst der eingetragene Markeninhaber. Dies können alle natürlichen oder juristischen Personen sein, einschließlich Körperschaften des öffentlichen Rechts.

**17**  Wird die GM an einen neuen Inhaber übertragen (Art. 17), kann dieser seine Rechte aus der Eintragung der GM erst dann geltend machen, wenn der Rechtsübergang in das Register eingetragen und veröffentlicht wurde (Art 17 (6)). Das gilt auch für die Wirkung von Rechtshandlungen gegenüber Dritten (Art 23 (1) Satz 1), jedoch mit der Einschränkung durch S 2, dass Dritte, die beim Erwerb von Zwischenrechten von der den Übergang begründenden Rechtshandlung wussten, sich deren Geltendmachung gegenüber nicht auf die mangelnde Eintragung berufen können. Eine Ausnahme gilt gemäß Art 23 (2) für die Gesamtrechtsnachfolge.

**18**  Auch ein Lizenznehmer kann die Rechte aus der GM im Wege der Abmahnung und Klageerhebung wahrnehmen, sofern der Inhaber der GM zustimmt. Für den Inhaber einer ausschließlichen Lizenz bedarf es der Zustimmung des Inhabers nicht, wenn der Inhaber der GM trotz Aufforderung untätig bleibt (Art 22 (3); siehe auch Erläuterungen zu Art 17, 19 und 22).

## 4  Passivlegitimation

**19**  Die Passivlegitimation betrifft die Frage, gegen wen (eine Markenverletzung im Übrigen tatbestandlich unterstellt) sich die Verletzungsansprüche richten; es geht also um die Frage, wer haftet.

### 4.1  Eigene Verletzungshandlungen

**20**  Passiv legitimiert ist zunächst, wer selbst eine die GM verletzende Zeichenbenutzung vornimmt, schlagwortartig genannt also »Täter« ist. Dies ist der Fall, wenn der in Anspruch Genommene selbst durch eine eigene Handlung sämtliche von der Verordnung und der dazu ergangenen Rechtsprechung geforderten Tatbestandsvoraussetzungen verwirklicht. Eine »Täterschaft« ist gegeben auch bei einem Zwischenhändler, der im eigenen Namen, aber für Rechnung des Verkäufers handelt und der daher an einem Verkauf von Waren, bei dem er selbst Vertragspartei ist, kein eigenes Interesse hat (und auch keine Rechte an den Waren besitzt), in seinen Geschäftspapieren ein mit einer Gemeinschaftsmarke identisches Zeichen für Waren oder Dienstleistungen benutzt, die mit denjenigen identisch sind, für die die Marke eingetragen ist.[9] Denn er handelt marktseitig im eigenen Namen und verwirklicht damit selbst die Verletzungshandlung des »Anbietens« im Sinne des Abs 2 (b).

Entscheidend für die Passivlegitimation als »Täter« ist also, ob der in Anspruch Genommene die Verletzung selbst durch eine eigene Handlung (Benutzung) vorgenommen hat. Dies ist zu unterscheiden von der Beteiligung an einer fremden Handlung. Eine eigene Benutzung verneint der EuGH in seiner »Google France« Entscheidung für Internetsuchmaschinenbetreiber, die keyword advertising, also die Möglichkeit für Dritte anbieten, Werbeanzeigen gezielt auf Keywords (hier relevant: fremde Marken) zu schalten, wenn ein Nutzer diese in der Suchmaske eingibt. Denn der Suchmaschinenbetreiber schaltet die Werbung nicht selbst, sondern ermöglicht lediglich seinen Kunden die Schaltung von deren Werbung.[10] Ebenso wertet der EuGH rechtsverletzende Angebote auf Online-Marktplätzen wie ebay nicht als eigene Benutzungen durch den Betreiber des Marktplatzes. Denn der Markplatzbetreiber bietet in der marktseitigen Wahrnehmung nicht selbst die Verletzungsware an, sondern nur eine Dienstleistung. Nämlich einen Dienst, der es Dritten ermöglicht, ihre Waren online anzubieten und zu verkaufen.[11] **21**

Anders ist es aber zu werten, wenn der Marktplatzbetreiber selbst Werbungen (z.B. auf anderen Internetseiten) schaltet, in denen er auf die entsprechenden Markenwarenangebote auf seinem Markplatz hinweist. Denn insoweit tritt der Betreiber marktseitig selbst als Werbender (für seinen Marktplatz) auf. Der Betreiber begeht in dieser Konstellation eine Markenverletzung, sofern aus dieser von ihm geschalteten Werbung für einen normal informierten und angemessen aufmerksamen (Internet-)Nutzer nicht oder nur schwer zu erkennen ist, ob die beworbenen Waren von dem Inhaber der Marke oder einem mit ihm wirtschaftlich verbundenen Unternehmen oder vielmehr von einem Dritten stammen.[12] **22**

Diese Abgrenzung anhand der marktseitigen Einordnung der Handlung führt der EuGH in seinem Urteil in der Sache »Winters/Red Bull« fort. Die dort verklagte Winters ist als Getränkeabfüller für ein Unternehmen mit Sitz **23**

---

9  EuGH C-062/08 vom 19.2.2009 (Nr. 54) *UDV/Brandtraders.*

10  C-236 bis-238/08 vom 23.3.2010, GRUR 2010, 445 (Nr. 55-57) *Google France.*

11  EuGH C-324/09 vom 12.7.2011, GRUR 2011, 1025 (Nr. 102) *ebay.*

12  EuGH C-324/09 vom 12.7.2011, GRUR 2001, 1025 (Nr. 85 u. 87) *ebay.*

auf den Britischen Jungferninseln tätig. Die Markeninhaberin möchte Winters wegen Verletzung der Marke »Red Bull« durch verschiedene mit ähnlichen Marken gekennzeichnete Getränke in Anspruch nehmen. Der EuGH bewertet dies als keine eigene Markenverletzung von Winters. Denn Winters biete marktseitig nur eine Dienstleistung (Abfüllen) an und nicht die Endprodukte (befüllte Getränkedosen). Von dem Fall »UDV/Brandtraders« grenzt der EuGH dies dadurch ab, dass dort der Kommissionär die Marke zwar auf fremde Rechnung, aber im eigenen Namen im Markt vertrieb.[13]

### 4.2 Mitwirkung an fremden Verletzungshandlungen

24   Liegt keine eigene Verletzungshandlung vor, fehlt aber nicht automatisch die Passivlegitimation. Vielmehr ist jeweils zu prüfen, ob nicht eine Haftung für Mitwirkung an einer fremden Verletzungshandlung greift.

25   Die GMV regelt diese Frage nicht. Der EuGH lässt es aber (stillschweigend) zu, auf entsprechende Haftungsfiguren des nationalen Rechts[14] wie z.B. Anstiftung und Beihilfe oder die in der DE-Rechtsprechung entwickelte Störerhaftung zurückzugreifen. Jedenfalls scheint in der bisherigen Judikatur der EuGH es als unproblematisch anzusehen, insoweit auf nationales Recht zurückzugreifen.[15] Allerdings erscheint dies jedenfalls beim Unterlassungsanspruch nicht selbstverständlich. Denn Art. 9 normiert den Markenverletzungstatbestand. Die dort genannten Verbietungsrechte greifen – nur – in den in Abs. 1 (a) bis (c) geregelten Fällen. Diese verlangen jeweils eine »Benutzung«. Entsprechend der oben in Art 9 *Rdn* 20 – 23 dargestellten Rechtsprechung des EuGH ist hierfür eine »eigene« Benutzung erforderlich. Zwar erlauben Art. 101 (2) und 102 (2) die Anwendung nationalen Rechtes »in allen Fragen, die nicht durch die Verordnung erfasst werden« bzw. »in Bezug auf alle anderen Fragen [jenseits des Unterlassungsanspruchs]«. Der Unterlassungsanspruch ist jedoch ausdrücklich in Art. 102 (2) geregelt und verlangt, dass das Gericht feststellt, dass eine GM verletzt wurde oder verletzt zu werden droht. Der Verletzungstatbestand ist wiederum in Art. 9 geregelt

---

13  EuGH C-119/10 vom 15.12.2011, GRUR Int 2012, 268 (Nr. 30 – 32) *Winters/Red Bull.*

14  EuGH C-236 bis-238/08 vom 23.3.2010, GRUR 2010, 445 (Nr. 106) *Google France*; EuGH C-324/09 vom 12.7.2011, GRUR 2001, 1025 (Nr.107) *ebay.*

15  EuGH C-119/10 Schlussanträge vom 14.4.2011 (Nr. 39) *Winters/Red Bull.*

und stellt, wie ausgeführt, auf eine eigene Verletzungshandlung (statt lediglich der Mitwirkung an einer fremden Handlung) ab.

Im Ergebnis wird man nichtsdestoweniger dem Rückgriff auf nationales 26 Recht in dieser Frage zustimmen können. Denn ansonsten entstünde gerade im Vergleich zum Recht der nationalen Marke eine Schutzlücke bei der effektiven Durchsetzung von GMn. Dogmatisch lässt sich dabei an die genannten Art. 101 (2) und/oder 102 (2) bzw. an Art. 14(2) (der die Anwendung von nationalem Recht für die »zivilrechtliche Haftung« ermöglicht) anknüpfen. Im Sinne eines einheitlichen Markenschutzes, bei dem nicht ein und dieselbe Handlung in einem Mitgliedsstaat als GM-Verletzung gilt, in einem anderen aber nicht, wäre aber eine Harmonisierung der Haftung für die Mitwirkung an einer fremden Markenverletzung wünschenswert.

Eine solche Harmonisierung liegt bereits dort vor, wo europäische Haftungs- 27 sonderregelungen greifen. Hervorzuheben ist insbesondere Art. 11 S. 3 der Enforcement-Richtlinie, der es erlaubt, Anordnungen gegen Mittelsmänner zu treffen, deren Dienste von einem Dritten zwecks Verletzung eines geistigen Eigentumsrechts in Anspruch genommen wurden.[16]

Umgekehrt ergeben sich aus dem Europarecht teilweise auch Haftungs- 28 beschränkungen. Dies ist insbesondere bei der E-Commerce-Richtlinie (2000/31/EG) der Fall, in deren Art. 14 ein Haftungsprivileg für »Dienste der Informationsgesellschaft, die in der Speicherung von durch einen Nutzer eingegebenen Informationen bestehen,« vorgesehen ist. Nach der EuGH-Rechtsprechung ist im Fall des keyword advertising der Suchmaschinenbetreiber (Referenzierungsdienstanbieter) ein solcher Anbieter eines »Dienstes der Informationsgesellschaft«, sofern er keine aktive Rolle gespielt hat, die ihm eine Kenntnis der gespeicherten Daten oder eine Kontrolle über sie verschaffen konnte.[17] Gleiches gilt für Betreiber von Online-Marktplätzen.[18] Derartige Anbieter haften also grundsätzlich nur/erst dann, wenn sie Kenntnis von der Verletzung erlangen und daraufhin nicht unverzüglich tätig werden, die verletzenden Werbungen/Angebote zu entfernen.

---

16 EuGH C-119/10 Schlussanträge vom 14.4.2011 (Nr. 37) *Winters/Red Bull* (im darauffolgenden Urteil hat der EuGH diese Frage aber nicht thematisiert).
17 EuGH C-236 bis-238/08 vom 23.3.2010, GRUR 2010, 445 (Nr. 120) *Google France*.
18 EuGH C-324/09 vom 12.7.2011, GRUR 2001, 1025 (Nr. 115) *ebay.*

## 5  Rechtsverletzende Zeichenbenutzung

### 5.1  Definition

29  Art 9 (1) erlaubt dem Inhaber einer GM, Dritten zu verbieten, die in lit (a) bis lit (c) genannten Zeichen im geschäftlichen Verkehr »zu benutzen«. Weder in der GMV noch in der ihr zu Grunde liegenden MarkenRichtl findet sich eine Definition des Begriffs der Benutzung von Marken oder Zeichen. Das gilt auch für den Begriff der rechtsverletzenden Benutzung. Der Begriff der Benutzung iSv Art 9 ist mithin durch Auslegung zu ermitteln;[19] zur Reichweite des Schutzes einer GM und damit zum potentiellen Verletzungsbereich siehe Art 8.

30  Nicht jegliche Verwendung eines im Schutzbereich einer GM liegenden (identischen oder verwechslungsfähig ähnlichen) Zeichens stellt eine diesen Schutz tangierende, also eine rechtsverletzende Benutzung dar. Drei weitere Tatbestandsvoraussetzungen für eine rechtsverletzende Benutzung nennt Art 9: Es muss sich um eine Zeichenbenutzung in Bezug auf Waren oder Dienstleistungen handeln – identisch oder ähnlich denen, die von der GM erfasst sind –, und diese muss im geschäftlichen Verkehr (Art 9 Rdn 65-68) sowie ohne Zustimmung des Markeninhabers (Art 9 Rdn 69-75) erfolgen. Liegt mindestens eine dieser Voraussetzungen nicht vor, so handelt es sich nicht um eine den Markenschutz verletzende Zeichenbenutzung. Aber auch ein Kommissionär, der sich an einem Kaufvertrag für Rechnung des Verkäufers beteiligt und daher keine Rechte an der Ware erwirbt, benutzt die Marke der von ihm kommissionierten Ware iSv Abs 1 (a) und Abs 2 (d),[20] wenn sein Auftreten marktseitig als ein Handeln »im eigenen Namen« in Bezug auf den Vertrieb der verletzenden Ware wahrgenommen wird. Dem gegenüber benutzt ein reiner Getränkeabfüller nicht die auf den von ihm abgefüllten Getränkedosen aufgebrachten Marken für die Ware »Getränke«. Denn sein Handeln stellt sich in der marktseitigen Wahrnehmung nur als eine Dienstleistung, nämlich »Abfüllen von Getränkedosen«, dar und nicht als ein Herstellen (im eigenen Namen) der Getränke.[21]

---

19  EuGH C-206/01 vom 12.11.2002, MarkenR 2002, 394 (Nr. 45) *Arsenal*; siehe auch Art 15 Rdn 5 f.

20  EuGH C-062/08 vom 19.2.2009, GRUR 2009, 1156 *UDV/Brandtraders*.

21  EuGH C-109/10 vom 15.12.2011, GRUR Int 2012, 268 (Nr. 30 – 32) *Winters/Red Bull*.

*Eisenführ/Eberhardt*

Eine weitere Voraussetzung verlangt der Gerichtshof in ständiger Rspr: Die 31
Zeichenbenutzung muss die Funktionen der GM und insbesondere ihre
Hauptfunktion, dh die Gewährleistung der Herkunft der Waren oder
Dienstleistungen gegenüber den Verbrauchern, beeinträchtigen oder beeinträchtigen können,[22] (Art 9 Rdn 33 ff). Gleiches gilt für den Fall der Beeinträchtigung von weiteren, dem Schutz unterfallenden Markenfunktionen
von insbesondere bekannten Marken[23] (Art 9 Rdn 45 ff).

Darüber hinaus kann trotz Vorliegen der genannten Voraussetzungen eine 32
Rechtsverletzung durch die Benutzung ausscheiden, wenn eine der in Art 12
genannten Schutzschranken eingreift[24] oder wenn bezüglich der betroffenen
Waren das Recht aus der geschützten Marke gemäß Art 13 erschöpft ist (siehe dort). Das Gleiche gilt, wenn mangels rechtserhaltender Benutzung der
Marke diese gemäß Art 15 (1) den einschlägigen Sanktionen unterliegt und
deshalb das ihrem Inhaber durch Art 9 (1) eingeräumte Recht nicht wirksam
geltend gemacht werden kann. Letzteres trifft auch für den Fall der Verwirkung insbesondere durch Duldung seitens des GM-Inhabers zu (siehe dort).

### 5.2 Benutzung »als Marke«

Vordergründig erfasst das Verbot der Zeichenbenutzung »für Waren oder 33
Dienstleistungen« unabhängig von deren Funktion eine Benutzung des Zeichens, die sich im geschäftlichen Verkehr auf die vom Schutz der GM –
identisch oder ähnlich – betroffenen Produkte bezieht und nicht durch die
vorgenannten Schutzschranken oder andere Umstände freigestellt ist. Dem
ist der EuGH entgegengetreten. Er hat in seiner Rechtsprechung die unge-
schriebene Tatbestandsvoraussetzung etabliert, dass nur solche Markenbenutzungen, die eine Benutzung »als Marke« darstellen, die in den Anwendungsbereich des Art 9 (1) fallen. So hatte der EuGH schon vor, aber auch nach
Erlass der Markenrechtsrichtlinie entschieden, dass die Hauptfunktion einer
Marke darin besteht, dem Verbraucher oder Endabnehmer die Ursprung-

---

22  EuGH C-017/06 vom 11.9.2007, GRUR 2007, 971 (Nr. 16 mwN) *Céline.*

23  EuGH C-487/07 vom 18.6.2009, GRUR Int 2009, 1010 *L'Oréal ua/Bellure
    ua.*

24  Im Fall »Aufarbeitung von Fahrzeugkomponenten« hat der DE-BGH unter Be-
    zugnahme auf Art 12 (b) entschieden, dass sich für den gewerblichen Nachfrager
    von aufgearbeiteten Austauschteilen die neben der Marke des aufarbeitenden Un-
    ternehmens auf dem Teil verbliebene Herstellermarke nicht auf den Aufarbei-
    tungsvorgang bezieht: GRUR 2007, 705.

sidentität der mit ihr versehenen Ware zu garantieren[25] und im »BMW«-Urteil[26] festgestellt, dass die Anwendung von Art 5 (1) MarkenRichtL (= Art 9 (1)) davon abhängt, »ob die Marke zur Unterscheidung von Waren oder Dienstleistungen als solche eines bestimmten Unternehmens, also als Marke, benutzt wird«. In seiner »Hölterhoff«-Entscheidung[27] hat sich der EuGH allerdings nicht auf diese am Schutzobjekt ausgerichteten Definition der rechtsverletzenden Zeichenbenutzung bezogen, sondern das Schutzsubjekt – den Markeninhaber – adressiert, indem er feststellte, dass in jenem Vorlagefall die Benutzung der Marke keines seiner Interessen beeinträchtige, deren Schutz Art 5 (1) MarkenRichtL (= Art 9 (1) GMV) bezwecke, weil im Licht der besonderen Umstände dieses Falles die Bezugnahme auf die Marke vom potentiellen Kunden nicht als Hinweis auf die Herkunft der Ware verstanden werden könne.

34 In der »Arsenal«-Entscheidung hat der EuGH dies bekräftigt.[28] Im Hinblick darauf, dass die Hauptfunktion der Marke darin bestehe, dem Verbraucher oder Endabnehmer die Ursprungsidentität der durch die Marke gekennzeichneten Ware oder Dienstleistung zu garantieren, sei Art 5 (1) (a) MarkenRichtL (= Art 9 (1) (a) GMV) dahingehend zu interpretieren, dass dem Markeninhaber das dort niedergelegte ausschließliche Recht gewährt werde, um ihm den Schutz seiner spezifischen Interessen als Markeninhaber zu ermöglichen. Daher müsse die Ausübung dieses Rechts auf Fälle beschränkt bleiben, in denen die Benutzung des Zeichens durch einen Dritten die Funktionen der Marke und insbesondere ihre Hauptfunktion, dh die Gewährleistung der Herkunft der Ware gegenüber den Verbrauchern, beeinträchtigt oder beeinträchtigen könnte (Nr 48, 51). Diese Beeinträchtigung der Interessen des Markeninhabers sei aber bereits gegeben, wenn die Benutzung eines identischen oder verwechslungsfähigen Zeichens für identische oder ähnliche Waren im geschäftlichen Verkehr den Eindruck aufkommen lässt, dass eine Verbindung zwischen jenen Produkten und dem Markeninhaber besteht (Nr 56).

---

25  Vgl Schlussanträge des Generalanwalts Jacobs vom 20.9.2001 in der Rs C-002/00 (Nr. 35) *Hölterhoff/Freiesleben.*

26  EuGH C-063/97 vom 23.2.1999, GRUR Int 1999, 438 *BMW/Deenik.*

27  EuGH C-002/00 vom 14.5.2002, GRUR 2002, 692 (Nr. 16) *Hölterhoff/Freiesleben.*

28  EuGH C-206/01 vom 12.11.2002, GRUR Int 2003, 229 *Arsenal.*

Damit wurde zugleich festgestellt, dass maßgeblich für eine rechtsverletzende 35
Zeichenbenutzung die Auffassung der relevanten Verkehrskreise ist. Im Fall
»Opel Logo«[29] hat der Gerichtshof festgestellt, dass die Benutzung von Au-
tomobilmarken auf verkleinerten Modellen die im Vordergrund stehende
Herkunftsfunktion der auch für Spielzeug eingetragenen Klagemarke nicht
beeinträchtigt – und deshalb keine unter Abs. 1 (a) fallende Benutzung vorliegt –, wenn der normal informierte und angemessen aufmerksame und
verständige Durchschnittsverbraucher von Waren der Spielzeugindustrie in
Deutschland daran gewöhnt sei, dass die Modelle sich an reale Vorbilder an-
lehnten, und dass er sogar weitgehend Wert auf absolute Originaltreue lege,
so dass der genannte Verbraucher das Opel-Logo auf Modellen Dritter nicht
als Angabe darüber verstünde, dass diese Waren von Adam Opel oder einem
mit dieser wirtschaftlich verbundenen Unternehmen stammten (s auch
Art 12 Rdn 59 ff).

Hiernach können solche Benutzungen eines mit einer GM iSv von Abs. 1 36
kollidierenden Zeichens nicht verboten werden, die im Hinblick auf die
Funktionen der Marke die Interessen des Markeninhabers nicht beeinträchtigen. Dazu gehören bestimmte Benutzungen zu rein beschreibenden Zwecken, da sie ungeachtet ihrer Vornahme im geschäftlichen Verkehr keine der
von jener Vorschrift geschützten Interessen beeinträchtigen und daher nicht
unter den Begriff der Benutzung in deren Sinne fallen. Dies hat der EuGH
im »Hölterhoff«-Fall bejaht.[30] Weil demgegenüber im »Arsenal«-Fall der Tatbestand der Abs 1 entsprechenden Richtlinienvorschrift erfüllt war, enthält
der dies aussprechende Urteilstenor den Vorbehalt, dass eine derart festgestellte potentiell rechtsverletzende Benutzung nicht durch die Schutzschranke des Art 6 (1) MarkenRichtl (= Art 12) freigestellt sein darf. Es ist

---

29  EuGH C-048/05 vom 25.1.2007, GRUR 2007, 318 (Nr. 23, 24) *Opel-Logo*;
    vgl auch Schlussanträge des Generalanwalts Ruiz-Jarabo Colomer vom 7.3.2006
    in derselben Rechtssache (Nr. 42 f).
30  EuGH C-002/00 vom 14.5.2002, GRUR 2002, 692 *Hölterhoff/Freiesleben*; kri-
    tisch dazu Eisenführ, in: FS für Tilmann, 2003, S 313. Das »Hölterhoff«-Urteil
    sollte als durch das »O₂«-Urteil (EuGH C 533/06 vom 12.6.2008, GRUR 2008,
    698 (Nr. 36, 37) *O₂*) überholt anzusehen sein, weil auch in der mündlichen Be-
    nutzung der fremden Marken zum Zwecke der Identifizierung der eigenen Waren
    im Rahmen einer vergleichenden Werbung eine Benutzung iSv Art 5 (1) (a) Mar-
    kenRichtl zu sehen ist und zumindest lit h des Art 3a (1) der Werberichtlinie
    84/450 nicht erfüllt ist.

mithin in Fällen wie den hier angesprochenen eine Stufenprüfung erforderlich, die zunächst untersucht, ob überhaupt eine unter Abs. 1 fallende Benutzung vorliegt, ob bejahendenfalls die indizierte Rechtsverletzung durch Art 12 freigestellt ist oder ob Verletzungsansprüche durch Art 13, Art 51 iVm Art 15 oder Art 54 ausgeschlossen sind.[31] Ein (vermeintliches) Freihaltebedürfnis ist dabei jenseits der Schranke des Art 12 nicht zu berücksichtigen.[32]

### 5.3 Herkunftsfunktion und andere Markenfunktionen

37  Eine Benutzung als Herkunftshinweis ist also hinreichende Bedingung. Eine den Anwendungsbereich der Art. 9 (1) eröffnende Benutzung »als Marke« liegt damit stets dann vor, wenn die Herkunftsfunktion beeinträchtigt ist, also das benutzte Zeichen als kommerzielles Herkunftszeichen oder gar als »betriebliches Herkunftszeichen«[33] in Erscheinung tritt. Damit ist aber noch nicht geklärt, ob eine Beeinträchtigung der Herkunftsfunktion auch notwendige Bedingung ist. Mit anderen Worten stellt sich die Frage, ob auch Markenbenutzungen, die andere Markenfunktionen berühren, nicht aber die Herkunftsfunktion, eine rechtsverletzende Benutzung sein können. Insoweit ist die Herkunftsfunktion der GM, und zwar in der siebten – jetzt achten – Begründungserwägung der GMV besonders betont. Zugleich ist sie dort aber auch als »insbesondere« zu schützende Funktion bezeichnet und damit nicht als die alleinig zu schützende. Tatsächlich kann die Unterscheidung von Waren oder Dienstleistungen eines Unternehmens von denen anderer Unternehmen sich auf die Qualität oder den Ruf der Produkte sowie auf das Ansehen ihres Herstellers oder Lieferanten beziehen, wie Generalanwalt Ruíz-Jarabo Colomer im »Arsenal«-Fall feststellte und daher die Auffassung vertrat, dass der Inhaber einer eingetragenen Marke nach Art 5 (1) (a) MarkenRichtl einem Dritten die Benutzung identischer Zeichen für identische Waren oder Dienstleistungen verbieten kann, die nicht nur in Bezug auf die Herkunft, sondern auch auf die Bezugsquelle, die Qualität oder Wertschätzung dieser Produkte irreführend sein können.[34]

---

31  Vgl Kur, GRUR Int 2008, 1,2 erster Abs.
32  EuGH C-102/07 vom 10.4.2008, GRUR Int 2008, 589 *adidas*.
33  EuGH C-002/00 vom 14.5.2000, MarkeNr. 2002, 189 *Hölterhoff/Freiesleben*.
34  Schlussanträge des Generalanwalts Ruiz-Jarabo Colomer vom 13.6.2002 in der Rs C-206/01 (Nr. 43) *Arsenal*; ferner Schlussanträge des Generalanwalts Paolo

Dabei bemerkt der Generalanwalt im selben Kontext, es schiene ihm eine 38 grobe Vereinfachung zu sein, die Funktion der Marke auf die Angabe des Herstellungsunternehmens zu begrenzen. Die Erfahrung zeige, dass sich der Benutzer in den meisten Fällen nicht bewusst ist, wer die von ihm konsumierten Waren herstellt. Die Marke entfalte ein Eigenleben, sie drücke eine Qualität, einen Ruf und in bestimmten Fällen eine Lebensauffassung aus (Nr 46). Diese Ausführungen des Generalanwalts, in deren Verlauf er ›die Sichtweise geändert und statt auf die Benutzung der Marke auf die Rechte des Markeninhabers abgestellt‹ hat, dürften maßgeblich dazu beigetragen haben, dass der EuGH – wie oben dargelegt (Art 9 Rdn 34) – im »Arsenal«-Urteil für die Beurteilung einer Zeichenbenutzung als rechtsverletzend nicht allein auf den Schutz der Herkunftsfunktion, sondern auf den Schutz der spezifischen Interessen des Markeninhabers abgestellt hat;[35] das war allerdings – wenn auch gewissermaßen in Negativabgrenzung – im »Hölterhoff«-Urteil schon angedeutet worden.[36]

Gleichwohl widerspricht die Berücksichtigung weiterer Markenfunktionen 39 nicht der Auffassung des EuGH, dass die beim angesprochenen Verkehr von der Marke bewirkte Identifizierung die Vorstellung hervorruft, die mit der Marke versehenen Produkte seien unter der Kontrolle eines einzigen Unternehmens hergestellt oder erbracht worden, welches für ihre Qualität verantwortlich gemacht werden kann.[37] Denn alle mit einer Marke verknüpften Vorstellungen von Qualität, Ruf und Ansehen (»Image«) haben die Einheitlichkeit der Kontrolle oder gar Steuerung der unter der Marke vertriebenen Produkte zur Voraussetzung (vgl. Art 9 Rdn 37, 38, 45).

Die Markenfunktion, Produkte eines Unternehmens von denen anderer Unternehmen zu unterscheiden, umschließt eine Vielzahl von Faktoren, welche nach Auffassung des relevanten Publikums für das jeweilige mit der Marke versehene Produkt wesensbestimmend oder jedenfalls maßgeblich sind. In der Marke bündeln sich gewissermaßen die Merkmale und Eigenschaften des mit ihr gekennzeichneten Produkts, sie stellt ein Kürzel dar, welches mit

---

Mengozzi vom 10.2.2009 in der Rs C-487/07 (Nr. 33f, 52) *L'Oréal ua/Bellure ua*.

35 EuGH C-206/01 vom 12.11.2002, GRUR Int 2003, 229 (Nr. 51) *Arsenal*.

36 EuGH C-002/00 vom 14.5.2002, GRUR 2002, 692 (Nr. 16) *Hölterhoff/Freiesleben*.

37 EuGH C-039/97 vom 29.9.1998, GRUR 1998, 922 (Nr. 28) *Canon*; EuGH C-010/89 vom 17.10.1990, GRUR Int 1990, 960 *Hag II*.

dem Produkt auch dessen Merkmale und Eigenschaften identifiziert und kommuniziert. Die vom EuGH in der Herkunftsfunktion gesehene Ursprungsidentifizierung ist also zugleich auch eine Identifikation jener Produktmerkmale, bei denen es sich sowohl um materielle, eine bestimmte Qualität begründende als auch um immaterielle Eigenschaften wie Ruf und Ansehen der Produkte oder ihrer Anbieter handeln kann.

41   Wenn somit das Kürzel »Marke« für die Merkmale steht, durch die sich das mit ihr versehene Produkt von gleichartigen Produkten anderer Unternehmen unterscheidet, stellt die Benutzung der Marke zur Bezeichnung (»Beschreibung«) solcher Merkmale unausweichlich auch einen Zugriff auf die ursprungsidentifizierende Unterscheidungsfunktion der Marke dar. Die vom Gerichtshof im Fall »Hölterhoff« gesehene beschreibende und daher von der Unterscheidungsfunktion nicht erfasste Benutzung einer Marke ist eine Schimäre, es gibt sie nicht. Denn es geht bei einer derartigen Benutzung nicht um eine beschreibende Angabe iSv Art 12 (b) mit umgangssprachlichen Mitteln, sondern solche Markenbenutzung kann ihren Sinn nur darin haben, diejenigen Eigenschaften oder Merkmale des originär mit der Marke gekennzeichneten Produkts in Bezug zu nehmen, in denen es sich von sachlich gleichartigen Produkten anderer Anbieter unterscheidet. Ebendies war auch Sinn und Zweck der Markenbenutzung im »Hölterhoff«-Fall, die daher unter die in § 14 (2) Nr 3 DE-MarkenG (= Art 5 (3) MarkenRichtl) nur insbesondere, also unvollständig aufgeführten Benutzungshandlungen fällt und vom Ausschlussrecht des § 14 (1) DE-MarkenG erfasst wird.

42   Hiernach wird das Recht aus einer GM durch eine solche Benutzung der in Art 9 (1) genannten Zeichen im geschäftlichen Verkehr verletzt, welche geeignet ist, die mit den Zeichen versehenen Waren oder Dienstleistungen in Bezug auf deren Ursprung oder damit verknüpfte Wertvorstellungen zu kennzeichnen und damit zu identifizieren. Nur – aber auch immer – dann liegt eine die Interessen des Markeninhabers beeinträchtigende Benutzung des Zeichens »als Marke« vor und löst – insbesondere – die in Abs 2 angegebenen Sanktionen aus. Eine Zeichenbenutzung, die dieser Definition nicht unterfällt, stellt keine rechtsverletzende Benutzung iSv Abs 1 und mangels einer Art 5 (5) MarkenRichtl umsetzenden Vorschrift in der GMV keinen Eingriff in die Rechte des Inhabers einer GM dar.

43   Die Beschädigung der mit einer Marke verknüpften Wertvorstellungen war entscheidend für die Beantwortung der ersten Frage eines Vorlagebeschlusses durch den Gerichtshof. Vorbehaltlich einer tatbestandlichen Klärung und

Beurteilung durch das nationale Vorlagegericht hat er im Fall der Klage eines Markeninhabers gegen seinen Lizenznehmer, der gegen eine Vertriebsbeschränkung im Lizenzvertrag verstoßen hatte, entschieden, dass Art 8 (2) MarkenRichtl (= Art 22 (2) GMV) dahin auszulegen ist, dass der Markeninhaber die Rechte aus der Marke gegen einen Lizenznehmer geltend machen kann, der gegen eine Bestimmung des Lizenzvertrages verstößt, nach der aus Gründen des Ansehens der Marke der Verkauf von Waren wie den im Ausgangsverfahren in Rede stehenden an Discounter untersagt ist, sofern nachgewiesen ist, dass dieser Verstoß aufgrund der besonderen Umstände im Fall des Ausgangsverfahrens den Prestigecharakter schädigt, der diesen Waren eine luxuriöse Ausstrahlung verleiht[38] (vgl. Art 9 Rdn 37, 45).

Zumindest verbal noch weiter geht die zweite Antwort des Gerichtshofes auf 44 die Vorlage durch den britischen Court of Appeal (England & Wales, Civil Division) in einem durch vergleichende Werbung geprägten Wettbewerbs- und Marken-Fall zwischen L'Oréal SA und weiteren Herstellern von Luxusparfums einerseits sowie Bellure NV und anderen Parfumanbietern andererseits.[39] Letztere hatten Vergleichslisten ausgegeben, in denen unter Angabe der notorisch bekannten Marken jener Luxusparfums deren billigere Imitationen angeblich gleichen Dufts mit ihren Kennzeichen gegenübergestellt waren. Das vorlegende Gericht hatte – für den EuGH bindend – unterstellt, dass dadurch keine Verwechslungsgefahr hervorgerufen und weder der Verkauf der Luxusparfums beeinträchtigt noch der Ruf ihrer Marken durch Verunglimpfung ihres Images, durch Verwässerung oder auf andere Weise beschädigt wird.

Der Gerichtshof weist in seinen Erwägungen zunächst darauf hin, dass der 45 absolute Identitätsschutz durch Art 5 (1) (a) MarkenRichtl (= Art 9 (1) (a) GMV) weiter geht als in einem Fall des lit (b) bei Ähnlichkeit und Verwechslungsgefahr, dass jedoch auch nach lit (a) kein Schutz gewährt wird, wenn die Benutzung des identischen jüngeren Zeichens keine der Funktionen der älteren Marke beeinträchtigen kann, wie dies – vermeintlich – in der *causa* Hölterhoff der Fall war, während vorliegend mit der Vergleichslisten-Benutzung keine rein beschreibenden Zwecke, sondern Werbezwecke verfolgt würden (Nrn. 59–62). Darin könne, auch wenn keine Beeinträchtigung der Marken-Hauptfunktion einer Herkunftsgarantie erfolge, eine

---

38  EuGH C-059/08 vom 23.4.2009 (Nr. 37) *COPAD*.
39  EuGH C-487/07 vom 18.6.2009, GRUR Int 2009, 1010 *L'Oréal ua/Bellure ua*.

Beeinträchtigung anderer Markenfunktionen wie u.a. der Kommunikations-, Investitions- oder Werbefunktionen der Marken liegen (vgl. Art 9 Rdn 37,38).

46 Die Differenzierung zwischen Fällen der Doppelidentität nach lit (a) einerseits sowie Ähnlichkeit und Verwechslungsgefahr nach lit (b) andererseits setzt der EuGH auch in seiner Serie von Entscheidungen zum keyword advertising fort. Er betont, dass der Tatbestand des lit (b) das Vorliegen einer Verwechslungsgefahr voraussetzt und damit der Schutz nach lit (a) bei der Doppelidentität weiter geht.[40] Eine Verwechslungsgefahr setzt dabei voraus, dass es zu Irrtümern über die betriebliche Herkunft des Produktes kommt. Insoweit ist für den Tatbestand nach lit (b) nur die Herkunftsfunktion maßgeblich.[41] Dementsprechend differenziert beurteilt der EuGH auch die Fälle von keyword advertising, also hier des Buchens fremder Marken oder mit diesen ähnlicher Zeichen als Schlüsselwörter für das Erscheinen eigener Werbung bei Eingabe des entsprechenden Suchbegriffes durch den Nutzer. Werden nur ähnliche und nicht ein mit der Marke identisches Zeichen gebucht (wobei nur geringe Abweichungen im Zeichen immer noch unter Zeichenidentität subsumiert werden können[42]), so ist eine Verletzung nur dann gegeben, wenn eine Gefahr der Irreführung über die betriebliche Herkunft besteht.[43] Dabei führt allein der Umstand, dass bei Eingabe der Marke bzw. des ähnlichen Zeichens die Anzeige erscheint, noch nicht zur Herkunftstäuschung. Entscheidend ist vielmehr die Ausgestaltung der erscheinenden Werbeanzeige. Legt diese nahe, dass es zwischen dem Markeninhaber und dem Werbenden jedenfalls eine geschäftliche Verbindung gibt, so liegt eine Herkunftstäuschung und damit eine Verletzung vor. Unklarheiten gehen dabei

---

40 EuGH C-236 – 238/08 vom 23.03.2010 GRUR 2010, 445 (Nr. 78) *Google France*;.EuGH C-278/08 vom 25.03.2010 GRUR 2010, 451 (Nr. 22) *Bergspechte*;.EuGH C-558/08 vom 08.07.2010, GRUR 2010, 841 (Nr. 31 und 54) *Portakabin*;.EuGH C-323/09 vom 22.09.2011, GRUR 2011, 1124 (Nr. 34) *Interflora*.

41 EuGH C-278/08 vom 25.03.2010 GRUR 2010, 451 (Nr. 22) *Bergspechte*; EuGH C-558/08 vom 08. Juli 2010, GRUR 2010, 841 (Nr. 31 und 54) *Portakabin*.

42 EuGH C-558/08 vom 08. Juli 2010, GRUR 2010, 841 (Nr. 48) *Portakabin*.

43 EuGH C-558/08 vom 08. Juli 2010, GRUR 2010, 841 (Nr. 31 und 54) *Portakabin*.

zu Lasten des Werbenden.[44] Dabei ist für eine Verletzung nicht zwingend erforderlich, dass die als Suchwort gebuchte Marke im Anzeigetext selbst erscheint.[45] Maßgeblich sind also die Umstände des Einzelfalls, die von den nationalen Gerichten zu würdigen sind. Der EuGH hat insoweit – entsprechend seiner Aufgabe im Rechtsprechungssystem – zwar den rechtlichen Rahmen für die Beurteilung solcher Fälle aufgezeigt. Er überlässt jedoch die Einzelwürdigung den nationalen Gerichten. Dies ist zwar natürlich mit der Stellung des EuGH im Rechtsprechungsgefüge systemkonform. Nichtsdestoweniger ergibt sich hieraus die Gefahr abweichender Handhabungen in den einzelnen Ländern. So lässt sich z. B beobachten, dass in der DE-Rechtsprechung die Zulässigkeit von keyword advertising im jeweiligen Einzelfall wohl großzügiger beurteilt wird als in der AT-Rechtsprechung.[46]

Im Bereich der Doppelidentität (lit a) prüft der EuGH in seinen keyword 47 advertising–Entscheidungen über die Beeinträchtigung der Herkunftsfunktion hinaus, ob die Werbefunktion und die Investitionsfunktion der Marke beeinträchtigt sind. Die Werbefunktion ist dann beeinträchtigt, wenn durch die Benutzung die Möglichkeit des Markeninhabers, die Marke als Element der Verkaufsförderung oder Instrument der Handelsstrategie einzusetzen, beeinträchtigt wird.[47] Insoweit erkennt der EuGH zwar an, dass der Markeninhaber gegebenenfalls höhere Werbeaufwendungen tätigen muss, damit seine eigene Anzeige in der Rubrik »Anzeigen« vor derjenigen von Wettbewerbern erscheint. Da bei den »natürlichen« Suchergebnissen üblicherweise aber nach wie vor die Internetseiten des Markeninhabers an vorderster

---

44 EuGH C-236 – 238/08 vom 23.03.2010, GRUR 2010, 445 (Nr. 83 und 84) *Google France*; EuGH C-278/08 vom 25.03.2010, GRUR 2010, 451 (Nr. 35) *Bergspechte*; EuGH C-558/08 vom 08. Juli 2010, GRUR 2010, 841 (Nr. 34 und 35) *Portakabin*; EuGH C-323/09 vom 22. September 2011, GRUR 2011, 1124 (Nr. 44 und 45) *Interflora*.

45 EUGH C-236-239/08 vom 23.08.2012, GRUR 2010, 445 (Nr. 65-73 *Google France*. EuGH C-558/08 vom 08. Juli 2010, GRUR 2011, 1124 (Nr. 35) *Portakabin*; EuGH C-323/09 vom 22. September 2011 (Nr. 45) *Interflora*; EuGH C-91/00 vom 26. März 2010, GRUR 2010, 641 (Nr. 18) *Eis.de (Bananabay)*.

46 Zur DE-Rechtsprechung vgl DE-BGH GRUR 2011, 828 *Bananabay II* und zur AT-Rechtsprechung vgl AT-OGH vom 11.06.2012 *Bergsprechte III*.

47 EuGH C-236 – 238/08 vom 23.03.2010 GRUR 2010, 445 (Nr. 2 und 19) *Google France*.

Stelle erscheinen, reicht dies für eine Beeinträchtigung der Werbefunktion nicht aus.[48]

48 Die Investitionsfunktion setzt nach der »*Interflora*« Entscheidung des EuGH darauf auf, dass eine Marke von ihrem Inhaber auch dazu eingesetzt werden kann, einen Ruf zu erwerben oder zu wahren, der geeignet ist, Verbraucher anzuziehen und zu binden. Sie kann sich mit der Werbefunktion überschneiden, ist jedoch von dieser verschieden. Der Einsatz einer Marke zum Erwerb oder zur Wahrung eines Rufes erfolgt nämlich nicht nur durch Werbung, sondern auch durch verschiedene Geschäftsmethoden. In einer Situation, in der die Marke bereits einen entsprechenden Ruf genießt, wird die Investitionsfunktion beeinträchtigt, wenn die Benutzung des identischen Zeichens Auswirkungen auf den Ruf hat und damit dessen Wahrung gefährdet. Der Markeninhaber kann einen Wettbewerber aber nicht daran hindern, ein mit der Marke identisches Zeichen unter Bedingungen zu nutzen, die einem fairen Wettbewerb entsprechen, sofern diese Benutzung lediglich zur Folge hat, dass der Markeninhaber seine Anstrengungen zum Erwerb und zur Wahrung seines Rufs anpassen muss.

49 Der »*Interflora*«-Entscheidung ist insoweit implizit zu entnehmen, dass der EuGH keyword advertising in Bezug auf eine bekannte Marke als nicht per se unzulässig erachtet. Er überlässt die Würdigung des Einzelfalls vielmehr dem nationalen Gericht.[49] Im Ergebnis bestätigen also die Entscheidungen des EuGH zum keyword advertising zwar, dass im Bereich der Doppelidentität eine Beeinträchtigung der Herkunftsfunktion grundsätzlich zwar nicht notwendige Bedingung einer Verletzung ist. Nichtsdestoweniger kommt es letztlich für diese Konstellation des keyword advertising aber doch entscheidend darauf an, ob im konkreten Einzelfall eine Herkunftsfunktion beeinträchtigt ist. Denn der EuGH stuft keyword advertising nicht per se so ein, dass dadurch die Werbe- und/oder Investitionsfunktion der Marke beeinträchtigt werden würde.

50 Des weiteren hat der EuGH in seiner »*Budweiser II*«-Entscheidung bekräftigt, dass im Falle einer Doppelidentität nicht nur eine Beeinträchtigung der Herkunftsfunktion, sondern auch der anderen Funktionen wie u. a. die Ge-

---

48 EuGH C-236 – 238/08 vom 23.03.2010 GRUR 2010, 445 (Nr. 94 und 97) *Google France*.
49 EuGH C-323/09 vom 22. September 2011, GRUR 2011, 1124 (Nr. 60 bis 65) *Interflora*.

währleistung der Qualität des Produkts oder die Kommunikations-, Investitions- oder Werbefunktion zu untersuchen ist.[50] Dieser Fall betraf zwar nicht unmittelbar die Frage einer Verletzung, sondern ein Vorgehen von Anheuser-Busch gegen die Eintragung einer GB-Wortmarke »Budweiser« für die tschechische Brauerei Budvar. Nichtsdestoweniger nutzt der EuGH die Gelegenheit, seine entsprechende Rechtsprechung zu Verletzungsfragen zu bekräftigen. Allerdings sind die Ausführungen des EuGH aufgrund einer entsprechend limitierten Vorlagefrage auf Erwägungen zur Herkunftsfunktion beschränkt. Der EuGH verneint in dem spezifischen Fall eine Beeinträchtigung der Herkunftsfunktion. Denn sowohl Anheuser-Busch als auch Budvar nutzten jeweils seit fast 30 Jahren das Zeichen »Budweiser« im englischen Markt in gutem Glauben. Auch wenn die Bezeichnung identisch sei, würden die Verbraucher in GB den Unterschied zwischen den Bieren von Budvar und denen von Anheuser-Busch deutlich wahrnehmen, weil sich diese seit jeher im Geschmack, im Preis und in der Aufmachung unterscheiden.[51]

Gerade diese Feststellung zur Differenzierung »anhand der Aufmachung« 51 macht aber deutlich, dass die Entscheidung zu kritisieren ist. Denn es ging um eine Wortmarke »Budweiser« und nicht um eine der Aufmachung von Budvar entsprechende Wort-/Bildmarke (in der Sprache der GMV nur Bildmarke). Eine Wortmarke gibt ihrem Inhaber grundsätzlich das Recht, diese in jeglichen Schreibweisen zu benutzen. Würde Budvar aber eine abgewandelte Aufmachung verwenden (z. B. eine solche, die der Aufmachung von Anheuser-Busch deutlich ähnlicher kommt), wird der vom EuGH angenommene Ausschluss der Herkunftsverwirrung aufgrund der Aufmachung gerade nicht mehr greifen. Diese Überlegungen verdeutlichen, wie eine stringente und folgerichtige Lösung tatsächlich ausgesehen hätte. Eine reine Wortmarke hätte man Budvar nicht zubilligen dürfen, sondern nur eine Marke für den konkret von Budvar im Markt verwendeten »Budweiser«–Schriftzug in seiner bildlichen Ausgestaltung. Gleiches hätte dann auch umgekehrt für Anheuser-Busch gelten müssen.

---

50 EuGH C-482/09 vom 22. September 2011, GRUR 2012, 519 (Nr. 71) *Budweiser II*.
51 EuGH C-482/09 vom 22. September 2011, GRUR 2012, 519 (Nr. 80) *Budweiser II*.

## 5.4 Zeichengebrauch mit Bezug auf die Produkte des Markeninhabers

52 Aus der an der Funktionslehre des Markenschutzes ausgerichteten Rechtsprechung, die in Übereinstimmung mit dem zehnten Erwägungsgrund der MarkenRichtl (und dem siebten – jetzt achten – der GMV) die Hauptfunktion der Marke in ihrer Herkunftsgarantie sieht,[52] ist zu schließen, dass eine rechtsverletzende Zeichenbenutzung in der Regel nicht vorliegt, wenn es sich bei den »betroffenen Waren« nicht um ein eigenes Produktangebot des Zeichenbenutzers, sondern um die Originalwaren des Markeninhabers handelt, die mit seiner Marke versehen sind. Zwar wird dabei von der Herkunftsfunktion des Zeichens im geschäftlichen Verkehr Gebrauch gemacht, aber es wird ein Bezug zum Unternehmen des Markeninhabers hergestellt, so dass seine Interessen nicht beeinträchtigt werden können. Damit scheiden derartige »doppelidentische« Zeichenbenutzungen im Rahmen von Warentests und anderen redaktionellen Bezugnahmen, bei vergleichender Werbung[53] und anderen Arten der offenen Anlehnung sowie sonstigen »Markennennungen« in Bezug auf die vom Markeninhaber mit seiner Marke versehenen Produkte – vom EuGH im BMW-Fall als »informative Benutzung« der BMW-Marken bezeichnet – als rechtsverletzende Benutzungshandlungen aus – sofern nicht, was letztlich wohl als Sonderfall zu werten ist, eine andere Markenfunktion angesprochen wird und eine Irreführung zu Lasten des Markeninhabers bewirken kann. Allerdings liegt eine Verletzung auch in Bezug auf Originalware vor, wenn keine Erschöpfung (Art. 13) greift.

53 Zweifel können im Übrigen dort entstehen, wo die einer fremden Marke entsprechende Zeichenbenutzung ein eigenes Produktangebot zum Gegenstand hat, das sich aber auf die unter der Marke vertriebenen Produkte bezieht, wie etwa im »BMW«-Fall das Angebot von Reparaturleistungen an BMW-Fahrzeugen. Insoweit hat der EuGH jedoch bereits die Notwendigkeit der Benutzung und damit das Eingreifen der Schutzschranke des Art 12 (c) (= Art 6 (1) (c) MarkenRichtl) anerkannt, sofern die Art der Benutzung nicht den Eindruck des Bestehens von Handelsbeziehungen zwischen dem

---

52 EuGH C-206/01 vom 12.11.2002, GRUR Int 2003, 229 (Nr. 50) *Arsenal*.
53 EuGH C-533/06 vom 12.6.2008, GRUR 2008, 698 (Nr. 44) *O₂*; vgl auch Gemeinsame Erklärungen des Rats und der Kommission vom 20.12.1993, Anhang 5 (B) (7), ABl-HABM 1996, 612, die allerdings keine bindenden Wirkungen haben: EuGH C-292/89 (Nr. 18) *Antonissen*; Schlussanträge des Generalanwalts Léger vom 12.11.2002, GRUR 2003, 604 in der Rs C-104/01 (Nr. 51–53) *Libertel*.

Zeichenbenutzer und dem Markeninhaber erweckt und so die Lauterkeitsschranke überwunden wird.[54]

Durch die Ergänzung der Richtlinie 84/450 über irreführende Werbung mittels Vorschriften über vergleichende Werbung (Richtlinie 97/55), welche deren Zulässigkeit ua vom Ausbleiben bestimmter Folgen der Benutzungen eigener Marken des Werbenden und denen eines Mitbewerbers abhängig macht, wurde es erforderlich, diese Vorschriften und die des Markenschutzes aufeinander abzustimmen. Dazu hatte der Gerichtshof zuerst im »O$_2$«-Vorlageurteil[55] Gelegenheit. Er hat entschieden, dass – um den Schutz eingetragener Marken und die Verwendung vergleichender Werbung in Einklang zu bringen – Art 5 (1) und (2) MarkenRichtl und Art 3a (1) der Richtlinie 84/450 dahin auszulegen sind, dass der Inhaber einer eingetragenen Marke nicht dazu berechtigt ist, die Benutzung eines mit seiner Marke identischen oder ihr ähnlichen Zeichens durch einen Dritten in einer vergleichenden Werbung zu verbieten, die sämtliche in Art 3a (1) der Richtlinie 84/450 genannten Zulässigkeitsbedingungen erfüllt. Er stellt jedoch – im Wege einer logischen Fiktion – zugleich fest, es sei ausgeschlossen, dass die vergleichende Werbung, in der das Zeichen benutzt wird, die in Art 3a (1) (d) der Richtlinie 84/450 in der durch die Richtlinie 97/55 geänderten Fassung genannte Zulässigkeitsbedingung erfüllt, wenn die in Art 5 (1) (b) der MarkenRichtl verlangten Voraussetzungen für das Verbot der Benutzung eines mit einer eingetragenen Marke identischen oder ihr ähnlichen Zeichens vorliegen, also die nach jener lit (d)[56] auszuschließende Verwechslungsgefahr tatsächlich besteht (Nr. 51). Es sei aber der Inhaber einer eingetragenen Marke nicht berechtigt, einem Dritten die Benutzung eines dieser Marke ähnlichen Zeichens für Waren oder Dienstleistungen, die mit denen, für die die Marke eingetragen wurde, identisch oder ihnen ähnlich sind, in einer vergleichenden Werbung zu verbieten, wenn diese Benutzung beim Publikum keine Verwechslungsgefahr hervorruft, und zwar unabhängig davon, ob diese vergleichende Werbung alle (übrigen) in Art 3a der Richtlinie 84/450 genannten Zulässigkeitsbedingungen erfüllt oder nicht (Nr. 69). Der Gerichtshof hat ferner entschieden, dass die Benutzung einer Domain, die ein Kennzei-

54

---

54  EuGH C-063/97 vom 23.2.1999 GRUR Int 1999, 438 (Nr. 59, 64) *BMW/Deenik.*

55  EuGH C-533/06 vom 12.6.2008, GRUR 2008, 698 (m Anm Ohly) *O$_2$.*

56  Lit (h) des Art 4 in der Fassung der jetzt geltenden RL 2006/114/EG vom 12.12.2006.

chen eines Wettbewerbers enthält, (nicht jedoch deren bloße Registrierung) sowie die Benutzung fremder Kennzeichen als Metatags im Quelltext von Internetseiten (um bei einer Internetsuche nach diesem Kennzeichen gefunden zu werden) als Werbung im Sinne der vorgenannten Richtlinie über vergleichende Werbung anzusehen ist.[57] Der Gerichtshof hat sich aber nicht dazu geäußert, ob es sich jeweils auch um vergleichende Werbung handelt, da dieses weitere Tatbestandsmerkmal nicht Teil der Vorlagefrage war.

55   Eine weitere Klärung hat die auf eine britische Vorlage ergangene Vorabentscheidung zu einem Fall vergleichender Werbung gebracht, in dem sich gemeinsam mit L'Oréal verschiedene Hersteller teurer Parfums gegen Vergleichslisten wenden, mit denen konkurrierende Hersteller billiger Parfums angeben, welches ihrer Produkte jeweils den gleichen Duft wie die teuren, mittels ihrer (bekannten) Marken identifizierten Produkte haben.[58] Der Gerichtshof ging bei seinen Antworten auf die Vorlagefragen davon aus, dass – wie oben unter Art 9 Rdn 44 dargelegt – durch jene bezugnehmende Markenbenutzung keine Verwechslungsgefahr und keine Beschädigung des Rufs dieser Marken eintritt.

56   Der EuGH stellt fest, dass in dieser vergleichenden Werbung gleichwohl ein zur Unterlassung verpflichtender Eingriff in die Markenrechte bestehen kann, auch wenn dadurch keine Beeinträchtigung ihrer Herkunftsfunktion eintritt, sofern einerseits nicht alle Zulässigkeitsvoraussetzungen der Richtlinie über die vergleichende Werbung[59] erfüllt sind[60] und andererseits andere Funktionen der Marken beeinträchtigt werden (könnten);[61] vgl Art 9 Rdn 45. Die nicht erfüllten Zulässigkeitsvoraussetzungen sind die des Art 3 a (1) lit (h) und (g) – jetzt Art 4 lit (g) bzw (f) der RL 2006/114 –, weil die Werbenden die von ihnen vertriebenen Waren ausdrücklich oder implizit als Imitationen von Waren mit notorisch bekannten Marken bezeichnet haben und der aufgrund einer solchen unerlaubten vergleichenden Werbung durch die Werbenden erzielte Vorteil als »unlautere Ausnutzung« des Rufs dieser Marken zu betrachten ist.

---

57   EuGH C-657/11 vom 11. Juli 2013 (Nr. 54 - 60) *BEST.*
58   EuGH C-487/07 vom 18.6.2009, GRUR 2009,756 *L'Oréal/Bellure.*
59   RL 84/450 EWG vom 10.9.1984, geändert durch RL 97/55 EG vom 6.10.1997; jetzt RL 2006/144 EG vom 12.12.2006.
60   Vgl auch EuGH C-533/06 vom 12.6.2008, GRUR 2008, 698 $O_2$.
61   Vgl Schlussanträge vom 10.2.2009 in der Rs C-487/07 (GA Mengozzi) *L'Oréal/ Bellure.*

Im Übrigen bekräftigt der Gerichtshof die Feststellung des »*Intel/CPM*«-Ur- 57
teils,[62] dass es für die Anwendbarkeit des Bekanntheitsschutzes iSv Art. 5 (2)
MarkenRichtl (= Art 19 (1) (c) GMV) genügt, wenn *eine* der dort genannten
Beeinträchtigungen der bekannten Marke vorliegt. Weder bedarf es einer
Verwechslungsgefahr noch einer Beeinträchtigung der Unterscheidungskraft
oder der Wertschätzung jener Marke, wenn – wie im Falle der Benutzung
ähnlicher Flacons – eine unlautere Ausnutzung der Unterscheidungskraft
oder der Wertschätzung der Marke durch den Dritten stattfindet, der durch
deren Benutzung versucht, sich in den Bereich der Sogwirkung dieser Marke
zu begeben, um von ihrer Anziehungskraft, ihrem Ruf und ihrem Ansehen
zu profitieren und um ohne finanzielle Gegenleistung die wirtschaftlichen
Anstrengungen des Markeninhabers zur Schaffung und Aufrechterhaltung
des Images dieser Marke auszunutzen.

### 5.5 Benutzung zu anderen Zwecken als der Unterscheidung von Waren und Dienstleistungen

Eine Unterscheidung in anderer Hinsicht als der in Art 4 angegebenen, näm- 58
lich zur Unterscheidung von Waren oder Dienstleistungen, ist nicht Gegen-
stand des Schutzes der GM. Diese Abgrenzung ergibt sich aus Art 5 Marken-
Richtl, der Art 9 zu Grunde liegt. Art 5 (5) MarkenRichtl überlässt es den
Mitgliedsstaaten, ihre nationalen Marken gegenüber der Verwendung eines
Zeichens zu anderen Zwecken als der Unterscheidung von Waren oder
Dienstleistungen (eines bestimmten Unternehmens) zu schützen, wenn ein
derartiger Gebrauch die Unterscheidungskraft oder die Wertschätzung der
Marke ohne rechtfertigenden Grund in unlauterer Weise ausnutzt oder be-
einträchtigt.

Es hätte einer besonderen, weitergehenden Schutzbestimmung in der GMV 59
bedurft, wenn diese den Gegenstand einer Marke auch über deren Benutzung zur Unterscheidung von Waren oder Dienstleistungen als solche eines
bestimmten Unternehmens, also »als Marke«[63] hinaus hätte schützen wollen.
Das ist nicht geschehen, vielmehr verweist Art 14 iVm Art 101 insoweit auf
das nationale Recht der Mitgliedstaaten. Allerdings ändert das nichts an der
Tatsache, dass die in der MarkenRichtl normierte Abgrenzung zwischen pro-

---

62 EuGH C-252/07 vom 27.11.2008, GRUR Int 2009, 319 *Intel/CPM*.
63 EuGH C-063/97 vom 23.2.1999, GRUR Int 1999, 438 (Nr. 38) *BMW/Dee-
nik*.

duktidentifizierendem einerseits und anderen Zwecken andererseits dienendem Zeichengebrauch als Rahmenbedingung auch für das System der GM gilt.[64]

**60**   Zu weit ginge allerdings das »Robeco/Robelco«-Urteil des EuGH,[65] wenn ihm zu entnehmen sein sollte, dass es die Benutzung einer Unternehmensbezeichnung grundsätzlich als Benutzung zu anderen Zwecken als der Unterscheidung von Waren oder Dienstleistungen iSv Art 5 (5) MarkenRichtl qualifiziert (siehe Art 9 Rdn 55) und sich damit im Rahmen der GMV einer Verfolgung als rechtsverletzende Benutzung iSv Art 9 (1) entzieht. Das ist dem Urteilstenor jedoch nicht zu entnehmen, der sich eng an die vom vorlegenden belgischen Gericht gestellten Fragen und die von ihm dabei zugrunde gelegten Tatsachen gehalten hat.[66]

**61**   In der »Céline«-Vorabentscheidung[67] hat der Gerichtshof dann auch klargestellt, dass die Benutzung einer Gesellschaftsbezeichnung, eines Handelsnamens oder eines Firmenzeichens, die mit einer älteren Marke identisch sind, durch einen dazu nicht berechtigten Dritten für den Vertrieb von Waren, die mit denjenigen identisch sind, für die die Marke eingetragen wurde, eine Benutzung darstellt, die der Markeninhaber nach Art 5 (1) (a) der Richtlinie verbieten darf, wenn es sich um eine Benutzung für Waren handelt, die die Funktionen der Marke beeinträchtigt oder beeinträchtigen kann. Ausgenommen vom Markenschutz bleibt also nur die Benutzung des Firmennamens etc. außerhalb der Produktkennzeichnung. Aber auch diese kann durch Art 12 (a) freigestellt sein, wenn die Benutzung der eigenen Gesellschaftsbezeichnung oder des eigenen Handelsnamens durch den Dritten den anständigen Gepflogenheiten in Gewerbe und Handel entspricht. Bei der einschlägigen Beurteilung ist zu berücksichtigen, inwieweit zum einen die Verwendung des eigenen Namens durch den Dritten von den beteiligten Verkehrskreisen oder zumindest einem erheblichen Teil dieser Kreise als Hinweis auf eine Verbindung zwischen den Waren oder Dienstleistungen

---

64  Vgl Schlussanträge des Generalanwalts Ruiz-Jarabo Colomer vom 13.6.2002 in der Rs C-206/01 (Nr. 38, 39) *Arsenal*.

65  EuGH C-23/01 vom 21.11.2002, WRP 2003, 66 *Robeco/Robelco*; problematisch auch die Schlussanträge der Generalanwältin in der RS C-017/06 vom 18.1.2007 *Céline*.

66  Vgl auch EuGH C-245/02 vom 16.11.2004, GRUR Int 2005, 231 (Nr. 85) *Anheuser-Busch*.

67  EuGH C-017/06 vom 11.9.2007, GRUR 2007, 971 (Nr. 36) *Céline*.

des Dritten und dem Markeninhaber oder einer zur Benutzung der Marke befugten Person aufgefasst wird, und zum anderen, inwieweit der Dritte sich dessen hätte bewusst sein müssen. Hierbei ist ebenfalls zu berücksichtigen, ob es sich um eine Marke handelt, die in dem Mitgliedstaat, in dem sie eingetragen ist und in dem Maßnahmen zu ihrem Schutz beantragt werden, eine gewisse Bekanntheit genießt, die der Dritte beim Vertrieb seiner Waren oder Dienstleistungen ausnutzen könnte.[68]

Erfolgt eine »Markennennung« nicht in Bezug auf die Produkte des Markeninhabers, sondern in Bezug auf eigene Produkte des die fremde GM Benutzenden, beispielsweise als – vermeintlich dekorativer – Aufdruck auf T-Shirts, so ist zunächst zu prüfen, ob Identität oder verwechslungsrelevante Ähnlichkeit der betroffenen Produkte mit den Eintragungsprodukten der GM gegeben ist, so dass zumindest Verwechslungsgefahr und somit rechtsverletzende Zeichenbenutzung vorliegt. Dabei ist im Hinblick auf die Wechselwirkung aller verwechslungsrelevanten Faktoren zu beachten, dass angesichts der Identität von Marke und Zeichen – in Fällen wie des genannten Beispiels meist auch hoher Kennzeichnungskraft der GM – schon eine geringe Produktähnlichkeit zur Bejahung der Verwechslungsgefahr ausreicht. **62**

Ist eine Verwechslungsgefahr gleichwohl zu verneinen, lässt sich die Zeichenbenutzung – sofern nicht Abs (1) (c) eingreift (vgl Art 8 Rdn 238) – auf der Grundlage des Gemeinschaftsrechts nicht verfolgen. Denn der Gemeinschaftsmarken-Verordnungsgeber hat von der in Art 5 (5) MarkenRichtl vorgesehenen Schutzerweiterung keinen Gebrauch gemacht, markenrechtliche Sanktionen gegen die unlautere Benutzung einer Marke zu anderen Zwecken als der Unterscheidung von Waren oder Dienstleistungen vorzusehen. Insoweit ist ein Vorgehen nur auf der Grundlage nationaler Rechtsvorschriften möglich. **63**

Eine weitere Schnittstelle zwischen Markenverletzung, Markennennung, Schutzschranke und Markenbenutzung zu anderen Zwecken als der (betrieblichen) Herkunftsunterscheidung von Waren oder Dienstleistungen zeigt sich im Fall einer Verletzungsklage des Automobilherstellers Opel gegen einen – von Opel nicht lizenzierten – Modellautohersteller. In seinen Schlussanträgen schlug der Generalanwalt dem Gerichtshof vor, auf die Vorlagefragen des Landgerichts Nürnberg-Fürth zu antworten, die Benutzung eines für **64**

---

68  EuGH C-017/06 vom 11.9.2007, GRUR 2007, 971 (Nr. 34) *Céline*; EuGH C-245/02 vom 16.11.2004, GRUR Int 2005, 231 (Nr. 83) *Anheuser-Busch*.

Spielzeug eingetragenen Zeichens stelle keine Benutzung als Marke iSv Art 5 (1) a) MarkenRichtl (= Art 9 (1) (a) GMV) dar, wenn der Hersteller eines Spielmodellautos ein real existierendes Vorbildfahrzeug in verkleinertem Maßstab einschließlich der auf dem Vorbild angebrachten Marke des Markeninhabers nachbildet und in Verkehr bringt. Denn die Verbraucher stellten eine Verbindung vom Modellfahrzeug zum realen Fahrzeug des Markeninhabers her, nicht jedoch zu Modellfahrzeugen. Alternativ sollte die angegriffene Benutzung als »Angabe über andere Merkmale des Modellfahrzeugs« unter die Schutzschranke des Art 6 (1) (b) MarkenRichtl (= Art 12 (b) GMV) fallend angesehen werden; die lautere Handlungsweise sollte in der Anbringung einer Eigenmarke sowie der Unternehmensbezeichnung und des Firmensitzes des Benutzers gesehen werden. Dem ist der EuGH nicht gefolgt, er hat die verletzende Benutzung grundsätzlich bejaht, sofern nicht der relevante Verkehr darin keinen Ursprungshinweis sieht, und er hat die Freistellung durch Art 12 abgelehnt; siehe Art 12 Rdn 64.[69]

### 5.6 Benutzung im geschäftlichen Verkehr

65   Das dem Markeninhaber zustehende Ausschlussrecht ist auf den geschäftlichen Verkehr beschränkt[70] und verbietet somit nicht jedwede Drittbenutzung einer GM oder eines damit verwechslungsfähigen Zeichens. Es erfasst grundsätzlich keine Benutzungshandlungen, die nicht dem Waren- oder Dienstleistungsverkehr dienen, wie beispielsweise Bezugnahmen in wissenschaftlichen Abhandlungen, Statistiken und ähnlichem. Art 10 verpflichtet jedoch die Verleger von Wörterbüchern, Lexika und sonstigen Nachschlagewerken, eine eingetragene GM als solche zu kennzeichnen, wenn anderenfalls der Eindruck erweckt wird, es handle sich um eine Gattungsbezeichnung (siehe ferner die Erläuterungen zu Art 51 (1) b)).

66   Eine private Benutzungshandlung, etwa der private Verkauf eines außerhalb des EWR mit der GM versehenen und dort erworbenen Produkts in einem Mitgliedstaat, stellt ebenfalls keine Benutzung im geschäftlichen Verkehr und somit keinen Eingriff in das Markenrecht dar, auch wenn dieses nicht gemäß Art 13 (1) erschöpft ist. Es spielt dabei keine Rolle, ob der Benutzer durch die Benutzungshandlung sich selbst Vorteile verschaffen, etwa Gewinn erzielen will oder nicht. Sofern aber die Handlung im geschäftlichen Verkehr

---

69  EuGH C-048/05 vom 25.1.2007, GRUR 2007, 318 *Opel-Logo*.
70  EuGH C-017/06 vom 11.9.2007, GRUR 2007, 971 (Nr. 16 mwN) *Céline*.

auftritt, unterliegt sie im Kollisionsfall den Sanktionen des Art 9. Das ist dann der Fall, wenn die Handlung die kommerzielle »Verteilung von Waren und Dienstleistungen zum Gegenstand hat[71] bzw. im Zusammenhang steht mit einer auf einem wirtschaftlichen Vorteil gerichteten Tätigkeit«,[72] wozu auch schon jede Vorbereitungshandlung zählt, sofern sie in die Öffentlichkeit dringt, wie beispielsweise Werbung.

Ein Eingriff in das von der GM begründete Ausschließungsrecht liegt trotz 67 Benutzung der Marke im geschäftlichen Verkehr dann nicht vor, wenn das Markenrecht iSv Art 13 erschöpft ist. Die Weiterveräußerung von Produkten, die unter der GM von ihrem Inhaber oder mit seiner Zustimmung innerhalb der Gemeinschaft (und des EWR, vgl Art 13 Rdn 2) in den Verkehr gebracht worden sind, ist auch im geschäftlichen Verkehr für jedermann frei.

Soweit im geschäftlichen Verkehr eine lediglich Bezug nehmende Benutzung 68 der Marke erfolgt, beispielsweise zur Bestimmung von Ersatz- oder Zubehörteilen für Waren, die mit der Marke gekennzeichnet sind, ist dies innerhalb der von Art 12 gezogenen Grenzen ebenfalls zulässig; auf die Erläuterungen zu dieser Vorschrift wird verwiesen.

### 6 Zustimmung des Markeninhabers

Das dem Markeninhaber von Abs 1 verliehene Verbotsrecht ist an das Fehlen 69 seiner Zustimmung zur Benutzung eines kollidierenden Zeichens gebunden. Die Zustimmung kann auf verschiedene Weise gegeben werden oder worden sein. Sie kann in der schuldrechtlichen Verpflichtung des Markeninhabers liegen, sein Recht aus der GM gegenüber der Benutzung eines Drittzeichens nicht geltend zu machen (mitunter ungenau als »Negativlizenz« bezeichnet). Eine solche indirekte Zustimmung kann an Bedingungen geknüpft sein, beispielsweise durch Beschränkung auf die Benutzung des Drittzeichens in einer bestimmten Darstellungsweise, in Bezug auf bestimmte Produkte oder gegenüber bestimmten Abnehmerkreisen. Werden diese Bedingungen vom Zeichenbenutzer nicht eingehalten, liegt keine Zustimmung des Markeninhabers zur Zeichenbenutzung vor.

---

71 Schlussanträge des Generalanwalt Ruiz-Jarabo Colomer vom 13.6.2002 (Nr. 64, 62) in der Rs C-206/01 *Arsenal*.
72 EuGH C-236/08 bis 238/08 vom 23.03.2010, GRUR 2010, 445 (Nr. 50) *Google France*.

70   Die Zustimmung kann ferner in der Erteilung einer Lizenz liegen (Art 22). Lizenziert werden kann jedoch nur das durch die Eintragung der GM begründete Recht selbst, nicht das Recht zur Benutzung eines damit kollidierenden Zeichens.[73] Im Übrigen kann auch eine Lizenz Beschränkungen unterliegen, deren Nichteinhaltung die in der Lizenzerteilung liegende Zustimmung beseitigt (Art 22 (2)).

71   Im »*COPAD*«-Fall hatte der EuGH auf eine Vorlage durch den französischen Kassations-Gerichtshof über die Reichweite des Art 22 (2) zu entscheiden. Der Lizenznehmer hat dadurch gegen den Lizenzvertrag verstoßen, dass er entgegen dem ausdrücklichen Verbot des Vertriebs der lizensierten Prestigemiederwaren an ua Discounter einen solchen Verkauf getätigt hatte. Der Gerichtshof befand, dass zwar die in Art 22 (2) genannten Voraussetzungen für die Geltendmachung der lizensierten Marke gegen den Lizenznehmer abschließend seien, die verletzte Bestimmung des Vertrages aber unter die die Qualität der lizensierten Waren betreffende Bestimmung des Art 22 (2) fallen könnte, was vom Vorlagegericht zu beurteilen ist. Bejahendenfalls hat der Lizenznehmer ohne Zustimmung des Markeninhabers gehandelt.[74] Im Falle der Verneinung, also die fragliche Benutzung durch den Lizenznehmer als mit der Zustimmung seitens des Markeninhabers erfolgt angesehen werden muss, obwohl der Lizenznehmer dabei gegen eine Bestimmung des Lizenzvertrages verstoßen hat, kann der Markeninhaber eine solche Bestimmung nur geltend machen, um sich unter Berufung auf Art 7 (2) MarkenRichtl (= Art 13 (2) GMV) dem Weiterverkauf der Waren zu widersetzen, wenn unter Berücksichtigung der Umstände des Einzelfalls nachgewiesen ist, dass ein solcher Weiterverkauf dem Ansehen der Marke schadet;[75] letzteres hat ggf das Vorlagegericht zu beurteilen (Art 13 Rdn 33).

72   Die Zustimmung des Markeninhabers kann auch konkludent erfolgen. Dieser Möglichkeit dürfte in der Regel eine außerhalb des EWR stattfindende Veräußerung von Ware zu Grunde liegen, die vom Markeninhaber selbst mit der GM versehen worden war, so dass der Einfuhr in die Gemeinschaft zum dortigen Weitervertrieb keine Erschöpfung iSv Art 13 zur Seite steht. Im einschlägigen Fall »Zino Davidoff/Levi Strauss« hat der EuGH jene Möglichkeit bejaht, sie aber an die Voraussetzung geknüpft, dass die insoweit geltend ge-

---

73  BGH GRUR 2001, 54 *SUBWAY/Subwear*.
74  EuGH C-059/08 vom 23.4.2009 (Nr. 51) *COPAD*.
75  EuGH C-059/08 vom 23.4.2009 (Nr. 59) *COPAD*.

machten Anhaltspunkte und Umstände mit Bestimmtheit erkennen lassen, dass der GM-Inhaber sich dem In-Verkehr-Bringen der betroffenen Ware im EWR nicht widersetzen werde. Insbesondere kann auf die konkludente Zustimmung des GM-Inhabers nicht daraus geschlossen werden, dass
– der GM-Inhaber nicht alle Erwerber der Ware über seinen Widerspruch gegen den Warenvertrieb im EWR unterrichtet hat;
– auf den Waren dies nicht angegeben ist, und
– der GM-Inhaber das Eigentum an den Waren ohne vertragliche Beschränkungen übertragen hat, selbst wenn nach dem auf den Vertrag anzuwendenden (nationalen) Recht der Weiterverkauf im EWR umfasst ist.[76]

Von der Zustimmung des Markeninhabers zur Benutzung eines Drittzeichens sind die Fälle zu unterscheiden, in denen besondere Umstände keine Geltendmachung des Rechts aus der GM (mehr) erlauben. Dazu gehört zunächst die Beschränkung der Rechtswirkung gemäß Art 12, die am Inhalt des benutzten Zeichens sowie der Art und Weise seiner Benutzung anknüpft (siehe Art 12 Rdn 24 f). Ferner gehört dazu die Erschöpfung des Rechts gemäß Art 13, die an der Tatsache und dem Ort des In-Verkehr-Bringens der mit dem Zeichen versehenen Waren unter Zustimmung des Markeninhabers anknüpft.   **73**

Eine weitere Schranke für die Geltendmachung der Rechte aus einer GM stellt deren Verwirkung dar. Hierzu gehören einerseits die in der GMV selbst geregelten Fälle der Verwirkung durch Duldung der Benutzung einer jüngeren Marke (Art 54 (1)), andererseits die gemäß Art 14 (1) Satz 2 iVm mit Art 101 (2) anzuwendenden nationalen Rechtsvorschriften über die Verwirkung von Rechten aus anderen Gründen als denen der Duldung. Die Verwirkung bezieht sich auf die jüngere GM und deren Benutzung, sie ist von deren Inhaber und Benutzer unabhängig.   **74**

Schließlich kann die wirksame Geltendmachung einer GM auch generell an deren Verfall iSv Art 51 scheitern, insbesondere infolge mangelnder rechtserhaltender Benutzung. Der Verfall kann auch im Wege der Widerklage (Art 100) geltend gemacht werden.   **75**

---

76 EuGH C-414 bis 416/99 vom 20.11.2001, GRURInt 2002, 147 (47, 60) *Davidoff/Levi Strauss*.

### 7  Territorium der Schutzwirkung

**76**  Die Gemeinschaftsmarke gilt in allen Ländern der Gemeinschaft. Sofern der Angegriffene in einzelnen Ländern aber über ältere nationale Marken verfügt, gehen diese vor (nicht aber in den anderen Ländern der EU). Der GM-Inhaber kann seine GM in solchen Ländern also nicht gegen den Inhaber der älteren nationalen Marke durchsetzen.

**77**  Von der gemeinschaftsweiten Wirkung der GM zu trennen ist auch die Frage, ob der Schutzumfang in allen Ländern gleichermaßen gilt. Dies ist insbesondere in Fällen relevant, in denen die Verwechslungsgefahr aus der phonetischen Zeichenähnlichkeit folgt. Ein Beispiel: Das angegriffene Zeichen wird in der litauischen Sprache so ausgesprochen, dass Verwechslungsgefahr zu der GM besteht. Demgegenüber fällt die italienische Aussprache so anders aus, dass keine Verwechslungsgefahr mehr besteht.Damit stellt sich die Frage, ob aus der GM gegenüber Benutzungen des angegriffenen Zeichens auch in Italien vorgegangen werden kann bzw. ob in einer solchen Konstellation überhaupt eine gemeinschaftsweiter Unterlassungsanspruch besteht.

**78**  Dies ist im Ergebnis zu verneinen. Zwar gilt der Gedanke der Einheitlichkeit der GM.[77] In ständiger Rechtsprechung stellt der EuGH jedoch hinsichtlich der Verwechslungsgefahr darauf ab, dass alle Umstände des Einzelfalls heranzuziehen sind.[78] Ferner betrachtet er, wie oben in Art 9 Rdn 37 ff bereits ausgeführt, jeweils sehr genau für jeden Einzelfall, ob eine Beeinträchtigung der (relevanten) Markenfunktionen vorliegt. Wenn aber in unserem Beispiel in Italien keine Markenfunktionen durch den Gebrauch des angegriffenen Zeichens beeinträchtigt sind, lässt sich nur schwerlich ein Verbot damit rechtfertigen, dass aber in anderen EU-Ländern aufgrund der lokalen Aussprache eine Verwechslungsgefahr entstehen könnte. Dementsprechend hat der EuGH auch in der Entscheidung »*DHL Express/Chronopost*« mindestens bereits angedeut, dass er in einem solchen Fall eine Verletzung nur in den Ländern sieht, in denen tatsächlich Verwechslungsgefahr besteht.[79]

---

77  Vgl auch EuGH C-316/05 vom 14.12.2006, GRUR 2007, 228 (Nr 25ff) *Nokia/Wärdell.*

78  Vgl hierzu Art. 8 Rdn 44.

79  EuGH C-235/09 vom 12.4.2011, GRUR 2011, 518 (Nr 48) *DHL Express/Chronopost.*

## 8 Verbotsumfang

Abs 2 nennt bestimmte Benutzungshandlungen, die im Falle des Verlet- 79
zungstatbestandes gemäß Abs 1 verboten werden können, nur »insbesondere«, also nicht abschließend. Gleichwohl handelt es sich zweifellos um die
am häufigsten vorkommenden und anzugreifenden Benutzungshandlungen.

Das originäre Versehen von Waren, ihren Verpackungen und sonstigen »Auf- 80
machungen« wie beispielsweise Anhängern, Banderolen oä mit dem rechtsverletzenden Zeichen ist nach Abs 2 (a) auch dann verboten, wenn die Waren in ein Land außerhalb der EU exportiert werden (sollen). Die oben
erörterten Schutzschranken und Schutzausschlüsse bleiben allerdings unberührt. Entsprechendes gilt für die Benutzung des Zeichens auf Geschäftspapieren und in der Werbung (Abs 2 (d)); insoweit ist aber zu prüfen, ob
sich die Zeichenbenutzung tatsächlich auf andere Waren oder Dienstleistungen als die des GM-Inhabers bezieht.

Abs. 2 (b) unterscheidet zwischen Zeichenbenutzungen bezüglich Waren 81
und solchen bezüglich Dienstleistungen. Während das Anbieten beidem gemeinsam ist, entspricht dem In-Verkehr-Bringen von Waren das Erbringen
von Dienstleistungen. Darüber hinaus stellt auch der bloße Besitz von Waren
einen Verbotstatbestand dar, der bei Dienstleistungen keine Entsprechung
hat. Im Fall »*Smith Kline Beecham/Class*« hat der EuGH entschieden, dass
sich die Begriffe »Anbieten« und »In-Verkehr-Bringen« auf das Angebot bzw.
den Verkauf von Original-Markenwaren erstrecken können, die den zollrechtlichen Status von Nichtgemeinschaftswaren haben (die also ungeachtet
ihres Aufenthalts etwa in einem Zolllager innerhalb der EU nicht in den frei-
en Handel innerhalb der Gemeinschaft eingeführt worden sind), sofern diese
Angebots- oder Verkaufshandlungen das In-Verkehr-Bringen in der Gemeinschaft notwendig implizieren. In solchem Fall kann der GM-Inhaber jenen
Handlungen widersprechen,[80] allerdings trifft ihn die Beweislast für das Vorliegen der genannten Voraussetzungen.[81]

Jedoch kann der Markeninhaber nicht schon – unter dem Gesichtspunkt der 82
gemäß Abs. 2 (c) verbotenen Einfuhr – der bloßen Verbringung von den mit

---

80  EuGH C-405/03 vom 18.10.2005, GRUR Int 2006, 40 (Nr. 61) *SmithKline Bee-
cham/Class.*
81  EuGH C-405/03 vom 18.10.2005, GRUR Int 2006, 40 (Nr. 75) *SmithKline Bee-
cham/Class.*

seiner Marke versehenen Original-Markenwaren in ein Zolllager innerhalb der Gemeinschaft widersprechen, auch dann nicht, wenn zu diesem Zeitpunkt ein endgültiger Bestimmungsort der Ware in einem Drittland noch nicht festgelegt ist.[82]

83  Art 102 (1) bestimmt die Sanktionen, die ein Gemeinschaftsmarkengericht (Art 95) gegen den Verursacher einer vollzogenen oder drohenden Verletzung einer GM zu verhängen hat. Das steht unter dem Vorbehalt, dass dem nicht besondere Gründe entgegenstehen. Diese Ausnahme ist eng auszulegen, eine begrenzte Fortsetzungsgefahr und besondere nationale Regelungen stellen solche Gründe nicht dar.[83]

### Artikel 10  Wiedergabe der Gemeinschaftsmarke in Wörterbüchern

Erweckt die Wiedergabe einer Gemeinschaftsmarke in einem Wörterbuch, Lexikon oder ähnlichen Nachschlagewerk den Eindruck, als sei sie eine Gattungsbezeichnung der Waren oder Dienstleistungen, für die sie eingetragen ist, so stellt der Verleger des Werkes auf Antrag des Inhabers der Gemeinschaftsmarke sicher, dass der Wiedergabe der Marke spätestens bei einer Neuauflage des Werkes der Hinweis beigefügt wird, dass es sich um eine eingetragene Marke handelt.

*Eisenführ, Eberhardt*

### 1  Allgemeines

1  Bei der Wiedergabe von Marken in Nachschlagewerken – in Buchform oder als elektronisch zugängliche Dateien – handelt es sich um einen besonderen

---

82  EuGH C-405/03 vom 18.10.2005, GRUR Int 2006, 40 (Nr. 50) *SmithKline Beecham/Class.*
83  EuGH C-316/05 vom 14.12.2006, GRUR 2007, 228 *Nokia/Wärdell.*

Fall der Markennennung, die zwar keine Benutzung der Marke im geschäftlichen Verkehr mit den von ihr erfassten Waren oder Dienstleistungen darstellt und deshalb keine Unterlassungsansprüche des Markeninhabers gemäß Art 9 auslöst (Art 9 Rdn 75), wohl aber den Rechtsbestand seiner Marke dadurch in Gefahr bringt, dass er ihrer Umwandlung zu einer (»sekundären«) Gattungsbezeichnung Vorschub leistet, was zum Verfall der Marke iSv Art 51 (1) (b) führen kann. Hiergegen soll sich der Markeninhaber wehren können.

## 2 Wirkungsbereich

Die Regelung erfasst nur Wörterbücher, Lexika oder ähnliche Nachschlagewerke, insoweit allerdings unabhängig von ihrem Trägermedium (vgl § 16 (2) DE-MarkenG). Nicht darunter fallen anderweitige Markennennungen, beispielsweise in wissenschaftlichen Abhandlungen oder sonstigen Produkt-Bezugnahmen unter Markenangabe, einerlei, ob eine Benutzung zur Herkunftsunterscheidung von Waren oder Dienstleistungen »als Marke« erfolgt oder nicht. Jedoch wird man Produktverzeichnisse einer Branche oder dergleichen unter den Begriff des Nachschlagewerks im Sinne dieser Vorschrift subsumieren können. 2

## 3 Anspruch

Art 10 gibt dem Inhaber der GM nur das Recht, vom Verleger des Nachschlagewerks zu verlangen, dass er bei der Markennennung auf deren Charakter als eingetragene Marke hinweist. Ist das Werk bereits auf dem Markt, richtet sich der Anspruch auf die Aufnahme eines solchen Hinweises in der nächsten Auflage. Bei Datenbanken kann der als Verleger anzusehende Host den Hinweis jederzeit einfügen, so dass dem Anspruch des Markeninhabers innerhalb eines angemessenen Zeitraumes Rechnung zu tragen ist. 3

Voraussetzung ist der Vertrieb des Nachschlagewerks in der Gemeinschaft. Insoweit genügt aber der Vertrieb in einem Mitgliedstaat. Nur vereinzelt und zufällig in das Gebiet der Gemeinschaft gelangende Exemplare lösen den Hinweis-Anspruch regelmäßig nicht aus. 4

## 4 Art des Hinweises

Die einfachste Art des Hinweises besteht in der Hinzufügung des üblichen ®-Symbols zu der Nennung der Marke, eventuell ergänzt durch eine den Markeninhaber nennende Fußnote. Mehr als einen solchen Hinweis wird 5 der Markeninhaber im Regelfall nicht verlangen können. Allenfalls in Sonderfällen, insbesondere dann, wenn die Gefahr einer Umwandlung der Marke zu einer Gattungsbezeichnung besonders groß ist, wird der Markeninhaber einen weitergehenden, insbesondere einen erläuternden Hinweis in unmittelbarem Zusammenhang mit der Markennennung durchsetzen können.

## 5   Rechtsmittel

6   Weigert sich der Verleger, dem »Antrag« des Markeninhabers zu entsprechen oder kommt er der Hinweis-Aufnahme innerhalb angemessener Frist bzw. der nächsten sich bietenden Gelegenheit nicht nach, kann der Markeninhaber seinen Anspruch gerichtlich geltend machen. Weil es sich nicht um einen Verletzungstatbestand handelt, richtet sich die gerichtliche Zuständigkeit nicht nach Art 14 (1) iVm Art 95 bis 98, sondern nach Art 106, so dass das nach den innerstaatlichen Rechtsvorschriften des betroffenen Mitgliedstaats anzurufende nationale Gericht zuständig ist.

## Artikel 11   Untersagung der Benutzung der Gemeinschaftsmarke, die für einen Agenten oder Vertreter eingetragen ist

Ist eine Gemeinschaftsmarke für einen Agenten oder Vertreter dessen, der Inhaber der Marke ist, ohne Zustimmung des Markeninhabers eingetragen worden, so ist der Markeninhaber berechtigt, sich dem Gebrauch seiner Marke durch seinen Agenten oder Vertreter zu widersetzen, wenn er diesen Gebrauch nicht gestattet hat, es sei denn, dass der Agent oder Vertreter seine Handlungsweise rechtfertigt.

*Eisenführ, Eberhardt*

**Literatur:**
*Bauer*, Die Agentenmarke, GRUR Int 1971, 496; *Ingerl*, Die Neuregelung der Agentenmarke im Markengesetz, GRUR 1998, 1.

## 1 Allgemeines

Die Rechtsfigur des ungetreuen Agenten stammt aus einer Zeit, in der weder 1
die Informationsverbreitung noch der Waren- und Dienstleistungsverkehr
ihren heutigen Globalisierungsgrad erreicht hatten. Deshalb war die Einschaltung selbständiger Vertreter, Agenten oder Makler in anderen Bezirken
als dem Sitz des Produzenten an Stelle eigener Niederlassungen weithin üblich und ist es teilweise gerade für kleinere Unternehmen, insbesondere startups bis heute. Der dortige Schutz der vom Produzenten verwendeten Marken lag – und liegt, soweit derartige Geschäftsbeziehungen bestehen, auch
heute noch – im Interesse sowohl des Produzenten als auch seines Vertreters.
Dabei können verschiedene Gründe, beispielsweise sprachliche, finanzielle
und organisatorische, für die Eintragung solcher Marken im Namen des Vertreters sprechen. Darüber hinaus hat dieser ein Interesse daran, die Rechte an
den Marken, für die er in seinem Vertriebsgebiet einen Goodwill aufbaut, als
Faustpfand gegen etwaige Veränderungs- oder Verselbständigungs-Tendenzen des Produzenten in der Hand zu haben.

Solange dies im Rahmen eines Interessensausgleichs mit Zustimmung des 2
originären Markeninhabers erfolgt, gibt es keine Probleme. Sie treten jedoch
dann auf, wenn der Vertreter oder sonstige Agent ohne Einverständnis des
Markeninhabers handelt. Daher hat die PVÜ in einer Zeit, in der aus den
dargelegten Gründen Geschäftsbeziehungen dieser Art sehr häufig waren,
solchem ungetreuen Handeln von Vertretern einen Riegel vorgeschoben
(Art 6[septies] PVÜ). Hieran orientieren sich das relative Eintragungshindernis
und der Widerspruchsgrund des Art 8 (3), der hier zur Erörterung stehende
Unterlassungsanspruch des Art 11, der Nichtigkeitsgrund des Art 53 (1) (b)
(nebst Widerklagegrund gemäß Art 100 (1)) und der Übertragungsanspruch
des Art 18. Voraussetzung ist in allen Fällen, dass der Agent oder Vertreter
seine Handlungsweise nicht rechtfertigen kann.

Zumindest in vielen der betroffenen Fälle dürfte der Vertreter oder Agent als 3
Anmelder bei der Anmeldung der Marke des originären Markeninhabers
auch bösgläubig gewesen sein, so dass zum Katalog der Abwehrmaßnahmen
der absolute Nichtigkeitsgrund des Art 52 (1) (b) hinzutritt, dessen Geltendmachung jedermann offen steht.[1]

---

1  Vgl HABM-BK R 31/2005-1 vom 2.2.2007 *ER*.

## 2  Marke des Inhabers

4  Keine der vorstehend genannten Vorschriften der GMV definiert eine Qualifikation der Marke, welche ihren Inhaber zu den jeweiligen Sanktionen gegenüber dem ungetreuen Agenten berechtigt. Während es mit Rücksicht auf
die PVÜ-Wurzel auf das Territorium der Markenexistenz nicht ankommen
kann, muss eine gewisse Mindestexistenz der Marke in einem Territorium
des Markeninhabers als Voraussetzung angesehen werden, weil anderenfalls
nicht von einer Marken-Inhaberschaft gesprochen werden könnte. Eines
Eintragungsschutzes bedarf es aber nicht. Mit Sicherheit erfüllt eine Benutzungsmarke nach deutschem Recht (§ 4 Nr 2 DE-MarkenG) oder eine britische Common-Law-Marke die Voraussetzung, Marke eines bestimmten Inhabers iSv Art 11 zu sein.

5  Identität der für den Agenten eingetragenen GM mit der Marke des originären Markeninhabers ist nicht erforderlich. Es erscheint angemessen, den Tatbestand der »Agentenmarke« in Übereinstimmung mit dem Kollisionstatbestand gemäß Art 8 (1) (b) zu bemessen.[2] Sonst würde in einem Fall wie
dem der Marke »FS« (in dem allerdings kein Agentenverhältnis iSv Art 11
oder Art 8 (3), sondern Bösgläubigkeit iSv Art 52 (1) (b) geltend gemacht
wurde), die Abweichung der älteren von der jüngeren Marke ausreichen, den
Agenten freikommen zu lassen.[3]

## 3  Unterlassungsanspruch

6  Grundlegende Anspruchsvoraussetzung ist zunächst eine die Agenten- oder
Vertreterstellung des »ungetreuen Agenten« gegenüber dem originären Markeninhaber begründende vertragliche Verpflichtung. Ein schriftlicher Vertrag
ist nicht erforderlich. Die Wirksamkeit der Verpflichtung wird regelmäßig
auf die Vertragsdauer beschränkt sein, kann sich jedoch auch schon aus Vor-
gesprächen und -verhandlungen ergeben sowie das Vertragsverhältnis unter
dem Gesichtspunkt nachvertraglicher Pflichten überdauern.

7  Darüber hinaus steht die Berechtigung des originären Markeninhabers, sich
der Benutzung seiner Marke durch den Agenten oder Vertreter zu widersetzen, unter der vierfachen Voraussetzung, dass die Marke als Gemeinschaftsmarke für den Agenten oder Vertreter eingetragen worden ist, dass dies ohne

---

2  Vgl Ingerl/Rohnke, 2. Aufl, Rn 15 zu § 11 DE-MarkenG.
3  Vgl EuG T-227/09 vom 21. März 2012 (Nr 39f).

Zustimmung des Markeninhabers geschah,[4] dass der originäre Markeninhaber diesen Gebrauch nicht gestattet hat, und dass der Agent oder Vertreter seine Handlungsweise nicht zu rechtfertigen vermag. Fehlt es an einer dieser Voraussetzungen, greift die Vorschrift nicht. Wenn beispielsweise die Eintragung der GM mit Zustimmung des originären Markeninhabers geschah,[5] kann sich dieser der Benutzung der GM durch den als Inhaber eingetragenen Agenten oder Vertreter nicht widersetzen, auch dann nicht, wenn er einen bestimmten Gebrauch der Marke durch den Vertreter – etwa für nicht von ihm stammende Produkte – nicht gestatten will; in solchem Fall bleibt ihm nur ein Vorgehen nach nationalen Rechtsvorschriften auf Grund vertraglicher Abmachungen oder wettbewerbsrechtlicher Regeln. Gleiches gilt – das sei an dieser Stelle zusammenfassend vermerkt – für alle die »Marke des ungetreuen Agenten« betreffenden, vorstehend angesprochenen Vorschriften der GMV, weil sie sämtlich für ihre Anwendung die fehlende Zustimmung des originären Markeninhabers zu der Eintragung der GM im Namen des Vertreters oder Agenten zur Voraussetzung haben.

Zur gerichtlichen Zuständigkeit siehe Art 18 Rdn 13. 8

## Artikel 12  Beschränkung der Wirkungen der Gemeinschaftsmarke

**Die Gemeinschaftsmarke gewährt ihrem Inhaber nicht das Recht, einem Dritten zu verbieten,**

a)  **seinen Namen oder seine Anschrift,**

b)  **Angaben über die Art, die Beschaffenheit, die Menge, die Bestimmung, den Wert, die geographische Herkunft oder die Zeit der Herstellung der Ware oder der Erbringung der Dienstleistung oder über andere Merkmale der Ware oder Dienstleistung,**

c)  **die Marke, falls dies notwendig ist, als Hinweis auf die Bestimmung einer Ware, insbesondere als Zubehör oder Ersatzteil, oder einer Dienstleistung**

**im geschäftlichen Verkehr zu benutzen, sofern die Benutzung den anständigen Gepflogenheiten in Gewerbe oder Handel entspricht.**

*Eisenführ, Eberhardt*

---

4  Es genügt die fehlende Zustimmung zur Anmeldung, vgl Art 18 Rdn 8.
5  EuG T-6/05 vom 6.9.2006, GRUR 2007, 428 (Nr 48) *FIRST DEFENSE.*

**Literatur:**
*Knaak*, Schranken des Markenschutzes im schweizerischen und europäischen Markenrecht, in: 125 Jahre Markenhinterlegung, sic! Sondernummer 2005, S 119; *ders.*, Schutzschranken im harmonisierten Markenrecht bei Verwendung von Handelsnamen und geographischen Herkunftsangaben, in: FS für von Mühlendahl, 2005, S 83.

## 1 Allgemeines

1  Die Vorschrift beschränkt die Wirkung der GM dort, wo ihre Geltendmachung dem rechtspolitischen Verständnis des Ausschlussrechts zuwiderlaufen würde. Sie hat zwei unterschiedliche und auch unterschiedlich motivierte Regelungsbereiche:

2  Zum einen soll jedermann die Benutzung seines Namens oder seiner Anschrift sowie die Benutzung das betreffende Produkt beschreibender oder seine geographische Herkunft indizierender Angaben freigestellt sein; einerlei, ob es sich dabei um eine mit der GM identische oder mit ihr nur ähnliche Angabe handelt, welche eine Verwechslungsgefahr im Sinne von Art 9 (1) (b) begründet. Hinsichtlich der beschreibenden und geographischen Angaben ergänzt Art 12 den Eintragungsausschluss gemäß Art 7 (1) (c), indem er sicherstellt, dass die von allen Marktbeteiligten benötigten Angaben von ihnen auch tatsächlich frei benutzt werden können. Die Vorschrift adressiert also nicht wie die Art 7 und 52 (Eintragungshindernis bzw. Nichtigkeit aus absoluten Gründen) den Markenanmelder oder -inhaber, sondern den von ihm möglicherweise wegen Markenverletzung verfolgten Benutzer bestimm-

ter Angaben, die er im geschäftlichen Verkehr bezüglich solcher Produkte macht, für die die Marke geschützt ist.

Zum anderen wird durch lit b) die direkte Benutzung einer geschützten **3** Marke gegen die ihrem Inhaber zustehenden Ausschließungsrechte immunisiert, sofern diese Benutzung als Bezug nehmender Bestimmungshinweis auf die Zugehörigkeit des markierten Produkts oder einer markierten Dienstleistung zum Produkt des Markeninhabers oder seines Lizenznehmers als Ersatzteil, Zubehör, Reparatur, Wartung oder dergleichen notwendig ist. Normzweck ist, den Wettbewerb mit solchen Ersatz- oder Ergänzungsprodukten und Dienstleistungen zu fördern, indem Dritten der Marktzutritt ermöglicht wird. In der Folge wird man auch Bestimmungsangaben unter Markennennung für in entsprechender Markenware eingesetzte Verbrauchsmaterialen (z.B. Tintenpatronen oder Toner für Drucker) hierunter subsumieren können. Auch hier besteht ein Bedürfnis gegen eine markenrechtliche Abschottung von Sekundärmärkten. Nach dem Wortlaut von lit b) sind »Zubehör oder Ersatzteil« auch nur »insbesondere« aufgeführt, so dass diese Aufzählung nicht abschließend ist.

Voraussetzung ist jedoch im einen wie im anderen Falle, dass die freigestell- **4** ten und damit gegen die Rechte des Markeninhabers immunisierten Benutzungshandlungen den anständigen Gepflogenheiten in Gewerbe oder Handel entsprechen, also keine unlauteren Motive oder Absichten hinter ihnen stehen. Diese wettbewerbsrechtlich geprägte Abgrenzung bringt in Streitfällen ähnliche Schwierigkeiten mit sich wie weiland in Deutschland die Abgrenzung des erlaubten *nicht warenzeichenmäßigen Gebrauchs* von dem durch § 16 DE-WZG nicht immunisierten warenzeichenmäßigen Gebrauch einer fremden Marke; das Abgrenzungskriterium eines »markenmäßigen« Gebrauchs hat der EuGH im vorliegenden Zusammenhang verworfen;[1] siehe Art 12 Rdn 27.

Als Wirkungsbeschränkung kann Art 12 nur dort eingreifen, wo anderenfalls **5** das Recht aus der GM gemäß Art 9 geltend gemacht werden könnte. Liegt ein Verletzungstatbestand nicht vor, bedarf es des Rückgriffs auf Art 12 nicht. Das schließt nicht aus, dass im Streitfalle das Vorliegen eines Eingriffstatbestandes dahingestellt gelassen wird, weil bejahendenfalls die Freistellung durch Art 12 zweifelsfrei gegeben ist.

---

1 EuGH C-100/02 vom 7.1.2004, GRUR 2004, 234 (Nr 15) *Kerry Spring/Gerri*.

**6** Nachdem der EuGH im »O$_2$«-Urteil festgestellt hatte, dass die Benutzung eines mit der Marke eines Mitbewerbers identischen oder ähnlichen Zeichens durch einen Werbenden in einer vergleichenden Werbung zu dem Zweck, die von ihm angebotenen Waren oder Dienstleistungen zu identifizieren, als eine Benutzung iSv Art 5 (1) und (2) MarkenRichtl (= Art 9 (1) GMV) für die eigenen Waren und Dienstleistungen des Werbenden anzusehen ist, die daher gegebenenfalls gemäß diesen Bestimmungen verboten werden kann,[2] hat sich im Falle einer vergleichenden Werbung mit Listen, in denen unter Nennung der beiderseitigen Marken teure Luxusparfums duftgleichen Billigimitaten gegenübergestellt wurden, die Frage gestellt, ob in dieser Benutzung fremder Marken – zur Identifizierung der Produkte der Markeninhaber – eine durch Art 12 (b) freigestellte beschreibende Angabe zu sehen sei, und im Hinblick auf die Lauterkeitsvoraussetzung dieser Vorschrift die Erfüllung der Zulässigkeitsbedingungen der Werberichtlinie 84/450 (unter Einschluss der die vergleichende Werbung betreffenden Richtlinie 97/55 und jetzt 2006/114 geheißen) gleichsam in sich aufnehme. Der Generalanwalt verneint das in seinen Schlussanträgen und meint, dass jene Vorschrift der Durchsetzung des Freihaltebedürfnisses vorbehalten sei und im Falle vergleichender Werbung die Erfüllung sämtlicher Bedingungen des Art 3a (1) der RL 84/450 hinzutreten müsse.[3]

**7** Letzterem ist der EuGH gefolgt und hat festgestellt, dass Art 3a (1) der Richtlinie 84/450 in der durch die Richtlinie 97/55 geänderten Fassung dahin auszulegen ist, dass ein Werbender, der in einer vergleichenden Werbung ausdrücklich oder implizit erwähnt, dass die Ware, die er vertreibt, eine Imitation einer Ware mit notorisch bekannter Marke ist, »eine Ware oder eine Dienstleistung als Imitation oder Nachahmung« iSv Art 3a (1) (h) darstellt. Der aufgrund einer solchen unerlaubten vergleichenden Werbung durch den Werbenden erzielte Vorteil ist als »unlautere Ausnutzung« des Rufs dieser Marke iSv Art 3a (1) (g) zu betrachten.[4] Eine Freistellung einer vergleichenden Werbung mit den Merkmalen dieses Falles durch lit b ist mithin ausgeschlossen.

**8** Weil sich Art 12 auf die Geltendmachung von Rechten aus einer GM bezieht, die nicht der Beurteilung durch das EuG, sondern ausschließlich der

---

2  EuGH C-533/06 vom 12.6.2008, GRUR 2008, 698 (8Nr 36, 37) *O$_2$*.
3  Rs C-487/07, Schlussanträge vom 10.2.2009 (Nr 25) *L'Oréal ua/Bellure ua.*
4  EuGH C-487/07 vom 18.6.2009, GRUR Int, 1010 (Nr 80) *L'Oréal/Bellure.*

der Gemeinschaftsmarkengerichte unterliegt, kann es zu einer europäischen Auslegung der Schutzschranken nur im Wege von EuGH-Urteilen auf Vorlagen von Gemeinschaftsmarkengerichten oder der mit der Art 12 entsprechenden Vorschrift der MarkenRichtl befassten nationalen Gerichte kommen.

Der aktuelle Kommisionsvorschlag zur Reform der GMV[5] sieht folgende **9** wesentliche Klarstellungen / Änderungen zur Art 12 vor:
– Einschränkung des Privilegs der Nutzung des eigenen Namens auf den Namen natürlicher Personen (Änderung gegenüber der derzeitigen Rechtsprechung, vgl Art 12 Rdn 10).
– Klarstellung, dass eine Nutzung nicht den anständigen Gepflogenheiten in Handel und Gewerbe entspricht, wenn durch die Nutzung (i) der Eindruck erweckt wird, dass eine geschäftliche Beziehung zum GM-Inhaber besteht, oder (ii) unlauter von der Unterscheidungskraft oder dem Ruf der GM profitiert wird oder diese beschädigt werden.

## 2 Name oder Anschrift

Nach der Gemeinsamen Protokollerklärung des Rates und der Kommission **10** der EG vom 20.12.1993[6] soll die Befugnis eines Dritten, seinen Namen ungeachtet des Bestehens einer gleichen oder verwechselbaren GM zu benutzen, nur für natürliche Personen gelten. Das hat der EuGH, der sich bekanntlich nicht an jene Protokollerklärungen gebunden hält, anders entschieden.[7] Niemand soll gehindert sein, seinen Namen, auch seinen Handelsnamen, im geschäftlichen Verkehr in lauterer Weise zu benutzen.[8] Das gilt grundsätzlich auch dann, wenn die Benutzung einer Gesellschaftsbezeichnung, eines Handelsnamens oder eines Firmenzeichens für identische Waren der im Warenverzeichnis der identischen GM eines Dritten befindlichen Art derart erfolgt, dass die Funktionen der Marke beeinträchtigt werden oder beeinträchtigt werden können, jedoch muss der Benutzer seiner

---

5 Kommisionsdokument COM (2013) 161.
6 Anlage 5 (B) (8).
7 EuGH C-245/02 vom 16.11.2004, GRUR 2005, 153 (Nr 81) *Anheuser-Busch*.
8 Zum Einfluss auf die Beurteilung der Unterscheidungskraft siehe EuGH C-404/02 vom 16.9.2004, GRUR 2004, 946 *Nichols*.

Pflicht nachkommen (können), den berechtigten Interessen des Markeninhabers nicht in unlauterer Weise zuwiderzuhandeln.[9]

11   Lit (a) durchbricht das das Markenrecht ansonsten beherrschende Prioritätsprinzip. Zeiträge spielen keine Rolle, entscheidend ist allein, ob der (jüngere) Benutzer seines Namens sittenwidrig handelt oder nicht.

12   Der Name einer bürgerlichen Person ist ihr Familienname, der innerhalb weiter Grenzen unabänderlich ist (zu Namensänderungen siehe Art 12 Rdn 20). Es gilt – mit Einschränkungen – auch für den oder die Vornamen, deren Bedeutung mehr in ihrer differenzierenden und somit unterscheidenden Funktion innerhalb der Träger desselben Familiennamens liegt. Daher dient der Vorname auch häufig als Abgrenzung zwischen Gleichnamigen, die nach der deutschen Rspr alles ihnen Zumutbare zu tun haben, Verwechslungen auf Grund desselben Familiennamens zu vermeiden. Diese Verpflichtung wird in aller Regel dem jüngeren Benutzer des gleichen Namens obliegen, weil in diesem Verhältnis das Prioritätsprinzip wieder gilt.

13   Die Immunisierung der Benutzung des eigenen Namens gegen eine identische oder verwechselbar ähnliche GM erfasst nur den Namen selbst und erstreckt sich nicht auf Abwandlungen desselben, so gering sie auch sein mögen. Der Ausnahmecharakter der Einschränkung des gesetzlichen Markenschutzes gegenüber dem Benutzer eines identischen oder verwechselbar ähnlichen (Namen-) Zeichens lässt anderes nicht zu. Selbst Anpassungen des originären Namens einer natürlichen Person an anderssprachliche oder landsmannschaftliche Usancen sind nicht freigestellt, es sei denn, die Anpassung ist genereller, amtlich bestätigter Natur. Grund hierfür ist, dass man sich seinen eigenen Namen nicht aussuchen kann. Der Firmenname (Handelsname) ist dagegen frei wählbar und muss keinen Personennamensbestandteil aufweisen. Bedenklich deshalb, dass der EuGH im Urteil »Anheuser-Busch«[10] auch die Benutzung als Firmennamen nach Art 12 (a) freistellt.

---

9   EuGH C-017/06 vom 11.9.2007, GRUR 2007, 971 (Nr 36) *Céline*; C-245/02 vom 16.11.2004, GRUR 2005, 153 (Nr 82, 83) *Anheuser-Busch*; vgl auch EuGH C-023/01 vom 21.11.2002, WRP 2003, 66 *Robeco/Robelco*.

10   EuGH C-245/02 vom 16.11.2004, GRUR 2005, 153 (Nr 79–82) *Anheuser-Busch*; kritisch dazu Knaak, in: FS für von Mühlendahl, 2005, S 83, 92.

Lit (a) immunisiert auch die Benutzung der Anschrift einer natürlichen Per- 14
son. Freigestellt ist nur die vollständige Adressenangabe, nicht die Benutzung
lediglich eines Bestandteils, wenn dieser Bestandteil mit einer GM übereinstimmt oder mit ihr verwechselbar ist. Telefonnummern sind gegen eine verwechselbare Zahlenmarke nicht immunisiert, weil es sich nicht um eine
Anschrift handelt. Das trifft auch auf namenartig verkappte Anschlussnum-
mern der Telekommunikation in Form der Internet Domains zu, deren Benutzer sich demzufolge nicht auf Art 12 (a) berufen können.

Lit (a) stellt nicht auf eine markenmäßige, produktkennzeichnende Benut- 15
zung des Namens oder der Anschrift eines Dritten ab. Daraus ist zu schließen, dass nicht nur die lediglich informierende Mitteilung jener Angaben,
etwa im Rahmen des Fließtextes einer Warenverpackung, von den Wirkungen einer anderweitigen GM befreit sein soll, sondern durchaus auch eine
produktidentifizierende Bezeichnung; schließlich sind Marken nichts anderes
als Namen der mit ihnen bezeichneten Produkte. Diese waren vor allem früher und sind häufig auch heute noch mit den Namen ihrer Hersteller identisch; Namen wie OPEL, FORD, DAIMLER für Automobile, KELLOGG
für Getreide- und MÜLLER für Milchprodukte zeugen davon. Voraussetzung ist, dass die Art und Weise der unternehmensidentifizierenden Namensbenutzung den anständigen Gepflogenheiten in Gewerbe und Handel
entspricht, also lauteren Motiven entspringt.[11]

Schon aus diesen Beispielen wird deutlich, dass die Übertragung der in 16
Deutschland auf Grund des DE-MarkenG von der Rspr und Literatur zeitweilig vertretenen Auffassung, der Art 12 entsprechende § 23 DE-MarkenG
erlaube zwar die Benutzung eines mit einer prioritätsälteren Marke verwechselbaren Namens als Firma, nicht aber als Marke, auf das Gemeinschaftsmarkenrecht zumindest Abgrenzungsschwierigkeiten ausgelöst hätte. Hinzu
kommt, dass die GMV – anders als das DE-MarkenG – den Schutz und die
Benutzung geschäftlicher Bezeichnungen gar nicht regelt und also die durch
Art 12 freizustellenden Benutzungshandlungen nur solche sein können, die
an sich Verstöße gegen Art 9 sind. Mit Rücksicht auf die Lauterkeitsschranke
der Ausnahmevorschrift des Art 12 ist das hinnehmbar. Es ist allerdings ein
großer Unterschied, ob ein bürgerlicher Name informationshalber mehr
oder minder versteckt auf der Packung eines Produkts erscheint, das mit einer davon abweichenden Marke gekennzeichnet ist, oder ob dieser Name

---

11  EuGH C-100/02 vom 7.1.2004, GRUR 2004, 234 (Nr 24) *Kerry Spring/Gerri.*

selbst als Marke zur Produktkennzeichnung eingesetzt wird; entsprechend höher ist im letzteren Fall die Lauterkeitsschranke anzusetzen.

17  Gegen die einer anderweitigen Marke neben- und vor allem untergeordnete Angabe des mit einer Drittmarke identischen Namens des Produkt-Herstellers oder -vertreibers wird nichts einzuwenden sein, aber die Benutzung dieses Namens als allein unterscheidungskräftige Kennzeichnung dürfte im Falle der auch produktbezogenen Kollision mit einer älteren GM regelmäßig die Lauterkeitsgrenze des Art 12 überschreiten. Diese Grenze hat naturgemäß eine um so höhere Schwelle, je größer der Bekanntheitsgrad der älteren GM ist und je ähnlicher Marke und Name sowie die beiderseitigen Waren sind, je größer also mit anderen Worten die Verwechslungsgefahr ist.[12] Im Falle von Identität der Zeichen und Waren kann schon ein nicht allzu untergeordneter Hersteller-Namenshinweis Anlass zu Verwechslungen in zumindest weiterem Sinne, also auf Grund gedanklichen In-Verbindung-Bringens geben.

18  Handelt es sich bei der GM um eine bekannte Marke iSv Art 8 (5), so stellt die zufällige Übereinstimmung des eigenen Namens keinen Rechtfertigungsgrund für dessen Benutzung in einer Weise dar, welche die Unterscheidungskraft oder Wertschätzung der älteren GM in unlauterer Weise ausnutzt oder beeinträchtigt.[13]

19  Die Lauterkeitsschranke »sofern die Benutzung den anständigen Gepflogenheiten in Gewerbe und Handel entspricht« kann allerdings nicht ausschließen, dass es im geschäftlichen Verkehr zu Verwechslungen kommt. Das ist, sofern den Namensbenutzer kein Unlauterkeitsvorwurf trifft, aus den eingangs erwähnten rechtspolitischen Gründen vom Inhaber der GM hinzunehmen. Es ist gerade der Sinn dieser Vorschrift, im Wege der Interessensabwägung einen für beide Seiten im Regelfall akzeptablen Kompromiss zu finden. Sofern aber durch die Art und Weise, wie es zur Benutzung des kollidierenden und offenbar zu Verwechslungen Anlass gebenden Benutzung des Namens kam, oder aber durch die Art und Weise der Namensbenutzung selbst (Hervorhebung, Schriftart, Farbgestaltung des Umfeldes etc) Hinweise auf eine bewusste Annäherung vorliegen, lässt sich dies mit dem von Art 12 privilegierten Interesse des Namensinhabers nicht mehr rechtfertigen.

---

12  EuGH C-017/06 vom 11.9.2007, GRUR 2007, 971 (Nr 34) *Céline*.
13  HABM-BK R 348/2008-1 vom 9.11.2008 (Nr 62) *SWAROWSKI*.

Das Tatbestandsmerkmal der »anständigen Gepflogenheiten« im Sinne des 20
Art 12 entspricht der Sache nach der Pflicht, den berechtigten Interessen des
Markeninhabers nicht in unlauterer Weise zuwiderzuhandeln[14] (Art 12
Rdn 10). Als eine regelmäßig nicht den anständigen Gepflogenheiten entsprechende Namensbenutzung dürfte die eines in Verwechslungsabsicht
aquirierten Namens sein. So wird beispielsweise zu bezweifeln sein, dass die
Lauterkeitsgrenze eingehalten ist, wenn sich ein Weinbrand-Fabrikant von
einem Herrn Asbach – gegen entsprechende Honorierung – adoptieren lässt
und seinen neuen Namen bei der Vermarktung seines Weinbrandes benutzt.
Auch Namensänderungen anderer Art werden Anlass zu Lauterkeitszweifeln
geben, wenn die Benutzung des neuen Namens zu Verwechslungen führt
oder führen kann.

Das Namensprivileg der lit (a) kann weder einem absoluten Eintragungshin- 21
dernis entgegengehalten werden[15] (Art 7 Rdn 183 f, 190) noch die Eintragbarkeit einer jüngeren Marke gegenüber einer verwechselbar älteren erlauben.[16]

Für die von lit (a) ferner freigestellte Anschrift gilt im wesentlichen das glei- 22
che wie für Namen. Kritisch dürften hier insbesondere Ortsnamen sein – insoweit besteht eine Brücke zur Benutzung einer geografischen Herkunftsangabe in lit (b) –, aber auch bestimmte, auf den ersten Blick nicht als
solche zu erkennende Straßennamen und die vor allem in Großbritannien
üblichen Gebäudebezeichnungen, selbst unter Berücksichtigung der Tatsache, dass nur die gesamte Anschrift freigestellt ist. An die Stelle der oben angesprochenen Namensmanipulation tritt hier die Gefahr von Wohnort- oder
Sitz-Manipulationen, die entsprechend bei der Beurteilung des Lauterkeits-
Charakters der Anschrift-Benutzung zu berücksichtigen sind.

---

14  EuGH C-228/03 vom 17.3.2005, GRUR 2005, 509 (Nr 49) *Gilette*; C-245/02
    vom 16.11.2004, GRUR 2005, 153 (Nr 82, 83) *Anheuser-Busch*.
15  EuG T-20/02 vom 31.3.2004, GRUR Int 2004, 654 (Nr 56) *HAPPY DOG*;
    HABM-BK R 1610/2006-1 vom 6.9.2007 (Nr 19) *INFORMATICA*.
16  HABM-BK R 1610/2006-1 vom 6.9.2007 (Nr 19) *INFORMATICA*; R 880/
    2005-4 vom 30.11.2007 (Nr 19 aE) *RIELLO*; R 750/2008-4 vom 27.1.2009
    (Nr 36) *CABALLER*, vgl. auch HABM-BK R 53/2005-1 und R 262/2005-1
    vom 28.2.2011 *Peek & Cloppenburg* (Nr. 63 ff.) (wenngleich nicht unmittelbar
    die Frage eines lauteren Gebrauchs nach Art. 6 MarkenRichtl betreffend).

### 3 Beschreibende und geographische Herkunftsangaben

#### 3.1 Normzweck

23  Es leuchtet unvermittelt ein, dass die Eintragung einer GM ihrem Inhaber nicht das Recht geben soll, Dritten die lautere Benutzung von Hinweisen auf Merkmale, Eigenschaften, die Bestimmung oder die geographische Herkunft ihrer Produkte zu untersagen. Allerdings steckt der Teufel bei dieser Vorschrift der lit (b), welcher im Rahmen des Art 12 ohne Zweifel die größte Bedeutung zukommt, im Detail der mannigfaltigen Fallgestaltungen. Während es sich bei den Namen und Anschriften der lit (a) regelmäßig um originär unterscheidungskräftige Bezeichnungen handeln dürfte, geht es hier um solche Angaben, die in beschreibendem Verhältnis zu dem in Rede stehenden Produkt stehen, und die deshalb insoweit keine individualisierende Unterscheidungskraft besitzen. Gleichwohl können sie einer für jenes Produkt eingetragenen GM verwechselbar nahe stehen, die – das ist häufig der Fall – ihre Unterscheidungskraft und Eintragungsfähigkeit durch ihre Abweichungen vom beschreibenden Begriff erhalten hat. Mitunter ist auch trotz geringer Unterschiede und großer formaler Ähnlichkeit eine Anlehnung der Marke an den beschreibenden Begriff nicht erkennbar (siehe auch Art 7 Rdn 191).

#### 3.2 Benutzung als Marke

24  Nach dem Erlass der Richtlinie begann mit Blick auf Art 6 (1) MarkenRichtl jedenfalls in Deutschland sehr rasch der Meinungsstreit darüber, ob die freigestellte Benutzung jedweden, also auch den kennzeichenmäßigen Gebrauch der dort genannten Angaben beschreibenden Charakters und der geographischen Herkunft erfasst oder aber nur solche Benutzungshandlungen, die die Angabe nicht als die betroffenen Produkte hinsichtlich ihrer Ursprungsidentität unterscheidendes Zeichen erscheinen lassen. Für die weitergehende Auffassung einer umfassenden Freistellung auch des markenmäßigen Gebrauchs solcher Angaben spricht jedenfalls auf den ersten Blick die Tatsache, dass der Wortlaut der Vorschrift keinerlei Einschränkung angibt, wie dies beispielsweise in Deutschland mit dem letzten Teilsatz des § 16 DE-WZG (»sofern der Gebrauch nicht warenzeichenmäßig erfolgt«) der Fall war (Art 12 Rdn 4).

25  In der »Chiemsee«-Entscheidung hat der EuGH diese Streitfrage dahingehend beantwortet, dass Art 6 (1) (b) MarkenRichtl – und damit Art 12 (b) GMV – Dritten nicht das Recht einräumt, eine beschreibende Angabe als

Marke zu verwenden, sondern nur das Recht, sie beschreibend zu benutzen, sofern die Benutzung den anerkannten Gepflogenheiten in Gewerbe und Handel entspricht.[17] Damit wurde neuerlich die Debatte über die Frage eröffnet, wann eine Benutzung von Angaben der in lit (b) genannten Art als markenmäßige Benutzung zu werten ist. Diese Frage hatte der EuGH allerdings schon ein Vierteljahr früher in der »BMW«-Entscheidung dahingehend beantwortet, dass eine Benutzung »als Marke« vorliegt, wenn sie »zur Unterscheidung von Waren oder Dienstleistungen als solche eines bestimmten Unternehmens ... benutzt wird«;[18] dabei ging es allerdings um die Abgrenzung gegenüber einer Benutzung »zu anderen Zwecken« als jener Unterscheidung, also iSv Art 5 (5) MarkenRichtl, der in der GMV keine Entsprechung hat.

Sollte hiernach die Freistellung durch lit (b) dann nicht eintreten, wenn der **26** Verkehr in erheblichem Umfang die fragliche Angabe nicht oder jedenfalls nicht nur als beschreibende Information, sondern zumindest auch als ursprungsidentifizierendes Zeichen ansieht? Oder anders gewendet: Sollte die Freistellung durch lit (b) nur dann eintreten, wenn der Verkehr die fragliche Bezeichnung – weitgehend einhellig – als beschreibende Angabe ansieht? Auf die Art und Weise der Benutzung – allein- oder herausgestellt, hervorgehoben, im Fließtext usw – käme es dann nicht gesondert an, weil der Verkehr auch in der alleingestellten und dominant hervorgehobenen Bezeichnung »Brot« auf einem Brotlaib keine ursprungsidentifizierende Marke sieht.

Klarheit hat die Entscheidung des EuGH über den Vorlagebeschluss des DE- **27** BGH vom 7.2.2002 in der Sache »GERRI/KERRY Spring« (Gerolsteiner/ Putsch)[19] gebracht. Ihm lag die Verletzungsklage der Inhaberin der für Mineralwasser eingetragenen DE-Marke »Gerri« gegen die Benutzung des Zeichens »KERRY Spring« als einziges, nach Art einer Marke herausgestelltes Wort-Identifizierungsmerkmal auf Etiketten von Mineralwasser und damit hergestellten Erfrischungsgetränken zu Grunde, die aus der irischen Grafschaft Kerry stammen. Wegen der Warenidentität und der hochgradigen Ähnlichkeit von »Gerri« und »Kerry« wollte der BGH die von der Vorinstanz verneinte Verwechslungsgefahr bejahen, hatte jedoch Zweifel, dass er dem angegriffenen Zeichenbenutzer die Wohltat des lit (b) (Art 6 (1) (b) Marken-

---

17  EuGH C-108/97 vom 4.5.1999, GRUR 1999, 723 (Nr 28) *Chiemsee.*
18  EuGH C-063/97 vom 23.2.1999, GRUR Int 1999, 438 (Nr 38) *BMW/Deenik.*
19  DE-BGH GRUR Int 2002, 616 *Kerry Spring/Gerri.*

Richtl) unter Hinweis auf den von der »Chiemsee«-Entscheidung dekretierten Ausschluss des Gebrauchs »als Marke« verweigern kann. Dabei bestand wie im »Chiemsee«-Fall eine gewisse Besonderheit darin, dass es sich beim Streitzeichen »Kerry Spring« nicht um eine Produkteigenschaften beschreibende Angabe, sondern durchaus um eine »Ursprungsangabe« handelte, aber keine unternehmenskennzeichnende, sondern eine geographische Herkunftsangabe, die ebenso wie beschreibende Angaben lit (b) unterfällt.

28  Der EuGH hat entschieden, dass im Falle des Bestehens einer klanglichen Verwechslungsgefahr zwischen einer in einem Mitgliedstaat eingetragenen Wortmarke einerseits und der Angabe der geographischen Herkunft eines aus einem anderen Mitgliedstaat stammenden Erzeugnisses im geschäftlichen Verkehr andererseits der Markeninhaber die Benutzung dieser geographischen Herkunftsangabe nach Art 5 der Richtlinie 89/104 nur verbieten kann, wenn diese Benutzung nicht den anständigen Gepflogenheiten in Gewerbe oder Handel entspricht. Dies sei von den nationalen Gerichten zu beurteilen.[20]

29  Der bloße Umstand, dass eine klangliche Verwechslungsgefahr zwischen einer in einem Mitgliedstaat eingetragenen Wortmarke und einer geographischen Herkunftsangabe eines anderen Mitgliedstaats besteht, genüge aber nicht für die Annahme, dass die Benutzung jener Angabe im geschäftlichen Verkehr nicht den anständigen Gepflogenheiten entspricht. In einer Gemeinschaft von fünfzehn Mitgliedstaaten mit einer großen Sprachenvielfalt sei die Wahrscheinlichkeit, dass eine gewisse klangliche Ähnlichkeit zwischen einer in einem Mitgliedstaat eingetragenen Wortmarke und einer geographischen Herkunftsangabe eines anderen Mitgliedstaats besteht, bereits sehr groß und werde nach der – inzwischen vollzogenen – Erweiterung (auf jetzt 27 Mitgliedstaaten) noch größer sein.

30  Von der »Chiemsee«-Abgrenzung der beschreibenden Zeichenbenutzung gegenüber der einer Verwendung »als Marke« hat sich der EuGH nicht ausdrücklich distanziert, aber ausgeführt, dass einem Begriff wie markenmäßig keine Bedeutung für die Festlegung des Geltungsbereichs von Art 6 Marken-Richtl (= Art 12 GMV) zukommen könne (Nr 15). Auch komme es nicht darauf an, ob die Angabe eine produktbeschreibende oder eine der geographischen Herkunft sei (Nr 19). Gewiss aber wird der unterschiedliche Charakter dieser Angaben bei der Prüfung eine Rolle spielen, inwieweit deren

---

20  EuGH C-100/02 vom 7.1.2004, GRUR 2004, 234 (Nr 27) *Kerry Spring/Gerri*.

Verwendung für den Benutzer nahe lag oder gar notwendig war, was einen erheblichen Einfluss auf die Beurteilung der Frage hat, ob die Benutzung den anständigen Gepflogenheiten entspricht, also nicht den berechtigten Interessen des Markeninhabers in unlauterer Weise zuwiderhandelt. Gleiches gilt für die Art und Weise der Benutzung.

Eine Sonderstellung nimmt die (Weiter-)Benutzung einer fremden Marke, **31** nämlich die des Originalherstellers von beispielsweise Fahrzeugteilen ein, die aufgrund Verschleiß von Drittfirmen aufgearbeitet und wieder in Verkehr gebracht werden, ohne dass die Originalmarke entfernt wird, weil sie etwa eingeprägt oder eingegossen ist. Wird an solchem Teil die Marke des aufarbeitenden Unternehmens angebracht, so sieht nach Auffassung des DE-BGH der gewerbliche Nachfrager solcher Austauschteile in der Originalmarke gewissermaßen eine beschreibende Angabe (lit b), die sich nicht auf den Aufarbeitungsvorgang bezieht.[21] Man könnte in der Originalmarke auch einen Bestimmungshinweis iSv lit c sehen.

Hinsichtlich der Fallgruppe des »Keyword-Advertising«, also des Buchens ei- **32** ner fremden Marke bei einem Suchmaschinenbetreiber dahingehend, dass bei Eingabe dieser fremden Marke als Suchbegriff eine eigene Anzeige erscheint, hat der EuGH in seiner *»Portakabin«*-Entscheidung festgehalten, dass man es zwar grundsätzlich nicht ausschließen könne, dass es sich je nach Einzelfall um die Verwendung einer nur beschreibenden Angabe handele. Angesichts dessen, dass nach der Rechtsprechung des EuGH eine Markenverletzung bei Keyword-Advertising letztlich aber ohnehin nur in Betracht kommt, wenn durch die jeweilige Werbung der irreführende Eindruck erweckt wird, es handele sich um Originalware des Markeninhabers oder es bestehe jedenfalls eine geschäftliche Verbindung zwischen dem Werbenden und dem Markeninhaber (siehe hierzu Art 9 Rdn 46 - 49) wird es in aller Regel dann auch jedenfalls an der Lauterkeit des Handelns fehlen, so dass lit. b. nicht greift.[22]

### 3.3 Sind produktbeschreibende und geographische Herkunftsangaben gleich zu behandeln?

Der DE-BGH stützte seine Zweifel (Art 12 Rdn 27) an der Allgemeingültig- **33** keit der *»Chiemsee«*-Aussage des EuGH[23] zur Auslegung des Art 6 (1) (b)

---

21  DE-BGH GRUR 2007, 705 *Aufarbeitung von Fahrzeugkomponenten.*
22  EuGH C-558/08 vom 8.7.2010, GRUR 2010, 841 (Nr. 72) *Portakabin.*
23  EuGH C-108/97 vom 4.5.1999, GRUR 1999, 723 (Nr 28) *Chiemsee.*

MarkenRichtl überdies auf die Darlegungen des Generalanwalt Jacobs in seinen Schlussanträgen im »Baby-Dry«-Verfahren. Dort hatte er seine Auslegung der Art 7 (1) (c) und 12 (b) sowie deren Verhältnis zueinander mit der vom EuGH im »Chiemsee«-Urteil zum Ausdruck gebrachten Auffassung vom Verhältnis der entsprechenden Art 3 (1) (c) und 6 (1) (b) MarkenRichtl verglichen.[24] Dabei verwies er auf die sachlichen Unterschiede zwischen einer die betroffenen Produkte – vermeintlich – beschreibenden Angabe (»Baby-Dry«) einerseits und einer die geographische Herkunft der Produkte bezeichnenden Angabe (»Chiemsee«) andererseits und bemerkte, dass Angaben der geographischen Herkunft ungeachtet ihrer Gleichbehandlung in Art 7 (1) (c) (hinzuzufügen ist: und in Art 12 (b)) eine Sonderstellung haben, weil sie nach Art 66 (2) als Kollektivmarken eintragungsfähig und im Zusammenhang mit landwirtschaftlichen Erzeugnissen und Lebensmitteln Gegenstand einer eingehenden anderweitigen gemeinschaftsrechtlichen Regelung sind, nämlich der VO (EWG) Nr 2081/92 des Rates vom 14.7.1992 zum Schutz von geographischen Angaben und Ursprungsbezeichnungen für Agrarerzeugnisse und Lebensmittel (siehe Art 164).

34   In der Tat üben geographische Herkunftsangaben – anders als insoweit nicht qualifizierte geographische Angaben – ebenso wie Marken eine Herkunftsfunktion aus, nur nicht bezüglich eines bestimmten Unternehmens, wie es die Definition der GM in Art 4 fordert. Gleichwohl ist mit jener Unterschiedlichkeit nichts für die Beantwortung der Frage nach dem Begriff der Benutzung iSv Art 12 gewonnen, auch nicht für die Beantwortung der damit in innerem Zusammenhang stehenden Frage, welche Bedeutung lit (b) mit Blick auf das absolute Eintragungshindernis des Art 7 (1) (c) zukommt. Inzwischen aber hat der EuGH klargestellt, dass einerseits die Freistellung der lauteren Benutzung von beschreibenden wie von geographischen Herkunftsangaben (auch »als Marke«) durch lit (b) keine »Rückwirkung« auf das absolute Eintragungshindernis solcher Angaben gemäß Art 7 (1) (c) habe (siehe Art 7 Rdn 154), andererseits das Eingreifen der Schutzschranke der lit (b) bei einer an sich rechtsverletzenden Benutzung eines das betroffene Produkt oder seine geographische Herkunft beschreibenden Zeichens davon abhängt, ob die Benutzung im Einzelfall den anständigen Gepflogenheiten in Gewerbe oder Handel entspricht, also den berechtigten Interessen des betroffenen

---

24  Schlussanträge des Generalanwalts Jacobs vom 5.4.2001 (Nr 78–80) in der Rs C-383/99 *Baby-Dry*.

Markeninhabers nicht in unlauterer Weise zuwidergehandelt wird (siehe Art 12 Rdn 20).

### 3.4 Interessenausgleich

Mit der – stillschweigenden – Kassierung seiner Äußerung im »Chiem- 35
see«-Urteil, dass Art 6 (1) (b) MarkenRichtl (= Art 12 (b)) einem Dritten
nicht das Recht einräume, eine unter Markenschutz stehende geographische
Bezeichnung als Marke zu verwenden, sondern – unter Lauterkeitsvorbehalt
– nur das Recht, die Bezeichnung beschreibend, d. h. als Angabe über die
geographische Herkunft zu benutzen,[25] durch den EuGH im »KERRY
Spring«-Urteil mit der Feststellung, dass einem Begriff wie markenmäßig
keine Bedeutung für die Festlegung des Geltungsbereichs jener Vorschrift
(hier Art 12 (b)) zukommen könne,[26] hat der Gerichtshof das schon im
»BMW«-Urteil angegebene Ziel erreicht, die grundsätzlichen Interessen des
Markenschutzes einerseits und die freien Warenverkehrs sowie der Dienst-
leistungsfreiheit im Gemeinsamen Markt andererseits in der Weise in Einklang zu bringen, dass das Markenrecht seine Rolle als wesentlicher Teil eines
Systems unverfälschten Wettbewerbs spielen kann, das der EG-Vertrag er-
richten und aufrechterhalten will.[27]

Allerdings kommt einer fairen Bestimmung der Lauterkeitsschranke nun 36
umso höhere Bedeutung zu. Dafür ist die Benutzung des Zeichens »KERRY
Spring« ein deutliches Beispiel. Offenbar hatte der BGH keinen Zweifel,
dass ein nicht unbeachtlicher Teil des (deutschen) Publikums in diesem allein zur Ursprungsidentifizierung geeigneten Zeichen nicht oder jedenfalls
nicht nur eine geographische Herkunftsangabe, sondern (auch) einen Hinweis auf die Unternehmensherkunft sieht. Dabei spielt keine oder allenfalls
eine untergeordnete Rolle, ob dies auf Unkenntnis der geographischen Bedeutung von »Kerry« oder darauf zurückzuführen ist, dass Kenner der geographischen Bedeutung jedenfalls in »KERRY Spring« einen Unternehmenshinweis sehen (vgl zB die Marke »Eifelquelle«). Entscheidend ist, ob es eine
akzeptable Notwendigkeit dafür gibt, eine geographische Herkunftsangabe –
ebenso wie eine beschreibende Angabe – in einer Art und Weise zu benutzen,

---

25 EuGH C-108/97 vom 4.5.1999, GRUR 1999, 723 (Nr 28) *Chiemsee.*
26 EuGH C-100/02 vom 7.1.2004, GRUR 2004, 234 (Nr 15) *Kerry Spring/Gerri.*
27 EuGH C-063/97 vom 23.2.1999, GRUR Int 1999, 438 (Nr 42) *BMW/Dee-
nik.*

die sie für einen mehr als unbeachtlichen Teil des angesprochenen Publikums als unternehmensidentifizierende Marke erscheinen lässt (vgl Art 12 Rdn 19).

37 Während der Markeninhaber keine Möglichkeit hat, den schädlichen Folgen von Verwechslungen und Irreführungen zu entgehen oder zu begegnen, welche die markenmäßige Benutzung einer geographischen Herkunftsangabe oder eines beschreibenden Zeichens für ihn mit sich bringt, kann der Benutzer jene Angaben stets in einer Art und Weise einsetzen, die zumindest für einen erheblichen Teil des angesprochenen Verkehrs nicht den Charakter einer die betriebliche Herkunft identifizierenden Marke hat. Jedenfalls wird sich derjenige, der einen (vermeintlich) beschreibenden Begriff in erkennbar unternehmenskennzeichnender Weise einsetzt, gegen den Angriff aus einer verwechselbaren Marke nicht mit dem Argument zur Wehr setzen können, wegen der Nähe der Marke zum beschreibenden Begriff seien dem Markeninhaber ihm gegenüber die Hände gebunden.[28] Andererseits ist im Falle unberechtigter Geltendmachung von Markenrechten gegen die lautere Benutzung beschreibender Angaben oder anderweitig freizuhaltender Zeichen durchaus die Strenge am Platze, die der EuGH bei der Eintragungsprüfung auf absolute Eintragungshindernisse angelegt sehen möchte; vgl Art 7 Rdn 153 und Urteil »Libertel«.[29]

### 3.5 Weitere Hinweise

38 Problematisch ist in vielen Fällen, ob es sich bei der aus einer Marke angegriffenen Bezeichnung tatsächlich um einen beschreibenden Begriff iSv lit (b) handelt. Die spezifische Aufzählung von Angaben Produkteigenschaften beschreibenden Charakters (Art, Beschaffenheit, Menge etc.) ist allerdings nicht abschließend, wie aus der Öffnungsklausel »oder über andere Merkmale der Ware oder Dienstleistung« hervorgeht.

39 Jedoch gilt wiederum – wie für die Immunisierung von Name und Anschrift gemäß lit (a) –, dass nur der beschreibende oder geographische Herkunfts-Begriff selbst, nicht aber Abwandlungen desselben gegen die Geltendmachung von Rechten aus einer gleichen oder verwechselbar ähnlichen GM immun sind. Das ergibt sich aus dem das absolute Eintragungshindernis des Art 7 (1) (c) auf der Benutzungsseite komplementär ergänzenden Charakter

---

28 Vgl zum deutschen Recht DE-BGH GRUR 1985, 1053 *Royale*.
29 EuGH C-104/01 vom 6.5.2003, GRUR 2003, 604 (Nr 59) *Libertel*.

der lit (b) mit gleicher Zielrichtung. Umschreibungen, Anspielungen, Übertragungen und dergleichen stellen keine unmittelbare Beschreibung von Merkmalen der betroffenen Ware oder Dienstleistung dar. Sie werden von lit (b) nicht erfasst und daher auch nicht gegenüber verwechselbaren GMn immunisiert. Die in nationalen Markenrechten – jedenfalls im deutschen – häufig umstrittene Frage, ob fremdsprachige beschreibende Angaben ebenso wie ihre landessprachlichen Entsprechungen zu behandeln seien, hat sich angesichts der Sprachenvielfalt in der Gemeinschaft jedenfalls bezüglich der in ihr vertretenen Amtssprachen für die absoluten GMA-Eintragungshindernisse bejahend erledigt (vgl Art 7 (2)).[30]

Allerdings wird man nicht jedes etwa in einem portugiesischen Dialekt beschreibend verwendete Wort zu den gemäß lit (b) privilegierten Begriffen rechnen können. Im übrigen wird eine Wechselwirkung zwischen der Bekanntheit und Geläufigkeit des beschreibenden Begriffs oder der geographischen Herkunftsangabe, der angemessenen und lauteren Notwendigkeit seiner Benutzung sowie der Art und Weise dieser Benutzung bei der Beurteilung in Betracht zu ziehen sein, ob die Immunisierung der lit (b) eingreift. Überdies spielen selbstverständlich die Kennzeichnungskraft der geltend gemachten GM und der Grad der Ähnlichkeit mit dem als beschreibend in Anspruch genommenen Begriff eine Rolle. **40**

Ein beschreibendes Wort in einer Sprache, die nicht zu den Amtssprachen in der Gemeinschaft gehört, unterliegt dem absoluten Eintragungshindernis des Art 7 (2) auch dann nicht, wenn sich zahlreiche Personen aus dem betreffenden Sprachraum dauerhaft in der Gemeinschaft aufhalten und sich untereinander dieser Sprache bedienen. Jedoch kann sich der Benutzer jenes Wortes auf lit (b) berufen, wenn er die lauterkeitsrechtliche Schranke beachtet; eine Markeneintragung entgegen relativen Eintragungshindernissen ist daraus nicht herleitbar[31] (vgl Art 12 Rdn 21). **41**

Wurde die geltend gemachte GM unter Verstoß gegen Art 7 fälschlich eingetragen, steht dem angegriffenen Benutzer neben lit (b) außerdem das Nichtigkeitsverfahren nach Art 56 auf Grund von Art 51 offen. **42**

---

30  Nicht jedoch für nationale Markenrechte an fremdsprachlich beschreibenden Angaben: EuG T-006/01 vom 23.10.2002, GRUR Int 2003, 243 *Matratzen Markt Concord*; bestätigt durch EuGH C-003/03 vom 28.4.2004, Mitt 2004, 312 *Matratzen Markt Concord*; vgl ferner Art 8 Rdn 200.

31  HABM-BK R 28/2007-4 vom 15.2.2008 (Nr 23) *BINA/PINAR*.

43 Ferner muss das benutzte Zeichen für die von der Benutzung erfassten Waren oder Dienstleistungen beschreibend sein. Eine beschreibende Bedeutung für andere Produkte lässt lit (b) nicht eingreifen: Die Benutzung von »Spaten« für Gartengeräte steht jedermann frei, nicht jedoch in Bezug auf Bier.

44 Die Immunisierung eines beschreibenden oder geographischen Begriffs greift auch dann, wenn er nur Bestandteil einer mehrteiligen Angabe oder Kennzeichnung und darin noch als solcher erkennbar ist. Sofern letzteres nicht gegeben ist, liegt ebenso wie im Fall der Benutzung einer anderen als der durch die GM geschützten Abwandlung des beschreibenden oder geographischen Begriffs kein Tatbestand des Art 12, sondern allein ein Tatbestand des Art 9 (1) (b) vor, der eine Bestimmung des Schutzbereichs der GM unter Berücksichtigung einer erkennbaren Anlehnung an einen beschreibenden oder geographischen Begriff erfordert.

### 3.6 Angaben über andere Merkmale

45 Die Öffnungsklausel der lit (b), die auch Angaben über andere Merkmale der Ware oder Dienstleistung vor einer anderenfalls durchgreifenden Geltendmachung von Markenrechten schützen soll, hat den Court of Appeal (England & Wales) veranlasst, den EuGH um eine Vorabentscheidung zu verschiedenen Fragen zu ersuchen, welche im Rechtsstreit um eine dreidimensionale (nationale) Marke aufgetreten waren. Die Marke bestand in der räumlichen Ausbildung eines Elektrorasierer-Scherkopfes und war von der Firma Philips gegen einen von der Firma Remington auf den Markt gebrachten Elektrorasierer mit einem ähnlich gestalteten Scherkopf geltend gemacht worden.

46 Das britische Gericht wollte in erster Linie die Schutzfähigkeit von Marken der klägerischen Art unter dem Gesichtspunkt absoluter Eintragungshindernisse, insbesondere des Art 3 (1) (e) MarkenRichtl = Art 7 (1) (e) GMV geklärt sehen. Mit seiner fünften Frage aber sprach das britische Gericht zusätzlich das Verhältnis des Art 6 (1) (b) MarkenRichtl (= Art 12 (b) GMV) zu Art 3 (1) (c) MarkenRichtl (= Art 7 (1) (c) GMV) mit besonderem Hinweis auf den Umstand an, dass in der zuvor genannten Freistellungsvorschrift das Wort »ausschließlich« fehlt, welches sich im zuletzt angesprochenen absoluten Eintragungshindernis findet. Bedauerlicherweise ist es zur Beantwortung der Frage, ob das Recht an einer Warenform-Marke infolge der Immunisierung nicht verletzt wird, wenn die Benutzung der Warenform eine Angabe über die Art der Waren oder deren Bestimmung ist oder als solche verstan-

den werden würde, nicht gekommen, weil das britische Gericht auf die Beantwortung im Vorhinein verzichtet hatte, falls der EuGH – wie geschehen – die Eintragung der Klagemarke für ungültig halten sollte.[32]

Rein vorsorglich sei an dieser Stelle angemerkt, dass die Fallgestaltung des »Hölterhoff«-Urteils[33] keine Beziehung zu der vorliegenden Vorschrift hat, auch wenn es dort um das »Beschreiben« von Eigenschaften oder Merkmalen der von der Marke erfassten Waren, nämlich der Schliffart von Edelsteinen ging. Denn von markenrechtlichen Ansprüchen sind – unausgesprochen – nur solche Angaben iSv lit (b) erfasst, welche die mit der Marke versehenen Produkte in gewöhnlicher Weise bezeichnen oder beschreiben; im »Hölterhoff«-Fall war jedoch die Marke selbst benutzt worden. Darin liegt auch kein Bestimmungshinweis iSd nachstehend erläuterten Vorschrift der lit (c); der EuGH hat jedoch eine an sich rechtsverletzende Benutzung iSv Art 9 verneint, die Voraussetzung für eine Anwendung von Art 12 ist. **47**

### 4 Benutzung einer fremden Marke als Bestimmungshinweis

Die Zielrichtung von lit (c) ist, wie schon eingangs erwähnt, ebenso wie die ihr zu Grunde liegende Fallgestaltung eine wesentlich andere als die in lit (a) und (b) behandelte. Gemeinsame Klammer ist allein die Schutzschrankenfunktion gegenüber den aus einer GM herleitbaren Rechten. Hier geht es jedoch nicht um die Abgrenzung dieser Rechte gegenüber der Benutzung eines anderweitigen, im Regelfall unterschiedlichen, aber mit der geschützten Marke verwechselbaren Zeichens, sondern um die Benutzung der geschützten Marke selbst. Letzteres allerdings nicht im Sinne einer der Markenfunktionen, also namentlich der Ursprungsidentifizierung der Originalware, sondern lediglich zur Identifizierung der Zugehörigkeit eines bestimmten Drittprodukts zu jener, insbesondere als Ersatzteil, als Zubehör oder Reparatur- bzw Wartungsdienstleistung. Im Regelfall, nämlich wenn die Markeneintragung der Originalware das Drittprodukt erfasst, verstieße eine solche Benutzung der GM gegen Art 9 (1) (a), auch wenn der Drittbenutzer durch entsprechende Auslobung seines Produkts eine falsche Zuordnung und damit eine Verwechslungsgefahr vermeiden könnte, denn diese ist nicht Eingriffsvoraussetzung jener die Doppelidentität (Art 8 Rdn 37 f) adressierenden Vorschrift. **48**

---

32 EuGH C-299/99 vom 18.6.2002, GRUR Int 2002, 842 *Philips/Remington*.
33 EuGH C-002/00 vom 14.5.2002, GRUR Int 2002, 841 *Hölterhoff/Freiesleben*.

49  Durch die Immunisierung der Markenbenutzung seitens eines Ergänzungs-
produkte für die Originalware herstellenden oder anbietenden Dritten gegen
die Rechtswirkungen der die Originalware kennzeichnenden Marke soll verhindert werden, dass mit Hilfe des Markenschutzes tatsächlich ein Produkt-
schutz eintritt, der im Rahmen der Rechtsordnung nur auf andere Weise bei
Erfüllung bestimmter Voraussetzungen und im übrigen auch nur zeitweise
erlangt werden kann.

50  Neben der für alle Fallgestaltungen des Art 12 geltende Lauterkeitsschranke
ist hier die Notwendigkeit weitere Voraussetzung für die Zulässigkeit einer
Benutzung der fremden Marke als Hinweis auf die Bestimmung der eigenen
Produkte. Dies soll die Gefahr der Verwässerung der Marke, ihrer Umwandlung zu einer Gattungsangabe (Art 51 (1) (b)), aber auch der Rufausbeutung
und Rufschädigung durch die bezugnehmende Fremdbenutzung einer GM
verringern. Die Notwendigkeit wird regelmäßig zu verneinen sein, wenn die
eindeutige Zuordnung des unter der GM vertriebenen Produkts zum fremden Produkt auch auf andere Weise als durch die Benutzung jener Marke erfolgen kann. Entscheidend ist nicht das Interesse des Anbieters an der Öffnung des betr Marktsegments, sondern das Interesse der Verbraucher an
einem Wettbewerbsangebot.

51  Ein Dritter wird nicht das Recht haben, im Falle einer Kennzeichnung des
Basisproduktes mit mehreren Marken (Dachmarke, Sortenmarke usw) sämtliche Marken zu benutzen, wenn die Bestimmung seines zugeordneten Produkts dies nicht erfordert. Beispielsweise ist der Vertrieb eines fremden Er-
satzteils für ein Kraftfahrzeug der »Mercedes E-Klasse« mit dieser oder einer
ähnlichen Bezeichnung zulässig, für die gleichzeitige Benutzung der Bildmarke Mercedes-Stern ist jedoch die Notwendigkeit zu verneinen.[34]

52  Wesentlichen Einfluss auf die Zulässigkeit der Benutzung einer fremden
GM als Bestimmungshinweis hat zur Überwindung des Lauterkeitsvor-
behalts auch hier die Art und Weise dieser Benutzung. Zu unterlassen ist je-
de Herausstellung und Hervorhebung oder sonstige Maßnahme, welche den
Eindruck einer normalen markenmäßigen Kennzeichnung des zugeordneten
Produkts hervorruft. Ferner ist ausreichend klarzustellen, dass es sich beim

---

34  Siehe auch DE-BGH, GRUR 2011, 1135 (Nr. 26f) *GROSSE INSPEKTION
FÜR ALLE*; wenngleich die Notwendigkeit noch bejahend, nahm der DE-BGH
einen Verstoß gegen die guten Sitten durch die Verwendungen des VW Logos
in der Werbung einer Reparaturwerkstatt an.

angebotenen Ergänzungsprodukt nicht um eines aus der Fertigung oder Angebotspalette des Markeninhabers oder eines Lizenznehmers, sondern eines Drittanbieters handelt.

Eine nicht unmittelbar lit (c) unterfallende, aber dazu in gewisser Beziehung 53 stehende Fallgestaltung war Gegenstand eines Vorlagebeschlusses des DE-BGH vom 2.12.2004.[35] Der DE-BGH wollte wissen, ob der Ruf eines »anderen Unterscheidungszeichens« eines Mitbewerbers iSv Art 3a (1) (g) der RL 84/450/EWG vom 10.9.1984 über irreführende und vergleichende Werbung (geändert durch RL 97/55/EG vom 6.10.1997) in unlauterer Weise ausgenutzt wird, wenn der Werbende das in den Fachkreisen bekannte Unterscheidungszeichen (hier: Bestellnummernsystem) des Mitbewerbers in seinem Kern identisch übernimmt und auf die identische Übernahme in der Werbung Bezug nimmt. Ferner: Ist bei der Prüfung der Unlauterkeit der Rufausnutzung iSv Art 3a (1) (g) der RL 84/450/EG der Vorteil der identischen Übernahme für den Werbenden und den Verbraucher ein maßgeblicher Faktor?

Der Gerichtshof hat geantwortet, dass die vorgenannte Vorschrift der Werbe- 54 richtlinie dahin auszulegen sei, dass unter Umständen wie denen des Ausgangsrechtsstreits der Ruf eines in Fachkreisen bekannten Unterscheidungszeichens eines Herstellers nicht in unlauterer Weise ausgenutzt wird, wenn ein konkurrierender Anbieter in seinen Katalogen den Kernbestandteil dieses Unterscheidungszeichens verwendet. Der EuGH begründet das mit einer Abwägung der Vorteile für die Verbraucher gegen den Vorteil des vergleichend Werbenden im Hinblick auf die zweite Begründungserwägung der RL 97/55/EG dahingehend, dass durch die vergleichende Werbung auch der Wettbewerb zwischen den Anbietern von Waren und Dienstleistungen im Interesse der Verbraucher gefördert werden soll.[36]

Hiernach wird auch für die Abwägung bei der Beurteilung der »anständigen 55 Gepflogenheiten in Gewerbe oder Handel« davon auszugehen sein, dass die Förderung des Wettbewerbs durch Drittlieferanten von Ersatzteilen und Zubehör Vorrang vor eng verstandenen Kennzeicheninteressen der Markeninhaber haben wird.

---

35  DE-BGH GRUR 2005, 348 *Bestellnummernübernahme.*
36  EuGH C-059/05 vom 23.2.2006, GRUR 2006, 345 (Nr 23–25) *Siemens/Vipa.*

56  Hinsichtlich der Fallgruppe des »Keyword-Advertising«, also des Buchens einer fremden Marke bei einem Suchmaschinenbetreiber dahingehend, dass bei Eingabe dieser fremden Marke als Suchbegriff eine eigene Anzeige erscheint, hat der EuGH in seiner »Portakabin«-Entscheidung festgehalten, dass man es zwar grundsätzlich nicht ausschließen könne, dass es sich je nach Einzelfall um die Verwendung der Marke nur als Bestimmungsangabe handele. Angesichts dessen, dass nach der Rechtsprechung des EuGH eine Markenverletzung bei Keyword-Advertising letztlich aber ohnehin nur in Betracht kommt, wenn durch die jeweilige Werbung der irreführende Eindruck erweckt wird, es handele sich um Originalware des Markeninhabers oder es bestehe jedenfalls eine geschäftliche Verbindung zwischen dem Werbenden und dem Markeninhaber (siehe hierzu Art 9 Rdn 46 - 49) wird es in aller Regel dann auch jedenfalls an der Lauterkeit des Handelns fehlen, so dass lit. c. nicht greift.[37]

## 5 Modellbau

57  Einen Sonderfall stellt die Vermarktung von Modellen solcher Produkte dar, die im Verkehr unter Marken vertrieben werden und mit den Marken versehen sind, beispielsweise Modelle von Kraftfahrzeugen bestimmter Hersteller. Derartige Modelle stellen regelmäßig eine andere Warenart dar als das nachgebildete Originalprodukt, im vorgenannten Beispielsfall Spielzeug. Zu der hier angesprochenen Fallgestaltung gehören beispielsweise aber auch die früher üblichen Schokoladezigaretten, bei denen es sich statt um Tabakwaren um Lebens- oder Genussmittel handelt. Soweit das Warenverzeichnis der Markeneintragung für die Originalware die Modellware nicht erfasst, auch nicht unter dem erweiterten Schutz einer bekannten Marke (Art 9 (1) (c)), scheidet eine Benutzung der Originalmarke aus und die Frage der Anwendbarkeit von lit (b) stellt sich nicht.

58  Anders jedoch, wenn sich der Schutz der Originalmarke auch auf das Modellprodukt erstreckt, sei es infolge entsprechender Fassung des Warenverzeichnisses (und ggf rechtserhaltender Benutzung der Marke für das Modellprodukt), sei es auf Grund des erweiterten Schutzes der Originalmarke iSv Art 9 (1) (c). Diese Fallgestaltung lag dem dem EuGH vorgelegten Streit um das Opel-Logo »Opel-Blitz« zu Grunde. Der Automobilhersteller Opel hat vor einem deutschen Gericht einen Hersteller von Spielzeugmodellen in An-

---

37  EuGH C-558/08 vom 8.7.2010, GRUR 2010, 841 (Nr 72) *Portakabin*.

spruch genommen, weil er die Modellfahrzeuge mit jenem bekannten Opel-Logo versehen hat, dessen Markeneintragung auch Spielzeug umfasst; Opel selbst lässt derartige Modellfahrzeuge von Lizenznehmern herstellen und vermarktet sie über einen Accessoirevertrieb.

Das Gericht stellte zunächst die Frage, ob es ungeachtet der Eintragung der **59** Originalmarke auch für Spielzeug eine Benutzung als Marke iSv Art 5 (1) (a) MarkenRichtl (= Art 9 (1) (a)) darstellt, wenn der Hersteller eines Spielmodellautos ein real existierendes Vorbildfahrzeug in verkleinertem Maßstab einschließlich der auf dem Vorbild angebrachten Marke des Markeninhabers nachbildet und in Verkehr bringt. Für den Fall der Bejahung wollte das Gericht wissen, ob diese Benutzungsweise eine Angabe über die Art oder Beschaffenheit des Modellfahrzeugs iSv Art 6 (1) (b) MarkenRichtl (= Art 12 (b)) ist, und wenn auch dies bejaht werden sollte, welche Kriterien in solchem Fall für die Beurteilung maßgeblich ist, wann die Benutzung der Marke den anständigen Gepflogenheiten in Handel oder Gewerbe entspricht.

Die Schlussanträge des Generalanwalts Ruiz-Jarabo Colomer vom 7.3.2006 **60** schlugen dem Gerichtshof vor, die erste Vorlagefrage zu verneinen, also festzustellen, dass keine Benutzung des für Spielzeug eingetragenen Logos als Marke vorliegt, wenn der Hersteller eines Spielmodellautos ein real existierendes Vorbildfahrzeug in verkleinertem Maßstab einschließlich der auf dem Vorbild angebrachten Marke des Markeninhabers nachbildet und in Verkehr bringt. Der Generalanwalt begründete das damit, dass die Anbringung des »Opel-Blitz«-Logos auf dem Spielzeug zu einer Benutzungsart gehöre, die nichts mit der Funktion der Marke zu tun habe, weil das bloße Merchandising mittels Spielzeugautos eine automatische Assoziation des Verkehrs zwischen dessen Hersteller und den Zeichen auf den Automobilen ausschlösse und überdies die Gefahr eines Monopols auf dem Modellmarkt bestünde, wodurch die unternehmerische Freiheit der Wettbewerber in ungerechtfertigter Weise eingeschränkt würde.

Diese Auffassung war angesichts der Tatsache nicht nachvollziehbar, dass das **61** streitige Logo dem Inhaber der Originalmarke als Marke auch für Spielzeug unmittelbar geschützt ist und dafür benutzt wird; dass das durch Lizenznehmer geschieht, kann keine Rolle spielen. Sollte etwa auch der Markenschutz eines Porzellanfabrikanten für Geschirr versagen, wenn es um Puppenstuben-Geschirr geht?

**62** Der Gerichtshof ist dem Generalanwalt auch nicht gefolgt.[38] Er hat festgestellt, dass die Anbringung eines mit der für Kraftfahrzeuge bekannten und sowohl dafür als auch für Spielzeug eingetragenen Marke identischen Zeichens auf verkleinerten Modellen von Fahrzeugen der genannten Marke durch einen Dritten ohne die Erlaubnis des Inhabers der Marke, um diese Fahrzeuge originalgetreu nachzubilden, und die Vermarktung der genannten Modell sowohl eine Benutzung iSv Art 5 (1) (a) MarkenRichtl (= Art 9 (1) (a)) darstellt, die der Inhaber der Marke verbieten darf, wenn diese Benutzung die Funktionen der Marke als für Spielzeug eingetragene Marke beeinträchtigt oder beeinträchtigen könnte, als auch eine Benutzung iSv Art 5 (2) MarkenRichtl (= Art 9 (1) (c) darstellt, die der Inhaber der Marke verbieten darf, wenn diese Benutzung die Unterscheidungskraft oder die Wertschätzung der Marke als für Kraftfahrzeuge eingetragene und bekannte Marke ohne rechtfertigenden Grund in unlauterer Weise ausnutzt oder beeinträchtigt.

**63** Der EuGH hat sich der Auffassung des Generalanwalts auch insoweit nicht angeschlossen, als er meinte, dass es sich bei der fraglichen Markenbenutzung um »eine Angabe über andere Merkmale des Modellfahrzeugs« iSv Art 6 (1) (b) MarkenRichtl (= Art 12 (b) GMV) handele. Vielmehr stellt die Anbringung eines mit der für ua Kraftfahrzeuge eingetragenen Marke identischen Zeichens auf verkleinerten Modellen von Fahrzeugen der genannten Marke durch einen Dritten ohne die Erlaubnis des Inhabers der Marke, um diese Fahrzeuge originalgetreu nachzubilden, und die Vermarktung der genannten Modelle keine Benutzung einer Angabe über ein Merkmal dieser Modelle iSv Art 6 (1) (b) MarkenRichtl (= Art 12 (b) GMV) dar. Die fragliche Benutzung ist also nicht freigestellt.

**64** Allerdings hat der EuGH auf seine dahingehende Rspr verwiesen, dass die Geltendmachung des dem Markeninhaber verliehenen Ausschließungsrechts auf den Schutz seiner spezifischen Interessen beschränkt bleiben müsse und ein solcher Fall nicht vorliege, wenn die Durchschnittsverbraucher in der Markenwiedergabe auf dem Modell keine betriebliche Herkunftsangabe – als der Hauptfunktion der Marke – sehen sollten; auf die Beeinträchtigung anderer Funktionen habe sich Opel offenbar nicht berufen (Nr 21–25).

**65** Im Hinblick darauf hat das Landgericht Nürnberg-Fürth, das den Fall dem EuGH vorgelegt hatte, die Klage von Opel abgewiesen.[39] Nicht jede dop-

---

38  EuGH C-048/05 vom 25.1.2007, GRUR 2007, 318 *Opel-Logo*.
39  LG Nürnberg-Fürth, NJOZ 2007, 4377 = WRP 2007, 840.

pelidentische Markenbenutzung sei eine Markenverletzung, wie aus den EuGH-Urteilen »Hölterhoff«, »Arsenal« und »Adidas/Fitnessworld« hervorgehe. Vielmehr müsse die Hauptfunktion der Marke, nämlich die Gewährleistung der Warenherkunft, tatsächlich oder potentiell beeinträchtigt sein, was hier nicht der Fall sei, weil der Verkehr – zu dem die Mitglieder des Gerichts gehörten – aus Erfahrung die modellgerechte Anbringung der Marke nicht als Markenbenutzung durch den Markeninhaber ansehen werde. Auch andere Anspruchsgrundlagen des Markeninhabers schieden aus. Die Berufung von Opel blieb erfolglos;[40] die zugelassene Revision wurde vom BGH zurückgewiesen.[41] Die Verbraucher sähen das Opel-Logo auf den Spielzeugautos nur als originalgetreue Wiedergabe der Marke auf dem Vorbild und deshalb darin keinen Herkunftshinweis. Für einen Bekanntheitsschutz iSv Art 9 (1) (c) fehle es an der unlauteren Beeinträchtigung oder Ausnutzung des Rufs der Marke.

Offensichtlich hat der EuGH mit seinem Urteil der Markeninhaberin – und **66** anderen Markeninhabern in vergleichbaren Situationen – Steine statt Brot gegeben. Das faktisch ausschließliche Abstellen auf die kommerzielle Herkunftsfunktion bei der Beantwortung der Frage, ob die Benutzung einer Marke durch einen Dritten die spezifischen Interessen des Markeninhabers zu beeinträchtigen vermag,[42] wird dem erforderlichen Markenschutz in Fällen wie diesem – und manchen anderen – nicht gerecht;[43] s Art 9 Rdn 33ff.

## Artikel 13 Erschöpfung des Rechts aus der Gemeinschaftsmarke

(1) Die Gemeinschaftsmarke gewährt ihrem Inhaber nicht das Recht, einem Dritten zu verbieten, die Marke für Waren zu benutzen, die unter dieser Marke von ihm oder mit seiner Zustimmung in der Gemeinschaft in den Verkehr gebracht worden sind.

---

40  OLG Nürnberg, GRUR-RR 2008, 393 = MarkenR 2008, 451.

41  BGH I ZR 88/08 vom 14.1.2010 *OPEL-BLITZ II.*

42  EuGH C-206/01 vom 12.11.2002, GRUR Int 2003, 392 (Nr 51) *Arsenal*; s aber Schlussanträge Mengozzi in der RS C-487/07 vom 10.2.2009 (Nr 46, 47) *L'Oréal/Bellure.*

43  Schlussanträge des Generalanwalts Mengozzi in der RS C-487/07 vom 10.2.2009 (Nr 49–54) *L'Oréal/Bellure*; vgl auch Kur, GRUR Int 2008, 1.

(2) Absatz 1 findet keine Anwendung, wenn berechtigte Gründe es rechtfertigen, dass der Inhaber sich dem weiteren Vertrieb der Waren widersetzt,
insbesondere wenn der Zustand der Waren nach ihrem Inverkehrbringen
verändert oder verschlechtert ist.

*Eisenführ, Eberhardt*

Literatur:
*Baudenbacher*, Erschöpfung der Immaterialgüterrechte in der EFTA und die Rechtslage in der EU, GRUR Int 2000, 584; *Beckmann*, Die Reichweite des Erschöpfungs-
grundsatzes nach neuem Markenrecht, GRUR Int 1998, 836; *Bercovitz*, Las marcas y
los derechos de propiedad industrial en el mercado unico, in: Marca y diseño comunitarios, Pamplona 1996, S 31; *Casado*, Importaciones paralelas y agotamiento del derecho de marca, Gaceta jurídica de la Unión Europea, 2002, Nr 7, S 9; *Deringer*, Gewerbliche Schutzrechte und freier Warenverkehr im Gemeinsamen Markt, NJW
1977, 469; *Drijber*, Die neueste europäische Rechtsprechung zum Markenrecht,
MarkenR 2001, 1; *Ebenroth*, Gewerblicher Rechtsschutz und europäische Warenverkehrsfreiheit, Heidelberg 1992; *ders.*, Neue Ansätze zur Warenverkehrsfreiheit im
Binnenmarkt der Europäischen Union, in: FS für Piper, S 133; *Gaster*, Die Erschöp-
fungsproblematik aus der Sicht des Gemeinschaftsrechts, GRUR Int 2000, 571; *Har-
te-Bavendamm/Scheller*, Die Auswirkungen der Markenrechtrichtlinie auf die Lehre
von der internationalen Erschöpfung, WRP 1994, 571; *Ingerl/Rohnke*, Zur Umsetzung der Markenrechts-Richtlinie durch das deutsche Markengesetz, NJW 1994,
1247; *Johannes*, Zum »Kaffee-Hag«-Urteil des Gerichtshofs der Europäischen Gemeinschaften, GRUR Int 1975, 111; *ders.*, Zur Vorlage des BGH an den EuGH, wer

im Markenrecht die Erschöpfung darzulegen und zu beweisen hat, MarkenR 2000, 251; *Koch*, Markenrechtliche Erschöpfung durch die EU-Osterweiterung?, WRP 2004, 1324; *Kroher*, Importe von Originalware nach neuem Markenrecht, in: FS für Beier, 1996, S 253; *Loewenheim*, Gealterte und gefärbte Jeans – Zur Benutzung der Marke an veränderter Originalware, in: FS für Vieregge, 1995, S 569; *ders.*, Nationale und internationale Erschöpfung von Schutzrechten im Wandel der Zeiten, GRUR Int 1996, 307; *Lubberger*, Anmerkungen zu Stüssy, WRP 2001, 75; *Miller*, Markenrechtliche Erschöpfung in der EU und rechtserhaltende Benutzung durch Parallelimporte, MarkenR 2005, 257; *Müller*, Beweislastregelung im nationalen Recht in Bezug auf die Erschöpfung von Rechten aus einer Marke, GRUR 2003, 668; *Rohnke*, Das Ende der innergemeinschaftlichen Erschöpfung, WRP 1999, 889; *Sack*, Die Erschöpfung von gewerblichen Schutzrechten und Urheberrechten nach europäischem Recht, GRUR 1999, 193; *ders.*, Der Erschöpfungsgrundsatz im deutschen Immaterialgüterrecht, GRUR Int 2000, 610; *Schennen*, Erschöpfung gewerblicher Schutzrechte in der EG, Mitt. 1989, 7; *Schöner*, Darlegungs- und Beweislast der markenrechtlichen Erschöpfung nach »Stüssy II«, WRP 2004, 430; *von Mühlendahl*, Der Grundsatz der internationalen Erschöpfung des Markenrechts in den Mitgliedstaaten der EG und ausgewählten Drittstaaten, Mitt. 1980, 101; *Wichard*, Weltweite oder europaweite Erschöpfung von Markenrechten?, GRUR 1997, 711.

## 1 Allgemeines

Es gehört seit langem zu den vom freien Warenverkehr geprägten Grundsätzen der europäischen Rechtsordnung und namentlich zu denen des gemeinsamen Binnenmarktes, dass die Wirkungen einer in einem Mitgliedstaat eingetragenen Marke und somit auch die einer GM enden, sobald die mit der Marke gekennzeichnete Ware vom Markeninhaber selbst oder mit seiner Zustimmung (etwa durch einen Lizenznehmer) in den Warenverkehr des gemeinsamen Marktes gebracht wurde[1] – vorbehaltlich berechtigten Gründen iSv Abs 2, die es rechtfertigen, dass sich der Markeninhaber widersetzt, insbesondere einer Warenveränderung. Sobald dies geschehen ist, kann weder der Markeninhaber noch ein Dritter bezüglich dieser Ware Rechte aus der GM herleiten. Die ursprünglich auf die Art 30, 36 EG-V gestützte Begründung ist nach dem Erlass der MarkenRichtl vom EuGH mit drei weitgehend inhaltsgleichen Urteilen vom 11.7.1996[2] auf Art 7 MarkenRichtl übergelei-

1

---

1 EuGH C-16/74 vom 31.10.1974, GRUR Int 1974, 456 *Centrapharm/Winthrop*.
2 EuGH C-427/93 vom 11.7.1996, WRP 1996, 880 *Bristol-Myers Squibb*; EuGH C-232/94 vom 11.7.1996, WRP 1996, 874 *MPA*; EuGH C-71/94, C-72/94, C-73/94 vom 11.7.1996, WRP 1996, 867 *Eurim Pharm*.

tet worden. Das gilt jedoch nicht für den Fall der Anbringung einer anderen Marke des Markeninhabers auf der umgepackten Ware (Art 13 Rdn 32, 33), weil Abs 1 auf das Inverkehrbringen »unter dieser Marke« beschränkt ist.[3]

2  Die Erschöpfung des Markenrechts ist unabhängig vom Sitz des Markeninhabers, entscheidend ist der Ort des erstmaligen Inverkehrbringens: Liegt er im Territorium des gemeinsamen Marktes oder der weiteren Staaten des Europäischen Wirtschaftsraumes (EWR), so tritt die Erschöpfung ein, liegt er außerhalb, tritt sie nicht ein. Entsprechend wirkt eine im EU- bzw EWR-Raum eingetretene Erschöpfung gemeinschaftsweit und in den übrigen zum EWR gehörenden Staaten. Eine nationale Abweichung hiervon ist unzulässig.[4] Der aktuelle Kommisionsvorschlag zur Reform der GMV[5] sieht insoweit auch eine Klarstellung vor, dass ein Inverkehrbringen im EWR (und nicht nur in der Gemeinschaft) zu Erschöpfung führt

3  Damit hat sich das europäische Markenrecht gegen die weltweite Erschöpfung entschieden, wie sie zuvor von der Rspr in Mitgliedstaaten der Gemeinschaft – so in Deutschland – praktiziert worden war. Dem lag die Auffassung zu Grunde, dass der Markeninhaber mit der Veräußerung der markierten Ware und der dafür direkt oder indirekt erlangten Gegenleistung sein Markenrecht generell verbraucht habe und kein legitimes Interesse besitze, den weiteren Weg dieser Ware, namentlich ihren Weitervertrieb auch über Ländergrenzen hinweg, mit Hilfe markenrechtlicher Maßnahmen zu beeinflussen. Das territoriale Limitieren der Erschöpfung hat zur Folge, dass die Inhaber von GMn sich dem Import der mit ihrer Zustimmung unter ihren Marken außerhalb des EWR in den Verkehr gebrachten Waren in die Gemeinschaft widersetzen können. Insoweit ist dem Interesse der Markeninhaber an einer Marktdifferenzierung Vorrang vor den Interessen der Abnehmer am weltweit uneingeschränkten Bezug von Markenware eingeräumt worden.

4  Eine Vorbehaltsgrenze findet die gemeinschaftsweite und EWR-weite Erschöpfung dort, wo im Anschluss an das durch den Markeninhaber oder mit seiner Zustimmung erfolgte Inverkehrbringen der Ware deren Zustand verändert, insbesondere verschlechtert worden ist oder andere Gründe den Mar-

---

3  EuGH C-379/97 vom 12.10.1999, GRUR Int 2000, 159 (Nr 26–28) *Pharmacia/Paranova.*

4  EuGH C-355/96 vom 16.7.1998, GRUR 1998, 919 (Nr 31) *Silhouette*; EuGH C-173/98 vom 1.7.1999, GRUR Int 1999, 870 (Nr 17) *Sebago.*

5  Kommisionsdokument COM (2013) 161.

keninhaber berechtigen, seine Markenrechte gegen den weiteren Vertrieb der Ware geltend zu machen (Art 13 Rdn 35-40).

## 2 Erschöpfungsterritorium

Eine gemäß Abs 1 eintretende Erschöpfung gilt für das gesamte Gebiet der   5
EG, welches sich mit der territorialen Wirkung der GM deckt. Die Erschöpfung tritt aber zugleich auch für alle nicht zur EU gehörenden Länder des EWR ein, wie dies aus Art 65 (2) des EWR-Abkommens iVm Art 2 (1) des Protokolls 28 über geistiges Eigentum hervorgeht.[6] Entsprechend ist davon auszugehen, dass ungeachtet des Wortlauts des Abs 1 das Inverkehrbringen unter der GM mit Zustimmung ihres Inhabers auch dann zur Erschöpfung führt, wenn es in einem der EWR-Staaten erfolgt, die nicht zur Gemeinschaft gehören.

Eine territoriale Aufteilung der Rechte an oder aus der einheitlichen GM ist   6
nicht möglich (Art 1 (2)). Die GM ist lediglich hinsichtlich ihrer Waren oder Dienstleistungen teilbar (durch Teilung gemäß Art 49 (1) bzw im Rahmen teilweiser Übertragung gemäß Art 17 (1)). Die durchaus mögliche Beschränkung von Lizenzen auf Teile des Gemeinschaftsterritoriums (Art 22 (1)) ändert nichts an der gemeinschaftsweiten Erschöpfung infolge des Inverkehrbringens mit der Marke gekennzeichneter Waren durch einen territorial beschränkten Lizenznehmer.

Allerdings dürfte, wenn ein territorial beschränkter Lizenznehmer die territorialen Grenzen seiner Lizenz überschreitet, auch dann keine Erschöpfung vorliegen, wenn der Lizenznehmer unter Verstoß gegen die Lizenzbedingungen die Ware in einem ihm nicht lizenzierten Gebiet der Gemeinschaft erstmalig in den Verkehr bringt. Denn dann wird es an der erforderlichen Zustimmung des Markeninhabers zum erstmaligen Inverkehrbringen fehlen, vgl. Art. 22.

## 3 Waren

Ungeachtet der Neigung von Banken, Versicherungen und Leasingunternehmen sowie anderen Dienstleistungsunternehmen, ihre standardisierten Dienstleistungen als »Produkte« zu bezeichnen, können diese nicht wie körperliche Waren in einen regelmäßig von aufeinanderfolgenden Handelsstufen geprägten Wirtschaftsverkehr gebracht und weiterveräußert werden.

---

6  GRUR Int 1994, 215.

Selbst solche Dienstleistungs-Produkte, welche über unterschiedliche und gestaffelte Vertriebskanäle an den Abnehmer gelangen, werden erst mit Abschluss des Dienstleistungsvertrages durch den Abnehmer tatsächlich und rechtlich existent; sie sind der realen Weitergabe entzogen.

9   Daher ist Abs 1 auf den Verkehr mit Waren beschränkt. Zu diesen gehören allerdings auch Waren, die Dienstleister neben ihrer Dienstleistung vertreiben und unter einer auch die Dienstleistung identifizierenden Marke inverkehrbringen (zB von Geldinstituten veräußerte Sparbüchsen).

### 4  Inverkehrbringen

10  Der Tatbestand des Inverkehrbringens von markierter Ware durch den Markeninhaber oder mit seiner Zustimmung durch einen Dritten ist jedenfalls dann erfüllt, wenn neben der tatsächlichen auch die rechtliche Verfügungsgewalt über die Ware vom Markeninhaber oder von berechtigten Dritten auf einen Anderen übergeht.[7] Dies entspricht gewissermaßen spiegelbildlich dem entsprechenden Verbotstatbestand des Art 9 (2) (b). Erfolgt der Übergang im EWR, so ist das Recht aus der GM erschöpft. Eine rein vertragliche Verpflichtung des Käufers im EWR, die Ware nicht im EWR weiterzuverkaufen, hindert die Erschöpfung nicht.[8]

11  Fehlt es aber am Übergang der Verfügungsgewalt über die Ware, etwa weil der Markeninhaber die Ware nur in den EWR eingeführt oder dort angeboten hat, ohne jedoch sie dort zu veräußern, liegt kein Inverkehrbringen im EWR vor; der Markeninhaber hat den wirtschaftlichen Wert seiner GM nicht realisiert,[9] siehe auch Art 13 Rdn 13.

12  Eben dieses Recht verliert der Markeninhaber, wenn er innerhalb des EWR einem Dritten, beispielsweise einem ungebundenen Kommissionär, die tatsächliche Verfügungsgewalt über die betroffenen Waren überlässt, auch wenn damit keine Eigentumsübertragung und also kein Übergang der rechtlichen Verfügungsgewalt verbunden ist. Der DE-BGH hat das Markenrecht an mit der Marke versehenen Waren als erschöpft angesehen, wenn diese im Rahmen eines »ab Werk-Verkaufs« einem vom außerhalb des EWR domizilierenden Käufer beauftragten Spediteur innerhalb des EWR übergeben werden,

---

7  EuGH C-016/03 vom 30.11.2004, GRUR 2005, 507 (Nr 42) *Peak Holding.*
8  EuGH C-016/03 vom 30.11.2004, GRUR 2005, 507 (Nr 53, 55) *Peak Holding.*
9  EuGH C-016/03 vom 30.11.2004, GRUR 2005, 507 (Nr 40, 41) *Peak Holding.*

und zwar auch dann, wenn der Käufer der Waren seinen Sitz außerhalb des EWR hat und die Waren dort vertrieben werden sollen.[10] Anders aber, so der Gerichtshof in »*Coty / Simex (Parfümtester)*«, wenn der Markeninhaber lediglich als »unverkäuflich« gekennzeichnete Warenproben Händlern zum Zwecke des Ausprobierens im Laden zur Verfügung stellt. Denn in dieser Konstellation hat der Markeninhaber diese nicht als Ware in den Verkehr gebracht. Werden solche Proben dann vom Händler in den Verkehr gebracht, geschieht dieses auch nicht mit Zustimmung des Markeninhabers, so dass keine Erschöpfung eintritt.[11] In »*Coty / Simex (Parfümtester)*« führt der Gerichtshof in einem obiter dictum darüber hinaus auf, dass Lieferungen an einen im EWR ansässigen zu einem selektiven Vertriebssystem des Markeninhabers gehörenden Händler sogar generell nicht zu Erschöpfung führe, da es im Inverkehrbringen fehle.[12] Zwar ist diese Aussage in der Entscheidung eindeutig formuliert. Sie wird aber freilich nicht weiter begründet und der Gerichtshof setzt in der Folge die Prüfung fort (die ansonsten mit dieser Aussage hätte beendet werden können). Dieses obiter dictum ist damit nicht überzubewerten, gleichwohl es wünschenswert wäre, wenn der Gerichtshof in naher Zukunft Gelegenheit zu einer - in die eine oder andere Richtung - klarstellenden Entscheidung bekäme, um in dieser wirtschaftlich durchaus nicht unbedeutenden Fragestellung Klarheit zu schaffen.

Die bloße Durchfuhr (Transit) durch das EWR-Territorium ohne Wechsel **13** der gegenständlichen Verfügungsgewalt ist kein Inverkehrbringen im EWR.[13] Gleiches gilt, wenn Originalmarkenware, die (noch) keine Gemeinschaftsware geworden ist, in das externe Versand- oder das Zolllagerverfahren innerhalb der Gemeinschaft verbracht wird. Wird aber aus diesem Status heraus angeboten und/oder verkauft und implizieren diese Handlungen das Inverkehrbringen der Ware zwangsläufig, so greift Art 9 (2) (b) und der Markeninhaber kann widersprechen.[14]

---

10  BGH I ZR 162/03 vom 27.4.2006, GRUR 2006, 836 (Nr 15) *ex works*.
11  EuGH C-127/09 vom 3.6.2010, GRUR 2010, 723 (Nr 45) *Coty / Simex (Parfümtester)*.
12  EuGH C-127/09 vom 3.6.2010, GRUR 2010, 723 (Nr 35) *Coty / Simex (Parfümtester)*.
13  EuGH C-405/03 vom 18.10.2005, GRUR Int 2006, 40 (Nr 30, 37) *Class/Colgate-Palmolive*.
14  10a EuGH C-405/03 vom 18.10.2005 GRUR Int 2006, 40 (Nr 50, 61 *Class/Colgate-Palmolive*.

## 5 Zustimmung des Markeninhabers

14 Dem unmittelbaren Inverkehrbringen der mit der Marke versehenen Ware durch den Markeninhaber steht seine Zustimmung zum Inverkehrbringen durch einen anderen gleich. Die Zustimmung kann ausdrücklich, aber auch stillschweigend erteilt werden. Zu letzterem sind die Fälle zu rechnen, in denen ein zwar rechtlich selbständiges, aber vollständig einer Konzernmutter gehörendes Tochterunternehmen die mit der GM der Konzernmutter versehenen Waren in einem nicht zur Gemeinschaft gehörenden EWR-Land in den Verkehr bringt. Die Erschöpfung der GM tritt auch dann ein, wenn das Tochterunternehmen in jenem EWR-Land des Inverkehrbringens eine eigene Markeneintragung für die Marke der Konzernmutter besitzt.

15 Die Zustimmung des Markeninhabers kann aber auch konkludent vorliegen, wenn sie sich aus Anhaltspunkten und Umständen vor, bei oder nach dem Inverkehrbringen außerhalb des EWR ergibt, die nach der Beurteilung des angerufenen nationalen Gerichts mit Bestimmtheit einen Verzicht des Inhabers auf sein Recht erkennen lassen, sich einem Inverkehrbringen im EWR zu widersetzen. Jedoch kann sich eine konkludente Zustimmung nicht daraus ergeben,

– dass der Markeninhaber nicht alle nachfolgenden Erwerber der außerhalb des EWR in den Verkehr gebrachten Waren über seinen Widerspruch gegen einen Vertrieb im EWR unterrichtet hat;
– dass auf den Waren nicht angegeben ist, dass das Inverkehrbringen im EWR verboten ist;
– dass der Markeninhaber das Eigentum an den mit der Ware versehenen Waren ohne vertragliche Beschränkungen übertragen hat; und
– dass nach dem auf den Vertrag anwendbaren Recht das übertragene Eigentumsrecht mangels solcher Beschränkungen ein Recht auf uneingeschränkten Weiterverkauf oder zumindest ein Recht auf weiteren Vertrieb der Waren im EWR umfasst.[15]

16 Dabei ist es für die Frage der Erschöpfung unerheblich, dass der Wirtschaftsteilnehmer, der die mit der Marke versehenen Waren einführt, keine Kenntnis davon hat, dass sich der Inhaber ihrem Inverkehrbringen im EWR oder ihrem Vertrieb auf diesem Markt durch andere Wirtschaftsteilnehmer als autorisierte Einzelhändler widersetzt, oder dass die autorisierten Einzelhändler

---

15 EuGH C-414/99 vom 20.11.2001, GRUR Int 2002, 147 (Nr 60) *Davidoff/Levi Strauss.*

und Großhändler ihren eigenen Abnehmern keine vertraglichen Beschränkungen auferlegt haben, die einen solchen Widerspruch wiedergeben, obwohl sie darüber vom Markeninhaber unterrichtet worden sind.[16]

Für ein Inverkehrbringen unmittelbar im EWR durch einen Dritten, der keinerlei wirtschaftliche Verbindung zu dem Markeninhaber aufweist, gilt nichts anderes als in Art 13 Rdn 16 dargelegt wurde.[17] **17**

Ein Lizenznehmer innerhalb des EWR bringt seine Waren mit Zustimmung **18** des Markeninhabers und Lizenzgebers in der Gemeinschaft in den Verkehr, einerlei, ob der Lizenzgeber seinen Sitz innerhalb oder außerhalb des EWR hat (siehe aber Art 13 Rdn 20 und 30). Wer hingegen markierte Ware vom Markeninhaber oder einem Dritten außerhalb des EWR-Raumes kauft, braucht zum Import dieser Ware in den EWR die ausdrückliche Zustimmung des Markeninhabers; sie kann auch von einem anderen Verkäufer gegeben werden, wenn dieser dazu vom Markeninhaber autorisiert worden ist.

Eine Zustimmung des Markeninhabers oder eines berechtigten Dritten muss **19** sich auf jedes Exemplar der Ware erstrecken, für das die Erschöpfung geltend gemacht wird.[18]

Keine Zustimmung des Markeninhabers liegt vor, wenn Dritte außerhalb **20** der Gemeinschaft, aber innerhalb des EWR eigene Rechte an der die GM bildenden Marke haben und unter dieser gleiche Waren berechtigt in den Verkehr bringen. Ihrer Einfuhr in die Gemeinschaft kann sich der Markeninhaber widersetzen, unabhängig davon, ob die Parallelität der Markenrechte auf historische Entwicklungen (individueller Rechtserwerb, Enteignung) oder Veräußerung seitens des Markeninhabers zurückgeht, weil der Markeninhaber in solchem Falle keine rechtliche oder faktische Möglichkeit der Qualitätskontrolle der Drittwaren besitzt.[19]

Auch im Falle eines Lizenzverhältnisses liegt keine Zustimmung des Lizenz- **21** gebers und Markeninhabers vor, wen der Lizenznehmer entgegen einer Bestimmung des Lizenzvertrages – welche iSv Art 8 (2) MarkenRichtl (= Art 22

---

16  EuGH C-414/99 vom 20.11.2001, GRUR Int 2002, 147 (Nr 66) *Davidoff/Levi Strauss.*
17  EuGH C-324/08 vom 15.10.2009 (Nr 35) *Makro/Diesel.*
18  EuGH C-173/98 vom 1.7.1999, GRUR Int 1999, 870 (Nr 19) *Sebago.*
19  EuGH C-010/89 vom 17.10.1990, GRUR Int 1990, 960 *Hag II*; EuGH C-009/93 vom 22.6.1994, GRUR Int 1994, 614 *Ideal Standard.*

(2) GMV) zulässig ist – die mit der Marke versehenen Produkte an Discounter verkauft und nachgewiesen ist, dass dadurch aufgrund der besonderen Umstände des Falles der Prestigecharakter beschädigt wird, der jenen Waren eine luxuriöse Ausstrahlung verleiht.[20]

## 6  Benutzung durch Dritte

### 6.1  Benutzungshandlungen

22   Abs 1 erlaubt einem Dritten, die GM für solche Waren »zu benutzen«, die mit dem Einverständnis ihres Inhabers (im EWR) in den Verkehr gebracht wurden. Die Benutzungserlaubnis ist also nicht auf die bloße Weitergabe der Ware in ihrer vom Markeninhaber oder mit seiner Zustimmung mit der Marke gekennzeichneten Form beschränkt. Die Erlaubnis erfasst vielmehr alle diejenigen Verbotstatbestände des Art 9 (2) und somit Benutzungsarten, die im weiteren Wirtschaftsverkehr mit den der Erschöpfung unterliegenden Waren den beteiligten Dritten freistehen müssen.

23   Zu diesen Benutzungsarten gehört zunächst das Anbieten der Waren und ihr Besitz zu diesem Zweck (Art 9 (2) (b)). Soweit beim Anbieten ein von den Waren losgelöster Einsatz der Marke erfolgt, etwa durch die Verwendung der Marke auf Geschäftspapieren und in der Werbung (Art 9 (2) (d)),[21] muss diese Markenbenutzung auf die der Erschöpfung unterliegenden Waren beschränkt bleiben. Das ist freilich nur qualitativ zu verstehen, weil eine quantitative Beziehung einer solchen Markenbenutzung zu den betroffenen Waren nicht besteht. Das Ein- und Ausführen mit der Marke versehener Waren (Art 9 (2) (c)) ist nur innerhalb des EWR freigestellt, ein Warenverkehr über die Außengrenzen des Europäischen Wirtschaftsraumes (und damit der Gemeinschaft) stellt ohne – weitere – Zustimmung des Markeninhabers eine Verletzung seiner dort bestehenden Markenrechte dar.

### 6.2  Umpacken und Neuanbringen der Marke

24   Lange umstritten war die Frage, ob auch das Art 9 (2) (a) unterfallende neuerliche Anbringen der Marke auf den unter ihr – mit Zustimmung des Markeninhabers – in den Verkehr gebrachten Waren oder deren Aufmachung, also namentlich der Verpackung, auf Grund der Rechts-Erschöpfung einem

---

20   EuGH C-059/08 vom 23.4.2009, GRUR Int 2009, 716 *Copad/Dior*.
21   EuGH C-337/95 vom 4.11.1997, GRUR Int 1998, 140 (Nr 36) *Dior/Evora*.

Dritten gestattet ist. Diese Frage stellt sich beispielsweise, wenn die vom Markeninhaber oder einem Lizenznehmer in einem Mitgliedsland der Gemeinschaft in den Verkehr gebrachte Originalware in ein anderes Mitgliedsland verbracht und dort aus sprachlichen oder anderen, namentlich nationalen ordnungsrechtlichen (zB arzneimittelrechtlichen) Gründen mit geänderten Verpackungen, Beschriftungen usw versehen werden muss. Der EuGH hat die Frage bejaht, sieht auch das Benutzungsrecht des Anbringens für erschöpft an und erlaubt Dritten, solche Originalware neuerlich — etwa nach einem Umpacken – mit der Marke zu versehen.[22]

Eine Neuetikettierung kann auch dem Zweck dienen, Identifikationsnummern oder dergleichen zu entfernen, mit deren Hilfe die Hersteller den Vertriebsweg ihrer Waren (beispielsweise Spirituosen oder Kosmetika) zu verfolgen trachten. Soweit damit eine Marktabschottung beabsichtigt ist, darf zu deren Vermeidung eine Umetikettierung vorgenommen werden, sofern der Originalzustand der Erzeugnisse nicht berührt wird, die Aufmachung des neuetikettierten Erzeugnisses dem guten Ruf der Marke und ihres Inhabers nicht schaden kann, und derjenige, der die Neuetikettierung vornimmt, den Markeninhaber vorab vom Verkauf der neuetikettierten Erzeugnisse unterrichtet.[23] **25**

Die Auffassung des EuGH ist von der Erwägung geleitet, dass einerseits der freie Warenverkehr gefördert, andererseits die Hauptfunktion der Marke, nämlich die Ursprungsidentität der mit ihr versehenen Ware zu garantieren, berücksichtigt werden muss. Deshalb steht die weitreichende Erschöpfung der Markenrechte unter den Voraussetzungen, dass der Vertrieb der Ware in unterschiedlichen Packungen in verschiedenen Mitgliedstaaten zu einer künstlichen Abschottung der Märkte zwischen den Mitgliedstaaten beiträgt, dass das Umpacken erforderlich ist, um die Ware im Einfuhrland verkehrsfähig zu machen, und dass der Originalzustand der Ware durch das Umpacken nicht beeinträchtigt wird, also beispielsweise bei Arzneimitteln Blisterstreifen, Flaschen, Ampullen usw verschlossen und unbeschädigt bleiben. **26**

---

22  EuGH C-427/93 vom 11.7.1996, WRP 1996, 880 *Bristol-Myers Squibb*; EuGH C-232/94 vom 11.7.1996,WRP 1996, 874 *MPA*; EuGH C-071/94 vom 11.7.1996, WRP 1996, 867 *Eurim Pharm*; neuere Übersicht EuGH C-348/04 vom 26.4.2007, GRUR 2007, 586 *Boehringer Ingelheim*.
23  EuGH C-349/95 vom 11.11.1997, GRUR Int 1998, 145 (Nr 50) *Loenderslot/ Ballentine*.

Das Anbringen von Aufklebern auf diesen Primärverpackungen ist jedoch zulässig, auch das Auswechseln der Beipackzettel und Hinzufügen von Gegenständen, die zur Einnahme und zur Dosierung der Arzneimittel dienen.

27 Schließlich ist im Falle des Umpackens von Arzneimitteln auf der neuen Verpackung klar anzugeben, von wem das Arzneimittel umgepackt worden ist und wer der Hersteller ist. Diese Angaben müssen so aufgedruckt sein, dass sie ein normalsichtiger Verbraucher bei Anwendung eines normalen Maßes an Aufmerksamkeit verstehen kann. Ferner muss die Herkunft eines zusätzlichen Artikels, der nicht vom Markeninhaber stammt, in einer Weise angegeben sein, die den Eindruck ausschließt, dass der Markeninhaber dafür verantwortlich ist. Dagegen braucht nicht angegeben zu werden, dass das Umpacken ohne Zustimmung des Markeninhabers erfolgt ist. Ferner braucht auch nicht das Unternehmen angegeben zu werden, das tatsächlich die Umverpackung vorgenommen hat, wenn dieses lediglich im Auftrag und auf Weisung desjenigen Unternehmens gehandelt hat, welches als Umverpacker auf der Packung angegeben ist und die hierfür erforderliche Zulassung innehat – also lediglich eine Lohnumpackung für das als Umverpacker angegebene Unternehmen stattfand.[24]

28 Das umgepackte Arzneimittel darf nicht so aufgemacht sein, dass dadurch der Ruf der Marke und ihres Inhabers geschädigt werden kann.[25] Die Verpackung darf folglich nicht schadhaft, von schlechter Qualität oder unordentlich sein. Deshalb ist der Importeur verpflichtet, den Markeninhaber vorab vom Feilhalten des umgepackten Arzneimittels zu unterrichten und ihm auf Verlangen ein Muster der umgepackten Ware zu liefern.

### 6.3 Anbringen einer anderen Marke des Markeninhabers

29 Um zu verhindern, dass mit Hilfe des Markenrechts eine Aufteilung der Gemeinschaft in nationale Märkte vorgenommen und der einheitliche Binnenmarkt unterlaufen wird, hat der EuGH sogar das Versehen der der Erschöpfung unterliegenden Ware in einem anderen Mitgliedsland mit einer anderen Marke erlaubt, wenn dieselbe Ware in jenem anderen Land vom Markeninhaber oder einem von ihm autorisierten Dritten unter der anderen

---

24  EuGH C-400/09 vom 28.7.2011, GRUR 2011, 814 (Nr. 29) *Orifarm/Merck*.
25  EuGH C-276/05 vom 22.12.2008, GRUR 2009, 154 (Nr 30) Wellcome/Paranova.

Marke vertrieben wird.[26] Voraussetzung dafür ist, dass im Zeitpunkt des Vertriebes im Einfuhr-Mitgliedsstaat bestehende Umstände berücksichtigt werden, die den Parallelimporteur objektiv dazu zwingen, die ursprüngliche Marke durch die im Einfuhrmitgliedsstaat benutzte Marke zu ersetzen, um das betreffende Produkt in diesem Staat in den Verkehr bringen zu können. Damit wird derselbe Begriff der künstlichen Marktabschottung zu Grunde gelegt wie im Falle des Umpackens und Versehens mit der selben Marke.

Je weiter die Grenzen der Erschöpfungswirkungen gezogen werden, um so **30** sorgfältiger wird allerdings darauf zu achten sein, dass die Interessen der Markeninhaber an der Erhaltung der Integrität ihrer Marken gewahrt bleiben.

### 6.4 Neubefüllung von Behältnnissen

In der Entscheidung »Viking/Kosan« hat sich der EuGH mit der Frage be-   **31** fasst, ob Erschöpfung in solchen Fällen greift, in denen vom Markeninhaber in den Verkehr gebrachte Warenbehältnisse bestimmungsgemäß/üblicherweise durch eine Neubefüllung wiederverwendet werden. Kosan produziert Flaschenglas und verkauft es an Privatleute und Gewerbetreibende. Namentlich vertrieb Kosan Flaschenglas in sogenannten Kompositflaschen. Die besondere Form dieser Flaschen ist als dreidimensionale Marke für Gasbrennstoffe und Behälter für Flüssigbrennstoffe eingetragen. Viking verkauft Gas und bietet insbesondere die Neubefüllung der als durch die 3D-Marke geschützten Kompositflaschen von Kosan an. Der EuGH bejaht, dass in diesem Fall Erschöpfung greifen kann. Unter Abwägung der widerstreitenden Interessen stellt der EuGH insbesondere darauf ab, dass dem Kunden (Käufer der von Kosan mit deren Gas befüllten Original-Kompositflaschen) die Nutzung des vollen Werts der gekauften Ware, hier nämlich auch der Kompositflasche, verwehrt bliebe, wenn der Käufer die Kompositflaschen, die bestimmungsgemäß auch zu einer Wiederbefüllung vorgesehen sind, nur durch Kosan wiederbefüllen lassen könnte.[27] Der EuGH führt weiter aus, dass es zwar einen berechtigten Grund im Sinne von Abs. 2 darstellen könne, wenn die

---

26 EuGH C-427/93 vom 11.7.1996, WRP 1996, 880 *Bristol-Myers Squibb*; EuGH C-232/94 vom 11.7.1996, WRP 1996, 874 *MPA*; EuGH C-071/94 vom 11.7.1996, WRP 1996, 867 *Eurim Pharm*.
27 EuGH C 46/10 vom 14.7.2011 GRUR Int 2011, 827 (Nr. 33 – 35) *Viking/Kosan*.

konkrete Art der Wiederbefüllung durch Viking den Durchschnittsverbraucher zu der Annahme veranlasse, dass eine geschäftliche Verbindung zum Markeninhaber (Kosan) bestehe. In der konkreten Situation des Wiederbefüllens weiß der Verbraucher jedoch, dass er die Flasche nicht durch den Markeninhaber (Kosan), sondern einen Dritten (Viking) befüllen lässt; daran ändert nach dem EuGH auch der Umstand nichts, dass die Marke »Kosan« auf den wiederbefüllten Gasflaschen noch zu sehen ist.[28] Im Ergebnis hält der EuGH damit die Wiederbefüllung von Warenbehältnissen, die bestimmungsgemäß zu eben einer solchen Wiederbefüllung vorgesehen sind, durch einen anderen Dritten als den Markeninhaber als von der Erschöpfung gedeckt.

## 7 Berechtigte Gründe

32 Das infolge Erschöpfung unwirksam gewordene Markenrecht des Markeninhabers kann allerdings dann wieder aufleben, wenn bezüglich der noch im geschäftlichen Verkehr befindlichen Ware Umstände eintreten, die der Markeninhaber nicht zu tolerieren braucht. Zu den berechtigten Gründen, auf Grund derer der Markeninhaber sich dem Weitervertrieb der markierten Ware widersetzen kann, gehört nicht sein Interesse an einem bestimmten wirtschaftlich vorteilhaften Vertriebssystem oder die Abgrenzung von Märkten in territorialer oder anderer Hinsicht, beispielsweise hinsichtlich der Preisgestaltung, wohl aber solche Umstände, die geeignet sind, den Ruf der Ware und damit seinen eigenen Ruf zu beschädigen.[29] Das ist insbesondere dann der Fall, wenn die Ware nach ihrem Inverkehrbringen verändert oder verschlechtert wurde; dabei ist im Hinblick auf die Unterordnung des Begriffs *Verschlechterung* unter den Begriff *Veränderung* das »oder« in Abs 2 wohl im Sinne von »insbesondere« zu verstehen.

33 Es soll aber auch dann gelten, wenn die Zustimmung des Markeninhabers gegenüber seinem Lizenznehmer dadurch entfällt, dass dieser entgegen einer – durch Art 8 (2) MarkenRichtl (= Art 22 (2) GMV) zugelassenen – Bestimmung des Lizenzvertrages die markierte Ware an Discounter verkauft und dadurch das Ansehen der Ware so stark beeinträchtigt wird, dass ihre Quali-

---

28  EuGH C 46/10 vom 14.7.2011 GRUR Int. 2011, 827 (Nr. 40 – 42) *Viking/Kosan*.
29  EuGH C-337/95 vom 4.11.1997, GRUR Int 1998, 140 (Nr 48, 59) *Dior/Evora*.

tät in Frage gestellt wird (Art 13 Rdn 22). Sofern jedoch, aus welchen Gründen auch immer, trotz jenes Verstoßes die Zustimmung des Lizenzgebers bejaht wird, kann dieser sich unter Bezugnahme auf die verletzte Vertragsbestimmung dem Weiterverkauf durch den Lizenznehmer dann widersetzen, wenn unter Berücksichtigung der Umstände des Einzelfalls nachgewiesen ist, dass ein solcher Weiterverkauf dem Ansehen der Marke schadet.[30]

Obwohl die Erschöpfungsausnahme warenbezogen ist, erfasst sie nicht nur **34** die Ware selbst. Zwar berechtigt beispielsweise das Umverpacken eines von einem in ein anderes Mitgliedsland der Gemeinschaft verbrachten Arzneimittels als solches den Markeninhaber nicht, mit diesem Argument den Weitervertrieb der Ware durch Geltendmachung seiner GM zu behindern. Mängel der Neuverpackung können allerdings berechtigte Gründe dafür sein, dass sich der Markeninhaber wegen der damit einhergehenden Beeinträchtigung seines Ansehens und des Rufes seiner Marke gleichwohl dem Weitervertrieb des umverpackten Arzneimittels widersetzt. Letzteres gilt um so mehr, wenn nicht nur die Umverpackung der unmittelbar in Blisterstreifen verpackten Tabletten, Kapseln und dergleichen erneuert oder verändert wird, sondern etwa auch die ursprünglichen Blister geöffnet und ihr Inhalt fremder Handhabung unterworfen wird.

Überhaupt ist eine Veränderung der Ware selbst im Hinblick auf die berech- **35** tigten Gründe des Markeninhabers zur Geltendmachung seiner zunächst erschöpften Markenrechte strenger zu beurteilen als eine Änderung (nur) der Verpackung. Weil der Markeninhaber ungeachtet der Erschöpfungsregelung Herr des Auftritts der Ware als solcher unter seiner Marke im geschäftlichen Verkehr bleibt, muss jede Veränderung dieses Warenauftritts durch Dritte die ursprünglichen Markenrechte wiederaufleben lassen. Verändert beispielsweise ein Schausteller ein vierarmiges Rundfahrgeschäft, das er unter der Marke des Herstellers auf Jahrmärkten, Kirmesveranstaltungen und dergleichen geschäftlich betreibt, zwecks Erhöhung der Fahrgastkapazität um einen weiteren Arm, so wird sich der Hersteller sowohl dem geschäftlichen Betrieb des Fahrgeschäfts als auch dessen Weiterveräußerung unter seiner Marke widersetzen können.

Übliche Reparaturen stellen hingegen keinen die Ware verändernden Ein- **36** griff dar. Dasselbe gilt für die Anbringung üblichen Zubehörs, insbesondere dann, wenn die Hauptware dafür eingerichtet ist, wie beispielsweise im Au-

---

30 EuGH C-059/08 vom 23.4.2009, GRUR Int 2009, 716 *Copad/Dior*.

tomobilbau anzutreffen. Wenn aber ein Personenwagen verlängert oder zu einem Lastwagen umgebaut wird, liegt eine so weitgehende Veränderung der Ware vor, dass sich der Personenwagenhersteller gegen den Verkauf des umgebauten Fahrzeugs unter seiner Marke wehren kann. In keinem Fall ist eine Verschlechterung zwingende Voraussetzung zum Eingreifen des Abs 2, wohl aber in der Regel ein Indiz dafür.

37   Die Entfernung der Marke stellt keinen unter Art 13 fallenden Tatbestand dar. Unmittelbar ist dies nicht der Fall, weil die von Abs 2 genannte Tatbestandsvoraussetzung der (weiteren) Markenbenutzung gerade nicht stattfindet. Deshalb dürfte der Markeninhaber auf die Geltendmachung wettbewerbsrechtlich begründeter Ansprüche zu verweisen sein. Anders hingegen, wenn die GM auf der Ware oder ihrer Verpackung verändert oder ihr weitere Marken oder Markenbestandteile hinzugefügt werden, also die Markierung und auch damit zumindest indirekt die GM geändert wird. Das ist mit Rücksicht auf den Normzweck ebenso eine Veränderung der in Abs 2 angesprochenen Ware wie die Veränderung ihrer Verpackung.

## 8 Beweislast

38   Ebenso wenig wie die MarkenRichtl enthält die GMV eine Antwort auf die Frage, wer für den Tatbestand der Erschöpfung darlegungs- und beweispflichtig ist. Es gilt demnach Art 101 (3), wonach mangels einer anderweitigen Bestimmung das Gemeinschaftsmarkengericht die Verfahrensvorschriften anwendet, die im betreffenden Mitgliedstaat auf gleichartige nationale Markenverfahren anwendbar sind. Vor einem deutschen Gericht wäre daher der als Verletzer Beklagte für seinen Einwand der Erschöpfung beweispflichtig. Wer also gegen den Vorwurf der Verletzung die Erschöpfung des Markenrechts einwendet, macht geltend, dass die angegriffene Markenbenutzung nicht ohne Zustimmung des Markeninhabers erfolgt sei und hat dies zu beweisen.[31]

39   Auf Vorlage durch den DE-BGH hat der EuGH dies im Fall »Stüssy« bekräftigt. Jedoch könnten die Erfordernisse des freien Warenverkehrs eine Modifizierung dieser Beweisregel gebieten. Insbesondere dann, wenn der Markeninhaber seine Waren im EWR über ein ausschließliches Vertriebssystem in den Verkehr bringt, muss er nachweisen, dass die streitbefangenen Waren

---

31   EuGH C-414/99 vom 20.11.2001, GRUR Int 2002, 147 (Nr 54) *Davidoff/Levi Strauss*.

mit seiner Zustimmung (oder von ihm selbst) außerhalb des EWR in den Verkehr gebracht wurden, sofern der angegriffene Dritte zeigen kann, dass für den Fall seiner Beweisführung eine tatsächliche Gefahr der Abschottung der nationalen Märkte besteht.[32]

Letzteres ist die geradezu klassische Konsequenz der in Deutschland bisher **40** üblichen Beweislastregel im Falle des Erschöpfungseinwands, weil der in Anspruch genommene Wirtschaftsteilnehmer den Nachweis der Erschöpfung nur unter unzumutbaren Umständen, insbesondere durch Offenlegung seiner Bezugsquellen und des damit einhergehenden Risikos des Versiegens derselben führen kann. Deshalb wird nun in Fällen eines ausschließlichen Vertriebssystems regelmäßig den Markeninhaber die Beweislast für das Inverkehrbringen der streitigen Originalware außerhalb des EWR treffen. Gelingt ihm aber dieser Nachweis – so der EuGH weiter –, dann muss der von ihm angegriffene Dritte nachweisen, dass der Markeninhaber dem weiteren Vertrieb der streitbefangenen Waren im EWR zugestimmt hat.

Im Falle des Umverpackens zur Erlangung der Verkehrsfähigkeit der Ware **41** im Einfuhrmitgliedstaat (Art 13 Rdn 24) ist es Sache des Parallelimporteurs, dem Markeninhaber die Angaben zu übermitteln, die dafür notwendig und ausreichend sind, dass dieser überprüfen kann, ob die Umverpackung der durch die Marke geschützten Ware für deren Vertrieb im Einfuhrmitgliedstaat erforderlich ist.[33]

## 9 Kommissionsvorschlag zu neuem Art 13a

Der aktuelle Kommisionsvorschlag zur Reform der GMV[34] sieht die Ein- **42** fügung eines neuen Artikel 13a vor. Danach soll der Inhaber einer GM Verbietungsansprüche gegenüber jüngeren GM nicht geltend machen können, wenn (i) er der Eintragung der jüngeren GM zugestimmt hat, Art 53 Abs 3, (ii) er die entsprechende GM nicht in einem auf eine andere GM gestützten Nichtigkeitsverfahren oder einer entsprechende Widerklage gegen die jüngere GM wegen relativer Schutzhindernisse geltend gemacht hat, Art 53 Abs 4, (iii) ein Nichtigkeitsantrag auf Basis der älteren GM wegen Verwirkung zurückzuweisen wäre, Art 54 Abs 1 und 2, oder (iv) der Inhaber der älteren

---

32  EuGH C-244/00 vom 8.4.2003, GRUR 2003, 512 (Nr 42) *Stüssy.*
33  EuGH C-276/05 vom 22.12.2008, GRUR 2009, 154 (Nr 37) *Wellcome/Paranova.*
34  Kommisionsdokument COM (2013) 161.

GM nicht deren rechtserhaltende Benutzung in einem Nichtigkeitsverfahren gegen die jüngere GM nachweist, Art 57 Abs 2. Entsprechendes soll auch im Verhältnis zwischen einer älteren GM und einer jüngeren nationalen Marke gelten. Umgekehrt soll der Inhaber der jüngeren GM oder nationalen Marke nicht allein auf der vorgenannten Tatbestände das Recht haben, dem Inhaber der älteren GM deren Benutzung zu verbieten.

## Artikel 14 Ergänzende Anwendung des einzelstaatlichen Rechts bei Verletzung

(1) Die Wirkung der Gemeinschaftsmarke bestimmt sich ausschließlich nach dieser Verordnung. Im übrigen unterliegt die Verletzung einer Gemeinschaftsmarke dem für die Verletzung nationaler Marken geltenden Recht gemäß den Bestimmungen des Titels X.

(2) Diese Verordnung lässt das Recht unberührt, Klagen betreffend eine Gemeinschaftsmarke auf innerstaatliche Rechtsvorschriften insbesondere über die zivilrechtliche Haftung und den unlauteren Wettbewerb zu stützen.

(3) Das anzuwendende Verfahrensrecht bestimmt sich nach den Vorschriften des Titels X.

*Eisenführ, Eberhardt*

**Literatur:**
*Bornkamm*, Markenrecht und wettbewerbsrechtlicher Leistungsschutz – zur Vorrangthese der Rechtsprechung GRUR 2005, 97; *Deutsch*, Anspruchskonkurrenz im Marken- und Kennzeichenrecht, WRP 2000, 854; *Fezer*, Kumulative Normenkonkurrenz im Kennzeichenrecht, WRP 2000, 863; *Kur*, Die Schnittstellen zwischen Marken- und Wettbewerbsrecht, MarkenR 2001, 137.

## 1 Allgemeines

Art 14 dient im Wesentlichen der abgrenzenden Orientierung. Die Vor- **1** schrift stellt zunächst in materieller Hinsicht klar, dass die Wirkungen der GM nur diejenigen sind, die die GMV ausdrücklich vorsieht. Soweit durch Handlungen Dritter in die insoweit begründeten Rechte des GM-Inhabers eingegriffen wird, unterliegt das Verletzungsverfahren aber dem für nationale Marken geltenden Recht desjenigen Mitgliedstaates, in dem die Rechtsverletzung geltend gemacht wird (Art 94 f). Unberührt von den Vorschriften der GMV bleiben Verfahren, welche eine GM außermarkenrechtlich involvieren.

Zum Verfahrensrecht verweist Abs 3 auf den Titel X und damit die Art 94 **2** bis 104.

## 2 Wirkung der GM

Dass die sich aus einer GM herleitbaren Rechte ausschließlich nach der **3** GMV bestimmen, erscheint selbstverständlich. Es ist jedoch zu beachten, dass die GMV – abgesehen von der Spezialregelung des 10 für die GM-Wiedergabe in Nachschlagewerken und des Übertragungsanspruches gemäß Art 18 bezüglich der Agentenmarke – nur den Verbots- und damit Unterlassungsanspruch des Markeninhabers gegen eine rechtsverletzende Benutzung seiner Marke regelt (Art 9), hinzu treten die Spezialfälle der Art 11 (Ungetreuer Agent) und 22(2) (Ungetreuer Lizenznehmer). Alle weitergehenden Ansprüche, namentlich die auf Schadensersatzleistung und die diese vorbereitende Auskunft, unterliegen dem nationalen Recht des Mitgliedstaats, in dem solche Ansprüche geltend gemacht werden (Abs 1 Satz 2 iVm Art 101 (2)), ausgenommen der in Art 72(2) gemeinschaftlich geregelte Schadenersatzanspruch des Inhabers einer Gemeinschaftsmarkenkollektivmarke. Allerdings sind jene Ansprüche – soweit sie zivilrechtlicher Art sind – nunmehr durch die RL Nr 2004/48/EG vom 29.4.2004 zur Durchsetzung der Rechte des geistigen Eigentums[1] gemeinschaftsweit harmonisiert. Zuständig ist ein Gemeinschaftsmarkengericht dieses Mitgliedstaates (Art 97 iVm Art 95).

Der EuGH lässt es ferner zu, dass hinsichtlich der Frage, wer »Verletzer« ist, **4** wer also für eine Markenverletzung haftet, auf nationales Recht zurückgegrif-

---

1 ABl-HABM HABM 2005, 572.

fen wird, in Deutschland zum Beispiel auf die Figur der Störerhaftung. Selbstverständlich erscheint dies im Hinblick auf Satz 1 des Abs. 1 aber durchaus nicht. Zu weiteren Einzelheiten sei auf Art 9 Rdn 26f verwiesen.

### 3   Die GM in der nationalen Rechtsordnung

5   Abs 2 stellt GMn nationalen Marken gleich, soweit es um außermarken-rechtliche Ansprüche geht, welche eine GM betreffen. Die Vorschrift hebt innerstaatliche Rechtsvorschriften über die zivilrechtliche Haftung und den unlauteren Wettbewerb hervor. Damit sind einerseits vor allem Ansprüche wegen Produkthaftung angesprochen, die sich an der Marke des betreffenden Produkts orientieren, andererseits Wettbewerbsverstöße unter Einbeziehung von Marken wie beispielsweise Anlehnungstatbestände und Rufausbeutun-gen außerhalb der in Art 9 (1) (c) bezeichneten Art.

6   Dabei kann die GM in beiden Richtungen betroffen sein. Einerseits kann die Art und Weise ihrer Benutzung einen Wettbewerbsverstoß darstellen, an-dererseits können unlautere Werbe- oder sonstige wettbewerbsrechtlich rele-vante Maßnahmen Dritter außermarkenrechtliche Ansprüche des Marken-inhabers auslösen. In jedem Fall soll dann die GM ebenso behandelt werden, wie eine nationale Marke bei gleicher Fallgestaltung behandelt werden wür-de.

### 4   Verfahrensrecht

7   Im Abs 3 kommt der Verweis-Charakter dieser Vorschrift besonders deutlich zum Ausdruck. Innerhalb des Titels X ist es Art 101 (3), der – in Deutsch-land iVm § 125e (5) DE-MarkenG – das anzuwendende Verfahrensrecht als dasjenige bestimmt, das das im jeweiligen Mitgliedstaat belegene Gemein-schaftsmarkengericht auf gleichartige, nationale Marken betreffende Verfah-ren anzuwenden hat.


## 3. Abschnitt  Benutzung der Gemeinschaftsmarke


### Artikel 15   Benutzung der Gemeinschaftsmarke

(1) Hat der Inhaber die Gemeinschaftsmarke für die Waren oder Dienst-leistungen, für die sie eingetragen sind, innerhalb von fünf Jahren, gerech-net von der Eintragung an, nicht ernsthaft in der Gemeinschaft benutzt,

oder hat er eine solche Benutzung während eines ununterbrochenen Zeitraums von fünf Jahren ausgesetzt, so unterliegt die Gemeinschaftsmarke den in dieser Verordnung vorgesehenen Sanktionen, es sei denn, dass berechtigte Gründe für die Nichtbenutzung vorliegen.

Folgendes gilt ebenfalls als Benutzung im Sinne des Unterabsatzes 1:

a) die Benutzung der Gemeinschaftsmarke in einer Form, die von der Eintragung nur in Bestandteilen abweicht, ohne dass dadurch die Unterscheidungskraft der Marke beeinflusst wird;

b) das Anbringen der Gemeinschaftsmarke auf Waren oder deren Aufmachung in der Gemeinschaft ausschließlich für den Export.

(2) Die Benutzung der Gemeinschaftsmarke mit Zustimmung des Inhabers gilt als Benutzung durch den Inhaber.

*Eisenführ, Holderied*

**Literatur:**

*Bender*, Die ernsthafte Benutzung der Marke in der europäischen Rechtsprechung, in: FS 50 Jahre VPP, 2005, S 412; *Caldarola*, Probleme beim Benutzungszwang von abstrakten Formmarken, GRUR 2002, 937; *Eichmann*, Die rechtserhaltende Benutzung von neuen Markenformen, in: FS für Tilmann, 2003, S 285; *Hackbarth*, Grundfragen des Benutzungszwangs im Gemeinschaftsmarkenrecht, Heymanns MPI-Diss. 1993; *Heil*, Benutzungszwang im Markenrecht der Europäischen Gemeinschaften, in: FS 25 Jahre BPatG, 1986, S 371; *Heydt*, Benutzung und Benutzungszwang im europäischen Gemeinschaftsmarkenrecht, GRUR Int 1978, 2, 61; *ders.*, Der Benutzungszwang im

Vorentwurf eines Abkommens über ein europäisches Markenrecht, GRUR Int 1973, 540; *ders.*, Der Benutzungszwang in der Denkschrift der EG-Kommission zur Schaffung einer EWG-Marke, GRUR Int 1977, 47; *Kellerhals*, Der Benutzungszwang im Gemeinschaftsmarkenrecht, GRUR Int 1999, 14; *Klette*, Manfred, Zur rechtserhaltenden Benutzung durch Verwendung abweichender Markenformen, WRP 2000, 913; *Sack*, Der Benutzungszwang im internationalen Markenrecht, in: FS für Piper, 1996, S 663; *Ubertazzi*, Apuntes sobre la carga de uso de la marca comunitaria, in: Marca y diseño comunitarios, S 109, Pamplona 1996; *ders.*, Bemerkungen zum Benutzungszwang der Gemeinschaftsmarke, GRUR Int 1995, 474; *von Mühlendahl*, Die Heilung einer wegen mangelnder Benutzung löschungsreif gewordenen Markeneintragung im europäischen und deutschen Markenrecht, in: FS für Vieregge, 1995, S 641; *Weberndörfer*, Der Benutzungszwang. Erläuterungen zur Praxis der Widerspruchsabteilungen des Harmonisierungsamts, Mitt. 2000, 253.

## 1 Allgemeines

1   Die Eintragung einer GM soll das Ausschlussrecht ihres Inhabers nur dann auf Dauer bestehen lassen, wenn er die Marke auch tatsächlich im geschäftlichen Verkehr für die eingetragenen Produkte einsetzt.[1] Dauerhafte Vorratsmarken- oder gar Defensivmarken-Eintragungen, die ohne Wirksamkeit auf dem Markt nur Konfliktpotential bilden, soll es nicht geben.[2] Allerdings wird anerkannt, dass es im Regelfall kaum zumutbar wäre, vom Markeninhaber zu verlangen, die GM unmittelbar nach ihrer Eintragung in Benutzung zu nehmen, weil die tatsächliche Inbenutzungnahme im Allgemeinen umfangreiche und vor allem zeitraubende Vorbereitungen erfordert. Diese und die damit verknüpften Aufwendungen können weder einem Markenanmelder zugemutet werden, solange er sich des Eintragungserfolges nicht sicher sein kann, noch einem Markeninhaber unmittelbar nach der Markeneintragung. Dem Inhaber einer GM wird daher in Übereinstimmung mit Art 10 MarkenRichtl eine Überlegungs- und Vorbereitungsfrist von fünf Jahren eingeräumt. Bis zum Ablauf dieses Zeitraums muss er seine Marke in der

---

1   Neunte Begründungserwägung zur GMV (jetzt zehnte der Neufassung); EuGH C-040/01 vom 11.3.2003, GRUR 2003, 425 Ansul/Ajax; EuG T-131/06 vom 30.4.2008 (Nr 38) *SONJA RYKIEL*; EuG T-409/07 vom 23.9.2009 (Nr 26) *acopat/COPAT*.

2   Auch wenn das italienische Markenrecht sie offenbar zulässt: EuG T-194/03 vom 23.2.2006, GRUR Int 2006, 404 (Nr 45) *Bainbridge/Bridge*; bestätigt durch EuGH C-234/06 vom 13.9.2007, GRUR Int 2007, 1009, siehe auch Schlussanträge vom 29.3.2007.

von der Vorschrift verlangten Weise – nämlich ernsthaft – benutzt haben, wenn er ihre Eintragung nicht den Sanktionen einer fehlenden oder unzureichenden Benutzung aussetzen will. Der Markeninhaber ist zwar nicht verpflichtet, seine GM ununterbrochen zu benutzen. Allerdings führt die Nichtbenutzung der GM für einen ununterbrochenen Zeitraum von fünf Jahren dazu, dass die GM löschungsreif ist.

Der Novellierungsvorschlag der Kommission sieht vor, Abs 1 a) insoweit zu ergänzen, dass ausdrücklich auch abweichend benutzten Marken erfasst sind, die ihrerseits selbst als Marke eingetragen sind. Das deutsche Markenrecht kennt eine solche Regelung mit § 26 (3) Satz 2 DE-MarkenG bereits. **2**

Die Angaben und Beweismittel zum Nachweis der Benutzung im Widerspruchsverfahren nennt R 22 (3) und (4), gleiches gilt nach R 40 (6) für das Nichtigkeitsverfahren sowie die Widerklage aus relativen Gründen und nach R 40 (5) für den Verfallsantrag gemäß Art 51 (1) (a) sowie die Widerklage wegen Verfalls (Art 100 (5)). Hiernach sind Angaben über Ort, Zeit, Umfang und Art der Benutzung der älteren Marke für die Waren und Dienstleistungen, für die sie eingetragen und geltend gemacht wurde, zu machen, wobei die Beweismittel möglichst aus Urkunden und Beweisstücken, wie Verpackungen, Etiketten, Preislisten, Kataloge, Rechnungen, Fotografien, Zeitungsanzeigen und schriftlichen Erklärungen iSv Art 78 (1) (f) bestehen sollen. Namentlich BK-Entscheidungen machen deutlich, in welchem Umfang und mit welcher Akribie eingereichte Benutzungsunterlagen auf ihre Relevanz und ihren Beweisgehalt geprüft werden. Die Beweisführung erfordert daher große Umsicht und Intensität.[3] **3**

Erfolgt keine rechtserhaltende Benutzung, ggf mit Zustimmung des Markeninhabers durch einen autorisierten Dritten, so beschränken sich oder entfallen die Markenrechte bzw ihre Wirkungen in der an anderen Stellen der Verordnung vorgesehenen Weise,[4] es sei denn, dass der Markeninhaber die Nichtbenutzung oder nicht ausreichende Benutzung mit akzeptablen Gründen rechtfertigen kann. Demzufolge werden die Bestimmungen des Art 15 analog angewendet, soweit in Widerspruchs- oder anderen Verfahren die rechtserhaltende Benutzung nationaler Marken nachzuweisen ist.[5] **4**

---

3  HABM-BK  R 991/2008-1  vom  14.5.2009 *RED BULL*;  HABM-BK  R 1933/2007-1 vom 28.5.2009 *HOOTERS*.

4  Art 42 (2); Art 51 (1) (a); Art 57 (2); ferner Art 99 (3); Art 100; Art 112 (2) (a).

5  HABM-BK R 557/2004-1 vom 15.12.2004 (Nr 27) *MAG-FORM/MAGE*.

## 2 Benutzungsbegriff

5 Keine der mit dem Begriff der Markenbenutzung operierenden Vorschriften der GMV erläutert den unbestimmten Rechtsbegriff der Benutzung.[6] Die bisherige Rechtsprechung des EuGH lässt erkennen, dass im Gemeinschaftsmarkenrecht grundsätzlich von einem einheitlichen Benutzungsbegriff auszugehen ist.[7] Danach ist eine Marke oder ein Zeichen als Marke benutzt, wenn sie im geschäftlichen Verkehr Waren oder Dienstleistungen eines Unternehmens von denen anderer Unternehmen unterscheidet. Eine solche Benutzung stellt unter den Voraussetzungen des Art 9 (1) und (2) eine Verletzung der Rechte des Markeninhabers dar, wenn sie ohne dessen Zustimmung und außerhalb der Schranken der Art 12 und 13 erfolgt, nur sie ist iSv Art 7 (3) geeignet, die absoluten Eintragungshindernisse seiner Abs (1) (b) bis (d) zu überwinden, und nur sie kann als rechtserhaltende Benutzung iSv Art 15 angesehen werden.

6 Zweifel an der Einheitlichkeit des Benutzungsbegriffs im Gemeinschaftsmarkenrecht werden regelmäßig mit Problemen begründet, die entweder scheinbarer Natur sind oder ihre Lösung an anderer Stelle erfahren. Entweder dienen in diesem Zusammenhang fokussierte Benutzungshandlungen nicht der Unterscheidung von Waren und Dienstleistungen oder sie erfolgen nicht im geschäftlichen Verkehr. Dann kann weder eine rechtsverletzende noch eine den Rechtsbestand einer eingetragenen Marke erhaltende Benutzung vorliegen. Oder es ist, soweit es um die rechtserhaltende Benutzung einer GM geht, die Ernsthaftigkeit dieser Benutzung angesprochen; das gilt beispielsweise für die Benutzung einer Marke in einer den späteren Produkteinsatz vorbereitenden Werbung (weiter dazu Art 15 Rdn 32, 38).

7 Hiernach ist jede der Unterscheidungsfunktion gerecht werdende Verwendung einer GM, insbesondere ihre Verwendung zur betrieblichen Ursprungsidentifizierung der mit ihr versehenen Produkte im geschäftlichen Verkehr als Benutzung iSv Art 15 anzusehen. Unschädlich ist, wenn der Verkehr in einer GM zusätzlich zur kommerziellen Herkunftsangabe auch einen Hinweis auf den intellektuellen Inhalt des Produkts sieht, beispielsweise im Sinne eines Werktitels bei Videospielen.[8]

---

6  Schlussanträge des Generalanwalts Ruíz-Jarabo Colomer vom 2.7.2002, Nr 46 in der Rs C-40/01 *Ansul/Ajax*.

7  EuGH C-206/01 vom 12.11.2002, GRUR Int 2003, 229 (Nr 45) *Arsenal*.

8  HABM-BK R 688/2005-4 vom 10.6.2008 (Nr 37) *OBELIX*.

Damit geht der alte Streit, ob *Benutzung* iSd GMV und der ihr zu Grunde **8** liegenden MarkenRichtl eine »kennzeichenmäßige« bzw »markenmäßige« sein muss, letztlich zu Gunsten der Befürworter aus. Soweit eine GM oder ein sonstiges Zeichen nicht zum Zwecke der Unterscheidung von Waren oder Dienstleistungen und damit nicht im Sinne einer Marke, also markenmäßig benutzt wird,[9] liegt kein von der MarkenRichtl und der GMV erfasster Benutzungstatbestand vor. Derartige Benutzungen sind ebenso wie zitierende oder Bezug nehmende Nennungen von GMn[10] keine Benutzungen im Sinne der GMV. Das schließt ihre Verfolgung als unlautere Wettbewerbshandlung nach nationalem Recht nicht aus (Art 14 (2)).

Jenseits des übereinstimmenden Erfordernisses der Verwendung zur betrieb- **9** lichen Herkunftsidentifizierung unterscheiden sich die Begriffe der rechtserhaltenden und der rechtsverletzenden Benutzung allerdings sehr wohl. So stellt die Benutzung einer Marke für Waren und Dienstleistungen, die mit den eingetragenen nur ähnlich sind, idR eine Rechtsverletzung dar; den Rechtserhalt kann eine solche Benutzung jedoch nicht sichern (Art 15 Rdn 22). Gleiches gilt für die (bloße) Abgabe eines Fremdangebots unter einer Marke für die Produkte ihres VerzWDL, durch das diese verletzt wird, im Falle des Anbietens durch ihren Inhaber aber keine rechtserhaltende Benutzung erfolgt.[11]

### 3 Gegenstand der Benutzung

Die notwendige Benutzung der GM als Marke, also zur Unterscheidung von **10** Produkten des VerzWDL hinsichtlich ihrer betrieblichen Herkunft, schließt die Anerkennung einer bloßen Benutzung der GM als Unternehmenskennzeichen aus.[12] Zwar sind – wie vorstehend erläutert – die Rechtsbegriffe des rechtsverletzenden und des rechtserhaltenden Gebrauchs von Marken nicht deckungsgleich, so dass die zu ersterem ergangenen EuGH-Urteile Budweiser, Robeco und Céline nicht unmittelbar einschlägig sind (Art 15 Rdn 9).

---

9 Der Ablehnung von »markenmäßig« als Benutzungskriterium in EuGH C-100/02 vom 7.1.2004, GRUR 2004, 234 (Nr 15) *Kerry Spring/Gerri* liegt ein anderes, nämlich das frühere deutsche Verständnis dieses Begriffes zugrunde.

10 Vgl zB Art 10, Wiedergabe in Nachschlagewerken, aber auch EuGH C-002/00 vom 14.5.2000, MarkenR 2002, 189 *Hölterhoff/Freiesleben*, ferner Art 9 Rdn 33–36; Art 12 Rdn 24 f.

11 Vgl HABM-BK R1858/2007-4 vom 9.9.2008 (Nr 34) *ATLAS TRANSPORT.*

12 EuG T-387/10 vom 2.2.2012 (Nr 26) *ARANTAX/ANTAX.*

Die gesetzliche Forderung des Art 15 (1), dass die Benutzung für die eingetragenen Waren und Dienstleistungen zu erfolgen hat, ist jedoch eindeutig.

11 Grundsätzlich ist die Marke in ihrer eingetragenen Form zu benutzen. Abs 2 (a) akzeptiert jedoch auch eine abweichende Benutzungsform der Marke als rechtserhaltend, sofern die benutzte von der eingetragenen Form sich nur so weit unterscheidet, dass dadurch »die Unterscheidungskraft der Marke« nicht beeinflusst wird und sowohl die eingetragene als auch die benutzte Marke als insgesamt gleichwertig betrachtet werden können.[13] Der an dieser Stelle merkwürdige Terminus »Unterscheidungskraft« (er stammt aus Art 5 C (2) PVÜ von 1925) ist iSv *Unterscheidungsfunktion* zu verstehen, denn hier geht es ersichtlich nicht um die Frage einer geringeren oder größeren (originären) Unterscheidungskraft der GM. Entscheidend ist vielmehr, dass Abweichungen der benutzten Marke die Individualisierungsfunktion der eingetragenen Marke nicht verändern.[14] Dabei kommt es allein darauf an, dass die tatsächlich benutzte Marke *dieselbe* Individualisierung wie die eingetragene Marke bewirkt. Mit anderen Worten: Der jeweils angesprochene Verkehr muss in der benutzten Marke die eingetragene sehen; sofern er – etwa bei genauer Prüfung – Unterschiede erkennt, muss er diese als *quantité négligeable* bewerten.[15]

12 Maßgeblich für die Beurteilung ist im Falle einer abgewandelten Markenbenutzung jeweils der Gesamteindruck einerseits der eingetragenen, andererseits der benutzten Marke. Der EuGH hatte sich in diesem Zusammenhang mit der Frage zu befassen, ob die abweichende Benutzung einer Marke, die in der benutzten Form ihrerseits als Marke registriert ist, rechtserhaltend ist. Hierzu hatte der EuGH in der Entscheidung »Bainbridge« zunächst die Ansicht vertreten, dass der Schutz einer eingetragenen und benutzten Marke nicht auf eine andere ebenfalls eingetragene aber nicht benutzte Marke ausgeweitet werden kann, auch wenn die nicht benutzte Marke nur als eine leichte Abwandlung der benutzten Marke anzusehen ist.[16] Die Entscheidung und deren Auswirkungen wurden in der Folgezeit kontrovers diskutiert. Für

---

13  EuG T-194/03 vom 23.2.2006, GRUR Int 2006, 404 (Nr 50) *Bainbridge*;
EuG T-482/08 vom 10.6.2010, GRUR Int 2011, 60 (Nr 30) *ATLAS TRANSPORT.*

14  EuG T-353/07 vom 30.11.2009, GRUR Int 2010, 318 (Nr 29–36) *COLORIS*;
HABM-BK R 1295/2007-4 vom 2.12.2008 (Nr 21) *LOTUS.*

15  HABM-BK R 553/2008-2 vom 16.2.2009 (Nr 27) *RED FLAG.*

16  EuGH C234/06 vom 13.9.2007, GRUR Int 2007, 1009 (Nr 86) *Bainbridge.*

das deutsche Markenrecht stellte sich die Frage der Vereinbarkeit des § 26 (3) Satz 2 DE-MarkenG mit Art. 10 MarkenRichtl. Um die Vereinbarkeit der beiden Regelungen abschließend klären zu lassen, legte der BGH dem EuGH die Frage vor, ob Art. 10 MarkenRichtl der nationalen Regelung des § 26 (3) DE-MarkenG entgegensteht, welcher es – im Gegensatz zu Art. 10 MarkenRichtl – ausdrücklich erlaubt, dass sich der Inhaber einer eingetragenen Marke zum Nachweis deren Benutzung auch auf eine andere Marke stützen kann, welche ihrerseits ebenfalls als Marke registriert ist und die eine Abwandlung der ersten Marke darstellt.[17] Der EuGH hat in seiner Entscheidung »PROTI« festgestellt, dass die abweichende Benutzung einer Marke, die in der benutzten Form ihrerseits als Marke registriert ist, rechtserhaltend ist, sofern die Unterschiede zwischen beiden Formen die Unterscheidungskraft der Marke nicht beeinflussen.[18] Er begründet seine Entscheidung damit, dass es dem Inhaber einer Marke möglich sein muss, seine Marke an die Gegebenheiten eines sich fortentwickelnden Marktes anzupassen. Auch aus Art. 5 C Abs. 2 der Pariser Verbandsübereinkunft, mit welcher sich die MarkenRichtl in Übereinstimmung befinden muss, ergibt sich nach Auffassung des EuGH keine abweichende Beurteilung, so dass § 26 (3) DE-MarkenG der europäischen Regelung im Ergebnis nicht entgegensteht. Mit Blick auf die zunächst ergangene »Bainbridge« Entscheidung stellte der EuGH weiter klar, dass sich diese auf die Beurteilung der Verwechslungsgefahr von Marken bezogen hatte, wobei der dieser Entscheidung zugrundeliegenden GM der Schutz einer Markenfamilie bzw. einer Markenserie entgegengehalten worden ist. In einem solchen Falle muss die Besonderheit einer Markenfamilie bzw. Markenserie berücksichtigt werden, so dass die Berufung auf die Benutzung einer Marke als Beleg für die Benutzung einer anderen Marke dann nicht möglich ist, wenn sich der Nachweis gerade auf die Benutzung einer hinreichenden Zahl von Marken aus einer Markenfamilie bzw. Markenserie bezieht.[19]

Bei einteiligen Wortmarken dürfte eine hinreichende Übereinstimmung zwischen Eintragungs- und Benutzungsform regelmäßig zu verneinen sein, wenn sich diese auch nur um einen zusätzlichen oder fehlenden Buchstaben unterscheiden, es sei denn, dass es sich ohne weiteres ersichtlich um eine    **13**

---

17 BGH I ZR 84/09 vom 17.08.2011, GRUR 2011, 1142 *Proti*.
18 EuGH C-553/11 vom 25.10.2012, GRUR Int 2012, 1106 (Nr 30) *Rintisch/Eder*.
19 EuGH C234/06 vom 13.9.2007, GRUR Int 2007, 1009 (Nr 86) *Bainbridge*;
   EuGH C-553/11 vom 25.10.2012, GRUR Int 2012, 1106 (Nr 29) *Proti*.

phonetisch unerhebliche Verdoppelung oder Vereinzelung gleicher Buchstaben, um eine Plural-Endung oder – namentlich bei Worten eines bestimmten begrifflichen Inhalts – um geringfügige Anpassungen an eine andere Sprache ohne Veränderung des Begriffsinhalts handelt. Letzteres gilt natürlich nicht für unterschiedliche Worte, auch wenn diese in der anderen Sprache dieselbe Bedeutung haben.

14   Bei mehrteiligen Wortmarken ist zu unterscheiden zwischen solchen, die gemeinsam einen einheitlichen Gesamtbegriff bilden, welcher sich von jedem der Einzelbestandteile unterscheidet,[20] und der erkennbaren Nebeneinanderstellung von Erst-, Zweit- oder sogar Dritt-Marken. Im ersteren Fall stellt die Benutzung nur der mehrteiligen Marke keine rechtserhaltende Benutzung von Eintragungen ihrer Bestandteile dar, mit der Folge, dass die benutzte Marke aus Sicht des Benutzers schutzlos ist und die für die Einzelbestandteile erfolgten Markeneintragungen – trotz der Benutzung ihres Gegenstandes im Rahmen der mehrteiligen Marke – nach Ablauf der fünfjährigen Benutzungsschonfrist ihre Rechtswirkungen verlieren.

15   Im zweiten Fall, in welchem die einzelnen Wortbestandteile als Einzelmarken, also individuelle Kennzeichnungsmittel erkennbar sind, zumeist im Unterordnungsverhältnis von Sortenmarken gegenüber einer Dachmarke, werden durch die Benutzung der scheinbar mehrgliedrigen Marke alle Einzelmarken benutzt.[21] Es ist jedoch zu beachten, dass auf diese Weise kein Schutz für eine solche Kombination der Einzelbestandteile erzielt wird, welche die Gesamtmarke einheitlich, also namentlich als Gesamtbegriff erscheinen lässt, so ihr Gesamteindruck wesentlich vom Eindruck jeder (geschützten) Einzelmarke abweicht. Auch in der Kombination von Bestandteilen unterschiedlicher Markenformen, beispielsweise einer 3D-Verpackungsformmarke mit Wortmarkenaufdruck werden beide Marken benutzt; auf mögliche Wahrnehmungsunterschiede stellt Art 15 nicht ab.

16   Für reine Bildmarken gilt, dass mehr oder weniger geringfügige grafische Änderungen wie Modernisierungen, Straffungen oä, die den Gesamteindruck nicht wesentlich verändern, die benutzte Markenform nicht rechtserheblich von der eingetragenen Markenform unterscheiden. Werden aber unterscheidungskräftige Bildbestandteile ganz weggelassen oder hinzugefügt,

---

20   Vgl HABM-BK R 042/2005-1 vom 24.1.2006 (Nr 19) *WINNER'S CHOICE*.
21   EuG T-029/04 vom 8.12.2005, GRUR Int 2006, 307 (Nr 34) *Cristal Castellblanch/Cristal*.

so dürfte im Regelfall – entsprechend den Buchstaben von Wortmarken – keine rechtserhaltende Benutzung der eingetragenen Marke vorliegen.

Der Gesamteindruck von Kombinationsmarken, welche sowohl Wort- als auch Bildbestandteile enthalten, wird regelmäßig vom Wortbestandteil entscheidend bestimmt und damit geprägt.[22] Eine Änderung nur des Bildbestandteils wird daher, ohne den Vorteil des Abs 2 (a) zu verlieren, im Allgemeinen etwas weiter gehen dürfen als akzeptabel erscheint, wenn allein der Bildbestandteil Gegenstand der Markeneintragung ist.[23] Handelt es sich um eine (nur) bildlich, also in besonderer Weise grafisch gestaltete Wortmarke, so gilt idR jede Benutzung der Wortmarke als Benutzung im Sinne des Abs 2 (a),[24] ebenso wie die typografische Wiedergabe einer Wortmarke, sei es bei der Eintragungsform, sei es bei der Benutzungsform, keine Rolle spielt. **17**

Bei mehrteiligen Marken spielt das Weglassen oder auch bei einteiligen Marken das Hinzufügen von beschreibenden Wort- und nichtssagenden Bildbestandteilen keine Rolle.[25] Gleiches gilt für deren Abwandlungen.[26] Sofern das der eingetragenen Marke hinzugefügte Element eine untergeordnete Stellung im Gesamteindruck einnimmt und überdies entweder keine oder lediglich eine schwache Unterscheidungskraft aufweist, kann dies die Validität der Benutzung der eingetragenen Marke nicht beeinflussen.[27] **18**

Bedenklich erscheint die Auffassung, eine für Arzneimittel eingetragene GM »Praecimed« werde durch die Benutzung von »Mono Praecimed« nicht **19**

---

22  Vgl EuGH C-251/95 vom 11.11.1997, GRUR Int 1998, 56 (Nr 23, 25) *Sabèl/Puma*; EuG T-010/03 vom 18.2.2004, GRUR Int 2004, 518 (Nr 45) *Flex/Conforflex*; HABM-BK R 139/2005-4 vom 2.2.2006 (Nr 16) *MERCURY*.

23  EuG T-147/03 vom 12.1.2006, GRUR Int 2006, 319 (Nr 29) *Quantum/Quantieme*.

24  HABM-BK R 518/2003-2 vom 14.12.2004 (Nr 27) *Tiffany*.

25  EuG T-135/04 vom 24.11.2005, GRUR Int 2006, 232 (Nr 36, 40) *Online Bus/Bus*; HABM-BK R 447 vom 22.6.2004 (Nr 31–33) *Bud/Bit* (nicht Gegenstand des Urteils EuG T-350/04 vom 19.10.2006, GRUR Int 2006, 1024); HABM-BK R 269/2004-1 vom 24.11.2004 (Nr 20) *Valle della Luna* (bestätigt durch EuG T-096/05 vom 4.10.2006); HABM-BK R 1295/2007-4 vom 2.12.2008 (Nr 21) *LOTUS*, HABM-BK R 1088/2008-2 vom 19.1.2009 *EPCOS*, bestätigt EuG T-132/09 vom 15.12.2010 (Nr 39).

26  HABM-BK R 608/2000-4 vom 5.9.2001 *PALAZZO/HELADERIA PALAZZO*.

27  EuG T-482/08 vom 10.6. 2010, GRUR Int 2011, 60 (Nr 37, 41) *ATLAS TRANSPORT*.

rechtserhaltend benutzt, weil die Markeninhaberin nicht erkennbar gemacht habe, dass sie »Mono« als reine Beschaffenheits- oder Inhaltsangabe versteht, das Präparat von vornherein nur unter diesem Namen registriert wurde und es ein »Nicht-Mono-Praecimed« auf dem Markt nicht gebe.[28] Auf das Verständnis des Markeninhabers kommt es nicht an, sondern auf das der Verbraucher; insoweit wissen zumindest Ärzte und Apotheker, aber auch viele Patienten, dass in der chemischen Pharmazie »Mono« auf einen einmolekularen Wirkstoff oder nur einen Wirkstoff hinweist. Die Zulassung muss die genaue Präparatbezeichnung wiedergeben, und ob es auch ein »Di Praecimed« auf dem Markt gibt, ist unerheblich. Der Hinweis auf die Teilnahme auch beschreibender Bestandteile einer Wortmarke an deren Gesamteindruck ist unbehelflich, weil er offenbar außer Acht lässt, dass der Gesamteindruck entscheidend durch unterscheidungskräftige und dominante Bestandteile geprägt wird, hier gewiss die eingetragene Marke. Vor allem übersieht die BK-Entscheidung, dass die Konsequenz das Auftreten eines anderen Arzneimittels unter einer verwechselbaren Bezeichnung ist oder zumindest sein kann, mit möglicherweise fatalen Folgen für die Verbraucher.

20  Überhaupt stellt sich die Frage, ob es für den Rechtserhalt im Falle der Benutzung der eingetragenen Marke zusammen mit einem anderen (namentlich Wort-) Bestandteil auf den Gesamteindruck der Kombination ankommt, solange die eingetragene Marke als solche erkennbar bleibt und vom Verkehr wahrgenommen wird. Mit anderen Worten: Ob Abs 2(a) – was schon der Wortlaut nahelegt – nicht nur eine Abweichung der Markenwiedergabe betrifft und in weiterem Unterschied zur rechtsverletzenden Benutzung (Art 15 Rdn 9) die rechterhaltende Benutzung der Marke in ihrer eingetragenen oder iSv Abs 2(a) abgewandelten Form – unter der genannten Voraussetzung der selbstständigen Erkennbarkeit – auch dann zu bejahen ist, wenn der Verletzungsvorwurf am Gesamteindruck scheitern mag.[29] Denn im engen Sinne benutzt wird die Marke auch in einer Kombination mit anderen Bestandteilen analog – und *e contrario* – vergleichbar der Nichtbenutzung für eingetragene Spezialwaren bei rechtserhaltender Benutzung für den diese einschließenden Oberbegriff (Art 15 Rdn 34). Auch eine derart reziproke Analogie zum fehlenden Rechterhalt bei Benutzung für nur ähnliche Produkte bietet sich an.

---

28  HABM-BK R 368/2008-4 vom 29.10.2008 (Nr 31) *Paedimed/Praecimed*.
29  Vgl zB HABM-BK R 1080/2007-2 vom 17.12.2008 *M&K*.

Für eine farbig eingetragene Marke gilt im Grundsatz das gleiche. Dennoch 21
sind Abweichungen denkbar. Obschon eine Schwarzweiß-Eintragung jede
farbige Wiedergabe der Marke schützt und eine farbige Eintragung nur ein
weiteres Schutzelement hinzufügt, so dass eine solche Eintragung in jeder
Farbe rechtserhaltend benutzt wird,[30] kann die Verteilung mehrerer Farben
auf unterschiedliche Markenteile einen derart prägenden Einfluss ausüben,
dass jedenfalls eine andere Verteilung derselben Farben oder die gleiche Verteilung deutlich anderer Farben eine solche Benutzungsform diese außerhalb
des von Abs 2 (a) tolerierten Abweichungsbereichs liegend erscheinen lässt.

## 4 Produkt-Reichweite der Benutzung

Im Hinblick darauf, dass sich der Rechtsbestand einer außerhalb der Benut- 22
zungsschonfrist nur für einen Teil der eingetragenen Produkte benutzten
GM auf die rechtserhaltend benutzten Produkte beschränkt, etwa im Falle
des Widerspruchs gemäß Art 42 (2) oder bei einem Verfallsantrag gemäß
Art 51 (2),[31] kommt der Produkt-Reichweite von Markenbenutzungen erhebliche Bedeutung zu. Die eingetragenen Waren oder Dienstleistungen bestimmen den Kreis der Produkte, für die die GM zwecks Rechtserhaltung
benutzt werden muss. Lassen sich die mit der Marke gekennzeichneten Produkte nicht unter die Begriffe des VerzWDL der Eintragung subsumieren, so
ist die Benutzungsforderung nicht erfüllt. Die Benutzung der Marke für solche Produkte, die mit den eingetragenen lediglich ähnlich sind, genügt
nicht.

Dabei ist zu beachten, dass die Zuordnung der benutzten Waren/Dienstleis- 23
tungen zu den Begriffen des VerzWDL deren sachlichen Inhalt berücksichtigt. So gehören »teleshop«-Dienstleistungen nicht zum Bereich der Telekommunikation in der Klasse 38 (welche nur die technischen Mittel für jene
Dienstleistungen zur Verfügung stellt), sondern fallen wie Einzelhandels-
Dienstleistungen in die Klasse 35.[32]

Problematisch ist, inwieweit die Benutzung der Marke für ein spezielles Pro- 24
dukt, welches unter einen allgemeineren Oberbegriff im VerzWDL der Markeneintragung fällt, als Benutzung dieser weitergehenden Produktgattung ge-

---

30  HABM-BK R 375/2005-2 vom 3.5.2006 *TEXABRI*.
31  Bzw dem Verfallseinwand (Art 99 (3)) oder der Verfalls-Widerklage (Art 100 (1))
    im Verletzungsverfahren.
32  HABM-BK R 1533/2007-4 vom 3.10.2008 (Nr 15) *GEO*.

wertet werden kann. Es ist dies eine Folge des Umstandes, dass das VerzWDL einer GM nicht – wie etwa für eine Markeneintragung in den USA – eng auf die konkreten Bezeichnungen der unter der Marke tatsächlich auf den Markt gebrachten Produkte beschränkt werden muss. Letzteres würde auch dazu führen, dass jeder Produktwechsel und jede Produkterweiterung selbst dann eine Neueintragung der Marke erfordert, wenn die neuen Produkte eine enge Beziehung zu den eingetragenen Produkten haben und sogar unter denselben Oberbegriff der Klasseneinteilung fallen, wie beispielsweise Anzüge und Mäntel unter »Bekleidungsstücke« in der Klasse 25.

25  Bei der Antwort auf die Frage, ob im vorstehenden Beispiel die nur für Anzüge benutzte Marke als für die eingetragenen »Bekleidungsstücke« benutzt gelten soll, ist die Auswirkung auf den Schutzbereich der Marke zu bedenken. Soweit dieser von der Produktähnlichkeit bestimmt wird, ergibt sich bei Zugrundelegung von Bekleidungsstücken ein größerer Schutzbereich als bei Zugrundelegung von Anzügen. Würde man im Widerspruchs- oder Verletzungsverfahren – ungeachtet der Benutzung der Marke nur für Anzüge – von der eingetragenen Ware Bekleidungsstücke ausgehen, ergäbe sich möglicherweise eine unzutreffende Beurteilung des Kollisionstatbestandes. Würde man andererseits die nur für Anzüge benutzte Marke hinsichtlich der eingetragenen Warengattung Bekleidungsstücke für verfallen ansehen und das Warenverzeichnis auf Anzüge (»Bekleidungsstücke, nämlich Anzüge«) beschränken, wäre der Markeninhaber zu einer Neueintragung gezwungen, wenn er zu einem späteren Zeitpunkt die – keineswegs fernliegende – Entscheidung trifft, nun auch Mäntel in sein Produktprogramm aufzunehmen oder gar anstelle der bisher vertriebenen Anzüge nun nur noch Mäntel zu vertreiben.

26  Ein Ausgleich der unterschiedlichen Interessen sollte darin bestehen, dass zwar im Kollisionsfall (Widerspruch, Verletzungsklage) außerhalb der Benutzungsschonfrist für die Ermittlung des von der Produktähnlichkeit bestimmten Schutzbereichs der geltend gemachten Marke nur diejenigen konkreten Waren und Dienstleistungen berücksichtigt werden, für die die Marke im entscheidungserheblichen Zeitraum rechtserhaltend benutzt wurde, eine Verfallserklärung hingegen zur Aufrechterhaltung der Marke für einen die konkret benutzten Produkte enthaltenden Ober- oder Gattungsbegriff führt.[33] Eine solche Lösung erscheint sachgerecht und von der Gesetzeslage gedeckt.

---

33  So Ingerl/Rohnke, Markengesetz, 2. Aufl, § 49 Rn 29.

Grundlage der Nichtbenutzungs-Sanktionen ist für den Kollisionsfall Art 11 MarkenRichtl und für den Verfall Art 12 MarkenRichtl. Art 11 (4) MarkenRichtl fingiert, dass im Falle der Benutzung einer älteren Marke nur für einen Teil der Waren oder Dienstleistungen, für die sie eingetragen ist, sie im Sinne der vorausgehenden Kollisionsvorschriften lediglich für den benutzten Teil der Waren oder Dienstleistungen als eingetragen gilt. In ähnlicher Weise sieht Art 13 MarkenRichtl vor, dass eine angemeldete oder eingetragene Marke nur für solche Waren oder Dienstleistungen zurückgewiesen, für verfallen oder für ungültig erklärt wird, für die ein Grund für die Zurückweisung von der Eintragung oder für die Verfalls- oder Ungültigerklärung vorliegt. Beide Vorschriften stellen hinsichtlich der Teilbenutzung einer Marke auf diejenigen Waren oder Dienstleistungen ab, »für die sie eingetragen ist«. Daraus lässt sich ableiten, dass sich die rechtserhaltende Benutzung auf diese auch dann erstrecken soll, wenn ein die konkret benutzten Waren einschließender abstrakterer Oberbegriff eingetragen ist.[34]

Im Kontext der Richtlinie würde dies allerdings für den Kollisionsfall ebenso  27
wie für den Verfall gelten, während das deutsche Markengesetz insofern einen Unterschied macht, als § 25 DE-MarkenG für die Entscheidung im Kollisionsfall nur die Waren oder Dienstleistungen berücksichtigt, für die die Benutzung nachgewiesen worden ist, während § 49 (3) DE-MarkenG bezüglich des Verfalls auf die eingetragenen Produkte abhebt.

Im Rahmen der GMV hat die Konsequenz einer unzureichenden Markenbe-  28
nutzung im Kollisionsfall nur in Art 42 (2) für das Widerspruchsverfahren Niederschlag gefunden, und zwar mit Satz 3 auch für den Fall der Teilbenutzung unter im wesentlichen wörtlicher Übernahme des Art 11 (4) MarkenRichtl. Für die Verletzung einer GM gibt es keine dem § 25 DE-MarkenG entsprechende Beschränkung der Schutzwirkung, vielmehr regelt die GMV dies über den Verfall oder Teilverfall der geltend gemachten Marke,[35] wobei Art 51 (3) für den Teilverfall die Formulierung des Art 13 MarkenRichtl aufnimmt.

Die Ausdehnung der rechtserhaltenden Wirkung einer Gemeinschaftsmar-  29
kenbenutzung für eine konkrete Spezialware auf einen eingetragenen Oberbegriff muss angemessen sein. Außer Betracht bleiben können im Allgemeinen Bestimmungsangaben des konkreten Produkts insbesondere dann, wenn

---

34  Vgl HABM-BK R 378/2006-2 vom 19.6.2007 (Nr 25) *TURBO*.
35  Art 51; Art 99 (3) und Art 100 (1) für verschiedene prozessuale Wege.

die Bestimmung keine Auswirkungen auf die Eigenschaft des Produkts hat. Entsprechendes gilt für besondere Ausführungsformen von Waren, etwa Mountain Bikes als Sonderform von Fahrrädern.

30   Wenn beispielsweise eine für den Warenoberbegriff Futtermittel eingetragene GM (nur) für »Fleisch enthaltendes Hundefutter in Wurstform« benutzt wurde, wird sie nicht für die umfangreiche Warengattung »Futtermittel« als benutzt gelten können, die unter anderem auch beispielsweise Kleiefutter für Kälber, also Nutztiere, umfasst. Als Zwischenlösung böte sich in diesem Fall die Beschränkung des eingetragenen Waren-Oberbegriffs auf »Hundefutter« oder – weitergehend – »Heimtierfutter« an, wenn der produktbezogene Rechtsbestand der Marke auf den Prüfstand gestellt wird. Es liegt nicht fern, aus diesen Überlegungen eine allgemeine Regel dahingehend abzuleiten, dass sich die produktbezogene Reichweite einer benutzten Ware oder Dienstleistung auf diejenigen Glieder einer Waren- oder Dienstleistungsgattung – und damit die Gattung selbst – erstreckt, welche nach Auffassung des jeweils betroffenen Verkehrs nach Konstitution und/oder Zweckbestimmung eng miteinander verbunden sind, quasi zusammengehören, etwa im Sinne von Substitutions- oder Parallelprodukten. Im Beispiel würde dies gewiss zur Erstreckung des benutzten Warenverzeichnisses auf »Hundefutter« führen, nicht jedoch zwangsläufig auf »Heimtierfutter«, weil unter diesen Begriff auch gänzlich andere Futterarten für ganz andere Tiergattungen, wie etwa Ziervögel oder Echsen fallen.[36]

31   Der Bereich der Erstreckung eines benutzten Produkts auf den einer angemessenen Produktgattung darf nicht mit dem Bereich der Produktähnlichkeit verwechselt werden, die eines der Kriterien bei der Bestimmung der Verwechslungsgefahr von Marken ist. Allerdings dient die Bestimmung beider Bereiche letztlich demselben Ziel, nämlich der eingetragenen Marke einen mit Rücksicht auf die wesentlichen Markenfunktionen angemessenen Schutzbereich zuteil werden zu lassen. Dabei ist der Bereich der Produktähnlichkeit naturgemäß größer als der durch die Benutzung der Marke für eine Spezialware bestimmte Benutzungsbereich; ersterer umgibt gewissermaßen letzteren. Damit relativiert sich zugleich die Bedeutung der Größe des die tatsächlich benutzte Spezialware umgebenden Benutzungsbereiches. Denn im allgemeinen wird von dessen Ausdehnung der Ähnlichkeitsbereich unbe-

---

36  Siehe dazu Art 15 Rdn 32; ferner HABM-BK R 1088/2008-2 vom 19.1.2009 (Nr 29) *EPCOS/epco*.

einflusst bleiben: Im obigen Beispiel dürfte sich bei richtiger Beachtung der maßgebenden Faktoren der Ähnlichkeitsbereich von »Heimtierfutter« nicht wesentlich von demjenigen von »Hundefutter« unterscheiden.

In der Tat geht die Rechtsprechung der Beschwerdekammern des Amtes da- **32** hin, die Markenbenutzung sehr genau produktbezogen zu ermitteln, anschließend aber festzustellen, welche weiteren Produkte des Gegenzeichens im Ähnlichkeitsbereich jener benutzten Produkte liegen.[37] In einem Fall, in dem die Beschwerdekammer die Benutzung der Widerspruchsmarke für mit einem Poliermittel imprägnierte Baumwolle zum Polieren von Metallen nicht als Benutzung für die eingetragene, weiter gefasste Ware »Poliermittel für Metalle« anerkennen wollte, hat das EuG in einem ausführlich begründeten Urteil klargestellt, unter welchen Umständen und in welchem Umfange die Benutzung einer Marke für eine Spezialware als Benutzung für eine diese Ware einschließende Warengruppe zu werten ist – für Dienstleistungen gilt Entsprechendes. Hiernach hat eine für konkrete Einzelwaren benutzte Marke für diejenige kohärente Untergruppe oder Untergruppen als benutzt zu gelten, die innerhalb einer eingetragenen Warengruppe eindeutig abgrenzbar ist.[38] Lässt sich keine eindeutige Unterteilung der eingetragenen Gruppe vornehmen, deckt der Nachweis der ernsthaften Benutzung der Marke in Bezug auf diese Waren für die Zwecke des Widerspruchsverfahrens zwangsläufig diese ganze Gruppe ab. Im Verfallsverfahren kann allerdings nichts anderes gelten.

Spezielle Probleme können sich beim »Zurückschneiden« der eingetragenen **33** Produkte auf die tatsächlich benutzten dann ergeben, wenn die Zugehörigkeit des benutzten Produkts bzw der sie einschließenden engeren Produktgattung zur eingetragenen Produktgattung nicht ohne weiteres erkennbar ist und deshalb auf den ersten Blick die Gefahr besteht, dass die in Rede stehende Marke gar nicht für die eingetragenen Produkte benutzt wird. Als Beispiel mögen »Karussells« dienen, die angesichts des heutigen Standards von Freizeitparks und Jahrmärkten hochkomplexe Maschinen sind, aber gleichwohl

---

37  ZB HABM-BK R 252/2004-2 vom 28.2.2005 (Nr 34, 41/42) *MONO LIMON/ MONO*; HABM-BK R 1069/2005-1 vom 5.10.2006 (Nr 21 f) *Epican Forte/EPI-GRAN*.

38  EuG T-126/03 vom 14.7.2005, GRUR Int 2005, 914 (Nr 45–48) Aladin/Aladdin; HABM-BK R 1088/2008-2 vom 19.1.2009 (Nr 29) *EPCOS*; HABM-BK R 693/2008-4 (Nr 12) *STELLA*, bestätigt EuG T-27/09 vom 10.12.2009 (Bespr GRUR-Prax 2010, 295737).

wie alle »technischen Apparate für Vergnügungszwecke« zu den »Spiel- und Sportgeräten« der Klasse 28 der internationalen Waren- und Dienstleistungs-Klasseneinteilung gehören. In derartigen Fällen hilft oft nur die theoretische Lückenlosigkeit dieser Klasseneinteilung unter der Voraussetzung, dass das eingetragene Produktverzeichnis sämtliche Waren oder Dienstleistungen der betr Klasse aufweist. Oder das rechtzeitige Beherzigen der Erkenntnis, dass bei aller zulässigen Ausdehnung des Produktverzeichnisses im Anmeldestadium die voraussichtlich benutzten Produkte – oder ihre engeren Produktgattungen – jedenfalls auch angegeben werden. Gerade letzteres hilft später häufig, die Anerkennung der tatsächlichen Benutzung nicht auf einen allzu engen Produkt(gattungs-) Begriff einschränken zu müssen.

34 Problematisch ist ferner, wie mit der Anerkennung rechtserhaltender Benutzung zu verfahren ist, wenn eine Marke außer für kohärente Untergruppen der Gattungsangabe einer Klasse – im Sinne des »Aladin«-Urteils (Art 15 Rdn 32) – auch für Spezialwaren eingetragen ist, welche in eine dieser Gruppen fallen, für die die Marke aber nicht benutzt wurde, obgleich deren Benutzung für andere, auch in jene kohärente Untergruppe fallende Spezialwaren die rechtserhaltende Benutzung für die gesamte Untergruppe gewährleistet. In einem Fall, in dem eine mit einem Verfallsantrag angegriffene Marke für »Ober- und Unterbekleidungsstücke, Strumpfwaren, Korsetts, Krawatten, Hosenträger, Handschuhe, Leibwäsche« eingetragen und für »Hosen, Röcke, Jacken, Boxershorts, Unterhemden, Handschuhe, Mützen und Socken« benutzt worden war, hat die Beschwerdekammer die »Korsetts, Krawatten, Hosenträger« von der seitens der Nichtigkeitsabteilung in vollem Umfange ausgesprochene Anerkennung rechtserhaltender Benutzung ausgenommen und unter Hinweis auf die erforderliche »*Prüfung, ob die benutzten Waren überhaupt unter den beanspruchten Begriff subsumierbar sind*«, festgestellt: »*Beansprucht die Marke neben dem breiten Oberbegriff ausdrücklich auch Spezialwaren, die unter den Oberbegriff fallen, so muss sie auch für diese Spezialwaren benutzt worden sein, um für diese eingetragen zu bleiben.*«[39] Somit wird die Marke für »Korsetts, Krawatten, Hosenträger« für verfallen erklärt, aber gleichzeitig der Verfallsantrag für die sie einschließenden Gruppen »Ober- und Unterbekleidungsstücke« zurückgewiesen. Über den Schutz der Marke für die Untergruppen bleibt demzufolge der Markenschutz auch für die gelöschten Spezialwaren erhalten, jedoch ist die Löschung unter dem Gesichtspunkt gerechtfertigt, dass die Spezialwaren einen anderen Ähnlichkeits-

---

39  HABM-BK R 1295/2007-4 vom 2.12.2008 (Nr 25) *LOTUS*.

bereich haben können – und in aller Regel auch haben werden – als die jeweilige Untergruppe, in die sie fallen.

## 5 Art und Weise der Benutzung

Art 15 äußert sich, abgesehen von der Ernsthaftigkeit (Art 15 Rdn 47–54), **35** nicht zu der Frage, wie eine akzeptable Benutzung der GM auszusehen hat. Handelt es sich bei dem mit der Marke zu kennzeichnenden Produkt um eine körperliche Ware, so ist die Anbringung der Marke auf der Ware selbst die naheliegendste Art und Weise der Markenbenutzung. Allerdings gibt es zahlreiche Warengattungen, bei denen diese unmittelbare Markenanbringung entweder nicht möglich oder nicht sinnvoll ist. So lässt sich auf Flüssigkeiten und anderem nicht festen Material eine Marke ebenso wenig anbringen wie auf sehr kleinen Gegenständen. Auch manche kunstgewerbliche Produkte verweigern sich der Markierung. In all solchen Fällen dürfte die – vom Hersteller oder Vertreiber bereitgestellte – Verpackung der geeignete Anbringungsort für die Marke sein. Auch in diesem Falle ist die Produktbeziehung noch eine unmittelbare.

Nur noch mittelbar ist die Produktbeziehung, wenn die Marke allein in der **36** Werbung, in Produktankündigungen wie Prospekten, Katalogen usw oder gar – gewissermaßen als bloßer Hinweis – in allgemeinen Geschäftspapieren erfolgt. Sie ist aber dann ausreichend, wenn eine Verbindung der betroffenen Produkte zu ihrer Herkunftsquelle hergestellt wird.[40] Problematisch wird eine solche Benutzung vor allem dann, wenn im Zeitpunkt ihrer Aufnahme das fragliche Produkt selbst sich noch gar nicht im geschäftlichen Verkehr befindet und möglicherweise erst nach Ablauf der Fünf-Jahresfrist in diesen gelangt. Gleichwohl wird man eine spezifische, detaillierte Ankündigung des Produkts in Prospekten oder dergleichen als ausreichende produktbezogene Benutzung anerkennen müssen, wenn in angemessenem zeitlichen Abstand auch das Produkt selbst in den geschäftlichen Verkehr gelangt. Die bloße Hinweis-Benutzung einer Marke auf Geschäftspapieren oder in der allgemeinen Werbung wird – für sich genommen – nicht als ausreichende Benutzung für ein bestimmtes Produkt angesehen werden können; allenfalls subsidiär zur Bestätigung der Ernsthaftigkeit einer anderweitigen Benutzung oder deren Umfangs.

---

40 HABM-BK R 742/2005-2 vom 5.7.2006 (Nr 17) *CONSOFT.*

37 Die Benutzung einer für Schuhe eingetragenen Marke (nur) zur Bezeichnung von Einzelhandelsgeschäften, in denen Schuhe vertrieben werden, stellt keine rechtserhaltende Benutzung dar.[41]

38 Dienstleistungsmarken, die ein unkörperliches Produkt kennzeichnen, werden im Allgemeinen nur in der Ankündigungswerbung und auf einschlägigen Geschäftspapieren (Vertragsunterlagen usw) benutzt werden können. Jedoch muss die Marke den Kunden des Markeninhabers physisch wahrnehmbar im räumlichen und zeitlichen Zusammenhang mit der Erbringung der Dienstleistung gegenübertreten.[42]

39 In allen Fällen wird eine Benutzung zu fordern sein, welche den Charakter der Markierung, also der individualisierenden Kennzeichnung sei es der Ware, sei es der Dienstleistung, eindeutig erkennen lässt. Beispielsweise kann eine bloße »Fließtext«-Benutzung nur dann als markenmäßige Benutzung iS eines Unternehmenshinweises anzuerkennen sein, wenn sie in herausgehobener oder anderweitig gekennzeichneter Form, beispielsweise durch Anbringung des ®, erfolgt.

## 6 Zeitraum der Benutzung

40 Abs 1 gibt den Benutzungszeitraum nur dahingehend an, dass die GM den in der GMV vorgesehenen Sanktionen unterliegt, wenn sie nicht innerhalb von fünf Jahren nach der Eintragung (ernsthaft) benutzt oder die Benutzung für einen ununterbrochenen Fünfjahreszeitraum ausgesetzt wird. Die Sanktionen – die nicht zur Anwendung kommen sollen, wenn berechtigte Gründe für die Nichtbenutzung vorliegen (Art 15 Rdn 65-68) – finden sich in Art 42 (2), Art 57 (2) und Art 51 (1) (a); sie bestehen in der Zurückweisung eines auf die GM gestützten Widerspruches bzw Nichtigkeitsantrages oder der Verfallserklärung der GM im Antrags- bzw Widerklageverfahren (siehe Art 15 Rdn 80, 81).

41 Aus diesen Vorschriften ergeben sich weitere Modifikationen zur Bemessung des Zeitraums der rechtserhaltenden Benutzung. So wird zwar gemäß Art 51 (1) (a) – in Übereinstimmung mit Art 12 (1) MarkenRichtl – der aufgrund fünfjähriger Nichtbenutzung gewissermaßen latent eingetretene Verfall der GM geheilt, wenn die Benutzung danach (ernsthaft) begonnen oder wieder

---

41  EuG T-183/08 vom 13.5.2009 (Nr 30, 31) *jello SCHUHPARK/SCHUHPARK.*
42  HABM-BK R 1858/2007-4 vom 9.9.2008 (Nr 18) *ATLAS TRANSPORT.*

aufgenommen wird, jedoch muss der Beginn dieser Benutzung vor der Stellung eines Antrages auf Verfallserklärung bzw der Erhebung einer hierauf gerichteten Widerklage (Art 100) liegen. Mehr noch: Wusste der GM-Inhaber, dass ein solcher Antrag gestellt bzw eine derartige Widerklage erhoben werden könnte, bleiben die letzten drei Monate vor Einleitung dieser Maßnahme außer Betracht, mit der Benutzung nach Ablauf des Fünfjahreszeitraums[43] muss also mehr als drei Monate vor der Antragstellung bzw Widerklageerhebung begonnen worden sein, um der Verfallserklärung zu entgehen (vgl Art 51 Rdn 13).

Den Beginn des (ersten) Fünfjahreszeitraumes bezeichnet Abs 1 mit »gerechnet von der Eintragung an«. Der dem zugrundeliegende Art 10 (1) Marken-Richtl spricht vom »Tag des Abschlusses des Eintragungsverfahrens«. Dieses ist in jedem Mitgliedstaat entsprechend den dort geltenden Verfahrensvorschriften für die Eintragung zu bestimmen, weil es sich insoweit um nicht harmonisiertes Verfahrensrecht handelt.[44] **42**

Im Falle eines auf eine GM gestützten Widerspruches oder Nichtigkeitsantrages muss deren rechtserhaltende Benutzung im Fünfjahreszeitraum vor der Veröffentlichung der Anmeldung zur angegriffenen GM nachgewiesen werden, wenn dies ihr Anmelder bzw Inhaber verlangt (Art 42 (2) bzw Art 57 (2) Satz 2) und die GM, auf welche der Widerspruch oder Nichtigkeitsantrag gestützt wird, zum Zeitpunkt der Veröffentlichung der angegriffenen GM bereits seit mindestens 5 Jahren eingetragen ist;[45] im Nichtigkeitsverfahren kommt der Benutzungsnachweis für den Fünfjahreszeitraum vor der Antragstellung hinzu (Art 57 (2) Satz 1). **43**

Wenngleich eine Benutzung nach der Stellung eines Antrages auf Verfallserklärung (bzw nach entsprechender Widerklageerhebung) keine Rolle spielen kann, mögen die Umstände einer solchen Benutzung, namentlich Art **44**

---

43 HABM-BK R 1289/2006-2 vom 11.5.2007 (Nr 17ii) *LIFESTYLE SELECTOR*.
44 EuG T-246/05 vom 14.6.2007, GRUR 2007, 702 (Nr 26, 31) *Häupl/Lidl*; EuG T-466/08 vom 14.4.2011, GRUR Int 2011, 738 (Nr 31) *ACNO FOCUS*.
45 Vgl. zum Widerspruchsverfahren: HABM-BK R 883/2005-4 vom 27.5.2008 (Nr 14) *OSEOFORT/OSTEOFORTE*; HABM-BK R 764/2009-4 vom 9.3.2010 (Nr 13) *HUGO BOSS/BOSS*.

und Umfang, einen Einfluss auf die Beurteilung einer Benutzung der GM im rechtserheblichen Zeitraum haben.[46]

45   Allerdings soll dem Anmelder einer Marke die fünfjährige Verschonung vom Nachweis der rechtserhaltenden Benutzung dann nicht zuerkannt werden können, wenn die Anmeldung einzig dem Ziel dient, einen neuen Fünfjahreszeitraum für eine seit mehr als 5 Jahren registrierte, aber unbenutzte Marke zu generieren. So hat die Beschwerdekammer in der Sache »Pathfinder« entschieden.[47] Der auf eine ältere nationale Marke gestützte Widerspruch gegen eine GM Anmeldung wurde zurückgewiesen, da die ältere nationale Marke eine Neuanmeldung zweier bereits außerhalb der Benutzungsschonfrist liegender und unbenutzter identischer Voreintragungen darstellte. Zwar wurden die älteren Marken gleich nach Ablauf der jeweiligen Benutzungsschonfristen aufgegeben und die Neuanmeldung der nationalen Marke erst rund 3 Jahre später veranlasst. Die Beschwerdekammer sah hierin jedoch die Absicht, den 5-Jahreszeitraum für die Benutzungsaufnahme »künstlich zu verlängern«. Ob die von der Beschwerdekammer vorgenommene Zurückverlagerung des Zeitraumes für den Benutzungsnachweis auf den Ablauf der 5-Jahresfrist der ursprünglich registrierten und nicht benutzten Marken zulässig ist, erscheint zweifelhaft, denn eine künstliche Verlängerung der Benutzungsschonfrist kann nur in Betracht kommen, wenn der Anmeldetag der Neueintragung vor dem Ende der Benutzungsschonfrist der Voreintragung liegt. Für den Fall, dass zwischen dem Ablauf der Benutzungsschonfrist einer Marke sowie deren Aufgabe und der Neuanmeldung einer gleichlautenden Marke jedoch rund 3 Jahre liegen, fehlt es offensichtlich an dem erforderlichen zeitlichen Zusammenhang.

46   Für den Fall, dass eine weniger als fünf Jahre registrierte GM, auf welche sich ein Widerspruch oder ein Nichtigkeitsantrag stützt, die Seniorität einer oder mehrerer nationaler Marken in Anspruch nimmt, ist der Benutzungsnachweis nach Auffassung der Beschwerdekammer auf Verlangen des Widersprechenden bzw. des Antragstellers zwar nicht für die GM selbst sondern für die nationalen Marken zu erbringen, die bereits seit mehr als 5 Jahren ab Veröffentlichung der angegriffenen GM registriert sind, sofern deren Seniorität vom Amt zuerkannt worden und infolge des Verzichts oder Erlöschens der

---

46   EuGH C-259/02 (Beschluss) vom 27.1.2004 (Nr 31) *La Mer.*
47   HABM-BK R 1785/2008-4 (Nr 19, 22) *Pathfinder/Mars Pathfinder.*

nationalen Marke wirksam geworden ist.[48] Ob diese Auffassung mit den gemeinschaftsrechtlichen Vorschriften vereinbar ist, scheint fraglich, denn der Anknüpfungspunkt für die rechtserhaltende Benutzung einer GM ist gemäß Art 15 (1) ausdrücklich der Eintragungstag der GM. Hingegen kann der Regelung nicht entnommen werden, dass der Markeninhaber den Benutzungsnachweis für die nationalen Marken erbringen muss, wenn er die Seniorität wirksam in Anspruch genommen hat. Legt man aber die Entscheidung der Beschwerdekammer zugrunde, so ist dem Inhaber der GM zu raten, seine nationale Marke solange nicht fallen zu lassen bzw aufzugeben, bis eine rechtserhaltende Benutzung der nationalen Marke stattfindet. Zu weiteren Einzelheiten der Benutzung im Zusammenhang mit der Beanspruchung der Seniorität von nationalen Marken siehe Art 34 Rdn 29.

### 7 Ernsthaftigkeit der Benutzung

Die Benutzung der GM muss, um als rechtserhaltend anerkannt zu werden, gemäß Abs 1 »ernsthaft« sein. Eine Definition dessen, was darunter zu verstehen ist, liefert weder die Verordnung noch die Durchführungsverordnung (R 22); letztere bestimmt nur, dass im Widerspruchsverfahren ggf Angaben über Art, Zeit und Umfang der Benutzung gemacht und diesbezügliche Beweismittel vorgelegt werden (R 22 (3)). Klar ist, dass eine Scheinbenutzung, welche lediglich den Zweck verfolgt, die Markeneintragung für die betroffenen Waren zu erhalten, aber keine wirtschaftliche Bedeutung im geschäftlichen Verkehr besitzt, das angestrebte Ziel nicht erreichen soll. Im Umkehrschluss hieße das, dass jede wirtschaftlich sinnvolle Benutzung der GM als ernsthaft anzuerkennen ist. Nach Auffassung des EuG liegt keine ernsthafte Benutzung einer Marke vor, solange diese objektiv nicht tatsächlich, stetig und mit stabilem Erscheinungsbild des Zeichens benutzt wird.[49] Die Marke muss vielmehr öffentlich und nach außen benutzt werden, um den Waren oder Dienstleistungen, die sie bezeichnet, Absatz zu verschaffen.[50] In seiner auf eine Vorlage des niederländischen Hoge Raad zur Feuerlösch-Marke »Minimax« ergangenen Entscheidung »Ansul/Ajax« hat der EuGH festgestellt, dass eine Marke ernsthaft benutzt wird, wenn sie entsprechend ihrer

47

---

48  HABM-BK R 977/2010-1 (Nr 25-29) vom 31.3.2011 *NATURAL VISCO/VLIS-CO.*
49  EuG T-039/01 vom 12.12.2002, GRUR Int 2003,456 (Nr 36) *Hiwatt.*
50  EuG T-174/01 vom 12.3.2003, GRUR Int 2003, 763 (Nr 29) *Silk Cocoon*; EuGT-169/06 vom 8.11.2007 (Nr 34) *Charlott France.*

Hauptfunktion benutzt wird, nämlich die Ursprungsidentität der eingetragenen Waren oder Dienstleistungen zu garantieren, um für diese Waren und Dienstleistungen einen Absatzmarkt zu erschließen oder zu sichern, unter Ausschluss symbolischer Verwendungen, die allein der Wahrung der durch die Marke verliehenen Rechte dienen.[51]

48   Auf eine Vorlage seitens des österreichischen Obersten Patent- und Markensenats hat der EuGH entschieden, dass eine Marke ernsthaft benutzt wird, wenn ein ideeller Verein sie in der Öffentlichkeit auf Ankündigungen von Veranstaltungen, auf Geschäftspapieren und auf Werbematerial verwendet und sie von seinen Mitgliedern beim Sammeln und Verteilen von Spenden in der Form verwendet wird, dass die Mitglieder entsprechende Ansteckzeichen tragen. Es ging um ein Löschungsverfahren gegen Marken, die im wesentlichen Orden und Ehrenzeichen wiedergeben. Der Gerichtshof sah in direkt oder indirekt entlohnten karitativen Dienstleistungen des Vereins eine Teilnahme am Geschäftsleben, die den Markenschutz rechtfertigt.[52]

49   Hingegen hat er auf eine weitere Vorlage desselben österreichischen Senats entschieden, dass der Inhaber einer Marke, wenn er diese auf Gegenständen anbringt, die er den Käufern seiner Waren kostenlos mitgibt, diese Marke für die Klasse, zu der die betreffenden Gegenstände gehören, nicht ernsthaft benutzt. Benutzt wurde eine für Textilien und alkoholfreie Getränke eingetragene Marke für erstere in üblicher Weise und für letztere dadurch, dass er Getränkeflaschen den Käufern von Textilien kostenlos als Werbegeschenk mitgab. Darin sah der Gerichtshof nicht die Voraussetzung ernsthafter Benutzung erfüllt, dass für Waren oder Dienstleistungen, die mit dem die Marke bildenden Zeichen versehen sind, gegenüber Waren oder Dienstleistungen anderer Unternehmen ein Absatzmarkt erschlossen oder gesichert wird.[53]

50   Der EuGH gibt keine allgemein verbindlichen Kriterien hinsichtlich der Benutzungsdauer, des Benutzungsumfanges (Umsatz), der Werbung usw an,

---

51  EuGH C-040/01 vom 11.3.2003, GRUR 2003, 425 (Nr 36) *Ansul/Ajax*; ferner EuGH C-234/06 vom 13.9.2007, GRUR Int 2007, 1009 (Nr 72) *Bainbridge*; EuG T-86/07 vom 16.12.2008, GRUR Int 2009, 609 (Nr 36) *DEITECH/DEI-Tex*.
52  EuGH C-442/07 vom 9.12.2008, GRUR 2009, 156 (Nr 19) *Radetzky-Orden*.
53  EuGH C-495/07 vom 15.1.2009, GRUR 2009, 410 (Nr 21) *Silberquelle*; vgl auch die Schlussanträge des Generalanwalts Ruiz-Jarabo Colomer vom 18.11.2008.

sondern bestimmt, dass die Ernsthaftigkeit der Benutzung anhand sämtlicher Umstände zu prüfen sei, die belegen können, dass die Marke tatsächlich geschäftlich verwertet wird; dazu gehörten insbesondere Verwendungen, die im betreffenden Wirtschaftszweig als gerechtfertigt angesehen werden, um Marktanteile für die durch die Marke geschützten Waren oder Dienstleistungen zu behalten oder zu gewinnen, die Art dieser Waren oder Dienstleistungen, die Merkmale des Marktes sowie der Umfang und die Häufigkeit der Benutzung der Marke.[54] Das einmalige Arrangieren von Fitness- und ähnlichen Veranstaltungen im Freien während einer Messe stellt keine Markenbenutzung für Turn-, Bade- und Gesundheitsclub-Dienstleistungen dar.[55]

Der Generalanwalt hatte in seinen Schlussanträgen zum Fall »Ansul/Ajax« **51** ausgeführt, entscheidend sei einerseits die kommerzielle Nutzung der Marke, die in der Herstellung und Lieferung von Waren und Dienstleistungen bestehe, und andererseits diese Nutzung dem Zweck diene, die Produkte nach ihrem Ursprung, ihrer Herkunft, ihrer Beschaffenheit oder ihrem Ruf zu unterscheiden, also die Marke »als Marke« zu benutzen. Bei der Bestimmung der Schwelle, von der an die Benutzung einer Marke als ernsthaft betrachtet werden kann, sei die Größe des Unternehmens des Markeninhabers unerheblich, wohl aber die Natur der Ware oder Dienstleistung sowie die Struktur und Größe des betroffenen Marktes.[56] Im Übrigen hat der EuGH in seinem »Ansul/Ajax«-Urteil festgestellt, dass es einer Markenbenutzung nicht den Charakter der Ernsthaftigkeit nimmt, wenn sie nicht neu auf dem Markt angebotene Waren betrifft, sondern die Marke von ihrem Inhaber für Einzelteile, die zur Zusammensetzung oder Struktur dieser Waren gehören, oder für Waren oder Dienstleistungen, die in unmittelbarem Zusammenhang mit bereits vertriebenen Waren stehen und die Bedürfnisse der Abnehmer dieser Waren befriedigen sollen, tatsächlich benutzt wird (Nr 41, 42).

Der Benutzungsumfang ist naturgemäß ein wichtiger Faktor bei der Beurtei- **52** lung der Ernsthaftigkeit, deshalb gehört er zu den gemäß R 22 im Widerspruchsverfahren zu machenden Angaben. Gleichwohl gibt es keine absolute Mindestschwelle, indizieren die übrigen Kriterien eine wirtschaftlich sinnvol-

---

54  EuGH C-040/01 vom 11.3.2003, GRUR 2003, 425 (Nr 38, 39) *Ansul/Ajax*.
55  HABM-BK R 1168/2005-4 vom 30.8.2007 (Nr 34f) *CRUNCH*.
56  Schlussanträge des Generalanwalts Ruíz-Jarabo Colomer vom 2.7.2002 (Nr 47, 48, 45, 65, 66) in der Rs C-40/01 *Ansul/Ajax*.

le Markenbenutzung, kann auch ein geringer Umsatz ausreichen.[57] Das gilt beispielsweise für besondere, namentlich teure Waren.[58] Allerdings wird ungeachtet des oben Gesagten im Allgemeinen davon auszugehen sein, dass für Großunternehmen eine – am Umsatz gemessen – höhere Ernsthaftigkeitsschwelle zu unterstellen ist als bei mittleren oder kleineren Unternehmen. Jedoch gilt dies keineswegs unter allen Umständen: Auch Großunternehmen machen mit speziellen Produkten, die sie beispielsweise zur Abrundung ihres Produktprogramms in ihr Vertriebsspektrum aufnehmen, unter einer bestimmten Marke relativ geringe Umsätze, ohne dass eine solche Benutzung – gerade auch in ihrem Anfangsstadium – als nicht ernsthaft qualifiziert werden dürfte.[59] Gleiches gilt für den Fall, dass nur an einen einzigen Kunden verkauft wird.[60]

53 Es ist also bei der Prüfung der Ernsthaftigkeit der Benutzung einer älteren Marke im konkreten Fall eine umfassende Beurteilung unter Berücksichtigung aller relevanten Faktoren vorzunehmen. Diese Beurteilung impliziert eine gewisse Wechselbeziehung zwischen den zu berücksichtigenden Faktoren. So kann ein geringes Volumen von unter der Marke vertriebenen Waren durch eine große Häufigkeit oder zeitliche Konstanz der Benutzungshandlungen dieser Marke ausgeglichen werden und umgekehrt. Außerdem können der erzielte Umsatz und die Zahl der unter der älteren Marke verkauften Waren nicht absolut beurteilt werden, sondern müssen im Zusammenhang mit anderen relevanten Faktoren wie dem Umfang der Geschäftstätigkeit, den Produktions- oder Vertriebskapazitäten oder dem Grad der Diversifizierung des Unternehmens, das die Marke verwertet, sowie den charakteristischen Merkmalen der Waren oder Dienstleistungen auf dem betreffenden Markt gesehen werden.[61] Entscheidend ist dabei nicht der isolierte

---

57 EuGH C-416/04 vom 11.5.2006, GRUR 2006, 582 (Nr 72) *Vitafruit*; EuG T-409/07 vom 23.9.2009 (Nr 35) *Acopat*/COPAT; s aber HABM-BK R 249/2008-4 vom 27.2.2009 (Nr 16) *AMAZING ELASTIC PLASTIC II.*

58 HABM-BK R 35/2007-2 vom 4.9.2007 (Nr 22) *DINKY.*

59 EuG T-334/01 vom 8.7.2004, GRUR Int 2004, 955 (Nr 49) *Hippovit/Hipoviton*; EuG T-325/06 vom 10.9.2008 (Nr 49) *CAPIO/CAPIOX.*

60 EuGH C-259/02 vom 27.1.2004 (Nr 24) *La Mer.*

61 EuG T-334/01 vom 8.7.2004, GRUR Int 2004, 95 (Nr 36) *Hippovit/Hipoviton*; EuG T-418/03 vom 27.9.2007 (Nr 57) *LABORATOIRE DE LA MER/LA MER*; EuG T-169/06 vom 8.11.2007 *Charlott/charlot.*

Inhalt eines Beweismittels, sondern das Bild, das sich aus der Gesamtschau aller vorgelegten Dokumente ergibt.[62]

In diesem Zusammenhang kann nicht nachdrücklich genug empfohlen wer- 54 den, von Beginn einer Markenbenutzung an die Art und Weise sowie den Umfang der Benutzung und der insoweit betriebenen Werbung vollständig zu dokumentieren, insbesondere auch Belegexemplare von Prospekten, Katalogen, Anzeigen usw zugreifbar aufzuheben. Denn insbesondere in Nichtigkeitsverfahren aufgrund einer seit längerem eingetragenen Marke kann der Zeitraum, für den die Benutzung der geltend gemachten älteren Marke vor der Bekanntmachung der angegriffenen Marke nachzuweisen ist (Art 57 (2) und (3)), recht lange zurückliegen und die Vorlage beweiskräftiger Dokumente Schwierigkeiten machen.[63] Ist der Nachweis der rechtserhaltenden Benutzung erforderlich, sind die Benutzungsunterlagen vollständig und in der bestmöglichen Qualität vorzulegen, um zu verhindern, dass der Nachweis nicht bereits an Banalitäten scheitert. Denn wird nur ein (nicht ausreichender) Teil der verfügbaren Unterlagen eingereicht oder weisen die eingereichten Unterlagen eine mangelhafte und nicht ausreichende Qualität auf, so ist der Nachweis der rechtserhaltenden Benutzung bereits hier gescheitert.[64]

Andererseits schließt die Vorlage weniger umfangreicher Benutzungsunterla- 55 gen den Nachweis der rechtserhaltenden Benutzung nicht zwangsläufig aus. So wurde beispielsweise die Benutzung einer Marke als rechtserhaltend anerkannt, für die zwei im Vereinigten Königreich erschienene Kataloge vorgelegt worden waren. Allerdings enthielten die Kataloge neben den mit der Marke gekennzeichneten zahlreichen Produkten auch eine Vielzahl weiterer und für den Nachweis der Benutzung wichtige Informationen. So wurden im Zusammenhang mit den Produkten jeweils die Preise und die Bestellnummern der einzelnen Artikel genannt und Angaben zu verschiedenen Bestellmöglichkeiten, den allgemeinen Geschäftsbedingungen, Anschriften und Telefonnummern der insgesamt 240 Geschäfte, welche die mit der Marke gekennzeichneten Produkte führen, sowie deren Internetadressen gemacht. Das Gericht sah es als nachgewiesen an, dass die Marke benutzt worden ist,

---

62  HABM-BK R 1295/2007-4 vom 2.12.2008 (Nr 22) *LOTUS.*
63  Vgl zB EuG T-409/07 vom 23.9.2009 (Nr 75) *acopat/COPAT.*
64  EuG T-427/09 vom 15.9.2011 (Nr 46) *CENTROTHERM.*

um für die registrierten Waren einen Absatzmarkt zu erschließen oder zu sichern.[65]

## 8 Identität des Benutzers

56 Grundsätzlich obliegt die Benutzungspflicht dem Inhaber der GM, Abs 1 sieht das ausdrücklich vor. Sofern eine Personengemeinschaft als Inhaberin der GM eingetragen ist, ist jedes ihrer Mitglieder zur Benutzung der Marke berechtigt und zugleich in der Lage, mit Wirkung für die Gemeinschaft das Benutzungserfordernis zu erfüllen. Materiell-rechtlich unterscheiden sich von diesem Sachverhalt nicht wesentlich die mitunter beobachteten Paralleleintragungen derselben Marke für verschiedene Inhaber. Beruht dies auf einer Absprache, so muss die Benutzung der Marke durch einen der Inhaber einer Eintragung für diese Marke auch jedem anderen Inhaber einer Eintragung für dieselbe Marke zugerechnet werden. Die Problematik der voneinander unabhängigen Benutzung derselben Marke durch Inhaber gleichlautender Eintragungen oder die verschiedenen Mitglieder einer Inhabergemeinschaft soll hier unerörtert bleiben.

57 Nach Abs 3 wird die Benutzung der GM durch einen Dritten mit Zustimmung des eingetragenen Inhabers diesem zugerechnet. Bei diesem Dritten wird es sich im Allgemeinen um einen Lizenznehmer handeln, wobei es im Rahmen des Art 15 nicht auf eine ausdrückliche Lizenzabrede oder gar deren Schriftlichkeit ankommt.[66] Auch die Eintragung der Lizenz (Art 23 (1)) ist keine Zurechnungsvoraussetzung.[67] Die Zustimmung des Inhabers muss vor der Benutzungsaufnahme durch einen Dritten vorliegen, weil die Benutzung »mit Zustimmung« des Inhabers Voraussetzung für die Zurechnung ist. Eine nachträglich erteilte Zustimmung fällt nicht unter Abs 3. Daher kann nicht etwa der Inhaber einer fünf Jahre nach ihrer Eintragung unbenutzt gebliebenen GM mit einem unbefugten, aber »rechtzeitigen« Benutzer einen dahingehenden Vergleich abschließen, dass er der Benutzung – unter bestimmten Konditionen – nachträglich zustimmt und damit den Rechtsbestand seiner Markeneintragung sichert.

---

65 EuG T-30/09 vom 8.7.2010 (Nr 39) *peerstorm/PETER STORM*.

66 EuG T-203/02 vom 8.7.2004, GRUR Int 2005, 47 (Nr 20, 24) bestätigt durch EuGH C-416/04 P vom 11.5.2006, GRUR 2006, 582 *Vitafruit*.

67 Gemeinsame Protokollerklärungen, Anhang 5, (B) (13); Joint Recommendation Concerning Trademark Licences der WIPO 2000, Art 4 (1); siehe auch unter Art 23 Rdn 21.

Rechtsübergänge an der Marke bereiten keine Schwierigkeiten. Weil die kon-  58
kludente Zustimmung des jeweils berechtigten und verpflichteten Inhabers
ausreicht sowie unterstellt werden kann, kommt es nicht darauf an, ob eine
Benutzung schon durch den Rechtsnachfolger oder noch durch den Rechtsvorgänger erfolgt. Darum ist selbst ein ungültiger Rechtsübergang im vorliegenden Zusammenhang letztlich unschädlich.

## 9  Territorium der Benutzung

Dem Markencharakter, also der betrieblich individualisierenden und identi-  59
fizierenden Kundbarmachung der Marke gegenüber Dritten, ist die Öffentlichkeit der Markenbenutzung immanent. Nur eine Benutzung der GM im
geschäftlichen Verkehr kann eine Benutzung iSv Abs 1 sein. Solange diese
Bedingung erfüllt ist, spielt innerhalb der Gemeinschaft das Territorium der
öffentlichen Benutzung einer GM keine oder allenfalls eine untergeordnete
Rolle. Eine Benutzung von »lediglich örtlicher Bedeutung«[68] dürfte allerdings kaum die Ernsthaftigkeits-Schwelle überwinden. Jedoch ist eine gemeinschaftsweite Benutzung der Marke keineswegs erforderlich. »*Der Rat
und die Kommission sind der Auffassung, dass eine ernsthafte Benutzung im Sinne von Art 15 in einem einzigen Land eine ernsthafte Benutzung in der Gemeinschaft darstellt.*«[69] Dass dies auch für kleine und kleinste Mitgliedstaaten
(zB Malta, Zypern) gilt, erscheint fraglich, jedoch ist beispielsweise die Benutzung einer GM in Deutschland, den Niederlanden und der Tschechischen Republik als ausreichend anerkannt worden.[70]

Der EuGH nennt als Kriterien für eine ernsthafte Benutzung einer Marke  60
die Benutzung derselben entsprechend ihrer Hauptfunktion sowie zu dem
Zweck, Marktanteile für die geschützten Waren und Dienstleistungen zu gewinnen oder zu behalten. Ausdrücklich verwehrt sich der EuGH dagegen,
die Benutzung einer Marke allein an territorialen Grenzen zu messen. Vielmehr nimmt er eine Gesamtbetrachtung aller Fakten und Umstände vor,
wobei er insbesondere auf die Merkmale des jeweiligen Marktes, auf welchem die Marke eingesetzt wird, die Art der geschützten Waren und Dienst-

---

68  T-355/09 vom 17.1.2013 (Nr 49) *Walzertraum*; vgl auch Art 8 (4) und
    Art 111.
69  Gemeinsame Protokollerklärungen, Anhang 5, (B) (10), abgedruckt in ABl-
    HABM 1996, 606; nicht rechtsverbindlich.
70  HABM-BK R 1295/2007-4 vom 2.12.2008 (Nr 21) *LOTUS*; HABM-BK R
    564/2010-4 vom 20.6.2012 (Nr 22) *STORM*.

leistungen, das Gebiet der Markenbenutzung, die Quantität der Benutzung sowie die Häufigkeit und Regelmäßigkeit der Benutzung der Marke abstellt.[71] Zwar weist der EuGH darauf hin, dass es aus den zuvor genannten Gründen möglich ist, eine rechtserhaltende Benutzung faktisch für das Hoheitsgebiet eines einzigen Mitgliedsstaates zu bejahen, zugleich stellt der EuGH aber ausdrücklich klar, dass es nicht möglich ist, eine ernsthafte Benutzung der Marke allein an den territorialen Grenzen eines Mitgliedsstaates zu messen.[72] Im Ergebnis wird daher immer eine Gesamtabwägung stattzufinden haben, in welcher die Größe des Territoriums, in dem die GM benutzt wird, nur einer der relevanten Faktoren ist. Eine Benutzung außerhalb der Gemeinschaft ist irrelevant.

61  Eine Ausnahme von der Regel der Markenbenutzung im Gemeinschaftsterritorium stellt die Vorschrift des Abs (2) (b) dar, welche das »Anbringen der Gemeinschaftsmarke auf Waren oder deren Aufmachung in der Gemeinschaft ausschließlich für den Export« als Benutzung der GM iSv Abs 1 fingiert.

62  Wird in einem Widerspruchs- oder Nichtigkeitsverfahren eine ältere nationale Markeneintragung geltend gemacht und ggf der Nachweis ihrer rechtserhaltenden Benutzung verlangt, so ist zu beachten, dass sich die Benutzung auf den betreffenden Mitgliedstaat beziehen muss. Im Falle einer internationalen Registrierung in mehreren Mitgliedstaaten ist nur derjenige nationale Teil zu berücksichtigen, für den die Benutzung nachgewiesen wurde.[73]

63  Nationale Regelungen von Mitgliedstaaten, die den dortigen Benutzungszwang betreffen, sowie bilaterale Abkommen mit Drittstaaten oder anderen Mitgliedstaaten zur wechselseitigen Anerkennung von Benutzungshandlungen sind auf die Benutzungsvorschriften für GMn nicht anwendbar;[74] das gilt beispielsweise für den deutsch-schweizerischen Vertrag vom 13. April 1892.[75]

---

71  EuGH C-149/11 vom 19.12.2012 (Nr 56) *ONEL*.
72  EuGH C-149/11 vom 19.12.2012 (Nr 50, 57) *ONEL*.
73  HABM-BK R 728/2000-4 vom 25.1.2002 (Nr 30) *MEMORY*.
74  Zu ersterem EuG T-194/03 vom 23.2.2006 (Nr 43–46), GRUR Int 2006, 404 *Bainbridge*.
75  HABM-BK R 1764/2007-4 vom 9.9.2008 (Nr 28) *PAN AM II*; EuG T-170/11 vom 12.7.2012 (Nr 33) *Baskaya/Passaia*.

Ob letzteres auch für das »Benutzungszwang-Anforderungsprofil« im Falle    64
eines Widerspruchs aus einer nationalen Marke oder dem nationalen Teil einer Internationalen Registrierung (Art 42 (3) iVm (2)) – sowie in einem entsprechenden Nichtigkeitsverfahren (Art 57 (3) iVm (2)) – gilt, ist offen, aber
wohl zu verneinen. Die bejahenden Äußerungen von *Hackbarth*[76] beruhen
auf dem GMV-Vorschlag aus dem Jahre 1988, dessen Art 35 (2) (a), wonach
nationale Widerspruchsmarken den gleichen Anforderungen an die rechtserhaltende Benutzung unterworfen sein sollten wie Gemeinschaftsmarken als
Widerspruchszeichen, gerade keinen Eingang in die schließlich verabschiede-
te GMV gefunden hat; v. *Mühlendahl/Ohlgart*[77] postulieren einen Vorrang
von Art 15 allein mit dem Argument, dass Art 42 (3) keine Bezugnahme auf
das nationale Recht enthält, was insofern unzutreffend ist, als sich die Vorschrift (nur) auf nationale Marken bezieht. Es schiene aber mit dem Status
nationaler Kennzeichenrechte im Gemeinschaftsmarkensystem nicht vereinbar zu sein, einen zB auf eine deutsche Marke gestützten Widerspruch gegen
eine GMA wegen unzureichender Benutzung in Deutschland trotz ausreichender Benutzung in der Schweiz zurückzuweisen, obgleich dann die Benutzung der GM in Deutschland untersagt werden kann.[78]

## 10  Berechtigte Gründe für Nichtbenutzung

Die Nichtbenutzung einer GM innerhalb von fünf Jahren nach dem Tage ih-   65
rer Eintragung führt nicht unter allen Umständen zu ihrem Verfall oder ihrer
Kraftlosigkeit im Widerspruchsverfahren. Vielmehr treten die in Abs 1 für
den Fall jener nicht rechtzeitigen Benutzung angedrohten Sanktionen dann
nicht ein, wenn der Markeninhaber berechtigte Gründe für die Nichtbenutzung seiner Marke geltend machen kann. Was als berechtigter Grund anzuerkennen ist, sagt weder die GMV noch die DV. Es ist jedoch davon auszugehen, dass diese wie jede andere Ausnahmebestimmung eng auszulegen ist.
Keinesfalls dürfen die die Benutzung der Marke hindernden Umstände innerhalb des Gestaltungswillens des Markeninhabers liegen.[79] Auch wirt-

---

76  Hackbarth S 23 Fn 12, S 79.
77  S 144 § 14 Rdn 47.
78  Art 8 (4), Art 110 (1).
79  TRIPS Art 19 (1) S 2; ebenso Schlussanträge des Generalanwalts Ruiz-Jarabo Co-
    lomer vom 26.10.2006 in der Rs C-246/05 (Nr 78, 81) *Le Chef de Cuisine.*

schaftliche Schwierigkeiten des Markeninhabers stellen keinen berechtigten Grund für eine Nichtbenutzung dar.[80]

66 Auf eine österreichische Vorlage hat der Gerichtshof entschieden, Art 12 (1) MarkenRichtl (und damit Art 15 (1) GMV sei dahin auszulegen, dass Hindernisse, die einen unmittelbaren Zusammenhang mit der Marke aufweisen, ihre Benutzung unmöglich oder unzumutbar machen und vom Willen des Markeninhabers unabhängig sind, »berechtigte Gründe für die Nichtbenutzung« einer Marke darstellen.[81] Zuvor hat der EuGH festgestellt, dass der Begriff der berechtigten Gründe – ebenso wie der der ernsthaften Benutzung, mit dem er eng verbunden ist – in der Gemeinschaft einheitlich auszulegen ist, und er hat sich bei seiner materiellen Beurteilung an Art 19 (1) TRIPS orientiert. Das dort geforderte »Hindernis« für die Benutzung der Marke qualifiziert er durch die Unzumutbarkeit einer Umgehungslösung (Nr 47f).

67 Demgemäß gehören zu den berechtigten Gründen für die Nichtbenutzung einer eingetragenen GM alle Akte höherer Gewalt, die auch staatliche Einflussnahmen wie Einfuhrhindernisse, Beschränkungen der Verkehrsfähigkeit bestimmter Produkte etc. einschließen.[82] Verzögerungen bei der Arzneimittel-Zulassung gelten ebenfalls als berechtigter Grund für das Überschreiten der Fünfjahresfrist bei der Aufnahme der Benutzung der für das Präparat vorgesehenen GM. Auch ein gerichtliches Verfügungsgebot im Insolvenzverfahren wurde als berechtigter Grund für die Nichtbenutzung angesehen.[83]Streitig ist, ob unmittelbar gegen die Benutzung der eingetragenen Marke gerichtete Maßnahmen Dritter, also insbesondere Unterlassungs- oder Löschungsklagen, die Nichtbenutzung rechtfertigen, weil im Obsiegensfalle dem Markeninhaber Schadensersatzansprüche und/oder der Verlust von Goodwill-Investitionen drohen.[84] Nach Auffassung einer Beschwerdekammer sind Gerichts- bzw. Verfügungsverfahren in der Regel nicht geeignet, ei-

---

80 EuG T-162/01 vom 9.7.2003, GRUR Int 2003, 840 (Nr 41) *Giorgio/Giorgio Beverly Hills*; HABM-BK R 855/2007-4 vom 14.5.2008 (Nr 27) *PAN AM* und R 1764/2007-4 vom 9.9.2008 (Nr 27) *PAN AM II*.

81 EuGH C-246/05 vom 14.6.2007, GRUR 2007, 702 *Häupl/Lidl*.

82 Vgl BGH GRUR 1994, 512 *Simmenthal;*. HABM-BK R 764/2009-4 vom 9.3.2010 (Nr 25) *Boss/Hugo Boss*.

83 HABM-BK R 77/2006-1 vom 11.12.2007 (Nr 51) *MISS INTERCONTINENTAL*.

84 Bejahend: BGH GRUR 1991, 465 *Salomon*.

nen berechtigten Grund für das Überschreiten der Fünfjahresfrist darzustellen. So reicht eine pauschale Verweisung auf ein oder mehrere anhängige Verfahren nicht aus. Vielmehr sind die Verfahren, auf die sich der Inhaber einer GM im Rahmen der berechtigten Nichtbenutzung stützen will, genau zu bezeichnen, und deren Einzelheiten sind im Detail darzulegen. Sofern bspw die Schutzfähigkeit der Marke aus absoluten Gründen angegriffen wird, hat dies mit der Benutzungssituation nichts zu tun.[85] Auch Verfahren, welche sich gegen die Benutzung von markengleichen Firmenschlagworten richten, die keinem Benutzungszwang unterliegen, können keinen berechtigten Grund für die Nichtbenutzung darstellen.[86] Schließlich sind auch solche Unterlassungsbegehren und -entscheidungen unbeachtlich, die eine Verletzung von Markenrechten Dritter verfolgen und anerkennen. Denn anerkannte Markenrechtsverletzungen stehen schon a priori im Widerspruch zur Rechtsordnung und können daher keinen berechtigten Grund für die Nichtbenutzung darstellen.[87] Auch die aus solchen Klagebegehren hervorgerufene Unsicherheit, schadenersatzpflichtig zu werden, ist kein berechtigter Grund für die Nichtbenutzung, da die Einreichung einer Klage oder eines Eilverfahrens nur das allgemeine Lebensrisiko wiederspiegelt, zu Unrecht verklagt zu werden.[88]

Liegen berechtigte Gründe für die Nichtbenutzung einer eingetragenen GM **68** vor, so ersetzen diese nicht die rechtserhaltende Benutzung, sondern hemmen lediglich, solange sie andauern, den Ablauf der fünfjährigen Benutzungsschonfrist. Entfallen jene berechtigten Gründe, so beginnt die (restliche) Schonfrist wieder zu laufen.

## 11 Beweislast und Beweis

Im Falle eines auf eine ältere GM gestützten Widerspruches gegen eine ver- **69** öffentliche GMA hat auf Verlangen des Anmelders der Widersprechende den Benutzungsnachweis gemäß Abs 1 zu erbringen (Art 42 (2)). In entsprechender Weise hat in einem Nichtigkeitsverfahren der Inhaber einer älteren GM, auf die der Nichtigkeitsantrag gegen eine jüngere GM gestützt ist, die

---

85  HABM-BK R 997/2009-4 vom 18.6.2010 (Nr 19) *Moon-Power/Manpower.*
86  HABM-BK R 997/2009-4 vom 18.6.2010 (Nr 20) *Moon-Power/Manpower.*
87  HABM-BK R  997/2009-4  vom  18.6.2010  (Nr 27)  *Moon-Power/Manpower,*
    HABM-BK R 764/2009-4 vom 9.3.2010 (Nr 22) *HUGO BOSS/BOSS.*
88  HABM-BK R 764/2009-4 vom 9.3.2010 (Nr 23f) *HUGO BOSS/BOSS.*

rechtserhaltende Benutzung dieser Marke nachzuweisen (Art 57 (2)). Für die Prüfung eines Antrags auf Erklärung des Verfalls einer GM wegen Nichtbenutzung (Art 51 (1) (a) iVm Art 57 (1)) enthält R 40 (5) eine ausdrückliche Beweislastregel: Hier obliegt zwangsläufig dem Inhaber der angegriffenen GM der Benutzungsnachweis, sofern er meint, dem Verfallsantrag entgegentreten zu können.[89]

70   Der letztgenannte Fall unterscheidet sich von den beiden zuvor angesprochenen Fällen dadurch, dass es sich bei der Stellung eines Antrags auf Erklärung des Verfalls einer GM um eine Angriffshandlung handelt, beim Bestreiten der nicht rechtserhaltenden Benutzung der in einem Widerspruchs- oder Nichtigkeitsverfahren geltend gemachten älteren GM hingegen um eine Verteidigungshandlung. Daher ist von jenem Antragsteller eine gewisse Mindest-Substantiierung bei der Antragstellung zu verlangen, etwa eine Erklärung darüber, welche Maßnahmen der Antragsteller ergriffen hat, um eine Benutzung der Streitmarke in Erfahrung zu bringen.[90] Im Übrigen ist es in der Praxis häufig so, dass der Antragsteller entweder die Benutzung der Streitmarke für bestimmte – ihn störende – Produkte bestreitet oder die Benutzung der Marke zwar einräumt, jedoch deren rechtserhaltenden Charakter in Abrede stellt. In solchen Fällen sollte dies, auch aus verfahrensökonomischen Gründen, schon bei der Antragstellung zum Ausdruck gebracht werden.

71   Auf Verlangen des GM-Anmelders bzw -Inhabers muss in Widerspruchs- oder (auf ältere Markeneintragungen gestützten) Nichtigkeitsverfahren der Widersprechende bzw der Antragsteller die ernsthafte Benutzung der älteren Marke im relevanten Zeitraum beweisen, und zwar innerhalb der ihm vom Amt gemäß R 22 (2) bzw R 40 (6) gesetzten Frist. Geschieht das nicht, wird der Widerspruch bzw der Nichtigkeitsantrag zurückgewiesen. Zu beachten ist, dass der Benutzungsnachweis im Beschwerdeverfahren nicht mehr verlangt werden kann.[91] Hingegen kommt es beim Bestreiten des rechtserhaltenden Charakters der geltend gemachten Benutzungshandlungen nicht darauf an, ob die dafür vorgetragenen Argumente im Laufe des Verfahrens geändert oder ergänzt werden.[92] Auch sind die erstmals im Beschwerdever-

---

89   Siehe auch Art 78 Rdn 63.
90   Siehe auch Art 57 Rdn 13.
91   EuG T-364/05 vom 22.3.2007 (Nr 36f) *PAM PLUVIAL/PAM*.
92   EuGH C-412/05 vom 26.4.2007, GRUR Int 2007, 718 (Nr 39, 40) *TRAVATAN/TRIVASTAN*.

fahren vorgelegten Benutzungsnachweise gemäß R 40 (5) nicht mehr berücksichtigungsfähig[93] (siehe auch Art. 76 Rdn 33), es sei denn, es handelt sich nur um ergänzende Beweise, die nicht neu sind, sondern den Inhalt der ursprünglich beigebrachten Beweise nur bekräftigen bzw. verdeutlichen sollen.[94]

Das »Verlangen« nach der Beweisführung muss klar erkennbar sein, bedarf 72 aber nicht notwendig eines spezifischen Antrages. Vielmehr genügt es, dass der Angegriffene auf die vom Angreifer (Inhaber der älteren Marke) freiwillig vorgelegten Benutzungsunterlagen eingeht und diese bemängelt, weil auch dies den Wunsch des Angegriffenen nach Klärung der Benutzungslage erkennen lässt.[95] Wenn hingegen der Angreifer Unterlagen über die Benutzung seiner älteren Marke lediglich als Beweis ihrer Bekanntheit und als Indiz für eine Verwechslungsgefahr vorlegt, so kann dies ein ausdrückliches Verlangen des Angegriffenen, die ernsthafte Benutzung nachzuweisen, nicht ersetzen.[96]

Die Beweismittel und sonstigen Angaben zur Benutzung sind R 22 (3) und 73 (4) zu entnehmen. Sie gelten nicht nur für das Widerspruchsverfahren, sondern sind auch auf alle anderen Verfahren anzuwenden, in denen der Benutzungsnachweis zu führen ist, also die Anträge auf Erklärung des Verfalls wegen unzureichender Benutzung sowie Nichtigkeitsanträge und Widerklagen aus relativen Gründen. Beweismittel zum Nachweis der Benutzung bestehen aus Angaben über Ort, Zeit, Umfang und Art der Benutzung für die Waren und Dienstleistungen, für die die Marke eingetragen wurde (R 22 (3)).[97] R 22 (4) gibt die vorzulegenden Urkunden und Beweisstücke wie Verpackungen, Etiketten, Preislisten, Kataloge, Rechnungen, Fotografien, Zeitungsanzeigen an und verweist dabei ausdrücklich auf die in Art 78 (1) (f) als Beweismittel genannten schriftlichen Erklärungen, zu denen die – in Deutschland – in diesem Zusammenhang üblichen Eidesstattlichen Er-

---

93  EuG T-434/09 vom 15.9.2011, (Nr 63) *CENTROTHERM*.
94  EuG T-214/08 vom 28.3.2012, GRUR Int 2012, 786 (Nr 51-54) *OUTBURST*.
95  EuG T-450/07 vom 12.6.2009 (Nr 26–30) *Pickwick/PICK OUIC*.
96  EuG T-183/02 vom 17.3.2004, GRUR 2004, 957 (Nr 43) *MUNDICOR*.
97  EuG T-191/07 vom 25.3.2009 (Nr 106f) *BUDWEISER*; HABM-BK R 167/2008-5 vom 28.10.2009 (Nr 35f) *peerstorm/PETER STORM*, angefochten EuG T-30/09; HABM-BK R 1882/2007-4 vom 13.11.2008 (Nr 24f) *PINE TREE*; angefochten EuG T-28/09.

klärungen gehören.[98] Einige jener gegenständlichen Beweismittel können bei nicht-gegenständlichen Dienstleistungen nicht vorgelegt werden. Das schließt jedoch nicht aus, dass die Benutzung und ihr Umfang durch interne Dokumente und Angaben oder solche von Werbeträgern, Buchhaltungs- oder Steuerunterlagen etc belegt werden können.[99]

74   Die Beweiswürdigung ist von den Beweismitteln allerdings zu unterscheiden.[100] Ob die vorgelegten Nachweise die rechtserhaltende Benutzung einer Marke belegen können, ist jeweils eine einzelfallbezogene Beurteilung. Auch wenn es hierzu keine verbindlichen Kriterien gibt,[101] sind den in diesem Zusammenhang bereits ergangenen Entscheidungen allgemeingültige Richtlinien zu den Kriterien der Markenbenutzung zu entnehmen.

75   So ist eine Berücksichtigung von Beweismitteln, die nicht datiert sind, im Wege der Gesamtbetrachtung dann möglich, wenn es sich um zusätzliche Beweismittel handelt, die die Benutzung der bereits vorgelegten Beweismittel stützen. Erforderlich ist aber, dass die Beweismittel erkennbar in einem hinreichenden Zusammenhang stehen.[102] Gelingt es dem Inhaber der GM nicht, einen solchen Zusammenhang herzustellen, kann der Nachweis der Benutzung nicht mit den undatierten Beweismitteln geführt werden.[103]

76   Auch bei Vorlage nationaler Entscheidungen zum Nachweis der rechtserhaltenden Benutzung einer Marke ist Vorsicht geboten, da eine Berufung auf eine nationale Entscheidung allein nicht ausreichend ist. Vielmehr ist erforderlich, dass die für das nationale Verfahren vorgelegten und berücksichtigten Dokumente auch dem Amt zur Verfügung gestellt werden, um zu gewährleisten, dass die nationale Entscheidung nachverfolgt werden kann. Sofern es nicht möglich ist, die Erwägungen sowie die Beweiswürdigung des nationa-

---

98   Dazu ausführlich EuG T-86/07 vom 16.12.2008, GRUR Int 2009, 609 (Nr 46f) *DEITECH/DEItex* und EuG T-409/07 vom 23.9.2009 (Nr 38–76) *acopat/COPAT.*

99   EuG T-298/10 vom 8.3.2012 (Nr 80-82) *BIODANZA.*

100   HABM-BK R 373/2001-3 vom 6.2.2002, Mitt. 2002, 288 *AVEMAR/MAR*; EuG T-039/01 vom 12.12.2002, GRUR Int 2003, 456 *Hiwatt.*

101   Siehe hierzu bereits Art 15 Rdn 50.

102   EuG T-132/09 vom 15.12.2010 (Nr 29) *EPCOS.*

103   EuG T-427/09 vom 15.9.2011 (Nr 41f) *CENTROTHERM* und EuG T-434/09 vom 15.9.2011 (Nr 42 f) *CENTROTHERM*, beide angefochten EuGH C-609/11 bzw C-610/11.

len Amtes oder Gerichtes nachzuvollziehen, kann auch eine vorgelegte nationale Entscheidung nicht – ohne weitere Prüfung – als Beweis der rechtserhaltenden Benutzung der Marke herangezogen werden.[104]

Zum Nachweis der Markenbenutzung sind in Art 78 (1) (f) auch die eidesstattlichen Versicherungen als zulässiges Beweismittel normiert. Davon unabhängig ist die Frage der Beweiskraft einer solchen eidesstattlichen Versicherung. Ist eine eidesstattliche Versicherung von einem (unabhängigen) Dritten bzw. von einer von dem Unternehmen unabhängigen Person abgegeben worden, so dürfte sie grundsätzlich die geforderte Zuverlässigkeit und Glaubhaftigkeit besitzen. Ob dies auch für eidesstattliche Versicherungen gilt, welche von Personen stammen, die dem Unternehmen des Markeninhabers angehören und die überdies mit dem Firmenstempel versehen sind, war unter anderem Gegenstand der Entscheidung »TOP CRAFT/krafft« des EuG. In dieser Entscheidung führt der EuG aus, dass auch diesen Erklärungen Beweiskraft zukomme, da der Firmenstempel auf einer eidesstattlichen Versicherung nicht geeignet sei, die Zuverlässigkeit und Glaubhaftigkeit dieser Erklärung weder zu erhöhen noch zu vermindern. Der EuG begründet dies damit, dass die Erklärung – ob mit oder ohne Firmenstempel – dennoch unter Eid abgegeben werde, was bei einer Falschaussage nach nationalem Recht zu strafrechtlichen Konsequenzen führen würde. Gleichwohl ist eine solche Erklärung nach Ansicht des EuG für sich allein nicht ausreichend, so dass weitere Nachweise zur Stützung der abgegebenen Erklärung zu fordern sind.[105] **77**

Von der Notwendigkeit weiterer objektiver Beweismittel neben einer schriftlichen Erklärung einer dem Unternehmen des Markeninhabers angehörenden Person geht auch das EuG in seiner Entscheidung »OUTBURST« aus.[106] Ähnlich auch die Entscheidung des EuG in einem Fall, in welchem es um die Benutzung der Marke durch einen Dritten mit Zustimmung des Markeninhabers ging. Die Vorlage einer eidesstattlichen Versicherung des **78**

---

104 EuG T-108/08 vom 15.7.2011, GRUR Int 2011, 1092 (Nr 24 f) *GOOD LIFE*.

105 EuG T-374/08 vom 12.7.2011, GRUR Int 2011, 1086 (Nr 35) *TOP CRAFT*; EuG T-77/10 und EuG T-78/10 vom 29.2.2012 (Nr 59) *L112*; EuG T-312/11 vom 13.6.2012 (Nr 31) *CERATIX*; zum grundsätzlichen Erfordernis der Abwägung der Umstände des Einzelfalles siehe EuG T-514/10 vom 21.6.2012 (Nr 55) *FRUIT OF THE LOOM*.

106 EuG T-214/08 vom 28.3.2012 (Rn 34) *OUTBURST*.

die Marke benutzenden Dritten über die Zustimmung des Markeninhabers zur Benutzung seiner Marke genügte dem EuG allein nicht. Denn die Erklärung von dem die Marke benutzenden Dritten ist in seinem eigenen Interesse ausgestellt worden. Damit bedarf es weiterer Nachweise, die die in der eidesstattlichen Versicherung gemachten Bekundungen über die Zustimmung weiter belegen. Ein in diesem Zusammenhang vorgelegter Vertrag vermochte den EuG von der Zustimmung des Markeninhabers zur Benutzung seiner Marke durch den Dritten in der Gesamtschau der vorgelegten Dokumente zu überzeugen.[107] Die Entscheidungen zeigen, dass in besonders gelagerten Fällen eidesstattliche Versicherungen allein nicht immer ausreichend sind, um die für die rechtserhaltende Benutzung relevanten Tatsachen hinreichend belegen zu können.

79   Soweit der zum Benutzungsnachweis verpflichtete Markeninhaber für die tatsächliche Nichtbenutzung seiner GM berechtigte Gründe geltend machen will, hat er auch für deren Vorliegen und ihr Durchgreifen den Nachweis zu erbringen.

## 12 Sanktionen

80   Kann im Widerspruchsverfahren der Widersprechende den Beweis für eine rechtserhaltende Benutzung der Widerspruchsmarke(n) nicht erbringen, wird der Widerspruch zurückgewiesen (Art 42 (2) bzw (3)). Entsprechendes gilt für den Antragsteller im Nichtigkeitsverfahren (Art 57 (2) bzw (3)), wobei auf die Beweisführung bezüglich zweier Fünfjahreszeiträume zu achten ist (siehe Art 57 Rdn 10).

81   Kann im Falle eines Antrages auf Erklärung des Verfalls einer GM wegen fehlender oder unzureichender Benutzung der Antragsgegner, also der Inhaber der GM, den Benutzungsbeweis nicht führen (Art 51 (1) (a)), so wird die Marke – ggf für einen Teil der eingetragenen Produkte – für verfallen erklärt. Der Verfall einer GM wegen mangelnder Benutzung kann auch im Rahmen einer auf diese GM gestützten Verletzungsklage geltend gemacht werden, und zwar als Einwand gemäß Art 99 (3) oder im Wege der Widerklage gemäß Art 100; im Erfolgsfalle wird die Verletzungsklage – ggf teilweise – abgewiesen. Bei der Umwandlung einer wegen mangelnder Benutzung für verfallen erklärten GM ist Art 112 (2) (a) zu beachten.

---

107   EuG T-28/09 vom 13.1.2011, GRUR Int 2011, 427 (Nr 68f) PINE TREE.

## 13 Lizenz-Benutzung

Sofern der GM-Inhaber der Benutzung seiner Marke durch einen Dritten 82
zugestimmt hat, wirkt diese Benutzung zu seinen Gunsten, er kann sich darauf ebenso wie auf eine eigene berufen.[108] Die Zustimmung wird im Allgemeinen im Wege der Markenlizensierung erteilt werden, ist darauf aber nicht beschränkt. Sie bedarf keiner bestimmten Form, muss im Zweifel aber beweisbar sein. Hinsichtlich der rechtserhaltenden Art und sonstigen Umstände der Benutzung unterliegt der Lizenznehmer denselben Anforderungen wie der Markeninhaber.

# 4. Abschnitt  Die Gemeinschaftsmarke als Gegenstand des Vermögens

## Artikel 16  Gleichstellung der Gemeinschaftsmarke mit der nationalen Marke

(1) Soweit in den Artikeln 17 bis 24 nichts anderes bestimmt ist, wird die Gemeinschaftsmarke als Gegenstand des Vermögens im ganzen und für das gesamte Gebiet der Gemeinschaft wie eine nationale Marke behandelt, die in dem Mitgliedstaat eingetragen ist, in dem nach dem Gemeinschaftsmarkenregister

a) der Inhaber zum jeweils maßgebenden Zeitpunkt seinen Wohnsitz oder Sitz hat, oder

b) wenn Buchstabe a) nicht anwendbar ist, der Inhaber zum jeweils maßgebenden Zeitpunkt eine Niederlassung hat.

(2) Liegen die Voraussetzungen des Absatzes 1 nicht vor, so ist der nach Absatz 1 maßgebende Mitgliedstaat der Staat, in dem das Amt seinen Sitz hat.

(3) Sind mehrere Personen als gemeinsame Inhaber in das Gemeinschaftsmarkenregister eingetragen, so ist für die Anwendung des Absatzes 1 der zuerst genannte gemeinsame Inhaber maßgebend; liegen die Voraussetzun-

---

108  HABM-BK R 378/2006-2 vom 19.6.2007 (Nr 8) TURBO; HABM-BK R 1295/2007-4 vom 2.12.2008 (Nr 24) LOTUS; vgl auch HABM-BK R 688/ 2005-4 vom 10.6.2008 (Nr 24f) OBELIX.

gen des Absatzes 1 für diesen Inhaber nicht vor, so ist der jeweils nächstgenannte gemeinsame Inhaber maßgebend. Liegen die Voraussetzungen
des Absatzes 1 für keinen der gemeinsamen Inhaber vor, so ist Absatz 2 anzuwenden.

*Schennen*

**Literatur:**
*Casado Cerviño*, La cotitularidad de la marca en el moderno Derecho Español, in: FS
für Alberto Bercovitz, Barcelona 2005, S 211; *Gassauer-Fleissner*, Die Rechte mehrerer
Berechtigter an Immaterialgüterrechten, ÖBl 2009, 148; *van der Burgh*, Internatio-
naal goederenrechtelijke verwijzingsregels voor de overdracht van merken en octrooi-
en, Intelectuëel Eigendomsrecht 2006, 177.

## 1 Allgemeines

1   Art 16 regelt die GM als Gegenstand des Vermögens. Die GM stellt Eigentum und damit einen Gegenstand des Vermögens dar; sie kann übertragen,
belastet und lizensiert werden. Als Gegenstand des Vermögens ist die GM
einheitlich (siehe unter Art 1 Rdn 21–44). Als Gegenstand des Vermögens
muss die GM somit
  – einer **bestimmten** Rechtsordnung unterworfen sein, die die zivilrecht-
    lichen Regeln für die GM als Gegenstand des Vermögens enthält;
  – einer **einzigen** Rechtsordnung unterworfen sein, da die GM unteilbar ist
    (Art 1 (2));
  – der Rechtsordnung eines **EG-Mitgliedstaates** unterworfen sein, da die
    GM Gegenstand des Gemeinschaftsrechts ist und in der EG als belegen
    anzusehen ist.

2   Die Forderung nach Zuweisung zu einer bestimmten Rechtsordnung erfüllt
Art 16 dadurch, dass die GM insoweit einer nationalen Marke gleichgestellt

wird, die Forderung nach Zuweisung zu einer einzigen Rechtsordnung dadurch, dass Art 16 bestimmt, dass diese Rechtsfolge im Ganzen und für das gesamte Gebiet der Gemeinschaft eintritt, und die Zuweisung zur Rechtsordnung eines bestimmten Mitgliedstaates dadurch, dass Art 16 die GM einer nationalen Marke in einem bestimmten Mitgliedstaat gleichstellt und in Art 16 (2), (3) Anknüpfungsregeln enthält, wie dieser Mitgliedstaat zu bestimmen ist. Im Ergebnis wird also stets an das Recht eines Mitgliedstaates angeknüpft, und zwar einheitlich mit Wirkung für die gesamte Gemeinschaft.

## 2 Bestimmung der anwendbaren Rechtsordnung

Welche nationale Rechtsordnung für die vermögensrechtlichen Wirkungen **3** der GM allein gilt, bestimmt Art 16 (2) und (3) im Wege einer Stufenprüfung, die subsidiär auf das spanische Recht verweist. Dabei ist zu unterscheiden zwischen dem Fall, dass die GM lediglich einen Inhaber hat (Fall des Art 16 (1)) und dem Fall, dass die GM mehrere Inhaber hat (Fall des Art 16 (3)). In beiden Fällen kommt es nur auf den Inhaber an, der im Register für Gemeinschaftsmarken eingetragen ist. Handelt es sich um eine GMA, so ergibt sich aus Art 24 iVm Art 16, dass es auf die in den Anmeldungsakten des Amtes als Anmelder vermerkte Person ankommt.

## 2.1 Ein einzelner Inhaber

Hat die GM einen einzigen Inhaber, so ist das Recht des Mitgliedstaates **4** maßgeblich, in dem der Inhaber seinen Sitz oder Wohnsitz hat, Art 16 (1) (a). Subsidiär ist, falls der Inhaber keinen Wohnsitz oder Sitz in einem Mitgliedstaat hat, das Recht desjenigen Mitgliedstaates maßgeblich, in dem der Inhaber eine Niederlassung hat, Art 16 (1) (b). Äußerst subsidiär ist, wenn der Inhaber in keinem Mitgliedstaat der EG einen Wohnsitz, einen Sitz oder eine Niederlassung hat, das spanische Recht als das Recht des Mitgliedstaates, in dem das Amt seinen Sitz hat, maßgeblich, Art 16 (2). Soweit hier auf Wohnsitz, Sitz oder Niederlassung des Inhabers der GM abgestellt wird, ist nicht notwendigerweise die im Register für Gemeinschaftsmarken vermerkte Adresse maßgeblich. Die Anwendung des Rechts eines bestimmten Mitgliedstaates nach Art 16 (1) ergibt sich auch dann, wenn der Inhaber in dem betreffenden Mitgliedstaat einen Sitz oder eine Niederlassung hat, ohne dass diese als seine offizielle Anschrift im Register für GMn vermerkt ist. Im Zweifel hat der Inhaber der GM das Vorliegen der Voraussetzungen des

Art 16 (1) (a) oder (b) nachzuweisen, um der subsidiären Anwendbarkeit spanischen Rechts zu entgehen.

## 2.2 Mehrere Inhaber

5 Bei mehreren Inhabern der GM kommt es nach Art 16 (3) grundsätzlich darauf an, in welcher Reihenfolge diese im Register für GMn genannt sind. Daraus ergibt sich folgende Prüfungsreihenfolge.

6 In erster Linie gilt das Recht desjenigen Mitgliedstaates, in dem der zuerst im Register genannte Inhaber Wohnsitz oder Sitz hat. Subsidiär gilt, wenn der erste genannte Inhaber nicht in einem EG-Mitgliedstaat Wohnsitz oder Sitz hat, das Recht desjenigen Mitgliedstaates, in dem der nächstgenannte Inhaber Wohnsitz oder Sitz hat. Weiter subsidiär gilt, wenn keiner der im Register genannten Mitinhaber in einem Mitgliedstaat der EG Wohnsitz oder Sitz hat, das Recht desjenigen Mitgliedstaates, in dem der zuerst genannte Inhaber eine Niederlassung hat. Weiter subsidiär gilt, wenn der zuerst genannte Inhaber in keinem EG der Mitgliedstaat auch nur eine Niederlassung hat, das Recht desjenigen Mitgliedstaates, in dem der nächste im Register genannte Mitinhaber eine Niederlassung hat. Äußerst subsidiär gilt spanisches Recht (Art 16 (2)), wenn keiner der Mitinhaber in einem Mitgliedstaat der EG Wohnsitz, Sitz oder eine Niederlassung hat.

## 2.3  Zeitliche Wandelbarkeit des Statuts

7 Diese Anknüpfung gilt nach Art 16 (1) (a) im Hinblick auf den »jeweils maßgebenden Zeitpunkt«. Es kommt somit für die oben genannte Prüfung darauf an, wie sich die Situation im Register für GMn zu dem Zeitpunkt darstellt, zu dem sich die Frage der Anwendung des nationalen Rechts stellt. Mit anderen Worten ist das auf die GM als Gegenstand des Vermögens anwendbare nationale Recht wandelbar und ändert sich, wenn der Inhaber der GM seinen Wohnsitz innerhalb der EG, von einem Drittstaat in einen EG-Mitgliedstaat oder umgekehrt von einem EG-Mitgliedstaat in einen Drittstaat verlegt.[1]

---

1  De las Heras, Comentarios, S 238; Ruhl/Schlötelburg, Art 27 Rn 3.

## 3 Geltungsbereich von Art 16

Art 16 regelt die GM als Gegenstand des Vermögens, somit das »Realstatut«[2] **8** im Unterschied vom Vertragsstatut. Dies bedeutet nicht, dass die Marke ein dingliches Recht ist (siehe Art 22 Rdn 6), wohl aber, dass die GM ein absolutes Recht ist, an der dingliche Rechte möglich sind (siehe Art 19). Der Regelungsgegenstand des Art 16 ist beschränkt auf solche Wirkungen der GM als Vermögensgegenstand, die Wirkungen gegenüber jedermann erzeugen.

Konkret hat somit Art 16 folgende Konsequenzen:                    **9**

Es sind nur diejenigen dinglichen Rechte ihrer Art nach an der GM möglich, die in dem nationalen Recht des Mitgliedstaates vorgesehen sind, dessen Recht die GM nach Art 16 unterliegt. Ebenfalls ist das Recht des nach Art 16 bestimmten Mitgliedstaat dafür maßgeblich, ob dieses dingliche Recht in concreto wirksam entstanden ist (siehe Art 19). Dies bedeutet zB, dass an einer GM, deren Inhaber seinen Wohnsitz in Deutschland hat, nur die nach deutschem Recht möglichen Arten von dinglichen Rechten bestellt werden können.

Wie sich schon aus dem Wortlaut von Art 20 (2) ergibt, können Zwangsvoll-  **10** streckungsmaßnahmen an der GM nur in dem Mitgliedstaat ergriffen werden, dessen Recht nach Art 16 maßgeblich ist. Entsprechendes gilt gemäß Art 24 für Zwangsvollstreckungsmaßnahmen an einer GMA. Dies bedeutet, dass von Gerichten eines nach Art 16 unzuständigen Mitgliedstaats angeordnete Zwangsvollstreckungsmaßnahmen unwirksam sind und auch nicht im Register für GMn eingetragen werden dürfen. Umgekehrt folgt aus Art 16, dass die Zuständigkeit der nationalen Gerichte des betr Mitgliedstaats für Zwangsvollstreckungsmaßnahmen nicht von weiteren Voraussetzungen wie zB einem hinreichenden Inlandsbezug abhängig gemacht werden darf.[3]

Aus Art 16 ergibt sich außerdem, nach welchem Recht sich die Rechtsstel-  **11** lung mehrerer Mitinhaber der GM untereinander richtet. Konkret stellt sich die Frage, ob im Verhältnis mehrerer Mitinhaber zueinander eine Bruchteilsgemeinschaft (§ 741 DE-BGB) oder eine Gesamthandsgemeinschaft, etwa eine Gesellschaft bürgerlichen Rechts, vorliegt. Insbesondere stellt sich die Frage, ob ein Mitinhaber seinen Anteil an der GM getrennt und ohne Zu-

---

2 So der von de las Heras, Comentarios, S 232, gebrauchte Begriff.
3 Beschluss des Landesgerichts Wien vom 24.5.2005 (nicht veröffentlicht).

stimmung der anderen Mitinhaber übertragen kann.[4] Diese Frage richtet sich nach dem Zivilrecht des Mitgliedstaates, dessen Recht nach Art 16 maßgeblich ist.

12 Es fällt ebenfalls unter die vermögensrechtlichen Wirkungen der GM und somit unter Art 16, ob die Wirksamkeit des Rechtsübergangs einer GM über die in Art 17 (3) bestimmten Formerfordernisse hinaus zusätzlichen, schärferen Formerfordernissen, beispielsweise der notariellen Beurkundung, unterliegt.[5] Dies gilt jedenfalls insoweit, als sich diese Formerfordernisse nationalen Rechts aus der Einordnung einer nationalen Marke als Gegenstand des Vermögens ergeben. Dies gilt jedoch nicht für Formvorschriften kartellrechtlicher Art oder solche Formvorschriften, die an die Person des Übertragenden (zB Minderjährigkeit) anknüpfen.

### 4 Was Art 16 nicht regelt

13 Dagegen regelt Art 16 folgende Fragen nicht:

Nicht geregelt in Art 16 ist das anwendbare Recht auf den Vertrag (das sogenannte Vertragsstatut) einschließlich der Regeln über den Abschluss, die Wirksamkeit und die Auslegung von Verträgen über die GM, einschließlich von Übertragungen und Lizenzen, denn hierbei handelt es sich nicht um vermögensrechtliche Wirkungen, sondern allein um Bindungen inter partes. Im Rahmen der Rechtsordnung können die Parteien des Lizenzvertrages diesen somit einem anderen nationalen Recht unterwerfen als demjenigen Recht, das nach Art 16 anwendbar wäre.[6]

14 Art 16 gilt ferner nicht für die Wirkungen der Rechtsübertragung und der Erteilung von Lizenzen, da diese Fragen in der GMV unmittelbar geregelt sind. Dies ergibt sich somit aus dem Vorbehalt in Art 16 hinsichtlich abweichender Regelungen in Art 17–24. Beispielsweise regeln sich die Wirkungen des Rechtsübergangs oder der Erteilung von Lizenzen gegenüber Dritten und gegenüber dem Amt ausschließlich nach der GMV (siehe Art 17 (1), (6), Art 22 (2), Art 23).

---

4  Zum österreichischen Recht: Gassauer-Fleissner, ÖBl 2009, 146, 151.

5  So auch Ruhl/Schlötelburg, Art 28 Rn 4.

6  Ruhl/Schlötelburg, Art 32 Rn 45; aA Benkard/Ullmann/Grabinski, EPÜ, Art 74 Rn 4 zu der gleichlautenden Vorschrift des EPÜ, die auch insoweit das Recht des Staates des Realstatuts anwenden wollen, allerdings einschließlich dessen internationalen Privatrechts.

Darunter fallen zB auch die Bestimmungen in der GMV über die Übertra- 15
gung der GM zusammen mit dem Unternehmen in seiner Gesamtheit. Dies
betrifft insbesondere die Regelungen in Art 17 (2) und Art 23 (2).

Art 16 gilt nicht für die Voraussetzungen einer Rechtsnachfolge; diese richten sich nach dem Erbstatut oder Gesellschaftsstatut des Inhabers.[7] So richtet
sich die Frage, ob bei Umwandlung einer Gesellschaft ein Rechtsübergang
oder eine bloße Namensänderung vorliegt, nach dem Gesellschaftsstatut, zB
für eine US-Gesellschaft nach US-Recht.

Ebenso sind nationale Regelungen über die Wirkung der Eintragungen von 16
Rechtsübergängen oder Lizenzen gegenüber Dritten auf die GM nicht anwendbar.[8]

## Artikel 17  Rechtsübergang

(1) Die Gemeinschaftsmarke kann, unabhängig von der Übertragung des
Unternehmens, für alle oder einen Teil der Waren oder Dienstleistungen,
für die sie eingetragen ist, Gegenstand eines Rechtsübergangs sein.

(2) Die Übertragung des Unternehmens in seiner Gesamtheit erfaßt die
Gemeinschaftsmarke, es sei denn, dass in Übereinstimmung mit dem auf
die Übertragung anwendbaren Recht etwas anderes vereinbart ist oder eindeutig aus den Umständen hervorgeht. Dies gilt entsprechend für die
rechtsgeschäftliche Verpflichtung zur Übertragung des Unternehmens.

(3) Vorbehaltlich der Vorschriften des Absatzes 2 muß die rechtsgeschäftliche Übertragung der Gemeinschaftsmarke schriftlich erfolgen und bedarf
der Unterschrift der Vertragsparteien, es sei denn, dass sie auf einer gerichtlichen Entscheidung beruht; anderenfalls ist sie nichtig.

(4) Ergibt sich aus den Unterlagen über den Rechtsübergang in offensichtlicher Weise, dass die Gemeinschaftsmarke aufgrund des Rechtsübergangs
geeignet ist, das Publikum insbesondere über die Art, die Beschaffenheit
oder die geographische Herkunft der Waren oder Dienstleistungen, für die
die Marke eingetragen ist, irrezuführen, so weist das Amt die Eintragung
des Rechtsübergangs zurück, falls nicht der Rechtsnachfolger damit einver-

---

7 Ruhl/Schlötelburg, Art 28 Rn 6; unzutreffend Ekey/Klippel/von Kapff, GMV,
  Art 17 Rn 19.
8 Unzutreffend van der Burg, Intelectueël Eigendomsrecht 2006, 177, 80.

standen ist, die Eintragung der Gemeinschaftsmarke auf Waren und Dienstleistungen zu beschränken, hinsichtlich deren sie nicht irreführend ist.

(5) Der Rechtsübergang wird auf Antrag eines Beteiligten in das Register eingetragen und veröffentlicht.

(6) Solange der Rechtsübergang nicht in das Register eingetragen ist, kann der Rechtsnachfolger seine Rechte aus der Eintragung der Gemeinschaftsmarke nicht geltend machen.

(7) Sind gegenüber dem Amt Fristen zu wahren, so können, sobald der Antrag auf Eintragung des Rechtsübergangs beim Amt eingegangen ist, die entsprechenden Erklärungen gegenüber dem Amt von dem Rechtsnachfolger abgegeben werden.

(8) Alle Dokumente, die gemäß Artikel 79 der Zustellung an den Inhaber der Gemeinschaftsmarke bedürfen, sind an den als Inhaber Eingetragenen zu richten.

*Schennen*

**Literatur:**
*Casado Cerviño*, La marca comunitaria como objeto de propiedad: la cesión y la licencia de marca en el sistema europeo, in: Estudios sobre propiedad industrial, FS für M. Curell, S 109, Barcelona 2000; *Cuñat Edo*, Los contratos sobre la marca comunitaria, in: Marca y diseño comunitarios, S 147, Pamplona 1996; *Gil Vega*, La transmisión de la marca comunitaria, Estudios sobre propiedad industrial, in: FS für M. Curell, S 249, Barcelona 2000; *Zorzi*, Die Verkehrsfähigkeit der Marke im italienischen Recht und in der Gemeinschaftsmarkenverordnung, GRUR Int 1997, 781; *dies*, La circolazione dei segni distintivi, Padova 1994.

## 1 Allgemeines

Dieser Artikel regelt die Möglichkeit des Rechtsübergangs der GM, seine **1** rechtlichen Wirkungen und das Verfahren zur Eintragung von Rechtsübergängen. Art 17 (1) enthält das tragende Grundprinzip der freien Übertragbarkeit der GM. Art 1 enthält das zweite Grundprinzip der Unteilbarkeit der GM im Falle der Übertragung, für das nach Art 17 (1) und R 32 nur die Ausnahme der Möglichkeit der Teilübertragung der GM für einzelne Waren und Dienstleistungen vorgesehen ist.

Die GM ist Gegenstand des Vermögens (Art 16), sie ist Eigentum. In der **2** Terminologie des deutschen Zivilrechts ist sie ein absolutes Recht, jedoch kein Sachenrecht. Anders als nach den damaligen DE-WZG ist die GM frei übertragbar, ohne dass eine Bindung an den Geschäftsbetrieb besteht. Es gilt lediglich nach Art 17 (2) eine Vermutung für die Mitübertragung der Marken im Falle der Übertragung des Unternehmens als Ganzes.

Dass die GM nur einheitlich übertragen werden kann (Art 1), bedeutet, dass **3** eine Übertragung der GM nur für bestimmte Mitgliedstaaten der EG nicht zulässig ist. Dies ist bei der Lizenz anders, die auch für einen regionalen Teilbereich der EG vergeben werden kann (Art 22 (1)). Möglich ist dagegen eine Teilübertragung nur für einzelne Waren oder Dienstleistungen (Art 17 (1), R 32); hierdurch kommt es zu einer Teilung der Marke (näheres siehe unten, Rdn 58–64).

4 In materiellrechtlicher Hinsicht wird Art 17 ergänzt durch Art 1, Art 16 und Art 23. Art 24 bestimmt, dass Art 17 entsprechend auch für die Übertragung von GMAen gilt. Das Verfahren zur Eintragung des Rechtsübergangs ist in R 31, 32 geregelt, die durch VO Nr 1041/2005 geändert wurden. Insbesondere wurde durch Art 1 Nr 19 der VO Nr 1041/2005 und Art 1 (1) (g) der VO Nr 1042/2005 die Gebührenpflicht für den Antrag auf Eintragung des Rechtsübergangs abgeschafft. Die RiLi behandeln den Rechtsübergang in Teil E.3.1.[1]

5 Art 21 TRIPS garantiert dem Inhaber das Recht auf Übertragung der Marke ohne Mitübertragung des zugrundeliegenden Geschäftsbetriebs. Dadurch ist Art 6quater PVÜ obsolet. Art 11 TLT regelt Maximalerfordernisse für Anträge auf Eintragung von Rechtsübergängen, und Art 11 (4) TLT sieht vor, dass die Vorlage von Handelsregisterauszügen oder Nachweisen, welchen Geschäftsbetrieb der neue Inhaber ausübt, nicht verlangt werden darf. Art 17 steht mit diesen völkerrechtlichen Verträgen in Einklang.

## 2 Freie Übertragbarkeit

6 Art 17 regelt den »Rechtsübergang« der GM, unter den sowohl die rechtsgeschäftliche Übertragung als auch alle anderen Arten des Übergangs des Eigentums kraft Gesetzes oder Universalsukzession (Erbfolge) fallen (siehe unten, Rdn 9–14).

7 Die freie Übertragbarkeit der Marke, der die freie Lizensierbarkeit und Möglichkeit der Bestellung dinglicher Rechte entspricht, macht die Marke zum verkehrsfähigen Wirtschaftsgut und schützt die Marke in allen ihren anerkannten Funktionen, einschließlich ihrer Werbefunktion. Gleichzeitig tritt die Qualitätsfunktion in den Hintergrund. Zwar hat nach der Rspr des EuGH[2] eine Marke die Funktion, dem Verbraucher die Ursprungsidentität

---

1 Fassung 2012, »Manual«.
2 EuGH C-039/97 vom 29.9.1998, ABl-HABM 1998, 406 *Canon*; EuGH C-010/89 vom 17.10.1990, ABl-HABM 1997, 300 *Hag II*.

des Erzeugnisses zu garantieren, doch gilt dies nicht im Sinne einer Garantie einer bestimmten Produktqualität und auch nur im Sinne einer Momentaufnahme, da sich das Unternehmen, das die Marke benutzt, in Folge einer Übertragung ändern kann.[3] Die Übertragung beeinträchtigt die Herkunftsunterscheidungsfunktion der Marke nicht, da sowohl vor als auch nach der Übertragung die Marke jedesmal nur Waren aus ein und demselben Betrieb kennzeichnet.[4] Die freie Übertragbarkeit der GM kann dazu führen, dass die Identität zwischen dem Namen des Inhabers der Marke und dem Zeichen zerbricht, und dies ist als gewollt hinzunehmen und steht nicht in Widerspruch zu den Grundfunktionen der Marke.[5]

Die freie Übertragbarkeit der GM ermöglicht es den Unternehmen, den in **8** einer Marke akkumulierten Goodwill selbstständig wirtschaftlich zu nutzen.

### 3 Begriff und Arten des Rechtsübergangs

Der Begriff des Rechtsübergangs deckt alle Arten des Übergangs einschließ- **9** lich der rechtsgeschäftlichen Übertragung und des Übergangs durch oder kraft Gesetzes ab. Eine Übertragung aufgrund Gesetzes erfolgt im Falle der Zwangsversteigerung durch den Zuschlag sowie im Falle der Erbfolge.[6] Eine Übertragung kann ferner auch Folge eines gerichtlichen Urteils sein (etwa im Falle des Art 18; siehe auch Art 15 GGV), wobei das richterliche Urteil die rechtsgeschäftliche Erklärung des bisherigen Inhabers zur Übertragung auf den neuen Inhaber sowie dessen Zustimmung zur Eintragung des Rechtsübergangs beim HABM ersetzt (§ 894 DE-ZPO).

Eine Änderung des Inhabers ist von einer Namensänderung (R 26 (1)) zu **10** unterscheiden. Ein und dieselbe Rechtsstandsänderung kann nur entweder Namensänderung oder Rechtsübergang sein, es kann weder beides zugleich beantragt noch die Art der Eintragung dem Amt anheimgestellt werden (siehe auch unter Rdn 31).

---

3 HABM-BK R 238/2005-1 vom 6.4.2006 (Nr 59, 64) *ELIO FIORUCCI*.

4 EuGH C-259/04 vom 30.3.2006 (Nr 48), GRUR 2006, 416 *Elizabeth Emanuel*; EuG T-165/06 vom 14.5.2009 (Nr 33), GRUR Int 2010, 140 *Elio Fiorucci*.

5 Schlussanträge des Generalanwalts in der Rs C-259/04 vom 19.1.2006 (Nr 43, 61) *Elizabeth Emanuel*; HABM-BK R 238/2005-1 vom 6.4.2006 (Nr 59, 64) *ELIO FIORUCCI*.

6 Schlussanträge des Generalanwalts in der Rs C-259/04 vom 19.1.2006 (Nr 36) *Elizabeth Emanuel*.

**11**   Ein Rechtsübergang liegt vor, wenn sich die Identität des Inhabers der GM ändert (R 26 (1)), eine Namensänderung, wenn die Identität dieselbe bleibt (zB bei Heirat).[7] Eine Änderung der Identität des Inhabers liegt nicht vor, wenn sich lediglich die Besitzverhältnisse an einer Kapitalgesellschaft ändern. Eine Änderung der Rechtsform oder des Sitzes einer Kapitalgesellschaft ist in jedem Fall ein Rechtsübergang.

**12**   Eine Fusion stellt in jedem Fall einen Rechtsübergang dar, und zwar im Wege der Gesamtrechtsnachfolge (RiLi, E. 3.1.1.1). Nach § 20 DE-UmwandlungsG handelt es sich dabei um eine »Verschmelzung«, die einen Tatbestand der Gesamtrechtsnachfolge darstellt und die verschmolzenen Rechtsträger untergehen lässt.[8] Ändert sich die Rechtsform einer Gesellschaft, so ist nach dem nationalen Recht, das auf den gesellschaftsrechtlichen Tatbestand der Rechtsformänderung anwendbar ist (Art 16 gilt insoweit nicht) zu prüfen, ob eine formwechselnde oder inhaberwechselnde Umwandlung vorlag. Das DE-UmwandlungsG regelt die Umwandlung privatrechtlicher Organisationsformen als Gesellschaft oder Körperschaft (OHG, AG, eingetragener Verein usw) in allen erdenklichen Kombinationen. Es gibt vier Umwandlungsarten, die Verschmelzung, die Spaltung, die Vermögensübertragung und die formwechselnde Umwandlung.[9] Nur bei letzterer liegt kein Rechtsübergang vor, sondern ein bloßer Wechsel des Namens unter Fortbestehen des bisherigen Rechtsträgers, bei der sich allein die rechtliche Organisation des Unternehmens ändert, das dasselbe bleibt und dem vorher wie nachher dasselbe Vermögen zugeordnet ist.[10] Dazu hat im Verfahren zur Eintragung eines Rechtsübergangs der Antragsteller nachzuweisen (RiLi, Teil E.3.1.2), dass es sich nicht um einen Tatbestand der inhaberwechselnden Umwandlung handelt; hierzu sind regelmäßig Handelsregisterauszüge erforderlich.

**13**   Nach deutschem Recht vollzieht sich der rechtsgeschäftliche Rechtsübergang im Wege der Übertragung eines Rechts nach §§ 413, 398 DE-BGB.[11] Man-

---

7   HABM-BK R 1232/2010-4 vom 6.9.2010 (Nr 13) *CARTIER I*; RiLi Teil E, 4.2.

8   Schwerdtfeger, Fachanwaltskommentar Gesellschaftsrecht, S 2072.

9   Schwerdtfeger, Fachanwaltskommentar Gesellschaftsrecht, S 2071; K. Schmidt, Gesellschaftsrecht, S 333 ff., 368.

10   HABM-BK R 686/2003-2 vom 3.8.2004, *ROCKWOOL* (Nr 17), für eine Änderung von »GmbH« auf »GmbH & Co. OHG«; Schwerdtfeger, Fachanwaltskommentar Gesellschaftsrecht, S 2119 f.

11   Ströbele/Hacker, MarkenG, § 27 Rn 18; Benkard/Ullmann, PatG, § 15 Rn 4.

gels einer Übergabe oder gar der Eintragung im Register, die nicht rechtsbegründend ist, fallen Verpflichtungs- und Verfügungsgeschäft grundsätzlich zusammen. Das gilt auch für eine Sicherungsübereignung, die im Außenverhältnis das Vollrecht überträgt, im Innenverhältnis beschränkt durch den Sicherungszweck. Eine Sicherungsübereignung ist – zumindest bei Eintritt der Verwertungsreife – ein Rechtsübergang iSv Art 17[12] und kein dingliches Recht iSv Art 19,[13] wie gelegentlich[14] vertreten wird, so dass der Sicherungsnehmer Eintragung als Inhaber der GM beantragen kann.

Ein Rechtsübergang liegt auch vor, wenn zu einem Inhaber der GM ein weiterer Mitinhaber hinzukommt, von mehreren Mitinhabern der GM einer ausscheidet oder ein Mitinhaber durch einen anderen ersetzt wird. Hierbei handelt es sich nicht um einen teilweisen Rechtsübergang; es müssen vielmehr die Erfordernisse für die Wirksamkeit des Rechtsübergangs sowie für die Eintragung beim Amt insgesamt, dh mit Bezug auf alle alten und neuen Mitinhaber, erfüllt werden (siehe unten Rdn 43). **14**

### 4 Akzessorietät zum Unternehmen

Art 17 (2) stellt die Vermutung auf, dass die Übertragung des Unternehmens, zu dem die GM gehört, die GM mit umfasst, es sei denn, es sei etwas anderes vereinbart oder ergebe sich eindeutig aus den Umständen.[15] Der Fall des Rechtsübergangs des Unternehmens ist auch in Art 23 (2) behandelt. **15**

Handelt es sich um bloße Wechsel in der Eigentümerstellung eines Unternehmens, die gesellschaftsrechtlich irrelevant sind, so ist dies auch für Art 17 (2) irrelevant. Ebenfalls ist es kein Fall des Art 17 (2), wenn eine Gesellschaft ihre Rechtsform ändert oder zwei Gesellschaften fusionieren; in diesem Fall bewirkt selbstverständlich der Identitätswechsel in der Person des Inhabers der GM eine Übertragung der GM, da die GM als Eigentum der Gesellschaft nicht losgelöst von dieser existiert. Der Fall der Übertragung eines Un- **16**

---

12  HABM-BK R 357/2010-4 vom 13.9.2010 (Nr 12) *CARBORUNDUM.*

13  Ebenso Fammler, WRP 2006, 534; McGuire/von Zumbusch/Joachim, GRUR Int 2006, 684; Ruhl, Art 28 Rn 10; wie hier wohl auch Ströbele/Hacker, MarkenG, § 27 Rn 12.

14  So Ingerl/Rohnke, § 29 Rn 8; wohl auch Ströbele/Hacker, MarkenG, § 27 Rn 12.

15  Siehe RiLi, Teil E.4.1.1; Fernández-Nóvoa, S 269 f; von Mühlendahl/Ohlgart, S 72.

ternehmens in seiner Gesamtheit nach Art 17 (2) kann demnach nur solche Fälle betreffen, in denen ein »Unternehmen«, also eine Gesamtheit wirtschaftlicher Aktivitäten, veräußert wird, ohne dass sich in der Identität der Person des Veräußerers Änderungen ergeben. Angesprochen ist damit der Unternehmenskauf als rechtgeschäftliche Verpflichtung zur Übertragung einer Gesamtheit von Sachen und Forderungen, beispielsweise im Falle des § 179a DE-AktienG[16] oder die Veräußerung des Geschäftsbetriebs durch den Konkursverwalter. Angesprochen sind auch Übertragungen des Geschäftsbetriebs, die die Firma mitumfassen,[17] so dass die Regelung es erleichtert, dass Marke und Firma in einer Hand bleiben. In allen diesen Fällen erfasst die Übertragung des Unternehmens die GM, die »zu ihm gehört«, wobei auf die bisherige bzw beabsichtigte Benutzung der GM für die in den betreffenden Unternehmen erbrachten Dienstleistungen oder hergestellten Waren abzustellen ist. Maßgeblich bleibt jedoch der Parteiwille; auch kann sich aus den Umständen ergeben, dass die Mitübertragung der GM nicht gewollt war. Ein Wille zur Mitübertragung eines Kennzeichenrechts kann sich schlüssig auch daraus ergeben, dass es sich gleichzeitig um den Firmennamen handelt, der für die Fortführung des übertragenen Geschäftsbetriebs benutzt werden soll.[18]

17 Wie sich aus dem Wortlaut von Art 17 (2) ergibt, greift die Vermutung der Mitübertragung der GM nicht ein, wenn lediglich ein Teil des Unternehmens übertragen wird. Ebenfalls liegt kein Fall der vollständigen Übertragung gemäß Art 17 (2) vor, wenn nur ein Anteil eines Unternehmens, etwa der eines Mitinhabers, übertragen wird.

## 5 Wirksamkeit des Rechtsübergangs

18 Art 17 (3) enthält für die Wirksamkeit der Übertragung eine eigenständige materielle Vorschrift: Die rechtsgeschäftliche Übertragung der GM muss schriftlich erfolgen und bedarf der Unterschrift der Vertragparteien, es sei denn, dass sie auf einer gerichtlichen Entscheidung beruht. Dieses Wirksamkeitserfordernis umfasst den gesamten wesentlichen Vertragsinhalt, auch die Gegenleistung. Mündliche Abreden über die Gegenleistung sind also unwirksam. Dieses Wirksamkeitserfordernis tritt neben die Erfordernisse der

---

16 Siehe K. Schmidt, Gesellschaftsrecht, S 367.
17 Siehe von Schultz, MarkenG, § 27 Rn 1.
18 BGH I ZR 300/99 vom 2.5.2002, GRUR Int 2003, 71 *Frommia*.

Wirksamkeit der Übertragung nach dem jeweils anwendbaren nationalen Recht. Hierzu ist Art 16 heranzuziehen, der hinsichtlich der Eigenschaft der GM als dingliches Recht, nicht jedoch für das Vertragsstatut, auf das Recht eines bestimmten Mitgliedstaates verweist. Dabei ist zu berücksichtigen, dass Art 16 dazu führt, dass die GM wie eine Sache behandelt wird, die in einem bestimmten Mitgliedstaat belegen ist. Soweit die Wirksamkeit einer Übertragung zu prüfen ist, richten sich somit solche Wirksamkeitsvoraussetzungen, die das dingliche Statut der GM betreffen, nach dem Recht des Mitgliedstaates, der nach Art 16 bestimmt wird. Dazu gehören etwaige über Art 17 (3) hinausgehende Schriftformerfordernisse, etwa das Erfordernis einer notariellen Beurkundung. Die Wirksamkeit des Vertrages richtet sich jedoch nach dem jeweiligen Vertragsstatut; darunter fallen etwa Fragen der Geschäftsfähigkeit, der Anfechtbarkeit wegen Irrtum oder Täuschung oder die Wirksamkeit einer auflösenden Bedingung oder eines Rücktritts vom Vertrag. Die Wirksamkeit bzw das Bestehen einer Universalsukzession (Erbschaft, Fusion) richtet sich jedoch wiederum nach dem Recht des Staates, das auf diesen Subzessionstatbestand anwendbar ist.[19]

Die Vorschrift des Art 17 (3) mit der Sanktion der Nichtigkeit der rechtsgeschäftlichen Übertragung stellt eigenständiges, unmittelbar anwendbares Recht dar. Ist nach dieser Bestimmung die Übertragung nichtig, so verbleibt die GM im Eigentum ihres bisherigen Inhabers; die Wirkung dieser Vorschrift ist somit materiellrechtlicher Art und nicht auf Auswirkungen auf Verfahren vor dem HABM beschränkt. **19**

Vorraussetzung nach Art 17 (3) ist, dass es sich um eine rechtsgeschäftliche Übertragung handelt, die nicht das Ergebnis einer richterlichen Entscheidung ist, dh nicht den Fall betrifft, dass ein richterliches Urteil die Einwilligung des anderen Teils in die Übertragung ersetzt. Verlangt ist nach Art 17 (3) die Schriftlichkeit des Übertragungsvertrages und die eigenhändige Unterschrift der Parteien. Dies wird in der deutschen Rspr dahingehend ausgelegt, dass beide Unterschriften auf dem selben Schriftstück erscheinen müssen.[20] Art 17 (3) umfasst auch die gesellschaftsrechtliche Vertretungsbefugnis (Vollmacht) des Übertragenden. Diese muss sich ebenfalls aus dem schriftlichen Vertrag oder einem Anhang dazu ergeben. **20**

---

19 Anders von Mühlendahl/Ohlgart, S 74, die von einer Kumulierung dieser Voraussetzungen ausgehen.
20 DE-BGH GRUR 1992, 693 *Magazinbildwerfer.*

21  Nach deutschem Recht ist die Übertragung einer Marke formlos gültig; es
    bestehen somit keine über Art 17 (3) hinausgehenden Formerfordernisse.
    Nach deutschem Recht bedarf der Vertrag als Schenkungsversprechen (§ 518
    BGB) der notariellen Form, wenn er keine Vertragsklauseln über eine Ge-
    genleistung erhält. (Die Vorschriften über den Vollzug der Schenkung kom-
    men nicht zum Tragen, weil dieser erst mit Eintragung des Rechtsübergangs
    eintritt.) Soweit nach Art 16 spanisches Recht gilt, ist zu beachten, dass die
    Übertragung einer Marke in Spanien steuerpflichtig ist. Hierbei dürfte es
    sich jedoch nicht um eine Wirksamkeitsvoraussetzung für die Übertragung
    handeln.

## 6  Wirkung der Eintragung

22  Der Rechtsübergang wird auf Antrag in das Register für GMn eingetragen,
    Art 17 (5). Jedoch vollzieht sich der Rechtsübergang außerhalb des Registers,
    nicht, wie bei der Übertragung von Grundstücken durch Grundbucheintra-
    gung, durch die Eintragung im Register für GMn.[21] Allerdings haben die
    Stellung des Antrags auf Eintragung des Rechtsübergangs und die Eintra-
    gung selbst erhebliche verfahrensrechtliche und materiellrechtliche Wirkun-
    gen, so dass es nicht angezeigt ist, die Eintragung des Rechtsübergangs im
    Register für GMn lediglich als »deklaratorisch« zu bezeichnen.[22]

### 6.1  Die Regelung des Art 17 (6)

23  Nach Art 17 (6) kann der Rechtsnachfolger seine Rechte aus der Eintragung
    der GM (genauer: aus der GM) nicht geltend machen, solange der Rechts-
    übergang nicht in das Register eingetragen ist. Diese Vorschrift ist im weites-
    ten Sinne zu verstehen. In dem Zwischenzeitraum zwischen dem der Recht-
    übertragung und dem Datum der Eintragung des Rechtsübergangs im
    HABM-Register kann der neue Inhaber die Rechte aus der GM somit weder
    materiellrechtlich noch verfahrensrechtlich wirksam geltend machen. Weder
    kann er Verletzungsklage erheben, noch ist er Beteiligter an Verfahren vor
    dem HABM oder berechtigt, im Verfahren vor dem HABM rechtswirksam
    über die GM zu verfügen. Er ist somit weder aktiv- noch passivlegitimiert.

24  Umgekehrt kann während dieses Zeitraums auch der alte Inhaber die Rechte
    aus der Marke nicht mehr geltend machen, da er mit der wirksamen Über-

---

21  Von Mühlendahl/Ohlgart, S 74.
22  Siehe Fernández-Nóvoa, S 270.

*Schennen*

tragung seine Stellung als Inhaber verloren hat.[23] Denkbar wäre allenfalls eine Geltendmachung von Ansprüchen gegen Verletzer in gewillkürter Prozessstandschaft des neuen Inhabers. Verfahrensrechtlich bleibt jedoch der alte Inhaber bis zur Eintragung des Rechtsübergangs gegenüber dem HABM Beteiligter mit der Möglichkeit, sowohl verfahrensrechtlich als auch sachlichrechtlich über die Marke zu verfügen, zB durch Zurücknahme der GMA oder Verzicht auf die GM.

Der Zwischenzeitraum bis zur Eintragung des Rechtsübergangs schafft somit 25 eine Grauzone, in der weder der alte noch der neue Inhaber angemessen vom Schutz der GM profitieren können. Für den neuen Inhaber besteht zugleich die Gefahr, dass der alte Inhaber noch vor der Eintragung des Rechtsübergangs auf die GM verzichtet und somit dem Rechtsübergang die wirtschaftliche Grundlage nachträglich entzieht. Daher ist es rechtlich unbedingt erforderlich, in jedem Fall den Antrag auf Eintragung des Rechtsübergangs unverzüglich zu stellen.

### 6.2 Der Fall des Art 17 (7)

Eine Milderung enthält jedoch Art 17 (7), der dem Rechtsnachfolger ermög- 26 licht, in dem Zwischenzeitraum zwischen der Stellung des Antrags auf Eintragung des Rechtsübergangs und der Eintragung des Rechtsübergangs gegenüber dem HABM fristwahrende Erklärungen abzugeben. Ab der Stellung des Antrags auf Eintragung des Rechtsübergangs ist eine vom Rechtsnachfolger für die GM oder GMA (Art 24) abgegebene Erklärung wirksam, als wenn sie vom eingetragenen Inhaber abgegeben worden wäre. Fristgebundene Verfahrenshandlungen sind zB die Antwort auf einen Prüfungsbescheid, die Einreichung einer Stellungnahme als Anmelder oder Inhaber im Widerspruchs- oder Nichtigkeitsverfahren oder die Stellung des Antrags auf Umwandlung. Auch die Zahlung von Gebühren, für die Zahlungsfristen bestehen, ist fristwahrend möglich; dies hat jedoch keine Bedeutung, da Gebühren ohnehin von jedem Dritten gezahlt werden können (siehe unter Art 144 Rdn 14).

Zu den fristwahrenden Verfahrenshandlungen gemäß Art 17 (7) zählt auch 27 die Einlegung eines Widerspruchs aus einer GM gegen eine jüngere GMA eines Dritten. In dem Zwischenzeitraum sind somit nicht nur der eingetragene Inhaber, sondern auch der Rechtsnachfolger im eigenen Namen zur Ein-

---

23 Ingerl, S 110.

legung des Widerspruchs befugt. Die Übertragung der älteren GM, aus der Widerspruch beim HABM eingelegt wurde, führt mit Eintragung des Rechtsübergangs automatisch zu einem Parteiwechsel im Widerspruchsverfahren, den der andere Verfahrensbeteiligte (der Anmelder der jüngeren GMA) nicht beeinflussen oder verhindern kann (siehe unter Art 42 Rdn 210).

### 6.3 Der Fall des Art 17 (8)

28   Art 17 (8) enthält eine weitere Ausprägung des Grundsatzes, dass grundsätzlich – mit Ausnahme des Art 17 (7) – nur der eingetragene Inhaber der GM im Verfahren vor dem HABM aktiv- und passivlegitimiert ist. Alle Zustellungen erfolgen an den eingetragenen Inhaber (oder an dessen Vertreter, sofern ein Vertreter bestellt ist, R 67 (1)).

29   Dies bedeutet in der Praxis, dass in dem Zwischenzeitraum zwischen der Stellung des Antrags auf Eintragung des Rechtsübergangs und der Eintragung des Rechtsübergangs ebenfalls alle Zustellungen noch an den eingetragenen Inhaber ergehen, so dass der Rechtsnachfolger, wenn er von der Möglichkeit nach Art 17 (7) Gebrauch machen will, von sich aus aktiv werden muss.

30   Insgesamt ergibt sich aus Art 17 (6) bis (8) die dringende Empfehlung an die Parteien eines Übertragungsvertrages, eine Verpflichtung zur Stellung des Antrags auf Eintragung des Rechtsübergangs bzw zur Mitwirkung dazu vorzusehen und außerdem für den Zwischenzeitraum bis zur Eintragung des Rechtsübergangs Vereinbarungen darüber zu treffen, dass und wie der bisherige Rechtsinhaber dem neuen Inhaber die Geltendmachung der Rechte gegenüber dem HABM ermöglichen muss. Der Vertrag sollte den bisherigen Rechtsinhaber zur Aufrechterhaltung des Schutzrechts verpflichten und Regelungen über die dadurch entstehenden Kosten und Gebühren treffen.

## 7   Antrag auf Eintragung des Rechtsübergangs

31   Art 17 (5) regelt den Antrag auf Eintragung des Rechtsübergangs; R 31 enthält detaillierte Verfahrensvorschriften.

### 7.1   Art des Antrags

32   Die Unterscheidung zwischen einem Rechtsübergang (Art 17) und einer bloßen Namensänderung (R 26 (1)) wirkt sich zwar nicht mehr hinsichtlich der Gebührenpflicht, wohl aber verfahrensrechtlich dadurch aus, dass der Antrag

auf Eintragung des Rechtsübergangs eines Nachweises der Änderung bedarf, und materiellrechtlich dadurch, dass die Eintragung einer Namensänderung nicht die in Art 17, 23 bezeichneten Rechtswirkungen zeigt. Es ist unverändert davon abzuraten, einen Rechtsübergang als Namensänderung zu deklarieren.

Wird für eine GM ein Antrag auf Eintragung einer Namensänderung gemäß **33** R 26 gestellt, so prüft das HABM, ob die Änderung in Wirklichkeit einen Rechtsübergang nach Art 17 darstellt. In diesem Fall beanstandet das HABM den Antrag; der Antragsteller kann nunmehr erklären, dass er nunmehr die Eintragung eines Rechtsübergangs begehrt. Tut er dies nicht, so wird der Antrag auf Änderung des Namens zurückgewiesen (RiLi Teil E, 3.1.2.1); es kann dann später jederzeit ein neuer Antrag, diesmal auf Eintragung eines Rechtsübergangs, gestellt werden.

Auch im umgekehrten Fall, wenn die Eintragung eines Rechtsübergangs be- **34** antragt ist, es sich jedoch in Wirklichkeit um eine Namensänderung handelt, kann die entsprechende Eintragung nicht ohne Zustimmung des Antragstellers erfolgen. Der Antragsteller wird aufgefordert, seine Zustimmung zu erklären, dass die Änderungen in der Form einer Namensänderung gemäß R 26 vorgenommen wird; die rechtlichen Wirkungen einer solchen Eintragung können durchaus von denen der Eintragung eines Rechtsübergangs nach Art 17 abweichen. Stimmt der Antragsteller dem zu, so wird entsprechend verfahren und die Gebühr für die Stellung des Antrags auf Eintragung des Rechtsübergangs erstattet. Stimmt der Antragsteller dem nicht zu, so wird der Antrag auf Eintragung des Rechtsübergangs zurückgewiesen, da andernfalls eine unrichtige Registereintragung vorgenommen würde (RiLi, Teil E, 3.1.2.2).

### 7.2 Sprache des Antrags

Für den Antrag auf Eintragung des Rechtsübergangs einer GM kann jede be- **35** liebige der fünf Sprachen des HABM verwendet werden, R 95 (a). Ergänzende Unterlagen, zB Nachweise über den Rechtsübergang, können gemäß R 96 (2) in jeder Amtssprache der EG eingereicht werden. Von der Möglichkeit nach R 96 (2), eine Übersetzung in die Verfahrenssprache (dh in die Sprache des Antrags auf Eintragung des Rechtsübergangs) anzufordern, macht das HABM normalerweise keinen Gebrauch (RiLi, Teil E, 3.1.3.1).

## 7.3 Gebühr

**36**   Der Antrag auf Eintragung eines Rechtsübergangs ist nicht mehr gebühren-pflichtig (Art 1 Nr 19 der VO Nr 1041/2005 und Art 1 (1) (g) der VO Nr 1042/2005, durch die Art 2 Nr 21, 22 GebV und R 31 (4) aF mit Wirkung zum 25.7.2005 gestrichen wurden).

**37**   Vor dem 25.7.2005 gezahlte Gebühren bleiben verfallen, auch wenn der Antrag später zurückgenommen oder wiederholt wurde.[24]

## 7.4 Erforderliche Angaben

**38**   Der Antrag muss gemäß R 31 (1) die Nummer (Aktenzeichen) der GM und vollständige Angaben zu Namen, Anschrift und Staatsangehörigkeit des neuen Inhabers gemäß R 1 (1) (b) enthalten. Die Angaben zum neuen Inhaber müssen also genauso vollständig sein wie die Angaben zum Anmelder in einer GMA.

## 7.5 Antragsteller

**39**   Der Antrag ist von einem »Beteiligten« (Art 17 (5)) zu stellen; antragsberechtigt sind somit der bisherige Inhaber, der neue Inhaber oder der bisherige und der neue Inhaber gemeinschaftlich.

**40**   Das HABM führt das Verfahren zur Eintragung des Rechtsübergangs mit demjenigen durch, der den Antrag stellt; stellen der bisherige und der neue Inhaber den Antrag gemeinschaftlich, so wird das Verfahren mit dem neuen Inhaber als Verfahrensbeteiligtem durchgeführt, da dieser das größere Interesse an der Eintragung haben dürfte.

**41**   Ist die GM auf mehrere Personen gemeinschaftlich als Mitinhaber übertragen worden und stellen diese den Antrag, so müssen sie gemäß R 75 einen gemeinsamen Vertreter bestimmen.

## 7.6 Nachweis des Rechtsübergangs

**42**   Erforderlich ist ferner, dass der Rechtsübergang nachgewiesen wird, R 31 (1) (d). R 31 (5) nennt verschiedene Arten des Nachweises, die ausreichen. Insgesamt kann somit der Nachweis auf folgende Weise geführt werden:

---

24  HABM-BK R 168/2007-4 vom 19.3.2007 *Gebühr für Rechtsübergang*.

– Stellen der bisherige und der neue Inhaber den Antrag gemeinsam, so reicht dies aus und wird dies nach R 31 (5) (a) als Nachweis angesehen.

– Der Antragsteller legt ein Schriftstück vor, in dem der andere Beteiligte (der bisherige oder der neue Rechtsinhaber) erklärt, dass er der Eintragung des Rechtsübergangs zustimmt. Diese Form des Nachweises ist in R 31 (5) (b) nur für den Fall der Stellung des Antrags durch den Rechtsnachfolger vorgesehen, gilt jedoch auch in der umgekehrten Fallkonstellation.

– Art 11 (1) (b) (iii), (iv) TLT und R 83 (1) (d) sehen vor, dass die Übertragung oder die Zustimmungserklärung zur Eintragung auch auf einem speziellen Formblatt abgegeben werden kann. Dieses Formblatt ist nach R 31 (5) (c) ebenfalls ausreichend. Ein Formblatt des HABM gemäß R 83 (1) (d) ist auf der HABM-Webseite verfügbar. Gemäß R 83 (2) (a) akzeptiert das HABM auch das Musterformblatt im Anhang zum Markenrechtsvertrag (TLT). Das Formblatt des Rechtsübergangs ist ein Schriftstück, mit dem die rechtsgeschäftliche Übertragung vorgenommen wird. Die Urkunde des Rechtsübergangs ist ein Schriftstück, in dem die an dem Rechtsübergang Beteiligten erklären, dass der Rechtsübergang stattgefunden hat. Das Schriftstück muss ordnungsgemäß unterzeichnet sein.

– Im Falle der rechtsgeschäftlichen Übertragung kann der Nachweis durch Vorlage des Übertragungsvertrages vorgenommen werden. Eine Legalisierung ist nicht erforderlich; einfache Fotokopien reichen aus (RiLi, Teil E, 3.1.3.5). Aus dem Übertragungsvertrag muss sich der Sachverhalt der Übertragung der GM, die eindeutig identifiziert sein muss, ergeben, und es müssen die Unterschriften beider Parteien vorliegen. Andere Klauseln des Vertrages können abgedeckt oder geschwärzt werden, falls man verhindern will, dass diese der Akteneinsicht zugänglich werden.

– Im Falle einer inhaberwechselnden Umwandlung oder einer Fusion von Unternehmen ist der Nachweis durch Vorlage der entsprechenden gesellschaftsrechtlichen Vorgänge, regelmäßig durch Vorlage eines Handelsregistersauszugs zu führen. Auch hier sind Beglaubigungen nicht erforderlich.

Wenn bei mehreren Mitinhabern der GM ein weiterer hinzutritt oder einer **43** von ihnen ausscheidet, so müssen die Erfordernisse hinsichtlich des Nachweises oder der Zustimmung für alle von ihnen erfüllt werden (siehe oben Rdn 14). Wird der Nachweis nur durch Vorlage des Übertragungsvertrags versucht, ohne dass die Zustimmung des ursprünglichen Inhabers beigebracht wird, so reicht es nicht aus, wenn im Übertragungsvertrag die zu übertragende Marke lediglich mit ihrem Namen (»Miss Intercontinental«) identifiziert wird und wenn weder die Nummer der Marke noch die Tatsache, dass es sich um eine GM handelt, angegeben wird.[25]

### 7.7 Vertretung

44   Hat der neue Rechtsinhaber keinen Sitz oder Wohnsitz innerhalb der EG, so muss er einen berufsmäßigen Vertreter bestellen, Art 92 (2).

45   Da nach dem allgemeinen Grundsatz der R 77 der ordnungsgemäß bevollmächtigte Vertreter für den Verfahrensbeteiligten handeln kann, kann die Stellung des Antrags und die Erklärung der Zustimmung zur Eintragung des Rechtsübergangs auch vom Vertreter an Stelle des bisherigen Inhabers sowie vom Vertreter des neuen Inhabers an dessen Stelle vorgenommen werden. Vielfach wird sogar der Vertreter des bisherigen Inhabers auch als Vertreter des neuen Inhabers fungieren. In diesem Fall reicht es aus, wenn der Vertreter des bisherigen Inhabers den Antrag für beide Inhaber unterzeichnet, vorausgesetzt dass er sich auch als Vertreter des neuen Inhabers bestellt und eine Vollmacht des neuen Inhabers vorlegt.

### 7.8 Prüfung auf materielle Erfordernisse

46   Die GMV sieht vor, dass der Antrag auf Eintragung eines Rechtsübergangs vom HABM auch auf einige wenige materiellrechtliche Erfordernisse geprüft wird. Wird diesen Erfordernissen nicht entsprochen, so wird die Eintragung des Rechtsübergangs abgelehnt (R 31 (6)), ohne dass dies automatisch die Nichtigkeit der Übertragung der GM zur Folge hätte.[26] Dies bedeutet, dass der neue Inhaber zwar Inhaber GM geworden ist, aber mangels Eintragung im Register (Art 17 (6)) keinerlei Rechte aus der Marke geltend machen kann. Auch der bisherige Inhaber kann, da sich die der Erwerb der GM außerhalb des Registers vollzieht, die Rechte aus der GM nicht mehr geltend machen. Eine Lösung muss hier über die Rückabwicklung des Übertragungsgeschäfts gesucht werden.

---

25  HABM-BK R 769/2002-2 vom 21.6.2002, MarkenR 2002, 438 *MISS INTERCONTINENTAL*.
26  Ingerl, S 111.

Diese materiellrechtlichen Prüfungsgegenstände betreffen die Täuschungs- 47
gefahr (Art 17 (4)) und die Inhaberschaft bei einer Kollektivmarke (siehe
Art 66 (1), Art 68 (2)).

### 7.8.1 Täuschungsgefahr

Das HABM hat die Eintragung des Rechtsübergangs abzulehnen, wenn sich 48
aus den Unterlagen in offensichtlicher Weise ergibt, dass die GM aufgrund
des Rechtsübergangs geeignet ist, das Publikum insbesondere über die Art,
die Beschaffenheit oder die geographische Herkunft der geschützten Waren
oder Dienstleistungen irrezuführen.

Die RiLi, Teil E, 3.1.3.6, beschränken dies auf Fälle, in denen die Marke, 49
wäre sie ursprünglich von dem Rechtsnachfolger angemeldet worden, aus
solchen Gründen als irreführend zurückzuweisen wäre, die sich aus dem besonderen Verhältnis zwischen dem Inhaber und der Marke ergeben. Eine Irreführung muss sich gerade durch den Rechtsübergang, also kausal durch eine bestimmte Inhaberschaft, ergeben. Diese Bestimmung hat entgegen
früher Lit zur GM, die in ihr ein Gebot zur umfassenden Kontrolle durch
das HABM unter verbraucherschutzrechtlichen Aspekten sah,[27] einen äußerst engen Anwendungsbereich.[28] Art 17 (4) kann keinen weitergehenden
Anwendungsbereich als Art 7 (1) (g) haben.

Beispiele sind Hinweise auf eine offizielle oder amtlich anerkannte Stellung, 50
die in der Marke zum Ausdruck kommen. So kann etwa eine Marke, die den
Namen einer vom Präsidenten des DPMA zugelassenen urheberrechtlichen
Verwertungsgesellschaft enthält, grundsätzlich nur in der Inhaberschaft dieser Verwertungsgesellschaft liegen. Ein weiteres Beispiel wäre die Verwendung des Emblems des Deutschen Fußballbundes.

Enthält die Marke einen Personennamen, so begründet dies keine Täu- 51
schungsgefahr, gleichgültig, ob die Person real existiert und früher oder auch
noch heute hinter der Marke steht.[29] Auch wenn das Publikum auch nach
der Rechtsübertragung weiterhin annehmen sollte, der ursprüngliche Inhaber

---

27  So Fernández-Nóvoa, S 270; Sánchez-Calero Guilarte, Comentarios, S 249.

28  Wie hier bereits: Von Mühlendahl/Ohlgart, S 74; Ingerl, S 111; Casado, in: FS
für Curell Suñol, S 109, 113.

29  RiLi, Teil E, 3.1.3.6; Ingerl, S 111; Casado, in: FS für Curell Suñol, S 109,
113.

wirke unverändert am Design und der Herstellung der von der Marke gekennzeichneten Waren mit, fehlt es entweder schon tatsächlich an einer relevanten Irreführung, oder sie ist jedenfalls rechtlich hinzunehmen, weil die Ursprungsidentität der Waren gewahrt bleibt.[30] Dass eine anfangs bestehende persönliche Bindung zwischen Namensträger und Marke abbricht, ist eine normale Entwicklung,[31] die nicht nur Folge einer Übertragung, sondern auch von Generationswechseln und Fusionen sein kann.

52  Eine Täuschungsgefahr besteht auch dann nicht, wenn die Marke eine geographische Angabe enthält und der neue Inhaber nicht in dem betr geographischen Bereich angesiedelt ist. Die GM kann ohne weiteres in nicht irreführender Weise für Waren, die aus dem betr geographischen Gebiet stammen, benutzt werden, und der Sitz des Inhabers kann vom Produktionsort verschieden sein.[32]

### 7.8.2 Inhaberschaft einer Kollektivmarke

53  Bei Kollektivmarken besteht die Besonderheit, dass Inhaber nur ein Verband sein kann (Art 66 (1) Satz 2) und dass die Prüfung auf Täuschungsgefahr gemäß Art 68 (2) auch darauf erweitert wird, ob die Marke den Eindruck erwecken kann, als wäre sie etwas anderes als eine Kollektivmarke.

54  Ohne dass dies im Text der GMV zum Ausdruck käme, ist die Prüfung der Eintragung eines Rechtsübergangs auch auf diese beiden materiellrechtlichen Erfordernisse auszudehnen. Im Falle der Übertragung bleibt die Gemeinschaftskollektivmarke eine solche; eine »Umwandlung« in eine Individualmarke ist nicht möglich. Deshalb muss auch der neue Inhaber die Eigenschaft besitzen, Inhaber einer Kollektivmarke sein zu können, dh ein Verband sein. Eine Täuschungsgefahr aufgrund einer Übertragung hinsichtlich der Tatsache, dass es sich um eine Kollektivmarke handelt (Art 68 (2)), ist dagegen kaum denkbar.

---

30  EuG T-165/06 vom 14.5.2009 (Nr 33), GRUR Int 2010, 140 *Elio Fiorucci*; EuGH C-259/04 vom 30.3.2006 (Nr 47-50), GRUR 2006, 416 *Elizabeth Emanuel*.

31  Schlussanträge des Generalanwalts in der Rs C-259/04 vom 19.1.2006 (Nr 43, 63) *Elizabeth Emanuel*.

32  So auch von Mühlendahl/Ohlgart, S 74; Ingerl, S 111; aA Fernández-Nóvoa, S 270; Sánchez-Calero Guilarte, Comentarios, S 249; von Schultz, MarkenG, § 27 Rn 9 – zu Art 17 GMV.

## 7.9 Rechtsstellung des ursprünglichen Inhabers

Da das Verfahren mit dem Antragsteller geführt wurde, wird der andere Be- 55
teiligte (der bisherige oder der neue Inhaber) in jedem Falle über die Eintragung des Rechtsübergangs unterrichtet, auch soweit dies nicht nach R 84 (5)
vorgeschrieben ist. Eine solche Unterrichtung unterbleibt nur, wenn sie unmöglich ist, weil der ursprüngliche Inhaber nicht mehr existiert, oder wenn
der Vertreter des bisherigen Inhabers auch Vertreter des neuen Inhabers ist,
weil dann nach R 67 eine einzige Zustellung an diesen Vertreter ausreicht.

Das Verfahren ist ex parte. Bestreitet der ursprüngliche Inhaber den Rechts- 56
übergang (zB die Wirksamkeit des vom Antragsteller vorgelegten Übertragungsvertrags), so hat das HABM dem im Rahmen der Amtsermittlung
nachzugehen, aber das Verfahren bleibt ex parte. Eine fehlerhafte Eintragung
kann der ursprüngliche Inhaber entweder mit der Beschwerde anfechten,
oder[33] er kann Antrag auf Rückeintragung stellen, dem stattzugeben ist,
wenn dem (angeblich) neuen Inhaber der Beweis der Wirksamkeit des
Rechtsübergangs misslingt.

## 7.10 Veröffentlichung und Eintragung des Rechtsübergangs

Wird der Antrag auf Eintragung des Rechtsübergangs nicht nach R 31 (6) 57
zurückgewiesen, so wird die Eintragung des Rechtsübergangs im Register
vorgenommen und im Blatt für GMn veröffentlicht, R 84 (3) (g), R 85 (2).

## 8 Teilweiser Rechtsübergang

Der teilweise Rechtsübergang ist nach R 32 möglich in der Weise, dass nur 58
ein Teil der in der GM enthaltenen Waren und Dienstleistungen übertragen
wird. Für die neu entstehende GM wird eine neue Akte angelegt, R 32 (4).
Ansonsten gelten dieselben Bestimmungen wie für eine Vollübertragung,
R 32 (3). Einzelheiten siehe RiLi Teil E, 3.1.4.

## 8.1 Zusätzliche Antragsvoraussetzungen

Zusätzliche Antragsvoraussetzung ist nach R 32 (2), dass die Waren und 59
Dienstleistungen eindeutig anzugeben sind, die Gegenstand des Rechtsübergangs sein sollen. Dabei darf keine Überschneidung mit den Waren und
Dienstleistungen auftreten, die in der ursprünglichen Eintragung verbleiben

---

33  HABM-BK R 251/2008-4 vom 1.10.2008 (Nr 18) *POHLSCHRÖDER.*

(R 31 (1) (c)). Erfolgt die Aufteilung nach Klassen, so reicht die Angabe der Klassenüberschriften. Beansprucht die GM einen Oberbegriff und werden einzelne Waren aus dem Oberbegriff übertragen, so muss die ursprüngliche Eintragung entsprechend eingeschränkt werden (RiLi, Teil E, 3,1,4,1). Bei Unklarheiten wird der Antragsteller aufgefordert, die Angabe der Waren und Dienstleistungen zu präzisieren. Würde die Teilübertragung zu einem geänderten VerzWDL der ursprünglichen Eintragung führen, so wird der ursprüngliche Inhaber beteiligt, und er muss dem neuen VerzWDL zustimmen (RiLi Teil E, 3.1.4.2), da nur er über den Inhalt der verbleibenden GM dispositionsbefugt ist.

## 8.2 Neue Eintragung, Veröffentlichung

60   Für die neue Eintragung wird eine gesonderte Akte unter einem neuen Aktenzeichen angelegt, die aus einer vollständigen Abschrift der Akte der ursprünglichen Eintragung, des Antrags auf Eintragung des Rechtsübergangs sowie der gesamten Korrespondenz zu diesem Antrag besteht, R 32 (4). Gemäß R 32 (4) ist die Abschrift des Antrags auf Eintragung des Rechtsübergangs in die neue Akte aufzunehmen, da sie ja zunächst in die Akte der alten Eintragung aufgenommen werden muss (ebenso R 25a (4) für den Fall der Teilung der Eintragung).

61   Die Eintragung der neuen GM wird im Blatt für GMn veröffentlicht. Die Registereintragung der neuen GM enthält zusätzlich das VerzWDL der neuen Eintragung sowie das der ursprünglichen Eintragung und ferner einen Hinweis auf das Aktenzeichen der ursprünglichen Eintragung.

62   Die neue Eintragung behält den Anmelde- und Prioritätstag der ursprünglichen Eintragung. Somit ist keine Eintragung gegenüber der anderen ein älteres Recht. Die beiden betroffenen Inhaber haben somit auch dann untereinander keine Verbietungsansprüche, wenn die Waren und Dienstleistungen der neuen Eintragung im Ähnlichkeitsbereich der Waren und Dienstleistungen der ursprünglichen Eintragung liegen.[34]

## 8.3 Auswirkungen auf anhängige Anträge

63   R 32 (5) bestimmt, dass Anträge, die für die ursprüngliche GM anhängig sind, also noch nicht entschieden worden sind, ab Eintragung des teilweisen

---

34  Vgl von Mühlendahl/Ohlgart, S 73.

Rechtsübergangs auch als für die neue GM anhängig gelten und dass für solche Anträge bereits gerichtete Gebühren nicht erneut entrichtet werden müssen. Dieser Grundsatz wird in den RiLi, Teil E, 3.1.5.1, wie folgt näher präzisiert. Noch anhängige Anträge, die für die ursprüngliche GM gestellt waren, ergreifen nach der Eintragung des Rechtsübergangs auch die neu entstehende GM. Ab der Eintragung des Rechtsübergangs werden diese Anträge gesondert behandelt, und es wird gesondert über sie entschieden. Wenn die für einen solchen Antrag fällige Gebühr vor der Eintragung des Rechtsübergangs gezahlt worden war, so ist sie nicht erneut zu entrichten. Der maßgebliche Zeitpunkt dafür, ob die Gebühr für die neue Eintragung erneut zu entrichten ist, ist somit der Zeitpunkt der Eintragung des Rechtsübergangs. Dies gilt auch dann, wenn sich aufgrund der Eintragung des teilweisen Rechtsübergangs Änderungen in der Zahl der gebührenpflichtigen Klassen ergeben, soweit Klassengebühren (für die Eintragung, die Anmeldung oder die Verlängerung) zu zahlen sind. Auch dann bleiben bis zur Eintragung des Rechtsübergangs gezahlte Gebühren verfallen. Mit der Eintragung des Rechtsübergangs werden, wenn die GM mehr als drei Klassen enthielt, zusätzliche Klassen gebührenfrei (drei Klassen für die ursprüngliche plus drei Klassen für die neue GM). Soweit Klassengebühren bis zur Eintragung des Rechtsübergangs nicht gezahlt worden sind, wird die Berechnung der Klassengebühren auf der Grundlage der Situation nach Vollzug des Rechtsübergangs vorgenommen.

### 8.4 Gebührenfreiheit

Wegen R 32 (3) ist auch der Antrag auf Eintragung des teilweisen Rechts- 64 übergangs gebührenfrei. Art 49, der für die Teilung der Eintragung eine Gebührenpflicht vorsieht, steht dem nicht entgegen. Art 49 gilt nur für freiwillige Teilungen in der Weise, dass zwei Eintragungen desselben Inhabers mit unterschiedlichen VerzWDL entstehen. Teilübertragungen der GM für einzelne Waren und Dienstleistungen führen dazu, dass zwei Eintragungen für verschiedene Inhaber mit unterschiedlichen VerzWDL entstehen. Der Antragsteller hat kein Wahlrecht. Eine Teilübertragung der GM fällt zwingend unter Art 17 und R 32, eine Teilung ohne Übertragung eines Teils auf eine andere Person fällt zwingend unter Art 49. Eine Umgehung ist nicht möglich, da das Vorliegen eines Rechtsübergangs nachzuweisen ist.

## 9 Mehrere Anträge

65  R 31 (7) sieht vor, dass für mehrere Marken ein einziger Antrag auf Eintragung des Rechtsübergangs gestellt werden kann, sofern der ursprüngliche Inhaber und der Rechtsnachfolger in allen Fällen dieselben Personen sind. Das Erfordernis der Identität der Personen ist strikt zu verstehen; es schadet also nicht nur, wenn eine der Marken auf einen anderen Inhaber übertragen werden soll, sondern auch, wenn bei mehreren Mitinhabern die Zusammensetzung der Mitinhaber voneinander abweicht (RiLi, Teil E, 3.1.3.2).

66  Ein einziger Antrag kann auch dann gestellt werden, wenn er sich teilweise auf GMn, teilweise auf GMAen bezieht. Soweit der Antrag eine oder mehrere GMAen betrifft, ist er jedoch nur zulässig, wenn die Sprache des Antrags auf Eintragung des Rechtsübergangs für alle betroffenen GMAen zur Verfügung steht (für eine GMA kann der Antrag auf Eintragung des Rechtsübergangs nur in der ersten oder zweiten Sprache der Anmeldung gestellt werden).

67  Vorteil der Stellung eines einzigen Antrags für die Eintragung des Rechtsübergangs mehrerer GMn ist seit Wegfall der Gebührenpflicht nur noch die Erleichterung des Schriftverkehrs.

## Artikel 18  Übertragung einer Agentenmarke

**Ist eine Gemeinschaftsmarke für den Agenten oder Vertreter dessen, der Inhaber der Marke ist, ohne Zustimmung des Markeninhabers eingetragen worden, so ist der Markeninhaber berechtigt, die Übertragung der Eintragung zu seinen Gunsten zu verlangen, es sei denn, dass der Agent oder Vertreter seine Handlungsweise rechtfertigt.**

*Schennen*

Literatur:
*Hoffmann*, Agentenmarke vs. lokale, inländische Geschäftsherrenmarke, MarkenR 2002, 112.

## 1 Allgemeines

Diese Bestimmung gewährt den Inhaber einer Marke einen Anspruch gegen 1
den ungetreuen Agenten oder Vertreter, der diese Marke selbst als GM angemeldet hat, auf Übertragung der GM an ihn. Diese Bestimmung ergänzt die
Rechtsbehelfe des Inhabers gegen den ungetreuen Agenten: Neben dem in
Art 18 geregelten Anspruch auf Übertragung der Marke hat der Prinzipal außerdem die Möglichkeit der Einlegung des Widerspruchs nach Art 8 (3), die
Möglichkeit, die eingetragene GM mit dem Antrag auf Erklärung der Nichtigkeit aus relativen Gründen anzugreifen (Art 53 (1) (b)) und den Anspruch
nach Art 11 auf Untersagung der Benutzung.[1] Auch kommt in Betracht, dass
eine Anmeldung eines ungetreuen Agenten den Tatbestand des Art 52 (1) (b)
(Nichtigkeitsgrund der bösgläubigen Anmeldung) erfüllt. Der Übertragungsanspruch nach Art 18 steht alternativ neben dem Widerspruchsrecht und
dem Recht auf Stellung des Antrags auf Erklärung der Nichtigkeit; letztere
Rechtsbehelfe führen zum Wegfall der GMA oder GM, so dass der Prinzipal
neu anmelden müsste. Mit dem Übertragungsanspruch kann er jedoch die
GMA oder GM mit der ursprünglichen Priorität für sich aufrecht erhalten.

Art 18 ist – ebenso wie Art 11 – im Lichte des Art 6[septies] PVÜ auszulegen,[2] 2
gilt aber anders als Art 6[septies] PVÜ ohne Beschränkung auf in einem PVÜ-
Verbandsland geschützte Marken und auch für reine Inlands- (innergemeinschaftliche) Sachverhalte.[3] Die Reformvorschläge der Kommission sehen
sachgerechte Zuständigkeitskonzentrationen für die Geltendmachung des
Vindikationsanspruchs vor (siehe unten, Rdn 14).

## 2 Voraussetzungen

Art 18 soll Mißbräuche verhindern, wenn ein Agent oder Vertreter des Mar- 3
keninhabers die Kenntnisse und Erfahrungen, die er aufgrund seiner Geschäftsbeziehung mit dem Markeninhaber erworben hat, ausnutzen könnte
und ungerechtfertigt Vorteile aus den vom Markeninhaber erbrachten Anstrengungen und Investitionen ziehen könnte.[4] Art 18 setzt wie die anderen

---

1 Siehe Casado, S 165; Ingerl, S 89.
2 HABM-BK R 336/2001-1 vom 7.7.2003 (Nr 17) *GORDON & SMITH*; Casado,
  S 165.
3 Siehe Ströbele/Hacker, MarkenG, § 11 Rn 4.
4 EuG T-006/05 vom 6.9.2006, GRUR Int 2007, 51 (Nr 38) *Def-Tec*; ähnlich RiLi
  Teil C, Kapitel 3, IV.1.1.

zitierten Bestimmungen voraus, dass ein Verhältnis Prinzipal/Agent besteht. Gemäß dem Zweck der Bestimmung, eine ungefugte Aneignung fremder Marken zu verhindern, ist der Begriff »Agent« breit genug auszulegen, um alle Arten der Zusammenarbeit zu erfassen, bei der die eine Seite die Interessen der anderen Seite wahrnimmt, unabhängig von der rechtlichen Form der Zusammenarbeit. Erforderlich ist eine Zusammenarbeit, die Treuepflichten zur Wahrung der Interessen des Prinzipals generiert.[5] In Betracht kommt die Stellung als Vertriebsbeauftragter oder freier Handelsvertreter. Die Zusammenarbeit muss nicht auf schriftlichem Vertrag beruhen.[6] Ein Lizenznehmer wird regelmäßig nicht Vertreter des Lizenzgebers iSd Art 18 sein. Sowohl die Zusammenarbeit als auch die Treuepflichten müssen für das Gebiet der Gemeinschaft (bzw einen Mitgliedstaat) bestehen, da nur insoweit ein Konflikt zwischen einer Treuepflicht und der Anmeldung als GM eintreten kann.[7]

4 Zweite Voraussetzung ist, dass es sich um eine Marke des Prinzipals handeln muss. Es muss also eine Marke vorliegen, die zu Gunsten des Prinzipals sei es in einem Mitgliedstaat der EG, sei es in einem Drittstaat[8] als eingetragene Marke oder als nicht eingetragene Marke geschützt ist. Der typische Fall des Art 18 liegt gerade darin, dass der ungetreue Agent oder Vertreter dem Prinzipal bei der Anmeldung der Marke im eigenen Namen zuvorkommt, um diesem gegenüber ein Druckmittel in die Hand zu bekommen.[9] Auch eine Benutzungsmarke, die lediglich in einem Teilgebiet eines Mitgliedstaates geschützt ist und lediglich örtlich begrenzte Unterlassungsansprüche gegen jüngere Marken gewährt (zB eine Marke nach § 4 Nr 2 DE-MarkenG mit lediglich örtlicher Bedeutung) reicht nicht aus, denn eine solche Marke gewährt gemeinschaftsrechtlich keinen Widerspruchs- oder Löschungsgrund nach Art 8 (4), sondern ist lediglich nach Art 111 zu berücksichtigen; es wäre unangemessen, dem Prinzipal einen über den Umfang des Schutzes seiner eigenen Marke hinausgehenden Übertragungsanspruch einzuräumen.[10] Nicht eingeschlossen sind außerdem Kennzeichenrechte nicht-markenrecht-

---

5 RiLi Teil C, Kapitel 3, IV.1.1.

6 RiLi Teil C, Kapitel 3, IV.1.2, aA Ströbele/Hacker, MarkenG, § 11 Rn 6.

7 RiLi Teil C, Kapitel 3, IV.1.3, aA (abwegig) HABM-BK R 460/2003-2 vom 14.9.2004 *CELLFOOD /CELLFOOD*.

8 EuG T-537/10 vom 29.11.2012 (Nr 19) *Fagumit/Fagumit*.

9 Siehe Ingerl/Rohnke, § 11 Rn 3, 7.

10 So Hoffmann, MarkenR 2002, 112: aA Ingerl/Rohnke, § 11 Rn 14.

licher Art, egal ob sie ansonsten nach Art 8 (4) geschützt sind.[11] So reicht der Schutz lediglich als Firmenname oder sonstiges Geschäftskennzeichen nicht aus.[12]

In dieser Fallkonstellation kann auch eine Bösgläubigkeit vorliegen, die einen 5 absoluten Nichtigkeitsgrund nach Art 52 (1) (b) darstellt.

Kein Fall des Art 18 liegt vor, wenn der Vertreter eine vom Prinzipal ange- 6 meldete GM erneut auf seinen Namen anmeldet; solche Fälle sind nach dem Prioritätsgrundsatz gemäß Art 8 zu lösen.

Der Schutz richtet sich zumindest gegen identische Marken für identische 7 Waren oder Dienstleistungen. Der Schutz richtet sich jedoch auch gegen eine Anmeldung, bei der das jüngere Zeichen das ältere Zeichen »im wesentlichen wiedergibt«[13] und die Waren und Dienstleistungen zumindest wirtschaftlich gleichwertig sind.[14] Schutz wurde von den HABM-BKn bejaht bei hochgradiger Ähnlichkeit der Zeichen.[15] Noch weitergehend bejahen Ingerl/Rohnke einen Schutz auch gegen identische oder ähnliche Marken für identische oder ähnliche Waren oder Dienstleistungen, sofern Verwechslungsgefahr besteht, dh im Umfang des Art 8 (1), (2), um zu verhindern, dass der ungetreue Vertreter eine mit der Marke des Prinzipals verwechslungsfähig ähnliche Marke, ggf für ähnliche Waren oder Dienstleistungen, anmeldet, mit der er den Prinzipal an der Nutzung seiner eigenen Marke in der Gemeinschaft hindern könnte.[16]

Ebenso wie Art 11 und anders als Art 8 (3), der auf die Anmeldung abstellt, 8 ist weiter erforderlich, dass die Marke ohne Zustimmung des Prinzipals eingetragen worden ist. Die zutreffende Auslegung dürfte darin liegen, die fehlende Zustimmung auf den Tatbestand der Anmeldung zu beziehen (so auch der Bösgläubigkeitstatbestand des Art 52 (1) (b)) und zu verlangen, dass die so angemeldete Marke anschließend als GM eingetragen worden ist.[17] Der

---

11 RiLi Teil C, Kapitel 3, III.1.

12 RiLi Teil C, Kapitel 3, III.1.; so auch Ingerl/Rohnke, § 11 Rn 12.

13 RiLi, Teil C, Kapitel 3, IV.5.

14 RiLi, Teil C, Kapitel 3, IV.5; HABM-BK R 493/2002-4 (II) vom 4.5.2009 (Nr 18) *FIRST DEFENSE (II)*.

15 HABM-BK R 493/2002-4 (II) vom 4.5.2009 (Nr 18) *FIRST DEFENSE (II)*.

16 Siehe Ingerl/Rohnke, § 11 Rn 15; ebenso Casado, S 165 f; Ströbele/Hacker, MarkenG, § 11 Rn 18.

17 Kritisch auch Ingerl, S 89 f.

Anspruch setzt somit voraus, dass vor der Anmeldung der GMA keine Zustimmung vorlag, setzt jedoch weiter voraus, dass inzwischen die GM eingetragen ist. Jedoch muss das Agent-Prinzipal-Verhältnis bereits vor der Anmeldung bestanden haben.[18] Auch folgt aus Art 24 (entsprechende Anwendung der Art 16–23 auf GMAen) ein Anspruch auch auf Übertragung einer GMA. Der Schutz nach Art 18, auch in Verbindung mit Art 24, kann somit bereits ab Anmeldung der GMA geltend gemacht werden. Eine ausdrücklich erklärte Zustimmung kann nicht mit dem Argument beiseite geschoben werden, sie sei atypisch und unentgeltlich erteilt worden.[19] Bei anschließender Übertragung des Geschäftsbetriebs an den Anmelder der GMA kann der Erwerber sich auf die vom Veräußerer abgeleitete Rechtsstellung und auf seine eigene Rechtsstellung zum Agenten (zB auf Grund einer Fortsetzung der Belieferung) berufen. Beruft sich der Erwerber auf die Rechtsstellung, die der bisherige Inhaber hatte, so schützt ihn dies nur in dem bisherigen Umfang, dh nicht, wenn zuvor der Veräußerer dem Agenten die Zustimmung zur Anmeldung gegeben hatte (nemo plus transferre potet quo ipso habet), solange jedenfalls diese nicht wirksam widerrufen wurde.[20] Alternativ kann er versuchen nachzuweisen, dass er mit dem Agenten eine Zusammenarbeit in der Weise fortgesetzt hat, dass sie auch ihm gegenüber Treuepflichten des Agenten auslöste.

9    Die Zustimmung kann ggf auch konkludent erteilt werden; dies darf aber nicht leichtfertig angenommen werden.[21] Nach der Anmeldung der GM durch den Agenten oder Vertreter kann die Zustimmung nicht mehr widerrufen werden bzw es kann der Widerruf einer Zustimmung nicht den Anspruch nach Art 18 auslösen.[22] Der Akt der Eintragung der GM ist ohnehin nichts, dem der Prinzipal zustimmen müsste.

10   Der Anspruch besteht – wie nach Art 6[septies] PVÜ – nicht, wenn der Agent oder Vertreter seine Handlungsweise rechtfertigt. Neben den bei Ingerl/ Rohnke[23] genannten Fällen kommt auch als Rechtfertigung in Betracht, dass

---

18  So Ströbele/Hacker, MarkenG, § 11 Rn 10.
19  EuG T-006/05 vom 6.9.2006 (Nr 46, 48) *Def-Tec.*
20  Ausführlich: HABM-BK R 493/2002-4 (II) vom 4.5.2009 (Nr 32) *FIRST DE-FENSE (II)*; offengelassen in EuG T-006/05 vom 6.9.2006, GRUR Int 2007, 51 (Nr 50) *Def-Tec.*
21  HABM-BK R 336/2001-1 vom 7.7.2003 (Nr 21, 23) *GORDON & SMITH.*
22  So auch Ingerl/Rohnke, § 11 Rn 18.
23  Ingerl/Rohnke, § 11 Rn 19.

der Prinzipal an der Erlangung des Markenschutzes uninteressiert war und der Vertreter in erster Linie die Interessen des Prinzipals durch die Anmeldung der GM schützen wollte. Art 18 ist kein Vehikel dafür, dass sich Markeninhaber, die an der Erlangung von Auslandsschutz uninteressiert sind und alles in die Hände Dritter legen, nachträglich, nachdem Dritte erfolgreich die Vermarktung der Marke in Angriff genommen haben, als Freerider noch den Markenschutz sichern können. Keine Rechtfertigung stellt es dar, wenn der Agent für seine wirtschaftlichen Investitionen eine Entschädigung sucht,[24] denn Art 18 soll gerade verhindern, dass der Agent die Markenanmeldung als Druckmittel gegen den Prinzipal bemüht.

### 3 Verfahren

Der Übertragungsanspruch ist vor den Gerichten geltend zu machen. Erst **11** mit Vorlage des rechtskräftigen Urteils kann der Prinzipal gemäß Art 17 den Antrag auf Eintragung des Rechtsübergangs zu seinen Gunsten beim HABM stellen.

Die Klage ist vom Inhaber der Marke (vom Prinzipal) einzulegen. Wird diese **12** Marke zwischenzeitlich übertragen, so geht die Aktivlegitimation auf den neuen Markeninhaber über, entsprechend der Regelung in Art 41 (1) (b) für das Widerspruchsverfahren.[25]

Eine ausschließliche Zuständigkeit der Gemeinschaftsmarkengerichte (Art 96) **13** ist nicht vorgesehen. Es handelt sich somit um eine andere Klage iSd Art 106. Hierfür sind nach der VO (EG) Nr 44/2001/EG vom 22.12.2000,[26] die das Brüsseler Vollstreckungsübereinkommen abgelöst hat, gemäß Art 94 (1), (2) GMV nur Gerichte eines Mitgliedstaates ausschließlich zuständig, da es sich gemäß Art 16 (4) EuGVÜ um eine Klage auf Eintragung oder Inhaberschaft eines gewerblichen Schutzrechts handelt.[27] Folglich müssten Urteile von Drittstaaten auf Übertragung einer GM auf der Grundlage des Art 18 vor dem HABM unbeachtlich sein, so dass entsprechende Anträge auf Eintragung eines Rechtsübergangs nach Art 17 abzulehnen wären. Die Zuständig-

---

24  RiLi Teil C, Kapitel 3, IV.4; HABM-BK R 336/2001-1 vom 7.7.2003 (Nr 24) *GORDON & SMITH.*
25  RiLi Teil C, Kapitel 3, II; diese Konstellation lag EuG T-006/05 vom 6.9.2006, GRUR Int 2007, 51 *Def-Tec zugrunde.*
26  ABl-EG L 12/2001, S 1 = ABl-HABM 2001, 842.
27  Siehe auch Stauder, GRUR Int 1976, 512.

keit innerhalb der Gerichte der Mitgliedstaaten regelt Art 106 mit der subsidiären Zuständigkeit der Gerichte in Alicante als dem Ort, an dem die GM belegen ist.

14 Nach den Reformvorschlägen der Kommission vom 27.3.2013 soll der Übertragungsanspruch künftig entweder zentral vor dem HABM (und zwar durch Antrag vor der Löschungsabteilung) oder vom Beklagten vor einem Gemeinschaftsmarkengericht geltend gemacht werden können.

## Artikel 19 Dingliche Rechte

**(1) Die Gemeinschaftsmarke kann unabhängig vom Unternehmen verpfändet werden oder Gegenstand eines sonstigen dinglichen Rechts sein.**

**(2) Die in Absatz 1 genannten Rechte werden auf Antrag eines Beteiligten in das Register eingetragen und veröffentlicht.**

*Schennen*

**Literatur:**
*McGuire/von Zumbusch/Joachim*, Verträge über Schutzrechte des geistigen Eigentums (Übertragung und Lizenzen) und dritte Parteien, GRUR Int 2006, 684.

## 1 Allgemeines

1 Diese Bestimmung erlaubt die Eintragung dinglicher Rechte an GMn im Register für Gemeinschaftsmarken. Entsprechendes gilt nach Art 24 für GMAen. Die Belastung der GM mit einem dinglichen Recht kann unabhän-

gig vom Unternehmen erfolgen; sie ist »minus« zur Vollübertragung nach Art 17. Die teilweise Belastung der GM mit dinglichen Rechten nur hinsichtlich einzelner Waren und Dienstleistungen ist nicht möglich,[1] was auch aus dem Gegenschluss aus R 34 (1) (c) folgt; anderslautende nationale Bestimmungen, die dies für nationale Marken erlauben, wie Art 46 (2) des spanischen MarkenG, sind auf GMn nicht anwendbar.

Art 19 wird ergänzt durch Art 16 hinsichtlich des anwendbaren Rechts, **2** durch Art 23 hinsichtlich der Wirkungen der Eintragung im Register gegenüber Dritten und Art 24 in Bezug auf GMAen. Auch die Anmeldung einer GMA hat vermögensrechtlichen Charakter und kann Gegenstand des Rechtsverkehrs sein. Art 19 wird ferner ergänzt durch Art 2 Nr 23, 24 GebV und durch R 33 und R 35 hinsichtlich des Verfahrens, die auch die Löschung und Übertragung dieser Rechte regeln. Letzteres soll nach den Reformvorschlägen der Kommission in Art 19 selbst vorgesehen werden.

## 2 Arten möglicher dinglicher Rechte

Für die Frage, ob und welches dingliche Recht an einer GM bestellt werden **3** kann, ist zweistufig vorzugehen: Zunächst ist das Recht zu bestimmen, dem die GM als Gegenstand des Vermögens unterliegt, sodann, welche Arten von dinglichen Rechten das somit anwendbare nationale Recht kennt.

### 2.1 Anwendbares nationales Recht

Wegen des Grundsatzes der Einheitlichkeit der GM (Art 1) wird die GM als **4** Gegenstand des Vermögens insgesamt einheitlich nach dem Recht nur eines einzigen Mitgliedstaates behandelt (siehe unter Art 16 Rdn 1). Dieses nationale Recht, das nach Art 16 bestimmt wird, definiert, welche Arten von dinglichen Rechten an der GM bestellt werden können und unter welchen Voraussetzungen und mit welchen rechtlichen Wirkungen. Jedoch ist die GM einheitlich in allen Mitgliedstaaten als »Recht« zu behandeln, nicht wie eine bewegliche Sache oder ein Grundstück, so dass nur solche dinglichen Rechte zulässig sind, die nach der jeweiligen nationalen Rechtsordnung als Rechte an Rechten anerkannt sind. Dass Art 19 Pfandrechte erwähnt, bedeutet somit nicht, dass diese auch in allen Mitgliedstaaten als Rechte an einer

---

1 Für das Gemeinschaftsgeschmacksmuster ebenso Ruhl/Schlötelburg, Art 29 Rn 3.

GM zulässig sind; ob dies der Fall ist, richtet sich vielmehr nach dem jeweiligen nationalen Recht.

5  Ausgeschlossen ist die Anwendbarkeit des Rechts eines Mitgliedstaates, das nicht nach Art 16 maßgeblich ist, und in jedem Fall die Anwendbarkeit des Rechts von Drittstaaten. Dies bedeutet, dass die Bestellung dinglicher Rechte nach dem Recht eines solchen anderen Staates unwirksam ist und keine Rechtswirkungen entfaltet. Ob die Bestellung eines dinglichen Rechts nach dem Recht des Mitgliedstaates A in die Bestellung eines dinglichen Rechts nach dem Recht des Mitgliedstaates B umgedeutet werden kann, ist noch nicht geklärt.

6  Das Realstatut nach Art 16 ist wandelbar, wenn zB der Inhaber der GM seinen Wohnsitz in einen anderen Mitgliedstaat verlegt (siehe unter Art 16 Rdn 7). Dies hat jedoch keine Auswirkungen auf bereits bestellte dingliche Rechte; diese bleiben unverändert bestehen. Lediglich neu zu bestellende dingliche Rechte können dann nur noch nach dem Recht des nunmehr anwendbaren Mitgliedstaates bestellt werden.

### 2.2 Dingliche Rechte nach deutschem Recht

7  Dingliche Rechte, die im Fall der Anwendbarkeit deutschen Rechts bestellt werden können, sind Nießbrauch und Pfandrecht.

### 2.2.1 Nießbrauch

8  Es kann an der GM ein Nießbrauch an Rechten gemäß § 1068 (1) DE-BGB bestellt werden.[2] Der Nießbrauch berechtigt dazu, Nutzungen aus dem Recht zu ziehen, § 1030 DE-BGB. Nutzungen sind nach § 100 DE-BGB die Früchte eines Rechts oder die Vorteile, welche der Gebrauch der Sache gewährt. Nutzungen können somit zB Einnahmen aus Lizenzgebühren sein. Allerdings erfasst dann der Nießbrauch die Lizenzgebühren, die dem Inhaber der Marke kraft des Lizenzvertrags zufließen, gewährt jedoch kein eigenes Recht des Nießbrauchnehmers, Lizenzen am Schutzrecht zu erteilen.[3]

---

2  Benkard/Ullmann, PatG, § 15 Rn 42; Ingerl/Rohnke, § 29 Rn 9; beide zu nationalen Patenten bzw Marken.
3  AA Ingerl/Rohnke, § 29 Rn 8.

### 2.2.2 Pfandrecht

An der GM kann ein Pfandrecht an Rechten gemäß § 1273 DE-BGB be- 9
stellt werden.[4] Das Pfandrecht gewährt dem Pfandgläubiger das Recht, das
verpfändete Schutzrecht im Falle der Pfandreife zu verwerten, §§ 1228,
1235, 1247 DE-BGB.[5]

Für die Entstehung des Pfandrechts bedarf es keiner Eintragung im Register 10
des HABM.[6] § 1280 DE-BGB, wonach die Verpfändung einer Forderung
einer Anzeige an den Schuldner bedarf, ist nicht anwendbar, da die GM keine Forderung (vgl § 398 DE-BGB) ist, sondern ein absolutes Recht; im übrigen ist das HABM nicht Schuldner.

### 2.2.3 Sicherungsabtretung

Wegen des Numerus clausus der dinglichen Rechte sind andere dingliche 11
Rechte an der GM nach deutschem Recht nicht möglich. Die Sicherungs-
abtretung ist kein dingliches Recht, sondern Übertragung der Inhaberschaft,
im Innenverhältnis beschränkt durch den Sicherungszweck; Einzelheiten siehe unter Art 17 Rdn 13.

### 2.3 Dingliche Rechte nach spanischem Recht

Art 46 des spanischen MarkenG[7] definiert die dinglichen Rechte, die an ei- 12
ner spanischen Marke bestellt werden können und die somit im Falle der
Anwendbarkeit spanischen Rechts nach Art 16 auch an einer GM bestellt
werden können.

Es handelt sich um das Pfandrecht (»garantia«, siehe auch der spanische 13
Wortlaut von Art 19 (1)), das Vorkaufsrecht (»opción de compra«) und die
Mobiliarhypothek. Letztere bedarf zu ihrer Wirksamkeit der Eintragung im
Registro de Bienes Muebles. Art 46 ES-MarkenG schreibt auch deren automatische Eintragung im Register des spanischen Patent- und Markenamtes
vor; dies ist aber für eine GM nicht anwendbar und ist nicht Voraussetzung
für die Wirksamkeit der Entstehung einer solchen Mobiliarhypothek. Nach

---

4 Benkard/Ullmann, PatG, § 15 Rn 42; Ingerl/Rohnke, § 29 Rn 5; McGuire/von
  Zumbusch/Joachim, GRUR Int 2006, 689.
5 Benkard/Ullmann, PatG, § 15 Rn 42.
6 Ebenso Ingerl/Rohnke, § 29 Rn 5.
7 Boletín Oficial del Estado vom 29.11.2001, S 245.

Feliu Rey[8] fällt auch der Nießbrauch (usofructo) unter die möglichen dinglichen Rechte.

14 Das gesetzliche Vorkaufsrecht zu Gunsten desjenigen, der eine Marke veräußert, das Art 46 (1) des spanischen Markengesetzes für den Fall, dass der Erwerber die Marke weiterveräußert, vorsieht, ist jedoch nicht auf eine GM anwendbar; ein Vorkaufsrecht müsste somit vertraglich vereinbart werden.

## 3 Wirkungen der Eintragung

15 Es gelten die beschränkten Rechtswirkungen der Eintragung in das Register für GMn gemäß Art 23. Mit anderen Worten erlöschen dingliche Rechte, die nicht in das Register für GMn eingetragen sind, wenn die GM anschließend an einen Erwerber veräußert wird, der von dem dinglichen Recht keine Kenntnis hatte. Diese Bestimmung des Gemeinschaftsrechts geht entgegenstehendem nationalen Recht vor, zB Art 46 (2) ES-MarkenG.

## 4 Eintragung des dinglichen Rechts

16 Das Verfahren zur Eintragung des dinglichen Rechts richtet sich nach R 33 und entspricht grundsätzlich dem Verfahren für die Eintragung von Lizenzen (siehe unter Art 22 Rdn 34–49). R 35 (3) sieht die Gebührenpflicht vor.

17 Als Besonderheit ist lediglich zu erwähnen, dass die Eintragung auf Antrag eines »Beteiligten« erfolgt (Art 19 (2)) und als Beteiligte der Inhaber der GM sowie der Inhaber des dinglichen Rechts anzusehen sind, nicht jedoch staatliche Stellen. Auch müssen im Unterschied zur Eintragung einer Lizenz bei einem dinglichen Recht, das nur einen Teil des VerzWDL betrifft, die betr Waren und Dienstleistungen nicht angegeben werden (R 33 (1) (a) nF iVm R 31 (1) (c)). Grund ist, dass die Verwertung der GM ohnehin insgesamt blockiert ist.

18 Die Gebühr für die Eintragung wie auch für die Löschung eines dinglichen Rechts beträgt gemäß Art 2 Nr 23, 24 GebV 200 Euro mit einer Obergrenze von 1000 Euro bei Beantragung der Eintragung dinglicher Rechte für mehrere GMn (siehe dazu unter Art 22 Rdn 49). Diese Gebührenermäßigung setzt Personenidentität voraus: Sowohl der Inhaber der GM als auch der Inhaber des dinglichen Rechts müssen jedesmal dieselbe Person sein.

---

8 Feliu Rey, Comentarios, S 240.

Das dingliche Recht wird im Blatt für GMn veröffentlicht und ins Register 19
eingetragen, Art 19 (2), R 84 (3) (h), R 85 (2). Gleiches gilt für die Übertragung eines dinglichen Rechts und die Löschung der Eintragung eines dinglichen Rechts, R 35, R 84 (3) (h), (s).

## Artikel 20  Zwangsvollstreckung

(1) Die Gemeinschaftsmarke kann Gegenstand von Maßnahmen der Zwangsvollstreckung sein.

(2) Für die Zwangsvollstreckungsmaßnahmen sind die Gerichte und Behörden des nach Artikel 16 maßgebenden Mitgliedstaats ausschließlich zuständig.

(3) Die Zwangsvollstreckungsmaßnahmen werden auf Antrag eines Beteiligten in das Register eingetragen und veröffentlicht.

*Schennen*

## 1 Allgemeines

Die Bestimmung erlaubt die Eintragung von Zwangsvollstreckungsmaßnah- 1
men an einer GM. Die GM kann als Gegenstand des Vermögens Gegenstand von Zwangsvollstreckungsmaßnahmen sein (siehe Art 16), die die GM in ihrer Gesamtheit (siehe Art 1) erfassen.

Die Vorschrift wird ergänzt durch Art 16 und Art 24. Art 23 verweist nicht 2
auf Art 20 und gilt somit nicht. Die Vorschrift wird außerdem ergänzt durch R 33 und R 35 für das Verfahren zur Eintragung solcher Maßnahmen im Register für Gemeinschaftsmarken sowie deren Löschung. R 35 spricht von der Löschung »anderer Rechte«, verweist aber auf R 33 (1), die die Eintragung von Zwangsvollstreckungsmaßnahmen vorsieht, und gilt somit auch für die Löschung von Zwangsvollstreckungsmaßnahmen.

## 2 Zuständigkeit für Zwangsvollstreckungsmaßnahmen

3 Art 20 (2) erklärt die Gerichte des nach Art 16 zuständigen Mitgliedstaates für ausschließlich zuständig. Es ist also zunächst nach Art 16 zu bestimmen, welchem Mitgliedstaat die GM als Gegenstand des Vermögens zugeordnet ist und welchem nationalen Recht sie somit als Gegenstand des Vermögens unterliegt. Zwangsvollstreckungsmaßnahmen, die von Gerichten von anderen als den nach Art 16 zuständigen Mitgliedstaaten angeordnet werden, sind unwirksam. Gleiches gilt für Zwangsvollstreckungsmaßnahmen, die von Gerichten eines Drittstaats angeordnet werden. Diese können auch nicht ins Register für GMn eingetragen werden.

## 3 Wirkung der Zwangsvollstreckungsmaßnahme

4 Da Art 23 nicht gilt, richten sich die Rechtswirkungen der Zwangsvollstreckungsmaßnahme nach nationalem Recht.[1] Dies bedeutet unter anderem, dass kein Sukzessionsschutz eintritt: Auch die nicht eingetragene Zwangsvollstreckungsmaßnahme geht nicht etwa im Falle der Weiterveräußerung der GM unter.

## 4 Zwangsvollstreckungsmaßnahmen nach deutschem Recht

5 Soweit deutsches Recht nach Art 16 anwendbar ist, erfolgt die Pfändung einer Marke durch Pfändungsbeschluß nach § 857 DE-ZPO, der vom AG als Vollstreckungsgericht erlassen wird, § 828 DE-ZPO.[2] Die Pfändung wird mit Zustellung des Pfändungsbeschlusses an den Schuldner (Markeninhaber) wirksam; dem Markeninhaber wird ein Verfügungsverbot auferlegt.[3] Das Markenrecht verbleibt auch nach der Pfändung dem Inhaber der GM; der Pfandgläubiger wird nicht Markeninhaber und auch nicht Beteiligter im Verfahren vor dem Amt.[4] Die Zustellung der Pfändungsmaßnahme an das HABM ist nicht Wirksamkeitsvoraussetzung; das HABM ist nicht Drittschuldner.[5]

---

1 Siehe Singer/Almer, Art 71 Rn 22.
2 Siehe Singer/Almer, Art 71 Rn 21; Ingerl/Rohnke, § 29 Rn 9; Benkard/Ullmann, PatG, § 15 Rn 44.
3 Siehe BGH GRUR 1994, 602 *Rotationsbürstenwerkzeug*; Singer/Almer, Art 71 Rn 21.
4 Ingerl/Rohnke, § 29 Rn 10.
5 Ingerl/Rohnke, § 29 Rn 9.

Für die Durchsetzung des Verfügungsverbots gegenüber dem HABM enthält 6
das Verfahrensrecht des HABM keine Bestimmungen mit Ausnahme des
Art 50 (3), der den im Register eingetragenen Inhaber eines Rechts (darunter
muß auch der Begünstigte einer Zwangsvollstreckungsmaßnahme fallen, siehe unter Art 50 Rdn 17) vor dem Verzicht durch den Inhaber der GM dadurch schützt, dass der vom Inhaber der GM erklärte Verzicht nur mit seiner
Zustimmung eingetragen werden kann. Ansonsten ist der Pfändungsgläubi-
ger darauf angewiesen, schädigende Verfügungen entsprechend nationalem
Zivil- und Zwangsvollstreckungsrecht zu unterbinden. Die Neufassung von
R 30 macht es dem Begünstigten einer Zwangsvollstreckungsmaßnahme
leicht, auch ohne Nachweis der Zustimmung des Inhabers der GM gegenüber dem Amt den Verlängerungsantrag zu stellen und die Verlängerung der
GM zu betreiben, siehe unter Art 47 Rdn 37, 40. Allerdings kann der Inhaber der GM der Verlängerung widersprechen. Damit würde er sich aber
schadensersatzpflichtig machen.

### 5 Verfahren zur Eintragung

Das Verfahren zur Eintragung von Zwangsvollstreckungsmaßnahmen im Re- 7
gister für GMn richtet sich nach R 33 und entspricht mit einer Ausnahme
(R 33 (1) (a)) grundsätzlich dem Verfahren für die Eintragung von Lizenzen
(siehe unter Art 22 Rdn 34–49). Die Ausnahme ist, dass bei einer Zwangsvollstreckungsmaßnahme, die nur einen Teil des VerzWDL betrifft, die betr
Waren und Dienstleistungen nicht angegeben werden müssen (R 33 (1) (a)
nF iVm R 31 (1) (c)). Grund ist zum einen der öffentlich-rechtliche Charakter der Maßnahme, zum zweiten, dass die Verwertung der GM ohnehin insgesamt blockiert ist. Die Eintragung erfolgt auf Antrag eines »Beteiligten«,
Art 20 (3). Beteiligter sind Inhaber der GM und der Gläubiger der Zwangsvollstreckungsmaßnahme; stellt letzterer den Antrag, so hat er das Bestehen
der Zwangsvollstreckungsmaßnahme nachzuweisen (R 33 (1) (b) nF, siehe
unter Art 22 Rdn 34–49). Aus dem Gegenschluss aus Art 21 (2) ergibt sich,
dass das nationale Vollstreckungsgericht nicht Beteiligter ist. Es wird im übrigen auch kaum bereit sein, die Gebühr in Höhe von 200 Euro zu zahlen,
die gemäß Art 2 Nr 23 GebV für den Antrag auf Eintragung der Zwangsvollstreckungsmaßnahme zu entrichten ist. Für die Gebühr gilt eine Obergrenze von 1000 Euro für mehrere GMn, wenn sowohl der Inhaber der GM
und der Begünstigte der Zwangsvollstreckungsmaßnahme (also der Vollstreckungsgläubiger) eine und dieselbe Person sind (siehe unter Art 22 Rdn 49).

**8** Die Löschung der Zwangsvollstreckungsmaßnahme gemäß R 35 erfolgt ebenfalls auf Antrag und gegen Zahlung einer Gebühr von 200 Euro, Art 2 Nr 24 GebV. Sie erfolgt nur, wenn der Nachweis vorgelegt wird, dass die Zwangsvollstreckungsmaßnahme aufgehoben wurde, R 35 (4).

**9** Gemäß R 84 (3) (i) (s), R 85 (2) sind die Eintragung und die Löschung von Zwangsvollstreckungsmaßnahmen im Register für GMn einzutragen und im Blatt für GMn zu veröffentlichen.

## Artikel 21 Insolvenzverfahren

(1) Eine Gemeinschaftsmarke kann nur dann von einem Insolvenzverfahren erfasst werden, wenn dieses in dem Mitgliedstaat eröffnet wird, in dessen Hoheitsgebiet der Schuldner den Mittelpunkt seiner Interessen hat. Ist der Schuldner jedoch ein Versicherungsunternehmen oder ein Kreditinstitut im Sinne der Richtlinie 2001/17/EG des Europäischen Parlaments und des Rates bzw. der Richtlinie 2001/24/EG des Europäischen Parlaments und des Rates, so kann eine Gemeinschaftsmarke nur dann von einem Insolvenzverfahren erfasst werden, wenn dieses in dem Mitgliedstaat eröffnet wird, in dem dieses Unternehmen bzw. dieses Institut zugelassen ist.

(2) Absatz 1 ist im Fall der Mitinhaberschaft an einer Gemeinschaftsmarke auf den Anteil des Mitinhabers entsprechend anzuwenden.

(3) Wird die Gemeinschaftsmarke von einem Insolvenzverfahren erfasst, so wird dies auf Antrag der zuständigen nationalen Stelle in das Register eingetragen und in dem Blatt für Gemeinschaftsmarken gemäß Artikel 85 veröffentlicht.

*Schennen*

## 1 Allgemeines

Diese Bestimmung ist durch die VO Nr 422/2004[1] mit Wirkung zum **1**
10.3.2004 völlig neu gefasst worden. Sowohl die Verweisung auf die anwendbaren Rechtsvorschriften als auch der materiellrechtliche Regelungsgehalt wurden durchgreifend geändert. Grund für die Neuregelung war, dass die in der Fassung der GMV von 1993 als für die Zukunft erst zu erwartende gemeinschaftliche Harmonisierung des Insolvenzrechts mittlerweile Realität ist. Eine solche gemeinschaftliche Harmonisierung ist inzwischen in Form der VO (EG) Nr 1346/00 vom 29.5.2000 über Insolvenzverfahren[2] erfolgt, auf die unten unter Rdn 7–13 näher eingegangen wird. Art 21 (1) verwirklicht den materiellen Regelungsgehalt dieser VO, jedoch nicht exakt. Die VO (EG) Nr 1346/00 gilt nicht für Kreditinstitute und Versicherungsunternehmen. Für diese übernimmt Art 21 (1) den Regelungsgehalt der RL 2001/17/EG des Europäischen Parlaments und des Rates vom 19.3.2001 über die Sanierung und Liquidation von Versicherungsunternehmen[3] und der RL 2001/24/EG des Europäischen Parlaments und des Rates vom 4.4.2001 über die Sanierung und Liquidation von Kreditinstituten.[4]

Es kommt also darauf an, ob es sich um ein Kreditinstitut oder Versiche- **2**
rungsunternehmen oder um ein sonstiges Unternehmen handelt. Bei Kreditinstituten und Versicherungsunternehmen wird die GM von einem Insolvenzverfahren nur in dem Mitgliedstaat erfasst, in dem das Unternehmen seinen Sitz hat. Bei einem sonstigen Unternehmen wird die GM von einem Insolvenzverfahren nur in dem Mitgliedstaat erfasst, in dem der Schuldner (dh der Inhaber der vom Insolvenzverfahren erfassten GM) den Mittelpunkt seiner Interessen hat.

---

1 ABl-EG L 70 vom 9.3.2004, S 1 = ABl-HABM 2004, 622.
2 ABl-EG L 160 vom 30.6.2000, S 1.
3 ABl-EG L 110 vom 20.4.2001, S 28.
4 ABl-EG L 125 vom 5.5.2001, S 15.

3 Insolvenzverfahren betreffen die GM als Gegenstand des Vermögens. Die Tatsache, dass die GM der Rechtsordnung eines bestimmten Mitgliedstaates unterliegt (Art 16; siehe auch Art 23 (4)), bedeutet nicht, dass die GM nur von in diesem Mitgliedstaat eröffneten Insolvenzverfahren erfasst werden kann. Ein in einem Mitgliedstaat eröffnetes Insolvenzverfahren kann ohne weiteres auch Vermögensgegenstände des Schuldners in anderen Mitgliedstaaten betreffen. Sowohl Art 21 als auch die VO Nr 1346/00 verwirklichen das Prinzip, dass die GM nur von einem einzigen Insolvenzverfahren erfasst werden kann, was Ausdruck des Grundsatzes der Einheitlichkeit der GM (siehe Art 1 (2)) ist.[5] Außerdem muß es sich um ein in einem Mitgliedstaat eröffnetes Verfahren handeln.

4 Vermerke über Insolvenzverfahren werden im Register für GMn eingetragen bzw, wenn es sich um eine GMA handelt, in den Anmeldeakten vermerkt (Art 21 (2) iVm Art 24). Ergänzende Bestimmungen über die Eintragung der entsprechenden Vermerke sind in R 33 und R 35 getroffen worden. R 73 (1) (b) ermöglicht die Unterbrechung des Verfahrens, wenn der Inhaber der GM aufgrund eines Insolvenzverfahrens zeitweilig an der Fortsetzung des Verfahrens gehindert ist.

5 Zu Art 21 gibt es die gemeinsamen Protokollerklärungen des Rates und der Kommission Nr B 12 (a) und B 12 (b).[6] In der ersten dieser beiden Protokollerklärungen bekräftigen Rat und Kommission die Auffassung, dass, soweit das nationale Recht des nach Art 21 bestimmten Mitgliedstaates Regelungen über Schranken von Maßnahmen aufgrund von Insolvenzen, zB bei Eingriffen in das Persönlichkeitsrecht, enthält, diese auch bei Insolvenzverfahren für GMn Anwendung finden. Die zweite der beiden Protokollerklärungen bekräftigt, dass die in Art 234 EG-V (nunmehr: Art 307 EG-V nF) niedergelegten Grundsätze für Übereinkünfte gelten, die vor Inkrafttreten der GMV zwischen einem oder mehreren Mitgliedstaaten einerseits und einem oder mehreren Drittländern andererseits geschlossen wurden. Diese Protokollerklärungen sind nur für Insolvenzverfahren betr Versicherungsunternehmen und Kreditinstitute noch von Interesse, für die nationales Recht weitergilt, wenn auch durch die RL 2001/17/EG und die RL 2001/24/EG harmonisiert. Jedoch muß die Einschränkung gemacht werden, dass sich aus dem nationalen Recht des betroffenen Mitgliedstaates keine

---

5 Tato, Comentarios, S 275.
6 ABl-HABM 1996, 612.

Verweisung auf die Zuständigkeit von Gerichten oder Behörden eines Drittstaats ergeben darf.

## 2  Normale Unternehmen

Für alle Schuldner (natürliche oder juristische Personen), die nicht Versiche-  6
rungsunternehmen oder Kreditinstitute sind, gilt Art 21 (1) Satz 1.

### 2.1  Verordnung (EG) Nr 1346/2000

Für diese Schuldner gilt die VO (EG) Nr 1346/2000 vom 29.5.2000 über  7
Insolvenzverfahren.[7] Diese Verordnung ist nach ihrem Art 47 am 31.5.2002
in Kraft getreten. Sie gilt für die in Anhang A dieser VO bezeichneten Verfahrensarten. Für Deutschland sind dies das Konkursverfahren, das gerichtliche Vergleichsverfahren, das Gesamtvollstreckungsverfahren und nunmehr
aufgrund der am 1.1.1999 in Kraft getretenen Insolvenzordnung das Insolvenzverfahren. Für die anderen Mitgliedstaaten sind die vergleichbaren nationalen Verfahrenstypen in Anhang A aufgeführt.

Zentrale Bestimmung der VO (EG) Nr 1346/2000 ist, dass nach ihrem  8
Art 3 (1) nur die Gerichte desjenigen Mitgliedstaates zuständig sind, auf dessen Territorium sich der Schwerpunkt der wirtschaftlichen Interessen des
Schuldners befindet; bei Gesellschaften und juristischen Personen wird vermutet, dass dies der Ort ist, an dem sich deren Sitz befindet.

Art 3 (2), (3) der VO (EG) Nr 1346/2000 erlauben auch die Eröffnung von  9
Insolvenzverfahren dort, wo der Schuldner eine Niederlassung besitzt, sowie
die Eröffnung von Folgeverfahren; die Anwendung dieser Bestimmungen
auf GMn ist jedoch durch Art 12 der VO ausgeschlossen. Art 12 der VO bestimmt, dass eine GM oder ein ähnliches durch Gemeinschaftsrecht geschaf-
fenes Recht (darunter fällt auch das Gemeinschaftsgeschmacksmuster und
das gemeinschaftliche Sortenschutzrecht) nur in einem Hauptinsolvenzver-
fahren gemäß Art 3 (1) der VO erfasst werden darf.

Art 4 (1) der VO EG) Nr 1346/2000 bestimmt, dass, soweit keine anderen  10
Bestimmungen getroffen worden sind, auf das betr Insolvenzverfahren und
seine Wirkungen das Recht des Mitgliedstaates Anwendung findet, in dem
das Verfahren eröffnet worden ist. Diese Bestimmung ist allerdings durch

---

7  ABl-EG L 160 vom 30.6.2000, S 1.

Art 23 (4) eingeschränkt. Die VO (EG) Nr 1346/2000 gilt jedoch für diese Verfahren nur mit sachlichen und territorialen Einschränkungen.

11   Kraft ausdrücklicher Bestimmung in Art 1 (2) der Verordnung gilt sie nicht für Insolvenzverfahren von Versicherungsunternehmen, Kreditinstituten, Investmentfonds und vergleichbaren Unternehmen.

12   Geographisch ist der Anwendungsbereich der Verordnung zunächst begrenzt auf Verfahren gegen Schuldner, deren Vermögensschwerpunkt innerhalb der EG liegt (14. Erwägungsgrund).

13   Die VO gilt ferner für Dänemark überhaupt nicht und für Großbritannien nur mit Einschränkungen.

### 2.2 Regelungsinhalt des Abs 1

14   Somit ergibt sich folgender Befund:

15   Für Inhaber von GMn, die keine Versicherungsunternehmen oder Kreditinstitute sind und die ihren Schwerpunkt der wirtschaftlichen Interessen in einem Mitgliedstaat der EG ausgenommen Dänemark und Großbritannien haben, stimmt der Regelungsgehalt von Art 21 (1) Satz 1 mit der VO (EG) Nr 1346/2000 überein. Allerdings ist der in der deutschen Fassung der VO Nr 422/2004 verwandte Begriff »Mittelpunkt seiner Interessen« unzutreffend, und es ist statt dessen der Begriff des »Schwerpunkts der wirtschaftlichen Interessen« gemäß Art 3 (1) der VO (EG) Nr 1346/2000 zugrundezulegen. Außerdem gilt die Vermutung des Art 3 (1) der VO (EG) Nr 1346/2000, dass dies bei einer Gesellschaft oder juristischen Person der Ort des Sitzes ist.

16   Für Inhaber von GMn, die keine Versicherungsunternehmen oder Kreditinstitute sind und die ihren Schwerpunkt der wirtschaftlichen Interessen in Dänemark oder Großbritannien haben, trifft Art 21 (1) Satz 1 eine eigenständige materiellrechtliche Regelung und harmonisiert somit unmittelbar europäisches Insolvenzrecht.

### 3 Versicherungsunternehmen, Kreditinstitute

17   Für Inhaber von GMn, die Versicherungsunternehmen oder Kreditinstitute sind, die in einem Mitgliedstaat zugelassen sind, gilt nunmehr nach Art 21 (1) S 2, dass die GM nur von einem Insolvenzverfahren in dem Mitgliedstaat erfasst werden darf, in dem das Unternehmen zugelassen ist.

## 4 Konkurseröffnung in Drittstaaten

Nationales Recht gilt weiterhin                                                    18
- wenn der Inhaber der GM ein Versicherungsunternehmen oder Kreditinstitut ist, das in einem Staat außerhalb der EG zugelassen ist,
- für andere Inhaber von GMn als Versicherungsunternehmen oder Kreditinstitute, wenn der Schuldner seinen wirtschaftlichen Interessenschwerpunkt außerhalb der EG hat.

Zu Unrecht erweckt Art 21 (1) den Eindruck, in diesen Fällen könne die    19
GM nie von einem Insolvenzverfahren erfasst werden. Vielmehr gilt in diesen Fällen nationales Recht, da die bisherige Bestimmung in Art 21 (1) aF,
dass die GM von einem Konkurs- oder konkursähnlichen Verfahren nur in
dem Mitgliedstaat erfasst wird, in dem das Verfahren zuerst eröffnet wird,
aufgehoben wurde. Das deutsche Insolvenzrecht bestimmt, dass ein Inlands-
Sonderinsolvenzverfahren der Anerkennung eines ausländischen Insolvenzverfahrens vorgeht.[8] Es kann davon ausgegangen werden, dass auch das
nationale Insolvenzrecht anderer Mitgliedstaaten einen Vorrang von Inlandsverfahren vorsieht, ohne dass allerdings in diesen Fällen von einem Vorrang
eines zuerst in einem anderen EG-Mitgliedstaat eröffneten Verfahrens ausgegangen werden kann.

Die Eröffnung von Konkursverfahren in Drittstaaten ist grundsätzlich unbe   20
achtlich. Art 21 (1) bestimmt ausdrücklich, dass die GM nur von einem in
einem Mitgliedstaat eröffneten Insolvenzverfahren erfasst werden kann, so
dass Gerichten außerhalb der EG keine materiellrechtliche Befugnis zur Verwertung der GM zusteht. Art 21 (1) hindert also nicht nur die Eintragung
der Maßnahme ins Register. Damit ist letztlich die Anerkennung von Insolvenzverfahren, die in einem Nicht-EG-Mitgliedstaat eröffnet wurden, ausgeschlossen und in Deutschland nur Inlands-Sonderinsolvenzverfahren möglich sind. Ist lediglich in einem Drittstaat ein Konkursverfahren eröffnet
worden, so hat dies vermögensrechtlich auf die GM keine Auswirkungen
und kann auch nicht in das Register für GMn eingetragen werden.

---

8 Hess/Weis/Wienberg, Kommentar zur Insolvenzordnung, 2. Aufl Heidelberg 2001,
  Art 102 EGInsO Rn 18, 38, 88.

## 5 Kritik

21 Die Neuregelung von Art 21 muß als mißlungen bewertet werden. Der Gesetzgeber sollte davon absehen, in einer VO über die GM materielles Insolvenzrecht zu regeln. Soweit gemeinschaftsrechtliche Regelungen insolvenzrechtlicher Art bestehen, gelten diese unmittelbar auch für GMn als Gegenstand des Vermögens, wobei die Unterschiede zwischen VO und RL zu beachten sind. Nur dort, wo keine gemeinschaftsrechtliche Regelung besteht, besteht überhaupt Anlaß zur Harmonisierung in der GMV, um den Besonderheiten der GM als supranationalem Schutzrecht gerecht zu werden. Art 21 aF mit einer materiellrechtlichen Auffangregelung für alle die Fälle, die nicht oder noch nicht gemeinschaftsrechtlich geregelt sind, leistete dies vollkommen korrekt. Auch hat der Gesetzgeber der VO Nr 422/2004 übersehen, Art 23 (4) entsprechend anzupassen. Auch die notwendige Einschränkung auf Insolvenzverfahren, die in einem Mitgliedstaat eröffnet werden, war in Art 21 aF bereits enthalten. Der Gesetzgeber meinte, die gemeinschaftsrechtliche Harmonisierung des Insolvenzrechts sei abgeschlossen, was aber nicht der Fall ist. Zu schlechter Letzt hat der Gesetzgeber die bisherige materiellrechtliche Regelung für Fälle mit EG-Außenbezug durch eine schlichte Nichtregelung ersetzt, die im Wege der korrigierenden Interpretation durch Anwendung nationalen Rechts zu schließen ist: dass 40 % der GMn (Anteil von Inhabern mit Sitz außerhalb der EG) nie im Insolvenzverfahren verwertet werden können, kann nicht richtig sein.

## 6 Eintragung des Insolvenzverfahrens

22 Art 21 (3) bestimmt, dass die Tatsache, dass die GM von einem Konkursverfahren erfasst worden ist, auf Ersuchen der zuständigen nationalen Stellen in das Register für GMn eingetragen wird.

### 6.1 Zuständige nationale Stelle

23 Wer zuständige nationale Stelle ist, ergibt sich aus Art 2 (b) und Anhang C der VO (EG) Nr 1346/2000. Nationale Behörden oder Gerichte von Drittstaaten fallen nicht unter den Begriff der zuständigen Stelle (siehe oben, Rdn 20).

24 § 125h DE-MarkenG enthält hierzu Ausführungsbestimmungen: Danach sind für die Mitteilungen an das HABM das Insolvenzgericht und der Insolvenzverwalter zuständig. Diese Bestimmung lehnt sich an Art 3 (3) des zwei-

ten Gesetzes über das Gemeinschaftspatent an.[9] Diese Mitteilungen erfolgen »im unmittelbaren Verkehr«, also nicht über den Weg über die Bundesregierung.

## 6.2 Verfahren zur Eintragung

Das Verfahren zur Eintragung von Insolvenzverfahren ist grundsätzlich das **25** gleiche wie bei der Eintragung von Lizenzen, R 33 (1). Es bestehen lediglich folgende Unterschiede:

Der Antrag auf Eintragung von Insolvenzmaßnahmen ist nicht gebühren- **26** pflichtig, R 33 (2).

Ein Nachweis über die Eröffnung des Insolvenzverfahrens ist nicht erforder- **27** lich, da der Antrag durch den Insolvenzverwalter gestellt werden muß und dieser stets gesetzlicher Vertreter des Inhabers der GM ist. Allerdings muß der Insolvenzverwalter nachweisen, dass er als solcher bestellt wurde, dh er muß die Tatsachen nachweisen, aus denen sich seine Vertretungsbefugnis für den Inhaber der GM ergibt. Dies folgt nun aus R 33 (1) mit Verweisung auf die Nachweispflicht der R 31 (d), (2) iVm R 33 (1) (b), die von der Nachweispflicht dispensiert, wenn der Antrag auf Eintragung der Maßnahme vom Inhaber der GM gestellt wird. Allerdings hat das HABM zu prüfen, ob die Voraussetzungen des Art 21 erfüllt sind und ob insbesondere es sich um eine antragsbefugte nationale Stelle handelt. Anträge von Stellen außerhalb der EG sind zurückzuweisen.[10]

Die Löschung entsprechender Eintragungen ist in R 35 geregelt. Auch die **28** Löschung der Eintragung ist nicht gebührenpflichtig, R 35 (3). Auch für die Löschung sind Nachweise nicht erforderlich. Dies ergibt sich lediglich indirekt aus R 35 (4), der den Nachweis des Wegfalls der Lizenz oder des sonstigen dinglichen Rechts verlangt, jedoch Eintragungen von Konkursmaßnahmen nicht erwähnt.

Die Insolvenzmaßnahme ist im Register für Gemeinschaftsmarken einzutra- **29** gen (R 84 (3) (i)) und im Blatt für Gemeinschaftsmarken zu veröffentlichen (R 85 (2)).

---

9 Gesetz vom 20.12.1991, BGBl II S 1354; amtliche Begründung siehe Bundesrats-Drucksache 164/91, S 15.
10 Unzutreffend Ekey/Klippel/von Kapff, GMV, Art 21 Rn 10.

## 7  Wirkung der Eintragung

**30** Für die Wirkung der Eintragung einer Insolvenzmaßnahme im Register für GMn gilt das unter Art 20 Rdn 4 Gesagte: Die Eintragung der Maßnahme bewirkt als solche weder einen Übergang der Inhaberstellung noch der Verfügungsbefugnis. Aus materiellem nationalem Recht folgt, dass mit der Eröffnung des Insolvenzverfahrens die gesetzliche Vertretungsberechtigung des Inhabers der GM auf den Insolvenzverwalter übergeht, ohne dass es dafür der Eintragung der Insolvenzeröffnung im Register für GMn bedarf. Dies bedeutet noch keine Registersperre.[11] Der Insolvenzverwalter kann den Betrieb fortführen oder die Marke verwerten. Die Verwertung führt dann ggf zu einem Inhaberwechsel, der wiederum gesondert nachzuweisen und einzutragen ist. Somit hat letztendlich die Eintragung der Eröffnung eines Insolvenzverfahrens im Register für GMn nur informative Funktion. Die Wirkung der Insolvenzeröffnung als solche ist in Art 23 (4) geregelt (siehe oben unter Rdn 21 sowie unter Art 23 Rdn 23).

## Artikel 22  Lizenz

(1) Die Gemeinschaftsmarke kann für alle oder einen Teil der Waren oder Dienstleistungen, für die sie eingetragen ist, und für das gesamte Gebiet oder einen Teil der Gemeinschaft Gegenstand von Lizenzen sein. Eine Lizenz kann ausschließlich oder nicht ausschließlich sein.

(2) Der Inhaber einer Gemeinschaftsmarke kann die Rechte aus der Gemeinschaftsmarke geltend machen gegen einen Lizenznehmer, der hinsichtlich des Folgenden gegen eine Bestimmung des Lizenzvertrags verstößt:
a)  der Dauer der Lizenz;
b)  der von der Eintragung erfaßten Form, in der die Marke verwendet werden darf;
c)  der Art der Waren oder Dienstleistungen, für die die Lizenz erteilt wurde;
d)  des Gebiets, in dem die Marke angebracht werden darf;
e)  der Qualität der vom Lizenznehmer hergestellten Waren oder erbrachten Dienstleistungen.

---

11  HABM-BK R 251/2008-4 vom 1.10.2008 (Nr 15, 30) *POHLSCHRÖDER*.

(3) Unbeschadet der Bestimmungen des Lizenzvertrags kann der Lizenznehmer ein Verfahren wegen Verletzung einer Gemeinschaftsmarke nur mit Zustimmung ihres Inhabers abhängig machen. Jedoch kann der Inhaber einer ausschließlichen Lizenz ein solches Verfahren anhängig machen, wenn der Inhaber der Gemeinschaftsmarke nach Aufforderung nicht selber innerhalb einer angemessenen Frist die Verletzungsklage erhoben hat.

(4) Jeder Lizenznehmer kann einer vom Inhaber der Gemeinschaftsmarke erhobenen Verletzungsklage beitreten, um den Ersatz seines eigenen Schadens geltend zu machen.

(5) Die Erteilung oder der Übergang einer Lizenz an einer Gemeinschaftsmarke wird auf Antrag eines Beteiligten in das Register eingetragen und veröffentlicht.

*Schennen*

**Literatur:**
*Fammler*, Die Gemeinschaftsmarke als Kreditsicherheit, WRP 2006, 534; *Gottzmann*, Sukzessionsschutz im Gewerblichen Rechtsschutz und Urheberrecht, Köln/Berlin/München 2009; *McGuire*, Lizenzen in der Insolvenz: ein neuer Anlauf zu einer überfälligen Reform, GRUR 2012, 657; *Plass*, Die Rechtsstellung des Markenlizenznehmers nach § 30 III und IV Markengesetz, GRUR 2002, 1029; *Stimmel*, Die Beurteilung von Lizenzverträgen unter der Rom I-Verordnung, GRUR Int 2010, 783.

## 1 Allgemeines

1   Art 22 bestimmt, dass die GM Gegenstand von Lizenzen sein kann. Die Vorschrift enthält keine Definition der Lizenz, wohl aber eine Regelung ihrer Wirkungen.

2   Art 22 (2) wurde durch VO Nr 207/2009 geändert, indem die Aufzählung der Bestimmungen des Lizenzvertrags, bei deren Verstoß der Inhaber der Marke die Rechte aus der Marke geltend machen darf, in gesonderte Buchstaben a) – e) aufgespalten wurde, ohne Änderungen im Wortlaut. Art 22 (1), (2) entspricht Art 8 MarkenRichtl. Art 22 wird ergänzt durch Art 16, der auch die Lizenz als absolut wirkende Belastung des Schutzrechts dem Realstatut eines bestimmten Mitgliedstaates unterstellt, durch Art 23, der die Wirkungen der Lizenz gegenüber Dritten und den Sukzessionsschutz regelt, durch Art 24, der die entsprechende Anwendung auf Lizenzen an GMAen regelt, sowie ferner durch R 33–35 hinsichtlich des Verfahrens zur Eintragung von Lizenzen. Durch VO Nr 1041/2005 sind mit Wirkung zum 25.7.2005 R 33, 35 geändert und R 34 neugefasst worden, jedoch im wesentlichen nur zur Klarstellung der bisherigen Amtspraxis. Das HABM hat RiLi über Lizenzen erlassen.[1]

3   Lizenzen werden auf Antrag im Register eingetragen (Art 22 (5), R 33), jedoch treten die meisten Wirkungen der Lizenz auch ohne eine solche fakultative Eintragung ein. Nach Art 23 ist die Eintragung der Lizenz nur erforderlich für deren Schutz gegenüber späteren Rechtshandlungen mit absoluter Wirkung wie Rechtsübertragungen, Erteilungen anderer Lizenzen oder Einräumung dinglicher Rechte, die mit der Lizenz inkompatibel sind. Jedoch treten die folgenden Wirkungen der Lizenz auch ohne deren Eintragung ein:

---

1  Überarbeitet 2012 als Teil E, Abschnitt 3.2.

– die Möglichkeit des Lizenznehmers, unter bestimmten Voraussetzungen einer Verletzungsklage des Inhabers der GM beizutreten oder selbst Verletzungsklage zu erheben, Art 22 (3), (4);

– die Tatsache, dass eine Überschreitung des Lizenzvertrags durch den Lizenznehmer eine Verletzung der GM darstellt, Art 22 (2);

– die Zurechnung einer Benutzung durch den Lizenznehmer als rechtserhaltende Benutzung zu Gunsten des Inhabers der GM. Dies ergibt sich bereits aus dem Wortlaut von Art 15 (2), der nur die Zustimmung des Inhabers zur Benutzung voraussetzt, noch nicht einmal das Bestehen eines förmlichen Lizenzvertrages, geschweige denn dessen Eintragung. Dies wird ferner bekräftigt durch die gemeinsame Protokollerklärung Nr B. 13 des Rates und der Kommission,[2] wonach Art 23 nicht so auszulegen ist, dass Art 15 auf den Fall der Benutzung einer GM durch den Lizenznehmer nur dann angewendet werden kann, wenn die Lizenz eingetragen ist.[3] Dies ist mittlerweile auch völkerrechtlich verbindlich festgelegt, und zwar in Art 19 (2) TRIPS-Abkommen, in der WIPO-Empfehlung über Markenlizenzen aus dem Jahr 2000 und in Art 19 (3) des TLT 2 (Singapore Treaty on the Law of Trademarks).[4]

Die Lizenz kann ausschließlich oder nicht ausschließlich sein, sie kann für **4** die GM als Ganzes oder nur für einzelne von deren Waren und Dienstleistungen erteilt werden, und sie kann auf einen geographischen Teil der Gemeinschaft beschränkt werden (Art 22 (1)). R 34 (4) erwähnt außerdem als Unterart der Lizenz die zeitlich begrenzte Lizenz. In der Möglichkeit, die Lizenz auf einen räumlichen Teil der Gemeinschaft zu beschränken, unterscheidet sich Art 22 von Art 17; die Übertragung der GM ist entsprechend dem Grundsatz der Einheitlichkeit der GM nur für die gesamte Gemeinschaft möglich. Mit der Möglichkeit, Lizenzen nur für einen Teil der Gemeinschaft zu erteilen, statuiert Art 22 (1) somit eine Ausnahme vom Grundsatz der Einheitlichkeit der GM iSv Art 1 (2) Satz 3. Die Möglichkeit, an der GM Lizenzen zu erteilen, die ggf territorial beschränkt sind, gehört zum Inhalt des Schutzrechts iSd »spezifischen Gegenstandes« des gewerb-

---

2 Abgedruckt in ABl-HABM 1996, 612.

3 Ebenso RiLi Teil E 3.2.1.

4 Angenommen am 27.3.2006 in Singapur, WIPO-Dokument TLT/R/DC/30; dieser »TLT 2« stellt keine Revision des TLT von 1994 dar, sondern einen eigenen Vertrag, der nach dessen Art 27 im Verhältnis der Staaten, die beiden Verträgen angehören, den TLT 1994 ersetzt.

lichen Schutzrechts nach der Rspr des EuGH zur Erschöpfung gewerblicher Schutzrechte.[5]

## 2 Der Lizenzvertrag

5 Lizenz ist die vertragliche Einräumung des Rechts zur Benutzung der GM an den Lizenznehmer, während das Eigentum (die Inhaberschaft) an der GM beim Lizenzgeber verbleibt. Die Lizenz setzt immer einen entsprechenden Vertrag voraus, was sich auch aus Art 22 (2) ergibt. Die Lizenz ist somit ein synallagmatischer (gegenseitiger) Vertrag, der mindestens folgende wesentlichen Elemente enthalten muss: Bestimmung des zu lizenzierenden Schutzrechts, Einräumung des Nutzungsrechts und Gegenleistung. Die Lizenz ist mehr als nur bloße Benutzungserlaubnis:[6] Durch die Zweiseitigkeit des Rechtsverhältnisses unterscheidet sich die Lizenz von der bloßen Duldung (siehe Art 54), durch die Einräumung klagbarer Ansprüche von der bloß widerruflichen Gestattung, durch die Einräumung eines subjektiven Benutzungsrechts am Schutzrecht von der Abgrenzungsvereinbarung und durch den Verbleib der Inhaberschaft beim Lizenzgeber von der Übertragung gemäß Art 17.

6 Anders als bei der Übertragung sieht Art 22 für den Lizenzvertrag kein bestimmtes Formerfordernis vor. Welche Form (mündlich, Schriftform, notarielle Beurkundung) erforderlich ist, richtet sich somit allein nach nationalem Recht. Inhalt und Wirksamkeit des Lizenzvertrags richten sich nach dem Vertragsstatut, dh dem nationalen Recht, dem der Lizenzvertrag unterliegt. Art 16 mit der Bestimmung eines bestimmten Mitgliedstaates als Recht des Realstatuts gilt dagegen nur für die Wirkungen der Lizenz als Gegenstand des Vermögens, konkret also, in welchem Mitgliedstaat die Lizenz als Nutzungsrecht an der GM »belegen« ist. Die Lizenz wirkt nicht lediglich als ein vertragliches Recht gegenüber dem Lizenzgeber, sondern ist ein von der GM abgeleitetes subjektives Recht. Sie genießt als solche den Schutz der GMV nach Maßgabe der besonderen Bestimmungen des Art 22. Rechtsdogmatisch ist sie qualifizierbar als Übertragung einzelner Nutzungsrechte, die

---

5 Siehe EuGH GRUR Int 1971, 450 *Deutsche Grammophon*; EuGH C-009/93 vom 22.6.1994, GRUR Int 1994, 614 *Ideal Standard*.

6 Ingerl/Rohnke, § 30 Rn 7; im Ergebnis wohl auch Ruhl/Schlötelburg, Art 32 Rn 5, allerdings mit mißverständlicher Differenzierung zwischen Benutzungserlaubnis und Benutzungsrecht.

an der GM bestehen, so wie wir auch im Urheberrecht die Übertragung von Nutzungsrechten kennen. Die in der deutschen Rechtslehre und Rechtspraxis entwickelte Diskussion über den Charakter der Markenlizenz als »schuldrechtlicher« oder »dinglicher« Lizenz[7] ist schon im Ausgangspunkt unzutreffend: Genauso wenig wie die Tatsache, dass die Marke durch Vertrag übertragen werden kann, bedeutet, dass die Inhaberschaft an der Marke schuldrechtlicher Natur sei, so wenig führt die Tatsache, dass die Lizenz durch Vertrag erteilt wird, dazu, dass die Lizenz selbst schuldrechtlicher Natur sei. Eine »dingliche« Lizenz kann es ebensowenig geben, da das DE-BGB einen Numerus clausus der dinglichen Rechte kennt, zu denen Markenlizenzen nun einmal nicht gehören. Zudem regelt Art 19 die Bestellung von dinglichen Rechten an der GM, zählt Lizenzen aber selbstverständlich nicht dazu. Zutreffend erscheint: Die GM ist kein dingliches, wohl aber ein absolutes Recht.[8] Die Übertragung von Rechten, einschließlich von gewerblichen Schutzrechten und Urheberrechten, ist ausdrücklich in § 413 DE-BGB geregelt, der auf § 398 DE-BGB (Abtretung) verweist.[9] Grundsätzlich gilt auch hier im deutschen Zivilrecht die Unterscheidung zwischen Verpflichtungs- und Verfügungsgeschäft, wobei zu beachten ist, dass ebenso wie bei der Übertragung nach Art 17 auch die Erteilung der Lizenz unmittelbar mit der vertraglichen Einigung verwirklicht wird, so dass Verpflichtungs- und Verfügungsgeschäft zusammenfallen, und nicht von der Eintragung im Register des HABM abhängt; mit der Frage, welche Wirkungen die Lizenz nach außen hat, hat dies jedoch nichts zu tun.

Seit Aufhebung von § 34 DE-GWB, der Schriftform verlangte, bestehen  7
nach deutschem Recht keine besonderen Formerfordernisse für Lizenzverträge, so dass der Lizenzvertrag formlos gültig ist. Gründe für die Nichtigkeit des Lizenzvertrags können etwa sein Willensmängel, Vertretungsmängel oder die Anfechtung wegen Irrtums oder Drohung. Nichtigkeit liegt auch dann vor, wenn gegen materielles EG-Kartellrecht verstoßen wird.[10] Nach EG-Kartellrecht grundsätzlich nichtig ist eine Nichtangriffsklausel, mit der sich

---

7 Anders Ströbele/Hacker, MarkenG, § 30 Rn 19, 21 ff; unklar leider jetzt auch Ingerl/Rohnke, § 30 Rn 12ff.
8 McGuire/von Zumbusch/Joachim, GRUR Int 2006, 684.
9 Siehe Krasser, Lehrbuch des Patentrechts, § 2 III b; Palandt/Grüneberg, BGB, § 413 Rn 2; Benkard/Ullmann, PatG, § 15 Rn 81, 92, 99; von Schultz, MarkenG, § 27 Rn 1; zur Vollübertragung auch: Ruhl/Schlötelburg, Art 28 Rn 5.
10 Einzelheiten siehe Ingerl/Rohnke, § 30, Rn 115ff; Niebel, WRP 2003, 482.

der Lizenznehmer verpflichtet, Angriffe gegen die Rechtsbeständigkeit des Schutzrechts zu unterlassen.[11]

8 Der Umfang der eingeräumten Nutzungsbefugnis braucht nicht im Vertrag genau bestimmt zu werden; mangels gegenteiliger Angaben handelt es sich um eine nichtausschließliche Lizenz.

9 Der Gegenstand des lizensierten Schutzrechts kann entweder spezifisch durch Angabe der konkreten GM oder allgemein durch Angabe der geschützten Marke bzw Kennzeichnung erfolgen. Die Lizensierung einer bestimmten, nach ihrer Eintragungsnummer bezeichneten GM erfasst im Zweifel nicht andere GMn desselben Inhabers, die dieser später oder für andere, in den Ähnlichkeitsbereich fallende Waren und Dienstleistungen hat eintragen lassen. Die andere Möglichkeit der Identifizierung des lizensierten Rechts besteht darin, auf eine bestimmte Marke bzw Kennzeichnung Bezug nehmen. Dies umfasst dann alle von dem Lizenzgeber für diese Kennzeichnung angemeldeten nationalen Marken und GMn.

10 Für vor Inkrafttreten der GMV abgeschlossene Lizenzverträge an deutschen Marken, die anschließend als GM geschützt wurden, ist deshalb davon auszugehen, dass sich die Lizenz auch auf die später angemeldete und eingetragene GM erstreckt, wenn der Lizenzvertrag die Rechte an der Kennzeichnung als solcher lizensiert hat. Beschränkt sich jedoch der Lizenzvertrag auf eine genau bezeichnete deutsche Markeneintragung, so kann nicht davon ausgegangen werden, dass dies auch eine Lizenz an einer später angemeldeten identischen GM umfasst. Eine solche Lizenz wäre also nicht in das Register des HABM eintragbar. Andererseits würde es den Vertragszweck vereiteln, wenn der Inhaber der Marke dem Lizenznehmer die Benutzung der Marke aufgrund der später angemeldeten GM verbieten könnte, obwohl er für die Gestattung der Benutzung der identischen deutschen Marke Lizenzgebühren kassiert. Sofern sich nicht eine Lösung nach den Grundsätzen des Wegfalls der Geschäftsgrundlage ergibt, ist nach Treu und Glauben dem der Inhaber der GM ein Unterlassungsanspruch gegen seinen Lizenznehmer hinsichtlich der Benutzung der GM zu verweigern; damit wird aber noch keine Lizenz an der GM selbst iSv Art 22 begründet. Eine entsprechende Situation stellt sich, wenn der Inhaber mehrere ähnliche Marken hat und nur eine lizensiert;

---

11 Siehe EuGH GRUR Int 1986, 635 *Windsurfing/International*; siehe auch von Schultz, MarkenG, § 30 Rn 26; von Maltzahn, in: FS für von Gamm, S 609.

hier wird vertreten, dass nach Treu und Glauben aus den anderen Marken gegen den Lizenznehmer nicht vorgegangen werden kann.[12]

## 3 Arten der Lizenzen

Art 22 (1) und R 34 unterscheiden folgende Arten von Lizenzen: 11

### 3.1 Ausschließliche Lizenz

Die ausschließliche Lizenz (R 34 (1) (a)) unterscheidet sich von der nicht 12 ausschließlichen Lizenz dadurch, dass der Lizenznehmer das alleinige Benutzungsrecht an der Marke erwirbt, so dass er nicht nur jeden Dritten, sondern sogar den Markeninhaber selbst von der Benutzung der Marke ausschließen kann. Bei der nicht ausschließlichen Lizenz ist dagegen nicht ausgeschlossen, dass der Lizenzgeber andere Lizenzen erteilt.

Im Rahmen der Vertragsfreiheit ist es jedoch möglich, neben der totalen 13 Ausschließlichkeit der ausschließlichen Lizenz begrenzte Formen der Ausschließlichkeit zu vereinbaren. So etwa ist es möglich, eine sogenannte »sole license«[13] zu vereinbaren, bei der es sich – nach den Empfehlungen der WIPO für Markenlizenzen – um eine Lizenz handelt, die gegenüber jedem Dritten ausschließlich ist, nicht jedoch gegenüber dem Lizenzgeber, der das Benutzungsrecht behält.[14] Ebenso ist es möglich, ausdrücklich bei einer territorial begrenzten Lizenz für das betr Gebiet eine Ausschließlichkeit zu vereinbaren. In jedem Fall gilt, dass eine ausschließliche Lizenz ausdrücklich vereinbart sein muss, andernfalls die Lizenz als nicht ausschließlich anzusehen ist[15] und dass nur solche Lizenzen als nicht ausschließliche Lizenzen im Register eingetragen werden können, die dieser engen Definition (Ausschluss des Benutzungsrechts eines jeden Dritten einschließlich des Lizenzgebers) entsprechen[16] (allerdings sieht R 10 (1) (a) (xi) TLT[17] auch die Möglichkeit der Eintragung einer »sole license« vor).

---

12  Ingerl/Rohnke, § 30 Rn 23.
13  »Alleinlizenz«; siehe Ströbele/Hacker, § 30, MarkenG Rn 8.
14  So auch Casado, Comentarios, S 263.
15  Casado, Comentarios, S 263.
16  So RiLi Teil E 5.2.5.4.
17  »TLT 2«, am 27.3.2006 in Singapur angenommen.

### 3.2  Territorial begrenzte Lizenz

14  Art 22 (1) (d) und R 34 (1) (d) erkennen die Möglichkeit der Erteilung territorial begrenzter Lizenzen an. Hierbei kann es sich um einen oder mehrere Mitgliedstaaten, aber auch um ein anderweitig territorial abgegrenztes Gebiet der Gemeinschaft handeln, etwa einen geographischen Teil eines Mitgliedstaates oder ein Gebiet, das die Grenzregionen mehrerer Mitgliedstaaten umfasst.

15  Da die Möglichkeit der territorial begrenzten Lizenz gemäß Art 22 (1) zum Inhalt des Schutzrechts gehört, kann die Vereinbarung einer solchen Lizenz als solche nicht als kartellrechtswidrige Wettbewerbsbeschränkung angesehen werden. Der Lizenznehmer erwirbt, bezogen auf das betr Gebiet, dieselben Rechte, die der Lizenzgeber hatte, somit also nicht lediglich nur das Recht auf Anbringung der Marke.[18] Somit ist die Aufspaltung des Markenrechts in verschiedene Lizenzen für verschiedene Mitgliedstaaten möglich, die dann sämtlich gegeneinander die Verbotsrechte aus der GM geltend machen können, soweit Art 22 (2) reicht. Die Inhaber einer Lizenz an einer GM für jeweils verschiedene Mitgliedstaaten können somit einander die Benutzung der GM in dem jeweils anderen Mitgliedstaat in der gleichen Weise verbieten, wie dies Inhaber unterschiedlicher nationaler Marken könnten.[19] Allerdings werden diese Ansprüche begrenzt durch den Erschöpfungsgrundsatz gemäß Art 13, da alle von den Lizenznehmern in Verkehr gesetzten Waren mit Zustimmung des Inhabers der GM in den Verkehr gebracht werden. Dies bedeutet aber nur, dass die von den jeweiligen Lizenznehmern in den jeweils unterschiedlichen Gebieten in Verkehr gebrachten Waren »markenfrei« werden und somit im Gesamtgebiet der Gemeinschaft frei zirkulieren können, jedoch nicht, dass die Ausschließlichkeit des Vertriebsrechts leidet.[20] Dies gilt jedoch nach der Rspr des EuGH, insbesondere dem »Maissaatgut«-Urteil[21] nicht unbeschränkt; zu unterscheiden ist zwischen aktivem und passivem Gebietsschutz, so dass der Lizenzgeber nicht jede Belieferung aus anderen Gebieten ausschalten kann und eine Belieferung von Kunden aus dem jeweils anderen Lizenzgebiet in gewissen Grenzen zulässig bleibt. Die

---

18  AA von Mühlendahl/Ohlgart, S 79.
19  Grundlegend zu dieser Situation siehe EuGH C-009/93 vom 22.6.1994, GRUR Int 1994, 614 *Ideal Standard*.
20  AA von Mühlendahl/Ohlgart, S 79.
21  EuGH, GRUR Int 1982, 530 *Maissaatgut*.

Maissaatgut-Entscheidung des EuGH erging zu einem Sortenschutzrecht, kann jedoch nicht nur auf Patentlizenzen,[22] sondern auch auf Markenlizenzverträge angewendet werden. Die Kommission hält es auch bei Markenlizenzen (nur) für unzulässig, wenn ein absoluter Gebietsschutz unter Ausschaltung aller Parallelimporte aus anderen Gebieten bezweckt wird.[23]

### 3.3 Lizenz für einen Teil der Waren

Die Lizenz kann ferner begrenzt sein auf einen Teil der von der GM geschützten Waren und Dienstleistungen (Art 23 (1) (c), R 34 (1) (c)). **16**

Was den Bereich der Waren und Dienstleistungen, die von der Lizenz erfasst **17** sein können, betrifft, so ist der Lizenznehmer von vornherein in einer eingeschränkten Position, da sein Benutzungsrecht auf die in der GM namentlich genannten Waren und Dienstleistungen beschränkt ist, das also auch nicht einmal den Ähnlichkeitsbereich erfasst.[24] Allerdings kann der Lizenznehmer in dem von Art 22 bestimmten Rahmen auch wie der Inhaber der GM gegen Benutzungen durch Dritte im Ähnlichkeitsbereich der geschützten Waren und Dienstleistungen vorgehen (siehe Art 9 (1)). Die Lizenz kann allerdings noch auf einen Teil der von der GM geschützten Waren und Dienstleistungen begrenzt werden. Sofern sich diese Waren und Dienstleistungen mit solchen, die beim Inhaber der GM verbleiben oder anderen Lizenznehmern übertragen werden, im Ähnlichkeitsbereich befinden, wird im Wege der Vertragsauslegung davon ausgegangen werden müssen, dass die Betreffenden, sofern sie die GM für Waren benutzen, die mit den Waren der GM bzw der Lizenz identisch sind, untereinander keine Verbietungsrechte auf der Grundlage der Warenähnlichkeit geltend machen können.

### 3.4 Zeitlich begrenzte Lizenz

Kein Rechtsverhältnis dauert ewig. Eine Lizenz kann für einen bestimmten **18** Zeitraum erteilt werden oder auf unbestimmte Zeit abgeschlossen werden. Im letzteren Fall unterliegt der Lizenzvertrag als Dauerschuldverhältnis Kündigungsmöglichkeiten nach allgemeinen Grundsätzen. Bei der GM ist mit der Möglichkeit fortlaufender Verlängerung zu rechnen. Bei einem auf unbe-

---

22 Siehe Pagenberg/Geissler, Lizenzverträge, Nr 1 Rn 95.
23 EG-Kommission, GRUR Int 1990, 626; siehe von Schultz, MarkenG, § 30 Rn 22.
24 Differenzierend Ingerl/Rohnke, § 30 Rn 21.

stimmte Zeit abgeschlossenen Lizenzvertrag wird auch ohne ausdrückliche Abrede von einer Verpflichtung des Lizenzgebers ausgegangen werden müssen, die Verlängerungsgebühren zu zahlen und die Verlängerung durchzuführen, solange der Lizenzvertrag nicht gekündigt wird.

19  Nach Art 22 (1) (a) gehört die vereinbarte zeitliche Begrenzung zum Inhalt des Schutzrechts. R 34 (1) (e) eröffnet die Möglichkeit, eine zeitlich begrenzte Lizenz im Register einzutragen.

### 3.5  Unterlizenz

20  R 34 (1) (b) erwähnt außerdem eine Unterlizenz und definiert diese als eine Lizenz, die von einem Lizenznehmer erteilt wird, dessen Lizenz im Register eingetragen ist. Im Register kann also eine Unterlizenz nur eingetragen werden, wenn schon eine Hauptlizenz eingetragen ist.[25] Der Inhaber kann auch ohne Eintragung der Hauptlizenz Unterlizenzen erteilen; diese können als einfache Lizenzen eingetragen werden. Der Lizenznehmer kann ohne Eintragung der Hauplizenz keine Unterlizenz eintragen lassen.

21  Die Berechtigung zur Vergabe von Unterlizenzen muss im Lizenzvertrag ausdrücklich vorgesehen sein. Außerdem kann der Lizenznehmer kraft einer Unterlizenz nicht mehr Rechte übertragen, als er selbst hat. Deshalb kann eine Unterlizenz nur dann in Form einer ausschließlichen Lizenz vergeben werden, wenn die Hauptlizenz ebenfalls eine ausschließliche Lizenz ist. Dies wird aber vom HABM nicht überprüft.

### 3.6  Übertragung einer Lizenz

22  R 33 (1) erwähnt außerdem die Möglichkeit der Übertragung einer Lizenz. Diese unterscheidet sich von der Erteilung einer Lizenz zum einen dadurch, dass keine neue Lizenz begründet wird und zum anderen, dass nicht der Lizenzgeber, sondern der Lizenznehmer das Recht erteilt. Sie unterscheidet sich von einer Unterlizenz dadurch, dass bei der Übertragung der Lizenz der bisherige Lizenznehmer seine Rechtsstellung als Lizenznehmer verliert und an seine Stelle ein neuer Lizenznehmer einrückt, während im Falle einer Unterlizenz die Hauptlizenz bestehen bleibt.

---

25  RiLi Teil E 3.2.2.4.e.

## 4 Rechtsstellung des Lizenznehmers

Die Rechtsstellung des Lizenznehmers kann wie folgt charakterisiert werden: 23
Erstens kann der Lizenzgeber das Verbietungsrecht aus der GM ihm gegenüber nicht mehr geltend machen. Zweitens erwirbt der Lizenznehmer selbst
ein positives Benutzungsrecht gegenüber dem Lizenzgeber (und gegenüber
etwaigen anderen Lizenznehmern) an der GM. Drittens rückt der Lizenznehmer in begrenztem Umfang in die Rechte des Lizenzgebers ein, gegenüber Verletzern vorzugehen und die GM zu verteidigen, allerdings nach
Maßgabe wesentlicher Beschränkungen, die in Art 22 niedergelegt sind.

Ob der Lizenznehmer gegen Verletzer mit der Klage vorgehen kann, ist in 24
Art 22 (3) differenziert geregelt. Grundsätzlich kann der Lizenznehmer ein
Verletzungsverfahren nur mit Zustimmung des Inhabers der GM anstrengen,
es sei denn, dass der Lizenzvertrag ausdrücklich ein solches Klagerecht einräumt, Art 22 (3) Satz 1.[26] Jedoch kann der Inhaber einer ausschließlichen
Lizenz auch ohne ausdrückliche vertragliche Regelung und auch ohne Zustimmung des Inhabers der GM selbst Verletzungsklage erheben, wenn der
Inhaber der GM nach Aufforderung nicht selbst innerhalb einer angemessenen Frist die Verletzungsklage erhoben hat, Art 22 (3) Satz 2. Diese Voraussetzungen sind vom klagenden Lizenznehmer ggf im Verletzungsprozess zu
beweisen.

Ferner kann grundsätzlich jeder Lizenznehmer einer vom Inhaber der GM 25
erhobenen Verletzungsklage beitreten, um den Ersatz seines eigenen Schadens geltend zu machen, Art 22 (4). Dieser Variante ist in der Praxis stets
der Vorzug zu geben, da andernfalls die Frage auftritt, in wessen Person der
Schaden eingetreten ist und welcher Schaden als eigener Schaden oder ggf
im Wege der Drittschadensliquidation geltend gemacht werden kann.

Der Lizenznehmer kann außerdem Widerspruch einlegen (Art 41 (1) (b)) 26
und Antrag auf Erklärung der Nichtigkeit aus relativen Gründen stellen
(Art 56 (1) (b)), jedoch nur, wenn er vom Inhaber der GM zur Einlegung
des Widerspruchs oder Stellung des Antrags auf Erklärung der Nichtigkeit
ausdrücklich ermächtigt worden ist. Bei Übertragung und Rücklizensierung
der älteren Marke kann so der ursprüngliche Widersprechende das Verfahren
fortführen. Enthält der Lizenzvertrag eine Nichtangriffsklausel (siehe oben,
Rdn 7), so ist diese im Verfahren vor dem HABM unbeachtlich, so dass im

---

26 Siehe von Mühlendahl/Ohlgart, S 80.

Ergebnis der Inhaber der GM seine Lizenznehmer nicht an der Einleitung von Verfahren vor dem HABM mit dem Ziel der Vernichtung des Schutzrechts hindern kann. Dies gilt auch für Anträge auf Erklärung der Nichtigkeit aus absoluten Gründen.

27   Der Lizenznehmer hat ferner die Möglichkeit der Vergabe von Unterlizenzen, sofern vertraglich zugelassen (siehe oben, Rdn 20–21).

28   Der Inhaber einer eingetragenen Lizenz ist durch Art 50 (3) Satz 2 für den Fall, dass der Inhaber der GM auf diese verzichten will, in gewisser Weise geschützt: Der Verzicht wird erst ins Register eingetragen, wenn der Inhaber der GM glaubhaft macht, dass er den Lizenznehmer von seiner Verzichtsabsicht unterrichtet hat (siehe unter Art 50 Rdn 19–20). Ein Widerspruchsrecht gegen den Verzicht hat der Lizenznehmer jedoch nicht, auch nicht der Inhaber einer ausschließlichen Lizenz. Der Lizenznehmer wird ferner gemäß Art 47 (2) von dem bevorstehenden Ablauf der Eintragung der GM unterrichtet; zur Befugnis des Lizenznehmers, die Verlängerung zu beantragen, siehe unter Art 47 Rdn 39–42.

### 5  Rechtsstellung des Lizenzgebers

29   Der Lizenzgeber behält in jedem Fall sein eigenes Klagerecht, auch im Falle der Erteilung einer ausschließlichen Lizenz, wie sich aus Art 22 (3) Satz 2 ergibt. Nicht beeinträchtigt wird sein Recht, Widerspruch zu erheben oder Antrag auf Nichtigerklärung zu stellen. Der Lizenzgeber ist überhaupt weiterhin voll berechtigt, alle Verbietungsrechte aus der Marke gegenüber Dritten geltend zu machen.

30   Auch sein eigenes Benutzungsrecht ist bei einer nicht ausschließlichen Lizenz nicht eingeschränkt. Lediglich bei einer ausschließlichen Lizenz hat er kein eigenes Recht zur Benutzung mehr. Wie sich auch Art 22 (2) ergibt, hat der Lizenzgeber das Recht, die Qualität der vom Lizenznehmer vertriebenen Waren oder erbrachten Dienstleistungen zu kontrollieren, sofern der Lizenzvertrag entsprechende Bestimmungen vorsieht.

31   Der Lizenzgeber hat ferner das Recht, weitere Lizenzen zu vergeben, ausgenommen im Falle einer ausschließlichen Lizenz. Vergibt der Lizenzgeber weitere Lizenzen, ohne dazu berechtigt zu sein, also zB im Falle der Erteilung weiterer Lizenzen nach Erteilung einer ausschließlichen Lizenz, so wird der sich daraus ergebende Konflikt über Art 23 gelöst.

Der Lizenzgeber kann gegen einen Lizenznehmer, der den Inhalt des Lizenz- **32** vertrags überschreitet, die Rechte aus der GM geltend machen, Art 22 (2). Der Lizenznehmer, der den Inhalt des Lizenzvertrages überschreitet, ist somit Markenverletzer ebenso wie jeder andere Dritte, der ohne Zustimmung des Inhabers der GM die GM benutzt. Dies rechtfertigt sich daraus, dass eine Zustimmung des Inhabers der GM zur Benutzung in einer den Lizenzvertrag überschreitenden Weise eben nicht vorliegt, so dass keine Zustimmung iSv Art 9 (1) und auch keine Zustimmung gemäß Art 13 vorliegt.

Die Bestimmungen des Lizenzvertrags, die gemäß Art 22 (2) relevant sind, **33** sind diejenigen hinsichtlich der Art der Waren oder Dienstleistungen, des Gebiets, in dem die Marke angebracht werden darf, und der Qualität der vom Lizenznehmer hergestellten Waren oder erbrachten Dienstleistungen. Somit ist jede Benutzung für andere Waren als die im VerzWDL namentlich bezeichneten Waren oder Dienstleistungen (oder unter einen dort genannten Oberbegriff fallenden Waren oder Dienstleistungen) Markenverletzung, vorausgesetzt, dass der Inhaber der GM diese Benutzung nach Art 9 verbieten kann.[27]

Gleiches gilt für die Überschreitung von Gebietsbeschränkungen. Enthält der Lizenzvertrag Qualitätsregelungen, so löst auch deren Überschreitung den Tatbestand der Markenverletzung aus. Nicht genannt in Art 22 (2) sind Überschreitungen hinsichtlich des Zeitraums der Lizenz; insofern ergibt sich aber schon aus allgemeinen Rechtsgrundsätzen, dass nach Wegfall des Lizenzvertrags ein vertragsloser Zustand eintritt, so dass dann stattfindende Benutzungshandlungen Markenverletzungen darstellen.[28]

### 6 Verfahren zur Eintragung von Lizenzen

Art 22 (5) sieht die Möglichkeit der Eintragung von Lizenzen im Register **34** vor; dies wird ergänzt durch R 33–35, die außerdem die Eintragung von Unterlizenzen, der Übertragung einer Lizenz, die Löschung einer Lizenz sowie die Änderung von Angaben über eine Lizenz regeln. Das Verfahren lehnt sich eng an das für die Eintragung von Rechtsübergängen an, da R 33 auf R 31 verweist. Im folgenden werden daher nur die Abweichungen gegenüber dem Verfahren für die Eintragung von Rechtsübergängen dargestellt.

---

27  Siehe Ingerl/Rohnke, § 30 Rn 37.
28  So auch Ruhl/Schlötelburg, Art 32 Rn 14.

### 6.1 Antragsteller

35 Der Antrag kann vom Inhaber der GM, vom Lizenznehmer oder von beiden zusammen gestellt werden.

### 6.2 Nachweis

36 Die Neufassung von R 33 (1) (Änderung durch VO Nr 1041/2005) hat die Frage, ob ein Nachweis der Lizenz zu erbringen ist, anders und differenziert geregelt. Wird der Antrag auf Eintragung der Lizenz vom Inhaber der GM (allein oder zusammen mit dem Lizenznehmer) gestellt, so ist gemäß R 33 (1) (b) keinerlei Nachweis des Bestehens der Lizenz erforderlich.[29] Grund hierfür ist, dass ein Markeninhaber keine Lizenz zur Eintragung bringen wird, die nicht besteht, und dass der Markeninhaber über die Marke verfügungsbefugt ist. In diesem Fall reduziert somit R 33 (1) die formalen Anforderungen an den Antrag auf Eintragung einer Lizenz auf ein Minimum. Wenn der Lizenznehmer den Antrag stellt, so sieht R 33 (1), die auf R 31 (1) (d), (5) verweist, nunmehr vor, dass ein Nachweis der Lizenz zu erbringen ist.[30] Diese Nachweispflicht steht mit den WIPO-Empfehlungen zu Markenlizenzen und R 10 (2) TLT 2 in Einklang Der Nachweis kann erbracht werden, indem

– der Inhaber der GM oder dessen Vertreter den Antrag mitunterzeichnet, R 31 (5) (a);

– eine vom Inhaber der GM oder seinem Vertreter unterzeichnete Erklärung vorgelegt wird, dass er der Eintragung der Lizenz zustimmt, R 31 (5) b);

– das ausgefüllte und von beiden Beteiligten oder deren Vertretern gezeichnete WIPO-Lizenzformblatt oder WIPO-Statement of License Form vorgelegt wird, R 31 (5) (c), R 83 (2) (a) und Annex 9 oder 10 zum TLT 2;

– oder in jeder anderen schriftlichen Form, etwa durch Vorlage einer Kopie des Lizenzvertrags. Enthält dieser Geschäftsgeheimnisse, so können die entsprechenden Passagen geschwärzt werden.

37 Ein Widerspruchsrecht gegen die Eintragung der Lizenz seitens des anderen Beteiligten besteht nicht. Aufgrund der Wirkungen des Art 23 muss der Lizenznehmer berechtigt sein, auch ohne Zustimmung des anderen Vertragspartners die Eintragung der Lizenz im Register zu betreiben, sofern er das

---

29  RiLi Teil E 3.2.2.3.4.1.

30  RiLi Teil E 3.2.2.3.4.4.

Bestehen der Lizenz nachweisen kann. Der Einwand, dass die Parteien zwar eine Lizenz vereinbart haben, jedoch nicht deren Eintragung im Register des HABM wünschen, ist unbeachtlich.

### 6.3 Angaben zum Lizenznehmer

Aus der Verweisung in R 33 (1) auf R 31 (1) (b) folgt, dass der Antrag auf 38 Erteilung der Lizenz Angaben über Name, Anschrift und Staatsangehörigkeit des Lizenznehmers in Übereinstimmung mit R 1 (1) (b) enthalten muss.

Sind die Angaben unvollständig, so fordert das HABM dem Antragsteller 39 (nicht notwendigerweise den Inhaber der GM) auf, die Mängel zu beseitigen, und weist ggf den Antrag auf Eintragung der Lizenz zurück, R 33 (3).

### 6.4 Besondere Angaben

Gemäß R 34 kann die Lizenz im Register als eine bestimmte Art von Lizenz 40 eingetragen werden. Gemäß R 34 (2) sind ggf ergänzende Angaben zu machen. Die Neufassung von R 34 (durch VO Nr 1041/2005) stellt klar, dass eine solche Eintragung nicht davon abhängt, ob die Lizenz tatsächlich eine beschränkte Lizenz ist, sondern nur davon, ob sie laut Antrag also solche eingetragen werden soll.

Wird beantragt, im Register eine Lizenz als ausschließliche Lizenz zu vermer- 41 ken (R 34 (1) (a)), so trägt das Amt diese Angabe ohne nähere Prüfung ein. Das HABM akzeptiert ausschließlich die Bezeichnung »ausschließliche Lizenz«; andere Angaben sind nicht zulässig.

Wird beantragt, die Lizenz als Unterlizenz zu kennzeichnen (R 34 (1) (b)), 42 so prüft das Amt, ob sie von einem bereits im Register eingetragenen Lizenznehmer erteilt worden ist. Andernfalls wird die Eintragung der Lizenz abgelehnt, wenn der Antragsteller auf Aufforderung des Amts seinen Antrag nicht entsprechend ändert, R 33 (3). Jedoch prüft das Amt nicht, ob der Lizenzvertrag, sofern vorgelegt, die Gewährung von Unterlizenzen zulässt.[31]

Wird beantragt, die Lizenz als auf bestimmte Waren und Dienstleistungen 43 beschränkte Lizenz zu bezeichnen (R 34 (1) (c)), so müssen die Waren und Dienstleistungen, für die die Lizenz erteilt worden ist, angegeben werden, R 34 (2). Diese Waren und Dienstleistungen müssen ordnungsgemäß grup-

---

31  RiLi Teil E 3.2.2.5.4.

piert sein und tatsächlich in der GM enthalten sein. Fehlen die erforderlichen Angaben oder sind sie unvollständig oder mangelhaft, so beanstandet das HABM die Eintragung der Lizenz und lehnt sie ggf ab, R 33 (3).

44  Wird die Eintragung einer räumlich begrenzten Lizenz beantragt (R 34 (1) (d)), so ist der Teil der Gemeinschaft (einer oder mehrere Mitgliedstaaten oder eine bestimmte geographische Region) anzugeben, R 34 (2).

45  Bei einer zeitlich begrenzten Lizenz (R 34 (1) (e)) ist gemäß R 34 (2) die Dauer der Lizenz anzugeben, dh mindestens das Datum des Ablaufs der Lizenz, wobei zusätzlich das Datum des Beginns der Lizenz angegeben werden kann.[32] Eine solche Lizenz wird nicht von Amts wegen nach Zeitablauf gelöscht, sondern müsste durch Antrag auf Löschung der Lizenz wieder beseitigt werden, siehe unten, Rdn 50.

46  Das Amt prüft lediglich, ob diese erforderlichen Angaben gemacht werden, und lehnt ggf die Eintragung der Lizenz ab. Das Amt prüft jedoch weder, ob die beantragten Einschränkungen in Wirklichkeit bestehen, noch ob sie im Falle der Beifügung einer Kopie des Lizenzvertrages sich aus diesem ergeben. Es wird also keine Prüfung des Inhalts des Lizenzvertrages vorgenommen. Die Wirksamkeit einer Lizenz oder einer Beschränkung im Lizenzvertrag hängt nicht davon ab, ob sie im Register eingetragen ist oder ob im Register eine Beschränkung eingetragen ist, die in Wahrheit nicht besteht.

### 6.5 Gebühr, Sprache

47  Für den Antrag auf Eintragung einer Lizenz oder auf Löschung einer Lizenz ist unverändert eine Gebühr von 200 Euro zu zahlen, Art 2 Nr 23, 24 GebV. Die Eintragung von Änderungen von Angaben zu einer Lizenz ist jedoch gebührenfrei.

48  Der Antrag kann in jeder beliebigen der fünf Sprachen des HABM eingereicht werden, R 95 (a). Näheres siehe unter Art 17 Rdn 35.

### 6.6 Mehrere Anträge

49  Da R 33 (1) auch auf R 31 (7) verweist, kann für mehrere Marken ein einziger Antrag auf Eintragung von Lizenzen gestellt werden, sofern der ursprüngliche Inhaber und der Lizenznehmer in allen Fällen dieselben Per-

---

32  RiLi Teil E 3.2.2.4.d.

sonen sind. Werden jedoch besondere Angaben gemäß R 34 gemacht, so müssen diese nicht für alle Lizenzen gleichermaßen zutreffen; es kann somit die Eintragung einer Lizenz ohne besondere Angaben, die Eintragung anderer Lizenzen als ausschließliche Lizenz beantragt werden. Für die Gebühr gilt eine Obergrenze von 1000 Euro, wenn ein einziger Antrag auf Eintragung von Lizenzen für mehrere GMn gestellt wird, sofern die betr Personen dieselben sind; Gleiches gilt, wenn mehrere Anträge gleichzeitig gestellt werden (Art 2 Nr 23 GebV). Die gleiche Gebührenermäßigung gilt für Anträge auf Löschung von Lizenzen, Art 2 Nr 24 GebV.

### 7 Verfahren zur Löschung einer Lizenz

Das Verfahren zur Löschung einer Lizenz ist grundsätzlich dasselbe wie für die Eintragung einer Lizenz; zu den Gebühren siehe oben, Rdn 47, 49. Einzelheiten sind in R 35 geregelt. Hervorzuheben ist, dass eine Löschung gemäß R 35 (4) nur erfolgt, wenn dem Antrag entweder Urkunden beigefügt sind, aus denen hervorgeht, dass die Lizenz nicht mehr besteht, oder eine Erklärung des Lizenznehmers beigefügt ist, dass er in die Löschung der Eintragung der Lizenz einwilligt. In entsprechender Anwendung von R 33 (1) (b) ist dies jedoch dann nicht erforderlich, wenn der von der Löschung der Eintragung Begünstigte, also der Lizenznehmer, den Antrag stellt oder wenn Lizenznehmer und Inhaber gemeinsam den Antrag stellen.[33] Dann ist nämlich wie im Rahmen von R 33 (1) (b) kein Grund ersichtlich, denjenigen, der auf ein Recht an der GM verzichten will, zusätzlich zu schützen, zumal die Löschung der Eintragung der Lizenz im Register nicht den Wegfall der Lizenz selbst bewirkt. **50**

### 8 Eintragung, Veröffentlichung

Die Eintragung der Lizenz erfolgt im Register und wird im Blatt für Gemeinschaftsmarken veröffentlicht; Art 22 (5), R 84 (3) (j), R 85 (2). Im Falle von R 34 wird lediglich die Tatsache, dass es sich um eine ausschließliche, zeitlich begrenzte, räumlich begrenzte, auf bestimmte Waren oder Dienstleistungen begrenzte Lizenz oder eine Unterlizenz handelt, eingetragen, jedoch werden keine weiteren Details hierzu veröffentlicht (siehe oben, Rdn 46). **51**

---

33 RiLi Teil E 3.2.2.1.

52 Die Eintragung der Lizenz wird dem Antragsteller mitgeteilt. Wurde der Antrag vom Lizenznehmer gestellt, so wird außerdem der Inhaber der GM über die Eintragung unterrichtet, R 84 (5).

## Artikel 23 Wirkung gegenüber Dritten

(1) Die in Artikel 17, 19 und 22 bezeichneten Rechtshandlungen hinsichtlich einer Gemeinschaftsmarke haben gegenüber Dritten in allen Mitgliedstaaten erst Wirkung, wenn sie eingetragen worden sind. Jedoch kann eine Rechtshandlung, die noch nicht eingetragen ist, Dritten entgegengehalten werden, die Rechte an der Marke nach dem Zeitpunkt der Rechtshandlung erworben haben, aber zum Zeitpunkt des Erwerbs dieser Rechte von der Rechtshandlung wussten.

(2) Absatz 1 ist nicht in bezug auf eine Person anzuwenden, die die Gemeinschaftsmarke oder ein Recht an der Gemeinschaftsmarke im Wege des Rechtsübergangs des Unternehmens in seiner Gesamtheit oder einer anderen Gesamtrechtsnachfolge erwirbt.

(3) Die Wirkung einer in Artikel 20 bezeichneten Rechtshandlung gegenüber Dritten richtet sich nach dem Recht des nach Artikel 16 maßgebenden Mitgliedstaats.

(4) Bis zum Inkrafttreten gemeinsamer Vorschriften für die Mitgliedstaaten betreffend das Konkursverfahren richtet sich die Wirkung eines Konkursverfahrens oder eines konkursähnlichen Verfahrens gegenüber Dritten nach dem Recht des Mitgliedstaats, in dem nach seinen Rechtsvorschriften oder nach den geltenden einschlägigen Übereinkünften das Verfahren zuerst eröffnet wird.

*Schennen*

## 1 Allgemeines

Art 23 regelt die vermögensrechtlichen Wirkungen gegenüber Dritten von 1
Rechtsübergängen, Lizenzen und dinglichen Rechten. Für Zwangsvollstreckungsmaßnahmen gilt Art 23 (3), für Konkurs- und Insolvenzverfahren gilt
Art 23 (4).

Entgegen dem wohl missverständlichen Wortlaut von Art 23 (1) betrifft die 2
Bestimmung jedoch nicht die Wirkung solcher Rechtshandlungen gegenüber
Dritten schlechthin, sondern lediglich die Wirkungen solcher Rechtshandlungen in vermögensrechtlicher Hinsicht und wiederum eingeschränkt nur
für das Verhältnis von miteinander unvereinbaren Verfügungen zueinander.
Nur insofern, nicht für den Rechtserwerb als konstitutiven Akt, entfaltet
die Eintragung Wirkungen, wobei die Eintragung durch Kenntnis von der
Rechtshandlung ersetzt wird (Art 23 (1) Satz 2) und im Falle der Gesamtrechtsnachfolge ohnehin nicht notwendig ist (Art 23 (2)).

Was die Wirkungen der Eintragung von Rechtsübergängen angeht, so ent- 3
hält Art 17 (6), (7) bereits grundlegende Regelungen. Was die Wirkungen
anderer Rechte an der GM, insbesondere von Lizenzen angeht, so lassen sich
im Wege der Rechtsvergleichung im wesentlichen drei Lösungsmodelle unterscheiden:

Im deutschen Recht ist die Eintragung von Lizenzen entweder, was das Markenrecht betrifft, gar nicht möglich oder, was das Patentrecht betrifft, nur fakultativ im Falle ausschließlicher Lizenzen möglich (§ 34 DE-PatG). Die
Eintragung von Lizenzen im Register des DPMA ist somit für die Wirkungen der Lizenz irrelevant. Sukzessionsschutz zu Gunsten des Lizenznehmers
im Falle der Übertragung des Schutzrechts gewährt § 15 (3) DE-PatG und
nun auch § 30 (5) DE-MarkenG, nachdem das BGH-Urteil »Verankerungsteil«[1] es abgelehnt hatte, einen solchen Schutz ohne ausdrückliche gesetzliche
Regelung zu gewähren.

---

[1] BGHZ 83, 251 *Verankerungsteil*; siehe dazu Benkard/Ullmann, PatG, § 15
Rn 108.

4 Das andere Extrem bildet das französische Recht: Danach können Lizenzen und Rechtsübergänge Dritten stets nur entgegengehalten werden, wenn sie eingetragen sind (»opposabilité aux tiers«), diese Regelung wird im weitesten Sinne verstanden und bedeutet letztlich, daß eine nicht eingetragene Rechtshandlung allein vertragliche Wirkungen zwischen den betroffenen Vertragsparteien entfaltet.

5 Die GMV beschreitet in Art 23 einen Mittelweg, indem die Wirkung der Eintragung der Rechtshandlung im Register sich lediglich auf das Verhältnis zu möglicherweise kollidierenden anderen Rechtshandlungen erstreckt. Es bleibt grundsätzlich dabei, daß sowohl der Rechtsübergang als auch die Begründung von Lizenzen und dinglichen Rechten sich außerhalb des Registers vollzieht und die Eintragung im Register nicht etwa – wie dies im Grundstücksrecht der Fall ist – notwendiger Bestandteil des Erwerbstatbestands ist.

## 2 Erfordernis der Eintragung der Rechtshandlung

6 Nach Art 23 (1) Satz 1 kommt es für die Wirksamkeit der Rechtshandlung (dh eines Rechtsübergangs, einer Lizenz oder eines dinglichen Rechts) gegenüber Dritten grundsätzlich auf die Eintragung im Register für Gemeinschaftsmarken an. Dabei geht es allein um das Verhältnis dieser Rechtshandlungen zu anderen, konfligierenden Rechtshandlungen. Dies soll im Folgenden an Hand der vier wesentlichen Grundfälle des Verhältnisses von Rechtsübergängen zu Rechtsübergängen, Lizenzen und Rechtsübergängen, Rechtsübergängen und Lizenzen sowie Lizenzen gegenüber Lizenzen näher erläutert werden.

### 2.1 Verhältnis Rechtsübergang/Rechtsübergang

7 Das Verhältnis von zwei Rechtsübergängen zueinander zeigt sich an folgender Fallkonstellation: Der Inhaber der GM A überträgt die GM wirksam (unter Beachtung der Formerfordernisse des Art 17 (3) sowie auch im übrigen wirksam nach dem jeweils anwendbaren nationalen Recht) auf B und kurze Zeit später, bevor B ins Register für GMn als neuer Inhaber eingetragen wird, auf C.

8 Eine wörtliche Auslegung von Art 23 (1) führt zur Lösung dieses Falles nicht weiter: Man könnte zunächst annehmen, daß der Rechtsübergang auf B gegenüber C unwirksam wäre. Träte diese Wirkung jedoch nur gegenüber C ein, so hieße dies, daß B im übrigen Eigentümer bliebe. Eine GM kann jedoch nur einen Inhaber haben. Eine andere Lösung läge darin, C als gut-

gläubigen Erwerber zu betrachten mit der Folge, daß B aufgrund der Übertragung auf C sein Eigentum an der GM wieder verloren hat. Die Lösung des Falles darf jedoch nicht vernachlässigen, daß er voraussetzt, daß weder B noch C bereits im Register als Inhaber der GM eingetragen sind. Stellen nun sowohl B als auch C den Antrag auf Rechtsübergang, jeweils unter Beifügung der betr mit A geschlossenen Verträge als Nachweis des Rechtsübergangs (siehe R 31 (1) (d)), so kann das HABM nur einem der beiden Anträge stattgeben. Darauf abzustellen, wer den Antrag zuerst stellt, hätte keine Stütze in der DV. Den Antrag auf Eintragung des Rechtsübergangs des B abzulehnen, hätte das HABM keinen Grund, da A zum Zeitpunkt des Abschlusses des Übertragungsvertrages zweifelsohne berechtigter Inhaber der GM war. Trüge deshalb das HABM den Rechtsübergang auf B ein, so würde die Wirkung zu Gunsten des C wieder entfallen. Eine weitere Überlegung beweist uns, daß Art 23 in diesem Falle einschränkend auszulegen ist: während sich C darauf berufen würde, daß der Rechtsübergang auf B, dann noch nicht eingetragen, ihm gegenüber keine Wirkung entfaltet, könnte B umgekehrt sich ebenfalls darauf berufen, daß der Rechtsübergang des C, da ebenfalls nicht eingetragen, ihm gegenüber keine Wirkung hat. Die Lösung ist somit durch andere Überlegungen zu finden.

Hierzu ist davon auszugehen, daß es nach Art 17, 23 keinen gutgläubigen **9** Erwerb kraft guten Glaubens in die Richtigkeit oder Vollständigkeit des Registers für GM gibt. Ein gutgläubiger Erwerb einer Marke ist ebensowenig möglich wie ein gutgläubiger Erwerb einer Forderung.[2] Art 23 (1) ändert mit anderen Worten nichts daran, daß sich der Rechtsübergang außerhalb des Registers vollzieht (indirekt bestätigt durch Art 17 (6), (7)), so daß zur wirksamen Übertragung der GM lediglich die vertragliche Einigung der beiden Parteien in der erforderlichen Form nötig ist, nicht jedoch ein Eintragungsakt in einem Register. Dies bedeutet, daß in unserem Ausgangsfall B wirksam Inhaber der GM geworden ist und die anschließend von A vorgenommene Übertragung auf C unwirksam ist, da A zum Zeitpunkt des Abschlusses dieses Vertrages nicht mehr Inhaber war. Die gegenteilige Auffassung in der Literatur,[3] daß hier C gutgläubig erwirbt, hat im Gesetz keine

---

2 Von Schultz, MarkenG, § 27 Rn 1; zu Patenten: Benkard/Schäfers, PatG, § 15 Rn 8; Wündisch, GRUR 2012, 1003.
3 So aber Fammler, WRP 2006, 534, 538; Ruhl/Schlötelburg, Art 33 Rn 14; abwegig auch Ströbele/Hacker, MarkenG § 27 Rn 70 unter Vorwurf, das GM-Register sei zu unzuverlässig.

Stütze und übersieht, daß der Erwerb des B wirksam war und sich sowohl B als auch C auf Art 23 berufen können. Die Eintragung im Markenregister hat keine dem Grundbuch vergleichbare Publizitätswirkung.[4] Die Parallele zum gutgläubigen Erwerb im Sachenrecht greift nicht, weil dazu entweder der gute Glaube an das Eigentum des Besitzers nötig ist (§ 932 DE-BGB), es aber bei einer Marke keinen Besitz gibt, oder das Eigentum erst mit der Grundbucheintragung übergeht (§ 873 DE-BGB), an deren Richtigkeit der gute Glaube anknüpfen kann, das Eigentum an einer GM aber auch ohne Eintragungsakt übergeht. Die oft bemühte Parallele zur Publizität des Handelsregisters (§ 15 DE-HGB) greift nicht, weil es dort um Rechtsverhältnisse innerhalb einer Gesellschaft, nicht um den Erwerb von Rechten, geht und nur der gute Glaube an die Vertretungsmacht des für die Gesellschaft Handelnden geschützt wird. Die genannten Literaturstellen übersehen, daß ein Doppelerwerb A–B und A–C im deutschen Recht weder für ein Patent oder eine Marke noch ein ins Grundbuch einzutragendes dingliches Recht möglich ist. Auch übersehen sie, daß B ebenso gutgläubig war.

## 2.2 Verhältnis Lizenz/Rechtsübergang

10  Das Verhältnis zwischen der Erteilung einer Lizenz und der anschließenden Übertragung der GM lässt sich an folgendem Fall verdeutlichen: Der eingetragene Inhaber der GM A erteilt zunächst B eine Lizenz und überträgt anschließend die GM an C.

11  Im Unterschied zu dem vorigen Fall hat A hier sowohl gegenüber B als auch gegenüber C als Berechtigter, dh als Inhaber der GM verfügt. Da die Lizenz als absolutes Recht an der GM ausgestaltet ist (Art 22), gewährt Art 23 (1) Sukzessionsschutz, wenn die Lizenz zum Zeitpunkt der anschließenden Übertragung der GM eingetragen war. Die eingetragene Lizenz wirkt somit gegenüber C mit der Folge, daß C die GM mit der Lizenz belastet erworben hat. War die Lizenz nicht eingetragen (und liegt auch kein Fall des Art 23 (1) Satz 2 oder des Art 23 (2) vor), so bleiben die Wirkungen der Lizenz rein vertraglicher Art im Verhältnis zwischen A und B und entfalten gegenüber C keine Wirkungen, im Einklang mit dem Grundsatz, daß es keine Verträge zu Lasten Dritter gibt.[5]

---

4  So auch McGuire/von Zumbusch/Joachim, GRUR Int 2006, 682.

5  Siehe auch BGHZ 83, 251 *Verankerungsteil.*

Art 16, 23 schließt die Anwendung nationalen Rechts hinsichtlich des Sukzessionsschutzes von Lizenznehmern aus.[6] Anders als im deutschen Recht[7] kann der Sukzessionsschutz, der ja direkt aus Art 23 (1) folgt, vertraglich nicht abbedungen werden. **12**

### 2.3 Verhältnis Rechtsübergang/Lizenz

Im Verhältnis eines Rechtsübergangs zu einer später erteilten Lizenz ist an zwei Fälle zu denken: Fall 1: A überträgt die GM auf B und erteilt anschließend dem C eine Lizenz. Fall 2: A überträgt zunächst die GM auf B, ohne daß der Rechtsübergang eingetragen wird. Sodann erteilt B dem C eine Lizenz. **13**

Im Fall 2 ist offensichtlich, daß eine Interpretation von Art 23 (1), wonach der Rechtsübergang auf B mangels Eintragung gegenüber C mit der Wirkung unwirksam wäre, daß C keine Lizenz erwerben könnte, unsinnig wäre. **14**

Im Fall 1 muß es ebenfalls dabei bleiben, daß eine Lizenz wirksam nur vom wirklichen Inhaber einer GM vergeben werden kann, nicht von dem bloß noch formell im Register Legitimierten. Ein gutgläubiger Erwerb einer Lizenz vom noch im Register eingetragenen ehemaligen Inhaber ist daher abzulehnen. Die Besonderheit besteht hier jedoch darin, daß, da R 33 (1) keinen Nachweis der Lizenz voraussetzt, A als eingetragener Inhaber der GM die Eintragung der Lizenz im Register zu Gunsten des C bewirken könnte. B stünde dann ein Anspruch auf Löschung der Lizenz gemäß R 35 zu, den er jedoch solange nicht geltend machen könnte (Art 17 (6)), bis er selbst im Register als Inhaber der GM eingetragen ist. **15**

### 2.4 Verhältnis Lizenz/Lizenz

Durch die Vergabe einer Lizenz verliert der Inhaber der GM seine Inhaberschaft nicht, von der sich die absolut-rechtliche Berechtigung zur Vergabe weiterer Lizenzen ableitet. Fall 1: A erteilt zunächst eine ausschließliche Lizenz an B und sodann vor deren Eintragung eine weitere ausschließliche oder nicht ausschließliche Lizenz an C erteilt: Die dem B erteilte Lizenz entfaltet gegenüber dem C keine Wirkung. Diese Rechtsfolge bleibt auch dann bestehen, wenn die Lizenz zu Gunsten des B später eingetragen wird. B muß **16**

---

6  AA Ingerl/Rohnke, § 30 Rn 5.
7  Siehe Ingerl/Rohnke, § 30 Rn 113.

dann das sich aus der Lizenz ergebende Benutzungsrecht zu Gunsten des C auf Dauer tolerieren. Sowohl B als auch C sind gegenüber A im Umfang des jeweiligen Lizenzvertrags zur Benutzung berechtigt, können jedoch einander die Benutzung der GM nicht verbieten. Die Frage eines gutgläubigen Erwerbs stellt sich nicht. Fall 2: A erteilt zunächst eine ausschließliche Lizenz an B und sodann nach deren Eintragung eine weitere ausschließliche oder nicht ausschließliche Lizenz an C. Art 23 (1) bewirkt, daß C keine Lizenz erwirbt, weil dies die Ausschließlichkeit der Lizenz des B aufheben würde. Fall 3: A erteilt erst eine nichtausschließliche Lizenz an B und sodann eine nicht ausschließliche Lizenz an C. Beide Lizenzen sind wirksam, Art 23 greift nicht ein. Fall 4: A erteilt erst eine nichtausschließliche Lizenz an B und sodann vor deren Eintragung eine ausschließliche Lizenz an C. Die Lizenz des B geht unter. Fall 5: A erteilt erst eine nichtausschließliche Lizenz an B und sodann nach deren Eintragung eine ausschließliche Lizenz an C. Die Lizenz des B bleibt bestehen, die des C wirkt gegenüber allen Dritten, außer gegenüber B.

### 3 Erste Ausnahme: Kenntnis

17 Art 23 (1), (2) sehen von dem oben unter Rdn 6–16 behandelten Grundsatz, daß bestimmte Rechtshandlungen gegenüber von anderen Rechtshandlungen begünstigten Dritten erst ab der Eintragung im Register Wirkung entfalten, zwei Ausnahmen vor, und zwar den Fall der Kenntnis von der Rechtshandlung (Art 23 (1) Satz 2) und den Fall der Gesamtrechtsnachfolge (Art 23 (2)). Nach Art 23 (1) Satz 2 kann die Rechtshandlung Dritten stets dann entgegengehalten werden, wenn sie nach dem Zeitpunkt der Rechtshandlung Rechte an der Marke erworben haben, aber zum Zeitpunkt, zu dem sie dieses Recht erworben haben, von der Rechtshandlung wussten. Der neue Inhaber bzw der Lizenznehmer muß also die bereits erteilte, aber nicht eingetragene Lizenz gegen sich gelten lassen, wenn er davon gewusst hatte. Wer von dem Bestehen einer ausschließlichen Lizenz an der GM wusste, kann wirksam keine Lizenz erwerben. Im Falle der Kenntnis ist also der Fall 1 wie Fall 2 und Fall 4 wie Fall 5 zu behandeln..

### 4 Zweite Ausnahme: Gesamtrechtsnachfolge

18 Eine weitere Ausnahme von Grundsatz des Art 23 (1) Satz 1 ist in Art 23 (2) vorgesehen. Rechtshandlungen, und zwar die Übertragung, die Erteilung von Lizenzen und die Erteilung von dinglichen Rechten haben gegenüber Dritten im Falle einer Gesamtrechtsnachfolge stets Wirkung, unabhängig

davon, ob sie bereits eingetragen sind. Art 23 (2) betrifft zum einen die Übertragung des Unternehmens, zu dem die GM oder das betr Recht (die Lizenz) gehört, in seiner Gesamtheit. Art 23 (2) betrifft außerdem auch alle anderen Fälle der Gesamtrechtsnachfolge, etwa der Erbfolge oder des Falles der Verschmelzung von Unternehmen.

Der oben unter Rdn 7–9 genannte Fall der Mehrfachübertragung ist im Falle **19** der Gesamtrechtsnachfolge nicht möglich: Im Falle einer Gesamtrechtsnachfolge fällt der bisherige Inhaber, der in den oben gebildeten Fällen eine weitere Verfügung hätte vornehmen können, weg.

## 5 Was Art 23 nicht regelt

Daß Art 23 einen eingeschränkten Anwendungsbereich hat, wurde oben bereits betont. Art 23 regelt eine Reihe von Fragen nicht: **20**

Art 23 regelt nicht die Ansprüche, die aus der GM gegen Dritte geltend gemacht werden können. Art 23 regelt nicht die Rechtsbeziehungen zu solchen Dritten, die keine Rechte iSv Art 17–22 an der GM besitzen oder erwerben wollen.

Insbesondere regelt Art 23 nicht, unter welchen Voraussetzungen ein Lizenz- **21** nehmer gegen Verletzer vorgehen kann. Auch der nicht eingetragene neue Inhaber der GM hat grundsätzlich Ansprüche gegen Dritte, die er aber wegen Art 17 (6) einstweilen nicht geltend machen kann. Dies bedeutet jedoch nicht, daß Dritte, die in dieser Situation die GM benutzen, rechtmäßig handeln würden. Art 23 hat außerdem keine Auswirkungen auf die Zurechnung der Benutzung der GM durch einen Lizenznehmer als Benutzung zu Gunsten des Inhabers. Nach Art 15 (2) wird jede Benutzung der GM mit Zustimmung des Inhabers dem Inhaber als rechtserhaltende Benutzung zugerechnet.. Die gemeinsame Protokollerklärung von Rat und Kommission Nr B 13[8] stellt ausdrücklich klar, daß dies unabhängig davon gilt, ob zugunsten des Benutzers eine Lizenz im Register für GMn eingetragen ist.[9]

## 6 Zwangsvollstreckungsmaßnahmen

Art 23 (3) bestimmt, daß sich die Wirkungen in vermögensrechtlicher Hin- **22** sicht von Zwangsvollstreckungsmaßnahmen (Art 20) nach dem Recht des

---

8 ABl-HABM 1996, 612.
9 Ebenso AIPPI-Bericht, GRUR 2011, 1029, 1037 (Frage 12 b).

Mitgliedstaates richten, das sich nach Art 16 bestimmt. Grundsätzlich hindern somit – nach Maßgabe des nationalen Rechts – Zwangsvollstreckungsmaßnahmen unabhängig von ihrer Eintragung im Register für GMn den Erwerb von Rechten, die mit der betr Zwangsvollstreckungsmaßnahme inkompatibel sind.

## 7 Konkursverfahren

23 Art 23 (4) sieht vor, daß die Wirkungen eines Insolvenzverfahrens in vermögensrechtlicher Hinsicht sich nach dem Recht des Mitgliedstaates richten, in dem das Verfahren zuerst eröffnet wurde. Das so bestimmte nationale Recht bestimmt somit vollumfänglich die Wirkungen der Konkurseröffnung auf die GM als Ganzes. Diese Wirkungen hängen allerdings nicht von der Eintragung der Maßnahme im Register für GMn ab. Die VO Nr 422/2004 hat übersehen, daß Art 23 (4) noch die Regelung des Art 21 aF verwirklicht (siehe unter Art 21 Rdn 21). Jedoch liegt darin im Ergebnis kein Widerspruch, denn »das zuerst eröffnete Verfahren« kann nur das sein, das nach Art 21 (1) nF zu Recht zuerst eröffnet werden durfte.

## Artikel 24  Die Anmeldung der Gemeinschaftsmarke als Gegenstand des Vermögens

**Die Artikel 16 bis 23 gelten entsprechend für die Anmeldungen von Gemeinschaftsmarken.**

*Schennen*

Literatur:
*Hoorneman*, De Europese octrooiaanvrage op de pijnbank van het Nederlandse vermogensrecht, Bijblad Industriële Eigendom 1997, 67.

## 1 Allgemeines

Art 24 bestimmt, dass Art 16–23 für GMAen entsprechend gelten. 1
- Das vermögensrechtliche Statut nach Art 16 gilt auch für eine GMA als Vermögensgegenstand,
- Auch GMAen können übertragen und lizensiert werden und Gegenstand von Anträgen auf Eintragung (dh Vermerk in den Anmeldungsakten) von Übertragungen und Lizenzen beim HABM sein,
- Im Falle des Art 18 (Agentenmarke) kann schon vor Eintragung die Übertragung der GMA verlangt werden (siehe Art 18 Rdn 8),
- Dingliche Rechte können auch an GMAen bestellt werden,
- Zwangsvollstreckungs- und Insolvenzverfahren können auch GMAen erfassen,
- Der Sukzessionsschutz des Lizenznehmers nach Art 23 gilt auch für GMAen.

Das Verfahren für die Eintragung von Rechtsübergängen, Lizenzen und 2
sonstigen Rechten ist grundsätzlich das Gleiche wie für eingetragene GMn
(R 31 (8) für den Rechtsübergang, R 33 (1), (4) für Lizenzen und andere
Rechte und R 35 (7) für das Verfahren zur Löschung einer Lizenz oder eines
sonstigen Rechts), nach Maßgabe der folgenden Besonderheiten:

## 2 Vorliegen einer anhängigen Anmeldung

Das Verfahren zur Eintragung eines Rechtsübergangs, einer Lizenz oder eines 3
sonstigen Rechts gemäß R 31 (8), R 33 (4) setzt das Vorliegen einer anhängigen Anmeldung voraus.

Das setzt voraus, dass die GMA die Anmeldetagserfordernisse erfüllt. 4

Die Anhängigkeit der GMA endet mit der Zurücknahme oder der rechts- 5
kräftigen Zurückweisung. Falls Beschwerde eingelegt worden ist und über
diese noch nicht abschließend entschieden wurde, führt jedoch die aufschiebende Wirkung der Beschwerde nach Art 58 (1) Satz 2 dazu, dass auch in
diesem Verfahrensstadium noch Anträge auf Eintragung von Rechtsübergängen und Lizenzen für die GMA gestellt werden können. Das ist erforderlich,
damit nach Art 17 der neue Rechtsinhaber das Beschwerdeverfahrens fortführen kann.

### 3 Verfahren

**6**  Ein wichtiger Unterschied im Vergleich zum Verfahren zur Eintragung von Rechtsübergängen und Lizenzen für GMn ist, dass bei einer GMA dass der Antrag in der ersten oder zweiten Sprache der GMA gestellt werden muss (RiLi, Teil E, 3.2.2.1; siehe unter Art 119 Rdn 59–62).

**7**  Die Zuständigkeit der Marken- und Musterverwaltungs- und Rechtsabteilung (Art 133) besteht auch für die Eintragungen von Lizenzen, Rechtsübergängen und sonstigen Rechten für GMAen.

**8**  Auch für GMAen kann ein einziger Antrag auf Eintragung des Rechtsübergangs oder der Lizenz für mehrere Marken gestellt werden (R 31 (7), R 33 (4)), auch in der Weise, dass der Antrag sowohl GMAen als auch eingetragene GMn umfasst. In allen Fällen müssen die Rechtsinhaber bzw Lizenznehmer dieselben Personen sein.

**9**  Im Falle einer GMA erfolgt keine Eintragung im Register, sondern es wird der Rechtsübergang oder die Lizenz oder das sonstige Recht in den Anmeldungsakten der GMA vermerkt (R 31 (8), 33 (4)). Wenn sodann die GMA eingetragen wird, erfolgt die Veröffentlichung der GM unmittelbar auf den Namen des neuen Inhabers bzw mit dem Vermerk über das Bestehen der Lizenz oder des sonstigen Rechts (R 84 (3) (j), 85 (2)). Auch die Veröffentlichung der GMA gemäß Art 39 erfolgt, sofern vorher ein Rechtsübergang eingetragen wurde, unmittelbar auf den Namen des neuen Inhabers. Jedoch enthält die Veröffentlichung nach Art 39 keine Angaben über Lizenzen (siehe R 12 einerseits, R 84 (3) (j) andererseits).

### 4 Prüfungsumfang

**10**  Bei einem Antrag auf Eintragung eines Rechtsübergangs für eine GMA kann eine Prüfung auf Täuschungseignung gemäß Art 17 (4) (siehe Art 17 Rdn 49) unterbleiben, weil bis zur Eintragung die GMA auf alle absoluten Eintragungshindernisse, einschließlich der Täuschungsgefahr gemäß Art 7 (1) (g), zu prüfen und ggf zurückzuweisen ist.

# Titel III  Die Anmeldung der Gemeinschaftsmarke

## 1. Abschnitt  Einreichung und Erfordernisse der Anmeldung

### Artikel 25  Einreichung der Anmeldung

(1) Die Anmeldung der Gemeinschaftsmarke kann nach Wahl des Anmelders eingereicht werden:

a)  beim Amt;

b)  bei der Zentralbehörde für den gewerblichen Rechtsschutz eines Mitgliedstaats oder beim BENELUX-Amt für geistiges Eigentum. Eine in dieser Weise eingereichte Anmeldung hat dieselbe Wirkung, wie wenn sie an demselben Tag beim Amt eingereicht worden wäre.

(2) Wird die Anmeldung bei der Zentralbehörde für den gewerblichen Rechtsschutz eines Mitgliedstaats oder beim BENELUX- Amt für geistiges Eigentum eingereicht, so trifft diese Behörde oder dieses Amt für geistiges Eigentum alle erforderlichen Maßnahmen, damit die Anmeldung binnen zwei Wochen nach Einreichung an das Amt weitergeleitet wird. Die Zentralbehörde beziehungsweise das BENELUX- Amt für geistiges Eigentum kann vom Anmelder eine Gebühr erheben, die die Verwaltungskosten für Entgegennahme und Weiterleitung der Anmeldung nicht übersteigen darf.

(3) Anmeldungen nach Absatz 2, die beim Amt nach Ablauf einer Frist von zwei Monaten nach ihrer Einreichung eingehen, gelten als zu dem Datum eingereicht, an dem die Anmeldung beim Amt eingegangen ist.

(4) Zehn Jahre nach Inkrafttreten der Verordnung (EG) Nr. 40/94 erstellt die Kommission einen Bericht über das Funktionieren des Systems zur Einreichung von Anmeldungen für Gemeinschaftsmarken und unterbreitet etwaige Vorschläge zur Änderung dieses Systems.

*Schennen*

## 1 Allgemeines

1 Dieser Artikel bestimmt, wo GMAen eingereicht werden können, und zwar nach Wahl des Anmelders beim HABM oder einem der nationalen Ämter, und regelt die näheren Einzelheiten, insbesondere für die Übermittlung der GMA an das HABM.

2 Die Vorschrift hat ihr Vorbild in Art 75 EPÜ, obwohl sich die dort geregelte Problematik von Geheimanmeldungen bei der GM nicht stellt und nach der GMV jede Prüfung der Anmeldung durch ein nationales Amt zu unterbleiben hat. Auch Art 35 GGV hat das System der GMV der Möglichkeit der Einreichung bei nationalen Ämtern übernommen.

3 Die Vorschrift wird ergänzt durch R 5 (Verfahren der Übermittlung, Empfangsbestätigungen), R 79–82 (Art und Weise, wie Anmeldungen eingereicht werden können) und R 83 (1) (a), die für die Anmeldung der GM ein Formblatt vorsieht, dessen Benutzung zwar empfohlen wird, jedoch nicht zwingend ist.

4 Auch im Zuge der Überprüfung des Funktionierens des Systems der Einreichung bei nationalen Ämtern, die die Kommission gemäß Art 25 (4) 2004, zehn Jahre nach Inkrafttreten der GMV, vorzunehmen hatte, wurde durch Art 1 Nr 5 der VO Nr 422/2004[1] ist Art 25 (3) neu gefasst und an Art 35 GGV angepasst worden: Die Weiterleitungsfrist wurde von 1 auf 2 Monate ausgedehnt, und Rechtsfolge verspäteter Weiterleitung ist nun die Anmeldetagsverschiebung und nicht die Rücknahmefiktion; von letzterer hatte das HABM ohnehin keinen Gebrauch gemacht.[2]

5 Die Reformvorschläge der Kommission sehen vor, die Einreichungsmöglichkeit bei nationalen Ämtern nun endlich ganz abzuschaffen. In der Tat ist Art 25 (3) ein Relikt der vorelektronischen Ära, dessen Abschaffung überfällig ist. Während weniger als 5 % der GMAen bei nationalen Ämtern einge-

---

1 VO Nr 422/2004, ABl-EG Nr L 70 vom 9.3.2004, S 1.
2 Siehe Casado, S 400.

reicht werden, werden inzwischen 85 % der GMAen elektronisch angemeldet, durch den Discount der Anmeldegebühr begünstigt. Schon zuvor war
die Einreichung per Fax die Regel. Alles, was zur Anmeldung gehört, kann
auch leicht gefaxt werden. Heute besteht kein Bedürfnis mehr, großen Kanz-
leien die persönliche Übergabe bei der Annahmestelle des DPMA »um die
Ecke« zu ermöglichen.

## 2 Einreichung beim HABM

Die Einreichung der Anmeldung beim HABM gemäß Art 25 (1) (a) ist in  6
folgender Weise möglich:
- Per Telekopie gemäß R 79 (b), 81.
- Per Post oder privatem Kurierdienst.
- elektronisch über das Internet (e-filing).
- Durch Übergabe der Anmeldung bei der Annahmestelle des HABM.

Seit dem 1.1.2002 steht nur noch die Annahmestelle im Dienstgebäude des  7
Amtes, Avenida de Europa 4, zur Verfügung.[3] Im Sommer 2005 ist das
Dienstgebäude Avenida Aguilera und der dortige Nachtbriefkasten aufgegeben worden. Die Übergabe der Anmeldung muss während der Öffnungszei-
ten des Amtes erfolgen, und zwar von 8.30 Uhr bis 13.30 Uhr und von 15
Uhr bis 17 Uhr.[4] Eine Übergabe der Anmeldung außerhalb der Annahmestelle, etwa an irgendwelche Mitarbeiter des Amtes, Bedienstete des Wach-
personals oder gar der Versuch der Überreichung in einem anderen Dienstgebäude des Amtes begründen keinen Zugang seitens des Amtes[5] und somit
keinen Anmeldetag.

Die Möglichkeit der Einreichung per Internet (»electronic filing«) gemäß  8
R 82 ist durch Beschluß des Präsidenten Nr EX-02-2 vom 7.11.2002[6] eingeführt worden, geändert durch Beschluß Nr EX-04-3 vom 26.11.2004[7] und

---

3  Mitteilung Nr 10/01 des Präsidenten des Amtes vom 20.12.2001, ABl-HABM
2002, 478.
4  Art 1 des Beschlußes Nr ADM-95–23 des Präsidenten des Amtes vom 22.12.1995,
ABl-HABM 1995, 486.
5  HABM-BK R 636/2003-4 vom 6.4.2005 (Nr 10f) *SIMPLETECH* (betr Zugang
der Beschwerdebegründung).
6  ABl-HABM 2003, 14.
7  ABl-HABM 2005, 314 (die Änderungen betreffen lediglich die zugelassenen Anhänge und deren Format).

durch Beschluß Nr EX-05-3[8] und ersetzt durch Beschluß Nr EX-11-3 vom 18.4.2011.[9] Das e-filing-System wurde zum 1.2.2009 verbessert, ua können nun die Anmeldungen vor der Absendung zwischengespeichert werden und ähnliche Einstellungen aus vorangegangenen Anmeldungen übernommen werden.

9   Durch VO Nr 1041/05[10] (Änderung der R 81) ist die Einreichung per Telex und per Telegramm ausgeschlossen worden. Von diesen Einreichungsmöglichkeiten wurde auch nie Gebrauch gemacht.

10   Aus R 79 ergibt sich, dass die Anmeldung in anderer als schriftlicher Form (beispielsweise mündlich, per Tonband oder per Videokassette) unzulässig und rechtlich wirkungslos ist.

11   Telekopien bedürfen keiner schriftlichen Bestätigung; der Begriff »Originalschriftstück« ist hier irreführend, da die Telekopie selbst das Original ist. Von der Einreichung einer »confirmation copy« ist unbedingt abzuraten, da sie rechtlich wirkungslos ist und nur Mehrarbeit verursacht. Lediglich im Falle der Einreichung einer farbigen Marke per Telefax ist eine Wiedergabe in Farbe innerhalb eines Monats nachzureichen, wobei als Anmeldetag der Tag des ursprünglichen Eingangs gewahrt bleibt, R 80 (1). Für unvollständige oder unleserliche Telekopien gilt R 80 (2): In einem solchen Fall kann der Anmelder von sich aus oder innnerhalb einer vom Amt gesetzten Nachfrist das Schriftstück erneut übermitteln, wobei nach den Rechtsfolgen differenziert wird: War die unvollständige oder unleserliche Übermittlung anmeldetagsschädlich, so verschiebt sich der Anmeldetag auf den Tag der Einreichung des leserlichen Schriftstücks; alle anderen Fristen gelten als mit dem ursprünglichen Eingang gewahrt.

### 3   Einreichung bei den nationalen Ämtern

12   Die Einreichung ist möglich bei den nationalen Ämtern aller 27 Mitgliedstaaten sowie beim Benelux-Amt für geistiges Eigentum.[11] Anders als nach

---

8   ABl-HABM 2006, 6 (die Änderungen betreffen die Einreichung von Klangdateien).

9   ABl-HABM 2011, Nr 6.

10   ABl-HABM 2004, 622.

11   »Office Benelux de la Propriété intellectuelle«, hervorgegangen aus der Fusion des Benelux-Markenamts und des Belelux-Musteramts auf Grund des Benelux-Vertrags über das geistige Eigentum (Marken und Muster) vom 25.2.2005, der

Art 35 GGV, der hinsichtlich der Benelux-Staaten nur das Benelux-Amt, nicht die drei nationalen Ämter der Benelux-Staaten als Einreichungsämter erlaubt, kann die GMA auch bei den nationalen Ämtern der Benelux-Staaten eingereicht werden.

Anders als nach Art 75 EPÜ hat der Anmelder die freie Wahl, bei welchem 13 nationalen Amt er einreichen will; es gibt keine Beschränkungen hinsichtlich der Staatsangehörigkeit.[12] Auch gibt es keine Einschränkungen hinsichtlich der Sprache der GMA. So könnte beispielsweise ein Anmelder aus Schweden eine GMA in dänischer Sprache beim portugiesischen Amt einreichen.

Nach Art 25 (2) Satz 2 können die nationalen Ämter für die Einreichung 14 der GMA eine Gebühr erheben, die die Verwaltungskosten für die Entgegennahme und Weiterleitung der GMA nicht übersteigen darf. Hiervon haben Gebrauch gemacht Benelux, Dänemark, Deutschland, Estland, Lettland, Litauen, Finnland, Frankreich, Irland, Malta, Polen, Portugal, Schweden, Slowenien, Spanien, Tschechien, Ungarn und Großbritannien; die Gebühren liegen dort ungefähr zwischen 15 und 40 Euro, wobei das Benelux-Amt mit 80 Euro am teuersten ist. Einzelheiten siehe Kapitel 3 der Broschüre »Nationales Recht zur Gemeinschaftsmarke«.

Die Gebühr für die Einreichung beim DPMA beträgt 25 Euro; die Gebüh- 15 renpflicht ist durch § 125 (a) DE-MarkenG und Nr 335100 des Gebührenverzeichnisses zu § 2 des DE-Patentkostengesetzes vom 13.12.2001[13] mit Wirkung zum 1.1.2002 eingeführt worden.

### 4 Umfang der Einreichungsmöglichkeit bei nationalen Ämtern

Die Möglichkeit der Einreichung bei nationalen Ämtern ist auf die GMA 16 beschränkt. Kein sonstiger Schriftverkehr und keine sonstigen Anträge oder Verfahrenshandlungen dürfen bei nationalen Ämtern vorgenommen werden; derartige Schriftsätze würden vom nationalen Amt auch nicht an das HABM weitergeleitet werden.

Auch die Gebühren sind ausschließlich an das HABM zu zahlen und dürfen 17 nicht bei nationalen Ämtern gezahlt werden. Die nationalen Ämter sind ge-

---

die »Convention Benelux en matière de marques de produits« und die »Loi Uniforme Benelux sur les marques« ersetzt hat.

12 O'Reilly, Comentarios, S 310.

13 BGBl I S 3656.

halten, etwaige Zahlungen, beispielsweise Schecks, nicht weiterzuleiten, sondern an den Anmelder zurückzusenden.[14]

### 5 Empfangsbestätigung

**18**  Nach R 5 haben sowohl das HABM als auch im Falle der Einreichung bei nationalen Ämtern das nationale Amt eine Empfangsbescheinigung zu erteilen. Das HABM erteilt die Empfangsbescheinigung gemäß R 5. Diese enthält einen Ausdruck der in der Datenbank des Amtes erfassten Angaben und, sofern den Anmeldetagserfordernissen entsprochen worden ist, die Mitteilung, dass der Tag des Eingangs zugleich Anmeldetag ist, vorausgesetzt, dass die Anmeldegebühr innerhalb eines Monats entrichtet wird.[15] Im Falle der Einreichung per e-filing besteht die Empfangsbescheinigung iSv R 5 (1) in einer automatisch am selben Tag übersandten elektronischen Mitteilung, in welcher die erfolgreiche Einreichung bestätigt wird, Datum und Uhrzeit des Eingangs und das Aktenzeichen mitgeteilt werden und der eine Kopie der GMA beigefügt ist (Art 4 (3) des Beschlußes des Präsidenten Nr EX-11-3 vom 18.4.2011). Im Falle der Einreichung bei einem nationalen Amt vermerkt das HABM auf der Anmeldung und in der Empfangsbescheinigung den Tag des Eingangs beim nationalen Amt, R 5 (3).

**19**  Das nationale Amt vermerkt auf der GMA den Tag des Eingangs sowie die Zahl der Seiten, bevor es diese an das HABM weiterleitet, und übermittelt ebenfalls dem Anmelder eine Empfangsbescheinigung über den Eingang bei ihm, R 5 (2).

### 6 Weiterleitung seitens des nationalen Amtes; Rechtsfolgen

**20**  Das nationale Amt muss die GMA unverzüglich an das HABM weiterleiten (Art 25 (2)). Art 25 (3) sieht vor, dass die Anmeldung innerhalb von zwei Monaten nach Eingang beim nationalen Amt beim HABM eingegangen sein muss. Dagegen ist die in Art 25 (2) genannte Frist von zwei Wochen für die Weiterleitung an das HABM rein indikativ; ihre Überschreitung löst keinerlei Rechtsfolgen aus.

---

14  Mitteilung des Präsidenten des HABM Nr 2/97 vom 3.7.1997, ABl-HABM 1997, 758.

15  Mitteilung Nr 4/98 vom 6.7.1998, ABl-HABM 1998, 884.

Rechtsfolge der verspäteten Weiterleitung ist, dass sich der Anmeldetag auf 21
den Tag des tatsächlichen Eingangs beim HABM verschiebt; die Anmeldung
wird dann so behandelt, als ob sie unmittelbar beim HABM eingereicht worden wäre.

Der Anmeldetag hängt gemäß Art 27 davon ab, dass die Anmeldegebühr in- 22
nerhalb eines Monats gezahlt wird. Nach R 9 (1) (b) bestimmt sich die Monatsfrist für die Zahlung der Gebühr im Falle der Einreichung bei einem nationalen Amt ab dem Datum des Eingangs der Anmeldung beim nationalen
Amt und nicht ab dem Datum des Eingangs beim HABM. Die franz und
spanische Fassung von R 9 (1) (b) enthalten einen sinnentstellenden Übersetzungsfehler.

Unverändert riskieren Anmelder bei verspäteter Weiterleitung die Anmelde- 23
tagsverschiebung, so dass von der Einreichung über das nationale Amt abzuraten ist.

## Artikel 26  Erfordernisse der Anmeldung

(1) Die Anmeldung der Gemeinschaftsmarke muß Folgendes enthalten:
a)  einen Antrag auf Eintragung einer Gemeinschaftsmarke;
b)  Angaben, die es erlauben, die Identität des Anmelders festzustellen;
c)  ein Verzeichnis der Waren oder Dienstleistungen, für die die Eintra-
    gung begehrt wird;
d)  eine Wiedergabe der Marke.

(2) Für die Anmeldung der Gemeinschaftsmarke sind die Anmeldegebühr
und gegebenenfalls eine oder mehrere Klassengebühren zu entrichten.

(3) Die Anmeldung der Gemeinschaftsmarke muß den in der Durchführungsverordnung nach Artikel 162 Absatz 1, nachstehend »Durchführungsverordnung« genannt, vorgesehenen Erfordernissen entsprechen.

*Schennen*

## 1  Allgemeines

1   Dieser Artikel regelt den Inhalt der GMA und die Erfordernisse, die sie zu erfüllen hat. Er befasst sich allerdings mit zwei Gruppen von Voraussetzungen, die eindeutig voneinander zu unterscheiden sind, nämlich mit den Voraussetzungen für die Vergabe eines Anmeldetages und mit den sonstigen formellen Voraussetzungen. Die Voraussetzungen für die Vergabe eines Anmeldetages sind in Art 26 (1) sowie – teilweise – Art 26 (2) der Vorschrift geregelt und werden durch Art 27 ergänzt. Anmeldetagsvoraussetzungen sind die in Art 26 (1) genannten vier Voraussetzungen sowie die in Art 27 genannte Voraussetzung der rechtzeitigen Zahlung der Anmeldegrundgebühr. Alle anderen Voraussetzungen, also die Zahlung der in Art 27 (2) genannten Klassengebühr und die in Art 27 (3) genannten weiteren Formerfordernisse, sind nicht Anmeldetagserfordernisse, sondern Erfordernisse der Formalprüfung.

2   Abs 1 wurde durch VO Nr 207/2009 durch die überflüssige Einfügung des Wortes »Folgendes« redaktionell geändert. Art 26 wird ergänzt durch Art 36 (1), (2) und R 5, R 9 (1), (2), was die Anmeldetagserfordernisse betrifft. Was die sonstigen Erfordernisse angeht, wird Art 26 ergänzt durch Art 36 (3)–(7) sowie R 1–4 sowie R 9 (3). Die PrüfRiLi[1] behandeln den Anmeldetag in B.3.3.

3   Im folgenden wird hier nur auf die Anmeldetagserfordernisse eingegangen; die sonstigen Formerfordernisse werden bei Art 36 behandelt.

4   Internationale Regelungen finden sich im TLT, dessen Art 5 (1) TLT den Erfordernissen des Art 26 (1) entspricht und der in Art 5 (2) TLT das in Art 27 geregelte Erfordernis der Zahlung der Gebühr als optionales Erfordernis zulässt. Das TRIPS-Übereinkommen und die Markenrechtsrichtlinie behandeln den Anmeldetag nicht.

---

1  ABl-HABM 1996, 1300; Neufassung: ABl-HABM 2008, Nr 5.

Die Reformvorschläge der Kommission sehen im Zusammenhang mit Art 4 **5** vor, statt auf die graphische Wiedergabe auf die Bestimmtheitskriterien der Rspr des EuGH (siehe unten, Rdn 17) abzustellen. Erforderlich, aber auch ausreichend sein soll eine Wiedergabe, die den vom Präsidenten des HABM näher zu definierenden Anforderungen an eine Wiedergabe im Register genügt.

## 2 Begründung des Anmeldetags

Maßgeblich ist der Zugang beim HABM oder einem nationalen Amt eines **6** der Mitgliedstaaten einschließlich des Benelux-Amtes (siehe unter Art 25 Rdn 12), wobei die Gebühr nur beim HABM gezahlt werden darf (siehe unter Art 25 Rdn 17). Der Anmeldetag ist der Tag des tatsächlichen Zugangs beim Amt. Dieser kann auch ein Sonn- oder Feiertag sein. Es gilt der Tag des Zugangs des letzten der Erfordernisse (R 9 (2) Satz 1) mit Ausnahme der Anmeldegebühr, die noch innerhalb eines Monats nach Zugang der Anmeldeunterlagen eingehen kann, Art 27. Das Datum der Absendung oder des Poststempels ist unmaßgeblich. Nach R 80 (1) bleibt der Anmeldetag gewahrt, wenn für eine farbige Marke eine Schwarz-weiß-Wiedergabe per Fax eingereicht und innerhalb eines Monats eine Farbwiedergabe nachgereicht wird. Nach R 80 (2) gilt das Privileg, eine unvollständige oder unleserliche Telekopie durch Nachreichung des Originals fristwahrend zu ergänzen, nicht für die Feststellung des Anmeldetages, dh es bleibt der tatsächliche Eingang des leserlichen Exemplars maßgebend. Wird die Anmeldung bei einem nationalen Amt eingereicht, so gilt hierfür wie für alle anmeldetagsrelevanten Voraussetzungen nationales Recht nicht.[2] Zur Beweislast bei Streit, ob und wann die Anmeldung beim HABM eingegangen ist siehe unter Art 78 Rdn 66.

Der Tag ist die kleinste Zeiteinheit. Stunde und Uhrzeit des Eingangs sind **7** unmaßgeblich, auch wenn sie sich ermitteln ließen, wie zB bei elektronischer Einreichung oder einem Fax.[3] Zwei am gleichen Tag eingehenden GMAen haben denselben Zeitrang.

---

2 Unzutreffend HABM-BK R 227/1998-3 vom 30.4.1999 (nr 17) *CLUBHOUSE*.
3 EuGH C-190/10 vom 22.3.2012, MarkenR 2012 142 *Genesis* (wortreich auf 63 Absätzen).

8   Der Anmeldetag ist maßgeblicher Zeitpunkt für die Berechnung der Schutzdauer (Art 46). Eine GMA, deren Anmeldetag feststeht, hat die Wirkung als
nationale Hinterlegung nach Art 32.

9   Der Anmeldetag ist, wenn keine Priorität beansprucht ist, maßgeblich für
die Wirkung der GM als älteres Recht gegenüber jüngeren GMAen (Art 8)
und jüngeren nationalen Markenanmeldungen in den Mitgliedstaaten (Art 4
(2) (a) (i) der Markenrechtsrichtlinie).

10   Der Anmeldetag ist der maßgebliche Zeitpunkt für die Beurteilung der
Schutzfähigkeit, für das Vorliegen der Verkehrsdurchsetzung (Art 7 (3)),[4]
nach dem EuGH[5] (problematisch) auch für alle anderen Voraussetzungen
nach Art 7 (1) (dazu unter Art 37 Rdn 23).

### 3   Anmeldetagsvoraussetzungen

11   Anmeldetagsvoraussetzungen sind ein Antrag auf Eintragung einer GM,
Angaben, die es erlauben, die Identität des Anmelders festzustellen, ein
VerzWDL, eine Wiedergabe der Marke und die Zahlung der Anmelde-
grundgebühr innerhalb eines Monats nach dem tatsächlichen Zugang der
Anmeldung beim Amt (bzw bei Einreichung bei einem nationalen Amt ge-
mäß Art 25 (1) (b) innerhalb eines Monats nach Eingang beim nationalen
Amt). Anmeldetag ist der Tag, an dem die letzte dieser Voraussetzungen er-
füllt ist.

### 3.1   Antrag auf Eintragung einer GM

12   Es muß ein Antrag auf Eintragung einer GM vorliegen. Dies setzt einen un-
bedingten und eindeutigen Willen des Anmelders voraus, ein Schutzrecht zu
erhalten, im Unterschied zu einer bloß unverbindlichen Anfrage. Außerdem
muß der Wille darauf gerichtet sein, eine GM zu erhalten und nicht ein anderes Schutzrecht. Dies ist zB bei einer fehlgeleiteten Patentanmeldung oder
einer Anmeldung für ein Gemeinschaftsgeschmacksmuster nicht der Fall.
Der Antrag, eine GM zu erhalten, ergibt sich in jedem Falle aus der Benutzung des Formulars (R 83 (1)), andernfalls auch konkludent aus der Natur
der Anmeldung. Praktische Fälle, in denen die Vergabe eines Anmeldetages
mangels Antrag abgelehnt wurde, sind bisher noch nicht vorgekommen.

---

4   EuG T-247/01 vom 12.12.2001, MarkenR 2003, 82 (Nr 36) *Ecopy*.
5   EuGH C-332/09, Beschluß vom 23.4.2010 *Flugbörse*.

### 3.2 Identität des Anmelders

Es müssen Angaben vorliegen, die es erlauben, die Identität des Anmelders 13
festzustellen. Die vollständige Angabe des Namens und der Adresse einschließlich der Telefon- und Telefaxnummern (R 1 (1) (b)) kann nachgereicht werden. Allerdings müssen hinsichtlich der Anschrift jedenfalls so
viele Angaben gemacht werden, daß das Amt mit dem Anmelder Kontakt
aufnehmen kann (siehe auch Art 5 (1) (iii) TLT, R 2 (2) PLT). Auch die Angabe des vollständigen Namens ist nicht notwendig. Gegebenenfalls können
Angaben, die in der Spalte für den Namen des Anmelders fehlen, aus anderen Bestandteilen der GMA ergänzt werden.

Es müssen jedoch überhaupt Angaben vorliegen, die die Identität des An- 14
melders eindeutig und objektiv bestimmbar machen. Das Amt ist nicht
verpflichtet, Nachforschungen anzustellen; der Amtsermittlungsgrundsatz
(Art 76) gilt insoweit nicht.

### 3.3 Verzeichnis der Waren oder Dienstleistungen

Das Erfordernis, Waren oder Dienstleistungen anzugeben, die so klar und 15
eindeutig formuliert sind, daß sie Gegenstand eines VerzWDL sein können,
ist bereits auf der Ebene der Anmeldetagsvoraussetzungen angesiedelt. Der
EuGH sieht das Erfordernis der Klarheit der Wiedergabe der Marke und das
der Klarheit des VerzWDL auf derselben Ebene angesiedelt, ohne anzugeben,
auf welche Bestimmung der MarkenRichtl sich dies bezieht; der Normstruk-
tur nach kann es sich aber nur um Art 4, die Definition der Marke, handeln,
der verfahrensrechtlich Art 26 entspricht.[6] Die Waren und Dienstleistungen
müssen verbal definiert werden; sie dürfen nicht durch Bezugnahme auf die
Internationale Klassifikation ersetzt werden. Ausnahme: die Angabe »alle
Waren in Klasse X« wird von Amts wegen in die betreffende Klassenüberschrift der Nizzaer Klassifikation umgewandelt, ohne daß dies den Anmeldetag beeinträchtigt. Die Waren oder Dienstleistungen müssen zumindest objektiv bestimmbar sein. Unzulässig und anmeldetagsschädlich ist die Angabe
»alle denkbaren Waren und Dienstleistungen«.[7] Solche anmeldetagsschädli-
chen Mängel sind nach R 9 (1) zu beanstanden. Davon zu unterscheiden

---

6  EuGH C-307/10 vom 19.6.2012, GRUR Int 2012, 749 (Nr 40ff) *IP Translator.*
7  Unzutreffend BPatG MarkenR 2004, 196 *What's live* unter unzutreffender Wiedergabe der HABM-Praxis.

sind die formalen Erfordernisse der Gruppierung und der Klassifizierung nach R 2 (2), (3), die zu einer Beanstandung nach R 9 (3) führen.

### 3.4 Wiedergabe der Marke

16   Die Bestimmungen des Art 4 und Art 26 bedeuten, daß die Anmeldung eine graphische Wiedergabe der Marke enthalten muß. Bei Wortmarken ist dies die Angabe des Wortes, gleich in welcher Schriftart. Bei Bildmarken, dreidimensionalen Marken, Farbmarken und anderen Marken ist dies die graphische Wiedergabe der Marke als solche. Maßgeblich ist stets die Wiedergabe in der eingereichten Form. Ausnahmen bestehen lediglich für Hörmarken (siehe dazu unten, Rdn 20) sowie gemäß R 80 (1): Ist eine Marke per Telefax übermittelt worden, so kann die farbige Wiedergabe der Marke noch innerhalb eines Monats nach Eingang der Telekopie nachgereicht werden, wobei der Anmeldetag der Tag der ursprünglichen Einreichung des Telefaxes bleibt. Dies gilt auch dann, wenn die Anmeldung keinen Farbanspruch (R 3 (5)) enthielt.

17   Für Farb-, Geruchs- und Hörmarken hat der EuGH entschieden, daß die graphische Wiedergabe »klar, eindeutig, in sich abgeschlossen, leicht zugänglich, verständlich, objektiv und dauerhaft« sein muß.[8] Aus dem »IP Translator« - Urteil[9] ergibt sich, daß der EuGH diese Anforderungen an Marken aller Kategorien anlegen will. Für Wortmarken sind diese Anforderungen nicht praxisrelevant, wohl aber für Bild- und dreidimensionale Marken.

18   Bei Farbmarken ist eine farbige Wiedergabe der Marke auf einem Blatt Papier, das die Farbe zeigt, einzureichen. Wird die Wiedergabe in Farbe eingereicht, darf nicht beantragt werden, die Marke als Schwarz-weiß-Marke zu behandeln oder zu veröffentlichen. Umgekehrt darf für eine in schwarz-weiß eingereichte Wiedergabe nicht beantragt oder beansprucht werden, sie in Farbe zu schützen. Obwohl das EuGH-Urteil »Libertel«[10] zumindest für konturlose Farbmarken die Angabe eines PANTONE- oder anderen Farbcodes für erforderlich hält, verlangt das HABM dies nicht, da das HABM

---

8   EuGH C-273/00 vom 12.12.2002, ABl-HABM 2003, 728 (Nr 55) *Sieckmann/Geruchsmarke*; EuGH C-104/01 vom 6.5.2003, ABl-HABM 2003, 1734 (Nr 28f) *Libertel*; EuGH C-283/01 vom 27.11.2003, GRUR 2004, 54 (Nr 55) *Shield mark*.

9   EuGH C-307/10 vom 19.6.2012, GRUR Int 2012, 749 (Nr 42, 47) *IP Translator*.

10   EuGH C-104/01 vom 6.5.2003, ABl-HABM 2003, 1734 *Libertel*.

alle Markenwiedergaben scannt, so daß sich das (Schein-) Problem des Verblassens der Papierwiedergabe, das nach EuGH durch Verlangen des Farbcodes zu regeln sei, für das HABM nicht stellt. Somit ist die Angabe von RAL-Codes zulässig, aber nach der Praxis des Amtes nur fakultativ.[11] Art 26 schließt aus, daß die Angabe eines Farbcodes zum Anmeldetageserfordernis erhoben wird. Handelt es sich um eine Kombination von Farben, so muß die graphische Wiedergabe die konkrete Art der Farbzusammenstellung offenbaren. Dies ist bei einer grafischen Darstellung von zwei oder mehr abstrakt und konturlos beanspruchten Farben nur dann gewährleistet, wenn sie systematisch so angeordnet ist, daß die betreffenden Farben in vorher festgelegter und beständiger Weise verbunden sind.[12] Dies ist dann gewährleistet, wenn ein Blatt Papier eingereicht wird, auf dem farbige Rechtecke nebeneinander, mit oder ohne weißen Zwischenraum, angeordnet sind. Unzulässig und anmeldetagsschädlich ist es dagegen, einen Schutz einer Farbkombination in jeglichen denkbaren Formen zu beanspruchen.[13] Eine solche Angabe wäre nicht eindeutig genug und ließe zahlreiche unterschiedliche Kombinationen zu, die es dem Verbraucher nicht erlauben, eine bestimmte Kombination zu erkennen und in Erinnerung zu behalten, auf die er sich mit Gewissheit für weitere Käufe beziehen könnte, und wurde auch den Ämtern und den Wirtschaftsteilnehmern nicht ermöglichten, den Umfang der geschützten Rechte des Markeninhabers festzulegen und zu ermitteln.[14] Unzulässig ist es auch, Bereichsangaben für die Farbverteilung wie »bis zu maximal 2/3« zu geben, da das ganz unterschiedliche Werte wie 1/3, 1/5 usw einschließt und keine systematisch festgelegte Farbverteilung offenbart.[15]

Eine Beschreibung, die nach R 3 (3) fakultativ ist, kann die Wiedergabe der 19 Marke nur ergänzen, nicht ersetzen. Es reicht zB nicht, eine dreidimensionale Marke als »Vakuumverpackung«[16] oder eine Hörmarke als »Klicken« zu beschreiben.[17] Die Beschreibung darf nicht in Widerspruch zur graphischen

---

11 Mitteilung Nr 6/03 vom 10.11.2003, ABl-HABM 2004, 88.

12 EuGH C-049/02 vom 24.6.2004, ABl-HABM 2005, 328 (Nr 33) *Heidelberger.*

13 EuGH C-049/02 vom 24.6.2004, ABl-HABM 2005, 328 (Nr 34) *Heidelberger.*

14 EuGH C-049/02 vom 24.6.2004, ABl-HABM 2005, 328 (Nr 35) *Heidelberger.*

15 EuG T-299/09 vom 3.2.2011 (Nr 65) *Ginstergelb und Silbergrau.*

16 HABM-BK R 004/1997-2 vom 21.8.1998, ABl-HABM 1998, 180 *VACUUM PACKING.*

17 HABM-BK R 001/1998-2 vom 7.10.1998, *Déclic.*

Wiedergabe stehen, widrigenfalls sie anzupassen oder zu streichen ist oder auch im weiteren Verfahren außer Acht zu lassen ist.[18]

**20**   Bei Hörmarken hat der EuGH im »Shield-Mark«- Urteil klargestellt, daß Wiedergaben in Notenschrift zulässig sind, verbale Beschreibungen des Klangs durch Lautmalerei oder Solmisation jedoch nicht.[19] Das HABM akzeptiert grundsätzlich nur eine Wiedergabe in Notenschrift, keine Oszillogramme, da diese nicht eindeutig geeignet sind, das Geräusch wiederzugeben. Zurückgewiesen wurde beispielsweise ein Oszillogramm in Form einer undeutlich gezeichneten Hüllkurve, die das Geräusch des brüllenden Löwen aus den Metro-Goldwyn-Mayer-Filmvorspannen darstellen sollte.[20] Auch Sonagramme werden nicht akzeptiert, insbesondere weil sie zwar eindeutiges Ergebnis einer Umwandlung eines Schalls in eine Graphik darstellen mögen, aber nicht in einen Schall rückumwandelbar sind; der Leser des Blatts für GMn kann also aus der Lektüre des Sonagramms nicht erkennen, wie der Klang klingt.[21] Seit Juli 2005 kann nach der neuen R 3 (6) der graphischen Wiedergabe auch eine Klangdatei beigefügt werden, jedoch nur bei elektronischer Anmeldung.[22] Die Klangdatei wird nach R 12 (c) im Blatt für GMn veröffentlicht und gewährt Dritten den Zugang zum Klang selbst, was den Erfordernissen des Shield-Mark- Urteils an eine »leicht zugängliche« Wiedergabe der Marke Genüge tut und erstmals auch nicht-konventionelle, durch Notenschrift nicht darstellbare Klänge (wie das Tarzan-Gebrüll) eintragbar macht. Verschiedene solche Anmeldungen sind bereits eingetragen. Im Falle der Abweichung der Klangdatei von der graphischen Wiedergabe bzw bei Unausführbarkeit der graphischen Wiedergabe ist zu fordern, daß die Klangdatei Vorrang hat.

**21**   Geruchsmarken nach gegenwärtigem Stand der Technik überhaupt nicht graphisch darstellbar. Dies hat nun der EuGH[23] bestätigt: Bei einem Riech-

---

18   HABM-BK R 272/2008-4 vom 25.6.2008 (Nr 12, 42), *Farbbecher I.*

19   EuGH C-283/01 vom 27.11.2003, GRUR 2004, 54 *Shield Mark*; dazu Bender, in: FS für von Mühlendahl, S 159.

20   HABM-BK R 781/1999-4 vom 25.8.2003, GRUR 2003, 1054 *Geräuschmarke.*

21   HABM-BK R 708/2006-4 vom 27.9.2007, Il Diritto Inustriale 2008, 325 *Tarzan yell* mit Urteilsanmerkung von Sandri/Rizzo; unter Aufgabe von HABM-BK R 781/1999-4 vom 25.8.2003, GRUR 2003, 1054 *Geräuschmarke.*

22   Art 9 (3) des Beschlusses Nr EX-11-3 vom 18.4.2011, ABl-HABM 2011, Nr 6.

23   EuGH C-273/00 vom 12.12.2002, ABl-HABM 2003, 728 *Sieckmann/Geruchsmarke*; PrüfRiLi B. 2.3.1.

zeichen wird den Anforderungen an die graphische Darstellbarkeit weder durch eine chemische Formel noch durch eine Beschreibung in Worten, die Hinterlegung einer Probe des Geruchs oder die Kombination dieser Elemente genügt. Chemische Formeln sind nur geeignet, die Zusammensetzung eines Stoffes darzustellen, nicht jedoch den von ihm ausgehenden Geruch. Es steht fest, daß es gegenwärtig keine allgemein anerkannte internationale Klassifikation von Düften gibt, die, wie bei den internationalen Farbcodes oder der Notenschrift, die objektive und präzise Erkennung eines Riechzeichens dank der Zuteilung präziser Bezeichnungen oder Codes für jeden Duft erlauben würde.[24] Eine verbale Beschreibung ist auch regelmäßig weder eindeutig noch präzise, und sie ermöglicht es nicht, alle subjektiven Elemente bei der Erkennung und Wahrnehmung des angemeldeten Zeichens auszuschließen.[25] Der grafische Wiedergabe einer Riechmarke müsste den Duft darstellen, dessen Eintragung beantragt wird, und nicht die Ware, die ihn verströmt;[26] das aber erscheint nicht möglich. Überholt sind damit HABM-BK R 156/1998-2, »The smell of fresh cut grass«,[27] daß die Beschreibung »die Marke besteht aus dem Geruch frisch geschnittenen Grases für Tennisbälle« ausreichend sei, und HABM-BK R 711/1999-3,[28] daß die Beschreibung eines Geruches als »Duft von Himbeeren« ausreichend klar sei. Geruchsmarken sind daher gegenwärtig nicht in der Lage, die Anmeldetagsvoraussetzungen nach Art 26 zu erfüllen. Die in der Literatur gelegentlich vorgeschlagenen angeblich revolutionären neuen Technologien wie die einer »elektronischen Nase« haben den Praxistest bisher nicht bestanden. Entsprechende Vorschläge scheiterten schon daran, daß eine Wiedergabe, die erst durch die Benutzung externer Geräte oder Software Kenntnis vom Gegenstand der Marke vermitteln würde, nicht den Erfordernissen der EuGH-Rspr nach einer »in sich abgeschlossenen und leicht zugänglichen« Wiedergabe

---

24  EuG T-305/04 vom 27.10.2005, ABl-HABM 2006, 388 (Nr 34) *Geruch einer frischen Erdbeere.*

25  EuG T-305/04 vom 27.10.2005, ABl-HABM 2006, 388 (Nr 33) *Geruch einer frischen Erdbeere.*

26  EuGH C-273/00 vom 12.12.2002, ABl-HABM 2003, 728 (Nr 29) *Sieckmann/Geruchsmarke*; EuG T-305/04 vom 27.10.2005, ABl-HABM 2006, 388 (Nr 39) *Geruch einer frischen Erdbeere.*

27  HABM-BK R 156/1998-2 vom 11.2.1999, ABl-HABM 1999, 1238 *The smell of fresh cut grass*; dazu Sieckmann, WRP 1999, 618.

28  HABM-BK R 711/1999-3 vom 5.12.2001, ABl-HABM 2002, 1677 *Der Duft von Himbeeren.*

entspräche: die Wiedergabe muß aus dem Register heraus verständlich sein.[29] Auch Tastmarken sind nicht in der Lage, diesen Anforderungen zu genügen.

22  Während im Urteil »Shield mark« eine verbale Wiedergabe grundsätzlich als unzureichend abgelehnt wurde,[30] wurde im Urteil »Sieckmann« in der Beschreibung eines Geruchs zwar grundsätzlich eine graphische Darstellung gesehen, diese jedoch als nicht ausreichend klar, eindeutig und objektiv erachtet.[31] Zutreffend erscheint, im Einklang mit den RiLi des HABM[32] in einer verbalen Beschreibung grundsätzlich keine Wiedergabe der Marke (sondern nur eine Beschreibung nach R 3 (3)) zu sehen, denn verbale Umschreibungen sind auch bei Farbmarken oder einfachen geometrischen Bildmarken nicht ausreichend, ganz unabhängig vom Grad ihrer Präzision. Nur das entspricht auch der EuGH-Rspr zu Farbmarken.

23  Die Wiedergabe von Marken auf anderen physischen Medien als Papier (oder im Falle der elektronischen Anmeldung als Bild- oder Klangdatei, R 3 (6)) ist überflüssig und nach R 3 sogar unzulässig. So dürfen für Hörmarken keine Tonbänder eingereicht werden. Solche Formen der Wiedergabe können auch deshalb nicht zugelassen werden, weil sie nicht »leicht zugänglich« wären, denn sie wären – anders als elektronische Klang- und Bilddateien, die elektronisch veröffentlicht werden– nicht Bestandteil des Registers, sondern könnten von Dritten nur am Sitz des HABM eingesehen oder angehört werden.

24  Daraus, daß die Wiedergabe »klar, eindeutig, in sich abgeschlossen, leicht zugänglich, verständlich, objektiv und dauerhaft« sein muß, folgt auch, daß die Wiedergabe eine einzige Marke zeigen muß. Es darf nicht Schutz für eine unbegrenzte Vielzahl von Gestaltungsmöglichkeiten beansprucht und die graphische Wiedergabe nur als Beispiel bezeichnet werden (in casu: die Durchsichtigkeit eines Staubsaugerbehälters), denn dies beanspruchte Schutz für eine Idee unabhängig von der Form- und Farbgebung ihrer Verwirk-

---

29  EuGH C-273/00 vom 12.12.2002, ABl-HABM 2003, 728 = Mitt. 2003, 126 (Nr 49) *Sieckmann/Geruchsmarke*; EuGH C-307/10 vom 19.6.2012, GRUR Int 2012, 749 (Nr 46) *IP Translator*.

30  EuGH C-283/01 vom 27.11.2003, GRUR 2004, 54 (Nr 59f) *Shield Mark*.

31  EuGH C-273/00 vom 12.12.2002, ABl-HABM 2003, 728 = Mitt. 2003, 126 (Nr 70) *Sieckmann/Geruchsmarke*.

32  PrüfRiLi B. 2.3.1.

lichung, also kein »Zeichen« i.v. Art 4.[33] Es darf in der Marke kein »Platzhalter« vorhanden sein, der gemäß Markendarstellung durch beliebige Wortelemente zu ergänzen wäre.[34] Werden mehrere Abbildungen nebeneinander als Bildmarke eingereicht, so sind sie als einheitliche Bildmarke zu behandeln und nicht als »Serie« verschiedener Marken, was unzulässig wäre. Gleiches gilt für Wortmarken mit Text in verschiedenen Sprachen.

### 3.5 Anmeldegebühr

Die Anmeldegrundgebühr von 1050 Euro, bei elektronischer Anmeldung 950 Euro (Art 2 Nr 1, 1b GebV) muß innerhalb eines Monats nach Einreichung der Anmeldung beim Amt eingegangen sein.  **25**

Bei Zahlung durch Abbuchung von einem laufenden Konto wird die Gebühr mit Wirkung zum letzten Tag der Monatsfrist abgebucht (Artikel 7 (a) des Beschlusses Nr EX-96-1, geändert durch Beschluß Nr EX-96-7 und Nr EX-03-1).[35] Die Gebühr wird auch dann abgebucht, wenn der Inhaber des laufenden Kontos im Anmeldeformular »Zahlung erfolgt später« angekreuzt hatte In einer solchen Angabe liegt keine ausdrückliche Weisung gemäß Artikel 6 (2) des Beschlusses EX-96-1 liegt, das laufende Konto nicht zu belasten.[36] Das Amt hat im Rahmen des Amtsermittlungsgrundsatzes zu prüfen, ob die Gebühr rechtzeitig eingegangen ist; dies lässt sich an Hand der Buchhaltungsunterlagen leicht überprüfen. Das Amt trifft keine Pflicht, den Anmelder unverzüglich auf die Nichtzahlung der Gebühr hinzuweisen.[37]  **26**

Die Reformvorschläge der Kommission sehen vor, daß die Anmeldegebühr als Anmeldetagsvoraussetzung schon mit der Anmeldung zu zahlen, zumindest deren Zahlung nachzuweisen ist.  **27**

### 3.6 Sprache

Aus Art 119 ergibt sich schließlich, daß ein Anmeldetag nur begründet wird, wenn die in Art 26 genannten Angaben in einer der Amtssprachen der EG  **28**

---

33  EuGH C-321/03 vom 25.1.2007, GRUR 2007, 231 (Nr 35-37, 39) *Dyson.*
34  HABM-BK vom 29.4.2010, R 437/2009-4 (Nr 21-24) *OASE LIVING WATER.*
35  ABl-HABM 1996, 1454; ABl-HABM 2003, 1042.
36  HABM-BK R 1012/2003-1 vom 28.2.2003, *LOKY.*
37  EuG T-146/00 vom 10.7.2000, MarkenR 2001, 316 *Dakota.*

eingehen. Anmeldungen oder sonstige Unterlagen in anderen Sprachen sind rechtlich wirkungslos.

### 4 Feststellung des Anmeldetages

29 Liegen die in Art 26 (1) genannten Erfordernisse vor, so verfährt das HABM gemäß Mitteilung Nr 4/98 des Präsidenten des Amtes vom 6.7.1998:[38] Die Empfangsbestätigung gemäß R 5, die bei e-filing sofort, sonst innerhalb weniger Tage nach Eingang der Anmeldung versandt wird, enthält die Feststellung, daß der Tag des Eingangs auch der Anmeldetag ist, vorausgesetzt daß die Gebühr innerhalb der Monatsfrist gezahlt wird. Geht die Gebühr fristgerecht ein, so erfolgt keine weitere Mitteilung, vielmehr ergibt sich die Zuerkennung des Anmeldetags aus der Veröffentlichung im Blatt für GMn.

30 Geht die Gebühr nicht oder verspätet ein, so richtet sich das weitere Verfahren nach R 9 (1), und das Amt fordert zur nachträglichen Erfüllung dieses Erfordernisses auf.

31 Ein Bescheid nach R 9 (1) ergeht auch, wenn eines oder mehrere Erfordernisse des Art 26 (1) nicht erfüllt sind. Das HABM fordert gemäß R 9 (1) auf, diese Erfordernisse innerhalb von zwei Monaten nach Zugang dieses Bescheides noch nachträglich zu erfüllen. Dieser Bescheid kann im Falle der Nichtzahlung der Anmeldegrundgebühr erst nach Ablauf der dafür zur Verfügung stehenden Frist von einem Monat ergehen.

32 Besteht der Mangel nur in der Nichtzahlung der Gebühr und wird die Gebühr später als einen Monat nach Einreichung gezahlt, so wird der Tag der Nachzahlung der Gebühr zum Anmeldetag. Dieser liegt dann mindestens einen Monat nach dem tatsächlichen Eingang.

33 Besteht der Mangel in der Nichterfüllung eines der Erfordernisse des Art 26 (1), so ist der Tag Anmeldetag, an dem die letzte der betreffenden Angaben beim Amt eingeht, vorausgesetzt daß auch die Gebühr innerhalb der Monatsfrist des Art 27 gezahlt wird. In diesem Fall kann der Anmeldetag weniger als einen Monat nach dem Datum des tatsächlichen Eingangs liegen.

34 Die Mitteilung nach Art 36 (3), R 9 (2) fixiert eine Ausschlussfrist, nach deren Ablauf die Anmeldetagserfordernisse auch nicht mehr nachträglich erfüllt werden können. Nach Ablauf dieser Frist werden die eingereichten Un-

---

38 ABl-HABM 1998, 885.

terlagen nicht als Anmeldung einer GM behandelt. Etwaige gezahlte Gebühren werden erstattet. Eine solche Nichtanmeldung hat nicht die Wirkungen nach Art 32 und stellt keine Prioritätsgrundlage dar.

Die Funktion der Mitteilung gemäß Art 36 (3), R 9 (2) besteht somit nicht 35 darin, nachträglich die Erfüllung der Anmeldetagsvoraussetzungen zu ermöglichen, sondern umgekehrt darin, eine Frist zu fixieren, nach deren Ablauf dies nicht mehr möglich ist. Grundsätzlich bleibt es aber dabei, daß unabhängig von dem Erlass einer entsprechenden Mitteilung des HABM sich der Anmeldetag verschiebt, wenn die Erfordernisse erst nach dem tatsächlichen Eingang der Unterlagen bzw, was die Zahlung der Gebühr angeht, erst nach Ablauf eines Monats erfüllt werden. Diese Verschiebung des Anmeldetages ist automatisch und von der Mitteilung gemäß R 9 (2) unabhängig. Als Anmelder ist man somit gehalten, diese Erfordernisse, falls man sie aus Versehen nicht erfüllt hat, umgehend nachträglich von sich aus zu erfüllen, ohne eine Mitteilung des HABM abzuwarten.

## 5 Beschwerdefähigkeit

Die Entscheidung des Prüfers, einen vom Begehren des Anmelders abweichenden Anmeldetag festzusetzen, ist gesondert beschwerdefähig, ohne daß 36 gemäß Art 58 (2) die Beschwerde ausdrücklich zugelassen werden müsste.[39]

## Artikel 27  Anmeldetag

**Der Anmeldetag einer Gemeinschaftsmarke ist der Tag, an dem die die Angaben nach Artikel 26 Absatz 1 enthaltenden Unterlagen vom Anmelder beim Amt oder, wenn die Anmeldung bei der Zentralbehörde für den gewerblichen Rechtsschutz eines Mitgliedstaats oder beim BENELUX- Amt für geistiges Eigentum eingereicht worden ist, bei der Zentralbehörde beziehungsweise beim BENELUX-Amt für geistiges Eigentum eingereicht worden sind, sofern binnen eines Monats nach Einreichung der genannten Unterlagen die Anmeldegebühr gezahlt wird.**

*Schennen*

---

39  HABM-BK R 878/1999-2 vom 21.9.2000 (Nr 11) *K 5*; HABM-BK R 016/1997-3 vom 10.9.1998 (Nr 25) *CAMPUS TALK*; HABM-BK R 012/1997-3 vom 30.9.1998 *SPEEDY*.

## 1 Allgemeines

1  Dieser Artikel bestimmt, dass der Anmeldetag der GM der Tag ist, an dem die in Art 26 (1) genannten Unterlagen eingegangen sind, sofern innerhalb eines Monats nach Eingang dieser Unterlagen die Anmeldegrundgebühr gezahlt wird. Er fügt somit den Voraussetzungen für die Vergabe des Anmeldetages des Art 26 (1) eine weitere hinzu, nämlich die Zahlung der Anmeldegrundgebühr innerhalb eines Monats.

2  Die Bestimmung ist unter Art 26 kommentiert.

## Artikel 28  Klassifizierung

**Die Waren und Dienstleistungen, für die Gemeinschaftsmarken angemeldet werden, werden nach der in der Durchführungsverordnung festgelegten Klassifizierung klassifiziert.**

*Schennen*

**Literatur:**
*Grabrucker,* Braucht die Dienstleistungsgesellschaft die Einzelhandelsmarke?, GRUR 2001, 623; dies, Marks for Retail Services – An Example for Harmonising Trade

Mark Law, IIC 2003, 503; *dies*, Zur Praxis der Eintragung einer Dienstleistungsmarke für den Handel – Ein internationaler Überblick, GRUR Int 2002, 989; *Helbig*, »Insbesondere, in particular«, MarkenR 2009, 155; *Schaeffer*, Die Dienstleistung Retail Services, in: FS für von Mühlendahl, 2005, S 127; *ders*, Die Einzelhandelsdienstleistungsmarke in der Praxis, GRUR 2009, 341; *ders*, Handel – eine markenschutzfähige Dienstleistung?, Mitt. 2006, 57; *Ströbele*, Die rechtliche Bedeutung der Klasseneinteilung für die Verzeichnisse der Waren und Dienstleistungen angemeldeter Marken, Mitt. 2004, 249; *von Bomhard/Pohlmann*, Die achte Auflage der Nizzaer Klassifikation – Änderungen, Auswirkungen, Anmerkungen, Mitt. 2001, 546; *Weiler*, Die Eintragungsfähigkeit von Dienstleistungsmarken des Einzelhandels im deutschen und europäischen Markenrecht, WRP 2006, 195.

## 1 Allgemeines

Klassifizierung bedeutet die Zuordnung der Begriffe des VerzWDL (Art 26 **1** (1) (c)) zu einer bestimmten Klasse der internationalen Klassifikation; die Waren und Dienstleistungen müssen außerdem in der Reihenfolge der Klassen gruppiert sein.

Diese Verpflichtung trifft den Anmelder (R 2 (2), (3) iVm R 9 (3) (a), (4)), **2** nicht vorrangig das Amt. Der Anmelder kann dafür die HABM-Datenbank »EUROCLASS« nutzen. Auch unterstützen die Prüfer des Amtes den Anmelder bei der zutreffenden Klassifizierung.

Nach Art 28 richtet sich die Klassifizierung nach der in der DV festgelegten **3** Klassifikation (nicht Klassifizierung). Nach R 2 (1) richtet sich die Klassifizierung der Waren und Dienstleistungen nach der gemeinsamen Klassifikation des Art 1 des Nizzaer Abkommens vom 15.6.1957 in der geänderten Fassung.[1] Die Klassifikation wird aufgrund von Beschlüssen des Sachverständigenausschusses der Nizzaer Union im Turnus von fünf Jahren überarbeitet; seit dem 1.1.2002 ist die 8. Ausgabe der Nizzaer Klassifikation maßgeblich, seit dem 1.1.2007 die 9. Ausgabe, seit dem 1.1.2013 die 10. Ausgabe.[2] Zum Übergang auf eine neue Fassung siehe unten unter Rdn 40. Zu Reformvorschlägen der Kommission siehe unter Rdn 13.

Der Anmelder kann beliebige, beliebig viele und beliebig formulierte Waren **4** und Dienstleistungen beanspruchen, vorausgesetzt dass sich die Art der Waren und Dienstleistungen klar erkennen lässt (R 2 (2)). Hinsichtlich der

---

1 Abgedruckt im BlPMZ 1981, 303 und 1984, 319.
2 Mitteilung Nr 3/12 des Präsidenten vom 18.12.2012, ABl-HABM 2013, Nr 2.

Klassifizierung besteht nur das Erfordernis, dass sich jede einzelne Ware oder Dienstleistung einer einzelnen Klasse der Nizzaer Klassifikation und nur einer einzigen Klasse zuordnen lassen muss, R 2 (2).[3] Im internationalen Recht sind zu beachten Art 6 TLT, der ein Mehrklassensystem vorgibt, Art 3 (1) (a) (xv) und Art 9 (1) TLT zur Verpflichtung der Angabe der Waren und Dienstleistungen in der Reihenfolge der Klasseneinteilung sowie Art 9 (2) TLT, der – entsprechend R 2 (4) – bestimmt, dass die Klassifizierung auf die Ähnlichkeit oder Unähnlichkeit von Waren und Dienstleistungen keinen Einfluß hat.

## 2 Nizzaer Klassifikation

5  Die Nizzaer Klassifikation besteht aus 45 (bis 1.1.2002 aus 42) Klassen, davon 34 Warenklassen. Jede Klasse besteht aus Klassenüberschriften, in der die Waren allgemein bezeichnet sind, Erläuterungen, die zur Abgrenzung der Klassen untereinander hilfreich sein sollen, einer alphabetischen Liste von Begriffen, die unter die Klassenüberschrift fallen, sowie gegebenenfalls Fußnoten zur Erläuterung dieser alphabetischen Begriffe.

### 2.1 Klassenüberschriften

6  Was Klassenüberschriften angeht, so ist zu unterscheiden, ob eine Klassenüberschrift überhaupt verwendet werden kann und wenn ja, welche Waren, die in die betr Klasse fallen, sie umfasst.

7  Die Verwendung von Klassenüberschriften ist nicht schon von sich aus zulässig, sondern nur unter der Maßgabe, dass die Begriffe, aus denen sie besteht, ausreichend klar und präzise sein müssen, so dass sie aus sich heraus den registerrechtlichen Anforderungen an die Bestimmtheit genügen und Dritte den Schutzgegenstand (nicht Schutzumfang!) klar erkennen können. Ob dies auf eine bestimmte Klassenüberschrift zutrifft, obliegt den jeweiligen Ämtern und ist nicht gemeinschaftsrechtlich vorgegeben.[4] Das HABM akzeptiert alle Klassenüberschriften, nachdem die Bezeichnung »Dienstleistungen, die nicht in die Klassen 35–41 fallen« nicht mehr Teil der Klassenüberschrift von

---

3  HABM-BK R 006/2002-3 vom 26.6.2002, MarkenR 2002, 441 (Nr 17) *BIOGE-NERIX*.
4  EuGH C-307/10 vom 19.6.2012, GRUR Int 2012, 749 (Nr 49, 52, 55f) *IP Translator*.

Klasse 42 ist. Einige Mitgliedstaaten wie Deutschland[5] und Großbritannien beanstanden bestimmte Klassenüberschriften als zu unbestimmt, zB die Angabe »Maschinen und Werkzeugmaschinen« in Klasse 7. Der EuGH äußert sich hierzu widersprüchlich, wenn er zum einen diese Prüfung dem nationalen Amt überlässt und zum anderen mutmaßt, einige Klassenüberschriften seien zu unbestimmt, ohne Roß und Reiter zu nennen.[6] Damit ist die Notwendigkeit einer Harmonisierung im Verhältnis HABM/nationale Ämter vorgezeichnet. Deshalb hat das HABM im Rahmen des sogenannten Konvergenzprogramms begonnen, mit den nationalen Ämtern zu vereinbaren, welche Klassenüberschriften dem Bestimmtheitsverdikt zum Opfer fallen sollen. Die Ergebnisse werden schrittweise in die PrüfRiLi eingebaut.[7] Bis dahin ist mit Beanstandungen nicht zu rechnen. Schon bisher wurde davon ausgegangen, dass die Vertragsstaaten des Nizzaer Abkommens nicht völkerrechtlich verpflichtet sind, die Klassenüberschriften als hinreichende Formulierung eines VerzWDL zu akzeptieren, sondern nur, die entsprechenden Waren in die entsprechende Klasse zu klassifizieren. Die Ergebnisse des Konvergenzprogramms bedürfen also keiner Absicherung oder Umsetzung auf der Ebene der WIPO.

Das HABM geht seit jeher, und auch weiterhin nach dem »IP Translator«-     **8**
Urteil, davon aus, dass eine Klassenüberschrift alle in die betr Klasse fallenden Waren oder Dienstleistungen umfasst. Das EuG hat dies übrigens sowohl vor[8] als auch nach[9] dem EuGH-Urteil ausdrücklich gebilligt. Nach dem »IP Translator«- Urteil ändert sich jetzt nur, dass dies nur die Begriffe der Alphabetischen Liste umfasst und nicht mehr, wie nach bisheriger HABM-Praxis, alle Waren, die theoretisch in die betr Klasse fallen. Der Grundsatz der Vollständigkeit der Klasseneinteilung gilt also nur für die Frage, in welche Klasse eine Ware überhaupt fällt:[10] es gibt keine irgendwie denkbare Ware, die in keine Klasse fiele. Er führt aber nicht dazu, dass eine

---

5  Ströbele/Kirschneck, MarkenG, § 32 Rn 94; vgl auch Mitteilung Nr 11/12 der Präsidentin des DPMA, BlPMZ 2012, 369.

6  EuGH C-307/10 vom 19.6.2012, GRUR Int 2012, 749 (Nr 54) *IP Translator*.

7  Mitteilung des Präsidenten des HABM Nr 2/12 vom 20.6.2002 (Nr III), die die Mitteilung Nr 9/02 abgelöst hat.

8  EuG T-186/02 vom 30.6.2004, GRUR Int 2004, 854 (Nr 42) *Dieselit/Diesel*.

9  EuG T-066/11 vom 31.1.2013 (Nr 49f) *Babilu/Babidu*.

10  So auch, sachgerecht differenzierend: Ströbele/Kirschneck, MarkenG, § 32 Rn 87.

solche Ware automatisch in der betr Klasse mitgeschützt ist. Nunmehr ist geklärt, dass eine Ware unter den betr Oberbegriff der Klassenüberschrift oder einen der Begriffe der Alphabetischen Liste der betr Klasse fallen muss. Nicht abgedeckt von einer Klassenüberschrift sind also lediglich Waren, die sich weder unter einen der Oberbegriffe der Klassenüberschrift noch unter irgendeinen Begriff der Alphabetischen Liste subsumieren lassen. Trotz der Formulierung des Urteils »auf dieser Basis allein« ist dafür nicht der allgemeine Sprachgebrauch maßgeblich, sondern das System der Nizzaer Klassifikation. Das Urteil verweist ausdrücklich darauf. Darauf, ob ein Begriff von einem Oberbegriff abgedeckt ist, sind also auch weiterhin die »erläuternden Anmerkungen« und die »allgemeinen Hinweise« der Nizzaer Klassifikation und der Abgleich mit anderen Klassen (so umfassen Schuhe in Klasse 25 keine Spezialschuhe für Astronauten oder Hochofenarbeiter (Klasse 9)) maßgeblich und nicht Wörterbuch- oder Wikipedia- Einträge.

9  Nach dem »IP Translator«- Urteil muss der Anmelder angeben, ob er mit einer Klassenüberschrift alle Waren der Klasse abdecken will. Dies festzustellen, obliegt dem jeweiligen Amt.[11] Das HABM geht davon aus, dass, gemäß der bisherigen, ausdrücklich kommunizierten Praxis, dies in der Tat das Begehren der Anmelder von GMn war. Für alle bereits eingereichten GMAen, die Klassenüberschriften beanspruchen, wird also weiterhin davon ausgegangen, dass der Anmelder Schutz für alle Waren in der betr Klasse beansprucht hat, ausgenommen für Waren, die nicht der Alphabetischen Liste der betr Klasse entsprechen.[12] Für zukünftige GMAen wird das HABM – etwa durch ein Kästchen im Anmeldeformular – den Anmelder auffordern, eine entsprechende Erklärung abzugeben.[13]

10  Die bisherige Praxis bleibt in weitem Umfang beibehalten. Es wird lediglich zu prüfen sein, ob und ggf welche Klassenüberschriften nicht klar genug sind, und es werden durch die Klassenüberschriften nur Begriffe der Alphabetischen Liste mitberücksichtigt. Wenn der EuGH betont, der Anmelder müsse klar zum Ausdruck bringen, ob er nur einen Teil der Waren der betr Klasse anmelden will, so wird damit nur der bisherige Rechtszustand zum Ausdruck gebracht, dass niemand zur Verwendung der Begriffe der Klassen-

---

11  EuGH C-307/10 vom 19.6.2012, GRUR Int 2012, 749 (Nr 61, 63) *IP Translator.*
12  Mitteilung des Präsidenten des HABM Nr 2/12 vom 20.6.2002 (Nr V).
13  Mitteilung des Präsidenten des HABM Nr 2/12 vom 20.6.2002 (Nr IV).

überschriften verpflichtet ist und der Schutz aller Waren der betr Klasse voraussetzt, dass die gesamte Klassenüberschrift – und nicht nur einzelne Begriffe – beansprucht wird; schon die Weglassung eines einzigen Begriffs (zB in Klasse 9 der »Feuerlöscher«) führt davon weg. Auch können auch alle Klassenüberschriften auf die jeweiligen Einzelwaren der Alphabetischen Liste der Nizzaer Klassifikation eingeschränkt werden. Schließlich ist die Benutzung einer solchen Einzelware rechtserhaltend, da sie für eingetragene Waren erfolgt.[14] So stellt eine Benutzung für Brillen eine rechtserhaltende Benutzung für Waren der Klassenüberschrift der Klasse 9 dar, wobei dann das VerzWDL angemessen auf die benutzten Begriffe zu beschränken ist. (Die früher als Paradebeispiel angeführte »Computersoftware« ist in der 12. Ausgabe der Nizzaer Klassifikation[15] in die Klassenüberschrift der Klasse 9 mit aufgenommen worden). Und schließlich bleibt es dabei, dass die Frage, welchen Umfang die Klassenüberschrift hat, nur für die Identitätsprüfung bedeutsam ist. Keinesfalls führt die Verwendung von Klassenüberschriften dazu, dass Waren, die nicht ausdrücklich aufgeführt sind, sondern lediglich in die betr Klasse fielen, auf ihre Ähnlichkeit mit Waren der Gegenmarke zu vergleichen wären.[16] Ebensowenig sind für die Prüfung auf absolute Eintragungshindernisse Waren in Betracht zu ziehen, die nicht ausdrücklich aufgeführt sind. Allerdings übersehen sowohl die Vorlagefrage im »IP Translator«-Fall als auch die Mitteilung des Präsidenten des HABM,[17] dass es im Verfahren zur Prüfung auf absolute Eintragungshindernisse nicht darum geht, eine bestimmte Ware unter einen Oberbegriff zu subsumieren,[18] sondern darum, ob die Waren Merkmale umfasst, die der Benutzung des Markenworts entsprechen: So war im »IP Translator«-Fall nicht erheblich, ob Übersetzungsdienstleistungen unter »Ausbildung« fallen, sondern ob sie ein Gegenstand solcher Dienstleistungen sein kann (zB Ausbildung zum Übersetzer).

---

14 Mitteilung des Präsidenten des HABM Nr 2/12 vom 20.6.2002 (Nr VIII).

15 Mitteilung der Präsidentin des DPMA Nr 17/11, BlPMZ 2011, 389.

16 HABM-BK R 1640/2010-4 vom 14.3.2011 (Nr 25) *HAWAIIANA / HAVAIANAS.*

17 Mitteilung des Präsidenten des HABM Nr 2/12 vom 20.6.2002 (Nr VIII).

18 Weshalb die ganze, mittlerweile populär gewordene, Argumentation hinsichtlich der Unmöglichkeit der Zurückweisung einer Marke für Kondome (Ströbele/Kirschneck, MarkenG, § 32 Rn 87 und Fußnote 152) auf einem Zirkelschluß basiert.

11 Letzteres bestätigt nur, dass der »IP Translator«- Fall »fabriziert« war,[19] um mittels einer Entscheidung des EuGH die Divergenzen zwischen HABM und den meisten nationalen Ämtern über die Reichweite einer Klassenüberschrift zu beenden. Das ist nicht erreicht worden, denn der EuGH hat, obwohl er auf die Probleme aus einer unterschiedlichen Bemessung des Schutzbereichs von Marken, die sich daraus ergeben müssen, hingewiesen hat, letztlich doch diese Frage den Ämtern selbst überlassen. Insoweit sind Nr 59 und 60 des Urteils widersprüchlich. Für nationale Ämter wie das DPMA[20] bleibt es dabei, dass ohne eine entsprechende nationale Praxis nicht davon ausgegangen werden kann, dass der Anmelder einen entsprechend breiten Schutz begehrt hatte. Damit bleiben im Ergebnis doch sowohl die HABM-Praxis als auch die DPMA-Praxis – jeweils mit den genannten Nuancen – zulässig.

12 Die in einigen Ländern früher übliche Angabe »all goods in class X« wurde seit jeher vom HABM beanstandet und von Amts wegen in die entsprechende Klassenüberschrift nach der Nizzaer Klassifikation umgewandelt.[21] Ironie des Schicksals ist, dass daraus nun wieder »alle Waren der Alphabetischen Liste in Klasse X« werden. Unverändert bleibt, dass der Anmelder nicht alle diese Waren einzeln aufführen muss.

13 Die Reformvorschläge der Kommission zur Änderung der GMV sehen vor, die eingetretene Verunsicherung gesetzgeberisch zu bereinigen: Das »IP Translator«- Urteil soll gesetzgeberisch verbindlich werden, es soll für künftige GMn eine wörtliche Auslegung der Oberbegriffe bindend vorgegeben werden, und es soll für bereits anhängige GMn eine Übergangsfrist vorgesehen werden, in der der Anmelder oder Inhaber sich entsprechend der Mitteilung des Präsidenten des HABM bindend erklären muss, ob er alle Begriffe der Alphabetischen Liste mitbeansprucht. Damit wäre zumindest eine Harmonisierung erreicht. Da im Rat die Mitgliedstaaten die Mehrheit haben, deren Ämter die wörtliche Auslegung bevorzugen, hat dieser Vorschlag durchaus große Chancen auf Verwirklichung. Die ausdrückliche Inkorporierung des HABM-Konvergenzprogramms in die GMV (Vorschlag eines neuen Art 123c) soll dies begleitend-harmonisierend absichern.

---

19 Vgl die Bemerkungen in EuGH C-307/10 vom 19.6.2012, GRUR Int 2012, 749 (Nr 10, 33) *IP Translator*, zur Zulässigkeit der Vorlagefragen.
20 Mitteilung der Präsidentin des DPMA Nr 11/12, BlPMZ 2012, 369.
21 RiLi Teil B, 3.3.

## 2.2 Alphabetische Liste

Wird die Alphabetische Liste der jeweiligen Klasse nachträglich um neue 14
Waren oder Dienstleistungen erweitert, so werden diese mitgeschützt. Die
dadurch entstehende Fluktuation muss im Interesse der Vorteile der Klassenüberschriften und nach der geltenden Rechtslage, die keine Einschränkung
des VerzWDL auf konkret benutzte oder dem Benutzungswillen unterliegende Begriffe verlangt, in Kauf genommen werden. Die Beschränkung der
Klassenüberschrift auf Begriffe der Alphabetischen Liste ist in der Praxis
nicht nachteilig, da zum einen wirtschaftlich relevante Begriffe leicht nachträglich aufgenommen werden können und andererseits vom Anmelder erwartet werden kann, Begriffe, die nicht in der Alphabetischen Liste verzeichnet sind, auch klar zu benennen.

R 2 sieht keine Sollvorschrift zur Verwendung der Begriffe der alphabeti- 15
schen Liste vor (anders § 19 (2) DE-MarkenV). Die Verwendung der Begriffe der alphabetischen Liste empfiehlt sich auch mit dem Ziel, die Klassifizierung zu erleichtern. Das HABM stellt dazu die Datenbank »EUROCLASS«
zur Verfügung, die Begriffe enthält, deren Klassifizierung mit den meisten
nationalen Ämtern abgestimmt ist.

## 2.3 Andere Begriffe

Es können auch andere Begriffe als die die in der Alphabetischen Liste auf- 16
geführt sind, verwendet werden, vorausgesetzt dass sich die Art der Ware
oder Dienstleistung klar erkennen lässt (R 2 (2)). Das Erfordernis der Klarheit und Bestimmtheit gilt für alle Begriffe, nicht nur für Klassenüberschriften.[22] Infolge des »IP Translator«- Urteils werden dazu in Zukunft wohl kri-
tischere Maßstäbe anzulegen sein. So sind Bezeichnungen der Waren und
Dienstleistungen nur nach ihrem Wert oder ihren wirtschaftlichen Vorzügen
unzulässig.

## 2.4 Insbesondere, einschließlich

Zusätze wie »insbesondere« oder »einschließlich« werden nicht beanstandet. 17
Zusätze wie »soweit in Klasse X enthalten« sind zulässig, aber im Falle
späterer Änderungen der Klassifikation problematisch, siehe unten, Rdn 38.

---

22 EuGH C-307/10 vom 19.6.2012, GRUR Int 2012, 749 (Nr 49) *IP Translator.*

Der Zusatz »insbesondere« zählt beispielhaft auf.[23] Der Zusatz »nämlich« schränkt ein.[24]

## 3 Beispiele

18 Soweit die Klassifizierung nicht schon nach den Klassenüberschriften und der alphabetischen Liste der internationalen Klassifikation eindeutig möglich ist, gelten folgende Grundsätze:

### 3.1 Prüfungsrichtlinien

19 Nach den RiLi[25] sind folgende Kriterien anzuwenden:

### 3.1.1 Waren

20 Fertigerzeugnisse werden grundsätzlich nach ihrer Funktion oder ihrem Verwendungszweck klassifiziert; ist dieses Kriterium in der Klasseneinteilung nicht aufgeführt, werden Fertigerzeugnisse analog zu vergleichbaren anderen, in der Alphabetischen Liste aufgeführten Fertigerzeugnissen klassifiziert. Ist auch auf diese Weise eine Klassifizierung nicht möglich, sind andere Hilfskriterien anzuwenden, zB das Material, aus dem die Waren bestehen oder deren Funktionsweise.

21 Fertigerzeugnisse, bei denen es sich um kombinierte Gegenstände mit Mehrzweckcharakter handelt, zB Uhren mit integriertem Radio, können auf Antrag des Anmelders allen Klassen zugeordnet werden, denen sie entsprechend ihrer verschiedenen Funktionen oder Bestimmungen angehören. Sind diese Kriterien in der Klasseneinteilung nicht enthalten, sind die im folgenden genannten weiteren Kriterien anzuwenden.

22 Die Klassifizierung von Rohmaterialien sowie unbearbeiteten oder teilweise bearbeiteten Erzeugnissen erfolgt grundsätzlich nach dem Material, aus dem sie bestehen.

---

23 RiLi Teil C, Kapitel 2, 1.I.2.2.2; EuG T-087/07 vom 12.11.2008, MarkenR 2009, 179 (Nr 37–41) *Affilene/Affilin*; EuG T-504/09 vom 14.12.2011, GRUR 2012, 777 (Nr 119) *Völkl/Völkl*.
24 RiLi Teil C, Kapitel 2, 1.I.2.2.2.
25 RiLi Teil B, 3.4.

Waren, die dazu bestimmt sind, Teil eines anderen Erzeugnisses zu werden, 23
werden grundsätzlich nur dann in dieselbe Klasse wie dieses Erzeugnis eingeordnet, wenn sie üblicherweise für keinen anderen Zweck verwendet werden
können.

Wenn Waren, unabhängig davon, ob es sich um Fertigerzeugnisse handelt 24
oder nicht, nach dem Material klassifiziert werden, aus dem sie bestehen,
und bestehen sie aus unterschiedlichen Materialien, erfolgt die Klassifizierung solcher Waren grundsätzlich nach dem vorherrschenden Material.

Behältnisse, die dem Erzeugnis angepasst sind, für dessen Aufnahme sie vor- 25
gesehen sind (zB Geigenkästen), werden grundsätzlich derselben Klasse zugeordnet wie das Erzeugnis.

### 3.1.2 Dienstleistungen

Die Klassifizierung von Dienstleistungen erfolgt grundsätzlich nach den in 26
den Überschriften der Dienstleistungsklassen und in den erläuternden Anmerkungen dazu angegebenen Tätigkeitsbereichen, ansonsten analog zu vergleichbaren anderen, in der alphabetischen Liste aufgeführten Dienstleistungen.

Dienstleistungen der Vermietung werden grundsätzlich denselben Klassen 27
zugeordnet wie die Dienstleistungen, die mit den vermieteten Objekten erbracht werden. So ist die Vermietung von Fernsprecheinrichtungen der Klasse 38 zuzuordnen.

### 3.2 Internetdienstleistungen

Der Vertrieb von Waren und Dienstleistungen (bei denen es sich um Soft- 28
ware zum Herunterladen oder um »klassische« Waren oder Dienstleistungen
wie Finanzdienstleistungen handeln kann) über das Internet fällt unter die
entsprechende Warenklasse. Durch die Erbringung von Dienstleistungen
über das Internet ändert sich deren Charakter nicht; es kommt nicht darauf
an, ob die Ware über das Internet oder über die Post vertrieben wird. Beispiel: GMA Nr 70487 »ESTATE NET«, Veröffentlichung von Immobilien-
zeitschriften im Internet: Klasse 41; GMA Nr 260304, »DATACASH«, elektronischer Zahlungsverkehr über das Internet und Finanzdienstleistungen im
Internet: Klasse 36 (Finanzdienstleistungen).

Dienstleistungen in Bezug auf das Internet selbst, wie die Zurverfügungstel- 29
lung von Webseiten, Speicherplatz auf Servern und von E-Mail-Zugang und

Web-Servern sowie der Betrieb von Suchmaschinen, fallen unter die betreffende Klasse für »Computer« oder »Telekommunikation«. Mitunter wird der Begriff »Internet« durch Angaben wie »Datenübertragungsdienstleistungen«, »Übertragung von Informationen aus Datenbanken« umschrieben, die in Klasse 38 fallen. Beispiele: GMA Nr 296988, »iWORLD«, Bereitstellung von Zugangsmöglichkeiten zu Online-Informations- und Kommunikationsdiensten: Klasse 42; E-Mail: Klasse 38; GMA Nr 297325, »SHOPPING-WORLD«, Verwaltung von Web-Seiten in Computernetzen: Klasse 35; Bereitstellung von Web- Seiten in Computernetzen: Klasse 38; Beratung in bezug auf die Nutzung und Anwendung des Internets: Klasse 42; GMA Nr 250707 »QV«, Beratung in bezug auf das Internet, Leasing oder Vermietung von Zugangszeiten zum Internet: Klasse 42. Die Abgrenzung zwischen Klasse 42 (neu) und Klasse 38 ist recht unklar; im Zweifel wird Klasse 38 angewandt, wenn die Art und Weise der Übertragung betroffen ist, und Klasse 42, wenn es um den Inhalt der Information geht.

### 3.3  Einzelhandelsdienstleistungen

30   Nr B.2 der gemeinsamen Erklärungen von Rat und Kommission im Ratsprotokoll[26] legt dar: »Der Rat und die Kommission sind der Auffassung, dass die Tätigkeit des Wareneinzelhandels als solche keine Dienstleistung darstellt, für die aufgrund dieser Verordnung eine GM eingetragen werden kann.« Demzufolge wies das Amt zunächst systematisch die Beanspruchung von Einzelhandelsdienstleistungen oder ähnlichen Begriffen zurück. Die HABM-BK hob diese Beurteilung in der Entscheidung »GIACOMELLI SPORT« auf[27] und urteilte, dass Einzelhandelsdienstleistungen in Klasse 35 eintragbar seien unter der Voraussetzung, dass die Art des Einzelhandelsgeschäfts (zB Supermarkt, Kaufhaus) oder die Waren, auf die sich der Einzelhandel bezieht, angegeben werden. Die gemeinsame Erklärung im Ratsprotokoll Nr B.2 sei rechtlich nicht bindend.

31   Nach Konsultation der nationalen Ämter der Mitgliedstaaten, bei denen sich ebenfalls eine verstärkte Tendenz zur Zulassung von Einzelhandelsdienstleistungen ergeben hatte, und der beteiligten Kreise erließ das HABM sodann

---

26  ABl-HABM 1996, 612.
27  HABM-BK R 046/1998-2 vom 17.12.1999, ABl-HABM 2000, 730 *GIACOMELLI SPORT.*

die Mitteilung Nr 3/01[28] und ließ »Einzelhandelsdienstleistungen« zu, ohne eine nähere Spezifizierung nach der Art der verkauften Waren (zB Sportartikel) oder bei Art des Einzelhandelsgeschäfts (zB Kaufhaus, Supermarkt) zu verlangen.[29]

Eine neue und nun endgültige Wendung nahm die Entwicklung mit dem **32** Praktiker- Urteil des EuGH. Danach umfasst der Begriff »Dienstleistungen« solche Dienstleistungen, die im Rahmen des Einzelhandels mit Waren erbracht werden können. Der Zweck des Einzelhandels mit Waren besteht im Verkauf von Waren an den Verbraucher, der neben dem Rechtsgeschäft des Abschlusses des Kaufvertrags die gesamte darauf abzielende Wirtschaftstätigkeit umfasst, insbesondere die Auswahl eines Sortiments von Waren und das Angebot verschiedener Dienstleistungen, mit denen der Verbraucher zum Abschluss des Kaufvertrags über die Ware veranlasst werden soll. Somit können Dienstleistungen des Einzelhandels beansprucht werden.[30] Jedoch muss die Ware oder die Art der Waren, auf die sich diese Dienstleistungen beziehen, angegeben werden; nicht erforderlich ist die Konkretisierung der Art der Dienstleistung oder Angabe der Art des Einzelhandelsgeschäfts (zB Supermarkt, Kaufhaus).[31] Diese Dienstleistung richtet sich an den Endverbraucher, dh den Kunden des Einzelhandelsgeschäfts, indem sie diesen zum Kauf der Ware bei diesem statt bei einem anderen Händler veranlassen soll.[32] Diese Rspr wird nun vom HABM angewandt,[33] wobei der Präsident des HABM Einzelheiten in einer weiteren Mitteilung[34] präzisiert hat. Die Bezugnahme auf die Waren kann in allgemeinen Kategorien erfolgen, muss also nicht ihrerseits in einer Weise ausgedrückt werden, die eine für Waren klassifizierbare und zulässige Formulierung darstellen würde. Zulässig ist also »Einzelhandel mit Getränken«, obwohl diese in mehrere Warenklassen fallen.

---

28  Mitteilung Nr 3/01 vom 12.3.2001, ABl-HABM 2001, 1222.

29  Zustimmend Grabrucker, GRUR 2001, 629 f.

30  EuGH C-418/02 vom 7.7.2005, ABl-HABM 2005, 1366 (Nr 34, 39) *Praktiker*.

31  EuGH C-418/02 vom 7.7.2005, ABl-HABM 2005, 1366 (Nr 45, 49, 50) *Praktiker*.

32  EuGH C-418/02 vom 7.7.2005, ABl-HABM 2005, 1366 (Nr 34) *Praktiker*; unzutreffend HABM-BK R 397/2005-1 vom 5.7.2006 (Nr 17 f) *PK MAX/TK MAXX*.

33  PrüfRiLi Teil B, 3.3.

34  Mitteilung Nr 7/05 vom 31.10.2005, ABl-HABM 2006, 14.

Unzulässig ist dagegen, auf die Waren durch Angabe einer bloßen Klassennummer Bezug zu nehmen, zB »Einzelhandelsdienstleistungen für Waren der Klasse 9«.[35] Unzulässig ist es auch, auf Waren Bezug zu nehmen, die mit Begriffen bezeichnet werden, die für sich genommen unklar sind, wie zB »Haushaltswaren« oder »Geschenkartikel«.[36] Unverändert ist daran festzuhalten, dass die Tätigkeit des Verkaufs einer Ware selbst keine Dienstleistung, sondern das beabsichtigte und von dem Schutz für Waren abgedeckte Umsatzgeschäft zur Benutzung der Marke für Waren ist; Einzelhandelsdienstleistungen sind somit nur die Dienstleistungen, die im Zusammenhang mit dem Verkauf der Ware erbracht werden, zB die in der Zusammenstellung der Waren, um dem Verbraucher die Ansicht zu erleichtern, liegende Auswahl- und Sortimentsleistung sowie Dienstleistungen im Zusammenhang mit dem Warenverkauf wie fachliche Beratung, Auslieferung nach Hause, Zurverfügungstellung von Parkmöglichkeiten.[37] In diesem Sinne wird das Praktiker-Urteil[38] auch vom HABM verstanden,[39] und Nr 34 des Praktiker-Urteils stellt heraus, dass mit Einzelhandelsdienstleistungen mehrere Händler untereinander in Wettbewerb treten. Das Praktiker-Urteil ist uneingeschränkt zu begrüßen. Dass die Art der Waren, aber nicht die Art des Platzgeschäfts anzugeben ist, überzeugt: In der Auswahl- und Beratungsleistung des Händlers manifestiert sich eine Kompetenz, die waren-, nicht vertriebsbezogen ist. Für den Verkauf von Herrenkleidung stehen das Kaufhaus und der exklusive Herrenausstatter genauso miteinander im Wettbewerb wie zwei Bekleidungsgeschäfte untereinander. Dagegen sind die Dienstleistungen eines Fahrradhändlers und eines Obsthändlers genauso unähnlich, wie es die Waren Fahrräder und Obst sind. Der Übergang vom Einzelhandelsgeschäft zum Supermarkt und Kaufhaus ist dagegen fließend, subjektiv und meist Folge stetigen Wachstums.

33  Dass sich der Schutz einer Einzelhandelsmarke regelmäßig nicht auf die in dem Geschäft veräußerten Waren erstreckt, macht die bisherige Praxis, dass

---

35  Dagegen auch BPatG GRUR 2008, 435.

36  AA, abzulehnen: HABM-BK R 439/2009-1 vom 5.8.2009 (Nr 27, 31) *THEVS*.

37  Ebenso BPatG GRUR 2006, 63; Grabrucker, GRUR 2001, 629; Ströbele/Hacker, MarkenG, § 32 Rn 76.

38  EuGH C-418/02 vom 7.7.2005, ABl-HABM 2005, 1366 (Nr 34–39) *Praktiker*.

39  Mitteilung Nr 7/05 vom 31.10.2005, Nr 2, ABl-HABM 2006, 14.

Einzelhandelsgeschäfte Schutz durch die Beanspruchung der veräußerten Waren erlangten, noch fragwürdiger. Für das Gemeinschaftsmarkenrecht unklar ist auch, ob die Tätigkeit des Einzelhandels eine rechtserhaltende Benutzung für die veräußerten Waren darstellt; für das deutsche Recht lehnt der BGH dies mit überzeugenden Erwägungen ab,[40] und daran könnten alle bisher für die entsprechenden Waren eingetragenen Einzelhändlermarken noch scheitern. Schließlich ist inzwischen geklärt, dass in Konsequenz des »Praktiker«- Urteils »Einzelhandelsdienstleistungen« ohne nähere Spezifizierung der Waren, auf die sie sich beziehen, zu unklar sind, um eine Ähnlichkeit zu »business consultancy«,[41] Einzelhandelsdienstleistungen für bestimmte Waren[42] oder gar zu bestimmten Waren[43] zu bejahen.

Diese Grundsätze gelten nicht nur für Einzelhandelsdienstleistungen, sondern ebenso für ähnliche Dienstleistungen im Zusammenhang mit der Art des Handels mit Waren wie Versandhandel, Versand über das Internet und Großhandel.[44] Als zu unbestimmt zurückgewiesen werden Begriffe, die nicht auf die Dienstleistungen im Zusammenhang mit dem Handel mit Waren begrenzt sind, sondern das Vermarkten von Dienstleistungen mit einschließen oder sonst zu unspezifisch sind, wie »E-Commerce«. Diese Praxis gilt unverändert nicht für Dienstleistungen, die nicht in Klasse 35 fallen oder nicht auf Dienstleistungen um den Verkauf von Waren herum beschränkt sind, wie zB Transport und Reparatur. Das HABM akzeptiert auch weiterhin die Dienstleistungen »Reparaturwesen« aus der Klassenüberschrift für Klasse 37 und »Transportwesen« für Klasse 39, ohne die Angabe der zu reparierenden oder zu transportierenden Waren zu verlangen.[45]    **34**

## 4 Verfahren

Die Klassifizierung und Gruppierung ist vom Anmelder vorzunehmen, R 2 (3), R 9 (3) (a). Es ist allen Begriffen des VerzWDL die zutreffende Nummer der internationalen Klassifikation voranzustellen, und es sind die Begriffe in    **35**

40  BGH GRUR 2005, 1047 *Otto.*
41  EuG T-162/08 vom 11.11.2009 (Nr 31) *Green by Missako/Mi Sa Ko.*
42  HABM-BK R 1716/2008-4 vom 4.11.2009 (Nr 21) *DI DIAMONDS/DI DIAMONDS.*
43  HABM-BK R 198/2005-4 vom 13.6.2007 (Nr 24) *AVENA/AVEENO.*
44  Ebenso Ströbele/Kirschneck, MarkenG, § 32 Rn 77.
45  PrüfRiLi Teil B, 3.3.

der Reihenfolge der Klassen zu gruppieren. Erfüllt der Anmelder diese Erfordernisse nicht, so ist ihm nach R 9 (3) eine Frist von zwei Monaten zur Mängelbeseitigung zu setzen.[46] Die Beanstandungsquote liegt bei 15 %. Erklärt sich der Anmelder mit dieser Änderung der Anmeldung nicht einverstanden, so wird die Anmeldung gemäß R 9 (4) zurückgewiesen. Grundsatz ist somit, dass das Amt die Klassifizierung nicht einseitig vornehmen oder ändern kann, sondern hierzu die Zustimmung des Anmelders benötigt, und dass bei unterbliebener Zustimmung, dh bei Meinungsverschiedenheiten über die zutreffende Klassifizierung oder die Zahl der Klassen, in die die Waren und Dienstleistungen fallen, die Anmeldung zurückzuweisen ist.[47]

36    Die Praxis, ungeordnete VerzWDL einzureichen, entspricht nicht der Rechtslage nach der GMV und muss eine Beanstandung, ggf Zurückweisung auslösen.

### 5  Nur zu Verwaltungszwecken

37    Nach R 2 (4) dient die Klassifikation der Waren und Dienstleistungen ausschließlich Verwaltungszwecken; Waren oder Dienstleistungen dürfen nicht deshalb als ähnlich oder unähnlich angesehen werden, weil sie in der selben oder in anderen Klassen der Nizzaer Klassifikation eingeordnet sind. Dieser Grundsatz ist auch in Art 9 (2) (a), (b) TLT festgelegt. Von Bedeutung ist dieser Grundsatz insbesondere dafür, dass Ähnlichkeit auch zwischen Waren und Dienstleistungen bestehen kann, insbesondere zB zwischen einer bestimmten Ware und der Dienstleistung der Reparatur dieser Waren. Die Möglichkeit, dass Waren und Dienstleistungen unter bestimmten Umständen ähnlich sein können, ist in Nr 5 der gemeinsamen Erklärungen des Rates und der Kommission im Ratsprotokoll zur MarkenRichtl[48] niedergelegt; siehe auch das »BMW/Deenik«-Urteil des EuGH.[49]

---

46  Siehe HABM-BK R 006/2003-3 vom 26.6.2002, MarkenR 2002, 441 *BIOGE-NERIX.*

47  So auch ausdrücklich Mitteilung Nr 5/96 des Präsidenten des Amtes über laufende Konten, ABl-HABM 1996, 1460, III. 2.; HABM-BK R 006/2003-3 vom 26.6.2002, MarkenR 2002, 441 (Nr 18 f) *BIOGENERIX.*

48  ABl-HABM 1996, 606.

49  EuGH C-063/97 vom 23. 2. 1999, ABl-HABM 1999, 666 = WRP 1999, 407 (Nr 39, 42) *BMW/Deenik.*

Das bedeutet aber nicht, dass die im VerzWDL beanspruchten Begriffe rein **38** semantisch zu verstehen wären. R 2 (4) ist im Zusammenhang mit R 2 (1) – (3) zu sehen. Sobald eine Anmeldung mit Zustimmung des Anmelders klassifiziert ist, ist der betr Begriff gemäß der Nizzaer Klassifikation auszulegen und darauf beschränkt. Beispiel: »Tee« in Klasse 30 umfasst nicht »medizinischen Tee«, der in Klasse 5 fällt.[50] R 2 (2), wonach die Klassifizierung jeder einzelnen Ware oder Dienstleistung in nur jeweils eine Klasse der internationalen Klassifikation erfolgen muss, bedeutet gerade, dass ein und derselbe Begriff nicht gleichzeitig zwei Klassen zugeordnet sein darf. Generell ist ein im VerzWDL enthaltener Begriff nicht in seiner semantischen Bedeutung, sondern nach Maßgabe der Klassifikation auszulegen. So schließen »Kleidungsstücke« (Klasse 25) Schuhe nicht ein, auch wenn der Sprachgebrauch im Alltag anders sein mag.[51] Eine Umklassifizierung kann den Inhalt des VerzWDL und damit auch den Schutzbereich ändern.[52] Keinen Einfluß auf den Schutzbereich haben dagegen spätere Änderungen der Nizzaer Klassifikation.

Der Vermerk »soweit in Klasse X enthalten« schränkt auf die in die entsprechende Klasse fallenden Waren ein. Sogar einige Klassenüberschriften enthalten Einschränkungen wie »soweit in dieser Klasse enthalten«. **39**

## 6  Umklassifizierung

Eine Umklassifizierung bereits veröffentlichter oder eingetragener GMn, sei **40** es auch anläßlich der Verlängerung, nimmt das HABM nicht vor.[53] Art 1 (3), 2 (2), (3) und (4) des Nizzaer Abkommens enthalten keine völkerrechtliche Verpflichtung zur Umklassifizierung bereits eingetragener Marken. Jede Änderung der Klassifizierung bedürfte ohnehin des Einverständnisses des Anmelders gemäß R 9.[54] Die anwendbare Ausgabe der Nizzaer Klassifikation ergibt sich aus dem Anmeldetag; eine – von der WIPO angeregte – Veröffentlichung der Angabe der anwendbaren Ausgabe im Blatt für Gemein-

---

50  RiLi Teil B, 3.5.
51  RiLi Teil C, Kapitel 2, 1.I.2.4.
52  GB-Court of Appeal vom 12.12.2001 *Reliance Water Controls/Altecnic*, unter Aufhebung der Entscheidung der Vorinstanz, GB-High Court, Justice Laddie, vom 12.12.2000.
53  Zuletzt: Mitteilung Nr 1/11 des Präsidenten vom 31.10.2011.
54  Siehe Mitteilung Nr 5/96 vom 8.8.1996, ABl-HABM 1996 1461 (Nr III. 2).

schaftsmarken unterbleibt deshalb als nicht erforderlich. Das gilt auch für die 2002 neu geschaffenen Klassen 43-45.[55]

## 7 Wiener Klassifikation

41  Lediglich für Recherchezwecke und rein auf freiwilliger Basis nimmt das HABM eine Klassifizierung der Bildbestandteile der GMA gemäß dem Wiener Abkommen zur Errichtung einer internationalen Klassifikation der Bildbestandteile von Marken vom 12.6.1973 vor. Die Kodierung der Bildbestandteile gemäß der Wiener Klassifikation wird im Rahmen der Gemeinschaftsmarkenrecherche (Art 38) vorgenommen; der Anmelder ist hierbei nicht beteiligt. Die Codes gemäß der Wiener Klassifikation werden in der Veröffentlichung im Blatt für GMn angegeben. Die Klassifikation der Bildbestandteile der Marken ist für den rechtlichen Schutz der Marke ohne jede Bedeutung.

## 2. Abschnitt  Priorität

### Artikel 29  Prioritätsrecht

(1) Jedermann, der in einem oder mit Wirkung für einen Vertragsstaat der Pariser Verbandsübereinkunft oder des Übereinkommens zur Errichtung der Welthandelsorganisation eine Marke vorschriftsmäßig angemeldet hat, oder sein Rechtsnachfolger genießt hinsichtlich der Anmeldung derselben Marke als Gemeinschaftsmarke für die Waren oder Dienstleistungen, die mit denen identisch sind, für welche die Marke angemeldet ist, oder die von diesen Waren oder Dienstleistungen umfasst werden, während einer Frist von sechs Monaten nach Einreichung der ersten Anmeldung ein Prioritätsrecht.

(2) Als prioritätsbegründend wird jede Anmeldung anerkannt, der nach dem innerstaatlichen Recht des Staates, in dem sie eingereicht worden ist, oder nach zwei- oder mehrseitigen Verträgen die Bedeutung einer vorschriftsmäßigen nationalen Anmeldung zukommt.

---

55 Mitteilung des Präsidenten des HABM Nr 9/02 vom 16.7.2002, ABl-HABM 2002, 1886.

(3) Unter vorschriftsmäßiger nationaler Anmeldung ist jede Anmeldung zu verstehen, die zur Festlegung des Tages ausreicht, an dem sie eingereicht worden ist, wobei das spätere Schicksal der Anmeldung ohne Bedeutung ist.

(4) Als die erste Anmeldung, von deren Einreichung an die Prioritätsfrist läuft, wird auch eine jüngere Anmeldung angesehen, die dieselbe Marke und dieselben Waren oder Dienstleistungen betrifft wie eine erste ältere in demselben oder für denselben Staat eingereichte Anmeldung, sofern diese ältere Anmeldung bis zur Einreichung der jüngeren Anmeldung zurückgenommen, fallengelassen oder zurückgewiesen worden ist, und zwar bevor sie öffentlich ausgelegt worden ist und ohne dass Rechte bestehen geblieben sind; ebenso wenig darf diese ältere Anmeldung schon Grundlage für die Inanspruchnahme des Prioritätsrechts gewesen sein. Die ältere Anmeldung kann in diesem Fall nicht mehr als Grundlage für die Inanspruchnahme des Prioritätsrechts dienen.

(5) Ist die erste Anmeldung in einem Staat eingereicht worden, der nicht zu den Vertragsstaaten der Pariser Verbandsübereinkunft oder des Übereinkommens zur Errichtung der Welthandelsorganisation gehört, so finden die Vorschriften der Absätze 1 bis 4 nur insoweit Anwendung, als dieser Staat gemäß einer veröffentlichten Feststellung auf Grund einer ersten Anmeldung beim Amt ein Prioritätsrecht gewährt, und zwar unter Voraussetzungen und mit Wirkungen, die denen dieser Verordnung vergleichbar sind.

*Eisenführ*

## 1 Allgemeines

Die EU als Rechtsträgerin der GMV ist nicht Mitglied der PVÜ. Die Vorverlegung des Zeitrangs einer GMA durch Inanspruchnahme der Priorität einer früheren Markenanmeldung musste daher in der GMV autonom geregelt **1** werden. Eine Bezugnahme auf die Prioritätsvorschriften der PVÜ wie in § 34 DE-MarkenG war insoweit nicht möglich. Die EG ist jedoch als Mitglied des TRIPS-Abkommens auch durch Art 4 PVÜ gebunden, weil Art 2 (1) des TRIPS-Abkommens Art 1–19 PVÜ inkorporiert. Deshalb sind prioritätsbegründend nicht nur Voranmeldungen in PVÜ-Verbandsländern, sondern auch in Ländern, die Mitglied der WTO sind.[1] Abs 5 soll nach dem Kommissionsvorschlag um den Satz ergänzt werden, dass wenn nötig, das Amt die Kommission ersuchen soll zu erwägen, Ermittlungen anzustellen, ob ein Staat die gegenseitige Behandlung iSv Satz 1 gewährleistet.

2  Die Prioritätsfrist beträgt sechs Monate,[2] die am Anmeldetag der Erstanmeldung beginnen. Eine kleinere Zeiteinheit als den Tag kennt das einschlägige Unionsrecht nicht (vgl Art 32 Rdn 4). Neben der Priorität einer Marken-Voranmeldung kann gemäß Art 33 auch die einer Zurschaustellung auf einer anerkannten internationalen Ausstellung in Anspruch genommen werden. Eine Addition der Prioritätsfristen (»Kettenpriorität«) ist jedoch unzulässig, Art 33 (3).

3  Die »Inanspruchnahme des Zeitrangs einer nationalen Marke« (vor der GM-Eintragung gemäß Art 34, danach gemäß Art 35) stellt ungeachtet der missverständlichen deutschen Bezeichnung keine Zeitrang-Verschiebung iS einer Priorität dar (Art 34 Rdn 5).[3]

### 2  Dieselbe Marke, identische Produkte

4  Voraussetzung für die Inanspruchnahme der Priorität einer prioritätsbegründenden Voranmeldung zu Gunsten einer GMA ist zunächst, dass die beiden Markenanmeldungen inhaltsgleich sind, es sich um »dieselbe Marke« handelt. Eine absolute Identität der angemeldeten Gemeinschaftsmarke mit der prioritätsbegründenden Marke ist nicht erforderlich, minimal unterschiedliche Schriftarten oder Gross- statt Kleinschreibung von Wortmarken ändern nichts daran, dass es sich um dieselbe Marke handelt.[4] In der Entscheidung »>en« hat die HABM-BK unter Hinweis auf Art 5 (C) (2) PVÜ die Auffassung vertreten, dass die Benutzung einer Wortmarke in einer von der Eintra-

---

1  Änderung von Art 29 durch VO (EG) Nr 3288/94 vom 22.12.1994.
2  HABM-BK R 619/2010-2 vom 13.8.2010 (Nr 17) *BRASSERIE DU THEATRE*.
3  HABM-BK R 1277/2007-2 vom 15.9.2008, bestätigt EuG T-534/08 vom 30.9.2010 *GRANUFLEX*.
4  HABM-BK R 432/2002-3 vom 12.03.2003 *AIRail*.

gung abweichenden Schriftart, durch welche die Unterscheidungskraft (= Unterscheidungsfunktion) der Marke nicht beeinflusst wird, weder den der Marke gewährten Schutz schmälert noch die Ungültigkeit der Eintragung nach sich zieht.[5]

Die Priorität einer national farbig angemeldeten Bildmarke soll nicht für ei- 5 ne schwarz/weiß angemeldete GM in Anspruch genommen werden können,[6] auch wenn im Land der Prioritätsanmeldung eine nicht-farbig angemeldete Marke diese in allen Farben unter Schutz stellt.[7] Jene Ablehnung begründet die BK mit der fehlenden *Identität* der Marken und bezieht sich für die Austauschbarkeit dieses Art 8 (1)(a) entnommenen Begriffs mit der Voraussetzung »derselben Marke« in Abs 1 auf die »Arthur et Félicie«-Entscheidung des Gerichtshofes (Nr 28). Diese Argumentation erscheint alles andere als zwingend, weil angesichts der anderweitigen Benutzung von »identisch« in Abs 1, nämlich bezüglich der jeweils erfassten Produkte, die abweichende Qualifikation der Markenbeziehung kein Zufall sein kann. Und wenn die BK überdies das Einbeziehen des Verbraucherverständnisses für angezeigt hält (Nr 32), was auch nicht zwingend erscheint, dann hätte sie vernünftigerweise zu dem Schluss kommen müssen, dass das Fehlen der Farben auch den sehr aufmerksamen Verbraucher nicht davon abhalten würde, in der schwarz/weißen Markenwiedergabe *dieselbe* Marke wie die farbige zu sehen (Nr 34).

Zulässig ist iSv Art 43 (2) die Korrektur von Irrtümern, die als solche er- 6 kennbar sind. Daher durfte die irrtümlich angemeldete Wortmarke »TE-LEYE« in die Form der Prioritätsanmeldung »TELEEYE« geändert werden;[8] in vergleichbarer Weise »ALTERTFIND« in »ALERTFIND«.[9] Ausgeschlossen ist hingegen die Inanspruchnahme der Priorität einer aus sprachlichen Gründen abweichend von der GMA geschriebenen Wortmarke.[10]

---

5  HABM-BK R 288/2000-2 vom 23.05.2001, ABl-HABM 2002, 1392 >*en*.

6  HABM-BK R 290/2011-2 vom 7.11.2011 (Nr 42) *BROKEN SPHERE* und HABM-BK R 291/2011-2 vom 27.10.2011 *SOLAR FRONTIER*.

7  HABM-BK R 061/2008-1 vom 16.10.2008 (Nr 3, 16) *BIMBO*.

8  EuG T-128/99 vom 15.11.2001, MarkenR 2001, 487 *Teleye*; HABM-BK R 219/1998-3 vom 3.10.2002 *TELEYE*.

9  HABM-BK R 539/2005-1 vom 23.11.2005 *ALTERTFIND*.

10  HABM-BK R 484/2005-1 vom 12.12.2005 *IMVAMUN/IMVAMUNE*.

7   Weitere Voraussetzung der wirksamen Prioritätsbeanspruchung ist, dass die
von der GMA erfassten Waren oder Dienstleistungen mit denen der prioritätsbegründenden Anmeldung identisch sind, oder dass letztere die Waren
oder Dienstleistungen der GMA umfassen. Ein Minus im Produktverzeichnis der GMA gegenüber dem der älteren Anmeldung ist mithin unschädlich.
Enthält die GMA ein Plus, so handelt es sich um eine Teilpriorität, die so
weit reicht, wie sich beide Produktverzeichnisse überlappen, gleichgültig, ob
diese Produkte in der Nachanmeldung ausdrücklich bezeichnet sind, und
unbeschadet der über die Teilpriorität hinausgehenden Produktähnlichkeit.[11]
Bei allem sind sprachliche Begriffsunterschiede zulässig, die den Inhalt der
Produktangabe nicht ändern.[12]

### 3   Prioritätsbegründende Voranmeldung

8   Außer der Anmeldung in einem oder für einen PVÜ- oder WTO-Staat ist
Verbandsangehörigkeit des Voranmelders erforderlich, da die PVÜ nach
Art 2 PVÜ nur Verbandsangehörige schützt, was durch Art 3 PVÜ auf Personen mit Wohnsitz in einem Verbandsstaat ausgedehnt wird. Ungeklärt ist,
ob die Staatsangehörigkeit eines WTO-Mitglieds ausreicht. Die in den Absätzen 2, 3 und 4 genannten Bedingungen entsprechen Art 4 A (2) und (3)
sowie C (4) PVÜ.

9   Prioritätsbegründend sind hiernach Anmeldungen in den Mitgliedstaaten
der PVÜ und in den Vertragsstaaten des Übereinkommens zur Errichtung
der Welthandelsorganisation (WTO). Es genügt, dass eine Markenanmeldung bei einem supranationalen Amt die Wirkung einer nationalen Anmeldung in einem solchen Mitglieds- oder Vertragsstaat hat, beispielsweise eine
Anmeldung beim Benelux-Markenamt oder eine IR nach dem MMA oder
dem MP (»in oder für«). Auch eine frühere GM ist im Hinblick auf Art 32
und unter der Voraussetzung eines feststehenden Anmeldetages prioritätsbegründend (»innere Priorität«), was R 6 (1) Satz 3 klarstellt. Darüber hinaus kann für eine spätere GMA die Priorität nationaler Markenanmeldungen in solchen Ländern in Anspruch genommen werden, die Gegenseitigkeit
gewährleisten, also auf Grund »einer veröffentlichten Feststellung« einer
nationalen Markenanmeldung in ihrem Land die Priorität einer früheren
GMA unter vergleichbaren Voraussetzungen und Wirkungen zubilligen,

---

11   HABM-BK R 407/2010-1 vom 20.1.2011 *CHRYSTAL ROCK*.
12   HABM-BK R 517/2001-1 vom 7.5.2001 *SOUNDEQUITY*.

Art 29 (5) und R 101. Gegebenenfalls beantragt der Präsident des Amtes gemäß R 101 (1) bei der Kommission, Schritte einzuleiten, um festzustellen, ob ein Staat, der der PVÜ oder dem WTO-Abkommen nicht angehört, insoweit Gegenseitigkeit gewährt. Hierüber erfolgen Veröffentlichungen im ABl-EG. Bislang ist eine solche (positive) Feststellung erst für Taiwan und für Andorra erfolgt.[13]

Prioritätsbegründend ist nur die erste Markenanmeldung für ein Zeichen, **10** im Falle mehrerer Voranmeldungen mit unterschiedlichen VerzWDL die jeweils erste Anmeldung für bestimmte Waren und Dienstleistungen. Das steht zwar nicht ausdrücklich in Art 29 (1), ergibt sich aber aus Art 29 (4), der auf »die erste Anmeldung« abhebt. Dabei stellt Art 29 (4) klar, dass als Erstanmeldung analog Art 4 C (4) PVÜ auch eine spätere Anmeldung angesehen wird, wenn diese ohne Weiterbestehen irgendwelcher Rechte vor Anmeldung der GM untergegangen ist.

Der Prioritätsanspruch wird vom späteren Schicksal der Voranmeldung nicht **11** beeinflusst (Abs 3), sofern der Anmeldetag begründet wurde.[14] Hängt im Widerspruchsverfahren der zeitliche Vorrang der nationalen Widerspruchsmarke von deren Prioritätsanspruch ab, so scheitert dieser, wenn der Widersprechende den früheren Anmeldetag nicht nachweist.[15]

## 4 Inanspruchnahme

Für eine GMA können mehrere Prioritäten beansprucht werden. Das setzt **12** jedoch voraus, dass die Zeichen der Voranmeldungen identisch sind und sich lediglich durch die von ihnen erfassten Waren oder Dienstleistungen unterscheiden. Ein Anwendungsfall ist die Inanspruchnahme der Prioritäten mehrerer Voranmeldungen in Ländern mit einem Ein-Klassen-System. Es ist aber nicht zulässig, für eine mehrteilige, beispielsweise aus einem Bild- und einem Wortelement bestehende Gemeinschaftsmarkenanmeldung die Prioritäten einerseits einer früheren Anmeldung für das Wortelement und andererseits einer früheren Anmeldung für das Bildelement in Anspruch zu nehmen, weil die Kombination beider Elemente ein Aliud gegenüber jedem der ein-

---

13  Taiwan Amtsblatt 2/1999, Andorra 3/2000; Cayman Islands negativ 9/2001.
14  HABM-BK R 846/2006-4 vom 8.6.2007 (Nr 9, 28–31) *800 FLOWERS*.
15  HABM-BK R 67/2011-4 vom 13.2.2012 (Nr 12 f) *LUCEA LED/LUCEO*; angefochten EuG T-186/12.

zelnen Zeichenelemente ist und auch nicht ihrer arithmetischen Summe entspricht (vgl auch Art 29 Rdn 5).

13   Die Prioritätsfrist beträgt im Einklang mit Art 4 C (1) PVÜ sechs Monate. Vor Ablauf dieses Zeitraums muss die GMA beim Amt eingegangen und müssen die für die Zubilligung eines Anmeldetages entscheidenden Erfordernisse erfüllt sein;[16] zur Prioritätserklärung siehe Art 30 sowie R 1 (f), (g) und zu den weiteren Anforderungen R 6. Wegen der Autonomie des Gemeinschaftsmarkensystems gilt für die Berechnung der Prioritätsfrist ausschließlich deren Fristenregime, und nach R 70 (4) endet die Sechs-Monats-Frist, wenn es in dem betreffenden Monat keinen Tag mit derselben Zahl wie der des Prioritätstages gibt oder wenn dieser der letzte Tag eines Monats war, am letzten Tag des Ablaufmonats. Eine am 28. Februar eines Nicht-Schaltjahres eingereichte Voranmeldung setzt für eine Gemeinschaftsmarken-Nachanmeldung eine Prioritätsfrist in Lauf, die am 31. August desselben Jahres abläuft. Erfolgt die Voranmeldung am 30. August, endet die Frist am 28. bzw 29. Februar des nächsten Jahres.

14   Die Wiedereinsetzung in die Prioritätsfrist schließt Art 81 (5) nun (Änderung durch VO Nr 422/2004) nicht mehr aus.[17] Ob die prioritätsbegründende Anmeldung bei der Anmeldung der GM noch besteht oder nicht, ist unerheblich (Art 29 (3)).[18] Soweit die GMA Waren und Dienstleistungen erfasst, die in keiner prioritätsbegründenden Voranmeldung enthalten waren, kommt der GM insoweit nur der Zeitrang des Anmeldetages zu.

## 5  Rechtsnachfolger

15   Das Prioritätsrecht, das einem Markenanmelder in einem Vertragsstaat der PVÜ oder der WTO zusteht, geht auf seinen Rechtsnachfolger über. Das gilt zunächst für den Erwerber der prioritätsbegründenden Markenanmeldung. Das Prioritätsrecht lässt sich jedoch auch isoliert übertragen, nachdem gemäß Art 29 (3) das spätere Schicksal der prioritätsbegründenden Anmeldung ohne Bedeutung ist.[19] Die Notwendigkeit der Übertragung der prioritätsbegründenden Markenanmeldung oder einer hierauf eingetragenen Marke

---

16  HABM-BK R 217/2000-3 vom 20.2.2001 *MICROJACK*.
17  Siehe Art 81 Rdn 21–24.
18  HABM-BK R 788/2007-4 vom 13.6.2007 (Nr 21) *CROSSRACER*.
19  So auch Singer/Aúz Castro, Art 87 Rn 53.

mit späterer Rückübertragung auf den ursprünglichen Anmelder würde – ohne materielle Konsequenzen – nur prozessuale Erschwernis bedeuten.

## Artikel 30  Inanspruchnahme der Priorität

Der Anmelder, der die Priorität einer früheren Anmeldung in Anspruch nehmen will, hat eine Prioritätserklärung und eine Abschrift der früheren Anmeldung einzureichen. Ist die frühere Anmeldung nicht in einer der Sprachen des Amtes abgefasst, so hat der Anmelder eine Übersetzung der früheren Anmeldung in einer dieser Sprachen einzureichen.

*Eisenführ*

## 1 Allgemeines

Diese Vorschrift regelt die Modalitäten für die Wahrnehmung des Prioritäts- **1** rechts. Näheres bestimmen R 1 (1) (f) und R 6. Die PrüfRiLi behandeln die (Unions-)Priorität einer Markenvoranmeldung unter 5.1.[1] Die Kommission schlägt vor, die derzeitige Fassung von Art 30 durch zwei Absätze zu ersetzen, von denen der erste die Prioritätsbeanspruchung nebst Angabe von Datum, Aktenzeichen und Land mit der Anmeldung verlangt (vgl Art 30 Rdn 2), und der zweite dem Amt erlaubt, weitere Erfordernisse unter die der Seniori- tätsbeanspruchung abzusenken, wenn sie dem Amt aus anderen Quellen zu- gänglich sind.

## 2 Prioritätserklärung

Die Prioritätserklärung ist gemäß R 1 (1) (f) Teil der Anmeldung für eine **2** GM. R 6 (2) erlaubt jedoch auch die spätere Inanspruchnahme einer Priori- tät oder mehrerer Prioritäten; sie muss jedoch spätestens zwei Monate nach dem Anmeldetag der GM beim Amt vorliegen. Die Prioritätserklärung muss den Anmeldetag der Voranmeldung (Prioritätsdatum) nennen und den Staat

---

1 Website des Amtes: oami.europa.eu.

angeben, in dem (oder mit Wirkung für den) die Voranmeldung eingereicht wurde (R 1 (1) (f)).

### 3 Prioritätsnachweis

3 Innerhalb von drei Monaten nach dem Anmeldetag der GM, wenn die Inanspruchnahme der Priorität zugleich mit der Anmeldung erfolgte, oder nach Eingang der nachträglich abgegebenen Prioritätserklärung beim Amt muss diesem das Aktenzeichen der Voranmeldung angegeben und eine Abschrift (Fotokopie) der Voranmeldung eingereicht werden. Diese Abschrift muss von der Behörde, bei der die prioritätsbegründende Anmeldung eingereicht wurde, gemäß Beschluss EX-03-5 des Präsidenten des Amtes nicht beglaubigt sein, muss aber die weiter geforderte Angabe über den Anmeldetag der Voranmeldung enthalten (R 6 (1)).

4 Sofern die Voranmeldung nicht in einer der fünf Amtssprachen des Gemeinschaftsmarkenamtes eingereicht wurde und daher auch der Prioritätsbeleg in einer anderen als einer dieser Sprachen abgefasst ist, muss der Anmelder nach Art 30 Satz 2 und R 6 (3) eine Übersetzung der Voranmeldung in eine dieser Sprachen einreichen. Dafür nennt R 6 keine gesetzliche Frist, vielmehr fordert das Amt den Anmelder auf, die Übersetzung innerhalb einer Frist von drei Monaten vorzulegen. Diese Frist ist demzufolge verlängerbar, jedoch wird es im allgemeinen Interesse des Anmelders liegen, die Übersetzung so früh wie möglich – auch ohne vorherige Aufforderung – einzureichen, um den Beginn des Prüfungsverfahrens nicht zu verzögern. Eine Beglaubigung der Richtigkeit der Übersetzung verlangt weder Art 30 Satz 2 noch R 6 (3); Unstimmigkeiten können jedoch in jedem späteren Zeitpunkt im Laufe von Widerspruchs- oder Nichtigkeitsverfahren, aber auch von Verletzungsverfahren zum Nachteil des Anmelders oder Inhabers der GM ausschlagen.

5 Gemäß R 6 (4) kann das Amt, wenn es der Präsident bestimmt,[2] auf die Mitteilung des Aktenzeichens der Voranmeldung und die Vorlage eines Prioritätsbelegs verzichten, sofern die fraglichen Angaben dem Amt anderweitig, etwa mittels einer via Internet zugänglichen Datenbank der Behörde der Voranmeldung, zur Verfügung stehen. Das kann dann nicht gelten, wenn die Voranmeldung nicht in einer der Amtssprachen des Amtes eingereicht wurde; in diesem Fall muss auch die Übersetzung des Prioritätsbelegs vor-

---

2 Geschehen durch Beschluss Nr EX-05-5 vom 1.6.2005, ABl-HABM 2005, 1082.

gelegt werden. Auf die Angabe des Aktenzeichens der Voranmeldung und die Vorlage eines Prioritätsbeleges wurde (noch) nicht verzichtet, jedoch hat der Präsident mit Beschluss Nr EX-96-3 vom 5.3.1996[3] die Vorlage einer genauen Fotokopie des Prioritätsbeleges anstelle des Originals zugelassen; handelt es sich um ein farbiges Zeichen, muss auch die Fotokopie in Farbe sein.

Werden die Erfordernisse der R 6 für eine wirksame Prioritätsbeanspruchung nicht innerhalb der gemäß R 9 (3) (c) nach fruchtlosem Ablauf von zwei Monaten nach dem Anmeldetag vom Amt gesetzten Nachfrist erfüllt, so erlischt nach R 9 (6) der Prioritätsanspruch. Diesen Rechtsverlust stellt das Amt gemäß R 54 (1) fest und teilt es dem Anmelder mit, der nach R 54 (2) eine Entscheidung des Amtes beantragen kann.[4]

**6**

## Artikel 31  Wirkung des Prioritätsrechts

**Das Prioritätsrecht hat die Wirkung, dass für die Bestimmung des Vorrangs von Rechten der Prioritätstag als Tag der Anmeldung der Gemeinschaftsmarke gilt.**

*Eisenführ*

Die Zurückverlegung des Zeitrangs der GMA auf den Anmeldetag einer früheren Anmeldung stellt die entscheidende Funktion der Inanspruchnahme der Priorität einer anderweitig früher angemeldeten identischen Marke dar. Alle vor der prioritätsberechtigten GMA, aber in deren Prioritätsintervall beim Amt angemeldeten und möglicherweise kollidierenden GMn erhalten auf diese Weise, sofern sie nicht selbst prioritätsberechtigt sind, einen relativ jüngeren Zeitrang, müssen ihr also im Falle der tatsächlichen Kollision und im Rahmen deren Umfangs weichen.

**1**

Die Fiktion, dass der Prioritätstag als Tag der Anmeldung der GM gilt, erstreckt sich jedoch nur auf die Bestimmung des Vorrangs von Rechten. Für alle sonstigen prozessualen und materiellen Bestimmungen des Gemeinschaftsmarkenrechts, welche den Tag der Anmeldung der GM in Bezug neh-

**2**

---

3  ABl-HABM 1996, 394.
4  HABM-BK R 788/2007-4 vom 13.6.2007 (Nr 13) *CROSSRACER*.

men, bleibt es – etwa bei der Berechnung von Fristen – beim tatsächlichen Anmeldetag der GM (Art 27).

### Artikel 32   Wirkung einer nationalen Hinterlegung der Anmeldung

**Die Anmeldung der Gemeinschaftsmarke, deren Anmeldetag feststeht, hat in den Mitgliedstaaten die Wirkung einer vorschriftsmäßigen nationalen Hinterlegung, gegebenenfalls mit der für die Anmeldung der Gemeinschaftsmarke in Anspruch genommenen Priorität.**

*Eisenführ*

1  Diese Vorschrift hat vor allem für den Fall Bedeutung, dass – aus welchen Gründen auch immer – der Anmelder oder Inhaber einer GM einen Umwandlungsantrag, also einen Antrag auf Einleitung des nationalen Verfahrens, gemäß Art 112 stellt. Dann erhält in jedem Mitgliedstaat, soweit die Umwandlung dort nicht gemäß Art 112 (2) ausgeschlossen ist, die entstehende nationale Markenanmeldung den Anmeldezeitrang des Anmeldetags der GM bzw GMA und ggf deren Priorität.

2  Zugleich wirkt die Anmeldung der GM ihrerseits prioritätsbegründend, sofern es sich um eine Erstanmeldung handelt, ihre Priorität kann innerhalb von sechs Monaten nach dem Anmeldetag der GM für nationale Anmeldungen innerhalb der Gemeinschaft oder den Verbandsländern der PVÜ in Anspruch genommen werden. Eine Kettenpriorität ist jedoch ausgeschlossen, weil das Prioritätsrecht der PVÜ nur der ersten Anmeldung zukommt.

3  Soweit die Erfordernisse der Anmeldung gemäß Art 26 am tatsächlichen Anmeldetag noch nicht erfüllt waren und deshalb gemäß Art 27 der GMA ein späterer Tag als Anmeldetag zuerkannt wird, gilt dieser auch iSv Art 32 als Anmeldetag für die Wirkung der GMA als vorschriftsmäßige nationale Hinterlegung. Zu beachten ist, dass die Zahlung der Anmeldegebühren gemäß Art 26 (2) innerhalb eines Monats nach Einreichung der in Art 26 (1) genannten Unterlagen erfolgen muss, damit der Anmeldetag iSv Art 32 feststeht, siehe Art 26 Rdn 35.

4  Unabhängig davon hat der Gerichtshof in einem spanischen Vorlageverfahren festgestellt, dass das Unionsrecht es nicht erlaubt, nicht nur den Tag, sondern auch die Stunde und die Minute der Einreichung einer GMA beim HABM zu berücksichtigen, um über den zeitlichen Vorrang einer solchen

Marke gegenüber einer am selben Tag angemeldeten nationalen Marke zu entscheiden, wenn nach der nationalen Regelung für die Anmeldung der nationalen Marke dabei die Stunde und die Minute der Anmeldung zu berücksichtigen sind.[1]

# 3. Abschnitt Ausstellungspriorität

### Artikel 33 Ausstellungspriorität

(1) Hat der Anmelder der Gemeinschaftsmarke Waren oder Dienstleistungen unter der angemeldeten Marke auf einer amtlichen oder amtlich anerkannten internationalen Ausstellung im Sinne des am 22. November 1928 in Paris unterzeichneten und zuletzt am 30. November 1972 revidierten Übereinkommens über internationale Ausstellungen zur Schau gestellt, kann er, wenn er die Anmeldung innerhalb einer Frist von sechs Monaten seit der erstmaligen Zurschaustellung der Waren oder Dienstleistungen unter der angemeldeten Marke einreicht, von diesem Tag an ein Prioritätsrecht im Sinne des Artikels 31 in Anspruch nehmen.

(2) Der Anmelder, der die Priorität gemäß Absatz 1 in Anspruch nehmen will, hat gemäß den in der Durchführungsverordnung geregelten Einzelheiten Nachweise für die Zurschaustellung der Waren oder Dienstleistungen unter der angemeldeten Marke einzureichen.

(3) Eine Ausstellungspriorität, die in einem Mitgliedstaat oder einem Drittland gewährt wurde, verlängert die Prioritätsfrist des Artikels 29 nicht.

*Eisenführ*

---

1 EuGH C-190/10 vom 31.3.2011, GRUR Int 2012, 431 *Génesis*.

## 1 Allgemeines

1  Art 33 ist die Parallelvorschrift zu Art 29 für den Fall, dass der Anmelder einer GM nicht die »Unionspriorität« einer früheren Markenanmeldung in Anspruch nehmen will, sondern die Priorität einer internationalen Ausstellung, auf der er unter der angemeldeten Marke die von ihr erfassten Waren oder Dienstleistungen zur Schau gestellt hat. Zu beachten ist, dass nur sehr wenige (Welt-)Ausstellungen den Status des genannten Übereinkommens erhalten (siehe Art 33 Rdn 6); die vom deutschen Bundesministerium der Justiz regelmäßig bekanntgemachten Ausstellungen, welche die Inanspruchnahme einer Ausstellungspriorität nach nationalem Recht erlauben, gehören nicht dazu.[1] Die PrüfRiLi des HABM behandeln die Ausstellungspriorität unter 5.2.[2] Der Novellierungsvorschlag der Kommission will Abs 1 um einen Satz ergänzen, der die Prioritätsbeanspruchung bei der Anmeldung verlangt. Abs 2 soll durch die Forderung an den Anmelder ersetzt werden, den Nachweis der Zurschaustellung der betroffenen Waren oder Dienstleistungen unter der angemeldeten Marke zu führen.

2  Auch die Frist der Ausstellungspriorität ist sechs Monate. Sie beginnt mit der erstmaligen Zurschaustellung (auf einer privilegierten Ausstellung) zu laufen, nicht mit dem Beginn der Ausstellung. Innerhalb dieser Frist muss die GMA wirksam beim Amt hinterlegt sein.

## 2 Prioritätsanspruch und Prioritätsdatum

3  Der Prioritätsanspruch setzt wie die Unionspriorität nach Art 29 Identität der Marken voraus, hier also Identität der als GMA angemeldeten Marke und der Marke in der auf der Ausstellung benutzten Form. Weiter muss der Zurschausteller mit dem Anmelder der GMA identisch sein.

4  An die Stelle des Anmeldetages einer prioritätsbegründenden Voranmeldung tritt im Falle der Ausstellungspriorität als Zeitrang der Tag der Zurschaustellung von Waren oder Dienstleistungen unter der angemeldeten Marke. Ebenso wie im Falle der Unionspriorität nur eine erste (oder als solche geltende: Art 29 (4)) Anmeldung prioritätsbegründend ist, kann als Ausstellungspriorität auch nur auf die erste Zurschaustellung der mit der angemel-

---

1  Vgl auch Art 55 (1) (b) EPÜ.
2  Website des Amtes: oami.europa.eu.

deten Marke gekennzeichneten Waren oder Dienstleistungen zurückgegriffen werden.

Zu beachten ist, dass im Falle einer Ausstellungspriorität der Prioritätstag 5 nicht notwendigerweise der Eröffnungstag der Ausstellung ist, auf der die Zurschaustellung erfolgte. Wenn die Zurschaustellung erst an einem späteren Tag der Ausstellungsdauer begann, ist dieser Tag der ersten Zurschaustellung das Prioritätsdatum. Innerhalb der Prioritätsfrist von sechs Monaten muss die GMA eingereicht werden. Die Ausstellungspriorität ist nicht mit der Unionspriorität nach Art 29 kumulierbar, Art 33 (3).

### 3 Prioritätsbegründende Ausstellungen

Für die Inanspruchnahme einer Ausstellungspriorität kommen nur interna- 6 tionale Ausstellungen in Frage, und auch insoweit nur solche, die eine entsprechende amtliche Anerkennung erfahren. Bislang ist durch die Mitteilung Nr 3/97 des Präsidenten des Amtes vom 17. Dezember 1997 den Weltausstellungen vom 22. Mai bis 30. September 1998 in Lissabon (Portugal) und vom 1. Juni bis 31. Oktober 2000 in Hannover (Deutschland) diese Anerkennung zuteil geworden, ferner durch die Mitteilung Nr 1/05 vom 26. Januar 2005 für »Die Weltausstellung 2005 in Aichi, Japan« vom 25. März bis 25. September 2005 in Nagoya (Japan) und die Mitteilung Nr 1/08 vom 24. Januar 2008 für die Weltausstellungen »Wasser und nachhaltige Entwicklung« vom 14. Juni bis 14. September 2008 in Saragossa (Spanien) und »Bessere Stadt – Besseres Leben« vom 1. Mai bis 31. Oktober 2010 in Shanghai (China).

### 4 Prioritätserklärung

Die Inanspruchnahme einer Ausstellungspriorität ist gemäß R 1 (1) (g) bei 7 der Anmeldung der GM zu erklären. Diese Prioritätserklärung kann jedoch nach R 7 (2) auch noch innerhalb einer Frist von zwei Monaten nach dem Anmeldetag erfolgen. Die Prioritätserklärung muss den Namen der Ausstellung und das Datum der ersten Zurschaustellung der mit der Marke versehenen Waren und Dienstleistungen angeben.

### 5 Prioritätsnachweis

Innerhalb von drei Monaten nach dem Anmeldetag der GM, wenn die Prio- 8 ritätserklärung zugleich mit der Anmeldung erfolgte, oder nach Eingang der nachträglich abgegebenen Prioritätserklärung beim Amt muss diesem gemäß

R 7 (1) eine Bescheinigung seitens der auf der Ausstellung für den Schutz des gewerblichen Eigentums zuständigen Stelle über die Zurschaustellung der ausgestellten Produkte eingereicht werden. Sie muss dem neben den in R 7 (1) genannten Angaben, nämlich dem Tag der Eröffnung der Ausstellung sowie, wenn die erste öffentliche Markenbenutzung nicht mit dem Eröffnungstag der Ausstellung zusammenfiel, den Tag der ersten öffentlichen Benutzung, auch eine Darstellung über die tatsächliche Benutzung der Marke enthalten.

9   Anders als für den Fall der Inanspruchnahme der Priorität einer früheren Markenanmeldung (Art 30 Rdn 4) enthält die GMV keine spezifische Sprachenregelung für die zum Nachweis einer Ausstellungspriorität erforderliche amtliche Bescheinigung. Falls diese nicht in der Verfahrenssprache der Anmeldung abgefasst ist (Art 119 (4)), ist es erforderlich, gemäß R 96 (1) Satz 2 eine Übersetzung der Bescheinigung in die Verfahrenssprache dem Amt vorzulegen; dafür setzt das Amt eine Frist von zwei Monaten, die in begründeten Fällen um einen Monat verlängerbar ist.

## 4. Abschnitt  Inanspruchnahme des Zeitrangs einer nationalen Marke

### Artikel 34  Inanspruchnahme des Zeitrangs einer nationalen Marke

(1) Der Inhaber einer in einem Mitgliedstaat, einschließlich des Benelux-Gebiets, oder einer mit Wirkung für einen Mitgliedstaat international registrierten älteren Marke, der eine identische Marke zur Eintragung als Gemeinschaftsmarke für Waren oder Dienstleistungen anmeldet, die mit denen identisch sind, für welche die ältere Marke eingetragen ist, oder die von diesen Waren oder Dienstleistungen umfasst werden, kann für die Gemeinschaftsmarke den Zeitrang der älteren Marke in bezug auf den Mitgliedstaat, in dem oder für den sie eingetragen ist, in Anspruch nehmen.

(2) Der Zeitrang hat nach dieser Verordnung die alleinige Wirkung, dass dem Inhaber der Gemeinschaftsmarke, falls er auf die ältere Marke verzichtet oder sie erlöschen lässt, weiter dieselben Rechte zugestanden werden, die er gehabt hätte, wenn die ältere Marke weiterhin eingetragen gewesen wäre.

(3) Der für die Gemeinschaftsmarke in Anspruch genommene Zeitrang erlischt, wenn die ältere Marke, deren Zeitrang in Anspruch genommen worden ist, für verfallen oder für nichtig erklärt wird oder wenn auf sie vor der Eintragung der Gemeinschaftsmarke verzichtet worden ist.

*Eisenführ*

Literatur:
*Barbero*, Efectos de la reivindicación de la antigüedad de marcas comunitarias, in: Estudios sobre propiedad industrial, FS für M. Curell, S 49, Barcelona 2000; *Eisenführ*, Die Koexistenz von nationaler und supranationaler Markeneintragung für dieselbe Marke, in: FS für von Mühlendahl, 2005, S 341; *Gevers/Tatham*, The continuing story of the examination of seniority claims by the OHIM in Alicante, EIPR 1999, 228; Joly, Can the Community Trade Mark Succeed National Marks in the European Union?, Trademark World 1997, 25; *Meister*, Seniorität oder die sogenannte Beanspruchung des Zeitrangs einer identischen nationalen Marke, WRP 1997, 1022; *Rusconi*, L'effetto della preesistenza nel sistema del marchio comunitario, ovvero ... e pluribus unum, Rivista di diritto industriale 2001, 81; *von Mühlendahl*, Seniority, ECTA Special Newsletter No 30, Deurne/Antwerpen 1996.

## 1 Allgemeines

Die GM ist ein Kind des Binnenmarktes. Dieser ist die Zusammenfassung   1 der nationalen Märkte aller Mitgliedstaaten, ein sie überwölbender Gemeinschaftsmarkt. In jenen voneinander unabhängigen nationalen Märkten hatten sich im Rahmen der territorial begrenzten Souveränitäten unter unterschiedlichen Rechtsordnungen und unterschiedlichen wirtschaftlichen Gegebenheiten nationale Markenrechte etabliert, die für ihre jeweiligen Inhaber häufig einen wichtigen Besitzstand darstellen und darüber hinaus vielfach Teil der jeweiligen Marktidentität sind. Diese Wurzeln alter Marken, ihre »Senioritäten« sollen nicht untergehen, wenn die GM zunächst neben die früheren nationalen Markeneintragungen tritt, letztlich aber weitgehend an ihre Stelle treten soll und wird. Das gilt auch und gerade für solche Unternehmen, die schon in der Vergangenheit auf vielen oder gar allen nationalen Märkten der Gemeinschaft mit ihren Marken präsent waren und entsprechende nationale Markeneintragungen besitzen, die sie jetzt – nicht zuletzt aus Kostengründen – in die gemeinschaftsweit geltende einheitliche GM überführen und in ihr bündeln wollen.

2 Der Kommissionsvorschlag für die Novellierung der Markenverordnung sieht vor, dass in Abs 3 der letzte Teilsatz (»oder wenn ....«) durch einen selbständigen Satz ersetzt wird, wonach nur eine vor dem Anmelde- oder Prioritätstag der Marke wirksam gewordene Verfallserklärung bezüglich der älteren Marke zum Erlöschen der Seniorität führt.

3 Die vorstehende Vorschrift erlaubt die materielle Aufrechterhaltung alter Markenrechte ohne die Notwendigkeit, die früheren nationalen Eintragungen zu verlängern. Ihr Konzept ist ohne Vorbild in der Entwicklung des Markenrechts und des gewerblichen Rechtsschutzes schlechthin. Zwar wird dessen Struktur in zeitlicher Hinsicht vom Prioritätsgedanken beherrscht, die materielle Integration bestehender Altrechte in ein neues Rechtssystem, noch dazu ohne Fristbindung, stellt jedoch ein Novum dar.

4 Es wäre verfehlt, in dieser Vorschrift nur eine Art Übergangsregelung zu sehen. Für einen nicht absehbaren Zeitraum werden auch innerhalb des europäischen Binnenmarktes die nationalen Märkte und damit der Bedarf nach innerhalb des Binnenmarktes territorial beschränkten Marken bestehen bleiben. Dafür sorgen nicht nur kulturelle, namentlich sprachliche Barrieren, sondern auch die wirtschaftlichen Kapazitäten der Marktteilnehmer. Deren Entwicklung wird es auch zukünftig mit sich bringen, dass in vielen Fällen zunächst nationale Marken zur Eintragung gebracht werden und sich erst zu einem späteren Zeitpunkt die Notwendigkeit oder der Wunsch nach gemeinschaftsweiter Ausdehnung des Markenschutzes ergibt. Auch dann soll der Senioritätsanspruch, der frühere Zeitrang der nationalen Vorläufer-Markenein-

tragungen im Rahmen der GM – auf die jeweiligen nationalen Territorien beschränkt – erhalten bleiben.

Der Anspruch auf Zuerkennung der Seniorität hat gewisse Ähnlichkeiten 5 mit dem ebenfalls einen früheren Zeitrang als den des Anmeldetags zubilligenden Prioritätsanspruch. Jedoch sind einerseits die Voraussetzungen seiner Zubilligung enger, andererseits kann er gemäß Art 35 auch noch jederzeit nach der Eintragung der GM geltend gemacht werden. Vor allem aber ist die Seniorität einer GM stets auf das Territorium der betreffenden älteren nationalen Marke beschränkt und verschafft ihr in den anderen Mitgliedstaaten keinen früheren Zeitrang iSd Art 31, so dass der in der deutschen Fassung des Art 34 verwendete Begriff »Zeitrang« irreführend ist.[1]

Ohne Anmeldung des Senioritätsanspruches auf der Grundlage nationaler 6 Voreintragungen und seiner Zuerkennung durch das Amt gibt es keine Geltendmachung der Seniorität, etwa durch den GM-Anmelder oder -Inhaber im Widerspruchs- bzw. Nichtigkeitsverfahren.[2]

Soweit die EG in einer Internationalen Registrierung (IR) oder deren Anmeldung benannt ist, kann die Seniorität von Voreintragungen in EU-Mitgliedstaaten beansprucht werden (Art 135). Wenn dies bei der Anmeldung der IR geschieht (Art 135 (1)), muss es sich um unabhängige Voreintragungen handeln. Im Falle einer nachträglichen Benennung der EG kann die Seniorität der IR in den früher benannten Mitgliedstaaten beansprucht werden (Art 135 (2)). Die Beanspruchung muss gegenüber dem Amt (iSv Abs 3) erfolgen, ehe die nationalen Markeneintragungen bzw früheren Benennungen aufgrund Verzichts oder Nichtverlängerung ihre Wirkung verlieren.[3]

## 2 Zeitpunkt der Inanspruchnahme

Während Art 34 zusammen mit R 1 (1) (a) und R 8 die Inanspruchnahme 8 des früheren Zeitrangs einer nationalen Markeneintragung für den Fall regelt, dass die Antragstellung im Zusammenhang mit der Anmeldung einer GM erfolgt, bestimmt sich die spätere Inanspruchnahme, nämlich nach der Eintragung der GM, nach Art 35 iVm R 28.

---

1  HABM-BK R 45/2008-2 vom 28.11.2008 (Nr 37) *BECO/B BEKOX.*
2  HABM-BK R 1277/2007-2 vom 15.9.2008 (Nr 26); bestätigt EuG T-534/08 vom 30.9.2010 *GRANUflex.*
3  HABM-BK R 2603/2011-2 vom 4.12.2012 *BARISTA:.*

9 Es spricht nichts dagegen, den Zeitrang älterer nationaler Markeneintragungen schon im Zeitpunkt der Anmeldung einer GM in Anspruch zu nehmen. Gelangt die Anmeldung zur Veröffentlichung, wird gemäß R 12 (h) die Inanspruchnahme des Zeitranges mitveröffentlicht und könnte geeignet sein, Inhaber möglicherweise kollidierender Rechte von einem Widerspruch abzuhalten, namentlich in den Fällen, in denen das vermeintlich ältere Recht zwar vor dem Anmeldetag der veröffentlichten GM, aber erst nach dem für diese Anmeldung in Anspruch genommenen Zeitrang im selben Mitgliedsstaat entstanden ist, so dass der GM-Anmelder den Bestand des vermeintlich älteren Rechts seinerseits in diesem Mitgliedstaat angreifen könnte.

10 Allerdings kommt es durch die frühe Inanspruchnahme kaum zur Vorverlegung des Zeitpunktes, in welchem auf Grund der Konsolidierung bereits bestehender nationaler Markenrechte durch die GM die nationalen Eintragungen aufgegeben werden können. Zwar lässt die Nicht-Verlängerung einer nationalen Markeneintragung und damit deren Erlöschen vor der Eintragung der GM die Inanspruchnahme ihres Senioritäts-Zeitrangs für die GM unberührt, wie aus der Nichtnennung des Erlöschen-Lassens in Abs 3 hervorgeht,[4] das in Abs 2 gleichrangig mit dem Verzicht genannt ist, jedoch steht das Risiko eines möglicherweise ungünstig verlaufenden Widerspruchsverfahrens dagegen. Außerdem wird es angesichts mehrjähriger Verlängerungsperioden von nationalen Markeneintragungen nicht eben häufig vorkommen, dass die Verlängerungsentscheidung just im Zeitraum zwischen der Anmeldung und Eintragung der GM getroffen werden muss. Ein Erlöschen-Lassen der nationalen Eintragung vor der GM-Anmeldung schließt die spätere Inanspruchnahme ihres Senioritäts-Zeitrangs aus, wie indirekt aus Abs 2 hervorgeht.

### 3 Ältere Marke

11 Die Zeitrang-Begünstigung von GMn (Seniorität) geht von älteren Marken aus, die entweder in einem Mitgliedstaat einschließlich des Benelux-Gebiets national bzw regional eingetragen oder mit Wirkung für einen Mitgliedstaat oder mehrere Mitgliedstaaten international registriert sind. Eine früher eingetragene GM kommt also nicht in Frage, wohl aber nationale Marken, die auf Grund Umwandlung gemäß Art 112 aus einer GMA oder GM hervor-

---

4 HABM-BK R 881/2009-4 vom 22.2.2010 (Nr 14) *CROMAFLEX:.*

gegangen sind. Denn bei diesen handelt es sich nach nationaler Eintragung um reguläre nationale Markeneintragungen (Art 32).

Auch das Gemeinschaftsmarkenrecht gestattet demnach nicht eine Erweite- 12 rung der Fortschreibung von Markenrechten im Rahmen einer bestehenden Eintragung. Soll der Schutz einer bereits eingetragenen GM ohne deren Änderung auf weitere Waren oder Dienstleistungen erstreckt werden, so ist eine neue Anmeldung erforderlich, die entweder die zusätzlichen Produkte erfasst oder auf diese zusammen mit den Produkten der bereits bestehenden Eintragung erstreckt wird. Aber auch im zweiten Fall wird regelmäßig nicht – jedenfalls nicht kurzfristig – auf die ältere Eintragung verzichtet werden können, weil dadurch deren früherer Zeitrang verloren ginge; eine Situation, die im Umgang mit nationalen Markeneintragungen geläufig ist. Entsprechendes gilt für den Fall einer Änderung der Marke, etwa zum Zwecke ihrer Modernisierung oder Anpassung an geänderte Verhältnisse, aber durchaus unter Beibehaltung ihrer wesentlichen, die Unterscheidungseignung begründenden Merkmale.

## 4  Voraussetzungen

Für die Zuerkennung eines Senioritäts-Zeitrangs müssen die nachstehenden 13 Bedingungen am Anmeldetag der GM erfüllt sein. Voraufgegangene Abweichungen sind ebenso wie später eintretende unerheblich, jedoch ist die sich aus Abs 3 ergebende Einschränkung zu beachten.[5] Außerdem ist zu berücksichtigen, dass die Zubilligung von Zeitrang-Ansprüchen keine konstitutive Wirkung, sondern nur deklaratorischen Charakter hat.

### 4.1  Eingetragene Marke

Der – jeweils national begrenzte – Senioritäts-Zeitrang einer GM oder GMA 14 kann nur aus einer eingetragenen Marke hergeleitet werden. Das folgt aus dem Wortlaut von Abs 1, weil sich aus der »oder«-Formulierung ergibt, dass das Wort *registrierten* als Qualifikation der *älteren Marke* und nicht nur mit dem voraufgehenden *international* als Umschreibung des Markenschutzes nach MMA (einschließlich MP) zu werten ist. Anderenfalls müsste beispielsweise auch die Seniorität einer gemäß § 4 Nr 2 DE-MarkenG in Deutschland entstandenen älteren (Benutzungs-) Marke in Anspruch genommen

---

5  Mitteilung des Präsidenten des Amtes Nr 1/97 vom 17.6.1997, II. 2, ABl-HABM 1997, 750.

werden können. Das will die Verordnung aber offensichtlich nicht zulassen, wie die von der R 1 (1) (h) geforderte Angabe der Eintragungsnummern und die Bezugnahme auf »Eintragung« in R 8 (2) deutlich macht.

15 Zweifelhaft könnte sein, ob die Eintragung der älteren Marke schon am Anmeldetag der GM erfolgt sein muss. Von Mühlendahl/Ohlgart bejahen dies.[6] Zwingend ergibt sich dies aus Abs 1 wiederum nur, wenn auf eine *registrierte ältere Marke* abgestellt wird: Dann legt die Vorschrift die zeitliche Abfolge Eintragung der älteren Marke – Anmeldung der GM fest. Nachdem aber die Amtspraxis offenbar mit Blick auf die Formulierung »... der ... anmeldet,« allein auf das Bestehen der sachlichen Senioritätsberechtigung am Anmeldetag der GM abstellt,[7] ist die Inanspruchnahme des Senioritäts-Zeitrangs nach Art 34 auch dann ausgeschlossen, wenn die Eintragung der älteren nationalen Marke innerhalb der Zwei-Monatsfrist der R 8 (2) erfolgt und die innerhalb dieser Frist vorzulegenden Angaben und Nachweise rechtzeitig eingereicht werden konnten. Unabhängig davon verbleibt dem Anmelder der GM die spätere Inanspruchnahme des Senioritäts-Zeitrangs gemäß Art 35 nach Eintragung der GM.[8]

16 In jedem Fall muss die ältere nationale Markeneintragung, deren Senioritäts-Zeitrang für eine GM in Anspruch genommen werden soll, älter sein als die GM, wobei auf die jeweiligen Anmeldetage bzw jeweiligen Prioritätszeitpunkte abzustellen ist.

## 4.2 Identität der Inhaber

17 Die Inanspruchnahme eines Senioritäts-Zeitrangs setzt die Identität des Inhabers der älteren (nationalen) Marke mit dem GM-Anmelder voraus. Es gilt ausschließlich personale Identität. Eigentumsverknüpfungen wie etwa die Zugehörigkeit zum selben Konzern oder Mutter/Tochter-Beziehungen im übrigen selbständiger juristischer Personen genügen dem nicht. Keine Rolle spielt hingegen, wenn sich der Name des GM-Anmelders gegenüber dem Namen des als Inhaber der älteren Marke Eingetragenen geändert haben sollte, sofern nur die Rechtsperson des Anmelders der GM gegenüber dem Inhaber der älteren nationalen Marke gleich geblieben ist.

---

6 Von Mühlendahl/Ohlgart, S 127.
7 Mitteilung des Präsidenten des Amtes Nr 1/97, II. 2, ABl-HABM 1997, 750.
8 Ebenso von Mühlendahl/Ohlgart S 157.

Andererseits spielt keine Rolle, ob sich nach dem Anmeldetag der GM Än- **18**
derungen in der Inhaberschaft der GMA oder der älteren Marke ergeben.
Die Zuerkennung des Senioritäts-Zeitrangs stellt im Rahmen des Art 34 ausschließlich auf den Anmeldetag der GM ab.[9] Soweit an diesem Tage der Anmelder über identische ältere nationale Markenrechte verfügt, soll er diese
der GM mit Wirkung für dieselben nationalen Territorien der GM »attribu-
tieren«, in diese »integrieren« (so die Formulierung von Ingerl) dürfen. Ob
die Inhaberschaft an der GM und der älteren nationalen Marke zu einem
späteren Zeitpunkt auseinanderklafft, ändert nichts mehr, die GM behält ihren – national oder regional begrenzten – Altersrang.

### 4.3 Identität der Marken

Eine absolute – und naturgemäß bleibende – Identität ist hinsichtlich der **19**
Marken selbst gefordert. Jede Abweichung der angemeldeten GM von der älteren nationalen Markeneintragung lässt die Zuerkennung des Senioritäts-
Zeitrangs scheitern. Das gilt auch dann, wenn sich die angemeldete GM beispielsweise nur durch grafisches Beiwerk zu einem Markenwort von der
älteren Wortmarke unterscheidet, ja selbst dann, wenn die Darstellung desselben Markenworts in einem Fall einen besonderen schriftbildlichen Charakter aufweist, den die andere Markendarstellung nicht besitzt.[10] Auch abweichende Farben bei gleichem Markenbild zerstören die Identität, Gleiches
gilt für einen Farbverzicht für die GM, Unterschiede im Schutzbereich spielen dabei keine Rolle.[11] Lediglich unterschiedliche, aber übliche Typografien
desselben Markenworts führen nicht zur Verneinung der Identität; Gleiches
gilt für einen Silbenzwischenraum der älteren (griechischen) Marke gegenüber der zusammengeschriebenen GMA.[12] Bei Bildmarken spielen auch anderweitige grafische und Farb- oder Grauton-Abweichungen eine Rolle.[13]
Entscheidend ist die Zweifelsfreiheit, dass es sich beim Gegenstand der älteren Markeneintragung, deren nationale Seniorität zu Gunsten der GMA begehrt wird, in der Tat um dieselbe Marke wie die GM handelt, wobei ledig-

---

9 Vgl aber HABM-BK R 005/1997-1 vom 15.5.1998 *BATMARK*.
10 EuG T-103/11 vom 19.1.2012, GRUR Int 2012, 654 (Nr 21) *justing*.
11 HABM-BK R 1598/2010-4 vom 10.5.2011 *MEDINET*; bestätigt EuG T-378/11
vom 20.2.2013.
12 HABM-BK R 010/1998-2 vom 15.7.1998 *THINKPAD*.
13 HABM-BK R 117/2009-1 vom 7.5.2010 *HH HELLY HANSEN*.

lich so geringfügige Abweichungen, dass sie vom relevanten Verkehr nicht wahrgenommen werden, außer Betracht bleiben dürfen.[14]

20  Letzteres wurde von der BK in einem Fall bejaht, in dem sich die früher eingetragene Marke nicht nur durch den Zusatz ®, sondern auch die italienische Gesellschaftsbezeichnung S.R.L. von dem als GMA vorgelegten Markenwort (wenn auch in wesentlich kleineren Buchstaben) unterschied. Im Hinblick hierauf und die Art der Zusätze sah die BK darin keinen Unterschied im Markengegenstand.[15]

### 4.4  Identität der Produkte

21  Die dritte Identitätsforderung, dass nämlich die von der GMA erfassten Waren und/oder Dienstleistungen mit den Produktangaben der älteren Marke übereinstimmen oder »von diesen umfasst« werden sollen, brachte zunächst Probleme mit sich. Es war und ist klar, dass der Senioritäts-Zeitrang einer älteren (nationalen) Marke nicht solchen Waren und Dienstleistungen der GM zu Gute kommen soll, die sich nicht schon im Waren- und Dienstleistungsverzeichnis der älteren Marke befunden haben. Wenn aber das Waren- und Dienstleistungsverzeichnis der GMA über das der älteren nationalen Marke hinausgeht, ist es streng genommen nicht mehr von diesem umfasst.[16] Inzwischen hat sich auch insoweit eine liberale Interpretation durchgesetzt.[17] Die Änderung von Art 35 durch VO Nr 422/2004, mit der auch in Art 35 die Worte »oder umfaßt sind« eingefügt wurden, soll dieses Verständnis bekräftigen.

22  Damit ist auch eine weitere Frage geklärt, die sich aus dem Benutzungszwang und dem Umstand ergeben kann, dass viele ältere nationale Marken nur für einen Teil der Waren und/oder Dienstleistungen rechtserhaltend benutzt werden oder worden sein dürften, für die sie eingetragen sind. Für den Fall der totalen Nichtbenutzung einer älteren nationalen Marke, die deshalb nach den anzuwendenden nationalen Vorschriften von den dafür berufenen Stellen für verfallen erklärt wird, sieht Abs 3 das Erlöschen des hierauf ge-

---

14  EuGH C-291/00 vom 20.3.2003, GRUR 2003, 422 (Nr 53, 54) *Arthur et Félicie.*

15  HABM-BK R 813/2007-1 vom 2.4.2009 *STILOLINEA.*

16  Ingerl, S 48.

17  Von Mühlendahl/Ohlgart, S 128; Mitteilung des Präsidenten des Amtes Nr 1/97, III., ABl-HABM 1997, 750, 754.

gründeten Senioritäts-Zeitrangs der GM vor. Wenn der Verfall aber nur für einen nicht-benutzten Teil des eingetragenen Produktverzeichnisses der älteren nationalen Marke festgestellt wird und daraufhin das gleichlautende Verzeichnis der GM oder GMA über das geschrumpfte Waren- und Dienstleistungsverzeichnis der älteren nationalen Marke hinausgeht und von diesem nicht mehr »umfasst« wird, entfällt der Senioritäts-Zeitrang nur für diejenigen Produkte, für die die nationale Marke für verfallen erklärt wurde. Zu bedenken ist dabei, dass jedenfalls nach deutschem Markenrecht (§ 125c DE-MarkenG) die Feststellung des – ggf teilweisen (§§ 49 (3), 50 (4), 51 (5) DE-MarkenG) – Verfalls oder der Nichtigkeit einer nationalen Markeneintragung auch noch nach deren Erlöschen wegen Nichtverlängerung oder Verzichts möglich ist. Zwar wird nach dieser nationalen Vorschrift die für den Verfall maßgebliche Fünf-Jahres-Uhr im Zeitpunkt des Erlöschens der nationalen Marke angehalten, das ändert aber an der Problematik der Fallgestaltung nichts. Auch dies spricht für die Zulassung der »Teil-Seniorität«.

Falls die rechtskräftige Feststellung des Verfalls oder der Nichtigkeit einer nationalen Marke, deren Senioritäts-Zeitrang für eine GMA in Anspruch genommen wurde, noch vor Eintragung der GM erfolgt, greift Art 36 (7) ein, dessen Worte »nicht mehr« auch den Fall von Ereignissen einschließen, welche die ursprünglich gegebenen Voraussetzungen für die Inanspruchnahme des Zeitrangs einer nationalen Marke im Laufe des Anmeldungsverfahrens haben entfallen lassen. **23**

### 5 Wirkungen der Seniorität

Nach Abs 2 hat der einer GM zugebilligte Senioritäts-Zeitrang einer älteren nationalen Marke die Wirkung, und zwar die alleinige Wirkung, dass ihrem Inhaber für den Fall des Verzichts oder des Erlöschens der älteren nationalen Marke dieselben Rechte zustehen, die er aus der fortbestehenden älteren Marke hätte herleiten können. Daraus ergibt sich zunächst, dass die einer GM zukommende territorial beschränkte Seniorität keinerlei Wirkung äußert, solange die ältere nationale Marke im betreffenden Mitgliedstaat eingetragen bleibt. Andere Rechtswirkungen als die, die unmittelbar aus der bestehenden nationalen Marke hergeleitet werden können, lassen sich auch nicht mittelbar auf dem »Umweg« über die senioritätsbegünstigte GM geltend machen. Ferner ergibt sich daraus, dass die Wirkung des Senioritäts-Zeitrangs einer GM auch nach dem Wegfall der älteren Marke auf das Territorium desjenigen Mitgliedstaates beschränkt bleibt, in welchem die ältere Marke eingetragen war. **24**

25  Weil das so ist, der GMA bzw GM selbst durch die Attachierung einer nationalen Seniorität (oder deren mehrerer) kein früherer Zeitrang – wie im Falle
eines Prioritätsanspruches – zukommt, spielt der nationale Senioritäts-»Zeitrang« keine Rolle für die Beurteilung des Zeitrangverhältnisses jener GMA
bzw GM zu einer ihr gegenüber (im Widerspruchs- bzw Nichtigkeitsverfahren) geltend gemachten nationalen Marke, die im selben Mitgliedsstaat auf
eine der Seniorität gegenüber spätere Anmeldung eingetragen wurde, aber
der GMA bzw GM gegenüber prioritätsälter ist.[18] Der Inhaber der GMA
bzw GM ist auf ein nationales Vorgehen, gestützt auf die eigenen Markenrechte im betreffenden Mitgliedsstaat (die bei zwischenzeitlichem Verzicht
auf die dortige Markeneintragung durch die Seniorität der GMA bzw GM
konserviert worden sind) gegen die geltend gemachte nationale Voreintragung zu verweisen. Nur soweit dies Erfolg hat, entfällt die Anspruchsgrundlage für das Widerspruchs- bzw Nichtigkeitsverfahren.[19]

26  Ebensowenig kann sich der Inhaber einer GMA im Widerspruchsverfahren
darauf berufen, dass seine entsprechende nationale Marke mit der (nationalen) Widerspruchsmarke im selben Mitgliedsstaat so lange koexistiert habe,
dass sie nach dortigem nationalen Recht unangreifbar geworden sei und er
die Absicht habe, nach der Eintragung der GM deren Seniorität nach Art 35
zu beantragen, um damit die Unangreifbarkeit durch die Widerspruchsmarke auf seine GM zu übertragen.[20]

27  Schließlich kann die Inanspruchnahme der Seniorität einer nationalen Markeneintragung den Inhaber einer GMA oder GM auch nicht gegen den Vorwurf immunisieren, der GMA bzw GM stünden absolute Eintragungshindernisse entgegen, welcher im Prüfungsverfahren vom Amt oder im
Nichtigkeitsverfahren aufgrund Art 52 (1) erhoben wird;[21] das Gemeinschaftsmarkensystem ist auch insoweit autonom und von nationalen Regelungen unabhängig.

---

18  EuG T-90/05 vom 6.11.2007 (Nr 45, 46) *OMEGA*; HABM-BK R 1219/2000-3
    vom    17.10.2001 *MANEX/SANEX*;    HABM-BK    R 671/2001-4    vom
    15.3.2004 *EXAKTA*; HABM-BK R 1333/2010-1 vom 26.5.2011 *OMEGA/
    OMEGA*, HABM-BK R 2377/2010-4 vom 8.6.2012 (Nr 9 f) *ALVA/ELVEA*.
19  HABM-BK R 188/2005-1 vom 6.4.2006 *Meister*; HABM-BK R 723/2001-2
    vom 16.12.2003 *ROCCA BAROCCO/ROCO BAROCO*.
20  HABM-BK R 360/2000-4 vom 8.1.2002 *NO LIMITS/LIMMIT*.
21  EuG T-129/04 vom 15.3.2006, GRUR Int 2006, 413 (Nr 31); bestätigt EuGH
    C-238/06 vom 25.10.2008, GRUR Int 2008, 135 *Develey-Flasche*.

Dem Inhaber der GM wachsen durch die Inanspruchnahme des Senioritäts- **28** Zeitrangs also keine über seinen bisherigen Besitzstand hinausgehenden Rechte zu, doch die Inanspruchnahme der Seniorität hat für ihn Vorteile:

– Er kann auf die kostenpflichtige Verlängerung seiner nationalen Altmarken verzichten, ohne deren Zeitvorrang im betreffenden Mitgliedstaat aufgeben zu müssen;

– Dritten gegenüber wird unmittelbar verdeutlicht, dass der Inhaber der GM in einem Mitgliedstaat oder mehreren Mitgliedstaaten über Markenrechte verfügt, die älter sind als der Anmeldetag seiner GM erkennen lässt, was namentlich für deren Überlegung, nach der Veröffentlichung der Anmeldung (die einen Hinweis auf den Senioritäts-Zeitrang enthält) Widerspruch zu erheben, von Bedeutung sein kann (Art 34 Rdn 9);

– Sofern die fünfjährige Benutzungs-Schonfrist der älteren nationalen Marke im Zeitpunkt der GM-Eintragung noch nicht abgelaufen ist, werden die aus der älteren Marke herzuleitenden Rechte im Umfang der produktmäßigen Überdeckung mit der GM auch bei fortdauernder Nichtbenutzung dem Verfall entzogen, weil mit der Eintragung der GM für diese eine neue Benutzungs-Schonfrist zu laufen beginnt und die von der Seniorität der älteren Marke begründeten Rechte auch dann bestehen bleiben, wenn die GM nicht im Mitgliedstaat der älteren Markeneintragung, im übrigen aber rechtserhaltend in der Gemeinschaft benutzt wird.[22]

Die letztgenannte Rechtsfolge, die in der Amtlichen Begründung[23] zum **29** deutschen Markenrechtsänderungsgesetz 1996[24] unter Bezugnahme auf § 125 (2) DE-MarkenG als Vorteil der Senioritäts-Inanspruchnahme angegeben ist, stößt allerdings auf Bedenken, die mit der Bezugnahme von Art 34 (2) auf die »alleinige Wirkung« jener Inanspruchnahme und auf die daraus folgenden »dieselben Rechte« begründet werden.[25] Und in der Tat hat die Erste BK, auch unter Hinweis auf Art 34 (2), die Auffassung vertreten, dass ungeachtet der Einheitlichkeit einer GM[26] im Streitfalle die ernsthafte Be-

---

22  Siehe § 125c (2) Satz 2 DE-MarkenG; Ingerl/Rohnke, 3. Auflage, Rn 13 zu § 125c DE-MarkenG.

23  DE-Bundestagsdrucksache 13/3841 vom 23.2.1996, Seite 12 reSp unten/Seite 13 liSp oben.

24  BlPMZ 1996, 393.

25  Ingerl/Rohnke, 3. Auflage, Rn 13 zu § 125c DE-MarkenG.

26  Art 1 (2) Satz 1 GMV.

nutzung einer national eingetragenen Marke zu belegen ist, wenn deren Seniorität vom Amt anerkannt und infolge Verzichts oder Erlöschens der nationalen Marke wirksam geworden ist.[27] In diesem Fall ging es um eine GM, die durch Erstreckung aus einer auf 1958 zurückgehenden IR hervorgegangen war, und die BK hat den Beginn der Benutzungs-Schonfrist nur für diejenigen Mitgliedstaaten auf ihren Eintragungszeitpunkt gelegt, die vom Senioritätsanspruch und anschließendem Erlöschen der dort belegten nationalen Markenrechte nicht erfasst waren. Die Zurückverlegung des Schonfrist-Benutzungsbeginns der GM für die übrigen Mitgliedstaaten auf den wirksam gewordenen (Art 34 Rdn 24) Senioritäts-Zeitpunkt begründet die Kammer damit, dass »*no trade mark right can exist without the corresponding obligations attached thereto*«. Das soll offenbar heißen, dass die Senioritätsbegünstigung in den betroffenen Mitgliedstaaten nur bei Beachtung der zeitabhängigen Benutzungszwang-Einschränkung zu haben sei. Schon die recht vage Formulierung jener Begründung ohne jede Bezugnahme auf einschlägige Dokumente aus der Entstehungsgeschichte der Senioritätsvorschriften oder aus der Rechtsprechung lässt erkennen, dass sich die BK ihrer Deduktion nicht sicher war; sie hat sie der Fallentscheidung auch nicht zugrunde gelegt.

30  Soweit die aus der älteren nationalen Marke herleitbaren Rechte und Ansprüche über die im betreffenden Mitgliedstaat aus der GM-Eintragung herleitbaren Rechte und Ansprüche hinausgehen, bleiben sie dem Inhaber der GM auch nach dem Erlöschen der älteren nationalen Marke erhalten. Insoweit ist die im Schrifttum geäußerte Kritik an der Bezeichnung »Zeitrang« für den neuartigen Senioritäts-Begriff des Gemeinschaftsmarkenrechts berechtigt.[28] Es handelt sich eben bei der Inanspruchnahme des Senioritäts-Zeitrangs nicht nur – wie bei Inanspruchnahme einer PVÜ- oder sonstigen Priorität – um die Zurückverlegung des für den Zeitrang der GM – und sei es auch nur territorial begrenzt – maßgeblichen Datums. Vielmehr wird der gesamte materielle Inhalt der älteren Markeneintragung auch nach dem Wegfall ihrer prozessualen Existenz der GM mit Wirkung für das betreffende Territorium gewissermaßen akzessorisch attachiert, ihr beigegeben, in sie integriert.

---

27  HABM-BK R 977/2010-1 vom 31.3.2011 (Nr 25 f) *NATURAL VISCO/VLIS-CO.*

28  Ingerl/Rohnke, 3. Auflage, Rn 3 zu § 125c DE-MarkenG.

*Eisenführ*

Und diese Wirkung bleibt erhalten, wenn zu irgendeinem späteren Zeit- **31**
punkt – nicht nur nach der Anmeldungs-Veröffentlichung auf Grund eines
national begründeten Widerspruchs – die Umwandlung der GM in nationale Anmeldungen vorgenommen wird (Art 112). Für die vom Senioritäts-Anspruch erfassten Waren und Dienstleistungen kommt der durch die Umwandlung entstandenen Markenanmeldung in demjenigen Mitgliedstaat, auf
den sich der Senioritäts-Anspruch bezieht, der Zeitrang und sonstige Rechts-
inhalt der früheren nationalen Marke in diesem Mitgliedstaat zu. Für
Deutschland ergibt sich das aus § 125d (3) Satz 2 DE-MarkenG. Insoweit
findet dann doch, wenn auch mit Hilfe eines aufwendigen Umweges über
die GM, eine »Fortschreibung« älterer nationaler Markenrechte in eine neue
nationale Markeneintragung statt, selbstverständlich aber nur im Umfang
(Produktverzeichnis) der früheren, in der GM erhalten gebliebenen nationalen Markenrechte.

Auf die ältere nationale Marke hat die Inanspruchnahme ihrer Seniorität kei- **32**
nen Einfluss, ihr Rechtsstand bleibt erhalten. Wird sie aber nicht gemäß den
nationalen Vorschriften rechtserhaltend benutzt und deshalb für verfallen erklärt,[29] erlischt auch der von ihr hergeleitete Senioritäts-Zeitrang der entsprechenden GM. Das gilt gemäß § 125c (2) DE-MarkenG aber nicht für
den Verfall wegen Nichtbenutzung, wenn dessen Eintritt zum Zeitpunkt der
freiwilligen Löschung (Nichtverlängerung der Schutzdauer oder Verzicht)
noch nicht erfolgt war. Jedenfalls eine unbenutzte nationale Markeneintragung, deren Verfall aber noch nicht eingetreten ist, sollte daher nach Inanspruchnahme ihrer Seniorität und Eintragung der GM nicht aufrechterhalten werden (Art 34 Rdn 36).

Abgesehen von den Bedenken, die Ingerl/Rohnke gegen diese aus Abs 3 her- **33**
geleiteten Konsequenzen aufgrund des Wortlauts von Abs 2 erheben und
deshalb vom Verzicht auf die senioritätsbegründende(n) nationale(n) Mar-
keneintragung(en) nachdrücklich abraten,[30] muss im Falle des Bestehens
von noch nicht rechtskräftig titulierten Schadensersatzforderungen aufgrund
der Verletzung einer senioritätsbegründenden Markeneintragung davon ausgegangen werden, dass diese beim Erlöschen der GM auch dann untergehen,
wenn die GM umgewandelt wird (Art 112) und im betreffenden Mitglieds-

---

29  In Deutschland gemäß § 125c DE-MarkenG iVm §§ 49 bis 51 DE-MarkenG.
30  Ingerl/Rohnke, § 125c Rn 3, 10 f.

staat eine neue, trotz Rückgriffs auf die Seniorität der Alteintragung unabhängige Markenanmeldung und -eintragung entsteht.[31]

### 6  Geltendmachen der Seniorität einer Gemeinschaftsmarke

34   Soll in einem Widerspruchs- oder Nichtigkeitsverfahren eine mit einem Senioritäts-Anspruch ausgestattete GM oder GMA nicht als solche, sondern wegen des benötigten früheren Zeitranges ihre Seniorität in deren nationalem Umfang geltend gemacht werden, so handelt es sich um die Geltendmachung der älteren nationalen Marke auch dann, wenn diese zwischenzeitlich erloschen ist. Anders aber als in Fällen der unmittelbaren Geltendmachung nationaler Markenrechte in Widerspruchs- und Nichtigkeitsverfahren auf Grund älterer Rechte dürfte hier der Verweis auf die beim Amt vorhandenen Senioritätsunterlagen jener älteren, zwischenzeitlich infolge Nicht-Verlängerung oder Verzichts entfallenen nationalen Marke genügen.

### 7  Erlöschen der Seniorität

35   Angreifbar ist die – national oder regional begrenzte – Seniorität einer GM unmittelbar nur dann, wenn ihre Voraussetzungen im entscheidenden Zeitpunkt, also dem Anmeldetag der GM nicht bestanden haben oder die prozessualen Vorschriften der R 8 bzw R 108 oder R 110 im Falle einer EG-Benennung im Rahmen einer IR (bei Anmeldung bzw Nachbenennung) bei der Inanspruchnahme nicht eingehalten wurden. Für einen isolierten Angriff auf die einer GM zugebilligte Seniorität hält jedoch das Gemeinschaftsmarkenrecht weder ein Amts- noch ein Gerichtsverfahren bereit. Sollte die Seniorität in einem Widerspruchs- oder Nichtigkeitsverfahren eine entscheidungserhebliche Rolle spielen, so wird das Amt bzw das Gemeinschaftsmarkengericht (im Falle einer Widerklage auf Nichtigkeit) sich damit auseinandersetzen müssen. Im übrigen ist ein Angriff gegen den materiellen Bestand der dem Senioritäts-Anspruch des GM-Inhabers zu Grunde liegenden nationalen Marke nur vor den nationalen Behörden oder Gerichten des betreffenden Mitgliedstaates und auf der Grundlage seines nationalen Rechts zu führen.[32]

---

31  Eisenführ, in: FS für von Mühlendahl, 2005, S 341, 355 f.
32  HABM-BK R 188/2005-1 vom 6.4.2006 (Nr 11) *Meister*; vgl auch HABM-BK R 239/2007-4 vom 20.3.2009 (Nr 31) *HOUSE DOCTOR*.

Damit dies in Deutschland auch noch nach dem Wegfall der nationalen **36** Markeneintragung möglich ist, wurde in Umsetzung von Art 14 Marken-Richtl durch das Markenrechtsänderungsgesetz von 1996 § 125c in das DE-Markengesetz eingefügt. Auf dessen Grundlage kann der im Senioritäts-Anspruch einer GM fortdauernde materielle Bestand einer im übrigen nicht mehr bestehenden nationalen deutschen Markeneintragung unter Geltendmachung absoluter oder relativer Nichtigkeitsgründe oder des Verfalls mit dem Ziel der Ungültigkeitserklärung durch einen nachträglichen Feststellungsantrag angegriffen werden. Dabei ist zu beachten, dass im Falle mangelnder Benutzung als geltend gemachtem Ungültigkeitsgrund dieser schon am Tage der Löschung der senioritätsbegründenden älteren deutschen Marke im Register bestanden haben muss (§ 125c (2) Satz 2 DE-MarkenG).[33] Daher sollte aus der Sicht des Inhabers der älteren Marke für den Fall ihrer Nichtbenutzung oder ihrer Benutzung für nur einen Teil der eingetragenen Produkte darauf geachtet werden, dass – soweit die Verhältnisse so sind – auf die ältere Marke vor Ablauf der fünfjährigen Benutzungs-Schonfrist, aber wegen Abs 3 nicht vor der Eintragung der GM verzichtet wird. Denn die »Benutzungsuhr« tickt bezüglich der älteren nationalen Marke bis zu deren Löschung im nationalen Register auch nach Eintragung der GM weiter und kann auf diese Weise zu einem nachträglich erfolgreichen Antrag auf Ungültigkeitserklärung wegen Verfalls führen, worauf gemäß Abs 3 die hierauf gestützte Seniorität der GM erlischt; siehe aber oben Art 34 Rdn 32.

Soweit zwischen der Einreichung der für die Inanspruchnahme einer Seniorität **37** erforderlichen Angaben und Nachweise gemäß R 1 (1) (h) bzw R 8 Änderungen der den Senioritäts-Anspruch betreffenden Umstände bei der älteren nationalen Marke und/oder der GMA eintreten, dürfte der Anmelder oder sein Vertreter gut beraten sein, diese dem Amt unter Beachtung der R 13 und der Mitteilung Nr 1/97 über die Prüfung von Zeitrang-Ansprüchen mitzuteilen.[34]

Im übrigen kann jederzeit auf eine für eine GM beanspruchte Seniorität ver- **38** zichtet werden, auch nach deren Eintragung gemäß R 84 (3) (r).[35]

---

33 Für die übrigen Verfalls- und Nichtigkeitsgründe gilt diese Einschränkung nicht.
34 ABl-HABM 1997, 750.
35 So versteht die vorgenannte Mitteilung Nr 1/97 die R 84 (3).

## 8 Verfahren

39  Die Inanspruchnahme der Seniorität erfolgt durch Abgabe einer entsprechenden Erklärung entweder bei der Anmeldung gemäß R 1 (1) (h) oder innerhalb von zwei Monaten nach dem Anmeldetag gemäß R 8 (2). Wird diese Frist versäumt, ist die Inanspruchnahme einer Seniorität erst wieder nach
der Eintragung der GM möglich (Art 35). Mit der Erklärung kann auch die
Seniorität mehrerer älterer nationaler Marken beansprucht werden, die in
verschiedenen Mitgliedstaaten oder auch in demselben – beispielsweise mit
unterschiedlichen Waren- und Dienstleistungsverzeichnissen – eingetragen
sind. Zur Senioritätsbeanspruchung im Falle der EG-Benennung einer IR s
Art 135 und R 108 f.

40  Mit der Erklärung in einer der beiden Anmeldungssprachen (R 95 (a)) sind
anzugeben
– der Mitgliedstaat oder die Mitgliedstaaten, in denen oder für die die Marken eingetragen sind. Letzteres bezieht sich insbesondere auf internationale Markenregistrierungen; in solchem Falle kann dieselbe internationale
Registrierung (MMA oder MP) die Seniorität für mehrere Mitgliedstaaten begründen;
– der Zeitpunkt des Schutzbeginns der senioritätsbegründenden Marke(n).
Weil nicht klar ist, welche Art von Schutz damit gemeint ist (Verbietungsansprüche entstehen in Deutschland erst mit der Eintragung, jedoch begründet schon die Anmeldung und ggf deren Priorität einen Schutz gegenüber kollidierenden jüngeren Anmeldungen) und auch nicht der in
R 8 benutzte Begriff der Wirksamkeit letzte Klarheit vermittelt, empfiehlt
es sich, sowohl das Anmelde- (und ggf Prioritäts-) als auch das Eintra-
gungs-Datum anzugeben, zumal dann im Falle von – aus deutscher Sicht
– ausländischen älteren Markeneintragungen eine Ermittlung des Beginns
ihres Schutzes oder ihrer Wirksamkeit entbehrlich ist. Im Falle einer Prio-
ritätsangabe, die nicht alle Waren und Dienstleistungen des Produktverzeichnisses der älteren Marke erfasst (Teilpriorität), ist auch die entsprechende Zuordnung anzugeben;
– die Nummern der Marken-Eintragungen. Im Falle einer internationalen
Marke (oder deren mehrerer mit unterschiedlichen Produktverzeichnissen
oder – was selten vorkommen dürfte – für unterschiedliche Länder) ist
klarzustellen, dass sich die jeweilige Registrierungsnummer auf mehrere
Länder bezieht;
– die Waren und Dienstleistungen der älteren Marke. Hier ist für den Fall
fehlender Identität mit den Anmeldeprodukten der GM darauf zu achten,

dass die nur teilweise bestehende Produktidentität klargestellt wird. Gemäß der Mitteilung Nr 1/97[36] kann insbesondere bei unklarer produktmäßiger Überdeckung der Senioritäts-Zeitrang für alle Waren und Dienstleistungen beansprucht werden »die in der älteren Marke enthalten sind, soweit diese auch in der Anmeldung enthalten sind«.

Innerhalb von drei Monaten entweder nach dem Anmeldetag – wenn die Seniorität bereits mit der Anmeldung beansprucht wurde – oder nach der gemäß R 8 (2) innerhalb von zwei Monaten nach dem Anmeldetag abgegebenen Erklärung ist dem Amt nach R 8 (1) eine vom Eintragungsamt der älteren Marke beglaubigte Eintragungsbescheinigung vorzulegen. Gestützt auf R 8 (4) hat der Präsident des Amtes mit seinem Beschluss Nr EX-05-5 vom 1.6.2005 über die bei Inanspruchnahme von Priorität und Zeitrang vorzulegenden Nachweise[37] zugelassen, dass statt dem Original einer beglaubigten Eintragungsbescheinigung auch eine »genaue Fotokopie« derselben eingereicht werden kann, sowie Datenbankauszüge und Kopien aus amtlichen Veröffentlichungen zugelassen. **41**

Die Einreichung kann auch per Telefax erfolgen, jedoch kann in diesem Falle das Amt gemäß R 80 (2) die Vorlage des Originalschriftstücks (Urkunde oder Fotokopie) verlangen; soweit die Eintragungsbescheinigung eine farbige Markenwiedergabe enthält, ist deren Vorlage zwingend. In jedem Falle kann aber mit der Telefax-Übermittlung die Drei-Monats-Frist gemäß R 8 (1) oder (2) eingehalten werden. Für die Sprache, in der die zum Nachweis des Prioritätsanspruchs beim Amt eingereichten Unterlagen abgefasst sind, gilt R 96 (2), wonach jede Amtssprache der Gemeinschaft zulässig ist; das Amt kann jedoch verlangen, dass eine Übersetzung innerhalb einer von ihm gesetzten Frist in die Verfahrenssprache oder in eine der übrigen Amtssprachen nachgereicht wird. Das Amt prüft gemäß R 9 (3) (d) die ihm gegenüber abgegebene Senioritäts-Erklärung und die zu deren Stützung eingereichten Angaben und Unterlagen und fordert im Falle von Mängeln den Anmelder auf, diese innerhalb einer bestimmten Frist (üblicherweise zwei Monate) zu beheben; das gilt beispielsweise auch für den Fall, dass die gemäß R 8 (1) oder (2) einzureichenden Nachweisunterlagen nicht innerhalb der Drei-Monats-Frist vorgelegt wurden. **42**

---

36  ABl-HABM 1997, 750.
37  ABl-HABM 2005, 1082; zuvor bereits mit Beschluss Nr EX-96-3 vom 5.3.1996, ABl-HABM 1996, 394.

43  Bleiben die gerügten Mängel bestehen, wird das Amt iSv R 54 feststellen, dass gemäß R 9 (7) der Senioritäts-Zeitrang für diese Anmeldung nicht mehr in Anspruch genommen werden kann, ggf teilweise gemäß R 9 (8). Gleiches gilt nach Art 36 (7) für die Nichterfüllung sämtlicher Voraussetzungen für die Inanspruchnahme eines Senioritäts-Zeitranges im Rahmen der GMA. Nach Zustellung der Feststellungs-Mitteilung (Art 79) kann der Anmelder innerhalb von zwei Monaten eine Entscheidung des Amtes nach R 54 (2) verlangen und mit der Beschwerde anfechten.

44  Eine wirksam gewordene Feststellung nach R 9 (7) hindert nicht die Inanspruchnahme desselben Senioritäts-Zeitranges gemäß Art 35 nach der Eintragung der GM.

### 9  Unterrichtung der nationalen Ämter

45  Wird die Inanspruchnahme des Zeitrangs einer älteren nationalen Marke wirksam, so unterrichtet das Amt gemäß R 8 (3) die für den gewerblichen Rechtsschutz zuständige Zentralbehörde des betreffenden Mitgliedstaates und das Benelux-Markenamt über Senioritätsansprüche aus in dem betreffenden Staat bestehenden Markeneintragungen.

## Artikel 35  Inanspruchnahme des Zeitrangs nach Eintragung der Gemeinschaftsmarke

(1) Der Inhaber einer Gemeinschaftsmarke, der Inhaber einer in einem Mitgliedstaat, einschließlich des Benelux-Gebiets, oder einer mit Wirkung für einen Mitgliedstaat international registrierten identischen älteren Marke für identische Waren oder Dienstleistungen ist, die mit denen identisch sind, für welche die ältere Marke eingetragen ist, oder die von diesen Waren oder Dienstleistungen umfasst werden, kann den Zeitrang der älteren Marke in bezug auf den Mitgliedstaat, in dem oder für den sie eingetragen ist, in Anspruch nehmen.

(2) Artikel 34 Absätze 2 und 3 sind entsprechend anzuwenden.

*Eisenführ*

## 1 Allgemeines

Alternativ zu der auf den Anmeldezeitpunkt und den anschließenden Zeit-  1
raum von zwei Monaten beschränkten Inanspruchnahme der Seniorität älterer nationaler Marken für eine GM im Schutzterritorium solcher Marken
(Art 34) ermöglicht diese Vorschrift die Inanspruchnahme nach der Eintragung der GM, und zwar dann zeitlich unbegrenzt. Die materiellen Voraussetzungen und Wirkungen der späteren Seniioritäts-Inanspruchnahme sind
nach der klarstellenden Ergänzung dieser Vorschrift hinsichtlich der erfassten
Produkte durch die VO 422/2004 vom 19.2.2004 mit der gemäß Art 34
identisch; die Anforderungen an die Inanspruchnahme nennt R 28.

Es entfällt – selbstverständlich – nur die im letzten Teilsatz von Art 34 (3)  2
vorgesehene Rechtsfolge des Erlöschens der Seniorität für den Fall, dass vor
der Eintragung der GM auf die ältere Marke verzichtet wurde. Ferner adressiert Abs 1 den Inhaber der inzwischen eingetragenen GM, während Art 34
(1) den Inhaber der älteren Marke anspricht; aus dieser unterschiedlichen
Sichtweise ergeben sich Formulierungsänderungen für die beiden Bestimmungen, die jedoch keine sachlichen Abweichungen bedeuten.

## 2 Voraussetzungen

Generell ist auf die Erläuterungen zu Art 34 zu verweisen. Während aber  3
Art 34 auf die rechtlichen Verhältnisse am Anmeldetag der GM abstellt,
kennt Art 35 keine derartige Stichtagsregelung. Die auch hier erforderliche
Dreifach-Identität (Marke, Inhaber, Produkte) muss nur zum Zeitpunkt der
Inanspruchnahme, also der Antragstellung auf Zuerkennung der Seniorität
bestehen. Weil hinsichtlich der Marken Änderungen nicht möglich sind und
hinsichtlich der Produkte nur eine Überdeckung, also Teilidentität erforderlich ist, sind Maßnahmen zur Schaffung der Voraussetzungen auf die Herstellung der Inhaberidentität beschränkt.

Darüber hinaus kann zu Gunsten einer eingetragenen GM die Seniorität ei-  4
ner nationalen Marke auch dann noch in Anspruch genommen werden,
wenn diese am Anmeldetag der GM noch nicht eingetragen war, wohl aber
ein früheres Anmelde- oder Prioritätsdatum als die GM hat und bis zum Tag

der Inanspruchnahme der Seniorität im betreffenden Mitgliedsstaat eingetragen wurde.

5  Diese Umstände sind es, die den Anmelder einer GM, der über ältere nationale Markenrechte innerhalb der Gemeinschaft verfügt und diese in seine Gemeinschaftsmarkenrechte einfließen lassen will, veranlassen, den Senioritäts-Zeitrang noch nicht bei der Anmeldung oder dem anschließenden Zwei-Monats-Zeitraum nach Art 34, sondern erst nach der Eintragung der GM in Anspruch zu nehmen. Er verliert damit allerdings die Möglichkeit, seine älteren, in bestimmten Mitgliedstaaten bestehenden Markenrechte potentiellen Widersprechenden in diesen Mitgliedstaaten oder mit dort bestehenden Markenrechten zu signalisieren, und er muss ferner seine nationale Markeneintragung(en) möglicherweise länger aufrechterhalten, als es für die wirksame Fortschreibung dieser nationalen Markenrechte in der GM erforderlich ist.

### 3  Erlöschen der Seniorität

6  Unabhängig von der Aufrechterhaltung dieser nationalen Markenrechte nach der Inanspruchnahme ihrer Seniorität für die identische GM bleiben die älteren nationalen Marken angreifbar wegen Verfalls oder Nichtigkeit; Abs 3 iVm Art 34 (3) und – in Deutschland – § 125c DE-MarkenG. Weitere Gründe, die die in Anspruch genommene Seniorität zum Erlöschen bringen könnten, kennt die GMV nicht. Das gilt auch für den Fall, dass nach der Inanspruchnahme der Seniorität die Inhaberschaft an der GM und der betroffenen älteren nationalen Marke auseinanderfallen. Zu beachten ist jedoch, dass – wie oben zu Art 34 dargelegt – die Berufung auf die Seniorität einer GM auf Grund einer älteren nationalen Marke nichts anderes als deren Geltendmachung bedeutet, so dass dem Gemeinschaftsmarkeninhaber die Aktivlegitimation fehlt, wenn er – wie auch immer – zur Geltendmachung der älteren, noch bestehenden nationalen Marke nicht (mehr) berechtigt ist (vgl Art 34 Rdn 35 f).

### 4  Verfahren

7  Das Verfahren zur Inanspruchnahme einer Seniorität oder deren mehrerer bestimmt R 28. Unterschiede der Anforderungen gegenüber denen der R 8 zu Art 34 ergeben sich zum einen aus dem durch die Eintragung der GM geänderten Sachverhalt. Ferner besteht ein Unterschied im Falle einer nicht ordnungsgemäß beanspruchten Seniorität hinsichtlich des Verfahrens und

der Rechtsfolgen: Anders als nach R 9 beanstandet das Amt den mangelhaften Senioritätsanspruch nach R 28 (2) und weist ihn zurück, wenn die Mängel nicht beseitigt werden. Eine Art 36 (7) entsprechende Bestimmung fehlt für die Inanspruchnahme einer Seniorität nach Art 35, so dass der zurückgewiesene Senioritätsanspruch später wiederholt werden kann, beispielsweise, wenn der Antragsteller die geforderten Nachweise erst später vorlegen kann.

Werden frühere IR-Benennungen von Mitgliedstaaten zum Gegenstand von **8** Senioritätsansprüchen gemacht (Art 135 (2), Art 34 Rdn 5), so sind die Anforderungen der R 110 zu beachten.

# Titel IV Eintragungsverfahren

## 1. Abschnitt Prüfung der Anmeldung

### Artikel 36 Prüfung der Anmeldungserfordernisse

(1) Das Amt prüft, ob

a) die Anmeldung der Gemeinschaftsmarke den Erfordernissen für die Zuerkennung eines Anmeldetages nach Artikel 27 genügt;

b) die Anmeldung der Gemeinschaftsmarke den in dieser Verordnung und in der Durchführungsverordnung vorgesehenen Erfordernissen genügt;

c) gegebenenfalls die Klassengebühren innerhalb der vorgeschriebenen Frist entrichtet worden sind.

(2) Entspricht die Anmeldung nicht den in Absatz 1 genannten Erfordernissen, so fordert das Amt den Anmelder auf, innerhalb der vorgeschriebenen Frist die festgestellten Mängel zu beseitigen oder die ausstehende Zahlung nachzuholen.

(3) Werden innerhalb dieser Fristen die nach Absatz 1 Buchstabe a) festgestellten Mängel nicht beseitigt oder wird die nach Absatz 1 Buchstabe a) festgestellte ausstehende Zahlung nicht nachgeholt, so wird die Anmeldung nicht als Anmeldung einer Gemeinschaftsmarke behandelt. Kommt der Anmelder der Aufforderung des Amtes nach, so erkennt das Amt der Anmeldung als Anmeldetag den Tag zu, an dem die festgestellten Mängel beseitigt werden oder die festgestellte ausstehende Zahlung nachgeholt wird.

(4) Werden innerhalb der vorgeschriebenen Fristen die nach Absatz 1 Buchstabe b) festgestellten Mängel nicht beseitigt, so weist das Amt die Anmeldung zurück.

(5) Wird die nach Absatz 1 Buchstabe c) festgestellte ausstehende Zahlung nicht innerhalb der vorgeschriebenen Fristen nachgeholt, so gilt die Anmeldung als zurückgenommen, es sei denn, dass eindeutig ist, welche Waren- oder Dienstleistungsklassen durch den gezahlten Gebührenbetrag gedeckt werden sollen.

(6) Wird den Vorschriften über die Inanspruchnahme der Priorität nicht entsprochen, so erlischt der Prioritätsanspruch für die Anmeldung.

(7) Sind die Voraussetzungen für die Inanspruchnahme des Zeitrangs einer nationalen Marke nicht erfüllt, so kann deren Zeitrang für die Anmeldung nicht mehr beansprucht werden.

*Schennen*

## 1 Allgemeines

1 Im 4. Titel wird das Eintragungsverfahren geregelt, das die Phase von der Anmeldung der GM bis zur Eintragung (Art 45) umfasst. Jedoch bildet das Widerspruchsverfahren (Art 41, 42) einen selbständigen Abschnitt; es unterscheidet sich durch die Zuständigkeit (Widerspruchsabteilung; ansonsten Prüfer, Art 131) und durch seinen Charakter als inter-partes-Verfahren.

2 Das Prüfungsverfahren umfasst
– die Prüfung auf das Vorliegen der Anmeldetagserfordernisse, Art 36 (1) (a),
– die Prüfung der Formerfordernisse und der Zahlung der Klassengebühren (Art 36 (1) (b), (c), R 1, 3, R 9 (3) (a), (4)), einschließlich der Erfordernisse für die Inanspruchnahme einer Priorität oder Seniorität (Art 36 (6), (7), R 6–8, R 9 (3) (c), (d), (6), (7));
– die Prüfung und Feststellung der Klassifizierung (Art 28, R 2);

- die Prüfung der Rechtsfähigkeit des Anmelders (Art 36 (1) (b) iVm Art 3);
- die Prüfung auf absolute Eintragungshindernisse (Art 37, R 11) einschließlich der Bearbeitung von Bemerkungen Dritter zu absoluten Eintragungshindernissen (Art 40).

Im Verlaufe des Prüfungsverfahrens werden außerdem die Übersetzungen **3** angefertigt (Art 119 (3), 121) und die Recherchenberichte (Art 38) erstellt.

Die einzelnen Unterabsätze des Art 36 behandeln teils die Prüfung auf die **4** Anmeldetagserfordernisse, teils die Prüfung der Formerfordernisse, obwohl die Rechtsfolgen ganz unterschiedlich sind. R 9 (1), (3) trennen dagegen deutlich zwischen diesen beiden Erfordernissen. Die Anmeldetagserfordernisse und das Verfahren zu ihrer Prüfung sowie die Rechtsfolgen bei Nichterfüllung von Erfordernissen sind unter Art 26 behandelt. Hier unter Art 36 wird im folgenden nur auf die Prüfung auf Formerfordernisse und die Prüfung der Erfordernisse von Prioritäts- und Senioritätsansprüchen eingegangen. Diese Erfordernisse sind in den RiLi[1] unter A. 3.5–A. 3.10, A.5 und A.6 behandelt. Die Neufassung[2] der RiLi Teil B (Prüfung) enthält dazu nur unwesentliche Anpassungen an die zwischenzeitliche Rspr.

Gemäß Änderung von Art 36 (1) (b) (durch VO Nr 422/2004, in Kraft seit **5** 10.3.2004) ist die Rechtsfähigkeit des Anmelders iSv Art 5 nF und von Art 3 im Rahmen der Formalprüfung zu prüfen, die alle Voraussetzungen nach der GMV und der DV, die nicht absolute Eintragungshindernisse sind, einschließt.. Das entsprechende Eintragungshindernis nach Art 37 aF und der Nichtigkeitsgrund nach Art 52 (1 (a) der Nichterfüllung der Voraussetzungen der Art 3, 5 wurde gestrichen. Ein Nichtigkeitsverfahren gegen jemand, der nicht existent ist, mit der Begründung, er sei nicht existent, kann nicht geführt werden. Die Reformvorschläge der Kommission sehen rechtsförmliche Anpassungen von Art 36 (1) (b) vor, deren Sinn sich erst vor dem Hintergrund des Vorschlags eines Art 44 der MarkenRichtl erschließt: Künftig soll jede zusätzliche Klasse gesondert gebührenpflichtig sein, um es Anmeldern zu verleiden, wirtschaftlich nicht benötigte Klassen nur deshalb mitanzumelden, weil die 2. und 3. Klasse umsonst sind..

---

1 RiLi Teil B ABl-HABM 1996, 1300.
2 Verfügbar unter http://oami.europa.eu/en/mark/marque/direc.htm, Neufassung April 2008.

## 2  Formerfordernisse der Anmeldung

6  Die sonstigen formellen Voraussetzungen, dem die Anmeldung genügen muß, sind im wesentlichen in R 1 und 3 niedergelegt; das Verfahren ist in R 9 (3) – (8) geregelt. Zu unterscheiden sind zwingende Erfordernisse, denen eine Anmeldung genügen muß, und fakultative Erfordernisse, die Angaben betreffen, die der Anmelder freiwillig machen kann, und die Art und Weise vorschreiben, wie diese Angaben zu machen sind. Rechtsfolge bei Nichterfüllung ist in beiden Fällen die Zurückweisung (R 9 (4)).

7  Die Anforderungen an die ordnungsgemäße Klassifizierung (R 2) sind unter Art 28 behandelt. Das Erfordernis der Zahlung der Klassengebühren (Art 36 (1) (c), R 9 (3) (b) ist im folgenden unter Rdn 27–28 behandelt. Die Anforderungen an Prioritäts- und Senioriätsansprüche sind im folgenden unter Rdn 29–43 behandelt.

### 2.1  Zwingende Formerfordernisse

8  Von den zwingenden formellen Voraussetzungen sind zu erwähnen:

### 2.1.1  Unterschrift

9  R 1 (1) (k) verlangt die Unterschrift des Anmelders oder seines Vertreters in Übereinstimmung mit R 79. Gemäß R 79 reicht bei einer Telekopie die Wiedergabe der Unterschrift auf dem Ausdruck, der beim HABM eingeht, aus. Gemäß R 82 (3) ist bei elektronischen Mitteilungen keine Unterschrift erforderlich, sondern es reicht die Namensangabe aus. Dies gilt für die elektronische Anmeldung (»electronic filing«, siehe unter Art 25 Rdn 8) und, wie R 80 (3) nunmehr[3] klarstellt, für sogenannte »elektronische Faxe«, dh Telekopien, die direkt von der PC-Workstation des Absenders versandt werden.

10  Die Unterschrift kann am Ende, am Anfang des Schriftstücks[4] oder in einem Begleitschreiben zu dem Schriftstück enthalten sein. Das HABM-Anmeldeformular sieht die Unterschrift auf Seite 1 unten vor.

---

3  IdF der VO Nr 1041/2005, ABl-HABM 2005, 1098, in Kraft seit 25.7.2005.
4  EuG T-418/07 vom 18.6.2009 (Nr 28) *Libro/Libero*; HABM-BK R 672/2004-2 vom 7.3.2005 (Nr 9) *GLOBAL INTERCOM/INTERKOM*; HABM-BK R 561/2004-2 vom 2.2.2005 (Nr 17) *XS/IXS*.

Die Unterschrift muß eine bestimmte Person identifizieren, aber weder leser- **11**
lich sein noch mit anderen Unterschriften, die im Laufe des Verfahrens vorgelegt wurden, übereinstimmen.[5] Rspr und Praxis nehmen auch keine Abgrenzung zu einer bloßen Paraphe vor.

Andererseits ist nach Praxis der Beschwerdekammern, die aber von der Neu- **12**
fassung der PrüRiLi (Teil B.2.4) nicht geteilt wird, eine handschriftliche Angabe des Namen der Kanzleibezeichnung (»Anwaltspraxis Müller, Schmidt
und Partner«) keine wirksame »Unterschrift«. R 76 (9) enthält Erleichterungen für die Angabe der Vertreter, nicht für die Unterschrift. Mit einem
Schriftsatz muß eine identifizierbare natürliche Person, die zur Vertretung
vor dem HABM berechtigt ist, die persönliche Verantwortung für den Inhalt
des Schriftstücks übernehmen. Bei elektronischen Übermittlungen ist dem
durch Namensangabe und Druck auf den Absende-Knopf Genüge getan, bei
schriftlichen Übermittlungen durch die Unterzeichnung namens einer natürlichen nach Art 93 vertretungsberechtigten Person.

### 2.1.2 Name und Anschrift

R 1 (1) (b) verlangt die Angabe des vollständigen Namens und der Anschrift **13**
des Anmelders. Bei natürlichen Personen sind Vor- und Zunahme anzugeben. Bei juristischen Personen ist die offizielle Bezeichnung einschließlich
der Rechtsform anzugeben, auch wenn die Rechtsform nach nationalem
Recht nicht Bestandteil des »Namens« der juristischen Person ist; die Neufassung von R 1 (1) (b)[6] stellt klar, dass die Angabe der Rechtsform stets verpflichtend ist. Die Rechtsform kann in üblicher Weise abgekürzt werden, zB
»AG« für Aktiengesellschaft. Gemäß Neufassung von R 1 (1) (b) ist die Angabe des Rechts des Staates, dem der Anmelder unterliegt (zB des US-Bun-
desstaates Delaware bei US-Anmeldern), nicht mehr erforderlich.

– Angaben zu Telefon- und Telekommunikationsnummern sind fakultativ. **14**
Die Neufassung von R 1 (1) (b) Satz 3[7] stellt klar, dass die Angabe einer
Telekopie-Nummer das HABM berechtigt, Zustellungen gemäß R 79 (b)
per Telekopie vorzunehmen. Werden mehrere Anschriften angegeben, so
wird nur die erste Anschrift berücksichtigt; jedoch kann der Anmelder eine bestimmte Anschrift als Zustellanschrift angeben (R 1 (1) (b) aE). Es

---

5 EuG T-418/07 vom 18.6.2009 (Nr 29f) *Libro/Libero*.
6 Änderung durch VO Nr 1041/2005, in Kraft seit 25.7.2005.
7 Änderung durch VO Nr 1041/2005, in Kraft seit 25.7.2005.

muß somit in jedem Fall die »offizielle« Anschrift angegeben werden, und es darf zusätzlich eine andere Anschrift als Zustellanschrift angegeben werden.

15 – Wenn ein Vertreter bestellt wird, ist die Angabe des vollständigen Namens und der Geschäftsanschrift (Kanzleianschrift) des Vertreters nötig, R 1 (1) (e). Die Angabe einer vom HABM mitgeteilten ID-Nummer ersetzt Angaben zur Anschrift.[8] Es kann auch ein Zusammenschluss von Vertretern angegeben werden, ohne dass die darin tätigen Vertreter einzeln aufgeführt werden müssen (R 76 (9)).

### 2.1.3 Vertreterbestellung

16 – Die Bestellung eines Vertreters ist nötig, falls der Anmelder dem Vertretungszwang nach Art 92 (2) GMV unterliegt, dh wenn er weder Wohnsitz noch Sitz noch eine gewerbliche Niederlassung innerhalb der EG hat. Die in Art 92 (2) genannte »Ausnahme der Einreichung einer Anmeldung für eine GM« vom Vertretungszwang bedeutet nur, dass die ohne Vertreter vorgenommene Anmeldung zunächst wirksam ist und insbesondere einen Anmeldetag begründet, jedoch muß die Vertreterbestellung umgehend nachgeholt werden. Erfolgt dies nicht fristgerecht, wird die GMA im Rahmen der Formalprüfung zurückgewiesen.[9]

### 2.1.4 Sprache

17 – Zwingend ist die Angabe der ersten und der zweiten Sprache der Anmeldung gemäß Art 119 (3), R 1 (1) (j). Die erste Sprache kann jede beliebige der 22 Amtssprachen der Gemeinschaft sein, die zweite Sprache muß eine der fünf Sprachen des Amtes sein (Deutsch, Englisch, Französisch, Spanisch, Italienisch); Einzelheiten siehe unter Art 119 Rdn 19–23. Die erste und die zweite Sprache müssen natürlich voneinander verschieden sein.[10] Dieses Erfordernis verstößt nicht gegen den EG-Vertrag.[11] Die Angabe der Sprache kann im Laufe des Verfahrens nicht mehr geändert

---

8  Von Mühlendahl/Ohlgart, S 117.

9  HABM-BK R 568/2001-4 vom 23.2.2005 (Nr 21) *PAVIS/MAVIS*; HABM-BK R 995/2001-2 vom 10.6.2003 (Nr 15–19) *JB*.

10  HABM-BK R 065/1998-3 vom 19.3.1999, ABl-HABM 1999, 1032 = GRUR Int 1999, 762 *KIK*.

11  EuG T-120/99 vom 12.7.2001, MarkenR 2001, 327 *Kik*.

werden. Jedoch stehen alle 22 bzw fünf Sprachen frei zur Verfügung, ohne Beschränkung auf Staatsangehörigkeit des Anmelders (anders als nach dem EPÜ!).

### 2.1.5 Warenverzeichnis

– Das VerzWDL muß R 2 und R 1 (1) (c) entsprechen, siehe dazu unter  **18**
Art 28. Es kann gemäß Neufassung von R 1 (1) (c)[12] durch die Bezugnahme auf das VerzWDL einer früheren GMA ersetzt werden.

### 2.1.6 Wiedergabe der Marke

– Es muß eine ordnungsgemäße Wiedergabe der Marke eingereicht wer-  **19**
den, die R 3 entspricht (R 1 (1) (d)). R 3 (2) schreibt für alle anderen Marken als Wortmarken das Format DIN A4 vor und bestimmt, dass die Wiedergabe von so guter Qualität sein muß, dass sie sich für die Eingabe in die Datenbank des Amtes und die Veröffentlichung im Blatt für GMn eignet; hierzu wird die Wiedergabe vom HABM gescannt. Bei dreidimensionalen Marken können bis zu sechs Ansichten eingereicht werden. Auch bei Hörmarken ist eine graphische Wiedergabe einzureichen; nur bei elektronischer Einreichung kann zusätzlich eine Klangdatei im .mp3-Format eingereicht werden.[13] Tonbänder oder CDs sind unzulässig.

Die Wiedergabe der Marke ist in nur einem Exemplar einzureichen.[14]  **20**

– Wenn die Marke in Farbe ist, ist die verbale Angabe der Farben, aus de-  **21**
nen die Marke besteht, zwingend, R 3 (5); das gilt nicht nur für reine Farbmarken, sondern auch für Bildmarken, deren Wort- oder Bildbestandteile farbig sind.[15] Die Angabe eines international anerkannten Farbcodes wie Pantone oder RAL ist fakultativ und wird empfohlen.[16]

---

12  Änderung durch VO Nr 1041/2005 mit Wirkung zum 25.7.2005.
13  R 3 (6) nF, Beschluss Nr EX-05-3 vom 10.10.2005, ABl-HABM 2006, 6.
14  Seit 2005 auf Grund der Änderung von R 3 (1) und Aufhebung von R 3 (6) durch VO Nr 1041/2005 mit Wirkung zum 25.7.2005; zuvor auf Grund des Beschlusses Nr EX-95-1 vom 22.12.1995, ABl-HABM 1995, 490.
15  HABM-BK R 900/2006-4 vom 22.12.2006 (Nr 6) *CP SECURE*; HABM-BK R 090/08-4 vom 26.3.2008 (Nr 8) *WHISTLES*; HABM-BK R 1459/2008-2 vom 7.1.2009 (Nr 16) *DICTATOR*.
16  Mitteilung Nr 6/03 vom 10.11.2003, ABl-HABM 2004, 88.

Nach dem »Libertel«-Urteil des EuGH[17] ist die Angabe eines Farbcodes (zB PANTONE) zwar zwingend. Der fakultative Charakter der Angabe eines solchen Codes folgt aber aus der ausdrücklichen Regelung in R 3 (5)[18] und rechtfertigt sich daraus, dass das HABM alle Markenwiedergaben scannt, so dass die tragenden Gesichtspunkte des Libertel-Urteils, Farbwiedergaben auf Papier könnten mit der Zeit verblassen, auf das HABM nicht zutreffen.[19] Die Angabe der Farben kann noch nach der Einreichung nachgeholt werden, auch im Falle der Einreichung per Telefax gemäß R 80 (1). Sie muß mit den tatsächlichen Farben, wie sie in der Wiedergabe der Marke vorkommen, übereinstimmen. Farbansprüche für Wiedergaben der Marke in schwarz/weiß sind nicht zulässig.[20] Ist die Wiedergabe der Marke in Farbe, so wird sie in dieser Form veröffentlicht und eingetragen. Eine nachträgliche Einreichung einer farbigen Wiedergabe zu einer Schwarz/weiß-Wiedergabe ist also nicht zulässig; Ausnahme davon ist die Einreichung einer Wiedergabe der Marke per Telekopie: In diesem Fall kann die farbige Wiedergabe der Marke innerhalb eines Monats nach Einreichung der Telekopie nachgereicht werden (R 80 (1)). Diese Erfordernisse gelten nicht nur für Marken, die nur aus einer Farbe oder Farbkombination als solcher bestehen, sondern auch für farbige Bild- und 3-D-Marken.

## 2.2 Fakultative Formerfordernisse

22 Fakultativ sind folgende Angaben:

23 – Eine Beschreibung der Marke (R 3 (3) Satz 2); diese sollte möglichst kurz gefasst sein und empfiehlt sich nur dann, wenn sie tatsächlich zur Verdeutlichung des Gegenstands der Marke beiträgt. Beschreibungen für Bestandteile der Marke, die ohnehin deutlich erkennbar sind, sind überflüssig. Die Beschreibung nimmt nicht am Schutzumfang der Marke teil. Die Beschreibung darf den Offenbarungsgehalt der Wiedergabe der Marke nicht erweitern[21] und auch der Wiedergabe der Marke nicht wider-

---

17 EuGH C-104/01 vom 6.5.2003, ABl-HABM 2003, 1734 *Libertel.*

18 Änderung durch VO Nr 1041/2005 mit Wirkung zum 25.7.2005.

19 Mitteilung Nr 6/03 vom 10.11.2003, ABl-HABM 2004, 88.

20 RiLi, Teil B.3.7, verfügbar im Internet unter http://oami.europa.eu/en/mark/marque/direc.htm, Dokument Examination24_7_2006.pdf; Practice Note vom 7.12.2005, http://oami.europa.eu/en/mark/marque/marks_colour.htm.

21 HABM-BK R 618/2006-4 vom 12.6.2006 (Nr 12) *Dentalbehälter.*

sprechen; sie darf keine verkappten Schutzansprüche für etwas enthalten, was nicht Gegenstand der Wiedergabe der Marke ist. Unzulässig und im Wege der Formalbeanstandung nach R 9 zu beseitigen ist eine Beschreibung, die den Schutz einer Wortmarke für Übersetzungen des Wortes in andere Sprachen begehrt. Unzulässig und sogar gegen Art 7 (1) (a) verstoßend ist eine Beschreibung einer Farbmarke, die Schutz der Farbkombination »in allen denkbaren Kombinationen und Erscheinungsformen« beansprucht.[22] Eine Beschreibung, die der Wiedergabe der Marke widerspricht, muß der Anmelder auf Anforderung streichen, widrigenfalls die Anmeldung nach R 9 (3) oder sogar nach Art 7 (1) (a) zurückzuweisen ist.[23]

– Die Vorlage einer Vollmacht für einen nach Art 93 vertretungsberechtig- 24 ten Vertreter, R 76 (1); von der Möglichkeit, eine Vollmacht ausdrücklich anzufordern, macht das HABM im Rahmen der Formalprüfung nach Art 36 keinen Gebrauch.

– Ein Disclaimer hinsichtlich eines Bestandteils der Marke, der nicht als 25 unterscheidungskräftig angesehen wird, wenn die Aufnahme dieses Bestandteils in die Marke zu Zweifeln über den Schutzumfang Anlass geben kann (siehe unter Art 37 Rdn 31–34, 40–42). Offensichtlich eindeutig nicht unterscheidungskräftige oder beschreibende Bestandteile brauchen nicht zum Gegenstand eines Disclaimers gemacht werden.

### 2.3 Verfahren zur Prüfung der Formerfordernisse

Zur Erfüllung der oben genannten formellen Voraussetzungen setzt das Amt 26 dem Anmelder eine Frist von zwei Monaten zur Behebung etwaiger Mängel, R 9 (3) (a), (b). Werden die Mängel nicht fristgemäß beseitigt, so weist das Amt die Anmeldung zurück, Art 36 (4), R 9 (4). Jedoch ist im Falle der Nichteinreichung einer Vollmacht die Rechtsfolge nur, dass das Verfahren mit dem Vertretenen fortgesetzt wird und Handlungen des Vertreters mit Ausnahme der Einreichung der Anmeldung als nicht erfolgt gelten, es sei denn, der Vertretene genehmigt sie (R 76 (4)).

---

22 EuGH C-049/02 vom 24.6.2004 (Nr 34), ABl-HABM 2005, 328 *Heidelberger.*

23 HABM-BK R 1374/2010-2 vom 27.1.2011 (Nr 14) *Jaune et vert.*

### 2.4 Klassengebühren

27  Werden die Klassengebühren (seit 22.10.2005 150 Euro, zuvor 200 Euro für jede über drei hinausgehende Klasse) nicht mit der Anmeldung entrichtet, so fordert das Amt zusammen mit der Mitteilung etwaiger Formmängel auf, diese innerhalb von zwei Monaten zu zahlen, Art 36 (2), R 9 (3) (b). Werden die Klassengebühren nicht fristgerecht in voller Höhe gezahlt, so gilt die Anmeldung für diejenigen Klassen als zurückgenommen, für die die Gebühren nicht gezahlt worden sind (Art 36 (5)). Bei der Bestimmung, für welche Klassen die Anmeldung als zurückgenommen gilt, wird nach den Kriterien der R 9 (5) vorgegangen und in erster Linie dem mit einer Teilzahlung oder in anderer Form geäußerten Willen des Anmelders Rechnung getragen. Liegt keine entsprechende Angabe des Anmelders vor und liegen auch keine anderen Kriterien vor, um zu bestimmen, welche Klassen durch den gezahlten Betrag gedeckt werden sollen, so wird nach der Reihenfolge der Klassen der Klassifikation vorgegangen. Werden beispielsweise die Klassen 1, 2, 3, 4 und 5 beansprucht und werden keine Klassengebühren gezahlt, so gilt die Anmeldung für die Klassen 4 und 5 als zurückgenommen. Die in R 9 (5) als Grundtatbestand vorgesehene vollständige Zurücknahme der Anmeldung tritt nicht ein; vielmehr bleiben mindestens drei Klassen in der Anmeldung enthalten.

28  Ändert sich im Zuge der Klassifizierung die Zahl der gebührenpflichtigen Klassen, so werden gegebenenfalls Klassengebühren nachträglich angefordert oder zurückgezahlt.[24]

### 3  Priorität, Seniorität

29  Wird die Priorität oder Seniorität in Anspruch genommen, so sind entsprechende Angaben zu machen (R 1 (f), (g), (h)) und Nachweise vorzulegen (R 6 und 7 für die Priorität, R 8 für die Seniorität).

30  Bei Nichterfüllung der Erfordernisse für den Prioritäts- oder Senioritätsanspruch sehen jedoch im Unterschied zu den übrigen Formerfordernissen Art 36 (6), (7) und R 9 (6), (7) die Rechtsfolge vor, dass der Prioritäts- oder Senioritätsanspruch für die Anmeldung erlischt.

---

24 Einzelheiten siehe Mitteilung des Präsidenten Nr 5/96 vom 8.8.1996, ABl-HABM 1996, 1460, unter III.2.

### 3.1 Prioritätsanspruch

Es kann die Priorität einer oder mehrer Markenanmeldungen, die in oder 31
(als IR) für einen Mitgliedstaat der PVÜ oder ein Mitglied der WTO eingereicht worden sind, Art 29, oder die Priorität einer Weltausstellung nach
dem Abkommen von 1928, Art 33, beansprucht werden.

Die Prioritätserklärung ist entweder in der Anmeldung oder innerhalb einer 32
Frist von zwei Monaten nach dem Anmeldetag vorzulegen, Art 30, R 6 (2).
Innerhalb von drei Monaten nach Abgabe der Prioritätserklärung muß das
Aktenzeichen der Voranmeldung genannt und (ausgenommen bei Beanspruchung einer GMA als Voranmeldung, R 6 (1) Satz 3) ein Prioritätsbeleg vorgelegt werden. Der Prioritätsbeleg muß in einer der fünf Sprachen des Amtes
vorgelegt oder in sie übersetzt werden (Art 30 Satz 2, R 6 (3)). Statt des Originals des Prioritätsbelegs kann der Anmelder eine unbeglaubigte Kopie des
ihm vorliegenden Prioritätsbelegs einreichen.[25] Bei einer Ausstellungspriorität nach Art 33 ist eine Ausstellungsbescheinigung gemäß R 7 vorzulegen.

Das HABM überprüft das Vorliegen der sachlichen Voraussetzungen eines 33
wirksamen Prioritätsanspruchs: Einreichung der Nachanmeldung innerhalb
einer Frist von sechs Monaten, die Voranmeldung muß die erste Anmeldung
der selben Marke gewesen sein, Identität der Anmelder (gesonderte Übertragung des Prioritätsanspruchs möglich), Identität der Marken, Identität oder
teilweise Identität der Verzeichnisse der Waren und Dienstleistungen. Das
HABM überprüft ferner die formellen Voraussetzungen, dh rechtzeitige Abgabe einer vollständigen Prioritätserklärung und fristgerechte Vorlage der Belege. Erfüllt die Prioritätserklärung diese sachlichen und formellen Voraussetzungen nicht, so ergeht ein Mängelbescheid gemäß R 9 (3) (c). Werden die
Mängel nicht innerhalb der gesetzten Frist von normalerweise zwei Monaten
beseitigt, so erlischt der Prioritätsanspruch (Art 36 (6), R 9 (6)).

### 3.2 Senioritätsanspruch

Die Anmeldung kann ferner den Zeitrang (die Seniorität) einer oder mehre- 34
rer, älterer, nationaler Marken, die in oder für einen Mitgliedstaat registriert
sind, beanspruchen.

---

25 Art 1 des Beschlusses des Präsidenten des Amtes Nr EX-96-3 vom 5.3.1996, ABl-
   HABM 1996, 394; Beschluss Nr EX-03-5 vom 20.1.2003, ABl-HABM 2003,
   868.

35   Die wirksame Beanspruchung der Seniorität hat nach Art 34 (2) die alleinige Wirkung, dass der Inhaber der GM, falls er auf die ältere nationale Marke verzichtet oder sie erlöschen lässt, weiter dieselben Rechte hat, die er gehabt hätte, wenn die ältere Marke weiterhin eingetragen wäre. Die Seniorität hat nicht die Wirkung, dass das Datum der GM für die Bestimmung des Zeitrangs von Rechten auf den Anmelde- oder Prioritätstag der nationalen Marke vorverlegt wird; als älteres Recht ist die nationale Marke gesondert geltend zu machen. Dies bedeutet insbesondere, dass sich der Anmelder der GM im Widerspruchsverfahren gegenüber Zwischenrechten nicht mit dem Datum der älteren nationalen Marke, deren Seniorität er beansprucht hat, verteidigen kann. Aus diesem Grund wird hier der Begriff »Zeitrang«, der an sich das Rangverhältnis von Rechten und den Anmelde- oder Prioritätstag bezeichnet, vermieden zu Gunsten des Begriffs der »Seniorität«, der dem englischen »Seniority« entspricht; am treffendsten erscheint der italienische Begriff »Preesistenza«.

36   Die materiellen Voraussetzungen des Senioritätsanspruchs sind:

37   –   Bestehen einer älteren nationalen Marke. Dies ist nicht der Fall, wenn die GM dasselbe Prioritätsdatum wie die nationale Marke hat;[26]

38   –   Identität der Marken (diese Voraussetzung ist im strikten Sinne zu verstehen);

39   –   Identität der Inhaber (auch diese Voraussetzung ist im strikten Sinne zu verstehen; Konzernzugehörigkeit reicht nicht aus);

40   –   Identität oder Teilidentität des VerzWDL; es reicht aus, wenn sich die Verzeichnisse überlappen.

41   Von diesen drei Voraussetzungen der »dreifachen Identität« prüft das HABM nur die Identität der Marke, da diese durch spätere Rechtsstandsänderungen nicht beeinflusst werden kann; im übrigen prüft das HABM die Vollständigkeit der Senioritätserklärung und das Vorliegen korrekter Unterlagen, aus denen sich das Bestehen eines älteren nationalen Markenrechts ergibt.

42   Der Senioritätsanspruch kann in der Anmeldung oder noch innerhalb einer Frist von zwei Monaten danach erhoben werden; innerhalb einer Frist von drei Monaten nach Abgabe der Senioritätserklärung sind die entsprechenden Angaben und der Nachweis der älteren Eintragung vorzulegen, R 8 (1), (2).

---

26   Von Mühlendahl, ECTA-Newsletter *Seniority*, S 36.

Durch Beschlüsse des Präsidenten[27] hat das HABM von R 8 (4) Gebrauch gemacht und bestimmt, dass als Nachweis der älteren nationalen Marke auch einfache Fotokopien und Datenbankauszüge ausreichen und dass in geeigneten Fällen das HABM die Nachweise auf Webseiten der betr nationalen Ämter selbst ermitteln kann.

Bei mangelnder Identität der nationalen Marke, deren Seniorität bean- **43** sprucht wird, mit der GMA und bei Mängeln der Senioritätserkärung oder der vorgelegten Belege ergeht ein Beanstandungsbescheid gemäß R 9 (3) (d). Werden die Mängel nicht beseitigt, so erlischt der Senioritätsanspuch für die Anmeldung (R 9 (7)). Jedoch kann der Senioritätsanspruch nach der Eintragung gemäß Art 35 und R 28 wiederholt werden, sofern dann die ältere nationale Marke noch eingetragen ist.[28]

Art 37 aF ist in VO (EG) Nr. 207/2009 ersatzlos weggefallen, vgl. auch Konkordanzliste, Anh. 1.1.

## Artikel 37 (ex Artikel 38)  Prüfung auf absolute Eintragungshindernisse

(1) Ist die Marke nach Artikel 7 für alle oder einen Teil der Waren oder Dienstleistungen, für die die Gemeinschaftsmarke angemeldet worden ist, von der Eintragung ausgeschlossen, so wird die Anmeldung für diese Waren oder Dienstleistungen zurückgewiesen.

(2) Enthält die Marke einen Bestandteil, der nicht unterscheidungskräftig ist, und kann die Aufnahme dieses Bestandteils in die Marke zu Zweifeln über den Schutzumfang der Marke Anlaß geben, so kann das Amt als Bedingung für die Eintragung der Marke verlangen, dass der Anmelder erklärt, dass er an dem Bestandteil kein ausschließliches Recht in Anspruch nehmen wird. Diese Erklärung wird mit der Anmeldung oder gegebenenfalls mit der Eintragung der Gemeinschaftsmarke veröffentlicht.

---

27  Beschluss Nr. EX-03-5 vom 20.1.2003, ABl-HABM 868; Beschluss Nr EX-05-5 vom 1.6.2005, ABl-HABM 2005, 1082; Mitteilung Nr. 2/00 vom 25.2.2000, ABl-HABM 2000, 484; RiLi Teil B, 6.3.
28  O'Reilly, Comentarios, S 347.

(3) Die Anmeldung kann nur zurückgewiesen werden, wenn dem Anmelder zuvor Gelegenheit gegeben worden ist, die Anmeldung zurückzunehmen, zu ändern oder eine Stellungnahme einzureichen.

*Schennen*

Literatur:
*Grauel,* Rechtsanwendungsgleichheit beim Markenschutz, in: FS 50 Jahre BPatG, 2011, S 615; *Knitter,* Vertrieben aus dem Paradies, MarkenR 2009, 430; *Niedermann,* Empirische Erkenntnisse zur Verkehrsdurchsetzung, GRUR 2006, 367; *dies,* Surveys as Evidence in Proceedings Before OHIM, IIC 2006, 260; *Niedermann/Schneider,* Der Beitrag der Demoskopie zur Entscheidfindung im schweizerischen Markenrecht, sic 2002, 815; *Ströbele,* Der erforderliche Grad der Verkehrsdurchsetzung, GRUR 2008, 569.

## 1 Allgemeines

1 Diese Bestimmung regelt das Verfahren zur Prüfung auf absolute Eintragungshindernisse sowie die Möglichkeit der Abgabe eines Disclaimers (Schutzverzichts). Sie wird ergänzt durch R 11, der den Inhalt von Art 37 im wesentlichen wiederholt, sowie durch Art 40, der Dritten die Möglichkeit gibt, Bemerkungen gegen die Schutzfähigkeit der GM aus absoluten Gründen vorzubringen. Zu Abs 3 (rechtliches Gehör) siehe unter Art 75 Rdn 30–33.

Die RiLi, Teil B, Abschnitt 7.1 und 7.10[1] enthalten einschlägige Regelun- 2
gen.

Der Disclaimer (Art 37 (2)) steht mit der Prüfung auf absolute Eintragungs- 3
hindernisse nur zeitlich, nicht innerlich in Zusammenhang; weder aus Art 37
noch aus anderen Vorschriften ergibt sich, dass der Disclaimer Einfluss auf
die Prüfung auf absolute Eintragungshindernisse hat. Es handelt sich vielmehr um eine Erklärung, die den Schutzbereich der GM nach ihrer Eintragung bestimmt. Die Reformvorschläge der Kommission sehen vor, die
Disclaimer abzuschaffen. Eine Begründung dafür ist ihnen nicht zu entnehmen.

## 2 Prüfung auf absolute Eintragungshindernisse

Die Prüfung auf absolute Eintragungshindernisse gemäß Art 37 kann zu je- 4
dem Zeitpunkt des Prüfungsverfahrens bis zur Veröffentlichung der GMA
(Art 39) und sogar noch bis zur Eintragung (Art 45)[2] erfolgen; eine bestimmte Prüfungsreihenfolge besteht nicht. Grundsätzlich kann somit die
Prüfung auf absolute Eintragungshindernisse der Formalprüfung voraus-
gehen oder gleichzeitig mit ihr erfolgen. Mit dem seit 2006 geltenden One-
file-one-examiner- System werden die Prüfer angehalten, möglichst alle Prü-
fungsschritte in einem Durchgang vorzunehmen, während bis dahin die
Akte eine starre Reihenfolge mit meistens mehreren involvierten Prüfern
durchlaufen mußte. Allerdings wird die ordnungsgemäße Klassifizierung der
Anmeldung sichergestellt (Art 28), bevor die GMA zur Recherche gesandt
wird, und es wird erst nach Bejahung der Schutzfähigkeit die GMA zu Übersetzung versandt, um Kosten für die Übersetzung von vor der Veröffentlichung zurückgewiesenen Marken zu vermeiden. Die Beanstandungsquote
aus absoluten Eintragungshindernissen liegt bei 7 %.

Wie sich aus Art 37 (3) und R 11 (1) ergibt, hat der Prüfer, wenn er der 5
Meinung ist, der Anmeldung stünden Hindernisse nach Art 7 entgegen, zunächst einen Beanstandungsbescheid zu erlassen. Gemäß R 11 (1), RiLi B
7.1.1 sind alle Beanstandungsgründe im einzelnen aufzuführen; dies ist insbesondere deshalb notwendig, weil einzelne Beanstandungsgründe durch

---

1 RiLi Teil B, Neufassung April 2008, verfügbar unter http://oami.europa.eu/en/
  mark/marque/direc.htm.
2 EuG T-289/02 vom 8.7.2004, ABl-HABM 2004, 1324 (Nr 60) *Telepharmacy Solutions*.

den Nachweis der Verkehrsdurchsetzung ausgeräumt werden können, andere nicht (Art 7 (3)). Sogenannte Stufenbescheide sind unpraktisch. Die Prüfer sind gehalten, alle relevanten Entgegenhaltungen sofort zu zitieren, was nicht ausschließt, nachzubeanstanden, wenn sich im Laufe des Dialogs mit dem Anmelder neue Erkenntnisse und zusätzliche Argumente ergeben.

6 Nach Art 37 (3) dient der Mängelbescheid dazu, dass der Anmelder die GMA zurücknehmen, ändern oder eine Stellungnahme einreichen kann. Dazu wird eine Frist von zwei Monaten gesetzt, die nach R 71 (1) verlängert werden kann. Selten wird erstmaligen Fristverlängerungsanträgen nicht entsprochen. R 11 (3) spricht technisch korrekt davon, dass der Anmelder die beanstandeten Mängel ausräumen muß. Stattdessen kann die GMA zurückgenommen werden, was aber nichts ausräumt, sondern nur einer Zurückweisung zuvorkommt. Ausräumen kann der Anmelder die gerügten Mängel zum einen dadurch, dass er den Prüfer überzeugt, dass der Beanstandungsgrund tatsächlich nicht besteht. Er kann somit eine abweichende tatsächliche oder rechtliche Beurteilung vorschlagen. Die andere Möglichkeit der Ausräumung der Beanstandung besteht darin, das VerzWDL einzuschränken (siehe Art 43 Rdn 4, 16–19), und zwar durch Streichung der Begriffe, für die die Marke beschreibend wäre. Eine Einschränkung konkreter Begriffe auf Waren, die das beschreibende Merkmal nicht aufweisen, ist jedoch nicht zulässig.[3]

7 Der Prüfer hat im Rahmen der Amtsermittlung (Art 76 (1)) dem Vortrag des Anmelders nachzugehen und von Amts wegen auch die für eine Schutzfähigkeit sprechenden Argumente zu berücksichtigen.[4] Deshalb können auch nach Fristablauf eingehende Bemerkungen berücksichtigt werden, sofern die Entscheidung noch nicht ergangen ist.[5]

8 Mehrere Bescheide und Erwiderungen sind nicht ausgeschlossen, sofern dies vom Prüfer für verfahrensförderlich gehalten wird oder gar die Antwort des Anmelders neue Beanstandungsgründe aufwirft. Maßgeblich ist nur der Inhalt der schriftlichen Bescheide des Prüfers, nicht (angebliche) Äußerungen im Rahmen mündlicher Erörterungen, aus denen auch keine Zusage einer Schutzfähigkeit abgeleitet werden kann.[6]

---

3 EuGH C-363/99 vom 12.2.2004, GRUR 2004, 674 (Nr 114) *Postkantoor*.
4 EuG T-299/09 vom 3.2.2011 (Nr 41) *Ginstergelb und silbergrau*.
5 Siehe Schennen, Mitt. 1999, 258, 264.
6 HABM-BK R 2517/2010-1 vom 8.9.2011 (Nr 31) *THE URBAN MARKET COMPANY*.

Beseitigt der Anmelder auf den Beanstandungsbescheid die Mängel oder Zu- 9
rückweisungsgründe nicht, so wird die Anmeldung mit beschwerdefähiger
Entscheidung zurückgewiesen, R 11 (3). Die Entscheidung besteht im wesentlichen aus der Wiederholung der ursprünglichen Beanstandung, der
Erörterung etwaiger Gegenargumente des Anmelders, der Feststellung, dass
die Anmeldung zurückgewiesen wird, und der Rechtsmittelbelehrung (R 52
(2)). Zurückweisungsgrund ist das Vorliegen von Eintragungshindernissen,
nicht die mangelnde Äußerung oder das Nichtausräumen der im Bescheid
aufgeworfenen Bedenken.[7] Der Prüfer kann und muß sogar ggf im Wege
der Amtsermittlung die Beanstandung auch von Amts wegen wieder fallenlassen, wenn sie sich nach erneuter interner Prüfung als unberechtigt erweist
(siehe auch Art 81 Rdn 16),[8] und kann dann ohne weiteres die Eintragung
verfügen, ohne einen begründeten Bescheid über die Schutzfähigkeit erlassen
zu müssen.

Begegnet die Schutzfähigkeit keinen Bedenken oder sind etwaige Beanstan- 10
dungen ausgeräumt, so versendet das HABM, wenn auch die Formalia und
die Klassifizierung in Ordnung sind, seit 2004 eine Vorabmitteilung über
die Schutzfähigkeit (Comfort letter),[9] in der ausgeführt wird, dass nun nur
noch technische Maßnahmen wie Übersetzungen und Recherchen vorbehalten bleiben, in der allerdings auf die Befugnis, noch nachträglich absolute
Eintragungshindernisse aufzugreifen (siehe unten, Rdn 29), ausdrücklich
hingewiesen wird. Seit der inzwischen erreichten drastischen Verkürzung der
Verfahrensdauer dienen diese Schreiben weniger der Transparenz als der Angleichung an das Verfahren bei IR-Marken. Kurz vor der Veröffentlichung
wird der Anmelder noch einmal über das Datum der Veröffentlichung und
die betr Nummer des Blatts für GMn informiert (siehe unter Art 39 Rdn 2).

Der Prüfung auf absolute Eintragungshindernisse geht ein Sprachcheck vo- 11
raus: Für jede der 22 Sprachen der EG wird ermittelt, ob das Markenwort eine semantische Bedeutung hat. Ist dies der Fall, so prüft der Prüfer, ob diese
Bedeutung für das angemeldete VerzWDL einschlägig ist.

Als Eintragungshindernisse gelten beschreibende Begriffe in einer der 22 12
Amtssprachen der EG. Das Eintragungshindernis besteht in den Mitglied-

---

7  HABM-BK R 492/2012-4 vom 6.9.2012 (Nr 7) *BIOARCHIVE*.
8  RiLi Teil B, 7.1.2.
9  Mitteilung Nr 11/04 vom 21.10.2004, ABl-HABM 2005, 194.

staaten, in denen diese Sprache Amtssprache und in denen der angemeldete Begriff vom relevanten Publikum, das diese Sprache versteht, verstanden wird.[10] Umgekehrt formuliert besteht es nicht in den Mitgliedstaaten, für die nicht nachgewiesen werden kann, dass ein großer Teil des Publikums die betr Sprache versteht.[11] Genauer ist aber zu fragen, ob das Publikum die beschreibende Bedeutung des Markenworts versteht, egal, aus welcher Sprache es ursprünglich stammt. Nach langjähriger Praxis des HABM ist »Teil der Gemeinschaft« iSv Art 7 (2) ein Mitgliedstaat, aber nicht ein Teil eines Mitgliedstaats oder eine Sprache, die nur in einem Teil eines Mitgliedstaats gesprochen wird. Das kann nach dem »Espetec«- Urteil[12] so wohl nicht mehr aufrechterhalten werden. Das Urteil gibt aber keinen Anhaltspunkt, auf welche Teile oder Sprachen stattdessen abgestellt werden soll. In concreto war die Zurückweisung eines katalanischen Begriffs für eine Wurstspezialität schon deshalb gerechtfertigt, weil Begriffe aus Regionalsprachen für regionale Spezialitäten nicht dadurch fantasievoll werden, weil es das Produkt in anderen Teilen des Landes nicht gibt (zB Labskaus in Süddeutschland). Der »Espetec«- Fall eignet sich schon deshalb für Verallgemeinerungen nicht, weil der Anmelder der Aussage, dass der Begriff beschreibend ist, gar nicht widersprochen hatte, sondern sich nur formal auf das Fehlen von Wörterbucheinträgen zurückgezogen hatte.[13] Fest steht in jedem Fall, dass ein Wörterbucheintrag hinreichende, aber nicht notwendige Bedingung für die Zurückweisung ist. Weitere Fälle vor dem EuG betrafen die Situation von Türkisch in Bezug auf Zypern und Russisch in Bezug auf Litauen,[14] ohne dass klare Leitlinien erkennbar wurden. Dagegen spricht, dass die Interessen sprachlicher Minderheiten an der ungehinderten beschreibenden Verwendung von Begriffen aus Regional- oder Drittsprachen völlig ausreichend über Art 12 geschützt werden.[15]

---

10  Siehe EuGH C-421/04 vom 9.3.2006, GRUR 2006, 411 *Matratzen II.*

11  EuG T-589/11 vom 20.11.2012 (Nr 36, 45) *Pagine Gialle.*

12  EuG T-072/11 vom 13.9.2012 (Nr 35f) *Espetec.*

13  EuG T-072/11 vom 13.9.2012 (Nr 32) *Espetec.*

14  EuG T-534/10 vom 13.6.2012 (Nr 38, 41) *Hellim/Halloumi*; EuG T-357/10 vom 20.6.2012 (Nr 35f) *Corona/Karuna*; abzulehnen HABM-BK R 935/2009-1 vom 30.9.2010 *OTDYKH LEISURE* (betr Russisch).

15  HABM-BK R 028/2007-4 vom 15.2.2008, Nr 23 *BINA/PINAR*; ebenso BGH GRUR 2004, 947 *Gazoz.*

Fundstellen aus Wörterbüchern[16] oder sonstigen allgemein zugänglichen Li- 13
teraturquellen müssen den Beanstandungsbescheiden nicht beigefügt werden. Alles, was dem Allgemeinwissen entspricht, darf ohne weiteres verwertet
werden. Anders liegt es bei Internet-Fundstellen. Hier besteht die Gefahr,
dass sie sich nicht aufrufen lassen oder ihr genauer Inhalt nachträglich nicht
mehr ermittelbar ist; dann müssen sie dem Anmelder übermittelt werden.[17]
Wikipedia ist notorisch risikobehaftet, doch kann nicht jede Berufung darauf
pauschal als unzulässig angesehen werden; sehr häufig ist ihr Inhalt korrekt
und gibt nur das allgemein Bekannte wieder.[18]

Nachbeanstandungen aufgrund weiterer Zurückweisungsgründe können 14
noch in der Beschwerdeinstanz, überhaupt jederzeit bis zur Eintragung erfolgen.[19] Auch wenn rechtlich einzelne absolute Eintragungshindernisse einander übergeordnet sind in dem Sinne, dass sie die Berufung auf Verkehrsdurchsetzung ausschließen oder schon anwendbar sind, wenn sie nur einen
Teil der Marke betreffen, so wirkt sich dies auf die Reihenfolge, in der sie
zum Gegenstand der Beanstandung werden können, in keiner Weise aus, so
dass Art 7 (1) (e) auch noch nachträglich geprüft werden kann, wenn die
Unterscheidungskraft bereits bejaht wurde.[20] Überhaupt steht bis zur Eintragung nichts einer erstmaligen oder erneuten Beanstandung und Zurückweisung entgegen (siehe Rdn 29).

Vielfach berufen sich Anmelder darauf, dass die selbe Marke für sie zuvor be- 15
reits in Mitgliedstaaten der EG oder in Drittstaaten als Marke eingetragen
worden ist. In der Anfangsphase des HABM und solange es noch keine Rspr
zu absoluten Eintragungshindernissen gab, konnten solche nationalen Voreintragungen für den Prüfer ein Indiz sein, dass absolute Eintragungshindernisse aller Wahrscheinlichkeit nach nicht bestehen, wenn es sich um eine bereits vor Inkrafttreten der GMV geschützte, in zahlreichen Mitgliedstaaten
der EG eingetragene Marke handelt. Dies spielt heute keine Rolle mehr, da
es genügend eigene Praxis des HABM gibt, und so sieht auch die Neufassung
der PrüfRiLi konsequenterweise davon ab, dies als relevanten Faktor darzustellen. Inzwischen orientieren sich auch die Prüfer an der ständigen

---

16  EuG T-470/09 vom 12.7.2012 (Nr 23) *Medi.*
17  EuG T-317/05 vom 7.2.2007, GRUR Int 2007, 330 (Nr 40–44) *Gitarre.*
18  HABM-BK R 242/2012-4 vom 23.7.2012 (Nr 18) *MOBILECLOUD.*
19  EuG T-508/08 vom 6.10.2011 (Nr 33, 37) *Lautsprecher II.*
20  EuG T-508/08 vom 6.10.2011, GRUR Int 2012, 560 (Nr 39, 44) *Lautsprecher II.*

Spruchpraxis der HABM-BKn und der Rspr des EuGH und des EuG. Danach sind die Entscheidungen des HABM zu Art 7 gebundene Entscheidungen, die sich ausschließlich an der GMV in der Auslegung durch den Gemeinschaftsrichter zu orientieren haben und nicht an einer angeblichen oder wirklichen früheren Entscheidungspraxis.[21] Ein Ermessen steht dem Prüfer nicht zu, was automatisch jede Bindung an frühere Entscheidungen unter dem Gesichtspunkt der Selbstbindung der Verwaltung ausschließt. Der EuGH[22] und das EuG[23] lehnen jede Berücksichtigung von Voreintragungen unter dem Gesichtspunkt der Gleichbehandlung ab, da sich niemand auf eine rechtswidrige frühere Praxis berufen kann; entweder waren die geltend gemachten Voreintragungen rechtmäßig und vergleichbar, dann wird auch jetzt eine Schutzfähigkeit festzustellen sein, aber nicht wegen angeblicher Indizwirkung früherer Entscheidungen, oder jene Eintragungen erfolgten zu Unrecht, dann kann sich der Anmelder nun nicht auf sie berufen. Der EuGH behandelt eine deshalb auf den Verstoß gegen den Gleichbehandlungsgrundsatz gestützte Rüge sogar als »offensichtlich« unbegründet.[24] Das EuG verlangt nur, dass das Amt auf die Voreintragungen überhaupt eingegangen ist, jedoch reicht dazu eine pauschale Erörterung aus,[25] und in ständiger Rspr wird unter Hinweis auf die Autonomie des Gemeinschaftsmarkensystems und die Notwendigkeit, dass das Amt und das EuG eine eigene Beurteilung vornehmen muß, jede sachliche Bindungswirkung der Voreintragungen abgelehnt.[26] Noch kategorischer lehnt das EuG die Berücksichtigung ab, wenn die Eintragung aus einem Mitgliedstaat stammt, in dem keine Prüfung auf absolute Eintragungshindernisse vorgenommen wurde, wie zB in Benelux

---

21 EuGH C-037/03 vom 15.9.2005, Slg 2005 I-7975 (Nr 47) *BioID*; EuG T-207/06 vom 14.6.2007 (Nr 40) *Europig*.

22 EuGH C-212/07, Beschluss vom 13.2.2008, MarkenR 2008, 160 (Nr 44) *Hairtransfer*; EuGH C-039/08 vom 12.2.2009, MarkenR 2009, 201 (Nr 14, 18) *Volkshandy*.

23 EuG T-106/00 vom 27.2.2002, ABl-HABM 2002, 1090 (Nr 66–69) *Streamserve*; EuG T-123/04 vom 27.9.2005, GRUR Int 2005, 1023 (Nr 68–70) *Cargo Partner*.

24 EuGH C-212/07, Beschluss vom 13.2.2008 (Nr 44) *Hairtransfer*.

25 EuG T-304/06 vom 9.7.2008, GRUR Int 2009, 410 (Nr 54–56) *Mozart*.

26 EuG T-088/00 vom 7.2.2002, ABl-HABM 2002, 122 (Nr 41) *Taschenlampe*; EuG T-032/00 vom 5.12.2000, ABl-HABM 2001, 608 *Electronica*; EuG T-207/06 vom 14.6.2007 (Nr 42) *Europig*; EuG T-128/07 vom 12.3.2008 (Nr 32) *Delivering the essentials of life*.

vor 1996.[27] Auch Voreintragungen aus den USA oder anderen Nicht-EG-Staaten haben regelmäßig keinen Indizwert, auch nicht für Begriffe aus der engl Sprache.[28] Erst recht haben Voreintragungen aus Mitgliedstaaten mit anderen Sprachen als der, auf die sich die Beanstandung bezieht, keine Bedeutung.[29] Gelegentlich geht das EuG auf die geltend gemachten nationalen Voreintragungen als zu berücksichtigender, jedoch nicht bindender Faktor näher ein, kommt jedoch stets zu dem Ergebnis, dass sie im Einzelfall nicht zu einem für den Anmelder günstigen Ergebnis führen.[30] Diese Linie ist auch durch die EuGH-Rspr zu nationalen Marken zwingend vorgegeben. Der EuGH hat im Postkantoor-Fall[31] und im Henkel-Fall[32] Eintragungen in anderen Mitgliedstaaten B und C jeden Einfluss auf die Schutzfähigkeit im Mitgliedstaat A abgesprochen. Dies gilt für das Verhältnis zwischen nationalen Markensystemen, wobei zu berücksichtigen ist, dass dort unterschiedliche Ergebnisse schon aus unterschiedlichen Sprachen (und unterschiedlichen Bedeutungen der Marke) folgen können; die MarkenRichtl enthält nämlich kein Ge- oder Verbot der Berücksichtigung fremdsprachiger Angaben bei der Prüfung auf beschreibenden Charakter.[33] Der EG-V enthält auch kein allgemeines Gleichbehandlungsprinzip, sondern nur ein Verbot der Diskriminierung zB aus religiösen oder sonst wie sachfremden Gründen.

Erst recht erfolglos bleibt die Berufung auf die Eintragung angeblich ähnlicher Marken durch das HABM, die meist nur einzelne Bestandteile mit dem beanstandeten Zeichen gemein haben. Auch hier gilt um so mehr, dass sich niemand auf eine angeblich günstigere Praxis des Amtes in anderen Fällen berufen kann und niemand einen Anspruch auf Gleichbehandlung im **16**

---

27 EuG T-088/00 vom 7.2.2002, ABl-HABM 2002, 1322 *Taschenlampen*.

28 EuG T-345/99 vom 26.10.2000, ABl-HABM 2001, 448 (Nr 41) *Trustedlink*.

29 EuG T-122/01 vom 3.7.2003, ABl-HABM 2003, 2006 (Nr 41) *Best buy*; abgelehnt auch die Berücksichtigung von Voreintragungen in skandinavischen Staaten für TELEPAELLA, HABM-BK R 054/1998-1 vom 16.6.1998 *TELEPAELLA*.

30 So in EuG T-024/00 vom 31.1.2001, GRUR Int 2001, 332 *Vitalite*; EuG, T-117/00 vom 19.9.2001 (Nr 68) *Waschtablette eckig weiß-grün*.

31 EuGH C-363/99 vom 12.2.2004, GRUR Int 2004, 500 (Nr 43) *Postkantoor*.

32 EuGH C-218/01 vom 12.2.2004, GRUR Int 2004, 500 (Nr 62f) *Henkel*; dazu Ströbele/Hacker, § 8 Rn 46.

33 Zu weitgehend EuGH C-421/04 vom 9.3.2006, GRUR 2006, 411 *Matratzen II*; übrigens anders jetzt die Reformvorschläge der Kommission zur Marken-Richtl.

Unrecht hat.[34] Da die Entscheidungen des Amtes gebundene Entscheidungen sind, ist es auch nicht diskriminierend, wenn die GMA ohne Hinblick auf angeblich ähnliche Marken geprüft wird.[35] Im Gegenteil mag der Verweis auf fast identische GMAen desselben Anmelders höchstens das HABM veranlassen, jene anderen GMAen ebenfalls zu beanstanden, was noch bis zur Eintragung möglich ist.[36] Auch innerhalb desselben Verfahrens greift der Einwand der Inkongruenz, der Prüfer habe die Anmeldung nur teilweise zurückgewiesen, diese Waren seien aber mit den von Prüfer akzeptierten Waren gleich zu behandeln, nicht durch.[37] Deshalb ist jeder Versuchung, quasi nebenbei Werturteile zu diversen anderen GMn, die vom Anmelder angeführt werden, abzugeben, zu widerstehen, denn letztere sind nicht Verfahrensgegenstand.[38] Der Prüfer ist auch weder berechtigt noch verpflichtet, jene anderen geltend gemachten Eintragungen inzidenter mitzuprüfen, zumal er nicht befugt wäre, solchen anderen GMn die Schutzfähigkeit abzusprechen, ohne deren Inhaber anzuhören. Nur zu oft berufen sich Anmelder selektiv auf die für sich günstigsten Fälle, während die Amtspraxis und die Rspr ein anderes Bild ergeben. Es ist dann möglich, dem Hinweis des Anmelders auf 1 Eintragung mit dem Hinweis auf 10 Zurückweisungen oder dem auf 1 EuG-Urteil mit dem auf 5 andere EuG-Urteile zu begegnen, doch notwendig ist dies nicht.[39] Letztlich würde eine Berücksichtigung früherer Eintragungen zu einer völligen Entwertung der Prüfung entgegen den Vorgaben

---

34 EuG T-106/00 vom 27.2.2002, ABl-HABM 2002, 1090 (Nr 66–69) *Streamserve*; EuG T-289/02 vom 8.7.2004, ABl-HABM 2004, 1324 (Nr 59) *Telepharmacy Solutions*.

35 AA soweit ersichtlich nur Keeling, Equal Before the Law?, in: FS für Jacobs, S 283, 294; ähnlich, mit empirischem Ansatz, Kühling, GRUR 2007, 849 (phonetische Ähnlichkeit ist Zufall).

36 EuG T-289/02 vom 8.7.2004, ABl-HABM 2004, 1324 (Nr 60) *Telepharmacy Solutions*.

37 EuG T-108/07 vom 2.4.2008 (Nr 53f) *Steadycontrol*; HABM-BK vom 17.4.2008 R 1804/2007-4 (Nr 14) *MULTINET*. HABM-BK R 2319/2012-4 vom 14.3.2013 (Nr 32) *THE SKY IS THE LIMIT*.

38 EuG T-299/09 vom 3.2.2011 (Nr 41) *Ginstergelb und Silbergrau*; HABM-BK R 010/2013-4 vom 19.4.2013 (Nr 23) *PURE-PROVEN-PERFECT*; Ströbele/Hacker, MarkenG, § 8 Rn 40.

39 HABM-BK R 1936/2012-4 vom 20.3.2013 (Nr 31-34) *PREMIUM CONTACT*; HABM-BK R 1857/2012-4 vom 14.3.2013 (Nr 35) *EXPECT GREAT MEASURES*.

der Rspr[40] führen, weil einseitig nur noch die (Fehl-)Eintragungen den Maßstab abgeben würden.

Im Eintragungsverfahren können nicht alle Weiterungen aus anderen Verfahren berücksichtigt werden. Hinweise auf andere Verfahren können nicht nur in der Form des Hinweises auf Eintragungen daherkommen, auch als Äußerungen des Anmelders oder dritter Markeninhaber zur Schutzfähigkeit in anderen Verfahren. Dagegen ist festzuhalten, dass solche Äußerungen unbeachtlich sind; es gibt also keinen file wrapper estoppel, und Äußerungen des Anmelders im Prüfungsverfahren oder im Verfahren der Prüfung anderer Marken – oder gar in Widerspruchsverfahren in umgekehrter Parteirolle, wenn einem Begriff, der in der Gegenmarke vorkommt, die Kennzeichnungskraft abgesprochen wird – können ihm nicht entgegengehalten werden.[41]

Eine solche Vermischung mit anderen Verfahren lag auch dem Volkshandy-Fall zugrunde, ohne dass das BPatG dies erkannt hatte: Das BPatG störte sich in erster Linie an einem Internum des DPMA, nämlich einer angeblich unzulänglichen Kontrolle der Prüfer durch die Vorgesetzten. Die vom BPatG dem EuGH zur Vorabentscheidung vorgelegte[42] Frage, ob die MarkenRichtl eine Gleichbehandlung der Markenanmelder fordert und eine Verpflichtung zur Einbeziehung von Vorentscheidungen besteht, hat der EuGH wie zu erwarten verneint,[43] und zwar durch Beschluss, was bedeutet, dass der EuGH die Antwort für offensichtlich hielt. Im zu entscheidenden Fall ist das BPatG von der Schutzunfähigkeit der mit zirka 40 bereits eingetragenen Marken angeblich vergleichbaren streitgegenständlichen Marke »Volkshandy« ausgegangen. Mit der Zulassung auch der 41. Marke kann aber das Ziel der Kohärenz nicht erreicht werden, es sei denn der Kohärenz im Irrtum. Das BPatG hat nicht bedacht, dass es mit seiner Entscheidung auf kaltem Wege den 40 bereits eingetragenen Marken die Schutzfähigkeit abgesprochen hat[44] und dass die Verfestigung einer »an sich« unzutreffenden Praxis auf nationaler Ebene notwendigerweise zu einer Disharmonisierung im europäischen Bereich ge-

17

18

---

40 EuGH C-363/99 vom 12.2.2004, GRUR Int 2004, 500 (Nr 123f) *Postkantoor* verlangt eine eingehende und umfassende Prüfung und die Zurückweisung nicht nur der »offensichtlich« schutzunfähigen Marken.

41 HABM-BK R 2322/2012-4 vom 10.4.2013 (Nr 23) *JUKEBOX I.*

42 BPatG GRUR 2008, 164 (Leitsatz auch in BlPMZ 2008, 156).

43 EuGH C-039/08 vom 12.2.2009, MarkenR 2009, 201 (Nr 14, 18) *Volkshandy.*

44 Wie hier auch BPatG MarkenR 2009, 554 *Burg Lissingen* (Leitsatz 5).

genüber den Ämtern führen muß, die die »an sich« richtige Praxis üben. Vielmehr muß die gebotene europäische Harmonisierung durch die Rspr des EuGH und ihm folgend des HABM und der nationalen Gerichte bewirkt werden. Die selektive Rezeption des betr BPatG-Senats[45] im Sinne eines Versuchs, eine Verpflichtung der Berücksichtigung von Voreintragungen über die verfahrensrechtliche Hintertür wiedereinzuführen, ist vom BGH[46] korrigiert worden. Aus Sicht des Gemeinschaftsmarkenrechts (und auch nach Ansicht der anderen Senate des BPatG, die die Frage nicht für vorlagebedürftig oder rechtsbeschwerdefähig erachtet haben und in der Sache so wie HABM und EuGH urteilen[47]) steht fest, dass Anmelder aus Voreintragungen nichts entscheidungsrelevantes herleiten können und entsprechender Vortrag bisher in keinem einzigen Fall zu einer Bejahung der Schutzfähigkeit geführt hat.

19  Umgekehrt sind HABM- und EuG- Entscheidungen nicht bindend für nationale Gerichte, und im Fall einer Abweichung von einer EuG- oder HABM- Vorentscheidung besteht keine Pflicht zur Vorlage an den EuGH, sofern nur die rechtlichen Vorgaben, die EuG und HABM-BKn gegeben haben, eingehalten werden.[48] Der Kläger könnte allenfalls die Beachtung des Gleichbehandlungsgrundsatzes rügen, dieser hat aber den oa eingeschränkten Inhalt, und darüber hinaus stellt sich keine Rechtsfrage.

### 3 Relevanter Zeitpunkt

20  Entgegen dem EuGH-Beschluss »Flugbörse«,[49] der damit eine ständige Praxis des HABM außer Kraft gesetzt hat, ist nach hiesiger Auffassung und im Einklang mit der gefestigten Rechtsauffassung im nationalen Markenrecht[50] relevanter Zeitpunkt für die Prüfung auf absolute Eintragungshindernisse sowohl der Anmeldetag als auch das Datum der Entscheidung. Die Marke muß sowohl zum Anmeldetag als auch noch zum Zeitpunkt der Eintragung,

---

45  BPatG GRUR 2009, 1173 *Freizeit-Rätsel-Woche*; ähnlich Töbelmann, GRUR 2009, 1007.
46  BGH MarkenR 2011, 66 *Freizeit-Rätsel-Woche*.
47  BPatG BlPMZ 2008, 29: keine Gleichheit im Unrecht und kein Recht des Amtes, durch rechtswidrige Praxis gesetzliche Vorgaben zu unterlaufen; BPatG MarkenR 2009, 554 *Burg Lissingen*.
48  BVerfG MarkenR 2009, 159 *Revians/Evian*.
49  EuGH C-332/09, Beschluss vom 23.4.2010 *Flugbörse*.
50  Für DE: Ströbele/Hacker, MarkenG, § 8 Rn 15.

dh der Entscheidung des Prüfers, schutzfähig sein. Für Formerfordernisse der Anmeldung ist das ohnehin unbestritten.

War die Anmeldung zum Anmeldetag schutzunfähig, so ist sie zurückzuwei- 21 sen, sofern nicht vor diesem Zeitpunkt Verkehrsdurchsetzung erworben wurde (siehe unter Rdn 58). Das Prioritätsdatum spielt hierfür keine Rolle, es bestimmt nur den Vorrang von Rechten im Rahmen relativer Eintragungshindernisse (siehe Art 8 (2) (a) und Art 165 (2)).

Alle Eintragungsvoraussetzungen, so auch die Formerfordernisse, müssen 22 zum Zeitpunkt der Eintragung vorliegen. Auch gesetzliche Änderungen (zB mit Auswirkung auf Verkehrsauffassung oder öffentliche Ordnung, Kennzeichnungspflichten) müssen noch bis zur Eintragung berücksichtigt werden. Für neue geographische Herkunftsangaben ergibt sich dies aus dem 2004 geänderten Wortlaut von Art 7 (1) (m), wonach auch erst nach Anmeldetag eingetragene, wiewohl vorher bei der Kommission angemeldete, Herkunftsangaben schädlich sind, Entgegenhaltungen (Internetfundstellen, Fachliteratur) aus der Zeit nach dem Anmeldetag sind uneingeschränkt zu berücksichtigen.

Nach dem »Flugbörse«- Urteil des EuGH[51] sind absolute Eintragungshin- 23 dernisse (andere Voraussetzungen der Eintragung wurden im Urteil nicht behandelt) nur bis zum Anmeldezeitpunkt zugrundezulegen. Das ist mit dem Gesetzeswortlaut nicht zu vereinbaren: Aus Art 52 (1) (a) (»entgegen Art 7 eingetragen«), auch im Zusammenhang mit Art 52 (2) (Zäsurwirkung der Eintragung zugunsten dessen, der vor ihr Verkehrsdurchsetzung erworben hat, und Regelungsbedarf nur für den, der sie danach, aber vor der Entscheidung über den Löschungsantrag erworben hat) ergibt sich, dass der Gegenstand der Anmeldung auch noch zum Zeitpunkt der Eintragung schutzfähig sein muß, dh die Anmeldung zurückgewiesen werden muß, wenn sie zum Zeitpunkt der Prüfung auf absolute Eintragungshindernisse sich als schutzunfähig erweist. Das Amt darf keine Marken eintragen, die sogleich nach Art 52 (1) (a) wieder zu löschen wären, dolo agit qui petit quod statim redditurus est. Das EuG hatte in »Alaska«[52] noch ausdrücklich auf den Eintragungszeitpunkt abgestellt. Noch früher hatte das EuG in »BSS«[53] festgestellt,

---

51  EuGH C-332/09, Beschluss vom 23.4.2010 *Flugbörse*; unter Bestätigung von EuG T-189/07 vom 3.6.2009, MarkenR 2009, 464 (Nr 17–29) *Flugbörse*.
52  EuG T-226/08 vom 8.7.2009 (Nr 28, 33, 36) *Alaska*.
53  EuG T-237/01 vom 5.3.2003, GRUR Int 2003, 751 (Nr 46, 53) *BSS*; bestätigt durch EuGH C-192/03 vom 5.10.2004, Slg 2004 I-8993 (Nr 40–42) *BSS*.

dass die betr Marke zum Anmeldetag verkehrsüblich war, was zur Zurückweisung ausreichte, ohne eine Aussage, zu treffen, ob nach diesem Zeitpunkt liegende Tatsachen nicht relevant seien.

24 In keinem dieser Fälle stand fest, dass es auf die Frage des Zeitpunkts angekommen wäre. Darauf angekommen wäre es nur, wenn sich die Lage des Anmelders im Intervall zwischen Anmeldetag und Tag der Entscheidung (Eintragung) verschlechtert hätte. So behauptete zwar der Anmelder in den Waschtablettenfällen, die Darreichungsform der Tablette sei zum Anmeldezeitpunkt neu und unüblich gewesen; das EuG sah dies aber als irrelevant an, denn den angemeldeten Waschtabletten habe bereits zum Anmeldetag jede Unterscheidungskraft gefehlt.[54]

25 Das EuGH-Urteil »Flugbörse«[55] betrifft direkt nur Art 51 (1), den Zeitpunkt, der im Löschungsverfahren aus absoluten Gründen relevant ist; indirekt, aus der Begründung des Beschlusses, ist aber Art 7 gleichermaßen betroffen. Der EuGH begründet seine Auffassung, es sei allein das Datum der Anmeldung maßgeblich, wie folgt: Erstens wird auf »BSS« verwiesen. Dort ging es aber nur um den entgegengesetzten Fall, dass die Marke schon zur Anmeldung – und erst recht danach – schutzunfähig war. Zweitens meint der EuGH, das Risiko des Verlustes der Eintragungsfähigkeit steige mit der Verfahrensdauer. Dafür gibt es aber keine empirischen Belege, schon gar nicht ist dies dem HABM anzulasten. Drittens meint der EuGH, die Veränderungen der Sachlage nach der Eintragung würden durch die Möglichkeit der Verfallserklärung bei Entwicklung zur Gattungsbezeichnung (Art 51 (1) (b)) hinreichend aufgefangen. Das übersieht, dass auch diese Vorschrift nur auf Entwicklungen nach Eintragung abstellt und auch auf einen seltenen Sonderfall, der Art 7 (1) (d) entspricht, begrenzt ist, mithin gar nicht alle absoluten Eintragungshindernisse abdeckt.

### 4 Teilzurückweisung

26 Besteht das Schutzhindernis nur für einen Teil der Waren oder Dienstleistungen, so ist die GMA nur für diese Waren oder Dienstleistungen zurückzuweisen. Durch Teilung der Anmeldung (Art 44) kann nunmehr der Anmelder, der die Teilzurückweisung anfechten möchte, den nicht beanstandeten Teil zur schnellen Veröffentlichung bringen.

---

54 EuG T-117/00 vom 19.9.2001 (Nr 67) *Waschtablette*.
55 EuGH C-332/09, Beschluss vom 23.4.2010 *Flugbörse*.

Dieser allgemeine Grundsatz des Gemeinschaftsmarkenrechts kommt nicht  27
nur dann zur Anwendung, wenn es sich um ohne weiteres abtrennbare Begriffe oder gar ganze Klassen handelt. Er gilt auch dann, wenn innerhalb
einer Klasse verschiedene Einzelwaren aufgeführt sind (siehe die Fälle »Cine
Action«[56] und »Truckcard«)[57] und auch dann, wenn dies die Umformulierung des VerzWDL oder die Herausnahme einer Einzelware aus einem
Oberbegriff erfordern würde.[58] Die Schutzfähigkeit in Bezug auf das
VerzWDL ist von Amts wegen zu prüfen, ohne dass es für eine Teilzurückweisung einer Einschränkung (Teilzurücknahme), eines entsprechenden
Hilfsantrags oder eines Einverständnisses des Anmelders mit der Neufassung
des VerzWDL bedürfte. Jedoch ist die Anmeldung, wenn sie für einen Teil
der unter einen Oberbegriff fallenden Waren oder Dienstleistungen schutzunfähig ist, ohne weiteres für den gesamten Oberbegriff zurückzuweisen.[59]
Zwar hat das HABM die Verfügungsbefugnis, Begriffe des VerzWDL einzuschränken (zu splitten). Dazu besteht aber regelmäßig kein Anlass, wenn
die Marke für einen Teil der Waren, die unter den Oberbegriff fallen, beschreibend ist. Es ist dann keineswegs Aufgabe des Prüfers, Vorschläge für
ein gewährbares VerzWDL zu machen, sondern Sache des Anmelders, sich
bindend einzuschränken.[60] Zu Hilfsanträgen siehe unter Art 43 Rdn 12.

Der Grundsatz, dass die Eintragungshindernisse für die beanspruchten Wa-  28
ren und Dienstleistungen gesondert zu prüfen sind, findet seine Grenze
darin, dass sich das Amt auf eine globale Begründung für alle betroffenen
Waren oder Dienstleistungen beschränken kann, wenn dasselbe Eintragungshindernis einer Kategorie oder einer Gruppe von Waren oder Dienstleistungen entgegengehalten wird, so dass es auf eine breites Verzeichnis in gleicher
Weise zutrifft.[61] Ob dies zutrifft, hängt von dem Bezug des Eintragungshin-

---

56 EuG T-135/99 vom 31.1.2001, GRUR Int 2001, 556 (Nr 28) *Cine Action*.
57 EuG T-358/00 vom 20.3.2002, ABl-HABM 2002, 2242 (Nr 41) *Truckcard*.
58 Siehe HABM-NA 63 C vom 30.7.2004, *Lego-Baustein*.
59 EuG T-359/99 vom 7.6.2001, GRUR 2001, 835 (Nr 33) *EuroHealth*; EuG
   T-358/00 vom 20.3.2002, ABl-HABM 2002, 2242 (Nr 36) *Truckcard*; EuG
   T-204/04 vom 15.2.2007, GRUR Int 2007, 420 (Nr 36–39) *Hairtransfer*.
60 HABM-BK R 625/2004-4 vom 1.12.2004 (Nr 16) *Bildschirm eines Mobiltele-
   fons*.
61 EuGH C-239/05 vom 15.2.2007, Mitt. 2007, 233 (Nr 37) *The Kitchen Company*; EuG T-207/06 vom 14.6.2007 (Nr 42) *Europig*; EuG T-128/07 vom
   12.3.2008 (Nr 33) *Delivering the essentials of life*.

dernisses zu den Waren ab; viele Angaben sind für alle denkbaren Waren nicht unterscheidungskräftig, wie zB »super« oder »billig«. Verfehlt ist es, dass das EuG[62] hier offenbar auf die Frage abstellt, ob die betr Waren untereinander ähnlich (»heterogen«) sind. Wenn aber eine nach Waren differenzierte Prüfung vorgenommen wird, so kann der Anmelder sich bei einer Teilzurückweisung nicht darauf berufen, der andere Teil sei bereits akzeptiert worden,[63] und im Beschwerdeverfahren darf daraus weder für noch gegen den Anmelder etwas hergeleitet werden.[64]

## 5  Nachträgliche Beanstandung

29  Eine Nachbeanstandung aus absoluten Gründen kann (anders als bei IR-Marken) jederzeit erfolgen, und zwar nicht nur auf Bemerkungen Dritter (Art 40) hin, sondern auch von Amts wegen, und zwar auch noch nach Veröffentlichung der Anmeldung gemäß Art 39, solange die Eintragung noch nicht erfolgt ist.[65] Beruft sich ein Anmelder dann darauf, dass der Prüfer eine frühere identische Anmeldung bereits akzeptiert habe, so riskiert er uU nur, dass auch die frühere Anmeldung nachbeanstandet wird.

## 6  Disclaimer

30  Bei dem Disclaimer handelt es sich gemäß Art 37 (2), R 11 (2) um die Erklärung des Anmelders, dass er an einem Bestandteil der Marke kein ausschließliches Recht in Anspruch nimmt. Ein solcher Disclaimer kann vom Amt verlangt werden, wenn die Aufnahme dieses Bestandteils in die Marke zu Zweifeln über den Schutzumfang Anlass geben würde; er kann auch freiwillig abgegeben werden. Der Disclaimer kann nur für die GMA als ganzes, nicht für einzelne Waren abgegeben werden.[66]

---

62  EuG T-118/06 vom 2.4.2009, GRUR Int 2009, 741 (Nr 28f) *Ultimate fighting championship.*

63  HABM-BK vom 17.4.2008 R 1804/2007-4 (Nr 14) *MULTINET.*

64  HABM-BK vom 21.2.2008 R 1627/2006-4 (Nr 12) *ZWEI.*

65  RiLi Teil B, 9.2; EuG T-289/02 vom 8.7.2004, ABl-HABM 2004, 1324 (Nr 60) *Telepharmacy Solutions.*

66  Unzutreffend HABM-BK R 1809/2008-2 vom 4.11.2009 (Nr 11) *DER KLEINE SCHLEMMER UND SCHLUMMER ATLAS.*

**6.1  Voraussetzungen für den Disclaimer; Beispiele**

Erstens muß es sich um einen Bestandteil der Marke handeln. Nicht möglich  31
ist ein Disclaimer für den einzigen Bestandteil der Marke, dh für die Marke
als Ganzes; nicht möglich ist zB ein Disclaimer für die Form der angemeldeten 3-D-Marke[67] oder für »Oldenburger«, wenn die Marke »Oldenburger«
lautet.[68] Möglich ist ein Disclaimer für mehrere einzelne Bestandteile der
Marke. Bestandteile der Marke sind Worte, selbstständige Bestandteile von
Worten, Farben, Bildelemente oder die dreidimensionale Form der Ware. In
»BABY-DRY« oder »COMPANYLINE« könnten zB Disclaimer abgegeben
werden für BABY und/oder DRY sowie COMPANY und/oder LINE, jedoch
nicht für BABY-DRY oder COMPANYLINE als Ganzes. Kein Disclaimer
ist möglich für eine Kombination von Bestandteilen der Marke.[69] Kein Disclaimer ist möglich für Marken oder beschreibende Begriffe, die sich von
der angemeldeten Marke unterscheiden. Kein Disclaimer ist beispielsweise
möglich für »EXTRA«, wenn die angemeldete Marke »XTRA« lautet. Kein
Disclaimer ist möglich für »Keep your baby dry« oder für »Dry Baby«, wenn
die angemeldete Marke »Baby Dry« lautet. Kein Disclaimer ist möglich für
unterschiedliche Verwendungsformen oder Benutzungsvarianten: Kein Disclaimer ist möglich für die Verwendung von »Oldenburger« in adjektivi-
scher statt substantivischer Form.[70] Kein Disclaimer ist möglich für die
Verwendung einer Marke in einer bestimmten Farbe, wenn die Marke
schwarz-weiß wiedergegeben ist (kein negativer colour claim).

Zweitens muß der Bestandteil nicht unterscheidungskräftig sein. Mit der  32
Aufnahme des Disclaimers ist dem Anmelder im späteren Verfahren somit
die Berufung auf die angebliche Unterscheidungskraft dieses einzelnen Bestandteils abgeschnitten.

Drittens muß die Aufnahme dieses Bestandteils in die Marke zu Zweifeln  33
über deren Schutzumfang Anlass geben. Nach den RiLi[71] ist dies restriktiv

---

67  EuG T-391/07 vom 16.9.2009 (Nr 67) *Griff.*
68  EuG T-295/01 vom 15.10.2003, ABl-HABM 2004, 484 (Nr 64) *Oldenburger.*
69  Verfehlt HABM-BK R 1809/2008-2 vom 4.11.2009 (Nr 11) *DER KLEINE
SCHLEMMER UND SCHLUMMER ATLAS.*
70  Vgl den Sachverhalt in EuG T-295/01 vom 15.10.2003, ABl-HABM 2004,
484 (Nr 58, 64) *Oldenburger.*
71  RiLi Teil B, 7.10.1; ebenso bereits die Fassung von 1996, RiLi Teil B 8.13.1, ABl-
HABM 1996, 1300.

zu handhaben: Ist der Bestandteil offensichtlich nicht unterscheidungskräftig oder gar ein typischer Markenbestandteil oder ein häufig vorkommendes Wort, das bei zahlreichen Marken Verwendung findet, so ist kein Disclaimer notwendig. Auch ist normalerweise eine Wiedergabe der Marke klar;[72] wäre sie es nicht, verstieße die Anmeldung erst recht gegen Art 7 (1) (a). Nach allem wird ein Disclaimer dann in Betracht kommen, wenn der beschreibende Charakter eines bestimmten Bestandteils nicht offensichtlich ist, etwa in einer weniger bekannten Sprache der Gemeinschaft, oder wenn der beschreibende oder nicht unterscheidungskräftige Bestandteil den unterscheidungskräftigen Bestandteil optisch überwiegt. Dies wäre etwa der Fall bei einem Etikett, auf dem ein beschreibender Bestandteil klar hervortritt (besonders im Fall einer geschützten geographischen Herkunftsangabe, deren Schutzunfähigkeit dem Durchschnittsverbraucher nicht offensichtlich sein muß), oder wenn die Form der Ware nach Art 7 (1) (e) Nr 2 (Form, die zur Erreichung einer technischen Wirkung erforderlich ist) ausgeschlossen ist, jedoch die Marke Wortelemente oder Farben enthält, da in diesem Falle die Form der Ware alleine nicht einmal aufgrund von Verkehrsdurchsetzung eingetragen werden könnte; siehe den Fall »Philips/Remington«.[73] Eine Zurückweisung wegen Art 37 (2) wurde von der HABM-BK ausgesprochen im Falle eines Etiketts in Farben mit der nicht unterscheidungskräftigen Zahl 300,[74] weil die Schutzfähigkeit der Farbaufmachung nicht offensichtlich war; der Disclaimer für »300« wurde aber vom Anmelder abgelehnt, weil er damit die auch in parallelen Fällen (anhängig ua T-066/07) disputierte Schutzunfähigkeit dieser Zahl für Rätselhefte (als Bezeichnung der Zahl der enthaltenen Rätsel) zugegeben hätte. Das EuG hat dies bestätigt und sowohl die mangelnde Unterscheidungskraft des zu disclaimenden Bestandteils als auch den Zweifel an dem Schutzumfang der Marke bejaht.[75] In einem weiteren Fall wurde ein Disclaimer von der Kammer verlangt und abgegeben, so dass die Marke akzeptiert werden konnte: Es handelte sich um eine Kombination von zwei Zeichnungen, deren eine die Ware selbst und die andere mehrere Rechtecke zeigte, wobei nicht offensichtlich war, dass diese nicht die Ware oder einen Querschnitt der Ware darstellten.[76]

---

72  EuG T-347/10 vom 19.4.2013 (Nr 24, 48) *Flasche mit reliefartiger Abbildung.*
73  EuGH C-299/99 vom 18.6.2002, ABl-HABM 2002, 2034 *Philips/Remington.*
74  HABM-BK R 1275/2006-4 vom 3.9.2007 (Nr 11–13) *300.*
75  EuG T-425/07 vom 19.11.2009 (Nr 58, 64) *100.*
76  HABM-BK R 1187/2006-4 vom 29.5.2007 (Nr 19) *Kunststoffhohlkammerprofil.*

Art 37 und R 11 sehen nur vor, dass der Disclaimer vom Prüfer verlangt   34
wird, wenn die oben angegebenen Voraussetzungen erfüllt sind. Jedoch kann
der Anmelder den Disclaimer auch freiwillig abgeben, und das Amt akzeptiert den Disclaimer, sofern lediglich die erste Voraussetzung (Vorliegen eines
Markenbestandteils) erfüllt ist. Für die Prüfung des Vorliegens der dritten
Voraussetzung besteht bei einem freiwilligen Disclaimer keine Notwendigkeit. Die Prüfung der zweiten Voraussetzung (mangelnde Unterscheidungskraft des Bestandteils) ist ebenfalls entbehrlich, da der Prüfer keinen Grund
hat, der Behauptung des Anmelders, der Bestandteil sei nicht unterscheidungskräftig, zu widersprechen.

### 6.2 Wirkung des Disclaimers

Entgegen landläufiger Meinung und trotz des Standorts der Bestimmung in   35
Art 37 hat ein Disclaimer keine Auswirkung auf die Schutzfähigkeit der
Marke. Ein Disclaimer kann eine beschreibende oder nicht unterscheidungskräftige Marke nicht schutzfähig machen.[77] Ob ein Disclaimer abgegeben
wird oder nicht, beeinflusst die Schutzfähigkeitsprüfung nicht, so dass sich
nicht anschließend der Anmelder darauf berufen kann, er hätte einen solchen Disclaimer abgegeben können, müssen oder wollen.[78] Der Disclaimer
bewirkt nur, dass feststeht, dass der betr Bestandteil schutzunfähig ist. Bei einer Marke aus mehreren Bestandteilen muß dann der nicht disclaimte Bestandteil selbständig unterscheidungskräftig sein. Ist dies nicht der Fall, so ist
das Angebot eines Disclaimers unbehelflich und kann nichts daran ändern,
dass die Marke als ganze nicht unterscheidungskräftig ist.[79]

Der Disclaimer ist im Prüfungsverfahren – mit anschließenden Beschwerde-   36
verfahren und Verfahren vor dem EuG – also nur insofern beachtlich, als er
dem Anmelder die Berufung auf die angebliche Unterscheidungskraft des betreffenden Markenbestandteils abschneidet. Bei Auseinandersetzungen über
die Schutzfähigkeit aus absoluten Gründen erübrigen sich dann Feststellungen des beschreibenden Charakters des betreffenden Bestandteils. Jedoch ist
es nicht Aufgabe des Disclaimers, eine an sich nicht schutzfähige Marke
schutzfähig zu machen. Dem steht schon entgegen, dass der Bestandteil, der

---

77  Unzutreffend HABM-BK R 1809/2008-2 vom 4.11.2009 (Nr 21f) *DER KLEI-
NE SCHLEMMER UND SCHLUMMER ATLAS.*
78  EuG T-347/10 vom 19.4.2013 (Nr 47, 49) *Flasche mit reliefartiger Abbildung.*
79  EuG T-461/04 vom 20.9.2007 (Nr 64) *Pure Digital.*

Gegenstand des Disclaimers ist, von vornherein nicht unterscheidungskräftig ist bzw so angesehen wird. Die Funktion des Disclaimers liegt gerade umgekehrt darin, dass der Anmelder sich auf die übrigen Markenbestandteile – bzw bei Disclaimern für sämtliche Markenbestandteile für die Art und Weise, in der diese in einer bestimmten Reihenfolge zusammengestellt sind – beruft. Die HABM-BK[80] hat einen Disclaimer für den ersten Bestandteil im Rahmen von Art 7 (1) für unbeachtlich gehalten, da auch der zweite Bestandteil und vor allem die Kombination beschreibend war. Gerade umgekehrt folgt aus dem Disclaimer, dass der Bestandteil für sich nicht schutzfähig ist.

37 Im Widerspruchsverfahren ist beim Zeichenvergleich ein Disclaimer für die ältere Marke (dabei kann es sich auch um eine nationale Marke handeln) in der Weise zu berücksichtigen, dass der betr Bestandteil von Rechts wegen als nicht unterscheidungskräftig angesehen wird. Insoweit bindet der Disclaimer als Bestandteil der Eintragung die Bewertung der Kennzeichnungskraft der älteren Marke im Widerspruchsverfahren.[81] Dem kann nicht entgegengehalten werden, der Disclaimer trete dem Verbraucher nicht gegenüber, denn der Schutzgegenstand wird zunächst immer durch das Register definiert.[82]

38 Ein Disclaimer für die jüngere Marke ist dagegen unbeachtlich, weil
– der Schutzumfang der älteren, nicht der jüngeren Marke in Rede steht, und
– der Inhaber der jüngeren Marke keine Befugnis hat, den Schutzbereich der älteren Marke zu bestimmen.[83]

39 Der Disclaimer ist im Blatt für GMn zu veröffentlichen (R 84 (2) (l), R 85 (2)) und im Register zu veröffentlichen. Er bindet die Beurteilung des Schutzumfangs in allen späteren Verfahren, zB Widerspruchs-, Löschungs- und Verletzungsverfahren. Der Bestandteil, der Gegenstand des Disclaimers

---

80 HABM-BK R 045/1998-1 vom 26.10.1998 *DISPLAYWARE*.
81 HABM-BK R 021/2008-4 vom 6.10.2008 (Nr 20) *JABUBO/FLOR DE SIERRA DE JABUGO*; HABM-BK R 278/2003-2 vom 19.3.2004 (Nr 19–21) *APETITO/APETIT*; RiLi Teil C, Kapitel 2 D. II.
82 So aber HABM-BK R 2499/2010-1 vom 29.3.2012 (Nr 18f) *ACETAT SILICON 101E / 10*; allerdings hätte der zugrundeliegende Disclaimer nie akzeptiert werden dürfen.
83 HABM-BK R 229/2009-2 vom 11.2.2010 (Nr 58) *DOUGHNUT THEATER/DONUT*.

ist, ist somit von Rechts wegen als beschreibend bzw kennzeichnungsschwach zu Grunde zu legen. Ferner kann der Inhaber der GM aus diesem Bestandteil alleine keine Ansprüche herleiten. Dies bedeutet regelmäßig, dass die Annahme einer Verwechslungsgefahr nicht auf die Übereinstimmung in dem Bestandteil, für den der Disclaimer gilt, gestützt werden kann, und zwar ohne dass es bei einer GM noch darauf ankäme, ob der betr Markenbestandteil in allen Sprachen der EG beschreibend wäre, da die GM einheitlich ist (siehe auch unter Art 6 Rdn 16).[84] Sind alle Bestandteile der Marke einzeln Gegenstand des Disclaimers, so bedeutet dies, dass die Schutzfähigkeit nur in der besonderen Art der Zusammenstellung dieser Begriffe liegen kann. Folglich wird der Schutzumfang in diesem Falle auf Marken beschränkt sein, die sämtliche dieser Bestandteile und in exakt der gleichen Reihenfolge enthalten.

### 6.3 Verfahren zur Abgabe des Disclaimers

Ist der Prüfer der Auffassung, dass ein Disclaimer verlangt werden muß, so teilt er dies dem Anmelder mit und fordert ihn auf, die entsprechende Erklärung innerhalb einer Frist von zwei Monaten abzugeben, R 11 (2); RiLi B 7.10.1 und Formschreiben 111. Innerhalb dieser zwei Monate kann der Anmelder die GMA ändern oder eine Stellungnahme einreichen (Art 37 (3)), insbesondere Gründe dafür vorbringen, warum aus seiner Sicht kein Disclaimer nötig sei. Gibt der Anmelder den Disclaimer nicht ab und kann er den Prüfer nicht von der mangelnden Notwendigkeit des Disclaimers überzeugen, so weist der Prüfer die Anmeldung mit Formschreiben 112 zurück, R 11 (3), RiLi B 7.10.2. Bisher sind Disclaimer fast nie vom Prüfer verlangt worden. **40**

R 1 (3) sieht vor, dass die Anmeldung einen Disclaimer enthalten kann. Ein vom Anmelder in der Anmeldung (oder noch während des Prüfungsverfahrens) freiwillig abgegebene Disclaimer wird ohne weiteres akzeptiert (siehe oben, Rdn 34; siehe RiLi (Neufassung Teil B 7.10.3); freiwillig abgegebene Disclaimer sind nicht selten. **41**

Der Disclaimer kann nur während des Prüfungsverfahrens einschließlich eines sich ausschließenden Beschwerdeverfahrens und nicht mehr nach Veröffentlichung der GMV abgegeben werden. Für die Abgabe eines Disclai- **42**

---

84  HABM-BK R 021/2008-4 vom 6.10.2008 (Nr 27) *JABUBO/FLOR DE SIERRA DE JABUGO.*

mers in Widerspruchs- und Löschungsverfahren ist aus einer Reihe von Gründen kein Raum (gesetzlich nicht vorgesehen, Art 37 (2) bindet den Disclaimer an die Prüfung durch den Prüfer, Schutzbereich liegt nicht in der Disposition des Inhabers der GM). Auch im Rahmen des Prüfungsverfahrens kann ein Disclaimer nicht mehr erst vor dem EuG oder dem EuGH abgegeben werden, weil dort die Prüfung auf die Rechtmäßigkeit der Entscheidung der HABM-BK begrenzt ist und erstmals neu vor dem EuG auftretende Tatsachen nicht mehr berücksichtigt werden können.

### 6.4 Verfahren bei nicht abgegebenem Disclaimer

43 Fraglich kann sein, ob sich der Anmelder später darauf berufen kann, der Prüfer habe es unterlassen, einen Disclaimer zu verlangen. Erstens sind bloße Angebote des Anmelders unbeachtlich, solange keine bindende Erklärung, sondern eine bloße Anregung oder Offerte vorliegt. Zweitens hat der Anmelder, der einen Disclaimer nicht selbst erklärt hat, kein Rechtsschutzbedürfnis, den Prüfer einer unterlassenen Beanstandung zu zeihen. Drittens heißt es in Art 37 (2) »kann«, nicht »muß«. Im Ergebnis kann eine Entscheidung des Prüfers oder der HABM-BK nicht mit der Begründung aufgehoben werden, es sei unterlassen worden, vom Anmelder einen Disclaimer zu verlangen.[85] Das »Oldenburger«- Urteil des EuG[86] ist wohl dahin auszulegen, dass Art 37 das Amt nicht verpflichtet, einen Disclaimer zu verlangen.

44 Im übrigen ist das Unterlassen eines Disclaimers in Verfahren wegen der Zurückweisung einer GMA aus absoluten Gründen schon deshalb nicht revisibel, weil ein Disclaimer eine schutzunfähige Marke nicht schutzfähig machen kann (siehe oben, Rdn 35).

### 6.5 Disclaimer im Verhältnis zu nationalen Marken

45 Besondere Probleme stellen sich bei der Behandlung von GM, die einen Disclaimer enthalten, im nationalen Verfahren sowie umgekehrt bei der Behandlung von nationalen Marken, die einen Disclaimer enthalten, im Verfahren vor dem HABM.

---

85 So im Ergebnis EuGH C-212/07 vom 13.2.2008, MarkenR 2008, 160 (Nr 51) *Hairtransfer* – allerdings nach dem im Rechtsmittelverfahren vor dem EuGH eingeschränkten Prüfungsmaßstab.
86 EuG T-295/01 vom 15.10.2003, ABl-HABM 2004, 484 (Nr 64) *Oldenburger*.

Grundsätzlich ist im nationalen Verfahren, in denen eine ältere GM, die ei- **46** nen Disclaimer enthält, gegen eine nationale Marke als älteres Recht geltend gemacht wird, von der Bindungswirkung des Disclaimers auszugehen. Zwar ist der Schutzbereich der GM im nationalen Verfahren nach nationalem Recht zu bestimmen, jedoch ist Art 37 (2) als autonome Regelung der GMV mit Wirkung auch im nationalen Recht anzusehen. Anders ist dies im Falle einer Umwandlung einer GM mit Disclaimer in eine nationale Marke; in diesem Fall wird der Disclaimer von den Ämtern der Mitgliedstaaten grundsätzlich gemäß ihrem nationalen Recht behandelt: dem Disclaimer wird grundsätzlich nur Wirkung beigemessen, wenn das nationale Recht Disclaimer vorsieht; andernfalls führt die Umwandlung in eine nationale Markenanmeldung zum Wegfall des Disclaimers.

Im Widerspruchs- und Löschungsverfahren vor dem HABM, aber auch im **47** Verletzungsverfahren vor einem Gemeinschaftsmarkengericht ist ein Disclaimer einer älteren nationalen Marke, die als älteres Recht gegen eine GMA oder GM geltend gemacht wird, stets zu berücksichtigen, und zwar mit der Wirkung des Art 37 (2), nicht der Wirkung des nationalen Rechts, dh der Bestandteil ist als nicht unterscheidungskräftig anzusehen; siehe oben unter Rdn 37.

## 7 Verkehrsdurchsetzung – Verfahrensfragen

Der Anmelder kann die Beanstandung auch im Rahmen des Art 7 (3) durch **48** den Nachweis der Unterscheidungskraft kraft Benutzung (synonym mit Verkehrsdurchsetzung; engl »acquired distinctiveness«, niederländisch »inburgering«) auszuräumen versuchen.

Die Berufung auf Verkehrsdurchsetzung kann auch hilfsweise erfolgen. Be- **49** ruft sich der Anmelder allein auf Verkehrsdurchsetzung, gibt er also implizit zu, dass keine ursprüngliche Unterscheidungskraft gegeben ist, so ist gleichwohl eine Eintragung auf Grund von Verkehrsdurchsetzung nur zulässig, wenn die Eintragbarkeit auf Grund ursprünglicher Unterscheidungskraft verneint wird, und zuerst die ursprüngliche Unterscheidungskraft zu prüfen[87] und erst in eine Prüfung von Art 7 (3) GMV einzutreten, wenn diese ver-

---

[87] EuG T-072/11 vom 13.9.2012 (Nr 44f) *Espetec*; HABM-BK R 667/2005–G vom 7.6.2007 (Nr 11, 15) *CARDIOLOGY UPDATE*.

neint wird,[88] denn eine Eintragung auf Grund Verkehrsdurchsetzung ist nur bei fehlender ursprünglicher Unterscheidungskraft zulässig, beides sind eigenständige, voneinander unabhängig zu untersuchende Rechtsfragen.[89] Darüber kann gesondert, selbständig beschwerdefähig (Art 58 (2)), entschieden werden. Die Ablehnung einer gesonderten Zwischenentscheidung ist aber meistens praktisch, in jedem Fall rechtmäßig.[90]

50 Die Berufung auf Verkehrsdurchsetzung kann zu jedem Zeitpunkt des Verfahrens vor dem Amt, auch noch in der Beschwerdeinstanz,[91] erfolgen. Allerdings kann eine Berufung, die vermeidbar spät erfolgte, dh zumutbarerweise viel früher hätte erfolgen können, ggf nach Art 76 (2) als verspätet zurückgewiesen werden.

51 Hat sich die Anmelderin nicht ausdrücklich auf Verkehrsdurchsetzung berufen, ist das HABM nicht verpflichtet, von Amts wegen deren Vorliegen zu prüfen.[92] Die Berufung muß ausdrücklich erfolgen. Der bloße Hinweis auf die eigene Benutzung als Marke ist keine solche ausdrückliche Berufung, sondern zunächst nur als Vortrag zur Stützung der ursprünglichen Unterscheidungskraft zu werten. Zwar muß nicht ausdrücklich Art 7 (3) genannt werden, wohl aber muß zumindest klar zum Ausdruck kommen, dass die Marke nicht nur benutzt wurde, sondern auch infolge dieser Benutzung unterscheidungskräftig geworden sein soll.[93]

52 Die Berufung auf Verkehrsdurchsetzung löst keine Hinweis- oder Ermittlungspflichten des Amtes aus.[94] Es ist allein Sache des Anmelders, die entsprechenden Tatsachen nicht nur zu behaupten, sondern auch nachzuweisen.[95] Zwar kann der Prüfer Fristen zur Nachreichung von Beweismitteln setzen, doch generiert die bloße Ankündigung, Nachweise nachreichen zu

88 HABM-BK R 150/2008-4 vom 2.4.2008 (Nr 10) *Gelb/Schwarz.*
89 EuG T-253/09 vom 9.12.2010 (Nr 49) *Facettiertes Gehäuse eines Elektromotors.*
90 HABM-BK R 915/2008-1 vom 28.1.2009 (Nr 57, 65) *Shape of a triangle.*
91 EuG T-163/98 vom 8.7.1999, GRUR Int 1999, 1060 (Nr 43) *Baby-Dry.*
92 EuG T-253/09 vom 9.12.2010 (Nr 49) *Facettiertes Gehäuse eines Elektromotors.*
93 HABM-BK R 1032/2006-4 vom 21.3.2007 (Nr 27) *Farbmarke Rot.*
94 EuG T-071/06 vom 15.11.2007 (Nr 35, 42) *Windenergiekonverter.*
95 EuG T-016/02 vom 3.12.2003, GRUR Int 2004, 328 (Nr 67) *TDI*; EuG T-247/01 vom 12.2.2002, MarkenR 2003, 82 (Nr 47f) *Ecopy*; EuG T-028/08 vom 8.7.2009 (Nr 87f) *Bounty-Riegel.*

wollen, keinen Anspruch auf Einräumung entsprechender Fristen. Es reicht nicht, entsprechende Nachweise immer nur anzukündigen. Spätestens in der Beschwerdeinstanz kommt eine Zurückverweisung an den Prüfer wegen bloß angekündigter Vorlage von Benutzungsnachweisen nicht mehr in Betracht[96] und verbietet sich die Einräumung zusätzlicher Fristen für die erstmalige Vorlage von Durchsetzungsnachweisen, die mithin spätestens mit der Beschwerdebegründung vorzulegen sind.[97] Das Baby-Dry-Urteil[98] unterließ es,zwischen korrekter Berufung auf Verkehrsdurchsetzung durch Vorlage von Nachweisen und bloßer Ankündigung entsprechenden Vortrags zu unterscheiden.

UU sind mehrere Schriftwechsel zwischen Prüfer und Anmelder sinnvoll. **53** Ein wesentlicher Unterschied besteht zur deutschen Praxis: Der HABM-Prüfer gibt niemals eigene Vorgaben; weder werden eigene Nachforschungen angestellt, noch können Meinungsumfragen-Fragestellungen vorabgestimmt werden.[99] Die Nachweise zusammenzustellen, ist allein Sache des Anmelders. Hinweise des Prüfers, es komme die eine oder andere Form des Nachweises in Frage, sind niemals bindend und können nicht als Zusage interpretiert werden, dass bei entsprechender Vorlage die Berufung akzeptiert werde;[100] die Würdigung der Unterlagen bleibt allein der Endentscheidung vorbehalten.

Die Art der Nachweise steht dem Anmelder frei; eine Festlegung zB nur auf **54** Meinungsumfragen besteht nicht. Es ist nicht zu beanstanden, wenn für einige Mitgliedstaaten Umfragen, für andere Stellungnahmen von Fachverbänden oder andere Nachweise vorgelegt werden.[101] Wenn der EuGH ausführt, dass bei Art 7 (3) der von der Marke gehaltene Marktanteil, die Intensität, die geographische Verbreitung und die Dauer der Benutzung dieser Marke, der Werbeaufwand des Unternehmens für die Marke, der Teil der beteiligten Verkehrskreise, der die Ware aufgrund der Marke als von einem bestimmten Unternehmen stammend erkennt, sowie Erklärungen von Industrie- und

---

96  HABM-BK R 348/2006-4 vom 5.9.2006 (Nr 20) *Shape of engine.*
97  HABM-BK R 915/2008-1 vom 28.1.2009 (Nr 75–80) *Shape of a triangle.*
98  EuG T-163/98 vom 8.7.1999, GRUR Int 1999, 1060 (Nr 34, 44) *Baby-Dry.*
99  Siehe zur Praxis vor dem DPMA: Ströbele/Hacker, § 8 Rn 433.
100 EuG T-016/02 vom 3.12.2003, GRUR Int 2004, 328 (Nr 77ff) *TDI.*
101 EuG T-137/08 vom 28.10.2009, GRUR Int 2010, 153 (Nr 39, 41) *Grün-gelb* mit umfangreicher Beweiswürdigung getrennt nach Mitgliedstaaten.

Handelskammern oder von anderen Berufsverbänden berücksichtigt werden können, zu berücksichtigen sind,[102] so vermischt dies Beweisgegenstand und Beweismittel.

55 Als Beweismittel kommen somit Meinungsumfragen anerkannter Institute,[103] Nachweise von Umsatzzahlen und Werbeaufwendungen, Erklärungen von Berufsverbänden, Verbraucherverbänden und Handelskammern, Kataloge, Berichte über Medienecho, Nachweise erfolgreicher Durchsetzung und Nachweise nationaler Eintragungen qua Verkehrsdurchsetzung in Frage.[104] Eine Hierarchie der Beweismittel besteht nicht.[105] Wohl aber mögen bloße Umsatzzahlen nicht unbedingt Rückschlüsse auf die Verbraucherwahrnehmung erlauben. In jedem Fall müssen die Nachweise sich auf die Wahrnehmung durch das Publikum als Marke beziehen. Bei Monopolsituationen mag es einfacher sein, diesen Nachweis zu führen, doch reicht der Nachweis eines Monopols für sich nicht aus, und das Zeichen muß auch als Marke benutzt worden sein.[106] Bloß firmen- oder konzerninterne Benutzungshandlungen, Kapitalbeteilungen usw sind nicht relevant.[107]

56 Handelt es sich um eine Ware, die gewöhnlich mit einer Wort- oder Bildmarke versehen ist, und soll die Verkehrsdurchsetzung für eine Farbe, Warenform oder Warengestaltung als solche nachgewiesen werden, so ist nicht einmal der bloße Nachweis von Umsatzzahlen oder die Vorlage von Werbematerialien, die die Ware mit einer Wort- oder Bildmarke versehen zeigen, ausreichend, sondern es ist darüber hinaus noch konkret nachzuweisen, dass infolge der Benutzung die Verbraucher gerade auch die Warenform oder Far-

---

102 EuGH C-108/97 vom 4.5.1999, GRUR 1999, 723 (Nr 51) *Chiemsee*; EuGH C-299/99 vom 18.6.2002, ABl-HABM 2002, 2034 (Nr 59f) *Philips/Remington*.

103 EuG T-072/11 vom 13.9.2012 (Nr 74-81) *Espetec*; zögernd noch EuGH C-108/97 vom 4.5.1999, GRUR 1999, 723 (Nr 53) *Chiemsee*: »nicht verboten«.

104 RiLi Teil B, 7.9.

105 EuGH C-108/97 vom 4.5.1999, GRUR 1999, 723 (Nr 48, 52) *Chiemsee*.

106 EuGH C-299/99, vom 18.6.2002 (Nr 65) *Philips/Remington*; HABM-BK R 822/2008-5 vom 24.3.2009 (Nr 27) *CHARTERED DIRECTOR*.

107 EuG T-007/10 vom 17.5.2011 (Nr 62, 78) *Ygeia*.

be für sich als Marke wahrnehmen.[108] Das kann de facto auf keinem anderen Wege als durch eine Meinungsumfrage erreicht werden.[109]

Das Chiemsee-Urteil[110] hat es abgelehnt, gemäß deutscher Praxis feste Prozentzahlen zugrundezulegen. Das muß relativiert werden. Wenn Meinungsumfragen vorgelegt werden, so muß auf jeden Fall ein Zuordnungsgrad von 50 % erreicht sein, da andernfalls die Mehrheit der Verbraucher das Zeichen nicht als Marke ansieht. Beispielsweise reichte ein Zuordnungsgrad von 37 % nicht aus, weil dann über 60 % das Zeichen nicht als Marke auffassen.[111] Es können auch nicht zB für Farbmarken höhere Prozentsätze verlangt werden.[112] Die Rspr des BGH, bei glatt beschreibenden oder generischen Angaben eine »einhellige« Durchsetzung von 80 % zu fordern,[113] ist auch in der deutschen Rspr umstritten;[114] sie findet jedenfalls in der Praxis des HABM und der Rspr des EuG keine Entsprechung. Wie auch zur BGH-Rspr schon kritisch angemerkt wurde,[115] ergeben sich die notwendigen Korrekturen von selbst dadurch, dass je weniger ein Zeichen von Dritten benutzt oder benötigt wird, es um so leichter sein wird, empirisch eine Durchsetzung zugunsten des Anmelders nachzuweisen und umgekehrt bei klar beschreibenden Angaben eine langfristige und intensive Benutzung nachzuweisen ist;[116] bei Bezeichnungen, die den Gegenstand der Ware oder Dienstleistung betreffen und für die ein Ex-Monopolist die zeitliche Verlängerung des Monopols er-

57

---

108 EuG T-141/06 vom 12.9.2007 (Nr 41) *Glaverbel II*; EuG T-263/04 vom 15.12.2005, GRUR Int 2006, 315 (Nr 77) *Bic-Feuerzeug*; HABM-BK R 150/2008-4 vom 2.4.2008 (Nr 32) *Gelb/Schwarz*; HABM-BK R 1032/2006-4 vom 21.3.2007 (Nr 32) *Farbmarke Rot*.

109 So auch Ströbele, GRUR 2008, 569, 571.

110 EuGH C-108/97 vom 4.5.1999, GRUR 1999, 723 (Nr 48, 52) *Chiemsee*.

111 EuG T-072/11 vom 13.9.2012 (Nr 78) *Espetec*.

112 So ist wohl EuG T-137/08 vom 28.10.2009, GRUR Int 2010, 153 (Nr 28) *Grün-gelb* zu verstehen.

113 BGH GRUR 1991, 863 *Avon*; BGH GRUR 2006, 760 *Lotto*; BGH MarkenR 2009, 455 (Nr 24) *Kinder III*; dazu kritisch (wie hier) Ströbele/Hacker, MarkenG, § 8 Rn 517.

114 Dagegen zB: BPatG GRUR 2007, 593 *Ristorante*; Ströbele, GRUR 2008, 569, 571.

115 Ströbele, GRUR 2008, 569, 572.

116 So schon EuGH C-108/97 vom 4.5.1999, GRUR 1999, 723 (Nr 50) *Chiemsee*.

strebt,[117] wird sich kaum eine geeignete Fragestellung finden lassen,[118] weil man bei einem bestehenden Monopol nur hypothetischen Wettbewerb abfragen kann. Wird das Zeichen als Herkunftshinweis erkannt, so ist damit gleichzeitig gesagt, dass es als Marke (sei es auch als Teil einer kombinierten Marke) aufgefasst wird,[119] denn Herkunftsfunktion und Markenbegriff fallen für den EuGH zusammen;[120] gesonderte Fragen in diese Richtung verbieten sich, weil das, was eine Marke ausmacht, eine rechtliche Bewertung darstellt.[121] Dagegen ist dem Chiemsee-Urteil in folgenden beiden Punkten zu folgen: Es besteht keine Verpflichtung, Meinungsumfragen vorzulegen; dem Anmelder steht es frei, den Nachweis mit den ihm zur Verfügung stehenden Beweismitteln ad libitum zu führen. Auch kann der Durchsetzungsgrad nicht vom Ausmaß eines Freihaltebedürfnisses abhängig gemacht werden.

58  Nach ständiger Rspr, die vom EuGH[122] bestätigt wurde, muß die Verkehrsdurchsetzung bereits zum Anmeldetag erreicht worden sein,[123] da andernfalls der Anmelder eine ihm nicht zustehende Prioritätsverschiebung erwürbe. Der EuGH leitet dieses Ergebnis schon aus dem Wortlaut von Art 7 (3) und der entsprechenden Vorschrift der MarkenRichtl ab.

59  Die Verkehrsdurchsetzung ist für diejenigen Teile (Gebiete) der Gemeinschaft nachzuweisen, in denen das Eintragungshindernis besteht.[124] Bei Wortmarken sind dies die Mitgliedstaaten, in denen die betr Sprache Amtssprache ist[125] und außerdem die Mitgliedstaaten, in denen der betr Begriff

---

117  Siehe BPatG GRUR 2007, 714 *Post*; dazu Grabrucker/Fink, GRUR 2008, 371, 383.

118  Knitter, MarkenR 2009, 430, 434.

119  Vgl EuG T-072/11 vom 13.9.2012 (Nr 65) *Espetec*.

120  EuGH C-024/05 vom 22.6.2006, GRUR Int 2006, 842 (Nr 61) *Karamellbonbon*.

121  So auch BPatG GRUR 2008, 420 *Rocher-Kugel*.

122  EuGH C-542/07 vom 11.6.2009, MarkenR 2009, 365 (Nr 42, 52) *Pure Digital*.

123  EuG T-247/01 vom 12.12.2002, MarkenR 2003, 82 (Nr 36) *Ecopy*; EuG T-263/04 vom 15.12.2005, GRUR Int 2006, 315 (Nr 66) *Bic-Feuerzeug*; EuG T-289/08 vom 11.2.2010, GRUR Int 2010, 520 (Nr 60) *BKK*; HABM-BK R 595/2007-4 vom 22.10.2007 (Nr 24) *Bianchi-Grün*.

124  EuG T-007/10 vom 17.5.2011 (Nr 41) *Ygeia*.

125  EuGH C-108/05 vom 7.9.2006, MarkenR 2006, 388 (Nr 26) *Europolis*; EuG T-091/01 vom 30.3.2000, MarkenR 2000, 150 (Nr 27) *Options*.

in seiner Bedeutung verstanden wird.[126] Bei Marken ohne semantische Bedeutung (Farben, 3-D, Bildmarken) besteht das Eintragungshindernis in der gesamten Gemeinschaft.[127] Nur rein theoretisch ließen sich Ausnahmen auf Grund unterschiedlicher Marktverhältnisse denken.

Durch die Rspr ist nun geklärt, dass die Durchsetzung in allen Mitgliedstaaten, in denen das Eintragungshindernis besteht, nachzuweisen ist und keine Mitgliedstaaten beiseitegelassen werden dürfen.[128] Gelingt dieser Nachweis auch für einen Mitgliedstaat nicht, so verbleibt ein Mitgliedstaat, in Bezug auf den die GM nach Art 7 (1), (2) nicht schutzfähig ist und in dem die Eintragung derselben Marke als nationale Marke ausgeschlossen wäre;[129] das würde den Wettbewerb in dem betr Mitgliedstaat negativ beeinträchtigen, so dass die genannte Regel die konsequente Folge des Grundsatzes der Einheitlichkeit der GM und des Art 7 (2) ist.[130] Wenn eine Marke zB zurückzuweisen ist, wenn sie auf Litauisch beschreibend ist, dann auch, wenn sie (wie eine Farbe oder 3-D-Form) insgesamt nicht unterscheidungskräftig ist und in Litauen nicht iSv Art 7 (3) benutzt wurde. Es ist daher zunächst nach Mitgliedstaaten vorzugehen, und es dürfen nicht einfach Bevölkerungszahlen von Mitgliedstaaten gegeneinandergerechnet werden.[131] Es wäre völlig abwegig, hier die Bevölkerungszahlen der großen Mitgliedstaaten gegen die der kleinen Staaten zu rechnen, was sogar die Mehrheit der Mitgliedstaaten mar-  **60**

---

126 HABM-BK R 1453/2007-4 vom 8.9.2008 (Nr 21) *UNIVERSAL LASER SYSTEMS*; implizit geht EuG T-589/11 vom 20.11.2012 (Nr 24, 39, 46) *Pagine Gialle* davon aus, daß Durchsetzung für einen italienischen Ausdruck auch nur für Italien nachzuweisen war.

127 EuG T-141/06 vom 12.9.2007 (Nr 41) *Glaverbel II*; EuG T-071/06 vom 15.11.2007 (Nr 44) *Windenergiekonverter*; EuG T-028/08 vom 8.7.2009 (Nr 47) *Bounty-Riegel*; HABM-BK R 595/2007-4 vom 22.10.2007 (Nr 24) *Bianchi-Grün*; HABM-BK R 1675/2008-4 vom 21.4.2009 (Nr 32) *Farbmarke Opal-grün*.

128 EuGH C-025/05 vom 22.6.2006, GRUR Int 2006, 846 (Nr 83) *Bonbonverpackung*; EuG T-141/06 vom 12.9.2007 (Nr 40) *Glaverbel II*; EuG T-028/08 vom 8.7.2009 (Nr 48) *Bounty-Riegel*; EuG T-418/10 vom 6.7.2011, MarkenR 2011, 353 (Nr 47) *TDI III*.

129 EuG T-418/10 vom 6.7.2011, MarkenR 2011, 353 (Nr 57) *TDI III*.

130 EuG T-007/10 vom 17.5.2011 (Nr 51f) *Ygeia*.

131 HABM-BK R 233/2009-4 vom 1.7.2009 (Nr 23) *Farbmarke Orange*.

ginalisieren würde.[132] Soweit erste Urteile von einem »wesentlichen Teil« der Gemeinschaft«[133] sprachen, meinte dies einen erheblichen Teil der maßgeblichen Verkehrskreise in der Gemeinschaft[134] oder in dem betr Sprachgebiet[135] und nicht einen (wesentlichen) Teil aller Mitgliedstaaten. Das EuG hat dargelegt, daß die Formulierung »wesentlicher Teil der Gemeinschaft« für andere Bestimmungen der GMV relevant ist, aber kein Kriterium nach Art 7 (3) darstellt.[136] Für alle Mitgliedstaaten, in denen das Eintragungshindernis besteht, ist zumindest nachzuweisen, daß überhaupt benutzt wurde. Dazu müssen die Umsatzangaben nach Mitgliedstaaten aufgeschlüsselt werden, da Angaben wie »Skandinavien« oder »Osteuropa« nur einen Teil oder gar keinen (Norwegen, Russland) relevanten Staat meinen können.[137] Das Fehlen solcher konkreter Angaben je Mitgliedstaat zieht ohne weiteres die Ablehnung der Durchsetzung nach sich. Soweit die Benutzung nachgewiesen wurde, ist davon auszugehen, dass eine gleichmäßige Intensität einer Markenbenutzung europaübergreifend nicht möglich ist. Die Frage ist, ob hierzu statt einer mitgliedstaatbezogenen Betrachtung eine Betrachtung nach Märkten[138] (so die RiLi) statthaft ist und ob Ergebnisse aus einzelnen Mitgliedstaaten auf andere extrapoliert werden können. Die Betrachtung nach Märkten führt letztlich zu keinen anderen Ergebnissen, da gemeinschaftsweit benutzt worden sein muß. Sie wird die Betrachtung getrennt nach Mitgliedstaaten wohl nur dann sinnvoll ergänzen oder gar ersetzen können, wenn ein definierbarer EG-weiter Markt existiert, auf dem der Anmelder Marktführerschaft nachweisen kann.[139] Die Extrapolierung von Umfrageergebnissen ist möglich, wenn auch der Umfang der Benutzung nachgewiesen wurde und wenn die Benutzung in den anderen Mitgliedstaaten mengenmäßig der Benutzung in dem Mitgliedstaat, in dem Umfrageergebnisse Durchsetzung

---

132  So aber jüngst HABM-BK R 513/2011-2 vom 11.12.2012 (Nr 71, 79) *Chocolate bar* mit unverständlichen Berechnungen.

133  So EuG T-091/01 vom 30.3.2000, MarkenR 2000, 150 (Nr 27) *Options*.

134  EuG T-207/06 vom 14.6.2007 (Nr 55) *Europig*.

135  EuGH vom 7.9.2006, MarkenR 2006, 388 (Nr 27) *Europolis*.

136  EuG T-418/10 vom 6.7.2011, MarkenR 2011, 353 (Nr 55ff) *TDI III*.

137  HABM-BK R 417/2007-4 vom 26.2.2009 (Nr 50) *Schreibgerät*.

138  So die PrüfRiLi Teil B, 7.9.

139  Abgelehnt in: EuG T-016/02 vom 3.12.2003, GRUR Int 2004, 328 (Nr 66) *TDI*.

nachgewiesen haben, entspricht.[140] Dies gilt allerdings nicht, wenn die betr Marktanteile nicht miteinander vergleichbar und überdies sehr gering sind und erst recht nicht, wenn schon die vorgelegten Umfragen keine einheitlichen Werte ergeben.[141] Erneut mißverstanden wurde nun eine Randbemerkung des EuGH im Fall »Goldhase«. Wörtlich hatte der EuGH zunächst das EuG bestätigt:[142] »... ist das Gericht zu dem Ergebnis gelangt, dass die angemeldete Marke in der gesamten Union Unterscheidungskraft durch Benutzung erlangt haben müsse. Dem haftet kein Rechtsfehler an« und fuhr fort: »Zum Vorbringen der Rechtsmittelführerin, daß aufgrund der Einheitlichkeit der GM ... nicht auf die einzelnen nationalen Märkte abzustellen sei, ist festzustellen, daß zwar der infolge Benutzung erfolgte Erwerb von Unterscheidungskraft durch eine Marke für den Teil der Union nachgewiesen werden muß, in dem die Marke keine originäre Unterscheidungskraft besaß, es aber zu weit ginge (im engl »unreasonable«), zu verlangen, daß der Nachweis eines solchen Erwerbs für jeden Mitgliedstaat einzeln erbracht werden muß«. Daraus kann beim besten Willen nicht herausgelesen werden, daß nun der Nachweis für einen Teil der Mitgliedstaaten unnötig sei, sondern allenfalls, daß dem Anmelder nicht eine bestimmte Art des Nachweises (zB von vornherein nach Mitgliedstaaten getrennt) vorgeschrieben werden kann (siehe oben, Rdn 54), sondern die Möglichkeit des Nachweises »nach Märkten« offenstehen muß, zumal der EuGH doch gerade das EuG in der Forderung nach Nachweis für die ganze EU (dh alle Mitgliedstaaten) bestätigt hat. Man kann daraus allenfalls eine Ermunterung ableiten, de-minimis-Ausnahmen für sehr kleine Mitgliedstaaten wie Malta zu bejahen.

Umfragen können nur berücksichtigt werden, wenn sie von anerkannten Instituten nach anerkannten demoskopischen Grundsätzen erstellt wurden, wenn die Kriterien zur Ermittlung des Befragtenkreises und die gestellten Fragen offengelegt werden und wenn das Gutachten vollständig übermittelt wird.[143] Telefonische Umfragen, Umfragen bei willkürlich ausgewählten **61**

---

140  HABM-BK R 001/2005-4 vom 11.1.2006 (Nr 37) *Hilti-Koffer*; PrüfRiLi Teil B, 7.9.

141  EuG T-028/08 vom 8.7.2009 (Nr 56–59) *Bounty-Riegel*.

142  EuGH C-098/11 vom 24.5.2012, GRUR Int 2012, 637 (Nr 61f) *Schokoladenhase mit rotem Band*.

143  Grundsätzlich: HABM-BK R 496/2003-4 vom 22.3.2005 (Nr 29) *9 TELECOM/TELEKOM*; HABM-BK R 001/2005-4 vom 11.1.2006 (Nr 32) *Hilti-Koffer*; Niedermann/Schneider, sic 2002, 815.

Einzelpersonen und Ergebnisse ohne Mitteilung der Methodik und der Fragestellungen sind wertlos.[144] Wahllos Einzelpersonen zu befragen, ist keine Meinungsumfrage. Korrekt durchgeführte Umfragen sind aber sehr wertvolle Beweismittel[145] und sollten nicht deshalb negativ beäugt werden, weil in einigen Mitgliedstaaten keine Tradition anerkannter demoskopischer Institute besteht.[146] Zugunsten des Anmelders zu berücksichtigen ist der Prozentsatz derjenigen, die die angemeldete Bezeichnung erstens überhaupt kennen und zweitens auch als Hinweis auf ein (einziges!) Unternehmen auffassen.[147] Davon sind die Fehlzuordnungen abzuziehen;[148] je höher diese, desto unklarer und widersprüchlicher die Verbraucherauffassung. Nicht nennen müssen die Befragten, welches Unternehmen hinter der Marke steht.[149] Über die Identität des Markenbenutzers muß der Verbraucher keine Vorstellung haben. Ordnet er das Zeichen mehreren Unternehmen zu, so ist dies als Negativantwort zu werten, da das Zeichen für den Anmelder und nur für diesen durchgesetzt sein muß.

62   Ergebnisse aus der Zeit nach dem Anmeldetag können berücksichtigt werden, wenn sie den Schluss auf die Situation davor zulassen, zumal die Demoskopie in der Lage ist, zurückliegende Bekanntheit zu ermitteln.

63   Die meisten Berufungen auf Verkehrsdurchsetzung scheitern schon an grundlegenden Mängeln, wenn zB undatierte und/oder aus der Zeit nach dem Anmeldetag stammende Kataloge vorgelegt werden,[150] Unterlagen aus anderen Mitgliedstaaten als denen, in deren Sprache die GMA beschreibend ist, präsentiert werden, jeder Nachweis fehlt, dass den Befragten eine Wie-

144  HABM-BK R 595/2007-4 vom 22.10.2007 (Nr 34–36) *Bianchi-Grün*.

145  HABM-BK R 496/2003-4 vom 22.3.2005 (Nr 31) *9 TELECOM/TELE-KOM*.

146  Die von Niedermann, GRUR 2006, 367, 372 genannten Schwachpunkte aus der Anfangsphase des HABM sind inzwischen überwunden.

147  Zur Berechnungsmethode: EuG T-289/08 vom 11.2.2010, GRUR Int 2010, 520 (Nr 88, 93) *BKK*.

148  Ströbele, GRUR 2008, 569, 572.

149  HABM-BK R 720/2002-1 vom 17.12.2003 (Nr 25) *BELEBT GEIST UND KÖRPER*; Niedermann, GRUR 2006, 367.

150  EuG T-207/06 vom 14.6.2007 (Nr 58) *Europig*.

dergabe der Marke so wie angemeldet vorgelegt wurde[151] oder nur Werbung, aber keine Angaben zum Umfang der Benutzung vorgelegt werden.[152]

# 2. Abschnitt Recherche

## Artikel 38 (ex Artikel 39) Recherche

(1) Hat das Amt für die Anmeldung einer Gemeinschaftsmarke einen Anmeldetag festgelegt, so erstellt es einen Gemeinschaftsrecherchenbericht, in dem diejenigen ermittelten älteren Gemeinschaftsmarken oder Anmeldungen von Gemeinschaftsmarken aufgeführt werden, die gemäß Artikel 8 gegen die Eintragung der angemeldeten Gemeinschaftsmarke geltend gemacht werden können.

(2) Beantragt der Anmelder bei der Anmeldung einer Gemeinschaftsmarke, dass auch von den Zentralbehörden für den gewerblichen Rechtsschutz der Mitgliedstaaten ein Recherchenbericht erstellt wird, und wurde die entsprechende Recherchengebühr innerhalb der für die Zahlung der Anmeldegebühr vorgesehenen Frist entrichtet, so übermittelt das Amt, sobald für die Anmeldung der Gemeinschaftsmarke ein Anmeldetag festgelegt wurde, der Zentralbehörde für den gewerblichen Rechtsschutz aller Mitgliedstaaten, die dem Amt ihre Entscheidung mitgeteilt haben, für Anmeldungen von Gemeinschaftsmarken in ihren eigenen Markenregistern eine Recherche durchzuführen, eine Abschrift dieser Anmeldung.

(3) Jede Zentralbehörde für den gewerblichen Rechtsschutz gemäß Absatz 2 übermittelt dem Amt innerhalb von zwei Monaten ab dem Tag, an dem die Anmeldung einer Gemeinschaftsmarke bei ihr eingegangen ist, einen Recherchenbericht, in dem entweder die von ihr ermittelten älteren Marken oder Markenanmeldungen aufgeführt sind, die gemäß Artikel 8 gegen die Eintragung der angemeldeten Gemeinschaftsmarke geltend gemacht werden können, oder in dem mitgeteilt wird, dass solche Rechte bei der Recherche nicht festgestellt wurden.

---

151  HABM-BK R 595/2007-4 vom 22.10.2007 (Nr 35) *Bianchi-Grün.*
152  HABM-BK R 1453/2007-4 vom 8.9.2008 (Nr 19) *UNIVERSAL LASER SYSTEMS.*

(4) Der Recherchenbericht gemäß Absatz 3 wird unter Verwendung eines Standardformulars verfasst, das vom Amt nach Anhörung des in Artikel 126 Absatz 1 genannten Verwaltungsrats, nachstehend »Verwaltungsrat« genannt, erstellt wird. Die wesentlichen Bestandteile dieses Formulars werden in der Durchführungsverordnung festgelegt.

(5) Das Amt zahlt jeder Zentralbehörde für den gewerblichen Rechtsschutz einen Betrag für jeden Recherchenbericht, den diese Behörde gemäß Absatz 3 vorlegt. Dieser Betrag, der für jede Zentralbehörde gleich hoch zu sein hat, wird vom Haushaltsausschuss durch mit Dreiviertelmehrheit der Vertreter der Mitgliedstaaten gefassten Beschluss festgesetzt.

(6) Das Amt übermittelt dem Anmelder der Gemeinschaftsmarke unverzüglich den Gemeinschaftsrecherchenbericht sowie auf Antrag die innerhalb der Frist nach Absatz 3 eingegangenen nationalen Recherchenberichte.

(7) Bei der Veröffentlichung der Anmeldung einer Gemeinschaftsmarke, die erst nach Ablauf von einem Monat ab dem Tag, an dem das Amt dem Anmelder die Recherchenberichte übermittelt hat, vorgenommen werden darf, unterrichtet das Amt die Inhaber älterer Gemeinschaftsmarken oder Anmeldungen von Gemeinschaftsmarken, die in dem Gemeinschaftsrecherchenbericht genannt sind, von der Veröffentlichung der Anmeldung der Gemeinschaftsmarke.

*Schennen*

**Übersicht**

**Literatur:**

*Krienke*, Änderungen des Markeneintragungsverfahrens in Großbritannien, MarkenR 2008, 111.

## 1 Allgemeines

Dieser Artikel sieht vor, dass während des Prüfungsverfahrens vom HABM **1**
und auf gesonderten Antrag von den nationalen Ämtern, die am Recher-
chensystem teilzunehmen wünschen, für jede GMA Recherchenberichte erstellt werden, die ältere Marken aufführen, die in dem Register des recher-
chierenden Amtes aufgeführt sind und die ggf nach Art 8 der Eintragung der
GMA entgegenstehen könnten.

Die Recherchenberichte sind eine reine Serviceleistung ohne jede Bindungs- **2**
wirkung für das weitere Verfahren.

Die DV enthält seit 2008 Durchführungsvorschriften zu Art 38, nämlich **3**
R 5a und R 10. Die Gebühr für die optionale nationale Recherche ist in
Art 2 Nr 1a GebV[1] festgelegt. Mit den Recherchen durch die nationalen
Ämter befasst sich die Gemeinsame Protokollerklärung des Rates und der
Kommission Nr 13.[2]

RiLi zur Recherche finden sich als Kapitel 6 der PrüfRiLi,[3] die allerdings kei- **4**
ne inhaltlichen Kriterien mehr vorgeben. Art 38 (4) bezieht sich auf die vom
Gesetzgeber erwünschte Harmonisierung von Inhalt und Format der nationalen Recherchenberichte. Das Ergebnis dieses Harmonisierungsprozesses,
nach Anhörung der Mitgliedstaaten in Verbindungstreffen (siehe unter
Art 90 Rdn 13) und im Verwaltungsrat, findet sich in R 5a in Form einer
Liste der Angaben, die die nationalen Recherchenberichte enthalten müssen.

Mit Änderung von Art 38 durch VO Nr 422/2004[4] sind die nationalen Re- **5**
cherchenberichte seit dem 10.3.2008 optional; siehe unten unter Rdn 17.
Die Reformvorschläge der Kommission vom 27.3.2013 sehen die Streichung
von Art 38 und damit die Abschaffung sowohl der nationalen als auch der
HABM-Recherchen vor. Die Analyse der Kommission, dass die Recherchenberichte, auch die des HABM, weder verlässlich noch effizient sind: trifft zu,
spätestens seit über CTM Online und TM View alle GMn und nationalen
Marken frei zugänglich sind. Die gewünschten Recherchen kann also heute

---

1  Eingefügt durch VO Nr 1042/2005, in Kraft ab 10.3.2008.
2  ABl-HABM 1996, 612.
3  RiLi Teil B, Nr 6 (http://oami.europa.eu/de/mark/marque/direc.htm, angenommen durch Beschluss des Präsidenten des HABM Nr EX-08-1 vom 24.4.2008,
   ABl-HABM 5/2008).
4  ABl-HABM 2004, 622.

jeder kostenfrei zu jeder Tages- und Nachtzeit und unbeschränkt selbst vornehmen. Einen Grund, entsprechende Ergebnisse von Amts wegen im Rahmen eines Anmeldeverfahrens mitzuteilen, gibt es nicht.

## 2  Rechtliche Bedeutung der Recherchen

6  Die Recherchenberichte werden von allen Ämtern maschinell erstellt, wobei nur nur die Klassen der Nizzaer Klassifikation zugrundegelegt werden, nicht die konkret beanspruchten Waren, was auch gar nicht möglich wäre. Sie haben auf den weiteren Verlauf des Prüfungsverfahrens keinen Einfluss.[5] Es ist keinesfalls ihr Zweck, Material für die Prüfung absoluter Eintragungshindernisse zu ermitteln.[6] Auch im Rahmen des Widerspruchsverfahrens sind sie unbeachtlich;[7] keinesfalls beeinflusst ihr Inhalt die Bewertung, ob zwei Marken ähnlich sind. Die Recherchenberichte werden dem Prüfer oder der Widerspruchsabteilung noch nicht einmal zur Kenntnis gebracht.

7  Sie werden auch wegen ihres Umfangs nicht in die elektronische Akte der GMA aufgenommen, sondern gesondert abgelegt, obgleich sie der Akteneinsicht nach Art 88 unterliegen.

8  Gelegentlich wurde in Verfahren vor dem EuG nach Art 65 von Anmeldern geltend gemacht, die nationalen Recherchenberichte gäben Hinweise auf die Eintragung ähnlicher Marken auf nationaler Ebene. Dies mißversteht die Funktion des Art 38. Es ist Sache des Anmelders, Voreintragungen derselben Marke auf nationaler Ebene konkret geltend zu machen und dazu die entsprechenden Registerauszüge vorzulegen.[8]

9  Ursprünglich ging man davon aus, die Recherchenberichte könnten die Bereinigung von Konflikten im Vorfeld von Widerspruchsverfahren erleichtern. Das ist obsolet, nachdem R 18 eine cooling-off-Frist vorsieht, innerhalb derer der Anmelder die GMA ohne Kostenbelastung zurücknehmen kann. Damit obsolet ist auch die Monats-Wartefrist nach Art 38 (7) vor der Veröffentlichung der GMA. Die Reformvorschläge der Kommission wollen auch diese überflüssige Wartefrist beseitigen.

---

5  Fernández-Novoa, S 96.
6  EuG T-359/99 vom 7.6.2001, GRUR Int 2001, 970 (Nr 31) *EuroHealth*.
7  HABM-BK R 2122/2011-4 vom 1.10.2012 (Nr 31) *AB TERRA LEAF/TERRA*; von Mühlendahl/Ohlgart, S 135.
8  HABM-BK R 1429/2008-4 vom 8.5.2009 (Nr 36, 38) *CHROMA*.

## 3 Gemeinschaftsrecherchenberichte

Gemäß Art 38 (1) erstellt das HABM für jede GMA einen Gemeinschafts-  10
recherchenbericht, der ältere GMAen und eingetragene GMn aufführt. »Älter« sind GMAen und GMn mit einem früheren Anmelde- oder Prioritätsdatum als das Anmelde- oder Prioritätsdatum der recherchierten GMA.

Die Recherche erfolgt maschinell. Die Erstellung und Versendung der Re-  11
cherchenberichte erfolgt nicht durch den Prüfer, sondern eine Dienststelle
der Hauptabteilung Marken.

Das Recherchenprogramm des HABM bewertet die Ähnlichkeit von Wort-  12
marken nach der Schreibweise und der Aussprache entsprechend standardisierter Regeln. Für die Ähnlichkeit von Bildmarken wird die Wiener Klassifikation für Bildbestandteile von Marken zugrundegelegt. Es erfolgt eine
Recherche in derselben Klasse sowie in benachbarten Klassen gemäß einer
Liste;[9] jeder Klasse ist durchschnittlich eine Nachbarklasse zugeordnet.

Die Gemeinschaftsrecherchenberichte geben die Daten der recherchierten  13
GMA sowie für die genannten älteren GMn die Marke, Namen und An-
schrift des Inhabers und des Vertreters, das Aktenzeichen, das Anmelde- oder
Prioritätsdatum, das Datum und die Seite der Veröffentlichung im Blatt für
GMn, die Klassen und die Art der Marke (Wort- oder Bildmarke) an. Eine
Wiedergabe der Bildmarke wird nicht beigefügt. Der Bericht ist in den fünf
Sprachen des HABM abgefasst, wobei die WIPO-INID-Codes verwendet
werden.

Da eine GMA, die nach dem 1.1.2002 eingereicht wird und Dienstleistun-  14
gen in den Klassen 43, 44 oder 45 beansprucht, mit einer GMA in Konflikt
stehen kann, die vor dem 1.1.2002 eingereicht worden ist und identische
Dienstleistungen beansprucht, die bisher in Klasse 42 enthalten sind, werden
alle GMAen, die die Klassen 43, 44 oder 45 beanspruchen, einer Kreuzre-
cherche in Klasse 42 unterzogen.[10]

Eine Recherche nach dem Kollisionstatbestand des Art 8 (5) ist von vorn-  15
herein ausgeschlossen.[11]

---

9  Mitteilung Nr 5/00 vom 3.8.2000, ABl-HABM 2000, 1568.
10  Mitteilung Nr 9/02 vom 16.7.2002, ABl-HABM 2002, 1885.
11  RiLi, Teil B, Nr 7.2; siehe auch Ingerl, S 131.

### 4 Nationale Recherchenberichte

16 Aufgrund Änderung durch VO Nr 422/2004, gemäß Art 2 Nr 3 der VO Nr 422/2004 erst am 10.3.2008 in Kraft getreten, sind die nationalen Recherchen nunmehr doppelt optional; nicht nur, wie seit jeher, für die nationalen Ämter, ob sie sich beteiligen wollen, sondern auch für die Anmelder, ob sie die nationalen Recherchen gegen zusätzliche Gebühr beantragen..

17 Art 38 aF sah eine zwingende nationale Recherche vor durch die Ämter, die sich dazu bereit erklärten. Nach Art 38 (7) aF hatte die Kommission bis zum 1.4.2001 einen Bericht über das Funktionieren des Recherchensystems zu erstellen. In ihrem Bericht vom 27.12.2002[12] schlug sie, in Einklang mit dem Vorschlag des HABM und der meisten beteiligten Kreise, vor, die Recherchen ganz abzuschaffen. Art 38 nF stellt einen Kompromiss dar, mit dem sich noch einmal die Interessen einzelner nationaler Ämter durchsetzen konnten, doch wurde schon mit der optionalen Ausgestaltung die nationale Recherche mittelfristig zum Absterben verurteilt.

18 Die nationale Recherche muss schon mit der Anmeldung separat beantragt werden, R 10 (1), und zugleich mit der Anmeldegrundgebühr muss die gesonderte Recherchengebühr nach R 4 (c), Art 2 Nr 1a GebV gezahlt werden.

19 Andernfalls wird die GMA keiner nationalen Recherche unterzogen, R 10 (1).

20 Handelt es sich um eine IA, in der die EG benannt ist, so kann der Wunsch nach einer nationalen Recherche mangels Möglichkeiten, dies in dem WIPO-Formular MM 1 oder MM 2 zu beantragen, nur direkt beim HABM geltend gemacht werden. Für die direkte Stellung des Antrags beim HABM und die Zahlung der Gebühr gilt eine einheitliche Ein-Monats-Frist, die mit dem Datum der Mitteilung der IR an das HABM beginnt, R 10 (2).

21 Der Antrag auf nationale Recherche führt zur nationalen Recherche durch alle nationalen Ämter, die sich dazu bereit erklärt haben, ohne dass der Anmelder einzelne Ämter aus- oder abwählen kann.

22 Ein Antrag auf nationale Recherche wird nur für 3 % der GMAen gestellt. Von diesen stammen weniger als 10 % von deutschen Vertretern und sind weniger als 10 % für GMAen deutscher Anmelder.

---

12 Dokument COM (2002) 754 vom 27.12.2002.

Ab dem 10.3.2008 erstellten noch 16 nationale Ämter Recherchen: AT, BG, 23
CZ, DK, FI, GR, HU, IE, LT, PL, PT, RO, SK, ES, SE, GB. Ab dem
1.1.2009 erstellen auch GB, SE, PT und IE keine nationalen Recherchen
mehr. Maßgeblich hierfür ist das Datum der Einreichung der GMA. Somit
verbleiben nun noch 12 der 25 nationalen Ämter. Mit Benelux und GB sind
gerade die Mitgliedstaaten, auf deren Rechtstraditionen seinerzeit Rücksicht
genommen wurde, nicht mehr an dem System beteiligt. Es steht zu erwarten,
dass nach und nach weitere nationale Ämter das Interesse, an dem System
teilzunehmen, verlieren.

Deutschland, Frankreich und Italien haben von Anfang an nicht an dem Sys- 24
tem teilgenommen. Im deutschen Markeneintragungsverfahren ist für Recherchenberichte kein Raum.

Die Recherchengebühr für eine GMA (Art 2 Nr 1a (a) GebV) und eine IA, 25
in der die EG benannt ist (Art 2 Nr 1a (b) GebV) ist auf 12 Euro, multipliziert mit der Zahl der nationalen Ämter, die gemäß Art 38 (2) am System
teilnehmen, festgelegt, wobei der Endbetrag und allfällige spätere Anpassungen im ABl-HABM zu veröffentlichen sind (Art 2 Nr 1a GebV). Das
HABM erhebt danach für die bis zum 31.12.2008 eingereichten GMAen
192 Euro (für 16 Ämter),[13] für die seit dem 1.1.2009 eingereichten GMAen
144 Euro (für 12 Ämter). Eine Rechtsgrundlage dafür besteht aber zZt
nicht, da eine Veröffentlichung im ABl-HABM bisher unterblieben ist.

Das nationale Amt erhält einen Betrag für die Recherchenberichte, der 26
gemäß Beschluss Nr CB–03–11 des Haushaltsausschusses[14] ab dem
1.1.2006 12 Euro betrug. Im November 2007 wurde durch Beschluss Nr
CB–07–10 dieser Betrag wieder auf 16 Euro angehoben. Dies bedeutet, dass
das HABM 12x12 Euro Gebühren vom Anmelder erhält, aber 12x16 Euro
an die nationalen Ämter abführen muss und somit die nationalen Ämter
subventioniert. Diese Diskrepanz wird alsbald in der einen oder anderen
Richtung ausgeglichen werden müssen, denn bezweckt war, dass die Recherchengebühr nach Art 2 Nr 1a GebV für das HABM kostenneutral ist. Der
Betrag wird gezahlt für jeden dem HABM tatsächlich übermittelten Recherchenbericht, der die harmonisierten Mindestanforderungen an Inhalt und

---

13 RiLi Teil B, Nr 6.1 (Fassung April 2008, http://oami.europa.eu/de/mark/marque/
direc.htm).
14 ABl-HABM 2004, 182.

Format der Recherchenberichte erfüllt, jedoch unabhängig davon, ob die Recherche Treffer ergeben hat (Art 38 (5)).

### 5 Verfahren der Erstellung der Recherchenberichte

27 Die Vorbereitung der Erstellung der Recherchenberichte erfolgt, sobald die GMA klassifiziert ist, nicht unmittelbar nach Vergabe des Anmeldetages, wie Art 38 (2) suggeriert. Falls die Erstellung nationaler Recherchen beantragt wurde, versendet das HABM die Rechercheanfrage parallel dazu an die nationalen Ämter. Hierzu werden gesammelt die Daten der GMA (Marke, Klassen, Inhaber, Anmeldetag usw, jedoch nicht die Wiedergabe der Marke oder die Waren und Dienstleistungen) auf elektronischem Weg den nationalen Ämtern übermittelt. Ein Papierexemplar der Anmeldung, was Art 38 (2) vermuten ließe, wird dem nationalen Amt nicht übermittelt.

28 Die nationalen Ämter haben den Recherchenbericht innerhalb von zwei Monaten dem HABM zu übersenden (Art 38 (3)).

29 Das HABM übermittelt den Gemeinschaftsrecherchenbericht und, falls beantragt, zusammen damit die nationalen Recherchenberichte unverzüglich an den Anmelder (Art 38 (6)). Die Nutzer von MyPage können beantragen, dass dies elektronisch erfolgt.

30 Nach Art 38 (7) darf die Veröffentlichung der GMA gemäß Art 39 erst frühestens einen Monat nach Übermittlung der Recherchenberichte an den Anmelder erfolgen. Mit den Reformvorschlägen der Kommission soll auch diese überflüssige Wartefrist wegfallen.

### 6 Unterrichtung der Inhaber älterer Rechte

31 Gleichzeitig mit der Veröffentlichung der GMA unterrichtet das HABM die Inhaber der älteren GMAen und GMn, die in dem Gemeinschaftsrecherchenbericht zitiert sind, von der Veröffentlichung. Die Inhaber der GMAen und GMn werden somit systematisch auf jüngere GMAen aufmerksam gemacht, so dass sie ggf Widerspruch einlegen können.

32 Eine Unterrichtung durch das HABM von Inhabern der in nationalen Recherchenberichten zitierten Marken über die Veröffentlichung der GMA ist nicht vorgesehen.[15] Eine solche Unterrichtung durch die jeweiligen nationa-

---

15 Ingerl, S 129.

len Ämter wäre rechtlich zulässig,[16] wird jedoch von keinem nationalen Amt praktiziert. Deshalb kann sich kein Markeninhaber auf die Unterrichtungen durch das HABM verlassen, sondern muss unabhängig davon die Veröffentlichungen jüngerer GMAen ohnehin selbst überwachen, was wiederum nur für eine Reform des Recherchensystems insgesamt spricht.

# 3. Abschnitt Veröffentlichung der Anmeldung

## Artikel 39 (ex Artikel 40) Veröffentlichung der Anmeldung

(1) Sind die Erfordernisse für die Anmeldung der Gemeinschaftsmarke erfüllt und ist die Frist nach Artikel 38 Absatz 7 abgelaufen, wird die Anmeldung veröffentlicht, soweit sie nicht gemäß Artikel 37 zurückgewiesen wird.

(2) Wird die Anmeldung nach ihrer Veröffentlichung gemäß Artikel 37 zurückgewiesen, so wird die Entscheidung über die Zurückweisung veröffentlicht, sobald sie unanfechtbar geworden ist.

*Schennen*

## 1 Allgemeines

Im Rahmen des Eintragungsverfahrens erfolgt zunächst die Veröffentlichung **1** der Anmeldung nach Art 39 im Blatt für GMn, an die sich die dreimonatige

---

16 Gemeinsame Protokollerklärung des Rates und der Kommission Nr 14, ABl-HABM 1996, 612, abgedruckt in Anh 5.

Widerspruchsfrist des Art 41 (1) anschließt. Sodann erfolgt die Eintragung gemäß Art 45, sofern ein etwaiges Widerspruchsverfahren rechtskräftig abgeschlossen ist und sofern nicht die GMA auf Grund des Widerspruchs oder aus sonstigen Gründen zurückgewiesen worden ist. Die Veröffentlichung der GMA hat also in erster Linie die Bedeutung, Dritten die Möglichkeit der Einreichung von Widersprüchen zu verschaffen.

Ergänzende Bestimmungen enthält Art 120 (1) zu den Sprachen der Veröffentlichung, Art 89 (a) und R 85 zum Blatt für GMn, R 12 zum Inhalt der Veröffentlichung und R 14 zur Berichtigung von Fehlern in den Veröffentlichungen.

Art 39 wurde durch VO Nr 422/2004 redaktionell geändert, indem in Abs 1 und 2 die Verweisung auf Art 37 gestrichen wurde, der seinerseits gestrichen wurde.

## 2 Zeitpunkt der Veröffentlichung

2 Die Veröffentlichung erfolgt, wenn die Übersetzungen der GMA in die anderen 21 Sprachen der EG vorliegen, die Prüfung auf die formellen Anmeldeerfordernisse (Art 36, der wohl versehentlich in Art 39 nicht erwähnt ist) und die absoluten Eintragungshindernisse (Art 37) mit positivem Ergebnis abgeschlossen ist, die Recherchenberichte vorliegen und dem Anmelder übermittelt worden sind und die Wartefrist von einem Monat nach Art 38 (7) nach Übermittlung der Recherchenberichte (siehe unter Art 38 Rdn 17) abgelaufen ist. Der Anmelder wird über die Annahme zur Veröffentlichung durch Standardschreiben, im Fall der Benutzung von MyPage durch Mitteilung über MyPage, unterrichtet.

## 3 Veröffentlichung im Blatt für Gemeinschaftsmarken

3 Die Veröffentlichung im Blatt für GMn, das seit 2003 nur noch im Internet erscheint, und zwar in Teil A (siehe Art 89 (a), R 85 (2)) in allen Sprachen der EG (Art 120 (1)). Die zu veröffentlichenden Angaben ergeben sich aus R 12. Hauptsächlich sind dies Name und Anschrift des Anmelders des Vertreters, die Wiedergabe der Marke, das VerzWDL (in allen 22 Sprachen), ein etwaiger Disclaimer, Farbanspruch oder eine Beschreibung, das Anmelde-, Prioritäts- und Senioritätsdatum, die Angabe der ersten und der zweiten Sprache der GMA und ggf die Angabe, dass es sich um eine Kollektivmarke handelt. Ist die Anmeldung nur auf Grund von Verkehrsdurchsetzung (Art 7 (3)) zugelassen worden, so wird dies ebenfalls veröffentlicht. Für die meisten

Angaben werden die WIPO-INID-Codes verwendet, um den Umfang der zu übersetzenden Texte zu reduzieren; deren Bedeutung wird im »Vademecum« im Vorspann einer jeden Ausgabe des Blatts für GMn in allen Sprachen erläutert.

Farbige Marken werden in Farbe veröffentlicht. 4

Wortmarken werden in der Schreibweise (Abfolge der Groß- und Klein- 5 buchstaben) veröffentlicht, wie sie in der GMA wiedergegeben sind, R 3 (1) Satz 2.[1]

### 4 Wirkungen der Veröffentlichung

Die Veröffentlichung hat folgende verfahrensrechtlichen Wirkungen: 6
- die Frist von drei Monaten für die Erhebung von Widersprüchen wird in Gang gesetzt, Art 41 (1);
- die Einsicht in die Akten der GMA wird frei, Art 88 (1).

Materiellrechtlich bewirkt die Veröffentlichung gemäß Art 9 (3) Satz 2 das 7 Entstehen des Anspruchs auf angemessene Entschädigung gegen jeden, der den Gegenstand der GMA in einer Weise benutzt, die nach Eintragung der GM iSv Art 9 (1), (2) verboten wäre. Die Benutzung des Gegenstands der veröffentlichten GMA während des Zeitraums bis zur Eintragung ist entsprechend der Rechtslage im Patentrecht[2] als rechtmäßig zu qualifizieren. Das Recht aus der GM und der Anspruch auf Unterlassung entsteht erst mit der Eintragung und kann Dritten erst nach Veröffentlichung der Eintragung entgegengehalten werden (Art 9 (1), (3), Art 45).

### 5 Veröffentlichung der Zurückweisung

Wird die GMA vor der Veröffentlichung gemäß Art 39 zurückgewiesen, so 8 wird diese Tatsache nicht im Blatt für GMn veröffentlicht. Wird die GMA eingetragen (Art 45), so erfolgt die in R 23 (5) vorgeschriebene Veröffentlichung der Eintragung in Form eines bloßen Hinweises auf die Veröffentlichung der GMA (»publication by way of reference«), es sei denn, dass sich im Zwischenzeitraum Änderungen in der GMA ergeben haben.

---

1 Ebenso RiLi Teil B, 2.7.1, und HABM-RK R 1901/2010-4 vom 3.2.2011 (Nr 11), *CLIO2*.
2 Benkard/Schäfers, PatG, § 33 Rn 4c, 12.

9   Wird die GMA im Zeitraum nach der Veröffentlichung zurückgewiesen, so ist gemäß Art 39 (2) die Zurückweisung ebenfalls im Blatt für GMn zu veröffentlichen.[3] Dies kann Folge von Bemerkungen Dritter oder einer nachträglichen Beanstandung von Amts wegen aus absoluten Gründen (siehe unter Art 37 Rdn 29) oder wegen Formmängeln sein. Art 42 (6) bestimmt ebenfalls die Veröffentlichung der Zurückweisung der GMA, wenn diese das Ergebnis eines Widerspruchsverfahrens ist.

10   Die Veröffentlichung erfolgt erst, wenn die Zurückweisung rechtskräftig geworden ist. Dies ist der Fall, wenn die Beschwerdefrist ungenützt abgelaufen ist oder ein Beschwerdeverfahren rechtskräftig abgeschlossen ist. Wegen Art 64 (3) tritt die Rechtskraft erst ein, wenn die Frist zur Einlegung der Klage zum EuG oder des Rechtsmittels zum EuGH verstrichen ist oder über die Klage oder das Rechtsmittel abschließend entschieden worden ist.

11   Die Veröffentlichung der Zurückweisungen im Blatt für GMn erfolgt unter der Rubrik A.2.4, die nach vollständigen und teilweisen Zurückweisungen aufgeteilt ist.[4] Dies gilt für alle Zurückweisungen, auch nach Art 42 (6).

## 6 Berichtigungen

12   Nach R 14 sind Fehler in der Veröffentlichung der GMA, die dem Amt zuzuschreiben sind, von Amts wegen oder auf Antrag des Anmelders zu berichtigen. R 27 enthält eine entsprechende Regelung für derartige Fehler nach der Eintragung (siehe unter Art 45 Rdn 17). Dem Amt zuzuschreibende Fehler sind Fehler im Veröffentlichungsprozess selbst, etwa wenn die Wortmarke nicht wie angemeldet wiedergegeben wurde,[5] die Wiedergabe einer farbigen Marke verunglückt ist oder wenn Waren und Dienstleistungen weggelassen sind. Ein Fehler iSd R 14 liegt auch vor, wenn die Veröffentlichung die Ergebnisse des Prüfungsverfahrens, dh die Entscheidung des Prüfers, oder das Ergebnis eines Widerspruchsverfahrens nicht zutreffend reflektiert, etwa wenn vergessen worden ist, eine teilweise Zurückweisung im VerzWDL zu berücksichtigen. Keine Fehler iSd R 14 sind Fehler und Unrichtigkeiten, die auf den Anmelder zurückgehen, etwa wenn der Anmelder fehlerhafte Angaben in einem Prioritäts- oder Senioritätsanspruch gemacht hat; hierfür gilt Art 43 (2) und das Änderungsverfahren nach R 13. Problematisch ist die Ab-

---

3   O'Reilly, Comentarios, S 361.

4   Vademecum, S 48.

5   HABM-RK R 1901/2010-4 vom 4.2.2011, *CLIO2*.

grenzung, wenn das Amt es unterlassen hat, Angaben des Anmelders in den Datenbestand einzugeben (Beispiel: nicht alle der vom Anmelder beanspruchten Waren und Dienstleistungen sind in den Datenbestand eingegeben worden) oder eine Änderung oder Zurücknahme der Anmeldung zu berücksichtigen, denn R 14 betrifft Fehler im Veröffentlichungsprozess, nicht sachliche Fehler oder Unterlassungen im Prüfungsverfahren. Bei solchen »Fehlern« sollte daher das Prüfungsverfahren oder ggf das Änderungsverfahren nach Art 43, R 13 wiederaufgenommen werden, zumal bis zur Eintragung noch eine vollständige oder teilweise Zurückweisung der GMA oder des Prioritätsanspruchs möglich ist. Keine »Fehler in der Veröffentlichung« sind Verfahrensfehler, die zu einem falschen Ergebnis geführt haben; diese sind, unter ganz engen Voraussetzungen, nach Art 80 korrigierbar, wenn sie zu einer falschen Registereintragung geführt haben.

### 6.1 Verfahren

Stellt der Anmelder den Antrag auf Berichtigung, so gilt nach R 14 (2) R 13 entsprechend. Der Antrag ist gebührenfrei, R 14 (2) Satz 2. Die Verweisung auf R 13 bedeutet, dass der Berichtigungsantrag zahlreiche Angaben wie Namen und Anschrift des Anmelders und des Vertreters enthalten muss (R 13 (1)). Kommt das Amt zu dem Ergebnis, dass das Verlangen nach Berichtigung berechtigt ist, so kann und sollte es allerdings die Berichtigung von Amts wegen vornehmen, auch wenn die formellen Erfordernisse für den Antrag nach R 13 (1) nicht erfüllt sind. **13**

Die Berichtigungen der Veröffentlichung werden nach R 14 (3) ebenfalls veröffentlicht. Die Veröffentlichung erfolgt in Teil A.2.1, Berichtigung von Fehlern.[6] **14**

### 6.2 Erneute Widerspruchsfrist

Betrifft die Berichtigung das VerzWDL oder die Wiedergabe der Marke, so sieht R 14 (4) mit Verweisung auf Art 41 (2) vor, dass die Veröffentlichung der Berichtigung eine neue Widerspruchsfrist in Gang setzt. **15**

Dies ist dann sachgerecht, wenn die Marke im Blatt für GMn falsch wiedergegeben worden ist (etwa im obigen Beispiel der verunglückten farbigen Wiedergabe) oder wenn das VerzWDL infolge der Berichtigung nunmehr **16**

---

6 Vademecum, S 47.

andere oder zusätzliche Waren oder Dienstleistungen enthält. Nicht sachgerecht ist die erneute Widerspruchsfrist, wenn die Berichtigung bloße Tippfehler, Berichtigungen von Namen und Anschriften oder eine Einschränkung des VerzWDL in Form des Wegfalls einzelner Waren oder ganzer Klassen beinhaltet. In diesen Fällen besteht kein legitimes Interesse des Widersprechenden, eine neue Widerspruchsfrist eingeräumt zu erhalten; dies gilt auch dann, wenn das VerzWDL eingeschränkt ist, denn das Interesse des Widersprechenden geht dann dahin, einen etwa unnützen Widerspruch zurückzunehmen, nicht einen neuen Widerspruch einzulegen. R 14 (4) sollte daher teleologisch reduziert werden, und in den genannten Fällen sollte der nachträgliche Widerspruch ausgeschlossen sein. Generell sollte die erneute Widerspruchsfrist nur hinsichtlich der Teile der Anmeldung gelten, die von der Berichtigung betroffen sind.[7]

17  Nach Nr III. 3. der Mitteilung des Präsidenten des HABM Nr 5/97[8] soll bei Veröffentlichung der Berichtigung einer Übersetzung des VerzWDL die erneute Widerspruchsfrist nur für die zweite Sprache und nur dann, wenn diese nach Art 120 (3) maßgeblich ist, nicht für die anderen Sprachen, und nur für die berichtigten Waren oder Dienstleistungen in Gang gesetzt werden, nicht für die übrigen Waren. Konsequenterweise wären dann nur solche Widersprüche statthaft, die sich gemäß R 15 (3) (a) nur gegen diese berichtigten Waren richten. Diese Konsequenz ist abzulehnen, da sie zur Aufspaltung in zwei Widersprüche zwingen würde und dem Sinn des Widerspruchsverfahrens, eine Regelung des Konflikts zwischen zwei Marken und nicht zwischen einzelnen Waren zu finden, widerspricht. Für Berichtigungen der Übersetzungen in Sprachen, die nicht nach Art 120 (3) maßgeblich sind, ist der Ausschluss der erneuten Widerspruchsfrist berechtigt. Bei bloßen Tippfehlern im VerzWDL, die unter keinem denkbaren Gesichtspunkt den Schutzbereich beeinflussen können, sollte eine Veröffentlichung der Berichtigung ohnehin besser ganz unterbleiben. Die Korrektur kann bei der Veröffentlichung der Eintragung vorgenommen werden.

### 6.3 Berichtigung von Übersetzungen des VerzWDL

18  Die Berichtigung von Veröffentlichungen erfolgt auch dann, wenn der Fehler die Übersetzung des VerzWDL betrifft. Nr III. der Mitteilung des Prä-

---

7  Ebenso von Mühlendahl/Ohlgart, S 153.
8  ABl-HABM 1997, 1378.

sidenten Nr 5/97[9] enthält dazu nähere Bestimmungen. Die Berichtigung kann die zweite Sprache oder die vom HABM gemäß Art 121 angefertigten Übersetzungen in die anderen Sprachen betreffen. Die Übersetzung in die zweite Sprache kann vom Anmelder oder vom Amt angefertigt sein und sie kann nach Art 120 (3) den maßgeblichen Wortlaut darstellen, wenn die erste Sprache keine der fünf Sprachen des HABM ist.

Berichtigungen von Übersetzungsfehlern in den anderen Sprachen werden 19 entgegen R 14 (3) nicht gesondert veröffentlicht, sondern erst im Rahmen der Veröffentlichung der Eintragung. Eine erneute Widerspruchsfrist ist damit automatisch ausgeschlossen.

Berichtigungen von Übersetzungsfehlern in der zweiten Sprache werden nur 20 nach R 14 (3) gesondert veröffentlicht, wenn die erste Sprache keine der Sprachen des Amtes ist, so dass die zweite Sprache nach Art 120 (3) Satz 2 maßgeblich ist.

Ist die erste Sprache keine der Sprachen des Amtes, so sieht R 85 (6) zur 21 Wahrung der Rechte des Anmelders bei der Festlegung des VerzWDL in der maßgeblichen Sprache vor, dass er selbst die Übersetzung einreichen kann oder aber ihm die vom Amt gemäß Art 121 gefertigte Übersetzung zur Stellungnahme zuzuleiten ist. Im Ergebnis ist dann die Übersetzung in die zweite Sprache vom Anmelder autorisiert. Deshalb entspricht das HABM in diesen Fällen Anträgen auf Berichtigung der Übersetzung der zweiten Sprache im allgemeinen nicht, es sei denn, dass die Fehlerhaftigkeit der Übersetzung offensichtlich ist.[10]

# 4. Abschnitt  Bemerkungen Dritter und Widerspruch

## Artikel 40 (ex Artikel 41)  Bemerkungen Dritter

**(1) Natürliche oder juristische Personen sowie die Verbände der Hersteller, Erzeuger, Dienstleistungsunternehmer, Händler und Verbraucher können beim Amt nach der Veröffentlichung der Anmeldung der Gemeinschaftsmarke schriftliche Bemerkungen mit der Begründung einreichen, dass die**

---

9 ABl-HABM 1997, 1378.
10 Nr III. 3., 4. der Mitteilung des Präsidenten Nr 5/97, ABl-HABM 1997, 1378.

Marke von Amts wegen und insbesondere nach Artikel 7 von der Eintragung auszuschließen ist. Sie sind an dem Verfahren vor dem Amt nicht beteiligt.

(2) Die in Absatz 1 genannten Bemerkungen werden dem Anmelder mitgeteilt, der dazu Stellung nehmen kann.

*Schennen*

**Literatur:**
*Schramek*, »Bemerkungen Dritter« in der Praxis, MarkenR 2006, 150.

## 1 Allgemeines

1 Dieser Artikel ermöglicht interessierten Dritten, dem HABM Gründe, die der Schutzfähigkeit einer GMA entgegenstehen, mitzuteilen, ohne dadurch am Eintragungsverfahren beteiligt zu werden. Nach Eintragung der GM bleibt nur die Stellung eines Antrags auf Erklärung der Nichtigkeit nach Art 52.

2 Gründe, die der Dritte vorbringen kann, sind alle Gründe, die von Amts wegen der Eintragung der GMA entgegenstehen können, dh ausschließlich die Gründe nach Art 5 und Art 7 sowie die besonderen Eintragungsvoraussetzungen für Kollektivmarken nach Art 66, nicht jedoch relative Eintragungshindernisse nach Art 8[1] und auch nicht die Erfüllung von Formerfordernissen wie dem Vertretungszwang.[2]

3 Die Möglichkeit von Bemerkungen Dritter für Anmeldungen von Kollektivmarken ist in Art 69 geregelt. Durchführungsbestimmungen in der DV gibt es nicht. Die Praxis des HABM ist niedergelegt in der Mitteilung Nr 2/09

---

1 Fernández-Novoa, S 99.
2 AA Geroulakos, Comentarios, S 366.

vom 9.11.2009,[3] die die Mitteilungen Nr 1/00 vom 25.2.2000[4] und Nr 3/02 vom 5.3.2002[5] und teilweise auch die RiLi, Teil B, Abschnitt 9[6] ersetzt hat.

Drittbemerkungen werden in ca 200 Fällen pro Jahr eingereicht. Sie sind 4 durchaus nicht nur gelegentlich erfolgreich.[7] So haben in den Verfahren betr Wasch- und Geschirrspülmitteltabletten[8] mehrere der beteiligten Wettbewerber die Anmeldungen ihrer Konkurrenten jeweils mit Drittbemerkungen bekämpft, teils vor, teils nach der Veröffentlichung der gegnerischen GMAen.

## 2 Berechtigung zur Einreichung von Bemerkungen

Nach Art 40 (1) sind berechtigt zur Einreichung von Bemerkungen Dritter 5 natürliche Personen und juristische Personen sowie Verbände der Hersteller, Erzeuger, Dienstleistungsunternehmer, Händler und Verbraucher. Zur Rechtsfähigkeit juristischer Personen siehe Art 3, zum Begriff der Verbände der Hersteller, Erzeuger, Dienstleistungserbringer und Händler siehe auch Art 56 (1) (a) und Art 66 (1) Satz 2. Verbraucherverbände sind in Art 40 (1) erwähnt, nicht aber in Art 66 (1) Satz 2. Da Verbände von Herstellern oder Verbraucherverbände regelmäßig in der Form eines rechtsfähigen Verbandes organisiert sind, hat deren Erwähnung in Art 40 (1) wohl nur die Bedeutung, dass die Möglichkeit der Einreichung von Bemerkungen Dritter auch dann besteht, wenn der Verband nicht rechtsfähig ist.[9] Ob dies praktische Bedeutung haben kann, mag dahingestellt bleiben. Jedenfalls ändert die Erwähnung von Verbänden der Hersteller oder der Verbraucher, die im Zweifel Verbandsinteressen wahrnehmen, nichts daran, dass die Bemerkungen Dritter alle Aspekte der Schutzfähigkeit betreffen können und nicht durch ein spezifisches Interesse oder besonderes Rechtsschutzbedürfnis dessen, der die Drittbemerkungen macht, gerechtfertigt sein müssen.[10]

---

3  ABl-HABM 2009, Nr 12.
4  ABl-HABM 2000, 478.
5  ABl-HABM 2002, 1372.
6  Http://oami.europa.eu/ows/rw/resource/documents/CTM/guidelines/examination_en.pdf.
7  Zahlreiche Beispiele bei Schramek, MarkenR 2006, 150.
8  Siehe die Entscheidungen HABM-BK R 075/1999-3 vom 25.11.1999; HABM-BK R 529/1999-1 vom 29.2.2000.
9  Siehe Geroulakos, Comentarios, S 393.
10  Fernández-Novoa, S 98.

6 Im Ergebnis besteht die Möglichkeit der Einreichung von Drittbemerkungen also für jeden Dritten. Dies schließt nur den Anmelder der GMA selbst aus.[11]

### 3 Anforderungen an die Bemerkungen

7 Die Bemerkungen müssen in Einklang mit R 79 in schriftlicher Form[12] und in der richtigen Sprache eingereicht werden.

8 Mit Mitteilung Nr 2/09 vom 9.11.2009[13] hat das Amt bestätigt, dass die Drittbemerkungen entweder in einer der fünf Sprachen des HABM oder in der ersten Sprache der GMA eingereicht werden können. Aus Sicht des Anmelders stehen für die Korrespondenz im Prüfungsverfahren nur die 1. und die 2. Sprache der GMA zur Verfügung. Dem wird dadurch Rechnung getragen, dass das HABM im Falle einer Nachbeanstandung diese in der 1. oder 2. Sprache erlässt. Der Anmelder muss sich mit den Drittbemerkungen auch nicht auseinandersetzen, nur mit der allfälligen Nachbeanstandung.

9 Die Bemerkungen dürfen nicht im Rahmen eines Widerspruchsschriftsatzes erfolgen.[14] Es dürfen nicht Einwendungen zu relativen und absoluten Eintragungshindernissen miteinander vermischt werden. Wer Widerspruch eingelegt hat, muss Bemerkungen iSd Art 40 in einem gesonderten Schriftsatz vorbringen.[15]

10 Die Bemerkungen werden zeitlich nur berücksichtigt, wenn sie innerhalb der Widerspruchsfrist von 3 Monaten oder, bei Einlegung von Widersprüchen, vor Abschluss des Widerspruchsverfahrens eingegangen sind.[16] Nach Wegfall der Eintragungsgebühr besteht für eine weitere Wartefrist von 1 Monat, wie sie bisheriger Amtspraxis entsprach, kein Bedürfnis mehr.[17] Verspätet einge-

---

11 Vgl Singer/Bühler, Art 115 Rn 8.

12 Geroulakos, Comentarios, S 365; Fernández-Novoa, S 99.

13 ABl-HABM 2009, Nr 12.

14 Mitteilung Nr 2/09 vom 9.11.2009, ABl-HABM 2009, Nr 12; EuG T-224/01 vom 9.4.2003 (Nr 74), MarkenR 2003, 200 *Nu-Tride/Tufftride*.

15 AA, abzulehnen, HABM-BK R 406/2003-2 *M&M MINIS/Smarties* und von Kapff, MarkenR 2006, 261, die es ausreichen lassen wollen, wenn der Vortrag zu absoluten Eintragungshindernissen im Widerspruchsschriftsatz nur deutlich genug herausgehoben ist.

16 Mitteilung Nr 2/09 vom 9.11.2009, ABl-HABM 2009, Nr 12.

17 Ebenso Concise/Hall, S 132.

gangene Drittbemerkungen werden ebenfalls an den Anmelder weitergeleitet, aber nur zur Information und mit dem Hinweis, dass sie verspätet sind.[18]

Da Angaben zu GMAen bereits vor Veröffentlichung über CTM-Online **11** Dritten zugänglich sind, kann es vorkommen, dass Dritte Einwendungen gegen die Schutzfähigkeit bereits vor dem in Art 40 (1) bestimmten Zeitpunkt der Veröffentlichung der GMA einreichen. Solche verfrühten Drittbemerkungen werden in gleicher Weise behandelt wie solche nach Veröffentlichung.[19] Für Dritte gibt es keinen Grund, bis zur Veröffentlichung zu warten.

## 4 Reaktion des Amtes

Der Prüfer prüft, ob die Bemerkungen ernsthafte Zweifel an der Schutz- **12** fähigkeit der GMA aufwerfen. Diese Prüfung erfolgt normalerweise innerhalb eines Monats nach Eingang der Bemerkungen. Bestehen keine ernsthaften Zweifel, so werden die Bemerkungen dem Anmelder kommentarlos übermittelt. Bestehen ernsthafte Zweifel, so erlässt der Prüfer unter Beifügung der Drittbemerkungen einen Beanstandungsbescheid gemäß Art 37, R 11. Hierüber wird der Dritte wird nach erneuter Praxisänderung gemäß Mitteilung Nr 2/09 vom 9.11.2009 nicht mehr unterrichtet. Der Dritte erfährt also weder, ob das Amt auf die Drittbemerkungen eingetreten ist, noch über die Reaktion des Anmelders. Das ist sachgerecht, weil andernfalls das Verfahren in ein inter-partes-Verfahren abgleiten könnte, wenn der Dritte erneut Stellung nehmen könnte (sei es, weil der der Haltung des Amtes, die Bemerkungen nicht für durchschlagend zu erachten, entgegentreten will, sei es weil der der Reaktion des Anmelders widersprechen will, eventuell jedesmal mit neuen Beweismitteln).

## 5 Konsequenzen für den Anmelder

Die Bemerkungen Dritter dienen dazu, den Prüfer auf absolute Eintragungs- **13** hindernisse aufmerksam zu machen. Der Dritte unterstützt gleichsam den Prüfer bei der Prüfung der absoluten Eintragungshindernisse, ohne Verfahrensbeteiligter zu werden. Zu unterscheiden ist zwischen der Einreichung

---

18  Mitteilung Nr 2/09 vom 9.11.2009, ABl-HABM 2009, Nr 12.
19  Schramek, MarkenR 2006, 150, 152.

von Drittbemerkungen und ihrer Übermittlung an den Anmelder sowie den Konsequenzen für das Prüfungsverfahren.

14   Hält der Prüfer die Bemerkungen des Dritten für zutreffend, so muss er einen Beanstandungsbescheid nach R 10 erlassen, der allen normalen Voraussetzungen entsprechen muss, dh sowohl eine vollständige Beanstandung enthalten muss als auch eine Frist zur Stellungnahme und Einschränkung der Anmeldung (R 11 (1) Satz 2) setzen muss.[20] Diesem Bescheid werden die Bemerkungen des Dritten einschließlich der vom Dritten übermittelten Dokumente und Beweismittel beigefügt. Dieser Bescheid enthält regelmäßig die, wenig glückliche und im Gesetz nirgendwo vorgesehene, Bemerkung, dass die Drittbemerkungen ernsthafte Zweifel an der Schutzfähigkeit der Marke aufwerfen. Die Beanstandung kann auch nach normalen Kriterien auf einen Teil des VerzWDL beschränkt werden. Gelingt es dem Anmelder nicht, die Beanstandung zu entkräften, oder äußert er sich nicht, so erfolgt die Zurückweisung (Art 37 (1)). Der Anmelder darf also nicht schlechter stehen, als wenn von Amts wegen nachbeanstandet wird.

15   Hat der Prüfer keine ernsthaften Zweifel, so ergeben sich keine Konsequenzen für das Eintragungsverfahren. Dem Anmelder steht es frei, zu den Bemerkungen gleichwohl Stellung zu nehmen. Dazu besteht aber keine Veranlassung, weil sich für den Anmelder ohnehin keine Konsequenzen ergeben.

## 6   Konsequenzen für den Dritten

16   Der Dritte muss hinnehmen, dass die Entscheidung, ob die Bemerkungen Anlass zu einer Beanstandung aus absoluten Gründen geben, allein dem Prüfer obliegt. Er kann sich über CTM-Online und insbesondere die dort verfügbare Online-Akteneinsicht (dazu unter Art 88 Rdn 36) über den Fortlauf der Dinge erkundigen.

17   Tritt der Prüfer nicht auf die Drittbemerkungen ein, so ist dagegen Rechtsschutz nicht statthaft. Gegen die weitere Behandlung der Bemerkungen durch das HABM oder die Art der Fortführung des Prüfungsverfahrens steht ihm keine Beschwerde (Art 58) zu; eine Beschwerde gegen eine Mitteilung, dass die Drittbemerkungen keine Zweifel an der Schutzfähigkeit ergeben ha-

---

20   HABM-BK R 801/2010-4 vom 30.8.2010 (Nr 15) *CREME GLOSS.*

ben, ist unzulässig.[21] (Siehe auch unter Art 59 Rdn 3). Dies folgt unmittelbar aus Art 40 (1) S 2. Der Dritte muss die Eintragung abwarten und kann dann Antrag auf Erklärung der Nichtigkeit stellen. Die Nichtberücksichtigung von Drittbemerkungen ist auch kein Verfahrensfehler;[22] umgekehrt ist ihre Berücksichtigung eine bloße Möglichkeit, der keine Pflicht des Amtes korrespondiert.

## Artikel 41 (ex Artikel 42) Widerspruch

(1) Innerhalb einer Frist von drei Monaten nach Veröffentlichung der Anmeldung der Gemeinschaftsmarke kann gegen die Eintragung der Gemeinschaftsmarke Widerspruch mit der Begründung erhoben werden, dass die Marke nach Artikel 8 von der Eintragung auszuschließen ist; der Widerspruch kann erhoben werden

a) in den Fällen des Artikels 8 Absätze 1 und 5 von den Inhabern der in Artikel 8 Absatz 2 genannten älteren Marken sowie von Lizenznehmern, die von den Inhabern dieser Marken hierzu ausdrücklich ermächtigt worden sind;

b) in den Fällen des Artikels 8 Absatz 3 von den Inhabern der dort genannten Marken;

c) in den Fällen des Artikels 8 Absatz 4 von den Inhabern der dort genannten älteren Marken oder Kennzeichenrechte sowie von den Personen, die nach dem anzuwendenden nationalen Recht berechtigt sind, diese Rechte geltend zu machen.

(2) Gegen die Eintragung der Marke kann unter den Voraussetzungen des Absatzes 1 ebenfalls Widerspruch erhoben werden, falls eine geänderte Anmeldung gemäß Artikel 43 Absatz 2 Satz 2 veröffentlicht worden ist.

(3) Der Widerspruch ist schriftlich einzureichen und zu begründen. Er gilt erst als erhoben, wenn die Widerspruchsgebühr entrichtet worden ist. Der Widerspruch kann innerhalb einer vom Amt bestimmten Frist zur Stüt-

---

21 EuG T-224/01 vom 9.4.2003 (Nr 74), MarkenR 2003, 200 *Nu-Tride/Tufftride*; HABM-BK R 725/2001-3 vom 16.10.2002 *ÜLKER ALPELLA*; HABM-BK R 818/2004-2 vom 11.2.2005 *CHILENO SHIRAZ CABERNET.*
22 HABM-BK R 801/2010-4 vom 30.8.2010 (Nr 14) *CREME GLOSS.*

zung des Widerspruchs Tatsachen, Beweismittel und Bemerkungen vorbringen.

*Schennen*

1  Das Widerspruchsverfahren ist in Art 41 und 42 geregelt. Es ist zusammenfassend unter Art 42 kommentiert.

## Artikel 42 (ex Artikel 43)  Prüfung des Widerspruchs

(1) Bei der Prüfung des Widerspruchs fordert das Amt die Beteiligten so oft wie erforderlich auf, innerhalb einer von ihm zu bestimmenden Frist eine Stellungnahme zu seinen Bescheiden oder zu den Schriftsätzen anderer Beteiligter einzureichen.

(2) Auf Verlangen des Anmelders hat der Inhaber einer älteren Gemeinschaftsmarke, der Widerspruch erhoben hat, den Nachweis zu erbringen, daß er innerhalb der letzten fünf Jahre vor der Veröffentlichung der Anmeldung der Gemeinschaftsmarke die ältere Gemeinschaftsmarke in der Gemeinschaft für die Waren oder Dienstleistungen, für die sie eingetragen ist und auf die er sich zur Begründung seines Widerspruchs beruft, ernsthaft benutzt hat, oder daß berechtigte Gründe für die Nichtbenutzung vorliegen, sofern zu diesem Zeitpunkt die ältere Gemeinschaftsmarke seit mindestens fünf Jahren eingetragen ist. Kann er diesen Nachweis nicht erbringen, so wird der Widerspruch zurückgewiesen. Ist die ältere Gemeinschaftsmarke nur für einen Teil der Waren oder Dienstleistungen, für die sie eingetragen ist, benutzt worden, so gilt sie zum Zwecke der Prüfung des Widerspruchs nur für diese Waren oder Dienstleistungen als eingetragen.

(3) Absatz 2 ist auf ältere nationale Marken im Sinne von Artikel 8 Absatz 2 Buchstabe a) mit der Maßgabe entsprechend anzuwenden, daß an die Stelle der Benutzung in der Gemeinschaft die Benutzung in dem Mitgliedstaat tritt, in dem die ältere Marke geschützt ist.

(4) Das Amt kann die Beteiligten ersuchen, sich zu einigen, wenn es dies als sachdienlich erachtet.

(5) Ergibt die Prüfung, daß die Marke für alle oder einen Teil der Waren oder Dienstleistungen, für die die Gemeinschaftsmarke beantragt worden

ist, von der Eintragung ausgeschlossen ist, so wird die Anmeldung für diese Waren oder Dienstleistungen zurückgewiesen. Ist die Marke von der Eintragung nicht ausgeschlossen, so wird der Widerspruch zurückgewiesen.

(6) Die Entscheidung über die Zurückweisung der Anmeldung wird veröffentlicht, sobald sie unanfechtbar geworden ist.

*Schennen*

Literatur:
*Casalonga*, La pratique de l'opposition, Revue des affaires européennes 1998, 345; *Folliard-Monguiral/Bertoli*, Les procédures inter partes à l'épreuve de la réforme du règlement d'exécution sur la marque communautaire, Propriété industrielle Juris Classeur 2005, Heft 9, S 10; *Gevers/Tatham*, The opposition system in the Community Trade Mark system, EIPR 1998, 22; *Kapnopoulou*, Die Problematik der verspäteten Zahlung der Widerspruchsgebühr in der Entscheidungspraxis des Harmonisierungsamts für den Binnenmarkt, MarkenR 2000, 160; *Lory*, La pratique de l'opposition fondée sur les motifs relatifs de refus du point de vue de l'OHMI, Revue des affaires européennes 1999, 19; *Kliems*, Die Einrede mangelnder Benutzung im Markenrecht, MarkenR 2001, 185; *Weberndörfer*, Proof of use: Commentary on the practice of the Opposition Division of the OHIM, EIPR 2001, 145.

## 1 Allgemeines

1  Art 41 und Art 42 regeln das Widerspruchsverfahren. Sie sind hier zusammenfassend kommentiert. Nach der Veröffentlichung einer GMA (Art 39) kann innerhalb von 3 Monaten jeder Dritte, der Inhaber einer älteren Marke oder eines älteren Kennzeichenrechts ist, Widerspruch einlegen. Die Widerspruchsgründe sind nur die des Art 8.

2  Das Widerspruchsverfahren ist ein kontradiktorisches Verfahren. Es gelten Art 76 (1) Satz 2, (2), Art 77 (mündliche Verhandlung, obwohl nie praktiziert) und Art 78 (Beweisaufnahme). Für die gelegentlich vertretene Charakterisierung des Widerspruchsverfahrens als summarisches Verfahren[1] gibt das Gesetz keine Grundlage. Ebensowenig hilfreich sind Begriffe wie Dispositionsmaxime und Beibringungsgrundsatz.

---

1  So zum – allerdings anders gestalteten – Verfahren vor dem DPMA: Ströbele/Kirschneck, MarkenG, § 42 Rn 57; Risthaus, S 397.

Zuständig sind die Widerspruchsabteilungen (Art 130 (b), Art 132), die in 3
der Besetzung von drei Mitgliedern entscheiden (Ausnahmen in R 100).

Eine vollständige Regelung des Widerspruchsverfahrens findet sich in 4
R 15–22, die durch VO Nr 1041/2005[2] völlig neu gefasst wurden. Das Verfahren wurde gestrafft, die Möglichkeit zur Nachreichung von Unterlagen
wurde eingeschränkt, verspätetes Vorbringen weiter ausgeschlossen und eine
Reihe von Zweifelsfragen, die einige Entscheidungen der HABM-BKn offen
gelassen hatten, wurden geklärt.

Die Reformvorschläge der Kommission sehen vor, die Fünfjahresfrist nach. 5
Abs 2 Satz 1 ab dem Anmelde- oder Prioritätstag und nicht ab der Veröffentlichung der angefochtenen GMA zu berechnen. Eine Begründung dafür ist
ihnen nicht zu entnehmen. Der Vorschlag würdedazu führen, daß weniger
ältere Marken als bis dato dem Benutzungszwang unterlägen.

Von den allgemeinen Verfahrensvorschriften der DV wichtig sind R 79, 6
R 79a, R 83 (1) (b) (Widerspruchsformblatt), R 94 (Kostenerstattung und
Kostenfestsetzung) und R 98 (Anforderungen an Übersetzungen). Widersprüche gegen eine IR, in der die EG benannt ist, sind geregelt in Art 156
und R 114–116. Die Widerspruchsgebühr ist geregelt in Art 2 Nr 5 GebV.

Einen vollständigen und aktuellen Überblick geben die 2007 überarbeiteten 7
Widerspruchsrichtlinien, RiLi Teil C Kapitel 1,[3] die in den neueren Fassun-
gen als »Manual« nur unwesentlich aktualisiert wurden. Diesen folgt unsere
Darstellung, ohne daß die einzelnen Fundstellen zitiert werden.

## 2 Einlegung des Widerspruchs

Die Anforderungen an die Einlegung des Widerspruchs sind in Art 41 und 8
in R 15 (1) geregelt. Der Widerspruch ist fristgebunden, schriftlich einzulegen und gebührenpflichtig.

### 2.1 Widerspruchsfrist

Die Widerspruchsfrist beträgt 3 Monate ab dem Datum der Veröffent- 9
lichung der angefochtenen GMA (Art 39), dh ab dem Datum, das in der

---

2 ABl-EG L 172 vom 5.7.2005, S 4 = ABl-HABM 2005, 1098.

3 Http://oami.europa.eu/ows/rw/pages/CTM/legalReferences/guidelines/guideli-
nes.de.do.

elektronischen Veröffentlichung im Internet als das Veröffentlichungsdatum genannt ist, R 85 (3). Nur im Falle der Neuveröffentlichung der GMA mit geänderter Wiedergabe der Marke oder geändertem VerzWDL ist unter den engen Voraussetzungen des Art 41 (2) eine erneute Widerspruchsfrist eröffnet, die aber nur für die Waren und Dienstleistungen gilt, die nicht schon in der ersten Veröffentlichung enthalten waren.

10  Für die Fristberechnung gelten die allgemeinen Vorschriften einschließlich der Fristberechnung beim letzten Tag eines Monats, R 70 (4) (siehe unter Art 81 Rdn 174) und zum Fristablauf bei Tagen, an denen das HABM geschlossen ist, R 72 (1) (siehe unter Art 81 Rdn 181).

11  Im Interesse der Rechtssicherheit sind bei Versäumung der Widerspruchsfrist sowohl Wiedereinsetzung (Art 81 (5), siehe unter Art 81 Rdn 25) als auch Weiterbehandlung (Art 82 (2), siehe unter Art 82 Rdn 28) ausgeschlossen.

## 2.2 Widerspruchsgebühr

12  Innerhalb derselben Frist muß die Widerspruchsgebühr von 350 Euro (Art 2 Nr 5 GebV) beim Amt eingegangen sein. Die Nachfrist nach Art 8 GebV bei nach Fristablauf eingegangener, aber vor Fristablauf veranlasster Zahlung (siehe unter Art 144 Rdn 34) ist anwendbar.

13  Geht die Widerspruchsgebühr oder gehen Widerspruchsschrift und Gebühr nach Fristablauf ein, so gilt der Widerspruch als nicht eingelegt, Art 41 (3) und R 17 (1). Das Amt erstattet die Widerspruchsgebühr, ggf einschließlich des nach Art 8 GebV gezahlten Zuschlags. Der entsprechenden Feststellung des HABM kann der Widersprechende nach R 54 widersprechen. Der Anmelder erhält den Vorgang zur Information, R 17 (5). Der als nicht eingelegt behandelte Widerspruch löst kein kontradiktorisches Verfahren und keine Kostenerstattungspflicht des Widersprechenden aus.[4]

14  Die verspätete Einreichung der Widerspruchsschrift führt dagegen zur Unzulässigkeit des Widerspruchs (R 17 (2)), wozu die Widerspruchsabteilung den Widersprechenden zunächst noch anhört. Der Unterschied der Rechtsfolgen wird aber nur relevant, wenn die Widerspruchsschrift verspätet, aber die Widerspruchsgebühr rechtzeitig war, was kaum vorkommen dürfte.

---

4  HABM-BK R 1350/2007-1 vom 3.9.2008 (Nr 32) *SCHNEIDER/SCHNEIDER*; HABM-BK R 1387/2007-4 vom 22.1.2008 (Nr 18) *ONDACELL/OKACELL*.

## 2.3 Schriftliche Einlegung

Der Widerspruch ist schriftlich einzulegen, was sich schon aus der allgemei- 15
nen, für alle HABM-Verfahren geltenden R 79 ergibt, aber in Art 41 (3)
Satz 1 überflüssigerweise (siehe etwa Art 25) noch einmal hervorgehoben
wird. Das Formblatt nach R 83 (1) (b) ist empfohlen, aber nicht verpflichtend. Das Amt erlaubt seit 2008 auch die, nicht gebührenprivilegierte, elektronische Einreichung (e-opposition),[5] wovon in ca 40 % der Fälle Gebrauch gemacht wird.

## 2.4 Gegenstand und Parteien

Widerspruch kann nur gegen eine einzige GMA eingelegt werden. Ein Wi- 16
derspruch gegen mehrere GMAen ist insgesamt (und nicht etwa nur hinsichtlich der weiteren GMAen) unzulässig. Ist nicht zweifelsfrei (aus dem
Formular und ggf aus dem beigefügten Schriftsatz) erkennbar, gegen welche
GMA sich der Widerspruch richtet, so ist der Widerspruch ohne Nachbesse-
rungsmöglichkeit unzulässig, R 15 (2) a), R 17 (2).

Der Widerspruch kann auf beliebig vielen ältere Rechten beruhen, ohne Ge- 17
bühren- oder Kostenfolgen. Dies wird vielfach missbraucht, wenn pauschal
alle Kästchen des Formulars angekreuzt werden, auch für solche Rechte, die
es gar nicht gibt.[6] Entsprechend streng müssen die Anforderungen an die
Identifizierung und Substantiierung des jeweiligen älteren Rechts gehandhabt werden. Der Widerspruch kann sich gegen alle Waren und Dienstleistungen der Anmeldung richten oder beschränkt nur gegen einen Teil der
Waren und Dienstleistungen eingelegt werden.

Nach Ablauf der Widerspruchsfrist dürfen keine weiteren älteren Rechte 18
oder Widerspruchsgründe mehr nachgeschoben werden.[7] Ebenso darf, wenn
der Widerspruch nur gegen einen Teil der Waren und Dienstleistungen eingelegt wurde, die Reichweite des Widerspruchs nicht erweitert werden.[8]

---

5 Art 11 des Beschlusses des Präsidenten Nr EX-11-03 vom 18.4.2011.
6 HABM-BK R 1446/2006-4 vom 5.11.2007 (Nr 12, 14) *RM2000T/RM2000T.*
7 HABM-BK R 1589/2010-4 vom 11.4.2011 (Nr 35) *Tavolaverde/Vinho Verde*;
  zum Nichtigkeitsverfahren siehe auch EuG T-028/09 vom 13.1.2011 (Nr 46) *Pine
  Tree.*
8 HABM-BK R 848/2009-1 vom 9.9.2010 (Nr 34) *OMEGA.INFO/OMEGA.*

19 Der Widerspruch muß vom Inhaber der älteren Marke oder des älteren Rechts eingelegt werden. Das ist an sich eine Frage der Begründetheit, dh ob dem Verfahrensbeteiligten das geltend gemachte ältere Recht überhaupt zusteht. Mehrere Personen dürfen nur dann Widerspruch einlegen, wenn sie Mitinhaber des älteren Rechts (R 15 (1)) oder Inhaber und Lizenznehmer (R 15 (2) (h) (iii)) sind. Es handelt sich dann um einen einzigen Widerspruch, so daß auch die Entscheidung notwendigerweise für und gegen alle Widersprechenden gemeinsam ergehen muß.[9] Ist ein Widersprechender Inhaber der Marken A und B und der andere Inhaber der Marke C, so fordert das HABM, wenn sich dies aus der Widerspruchsschrift ersehen lässt, die Beteiligten auf, klarzustellen, mit wem das Verfahren fortgeführt werden soll; tun sie dies nicht, so ist der Widerspruch insgesamt unzulässig. Entsprechendes gilt bei mehreren Marken mit Überlappungen der Inhaberschaft.

20 Zum Parteiwechsel bei Übertragung des oder eines der älteren Rechte siehe unten unter Rdn 209–217.

### 2.5 Sprache

21 Zur Sprache des Widerspruchs gilt Art 119 (5), (6) (Einzelheiten unter Art 119 Rdn 36–39). Der Widerspruch ist in einer der 5 Sprachen des HABM einzureichen. Widersprüche in anderen Sprachen sind rechtlich wirkungslos, nicht etwa nur unzulässig. Verfahrensprache des Widerspruchs kann nur die 1. (vorausgesetzt, sie ist eine der 5 Sprachen des HABM) oder 2. Sprache des HABM sein.

22 Stimmen diese Sprachen überein, so wird die Sprache des Widerspruchs Verfahrenssprache des Widerspruchsverfahrens. Diese kann später nicht geändert werden, es sei denn nach Art 119 (7) qua Vereinbarung der Parteien (was fast nie vorkommt).

23 Stimmen diese Sprachen nicht überein, so hat der Widersprechende innerhalb eines Monats nach Ablauf der Widerspruchsfrist eine Übersetzung in die oder eine der beiden als Verfahrenssprache verfügbaren Sprachen einzureichen, R 16 (1), die als lex specialis R 96 (1) verdrängt. Durch die Reform der R 15–22 durch VO Nr. 1041/2005 wurde die bisher bestehende Unklarheit, ob die Übersetzung ein Mangel sei, zu dessen Heilung im Rahmen der Zulässigkeitsprüfung eine weitere Frist zu setzen sei, beseitigt: Die

---

9 HABM-BK R 267/2010-4 vom 18.8.2010 (Nr 10) *NANOFILT/NANOLIFT.*

Frist der R 16 (1) ist eine Ausschlußfrist. Deren Versäumung führt nach R 17 (3) zur Unzulässigkeit des Widerspruchs.

Wird die Übersetzung unvollständig eingereicht, so bleiben die nicht über- 24 setzten Teile unberücksichtigt, R 17 (3), die als lex specialis R 98 verdrängt.

▶ **Beispiel 1:**

GMA mit 1. Sprache NL, 2. Sprache DE: Wird der Widerspruch auf 25 deutsch eingereicht, so wird deutsch Verfahrenssprache. Wird der Widerspruch auf engl eingereicht, so ist innerhalb eines Monats eine Übersetzung des Widerspruchs ins deutsche einzureichen. Ist die Übersetzung unvollständig, weil die Übersetzung der Waren und Dienstleistungen, auf die sich der Widerspruch stützt, fehlt, so führt dies dazu, daß die Widerspruchsabteilung zur Behebung des Zulässigkeitsmangels nach R 15 (2) (f), R 17 (4) eine Nachfrist setzt.

▶ **Beispiel 2:**

GMA mit 1. Sprache DE, 2. Sprache FR: Wird der Widerspruch auf 26 deutsch eingereicht, so wird deutsch Verfahrenssprache. Wird der Widerspruch auf engl eingereicht, so ist der Widerspruch ins deutsche oder franz zu übersetzen, nach Wahl des Widersprechenden; die Sprache der Übersetzung wird dann Verfahrenssprache.

Der Widersprechende darf das amtliche Widerspruchsformular (R 83 (1) 27 (b)) oder ein selbst verfertigtes, dem HABM-Formular in Struktur und Inhalt entsprechendes Formular in jeder der 22 Amtssprachen der EG verwenden, und zwar (ohne daß es dafür einen logischen Grund gäbe) auch in den Sprachen, die nicht die des HABM sind und somit für den Widerspruch ohnehin nicht zur Verfügung stünden (analog R 95 (b), die aber insgesamt für das Widerspruchsverfahren nicht gilt). Der Widersprechende muß dann alle Textbestandteile in der Verfahrenssprache (oder einer der Sprachen des HABM, gefolgt von der Übersetzung nach R 16 (1)) abfassen. Das HABM übermittelt dann dem Anmelder zusammen mit den vom Widersprechenden eingereichten Unterlagen das HABM-Formular in der Verfahrenssprache, so daß der Anmelder alle Angaben in der Verfahrenssprache vorliegen hat.

Die Befugnis, ein Formular in einer anderen Sprache zu verwenden, ändert 28 nichts daran, daß die Verfahrenssprache verwendet werden muß. Wird ein Formular in der »falschen« Sprache verwendet, so kann dies als Widerspruch in der »richtigen« Sprache zu werten, wenn im Formular lediglich Zahlen und Namen angegeben sind und sich aus anderen Angaben oder der Gesamtheit der Umstände ein Wille des Widersprechenden ergibt, die »richtigen« Sprache zu verwenden Das ist nicht der Fall, wenn ausdrücklich die »falsche« Sprache als Verfahrenssprache bezeichnet wird oder übersetzungsbedürftiger Text in der »falschen« Sprache enthalten ist.[10] Das ist auch nicht der Fall, wenn der Widerspruch neben dem Formular weitere Schriftstücke enthält, die in der »falschen« Sprache abgefasst sind.[11]

### 3   Zulässigkeit des Widerspruchs

#### 3.1   Grundsätzliches

29   Jeder Widerspruch und jede Stellungnahme des Widersprechenden wird dem Anmelder zugestellt, und zwar vollständig nach der 2005 neu eingefügten R 16a, mit der der für den Anmelder unbefriedigende Zustand, zunächst nur über die Einlegung des Widerspruchs an sich unterrichtet zu werden, beseitigt wurde. Die Überschrift der deutschen Fassung von R 16a (»Benachrichtigung«) ist allerdings irreführend.

30   Der kontradiktorische Teil des Widerspruchsverfahrens beginnt erst nach Ablauf der Cooling-off-Frist (R 18 (1)). Bis dahin löst der Widerspruch keine Kostentragungspflicht des Widersprechenden aus, R 18 (4).

31   Die Zustellung des Widerspruchs löst auch für den Anmelder zunächst keine Fristen aus. Diese beginnen erst nach der Cooling-off-Frist und nachdem der Widersprechende den Widerspruch begründet und ergänzt hat, R 20 (2).

32   Vor dem Beginn der Cooling-off-Frist prüft das Amt zunächst die Zulässigkeit des Widerspruchs. Zu unterscheiden sind:

33   – Zulässigkeitsmängel, die nicht (bzw nur innerhalb der Widerspruchsfrist selbst) beseitigt werden können; dies sind die in R 15 (2) (a) – (c) und R 16 (1) genannten Erfordernisse;

34   – Zulässigkeitsmängel, zu deren Behebung das Amt eine – verlängerbare, aber im Regelfall nicht verlängerte – weitere Frist setzt, R 18 (4); dies sind die in R 15 (2) (d) – (h) genannten Erfordernisse und die nach Art 92, R 76.

---

10  HABM-BK R 1821/2007-4 vom 13.8.2008 (Nr 11–14) *INSUVITAL/INUVITAL*.
11  HABM-BK R 2114/2012-4 vom 29.4.2013 (Nr 13-15) *LUXSS/LOOX*.

Die in R 15 (3) genannten Erfordernisse sind gar keine Zulässigkeitserfor- 35
dernisse, sondern sind fakultativ und begrenzen nur die Reichweite des Widerspruchs.

Das Verfahren mit dem Widersprechenden, dem Zulässigkeitsmängel mit- 36
geteilt oder eine Frist zu deren Behebung gesetzt wird, ist nicht kontradikto-
risch, dh der Anmelder wird nicht zur Stellungnahme aufgefordert. Reicht er
gleichwohl eine Stellungnahme ein, so darf diese nur von Amts wegen berücksichtigt werden, als ob das HABM den entsprechenden Vortrag selbst ermittelt hätte; eine Kostentragungspflicht für den Widersprechenden entsteht
noch nicht. Wohl aber wird der Anmelder Partei in einem Beschwerdeverfahren, in dem der Widersprechende die Zurückweisung des Widerspruchs
als unzulässig anficht (Art 59 Satz 2); die Phase der Zulässigkeitsprüfung ist
also kein ex-parte Verfahren, sondern trotz der Bezeichnung »nicht kontradiktorische Phase« eine Mischung aus ex-parte- und inter-partes- Verfahren.

Die Zulässigkeit des Widerspruchs ist von Amts wegen zu prüfen und ggf 37
Gegenstand der Amtsermittlung; Art 76 (1) Satz 2 gilt nicht.

Insbesondere hängt die Prüfung nicht von der Verteidigung des Gegners ab. 38
Auch ist ein unzulässiger Widerspruch nicht deshalb als zulässig zu behandeln, weil der Anmelder ihn verstehen konnte oder die fehlenden Angaben
kannte.

Die Zulässigkeitserfordernisse überschneiden sich mit denen der Substantiie- 39
rung nach R 19, die zur Begründetheit des Widerspruchs gehören. Das gilt
insbesondere für die Angabe der Waren und Dienstleistungen der älteren
Marke und deren Wiedergabe in Farbe. Hier gilt: Spätestens bis Ablauf der
Fristen nach R 18 (1), 19 gesetzten Fristen müssen alle nötigen Angaben,
Nachweise und Übersetzungen vorliegen.

Geschieht dies nicht, so wird der Widerspruch in jedem Fall als unbegründet 40
zurückgewiesen, auch wenn das HABM es unterlassen hatte, den Widerspruch nach R 17 (4) als unzulässig zu beanstanden;[12] der Widersprechende,
der es versäumt, sein älteres Recht nachzuweisen, steht also nicht deshalb
besser, weil das Versäumnis schon die Zulässigkeit des Widerspruchs betraf.
Natürlich gilt dies erst recht, wenn das Zulässigkeitsproblem erst mit der

---

12 EuG T-420/03 vom 17.6.2008 (Nr 75f) *Boomerang TV/Boomerang*.

Vorlage der Urkunden erkannt werden kann, wenn also erst aus der Vorlage der Eintragungsurkunde sich ergibt, daß die Marke in Farbe ist.[13]

41  Dagegen kann die Unzulässigkeit des Widerspruchs noch zu jedem späteren Verfahrenszeitpunkt, auch in der Beschwerdeinstanz festgestellt werden;[14] die Setzung der Cooling-off-Frist stellt auch keine Zwischenentscheidung über die Zulässigkeit des Widerspruchs dar. Die gegenteilige Entscheidung des EuGH[15] will der Feststellung der Widerspruchsabteilung, der Widerspruch sei zulässig, Entscheidungscharakter zumessen; sie argumentiert mit der Widerrufsmöglichkeit nah Art 80, die aber subsidiär und kein Rechtsbehelf ist, und der Möglichkeit für den Gegner, die auf eine (fehlerhafte) Behandlung des Widerspruchs als zulässig gestützte Endentscheidung anzufechten, was aber gar nicht möglich ist, wenn der Widerspruch zurückgewiesen wird. Jedenfalls ist auf dieser Argumentationsbasis unverständlich, welche Rolle dieser Umstand noch spielen soll, wenn die Entscheidung der Widerspruchsabteilung (von wem auch immer) vor der Beschwerdekammer tatsächlich angefochten wurde. Sie verstößt gegen die Denkgesetze und sollte über den Einzelfall hinaus besser ignoriert werden.

42  Ein Widerspruch kann nur insgesamt zulässig oder unzulässig sein. Betreffen die Mängel der R 15 (2) (b) – (g) nur einen Teil der geltend gemachten älteren Rechte, so bleiben jene älteren Rechte als unzulässig bzw unsubstantiiert außer Betracht, und der Widerspruch fährt nur für das oder die älteren Rechte fort, für die die Angaben nach R 15 (b) – (g) gemacht wurden. Dies führt in der Praxis dazu, daß die oft nachlässigen Angaben zu zahllosen weiteren älteren Rechten das Verfahren nicht behindern.

### 3.2  Identifizierung der angegriffenen GMA

43  Nach R 15 (2) (a) ist die angegriffene GMA durch ihr Aktenzeichen und den Namen ihres Anmelders zu identifizieren. In der Praxis begnügt sich das Amt mit dem Aktenzeichen. Die im Widerspruchsformular enthaltene wei-

---

13  HABM-BK  R 760/2008 vom 19.9.2008 (Nr 20) *PRIMESOURCING/PT PRIMESOURCE.*

14  HABM-BK  R 1427/2011-2 vom 15.6.2012 (Nr 17f) *GREENCOOK/GREENCOOK.*

15  EuGH C-402/11 vom 18.10.2012, MarkenR 2012, 469 (Nr 53, 61, 63, 67) *Redtube.*

tere Rubrik des Veröffentlichungsdatums der angegriffenen GMA dient nur der doppelten Kontrolle.

Es kann immer nur eine GMA pro Widerspruch angegriffen werden. Wer-  44
den in einem Widerspruch mehrere GMAen angegriffen, so ist der Widerspruch insgesamt – und nicht etwa nur hinsichtlich der zweiten und weiteren
GMAen – unzulässig.

### 3.3 Identifizierung älterer eingetragener Marken

Eine ältere eingetragene oder angemeldete GM, nationale Marke oder IR  45
(siehe Art 8 (2) (a), (b)) ist durch ihre Nummer und die Angabe des Landes
(Mitgliedstaats), in dem sie geschützt ist, zu identifizieren, R 15 (2) (b) (i).[16]
Zwingend ist die Angabe, ob es sich um eine Eintragung oder noch um eine
Anmeldung handelt.

Die nationalen Aktenzeichenvergabesysteme (nur ein Aktenzeichen oder ge-  46
trennte für Anmeldungen, Eintragungen oder verlängerte Eintragungen)
weichen ab. Als Mindesterfordernis ist eines dieser Aktenzeichen anzugeben.
Das Widerspruchsformular empfiehlt die Angabe beider Aktenzeichen, falls
zutreffend, sowie die entsprechenden Anmelde- und Eintragungsdaten.

Was nationale und IR-Marken angeht, so ist außerdem die Angabe des Mit-  47
gliedstaats, in dem sie geschützt ist, zwingend.[17] Insbesondere ist bei IR-
Marken zumindest ein benannter Mitgliedstaat anzugeben. Was den Mitgliedstaat, in dem die Marke geschützt ist (nicht aber was die Nummer der
Marke) angeht, können die Angaben im Formular durch die Anlagen, auch
durch die beigefügten Registerauszüge, ergänzt werden.

Wird eine geltend gemachte GM oder GMA nach Ablauf der Widerspruchs-  48
frist zurückgewiesen, so tritt eine daraus umgewandelte nationale Marke automatisch an deren Stelle, ohne daß erneut Widerspruch eingelegt werden
müsste.[18]

---

16  EuG T-186/04 vom 15.6.2005 (Nr 49), GRUR Int 2005, 690 *Spaform/Spa*.
17  HABM-BK R 1224/2006-4 vom 16.3.2007 (Nr 12, 24) *MINI BIG BUBBLER/
    BIG MINI*.
18  HABM-BK R 1313/2006-G vom 15.7.2008 (Nr 32) *CARDIVA/CARDIMA*; RiLi
    Teil E, 2.8; RiLi Teil C, A.V.1.1.

49   Nicht zur Identifizierung – und überhaupt nicht zur Zulässigkeitsprüfung – gehört die Vorlage entsprechender Urkunden. Diese gehört vielmehr zur Begründetheit des Widerspruchs[19] und unterliegt R 19, 20.[20] Nicht zur Identifizierung nötig ist die Wiedergabe der Marke. Fehlt diese, so handelt es sich um einen nach R 17 (4) heilbaren Mangel und fordert die Widerspruchsabteilung zu dessen Behebung nicht auf, so bleibt dies folgenlos, wenn die Wiedergabe der Marke mit den entsprechenden Urkunden innerhalb der Substantiierungsfrist nach R 19 (1) vorgelegt wird,[21] siehe unter Rdn 72, 143.

### 3.4 Identifizierung eingetragener bekannter Marken

50   Die Neufassung von R 15 (2) (b) unterscheidet nunmehr klar zwischen eingetragenen und nicht eingetragenen Marken und behandelt die Bekanntheit als eigenen oder zusätzlichen Widerspruchsgrund, entsprechend der Systematik des Schutzes bekannter Marken.

51   Handelt es sich um eine eingetragene Marke, für die der Bekanntheitsschutz gegen unähnliche Waren geltend gemacht wird (und dies ist zwangsläufig eine eingetragene Marke), so gelten dieselben Identifizierungserfordernisse wie für alle anderen eingetragenen Marken auch. Zusätzlich ist als Widerspruchsgrund Art 8 (5) anzugeben (R 15 (2) (c)) und anzugeben wo (dh bei GMn in welchem Mitgliedstaat) und für welche Waren Bekanntheit besteht, was aber noch nach R 17 (4) nachgebessert werden kann, R 15 (2) (g).

52   Handelt es sich um eine notorisch bekannte Marke iSv Art 8 (2) (c) und Art 6bis PVÜ, so gelten ebenfalls dieselben Erfordernisse wie für jede andere eingetragene Marke. Eine solche notorisch bekannte Marke ist entsprechend der Systematik der GMV immer nur gegen identische und ähnliche Waren geschützt. Deshalb ist eine solche Marke letztlich nichts anderes als eine eingetragene Marke, für die (besonders) erhöhte Kennzeichnungskraft in Anspruch genommen wird.

53   Die notorisch bekannte Marke kann nach Art 6bis PVÜ auch eine nicht eingetragene Marke sein.[22] Eine nicht eingetragene notorische Marke wird hin-

---

19   EuG T-186/04 vom 15.6.2005 (Nr 54), GRUR Int 2005, 690 *Spaform/Spa*.
20   EuG T-232/00 vom 13.6.2002, Slg 2002 II-2749 (Nr 44, 63) *Chef*; HABM-BK R 163/2006-4 (Nr 20) *DEKA/DETA*.
21   EuG T-186/04 vom 15.6.2005 (Nr 46), GRUR Int 2005, 690 *Spaform/Spa*.
22   Erfolglos auch in R 1191/2010-4 MASCOLOMBIANA.

sichtlich der Identifizierungserfordernisse wie eine nicht eingetragene nationale Marke (Art 8 (4)) behandelt.

Auch eine Agentenmarke (Art 8 (3)) beruht auf einer Marke, die dem Prinzi- 54
pal gehört, die freilich auch außerhalb der EG eingetragen sein kann oder eine nicht eingetragene Marke sein kann. Auch hier gilt, daß die Identifizierung bei eingetragenen Marken zwingend über deren Nummer erfolgt.

### 3.5 Identifizierung nicht eingetragener älterer Rechte

Bei nicht eingetragenen älteren Rechten kann es sich handeln um 55
– nicht eingetragene nationale Marken, Art 8 (4); 56
– nicht eingetragene Handelsnamen und sonstige geschäftliche Kennzei- 57
chen, Art 8 (4), in DE iVm § 5 (2) DE-MarkenG;
– nicht eingetragene notorische Marken nach Art 8 (2) (c) PVÜ; 58
– Agentenmarken, die für den Prinzipal als nicht eingetragene Marken ge- 59
schützt sind, Art 8 (3).

Für alle diese Rechte ist zwingend innerhalb der Widerspruchsfrist die Wie- 60
dergabe der Marke einzureichen, wenn Bildmarke, auch die Wiedergabe des Bildes, wenn Marke in Farbe, dann auch die Wiedergabe in Farbe.

So ist ein Widerspruch absolut nach R 17 (2) unzulässig, für den nur die An- 61
gabe »XYZ (Bildmarke)« erfolgt ohne Beifügung der Wiedergabe der Marke.

Ebenso ist zwingend die Angabe des Mitgliedstaats, in dem das ältere Recht 62
geschützt sein soll, erforderlich.

Wird ein Mitgliedstaat angeben, in dem solche älteren Rechte gar nicht exis- 63
tieren, so gehört dies nicht zur Zulässigkeitsprüfung, sondern führt zur Abweisung des Widerspruchs als unbegründet. So gibt es in Belgien und den Niederlanden keine nicht eingetragenen Marken.[23]

### 3.6 Widerspruchsgründe

Nach R 15, 16 aF war nicht klar, ob mit der Begründung des Widerspruchs 64
nur die Angabe der Rechtsnormen oder bereits eine schriftsätzliche Widerspruchsbegründung gemeint war.

---

23 HABM-BK R 1446/2006-4 vom 5.11.2007 (Nr 14) *RM2000T/RM2000T.*

65  Nunmehr unterscheidet die DV klar

66  – zwischen der Angabe der Widerspruchsgründe, dh der Rechtsnormen, auf die sich der Widerspruch stützt, diese gehören nach R 15 (2) (c), 17 (2) zu den absoluten Zulässigkeitsvoraussetzungen;

67  – und der »Begründung« des Widerspruchs, dh den Tatsachen, Beweismitteln und schriftsätzlichen Ausführungen zur Stützung des Widerspruchs; diese gehört zur Begründetheitsprüfung, R 19 (1).

68  Als Angabe des Widerspruchsgrunds reicht nach R 15 (2) (c) »die Erklärung, daß die jeweiligen Erfordernisse nach Art 8 (1), (3) – (5) erfüllt sind« aus. Dies heißt: Für Art 8 (1) (b) reicht die Angabe »Verwechslungsgefahr« aus, und es reicht auch nur die Angabe der Rechtsnorm des Art 8 (1) (b) aus.[24]

69  Die Angabe »Art 8 (1) (a)« (Doppelidentität) deckt automatisch Art 8 (1) (b) ab[25] und umgekehrt.[26] Grund: Oft ist es eine Wertungsfrage, ob die Zeichen identisch oder nur hochgradig ähnlich sind. Die rechtliche Einordnung der Zeichen- und Warenähnlichkeit bindet das Amt ohnehin nicht. Ist als Widerspruchsgrund nur Art 8 (1) (b) geltend gemacht worden, so kann ohne weiteres dem Widerspruch auf dieser Grundlage stattgegeben werden, wenn der Fall des Art 8 (1) (a) (Doppelidentität) vorliegt.[27] Grund: Dem Anmelder kann es nicht zugutekommen, wenn die Zeichen oder Waren nicht nur sehr ähnlich, sondern sogar identisch sind.

### 3.7 Relative Zulässigkeitsvoraussetzungen

70  Die relativen Zulässigkeitsvoraussetzungen sind die nach R 15 (2) (d) – (h); bei deren Nichterfüllung setzt das Amt nach R 17 (4) eine nicht verlängerbare (da gesetzlich bestimmte, siehe unter Art 81 Rdn 186) Frist von 2 Monaten zur Nachbesserung.

71  Diese sind Angaben zum Widersprechenden und seinem Vertreter (R 15 (2) (h)), Anmelde- und Eintragungstag der älteren Marke (R 15 (2) (d)), bei auf Art 8 (5) gestützten Widersprüchen die Präzisierung, in welchem Mitgliedstaat und für welche Waren die Marke bekannt ist (R 15 (2) g)), und, prak-

---

24  EuG T-053/05 vom 16.1.2007, Slg 2007 II-37 (Nr 49, 51) *Calvo/Calavo*.

25  HABM-BK R 807/2008-4 vom 18.12.2008 (Nr 13) *I INDIVIDUAL/INDIVIDUAL*; HABM-BK R 574/2005-2 vom 26.4.2006 (Nr 28) *LOGO/LOGOS*.

26  HABM-BK R 576/2009-4 vom 5.2.2010 (Nr 37) *STORM/STORM*.

27  EuG T-483/08 vom 16.12.2009 (Nr 39–44) *Giordano/Giordano*.

tisch am wichtigsten, hinzu die Wiedergabe der älteren Marke (ausgenommen bei einer GM) und das VerzWDL der älteren Marke (R 15 (2) (e), (f)).

Bei Wortmarken reicht es, das Markenwort maschinenschriftlich im Formular wiederzugeben.[28] Bei Bildmarken ist die Marke in der eingetragenen Form, bei farbigen Marken diese in Farbe wiederzugeben. Wird eine Wiedergabe vorgelegt, so wird der Widerspruch auf diese Marke festgelegt. Stimmt die Wiedergabe mit der der Eintragung nicht überein, so ist der Widerspruch zwar zulässig, weil eine Wiedergabe vorliegt, deren Übereinstimmung mit der Eintragungsurkunde das HABM in dem frühen Verfahrensstadium auch gar nicht prüfen braucht, aber unbegründet, weil das geltend gemachte ältere Recht tatsächlich so wie wiedergegeben nicht besteht.[29] Dies kann später nicht mehr berichtigt werden. Bei nicht eingetragenen Rechten hat dies zur Konsequenz, daß die im Widerspruch angegebene Form auch dem Widersprechenden gehören muß[30] und auch so benutzt worden sein muß. 72

Nur bei einer GM ist nach den RiLi eine Wiedergabe der Marke nicht erforderlich (was aus R 15 nicht hervorgeht, wohl ist die ältere GM nach R 19 (1) hinsichtlich des Nachweises ihres Bestehens privilegiert). Das HABM übermittelt dem Anmelder mit der Zustellung des Widerspruchs eine Wiedergabe, die es aus seiner Datenbank entnimmt. 73

Die Waren und Dienstleistungen, auf die der Widerspruch gestützt wird, müssen aufgelistet werden, und zwar in der Verfahrenssprache. Dieses Erfordernis gilt auch für GMn. Es gelten nur zwei Ausnahmen: 74

Wird erstens der Widerspruch nur auf einen Teil der Waren und Dienstleistungen gestützt, so reicht es diese aufzulisten; die übrigen – oft sehr zahlreichen – Waren sind für das Verfahren belanglos. 75

Zweitens kann im Widerspruch auf »alle Waren und Dienstleistungen, für die die nationale Marke eingetragen ist« oder auf »alle Waren in Klasse X« verwiesen werden. Dann muß aber eine Eintragungsurkunde oder ein Regis- 76

---

28  Siehe HABM-BK R 1474/2012-1 vom 13.3.2013 (NR 14f) *LEKKY/LEKI* zu einer unschädlichen Form der Wiedergabe einer bulgarischen Marke in lateinischen Buchstaben.

29  HABM-BK R 1071/2012-4 vom 8.2.2013 *SMARTTHERM/OSTENDORF.*

30  HABM-BK 810/2008-4 vom 4.6.2009 (Nr 17) *BED SUPPERCLUB/SUPPER-CLUB.*

terauszug beigefügt werden. der die Waren auflistet, und zwar in der Verfahrenssprache oder in diese übersetzt. Ohne dieses zusätzliche Dokument reicht die Angabe »All goods in Class X« nur, wenn die nationale Marke tatsächlich so eingetragen ist. Wegen R 17 (3) GAO müssen bei Widersprüchen gegen eine IR immer die Waren, für die die Marke eingetragen ist, angegeben werden.[31]

77 Hier liegt eine häufige Fehlerquelle: Die Einreichung des nationalen Registerauszugs kann zunächst erforderlich sein, um den Widerspruch hinsichtlich der Angabe des VerzWDL, auf das der Widerspruch gestützt ist, zulässig zu machen, sie ist dann aber später zwingend erforderlich zum Nachweis des Bestehens des älteren Rechts im Rahmen der Begründetheitsprüfung nach R 19 (1), 20 (1). Daß der Widerspruch zunächst für zulässig erachtet wurde, bedeutet also längst nicht die Erfüllung aller Nachweispflichten für die Substantiierung der älteren Marke.

78 Wertende Formulierungen wie »alle ähnlichen Waren und Dienstleistungen« sind unzulässig, sie sind nicht bestimmt genug.

79 Bei Firmenrechten (Art 8 (4)) tritt an die Stelle des VerzWDL die Angabe des Geschäftsbetriebs bzw der Branche.

80 Zur Vertretung des Widersprechenden ist nicht nur nach R 15 (2) (h) (ii) dessen Name und Anschrift nötig, sondern es ist vor allem nötig, daß der nicht in der EG ansässige Widersprechende gemäß Art 92 einen nach Art 93 zugelassenen Vertreter bestellt. Geschieht dies nicht, so wird die Zulässigkeit des Widerspruchs nach R 17 (4) beanstandet. Der Mangel der Vertretung ist noch in jeder Lage des Verfahrens zu prüfen (zB wenn dies übersehen wurde oder der Vertreter später die Vertretung niederlegt) und führt dann zur Abweisung des Widerspruchs. (Ist der Anmelder der GMA entgegen Art 92 nicht vertreten, so führt dies zur Zurückweisung der GMA in einem parallelen Verfahren und zur Einstellung des Widerspruchsverfahrens mit Kostenteilung.) Die Vorlage einer Vollmacht ist überhaupt keine Zulässigkeitsvoraussetzung und auch später regelmäßig unnötig, es sei denn der Gegner rügt dies, R 76 (1).

81 Der unzulässige Widerspruch wird nach R 17 zurückgewiesen, unter Mitteilung an den Anmelder, der von Amts wegen am Verfahren beteiligt ist, aber

---

31 RiLi Teil C, 1.A.2.3.

ohne Kostenentscheidung, da wir uns vor der Cooling-off-Frist befinden, siehe R 18 (4).

Den Widerspruch für zulässig zu befinden, stellt überhaupt keine Entscheidung dar, so daß sich die Frage der Anwendung des Art 58 (2) erst gar nicht stellt; werden Zulässigkeitsmängel erst später entdeckt oder wird ein ursprünglich zulässiger Widerspruch später unzulässig (zB bei Niederlegung der Vertretung im Falle des Art 92), so kann und muß die Zurückweisung des Widerspruchs zu jedem späteren Verfahrenszeitpunkt, möglichst früh, ausgesprochen werden. **82**

Seit 2007 wird, wenn für mindestens eines der geltend gemachten älteren Rechte der Widerspruch zulässig ist, für die anderen älteren Rechte keine Beanstandung nach R 17 (4) ausgesprochen.[32] Diese fallen dann aus dem Widerspruchsverfahren heraus. Das ist nur konsequent, denn eine Widerspruch kann nicht teilweise zulässig, teilweise unzulässig sein, sondern nur insgesamt zulässig oder unzulässig. Damit wird das Widerspruchsverfahren sofort auf die korrekt geltend gemachten älteren Rechte konzentriert. **83**

## 4 Cooling-off-Frist, gütliche Einigung

Entgegen der missverständlichen deutschen Fassung der R 16a nF erhält der Anmelder den Widerspruch nicht mehr, wie nach R 19 (1) aF, zur Information, sondern zugestellt. Aber dies löst für ihn noch keine Fristen oder sonstige Rechtsfolgen aus. Vielmehr eröffnet das Amt, wenn die Zulässigkeitsprüfung abgeschlossen ist, die Cooling-off-Frist nach R 18. Diese gibt Zeit zur gütlichen Beilegung ohne Pflicht zur Kostentragung. Die Cooling-off-Frist ist insgesamt sehr effektiv; nur 1/3 aller Widersprüche werden streitig entschieden. **84**

### 4.1 Mitteilung nach R 18 (1)

Das Amt versendet eine Mitteilung, in der es gleichzeitig **85**
– die Colling-off-Frist auf 2 Monate festsetzt, R 18 (2), **86**
– dem Widersprechenden eine Frist nach R 19 (1) setzt, alle Tatsachen, Beweismittel und Argumente zur Stützung des Widerspruchs vorzubringen bzw, soweit bereits mit dem Widerspruch vorgebracht, zu ergänzen und **87**

---

32 Mitteilung des Präsidenten Nr 5/07 vom 12.9.2007, Nr 2, ABl-HABM Nr 11/2007; RiLi Teil C, A.V.1.2.

zu vervollständigen; diese Frist beträgt 2 Monate ab Ablauf der Cooling-
off-Frist, dh 4 Monate ab Absendung der Mitteilung;

88 – dem Anmelder eine Frist nach R 20 (2) setzt, auf den Widerspruch zu erwidern; diese Frist beträgt 2 Monate ab Ablauf der Fristen für den Widersprechenden, dh 6 Monate ab Absendung der Mitteilung.

89 Diese Fristen müssen natürlich im Verlauf des Verfahrens ggf modifiziert
werden, nämlich

90 – wenn die Cooling-off-Frist verlängert wird, dann müssen auch die Stellungnahmefristen für den Widersprechenden und den Anmelder so modifiziert werden, daß sie 2 bzw 4 Monate nach Ablauf der Cooling-off-
Frist ablaufen;

91 – wenn der Widersprechende erst kurz vor Ablauf seiner Frist eine Stellungnahme einreicht, dann wird diese natürlich dem Anmelder übermittelt,
aber gleichzeitig wird ggf die Frist zur Stellungnahme für den Anmelder
so neu festgesetzt, daß der Anmelder zwei Monate zur Stellungnahme
hat.

### 4.2 Verlängerung der Cooling-off-Frist

92 Die Cooling-off-frist kann auf Antrag beider Parteien verlängert werden.
Dies ist der einzige Fall in der GMV, in der eine gesetzlich festgelegte Frist
verlängert werden kann, kraft ausdrücklicher Vorschrift in R 18 (1).

93 Der Antrag auf Verlängerung muß von beiden Parteien – bzw deren Vertretern, R 77 Satz 2 – unterschrieben sein, oder es müssen beide Parteien inhaltlich gleiche Anträge gestellt haben.

94 R 18 (1) begrenzt die Dauer der Verlängerung auf insgesamt 24 Monate, dh
die Frist von 2 Monaten wird um 22 Monate auf 24 Monate verlängert. Die
deutsche Fassung der DV (»um höchstens«) ist unzutreffend, die engl Fassung ist die authentische.

95 Die Einführung einer Höchstdauer war geboten, weil R 18 aF keine rechtliche Handhabe zur Ablehnung einer beantragten Verlängerung zu geben
schien und unbegrenzte Verlängerungen dem öffentlichen Interesse an einer
alsbaldigen Entscheidung über anhängige GMAen entgegenstehen. 24 Monate sind für Verhandlungen auch mehr als ausreichend, zumal auch nach
Ablauf der Cooling-off-Frist sich die Parteien einigen dürfen und sollen, nur
dann eben ohne Kostenprivileg und mit der Pflicht, das Verfahren parallel
streitig zu betreiben.

Gemäß Mitteilung des Präsidenten Nr 1/06 vom 2.2.2006[33] verlängert das **96** Amt, wenn ein Verlängerungsantrag gestellt wird und unabhängig von der gewünschten Verlängerung, die Cooling-off-Frist standardmäßig auf die Höchstdauer von 24 Monaten. Jede Partei kann dann einseitig und ohne Angabe von Gründen ein opting-out erklären und die Cooling-off-Frist zum Ende bringen. Grund: Konsekutive Fristverlängerungsanträge um je 2 Monate belasteten Amt und Parteien; einseitige Fristverlängerungsanträge oder solche, in denen die Parteien unterschiedliche Fristen beantragten, verkomplizierten unnötig den Verfahrensablauf. Durch die opting-out-Möglichkeit wird dem Antragsteller auch nicht mehr als beantragt zugesprochen, vielmehr kann der Widersprechende die Ankündigung, ein opting-out zu erklären, noch gezielter als Druckmittel zur Beschleunigung der Verhandlungen einsetzen.

Wird eine Verlängerung der Cooling-off-Frist beantragt und vom Amt ak- **97** zeptiert, so ergeht eine neue Mitteilung nach R 19 (1), 20 (2), in der die Stellungnahmefristen auf 24 + 2 und 24 + 4 Monate festgesetzt werden. Wird die Cooling-off-Frist durch opting-out beendet, so versendet das Amt eine dritte Mitteilung, in der in der die Stellungnahmefristen auf 2 und 4 Monate ab Absendung dieser dritten Mitteilung festgesetzt werden.

Wichtig: Es ist unbedingt zu beachten, daß die mit der ersten Mitteilung **98** über die Eröffnung der Cooling-off-Frist gesetzten Fristen nicht endgültig sind, sondern ggf später neu notiert werden müssen.

### 4.3 Einigung während der Cooling-off-Frist

Während der Cooling-off-Frist können sich die Parteien wie folgt einigen: **99**
– Der Widersprechende nimmt den Widerspruch zurück. Dann wird keine **100** Kostenentscheidung getroffen (R 18 (4)), dh entgegen der Grundregel des Art 85 (3) muß der Widersprechende die Kosten des Anmelders nicht tragen. Die Widerspruchsgebühr wird natürlich nicht erstattet, da der Widerspruch ja erfolglos war (Gedanke des Art 85 (3)). Die GMA wird eingetragen.
– Die Parteien teilen einfach dem Amt mit, daß das Verfahren eingestellt **101** werden soll oder daß sie sie geeinigt haben. Dann gilt das gleiche wie bei Rücknahme des Widerspruchs.
– Der Anmelder nimmt die angegriffene GMA zurück. Dann wird keine **102** Kostenentscheidung getroffen (R 18 (4)), und die Widerspruchsgebühr

---

33 ABl-HABM 2006, 332.

wird gemäß R 18 (5) erstattet. Grund: Der Widersprechende war erfolgreich (Rechtsgedanke des Art 85 (3)), ohne daß das Amt eine Sachentscheidung treffen mußte.

103 – Der Anmelder schränkt sein VerzWDL ein (siehe Art 43) und daraufhin nimmt der Widersprechende den Widerspruch gegen das verbleibende VerzWDL zurück. Dann wird keine Kostenentscheidung getroffen (R 18 (4)), und die Widerspruchsgebühr wird gemäß R 18 (5) erstattet. Grund: Der Widersprechende war zumindest teilweise erfolgreich und gibt durch die Rücknahme des Widerspruchs zu erkennen, daß ihn die verbleibenden Waren wirtschaftlich nicht interessieren. Die GMA wird für die verbleibenden Waren eingetragen.

104 Wenn der Anmelder sein VerzWDL einschränkt, so muß zunächst der Widersprechende erklären, ob er den Widerspruch aufrechterhält, R 18 (3). Tut er dies, so wird das Verfahren wegen der verbleibenden Waren eingestellt.

105 Wird während der Cooling-off-Frist die angegriffene GMA in einem anderen Widerspruchsverfahren zurückgewiesen, so wird das Widerspruchsverfahren eingestellt, R 21 (3). Auch dann wird keine Kostenentscheidung getroffen (R 18 (2), »Parallelverfahren«). Die Widerspruchsgebühr wird nur zur Hälfte erstattet, R 21 (4).

### 4.4 Einigung nach der Cooling-off-Frist

106 Die Parteien können sich auch nach Ablauf der Cooling-off-Frist, ja noch während des Beschwerdeverfahrens und des Verfahrens vor dem EuG, einigen, siehe R 20 (5) mit Verweisung auf R 18 (3), (4).

107 Dazu können sie die Aussetzung des Verfahrens beantragen, die normalerweise gewährt wird, wenn sie von beiden Parteien beantragt wird und zeitlich im vernünftigen Rahmen bleibt. Bei Wiederholung des Aussetzungsantrags wird das Amt ggf auffordern, nachzuweisen, wie weit die Verhandlungen gediehen sind bzw wann eine Einigung erwartet werden kann. Eine Aussetzung steht aber in jedem Fall im Ermessen des Amtes, R 20 (7) (c).

108 Eine Aussetzung kann nicht gewährt werden, wenn dies auf die Verlängerung gesetzlicher Fristen wie der Beschwerdebegründungsfrist (Art 60 Satz 3) hinauslaufen würde.[34]

---

34 HABM-BK R 1341/2007-G vom 18.4.2008 (Nr 7, 14) *KOSMO/COSMONE.*

Eine Aussetzung während der Cooling-off-Frist ist unzulässig, für Einigungs- 109
bemühungen während dieses Zeitraums ist die Cooling-off-Frist da.

Die verschiedenen oben unter Rdn 100–103 genannten Varianten einer Ei- 110
nigung oder Gründe für eine Einstellung gelten auch für den Zeitraum nach
Ablauf der Cooling-off-Frist, mit zwei Unterschieden:
- Nach Ablauf der Cooling-off-Frist führt jede Einstellung zu einer Kosten- 111
  entscheidung, es sei denn die Parteien verzichten ausdrücklich auf eine
  solche oder teilen mit, daß sie sich auch hinsichtlich der Kosten geeinigt
  haben, Art 85 (5);
- Eine Einstellung nach Ablauf der Cooling-off-Frist führt nie zur Erstat- 112
  tung der Widerspruchsgebühr nach R 18 (5); wohl aber wird bei Einstellung des Verfahrens wegen Zurückweisung der GMA in einem parallelen
  Widerspruchsverfahren die Hälfte der Widerspruchsgebühr nach R 21
  (3) stets erstattet, auch nach Ablauf der Cooling-off-frist.

Das Amt macht von der Möglichkeit nach Art 42 (4), den Parteien aktiv Ei- 113
nigungsvorschläge zu unterbreiten, nie Gebrauch. Einerseits muß das Amt
die Neutralitätspflicht wahren, andererseits kennt es nicht den wirtschaftlichen Hintergrund. Erst recht droht das Amt nicht an, in bestimmter Weise
zu entscheiden, wenn keine Einigung eingeht.

### 5 Substantiierung, Nachweis des älteren Rechts

Innerhalb der nach R 19 (1) gesetzten Frist muß der Widersprechende alles, 114
was er zur Stützung des Widerspruchs vorzubringen gedenkt, vorlegen. Er
muß insbesondere das ältere Recht nachweisen, wenn es sich nicht um eine
GM handelt, und alle Nachweise zu einer etwaigen Bekanntheit (Art 8 (5))
oder gesteigerten Kennzeichnungskraft vorlegen.

### 5.1 Nachweis der älteren Marke

Bei einer eingetragenen nationalen oder IR-Marke muß der Widersprechen- 115
de innerhalb der gesetzten Frist nach R 19 (2) einen urkundlichen Nachweis
einreichen, daß die Widerspruchsmarke besteht und mindestens noch bis
zum Ablauf der Frist nach R 19 (2) in Kraft ist.

Dieser Nachweis muß durch ein amtliches von dem betr nationalen Amt 116
oder der WIPO ausgestelltes Dokument geführt werden, etwa durch einen
Registerauszug, eine Eintragungsurkunde, Verlängerungsurkunde oder einen
Auszug aus dem Markenblatt. Darunter fallen DPMAregister (früher DPIN-

FO),[35] SITADEX (für ES), ROMARIN und MADRID EXPRESS (für IRen).

117 Wie R 19 (2) (a) (ii) nunmehr ausdrücklich bestimmt, reichen Ausdrucke aus privaten Datenbanken, auch wenn sie auf Daten der nationalen Ämter basieren, nicht aus. Ältere vereinzelte gegenteilige Beschwerdekammerentscheidungen sind mit R 19 (2) (a) nF obsolet. Damit festgestellt werden kann, daß es sich um ein offizielles Dokument eines nationalen Amtes handelt, muß der Aussteller erkennbar sein.[36]

118 Die Dokumente müssen die ältere Marke vollständig wiedergeben, dh die Wiedergabe der Marke,[37] das VerzWDL, die bibliographischen Daten und, soweit vom Amt publiziert, Farbangaben und Beschreibungen. Diese Daten können nicht aus der Widerspruchsschrift ergänzt werden. Weist zB die Verlängerungsurkunde das VerzWDL nicht auf, so ist außerdem noch zB die Eintragungsurkunde vorzulegen, andernfalls der Widerspruch unsubstantiiert ist, auch wenn die betr Waren in der Widerspruchsschrift oder als Anlage zum Schriftsatz aufgeführt sind. Das Dokument muß vollständig sein und darf nicht zB nur die erste Seite umfassen.[38]

119 Ist die Widerspruchsmarke farbig (zB eine farbige Bildmarke oder Farbmarke), so muß das Dokument in Farbe sein.[39] Andernfalls besteht die Gefahr, daß die Widerspruchsabteilung den Markenvergleich auf eine schwarz-weiße Wiedergabe stützt, dh in einer Form, in der die Marke nicht eingetragen ist. Die farbige Wiedergabe muß grundsätzlich Bestandteil des Dokuments (zB Eintragungsurkunde) sein. Es reicht nicht, neben einer Schwarz-weiß-Version der Eintragungsurkunde noch eine Farbwiedergabe auf einem losen

---

35 Siehe Mitteilung des DPMA, BlPMZ 2009, 133.
36 HABM-BK R 788/2008-4 vom 9.1.2009 (Nr 19) *LOCKMASTER/LOCK*.
37 HABM-BK R 609/2003-2 vom 15.6.2004 (Nr 14) *RUFF RYDERS/RR RUFFRYDERS*.
38 HABM-BK R 554/2011-5 vom 3.12.2012 (Nr 19) *CHÂTEAU/CHÂTEAU BLANC*.
39 HABM-BK R 609/2003-2 vom 15.6.2004 (Nr 14) *RUFF RYDERS/RR RUFFRYDERS*; HABM-BK R 911/2005-4 vom 13.3.2006 (Nr 27) *DOPODOPO/DP DOPO*; HABM-BK R 760/2008-4 vom 19.9.2008 (Nr 17) *PRIMESOURCING/PT PRIMESOURCE*; HABM-BK R 766/2010-4 vom 21.4.2010 (Nr 13) *ORNILUX/UNILUX*; HABM-BK R 1230/2012-4 vom 28.1.2013 (Nr 14) *PLANOPT/PD PLANO DIGITAL*.

Blatt vorzulegen oder nachzureichen.[40] Bei spanischen Marken muß aus SI-TADEX die Wiedergabe auf einem gesonderten Blatt ausgedruckt werden; dieses muß aber als SITADEX-Ausdruck erkennbar sein, dh die Fußzeile muß eine Identifikation der betr Marke enthalten. Ist dies nicht der Fall, so wird von einem »losen Blatt« ausgegangen, dessen Ursprung nicht erkennbar ist.[41]

Die Widerspruchsmarke muß auf den Widersprechenden eingetragen sein. Wird das Amt nicht vom Widersprechenden darauf hingewiesen, so ist der Widerspruch hinsichtlich der betr Marke unbegründet.[42] **120**

R 19 (2) (a) (ii) ist anwendbar, wenn die Marke vor Ablauf der Frist der R 19 (1) eingetragen wurde, auch wenn sie zum Zeitpunkt der Einlegung des Widerspruchs noch eine Anmeldung (vgl Art 8 (2) (b)) war.[43] Wurde der Widerspruch auf eine Anmeldung gestützt, die auch bis Ablauf der Frist der R 19 (1) noch nicht eingetragen ist, so gilt für die Substantiierung R 19 (2) (i): Danach ist ein entsprechendes Dokument des nationalen Amtes, etwa eine beglaubigte Kopie der Anmeldung oder ein Prioritätsbeleg erforderlich. Eine bloß einfache Kopie der Anmeldung reicht nicht.[44] Die Dokumente müssen so beschaffen sein, daß das nationale Amt den Eingang der Anmeldung und auch den Anmeldetag bestätigt und daß alle Details der Marke (Wiedergabe der Marke, VerzWDL) in der Urkunde aufgeführt sind. Im weiteren Verlauf des Verfahrens kann dann erst über den Widerspruch entschieden werden, sobald die Anmeldung eingetragen oder rechtskräftig zurückgewiesen worden ist, Art 8 (2) (b). **121**

---

40  HABM-BK R 1230/2012-4 vom 28.1.2013 (Nr 18) *PLANOPT/PD PLANO DI-GITAL.*

41  RiLi, Teil C, C.II.1.2; HABM-BK R 1477/2012-4 vom 18.3.2013 (Nr 17, 21) *CANCAN/CAN CAN PRODUCCIONES.*

42  HABM-BK R 534/2008-4 vom 26.5.2009 (Nr 20) *G UNIT/UN 1 T*; HABM-BK R 1051/2007-4 vom 8.5.2008 (Nr 15) *SOHO LAB/LAB*; HABM-BK R 546/2009-4 vom 12.1.2010 (Nr 16f) *MAJESTIC/MAJESTIC.*

43  HABM-BK R 250/2012-4 vom 5.7.2012 (Nr 13, 17) *GOLD BUNNY/GOLD BUNNY.*

44  HABM-BK R 250/2012-4 vom 5.7.2012 (Nr 19) *GOLD BUNNY/GOLD BUN-NY.*

## 5.2  Insbesondere: Übersetzungen

122  Gleichzeitig (R 19 (3) Satz 2) ist eine Übersetzung in die Verfahrenssprache einzureichen, falls die Urkunde nicht in der Verfahrenssprache abgefasst ist. Die Anforderungen an Übersetzungen ergeben sich aus R 98 (1): Die Übersetzung muß auf das Originalschriftstück Bezug nehmen, dh eindeutig als Übersetzung gekennzeichnet sein, und sie muß in Struktur und Inhalt dem Original entsprechen. Ist dies nicht der Fall oder geht die Übersetzung nach Fristablauf ein, so gilt das Original als nicht eingereicht, R 98 (2).

123  Es reicht nicht, wenn das VerzWDL im Widerspruchsschriftsatz übersetzt ist,[45] sondern es muß sich um einen Text handeln, der deutlich als Übersetzung eines Originaldokuments (Registerauszug oä) gekennzeichnet oder erkennbar ist. Es reicht auch nicht, daß die zu übersetzenden Angaben sich irgendwo aus Anlagen zu Schriftsätzen mosaikartig zusammenfügen lassen oder daß nur die nach Ansicht des Widersprechenden relevanten Teile übersetzt werden. Es kommt auch nicht darauf an, ob der Anmelder die nicht übersetzten Teile verstehen kann.

124  Es müssen Original und Übersetzung eingereicht werden, erstens weil das Original stets einzureichen ist, zweitens, weil sonst die Korrektheit der Übersetzung nicht geprüft werden kann.[46] Der Widersprechende darf keine »Mischung« aus Original und Übersetzung produzieren oder das Original eigenmächtig ergänzen. Beispielsweise hatte der Widersprechende im Fall »Mybaby« keinen Erfolg damit, einen Datenbankauszug des Polnischen Patentamts eigenmächtig durch Hinzufügung von deutschsprachigen Angaben zu modifizieren.[47] Eine Beglaubigung der Übersetzung wird nicht verlangt.

125  Die Übersetzung muß vollständig sein.[48] Nur das VerzWDL zu übersetzen, reicht auf keinen Fall aus.[49] Es reicht auch nicht aus, wenn die Angabe der

---

45  EuG T-232/00 vom 13.6.2002, ABl-HABM 2002, 1834 (Nr 64) *Chef*; EuG T-107/02 vom 30.6.2004, ABl-HABM 2005, 206 (Nr 67, 76) *Biomate*; EuG T-420/03 vom 17.6.2008 (Nr 73) *BoomerangTV/Boomerang*.
46  HABM-BK R 625/2006-4 vom 26.6.2007 (Nr 15) *FIRST/FIRST*.
47  EuG T-523/10 vom 27.6.2012 (Nr 35, 39, 43) *Mybaby/Mybaby*.
48  HABM-BK R 705/2005-4 vom 16.6.2006 (Nr 32) *SEKURA/PAXSECURA*.
49  EuG T-523/10 vom 27.6.2012 (Nr 26, 44, 62) *Mybaby/Mybaby*; HABM-BK R 516/2002-1 vom 28.4.2003 (Nr 19) *BODYLINE/BODYFINE*.

Farben nicht mitübersetzt wurde.[50] Von der Übersetzung ausgenommen werden dürfen nur administrative Angaben wie die Bezeichnung der Behörde und die Teile des VerzWDL, auf die der Widerspruch nicht gestützt ist, die Auslassung ist dann aber deutlich kenntlich zu machen.

Früher veröffentlichte das Spanische Amt nicht in Farbe, und die Wiedergabe der Marke mußte Pfeile mit der verbalen Angabe der Farben der jeweiligen Markenbestandteile enthalten. Diese Farbangaben sind unbedingt mitzuübersetzen,[51] ebenso wie Farbansprüche nationaler Marken, die in Farbe veröffentlicht sind.[52] **126**

Auch alle weiteren Anlagen zur Stützung des Widerspruchs sind in die Verfahrenssprache zu übersetzen. **127**

Eine Ausnahme gilt nur nach R 22 (6) für den Nachweis der rechtserhaltenden Benutzung. Soweit Benutzungsunterlagen rechtsbegründend sein sollen, also zum Nachweis gesteigerter Kennzeichnungskraft einer eingetragenen oder des Bestehens einer nicht eingetragenen Marke, sind sie nach R 19 (3) zu übersetzen. **128**

Nach R 19 (3) ist die Übersetzung innerhalb der für die Einreichung des Originals geltenden Frist mit einzureichen. Es wird also keine Nachfrist eingeräumt. Eine solche folgt auch nicht aus R 96 (1) oder R 96 (2). Für alle Unterlagen, die der Widersprechende innerhalb der Frist der R 19 (1), dh in seiner ersten Stellungnahme (der Widerspruchsbegründung) vorlegt, ist R 19 (3) lex specialis und gilt, daß Übersetzungen, die nach Fristablauf eingehen, unberücksichtigt bleiben. Dies gilt für alle Unterlagen innerhalb der Frist der R 19 (1), nicht nur für den Nachweis des älteren Rechts nach R 19 (2). **129**

Eine falsche Übersetzung steht der nicht eingereichten Übersetzung gleich, dh das Original gilt als nicht übersetzt.[53] Wenn schon das Amt keine beglaubigten Übersetzungen verlangt, müssen diese wenigstens richtig sein. **130**

---

50  HABM-BK R 760/2008-4 vom 19.9.2008 (Nr 20) *PRIMESOURCING/PT PRIMESOURCE.*

51  HABM-BK R 834/2006-4 vom 5.12.2007 (Nr 12ff) *EASY-MUSIC/EASY-COMM*; HABM-BK R 460/2010-4 vom 13.10.2010 (Nr 10) *GRASHOFF/GASTHOF.*

52  HABM-BK R 516/2002-1 vom 28.4.2003 (Nr 19) *BODYLINE/BODYFINE.*

53  HABM-BK R 418/2008-4 vom 23.9.2008 (Nr 15) *MAE B/MAE SENSATIONS.*

### 5.3  Insbesondere: Verlängerungsnachweis

131 Läuft die 10jährige Schutzfrist der älteren Marke (welches die gesetzliche Schutzdauer ist, hat der Widersprechende nicht nachzuweisen, sondern muß das Amt ex officio wissen,[54] einige Markengesetze sahen früher eine 20jährige Schutzfrist vor), die bei deutschen Marken nach § 47 (1) DE-MarkenG am letzten Tag des Monats endet, in den der Anmeldetag fällt, vor Ablauf der nach R 19 (1) gesetzten Frist ab, so hat der Widersprechende einen Nachweis der Verlängerung einzureichen. Tut er dies nicht fristgerecht, so wird der Widerspruch nach R 20 (1) zurückgewiesen.[55] Das gilt auch dann, wenn die 6-Monats-Nachfrist für die Verlängerung nach Art 5[bis] PVÜ (entsprechend Art 47 (3) für eine GM) noch läuft: Maßgeblich ist, ob die Marke tatsächlich verlängert wurde, nicht die theoretische Verlängerungsmöglichkeit.[56] Mit Ablauf der 10-Jahres-Schutzfrist wird vermutet, daß die Marke abgelaufen ist, es sei denn die Verlängerung wird nachgewiesen.

132 Läuft dagegen die Schutzdauer nach Ablauf der Frist nach R 19 (1), also während des weiteren Verfahrens, so hat ebenfalls der Widersprechende die Verlängerung nachzuweisen,[57] aber das Amt fordert dazu unter Fristsetzung auf. Natürlich muß eine solche Verlängerungsurkunde erst recht berücksichtigt werden, wenn der Widersprechende sie von sich aus vorlegt.[58]

### 5.4  Nachweis bei anderen Widerspruchsgründen

133 Innerhalb der nach R 19 (1) gesetzten Frist hat der Widersprechende außerdem einzureichen:

134 – Bei Art 8 (5) die Nachweise der Bekanntheit;

---

54 EuG T-318/03 vom 20.4.2005, GRUR Int 2005, 686 (Nr 43) *Atomic Blitz/Atomic*.

55 HABM-BK R 1369/2006-4 vom 8.5.2007 (Nr 10) *VINATURA/WINATUR*; HABM-BK R 163/2006-4 vom 4.7.2007 (Nr 19) *DEKA/DETA*; HABM-BK R 633/2006-2 vom 30.7.2007 (Nr 33) *Device of a swallow/SCHWÄLBCHEN*.

56 HABM-BK R 1938/2007-4 vom 15.9.2008 (Nr 20) *ZELIUM/ZOLIUM*; HABM-BK R 1598/2008-4 vom 8.7.2009 (Nr 28) *TWINS SPECIAL/TWIN*; HABM-BK R 163/2006-4 vom 4.7.2007 (Nr 19) DEKA/DETA; HABM-BK R 800/2011-2 vom 17.2.2012 (Nr 30f) *COSMOTE CORNER/CORNER*.

57 EuG T-191/04 vom 13.9.2006, GRUR Int 2006, 1019 (Nr 36, 39) *Metro/Metro*.

58 EuG T-191/07 vom 25.3.2009 (Nr 79) *Budweiser/Budweiser*.

*Schennen*

- Bei Art 8 (3) die Nachweise, daß er Inhaber einer älteren Marke ist und 135 der Anmelder sein Agent war;
- Bei Art 8 (1) (b) Unterlagen zur Benutzung der Marke, wenn sich der 136 Widersprechende auf eine gesteigerte Kennzeichnungskraft der Marke berufen will;[59]
- Bei Art 8 (4) den Nachweis, daß das ältere nicht eingetragene Recht be- 137 steht, daß es also benutzt worden ist, die Berufung auf eine bestimmte nationale Rechtsgrundlage, den Nachweis der rechtlichen Grundlagen des Schutzes einschließlich ggf nationaler Rspr zum Schutzumfang, soweit dieser nicht dem Standardmuster des Schutzes gegen Verwechslungsgefahr entsprechen sollte, mithin alles, was zum Nachweis nötig ist, daß der Widersprechende nach nationalem Recht die Benutzung der jüngeren Marke untersagen könnte.

Bei Art 8 (4) muß der Widersprechende den Nachweis führen, daß das an- 138 gebliche ältere Recht vor dem Anmelde- oder Prioritätszeitpunkt der angegriffenen GMA benutzt wurde.[60] Er muß vor allem erst einmal eine bestimmte Anspruchsgrundlage angeben, zB Schutz einer besonderen Geschäftsbezeichnung nach § 5 (2) DE-MarkenG, und die Angabe »nicht eingetragene Marke« reicht nicht aus. Sodann muß dargelegt und ggf nachgewiesen werden, daß nach diesen Vorschriften ein Anspruch auf Untersagung der Benutzung einer jüngeren Marke besteht. Nationales Recht ist Tatfrage, die der Widersprechende nachweisen muß (siehe unter Art 78 Rdn 60). Nach anfänglich gegenteiliger Tendenz[61] ist dies jetzt auch Rspr des EuGH[62] und des EuG.[63] Nach Praxisänderung in Anschluss an diese strengere Rspr sind nunmehr auch die in der Broschüre »Nationales Recht

---

59 HABM-BK R 782/2000-3 vom 4.3.2002 *Arcol/Capol*.
60 EuG T-114/07 vom 11.6.2009 (Nr 51) *Last Minute Tour/Lastminute.com*; EuG T-435/05 vom 30.6.2009 (Nr 35) *Dr. No/Dr. No*; EuGH C-096/09 vom 29.3.2011, MarkenR 2011, 158 (Nr 164) *Bud*.
61 EuG T-318/03 vom 20.4.2005, GRUR Int 2005, 686 (Nr 35) *Atomic Blitz/Atomic*; allerdings wohl nur obiter dictumanders zu verstehen wohl auch: EuG T-435/05 vom 30.6.2009 (Nr 43) *Dr. No/Dr. No*.
62 EuGH, Urteil C-263/09 vom 5.7.2011, GRUR Int 2011, 821 (Nr 50) *Elio Fiorucci*; Schlussanträge der Generalanwältin Kokott vom 27.1.2011 in der Rs C-363/09 (Nr 45-48, 56) *Elio Fiorucci*.
63 EuG T-573/11 vom 20.3.2013 (Nr 35) *Club Gourmet/Club del Gourmet*; EuG T-435/05 vom 30.6.2009 (Nr 43) *Dr. No/Dr. No*; so auch HABM-BK R 163/2006-4 (Nr 33) *DEKA/DETA*.

zur GMV«, Abschnitt 5 aufgeführten nationalen Rechtsvorschriften (welche nicht eingetragenen Rechte bestehen in den einzelnen Mitgliedstaaten?) grundsätzlich nachzuweisen.[64]

139 Bei einer notorisch bekannten Marke iSv Art 8 (2) (c), gleich ob eingetragen oder nicht eingetragen (siehe oben, Rdn 53) muß der Widersprechende innerhalb dieser Frist den vollen Nachweis der notorischen Bekanntheit erbringen. Daran sind bis jetzt stets alle Berufungen auf Art 8 (2) (c) gescheitert.[65]

## 5.5 Rechtsfolgen

140 Das Amt übersendet dem Widersprechenden zusammen mit der Mitteilung nach R 18 (1) ein Merkblatt, in dem allgemein diese Anforderungen an die Substantiierung des Widerspruchs erläutert werden und insbesondere auf die Notwendigkeit des Nachweises des Bestehens und der Verlängerung der älteren Marke mit Übersetzung hingewiesen wird.

141 Schon zu R 16 aF hat das EuG die Praxis der Widerspruchsabteilung bestätigt, unabhängig von einer solchen Belehrung den Widerspruch bei Fehlen des Nachweises des älteren Rechts ohne weiteres als unbegründet zurückzuweisen.[66] Insbesondere hat die Nichteinreichung dieser Nachweise nichts mit der Zulässigkeit des Widerspruchs zu tun, so daß R 17 (4) nicht eingreift, und die Widerspruchsabteilung ist nicht verpflichtet, den Widersprechenden mit der Mitteilung nach R 18 (1), 19 (1) darauf hinzuweisen, welche Unterlagen konkret fehlen oder ihm nach Ablauf der Frist der R 19 (1) noch eine Nachfrist zu setzen. All das ist ganz unabhängig davon, ob der Widersprechende zuvor eine Beanstandung der Zulässigkeit des Widerspruchs erhalten hatte; daß er daraufhin Unterlagen einreichte, die für die Zulässigkeit des Widerspruchs ausreichten, heißt weder, daß dies für die Substantiierung nach R 19 ausreicht noch, daß die Widerspruchsabteilung erneut den

---

64  RiLi Teil C, Abschnitt 4, 4 (Stand Ende 2012).

65  ZB HABM BK R-1191/2010-4 vom 15.3.2011 *MAS KOLOMBIANA/COLOMBIANA*; HABM-BK R 1182/2011-4 vom 22.1.2013 *CROWN LOUNGE/CROWN*.

66  EuG T-232/00 vom 13.6.2002, ABl-HABM 2002, 1834 *Chef*; EuG T-235/02, Beschluss vom 17.11.2003, Slg 2003 II-4903 (Nr 38f) *Scala*; EuG T-420/03 vom 17.6.2008 (Nr 66) *BoomerangTV/Boomerang*; EuG; EuG T-107/02 vom 30.6.2004, ABl-HABM 2005, 206 (Nr 43, 70) *Biomate*.

Widersprechenden belehren müsste.[67] Die Widerspruchsabteilung ist auch nicht verpflichtet, den Widersprechenden vorab zu der von ihr beabsichtigten Sachentscheidung anzuhören.[68]

Nunmehr ist dies in R 20 (6) Satz 2 ausdrücklich bestimmt: Das Amt ist **142** nicht verpflichtet, den Widersprechenden darauf hinzuweisen, welche Nachweise noch fehlen.

Dementsprechend haben die Beschwerdekammern in einer Reihe von Fällen **143** in ständiger Rspr die Nichtberücksichtigung nicht fristgerecht nachgewiesener älterer Rechte bestätigt[69] und auch wenn die Widerspruchsabteilung den Substantiierungsmangel übersehen hatte, von Amts wegen das betr ältere Recht nicht berücksichtigt.

Rechtsfolge ist nach R 20 (1): **144**

– Ist das einzige geltend gemachte ältere Recht nicht nachgewiesen oder ist **145** von mehreren älteren Rechten keines nachgewiesen, so wird der Widerspruch als unbegründet zurückgewiesen. Dazu wird die Stellungnahme des Anmelders nicht mehr abgewartet, sondern es werden die Parteien darauf hingewiesen, daß der Widerspruch nun sogleich zurückgewiesen werden wird.

– Ist von mehreren älteren Rechten eines nicht nachgewiesen, so wird dieses **146** nicht berücksichtigt.

### 6 Weiterer Ablauf des Widerspruchsverfahrens

An die Substantiierung des Widerspruchs (R 19 (1)) schließt sich die Stel- **147** lungnahme des Anmelders (R 20 (2)) an.

Bleibt diese aus, so entscheidet das Amt nach R 20 (3) nach Lage der Akten, **148** der Anmelder muß sich also nicht gegen den Widerspruch verteidigen. Der Zeichen- und Warenvergleich ist von Amts wegen vorzunehmen und weitestgehend Rechtsfrage (siehe unter Art 78 Rdn 57 f), und den Inhalt seiner

---

67  EuG T-420/03 vom 17.6.2008 (Nr 75f) *Boomerang TV/Boomerang*.
68  Siehe EuG T-303/03 vom 7.6.2005, GRUR Int 2005, 701 (Nr 62) *Salvita/Solevita*.
69  HABM-BK R 1369/2006-4 vom 8.5.2007 (Nr 10) *VINATURA/WINATUR*; HABM-BK R 733/2007-4 vom 7.7.2008 (Nr 20) *COLOURS OF THE WORLD/UNITED COLOURS OF BENETTON*; HABM-BK R 788/2008-4 vom 9.1.2009 (Nr 20) *LOCKMASTER/LOCK*.

Stellungnahme nach R 19 (1), insbesondere das Bestehen seines älteren Rechts, hat der Widersprechende zu beweisen, ohne daß das Ausbleiben der Stellungnahme des Anmelders einem Geständnis entspräche.

149   Reagiert der Anmelder, so kann er sich mit Rechtsausführungen, Tatsachenbehauptungen (hier kommt praktisch nur Schwächung durch Drittzeichen in Betracht) oder dem Antrag auf Benutzungsnachweis verteidigen; stellt er den Antrag auf Benutzungsnachweis, so wird er einerseits zu den vom Widersprechenden vorgelegten Nachweisen angehört kann er sich einerseits die Stellungnahme zur Verwechslungsgefahr für einen späteren Schriftsatz aufsparen (R 22 (5) nF in der engl Fassung; die deutsche Fassung ist, wie wir in Anh 1 erläutern, sinnentstellt), was allerdings regelmäßig unpraktisch ist.

150   Daran schließt sich eine weitere Stellungnahme des Widersprechenden an, R 19 (4). Regelmäßig hat also der Angegriffene nicht das letzte Wort.

151   Art 42 (1), nicht R 20, bestimmt, daß das Amt die Parteien so oft wie erforderlich (genauer: sachgerecht) auffordert, Stellungnahmen abzugeben. Das Amt kann also weitere Schriftsatzrunden gewähren. Davon wird nur in Ausnahmefällen Gebrauch gemacht. Nur was von der Partei innerhalb der ihr gesetzten Frist vorgetragen wird, darf berücksichtigt werden, alles andere darf nicht berücksichtigt werden, R 19 (4).

### 7  Antrag auf Benutzungsnachweis

152   Ist die ältere Marke zum Zeitpunkt der Veröffentlichung der angegriffenen GMA seit mehr als 5 Jahren eingetragen, so kann der Anmelder verlangen, daß der Widersprechende die rechtserhaltende Benutzung (Art 15) seiner Marke nachweist, Art 42 (2).

### 7.1  Zeitpunkt des Antrags

153   Der Antrag des Anmelders auf Erbringung des Benutzungsnachweises muß nach R 20 (1) mit der Erwiderung auf den Widerspruch, innerhalb der Frist nach R 20 (2), erfolgen.

154   Schon zu R 20 aF hatte das EuG entschieden, daß ein erstmals in der Beschwerdeinstanz gestellter Antrag unzulässig ist.[70]

---

70  EuG T-112/03 vom 16.3.2005, ABl-HABM 2005, 808 (Nr 37) *Flexi-Air/Flex*.

Anders als nach deutschem Recht gibt es keine wandernde Schonfrist; die äl-  155
tere Marke unterfällt auch dann nicht dem Benutzungszwang, wenn sie im
Laufe des Verfahrens 5 Jahre alt wird, so daß auch unter diesem Gesichtspunkt für die Zulassung später Benutzungsanträge kein Anlass besteht.

### 7.2  Inhalt des Antrags

Das Verlangen nach Art 42 (2) muß in Form eines ausdrücklichen Antrags  156
erfolgen. Der Antrag muß ausdrücklich und unbedingt sein.[71] Die Bezeichnung »Einrede der Nichtbenutzung«, die sich im deutschen Recht eingebür-
gert hat, findet sich in der GMV oder DV nicht und sollte auf jeden Fall vermieden werden.

Bloßes allgemeines Bestreiten einer Benutzung, etwa daß der Widerspre-  157
chende seine Marke nicht oder nur für bestimmte Waren oder nur für mit
denen des Anmelders nicht identische Waren benutze, sind kein Antrag nach
Art 42 (2) und können nur als Argumente zum Fehlen einer Verwechslungsgefahr oder einer Bekanntheit der älteren Marke interpretiert werden.

Der ausdrückliche Antrag des Anmelders wird nicht dadurch obsolet und  158
die Marke unterliegt nicht deshalb dem Benutzungszwang, weil der Widersprechende von sich aus Benutzungsnachweise vorlegt.[72] Es ist kein Benutzungsantrag, wenn der Widersprechende sua sponte Benutzungsnachweise
vorlegt und sodann der Anmelder diese als unzureichend kritisiert. Eine gegenteilige Entscheidung des EuG,[73] dies als Antrag auf Benutzungsnachweis
auszulegen, steht vereinzelt und kann nur als Auslegung der in casu gewählten Formulierung Bestand haben. In jedem Fall muß danach erst einmal
dem Widersprechenden eine Frist nach R 22 gesetzt werden.

Der Antrag muß sich auf die Waren und Dienstleistungen beziehen, für die  159
die ältere Marke eingetragen ist.

---

71  EuG T-112/03 vom 16.3.2005, ABl-HABM 2005, 808 (Nr 24) *Flexi-Air/Flex*;
    EuG T-183/02 vom 17.3.2004, GRUR 2004, 957 (Nr 38) *Mundicor/Mundico-
    lor*.
72  EuG T-183/02 vom 17.3.2004, GRUR 2004, 957 (Nr 39, 43) *Mundicor/Mundi-
    color*.
73  EuG T-450/07 vom 12.6.2009 (Nr 19, 26, 31) *Pikwick/Pick Ouic*.

**160**  Unbeachtlich sind also Anträge, die sich beziehen auf

**161**  –  die Ware der angegriffenen GMA;[74] der Widersprechende muß nicht die Waren seines Gegners benutzen;

**162**  –  Waren, die denen der älteren Marke bloß ähnlich sind;

**163**  –  Eine nicht genau bestimmte Gruppe von Waren aus einem Oberbegriff der älteren Marke, zB auf »alle Arzneimittel ausgenommen Herz-Kreis-laufmittel«, wenn die ältere Marke für »Arzneimittel« geschützt ist;[75] dem steht schon entgegen, daß nicht der Anmelder das VerzWDL der Wider-spruchsmarke formulieren darf, wenn der Nachweis misslingt, Art 42 (2) Satz 3.

**164**  In Wahrheit verfolgen solche Pseudo-Benutzungsverlangen nur das Ziel, ent-gegen Art 8 die Prüfung der Verwechslungsgefahr auf eine vom Anmelder konstruierte tatsächliche Konfliktlage einzugrenzen, oder den missbräuchli-chen Zweck, den Widersprechenden zur Benutzung aller theoretisch unter einen Begriff fallenden Spezialwaren zu zwingen.

**165**  Der Antrag auf Benutzungsnachweis hat zwei Komponenten,

**166**  –  die verfahrensrechtliche eines Antrags, der das Amt zwingt, eine Auffor-derung nach R 22 (2) zu erlassen, und

**167**  –  die materiellrechtliche, daß die Benutzung bestritten wird. Der Anmelder muß also auf die vom Widersprechenden vorgelegten Nachweise nicht reagieren und das Vorgelegte nicht mehr (erneut) »bestreiten«.

**168**  Deshalb sind Benutzungsanträge rechtsmissbräuchlich und unzulässig, wenn der Anmelder die Benutzung ausdrücklich zugesteht (im Extremfall »ich weiß, daß die Marke benutzt wird, aber bitte beweisen Sie es«). Wenn der Anmelder gesteht, daß die ältere Marke für einzelne Waren, die unter die Be-griffe des VerzWDL fallen, benutzt wird, so kann er nicht zulässigerweise die Benutzung anderer Einzelwaren des Oberbegriffs bestreiten.[76]

**169**  Zwar darf der Benutzungsantrag auf einen Teil des VerzWDL beschränkt werden, etwa auf Klasse 3, wenn die ältere Marke für Klasse 3 und 5 einge-

---

74  HABM-BK R 1947/2007-4 vom 24.9.2008 (Nr 20) *HOKAMP/HOLTKAMP.*

75  HABM-BK R 1294/2008-4 vom 7.7.2009 (Nr 16) *ORDACTIN/ORTHANGIN*; HABM-BK R 1316/2009-4 vom 8.10.2010 (Nr 18) *MIHA BODYTEC/BODY-TEC.*

76  HABM-BK R 1947/2007-4 vom 24.9.2008 (Nr 19, 22) *HOKAMP/HOLT-KAMP*; HABM-BK R 1294/2008-4 vom 7.7.2009 (Nr 16) *ORDACTIN/ORT-HANGIN.*

tragen ist. Enthält er jedoch Komponenten, die dem Gebot der Bestimmtheit nicht entsprechen (siehe oben, Rdn 157), so ist er insgesamt unbeachtlich und kann nicht in einen zulässigen und einen unzulässigen Teil aufgespalten werden.[77]

Der Antrag kann auch auf eine von mehreren älteren Marken beschränkt werden. **170**

### 7.3 Aufforderung an den Widersprechenden

Auf den zulässigen Antrag hin muß das HABM den Widersprechenden auffordern, den Benutzungsnachweis zu erbringen, R 22 (2). **171**

Dazu wird im Regelfall eine Frist von 2 Monaten gewährt. Diese ist nach **172** R 71 verlängerbar, was seit Praxisänderung 2010 regelmäßig gewährt wird, ohne daß der Gegner zustimmen muß, während für eine 2. Verlängerung eine detaillierte einzelfallbezogene Begründung verlangt wird. Die Frist ist wiedereinsetzbar und weiterbehandelbar (siehe unter Art 82 Rdn 38).

Übersieht das Amt einen zulässigen Antrag, so darf der Widerspruch gleich- **173** wohl nicht zurückgewiesen werden, sondern es ist ggf auch noch in der Beschwerdeinstanz eine Aufforderung nach R 22 (2) nachzuholen.[78]

### 7.4 Der Benutzungsnachweis

Die materiellen Voraussetzungen einer rechtserhaltenden Benutzung nach **174** R 22 (3) sind bei Art 15 behandelt; hier wird nur darauf hingewiesen, was verfahrensrechtlich zu beachten ist.

Nach R 22 (4) müssen die Unterlagen, die als Benutzungsnachweis einge- **175** reicht werden, R 79 und R 79a entsprechen und »beschränken sich grundsätzlich auf die Vorlage von Urkunden und Beweisstücken«. Das bedeutet, daß nur schriftliche Unterlagen zulässig sind und Zeugenbeweisantritte ausgeschlossen sind. Wegen R 79 (b) müssen die Unterlagen »Schriftstücke« darstellen, so daß auch Originalverpackungen oder Warenproben unzulässig sind; diese sind in der Form von Photos einzureichen. Es ist ebenfalls unzulässig, Schriftstücke auf CD zu brennen und zu übermitteln.[79] Es gibt keine

---

77  HABM-BK R 438/2011-4 vom 18.10.2011 (Nr 15) *SLIM-FIX/SLIMFIX*.
78  HABM-BK R 975/2006-4 vom 21.10.2009 *FRANKI/FRANKI*.
79  HABM-BK R 1259/2011-4 vom 26.10.2012 *GOURMET/GOURMET*.

Grundlage dafür, daß das Amt Dokumente einer CD ausdruckt und dadurch für den Widersprechenden die Unterlagen erst erstellt.

176 R 79a verlangt bei per Post eingereichten Schriftstücken, daß sie in einem Zweitexemplar zur Weiterleitung an den Anmelder eingereicht werden. Trotz der Formulierung »sind« ist dies als Sollvorschrift zu verstehen, da das Amt ohnehin alle Unterlagen einscannt und davon einen Ausdruck an den Gegner weiterleiten kann. Allenfalls wo dies nicht möglich ist (Kataloge, Warenproben), stellt R 79a eine weitere Rechtsgrundlage dar, Unterlagen, die keine Schriftstücke sind, unberücksichtigt zu lassen.

177 Voluminöse Unterlagen sind zu ordnen, und ist es schriftsätzlich deren Bedeutung zu erläutern. Es ist nicht Aufgabe des Amtes, aus einem Konvolut von Unterlagen das Relevante herauszufiltern oder herauszufinden, wo in einem Stoß von Unterlagen oder einem 500-Seiten-Katalog die Marke aufgeführt sein soll.

178 Anders als bei allen anderen Unterlagen, die der Widersprechende vorzulegen hat, ist die Übersetzung der Benutzungsunterlagen in die Verfahrenssprache fakultativ, R 22 (6). Nach dieser Regel »kann« das HABM zur Übersetzung innerhalb einer Nachfrist (R 19 (3) Satz 2 gilt nicht) auffordern. Dies wird regelmäßig nicht getan, auch dann nicht, wenn der Anmelder einwendet, die betr Sprache nicht zu beherrschen, weil normalerweise die Unterlagen aus sich heraus verständlich sind.[80] Allenfalls bei Unterlagen im griechischen oder kyrillischen (BG) Alphabet ist es wahrscheinlich, daß das Amt zur Übersetzung auffordert.

179 Nicht jedes einzelne Schriftstück muß alle Kriterien der Benutzung (Marke in der eingetragen Form, Zeitpunkt, Ort, Größe der Umsätze) belegen, diese werden sich regelmäßig erst aus der Zusammenschau mehrerer Unterlagen wie Rechnungen, Kataloge und Abbildungen von Produktverpackungen ergeben. Wohl aber müssen die Unterlagen überhaupt alle Aspekte der Art, des Ortes, des Zeitpunkts und der Intensität der Benutzung abdecken. Es ist also darauf zu achten, daß zumindest einige datierte Unterlagen wie Rechnungen oder datierte Kataloge eingereicht werden und zumindest auf Produktver-

---

80 HABM-BK R 1404/2007-2 vom 15.9.2008 (Nr 26f) *FAY/FAY&CO*; HABM-BK R 1088/2008-2 vom 19.1.2009 (Nr 19f) *EPCOS/EPCO SISTEMAS*; HABM-BK R 1986/2011-4 vom 22.3.2013 (Nr 30) *PELASPAN/PELASPAN*.

packungen die Marke in der eingereichten Form aufscheint. Art 15 (1) (a) ist anwendbar.

Grundsätzlich belegt die Existenz eines Kataloges nicht zweifelsfrei, daß die **180** darin angebotenen Waren auch verkauft wurden.[81] Nur ausnahmsweise sind Rechnungen neben Katalogen entbehrlich, wenn Umsatzgeschäfte mit anderen Beweismitteln nachgewiesen sind.[82]

Von der Einreichung eidesstattlicher Versicherungen des Widersprechenden **181** oder seiner leitenden Mitarbeiter ist unbedingt abzuraten. Näheres unter Art 78 Rdn 103, 105. Wenn die Rspr verlangt, daß diese durch Rechnungen usw untermauert sein müssen,[83] so heißt das für den Widersprechenden, daß er die Nachweise so ausführlich und überzeugend zusammenzustellen hat, daß es der Untermauerung durch eine Versicherung nicht mehr bedarf.

Rechtstechnisch liegt in dem Antrag des Anmelders, die Benutzung nach- **182** zuweisen, gleichzeitig das Bestreiten der Tatsache, daß die Marke benutzt wird (siehe oben, Rdn 167). Legt der Widersprechende Benutzungsnachweise vor, so muß der Anmelder diese nicht erneut bestreiten. (Nur Tatsachen, nicht Beweismittel können bestritten werden.) Auch wenn er dazu schweigt, muß das Amt in freier Beweiswürdigung entscheiden, ob die Unterlagen ausreichen, nicht nur die Wahrscheinlichkeit, sondern die volle Überzeugung von der Tatsache »Benutzung« zu gewinnen.

Besteht aber der offensichtliche Verdacht, daß einzelne Unterlagen gefälscht **183** oder fabriziert sind, oder äußert der Anmelder einen dahingehenden substantiierten Verdacht und reagiert der Widersprechende nur mit Ausflüchten, so wird regelmäßig die freie Beweiswürdigung die Überzeugung vom Gegenteil der behaupteten Tatsache »Benutzung« vermitteln.[84]

---

81  EuG T-039/01 vom 12.12.2002, ABl-HABM 2003, 270 (Nr 42) *Hiwatt.*
82  Siehe den Fall EuG T-086/07 vom 16.12.2008, GRUR Int 2009, 609 (Nr 55) *Deitech/Dei-tex.*
83  EuG T-303/03 vom 7.6.2005, GRUR Int 2005, 701 (Nr 41ff) *Salvita/Solevita*; EuG T-183/08 vom 13.5.2009 (Nr 35) *Jello Schuhpark/Schuhpark II*; EuG T-086/07 vom 16.12.2008, GRUR Int 2009, 609 (Nr 50) *Deitech/Dei-tex*; HABM-BK R 993/2005-4 vom 5.6.2007 (Nr 27) *COSANA/SONANA.*
84  Siehe HABM-BK R 1487/2007-4 vom 11.8.2009 (Nr 16, 19–23) *BULLROT WEAR/BULLROT WEAR.*

## 8 Entscheidung über den Widerspruch

184 Wird das Verfahren vor Ablauf der Cooling-off-Frist eingestellt, zB durch Zurücknahme des Widerspruchs oder der angegriffenen GMA oder durch Zurückweisung der GMA in parallelen Verfahren, so wird die Akte geschlossen, ohne förmliche Entscheidung. Wird das Verfahren nach Ablauf der Cooling-off-Frist eingestellt, so wird, wenn die Parteien sich nach Art 85 (5) über die Kosten geeinigt haben, die Akte ohne förmliche Entscheidung geschlossen, andernfalls wird nur eine Kostenentscheidung getroffen (dazu unter Art 85 Rdn 34–47).

185 Die Sachentscheidung bei unzulässigem Widerspruch lautet auf Zurückweisung des Widerspruchs. Die Sachentscheidung bei zulässigem Widerspruch lautet auf

186 – Stattgabe des Widerspruchs und Zurückweisung der angegriffenen GMA;

187 – Abweisung des Widerspruchs oder

188 – teilweiser Stattgabe des Widerspruchs mit teilweiser Zurückweisung der GMA.

189 Enthält die GMA einen breiten Oberbegriff, so hat das Amt die Rechtsmacht, die GMA nur für Teilwaren, die unter diesen Oberbegriff fallen, zurückzuweisen (zu splitten), und zwar auch wenn der Anmelder keinen Hilfsantrag auf Aufrechterhaltung der GMA in eingeschränktem Umfang gestellt hatte, doch wird dies regelmäßig nicht sachgerecht oder auch nur möglich sein, und materiellrechtlich führt die Übereinstimmung einer Einzelware der älteren Marke mit dem Oberbegriff der GMA ohnehin zur Annahme der Warenidentität.

190 Wurde der Widerspruch auf mehrere ältere Rechte und/oder Widerspruchsgründe gestützt, so kann der Widerspruch nur abgewiesen werden, indem alle diese geprüft und als unbegründet abgewiesen werden.[85]

191 Anders ist es, wenn eines der älteren Rechte oder einer der Widerspruchsgründe zum Erfolg des Widerspruchs führt. Die anderen älteren Rechte[86]

---

85 EuG T-215/03 vom 22.3.2007, GRUR Int 2007, 730 (Nr 96–99, 106) *Vips/Vips*.

86 EuG T-342/02 vom 16.9.2004, ABl-HABM 2004, 1356 (Nr 34, 45) *MGM*; EuG T-365/09 vom 27.10.2010 (Nr 25) *Free/Free*; für das Nichtigkeitsverfahren auch: EuG T-300/08, Beschluss vom 14.7.2009 (Nr 32, 36) *Golden Elephant Brand*.

oder Widerspruchsgründe[87] bedürfen dann keiner Prüfung mehr. Gleiches gilt für die Benutzung: Die Widerspruchsabteilung kann die Zurückweisung des Widerspruchs wahlweise auf die Nichtbenutzung oder das Nichtvorliegen von Marken- oder Warenähnlichkeit stützten;[88] will sie ihm stattgeben, muß sie beides bejahen. Entgegen den missverständlichen Aussagen in EuG »Flexi-Air«[89] ist der Benutzungsnachweis nur insoweit Vorfrage für die weiteren Voraussetzungen des Widerspruchs, als nach Art 42 (2) die ältere Marke nur für die als benutzt nachgewiesenen Marken zugrundegelegt werden darf. Im Interesse der Verfahrensökonomie wird deshalb vom HABM wie folgt vorgegangen:

- Wird keines der geltend gemachten älteren Rechte nachgewiesen, so wird **192** der Widerspruch möglichst sofort nach R 20 (1) zurückgewiesen.
- Bei mehreren Rechten werden die nicht nach R 20 (1) nachgewiesenen **193** und die nicht nach R 22 als benutzt nachgewiesenen aussortiert und die Prüfung auf die übrigen Rechte beschränkt.
- Bei Zeichenunähnlichkeit wird der Widerspruch allein mit dieser Be- **194** gründung abgewiesen, weil sich dadurch sowohl Benutzungsfragen als auch Fragen der Warenähnlichkeit als auch Art 8 (5) erübrigen.[90]
- Ebenso bei Warenunähnlichkeit oder Fehlen des Benutzungsnachweises; **195** es wird dann der Widerspruch aus diesem Grunde ohne Prüfung der übrigen Voraussetzungen abgewiesen. (Hier zeigt sich, wie wichtig es ist, eine objektive und von der Bekanntheit der älteren Marke unabhängige, äußerste Grenze der Waren- bzw der Zeichenähnlichkeit zu ziehen.)
- Bei mehreren älteren Marken mit unterschiedlichen Zeichen wird zu- **196** nächst die zugrundelegt, die der GMA in der Zeichenähnlichkeit am nächsten kommt bzw die die größte inhärente oder durch Benutzung gesteigerte Kennzeichnungskraft hat. (Es besteht also kein Vorrang der Prüfung einer älteren GM).

Die Substantiierung des älteren Rechts, dessen Bestehen zum Prioritätszeit- **197** punkt und dessen Bestehen auch noch zum Zeitpunkt der Entscheidung sind Fragen der Begründetheit. Bis zur Entscheidung über den Widerspruch, in jeder Lage des Verfahrens, führt ein Erlöschen der Widerspruchsmarke wegen Nichtverlängerung, Verzicht oder Nichtigerklärung dazu, daß der Wi-

---

87  EuG T-244/10 vom 8.5.2012 (Nr 65) *Seven Fashion Shoes/Seven.*
88  Von Mühlendahl/Ohlgart, S 146.
89  EuG T-112/03 vom 16.3.2005, ABl-HABM 2005, 808 (Nr 26) *Flexi-Air/Flex.*
90  Beispielsfall: HABM-BK R 414/2009-4 vom 12.1.2010 (Nr 5, 8) *R/W.*

derspruch unbegründet wird. Gleiches gilt, wenn der Anmelder die Widerspruchsmarke erwirbt (im Wege der rechtsgeschäftlichen Übertragung oder der Zwangsvollstreckung),[91] weil auch dann der Widersprechende nicht mehr Inhaber einer älteren Marke ist. Es ist somit fehlerhaft, davon zu sprechen, daß sich ein Widerspruch bei Löschung der Widerspruchsmarke (wegen Nichtigerklärung oder Nichtverlängerung) »erledige«.

198 Zur Sachentscheidung kommt die Kostengrundentscheidung und seit Juli 2005 auch die Kostenfestsetzung, dazu unter Art 85.

### 9 Besonderheiten bei mehrfachen Widersprüchen

199 Mehrere Widerspruchsverfahren können auch nach R 21 zur gemeinsamen Behandlung und Entscheidung verbunden werden, was selten vorkommt und freilich wohl nur Sinn macht, wenn der Widersprechende derselbe ist.

200 Es können auch die weiteren Widerspruchsverfahren ausgesetzt werden, bis eines (dh das, das die GMA im weitestgehenden Umfang zu Fall bringt) rechtskräftig entschieden ist. Dies ist nicht immer einfach einschätzbar, so daß vielfach solche Verfahren ohne Rücksicht auf die anderen entschieden werden.

201 Erledigen sich weitere Widerspruchsverfahren (ausgesetzt oder nicht) durch die rechtskräftige Entscheidung im ersten Verfahren, weil die GMA zurückgewiesen wird, so wird den anderen Widersprechenden 50 % der Widerspruchsgebühr erstattet, R 21 (4), gleich, ob wir uns in oder nach der Cooling-off-Frist befinden.

202 Keine Rolle spielt die Reihenfolge der Entscheidungen, wenn alle Widersprüche zurückgewiesen werden.

203 Bei mehrfachen Widersprüchen sind Einschränkungen des VerwWDL der angefochtenen GMA stets auch allen anderen Widersprechenden mitzuteilen mit der Nachfrage, ob der Widerspruch aufrechterhalten wird, es sei denn, die Einschränkung betrifft Waren, die nicht Gegenstand des anderen Widerspruchs sind.

---

91 HABM-BK R 836/2010-4 vom 24.7.2012 (Nr 9f) *PEDRAS SALGADAS/PEDRAS*.

**10 Parteiwechsel**

Zum Wechsel der Inhaberschaft der Marke während des Widerspruchsver- 204
fahrens kann es auf seiten des Anmelders der GMA oder auf Seiten der älteren Marke (oder einer von mehreren älteren Marken) kommen.

**10.1 Inhaberwechsel bei der angegriffenen GMA**

Der Wechsel der Inhaberschaft der angegriffenen GMA vollzieht sich außer- 205
halb des Widerspruchsverfahrens, im Verfahren zur Eintragung eines Rechtsübergangs gemäß Art 24 und R 31 (7).

Art 17 (6), (7) ist anwendbar (siehe unter Art 17 Rdn 23–25). 206

Die Eintragung des neuen Anmelders in den Akten der GMA führt auto- 207
matisch zu einem Parteiwechsel auf der Seite des Anmelders, den der Widersprechende nicht beeinflussen kann.

Die Teilübertragung der angefochtenen GMA gemäß R 32 (4) führt zur Auf- 208
spaltung in zwei verschiedene Widerspruchsverfahren, die unabhängig voneinander weiterbetrieben werden.

**10.2 Inhaberwechsel auf Seiten der älteren Marke**

Bei einem Wechsel der Inhaberschaft der Widerspruchsmarke ist zu unter- 209
scheiden, ob diese eine GM oder eine nationale Marke ist.

Ist die Widerspruchsmarke eine GM, so gilt Art 17 (6), (7). Mit Eintragung 210
des neuen Inhabers im Register für GMn wird der neue Inhaber Partei des
Widerspruchsverfahrens, was der Anmelder der GMA nicht beeinflussen
kann. Dem neuen Inhaber steht es aber frei, das Verfahren nicht fortsetzen
zu wollen; der Widerspruch gilt dann als zurückgenommen. Erwirbt der Anmelder die Widerspruchsmarke, so sollte er als deren neuer Inhaber den Widerspruch zurücknehmen.

Ist die Widerspruchsmarke eine nationale Marke, so gilt das Meistbegüns- 211
tigungsprinzip für den Widersprechenden. Entweder der Widersprechende
weist der Widerspruchsabteilung den vertraglichen Rechtsübergang nach, da
dieser nach den meisten nationalen Rechtsordnungen schon vor der Eintragung beim nationalen Amt zur materiellen Inhaberänderung führt. Oder der
Widersprechende weist nach, daß der neue Inhaber ins nationale Register
eingetragen ist.

212 Grund ist, daß das Amt nicht überprüfen kann, welche Rechtswirkungen der Übertragungsvertrag oder der Antrag auf Eintragung eines Rechstübergangs nach nationalem Recht hat.

213 In jedem Fall tritt wiederum der neue Inhaber automatisch an die Stelle des Widersprechenden, kann sich aber entscheiden, das Verfahren nicht fortzusetzen.

214 Die Entscheidung über den Widerspruch darf aber erst getroffen werden, wenn der Rechtsübergang ins nationale Register eingetragen ist.

215 Entsteht Streit über den Rechtsübergang, so wird im Zweifel das Verfahren mit dem ursprünglichen Widersprechenden fortgeführt. Behauptet dieser aber, nicht mehr Inhaber der Widerspruchsmarke zu sein, so wird der Widerspruch als unbegründet zurückgewiesen, da der Widersprechende nicht mehr Inhaber eines älteren Rechts ist.

216 Bei mehreren älteren Marken gilt das Gesagte in Bezug auf jedes einzelne ältere Recht gesondert. Es kommt uU dazu, daß es mehrere Widersprechende gibt. Das Widerspruchsverfahren bleibt eines. Jeder der Widersprechenden kann über seine ältere Marke und die betr Widerspruchsgründe einzeln disponieren.

217 Entsprechendes gilt für die Frage, wer vor der Eintragung des Rechtsübergangs der nationalen Widerspruchsmarke Widerspruch einlegen kann: Dies kann sowohl der neue Inhaber (als materiell Berechtigter), wenn er den Rechtsübergang nachweist, als auch der (noch) eingetragene Inhaber als im Register Eingetragener. Sie können jedoch nicht gemeinsam Widerspruch einlegen, da sie niemals gleichzeitig Mitinhaber der älteren Marke waren.

218 Ausnahme ist, wenn der Anmelder die Widerspruchsmarke erwirbt (siehe oben, Rdn 197). In diesem Fall wäre es eine unnötige Förmelei, den Anmelder aufzufordern, sich zu erklären, ob er das Widerspruchsverfahren gegen sich selbst fortsetzen will bzw als neuer Inhaber den Widerspruch zurücknehmen will. Der Widerspruch kann sogleich zurückgewiesen werden.

## 11 Aussetzung und Unterbrechung des Verfahrens

219 Das Widerspruchsverfahren kann nach R 20 (7) ausgesetzt werden. Wird der Widerspruch auf eine Anmeldung gestützt, so darf ihm erst nach Eintragung stattgegeben werden, Art 8 (2) (b). Solange muß das Widerspruchsverfahren ausgesetzt werden, wenn es auf das betr ältere Recht ankommt; es ist

also nicht auszusetzen, wenn der Widerspruch ohnehin zurückzuweisen ist oder aus anderen älteren Rechten erfolgreich ist. In allen anderen Fällen steht eine Aussetzung im freien Ermessen der Widerspruchsabteilung.

In erster Linie in Betracht kommen Aussetzungen wegen Einigungsverhand- 220 lungen, die das Amt fördern soll. Eine Aussetzung während der Cooling-off-Frist ist ausgeschlossen. Davor und danach gibt das Amt entsprechenden Anträgen regelmäßig statt, wenn sie von beiden Parteien gestellt werden, und zwar by default für ein Jahr mit der Möglichkeit beider Parteien eines opting-out, analog zur Praxis bei der Verlängerung der Cooling-off-Frist (siehe oben, Rdn 96).

Normalerweise setzt die Widerspruchsabteilung aus, wenn die ältere Marke 221 in ihrem Bestand angegriffen wird und es auf das ältere Recht ankommt. Auch hier gilt also: Nicht ausgesetzt wird, wenn der Widerspruch ohnehin zurückzuweisen ist oder aus anderen älteren Rechten erfolgreich ist. Im Falle einer älteren Marke müssen die Parteien die Beendigung des nationalen Verfahrens mitteilen, damit dem Verfahren Fortgang gegeben werden kann. Sich darauf zu verlassen ist riskant, wenn die nationale Entscheidung auf Löschung lautet und der Anmelder der GMA nicht auch Partei des nationalen Verfahrens ist.

Eine Unterbrechung des Widerspruchsverfahrens (oder jedes anderen Ver- 222 fahrens vor dem HABM) erfolgt nach Maßgabe von R 73 im Falle des Todes oder der Geschäftsunfähigkeit des Anmelders, im Falle der Insolvenz des Anmelders, oder im Falle des Todes, der Geschäftsunfähigkeit oder der Insolvenz des Vertreters des Anmelders.

Im Falle des Todes, der Geschäftsunfähigkeit oder der Insolvenz des Vertre- 223 ters wird das Verfahren bei Bestellung eines neuen Vertreters oder spätestens nach 3 Monaten fortgesetzt, und zwar dann mit dem Anmelder direkt. Bei nach Art 92 (2) dem Vertretungszwang unterliegenden Anmeldern wird die GMA sodann zurückgewiesen.

Im Falle des Todes oder der Geschäftsunfähigkeit des Anmelders wird nicht 224 ausgesetzt, wenn ein Vertreter bestellt ist und das Verfahren normal weiterführt. Eine Umschreibung des neuen Anmelders ist gesondert nach R 31 durchzuführen, was automatisch zum Parteiwechsel auf der Seite des Anmelders führt.

Im Falle der Insolvenz des Anmelders wird das Verfahren immer fortgeführt, 225 wenn ein Vertreter bestellt ist und dieser die Vertretung nicht niederlegt. Das

Amt überprüft nicht, ob der Vertreter nach nationalem Insolvenzrecht die Vertretung weiterführen darf. Das Verfahren wird auch fortgeführt, sobald dem Amt mitgeteilt wird, wer als Insolvenzverwalter bestellt wurde. Die entsprechenden Informationen und Nachweise sind von der Partei beizubringen, das Amt ermittelt nicht selbst, ob die Partei insolvent ist. Bloße Behauptungen des Widersprechenden, der Anmelder sei insolvent, bleiben folgenlos. Regelmäßig enthält die Mitteilung des Anmelders über die Konkurseröffnung schon die Angabe, daß ein Insolvenzverwalter bestellt wurde. Eine Aussetzung nur für den kurzen Zwischenzeitraum zwischen Eröffnung des Insolvenzverfahrens und Bestellung des Insolvenzverwalters kommt damit praktisch gar nicht in Betracht. Auch eine spätere Liquidation des Anmelders führt nicht zu einer Unterbrechung oder Beendigung des Verfahrens, die GMA wird nicht etwa »inhaberlos« (siehe Art 3 Rdn 29).

226  Bei Insolvenz, Tod oder Geschäftsunfähigkeit gilt R 73 nicht und wird das Verfahren normal weitergeführt. Grund ist, daß die Unsicherheit des rechtlichen Status des Widersprechenden nicht zu Lasten des Anmelders gehen darf.

### 12  Besonderheiten bei Widersprüchen gegen eine IR

227  Widerspruch kann auch gegen eine IR mit Benennung der EG eingelegt werden. Es gelten Art 156, R 114–116 und Art 13 GebV.

228  Besonderheiten bestehen hauptsächlich bei der Widerspruchsfrist, der Zustellung des Widerspruchs an den Inhaber der IR und bei parallelen Verfahren zur Verweigerung des Schutzes aus absoluten Gründen. Ansonsten handelt es sich um ein normales Widerspruchsverfahren gemäß R 15–22.

229  Der Verfahrensablauf ist ausführlich unter Art 156 erläutert.

## 5. Abschnitt  Zurücknahme, Einschränkung, Änderung und Teilung der Anmeldung

### Artikel 43 (ex Artikel 44)  Zurücknahme, Einschränkung und Änderung der Anmeldung

(1) Der Anmelder kann seine Anmeldung jederzeit zurücknehmen oder das in der Anmeldung enthaltene Verzeichnis der Waren und Dienstleis-

tungen einschränken. Ist die Anmeldung bereits veröffentlicht, so wird auch die Zurücknahme oder Einschränkung veröffentlicht.

(2) Im übrigen kann die Anmeldung der Gemeinschaftsmarke auf Antrag des Anmelders nur geändert werden, um Name und Adresse des Anmelders, sprachliche Fehler, Schreibfehler oder offensichtliche Unrichtigkeiten zu berichtigen, soweit durch eine solche Berichtigung der wesentliche Inhalt der Marke nicht berührt oder das Verzeichnis der Waren oder Dienstleistungen nicht erweitert wird. Betreffen die Änderungen die Wiedergabe der Marke oder das Verzeichnis der Waren oder Dienstleistungen und werden sie nach Veröffentlichung der Anmeldung vorgenommen, so wird die Anmeldung in der geänderten Fassung veröffentlicht.

*Schennen*

## 1 Allgemeines

Art 43 regelt die Zurücknahme und Änderung der Anmeldung. Die vollstän- 1
dige oder teilweise Zurücknahme (Einschränkung) ist ohne weiteres mög-

lich, die Änderung der Anmeldung nur unter bestimmten Voraussetzungen. Art 43 stellt einen Ausgleich her zwischen dem Interesse des Anmelders an einer möglichst freien Änderung des Anmeldegegenstandes und dem Interesse der Allgemeinheit und dem Gebot der Rechtssicherheit, dem insbesondere durch das Verbot der Erweiterung des VerzWDL sowie die erhebliche Einschränkung der Möglichkeit der Änderung der Marke Rechnung getragen wird.

2 Art 43 wird ergänzt durch R 13, R 26 (6), (7) (Änderungen des Namens und der Anschrift des Anmelders oder seines Vertreters) sowie R 84 (3) (a). Zum Begriff »offensichtliche Unrichtigkeiten« in Art 43 (2) wichtig ist die Protokollerklärung des Rates und der Kommission Nr B 16.[1] Die RiLi Teil E 3, Änderungen in Anmeldungen und Eintragungen,[2] behandeln die Zurücknahme und Einschränkung in Abschnitt 3.1., 3.3 und 3.4.

3 Im Markenrechtsvertrag (TLT) ist das Recht zur Änderung von Namen und Anschriften in Art 10 und das Recht zur Berichtigung von Irrtümern in Art 12 TLT geregelt; beide Vorschriften stellen Maximalerfordernisse hinsichtlich der formellen Anforderungen an derartige Änderungen oder Berichtigungen auf.

## 2 Zurücknahme

4 Die Zurücknahme der GMA ist jederzeit ohne weitere Voraussetzungen möglich. Sie führt dazu, dass die Anmeldung nicht mehr anhängig ist. Bei der in Art 43 (1) Satz 1 bezeichneten Einschränkung des VerzWDL handelt es sich um eine teilweise Zurücknahme, die den gleichen Regeln unterliegt; zusätzlich bestimmt Art 43 (2), dass Änderungen, auch wegen offensichtlicher Unrichtigkeiten, das VerzWDL nicht erweitern dürfen. Eine Einschränkung ist ohne weiteres zulässig in der Form der Streichung einzelner Begriffe aus dem VerzWDL, der Hinzufügung einschränkender Formulierungen zu einen Begriff (von »Schuhe« auf »Schuhe, nicht aus Leder«) und von einem Oberbegriff auf einem speziellen Begriff, der unter diesen Oberbegriff fällt (Beispiel: von »Kleidung« in »Oberhemden«).[3] Die Abgrenzung, ob ein spezieller Begriff noch unter einen Oberbegriff fällt, kann im einzelnen schwierig sein und ist im Rahmen des Art 43 in der gleichen Weise vor-

---

1 Abgedruckt in ABl-HABM 1996, 612.
2 ABl-HABM 2006, 458.
3 Weitere Beispiele in den RiLi Teil E, 3.4.2, ABl-HABM 2006, 458.

zunehmen wie bei anderen Vorschriften auch, etwa beim Verzicht (Art 50) oder bei der teilweisen Zurückweisung oder Nichtigerklärung der GMA oder GM. Die Schranke nach Art 43 (2) Satz 1, dass Änderungen des VerzWDL nicht zu dessen Erweiterung führen dürfen, gilt nämlich nicht nur für vom Anmelder aus eigener Initiative vorgenommene Änderungen, sondern in gleicher Weise für Änderungen, die das Amt vornimmt (teilweise Erklärung der Nichtigkeit) oder die Folge einer Beanstandung des Amtes gemäß Art 37 sind.

### 2.1 Freie Zurücknahme

Die Zurücknahme ist frei und jederzeit während der Anhängigkeit der An-  5
meldung möglich.[4] Für die Zurücknahme ist keine Gebühr zu zahlen. Umgekehrt werden gezahlte Gebühren wie Anmelde- und Klassengebühren im Falle der Zurücknahme nicht zurückgezahlt.[5] Eine Zustimmung oder Unterrichtung Dritter (Inhaber dinglicher Rechte, Lizenznehmer) ist anders als nach Art 50 (3) nicht erforderlich.

### 2.2 Zurücknahme nach Erhalt der Recherchenberichte

Eine Sondervorschrift, die dem Anmelder die Zurücknahme der GMA er-  6
möglichen soll, enthält Art 38 (7). Danach muss nach Zustellung der Recherchenberichte an den Anmelder ein Monat abgewartet werden, bevor die Veröffentlichung (Art 39) der GMA erfolgen darf und die Inhaber der im Gemeinschaftsrecherchenbericht zitierten älteren GMn die Mitteilung über die Tatsache, dass ihre GM im Recherchenbericht der jüngeren GMA zitiert wurde, erhalten. Damit soll sichergestellt werden, dass der Anmelder der GMA bei ungünstigem Recherchenbericht die GMA so rechtzeitig zurücknehmen kann, dass ggf kostenträchtige Widersprüche Dritter vermieden werden und eine Unterrichtung Dritter über die eigene GMA gar nicht erst erfolgt; eine solche Mitteilung könnte nämlich auch bei nachfolgender Zurücknahme der GMA den Dritten auf das Bestehen eines Markenkonflikts, der ggf Veranlassung zur Klärung auf nationaler Ebene geben kann, aufmerksam machen.

---

4  RiLi Teil E, 3.4.2, ABl-HABM 2006, 458; Geroulakos, Comentarios, S 416.
5  Geroulakos, Comentarios, S 417.

### 2.3  Zurücknahme im Widerspruchsverfahren

7  Auch während des Widerspruchsverfahrens kann der Inhaber der angefochtenen GMA die Anmeldung frei vollständig oder teilweise zurücknehmen. Es handelt sich um eine Erklärung außerhalb des anhängigen Widerspruchsverfahrens, auf die der Widersprechende keinen Einfluss hat. Hiervon zu trennen ist die Frage, ob eine teilweise Zurücknahme das Widerspruchsverfahren erledigt; dies ist nur dann der Fall, wenn sämtliche Waren und Dienstleistungen zurückgenommen werden, gegen die sich der Widerspruch richtet. Das HABM teilt die teilweise Zurücknahme (Einschränkung) dem Widersprechenden mit (R 18 (3)), der den Widerspruch aufrecht erhalten kann oder nicht aufrecht erhalten kann, worauf das Verfahren entweder fortgesetzt oder eingestellt wird.[6] Die Zurücknahme oder Einschränkung der GMA ist für das Widerspruchsverfahren außerdem insoweit von Bedeutung, als nach R 18 (5) die Widerspruchsgebühr erstattet wird, wenn der Anmelder der GMA vor dem Begin des streitigen Teils des Widerspruchsverfahrens, also vor Ablauf der Cooling-off-Frist, die GMA zurücknimmt oder auf solche Waren und Dienstleistungen beschränkt, die nicht Gegenstand des Widerspruchs sind. Nach Ablauf der Cooling-off-Frist führt die Zurücknahme dazu, dass der Anmelder der GMA die Kosten des Widerspruchsverfahrens zu tragen hat, Art 85 (3).

### 2.4  Zurücknahme bis kurz vor der Eintragung

8  Die Zurücknahme der GMA kann noch bis zur Eintragung erfolgen. Zeitpunkt der Eintragung ist der Zeitpunkt, zu dem das Amt die Eintragung im Register vermerkt; wird vor diesem Zeitpunkt die GMA zurückgenommen, so wird der Eintragung die Grundlage entzogen. Anders als nach R 67 EPÜ gibt es hierfür keine Frist, ab der die technischen Vorbereitungen für die Veröffentlichung nicht mehr aufgehalten werden können.

### 2.5  Zurücknahme setzt anhängige Anmeldung voraus

9  Die Zurücknahme oder Einschränkung des VerzWDL kann somit zu jedem Zeitpunkt von der Einreichung der Anmeldung bis zur Eintragung erklärt werden, vorausgesetzt dass eine anhängige Anmeldung vorliegt. Nach der Eintragung handelt es sich um einen Verzicht (Art 50). Es kommt nicht darauf an, ob bereits die Voraussetzungen für die Vergabe eines Anmeldetages

---

6  Einzelheiten unter: RiLi Teil C, Teil 1 D.II.4.2.

erfüllt waren, auch wenn, wenn dies nicht der Fall ist, die Umwandlung gemäß Art 112 ausgeschlossen ist,[7] siehe unter Art 112 Rdn 4. Auch in diesem Fall werden gezahlte Anmeldegebühren nicht erstattet, unabhängig davon ob die Gebühr erst zu einem späteren Zeitpunkt hätte gezahlt werden können; allerdings wird eine Abbuchung vom laufenden Konto nach Eingang der Zurücknahmeerklärung nicht mehr vorgenommen. Nach einer Entscheidung der GrBK[8] soll die Zurücknahme auch noch innerhalb der Beschwerdefrist und auch dann möglich sein, wenn gar keine Beschwerde eingelegt wird. Eine solche Erklärung verschafft aber dem Anmelder weder einen Anspruch auf Umwandlung entgegen Art 112 (2) (b),[9] noch kann sie dem Obsiegenden einer Widerspruchsentscheidung den Anspruch auf titulierte Kosten nehmen. Sie bewirkt lediglich, dass das HABM ihren Eingang bestätigt.

### 2.6  Kein Verfahren

Anders als die Änderung (R 13) ist die Erklärung der Zurücknahme oder   **10**
teilweisen Zurücknahme nicht an ein bestimmtes Verfahren oder an die Stellung eines Antrags gebunden. Allerdings weist das Amt, wenn eine Änderung des VerzWDL erklärt wird, die in Wirklichkeit keine Einschränkung, sondern eine Erweiterung darstellt, die Erklärung der Einschränkung als unwirksam zurück.[10] In R 83 ist kein Formular für die Zurücknahmeerklärung vorgesehen.

### 2.7  Wirksamwerden

Die Erklärung der Zurücknahme muss eindeutig und unbedingt sein.[11] Er-   **11**
klärungen wie »das Verfahren nicht weiterverfolgen zu wollen« sind nur dann als Zurücknahme auszulegen, wenn damit nicht nur zum Ausdruck gebracht werden soll, dass von einer weiteren Stellungnahme abgesehen wird, sondern zugleich bindend auf die Anmeldung verzichtet wird.[12] Selbstverständlich ist

---

7   RiLi, E.2.2, ABl-HABM 1999, 40.

8   HABM-BK R 331/2006-G vom 27.9.2006 *OPTIMA*.

9   Praxisänderung der Markenabteilung im Anschluss an die Entscheidung der GrBK.

10  RiLi Teil E, 3.4.1, ABl-HABM 2006, 458.

11  EuG T-219/00 vom 27.2.2002, ABl-HABM 2002, 1014 (Nr 61) *Ellos*; EuG T-171/06 vom 17.3.2009 (Nr 42) *Trenton/Lenton*.

12  HABM-BK R 1586/2008-4 vom 20.5.2009 (Nr 9) *DR.NOPAL/HANDONO-PAL*.

das Schweigen auf eine Aufforderung des Amtes zur Stellungnahme keine Zurücknahme.[13] Die Zurücknahme wird wirksam mit dem Zugang der Erklärung beim HABM. Eine Bestätigung durch das HABM ist nicht erforderlich; eine Änderung der Datenbank hat rein interne Auswirkungen. Eine Zurücknahme der Zurücknahme ist nicht möglich.[14] Die Erklärung der Zurücknahme, die irrtümlich erfolgt ist, kann nur dadurch beseitigt werden, dass ein Widerruf der Zurücknahme vor Eingang der Erklärung der Zurücknahme oder zumindest am gleichen Tag beim HABM eingeht.[15] Noch ungeklärt ist, ob ausnahmsweise eine Anfechtung der Erklärung der Zurücknahme wegen Irrtums (vgl § 119 DE-BGB) möglich ist, was nur auf der Basis des Art 83 – Heranziehung allgemeiner Grundsätze des Verfahrensrechts der Mitgliedstaaten – möglich wäre.[16]

12 Die Erklärung der Zurücknahme ist bedingungsfeindlich.[17] Sie kann nicht hilfsweise unter der Bedingung, dass die Kammer einer bestimmten Rechtsauffassung nicht folgen wolle, erklärt werden.[18] Sie kann nicht unter der Bedingung abgegeben werden, dass der Prüfer die übrigen Waren und Dienstleistungen akzeptiert oder der Widersprechende den Widerspruch zurücknimmt. Will der Anmelder eine Klärung des VerzWDL erzielen oder mit dem Widersprechenden ein teilweises Obsiegen erreichen, so kann er entsprechende unverbindliche Absichtserklärungen oder Vorschläge machen, dies aber nicht als bedingte Verfahrenserklärung formulieren.[19] Es ist nicht zulässig, hilfsweise die GMA teilweise zurückzunehmen. Im Eintragungsverfahren zulässig ist es, ein eingeschränktes VerzWDL als Hilfsantrag zu stellen,[20] aber nur unter der prozessualen Bedingung, dass dem Hauptantrag auf Eintragung bzw Veröffentlichung der GMA für alle Waren nicht ent-

---

13 EuG T-171/06 vom 17.3.2009 (Nr 44, 46) *Trenton/Lenton*.

14 Siehe auch BGH BlfPMZ 1985, 301 *Caprolactam*; von Mühlendahl/Ohlgart, S 149.

15 RiLi Teil E, 3.1.2, ABl-HABM 2006, 458; wohl bestätigend: EuG T-426/09 vom 26.10.2011 (Nr 29) *BAM/BAM*.

16 Zur Irrtumsanfechtung im Verfahren vor dem DPMA vgl Schulte, PatG, vor § 35 Rn 445; Benkard/Schäfers, PatG, § 34 Rn 151.

17 RiLi Teil E, 3.1.2, ABl-HABM 2006, 458.

18 HABM-BK R 2102/2012-4 vom 12.3.2013 (Nr 8) *EL*.

19 EuG T-219/00 vom 27.2.2002, ABl-HABM 2002, 1014 (Nr 62) *Ellos*.

20 HABM-BK R 857/2006-4 vom 23.2.2006 (Nr 10) *Pflasterstein*; HABM-BK R 1031/2005-4 vom 11.7.2006 (Nr 23) *KEYCLEAN*; HABM-BK R 272/2008-4 vom 25.6.2008 (Nr 43) *Farbbecher I*.

sprochen wird. Ein solcher Hilfsantrag muss, um gemäß Art 43 zulässig zu sein, ein echtes minus zum ursprünglichen VerzWDL darstellen. Er bewirkt keine Änderung der Registerlage, deshalb ist er im Widerspruchs- und Löschungsverfahren unzulässig.

Die Wirkung der Zurücknahme besteht darin, dass die Anmeldung nicht 13 mehr anhängig ist und somit anschließend auch nicht mehr Gegenstand von Verfahren vor dem HABM sein kann. So ist nach Erklärung der Zurücknahme keine Möglichkeit mehr gegeben, Rechtsübergänge oder Lizenzen einzutragen; werden gleichwohl derartige Anträge gestellt, sind dafür etwa gezahlte Gebühren mangels einer Verfahrensgrundlage zu erstatten.

## 3 Änderung der Anmeldung

Die in Art 43 (2) geregelte Änderung der Anmeldung betrifft ausschließlich 14 Änderungen auf Initiative des Anmelders, nicht Änderungen der Anmeldung in Erwiderung auf eine Beanstandung (zB Art 37). Hierbei geht es um drei Fälle: Fehler oder Irrtümer des Anmelders in den Anmeldungsunterlagen; Änderungen der Anmeldung aufgrund veränderter Umstände; gewillkürte Änderungen, dh Änderungen, die der Anmelder aufgrund freier anderweitiger Entscheidung vornimmt. Nicht unter den Begriff der Änderung fallen Änderungen, die das Amt vornimmt; diese sind im übrigen auch nur mit Zustimmung des Anmelders zulässig, da nur der Anmelder über den Gegenstand der Anmeldung disponieren kann. Ebenso ist das Änderungsverfahren zu unterscheiden von der Berichtigung von Fehlern in Veröffentlichungen und im Register, R 14, 27.

Die Voraussetzungen für die Änderung sind unterschiedlich je nachdem, 15 welcher Bestandteil der Anmeldung geändert wird.

### 3.1 Einschränkung des Verzeichnisses der Waren und Dienstleistungen

Die Änderung des VerzWDL ist nur in Form einer Einschränkung des Ver- 16 zeichnisses, dh als Teilzurücknahme (Art 43 (1) Satz 1), oder nach Maßgabe von Art 43 (2) möglich, wenn ein sprachlicher Fehler, Schreibfehler oder eine offensichtliche Unrichtigkeit in der Anmeldung vorliegt. Dies bedeutet, dass bloße Umformulierungen des VerzWDL, die dieses nicht erweitern, aber auch nicht wirklich einschränken, nur unter den engen Voraussetzungen des Abs 2 zulässig sind.

17 In keinem Fall darf das VerzWDL erweitert werden, Art 43 (2) Satz 1, ansonsten der Änderungsantrag zurückzuweisen ist. Bei der Frage, ob eine Erweiterung vorliegt, ist auch der wirtschaftliche Zweck mitzuberücksichtigen.[21] Keine unzulässige Erweiterung liegt vor, wenn »Entwicklung, Vertrieb und Vermarktung von pharmazeutischen Erzeugnissen« durch »pharmazeutische Erzeugnisse« ersetzt werden soll, da die Entwicklung und der Vertrieb der eigenen Waren durch den Hersteller zum Urzweck der Warenherstellung gehört und der Schutz für die Ware den Schutz für die Entwicklung, den Vertrieb und die Vermarktung der Ware einschließt.[22] Doch auch wenn eine Einschränkung nach Art 44 zulässig ist, ist damit nicht gesagt, dass sie behelflich ist, um Beanstandungen wegen absoluter Eintragungshindernisse zu überwinden. Regelmäßig wird dies nicht der Fall sein, weil entweder die beschreibende Bedeutung weiter geht als die in der beabsichtigten Beschränkung auszuschließenden Eigenschaften oder die Marke täuschend würde.[23] Im Widerspruchsverfahren hat die Unzulässigkeit einer beantragten Einschränkung zur Folge, dass das ursprüngliche VerzWDL der angefochtenen GMA maßgeblich bleibt.

18 Nach dem Urteil des EuGH »Postkantoor«[24] sind Einschränkungen unzulässig, mit der das VerzWDL auf Waren eingeschränkt wird, die ein bestimmtes Merkmal nicht aufweisen. Der EuGH betont, dies würde zu Rechtsunsicherheit hinsichtlich des Umfangs des Markenschutzes führen, da Dritte im Allgemeinen nicht darüber informiert würden, dass sich bei bestimmten Waren oder Dienstleistungen der durch die Marke verliehene Schutz nicht auf diejenigen Waren oder Dienstleistungen erstreckt, die ein bestimmtes Merkmal aufweisen, und so dazu veranlasst werden könnten, bei der Kennzeichnung ihrer eigenen Produkte auf die Verwendung der Zeichen oder Angaben zu verzichten, aus denen die Marke besteht und die dieses Merkmal beschreiben. Dies ist dahin missverstanden worden, eine Einschränkung dürfe nicht

---

21 HABM-BK R 006/2003-3 vom 26.6.2002, MarkenR 2002, 441 (Nr 20) *BIOGENERIX*.

22 HABM-BK R 006/2003-3 vom 26.6.2002, MarkenR 2002, 441 (Nr 23, 27) *BIOGENERIX*.

23 Beispielsfall: HABM-BK R 816/2005-2 vom 26.1.2006 (Nr 20) *CHONDROGUARD*.

24 EuGH C-363/99 vom 12.2.2004, GRUR Int 2004, 500 (Nr 114f) *Postkantoor*; vom HABM in die Praxis umgesetzt mit den RiLi Teil E, 3.4.2, ABl-HABM 2006, 458, 465.

negativ (»ausgenommen«) formuliert werden. Tatsächlich enthalten etliche Begriffe, ja Klassenüberschriften, der Nizzaer Klassifikation negative Formulierungen. Nach ständiger Praxis des HABM, die nach »Postkantoor« präzisiert wurde, gilt: Die semantische Einkleidung der Einschränkung ist egal.[25] Ob die Einschränkung von »Versicherungsdienstleistungen« auf »... ausgenommen Krankenversicherungen« geht oder alle denkbaren anderen Versicherungssparten ausgenommen Krankenversicherung aufführt, beides ist zulässig (wenngleich nicht zwingend ergebnisgleich). Das Postkantoor- Urteil will nur verhindern, dass qua Einschränkung bestimmte Eigenschaften der Ware ausgenommen werden.[26] Waren sind objektiv (nach Kategorien) zu definieren, nicht nach ihren wünschenswerten Eigenschaften. Ferner sind Einschränkungen unzulässig, die lediglich die Vertriebsmodalitäten, Preisgestaltungen, Vermarktungswege usw der Ware betreffen,[27] es sei denn, diese seien für die Art der Ware charakteristisch. Unzulässig ist zB die Einschränkung auf »T-Shirts als Werbematerial für Erfrischungsgetränke«.[28] Unzulässig ist die Einschränkung auf bestimmte, zB gewerbliche Abnehmerkreise;[29] darin liegt meist nur der Versuch, das relevante Publikum auf Verkehrskreise zu beschränken, die die Marke angeblich in bestimmter Weise wahrnehmen. Unzulässig und in Widerspruch zu R 2 ist dies auch deshalb weil sich die Ware selbst nicht ändert, wenn das VerzWDL deren Abnehmer auflistet.[30] Unzulässig ist auch eine Einschränkung von »Kosmetika« auf »Kosmetika, ausgenommen für Waren, die speziell zur Reinigung dienen«, da Reinigung eine der inhärenten Eigenschaften von Kosmetika ist.[31] Unzulässig ist eine Einschränkung auf Arzneimittel »nur, soweit verschreibungspflichtig«, da der

---

25  RiLi Teil E, 3.4.2, ABl-HABM 2006, 458, 465; im Ergebnis auch HABM-BK R 540/2003-1 vom 29.7.2004 (Nr 14) *MSI*.

26  ZB, dass diese eine schützende Funktion haben: HABM-BK R 816/2005-2 vom 26.1.2006 (Nr 20) *CHONDROGUARD*, oder dass sie nicht aus Produkten hergestellt sind, die aus dem Meer kommen: HABM-BK R 1492/2005-4 vom 7.4.2006 *MARIN*.

27  Ebenso Concise/Hall, S 144.

28  RiLi Teil E, 3.4.2, ABl-HABM 2006, 458.

29  HABM-BK R 1138/2007-1 vom 3.9.2008 (Nr 18) *Strahlregler III* (betr die Formulierung »Strahlregler zum Verkauf an spezialisierte Kreise, nämlich Armaturenhersteller«).

30  HABM-BK R 1378/2007-1 vom 3.9.2008 (Nr 28) *SUPERIOR SEEDLESS*.

31  HABM-BK R 976/2004-1 vom 26.4.2005 *CLEAN*.

Anmelder hierüber keine Kontrolle hat.[32] Unzulässig ist auf jeden Fall eine Einschränkung auf Waren oder Dienstleistungen des Anmelders selbst oder unter seiner Marke[33] oder »ausgenommen zum Thema«, das die Marke beschreibt;[34] darin läge ein Zirkelschluss.

19 **3.2 Änderungen von Namen und Anschriften**

20 Änderungen des Namens oder der Anschrift des Anmelders oder des Vertreters sind jederzeit möglich, gleichgültig ob es sich um Fehler in der Anmeldung, Änderungen aufgrund eingetretener Umstände oder sonstige Gründe handelt.[35] Maßgeblich ist R 26 (7) mit Verweis auf R 26 (1) – (6).

21 Änderungen des Namens des Anmelders sind von Rechtsübergängen gemäß Art 17 zu unterscheiden (siehe unter Art 17); es muss sich um Änderungen handeln, die nicht die Identität des Anmelders ändern (siehe R 26 (1)).

22 Bei Änderungen des Namens des Vertreters (R 26 (6)) kann es sich um die Bestellung eines neuen Vertreters, die Berichtigung fehlerhafter Angaben oder Änderungen der Kanzleibezeichnung ohne Änderung der Person des Vertreters handeln. Handelt es sich um die Bestellung eines neuen Vertreters, ggf unter Widerruf der bisherigen Vertreterbestellung, so sind die Bestimmungen der R 76 und der R 1 (1) (e) zu erfüllen.

23 Im übrigen sind für die Änderung keine Nachweise vorzulegen. Insbesondere sind Namensänderungen, die keine Rechtsübergänge sind, nicht von der Vorlage entsprechender Nachweise abhängig (siehe Art 10 (4) TLT).

24 Der Antrag muss den Erfordernissen der R 26 (2)–(5) genügen. Das HABM hat dazu ein Formblatt (ein einheitliches Formblatt für alle »recordals«) zur Verfügung gestellt.[36] Ein solches Formblatt ist nach R 83 (1) nicht mehr verpflichtend. Der Antrag muss nach R 26 (2) im wesentlichen den Namen bzw. die Anschrift in der bisherigen sowie in der geänderten Form enthalten, wobei die geänderte Form den gleichen Bestimmungen genügen muss wie im Falle der ursprünglichen Einreichung der GMA (R 26 (2) (c), R 1 (1) (b), (e)). Der Antrag ist gebührenfrei (R 26 (3)); für Namens- oder Anschrif-

---

32  HABM-BK R 540/2003-1 vom 29.7.2004 (Nr 14) *MSI*.
33  HABM-BK R 311/2005-4 vom 2.2.2006 (Nr 11) *CROSSFADE*; HABM-BK R 835/2008-1 vom 18.9.2008 (Nr 11) *RENO 911*.
34  HABM-BK R 421/2006-1 vom 22.11.2006 (Nr 4, 10) *CTI*.
35  RiLi Teil E, 3.3.1.1.1, ABl-HABM 2006, 458.
36  ABl-HABM 2006, 692.

tenänderungen, die mehrere GMAen betreffen, genügt ein einziger Antrag (R 26 (4)). Mängel des Änderungsantrags führen zur Zurückweisung im Verfahren nach R 26 (5).

### 3.3 Änderung der Staatsangehörigkeit

R 1 (1) (b) verlangt außerdem die Angabe der Staatsangehörigkeit des An- 25 melders. Die Änderung dieser Angaben ist nicht in R 26 erwähnt, aber in R 84 (3) (a) geregelt und nach den gleichen Grundsätzen möglich.[37] Die Pflicht zur Angabe der Staatsangehörigkeit für den neuen Anmelder ergibt sich ohnehin aus R 26 (2) (c) mit Verweis auf die Erfordernisse der R 1 (1) (b). (Die Verweisung auf Buchstabe (e) statt auf Buchstabe (b) ist ein Redaktionsversehen.) Die Änderungsmöglichkeit besteht nicht nur dann, wenn sich die Staatsangehörigkeit später ändert, sondern auch dann, wenn sich der Anmelder bei den ursprünglichen Angaben in der Anmeldung geirrt hat.

### 3.4 Änderung anderer Bestandteile

Alle anderen Bestandteile der GMA können nur bei Vorliegen sprachlicher 26 Fehler, Schreibfehler oder offensichtlicher Unrichtigkeiten berichtigt werden, Art 43 (2) Satz 1. Dies betrifft insbesondere die Angaben zu Prioritäts- oder Senioritätsansprüchen, die Wiedergabe der Marke, Disclaimer (Art 37 (2)), Farbansprüche oder die Angabe der Markenkategorie. Es muss sich um einen objektiven Fehler handeln, nicht um einen Fall unterbliebener oder falsch umgesetzter Weisungen des Klienten an seinen Vertreter. Es muss in der GMA etwas anderes zum Ausdruck gekommen sein, als der Vertreter tatsächlich bei der Einreichung der Anmeldung erklären wollte. Die gemeinsame Protokollerklärung des Rates und der Kommission Nr B 16[38] definiert den Begriff »offensichtliche Unrichtigkeiten« dahin, dass es sich um eine Unrichtigkeit handeln muss, die ganz eindeutig berichtigt werden muss, da ein anderer als der berichtigte Text nicht beabsichtigt gewesen sein kann. Es müssen also zwei Voraussetzungen erfüllt sein: Erstens muss sich bereits der zu berichtigenden Angabe ansehen lassen, dass diese falsch sein muss. Zweitens muss sich der als Berichtigung vorgeschlagenen Angabe ansehen lassen, dass nur diese Version die richtige sein kann.

---

37  RiLi Teil E, 3.3.1.1.1, ABl-HABM 2006, 458.
38  ABl-HABM 1996, 612.

27  Für die Wiedergabe der Marke gilt außerdem die Einschränkung, dass die Berichtigung dem wesentlichen Inhalt der Marke nicht berühren darf, Art 43 (2) Satz 1 (siehe dazu unter Rdn 31–41).

28  Bei Prioritätsansprüchen lässt sich der Nachweis der offensichtlichen Unrichtigkeit leicht unter Bezug auf das Prioritätsdokument führen. Beispiele: falsches Datum oder falscher Ländercode der Erstanmeldung. Die Praxis des HABM ist insoweit großzügiger als die des EPA, als die Berichtigung auch noch nach der Veröffentlichung der GMA erfolgen kann.

29  Zulässig ist auch die Berichtigung offensichtlicher Fehler bei der Wahl der ersten und zweiten Sprache der GMA, etwa wenn im Anmeldeformular »EL« (Griechisch) anstelle von »EN« für Englisch angekreuzt wurde. Es muss sich aber aus den Umständen ergeben, dass es sich in der Tat um einen offensichtlichen Fehler handelte, was sich etwa aus der Staatsangehörigkeit des Anmelders ergeben kann.

30  Das Verfahren richtet sich nach R 13; R (1) regelt die notwendigen Angaben, R 13 (3) das Mängelbeseitigungsverfahren. Seit Juli 2005 (Inkrafttreten der VO Nr 1041/2005, Aufhebung der Regel 13 (2)) ist für die Änderung der Wiedergabe der Marke keine Gebühr mehr zu zahlen.

### 3.5 Änderungen der Marke – Einzelfälle

31  Die Änderung der Wiedergabe der Marke ist zulässig unter zwei Voraussetzungen, die kumulativ vorliegen müssen:
– Vorliegen eines sprachlichen Fehlers, Schreibfehlers oder einer offensichtlichen Unrichtigkeit;
– der wesentliche Inhalt der Marke darf nicht berührt werden.

32  Gemäß der Rspr des EuG[39] verfolgt der Gemeinschaftsgesetzgeber mit der Einräumung der Möglichkeit der Änderung der Marke zwei Ziele: Zum einen wollte er die mit einem absoluten Verbot der Änderung einer Markenanmeldung verbundenen Nachteile, insbesondere die Verpflichtung des Anmelders, eine neue Anmeldung einzureichen, vermeiden. Zum anderen wollte er dadurch, dass er diese Möglichkeit durch die Voraussetzung einschränkte, dass die Änderung der Anmeldung den wesentlichen Inhalt der

---

39  EuG T-128/99 vom 15.11.2001, ABl-HABM 2002, 434 (Nr 48) *Teleye*.

Marke nicht berührt, Missbräuche verhindern, die sich aus einem sehr liberalen Änderungsregime ergeben könnten, und so die Interessen Dritter im Hinblick auf die Verfügbarkeit der Zeichen schützen.

Das Verbot, dass durch die Änderung der Marke der wesentliche Inhalt der **33** Marke nicht berührt werden darf, ist strikt auszulegen. Die Voraussetzungen sind strenger als die Möglichkeit der Benutzung in abgewandelter Form gemäß Art 15 (1) (a). Änderungen bzw Berichtigungen einer Marke nach ihrer Anmeldung sind nach der Praxis der Beschwerdekammern nur in eng begrenzten Ausnahmefällen zulässig; damit soll vermieden werden, dass Dritte geschädigt werden.[40] Die Beschwerdekammern lehnen es ab, den Begriff der Zeichenähnlichkeit in Art 8 (1) (b) zugrundezulegen, der auf anderen Kriterien als denen des Art 43 (2) basiert.[41] Eine Beeinträchtigung der Interessen Dritter ist bei Änderungen, die in einem Rückgriff auf den Inhalt der Prioritätsanmeldung bestehen, nicht zu besorgen.[42]

Eine unwesentliche Änderung wird in der Rspr dann bejaht, wenn die Abweichung in der Falschschreibung eines Buchstabens besteht und sich die richtige Schreibweise aus dem Prioritätsbeleg ergibt. Das EuG hat mit dieser Begründung die Änderung von »TELEYE« in »TELEEYE« zugelassen.[43] Die Änderungen von »ALTERTFIND« in »ALERTFIND«[44] und von »BLUE WATER« in »BLUEWATER«[45] hat die HABM-BK anerkannt, weil die richtige Schreibweise in den vom Anmelder gelieferten Prioritätsbelegen enthalten war.

Von dieser Sondersituation abgesehen wird ein strikter Standard angewendet. **35** Jede Änderung der Wiedergabe in schriftbildlicher, klanglicher oder begrifflicher Hinsicht wird als Änderung des wesentlichen Inhalts der Marke angesehen.

---

40  HABM-BK R 447/1999-1 vom 2.8.2001, ABl-HABM 2002, 1663 (Nr 12) *VALENTINE CLAVEROL.*

41  HABM-BK R 447/1999-1 vom 2.8.2001, ABl-HABM 2002, 1663 (Nr 17) *VALENTINE CLAVEROL.*

42  HABM-BK R 539/2005-1 vom 23.11.2005 (Nr 19) *ALTERTFIND.*

43  EuG T-128/99 vom 15.11.2001, ABl-HABM 2002, 434 *Teleye.*

44  HABM-BK R 539/2005-1 vom 23.11.2005 *ALTERTFIND.*

45  HABM-BK R 117/1998-1 vom 16.11.1998 *BLUE WATER/BLUEWATER.*

**36** Abgelehnt wurde die Änderung in den Fällen »NATURAL BEAUTY«,[46] von »COM CONTRAL« in »COM CENTRAL«,[47] von »VALENTINE CLAVEROL« zu »VALENTI CLAVEROL«[48] sowie von »RANIER« in »RAINIER«.[49] Dort veränderten sich Aussprache und teilweise auch Bedeutung der Marken; so bedeutet »CONTRAL« nichts und »CENTRAL« eine Zentrale. Ebenso haben »RANIER« und »VALENTI« keine Bedeutung, während »RAINIER« und »VALENTINE« Vornamen sind.

**37** Nach von Mühlendahl/Ohlgart[50] sollten irrtümliche Buchstabenverwechslungen zulässig sein, wenn die angemeldete und die eigentlich richtige Marke im wesentlichen übereinstimmen, sowie Berichtigungen der Bildbestandteile, wenn der Gesamteindruck nicht verändert wird.

**38** Nach den RiLi ist eine Modernisierung oder Auffrischung der Marke, etwa zur Anpassung an aktuelle Designtrends, nicht zulässig.[51]

**39** Zusätzlich muss ein offensichtlicher Fehler vorliegen. Ein solcher wurde bei einer fehlerhaften Übertragung der Marke, deren Priorität beansprucht wird, bejaht.[52] Das ist bedenklich, da es nicht eindeutig, zumindest nicht ohne weiteres für das Amt erkennbar ist, ob die Absicht bestand, die Anmeldung in der selben Buchstabenfolge wie in der amerikanischen Erstanmeldung (»TELEYE« oder »TELEEYE«) anzumelden. Allerdings hat das EuG bestätigt, dass den Prüfer keine Verpflichtung trifft, den Anmelder vor Ablauf der Prioritätsfrist auf die Abweichung gegenüber der Prioritätsanmeldung aufmerksam zu machen.[53]

**40** Die Beschwerdekammern wenden einen strengen Maßstab an. Insbesondere ist das Kriterium des offensichtlichen Fehlers objektiv und im Hinblick auf die Vermeidung von Missbräuchen anzuwenden.[54]

---

46  HABM-BK R 040/1998-3 vom 10.9.1998, ABl-HABM 1999, 204 *NATURAL BEAUTY.*

47  HABM-BK R 142/1998-3 vom 27.11.1998 *COMM CONTRAL.*

48  HABM-BK R 447/1999-1 vom 2.8.2001, ABl-HABM 2002, 1663 (Nr 13, 15) *VALENTINE CLAVEROL.*

49  HABM-BK R 196/1998-2 vom 14.2.2000, ABl-HABM 2000, 1325 *RANIER.*

50  Von Mühlendahl/Ohlgart, S 151.

51  RiLi Teil E, 3.3.1.1.2, ABl-HABM 2006, 458, 463.

52  EuG T-128/99 vom 15.11.2001, ABl-HABM 2002, 434 *Teleye.*

53  EuG T-128/99 vom 15.11.2001, ABl-HABM 2002, 434 (Nr 46) *Teleye.*

54  HABM-BK R 142/1998-3 vom 27.11.1998 *COMM CONTRAL.*

Von Bedeutung ist auch die gemeinsame Erklärung von Rat und Kommis- 41
sion im Ratsprotokoll Nr B. 16,[55] dass unter »offensichtlichen Unrichtigkeiten« Unrichtigkeiten zu verstehen sind, die ganz eindeutig berichtigt werden
müssen, da ein anderer als der berichtigte Text nicht beabsichtigt gewesen
sein kann. Es müssen also zwei Voraussetzungen erfüllt sein: Es muss erstens
offensichtlich sein, dass die Angabe in der ursprünglich eingereichten Form
nicht richtig sein kann, und es muss zweitens eindeutig sein, das die berichtigte Fassung die zutreffende ist. Bei der Wiedergabe der Marke fehlt es regelmäßig schon an der ersten Voraussetzung, da eine Wortmarke in gramma-
tisch unkorrekter Schreibweise nicht »falsch« ist, sondern gerade gewollt
verfremdet oder eine bewusste und gewollte Wortneuschöpfung sein kann.

### 3.6 Änderungen der Markenkategorie

Die Beschwerdekammern haben in den Entscheidungen »NATURAL 42
BEAUTY«[56] und »Bremszylinder«,[57] ohne dass dazu Anlass gewesen wäre,
entschieden, dass die Marke oder Markenanmeldung ab dem Anmeldetag eine untrennbare Einheit darstelle. Hieraus haben sie in der Entscheidung
»Bremszylinder« und in der der Entscheidung »Soap« des EuG[58] zugrundeliegenden Entscheidung der HABM-BK[59] abgeleitet, dass nach der Vergabe
des Anmeldetages eine Änderung der »Markenkategorie« von einer Bildmarke in eine dreidimensionale Marke oder umgekehrt nicht statthaft ist, da dadurch der wesentliche Inhalt der Marke verändert werde. Hierbei handelt es
sich um eine spezifische Praxis der (damaligen) dritten HABM-BK.

Diese Auffassung ist abzulehnen. Statt über die Änderung zu entscheiden 43
und ggf die Änderung zurückzuweisen mit der Folge, dass über die Anmeldung in der ursprünglich eingereichten Form zu entscheiden gewesen wäre,
hat die HABM-BK den Anmelder in eine unentrinnbare Falle[60] gelockt. Au-

---

55  ABl-HABM 1996, 606, 612.
56  HABM-BK R 040/1998-3 vom 10.9.1998, ABl-HABM 1999, 204 *NATURAL
    BEAUTY.*
57  HABM-BK R 301/1999-3 vom 17.11.1999, GRUR Int 2000, 551 *Bremstrom-
    mel.*
58  EuG T-122/1999, MarkenR 2000, 107 (Nr 15, 49) *Soap* – die Frage wurde
    vom EuG nicht entschieden.
59  HABM-BK R-074/1998-3 vom 15.3.1999 ABl-HABM 2001, 951 *Soap.*
60  Siehe in anderem Zusammenhang: Singer/Blumer, Art 123 Rn 124.

ßerdem enthält Art 43 kein Verbot der Änderung der Marke als solche, sondern lediglich ein bedingtes Verbot der Änderung der Wiedergabe der Marke. Die Änderung der Markenkategorie ist somit nach Art 43 (2) unter der Voraussetzung der Berichtigung von Schreibfehlern oder offensichtlichen Unrichtigkeiten zuzulassen, wobei die GMV den Begriff der »Markenkategorie« als solche gar nicht kennt, sondern die Angabe, dass es sich um eine Bildmarke oder dreidimensionale Marke handelt, in R 3 (3), (4) als bloß formales Erfordernis ansieht, das insbesondere dem Mängelbeseitigungsverfahren nach R 9 (3) (a) zugänglich ist.

### 3.7 Andere Änderungen

44 Über den Bereich der nach Art 43 zulässigen Änderungen hinaus kann ein praktisches Bedürfnis für solche Änderungen anderer Bestandteile als der Wiedergabe der Marke, des VerzWDL oder der Angabe von Namen und Adressen bestehen, die nicht die Folge von Fehlern oder Unrichtigkeiten sind, sondern sich zB als Folge veränderter Umstände ergeben. So kann ua ein Interesse daran bestehen, Disclaimer nachträglich anzubringen, zu ändern oder zurückzunehmen oder die Beschreibung zu ändern. Die GMV weist insofern gewisse Lücken auf.[61] Zu beachten ist auch der Zusammenhang mit dem Prüfungsverfahren nach Art 37, da Art 43 nur für Änderungen gilt, die nicht zur Behebung einer Beanstandung des Prüfers dienen. Eine als Reaktion auf einen Beanstandungsbescheid nachgereichte Beschreibung, die der Wiedergabe der Marke entsprach und diese nur verdeutlichen sollte, wurde von der HABM-BK zugelassen, weil sie keine Änderung der Marke iSv Art 43 bedeutete.[62] Derartige Änderungen wird man über Art 43 hinaus jedenfalls dann zulassen müssen, wenn die Änderung im Vorgriff auf eine Beanstandung des Prüfers ergeht, diese also gewissermaßen vorwegnimmt, und die übrigen Schranken des Art 43 (2) (keine Erweiterung des VerzWDL oder Änderungen der Wiedergabe der Marke) erfüllt sind.

### 4 Sprachen

45 Die Erklärung der Zurücknahme und der Antrag auf Änderung sind Anträge und Erklärungen iSd R 95 (a). Sie sind somit wahlweise in der ersten oder

---

61  Siehe von Mühlendahl/Ohlgart, S 154.
62  HABM-BK R 185/2008-1 vom 3.9.2008 (Nr 17) *Gelber Golfschläger.*

der zweiten Sprache der GMA einzureichen.[63] Erklärungen in anderen Sprachen sind unzulässig und prozessual unbeachtlich.[64]

Nur in dem praktisch nicht vorkommenden Sonderfall, dass sich die Beteiligten des Widerspruchsverfahrens gemäß Art 119 (7) auf eine andere Sprache geeinigt haben, kann die Zurücknahmeerklärung während des anhängigen Widerspruchsverfahrens auch in der Verfahrenssprache des Widerspruchsverfahrens erfolgen (Art 119 (6), (7)). **46**

### 5 Veröffentlichungen

Die Veröffentlichung der Zurücknahme, Einschränkung des Verzeichnisses der Waren und Dienstleistungen oder der Änderung im Blatt für Gemeinschaftsmarken erfolgt nur, wenn die GMA bereits veröffentlicht worden ist und wenn es sich um eine Zurücknahme der Anmeldung, eine Einschränkung oder Änderung (Berichtigung) des VerzWDL oder um eine Änderung der Wiedergabe der Marke handelt, Art 43 (1) Satz 2, (2) Satz 2. In allen anderen Fällen wird es für ausreichend angesehen, dass die Veröffentlichung der Eintragung der Marke in der geänderten Form erfolgt, R 23 (5), 85 (4); solche Änderungen rechtfertigen keine eigene Veröffentlichung.[65] **47**

Wird gemäß Art 43 eine geänderte Marke veröffentlicht, so steht Dritten hierzu nach Art 41 (2) noch nachträglich ein Widerspruchsrecht mit einer Frist von drei Monaten ab dem Zeitpunkt der Veröffentlichung der Eintragung der geänderten GMA zu. Dies gilt nicht bei Änderungen in Form einer Einschränkung des VerzWDL, weil gegen die verbleibenden Waren ja schon die Widerspruchsfrist eröffnet war. **48**

### Artikel 44 (ex Artikel 44a)  Teilung der Anmeldung

(1) Der Anmelder kann die Anmeldung teilen, indem er erklärt, dass ein Teil der in der ursprünglichen Anmeldung enthaltenen Waren oder Dienstleistungen Gegenstand einer oder mehrerer Teilanmeldungen sein soll. Die Waren oder Dienstleistungen der Teilanmeldung dürfen sich nicht mit den

---

63  RiLi Teil E, 3.3.1, ABl-HABM 2006, 458, 463; von Mühlendahl/Ohlgart, S 152, 154.

64  EuG T-426/09 vom 26.10.2011 (Nr 24) *BAM/BAM*.

65  Geroulakos, Comentarios, S 423.

Waren oder Dienstleistungen der ursprünglichen Anmeldung oder anderen Teilanmeldungen überschneiden.

(2) Die Teilungserklärung ist nicht zulässig:

a) wenn gegen die ursprüngliche Anmeldung Widerspruch eingelegt wurde und die Teilungserklärung eine Teilung der Waren oder Dienstleistungen, gegen die sich der Widerspruch richtet, bewirkt, bis die Entscheidung der Widerspruchsabteilung unanfechtbar geworden ist oder das Widerspruchsverfahren eingestellt wird;

b) während den in der Durchführungsverordnung festgelegten Zeiträumen.

(3) Die Teilungserklärung muss den Bestimmungen der Durchführungsverordnung entsprechen.

(4) Die Teilungserklärung ist gebührenpflichtig. Sie gilt als nicht abgegeben, solange die Gebühr nicht entrichtet ist.

(5) Die Teilung wird an dem Tag wirksam, an dem sie in der vom Amt geführten Akte der ursprünglichen Anmeldung vermerkt wird.

(6) Alle vor Eingang der Teilungserklärung beim Amt für die ursprüngliche Anmeldung eingereichten Anträge und gezahlten Gebühren gelten auch als für die Teilanmeldungen eingereicht oder gezahlt. Gebühren für die ursprüngliche Anmeldung, die wirksam vor Eingang der Teilungserklärung beim Amt entrichtet wurden, werden nicht erstattet.

(7) Die Teilanmeldung genießt den Anmeldetag sowie gegebenenfalls den Prioritätstag und den Zeitrang der ursprünglichen Anmeldung.

*Schennen*

## 1 Allgemeines

Dieser Art erlaubt die Teilung der GMA auf Antrag des Anmelders (freie 1
Teilung). Teilung bedeutet (Abs 1), dass das VerzWDL einer GMA auf zwei
oder (Wortlaut von Abs 1 Satz 1) mehrere GMAen aufgeteilt wird, wobei
zum einen die so entstehenden VerzWDL sich nicht überschneiden dürfen
(Abs 1 Satz 2), andererseits aber die Aufteilung vollständig sein muss, es sei
denn, dass einzelne Waren oder Dienstleistungen gleichzeitig zurückgenommen werden. Eine Teilung der GMA ist somit nur in Form einer Teilung des
VerzWDL möglich, nicht zB in Form einer Teilung der Marke.

Die Teilung erfolgt aufgrund einer Erklärung des Anmelders, die erst als ab- 2
gegeben gilt, wenn die Gebühr gezahlt ist (Abs 4), wird jedoch erst mit Vollzug der Teilung (Abs 5) wirksam. Bis zum Vollzug der Teilung bleiben die
abgeteilten Waren und Dienstleistungen in der Stammanmeldung enthalten.

Die Möglichkeit der freien Teilung der GMA steht im Einklang mit logisch- 3
rechtssystematischen Überlegungen und mit der Interessenlage des Anmelders. Der Anmelder hat die freie Wahl, ob er für mehrere Warenklassen eine
einzige oder mehrere Anmeldungen, für jede Klasse einzeln, einreicht. Dann
ist es nur konsequent, ihm diese Möglichkeit auch im Laufe des Verfahrens
(sowie auch nach der Eintragung, Art 49) zu belassen. Die abgeteilten Anmeldungen können später ein eigenes rechtliches Schicksal gewinnen, beispielsweise als gesonderte Prioritätsgrundlage, Grundlage für eine IR, für eine getrennte Übertragung, Lizenzierung oder Verpfändung. Vor allem aber
ist die Teilung der GMA sinnvoll, um, wenn nur ein Teil der Waren und
Dienstleistungen mit einem Widerspruch angegriffen wird, den übrigen Teil
des VerzWDL zur schnellen Eintragung zu bringen. Die Teilung entspricht
somit einem praktischen Bedürfnis, kommt jedoch in der Praxis bislang
noch nicht häufig vor.

4   Die Teilung der GMA unterscheidet sich vom Antrag auf Eintragung eines teilweisen Rechtsübergangs (Art 17 (1), R 32): letzterer setzt voraus, dass rechtsgeschäftlich oder kraft Gesetzes zuvor ein Übergang des Eigentums an der GMA stattgefunden hat, so dass die Eintragung in die vom Amt geführte Anmeldungsakte (und nach Eintragung der GM in das Register für GMn) lediglich eine außerhalb des Registers vollzogene Änderung in der Person des Inhabers der GMA dokumentiert. Ein Antrag auf Eintragung eines teilweisen Rechtsübergangs verbunden mit dem Antrag auf Rückübertragung der so entstandenen neuen GMA auf den alten Anmelder (Inhaber) ist als rechtsmissbräuchlich zurückzuweisen.

5   Art 44 wurde eingefügt durch VO Nr 422/2004 vom 19.2.2004.[1] Er wird ergänzt durch R 13a, eingefügt durch VO Nr 1041/2005 vom 29.6.2005,[2] und durch Art 2 Nr 22 GebV, eingefügt durch VO Nr 1042/2005 vom 29.6.2005.[3] Alle diese Bestimmungen sind am 25.7.2005 in Kraft getreten.[4]

6   Das HABM hat RiLi über Änderungen in Anmeldungen und Eintragungen erlassen, deren Abschnitt 3.5 auch die Teilung behandeln.[5]

## 2  Wirkung der Teilung

7   Die Teilung bedarf einer Erklärung des Anmelders, diese bewirkt jedoch nicht von selbst die Teilung der GMA. Die Teilung der GMA wird vielmehr erst wirksam, wenn sie vom Amt vollzogen, also in den Anmeldungsakten vermerkt wird, Abs 5. (Im Falle der Teilung der Eintragung tritt diese Wirkung am Tage der Eintragung in das Gemeinschaftsmarkenregister ein, Art 49 (5)). Wird die Erklärung der Teilung wegen Formmängeln zurückgewiesen (R13a (2) Satz 2), oder ist die Teilungserklärung gemäß R 13a (3) unzulässig (R 13a (4)), nimmt der Anmelder die Erklärung der Teilung oder die GMA zurück oder kommt es aus einem anderen Grunde nicht zum Vollzug der Teilung in den Anmeldungsakten, so tritt die Wirkung der Teilung (Abs 5) nicht ein. Damit verbleiben die Waren und Dienstleistungen, die

---

1  ABl-HABM 2004, 622.

2  ABl-HABM 2005, 1098.

3  ABl-HABM 2005, 1180.

4  Mitteilung der Kommission über die Bekanntgabe des Geltungsbeginns von Art 1 Nr 11–14, 21, 23–26, 32, 33 und 36 der VO Nr 422/2004, ABl-HABM 2005, 1186.

5  RiLi Teil E 3, ABl-HABM 2006, 458.

*Schennen*

der Anmelder abteilen wollte, in der ursprünglichen GMA. Der Anmelder kann dann beispielsweise die Teilungserklärung zu einem späteren Zeitpunkt wiederholen.[6] Dies ist insbesondere dann von Interesse, wenn die Teilungserklärung verfrüht abgegeben wurde (R13a (3) (b)). Dies ist nach § 48 DE-MarkenG anders, wo die Teilungserklärung mit ihrer Abgabe wirksam wird mit der Folge, dass Mängel der Teilungserklärung oder eine Nichtzahlung der Gebühr dazu führen, dass der abgeteilte Teil der Anmeldung unwiederbringlich verloren geht, was nicht interessengerecht ist.

Die Wirkung des Vollzugs der Teilung (Abs 5) ist, dass eine neue GMA entsteht, die voll und ganz, mit Ausnahme des Umfangs des VerzWDL, der ursprünglichen GMA entspricht. Abs 7 bestimmt ausdrücklich, dass die abgeteilte Anmeldung den Anmeldetag, das Prioritätsdatum und den Senioritätsanspruch (Art 34, 35) der ursprünglichen GMA behält. Auch alle anderen registerrelevanten Angaben in der ursprünglichen GMA, wie Disclaimer (Art 37) und Farbansprüche, bleiben für die abgeteilte GMA wirksam. **8**

Die abgeteilte GMA übernimmt den Verfahrensstand der ursprünglichen GMA, Abs 6. Alle vor Erklärung der Teilung anhängig gemachten Nebenverfahren (mit Ausnahme des Widerspruchsverfahrens, welches nach Abs 2 (a), R 13a (3) den abgetrennten Teil nicht betreffen darf) bleiben für die Teilanmeldung anhängig. Beispiel: Ein Antrag auf Eintragung einer Lizenz (R 33), der vor Abgabe der Teilungserklärung vom Amt noch nicht behandelt worden war, führt dazu, dass die Lizenz auch für die abgeteilte GMA vermerkt wird. Für solche vor Abgabe der Teilungserklärung gestellten Anträge gezahlte Gebühren gelten auch für die abgeteilte GMA als gezahlt, Abs 6 Satz 1. In dem genannten Beispiel ist somit für die Eintragung der Lizenz die vor Abgabe der Teilungserklärung gezahlte Gebühr von 200 Euro wirksam, und für die abgeteilte GMA braucht keine erneute Gebühr gezahlt werden.[7] Aus dem Prinzip, dass für die Fälligkeit und Wirksamkeit einer vor Abgabe der Teilungserklärung gezahlten Gebühr auf die Rechtslage vor Abgabe der Teilungserklärung abzustellen ist, folgt umgekehrt, dass vor Abgabe der Teilungserklärung wirksam gezahlte Gebühren nicht erstattet werden, Abs 6 Satz 2. Beispiel: Die ursprüngliche GMA umfasste sechs Klassen, es wurden drei Klassengebühren für die über die drei hinausgehenden Klassen gezahlt. Anschließend wird die GMA in zwei Anmeldungen à drei Klassen **9**

---

6 RiLi Teil E 3.5.1.2, ABl-HABM 2006, 458.
7 RiLi Teil E 3.5.2.2, ABl-HABM 2006, 458.

aufgeteilt. Diese gezahlten Klassengebühren werden nicht erstattet. Andererseits bedeutet dies, dass vor der Abgabe der Teilungserklärung fällig gewordene Gebühren, die nach Abgabe der Teilungserklärung nicht mehr zahlbar sind, nicht mehr beigetrieben werden können; dieser Fall ist zwar in Abs 6 nicht geregelt, ergibt sich jedoch a contrario aus Abs 6 Satz 1 und Satz 2. Wenn in unserem Beispiel die zusätzlichen drei Klassengebühren noch nicht gezahlt wurden und die Teilungserklärung abgegeben wird, bevor eine vom Amt nach R 9 (3) (b) gesetzte Frist für die Zahlung der Klassengebühren abgelaufen ist, so werden diese nicht mehr fällig, und die Rücknahmefiktion nach R 9 (5) tritt nicht ein.[8]

### 3 Verfahren

#### 3.1 Erklärung

10  Die Teilung wird durch eine Erklärung des Anmelders herbeigeführt. Art 44 und R 13a unterscheiden sehr genau zwischen der Erklärung der Teilung, der Teilung (als einem vom Amt vorgenommenen Vorgang) und der Teilanmeldung (das neu entstandene Schutzrecht, im Unterschied zur ursprünglichen Anmeldung). Die deutsche Fassung von R 13a enthält einige bedauerliche Übersetzungsfehler.

11  Die »Erklärung« der Teilung unterscheidet sich von einem Antrag dadurch, dass sie Gestaltungswirkung hat. Mit einem Antrag hat sie gemein, dass sie nicht unmittelbar die Rechtslage ändert, sondern das Amt sie akzeptieren und umsetzen muss, Abs 5. Es handelt sich um eine »Erklärung« im Sinne von R 95 (a).

12  Die Erklärung ist bedingungsfeindlich. Sie kann zB nicht unter der Bedingung abgegeben werden, dass das HABM eine anderweitige Verfahrenshandlung vornimmt oder einen Widerspruch stattgibt. Sie kann auch nicht hilfsweise abgegeben werden,[9] denn »hilfsweise« können nur Anträge gestellt werden, keine Erklärungen abgegeben werden.

#### 3.2 Gebühr

13  Die Teilungserklärung unterliegt einer Gebühr; sie gilt als nicht abgegeben, solange die Gebühr noch nicht gezahlt ist, Abs 4. Die deutsche Fassung von

---

8  RiLi Teil E 3.5.2.2, ABl-HABM 2006, 458.
9  So auch Ströbele/Kirschneck, MarkenG, § 46 Rn 4.

Art 44 (4) verwendet zutreffend den Begriff der Erklärung; die engl Fassung (»application«) ist unzutreffend. Wird die Gebühr nicht gezahlt, so bleibt somit der Bestand der ursprünglichen GMA unberührt (siehe auch oben, Rdn 7).

Die Gebühr beträgt 250 Euro, Art 2 Nr 22 GebV.                    14

### 3.3 Sprache

Es gilt R 95 (a); der Antrag kann nach Wahl des Anmelders in der ersten 15
oder der zweiten Sprache der GMA gestellt werden (siehe auch unter Art 119
Rdn 59–62). Diese Sprache wird dann Sprache des Nebenverfahrens zur
Eintragung der Teilung. Soweit die Erklärung in der zweiten Sprache abgegeben wird, muss der Anmelder die Angabe der Waren und Dienstleistungen, die abgeteilt werden sollen, in der zweiten Sprache machen. Diese muss
dann ggf in die erste Sprache übersetzt werden; dies ist unproblematisch, da
das HABM ohnehin die Anmeldung in die zweite Sprache und später in alle
anderen 18 Sprachen übersetzen muss (Art 119 (3) Satz 2, Art 120 (1)).

Wählt der Anmelder die erste Sprache und ist diese keine der fünf Sprachen
des Amtes, so gilt zwar für das HABM Art 119 (4) Satz 2, doch ist der praktische Anwendungsbereich dieser Vorschrift durch das Urteil des EuGH
»Kik«[10] deutlich eingeschränkt (siehe unter Art 119 Rdn 20).

### 3.4 Formelle Voraussetzungen

R 13a (1) regelt die formellen Voraussetzungen für die Erklärung der Tei- 16
lung; hinzu kommen die allgemeinen Vorschriften über den Vertretungszwang, Art 92, und die Unterschrift, R 79. Die Angabe des Aktenzeichens
und des Namens und der Anschrift des Anmelders (R 13a (1) (a), (b)) verstehen sich von selbst. Handelt ein Vertreter, so muss er seine Anschrift nur angeben, wenn er neu bestellt wird, nicht, wenn er bereits als Vertreter des Anmelders in der Akte vermerkt ist, R 76 (8). Es sind ferner das VerzWDL für
die Teilanmeldung (bei mehreren Teilanmeldungen für jede gesondert) (R
13a (1) (c) sowie zusätzlich das VerzWDL der ursprünglichen Anmeldung
(R13a (1) (d) einzureichen. Es sind somit nach dem Gesetzeswortlaut immer
zwei Verzeichnisse einzureichen, das der Teilanmeldung und das neue
VerzWDL der ursprünglichen Anmeldung. Sind diese formellen Erfordernis-

---

10 EuGH C-363/01 vom 9.9.2003, ABl-HABM 2003, 2198 *Kik*.

se (engl Fassung von R 13a (2) Satz 1: »requirements«, nicht, wie in der deutschen Fassung, »Auflagen«) nicht erfüllt, so wird die Teilungserklärung zurückgewiesen, R 13a (2) Satz 2 (engl Fassung: »refuse the declaration«; die Worte »als unzulässig« in der deutschen Fassung sind ein Übersetzungsfehler).

### 3.5 Zuständigkeit

17 Zuständig für die Prüfung der Erklärung der Teilung ist die Marken- und Musterverwaltungs- und Rechtsabteilung, Art 133.

### 4 Ausschluss der Teilung

18 In folgenden Fällen ist die Teilung ausgeschlossen und die Erklärung der Teilung zurückzuweisen (siehe R 13a (2) Satz 2, (4)):

#### 4.1 Aufteilung der Waren und Dienstleistungen

19 Die Waren und Dienstleistungen sind so auf die ursprüngliche und die Teilanmeldung aufzuteilen, dass sich keine Überschneidungen ergeben, Art 44 (1) Satz 2, R 13a (2). Es können ganze Klassen abgeteilt werden oder einzelne Begriffe einer Klasse, oder es kann eine Ware aus einem Oberbegriff ausgenommen werden. Werden einzelne Begriffe aus einem längeren VerzWDL in eine Teilanmeldung überführt, so ist darauf zu achten, dass nicht gleichwohl im VerzWDL der ursprünglichen Anmeldung ein Oberbegriff verbleibt, der die Spezialware noch mit abdeckt.[11] Das ist anders als nach deutschem Recht (§ 36 (3) DE-MarkenV)[12] nicht zulässig.

#### 4.2 Vor Feststellung des Anmeldetages

20 Die Teilung ist ausgeschlossen vor dem Zeitpunkt, zu dem das Amt den Anmeldetag (siehe Art 27, R 9 (2)) zuerkannt hat, R 13a (3) (a). Maßgeblich ist nicht der Zeitpunkt der Erfüllung der Anmeldetagsvoraussetzungen nach Art 27 und R 9 (1), sondern der Tag, an dem das Amt dem Anmelder den Anmeldetag mitteilt. In den Fällen, in denen das Amt den Anmeldetag vorläufig unter der Bedingung, dass die Anmeldegrundgebühr gezahlt werde,

---

11  Siehe RiLi Teil E 3.4.2, ABl-HABM 2006, 458.
12  Siehe Ströbele/Kirschneck, MarkenG, § 46 Rn 5.

mitgeteilt hat, ist die Erklärung der Teilung ab dem Tag der Zahlung der Anmeldegrundgebühr möglich (siehe unter Art 26 Rdn 31–35).

Grund für diese Regelung ist: Eine Anmeldung, der kein Anmeldetag zu-     21
kommt, kann auch nicht geteilt werden. Bevor feststeht, ob und mit welchem Anmeldetag eine GMA entstanden ist, wäre eine Teilung der GMA
vorgreiflich.

### 4.3 Anhängigkeit eines Widerspruchsverfahrens

Die Teilung ist unzulässig, wenn und so lange gegen die ursprüngliche An-     22
meldung ein Widerspruchsverfahren anhängig ist, das noch nicht rechtskräftig abgeschlossen ist, es sei denn, es sollen solche Waren und Dienstleistungen abgeteilt werden, gegen die sich der Widerspruch nicht richtet, Art 44
(2) (a).

Die Teilung ist somit stets ausgeschlossen, wenn sich der Widerspruch gegen     23
alle Waren und Dienstleistungen der ursprünglichen GMA richtet. In diesem
Falle würde eine unzulässige Aufteilung des Widerspruchsverfahrens mit
dem Widersprechenden nicht zumutbaren Verfahrenskomplikationen und
Kostenfolgen (doppelte Kostenbelastung) die Folge sein.

Dem Wortlaut des Art 44 (2) (a) gemäß ist die Erklärung der Teilung auch     24
dann unzulässig, wenn sich der Widerspruch nur gegen einen Teil der Waren
und Dienstleistungen der ursprünglichen GMA richtet und von diesen wiederum ein weiterer Teil Gegenstand einer Teilanmeldung werden soll, gleichgültig, ob hierzu auch nicht angefochtene Waren und Dienstleistungen der
GMA hinzukommen. Auch in diesem Fall würde die Erklärung der Teilung
eine unzulässige Aufspaltung des Widerspruchsverfahrens bewirken. Die Erklärung der Teilung ist jedoch auch dann unzulässig, wenn sie zum Ziel hat,
solche Waren und Dienstleistungen zum Gegenstand der abgeteilten GMA
zu machen, gegen die sich der Widerspruch richtet.[13] In diesem Fall wäre
zwar nicht eine Aufteilung der Widerspruchsverfahren in zwei Verfahren die
Folge, wohl aber würde das Widerspruchsverfahren nunmehr eine andere
GMA betreffen. Auch dies ist nicht zumutbar und verwaltungstechnisch
nicht zu bewältigen. Allerdings gibt im letzteren Fall das HABM dem Anmelder Gelegenheit, die Erklärung der Teilung zu ändern und zu beantragen,
dass die nicht mit dem Widerspruch angegriffenen Waren und Dienstleis-

---

13  RiLi Teil E 3.5.1.1, ABl-HABM 2006, 458.

tungen der ursprünglichen Anmeldung Gegenstand der Teilanmeldung werden,[14] was für den Anmelder im Ergebnis keinen Unterschied macht.

25   Es gilt somit der Grundsatz: Waren und Dienstleistungen, gegen die sich ein Widerspruch richtet, können nicht zum Gegenstand einer Teilanmeldung gemacht werden, weder alleine noch mit anderen Waren und Dienstleistungen, gegen die sich ein Widerspruch nicht richtet.

26   Dies verstößt weder gegen Art 7 (1) (a) TLT noch gegen den Sinn und Zweck der Möglichkeit der Teilung, im Gegenteil: Mit der Erklärung der Teilung soll Gelegenheit gegeben werden, den von einem Widerspruch nicht angegriffenen Teil des VerzWDL zur schnelleren Eintragung zu bringen.[15] Die Teilung soll nicht den streitbefangenen, sondern den nicht streitbefangenen Waren und Dienstleistungen zu Gute kommen.

### 4.4  Während der Widerspruchsfrist

27   Wenn schon die Teilungsmöglichkeit während eines Widerspruchsverfahrens eingeschränkt ist, so muss dies erst recht der Fall sein, während die Widerspruchsfrist läuft. Zu diesem Zeitpunkt steht ja noch gar nicht fest, ob Widersprüche eingelegt werden und wenn ja, gegen welche Waren und Dienstleistungen sie sich richten werden.

28   Aus diesem Grund schließt R13a (3) (b) jede Teilung während der Dreimonatsfrist für die Einlegung des Widerspruchs (Art 41 (1)) aus.

### 4.5  Kurz vor der Eintragung

29   Außerdem schloß R 13a (3) (c) die Teilung der GMA aus, sobald das HABM die Aufforderung gemäß R 23 (2) erlassen hat, die Eintragungsgebühr zu zahlen. (Die deutsche Fassung von R 13a (3) (c), die von »Fristen« und dem »Folgetag« spricht, ist schlicht unverständlich übersetzt.) Eine Teilung in diesem Verfahrensabschnitt würde den Vollzug der Eintragung und die Berechnung der Eintragungsgebühren stören. Für den Anmelder ist dies nicht unbillig, da er bei einer Teilung kurz vor der Eintragung zwei Eintragungsgrundgebühren zu zahlen hätte, so daß ihm zugemutet werden kann, zunächst die Eintragungsgebühr für die ursprüngliche Anmeldung zu zahlen

---

14  RiLi Teil E 3.5.1.1, ABl-HABM 2006, 458.
15  RiLi Teil E 3.5.1.1, ABl-HABM 2006, 458.

und sodann nach der Eintragung eine Teilungserklärung nach Art 49 abzugeben.

Eine in diesem Verfahrensabschnitt eingehende Erklärung der Teilung einer 30
GMA wiet das HABM nicht zurück, sondern es legte diese Erklärung auf
Halde und bearbeitet sie, sobald die Eintragung der GM vollzogen ist.[16] Der
Anmelder brauchte somit keine erneute Gebühr zahlen.

Da die Aufforderung nach R 23 (2) relativ zügig nach Ablauf der Wider- 31
spruchsfrist bzw rechtskräftigem Abschluss eines Widerspruchsverfahrens
erging, war faktisch die Teilung einer GMA nach Veröffentlichung der
Anmeldung für die Zwecke des Widerspruchs nur während des Widerspruchsverfahrens und nur für nicht vom Widerspruch angegriffene Waren
und Dienstleistungen möglich; genau dies entsprach dem gesetzgeberischen
Zweck der Möglichkeit der Teilung in diesem Verfahrensabschnitt.

## 5 Neue Akte

Bis zum Vollzug der Teilung nach Art 43 a (5) wird die Teilungserklärung 32
und jede Korrespondenz dazu in die Akte der ursprünglichen GMA aufgenommen, und sie verbleibt dort auch. Sobald die Teilung vollzogen ist,
legt das HABM für die Teilanmeldung eine neue Akte an, R 13a (5). Diese
erhält ein neues Aktenzeichen, R 13a (5) Satz 2. Der gesamte Akteninhalt der
ursprünglichen GMA wird in die Akte der abgeteilten GMA aufgenommen,
R 13a (5) Satz 1. Es wird somit die Akte der ursprünglichen GMA geklont.
Ab dem Zeitpunkt des Vollzugs der Teilung wird jede Korrespondenz nur
noch in die Akte der sie betreffenden Anmeldung aufgenommen.

## 6 Veröffentlichungen

Der Eingang einer Teilungserklärung wird nicht veröffentlicht. Veröffentlicht 33
wird der Vollzug der Teilung einer GMA, jedoch nur, wenn die ursprüngliche
GMA bereits veröffentlicht war, R 13a (6). Für die ursprüngliche GMA wirkt
sich die Teilung hinsichtlich der Veröffentlichung von Rechtstandsangaben
somit genauso aus, als wenn das VerzWDL eingeschränkt worden wäre.

Hiervon zu unterscheiden ist die Frage, ob und wie die Teilanmeldung zu 34
veröffentlichen ist. War die ursprüngliche Anmeldung zum Zeitpunkt des
Vollzugs der Teilung noch nicht veröffentlicht worden, so wird die Teilan-

---

16 RiLi Teil E 3.5.1.1, ABl-HABM 2006, 458.

meldung normal, mit ihrem Inhalt, veröffentlicht.[17] Widerspruch kann nur entweder gegen die ursprüngliche Anmeldung oder gegen die Teilanmeldung eingelegt werden, die Frage eines neuen Widerspruchsrechts stellt sich nicht.

35 War die ursprüngliche GMA bereits veröffentlicht worden, so wird ebenfalls die Teilanmeldung veröffentlicht, so als ob es sich um eine eigenständige GMA handeln würde, R 13a (6) Satz 2. Allerdings ist in diesem Falle der Widerspruch gegen die Teilanmeldung ausgeschlossen, R 13a (6) Satz 3. Grund hierfür ist, dass Widerspruch bereits gegen die Veröffentlichung der ursprünglichen Anmeldung hätte eingelegt werden können.[18] Die Einräumung eines Widerspruchsrechts gegen die Teilanmeldung hätte sonst zur Folge, dass gegen die selben Waren und Dienstleistungen zweimal Widerspruch eingelegt werden könnte.

## 6. Abschnitt Eintragung

### Artikel 45 Eintragung

**Entspricht die Anmeldung den Vorschriften dieser Verordnung und wurde innerhalb der Frist gemäß Artikel 41 Absatz 1 kein Widerspruch erhoben oder wurde ein Widerspruch rechtskräftig zurückgewiesen, so wird die Marke als Gemeinschaftsmarke eingetragen, sofern die Gebühr für die Eintragung innerhalb der vorgeschriebenen Frist entrichtet worden ist. Wird die Gebühr nicht innerhalb dieser Frist entrichtet, so gilt die Anmeldung als zurückgenommen.**

*Schennen*

---

17 RiLi Teil E 3.5.1.3, ABl-HABM 2006, 458.
18 RiLi Teil E 3.5.1.3, ABl-HABM 2006, 458.

## 1 Allgemeines

Nach erfolgreichem Abschluß des Prüfungs- und ggf des Widerspruchsver- 1
fahrens erfolgt die Eintragung, Art 45. Die Eintragung verleiht die Rechte
aus der GM, auch wenn nach Art 9 (3) die Rechte aus der Eintragung Dritten gegenüber erst nach der Veröffentlichung der Eintragung entgegengehalten werden können. Die Eintragung erfolgt im Register für GMn, Art 87,
R 84. Die Eintragung macht aus der GMA eine GM; sie ist entscheidend für
Zeitpunkt und Inhalt des Markenrechts. Zum Eintragungsprinzip siehe auch
Art 6.

Art 45 ist selbst nicht geändert worden. Allerdings ist mit VO Nr 335/2009 2
der Kommission zur Änderung der GebV der Betrag der Eintragungsgebühr
auf Null festgesetzt worden und de facto die in Art 45 geregelte Eintragungsgebühr abgeschafft worden mit der Folge, dass die Eintragung der GM heute
gebührenfrei ist. Diese Neuregelung gilt nach Art 3 der VO Nr 335/2009[1]
seit dem Tag nach der Veröffentlichung dieser VO im ABl-EG am 30.4.2009,
dh ab dem 1.5.2009. Seitdem gehen also nicht nur der letzte Halbsatz von
Art 45 Satz 1, sondern auch Art 45 Satz 2 ins Leere, die in Art 45 Satz 2 angeordnete Sanktion bei »Nicht-Nichtzahlung« kann nicht eintreten. Die Abschaffung der Eintragungsgebühr nur durch Änderung von DV und GebV
ohne Änderung der GMV selbst ist rechtlich äußerst bedenklich.

Art 45 wird ergänzt durch R 23, R 24 zur Eintragungsurkunde, R 27 zur Be- 3
richtigung von Fehlern in der Veröffentlichung der Eintragung und R 84
zum Inhalt des Registers für GMn. R 23 wurde durch VO Nr 335/2009
vom 31.3.2009[2] mit Wirkung zum 1.5.2009 geändert, indem alle Bezugnahmen auf die Eintragungsgebühr gestrichen wurden. Mit VO Nr 335/
2009 vom 31.3.2009 wurde gleichzeitig in Art 2 Nr 7–11 GebV die Eintragungsgebühr auf Null gesenkt; die Gebührensätze waren zuvor schon mit
VO Nr 1687/2005 vom 14.10.2005[3] mit Wirkung zum 22.10.2005 deutlich gesenkt worden. R 24 (2) wurde durch VO Nr 1041/2005 mit Wirkung
zum 25.7.2005 geändert.

---

1 ABl-EG L 109 vom 30.4.2009, S 3.
2 ABl-EG L 109 vom 30.4.2009, S 3.
3 ABl-EG L 271 vom 15.10.2005, S 14.

2 Eintragungsgebühr

4 Die Eintragung setzt seit Aufnullsetzung der Gebühren in Art 2 Nr 7–11 GebV und Streichung Bestimmungen in R 23, die die Eintragungsgebühr betrafen, keine Zahlung einer Eintragungsgebühr mehr voraus.

5 Diese Regelung gilt für alle GMAen, für die vor dem Inkrafttreten der Neuregelung am 1.5.2009 noch keine Mitteilung nach R 23 (2) aF vom HABM versandt worden ist (Art 3 Satz 2 der VO Nr 335/2009). Seit diesem Datum werden keine Aufforderungen zur Zahlung der Eintragungsgebühr mehr verschickt, sondern es wird die GM direkt eingetragen.

6 Für die Fälle, in denen vor dem 1.5.2009 eine Aufforderung zur Zahlung der Eintragungsgebühr verschickt worden war, galt: Zahlte der Anmelder die Eintragungsgebühr nicht rechtzeitig, so erging eine Nachricht nach R 23 (3) aF, dass die Gebühr innerhalb einer Nachfrist von zwei Monaten nach Zustellung dieser Mitteilung entrichtet werden kann, wobei gleichzeitig der Zuschlag von 25 % zu zahlen war.

7 Das automatische Abbuchungssystem gemäß Beschluß des Präsidenten Nr EX-96-1[4] stellte auch für diese Altfälle sicher, dass Gebühren stets fristgerecht abgebucht werden, so dass kein Rechtsverlust entstehen konnte, es sei denn, der Inhaber des Kontos gab gemäß Art 6 (2), 7 (c) des Beschlusses ausdrückliche Anweisung, das laufende Konto nicht zu benutzen, denn dem Anmelder, der über ein laufendes Konto beim HABM verfügt, wurde zwei Monate nach Erlass der Zahlungsmitteilung nach R 23 (2) aF das laufende Konto mit der Eintragungsgebühr einschließlich der Klassengebühren belastet.

3 Vornahme der Eintragung

8 Die Eintragung setzt voraus, dass die GMA veröffentlicht worden war (Art 39) und dass entweder kein Widerspruch erhoben wurde (Art 41) oder der Widerspruch rechtskräftig zurückgewiesen oder zurückgenommen wurde oder dass das Widerspruchsverfahren (bei mehreren Widersprüchen auch das letzte Widerspruchsverfahren) für den Anmelder ganz oder teilweise erfolgreich verlaufen ist. Der Wortlaut von Art 45 Satz 1 ist allerdings in mehrerer Hinsicht ungenau: Erstens erfolgt zum Zeitpunkt der Eintragung eine

---

4 ABl-HABM 1996, 6, 1454, mehrfach geändert, zuletzt durch Beschluss Nr EX-06-1 vom 12.1.2006, ABl-HABM 2006, 324.

*Schennen*

Prüfung darauf, ob die GMA den Vorschriften der GMV entspricht, nicht mehr, sondern diese mußte vorher erfolgt sein; wohl aber kann auch nach der Veröffentlichung die GMA noch von Amts wegen oder auf Grund von Bemerkungen Dritter (Art 40) nachbeanstandet worden sein (siehe unter Art 37 Rdn 4 f). Zweitens führt nicht nur die rechtskräftige Zurückweisung des Widerspruchs, sondern auch jede andere Erledigung des Widerspruchsverfahrens zu Gunsten des Anmelders, zB durch Rücknahme des Widerspruchs, zur Eintragung. Drittens kann eine Zurückweisung der GMA während des Prüfungsverfahrens (R 11 (3)) oder des Widerspruchsverfahrens (Art 42 (5)) auch nur teilweise für einzelne Waren und Dienstleistungen erfolgt sein; die Eintragung erfolgt sodann nur für die verbleibenden Waren und Dienstleistungen.

Der Anmelder kann noch bis zum Vollzug der Eintragung die GMA zurück- 9 nehmen, erfährt diesen Zeitpunkt aber nicht im voraus.

Bisher kam es zur teilweisen Eintragung, wenn die Klassengebühren für die 10 Eintragung (Art 2 Nr 8, 10 GebV) nicht entrichtet wurden. Dieser Fall kann nunmehr nicht mehr eintreten. Eine Beschränkung des VerzWDL muß der Anmelder bis zur Eintragung im Wege der Teilzurücknahme (siehe Art 43 Rdn 16) oder nach der Eintragung im Wege des – ebenfalls gebührenfreien – Teilverzichts (Art 47 (1)) erklären. Einen Grund, dies ausgerechnet vor oder zeitnah zur Eintragung – statt zu irgendeinem anderen beliebigen Zeitpunkt – zu erklären, gibt es freilich nicht mehr.

Die Eintragungsurkunde (R 24) enthält die die in das Register eingetragenen 11 Angaben einschließlich des VerzWDL in allen Amtssprachen der EG (Art 120 (2)); sie verwendet für die Bezeichnung der einzelnen Rubriken die WIPO-INID-Codes und enthält die Unterschrift des Präsidenten des Amtes in Faksimile. Sie wird nach vollzogener Eintragung dem Inhaber zur Verfügung gestellt, indem ihm ein Link (elektronisch über MyPage, sonst als Text) zum Herunterladen übermittelt wird.[5] Eintragungsurkunden in Papierform werden nicht mehr erteilt.[6]

Jedermann kann gegen Zahlung einer Gebühr von 30 Euro beglaubigte und 12 gegen eine Gebühr von 10 Euro unbeglaubigte Kopien der Eintragungs-

---

5 Art 21 des Beschlusses des Präsidenten Nr EX-11-3 vom 18.4.2011, ABl-HABM 2011, Nr 6.
6 Art 21 (6) des Beschlusses Nr EX-11-3.

urkunde verlangen, R 24 (2) nF und Art 2 Nr 26 GebV. Die in R 24 (2) aF enthaltene Beschränkung auf den Inhaber der GM war nicht sachgerecht, da auch Dritte ein legitimes Interesse an einer Eintragungsurkunde haben können (Lizenznehmer, vorgreifliche Rechtsverhältnisse in Zivilprozessen).

13  Bei Abweichungen ist maßgeblich die Eintragung im Register, nicht die Eintragungsurkunde.

## 4 Veröffentlichung der Eintragung

14  Die Eintragung im Register für GMn erfolgt mit den in R 84 (2) genannten Angaben, R 23 (1). Die Eintragung wird im Blatt für GMn veröffentlicht, R 23 (2), R 85 (2).

15  Zeitpunkt der Eintragung ist nicht die Veröffentlichung im Blatt für GMn, sondern der Zeitpunkt, zu dem im Register, also in der Datenbank des Amtes die Eintragung vollzogen wird.

## 5 Wirkung der Eintragung

16  Die Eintragung legt den Inhalt der GM endgültig fest, wobei nur unter sehr engen Voraussetzungen eine Änderung der Marke gemäß Art 48 möglich ist. Der Schutz der Marke besteht nur in der eingetragenen Form und nur für die eingetragenen Waren und Dienstleistungen. An die Eintragung sind die Verletzungsgerichte (Art 99 (1)), die ordentlichen Gerichte in anderen Rechtsstreitigkeiten als Verletzungsstreitigkeiten (Art 107) sowie jedes andere Gericht und jede andere Behörde gebunden.

## 6 Fehlerhafte Eintragung

17  Wird aufgrund amtsinterner Fehler die Marke in einer anderen Form als angemeldet eingetragen oder gibt die Eintragung den Inhalt der Entscheidung des Prüfers oder der Widerspruchsabteilung nicht korrekt wieder, etwa wenn Waren und Dienstleistungen in der Eintragung erscheinen, die rechtskräftig zurückgewiesen sind, so ist die Eintragung von Amts wegen oder ggf auf Antrag des Inhabers zu berichtigen, R 27, und die so berichtigte Form erneut zu veröffentlichen, R 27 (3).

18  Alle anderen Fälle unrichtiger Registereintragungen können nun einigermaßen sachgerecht über Art 80 gelöst werden, der durch VO Nr 422/2004 eingefügt worden ist.

# Titel V Dauer, Verlängerung, Änderung und Teilung der Gemeinschaftsmarke

## Artikel 46 Dauer der Eintragung

Die Dauer der Eintragung der Gemeinschaftsmarke beträgt zehn Jahre gerechnet vom Tag der Anmeldung an. Die Eintragung kann gemäß Artikel 47 um jeweils zehn Jahre verlängert werden.

*Schennen*

## 1 Allgemeines

Art 46 bestimmt, dass die Dauer der Eintragung der GM zehn Jahre beträgt **1** und die Eintragung gemäß Art 47 um jeweils zehn Jahre verlängert werden kann. Art 46 verwirklicht somit das Prinzip, dass die Schutzdauer der Marke unbegrenzt oft verlängert werden kann. Anders als beim Patent, das einen zeitlich begrenzten Entwicklungsvorsprung sichern soll, gewährt der Staat somit das Ausschließlichkeitsrecht nicht von vornherein auf Zeit, sondern unbegrenzt solange, bis entweder der Inhaber die Marke durch Nichtzahlung der Verlängerungsgebühren erlöschen lässt oder die Marke anderweitig erlischt, etwa wegen Nichtbenutzung für verfallen erklärt wird.

Die Schutzdauer von zehn Jahren und die unbegrenzte Verlängerungsmög- **2** lichkeit entsprechen dem internationalen Trend. Allerdings sieht Art 18 TRIPS-Übereinkommen zwar das Recht auf unbegrenzt häufige Verlängerung, jedoch nur eine Mindestschutzdauer von sieben Jahren vor. Die Markenrechtsrichtlinie 89/104/EWG, die für nationale Marken in den Mitgliedstaaten gilt, regelt die Schutzdauer nicht.

## 2 Beginn und Ende der Schutzdauer

Die Dauer der Eintragung der GM beginnt mit dem Zeitpunkt der Eintra- **3** gung gemäß Art 45, obwohl gemäß Art 9 (3) Ansprüche aus der GM gegenüber Dritten erst ab der Veröffentlichung der Eintragung der GM geltend gemacht werden können. Zuvor, im Stadium der Anmeldung, hat die GMA die Wirkungen als nationale Hinterlegung gemäß Art 32 und gewährt den Anspruch auf angemessene Entschädigung gemäß Art 9 (3) S 2.

4  Die Dauer der Eintragung endet zehn Jahre ab dem Anmeldetag, nicht ab dem Tag der Eintragung. Anmeldetag ist der Tag, der als Anmeldetag gemäß Art 27 und ggf R 9 (2) zuerkannt worden ist. Die Beanspruchung einer Priorität (Art 29) ist für die Berechnung der Dauer der Eintragung unerheblich. Für Patente bestimmt Art 4 bis (5) PVÜ ausdrücklich, dass die Schutzdauer von der Beanspruchung einer Priorität unabhängig ist, da andernfalls die Beanspruchung einer Priorität den Anmelder durch Verkürzung der Schutzdauer schlechter stellen würde. Aus den gleichen Gründen ist auch bei der GM für die Schutzdauer das Prioritätsdatum unmaßgeblich.

Die Eintragung läuft somit an dem Tag und Monat ab, der dem Tag und Monat des Anmeldedatums entspricht; ist zB der Anmeldetag der 1.4.1996, so läuft die Eintragung am 1.4.2006 ab.[1]

### 3  Verlängerung

5  Art 46 Satz 2 sieht die Möglichkeit der Verlängerung der Dauer der Eintragung um jeweils zehn Jahre vor. Hierzu siehe unter Art 47.

## Artikel 47  Verlängerung

(1) Die Eintragung der Gemeinschaftsmarke wird auf Antrag des Inhabers oder einer hierzu ausdrücklich ermächtigten Person verlängert, sofern die Gebühren entrichtet worden sind.

(2) Das Amt unterrichtet den Inhaber der Gemeinschaftsmarke und die im Register eingetragenen Inhaber von Rechten an der Gemeinschaftsmarke rechtzeitig vor dem Ablauf der Eintragung. Das Amt haftet nicht für unterbliebene Unterrichtung.

(3) Der Antrag auf Verlängerung ist innerhalb eines Zeitraums von sechs Monaten vor Ablauf des letzten Tages des Monats, in dem die Schutzdauer endet, einzureichen. Innerhalb dieses Zeitraums sind auch die Gebühren zu entrichten. Der Antrag und die Gebühren können noch innerhalb einer

---

1  Siehe Art 47 Rdn 33.

Nachfrist von sechs Monaten nach Ablauf des in Satz 1 genannten Tages eingereicht oder gezahlt werden, sofern innerhalb dieser Nachfrist eine Zuschlagsgebühr entrichtet wird.

(4) Beziehen sich der Antrag auf Verlängerung oder die Entrichtung der Gebühren nur auf einen Teil der Waren oder Dienstleistungen, für die die Marke eingetragen ist, so wird die Eintragung nur für diese Waren oder Dienstleistungen verlängert.

(5) Die Verlängerung wird am Tage nach dem Ablauf der Eintragung wirksam. Sie wird eingetragen.

*Schennen*

## 1 Allgemeines

Art 47 GMV bestimmt, dass die Eintragung der GM auf Antrag verlängert 1 wird, der vom Inhaber der GM oder einer anderen hierzu ausdrücklich ermächtigten Person gestellt werden kann (Art 47 (1)), sofern die erforderliche Gebühr gezahlt worden ist. Zur Stellung von ausdrücklich zur Stellung des Antrags ermächtigten Personen siehe Rdn 36 unten. Zur Stellung von eingetragenen Lizenznehmern und anderen Personen, die Rechte an der GM haben, siehe unten, Rdn 39–42.

2 Sechs Monate vor dem Ablauf der Eintragung der GM (siehe Art 46) unterrichtet das Amt den Inhaber der GM sowie die im Register eingetragenen Inhaber von Lizenzen und anderen Rechten an der GM über den bevorstehenden Ablauf der Eintragung (Art 47 (2), R 29).

3 Der Antrag ist innerhalb einer Frist von sechs Monaten einzureichen, die am letzten Tag des Monats endet, in dem die Schutzdauer abläuft. Die Verlängerung kann noch innerhalb einer Nachfrist von sechs Monaten beantragt werden, die am letzten Tag des Monats beginnt, in dem die Schutzdauer endet, sofern ein Zuschlag von 25 % gezahlt wird. Diese Nachfrist von sechs Monaten für die Zahlung der Verlängerungsgebühren ist durch Art 5$^{bis}$ der Pariser Verbandsübereinkunft vorgegeben, der für alle gewerblichen Schutzrechte gilt.

4 Verfahrensbestimmungen über die Verlängerung enthalten R 29, R 30, R 83 (1) (f) hinsichtlich der Einführung eines Formblatts und Art 2 Nr 12–16 GebV hinsichtlich der Gebührenhöhe. R 30 ist durch VO Nr 1041/2005 neu gefasst und entschlackt worden. Die Gebühren sind durch VO Nr 1687/2005 gesenkt worden. Diese Änderungen sind für alle Verlängerungen anwendbar, da solche erst seit November 2005 beantragt werden konnten. Das Amt hat ein Verlängerungsformblatt[1] und mehrfach geänderte Richtlinien zur Verlängerung[2] herausgegeben. Auch die Mitteilungen des Präsidenten Nr 5/05[3] und Nr 8/05[4] sind nicht mehr auf dem neuesten Stand. Das Amt bietet die – gebührenprivilegierte – elektronische Beantragung der Verlängerung über das Internet an.

5 Die GMV entspricht den einschlägigen Bestimmungen in internationalen Abkommen, und zwar Art 18 des TRIPS-Übereinkommens und Art 13 TLT. Gemäß Art 13 (6) TLT hat sich die Prüfung des Verlängerungsantrags auf Formfragen zu beschränken, und es ist nicht zulässig, anlässlich der Verlängerung in eine erneute Sachprüfung auf absolute Eintragungshindernisse einzutreten oder den Nachweis der Benutzung der Marke zu verlangen.

---

1 ABl-HABM 2005, 1305.
2 RiLi Teil E, Fassung 2012; die in ABl-HABM 2004, 20 veröffentlichte Fassung ist weitgehend durch die Neufassung von R 30 überholt.
3 Mitteilung Nr 5/05 vom 27.7.2005, ABl-HABM 2005, 1216.
4 Mitteilung Nr 8/05 vom 21.12.2005, ABl-HABM 2006, 196.

## 2 Erfordernisse für die Verlängerung; Antrag, Gebühr

Nur eine bereits eingetragene GM kann verlängert werden. Die Verlänge- 6
rung der GM setzt zweierlei voraus:
– die Stellung eines entsprechenden Antrags und
– die Zahlung der erforderlichen Gebühren.

Anders als in § 47 (3) DE-MarkenG ist die bloße Zahlung der Verlängerungsgebühr ohne Stellung eines Antrags allein nicht ausreichend. R 30 (1),
(3) reduzieren aber die Anforderungen an einen solchen Antrag auf das absolute Minimum (siehe unten, Rdn 8–13).

### 2.1 Vorliegen einer eingetragenen Marke

Die Verlängerung ist nur für eine eingetragene GM erforderlich. Ist aus- 7
nahmsweise zehn Jahre nach dem Anmeldetag der GMA die GMA noch
nicht zur Eintragung gelangt – was durchaus möglich ist, wenn ein Verfahren wegen absoluter Eintragungshindernisse oder Verkehrsdurchsetzung zum
EuG gelangt und wenn anschließend die GMA erneut in einem Widerspruchsverfahren beim EuG angefochten wird –, so kann zu diesem Zeitpunkt noch kein Verlängerungsverfahren durchgeführt werden. Die Verlängerung erfolgt vielmehr gemäß Mitteilung Nr 5/05[5] im Zusammenhang mit
der Eintragung. Das in der Mitteilung Nr 5/05 festgelegte Verfahren wird
grundsätzlich weiter praktiziert, auch wenn es insoweit modifiziert ist, als es
seit 1.5.2009 keine Eintragungsgebühr und auch keine Aufforderungen nach
R 23 (2) mehr gibt.

### 2.2 Antrag

Der Antrag ist gemäß R 95 (b) DV in einer der fünf Sprachen des Amtes zu 8
stellen, dh in Spanisch, Deutsch, Englisch, Französisch oder Italienisch.

Wird der Antrag auf Papier gestellt, so ist er zu unterzeichnen, außer im Falle 9
eines elektronisch übermittelten Faxes (R 79 (a), (b) iVm R 80 (3) nF). Die
Verwendung des HABM-Formblatts[6] wird empfohlen. Die Verwendung des
WIPO-Formblatts (International Model Form Nr 8, Annex zum TLT) ist
nach R 83 (2) (a) zulässig, aber unpraktisch.

---

5 Mitteilung Nr 5/05 vom 27.7.2005, ABl-HABM 2005, 1216.
6 ABl-HABM 2005, 1305, siehe R 83 (1) (g).

10   Im Falle der vollständigen Verlängerung (für alle eingetragenen Waren und Dienstleistungen) reichen die Angaben nach R 30 (1) (a), (b) aus, dh Angabe des Namens des Antragstellers und der Nummer der GM. Geht beim Amt ein Überweisungsbeleg ein, der diese beiden Angaben enthält, so gilt dies als Antrag (R 30 (3)).[7] Hier fallen somit Antrag und Gebührenzahlung zusammen. Wird die Gebühr durch Abbuchung vom laufenden Konto gezahlt, so ist ein gesonderter Abbuchungsauftrag nötig[8] (siehe unten, Rdn 20); dieser stellt gleichzeitig den Antrag auf Verlängerung dar. Ist nicht angegeben, für welche Waren die Verlängerung erfolgen soll, so gilt der Antrag als Antrag auf vollständige Verlängerung (R 30 (1) (c) nF, im Unterschied zu R 30 (1) (e) aF, wonach ausdrücklich anzugeben war, ob es sich um eine vollständige oder Teil-Verlängerung handelt).

11   Im Falle der Teilverlängerung sind diejenigen Waren oder Dienstleistungen anzugeben, für die die Verlängerung beantragt oder nicht beantragt wird, wobei diese in der Reihenfolge der Klassifikation und zusammen mit den Klassennummern aufgeführt werden müssen (R 30 (1) (c)). Die elektronische Antragstellung erlaubt die Teilverlängerung nur in der Form der Streichung ganzer Klassen, nicht einzelner Begriffe.[9]

12   Über 95 % der Anträge werden elektronisch gestellt, so dass die Gebührenermäßigung um 150 Euro tatsächlich zu einer starken Bevorzugung der elektronischen Antragstellung führt, mit allen Vorteilen für das Amt.

13   Es kann ein einziger Antrag auf Verlängerung mehrerer GMn gestellt werden, wenn entweder die Inhaber oder die betr Vertreter dieselben sind. Gemeint ist, dass der Antragsteller derselbe ist (was keine echte Einschränkung bedeutet). Nicht erfasst ist der Fall, dass ein ermächtigter Dritter einen Antrag auf Verlängerung der GMn verschiedener Inhaber stellt.

### 2.3   Fristen

14   Die Grundfrist für die Verlängerung endet am letzten Tag des Monats, in dem die Schutzdauer endet, und die Nachfrist für die Stellung des Verlänge-

---

7   RiLi Teil E, 6.3.2.
8   RiLi Teil E, 6.3.2; Mitteilung Nr 8/05 vom 21.12.2005, A. 4., ABl-HABM 2006, 196.
9   RiLi Teil E, 6.3.2.3.

rungsantrags und die Zahlung der Gebühren endet am letzten Tag des Monats, der sechs Monate nach diesem Datum liegt.

Beispiel für die Grundfrist: Ist der Anmeldetag der GMA der 1.4.2006 oder    15
irgendein anderer Tag im April 2006, so beginnt die Frist für die Stellung
des Verlängerungsantrags und die Zahlung der Verlängerungsgebühr am
1.11.2015 und endet am letzten Tag des Aprils, dh am 30.4.2016.[10] Beispiel
für die Nachfrist: Die Nachfrist von sechs Monaten gemäß Art 47 (3) Satz 2
beginnt an dem Tag, der auf den letzten Tag des Monats folgt, in dem die
Schutzdauer endet, also am 1.5.2016, und endet am 31.10.2016.[11] Dabei ist
gleichgültig ob der 30.4.2006, 2016 usw ein Samstag, Sonntag oder anderer
Tag ist, an dem das HABM geschlossen ist. ZB war der 30.4.2006 ein Samstag, doch lief die Nachfrist gleichwohl am Montag, dem 31.10.2006 ab.[12]
Es handelt es sich nicht um zusammengesetzte Fristen; bei zusammengesetzten Fristen würde die Regel über Sonntage und Feiertage kumulativ sowohl
für den Ablauf der Grundfrist als auch für den Ablauf der zusätzlichen Frist
gelten.[13] Wohl aber verschiebt sich der Ablauf der Nachfrist gemäß R 70 (2),
(4) in solchen Fällen auf den nächsten Werktag.[14]

Anträge, die vor dem Beginn der Grundfrist gestellt werden, sind verfrüht,    16
und vor diesem Tag gezahlte Gebühren sind noch nicht fällig geworden. Da
das HABM Verfahren oder Gebühren nicht längere Zeit im Wartezustand
halten kann, sehen die RiLi vor, dass solche verfrühten Anträge und Zahlungen nicht in Behandlung genommen werden und etwa gezahlte Gebühren
zurückgezahlt werden.[15]

### 2.4 Gebühr

Gemäß R 30 (2) und Art 2 Nr 12, 14 und 15 GebV beträgt die Verlänge-    17
rungsgebühr:
– für eine GM (Individualmarke) 1500 Euro bei Beantragung der Verlängerung auf Papier oder per Fax;

---

10  RiLi Teil E, 6.3.5; Schennen, Mitt. 1999, 260.
11  RiLi Teil E, 6.3.5.
12  RiLi Teil E, 6.3.5.
13  Siehe Schennen, Mitt. 1999, 262; Gall, Mitt. 1991, 141.
14  RiLi Teil E, 6.3.5.
15  RiLi Teil E, 6.3.4.

- für eine GM (Individualmarke) 1350 Euro bei Beantragung der Verlängerung auf elektronischem Wege;
- für eine GM (Individualmarke) weitere 400 Euro für jede Klasse von Waren und Dienstleistungen, die drei übersteigt;
- für eine Gemeinschaftskollektivmarke 3000 Euro zuzüglich 800 Euro für jede Klasse von Waren und Dienstleistungen, die drei übersteigt, gleich ob die Verlängerung auf Papier oder elektronisch beantragt wird.

18  Gemäß Art 2 Nr 16 GebV beträgt der Zuschlag für verspätete Zahlung 25 % des Fehlbetrages, jedoch nicht mehr als 1500 Euro. Wird die Grundgebühr für die Verlängerung nur teilweise gezahlt, so berechnet sich der Zuschlag von 25 % aus dem Gesamtbetrag der Verlängerungsgrundgebühr zuzüglich aller fehlenden Klassengebühren, und nicht nur aus dem fehlenden Betrag. Werden eine oder mehrere Klassengebühren nicht gezahlt, so berechnet sich der Zuschlag nach dem Gesamtbetrag der fehlenden Klassengebühren.

19  Für Anmelder, die kein laufendes Konto beim Amt haben, gilt folgendes: Wird die Gebühr nicht bis zum letzten Tag der Grundfrist für die Verlängerung gezahlt, dh geht die Gebühr nicht gemäß Art 8 (1) GebV beim Amt bis zu diesem Tag ein, so wird der Zuschlag gemäß Art 2 Nr 16 GebV fällig. Wird der gesamte Fehlbetrag zuzüglich des Zuschlags nicht bis zum letzten Tag der Nachfrist von sechs Monaten gezahlt, so stellt das Amt fest, dass die Eintragung abgelaufen ist, und teilt dies gemäß R 30 (5) Satz 1 dem Inhaber der GM mit; dies gilt auch, wenn nur ein Teil der Gebühr oder des Zuschlags nicht gezahlt wird. Hierbei handelt es sich um die Feststellung eines Rechtsverlustes gemäß R 54.[16] Das gleiche gilt, wenn die Gebühren erst nach Ablauf der Nachfrist gezahlt werden. Enthält die GM mehr als drei Klassen und wird bis zum letzten Tag der Nachfrist zwar die Grundgebühr für die Verlängerung, jedoch nicht alle erforderlichen Klassengebühren gezahlt, so wird die Eintragung der GM teilweise verlängert, und zwar für drei Klassen von Waren und Dienstleistungen zuzüglich der Anzahl von Klassen, für die Gebühren gezahlt worden sind; hierfür gelten folgende Kriterien:
- Erstens im Falle der Beantragung einer teilweisen Verlängerung die ausdrücklichen Angaben im Antrag,
- zweitens wenn es anderweitig aus dem Antrag oder anderen Unterlagen (zB Angaben zur Zahlung) klar ist, für welche Klassen die Verlängerung

---

16  RiLi Teil E, 6.4.2.1.

*Schennen*

beabsichtigt ist; die Verlängerung erfolgt dann für diese Klassen (R 30 (5) Satz 2);

– schließlich die Reihenfolge der Klassifikation von Nizza, R 30 (5) Satz 3.

Für Inhaber von laufenden Konten gelten Art 7 (d) des Beschlusses Nr 20 EX-96-1 vom 11.1.1996, geändert durch Beschluss vom 20.1.2003.[17] Anders als bei allen anderen Gebühren erfolgt die Abbuchung nicht automatisch bei Ablauf der Frist, sondern nur auf Antrag (bzw nur bei ausdrücklichem Abbuchungsauftrag).[18] Reicht der Inhaber eines laufenden Kontos einen Verlängerungsantrag innerhalb der Grundfrist ein, so wird die Verlängerungsgebühr mit Wirkung zum letzten Tag der Grundfrist abgebucht, und es ist kein Zuschlag fällig. Wird der Antrag innerhalb der Nachfrist eingereicht, so wird die Verlängerungsgebühr zuzüglich des anwendbaren Zuschlags mit Wirkung zum letzten Tag der Nachfrist abgebucht. Wird der Antrag nach Ablauf der Nachfrist eingereicht, so wird die Gebühr nicht abgebucht. Das Amt bucht stets alle anwendbaren Klassengebühren ab, es sei denn, dass die Verlängerung ausdrücklich nur für einige Klassen von Waren und Dienstleistungen beantragt wird. Zur Zahlung über laufende Konten siehe auch unter Art 144 Rdn 27.

## 3 Verfahren, Prüfung

Für das Verfahren und die Prüfung gelten folgende Besonderheiten: 21

### 3.1 Zuständigkeit

Für die Behandlung des Antrags auf Verlängerung sowie die Eintragung der 22 Verlängerung in das Register ist die Marken- und Musterverwaltungs- und Rechtsabteilung zuständig (siehe unter Art 133 Rdn 13). Diese Aufgaben werden zZt von der Hauptabteilung Unterstützung des Kerngeschäfts wahrgenommen.

### 3.2 Prüfung

Die Prüfung des Antrags auf Verlängerung beschränkt sich auf die formellen 23 Erfordernisse des Antrags und die rechtzeitige Zahlung der Gebühren.

---

17 ABl-HABM 1996, 48, 1454; ABl-HABM 2003, 1042.
18 RiLi Teil E, 6.4.2.1.

24  Wird innerhalb der Grundfrist weder ein Antrag eingereicht noch die Gebühr beim Amt gezahlt, so ergeht keine zusätzliche Aufforderung. Falls der Inhaber der GM sodann innerhalb der Nachfrist die Verlängerungsgebühr – einschließlich des Zuschlags – zahlt, jedoch keinen Verlängerungsantrag stellt, so fordert ihn das Amt auf, einen solchen Verlängerungsantrag zu stellen, der innerhalb der Nachfrist eingehen muss. Entsprechendes gilt, wenn der Antrag innerhalb der Nachfrist gestellt wird, jedoch die Gebühr nicht gezahlt wird.

25  Wird innerhalb der Grundfrist kein Antrag gestellt, jedoch die Verlängerungsgebühr gezahlt, so fordert das Amt so schnell wie möglich nachdem es dies feststellt den Inhaber der GM auf, einen Verlängerungsantrag zu stellen. Erfolgt die Zahlung nach Ablauf der Grundfrist, so ist zusätzlich der Zuschlag zu zahlen.

26  Wird innerhalb der Grundfrist ein Antrag gestellt, ohne dass die Gebühr vollständig gezahlt wird, so fordert das Amt den Inhaber der GM auf, die Verlängerungsgebühr oder den fehlenden Betrag zu zahlen, gegebenenfalls unter Zahlung des Verspätungszuschlags.

27  Ist auch nach Ablauf der Nachfrist entweder der Antrag oder der volle Betrag der Gebühren einschließlich des Zuschlags nicht eingegangen, so erlässt das Amt die Feststellung eines Rechtsverlustes im Sinne der R 54 DV und stellt fest, dass die Eintragung abgelaufen ist.

28  Innerhalb von zwei Monaten nach Mitteilung des Rechtsverlusts kann sodann der Inhaber der GM schriftlich eine diesbezügliche Entscheidung des Amtes beantragen, R 54 (2). Eine solche Entscheidung wird nur erlassen, wenn das Amt die Auffassung des Inhabers der GM nicht teilt. Andernfalls berichtigt das Amt seine Feststellung und unterrichtet den Inhaber der GM.

29  Im Falle der teilweisen Verlängerung sind nach R 30 (1) (c) die Waren und Dienstleistungen, für die die Verlängerung beantragt oder nicht beantragt wird, einschließlich der betreffenden Nummer der Klasse, genau anzugeben. Das Amt prüft, ob das eingeschränkte Warenverzeichnis zulässig ist, dh keine Erweiterung darstellt. Bei Mängeln erlässt das Amt eine Beanstandung gemäß R 30 (4) und bestimmt eine Frist, die normalerweise zwei Monate beträgt. Diese Frist kann auch nach Ablauf der Grundfrist oder der Nachfrist ablaufen. Beispiel: Gehen der Antrag und die Gebühr einschließlich des Zuschlags am letzten Tag der Nachfrist ein, enthält jedoch der Antrag Mängel gemäß R 30 (1), so kann die Behebung der Mängel auch noch nach Ablauf

der Nachfrist erfolgen. Werden die Mängel nicht innerhalb der vom Amt gesetzten Frist beseitigt, so stellt das Amt fest, dass die Eintragung der GM abgelaufen ist, und erlässt die Feststellung eines Rechtsverlusts im Sinne der
R 54. Gleiches gilt bei Mängeln hinsichtlich der berufsmäßigen Vertretung,
dh wenn der Antrag durch einen nicht vertretenen EG-Ausländer gestellt
wird.

## 4 Eintragung der Verlängerung oder Löschung der Marke

Wenn der Verlängerungsantrag allen Erfordernissen genügt, wird die Verlän- **30**
gerung eingetragen, Art 47 (5). Das Amt unterrichtet gemäß Art 47 (5) und
R 84 (3) (k), (5) den Inhaber von der Verlängerung der GM, der Eintragung
im Register und dem Datum, an dem die Verlängerung wirksam wird. Diese
Mitteilung ergeht erst, wenn die Verlängerung eingetragen wird, dh nach
Ablauf der Schutzdauer.[19] Vor diesem Zeitpunkt erhält der Inhaber keine
Mitteilung darüber, dass seinem Verlängerungsantrag entsprochen wurde,
und vor Ablauf der Schutzdauer wird die Verlängerung auch in CTM-On-
line nicht reflektiert.

Erfolgt die Verlängerung nur für einige der Waren und Dienstleistungen der **31**
GM, so teilt das Amt dem Inhaber der GM mit, für welche Waren und
Dienstleistungen die Eintragung der GM nicht verlängert worden ist, und
teilt ihm gleichzeitig den Ablauf der Eintragung für die übrigen Waren und
Dienstleistungen und deren Löschung aus dem Register mit.

### 4.1 Löschung im Register

Hat das Amt gemäß R 30 (5) festgestellt, dass die Eintragung abgelaufen ist, **32**
so hat das Amt zunächst abzuwarten, ob diese Feststellung mit Ablauf der
Frist von zwei Monaten zur Stellung eines Antrags gemäß R 54 (2) rechtskräftig wird. Erst nach Ablauf dieser Frist löscht das Amt die Marke im Register, R 30 (6). Das Amt unterrichtet den Inhaber der GM entsprechend,
R 84 (3) (l), (5).

### 4.2 Wirkung der Verlängerung oder des Ablaufs

Gemäß Art 47 (5) wird die Verlängerung am Tage nach dem Ablauf der Ein- **33**
tragung wirksam. Somit läuft die Eintragung an dem Tag und Monat ab, der

---

19 RiLi Teil E, 6.5.

dem Tag und Monat des Anmeldedatums entspricht; ist zB der Anmeldetag der 1.4.2006, so läuft die Eintragung am 1.4.2016 ab. Die Verlängerung erfolgt sodann mit Wirkung zum 2.4.2016, und die neue Dauer der Eintragung beträgt zehn Jahre ab diesem Datum, so dass sie am 1.4.2026 endet.[20] Da die Schutzdauer keine Frist im Sinne der R 72 (1) ist, ist es unerheblich, ob einer dieser Tage ein Samstag, Sonntag oder Feiertag ist.

34   Ist die GM abgelaufen und im Register gelöscht, so wird die Löschung an dem Tage wirksam, der dem Tag folgt, an dem die Eintragung abgelaufen ist, R 30 (5). Beispiel: Läuft die Eintragung am 1.4.2016 ab, so wird die Löschung am 2.4.2016 wirksam.[21] Anders ausgedrückt endet der Schutz der GM am 1.4.2016 um Mitternacht.

35   Ohne Einfluss auf die Tatsache des Ablaufs der GM ist die Möglichkeit, die Gebühr noch innerhalb der Nachfrist des Art 48 (3) Satz 2 zu zahlen. Da die Feststellung des Ablaufs der GM nach R 30 (5) jedoch erst nach Ablauf der Nachfrist erfolgen kann und sodann mit rückwirkender Kraft erfolgt, sind Nichtigkeitsverfahren, von denen die GM als angegriffene oder angreifende Marke erfasst wird, nicht schon mit dem Zeitpunkt des Ablaufs der GM erledigt, sondern erst mit der rechtskräftigen Feststellung des Amtes nach R 30 (6). Für eine Aussetzung des Widerspruchs- oder Nichtigkeitsverfahrens während des Zeitraums der Nachfrist nach Art 48 (3) Satz 2 besteht keine Notwendigkeit; die WiderspruchsRiLi sehen dies nicht als Aussetzungsgrund vor.

### 5 Stellung von ausdrücklich ermächtigten Personen

36   Den Verlängerungsantrag kann auch stellen, wer hierzu vom Inhaber der GM ausdrücklich ermächtigt worden ist, Art 47 (1). Die ausdrücklich ermächtigte Person ist nicht der berufsmäßige Vertreter, dessen Handlungen ohnehin nach R 77 dem Markeninhaber zugerechnet werden, sondern ein außenstehender Dritter.

37   Gemäß R 30 (1) nF wird die Ermächtigung des Dritten vom HABM nicht überprüft.[22] Diese Ermächtigung wird vermutet. Allerdings kann die Verlängerung nicht gegen den Willen des Markeninhabers erfolgen. Dieser könnte

---

20   RiLi Teil E, 6.6.1.
21   RiLi Teil E, 6.6.1.
22   Mitteilung Nr 8/05 vom 21.12.2005, A.2., ABl-HABM 2006, 196;.

somit dem vom Dritten gestellten Antrag widersprechen, was das HABM beachten müsste.

Wird der Antrag von einer ermächtigten Person eingereicht, so werden et- 38 waige Mängel des Antrags ihm mitgeteilt, und der Inhaber der GM erhält eine Kopie der Mitteilung. Die Feststellung des Rechtsverlusts gemäß R 54, dass die Eintragung der GM abgelaufen ist, wird dem Antragsteller und dem Inhaber mitgeteilt.[23]

## 6 Stellung eingetragener Lizenznehmer

Art 47 (2) enthält besondere Bestimmungen zum Schutz von Inhabern von 39 Rechten, die im Register für GMn eingetragen sind. Hierbei handelt es sich um eingetragene Lizenznehmer (Art 22 (5)), Inhaber von dinglichen Rechten (Art 19 (2)), von Zwangsvollstreckungsmaßnahmen Begünstigte (Art 20 (3)) und die zuständige Behörde für nationale Insolvenzverfahren (Art 22 (2)). Diese Personen werden gleichzeitig mit dem Inhaber der GM von dem bevorstehenden Ablauf der Eintragung gemäß Art 47 (2) und R 29 unterrichtet. Mit Praxisänderung 2012 wird, auch ohne gesetzliche Verpflichtung gemäß R 30 (5) Satz 1 nF, diesen Personen auch ein ganzer oder teilweiser (für einzelne Waren oder Dienstleistungen) Ablauf der Eintragung mitgeteilt, jedoch nicht die vollständige Verlängerung.[24]

Der Lizenznehmer kann nur als »ermächtigter Dritter« gemäß Art 47 (1) 40 handeln und ist gegenüber sonstigen Dritten bei der Stellung des Verlängerungsantrags in keiner Weise privilegiert. Zwar kann der Lizenzvertrag den Lizenznehmer auch zur Beantragung einer Verlängerung ermächtigen.[25] Doch muss zum einen eine solche Ermächtigung ausdrücklich im Lizenzvertrag enthalten sein und muss zum anderen der Verlängerungs-Antragsteller gegenüber dem Amt den Nachweis der Ermächtigung führen.[26]

Ein von einem angeblich ermächtigten Dritten gestellter Verlängerungs- 41 antrag ist dem Inhaber zu übermitteln.[27] Widerspricht er dem vom Lizenznehmer gestellten Antrag, so kann der Lizenznehmer im Ergebnis die Verlän-

---

23 RiLi Teil E. 6.4.2.
24 RiLi Teil E. 6.4.2., 6.5.
25 Von Mühlendahl/Ohlgart, S 160.
26 EuG T-410/07 vom 12.5.2009, Slg 2009 II-1345 (Nr 24) *Jurado*.
27 RilI Teil E. 6.4.4.2.b.

gerung nicht bewirken. Das vereitelt den Zweck des Lizenzvertrages und berechtigt den Lizenznehmer, deswegen vom Inhaber der GM Schadenersatz zu fordern. Dafür sind nicht die Gemeinschaftsmarkengerichte, sondern die normalen nationalen Gerichte zuständig, Art 106 (siehe unter Art 106 Rdn 6).

42 Sind im Register für GM Pfandrechte, dingliche Rechte oder Zwangsvollstreckungsmaßnahmen eingetragen, hat typischerweise der Inhaber der GM weder die ausreichenden finanziellen Mittel, die Gebühr zu zahlen, noch ein eigenes Interesse an der Zusammenarbeit mit den Inhabern eingetragener Rechte. R 30 (1) nF erlaubt den Inhabern solcher Rechte de facto auf einfache Weise, die Verlängerung doch zu bewirken.

## Artikel 48 Änderung

**(1) Die Gemeinschaftsmarke darf weder während der Dauer der Eintragung noch bei ihrer Verlängerung im Register geändert werden.**

**(2) Enthält jedoch die Gemeinschaftsmarke den Namen und die Adresse ihres Inhabers, so kann die Änderung dieser Angaben, sofern dadurch die ursprünglich eingetragene Marke in ihrem wesentlichen Inhalt nicht beeinträchtigt wird, auf Antrag des Inhabers eingetragen werden.**

**(3) Die Veröffentlichung der Eintragung der Änderung enthält eine Wiedergabe der geänderten Gemeinschaftsmarke. Innerhalb einer Frist von drei Monaten nach Veröffentlichung können Dritte, deren Rechte durch die Änderung beeinträchtigt werden können, die Eintragung der Änderung der Marke anfechten.**

*Schennen*

## 1 Allgemeines

Dieser Artikel stellt den Grundsatz auf, dass die Marke nach ihrer Eintra- **1**
gung nicht mehr geändert werden kann. Mit der Eintragung liegt der Gegenstand des Markenschutzes ein für allemal fest.[1] Insbesondere muss vermieden werden, dass der Inhaber den Schutzbereich der GM nach der
Eintragung erweitert oder ändert. In diesem Fall ist er auf die neue Anmeldung zu verweisen.

Vom Änderungsverbot gibt es nur 4 Ausnahmen, und zwar **2**
– die Möglichkeit, Namen und Anschriften von Vertretern zu ändern,
  R 26,
– in engen Grenzen die Möglichkeit, die Wiedergabe der GM zu ändern,
  sofern diese Namen und Adresse des Inhabers enthält und die ursprünglich eingetragene Marke in ihrem wesentlichen Inhalt nicht beeinträchtigt
  wird, Art 48 (2),
– die Möglichkeit, auf einen Teil der Waren und Dienstleistungen zu verzichten,
– die Möglichkeit der Änderung der Satzung einer Kollektivmarke, Art 71.

Art 48 wird ergänzt durch R 25, R 26, R 84 (3) (d), R 83 (1) (c), die ein **3**
Formblatt für die Änderung der Marke vorsieht, und Art 2 Nr 25 GebV.
R 25 (1) ist durch VO Nr 1041/2005 redaktionell geändert worden. Die Ri-
Li behandeln die Änderung der eingetragenen GM in Teil E, 3.3.2.[2]

## 2 Änderung der Marke

Für die Änderung der Marke gilt: **4**

---

1 Von Mühlendahl/Ohlgart, S 153.
2 ABl-HABM 2006, 458, 463.

## 2.1 Sachliche Voraussetzungen

5 Es besteht die Möglichkeit der Änderung der Wiedergabe der Marke, wenn folgende Voraussetzungen kumulativ erfüllt sind:

6 – Es muss sich um eine Wiedergabe der Marke handeln, die den Namen und Adresse ihres Inhabers enthält, und es muss eine Änderung dieser Angaben eingetreten sein.

7 – Durch die Änderung darf die ursprünglich eingetragene Marke in ihrem wesentlichen Inhalt nicht beeinträchtigt werden.

8 Der Änderung sind von vornherein nur solche Marken zugänglich, deren Wiedergabe Name und Anschrift ihres Inhabers enthält. Diese Bestimmung ist nicht so verstehen, dass die Marke in jedem Fall sowohl den Namen und die Anschrift enthalten muss. Es reicht aus, wenn nur der Name oder nur die Anschrift Bestandteil der Marke sind. Es geht also lediglich um Fälle, in denen die Marke in beschreibender Form auf Namen oder Anschrift des Inhabers Bezug nimmt, etwa wenn ein Flaschenetikett auf Name und Anschrift des Herstellers verweist. Außerdem ist erforderlich, dass eine objektive Änderung dieser Angaben eingetreten ist, etwa wenn der Hersteller der unter der GM in Verkehr gebrachten Waren umgezogen ist oder seinen Namen oder seine Rechtsform geändert hat. Schließlich impliziert der Begriff »Änderung«, dass Art 48 nur die Ersetzung des bisherigen Namen und der Anschrift durch den neuen Namen und Anschrift erlaubt, nicht deren Streichung.

9 Die zweite Voraussetzung, dass der wesentliche Inhalt der Marke nicht beeinträchtigt wird, ist sehr restriktiv auszulegen. Der anzuwendende Standard sollte jedoch mindestens ebenso streng sein wie bei Art 43 für die Änderung einer Anmeldung (siehe Art 43 Rdn 31–41). Der zu ändernde Bestandteil muss ein untergeordnetes Element der Marke darstellen, das keinen eigenen kennzeichnenden Gehalt aufweist.[3] Somit können von vornherein Wortmarken, die den Namen des Inhabers enthalten, nicht geändert werden. So ist es nicht zulässig, ein Wort einer Zweiwortmarke zu ändern.[4] Nur der Zusatz der Rechtsform erscheint der Änderung zugänglich.[5] Auch bei Bildmarken darf das zu ändernde Element nicht blickfangmäßig hervorgehoben sein. Än-

---

3  HABM-BK R 2136/2012-4 vom 25.5.2012 (Nr 9) *METSO POWDERMET*.
4  HABM-BK R 2136/2012-4 vom 25.5.2012 (Nr 11) *METSO POWDERMET*.
5  RiLi Teil E, 3.3.2.2, ABl-HABM 2006, 458, 464.

derungen des Namens des Inhabers sind bei Bildmarken nur zulässig, wenn sie optisch untergeordnet Teil eines komplexen Etiketts sind.[6]

Sinn und Zweck des Art 48 (2) ist nur, die Aktualisierung beschreibender 10 Zusätze einer komplexen Marke zu ermöglichen. Solche Änderungen in der benutzten Form wären ohnehin für die Zwecke des Benutzungszwangs und im Rahmen des Verletzungstatbestands unerheblich, so dass letztlich durch Art 48 nur solche Änderungen erlaubt werden, die einerseits für den Inhaber der GM nichts bringen und andererseits Interessen Dritter auch nicht beeinträchtigen. Sinn und Zweck der Norm ist es außerdem, Veränderungen der Sachlage in der Marke zu reflektieren. Es muss bezweifelt werden, dass danach ein Änderung auch erlaubt ist, wenn sie Folge einer rechtsgeschäftlichen Übertragung ist, und das Interesse des Erwerbers, die Marke in geänderter Form mit alter Priorität verwenden zu können. legitim ist.

### 2.2 Verfahren

Die Änderung erfolgt nur auf Antrag des Inhabers (Art 48 (2)). Das HABM 11 hat dazu ein Formblatt (ein einheitliches Formblatt für alle »recordals«) zur Verfügung gestellt.[7] Der Antrag kann in jeder der fünf Sprachen des HABM gestellt werden, R 95 (b). Der Antrag gilt nur als gestellt, wenn die Gebühr in Höhe von 200 Euro entrichtet worden ist, R 25 (2), Art 2 Nr 25 GebV. (Aufgehoben mit VO Nr 1042/2005 wurde nur die Gebühr für die Änderung der Wiedergabe einer Anmeldung, nicht Art 2 Nr 25 GebV).

Der Änderungsantrag muss die in R 25 (1) aufgeführten Angaben enthalten. 12 Sind diese Formerfordernisse nicht erfüllt, so teilt das HABM dem Antragsteller den Mangel mit und weist, wenn der Mangel nicht fristgerecht behoben wird, den Änderungsantrag zurück, R 25 (3).

Wichtig ist, dass der Antrag auf Änderung angeben muss, welcher Bestand- 13 teil der Wiedergabe der Marke geändert werden soll, diesen Bestandteil in seiner geänderten Fassung wiedergeben muss und eine Wiedergabe der geänderten Marke enthalten muss, die den Formvorschriften der R 3 entspricht (R 25 (1) (d), (e)).

Soll dieselbe Änderung in mehreren GM vorgenommen werden, so kann 14 hierfür ein einziger Antrag gestellt werden (R 25 (5)). Vorausgesetzt wird da-

---

6 RiLi Teil E, 3.3.2.2, ABl-HABM 2006, 458, 464.
7 ABl-HABM 2006, 692.

bei nicht, dass die Wiedergabe der Marke in der geänderten Form dieselbe ist; es wird lediglich gefordert, dass der zu ändernde Bestandteil (also Name oder Anschrift des Inhabers) derselbe ist. Jedoch wird diese Bestimmung keine praktische Bedeutung erlangen, weil für jede zu ändernde GM die Gebühr gesondert zu zahlen ist, sich somit keinerlei Gebührenersparnisse ergeben.

### 3  Änderung von Namen und Anschriften

15  Nach R 26 kann gebührenfrei die Änderung des Namens oder der Anschrift des Inhabers der GM oder seines Vertreters im Register beantragt werden. Solche Änderungen sind ohne weiteres möglich, und zwar nach den gleichen Kriterien wie im Fall der Änderung von Namen und Anschriften für eine GMA (siehe Art 43 Rdn 20–24); Art 48 (2) hat damit nichts zu tun.

16  Unter den gleichen Voraussetzungen kann die Angabe der Staatsangehörigkeit des Inhabers der GM geändert werden, R 84 (3) (a) (siehe Art 43 Rdn 25).

17  Ebenso ist es ohne weiteres möglich, einen neuen Vertreter zu bestellen oder die Angabe eines Vertreters zu streichen; dies fällt unter R 76 (8) und unterliegt nicht dem Änderungsverbot des Art 48.

18  Änderungen des Namens oder der Anschrift des Inhabers oder des Vertreters oder die Bestellung eines neuen Vertreters oder die Löschung eines eingetragenen Vertreters werden gemäß R 84 (3) (a)–(c), (q) im Register eingetragen.

### 4  Änderung der Satzung

19  Geändert werden kann außerdem die Markensatzung bei einer Kollektivmarke (Art 71). Den Inhaber der GM trifft sogar eine Verpflichtung, jede Änderung der Satzung beim Amt einzureichen, Art 71 (1). Wie sich indirekt aus Art 71 (2) und unmittelbar aus R 84 (3) (e) ergibt, wird ein Hinweis auf die geänderte Satzung, sofern sie vom HABM als ordnungsgemäß akzeptiert worden ist, im Register eingetragen; der Wortlaut der Satzung wird jedoch nicht im Register eingetragen, sondern kann durch Akteneinsicht ermittelt werden.

## 5  Teilverzicht

Eine Änderung des VerzWDL nach der Eintragung der GM ist nur in der    20
Form des Teilverzichts möglich (siehe Art 50 Rdn 1–4);[8] der Inhaber der
GM kann auf einzelne Waren und Dienstleistungen verzichten, voraus-
gesetzt, dass das Verzeichnis nicht erweitert wird.

## 6  Sonstige Änderungen

Die GMV erlaubt die Beanspruchung der Seniorität nach der Eintragung    21
(Art 35). Die GMV erlaubt keine anderen als die vorstehend genannten Änderungen.[9] Fraglich ist aber, ob ein Verzicht auf Prioritätsansprüche, Senioritätsansprüche oder Disclaimer noch nach der Eintragung möglich ist.

## 7  Anfechtungsverfahren

Hat das Amt eine Änderung der Wiedergabe der GM gemäß Art 48 (2) ak-    22
zeptiert und ist diese im Blatt für GMn veröffentlicht worden (R 84 (3) (d),
85 (2)), so können innerhalb einer Frist von drei Monaten nach dieser Veröffentlichung Dritte, deren Rechte durch die Änderung beeinträchtigt werden können, die Eintragung der Änderung der Marke anfechten (Art 48
(3)). Nach R 25 (4) gelten für dieses Verfahren die Vorschriften über das Widerspruchsverfahren, was aber nicht die Verpflichtung zur Zahlung einer Widerspruchsgebühr einschließt.

Der aus Gründen der Rechtssicherheit unbedingt erforderliche strenge Maß-    23
stab bei der Zulassung von Änderungen der Wiedergabe der Marke lässt an
sich für Fälle, in denen durch die Änderung Rechte Dritter betroffen sein
könnten, keinen Raum. Eine zutreffende Anwendung von Art 48 (2) beschränkt die Änderungsmöglichkeit auf solche Angaben zu Name und Anschrift des Inhabers, die im Rahmen einer Kollisionsprüfung keinen Einfluss
auf den Schutzbereich haben. Noch ungeklärt ist, ob die Formulierung in
Art 48 (3) »deren Rechte durch die Änderung beeinträchtigt werden können« bedeutet, dass der Dritte konkret nachweisen muss, dass im Falle einer
Änderung ein Konflikt mit seiner eigenen Marke eintritt (wofür die Verweisung in R 25 (4) spricht), oder ob das Popularinteresse an der Verhinderung
der Entstehung von Markenrechten mit geändertem Inhalt, aber gleicher

---

8  Vgl HABM-BK R 585/2008-2 vom 9.7.2008 (Nr 16) *SAGA*.
9  Kritisch von Mühlendahl/Ohlgart, S 154.

Priorität ausreicht. Insoweit dürfte es sich rechtspolitisch anbieten, statt des Verfahrens nach Art 48 (3) einen Nichtigkeitsgrund der unzulässigen Erweiterung der GM vorzusehen.

### 8 Berichtigung von Fehlern

24 Nicht unter Art 48 fällt die Berichtigung von Fehlern im Register und in der Veröffentlichung der Eintragung der GM im Blatt für GMn. Diese sind nach R 27 ohne weiteres zu berichtigen, und zwar
   – von Amts wegen, falls das Amt den Fehler von sich aus bemerkt,
   – andernfalls auf gebührenfreien Antrag des Inhabers der GM.

### Artikel 49 (ex Artikel 48a)   Teilung der Eintragung

(1) Der Inhaber einer Gemeinschaftsmarke kann die Eintragung teilen, indem er erklärt, dass ein Teil der in der ursprünglichen Eintragung enthaltenen Waren oder Dienstleistungen Gegenstand einer oder mehrerer Teileintragungen sein soll. Die Waren oder Dienstleistungen der Teileintragung dürfen sich nicht mit den Waren oder Dienstleistungen der ursprünglichen Eintragung oder anderer Teileintragungen überschneiden.

(2) Die Teilungserklärung ist nicht zulässig:
a) wenn beim Amt ein Antrag auf Erklärung des Verfalls oder der Nichtigkeit gegen die ursprüngliche Eintragung eingereicht wurde und die Teilungserklärung eine Teilung der Waren oder Dienstleistungen, gegen die sich der Antrag auf Erklärung des Verfalls oder der Nichtigkeit richtet, bewirkt, bis die Entscheidung der Nichtigkeitsabteilung unanfechtbar geworden oder das Verfahren anderweitig erledigt ist;
b) wenn vor einem Gemeinschaftsmarkengericht eine Widerklage auf Erklärung des Verfalls oder der Nichtigkeit anhängig ist und die Teilungserklärung eine Teilung der Waren oder Dienstleistungen, gegen die sich die Widerklage richtet, bewirkt, bis der Hinweis auf die Entscheidung des Gemeinschaftsmarkengerichts gemäß Artikel 100 Absatz 6 im Register eingetragen ist.

(3) Die Teilungserklärung muss den Bestimmungen der Durchführungsverordnung entsprechen.

(4) Die Teilungserklärung ist gebührenpflichtig. Sie gilt als nicht abgegeben, solange die Gebühr nicht entrichtet ist.

(5) Die Teilung wird an dem Tag wirksam, an dem sie im Register eingetragen wird.

(6) Alle vor Eingang der Teilungserklärung beim Amt für die ursprüngliche Eintragung eingereichten Anträge und gezahlten Gebühren gelten auch als für die Teileintragungen eingereicht oder gezahlt. Gebühren für die ursprüngliche Eintragung, die wirksam vor Eingang der Teilungserklärung beim Amt entrichtet wurden, werden nicht erstattet.

(7) Die Teileintragung genießt den Anmeldetag sowie gegebenenfalls den Prioritätstag und den Zeitrang der ursprünglichen Eintragung.

*Schennen*

## 1 Allgemeines

Dieser Art erlaubt die Teilung der GM auf Antrag des eingetragenen Inhabers (freie Teilung). Teilung bedeutet (Abs 1), dass das VerzWDL einer GM auf zwei oder (Wortlaut von Abs 1 Satz 1) mehrere GMn aufgeteilt wird, wobei die so entstehenden VerzWDL sich nicht überschneiden dürfen (Abs 1 Satz 2). Eine Teilung der GM ist somit nur in Form einer Teilung des VerzWDL möglich, nicht zB in Form einer Teilung der Marke. **1**

Die Teilung der eingetragenen GM erfolgt aufgrund einer Erklärung des Anmelders, die erst als abgegeben gilt, wenn die Gebühr gezahlt ist (Abs 4), wird jedoch erst mit Vollzug der Teilung (Abs 5) wirksam. Bis zum Vollzug der Teilung bleiben die abgeteilten Waren und Dienstleistungen in der Stammeintragung enthalten. **2**

3   Art 49, der die Teilung der eingetragenen GM erlaubt, entspricht im wesentlichen Art 44, der die Teilung der Anmeldung erlaubt. Die Vorschriften entsprechen einander mit nur wenigen Besonderheiten, die sich aus der Tatsache, dass eine eingetragene Marke vorliegt, ergeben. Es wird somit auf die Kommentierung von Art 44 verwiesen und hier nur auf die Unterscheide und Besonderheiten hingewiesen.

4   Art 49 wurde eingefügt durch VO Nr 422/2004 vom 19.2.2004.[1] Er wird ergänzt durch R 25a, eingefügt durch VO Nr 1041/2005 vom 29.6.2005,[2] und durch Artikel 2 Nr 22 GebV, eingefügt durch VO Nr 1042/2005 vom 29.6.2005.[3] Alle diese Bestimmungen sind am 25.7.2005 in Kraft getreten.[4]

5   Das HABM hat RiLi über Änderungen in Anmeldungen und Eintragungen erlassen, deren Abschnitt 3.5 auch die Teilung behandeln.[5]

## 2  Wirkung der Teilung

6   Die Teilung bedarf einer Erklärung des Inhabers, diese bewirkt jedoch nicht von selbst die Teilung der GM. Die Teilung der GM wird vielmehr erst wirksam, wenn sie vom Amt vollzogen, also im Register eingetragen wird, Abs 5. Wird die Erklärung der Teilung wegen Formmängeln zurückgewiesen (R 15a (2)), oder ist die Teilungserklärung gemäß Art 49 (2) unzulässig (R 15a (3)) oder kommt es aus einem anderen Grunde nicht zum Vollzug der Teilung im Register, so tritt die Wirkung der Teilung (Abs 5) nicht ein. Damit verbleiben die Waren und Dienstleistungen, die der Inhaber abteilen wollte, in der ursprünglichen GM.

7   Die Wirkung des Vollzugs der Teilung (Abs 5) ist, dass eine neue GM entsteht, die voll und ganz, mit Ausnahme des Umfangs des VerzWDL, der ursprünglichen GM entspricht. Abs 7 bestimmt ausdrücklich, dass die abgeteilte Eintragung den Anmeldetag, das Prioritätsdatum und den Senioritäts-

---

1  ABl-HABM 2004, 622.

2  ABl-HABM 2005,1098.

3  ABl-HABM 2005, 1180.

4  Mitteilung der Kommission über die Bekanntgabe des Geltungsbeginns von Art 1 Nr 11–14, 21, 23–26, 32, 33 und 36 der VO Nr 422/2004, ABl-HABM 2005, 1186.

5  RiLi Teil E 3, ABl-HABM 2006, 458.

anspruch (Art 34, 35) der ursprünglichen GM behält. Auch alle anderen Registereintragungen der ursprünglichen GM, wie Disclaimer (Art 37) und Farbansprüche, bleiben für die abgeteilte GM wirksam.

Die abgeteilte GM übernimmt den Verfahrensstand der ursprünglichen **8** GM, Abs 6. Alle vor Erklärung der Teilung anhängig gemachten Nebenverfahren (mit Ausnahme des Löschungsverfahrens, welches nach Abs 2 (a) den abgetrennten Teil nicht betreffen darf) bleiben für die Teileintragung anhängig. Beispiel: Ein Verlängerungsantrag (R 30), der vor Abgabe der Teilungserklärung gestellt wurde, bleibt auch für die abgeteilte Eintragung wirksam. Für solche vor Abgabe der Teilungserklärung gestellten Anträge gezahlte Gebühren gelten auch für die abgeteilte GM als gezahlt, Abs 6 Satz 1. In dem genannten Beispiel ist somit für die abgeteilte GM keine erneute Verlängerungsgebühr zu zahlen, wenn die Gebühr vor Abgabe der Teilungserklärung gezahlt wurde.[6] Aus dem Prinzip, dass für die Fälligkeit und Wirksamkeit einer vor Abgabe der Teilungserklärung gezahlten Gebühr auf die Rechtslage vor Abgabe der Teilungserklärung abzustellen ist, folgt umgekehrt, dass vor Abgabe der Teilungserklärung wirksam gezahlte Gebühren nicht erstattet werden, Abs 6 Satz 2. Ein solcher Fall kann bei der Verlängerung nicht eintreten, da die Summe der Verlängerungsgebühren für zwei Eintragungen stets höher ist als die Gebühr für eine Eintragung mit gleich vielen Klassen.

## 3 Verfahren     **9**

### 3.1 Erklärung

Die Teilung wird durch eine Erklärung des Anmelders herbeigeführt. Art 49  **10** (1) – (4). Es handelt sich um eine »Erklärung« im Sinne von R 95 (b).

### 3.2 Gebühr

Die Teilungserklärung unterliegt einer Gebühr; sie gilt als nicht abgegeben,  **11** solange die Gebühr noch nicht gezahlt ist, Abs 4. Anders als bei Art 44 (4) stimmen bei Art 49 (4) die deutsche und engl Fassung überein: Gebührenpflichtig ist die Erklärung (declaration) der Teilung. Wird die Gebühr nicht

---

6 RiLi Teil E 3.5.2.2, ABl-HABM 2006, 458.

gezahlt, so bleibt der Bestand der ursprünglichen GM unberührt (siehe auch oben, Rdn 7).

12 Die Gebühr beträgt 250 Euro, Art 2 Nr 22 GebV.

### 3.3 Sprache

13 Es gilt R 95 (b). der Antrag kann nach Wahl des Inhabers in der der 5 Sprachen des HABM gestellt werden (siehe auch unter Art 119 Rdn 63–64). Diese Sprache wird dann Sprache des Nebenverfahrens zur Eintragung der Teilung. Sie muss vom Inhaber und vom HABM benutzt werden.

### 3.4 Formelle Voraussetzungen

14 R 25a (1) regelt die formellen Voraussetzungen für die Erklärung der Teilung; hinzu kommen die allgemeinen Vorschriften über den Vertretungszwang, Art 92, und die Unterschrift, R 79. Einzelheiten siehe unter Art 44 Rdn 16. Sind diese formellen Erfordernisse (engl Fassung von R 25a (2) Satz 1: »requirements«, nicht, wie in der deutschen Fassung, »Bedingungen«) nicht erfüllt, so wird die Teilungserklärung zurückgewiesen, R 25a (2) Satz 2.

## 4 Ausschluss der Teilung

15 Ähnlich wie bei Art 44 ist auch die Teilung der Eintragung in bestimmten Situationen ausgeschlossen. Dies ist nach Abs 2 der Fall, wenn die abgeteilte GM Waren und Dienstleistungen betreffen würde, die mit einem noch nicht rechtskräftig entschiedenen Antrag auf Erklärung des Verfalls oder der Nichtigkeit beim Amt (Abs 2 (a)) oder mit einer noch nicht rechtskräftig entschiedenen Widerklage auf Erklärung des Verfalls oder der Nichtigkeit vor einem Gemeinschaftsmarkengericht (Abs 2 (b)) angegriffen sind.

16 Die Teilung ist stets ausgeschlossen, wenn sich Löschungsantrag oder die Widerklage gegen alle Waren und Dienstleistungen der ursprünglichen GM richtet. In diesem Falle würde eine unzulässige Aufteilung des Löschungs- oder Klageverfahrens mit dem Gegner nicht zumutbaren Verfahrenskomplikationen und Kostenfolgen (doppelte Kostenbelastung) die Folge sein.

17 Dem Wortlaut des Art 49 (2) (a) gemäß ist die Erklärung der Teilung auch dann unzulässig, wenn sich der Antrag oder die Widerklage nur gegen einen Teil der Waren und Dienstleistungen der ursprünglichen GM richtet und von diesen wiederum ein weiterer Teil Gegenstand einer Teilanmeldung wer-

den soll, gleichgültig, ob hierzu auch nicht angefochtene Waren und Dienstleistungen der GM hinzukommen. Auch in diesem Fall würde die Erklärung der Teilung eine unzulässige Aufspaltung des Verfahrens bewirken. Die Erklärung der Teilung ist jedoch auch dann unzulässig, wenn sie zum Ziel hat, solche Waren und Dienstleistungen zum Gegenstand der abgeteilten GM zu machen, gegen die sich der Löschungsantrag oder die Klage richtet.[7] In diesem Fall wäre zwar nicht eine Aufteilung des Verfahrens in zwei Verfahren die Folge, wohl aber würde das Verfahren nunmehr eine andere GM betreffen. Auch dies ist nicht zumutbar, verwaltungstechnisch nicht zu bewältigen und würde ggf. vor einem Gemeinschaftsmarkengericht eine Änderung des Streitgegenstands zur Folge haben. Allerdings gibt im letzteren Fall das HABM dem Inhaber Gelegenheit, die Erklärung der Teilung zu ändern und zu beantragen, dass die nicht angegriffenen Waren und Dienstleistungen der ursprünglichen Eintragung Gegenstand der Teileintragung werden,[8] was für den Inhaber im Ergebnis keinen Unterschied macht.

Dies verstößt weder gegen Art 7 (1) (a) TLT noch gegen den Sinn und **18** Zweck der Möglichkeit der Teilung, im Gegenteil: Mit der Erklärung der Teilung soll Gelegenheit gegeben werden, den von einem Löschungsverfahren nicht angegriffenen Teil des VerzWDL abzuteilen.[9] Die Teilung soll nicht den streitbefangenen, sondern den nichtstreitbefangenen Waren und Dienstleistungen zu Gute kommen. Der Inhaber kann dann die abgeteilte GM selbständig durchsetzen. ZB kann er sie in einem Verletzungsverfahren gegen Dritte geltend machen, ohne dass ihm eingewandt werden kann, die Klagemarke sei derzeit Gegenstand eines Löschungsverfahrens, und ohne dass ihm deshalb die Aussetzung des Verletzungsprozesses nach Art 104 (1) droht.

## 5 Neue Akte

Bis zum Vollzug der Teilung nach Art 48 a (5) wird die Teilungserklärung **19** und jede Korrespondenz dazu in die Akte der ursprünglichen GM aufgenommen, und sie verbleibt dort auch. Sobald die Teilung vollzogen ist, legt das HABM für die Teileintragung eine neue Akte an, R 25a (4). Diese erhält ein neues Aktenzeichen, R 25a (4) Satz 2. Der gesamte Akteninhalt

---

7 RiLi Teil E 3.5.2.1, ABl-HABM 2006, 458.
8 RiLi Teil E 3.5.2.1, ABl-HABM 2006, 458.
9 RiLi Teil E 3.5.2.1, ABl-HABM 2006, 458.

der ursprünglichen GM wird in die Akte der abgeteilten GM aufgenommen, R 25a (4) Satz 1.

## 6 Veröffentlichungen

20 Im Register wird die Teilung der GM eingetragen, und es wird zum einen die neue GM vollständig eingetragen und zum anderen in der ursprünglichen GM das eingeschränkte VerzWDL eingetragen, R 84 (3) (w).[10] Diese Angaben werden auch im Blatt für GM veröffentlicht, R 85 (2). Für die ursprüngliche GM wirkt sich die Teilung hinsichtlich der Eintragungen im Register somit genauso aus, als wenn das VerzWDL eingeschränkt worden wäre. Der Eingang einer Teilungserklärung wird nicht veröffentlicht.

---

10 RiLi Teil E 3.5.2.3, ABl-HABM 2006, 458.

# Titel VI Verzicht, Verfall und Nichtigkeit

## 1. Abschnitt Verzicht

### Artikel 50 (ex Artikel 49) Verzicht

(1) Die Gemeinschaftsmarke kann Gegenstand eines Verzichts für alle oder einen Teil der Waren oder Dienstleistungen sein, für die sie eingetragen ist.

(2) Der Verzicht ist vom Markeninhaber dem Amt schriftlich zu erklären. Er wird erst wirksam, wenn er eingetragen ist.

(3) Ist im Register eine Person als Inhaber eines Rechts eingetragen, so wird der Verzicht nur mit Zustimmung dieser Person eingetragen. Ist eine Lizenz im Register eingetragen, so wird der Verzicht erst eingetragen, wenn der Markeninhaber glaubhaft macht, dass er den Lizenznehmer von seiner Verzichtsabsicht unterrichtet hat; die Eintragung wird nach Ablauf der in der Durchführungsverordnung vorgeschriebenen Frist vorgenommen.

*Schennen*

## 1 Allgemeines

1   Art 50 sieht vor, dass der Inhaber der eingetragenen GM auf die GM verzichten kann, und regelt das Verfahren. Der Verzicht setzt eine eingetragene GM voraus. Im Unterschied zum Fall der Zurücknahme der GMA führt der Verzicht nicht automatisch zum Wegfall der Marke, sondern es bedarf einer Prüfung des Amtes der Wirksamkeit des Verzichts, in deren Folge die Eintragung des Verzichts entweder abgelehnt wird (R 36 (3)) oder vorgenommen wird. Der Verzicht wird erst wirksam, wenn er eingetragen ist, Art 50 (2). Dies ist bei der Zurücknahme der GMA anders, die unmittelbar mit dem Zugang der Erklärung beim HABM wirksam wird (siehe Art 43 Rdn 1–3).

2   Der Verzicht kann auch nur teilweise für einen Teil der Waren und Dienstleistungen, für die die GM eingetragen ist, erklärt werden, Art 50 (1). Begrifflich folgt aus dem Wort »Verzicht«, dass eine Einschränkung des VerzWDL erfolgen muss und keine Erweiterung erfolgen darf. Zur Abgrenzung, welche Änderungen des VerzWDL als Einschränkung zulässig sind, siehe unter Art 43 Rdn 4.

3   Die Verzichtserklärung ist nur wirksam, wenn sie vom Markeninhaber oder seinem Vertreter erklärt wird, Art 50 (2). Ferner ist, wenn dingliche Rechte eingetragen sind, die Zustimmung deren Inhaber beizubringen oder, falls Lizenzen eingetragen sind, der Nachweis der Unterrichtung der Lizenznehmer von der Verzichtsabsicht beizubringen, Art 50 (3).

4   Art 50 wird ergänzt durch R 36 (Inhalt der Verzichtserklärung, Verfahren), redaktionell geändert durch VO Nr 1041/2005, durch R 84 (3) (m) (Eintragung des Verzichts im Register) und R 91 (3) (c) (Aktenaufbewahrungsfrist im Anschluss an den Verzicht). Ein Formblatt ist in R 83 (1) nicht vorgesehen. Die RiLi behandeln den Verzicht in Teil E, 3.2.[1]

## 2 Wirkungen des Verzichts

5   Der Verzicht wirkt ex nunc. Er hat verfahrensrechtliche und materiellrechtliche Wirkungen.

---

1   ABl-HABM 2006, 458.

## 2.1 Verfahrensrechtliche Wirkungen

Die verfahrensrechtliche Wirkung des Verzichts liegt darin, dass nach Eintra-  6
gung des Verzichts die Rechte des Inhabers an der eingetragenen GM und
damit auch alle Rechte von Lizenznehmern und anderen Inhabern eingetragener Rechte mit Wirkung ex nunc erlöschen. Die Eintragung des Verzichts
führt zur Löschung der GM aus dem Register und grundsätzlich zur Beendigung aller Verfahren vor dem Amt betreffend die GM.

Wie eine Zurücknahme der GMA ist auch der Verzicht auch während eines  7
anhängigen Nichtigkeits- oder Verfallsverfahrens wirksam möglich und im
Register einzutragen, ohne dass der Löschungsantragsteller zustimmen müsste oder dem widersprechen könnte. Davon zu unterscheiden sind die Auswirkungen auf das das Löschungsverfahren. Dieses ist mit dem Vollzug der
Eintragung des Verzichts im Register zu beenden, wie in jedem anderen Falle
auch, in dem die angegriffene Marke während des Verfahrens untergeht
(Nichtverlängerung, Nichtigerklärung in einem Parallelverfahren). Der Ver-
zichtende trägt nach Art 85 (3) die Kosten. Es gilt nur folgende Ausnahme:
Da eine Nichtigerklärung anders als eine Verfallserklärung und die Eintragung des Verzichts ex tunc wirkt (Art 55), fordert die Nichtigkeitsabteilung
den Löschungsantragsteller auf, ein Rechtsschutzbedürfnis für die Fortsetzung des Nichtigkeitsverfahrens darzulegen.[2] Dieses Interesse muss sich darauf beziehen, dass der Löschungsantragsteller ein Interesse an der Feststellung der Nichtigkeit der Marke zu einem früheren Zeitpunkt als dem der
Erklärung des Verzichts hat. Ein solches Interesse kann darin liegen, dass er
für den Zeitraum zwischen der Eintragung der GM und der Erklärung des
Verzichts aus der GM in Anspruch genommen wurde[3] oder dass der Inhaber
der GM die Umwandlung der GM betreiben wird, da nach Art 112 (2) die
Nichtigkeitsentscheidung des Amtes ggf die Umwandlung für bestimmte
Mitgliedstaaten ausschließen würde.[4] Weist der Löschungsantragsteller ein
Fortsetzungsfeststellungsinteresse nach, so bleibt zwar die GM aus dem Re-
gister gelöscht, doch wird das Löschungsverfahren mit dem Ziel einer dekla-

---

2  RiLi Teil D,1.7.3.
3  Dazu Pohlmann, S 171.
4  EuGH C-552/09 vom 24.3.2011, MarkenR 2011, 170 (Nr 43) *Timis Kinderjoghurt*; HABM-NA C-670042/1, Mitt. 2001, 319 *AROMATONIC*; die in den RiLi
   zitierte HABM-BK R 463/29009-4 vom 22.10.2010, *Magenta*, betrifft den umgekehrten Fall.

ratorischen Entscheidung für die Vergangenheit fortgeführt.[5] Die Reformvorschläge der Kommission sehen vor, den Verzicht während eines anhängigen Nichtigkeitsverfahrens auszuschließen. Eine Begründung dafür ist ihnen nicht zu entnehmen. Gemeint ist wohl, dass der Markeninhaber gehindert werden soll, zu verzichten und neu anzumelden, oder zu verzichten und umzuwandeln. Dies wäre aber im Rahmen der Art 112 ff zu regeln. Die Fortsetzung des Löschungsverfahrens, mit dem Zwang zum Erlass einer begründeten Sachentscheidung, obwohl der Inhaber das Schutzrecht aufgegeben hat, macht keinen Sinn.

## 2.2 Materiellrechtliche Wirkungen

8 Der Verzicht hat auch die materiellrechtliche Wirkung, dass der Inhaber der GM damit gegenüber Dritten auf die Geltendmachung der Rechte aus der GM verzichtet.[6] Dabei sind jedoch Einschränkungen zu machen. Erstens erfasst der Verzicht nicht von sich aus parallele nationale Marken oder Ansprüche aus parallelen nichteingetragenen Kenzeichenrechten.[7] Zweitens hindert der Teilverzicht für eine Ware den Inhaber nicht daran, sich im Löschungsverfahren uneingeschränkt auf die verbliebenen Waren unter dem Gesichtspunkt der Ähnlichkeit zu berufen.[8] Es kann hier nichts anderes gelten als im Widerspruchsverfahren bei Einschränkung der angefochtenen oder angreifenden GMA; für den Warenvergleich bleibt die eingetragene oder angemeldete Fassung maßgeblich. Drittens entfaltet der Verzicht grundsätzlich keine Sperrwirkung gegenüber späteren Wiederholungsanmeldungen der selben Marke. Eine Prüfung von Markenanmeldungen durch das HABM daraufhin, ob sie Wiederholungsanmeldungen darstellen, erfolgt ohnehin nicht.

## 3 Verzichtserklärung

9 Die Verzichtserklärung muss schriftlich vom Inhaber der GM oder seinem Vertreter abgegeben werden (Art 50 (2)).

---

5  RiLi Teil D,1.7.3.

6  Ingerl/Rohnke, § 48 Rn 11; Fezer, MarkenG, § 48 Rn 4.

7  Ingerl/Rohnke, § 48 Rn 12; differenzierend Fezer, MarkenG, § 48 Rn 4.

8  Ingerl/Rohnke, § 48 Rn 11.

### 3.1 Inhalt der Erklärung, Vollmacht

Eine vom HABM registrierte allgemeine Vollmacht oder eine Einzelvoll- **10** macht auf dem HABM-Formular berechtigt den Vertreter auch zur Erklärung des Verzichts. Bei anderen Vollmachten kommt es darauf an, ob der Vollmachtstext die Verzichtserklärung ausschließt. Die Erklärung muss den Willen, auf die Marke zu verzichten, klar und eindeutig zum Ausdruck bringen;[9] nicht ausreichend wäre etwa die Mitteilung, an der Aufrechterhaltung der GM kein Interesse mehr zu haben. Ebenso wie die Erklärung der Zurücknahme der GMA (siehe dazu Art 43 Rdn 1–3) ist auch der Verzicht bedingungsfeindlich und kann nicht unter der Bedingung abgegeben werden, dass das HABM eine bestimmte Sachentscheidung trifft oder sich der Gegner im Löschungsverfahren in bestimmter Weise erklärt.[10] Ein Teilverzicht unter der Bedingung, dass der Gegner den Löschungsantrag zurücknimmt, ist nicht zulässig. Obwohl der Verzicht erst mit der Eintragung im Register wirksam wird (Art 50 (2) Satz 2), kann er auch während des Zeitraums zwischen dem Eingang der Verzichtserklärung beim HABM und der Eintragung des Verzichts im Register nicht mehr zurückgenommen werden.[11] Eine derart weitreichende Erklärung wie der Verzicht sollte nicht ohne Not und nur nach reiflicher Überlegung abgegeben werden.

### 3.2 Sprache

Da der Verzicht eine eingetragene GM betrifft, kann er gemäß R 95 (b) in **11** jeder der fünf Sprachen des HABM erklärt werden (siehe unter Art 119 Rdn 64). Diese Sprache wird sodann Sprache des Verzichtsverfahrens, dh für etwaige Mitteilungen des HABM gemäß R 36.

### 3.3 Keine Gebühr

Der Verzicht ist gebührenfrei. **12**

---

9  Siehe Benkard/Schäfers, PatG, § 20 Rn 7.
10  RiLi Teil E, 3.2.2.2, ABl-HABM 2006, 458, 460; so auch zum deutschen Recht Ingerl/Rohnke, § 48 Rn 6; Benkard/Schäfers, PatG, § 20 Rn 7; Ströbele/Kirschneck, MarkenG, § 48 Rn 4.
11  RiLi Teil E, 3.2.2.2, ABl-HABM 2006, 458, 460.

### 3.4  Notwendige Angaben

13  Vom Fall eingetragener Rechte Dritter oder Lizenzen abgesehen (Art 50 (3), R 36 (2)), hat die Verzichtserklärung gemäß R 36 (1) die Nummer der Eintragung der GM und Namen und Anschrift des Inhabers der GM gemäß R 1 (1) (b) anzugeben.

### 3.5  Verfahren bei Mängeln

14  Weist der Antrag Mängel auf, so teilt das HABM dem Inhaber der GM diese gemäß R 36 (3) mit und setzt eine Frist von normalerweise zwei Monaten zu dessen Behebung. Wird der Mangel nicht fristgerecht behoben, so lehnt das Amt die Eintragung des Verzichts in das Register durch beschwerdefähige Entscheidung (Art 58) ab. Zuständig ist die Marken- und Musterverwaltungs- und Rechtsabteilung, Art 133.

15  Bei Teilverzicht ist wahlweise die Bezeichnung der Waren und Dienstleistungen, auf die verzichtet wird, oder der Waren und Dienstleistungen, die beibehalten werden sollen, möglich.

### 4  Lizenznehmer und Inhaber dinglicher Rechte

16  Lizenznehmer und Inhaber dinglicher Rechte an der GM werden in ihrem Interesse am Fortbestand der GM durch Art 50 (3) besonders geschützt.

### 4.1  Inhaber dinglicher Rechte

17  Nach Art 50 (3) wird, wenn im Register eine Person als Inhaber eines Rechts an der GM eingetragen ist, der Verzicht nur mit Zustimmung dieser Person eingetragen. Hierunter fallen dingliche Rechte gemäß Art 19, die von Zwangsvollstreckungsmaßnahmen gemäß Art 20 Begünstigten sowie im Falle eines Konkursverfahrens oder konkursähnlichen Verfahrens gemäß Art 21 die nach Art 21 (2) zuständige nationale Stelle, dh in Deutschland der Insolvenzverwalter.

18  Nach R 36 (2) reicht als Nachweis der Zustimmung des Rechtsinhabers dessen schriftliche Zustimmung oder die seines Vertreters zu dem Verzicht aus. Der Inhaber der GM kann den Nachweis der Zustimmung des Rechtsinhabers jedoch auch mit allen anderen zulässigen Beweismitteln führen. Sind mehrere Rechte Dritter eingetragen, so ist die Zustimmung aller nachzuweisen.

## 4.2 Lizenznehmer

Ist eine Lizenz im Register eingetragen, so wird der Verzicht nach Art 50 (3)  **19**
erst eingetragen, wenn der Markeninhaber glaubhaft macht, dass er den Lizenznehmer von seiner Verzichtsabsicht unterrichtet hat. Anders als der Inhaber eines dinglichen Rechts kann somit der Lizenznehmer die Erklärung
des Verzichts nicht einseitig verhindern. Gemäß R 36 (2) Satz 2 wird der
Verzicht nach Ablauf einer Wartefrist von 3 Monaten nach dem Tag eingetragen, an dem der Inhaber der GM gegenüber dem Amt glaubhaft gemacht
hat, dass er den Lizenznehmer von seiner Verzichtsabsicht unterrichtet hat;
weist jedoch der Inhaber vor Ablauf dieser Frist dem Amt die Zustimmung
des Lizenznehmers nach, so wird der Verzicht sofort eingetragen. Für den
vom Inhaber der GM zu führenden Nachweis gilt, dass nach der deutschen
Fassung von R 36 (2) nur eine Glaubhaftmachung erforderlich ist, während
die engl Fassung von »satisfies the Office« und die französische Fassung von
»attestant« spricht und die engl Fassung von Art 50 (3) den Begriff »proves«
verwendet. Aus dem Vergleich der verschiedenen Sprachfassungen ergibt sich
somit, dass kein voller Beweis, sondern lediglich eine ausreichende Wahrscheinlichkeit ausreicht. Hierzu wird regelmäßig ausreichen, dass der Inhaber
der GM die Kopie eines Unterrichtungsschreibens an den Lizenznehmer vorlegt, vorausgesetzt, dass nach den Umständen es überwiegend wahrscheinlich
ist, dass das Schreiben auch tatsächlich abgesandt und beim Lizenznehmer
eingegangen ist. Am einfachsten wäre die Vorlage einer schriftlichen Erklärung des Lizenznehmers, dass er unterrichtet worden ist. Derartige Nachweise können gemäß R 96 (2) in jeder der 22 Sprachen der EG eingereicht werden; eine die Übersetzung in die Sprache des Verzichtsverfahrens wird
normalerweise nicht verlangt.

Bei mehreren Lizenznehmern ist der Nachweis der Unterrichtung aller Li-  **20**
zenznehmer zu führen.

## 4.3 Verfahren bei Mängeln

Ist der nach Art 50 (3) erforderliche Nachweis der Zustimmung oder Unter-  **21**
richtung des Inhabers eines Rechts an der GM oder eines Lizenznehmers
nicht vorgelegt worden oder unvollständig, so erlässt das HABM gemäß
R 36 (3) einen Beanstandungsbescheid und lehnt, wenn der Mangel innerhalb der Frist nicht behoben worden ist, die Eintragung des Verzichts in das
Register ab.

**5 Eintragung in das Register, Veröffentlichungen**

22 Die Eintragung des Verzichts wird nach R 84 (3) (m) im Register vorgenommen und gemäß R 85 (2) im Blatt für GMn veröffentlicht. Der Inhaber der GM erhält über die Eintragung des Verzichts im Register gemäß R 84 (5) eine Mitteilung.

## 2. Abschnitt  Verfallsgründe

### Artikel 51 (ex Artikel 50)  Verfallsgründe

(1) Die Gemeinschaftsmarke wird auf Antrag beim Amt oder auf Widerklage im Verletzungsverfahren für verfallen erklärt:

a) wenn die Marke innerhalb eines ununterbrochenen Zeitraums von fünf Jahren in der Gemeinschaft für die Waren oder Dienstleistungen, für die sie eingetragen ist, nicht ernsthaft benutzt worden ist und keine berechtigten Gründe für die Nichtbenutzung vorliegen; der Verfall der Rechte des Inhabers kann jedoch nicht geltend gemacht werden, wenn nach Ende dieses Zeitraums und vor Antragstellung oder vor Erhebung der Widerklage die Benutzung der Marke ernsthaft begonnen oder wieder aufgenommen worden ist; wird die Benutzung jedoch innerhalb eines nicht vor Ablauf des ununterbrochenen Zeitraums von fünf Jahren der Nichtbenutzung beginnenden Zeitraums von drei Monaten vor Antragstellung oder vor Erhebung der Widerklage begonnen oder wieder aufgenommen, so bleibt sie unberücksichtigt, sofern die Vorbereitungen für die erstmalige oder die erneute Benutzung erst stattgefunden haben, nachdem der Inhaber Kenntnis davon erhalten hat, dass der Antrag gestellt oder die Widerklage erhoben werden könnte;

b) wenn die Marke infolge des Verhaltens oder der Untätigkeit ihres Inhabers im geschäftlichen Verkehr zur gebräuchlichen Bezeichnung einer Ware oder einer Dienstleistung, für die sie eingetragen ist, geworden ist;

c) wenn die Marke infolge ihrer Benutzung durch den Inhaber oder mit seiner Zustimmung für Waren oder Dienstleistungen, für die sie eingetragen ist, geeignet ist, das Publikum insbesondere über die Art, die Beschaffenheit oder die geographische Herkunft dieser Waren oder Dienstleistungen irrezuführen.

(2) Liegt ein Verfallsgrund nur für einen Teil der Waren oder Dienstleistungen vor, für die die Gemeinschaftsmarke eingetragen ist, so wird sie nur für diese Waren oder Dienstleistungen für verfallen erklärt.

*Eisenführ, Holderied*

Literatur:
*Brömmelmeyer*, Die Irreführungsgefahr im europäischen Markenrecht, WRP 2006, 1275; *Lehmann-Richter*, Die Umwandlung einer Marke in eine Gattungsbezeichnung, WRP 2002, 1391.

## 1 Allgemeines

Während die Nichtigerklärung einer GM gemäß Art 52, 53 aus absoluten **1** oder relativen Gründen auf Grund von Umständen ergeht, die schon am Anmeldetag der GM bestanden, aber im Eintragungsverfahren nicht oder nicht zutreffend berücksichtigt wurden, liegt dem Verfall der GM Tun oder Unterlassen des Markeninhabers zu Grunde, das die zunächst bestehenden Markenrechte zu einem späteren Zeitpunkt kraftlos werden und wegfallen lässt. Der auf Art 12, 13 MarkenRichtl beruhende Art 51 nennt mit Abs 1 (a) bis (c) drei Gründe hierfür, von denen zweifellos der Verfall wegen unzureichender Markenbenutzung (Abs 1 (a)) die größte praktische Bedeutung hat. Abs 1 (b) und (c) betreffen nachträglich eingetretene absolute Eintragungshindernisse, nämlich die Umwandlung der GM in eine (sekundäre) Gattungsangabe iSv Art 7 (1) (d) bzw in eine täuschende Angabe iSv Art 7 (1) (g). Der frühere Abs 1 (d) wurde durch VO Nr 422/2004 infolge der Ausweitung der zulässigen GM-Inhaberschaft durch die Neufassung von Art 5 gestrichen.

Die prozessuale Feststellung des materiellen Verfalls mit Wirkung *erga omnes* **2** bedarf eines Antrages beim Amt oder einer Widerklage im Verletzungsverfahren. Das zweiseitige Verfahren vor einer Nichtigkeitsabteilung des Amtes folgt Art 56, 57,[1] die Widerklage beim Gemeinschaftsmarkengericht Art 100. Zweck der Verfallsregelung ist es dabei weder, Aussagen über den geschäftlichen Erfolg noch über wirtschaftliche Strategien des Inhabers der GM zu treffen, als vielmehr sicherzustellen, dass eine Marke nur für die Waren und Dienstleistungen eingetragen ist (bzw. bleibt), für welche sie als nach außen wirkendes Unterscheidungsmittel registriert ist.[2]

3  Antragsberechtigt ist jedermann (Art 56 Rdn 8, 9), auch natürliche oder juristische Personen mit (Wohn-)Sitz außerhalb der Gemeinschaft. Für die Antragstellung bedarf es auch keines spezifischen – berechtigten oder gar rechtlichen – Interesses.[3] Die achte Erwägung der MarkenRichtl stellt fest: »*Um die Gesamtzahl der in der Gemeinschaft eingetragenen und geschützten Marken und damit die Anzahl der zwischen ihnen möglichen Konflikte zu verringern, muss verlangt werden, dass eingetragene Marken tatsächlich benutzt werden, um nicht zu verfallen.*« Das schließt eine personale, territoriale oder sachbezogene Beschränkung der Antragsberechtigung aus. Hingegen können vertragliche Beschränkungen der Parteien einen Antrag ausschließen.[4]

4  Abs 1 (b) bestimmt die zeitliche Lage des Fünfjahreszeitraums nicht ausdrücklich. Indirekt ergibt sich jedoch, dass es sich um die fünf Jahre vor dem Tag der Stellung des Verfallsantrages oder der Widerklage-Erhebung handeln muss. Einzelheiten des Verfahrensablaufs nennen R 40 und R 41.

5  Im Wege des Einwands kann der Verfall einer geltend gemachten GM als Folge mangelnder Benutzung im Widerspruchsverfahren (Art 42 (2)) und im Nichtigkeitsverfahren (Art 57 (2)) sowie nach Art 99 (3) im Falle von Verletzungsklagen gemäß Art 96 (a) und Klagen auf Entschädigung iSv Art 9 (3) gemäß Art 96 (c) geltend gemacht werden; soweit dem Einwand stattgegeben wird, wirkt er jedoch nur inter partes und führt nicht zur Löschung der GM.

6  Anstelle des Nichtbenutzungseinwandes im Widerspruchsverfahren gemäß Art 42 (2) kann der Anmelder den Verfall der Widerspruchs-GM auch mit

---

1  HABM-BK R 745/2005-2 vom 10.7.2006 *MEY*.

2  HABM-BK R 334/2011-5 vom 11.5.2012 (Nr 28) *ALARIS*.

3  EuG T-160/07 vom 8.7.2008 *COLOR* EDITION (bestätigt durch EuGH C-408/08 vom 25.2.2010); EuG T-223/08 vom 3.12.2009 (Nr 17f) *Bahmann*; HABM-BK R1858/2007-4 vom 9.9.2008 (Nr 10) *ATLAS TRANSPORT* (aufgehoben aus anderen Erwägungen durch EuG T-482/08 vom 10.6.2010).

4  HABM-BK R 285/2005-1 vom 24.1.2008 *LE MERIDIEN*.

einem parallelen Antrag auf Erklärung des Verfalls gemäß Art 56 geltend machen. Das Widerspruchsverfahren wird dann – ebenfalls auf Antrag des Anmelders – bis zur rechtskräftigen Entscheidung über den Verfallsantrag ausgesetzt (R 22 (6) 2. Alternative).[5] Diese Vorschrift dürfte eine Aussetzung auch dann gestatten, wenn der Verfall einer nationalen Widerspruchsmarke mit einem diesbezüglichen Antrag beim Amt des betreffenden Mitgliedstaates geltend gemacht wird.

Der Verfallsgrund muss im Zeitpunkt der Entscheidung über den Antrag 7 bzw die Widerklage (noch) bestehen. Die den Verfall feststellende Entscheidung wirkt ex nunc, und zwar ab dem Tag der Antragstellung bzw der Widerklageerhebung (Art 55 (1) Satz 1). Jedoch kann auch ein früherer Zeitpunkt festgesetzt werden, wenn dies von einer Partei beantragt wird (Art 55 (1) Satz 2), etwa weil der Antragsteller bzw der Widerkläger entsprechend früher entstandene Kennzeichenrechte von Ansprüchen aus der Streitmarke freigestellt sehen möchte und diese tatsächlich schon zu jenem früheren Zeitpunkt verfallen war.

## 2 Benutzungsmangel

Der Begriff der Benutzung einer GM ist weder in der GMV noch in der DV 8 definiert. Soweit hier die rechtserhaltende Markenbenutzung iSd sogenannten Benutzungszwanges angesprochen ist, ist zum Stand der Rspr und der einschlägigen Diskussion auf die Ausführungen zu Art 15 zu verweisen; zur Frage der Ernsthaftigkeit dort Art 51 Rdn 47–55.

Entscheidend ist die Benutzung der GM »als Marke«, also als nach außen 9 wirkendes Unterscheidungsmittel bezüglich der betrieblichen Herkunft der von ihrem VerzWDL erfassten Waren oder Dienstleistungen. Eine firmenmäßige Benutzung kann, aber muss nicht zugleich eine markenmäßige sein. Entsprechendes gilt für manche rechtsverletzende Benutzungshandlungen, die – vom GM-Inhaber vorgenommen – keine rechtserhaltenden Benutzungshandlungen wären, beispielsweise Abgabe von Angeboten.[6] Auch die Abgabe von Werbeartikeln als Belohnung bzw. als Aufforderung für den Er-

---

5 HABM-BK R 991/2004-4 vom 1.8.2005 *ID EFIX/IDEFIX*.
6 HABM-BK R 1858/2007-4 vom 9.9.2008 (Nr 34) *ATLAS TRANSPORT* (aufgehoben aus anderen Erwägungen durch T-482/08 vom 10.6.2010); vgl auch EuGH C-495/07 vom 15.1.2009, GRUR 2009, 410 (Nr 18, 22) *WELLNESS* (Silberquelle).

werb anderer Waren ist nicht als rechtserhaltende Benutzungshandlung der GM »als Marke« anzusehen.[7]

10  Abs 1 (a) definiert eine Sanktion, welche die fünfjährige Nichtbenutzung einer GM iSv Art 15 zur Folge hat. Wird die Marke nicht oder nicht ernsthaft benutzt, und lässt sich dies nicht rechtfertigen, so kann die GM für verfallen erklärt werden. Die Eintragung der unanfechtbar gewordenen Verfallserklärung ins Register (Art 57 (6)) bedeutet *de facto* die Löschung der GM.

11  Solange aber nach fünfjähriger ununterbrochener Nichtbenutzung einer GM kein Antrag auf Erklärung ihres Verfalls gestellt wird, ist die Marke nur latent verfallsreif. Diese latente Verfallsreife kann – unbefristet – geheilt werden, wenn die ernsthafte Benutzung der Marke aufgenommen oder wieder aufgenommen wird. Ein auf Verfallserklärung gestellter Antrag oder eine dahingehend erhobene Widerklage im Verletzungsverfahren kann grundsätzlich nur dann erfolgreich sein, wenn dies vor der Aufnahme oder Wiederaufnahme der ernsthaften Benutzung geschah.

12  Fällt aber die Benutzungsaufnahme in die letzten drei, vollständig außerhalb der Fünfjahresfrist liegenden Monate vor der Antragstellung bzw Widerklage-Erhebung, dann gilt eine Sonderregelung, die auch die Vorbereitungshandlungen zur Aufnahme oder Wiederaufnahme der Benutzung einbezieht. Wenn nämlich der Markeninhaber die Vorbereitungen zur kurzfristigen Benutzungsaufnahme vor der Antragstellung oder Erhebung der Widerklage erst eingeleitet hat, nachdem er wusste, »dass der Antrag gestellt oder die Widerklage erhoben werden könnte«, bleibt diese Benutzung unberücksichtigt.[8] Es liegt auf der Hand, dass der Inhaber der GM diese Kenntnis mindestens ebenso gut wie jeder Dritte vor, bei und nach Eintritt des latenten Verfalls (Löschungsreife) hatte oder jedenfalls hätte haben können. Daher geht es darum, dass der Markeninhaber erfährt, dass (auch) ein Dritter vom Verfall weiß oder zumindest meint, die betreffende Marke sei wegen fehlender oder unzureichender Benutzung verfallen. Es ist also die Androhung eines Antrags auf Erklärung des Verfalls oder der Erhebung einer entsprechenden Widerklage von Seiten jenes Dritten gemeint. Eine derartige Androhung sollte eindeutig und beweisbar erfolgen, damit es im Streitfalle keinen Zweifel an der Tatsache und dem Zeitpunkt der »Kenntnis« auf Seiten des Inhabers der GM gibt.

---

7  HABM-BK R 1417/2011-4 vom 15.10.2012 (Nr 22) *xdye*.
8  HABM-BK R 1933/2007-1 vom 28.5.2009 (Nr 20) *HOOTERS*.

Wenn möglich erscheint, dass der Markeninhaber die zuvor fehlende Benutzung in den letzten drei Monaten vor der Stellung des Verfallsantrages aufgenommen haben könnte und seine »Kenntnis« beweisbar ist, sollte der geltend gemachte Nichtbenutzungs-Zeitraum von fünf Jahren drei Monate vor dem Tag der Antragstellung enden, weil jene drei Monate nicht in diesem Fünfjahreszeitraum liegen dürfen.[9] Alternativ könnte natürlich auch ein (mindestens) drei Monate längerer Zeitraum für die behauptete Nichtbenutzung angegeben werden. 13

Es ist unerheblich, ob der Verfallsantrag oder die auf Verfall gestützte Widerklage – ggf auch der Einwand gemäß Art 99 (3) – von derselben Person gestellt bzw erhoben wird, die dem Markeninhaber zuvor Kenntnis von der Löschungsreife seiner Marke wegen Verfalls gegeben, ihm also einen derartigen Antrag oder eine solche Widerklage angedroht hatte. 14

Auf jene Kenntnis und die Vorbereitungshandlungen zur Aufnahme oder Wiederaufnahme der Benutzung kommt es also nur an, wenn der tatsächliche Benutzungsbeginn in den Zeitraum von drei Monaten vor der Stellung eines Antrags auf Verfallserklärung oder die Erhebung einer gleichgerichteten Widerklage fällt. Begann die tatsächliche Benutzung mehr als drei Monate vor der Antragstellung oder Widerklage-Erhebung, spielen jene Umstände keine Rolle, und die Heilung einer zuvor bestehenden latenten Verfallssituation hat stattgefunden. Umgekehrt kommt es ohne Wenn und Aber zur Verfallserklärung oder Stattgabe der hierauf gerichteten Widerklage, wenn die tatsächliche (ernsthafte) Benutzung erst nach der Stellung des Antrags oder Erhebung der Widerklage beginnt und Rechtfertigungsgründe für den Benutzungsmangel nicht vorliegen. 15

Angesichts der Fristenbindung des Versuchs, einen fairen Ausgleich der Interessen einerseits des Markeninhabers, andererseits des ›Verfallsgläubigers‹ herbeizuführen, erscheint die Angabe »stattgefunden haben« in Bezug auf die Vorbereitungshandlungen zeitlich vage. Man wird darunter den beweisbaren Beginn solcher Vorbereitungshandlungen zu verstehen haben, die eine ernsthafte Benutzung in Angriff nehmen, wie etwa die Anfertigung eindeutig auf die Marke bezogener Packungsentwürfe, die definitive Einleitung von Werbemaßnahmen und dergleichen. Wenn solche Vorbereitungshandlungen vor einer die Kenntnis des Markeninhabers iSv Art 51 (1) (a) herbeiführenden 16

---

9 HABM-BK R 1289/2006-2 vom 11.5.2007 (Nr 18) *LIFESTYLE SELECTOR.*

Maßnahme nachweislich begonnen haben und die tatsächliche Aufnahme der ernsthaften Benutzung vor der Stellung des Antrages auf Verfallserklärung bzw Erhebung einer entsprechenden Widerklage erfolgt, kann der Verfall der Markenrechte nicht (mehr) geltend gemacht werden, und es spielt keine Rolle, dass die Vorbereitungshandlungen die betriebsinterne Sphäre nicht verlassen haben.

17   Aber erfolglose Lizenzverhandlungen stellen keine Vorbereitungshandlungen dar, auch eine frühere Bekanntheit der Marke kann selbst dann, wenn sie notorisch war und als solche noch besteht, die Benutzung der GM nicht ersetzen.[10]

### 3  Gebräuchliche Bezeichnung

18   Der Tatbestand des Abs 1 (b) korreliert mit Art 7 (1) (d), nur dass jenes absolute Eintragungshindernis schon zum Zeitpunkt der Eintragung bestanden haben muss und dem absoluten Nichtigkeitsgrund des Art 15 (1) (a) unterliegt, während der Verfall aus diesem Grunde auf eine Entwicklung zurückgeht, die nach der Eintragung der Marke stattgefunden hat. Auch hier, ebenso wie im Falle fehlender oder unzureichender Benutzung der eingetragenen Marke, hat es der Markeninhaber in der Hand, dem Verfall vorzubeugen, indem er Änderungen an seinem »Verhalten« oder seiner »Untätigkeit« vornimmt.

19   Gebräuchliche Bezeichnungen, regelmäßig auch Gattungsbezeichnungen genannt, unterscheiden sich in ihrer Genesis deutlich von beschreibenden Angaben, wenn auch im Ergebnis die Grenzen häufig verwischt sind, was sich letztlich darin äußert, dass beide keine Unterscheidungskraft für die betroffenen Produkte (mehr) haben. Während erstere originäre Gattungsbezeichnungen, gewissermaßen »geborene« Sachangaben sind und daher hier »primäre Gattungsbezeichnungen« genannt werden (zB »Wurst« für einen schlauchförmig umhüllten Brätstrang), handelt es sich bei »sekundären Gattungsbezeichnungen« um ursprünglich fantasievolle und daher von Haus aus unterscheidungskräftige Kennzeichen, die infolge Parallelbenutzung durch mehrere voneinander unabhängige Anbieter für gleiche Produkte ihre Fähigkeit verloren haben, solche Waren oder Dienstleistungen eines Unternehmens von denjenigen anderer Unternehmen zu unterscheiden (zB »Land-

---

10  HABM-BK R 855/2007-4 vom 14.5.2008 *PAN AM*.

jäger« für eine Wurstsorte). Das alte deutsche Warenzeichenrecht hatte dafür den Begriff des Freizeichens entwickelt.[11]

Mitunter entstehen sekundäre Gattungsbezeichnungen aus besonders bekannten Marken, indem sie der Verkehr nicht mehr als Unterscheidungszeichen für gleiche Waren unterschiedlicher Herkunft, sondern als spezialisierte Sachbezeichnung für die Art des Produktes verwendet. Die Gefahr des ›Umkippens‹ einer Marke zu einer sekundären Gattungsbezeichnung besteht insbesondere dort, wo unter der Marke eine neue Produktart auf den Markt gebracht wird; dort liegt es für den Verkehr in besonderem Maße nahe, die Marke als quasi-beschreibende Angabe der Produktgattung zu verstehen und sie fortan auf gleiche Produkte anderer Anbieter zu übertragen. Hier obliegt es dem Erstanbieter, seine Marke durch entsprechende Maßnahmen zu verteidigen, um deren Verfall infolge seiner Untätigkeit iSv Abs 1 (b) vorzubeugen. **20**

Das zielgerichtete Verhalten und die Tätigkeit des Markeninhabers sind namentlich in den Fällen gefragt, in denen die Marke produktbeschreibende Begriffe enthält und/oder an anderweitig naheliegende Begriffe angelehnt ist. Als Beispiel möge die Bezeichnung »Blumenigel« für eine mit Stacheln besetzte Platte dienen, die – auf den Boden einer Vase gelegt – das geordnete Halten von Schnittblumen in der Vase erleichtert. Solange dem Verkehr keine auf ebenso knappe Weise das Produkt beschreibende Bezeichnung (Nagelkissen, Stachelplatte etc.) angeboten wird, liegt es für ihn nahe, »Blumenigel« nicht als Identifizierung einer bestimmten Herkunftsquelle zu verstehen, sondern des Produkts an sich und demzufolge das Zeichen »Blumenigel« als (sekundäre) Gattungsbezeichnung zu benutzen. Eben das aber wird ihm durch den Umstand erleichtert, dass der Bestandteil »Blumen« des insgesamt fantasievollen Markenworts eine beschreibende Bestimmungsangabe und »Igel« eine höchst eingängige bildliche Umschreibung der Produktform darstellt. **21**

Ein solches Beispiel verdeutlicht, welcher Art das von Abs 1 (b) geforderte Verhalten des Markeninhabers und seine Tätigkeit sein muss: Er darf seine Marke als Produkt-Kennzeichen und im Rahmen seiner Werbung nie so benutzen, dass sie als beschreibender Begriff (sekundäre Gattungsbezeichnung) verstanden werden kann,[12] beispielsweise im Fließtext nicht ohne Hervorhebung und Kennzeichnung als eingetragene Marke. Er muss nicht nur die **22**

---

11  § 4 (1) DE-WZG.
12  HABM-BK R 595/2008-4 vom 21.4.2009 (Nr 23) *5HTP*.

verletzende Benutzung seiner Marke durch Dritte bekämpfen, sondern gerade auch deren Benutzung als scheinbar beschreibende Angabe iSv Art 12 (b), und er muss alle sich ihm bietenden Möglichkeiten ausschöpfen, dem Verkehr den Markencharakter seiner Marke zu verdeutlichen, sei es im Rahmen von Werbung, von PR-Aktionen und bei der Bezugnahme auf die Marke in den redaktionellen Teilen von Medien und anderen Veröffentlichungen außerhalb des geschäftlichen Verkehrs (vgl Art 10). Letzteres gehört zwar nicht zum Tatbestandsmerkmal der verletzenden Benutzung, aber auch das Verhalten oder die Untätigkeit des Markeninhabers iSv Abs 1 (b) außerhalb des kommerziellen Bereichs hat Auswirkungen im geschäftlichen Verkehr und darüber hinaus indizielle Bedeutung für die Beurteilung der geltend gemachten Entwicklung einer Marke zur gebräuchlichen Bezeichnung der von ihr erfassten Waren oder Dienstleistungen sowie des einschlägigen Verhaltens oder der Untätigkeit des Markeninhabers.

23   Vor diesem Hintergrund begegnet das »Hölterhoff«-Urteil des EuGH erheblichen Bedenken. Danach soll es keine Markenverletzung sein, wenn ein Dritter im Rahmen eines Verkaufsgesprächs die Herkunft der Ware aus seiner eigenen Produktion offenbart und er das betreffende Zeichen ausschließlich zur Kennzeichnung der besonderen Eigenschaften der von ihm angebotenen Ware verwendet, so dass ausgeschlossen sei, dass die benutzte Marke im Verkehr als betriebliches Herkunftszeichen aufgefasst wird. Der Gerichtshof begründet das damit, dass eine solche Markenbenutzung keine der Interessen beeinträchtige, deren Schutz Art 5 (1) MarkenRichtl bezwecke.[13]

24   Das ist zu bezweifeln, weil das dem Markeninhaber zustehende Ausschließungsrecht auch dem Schutz seines Interesses dient, die Unterscheidungsfähigkeit seiner Marke zu bewahren. Jede Benutzung einer Marke als beschreibende Angabe (»zur Kennzeichnung der besonderen Eigenschaften der ... Ware«) leistet aber der Zerstörung dieser Unterscheidungsfähigkeit und damit der Umwandlung der Marke zu einem Gattungsbegriff iSv Abs 1 (b) Vorschub. Darauf hat, wie sich aus der Begründung der Schlussanträge des Generalanwalts Jacobs vom 20.9.2001 erschließt, im vorliegenden Fall auch die französische Regierung hingewiesen.[14] Die Stellungnahme des Generalanwalts, er glaube nicht, dass Untätigkeit in diesem Zusammenhang auch

---

13  EuGH C-002/00 vom 14.5.2002, WRP 2002, 664 (Nr 16) *Hölterhoff/Freiesleben.*
14  Schlussanträge vom 20.9.2001, Nr 26.

bedeuten kann, ein Verhalten nicht verbieten zu lassen, das rechtlich nicht verboten werden kann, ist schon wegen ihres Zirkelschluss-Charakters alles andere als überzeugend. Aber auch, weil die Benutzung eines identischen Zeichens für ein identisches Produkt im geschäftlichen Verkehr auch ohne Verwechslungsgefahr den »absoluten« Schutz des Art 9 (1) (a) auslöst.[15] Und weil selbst dann, wenn man der EuGH-Auffassung vom Nichteingreifen dieser Vorschrift folgte, das Freistellen der Verwendung von Marken im geschäftlichen Verkehr zur Beschreibung von Produkteigenschaften nahezu unausweichlich ein »Umkippen« der Marken zu Gattungsbezeichnungen zur Folge haben dürfte.

Was für den in Abs 1 (b) unmittelbar angesprochenen Inhaber der Marke **25** gilt, das gilt selbstverständlich auch für diejenigen, die mit seiner Zustimmung die Marke benutzen, namentlich also Lizenznehmer, die ggf vertraglich zu zweckentsprechendem Verhalten (Handeln oder Unterlassen) zu verpflichten sind.

Für den Eintritt des Verfalls genügt es, wenn die Umwandlung der GM zur **26** gebräuchlichen Bezeichnung einer Ware oder Dienstleistung in einem der Mitgliedstaaten stattgefunden hat. Die Situation ist keine andere als im Falle der absoluten Eintragungshindernisse, deren Vorliegen in einem Mitgliedstaat ausreicht, die Eintragung der (einheitlichen) GM auszuschließen. Daher ist insbesondere zu überprüfen und zu beachten, ob in einem anderen Sprachraum als dem des Markeninhabers Verhältnisse vorliegen oder Entwicklungen stattfinden (könnten), die dort die Umwandlung der GM zu einer sekundären Gattungsbezeichnung iSv Art 7 (1) (d) begünstigen.

Die Entwicklung zur Gattungsbezeichnung ist aus der Sicht der relevanten **27** Verkehrskreise in der Gemeinschaft (namentlich in jenem Gebiet) zu beurteilen. Wenn beim Vertrieb einer von einer eingetragenen Marke erfassten Ware an den Verbraucher oder Endabnehmer Zwischenhändler beteiligt sind, so bestehen die maßgebenden Verkehrskreise aus sämtlichen Verbrauchern oder Endabnehmern und je nach den Merkmalen des Marktes für die betreffende Ware aus sämtlichen am Vertrieb der Ware beteiligten Gewerbetreibenden.[16] Dabei ist auf die von der Markeneintragung erfassten Waren

---

15  Siebte Begründungserwägung zur GMV.
16  EuGH C-371/02 vom 29.4.2004, GRUR 2004, 682 (Nr 29) *Bostongurka*; zum maßgeblichen Zeitpunkt vgl EuGH C-145/05 vom 27.4.2006 *Levi Strauss/Casucci*.

und nicht auf die konkrete Form der Benutzung durch den GM-Inhaber oder seine Vermarktungsstrategie abzustellen.[17] Grundsätzlich sollten an die Nachweise für die Feststellung, dass eine GM zu einer gebräuchlichen Bezeichnung (mit Blick auf Art 7 (1) (d) zu ergänzen: in redlicher Verkehrsübung) geworden ist, erhebliche Anforderungen gestellt werden.

28  Wiederum in Übereinstimmung mit dem Fall des Vorliegens absoluter Eintragungshindernisse in nur einem Mitgliedstaat oder einigen Mitgliedstaaten kann im Falle des Verfalls einer GM, der auf Grund von nur in einem Mitgliedstaat vorliegenden Umständen auftritt, die Marke durch Umwandlung gemäß Art 112 in den nicht betroffenen Mitgliedstaaten durch nationale Markenanmeldungen und anschließende -eintragungen aufrechterhalten werden.

### 4  Irreführende Marke

29  Abs 1 (c) stellt ohne zeitliche Abgrenzung auf die Tatsache der Irreführung des Publikums ab, insbesondere auf Irreführungen über die Art, die Beschaffenheit oder die geographische Herkunft der Waren oder Dienstleistungen, für die die Marke vom Inhaber oder mit seiner Zustimmung von Dritten benutzt wird. Weil das Irreführungspotential der GM *infolge ihrer Benutzung* entstanden ist, geht es auch hier – wie im Falle des Abs 1 (b) – um die Entwicklung zu einer Markenkonstitution, welche während der Benutzung der Marke und auf Grund der Art und Weise ihrer Benutzung entstanden ist, und die ein absolutes Eintragungshindernis dargestellt hätte, wenn sie bereits zum Zeitpunkt der Markeneintragung so gegeben gewesen wäre (Art 7 (1) (g)), siehe Art 7 Rdn 243–251. Auch hier ist die Rechtsfolge des Verfalls allein an die Handlungsweise des Markeninhabers (oder eines berechtigten Dritten) bei der Benutzung der Marke geknüpft.

30  Anders als im zuvor erörterten Parallelfall der Markenentwicklung zu einer Gattungsbezeichnung, in welchem dem Markeninhaber Mittel und Wege zur Verfügung stehen, jene Entwicklung zu verhindern, kann das sich entwickelnde Irreführungspotential einer Marke auf Umstände zurückgehen, die zu beeinflussen nicht in der Macht des Markeninhabers liegt. So kann es etwa zu einem – insbesondere schleichenden – Bedeutungswandel eines Begriffes kommen, der in der Marke unmittelbar oder in angelehnter Form enthalten ist. Während beschreibende oder aus anderem Grund nicht unter-

---

17  HABM-BK R 618/2008-4 vom 8.8.2008 (Nr 12–17) *MPPI*.

scheidungskräftige Bestandteile einer Marke, die im »Huckepack« unterscheidungskräftiger Bestandteile die Eintragung und den Rechtsbestand der Marke nicht gefährden, »infizieren« irreführende Bestandteile eine Marke und zerstören ihre absolute Schutzfähigkeit insgesamt.

Soweit ein derartiger Bedeutungswandel beispielsweise auf Entwicklungen **31** des Sprachgebrauchs zurückgeht und nichts mit der Benutzung der fraglichen Marke und der Art der Produkte zu tun hat, für die sie benutzt wird, wäre ein Verfall iSv Abs 1 (c) ausgeschlossen. Aber im Hinblick auf das höherrangige Interesse des mit der Marke angesprochenen Publikums, durch den von der Marke vermittelten Sinngehalt nicht über die Art, die Beschaffenheit oder die geografische Herkunft der betroffenen Produkte irregeführt zu werden, müsste eine Güter- und Interessenabwägung zum Ergebnis führen, dass eine auch ohne Zutun des Markeninhabers irreführend gewordene Marke keinen Bestand mehr haben kann. Überdies dürfte es der Markenbenutzer regelmäßig in der Hand haben, den Konsequenzen der nicht von ihm veranlassten und beeinflussbaren Entwicklung zur Irreführung durch geeignete Abwehrmaßnahmen entgegenzuwirken.

Es genügt auch hier die »absolute« Irreführungseignung in einem Teil der **32** Gemeinschaft, also etwa in einem Mitgliedstaat oder in einem Sprachbezirk, für den Verfall der GM. Jedoch ist wiederum die Möglichkeit der Umwandlung der GM gemäß Art 112 in nationale Markenanmeldungen in denjenigen Mitgliedstaaten gegeben, in denen jene Irreführungseignung nicht besteht oder kein Hindernis für die Eintragung einer nationalen Marke darstellt.

Im Vorlage-Fall »Graffione/Fransa«, der Ende 1996 vom EuGH entschieden **33** wurde,[18] spielte der Einfluss der innerhalb der EG territorial begrenzten Irreführungsgefahr auf den Verfall einer GM noch keine Rolle, weil es um nationale Marken ging. In Italien war die Marke »Cotonelle« für dort hergestellte Papiertaschentücher wegen ihres Baumwoll-Hinweises für irreführend gehalten, die Markeneintragung gelöscht und der Vertrieb untersagt worden. Als ein Händler in Frankreich hergestellte und mit derselben Marke versehene Papiertaschentücher (dort war die Marke nicht für ungültig erklärt worden) nach Italien importierte, kam es zum Ausgangsstreit des Vorlageverfahrens und Fragen ua nach der Bedeutung der Verfallsvorschriften der Markenricht-

---

18  EuGH C-313/94 vom 26.11.1996, GRUR Int 1997, 546 *Graffione/Fransa*.

linie.[19] Der EuGH entschied, dass der Vertrieb von Erzeugnissen, die aus einem Mitgliedstaat stammen, wo sie rechtmäßig in den Verkehr gebracht worden sind, aus Gründen des Verbraucherschutzes allen Wirtschaftsteilnehmern verboten werden kann, sofern dieses Verbot zur Gewährleistung des Verbraucherschutzes erforderlich ist und in einem angemessenen Verhältnis zu diesem Zweck steht und sofern dieser Zweck nicht durch Maßnahmen erreicht werden kann, die den innergemeinschaftlichen Handelsverkehr weniger beschränken. Das vorlegende Gericht habe insoweit insbesondere zu prüfen, ob die Gefahr einer Irreführung der Verbraucher so schwer wiegt, dass sie den Erfordernissen des freien Warenverkehrs vorgehen kann.[20]

34 Falls die Marke für mehrere Waren oder Dienstleistungen eingetragen ist und nur für einen Teil davon eine irreführende Benutzbarkeit gegeben ist, kann die GM gemäß Abs 2 für diesen Teil der Produkte für verfallen erklärt werden. Soweit die GM sowohl in einer irreführenden als auch in einer nicht-irreführenden Weise für die von ihr erfassten Produkte benutzt werden kann, ist ein Verfallsgrund für die GM schlechthin nicht gegeben. Wird die GM trotz nicht-irreführender Benutzbarkeit tatsächlich irreführend benutzt, so ist diese Art der Benutzung dem Markeninhaber oder seinem Lizenznehmer gemäß Art 110 nach nationalem Recht zu untersagen.

## 5  Teilverfall

35 Dass der Verfall einer Marke möglicherweise nur für einen Teil der von ihrer Eintragung erfassten Produkte eintritt und gemäß Abs 2 erklärt werden kann, wurde vorstehend schon zu Abs 1 (c) angesprochen. Entsprechendes gilt aber auch für den Fall der Nichtbenutzung oder der nicht ernsthaften (nicht rechtserhaltenden) Benutzung einer GM für einen Teil der Waren und/oder Dienstleistungen, für die sie eingetragen ist.[21] Während dies der häufigste Fall der Anwendung von Abs 2 sein dürfte, gilt er aber selbstverständlich auch für den Fall der Markenentwicklung zu einer Gattungsbezeichnung gemäß Abs 1 (b) wie für den Fall der Markenentwicklung zu einer irreführenden Bezeichnung gemäß Abs 1 (c), die jeweils nur ein bestimmtes Produkt erfassen dürfte.

---

19  Art 12 (2) (b) MarkenRichtl.
20  Vgl auch EuGH C-315/92 vom 2.2.1994, GRUR Int 1994, 231 *Clinique.*
21  HABM-BK R 1069/2005-1 vom 5.10.2006 (Nr 7) *Epican Forte/EPIGRAN.*

Eine rechtserhaltende Markenbenutzung wird für diejenigen Produkte fest- 36
gestellt, für die die Marke unmittelbar benutzt wurde. Geht das eingetragene
Produktverzeichnis darüber hinaus, muss insoweit der Verfall erklärt werden.
Eine unangemessene Sektionierung einheitlicher Produkte ist jedoch nicht
angezeigt[22] (vgl Art 15 Rdn 22 f); eine Marke ist für die Eintragungswaren
»gestrickte und gewirkte Leibwäsche« ausreichend benutzt, wenn die Benutzung sich auf Leibwäsche für Erwachsene beschränkte und solche für Kinder
nicht einschloss.[23]

# 3. Abschnitt Nichtigkeitsgründe

## Artikel 52 (ex Artikel 51) Absolute Nichtigkeitsgründe

(1) Die Gemeinschaftsmarke wird auf Antrag beim Amt oder auf Widerklage im Verletzungsverfahren für nichtig erklärt,

a) wenn sie den Vorschriften des Artikels 7 zuwider eingetragen worden
   ist;

b) wenn der Anmelder bei der Anmeldung der Marke bösgläubig war.

(2) Ist die Gemeinschaftsmarke entgegen Artikel 7 Absatz 1 Buchstaben b), c) oder d) eingetragen worden, kann sie nicht für nichtig erklärt
werden, wenn sie durch Benutzung im Verkehr Unterscheidungskraft für
die Waren oder Dienstleistungen, für die sie eingetragen ist, erlangt hat.

(3) Liegt ein Nichtigkeitsgrund nur für einen Teil der Waren oder Dienstleistungen vor, für die die Gemeinschaftsmarke eingetragen ist, so kann sie
nur für diese Waren oder Dienstleistungen für nichtig erklärt werden.

*Eisenführ*

---

22 Dazu eingehend EuG T-126/03 vom 14.7.2005, GRUR Int 2005, 914 *Aladin/Al-
   addin.*

23 HABM-BK R 745/2005-2 vom 10.7.2006 (Nr 17) *MEY*; vgl auch HABM-BK
   R 378/2006-2 vom 19.6.2007 (Nr 25) *TURBO.*

**Literatur:**
*Füllkrug*, Gedanken zur markenrechtlichen Einordnung der Spekulations- oder Sperrmarke, WRP 2006, 664; *Helm*, Die bösgläubige Markenanmeldung, GRUR 1996, 593; *Ingerl*, Umgehung des markengesetzlichen Benutzungszwangs durch Wiederholungseintragungen?, Mitt. 1997, 391; *Middlemiss/Philips*, Bad Faith in European Trade Mark Law and Practice, EIPR 2003, 397.

## 1 Allgemeines

1   Auf der Grundlage dieser, Art 3 MarkenRichtl umsetzenden Vorschrift ist durch das in Art 56, 57 geregelte Antragsverfahren die Korrektur einer fehlerhaften, nämlich entgegen den absoluten Eintragungshindernissen erfolgten Eintragung einer GM möglich. Darüber hinaus ist die Nichtigerklärung der GM für den Fall geregelt, dass der Anmelder bei ihrer Anmeldung »bösgläubig« war; ein Mangel, der der Tatsache der Anmeldung und nicht der Marke anhaftet.[1]

2   Anders als der Verfall einer GM (Art 51), der sich auf nach der Eintragung entstandene Umstände bezieht, stellt die Nichtigkeit aus absoluten Gründen auf Schutzhindernisse ab, die bereits bei der Eintragung vorlagen.[2] Dabei kann bezüglich Art 7 zuwider eingetragener Marken offen bleiben, ob ungeachtet der Worte »eingetragen worden« zumindest auch auf den Anmeldezeitpunkt der GM abzustellen ist, wovon die hM mit dem Amt und den europäischen Gerichten ausgeht (vgl Art 7 Rdn 31 f); denn solche Marken, die im Anmelde- und/oder Eintragungszeitpunkt aufgrund Art 7 (1) (b) bis (d) von der Eintragung ausgeschlossen waren, aber zwischenzeitlich iSv Art 7 (3) für die von ihnen erfassten Produkte »Unterscheidungskraft erlangt« haben, bewahrt Abs 2 vor der Nichtigerklärung.

---

1   Schlussanträge der Generalanwältin Sharpston in der Rs C-529/07 vom 12.3.2009 (Nr 41) *Goldhase*.
2   Vgl Art 57 Rdn 20.

Ebenfalls anders als der Verfall einer GM iSv Art 51 wirkt die Nichtigerklä- 3
rung ex tunc. Dabei zielt die Aussage in Art 55 (2), dass die Wirkungen der
GM als von Anfang an nicht eingetreten gelten, vordergründig auch auf den
Eintragungszeitpunkt, weil wegen Art 6 der Begriff »Gemeinschaftsmarke«
in Art 9 deren Eintragung voraussetzt, jedoch begründet die Anmeldung –
außer ggf Prioritätsrechten im Falle einer Erstanmeldung, die auch unangetastet bleiben – keine über den (hier aber in Frage stehenden) Eintragungs-
anspruch hinausgehende Rechtswirkungen.

Mit der Nichtigkeitserklärung wegen Bösgläubigkeit sollen Fälle erfasst wer- 4
den, in denen der seinerzeitige Anmelder der GM wusste, dass am Gegenstand der Anmeldung ein anderer materielle Rechte besaß und er die Marke
daher nicht zur Eintragung bringen durfte. Es handelt sich also um Fälle der
Usurpation von Marken Dritter, welche diese weder in der Gemeinschaft
noch in einem ihrer Mitgliedstaaten mit früherem Zeitrang zum Schutz angemeldet haben; anderenfalls stünde ihnen ein relativer Nichtigkeitsgrund
zur Seite (Art 53). In der Regel steht die Absicht eines Dritten dahinter, den
bösgläubig erwirkten Markenschutz den wirklichen und materiell-berechtig-
ten Markeninhabern nur gegen Zahlung von Abstandssummen zu übertragen oder deren wirtschaftliche Aktivitäten unter der Marke unrechtmäßig zu
behindern.[3]

Eine Markenanmeldung unter Verstoß gegen vertragliche Abrede stellt hin- 5
gegen nicht notwendig eine bösgläubige Anmeldung dar.[4] Ferner stellt die
bloße Benutzung einer nicht eingetragenen Marke durch einen Dritten kein
Hindernis für die Eintragung einer identischen oder ähnlichen Marke als
Gemeinschaftsmarke für identische oder ähnliche Waren oder Dienstleistungen dar, was grundsätzlich auch für die Benutzung einer außerhalb der Union eingetragenen Marke durch einen Dritten gilt.[5]

Die Vorgabe der MarkenRichtl zur bösgläubigen Anmeldung in Art 3 (2) 6
(d) MarkenRichtl gehört zu den fakultativen absoluten Eintragungshindernissen bzw Ungültigkeitsgründen. Von diesen hat die GMV den Ausschluss
der nicht unter Art 6[ter] PVÜ fallenden Abzeichen, Embleme oder Wappen
(Art 3 (2) (c) MarkenRichtl) mit Art 7 (1) (i) in die absoluten Eintragungshindernisse übernommen, nicht jedoch Art 3 (2) (d) MarkenRichtl, so dass

---

3  Vgl Art 57 Rdn 21.
4  HABM-BK R 255/2006-1 vom 31.5.2007 (Nr 34) *JOHNSON PUMP.*
5  EuG T-227/09 vom 21.3.2012, GRUR Int 2012, 651 (Nr 31) *FS.*

dieser absolute Ausschlussgrund erst im Nichtigkeitsverfahren geltend gemacht werden kann, anders als nach dem DE-MarkenG, in dessen § 8 (2) die entsprechende Nr 10 eingefügt wurde. Weil der Bösgläubigkeit-Vorwurf nur im Nichtigkeitsverfahren geltend gemacht werden kann, ist ein entsprechender Einwand der Bösgläubigkeit oder der missbräuchlichen Anmeldung im Widerspruchsverfahren nicht möglich.[6]

7  Grundsätzlich geht das System der GM von der Gutgläubigkeit der Markenanmelder aus; daher ist es stets Sache der eine Bösgläubigkeit Einwendenden, hierfür Beweise oder jedenfalls Mittel zur Glaubhaftmachung beizubringen.[7]

## 2  Verstoß gegen Art 7

8  Der Vortrag, eine GM sei den absoluten Eintragungshindernissen des Art 7 zuwider eingetragen worden, dürfte in den meisten Fällen die Begründung eines Nichtigkeitsantrages oder einer Widerklage gemäß Abs 1 (a) sein. Damit ist jedermann – aber naturgemäß vor allem dem aus einer GM in Anspruch genommenen Dritten – die Möglichkeit eröffnet, die vermeintliche Schutzunfähigkeit der GM aus absoluten Gründen in einem zweiseitigen Verfahren überprüfen zu lassen. Dieses ergänzt somit nach der Markeneintragung das einseitige Prüfungsverfahren des Amtes gemäß Art 37 und die Möglichkeit Dritter, durch das Einreichen von »Bemerkungen« iSv Art 40 nach Veröffentlichung der Anmeldung (und somit nach amtsseitiger Zulassung der GMA das Amt, aber vor der Eintragung der Marke) auf vermeintlich oder tatsächlich existierende absolute Eintragungshindernisse aufmerksam zu machen. Das Ankreuzen eines falschen Kästchens auf dem Antragsformular des Amtes hindert die Prüfung eines Verstoßes gegen Art 7 nicht, wenn letzterer in der Begründung geltend gemacht wurde.[8]

9  Zwar lassen sich mit Hilfe des – kostenpflichtigen – Nichtigkeitsantrages (Art 56) und der nicht weniger kostenträchtigen Widerklage (Art 100) auch mehr oder minder offensichtliche Fehler des Amtes korrigieren; vor allem aber dürfte das Nichtigkeitsverfahren solchen Fällen vorbehalten sein, in de

---

6  EuGH C-254-09 vom 2.9.2010, GRUR 2010, 1098 *CK*; EuG T-580/10 vom 16.5.2012, GRUR Int 2012, 1128 (Nr 30) *Kindertraum*, angefochten EuGH C-357/12; EuG T-270/10 vom 3.5.2012 *KARRA/Kara et al.*

7  HABM-BK R 1264/2006-2 vom 21.8.2007 (Nr 30f) *KRÉMOVY*; im gleichen Sinne R 126/2006-2 *SMETANOVY*.

8  EuG T-419/09 vom 24.3.2011, NJOZ 2011, 1159 (Nr 21) *AK 47*.

nen die Meinungen des Amtes, des Markeninhabers und des Antragstellers auseinandergehen, ob die geltend gemachten Umstände ein absolutes Eintragungshindernis darstellen oder nicht. Materiell ändert sich an dem in Art 7 geregelten Sachverhalt nichts, so dass auf die dortige Kommentierung verwiesen werden kann, prozessual aber ändert sich schon auf Grund des zweiseitigen Verfahrens Erhebliches.[9] Zu verweisen ist auf die Stellung des Nichtigkeitsantrages gemäß Art 56 und dessen Prüfung gemäß Art 57 sowie die einschlägigen R 37 bis 41; alternativ die Widerklage auf Nichtigkeit vor einem Gemeinschaftsmarkengericht gemäß Art 100. Auf der Hand liegt, dass der Antragsteller bzw. Widerkläger die nach seiner Auffassung vorliegenden absoluten Schutzhindernisse zu belegen hat, Begründungsmängel führen zur Zurückweisung.[10]

## 3 Bösgläubigkeit

Den Begriff »Bösgläubigkeit« definiert weder die MarkenRichtl (Art 3 (2) (d)) noch die GMV oder deren DV. Bösgläubige Markenanmeldungen sind in erster Linie solche, die in Behinderungsabsicht getätigt werden. Wird eine GM angemeldet, von deren Gegenstand der Anmelder positiv weiß, dass ein Dritter – namentlich ein Wettbewerber – sie in mindestens einem Mitgliedstaat für identische oder ähnliche Produkte bereits benutzt oder eine solche Benutzung definitiv beabsichtigt, dann handelt der Anmelder bei der Anmeldung meist nicht in gutem Glauben, er handelt bösgläubig. In diesem Sinne hat der EuGH auf eine Vorlage seitens des österreichischen Obersten Gerichtshofs in Sachen des »Goldhasen« (von Lindt) entschieden, dass im Falle des Vorwurfs einer bösgläubigen Anmeldung alle erheblichen Faktoren zu berücksichtigen sind, die dem zu entscheidenden Fall eigen sind und zum Zeitpunkt der Einreichung der Anmeldung eines Zeichens als Gemeinschaftsmarke vorliegen, insbesondere

**10**

---

9 HABM-BK R 153/2002-1 vom 16.6.2003, durch EuG T-291/03 vom 12.9.2007 aufgehoben und NiAbt-Entscheidung wiederhergestellt, *GRANA BIRAGHI*; HABM-BK R 564/2004-1 vom 10.2.2005 *THIOPLATIN*; HABM-BK R 803/2004-1 vom 5.4.2005 *TAE BO*; HABM-BK R 1265/2004-4 vom 13.4.2005, GRUR 2006, 344 *JAHRGANGSSCHOKOLADE*; HABM-BK R 150/2005-1 vom 3.2.2006, bestätigt EuG T-133/06 vom 23.10.2008, *PAST PERFECT*; HABM-BK R 517/2005-2 vom 29.6.2006, bestätigt EuG T-234/06 vom 19.11.2009 *CANNABIS*.
10 EuG T-165/11 vom 12.6.2012 *COLLEGE*.

– die Tatsache, dass der Anmelder weiß oder wissen muss, dass ein Dritter in mindestens einem Mitgliedstaat ein gleiches oder verwechselbar ähnliches Zeichen für eine gleiche oder mit dem angemeldeten Zeichen ähnliche Ware verwendet,[11]
– die Absicht des Anmelders, diesen Dritten an der weiteren Verwendung eines solchen Zeichens zu hindern, sowie
– den Grad des rechtlichen Schutzes, den das Zeichen des Dritten und das angemeldete Zeichen genießen.[12]

11  In ihren Schlussanträgen war die Generalanwältin zu dem Ergebnis gekommen, dass sich der Begriff der Bösgläubigkeit eines Markenanmelders im Sinne der Gemeinschaftsvorschriften nicht auf einen begrenzten Katalog konkreter Umstände wie das Bestehen bestimmter Prioritätsrechte, mangelnde Absicht der Benutzung der Marke oder tatsächliche oder rechtlich vermutete Kenntnis der bestehenden Nutzung einer ähnlichen Marke beschränken lässt, sondern sich auf einen subjektiven Beweggrund des Markenanmelders – unredliche Absicht oder ein sonstiges »unlauteres Motiv« – bezieht, der sich in der Regel trotzdem anhand objektiver Kriterien (zu denen durchaus auch die vorstehend genannten Umstände zählen mögen) ermitteln lässt; Bösgläubigkeit beinhaltet ein Verhalten, das von den anerkannten Grundsätzen ethischen Verhaltens oder den anständigen Gepflogenheiten in Gewerbe und Handel abweicht, was sich durch eine Würdigung der objektiven Umstände des Einzelfalls anhand dieser Maßstäbe ermitteln lässt.[13] Hieran orientieren sich alle späteren Entscheidungen zur Bösgläubigkeit.[14]

12  Entsprechendes sollte für »Wegelagerei« mit Marken gelten, die ein Dritter im Ausland (außerhalb der EU) besitzt oder absehbar – beispielsweise in Erweiterung einer Markenserie – benötigen wird. Bösgläubigkeit kann aber auch vorliegen, wenn die Anmeldung eines mit der Marke eines anderen identischen oder ähnlichen Zeichens als GM für andere Waren erfolgt, als von der Benutzung oder Eintragung der Marke des anderen erfasst werden,

---

11  Was für sich genommen die Bösgläubigkeit nicht begründet: EuG T-33/11 vom 14.2.2012, GRUR Int 2012, 647 (Nr 27) *BIGAB*; HABM-BK R 826/2010-4 vom 5.3.2012 (Nr 37) *MANUFACTURE PRIM 1949*.
12  EuGH C-529/07 vom 11.6.2009, GRUR 2009, 763 (Nr 53) *Goldhase* (Lindt & Sprüngli/Hauswirth).
13  Schlussanträge der Generalanwältin Sharpston in der Rs C-529/07 vom 12.3.2009 (Nr 60) *Goldhase*.
14  ZB EuG T-507/08 vom 7.6.2011, GRUR Int 2011, 1081 (Nr 86 f) *16PF*.

nämlich dann, wenn auf diese Weise ersichtlich beabsichtigt ist, eine Ausdehnung der geschäftlichen Aktivitäten des älteren Markeninhabers – etwa durch Lizenzvergabe – zu behindern.[15]

Die »Goldhase«-Entscheidung des Gerichtshofes stellt hingegen nur auf **13** Dritten innerhalb der Gemeinschaft gehörende Marken und gleiche oder »verwechselbar ähnliche« Produkte ab. Das erscheint auch unter Berücksichtigung des öffnenden Vorbehalts »insbesondere« im Hinblick auf das vorstehend Gesagte zu kurz gegriffen. Einen Referenzfall veranschaulicht die »FS«-BK-Entscheidung des Amtes. Sie hält die GM-Anmeldung der in Taiwan und China eingetragenen Marke eines chinesischen Herstellers von Reißverschlüssen durch einen polnischen Abnehmer (just zu dem Zeitpunkt, als dieser sich nach mehrjähriger Zusammenarbeit eines anderen Lieferanten bedienen will) für gutgläubig und weist den Nichtigkeitsantrag der Chinesen ab.[16] Die Begründung (Nr 16–23) erschreckte den erfahrenen IP-Praktiker, dem Vorgänge und Verhaltensweisen der hier geschilderten gut bekannt sind:

Denn die Abweichung der schlichten GM-Typographie von der asiatisch- **14** blumigen der älteren Marke ist unerheblich, entscheidend ist die Buchstaben-Identität und ihr identischer Höhenversatz (Nr 16); die vom GM-Inhaber gegen den Inhaber der älteren Marke offenbar erwirkte Grenzbeschlagnahme macht das deutlich. Ebenso unerheblich ist, dass die Geschäftsbeziehung keine vertrauensvolle gewesen sein soll (Nr 18), wogegen allerdings die vom chinesischen Antragsteller zur Last gelegte Umstände sprechen, dass er *nur* die vom späteren GM-Inhaber vertriebenen Waren hergestellt sowie geliefert und seinerseits nie versucht habe, seine Reißverschlüsse in Polen oder sonstwo in der EU zu vertreiben (Nr 19, 20). Richtig ist gewiss, dass der Abschluss eines Vertrages über die Marke sinnvoll gewesen wäre (Nr 22), aber aus dessen Fehlen und der eigenen Nichtanmeldung einer GM zu schließen, dass der ältere Markeninhaber kein Interesse am Markenschutz in der EU hatte, welches erst durch den (vom GM-Inhaber vollzogenen!) Abbruch geweckt worden sei (Nr 21–23), widerspricht der Lebenserfahrung. Dass der GM-Inhaber, der die offensichtliche Ableitung der Marke »FS« vom Firmennamen des chinesischen Unternehmens (Feng Shen Technology Co., Ltd.) mit der Behauptung zu entkräften suchte, er habe sie

---

15  Helm, GRUR 1996, 593, 598.
16  HABM-BK R 529/2008-4 vom 1.4.2009 *FS*.

als Abkürzung von »Fantastic« abgeleitet, auf diese Weise mit Billigung des Amtes den europäischen Markt dem chinesischen Hersteller als Absatzmarkt unter seiner älteren Marke verschließen kann, steht offenbar in eklatantem Widerspruch zu den anständigen Gepflogenheiten in Gewerbe und Handel, auf die die Schlussanträge der Generalanwältin im »Goldhase«-Fall abgehoben haben (Art 52 Rdn 11).

15  Hiernach beruhigt, dass diese BK-Entscheidung im Klageverfahren aufgehoben wurde,[17] wenn auch das Gericht sich nicht zu einer Nichtigkeitsentscheidung durchringen konnte. Überdies hatte das voraufgegangene EuG-Urteil im Fall »Pollo Tropical«, mit dem die eine Bösgläubigkeit verneinende BK-Entscheidung in einem ähnlich »nachvollziehbaren« Vorgang mit *identischen* Wort/Bild-Marken bestätigt wurde, Unverständnis ausgelöst.[18] Die BK-Entscheidung »FS« befand sich auch nicht im Einklang mit einschlägigen Entscheidungen anderer BKn. So ist ein offenbar vertragloses Hersteller-Händler-Verhältnis als eine Art Agentenverhältnis bezeichnet und die ungenehmigte Anmeldung einer Marke des Herstellers durch den Händler als bösgläubig angesehen worden.[19] Entsprechendes gilt für die Fälle »CHOOSI« und »CHOOSY«.[20]

16  Es fällt auf, dass die Bösgläubigkeit des Anmelders nicht schon im Eintragungsverfahren geltend gemacht werden kann (Art 52 Rdn 6), und zwar weder vom Amt unter Art 7, 37 (dem Prüfer mag die angemeldete GM als Marke eines Dritten außerhalb des Gemeinschaftsterritoriums bekannt sein) noch als relatives Eintragungshindernis im Rahmen eines Widerspruchsverfahrens unter den Art 8, 65, 66. Nicht einmal ein Hinweis auf die Bösgläubigkeit des Anmelders im Rahmen von Bemerkungen Dritter (Art 40) kann zur Verweigerung der Eintragung führen, die vielmehr erst im Nichtigkeitsverfahren beseitigt werden kann.

---

17  EuG T-227/09 vom 21.3.2012, GRUR Int 2012, 651 *FS*, angefochten EuGH C-266/12.

18  HABM-BK R 632/2008-1 vom 7.5.2009; EuG T-291/09 vom 1.2.2012, GRUR Int 2012, 453 *Pollo Tropical*, angefochten EuGH C-171/12; s Bespr. *Slopek* GRUR-Prax 2012, 109.

19  HABM-BK R 31/2005-1 vom 2.2.2007 (Nr 25f) *ER*.

20  HABM-BK R 632/2007-2 (Nr 19) und R 633/2007-2 vom 29.2.2008 *CHOOSI/CHOOSI* bzw *CHOOSI/CHOOSI*.

Ferner überrascht zunächst, dass der Einwand der – zumeist wettbewerbs- 17
rechtlich relevanten – Bösgläubigkeit des Markeninhabers bei der Anmeldung mit den absoluten Eintragungshindernissen auf eine Stufe gestellt und
damit als solches ausgestaltet worden ist, obgleich die Grundlage letztlich relativer Natur ist, nämlich die markenbezogen bessere Berechtigung eines
Dritten. Dies ist vergleichbar mit dem Schutzausschließungsgrund der notorischen Marke eines Dritten nach altem deutschen Warenzeichenrecht;[21] gerade insoweit aber hat das neue Markengesetz eine Umorientierung gebracht,
indem auf Grund notorischer Benutzungsmarken (für die also keine Eintragung besteht) sogar Widerspruch erhoben werden kann.[22] Der – zumindest
vorherrschende – Grund liegt darin, dass nur absolute Eintragungshindernisse dem Popularverfahren zugänglich sind und die Nichtigkeit einer bösgläubig erwirkten GM von jedermann geltend machbar sein soll.

Die Ausgestaltung des Bösgläubigkeits-Einwandes als absolutes Schutzhin- 18
dernis hat erhebliche Bedeutung für die Rechtsfolgen. Während sich ein relatives Eintragungshindernis über die vom älteren Recht unmittelbar geschützten Waren und Dienstleistungen hinaus auf alle in deren Ähnlichkeitsbereich
liegenden Produkte erstreckt, kann das absolute Eintragungshindernis nur
die unmittelbar von ihm erfassten Produkte erreichen. Der Inhaber einer
bösgläubig angemeldeten GM wird also im Nichtigkeitsverfahren seine Eintragung nur für diejenigen Waren und Dienstleistungen verlieren, welche Inhalt der usurpierten Marke sind, im übrigen bleibt ihm die (fremde) Marke
erhalten (siehe Art 52 Rdn 28).

Soweit der Vorwurf der Bösgläubigkeit mit einem älteren Recht iSv Art 8 (4) 19
oder Art 53 (2) im Zusammenhang steht und vom Inhaber geltend gemacht
wird, kann der Nichtigkeitsantrag sowohl auf Abs 1 (b) als auch auf Art 53
gestützt werden. Er dringt im Übrigen auch dann durch, wenn der Inhaber
der älteren Marke auf die Benutzung eines anderen Zeichens übergegangen
ist, das frühere aber im relevanten Markt noch präsent ist.[23]

Mit Blick auf die vom Gerichtshof – nicht abschließend – angegebenen Kri- 20
terien für eine bösgläubig angemeldete Marke (Art 52 Rdn 10) hat das Gericht im »Pelikan«-Nichtigkeitsfall den Vorwurf der Bösgläubigkeit wegen einer (vermeintlichen) Wiederholungsanmeldung zu einer inhaltlich gleichen

21  § 4 (2) Nr 5 DE-WZG.
22  § 10 DE-MarkenG.
23  HABM-BK R-210/2009-1 vom 2.6.2010 (Nr 26f) *WUKO*.

Voreintragung geprüft, welche über den Ablauf der fünfjährigen Schonfrist nach ihrer Eintragung hinaus nicht benutzt worden war.[24] Die Richtlinien des Amtes[25] halten einen Anmelder für bösgläubig, der wiederholt Anmeldungen für dieselbe Bildmarke einreicht, um der Konsequenz der Löschung einer nicht benutzten Marke aus dem Weg zu gehen. Mit der vorausgegangenen BK-Entscheidung[26] hat das Gericht zwar trotz geringer Abweichungen im Markenbild die Identität der Marken im Rechtssinne bejaht, aber aus mehreren Indizien geschlossen, dass der Neuanmeldung nachvollziehbare und vertretbare Sacherwägungen zugrunde lagen; merkwürdigerweise wurde nicht erwähnt, dass die Neuanmeldung erst mehr als zwei Jahre nach Ablauf der Schonfrist der Voranmeldung erfolgte, also eine neue Schonfrist begründet, aber keine Verlängerung der alten bewirkt wurde.

21   Dieselbe Ignoranz gegenüber einem mehrjährigen Abstand zwischen dem Schonfrist-Ablauf einer Voreintragung und der Anmeldung einer identischen Marke (für gleiche Produkte) mit der Folge, dass entsprechende Markenrechte in jenem Zeitraum nicht bestanden und Dritten – etwa als Anmelder derselben Marke – gegenüber nicht hätten geltend gemacht werden können, zeigt auch die BK-Entscheidung »PATHFINDER«.[27] Sie löscht im Widerspruchsverfahren, in dem eine bösgläubige Anmeldung nicht geltend gemacht werden kann (Art 52 Rdn 6), die widersprechende ›Neumarke‹ nicht wegen Bösgläubigkeit, sondern indem sie deren Schonfrist-Beginn auf die Eintragung der drei Jahre vor Anmeldung der ›Neumarke‹ gelöschten ›Altmarke‹ zurückverlegt und ergebnislos den Inhaber zum Benutzungsnachweis auffordert. Bei allem Verständnis für die Aversion gegenüber Manipulationen der in der Begründung angesprochenen Art ein zumindest dogmatisch recht problematisches Vorgehen. Daran ändert auch der Beifall nichts, den ein solches Vorgehen in der Kommentarliteratur zumindest für den Fall bekommen hat, dass die »Neumarke« während der Schonfrist der »Altmarke« angemeldet wurde[28] (wodurch entgegen offenbar weitläufiger Annahme keine wirkliche »Verlängerung« der Schonfrist eintritt und beispielsweise nicht hilft, wenn eine kollidierende Drittmarke vor der »Neumarke« angemeldet

---

24   EuG T-136/11 vom 13.12.2012 *Pelikan*.
25   Teil D, Kapitel 2, Ziffer 4.3.3 (Seite 13).
26   HABM-BK R 1428/2009-2 vom 9.12.2010 *Pelikan*.
27   HABM-BK R 1785/2008-4 vom 15.11.2011 *PATHFINDER/MARS PATHFINDER*.
28   ZB Ingerl/Rohnke, 3. Aufl, Rdn 40 zu § 25 DE-MarkenG.

wurde und erst nach Ablauf der »Altmarke«-Schonfrist veröffentlicht wird, weil dann weder aus der »Altmarke« noch der »Neumarke« Rechte gegen die Marke hergeleitet werden können[29]). Der von Hackbarth[30] ins Feld geführte »Rechtsgedanke«[31] des Art 112 (2) (a) übersieht, dass es sich bei einer durch Umwandlung einer GM entstandenen nationalen Marke um einen unmittelbaren »Fortsatz« der GM handelt, die mit einer Neuanmeldung (national oder europäisch) nicht auf dieselbe Stufe gestellt werden kann.

Vermutlich selten wird die Bösgläubigkeit des Anmelders einer GM deshalb **22** zu konstatieren sein, weil er die Anmeldung tätigt, obwohl er weiß, dass dem angemeldeten Zeichen absolute Eintragungshindernisse entgegenstehen, zu denen die Täuschung des Publikums gehört. Weil derartiges – wie vorstehend dargelegt – nicht im Anmelde- oder Eintragungsstadium, sondern nur im Wege der Nichtigerklärung geltend zu machen ist, dürfte die fraglos schwierige Beweisführung durch die bis dahin eingetretenen Umstände namentlich zur Begründung einer Widerklage auf Nichtigkeit erleichtert sein.

Ein Rechtsübergang der bösgläubig angemeldeten GM ändert nichts an ihrer **23** Nichtigkeit, weil Abs 1 (b) auf die Bösgläubigkeit des Anmelders abstellt. Auch muss sich ein nachweislich als Strohmann tätiger Anmelder die Bösgläubigkeit des hinter ihm stehenden Auftraggebers anrechnen lassen.[32]

## 4 Bestandsschutz wegen erworbener Unterscheidungskraft

Abs 2 verbietet die Löschung der entgegen Art 7 (1) (b), (c) oder (d) einge- **24** tragenen GM für den Fall, dass sie für Produkte ihres Waren- und Dienstleistungsverzeichnisses infolge Benutzung im Verkehr Unterscheidungskraft erlangt hat, also im Zeitpunkt der Entscheidung über den Nichtigkeitsantrag trotz ihres ursprünglichen Mangels an originärer konkreter Unterscheidungseignung, die auch Ausfluss ihres beschreibenden oder umgangssprachlichen Charakters sein kann, vom Publikum als ursprungsidentifizierende Marke angesehen wird.[33] Zu den Anforderungen an den Erwerb von Haus aus fehlender Unterscheidungskraft und seinen Nachweis ist auf die Erläuterungen

---

29  Vgl Ingerl/Rohnke, aaO Rdn 42.
30  Hackbarth, Grundfragen des Benutzungszwangs im Gemeinschaftsmarkenrecht, 1993, S 111.
31  Sosnitza, GRUR 2013, 111 unter III (3).
32  HABM-BK R 582/2003-4 vom 13.12.2004 *EAST SIDE MARIO'S*.
33  HABM-BK R 499/2004-4 vom 22.7.2005 *MANPOWER*.

zu Art 7 (3) zu verweisen (Art 7 Rdn 260–278). Eine spezifisch zu Abs 2 ergangene Entscheidung ist die der Ersten BK zur Schutzfähigkeit von »Germany 2006«, allerdings erst nach der damit angesprochen sein sollenden Fußball-Weltmeisterschaft; dem Nichtigkeitsantrag wurde in zweiter Instanz stattgegeben und eine erworbene Unterscheidungskraft am Entscheidungstag aus formalen und materiellen Gründen verneint.[34]

25  Die – ebenso wie Art 7 (3) auf einige der absoluten Ausschlussgründe beschränkte – Heilung ursprünglich bestehender absoluter Eintragungshindernisse entspricht der deutschen Rechtsprechung.[35] Sie lässt offen, welche Rechtsfolgen dies für den Zeitraum zwischen der Eintragung der GM und der Entscheidung über den Löschungsantrag hat. Es sind Fälle denkbar, in denen die Verkehrsdurchsetzung bereits im Eintragungszeitpunkt bestand; diese sind unproblematisch. Sofern die Verkehrsdurchsetzung aber erst in einem nicht näher bestimmbaren Zeitpunkt nach der Eintragung erreicht war, stellt sich die Frage der sogenannten Zwischenrechte. Soll der Erwerb der für den Verbleib der ursprünglich nicht eintragungsfähigen GM im Register erforderlichen Unterscheidungskraft auf ihren Anmelde- bzw Prioritätszeitpunkt zurückwirken, mit der Folge, dass eine jüngere kollidierende GM auch dann weichen muss, wenn sie vor jenem Erwerb angemeldet und eingetragen wurde?

26  Von Mühlendahl/Ohlgart bejahen diese von der deutschen Lösung in § 22 DE-MarkenG abweichende Regelung mit dem Argument, die GMV sehe eine ausdrückliche Sicherung von Zwischenrechten nur für den Fall des latenten Verfalls wegen mangelnder Benutzung und bei Verwirkung vor.[36] Richtig ist, dass nach dem Erwerb der ursprünglich fehlenden Unterscheidungskraft durch die ältere Marke diese iSv Art 53 (1) (a) besteht und überdies der Inhaber der jüngeren Marke es vor der Erstarkung der älteren Marke in der Hand gehabt hat, sie durch einen rechtzeitigen Nichtigkeitsantrag gemäß Art 56 iVm Art 52 (1) (a) zu beseitigen. Gleichwohl sollte das Fehlen einer ausdrücklichen Zwischenrecht-Regelung in der GMV für diesen Fall eine Koexistenz beider Marken nicht ausschließen, sofern nicht die Anmeldung der jüngeren Marke ersichtlich vorgenommen wurde, um die Erstarkung der

---

34  HABM-BK R 1467/2005-1 vom 30.6.2008 (Nr 50–58) *GERMANY 2006*; angefochten EuG T-445/08 (vgl auch T 444/08, T-446/08, T-447/08).

35  BGH GRUR 1995, 368 *Elzym*.

36  Von Mühlendahl/Ohlgart, S 180.

älteren Marke zu unterlaufen. Zumindest sollten davor erfolgte Benutzungshandlungen des Inhabers der jüngeren Marke, welche eine Verwechslungsgefahr zu begründen geeignet sind, nicht als einen Schadensersatz auslösende Verletzungshandlungen iSd Art 9, 98 angesehen werden.

Für die übrigen von Abs 1 erfassten absoluten Schutzhindernisse gibt es keine Heilung. Selbst wenn beispielsweise die bei der Eintragung bestehende Täuschungseignung iSv Art 7 (1) (g) später entfällt, muss ein Nichtigkeitsantrag Erfolg haben. Fraglich könnte allerdings sein, ob eine Heilung auch dort ausgeschlossen ist, wo der Eintragungsausschluss durch Genehmigungen beseitigt werden kann, diese aber erst nach der Eintragung erwirkt werden (Art 7 (1) (h) und (i)).   27

## 5 Teilnichtigkeit

Abs 3 erlaubt die Nichtigerklärung nur für diejenigen Produkte der angegriffenen GM, für die ein Nichtigkeitsgrund gegeben ist. Auf damit ähnliche Produkte, wie sie der Wirkungsbereich des Art 8 und damit des Art 53 erfasst, erstrecken sich die absoluten Nichtigkeitsgründe nicht. Das folgt schon aus der systemimmanenten Auslegungsenge einer Verbotsnorm und wird für die absoluten Eintragungshindernisse auch von der Rechtsprechung so gesehen. Das muss demzufolge auch für den als absolutes Eintragungshindernis ausgestalteten Nichtigkeitsgrund der bösgläubigen Anmeldung gelten (Art 52 Rdn 18).   28

Soweit die angegriffene GM Bestandsschutz wegen erworbener Unterscheidungskraft in Anspruch nehmen kann, erstreckt sich dieser entsprechend nur auf die von der Verkehrsdurchsetzung direkt betroffenen Produkte, im übrigen muss – wenn insoweit die Voraussetzungen gegeben sind – der Nichtigkeitsangriff Erfolg haben.   29

## Artikel 53 (ex Artikel 52) Relative Nichtigkeitsgründe

**(1) Die Gemeinschaftsmarke wird auf Antrag beim Amt oder auf Widerklage im Verletzungsverfahren für nichtig erklärt,**

a) **wenn eine in Artikel 8 Absatz 2 genannte ältere Marke besteht und die Voraussetzungen der Absätze 1 oder 5 des genannten Artikels erfüllt sind;**

b) **wenn eine in Artikel 8 Absatz 3 genannte Marke besteht und die Voraussetzungen des genannten Absatzes erfüllt sind;**

c)  wenn ein in Artikel 8 Absatz 4 genanntes älteres Kennzeichenrecht besteht und die Voraussetzungen des genannten Absatzes erfüllt sind.

(2) Die Gemeinschaftsmarke wird auf Antrag beim Amt oder auf Widerklage im Verletzungsverfahren ebenfalls für nichtig erklärt, wenn ihre Benutzung aufgrund eines sonstigen älteren Rechts gemäß dem für dessen Schutz maßgebenden Gemeinschaftsrechts oder nationalen Recht untersagt werden, insbesondere eines

a)  Namensrechts,
b)  Rechts an der eigenen Abbildung,
c)  Urheberrechts,
d)  gewerblichen Schutzrechts,

gemäß dem für dessen Schutz maßgebenden Gemeinschaftsrecht oder nationalen Recht untersagt werden kann.

(3) Die Gemeinschaftsmarke kann nicht für nichtig erklärt werden, wenn der Inhaber eines der in Absatz 1 oder 2 genannten Rechte der Eintragung der Gemeinschaftsmarke vor der Stellung des Antrags auf Nichtigerklärung oder der Erhebung der Widerklage ausdrücklich zustimmt.

(4) Hat der Inhaber eines der in Absatz 1 oder 2 genannten Rechts bereits einen Antrag auf Nichtigerklärung der Gemeinschaftsmarke gestellt oder im Verletzungsverfahren Widerklage erhoben, so darf er nicht aufgrund eines anderen dieser Rechte, das er zur Unterstützung seines ersten Begehrens hätte geltend machen können, einen neuen Antrag auf Nichtigerklärung stellen oder Widerklage erheben.

(5) Artikel 52 Absatz 3 ist entsprechend anzuwenden.

*Eisenführ, Sander*

**Literatur:**
*Klink,* Titles in Europe: Trade Names Copyright Works or Title Marks?, EIPR 2004, 291.

## 1 Allgemeines

Anders als das fristgebundene Widerspruchsverfahren (Art 41), das sich ge- 1 gen die bekannt gemachte GMA richtet und die Eintragung einer GM zu verhindern sucht, erlaubt das ebenso wie Art 8 auf Art 4 MarkenRichtl beruhende Nichtigkeitsverfahren die Geltendmachung relativer Eintragungshindernisse auch noch nach Eintragung der GM. Ein erfolglos gebliebener Widerspruch hindert nicht einen späteren Nichtigkeitsantrag.[1] Unzulässig aber ist ein vor dem Eintragungstag der GM gestellter Nichtigkeitsantrag.[2]

Der Nichtigkeitsantrag zur Durchsetzung relativer Nichtigkeitsgründe ist 2 zwar nicht an eine Frist gebunden, jedoch ist Art 54 zu beachten, der die Nichtigerklärung einer jüngeren Marke (außer im Falle der Bösgläubigkeit ihres Anmelders) verbietet, sofern der Inhaber der älteren Rechte die Benutzung der GM für kollidierende Waren oder Dienstleistungen fünf Jahre lang wissentlich geduldet hat.[3] Eine ausdrückliche Zustimmung des Inhabers einer vermeintlich oder tatsächlich kollidierenden älteren Marke oder eines älteren Kennzeichen- bzw sonstigen Rechts zur Eintragung der GM schließt die Nichtigerklärung allerdings stets aus (Abs 3; Art 53 Rdn 19–24).

Die Nichtigerklärung einer GM wegen des Bestehens kollidierender Kenn- 3 zeichenrechte mit früherem Zeitrang (und als »Agentenmarke« iSv Abs 1 (b)) kann sowohl im Antragsverfahren vor dem Harmonisierungsamt (Art 56, 57) als auch im Wege der Widerklage vor einem Gemeinschaftsmarkengericht (Art 100) betrieben werden, falls der Inhaber der GM den Inhaber der älteren Kennzeichenrechte auf Grund der GM verklagt hat. Dabei öffnet Abs 2 das Nichtigkeitsverfahren für die Geltendmachung bestimmter älterer nationaler Rechte, auf die ein Widerspruch nicht hätte gestützt werden kön-

---

1 EuG T-140/08 vom 14.10.2009 (Nr 5, 6, 8) *TiMi KINDERJOGHURT/*KINDER; HABM-BK R 505/2002-3 vom 4.6.2003 (Nr 42) *EUROPA EINS/T Europe One.*
2 HABM-BK R 284/2007-4 vom 22.10.2007 (Nr 17, 18) *VISION.*
3 HABM-BK R 1196/2004-1 vom 15.9.2005 (Nr 13) *CUCCHI GIOVANNI/PIETRO CUCCHI*; EuG T-498/10 vom 8.3.2013 *David Mayer/DANIEL & MAYER MADE IN ITALY.*

nen; Voraussetzung dafür ist, dass nach Gemeinschaftsrecht (dazu gehört in erster Linie das Gemeinschaftsgeschmacksmuster) oder nationalem Recht die dortige Benutzung der GM untersagt werden kann.

4 Eine Gemeinschaftskollektivmarke kann gemäß Art 74 außerdem für nichtig erklärt werden, wenn sie entgegen Art 68 eingetragen wurde, insbesondere weil die Markensatzung die Erfordernisse der Art 66 und 67 nicht erfüllt. Durch Satzungsänderung kann dieser Nichtigkeitsgrund beseitigt werden (Art 74, letzter Teilsatz).

5 Das Antragsverfahren unterliegt den Bestimmungen der Art 56 und 57 sowie den R 37 bis 41. Die Widerklage im Verletzungsprozess folgt Art 100; zum Einwand der Nichtigkeit der Klagemarke aus relativen Gründen siehe Art 99 (3). Abs 4 verlangt das Kumulieren aller einschlägigen Ansprüche aus älteren Rechten.

6 Der Bestand des im Nichtigkeitsverfahren geltend gemachten älteren Rechts (Marke etc) ist von Amts wegen zu prüfen, nicht jedoch Verfalls- oder Nichtigkeitsgründe, die die Ungültigkeit des älteren Rechts bewirken können. Auch der Verweis des GM-Inhabers auf ein ihm gehörendes, gegenüber dem älteren Recht noch älteres Recht kann ihm nicht helfen.[4]

## 2 Ältere Markenrechte

7 Der Nichtigkeitsantrag gegen eine GM oder die auf deren Nichtigerklärung gerichtete Widerklage hat Erfolg, wenn sich der Antragsteller bzw Widerkläger auf mindestens ein bestandskräftiges älteres Markenrecht stützen kann, ein unter gleichen Umständen erhobener Widerspruch erfolgreich wäre und sich der Inhaber der angegriffenen GM nicht auf Verwirkung des geltend gemachten Anspruchs berufen kann. Bei den älteren Markenrechten handelt es sich zunächst um die in Art 8 (2) genannten, und ebenso wie im Widerspruchsfalle muss entweder Doppelidentität oder Verwechslungsgefahr gegeben sein (Art 8 (1)), jedoch gilt auch hier für bekannte ältere Marken die Sonderregelung des Art 8 (5) unter den dort genannten Voraussetzungen. Demzufolge ist auf die Kommentierung von Art 8 zu verweisen.

8 Die formellen Anforderungen an die Stellung des Nichtigkeitsantrages nennt R 37. Im vorliegenden Fall des Bestehens älterer Markenrechte sind neben

---

4 EuG T-288/03 vom 25.5.2005, GRUR Int 2005, 692 (Nr 29); bestätigt durch EuGH C-312/05) vom 27.3.2007 (Beschluss) *Teletech.*

den in R 37 (a) und (c) genannten Angaben die von R 37 (b) (ii) und (iv) geforderten zu machen. Auch hier gilt, wie im Falle eines Widerspruchs, dass die in (iv) angegebenen Tatsachen, Beweismittel und Bemerkungen schon bei der Antragstellung möglichst umfassend vorgelegt werden sollten.[5]

Frühe Entscheidungen der BKn über Nichtigkeitsanträge aus relativen Grün-   9
den erweckten den Eindruck, dass die Kammern weniger als die Nichtigkeitsabteilung geneigt waren, die Nichtigkeit zu bejahen. Das mag daran gelegen haben, dass in den ersten Jahren des Gemeinschaftsmarkensystems die
Beurteilungsstrukturen noch nicht in demselben Maße entwickelt waren wie
das inzwischen der Fall ist. In den letzten Jahren gab es nur sehr wenige Fälle, in denen die Entscheidungen der BKn von denen der Nichtigkeitsabteilung abwichen, und das auch mal in der einen, mal in der anderen Richtung.
Im übrigen scheint der Anteil abgewiesener Nichtigkeitsanträge aufgrund älterer Markenrechte mit der Zeit eher abzunehmen, was damit erklärbar sein
könnte, dass zunächst eindeutige Kollisionsfälle vorlagen, in denen der fristgebundene Widerspruch aufgrund zunächst fehlender Kenntnisse versäumt
worden war.

## 3 Ältere Kennzeichenrechte

Relative Nichtigkeitsgründe sind gemäß Abs 1 (c) ferner die älteren natio-   10
nalen Kennzeichenrechte des Art 8 (4), nämlich nicht eingetragene (Be-
nutzungs-)Marken und sonstige durch Benutzung entstandene Kennzeichenrechte wie beispielsweise Firmennamen, sofern die dort angegebenen
Voraussetzungen erfüllt sind und die älteren Kennzeichenrechte im Zeitpunkt der erstrebten Nichtigerklärung der jüngeren GM noch bestehen. Auf
die Erläuterungen zu Art 8 (dort Art 8 Rdn 19 f) ist zu verweisen; ferner auf
die weiteren Nichtigkeitsgründe gemäß Abs 2, siehe Art 53 Rdn 15.

Auf nicht eingetragene Kennzeichenrechte gestützte Nichtigkeitsanträge   11
scheitern nicht nur im Fall unzureichenden Nachweises des Rechtserwerbs
(Art 8 (4) (a)), sondern auch dann, wenn nicht nachgewiesen wird, dass das
nationale Recht des betroffenen Mitgliedsstaats das Kennzeichenrecht gegen
eine kollidierende jüngere Marke durchdringen lässt; auch dieser Nachweis
gehört zum erforderlichen Tatsachenvortrag des Antragstellers.[6] Im übrigen

---

5  Vgl auch Art 57 Rdn 23.
6  HABM-BK R 790/2001-4 vom 25.10.2004 (Nr 17) *IFM INTERNATIONAL
   FLEET MANAGEMENT*; HABM-BK R 98/2008-1 vom 30.10.2008 *VULCANO*;

sind neben den Angaben der R 37 (a) und (c) die in R 37 (b) (ii) und (iv) genannten Angaben zu machen und Unterlagen vorzulegen. Letzteres rechtzeitig – so früh wie möglich – zu tun ist für den Bereich es Abs 1 (c) vielleicht noch wichtiger als für Abs 1 (a).[7]

12   Die Tatsache, dass Firmennamen nach dem nationalen Recht eines Mitgliedstaats registriert werden, ersetzt nicht den Nachweis ihrer Benutzung und deren nicht nur lokaler Bedeutung auch im Zeitpunkt des Nichtigkeitsantrages.[8] Eine interessante Darstellung der Probleme, die sich im Zusammenhang mit einem auf Markeneintragungen für Dienstleistungen außerhalb der Benutzungsschonfrist und einen nicht eingetragenen (identischen) Firmennamen beziehen, gibt die BK-Entscheidung zu »HALDER/ALDER«, die vom EuG bestätigt wurde.[9]

13   Filmtitel sind nicht als geschäftliche Bezeichnungen und somit nicht als »sonstige im geschäftlichen Verkehr benutzte Kennzeichenrechte« iSv Art 8 (4) anzusehen, sondern können als sonstige Rechte Nichtigkeitsgründe iSv Abs 2 sein, ggf auch iSv Art 52 (1) (b) als absolutes Schutzhindernis.[10]

## 4   Agentenmarke

14   Die der Widerspruchsregelung des Art 8 (3) entsprechende Nichtigkeitsregelung des Abs 1 (b) erfasst die für einen ungetreuen Agenten eingetragene GM. Der materiell berechtigte Markeninhaber kann jedoch gemäß Art 18 stattdessen verlangen, dass die GM auf ihn übertragen wird. Voraussetzung ist in jedem Fall, dass der Agent oder Vertreter, zu dessen Gunsten die GM eingetragen worden war, seine Handlungsweise nicht rechtfertigen kann. Die erforderlichen Angaben sind die gleichen wie in den zuvor erörterten Fällen. Im Übrigen kann auch der absolute Nichtigkeitsgrund der bösgläubigen Anmeldung eingreifen (s Art 52 Rdn 10 f).

---

EuG T-114 und 115/07 vom 11.6.2009 zum britischen »passing off« *LAST MINUTE TOUR/LASTMINUTE.COM*; EuG T-404/10 vom 13.9.2012 *(stilisierte Handdarstellungen)*.

7   Vgl HABM-BK R 275/2008-2 vom 6.11.2008 *TOY PLANET.*

8   HABM-BK R 945/2005-1 vom 8.8.2006 (Nr 39) *GENERAL OPTICA.*

9   HABM-BK  R 486/2008-2  vom  20.2.2009 *ALDER CAPITAL*; EuG T-209/09 vom 13.4.2011 (Rechtsmittel zum EuGH C-328/11 P vom 30.1.2012 wurde zurückgenommen).

10   HABM-BK R 607/2001-2 vom 7.8.2002 (Nr 14) *FA MULAN.*

**5 Sonstige ältere Rechte**

Mit Abs 2 werden zusätzliche relative Nichtigkeitsgründe eingeführt, die im 15 Widerspruchsverfahren nicht geltend gemacht werden können. Diese Gründe stützen sich auf nationale oder gemeinschaftsweite ältere Rechte, die weder Markenrechte kraft nationaler bzw europäischer Eintragung oder Benutzung noch sonstige Kennzeichenrechte sind. Es handelt sich also um solche Rechte, die nicht kennzeichenrechtlicher Art sind; soweit sie nationale Rechte sind, unterliegen sie im Übrigen auch nicht der europäischen Harmonisierung durch die MarkenRichtl. Abs 2 nennt einige solcher Rechte beispielshalber, ohne dass der materielle Gehalt der Vorschrift hierauf beschränkt wäre; entscheidend ist allein, dass die nationale Rechtsordnung es dem Inhaber solcher Rechte gestattet, die Benutzung der GM in dem betreffenden Land zu untersagen.

Derartige ältere Rechte können nach dem Beispielskatalog der Vorschrift in 16 einem Namensrecht (in Deutschland § 12 DE-BGB),[11] dem Recht an der eigenen Abbildung (in Deutschland § 22 KunstUrhG), einem Urheberrecht, also beispielsweise in Deutschland einer urhebergesetzlich geschützten bildlichen oder graphischen Darstellung, sowie einem sonstigen gewerblichen Schutzrecht bestehen. Letzteres könnte in Deutschland insbesondere für geschmacksmusterrechtlich geschützte Gegenstände bildlicher und räumlicher Art in Frage kommen. Entsprechendes gilt für Gemeinschaftsgeschmacksmuster nach der GGV.

Anerkannt wurde das Ausschließungsrecht an der Abbildung der *Arena di* 17 *Verona* als Nichtigkeitsgrund für eine durch eine solche Abbildung geprägte GM,[12] desgleichen das Urheberrecht an der Darstellung eines teilweise gewendeten Weinlaubblattes, das den Rand eines Weinflaschenetiketts teilweise überragt.[13] Auch ein Filmtitel kann ein sonstiges älteres Recht darstellen.[14] Eine Internet-Domain nur dann, wenn nach dem jeweiligen nationalen

---

11 Vgl zum italienischen Codice della Proprietà Industriale (Art 8 Abs 3) EuG T-165/06 vom 14.5.2009 (Nr 42 f.) *ELIO FIORUCCI*, bestätigt durch EuGH C-263/09 vom 5.7.2011.

12 HABM-BK R 635/2003-2 vom 14.4.2005 (Nr 20, 21) und R 113/2005-2 vom 16.5.2006 *ARENA DI VERONA*.

13 HABM-BK R 869/2004-1 vom 6.7.2005 (Nr 41) *TURNING LEAF.*

14 HABM-BK R 607/2001-2 vom 7.8.2002 (Nr 14) *FA MULAN.*

Recht daraus Verbietungsrechte hergeleitet werden können,[15] was in Deutschland grundsätzlich anerkannt ist; durch die Benutzung eines Domainnamens kann ein entsprechendes Unternehmenskennzeichen entstehen, wenn durch die Art der Benutzung deutlich wird, dass der Domainname nicht lediglich als Adressbezeichnung verwendet wird und der Verkehr daher in der als Domainnamen verwendeten Bezeichnung einen Herkunftshinweis erkennt.[16]

## 6 Aktivlegitimation

18 Die Berechtigung zur Stellung eines Nichtigkeitsantrages ist nicht in Art 53, der lediglich auf das Bestehen der die Nichtigkeit begründenden Rechte abstellt, sondern in Art 56 (1) (b) und (c) geregelt. Danach kann ein auf ältere Marken- oder sonstige Kennzeichenrechte (Art 8) gestützter Antrag von denjenigen erhoben werden, die zu einem entsprechenden Widerspruch berechtigt sind oder gewesen wären, nämlich im Falle der älteren Marken gemäß Art 8 (2) von deren Inhabern oder den von diesen ausdrücklich ermächtigten Lizenznehmern, im Falle einer Agenturmarke (Art 8 (3)) vom tatsächlichen Inhaber der Markenrechte und im Falle der nationalen Benutzungsmarken und sonstigen Kennzeichenrechte (Art 8 (4)) von deren Inhabern sowie den nach nationalem Recht dazu berechtigten Personen. Soll der Nichtigkeitsantrag auf eines der in Abs 2 genannten älteren Rechte gestützt werden, muss auch er vom Inhaber oder einer nach nationalem Recht dazu berechtigten Person gestellt werden.

## 7 Nichtigkeitsausschluss

19 Die Nichtigerklärung einer GM im Antragsverfahren vor dem Harmonisierungsamt oder im Wege der Widerklage vor einem nationalen Gemeinschaftsmarkengericht ist unzulässig, wenn der Antragsteller bzw. Widerkläger vor Verfahrensbeginn der Eintragung der GM zugestimmt hatte (Abs 3). Dabei ist »Eintragung« als Zustand und nicht zeitlich auf das Eintragungsverfahren bezogen zu verstehen; die Vorschrift erfasst also auch eine nach Abschluss des Eintragungsverfahrens gegebene Zustimmung.

20 Voraussetzung ist aber, dass die Zustimmung *ausdrücklich* gegeben wurde. Die Duldung einer Benutzung der GM im Sinne einer Koexistenz, die nicht

---

15  HABM-BK R 1512/2007-2 vom 1.7.2008 (Nr 9, 18) *Net Economy.*
16  BGH I ZR 135/01 - *soco.de* = GRUR 2005, 262.

die Voraussetzungen des Art 54 erfüllt, stellt keine Zustimmung zur Eintragung dar.[17]

Die Hinnahme einer abweisenden Widerspruchsentscheidung genügt auch 21
dann nicht, wenn der Inhaber der älteren Rechte auf ihm offenstehende
Rechtsmittel verzichtet. Anders liegt der Fall, wenn er sich mit dem Anmelder oder Inhaber der jüngeren GM etwa durch die Abgrenzung beiderseitiger
Interessen im Vergleichswege geeinigt hat, sei es vor einem Widerspruchsverfahren, während eines solchen oder auch nach der Eintragung der GM. Fraglich könnte jedoch sein, ob die etwa in einem Widerspruchsvergleich oder
vor dessen Erhebung erteilte Zustimmung auch der späteren Geltendmachung solcher Rechte im Nichtigkeits- oder Widerklageverfahren entgegensteht, welche gemäß Abs 2 erst und nur in einem solchen Verfahren geltend
gemacht werden können; der Umstand, dass Abs 3 auch auf die in Abs 2 genannten Rechte abhebt, spricht dafür.

Weil alle Fallgestaltungen des Abs 1 den aktuellen Bestand des älteren Rechts 22
voraussetzen, kann ferner die Nichtigkeit der angegriffenen GM nicht festgestellt werden, wenn im Zeitpunkt der Entscheidung über den Antrag oder
die Widerklage das geltend gemachte ältere Recht nicht (mehr) besteht. Falls
das ältere Recht zwar besteht, sein Rechtsbestand aber in einem anderweitigen Verfahren angegriffen worden ist, wäre wegen Vorgreiflichkeit dieses
Verfahrens der Nichtigkeitsstreit auszusetzen; sofern er beim Amt gemäß
Art 56, 57 anhängig ist, in Analogie zu Art 104 (der allerdings eine andere
Art von Verfahrenszusammenhängen betrifft), und nach den einschlägigen
nationalen Verfahrensvorschriften (Art 101 (2)), sofern auf Grund des älteren Rechts Widerklage vor einem Gemeinschaftsmarkengericht erhoben
wurde.

Ein Nichtigkeitsantrag ist vom Amt wegen Unzulässigkeit abzuweisen, wenn 23
ein nationales Gericht zwischen denselben Parteien über einen mit demselben Anspruch, also demselben älteren Recht begründeten Antrag bereits
rechtskräftig entschieden hat (Art 56 (3)). Entsprechendes gilt für eine die
Nichtigkeit einer geltend gemachten GM erstrebenden Widerklage, die vom
Gericht wegen Unzulässigkeit abzuweisen ist, wenn zwischen denselben Parteien über einen auf dasselbe ältere Recht gestützten Nichtigkeitsantrag vom
Amt bereits rechtskräftig entschieden wurde (Art 100 (2)). Diese Zulässig-

---

17 HABM-BK R 1196/2004-1 vom 15.9.2005 (Nr 14) *CUCCHI GIOVANNI/PIE-
TRO CUCCHI.*

keitsschranken entfallen, wenn die GM oder das ältere Recht auf einen anderen Inhaber übergeht, mindestens eine der Parteien des früheren Verfahrens also nicht mehr dieselbe ist.

24  Schließlich kann der mit einem Nichtigkeitsantrag oder einer Widerklage geltend gemachte, auf eine ältere Marke gemäß Abs 1 gestützte Anspruch auf Nichtigerklärung einer GM infolge deren Duldung iSv Art 54 verwirkt sein. Näheres in der Erläuterung von Art 54.

## 8  Kumulierungsgebot

25  Das Kumulierungsgebot des Art 53 (4) bezieht sich nur auf Nichtigkeits- oder entsprechende Widerklageverfahren und will verhindern, dass der Inhaber mehrerer älterer Marken- oder sonstiger Rechte diese in mehreren aufeinanderfolgenden Verfahren jener Art dem Inhaber der GM gegenüber geltend macht. Demzufolge schließt Abs 4 keineswegs aus, dass der Inhaber solcher älterer Rechte diese im Wege eines Nichtigkeitsantrages oder einer auf Nichtigkeit gerichteten Widerklage erneut geltend macht, obgleich er zuvor in einem Widerspruchsverfahren – sei es aus prozessualen oder materiellen Gründen – damit nicht durchgedrungen war.

## 9  Teilnichtigkeit

26  Dass der Erfolg eines Nichtigkeitsantrages oder einer auf Nichtigkeit gerichteten Widerklage gegen eine GM nur so weit reichen kann, wie hinsichtlich der von ihr erfassten Waren und/oder Dienstleistungen der Schutz der älteren Rechte reicht, versteht sich von selbst (Art 2 (5) iVm Art 52 (3)). Letzteres bedeutet, dass im Falle nicht-identischer Produkte die Nichtigkeit alle diejenigen Waren und Dienstleistungen der GM erfasst, deren Ähnlichkeit mit den vom älteren Recht erfassten Waren und Dienstleistungen eine Verwechslungsgefahr der Marke mit dem älteren Recht begründet.

## Artikel 54 (ex Artikel 53)  Verwirkung durch Duldung

(1) Hat der Inhaber einer Gemeinschaftsmarke die Benutzung einer jüngeren Gemeinschaftsmarke in der Gemeinschaft während eines Zeitraums von fünf aufeinanderfolgenden Jahren in Kenntnis dieser Benutzung geduldet, so kann er für die Waren oder Dienstleistungen, für die die jüngere Marke benutzt worden ist, aufgrund dieser älteren Marke weder die Nichtigerklärung dieser jüngeren Marke verlangen noch sich ihrer Benutzung

widersetzen, es sei denn, dass die Anmeldung der jüngeren Gemeinschaftsmarke bösgläubig vorgenommen worden ist.

(2) Hat der Inhaber einer in Artikel 8 Absatz 2 genannten älteren nationalen Marke oder eines in Artikel 8 Absatz 4 genannten sonstigen älteren Kennzeichenrechts die Benutzung einer jüngeren Gemeinschaftsmarke in dem Mitgliedsstaat, in dem diese ältere Marke oder dieses sonstige ältere Kennzeichenrecht geschützt ist, während eines Zeitraums von fünf aufeinanderfolgenden Jahren in Kenntnis dieser Benutzung geduldet, so kann er für die Waren oder Dienstleistungen, für die die jüngere Gemeinschaftsmarke benutzt worden ist, aufgrund dieser älteren Marke oder dieses sonstigen älteren Kennzeichenrechts weder die Nichtigerklärung der Gemeinschaftsmarke verlangen noch sich ihrer Benutzung widersetzen, es sei denn, dass die Anmeldung der jüngeren Gemeinschaftsmarke bösgläubig vorgenommen worden ist.

(3) In den Fällen der Absätze 1 und 2 kann der Inhaber der jüngeren Gemeinschaftsmarke sich der Benutzung des älteren Rechts nicht widersetzen, obwohl dieses Recht gegenüber der jüngeren Gemeinschaftsmarke nicht mehr geltend gemacht werden kann.

*Eisenführ, Eberhardt*

Literatur:
*Fernández-Nóvoa*, Die Verwirkung durch Duldung im System der Gemeinschaftsmarke, GRUR 1996, 442.

## 1 Allgemeines

1  Diese Vorschrift beschränkt die Geltendmachung von GMn (Abs 1) und nationalen Kennzeichenrechten (Abs 2) gegenüber jüngeren GMn sowohl in Nichtigkeits- als auch in Verletzungsverfahren, sofern der Anmelder der jüngeren GM bei deren Anmeldung nicht bösgläubig war. Im Interesse eines zunehmend stabilen Gemeinschaftsmarkensystems sollen die älteren Rechte von ihren Inhabern nicht mehr geltend gemacht werden können, soweit diese die Benutzung der jüngeren GM wissentlich fünf aufeinanderfolgende Jahre geduldet haben. Art 54 setzt damit die obligatorische Regel des Art 9 (1) MarkenRichtl sowie denjenigen Teil der fakultativen Vorschrift des Art 9 (2) MarkenRichtl um, der sich auf die in Art 4 (4) (a) und (b) MarkenRichtl bezeichneten älteren Rechte bezieht. Nicht erfasst sind die in Art 4 (4) (c) MarkenRichtl angesprochenen, von Art 9 (2) ebenfalls erfassten sonstigen Rechte des Art 53 (2) GMV, die somit verwirkungsfest bleiben (siehe Art 54 Rdn 6).

2  Der aktuelle Kommisionsvorschlag zur Reform der GMV[1] sieht vor, dass in Art 54 selbst nur noch geregelt wird, dass im Fall der Verwirkung der Inhaber der älteren Marke keine Nichtigerklärung der GM verlangen kann. Der Ausschluss von Verletzungsansprüchen soll demgegenüber gestrichen werden. Dies bedeutet aber keine inhaltliche Änderung, da dieser Ausschluss letztlich nur in einen neu einzufügenden Art 13a überführt werden soll.

3  Der Verwirkungsschutz kommt nur Inhabern jüngerer GMn zu Gute, nicht jedoch Inhabern jüngerer nationaler Rechte gegenüber älteren GMn;[2] insoweit gilt Art 9 (1) MarkenRichtl und greift ausschließlich nationales Recht ein, in Deutschland § 21 DE-MarkenG. Andererseits kann die infolge Duldung insoweit unangreifbar gewordene GM nicht gegen die Benutzung des älteren Rechts eingesetzt werden, vielmehr koexistieren beide Kennzeichenrechte (Abs 3). Zur Verwirkung von Ansprüchen aus Rechten lediglich örtlicher Bedeutung gegen die Benutzung einer GM siehe Art 111 (2).

4  Die Duldung einer jüngeren nationalen Marke durch den Inhaber älterer nationaler Rechte im selben Mitgliedstaat soll nicht zu einer Verwirkung seiner Widerspruchs- oder Nichtigkeitsansprüche gegenüber einer GMA oder GM für jene jüngere Marke führen und nicht im Widerspruchsverfahren geltend

---

1  Kommisionsdokument COM (2013) 161.
2  HABM-BK R 1299/2007-2 vom 21.10.2008 (Nr 39) *GHIBLI.*

gemacht werden können.[3] Letzteres ergibt sich in der Tat aus der Bezugnahme von Abs 2 auf GM (und nicht GMA) sowie auf deren Nichtigerklärung.[4] Nach Auffassung einer späteren BK-Entscheidung aber kommt es nicht darauf an, ob die geduldete Marke national oder als GM registriert ist, die Duldung der Benutzung einer nationalen Marke lässt die Verwirkung auch für die später eingetragene GM eintreten.[5] Auch Analogieerwägungen unter Bezugnahme auf Art 9 (1) MarkenRichtl ändern daran nichts.[6]

Schließlich kann auch die Bekanntheit einer jüngeren GM oder GMA in einem Territorium außerhalb des Mitgliedstaates, in welchem die gemäß Abs 2 geltend gemachte nationale Marke besteht, zur Verwirkung führen.[7]    5

### 2  Umfang der Verwirkung

Abs 2 erstreckt die Verwirkung von Nichtigkeits- und Unterlassungsansprüchen nur auf die in Art 8 (2) und (4) genannten älteren Marken und sonstigen Kennzeichenrechte (die dann gemäß Art 110 (1) Satz 2 keine Löschungs- oder Unterlassungsansprüche gegen eine jüngere GM mehr begründen), nicht jedoch auf sonstige, originär nicht Kennzeichenzwecken dienende ältere nationale Rechte iSv Art 53 (2). Das schließt die Verwirkung solcher Rechte auf Grund nationaler Rechtsvorschriften allerdings nicht aus, auch wenn Art 110 (1) Satz 1 deren Geltendmachung gegenüber einer jüngeren GM ausdrücklich unberührt lässt.    6

Die Verwirkung erstreckt sich ferner nur auf diejenigen Waren und/oder Dienstleistungen, für die die jüngere GM benutzt worden ist. Hinsichtlich nicht benutzter Waren oder Dienstleistungen ihres eingetragenen Verzeichnisses behält der Inhaber älterer Markenrechte seine Unterlassungs- und Nichtigkeitsansprüche, auch wenn diese Produkte im Ähnlichkeitsverhältnis zu den immunisierten Produkten stehen. Das kann bei zeitlich gestaffelter Inbenutzungnahme der jüngeren GM für unterschiedliche Waren oder Dienstleistungen dazu führen, dass die Ansprüche aus älteren Marken- oder sonstigen Kennzeichenrechten zum Zeitpunkt ihrer – ggf vorbeugenden – Geltendmachung teilweise verwirkt sind, teilweise jedoch noch nicht.    7

---

3  HABM-BK R 741 u 752/2002-4 vom 19.10.2004 (Nr 34) *ROMA/ROMAR.*
4  HABM-BK R 290/2002-3 vom 18.6.2003 (Nr 12) *NO LIMITS.*
5  HABM-BK R 1299/2007-2 vom 21.10.2008 (Nr 40f) *GHIBLI.*
6  Vgl HABM-BK R 547/2003-1 vom 23.4.2004 (Nr 24, 25) *YUPI/YUKI.*
7  HABM-BK R 282/2000-4 vom 20.11.2001 (Nr 17) *BIODERMA.*

## 3  Duldungszeitraum

8   Nur eine ununterbrochene wissentliche Duldung der Benutzung der jüngeren GM über den Zeitraum von fünf aufeinanderfolgenden Jahren führt zur Verwirkung. Weil die GMV die Verwirkung ausschließlich an die Kenntnis des Inhabers der älteren Rechte und einen festgelegten Zeitraum bindet, führt jede Unterbrechung der Benutzung oder der Duldung zu einem neuen Beginn der Fünfjahresfrist, wenn beispielsweise einer außergerichtlichen Geltendmachung der älteren Rechte, denen sich der Inhaber der jüngeren GM widersetzt, keine Klärung folgt.

9   Während die ursprüngliche Frist am Eintragungstag der jüngeren GM beginnt, weil erst dann das Dritten gegenüber wirksame Markenrecht entstanden ist (Art 6), ist in einem derartigen Fall der Neubeginn der Frist auf die letzte Parteiäußerung zu datieren. Entsprechend beginnt die Fünfjahresfrist erneut zu laufen, wenn die Benutzung der jüngeren GM für einen nicht vernachlässigbaren Zeitraum unterbrochen worden war.

10   Ferner liegt eine Duldung nach der »*Budweiser II*«-Entscheidung des EuGH nur und erst dann vor, wenn der Inhaber der älteren Marke auch die Möglichkeit hatte, sich der Nutzung der jüngeren Gemeinschaftsmarke zu widersetzen.[8] Wurde also zum Beispiel die jüngere Marke (genauer: das entsprechende Zeichen) bereits vor der Anmeldung die geltend gemachten älteren Marke (GM oder nationale Marke) genutzt, so ist diese Nutzungsdauer vor Eintragung der älteren GM nicht auf den Duldungszeitraum anzurechnen; und zwar selbst dann nicht, wenn der Inhaber der älteren Marke diese »Vorbenutzung« kannte.

## 4  Benutzungsterritorium der jüngeren Gemeinschaftsmarke

11   Der Inhaber einer älteren GM verliert seine Ansprüche gegen die Benutzung einer jüngeren GM, wenn diese irgendwo in der Gemeinschaft, möglicherweise in nur einem Mitgliedstaat über den Fünfjahres-Zeitraum hinweg erfolgte und der Inhaber des älteren Rechts hiervon Kenntnis hatte. Tritt deshalb die Verwirkung ein, so erstreckt sie sich auf den gesamten territorialen Schutzbereich der jüngeren GM, deren Benutzung alsdann auch in den anderen Mitgliedstaaten der Gemeinschaft nicht mehr verhindert werden kann.

---

8   EuGH C-482/09 vom 22.9.2011, GRUR 2012, 519 (Nr. 45) *Budweiser II.*

Die Rechte aus älteren nationalen Marken oder sonstigen Kennzeichenrech-   12
ten werden nach Abs 2 hingegen nur dann verwirkt, wenn die Benutzung
der jüngeren GM in demjenigen Mitgliedstaat erfolgt, in welchem die älteren Marken- oder sonstigen Kennzeichenrechte belegen sind.[9] Das führt dazu, dass der Rechtsbestand einer auch langjährig eingetragenen GM quasi ad
infinitum angreifbar bleibt, solange deren Benutzung nicht auf den Mitgliedstaat des älteren Rechts ausgedehnt und in deren Kenntnis über fünf
Jahre nicht angefochten wird. Daran ändert sich auch dann nichts, wenn der
Inhaber des älteren Rechts von der Eintragung der GM und deren Benutzung in einem anderen Mitgliedstaat oder deren mehreren Kenntnis hatte.
Das lässt sich unter dem Gesichtspunkt der Einheitlichkeit der GM (Art 1
(2)) verstehen, jedoch dürfte eine – ausreichend bemessene – Präklusionsfrist
dem europäischen Rechtsfrieden auch unter Beachtung der rechtlichen und
wirtschaftlichen Interessen der Inhaber nationaler Rechte dienlicher sein.

## 5 Benutzungskenntnis

Der vom Inhaber und/oder Benutzer einer jüngeren GM erhobene Verwir-   13
kungseinwand greift nur dann durch, wenn der Inhaber einer älteren GM
oder nationaler Marken- sowie sonstiger Kennzeichenrechte positive Kenntnis von der kollidierenden Benutzung der jüngeren GM in der Gemeinschaft
bzw spezifisch in seinem Mitgliedstaat hatte und gleichwohl seit Beginn der
Kenntnis fünf Jahre untätig verstreichen ließ. Ein dahingehender Beweis ist
für den die Verwirkung Einwendenden sowohl hinsichtlich der Tatsache als
auch des die Frist in Lauf setzenden Zeitpunkts erfahrungsgemäß nur selten
eindeutig zu führen. Indizien helfen ihm nicht weiter, jedoch mag in solchem Falle der seine älteren Rechte geltend machende Angreifer verpflichtet
sein, derartige Indizien zu entkräften.

Dabei ist jedoch zu beachten, dass der EuGH in seiner »*Budweiser II*«-Ent-   14
scheidung verlangt, dass der Inhaber der älteren Marke nicht nur Kenntnis
von der Benutzung der jüngeren Marke (genauer: des entsprechenden Zeichens) gehabt haben muss, sondern auch Kenntnis von der Eintragung der
jüngeren Marke. Es ist also eine doppelte Kenntnis erforderlich: Zum einen
muss der Inhaber der älteren Marke gewusst haben, dass die jüngere Marke
eingetragen ist; zum anderen muss er zusätzlich Kenntnis von der Benutzung

---

9  HABM-BK R 1562/2001-4 vom 17.09.2012 (Nr 17) *GALLERY HOTEL ART.*

dieser Marke gehabt haben.[10] Für den Inhaber der jüngeren Marke dürfte es aber in der Regel nahezu unmöglich sein, den Nachweis von der Kenntnis der Eintragung seiner Marke zu führen, so es nicht bereits Korrespondenz gab, die die Kenntnis von der Eintragung belegt oder er in Ländern, deren Verfahrensordnung eine Discovery vorsehen, im Verletzungsverfahren Zugriff auf entsprechende interne Dokumente des Inhabers der angreifenden älteren Marke bekommen kann.

15 Keinesfalls ausreichend ist ferner, dass der Inhaber des älteren Rechts die Benutzung der jüngeren GM hätte kennen können, beispielsweise genügt es für die Anwendung von Abs 2 nicht, eine der GM entsprechende Internet-Domain zu unterhalten, deren Website im Mitgliedstaat des älteren Rechts abrufbar ist.[11] Die Vorlage reiner Benutzungsunterlagen allein reicht generell nicht; es muss der Nachweis der Kenntnis der Nutzung erbracht werden.[12] Andererseits bedarf es nicht weiterer Umstände als dem der Kenntnis und Duldung, insbesondere ist es nicht erforderlich, dass der Benutzer der jüngeren GM das ältere Recht kannte und sich im Vertrauen auf die Duldung der Benutzung durch dessen Inhaber einen wertvollen Besitzstand geschaffen hat.

16 Der Verwirkungseintritt knüpft an die Kenntnis des Inhabers der älteren GM oder des älteren nationalen Kennzeichenrechts an. Das ist unproblematisch, wenn es sich dabei um eine einzige natürliche Person handelt, die das ältere Recht auch benutzt (ohne solche Benutzung wäre jedenfalls eine ältere Eintragungsmarke vor Ablauf der Verwirkungsfrist verfallen). Es sieht bereits anders aus, wenn mehrere natürliche Personen eine Inhabergemeinschaft bilden: Soll dann die Kenntnis nur eines Mitglieds der Gemeinschaft die Verwirkung eintreten lassen, ungeachtet der Unkenntnis des oder der übrigen? Handelt es sich beim Inhaber um eine juristische Person, so sind auch keine gemeinschaftsrechtlichen Regelungen der Frage erkennbar, wessen Kenntnis in einem Unternehmen als Kenntnis des Unternehmens und des Inhabers gilt.

17 Die Abhängigkeit des Verwirkungseintritts von der subjektiven Duldung durch den Inhaber des älteren Rechts schließt offenbar ferner aus, dass im Falle des Übergangs des älteren Rechts auf einen anderen Inhaber während

---

10 EuGH C-482/09 vom 22.9.2011, GRUR 2012, 519 (Nr. 58) *Budweiser II.*
11 HABM-BK R 412/2004-4 vom 17.1.2006 (Nr 35) *SER.*
12 HABM-BK R 1562/2001-4 vom 17.09.2012 (Nr 17) *GALLERY HOTEL ART.*

des oder eines Fünfjahreszeitraumes der davon bereits verstrichene Teil dem neuen Inhaber angerechnet wird. Es sei denn, dass dieser vom bisherigen Inhaber über die bisherige Duldung und die Duldungszeit unterrichtet wurde, was idR nicht beweisbar sein dürfte.

Ferner stellt sich die Frage, welche Bedeutung im Falle von Lizenzverhältnissen und anderen Rechtsüberlassungen der Kenntnis des Nehmers bei Unkenntnis auf Seiten des Inhabers und Gebers zukommt. Anders als etwa die Aktivlegitimation der Widersprechenden oder Nichtigkeits-Antragsteller gemäß Art 41 (1) (a) und (c), die in Bezug auf dieselben älteren Rechte, welche Abs 2 anspricht, neben den Inhabern auch deren Lizenznehmer bzw die nach nationalem Recht berechtigten Personen autorisiert, heben Abs 1 und 2 ausschließlich auf den Inhaber der älteren Marke ab. Eine Ausdehnung auf jene Lizenznehmer, die dem betreffenden Markt in der Regel viel näher stehen als der Lizenzgeber, ist wegen der eindeutigen Beschränkung nicht möglich. Ein erfolgreicher Verwirkungseinwand wird dadurch zusätzlich erschwert. **18**

## 6 Koexistenz

Der Eintritt der Verwirkung älterer Marken- oder sonstiger Kennzeichenrechte gegenüber einer jüngeren GM lässt die älteren Rechte unberührt. Dem Inhaber der jüngeren GM wächst nicht etwa das Recht zu, nun seinerseits den Bestand oder die Benutzung solcher älteren Rechte unter Verweis auf seine insoweit bestandsfest gewordene GM in Frage zu stellen. Davon unberührt bleibt selbstverständlich die Berechtigung des Inhabers der jüngeren GM, jedermann zustehende Ansprüche geltend zu machen, beispielsweise den Verfall der älteren GM wegen mangelnder Benutzung (Art 51); Gleiches gilt für entsprechende Einreden gegenüber einem älteren nationalen Recht. **19**

## 7 Bösgläubigkeit

Wenn die jüngere GM von ihrem Inhaber bösgläubig angemeldet worden war, soll die Verwirkung nicht eintreten, auch wenn deren Voraussetzungen (wissentliche Benutzungs-Duldung über fünf aufeinanderfolgende Jahre) erfüllt sind.[13] Damit steht die Verwirkung unter einem wettbewerbsrechtlichen Vorbehalt. Denn Bösgläubigkeit liegt vor, wenn bei der Anmeldung treu- oder sittenwidrig, rechtsmissbräuchlich oder in Schädigungsabsicht gehan- **20**

---

13 EuGH C-482/09 vom 22.9.2011, GRUR 2012, 519 (Nr. 56) *Budweiser II.*

delt wurde, und zwar gerade gegenüber demjenigen, um dessen Rechte es bei der Verwirkung geht.

21 Dieser Tatbestand der Bösgläubigkeit entspricht dem des als absoluten Nichtigkeitsgrund ausgestalteten Art 52 (1) (b). Hierauf sei verwiesen.

## 8  Rückgriff auf nationale Regeln?

22 Neben der gesetzlich kodifizierten Verwirkung können einige Rechtsordnungen auch eine Verwirkung nach nationalem Recht. In DE wird eine solche zum Beispiel aus dem allgemeinen Prinzip von Treu und Glauben (§ 242 DE-BGB) hergeleitet, wenn der Inhaber der jüngeren Marke einen wertvollen Besitzstand geschaffen hat und aufgrund des Verhaltens des Inhabers der älteren Marke davon ausgehen durfte, dass dieser nicht (mehr) gegen die jüngere Marke vorgehen würde.[14] Jedenfalls hinsichtlich des Unterlassungsanspruchs scheint es jedoch fraglich, ob hierauf zurückgegriffen werden kann, wenn die angreifende ältere Marke eine GM ist. Denn Art. 14 Abs. 1 Satz 1 regelt, dass sich der Unterlassungsanspruch ausschließlich nach der GMV bemisst. Allerdings lässt der EuGH (stillschweigend) eine Anwendung nationalen Rechts auch hinsichtlich des Unterlassungsanspruchs zu der Frage zu, wer als Unterlassungsschuldner haftet, zum Beispiel aufgrund der in DE entwickelten Figur der Störerhaftung (vgl. hierzu Art 9 Rdn 25f). Nichtsdestoweniger dürften die Regelungen der GMV zum Unterlassungsanspruch hinsichtlich der Verwirkung aufgrund der Kodifizierung in Art 54 abschließend zu verstehen sein. Auch wenn diese Frage bislang nicht Gegenstand einer Entscheidung des EuGH war, spricht damit viel dafür, dass gegenüber einer angreifenden GM kein Rückgriff auf nationale Rechtsfiguren einer Verwirkung möglich ist, sofern diese niedrigere Anforderungen an den Verlust des Unterlassungsanspruchs stellen als der Art 54.

---

14  Vgl. hierzu Ingerl/Rohnke, § 21 DE-MarkenG Rdn 19ff.

# 4. Abschnitt Wirkungen des Verfalls und der Nichtigkeit

## Artikel 55 (ex Artikel 54) Wirkungen des Verfalls und der Nichtigkeit

(1) Die in dieser Verordnung vorgesehenen Wirkungen der Gemeinschaftsmarke gelten in dem Umfang, in dem die Marke für verfallen erklärt wird, als von dem Zeitpunkt der Antragstellung oder der Erhebung der Widerklage an nicht eingetreten. In der Entscheidung kann auf Antrag einer Partei ein früherer Zeitpunkt, zu dem einer der Verfallsgründe eingetreten ist, festgesetzt werden.

(2) Die in dieser Verordnung vorgesehenen Wirkungen der Gemeinschaftsmarke gelten in dem Umfang, in dem die Marke für nichtig erklärt worden ist, als von Anfang an nicht eingetreten.

(3) Vorbehaltlich der nationalen Rechtsvorschriften über Klagen auf Ersatz des Schadens, der durch fahrlässiges oder vorsätzliches Verhalten des Markeninhabers verursacht worden ist, sowie vorbehaltlich der nationalen Rechtsvorschriften über ungerechtfertigte Bereicherung berührt die Rückwirkung des Verfalls oder der Nichtigkeit der Marke nicht:
a) Entscheidungen in Verletzungsverfahren, die vor der Entscheidung über den Verfall oder die Nichtigkeit rechtskräftig geworden und vollstreckt worden sind;
b) vor der Entscheidung über den Verfall oder die Nichtigkeit geschlossene Verträge insoweit, als sie vor dieser Entscheidung erfüllt worden sind; es kann jedoch verlangt werden, dass in Erfüllung des Vertrages gezahlte Beträge aus Billigkeitsgründen insoweit zurückerstattet werden, als die Umstände es rechtfertigen.

*Eisenführ, Eberhardt*

## 1 Allgemeines

1   Sowohl durch die Verfallserklärung als auch durch die Nichtigerklärung einer GM werden deren durch ihre Eintragung begründeten Wirkungen und Rechte beseitigt, ggf nur für einen Teil der Waren oder Dienstleistungen, für die sie eingetragen wurde. Unterschiedlich aber ist, dass der Verfall auf Umstände zurückgeht, die erst im Laufe des Eintragungszeitraums der Marke eingetreten sind (siehe Art 51), während die für die Nichtigkeit maßgebenden Umstände – mögen es absolute oder relative Schutzhindernisse sein – bereits im Zeitpunkt der Eintragung bestanden (siehe Art 52, 53). Daraus ergeben sich entsprechend unterschiedliche Rechtsfolgen für die Verfallserklärung und die Nichtigkeitserklärung.

2   Durch einen Verzicht (Art 50) können Verfalls- und Nichtigkeitsverfahren gegenstandslos werden. Sie werden jedoch nicht automatisch beendet, wenn der Antragsteller ein rechtliches Interesse an der Feststellung des früheren Verfalleintritts bzw der ursprünglichen Nichtigkeit hat; siehe Art 50 Rdn 6, 7.

3   Darüber hinaus regelt Art 55 die Konsequenzen, die die Verfalls- oder Nichtigkeitserklärung auf frühere, abgeschlossene Verletzungsverfahren und erfüllte Verträge hat, welche die gelöschte GM bzw deren gelöschten Teil zum Gegenstand hatten.

## 2 Wirkungseintritt

4   Ungeachtet der vorstehend genannten Unterschiede wirken sowohl die Erklärung des Verfalls einer GM als auch die Erklärung ihrer Nichtigkeit auf einen früheren Zeitpunkt als den der Rechtskraft der Erklärung zurück. Wird eine GM für verfallen erklärt, so gilt regelmäßig die Wirkung dieser Erklärung als am Tage der Antragstellung beim HABM oder der Widerklageerhebung beim Gemeinschaftsmarkengericht als eingetreten; Abs 1 definiert invers, dass ab jenen Zeitpunkten die Wirkungen der GM als nicht eingetreten gelten.

5   Abs 1 Satz 2 erlaubt jedoch dem Amt bzw. dem Gericht, auf Antrag einer Partei – üblicherweise Antragsteller oder Widerkläger – einen früheren Wirkungseintritt des Verfalls festzustellen, nämlich denjenigen, an dem einer der Verfallsgründe eingetreten ist. Ein solch früherer Zeitpunkt kann also nicht früher als der Tag des Ablaufs der Benutzungsschonfrist der GM oder der fünfjährigen Wiederkehr des Tages ihrer letzten rechtserhaltenden Benut-

zung sein, sofern der Verfall auf unzureichende Benutzung der GM gemäß Art 51 (2) (a) zurückgeht, was in der Mehrzahl aller einschlägigen Fälle gegeben sein dürfte.

Die Nichtigerklärung einer GM wirkt jedoch stets ex tunc (Abs 2), weil die **6** GM im Umfang der festgestellten Nichtigkeit nicht hätte eingetragen werden dürfen. Das gilt für absolute wie relative Nichtigkeitsgründe gleichermaßen.

### 3 Schranken der Rückwirkung

Vor der Entscheidung über den Verfall oder die Nichtigkeit rechtskräftig **7** gewordene und vollstreckte Verletzungsentscheidungen bleiben von der Rückwirkung einer Verfalls- oder Nichtigkeitsentscheidung unberührt. Maßgeblich ist der Eintritt der Rechtskraft der Verfalls- oder Nichtigkeitsentscheidung, nicht ihr Wirkungseintritt (Art 55 Rdn 2). Eine Wiederaufnahme solcher Verletzungsverfahren (Restitution) ist damit im Interesse von Rechtssicherheit und Rechtsfrieden ausgeschlossen. Allerdings verlieren derartige Titel mit der Erklärung des Verfalls oder der Nichtigkeit für die Zukunft ihre Wirkung bzw. Grundlage. Denn das dem Titel zugrundeliegende Recht besteht nicht mehr. Sollt der Titelgläubiger dennoch den Unterlassungstitel weiter vollstrecken, kann zB in DE eine Vollstreckungsabwehrklage erhoben werden.

Auch vor der Entscheidung abgeschlossene und erfüllte Verträge bleiben unberührt, soweit sie bereits erfüllt wurden: Insoweit kann der Vertragspartner **8** des Markeninhabers jedoch die Rückzahlung bereits geleisteter Zahlungen in dem Umfange verlangen, als es der Billigkeit entspricht. Letzteres dürfte vornehmlich insoweit zu bejahen sein, als sich die bereits geleistete Zahlung auf einen Zeitraum nach dem Wirkungseintritt der Verfalls- oder Nichtigkeitsentscheidung bezog. Umgekehrt dürfte eine Rückforderung aber ausgeschlossen sein, sofern diese im Vertrag ausdrücklich abbedungen wurde. Ein Lizenzgeber an einer GM sollte also stets darauf achten, dass für ihm gezahlte Lizenzgebühren im Vertrag vereinbart wird, dass diese »nicht rückzahlbar« (in englisch-sprachigen Verträgen: »non-refundable«) sind. Eine Entscheidung über eine Rückzahlung bleibt dem zuständigen nationalen Gericht vorbehalten, bei dem es sich nicht um ein Gemeinschaftsmarkengericht handeln muss. Unberührt bleibt auch dessen Berechtigung, über Ansprüche Dritter – also namentlich von Vertragspartnern des Markeninhabers

– auf Schadensersatz oder Herausgabe ungerechtfertigter Bereicherung zu entscheiden.

### 4  Schwebende Verfahren

9  Eine ausdrückliche Regelung der Auswirkungen einer Verfalls- oder Nichtigkeitserklärung auf schwebende Verfahren enthält Art 55 nicht. Handelt es sich dabei um Widerspruchsverfahren vor dem Amt oder daraus hervorgegangene Klagen vor dem EuG oder EuGH, in denen die betroffene GM geltend gemacht wird, so ist diesen mit dem Eintritt der Rechtskraft der Verfalls- oder Nichtigkeitsentscheidung die Grundlage entzogen und das entsprechende Verfahren ist nach dem jeweiligen Verfahrensrecht zu beenden. Handelt es sich jedoch um einen Teilverfall oder eine Teilnichtigkeit und sind diejenigen Produkte, für die die GM erhalten geblieben ist, im schwebenden Verfahren streitbefangen, so kann dieses – ggf unter Wegfall gelöschter Produkte als Anspruchsgrundlage – fortgesetzt werden.

10  Entsprechendes gilt für Verletzungsklagen, die auf die betroffene GM gestützt und bei einem (nationalen) Gemeinschaftsmarkengericht anhängig sind. Die jeweiligen Rechtsfolgen sind die gleichen wie die im Falle eines auf eine nationale Marke gestützten Verletzungsprozesses.

11  Soweit auf Grund der gelöschten GM nationale Widerspruchsverfahren oder Verletzungsverfahren eingeleitet worden waren, die nicht wegen einer nur teilweisen Löschung und Beschränkung auf nach wie vor streitrelevante Produkte allenfalls auf einen in seinem Umfang verringerten Streitstoff reduziert werden, ist die Möglichkeit einer Umwandlung der GM in nationale Anmeldungen gemäß Art 112 (1) zu beachten. Findet die Umwandlung statt, kann sie sich nicht auf die durch die vorausgegangene Verfalls- oder Nichtigkeitsentscheidung »betroffenen« Mitgliedstaaten erstrecken (Art 112 (2)), so dass dort anhängige oder Handlungen in diesem Mitgliedstaat erfassende Verfahren insoweit ebenfalls in der Hauptsache zu beenden sind.

12  Im übrigen kann auf eine GM gestützte Verletzungsklage auf die durch die Umwandlung entstandene nationale Markenanmeldung, welche ihren alten Zeitrang behält, als Anspruchsgrundlage – soweit dies das nationale Verfahrensrecht zulässt – umgestellt werden,. Soweit es für die Geltendmachung der nationalen Marke in Verletzungsverfahren ihrer Eintragung bedarf, muss ggf auf ein Ruhen des Verfahrens bis zu diesem Zeitpunkt hingewirkt werden. Zu beachten ist, dass mit der auf die GM gestützten Klage geltend gemachte Schadensersatzansprüche nicht auf die nationale Umwandlungs-

anmeldung und spätere -eintragung übergeleitet werden können, sondern untergehen, weil die Anspruchsgrundlage der nationalen Markeneintragung eine andere ist als die der GM. Das gilt auch dann, wenn eine solche nationale Marke sich auf eine Seniorität der GM (Art 34, 35) im selben Mitgliedstaat berufen kann und die Schadensersatzansprüche dort entstanden waren.[1]

Hat der ursprünglich auf die GM gestützte Verletzungsprozess Verletzungs- **13** handlungen in mehreren Mitgliedsländern zum Gegenstand gehabt (Art 98 (1)), dann müssen »Zweitverfahren« in denjenigen Mitgliedstaaten anhängig gemacht werden, in denen das zunächst angerufene Gemeinschaftsmarkengericht nicht seinen Sitz hat; selbstverständlich vorausgesetzt, dass auch in diesen übrigen Mitgliedstaaten auf Grund der Umwandlung nationale Markeneintragungen entstehen.

Auf die der Verfalls- oder der Nichtigkeitsentscheidung unterworfene GM **14** gestützte nationale Widerspruchsverfahren unterliegen von vornherein nicht nur prozessual, sondern auch materiell dem (harmonisierten) nationalen Markenrecht des betreffenden Mitgliedstaates. Sofern eine nur teilweise Verfalls- oder Nichtigkeitsentscheidung in einem nationalen Widerspruchsverfahren streitbefangene Produkte der GM ungelöscht lässt, kommt es allenfalls wiederum zu einer Einschränkung des Streitstoffes ohne Beeinträchtigung des Verfahrens im Übrigen. Soweit eine Umwandlung – für alle Produkte oder einen Teil davon – stattfindet und die im nationalen Widerspruchsverfahren streitbefangenen Produkte von der Umwandlung betroffen sind, kann eine Überleitung dieses (nach nationalem Recht erhobenen) Widerspruchs von seiner Stützung auf die GM auf die durch Umwandlung entstandene nationale Markenanmeldung bzw die daraus hervorgehende Markeneintragung erfolgen.

Eine Regelung des Übergangs derartiger Verletzungsstreitigkeiten und Wi- **15** derspruchsverfahren im Falle der Umwandlung einer GM in eine deutsche Markenanmeldung findet sich in § 125d DE-MarkenG nicht; der Übergang folgt daher den einschlägigen Vorschriften der DE-ZPO.

---

1  Vgl Eisenführ in FS für von Mühlendahl, 2005, S 342/355 f.

# 5. Abschnitt  Verfahren zur Erklärung des Verfalls oder der Nichtigkeit vor dem Amt

## Artikel 56 (ex Artikel 55)  Antrag auf Erklärung des Verfalls oder der Nichtigkeit

(1) Ein Antrag auf Erklärung des Verfalls oder der Nichtigkeit der Gemeinschaftsmarke kann beim Amt gestellt werden:

a)  in den Fällen der Artikel 51 und 52 vor jeder natürlichen oder juristischen Person sowie jedem Interessenverband von Herstellern, Erzeugern, Dienstleistungsunternehmen, Händlern oder Verbrauchern, der nach dem für ihn maßgebenden Recht prozessfähig ist;

b)  in den Fällen des Artikels 53 Absatz 1 von den in Artikel 41 Absatz 1 genannten Personen;

c)  in den Fällen des Artikels 53 Absatz 2 von den Inhabern der dort genannten älteren Rechte sowie von den Personen, die nach dem anzuwendenden nationalen Recht berechtigt sind, diese Rechte geltend zu machen.

(2) Der Antrag ist schriftlich einzureichen und zu begründen. Er gilt erst als gestellt, wenn die Gebühr entrichtet worden ist.

(3) Der Antrag auf Erklärung des Verfalls oder der Nichtigkeit ist unzulässig, wenn das Gericht eines Mitgliedstaats über einen Antrag wegen desselben Anspruchs zwischen denselben Parteien bereits rechtskräftig entschieden hat.

*Eisenführ, Eberhardt*

Literatur:
*Meister*, Das Löschungsverfahren vor dem Harmonisierungsamt, Mitt. 1999, 339.

## 1 Allgemeines

Die Art 56 und 57 fassen iVm den R 37–41 die prozessuale Regelung der vor dem Amt zu führenden Antragsverfahren auf Erklärung des Verfalls oder der Nichtigkeit aus absoluten und relativen Gründen zusammen, deren materielle Grundlage die Art 51 bis 53 sind. Sie entsprechen in ihrer Anlage weitgehend den prozessualen Bestimmungen des Widerspruchsverfahrens der Art 41 und Art 42 mit den sie ergänzenden Regeln 15–22, wenn auch nur der auf relative Eintragungshindernisse gestützte Nichtigkeitsantrag dem Widerspruch entspricht. Die von den Art 51 bis 53 alternativ zum Amtsverfahren eröffnete, vor einem Gemeinschaftsmarkengericht zu führende Widerklage auf Erklärung des Verfalls oder der Nichtigkeit ist prozessual Gegenstand des Art 100, der ua Art 57 (3) bis (6) für dort ebenfalls anwendbar erklärt. **1**

Der aktuelle Kommisionsvorschlag zur Reform der GMV[1] sieht folgende Klarstellungen / Änderungen vor: Zum einen, dass in Abs 1 (c) ergänzt wird, dass auch solche Personen antragsbefugt sind, die das entsprechende Recht nach Gemeinschaftsrecht geltend machen können (statt wie bisher allein auf das nationale Recht abzustellen). Zum anderen soll in Abs 3 ergänzt werden, dass auch eine rechtskräftige Entscheidung des Amtes über einen Nichtigkeitsantrag die neuerliche Erhebung eines Nichtigkeitsantrages wegen desselben Anspruchs ausschließt. **2**

Mit der Nichtigerklärung einer GM kann korrigiert werden, was in der Prüfungsphase der Anmeldung hinsichtlich der absoluten Eintragungshindernisse falsch beurteilt (Art 52) oder in der Veröffentlichungsphase wegen unterbliebenen Widerspruchs an relativen Eintragungshindernissen nicht berücksichtigt worden war (Art 53). Hingegen gibt die Verfallserklärung die Möglichkeit, Umstände zu berücksichtigen, die erst nach der Markeneintragung entstanden sind (Art 51). Gemeinsam ist beidem, dass der Rechtsbestand der GM auf den Prüfstand gestellt und diese im Falle des Durchgreifens der geltend gemachten Umstände gelöscht wird; ggf nur für einen Teil der von der Eintragung erfassten Waren und Dienstleistungen. **3**

Die Stellung eines Antrags auf Erklärung des Verfalls einer GM in Bezug auf die in eine Vielzahl von Klassen fallenden Produkte ihres VerzW/DL, obgleich sich ein paralleler Verletzungsstreit nur auf die Waren einer Klasse be- **4**

---

1 Kommisionsdokument COM (2013) 161.

zieht, ist nicht rechtsmissbräuchlich, weil die Löschung unbenutzter Markeneintragungen das erklärte Ziel der MRRL (9. Erwägung) ist[2] und damit kein besonderes Rechtsschutzbedürfnis oder –interesse voraussetzt (Art 56 Rdn 6).

5   Absolute und relative Nichtigkeitsgründe können im gleichen Antrag geltend gemacht werden.[3]

6   Für einen Antrag nach Abs 1 (a) bedarf es keines Rechtsschutzbedürfnisses. Art 83, wonach das Amt in Abwesenheit spezifischer Vorschriften der GMV oder DV die in den Mitgliedstaaten allgemein anerkannten Grundsätze des Verfahrensrechts berücksichtigt, ist hier nicht anwendbar.[4]

7   Den *res judicata*-Einwand von Seiten des angegriffenen Markeninhabers lässt Abs 3 nur für den Fall zu, dass bereits eine rechtskräftige gerichtliche Entscheidung zwischen denselben Parteien auf Grund desselben Anspruchs ergangen ist. Ein voraufgegangenes Widerspruchsverfahren, welches mit einer den Widerspruch zurückweisenden Entscheidung endete, hindert nicht einen mit demselben älteren Kennzeichenrecht begründeten Nichtigkeitsantrag wegen des Bestehens relativer Eintragungshindernisse. Gleiches gilt für einen Nichtigkeitsantrag wegen Verfalls auf Grund nicht rechtserhaltender Benutzung nach erfolgloser Geltendmachung im Widerspruchsverfahren gemäß Art 42 (2) oder (3).

## 2   Aktivlegitimation

8   Ein Antrag auf Verfallserklärung einer GM
   – wegen fehlender oder nicht ausreichender Benutzung (Art 51 (1) (a))
   – wegen Umwandlung zu einer gebräuchlichen Bezeichnung (sekundäre Gattungsbezeichnung (Art 51 (1) (b))
   – wegen ihrer Entwicklung zu einer täuschenden Bezeichnung (Art 51 (1) (c))
   – weil der Inhaber die Inhaberqualifikation gemäß Art 5 verloren hat (Art 51 (1) (d)),

---

2  HABM-BK R 991/2008-1 vom 14.5.2009 (Nr 16f) *Red Bull*.
3  Vgl HABM-NA C-172734/1 vom 31.1.2000, Mitt. 2000, 302 *Mörser und Stößel*.
4  EuG T-223/08 vom 3.12.2009 (Nr 20, 25/26) *Bahmann*.

kann von jedermann gestellt werden. Dasselbe gilt für einen Antrag auf Nichtigerklärung
- aus absoluten Gründen (Art 52 (1) (a)) oder
- weil der Anmelder bzw Inhaber bei der Anmeldung bösgläubig war (Art 52 (3)).

Neben natürlichen und juristischen Personen nennt Abs 1 (a) auch Interessenverbände, soweit sie prozessfähig sind, wobei es auf das nationale Recht ihres Sitzstaates ankommt.    9

Der Antragsteller muss kein wirtschaftliches Interesse oder sonstiges Rechtsschutzbedürfnis dartun, da derartiges nicht als Zulässigkeitsvoraussetzung vorgesehen ist.[5]    10

Nach der 4. HABM-BK soll jedoch ein Nichtigkeitsantrag unzulässig sein, wenn er rechtsmissbräuchlich gestellt wird.[6] Der entschiedene Fall war zwar in der Tat extrem in dem Sinne, dass hinter der Antragstellerin wirtschaftlich der ehemalige Geschäftsführer der GM-Inhaberin stand, der unter anderem zuvor selbst die GM in einem Nichtigkeitsverfahren auf Grundlage von Beweisen verteidigt hatte, die er nunmehr als nicht ausreichend kritisierte, und zwischenzeitlich auch selbst nahezu identische Marken angemeldet hatte. Hierbei hat sich aber die alte Weisheit aus dem anglo-amerikanischen Rechtsraum »hard cases create bad law« bewahrheitet. Denn der Entscheidung ist schlicht deshalb nicht zuzustimmen, da die GMV ein derartiges Zulässigkeitskriterium nicht vorsieht. Das Gemeinschaftsrecht ist aufgrund der nur beschränkten Gesetzgebungskompetenzen der EU anders als nationale Rechtsordnungen auch kein in sich geschlossenes/vollständiges Rechtssystem, in dem auf allgemeingültige Rechtsprinzipien wie Rechtsmissbrauch zurückgegriffen werden könnte. Solche müssten gemeinschaftsrechtlich definiert und verankert werden, bevor sie zur Anwendung kommen. So verständlich die Entscheidung in ihrem Ergebnis daher ist, so ist sie dennoch rechtsdogmatisch abzulehnen.    11

Die Aktivlegitimation für einen Nichtigkeitsantrag wegen des Bestehens relativer Eintragungshindernisse entspricht der des Widerspruchs. Für die gegenüber Art 8 durch Art 53 (2) erweiterten relativen Nichtigkeitsgründe sind die Inhaber der dort genannten nationalen Rechte aktivlegitimiert; die von    12

---

5  EuGH C-408/08 vom 25.2.2010, GRUR 2010, 931 (Nr 36-44) *Color Edition*.
6  HABM-BK R 374/2010-4 vom 18.5.2011 *utrafilter international*.

Abs 1(c) geforderte Berechtigung dieser Person zur Geltendmachung der fraglichen Rechte in demjenigen Land, in dem diese belegen sind, stellt nur eine Wiederholung der einschlägigen Konditionierung in Art 53 (2) dar.

### 3  Form und Frist

13  Ein Antrag auf Erklärung des Verfalls oder der Nichtigkeit einer GM kann jederzeit gestellt werden, solange die Marke eingetragen ist. Eine Präklusionsfrist gibt es – anders als zB im DE-Recht für die wesentlichen absoluten Schutzhindernisse (§ 50 (2) Satz 2 DE-MarkenG) - nicht.

14  Hinsichtlich der Form eines Antrags auf Erklärung des Verfalls oder der Nichtigkeit entspricht Abs 2 der Vorschrift des Art 41 (3) Satz 1 und Satz 2 über den Widerspruch. Auf die dortige Erläuterung kann hier Bezug genommen werden. Es ist jedoch zu beachten, dass R 37 (b) (iv) bereits die Angabe der für die jeweilige Begründung vorgebrachten Tatsachen, Beweismittel und Bemerkungen bei der Antragstellung verlangt, die im Falle des Widerspruchs nach Art 41 (3) Satz 3 nachgebracht werden kann, maßgeblich dafür ist zum einen die Fristgebundenheit des Widerspruchs und die Zweistufigkeit seines Verfahrens mit einer der kontradiktorischen Verfahrensstufe vorgeschalteten »cooling-off«-Periode.[7]

15  Ähnlich wie im Falle eines Widerspruchs dieser auf verschiedene Anspruchsgrundlagen, also eine Mehrzahl älterer Marken oder nationaler Kennzeichnungsrechte gestützt werden kann, ein einheitliches Verfahren einleitet und nur eine Widerspruchsgebühr auslöst, kann ein Nichtigkeitsantrag auf mehrere Anspruchsgrundlagen gestützt werden. Es können nicht nur mehrere ältere Rechte als relative Eintragungshindernisse nebeneinander, sondern es können zugleich auch absolute Nichtigkeitsgründe geltend gemacht werden. Darüber hinaus ist es möglich, mit demselben Antrag eine Erklärung des Verfalls der angegriffenen GM zu verlangen. Dabei ist von Mühlendahl/Ohlgart zuzustimmen, dass auf derart unterschiedliche Anspruchsgrundlage gestützte Anträge in ein Haupt- und Hilfsverhältnis voneinander gestellt werden dürfen.[8] Eine andere Frage ist aber, ob sie auch in ein derartiges Ver-

---

7  Vgl. HABM-NA C-743799/1 vom 31.1.2002, Mitt. 2002, 189 *Mastercard/Regents Associates*.

8  Von Mühlendahl/Ohlgart, S 182, 183.

hältnis gestellt werden *müssen*, Dies ist abzulehnen, da es in der GMV für eine solche Anforderung keine Rechtsgrundlage gibt.[9]

Formulare für Anträge auf Erklärung des Verfalls und der Nichtigkeit können von der Website des Amtes abgerufen werden. Die jeweils erforderlichen Angaben werden darin abgefragt. Das Formular für einen Nichtigkeitsantrag hat bezüglich eines auf relative Gründe gestützten Antrags besondere Seiten für die verschiedenen Anspruchsgrundlagen. **16**

Zu beachten ist, dass nach Abs 2 Satz 2 der beim Amt eingereichte Antrag erst als wirksam gestellt gilt, wenn die vorgeschriebene Gebühr entrichtet worden ist. Bei Nichtzahlung setzt das Amt gemäß R 39 (1) eine Frist, deren Nichtbeachtung die amtliche Feststellung zur Folge hat, dass der Antrag als nicht gestellt gilt. Eine neuerliche Antragstellung wird dadurch nicht ausgeschlossen. **17**

Das Sprachenregime regelt R 38, dessen Abs 1 und 3 im Wesentlichen R 16 für das Widerspruchsverfahren entspricht, wobei die Monatsfrist der R 38 (1) mit dem Einreichungstag des Antrags beginnt; für die Übersetzung der Beweismittel gilt eine Zweimonatsfrist nach der Einreichung (R 38 (2)). Die Nichteinhaltung der Monatsfrist für die Einreichung der Antragsübersetzung führt zur Zurückweisung des Antrags als unzulässig (R 39 (2)). **18**

Im übrigen werden Mängel des Antrags iSv R 37 dem Antragsteller vom Amt unter Fristsetzung zur Beseitigung mitgeteilt; Fristversäumnis führt ebenfalls zur Zurückweisung des Antrags als unzulässig (R 39 (3)). **19**

### 4 Unzulässigkeit als res judicata

Ein Feststellungsantrag nach Erlöschen der GM ist grundsätzlich gegenstandslos. Wegen der obligatorischen Rückwirkung einer Nichtigerklärung auf den Anmeldezeitpunkt (Art 55 (2)) und der fakultativen Rückwirkung einer Verfallserklärung auf einen früheren Zeitpunkt als den der Antragstellung oder Erhebung der Widerklage (Art 55 (1)) könnte in solchen Fällen ein Rechtsschutzbedürfnis (im Sinne der deutschen Rechtsordnung) des Antragstellers für die Durchführung des Verfahrens gegeben sein, in denen er für einen Gültigkeitszeitraum der GM auf Schadensersatz in Anspruch genommen wird. Zur Durchsetzung eines derartigen Anspruchs aber muss ein **20**

---

9 Zur abweichenden Handhabung in DE-Verletzungsverfahren vgl. DE-BGH GRUR 2011, 521 *TÜV I*.

Verfahren vor einem Gemeinschaftsmarkengericht anhängig sein, so dass der in Anspruch Genommene auf die dortige Geltendmachung seiner Nichtigkeits- oder rückwirkenden Verfallsansprüche im Wege der Feststellungs-Widerklage verwiesen werden könnte. Die Durchführung eines Amtsverfahrens gegen eine erloschene GM wegen lediglich drohender Schadensersatzansprüche aus der Zeit der Gültigkeit der GM dürfte nicht zugestanden werden müssen.

**21** Wenn der Markeninhaber in einem auf absolute Nichtigkeitsgründe gestützten Löschungsverfahren auf die GM verzichtet, soll der Antragsteller grundsätzlich Fortsetzungsfeststellung beantragen können, wenn er ein Rechtsschutzbedürfnis darlegen kann. Als solches reicht aus, dass der Markeninhaber nach dem Verzicht Totalkonversion, dh Umwandlung der GM in nationale Anmeldungen in allen Mitgliedstaaten beantragt:[10] Ob das alles auch für einen Fall relativer Nichtigkeitsgründe gilt, wurde bisher offen gelassen.

**22** Neben der vom Kumulierungsgebot des Art 53 (4) ausgehenden Zulässigkeitsschranke stellt Abs 3 eine weitere Zulässigkeitsschranke für den Fall auf, dass – wie eingangs bereits erwähnt – ein Gericht innerhalb der Gemeinschaft über einen Antrag wegen desselben Anspruchs zwischen denselben Parteien bereits rechtskräftig entschieden hat (*res judicata*). Sie greift bei Fehlen einer von zwei Voraussetzungen nicht ein. Das gilt zunächst für den Fall einer geänderten Parteienstellung etwa auf Grund eines Rechtsübergangs der GM, aber – jedenfalls dem Wortlaut nach – auch für den Fall, dass das in einem früheren Gerichtsverfahren auf Grund relativer Eintragungshindernisse geltend gemachte ältere Recht auf einen anderen Inhaber übergegangen ist. Erfolgt die Übertragung des älteren Rechtes aber gezielt zur Aushebelung der Sperrwirkung von Abs 3 (was zB bei einer Übertragung innerhalb eines Konzerns indiziert sein dürfte), so ist ggf. über einen Ausschluss wg Rechtsmissbrauchs nachzudenken.

**23** Einer Diskussion zugänglich ist die Reichweite des Begriffs »derselbe Anspruch«. Handelt es sich um denselben Anspruch, wenn im früheren Verfahren ein Nichtigkeitsantrag aus relativen Gründen auf eine nationale Marke und im neuerlichen Amtsverfahren auf eine GM identischen Zeicheninhalts gestützt wird? Mit Sicherheit nein, wenn die Produktverzeichnisse der beiden Marken unterschiedlich sind, und zwar auch dann, wenn sie in Teilen Übereinstimmungen aufweisen. Aber selbst bei identischen Produktverzeichnissen

---

10  HABM-NA C-670042/1 vom 3.5.2001, Mitt. 2001, 319 *AROMATONIC.*

erscheint es fraglich, ob es sich angesichts unterschiedlicher Anspruchsgrundlagen um denselben Anspruch handelt. Mit dieser Einschränkung ist der Auffassung von von Mühlendahl/Ohlgart zuzustimmen, dass ungeachtet ausdrücklicher Erwähnung auch eine unanfechtbar gewordene Entscheidung des Amtes über denselben Streitgegenstand zwischen denselben Parteien einem weiteren Antrag auf Verfalls- und Nichtigkeitserklärung entgegensteht.[11]

Keine Bindungswirkung iSv Abs 3 hat eine Prozesshilfe-Entscheidung eines **24** nationalen Gerichts über den gleichen Streitstoff, schon gar nicht hinsichtlich der Beweiswürdigung.[12]

### 5 Mitteilung über zurückgewiesene Anträge

R 39 (4) in seiner Neufassung verpflichtet das Amt, Zurückweisungen ein- **25** schlägiger Anträge als unzulässig nicht nur dem Antragsteller (was selbstverständlich ist), sondern auch dem GM-Inhaber mitzuteilen. Diese Verpflichtung erstreckt sich offenbar nicht (mehr) auf mangels Gebührenzahlung als nicht gestellt geltende Anträge (vgl R 39 (1) Satz 2).

### Artikel 57 (ex Artikel 56) Prüfung des Antrags

**(1) Bei der Prüfung des Antrags auf Erklärung des Verfalls oder der Nichtigkeit fordert das Amt die Beteiligten so oft wie erforderlich auf, innerhalb einer von ihm zu bestimmenden Frist eine Stellungnahme zu seinen Bescheiden oder zu den Schriftsätzen der anderen Beteiligten einzureichen.**

**(2) Auf Verlangen des Inhabers der Gemeinschaftsmarke hat der Inhaber einer älteren Gemeinschaftsmarke, der am Nichtigkeitsverfahren beteiligt ist, den Nachweis zu erbringen, dass er innerhalb der letzten fünf Jahre vor Stellung des Antrags auf Erklärung der Nichtigkeit die ältere Gemeinschaftsmarke in der Gemeinschaft für die Waren oder Dienstleistungen, für die sie eingetragen ist und auf die er sich zur Begründung seines Antrags beruft, ernsthaft benutzt hat oder dass berechtigte Gründe für die Nichtbenutzung vorliegen, sofern zu diesem Zeitpunkt die ältere Gemein-**

---

11 Von Mühlendahl/Ohlgart, S 183.
12 HABM-BK R 1882/2007-4 vom 13.11.2008 (Nr 40f) *PINE TREE*; Anfechtung vor dem EuG blieb erfolglos: T-28/09 vom 13. Januar 2011 (die hier adressierte spezifische Frage wurde vom EuG aber nicht näher behandelt).

schaftsmarke seit mindestens fünf Jahren eingetragen ist. War die ältere Gemeinschaftsmarke am Tage der Veröffentlichung der Anmeldung der Gemeinschaftsmarke bereits mindestens fünf Jahre eingetragen, so hat der Inhaber der älteren Gemeinschaftsmarke auch den Nachweis zu erbringen, dass die in Artikel 42 Absatz 2 genannten Bedingungen an diesem Tage erfüllt waren. Kann er diesen Nachweis nicht erbringen, so wird der Antrag auf Erklärung der Nichtigkeit zurückgewiesen. Ist die ältere Gemeinschaftsmarke nur für einen Teil der Waren oder Dienstleistungen, für die sie eingetragen ist, benutzt worden, so gilt sie zum Zwecke der Prüfung des Antrags auf Erklärung der Nichtigkeit nur für diesen Teil der Waren oder Dienstleistungen als eingetragen.

(3) Absatz 2 ist auf ältere nationale Marken im Sinne des Artikels 8 Absatz 2 Buchstabe a) mit der Maßgabe entsprechend anzuwenden, dass an die Stelle der Benutzung in der Gemeinschaft die Benutzung in dem Mitgliedstaat tritt, in dem die ältere Marke geschützt ist.

(4) Das Amt kann die Beteiligten ersuchen, sich zu einigen, wenn es dies als sachdienlich erachtet.

(5) Ergibt die Prüfung des Antrags auf Erklärung des Verfalls oder der Nichtigkeit, dass die Marke für alle oder einen Teil der Waren oder Dienstleistungen, für die sie eingetragen ist, von der Eintragung ausgeschlossen ist, so wird die Marke für diese Waren oder Dienstleistungen für verfallen oder für nichtig erklärt. Ist die Marke von der Eintragung nicht ausgeschlossen, so wird der Antrag zurückgewiesen.

(6) In das Register wird ein Hinweis auf die Entscheidung des Amtes über einen Antrag auf Erklärung des Verfalls oder der Nichtigkeit eingetragen, sobald sie unanfechtbar geworden ist.

*Eisenführ, Eberhardt*

## 1 Allgemeines

Art 57 regelt den Ablauf des Verfahrens vor dem Amt zur Prüfung eines Verfalls- oder Nichtigkeitsantrags. Er entspricht mit geringen Abweichungen wortgleich Art 42, der den Ablauf des Verfahrens zur Prüfung eines Widerspruchs bestimmt, analog dem Verhältnis von Art 56 und Art 41, wobei auch hier – wie bei Art 56 – zu beachten ist, dass lediglich der Nichtigkeitsantrag aus relativen Gründen dem Widerspruch entspricht und Art 56, 57 auch Nichtigkeitsanträge aus absoluten Gründen betrifft. **1**

Im Verfahren zur Erklärung der Nichtigkeit aus relativen Gründen kann der Inhaber der angegriffenen GM vom Inhaber des älteren Rechts den Nachweis der Benutzung verlangen (Abs 2, 3); dies entspricht Art 43 (2), (3) (zu den Unterschieden zwischen beiden Vorschriften siehe Art 57 Rdn 11). Nicht von Abs 2 betroffen ist dagegen der Benutzungsnachweis, den der mit einem Antrag auf Erklärung des Verfalls gemäß Art 50 (1) (a) in Anspruch genommene Inhaber einer GM im Verteidigungsfalle zu führen hat.[1] **2**

Die R 37 bis 41 ergänzen Art 56. Auch hier bestehen weitgehende Analogien zu den Regeln des Widerspruchsverfahrens. Das gilt für das Verhältnis der R 37 zu R 15, der R 38 zu R 16, der R 39[2] zu R 17, der R 40 zu R 20, 22 und der R 41 zu R 21; zum Teil besteht eine ausdrückliche Bezugnahme. Deshalb kann weitgehend auf die Erläuterungen zu Art 42 verwiesen werden, so dass im Folgenden nur die wesentlichen Abweichungen behandelt werden. **3**

## 2 Zulässigkeitsprüfung

Nach Eingang eines Antrags auf Erklärung des Verfalls oder der Nichtigkeit prüft das Amt zunächst gemäß R 39 (1), ob die vorgeschriebene Gebühr entrichtet worden ist. Ist das nicht der Fall und bleibt eine Zahlungsaufforderung unter Fristsetzung ohne Erfolg, gilt der Antrag als nicht gestellt (Art 56 (2) Satz 2 iVm R 39 (1)); das wird dem Antragsteller mitgeteilt. Eine verspätet gezahlte Gebühr wird zurückgezahlt (R 39 (1) Satz 2). **4**

Soweit eine Übersetzung des Antrages erforderlich ist (Art 119 (5), (6)), muss diese dem Amt innerhalb eines Monats nach Eingang des Antrags vorliegen. Insoweit gibt es keine Nachfrist oder sonstige Heilung einer Versäu- **5**

---

1 Siehe aber Art 57 Rdn 13.
2 In Abs 3 ist »Antragsteller« statt »Anmelder« zu lesen.

mung: Der Antrag wird als unzulässig zurückgewiesen (R 38 (1) und 39 (2)).

6  Hingegen macht das Amt gemäß R 39 (3) den Antragsteller (nicht »Anmelder«) auf sonstige Mängel des Antrags aufmerksam und verlangt deren Beseitigung innerhalb einer festgesetzten Frist; deren Versäumung oder die unzureichende Mängelbeseitigung führt wiederum zur Antragsverwerfung als unzulässig. Bei solchen Mängeln kann es sich auch um die Erfordernisse des Vertretungszwangs (Art 92) und der Vollmacht (R 76) handeln. Das richtige Ankreuzen der Formular-»Kästchen« hält die Nichtigkeitsabteilung nicht für entscheidend, wenn sich das Begehren des Antragstellers klar aus den Unterlagen insgesamt ergibt.[3]

7  Werden die schon im Antrag anzugebenden Beweismittel mit dem Antrag oder einem späteren Schriftsatz eingereicht, setzt deren Eingang beim Amt eine Frist von zwei Monaten zur Vorlage von Übersetzungen in Lauf, sofern diese gemäß Art 119 (5) und (6) erforderlich sind (R 38 (2)); anderenfalls folgt auch dann die Zurückweisung des Antrags als unzulässig (R 38 (2)).

8  Im Gegensatz zum Widerspruch, über den der Anmelder gemäß R 16a nach Eingang und vor der Zulässigkeitsprüfung informiert wird, erhält der GM-Inhaber von einem Verfalls- oder Nichtigkeitsantrag erst nach dessen Zulässigkeitsprüfung und »Annahme« Nachricht, mit der Aufforderung, innerhalb einer vom Amt gesetzten Frist zum Antrag Stellung zu nehmen. Die Frist beträgt regelmäßig zwei Monate (R 40 (1)). Alsdann kommt es zum Austausch von Stellungnahmen iSv Abs 1 und R 40 (Art 57 Rdn 16). Wird hingegen der Antrag zurückgewiesen, wird auch dies dem GM-Inhaber mitgeteilt (R 39 (4)).

### 3  Benutzungsnachweis im relativen Nichtigkeitsverfahren

9  Wird ein Nichtigkeitsantrag auf eine ältere eingetragene Marke (GM oder nationale Marke einschließlich einer internationalen Registrierung nach dem MMA/Protokoll mit Wirkung in einem Mitgliedstaat) gestützt, so kann der Inhaber der angegriffenen GM vom Inhaber der älteren Marke den Nachweis der rechtserhaltenden Benutzung der älteren Marke verlangen. Handelt es sich bei der älteren Marke um eine GM, gilt Abs 2, der eine ernsthafte Be-

---

3  HABM-NA  C-61679/1  vom 16.10.2000, WRP 2001, 304 *SENSO DI DONNA.*

nutzung »in der Gemeinschaft« verlangt; der ernsthaften Benutzung steht der Nachweis berechtigter Gründe für die Nichtbenutzung gleich. Handelt es sich um eine ältere nationale oder international registrierte Marke, so muss nach Abs 3 eine rechtserhaltende ernsthafte Benutzung in dem Mitgliedstaat nachgewiesen werden, in dem die nationale Marke geschützt ist;[4] auch hier steht der Nachweis berechtigter Gründe für die Nichtbenutzung der Benutzung gleich. Einzelheiten für die erforderlichen Angaben und Beweismittel nennt R 22 (2), (3) und (4), auf die R 40 (6) verweist.

Der Benutzungsnachweis ist nur erforderlich, wenn er vom Inhaber der angegriffenen GM ausdrücklich verlangt wird und wenn am Tage der Antragstellung auf Erklärung der Nichtigkeit einer GM die geltend gemachte ältere GM oder nationale bzw international registrierte Marke bereits fünf Jahre eingetragen war.[5] Eines ausdrücklichen Verlangens, die Benutzung der älteren Marke zu beweisen, bedarf es allerdings dann nicht, wenn der Antragsteller schon mit dem Antrag Benutzungsunterlagen vorlegt und der Inhaber der angegriffenen Marke deren Beweiswert bestreitet. In solchem Fall ist das Amt verpflichtet, eine Prüfung der vorgelegten Benutzungsunterlagen vorzunehmen.[6]      **10**

Darüber hinaus hat der Antragsteller zusätzlich den Benutzungsnachweis für den Zeitraum von fünf Jahren vor dem Tag, an dem die angegriffene GM gemäß Art 39 veröffentlicht wurde, zu erbringen, wenn schon an jenem Tage die geltend gemachte ältere Marke seit mehr als fünf Jahren eingetragen war (Abs 2 Satz 2). Anders als im Widerspruchsverfahren (siehe Art 42 (2), der nur auf den Zeitraum vor der Veröffentlichung der angegriffenen GMA abstellt), ist somit im Fall einer schon längere Zeit eingetragenen Marke ein doppelter Benutzungsnachweis erforderlich. Er hat zur Folge, dass es in einem auf relative Gründe gestützten Nichtigkeitsverfahren dem Inhaber der jüngeren GM nicht zum Nachteil gereicht, dass es nach der Veröffentlichung der Anmeldung seiner GM nicht zu einem Widerspruchsverfahren gekommen war, falls die ältere Marke seinerzeit mangels rechtserhaltender Benutzung löschungsreif war und diese Löschungsreife erst durch anschließende Benutzung geheilt wurde.      **11**

---

4  HABM-BK R 070/2004-4 vom 17.1.2006, *OLD RIVER/OLD RIDEL.*
5  HABM-BK R 1455/2008-2 vom 13.7.2009 (Nr 15f) *GASOLINE.*
6  EuG T-450/07 vom 12.6.2009 (Nr 25f) *Pickwick/Pick OuiC.*

12  Wenn der Antragsteller nach Abs 2 oder 3 den Benutzungsnachweis zu führen hat, setzt ihm das Amt gemäß R 40 (6) eine Frist zur Beweisführung, anderenfalls der Nichtigkeitsantrag zurückgewiesen wird. Weil der Antragsteller
gemäß Art 56 (1) – ggf iVm Art 41 (1) – nicht der von Abs 2 in Bezug genommene Inhaber der geltend gemachten älteren GM oder nationalen Marke (bzw eines sonstigen Kennzeichenrechts iSv Art 8 (4) oder sonstigen
Rechts iSv Art 53 (2)) sein muss, dieser aber nicht zwangsläufig Kenntnis
vom Nichtigkeitsantrag und der Aufforderung des Amtes gemäß R 40 (6)
hat, ist der Begriff des Inhabers der älteren Marke im Sinne der nach Art 56
(1) (b) und (c) aktivlegitimierten Personen zu verstehen.

### 4  Benutzungsnachweis im Verfallsverfahren

13  Das Verlangen des Inhabers einer angegriffenen GM, der Inhaber der geltend
gemachten älteren Marke möge im Falle des Vorliegens der zeitlichen Voraussetzungen die rechtserhaltende Benutzung der älteren Marke nachweisen,
stellt – ebenso wie das Verlangen nach dem Benutzungsnachweis im Widerspruchsverfahren nach Art 42 (2) oder (3) – eine Verteidigungsmaßnahme
dar. Ganz anders liegt es bei einem auf mangelnde Benutzung gestützten
Verfallsantrag gemäß Art 51 (1) (a), der einen Angriff gegen den Rechtsbestand einer eingetragenen GM darstellt, unabhängig davon, ob er durch
die Geltendmachung von Rechten aus der GM gegen den Antragsteller oder
ihm verbundene Dritte provoziert worden war. Die Kriterien für eine rechtserhaltende Benutzung sind aber in beiden Fällen die gleichen. Welche dies
sind, regelt Art 15. Insbesondere ist eine Benutzung der Marke in der eingetragenen Form, für die von der Marke geschützten Waren oder Dienstleistungen und in einer Art und Intensität, die eine »ernsthafte« Benutzung darstellt, erforderlich.[7]

14  Welch hohe Anforderungen an den Umfang, die Vollständigkeit, die Aus-
sagegenauigkeit und den Beweiswert der als Benutzungsnachweise vorzulegenden Unterlagen gestellt werden, machen beispielshalber zwei BK-Entscheidungen aus dem Jahre 2009 anschaulich. Ihre Lektüre sollte jedem mit
einem Verfallsantrag wegen unzureichender Benutzung angegriffenen GM-
Inhaber verdeutlichen, dass ein derartiges Verfahren nicht auf die leichte

---

7  Eine Musterlieferung von 500 Spielzeug-Ballons an einen präsumptiven Händler
genügt nicht: HABM-BK R 249/2008-4 vom 27.2.2009 (Nr 16f) *AMAZING
ELASTIC PLASTIC II.*

Schulter genommen werden darf, und dass es unbedingt erforderlich ist, jedwede Benutzung von GMn zeitnah und ausreichend zu dokumentieren, um ggf für eine später notwendig werdende Dokumentation ausreichend gewappnet zu sein.[8] Zu weiteren Einzelheiten vgl auch Art 15 Rdn 69f.

Die Neufassung der R 40 gibt dem Amt auf, im Falle eines Antrags auf Verfallserklärung nach Art 51 (1) (a) dem GM-Inhaber eine Frist zum Nachweis der ernsthaften Benutzung seiner Marke zu setzen, anderenfalls die GM verfällt (R 40 (5)).    15

## 5 Verfahrensablauf

Der Ablauf des Nichtigkeitsverfahrens entspricht weitgehend dem des Widerspruchsverfahrens mit Ausnahme der »cooling-off«-Frist nach R 18 (1), die es im Nichtigkeitsverfahren nicht gibt. Dies führt zu einem insgesamt elastischeren Verfahrensablauf, bei dem die Vorprüfung auf Zulässigkeitshindernisse nicht die gleiche praktische Bedeutung hat wie im Widerspruchsverfahren. Allerdings gilt für das Nichtigkeitsverfahren die Regel, dass der Antrag erst dann dem Inhaber der GM zugestellt wird, wenn der Antrag für zulässig befunden wurde (R 40 (1); für das Widerspruchsverfahren siehe R 16a). Davon abgesehen ergeben sich aus der Wortgleichheit des Art 57 (1) mit Art 42 (1) und der weitreichenden Übereinstimmung der einschlägigen Regeln so viele Parallelen, dass auf die Erläuterungen zu Art 42 verwiesen werden kann. Wie im Widerspruchsverfahren ist auch im Nichtigkeitsverfahren das Amt gemäß R 41 iVm R 21 berechtigt, mehrere Nichtigkeits- oder Verfallsanträge, die jeweils dieselbe GM betreffen, im Rahmen eines gemeinsamen Verfahrens zu bearbeiten und die Verfahren ggf aber auch später wieder zu trennen. Auch die Aussetzung von Nichtigkeits- oder Verfallsverfahren ist ebenso wie die Aussetzung von Widerspruchsverfahren dann möglich, wenn anderweitige Verfahren vorgreiflich sind oder die Aussetzung aus anderen Gründen geboten erscheint (siehe R 20 (7)).    16

Das Amt kann nach Art 57 (4) den Beteiligten eine Einigung anraten; das dürfte mit einem Vorschlag für eine gütliche Einigung oder zumindest Fingerzeigen einhergehen (vgl Art 42).[9]    17

---

8 HABM-BK R 991/2008-1 vom 14.5.2009 *RED BULL*; HABM-BK R 1933/2007-1 vom 28.5.2009 *HOOTERS*.
9 Vgl HABM-BK R 324 und 325/2007-2 vom 15.6.2009 (Nr 12) *VIKING*.

**18**   Auch Art 57 (5) entspricht Art 42 (5). Sind die geltend gemachten Verfalls-
oder Nichtigkeitsgründe nur für einen Teil der Waren und Dienstleistungen
der angegriffenen GM begründet, so ist die GM nur für diese Waren und
Dienstleistungen (teilweise) für verfallen oder nichtig zu erklären. Das ergibt
sich auch aus den materiellen Vorschriften der Art 51 (2), 52 (3) und 53 (5).
Der Antragsteller kann auch von vornherein seinen Nichtigkeits- oder Verfallsantrag nur gegen einen Teil der Waren und Dienstleistungen richten, die
in der angegriffenen GM enthalten sind. In diesem Fall ist dem Amt die Prüfung und Nichtigerklärung der anderen, nicht angegriffenen Waren und
Dienstleistungen nach Art 76 (1) verwehrt; dies gilt auch für Anträge auf
Nichtigerklärung aus absoluten Gründen. Auch insoweit ist das Amt an den
Antrag gebunden; »ne ultra petita«.

### 6  Prüfung und Entscheidung

**19**   Ungeachtet der prozessualen Gleichbehandlung der absoluten und relativen
Nichtigkeitsgründe sowie der Verfallsgründe ist deren unterschiedliche Stellung im System der GM zu bedenken. Während Dritte die Möglichkeit haben, relative Eintragungshindernisse (mit Ausnahme der sonstigen älteren
Rechte gemäß Art 53 (2)) im Wege des Widerspruchs (Art 41, 42) vor der
Eintragung einer GM geltend zu machen – was eine »Wiederholung« durch
einen auf Art 53 gestützten Nichtigkeitsantrag nicht hindert –, können absolute Eintragungshindernisse von Dritten nur im Wege des Nichtigkeitsantrages gemäß Art 52 gegen die bereits eingetragene GM ins Feld geführt werden. Bis dahin beurteilt allein der Prüfer des Amtes (bzw anschließend die
Beschwerdekammer) die absolute Schutzfähigkeit einer angemeldeten Marke
im Lichte des Art 7 und im Rahmen seines Beurteilungsspielraums. Die
Nichtigkeitsabteilung sieht sich daran gehindert, diesen Spielraum anders zu
nutzen als der Prüfer, es sei denn, dass die Entscheidung des Prüfers nachweislich auf unzureichenden Grundlagen beruhte.[10]

**20**   Im Falle »PROTEOMICS« (Kl. 9, 10, 35, 42) hatte die Nichtigkeitsabteilung den auf absolute Eintragungshindernisse gestützten Antrag abgewiesen.
Die HABM-BK gab ihm statt, nachdem die Antragstellerin zusätzliches Beweismaterial vorgelegt hatte.[11] Ein ähnlicher Verfahrens- und Entschei-

---

10  HABM-NA C-172734/1 vom 31.1.2000, Mitt. 2000, 302 *Mörser und Stößel*.
11  HABM-BK R 397/2000-1 vom 19.12.2000, ABl-HABM 2001, 1504 *PROTEO-
MICS*.

dungsverlauf ist dem Fall »THIOPLATIN« zu entnehmen.[12] Rechtskräftig zurückgewiesen wurde von der Nichtigkeitsabteilung der auf Art 52 (1) (a) iVm Art 7 (1) (a), (b) und (c) gestützte Antrag gegen die GM »TEEKAMPAGNE«, weil die Marke ausreichend unterscheidungskräftig sei.[13] In gleicher Weise wurde bezüglich »AROMATONIC« entschieden.[14]

Im letztgenannten Verfahren spielte auch der – ebenfalls einen absoluten 21 Nichtigkeitsgrund[15] darstellende – Vorwurf der Bösgläubigkeit des Inhabers der GM bei ihrer Anmeldung eine Rolle. Das galt ferner für weitere Verfahren vor der Nichtigkeitsabteilung, wie die Fälle »TRILLIUM«[16] und »Be Natural«,[17] deren Entscheidungsgründen die Auffassung des Amtes zum Rechtsbegriff der Bösgläubigkeit im Gemeinschaftsmarkenrecht zu entnehmen ist (siehe auch Art 52 Rdn 10 und Art 54 Rdn 20).

Im Falle »INTERTOPS« war der Antrag auf Art 7 (1) (f) iVm Art 52 (1) (a) 22 gestützt mit dem Argument, die von der angegriffenen GM geschützten Dienstleistungen »Sportwetten« verstießen gegen die öffentliche Ordnung, weil sie in Deutschland unzulässig seien. Die Nichtigkeitsabteilung und die Beschwerdekammer haben das verneint.[18]

Zu den Formerfordernissen und den Prüfungskriterien eines auf ältere Bild- 23 marken als relative Eintragungshindernisse gestützten Nichtigkeitsantrags enthält die »Mastercard/Regents Associates«-Entscheidung zahlreiche Einzelheiten.[19] Rechtskräftig wurde die GM »THE CHALLENGER AGENCY« aufgrund der älteren spanischen Marke »CHALLENGE« und des dasselbe Zeichen enthaltenden Firmennamens (älteres Kennzeichenrecht iSv Art 8 (4)) in einem auf die relativen Nichtigkeitsgründe des Art 53 (1) (a) und (c)

---

12  HABM-BK R 564/2004-1 vom 10.2.2005 *THIOPLATIN*.

13  HABM-NA C-225250/1 vom 11.9.1999, Mitt. 2000, 116 *TEEKAMPAGNE*.

14  HABM-NA C-670042/1 vom 3.5.2001, Mitt. 2001, 319 *AROMATONIC*.

15  Art 52 (1) (b).

16  HABM-NA C-5344/1 vom 28.3.2000, Mitt. 2001, 224 *TRILLIUM* mit Anm Meister.

17  HABM-NA C-479899/1 vom 25.10.2000, Mitt. 2001, 225 *BE NATURAL* mit Anm Meister.

18  HABM-BK R 338/2000-4 vom 21.2.2001 GRUR 2002, 897 = ABl-HABM 2002, 1972 *INTERTOPS*.

19  HABM-BK R 264/2002-4 vom 25.2.2004, *Mastercard/Regents Associates*.

gestützten Antrag für nichtig erklärt.[20] Gleiches widerfuhr der GM »ROC-CO BAROCCO« aufgrund der nationalen Marke »ROCO BAROCO«;[21] der GM »AROMACOSMETIQUE« aufgrund einer identischen nationalen Marke,[22] der GM »TIERRAS DEL CAFE JURADO« aufgrund nationaler Marken mit dem Bestandteil »JURADO«,[23] und der GM »FUSION« für »audio, video, and security equipment for vehicles« aufgrund einer identischen GM für »motor land vehicles and parts and fittings therefor«.[24] Hingegen wurde die bildlich und farbig ausgestattete GM »bank 24.dk« mangels Verwechslungsgefahr nicht aufgrund der international registrierten Marke »BANK 24« für nichtig erklärt.[25]

24  Gegen die Entscheidung der Nichtigkeitsabteilung ist das Rechtsmittel der Beschwerde gegeben. Wird deren Einlegung oder Begründung verfristet, so wird sie zurückgewiesen. Zur Wiedereinsetzung siehe EuG T-366/04 vom 6.9.2006 *Hensotherm.*

---

20  HABM-NA C-533182/1 vom 2.7.2001, ABl-HABM 2002, 152 *THE CHALLENGER AGENCY.*

21  HABM-BK R 723/2001-2 vom 16.12.2003 *ROCCO BAROCCO/ROCO BAROCO.*

22  HABM-BK R 039/2002-4 vom 11.3.2004 *AROMACOSMETIQUE.*

23  HABM-BK R 157/2005-2 vom 24.4.2006 *JURADO.*

24  HABM-BK R 991/2002-2 vom 17.11.2003 *FUSION* (EuG angefochten T-21/04).

25  HABM-BK R 1011/2001-1 vom 11.6.2002 *BANK 24.*

# Titel VII  Beschwerdeverfahren

## Artikel 58 (ex Artikel 57)  Beschwerdefähige Entscheidungen

(1) Die Entscheidungen der Prüfer, der Widerspruchsabteilungen, der Markenverwaltungs- und Rechtsabteilung und der Nichtigkeitsabteilungen sind mit der Beschwerde anfechtbar. Die Beschwerde hat aufschiebende Wirkung.

(2) Eine Entscheidung, die ein Verfahren gegenüber einem Beteiligten nicht abschließt, ist nur zusammen mit der Endentscheidung anfechtbar, sofern nicht in der Entscheidung die gesonderte Beschwerde zugelassen ist.

*Schennen*

## 1 Allgemeines

Als Rechtsweg gegen Entscheidungen des HABM steht die Beschwerde zu  1 den Beschwerdekammern sowie im Falle der Zurückweisung der Beschwerde der weitere Rechtsweg zum EuG (Art 65) und gegebenenfalls zum EuGH zur Verfügung. Die Beschwerdekammern sind Bestandteil des Amtes (Art 135, 136) und bilden gegenüber dem System der gerichtlichen Kontrolle durch das EuG und den EuGH mit dem Amt eine Einheit.[1] Die Beschwerde eröffnet grundsätzlich, dh im Rahmen der Beschwer und der gestellten Anträge und soweit nicht Vortrag als verspätet ausgeschlossen ist, eine vollständige Überprüfung der erstinstanzlichen Entscheidung des HABM in rechtlicher und tatsächlicher Hinsicht[2] in einem Verwaltungsver-

---

1  EuG T-163/89 vom 8.7.1999, ABl-HABM 1999, 1468 *Baby-Dry.*
2  EuGH C-029/05 vom 13.3.2007 (Nr 57) *Kaul;* EuG T-308/01 vom 23.9.2003, ABl-HABM 2003, 2388 (Nr 32, 34) *Kleencare/Carclean;* EuG T-215/03 vom 22.3.2007, GRUR Int 2007, 730 (Nr 96, 99) *Vips/Vips.*

fahren, für das die allgemeinen Verfahrengrundsätze der GMV und der DV gelten, sofern nicht die VerfOBK und Art 136 (Unabhängigkeit der Mitglieder der BK) besondere Regeln enthalten.

2 Jedoch bestimmt Art 58, dass die Beschwerde nicht gegen sämtliche Akte des HABM eröffnet ist, sondern nur gegen Entscheidungen der Prüfer, der Widerspruchsabteilungen, der Nichtigkeitsabteilungen und der Marken- und Musterverwaltungs- und Rechtsabteilung. Ferner muss nach Art 58 (2) eine der beiden folgenden Voraussetzungen vorliegen:
   – es muss sich um eine Entscheidung, die das Verfahren beendet, handeln,
   – oder es muss die erstinstanzliche Entscheidung die Beschwerde ausdrücklich zugelassen haben.

3 Die Beschwerde hat aufschiebende Wirkung (Art 58 (1) Satz 2), was bedeutet, dass die in der erstinstanzlichen Entscheidung angeordnete Maßnahme noch nicht vollzogen werden darf und eine zurückgewiesene Anmeldung oder ein durch Sachentscheidung beendetes Widerspruchsverfahren im Falle der Einlegung der Beschwerde weiter anhängig bleibt. Dies bedeutet insbesondere, dass während der Anhängigkeit der Beschwerde – bis zum rechtskräftigen Abschluss des Beschwerdeverfahrens – sämtliche sonstigen Verfahrenshandlungen zu einer GM oder GMA weiter wirksam vorgenommen werden können, zB die Erklärung der Zurücknahme oder des Verzichts, der Antrag auf Eintragung von Rechtsübergängen oder Lizenzen und die Zahlung von Gebühren.

## 2 Begriff der beschwerdefähigen Entscheidung

4 Was ex-parte-Verfahren angeht, so unterscheiden die GMV und die DV durchgängig zwischen Mitteilungen, mit denen dem Anmelder oder Inhaber der GM eine Frist zur Vorlage von Nachweisen, zur Einreichung einer Stellungnahme oder zur Beseitigung von Mängeln gesetzt wird, und einer Entscheidung; das Verfahren ist stets zweistufig in dem Sinne, dass der Entscheidung in der Sache stets ein Schriftwechsel mit dem Verfahrensbeteiligten vorauszugehen hat (siehe zB R 11 (1) und (3), R 9 (3) und (4), R 45 (3) Satz 1 und Satz 2). Nur die abschließende Entscheidung ist beschwerdefähig, nicht die vorangegangene Mitteilung oder der Mängelbescheid. Eine Mitteilung, mit dem der Anmelder lediglich Gelegenheit gegeben wird, eine Stellungnahme einzureichen, unterliegt eindeutig nicht der Beschwerde. Eine solche Beschwerde ist unzulässig; sie kann auch nicht in eine Beschwerde ge-

gen die anschließend erlassene Entscheidung umgedeutet werden,[3] und das Prüfungsverfahren ist fortzusetzen,[4] ggf unter Einbeziehung des als Beschwerde Vorgetragenen.

Was eine Entscheidung im Sinne des Art 58 (1) ist, ergibt sich ferner aus R 52 und R 54. Da eine Rechtsmittelbelehrung nicht notwendiger Bestandteil einer Entscheidung ist (R 52 (2)), ist eine Entscheidung schon immer dann mit der Beschwerde anfechtbar, wenn sie als solche bezeichnet ist, unabhängig davon, ob sie die Kriterien des Art 58 (2) erfüllt, das Verfahren gegenüber dem betreffenden Beteiligten abzuschließen, oder wenn sie den äußeren Anschein einer beschwerdefähigen Entscheidung setzt.[5]

Umgekehrt ist eine Maßnahme dann beschwerdefähig, wenn sie, ohne als Entscheidung gekennzeichnet zu sein, in der Sache eine Entscheidung darstellt und eine den Verfahrensbeteiligten belastende abschließende Regelung trifft. Auch ein lediglich als »Bescheid« überschriebenes Schreiben ist eine beschwerdefähige Entscheidung, wenn es nach seinem materiellen Inhalt nach eine Entscheidung darstellt.[6] Grund hierfür ist, dass es nicht formal auf die Bezeichnung als »Entscheidung« ankommt, sondern auf den Regelungsgehalt; an diesem muss sich das HABM festhalten lassen, und dieser kann grundsätzlich in Rechtskraft erwachsen, sofern er nicht angefochten ist. Dies gilt jedoch nur dann, wenn die Entscheidung durch die Art ihrer Diktion den Eindruck vorgibt, eine abschließende Regelung eines Sachverhalts herbeizuführen. Keine Entscheidungen sind bloße Schreiben, mit denen das Amt seine Auffassung in einer bestimmten Sache darlegt. Dies gilt insbesondere für Schreiben, mit denen der Erlass einer Maßnahme, die im Gesetz nicht vorgesehen ist bzw an der der Antragsteller nicht beteiligt sein kann, abgelehnt wird. Beispielsweise kann der Dritte, dem ausdrücklich die Beteiligtenstellung im Prüfungsverfahren verwehrt ist (Art 40 (1) Satz 2), sich nicht dadurch doch noch in das Verfahren einschalten, dass er eine Mitteilung des Amtes über die Behandlung seiner Drittbemerkungen erzwingt.[7] Beispielsweise kann ein Dritter nicht dadurch ein Beschwerdeverfahren erzwingen, dass er die Eintragung einer GM für einen anderen (Art 45, R 23)

---

3  HABM-BK R 591/1999-3 vom 22.6.2000 (Nr 20) *OPTIMAL MARKET.*
4  HABM-BK R 962/2010-1 vom 8.7.2010 (Nr 9, 12) *GREENPOWER UPS.*
5  Ströbele/Knoll, MarkenG, § 66 Rn 8.
6  JurBK EPA, ABl-EPA 2002, 432, Nr 1.1.1.
7  HABM-BK R 818/2004-2 vom 11.2.2005 *CHILENO SHIRAZ CABERNET.*

anficht oder einen im Gesetz nicht vorgesehenen Antrag auf Widerruf der Eintragung stellt.[8] Ein Dritter kann also nicht dadurch, dass er etwas nicht Vorgesehenes beantragt, das nicht vorgesehene Verfahren sozusagen selbst schaffen.

7   Eine Sonderregelung enthält R 54 (Feststellung eines Rechtsverlustes). Ergibt sich ein Rechtsverlust, ohne dass eine Entscheidung ergangen ist, so wird dies dem Betroffenen mitgeteilt, ohne dass diese Mitteilung bereits Entscheidungscharakter hat (R 54 (1)). Er muss dann nach Erhalt dieser Mitteilung innerhalb von zwei Monaten eine beschwerdefähige Entscheidung beantragen (R 54 (2)); ist jedoch das HABM der Auffassung, dass der Verfahrensbeteiligte Recht hatte, so ergeht keine förmliche Entscheidung, sondern es wird lediglich die Mitteilung über die Feststellung des Rechtsverlusts »berichtigt«, dh durch eine Mitteilung mit entgegengesetztem Inhalt ersetzt.

8   Es ist untunlich, eine erste Entscheidung durch eine nachfolgende Entscheidung zu ersetzen, ergänzen oder zu wiederholen. Eine Entscheidung bestätigt lediglich eine frühere Entscheidung, wenn sie kein neues Element enthält und ihr keine erneute Prüfung der Sach- und Rechtslage vorausgegangen ist. Eine Entscheidung, durch die lediglich eine frühere, nicht fristgerecht angefochtene Entscheidung bestätigt wird, keine anfechtbare Handlung dar. Eine Beschwerde gegen eine solche bestätigende Entscheidung ist für unzulässig zu erklären, um nicht die Frist für die Klage gegen die bestätigte Entscheidung wieder aufleben zu lassen.[9]

9   Es gelten drei Ausnahmen: War die erste Entscheidung noch nicht rechtskräftig geworden, so kann der Verfahrensbeteiligte entweder die erste Entscheidung oder die bestätigende Entscheidung oder beide angreifen.[10] Wird eine Entscheidung ein zweites Mal zugestellt, weil sie den anderen Verfahrensbeteiligten nicht erreicht hat, so steht dies einer zweiten Entscheidung gleich mit der Folge, dass für die Beschwerdefrist für beide Verfahrensbeteiligte das Datum der zweiten Zustellung maßgeblich wird.[11] Eine zweite Ent-

---

8   HABM-BK R 1206/2004-1 vom 24.2.2006 (Nr 33–40) *JURADO*.

9   EuG T-157/08 vom 8.2.2011 (Nr 39) *Insulate for life* – mit Nachweisen aus der Rspr des EuGH; HABM-BK R 1206/2004-1 vom 24.2.2006 (Nr 45) *JURADO*.

10   HABM-BK R 016/1997-3 vom 10.9.1998 *CAMPUS TALK*.

11   HABM-BK R 1498/2010-4 vom 16.12.2010 (Nr 14) *REGINE'S/REGINA DETECHA*.

scheidung in diesem Sinne liegt nur vor, wenn die Anträge, die Angriffs- und Verteidigungsmittel, das Vorbringen sowie die relevanten tatsächlichen und rechtlichen Elemente, die für den Tenor der Entscheidung bestimmend waren, identisch waren.[12]

Der Fehler in diesen Fallkonstellationen liegt auf der Ebene der ersten Instanz. Das Nachschieben oder Ausbessern von Entscheidungen ist unbedingt zu vermeiden. Stattdessen wäre der Verfahrensbeteiligte darauf hinzuweisen, dass das Verfahren mit Erlass der Entscheidung seinen Abschluss gefunden hat, sofern der Verfahrensbeteiligte diese Entscheidung nicht anficht. Auch Entscheidungen darüber, ob eine frühere Mitteilung Entscheidungscharakter hatte oder nicht, sind unbedingt zu vermeiden; dies wäre von der HABM-BK autonom zu beurteilen. Im Falle der fehlenden Begründung besteht das korrekte Verfahren darin, dass der Beteiligte gegen die nicht begründete Entscheidung Beschwerde einlegt und diese daraufhin wegen Begründungsmangel nach Art 75 aufgehoben und die Beschwerdegebühr gemäß R 51 erstattet wird. **10**

Keine beschwerdefähige Entscheidung liegt vor, wenn die ursprüngliche Entscheidung lediglich nach R 53 berichtigt wird.[13] Das gilt auch dann, wenn die Widerspruchsabteilung zunächst angekündigt hatte, die Entscheidung zu widerrufen, dann aber doch zur Berichtigung nach R 53 griff.[14] **11**

### 3 Gesonderte Zulassung der Beschwerde

Voraussetzung für die Beschwerdefähigkeit ist nach Art 58 (2) ferner, dass die Entscheidung gegenüber dem Beteiligten das Verfahren zum Abschluss bringt. Bloße Zwischenentscheidungen sind somit nicht mit der Beschwerde anfechtbar, es sei denn, die Beschwerde wird gesondert zugelassen. Der Begriff »Entscheidung, die ein Verfahren gegenüber einem Beteiligten abschließt« wird weit ausgelegt. Kriterium ist grundsätzlich, ob die Entscheidung bloß Vorfrage ist oder ob sie im späteren Verlauf des Verfahrens erneut bestätigt wird. Wenn die Entscheidung dem späteren Verlauf des Verfahrens zu Grunde gelegt wird, ohne dass ihr Inhalt erneut überprüft wird, so liegt eine abschließende Entscheidung vor, und es ist die Beschwerde gegeben. **12**

---

12 EuG T-157/08 vom 8.2.2011 (Nr 32) *Insulate for life.*
13 HABM-BK R 255/2005-2 vom 30.11.2005 (Nr 23) *EFG-HERMES/EFG.*
14 HABM-BK R 2030/2010-4 vom 6.6.2011 (Nr 15-18) *PEPPABY/PEPPADEW.*

**13** Dies ist zB der Fall, wenn der Prüfer einen vom Begehren des Anmelders abweichenden Anmeldetag festsetzt; diese Entscheidung ist mit der Beschwerde anfechtbar.[15]

**14** Eine beschwerdefähige Entscheidung ist auch die Zurückweisung eines Senioritätsanspruchs.[16] Das gleiche gilt für eine Entscheidung, mit der die Änderung der GMA abgelehnt wird.[17]

**15** Als Entscheidungen, die gemäß Art 58 (2) nicht selbstständig mit der Beschwerde anfechtbar sind, bleiben somit praktisch nur reine Zwischenentscheidungen und verfahrensleitende Maßnahmen über. Nicht selbstständig anfechtbare Zwischenentscheidungen sind etwa Entscheidungen über die Gewährung einer Weiterbehandlung,[18] die Ablehnung der Aussetzung des Verfahrens[19] oder die Ablehnung eines Mitglieds der Widerspruchs- oder Nichtigkeitsabteilung nach Art 137 (siehe unter Art 137 Rdn 20). Hier bedarf es der ausdrücklichen Zulassung der Beschwerde. Enthält die Entscheidung des Prüfers eine Rechtsmittelbelehrung, so ist dies im Zweifel als Zulassung der gesonderten Beschwerde auszulegen;[20] siehe auch oben unter Rdn 5.

## 4 Aufschiebende Wirkung

**16** Die aufschiebende Wirkung der Beschwerde ist im weitesten Sinne zu verstehen und nicht lediglich im Sinne einer bloßen Vollzugshemmung. Vielmehr treten die Rechtsfolgen der angefochtenen Entscheidung einstweilen nicht

---

15 HABM-BK R 010/1997-3 vom 8.7.1998 *ALL AMERICANP LAN*; HABM-BK R 016/1997-3 vom 10.9.1998 *CAMPUS TALK*; HABM-BK R 002/1999-3 vom 9.9.1999 *DISHDRAWER*; HABM-BK R 878/1999-2 vom 21.9.2000 (Nr 11) *K 5*.

16 HABM-BK R 005/1997-1 vom 15.5.1998 *BATMARK*; Casado, S 451.

17 HABM-BK R 219/1998-1 vom 24.3.1999, ABl-HABM 1999, 1020 *TELEYE*; HABM-BK R 117/1998-1 vom 16.11.1998 *BLUE WATER/BLUEWATER*; HABM-BK R 006/2002-3 vom 26.6.2002, MarkenR 2002, 241 (Nr 13) *BIOGENERIX*.

18 HABM-BK R 172/2008-G vom 14.10.2009 (Nr 35) *VISTA/VISTAR*.

19 HABM-BK R 1169/2006-4 vom 23.11.2006 (Nr 14) *MYTHBUSTERS/MYTHBUSTERS*.

20 HABM-BK R 006/2002-3 vom 26.6.2002, MarkenR 2002, 241 (Nr 14) *BIOGENERIX*.

ein. Insbesondere bedeutet dies, dass die GMA anhängig bleibt oder der Widerspruch anhängig bleibt. Dies bedeutet auch, dass die betreffende GMA oder GM in anderen Verfahren weiterhin als anhängige Anmeldung oder eingetragene Marke zu Grunde zu legen ist. Es sind auch etwa zwischenzeitlich fällig werdende Verlängerungsgebühren zu entrichten.[21] Schließlich tritt, solange die Rechtskraft noch nicht eingetreten ist, der Res-iudicata-Effekt nach Art 100 (2) und Art 56 (3) nicht ein. Ferner bleibt die Wirkung nach Art 32 bestehen, und die Umwandlung ist bis zum Eintritt der Rechtskraft ausgeschlossen (Art 112 (4)). Bis zum Eintritt der Rechtskraft kann die Kostenentscheidung und die Kostenfestsetzung nicht vollstreckt werden.[22] Aufschiebende Wirkung bedeutet dagegen nicht, dass die angefochtene Entscheidung als nicht existent anzusehen sei; insbesondere kann die angefochtene Entscheidung nach Einlegung der Beschwerde nicht mehr von der 1. Instanz, sondern nur von der HABM-BK aufgehoben werden.[23]

Bei teilweiser Beschwerde wird der nicht angefochtene Teil bereits rechtskräftig, kann also zB auch von der BK nicht mehr geändert werden; zwar kann die GMA nicht veröffentlicht oder eingetragen werden, außer im Fall der Teilung (Art 44, 49), doch kann der nicht angefochtene Teil bereits umgewandelt werden (siehe unter Art 112 Rdn 25). Diese teilweise Rechtskraft tritt ein:  **17**

– wenn in 1. Instanz beide Parteien teilweise obsiegt haben, hinsichtlich der Waren und Dienstleistungen, für die der obsiegende Teil keine Beschwerde eingelegt hat (Beispiel: Dem Widerspruch wird gegen Klasse 1 stattgegeben, gegen Klasse 2 nicht; nur der Anmelder legt Beschwerde ein; die Zurückweisung des Widerspruchs für Klasse 2 wird rechtskräftig, die GMA kann aber erst nach Entscheidung über Klasse 1 veröffentlicht werden);

– wenn nur gegen einen Teil der Waren und Dienstleistungen Beschwerde eingelegt wurde (Beispiel: Der Widerspruch bleibt gegen Klasse 1 und 2 erfolglos; der Widersprechende legt nur gegen Klasse 1 Beschwerde ein; die Zurückweisung des Widerspruchs für Klasse 2 wird rechtskräftig).

---

21 Siehe Singer/Joos, Art 106 Rn 22.
22 Siehe Benkard/Schäfers, PatG, § 75 Rn 5.
23 HABM-BK R 323/2008–G vom 28.4.2009 (Nr 23) *BEHAVIOURAL INDEXING.*

**18**  Die aufschiebende Wirkung tritt bereits dann ein, wenn eine Beschwerde eingelegt und die Beschwerdegebühr gezahlt wurde, auch wenn die Beschwerde unzulässig ist.[24] Sie tritt jedoch dann nicht ein, wenn

– die Beschwerde unstatthaft ist, weil keine beschwerdefähige Entscheidung vorliegt (siehe oben unter Rdn 4–11);

– wenn der Statthaftigkeit der Beschwerde Art 58 (2) entgegensteht[25] (siehe oben unter Rdn 12–15);

– wenn die Entscheidung, gegen die sich die Beschwerde richtet, nicht identifiziert wurde;[26] in diesem Fall kann die Beschwerde keiner Entscheidung zugeordnet werden und auch keiner Entscheidung gegenüber aufschiebende Wirkungen entfalten;

– wenn die Beschwerdegebühr nicht[27] oder nach Fristablauf gezahlt wurde, was bedeutet, dass die Beschwerde als nicht eingelegt gilt, Art 60 Satz 2;[28]

– wenn nur teilweise Beschwerde eingelegt wurde, aber entgegen R 48 (1) (c) der Umfang der Beschwerde nicht angegeben wurde; sonst könnte nicht festgestellt werden, welcher Teil der Entscheidung bereits rechtskräftig ist;

– wenn die Beschwerdefrist abgelaufen ist; der Vollzug einer bereits rechtskräftig gewordenen Entscheidung darf nicht gehindert werden.[29]

**19**  Erst recht setzt die aufschiebende Wirkung voraus, dass überhaupt Beschwerde eingelegt wurde. Die bloße Möglichkeit, noch innerhalb der Beschwerdefrist Beschwerde einzulegen, ändert nichts. Ohne Einlegung einer Beschwerde sind somit nach Erlass der Entscheidung keine verfahrensbezogenen Erklärungen (zB Zurücknahme, Eintragung eines Rechtsübergangs) mehr wirksam möglich.[30]

---

24  Differenzierend Singer/Joos, Art 106 Rn 25.

25  Obiter dictum: HABM-BK R 1169/2006-4 vom 23.11.2006 (Nr 18) *MYTH-BUSTERS/MYTHBUSTERS.*

26  HABM-BK R 153/2009-4 vom 29.4.2009 (Nr 15) *CROWN ORIENTAL FOODS.*

27  HABM-BK R 1356/2010-4 vom 10.1.2011 (Nr 6) *VITACHRON MALE/VITAT-HION.*

28  HABM-BK R 722/2006-4 vom 8.3.2007 (Nr 23) *SUPERPOP/POP*; ebenso Ströbele/Knoll, MarkenG, § 66 Rn 51.

29  Ebenso – jedenfalls für den Fall offensichtlicher Verspätung – Benkard/Schäfers, PatG, § 75 Rn 3.

30  Dies übersehen HABM-BK R 331/2006-G vom 27.9.2006 *OPTIMA* und HABM-BK R 348/05 vom 1.12.2004 *BELEBT GEIST UND KÖRPER.*

## Artikel 59 (ex Artikel 58) Beschwerdeberechtigte und Verfahrensbeteiligte

Die Beschwerde steht denjenigen zu, die an einem Verfahren beteiligt waren, das zu einer Entscheidung geführt hat, soweit sie durch die Entscheidung beschwert sind. Die übrigen an diesem Verfahren Beteiligten sind am Beschwerdeverfahren beteiligt.

*Schennen*

Literatur:
*Marten*, Die Zulässigkeit der Anschlußbeschwerde vor den Beschwerdekammern des HABM, WRP 2012, 1500.

### 1 Allgemeines

Dieser Art regelt, wer Beschwerde einlegen kann und wer am Beschwerdeverfahren beteiligt ist. Die Beschwerdeberechtigung setzt eine materielle Beschwer voraus. Ferner ist an dem Beschwerdeverfahren der Beschwerdeführer sowie jeder andere Beteiligte des Ausgangsverfahrens beteiligt. Anders als im Klageverfahren nach Art 65 vor dem EuG ist die erste Instanz des Amtes am Beschwerdeverfahren nicht beteiligt. Dies entspricht dem Verfahren vor dem BPatG und den EPA-BKn. **1**

### 2 Beschwer

Die Beschwerdeberechtigung setzt voraus **2**
– die Beteiligung an dem Ausgangsverfahren und
– eine materielle Beschwer.

Nach klarer gesetzlicher Regelung (Art 40 (1) Satz 2, siehe dazu unter Art 40 **3**
Rdn 12) ist derjenige, der Bemerkungen Dritter gegen die Schutzfähigkeit der GMA gemäß Art 40 einreicht, am Prüfungsverfahren nicht beteiligt. Er kann deshalb gegen die Weigerung des Prüfers, solche Drittbemerkungen zu

berücksichtigen, keine Beschwerde einlegen. Die Beschwerdekammern haben wiederholt eine derartige Beschwerde eines Dritten als eindeutig unzulässig zurückgewiesen.[1]

4   Wer nicht am Ausgangsverfahren beteiligt war, kann keine Beschwerde einlegen.

5   Daran ändert sich auch nichts, wenn der Beschwerdeführer ein verbundenes Unternehmen ist.[2] Dessen Namen kann auch nicht durch eine Berichtigung nach Art 43 (2) gegen den Namen der Beteiligten des Ausgangsverfahrens ausgewechselt werden, und eine solche Auswechslung ist auch nicht durch R 48 (1) (a) erlaubt, da die Angabe der falschen Partei kein Formmangel ist.[3] Dies gilt erst recht, wenn der Unterschied zwischen der Bezeichnung des Beschwerdeführers und der der Partei des Ausgangsverfahrens nicht erklärt wird.[4]

6   Mit der Übertragung der Streitmarke geht auch die Beschwerdeberechtigung auf den neuen Inhaber über, denn mit der Einlegung der Beschwerde zeigt er, dass er das Verfahren anstelle des alten Inhabers fortführen will. Das gilt im Widerspruchsverfahren sowohl für die angegriffene GMA als auch für die ältere Marke. Jedoch muß der Rechtsübergang feststehen. Für die angegriffene Marke ist das Register maßgeblich. Den Rechtsübergang der älteren Marke muß der Beschwerdeführer als derjenige, der eine Beschwer geltend macht, ordnungsgemäß und von sich aus nachweisen.[5] Der Beschwerdeführer muß also nachweisen, warum der als Beschwerdeführer Auftretende mit der Partei des Ausgangsverfahrens identisch ist oder dessen Rechtsnachfolger ist.

7   Die materielle Beschwer setzt zunächst voraus, dass der Verfahrensbeteiligte in einem in der GMV vorgesehenen Verfahren in der ersten Instanz vor einer

---

1   HABM-BK   R 725/2001-3   vom   16.10.2002 *ÜLKER ALPELLA*;   HABM-BK R 818/2004-2 vom 11.2.2005 *CHILENO SHIRAZ CABERNET.*

2   HABM-BK R 1678/2007-1 vom 6.11.2008 (Nr 11f, 14) *RELAX LIGHT/RELAX.*

3   HABM-BK R 509/2008-4 vom 16.7.2009 (Nr 19ff) *CAMP CALIFORNIA/CAMP AMERICA.*

4   HABM-BK R 546/2009-4 vom 12.1.2010 (Nr 12–14) *MAJESTIC/MAJESTIC.*

5   EuGH C-053/11 vom 19.1.2012, GRUR Int 2012, 236 (Nr 55) *R 10* unter Aufhebung von EuG T-137/09 vom 24.11.2010, GRUR Int 2011, 160 (Nr 17, 28) *R10/R10.*

der in Art 58 (1) genannten Stellen weniger als von ihm beantragt zugesprochen bekommen hat.[6] Dies ist der Fall, wenn die Anmeldung, ein Antrag oder der Widerspruch des Beschwerdeführers ganz oder teilweise im Tenor der Entscheidung zurückgewiesen worden ist. Eine Untätigkeitsbeschwerde ist nicht statthaft.

Hat die erstinstanzliche Entscheidung den Beschwerdeführer nur teilweise **8** beschwert, so ist die Beschwerde nur hinsichtlich dieses Teils der Entscheidung eröffnet. So ist, wenn die Widerspruchsabteilung dem Widerspruch nur teilweise stattgegeben hat, der Anmelder hinsichtlich der übrigen angemeldeten Waren nicht beschwert; gegen deren Zulassung könnte nur der Widersprechende Beschwerde einlegen (siehe auch unter Art 58 Rdn 17).[7] Geschieht dies nicht, wird der übrige Teil rechtskräftig und ist dessen Überprüfung der HABM-BK verwehrt. Damit steht allerdings die Auslegung von Art 8 (3) VerfOBK in Widerspruch, mit der der EuG dem anderen verfahrensbeteiligten die Anfechtung des übrigen Teils im Laufe eines anhängigen Beschwerdeverfahrens zubilligt (fälschlich als Anschlussbeschwerde bezeichnet); siehe dazu Rdn 10 unten.

Die für den Beschwerdeführer schlechteste Entscheidung ist die, die Be- **9** schwerde zurückzuweisen (Verbot der reformatio in peius). Der Prüfungsumfang im Beschwerdeverfahren ist damit doppelt begrenzt: Einerseits durch den Antrag des Beschwerdeführers, welcher sich im Rahmen der materiellen Beschwer halten muß. Eine Beschwerde in dem Umfang, in dem dem erstinstanzlichen Antrag stattgegeben wurde, ist unzulässig. Wird also beispielsweise einem Widerspruch nur teilweise stattgegeben, so kann der Anmelder die Entscheidung nicht insgesamt anfechten, sondern nur insoweit, als sie sich auf die betr Waren bezieht.[8] Im Beschwerdeverfahren und später im Klageverfahren vor dem EuG (Art 65) ist der Gegenstand der Prüfung auf den Antrag beschränkt, der im Ausgangsverfahren gestellt wurde, soweit der Antrag noch aufrechterhalten ist und soweit er wirksam Gegenstand des Beschwerdeverfahrens geworden ist. Die HABM-BK darf also nicht über Waren entscheiden, gegen die sich der Widerspruch nie richtete oder gegen die

---

6 EuG T-194/05, Beschluss vom 11.5.2006, Slg 2006 II-1367 (Nr 22) *Teletech International*; siehe Singer/Joos, Art 107 Rn 18.

7 EuG T-504/09 vom 14.12.2011, GRUR 2012, 777 (Nr 51-55) *Völkl/Völkl*; von Mühlendahl/Ohlgart, S 194 f.

8 HABM-BK R 911/2005-4 vom 13.3.2006 (Nr 17) *DOPODOPO/DP DOPO*; von Mühlendahl/Ohlgart, S 195.

er wirksam im Laufe des Verfahrens zurückgenommen wurde.[9] Andererseits ist der Prüfungsumfang begrenzt durch den Tenor der angefochtenen Entscheidung. Wird durch die erstinstanzliche Anmeldung die GMA im Prüfungs- oder im Widerspruchsverfahren nur teilweise zurückgewiesen und legt dagegen der Anmelder Beschwerde ein, so ist der HABM-BK eine Entscheidung über die übrigen Waren und Dienstleistungen der Anmeldung verwehrt.[10] Der Verpflichtung zur vollständigen Prüfung in rechtlicher und tatsächlicher Hinsicht[11] besteht nur im Rahmen der gestellten Anträge und nur im Umfang der angefochtenen Entscheidung. Die HABM-BK ist nicht an tatsächliche oder rechtliche Wertungen der Parteien gebunden, doch sind die gestellten Anträge keine Tat- oder Rechtsfragen.

10 Also kann sich die Beschwerde nur gegen den Tenor der Entscheidung richten, nicht gegen die Gründe; eine Beschwerde des erstinstanzlich Obsiegenden, die nur darauf abzielt, eine unzutreffende Begründung der Entscheidung durch eine andere Begründung zu ersetzen, ist unstatthaft. Wird der Widerspruch zurückgewiesen, so ist der Anmelder nicht beschwert, wenn die Entscheidung der Widerspruchsabteilung ein falsches Warenverzeichnis zugrundegelegt hat.[12] Ist dem auf mehrere Widerspruchs- oder Nichtigkeitsgründe oder mehrere ältere Rechte gestützten Widerspruch oder Antrag insgesamt stattgegeben worden, so ist die Beschwerde des Obsiegenden, mit denen er jene weiteren Rechte oder Gründe weiterverfolgt, die das HABM für nicht relevant erklärt hat oder nicht geprüft hat, mangels Beschwer unzulässig.[13] Anderes gilt nur in Bezug auf das Löschungsverfahren, wenn sich die Rechtsfolgen der beantragten Löschung (Art 55 (1), (2), Effekt ex nunc oder ex tunc) unterscheiden und das HABM nur den Verfall, nicht aber die Nichtigkeit ex tunc ausgesprochen hat oder im Falle der Verfallserklärung nach Art 55 (1) Satz 2 ein späteres Datum als das beantragte festgesetzt hat.

11 Umgekehrt folgt aus der Verpflichtung zur vollständigen Prüfung in rechtlicher und tatsächlicher Hinsicht, dass der Beschwerdegegner sich auf alle älteren Marken und Widerspruchsgründe berufen kann, auch die, die die Widerspruchsabteilung abgelehnt oder gar nicht erst geprüft hat. Die

---

9 EuG T-392/04 vom 14.12.2006 (Nr 42-47) *Manu/Manou*.
10 EuG T-504/09 vom 14.12.2011, GRUR 2012, 777 (Nr 51-55) *Völkl/Völkl*.
11 EuGH C-029/05 vom 13.3.2007, GRUR 2007, 504 (Nr 57) *Kaul*; EuG T-215/03 vom 22.3.2007, GRUR Int 2007, 730 (Nr 99) *Vips/Vips*.
12 HABM-BK R 010/2004-1 vom 8.4.2005 (Nr 13) *PEGASO/PEGASUS*.
13 HABM-BK R 963/2009-4 vom 20.5.2010 (Nr 12-14) *HAMMER*.

HABM-BK kann und muß also die Entscheidung ggf auf andere ältere Rechte oder Widerspruchsgründe stützen oder, im Falle der Zurückweisung des Widerspruchs, alle diese – und nicht nur die von der Widerspruchsabteilung geprüften – verneinten.[14] So hat die GrBK es für zulässig befunden, dass der Beschwerdegegner sich auf aus der Umwandlung seiner zurückgewiesenen älteren GM hervorgegangene nationale Marken als Widerspruchsgründe berief.[15] Überhaupt muß die HABM-BK den gesamten Vortrag des Widersrechenden berücksichtigen, auch wenn er nicht ausdrücklich Gegenstand von Anträgen oder Einwendungen in der Beschwerdeinstanz ist.[16]

Aus Art 8 (3) VerfOBK wurde abgeleitet, dass der Beschwerdegegner auch **12** berechtigt ist, auch ohne selbst Beschwerde einzulegen und ohne selbst eine Beschwerdegebühr zahlen zu müssen, bei Teilstattgabe durch die Widerspruchsabteilung die Aufhebung der Entscheidung in dem Umfang, in dem er selbst beschwert ist, zu beantragen.[17] Wenn zB dem Widerspruch gegen 5 von 6 Klassen stattgegeben wurde, so soll danach, wenn der Widersprechende Beschwerde mit dem Ziel der Stattgabe auch gegen die 6. Klasse einlegt, der Anmelder als Beschwerdegegner, ohne eigene Beschwerde einzulegen, beantragen können, den Widerspruch insgesamt (auch gegen die Klassen 1-5) zurückzuweisen. Dies wird als Anschlußbeschwerde bezeichnet, ein Begriff, der in Art 8 (3) VerfOBK aber gar nicht vorkommt. Diese Auffassung kann aber weder erklären, wie die VerfOBK von Art 58 Satz 2 wonach die Zahlung einer Beschwerdegebühr Wirksamkeitserfordernis für die Beschwerde ist, derogieren kann, noch wie dann praktisch ex post die Teil-Rechtskraft der erstinstanzlichen Entscheidung entfallen soll. Deshalb wurde zuletzt, auch im Hinblick auf das Völkl-Urteil, an der Unzulässigkeit solcher Anträge des Beschwerdegegners festgehalten.[18] In der Tat ist nicht zu erkennen, was an einer Lösung, nach der derjenige, der allein Beschwerdegebühren aufwen-

---

14 EuG T-215/03 vom 22.3.2007, GRUR Int 2007, 730 (Nr 99, 109) *Vips/Vips.*

15 HABM-BK R 1313/2006-G vom 15.7.2008 (Nr 28-31) *CARDIVA/CARDI-MA.*

16 Vgl EuG T-278/10 vom 21.9.2012 (Nr 71f) *Western Gold/Wesergold* (zur erstinstanzlichen Berufung auf erhöhte Kennzeichnungskraft).

17 EuG T-084/08 vom 7.4.2011, GRUR Int 2011, 608 (Nr 23) *Comit/Comet*; HABM-BK R 1478/2009-1 vom 8.7.2010 *RHEINTALER.*

18 HABM-BK R 1114/2010-4 vom 10.7.2012 (Nr 21f) *PROSES/PROMESS*; ebenso Marten, WRP 2012, 1500.

det, schon das erstinstanzlich Erstrittene verlieren kann, dh mit seiner Gebühr eine Verschlechterung seiner Lage finanzieren würde, gerecht sein soll. In diesem Sinne erlaubt Art 8 (3) VerfOBK dem Beschwerdegegner eigene Anträge usw nur im Rahmen des Streitgegenstands der Beschwerde. Aus der Entscheidung der GrBK folgt nichts anderes: die Berücksichtigung des Vorbringens des Beschwerdeführers erfolgte dort nur im Umfang der von der Zurückweisung betroffenen Waren.[19] Zur Konstellation, dass der Beschwerdegegner den Tenor der angefochtenen Entscheidung angreifen will, enthält die Entscheidung der GrBK keine Festlegung. Die erforderliche vollständige neue Prüfung des Widerspruchs führt zwangsläufig zur Prüfung aller Punkte, die für dessen Stattgabe nötig sind, auch der ausdrücklich vom Beschwerdegegner gerügten. Art 8 (3) VerfOBK erklärt sich daraus, dass dies innerhalb der HABM-BKn zunächst keineswegs Konsens war, sondern die mit dem VIPS-Urteil[20] aufgehobene Entscheidung der HABM-BK widersinnigerweise vom erstinstanzlich Obsiegenden verlangt hatte, er müsse selbst Beschwerde einlegen, wollte er ihm ungünstige Feststellungen in der Begründung der erstinstanzlichen Entscheidung korrigiert wissen (siehe oben, Rdn 11). Bei vernünftiger Betrachtungsweise regelt Art 8 (3) VerfOBK nur, was sich aus den Urteilen VIPS und Kleencare ohnehin aus allgemeinen Rechtsgrundsätzen ergibt.

13  Die Beschwer hat sich auf das zu entscheidende Verfahren zu beziehen, nicht auf andere Verfahren oder hypothetische spätere Ereignisse. Es ist kein zulässiges Ziel einer Beschwerde, eine Feststellung in der angefochtenen Entscheidung anzugreifen, die nach Art 112 (2) die Umwandlung in nationale Anmeldungen ausschließt, denn Gegenstand des Widerspruchsverfahrens ist die Eintragung der angefochtenen GMA und nicht die Möglichkeit ihrer späteren Umwandlung.[21] Eventuelle Auswirkungen auf ein künftiges Umwandlungsverfahren betreffen eine unsichere und zukünftige Situation und begründen keine Beschwer.[22] Erst recht unzulässig ist eine Beschwerde, mit der Feststellungen der Begründung der angefochtenen Entscheidung deshalb an-

---

19  HABM-BK R 1313/2006-G vom 15.7.2008 (Nr 56) *CARDIVA/CARDIMA*.

20  EuG T-215/03 vom 22.3.2007, GRUR Int 2007, 730 (Nr 99, 109) *Vips/Vips*.

21  EuG T-194/05, Beschluss vom 11.5.2006, Slg 2006 II-1367 (Nr 22, 27, 30) *Teletech International*; HABM-BK R 437/2001-3 vom 5.9.2002 *MGM/MGM*.

22  EuG T-342/02 vom 16.9.2004, ABl-HABM 2004, 1356 (Nr 43) *MGM*; EuG T-194/05, Beschluss vom 11.5.2006 (Nr 29) *Teletech International*.

gefochten werden, weil sie negative Auswirkungen auf andere Streitverfahren hätten.[23]

### 3 Beteiligte am Beschwerdeverfahren

Beteiligte am Beschwerdeverfahren sind 14
– der Beschwerdeführer und
– der oder die anderen am Ausgangsverfahren Beteiligten.

Hierbei handelt es sich zB bei Beschwerde des Anmelders gegen eine Widerspruchsentscheidung um den Widersprechenden oder bei Beschwerde des Inhabers der GM gegen eine Entscheidung, die GM für nichtig zu erklären, um den Antragsteller des Löschungsverfahrens. Dies setzt voraus, dass die Beschwerde als eingelegt gilt, dh die Beschwerdegebühr gezahlt wurde, andernfalls die andere Partei des Widerspruchsverfahrens lediglich die Beschwerdeentscheidung erhält, aber nicht am schriftlichen Verfahren beteiligt wird.[24]

Diese Beteiligung ist automatisch. Die Beschwerde ist dem anderen Verfah- 15
rensbeteiligten zuzustellen; ihm muß Gelegenheit zur Stellungnahme zu der Beschwerde eingeräumt werden. Der Charakter des Widerspruchs- und Löschungsverfahrens als Inter-Partes-Verfahren bleibt somit vor der HABM-BK uneingeschränkt aufrechterhalten. Würde die HABM-BK es unterlassen, den anderen Verfahrensbeteiligten zu beteiligen, so würde dieser Verstoß gegen Art 59 Satz 2 den übergangenen Verfahrensbeteiligten berechtigen, im Klageverfahren gemäß Art 65 die Aufhebung der Entscheidung der HABM-BK ohne weitere Sachprüfung zu verlangen.

Der andere Verfahrensbeteiligte kann jedoch nicht über den Gegenstand 16
und Umfang der Beschwerde verfügen und hat kein Recht auf Fortsetzung des Beschwerdeverfahrens, wenn der Beschwerdeführer die Beschwerde zurücknimmt.

### 4 Stellung des Amtes

Das Amt (die erste Instanz) ist nicht Beteiligter am Beschwerdeverfahren. 17

---

23 TechnBK-EPA T 193/07 vom 11.5.2011.
24 HABM-BK R 771/2008-4 vom 13.5.2009 (Nr 32) *ROMUALD PRINZ SOBIES-KI/JAN III SOBIESKI*; HABM-BK R 1356/2010-4 vom 10.1.2011 (Nr 7) *VITA-CHRON MALE/VITATHION*.

**18** Jedoch kann die HABM-BK gemäß Art 11 VerfOBK von sich aus oder auf dessen Antrag den Präsidenten des Amtes einladen, sich zu Fragen von allgemeinem Interesse schriftlich oder mündlich zu äußern. Hierdurch wird der Präsident des HABM nicht Verfahrensbeteiligter; so steht ihm nicht das Recht zu, die Entscheidung der HABM-BK nach Art 65 anzufechten.[25]

## Artikel 60 (ex Artikel 59)  Frist und Form

**Die Beschwerde ist innerhalb von zwei Monaten nach Zustellung der Entscheidung schriftlich beim Amt einzulegen. Die Beschwerde gilt erst als eingelegt, wenn die Beschwerdegebühr entrichtet worden ist. Innerhalb von vier Monaten nach Zustellung der Entscheidung ist die Beschwerde schriftlich zu begründen.**

*Schennen*

### 1 Allgemeines

**1** Diese Bestimmung regelt die Form, die Frist und die Gebührenpflicht für die Beschwerde. Die Zustellung der angefochtenen Entscheidung setzt zwei Fristen in Gang, und zwar die Frist von zwei Monaten für die Einlegung der Beschwerde und die Frist von vier Monaten ab Zustellung der Entschei-

---

25  Vgl auch Benkard/Schäfers, PatG, § 76 Rn 1–5.

dung für die Begründung der Beschwerde. Innerhalb der Zweimonatsfrist für die Einlegung der Beschwerde muss die Beschwerdegebühr in Höhe von 800 Euro (Art 2 Nr 18 GebV) gezahlt werden; andernfalls gilt die Beschwerde als nicht eingelegt.

Die Bestimmung wird ergänzt durch R 48, die den weiteren Inhalt der Beschwerdeschrift festlegt, und R 49, die das Verfahren für die Prüfung der Zulässigkeit der Beschwerde durch die HABM-BK regelt und zwischen solchen Zulässigkeitsmängeln, die nur innerhalb der Beschwerdefrist geheilt werden können (R 49 (1)), und solchen Mängeln, die auch noch danach nach Fristsetzung durch die HABM-BK geheilt werden können (R 49 (2)), unterscheidet. 2

## 2 Einlegung der Beschwerde

Die Beschwerdeschrift muss folgenden Voraussetzungen entsprechen. 3

### 2.1 Schriftlichkeit

Art 60 Satz 1 bestimmt, dass die Beschwerde »schriftlich« einzulegen ist. Es ist somit ein eigenständiger Schriftsatz erforderlich; die bloße Zahlung der Beschwerdegebühr reicht nicht.[1] Es gelten R 79–83, was sich auch aus R 50 (1) ergibt. Es gelten somit für die Beschwerdeschrift keine anderen Anforderungen an die Übermittlung von Mitteilungen an das Amt als für alle anderen Verfahren und Anträge auch. Die Beschwerde kann mithin auch per Telekopie eingelegt werden. Eine Unterschrift ist nach R 79 (a) nur bei Einreichung eines Originalschriftstücks erforderlich; bei Telekopie reicht die Wiedergabe der Unterschrift auf dem Ausdruck des Telekopierers aus (R 79 (b), R 80 (3)). 4

### 2.2 Sprache der Beschwerdeschrift

Die Beschwerdeschrift muss in der Verfahrenssprache eingereicht werden, in der die angefochtene Entscheidung ergangen ist, R 48 (2). Im Normalfall steht damit nur die Sprache der angefochtenen Entscheidung zur Verfügung. Nur wenn das Amt von der Möglichkeit nach Art 119 (4) Gebrauch gemacht hat, die Entscheidung in der zweiten Sprache der GMA zu treffen 5

---

1 EuG T-373/03 vom 31.5.2005, GRUR Int 2005, 689 (Nr 58) *Parmitalia*; EuG T-070/08 vom 9.9.2010 (Nr 23) *Etrax/Etra I+D*.

(was nur zulässig ist, wenn es sich um ein Ex-Parte-Verfahren für eine GMA handelt und die erste Sprache nicht eine Sprache des Amtes ist), so kann die Beschwerde wahlweise in der Sprache der Entscheidung oder in der ersten Sprache der GMA eingelegt werden, da diese Verfahrenssprache des Prüfungsverfahrens war (Einzelheiten siehe unter Art 119 Rdn 65–71). Ansonsten gilt R 95 (a) nicht. R 96 (1) gilt für die Beschwerdebegründung und auch für die Beschwerdeschrift mit der Folge, dass die Beschwerdeschrift auch in einer anderen der 5 Sprachen des Amtes eingereicht werden kann, sofern innerhalb eines Monats nach Einreichung der Beschwerdeschrift eine Übersetzung in die zulässige Verfahrenssprache nachgereicht wird.[2] Die Verfahrenssprache kann im Beschwerdeverfahren nicht mehr geändert werden,[3] außer im Sonderfall des Art 119 (7).

### 2.3 Inhalt der Beschwerdeschrift

6 Die Beschwerdeschrift muss die in R 48 (1) genannten Angaben enthalten. Dies sind zum einen Name und Anschrift des Beschwerdeführers und, soweit bestellt, des Vertreters, nachbesserbar nach R 49 (1). Zum anderen muss gemäß R 48 (1) (c) die Beschwerdeschrift eine Erklärung enthalten, in der die angefochtene Entscheidung und der Umfang genannt werden, in dem ihre Änderung oder Aufhebung begehrt wird. Erstens muss eine Erklärung vorliegen, die als Anfechtung im Rechtssinne (und nicht nur als unverbindliche Gegenvorstellung oder Dienstaufsichtbeschwerde) gemeint ist; dazu ist die Erklärung ggf nach allgemeinen Grundsätzen auszulegen.[4] Die Zahlung der Beschwerdegebühr ist nicht zwingend für die Auslegung als Beschwerde, wohl aber indiziell.[5] Zweitens ist die Entscheidung, die angefochten werden soll, eindeutig zu identifizieren, und zwar aus den Angaben in der Beschwerdeschrift selbst und ohne ergänzende Nachforschungen durch das HABM,[6] wofür die Angabe des Aktenzeichens zusammen mit dem Datum der Entscheidung oder der Angabe, von welcher Dienststelle (Prüfer, Widerspruchsabteilung) sie erlassen worden ist, erforderlich ist. Geschieht dies nicht, so

---

2 HABM-BK R 667/2005-G vom 7.6.2007 (Nr 14) *CARDIOLOGY UPDATE.*
3 HABM-BK R 667/2005-G vom 7.6.2007 (Nr 14) *CARDIOLOGY UPDATE.*
4 HABM-BK R 1269/2009-4 vom 14.12.2009 (Nr 12f) *GOLDSMITH GROUP.*
5 Siehe HABM-BK R 1660/2010-4 vom 11.1.2011 (Nr 7) *IREBEL / REBEL TV.*
6 HABM-BK R 153/2009-4 vom 29.4.2009 (Nr 7–9) *CROWN ORIENTAL FOODS.*

kann die Beschwerde keinem erstinstanzlichen Verfahren zugeordnet werden, so dass es auch keinen Beschwerdegegner und keine Kostenentscheidung gibt.[7]

Die Beschwerdeschrift muss die Änderung oder Aufhebung der Entschei- 7 dung begehren, und zwar unbedingt. Eine unter einer Bedingung oder hilfsweise eingelegte Beschwerde ist unzulässig.[8]

Nach R 48 (1) (c) muss angegeben werden, in welchem Umfang die Auf- 8 hebung der Entscheidung begehrt wird. Wird »vollumfängliche« Aufhebung begehrt, zB durch Ankreuzen des Kästchens im Beschwerdeformular, so reicht dies in jedem Fall aus. Werden keine Angaben zum Umfang der Beschwerde gemacht, so gilt dies im Zweifel als Begehren, die Entscheidung in vollem Umfang aufzuheben.[9] Ist der Beschwerdeführer nur teilweise beschwert, weil die angefochtene Entscheidung seinem Begehren teilweise stattgegeben hatte (zB bei nur teilweiser Zurückweisung nach Art 7 oder bei nur teilweiser Stattgabe des Widerspruchs), so ist die Beschwerde in diesem Umfang unzulässig, sofern man nicht aus der Beschwerdebegründung eine entsprechende Teilrücknahme der Beschwerde als ausdrücklich erklärt oder konkludent gewollt entnimmt (siehe auch unter Art 59 Rdn 7). Wird die Sachentscheidung oder ein Teil der Sachentscheidung (zB Zurückweisung des Widerspruchs nur für einzelne Waren) angefochten, so gilt dies auch ohne ausdrückliche Angabe als Anfechtung der Kostenentscheidung, da diese Folge der Sachentscheidung ist (Art 85 (1)).[10]

Der Antrag auf teilweise Aufhebung kann sich auf einzelne Aspekte des Te- 9 nors (Sachentscheidung, Kostenentscheidung) sowie auf einen teilbaren Beschwerdegegenstand insofern beziehen, als eine Aufhebung nur in Bezug auf bestimmte Waren und Dienstleistungen begehrt wird. Eine solche teilweise eingelegte Beschwerde beschränkt den Gegenstand des Beschwerdeverfah-

---

7  HABM-BK R 1154/2010-4 vom 14.1.2011 (Nr 11–13) *CENDRILLON*.

8  HABM-BK R 521/2006-4 vom 23.10.2006 (Nr 18) *GREEN PLUS*; Singer/Joos, Art 108 Rn 5.

9  HABM-BK R 353/2003-4 vom 6.8.2004 (Nr 19) *STAX/STIXXS*; anders, strenger HABM-BK R 828/2004-2 vom 3.10.2005 (Nr 17) *TELSAT/TELDAT*, und HABM-BK R 609/2000-4 vom 20.3.2003 (Nr 8) *Heart Device*.

10 HABM-BK R 353/2003-4 vom 6.8.2004 (Nr 19) *STAX/STIXXS*; HABM-BK R 1539/2007-4 vom 19.12.2008 (Nr 7–10) *VIVA LA VITA/VIVAVITAL*.

rens,[11] so dass es der HABM-BK verwehrt ist, über die übrigen Waren und Dienstleistungen zu entscheiden. Wird die Entscheidung teilweise angefochten, aber nicht mitgeteilt, in welchem Teil, so ist die Beschwerde unzulässig. Gleiches gilt, wenn die Beschwerde darlegt, dass die angefochtene Entscheidung teilweise (bezogen auf bestimmte Waren) korrekt war, ohne dass klar wird, ob gleichwohl ihre Aufhebung begehrt wird.[12] Unzulässig ist auch die Anfechtung in einem »Teil«, der kein teilbarer Beschwerdegegenstand ist, wie zB die rechtserhaltende Benutzung[13] oder der Zeichenvergleich.[14] Dem Beschwerdeführer darf es nicht erlaubt sein, den Beschwerdegegner an der Bekämpfung der für den Beschwerdeführer günstigen Feststellungen der angefochtenen Entscheidung hindern oder die Kammer zur Zurückverweisung an die 1. Instanz zu zwingen.

## 2.4 Beschwerdefrist

10 Die Beschwerdefrist beträgt zwei Monate ab Zustellung der angefochtenen Entscheidung; diese Frist ist als gesetzliche Frist nicht verlängerbar (siehe R 71) und nach Art 82 (2) nicht weiterbehandlungsfähig, wohl aber der Wiedereinsetzung zugänglich.[15] Bei zweiseitigen Verfahren läuft die Beschwerdefrist für jeden Beteiligten gesondert ab der Zustellung der Entscheidung an ihn, so dass für die beiden Verfahrensbeteiligten ggf unterschiedliche Fristabläufe gelten können (siehe unter Art 79 Rdn 6) je nach Art der gewählten Zustellung. Wie R 52 (2) ausdrücklich bestimmt, hat das Unterbleiben einer Rechtsmittelbelehrung keinen Einfluss auf die Beschwerdefrist.[16]

## 2.5 Zahlung der Beschwerdegebühr

11 Innerhalb der Beschwerdefrist von zwei Monaten ab Zustellung der angefochtenen Entscheidung ist die Beschwerdegebühr von 800 Euro zu zahlen; andernfalls gilt die Beschwerde als nicht eingelegt, und die Beschwerdege-

---

11  EuG T-413/11 vom 15.1.2013, GRUR Int 2013, 250 (Nr 76) *European Driveshaft Services.*

12  HABM-BK R 1660/2010-4 vom 11.1.2011 (Nr 11) *IREBEL / REBEL TV.*

13  HABM-BK R 1916/2007-4 vom 9.1.2009 (Nr 13–20) *SAINT JACK/JACK'S.*

14  HABM-BK R 1466/2006-4 vom 16.6.2009 (Nr 18–22) *V/V.*

15  EuG T-227/06 vom 7.5.2009, GRUR Int 2009, 926 (Nr 47) *Omnicare.*

16  HABM-BK R 169/2001-3 vom 20.11.2002 (Nr 21) *W@P*; siehe auch unter Art 75 Rdn 48.

bühr wird dem Beschwerdeführer erstattet, R 49 (3). Anders als bei den übrigen Mängeln der Beschwerde gemäß R 49 (1), (2) ist die Rechtsfolge somit die Fiktion der Nichteinlegung der Beschwerde, die damit rechtlich als nicht existent anzusehen ist und kein Beschwerdeverfahren im Rechtssinn und auch kein zweiseitiges Verfahren zu Gunsten oder Lasten der anderen Partei des Widerspruchsverfahrens in Gang setzt.[17] Mangels Vorliegen einer Beschwerde im Rechtssinne kann dann die Beschwerde auch nicht mehr zurückgenommen werden.[18]

### 2.6 Folgen der Verspätung

Es können hinsichtlich der Versäumung der Beschwerdefrist folgende Fälle vorkommen: 12

– Beschwerdeschrift und Beschwerdegebühr gehen nach Ablauf der Zweimonatsfrist ein: Die Beschwerde gilt als nicht eingelegt, da die Beschwerdegebühr nicht fristgerecht entrichtet wurde, Art 60 Satz 2 und ausdrücklich, R 49 (3). Dieser Fall tritt ein, wenn Schriftsatz und Gebühr gelichzeitig auf den Weg gegeben wurden.[19] Er tritt ferner immer ein, wenn der Beschwerdeführer ein laufendes Konto hat, denn dann wird die Zahlung der Gebühr als mit dem Eingang der Beschwerdeschrift erfolgt fingiert und die Beschwerdegebühr mit Wirkung zu dem Tag des Eingangs der Beschwerde abgebucht.[20] Die Beschwerde gilt dann deshalb als nicht eingelegt, weil die Abbuchung der Beschwerdegebühr frühestens mit Wirkung zum Tage des Eingangs der Beschwerde vorgenommen werden könnte.[21] 13

---

17 HABM-BK R 771/2008-4 vom 13.5.2009 (Nr 32) *ROMUALD PRINZ SOBIESKI/JAN III SOBIESKI*; HABM-BK R 1498/2010-4 vom 16.11.2010 (Nr 29) *REGINE'S/REGINA DETECHA*.

18 Siehe HABM-BK R 1518/2006-1 vom 7.3.2007 (Nr 5) *EURO PRIVTAE PLACEMENT*.

19 HABM-BK R 2497/2010-2 vom 11.5.2011 (Nr 18f) *GRUPOTEL VALPARAISO/VALE PARAISO*.

20 Art 7 (e) des Beschlusses Nr EX-96-1, geändert durch Beschluss Nr EX-96-7, ABl-HABM 1996, 48, 1454; Mitteilung Nr 5/96 vom 8.8.1996, Nr III. 7, ABl-HABM 1996, 1460.

21 HABM-BK R 449/2004-2 vom 18.10.2004 (Nr 10f) *MOBILE ID*; HABM-BK R 731/2008-1 vom 3.9.2008 (Nr 33) *5 HOUR ENERGY II*.

14 – Die Beschwerdeschrift geht fristgerecht, die Beschwerdegebühr nach Fristablauf (oder gar nicht) ein. Auch hier gilt die Beschwerde gilt als nicht eingelegt, da die Beschwerdegebühr nicht fristgerecht entrichtet wurde, Art 60 Satz 2 und ausdrücklich, R 49 (3).[22] Dieser Fall kann, nachdem Schecks nicht mehr angenommen werden, vorkommen, wenn sich bei der Zahlung der Beschwerdegebühr im Überweisungsvorgang Verzögerungen ergeben haben; bei rechtzeitiger Veranlassung der Zahlung hilft aber Art 8 (3), (4) GebV (dazu unter Art 144 Rdn 34). Bei laufendem Konto dann dies nur vorkommen, wenn das Konto nicht gedeckt war und auch nicht fristgerecht aufgefüllt wurde (dazu unter Art 144 Rdn 27) oder wenn der Beschwerdeführer vor Ablauf der Beschwerdefrist Anweisung gibt, das laufende Konto nicht zu belasten.

15 – Die Beschwerdegebühr geht fristgerecht ein, eine Beschwerdeschrift aber gar nicht oder erst nach Fristablauf. Dieser Fall kann eintreten, wenn die Absendung der Beschwerdeschrift vergessen wurde oder von mehreren Entscheidungen nicht alle angefochten wurden. Zunächst einmal steht die bloße Zahlung der Beschwerdegebühr der Beschwerdeeinlegung nicht gleich.[23] Deshalb liegt noch gar keine Beschwerde vor; diese kann auch nicht als unzulässig behandelt werden.[24] Vielmehr entsteht erst mit Eingang der Beschwerdeschrift eine wirksame Zahlung mit der Folge, dass die Beschwerde als nicht eingelegt gilt,[25] weil mit der Beschwerdeschrift auch die Zahlung verspätet ist. Das ermöglicht auch die sachgerechte Lösung für die Fälle, in denen keine Beschwerdeschrift vorliegt, der Beschwerdeführer aber die Existenz einer solchen behauptet oder geltend macht, ein fristgerecht eingegangenes Schreiben möge in eine Beschwerde umgedeutet[26] werden.

16 In all den genannten Fällen führt die Fiktion der Nichteinlegung der Beschwerde dazu, dass die gleichwohl gezahlte Beschwerdegebühr als rechtsgrundlos zu erstatten ist. Wurde ein Zuschlag nach Art 8 (3) GebV gezahlt

---

22 EuG T-095/11, Beschluss vom 15.4.2011 (Nr 17, 20) *Vitachron Male.*
23 EuG T-373/03 vom 31.5.2005, GRUR Int 2005, 689 (Nr 58) *Parmitalia*; EuG T-070/08 vom 9.9.2010 (Nr 23) *Etrax/Etra I+D.*
24 So aber HABM-BK R 611/2003-2 vom 3.3.2004 *UUP'S/UP.*
25 So nunmehr HABM-BK R 716/2010-4 vom 28.7.2010 (Nr 13) *GERMAN SOCIAL ACCIDENT INSURANCE.*
26 Wie im Fall HABM-BK R 716/2010-4 vom 28.7.2010 (Nr 6, 11) *GERMAN SOCIAL ACCIDENT INSURANCE.*

und war auch dieser verspätet, so wird auch der Zuschlag als rechtsgrundlos erstattet.[27] Die Beschwerdegebühr wird auch dann nicht fällig, wenn die Beschwerde vor Eingang der Beschwerdegebühr zurückgenommen wird.

## 3 Beschwerdebegründung

Die Beschwerdebegründung kann entweder in der Beschwerdeschrift enthal- 17
ten sein oder noch innerhalb einer Frist von vier Monaten nach Zustellung der angefochtenen Entscheidung nachgereicht werden (Art 60 Satz 3). Für die Fristberechnung ist der Gesetzeswortlaut klar. Maßgeblich ist das Datum der Zustellung der angefochtenen Entscheidung entsprechend Art 79, das nicht einmal mit dem Datum des tatsächlichen Zugangs zusammenfallen muss. Immer wieder berechnen Beschwerdeführer die Frist falsch, etwa wenn das Datum der angefochtenen Entscheidung zugrundegelegt wird[28] oder die 4 Monate ab Einlegung der Beschwerde gerechnet werden.[29] Es handelt sich auch nicht um eine zusammengesetzte Frist; fällt der Fristablauf der Beschwerdefrist auf einen Sonntag, so wirkt sich das auf die Berechnung der Beschwerdebegründungsfrist in keiner Weise aus.

Wird keine Beschwerdebegründung eingereicht, so weist die Geschäftsstelle 18
den Beschwerdeführer darauf hin und gibt Gelegenheit zur Stellungnahme. Damit wird aber keine neue Frist gesetzt, sondern rechtliches Gehör gewährt, zB wenn der Beschwerdeführer sich darauf berufen möchte, er habe die Frist sehr wohl gewahrt.[30] Wie die Beschwerdefrist kann auch die Beschwerdebegründungsfrist als gesetzlich bestimmte Frist nicht verlängert werden[31] (siehe unter Art 81 Rdn 186); sie ist auch von der Weiterbehandlung ausgeschlossen (Art 82 (2)). Sie ist aber der Wiedereinsetzung (Art 81) zugänglich.[32]

---

27  HABM-BK R 853/2012-4 vom 31.7.2012 (Nr 14) *POWERED BY PRINT/ POWER PRINT.*
28  HABM-BK R 192/2006-1 vom 7.1.2008 (Nr 18, 21) *BSS-OPTHAL/BSS.*
29  HABM-BK R 1122/2007-4-II vom 25.2.2008 (Nr 21) *Gittergurte mit Kastennaht II*; HABM-BK R 452/08-4 vom 29.1.2009 (Nr 15) *COMO TU QUIERAS*; HABM-BK R 1468/2009-4 vom 20.9.2010 (Nr 19) *DOS/VOSS I.*
30  HABM-BK R 1863/2011-4 vom 10.2.2012 (Nr 5) *GENERAL TRANSPORTS*; HABM-BK R 178/2011-4 vom 31.5.2011 (Nr 6) *HEILKOSMETIKERIN.*
31  HABM-BK R 1341/07–G vom 18.4.2008 (Nr 14) *KOSMO/COSMONE.*
32  HABM-BK R 1498/2010-4 vom 16.11.2010 *REGINE'S/REGINA DETECHA*; HABM-BK R 1359/2008-1 vom 15.10.2009 *ALFA / ALFA ENERGY.*

**19** Die Beschwerdebegründung muss die wesentlichen tatsächlichen und recht-lichen Gesichtspunkte enthalten, aus denen sich nach Auffassung des Be-schwerdeführers ergibt, dass die angefochtene Entscheidung aufzuheben ist. Jedoch ist es nicht erforderlich, dass die Begründung schlüssig ist im Sinne des deutschen Zivilprozessrechts. Ob die vom Beschwerdeführer vorgetrage-nen Argumente und Tatsachen geeignet sind, die angefochtene Entscheidung zu bestätigen oder aufzuheben, ist keine Frage der Zulässigkeit der Beschwer-de, sondern der Begründetheit.

**20** Nach dem klaren Gesetzeswortlaut muss die Beschwerdebegründung über die Beschwerdeschrift (das Formular und das Aufhebungsbegehren) hinaus-gehen,[33] und es muss in verständlicher Form eine wenn auch kurz gefasste Begründung gegeben werden.[34] Es ist also zumindest erforderlich, vorzutra-gen, in welchem Punkt und aus welchen Gründen die angefochtene Ent-scheidung falsch sei, und sich mit dem Inhalt der angefochtenen Entschei-dung auseinanderzusetzen. Unzulässig ist eine Beschwerdebegründung, die manifest irrelevantes Vorbringen, wie zB den Hinweis auf ausländische Ge-richtsurteile[35] oder auf parallele Verfahren,[36] enthält. Unzulässig ist eine Be-schwerdebegründung, die sich in der Beantragung der Aussetzung des Ver-fahrens[37] oder der Beantragung einer Fristverlängerung[38] oder des Hinweises auf parallele Verfahren[39] erschöpft. Die GrBK hebt hervor, dass dies nur auf eine unzulässige Verlängerung der nicht verlängerbaren Beschwerdebegrün-dungsfrist abzielt. Unzulässig ist eine Beschwerdebegründung, mit der ein geändertes VerzWDL (im Unterschied zu einer echten Einschränkung, die als Teil-Beschwerde gedeutet werden kann) vorgelegt und auf dieser Basis die Eintragung begehrt wird.[40] Dies gilt auch dann, wenn der Bescwherdeführer

---

33  EuGH C-349/10, Beschluss vom 2.3.2011 (Nr 21, 40, 42) *Claro*.

34  HABM-BK R 440/2004-4 vom 3.1.2006 (Nr 21) *RODEO/RODEO*.

35  HABM-BK R 264/2008-2 vom 4.11.2008 (Nr 12) *TORREFAZIONE ITALIA COFFEE/THE ITALIAN COFFEE COMPANY*.

36  HABM-BK R 450/2007-2 vom 4.10.2007 (Nr 20) *VULCANO SADECA/VUL-CANO*.

37  HABM-BK R 923/2006-4 vom 11.12.2006 (Nr 13) *TX-AUDIO/TX*.

38  HABM-BK R 1341/2007–G vom 18.4.2008 *KOSMO/COSMONE*; HABM-BK R 332/2006-1 vom 19.7.2007 (Nr 19, 21) *Farbe Orange*.

39  HABM-BK R 450/2007-2 vom 4.10.2007 (Nr 20) *VULCANO SADECA/VUL-CANO*.

40  HABM-BK R 1248/2009-4 vom 12.3.2010 (Nr 13f) *HOTELSUPERMARKT*.

die Kammer bittet, sich die schutzfähigen Waren selbst herauszusuchen, ohne seinerseits darzulegen, warum die Schutzhindernisse für diese Waren nicht vorliegen sollten.[41] Mit anderen Worten ist ein Beschwerdeschriftsatz unzulässig, der lediglich neue, verfahrensrechtlich unzulässige oder den Streitgegenstand ändernde Anträge stellt.[42] Das gilt auch, wenn lediglich erstmals, aber verspätet, in der zweiten Instanz der Benutzungsnachweis verlangt wurde,[43] es sei denn es wird geltend gemacht, dies sei bereits in der ersten Instanz zu Unrecht übersehen worden,[44] oder wenn lediglich Aussetzungsanträge gestellt oder erstinstanzliche wiederholt werden.[45]

Unzulässig ist eine Beschwerdebegründung, die sich in der pauschalen Bezugnahme auf die erstinstanzlichen Schriftsätze beschränkt (siehe auch unter Art 65 Rdn 35).[46] Dies lässt nicht erahnen, warum die angefochtene Entscheidung falsch sein soll,[47] und die bloße Tatsache, dass der Beschwerdeführer in erster Instanz vorgetragen hatte, stellt keinen Aufhebungsgrund dar. **21**

Unzulässig ist auch die bloße Nachreichung von Unterlagen, es sei denn, dass vorgetragen wird[48] oder zumindest offensichtlich ist, warum die Einbeziehung dieser zusätzlichen Unterlagen zu einer Aufhebung der angefochtenen und deren Ersetzung durch eine für den Beschwerdeführer günstigeren Entscheidung führen kann, dh die Beschwerde begründet macht. **22**

### 4 Zulässigkeitsprüfung

Die Prüfung der Zulässigkeit der Beschwerde ist in R 49 und Art 5 (3) VerfOBK geregelt. **23**

---

41  HABM-BK R 2300/2011-4 vom 17.12.2012 *ONEPIECE*.
42  HABM-BK R 1801/2007-4 vom 20.5.2008 (Nr 16) *SABCO/SABECO*.
43  HABM-BK R 1801/2007-4 vom 20.5.2008 (Nr 15) *SABCO/SABECO*; HABM-BK R 1916/2011-4 vom 10.2.2012 (Nr 11f) *HORIZON/HORIZON*.
44  HABM-BK R 440/2004-4 vom 3.1.2006 (Nr 22) *RODEO/RODEO*.
45  HABM-BK R 1744/2008-4 vom 17.8.2009 (Nr 12–16) *PRESIDENT/PRESIDENT'S CHOICE*.
46  HABM-BK R 068/2011-4 vom 17.11.2011 (Nr 16) *B!O/BO*; vom 18.5.2011, HABM-BK R 1803/2010-4 vom 18.5.2011 (Nr 19) *NOBLESSE/NOBLESSE*.
47  Dazu HABM-BK R 319/2001-4 vom 12.5.2003 (Nr 10) *CAROSIO/CARUSO*.
48  HABM-BK R 450/2007-2 vom 4.10.2007 (Nr 15) *VULCANO SADECA/VULCANO*.

#### 4.1 Verfahren bei Nichtzahlung der Gebühr

24  Ist die Beschwerdegebühr nicht innerhalb der Frist gezahlt worden, so ergeht unmittelbar eine Entscheidung der BK gemäß R 49 (3), mit der festgestellt wird, dass die Beschwerde als nicht eingereicht gilt und mit der die Rückzahlung der Beschwerdegebühr angeordnet wird.[49]

#### 4.2 Nicht behebbare Mängel

25  Folgende Mängel der Beschwerdeschrift oder Beschwerdebegründung können nur bis Ablauf der Beschwerdefrist oder, was die Beschwerdebegründung betrifft, bis Ablauf der Frist für die Einreichung der Beschwerdebegründung behoben werden (R 49 (1)):
   – Schriftliche Einreichung; jedoch können Mängel der Unterschrift gemäß R 79 noch nach R 49 (2) nachträglich behoben werden);
   – Verwendung der nach R 48 geforderten Sprache;
   – Erklärung gemäß R 48 (1) (c), in der die angefochtene Entscheidung und der Umfang der Anfechtung genannt werden;
   – die angefochtene Entscheidung muss nach Art 58 der Beschwerde zugänglich sein;
   – der Beschwerdeführer muss gemäß Art 59 Beteiligter des Ausgangsverfahrens sein und durch die angefochtene Entscheidung beschwert sein;
   – die Beschwerde muss innerhalb der zweimonatigen Beschwerdefrist eingereicht worden sein;
   – die Beschwerdebegründung muss innerhalb der Viermonatsfrist eingereicht worden sein.

26  Ist der Beschwerdeführer mit der Partei, gegen die die Ausgangsentscheidung ergangen ist, nicht identisch, macht er aber geltend, als Rechtsnachfolger der Widerspruchsmarke beschwerdeberechtigt zu sein, so hat er die entsprechenden Nachweise spätestens innerhalb der Beschwerdebegründungsfrist vorzulegen; R 49 (1) ist anwendbar.[50]

27  Ist dies nicht der Fall, so weist die Geschäftsstelle den Beschwerdeführer auf die Unzulässigkeit der Beschwerde hin. Die HABM-BK weist sodann die Be-

---

49  HABM-BK R 323/1999-1 vom 14.4.2000 *ENVIRODEGREASER*; HABM-BK R 1139/2000-3 vom 19.6.2002 *ELITO*; HABM-BK R 1406/2005-4 vom 8.2.2006 *MACAPURE*.
50  EuGH C-053/11 vom 19.1.2012 (Nr 55) *R 10*.

schwerde als unzulässig zurück, ohne dass sie erneut Gelegenheit zur Stellungnahme oder zur Nachbesserung geben müsste.[51]

### 4.3 Behebbare Mängel

Nach R 49 (2) behebbare, da weniger gravierende Mängel der Beschwerde- **28** schrift oder Beschwerdebegründung sind Verstöße gegen R 48 (1) (a), (b) und gegen die »sonstigen Vorschriften der VO«. Darunter fallen:

- Angabe des Namens und der Anschrift des Beschwerdeführers in Übereinstimmung mit R 1 (1) (b) (R 48 (1) (a));
- Angabe des Namens und der Geschäftsanschrift des Vertreters, sofern bestellt, in Übereinstimmung mit R 1 (1) (e) (R 48 (1) (b));
- ordnungsgemäße Unterschrift in Übereinstimmung mit R 79, siehe oben unter Rdn 4.[52]
- Angestelltenvertreter müssen unverändert eine Vollmacht vorlegen (R 76 **29** (2), siehe unter Art 93 Rdn 61). Im Falle des Art 92 (3) Satz 2 müssen die wirtschaftlichen Verbindungen des Arbeitgebers des Angestellten zum Beschwerdeführer nachgewiesen werden, andernfalls die Beschwerde als unzulässig zurückgewiesen wird.[53]
- Für berufsmäßige Vertreter ist die Einreichung einer Vollmacht gemäß **30** R 76 (1) nur dann erforderlich, wenn dies vom Amt oder der Gegenseite ausdrücklich gerügt wird. Der Geschäftsstellenbeamte prüft somit nicht mehr von Amts wegen, ob eine Vollmacht vorliegt. In jedem Falle wirkt die in dem Verfahren, in dem die angefochtene Entscheidung ergangen ist, erteilte Vollmacht für das Beschwerdeverfahren fort, sofern sie nicht ausdrücklich eine entsprechende Einschränkung enthält.[54]

Solche Mängel werden von der Geschäftsstelle oder dem Berichterstatter **31** dem Beschwerdeführer mitgeteilt, der diese innerhalb einer Nachfrist von normalerweise einem Monat (bei EG-Ausländern zwei Monate, R 71 (1) Satz 1) beseitigen kann.

---

51 EuGH C-053/11 vom 19.1.2012 (Nr 53) *R 10.*
52 Siehe HABM-BK R 230/2006-1 vom 15.2.2007 (Nr 31) *ROLLIES/WESTROLLIES.*
53 HABM-BK R 209/2010-4 vom 3.5.2010 *LANDMARK/LANDMARK.*
54 Unzutreffend BK R 235/2003-1 vom 7.1.2004 (Nr 23f) *ISOSAFE VTC/ISOSAFE.*

**32** Bei behebbaren Mängeln kann die Unzulässigkeit der Beschwerde erst festgestellt werden, nachdem dem Beschwerdeführer Gelegenheit zur Mängelbeseitigung gemäß R 49 (2) eingeräumt wurde. Hat die Beschwerdekammer eine Beanstandung nach R 49 (2) versäumt, so reicht es, wenn der Beschwerdeführer den Mangel sua sponte vor Erlass der Entscheidung der Beschwerdekammer behebt.[55]

## Artikel 61 (ex Artikel 60)   Abhilfe in einseitigen Verfahren

**(1) Ist der Beschwerdeführer der einzige Verfahrensbeteiligte und erachtet die Dienststelle, deren Entscheidung angefochten wird, die Beschwerde als zulässig und begründet, so hat sie ihr abzuhelfen.**

**(2) Wird der Beschwerde innerhalb eines Monats nach Eingang der Begründung nicht abgeholfen, so ist sie unverzüglich ohne sachliche Stellungnahme der Beschwerdekammer vorzulegen.**

*Schennen*

---

55   HABM-BK R 059/2005-1 vom 22.11.2005 (Nr 9) *MEDVANTIS/ADVANTIS*.

## 1 Allgemeines

Art 61 sieht die Abhilfebefugnis des Amtes bei zulässigen und begründeten 1 Beschwerden in ex-parte-Verfahren vor. Die Vorschrift wird ergänzt durch Art 62 über die Abhilfe in inter-partes-Verfahren und R 51 über die Rückzahlung der Beschwerdegebühr im Falle der Abhilfe. Weitere Durchführungsvorschriften enthält die DV nicht. Art 61 wurde mit Wirkung zum 10.3.2004 geändert durch VO Nr 422/2004, die gleichzeitig die Abhilfe in inter-partes-Verfahren (Art 62) eingeführt hat. Auch R 51 wurde durch VO Nr 1041/2005 geändert; es ist nun im Falle der Abhilfe die Beschwerdegebühr stets zurückzuzahlen.

Das HABM hat RiLi zum Abhilfeverfahren erlassen,[1] die für das Verfahren 2 vor der ersten Instanz (Prüfungsabteilung und Marken- und Musterverwaltungs- und Rechtsabteilung) gelten, während die Beschwerdekammern keinen RiLi des Präsidenten unterliegen (siehe auch unter Art 136 Rdn 10).

Die Abhilfe ist die einzige Möglichkeit für den Prüfer, eine von ihm getroffe- 3 ne Entscheidung nach Einlegung einer Beschwerde wieder rückgängig zu machen. Ein Widerruf offensichtlich unrichtiger Entscheidungen und Registereintragungen nach Art 80 ist im Falle der Einlegung einer Beschwerde ausgeschlossen.[2] Eine Löschung der Marke von Amts wegen (wie in § 50 (3) DE-MarkenG) sieht die GMV nicht vor.

Mit der Abhilfe soll dem Amt Gelegenheit gegeben werden, Beschwerden ge- 4 gen Entscheidungen des Amtes von den HABM-BK fernzuhalten, deren Korrekturbedürftigkeit vom Amt auf Grund des Beschwerdevorbringens erkannt wird.[3] Zweck ist damit die Förderung der Verfahrensökonomie durch schnelle Beseitigung unrichtiger Entscheidungen und Fortsetzung des Verfahrens.[4] Eindeutig begründeten Beschwerden soll sofort und unbürokratisch Genüge getan werden.

Das Rechtsinstitut der Abhilfe ist in die GMV durch das EPÜ hineingekom- 5 men, das es seinerseits aus dem deutschen und Schweizer Patentrecht über-

---

1 Teil A, 7, ABl-HABM 1998, 862 – unverändert als Manual.
2 HABM-BK R 323/2008-G vom 28.4.2009 (Nr 22f) *BEHAVIOURAL INDEXING.*
3 Vgl BGH Mitt. 1985, 151 = GRUR 1985, 919 *Caprolactam*; Benkard/Schäfers, PatG, § 73 Rn 53.
4 Moser, Münchner Kommentar zum EPÜ, vor Art 106 EPÜ, Rn 33.

nommen hat.[5] Zum deutschen Recht siehe § 73 (4) DE-PatG und nunmehr auch § 66 (6) DE-MarkenG, allerdings mit unterschiedlicher Vorlagefrist. Dort wird das Abhilfeverfahren gelegentlich als Vorlageverfahren[6] oder Vorschaltverfahren[7] bezeichnet. Nur entfernt vergleichbar ist die Abhilfe nach Art 61 mit der Abhilfe durch die Ausgangsbehörde gemäß § 72 (1) Satz 2 DE-VwGO.

6   Das Rechtsinstitut der Abhilfe kann nicht grundsätzlich und ausnahmslos so wie in anderen Verfahrensordnungen ausgelegt werden, in denen es ebenfalls vorkommt.[8]

## 2   Zeitlicher Rahmen

### 2.1   Eingang der Beschwerdebegründung

7   Die Vorlagefrist von einem Monat (Art 61 (2)) beginnt mit dem Eingang der Beschwerdebegründung. Ist die angefochtene Entscheidung von einem Prüfer getroffen, so ist für die Abhilfe wiederum ein Prüfer zuständig, und zwar nicht notwendig derselbe Prüfer, der die Ausgangsentscheidung getroffen hat.

8   Die Eingangsbehandlung der Beschwerden erfolgt durch die Geschäftsstelle der Beschwerdekammern. Diese legen – durch interne elektronische Mitteilung – die Beschwerdebegründung unverzüglich dem Prüfer vor.

9   Eine solche Vorlage unterbleibt bei offensichtlich unzulässigen Beschwerden und bei fehlender Beschwerdegebühr.

### 2.2   Ablauf der Vorlagefrist

10   Die Abhilfe ist ausgeschlossen, sobald die Vorlagefrist von einem Monat nach Eingang der Beschwerdebegründung verstrichen ist.

11   Dieser Ausschluß ist absolut.[9] Er besteht auch, wenn die Beschwerde entgegen Art 61 (2) verspätet der HABM-BK vorgelegt wird oder wenn die Ge-

---

5   Moser, Münchner Kommentar zum EPÜ, vor Art 106 EPÜ, Rn 33.
6   So Benkard/Schäfers, PatG, § 73 Rn 49.
7   So Hövelmann, Mitt. 1997, 241.
8   So auch BPatGE 27, 103, 105.
9   Siehe auch Martín Mateo/Díez Sánchez, Comentarios, S 560.

schäftsstelle der Beschwerdekammern es unterlassen hat, die Beschwerdebegründung dem Prüfer vorzulegen.

Innerhalb dieser Monatsfrist muß der Prüfer die abhelfende Entscheidung 12 erlassen, dh absenden, auch wenn diese dem Beschwerdeführer erst nach Ablauf der Monatsfrist zugestellt wird.

### 2.3 Keine Abhilfe nach Rücknahme der Beschwerde

Wird die Beschwerde zurückgenommen, noch bevor eine abhelfende Ent 13 scheidung getroffen worden ist, so endet die Möglichkeit der Abhilfe.

### 3 Sachliche Voraussetzungen für die Abhilfe

Die Abhilfe kann ergehen, wenn die Beschwerde zulässig (siehe unten, 14 Rdn 17) und begründet (siehe unten, Rdn 18–23) ist, Art 61 (1). Die Beschwerde muß außerdem eingelegt sein; sie darf also nicht als nicht eingelegt gelten (siehe unten, Rdn 15–16).

### 3.1 Beschwerdegebühr

Der Prüfer muß sich vergewissern, ob die Beschwerdegebühr (Art 60) frist 15 gerecht und vollständig eingegangen ist. Er prüft dies in eigener Zuständigkeit auf der Grundlage aller Vorschriften der GebV; so kann er nach Art 9 (2) GebV einen geringfügigen Fehlbetrag unberücksichtigt lassen.

Allerdings kann der Prüfer hiervon ausgehen, da andernfalls die Geschäfts 16 stelle dem Prüfer die Akte gar nicht erst vorlegen würde.

### 3.2 Zulässigkeit der Beschwerde

Die Beschwerde muß alle Zulässigkeitsvoraussetzungen erfüllen. Dies gilt für 17 die in R 49 (1) genannten Voraussetzungen und für die in R 49 (2) genannten weiteren behebbaren Mängel. Das Verbot der Kontaktaufnahme mit dem Beschwerdeführer gilt auch hier. Ein Mängelbeseitigungsverfahren nach R 49 (2) kann nur vor der HABM-BK stattfinden.

### 3.3 Begründetheit der Beschwerde

Die Beschwerde ist begründet, wenn die HABM-BK ihr stattgeben könnte, 18 läge ihr die Beschwerde vor. Maßgeblicher Zeitpunkt ist der Zeitpunkt des Erlasses der abhelfenden Entscheidung.

**19**  Die Beschwerde ist somit nicht nur begründet, wenn die erstinstanzliche Entscheidung sachlich falsch oder verfahrensfehlerhaft war.[10] Die Abhilfe ist auch möglich, wenn die GMA wegen einer Beanstandung zurückgewiesen worden ist, die der Beschwerdeführer mit der Beschwerde oder der Beschwerdebegründung ausräumt. Auch in diesen Fällen ist es der HABM-BK möglich, die angefochtene Entscheidung aufzuheben und die Fortsetzung des Prüfungsverfahrens zu verfügen,[11] und folglich ist es ebenso möglich, abzuhelfen, was die PrüRiLi, Teil E, 8.3.3, betonen und übrigens auch im Einklang mit der Praxis des EPA[12] und der deutschen Rspr und Literatur[13] steht. Dem steht der an sich auf die Beseitigung fehlerhafter Entscheidungen hindeutende Begriff »rectify« in der engl Fassung nicht entgegen; aus ihm lässt sich keine Einschränkung der Abhilfebefugnis herleiten.

**20**  So kann abgeholfen werden, wenn die GMA wegen des Fehlens eines Formerfordernisses (Unterschrift, Angabe der Anschrift des Anmelders, Vollmacht, Vertreterbestellung) zurückgewiesen wurde und dieses Erfordernis mit der Beschwerdebegründung nachgeholt wird. Gleiches gilt, wenn der Anmelder das vom Amt geforderte Einverständnis zur Zahl der Klassen, in die die Anmeldung fällt, (R 9 (3) (a)) oder einen vom Amt verlangten Disclaimer (Art 37 (2), R 11) nicht abgibt oder die vom Amt beanstandeten Waren und Dienstleistungen nicht zurücknimmt, das Amt daraufhin die GMA zurückweist und nunmehr der Beschwerdeführer in der Beschwerdebegründung die erforderliche Erklärung abgibt oder Einschränkung erklärt. Die vom Amt gesetzten Bescheidserwiderungsfristen sind somit keine absoluten Fristen in dem Sinne, daß ihre Versäumnis zwangsläufig den endgültigen Verlust der Anmeldung zur Folge hätte. Zurückweisungsgrund ist

---

10 Unzutreffend deshalb HABM-BK R 609/2000-4 vom 20.3.2003 (Nr 9) *Heart Device*.

11 HABM-BK R 228/2007-4 vom 6.8.2007 (Nr 9) *EMIGO*; HABM-BK R 203/2008-4 vom 13.6.2008 (Nr 10) *PAYCASSO*.

12 TechnBK EPA T 47/90, ABl-EPA 1991, 486; TechnBK EPA T 139/87, ABl-EPA 1990, 68.

13 BGH Mitt. 1985, 151 = GRUR 1985, 919 *Caprolactam*; BPatGE 27, 14; BPatGE 30, 32; Benkard/Schäfers, PatG, § 73 Rn 49, 53; Goebel, GRUR 1986, 494; Schulte, PatG, § 73 Rn 100.

nämlich nicht das Ausbleiben der Erwiderung, sondern der Verstoß der Anmeldung gegen die gesetzlichen Vorschriften.[14]

Umgekehrt besteht die Abhilfemöglichkeit nicht schon deshalb, weil der Beschwerdeführer, der sich zunächst nicht geäußert hatte, sich nunmehr sachlich äußert. **21**

Die Abhilfe ist nur möglich, wenn auf Grund des Vorbringens des Beschwerdeführers die Sache unmittelbar zu seinen Gunsten entschieden werden kann. Eine Abhilfe ist ausgeschlossen, wenn das mit der Beschwerdebegründung vorgetragene neue Vorbringen des Beschwerdeführers weitere Prüfungen erfordern würde, die innerhalb der Abhilfefrist nicht mehr abgeschlossen werden könnten.[15] So scheitert eine Abhilfe etwa dann, wenn der Anmelder auf eine Beanstandung hin Änderungen des VerzWDL erklärt, die neue Beanstandungen aufwerfen oder Rückfragen erfordern würden. Die Abhilfe scheitert auch dann, wenn der Anmelder auf eine Zurückweisung aus absoluten Gründen hin Verkehrsdurchsetzung (Art 7 (3)) geltend macht, es sei denn, daß deren Nachweis noch innerhalb der Abhilfefrist gelingt. **22**

Das Verbot der Kontaktaufnahme mit dem Anmelder rechtfertigt sich daraus, daß andernfalls der ursprüngliche Zurückweisungsbeschluss durch zwischenzeitlich der ersten Instanz übermitteltes neues Vorbringen, ja einen neuen Anmeldungsgegenstand überlagert würde[16] und das Verbot der sachlichen Stellungnahme gegenüber der HABM-BK umgangen würde. **23**

### 3.4 Inhalt der Abhilfeentscheidung

Die Entscheidung, abzuhelfen, darf sich nicht auf eine bloße Aufhebung des Zurückweisungsbeschlusses beschränken. Schon die Rspr des vierten Senats des BPatG[17] hatte zu Recht gerügt, daß eine Abhilfe im Sinne einer bloßen Wiederinbehandlungnahme letztlich auf eine Verweigerung des Zugangs zur Beschwerdeinstanz hinausliefe. Die erneute Inbehandlungnahme der Sache **24**

---

14 Benkard/Schäfers, PatG, § 73 Rn 53, aA Fitzner/Wickenhöfer, PatG, § 47 Rn 18.
15 Andernfalls wird nur ohne Not die Überschreitung der Vorlagefrist riskiert, siehe den Sachverhalt in EuG T-187/06 vom 19.11.2008 (Nr 141) *Pflanzensorte Sumcol 01*.
16 BPatGE 27, 111, 117.
17 BPatGE 26, 157; 27, 22; BPatG BlfPMZ 1985, 16; 1985, 114; 1985, 164; im Grundsatz zustimmend Benkard/Schäfers, PatG, § 73 Rn 53.

ist kein zulässiges Ziel der Abhilfe. Dagegen darf der Prüfer die Beanstandungsgründe, die Gegenstand der Beschwerde waren, nicht wieder aufgreifen. Hiergegen wurde jüngst verschiedentlich verstoßen. Die HABM-BK mußte bemängeln, daß der Anmelder erneut Beschwerde einlegen mußte und das Verfahren lediglich unnötig verlängert wurde.[18] Der Beschwerdeführer mußte nach der Mitteilung, es sei abgeholfen worden, von einem Erfolg seiner Beschwerde ausgehen. Die angefochtene Entscheidung lediglich geringfügig zu verbessern und inhaltlich zu wiederholen, mußte der Beschwerdeführer als unfair empfinden. Gleichwohl wäre, nachdem erneut Beschwerde eingelegt wurde, eine Aufhebung aus formalen Gründen unpraktisch, führte sie doch nur zu einer dritten zurückweisenden Entscheidung. Die Rechtswidrigkeit der Pseudo-Abhilfe ändert nichts daran, daß dem Anmelder der Zugang zur Beschwerdeinstanz und zu einer zweitinstanzlichen Überprüfung der Prüferentscheidung nunmehr zu gewähren ist, ohne daß die bereits eingetretene Zeitverzögerung aufgeholt oder rückgängig gemacht werden könnte.

25 Aus dem gesetzlichen Erfordernis, daß die Beschwerde begründet sein muß, und aus dem Sinn und Zweck der Abhilfe folgt daher: Die abhelfende Entscheidung muß den Beschwerdeführer klaglos stellen.[19] Dazu ist erstens die angefochtene negative Entscheidung aufzuheben, und sie ist zweitens durch eine Entscheidung positiver Art zu ersetzen. Die gewährte Abhilfe bindet das HABM für das weitere Verfahren. Durch die gewährte Abhilfe tritt Selbstbindung des HABM ein, die es ausschließt, denselben Beanstandungsgrund später erneut zu erheben, sei es auch wegen neu zu Tage getretener tatsächlicher Gesichtspunkte.

26 Zwar kann die Abhilfe nicht direkt zur Eintragung der Marke führen. Wohl aber muß die Abhilfe die gerügten Eintragungshindernisse endgültig gegenstandslos machen. Wird also die GMA aus absoluten Eintragungshindernissen zurückgewiesen, so müssen diese endgültig als ausgeräumt betrachtet werden. Macht das Beschwerdevorbringen eine erneute oder weitere Prüfung nötig, so darf diese nicht nur nicht während der Abhilfefrist erfolgen, sondern erst recht nicht durch bloße Aufhebung des Zurückweisungsbeschlusses

---

18  HABM-BK R 1936/2012-4 vom 20.3.2013 (Nr 16f) *PREMIUM CONTACT*; HABM-BK 1847/2012-4 vom 7.3.2013 (Nr 17) *Mikita I*.
19  Siehe BPatGE 27, 157, 158.

eingeleitet werden.[20] Dies gilt auch, wenn der Beschwerdeführer ausdrücklich nur die Aufhebung des Zurückweisungsbeschlusses und Zurückverweisung des Prüfungsverfahrens an die erste Instanz beantragt,[21] denn der Umfang der Entscheidungsbefugnis der HABM-BK (Aufhebung und Zurückverweisung oder eigene Entscheidung in der Sache, Art 64 (1)) liegt nicht in der Disposition des Beschwerdeführers.

Litt die erstinstanzliche Entscheidung unter einem Verfahrensfehler, so darf **27** sich die Abhilfe nicht auf dessen Rückgängigmachung (nachträgliche Einräumung rechtlichen Gehörs oder Nachschieben einer Begründung oder Ersetzung der Entscheidung der unzuständigen Stelle durch eine solche der zuständigen Stelle) beschränken. Es darf nicht im Wege der Abhilfe die fehlerhafte Begründung einer Entscheidung lediglich durch eine korrekte Begründung ausgewechselt werden.

Nach gewährter Abhilfe dürfen nur solche Beanstandungen neu erlassen wer- **28** den, die nichts mit dem Gegenstand der angefochtenen Entscheidung, der abgeholfen wurde, zu tun haben. So dürfen nach einer Entscheidung, die GMA nach Art 7 (1) (b) oder (c) zurückzuweisen, andere absolute Eintragungshindernisse oder auch Formerfordernisse (Klassifizierung) neu aufgegriffen werden.

Eine teilweise Abhilfe ist unzulässig.[22] Mit ihr würde die erste Instanz die **29** Grundlage für die Beschwerde verändern, was ihr verwehrt ist. Zudem ist die teilweise begründete Beschwerde denknotwendig immer auch teilweise unbegründet.[23] Eine »Teilung« des Gegenstands einer wirksam eingelegten Beschwerde ist nicht möglich.[24] Eine teilweise Aufhebung der Entscheidung darf nur erfolgen, wenn die Beschwerde die erstinstanzliche Entscheidung

---

20  Siehe auch Benkard/Schäfers, PatG, § 73 Rn 53c.

21  AA BPatGE 27, 162; Benkard/Schäfers, PatG, § 73 Rn 53.

22  RiLi Teil A,7.2.3.2; Moser, Münchner Kommentar zum EPÜ, Art 109 Rn 26; Martín Mateo/Díez Sanchez, La marca comunitaria, derecho público, S 270; BPatGE 27, 157, 162, 163; aA BPatG GRUR 1991, 828, 831; anders wegen der anders gelagerten Ausgangssituation im Verwaltungsverfahrensrecht: Gärditz/Glaser, VwGO,§ 72 Rn 4.

23  Martín Mateo/Díez Sanchez, La marca comunitaria, derecho público, S 270.

24  BPatGE 27, 157, 162; BPatG Mitt. 2003, 82; vgl auch Pietzner/Ronellenfitsch, Das Assessorexamen im öffentlichen Recht, 9. Aufl, S 277;.

nur teilweise angreift, so daß die Abhilfe zur Aufhebung der erstinstanzlichen Entscheidung in diesem Umfang führen muß.

### 3.5 Sonderfall beantragter Wiedereinsetzung

30   Die Auswirkungen eines mit der Beschwerde gestellten Antrags auf Wiedereinsetzung (Art 81) auf das Abhilfeverfahren hängen davon ab, in welche Frist die Wiedereinsetzung beantragt wird.

#### 3.5.1 Wiedereinsetzung in die Beschwerdefrist

31   Wird Wiedereinsetzung in die Frist für die Einlegung der Beschwerde (einschließlich der Frist für die Zahlung der Beschwerdegebühr) beantragt, so kann die Abhilfe nur ergehen, wenn auch dem Wiedereinsetzungsantrag stattgegeben werden kann, weil andernfalls die Beschwerde wegen Versäumung der Frist unzulässig oder wegen Nichtzahlung der Gebühr als nicht eingelegt zu betrachten wäre.

32   Hält die Stelle, die die angefochtene Entscheidung erlassen hat, den Wiedereinsetzungsantrag für unbegründet, so muß sie vorlegen, ohne eine ablehnende Entscheidung über den Wiedereinsetzungsantrag zu treffen; darüber hat dann nur die HABM-BK zu entscheiden.

33   Hält die Stelle, die die angefochtene Entscheidung erlassen hat, den Wiedereinsetzungsantrag für begründet, so
   – hilft sie unter gleichzeitiger Gewährung der Wiedereinsetzung ab, wenn sie auch die Beschwerde für im übrigen zulässig und begründet erachtet;
   – legt sie andernfalls vor, wenn sie die Beschwerde für nicht begründet hält; sie darf dann keine Entscheidung über die Wiedereinsetzung treffen.[25]

#### 3.5.2 Wiedereinsetzung in die vor der ersten Instanz versäumte Frist

34   Ist der Anmelder, der eine Bescheidserwiderungsfrist versäumt hat, der Auffassung, daß ihm Wiedereinsetzung gewährt werden kann, so sollte er gleichzeitig Wiedereinsetzung beantragen und Beschwerde gegen den Zurückweisungsbeschluss einlegen, wobei sowohl die Beschwerde- als auch die Wiedereinsetzungsgebühr anfallen. Beschränkte er sich auf den Wiederein-

---

25   Wie hier Benkard/Schäfers, PatG, § 73 Rn 52 mwN; Hövelmann, Mitt. 1997, 241; aA TechnBK EPA T 473/91, ABl-EPA 1993, 630; Moser, Münchner Kommentar zum EPÜ, Art 109 Rn 23.

setzungsantrag, so würde nämlich die Zurückweisung rechtskräftig, wenn die Wiedereinsetzung rechtskräftig abgelehnt werden sollte.

Bis zum Ablauf der Abhilfefrist kann die Stelle, die die angefochtene Ent- **35** scheidung erlassen hat, zu dem Wiedereinsetzungsantrag noch eine positive oder ablehnende Entscheidung treffen. Eine gewährte Wiedereinsetzung bindet die HABM-BK hinsichtlich der Frage, ob die Bescheidserwiderungsfrist versäumt worden ist. Freilich wird die Gewährung der Wiedereinsetzung durch die erste Instanz dann uU unpraktisch erscheinen.[26]

Will die Stelle, die die angefochtene Entscheidung erlassen hat, der Be- **36** schwerde ohnehin abhelfen, etwa weil die fehlenden Unterlagen mit der Beschwerde nachgereicht sind, so kommt es auf die Wiedereinsetzung letztlich nicht mehr an, außer für die Frage der Rückzahlung der Beschwerdegebühr.

## 4 Verpflichtung zur Abhilfe?

Mit Art 61 wird der Stelle des Amtes, die die mit der Beschwerde angefoch- **37** tene Entscheidung erlassen hat, die Möglichkeit eingeräumt, der Beschwerde abzuhelfen.

Die Abhilfe stellt eine Möglichkeit, keine Verpflichtung dar;[27] erfolgt sie **38** nicht, so ist dies verfahrensrechtlich weiter nicht bedeutsam und nicht für sich beschwerdefähig. Zwar spricht der Wortlaut von Art 61 (1) davon, daß die Dienststelle »abzuhelfen hat«. Voraussetzung dafür ist aber zunächst, daß die Stelle, die die Entscheidung erlassen hat, die »Beschwerde für begründet erachtet«. Es handelt sich um eine Berechtigung des Amtes, der keine korrespondierende verfahrensrechtliche Verpflichtung gegenübersteht.

Auch in Fällen klarster Verfahrensverstöße gehen die Beschwerdekammern **39** auf die Frage, ob abgeholfen hätte werden sollen, nicht ein,[28] sondern heben auf und verweisen zurück. Anders die Rspr der Beschwerdekammern des EPA.[29]

---

26 Siehe den Fall BPatGE 29, 112.
27 Ruhl, Art 58 Rn 6.
28 HABM-BK R 1003/2004-1 vom 11.5.2005 *KCC/GCC.*
29 TechnBK EPA T 139/87 vom 9.1.1989, ABl-EPA 1990, 69; so auch Hiete, Mitt. 1966, 81; Moser, Münchner Kommentar zum EPÜ, Art 109 Rn 32.

**40** Im Verfahren vor der HABM-BK ist die Frage, ob abgeholfen hätte werden können, irrelevant. Grund für eine Zurückverweisung an die erste Instanz kann nicht die unterlassene Abhilfe, sondern nur die Begründetheit der Beschwerde sein.

**41** Für das HABM stellt sich daher die Formulierung »hat abzuhelfen« nicht als zusätzliche, neue Verpflichtung dar, sondern als Fortsetzung des schon im Prüfungsverfahren geltenden Prinzips der Gesetzmäßigkeit der Verwaltung, das für die erste Instanz genau solange bindend ist, wie die Sache bei ihr anhängig ist.

**42** Erachtet die Stelle, die die angefochtene Entscheidung getroffen hat, die Beschwerde für zulässig und begründet, so hilft sie ab. Kommt sie – aus welchem Grunde auch immer – nicht zu dieser Auffassung, so hilft sie nicht ab.

## 5 Folgen gewährter Abhilfe

**43** Hilft die erstinstanzliche Stelle ab, so hat sie dem Beschwerdeführer eine dahingehende begründete Entscheidung zuzustellen, RiLI Teil A, 7.2.5. Die bloße interne Mitteilung durch den Prüfer, oder die nachfolgende Mitteilung an die Partei durch die Geschäftsstelle der Beschwerdekammern, stellt keine solche Entscheidung dar und ist wirkungslos.[30]

**44** Der Tenor der Entscheidung muß mindestens die Aufhebung der ursprünglichen Entscheidung und eine Entscheidung über die Rückzahlung der Beschwerdegebühr enthalten.

**45** Die Rückzahlung der Beschwerdegebühr ist nach R 51 (a) immer dann anzuordnen, wenn abgeholfen wurde, gleich ob ein wesentlicher Verfahrensfehler vorlag (R 51 (b)). R 51 aF ließ im unklaren, ob die Abhilfe und das Vorliegen eines Verfahrensfehlers alternative oder kumulative Voraussetzungen waren.

**46** Die Entscheidung, mit der Abhilfe gewährt wird, ist nicht beschwerdefähig.[31] Beschwerdefähig ist dagegen die Entscheidung der Eintragung der Marke oder eines beantragten Rechtsübergangs, soweit sie Teil der Abhilfe-

---

30 HABM-BK R 1936/2012-4 vom 20.3.2013 (Nr 15) *PREMIUM CONTACT*; HABM-BK 1847/2012-4 vom 7.3.2013 (Nr 18ff) *Mikita I.*

31 Siehe Martín Mateo/Díez Sanchez, La marca comunitaria, derecho público, S 270.

entscheidung ist; von Bedeutung ist dies nur, falls die Eintragung der Marke oder des Rechtsübergangs, die mit der Abhilfeentscheidung angeordnet wird, hinter dem ursprünglich Beantragten zurückbleibt und deshalb den Beschwerdeführer beschwert.

Die Ablehnung der Rückzahlung der Beschwerdegebühr ist beschwerdefähig, 47 soweit die Abhilfeentscheidung diese Möglichkeit ausdrücklich erlaubt (Art 58 (2)).

### 6 Folgen nicht gewährter Abhilfe

Mit der Vorlage fällt die Beschwerde bei der HABM-BK an (Anfall- oder 48 Devolutivwirkung der Beschwerde).[32]

Der Prüfer teilt, durch rein interne Mitteilung, der Geschäftsstelle spätestens 49 mit Ablauf der Monatsfrist mit, daß nicht abgeholfen werde. Regelmäßig geschieht dies schon innerhalb weniger Tage. Die interne Ex-ante-Qualitätskontrolle stellt nämlich sicher, daß Fälle, in denen die Prüferentscheidung in Widerspruch zu den RiLi stand, praktisch nicht vorkommen können. Dementsprechend niedrig sind die Zahlen der gewährten Abhilfe. Die Geschäftsstelle der Beschwerdekammern teilt dem Beschwerdeführer mit, daß nicht abgeholfen wurde..

Die HABM-BK darf die Beschwerde nicht an die erste Instanz zur Prüfung 50 der Frage, ob Abhilfe in Betracht kommt, zurückgeben,[33] auch wenn die Vorlagefrist noch nicht abgelaufen ist. Die Devolutivwirkung, die mit der Vorlage an die HABM-BK eingetreten ist, ist endgültig.

Die Überschreitung der Vorlagefrist ist verfahrensrechtlich folgenlos und 51 schließt lediglich eine verspätete Abhilfeentscheidung aus.[34]

Mit der Vorlage hat sich die erstinstanzliche Stelle jeder sachlichen Stellung- 52 nahme über die Beschwerde zu enthalten (Art 61 (2)). Dies schließt nicht nur aus, daß die erstinstanzliche Stelle der Beschwerde eine eigene Bewertung oder Hinweise beifügt, sondern auch, daß sie interne Vermerke über

---

32  Siehe BPatGE 27, 157, 173; Benkard/Schäfers, PatG, § 73 Rn 57.
33  Hiete, Mitt. 1966, 81, 82; Benkard/Schäfers, PatG, § 73 Rn 55a.
34  EuG T-187/06 vom 19.11.2008 (Nr 148) *Pflanzensorte Sumcol 01*; Singer/Joos, Art 109 Rn 16; Benkard/Schäfers, PatG, § 73 Rn 55; Martín Mateo/Díez Sánchez, Comentarios, S 667.

die Frage, ob der Beschwerde abgeholfen werden kann, der HABM-BK zugänglich macht. Solche internen Vermerke werden nicht Bestandteil der Akte.

53   Die Vorlage ist ein Realakt. Sobald vorgelegt wird, endet die Zuständigkeit des Prüfers nach Art 61, auch solange die Monatsfrist noch läuft. Eine Entscheidung daß nicht abgeholfen werde, darf nicht ergehen. Erginge sie gleichwohl, so wäre sie jedenfalls nicht mit getrennter Beschwerde angreifbar; die Beschwerde gegen die angefochtene Entscheidung deckt auch das Handeln der ersten Instanz im Abhilfeverfahren mit ab.[35] Die HABM-BK ist, sobald ihr die Beschwerde vorliegt, nicht an irgendwelche Handlungen, Unterlassungen oder Bewertungen der erstinstanzlichen Stelle im Zusammenhang mit der Einlegung der Beschwerde gebunden. Sie prüft in eigener Zuständigkeit, ob die Beschwerde als eingelegt gilt und ob sie zulässig und begründet ist.

### Artikel 62 (ex Artikel 60a)   Abhilfe in mehrseitigen Verfahren

(1) Steht dem Beschwerdeführer ein anderer Verfahrensbeteiligter gegenüber und erachtet die Stelle, deren Entscheidung angefochten wird, die Beschwerde als zulässig und begründet, so hat sie ihr abzuhelfen.

(2) Der Beschwerde kann nur abgeholfen werden, wenn die Stelle, deren Entscheidung angefochten wird, dem anderen Verfahrensbeteiligten mitgeteilt hat, dass sie der Beschwerde abhelfen will, und wenn dieser der Abhilfe innerhalb von zwei Monaten nach Eingang der Mitteilung zustimmt.

(3) Stimmt der andere Verfahrensbeteiligte nicht innerhalb von zwei Monaten nach Eingang der Mitteilung nach Absatz 2 der Abhilfe der Beschwerde zu und gibt er eine entsprechende Erklärung ab oder gibt er innerhalb der vorgesehenen Frist keine Erklärung ab, so ist die Beschwerde unverzüglich ohne sachliche Stellungnahme der Beschwerdekammer vorzulegen.

(4) Erachtet die Stelle, deren Entscheidung angefochten wird, die Beschwerde jedoch nicht binnen eines Monats nach Eingang der Beschwerdebegründung als zulässig und begründet, so ergreift sie nicht die in den Ab-

---

35 Pietzner/Ronellenfitsch, Das Assessorexamen im öffentlichen Recht, 9. Aufl, S 276, 277.

sätzen 2 und 3 vorgesehenen Maßnahmen, sondern legt die Beschwerde unverzüglich ohne sachliche Stellungnahme der Beschwerdekammer vor.

*Schennen*

## 1 Allgemeines

Diese Bestimmung ermöglicht die Abhilfe in inter-partes-Verfahren, also 1 insbesondere bei einer Beschwerde gegen eine Entscheidung der Widerspruchsabteilung oder Nichtigkeitsabteilung. Sie wurde mit Wirkung zum 10.3.2004 eingefügt durch VO Nr 422/2004.[1] Der Gesetzgeber wollte eine einfache und schnelle Korrektur im Falle einer zulässigen und begründeten Beschwerde auch dann eröffnen, wenn es sich um ein zweiseitiges Verfahren handelt, allerdings nach Maßgabe des Schutzes der berechtigten Interessen des Beschwerdegegners, der ja in erster Instanz obsiegt hatte.

Dessen Interessen werden dadurch gewahrt, dass die Abhilfe nur erfolgen 2 kann, wenn er ihr zustimmt. Dazu hat das Amt bei ihm nachzufragen.

Der Gesetzeswortlaut berücksichtigt nicht, welche Frist an die Stelle der Mo- 3 natsfrist nach Art 61 (2) tritt. Zutreffend erscheint: Will das Amt abhelfen, so wird die Vorlagefrist von einem Monat im Rahmen von Art 62 durch eine Frist von einem Monat für die Anfrage beim Beschwerdegegner, ob er der Abhilfe zustimmt, und einer weiteren Äußerungsfrist von 2 Monaten (Abs 2) ersetzt. Stimmt der Beschwerdegegner zu, so hat das Amt eine weitere Frist von einem Monat, erneut analog Art 61 (2), um die Abhilfeentscheidung zu erlassen, denn es kann dem Amt nicht zugemutet werden, eine abhelfende Entscheidung auszuformulieren, ohne dass Gewissheit besteht, ob der Beschwerdegegner zustimmen wird.

Will das Amt jedoch nicht abhelfen, so bleibt es nach Abs 4 bei der von 4 Art 61 (2) bekannten Vorlagefrist von einem Monat. Mit Ausnahme dieses geänderten Fristenrahmens und des Zustimmungserfordernisses – im Fall

---

1 ABl-HABM 2004, 622.

der beabsichtigten Abhilfe – entsprechen die Voraussetzungen und Wirkungen der Abhilfe denen nach Art 61.

Alle genannten Fristen laufen ab dem Eingang der Beschwerdebegründung.

## 2  Praktische Bedeutung

5  Auch bei Art 62 darf nicht lediglich eine kassatorische Entscheidung ergehen, sondern es ist die Entscheidung der Widerspruchs- oder Löschungsabteilung durch eine Entscheidung mit dem entgegengesetzten Tenor zu ersetzen (siehe unter Art 61 Rdn 24–29). Dies muss nicht unbedingt eine Endentscheidung über die Verwechslungsgefahr sein; lautete die Entscheidung der Widerspruchsabteilung auf Zurückweisung des Widerspruchs als unzulässig, so reicht für die abhelfende Entscheidung der actus contrarius, den Widerspruch durch Zwischenentscheidung für zulässig zu befinden, woran sich das streitige Widerspruchsverfahren anschließen wird. Nicht geklärt ist, ob in einem solchen Fall die Zustimmung zur Abhilfe den Beschwerdegegner daran hindert, sich im Rahmen einer Beschwerde gegen die spätere Endentscheidung über den Widerspruch auch auf mangelnde Zulässigkeit des Widerspruchs zu berufen.

6  Grundsätzlich sind nicht nur Korrekturen von Formalentscheidungen (über die Zulässigkeit eines Widerspruchs usw), sondern (anders als bei Art 80) auch von Sachentscheidungen über die Verwechslungsgefahr denkbar. Allerdings ist dann zu fordern, dass das Amt innerhalb eines Monats nach Eingang der Zustimmung eine ausformulierte Sachentscheidung gegenteiligen Inhalts erlässt. Das dürfte normalerweise auf Schwierigkeiten stoßen.

7  Bei einer Beschwerde gegen eine Sachentscheidung, so offensichtlich abwegig letztere auch inhaltlich erscheinen mag, hat normalerweise der Beschwerdegegner kein Interesse, der Abhilfe zuzustimmen. Allenfalls mag ein Interesse bestehen, weitere Kosten für ein Beschwerdeverfahren zu vermeiden. Jedenfalls kann der Beschwerdegegner hoffen, die ihm günstige Entscheidung der Widerspruchsabteilung noch immer vor der HABM-BK, wenn auch mit anderer Begründung, verteidigen zu können.

8  Bei Formalentscheidungen, insbesondere solche, die Folge eines Verfahrensfehlers des Amtes waren, mag es dem Beschwerdegegner einsichtig erscheinen, besser zuzustimmen, wenn die erneute Inbehandlungnahme des Verfahrens ohnehin unausweichlich erscheint. Doch Kostenlast erspart er sich nicht, da bei einem Verfahrensfehler des Amtes von der Auferlegung der

Kosten aus Billigkeitsgründen abgesehen und auf Kostenteilung entschieden werden kann, Art 85 (2).

Andererseits ist eine Abhilfe auch keinesfalls schneller, denn sie würde min-   9
destens 4 Monate dauern (siehe oben, Rdn 3); in derselben Zeit könnte die HABM-BK auch selbst entscheiden: 2 Monate für den Gegner zur Stellungnahme plus 2 Monate für die Entscheidung bei klarem Verfahrensverstoß sind ohne weiteres machbar.

In immerhin 5 Jahren ist von Art 62 kein einziges Mal Gebrauch gemacht   10
worden. Deshalb und im Interesse der Verfahrensbeschleunigung schlagen die Reformvorschläge der Kommission vom 27.3.2013 vor, Art 62 schon wieder zu streichen.

## Artikel 63 (ex Artikel 61)  Prüfung der Beschwerde

(1) Ist die Beschwerde zulässig, so prüft die Beschwerdekammer, ob die Beschwerde begründet ist.

(2) Bei der Prüfung der Beschwerde fordert die Beschwerdekammer die Beteiligten so oft wie erforderlich auf, innerhalb einer von ihr zu bestimmenden Frist eine Stellungnahme zu ihren Bescheiden oder zu den Schriftsätzen der anderen Beteiligten einzureichen.

*Schennen*

Literatur:
*Stürmann*, Mediation und Gemeinschaftsmarken, mehr Trend oder mehr Wert?, MarkenR 2012, 134, 191.

## 1 Allgemeines

1 Diese Bestimmung enthält in groben Zügen den Ablauf des Beschwerdeverfahrens bis zur Entscheidung (Art 64), der die Prüfung der Zulässigkeit und
der Begründetheit der Beschwerde einschließt. Art 63 (2) und Art 10 Verf-
OBK regeln Mitteilungen der Kammer an die Beteiligten.

2 Die Zuweisung der Beschwerden an eine bestimmte Kammer (derzeit fünf)
richtet sich nach dem Geschäftsverteilungsplan, der jedes Jahr vom Präsidium der HABM-BK aufgestellt wird.[1] Die Verteilung erfolgt grundsätzlich
chronologisch in der Reihenfolge des Eingangs; jedoch werden zusammen-
hängende Verfahren (beispielsweise betreffend mehrere ähnliche Marken, die
von einem Anmelder eingereicht worden sind) derselben Kammer zugeteilt.

3 Die Durchführung des schriftlichen Verfahrens (Aufforderungen an die Parteien, Schriftsätze einzureichen) liegt in den Händen der Geschäftsstelle, allerdings ggf nach Weisung des Kammervorsitzenden. Auf etwaige Mängel
der Zulässigkeit weist der Geschäftsstellenbeamte den Kammervorsitzenden
hin (Art 5 (3) VerfOBK). Sodann wird die Beschwerde dem Kammervorsitzenden vorgelegt, der den Berichterstatter ernennt.

4 Art 63 wird ergänzt durch R 50, die subsidiär auf die Regeln für das Verfahren vor der ersten Instanz verweist. R 50 (1) wurde durch VO Nr 1041/2005
geändert, um die Zurückweisung verspäteten Vorbringens auch in der Beschwerdeinstanz sicherzustellen (siehe dazu unter Art 76 Rdn 22, 33).

## 2 Ablauf des Verfahrens

5 War am Verfahren der ersten Instanz neben dem Beschwerdeführer ein weiterer Beteiligter beteiligt (Widerspruchs- und Nichtigkeitsverfahren), so ist
dieser von Rechts wegen Beteiligter am Beschwerdeverfahren (Art 59 Satz 2),
und ihm ist die Beschwerde unverzüglich zuzustellen, auch dann, wenn die
Beschwerde sich später als unzulässig erweist.

6 Sodann wird die Beschwerdebegründung abgewartet und nach deren Vorliegen das Abhilfeverfahren (Art 61) durchgeführt. Erst nach verweigerter Abhilfe ist die Beschwerdebegründung dem Gegner zur Erwiderung zuzuleiten.
Dies erfolgt regelmäßig; zwingend nötig ist dies aber dann nicht, wenn die

---

1 Zuletzt Beschluss Nr 2012-2 vom 20.11.2012, ABl-HABM 1/2013.

Beschwerde sofort (als offensichtlich unzulässig oder unbegründet) zurückgewiesen werden soll.

Nach Vorliegen der Beschwerdebegründung kann, auf Wunsch beider Partei- 7 en, ein Meditationsverfahren vor der HABM-BK durchgeführt werden. Den Mediator wählen die Parteien aus einer Liste von dafür qualifizierten Angehörigen des Amtes aus, er darf nicht der erkennenden Kammer angehören.

In Ex-Parte-Verfahren kann die HABM-BK kann nach Art 63 (2) und Art 4 8 (2), 10 VerfOBK Mitteilungen an den Beschwerdeführer erlassen, in denen sie die Beteiligten auf bestimmte klärungsbedürftige Punkte hinweist. ZB kann die HABM-BK die Beanstandung auf neue Zurückweisungsgründe erweitern oder zusätzliche Belege für den beschreibenden oder üblichen Charakter der Marke ins Verfahren einführen. Solche zusätzlichen Zurückweisungsgründe oder Tatsachen müssen mitgeteilt werden, will die HABM-BK die Entscheidung später darauf stützen, Art 75. Diese Mitteilungen werden vom Berichterstatter erlassen, Art 4 (2) VerfOBK. Wegen Art 10 VerfOBK betont die Mitteilung, daß sie die HABM-BK nicht bindet. Dieser Hinweis ist aber überflüssig, da vorläufige Beurteilungen nie binden können.

In Inter-Partes-Verfahren fordert die HABM-BK die Beteiligten auf, Stel- 9 lungnahmen zu den Schriftsätzen des jeweils anderen Beteiligten und zu Mitteilungen der HABM-BK selbst einzureichen, Art 63 (2). Solche Schriftsätze sollen »so oft wie erforderlich« ausgetauscht werden.

In der Praxis gewährt die HABM-BK eine Schriftsatzrunde, dh sie setzt dem 10 Beschwerdegegner eine Frist von 2 Monaten, auf die Beschwerdebegründung zu erwidern Nach Art 8 (2) VerfOBK gibt es eine zweite Schriftsatzrunde, dies liegt aber im Ermessen der HABM-BK. Im Regelfall wird keine zweite Schriftsatzrunde eröffnet. Falls doch, erhalten sowohl der Beschwerdeführer als auch sodann der Beschwerdegegner 2 Monate für weitere Schriftsätze (Replik, Duplik). Diese sollen sich auf die Erwiderung zu neuem Vortrag des vorhergehenden Schriftsatzes beschränken. Nach den Erfahrungen der Praxis führt eine zweite Schriftsatzrunde meist nur zur Wiederholung des schon Vorgetragenen. Danach kann eine Partei immer noch nicht nachgelassene Schriftsätze einreichen, die ebenfalls dem Gegner zur Stellungnahme zugeleitet werden, aber im Zweifel gemäß Art 76 (2) als verspätet außer Betracht bleiben.

Der Beschwerdegegner ist nicht verpflichtet, sich zu äußern. Weder gibt es 11 eine Art Versäumnisurteil, noch geht er erstinstanzlichen Vortrags verlustig (siehe unten, Rdn 24). Wohl aber bedeutet das Unterlassen einer Äußerung, daß beweisbedürftige Tatsachen nicht bestritten werden.

12  Wie sich aus Abs 1 ergibt, ist es der HABM-BK verwehrt, die Begründetheit der Beschwerde zu prüfen, wenn sie unzulässig ist.[2] Die Zulässigkeit darf auch nicht dahingestellt bleiben. Doch wird die Zulässigkeit und die Begründetheit im Rahmen einer einheitlichen Beratung über die Beschwerde vorgenommen; die Beurteilung der Beschwerde kann nicht in zwei verschiedene Verfahren oder zwei verschiedene Entscheidungen aufgespalten werden.[3] Wenn im zweiseitigen Verfahren der andere Beteiligte zu der Beschwerde Stellung nimmt, so kann er auch zur Zulässigkeit der Beschwerde Stellung nehmen. Jedoch hat er auch in diesem Fall sämtliche Bemerkungen innerhalb derselben Antwortfrist vorzubringen; nimmt er lediglich zur Zulässigkeit der Beschwerde Stellung, so ist er nach Ablauf seiner Stellungnahmefrist mit weiterem Vortrag zur Begründetheit der Beschwerde ausgeschlossen.[4]

### 3  Prüfungsmaßstab

13  Der Gegenstand der Prüfung durch die HABM-BK ist erstens durch die gestellten Anträge und die Beschwer begrenzt. Es darf nur geprüft werden, was vom Umfang der Beschwerde umfasst ist, wenn die Beschwerde teilweise eingelegt wurde, und nur das, was dem Beschwerdeführer in erster Instanz abgesprochen wurde. Dazu sind die erstinstanzlich gestellten Anträge mit dem Tenor der Entscheidung zu vergleichen. Es stellt keine reformatio in peius dar, wenn die HABM-BK die Entscheidung im Ergebnis bestätigt, wenn auch mit anderer, uU für den Beschwerdeführer nachteiligerer Begründung.[5] Rechtsfragen im Rahmen der Verwechslungsgefahr muß sie eigenständig prüfen und, wenn sie dem Widerspruch stattgeben will, bejahen.[6] Siehe auch unter Art 59 Rdn 10.

---

2  EuGH C-349/10 vom 2.3.2011 (Nr 44) *Claro.*

3  HABM-BK R 640/1999-3 vom 25.4.2001 *CAROTINA DONA/DONA.*

4  HABM-BK R 640/1999-3 vom 25.4.2001 *CAROTINA DONA/DONA.*

5  EuG T 020/08 vom 23.9.2009 (Nr 37) *Danelectro.*

6  EuG T-057/03 vom 1.2.2005, ABl-HABM 2005, 624 (Nr 18) *Hooligan/Olly Gan.*

Der Gegenstand der Prüfung durch die HABM-BK ist zweitens in Wider- 14
spruchs- und Nichtigkeitsverfahren begrenzt durch die erstinstanzlich vorgebrachten Widerspruchs- und Nichtigkeitsgründe, einschließlich der geltend gemachten älteren Rechte. Das folgt schon aus dem Verbot, nach
Einlegung des Widerspruchs oder des Nichtigkeitsantrags weitere Widerspruchsgründe oder ältere Rechte nachzuschieben (siehe unter Art 42
Rdn 17), aber auch aus dem Charakter des Beschwerdeverfahrens als eines
Rechtsmittelverfahrens.[7] Daß das Verfahren vor der HABM-BK ein echtes
Rechtsmittelverfahren ist, zeigt sich auch an der Verpflichtung, eine Beschwerdebegründung mit echten Rügen gegen die erstinstanzliche Entscheidung einzureichen (siehe unter Art 60 Rdn 20).

In diesem Umfang ist aber Streitgegenstand des Beschwerdeverfahrens die 15
Eintragbarkeit der Marke, die Begründetheit des Widerspruchs usw, nicht
die Rechtmäßigkeit der erstinstanzlichen Entscheidung. Die HABM-BK
muß dazu von sich aus in der Beschwerdebegründung nicht gerügte Punkte
aufgreifen, sofern sie zwingend zu berücksichtigen sind, um eine Entscheidung gleichen Inhalts erlassen zu können. Die HABM-BK muß eine vollständige neue Prüfung der Begründetheit des Widerspruchs (oder des sonstigen erstinstanzlich gestellten Antrags) sowohl in rechtlicher als auch in
tatsächlicher Hinsicht vornehmen;[8] ist sie der Ansicht, daß eines der von
dem Widersprechenden in seinem Widerspruch angeführten und von der
Widerspruchsabteilung in ihrer Entscheidung bejahten relativen Eintragungshindernisse zu verneinen ist, so impliziert die vollständige neue Prüfung der Begründetheit des Widerspruchs zwingend, daß die Beschwerdekammer, bevor sie die Entscheidung der Widerspruchsabteilung aufhebt,
auch zu prüfen hat, ob dem Widerspruch gegebenenfalls auf der Grundlage
eines anderen relativen Eintragungshindernisses stattgegeben werden kann,
das vom Widersprechenden vor der Widerspruchsabteilung geltend gemacht,
aber von dieser verneint oder nicht geprüft wurde.[9] Die HABM-BK muß sie
auch ohne ausdrückliche Rüge des Beschwerdeführers von Amts wegen zu
prüfende Formerfordernisse, zB die Frage, ob die angefochtene Entscheidung

---

7 EuG T-028/09 vom 13.1.2011 (Nr 45f) *Pine Tree* – zur erstmaligen Geltendmachung von Nichtigkeitsgründen in einem Verfallsverfahren.
8 EuG T 308/01 vom 23.9.2003, ABl-HABM 2003, 2388 (Nr 26) *Kleencare/Carcle-
  an*; Vgl EuG T-278/10 vom 21.9.2012 (Nr 71) *Western Gold/Wesergold*.
9 EuG T-215/03 vom 22.3.2007 (Nr 96f) *Vips/Vips*.

wirksam unterschrieben war, prüfen.[10] Die HABM-BK muß die Begründetheit des Widerspruchs zum Zeitpunkt ihrer Entscheidung feststellen.[11]

16   Die HABM-BK hat auf die Sach- und Rechtslage zum Zeitpunkt der Entscheidung der HABM-BK (nicht zum Zeitpunkt des Erlasses der erstinstanzlichen Entscheidung) abzustellen. Vom Beschwerdeführer vorgetragene neue Tatsachen darf sie jedoch nur im Rahmen von Art 76 und nach Maßgabe von Sondervorschriften über den Ausschluss neuen Vorbringens (wie zB R 20 (1), R 22 (2) berücksichtigen. Einzelheiten siehe unter Art 76 Rdn 22–50.

17   Im Rahmen der Anträge und des Streitgegenstands und mit den aus der Unzulässigkeit verspäteten Vorbringens folgenden Einschränkungen entscheiden die HABM-BK somit nicht über die Rechtmäßigkeit der erstinstanzlichen Entscheidung (anders als das EuG im Verhältnis zur HABM-BK), sondern der Sache nach über die Frage, ob die Anmeldung aus absoluten oder relativen Gründen zurückzuweisen ist. Mit anderen Worten: die HABM-BK darf keine Entscheidung treffen, die zum Zeitpunkt ihres Erlasses rechtswidrig wäre, gleich ob sie zum Zeitpunkt des Erlasses der erstinstanzlichen Entscheidung korrekt gewesen wäre.[12]

18   Deshalb können auch berechtigte Zurückweisungen wegen Formmängeln in der Beschwerdeinstanz aufgehoben werden (zur Abhilfemöglichkeit in diesen Fällen siehe unter Art 61 Rdn 19), wenn der Anmelder den Mangel nicht vor dem Prüfer, aber erst mit der Beschwerdebegründung heilt, zB die unterlassene Angabe der Farbe (R 3 (5)),[13] die Bestellung eines Vertreters[14] oder das Einverständnis mit einem Klassifizierungsvorschlag.[15] Es muß dann aber in jedem Fall die Beanstandung vollständig, nicht nur hilfsweise und ohne Notwendigkeit weiterer Aufklärungen oder Rückfragen ausgeräumt worden sein.[16]

---

10  EuG T-006/05 vom 6.9.2006, ABl-HABM 2006, 1300 (Nr 22) *Def-Tec.*

11  EuG T-191/04 vom 13.9.2006, ABl-HABM 2006, 1412 = WRP 2006, 1357 (Nr 36, 46) *Metro/Metro.*

12  EuG T-191/04 vom 13.9.2006, ABl-HABM 2006, 1412 = WRP 2006, 1357 (Nr 36) *Metro/Metro*, mit begrüßenswerter Klarheit.

13  HABM-BK R 1459/2008-2 vom 7.1.2009 (Nr 18) *DICTATOR.*

14  HABM-BK R 1424/2008-4 vom 13.5.2009 (Nr 12) *GALERIE GABY*; HABM-BK R 123/2010-2 vom 13.10.2010 (Nr 13) *Wave design.*

15  HABM-BK R 228/2007-4 vom 6.8.2007 (Nr 9) *EMIGO.*

16  HABM-BK R 1270/2010-4 vom 25.8.2010 (Nr 17) *Form von Prüfköpfen.*

Im Beschwerdeverfahren wegen Zurückweisungen nach Art 37 muß die **19** HABM-BK im Rahmen der Amtsermittlung (Art 76 (1)) eine vollumfängliche Prüfung der absoluten Eintragungshindernisse vornehmen, auch dann wenn im Verfahren vor dem Prüfer teilweise das rechtliche Gehör verletzt worden war; ein Verstoß gegen den Grundsatz des rechtlichen Gehörs kann dann im Beschwerdeverfahren noch geheilt werden.[17] In funktionaler Kontinuität zum Prüfer verfügt die HABM-BK für die Entscheidung über eine Beschwerde über die gleichen Befugnisse wie der Prüfer selbst.[18] Deshalb darf, wenn der Anmelder erstmals in der Beschwerdeinstanz Verkehrsdurchsetzung (Art 7 (3)) geltend macht, dies nicht mit der Begründung abgelehnt werden, die HABM-BK könne nur überprüfen, was bereits Gegenstand der Prüfung durch den Prüfer gewesen sei.[19]

Ganz überwiegend sind die Entscheidungen des Amtes und damit auch der **20** HABM-BK gebundene Entscheidungen, so daß bei festgestelltem Sachverhalt ein Anspruch auf eine bestimmte Entscheidung besteht. Dies gilt für Art 7 in dem Sinne, daß, wenn keine absoluten Eintragungshindernisse festgestellt werden können, ein Anspruch auf Eintragung besteht[20] sowie für die Beurteilung des Vorliegens einer Verwechslungsgefahr gemäß Art 8.[21] In diesen Fällen steht der HABM-BK kein Ermessen zu, und sie ist auch nicht durch abweichende Entscheidungen in ähnlich gelagerten Fällen der selben oder anderer Kammern gebunden.[22]

Soweit der ersten Instanz ein Ermessen zustand, führt der Devolutiveffekt **21** der Beschwerde dazu, daß die HABM-BK in der zweiten Instanz dieses Ermessen eigenständig ausüben kann und nicht durch die Beurteilung der ersten Instanz gebunden sein kann. Jedoch ist wie folgt zu differenzieren:

---

17  HABM-BK R 203/2000-3 vom 8.3.2001 (Nr 24) *Schogetten-Stück.*
18  EuG T-057/03 vom 1.2.2005, ABl-HABM 2005, 624 (Nr 18) *Hooligan/Olly Gan*; EuG T-016/02 vom 3.12.2003, GRUR Int 2004, 328 (Nr 81) *TDI.*
19  EuG T-163/98 vom 8.7.1999, ABl-HABM 1999, 1468 (Nr 43) *Baby-Dry.*
20  EuG T-323/00 vom 2.7.2002, GRUR 2002, 858 (Nr 60) *SAT.2*; EuGH C-073/03 vom 15.5.2005, ABl-HABM 2005, 1434 (Nr 47) *BioID*; EuGH C-173/04 vom 12.1.2006, GRUR 2006, 233 (Nr 48) *Standbeutel*; EuG T-106/00 vom 27.2.2002 (Nr 66) *Streamserve*; EuG T-398/04 vom 17.1.2006 (Nr 53) *Waschtablette, blauer ovaler Kern.*
21  EuG T-107/02 vom 30.6.2004 (Nr 75), ABl-HABM 2005, 206 *Biomate.*
22  EuG T-323/00 vom 2.7.2002, GRUR 2002, 858 (Nr 61) *SAT.2.*

22  Rügt der Beschwerdeführer einen Verfahrensverstoß der ersten Instanz und
stand die entsprechende Verfahrenshandlung im Ermessen der ersten Instanz, so ist die Beurteilung der HABM-BK darauf beschränkt, ob die Entscheidung der ersten Instanz wegen eines Verfahrensfehlers rechtswidrig war;
die Beurteilung ist somit darauf beschränkt, ob das Ermessen nach falschen
Grundsätzen ausgeübt wurde oder zu Unrecht davon ausgegangen wurde, es
liege kein Ermessensspielraum vor.[23] Somit kann durch die Beschwerde nicht
die Durchführung einer mündlichen Verhandlung oder eine verfahrensleitende Maßnahme wie die Verbindung, Trennung oder Aussetzung von Verfahren erzwungen werden.

23  Was in der ersten Instanz im Ermessen des Prüfers oder der Widerspruchsabteilung stand, steht auch in der Beschwerdeinstanz im Ermessen der BK.
Die HABM-BK kann dieses Ermessen frei und ohne Bindung an das erstinstanzliche Verfahren ausüben, ohne daß dies jedoch für sich die Rechtswidrigkeit der erstinstanzlichen Entscheidung und deren Aufhebung zur Folge
hat.

### 4  Anwendung der Grundsätze des Verfahrens vor der ersten Instanz

24  Soweit Art 58–65 und die VerfOBK keine besonderen Vorschriften enthalten, gelten für das Verfahren vor der HABM-BK uneingeschränkt dieselben
Verfahrensvorschriften der GMV und der DV wie im erstinstanzlichen Verfahren. Dies ist in R 50 (1) ausdrücklich bestimmt und gilt zB für die formellen Erfordernisse für Schriftsätze der Parteien (R 79) und die Entscheidungen und Mitteilungen der HABM-BK (siehe R 55), den Grundsatz der
Schriftlichkeit des Verfahrens bei fakultativer mündlicher Verhandlung
(Art 77), die Bestimmungen über Fristen und Zustellungen und die Sprachenregelung (modifiziert durch R 48). Erstinstanzlicher Vortrag bleibt auch
ohne erneuten Vortrag in der Beschwerdeinstanz aufrechterhalten.[24] Erstinstanzlich gestellte Anträge wirken, soweit nicht erledigt oder soweit die Beschwerde deren Ablehnung umfasst, automatisch weiter. Erstinstanzlicher
Antrag, den Nachweis der Benutzung zu erbringen, (Art 42 (2), R 22) wirkt
auch ohne Wiederholung in der Beschwerdeinstanz weiter.

---

23  Neuerdings weniger pointiert: Singer/Joos, Art 110 Rn 70.
24  EuG T-057/03 vom 1.2.2005, ABl-HABM 2005, 624 (Nr 18) *Hooligan/Olly
Gan*; EuG T-278/10 vom 21.9.2012 (Nr 72) *Western Gold/Wesergold* (zur erstinstanzlichen Berufung auf erhöhte Kennzeichnungskraft).

## 5 Verbindung von Verfahren

Art 7 VerfOBK erlaubt eine Verbindung von Beschwerdeverfahren in zwei 25
Fallkonstellationen.

Art 7 (1) VerfOBK sieht eine Verbindung der Beschwerdeverfahren zwin- 26
gend vor, wenn mehrere Beschwerden gegen ein und dieselbe erstinstanzliche
Entscheidung eingelegt worden sind. Dies ist zB der Fall, wenn einem Widerspruch nur teilweise stattgegeben wurde und sowohl der Widersprechende als auch der Anmelder der GMA Beschwerde eingelegt hat. Dies ist jedoch dann nicht der Fall, wenn mehrere Mitanmelder eine GMA eingereicht
haben und diese zurückgewiesen wird; in diesem Falle müssen sämtliche
Mitanmelder gemeinsam Beschwerde einlegen. Daßelbe gilt, wenn mehrere
Widersprechende gemeinsam einen Widerspruch eingelegt haben.

Nach Art 7 (2) VerfOBK kann die BK, wenn gegen verschiedene Entschei- 27
dungen jeweils Beschwerde erhoben ist, diese Beschwerdeverfahren miteinander verbinden, und zwar unter drei Voraussetzungen. Erstens muß für
die Behandlung aller Beschwerden eine und dieselbe HABM-BK in derselben Zusammensetzung zuständig sein. Zweitens (hierbei handelt es sich um
ein in Art 7 (2) VerfOBK nicht erwähntes, aber ungeschriebenes Tatbestandsmerkmal) muß zwischen den Beschwerden ein Sachzusammenhang
bestehen; dies ist zB dann der Fall, wenn es sich um Beschwerden wegen einander ähnlicher Marken desselben Anmelders handelt (siehe oben unter
Rdn 2), nicht jedoch, wenn bloß gleiche Rechtsfragen wie die Unterscheidungskraft oder Aspekte der Verwechslungsgefahr betroffen sind. Der Wortlaut von Art 7 (2) VerfOBK schließt nicht aus, daß dann eine Verbindung
auch erfolgen kann, wenn es sich um jeweils verschiedene Beschwerdeführer
handelt; jedoch dürfte in einem solchen Fall eine Verbindung selten sachgerecht sein. Drittens ist erforderlich, daß die HABM-BK die Zustimmung
sämtlicher Beteiligten zur Verfahrensverbindung einholt.

Nach neuerer Praxis erfolgt bei absoluten Eintragungshindernissen keine 28
Verfahrensverbindung mehr, nur weil mehrere recht ähnliche Marken zurückgewiesen wurden. Werden die Verfahren verbunden, so ist auch nur eine
Klage gemäß Art 65 zum EuG statthaft, so daß im anschließenden Klageverfahren vor dem EuG die Verfahrensverbindung de facto aufrecht erhalten
bleibt.[25] Gegen eine Verfahrensverbindung spricht, daß jede Anmeldung für

---

25  Siehe EuG T-88/00 vom 7.2.2000, ABl-HABM 2002, 1322 *Taschenlampe*.

sich genommen auf Unterscheidungskraft zu prüfen ist.[26] In Widerspruchsverfahren eine Verfahrensverbindung erst in der Beschwerdeinstanz unpraktisch; sie sollte möglichst schon in der ersten Instanz erfolgen.

## 6 Aussetzung des Verfahrens

**29** Die HABM-BK kann auch das Verfahren aussetzen. Eine Pflicht zur Aussetzung besteht in keinem Fall. Eine Aussetzung darf erst nach Eingang der Beschwerdebegründung erfolgen, da andernfalls die gesetzliche Beschwerdebegründungsfrist außer Kraft gesetzt würde.[27]

**30** Eine Aussetzung kann erfolgen, wenn beide Beteiligte dies beantragen und über eine gütliche Einigung verhandeln. Ihre Dauer ist sachgerecht zu begrenzen, da ein öffentliches Interesse Dritter daran besteht, daß Anmeldungen nicht unbegrenzt anhängig bleiben.

**31** Gelegentlich wurden bei Verfahren betr ähnliche Marken die anderen bis zur Entscheidung des EuG in dem ersten der Fälle ausgesetzt, etwa in den Waschtablettenfällen[28] ausgesetzt. Dies wurde jüngst erneut praktiziert betr ein Klageverfahren vor dem EuGH, das seinerseits ausgesetzt war.[29] Das ist verfahrensunökonomisch, da immer Fälle beim EuG und EuGH anhängig sind, die ähnliche Fallkonstellationen betreffen.

**32** Eine Aussetzung hat zu erfolgen, wenn es sich um eine Anmeldung (Art 8 (2) (b)) handelt und dem Widerspruch stattgegeben werden müsste, was ein schon eingetragenes Schutzrecht voraussetzte. Eine Aussetzung ist aber unnötig, wenn der Widerspruch ohnehin zurückzuweisen ist oder wenn bei mehreren älteren Rechten dem Widerspruch auf Grund eines anderen älteren Rechts stattzugeben ist. Entsprechendes gilt, wenn das geltend gemachte ältere Recht in einem parallelen Verfahren in seiner Gültigkeit angegriffen worden ist, entsprechend der Praxis im Widerspruchsverfahren (dazu RiLi Teil C, Abschnitt 1, XII 3., 4), doch liegt eine Aussetzung dann stes im Ermessen der Kammer,[30] und es bedarf zusätzlich (ähnlich der Konstellation im Pa-

---

26  Keine Verbindung erfolgte in den EuG T-329/10 vom 19.9.2012 *Karomuster* zugrundeliegenden 8 Fällen.

27  HABM-BK R 1341/2007–G vom 18.4.2008 (Nr 14) *KOSMO/COSMONE*.

28  Im Fall EuG T-129/00 vom 19.9.2001, MarkenR 2001, 418 *Waschmitteltablette*.

29  HABM-BK R 1220/2012-1 vom 25.3.2013 (Nr 14, 17) *Shape of a hinge*.

30  HABM-BK R 670/2009-4 vom 27.5.2010 (Nr 56) *JACK&JACK/JACK*; HABM-BK R 236/2008-4 vom 18.6.2010 (Nr 48) *RENO 911!/RENO*.

tentverletzungsverfahren bei Angriff auf das Klageschutzrecht) einer gewissen Wahrscheinlichkeit der Vernichtung des Schutzrechts.[31] In diesen Fällen sollte eine Aussetzung auch dann abgelehnt werden, wenn der parallele Gültigkeitsangriff nur Gesichtspunkte vorbringt, die ohnehin im vorliegenden Verfahren zu prüfen sind (zB ob ein gemeinsamer Bestandteil der älteren und der jüngeren Marke beschreibend ist)[32] oder wenn die parallele Nichtigkeitsklage erst spät erhoben wird. Dazu ist es ferner erforderlich, daß der die Aussetzung Beantragende nicht nur die Tatsache der Erhebung der parallelen Klage nachweist,[33] sondern auch nachweist, welche Nichtigkeitsgründe dort vorgetragen wurden, damit eine überschlägige Prüfung der Erfolgsaussichten jener Klage möglich ist.[34] Und schließlich ist zu der Aussetzung der Gegner zu hören, der vielfach gegen die Aussetzung den Vorwurf der Verfahrensverschleppung erheben wird.

Die Aussetzung kann erfolgen durch verfahrensleitende Verfügung oder durch (nicht gesondert beschwerdefähige, Art 58 (2)) Zwischenentscheidung. **33**

### 7 Verteidigung des Beschwerdegegners

Der Beschwerdegegner muß sich nicht verteidigen; auch sein Vortrag der ersten Instanz bleibt automatisch Gegenstand des Beschwerdeverfahrens. Erstinstanzlich bestrittener Vortrag bleibt automatisch bestritten. Äußert sich der Beschwerdegegner nicht, so wird nach Lage der Akten entschieden (siehe auch R 20 (3)). Er braucht auch keine Anträge stellen. **34**

Der Beschwerdegegner kann die Begründung der erstinstanzlichen Entscheidung zu seinen Gunsten voll angreifen; für den Beschwerdeführer gilt kein Verbot der reformatio in peius hinsichtlich der Begründung. Beispiele: Die Widerspruchsmarke wurde als benutzt angesehen, aber die Verwechslungsgefahr verneint; in der Beschwerdeinstanz kann und muß ggf die rechtserhaltende Benutzung abgelehnt werden (siehe oben unter Rdn 13). Die Widerspruchsabteilung hat einige der älteren Marken aus Rechtsgründen außer betracht gelassen; in der Beschwerdeinstanz müssen auch diese Marken ge- **35**

---

31  HABM-BK R 670/2009-4 vom 27.5.2010 (Nr 61) *JACK&JACK/JACK.*
32  HABM-BK R 770/2010-4 vom 20.10.2010 (Nr 28) *MORELLO/MORENO.*
33  HABM-BK R 236/2008-4 vom 18.6.2010 (Nr 50) *RENO 911!/RENO.*
34  HABM-BK R 1280/2012-4 vom 20.3.2013 (Nr 13) *ORYZON/ORIZON.*

prüft werden.[35] Der Umfang der von der Beschwerdekammer vorzunehmenden Prüfung wird nicht allein durch die Beschwerdegründe bestimmt, die der Beteiligte vor der Beschwerdekammer geltend macht.[36] Gemäß Art 8 (3) VerfOBK kann der Beschwerdegegner eigene Anträge stellen und selbständige Angriffs- und Verteidigungsmittel vorbringen, allerdings nur im Rahmen der Waren und Dienstleistungen, die Gegenstand der Anträge des Beschwerdeführers sind siehe oben unter Art 59 Rdn 12).

## 8  Große Beschwerdekammer

36   Seit 2005 kann nach Art 135 und Art 1a VerfOBK eine Beschwerde an die GrBK zugewiesen werden, allerdings erst, nachdem sie zunächst einer normalen Kammer zugeteilt wurde. Dies kann auf Initiative der Kammer, der der Fall vorliegt, oder des Präsidiums erfolgen (siehe auch unter Art 135 Rdn 14).[37] Das Beschwerdeverfahren folgt den normalen Regeln.

## 9  Beteiligung des Präsidenten

37   Nach Art 11 VerfOBK kann die HABM-BK den Präsidenten des HABM von Amts wegen oder auch dessen schriftlichen begründeten Antrag hin auffordern, sich zu Fragen von allgemeinem Interesse, die sich im Verfahren vor der HABM-BK stellen, schriftlich oder mündlich zu äußern. Hierdurch wird der Präsident des HABM jedoch nicht Verfahrensbeteiligter (siehe unter Art 58 Rdn 18). Die Einräumung der Gelegenheit zur Äußerung steht im freien Ermessen der BK, und zwar auch dann, wenn der Präsident des HABM unter Angabe von Gründen um Gelegenheit zur Äußerung bittet. Fragen von allgemeinem Interesse sind insbesondere solche, die die Verfahrensbehandlung einer Vielzahl gleichgelagerter Fälle betreffen, so daß sich die Entscheidung der HABM-BK unmittelbar auf die Praxis des Amtes in einer Vielzahl anderer Fälle auswirken würde. Beispiele: In R 203/1998-3 ging in dem es um die Zustellung von Telekopien an Samstagen und Sonntagen

---

35  HABM-BK R 1313/2006-G vom 15.7.2008 (Nr 28-31) *CARDIVA/CARDI-MA*.

36  EuG T-057/03 vom 1.2.2005, ABl-HABM 2005, 624 (Nr 18) *Hooligan/Olly Gan*; EuG T-308/01 vom 23.9.2003, ABl-HABM 2003, 2388 (Nr 29, 32) *Kleencare/Carclean*.

37  Siehe von Kapff, in: FS 50 Jahre BPatG, S 959 (auch zu den von der GrBK bisher entschiedenen Fällen).

(das Verfahren wurde ohne Entscheidung eingestellt). In R 201/1999-3 ging es um die Anwendbarkeit der Telle-Quelle-Klausel der PVÜ.

## Artikel 64 (ex Artikel 62) Entscheidung über die Beschwerde

(1) Nach der Prüfung, ob die Beschwerde begründet ist, entscheidet die Beschwerdekammer über die Beschwerde. Die Beschwerdekammer wird entweder im Rahmen der Zuständigkeit der Dienststelle tätig, die die angefochtene Entscheidung erlassen hat, oder verweist die Angelegenheit zur weiteren Entscheidung an diese Dienststelle zurück.

(2) Verweist die Beschwerdekammer die Angelegenheit zur weiteren Entscheidung an die Dienststelle zurück, die die angefochtene Entscheidung erlassen hat, so ist diese Dienststelle durch die rechtliche Beurteilung der Beschwerdekammer, die der Entscheidung zugrundegelegt ist, gebunden, soweit der Tatbestand derselbe ist.

(3) Die Entscheidungen der Beschwerdekammern werden erst mit Ablauf der in Artikel 65 Absatz 5 vorgesehenen Frist oder, wenn innerhalb dieser Frist eine Klage beim Gerichtshof eingelegt worden ist, mit deren Abweisung wirksam.

*Schennen*

## 1 Allgemeines

Diese Bestimmung regelt die Sachentscheidung der BK, mit der das Beschwerdeverfahren seinen Abschluss findet. In Art 64 (1) werden zwei Möglichkeiten der Sachentscheidung zugelassen, nämlich zum einen die Entscheidung in der Sache selbst und zum anderen die Zurückverweisung an die erste Instanz zur weiteren Entscheidung. Für den letzteren Fall bestimmt 1

Art 64 (2), dass die erste Instanz an die rechtliche Beurteilung der HABM-BK gebunden ist. In Art 64 (3) wird schließlich bestimmt, dass die Entscheidungen der HABM-BK erst mit Ablauf der Rechtsmittelfrist bzw rechtskräftigem Abschluss des Verfahrens vor dem EuG und dem EuGH wirksam werden; dies bedeutet, dass die Entscheidung der HABM-BK solange nicht vollzogen werden darf, was einer aufschiebenden Wirkung der Klage zum EuG gleichkommt.

2 Die Reformvorschläge der Kommission sehen lediglich eine rechtsförmliche Anpassung von Abs 3 vor, indem auf das EuG und den EuGH verwiesen werden soll.

3 Art 64 wird ergänzt durch R 50, die den Inhalt der Entscheidung der HABM-BK regelt, und durch R 51, die die Möglichkeit der Rückzahlung der Beschwerdegebühr in bestimmten Fällen eröffnet; R 50 und R 51 sind durch VO Nr 1041/2005 mit Wirkung zum 25.7.2005 geändert worden. Art 64 wird weiter ergänzt durch Art 1d VerfOBK, der nähere Vorschriften für den Fall der Zurückverweisung an die erste Instanz enthält, und durch Art 12, 13 VerfOBK zum Entscheidungsfindungsprozess innerhalb der Kammer, insbesondere zur Beratung und Abstimmung.

## 2 Entscheidung in der Sache

4 Die HABM-BK hat die gleiche Befugnis, eine Entscheidung in der Sache zu treffen, wie dies die erste Instanz hatte oder hätte. Art 64 (1) bringt dies mit den Worten »wird im Rahmen der Zuständigkeit der Dienststelle tätig, die die angefochtene Entscheidung erlassen hat« zum Ausdruck. Diese Zuständigkeit besteht allerdings nur im Umfang der Beschwerde (im Umfang der gestellten Anträge); Einzelheiten siehe unter Art 63 Rdn 13.

5 Die Entscheidung in der Sache im Sinne der ersten Alternative des Art 64 (1) bedeutet, dass auf der Ebene der ersten Instanz keine neue Sachentscheidung und keine weiteren Ermittlungen oder Prüfungen mehr angestellt werden brauchen. Dies bedeutet jedoch nicht notwendigerweise, dass die HABM-BK Aussagen zur weiteren Behandlung des Verfahrens treffen muss. Deshalb ist eine Aussage der HABM-BK, ob die GMA zur Veröffentlichung zugelassen oder eingetragen werden soll, nicht erforderlich.

6 Deshalb beschränken sich die Beschwerdekammern grundsätzlich darauf, die Beschwerde entweder zurückzuweisen oder ihr stattzugeben. Bei einer Teilstattgabe der Beschwerde sind die Waren und Dienstleistungen, hinsichtlich

derer der Beschwerde stattgegeben wird, in Tenor zu benennen. Wird der Beschwerde stattgegeben und angeordnet, dass die angefochtene Entscheidung aufgehoben wird, so folgt aus Art 64 (2), in welchem Umfang die erste Instanz für die weitere Behandlung des Verfahrens gebunden ist. Im Verfahren wegen Zurückweisung aus absoluten Gründen dürfte die erste Instanz ohnehin gehindert sein, nach Abschluss des Beschwerdeverfahrens neue absolute Zurückweisungsgründe geltend zu machen.[1]

Im Verfahren der Beschwerde gegen eine Widerspruchsentscheidung tenorieren die Beschwerdekammern üblicherweise wie folgt: Entweder wird die Beschwerde zurückgewiesen, oder es wird die angefochtene Entscheidung aufgehoben und ausdrücklich angeordnet, dass der Widerspruch zurückgewiesen wird oder dem Widerspruch stattgegeben wird. Der Inhalt der Sachentscheidung ist somit stets eindeutig bestimmt.   7

Die Kostenentscheidung nach Art 85 ist von Amts wegen zu treffen, ein eigenständiger Kostenantrag des Beschwerdeführers (oder gar des Beschwerdegegners) ist nicht erforderlich.   8

Wird im Beschwerdeverfahren zu absoluten Eintragungshindernissen vom Anmelder außer der Aufhebung der Prüferentscheidung auch die Eintragung der Marke beantragt, so ist dieser Antrag unzulässig, da der Eintragung die Veröffentlichung für die Zwecke der Einlegung von Widersprüchen vorauszugehen hat.[2]   9

## 3 Aufhebung und Zurückverweisung

Für den Fall, dass die Beschwerde begründet ist, können sich die Beschwerdekammern auch darauf beschränken, die Angelegenheit zur weiteren Entscheidung an die erste Instanz zurückzuverweisen. Dies kommt zB in Betracht, wenn lediglich über Zulässigkeitsfragen entschieden worden ist oder wenn die Widerspruchsabteilung den Widerspruch wegen mangelnden oder unzureichenden Benutzungsnachweises (Art 42 (2)) zurückgewiesen hat, jedoch die HABM-BK in dieser Frage zu einer anderen Beurteilung kommt: in diesem Fall hat die HABM-BK die Wahl, entweder in der Sache auch   10

---

1 Problematisch HABM-BK R 497/2005-1 vom 10.9.2008 *Loudspeaker II* (Aufgreifen von Art 7 (1) (e), nachdem das EuG Art 7 (1) (c) verneint hatte).
2 HABM-BK R 233/2009-4 vom 1.7.2009 (Nr 10) *Farbmarke Orange.*

über die Verwechslungsgefahr zu entscheiden[3] oder die Angelegenheit zur
weiteren Prüfung der Verwechslungsgefahr an die Widerspruchsabteilung zurückzuweisen.[4] Beide Alternativen sind ohne weiteres rechtlich möglich, da
rechtliches Gehör zur Verwechslungsgefahr im Widerspruchsverfahren gegeben wurde, und darf nicht wegen eines angeblichen Instanzverlustes abgelehnt werden.[5]

11 Eine weitere häufige Fallkonstellation der Aufhebung und Zurückweisung
ist die Zurückweisung zur Prüfung der Unterscheidungskraft kraft Benutzung (Verkehrsdurchsetzung, Art 7 (3)). Wird die Verkehrsdurchsetzung
erstmals vor der HABM-BK geltend gemacht, so haben die Beschwerdekammern, wenn sie die Eintragbarkeit nach Art 7 (1) verneinen, vielfach von einer eigenen Prüfung der Verkehrsdurchsetzung abgesehen und die Angelegenheit an den Prüfer zurückverwiesen.[6] In einem solchen Fall kann die
HABM-BK lediglich auf Aufhebung und Zurückverweisung tenorieren und
sich wegen der rechtlichen Tragweite der Entscheidung auf Art 64 (2) verlassen,[7] oder sie kann aufheben und ausdrücklich beschränkt auf die Prüfung
der Verkehrsdurchsetzung zurückverweisen. Häufig wurde tenoriert,[8] dass
erstens die angefochtene Entscheidung hinsichtlich Art 7 (1) bestätigt wird
und zweitens die angefochtene Entscheidung hinsichtlich Art 7 (3) aufgehoben wird, was missglückt, ja logisch widersprüchlich erscheint: Eine Entscheidung kann nicht hinsichtlich eines rechtlichen Aspekts bestätigt, hinsichtlich eines anderen rechtlichen Aspekts aufgehoben werden.

12 Seit einiger Zeit geht die Praxis der Beschwerdekammern dahin, wenn irgend
möglich durchzuentscheiden. Das rechtliche Gehör fand im Widerspruchsverfahren schon statt. Der Gesichtspunkt des Instanzverlusts überzeugt nicht.
Bei bloßer Zurückverweisung stellt sich oft die erhoffte Bindungswirkung als

---

3 Beispielsfälle: HABM-BK R 1171/2004-4 vom 22.5.2006 *BETA/BETA*; HABM-
  BK R 379/2004-1 vom 17.12.2004 (Nr 18, 20) *NARS/MARS*; HABM-BK
  R 850/2004-1 vom 15.9.2005 (Nr 42) *ALAMOS/ALAMO*.
4 Beispielsfall: HABM-BK R 664/2004-4 vom 7.9.2005 (Nr 19) *BIO SONNE/
  ÖKO-SONNE*.
5 Bedenklich deshalb HABM-BK R 664/2004-4 vom 7.9.2005 (Nr 19) *BIO SON-
  NE/ÖKO-SONNE*; wie hier Singer/Joos, Art 111 Rn 20.
6 Beispielsfälle: HABM-BK R 596/2004-2 vom 16.12.2004 *FLOORLINE*; HABM-
  BK R 153/2005-2 vom 18.11.2005 *THERAPEUTIC LISTENING*.
7 EuG T-412/11 vom 6.2.2013 (Nr 22) *Transcendental Meditation*.
8 So in HABM-BK R 596/2004-2 vom 16.12.2004 *FLOORLINE*.

gleich null heraus (siehe unten, unter Rdn 19), so dass den Parteien nicht gedient ist.

### 4 Bindungswirkung der Zurückverweisung

Art 64 (2) bestimmt, dass im Falle der Zurückverweisung zur weiteren Entscheidung die erste Instanz durch die rechtliche Beurteilung der HABM-BK gebunden ist. Die erste Instanz hat somit im Falle der Zurückverweisung die tragenden Gründe der Begründung ihrer weiteren Entscheidung, aber auch der weiteren Sachbehandlung zu Grunde zu legen. Bloße obiter dicta binden jedoch die erste Instanz nicht. 13

Allerdings erscheint die Bestimmung aus drei Gründen als zu eng. 14

Erstens sollte eine Bindung der ersten Instanz nicht nur hinsichtlich der rechtlichen Beurteilung durch die HABM-BK, sondern auch hinsichtlich der Wertung der Tatsachen bejaht werden. Die erste Instanz kann, soweit dem nicht Art 76 (2) entgegensteht, auch nach Zurückverweisung noch neuen Sachvortrag einbeziehen. In der Würdigung der von der HABM-BK behandelten Tatsachen sollte jedoch die erste Instanz weiterhin gebunden bleiben. Beispiel: Die HABM-BK hat ein bestimmtes Beweisstück zum Nachweis der rechtserhaltenden Benutzung als unzureichend zurückgewiesen, oder sie ist zu dem Ergebnis gekommen, dass der Nachweis für die Zustellung oder den Zugang eines Schriftstücks nicht erbracht worden ist. 15

Zweitens besteht die Bindungswirkung nach Art 64 (2) auch dann, wenn die HABM-BK eine Sachentscheidung im Sinne der ersten Alternative des Art 64 (1) Satz 2 erlassen hat: Die erste Instanz darf dann die aufgehobene Entscheidung nicht später durch eine andere Entscheidung mit gleichem oder ähnlichem Inhalt ersetzen. 16

Die Bindungswirkung bezieht sich nur auf die konkrete GMA oder den konkreten Widerspruch, der Gegenstand des Verfahrens ist.[9] Jedoch wird, wenn mehrere Widersprüche eingelegt wurden und die HABM-BK einen der Widersprüche zurückgewiesen hat, eine Bindungswirkung bei der Prüfung der weiteren Widersprüche durch die Widerspruchsabteilung bejaht werden müssen, wobei Art 64 (2) ohnehin für die Bindungswirkung voraussetzt, dass der Tatbestand derselbe ist. 17

---

9 Siehe Singer/Joos, Art 111 Rn 25.

**18** Es besteht jedoch keine Bindungswirkung der Entscheidung der HABM-BK im Widerspruchsverfahren für spätere Nichtigkeitsverfahren.[10] Eine Entscheidung im Widerspruchsverfahren entfaltet keine Rechtskraftwirkung für spätere Nichtigkeitsverfahren, so dass der unterliegende Widersprechende aus den gleichen Gründen später Antrag auf Erklärung der Nichtigkeit aus relativen Gründen stellen kann. Dies gilt ganz unabhängig davon, ob das Widerspruchsverfahren in einer oder zwei Instanzen abgeschlossen wurde.

**19** Es besteht auch keine Bindungswirkung einer anderen Kammer (nicht einmal derselben Kammer), wenn die Erstinstanz eine erneute Entscheidung getroffen hat (regelmäßig mit umgekehrtem Ergebnis) und die andere Partei dagegen erneut Beschwerde einlegt.

**20** So wurde im Fall »Serenissima« der Erstinstanz aufgegeben, erneut unter der Annahme der Warenähnlichkeit (von Wein und Essig) über die Verwechslungsgefahr zu entscheiden, was die Erstinstanz auch tat, doch musste auf erneute Beschwerde, diesmal der Anmelderin, die ursprüngliche Widerspruchsentscheidung wiederhergestellt werden, weil diese Waren in der Tat unähnlich sind. Die Beschwerdekammer war durch die erste Beschwerdeentscheidung nicht gebunden, da ihr gegenüber weder ein Fall des Art 64 (2) noch ein Fall des Art 1b VerfOBK vorlag.[11]

**21** Wird ein Eintragungshindernis nach Art 7 (1) bejaht, aber zur Prüfung von Art 7 (3) zurückverwiesen, so ist der Prüfer an die Feststellungen zu Art 7 (1) gebunden und darf nur noch Art 7 (3) prüfen. Eine solche Entscheidung der HABM-BK beschwert natürlich den Anmelder auch, und er kann dagegen zunächst Klage beim EuG einlegen.[12] Wenn nach der Zurückverweisung der Prüfer Art 7 (3) ablehnt, kann dagegen erneut Beschwerde eingelegt werden. Deren Prüfung setzt dann aber doch wieder eine erneute Verneinung von Art 7 (1) voraus, da Durchsetzung für Waren, für die das Zeichen nicht beschreibend ist, nicht verlangt werden kann (siehe unter Art 37 Rdn 49). Damit erweist sich eine solche Zurückverweisung an den Prüfer als überflüssiger Umweg.

---

10  EuG T-140/08 vom 14.10.2009 (Nr 36f) *Timi Kinderjoghurt/Kinder.*
11  HABM-BK R 214/2008-4 vom 31.8.2009 (Nr 9–14) *SERENISSIMA/LA SERENISIMA.*
12  EuG T-412/11 vom 6.2.2013 (Nr 24f) *Transcendental Meditation.*

## 5 Rückzahlung der Beschwerdegebühr

R 51 regelt die Rückzahlung der Beschwerdegebühr. Grundsatz ist, dass die 22
Beschwerdegebühr erfolgsunabhängig ist und für die Durchführung des Verfahrens zu zahlen ist, unabhängig vom Ausgang. Eine Ausnahme ist in R 51
vorgesehen. Die Rückzahlung der Beschwerdegebühr wird angeordnet, wenn
der Beschwerde abgeholfen oder ihr durch die Beschwerdekammer stattgegeben wird und die Rückzahlung eines wesentlichen Verfahrensmangels der
Billigkeit entspricht.

Im Fall der Abhilfe ist, wie die Neufassung von R 51 klarstellt, die Rückzahlung 23
stets anzuordnen, ohne dass es zusätzlich der Feststellung eines Verfahrensfehlers bedarf, für die die erste Instanz gar nicht zuständig wäre. Die bisherige Fassung der R 51 entsprach R 67 EPÜ-AO, deren Auslegung durch
das EPA zu schwierigsten verfahrensrechtlichen Komplikationen Anlass gegeben hatte.[13]

Falls nicht abgeholfen wird, müssen für eine Rückzahlung folgende drei Vo- 24
raussetzungen kumulativ erfüllt sein:
– Der Beschwerde muss stattgegeben werden;
– es muss ein wesentlicher Verfahrensmangel vorliegen;
– die Rückzahlung muss der Billigkeit entsprechen.

Trotz der Formulierung »wird angeordnet« führt die Voraussetzung, dass die
Rückzahlung der Billigkeit entsprechen muss, zu einem Ermessensspielraum
der HABM-BK. Das Ermessen wird im Zweifel zu Gunsten des Beschwerdeführers ausgeübt, jedoch kann auch auf die Schwere und Relevanz des Verfahrensfehlers abgestellt werden.

Voraussetzung ist weiter, dass der Beschwerde stattgegeben wird. Dies wird 25
auch angenommen, wenn der Beschwerde teilweise stattgegeben wird, soweit
sich der Verfahrensfehler auf diesen Teil der Entscheidung bezieht.[14] Schließlich muss ein wesentlicher Verfahrensmangel vorgelegen haben. Ohne Feststellung eines Verfahrensfehlers ist keine Rückerstattung möglich.[15] Außer-

---

13  Siehe GrBK EPA G 3/03 vom 28.1.2005, ABl-EPA 2005, 344: Danach ist die
    Beschwerde trotz Abhilfe noch der EPA-BK zur Entscheidung nur über die Rückzahlung der Beschwerdegebühr vorzulegen.
14  HABM-BK R 677/2003-1 vom 9.9.2004 (Nr 17) *TERRANOVA/NOVA TER-RA.*
15  HABM-BK R 542/2002-2 vom 18.10.2004 (Nr 33) *FOCUS/MICROFOCUS.*

dem muss der Verfahrensmangel kausal für das Verfahren gewesen sein und insbesondere so gestaltet gewesen sein, dass der Beschwerdeführer gezwungen war, Beschwerde einzulegen, um seine Rechtsposition zu wahren. .

**26** Verfahrensfehler sind solche, die sich auf die Durchführung des Verfahrens beziehen und nicht auf sein Ergebnis. Die verletzte Norm muss eine solche des Verfahrensrechts sein, nicht des materiellen Rechts, wie Art 7 oder 8. Eine Rückzahlung erfolgt: Wenn die Widerspruchsabteilung versehentlich die Anmeldung für nicht angegriffene Waren[16] oder nach der Rücknahme des Widerspruchs[17] zurückwies, wenn der Prüfer Waren zurückweist, die nie oder nicht mehr beansprucht sind,[18] wenn ein Antrag auf Nachweis der Benutzung übersehen wurde[19] oder wenn die Entscheidung des Prüfers nicht klar erkennen lässt, welche Waren und Dienstleistungen sie betrifft.[20] Ebenso, wenn die Widerspruchsabteilung die Rücknahme der Anmeldung mit der Rücknahme des Widerspruchs verwechselt und deshalb eine manifest unzutreffende Kostenentscheidung trifft.[21] Ein wesentlicher Verfahrensmangel wird immer dann angenommen, wenn wesentliche Verfahrensgrundsätze wie das rechtliche Gehör oder die Begründungspflicht[22] (Art 75) verletzt sind. Verstöße gegen Art 75 oder Art 76 sind zB Erlass einer Entscheidung, ohne dass die Stellungnahme des Anmelders an den Widersprechenden weitergeleitet wurde[23] oder wenn nicht begründet wird, warum ein Schreiben der Partei nicht berücksichtigt wurde bzw zu welchem Zeitpunkt eine Gebührenzahlung als erfolgt angesehen wird.[24] Ebenso Verstöße gegen Zustel-

---

16  HABM-BK  R 677/2003-1 vom 9.9.2004 (Nr 17) *TERRANOVA/NOVA TERRA.*

17  HABM-BK  R 1488/2009-2 vom 5.3.2010 (Nr 11, 13) *LA COLOMBAIA/LA COLOMBARA.*

18  HABM-BK  R 445/2006-1 vom 7.9.2006 (Nr 10, 14) *CLASSIC.*

19  HABM-BK  R 1569/2010-1 vom 4.5.2011 (Nr 29) *D DECOLINE/DEKO LINE.*

20  HABM-BK  R 041/2000-3 vom 28.2.2001 *@NET INDEX*; HABM-BK R 692/2012-2 vom 11.3.2013 (Nr 11) *SKILLPAGES*; HABM-BK R 2210/2010-4 vom 29.7.2011 (Nr 8) *PETFIT.*

21  HABM-BK R 241/2006-4 vom 1.8.2006 (Nr 10f) *VICTORY/V VICTORY.*

22  HABM-BK R 409/2010-4 vom 8.6.2010 (Nr 10) *LI MEI.*

23  HABM-BK R 1003/2004-1 vom 11.5.2005 (Nr 14, 16) *KCC/GCC.*

24  HABM-BK R 1312/2009-4 vom 7.1.2010 (Nr 13) *ERMAGORA.*

lungsvorschriften, zB wenn das Amt aus Versehen an den Anmelder statt an den Vertreter zugestellt hat (siehe R 77).[25]

Keine Rückzahlung der Beschwerdegebühr erfolgt dagegen, wenn sich der **27** Beschwerdeführer mit der Rüge des Art 75 in Wirklichkeit nur gegen die inhaltliche Richtigkeit der vom Prüfer gegebenen Begründung wendet,[26] wenn die HABM-BK die vorgelegten Nachweise lediglich anders wertet als die erste Instanz,[27] wenn sie zu einer anderen Gesamtbeurteilung kommt oder auf Grund dieser anderen Gesamtbeurteilung eine Prüfung der Benutzungslage für nötig erachtet,[28] wenn ein Prüferbescheid lediglich knapp begründet war[29] oder wenn die Widerspruchsabteilung ihr Ermessen, ein Widerspruchsverfahren gemäß R 21 auszusetzen, in der einen oder anderen Weise ausgeübt hat.[30]

War die Prüferentscheidung bei ihrem Erlass korrekt, so liegt natürlich auch **28** kein Verfahrensfehler vor. Deshalb kann die Beschwerdegebühr nicht zurückgezahlt werden, wenn ein Formmangel in der Anmeldung, wie die Angabe der Farbe der Marke[31] oder die Bestellung eines Vertreters[32] erst in der Beschwerdeinstanz ausgeräumt wird.

Keine Rückzahlung der Beschwerdegebühr erfolgt, wenn das Beschwerdeverfahren ohne Sachentscheidung eingestellt wird, beispielsweise wenn der Widerspruch, die Anmeldung oder die Beschwerde zurückgenommen wird,[33] **29**

---

25 HABM-BK R 1269/2009-4 vom 14.12.2009 (Nr 33) *GOLDSMITH GROUP.*
26 HABM-BK R 1716/2007-4 vom 13.3.2008 *MEDIACOM* und unter Art 75 Rdn 6.
27 HABM-BK R 503/2001-4 vom 14.10.2002 *BIOLACT/BIO.*
28 Anders (abzulehnen, da als Norm, gegen die verstoßen wurde, Art 8 bezeichnet wird) HABM-BK R 801/2011-1 vom 14.3.2013 (Nr 24, 26) *VILLA CULINARIA/CULINARIA.*
29 HABM-BK R 098/1998-3 vom 19.3.1999, GRUR Int 1999, 768 *CINE-ACTION.*
30 HABM-BK R 294/2002-1 vom 28.10.2002 *BIOSAN/BIO SAN FRISCHE-DUFT.*
31 HABM-BK R 1459/2008-2 vom 7.1.2009 (Nr 22) *DICTATOR.*
32 HABM-BK R 1424/2008-4 vom 13.5.2009 (Nr 13) *GALERIE GABY.* HABM-BK R 2467/2011-4 vom 18.3.2012 (Nr 16) *GENNEX.*
33 HABM-BK R 651/2005-4 vom 19.7.2006 (Nr 16) *ATLOX/AVALOX*; HABM-BK R 786/2006-4 vom 8.8.2006 (Nr 12) *TRABECULAR METAL*; HABM-BK R 536/2012-4 vom 30.5.2012 (Nr 9) *POUPELE/PELE.*

und zwar auch dann, wenn die Zurücknahme vom Beschwerdegegner ausgeht. In diesen Fällen fehlt es an einer Entscheidung, der Beschwerde stattzugeben, und es gibt keinen Unterliegenden.

30   Die Rückzahlung der Beschwerdegebühr kann die HABM-BK von Amts wegen, auch ohne Antrag des Beschwerdeführers, anordnen.[34] Ohne Antrag besteht aber kein Anlass, eine Ablehnung der Rückzahlung auszusprechen oder gar zu begründen. Auch besteht ohne konkrete Darlegung eines angeblichen Verfahrensfehlers kein Anlass für die HABM-BK, von sich aus das Vorliegen eines solchen Fehlers zu untersuchen.[35]

### 6   Aufschub des Wirksamwerdens der Entscheidung der BK

31   Art 242 EU-V sieht vor, dass die Klage zum EuG keine aufschiebende Wirkung hat. Da dies nicht sachgerecht ist, sieht Art 64 (3) vor, dass die Entscheidungen der Beschwerdekammern erst nach Ablauf der Klagefrist zum EuG bzw nach rechtkräftigem Abschluss des Verfahrens vor dem EuG und dem EuGH wirksam werden. Dies bedeutet im Ergebnis, dass die Entscheidungen der Beschwerdekammern während dieses Zeitraums nicht vollzogen werden dürfen, dh als ob eine aufschiebende Wirkung besteht.

32   Die Rechtfertigung für diese abweichende Regelung besteht darin, dass Art 242 EU-V nur für Anfechtungsklagen gegen Entscheidungen der Gemeinschaftsorgane gilt und der Rat die Befugnis hat, für Rechtsmittel gegen Entscheidungen von Einrichtungen der Gemeinschaft wie dem HABM besondere Regelungen zu treffen, solange nur das Rechtsprechungsmonopol des EuGH gewahrt bleibt.[36]

33   Gibt beispielsweise die HABM-BK dem Antrag auf Erklärung der Nichtigkeit der GM statt und wird gegen diese Entscheidung Klage beim EuG eingelegt, so würde eine Löschung der Marke im Register für Gemeinschaftsmarken dem Inhaber der GM den Gegenstand des Streitverfahrens endgültig entziehen.

---

34   EuG T-124/02 vom 28.4.2004, GRUR Int 2004, 660 (Nr 69) *Vitataste*; HABM-BK R 328/2010-4 vom 4.5.2010 (Nr 20) *FERI EURORATING SERVICES*; HABM-BK R 409/2010-4 vom 8.6.2010 (Nr 10) *LI MEI*.
35   EuG T-124/02 vom 28.4.2004, GRUR Int 2004, 660 (Nr 70) *Vitataste*.
36   Von Mühlendahl, in: FS für Beier, S 303, 307.

Wird in einem Verfahren wegen Zurückweisung aus absoluten Gründen der 34
Beschwerde von der HABM-BK hinsichtlich einiger Waren und Dienstleistungen stattgegeben und legt der Anmelder der GMA hiergegen Klage ein mit dem Ziel, auch die restlichen Waren und Dienstleistungen für schutzfähig zu erklären, so würde sowohl eine Veröffentlichung als auch eine Eintragung lediglich der von der HABM-BK für schutzfähig befundenen Waren und Dienstleistungen unüberwindliche Probleme schaffen, da die Eintragung der GM nur einheitlich erfolgen kann und es nicht möglich wäre, einer eingetragenen GM noch nachträglich weitere Waren und Dienstleistungen hinzuzufügen.

Wie das EuG ausführlich dargelegt hat, folgt aus Art 64 (3), dass auch noch 35
vor dem EuG der Widerspruch oder die Anmeldung zurückgenommen werden kann. Zwar ist eine solche Erklärung gegenüber dem Amt abzugeben, sie hat aber vor dem EuG mangels Wirksamwerden der Entscheidung der HABM-BK die Wirkung, dass alle Verfahren vor dem Amt und dem EuG eingestellt werden und die Entscheidung des Amtes nicht rechtskräftig wird.[37] Nur die Annahme einer solchen aufschiebenden Wirkung ist kompatibel mit der Praxis der Zulassung einer Zurücknahme noch vor dem EuG (siehe dazu unter Art 65 Rdn 58, 59).

Da Art 64 (3) auf den Abschluss des Verfahrens beim EuG und beim EuGH 36
Bezug nimmt, ändert sich auch durch Einlegung eines weiteren Rechtsmittels zum EuGH gegen das Urteil des EuG nichts: auch vor dem EuGH kann die GMA oder der Widerspruch noch mit der Wirkung der Verfahrensbeendigung zurückgenommen werden,[38] und es muss mit dem Vollzug der Entscheidung der HABM-BK bis zum Eintritt der Rechtskraft des Urteils des EuGH gewartet werden.

## 7 Veröffentlichung von Entscheidungen der Beschwerdekammern

Alle Entscheidungen der Beschwerdekammern sind auf der Internet-Seite 37
des HABM öffentlich zugänglich. Eine Recherche nach verschiedenen Kriterien, zB dem Aktenzeichen, ist möglich.

---

37 EuG T-010/01 vom 3.7.2003, Slg 2003 II-2225 (Nr 16-18) *Sedonium/Predonium*.
38 Allerdings ausweichend, was die Wirkungen auf das HABM-Verfahren betrifft: EuGH C-588/11, Beschluss vom 18.9.2012 (Nr 9, 13) *Omnicare*.

**38** Es wird kein Unterschied gemacht, ob die zu Grunde liegende GMA bereits veröffentlicht worden ist; auch Entscheidungen zu unveröffentlichten GMA-en, dh im Hinblick auf absolute Eintragungshindernisse, werden uneingeschränkt zugänglich gemacht. Art 88 (3) schließt lediglich die Akteneinsicht bis zum Zeitpunkt der Veröffentlichung nach Art 39 aus, nicht jedoch die Veröffentlichung von Entscheidungen. Dies wird auch bestätigt durch R 87.

**39** Dem schützenswerten Interesse der Verfahrensbeteiligten, dass bestimmte vertrauliche Angaben nicht veröffentlicht werden, wird dadurch Rechnung getragen, dass Namen von Personen geschwärzt oder anonymisiert werden können, etwa wenn es sich um vertrauliche Angaben über innerkanzleiliche Vorgänge im Rahmen von Wiedereinsetzungsverfahren handelt. Auch in diesen Fällen kann jedoch nur die Anonymisierung einzelner Angaben verlangt werden, und auch dies nur, soweit das Persönlichkeitsrecht oder andere übergeordnete Interessen dies gebieten, nicht jedoch ein gänzliches Absehen von der Veröffentlichung oder öffentlichen Zugänglichmachung. Daneben kann aus persönlichkeitsrechtlichen Gründen von der Veröffentlichung im Internet auch ganz abgesehen werden, etwa wenn es um Gründe der Ausschließung und Ablehnung (siehe Art 137) geht.

## Artikel 65 (ex Artikel 63) Klage beim Gerichtshof

(1) Die Entscheidungen der Beschwerdekammern, durch die über eine Beschwerde entschieden wird, sind mit der Klage beim Gerichtshof anfechtbar.

(2) Die Klage ist zulässig wegen Unzuständigkeit, Verletzung wesentlicher Formvorschriften, Verletzung des Vertrages, dieser Verordnung oder einer bei ihrer Durchführung anzuwendenden Rechtsnorm oder wegen Ermessensmissbrauchs.

(3) Der Gerichtshof kann die angefochtene Entscheidung aufheben oder abändern.

(4) Die Klage steht den an dem Verfahren vor der Beschwerdekammer Beteiligten zu, soweit sie durch die Entscheidung beschwert sind.

(5) Die Klage ist innerhalb von zwei Monaten nach Zustellung der Entscheidung der Beschwerdekammer beim Gerichtshof einzulegen.

(6) **Das Amt hat die Maßnahmen zu ergreifen, die sich aus dem Urteil des Gerichtshofs ergeben.**

*Schennen*

**Literatur:**

*Hackspiel*, Das Verfahren in Markensachen vor dem Gericht erster Instanz der Europäischen Gemeinschaften und vor dem Europäischen Gerichtshof, Mitt. 2001, 532; *Klüpfel*, Die Nichtigkeitsklage vor dem Europäischen Gericht erster Instanz gegen Entscheidungen des Harmonisierungsamts für den Binnenmarkt, MarkenR 2000, 237; *Montalto*, La Oficina Comunitaria de Marcas; Recursos y procedimientos judiciales, in: Marca y diseño comunitarios, S 167, Pamplona 1996; *Scordamaglia*, La tutela guirisdizionale dei privati nei confronti delle decisioni degli uffici comunitari di proprietà industriale, Rivista di Diritto Industriale 1996, 107; *von Mühlendahl*,

Rechtsmittel gegen Entscheidungen des Harmonisierungsamts für den Binnenmarkt – Marken, Muster und Modelle, in: FS für Beier, 1996, S 303.

## 1 Allgemeines

1 Dieser Artikel bestimmt, dass die Entscheidungen der Beschwerdekammern des Amtes beim Gerichtshof mit der Klage angefochten werden können. Mit dem »Gerichtshof« ist jedoch nicht der EuGH als Instanz, sondern als Organ gemeint.[1] Wie auch der 13. Erwägungsgrund zur GMV hervorhebt, liegt die Zuständigkeit für Klagen nach Art 65 beim EuG, das durch Beschluß Nr 88/591/EGKS, EWG, EURATOM des Rates vom 24.10.1988[2] mit Änderung durch Beschluß vom 8.6.1993 und 7.3.1994 errichtet worden ist und gemäß Art 3 (1) (c) dieses Beschlußes im ersten Rechtszug die Zuständigkeiten ausübt, die dem EuGH insbesondere bei Klagen gemäß Art 230 (2) EG-V und in den zur Durchführung des EG-V erlassenen Rechtsakten übertragen worden sind, soweit nicht in den Rechtsakten über die Errichtung von Einrichtungen der Gemeinschaft etwas anderes bestimmt ist. Die GMV hat aber eine derartige anderslautende Bestimmung nicht getroffen, so dass das EuG für Klagen gemäß Art 65 zuständig ist,[3] was grundsätzlich der Aufgabenverteilung zwischen EuG und EuGH entspricht, wonach das EuG für direkte Klagen des Bürgers gegen Entscheidungen von Organen der Gemeinschaft zuständig ist. Durch Art 256 EU-V ist das Gericht erster Instanz in »Gericht« umbenannt worden (im engl in den irreführenden Begriff »General Court«), durch Art 251 EU-V der EuGH in »Gerichtshof der Europäischen Union«; die Zuständigkeitsverteilung hat sich dadurch nicht geändert. Ein »Fachgericht« wie in Art 256 (1) EU-V angesprochen besteht nur für Beamtenstreitverfahren, nicht für Klagen gegen das HABM bzw im Bereich des gewerblichen Rechtsschutzes. In der Kommentierung werden die bisherigen Abkürzungen EuGH und EuG beibehalten.

2 Die Urteile des EuG können nach Art 49, 50 der Satzung des EuGH mit einem Rechtsmittel zum EuGH angefochten werden. Der Begriff »Rechtsmittel« (franz: »pourvoi«) ist eine technische Bezeichnung für diese weitere, zweitinstanzliche Klage, die ihrer Art nach am besten mit der deutschen Revision vergleichbar ist. Somit steht dem Betroffenen gegen Entscheidungen

---

1  Klüpfel, MarkenR 2000, 237; Hackspiel, Mitt. 2001, 534.
2  ABl-EG C 215 vom 21.8.1989, S 1.
3  Von Mühlendahl, FS für Beier, S 303, 306.

der Beschwerdekammer ein zweistufiger Rechtsweg zum EuG und EuGH zur Verfügung, wobei jedoch in der zweiten Instanz zum EuGH nur noch Rechtsfragen überprüft werden können.

Das auf Klagen gemäß Art 65 anzuwendende Verfahrensrecht ergibt sich, so- **3** weit nicht bereits in Art 64 (3), Art 65 (3), (5) oder anderer Stelle in der GMV besondere Regelungen enthalten sind, aus der Satzung des Gerichtshofs,[4] der Verfahrensordnung des EuG,[5] der Dienstanweisung für den Kanzler des EuG[6] sowie den vom Kanzler des EuG herausgegebenen praktischen Hinweisen für die Parteien.[7] Um den Besonderheiten des Verfahrens vor dem Amt Rechnung zu tragen, wurde die Verfahrensordnung des EuG am 6.7.1995[8] geändert; die Ermächtigungsgrundlage dazu ist durch Änderung von Art 46 der Satzung des Gerichtshofs mit Beschluß des Rates vom 6.6.1995[9] geschaffen worden. Diese Änderungen waren notwendig, weil

– die Nichtigkeitsklage nach Art 230 EG-V stets gegen die Stelle, die die angefochtene Entscheidung erlassen hat, als Beklagte zu richten ist, im vorliegenden Fall also gegen das Amt; im Widerspruchs- und Löschungsverfahren entscheidet das HABM jedoch einen Streit zwischen zwei Privaten, so dass der im Verfahren vor der HABM-BK Obsiegende nicht darauf verwiesen werden kann, dass das HABM an seiner Stelle die Entscheidung der HABM-BK verteidigt, so dass ihm die Rolle eines qualifizierten Streithelfers mit der Möglichkeit, eigene Angriffs- und Verteidigungsvorbringen vorzutragen, eingeräumt wurde;

– die Sprachenregelung vor dem EuGH und dem EuG, wonach der Kläger die Verfahrenssprache wählt, im Hinblick auf die Sprachenregelung vor dem Amt nach Art 119 zu modifizieren war;

– im Widerspruchs- und Löschungsverfahren der Grundsatz, dass der vor der HABM-BK Unterliegende die Kosten der anderen Partei trägt, insoweit beizubehalten war, als das HABM nicht gezwungen sein kann, die Kosten der Partei, die vor der HABM-BK obsiegt hat, zu tragen. Auf die-

---

4 ABl-EG L 131 vom 15.6.1995, S 33.
5 Konsolidierte Fassung: ABl-EG C 34 vom 1.2.2001, S 1; zuletzt geändert am 26.3.2010, ABl-EG L 92 vom 13.4.2010, S 14.
6 Konsolidierte Fassung: ABl-EG L 78 vom 22.3.1994.
7 ABl-EG L 87 vom 4.4.2002, S 48.
8 ABl-EG L 172 vom 22.7.1995, S 3 = ABl-HABM 1995, 218.
9 ABl-EG L 131 vom 15.6.1995, S 33.

se Aspekte wird im folgenden unter Rdn 11–12, Rdn 19–22 und Rdn 53–54 näher eingegangen.

## 2 Geschichtliche Entwicklung

4 Klagen wegen Verletzung einer GM sowie dagegen gerichtete Widerklagen auf Erklärung der Nichtigkeit gehören nach Art 96 vor die Gemeinschaftsmarkengerichte, bei denen es sich um nationale Gerichte handelt, die gemeinschaftsweite Zuständigkeiten wahrnehmen. In solchen Verfahren besteht eine Zuständigkeit des EuGH nur insofern, als das Gemeinschaftsmarkengericht dem EuGH Rechtsfragen zur Auslegung des Gemeinschaftsrechts (des EG-V oder auch der GMV) nach Art 267 EU-V (bisher: Art 234 EG-V) zur Vorabentscheidung vorlegen kann. Die gleiche Möglichkeit der Vorlage besteht hinsichtlich der Auslegung der Markenrechtsrichtlinie,[10] die das nationale Markenrecht der Mitgliedstaaten harmonisiert hat, im Hinblick auf Verfahren, die nationale Marken betreffen. In diesen Verfahren spielt der EuGH nur mittelbar eine Rolle, nämlich als Wahrer der europäischen Rechtseinheit und Hüter des Gemeinschaftsrechts.

5 Bei den Vorarbeiten zur GMV[11] ging man hinsichtlich des Rechtsschutzes gegen Entscheidungen des Amtes jedoch lange Zeit davon aus, das System des EPÜ kopieren zu können, das gegen erstinstanzliche Entscheidungen des EPA einen einzügigen Rechtsweg zu den Beschwerdekammern des EPA gewährt, die als quasi-richterliche Organe fungieren und gegen deren Entscheidungen es kein weiteres Rechtsmittel gibt. Dementsprechend wurden in der GMV Beschwerdekammern vorgesehen, deren Mitglieder Unabhängigkeit genießen (Art 136), und es wurden die Bestimmungen über das Beschwerdeverfahren eng an diejenigen im EPÜ angelehnt. Es widerspräche jedoch dem Rechtsprechungsmonopol des EuGH und hätte eine Änderung des EG-V erfordert, den Rechtsweg bei den Beschwerdekammern des HABM enden zu lassen. Für die somit erforderliche Eröffnung des Klagewegs zum Gerichtshof, dh zum EuG, wurden in den Beratungen der Ratsarbeitsgruppe zur GMV verschiedene Lösungen erörtert. Insbesondere versuchte man lange Zeit, das Modell der Beschwerdekammern des EPA und des BPatG beizubehalten, wonach im einseitigen Verfahren nur der Anmelder des Schutzrechts, im zweiseitigen Verfahren unmittelbar die beiden Beteiligten im erstinstanz-

---

10 Abgedruckt in Anh 4.
11 Siehe insbesondere Entwurf der Kommission, GRUR Int 1981, 87.

lichen Verfahren (zB Anmelder und Widersprechender) Partei sind. Dies wäre jedoch mit dem System der Nichtigkeitsklage vor dem EuGH nicht zu vereinbaren gewesen, die Verfahren ohne Beklagte nicht kennt. Schließlich wurde dem Prinzip des Rechtsschutzes vor dem EuG bzw dem EuGH grundsätzlich gefolgt, und es wurden lediglich in der Verfahrensordnung des EuG einige Anpassungen im Hinblick auf die Stellung des anderen Beteiligten im zweiseitigen Verfahren vorgenommen.[12] Trotz der Anpassung der Verfahrensordnung des EuG lässt dieses System des Rechtsschutzes, das auf eine Rechtmäßigkeitskontrolle der Entscheidung des Amtes (dh der HABM-BK) im Sinne einer verwaltungsrechtlichen Anfechtungsklage ausgerichtet ist, in vielen Fallkonstellationen Fragen offen, zB zur Möglichkeit verspäteten Vorbringens oder zur Berücksichtigung von nach der Entscheidung der HABM-BK eingetretenen Tatsachen, die auch durch die Regelung in Art 65 (3), dass das EuG die angefochtene Entscheidung nicht nur aufheben, sondern auch abändern kann, nicht vollständig gelöst werden. Auch in der Vielzahl der bisherigen Verfahren vor dem EuG ist eine zufriedenstellende Feinabstimmung zwischen dem Verfahrensrecht vor den Beschwerdekammern des Amtes und dem Verfahrensrecht vor dem EuG noch nicht gefunden worden, weil das EuG naturgemäß dazu tendiert, im Zweifel allgemeine Verfahrensgrundsätze des EG-Rechts anzuwenden, was die Besonderheiten der Verfahren nach der GMV in den Hintergrund rückt.

### 3 Parteien

Die Klage gegen die Entscheidung des HABM-BK zum EuG ist gegen das **6** Amt zu richten.

### 3.1 Kläger

Art 65 (4) bestimmt, dass die Klage zum EuG den an dem Verfahren vor der **7** HABM-BK Beteiligten zusteht, soweit sie durch die Entscheidung beschwert sind. Kläger kann somit nur sein, wer Beteiligter am Verfahren vor der HABM-BK war. Hierbei handelt es sich, da ja die HABM-BK Teil des Amtes ist, niemals um das HABM selbst. Vielmehr handelt es sich bei Entscheidungen im Prüfungsverfahren um den Anmelder, bei Entscheidungen im

---

12 Ausführlich zur Entstehungsgeschichte von Art 65: von Mühlendahl, FS für Beier, S 303.

Widerspruchs- oder Löschungsverfahren um den Anmelder oder Inhaber der GM oder den Widersprechenden oder Antragsteller auf Erklärung der Nichtigkeit.[13] Ein Parteiwechsel auf Klägerseite ist möglich, wenn die GM, deren Inhaber der Kläger ist, auf den Rechtsnachfolger umgeschrieben wurde.[14] Der Kläger muß außerdem beschwert sein. Dies wird im Sinne einer materiellen Beschwer verstanden,[15] so dass es nicht erforderlich ist, dass der Kläger im Verfahren vor der HABM-BK einen Antrag gestellt hatte. Es muß ihm aber durch die HABM-BK weniger als vom Kläger in der ersten Instanz beantragt zugesprochen worden sein, dh entweder die GMA teilweise zurückgewiesen worden oder dem Widerspruch teilweise stattgegeben worden sein.

### 3.2 Beklagter

8 Beklagter ist stets die Stelle, die die angefochtene Entscheidung erlassen hat, also das HABM. Beklagter ist also nicht etwa die BK, die lediglich Teil des Amtes ist. Angefochten vor dem EuG wird nämlich die Entscheidung des Amtes in der Gestalt, die sie durch die Entscheidung der HABM-BK gefunden hat.

9 Im Verfahren wegen absoluter Eintragungshindernisse ist somit mit der Entscheidung der HABM-BK Schluss, wenn die HABM-BK die Beschwerde gutheißt; das HABM kann diese Entscheidung selbst nicht anfechten.[16] Weist die HABM-BK die Beschwerde ab, so ist Kläger Anmelder der GMA und Beklagter das HABM. Bei Entscheidungen der BK, die im Widerspruchs- oder Löschungsverfahren ergangen sind, ist Kläger derjenige, der vor der HABM-BK unterlegen ist. Beklagter ist wiederum das HABM. Die andere Partei vor der HABM-BK ist in die Rolle des Streithelfers gedrängt. Diese hat die gleichen Rechte wie der Beklagte (siehe unten, Rdn 11–12).

---

13 Siehe Hackspiel, Mitt. 2001, 538.
14 EuG T-029/12 vom 28.11.2012 (Nr 15) *Daxon/Dalton*.
15 Hackspiel, Mitt. 2001, 538; Klüpfel, MarkenR 2000, 238.
16 EuGH C-106/03 vom 12.10.2004, ABl-HABM 2004, 1461 (Nr 31) *SAINT-HUBERT 41/Hubert*; EuG T-107/02 vom 30.6.2004, ABl-HABM 2005, 206 (Nr 34) *Biomate*; dazu Urteilsanmerkung von Geroulakos, Propriété industrielle Nr 12/2004, S 20.

Das EuG bestätigt seit dem Westlife-Fall[17] in ständiger Rspr[18] die Befugnis **10**
des Amtes, Anträge zu stellen, die auf die Unterstützung des Klägers und die
Aufhebung der angefochtenen Entscheidung der HABM-BK zielen. Das
EuG gesteht dem Amt auch zu, die Entscheidung in das Ermessen des Gerichts zu stellen.[19] Das EuG hat sogar ein Zögern des Amtes, einen konkreten Antrag zu stellen, als Verlangen auf Aufhebung der Entscheidung umgedeutet, wenn das Amt inhaltlich argumentiert hat, die Entscheidung der
HABM-BK sei unrichtig. In »Westlife« ist das EuG dezidiert von seinem früheren Urteil »SAINT-HUBERT 41/Hubert«,[20] bestätigt durch den EuGH,[21]
abgerückt, wonach das HABM nicht zulässigerweise die Aufhebung oder Abänderung der Entscheidung der HABM-BK beantragen können soll, sondern auf die Verteidigung der Entscheidung der HABM-BK festgelegt sein
soll. Das HABM ist in einem Verfahren über eine Klage gegen eine in einem
Widerspruchsverfahren ergangene Entscheidung einer Beschwerdekammer
lediglich nicht befugt, mit seiner Haltung vor dem Gericht die Vorgaben des
Rechtsstreits zu ändern, wie sie sich aus den Anträgen und dem Vorbringen
des Anmeldenden und des Widersprechenden ergeben. Das HABM kann
aber durchaus, ohne damit die Vorgaben des Rechtsstreits zu ändern, beantragen, den Anträgen einer anderen Partei seiner Wahl stattzugeben, und
Argumente für die von dieser Partei geltend gemachten Angriffs- oder Verteidigungsmittel vorbringen. Dagegen kann es keine eigenständigen Auf-
hebungsanträge stellen und keine von den anderen Parteien nicht vor-

---

17  EuG T-022/04 vom 4.5.2005, ABl-HABM 2005, 1054 (Nr 17) *Westlife/West.*
18  EuG T-379/03 vom 25.10.2005, ABl-HABM 2005, 1484 (Nr 22, 25) *Cloppen-
    burg*; EuG T-097/05 vom 12.7.2006 (Nr 16) *Marcorossi/Sergio Rossi*; EuG
    T-006/05 vom 6.9.2006, ABl-HABM 2006, 1300 (Nr 41) *Def-Tec*; EuG
    T-466/04 vom 1.2.2006, GRUR Int 2006, 329 (Nr 31) *Geronimo Stilton/Stilton*;
    EuG T-191/04 vom 14.9.2006, WRP 2006, 1357 (Nr 14) *Metro/Metro*; EuG
    T-053/05 vom 16.1.2007 (Nr 27) *Calvo/Calavo*; EuG T-171/06 vom 17.3.2009,
    GRUR Int 2009, 725 (Nr 27) *Trenton/Lenton.*
19  EuG T-181/05 vom 16.4.2008 (Nr 19) *Citi/Citibank.*
20  EuG T-110/01 vom 12.12.2002, ABl-HABM 2004, 1485 (Nr 23) *Hubert/Saint-
    Hubert 41.*
21  EuGH C-106/03 vom 12.10.2004, ABl-HABM 2004, 1461 (Nr 34) *SAINT-
    HUBERT 41/Hubert*; dazu Urteilsanmerkung von Folliard-Monguiral, Propriété
    industrielle Nr 12/2004, S 22.

gebrachte Aufhebungsgründe geltend machen.[22] Verwehrt ist dem Amt nur, eine Entscheidung der Beschwerdekammer aufzuheben oder über den Streitstoff in der Weise zu disponieren, dass es sich mit einer der Parteien einigt.[23] Damit liegt aber die einzige Möglichkeit des HABM, eine erkannt falsche Entscheidung der Beschwerdekammer als solche zu identifizieren, in der Klagebeantwortung und den Anträgen. In den -seltenen – Fällen, in denen die Beschwerdekammern ähnliche Fälle unterschiedlich entscheiden oder divergierende, einander widersprechende Auslegungen der GMV vertreten haben, kann das Amt als Beklagter weder beide gleichzeitig noch gerade die zufällig zuletzt angefochtene verteidigen. Auch handelt das Amt nicht im Eigeninteresse als Behörde, sondern im allgemeinen Interesse,[24] gerade im Widerspruchsverfahren, wo das Amt über einen Streit zwischen zwei Privaten entscheidet.[25] Vertrauensschutz kann der vor der HABM-BK obsiegende Streithelfer nicht in Anspruch nehmen, wohl aber wird ihm vom EuG Gelegenheit gegeben, zu dem von der Entscheidung der HABM-BK abweichenden Vortrag des Amtes erneut Stellung zu nehmen.[26]

### 3.3 Qualifizierte Streithelfer

11    Der andere Beteiligte im Verfahren vor der HABM-BK hat die Stellung eines qualifizierten Streithelfers nach Art 134 VerfO EuG. Diese Rechtsstellung geht weit über die eines einfachen Streithelfers nach Art 115 VerfO EuG hinaus. Sie äußert sich zunächst darin, dass die andere Partei vor der HABM-BK nach Art 133 § 2 VerfO EuG durch Zustellung der Klageschrift vom Verfahren unterrichtet wird (wie das Amt als Beklagter) und nicht lediglich durch Veröffentlichung im ABl-EG. Die qualifizierten Streithelfer sind ferner in das System des Austausches von Schriftsätzen einbezogen, indem sie innerhalb der gleichen Frist wie das Amt eine Klagebeantwortung einreichen können (Art 135 § 1 VerfO EuG) und indem dieser Schriftsatz die Parteien

---

22  EuG T-022/04 vom 4.5.2005, ABl-HABM 2005, 1054 (Nr 18) *Westlife/West*; EuG T-466/04 vom 1.2.2006, GRUR Int 2006, 329 (Nr 32) *Geronimo Stilton/Stilton*; EuG T-053/05 vom 16.1.2007 (Nr 27) *Calvo/Calavo*.

23  EuGH C-106/03 vom 12.10.2004, ABl-HABM 2004, 1461 (Nr 36) *SAINT-HUBERT 41/Hubert*.

24  EuG T-107/02 vom 30.6.2004, ABl-HABM 2005, 206 (Nr 32) *Biomate*.

25  Worauf EuGH C-106/03 vom 12.10.2004, ABl-HABM 2004, 1461 (Nr 27, 29) *SAINT-HUBERT 41/Hubert* hinweist.

26  EuG T-053/05 vom 16.1.2007 (Nr 14, 25, 28) *Calvo/Calavo*.

vor dem EuG zu einer Erwiderung berechtigt (Art 135 § 3 VerfO EuG). Es gibt keine Säumnis des Amtes zu Lasten des Streithelfers (Art 134 § 4 VerfO EuG), so dass es kein Versäumnisverfahren gibt, wenn zwar das Amt, nicht aber der Streithelfer selbst säumig ist. Der Streithelfer hat prozessuale Rechte wie eine Partei (Art 134 § 3 VerfO EuG): er kann eigenständige Angriffs- und Verteidigungsmittel vorbringen, und er kann sogar Anträge stellen, die auf Aufhebung oder Abänderung der Entscheidung der HABM-BK in einem in der Klageschrift nicht geltend gemachten Punkt gerichtet sind. Ist zB vor der HABM-BK dem Widerspruch teilweise stattgegeben worden, so kann sich der Streithelfer nicht nur auf die Verteidigung der Entscheidung der HABM-BK beschränken, sondern auch eigenständig Aufhebung der Entscheidung der HABM-BK hinsichtlich des für ihn nachteiligen Teils beantragen. Der Streithelfer kann somit nicht nur die Anträge einer Partei unterstützen (Art 134 § 2 VerfO EuG), sondern ist in der Gestaltung seines Angriffs- und Verteidigungsvorbringens völlig frei.

Die andere Partei vor der HABM-BK erlangt diese Verfahrensstellung als **12** qualifizierter Streithelfer automatisch, ohne dass es einer Erklärung des Streitbeitritts bedürfte. Das Urteil des EuG wirkt somit notwendigerweise stets für und gegen ihn, unabhängig davon, ob er sich schriftsätzlich am Verfahren vor dem EuG beteiligt. Kosten vor dem Verfahren vor dem EuG können ihm jedoch nur auferlegt werden (was Art 136 § 1 VerfO EuG ermöglicht), wenn er sich am Verfahren schriftsätzlich beteiligt hat und Anträge gestellt hat. Im Falle der Übertragung der streitbefangenen GM geht aber die Parteistellung vor dem EuG, einschließlich der Stellung als qualifizierter Streithelfer, nicht automatisch über, sondern es bedarf eines entsprechenden Beschlußes des EuG gemäß Art 115, 116 VerfO EuG, der aber grundsätzlich geboten ist, damit die Beteiligtenstellung vor dem HABM und dem EuG nicht auseinanderfallen.[27] Auch die Übertragung der Widerspruchsmarke führt dazu, dass das EuG den neuen Inhaber als Verfahrenspartei (Kläger oder Streithelfer) zulässt.[28]

---

27 EuG T-094/02, Beschluß vom 5.3.2004, GRUR Int 2004, 1027 (Nr 19, 21, 29) *Hugo Boss.*
28 EuG T-301/03 vom 28.6.2005, GRUR Int 2005, 844 (Nr 18) *Canal Jean/Canali.*

## 4 Klagegründe

**13**   Der Streitgegenstand der Klage vor dem EuG ist derselbe wie der vor der BK, was sich aus Art 135 § 4 VerfO EuG ergibt, der bestimmt, dass die Schriftsätze der Parteien den vor der HABM-BK verhandelten Streitgegenstand nicht ändern können.

**14**   Art 65 (2) erlaubt folgende fünf Klagegründe: Unzuständigkeit, Verletzung wesentlicher Formvorschriften, Verletzung des EG-V, Verletzung der GMV oder einer bei ihrer Durchführung anzuwendenden Rechtsnorm und Ermessensmissbrauch. Die Prüfung der Klage ist auf die geltend gemachten Klagegründe begrenzt, soweit nicht ausnahmsweise eine Prüfung von Amts wegen geboten ist.

**15**   Der Begriff des Ermessensmissbrauchs ist nicht wie im deutschen Recht zu verstehen, sondern hat im Gemeinschaftsrecht eine präzise Bedeutung. Er bezieht sich auf eine Situation, in der eine Behörde ihre Befugnisse zu einem anderen Zweck als demjenigen ausübt, zu dem sie ihr übertragen worden sind; eine Entscheidung ist nur dann ermessensmissbräuchlich, wenn aufgrund objektiver, schlüssiger und übereinstimmender Indizien anzunehmen ist, dass sie zu anderen als den angegebenen Zwecken getroffen wurde.[29] Im Rahmen dieses Klagegrundes kann auch nicht überprüft werden, ob die angefochtene Entscheidung mit früheren Entscheidungen in ähnlich gelagerten Fällen in Widerspruch steht, weil die Entscheidungen zu Fragen der absoluten Eintragungshindernisse gebundene Entscheidungen sind und die Eintragung oder Zurückweisung nicht im Ermessen des Amtes im Sinne der deutschen verwaltungsrechtlichen Ermessenslehre steht.[30] Auch die Entscheidungen des HABM im Widerspruchsverfahren sind gebundene, keine Ermessensentscheidungen.[31]

---

29  EuG T-019/99 vom 12.1.2000, GRUR 2000, 429 (Nr 33) *Companyline*; EuG T-030/00 vom 20.9.2001, GRUR Int 2002, 75 (Nr 70) *Waschtablette/Bildmarke*; EuG T-068/10 vom 14.6.2011, GRUR Int 2011, 746 (Nr 88) *Uhr*.

30  EuGH C-073/03 vom 15.5.2005, ABl-HABM 2005, 1434 (Nr 47) *BioID*; EuGH C-173/04 vom 12.1.2006, GRUR 2006, 233 (Nr 48) *Standbeutel*; EuG T-106/00 vom 27.2.2002, ABl-HABM 2002, 1090 (Nr 66) *Streamserve*; EuG T-398/04 vom 17.1.2006, GRUR Int 2006, 326 (Nr 53) *Waschtablette, blauer ovaler Kern*.

31  EuG T-107/02 vom 30.6.2004, ABl-HABM 2005, 206 (Nr 75) *Biomate*.

Am wichtigsten ist der Klagegrund der Verletzung der GMV oder einer bei   **16**
ihrer Durchführung anzuwendenden Rechtsnorm, was alle materiell-rechtlichen Vorschriften, alle Zuständigkeits- und Verfahrensvorschriften und alle
bei der Auslegung und Anwendung der GMV zu beachtenden ungeschriebe-
nen oder höherrangigen Rechtssätze einschließt. Zu den bei der Durchführung der GMV anzuwendenden Rechtsvorschriften zählen natürlich auch die
DV, die GebV und die VerfOBK. Der Klagegrund der Verletzung der GMV
(zB in Verfahren wegen absoluter Eintragungshindernisse: der Verletzung
von Art 7 (1) (b) oder (c)) ist nicht auf Rechtsfragen beschränkt, sondern
schließt sämtliche bei der Auslegung und Anwendung der betreffenden Bestimmung maßgeblichen rechtlichen und tatsächlichen Fragen ein. Soweit
das Gemeinschaftsrecht, zB in Art 8 (4), auf nationales Recht verweist, gehört auch die richtige Anwendung des nationalen Rechts zum Klagegrund
der Verletzung einer im Rahmen der GMV anzuwendenden Norm (auch
wenn deren Nachweis Tatfrage ist) und damit zum Prüfungsumfang des
EuG.[32] Das EuG kann daher weder als reine Tatsachen- noch als reine
Rechtsinstanz bezeichnet werden; die Rolle des EuG im Verfahren nach
Art 65 ist keine andere ist als bei der Nichtigkeitsklage nach Art 173 EG-V
auch.[33] Allerdings erfolgt eine Überprüfung von Tatsachenfeststellungen im
Verfahren nach Art 65 nur, soweit es um die Kontrolle der Rechtmäßigkeit
der Entscheidung der HABM-BK geht; es handelt sich lediglich um ein Verfahren zur Kontrolle der Entscheidung der BK, nicht um ein Verfahren mit
dem Ziel neuer Tatsachenfeststellungen. Die Überprüfung von Tatsachen
vor dem EuG ist somit auf die Überprüfung beschränkt, ob die HABM-BK
bei der Feststellung und Wertung von Tatsachen gegen eine Bestimmung der
GMV verstoßen hat, also eine rechtlich fehlerhafte Wertung getroffen hat.
Aus der Beschränkung der Kompetenz des EuG auf Überprüfung der Rechtmäßigkeit folgt auch, dass das EuG die Rechtmäßigkeit der Entscheidung
der HABM-BK nur anhand der Rechtsfragen,[34] der Tatfragen[35] und der Be-

---

32  Schlussanträge der Generalanwältin Kokott in der Rs C-363/09 vom 27.1.2011
    (Nr 32) *Elio Fiorucci*.
33  Siehe dazu von Mühlendahl, FS für Beier, S 303, 309 unter Hinweis auf die Ent-
    stehungsgeschichte des Art 65.
34  EuG T-311/01 vom 22.10.2003, ABl-HABM 2004, 514 (Nr 69) *Starix/Asterix*;
    EuG T-373/03 vom 31.5.2005, GRUR Int 2005, 689 (Nr 23, 25) *Parmitalia*;
    EuG T-130/03 vom 22.9.2005, GRUR Int 2005, 1019 (Nr 23) *Travatan/Trivas-
    tan*.
35  EuG T-043/05 vom 30.11.2006 (Nr 96) *Brothers by Camper/Brothers*.

weismittel[36] kontrollieren kann, mit denen die HABM-BK befasst war. Für eine Beschränkung des Kontrollmaßstabs auf Rechtsfragen hat sich Generalanwältin Sharpston[37] ausgesprochen. Wegen der Komplexität der technischen Sachverhalte wird vom EuG bei Klagen gegen Entscheidungen des Gemeinschaftlichen Sortenschutzamtes eine Begrenzung des Prüfungsmaßstabs auf offensichtliche Beurteilungsfehler praktiziert.[38] D er EuGH betont dagegen, dass das EuG an eine fehlerhafte Tatsachenwürdigung der HABM-BK nicht gebunden sein kann, und hält sich eine Beschränkung der Kontrolldichte nur bei hochtechnischen komplexen Sachverhalten offen.[39] Die eine oder andere Form eines stärkeren »judicial self-restraint« wäre auch bei Klagen im Rahmen der GMV wünschenswert.

17   Im Rahmen des Klagegrunds der Verletzung der GMV ist die angeblich verletzte Bestimmung genau zu bezeichnen. Eine nachträgliche Änderung oder Erweiterung des Klagegrunds ist nach Art 44 § 1 (c), 48 VerfO EuG nur unter ganz engen Voraussetzungen möglich. Insbesondere kann das EuG nicht von sich aus unzureichend formulierte Klagegründe richtigstellen.[40] Allgemeine Rügen, man sei nicht auf seine Argumente eingegangen, entsprechen nicht Art 44 § 1 (c) VerfO EuG.[41]

## 5  Klageschrift

18   Für die Klageschrift gelten eine Reihe formaler Anforderungen, die von dem nach deutschem Recht Gewohnten abweichen.[42] Auch sollte man die vom Kanzler herausgegebenen praktischen Hinweise an die Parteien[43] berücksich-

---

36  EuG T-504/11 vom 4.2.2013 (Nr 15) *Dignitude/Dignity*; Schlussanträge der Generalanwältin Kokott in der Rs C-363/09 vom 27.1.2011 (Nr 82) *Elio Fiorucci*;.

37  Schlussanträge in der Rs C-273/05 vom 14.12.2006 (Nr 86) *Celltech*, mit Hinweis, dass dies nicht der ständigen Rspr des EuG entspricht.

38  EuGH C-038/09 vom 15.4.2010, GRUR Int 2010, 591 (Nr 77) *Ralf Schräder/CPVO*.

39  EuGH C-101/11 vom 18.10.2012, MarkenR 2012, 476 (Nr 40-42) *Sitzendes Männchen* (verneint für die Prüfung der Schutzvoraussetzungen eines GGM).

40  EuG T-261/03, Beschluß vom 10.10.2004 (Nr 50, 52) *Glove/Globe*.

41  EuG T-169/07 vom 2.12.2008 (Nr 34) *Cellutrim/Cellidrin*.

42  Wertvolle Hinweise dazu bei Hackspiel, Mitt. 2001, 532, und Klüpfel, MarkenR 2000, 237.

43  ABl-EG L 87 vom 4.4.2002, S 48.

tigen. Das EuG ist nicht gehalten, den Kläger auf etwaige formale Mängel der Klageschrift hinzuweisen.[44]

### 5.1 Sprachen

Verfahrenssprache vor dem EuG kann jede der Amtssprachen der EG sowie **19** Gälisch (Irisch) sein, Art 35 VerfO EuG.

Der Kläger kann die Klageschrift in jeder dieser Sprachen einreichen. War er **20** vor der HABM-BK der einzige Beteiligte (ex-parte-Verfahren), so wird die Sprache der Klageschrift Verfahrenssprache vor dem EuG, und zwar völlig unabhängig von der Sprache, die zuvor im Verfahren vor dem HABM verwendet wurde. War das Verfahren vor der HABM-BK ein zweiseitiges Verfahren, so setzt der Kanzler des EuG den anderen Parteien (dem Amt sowie dem qualifizierten Streithelfer, dh der anderen Partei vor der BK) eine Frist, innerhalb derer der Wahl der Sprache der Klageschrift als Verfahrenssprache widersprochen werden kann. Widerspricht das Amt oder der Streithelfer, so wird die erste Sprache der GMA Verfahrenssprache. Hierbei kann es sich um eine Sprache handeln, die nicht Sprache des Amtes ist und die vor der HABM-BK als Sprache des Widerspruchs- oder Löschungsverfahrens gar nicht zur Verfügung gestanden hätte.[45] Diese Regelung wird dadurch abgemildert, dass auf begründeten Antrag einer Partei der Präsident des EuG eine davon abweichende Sprache als Verfahrenssprache bestimmen kann, damit alle Parteien des Verfahrens vor der HABM-BK dem Verfahren ordnungsgemäß folgen können; diese Ausnahmeregelung stellt somit nicht auf das Interesse des HABM, sondern der Parteien des Widerspruchsverfahrens ab, soll jedoch Härten mildern, die sich aus der Verwendung einer seltenen Sprache als erster Sprache der GMA ergeben könnten.

Wird eine andere Sprache Verfahrenssprache als die, in der die Klageschrift **21** eingereicht worden ist, so gilt für den Kläger folgendes: Der Kanzler des EuG veranlasst eine Übersetzung der Klageschrift in die Verfahrenssprache (Art 131 § 4 VerfO EuG), wobei diese Kosten dem EuG zur Last fallen (Gegenschluss aus Art 136 § 2 VerfO EuG). Der Kläger kann weitere Schriftsätze in der Sprache der Klageschrift einreichen, muß jedoch innerhalb einer vom Kanzler gesetzten Frist eine Übersetzung einreichen (Art 131 § 4 VerfO EuG); in der mündlichen Verhandlung kann er die Sprache der Klageschrift

---

44  EuGH C-069/12, Beschluß vom 21.9.2012 (Nr 14) *Zentylor/Xentrior.*
45  Siehe auch das Beispiel bei Hackspiel, Mitt. 2001, 541.

verwenden, wobei das EuG für Simultandolmetschung in die Verfahrenssprache sorgt. Für die anderen Beteiligten (das HABM als Beklagten sowie
den qualifizierten Streithelfer im Falle von inter partes Verfahren) gilt, dass
alle Schriftsätze in jeder beliebigen der zulässigen 23 Sprachen eingereicht
werden können, jedoch innerhalb einer vom Kanzler gesetzten Frist eine
Übersetzung nachzureichen ist, und jede der 23 zulässigen Sprachen auch in
der mündlichen Verhandlung verwenden kann (siehe Art 131 § 3 VerfO
EuG). Das HABM muß außerdem eine Übersetzung der Klagebeantwortung sowie aller weiteren Schriftsätze ins Französische einreichen.

22  Das EuG verwendet im Verkehr mit den Parteien die Verfahrenssprache, ar-
beitet jedoch intern allein auf franz. Die Schriftsätze der Parteien, die nicht
auf engl oder franz eingereicht sind, werden vom Sprachendienst des Gerichtshofs intern ins Französische übersetzt.

### 5.2 Klagefrist

23  Die Klagefrist beträgt zwei Monate ab Zustellung der angefochtenen Entscheidung der HABM-BK, Art 65 (5). Für die Bestimmung des Datums der
Zustellung sind die HABM-Regeln anzuwenden, dh R 61–68. Für die Bere-
chung des Ablaufs (nicht der Länge und des Beginns) der Frist gilt
Art 101 VerfO EuG, der hinsichtlich der Fristberechnung mit R 70 übereinstimmt. Die Zweimonatsfrist wird nach Art 102 § 2 VerfO EuG pauschal
um eine sogenannte Entfernungsfrist von zehn Tagen verlängert. Beispielsweise läuft die Klagefrist gegen eine am 29.3. per Fax zugestellte Beschwerdeentscheidung inklusive der Entfernungsfrist am 8.6. ab.[46] Fristen, die an
Sonn- und Feiertagen ablaufen, erstrecken sich auf den nächsten Werktag,
Art 101 § 2 VerfO EuG. Es handelt sich nicht um eine zusammengesetzte
Frist; die Sonn- und Feiertagsregelung gilt nur für den Ablauf der 10-Tages-
Entfernungsfrist und nicht separat auch für den Ablauf der Grundfrist.[47]

24  Die Übersendung der Klageschrift per Telefax reicht aus, vorausgesetzt, dass
die Telekopie die Faksimileunterschrift des Unterzeichners trägt und das unterzeichnete Original innerhalb von zehn Tagen nach Zugang der Telekopie

---

46  EuG T-318/11, Beschluß vom 27.10.2011 (Nr 6-9) *Trivento Bodegas.*
47  Implizit jeweils: EuG T-241/11, Beschluß vom 12.7.2011 (Nr 12) *Cititravel/Citi-
bank*); EuG T-422/12, Beschluß vom 20.2.2013 (Nr 10f) *The Future has Zero
Emissions.*

(und nicht nach Ablauf der Klagefrist)[48] nachgereicht wird, Art 43 § 6 VerfO EuG.[49] Auch für diese 10-Tages-Nachfrist gilt die Feiertagsregelung nach Art 101 § 2 VerfO EuG mit der Erstreckung auf den nächsten Werktag.[50] Dafür ist die Liste der Feiertage des EuG maßgeblich und nicht die Feiertagsregelung in Spanien oder dem Land des Absenders.[51] Generell ist nationales Recht unmaßgeblich.[52] Geht das Original später ein, und sei es auch nur einen Tag, so ist die Klage unzulässig.[53] Wird statt des Originals eine diesem täuschend ähnliche Kopie eingereicht[54] oder kann nicht festgestellt werden, welches das Original ist, so ist die Klage unzulässig. Das Original muß auch in der Unterschrift dem Fax-Exemplar reichen; das geht so weit, dass, wenn die Unterschrift unter dem per Post übersandten Schriftstück nicht dieselbe ist wie unter dem Fax-Exemplar, es sich nicht um eine wirksame Nachreichung handelt, so dass das Original per Post maßgeblich bleibt mit der weiteren, strengen. Folge, dass die Klage insgesamt unzulässig ist.[55] Es kann auch eine gescannte Kopie der unterzeichneten Urschrift per E-Mail (Adresse: cfi.registry@curia.europa.eu) übersandt werden, doch muß es sich auch dabei um das gescannte Originalschriftstück handeln und nicht um eine Computerdatei, sei es auch mit einer Faksimileunterschrift versehen.[56]

Wiedereinsetzung in die Klagefrist, einschließlich der 10-Tages-Nachfrist für **25** die Einreichung des Originals, ist möglich, jedoch nur wenn »ein Zufall oder ein Fall höherer Gewalt vorliegt«, Art 45 der Satzung des EuGH. Der Begriff »höhere Gewalt« umfasst außer einem objektiven Merkmal, das sich auf ungewöhnliche, außerhalb der Sphäre des Betroffenen liegende Umstände bezieht, auch ein subjektives Merkmal, das mit der Verpflichtung des Betroffe-

---

48  EuG T-322/03 vom 16.3.2006, ABl-HABM 2006, 973 (Nr 13, 16) *Weisse Seiten*; EuG T-358/07, Beschluß vom 28.4.2008 (Nr 13) *Publicare*.
49  EuGH C-325/03, Beschluß vom 18.1.2005, ABl-HABM 2005, 1354 (Nr 18) *Blue/Bilbao Blue*; Hackspiel, Mitt. 2001, 538.
50  EuG T-241/11, Beschluß vom 12.7.2011 (Nr 12, 15) *Cititravel/Citibank*; EuG T-422/12, Beschluß vom 20.2.2013 (Nr 14) *The Future has Zero Emissions*.
51  EuG T-241/11, Beschluß vom 12.7.2011 (Nr 15) *Cititravel/Citibank*.
52  EuG T-098/10, Beschluß vom 10.5.2010 (Nr 11) *Franssons Verkstäder*.
53  EuG T-253/08, Beschluß vom 15.12.2008 (Nr 10) *Addis Group*; EuG T-241/11, Beschluß vom 12.7.2011 (Nr 16) *Cititravel/Citibank*.
54  EuGH C-069/12, Beschluß vom 21.9.2012 (Nr 7, 23) *Zentylor/Xentrior*.
55  EuG T-360/10 vom 3.10.2012 (Nr 15) *Zapper-Click*.
56  Praktische Anweisungen für die Parteien des EuG, Nr I.2., ABl-EG L 87 vom 4.4.2002, S 48.

nen zusammenhängt, sich gegen die Folgen ungewöhnlicher Ereignisse zu wappnen, indem er, ohne übermäßige Opfer zu bringen, geeignete Maßnahmen trifft; er trifft daher nicht auf eine Situation zu, in der eine sorgfältige und umsichtige Person objektiv in der Lage gewesen wäre, den Ablauf einer Klagefrist zu verhindern.[57] Diese Kriterien sind strenger als die Wiedereinsetzungskriterien vor dem HABM nach Art 81, insofern sie Mängel der internen Organisation oder Missachtungen von Weisungen in der Anwaltskanzlei niemals entschulden.[58] Absendung des Originals 7 Tage vor Ablauf der 10-Tages-Nachfrist[59] und Absendung eines unterfrankierten Briefs[60] sind sorgfaltswidrig. Absendung am selben Tag der Absendung der Telekopie wurde einmal als nicht sorgfaltswidrig angesehen,[61] in einem anderen Fall wohl, sicher auch wegen weiterer Ungereimtheiten im Vortrag zu den Umständen der Übermittlung.[62] Verwechslungen zwischen Originalen und Kopien sind sorgfaltswidrig, zumal durch des Anwalts eigene Handlungsweise verursacht.[63]

### 5.3 Inhalt der Klageschrift

26 Die Klageschrift muß eine Reihe von Angaben und Anlagen enthalten:
- Namen und Wohnsitz des Klägers,
- die Bezeichnung des Beklagten,
- die Bezeichnung der angefochtenen Entscheidung; eine Kopie muß beigefügt werden;
- den Streitgegenstand und eine kurze Darstellung der Klagegründe;
- die Anträge des Klägers (Art 44 § 1 VerfO EuG);

---

57  EuGH C-325/03, Beschluß vom 18.1.2005, ABl-HABM 2005, 1354 (Nr 25) *Blue/Bilbao Blue*; EuG T-322/03 vom 16.3.2006, ABl-HABM 2006, 973 (Nr 18) *Weisse Seiten*; EuGH C-209/83 vom 12.7.1984, Slg 1984, 3089 (Nr 22) *Valsabbia/Kommission*.

58  EuG T-358/07, Beschluß vom 28.4.2008 (Nr 17f) *Publicare*.

59  EuGH C-325/03, Beschluß vom 18.1.2005, ABl-HABM 2005, 1354 (Nr 26) *Blue/Bilbao Blue*.

60  EuG T-358/07, Beschluß vom 28.4.2008 (Nr 19) *Publicare*.

61  EuG T-322/03 vom 16.3.2006, ABl-HABM 2006, 973 (Nr 20) *Weisse Seiten*.

62  EuG T-422/12, Beschluß vom 20.2.2013 (Nr 17f) *The Future has Zero Emissions*.

63  EuGH C-069/12, Beschluß vom 21.9.2012 (Nr 40) *Zentylor/Xentrior*.

– bei juristischen Personen des Privatrechts ist der Klageschrift ferner die Satzung oder ein neuerer Auszug aus dem Handelsregister sowie der Nachweis vorzulegen, dass die Prozessvollmacht des Anwalts von einem hierzu Berechtigten ordnungsgemäß ausgestellt ist (Art 44 § 5 VerfO EuG);

– die Prozessvollmacht.

Anlagen sollten nur eingereicht werden, wenn sie notwendig sind; in diesem 27 Falle soll der Klageschrift ein gesondertes Anlagenverzeichnis mit Angabe der betreffenden Seite des Schriftsatzes, in dem die Anlage erwähnt ist, beigefügt werden.[64]

Die Klageschrift sowie die Anlagen sind in einem Original, in fünf beglaubigten Abschriften für das Gericht sowie je einer weiteren beglaubigten Abschrift für jeden weiteren Verfahrensbeteiligten (Amt, ggf qualifizierte Streithelfer) einzureichen. Die Prozessvollmacht muß von einer zeichnungsbefugten Person unterschrieben sein, Art 44 § 5 VerfO EuG. Sie[65] und die Satzung oder der Auszug aus dem Handelsregister können noch innerhalb einer vom Kanzler gesetzten Nachfrist nachgereicht werden (Art 44 § 6 VerfO EuG).

Weitere Hinweise für die Gestaltung der Schriftsätze und deren empfohlene 29 Länge enthalten die praktischen Anweisungen für die Parteien des EuG.[66]

Das EuG hat mit dem HABM eine eine passwortbasierte elektronische Do- 30 kumentenübermittlung (System E-Curia) eingeführt und plant dieses auch im Verhältnis zu privaten Parteien, was die Einreichung mehrerer Abschriften oder von Originalvollmachten erübrigen wird.

### 5.4 Der Antrag

Der Kläger muß einen bestimmten Antrag stellen. Der Antrag muß auf Auf- 31 hebung der angefochtenen Entscheidung lauten. Der Antrag kann auch auf Abänderung der angefochtenen Entscheidung lauten; Art 65 (3). Jedoch lehnt das EuG in ständiger Rspr Anträge als unzulässig ab, das HABM zu verpflichten, die Marke einzutragen, zu löschen oder zu veröffentlichen, da das EuG dem Amt keine Anweisungen geben kann (siehe unten, Rdn 48).

---

64 Praktische Anweisungen für die Parteien des EuG, VI.
65 EuG T-484/08 vom 9.12.2009 (Nr 16 f) *Kids Vits/Vits4Kids*.
66 ABl-EG L 87 vom 4.4.2002, S 48.

Der Antrag muß in der Klageschrift gestellt werden, erst später oder gar in der mündlichen Verhandlung gestellte Anträge, auch soweit nur hilfsweise, sind unzulässig,[67] denn sie bringen ein neues Begehren zum Ausdruck, das den Streitgegenstand vor dem EuG gegenüber dem vor der HABM-BK verhandelten Streit ändert.[68]

32 Der Antrag muß der Beschwer entsprechen. Ein Antrag auf Bestätigung der Entscheidung der HABM-BK ist unzulässig,[69] Hat die HABM-BK das Begehren des Klägers nur teilweise abgelehnt, so ist der Kläger in dem darüber hinausgehenden Umfang nicht beschwert und seine Klage unzulässig.[70] Es gilt also nichts anderes als schon im Beschwerdeverfahren, siehe Art 59 Rdn 8.

33 Haupt- und Hilfsanträge müssen in einem echten Hilfsverhältnis stehen. Geht der Hilfsantrag weiter als der Hauptantrag, so braucht über ihn nicht entschieden zu werden, wenn der Hauptantrag unbegründet ist.[71]

### 5.5 Schlüssiger Vortrag

34 Die Klageschrift muß so klar und genau sein, dass sie dem Beklagten die Vorbereitung seiner Verteidigung und dem Gericht die Entscheidung über die Klage, gegebenenfalls auch ohne weitere Informationen, ermöglicht. Um die Rechtssicherheit und eine ordnungsgemäße Rechtspflege zu gewährleisten, ist es für die Zulässigkeit einer Klage erforderlich, dass die wesentlichen tatsächlichen und rechtlichen Umstände, auf denen die Klage beruht, zumindest in gedrängter Form, jedenfalls aber zusammenhängend und verständlich, aus dem Wortlaut der Klageschrift selbst hervorgehen.[72] Sodann muß der Kläger im Einzelnen darlegen, worin der Klagegrund besteht, auf den die Klage gestützt wird. Schließlich obliegt es dem Kläger und seinem Anwalt, die tatsächlichen und rechtlichen Gründe darzulegen, auf die sie die

---

67 EuG T-336/03 vom 27.10.2005, ABl-HABM 2006, 236 (Nr 28) *Mobilix/Obelix.*
68 Schlussanträge der Generalanwältin Trstenjak in der Rs C-016/06 vom 29.11.2007 (Nr 93f) *Obelix/Mobilix.*
69 EuG T-077/10 vom 29.2.2012 (Nr 33) *L112/L114.*
70 EuG T-353/09 vom 1.2.2012 (Nr 17) *Mtronix/Montronix.*
71 EuG T-140/02 vom 13.9.2005, GRUR Int 2005, 1017 (Nr 40) *Intertops.*
72 EuG T-123/04 vom 27.9.2005, GRUR Int 2005, 1023 (Nr 26) *Cargo Partner*; EuG T-391/11, Beschluß vom 27.10.2011 (Nr 5) *Sao Paulo Alpargatas.*

Klage stützen wollen, und das Gericht kann nicht an ihrer Stelle versuchen, in allen Beweisen, auf die die Klageschrift global verweist, selbst die Umstände aufzusuchen und zu identifizieren, die es als Grundlage für die in der Klageschrift gestellten Anträge betrachten könnte. Ein pauschaler Hinweis auf angebliche rechtliche Grundsätze oder andere Verfahren[73] reicht nicht.[74] Eine abstrakte Nennung eines Klagegrunds muß zumindest von einer knappen Darstellung der für die Klage angeführten Umstände, sei es auch unter Wiederholung von bereits vor der HABM-BK vorgetragenen Argumenten, begleitet sein.[75] Unzulässig ist dagegen das bloße Statement, die Marke sei unterscheidungskräftig,[76] die Verwechslungsgefahr liege nicht vor[77] oder ein pauschaler Hinweis auf vorgelegte Beweise,[78] wenn nicht gleichzeitig die Gründe der angefochtenen Entscheidung widerlegt werden. Es sollte ausdrücklich Antrag auf Aufhebung der angefochtenen Entscheidung gestellt werden, auch wenn das EuG Klagevortrag, der sich hinreichend klar gegen die Beurteilung der Verwechslungsgefahr richtet, als solchen Antrag auslegt.[79]

Bezugnahmen auf andere Schriftstücke, zB Schriftsätze, die in den Vor- **35** instanzen eingereicht wurden, sind nach Art 44 § 1 VerfO EuG unzulässig. Dies hat zwei Konsequenzen: Zum einen urteilt das EuG in ständiger Rspr,[80] dass der Text der Klageschrift zwar zu bestimmten Punkten durch Bezugnahme auf Auszüge aus als Anlagen beigefügten Schriftstücken untermauert und ergänzt werden darf, eine pauschale Bezugnahme auf andere Schriftstücke aber nicht das Fehlen der wesentlichen Bestandteile der Rechtsausführungen ausgleichen kann, die in der Klageschrift selbst enthalten sein müssen. Zum anderen lässt das EuG diejenigen Passagen der Klageschrift, in

---

73 EuG T-027/09 vom 10.12.2009 (Nr 20) *Stella*; EuG T-394/09, Beschluß 14.12.2010 (Nr 25ff) *General Bearing Corporation.*
74 EuG T-484/09 vom 16.11.2011 (Nr 18f) *Powerball.*
75 EuG T-123/04 vom 27.9.2005, GRUR Int 2005, 1023 (Nr 29) *Cargo Partner.*
76 EuG T-211/10, Beschluß vom 8.7.2010 (Nr 8) *ID Solutions.*
77 EuG T-391/11, Beschluß vom 27.10.2011 (Nr 6) *Sao Paulo Alpargatas.*
78 EuG T-484/09 vom 16.11.2011 (Nr 24) *Powerball.*
79 EuG T-043/05 vom 30.11.2006 (Nr 24) *Brothers by Camper/Bro.*
80 EuG T-127/02 vom 21.4.2004, GRUR 2004, 773 (Nr 18) *ECA*; EuG T-115/02 vom 13.7.2004, GRUR Int 2005, 254 (Nr 11) *Adolf Ahlers*; EuG T-027/09 vom 10.12.2009 (Nr 19) *Stella*; EuG T-460/07 vom 20.1. (Nr 27) *Life Blog/ Life*; EuG T-394/09, Beschluß vom 14.12.2010 (Nr 23) *General Bearing Corporation.*

denen pauschal auf frühere Schriftsätze verwiesen wird, inhaltlich unberücksichtigt.[81] Es ist nicht Aufgabe des EuG, aus solchen in Bezug genommenen Dokumenten die Passagen ausfindig zu machen, auf die sich der Kläger möglicherweise beziehen möchte.[82] Auch der Vortrag des Streithelfers wird nicht berücksichtigt, wenn er lediglich in der Bezugnahme auf Vorbringen in der Vorinstanz besteht.[83]

### 5.6 Anwaltszwang

36   Gemäß Art 19 der Satzung des EuGH iVm Art 43 der Satzung des EuG müssen alle Parteien, die nicht Staaten oder Organe/Einrichtungen der EG sind, durch einen Anwalt vertreten sein; dieser muß die Klageschrift unterzeichnen. Nur ein Anwalt, der berechtigt ist, vor einem Gericht eines Mitgliedstaates oder eines anderen Vertragsstaats des Abkommens über den EWR aufzutreten, kann als Vertreter auftreten und für die Partei wirksam Verfahrenshandlungen vornehmen. In Deutschland ist dies nur der Rechtsanwalt.

37   Es ist eine Zulassung bei der Anwaltskammer nötig. Die bloße Qualifikation als Jurist reicht nicht; das EuG hat wiederholt[84] eine von einem schwedischen Juristen, der nicht als Anwalt zugelassen ist, eingelegte Klage als unzulässig zurückgewiesen, unabhängig davon, dass in Schweden auch nicht als Anwalt zugelassene Juristen vor Gericht auftreten dürfen. Dieser Mangel der Klageschrift ist auch nicht durch nachträgliche Genehmigung eines zugelassenen Anwalts heilbar.[85] Siehe auch unter Art 93 Rdn 10.

38   Patentanwälte sind nicht vertretungsberechtigt, sondern können allenfalls unter der Verantwortung des Rechtsanwalts Erklärungen abgeben.[86] So hat

---

81  EuG T-020/02 vom 31.3.2004, GRUR Int 2004, 654 (Nr 20) *Happy Dog*; EuG T-316/03 vom 7.6.2005, GRUR Int 2005, 839 (Nr 23) *MunichFinancialServices*; EuG T-126/08, Beschluß vom 10.2.2009 (Nr 18) *Okalux*.

82  EuG T-460/07 vom 20.1.2010 (Nr 30) *Life Blog/Life*; EuG T-072/11 vom 13.9.2012 (Nr 18) *Espetec*.

83  EuG T-043/05 vom 30.11.2006 (Nr 32) *Brothers by Camper/Brothers*.

84  EuG T-445/04, Beschluß vom 28.2.2005 *Schwedischer Jurist*; EuG T-453/05, Beschluß vom 26.6.2006, Slg 2006 II-1877 (Nr 10, 13) *Vonage Holdings*.

85  EuG T-453/05, Beschluß vom 26.6.2006, Slg 2006 II-1877 (Nr 15) *Vonage Holdings*.

86  Hackspiel, Mitt. 2001, 540.

*Schennen*

das EuG eine Vertretung durch einen britischen »trade mark attorney«[87] und durch einen britischen »patent attorney litigator«[88] (der in Wirklichkeit ein patent attorney ist) für unzulässig erklärt; es reicht nicht aus, wenn der Betreffende vor dem GB-Amt oder britischen Gerichten in Markensachen mit oder ohne Beistand eines solicitor vertreten darf, wenn er kein Rechtsanwalt und noch nicht einmal Jurist ist.

Der Rechtsanwalt hat der Klageschrift eine Bescheinigung beizufügen, aus **39** der hervorgeht, dass er berechtigt ist, vor einem Gericht aufzutreten (Art 44 § 3 VerfO EuG), dh eine Kopie der Urkunde über die Zulassung zur Rechtsanwaltschaft. Dieses Dokument kann noch innerhalb einer vom Kanzler gesetzten Frist nachgereicht werden, Art 44 § 6 VerfO EuG.

Fakultativ kann nach Art 44 § 2 VerfO EuG die Adresse eines Luxemburger **40** Rechtsanwalts als Zustellanschrift angegeben werden. Geschieht dies nicht, so muß das Einverständnis damit erklärt werden, dass Zustellungen seitens des EuG per Telekopie erfolgen. Dies gilt auch für das Amt.

Das Amt als Einrichtung der EG ist nicht verpflichtet, anwaltlich vertreten **41** zu sein, sondern wird grundsätzlich durch Bedienstete der zuständigen Abteilung als Bevollmächtigte vertreten. Das Amt ist jedoch berechtigt, sich von einem Rechtsanwalt vertreten zu lassen. Ausnahmsweise geschah dies in der Rechtssache »Kik«.[89]

Der Rechtsanwalt muß vom Kläger unabhängig sein. Partei und Vertreter **42** müssen personenverschieden sein.[90] Es reicht nicht aus, wenn der Kläger selbst als Rechtsanwalt zugelassen ist.[91] Die erforderliche Unabhängigkeit des Rechtsanwalts ist auch dann nicht gewahrt, wenn der Rechtsanwalt, der die Klageschrift unterzeichnet, gleichzeitig Geschäftsführer der klagenden GmbH ist.[92] Das Erfordernis, sich eines Dritten zu bedienen, entspricht der Vorstellung von der Funktion des Rechtsanwalts, nach der dieser als Mitarbeiter der Rechtspflege betrachtet wird, der in völliger Unabhängigkeit und im höheren Interesse der Rechtspflege die rechtliche Unterstützung zu gewähren hat, die der Mandant benötigt. Ein Geschäftsführer oder Mit-

---

87  EuG T-014/04, Beschluß vom 9.9.2004, Mitt. 2005, 46 *Veramonte.*
88  EuG T-487/07, Beschluß vom 20.10.2008 *Factory Finish.*
89  EuG T-120/99 vom 12.7.2001, Mitt. 2001, 384 *Kik.*
90  EuG T-175/10, Beschluß vom 21.3.2011 (Nr 19f) *Fertilityinvivo.*
91  EuGH C-174/96, Beschluß vom 5.12.1996, Slg 1996 I-6401 *López/Gerichtshof.*
92  EuG T-079/99 vom 8.12.1999 *EU-LEX.*

geschäftsführer der klagenden GmbH ist kein unabhängiger Dritter, gleich ob als an Anwalt zugelassen oder anderweitig zur Beratung in Angelegenheiten nationalen Rechts befugt ist.[93]

## 6   Die Entscheidung des EuG

### 6.1   Verfahren

**43**   Die Klage ist allein gerichtet auf Überprüfung der Rechtmäßigkeit der Entscheidung der Beschwerdekammer.[94] Es ist unzulässig, Rügen zu erheben zu Fragen, die in der Entscheidung der HABM-BK gar nicht behandelt wurden[95] oder die die erstinstanzliche Entscheidung betreffen. ZB kann der Kläger vor dem EuG die Verletzung des rechtlichen Gehörs durch den Prüfer nur rügen, wenn er dies auch schon vor der HABM-BK gerügt hatte.[96] Nach Art 48 § 2 VerfO EuG können neue Angriffs- oder Verteidigungsmittel im Laufe des Verfahrens nicht mehr vorgebracht werden. Der Kläger darf keine neuen Klagegründe vorbringen, die er nicht auch vor der Beschwerdekammer vorgebracht hatte. Beispielsweise darf er sich nicht erstmals vor dem EuG auf Koexistenz mit der Widerspruchsmarke berufen.[97] Die Rechtmäßigkeit der Entscheidung der HABM-BK wird nicht auf der Grundlage erst vor dem EuG vorgelegter Dokumente geprüft, sondern nur auf Grundlage der Tatsachen, die der HABM-BK vorlagen.[98] Weder Kläger noch Beklagter dürfen neue Tatsachen ins Verfahren einführen.[99] Das gilt grundsätzlich auch dann, wenn sich die Tatsachen erst nach Erlass der Entscheidung

---

93   EuG T-079/99 vom 8.12.1999 *EU-LEX*; EuG T-175/10, Beschluß vom 21.3.2011 (Nr 19f) *Fertilityinvivo*.

94   EuG T-435/05 vom 30.6.2009 (Nr 11) *Dr. No/Dr. No*.

95   EuG T-403/10 vom 27.9.2011 (Nr 52) *Brighton/Brighton*; EuGT-498/10 vom 8.3.2013 (Nr 26) *David Mayer/Daniel&Mayer*.

96   EuG T-137/12 vom 18.1.2013 (Nr 61f) *Miteinander verbundene Kugeln*.

97   EuG T-040/03 vom 13.7.2005 (Nr 81) *Julian Murua Entrena/Murua*.

98   EuGH C-461/09, Beschluß vom 9.7.2010 (Nr 26ff) *Famoxin/Lamoxin*; EuGH C-029/05 vom 13.3.2007, GRUR 2007, 504 (Nr 54) *Kaul*; EuG T-399/02 vom 29.4.2004, GRUR Int 2004, 664 (Nr 52) *Coronita-Flasche*; EuG T-413/07 vom 11.2.2009 (Nr 20) *LifeScience/Life Sciences Partners*.

99   EuG T-125/04 vom 24.11.2005, ABl-HABM 2006, 60 (Nr 63) *Online Bus/Bus*; EuG T-342/05 vom 23.5.2007 (Nr 58) *Cor/Dor*; EuG T-040/03 vom 13.7.2005 (Nr 81) *Julian Murua Entrena/Murua*; EuG T-435/05 vom 30.6.2009 (Nr 11) *Dr. No/Dr. No*.

der HABM-BK ereignet hatten,[100] zB die Eintragung anderer angeblich vergleichbarer Marken.[101] Ausgenommen sind nur Tatsachen, die die Bestand des älteren Rechts betreffen,[102] wie zB Erlöschen der Widerspruchsmarke, und Verfahrenserklärungen wie die Rücknahme des Widerspruchs (siehe unten, Rdn 59).

Gemäß Art 135 § 4 VerfO EuG können die Schriftsätze der Parteien den   44 Streitgegenstand nicht ändern.[103] Die Kontrolle durch das EuG darf nicht über den tatsächlichen und rechtlichen Rahmen des Rechtsstreits hinausgehen, mit dem die Beschwerdekammer befasst war. Eine Beschränkung oder Änderung des Warenverzeichnisses hat vor dem EuG keine Wirkung,[104] auch wenn sie gegenüber dem HABM wirksam vorgenommen und vom HABM akzeptiert wurde (siehe unten, Rdn 59). Zu unterscheiden ist: Wird das VerzWDL durch Umformulierung oder Einschränkung weiter Oberbegriffe eingeschränkt, so ist dies eine unzulässige Änderung des Streitgegenstandes, da sie dazu führt, dass die Prüfung der Schutzfähigkeit der Marke vor dem EuG sich nunmehr auf ein anders formuliertes Verzeichnis, mit dem die HABM-BK gar nicht befasst war, zu erstrecken hätte, und hat vor dem EuG keine Wirkung.[105] Aus dem gleichen Grund sind Hilfsanträge auf Beschränkung des Warenverzeichnisses unzulässig.[106] Dagegen kann eine Streichung einzelner Waren, unabhängig davon, dass sie nichts daran ändert, dass das EuG nur die Entscheidung der HABM-BK prüft, als konkludente Beschränkung der Anfechtung der Entscheidung der HABM-BK bzw als

---

100 EuGH C-029/05 vom 13.3.2007, GRUR 2007, 504 (Nr 53) *Kaul*.
101 EuG T-363/10 vom 15.11.2011 (Nr 86) *Restore*.
102 EuG T-130/03 vom 22.9.2005, GRUR Int 2005, 1019 (Nr 19) *Travatan/Trivastan*; ebenso vor dem EuGH: EuGH C-104/00 vom 19.9.2002, ABl-HABM 2002, 2468 (Nr 35) *Companyline*; aA EuG T-288/08 vom 15.3.2012 (Nr 22) *Zydus/Zimbus* hinsichtlich der Nichtverlängerung der Widerspruchsmarke.
103 EuG T-336/03 vom 27.10.2005, ABl-HABM 2006, 236 (Nr 16, 20) *Mobilix/Obelix*.
104 EuG T-458/05 vom 20.11.2007, Slg 2007 II-4721 (Nr 23) *Tek*; EuG T-304/06 vom 9.7.2008, GRUR Int 2009, 410 (Nr 25) *Mozart*.
105 EuG T-458/05 vom 20.11.2007, Slg 2007 II-4721 (Nr 25) *Tek*; EuG T-304/06 vom 9.7.2008, GRUR Int 2009, 410 (Nr 29) *Mozart*; EuG T-412/09 vom 15.12.2009 (Nr 14–18) *Trubion/TriBion Harmonis*; EuG T-371/09 vom 22.5.2012 (Nr 16, 18) *RT/RTH*.
106 EuG T-304/06 vom 9.7.2008, GRUR Int 2009, 410 (Nr 31) *Mozart*.

Teil-Zurücknahme der Klage ausgelegt werden.[107] Es ist aber nicht die Umformulierung breiterer Oberbegriffe erlaubt, da dies bedeuten würde, dass nach wie vor die beanspruchte Ware zugrundezulegen ist, aber der Anmelder in Wirklichkeit begehrt, dass die Prüfung der Art, Beschaffenheit und Zweckbestimmung der Ware anders ausfiele.[108] Ebenso wurde es als Änderung des Streitgegenstands angesehen, wenn der Kläger erstmals vor dem EuG Feststellungen zur Warenidentität rügt, die er vor der HABM-BK ausdrücklich nicht beanstandet hatte.[109]

45  Gemäß Art 135 § 1 VerfO EuG können der Beklagte und der Streithelfer auf die Klageschrift erwidern. Eine zweite Schriftsatzrunde (Art 47 VerfO EuG) ist die Ausnahme und liegt im Ermessen des EuG; unterbleibt diese, so ist dies nicht revisibel.[110] Das Gericht erstellt sodann einen Sitzungsbericht, zu dem sich die Parteien äußern können. Sodann findet die mündliche Verhandlung statt, gemäß 2008 eingeführter Änderung von Art 135a VerfO EuG[111] neuerdings regelmäßig nur noch auf begründeten Antrag einer der Parteien, der innerhalb einer Frist von 1 Monat nach entsprechender Mitteilung des Gerichts gestellt werden. Nach Praxis des EuG wird ohne Antrag keine mündliche Verhandlung mehr durchgeführt, andererseits einem solchen Antrag stets stattgegeben, dh die Partei braucht keine besonderen Gründe angeben. Aus dem Unterbleiben der Anordnung einer mündlichen Verhandlung können also keine Rückschlüsse gezogen werden, ob das EuG die Klage für aussichtslos ansieht.

Eine Beweisaufnahme wird normalerweise als entbehrlich abgelehnt, zumal sie Tatsachen ins Verfahren einführen würde, die nicht Gegenstand der Entscheidung der HABM-BK war (siehe oben, Rdn 43).[112]

---

107  EuG T-304/06 vom 9.7.2008, GRUR Int 2009, 410 (Nr 27) *Mozart*; EuG T-194/01 vom 5.3.2003, GRUR Int 2003, 754 (Nr 13–17) *Ovoide Waschtablette*; EuG T-522/10 vom 17.1.2012 (Nr 18) *Hell/Hella*.

108  Vgl die Erwägungen in EuG T-522/10 vom 17.1.2012 (Nr 19f) *Hell/Hella*.

109  EuG T-662/11 vom 29.1.2013 (Nr 16-19) *Sunless/Sunless*.

110  EuGH C-084/10, Beschluß vom 22.10.2010 (Nr 24) *Longevity Health Products*.

111  ABl-EG L 179 vom 8.7.2008, S 12.

112  Vgl EuG T-072/11 vom 13.9.2012 (Nr 95) *Espetec*.

## 6.2 Sachentscheidung

Art 81–85 VerfO EuG enthalten formelle Bestimmungen über das vom EuG  46
zu treffende Urteil. Das Urteil wird in öffentlicher Sitzung verkündet (Art 82
§ 1 VerfO EuG), in allen Sprachen, in denen es vorliegt, neuerdings nur
noch in der Verfahrenssprache und in Französisch. Das EuG kann Schreibfehler und offenbare Unrichtigkeiten von Amts wegen berichtigen (Art 84
§ 1 VerfO EuG); eine solche Berichtigung ist im Falle »Carcard«,[113] da im
Urteil die Begriffe »Carcard« und »Truckcard« verwechselt worden waren,
und im Falle »Medita«[114] erfolgt.

Das Gericht kann die Klage durch Beschluß gemäß Art 111 VerfO EuG als  47
unzulässig oder offensichtlich unbegründet abweisen.[115]

Die Sachentscheidung des EuG ergeht grundsätzlich auf Abweisung der Kla-  48
ge oder Aufhebung der angefochtenen Entscheidung der HABM-BK (siehe
Art 174 (1) EG-V). Jedoch trifft Art 65 (3) eine Sonderregelung für Klagen
gegen Entscheidungen der Beschwerdekammern insoweit, als das EuG die
Entscheidung nicht nur aufheben, sondern auch in der Sache abändern
kann. Diese Sonderregelung ist mit Art 174 EG-V vereinbar[116] und erforderlich, um unnötige Zurückverweisungen an das Amt zu vermeiden. Es ist
zu unterscheiden zwischen der nach Art 65 (3) zulässigen Änderung der
Sachentscheidung der HABM-BK durch das EuG und der unzulässigen Beantragung, dem HABM Anordnungen für die weitere Durchführung des
Verfahrens zu erteilen. Anträge von Klägern, das HABM anzuweisen, die zu
Grunde liegende GMA zu veröffentlichen oder der Eintragung zuzuführen,
weist das EuG in ständiger Rspr als unzulässig ab.[117] Die Befugnis des EuG
zur Änderung der Entscheidung der HABM-BK besteht nur in dem Rah-

---

113  EuG T-356/00 vom 20.3.2002, GRUR Int 2002, 751 *Carcard*.
114  EuG T-270/09 vom 30.9.2010 *Medidata/Medita*.
115  Beispielsfälle: EuG T-127/06, Beschluß vom 5.12.2007 (Nr 11) *Saw blade*;
     EuG T-360/10 vom 3.10.2012 *Zapper-Click*.
116  Von Mühlendahl, in: FS für Beier, S 303, 308.
117  EuG T-163/98 vom 8.7.1999, ABl-HABM 1999, 1462 (Nr 53) *Baby-Dry*;
     EuG T-313/99 vom 31.1.2001, GRUR Int 2001, 866 (Nr 33) *Giroform*; EuG
     T-247/01 vom 12.12.2002, MarkenR 2003, 82 (Nr 13) *Ecopy*; EuG T-359/02
     vom 4.5.2005, GRUR Int 2005, 925 (Nr 12) *Star TV/Star TV*; EuG T-522/10
     vom 17.1.2012 (Nr 15) *Hell/Hella*.

men, in dem die HABM-BK selbst zuständig gewesen wäre. ZB kann der Anmelder im Widerspruchsbeschwerdeverfahren vor der HABM-BK nur Abweisung des Widerspruchs erreichen, nicht die positive Entscheidung über – oder gar Durchführung der – Eintragung, die von weiteren Voraussetzungen abhängt, so dass auch das EuG dann nicht die Eintragung der Marke anordnen kann.[118]

49  Gegenstand des Verfahrens vor dem EuG ist die Entscheidung der HABM-BK. Diese konsumiert die erstinstanzliche Entscheidung des Prüfers oder der Widerspruchsabteilung. Das Amt – nicht die HABM-BK – hat die Maßnahmen zu ergreifen, die sich aus dem Urteil des EuG ergeben, Art 65 (6). Welche dies sind, ergibt sich aus dem Tenor und den Gründen des Urteils des EuG. Es folgt aus Art 65 (6) (siehe auch den Grundsatz in Art 64 (2)), dass das HABM einem klagestattgebenden Urteil bei zwei möglichen Auslegungen des Inhalts und der Tragweite des Urteils von der für den erfolgreichen Kläger günstigeren Möglichkeit ausgehen muß. Wurde die Zurückweisung der GMA auf Art 7 (1) (b) und Art 7 (1) (c) gestützt, zu Art 7 (1) (b) aber mit dem beschreibenden Charakter begründet, so ist die GMA zuzulassen, wenn EuGH oder EuG die Anwendbarkeit von Art 7 (1) (c) verneinen, auch ohne dass sie[119] gesonderte Aussagen zu Art 7 (1) (b) machen.[120] Schon gar nicht darf das HABM die GMA erneut auf Grund von Art 7 (1) (b) oder (c) wegen angeblich neuer tatsächlicher oder rechtlicher Gesichtspunkte erneut zurückweisen, wenn das EuG die betr Vorschriften geprüft hat.[121]

50  Im Falle der Begründetheit der Klage kann das EuG die Entscheidung der HABM-BK gemäß Art 65 (3) abändern und durch eine gegenteilige Entscheidung in dem von der HABM-BK entschiedenen Umfang ersetzen. So kann beispielsweise das EuG, wenn es der Klage stattgibt, nicht lediglich die Entscheidung der HABM-BK aufheben, sondern unmittelbar den Widerspruch oder die GMA, gegen die Widerspruch erhoben wurde, zurückweisen.[122] Das EuG kann ferner eine unzutreffende Begründung der Entschei-

---

118  EuG T-569/10 vom 10.10.2012 (Nr 19-25) *Bimbo Doughnuts/Doghnuts.*
119  Was aber vorzuziehen wäre, so geschehen in EuG T-356/00 vom 20.3.2002, ABl-HABM 2002, 1552 (Nr 58) *Carcard.*
120  So im Fall EuGH C-383/99 vom 20.9.2001, ABl-HABM 2003, 1296 *Baby-Dry.*
121  HABM-BK R 221/2012-4 vom 3.7.2012 (Nr 12f) *VITALITE.*
122  EuG T-413/07 vom 11.2.2009 (Nr 14f) *LifeScience/Life Sciences Partners*; zulässig ist auch der Antrag, auch die Entscheidung der Widerspruchsabteilung auf-

dung der HABM-BK durch eine zutreffende ersetzen und für den Fall, dass es eine Feststellung der HABM-BK als rechtsfehlerhaft feststellt, selbstständig prüfen, ob die Entscheidung der HABM-BK aus anderen Gründen zutreffend ist, zB ob sich die Verwechslungsgefahr auch ohne Feststellung einer Bekanntheit der älteren Marke bejahen lässt[123] oder selbst bei Bejahung einer gewissen Zeichenähnlichkeit verneinen lässt.[124]

Üblicherweise hebt das EuG lediglich die Entscheidung der HABM-BK auf. 51 Die erforderlichen Maßnahmen zur Umsetzung des Urteils hat dann das Amt (nicht primär die HAB-BK) zu treffen. Diese können in einer Umsetzung des Ergebnisses des Urteils des EuG (Eintragung der angegriffenen Marke oder ihre Löschung im Register) bestehen oder darin, dass die Beschwerde einer erneuten Prüfung unterzogen wird. Es ist also zwischen einer Aufhebung, die in Wahrheit eine Sachentscheidung enthält, und einer Aufhebung und Zurückverweisung zur weiteren Prüfung zu unterscheiden. Hierzu entscheidet nach neuerer Praxis das Präsidium der HABM-BK, ob das Verfahren an die Markenabteilung weitergegeben wird (zur Umsetzung der Eintragung oder Löschung) oder an eine Beschwerdekammer zurückverwiesen wird. Die Beschwerdekammer kann dann, muß aber nicht (eine Bindung durch die Zuteilung des Verfahrens durch das Präsidium besteht nicht), eine neue Sachentscheidung treffen. Dazu müssen die Gründe des Urteils des EuG ausgelegt werden, und zwar so, dass ihnen »effet utile« gegeben wird. ZB wird der vom EuG festgestellte Grad der Zeichenähnlichkeit in der nachfolgenden Entscheidung der HABM-BK zu übernehmen sein.[125] Normalerweise wird wie folgt verfahren: Hebt das EuG die Entscheidung der HABM-BK zu Art 7 (1) lediglich auf und ergibt sich aus den Gründen des Urteils, dass das EuG die Unterscheidungskraft oder den beschreibenden Charakter der Marke in der Sache anders würdigt als die HABM-BK, so besteht kein Bedürfnis für eine erneute Entscheidung der HABM-BK, sondern es wird dann die Anmeldung unmittelbar der Veröffentlichung zugeführt.

---

zuheben: EuG T-334/01 vom 8.7.2004, GRUR Int 2004, 955 (Nr 19) *Hippovit/Hipoviton*.

123 EuG T-099/01 vom 15.1.2003 ABl-HABM 2003, 1984 (Nr 36) *Mystery/Mixery.*

124 EuG T-146/08 vom 13.10.2009 (Nr 82, 86) *Redrock/Rock.*

125 HABM-BK R 2123/ 2012-4 vom 30.1.2013 (Nr 11f, 16) *BANOFTAL/PANOPHTAL.*

Dies gilt auch, wenn die Entscheidung des EuG die Entscheidung der HABM-BK nur teilweise hinsichtlich bestimmter Waren oder Dienstleistungen aufhebt, die Klage aber im übrigen abweist. Im Widerspruchsverfahren ist zu prüfen, ob sich aus den Gründen des Urteils des EuG ergibt, dass eine Verwechslungsgefahr besteht oder nicht besteht. Prüft das EuG nur einzelne Parameter (zB Warenähnlichkeit), so ist stets an die Kammer zurückzuverweisen, auch wenn die Prüfung der übrigen Voraussetzungen unproblematisch sein sollte; Spekulationen über das, was »richtigerweise rauskäme«, verbieten sich. Wird zB die Verneinung der Zeichenähnlichkeit gerügt und werden die Zeichen vom EuG für ähnlich befunden, so ist, auch wenn feststeht, dass die Waren identisch sind, noch eine Entscheidung der HABM-BK über die Verwechslungsgefahr erforderlich.[126] Eine Weigerung des EuG, in solchen Fällen das auf der Hand liegende zu Ende zu prüfen und sich zum Ergebnis der Schutzfähigkeit zu äußern, ist misslich und führt zu erheblichen Verfahrensverlängerungen. Wird wegen eines Verfahrensfehlers aufgehoben, so ist stets eine neue Entscheidung der HABM-BK erforderlich. Auf der Ebene des Amtes ist eine Entscheidung über die Ausgangsentscheidung des Prüfers oder der Widerspruchsabteilung (dh deren Bestätigung oder Aufhebung) nur erforderlich, wenn eine neue Entscheidung der HABM-BK ergeht.

52 Der Vollzug des Urteils des EuG kann, soweit es sich nicht um leicht reversible Verfahrensschritte handelt, erst nach Eintritt der Rechtskraft bzw Erlass eines Urteils des EuGH erfolgen (siehe unter Art 64 Rdn 31–36).

### 6.3 Kostenentscheidung

53 Nach Art 87 § 2 VerfO EuG trägt die unterliegende Partei die Kosten der obsiegenden Partei, jedoch nur, wenn entsprechender Antrag gestellt wird. Zu den erstattungsfähigen Kosten zählen Kosten für Übersetzungen gemäß Art 131 § 4 VerfO EuG, was jedoch nicht für Übersetzungen, die im Verfahren vor dem HABM angefallen sind, gilt. Gemäß Art 136 § 2 VerfO EuG zählen auch die Aufwendungen des obsiegenden Klägers im Beschwerdeverfahren zu den erstattungsfähigen Kosten. Die Urteile des EuG enthalten üblicherweise keine ausdrückliche Aussage darüber, ob unter den Kosten auch die des Beschwerdeverfahrens vor dem Amt zu verstehen sind. Allerdings

---

126 HABM-BK R 2123/ 2012-4 vom 30.1.2013 (Nr 11, 17) *BANOFTAL/PAN-OPHTAL.*

sind entsprechende gesonderte Anträge überflüssig.[127] Die Kosten des Widerspruchsverfahrens fallen allerdings nicht unter Art 136 § 2 VerfO EuG und sind von der Kostenentscheidung des EuG nicht betroffen.[128]

Nach 136 § 1 VerfO EuG kann das EuG ferner im Falle einer Aufhebung 54 der Entscheidung der HABM-BK beschließen, dass das Amt nur seine eigenen Kosten trägt.[129] Dies soll insbesondere den inter-partes-Verfahren Rechnung tragen, die in Wirklichkeit einen Streit zwischen zwei Privaten darstellen: Da die HABM-BK diesen Streit grundsätzlich nur auf der Grundlage des Vortrags der Parteien entscheiden kann, wäre es ungerecht, wenn das HABM für den Fall, dass die Entscheidung der HABM-BK abgeändert wird, die Verfahrenskosten des obsiegenden Klägers zu tragen hätte.

### 6.4 Einstellung des Verfahrens

Eine Einstellung des Verfahrens erfolgt: 55
- Wenn der Kläger die Klage zurücknimmt (Art 99 VerfO EuG). Die ange- 56 fochtene Entscheidung der HABM-BK wird damit rechtskräftig.
- Der Kläger kann auch einfach mitteilen, das Verfahren nicht fortführen 57 zu wollen (»discontinuance«). Dies fällt unter Art 99 VerfO EuG und steht der Klagerücknahme gleich.
- Die Parteien, dh der Kläger mit Zustimmung des beklagten HABM und 58 des Streithelfers, können schließlich mitteilen, dass sie sich geeinigt haben, Art 98 § 1 VerfO EuG. Für das EuG reicht diese schlichte Mitteilung; es überprüft nicht, ob und mit welchem Inhalt eine solche Einigung erfolgte. Auch in diesem Fall ordnet des EuG die Streichung der Rechtssache im Register an.[130] Allerdings ist das HABM nicht befugt, im Rahmen einer solchen Einigung die Entscheidung der HABM-BK aus der Welt zu schaffen.

Der Kläger kann auch mitteilen, dass sich der Rechtsstreit erledigt habe. Eine 59 Erledigung des Verfahrens tritt ein, wenn
- die streitgegenständliche GMA vom Anmelder zurückgenommen wird,

---

127 EuG T-476/08 vom 16.12.2009 (Nr 12) *Best buy II*.
128 EuG T-290/07 vom 10.12.2008 (Nr 60) *Metronia/Metro*; EuG T-147/03 vom 12.1.2006, GRUR Int 2006, 319 (Nr 115) *Quantum/Quantième*.
129 Dazu von Mühlendahl/Ohlgart, S 206.
130 Beispielsfall: EuG T-146/05, Beschluß vom 6.3.2006 *Renoflex/Flex*.

– die streitgegenständliche GMA in einem parallelen Widerspruchsverfahren zurückgewiesen wurde;[131]
– der Widerspruch zurückgenommen wird.[132]

**60**  Keine Erledigung des Verfahrens tritt ein, wenn das ältere Recht, auf dem der Widerspruch beruhte, nach der Entscheidung der HABM-BK, aber vor Erlass des Urteils des EuG wegfällt.[133] In diesem Fall ist die streitgegenständliche GMA nach wie vor in der Welt und würde dadurch allenfalls der Widerspruch nachträglich unbegründet werden. Der Anmelder kann über die Ansprüche der Gegenseite ohnehin nicht durch Erledigungserklärung disponieren (vgl § 91a DE-ZPO, eine einseitige Erledigungserklärung des Beklagten gibt es nicht).

**61**  In allen obigen Fällen wird, was offenbar die Kläger manchmal übersehen,[134] womit sich aber das EuG nicht befassen muß, die Entscheidung der HABM-BK rechtskräftig.[135] Soll das vermieden werden, sei es in Form einer »Einigung« mit dem HABM, so müssen die Parteien dies durch gesonderte Erklärung gegenüber dem HABM sicherstellen; enthält zB die Einigung der Parteien eine Einschränkung der angefochtenen GMA oder eine Zurücknahme des Widerspruchs, so muß diese zuvor, solange die Sache noch anhängig ist, dem HABM mitgeteilt werden, um wirksam zu werden.

**62**  Für die Kosten gilt Art 85 § 5 VerfO EuG: Im Fall der Klagerücknahme oder der Erklärung des Klägers, das Verfahren nicht fortzuführen,[136] wird der Kläger dann zur Tragung der Kosten verurteilt, wenn die Gegenseite einen entsprechenden Antrag stellt. Stellt nur das Amt Kostenantrag, so trägt

---

131  EuG T-124/06, Beschluß vom 24.1.2007 (Nr 5) *MIP Metro Group*.
132  EuG T-010/01 vom 3.7.2003, Slg 2003 II-2225 (Nr 16-18) *Sedonium/Predonium*; EuG T-075/05, Beschluß vom 13.9.2005 *Ngenius/Genius*.
133  EuG T-288/08 vom 15.3.2012 (Nr 22) *Zydus/Zimbus*.
134  So wohl in EuG T-165/10, Beschluß vom 14.7.2010 *Grupo Osborne*, und in EuG T-309/09, Beschluß vom 24.5.2011 (Nr 6) *Eneloop/Loop*: HABM-BK wies GMA zurück, Rücknahme der Klage durch den Anmelder nur auf Grund der Rücknahme des Widerspruchs; auch in EuG T-288/08 hatte der Kläger Glück, dass seine Erledigungserklärung nicht aufgegriffen wurde, was überhaupt erst die Prüfung der Begründetheit der Klage eröffnete.
135  EuG T-505/09, Beschluß vom 6.9.2010 (Nr 4) *The Carlyle*.
136  EuG T-029/09, Beschluß vom 11.11.2010, *Easycamp*; EuG T-431/08, Beschluß vom 12.4.2010 (Nr 4f) *Bulur Giyim Sanayi*.

der Kläger die Kosten des HABM und der Streithelfer die eigenen.[137] Teilen die Parteien mit, dass sie sich über die Kosten geeinigt haben, so entscheidet das EuG gemäß dieser Vereinbarung: Hat sich also der Kläger mit dem Streithelfer (dh der Anmelder mit dem Widersprechenden) geeinigt, so trägt der Streithelfer seine eigenen Kosten, aber es trägt der Kläger die Kosten des HABM, wenn das HABM einen entsprechenden Antrag stellt.[138] Wenn die Parteien einvernehmlich das Verfahren beenden wollten, zB im Fall der Zurücknahme der Klage nach Zurücknahme des Widerspruchs, so tragen der Kläger und der Streithelfer gesamtschuldnerisch die Kosten des HABM und ihre eigenen Kosten selbst.[139]

Wird die Klage zurückgenommen, noch bevor sie dem HABM und dem **63** Streithelfer zugestellt wurde, so trägt der Kläger nur seine eigenen Kosten.[140] Wird sie jedoch zurückgenommen, nachdem sie zugestellt worden war, so trägt der Kläger die Kosten, auch wenn der Beklagte oder der Streithelfer noch keine Schriftsätze eingereicht hatten.[141] Der Kläger, der seine GMA zurücknimmt, setzt selbst den Grund für die Erledigung des Verfahrens (Art 113 VerfO EuG) und muß die Kosten tragen.[142] Ebenso legt das EuG dem Kläger die Kosten auf, wenn er mit seinem Antrag auf Löschung der GM vor der Beschwerdekammer unterlegen war und nunmehr vor dem EuG den Löschungsantrag im Anschluss an Verhandlungen mit dem Inhaber der GM zurücknimmt.[143] Werden keine Kostenanträge gestellt, so trägt im Zweifel jede Partei die eigenen Kosten.[144] Bei einer Erledigung des Verfahrens ohne Sachentscheidung bestimmt Art 87 § 6 VerfO EuG, dass das Ge-

---

137 EuG T-368/06, Beschluß vom 5.5.2008 *Immunocell/Immunorell*; EuG T-505/09, Beschluß vom 6.9.2010 (Nr 4) *The Carlyle*.

138 EuG T-431/08, Beschluß vom 12.4.2010 (Nr 4f) *Bulur Giyim Sanayi*.

139 EuG T-309/09, Beschluß vom 24.5.2011 (Nr 6) *Eneloop/Loop*; ebenso vor dem EuGH: EuGH C-588/11, Beschluß vom 18.9.2012 (Nr 14ff) *Omnicare*.

140 EuG T-261/06, Beschluß vom 17.10.2006 *Ignis*; EuG T-156/09, Beschluß vom 24.6.2009, *Skiken*.

141 EuG T-049/10, Beschluß vom 11.8.2010 (Nr 7) *The Footwear Company*.

142 EuGH C-082/04 vom 19.1.2006 (Nr 26) *TDI*; EuGH C-498/01 vom 1.12.2004, Slg 2004 I-11349 *New Born Baby*, zur analogen Situation vor dem EuGH und dies obwohl beide Parteien dem Gericht eine Einigung über die Kosten mitgeteilt hatten.

143 EuG T-021/04, Beschluß vom 1.12.2004 *Fusion/Fusion*.

144 EuG T-124/06, Beschluß vom 24.1.2007 (Nr 1, 7) *MIP Metro Group*; EuG T-003/03, Beschluß vom 14.10.2004 *Choice of champions*.

richt über die Kosten nach freiem Ermessen entscheidet. Nimmt der Streithelfer seinen Widerspruch zurück, so muß der Kläger dem durch Erledigungserklärung Rechnung tragen mit der Art 85 (3) widersprechenden Konsequenz, dass er gleichwohl seine eigenen Kosten und die des Amtes trägt, wenn er keinen Kostenantrag stellt.[145] Im Falle der Stellung eines Kostenantrags sollte aber in einer solchen Konstellation dem Streithelfer alle Kosten aufzuerlegen sein.

### 6.5 Klageabweisung aus offensichtlichen Gründen

**64** Ist die Klage offensichtlich unzulässig oder unbegründet, so kann sie durch Beschluß zurückgewiesen werden, und zwar ohne mündliche Verhandlung und sogar schon vor der Zustellung an das HABM, Art 111 VerfO EuG.[146] Eine offensichtliche Unzulässigkeit liegt zB vor bei Versäumung der Klagefrist[147] oder wenn die Klageschrift keine genaue Darlegung der Klagegründe enthält.[148] Eine Klage ist offensichtlich unbegründet (nicht unzulässig), wenn die Klagegründe keinen Bezug zu den von der HABM-BK entschiedenen Fragen hatten.[149] Eine Klage kann so auch als teils unzulässig, teils unbegründet zurückgewiesen werden.[150]

**65** War die Klage in diesen Fällen dem HABM noch nicht zugestellt, so werden dem Kläger nur die eigenen Kosten, nicht die des HABM oder des Streithelfers, auferlegt, Art 87 VerfO EuG.[151]

### 7 Rechtsmittel zum EuGH

**66** Gemäß Art 49, 50 der Satzung des EuGH[152] kann gegen die Urteile des EuG ein auf Rechtsfragen beschränktes Rechtsmittel zum EuGH eingelegt

---

145  EuG T-014/10, Beschluß vom 14.7.2011 (Nr 6) *Arantax/Atarax*.

146  EuG T-095/11, Beschluß vom 15.4.2011 (Nr 24) *Vitachron Male*; EuG T-241/11, Beschluß vom 12.7.2011 (Nr 18) *Cititravel/Citibank*.

147  So in EuG T-318/11, Beschluß vom 27.10.2011 (Nr 6-9) *Trivento Bodegas*.

148  EuG T-391/11 vom 27.10.2011 *Sao Paulo Alpargatas*.

149  EuG T-095/11, Beschluß vom 15.4.2011 (Nr 15, 22) *Vitachron Male*.

150  EuG T-095/11, Beschluß vom 15.4.2011 (Nr 23) *Vitachron Male*.

151  EuG T-253/10, Beschluß vom 29.9.2010 (Nr 10) *Selectron*; EuG T-095/11, Beschluß vom 15.4.2011 (Nr 25) *Vitachron Male*; EuG T-241/11, EuG T-241/11, Beschluß vom 12.7.2011 (Nr 18) *Cititravel/Citibank*.

152  ABl-EG L 131 vom 15.6.1995, S 33.

werden. Die VerfO EuGH,[153] insbesondere Art 167 VerfO EuGH, enthalten hierzu nähere Verfahrensbestimmungen. Ein Rechtsmittel nur gegen die Kostenentscheidung ist jedoch nicht zulässig, Art 51 § 2 der Satzung des EuGH.

### 7.1 Rechtsmittelgründe, Rechtsmittelberechtigung

Zur Einlegung des Rechtsmittels sind die Parteien des Rechtsstreits vor dem EuG einschließlich der Streithelfer berechtigt,[154] soweit sie vor dem EuG mit ihren Anträgen unterlegen waren (Art 49 § 2 S 1 der Satzung des EuGH). Zur Einlegung des Rechtsmittels sind außerdem die Mitgliedstaaten der EG sowie die Organe der EG (zB die Kommission) berechtigt.[155] **67**

Die Rechtsmittelgründe sind eng gefasst und umfassen gemäß Art 51 (1) der Satzung des EuGH lediglich die Unzuständigkeit des Gerichts, Verfahrensfehler, die die Interessen des Rechtsmittelführers beeinträchtigen und die Verletzung des Gemeinschaftsrechts durch das EuG. Der Ermessensmissbrauch ist kein Rechtsmittelgrund. Unzulässig ist das Rechtsmittel, wenn es nur gegen die Kostenentscheidung gerichtet ist, Art 51 (2) der Satzung des EuGH. **68**

In der Praxis ist lediglich der Rechtsmittelgrund der Verletzung des Gemeinschaftsrechts von Bedeutung. Zunächst muß sich dieser Vorwurf auf das Urteil des EuG und dessen Begründung beziehen; allein das Urteil des EuG ist Streitgegenstand, und die Rüge eines Rechtsfehlers der zugrundeliegenden Entscheidung der HABM-BK ist unzulässig.[156] Sodann wird dieser eng ausgelegt: Es muß eine Verletzung von Vorschriften der GMV oder des höherrangigen Gemeinschaftsrechts im Sinne einer fehlerhaften Anwendung oder Auslegung einer Rechtsnorm vorliegen, die kausal zu einem unrichtigen Ergebnis geführt hat. Anders als vor dem EuG umfasst er nicht nationales Recht, auch nicht, soweit die GMV darauf verweist; aus Art 58 der Satzung des EuGH und Art. 263 (2) EU-V folgt, dass in der Rechtsmittelinstanz, anders als im ersten Rechtszug, eine Prüfung von nicht originär unionsrechtlichen Rechtsnormen grundsätzlich zu unterbleiben hat.[157] **69**

---

153  Neueste Fassung: ABl-EG L 265 vom 29.9.2012, S 1.
154  Hackspiel, Mitt. 2001, 541.
155  Art 49 § 3 der Satzung des EuGH.
156  EuGH C-624/11, Beschluß vom 27.9.2012 (Nr 35, 53) *Brighton*.
157  Schlussanträge der Generalanwältin Kokott in der Rs C-363/09 vom 27.1.2011 (Nr 75, 79) *Elio Fiorucci*.

70 Dazu muß erstens das Rechtsmittel die beanstandeten Teile des Urteils des EuG sowie die rechtlichen Argumente, die den Antrag stützen, genau bezeichnen, andernfalls das Rechtsmittel unzulässig ist. Ein Rechtsmittelgrund, der sich darauf beschränkt, dass die Begründung des EuG nicht überzeuge, ist nicht hinreichend substantiiert und unzulässig.[158] Als nicht ausreichende Rügen wurden zB angesehen:

- Wenn der Kläger lediglich Vortrag der Vorinstanz (Verwechslungsgefahr) wiederholt, der keinen Zusammenhang mit dem Inhalt des Urteils des EuG (Unzulässigkeit der Klage) hat;[159]
- Allgemeine Angriffe, die nicht über die schon abgelehnten Klagegründe hinausgingen,[160] oder die bloße Wiederholung des Vorbringens der Vorinstanz;[161] es muß sich also der Kläger gerade mit dem Urteil des EuG kritisch auseinandersetzen;
- Allgemeine Thesen wie die Markenähnlichkeit sei höher als angenommen[162] oder die Wiederholung der These, der Wortanfang sei höher zu gewichten.[163]

Außerdem muß, wie schon vor dem EuG, der Kläger sich auf die Tat- und Rechtsfragen beschränken, die der Vorinstanz (hier dem EuG) vorgetragen wurden. Es dürfen auch in rechtlicher Hinsicht keine neuen Rügen erhoben werden.[164] Auch dürfen nicht Beweismittel berücksichtigt werden, die erstmals vor dem EuG vorgetragen wurden.[165] Wohl aber dürfen die gegen die HABM-BK gerichteten Argumente erneut diesmal gegen das EuG ins Feld geführt werden.[166]

---

158  EuGH C-087/11, Beschluß vom 21.3.2012, MarkenR 2012, 324 (Nr 47f) *Hallux*.
159  EuGH C-084/10, Beschluß vom 22.10.2010 (Nr 16ff) *Longevity Health Products*.
160  EuGH C-088/11 vom 10.11.2011 (Nr 49f) *Kompressor Plus*.
161  EuGH C-559/08, Beschluß vom 16.9.2010 (Nr 41) *Atoz/Artoz*.
162  EuGH C-022/10, Beschluß vom 27.10.2010, MarkenR 2011, 22 (Nr 35) *Clina/Clinair*.
163  EuGH C-023/09, Beschluß vom 22.1.2010 (Nr 42) *Ecoblue*.
164  EuGH C-559/08, Beschluß vom 16.9.2010 (Nr 66) *Atoz/Artoz*; EuGH C-408/08 vom 25.2.2010, GRUR 2010, 931 (Nr 53) *Color Edition*.
165  EuGH C-459/09 Beschluß vom 16.9.2010 (Nr 38ff) *Dominio de la Vega/Palacio de la Vega*.
166  EuGH C-552/10, Beschluß vom 29.6.2011 (Nr 38) *Archer MacLean*.

Gemäß Art 256 (1) EG-V und Art 58 (1) der Satzung des EuGH ist das 71
Rechtsmittel auf Rechtsfragen beschränkt. Allein das EuG ist für die Feststellung und Beurteilung der relevanten Tatsachen sowie die Beweiswürdigung zuständig. Es fällt nicht in die Zuständigkeit des EuGH, eine erneute Prüfung der beim EuG eingereichten Klage vorzunehmen oder die Beurteilung des EuG durch seine eigene zu ersetzen.[167] Die Würdigung der Tatsachen ist, vorbehaltlich ihrer Verfälschung, keine Rechtsfrage, die der Kontrolle des EuGH unterliegt.[168]

Andererseits zeigt sich verstärkt in jüngster Rspr, dass der Begriff der Tatfrage 72
nicht extensiv verstanden wird. Unter den Begriff der, vor dem EuGH revisiblen, Rechtsfrage fällt die Definition der Kriterien für die Prüfung, unter den der Tatfrage deren Anwendung auf den Einzelfall, die Fragen, deren Beantwortung auf Tatsachenfeststellung basiert, und alle Gesamtabwägungen der Kriterien. Typisch in diesem Sinne: Nach dem Urteil »Center Shock« fallen in den Bereich der Rechtsfragen die Kriterien der Verwechslungsgefahr, in den der Tatfragen die Art und Weise, in der die Abwägung am Ende vorgenommen wird.[169] Das Urteil »Brighton« unterscheidet zwischen der Würdigung der Tatsachen und den daraus gezogenen rechtlichen Schlussfolgerungen.[170] Auch wenn bestimmte Frage als Rechtsfrage qualifiziert wird, beschränkt sich der EuGH auf die Feststellung, das EuG habe die korrekten Kriterien angewandt, oder er bemerkt lakonisch, dass die Frage nicht entscheidungserheblich sei. Hierin scheint die eigentliche Ursache dafür zu liegen, dass letztlich abstrakte Kriterienkataloge rezitiert werden, die wiederum von EuG und HABM-BKn breit paraphrasiert werden. Im einzelnen sieht – unterschieden nach absoluten und relativen Eintragungshindernissen – der EuGH als Tat- oder Rechtsfrage an:

167 EuGH C-234/06 vom 13.9.2007, GRUR 2008, 343 (Nr 38) *Bainbridge/Bridge.*

168 EuGH C-234/06 vom 13.9.2007, GRUR 2008, 343 (Nr 38, 76) *Bainbridge/Bridge*; EuGH C-243/07, Beschluß vom 15.2.2008 (Nr 34) *Terranus/Terra*; EuGH C-023/09, Beschluß vom 22.1.2010 *Ecoblue*; EuGH C-084/10, Beschluß vom 22.10.2010 (Nr 19) *Longevity Health Products.*

169 EuGH C-353/09, Beschluß vom 15.2.2011 (Nr 38, 39, 41) *Center Shock.*

170 EuGH C-624/11, Beschluß vom 27.9.2012 (Nr 49) *Brighton.*

73 Rechtsfragen sind:
   – bei absoluten Eintragungshindernissen, ob die Marke als Ganze oder
     nach ihren Einzelbestandteilen zu prüfen ist;[171]
   – ob die Kriterien der »Postkantoor«-Rspr zugrundegelegt wurden;[172]
   – welches die Kriterien der Verwechslungsgefahr sind, etwa welche Krite-
     rien hinsichtlich der Feststellung der dominierenden Bestandteile einer
     Marke anzulegen sind und ob eine Ähnlichkeit voraussetzt, dass ein Ele-
     ment der Marke dominierend ist;[173]
   – unter welchen Umständen eine begriffliche Neutralisierung in Betracht
     kommt;[174]
   – welche Bedeutung einer – unterstellten – Kennzeichnungsschwäche der
     älteren Marke zukommt, allerdings mit der Bemerkung, dass sie, selbst
     wenn sie vorläge, allein die (vom EuG bejahte) Verwechslungsgefahr
     nicht ausschließe;[175]
   – ob bei einer älteren GM die Verwechslungsgefahr in einem Mitgliedstaat
     ausreicht;[176]
   – die Berufung auf eine Markenfamilie, die dann aber als irrelevant abge-
     lehnt wurde;[177]
   – dass im Widerspruchsverfahren die Waren so wie eingetragen und nicht
     wie angeblich benutzt zu vergleichen sind;[178]

---

171 EuGH C-453/11, Beschluß vom 14.5.2012, MarkenR 2012, 485 (Nr 39-46)
    *Timehouse.*
172 EuGH C-408/08 vom 25.2.2010, GRUR 2010, 931 (Nr 63f) *Color Edition.*
173 EuGH C-023/09, Beschluß vom 22.1.2010 (Nr 45-50) *Ecoblue*; EuGH
    C-204/10, Beschluß vom 23.11.2010 (Nr 26) *Enercon/Transformers Energon*;
    EuGH C-306/11 vom 28.6.2012, GRUR Int 2012, 755 (Nr 41f) *Linea Natura/
    Natur hat immer Stil.*
174 EuGH C-022/10, Beschluß vom 27.10.2010, MarkenR 2011, 22 (Nr 46f) *Cli-
    na/Clinair.*
175 EuGH C-023/09, Beschluß vom 22.1.2010 (Nr 45-50) *Ecoblue*; dazu Schennen,
    in: FS 50 Jahre BPatG, S 749, 759.
176 EuGH C-459/09 vom 16.9.2010 (Nr 26, 30) *Dominio de la Vega.*
177 EuGH C-552/09 vom 24.3.2011, MarkenR 2011, 170 (Nr 95, 99) *Timis Kin-
    derjoghurt.*
178 EuGH C-353/09, Beschluß vom 15.2.2011 (Nr 46) *Center Shock.*

- im Rahmen von Art 8 (5), ob der Begriff der Zeichenähnlichkeit derselbe wie bei Art 8 (1) ist (bejaht);[179]
- dass bei Art 8 (5) die Reputation unerheblich ist, wenn es an dieser Zeichenähnlichkeit fehlt;[180]
- der Umfang der Begründungspflicht.[181]

In allen diesen Fällen wurde eine Beachtung dieser Rechtsgrundsätze durch das EuG bejaht. so dass letztlich die Unterscheidung Tat-/Rechtsfrage ohne praktische Bedeutung blieb. Man kann sicher zusammenfassen – ohne dass die Rspr dies jemals so formuliert hätte –, dass alles Rechtsfrage ist, was sich als Vorlagefrage für ein Vorabentscheidungsverfahren eignet.

Tatfragen sind:                                                                          74
- alle Charakteristika des relevanten Publikums wie sein Aufmerksamkeitsgrad, seine Einstellung, sein Wahrnehmungshorizont, und zwar sowohl im Rahmen absoluter[182] als auch relativer[183] Eintragungshindernisse;
- bei absoluten Eintragungshindernissen die Beziehung zwischen einer Wortbedeutung und Eigenschaften der Waren,[184] also etwa ob ein Begriff oder Markenbestandteil beschreibend ist;[185]
- bei absoluten Eintragungshindernissen für 3-D-Marken, welche Warenformen marktüblich sind;[186]

---

179  EuGH C-370/10, Beschluß vom 14.3.2011 (Nr 62-65) *Educa Memory Game/Memory.*
180  EuGH C-370/10, Beschluß vom 14.3.2011 (Nr 47-52) *Educa Memory Game/Memory*; EuGH C-254/09 vom 2.9.2010, GRUR 2010, 1098 (Nr 53) *CK Creaciones Kennya/CK*; EuGH C-216/10, Beschluß vom 25.11.2010 (Nr 27) *A+/AirPlus.*
181  EuGH C-216/10, Beschluß vom 25.11.2010 (Nr 38-43) *A+/AirPlus.*
182  EuGH C-087/11, Beschluß vom 21.3.2012, MarkenR 2012, 324 (Nr 58, 66) *Hallux*; EuGH C-311/11 vom 12.7.2012, MarkenR 2012, 304 (Nr 51) *Wir machen das Besondere einfach.*
183  EuGH C-081/11, Beschluß vom 8.3.2012 (Nr 26) *Resverol/Lesterol*; EuGH C-461/09, Beschluß vom 9.7.2010 (Nr 21f) *Famoxin/Lanoxin.*
184  EuGH C-087/11, Beschluß vom 21.3.2012, MarkenR 2012, 324 (Nr 34f) *Hallux.*
185  EuGH C-100/11, GRUR Int 2012, 630 (Nr 83ff) *Botocyl/Botox.*
186  EuGH C-096/11 vom 6.12.2012; GRUR Int 2012, 107 (Nr 67) *Milchmäuse.*

- für welche Waren Art 7 (3) (Verkehrsdurchsetzung) nachgewiesen wurde;[187]
- ob eine Bösgläubigkeit iSv Art 51 (1) (b) vorlag;[188]
- ob eine Benutzung iSv Art 8 (4) nachgewiesen wurde;[189]
- ob bestimmte Tatsachen allgemein bekannt sind;[190]
- bei relativen Eintragungshindernissen die Bewertung der Warenähnlichkeit, zB ob die Waren unterschiedlichen Marktsegmenten angehören;[191]
- die Beurteilung der Markenähnlichkeit[192] einschließlich ihres Grades,[193] zB der klanglichen Ähnlichkeit[194] oder ob begriffliche Unterschiede vorliegen;[195]
- die Beurteilung, welches Element einer Kombinationsmarke das dominierende ist;[196]
- die Bewertung des Einflusses einer Kennzeichnungsschwäche der älteren Marke[197] oder eines ihrer Bestandteile;[198]

---

187 EuGH C-553/08 vom 2.12.2009, GRUR Int 2010, 495 (Nr 78-82) *Manpower.*
188 EuGH C-171/12, Beschluß vom 28.2.2013 (Nr 33f) *Pollo Tropical.*
189 EuGH C-624/11, Beschluß vom 27.9.2012 (Nr 44, 49) *Brighton.*
190 EuGH C-311/11 vom 12.7.2012, MarkenR 2012, 304 (Nr 57) *Wir machen das Besondere einfach.*
191 EuGH C-418/10, Beschluß vom 28.3.2011, MarkenR 2011, 338 (Nr 64-66) *Stabilator/Stabilat.*
192 EuGH C-559/08, Beschluß vom 16.9.2010 (Nr 79) *Atoz/Artoz*; EuGH C-204/10, Beschluß vom 23.11.2010 (Nr 28) *Enercon/Transformers Energon*; EuGH C-254/09 vom 2.9.2010, GRUR 2010, 1098 (Nr 50) *CK Creaciones Kennya/CK*; EuGH C-022/10, Beschluß vom 27.10.2010 (Nr 45) *Clina/Clinair.*
193 EuGH C-461/09, Beschluß vom 9.7.2010 (Nr 39) *Famoxin/Lanoxin.*
194 EuGH C-022/10, Beschluß vom 27.10.2010, MarkenR 2011, 22 (Nr 33) *Clina/Clinair*; EuGH C-216/10, Beschluß vom 25.11.2010 (Nr 32) *A+/AirPlus.*
195 EuGH C-023/09, Beschluß vom 22.1.2010 (Nr 53) *Ecoblue*; EuGH C-552/10, Beschluß vom 29.6.2011 (Nr 51) *Archer MacLean.*
196 EuGH C-042/12, Beschluß vom 29.11.2012 (Nr 43) *Alpine Pro Sportswear/Alpine.*
197 EuGH C-022/10, Beschluß vom 27.10.2010 (Nr 53) *Clina/Clinair.*
198 EuGH C-306/11 vom 28.6.2012, GRUR Int 2012, 755 (Nr 53, 59) *Linea Natura/Natur hat immer Stil.*

– überhaupt die Gesamtabwägung der Verwechslungsgefahr[199] inklusive der Gewichtung der verschiedenen Faktoren.

Dies entspricht nicht den Verfahren vor dem HABM und dem EuG; dort 75 gelten etwa Fragen der Warenähnlichkeit oder der Markenähnlichkeit als Rechtsfragen.[200] Auch behält sich der EuGH mitunter vor, selbst die Unterscheidungskraft der Marke[201] oder – allerdings auf der Grundlage der Tatsachenfeststellungen des EuG – die Relevanz einer erhöhten Kennzeichnungskraft der älteren Marke zu prüfen[202] und auf dieser Basis selbst der beim EuG erhobenen Klage stattzugeben. Kriterien, wann dies geschieht, sind nicht erkennbar.

Vielfach versuchen Kläger, die Tatsachenwürdigung unter dem Gesichts- 76 punkt der »Verfälschung der Tatsachen« neu aufzurollen. Dieser Begriff ist aber eng auszulegen. Diese Rüge setzt voraus, dass sich aus den erstinstanzlichen Schriftsätzen offensichtlich ergibt, dass die erstinstanzlichen Feststellungen tatsächlich falsch sind, das EuG die ihm vorgelegten Beweismittel verfälscht hat oder die Beweiswürdigung offensichtlich unzutreffend war, wenn sich dies aus den Akten offensichtlich ergibt, ohne dass eine neue Tatsachen- und Beweiswürdigung vorgenommen werden muß.[203] Doch ist erstens der Begriff der Verfälschung eng auszulegen: Die vom Kläger behauptete Verfälschung muß aus den Gerichtsakten offensichtlich sein und darf nicht ihrerseits eine neue Tatsachen- oder Beweiswürdigung erfordern,[204] für die der

---

199 EuGH C-022/10, Beschluß vom 27.10.2010, MarkenR 2011, 22 (Nr 58f) *Clina/Clinair*.

200 Siehe EuG T-057/03 vom 1.2.2005, ABl-HABM 2005, 624 (Nr 32f) *Hooligan/Olly Gan*; sowie unter Art 78 Rdn 56.

201 So in den Fällen EuGH C-383/99 vom 20.9.2001, ABl-HABM 2003, 1296 *Baby-Dry*; und EuGH C-398/08 vom 21.1.2010, GRUR Int 2010, 255 (Nr 57 f) *Vorsprung durch Technik*.

202 EuGH C-108/07, Beschluß vom 17.4.2008, MarkenR 2008, 261 (Nr 35, 58) *Ferro/Ferrero*.

203 Schlussanträge der Generalanwältin Kokott in der Rs C-263/09 vom 27.1.2011 (Nr 80) *Elio Fiorucci*.

204 EuGH C-398/07 vom 7.5.2009, GRUR Int 2009, 911 (Nr 44) *Waterford*; EuGH C-394/08, Beschluß vom 3.6.2009 (Nr 40) *Zipcar/Cicar*; EuGH C-254/09 vom 2.9.2010, GRUR 2010, 1098 (Nr 50) *CK Creaciones Kennya/CK*.

EuGH nicht zuständig wäre. Solange keine Verfälschung vorgeworfen wird, bleibt es nämlich Sache des EuG, zu prüfen, ob die Beweise ausreichend waren.[205] Der Vorwurf der Verfälschung darf nicht auf ohnehin irrelevantes Vorbringen gestützt werden.[206] Der Vorwurf darf auch nicht auf angeblichen Widersprüchen in der Argumentation des EuG-Urteils basieren, weil das in Wahrheit auf eine unzulässige Rüge der Tatsachenwürdigung abzielte.[207] Zweitens muß der Rechtsmittelführer genau angeben, welche Tatsachen verfälscht worden sein sollen.[208]

### 7.2 Verfahren vor dem EuGH

77  Das Rechtsmittel ist innerhalb einer Frist von zwei Monaten ab Zustellung der Entscheidung des EuG einzureichen (Art 49 (1) der Satzung des EuGH), zu der die normale Entfernungsfrist hinzukommt. Die Rechtsmittelschrift ist zwingend in der Sprache, in der das Urteil des EuG ergangen ist, einzulegen (Art 37 (2) (a) VerfO EuGH); diese Sprache ist Verfahrenssprache vor dem EuGH, der sich auch die anderen Parteien bedienen müssen.[209] Für die Prozessvollmacht gelten etwas weniger strenge Regeln.[210] Zur aufschiebenden Wirkung des Rechtsmittels siehe unter Art 64 Rdn 31, 36.

78  Für die anderen Parteien gilt eine Frist von zwei Monaten zur Beantwortung des Rechtsmittels. Auch im übrigen weist das Verfahren große Ähnlichkeiten mit dem Verfahren vor dem EuG auf.

79  Der Rechtsmittelführer muß ein Rechtsschutzbedürfnis haben; daran fehlt es, wenn ihm das Rechtsmittel im Ergebnis keinen Vorteil verschaffen kann.[211]

---

205  EuGH C-559/08, Beschluß vom 16.9.2010 (Nr 88, 97) *Atoz/Artoz.*
206  EuGH C-254/09 vom 2.9.2010, GRUR 2010, 1098 (Nr 51) *CK Creaciones Kennya/CK.*
207  EuGH C-088/11 vom 10.11.2011 (Nr 38, 39, 45) *Kompressor Plus.*
208  EuGH C-552/09 vom 24.3.2011, MarkenR 2011, 170 (Nr 78) *Timis Kinderjoghurt.*
209  Siehe Hackspiel, Mitt. 2001, 542.
210  EuGH C-084/10, Beschluß vom 22.10.2010 (Nr 19) *Longevity Health Products.*
211  EuGH C-174/99 vom 13.7.2000, Slg 2000 I-6189 (Nr 33) *Parlament/Richard*; EuGH C-082/04, Beschluß vom 19.1.2006 (Nr 20) *TDI.*

### 7.3 Verwerfung aus offensichtlichen Gründen

Statt durch Urteil kann der EuGH das Rechtsmittel durch Beschluß als of- **80** fensichtlich unbegründet oder unzulässig zurückweisen, Art 181 VerfO EuGH.[212] Als offensichtlich unzulässig werden Rechtsmittel zurückgewiesen, mit denen nur Tatsachenwürdigungen, keine Rechtsfragen gerügt werden;[213] soweit teils Rechtsfragen, teils die Tatsachenwürdigung gerügt werden, werden die Rechtsmittel regelmäßig als für den betr Rechtsmittelgrund teils als unzulässig, teils als unbegründet zurückgewiesen (siehe oben, Rdn 73 aE).[214]

### 7.4 Urteil des Gerichtshofs

Das Urteil des EuGH ergeht nicht notwendigerweise nach mündlicher Ver- **81** handlung (Art 76 VerfO EuGH). Findet eine mündliche Verhandlung statt, so legt anschließend der Generalanwalt seine Schlussanträge vor. Hierauf ergeht das Urteil des EuGH. Das Urteil des EuGH lautet auf Zurückweisung des Rechtsmittels oder auf Aufhebung des Urteils des EuG, wobei der EuGH dann entweder eine rein kassatorische Entscheidung treffen oder das Verfahren an das EuG zurückverweisen kann.[215]

Bei Zurücknahme des Rechtsmittels trägt der Rechtsmittelführer die Kosten, **82** Art 69 § 2, Art 122 § 3 VerfO EuGH.[216] Bei Einstellung oder Erledigung des Verfahrens gelten, obwohl die VerfO EuGH nicht auf Art 92 VerfO EuGH verweist, die gleichen Grundsätze wie im Verfahren vor dem EuG, und hinsichtlich der Kosten Art 69 § 6, Art 122 § 3 (jetzt Art 137-146 und 184) VerfO EuGH. Eine Rücknahme des Widerspruchs erledigt noch nach Erlass des Urteils des EuG des Klägers das Klageverfahren vor dem EuGH.[217] Jedoch besteht folgende Besonderheit: Es kommt gleichwohl zu einem Urteil des EuGH, wenn der Rechtsmittelführer ein Rechtsschutzinte-

---

212 Siehe Hackspiel, Mitt. 2001, 541.
213 EuGH C-416/08, Beschluß vom 10.7.2009 (Nr 28, 34) *Quartz/Quartz*; EuGH C-131/06, Beschluß vom 24.4.2007 (Nr 60, 63) *Cristal Castellblanch*.
214 Beispielsfälle: EuGH C-196/06, Beschluß vom 9.3.2007, Slg 2007 I-36 (Nr 34) *CompUSA*; EuGH C-023/09, Beschluß vom 22.1.2010 (Nr 54) *Ecoblue*; EuGH C-353/09, Beschluß vom 15.2.2011 (Nr 41) *Center Shock*; EuGH C-084/10, Beschluß vom 22.10.2010 (Nr 24) *Longevity Health Products*.
215 Siehe Hackspiel, Mitt. 2001, 541.
216 EuGH C-447/10, Beschluß vom 24.10.2012 (Nr 4) *Grain Millers*.
217 EuGH C-588/11, Beschluß vom 18.9.2012 (Nr 11) *Omnicare*.

resse hat, um die Rechtswirkungen des angefochtenen Urteils für die Vergangenheit zu klären.[218] Konsequenterweise könnte ein solches Urteil keine Auswirkung auf die Registerlage mehr zeitigen. Ein solches Rechtsschutzinteresse fehlt jedenfalls, wenn nicht der Rechtsmittelgegner, sondern der Rechtsmittelführer selbst die Ursache für die Erledigung gesetzt hat.[219] Dem Anmelder, der die GMA zurückgenommen hat, sind in jedem Fall die Kosten der Instanz vor dem EuGH aufzuerlegen, auch wenn die Kostenentscheidung des EuG nach Eintritt der Erledigung nicht mehr überprüft werden kann.[220]

---

218  EuGH C-498/01, Beschluß vom 1.12.2004, Slg 2004 I-11349 (Nr 10 f) *New Born Baby.*
219  EuGH C-082/04, Beschluß vom 19.1.2006 (Nr 23, 26) *TDI.*
220  EuGH C-498/01, Beschluß vom 1.12.2004 Slg 2004 I-11349 (Nr 17, 19) *New Born Baby.*

*Schennen*

# Titel VIII  Gemeinschaftskollektivmarken

## Artikel 66 (ex Artikel 64)  Gemeinschaftskollektivmarken

(1) Eine Gemeinschaftskollektivmarke ist eine Gemeinschaftsmarke, die bei der Anmeldung als solche bezeichnet wird und dazu dienen kann, Waren und Dienstleistungen der Mitglieder des Verbands, der Markeninhaber ist, von denen anderer Unternehmen zu unterscheiden. Verbände von Herstellern, Erzeugern, Dienstleistungserbringern oder Händlern, die nach dem für sie maßgebenden Recht die Fähigkeit haben, im eigenen Namen Träger von Rechten und Pflichten jeder Art zu sein, Verträge zu schließen oder andere Rechtshandlungen vorzunehmen und vor Gericht zu stehen, sowie juristische Personen des öffentlichen Rechts können Gemeinschaftskollektivmarken anmelden.

(2) Abweichend von Artikel 7 Absatz 1 Buchstabe c) können Gemeinschaftskollektivmarken im Sinne des Absatzes 1 des vorliegenden Artikels aus Zeichen oder Angaben bestehen, die im Verkehr zur Bezeichnung der geographischen Herkunft der Waren oder der Dienstleistungen dienen können. Die Gemeinschaftskollektivmarke gewährt ihrem Inhaber nicht das Recht, einem Dritten zu verbieten, solche Zeichen oder Angaben im geschäftlichen Verkehr zu benutzen, sofern die Benutzung den anständigen Gepflogenheiten in Gewerbe oder Handel entspricht; insbesondere kann eine solche Marke einem Dritten, der zur Benutzung einer geographischen Bezeichnung berechtigt ist, nicht entgegengehalten werden.

(3) Auf Gemeinschaftskollektivmarken sind die Vorschriften dieser Verordnung anzuwenden, soweit in den Artikeln 67 bis 74 nicht etwas anderes bestimmt ist.

*Schennen*

**Literatur:**
*Berg*, Vom Verbandszeichen zur Kollektivmarke, in: FS für Vieregge, 1995, S 61.

## 1 Allgemeines

1 Die GMV schützt neben der normalen Kategorie der Individualmarke auch Kollektivmarken als GMn. Die Gemeinschaftskollektivmarke ist eine Marke, die geeignet ist, Waren und Dienstleistungen der Mitglieder eines Verbandes, der Markeninhaber ist, von denen anderer Unternehmen zu unterscheiden (Art 66 (1) Satz 1). Die Gemeinschaftskollektivmarke setzt somit zwingend das Bestehen eines Verbandes voraus, der Markeninhaber ist, und der über Mitglieder verfügen muss, die die Marke benutzen. Die Benutzung kann jedoch auch anderen Personen als den Verbandsmitgliedern erlaubt werden; im Falle des Art 66 (2) ist dies sogar zwingend der Fall. Bei der Gemeinschaftskollektivmarke fallen somit Inhaberschaft und Benutzungsberechtigung grundsätzlich auseinander. Der Verband, der Inhaber der Gemeinschaftskollektivmarke ist, ist zur Benutzung der Marke nur insofern berechtigt, als es um eine Verwendung zur Kennzeichnung des Verbandes geht. Er ist nicht berechtigt, die Gemeinschaftskollektivmarke für eigene Waren und Dienstleistungen zu verwenden, mit denen er in Konkurrenz zu seinen angeschlossenen Mitgliedern treten würde, was aber nicht ausschließt, dass der Verband eigene Waren herstellt, die den Warenabsatz seiner Mitglieder fördern sollen (zB die Einheits- Getränkekästen der Genossenschaft deutscher Brunnen eG). Zulässig ist auch, dass der Verband als solcher für die Kollektivmarke, dh für die Waren oder Dienstleistungen seiner Mitglieder, Werbung betreibt.

2 Die Gemeinschaftskollektivmarke ist somit einerseits von der Gemeinschaftsindividualmarke, andererseits vom reinen Gütezeichen (engl: »certifi-

cation mark«, »guarantee mark«) abzugrenzen (siehe unten, Rdn 11). Die Gütezeichen sind keine gesonderte Markenkategorie nach der GMV. Allerdings will die Kommission mit ihren Reformvorschlägen vom 27.3.2013 solche Gütezeichen zusätzlich zur Gemeinschaftskollektivmarke einführen, und zwar sowohl als Gemeinschaftsmarke als auch, über die MarkenRichtl, auf der Ebene der nationalen Marken.

Die GMV fasst eine Reihe von besonderen Bestimmungen zu Gemein-   3
schaftskollektivmarken in Art 66–74 zusammen. Soweit nichts anderes bestimmt ist, gelten für Gemeinschaftskollektivmarken die normalen Bestimmungen über GMn. Dies hebt auch R 42 hinsichtlich der Verfahrensbestimmungen der Durchführungsverordnung noch einmal hervor. R 43 enthält Einzelheiten über den notwendigen Inhalt der Markensatzung. Sondervorschriften sind allerdings in Art 2 GebV für die Gebühren getroffen worden: Die Grundgebühr für die Anmeldung einer Gemeinschaftskollektivmarke beträgt 1800 Euro (statt 1050 Euro und ohne e-filing-Discount nach Art 2 Nr 1b GebV),[1] und die Klassengebühren und die Verlängerungsgebühr sind doppelt so hoch wie für Individualmarken. Ferner gibt es zu Art 66 und Art 68 die Erklärungen Nr 17 und 18 im Ratsprotokoll.[2]

Die MarkenRichtl stellt es den Mitgliedstaaten bislang frei, ob sie Kollektiv-   4
marken, Gütemarken oder Garantiemarken im nationalen Recht vorsehen; wenn sie dies tun, müssen sie aber die Vorschriften der MarkenRichtl auch auf Kollektiv- und Gütemarken anwenden.[3] Für diese gelten dann Art 1, 4, 10 (3) und 15 der MarkenRichtl.

Die Kollektivmarke nimmt im GM-System eine zahlenmäßig geringe, wirt-   5
schaftlich jedoch möglicherweise sehr bedeutende Stellung ein. Bislang sind von 500 000 Anmeldungen 860 für Gemeinschaftskollektivmarken eingereicht worden, darunter typische Verbandsmarken wie »Reformhaus«, Gütemarken von Industrieverbänden wie »Gütezeichen Wellpappe« und geographische Herkunftsangaben (siehe Art 66 (2)) wie »Bayerisches Bier«, »Dresdner Christstollen«, »Spreewälder Gurken« und »Rügenwalder Teewurst«.

---

1 Diese Gebührensätze gelten ab 1.5.2009 gemäß VO Nr 335/2009 vom 31.3.2009, ABl-EG L 109 vom 30.4.2009, S 3.
2 ABl-HABM 1996, 612.
3 Siehe Ingerl/Rohnke, § 97 Rn 2.

## 2 Abgrenzung zur Garantiemarke

6   Wesensmerkmal der Kollektivmarke ist, dass der Inhaber ein Verband ist, dem Mitglieder angehören, die sich zur Kennzeichnung ihrer eigenen Waren und Dienstleistungen der Kollektivmarke bedienen. Durch die Verbandsstruktur des Inhabers unterscheidet sich die Kollektivmarke von der Individualmarke.[4] Mit der Benutzung der Kollektivmarke bringt das Verbandsmitglied oder der sonstwie Nutzungsberechtigte zum Ausdruck, dem Verband anzugehören oder von ihm zur Nutzung der Marke ermächtigt zu sein. Dadurch unterscheidet sich die Kollektivmarke von der Benutzung der selben Marke durch mehrere Benutzungsberechtigte, zB Lizenznehmer. Regelmäßig wird der Benutzungsberechtigte neben der Kollektivmarke noch seine eigene Marke zur Kennzeichnung der Waren und Dienstleistungen im Sinne eines Herkunftshinweises auf sein eigenes Unternehmen verwenden. Jedoch ist nicht ausgeschlossen, dass auch im Rahmen eines Franchise-Systems die von den Franchisenehmern gemeinschaftlich benutzte Marke als Kollektivmarke geschützt wird.[5]

7   Eine Besonderheit der Kollektivmarke ist, dass die Benutzungsberechtigung für die Mitglieder sich aus der Markensatzung ergibt und somit nicht auf einer Lizenz iSd Art 22 beruht. Den Benutzungsberechtigten ist es grundsätzlich verwehrt, ihrerseits Lizenzen zur Benutzung der Kollektivmarke an Dritte zu erteilen: Sie können nicht mehr Rechte übertragen, als sie selber haben. Der Struktur der Kollektivmarke als Marke eines Verbandes steht es grundsätzlich auch entgegen, dass der Verband selbst Lizenzen an Dritte erteilt, da dies grundsätzlich die Markensatzung verletzen würde. Da aber nach dem Urteil des EuGH »BMW/Deenik«[6] von einem eher weiten Benutzungsbegriff auszugehen ist, ist sowohl dem Inhaber der Kollektivmarke als auch den Benutzungsberechtigten die Möglichkeit der Lizenzvergabe insoweit zuzugestehen, als dies notwendig ist, um eine zulässige Benutzung der Kollektivmarke zu ermöglichen. Maßgebliches Kriterium sollte daher nicht die Frage sein, ob eine Lizenzvergabe möglich ist, sondern ob diese mit den Strukturmerkmalen der Kollektivmarke kompatibel ist. Beispielsweise muss es den Benutzungsberechtigten möglich bleiben, die von der Kollektivmarke

---

4   Siehe von Mühlendahl/Ohlgart, S 84.
5   Siehe Ingerl/Rohnke, § 97 Rn 7.
6   EuGH C-063/97 vom 23.2.1999, ABl-HABM 1999, 666 *BMW/Deenik*.

erfassten Waren durch Dritte in Lohnfertigung herstellen und kennzeichnen zu lassen.

In ihrer Grundform stellt die Kollektivmarke nichts anderes als die Kenn- **8** zeichnung der Zugehörigkeit zu einem Verband,[7] zB »FLEUROP« oder zu einer Einkaufsgenossenschaft dar.

Eine Sonderform der Kollektivmarke ist das Gütezeichen, das von einem **9** Verband an seine Mitglieder oder andere Benutzungsberechtigte vergeben wird, der bestimmte Qualitätsstandards überwacht. Beispiele sind das »Wollsiegel«, aber auch DIN-Normen. In diesem Fall muss die Markensatzung Regelungen zur Überwachung der entsprechenden Qualitätsstandards enthalten.[8]

Eine weitere Form der Kollektivmarke stellt die geographische Kollektivmar- **10** ke dar. Art 66 (2) bestimmt, dass das in Art 7 (1) (c) enthaltene Eintragungshindernis, dass es sich um eine Angabe der geographischen Herkunft der Ware oder Dienstleistung handelt, für Gemeinschaftskollektivmarken nicht anwendbar ist. Somit können auch geographische beschreibende Begriffe einschließlich geographischer Herkunftsangaben Gegenstand einer Gemeinschaftskollektivmarke sein. Auch in diesem Falle gelten aber die Anforderungen an die Verbandsstruktur des Inhabers.

Nicht als Gemeinschaftskollektivmarke geschützt werden können reine Ga- **11** rantiemarken, also zB die »certification marks« des US-Rechts, bei denen einseitig ein einzelner Inhaber bestimmte Qualitätsstandards aufstellt und deren Einhaltung überwacht. Die wesentlichen Unterschiede zwischen einer Kollektivmarke und der »certification mark« sind Folgende:[9] Die »certification mark« bezieht sich auf bestimmte Qualitätsstandards der Waren oder Dienstleistungen, während die Kollektivmarke sich auf die Mitgliedschaft der Benutzer in einem Verband bezieht. Die »certification mark« gehört entweder einer staatlichen Stelle oder einem privaten Inhaber, der nicht selbst mit der Herstellung oder dem Vertrieb der betreffenden Waren befasst ist. Der Inhaber der »certification mark« ist selbst nicht zur Benutzung berechtigt. Die »certification mark« gibt es auch in der Form, dass nicht jeder, der die Qualitätsstandards erfüllt, zur Benutzung berechtigt ist, sondern nur be-

---

7  Siehe von Mühlendahl/Ohlgart, S 84.
8  Siehe von Mühlendahl/Ohlgart, S 84.
9  Siehe WIPO-Dokument SCT/9/4, S 10 f.

stimmte Unternehmen, die im Einzelfall vom Inhaber ermächtigt werden. Der Schutz von Gütezeichen ist nach der GMV ohne weiteres möglich. Entweder der Inhaber ist ein Verband, der die Voraussetzungen von Art 66 erfüllt; dieser kann dann als Gemeinschaftskollektivmarke auch eine Gütemarke anmelden, die eine bestimmte Qualität der Waren und Dienstleistungen der Verbandsmitglieder zertifiziert, wobei besondere Anforderungen an die Markensatzung und hinsichtlich der Täuschungsgefahr zum Tragen kommen.[10] Oder es handelt sich um eine »certification mark« eines einzelnen, die Zertifizierung überwachenden Inhabers, dann kann dieser Inhaber die Marke als Individualmarke anmelden, und die Benutzung durch die Hersteller der Waren wird dem Inhaber als rechtserhaltende Benutzung gemäß Art 15 (2) (Benutzung mit Zustellung des Inhabers gilt als Benutzung durch den Inhaber) problemlos zugerechnet. Für die von der Kommission vorgeschlagene Einführung einer gesonderten Kategorie der »certification marks« besteht daher kein Bedürfnis.

12  Das Bestehen eines Verbands ist somit für die Gemeinschaftskollektivmarke konstitutiv.[11] Als Gemeinschaftskollektivmarke können nur Marken geschützt werden, deren Inhaber ein Verband ist.

### 3 Verbandsstruktur

13  Zur Verbandseigenschaft enthält Art 66 (1) Satz 2 nähere Bestimmungen. Es muss sich entweder um einen rechtsfähigen Verband von Herstellern, Erzeugern, Dienstleistungserbringern oder Händlern handeln oder um eine juristische Person des öffentlichen Rechts.

14  Hinsichtlich von Personen des Privatrechts ist lediglich eine mitgliedschaftliche Struktur gefordert. Eine bestimmte Rechtsform des Verbandes ist nicht erforderlich, sofern nur Rechtsfähigkeit iSd Art 3 gegeben ist. Es ist somit nicht entscheidend, ob der Verband als rechtsfähiger Verein, GmbH oder OHG organisiert ist.[12] Ausgeschlossen sind somit nur die natürliche Person, da sie keine Personenmehrheit darstellt, und nicht rechtsfähige Zusammenschlüsse wie der nichtrechtsfähige Verein (siehe Art 3 Rdn 11).

---

10  Siehe Ingerl/Rohnke, § 97 Rn 9.
11  Von Mühlendahl/Ohlgart, S 84.
12  Ingerl/Rohnke, § 98 Rn 6; Ströbele/Kober-Dehm, MarkenG, § 98 Rn 2.

Erforderlich ist eine mitgliedschaftliche Struktur. Einerseits müssen die Mit- 15
glieder Einfluss auf die Markensatzung nehmen können, andererseits muss
der Verband als Inhaber der Kollektivmarke in der Lage sein, geeignete Maßnahmen gegen dem Verbandszweck oder der Markensatzung widersprechende Benutzungen vorzunehmen.[13] Dies ist jedoch nicht im Sinne einer Mitgliedschaft in einem Verein oder einer Gesellschafterstellung der einzelnen
Mitglieder zu verstehen. Zulässig sind auch solche Strukturen, die eine mitgliedschaftliche Struktur außerhalb der gesellschafts- oder körperschaftsrecht-
lichen Strukturform des Inhabers der Kollektivmarke gewährleisten. Entscheidend ist somit lediglich, dass die Markensatzung die Mitgliedschaft im
Verband – unabhängig von der gesellschafts- oder vereinsrechtlichen Stellung
der Benutzungsberechtigten gegenüber dem Verband – definiert und den
Mitgliedern ein Minimum an Gestaltungs- und Einflussmöglichkeiten hinsichtlich der Benutzung der Kollektivmarke einräumt.[14] Die gemeinsame
Protokollerklärung von Rat und Kommission Nr 17[15] bekräftigt, dass, sofern der Verband, der Inhaber der Gemeinschaftskollektivmarke ist, aus verschiedenen Mitgliedsverbänden besteht, die Marke nicht nur von diesen
Mitgliedsverbänden, sondern auch von deren Mitgliedern benutzt werden
kann. Zulässig sind somit auch mehrstufige Strukturen, bei denen der Inhaber der Gemeinschaftskollektivmarke ein Spitzenverband ist, dessen Mitglied
zB regionale Unterverbände sind, die wiederum individuelle Mitglieder haben.[16] In diesem Falle ist sinngemäß auf die Berechtigung zur Benutzung
durch die einzelnen Mitglieder des regionalen Verbands, der Mitglied des
Dach- oder Spitzenverbands ist, abzustellen.

Nach Art 66 (1) Satz 2 können auch juristische Personen des öffentlichen 16
Rechts Inhaber von Gemeinschaftskollektivmarken sein. Darunter fallen vor
allem Dachverbände, denen ihrerseits Körperschaften des öffentlichen
Rechts angehören, zB Gemeindeverbände. Im übrigen gilt aber auch hier das
Erfordernis einer mitgliedschaftlichen Struktur. Inhaber einer Gemeinschaftskollektivmarke können somit etwa die »consejos regulador« sein, staatliche Stellen in Spanien, die für die Überwachung von geographischen Herkunftsangaben zuständig sind und in denen die einzelnen Erzeuger vertreten
sind. Nicht zulässig ist eine Gemeinschaftskollektivmarke jedoch für juristi-

---

13 Siehe Ingerl/Rohnke, § 98 Rn 6.
14 So auch Ingerl/Rohnke, § 98 Rn 6.
15 ABl-HABM 1996, 612.
16 Siehe Ingerl/Rohnke, § 98 Rn 6; von Mühlendahl/Ohlgart, S 84.

sche Personen des öffentlichen Rechts ohne mitgliedschaftliche Struktur oder lediglich mit solchen Mitgliedern, die mit der Benutzung der Marke an sich nichts zu tun haben, zB einzelne Gemeinden oder Städte. Diese müssen den Weg über die Anmeldung einer Individualmarke wählen.

## 4 Kriterien für die Schutzfähigkeit

17 Für die Gemeinschaftskollektivmarke gelten zunächst einmal die normalen absoluten und formellen Erfordernissen unterliegt, was in Art 66 (3) noch einmal hervorgehoben wird. Zusätzlich gelten die absoluten und formellen besonderen Erfordernisse nach Art 66 (2), Art 67 und Art 68.

### 4.1 Alle Markenformen

18 Der Kollektivmarke sind alle Markenformen zugänglich, also zB Wortmarken, Bildmarken, aber auch dreidimensionale Marken, Farben und Hörmarken.[17]

### 4.2 Zulässigkeit geographischer Angaben

19 Gemäß Art 66 (2) gilt das Eintragungshindernis geographisch beschreibender Angaben nicht für Gemeinschaftskollektivmarken: Abweichend von Art 7 (1) (c) können Gemeinschaftskollektivmarken aus Zeichen oder Angaben bestehen, die im Verkehr zur Bezeichnung der geographischen Herkunft der Waren oder der Dienstleistungen dienen können.[18] Somit können auch geographische Angaben, einschließlich geographischer Herkunftsangaben, Gegenstand einer Gemeinschaftskollektivmarke sein (Beispiele: »Bayerisches Bier«, »Spreewälder Gurken«). »Geographische Angaben« im Sinne dieser Vorschrift sind alle Angaben über eine geographische Herkunft des Produkts,[19] auch wenn sie nicht wörtlich auf eine bestimmte geographische Region oder Stadt hinweisen, also auch alle nach EG-Recht geschützten geographischen Angaben, etwa Bezeichnungen wie »Cava«, »Vinho verde« und als Herkunftsangabe geschützte Flaschenformen; so ist zB die Bocksbeutelflasche nach Art 37 (2) (b) der VO Nr 2392/89 vom 24.7.1989[20] und Art 9 (1) der VO Nr 753/2002 vom 29.4.2002 über Durchführungsbestimmun-

---

17 Von Mühlendahl/Ohlgart, S 84; Ingerl/Rohnke, § 97 Rn 11.
18 Siehe Ingerl, S 121; von Mühlendahl/Ohlgart, S 85; Casado, S 362.
19 HABM-BK R 280/2006-1 vom 5.10.2006 (Nr 12, 15) *VINO NOBILE.*
20 ABl-EG C 232 vom 9.8.1989, S 1.

gen für die Bezeichnung und Aufmachung der Weine nicht nur als Aufmachung, sondern auch hinsichtlich ihrer Herkunftsfunktion geschützt.[21] Keine geografischen Angaben – und damit nicht nach Art 66 privilegiert – sind dagegen die sogenannten traditionellen Begriffe gemäß Art 23 der VO Nr 753/2002;[22] diese sind vielmehr beschreibende Angaben in Bezug auf Verfahren der Erzeugung, Bereitung und Reifung bzw auf Qualität, Farbe oder Art des Weins oder einen Ort oder ein historisches Ereignis im Zusammenhang mit der Geschichte eines Weins. Art 66 verstärkt somit den Schutz der geographischen Herkunftsangabe dadurch, dass diese zwar nicht als Individualmarke, wohl aber als Kollektivmarke schutzfähig ist, vorausgesetzt, dass dies mit der Funktion der geographischen Herkunftsangabe kompatibel ist, allen Ortsansässigen (oder bei einer qualifizierten geographischen Herkunftsangabe allen, die die entsprechende Produktqualität erfüllen) die Benutzung zu ermöglichen, Art 66 (2) Satz 2.[23] Dabei sind allerdings vier Einschränkungen zu beachten.

Erstens dispensiert Art 66 (2) nur von dem Eintragungshindernis bezüglich **20** geographischer Angaben in Art 7 (1) (c); auch als Gemeinschaftskollektivmarke können daher Gattungsbezeichnungen nicht eingetragen werden. Während es bei Angaben mit beschreibendem Ursprung bei Gemeinschaftsindividualmarken dahingestellt bleiben kann, ob es sich um eine geographische Herkunftsangabe oder um eine Gattungsbezeichnung handelt, ist diese Prüfung bei der Gemeinschaftskollektivmarke zwingend notwendig, denn eine Eintragung von Gattungsbezeichnungen wie zB »Pilsener« ist nicht möglich. Die Gewährung von Sonderschutz durch EG-VO als geographische Angabe entfaltet Bindungswirkung gegenüber dem Einwand, es liege eine Gattungsbezeichnung vor.

Zweitens muss, falls es sich um eine von Art 7 (1) (c) erfasste geographische **21** Angabe (nicht notwendig eine geographische Herkunftsangabe) handelt, die Markensatzung gemäß Art 67 (2) Satz 2 zwingend eine Öffnungsklausel enthalten: Die Markensatzung muss zwingend vorsehen, dass die Mitgliedschaft

---

21 Unzutreffend HABM-BK R 479/2004-1 vom 25.4.2006 (Nr 65) *Bocksbeutelflasche*; dass diese Flaschenform für Erzeugnisse aus verschiedenen Mitgliedstaaten geschützt ist, ändert nichts: es gibt auch andere homonyme Herkunftsangaben.
22 EuG T-341/09 vom 17.5.2011 (Nr 25-33) *Txakoli*.
23 Siehe Berg, GRUR 1996, 425; WIPO-Dokument SCT/9/4.

im Verband jeder Person, deren Waren oder Dienstleistungen aus dem betreffenden geographischen Gebiet stammen, offenstehen muss.[24]

22 Drittens muss bei geographischen Angaben, die nach der VO (EWG) Nr 2081/92 vom 14.7.1992 zum Schutz von geographischen Angaben und Ursprungsverzeichnungen für Agrarerzeugnisse und Lebensmittel[25] geschützt sind, die Markensatzung den Benutzungsbedingungen gemäß dieser Verordnung entsprechen. Insbesondere muss die Markensatzung vorsehen, dass die Benutzung nur im Rahmen der Produktspezifikation gemäß der Eintragung der geographischen Angabe nach dieser Verordnung zulässig ist.[26] Bei qualifizierten geographischen Herkunftsangaben nach der VO (EWG) Nr 510/2006 ist nicht allein erforderlich, dass die Ware aus dem betr Gebiet stammt, sondern es ist weiter erforderlich, dass die Ware der Spezifikation gemäß Art 4 der VO Nr 510/2006[27] entspricht.

23 Viertens werden die zur Benutzung der geographischen Bezeichnung oder Herkunftsangabe Berechtigten nicht nur durch die Möglichkeit, Mitglied im Verband zu werden, geschützt, sondern auch dadurch, dass sie die geographische Angabe, auch wenn diese als Gemeinschaftskollektivmarke geschützt ist, weiterhin frei verwenden dürfen: Nach Art 66 (2) Satz 2 gibt die Gemeinschaftskollektivmarke ihrem Inhaber nicht das Recht, die Benutzung der geographischen Angabe im redlichen Verkehr zu verbieten und insbesondere nicht das Recht, einem zur Benutzung der geographischen Angabe Berechtigten die Benutzung der Kollektivmarke zu verbieten. Auch hiermit wird der Gleichklang zum Schutz geographischer Herkunftsangaben hergestellt, so dass im Ergebnis die Gemeinschaftskollektivmarke, die aus einer geographischen Bezeichnung besteht, nicht zu einer »Individualisierung« des Schutzes der geographischen Bezeichnung führt.

### 4.3 Sonstige absolute Eintragungshindernisse

24 Wie auch Art 66 (3) betont, gelten jedoch alle übrigen absoluten Eintragungshindernisse auch für die Gemeinschaftskollektivmarke. Insbesondere darf die Angabe nicht andere Merkmale der Ware als deren geographische

---

24 HABM-BK R 280/2006-1 vom 5.10.2006 (Nr 17) *VINO NOBILE.*
25 ABl-HABM 1996, 338.
26 Siehe von Mühlendahl/Ohlgart, S 86.
27 VO Nr 510/2006 vom 20.3.2006, ABl-EG L 93 vom 31.3.2005, S 12; siehe dazu Ingerl/Rohnke, vor § 130, Rn 3.

Herkunft beschreiben.[28] Weiter muss Unterscheidungskraft gegeben sein, und es darf sich nicht um eine Gattungsbezeichnung handeln. Das Erfordernis der Unterscheidungskraft bedeutet zB, dass auch einzelne Buchstaben, Zahlen oder Farben nicht ohne weiteres als Gemeinschaftskollektivmarke eingetragen werden können. Jedoch kann die Unterscheidungskraft nicht mit der Begründung verneint werden, dass es sich um eine geographische Angabe handelt; auch kann die Unterscheidungskraft nicht mit der Begründung verneint werden, beschreibenden Angaben fehle stets die Unterscheidungskraft. Dieser Grundsatz gilt zwar generell,[29] doch macht Art 65 (3) hiervon gerade eine Ausnahme. Auch die umgekehrte Argumentation, dass nationale Regelungen, die für geographische Kollektivmarken auch vom Eintragungshindernis der mangelnden Unterscheidungskraft dispensieren, ein Argument für den Gleichlauf von Art 7 (1) (b) und (c) darstellen,[30] überzeugt nicht. Vielmehr wird man generell annehmen müssen, dass geographische Angaben durchaus unterscheiden und Produkte individualisieren, nur eben nicht nach ihrer betrieblichen Herkunft, sondern nach ihrer regionalen Herkunft oder von einem Kollektiv regionaler Hersteller. Auch kann, dem Wesen der Kollektivmarke entsprechend, die Unterscheidungskraft nicht mit der Begründung verneint werden, dass die Marke nicht als Hinweis auf die Herkunft aus einem bestimmten individuellen Geschäftsbetrieb verstanden würde.[31] Die Definition der GM nach Art 4 ist durch Art 66 (1) in der Weise modifiziert, dass die Gemeinschaftskollektivmarke dazu dienen kann, Waren und Dienstleistungen der Mitglieder des Verbands von denen anderer Unternehmen zu unterscheiden. Art 7 (1) (b) erfordert sowohl eine Kennzeichnungskraft als auch die Eignung zur Ausübung einer Herkunftsfunktion.[32] Daraus folgt eine Modifizierung der Eignung zur Ausübung einer Herkunftsfunktion: Diese ist bei der Gemeinschaftskollektivmarke nur insoweit nötig, als es um den Hinweis auf die Herkunft seitens des Verbandes geht, der Markeninhaber ist, nicht um die Herkunft aus einem bestimmten dem Verband angeschlossenen Einzelunternehmen. Dies betrifft jedoch nicht die Anforderungen an die Kennzeichnungskraft. Letztere ist eine quantitative

---

28  HABM-BK R 1568/2008-1 vom 30.4.2009 (Nr 14) *GG* (als Abkürzung für »Großes Gewächs«).

29  EuGH C-265/00 vom 12.4.2004, ABl-HABM 2004, 582 (Nr 19) *Biomild*.

30  So Kucsko/Newerkla, Marken.schutz, S 148, zu § 62 (1) AT-MarkenG.

31  Ungenau deshalb von Mühlendahl/Ohlgart, S 86.

32  HABM-BK R 73/1999-3 vom 21.9.1999, GRUR Int 2000, 360 (Nr 20 f.) *Tabs (rund, rot-weiß)*.

Komponente. Insoweit gilt, dass bei einer Gemeinschaftskollektivmarke keine geringeren Anforderungen an die Kennzeichnungskraft anzulegen sind.[33]

Es bietet sich also folgende Prüfungsfolge an:

– Liegt keine geographische Angabe vor, so muss geprüft werden, ob die Angabe andere Merkmale der Waren beschreibt. Ist dies der Fall, so ist die Anmeldung zurückzuweisen.

– Liegt weder eine geographische Angabe noch eine sonstwie beschreibende Angabe vor, so ist Art 7 (1) (b) zu prüfen mit der Maßgabe, dass die Anmeldung denselben quantitativen Anforderungen an die Unterscheidungskraft genügen muss wie jede andere Marke auch, sie muss aber nicht geeignet sein, auf ein bestimmtes Unternehmen hinzuweisen.

– Liegt eine geographische Angabe vor (direkte geographische Angabe oder nach EG-Recht geschützte Herkunftsangabe), so kann die Unterscheidungskraft nicht mit der Argumentation verneint werden, das Zeichen unterscheide nur nach der geographischen, nicht der betrieblichen Herkunft.

– Liegt eine nach EG-Recht geschützte geographische Angabe vor, so kann die Unterscheidungskraft nicht verneint werden, weil durch die Eintragung als Herkunftsangabe die Unterscheidungseignung bereits anerkannt worden ist.[34]

– Soweit eine geographische Angabe danach privilegiert ist, gilt dies nur für Waren, für die sie eingetragen ist.[35]

### 4.4 Verkehrsdurchsetzung

25  Art 7 (3) ermöglicht, ein Eintragungshindernis gemäß Art 7 (1) (b), (c) oder (d) durch Verkehrsdurchsetzung zu überwinden. Bei der Gemeinschaftsindividualmarke stellt sich insoweit die Ausgangslage einfach dar: Die Marke muss sich als Individualzeichen ihres Inhabers im Verkehr durchgesetzt haben. Bei der Gemeinschaftskollektivmarke wird dagegen für die Verkehrsdurchsetzung verlangt werden müssen, dass im Verkehr die Vorstellung besteht, dass es sich um ein Kollektivzeichen eines bestimmten Verbandes

---

33  HABM-BK R 561/2005-4 vom 3.4.2006 (Nr 15 ff.) *Getränkekasten.*

34  Unzutreffend HABM-BK R 479/2004-1 vom 25.4.2006 (Nr 70) *Bocksbeutelflasche*, unter Verkennung der Bindungswirkung des EG-rechtlichen Schutzes.

35  Zutreffend daher HABM-BK R 479/2004-1 vom 25.4.2006 (Nr 64) *Bocksbeutelflasche*, soweit andere Waren als »Wein« betroffen waren.

handelt, ohne dass Kenntnis über die Mitglieder des Verbandes verlangt werden muss. Auch in Betracht kommt, es ausreichen zu lassen, wenn die Kollektivmarke zu Gunsten eines einzelnen Mitglieds des Verbandes im Verkehr durchgesetzt ist.[36]

### 4.5 Zusätzliche Schutzvoraussetzungen

Die Gemeinschaftskollektivmarke ist jedoch nicht nur nach Art 66 (2) privilegiert, sondern unterliegt auch zusätzlichen Schutzvoraussetzungen. **26**

In formeller Hinsicht besteht das Erfordernis, eine Markensatzung vorzulegen. Art 67 (2) bestimmt den notwendigen Mindestinhalt der Satzung. Außerdem darf die Satzung nicht gegen die guten Sitten verstoßen, Art 68(1). **27**

Außerdem sieht Art 68 (2) einen weiteren absoluten Zurückweisungsgrund vor: Die Gemeinschaftskollektivmarke darf das Publikum über den Charakter oder die Bedeutung der Marke nicht irreführen und insbesondere nicht den Eindruck erwecken, als sei sie etwas anderes als eine Kollektivmarke. Dies wird in der gemeinsamen Protokollerklärung von Rat und Kommission Nr 18[37] näher dahin präzisiert, dass eine Kollektivmarke, die nur von den Mitgliedern des Verbands, der Inhaber der Marke ist, benutzt werden darf, irreführend ist, wenn sie den Eindruck erweckt, dass sie von jeder Person benutzt werden darf, die bestimmte objektive Kriterien erfüllt. Dies betrifft zum einen den Fall, dass eine Gemeinschaftskollektivmarke den Eindruck erweckt, sie sei eine Individualmarke. Dies betrifft zum anderen auch den Fall, dass eine Kollektivmarke den Eindruck erweckt, es handle sich um ein Gütezeichen, obwohl dies gemäß der Satzung tatsächlich nicht der Fall ist. **28**

### 5 Zusätzliche Verfalls- und Nichtigkeitsgründe

Neben den Zurückweisungsgründen des Art 67 und des Art 68 enthält die GMV in Art 73 und Art 74 besondere Verfalls- und Nichtigkeitsgründe für Kollektivmarken. Diese können teilweise durch eine Änderung der Satzung ausgeräumt werden. Die Änderung der Markensatzung ist nach Art 71 auch nach Eintragung der GM nicht nur möglich, sondern sogar erforderlich. **29**

---

36 Zu diesem Problem siehe auch Ingerl/Rohnke, § 97 Rn 17.
37 ABl-HABM 1996, 612.

## 6 Änderungen der Kategorie

30  Die Gemeinschaftskollektivmarke steht als eigenständige Markenform neben
der Individualmarke. Ein Anmelder, der die Anforderungen an einen Verband gemäß Art 66 (1) erfüllt, hat die Wahl, die Marke als Gemeinschaftskollektivmarke anzumelden; gezwungen ist er dazu nicht, er kann auch die
Anmeldung als Individualmarke wählen. Erfüllt die Anmeldung einer Gemeinschaftskollektivmarke die Voraussetzungen der Art 66 ff, so ergeben sich
regelmäßig keine Probleme. Schwierigkeiten können jedoch dann auftreten,
wenn von der einen auf die andere Markenform übergegangen wird und insbesondere dann, wenn die Marke auch national in Rechtsordnungen geschützt worden ist oder werden soll, die keinen Schutz für Kollektivmarken
entsprechend den Grundsätzen der GMV kennen, also entweder keine Kollektivmarken kennen oder sogenannte »certification marks«.

### 6.1 Priorität, Seniorität

31  Beansprucht die Anmeldung einer Gemeinschaftskollektivmarke die Priorität
(Art 29) oder den Zeitrang (Art 34) einer älteren nationalen Markenanmeldung oder eingetragenen Marke, bei der es sich nicht um eine Kollektivmarke im Sinne der Definition der GMV handelt, so ist dies unschädlich, und
es ist die Beanspruchung der Priorität oder des Zeitrangs gleichwohl wirksam. Neben den Voraussetzungen der Identität des Markeninhabers, der
Marke und des VerzWDL besteht kein zusätzliches Erfordernis der Identität
der Markenkategorie. Die Anmeldung einer US-Certification Mark kann somit für die Nachanmeldung als GMA in der Form einer Gemeinschaftsindividualmarke wirksam die Priorität beanspruchen, sofern insbesondere der Inhaber derselbe ist.

### 6.2 Änderungen während des Verfahrens

32  Wie sich aus dem Wortlaut von Art 66 (1) Satz 1 ergibt, muss die Wahl der
Markenkategorie Kollektivmarke in der Anmeldung erfolgen. Hieraus wie
auch aus Art 43 folgt, dass der Anmelder nicht die Möglichkeit hat, während
des Prüfungsverfahrens frei die Markenkategorie (von Individualmarke zur
Kollektivmarke oder umgekehrt) zu wechseln. Gegen die Zulässigkeit eines
solchen Wechsels spricht auch die Notwendigkeit, die Markensatzung innerhalb einer bestimmten Frist ab Anmeldung (R 43 (1)) vorzulegen, und die
Tatsache, dass die Prüfung der GMA im Falle einer Kollektivmarke zusätzlichen und anderen Kriterien Rechung tragen muss. Ein Übergang von der

Gemeinschaftskollektivmarke zur Individualmarke ist jedoch im Falle einer Beanstandung durch den Prüfer möglich, etwa wenn der Anmelder nicht die Erfordernisse an eine Verbandsstruktur gemäß Art 66 (1) erfüllt oder nicht in der Lage ist, eine ordnungsgemäße Markensatzung vorzulegen. Auf diese Weise kann eine kostenträchtige Neuanmeldung vermieden werden.

Umgekehrt ist jedoch der Übergang von einer Individualmarke zu einer Gemeinschaftskollektivmarke während des Verfahrens nicht mehr möglich. **33**

### 6.3 Umwandlung

Art 112–114 sehen die Umwandlung einer fehlgeschlagenen GMA oder **34** GM in nationale Markenanmeldungen der Mitgliedstaaten vor. Betrifft die Umwandlung eine Gemeinschaftskollektivmarke, so stellt sich die Frage, wie das nationale Amt den Umwandlungsantrag behandeln muss, wenn das nationale Recht des betr Mitgliedstaates keine Kollektivmarken kennt. In diesem Fall dürfte grundsätzlich davon ausgegangen werden, dass die umgewandelte GMA oder GM zu einer nationalen Anmeldung für eine Individualmarke wird, wobei sich das Verfahren in den Grenzen des Art 114 nach nationalem Recht richtet. Kennt jedoch das nationale Recht Kollektivmarken entsprechend den Grundsätzen der GMV, wie dies zB gemäß § 97 DE-MarkenG der Fall ist, so ist davon auszugehen, dass die umgewandelte nationale Markenanmeldung automatisch zur Anmeldung einer nationalen Kollektivmarke wird, ohne dass dem Anmelder insoweit ein Wahlrecht zugestanden werden kann.

### Artikel 67 (ex Artikel 65) Markensatzung

(1) Der Anmelder einer Gemeinschaftskollektivmarke muß innerhalb der vorgeschriebenen Frist eine Satzung vorlegen.

(2) In der Satzung sind die zur Benutzung der Marke befugten Personen, die Voraussetzungen für die Mitgliedschaft im Verband und gegebenenfalls die Bedingungen für die Benutzung der Marke, einschließlich Sanktionen, anzugeben. Die Satzung einer Marke nach Artikel 66 Absatz 2 muß es jeder Person, deren Waren oder Dienstleistungen aus dem betreffenden geographischen Gebiet stammen, gestatten, Mitglied des Verbandes zu werden, der Inhaber der Marke ist.

*Schennen*

## 1 Allgemeines

1 Diese Bestimmung verpflichtet den Anmelder einer Gemeinschaftskollektivmarke, eine Satzung vorzulegen. Die Vorschrift wird ergänzt durch R 43, die
den notwendigen Inhalt der Satzung und die Frist zu deren Vorlage regelt.
Es handelt sich um ein besonderes Formerfordernis für Kollektivmarken; das
Verfahren zur Prüfung der Satzung und die Sanktionen sind in Art 68 geregelt.

## 2 Inhalt der Satzung

2 Art 67 (2) regelt den notwendigen Inhalt der Satzung. R 43 (2) listet die erforderlichen Angaben im einzelnen auf. Wichtig ist, dass nach Art 67 (2)
Satz 2, R 43 (2) (g) für den Fall, dass die Kollektivmarke aus Zeichen oder
Angaben zur Bezeichnung der geographischen Herkunft der Waren besteht,
die Satzung zwingend vorsehen muss, dass jede Person, deren Waren aus
dem betreffenden geographischen Gebiet stammen, Mitglied des Verbandes
werden kann (Öffnungsklausel). Nach dem Wortlaut der Bestimmung trifft
dies jedoch nur den Fall, dass die Kollektivmarke ausschließlich aus nicht
eintragbaren geographischen Angaben besteht. Enthält die Kollektivmarke
neben der geographischen Angabe weitere Bestandteile, die für sich selbst beschreibend, wenngleich auch nicht in geographischer Hinsicht, oder selbstständig unterscheidungskräftig sein können, so ist nach dem Wortlaut von
Art 67 (2) Satz 2 eine Öffnungsklausel nicht erforderlich. Dies ist dann gerechtfertigt, wenn die Kollektivmarke selbstständig unterscheidungskräftige
Bestandteile enthält, weil sie in diesem Falle als Kollektivmarke zu Gunsten
einer Gruppe von Erzeugern aus dem betreffenden geographischen Gebiet
dienen kann, während die anderen Erzeuger – wie bei einer Individualmarke
– nicht zur Benutzung des selbstständig unterscheidungskräftigen Zeichens
berechtigt sein sollen. Jedoch ist auch für den Fall, dass die Kollektivmarke
neben den beschreibenden geographischen Angaben lediglich noch aus weiteren beschreibenden Angaben oder nicht unterscheidungskräftigen Bestandteilen besteht, ein Bedürfnis für eine Öffnungsklausel, dh ein Benutzungsrecht für sämtliche Erzeuger aus der Region, anzuerkennen, beispielsweise

wenn der geographischen Angabe »Bayerisches Bier« die Sachangabe »gebraut nach dem Reinheitsgebot« hinzugefügt wird.

## 3 Frist

Art 67 (1) bestimmt, dass die Satzung innerhalb einer bestimmten Frist vorgelegt werden muss; R 43 (1) präzisiert dies dahin, dass diese Frist zwei Monate ab dem Anmeldetag beträgt. 3

## Artikel 68 (ex Artikel 66) Zurückweisung der Anmeldung

(1) Über die in den Artikeln 36 und 37 genannten Gründe für die Zurückweisung der Anmeldung der Gemeinschaftsmarke hinaus wird die Anmeldung für eine Gemeinschaftskollektivmarke zurückgewiesen, wenn den Vorschriften der Artikel 66 oder 67 nicht Genüge getan ist oder die Satzung gegen die öffentliche Ordnung oder die guten Sitten verstößt.

(2) Die Anmeldung einer Gemeinschaftskollektivmarke wird außerdem zurückgewiesen, wenn die Gefahr besteht, dass das Publikum über den Charakter oder die Bedeutung der Marke irregeführt wird, insbesondere wenn diese Marke den Eindruck erwecken kann, als wäre sie etwas anderes als eine Kollektivmarke.

(3) Die Anmeldung wird nicht zurückgewiesen, wenn der Anmelder aufgrund einer Änderung der Markensatzung die Erfordernisse der Absätze 1 und 2 erfüllt.

*Schennen*

## 1 Allgemeines

Diese Bestimmung enthält in Art 68 (2) einen besonderen absoluten Zurückweisungsgrund für Anmeldungen von Gemeinschaftskollektivmarken, und zwar der Täuschungsgefahr über die Art oder Bedeutung der Marke (siehe unter Art 66 Rdn 26–28). Art 68 (1) und (3) regeln das Verfahren der 1

Prüfung der besonderen formellen und sachlichen Voraussetzungen für Gemeinschaftskollektivmarken.

## 2 Prüfungsverfahren

2 Die Prüfung der formellen und materiellen besonderen Erfordernisse für Kollektivmarken erfolgt im Rahmen des Prüfungsverfahrens zusammen mit der Prüfung der entsprechenden allgemeinen formellen und materiellen Voraussetzungen. Art 66 (3) und Art 68 (1) enthalten die entsprechenden Verweisungen. Dazu zählen Art 36 und Art 37.

3 Geprüft werden ferner die Voraussetzungen der Art 66 und 67, insbesondere also die Verbandsstruktur des Anmelders und die Erfüllung der Anforderungen an die Satzung, auch in inhaltlicher Hinsicht. Bei Mängeln wird dem Anmelder eine Frist zu deren Behebung gesetzt. Der Anmelder kann die Mängel dadurch beseitigen und der Zurückweisung der GMA dadurch entgehen, dass er eine entsprechend geänderte Satzung einreicht, Art 68 (3). Möglich sind somit insbesondere auch inhaltliche Änderungen der Satzung, zB durch nachträgliche Einfügung einer Öffnungsklausel oder Bestimmungen über eine mitgliedschaftliche Struktur. Diese Satzungsänderung kann durchaus erst nach dem Anmeldetag wirksam werden; es ist somit nicht Voraussetzung, dass bereits zum Anmeldetag eine den Erfordernissen des Art 67 entsprechende Satzung vorlag.

## Artikel 69 (ex Artikel 67) Bemerkungen Dritter

**Außer in den Fällen des Artikels 40 können die in Artikel 40 genannten Personen und Verbände beim Amt auch schriftliche Bemerkungen mit der Begründung einreichen, dass die Anmeldung der Gemeinschaftskollektivmarke gemäß Artikel 68 zurückzuweisen ist.**

*Schennen*

## Allgemeines

1 Art 69 erstreckt die Möglichkeit, Bemerkungen Dritter gemäß Art 40 einzureichen, auf die Erfüllung der besonderen Voraussetzungen für Kollektivmarken gemäß Art 68 und, da Art 68 auf Art 66 und 67 verweist, auch auf die Erfüllung der Voraussetzungen der Art 67 und 68.

Die Bemerkungen Dritter können sich somit zum einen auf das besondere 2
Eintragungshindernis der Täuschungsgefahr gemäß Art 68 (2) beziehen. Sie
können sich zum anderen aber auch auf den Inhalt der Markensatzung beziehen. Beispielsweise könnten sie sich auf das Vorhandensein einer Öffnungsklausel, auf Benutzungsbedingungen, die nicht im Einklang mit der Spezifikation einer geschützten geographischen Angabe stehen, und auf das
Vorhandensein einer mitgliedschaftlichen Struktur beziehen. Die entsprechenden Informationen kann sich der Dritte ab dem Zeitpunkt der Veröffentlichung der GMA gemäß Art 39 durch Akteneinsicht (Art 88 (3)) verschaffen, da die Satzung selbst nicht im Register einsehbar ist (siehe R 84 (2)
(m)).

## Artikel 70 (ex Artikel 68)  Benutzung der Marke

**Die Benutzung der Gemeinschaftskollektivmarke durch eine hierzu befug-
te Person genügt den Vorschriften dieser Verordnung, sofern die übrigen
Bedingungen, denen die Benutzung der Gemeinschaftsmarke aufgrund
dieser Verordnung zu entsprechen hat, erfüllt sind.**

*Schennen*

**Literatur:**
*Lottermoser*, Der Benutzungszwang für Kollektivmarken, MarkenR 2010, 281.

## Allgemeines

Art 70 betrifft allein die Benutzung der Gemeinschaftskollektivmarke für die 1
Zwecke der Erfüllung der Anforderungen des Benutzungszwangs gemäß
Art 15. Dazu bestimmt die Vorschrift, dass die Benutzung durch eine einzige
hierzu befugte Person genügt. Dies bedeutet, dass dem Benutzungszwang
auch dann Genüge getan ist, wenn nur eines der Mitglieder des Verbandes
die Kollektivmarke benutzt; eine Benutzung durch mehrere oder gar alle
Verbandsmitglieder kann nicht gefordert werden.[1] Ausreichend ist ferner
auch die Benutzung lediglich durch den Inhaber der Kollektivmarke selbst,
beispielsweise durch Werbung für die Verbandsmarke.[2] Eine Benutzung der

---

1 Ingerl/Rohnke, § 100 Rn 7.
2 Siehe von Mühlendahl/Ohlgart, S 88.

Marke im Sinne einer Anbringung der Marke auf der Ware selbst kann ohnehin nicht verlangt werden. Jedoch müssen die Voraussetzungen des Benutzungszwangs im übrigen erfüllt sein, dh es müssen die Waren und Dienstleistungen tatsächlich veräußert oder erbracht worden sein, und die Benutzung muss nach Art und Umfang »ernsthaft« iSd Art 15 (1) sein.

## Artikel 71 (ex Artikel 69)  Änderung der Markensatzung

**(1) Der Inhaber der Gemeinschaftskollektivmarke hat dem Amt jede Änderung der Satzung zu unterbreiten.**

**(2) Auf die Änderung wird im Register nicht hingewiesen, wenn die geänderte Satzung den Vorschriften des Artikels 67 nicht entspricht oder einen Grund für eine Zurückweisung nach Artikel 68 bildet.**

**(3) Artikel 69 gilt für geänderte Satzungen.**

**(4) Zum Zwecke der Anwendung dieser Verordnung wird die Satzungsänderung erst ab dem Zeitpunkt wirksam, zu dem der Hinweis auf die Änderung ins Register eingetragen worden ist.**

*Schennen*

### 1 Allgemeines

1  Die Vorschrift verpflichtet den Anmelder und Inhaber einer Gemeinschaftskollektivmarke, unaufgefordert[1] jede Änderung der Markensatzung dem HABM mitzuteilen.

### 2 Situation bis zur Eintragung

2  Bis zur Eintragung, während des laufenden Prüfungsverfahrens oder ggf während des Widerspruchsverfahrens, besteht ebenfalls bereits die Verpflich-

---

1  Siehe Ströbele/Kober-Dehm, MarkenG, § 104 Rn 1.

tung, dem Amt jede Änderung der Satzung zu unterbreiten (Art 71 (1)). Das HABM hat zu prüfen, ob die geänderte Satzung nach wie vor den Voraussetzungen des Art 67 entspricht. Ist dies nicht der Fall, so ist die Anmeldung zurückzuweisen, wobei der Anmelder der Zurückweisung durch erneute Satzungsänderung gemäß Art 68 (3) entgehen kann. Die Vorschrift des Art 71 (2) hat in diesem Verfahrensstadium keine Bedeutung.

Bis zur Eintragung können ferner Bemerkungen Dritter gemäß Art 40 auch  3
gegen die geänderte Satzung gerichtet werden, Art 71 (3), Art 69.

### 3 Situation nach der Eintragung

Auch nach der Eintragung hat der Inhaber der GM fortlaufend jede Ände-  4
rung der Markensatzung unaufgefordert zu unterbreiten. Die geänderte Satzung ist vom HABM gemäß Art 71 (2) von Amts wegen zu prüfen; die geänderte Satzung muss den Anforderungen des Art 67 und Art 68 entsprechen. Zuständig für diese Prüfung ist die Marken- und Musterverwaltungs- und Rechtsabteilung gemäß der Auffangvorschrift des Art 133.

Entspricht die geänderte Satzung weiterhin diesen Anforderungen, so wird  5
im Register für Gemeinschaftsmarken ein Hinweis auf die geänderte Satzung veröffentlicht, R 84 (3) (e).

Ist dies nicht der Fall, so lehnt das HABM die Eintragung des Hinweises auf  6
die geänderte Satzung im Register ab, Art 71 (2). In diesem Fall wird die Satzungsänderung für die Zwecke der Anwendung der GMV nicht wirksam, Art 71 (4). Zwar bleibt im Verhältnis der Mitglieder des Verbandes untereinander die geänderte Satzung, die ja von den Mitgliedern beschlossen worden sein muss, wirksam. Jedoch ist für die Anwendung der Art 66–74 in diesem Falle weiterhin von der alten Satzung auszugehen.[2]

Trägt das HABM einen Hinweis auf die geänderte Satzung zu Unrecht ein,  7
wenn also die Satzung den Erfordernissen des Art 67 und des Art 68 nicht entspricht, so setzt dies den Inhaber der GM einem Antrag auf Erklärung des Verfalls gemäß Art 73 (c) aus, sofern nicht eine erneute Änderung der Satzung erfolgt.

---

2  Siehe auch von Mühlendahl/Ohlgart, S 88.

## Artikel 72 (ex Artikel 70)  Erhebung der Verletzungsklage

(1) Die Vorschriften des Artikels 22 Absätze 3 und 4 über die Rechte der Lizenznehmer gelten für jede zur Benutzung einer Gemeinschaftskollektivmarke befugte Person.

(2) Der Inhaber der Gemeinschaftskollektivmarke kann im Namen der zur Benutzung der Marke befugten Personen Ersatz des Schadens verlangen, der diesen Personen aus der unberechtigten Benutzung der Marke entstanden ist.

*Schennen*

### Allgemeines

1  Diese Vorschrift regelt die Stellung des Inhabers der Kollektivmarke im Verhältnis zu den Verbandsmitgliedern, was die Geltendmachung der Rechte aus der Kollektivmarke gegenüber Dritten betrifft, teils durch Verweisung auf Art 22 (Lizenz), teils abweichend von Art 22.

2  Grundsätzlich ist der Inhaber der Kollektivmarke zur Geltendmachung der Rechte aus der Marke befugt (siehe auch Art 9); Art 72 (2) bestimmt ergänzend, dass der Inhaber mit der Verletzungsklage nicht nur den Ersatz des eigenen Schadens, sondern auch des Schadens der Verbandsmitglieder geltend machen kann.[1]

3  Außerdem kann jeder Benutzungsberechtigte selbst Verletzungsklage erheben, jedoch nur mit Zustimmung des Markeninhabers;[2] die Möglichkeit, die Verletzungsklage auch ohne Zustimmung des Markeninhabers zu erheben, wenn der Markeninhaber zuvor erfolglos dazu aufgefordert worden ist, die Art 22 (3) Satz 2 dem Inhaber einer ausschließlichen Lizenz einräumt, besteht nicht. Mit der Verletzungsklage gemäß Art 72 (1), Art 22 (3) Satz 1 kann der Benutzungsberechtigte nur seinen eigenen Schaden geltend machen.

4  Schließlich kann jeder Benutzungsberechtigte auch einer Verletzungsklage des Inhabers der Kollektivmarke beitreten, um den Ersatz seines eigenen Schadens geltend zu machen, Art 72 (1) mit Verweisung auf Art 22 (4).

---

1  Siehe von Mühlendahl/Ohlgart, S 89.

2  Von Mühlendahl/Ohlgart, S 89.

## Artikel 73 (ex Artikel 71) Verfallsgründe

Außer aus den in Artikel 51 genannten Verfallsgründen wird die Gemeinschaftskollektivmarke auf Antrag beim Amt oder auf Widerklage im Verletzungsverfahren für verfallen erklärt, wenn

a) ihr Inhaber keine angemessenen Maßnahmen ergreift, um eine Benutzung der Marke zu verhindern, die nicht im Einklang stünde mit den Benutzungsbedingungen, wie sie in der Satzung vorgesehen sind, auf deren Änderung gegebenenfalls im Register hingewiesen worden ist;

b) die Art der Benutzung der Marke durch ihren Inhaber bewirkt hat, dass die Gefahr besteht, dass das Publikum im Sinne von Artikel 68 Absatz 2 irregeführt wird;

c) entgegen den Vorschriften von Artikel 71 Absatz 2 im Register auf eine Änderung der Satzung hingewiesen worden ist, es sei denn, dass der Markeninhaber aufgrund einer erneuten Satzungsänderung den Erfordernissen des Artikels 71 Absatz 2 genügt.

*Schennen*

### 1 Allgemeines

Die Vorschrift stellt für Gemeinschaftskollektivmarken drei zusätzliche Verfallsgründe über Art 51 hinaus auf. **1**

### 2 Missbräuchliche Benutzung

Nach Art 73 (a) ist die Gemeinschaftskollektivmarke verfallsreif, wenn ihr **2** Inhaber keine angemessenen Maßnahmen ergreift, um eine Benutzung der Marke zu verhindern, die den satzungsgemäßen Benutzungsbedingungen widerspricht. Die deutsche Fassung dieser Bestimmung ist ungenau formuliert; siehe auch den Wortlaut von § 105 (1) Nr 2 DE-MarkenG.

Dieser Verfallsgrund greift zum einen ein, wenn die Verbandsmitglieder die **3** Kollektivmarke satzungswidrig benutzen. Er greift auch dann ein, wenn Benutzungsberechtigte, die nicht Verbandsmitglieder sind, die Marke satzungswidrig benutzen, ohne dass der Markeninhaber hiergegen geeignete Maßnahmen unternommen hat.

4 Schließlich greift der Verfallsgrund auch dann ein, wenn Personen, die nicht zur Benutzung der Gemeinschaftskollektivmarke berechtigt sind, diese benutzen, etwa wenn Gütezeichen durch nicht Berechtigte in irreführender Weise verwendet werden.[1] Eine generelle Sanktion des Verfalls im Falle unberechtigter Verwendung durch Dritte wäre jedoch problematisch und widerspräche den Zweck des Markenschutzes. Es ist daher, was den Eintritt der Verfallsreife bei Benutzung durch Dritte betrifft, zumindest zu fordern, dass dem Inhaber der Kollektivmarke das Vorgehen gegen den Verletzer zumutbar war und dass die rechtsverletzende Benutzung durch den Dritten geeignet ist, die Unterscheidungskraft der Kollektivmarke als Hinweis auf den Verband zu schwächen.

### 3 Besondere Täuschungsgefahr

5 Gemäß Art 73 (b) liegt ein Verfallsgrund ferner vor, wenn nach der Eintragung der Kollektivmarke diese durch ihren Inhaber in einer Weise benutzt wird, die für das Publikum die Gefahr einer Irreführung über den Charakter oder die Bedeutung der Marke, insbesondere hinsichtlich ihrer Eigenschaft als Kollektivmarke (Art 68 (2)), bewirkt. Über den Wortlaut der Bestimmung, die nur auf die Benutzung durch den Inhaber abstellt, greift dieser Verfallsgrund auch dann ein, wenn die irreführende Benutzung durch einen benutzungsberechtigten Verbandsangehörigen erfolgt ist.[2]

### 4 Änderungen der Satzung

6 Nach Art 73 (c) besteht ferner Verfallsreife dann, wenn das HABM im Register auf eine geänderte Satzung hingewiesen hat, die nicht den Voraussetzungen des Art 67 und Art 68 entspricht (Art 71 (2)).

## Artikel 74 (ex Artikel 72)  Nichtigkeitsgründe

**Außer aus den in den Artikeln 52 und 53 genannten Nichtigkeitsgründen wird die Gemeinschaftskollektivmarke auf Antrag beim Amt oder auf Wi-**

---

1 Siehe Ingerl/Rohnke, § 97 Rn 9.
2 Von Mühlendahl/Ohlgart, S 90.

derklage im Verletzungsverfahren für nichtig erklärt, wenn sie entgegen den Vorschriften des Artikels 68 eingetragen worden ist, es sei denn, dass der Markeninhaber aufgrund einer Satzungsänderung den Erfordernissen des Artikels 68 genügt.

*Schennen*

## 1 Allgemeines

Die Vorschrift fügt den Nichtigkeitsgründen gemäß Art 52, 53 einen wei-  1
teren Nichtigkeitsgrund hinzu. Die Gemeinschaftskollektivmarke wird auch dann für nichtig erklärt, wenn sie entgegen den Vorschriften des Art 68 eingetragen worden ist. Dies betrifft den Fall, dass zum Zeitpunkt der Eintragung eine nicht vorschriftgemäße Satzung vorlag (Art 68 (1)), sowie den Fall, dass die GM über ihre Art und Bedeutung irreführt (Art 68 (2)). In beiden Fällen ist im Rahmen des Nichtigkeitsverfahrens auf die Situation zum Zeitpunkt der Eintragung abzustellen, wie sich aus dem Wortlaut der Vorschrift (»eingetragen worden ist«) ergibt. Was die Irreführungsgefahr gemäß Art 68 (2) betrifft, so liegt somit ein Nichtigkeitsgrund vor, wenn zum Zeitpunkt der Eintragung die GM objektiv im Sinne des Art 68 (2) irreführend war, während ein Verfallsgrund vorliegt, wenn sie erst später in Folge der Benutzung durch ihren Inhaber in diesem Sinne irreführend wird (entsprechend der allgemeinen Systematik der GMV bei der Behandlung der Täuschungsgefahr als Verfalls- oder Nichtigkeitsgrund gemäß Art 52 (1) (a) iVm Art 7 (1) (g) einerseits und Art 51 (1) (c) andererseits).

## 2 Möglichkeit der Heilung

Ebenso wie im Rahmen von Art 73 kann auch im Rahmen von Art 74 der  2
Inhaber der Gemeinschaftskollektivmarke der Sanktion der Löschung durch die Vorlage einer geänderten Satzung entgehen. Im Nichtigkeitsverfahren vor dem Amt hat die Nichtigkeitsabteilung zu prüfen, ob die Satzungsänderung geeignet ist, den Nichtigkeitsgrund gemäß Art 74 auszuräumen. Ist im Rahmen eines Verletzungsverfahrens vor einem Gemeinschaftsmarkengericht Widerklage auf Erklärung des Verfalls gemäß Art 96 (a), Art 100 (1) erhoben

worden, so muss das Gemeinschaftsmarkengericht, falls der Inhaber eine geänderte Satzung vorlegt, das Verfahren bis zur Entscheidung des HABM über die Eintragung des Hinweises auf die Satzungsänderung gemäß Art 71 aussetzen.[1]

---

1 Von Mühlendahl/Ohlgart, S 90.

# Titel IX  Verfahrensvorschriften

## 1. Abschnitt  Allgemeine Vorschriften

### Artikel 75 (ex Artikel 73)  Begründung der Entscheidungen

Die Entscheidungen des Amtes sind mit Gründen zu versehen. Sie dürfen nur auf Gründe gestützt werden, zu denen die Beteiligten sich äußern konnten.

*Schennen*

Literatur:
*Jüngst/Schorck*, Der Anspruch auf rechtliches Gehör im Gemeinschaftsmarkenrecht, Mitt. 2006, 109; *Würtenberger*, Rechtliches Gehör, Begründungszwang und Präklusion im gemeinschaftsrechtlichen Markeneintragungsverfahren, MarkenR 2003, 215.

## 1 Allgemeines

1 Art 75 bestimmt, dass die Entscheidungen des Amtes mit Gründen zu versehen sind und nur auf Gründe gestützt werden dürfen, zu denen die Beteiligten sich äußern konnten. Damit werden zwei tragende allgemeine Grundsätze rechtsstaatlichen Verfahrensrechts verwirklicht, nämlich
  – das Verbot der Überraschungsentscheidung und
  – das Recht auf rechtliches Gehör.

Für die äußere Form der Entscheidungen enthalten R 52, 53 und 55 nähere Bestimmungen.

## 2 Begründungspflicht

2 Art 75 Satz 1 bestimmt, dass die Entscheidungen des Amtes zu begründen sind.

### 2.1 Inhalt

3 Die Begründungspflicht besteht für Entscheidungen nach der GMV der in Art 130 genannten Organe, somit sowohl für die erstinstanzlichen Entscheidungen der Prüfer und Widerspruchs- und Nichtigkeitsabteilungen[1] als auch die der Beschwerdekammern. Der Verstoß gegen die Begründungspflicht durch die HABM-BK stellt nicht nur eine Verletzung wesentlicher Formvorschriften, sondern zugleich den Klagegrund der Verletzung der GMV iSd Art 65 (2) dar. Dem Sinn und Zweck der Regelung, eine Überprüfung durch die nächste Instanz zu ermöglichen, entspricht es, dass die Begründungspflicht auch für Zwischenentscheidungen gilt, die gemäß Art 58 (2) nicht gesondert anfechtbar sind.[2]

4 Nach ständiger Rspr des EuGH[3] und des EuG[4] dient die Begründungspflicht dem doppelten Ziel, die Beteiligten über die Gründe für die erlassene

---

1 HABM-BK R 080/1998-3 vom 5.11.1998 *PANCALDI*; López de Rego, Comentarios, S 724 f.
2 Ströbele/Kirschneck, MarkenG, § 61 Rn 6; Benkard/Schäfers, PatG, § 47 Rn 7; Fitzner/Wickenhöfer, PatG, § 47 Rn 17.
3 EuGH C-447/02 vom 21.10.2004, GRUR Int 2005, 227 (Nr 65) *KWS/Orange*; EuGH C-020/08, Beschluss vom 9.12.2008, MarkenR 2009, 108 (Nr 31) *Windenergiekonverter*.
4 EuG T-124/02 vom 28.4.2004, ABl-HABM 2005, 696 (Nr 73) *Vitataste*; EuG T-016/02 vom 3.12.2003, GRUR Int 2004, 328 (Nr 88) *TDI*; EuG T-261/03

Maßnahme zu unterrichten, damit sie ihre Rechte verteidigen können, und es außerdem dem Gemeinschaftsrichter zu ermöglichen, die Rechtmäßigkeit der Entscheidung zu überprüfen. Die Begründung muss klar und eindeutig sein. Die Frage, ob die Begründung einer Entscheidung diesen Anforderungen genügt, ist nicht nur im Hinblick auf ihren Wortlaut zu entscheiden, sondern auch anhand ihres Kontextes sowie sämtlicher Rechtsvorschriften, die das betreffende Gebiet regeln. Damit greift das EuG zur Bestimmung des Inhalts von Art 75 auf die Rspr des EuGH zu Art 253 EG-V zurück.[5]

Die Begründungspflicht bezieht sich auf die Erörterung der wesentlichen 5 Aspekte des Falles, nicht auf die Richtigkeit des Ergebnisses.[6] Vielfach scheitert die Berufung auf einen Begründungsmangel, weil die Partei in Wahrheit nur mit dem gefundenen Ergebnis unzufrieden ist.

Nicht jede Widersprüchlichkeit der Begründung einer Entscheidung stellt einen 6 nen Verstoß gegen Art 75 dar, sondern nur, wenn der Mangel so schwer ist, dass deshalb die Partei nicht mehr in der Lage ist, die wahren Gründe für die Entscheidung zu erkennen.[7]

## 2.2 Umfang

In Ex-parte-Verfahren bedarf es einer Begründung nicht, wenn dem Antrag 7 uneingeschränkt stattgegeben wird (so jetzt übrigens auch § 64 (2) AT-PatG).[8] Das Unterbleiben einer Begründung eröffnet hier keine eigene Beschwer.[9] Die Begründung kann auch summarisch gehalten werden; es genügt, mit Formulierungen wie »antragsgemäß« oder »auf Ihren Antrag vom ... hin« auf den Antrag zu verweisen.

vom 10.12.2004 (Nr 20) *Glove/Globe*; EuG T-304/06 vom 9.7.2008, GRUR Int 2009, 410 (Nr 43) *Mozart*; EuG T-424/07 vom 20.1.2009 (Nr 44) *Optimum*; EuG T-391/07 vom 16.9.2009 (Nr 73) *Griff*.

5  EuG T-156/02 vom 28.4.2004, GRUR Int 2004, 660 (Nr 72) *Vitataste*, unter Bezugnahme auf EuGH C-122/94 vom 29.2.1996, Slg 1996, I-881 (Nr 29) *Kommission/Rat*, und EuG T-188/98, Slg 2000, II-1959 (Nr 36) *Kuijer/Rat*.

6  EuG T-007/10 vom 17.5.2011 (Nr 59) *Ygeia*; EuG T-490/07 vom 17.12.2009 (Nr 22, 27) *R.U.N./Ran*; HABM-BK R 1716/2007-4 vom 13.3.2008 *MEDIACOM*.

7  EuG T-137/08 vom 28.10.2009 (Nr 68) *Grün-gelb*.

8  AT-PatG idF des Bundesgesetzes BGBl I Nr 126/2009, abgedruckt in BlPMZ 2010, 234.

9  Fitzner/Wickenhöfer, § 47 Rn 18.

**8** Bei Entscheidungen, die eine Beschwer enthalten, muss die Begründung die in tatsächlicher und in rechtlicher Hinsicht tragenden Erwägungen erkennen lassen. Dies betrifft allerdings nur Angriffs- und Verteidigungsmittel und vorgebrachte Tatsachen, nicht von den Parteien geäußerte Rechtsmeinungen. Es reicht aus, dass die Grundlage für die negative Entscheidung nachvollziehbar gemacht wird. So reicht bei Verstoß gegen klare und konkrete Rechtsnormen, zB solche, die Fristen setzen, eine kurze Begründung aus.[10]

**9** Der Anspruch auf rechtliches Gehör erstreckt sich auf alle tatsächlichen oder rechtlichen Gesichtspunkte, die die Grundlage für die Entscheidungsfindung bilden, nicht aber auf den endgültigen Standpunkt, den das HABM einnehmen will.[11] Der Verfahrensbeteiligte hat keinen Anspruch auf Vorab-Mitteilung der beabsichtigten Entscheidung oder der sie tragenden Erwägungen und keinen Anspruch auf Widerlegung der von ihm vorgebrachten rechtlichen Thesen. Das HABM kann den Vortrag der Partei zugrundelegen, ohne sie noch einmal zu ihrem eigenen Vorbringen anzuhören.[12] Die Begründung muss auf die selbständigen Angriffs- und Verteidigungsmittel des Anmelders eingehen, soweit diese nicht nach der in der Entscheidung gegebenen übrigen Begründung unerheblich sind. Es ist dagegen nicht erforderlich, auf das Vorbringen der Partei im Detail einzugehen.[13] Auch kann nicht verlangt werden, alle von den Verfahrensbeteiligten vorgetragenen Argumente nacheinander erschöpfend zu behandeln[14] oder im Rahmen einer Beweiswürdigung auf alle Beweismittel einzeln einzugehen.[15] Die Begründung kann daher auch implizit erfolgen, sofern sie es den Betroffenen ermöglicht, die Gründe für die Entscheidung der Beschwerdekammer zu erfahren.[16]

---

10  López de Rego, Comentarios, S 724.

11  EuG T-016/02 vom 3.12.2003, GRUR Int 2004, 328 (Nr 75 f.) *TDI*; EuG T-303/03 vom 7.6.2005, GRUR Int 2005, 701 (Nr 62) *Salvita/Solevita*; EuG T-027/09 vom 10.12.2009, GRUR Int 2010, 324 (Nr 45) *Stella*; EuG T-363/10 vom 15.11.2011 (Nr 61) *Restore*.

12  HABM-BK R 964/2008-2 vom 23.10.2008 (Nr 23) *RYZEX*.

13  EuGH C-020/08, Beschluss vom 9.12.2008 (Nr 36) *Windenergiekonverter*.

14  EuG T-391/07 vom 16.9.2009 (Nr 74) *Griff*; EuG T-304/06 vom 9.7.2008, GRUR Int 2009, 410 (Nr 55) *Mozart*; EuG T-415/11 vom 8.11.2012 (Nr 40) *Nutriskin*.

15  Schlussanträge von Generalanwalt Mengozzi vom 16.2.2012, Rs C-100/11 (Nr 57), *Botolist-Botocyl*.

16  EuG T-415/11 vom 8.11.2012 (Nr 40) *Nutriskin*; EuG T-535/08 vom 27.9.2012 (Nr 83) *Emidio Tucci/Tuzzi*.

Überhaupt muss der Umfang der zu gebenden Begründung aus der Position der angegriffenen Entscheidung, nicht aus der der Partei gewürdigt werden. Eine Begründung zu Gesichtspunkten, die früher im Verfahren behandelt wurden und die der Beschwerdeführer nicht selbst rügt, ist entbehrlich; überhaupt ergänzt die Begründung der erstinstanzlichen Entscheidung, die dem Rechtsmittelführer bekannt gegeben wurde, die der zweitinstanzlichen,[17] zumal diese dem Beschwerdeführer bekannt war.[18] Es ist lediglich erforderlich, dass die angefochtene Entscheidung die tatsächlichen und rechtlichen Gesichtspunkte nennt, die ihr Ergebnis tragen und zu denen sich die unterliegende Partei im Verfahren äußern konnte.[19]

Das HABM muss zur Begründung seiner Entscheidung das betr absolute 10 oder relative Eintragungshindernis angeben und darlegen, welchen Sachverhalt es als erwiesen zugrunde gelegt hat, der die Anwendung der herangezogenen Bestimmung rechtfertigt. Eine solche Begründung ist grundsätzlich ausreichend.[20] Wenn darüber hinaus die Beschwerdekammer die erstinstanzliche Entscheidung in vollem Umfang bestätigt, gehören diese Entscheidung sowie ihre Begründung zu dem Kontext, in dem die Entscheidung der Beschwerdekammer erlassen wurde und der den Parteien bekannt ist und es ermöglicht, eine Rechtmäßigkeitskontrolle in vollem Umfang auszuüben.[21] Ganz allgemein kann eine Entscheidung als ausreichend begründet angesehen werden, wenn sie ausdrücklich auf ein anderes Dokument verweist, das dem Kläger übermittelt worden ist.[22]

### 2.3 Begründungspflicht im ex-parte-Verfahren

Die Begründungspflicht erfordert die Angabe einer zutreffenden Rechts- 11 grundlage. Art 75 Satz 1 ist verletzt, wenn gar keine oder nur falsche Rechtsgrundlagen angegeben werden, zB wenn nicht berücksichtigt wurde, dass es sich um eine IR handelt.[23]

---

17 EuG T-426/09 vom 26.10.2011 (Nr 75) *BAM/BAM*.
18 EuG T-111/06 vom 21.11.2007 (Nr 64) *Vital&Fit/Vitafit*; EuG T-393/09 vom 13.10.2011 (Nr 67) *NaviKey/Navi*.
19 EuG T-426/09 vom 26.10.2011 (Nr 76, 81) *BAM/BAM*.
20 EuG T-490/07 vom 17.12.2009 (Nr 22) *R.U.N./Ran*.
21 EuG T-426/09 vom 26.10.2011 (Nr 76, 81) *BAM/BAM:*.
22 EuG T-304/06 vom 9.7.2008, GRUR Int 2009, 410 (Nr 46–48) *Mozart*.
23 HABM-BK R 492/2012 vom 6.9.2012 (Nr 8) *BIOARCHIVE*.

**12**  Bei absoluten Eintragungshindernissen muss die Entscheidung eine aus sich heraus verständliche Begründung enthalten, im Sinne einer Subsumtion der Tatsachen (zB der Bedeutung des Markenwortes) unter eine Rechtsgrundlage. Das HABM muss eine jedenfalls knappe, aber einschlägige Begründung geben, welche Wortbedeutung es zugrundelegt, aber keine wissenschaftlichen Nachweise geben.[24]

**13**  Diese Begründung kann durch Bezugnahmen auf den Beanstandungsbescheid ergänzt,[25] aber nicht ersetzt[26] werden. Zulässig und in der Praxis üblich ist es, auf Fundstellen und Nachweise, die mit dem Beanstandungsbescheid übermittelt wurden, Bezug zu nehmen. Wird eine Anmeldung zurückgewiesen, weil die in einem Bescheid ausdrücklich gerügten Mängel nicht beseitigt wurden und der Anmelder sich nicht geäußert hat, so ist zu unterscheiden: Der Anmelder ist nicht verpflichtet, Stellung zu nehmen. Bei absoluten Eintragungshindernissen ist von Amts wegen erneut zu prüfen, ob die Zurückweisung nach Lage der Akten weiterhin gerechtfertigt ist. Der Prüfer muss feststellen, dass auch zum Zeitpunkt des Erlasses der Entscheidung die Beanstandung gerechtfertigt ist, und Zurückweisungsgrund ist nicht das Ausbleiben einer Stellungnahme, sondern das Vorliegen des Tatbestands des Art 7. Wurde im Rahmen der Formalprüfung verlangt, eine bestimmte Unterlage oder Angabe beizubringen oder Erklärung abzugeben, so reicht als Begründung für die Zurückweisung, festzustellen, dass die Unterlage, Angabe oder Erklärung nicht vorgelegt wurde.

**14**  Zur Begründung einer Zurückweisungsentscheidung reicht es aus, auf eine vorige Entscheidung betr dieselbe Marke desselben Anmelders zu verweisen. Der Anmelder hat in solchen Fällen zB bei einer Wiederholungsanmeldung, keinen Anspruch auf erneute Prüfung. Er hat vielmehr selbst darzulegen, welche tatsächlichen oder rechtlichen Gesichtspunkte sich seit der letzten Entscheidung geändert hätten. Die Begründung in der zweiten Sache kann sich dann auf diese Prüfung beschränken.[27] Das gilt jedenfalls dann, wenn

---

24  Schlussanträge der Generalanwältin Sharpston in der Rs C-273/05 vom 14.12.2006 (Nr 49, 52) *Celltech*; EuG T-242/02 vom 13.7.2005, GRUR Int 2005, 908 (Nr 72–75) *Top*.

25  Vgl Benkard/Schäfers, PatG, § 79 Rn 34.

26  HABM-BK R 492/2012 vom 6.9.2012 (Nr 7) *BIOARCHIVE*; anders Fitzner/Wickenhöfer, PatG, § 47 Rn 18.

27  EuG T-157/08 vom 8.2.2011 (Nr 39) *Insulate for life*; HABM-BK R 523/2012-4 vom 11.6.2012 (Nr 16) *YOGHURT-GUMS II*.

gegen die erste Entscheidung Rechtsmittel nicht eingelegt oder später zurückgenommen wurde.

Zu nationalen Entscheidungen und angeblich vergleichbaren Voreintragungen (siehe unter Art 37 Rdn 15) reicht es aus, festzuhalten, dass diese das HABM nicht binden. Eine weitergehende Begründung mag sich anbieten, wenn gezeigt werden kann, dass solche Entscheidungen den Sachverhalt nicht treffen oder dass es auch gegenteilige Entscheidungen gibt, rechtlich erforderlich ist dies jedoch nicht. Auf solche nationalen Voreintragungen braucht nur knapp eingegangen werden.[28] Soweit eine umfassende Prüfung der Schutzfähigkeit der angemeldeten Marke erfolgt ist, lösen Hinweise des Anmelders auf andere Eintragungen keine weitergehenden Begründungspflichten des Amtes aus, auch nicht unter dem Gesichtspunkt einer angeblichen Indizwirkung.[29] Ebenso reicht schon der bloße Hinweis auf die fehlende Bindungswirkung als Begründung aus,[30] zumal die Verpflichtung, Hinweise auf Voreintragungen zur Kenntnis zu nehmen, stets nur unter der Maßgabe steht, dass das Gebot der rechtmäßigen Entscheidung Vorrang vor einer angeblichen Gleichbehandlung hat.[31] Sind aber grundsätzlich solch angebliche Vorentscheidungen nicht nur nicht bindend, sondern, sobald ein Eintragungshindernis feststeht, nicht einmal erheblich, so erfordert auch Art 75 nicht, dass das Amt auf solche Vorentscheidungen näher eingeht.[32] Es reicht, wenn sich zumindest implizit erkennen lässt, aus welchen Gründen diese anderen Entscheidungen nicht einschlägig sind oder keine Berücksichtigung gefunden haben.[33] Es reicht die bloße Feststellung aus, dass die HABM-BK die Voreintragungen zur Kenntnis genommen hat, aber ihnen keine entscheidungserhebliche Bedeutung beimisst.[34] Es reicht ebenso aus, darauf zu verweisen, dass es selbst unter der Annahme, dass die zitierten Vor-

---

28 EuG T-189/00 vom 5.6.2002, ABl-HABM 2002, 1815 (Nr 19–28) *Kiss device with plume.*

29 EuG T-363/10 vom 15.11.2011 (Nr 82-84) *Restore.*

30 EuG T-363/10 vom 15.11.2011 (Nr 77f) *Restore*; EuGH C-051/10 vom 10.3.2011, MarkenR 2011, 112 (Nr 74-79) *1000.*

31 EuGH C-51/10 vom 10.3.2011 (Nr 75, 79) *1000.*

32 EuG T-415/11 vom 8.11.2012 (Nr 41) *Nutriskin*; EuG T-378/11 vom 20.2.2013 (Nr 17) *Medinet.*

33 EuG T-329/10 vom 19.9.2012 (Nr 21) *Karomuster.*

34 EuGH C-039/08 vom 12.2.2009, MarkenR 2009, 201 (Nr 19) *Volkshandy*; EuG T-088/00 vom 7.2.2002, ABl-HABM 2002, 1322 (Nr 41) *Taschenlampe.*

entscheidungen vergleichbar wären, keinen Anspruch auf deren Wiederholung gibt, weil es keine Gleichheit im Unrecht gibt.[35] Auch wenn das HABM alle vom Anmelder vorgebrachten Tatsachen und Beweismittel berücksichtigen muss, ist es nicht verpflichtet, eine Beurteilung anderer früher eingetragener Marken vorzunehmen, die nicht Gegenstand des Verfahrens sind.[36] Auch zum Verfahren vor dem DPMA hat der BGH die Auffassung, eine Abweichung von Vorentscheidungen müsse gesondert begründet werden, ausdrücklich verworfen.[37]

16  Die Entscheidung des Prüfers, die Anmeldung teilweise zurückzuweisen, muss erkennen lassen, welche Waren oder Dienstleistungen zurückgewiesen werden und welche nicht.[38] In der Entscheidung müssen die Waren und Dienstleistungen, auf die sich die Zurückweisung bezieht, klar angegeben werden.

17  Die Entscheidung muss nicht die Zurückweisung gesondert für jede einzelne Ware des VerzWDL begründen,[39] da es zulässig ist, eine globale Begründung zu geben, wenn dasselbe Eintragungshindernis einer Kategorie oder einer Gruppe von Waren oder Dienstleistungen entgegengehalten wird.[40] Gleiches gilt, wenn das Verzeichnis übermäßig breit ist, ohne dass der Anmelder angeben kann, für welche Waren die Marke unterscheidungskräftig sein soll.[41] Im Urteil »Trustedlink«[42] hat das EuG die Rüge des Klägers zurückgewiesen, eine die Zurückweisungsentscheidung des Prüfers nach Art 7 (1) (c) bestätigende Entscheidung der HABM-BK müsse auf alle beanspruchten Waren und Dienstleistungen gesondert eingehen; es reicht vielmehr aus, dass die Gründe, aus denen nach Ansicht der HABM-BK die Marke beschreibend ist, tatsächlich auf alle beanspruchten Waren und Dienstleistungen zutreffen.

---

35  EuG T-378/11 vom 20.2.2013 (Nr 63f) *Medinet*.

36  EuG T-299/09 vom 3.2.2011 (Nr 41) *Ginstergelb und silbergrau*.

37  BGH MarkenR 2011, 66 *Freizeit-Rätsel-Woche*; BGH GRUR 2011, 230 *Super-Girl*; dazu Ströbele/Hacker, MarkenG, § 8 Rn 35.

38  HABM-BK R 041/2000-3 vom 28.2.2001 *@NET INDEX*; HABM-BK R 2210/2010-4 vom 29.7.2011 (Nr 8) *PETFIT*.

39  EuG T-304/06 vom 9.7.2008, GRUR Int 2009, 410 (Nr 52) *Mozart*.

40  EuGH C-239/05 vom 15.2.2007, Mitt. 2007, 233 (Nr 37) *The Kitchen Company*.

41  EuG T-499/09 vom 13.7.2011 (Nr 36) *Rechteck in Purpur*.

42  EuG T-345/00 vom 26.10.2000, ABl-HABM 2001, 448 (Nr 45 ff.) *Trustedlink*.

Das EuG hat auch die Rüge des Klägers zurückgewiesen, die Zurückweisungsentscheidung müsse im einzelnen die Mitgliedstaaten angeben, in denen das Eintragungshindernis besteht, weil es ausreicht, wenn nach Art 7 (2) das Bestehen eines Eintragungshindernisses in nur einem Mitgliedstaat festgestellt wird.

Andererseits hat sich neuerdings beim EuG – und nur dort[43] – die mit der **18** Grundkonstruktion der Prüfung auf absolute Eintragungshindernisse, die nicht auf die Einheitlichkeit des VerzWDL, sondern die Bedeutung eines Wortes für die beanspruchten Waren abstellt, nicht vereinbare Theorie zu ständiger Rspr[44] verfestigt, eine globale Begründung für die Schutzunfähigkeit einer Kategorie oder Gruppe von Waren setze voraus, dass diese untereinander homogen seien. Dh aus einer »Kategorie oder Gruppe« wurde nun eine »untereinander homogene Gruppe«. Es ist aber nicht erheblich, ob Waren untereinander homogen sind (meint dies die kollisionsrechtliche Ähnlichkeit?),[45] sondern ob die festgestellte Wortbedeutung auf sie zutrifft.[46] Bei breiten oder mit zahllosen Einzelbegriffen vollgestopften Verzeichnissen kann dies entweder zu weltfremden Erwägungen gegen den Wortlaut des vorgelegten VerzWDL[47] oder letztlich zu einer sehr engen Zurückweisung[48] führen. Es ist auch nicht klar, ob hierbei nicht die Kriterien für die Schutz-

---

43 In EuGH C-282/09, Beschluss vom 18.3.2010, Slg 2010 I-2395 (Nr 38-46) *CFCMCEE* wurde lediglich das Vorgehen des EuG, soweit es eine Homogenität bejaht hatte, als rechtmäßig gebilligt.

44 EuG T-406/07 vom 20.5.2009, Slg 2009 II-1441 (Nr 55) *Payweb Card*, EuG T-379/05 vom 2.4.2009 (Nr 23) *Ultimate Fighting*; EuG T-258/09 vom 6.7.2011 (Nr 45) *Betwin*.

45 Interessanterweise nimmt die erste dieser Entscheidungen, EuG T-406/07 vom 20.5.2009 (Nr 55) *Payweb Card*, zur Begründung auch »par analogie« auf eine Entscheidung in einem Widerspruchsverfahren Bezug.

46 In diesem Sinne aber EuG T-028/10 vom 12.4.2011 (Nr 87) *Euro Automatic Payment*, wo der Begriff der »homogenen« Dienstleistungen in den Bezug zum Markenwort »payment« gesetzt wurde.

47 Obwohl alle Waren ausdrücklich »zur Inkontinenzversorgung« bestimmt waren, prüfte das EuG noch ihre Homogenität untereinander: EuG T-123/10 vom 30.11.2011 *Complete*.

48 Zulassung für Gewinnspiele im Fernsehen und im Internet trotz Nachweis reiner Gewinnspiel-Kanäle: EuG T-258/09 vom 6.7.2011 (Nr 58) *Betwin*.

fähigkeit beschreibender Angaben (»hinreichend enger Zusammenhang«)[49] mit denen des Begründungszwangs, die rein formaler Art sind, vermischt werden. Vielmehr sollte im Hinblick auf die Studie der Kommission zum Gemeinschaftsmarkenrecht und der in diesem Zusammenhang von beteiligten Kreisen geäußerten Besorgnis eines »Cluttering« der Register Anmeldern beschreibender Begriffe für zu breite oder unverständlich formulierte Verzeichnisse eine verschärfte Darlegungslast auferlegt werden, für welche ganz bestimmten Waren die beschreibende Bedeutung gleichwohl nicht einschlägig sein solle.

### 2.4 Begründungspflicht im Widerspruchsverfahren

19 Wird dem Widerspruch aus einem älteren Recht stattgegeben, so ist eine Prüfung und Begründung zu den anderen geltend gemachten älteren Rechten entbehrlich.[50] Wird der Widerspruch aus einem der älteren Rechte für unbegründet erachtet, so erfordert es der Begründungszwang, dass geprüft wird, ob dem Widerspruch aus einem der anderen älteren Rechte stattzugeben ist.[51] Es ist gleichgültig, nach welcher Reihenfolge oder Aufbauschema dies erfolgt.[52]

### 3 Rechtliches Gehör

20 Art 75 Satz 2 verwirklicht den Grundsatz des rechtlichen Gehörs.

### 3.1 Anforderungen

21 Die Entscheidung darf nur auf Gründe gestützt werden, zu denen die Beteiligten sich äußern konnten. Aus der englischen Fassung (»reasons or evidence«) ergibt sich, dass daraus sowohl Rechtsgründe als auch Tatsachen gemeint sind. Jedoch folgt aus der Vorschrift keine Verpflichtung, dem Anmelder oder Antragsteller die Rechtsmeinung des Amtes vor Erlass einer Entscheidung mitzuteilen. Aus der Vorschrift ergeben sich damit lediglich zwei Folgerungen:

---

49 EuG T-19/04 vom 22.6.2005, GRUR Int 2005, 842 (Nr 25) *Paperlab*; EuG T-106/00 vom 27.2.2002, MarkenR 2002, 92 (Nr 40) *Streamserve*, und ständige Rspr und Praxis des HABM.

50 EuG T-342/02 vom 16.9.2004, ABl-HABM 2004, 1356 (Nr 34, 45) *MGM*.

51 EuG T-215/03 vom 22.3.2007, GRUR Int 2007, 730 (Nr 98–101) *Vips/Vips*.

52 HABM-BK R 1192/2010-1 vom 24.2.2011 (Nr 20) *CAN SLIM/CAN*.

Wird eine Anmeldung oder ein Antrag zurückgewiesen, so muss der Grund 22
hierfür dem Verfahrensbeteiligten zur Kenntnis gegeben worden sein, und es
muss ihm eine ausreichende Frist von mindestens einem Monat (R 71 (1))
gegeben worden sein.

Ergeben sich im Verlauf des Verfahrens neue tatsächliche Gesichtspunkte, so 23
müssen diese dem Verfahrensbeteiligten zur Kenntnis gegeben worden sein.

Ist die Entscheidung auf Gründe gestützt, die seitens des Amtes von Amts 24
wegen oder seitens eines Beteiligten im Verlauf des Verfahrens geltend gemacht worden sind, so muss das Amt diese Gründe vor der endgültigen Entscheidung in das Verfahren einbeziehen und den Beteiligten genügend Zeit
zur Stellungnahme einräumen. In mehrseitigen Verfahren muss das HABM
den anderen Beteiligten über sämtliche Schriftstücke und Unterlagen, die
von einem Beteiligten eingereicht werden, vollständig und unverzüglich in
Kenntnis setzen; dies gilt lediglich dann nicht, wenn ein Schriftstück kein
neues Vorbringen enthält und die Sache entscheidungsreif ist, R 69. Diese
Vorschrift ist eng anzuwenden.

Ist den Beteiligten zu einem bestimmten Umstand rechtliches Gehör ge- 25
währt worden, so muss dies in der zweiten Instanz vor der HABM-BK nicht
wiederholt werden. In zweiseitigen Verfahren ist dem anderen Beteiligten am
erstinstanzlichen Verfahren, der auch am Beschwerdeverfahren beteiligt ist
(Art 59 Satz 2), Gelegenheit zur Stellungnahme zu geben.

Die Beschwerdekammern entscheiden regelmäßig unmittelbar und im 26
schriftlichen Verfahren auf die eingegangene Beschwerde. Sie sind nicht verpflichtet, wenn sie die Beschwerde für unbegründet erachten, dies dem Beschwerdeführer vor Erlass der Entscheidung mitzuteilen, gleich, ob es sich
um ein einseitiges oder ein zweiseitiges Verfahrens handelt. Ebensowenig verstößt es gegen Art 75, wenn die HABM-BK nicht zunächst den Beschwerdeführer zur Stellungnahme zu der von ihr beabsichtigten Begründung, mit
der sie die Zurückweisung der GMA bestätigen will, auffordert.[53] Die
HABM-BK ist somit nicht verpflichtet, den Beschwerdeführer vom Inhalt
der von ihr beabsichtigten Entscheidung vorab zu unterrichten. Der Anspruch auf rechtliches Gehör erstreckt sich auf alle tatsächlichen oder rechtlichen Gesichtspunkte, die die Grundlage der Entscheidungsfindung bilde-

---

53 EuG T-189/00 vom 5.6.2002, ABl-HABM 2002, 181 (Nr 28) *Kiss device with
plume.*

ten, nicht aber auf den endgültigen Standpunkt, den die Widerspruchsabteilung oder HABM-BK einnehmen will.[54]

27 Die HABM-BK kann ohne weiteres einen vom Prüfer geltend gemachten Zurückweisungsgrund durch einen anderen Grund auswechseln, wenn sie dem Beschwerdeführer rechtliches Gehör gewährt, ihm also vor Erlass ihrer Entscheidung zu dem neuen Zurückweisungsgrund Gelegenheit zur Stellungnahme einräumt.[55]

### 3.2 Verstoß bejaht

28 Eine Entscheidung, mit der ein Widerspruch als unzulässig zurückgewiesen wird, darf erst getroffen werden, nachdem der Widersprechende Gelegenheit hatte, zu den Gründen dieser Entscheidung Stellung zu nehmen,[56] auch dann, wenn der Widersprechende nicht mehr die Möglichkeit hat, den Zulässigkeitsmangel zu beheben.

29 Im Widerspruchs- und Widerspruchsbeschwerdeverfahren liegt ein Verstoß vor, wenn ein Schriftsatz der Gegenseite nicht übermittelt wurde, jedenfalls dann, wenn das HABM die Entscheidung auf tatsächliche Gesichtspunkte, die in jenem Schriftsatz abgehandelt wurden, gestützt hat,[57] auch soweit es sich nicht um neue Tatsachen iSv Art 76 handelte.

30 Im Eintragungsverfahren muss zu jedem neuen Zurückweisungsgrund, zu dem im Verfahrensverlauf übergegangen wird, der Anmelder erneut angehört werden, zB dann, wenn der Prüfer die Zurückweisung lediglich auf Art 7 (1) (b) gestützt hatte und im Beschwerdeverfahren die HABM-BK von Art 7 (1) (b) auf Art 7 (1) (c) übergeht, ohne den Beschwerdeführer darauf hinzuweisen, dass nunmehr die Zurückweisung auch auf Art 7 (1) (c) gestützt werden soll.[58] Dies gilt jedenfalls dann, wenn die HABM-BK zu Art 7 (1) (c) zusätzliche Argumente darlegt, möglicherweise aber auch dann, wenn sich lediglich die Subsumtion ein und desselben Sachverhalts unter eine oder beide dieser Vorschriften ändert, weil Art 7 (1) (b) und (c) sich zwar in ihrer Anwendung

---

54 EuG T-168/04 vom 7.9.2006, ABl-HABM 2006, 1364 (Nr 116) *Aire Limpio*; EuG T-303/03 vom 7.6.2005, GRUR Int 2005, 701 (Nr 62) *Salvita/Solevita*; EuG T-426/09 vom 26.10.2011 (Nr 80) *BAM/BAM*.

55 HABM-BK R 408/2000-3 vom 14.3.2001 (Nr 25) *WATERCELL*.

56 HABM-BK R 006/1998-1 vom 31.7.1998 *ALMIRALL*.

57 EuG T-279/09 vom 12.7.2012 (Nr 33ff) *100% Capri/Capri*.

58 EuG T-034/00 vom 27.2.2002, ABl-HABM 2002, 1042 (Nr 17–27) *Eurocool*.

überschneiden können, aber ihren eigenen Anwendungsbereich haben und nicht auf das einzige Kriterium der Unterscheidungskraft reduziert werden dürfen.[59] Außerdem hat das EuG wiederholt betont,[60] dass, wenn die HABM-BK die Zurückweisung auf Art 7 (1) (c) und (b) gestützt hat und das EuG zu dem Ergebnis kommt, die Marke sei nicht nach Art 7 (1) (c) beschreibend, es für die Zurückweisung nach Art 7 (1) (b) einer gesonderten, darüber hinausgehenden Begründung bedarf.

Diese Grundsätze wirken sich auch auf das Prüfungsverfahren aus: Auch der   31
Prüfer verletzt das rechtliche Gehör, wenn er im Beanstandungsbescheid nach R 11 (1) von Art 7 (1) (b) auf Art 7 (1) (c) übergeht, ohne dazu den Anmelder zu hören.[61] Ein Verstoß liegt auch vor, wenn die Zurückweisung erlassen wird, ohne dass dem Anmelder wirksam ein Beanstandungsbescheid nach R 11 zugestellt wurde.[62]

Dies bedeutet nicht, dass ein Übergang zu einem anderen oder zusätzlichen   32
Zurückweisungsgrund unstatthaft wäre, sondern lediglich, dass der Prüfer bzw die HABM-BK einen Zwischenbescheid erlassen müssen, mit dem sie dem Anmelder mitteilen, dass nunmehr auch unter dem Gesichtspunkt dieses weiteren Zurückweisungsgrundes Bedenken gegen die Schutzfähigkeit der GMA bestehen, und dem Anmelder eine Frist einräumen müssen, sich dazu zu äußern. Die dadurch eintretende Verfahrensverzögerung ist aus rechtsstaatlichen Gründen hinzunehmen.

Bei nicht offenkundigen oder allgemeinbekannten Tatsachen ist streng da-   33
rauf zu achten, dass nur vorher Mitgeteiltes verwertet wird. So hat es der EuGH[63] entgegen der anderslautenden Entscheidung des EuG[64] als Verstoß gegen Art 75 beurteilt, wenn die HABM-BK der Inhalt einer Webseite gegen den Anmelder zur Stützung einer bestimmten Tatsache verwertet, ohne dem

---

59 EuG T-034/00 vom 27.2.2002, ABl-HABM 2002, 1042 (Nr 17–27) *Eurocool*;
   EuG T-359/99 vom 7.6.2001, GRUR 2001, 835 (Nr 46, 48) *EuroHealth*.
60 EuG T-087/00 vom 5.4.2002, ABl-HABM 2001, 2056 (Nr 38) *Easybank*;
   EuG T-359/99 vom 7.6.2001, GRUR 2001, 835 (Nr 46, 48) *EuroHealth*.
61 HABM-BK R 314/1999-1 vom 30.5.2002, ABl-HABM 2003, 282 (Nr 29–33)
   *TOP*.
62 HABM-BK R 520/2006-2 vom 13.9.2006 (Nr 19) *TAGGER*.
63 EuGH C-447/02 vom 21.10.2004, GRUR Int 2005, 227 (Nr 44) *KWS/Orange*.
64 EuG T-137/00 vom 9.10.2002, ABl-HABM 2002, 2506 *Orange*.

Anmelder diese Seite vorher mitzuteilen. Im Fall »KWS/Orange« ging es um eine Webseite, aus der sich ergeben sollte, dass die Einfärbung von Saatgut zur Kenntlichmachung einer bestimmten chemischen Behandlung eingesetzt wird; der Anmelder hatte sich darauf berufen, aus derselben Webseite gehe hervor, dass eine solche Einfärbung auch zur Herkunftskennzeichnung dient. Die Unterstellung, der Anmelder kenne den Inhalt der Webseite bzw die darin enthaltenen Informationen, ist also nicht zulässig. Auch das Argument, die Kenntnis des Dokuments sei für den Verfahrensbeteiligten zur Rechtswahrung nicht zwingend nötig gewesen,[65] greift nicht durch. Auch im Fall »Top« wurde vom EuG[66] die Verpflichtung zur Mitteilung von Internet-Rechercheergebnissen bejaht.

### 3.3 Verstoß verneint

34   Kein Verstoß liegt vor, wenn die Entscheidung sich auf offenkundige oder amtsbekannte Tatsachen stützt; diese müssen nicht vorher mitgeteilt werden.[67] Ist eine Wortbedeutung klar und hat auch der Anmelder nicht geltend gemacht, dass diese für verschiedene Waren jeweils unterschiedlich sein könnte, so braucht das HABM nicht zu begründen, warum diese Wortbedeutung gerade für die angemeldeten Waren einschlägig ist.[68]

35   Kein Verstoß liegt vor, wenn sich die Entscheidung auf Erfahrungstatsachen über die Art, wie Verbraucher Getränke bestellen, stützt, denn jedenfalls hätte der Beteiligte sich auch zu diesem Punkt äußern können.[69]

36   Die Gewährung rechtlichen Gehörs erstreckt sich nicht auf die Bewertung von Tatsachen im Wege der freien Beweiswürdigung.[70] Kein Verstoß liegt vor, wenn das HABM die vorgelegten Dokumente zu Lasten des Anmelders würdigt, der Anmelder aber Gelegenheit hatte, weitere Dokumente vorzulegen.[71]

---

65  So die Argumentation in EuG T-137/00 vom 9.10.2002, ABl-HABM 2002, 2506 (Nr 58) *Orange*.

66  EuG T-242/02 vom 13.7.2005, GRUR Int 2005, 908 (Nr 61) *Top*.

67  EuG T-424/07 vom 20.1.2009 (Nr 46f) *Optimum*.

68  EuG T-424/07 vom 20.1.2009 (Nr 47) *Optimum*.

69  EuG T-003/04 vom 24.11.2005, GRUR Int 2006, 236 (Nr 72) *Kinji by Spa/Kinnie*.

70  EuG T-303/03 vom 7.6.2005, GRUR Int 2005, 701 (Nr 62) *Salvita/Solevita*.

71  EuG T-028/08 vom 8.7.2009 (Nr 87) *Bounty-Riegel*.

Das HABM kann eine beschreibende Bedeutung eines Wortes mit Wörter- 37
buchnachweisen belegen, ohne diese zunächst dem Anmelder mitteilen zu
müssen. Die HABM-BK darf ihre Entscheidungen auf vor dem Prüfer nicht
erörterte Argumente stützen und ist nicht durch die Begründung des Prüfers
eingeschränkt, wenn sich nur die Partei zu dem Sachverhalt äußern konnte,
der für die Anwendung der in Frage stehenden Rechtsvorschrift von Bedeutung war.[72]

Wird die Sache an die untere Instanz zurückverwiesen, so brauchen die Par- 38
teien nicht erneut gehört werden, da sie sich in beiden Vorinstanzen bereits
zu allen Tat-und Rechtsfragen äußern konnten.[73] Die untere Instanz ist dann
nicht verpflichtet, darauf hinzuweisen, welche Konsequenzen sie aus dem zu-
rückverweisenden Urteil zu ziehen gedenkt, siehe oben, Rdn 9.

### 4 Rechtsfolgen bei Verstoß

Ein Verstoß gegen Art 75 ist von der nächsthöheren Instanz von Amts wegen 39
zu prüfen.[74]

Ein Verstoß gegen die Begründungspflicht macht die Entscheidung rechts- 40
widrig, jedoch nicht nichtig.[75] Dementsprechend wird die Sache zur erneuten Verhandlung an die erste Instanz zurückgewiesen und die Rückzahlung
der Beschwerdegebühr gemäß R 51 angeordnet.

Ein Verstoß gegen die Begründungspflicht oder gegen das rechtliche Gehör 41
führt jedoch dann nicht zur Aufhebung der Entscheidung, wenn ohnehin
nur eine Entscheidung mit gleichem Inhalt ergehen könnte[76] oder wenn sie
aus anderen Gründen bestätigt werden kann[77] oder, negativ ausgedrückt,
wenn feststeht, dass das Verfahren anderenfalls möglicherweise zu einem an-

---

72 EuG T-189/00 vom 5.6.2002, ABl-HABM 2002, 1815 (Nr 19–28) *Kiss device
   with plume.*
73 EuGH C-193/09, Beschluss vom 4.3.2010 (Nr 60, 62) *Kaul II.*
74 EuGH C-020/08, Beschluss vom 9.12.2008 (Nr 30) *Windenergiekonverter.*
75 López de Rego, Comentarios, S 825 unter Hinweis auf EuGH vom 26.11.1981,
   Slg 1981, 2877 *Michel.*
76 EuG T-016/02 vom 3.12.2003, GRUR Int 2004, 328 (Nr 82) *TDI*; EuG
   T-140/06 vom 12.9.2007 (Nr 72) *Forme d'un paquet de cigarettes.*
77 EuGH C-447/02 vom 21.10.2004, GRUR Int 2005, 227 (Nr 49f) *KWS/Oran-
   ge.*

deren Ergebnis geführt hätte.[78] ZB wird die Entscheidung bestätigt, wenn die HABM-BK die Anmeldemarke unzutreffend beschrieben hat, sie aber jedenfalls so wie angemeldet nicht unterscheidungskräftig ist,[79] oder wenn die HABM-BK keine ausreichende Begründung zur Ablehnung von Verkehrsdurchsetzung gab, jedoch feststeht, dass der Anmelder den dazu erforderlichen Nachweis nicht geführt hat.[80]

42   Der Verstoß kann auch dadurch geheilt werden, dass in der nächsten Instanz der Verfahrensbeteiligte gehört wird. In der Beschwerdeinstanz liegt in der Beschwerdebegründung bereits die Äußerung des Beteiligten gemäß Art 75 Satz 2, so dass er zu Fragen, die bereits den Inhalt der angefochtenen Entscheidung betrafen, nicht erneut angehört werden muss.[81] Darin liegt also regelmäßig die Heilung in dem Sinne, dass sich der Beschwerdeführer nunmehr geäußert hat und sich die HABM-BK mit dem gesamten Streitstoff befassen kann, ohne an die Begründung der Vorinstanz gebunden zu sein. Dies vereinfacht, indem die HABM-BK sich nicht mehr mit der Begründung des Prüfers und mit der Frage, ob sie nach Art 75 ausreichend war, befassen muss.[82] Anders ist dies auf der Ebene des EuG: Das Verfahren vor dem EuG ist keine einfache Fortsetzung der Vorinstanz, und der Verstoß bleibt nur folgenlos, wenn er sich auf das Ergebnis der Entscheidung nicht auswirkt[83] (siehe oben, Rdn 41).

## 5   Bestimmungen über die äußere Form der Entscheidungen

43   Nähere Regelungen über die Form der Entscheidungen des HABM enthalten R 52, 53 und 55.

### 5.1   Berichtigung von Entscheidungen

44   Nach R 53 können in Entscheidungen des Amtes nur sprachliche Fehler, Schreibfehler und offenbare Unrichtigkeiten berichtigt werden, und zwar so-

---

78   EuG T-363/10 vom 15.11.2011 (Nr 70) *Restore.*

79   EuG T-140/06 vom 12.9.2007 (Nr 72) *Forme d'un paquet de cigarettes.*

80   EuG T-016/02 vom 3.12.2003, GRUR Int 2004, 328 (Nr 97) *TDI.*

81   EuG T-303/03 vom 7.6.2005, GRUR Int 2005, 701 (Nr 61) *Salvita/Solevita.*

82   HABM-BK R 1906/2010-4 vom 7.6.2011 (Nr 9) *Behältnis mit/ohne Deckel*; HABM-BK R 440/2012-1 vom 12.7.2012 (Nr 41) *ADVANTAGE WITH SPE-CIALISTS.*

83   EuG T-279/09 vom 12.7.2012 (Nr 32) *100% Capri/Capri.*

wohl von Amts wegen als auch auf Antrag eines Beteiligten. Der Begriff der »offenbaren Unrichtigkeit« ist auf formale Fehler beschränkt, deren Fehlerhaftigkeit eindeutig aus dem Text der Entscheidung selber hervorgeht und die nicht ihre Tragweite oder Substanz beeinflussen.[84] So steht die Berichtigung nach R 53 nicht zur Verfügung, um Verfahrensfehler wie die unterlassene Anhörung einer Partei zu heilen.[85] Dafür steht nur – in engsten Grenzen – Art 80 zur Verfügung.

Für die Berichtigung nach R 53 ist ausschließlich die Stelle zuständig, die **45** die ursprüngliche Entscheidung erlassen hat, dh im Widerspruchs-, Nichtigkeits- und Beschwerdeverfahren ist eine Kollegialentscheidung nötig. Verstoß dagegen macht die Berichtigung nichtig.[86]

### 5.2 Namensangabe, Unterzeichnung

R 55 enthält nähere Bestimmungen über die Unterzeichnung der Entschei- **46** dungen, Mitteilungen und Bescheide des HABM. Von der Ermächtigung nach R 55 (2) ist mit Beschluss des Präsidenten des HABM Nr EX-97-1 zur Bestimmung der Form von Entscheidungen, Mitteilungen und Bescheiden des Amtes[87] Gebrauch gemacht worden. Danach gilt: Die Entscheidungen, Mitteilungen und Bescheide enthalten die Bezeichnung der ausstellenden Stelle oder Abteilung im Kopfbogen des Schreibens (zB »Hauptabteilung Kerngeschäft«). Wird die Entscheidung oder der Bescheid per Post oder durch unmittelbare Übergabe zugestellt, so ist die Unterschrift des Bediensteten (bei Kollegialorganen der Mitglieder der Abteilung) oder ein vorgedrucktes oder aufgestempeltes Dienstsiegel erforderlich (R 55 (1)). Werden Entscheidungen, Mitteilungen oder Bescheide durch Telekopierer übermittelt, so wird am Schluss des Schreibens der vollständige Name (Vor- und Zuname) des oder der Bediensteten angegeben, Art 1 des Beschlusses Nr EX-97-1.[88] Gleiches gilt bei elektronischer Übermittlung über MyPage. Von der in Art 1 Satz 2 des Beschlusses Nr EX-97-1 fakultativ angegebenen Möglichkeit der Hinzufügung einer Faksimile-Wiedergabe der Unterschrift wird vom HABM kein Gebrauch gemacht. Ebenso wie die von den Verfahrens-

---

84  EuG T-053/10 vom 14.12.2006 (Nr 55) *Manu/Manou*.
85  EuG T-392/04 vom 18.10.2011 (Nr 35-37) *Stapelkisten* (betr ein GGM).
86  EuG T-053/10 vom 14.12.2006 (Nr 53) *Manu/Manou*.
87  ABl-HABM 1997, 422.
88  Bestätigt durch EuG T-006/05 vom 6.9.2006, ABl-HABM 2006, 1300 (Nr 27) *Def-Tec*.

beteiligten einzureichenden Schriftstücke (»elektronische Faxe«, siehe R 79) bedürfen daher die Schriftstücke des Amtes, die über Telekopierer übermittelt werden, keiner besonderen Förmlichkeit. Grund für diese Regelung ist, dass die an der Workstation des Bediensteten erzeugten Schreiben dem Empfänger zugeleitet werden, ohne dass innerhalb des HABM ein physischer Ausdruck des Dokuments erfolgt.

### 5.3  Schriftlichkeit, Rechtsmittelbelehrung

47  Nach R 52 (1) sind die Entscheidungen des Amtes schriftlich abzufassen und zu begründen; findet eine mündliche Verhandlung statt, so können sie auch verkündet werden, müssen dann allerdings schriftlich abgefasst und zugestellt werden. Aus R 52 (1) folgt somit, dass die Begründung gemäß Art 75 Bestandteil der Entscheidung ist und wie sie der Schriftform bedarf.

48  Nach R 52 (2) müssen beschwerdefähige Entscheidungen eine Rechtsmittelbelehrung enthalten. Regelmäßig unterbleibt in einseitigen Verfahren eine Rechtsmittelbelehrung, wenn dem Antrag oder Begehren voll stattgegeben wird. Aus dem Fehlen der Belehrung können keine Rechte geltend gemacht werden. Dies bedeutet, dass das Unterbleiben einer Rechtsmittelbelehrung keine Auswirkungen auf die Beschwerdefrist (Art 60) hat. Das ist anders als im deutschen Recht (§ 61 (2) DE-MarkenG; § 58 DE-VwGO), wo das Unterbleiben der Rechtsmittelbelehrung die Rechtsmittelfrist verlängert, regelmäßig auf ein Jahr.

### Artikel 76 (ex Artikel 74)  Ermittlung des Sachverhalts von Amts wegen

(1) In dem Verfahren vor dem Amt ermittelt das Amt den Sachverhalt von Amts wegen. Soweit es sich jedoch um Verfahren bezüglich relativer Eintragungshindernisse handelt, ist das Amt bei dieser Ermittlung auf das Vorbringen und die Anträge der Beteiligten beschränkt.

(2) Das Amt braucht Tatsachen und Beweismittel, die von den Beteiligten verspätet vorgebracht werden, nicht zu berücksichtigen.

*Schennen*

**Literatur:**
*Bender*, Das weite Ermessen des HABM bei der Behandlung verspäteten Vorbringens, MarkenR 2007, 198.

## 1 Allgemeines

Die Vorschrift sieht als Grundsatz vor, dass das HABM den Sachverhalt von 1 Amts wegen ermittelt, und macht für Verfahren hinsichtlich relativer Eintragungshindernisse eine Ausnahme. Art 76 (2) regelt die Zurückweisung verspäteten Vorbringens. Das Verfahren vor dem HABM lässt sich weder mit den Begriffen »Verwaltungsverfahren« noch mit Parallelen zum Zivilprozess wie den Begriffen »Beibringungsgrundsatz« oder »Dispositionsmaxime« zutreffend erfassen. Vielmehr ist von der Unterscheidung zwischen Tatsachen und den aus diesen Tatsachen folgenden rechtlichen Schlussfolgerungen auszugehen, wobei der Begriff »Beweismittel« in Art 76 (2) sich ebenfalls auf Tatsachen bezieht, da Beweismittel nur für Tatsachen erforderlich sind und auch nur insoweit, als diese beweisbedürftig sind. Art 76 (1) bestimmt, wie die Tatsachen, die der Sachentscheidung oder der Verfahrensbehandlung allgemein zu Grunde zu legen sind, ermittelt werden: grundsätzlich hat das Amt die Tatsachen zu ermitteln, jedoch gilt für Verfahren hinsichtlich relativer Eintragungshindernisse die Ausnahme, dass das Amt nur die von den

Parteien vorgebrachten Tatsachen und Beweismittel berücksichtigen kann und darf. Die Verpflichtung des HABM zur Ermittlung des Sachverhalts von Amts wegen besteht jedoch nicht uneingeschränkt; sie ist abgemildert durch Mitwirkungs- und Wahrheitspflichten der Beteiligten und abgeschwächt durch materielle Regelungen, die den Parteien bestimmte Nachweise auferlegen. In der rechtlichen Beurteilung dieser Tatsachen (dh welche rechtliche Schlussfolgerung die dem Verfahren zu Grunde liegenden Tatsachen ergeben) ist jedoch das HABM nicht an den Vortrag der Parteien gebunden.

2   Art 76 wird ergänzt durch R 19 (4) und R 20 (6), die die neutrale Rolle des HABM im Widerspruchsverfahren unterstreichen, R 40 (4), (6) zur Rolle des HABM im Nichtigkeits- und Verfallsverfahren und R 69 (2) zur Notwendigkeit der Zustellung von Schriftsätzen an andere Parteien und Ausnahmen von diesem Grundsatz. Die RiLi behandeln Art 76 in Abschnitt A.2.1.1, 2.1.2.[1]

## 2  Amtsermittlung

3   Dass das Amt den Sachverhalt von Amts wegen ermittelt, bedeutet, dass das Amt berechtigt ist, eigene Nachforschungen über die zu Grunde liegenden Tatsachen anzustellen. Das Amt kann und muss aber ebenso den Vortrag der Verfahrensbeteiligten berücksichtigen. Dies bedeutet, dass, soweit absolute Eintragungshindernisse oder Nichtigkeitsgründe betroffen sind, grundsätzlich das Amt in der Lage ist, eigene Nachforschungen anzustellen und alle ihm vorliegenden Informationen, insbesondere auch aus anderen Verfahren, zu verwerten. Jedoch besteht keine Verpflichtung, in jedem Falle umfangreiche Ermittlungen anzustellen. Vielmehr wird das Amt im Eintragungsverfahren nur dann weitere Ermittlungen anstellen, wenn sich begründete Zweifel an der Eintragbarkeit der Marke ergeben. Wird auf Informationen aus dem Internet Bezug genommen, so ist das HABM nicht verpflichtet, auf sämtliche Informationen Bezug zu nehmen, die es im Internet finden konnte;[2] es gibt also keine Pflicht, den Sachverhalt in jede denkbare Richtung hin aufzuklären. Auch ändert dies nichts an der materiellen Beweislast, die im Eintragungsverfahren den Anmelder, im Nichtigkeitsverfahren den Antragsteller trifft. Im Eintragungsverfahren bedeutet dies letztlich, dass die HABM-BK

---

1  ABl-HABM 2006, 628, 632.
2  EuG T-315/03 vom 8.6.2005, GRUR Int 2005, 837 (Nr 21) *Rockbass.*

nicht von sich aus eigene Ermittlungen in Richtung einer angeblichen Ungewöhnlichkeit einer Marke anstellen muss, wenn der Anmelder zu dieser Frage keine näheren Angaben gemacht hat,[3] sondern ihre Beurteilung auf Tatsachen stützen darf, die auf der allgemeinen praktischen Erfahrung mit der Vermarktung von Massenkonsumgütern beruhen und die jedermann und insbesondere den Verbrauchern dieser Waren bekannt sein können, und nicht verpflichtet ist, eine derartige praktische Erfahrung mit Beispielen zu belegen.[4] Vielmehr ist es dann Sache des Anmelders, der dazu wegen seiner genauen Marktkenntnis wesentlich besser in der Lage ist, durch konkrete und fundierte Angaben darzulegen, dass die Marke Unterscheidungskraft besitzt.[5]

Der Amtsermittlungsgrundsatz ist ferner eingeschränkt durch die Verpflich- 4 tung des Verfahrensbeteiligten zur Mitwirkung und zu wahrheitsgemäßen Erklärungen.[6]

Eine weitere Einschränkung ergibt sich daraus, dass – entgegen der missver- 5 ständlichen Formulierung von Art 76 (1) Satz 2, die nahe legt, dass die Bindung an die Anträge nur bei relativen Eintragungshindernissen anwendbar ist – das Amt stets an die Anträge des jeweiligen Beteiligten gebunden ist. Es kann somit nicht mehr oder etwas anderes zusprechen, als beantragt. Im Eintragungsverfahren bedeutet dies, dass nur der Gegenstand der Anmeldung (die angemeldete Marke und die beanspruchten Waren und Dienstleistungen) Prüfungsgegenstand sind. Ferner bedürfen eine Vielzahl von Verfahrenshandlungen, etwa Änderungen des Namens und der Anschrift des Anmelders oder die Eintragung von Rechtsübergängen und Lizenzen, eines Antrags, so dass es dem HABM verwehrt ist, von sich aus Ermittlungen in diese Richtung anzustellen.

Im Nichtigkeitsverfahren bedeutet dies, dass die Nichtigerklärung, wenn sie 6 nur teilweise hinsichtlich einzelner Waren und Dienstleistungen beantragt wird, nur hinsichtlich dieser Waren und Dienstleistungen erfolgen darf; dies

---

3  HABM-BK R 122/1998-3 vom 18.12.1998, ABl-HABM 1999, 604 (Nr 34) *LIGHT GREEN*.
4  EuG T-329/10 vom 19.9.2012 (Nr 32-35) *Karomuster*.
5  EuG T-129/04 vom 15.3.2006, GRUR Int 2006, 413 (Nr 19–21) *Develey-Flasche*; EuG T-424/07 vom 20.1.2008 (Nr 46) *Optimum*; EuG T-476/08 vom 16.12.2009 (Nr 31) *Best buy II*.
6  Siehe von Mühlendahl/Ohlgart, S 93.

ergibt sich nicht aus Art 52 (3), aber aus R 37 (a) (iii). Im Nichtigkeitsverfahren aus absoluten Gründen besteht eine Bindung nicht nur an die gestellten Anträge, sondern auch an die geltend gemachten Nichtigkeitsgründe, und es ist nicht Sache des Amtes, sich aus dem Vortrag des Antragstellers diejenigen Nichtigkeitsgründe erst herauszusuchen, die die Rechtsfolge einer Nichtigerklärung tragen könnten.[7] Ist beispielsweise der Nichtigkeitsantrag nur auf Art 7 (1) (f) (Sittenwidrigkeit) gestützt, so besteht kein Anlass für die Nichtigkeitsabteilung und die HABM-BK, andere Bestimmungen zu prüfen.[8]

7 Im Nichtigkeitsverfahren aus absoluten Gründen wird schließlich das HABM keinen Anlass zu eigenen tatsächlichen Ermittlungen haben, wenn nicht der Antragsteller entsprechende Tatsachen vorlegt. Es ist dann davon auszugehen, dass der Antragsteller es selbst in der Hand hat, das für ihn Günstige vorzutragen, andernfalls sein Vortrag ins Blaue hinein gerichtet ist. Zumindest hätte der Antragsteller vorzutragen, in welche Richtung Ermittlungen anzustellen wären.

8 Dem Recht des HABM, den Sachverhalt von Amts wegen zu ermitteln, entspricht keine unmittelbare Pflicht. Eine Verpflichtung besteht nur insoweit, als das Amt den Vortrag der Beteiligten (des Anmelders im Eintragungsverfahren, des Antragstellers und des Inhabers der GM im Nichtigkeitsverfahren) zu berücksichtigen hat.

9 Der Grundsatz der Amtsermittlung kann ferner materiellrechtlich modifiziert sein dadurch, dass einem Verfahrensbeteiligten die Pflicht zur Darlegung und zum Nachweis bestimmter Tatsachen obliegt. Beispielsweise braucht das HABM keine Ermittlungen anzustellen, wenn der Anmelder sich auf Verkehrsdurchsetzung (Art 7 (3)) beruft; die Verkehrsdurchsetzung ist vom Anmelder darzulegen und nachzuweisen, ohne dass das Amt eigene Ermittlungen anstellt. Das HABM braucht nur die Unterlagen zu würdigen, die der Anmelder zum Nachweis der Verkehrsdurchsetzung vorlegt.[9]

---

7 HABM-BK R 736/2012-4 vom 15.1.2013 (Nr 15) *MES COCKPIT*; von Mühlendahl/Ohlgart, S 93.
8 HABM-BK R 338/2000-4 vom 21.2.2002, ABl-HABM 2002, 1972 *INTERTOPS*.
9 EuG T-247/01 vom 12.12.2002, MarkenR 2003, 82 (Nr 47) *Ecopy*; siehe auch unter Art 78 Rdn 45.

### 3 Ausnahme bei relativen Eintragungshindernissen

Nach Art 76 (1) Satz 2 ist jedoch das Amt im Verfahren bezüglich relativer 10 Eintragungshindernisse bei der Ermittlung des Sachverhalts auf das Vorbringen und die Anträge der Beteiligten beschränkt.

#### 3.1 Anwendungsbereich

Der Grundsatz des Art 76 (1) Satz 2 bedeutet, dass das Amt im Verfahren 11 bezüglich relativer Eintragungshindernisse nicht von sich aus Ermittlungen anstellen darf oder Tatsachen aus anderen Verfahren beiziehen darf. Das Amt ist in diesen Verfahren also strikt neutral gegenüber den Parteien; es darf nicht einseitig einer Seite zum Erfolg verhelfen.[10]

Die Vorschrift ist auf das Widerspruchsverfahren und auf das Nichtigkeits- 12 verfahren, soweit relative Nichtigkeitsgründe (Art 53) betroffen sind, anzuwenden.[11] Sie ist entgegen ihrem restriktiven Wortlaut außerdem auf Verfallsanträge wegen Nichtbenutzung anzuwenden. Das ergibt sich aus R 40 (5), wonach der Nachweis der Benutzung der GM im Verfallsverfahren allein dem Markeninhaber obliegt (siehe auch unter Art 78 Rdn 63).

#### 3.2 Inhalt dieses Grundsatzes

Art 76 (1) Satz 2 erwähnt in der deutschen Fassung »das Vorbringen und die 13 Anträge«; dies schließt jedoch die Beweismittel ein, was aus den übrigen Sprachfassungen der Bestimmung folgt (im engl: »the facts, evidence and arguments provided by the parties«).[12] Der Begriff »Vorbringen« umfasst die rechtlichen und tatsächlichen Gesichtspunkte, die die Beteiligten zur Begründung ihrer Anträge vorgetragen haben.[13] So darf die Beschwerdekammer ihre Entscheidung über eine Beschwerde, mit der eine ein Widerspruchsverfahren abschließende Entscheidung angefochten wurde, nur auf die von dem betreffenden Beteiligten geltend gemachten relativen Eintragungshindernisse und die von ihm hierzu vorgetragenen Tatsachen und beigebrachten Beweise stützen.[14] »Vorbringen« umfasst auch die Anträge, so

10  EuG T-107/02 vom 30.6.2004, ABl-HABM 2005, 206 (Nr 87) *Biomate*.
11  Von Mühlendahl/Ohlgart, S 92.
12  EuG T-232/00 vom 13.6.2002, ABl-HABM 2002, 1834 (Nr 45) *Chef*.
13  EuG T-303/03 vom 7.6.2005, GRUR Int 2005, 701 (Nr 74) *Salvita/Solevita*.
14  EuG T-057/03 vom 1.2.2005, ABl-HABM 2005, 624 (Nr 21) *Hooligan/Olly Gan*; EuG T-053/05 vom 16.1.2007, GRUR 2007, 919 (Nr 59) *Calvo/Calavo*.

dass nur Beantragtes zugesprochen werden kann; eine Bindung an die Anträge besteht aber in Verfahren betr absolute Eintragungshindernisse in gleicher Weise.

14 Die Bestimmung bedeutet, dass das HABM nur solche Tatsachen berücksichtigen darf, die von den Parteien vorgetragen und ggf nachgewiesen geworden sind. Das steht aber unter dem Vorbehalt, dass die Partei diese Tatsachen wirksam in das Verfahren eingebracht haben müssen, wobei der Ausschluss verspäteten Vorbringens (Art 76 (2)) zu berücksichtigen ist, und dass der anderen Partei zu den Tatsachen, auf die das HABM die Entscheidung stützen will, Gelegenheit zur Stellungnahme eingeräumt werden muss, Art 75.

15 Das Amt ist außerdem an die Widerspruchsgründe und die geltend gemachten älteren Rechte gebunden.[15]

16 Art 76 (1) Satz 2 bedeutet aber nicht, dass das HABM die von einer Partei geltend gemachten Umstände, gegen die der andere Beteiligte keine Einwände erhoben hat, als bewiesen behandeln muss. Die Bestimmung bindet das Amt nur hinsichtlich der Tatsachen, der Beweismittel und des Parteivortrags, die es seiner Entscheidung zugrunde legt.[16] Begriffe wie »Beibringungsgrundsatz« oder »Dispositionsmaxime« sind hier unbehelflich. So ist die Zulässigkeit eines Widerspruchs, eines Nichtigkeitsantrags oder einer Beschwerde von Amts wegen zu prüfen, wobei der Anmelder der GM im Widerspruchsverfahren im Stadium der Prüfung der Zulässigkeit noch gar nicht beteiligt ist (R 16a). Auch die Einhaltung von Fristen obliegt nicht der Disposition der Parteien; ob eine Frist versäumt ist, entscheidet das Amt unabhängig davon, ob der andere Beteiligte dies rügt. Das Bestehen des älteren Rechts, auf das sich der Widerspruch stützt, ist vom Widersprechenden nachzuweisen und einem Geständnis durch Nichtbestreiten des Anmelders nicht zugänglich.[17] Ist die Einrede der Nichtbenutzung (Art 42 (2)) erhoben, so prüft die Widerspruchsabteilung, ob die vom Widersprechenden vorgelegten Benutzungsnachweise ausreichend sind (R 22 (1)), und es ist hierbei

---

15 EuG T-057/03 vom 1.2.2005, ABl-HABM 2005, 624 (Nr 21) *Hooligan/Olly Gan*; EuG T-053/05 vom 16.1.2007, GRUR 2007, 919 (Nr 59) *Calvo/Calavo*.

16 EuG T-336/03 vom 27.10.2005, ABl-HABM 2006, 236 (Nr 32 ff) *Mobilix/Obelix*.

17 EuG T-420/03 vom 17.6.2008 (Nr 77) *BoomerangTV/Boomerang*.

irrelevant, ob und wie sich der Anmelder der GMA hierzu äußert und ob er die Benutzung sogar zugesteht.[18]

Im einzelnen folgt daraus: 17

Das HABM darf in Widerspruchsverfahren und Löschungsverfahren aus re- 18 lativen Gründen nicht von sich aus ermitteln, ob eine ältere Marke Bekanntheit im Sinne der »Canon« – Rspr des EuGH[19] genießt. Das Amt darf nicht von sich aus eine Marke als notorisch bekannte Marke iSd Art 8 (2) (c) oder als bekannte Marke iSd Art 8 (5) ansehen.[20] Die Bekanntheit der älteren Marke – als rein tatsächlicher Faktor im Rahmen der Prüfung der Verwechslungsgefahr – ist vom Markeninhaber vorzutragen und zu beweisen.[21] Wenn der Widersprechende im Rahmen von Art 8 (5) es unterlässt, eine plausible Darlegung von Umständen zu geben, aus denen sich Gefahr der Ausnutzung der Wertschätzung seiner Marke ergibt, so darf das HABM nicht entsprechende hypothetische Situationen selbst konstruieren.[22]

Die phonetische und visuelle Ähnlichkeit der Zeichen ist vom Amts wegen 19 zu prüfen, gleich was die Beteiligten hierzu vorgetragen haben.[23] Ob ein Bestandteil der älteren Marke schwach, weil beschreibend, ist, ist im Rahmen der Prüfung der originären Kennzeichnungskraft als Rechtsfrage vom Amt zu prüfen, sofern die beschreibende Bedeutung offensichtlich oder aus allgemeinen Wörterbüchern erkennbar ist. Nach dem Urteil »Hooligan« unterliegt die Prüfung der inhärenten Kennzeichnungskraft der älteren Marke der Amtsermittlung.[24] Dies darf aber nicht für Tatsachen gelten, die die Kenn-

---

18 Anders HABM-BK R 068/2000-2 vom 13.3.2001, ABl-HABM 2002, 2258 *NO-VEX PHARMA/MOBEC*.

19 EuGH C-039/97 vom 29.9.1998, ABl-HABM 1998, 1406 *Canon*.

20 HABM-BK R 283/1999-3 vom 25.4.2001, ABl-HABM 2002, 281 *HOLLY-WOOD/HOLLYWOOD*; HABM-BK R 7/2001-1 vom 4.2.2002, ABl-HABM 2002, 1709 *ASPIRIN/ASPIR WILLOW*.

21 EuG T-031/03 vom 11.5.2005, GRUR Int 2005, 705 (Nr 21, 23) *Grupo Sada/Sadia* (allerdings zur – ohnehin irrelevanten – Kennzeichnungskraft der jüngeren Marke); EuG T-057/03 vom 1.2.2005, ABl-HABM 2005, 624 (Nr 30) *Hooligan/Olly Gan*.

22 HABM-BK R 2263/2011-2 vom 1.3.2013 (Nr 33) *SUNOL/SUMOL*.

23 HABM-BK R 994/2005-1 vom 7.7.2006 (Nr 30f) *WIFI NETWORKED/WI-SI*.

24 EuG T-057/03 vom 1.2.2005, ABl-HABM 2005, 624 (Nr 32) *Hooligan/Olly Gan*.

zeichnungskraft schwächen würden, wenn diese nicht offensichtlich oder amtsbekannt sind, sondern erst einer Ermittlung bedürften. So unterliegt die Schwächung der Kennzeichnungskraft durch Drittzeichen nicht der Amtsermittlung. Ob ein Bestandteil der älteren Marke, der an sich nicht beschreibend ist, durch Benutzung im Markt generisch geworden ist, ist als Tatfrage vom Gegner zu beweisen.

**20** Die Ähnlichkeit der Waren ist vom HABM unabhängig vom Parteivortrag zu entscheiden.[25] Für die Beurteilung der Warenähnlichkeit können aber auch tatsächliche Elemente relevant sein, die die Parteien vortragen müssen. Die Beteiligten können solche Tatsachen unstreitig stellen, aber nicht, ob diese hinreichend sind, um den Rechtsbegriff der Warenähnlichkeit auszufüllen und welche Gewichtung die Faktoren wie Art, Verwendungszweck der Waren bei der Beurteilung der Warenähnlichkeit haben.

**21** Im Ergebnis geht das HABM für die Prüfung des Widerspruchs vom Papiervergleich der sich gegenüberstehenden Zeichen und VerzWDL aus, alles weitere wie zB durch Benutzung erhöhte Kennzeichnungskraft ist von den Parteien vorzutragen; tatsächliche Ermittlungen darf das HABM selbst nicht anstellen; über die in R 15 (2) (c) geforderte Angabe des Widerspruchsgrunds »Verwechslungsgefahr« hinaus muss der Widersprechende nichts vortragen (siehe auch R 20 (3)).[26]

## 4 Verspätetes Vorbringen

**22** Nach Art 76 (2) »braucht« das Amt Tatsachen und Beweismittel, die von den Beteiligten verspätet vorgebracht werden, nicht zu berücksichtigen. »Braucht nicht zu berücksichtigen« heißt nicht »kann oder kann nicht berücksichtigen«, sondern, wörtlich, dass eine Berücksichtigung in der Regel nicht stattfinden braucht. Das engl »may disregard« ist eine Befugnis des Amtes. Es handelt sich um eine allgemeine Sanktion für verspätetes Vorbringen, die durch spezielle Regelungen in der DV konkretisiert werden, nämlich R 19 (4), R 20 (1), (6), R 22 (2) und R 50 (1) Satz 3. Mit Ausnahme von R 22 (2) sind diese Bestimmungen durch VO Nr 1041/2005 mit Wirkung zum 25.7.2005 eingefügt worden. Sie bezweckten eine Verschärfung der Anforderungen an die fristgerechte Begründung des Widerspruchs.

---

25 EuG T-057/03 vom 1.2.2005, ABl-HABM 2005, 624 (Nr 21, 24) *Hooligan/Olly Gan.*
26 EuG T-053/05 vom 16.1.2007, GRUR 2007, 919 (Nr 60 ff.) *Calvo/Calavo.*

### 4.1 Begriff »Tatsachen und Beweismittel«

Abs 2 erwähnt »Tatsachen und Beweismittel«. Das ist enger als der Begriff   23
»Vorbringen« in Abs 1. Allerdings schließt auch in Abs 1 der Begriff »Vorbringen« Rechtsansichten nicht ein, siehe oben unter Rdn 16.[27]

Unter den Begriff »Tatsachen und Beweismittel« fallen alle in ein- oder zwei-   24
seitigen Verfahren vorgelegten Beweismittel und tatsächliche Behauptungen;
dies schließt in einseitigen Verfahren die Vorlage von Unterlagen zur Verkehrsdurchsetzung wie auch die erstmalige Berufung auf Verkehrsdurchsetzung (Art 7 (3)) ein. Im zweiseitigen Verfahren schließt dies die erstmalige
Berufung auf durch Benutzung gesteigerte Kennzeichnungskraft der Marke
ein (hierum ging es in EuG T-164/02),[28] ferner die Vorlage von Benutzungsnachweisen gemäß R 22 (2), den Nachweis des Bestehens des älteren Rechts
gemäß R 19 (1), R 20 (1), die Vorlage entsprechender Übersetzungen (R 19
(3), R 98 (2)) sowie das Verlangen, dass der Widersprechende die Benutzung
der älteren Marke nachweise (Art 42 (2)), für das R 22 (1) nun ebenfalls eine
Frist vorschreibt.

Keine »Tatsachen und Beweismittel« sind Rechtsausführungen, dh Erläute-   25
rungen, aus welchen Gründen die Voraussetzungen einer Rechtsnorm gegeben sind. ZB ist Abs 2 nicht anwendbar auf Darlegungen des Widersprechenden, welche der Tatbestandsvoraussetzungen des Art 8 (5) (Ausnutzung
der Unterscheidungskraft usw) vorliegt.[29] Abs 2 gilt aber dann, wenn der
Widersprechende zu diesen Voraussetzungen Beweismittel vorlegt.

Keine »Tatsachen und Beweismittel« sind Anträge und Rechtsmittel. Die   26
Verspätungsregelungen (mit der Möglichkeit der Zulassung trotz Verspätung) gelten für sie überhaupt nicht. Zu unterscheiden ist: Für Rechtsmittel
sind regelmäßig Fristen vorgesehen, die reine Ausschlussfristen sind. Auch
Anträge können fristgebunden sein. So bestimmt R 22 (1) für die Stellung
des Antrags auf Erbringung des Benutzungsnachweises (Art 42 (2)) eine gesetzliche Frist (siehe unter Art 42 Rdn 153). Für andere Anträge (sei es materiellrechtlicher Art, wie die Einschränkung der GMA im Widerspruchsver-

---

27  Siehe auch EuG T-057/03 vom 1.2.2005, ABl-HABM 2005, 624 (Nr 21) *Hoo-
    ligan/Olly Gan*; Ruhl/Schlötelburg, Art 63 Rn 9.
28  EuG T-164/02 vom 10.11.2004, GRUR Int 2005, 327 (Nr 33) *Arcol/Capol*.
29  EuG T-063/07 vom 17.3.2010, GRUR 2010, 719 (Nr 34f) *Tosca de Fedeoliva/
    Tosca*.

fahren, oder rein prozessualer Art, wie auf Aussetzung des Verfahrens) gibt es gar keine Regeln, auch nicht solche, dass sie sachdienlich sein müssten. In allen diesen Fällen gilt Art 76 (2) nicht.

27 Keine »Tatsachen und Beweismittel« sind gesetzlich vorgeschriebene Handlungen, die die Partei vornehmen muss, wie Gebührenzahlungen oder Nachreichung von Unterlagen, für die die DV eine Frist vorsieht. Beispiele: Die Fristen nach R 9 (1), (2) betr die Anmeldetagserfordernisse, die Fristen nach R 6 für die Nachreichung von Prioritätsunterlagen. Ebensowenig gilt Art 76 (2) für die Beseitigung von Mängeln, zu der das Amt eine Frist gesetzt hatte, zB nach R 17 (4), im Prüfungsverfahren nach R 9 (3) oder im Verfahren zur Teilung der Anmeldung nach R 13a (2). Hierbei steht nicht der Verspätungsbegriff in Rede, sondern es handelt sich gar nicht erst um »Vorbringen« iSv Art 76 (2). Für solche Fälle ist die Weiterbehandlung (Art 82) gedacht. Allerdings ist aus materiellrechtlichen Gründen die Beseitigung bestimmter Mängel noch vor der endgültigen Entscheidung möglich (siehe unter Art 81 Rdn 167).

### 4.2 Verspätungsbegriff

28 Abs 2 spricht von »verspätetem« Vortrag, im Englischen »in due time«, im Französischen »en temps utile«. Verspätet ist Vorbringen zum einen immer dann, wenn dazu vom Amt eine Frist gesetzt worden war. Verspätet ist Vorbringen, für das keine Frist gesetzt worden war, auch dann, wenn es später vorgebracht wird, als es den Beteiligten den Umständen nach möglich gewesen wäre. Nicht verspätet sein können somit Umstände, die erst nach Fristablauf bzw Erlass der Entscheidung des Amtes eintreten.[30] Beispielsweise ist die Übertragung der angefochtenen oder der älteren Marke, der Ablauf des Schutzes der älteren Marke (R 19 (2) ist unvollständig, da hier nur der Rechtsstand innerhalb der Frist der R 19 (1) angesprochen ist) und die Nichtigerklärung der älteren Marke in jedem Verfahrensstand zu berücksichtigen.

### 4.2.1 Verspätung bei gesetzter Frist

29 Art 76 (2) betrifft auch und gerade solchen Vortrag, für den das HABM eine Frist gesetzt hatte, einschließlich der allgemeinen Schriftsatzfrist für die Par-

---

30 Oder sie gelten als verspätet, sind aber im Zweifel gleichwohl zuzulassen, so EuG T-334/01 vom 8.7.2004, GRUR Int 2004, 955 (Nr 56) *Hippovit/Hipoviton*.

teien in Widerspruchs-, Löschungs- und Beschwerdeverfahren, vorzutragen und auf den Vortrag des Gegners zu erwidern. Da gewöhnlich das Amt die Parteien zu Stellungnahmen unter Fristsetzung auffordert, auch in ex-parte-Verfahren, ist dies der Normalfall der Anwendung von Art 76 (2). Der EuGH hat im »Kaul«-Urteil die vom Amt vertretene These verworfen, Art 76 (2) sei bei vom Amt gesetzten Fristen von vornherein unanwendbar in der Weise, dass die Zurückweisung automatisch zu erfolgen habe.[31] Der andere Beteiligte ist nicht verpflichtet, sich auf verspäteten Vortrag inhaltlich einzulassen; er ist sogar berechtigt, einer Fristverlängerung für den Gegner zu widersprechen (siehe R 71 (2)). Für ihn würde sich, wenn das verspätete Vorbringen doch berücksichtigt würde, auch das Verfahren verlängern, da ihm gemäß Art 75 eine erneute Frist zur Äußerung gegeben werden müsste. In schriftlichen Verfahren dienen Fristen zur Konzentration des Streitstoffs, denn entschieden werden kann und darf nur über das, was verfahrensrechtlich korrekt Gegenstand des Verfahrens geworden ist. Zu berücksichtigen ist auch, dass nach Art 76 (1) es im Widerspruchsverfahren dem Amt untersagt wäre, eine verspätet vorgetragene Tatsache von sich aus in das Verfahren einzuführen.

### 4.2.2 Vortrag, für den keine Frist gesetzt war

Verspätet ist der Vortrag von Tatsachen auch dann, wenn für deren Vortrag  **30** keine Frist gesetzt worden war, diese aber zumutbarer Weise zu einem früheren Zeitpunkt vorgetragen hätten werden können.

Im Prüfungsverfahren wird dem Anmelder rechtliches Gehör (Art 75) auf  **31** die Beanstandungsbescheide des Amtes gewährt und es wird ihm Gelegenheit gegeben, Tatsachen und Beweismittel zur Stützung der inhärenten Unterscheidungskraft oder zum Fehlen eines beschreibenden Charakters beizubringen, jedoch werden ihm zu diesem Zweck keine Ausschlussfristen gesetzt. Entsprechender Vortrag ist damit grundsätzlich nicht verspätet im Sinne des Art 76 (2).[32] Einem Ausschluss solchen Vorbringens als verspätet steht auch entgegen, dass nach Art 76 (1) das HABM ohnehin gehalten wäre, was die grundsätzlich andere Behandlung verspäteten Vorbringens im Widerspruchsverfahren rechtfertigt.

---

31  EuGH C-029/05 vom 13.3.2007, GRUR 2007, 504 (Nr 42) *Kaul*.
32  EuG T-315/03 vom 8.6.2005, GRUR Int 2005, 837 (Nr 29) *Rockbass*.

**32** Die Nachweise für Verkehrsdurchsetzung (Art 7 (3)) erstmals vor der Beschwerdekammer dürfen nicht schon deshalb zurückgewiesen werden, weil sie vor dem Prüfer hätten vorgelegt werden können.[33] Jedoch ist unzutreffend, dass Art 76 (2) schon deshalb unanwendbar wäre, weil das Amt keine Frist gesetzt hätte.[34] Vielmehr gilt auch hier, dass der Vortrag auch ohne Versäumnis einer Frist verspätet iSv Art 76 (2) ist, wenn er zumutbar schon eher hätte eingereicht werden können. Das kommt vor allem dann in Betracht, wenn der Vortrag auch innerhalb der Beschwerdeinstanz dilatorisch ist. Hat der Prüfer mehrfach Fristen für die Einreichung von Nachweisen zur Verkehrsdurchsetzung gesetzt, so handelt es sich um einen Fall der Fristversäumnis, siehe Rdn 29. Eine Zurückverweisung an den Prüfer kommt dann nicht in Betracht, wenn der Anmelder auch nach Fristsetzung durch den Prüfer keinerlei Nachweise für die Verkehrsdurchsetzung vorgelegt hatte und nunmehr in der Beschwerdebegründung lediglich pauschal erklärt, er wünsche, dass ihm Gelegenheit zum weiteren Nachweis gegeben werde.[35]

### 4.2.3 Auswirkungen auf das Beschwerdeverfahren

**33** Das gilt auch im Beschwerdeverfahren. Gerade aus dem Grundsatz der funktionalen Kontinuität[36] folgt, dass Vortrag, der schon in erster Instanz verspätet war oder gewesen wäre, auch in 2. Instanz verspätet ist. Vortrag, der schon in erster Instanz verspätet war, bleibt in 2. Instanz verspätet, und neuer Vortrag in 2. Instanz ist verspätet, wenn dazu in 1. Instanz eine Frist gesetzt worden war, diese aber nicht wahrgenommen wurde. Die gegenteilige Auffassung einiger Urteile des EuG, insbesondere in »Arcol/Capol«,[37] wonach für den Verspätungsbegriff nur auf die Beschwerdeinstanz abzustellen ist mit der Konsequenz, dass mit der Beschwerdebegründung Vorgebrachtes nie verspätet sein kann, so dass das Verfahren mit der Beschwerde gleichsam ex ovo

---

33 EuG T-163/1998 vom 8.7.1999, ABl-HABM 1999, 1468 (Nr 44) *Baby-Dry.*

34 So aber EuG T-163/1998 vom 8.7.1999, ABl-HABM 1999, 1468 (Nr 44) *Baby-Dry.*

35 HABM-BK R 348/2006-4 vom 5.9.2006 (Nr 20) *Shape of engine.*

36 EuG T-163/1998 vom 8.7.1999, ABl-HABM 1999, 1468 (Nr 38, 43) *Baby-Dry.*

37 EuG T-164/02 vom 10.11.2004, GRUR Int 2005, 327 (Nr 29f) *Arcol/Capol*; EuG T-252/04 vom 11.7.2006 (Nr 38) *Asetra/Astara*; EuG T-275/03 vom 9.11.2005, ABl-HABM 2006, 412 (Nr 38) *Hi-Focus/Focus.*

begänne, ist vom EuGH[38] zu Recht verworfen worden. Tatsachen und Beweismittel, die nach Ablauf einer zu ihrer Vorlage in der ersten Instanz gesetzten Frist vorgelegt werden oder nicht vorgelegt wurden, bleiben in der Beschwerdeinstanz ausgeschlossen.[39] Gerade weil funktionelle Kontinuität zwischen erster Instanz und Beschwerdekammern besteht, müssen in der ersten Instanz wirksam vorgetragene Tatsachen in der zweiten Instanz nicht wiederholt werden und bleiben Tatsachen, die in der ersten Instanz als verspätet zurückgewiesen wurden oder hätten zurückgewiesen können, in der zweiten Instanz verspätet. Bei Zulassung des Vorbringens würde das Beschwerdekammer länger dauern, als wenn die Entscheidung der ersten Instanz bestätigt würde, da der Gegner zu diesem neuen Vortrag erneut gehört werden müsste.

Nunmehr (mit Wirkung vom 25.7.2005) regelt R 50 (1) Satz 3 ausdrücklich, dass der Verspätungsbegriff beide Instanzen umfasst und dass im Widerspruchsverfahren erstmals vor der Beschwerdekammer vorgetragene Tatsachen verspätet bleiben, es sei denn, es handele sich um ergänzende oder zusätzliche Tatsachen und Beweismittel (engl: additional or supplementary facts and evidence), und die Kammer möchte diese ausnahmsweise noch nach Art 76 (2) berücksichtigen. **34**

### 4.3 Zurückweisung bei Sondervorschriften

Art 76 (2) GMV gewährt dem Beteiligten keinen bedingungslosen Anspruch auf Berücksichtigung verspäteter Beweismittel, sondern räumt dem Amt ein weites Ermessen ein, um unter entsprechender Begründung seiner Entscheidung darüber zu befinden, ob verspätet vorgebrachte Tatsachen und Beweismittel zu berücksichtigen sind, jedoch nur als allgemeine Regel und vorbehaltlich einer gegenteiligen Vorschrift.[40] Naturgemäß sind alle Vorschriften, die für die Einreichung eines Widerspruchs, einer Beschwerde oder eine Gebührenzahlung Fristen vorsehen, in diesem Sinne gegenteilige Vorschriften, falls man darin überhaupt einen Fall des verspäteten Vorbringens sehen wollte (siehe oben, Rdn 27). **35**

Im Anwendungsbereich solcher gegenteiliger Vorschriften ist somit das nach Fristablauf Vorgebrachte (gleich ob wir uns vor der Widerspruchsabteilung **36**

---

38  EuGH C-029/05 vom 13.3.2007, GRUR 2007, 504 (Nr 61f) *Kaul.*
39  EuG T-152/09 vom 16.12.2011 (Nr 46) *Protiactive/Proti.*
40  EuGH C-029/05 vom 13.3.2007, GRUR 2007, 504 (Nr 42f) *Kaul.*

oder in 2. Instanz befinden) zwingend auszuschließen und es besteht kein Ermessen im Sinne des »Kaul«-Urteils, das Vorgetragene doch noch zu berücksichtigen, und zwar auch nicht in der Beschwerdeinstanz.

37 Gegenteilige Vorschriften der DV sind:

### 4.3.1 Benutzungsnachweis

38 R 22 (2) sieht im Falle der Versäumnis der von der Widerspruchsabteilung gesetzten Frist, die rechtserhaltende Benutzung der Widerspruchsmarke nachzuweisen, die Zurückweisung des Widerspruchs als zwingende Rechtsfolge vor, die jedes Ermessen ausschließt. Dies ist vom EuG inzwischen mehrfach ausdrücklich anerkannt worden[41] und vom EuGH im »Corpo Livre« – Fall bestätigt worden.[42] Dies entsprach auch der Auffassung des EuG,[43] bevor das EuG vergeblich mit »Arcol/Capol« eine neue Linie einleiten wollte, die vom EuGH dann wieder korrigiert wurde. Dementsprechend weisen die HABM-BKn nunmehr erstmals in der Beschwerdeinstanz vorgelegte Benutzungsnachweise regelmäßig als verspätet zurück.[44]

39 Gleiches gilt für die Frist nach R 40 (6), die rechtserhaltende Benutzung der älteren Marke im Löschungsverfahren nachzuweisen.[45] R 40 (6) verweist auf R 22, so dass die gleiche Ausschlusswirkung gilt wie im Widerspruchsverfahren.

### 4.3.2 Substantiierung der älteren Marke

40 R 20 (1) enthält eine Sanktion, die identisch formuliert ist wie die in R 22 (2):[46] Der Widerspruch ist zurückzuweisen, wenn der Widersprechende es versäumt hat, innerhalb der Frist nach R 19 (2) und R 20 (1) den Nachweis der älteren Marke (bei nationaler eingetragener Marke Eintragungsurkunde

---

41 EuG T-86/05 vom 12.12.2007, GRUR Int 2008, 334 (Nr 47f) *Corpo Livre*; EuG T-415/09 vom 29.9.2011 (Nr 26) *Fishbone/Fishbone Beachwear.*

42 EuGH C-090/08 vom 5.3.2009 *Corpo Livre.*

43 EuG T-388/00 vom 23.10.2002, ABl-HABM 2003, 188 (Nr 28f) *ILS/ELS.*

44 Statt vieler: HABM-BK R 1080/2007-2 vom 17.12.2008 (Nr 49) *M&K/M&K MEINE KÜCHE*; HABM-BK R 025/2009-4 vom 9.9.2009 (Nr 25f) *DERBI/ BERBY*; HABM-BK R 457/2009-2 vom 10.12.2009 (Nr 15–18) *DK.*

45 EuG T-250/09 vom 22.9.2011 (Nr 20ff) *Mangiami/Mangini.*

46 HABM-BK R 773/2007-4 vom 7.7.2008 (Nr 33) *COLOURS OF THE WORLD/ UNITED COLOURS OF BENETTON.*

mit Übersetzung, bei Art 8 (4), (5) die Nachweise zum Bestehen des nicht eingetragenen Rechts oder der Reputation) vorzulegen. Einzelheiten zu diesen Erfordernissen siehe unter Art 42 Rdn 115–138. Das EuG hat bestätigt, dass hier kein Ermessen besteht.[47] Die GrBK[48] und zahlreiche Entscheidungen der HABM-BKn[49] haben ebenfalls das Fehlen eines Ermessens bestätigt.

### 4.3.3 Ausnahmen oder Aufweichungen?

Die genannten Sondervorschriften betr die Vorlage der Nachweise des älteren Rechts und der Benutzungsnachweise machen in der Praxis den Löwenanteil der nach Fristablauf vorgelegten Beweismittel aus. Sie haben gemeinsam, dass der Widersprechende schon mit Einlegung des Widerspruchs weiß, dass er diese Nachweise vorlegen muss. Sie haben gemeinsam, dass eine Aufweichung der oa klaren Regeln einseitig nur dem Widersprechenden zugutekäme, während eine sachgerechte Handhabung des verspäteten Vorbringens grundsätzlich so beschaffen sein müsste, dass beide Parteien von ihr profitieren könnten. Gleichwohl wird nach wie vor versucht, Ausnahmen von den oa strengen, aber klaren Regeln zu begründen im Hinblick auf – angeblich –»ergänzende« Nachweise, die nur zur Komplettierung fristgerecht vorgelegter Nachweise dienen.

Im »Hippoviton«- Fall[50] erlaubte es das EuG, dass der Widersprechende zum Nachweis der rechtserhaltenden Benutzung auf Vortrag des Gegners, der die Relevanz einzelner Unterlagen in Zweifel stellte, mit weiteren Nachweisen zu erwidern. Das ist schon wegen Art 75 zulässig: Die HABM-BK dürfte ihre Entscheidung auf den betr Vortrag des Anmelders nur stützen, wenn sie dem Widersprechenden eine solche Erwiderung erlaubte. Eine Ausnahme von oder Aufweichung der oa Regeln kann darin nicht gesehen werden. Ferner stehen die genannten Sondervorschriften nicht der Berücksichtigung von Tatsachen entgegen, die erst nach Fristablauf eingetreten oder

41

42

---

47 EuG T-152/09 vom 16.12.2011 (Nr 34, 37) *Protiactive/Proti*.

48 HABM-BK R 172/2008-G vom 14.10.2009 (Nr 45–53) *VISTA/VISTAR*.

49 HABM-BK R 633/2006-2 vom 30.7.2007 *Device of a swallow/SCHWÄLBCHEN*; HABM-BK R 773/2007-4 vom 7.7.2008 (Nr 32) *COLOURS OF THE WORLD/ UNITED COLOURS OF BENETTON*; HABM-BK R 788/2008-4 vom 9.1.2009 (Nr 24) *LOCKMASTER/LOCK*; HABM-BK R 800/2011-2 vom 17.2.2012 (Nr 40) *COSMOTE CORNER/CORNER*.

50 EuG T-334/01 vom 8.7.2004, GRUR Int 2004, 955 (Nr 54) *Hippovit/Hipoviton*.

zutagegetreten sind. So kann der Widersprechende, der die ältere Marke erworben hat, im Rahmen der Substantiierung der älteren Marke (R 19 (2)) zunächst den Übertragungsvertrag als Nachweis des Rechtsübergangs einreichen und den Nachweis des Vollzugs der Umschreibung im Register des DPMA nachreichen.[51]

43   Im »Fishbone«- Fall[52] hatte die Widerspruchsabteilung die Bejahung des Benutzungsnachweises nicht auf auf zahlreiche fristgerecht vorgelegte Unterlagen, sondern auch auf einen nach Fristablauf vorgelegten Katalog gestützt, was die HABM-BK bestätigte. Das EuG bestätigte dies ebenfalls; es führte aus, R 22 (2) stehe nicht der Berücksichtigung ergänzender Nachweise entgegen, wenn die ursprünglichen Nachweise unzureichend waren. Doch stand in casu gar nicht fest, dass die fristgerecht vorgelegten Nachweise unzureichend waren, und es ist verständlich, dass, nachdem Vortrag in zwei Instanzen zugelassen wurde, er in der dritten Instanz nicht mehr ausgeschlossen wird, zumal dann die Erledigung des Rechtsstreits nicht länger dauert. Dagegen hat das EuG im »Mangiami«- Fall[53] ganz klar ausgeführt, dass es keinen »neuen Umstand« darstellt, wenn die Widerspruchsabteilung die fristgerecht vorgelegten Nachweise für unzureichend befindet. In der Tat würde die Zulassung weiterer Nachweise nur bedeuten, dass das HABM dem Widersprechenden die Bedienungsanleitung zum Nachweis verschafft. Gleiches muss gelten, wenn der Anmelder auf Mängel der Nachweise hinweist (im Unterschied zu Gegenbeweisen). Die Zulassung weiterer Nachweise würde dann den Anmelder, der aus Gründen äußerster anwaltlicher Sorgfalt auf die Mängel des Benutzungsnachweises hinweist, dafür bestrafen.[54] Im Widerspruch dazu steht der »Outburst«- Fall:[55] dort hob das EuG die HABM-BK auf, nachdem die HABM-BK die fristgerecht eingereichten Unterlagen für unzureichend befand, was das EuG ausdrücklich bestätigte, doch habe die

---

51  HABM-BK  R  280/2011-4  vom  28.11.2011  (Nr 33)  *PRIMACALL / PRIMATV.*

52  EuG T-415/09 vom 29.9.2011 (Nr 27, 31) *Fishbone/Fishbone Beachwear*. Allerdings bestätigt durch EuGH-Urteil vom 18.7.2013, wonach nun doch wieder zwischen keinem Nachweis und ergänzendem Nachweis unterschieden werden soll - eine never-ending story.

53  EuG T-250/09 vom 22.9.2011 (Nr 26f) *Mangiami/Mangini.*

54  So auch Pohlmann, S 31.

55  EuG T-214/08 vom 28.3.2012, GRUR Int 2012, 786 (Nr 39, 45, 53) *Outburst/Outburst.*

HABM die »ergänzenden« Nachweise trotz R 22 (2) berücksichtigen müssen. Die Erwägungen des EuG, solche »ergänzenden« Nachweise seien generell zulässig, wenn sie bloß »relevant« seien (Irrelevantes muss sowieso nicht berücksichtigt werden), widersprechen R 22 (2) und sind mit »Mangiami« nicht zu vereinbaren. Übrigens hat das EuG in »Protiactive«[56] erklärt, warum die Argumentation, trotz fehlenden Ermessens könne R 50 (1) eine Zulassung »ergänzender« Nachweise erlauben, einen Zirkelschluss beinhalten würde und R 20 (1) ihrer Wirkung berauben würde.

Die HABM-BKn folgen meist der strengen Linie,[57] zeigen aber gelegentlich 44 Tendenz, im Rahmen des Benutzungszwangs[58] oder sogar der Substantiierung der älteren Marke Aufweichungen bei »ergänzenden« Nachweisen zuzulassen, oder dem Widersprechenden grundsätzlich das Recht zuzusprechen, solche »ergänzenden« Nachweise zuzulassen, dann aber den »ergänzenden« Charakter zu verneinen,[59] ohne dass klar wird, warum und wie Unzureichendes »ergänzt« werden kann.[60] Im Rahmen des Benutzungszwangs erscheint es sachgerecht, ergänzende Nachweise dann zuzulassen, wenn sie in Reaktion auf Beweismittel der Gegenpartei eingereicht wurden;[61] das ist die Konstellation des »Hippoviton«- Falls. Wer ergänzende Unterlagen mit der Folge zulässt, dass dem Widerspruch doch noch zum Erfolg verholfen wird,[62] der stört empfindlich das Vertrauen der Parteien in die Bedeutung der Fristen. Im Rahmen der Substantiierung der älteren Marke muss eine

56 EuG T-152/09 vom 16.12.2011 (Nr 40f) *Protiactive/Proti*.
57 HABM-BK R 1122/2009-2 vom 16.3.2010 (Nr 36-39) *HID/HID*; HABM-BK R 004/2011-1 vom 1.9.2011(Nr 31) *INCA/INCCA*; HABM-BK R 1661/2012-4 vom 19.2.2013 (Nr 20) *NORPHARMA / NORISPHARM*; HABM-BK R 800/2011-2 vom 17.2.2012 (Nr 41) *COSMOTE CORNER/CORNER*; HABM-BK R 2305/2010-4 vom 4.7.2012 (Nr 56) *HOUBIGANT/PARFUMS HOUBI-GANT PARIS*; HABM-BK R 2079/2010-4 vom 23.5.2012 (Nr 28) *SPORT TV INTERNATIONAL/SPORTV*.
58 HABM-BK R 1633/2010-2 vom 9.6.2011 (Nr 27) *MIO/MIE*.
59 HABM-BK R 435/2011-2 vom 7.11.2011 (Nr 21, 23) *MEDITEX/MEDITEX*; HABM-BK R 1867/2010-2 vom 14.11.2011 (Nr 47f) *ARKOBIOTIC/ARKO*.
60 Kritisch Pohlmann, S 31.
61 So HABM-BK R 748/2012-1 vom 14.3.2013 (Nr 27ff) *HUSKY* (zu Nachweisen, die schon von der Löschungsabteilung zugelassen wurden).
62 So HABM-BK R 1324/2012-1 vom 14.3.2013 (Nr 17, 24) *ARDEX/JARDEX* – sogar mit Zulassung mehrerer Nachreichungen und ohne Erwähnung von R 22, dh unter Verstoß gegen die Entscheidung der GrBK.

Berücksichtigung verspäteter Nachweise ausgeschlossen bleiben.[63] Bejaht die HABM-BK die zwingende Zurückweisung der Beweismittel, so kann sie sinnvollerweise auch hilfsweise darlegen, dass auch eine Ermessensausübung nur zu Lasten des Widersprechenden ausfallen würde.[64] Es kann auch hilfsweise das Verspätete in der Sache zurückgewiesen werden, dh argumentiert werden, dass auch bei dessen Zulassung das Ergebnis das gleiche bliebe.[65]

### 4.4 Bereich der Ermessensausübung

45 In allen anderen Fällen (entweder wenn eine Frist gesetzt wurde, aber keine Sondervorschrift besteht, die eine Sanktion für die Fristversäumnis vorsieht, oder wenn keine Frist gesetzt wurde, aber der Vortrag gleichwohl früher hätte erfolgen können und sollen) ist ein Ermessen auszuüben. Der EuGH beschreibt den mit dem Begriff »braucht« angesprochenen Sachverhalt als Ermessen,[66] was allerdings nicht im Sinne des Ermessensbegriffs des deutschen Verwaltungsverfahrensrechts verstanden werden darf, sondern als freies verfahrensleitendes Ermessen. Der Ermessensbegriff bedeutet, dass die Entscheidung nicht durch sachfremde Erwägungen motiviert sein darf[67] (siehe auch unter Art 65 Rdn 15). Für die rechtmäßige Ermessensausübung ist lediglich erforderlich, dass sich das Amt der Möglichkeit der Ermessenausübung bewusst war und die Umstände, unter denen die Dokumente verspätet eingereicht wurden, in Betracht zieht.[68]

---

63 HABM-BK R 1485/2011-4 vom 15.6.2012 (Nr 25) *NOSOLOALPARGATAS/ BTC*; HABM-BK BK R1220/2012-1 vom 25.3.2013 (Nr 14, 17) Shape of a hinge; HABM-BK R 1522/2010-2 vom 2.11.2011 (Nr 25f) *GALA FRIENDS/GA-LA*.

64 Beispielsfälle: HABM-BK R 172/2008-G vom 14.10.2009 (Nr 52) *VISTA/VI-STAR*; HABM-BK R 773/2007-4 vom 7.7.2008 (Nr 37) *COLOURS OF THE WORLD/UNITED COLOURS OF BENETTON*; HABM-BK R 2305/2010-4 vom 4.7.2012 (Nr 58) *HOUBIGANT/PARFUMS HOUBIGANT PARIS*;.

65 HABM-BK R 1071/2005-2 vom 26.6.2006 (Nr 47) *TOLL HOUSE/TOLL-HAUS*; HABM-BK R 2079/2010-4 vom 23.5.2012 (Nr 29) *SPORT TV INTER-NATIONAL/SPORTV.*

66 EuGH C-029/05 vom 13.3.2007, GRUR 2007, 504 (Nr 43) *Kaul.*

67 EuG T-019/99 vom 12.1.2000, GRUR 2000, 429 (Nr 33) *Companyline*; EuG T-030/00 vom 20.9.2001, GRUR Int 2002, 75 (Nr 70) *Waschtablette/Bildmarke.*

68 EuG T-392/06 vom 27.4.2010, GRUR Int 2010, 730 (Nr 33-36) *Unibanco/Unizero.*

Es entspricht dem Grundsatz der ordnungsgemäßen Verwaltung und dem **46** Erfordernis, den sachgerechten Ablauf und die Effizienz der Verfahren zu gewährleisten, dass die Beteiligten dazu veranlasst werden, die ihnen vom HABM für die Durchführung eines Verfahrens gesetzten Fristen einzuhalten.[69] Der EuGH betont, die bloße Tatsache, dass das HABM ggf entscheiden kann, die von den Beteiligten außerhalb der festgelegten Fristen vorgebrachten Tatsachen und Beweismittel nicht zu berücksichtigen, erscheine bereits für sich genommen geeignet, den Beteiligten eine solche Veranlassung zu geben.[70] Das berücksichtigt nicht hinreichend, dass der Effekt, die Parteien zur Beachtung der Fristen anzuhalten, nur erreicht werden kann, wenn die Parteien auf die Zulassung verspäteten Vorbringens nicht bauen können. Auch sind die Parteien primär auf die Rechtsbehelfe wegen Fristversäumnis (R 71 (2) – Fristverlängerung auf Antrag; Art 81 – Wiedereinsetzung; Art 82 – Weiterbehandlung) zu verweisen.[71]

Einen Katalog von Kriterien, die für die Ermessensausübung heranzuziehen **47** wären, gibt der EuGH nicht vor, der EuGH verlangt nur eine entsprechende Begründung durch das HABM. Der EuGH hält eine Berücksichtigung verspäteten Vorbringens dann für zu rechtfertigen, wenn es von wirklicher Relevanz ist und andererseits das Verfahrensstadium und die Umstände der verspäteten Vorlage der Berücksichtigung nicht entgegenstehen.[72] Dazu ist kritisch zu bemerken, dass irrelevantes Vorbringen ohnehin nicht gewürdigt werden braucht und sich die Problematik nur bei relevantem Vorbringen stellt.

Mit dem Charakter einer Ermessensentscheidung wäre es unvereinbar, Kriterienkataloge zu entwickeln. Gleichwohl gibt es einen Kanon von Überlegungen, die sinnvollerweise anzustellen sind und in der Praxis angestellt werden. **48** Diese sind in der »Schwälbchen«-Entscheidung der 2. HABM-BK wie folgt zusammengefasst:[73] Wurde die Partei klar genug vom Amt über die Bedeutung der Frist aufgeklärt; hat die Partei die verspätete Vorlage entschuldigt oder zumindest erklärt; in welchem Verfahrensstadium erfolgt die Vorlage

---

69  EuGH C-029/05 vom 13.3.2007, GRUR 2007, 504 (Nr 47) *Kaul*.

70  EuGH C-029/05 vom 13.3.2007, GRUR 2007, 504 (Nr 47) *Kaul*.

71  HABM-BK R 633/2006-2 vom 30.7.2007 (Nr 43) *Device of a swallow/ SCHWÄLBCHEN*.

72  EuGH C-029/05 vom 13.3.2007, GRUR 2007, 504 (Nr 44) *Kaul*.

73  HABM-BK R 633/2006-2 vom 30.7.2007 (Nr 40, 43) *Device of a swallow/ SCHWÄLBCHEN*.

und wie droht das Verfahren verzögert zu werden; grundsätzlich ist die Beachtung der vom Amt gesetzten Fristen die Regel und die Zulassung verspäteten Vorbringens die Ausnahme; in zweiseitigen Verfahren spricht schon der Grundsatz der Waffengleichheit und das Erfordernis, die Interessen der anderen Partei mitzuberücksichtigen, gegen die Zulassung.

49  Regelmäßig reicht es zur Begründung der Zurückweisung des verspäteten Vorbringens aus, auf die Interessen der anderen Partei zu verweisen, die zu Recht erstinstanzlich obsiegt hatte, und festzustellen, dass die Partei die Gründe für die Verspätung nicht erläutert hat.[74] Es ist ausreichend, darauf zu verweisen, dass die betr Unterlage der Partei schon früher zur Verfügung stand, so dass sie sie fristgerecht hätte einreichen können.[75] Gegen eine Berücksichtigung spricht auch, wenn die verspätet eingereichten Unterlagen ebenfalls Mängel oder Ungereimtheiten aufweisen.[76] Zugunsten einer Ermessenausübung könnte sprechen, wenn beide Parteien zu einer streitigen Tatsache Nachweise vorgelegt haben, die die Wahrheit erst scheibchenweise zu Tage brachten.

50  Ob eine Frist um einen Tag oder ein Jahr versäumt wurde, sie bleibt versäumt. Regelmäßig wird die Dauer der Fristüberschreitung keinen sachgerechten Grund für die Zulassung darstellen können, weil dies die Bedeutung der Fristen aufweichen würde[77] und weil, wenn die Nichtzulassung in der 2. Instanz korrigiert werden sollte, entsprechend dann noch später eine erhebliche Verlängerung des Verfahrens eintreten würde.

## Artikel 77 (ex Artikel 75)  Mündliche Verhandlung

**(1) Das Amt ordnet von Amts wegen oder auf Antrag eines Verfahrensbeteiligten eine mündliche Verhandlung an, sofern es dies für sachdienlich erachtet.**

**(2) Die mündliche Verhandlung vor den Prüfern, vor der Widerspruchsabteilung und vor der Markenverwaltungs- und Rechtsabteilung ist nicht öffentlich.**

---

74  HABM-BK R 2198/2012-4 vom 7.3.2013 (Nr 17) *TOPSTONE/TOPSTON.*
75  EuG T-378/09 vom 31.1.2012 (Nr 58) *Spa Group/Spar.*
76  HABM-BK R 2198/2012-4 vom 7.3.2013 (Nr 18) *TOPSTONE/TOPSTON.*
77  HABM-BK R 773/2007-4 vom 7.7.2008 (Nr 24) *COLOURS OF THE WORLD/ UNITED COLOURS OF BENETTON.*

(3) Die mündliche Verhandlung, einschließlich der Verkündung der Entscheidung, ist vor der Nichtigkeitsabteilung und den Beschwerdekammern öffentlich, sofern die angerufene Dienststelle nicht in Fällen anderweitig entscheidet, in denen insbesondere für eine am Verfahren beteiligte Partei die Öffentlichkeit des Verfahrens schwerwiegende und ungerechtfertigte Nachteile zur Folge haben könnte.

*Schennen*

## 1 Allgemeines

Art 77 regelt die Durchführung einer mündlichen Verhandlung. Nach **1** Art 77 (1) wird diese von Amts wegen oder auf Antrag eines Beteiligten angeordnet, sofern das Amt es für sachdienlich erachtet. Ein Anspruch auf eine mündliche Verhandlung besteht somit nicht. In der Praxis bildet die Durchführung mündlicher Verhandlungen eine seltene Ausnahme. Art 77 (2) und (3) regeln ferner, in welchen Fällen die mündliche Verhandlung öffentlich ist.

Die Bestimmung wird ergänzt durch R 56, Ladung zur mündlichen Ver- **2** handlung, R 60, Niederschrift, R 94 (7), Erstattungsfähigkeit von Kosten, und R 97, Sprachen der mündlichen Verhandlung. R 60 wurde durch VO Nr 1041/2005 mit Wirkung zum 25.7.2005 erheblich vereinfacht. Für das Verfahren vor der HABM-BK enthält Art 9 VerfOBK ergänzende Bestimmungen.

## 2 Fakultativer Charakter

Das Verfahren vor dem HABM ist grundsätzlich schriftlich; die Durchfüh- **3** rung einer mündlichen Verhandlung bleibt seltenste Ausnahme. Dies gilt für alle Organe des Amtes, also die Prüfer, die Widerspruchsabteilung, die Nichtigkeitsabteilung und die BK. Anders als nach Art 116 EPÜ besteht also auch vor der HABM-BK kein Anspruch auf eine mündliche Verhandlung.

4  Die mündliche Verhandlung kann von Amts wegen oder auf Antrag eines Beteiligten angeordnet werden. Ein entsprechender Antrag ist auf Durchführung einer verfahrensleitenden Maßnahme gerichtet, also letztlich bloße Anregung. Eine Pflicht zum Erscheinen besteht nicht. Bleibt ein Beteiligter aus, so wird nach Lage der Akten entschieden, wobei Art 76 zu berücksichtigen ist. Der in Art 77 (1) genannte Antrag eines Verfahrensbeteiligten auf Durchführung einer mündlichen Verhandlung ist kein selbstständiger Antrag; seine Ablehnung ist nicht selbstständig beschwerdefähig. Letztlich handelte es sich um nichts mehr als eine Anregung, da die Durchführung einer mündlichen Verhandlung allein im Ermessen des HABM liegt.

5  Die Beschwerdekammern haben erst in drei Fällen eine mündliche Verhandlung anberaumt. Im Verfahren »HOLLYWOOD«[1] hielt die HABM-BK die Durchführung einer mündlichen Verhandlung für sachdienlich, da es um schwierige Tat- und Rechtsfragen bei der Anwendung des Art 8 (5) ging. In einem zweiten Verfahren nahm im Dezember 2009 der Anmelder seine GMA nach Mitteilung der Anberaumung der mündlichen Verhandlung zurück; in einem weiteren Verfahren half die Ankündigung einer mündlichen Verhandlung mit, dass sich die Parteien einigten.

6  In allen übrigen Fällen haben die Beschwerdekammern Anträge der Beteiligten auf Durchführung einer mündlichen Verhandlung abgelehnt. Eine mündliche Verhandlung wird regelmäßig deshalb entbehrlich sein, weil die Beschwerdekammer über alle Angaben verfügt, deren sie zur Stützung des Tenors der angefochtenen Entscheidung bedarf, und die Beschwerdeführer nicht dartun, inwiefern mündliche Ausführungen zusätzlich zu denjenigen, die sie schriftlich bereits dargelegt haben, den Erlass einer Entscheidung zu ihren Lasten verhindert hätten.[2] In zahlreichen Fällen hat die HABM-BK eine mündliche Verhandlung mit der Begründung abgelehnt, alle entscheidungserheblichen Tatsachen lägen vor und der Beschwerdeführer habe nicht dargetan, was über das schriftsätzliche Vorbringen hinaus noch zusätzlich in

---

1  HABM-BK  R 283/1999-3  vom  25.4.2001,  ABl-HABM  2002,  281 *HOLLYWOOD/HOLLYWOOD*.

2  EuG T-115/02 vom 13.7.2005, GRUR Int 2005, 254 (Nr 30) *Adolf Ahlers*.

einer mündlichen Verhandlung erörtert werden sollte.[3] Die bloße Ankündigung, den schriftlichen Vortrag noch weiter ergänzen zu wollen, reicht also im allgemeinen nicht. Auch die Komplexität der Tat- und Rechtsfragen ist nicht entscheidend; regelmäßig können alle Rechtsfragen auch schriftlich vorgetragen werden und müssen alle tatsächlichen Behauptungen im schriftlichen Verfahren nachgewiesen werden. Bei Rückverweisung an die erste Instanz ist eine mündliche Verhandlung ohnehin unnötig.[4]

Die Beschwerdekammer verfügt über einen weiten Ermessensspielraum in 7 Bezug auf die Frage, ob eine von einem Verfahrensbeteiligten beantragte mündliche Verhandlung wirklich notwendig ist, so dass aus den oben genannten Gründen eine mündliche Verhandlung ohne weiteres unterbleiben kann.[5]

## 3 Öffentlichkeit

Nach Art 77 (3) ist die mündliche Verhandlung einschließlich der Verkün- 8 dung der Entscheidung vor der Nichtigkeitsabteilung und der HABM-BK grundsätzlich öffentlich. Jedoch liegt es im Ermessen der Nichtigkeitsabteilung oder der HABM-BK, die Öffentlichkeit auszuschließen, wenn die Öffentlichkeit des Verfahrens für einen Verfahrensbeteiligten schwerwiegende und ungerechtfertigte Nachteile zur Folge haben könnte. Dies wird nur zur Wahrung persönlichkeitsrechtlicher Belange in Betracht kommen. Da die Akten des HABM ab Veröffentlichung der GMA der freien Einsicht unterliegen (Art 88), sollten formelhafte Begründungen wie etwa eine Berufung auf angebliche Betriebsgeheimnisse nicht ausreichen, die Öffentlichkeit auszuschließen. Die mündliche Verhandlung im Verfahren »HOLLYWOOD«[6] war öffentlich.

---

3 HABM-BK R 044/1998-3 vom 28.7.1998, Mitt. 1998, 396 (Nr 25) *SUPREME*; HABM-BK R 118/1999-1 vom 12.1.2000, ABl-HABM 2000, 1098 (Nr 16) *TOPCUT*; HABM-R 263/1999-3 vom 13.4.2000 (Nr 35) *Senfglas*; HABM-BK R 1138/2007-1 vom 3.9.2008 (Nr 33) *Strahlregler III*; HABM-BK R 1671/2008-4 vom 16.12.2009 (Nr 15) *QUANTEN-MEDICINE*.
4 HABM-BK R 364/1999-1 vom 15.5.2000 (Nr 15) *MENS HEALTH*.
5 EuGH C-370/10, Beschluss vom 14.3.2011 (Nr 77) *Educa Memory Game*; EuG T-115/02 vom 13.7.2004, GRUR Int 2005, 254 (Nr 30) *Adolf Ahlers*; EuG T-299/09 vom 3.2.2011 (Nr 34) *Ginstergelb und Silbergrau*; EuG T-378/11 vom 20.2.2013 (Nr 72, 74) *Medinet*.
6 HABM-BK R 283/1999-3 vom 25.4.2001, ABl-HABM 2002, 281 *HOLLY-WOOD/HOLLYWOOD*.

**9**  Dagegen ist die mündliche Verhandlung vor den Prüfern, vor der Widerspruchsabteilung und vor der Markenverwaltungs- und Rechtsabteilung nicht öffentlich; dies gilt ohne Ausnahme (Art 77 (2)).

## 4  Ladung

**10**  Zur mündlichen Verhandlung müssen gemäß R 56 die Beteiligten ausdrücklich schriftlich geladen werden, und zwar unter Wahrung einer Ladungsfrist von mindestens einem Monat, sofern die Beteiligten nicht mit einer kürzeren Frist einverstanden sind (R 56 (1)). In der Ladung hat das Amt auf die entscheidungserheblichen Tatsachen hinzuweisen, R 56 (2). Die HABM-BK soll vor der mündlichen Verhandlung darauf hinwirken, dass die Beteiligten alle relevanten Unterlagen vorlegen (Art 9 (1) VerfOBK), und kann in der Ladung auf die entscheidungserheblichen oder nicht mehr strittigen Punkte hinweisen (Art 9 (2) VerfOBK); damit soll eine Durchführung der mündlichen Verhandlung unter Konzentration auf das Wesentliche gefördert werden.[7] Erscheint ein Beteiligter nicht, so wird die mündliche Verhandlung ohne ihn fortgesetzt, R 56 (3).

## 5  Niederschrift

**11**  Gemäß R 60 wird über die mündliche Verhandlung – wie auch über eine Beweisaufnahme – eine Niederschrift aufgenommen. Diese enthält, nach Neufassung der R 60 (Änderung durch VO Nr 1041/2005), nur noch den Tag der Verhandlung, die Namen der Anwesenden, die gestellten Anträge einschließlich Beweisanträge und die Entscheidung des Amtes. Sie enthält also insbesondere nicht ein Wortprotokoll mit den in der mündlichen Verhandlung gemachten Aussagen. Vielmehr wird der Gang der mündlichen Verhandlung auf Tonband aufgenommen, jedoch nur insoweit, als Aussagen der Parteien oder von Zeugen und Sachverständigen betroffen sind, R 60 (3). Die deutsche Fassung von R 60 (3) ist falsch: die Aussagen der Zeugen werden nicht Bestandteil der Niederschrift, sondern, so die engl Fassung, »recorded«, dh auf Tonband aufgenommen. Es ist damit gerade nicht mehr erforderlich, dass Wortprotokolle über den Gang der mündlichen Verhandlung angefertigt werden müssen. Dies würde einen unzumutbaren Aufwand bedeuten. Die bisherige Fassung von R 60 mit dem Zwang zur Anfertigung von Wortprotokollen hat mit dazu beigetragen, dass das HABM bisher

---

7  Von Mühlendahl/Ohlgart, S 197.

mündliche Verhandlungen gemieden hat. Wer die Niederschrift aufnimmt, ist in R 60 nF nicht mehr geregelt. Unverändert erhalten die Beteiligten eine Abschrift der Niederschrift, R 60 (3). Die Niederschrift wird in die Verfahrensakte aufgenommen, R 60 (2) Satz 1.

## 6 Entscheidung

Am Ende der mündlichen Verhandlung soll die Sache entscheidungsreif sein 12 (Art 9 (3) VerfOBK). Ein Wiedereinstieg in das schriftliche Verfahren ist damit ausgeschlossen; späterer schriftlicher Vortrag wird unbeachtlich sein (Art 76 (2)). Wie sich aus den Eingangsworten von Art 77 (3) ergibt, kann am Ende der mündlichen Verhandlung die Entscheidung mündlich verkündet werden; die Rechtsmittelfrist wird jedoch erst durch die Zustellung der schriftlichen Ausfertigung der Entscheidung in Gang gesetzt.

## 7 Sprachen

Wie sich aus R 97 indirekt ergibt, findet die mündliche Verhandlung grundsätzlich in der Verfahrenssprache statt. 13

Betrifft die mündliche Verhandlung die Anmeldung einer Gemeinschaftsmarke (mündliche Verhandlung vor dem Prüfer oder vor der HABM-BK, wenn eine Zurückweisungsentscheidung des Prüfers angefochten wurde), so haben sowohl der Anmelder der GMA als auch das Personal des HABM das Recht, die zweite Sprache der Anmeldung zu verwenden (R 97 (1) Satz 2, (2) Satz 1), und mit Zustimmung aller Beteiligten und des Amtes kann jeder Beteiligte jede Amtssprache der EG verwenden (R 97 (4)). 14

Ferner kann jeder Beteiligte sowie jeder in der Beweisaufnahme vernommene Beteiligte, Zeuge oder Sachverständige jede Amtssprache der EG verwenden, wenn der Beteiligte für die Übersetzung in die Verfahrenssprache sorgt (R 97 (1) Satz 1, (3)); die Kosten fallen in diesem Falle dem Beteiligten zur Last. Falls die Übersetzung nicht einem Verfahrensbeteiligten obliegt, trifft das Amt die Vorkehrungen für die Übersetzung in die Verfahrenssprache oder eine andere Sprache des Amtes auf eigene Kosten (R 97 (5)). Auch wenn die mündliche Verhandlung auf Veranlassung des Amtes stattfindet, hängt die Verpflichtung zur Kostentragung davon ab, ob die Übersetzung einem Verfahrensbeteiligten obliegt. 15

Soweit die Übersetzung einem Verfahrensbeteiligten obliegt, kann das Amt auf Wunsch des Beteiligten einen materiellen Beitrag zur Bereitstellung der 16

Übersetzung leisten und insbesondere die erforderlichen Dolmetschkabinen und eine Liste der Dolmetscher bereitstellen. Hierdurch leistet das Amt logistische Unterstützung, ohne zur Tragung der Kosten verpflichtet zu sein. Für Beweisaufnahmen, die auf Verlangen des Amts angeordnet sind, trägt stets das Amt die Übersetzungskosten, was sich aus R 97 (3) Satz 2 ergibt.[8]

### 8 Kosten

17  Die Kosten einer mündlichen Verhandlung – mit Ausnahme der Kosten für Übersetzungen, für die die oben genannten Sonderregeln gemäß R 97 gelten – bilden Teil der Kosten des Verfahrens, die nach Art 85 (1), R 94 (7) Gegenstand der Kostenentscheidung und ggf der Kostenfestsetzung sind, soweit die mündliche Verhandlung zur Durchführung des Verfahrens notwendig war (siehe auch unter Art 85 Rdn 69). Die Kosten einer mündlichen Verhandlung sind stets erstattungsfähige Verfahrenskosten, unabhängig davon, ob die mündliche Verhandlung vom Amt angeordnet worden ist oder auf Antrag der Beteiligten durchgeführt wurde. Für die Erstattungsfähigkeit der Reise- und Aufenthaltskosten der Beteiligten und der Vertreter gelten die in R 94 (7) (a)–(d) bezeichneten Höchstsätze, die das Kostenrisiko stark begrenzen. Die Kosten einer Beweisaufnahme sind gemäß R 59 (5) jedoch von den Beteiligten nur zu tragen, wenn der Beteiligte die Beweisaufnahme beantragt hat, dagegen vom Amt zu tragen, wenn es aus eigener Initiative Zeugen oder Sachverständige zur Vernehmung geladen hat.[9]

### Artikel 78 (ex Artikel 76)  Beweisaufnahme

(1) In den Verfahren vor dem Amt sind insbesondere folgende Beweismittel zulässig:

a) Vernehmung der Beteiligten,
b) Einholung von Auskünften,
c) Vorlegung von Urkunden und Beweisstücken,
d) Vernehmung von Zeugen,
e) Begutachtung durch Sachverständige,
f) schriftliche Erklärungen, die unter Eid oder an Eides statt abgegeben werden oder nach den Rechtsvorschriften des Staates, in dem sie abgegeben werden, eine ähnliche Wirkung haben.

---

8  Siehe auch von Mühlendahl/Ohlgart, S 106.
9  Von Mühlendahl/Ohlgart, S 93.

(2) Die befaßte Dienststelle kann eines ihrer Mitglieder mit der Durchführung der Beweisaufnahme beauftragen.

(3) Hält das Amt die mündliche Vernehmung eines Beteiligten, Zeugen oder Sachverständigen für erforderlich, so wird der Betroffene zu einer Vernehmung vor dem Amt geladen.

(4) Die Beteiligten werden von der Vernehmung eines Zeugen oder eines Sachverständigen vor dem Amt benachrichtigt. Sie sind berechtigt, an der Zeugenvernehmung teilzunehmen und Fragen an den Zeugen oder Sachverständigen zu richten.

*Schennen*

**Literatur:**
*Risthaus*, Erfahrungssätze im Kennzeichenrecht, 2. Aufl, Köln/München; *Schneider*, Erfahrungssätze zur Wahrnehmung unterschiedlicher Zeichenkategorien im europäischen Markenrecht, in: FS 50 Jahre BPatG, München 2011, S 887.

*Schennen*

## 1 Allgemeines

1   Diese Bestimmung regelt die Beweisaufnahme vor dem HABM. Sie wird ergänzt durch R 57 (Beweisaufnahme), R 58 (Beauftragung von Sachverständigen), R 59 (Kosten der Beweisaufnahme) und R 97 zur Sprachenregelung in mündlichen Verfahren.

2   Die Beweisaufnahme erfolgt durch das HABM selbst (siehe Art 78 (2)). Die Beweisaufnahme ist ein Hoheitsakt. Art 78 und R 57 enthalten die dafür erforderliche Ermächtigung. Das HABM hat nicht die Möglichkeit, sich bei der Durchführung der Beweisaufnahme durch europäische (EuGH) oder nationale Gerichte oder Behörden unterstützen zu lassen; eine Vernehmung von Zeugen oder Sachverständigen vor nationalen Gerichten ist nicht möglich (anders Art 117 (3) (b) EPÜ). Die GMV enthält keine Vorschriften über die Rechtshilfe. Die Vorschrift der R 92 über die gegenseitige Unterrichtung und den Verkehr mit nationalen Ämtern ermächtigt nicht zur Amtshilfe bei einer Beweisaufnahme. Diese Lücke lässt sich auch nicht durch allgemeines EG-Recht schließen: Der Kommission steht nach Art 284 EG-V keine Befugnis zur Beweisaufnahme, sondern nur ein Auskunftsrecht zu, und auch dieses nur gegenüber Mitgliedstaaten und gegenüber Privaten nur auf Grund gesonderter Ermächtigung.[1] Der EuGH kann zwar gemäß Art 22–25 des Protokolls über die Satzung des EuGH eine Beweisaufnahme durchführen,[2] doch fehlt es an einer Ermächtigung, eine Beweisaufnahme im Auftrag des HABM durchzuführen.

3   Die Beweisaufnahme durch das HABM erfolgt:
   – aufgrund einer förmlichen, verfahrensleitenden Entscheidung, falls die Vernehmung von Zeugen oder Beteiligten, die Augenscheinseinnahme oder die Beauftragung (R 58) und Vernehmung von Sachverständigen erfolgen soll (R 57 (1));

---

1   Siehe Groeben/Thiesing/Grunwald, EG-V, Art 213 Rn 1, 6, 28, 29, 33.
2   Siehe dazu Groeben/Thiesing/Grunwald, EG-V, Art 213 Rn 12.

– durch schriftliches Auskunftsersuchen im Rahmen von Art 78 (1) (b);
– formlos durch Verwertung von den Parteien vorgelegten Urkunden, schriftlichen Auskünften und schriftlichen Erklärungen;
– formlos bei der Vernehmung »präsenter«, von dem Beteiligten mitgebrachter Zeugen oder Sachverständigen. Diese ist, wie sich aus R 59 (3) Satz 3 ergibt, zulässig; Grenze ist insoweit nur das rechtliche Gehör des anderen Beteiligten (Art 75).

Dem HABM stehen keine Zwangsmittel zur Durchsetzung einer Beweisauf- 4 nahme zu Gebote; es ist auf die Kooperation der Zeugen und Sachverständigen angewiesen. So erübrigt sich auch ein Zeugnisverweigerungsrecht. Aus der mangelnden Mitwirkung eines Zeugen oder Beteiligten können allerdings im Wege der freien Beweiswürdigung negative Rückschlüsse gezogen werden.[3] Das HABM kann auch keinen Eid abnehmen. Grund hierfür ist nicht, daß das HABM Verwaltungsbehörde ist (siehe § 46 (1) DE-PatG, § 60 (1) DE-MarkenG), sondern das Fehlen einer entsprechenden Ermächtigungsgrundlage.[4] Es kann lediglich schriftliche Erklärungen unter Eid oder an Eides Statt verwerten (Art 78 (1) (f)), solche Erklärungen jedoch nicht selbst abnehmen.

## 2 Beweis und Beweislast

Beweis ist die Ermittlung von Tatsachen, nicht von Rechtsmeinungen. Tatsa- 5 chen sind sowohl äußere Tatsachen (Ereignisse) als auch innere Tatsachen (Kenntnis einer Person von äußeren Tatsachen).[5] Zum Unterschied Tatsachen/Rechtsfragen siehe unten unter Rdn 57 ff.

### 2.1 Beweisbedürftigkeit; Geeignetheit des Beweismittels

Eine Beweisaufnahme darf nur hinsichtlich der Feststellung 6
– entscheidungserheblicher
– beweisbedürftiger
– Tatsachen
erfolgen. Dies gilt auch für von den Parteien sua sponte vorgebrachte Beweise.

---

3 Singer/Bühler, Art 117 Rn 33.
4 Vgl andererseits Art 117 (1) (g) EPÜ.
5 Knack/Clausen, VwVfG § 26 Rn 3; Baumbach/Lauterbach/Albers/Hartmann, ZPO, vor § 284 Rn 19, 20.

Nicht beweisbedürftig sind:

7 – Amtsbekannte Tatsachen,[6] dh Tatsachen, die die Bediensteten des HABM aus dienstlicher Tätigkeit heraus kennen. Dazu zählt: der Inhalt anderer Akten des HABM; ein bestimmter allgemein üblicher Sprachgebrauch (Jargon), den die zuständigen Beamten des HABM kennen; daß Tierhalter mit ihren Haustieren positive Emotionen verbinden.[7]

8 – Allgemein bekannte Tatsachen.[8] Dazu zählen zB solche Tatsachen, die allgemein als offenkundige Tatsachen bezeichnet werden, zB Schulbuchwissen; insofern überschneidet sich dieser Begriff mit den amtsbekannten Tatsachen. Dazu zählt auch der Inhalt von Wörterbüchern; Wörterbuchdefinitionen sind somit im Widerspruchsverfahren nicht von den Beteiligten zu beweisen[9] und im Prüfungsverfahren auf absolute Eintragungshindernisse nicht vom HABM gegenüber dem Anmelder nachzuweisen, sondern es reicht Angabe der Fundstelle im Bescheid oder der Zurückweisungsentscheidung. Dazu zählt, welche Fremdsprach-, zB Englisch-Kenntnisse Durchschnittsverbraucher in bestimmten Mitgliedstaaten haben.[10] Dazu zählen allgemein bekannte Tatsachen im Zusammenhang mit Funktion und Benutzung von Waren, wie daß Computerdienstleister sich auch mit der Datenvernichtung befassen.[11] Ohne weitere Nachweise ist als allgemein bekannt von Grundkenntnissen des Englischen in Skandinavien, NL[12] und IT[13] auszugehen. Dazu zählt auch, ob ein bestimmter Name in einem bestimmten Mitgliedstaat häufig ist.[14]

---

6 Siehe Ruhl/Schlötelburg, Art 65 Rn 5; Knack/Clausen, VwVfG, § 26 Rn 4.

7 HABM-BK R 1742/2010-4 vom 28.2.2011 (Nr 18) *Herzförmiger Becher*.

8 EuGH C-088/11 vom 10.11.2011 (Nr 27) *Kompressor Plus*; EuG T-185/02 vom 22.6.2004, ABl-HABM 2004, 1236 (Nr 29–32) *Picaro/Picasso*; EuG T-299/09 vom 3.2.2011 (Nr 36) *Ginstergelb und Silbergrau*; EuG T-179/07 vom 24.9.2008 (Nr 71) *Aprile/Anvil*; EuG T-535/08 vom 27.9.2012 (Nr 44) *Emidio Tucci/Tuzzi*.

9 EuG T-057/03 vom 1.2.2005, ABl-HABM 2005, 624 (Nr 60) *Hooligan/Olly Gan*.

10 EuG T-435/07 vom 26.11.2008 (Nr 22) *New Look*.

11 EuG T-451/11 vom 15.1.2013 (Nr 65) *Gigabyte/Gibabiter*.

12 EuG T-435/07 vom 26.11.2008 (Nr 23) *New Look*.

13 EuG T-194/03 vom 23.2.2006, ABl-HABM 2006, 873 (Nr 109) *Bainbridge/Bridge*.

14 Siehe EuG T-169/03 vom 1.3.2005, GRUR Int 2005, 503 (Nr 82) *Sissi Rossi/Miss Rossi*.

– Erfahrungssätze. Darunter fallen vor allem ein bestimmtes Verständnis **9**
der beteiligten Verkehrskreise von einer Marke, die Art und Weise, wie
der Verbraucher ein Zeichen im Regelfall wahrnehmen wird. Erfahrungstatsachen bedürfen wie offenkundige Tatsachen keines Beweises durch die
im Widerspruchsverfahren beweisbelasteten Beteiligten oder, im Prüfungsverfahren, durch das Amt; dh das Amt darf seine Beurteilung auf
Tatsachen stützen, die auf der allgemeinen praktischen Erfahrung mit der
Vermarktung von Massenkonsumgütern beruhen und die jedermann und
insbesondere den Verbrauchern dieser Waren bekannt sein können und
ist nicht verpflichtet, dies mit Beispielen zu belegen.[15] Sie dürfen ohne
weitere Tatsachenfeststellungen zugrundegelegt werden, müssen aber regelmäßig selbstkritisch hinterfragt werden.[16]

– Werturteile, da überhaupt keine Tatsachen. Darunter fallen die Einstu- **10**
fung von Begriffen als beschreibend oder täuschend, der optische Eindruck einer Bildmarke, die Verwechslungsgefahr.[17] Nur die Tatsachen,
die diesen Urteilen zugrunde liegen, sind dem Beweis zugänglich.

– Sachverhalte, die einem Beurteilungsspielraum durch das HABM unter- **11**
liegen, zB komplexe wissenschaftliche und technische Bewertungen; für
diese ist der Umfang der gerichtlichen Nachprüfbarkeit eingeschränkt.[18]

– Bereits bewiesene Tatsachen. Jedoch muß der Antritt des Gegenbeweises **12**
zugelassen werden. Auch darf die Beweiswürdigung nicht vorweggenom-
men werden.[19]

– Tatsachen, für die eine tatsächliche oder rechtliche Vermutung streitet. **13**
Diese sind der Entscheidungsfindung zugrunde zu legen, solange nicht
der Beweis des Gegenteils erbracht ist.[20] Beispiel für eine Vermutung:
R 62 (3).

---

15  EuG T-129/04 vom 15.3.2006, GRUR Int 2006, 413 (Nr 19) *Develey-Flasche*;
    EuG T-299/09 vom 3.2.2011 (Nr 34) *Ginstergelb/Silbergrau*; Schneider, in: FS 50
    Jahre BPatG, S 887, 896.
16  Schneider, in: FS 50 Jahre BPatG, S 887, 896.
17  EuG T-057/03 vom 1.2.2005, ABl-HABM 2005, 624 (Nr 21) *Hooligan/Olly
    Gan*.
18  EuG T-187/06 vom 19.11.2008, GRUR Int 2009, 133 (Nr 63, 73) *Pflanzensorte
    Sumcol 01*.
19  Zöller/Greger, ZPO, vor § 284 Rn 10, 12.
20  Risthaus, S 299.

14 – Sachlich unerhebliche Tatsachen, dh solche, auf die es zur Entscheidung des Verfahrens nicht ankommt.[21] Beispiel: Benutzung oder Eintragung der identischen Marke in Drittstaaten, Auffassung von Einzelpersonen über die Unterscheidungskraft einer Marke, Verwechslung der Marken durch Einzelpersonen,[22] Benutzung der Marke, wenn ein Rechtserwerb auf Grund bloßer Benutzung nicht möglich ist.

15 – Verfahrensmäßig unerhebliche Tatsachen. Dazu zählen solche, die wegen der Beweislastverteilung nicht zu berücksichtigen sind. Beispiele: Beweisantritte der nicht beweisbelasteten Partei in inter-partes-Verfahren, solange der andere Beteiligte den ihm obliegenden Hauptbeweis noch nicht erbracht hat.[23] Dazu zählen ferner solche, die als wahr unterstellt werden können, ohne daß sich am Ergebnis etwas ändert,[24] die also mithin nicht mehr erheblich sind. Beispiel: Die Benutzung der Widerspruchsmarke auf entsprechenden Antrag des Anmelders der GM (Art 42 (2)), wenn die ältere Marke nicht ähnlich ist.

16 – Tatsachen, mit denen ein Sachverhalt bewiesen werden soll, der in Widerspruch zu einer gerichtlichen oder behördlichen Entscheidung steht, die das HABM bindet,[25] da damit in Wahrheit die Beseitigung der Bindungswirkung erstrebt wird. Beispiele: Eine nationale Marke enthält einen Disclaimer; deren Inhaber wendet ein, der betr Bestandteil der Marke sei doch unterscheidungskräftig. Ein nationales Amt teilt dem HABM mit, daß der Vertreter die Vertretungsbefugnis vor dem nationalen Amt verloren hat; das HABM darf nicht ermitteln, ob dies zutrifft, sondern muß die Löschung in der Liste der zugelassenen Vertreter nach R 78 (2), (5) vornehmen. Nationale Gerichte sind nach Art 107 an die Rechtsgültigkeit der GM gebunden.

17 Auch bei an sich beweisbedürftigen Tatsachen unterbleibt die Beweisaufnahme:

18 – Wenn das HABM die Beweisaufnahme von einem Kostenvorschuss des Beteiligten abhängig gemacht hat (R 59 (1)) und der Vorschuss nicht gezahlt wurde.

---

21  Musielak/Foerster, ZPO, § 284 Rn 19.

22  HABM-BK R 040/2006-4 vom 10.7.2007 (Nr 32) *SDZ/SAZ*.

23  Siehe Zöller/Greger, ZPO, vor § 284 Rn 10; Stein/Jonas/Leipold, ZPO, § 286 Rn 29 und § 284 Rn 79.

24  Siehe Stein/Jonas/Leipold, ZPO, § 285 Rn 79; Ruhl, Art 65 Rn 4.

25  Siehe Stein/Jonas/Leipold, § 284 Rn 81; Knack/Clausen, VwVfG, § 24 Rn 9.

– Im Rahmen der Sachverhaltsermittlung von Amts wegen besteht keine   19
Pflicht, allen denkbaren Beweismitteln nachzugehen. Hier ist es dem Beteiligten überlassen, sich auf die für ihn günstigen Tatsachen zu berufen
und dazu konkret Beweis anzutreten.[26]
– Wenn das Beweismittel nicht hinreichend bezeichnet worden ist, uner-   20
reichbar oder ungeeignet ist.
– Wenn der Beteiligte, der die Vernehmung beantragt hat, es unterlässt,   21
den Namen und die Anschrift des Zeugen oder Sachverständigen mitzuteilen (R 57 (1) Satz 2); das HABM ist nicht verpflichtet, Nachforschungen nach der Anschrift des Zeugen anzustellen.
– Wenn die Behauptung Hörensagen darstellt, zB daß eine nicht genannte   22
Person einem anderen etwas mitgeteilt haben soll;[27] diese sind der Überprüfung oder Bestätigung im Zeugenstand verschlossen.
– Wenn der Zeuge oder Sachverständige unter seiner Anschrift nicht er-   23
reichbar ist.
– Wenn der Zeuge sich weigert, zu einem bestimmten Termin zu erschei-   24
nen. Da die Aussage nicht erzwungen werden kann, muß das HABM bei
aller berechtigter Rücksichtnahme auf Terminswünsche von Beteiligten
und Zeugen Herr des Verfahrens bleiben.

Bei nicht beweisbedürftigen Tatsachen ist gleichwohl folgende Verteidigung   25
möglich:
– Bei allgemein bekannten Tatsachen ist der Einwand des nicht Beweisbe-   26
lasteten, die Tatsache sei unrichtig, von Amts wegen zu berücksichtigen,
der Beweisbelastete (oder im Verfahren vor dem EuG das HABM) kann
alle Tatsachen zur Stützung der Richtigkeit der amtsbekannten Tatsache
vorbringen, ohne an Ausschlußregeln über verspätetes Vorbringen gebunden zu sein.[28]
– Bei Erfahrungssätzen ist der Gegenbeweis anderer Verbraucherauffassung   27
in bestimmten Branchen oder Kennzeichnungsgewohnheiten zulässig.[29]
Im deutschen Recht wird vertreten, daß Erfahrungssätze im Unterschied

---

26 EuG T-129/04 vom 15.3.2006, ABl-HABM 2006, 943 (Nr 21) *Develey-Flasche.*
27 HABM-BK R 040/2006-4 vom 10.7.2007 (Nr 33) *SDZ/SAZ.*
28 EuGH C-088/11 vom 10.11.2011 (Nr 26-32) *Kompressor Plus.*
29 EuG T-007/09 vom 21.4.2010 (Nr 30) *Spannfutter.*

zu offenkundigen Tatsachen dem Gegenbeweis durch Meinungsumfrage,[30] wegen der Allgemeinheit der Fragestellung nicht aber der durch Zeugenbeweis,[31] zugänglich sind. Das alles gilt aber nur für solche Sätze, die aus allgemein bekannten Tatsachen destilliert wurden. Viele der bei Risthaus diskutierten Sätze sind in Wahrheit keine solchen der Erfahrung, sondern reine Werturteile oder gar, wie der der Beurteilung der Marke als Ganzes,[32] Rechtssätze.

28  Nicht verwertet werden dürfen unzulässig erlangte Beweismittel. Eine solche Unzulässigkeit wird sich nur dort bejahen lassen, wo Eingriffe in die Privatsphäre und Persönlichkeitsrechte in Rede stehen, was im ex-parte-Verfahren in Markensachen nicht praktisch werden kann. Es ist nicht unzulässig, wenn ein Beteiligter die ihm von dem anderen Beteiligten in der Erwartung oder unter der Auflage der Vertraulichkeit übermittelten Unterlagen dem HABM vorlegt. Nach britischer Praxis können im Rahmen von Verhandlungen zwischen den Beteiligten außerhalb des laufenden Verfahrens Schriftstücke »without prejudice« übermittelt werden. Die Verpflichtung des Empfängers, solche Unterlagen nicht gegen den Absender zu verwenden, ist eine rein standesrechtliche und im Verfahren vor dem HABM unbeachtlich. Ohnehin zeigen derartige Schriftstücke nur, daß das das Angebot einer einverständlichen Regelung gemacht wurde, was unerheblich ist und dem Obsiegenden nicht entgegengehalten werden kann.

29  Beweisantritte der beweisbelasteten Partei dürfen nicht abgelehnt werden, weil die behauptete Tatsache unwahrscheinlich sei[33] oder ihr Gegenteil bereits feststehe. Dies wäre vorweggenommene Beweiswürdigung.[34]

---

30  Risthaus, Erfahrungssätze im Kennzeichenrecht; BGHZ 156, 250; Lettl, NJW-Sonderheft 100 Jahre Markenverband, 2003, S 44, 47.

31  Risthaus, S 341.

32  Dieser und viele andere Sätze werden bei Risthaus, S 122, als Erfahrungssätze qualifiziert.

33  Siehe EuG T-006/05 vom 6.9.2006, ABl-HABM 2006, 1300 (Nr 46) *Def-Tec.*

34  Siehe Baumbach/Lauterbach/Albers/Hartmann, ZPO, § 286 Rn 35; Stein/Jonas/Leipold, ZPO, § 284 Rn 78; BGH NJW 1996, 1542; einschränkend Ahrens, Der Wettbewerbsprozeß, 5. Aufl, S 559.

## 2.2 Relevanz des Bestreitens von Tatsachen

Der Grundsatz, daß in Widerspruchsverfahren und in Verfahren zur Nich- **30** tigerklärung auf Grund relativer Eintragungshindernisse (Art 53) Tatsachen zugrundezulegen sind, wenn sie entweder unstreitig oder zu Gunsten der beweisbelasteten Partei bewiesen sind, gilt nicht uneingeschränkt, er ist materiell-rechtlich vielfach eingeschränkt.

Der Antrag auf Erbringung des Benutzungsnachweises (Art 42 (2), im Nich- **31** tigkeitsverfahren Art 57 (2)) impliziert, daß die Benutzung bestritten wird. Daraufhin hat der Inhaber der älteren Marke den Benutzungsnachweis zu erbringen. Der Gegner muß sich zu den Nachweisen nicht mehr äußern, denn er hat die Benutzung bereits bestritten. Auch wenn er sich zu den vorgelegten Nachweisen nicht äußert, hat das Amt den Benutzungsnachweis in freier Beweiswürdigung zu prüfen.[35] Nähere Substantiierungen des Anmelders sind auch dann entbehrlich, wenn er die Benutzung in anderen Verfahren bereits erfolglos bestritten hatte, solange jene Verfahren keine res iudicata entfalten; er muß also nicht einmal darlegen, warum in jenen anderen Verfahren falsch entschieden wurde.[36] Allerdings kann die Benutzung dadurch »unstreitig gestellt« werden, daß der Antrag auf Erbringung des Benutzungsnachweises zurückgenommen wird.

Die Bekanntheit der älteren Marke (im Rahmen des Art 8 (5) oder einer gel- **32** tend gemachten erhöhten Kennzeichnungskraft) ist stets vom Inhaber der älteren Marke zu beweisen; hier gibt es kein Geständnis und keinen Zwang des Bestreitens mit Nichtwissen.

Unbeachtlich ist ein Bestreiten, wenn es der Wahrheitspflicht widerspricht **33** oder widersprüchlichen Vortrag bedeutet. Der Anmelder kann also nicht die Einrede der Benutzung erheben (und damit die Benutzung bestreiten), wenn er gleichzeitig gesteht, daß die Widerspruchsmarke benutzt wird.[37] Der Löschungskläger darf keine Einwände gegen Benutzungshandlungen erheben, wenn er, selbst Anwalt, weiß, daß diese entgeltlich erbracht werden, zB daß

---

35 EuG T-303/03 vom 7.6.2005, GRUR Int 2005, 701 (Nr 79) *Salvita/Solevita*.
36 Konsequenz aus EuG T-108/08 vom 15.7.2011 *Good Life/Good Life* (wenn auch dort nicht erörtert).
37 Siehe HABM-BK R 1947/2007-4 vom 24.9.2008 (Nr 19) *HOKAMP/HOLT-KAMP.*

Anwälte Schriftsätze an Behörden nicht ohne Mandantenauftrag oder unentgeltlich absetzen.[38]

34  Unzulässig ist ein Bestreiten, wenn es auf die Ausforschung des Gegners zielt, wenn also der Beteiligte sich die Kenntnis von zu behauptenden Tatsachen erst verschaffen will; der andere Beteiligte ist nicht verpflichtet, dem Gegner die Munition für seinen Vortrag erst noch zu liefern.[39] Ebensowenig sind Behauptungen beachtlich, die eine Seite »ins Blaue hinein« aufstellt, indem sie Tatsachenbehauptungen aufstellt, für die sie keinen sachlichen Anhaltspunkt hat, nur um den Gegner zu zwingen, die betr Tatsache zu beweisen oder zu widerlegen. So ist etwa in einem Nichtigkeitsverfahren gegen eine für »Mineralwasser« eingetragene GM die zur Unterstützung des Nichtigkeitsgrunds der Täuschungsgefahr aufgestellte Behauptung, die Produkte des Gegners enthielten Leitungswasser, unbeachtlich und der Rechtsfindung nicht zu Grunde zu legen, da sie lediglich beabsichtigt, den Gegner zu zwingen, die Qualität des Wassers seiner Produkte nachzuweisen; auch liegt darin unzulässige Stimmungsmache.[40] Hierbei geht es in Wahrheit um Fragen der Darlegungslast.

### 2.3 Beweismaß

35  Erforderlich ist nach Praxis der HABM-BK und der Rspr der volle Beweis, nicht nur eine bloße Wahrscheinlichkeit.[41] Dabei ist auch nicht nach dem Grad der Wahrscheinlichkeit zu differenzieren.[42] Die Entscheidung darf nicht auf bloße Wahrscheinlichkeiten oder Annahmen gestützt werden.[43]

36  Eine Tatsache ist bewiesen, wenn sie zur vollen Überzeugung des Spruchkörpers feststeht, wenn sie also nicht nur wahrscheinlich, sondern wahr ist. Allerdings ist, so der BGH, eine völlig zweifelsfreie Überzeugung nicht möglich und nicht nötig; ausreichend ist es, wenn sich der Richter mit einem für das praktische Leben brauchbaren Grad von Gewissheit begnügt, der den

---

38  HABM-BK R 1071/2008-4 vom 23.6.2009 (Nr 38) *IP_LAW@MBP.*

39  BGH WRP 2006, 1383 *Restschadstoffentfernung*; Stein/Jonas/Leipold, ZPO, § 284 Rn 40, 43; Zöller/Greger, ZPO, vor § 284 Rn 5; Ahrens, Der Wettbewerbsprozeß, 5. Aufl, S 575.

40  HABM-NA 330 vom 10.8.2004 (Nr 21) *ALASKA.*

41  EuG T-039/01 vom 12.12.2002, Slg 2002 II-5233 (Nr 47) *Hiwatt.*

42  EuG T-504/09 vom 14.12.2011, GRUR 2012, 777 (Nr 113) *Völkl/Völkl*: »so wahrscheinlich sie auch erscheinen mag«.

43  HABM-BK R 667/2005-G vom 7.6.2007 (Nr 38) *Cardiology Update.*

Zweifeln Schweigen gebietet, ohne sie völlig auszuschließen.[44] Der BGH betont, daß dies nicht ein Maßstab von »an Sicherheit grenzender Wahrscheinlichkeit« ist, sondern eine subjektive Gewissheit des Richters fordert, auch wenn andere zweifeln mögen. Dieser Maßstab entspricht dem in der US-Rspr angewandten Maßstab »beyond reasonable doubt«, wobei das Gewicht auf das Wort »reasonable« zu legen ist, da ein völliger Ausschluß jeden Zweifels nicht möglich ist. Er entspricht auch nicht dem engl Recht, wonach eine Tatsache bewiesen ist, wenn sie wahrscheinlicher ist als ihr Gegenteil, und auch nicht der Praxis des EPA, wonach das Beweismaß von der Art und Bedeutung der beweisbedürftigen Tatsache abhängt.[45]

Die Frage des Beweismaßes war in den PrüfRiLi zunächst offengelassen, weil 37 davon ausgegangen wurde, daß uU eine Einschränkung des Beweismaßes auf überwiegende Wahrscheinlichkeit sachgerecht sein könnte, um den Umfang der erforderlichen Amtsermittlung sinnvoll zu begrenzen. Das Beweismaß hat aber nichts mit der Verpflichtung zur Sachverhaltsermittlung zu tun. Eine Tatsache kann nur bewiesen oder nicht bewiesen sein. Im Interesse der Rechtsstaatlichkeit ist jede Aufweichung des Beweismaßes und jede Ersetzung von Beweis durch bloße Wahrscheinlichkeit abzulehnen.[46] Das Beweismaß darf weder davon ab das Beweismittel schwierig zu beschaffen ist,[47] denn der Nachteil, daß ein Beweismittel nicht oder schwer erreichbar ist, trifft immer den Beweisbelasteten, noch davon, welche Bedeutung die zu beweisende Tatsache bzw der Ausgang des Verfahrens für die Partei hat.[48] Das Beweismaß des Vollbeweises trägt alldem besser Rechnung, weil es flexibel ist in dem Sinne, daß der Vollbeweis schon erbracht ist, wenn in freier Beweiswürdigung keine vernünftige Zweifel an der Richtigkeit der Tatsache bestehen. Das schließt gerade feste Beweisregeln, wie sie sich beim Benutzungsnachweis leicht einzuschleichen drohen (nach dem Motto »10 Rechnungen und ein Katalog reichen aus, 3 Rechnungen nicht«) aus.

---

44  BGHZ 53, 256; BGH NJW 1982, 2875; 1993, 937; Benkard/Schäfers, PatG, § 93 Rn 2; näher dazu Kather, FS für Eisenführ, S 177, 180.

45  Singer/Bühler, Art 117 Rn 13 mwN.

46  Zöller/Greger, ZPO, § 286 Rn 20.

47  HABM-BK R 546/2009-4 vom 12.1.2010 (Nr 27) *MAJESTIC/MAJESTIC*; anders wohl EuG T-086/07 vom 16.12.2008, GRUR Int 2009, 609 (Nr 60) *Deitech/Dei-tex*.

48  So aber die Rspr des EPA, siehe Singer/Joos, Art 117 Rn 13ff mwN.

## 2.4 Beweiswürdigung

38 EuG und HABM-BKn würdigen die Beweise frei.[49] Freie Beweiswürdigung
bedeutet: keine Bindung an feste Beweisregeln, Ausschöpfung der gesamten
Tatsachen, auch der amtsbekannten, und Würdigung des Beweiswerts der
einzelnen Unterlagen auf ihren Wahrheitsgehalt hin, beispielsweise deren
Herkunft und Umstände der Entstehung und ob sie ihrem Inhalt nach vernünftig und glaubhaft erscheinen.[50] Dazu gehört, daß aus dem prozessualen
Verhalten der nicht beweisbelasteten Partei Schlüsse gezogen werden dürfen,
zB ob bestimmte Tatsachen nicht substantiiert bestritten wurden.[51] Auch
wird zweideutigen Angaben des Anmelders selbst Beweiswert zugesprochen,
wenn sie an der Richtigkeit des vorgetragenen Sachverhalts im übrigen zweifeln ließen.[52]

39 Die freie Beweiswürdigung bedeutet auch, daß nicht jedem Beweismittel
gleicher Beweiswert zugemessen werden muß[53] und daß nicht beiden Partei-
en gleich viel geglaubt werden müsste.[54]

## 2.5 Beweislast

40 Zu unterscheiden ist die formelle (subjektive) und die materielle (objektive)
Beweislast: die formelle Beweislast besteht nur in Verfahren mit Verhand-
lungsmaxime,[55] hier also in Verfahren gemäß Art 76 (1) Satz 2. Sie regelt,
welcher Beteiligte den Beweis für die entscheidungserhebliche Tatsache anzutreten hat; sie ist mit der materiellen Beweislast identisch.[56] Die materielle
Beweislast regelt, zu wessen Lasten die Nichterweislichkeit einer Tatsache

---

49 EuG T-303/03 vom 7.6.2005, GRUR Int 2005, 701 (Nr 40) *Salvita/Solevita.*;
   EuG T-262/04 vom 15.12.2005, GRUR Int 2006, 315 (Nr 78) *Bic-Feuerzeug*;
   HABM-BK R 1882/2007-4 vom 13.11.2008 (Nr 23) *PINE TREE.*

50 EuG T-262/04 vom 15.12.2005, GRUR Int 2006, 315 (Nr 78) *Bic-Feuerzeug.*

51 HABM-BK R 1882/2007-4 vom 13.11.2008 (Nr 23) *PINE TREE*; HABM-BK
   R 1071/2008-4 vom 23.6.2009 (Nr 18) *IP_LAW@MBP.*

52 HABM-BK R 003/1997-1 vom 29.4.1998 *BOUNTY 3-D.*

53 Singer/Bühler, Art 117 Rn 18.

54 EuG T-137/08 vom 28.10.2009 (Nr 69, 77) *Grün-gelb.*

55 Stein/Jonas/Leipold, ZPO, § 286 Rn 29; Fitzner/Rauch, PatG, § 87 Rn 16.

56 Siehe Stein/Jonas/Leipold, ZPO, § 286 Rn 29, 34; Zöller/Greger, ZPO, vor
   § 284 Rn 18; Prütting, Münchner Kommentar zur ZPO, § 286 Rn 96, 97.

geht. Sie besteht auch in Verfahren mit Amtsermittlungsgrundsatz und bedeutet dort, zu wessen Lasten die Nichterweislichkeit einer Tatsache geht, wenn alle Mittel zur Erforschung des Sachverhalts ausgeschöpft sind.[57] Grundsätzlich trifft die Beweislast denjenigen, der sich auf die Voraussetzungen einer ihm günstigen Rechtsnorm (Anspruchsvoraussetzungen, Einwendungen, Einreden) beruft.[58]

Der Beweislast korrespondiert eine Darlegungslast: nur was von den Beteilig- 41 ten substantiiert vorgetragen wurde, bedarf des Beweises. Eine Darlegungslast besteht immer dann, wenn es eine formelle Beweislast gibt. Sie besteht aber auch in Verfahren mit Amtsermittlungsgrundsatz dann, wenn ein Beteiligter näher am Sachverhalt ist.[59]

### 2.5.1 Beweislast im ex-parte-Verfahren

In Verfahren vor dem HABM mit Amtsermittlungsgrundsatz bedeutet dies: 42

Die Nichterweislichkeit der Voraussetzungen des Art 3 (Rechtsfähigkeit) 43 geht im Zweifel zu Lasten des Anmelders der GM.

Für das Nichtvorliegen absoluter Eintragungshindernisse (Art 7) hat der 44 Anmelder die Beweislast. Grundsätzlich verlangt der EuGH, daß das Bestehen der Unterscheidungskraft »nachgewiesen« ist.[60] Der EuGH hat es auch ausdrücklich als Beweislastregel bezeichnet, daß, wenn ein Kläger geltend macht, eine Anmeldemarke habe entgegen der vom HABM vorgenommenen Beurteilung Unterscheidungskraft, es Sache des Klägers ist, durch konkrete und fundierte Angaben darzulegen, daß die Anmeldemarke Unterscheidungskraft entweder von Haus aus besitzt oder durch Benutzung erworben hat.[61] Das EuG bezeichnet dies ausdrücklich als Beweislast des Anmel-

---

57  Siehe Singer/Bühler, Art 117 Rn 20; Fitzner/Rauch, PatG, § 87 Rn 17; Stein/Jonas/Leipold, ZPO, § 286 Rn 26; Benkard/Schäfers, PatG, § 87 Rn 10.

58  Siehe Stelkens/Bonk/Kallerhoff, VwVfG, § 24 Rn 54 f; Stein/Jonas/Leipold, ZPO, § 286 Rn 38–41.

59  EuG T-129/04 vom 15.3.2006, ABl-HABM 2006, 943 (Nr 21) *Develey-Flasche*.

60  EuGH C-053/01 vom 8.4.2003, GRUR 2003, 514 (Nr 48) *Linde/Winward/Rado*; siehe auch Ströbele/Hacker, MarkenG, § 8 Rn 11, 287.

61  EuGH C-238/06 vom 25.10.2007, GRUR 2008, 339 (Nr 50) *Develey-Flasche*.

ders.[62] Entgegen dem äußeren Anschein handelt es sich um Voraussetzungen des Rechtserwerbs, für den die GMV außer der abstrakten Markenfähigkeit (Art 4) keine weiteren Voraussetzungen aufstellt. Dem steht nicht entgegen, daß der Anmelder einen Anspruch auf Eintragung hat, wenn kein absolutes Eintragungshindernis besteht. Dies bedeutet nur, daß die Entscheidung darüber eine gebundene Entscheidung ist.[63] Der Anspruch auf Erteilung eines gewerblichen Schutzrechtes, oder überhaupt eines begünstigenden Verwaltungsakts, besteht nur, wenn das Vorliegen der gesetzlichen Voraussetzungen dafür positiv feststeht.[64] Das EuG verlangt zwar vom HABM, daß ein Eintragungshindernis belegt werden muß. Es darf also nicht das HABM die Sachverhaltsermittlung auf den Anmelder abwälzen. Auch darf sich das HABM nicht auf das Formulieren spekulativer Bedenken verlegen. Damit wird aber keine materielle Beweislast für das HABM begründet für den Fall, daß sich Tatsachen nicht ermitteln lassen; es handelt sich nicht um eine Nachweispflicht, sondern um eine Begründungspflicht.[65] Ebensowenig muß der Anmelder von sich aus das Fehlen von Eintragungshindernissen beweisen. Im Ergebnis muß das HABM gemäß Art 37 und R 11 eine begründete Beanstandung erlassen, und wenn es Tatsachen anführt, müssen diese verifizierbar sein. Der Anmelder hat sodann im Rahmen seiner Mitwirkungspflicht ernsthafte Bedenken des HABM gegen die Schutzfähigkeit der Marke mit auszuräumen, und es ist seine Sache, aus seiner Marktkenntnis für die angemeldeten Waren durch konkrete und fundierte Angaben zur Sachverhaltsaufklärung beizutragen.[66] Eine etwa von ihm geltend gemachte besondere Verkehrsauffassung oder Kennzeichnungsgewohnheit hat der Anmelder nachzuweisen.[67]

---

62  EuG T-299/09 vom 3.2.2011 (Nr 36) *Ginstergelb und Silbergrau*; EuG T-127/06, Beschluß vom 5.12.2007 (Nr 35) *Saw blade*.

63  EuGH C-217/07, Beschluß vom 13.2.2008, MarkenR 2008, 160 (Nr 43) *Hairtransfer*; EuG T-299/09 vom 3.2.2011 (Nr 40) *Ginstergelb und Silbergrau*.

64  BPatG MarkenR 2009, 278 *Mini Plus*; Benkard/Schäfers, PatG, § 87 Rn 12; Ule/Laubinger, Verwaltungsverfahrensrecht, S 278.

65  Schneider; in: FS 50 Jahre BPatG, S 887, 895.

66  EuGH C-238/06 vom 25.10.2007, GRUR 2008, 339 (Nr 50) *Develey-Flasche*; EuG T-129/04 vom 15.3.2006, GRUR Int 2006, 413 (Nr 21) *Develey-Flasche*; EuG T-194/01 vom 5.3.2003, GRUR Int 2003, 754 (Nr 48) *Ovoide Waschtablette*; EuG T-476/08 vom 16.12.2009 (Nr 31) *Best buy II*.

67  EuG T-007/09 vom 21.4.2010 (Nr 30) *Spannfutter*.

Den Nachweis für das Vorliegen der Verkehrsdurchsetzung (Art 7 (3)) hat 45
der Anmelder zu erbringen.[68] Der Anmelder hat diese Nachweise unaufgefordert von sich aus vorzulegen.[69]

Im Nichtigkeitsverfahren aus absoluten Gründen (Art 52) hat die Beweislast 46
der Antragsteller.[70] Ist ein Recht entstanden, so wird sein Fortbestand vermutet.[71] Diese Beweislastverteilung gilt generell für Verfahren zur Erklärung
der Nichtigkeit eines gewerblichen Schutzrechts, auch eines Sortenschutzrechts[72] oder eines Patents.[73] Auch für den Nichtigkeitsgrund der Bösgläubigkeit hat der Antragsteller die volle Darlegungs- und Beweislast;[74] der gute
Glaube wird vermutet. Anders ist es nur für die Voraussetzungen der
Verkehrsdurchsetzung. Daß diese vorliegen, hat nicht nur der Anmelder im
Eintragungsverfahren, sondern auch der Inhaber der GM im Nichtigkeitsverfahren zu beweisen.[75] Die Nichtfeststellbarkeit der Voraussetzungen der
Verkehrsdurchsetzung geht also in allen Verfahrenskonstellationen zu Lasten
des Markenanmelders/-inhabers.

### 2.5.2 Beweislast im Kollisionsverfahren

Im Widerspruchsverfahren (Art 41) trifft den Widersprechenden die Beweis- 47
last für die Voraussetzungen des Bestehens eines älteren Rechts, insbesondere

---

68 EuG T-247/01 vom 12.12.2002, MarkenR 2003, 82 (Nr 47) *Ecopy*; EuG
T-263/04 vom 15.12.2005, GRUR Int 2006, 315 (Nr 66) *Bic-Feuerzeug*; EuG
T-028/08 vom 8.7.2009 (Nr 56–59) *Bounty-Riegel*; HABM-BK R 150/2008-4
vom 2.4.2008 (Nr 31) *Farbmarke Gelb-schwarz*; siehe auch EuGH C-238/06
vom 25.10.2007, GRUR 2008, 339 (Nr 50) *Develey-Flasche*.

69 EuG T-399/02 vom 10.11.2004, GRUR Int 2004, 664 (Nr 52) *Coronita-Flasche*.

70 Mandel, ABl-HABM 2001, Sonderheft 1, S 278; siehe auch Jackermeier, Die Löschungsklage im Markenrecht, S 110 f.

71 HABM-BK R 251/2008-4 vom 1.10.2008 (Nr 18) *POHLSCHRÖDER*; Stein/Jonas/Leipold, ZPO, § 286 Rn 39; BGH NJW 1972, 1674.

72 EuG T-133/08 vom 18.9.2012 (Nr 129) *Lemon Symphony*.

73 Benkard/Schäfers, PatG, § 87 Rn 14; BGH Mitt. 1962, 110; Fitzner/Rauch,
PatG, § 87 Rn 19.

74 HABM-BK R 1617/2011-1 vom 29.11.2012 (Nr 35f, 48) *CAMOMILLA II*.

75 EuG T-137/08 vom 28.10.2009, GRUR Int 2010, 153 (Nr 71) *Grün-gelb*;
HABM-BR R 1614/2008-4 vom 7.9.2009 (Nr 34) *Gelenksteigbügel*.

nach R 19 die tatsächlichen Voraussetzungen für den Schutz eines nicht eingetragenen älteren Rechts iSv von Art 8 (4)[76] oder das Bestehen einer eingetragenen Marke.[77]

**48**   Für Reputation oder gesteigerte Kennzeichnungskraft, sei es im Rahmen von
Art 8 (1) (b)[78] oder von Art 8 (5), hat der Widersprechende (Inhaber der älteren Marke) die Beweislast.

**49**   Im Rahmen von Art 8 (5) hat der Inhaber der älteren Marke die Beweislast
für das Vorliegen einer unlauteren Ausnutzung oder Beeinträchtigung der
Bekanntheit oder Unterscheidungskraft. Im Widerspruchsverfahren kann ein
solcher Nachweis nicht geführt und nicht verlangt werden, solange die jüngere Marke noch nicht benutzt wurde. Wohl aber muß dies zumindest nachvollziehbar und mit konkreten Angaben dargelegt werden, der bloße Hinweis auf sei es auch überragende Bekanntheit reicht nicht aus.[79] Es müssen
Gesichtspunkte angeführt werden, aus denen dem ersten Anschein nach auf
die nicht nur hypothetische Gefahr einer künftigen unlauteren Ausnutzung
oder Beeinträchtigung geschlossen werden kann. Ein solcher Schluß kann
insbesondere auf der Grundlage logischer Ableitungen erreicht werden, die
auf einer Wahrscheinlichkeitsprognose beruhen und für die die Gepflogenheiten der fraglichen Branche sowie alle anderen Umstände des Einzelfalls
berücksichtigt wurden.[80]

**50**   Ob im Rahmen von Art 8 (5) eine ältere Marke mit einem Lebensgefühl assoziiert wird oder einen fremden Goodwill beschädigt oder mit bestimmten
Emotionen verbunden ist, ist durchaus dem Beweis zugänglich. Eine Um-

---

76  EuGH C-096/09 vom 29.3.2011 (Nr 189) *Bud*; im Ergebnis auch EuG
    T-137/08 vom 28.10.2009, GRUR Int 2010, 153 (Nr 72, 77) *Grün-gelb*.

77  EuG T-232/00 vom 13.6.2002, ABl-HABM 2002, 1834 (Nr 44) *Chef*; PrüfRiLi,
    Teil C, Abschnitt 4, Nr 5.4.

78  EuG T-057/03 vom 1.2.2005, ABl-HABM 2005, 624 (Nr 30) *Hooligan/Olly
    Gan*; EuG T-066/03 vom 22.6.2004, GRUR Int 2004, 1024 (Nr 32) *Galaxia/Ga-
    la*.

79  RiLi Teil C, Kapitel 5, III. 3.4.2; HABM-BK R 761/2006-2 vom 18.12.2006
    (Nr 25–26) *TOSCA DE FEDEOLIVA/TOSCA*; HABM-BK R 070/2007-4
    vom 5.5.2008 (Nr 28, 30) *TOSKA/TOSCA*.

80  EuG T-067/05 vom 25.5.2005, GRUR Int 2005, 698 (Nr 40, 44) *Spa-Finders/
    Spa*; EuG T-181/05 vom 16.4.2008 (Nr 77f) *Citi/Citibank*.

kehr der Beweislast zu Lasten des Anmelders der jüngeren Marke kommt nicht in Betracht.[81]

Der Widersprechende ist beweispflichtig dafür, daß das geltend gemachte äl- 51 tere Recht zum Zeitpunkt der Entscheidung noch besteht. Die Nachweispflicht korrespondiert der materiellen Rechtslage, wonach zum Zeitpunkt der Entscheidung Verwechslungsgefahr bestehen muß. Der Widersprechende ist somit verpflichtet, die Verlängerung seiner im Verfahrensverlauf ablaufenden Marke nachzuweisen, unabhängig davon, daß das Amt ihm dafür noch während des Verfahrens eine weitere Frist setzt.[82] Dies folgt übrigens auch aus Art 99 (1), 100.

Ist das Recht entstanden, so wird sein Fortbestand vermutet, so daß die wäh- 52 rend des Verfahrens erfolgte Nichtigerklärung des älteren Rechts vom Anmelder/Inhaber der GM zu beweisen ist. Ebenso hat, wer behauptet, die auf ihren Anmelder eingetragene GM erworben zu haben (Art 17), dafür die Beweislast, unabhängig von der Parteistellung in dem anschließenden Verfahren, in dem über die wahre Inhaberschaft gestritten wird.[83]

Dagegen wird der Ablauf der Marke nach 10 Jahren Schutzdauer vermutet, 53 da die Dauer der Marke auf 10 Jahre begrenzt ist, wenn die Verlängerung nicht nachgewiesen wird.

Ein Recht nach Art 8 (4) muß nicht nur zum relevanten Prioritätszeitpunkt, 54 dh zum Prioritätstag der angegriffenen Marke, sondern auch noch zum Zeitpunkt der Entscheidung über den Widerspruch in Kraft sein, dh noch zu diesem Zeitpunkt benutzt sein.[84] Hierfür ist der Widersprechende beweispflichtig, Vermutungen streiten für ihn nicht.

Ausdrücklich bestimmt Art 42 (2) Satz 1, daß der Widersprechende auch die 55 Beweislast für die Benutzung der Widerspruchsmarke hat (»hat den Nachweis zu erbringen«).[85]

---

81  HABM-BK  R 283/1999-3  vom  25.4.2001,  ABl-HABM  2002,  281  (Nr 87) *HOLLYWOOD/HOLLYWOOOD*;  HABM-BK  R 070/2007-4  vom  5.5.2008 (Nr 32) *TOSKA/TOSCA*.

82  EuG T-191/04 vom 13.9.2006 (Nr 32, 39, 44) *Metro/Metro*.

83  HABM-BK R 251/2008-4 vom 1.10.2008 (Nr 16) *POHLSCHRÖDER*.

84  HABM-BK R 163/2006-4 vom 4.4.2007 *DEKA/DETA*.

85  EuG T-303/03 vom 7.6.2005, GRUR Int 2005, 701 (Nr 77) *Salvita/Solevita*.

**56**  Die Verwechslungsgefahr ist Rechtsfrage. Sie ist im Wege einer prospektiven und objektiven Prüfung zu bewerten, ohne daß das Amt[86] oder der Widersprechende[87] eine Verwechslungsgefahr »beweisen« müsste. Dies schließt jedenfalls den Zeichenvergleich und den Warenvergleich ein, der auf Grund objektiver Analyse auf der Grundlage der Vergleichsmarken so wie eingetragen bzw angemeldet und von anerkannten Erfahrungssätzen und amtsbekannten und offensichtlichen Tatsachen zB zur Wörterbuchbedeutung eines Begriffs durchzuführen ist. Allerdings fließen in diese Prüfung gelegentlich beweisbedürftige Tatsachenbehauptungen ein. Im einzelnen ist wie folgt abzugrenzen:

**57**  Die Voraussetzungen für die Beurteilung der Kennzeichnungskraft der älteren Marke sind nicht beweisbedürftig, wenn sie aus Werturteilen oder allgemein bekannten Tatsachen oder einer Mischung beider sich ergeben. Die Beurteilung der originären Kennzeichnungskraft hängt von keinerlei Tatsachen ab, die die Beteiligten beizubringen hätten und setzt auch kein Parteivorbringen voraus, um eine solche originäre Kennzeichnungskraft darzutun.[88] Die normale Kennzeichnungskraft ist der Regeltatbestand; und die Schwächung der originären Kennzeichnungskraft durch eine beschreibende Bedeutung einzelner Zeichenbestandteile oder sonstwie allgemein reduzierter Kennzeichnungskraft einzelner Zeichenbestandteile ist ebenfalls Rechtsfrage bzw auf Grund amtsbekannter Tatsachen zu beurteilen. Folgt die Schwächung jedoch aus nicht allgemein bekannten Tatsachen wie der Eintragung und Benutzung zahlreicher Drittmarken, so trägt der dadurch Begünstigte (im Widerspruchsverfahren also der Anmelder) die Beweislast.

**58**  Eine durch Benutzung gesteigerte Kennzeichnungskraft der älteren Marke muß der Widersprechende beweisen.[89] Hierfür trifft den Widersprechenden auch die Darlegungslast, was zur Folge hat, daß der Widersprechende ausreichend präzise vortragen muß.[90]

---

86  EuG T-246/06 vom 6.5.2008 (Nr 49) *Reverie/Revert.*

87  EuG T-179/07 vom 24.9.2008 (Nr 74-76) *Aprile/Anvil.*

88  EuG T-057/03 vom 1.2.2005, ABl-HABM 2005, 624 (Nr 32f) *Hooligan/Olly Gan.*

89  EuG T-057/03 vom 1.2.2005, ABl-HABM 2005, 624 (Nr 28, 30) *Hooligan/Olly Gan*; EuG T-066/03 vom 22.6.2004, GRUR Int 2004, 1024 (Nr 32) *Galaxia/Gala.*

90  EuG T-057/03 vom 1.2.2005, ABl-HABM 2005, 624 (Nr 30) *Hooligan/Olly Gan.*

Warenähnlichkeit: Die Voraussetzungen dafür bestehen im Wesentlichen aus 59
einem Gemisch von Rechtsfragen und Erfahrungstatsachen. ZB beruht die
Feststellung, daß bestimmte Waren üblicherweise über bestimmte Vertriebswege zusammen oder getrennt von anderen Waren vertrieben werden, auf
Erfahrungswerten. Deshalb muß, wer eine abweichende Praxis, im Einzelfall
aufgrund neuer wirtschaftlicher Entwicklungen oder besonderer Verhältnisse
in bestimmten Teilen der EG, geltend macht, dies nachweisen;[91] dieser Beweislast entspricht ebenfalls eine Darlegungslast.

Nationales Recht, zB im Rahmen der Prüfung der Voraussetzungen des Art 8 60
(4), ist als Tatfrage zu behandeln und von den Parteien zu beweisen. Das gilt
sowohl für das Bestehen und den Inhalt nationaler Normen[92] als auch für
die Voraussetzung, daß diese einen Anspruch auf Untersagung der Benutzung gewähren.[93] Das folgt schon direkt aus dem Normtext von R 37[94] und
R 19 (2) (d). Nach Praxisänderung in Anschluss an diese strengere Rspr sind
nunmehr auch die in der Broschüre »Nationales Recht zur GMV«, Abschnitt 5 aufgeführten nationalen Rechtsvorschriften (welche nicht eingetragenen Rechte bestehen in den einzelnen Mitgliedstaaten?) grundsätzlich
nachzuweisen.[95] Die RiLi betonen, daß die Parteien nicht erwarten können,
daß diese Informationen jeweils vollständig und aktuell sind. Zum EuG-Urteil »Atomic Blitz«[96] besteht nur ein scheinbarer Widerspruch: Dort hat das
EuG verlangt, das HABM müsse die gesetzliche Laufzeit einer österreichischen Marke (10 oder 20 Jahre?) kennen oder selbst ermitteln. Dabei ging
es aber nicht um eine Verweisung in der GMV auf nationales Recht (wie bei

---

91 EuG T-169/03 vom 1.3.2005, GRUR Int 2005, 503 (Nr 64, 66) *Sissi Rossi/Miss
Rossi*; EuG T-105/05 vom 12. Juni 2007 (Nr 32f) *Waterford Stellenbosch/Water-
ford*.

92 EuGH, Urteil C-263/09 vom 5.7.2011, GRUR Int 2011, 821 (Nr 50) *Elio Fiorucci*; folgend den ausführlich begründeten Schlussanträgen der Generalanwältin
Kokott vom 27.1.2011 (Nr 45-48, 56) *Elio Fiorucci*; EuG T-573/11 vom
20.3.2013 (Nr 35) *Club Gourmet/Club del Gourmet*; zuvor schon RiLi Teil C, Abschnitt 4, 4 (ehemals 5.2 und 5.3.1); implizit auch: EuG T-435/05 vom
30.6.2009, GRUR Int 2010, 50 (Nr 43) *Dr. No/Dr. No*.

93 EuGH, Urteil C-96/09 vom 29.3.2011, BlPMZ 2011, 386 (N 188-190) *Bud*.

94 Schlussanträge der Generalanwältin Kokott in der Rs C-363/09 vom 27.1.2011
(Nr 45, 53) *Elio Fiorucci*;.

95 RiLi Teil C, Abschnitt 4, 4 (Stand Ende 2012).

96 EuG T-318/03 vom 20.4.2005, GRUR Int 2005, 686 (Nr 35) *Atomic Blitz/Ato-
mic*.

Art 8 (4)), sondern es hatte der Widersprechende eine Urkunde zum Nachweis des Bestehens der nationalen Marke bereits vorgelegt und oblag dem HABM nur noch die Würdigung, für welche Laufzeit diese galt.

61 Im Verfahren zur Erklärung der Nichtigkeit aus relativen Gründen hat der Antragsteller die Beweislast für das Bestehen des älteren Rechts und die sonstigen Voraussetzungen nach Art 8 (4)[97] oder Art 8 (5).[98]

62 Im Verfahren zur Erklärung der Nichtigkeit aus relativen Gründen gemäß Art 53 hat im Falle der Einrede der Nichtbenutzung der Inhaber des älteren Rechts die Beweislast für die Benutzung (Art 57 (2), der Art 42 (2) entspricht, und R 40 (6) idF durch VO Nr 1041/2005).

63 Im Verfallsverfahren (Art 51) hat grundsätzlich ebenfalls der Antragsteller die Beweislast. Im Verfallsverfahren wegen Nichtbenutzung trifft jedoch den Inhaber der GM die Beweislast für die Benutzung. Dies folgt aus analoger Anwendung von Art 57 (2) und seit 25.7.2005 aus der neuen R 40 (5), die auch das Verfahren für die Erbringung des Benutzungsnachweises dem Verfahren zum Nachweis der Benutzung eines älteren Rechts (R 40 (6) nF sowie im Widerspruchsverfahren R 22) angleicht. Diese Lösung ist die einzig sinnvolle: Man kann vom Antragsteller keine konkreten Darlegungen zur Nichtbenutzung verlangen, die dann der Inhaber der GM widerlegen müsste, da solche Darlegungen unerheblich wären: Die Behauptung, die Marke werde in dieser oder jener Stadt oder in diesen oder jenen Ladengeschäften nicht benutzt, sagt nichts darüber aus, ob sie woanders benutzt wird.

64 Art 54, Verwirkung durch Duldung, ist Einrede und vom Inhaber der jüngeren Marke zu beweisen.

### 2.5.2 Beweislast sonstigen Fällen

65 Für die Erschöpfung als Ausnahme vom Markenschutz trägt grundsätzlich der angebliche Verletzer die Beweislast, der sich auf die Erschöpfung beruft.[99] Auf Vorlage des BGH hat der EuGH entschieden,[100] daß eine Beweisregel, nach der die Voraussetzungen der Erschöpfung des Rechts aus der

---

97 EuG T-318/06 vom 24.3.2009, GRUR Int 2009, 728 (Nr 52) *General Optica*.

98 EuG T-137/08 vom 28.10.2009 (Nr 71) *Grün-gelb.*

99 BGH GRUR 1988, 375 *Schallplattenimport III*; BGH MarkenR 2000, 266 *Stüssy I*; Ingerl/Rohnke, § 24 Rn 88; Ströbele/Hacker, MarkenG, § 24 Rn 40.

100 EuGH C-244/00 vom 8.4.2003, MarkenR 2003, 193 *Stüssy.*

Marke grundsätzlich von dem vom Markeninhaber belangten Dritten, der sich auf die Erschöpfung beruft, zu beweisen sind, da diese eine Einwendung darstellt, mit dem Gemeinschaftsrecht vereinbar ist. Die Erfordernisse des Schutzes des freien Warenverkehrs können jedoch eine Modifizierung dieser Beweisregel gebieten. So obliegt dem Markeninhaber insbesondere dann, wenn er seine Waren im Europäischen Wirtschaftsraum über ein ausschließliches Vertriebssystem in den Verkehr bringt, der Nachweis, daß die Waren ursprünglich von ihm selbst oder mit seiner Zustimmung außerhalb des Europäischen Wirtschaftsraums in den Verkehr gebracht wurden, wenn der Dritte nachweisen kann, daß eine tatsächliche Gefahr der Abschottung der nationalen Märkte besteht, falls er den genannten Beweis zu erbringen hat. Gelingt dem Markeninhaber dieser Nachweis, obliegt es wiederum dem Dritten, nachzuweisen, daß der Markeninhaber dem weiteren Vertrieb der Waren im Europäischen Wirtschaftsraum zugestimmt hat. Der BGH hat im Vorlagefall ein solches selektives Vertriebssystem und damit eine zur Beweislastumkehr führende Marktabschottungsgefahr gesehen.[101] Diese Marktabschottungsgesichtspunkte gelten nach BGH auch beim Vorgehen gegen Produktfälschungen, obwohl bei diesen mangels Zustimmung eine Erschöpfung von vornherein ausscheidet.[102]

Die Beweislast für den Zugang einer GMA beim Amt trifft den Anmelder **66** trifft; es reicht nicht, zu beweisen, die Anmeldung abgesandt zu haben, sondern es muß auch der Eingang beim HABM bewiesen werden.[103] Der materiellen Beweislast des Anmelders korrespondiert keine formelle Beweislast, sondern die Aufklärungspflicht des HABM: das Amt trifft die Pflicht, seinerseits alle zumutbaren Nachforschungen anzustellen, ob der behauptete Zugang der GMA bzw des Schreibens festgestellt werden kann,[104] was insbesondere bei Fax-Übermittlung durch die Speicherung aller eingehenden Faxe im zentralen Server ohne weiteres möglich ist. Bei Übermittlung per Post kann eine Empfangsbescheinigung des HABM, die die vom Anmelder behauptete Zahl von Seiten bescheinigt, ein starkes Indiz dafür sein, daß

---

101 BGH MarkenR 2004, 69 *Stüssy II*.
102 BGH MarkenR 2012, 206 *Converse I*; dazu Seelig/Schmidt, MarkenR 2012, 444.
103 HABM-BK R 016/1997-3 vom 10.9.1998 (Nr 34) *CAMPUS TALK*; R 003/1997-1 vom 29.4.1998 *BOUNTY 3-D*; HABM-BK R 1269/2009-4 vom 14.12.2009 (Nr. 17) *GOLDSMITH GROUP*.
104 HABM-BK R 1269/2009-4 vom 14.12.2009 (Nr 17) *GOLDSMITH GROUP*.

auch alle Seiten beim Amt eingingen.[105] Ebenso hat der Zahlende die Beweislast für den rechtzeitigen Eingang einer Gebühr.[106]

### 3 Beweismittel

67 Beweismittel sind nach Art 78 (1) insbesondere Vernehmung der Beteiligten, Einholung von Auskünften, Vorlegung von Urkunden und Beweisstücken, Vernehmung von Zeugen, Begutachtung durch Sachverständige und eidesstattliche oder ähnliche schriftliche Erklärungen. Diese Reihenfolge nach Art 78 (1) entspricht nicht dem Beweiswert und der tatsächlichen Bedeutung, denn der Vernehmung von Beteiligten kommt erfahrungsgemäß der geringste Beweiswert zu. »Insbesondere« bedeutet, daß die Aufzählung des Art 78 (1) (a)–(f) nicht abschließend ist; weitere Arten von Beweismitteln sind die Einnahme des Augenscheins (ausdrücklich erwähnt in R 57 (1)), des Ohrenscheins, dh der akustischen Begutachtung einer Hörmarke sowie die Ortsbesichtigung.

#### 3.1 Vernehmung von Beteiligten

68 Die Vernehmung von Beteiligten dient allein Beweiszwecken und ist klar von der Anhörung des Beteiligten zu unterscheiden,[107] die in Form einer mündlichen Verhandlung gemäß Art 77 erfolgt. Wenn ein Beteiligter eine für ihn ungünstige Behauptung des Gegners bestätigt, bedarf es dazu keiner Beweisaufnahme, sondern es wird eine Tatsache unstreitig.

69 Anders als im deutschen Zivilprozeßrecht (§§ 445, 447, 448 DE-ZPO) ist die Vernehmung der Beteiligten nicht subsidiär.[108] Die Vernehmung von Beteiligten ist jedoch ein gefährliches Beweismittel, indem sie den Parteien selbst die Möglichkeit gibt, den Tatsachenstoff zu beeinflussen. Sie ist von vorneherein von geringerem Beweiswert.[109] Auch für die Würdigung der

---

105 HABM-BK R 1269/2009-4 vom 14.12.2009 (Nr 20f) *GOLDSMITH GROUP.*

106 HABM-BK R 143/1998-1 vom 30.4.1999, ABl-HABM 2000, 144 *VISIONA-CE*; HABM-BK R 010/1997-3 vom 8.7.1998 *ALL AMERICAN PLAN*; HABM-BK R 878/1999-2 vom 21.9.2000 *K 5.*

107 Vgl Baumbach/Lauterbach/Albers/Hartmann, ZPO, vor § 445 Rn 1.

108 Vgl Singer/Bühler, Art 117 Rn 32; Musielak/Huber, ZPO, § 445 Rn 8; Zöller/Geimer, ZPO, vor § 445 Rn 5.

109 AA Zöller/Geimer, ZPO, § 445 Rn 1.

Aussagen der Beteiligten gilt der Grundsatz der freien Beweiswürdigung (siehe oben Rdn 38). Um so mehr ist bei der Anordnung und der Würdigung der Vernehmung von Beteiligten größte Zurückhaltung und Skepsis angebracht; sie wird im Zweifel nicht zuzulassen sein, zumal auch normalerweise keine mündlichen Verhandlungen stattfinden. Wenn der Beteiligte sich schriftlich äußert, so fällt dies unter Art 78 (1) (f); auch gegenüber solchen als eidesstattliche Versicherungen getarnten Parteierklärungen ist höchste Skepsis angebracht (siehe unter Rdn 95–105).

### 3.2 Einholung von Auskünften

Beweis durch Einholung von Auskünften ist der Beweis einer Tatsache durch 70 Vorlage einer schriftlichen Erklärung einer Person, die nicht Partei ist, in der die Tatsache bestätigt wird. Es handelt sich um ein vollwertiges Beweismittel zur Feststellung von Tatsachen[110] und nicht etwa bloß um ein Verfahren zur Ermittlung der Kenntnis von Tatsachen,[111] das in Markenverfahren besonders geeignet ist. Die Auskunft ersetzt die Vernehmung des Auskunftgebers als Zeugen, es sei denn, daß begründete Zweifel an der Richtigkeit der Auskunft bestehen.[112] Ansonsten ist die Zeugenvernehmung nur erforderlich, wenn die Auskunft nicht zu der gewünschten Klärung führt.

Die Auskunft kann eingeholt werden sowohl bei Behörden und öffentlichen 71 Stellen als auch bei Firmen und Privatpersonen.[113] Eine Beschränkung auf »amtliche Auskünfte« (so in § 378a Nr 2 DE-ZPO) ist nicht vorgesehen. In Betracht kommen vor allem Auskünfte von Industrie- und Handelskammern und Berufsverbänden über Bekanntheit, Verkehrsdurchsetzung einer Marke oder eine bestimmte Verkehrsauffassung.

### 3.3 Vorlegung von Urkunden und Beweisstücken

Urkunden sind Schriftstücke, die einen Gedankeninhalt oder eine Erklärung 72 bezeugen; Beweisstücke sind sonstige, insbesondere nicht schriftlich verkörperte Gegenstände, die den Schluss auf eine bestimmte Tatsache zulassen, vor allem Waren, die mit der Marke gekennzeichnet sind. R 23 (3) erwähnt

---

110 Stelkens/Bonk/Kallerhoff, VwVfG, § 26 Rn 36.
111 So aber Knack/Clausen, VwVfG, § 26 Rn 18.
112 Weitergehend Fezer, MarkenG, § 73 Rn 8.
113 Singer/Schachenmann, Art 117 Rn 35; Knack/Clausen, VwVfG, § 26 Rn 18.

als Urkunden und Beweisstücke: Verpackungen, Etiketten, Preislisten, Kataloge, Rechnungen, Fotografien und Zeitungsanzeigen.

73  Für Urkunden bestehen – wie auch sonst – keine festen Beweisregeln; sie sind in freier Beweiswürdigung zu werten. Eine Differenzierung des Beweiswerts nach amtlichen und privatschriftlichen Urkunden (vgl §§ 415, 416 DE-ZPO) kennt die GMV nicht. Bei der Beweiswürdigung einer Privaturkunde ist gleichwohl stets zu beachten: Die Beweiskraft der Urkunde kann sich nur darauf erstrecken, daß der Aussteller die in der Urkunde abgegebene Erklärung abgegeben hat, nicht auch darauf, daß ihr Inhalt richtig ist. Das pauschale Bestreiten der Echtheit einer Urkunde ist unzulässig. Nur wenn Anhaltspunkte sich ergeben oder von dem anderen Beteiligten dargelegt werden, die Anlass geben, an der Echtheit der Urkunde zu zweifeln, bedarf es des Beweises der Echtheit. Hierfür trägt die Beweislast, wer sich auf die Echtheit der Urkunde beruft.

74  In diesem Umfang ist die Beweiskraft der Urkunde allerdings anzuerkennen. Es ist unzulässig, wenn die HABM-BK den Inhalt einer Urkunde, die eine Erklärung einer Person enthält, deshalb abtut, weil die Abgabe einer solchen Erklärung unwahrscheinlich oder wirtschaftlich unsinnig sei, ohne andererseits den Schluss zu ziehen, die Urkunde sei gefälscht.[114]

75  Urkunden müssen nicht im Original eingereicht werden. Wie alle anderen Schriftstücke, Anträge usw können sie nach R 79 (b) auch per Telekopie eingereicht werden.

76  Der Telekopie kommt nicht vornherein ein geringerer Beweiswert zu. Dies folgt schon daraus, daß die GMV keine Beweisregeln für Urkunden kennt

77  Praktisch wichtiger als die Frage der Echtheit ist der innere Beweiswert, die Aussagekraft einer Urkunde. Ein schriftliches Angebot beweist nicht die Lieferung, Rechnungen über Anzeigen beweisen nicht, daß das dort beworbene Produkt mit der Marke gekennzeichnet war.

78  Ein praktisch wichtiger Anwendungsfall des Urkundenbeweises ist die Vorlage von Fax-Übermittlungsprotokollen durch den Anmelder. Stimmen diese nach Datum und Uhrzeit sowie Zahl der übermittelten Seiten mit den Auf-

---

114  EuG T-006/05 vom 6.9.2006, ABl-HABM 2006, 1300 (Nr 46) *Def-Tec.*

zeichnungen des HABM überein, so beweist dies den Zugang des Schriftstücks.[115]

Prioritätsbelege und Zeitrangbelege, die gemäß R 6 (1), 8 (1) von dem nationalen Amt, bei dem die Marke angemeldet oder eingetragen wurde, als übereinstimmende Abschrift der Anmeldung oder Eintragung beglaubigt sind, beweisen Tatsache, Inhalt und Vollständigkeit der Anmeldung oder Eintragung, es sei denn, es ergibt sich, daß die Urkunde gefälscht ist. **79**

Für die Vorlage von Urkunden gelten besondere Sprachenbestimmungen: Nach R 96 (2) können Urkunden in jeder der 22 Amtssprachen der EG eingereicht werden, doch kann das HABM eine Übersetzung in die Verfahrenssprache oder nach Wahl des Beteiligten in eine der fünf Sprachen des HABM verlangen; von dieser Möglichkeit macht das Amt regelmäßig keinen Gebrauch. Im Widerspruchsverfahren gilt, daß nach R 19 (3) der Widersprechende die Nachweise zur Stützung des Widerspruchs in der Verfahrenssprache des Widerspruchsverfahrens einreichen muß oder eine Übersetzung in diese Sprache innerhalb einer Nachfrist einreichen muß. Nach R 22 (6) kann das HABM den Widersprechenden auffordern, die Nachweise zur Benutzung der Widerspruchsmarke innerhalb einer Frist in die Verfahrenssprache des Widerspruchsverfahrens zu übersetzen. **80**

### 3.4 Vernehmung von Zeugen

Zeugen sind Personen, die ihre eigenen Wahrnehmungen und ihr eigenes Wissen über bestimmte Tatsachen bekunden.[116] Zeuge kann nur eine natürliche Person sein, die zugleich nicht Beteiligter ist.[117] Für die Vernehmung von Beteiligten gilt Art 78 (1) (a) (siehe oben unter Rdn 68–69). **81**

Zeuge ist auch der »sachverständige Zeuge«, der über Wahrnehmungen berichtet, die er aus besonderer Sachkunde gemacht hat.[118] Der Zeuge unterscheidet sich vom Sachverständigen dadurch, daß er über eigene Wahrneh- **82**

---

115 HABM-BK R 197/1998-3 vom 19.4.1999 *TEST EQUITY*; HABM-BK R 068/1999-2 vom 8.11.2000, Mitt. 2001, 311 *FELINE PLUS*.

116 Singer/Bühler, Art 117, Rn 43; Stelkens/Bonk/Kallerhoff, VwVfG, § 26 Rn 67; Stein/Jonas/Schumann, ZPO, vor § 373 Rn 1.

117 Baumbach/Lauterbach/Albers/Hartmann, ZPO, vor § 373 Rn 3, 8.

118 Knack/Clausen, VwVfG, § 26 Rn 21; Gärditz/Kreuter-Kirchhof, VwGO, § 98 Rn 37; Singer/Schachenmann, Art 117 Rn 54.

mungen berichtet, und ist somit anders als der Sachverständige nicht auswechselbar.[119]

83 Die Vernehmung des Zeugen erfolgt stets mündlich.[120] Eine schriftliche Aussage ist entweder als Auskunft (Art 78 (1) (b)) möglich,[121] oder sie bedarf der eidlichen oder eidesstattlichen Bekräftigung, Art 78 (1) (f). Die schriftliche Äußerung eines Zeugen ist als Beweismittel nicht vorgesehen.

84 Der Zeugenbeweis spielt in der Praxis des HABM keine Rolle. Eindringlich warnen Baumbach/Lauterbach/Albers/Hartmann[122] vor den Problemen und dem eingeschränkten Beweiswert des Zeugenbeweises. Im Urteil des EuG »Dakota«[123] ist der Antrag der Partei auf Vernehmung von Zeugen abgelehnt worden, da dem EuG die Entscheidung aufgrund des übrigen Vorbringens und der vorgelegten Unterlagen möglich war. Der Anmelder hatte Zeugen zur Stützung seines Vortrags zur Wiedereinsetzung benannt; das EuG hat wie zuvor bereits die HABM-BK in der angefochtenen Entscheidung diesen Vortrag als zutreffend unterstellt, da die Wiedereinsetzung auch bei Richtigkeit des behaupteten Vortrags nicht gewährbar war.

### 3.5 Begutachtung durch Sachverständige

85 Art 78 (1) (e) erwähnt die Begutachtung durch Sachverständige als Beweismittel. Sachverständiger ist, wer kraft seiner Sachkunde Erfahrungssätze bekundet und daraus Schlussfolgerungen auf Tatsachen zieht, die dem Richter nicht ohne Fachwissen des Sachverständigen zugänglich wären.[124] Sachverständige können Privatpersonen und Bedienstete von Fachinstitutionen wie Behörden oder Meinungsforschungsinstituten sein, wobei von vornherein geklärt sein muß, daß eine bestimmte sachverständige Person das Gutachten

---

119 Knack/Clausen, VwVfG, § 26 Rn 21; Baumbach/Lauterbach/Albers/Hartmann, ZPO, vor § 402 Rn 4; Stelkens/Bonk/Kallerhoff, VwVfG, § 26 Rn 68; Stein/Jonas/Schumann, ZPO, vor § 373 Rn 17; Gärditz/Kreuter-Kirchhof, VwGO, § 98 Rn 20; aA Jessnitzer, Der gerichtliche Sachverständige, 10. Aufl, S 355.
120 Singer/Bühler, Art 117 Rn 44.
121 Siehe Singer/Bühler, Art 117 Rn 44.
122 Baumbach/Lauterbach/Albers/Hartmann, ZPO, vor § 373 Rn 5 f.
123 EuG T-146/00 vom 20.6.2001, MarkenR 2001, 316 (Nr 65) *Dakota*.
124 Risthaus, S 379; Singer/Bühler, Art 117 Rn 54; Knack/Clausen, VwVfG, § 26 Rn 21.

erstellt, verantwortet und ggf mündlich erläutert[125] (R 59 (2)), und in deren Person sind etwaige Ausschließungsgründe nach R 58 (4) zu prüfen.

Im ex-parte-Verfahren wird eine Beauftragung eines Sachverständigen durch **86** das HABM schon wegen der Haftung für die Kosten (R 59 (5)) kaum je in Betracht kommen. Das von einem Beteiligten vorgelegte Gutachten (vielfach als »Privatgutachten« bezeichnet) ist kein Sachverständigengutachten.[126] Gemäß R 58 ist nur das vom HABM veranlasste Gutachten Sachverständigengutachten. Aus R 59 (3) Satz 2 folgt nichts anderes. Vielmehr wird gemäß Art 2 (2) des Beschlußes Nr EX-99-1 des Präsidenten des Amtes vom 12.1.1999[127] der Sachverständige, der ohne Ladung, dh auf Initiative einer Partei vor dem Amt erscheint, als Zeuge vernommen.

Die Begutachtung durch Sachverständige erfolgt in zwei Stufen: Zunächst **87** erfolgt die Erstellung des schriftlichen Gutachtens entsprechend den Vorgaben, die der Auftrag des HABM an den Sachverständigen enthält (R 58 (1), (2)), wobei das Gutachten den Beteiligten gemäß R 58 (3) zur Gewährung des rechtlichen Gehörs in Abschrift zugänglich zu machen ist. Findet eine mündliche Verhandlung (Art 77) statt, so erfolgt sodann regelmäßig die mündliche Erläuterung des Gutachtens durch den Sachverständigen, wobei das HABM und die Beteiligten Fragen stellen können (Art 78 (4)).

Privatgutachten sind frei zu würdigen. Zu unterscheiden sind Gutachten von **88** Personen, die als Sachverständige qualifiziert sind, und einfache »gutachterliche« Äußerungen von fachkundigen Personen. Letztere sind grundsätzlich unbeachtlich, weil sie nur die Auffassung eines Teils der fachkundigen Personen abbilden, ohne repräsentativ zu sein. Bei von der Partei vorgelegten »gutachterliche« Äußerungen besteht außerdem die Gefahr, daß über die Bewertung von Tatsachen hinaus Rechtsfragen der Bewertung Dritter überlassen bleiben. Das ist unbedingt abzulehnen. Die Beurteilung von Rechtsfragen wie der Ähnlichkeit zweier Zeichen oder des Gesamteindrucks einer dreidimensionalen Marke muß dem HABM bzw dem EuG überlassen bleiben. Im Fall »Maglite« hat der EuGH betont, das EuG habe seine eigene Beurteilung der Unterscheidungskraft treffen dürfen, ohne an ein Privatgutach-

---

125  Gärditz/Kreuter-Kirchhof, VwGO, § 98 Rn 41; Knack/Clausen, VwVfG, § 26 Rn 23;.

126  Singer/Bühler, Art 117 Rn 57; Gärditz/Kreuter-Kirchhof, VwGO, § 98 Rn 35.

127  ABl-HABM 1999, 506.

ten eines Design-Professors über den hohen Designwert der angemeldeten Taschenlampenform gebunden zu sein.[128]

**89**  Die Besonderheit des Sachverständigenbeweises besteht erstens darin, daß der Sachverständige über Fachwissen zu Tatsachen verfügt, das dem Richter fehlt. Zweitens muß der Sachverständige grundsätzlich das Gutachten dem Spruchkörper erläutern und kann von den Parteien dazu befragt werden. Daraus folgt, daß Meinungsumfragen entgegen verbreiteter Terminologie keine Sachverständigengutachten sind.[129] Die Meinungsumfrage ermittelt die Kenntnis der Verbraucherkreise von einer Marke, auf Grund repräsentativer Auswahl eines Teils der Verkehrskreise nach wissenschaftlich-demoskopischen Kriterien. Es handelt sich nicht um Fachwissen, sondern um die Ermittlung von Kenntnissen einer Vielzahl von Personen durch repräsentative Auswahl. Eine Erläuterung des Gutachtens durch das Meinungsbefragungsinstitut ist weder erforderlich noch durchführbar. Das Wissen, ob eine Marke bekannt ist, steht niemand nur auf Grund höherer Fachkenntnis offen.

**90**  Ob eine Verbraucherumfrage eines Marktforschungsinstituts als Sachverständigen-Gutachten oder als Auskunft zu werten ist, lässt sich aus den hierzu einschlägigen Urteilen des EuGH nicht entnehmen. Der EuGH hat im Urteil »Gut Springenheide«[130] ausgeführt, es sei nicht ausgeschlossen, daß ein nationales Gericht zumindest bei Vorliegen besonderer Umstände nach seinem nationalen Recht ein Sachverständigengutachten einholen oder eine Verbraucherbefragung in Auftrag geben kann, um beurteilen zu können, ob eine Werbeaussage irreführen kann. Ob damit die Verbraucherbefragung als Gegensatz oder als Unterfall des Sachverständigengutachtens angesprochen wird, bleibt unklar. Ebenso hat der EuGH im Urteil »Chiemsee«[131] zur Frage des Nachweises der Verkehrsdurchsetzung ausgeführt, daß das Gemeinschaftsrecht nicht verbietet, daß die zuständige Behörde diese Frage nach Maßgabe des nationalen Rechts durch eine Verbraucherbefragung klären lässt. Dem kann immerhin entnommen werden, daß der EuGH solche Be-

---

128  EuGH C-136/02 vom 7.10.2004, ABl-HABM 2005, 474 (Nr 67) *Taschenlampe*.

129  Wie hier wohl auch Risthaus, S 379; aA Ahrens, Der Wettbewerbsprozeß, 5. Aufl, S 567; differenzierend (»Beweismittel besonderer Art«): Teplitzky, Wettbewerbsrechtliche Ansprüche, 9. Aufl, S 720; BGH GRUR 1990, 1053.

130  EuGH C-210/96 vom 16.7.1998, Slg 1998 I-4657 = ABl-HABM 1999, 560 (Nr 36) *Gut Springenheide*.

131  EuGH C-108/97 vom 5.5.1999, ABl-HABM 1999, 1054 (Nr 53) *Chiemsee*.

fragungen grundsätzlich nicht für notwendig hält, zumal sie auch der nationalen Praxis in vielen Mitgliedstaaten fremd sind.[132] In HABM-BK R 263/1999-3[133] ist eine von der Anmelderin zur Stützung der Verkehrsdurchsetzung einer dreidimensionalen Marke in der Form eines Senfglases vorgelegte Umfrage des Allensbach-Instituts frei gewürdigt worden, ohne daß die HABM-BK sie als Sachverständigengutachten bezeichnet hat.

Zusammenfassend fällt eine Verbraucherumfrage nicht unter Art 78 (1) (e), **91** und auch R 58, 59 gelten nicht.

Als Gegenstand eines Sachverständigengutachtens vor dem HABM kommen **92** nur solche Tatsachen in Betracht, die der technisch-wissenschaftlichen Beurteilung bedürfen (analog zum Kfz-Haftpflicht- oder Bauprozess). Anders als im Patentrecht ist aber die technisch-wissenschaftliche Funktionsweise der Ware, auf der die Marke angebracht ist, unerheblich und ist der Warenvergleich nicht nach technischen Kriterien, sondern der wirtschaftlichen Funktion der Waren durchzuführen. Erfahrungstatsachen, wie etwa im Bereich der Verbraucherwahrnehmung, die kein solches technisches Wissen voraussetzen, fallen damit ebenfalls aus dem Anwendungsbereich des Sachverständigenbeweises heraus.[134] Für Sachverständigengutachten wird daher im Verfahren vor dem HABM auch weiterhin in der Praxis kein Raum bleiben.

### 3.6 Verkehrsbefragungen

Verkehrsbefragungen fallen schon deshalb unter Art 78 (1), weil der Katalog **93** der Beweismittel nach Absatz a) bis f) nicht abschließend ist. Verkehrsbefragungen kommen in Betracht zum Nachweis der Bekanntheit oder der Verkehrsdurchsetzung (siehe unter Art 37 Rdn 48–63) einer Marke. Ihr Ziel ist die Abbildung des Kenntnisstands des relevanten Publikums als repräsentatives Ganzes, nicht der Feststellung der Kenntnisse einzelner Personen.

Verkehrsbefragungen renommierter, unabhängiger Marktforschungsinstitute **94** sind einem Sachverständigengutachten an Beweiswert gleichzustellen (und regelmäßig für die Frage einer Verkehrsdurchsetzung von besonders hohem Beweiswert); sie stellen besonders wertvolle Beweismittel für die Prüfung ei-

---

132 Fezer, UWG, § 3 Rn 77; zur franz Praxis: Mandel, ABl-HABM/2001, Sonderheft 1, S 278.
133 HABM-BK R 263/1999-3 vom 13.4.2000 *Senfglas*.
134 AA Risthaus, S 379.

ner Verkehrsdurchsetzung dar, weil es sich bei der Demoskopie nicht um frei-beliebige Empirie, sondern um die Anwendung wissenschaftlicher Erkenntnisse handelt und weil solche Institute grundsätzlich die Gewähr dafür bieten, daß die Befragten repräsentativ ausgewählt wurden und die Befragungen sachgerecht durchgeführt wurden, so daß aus den in der Repräsentativbefragung erzielten Ergebnissen zutreffend auf die Auffassung des relevanten Publikums in seiner Gesamtheit geschlossen werden kann.[135] Umfragen, die von interessierten Anwälten selbst veranlasst werden, zB Umfragen bei einer beliebigen Zahl von Besuchern eines Einkaufszentrums, oder Umfragen nur unter Immigranten aus einem bestimmten Land[136] sind dagegen wertlos, weil sie weder Gewähr für eine ordnungsgemäße Durchführung lege artis bieten noch die zu beweisende Verkehrsauffassung belegen.

### 3.7 Schriftliche Erklärungen unter Eid oder an Eides Statt

95 Nach Art 78 (1) (f) sind schriftliche Erklärungen, die unter Eid oder an Eides Statt abgegeben werden oder nach den Rechtsvorschriften des Staates, in dem sie abgegeben werden, eine ähnliche Wirkung haben, als Beweismittel zulässig.

96 Die erste Frage ist: Wodurch unterscheiden sich diese vom Urkundenbeweis in Form einer von eine natürlichen Person unterzeichneten Stellungnahme iSv Art 78 (1) (c), sei es über Gegenstände eigener Wahrnehmung oder gutachtlicher Art? Erstaunlicherweise wird diese Hauptfrage selten gestellt, sondern nur auf die Überschrift der Erklärung geschaut.

97 Die Antwort: Der Unterschied liegt nur in der Strafbarkeit oder vergleichbaren Sanktion, die das nationale Recht anordnet. Es muß sich also um eine Erklärung handeln, die unter Eid (mit der Folge der Strafbarkeit der vorsätzlichen eidlichen Falschaussage) oder, wie der Wortlaut sagt, an Eides statt abgegeben wurden. Wenn Art 78 (1) (f) von Erklärungen spricht, die nach nationalem Recht eine ähnliche Wirkung wie schriftliche Erklärungen unter Eid haben, so bedeutet dies, daß es sich um Erklärungen handelt, die nach nationalem Recht Sanktionen unterliegen, die denen eidlicher Falschaussagen entsprechen, dh die strafbar sind. Zu Unrecht schert das EuG alle nur

---

135  HABM-BK R 001/2005-4 vom 11.1.2006 (Nr 32) *Hilti-Koffer*; siehe auch Niedermann/Schneider, sic 2002, 815, 817; Niedermann, GRUR 2006, 367.

136  HABM-BK R 1191/2010-4 vom 15.3.2011 (Nr 23) *MAS KOLOMBIANA/CO-LOMBIANA*.

als eidesstattliche Versicherung bezeichneten Dokumente ihrer Art nach über einen Kamm mit dem Argument, die GMV enthalte nichts, was die Schlussfolgerung erlauben würde, daß die Beweiskraft einer eidesstattlichen Erklärung im Licht der innerstaatlichen Rechtsvorschriften eines Mitgliedstaats zu prüfen wäre.[137] Daran ist richtig, daß die freie Beweiswürdigung nicht von Besonderheiten des nationalen Rechts abhängt; dem vorgelagert ist aber die Frage, ob es sich überhaupt um eine Erklärung nach Art 78 (1) (f) handelt, was nur der Fall ist, wenn ihre falsche Abgabe nach nationalem Recht sanktionsbewehrt ist.

So sind englische Affidavits, vor einer zuständigen Person abgegeben, straf- **98** rechtlich sanktioniert.[138]

Für eidesstattliche Versicherungen nach deutschem Recht ist dies aber nicht **99** der Fall. Wie in der Entscheidung »Cosana/Sonana«[139] im einzelnen nachgewiesen wurde, sieht weder das deutsche Recht noch das Gemeinschaftsmarkenrecht die Strafbarkeit oder sonstige Ahndung einer gegenüber dem Harmonisierungsamt abgegebenen wahrheitswidrigen Erklärung vor.[140] § 156 DE-StGB setzt voraus, daß die Versicherung vor einer zu deren Abnahme zuständigen Behörde abgegeben wurde. Die GMV berechtigt überhaupt nicht zur Abnahme eines Eides oder Zwangsmaßnahmen gegenüber Zeugen (siehe oben, Rdn 4). Die Zuständigkeit der Behörde bedarf stets gesetzlicher Grundlage.[141] Nach deutschem Recht zulässig – und dann im Falle einer wahrheitswidrigen Erklärung sanktioniert – ist außerdem die Abgabe einer eidesstattlichen Erklärung dann, wenn eine Behauptung vor Gericht glaubhaft gemacht werden soll, § 294 ZPO. Aus diesem Grund besteht in Markenverfahren vor dem DPMA die Praxis der Abgabe solcher Versicherungen, weil nach deutschem Markenrecht die Benutzung lediglich glaubhaft zu machen ist (§ 43 DE-MarkenG) und das DPMA – anders als das HABM – die Befugnis zur eidlichen oder uneidlichen Vernehmung von Zeugen hat, § 60 (1) DE-MarkenG. Jedoch ist nach der deutschen ZPO die eidesstattliche Versicherung kein Beweismittel, sondern nur ein Mittel der Glaubhaft-

---

137 EuG T-214/08 vom 28.3.2012, GRUR Int 2012, 786 (Nr 33) *Outburst/Outburst*; EuG T-303/03 vom 7.6.2005, GRUR Int 2005, 701 (Nr 42) *Salvita/Solevita*.
138 Siehe Singer/Bühler, Art 117 Rn 62.
139 HABM-BK R 993/2005-4 vom 5.6.2007 (Nr 22–25) *COSANA/SONANA*.
140 So auch Ruhl/Schlötelburg, GGV, Art 65 Rd. 25.
141 Tröndle/Fischer, StGB, 53. Aufl, § 156 Rn 8.

machung. Eine Strafbarkeit oder sonstige Sanktion wegen Unrichtigkeit einer in einem Verfahren mit Vollbeweisvorgelegten als eidesstattliche Versicherung nezeichneten Erklärung gibt es weder nach § 294 DE-ZPO oder nach anderen Vorschriften des deutschen Rechts. Vielmehr ist ein unzulässiges Beweismittel auch nicht sanktionsbewehrt.

100   Im Ergebnis ist eine deutsche »eidesstattliche Versicherung« kein Beweismittel nach Art 78 (1) (f), sondern nur eine Urkunde iSv Art 78 (1) (c). Daran ändert nichts, daß in solchen Erklärungen formularmäßig erklärt wird, man gebe die Erklärung unter dem Eindruck der Strafdrohung ab. Das bleibt ein strafloses Wahndelikt. Es stärkt auch als solches den Beweiswert der Erklärung nicht.

101   Gleich ob sie nun »eidesstattlich« abgegeben wurde oder nicht, kommt einer schriftlichen Erklärung der Partei einer bloßen Parteierklärung nach Art 78 (1) (a) gleich (kritisch dazu oben unter Rdn 69), und ihr kann, da sie in eigenem Interesse abgegeben wurde, für sich kein Beweiswert zukommen.[142] Andernfalls könnte sich die beweisbelastete Partei durch derartige eigene Erklärungen selbst aus dem Sumpf der Beweisnot ziehen. Entsprechendes gilt für Erklärungen von leitenden Mitarbeitern der Partei, wie sie häufig zum Nachweis einer rechtserhaltenden Benutzung abgegeben werden. Erst recht bedenklich ist es, wenn solche Erklärungen pauschale Angaben enthalten, ohne Erläuterung, wie man Kenntnis der behaupteten Tatsachen gewonnen hat, und vom eigenen Anwalt vorformuliert.

102   Ob ein Erklärender als unabhängiger Dritter gilt oder der Partei gleichzusetzen ist, hängt von den Beziehungen zum Markeninhaber und der Einbindung in seine betriebliche Organisation ab. Angestellte dritter Unternehmen sind denen der Partei gleichzustellen, wenn es sich um Tochterunternehmen und Unternehmen, die den Alleinvertrieb besorgen, handelt.[143] Sie sind als unabhängige Dritte anzusehen, wenn die Beziehung zum Markeninhaber nur die eines von vielen möglichen Vertriebsunternehmen ist und das Unternehmen auch andere Markenwaren vertreibt (der typische Fall des Großhändlers, Einzelhändlers oder Kaufhauses).[144]

---

142   EuG T-028/09 vom 13.1.2011, GRUR Int 2011, 427 (Nr 68) *Pine Tree.*

143   HABM-BK R 599/2011-4 vom 12.1.2012 (Nr 18, 24) *OLYMPIO/OLYMPIA.*

144   HABM-BK R 1049/2011-4 vom 30.1.2012 (Nr 20, 24) *LA TERRE.*

Schriftliche Erklärungen unabhängiger Dritter sind durchaus wertvoll und **103**
können für glaubhaft gehalten werden, auch wenn sie nicht strafbewehrt sein
sollten.[145] Es ist zulässig und geboten, Erklärungen unabhängiger Dritter höheren Beweiswert beizulegen als Erklärungen von Angestellten oder ehemaligen Angestellten der Partei.[146]

In jedem Fall hat das HABM im Rahmen der freien Beweiswürdigung die **104**
Wahrscheinlichkeit der in der eidesstattlichen Erklärung enthaltenen Information zu prüfen, wobei insbesondere die Herkunft des Dokuments, die
Umstände seiner Ausarbeitung,[147] sein Adressat und die Frage zu berücksichtigen sind, ob es seinem Inhalt nach vernünftig und glaubhaft erscheint.[148] Werden einander widersprechende Erklärungen vorgelegt, so ist
es im Rahmen der freien Beweiswürdigung ohne weiteres möglich, einer der
beiden Versionen mehr Glauben zu schenken. Es ist ebensogut ein vernünfti-
ges Ergebnis der Beweiswürdigung, dann keiner der Versionen zu glauben[149]
(non liquet).

Nach der Praxis des HABM einschließlich seiner Beschwerdekammern und **105**
der Rspr des EuG sind eidesstattliche Erklärungen nach Art 78 (1) (f) regelmäßig nur dann glaubhaft, wenn sie durch weitere urkundliche Beweismittel
bestätigt sind.[150] Nur ausnahmsweise kann eine solche Erklärung Lücken in
den urkundlichen Nachweisen schließen.[151] Erklärungen, in denen ganz
pauschal auf eine Benutzung verwiesen wird, erlauben dem HABM erst gar

---

145  HABM-BK R 1882/2007-4 vom 13.11.2008 (Nr 23) *PINE TREE*; HABM-BK
     R 1049/2011-4 vom 30.1.2012 (Nr 20, 24) *LA TERRE*.
146  EuG T-137/08 vom 28.10.2009 (Nr 71) *Grün-gelb*.
147  Dazu instruktiv: HABM-BK R 1071/2008-4 vom 23.6.2009 (Nr 22)
     *IPLAW@MBP* – vor einem Notar unter Vorlage der in Bezug genommenen Ur-
     kunden.
148  EuG T-183/08 vom 13.5.2009 (Nr 38) *Jello Schuhpark/Schuhpark II*; EuG
     T-303/03 vom 7.6.2005, GRUR Int 2005, 701 (Nr 42) *Salvita/Solevita*.
149  EuG T-028/09 vom 13.1.2011, GRUR Int 2011, 427 (Nr 67) *Pine Tree*.
150  EuG T-183/08 vom 13.5.2009 (Nr 39) *Jello Schuhpark/Schuhpark II*; EuG
     T-303/03 vom 7.6.2005, GRUR Int 2005, 701 (Nr 43) *Salvita/Solevita*; EuG
     T-028/09 vom 13.1.2011, GRUR Int 2011, 427 (Nr 68) *Pine Tree*; HABM-BK
     R 993/2005-4 vom 5.6.2007 (Nr 27) *COSANA/SONANA*; HABM-BK
     R 834/2004-1 vom 25.4.2005 (Nr 16) *REVOLT/REVOLT*.
151  EuG T-086/07 vom 16.12.2008, GRUR Int 2009, 609 (Nr 54f, 61) *Deitech/
     Dei-tex*.

nicht die Subsumtion hinsichtlich Ort, Zeit und Umfang der Benutzung und müssen erfolglos bleiben.[152] Dann stellt sich aber die Frage, welchen Wert solche Erklärungen noch für sich haben, wenn die urkundlichen Nachweise ausreichend sind. So sind auch grundsätzlich engl Affidavits konzipiert, in denen die Erklärung an Eides Statt nur einen Rahmen abgibt und die verschiedenen vorgelegten Urkunden näher in ihrer Bedeutung erläutert. Zusammenfassend ist daher deutschen Parteien entschieden davon abzuraten, eidesstattliche Erklärungen vorzulegen, oder es sollten zumindest die Beweismittel so vorbereitet werden, daß es ihrer daneben nicht mehr bedürfte.

106  Bei schriftlichen Erklärungen aus der Sphäre des Anmelders oder seines Vertreters, gleich ob an Eides Statt oder nicht, sind oft weitere kritische Fragen zum Beweiswert und zur Glaubwürdigkeit der Erklärung angebracht. So ist regelmäßig zu hinterfragen, aus welchen Quellen der Erklärende seine Kenntnisse hat, ob er zB darlegt, sich persönlich über die Richtigkeit der behaupteten Umsatzzahlen überzeugt zu haben.[153] Wenig beweiskräftig ist auch eine Erklärung, die ein Jahr später über so detaillierte Tatsachen wie wann welche Faxe abgeschickt wurden[154] oder 2 Jahre später über angebliche Besuche von Internetseiten[155] abgegeben wird

### 4 Verfahren zur Durchführung der Beweisaufnahme

107  In aller Regel wird der Beweis von dem interessierten Beteiligten geführt. Es ist Sache des Beteiligten, die ihm geeignet erscheinenden Beweismittel vorzulegen. Die Durchführung einer förmlichen Beweisaufnahme ist demgegenüber die Ausnahme. Für die förmliche Beweisaufnahme gilt Art 78 (2), (4) sowie R 57 und 58.

#### 4.1 Beweisbeschluß

108  Die Durchführung einer Beweisaufnahme durch das Amt, die nicht in der Verwertung liquiden Beweismaterials besteht, erfordert eine entsprechende Anordnung des Amtes gemäß R 57 (1). Diese muß nicht in die Gestalt eines

---

152  HABM-BK R 834/2004-1 vom 25.4.2005 (Nr 14f) *REVOLT/REVOLT.*
153  HABM-BK R 993/2005-4 vom 5.6.2007 (Nr 30) *COSANA/SONANA.*
154  HABM-BK R 016/1997-3 vom 10.9.1998 (Nr 42) *CAMPUS TALK.*
155  HABM-BK R 077/2006-1 vom 11.12.2007 (Nr 38) *MISS INTERCONTINENTAL.*

förmlichen »Beweisbeschlusses« gekleidet sein.[156] Die Anordnung muß das betreffende Beweismaterial, die rechtserheblichen Tatsachen, im Falle einer mündlichen Verhandlung deren Tag, Uhrzeit und Ort sowie im Falle des Antrags eines Beteiligten auf Vernehmung von Zeugen oder Sachverständigen eine Frist, in der dieser dem Amt Name und Anschrift des Zeugen oder Sachverständigen mitteilen muß, bezeichnen. Im Falle der Einholung von Auskünften hat ein Auskunftsersuchen an die betr Person zu ergehen unter Kopie an die Parteien, die zum Ergebnis zu hören sind; im Falle der Vernehmung von Zeugen ist eine mündliche Verhandlung zu terminieren; im Falle eines Sachverständigengutachtens ist nach R 58 (2) ein Auftrag an den Sachverständigen zu erstellen.

Von einer von Amts wegen angeordneten Beweisaufnahme kann auch ohne 109 weiteres wieder Abstand genommen werden, wenn sich im Lichte der Prüfung der Akte herausstellt, daß sie nicht nötig ist.[157]

Gibt der Beteiligte entgegen R 57 (1) Satz 2 Name und Anschrift des Zeugen nicht an, so ist er mit diesem Beweismittel ausgeschlossen. 110

### 4.2 Durchführung der Beweisaufnahme

Für die Durchführung des Zeugen- und Sachverständigenbeweises gilt: 111

Der Zeuge ist gemäß R 57 (2) mit einer Frist von mindestens einem Monat 112 zu laden; die Ladungsfrist kann mit Zustimmung des Zeugen verkürzt werden. Die Ladung muß einen Auszug des Beweisbeschlusses, die Namen der am Verfahren Beteiligten sowie die Ansprüche auf Kostenerstattung gemäß R 59 (2)–(5) enthalten. Wichtig ist insbesondere die Mitteilung der Tatsachen, über die der Zeuge vernommen werden soll (R 57 (2) (a)). R 57 (2) gilt nur für Zeugen, die gemäß förmlichem Beweisbeschluß nach R 57 (1) vernommen werden, nicht von den Parteien mitgebrachte, »liquide« Zeugen; Letztere können somit ohne Ladung sofort vernommen werden, ohne daß es auf das Einverständnis des anderen Verfahrensbeteiligten ankäme.

Bei Sachverständigen ist zunächst ein Sachverständigengutachten gemäß 113 R 58 anzufordern; gemäß R 58 (2) hat ein detaillierter Auftrag an den Sachverständigen zu erfolgen. Die Beteiligten erhalten eine Abschrift des schriftli-

---

156 Siehe HABM-BK R 251/2008-4 vom 1.10.2008 (Nr 8) *POHLSCHRÖDER*.
157 EuG T-187/06 vom 19.11.2008, GRUR Int 2009, 133 (Nr 121) *Pflanzensorte Sumcol 01.*

chen Gutachtens (R 58 (3)); die Beteiligten können den Sachverständigen aus den Gründen des Art 137 (1), (3) ablehnen (R 58 (4)). Erst nach Vorlage des schriftlichen Gutachtens kommt die Ladung des Sachverständigen zur mündlichen Verhandlung in Betracht, und zwar gemäß R 57 (2) nach den gleichen Voraussetzungen wie für die Ladung von Zeugen.

### 4.3 Niederschrift

114   Über die in der mündlichen Verhandlung durchgeführte Beweisaufnahme, auch sofern sie nicht durch ausdrücklichen Beweisbeschluß gemäß R 57 (1) erfolgt ist, ist eine Niederschrift aufzunehmen, die nach der mit Wirkung zum 25.7.2005 neu gefassten R 60 (1) nur noch die Namen der Anwesenden, die gestellten Anträge und die am Schluss verkündete Entscheidung enthalten soll. Einzelheiten siehe unter Art 77 Rdn 11.

### 4.4 Beweisaufnahme durch Mitglieder

115   Nach Art 78 (2) kann die befasste Dienststelle eines ihrer Mitglieder mit der Durchführung der Beweisaufnahme beauftragen. Dies gilt auch für die BK, die somit den Beweisbeschluß durch den Berichterstatter treffen lassen kann.

116   Eine Vernehmung von Zeugen oder Sachverständigen durch nur ein Mitglied der Widerspruchs- oder Nichtigkeitsabteilung oder der HABM-BK ist dagegen wegen des Grundsatzes der Unmittelbarkeit der Beweisaufnahme ausgeschlossen.

### 5 Kosten der Beweisaufnahme

117   Zeugen, die vom Amt geladen worden sind und die vor diesem erscheinen, haben Anspruch auf Erstattung ihrer Reise- und Aufenthaltskosten, wobei ihnen das Amt einen Vorschuss auf diese Kosten gewähren kann, sofern sie einen schriftlichen Antrag an das Amt stellen (R 59 (2)), sowie auf Zahlung einer angemessenen Entschädigung für Verdienstausfall, die gezahlt wird, nachdem der Zeuge seiner Pflicht genügt hat (R 59 (3)). Wer ohne Ladung vor dem Amt erscheint und als Zeuge vernommen wird, hat ebenfalls Anspruch auf die Erstattung der Reise- und Aufenthaltskosten, jedoch nicht auf Zahlung einer Entschädigung für Verdienstausfall (R 59 (2)).

118   Sachverständige, die vom Amt geladen worden sind und die vor diesem erscheinen, haben Anspruch auf Erstattung ihrer Reise- und Aufenthaltskosten, wobei ihnen das Amt einen Vorschuss auf diese Kosten gewähren kann,

sofern ein schriftlicher Antrag an das Amt gestellt wird (R 59 (2)), sowie auf Vergütung ihrer Tätigkeit, nachdem sie ihrem Auftrag genügt haben (R 59 (3)).

Sachverständige, die ohne Ladung vor dem Amt erscheinen und als Zeugen vernommen werden, haben ebenfalls Anspruch auf Erstattung der Reise- und Aufenthaltskosten, jedoch nicht auf Entschädigung für Verdienstausfall (R 59 (2)). **119**

Die Höhe der Reise- und Aufenthaltskosten sowie der Entschädigung für Verdienstausfall regelt Beschluß Nr EX-99-1 des Präsidenten des HABM vom 12.1.1999,[158] geändert durch Beschluß Nr EX-03-2 vom 20.1.2003, der aufgrund R 59 (4) ergangen ist. Die Beträge entsprechen grundsätzlich den Beträgen, die Beamten des HABM als Reisekosten gezahlt werden. Im einzelnen gilt: Nach Art 3 des Beschlußes des Präsidenten werden die Reisekosten der Zeugen und Sachverständigen auf der Grundlage des kürzesten Reisewegs erstattet und belaufen sich auf die Flugkosten in der Touristenklasse bzw bei Benutzung des eigenen Fahrzeugs den Eisenbahnfahrpreis erster Klasse. Die Aufenthaltskosten betragen seit dem 1.4.2003 141,30 Euro pro Tag; der Verdienstausfall für Zeugen beträgt 120,05 Euro pro Tag. Die Vergütung der Sachverständigen wird auf einen Stundensatz von höchstens 110,68 Euro festgelegt. Hierzu schließt das Amt einen Vertrag über die Erstellung des Gutachtens ab, der den Gegenstand des Gutachtens und den Gesamtbetrag der an den Sachverständigen zu zahlenden Vergütung bestimmt; auf diese Weise wird sichergestellt, daß der zeitliche Aufwand für die Erstellung des Gutachtens objektivierbar bleibt. **120**

Zum Verfahren der Kostenerstattung bestimmt Art 6 des genannten Beschlußes, daß dem Zeugen oder Sachverständigen gleichzeitig mit der Ladung eine Dienstreiseanordnung sowie ein Antragsformular für die Gewährung eines Vorschusses übersandt wird. Die Auszahlung der Kosten bzw die Verrechnung mit dem Vorschuss erfolgt erst, nachdem der Zeuge oder Sachverständige seiner Pflicht oder seinem Auftrag genügt hat. **121**

Gemäß R 59 (5) haftet für die Ansprüche der Zeugen und Sachverständigen auf Reise- und Aufenthaltskosten sowie Entschädigung für Verdienstausfall **122**
– das Amt in den Fällen, in denen es aus eigener Initiative den Zeugen oder Sachverständigen zur Vernehmung geladen hat, oder

---

158 ABl-HABM 1999, 506.

– der Beteiligte in den Fällen, in denen er selbst die Vernehmung beantragt hat. Nur in letzterem Fall werden die Kosten der Beweisaufnahme Gegenstand der Entscheidung über die Kostenverteilung und Kostenfestsetzung gemäß Art 85, 86. In diesem Fall hat der Beteiligte dem Amt die den Zeugen oder Sachverständigen etwa gezahlten Vorschüsse zu erstatten.

### 6 Sprache der Beweisaufnahme

123  Für mündliche Verfahren sieht R 97 besondere Bestimmungen über die Sprachen vor, die insbesondere auch für die Durchführung der Beweisaufnahme von Bedeutung sind. Nach R 97 (3) können in der Beweisaufnahme die zu vernehmenden Personen (Beteiligte, Zeugen oder Sachverständige), die sich in der Verfahrenssprache nicht hinlänglich ausdrücken können, sich jeder Amtssprache der EG bedienen. Ist die Beweisaufnahme auf Antrag eines Beteiligten angeordnet worden, so hat der antragstellende Beteiligte selbst für die Übersetzung der Erklärungen in die Verfahrenssprache zu sorgen. R 97 (3) Satz 3, 4 enthalten weitere Details.

124  R 97 (6), wonach Erklärungen der Beteiligten, Zeugen und Sachverständigen in einem mündlichen Verfahren, die in einer Sprache des Amtes abgegeben werden, in dieser Sprache in die Niederschrift aufgenommen werden, andernfalls nur in der Verfahrenssprache, ist durch R 60 (1), (3) in der seit 25.7.2005 geltenden Fassung weitestgehend obsolet, da nun nur noch die Anträge ins schriftliche Protokoll aufgenommen werden, nicht mehr der Wortlaut von Erklärungen.

### Artikel 79 (ex Artikel 77)  Zustellung

**Das Amt stellt von Amts wegen alle Entscheidungen und Ladungen sowie die Bescheide und Mitteilungen zu, durch die eine Frist in Lauf gesetzt wird oder die nach anderen Vorschriften dieser Verordnung oder nach der Durchführungsverordnung zuzustellen sind oder für die der Präsident des Amtes die Zustellung vorgeschrieben hat.**

*Schennen*

## 1 Allgemeines

Art 79 regelt die Zustellung von Schriftstücken durch das HABM. Die Vor-  1
schrift wird ergänzt durch Titel XI Teil C der DV, nämlich R 61–69, sowie
durch R 77 DV. R 61, 62, 65 und 66 sind durch VO Nr 1041/2005 mit
Wirkung zum 25.7.2005 geändert worden. Eine nähere Darstellung der Bestimmungen der DV über Zustellungen und Zustellungsnachweise enthalten
die RiLi, Teil A, 1.3.[1]

Die Art und Weise, wie Anmelder und Vertreter mit dem HABM kommunizieren, ist dagegen in der DV in Titel XI Teil H, R 79–83, geregelt.

Nach Art 79 sind bestimmte Schriftstücke des Amtes förmlich zuzustellen;  2
hierzu werden Entscheidungen, Ladungen, Bescheide und Mitteilungen erwähnt. R 61–69 DV idF der Änderung durch VO Nr 1041/2005 bestimmen abschließend die Art und Weise, in der zuzustellen ist. Für die tatsächlichen Voraussetzungen der Zustellungen gelten vielfach Beweisregeln (so
R 62 (3), (5).

## 2 Zustellung löst Außenwirksamkeit aus

»Zustellung« ist Übermittelung eines Schriftstücks nach Maßgabe der  3
R 62–69, nicht die förmliche Übermittlung in einem quasi-justizförmigen
Verfahren im Unterschied zur einfachen Übermittlung. »Zustellung« bezeichnet also nur die Art und Weise der Übermittlung eines Schriftstücks
durch das Amt an den Empfänger[2] mit der Rechtsfolge, dass dieses Schrift-

---

1 ABl-HABM 2006, 628.
2 RiLi Teil A, 1.3.2, ABl-HABM 2006, 628, 630.

stück gegenüber dem Adressaten wirksam wird und dass es vom Amt nicht mehr (es sei denn nach Art 80) widerrufen werden oder ungeschehen gemacht werden kann.

4   Ist das Schriftstück dem Empfänger noch nicht zugestellt worden, so ist das zuzustellende Schriftstück ist noch nicht außenwirksam geworden; so kann die darin enthaltene Entscheidung noch geändert werden. Die Zustellung ist dann zu wiederholen.

5   Tatsächlicher Zugang ist nicht erforderlich, ebensowenig tatsächliche Kenntnisnahme.[3] Bei Faxübermittlung reicht es aus, dass das Schriftstück in den Machtbereich des Empfängers gelangt. Dazu reicht bei Telefax-Übermittlung aus, dass das Schriftstück im Gerät des Empfängers gespeichert wird, was durch ein »o.k.«-Sendeprotokoll nachgewiesen wird, auch wenn später durch einen Fehler des Geräts ein Verlust der Mitteilung eintritt, und unabhängig von der tatsächlichen Kenntnisnahme durch den Empfänger. Diese auf einer Gefahrenverteilung nach Risikosphären basierenden Grundsätze werden vom HABM auch umgekehrt für den Fall des Nachweises des Zugangs von Schriftstücken beim Amt angewandt.[4]

6   Entscheidungen in mehrseitigen Verfahren werden »gespalten« mit Zustellung an den jeweiligen Verfahrensbeteiligten wirksam. Somit werden Entscheidungen in mehrseitigen Verfahren für die jeweiligen Beteiligten zu unterschiedlichen Zeitpunkten wirksam, mit unterschiedlichen Rechtsmittelfristen und Zeitpunkten des Eintritts der Bestandskraft. In mehrseitigen Verfahren ist dann die Beschwerdefrist für jeden Beteiligten gesondert gemäß dem Datum der Zustellung an ihn zu berechnen.[5]

### 3   Zustellungsempfänger

7   Zustellungsempfänger ist die Person, an die zugestellt werden soll, dh entweder der Verfahrensbeteiligte oder dessen Vertreter.

---

3   RiLi Teil A, 1.3.2, ABl-HABM 2006, 628, 630.

4   Ebenso: TechnBK EPA T 580/06 vom 1.7.2008, Mitt. 2008, 516; grundsätzlich zu diesem Lösungsansatz: Burgard, AcP 195 (1995), 96 f.

5   HABM-BK R 1498/2010 vom 16.12.2010 (Nr 13) *REGINE'S/REGINA DETE-CHA*. Im deutschen Recht auch BPatG GRUR 1996, 872 und BPatGE 42, 107, jeweils unter Aufgabe der früheren Rspr; Ströbele/Kirschneck, MarkenG, § 61 Rn 9.

Ist ein Vertreter bestellt worden, so müssen Zustellungen an den bestellten **8**
Vertreter erfolgen (R 67 (1)),[6] unabhängig davon, ob der Verfahrensbeteiligte sich nach Art 92 (2) vertreten lassen muss. Zustellungen des Amtes an den
ordnungsgemäß bevollmächtigten (richtiger: ordnungsgemäß bestellten, siehe R 76 4)) Vertreter haben dieselbe Wirkung, als wären sie an die vertretene
Person gerichtet (R 77). Vertreter im Sinne dieser Vorschrift ist der berufsmäßige Vertreter gemäß Art 93 (Rechtsanwalt oder zugelassener Vertreter)
und der Angestellte eines Unternehmens mit wirtschaftlichen Verbindungen
(Art 92 (3)), nicht jedoch der Angestelltenvertreter.[7] Es ist dann irrelevant,
ob das HABM auch noch an den Vertretenen zugestellt hat, und es kommt
auch nicht darauf an, ob der Vertretene das Schriftstück von seinen Vertretern überhaupt erhalten hat oder ob die Zustellung eine Frist auslöst oder
nicht.[8] Umgekehrt stellt es einen Verstoß gegen R 67 (1), der die Zustellung
unwirksam macht, dar, wenn nur an den Vertretenen zugestellt wird.[9] Sind
mehrere Vertreter für einen Beteiligten bestellt worden, so genügt die Zustellung an einen von ihnen,[10] sofern nicht eine bestimmte Zustellanschrift gemäß R 1 (1) (e) angegeben worden ist (R 67 (2)); der amtliche Text ist irreführend, da vor den Worten »eine bestimmte Zustellanschrift« das Wort
»nicht« fehlt. Nach R 1 (1) (e) berücksichtigt das Amt nur die zuerst genannte Anschrift als Zustellanschrift und stellt nur an den zuerst genannten Vertreter zu, es sei denn, dass eine bestimmte Zustellanschrift angegeben ist. In
dieser Situation besteht ein Wertungswiderspruch zu R 77, wonach die Zustellung an den ordnungsgemäß bevollmächtigten Vertreter stets als mit Wirkung für den Vertretenen gilt. Dieser Zielkonflikt ist dadurch aufzulösen, die
Zustellung zwar dann als unwirksam anzusehen ist, wenn entgegen R 1 (1)
(e) nicht an den Vertreter, dessen Zustellanschrift angegeben ist, zugestellt
worden ist, aber wirksam, wenn entgegen R 1 (1) (e) bei mehreren Vertretern oder mehreren Anschriften desselben Vertreters nicht an den zuerst genannten Vertreter oder an die zuerst genannte Anschrift zugestellt worden
ist.

Mehrere Beteiligte können nach R 75 einen gemeinsamen Vertreter bestel- **9**
len; tun sie dies nicht, gilt der zuerst genannte Beteiligte (Anmelder usw) als

---

6 Siehe EuG T-326/11 vom 25.4.2011 (Nr 49) *Brainlab.*
7 RiLi Teil A, 1.3.3, ABl-HABM 2006, 628, 631.
8 EuGH C-479/09 vom 30.9.2010 (Nr 40f) *Danelectro.*
9 EuG T-279/09 vom 12.7.2012 (Nr 29, 31) *100% Capri/Capri.*
10 EuGH C-479/09 vom 30.9.2010 (Nr 48) *Danelectro.*

gemeinsamer Vertreter. Nach R 67 (1) erfolgen dann Zustellungen an den gemeinsamen Vertreter, und zwar nach R 67 (3) nur an diesen und nicht zusätzlich an die weiteren Beteiligten, da die Zustellung nur eines Schriftstückes an den gemeinsamen Vertreter genügt, wenn mehrere Beteiligte einen gemeinsamen Vertreter bestellt haben.[11] Die Auswirkungen dieser Bestimmungen sind wie folgt: Stellt das Amt gleichwohl an alle gemeinsamen Beteiligten zu, so ist diese Zustellung wirksam. Stellt es ausschließlich an einen Beteiligten zu, der nicht gemeinsamer Vertreter ist, so ist die Zustellung unwirksam. Bestellen somit die Mitanmelder A, B und C den A zu ihrem gemeinsamen Vertreter, so ist die Zustellung eines Bescheides oder einer Entscheidung nur an B als solche unwirksam, da die Zustellung nicht zu Lasten von A und C wirkt und eine Verfügung oder Entscheidung nur gegenüber B allein nicht möglich ist (Gesamtschuldnerschaft/Gesamtgläubigerschaft).

10 Nach R 75 kann nur dann einer der Verfahrensbeteiligten gemeinsamer Vertreter sein, wenn kein Verfahrensbeteiligter verpflichtet ist, einen berufsmäßigen Vertreter zu bestellen. Der Wortlaut von R 75 (1) ist auch hier ungenau, der von »zugelassenen« Vertretern spricht; gemeint ist der berufsmäßige Vertreter, dh der von Art 93 (1) (a), (b) umfasste Personenkreis der Rechtsanwälte (Art 93 (1) (a)) und der zugelassenen Vertreter (Art 93 (1) (b)). Ist der gemeinsame Vertreter ein berufsmäßiger Vertreter, so gelten die Regeln für die Zustellung an berufsmäßige Vertreter.

## 4 Zuzustellende Schriftstücke

11 Alle Schriftstücke sind zuzustellen; eine Ausnahme sieht R 69 vor. R 61 (3) bestimmt, dass das Amt die Wahl hat, welche Zustellungsweise gewählt wird; Ausnahme ist die öffentliche Zustellung (R 66).[12] Wird die Zustellung per Post gewählt, so schreibt R 62 (1) für bestimmte Schriftstücke die Zustellung per Einschreiben mit Rückschein vor, und zwar für:
- alle Entscheidungen, gegen die Beschwerde oder ein anderes Rechtsmittel (Klage nach Art 65) statthaft ist;
- Ladungen für mündliche Verhandlungen;
- diejenigen Bescheide und Mitteilungen, für die der Präsident des HABM die Zustellung vorgeschrieben hat. Von dieser Vorschrift ist bisher kein Gebrauch gemacht worden, da die Zustellung durch die Post unpraktisch

---

11 HABM-BK R 681/2008-4 vom 17.7.2008 (Nr 7) *PIKANTISSIMO*.
12 RiLi Teil A, 1.3.2, ABl-HABM 2006, 628, 630.

ist und das HABM ohnehin wenn möglich per Telekopie zustellt, wo ein tatsächlicher Unterschied zwischen förmlicher Zustellung und normaler Übermittlung faktisch nicht mehr besteht.

Die Kategorie der Zustellung per Einschreiben ohne Rückschein gibt es seit 12 Neufassung der R 62 nicht mehr.

Nach R 69 DV brauchen Schriftstücke in inter-partes-Verfahren, die weder 13 Sachanträge oder die Erklärungen der Rücknahme eines Sachantrags noch neues Vorbringen enthalten, an den anderen Beteiligten nicht zugestellt zu werden, wenn die Sache entscheidungsreif ist. Meistens werden solche Schriftstücke gleichwohl dem anderen Beteiligten übermittelt, aber nur zur Information, ohne Gelegenheit, dazu erneut Stellung zu nehmen.

Zuzustellen ist nach R 61 (1) entweder das Originalschriftstück oder eine 14 vom Amt beglaubigte oder mit Dienstsiegel versehene Abschrift dieses Schriftstücks oder ein R 55 entsprechender Computerausdruck. Beim Originalschriftstück handelt es sich um die von dem oder den Bediensteten des HABM unterzeichnete Urschrift; in der Akte verbleibt dann eine einfache Abschrift. Die vom Amt beglaubigte oder mit Dienstsiegel versehene Abschrift kann auch als Ausfertigung des Schriftstückes bezeichnet werden; dies ist der Fall bei per Post zugestellten Schriftstücken an mehrere Beteiligte. Ganz überwiegend wird aber ein Computerausdruck zugestellt, dh es wird im Textverarbeitungssystem des HABM ein Fax erzeugt, das über den Fax-Server zugestellt wird, ohne vorher physisch im HABM ausgedruckt worden zu sein. Mit Beschluß des Präsidenten des HABM Nr EX-97-1 vom 1.4.1997[13] ist von der Möglichkeit nach R 55 (2) Gebrauch gemacht worden, das Dienstsiegel durch die bloße Angabe des Namens des Bediensteten zu ersetzen. Die Schriftstücke des HABM tragen daher normalerweise nur die Angabe des Namens ohne Unterschrift oder Dienstsiegel.

### 5 Zustellungsarten

Zugelassene Zustellungsarten sind nach R 61 (2) die Zustellung durch die 15 Post, durch eigenhändige Übergabe, durch Hinterlegung im Abholfach, durch Telekopie oder andere technische Kommunikationsmittel und die öffentliche Zustellung.

---

13 ABl-HABM 1997, 422.

16   Mit Ausnahme der öffentlichen Zustellung, die an besondere Voraussetzungen gebunden ist, sind alle diese Zustellungsmöglichkeiten gleichwertig. Dies bedeutet, dass insbesondere die Zustellung durch Telekopie eine völlig gleichwertige Zustellungsart ist und auch für fristsetzende Mitteilungen und Entscheidungen – und gerade für diese – benutzt wird.[14] Die Neufassung von R 61 (3) durch VO Nr 1041/2005 stellt ausdrücklich klar, dass das HABM die Wahl zwischen den verschiedenen Zustellungsvarianten hat. In der Praxis handelt es sich um die weitaus überwiegende Zustellungsart, da die Verfahrensbeteiligten, die Vertreter ganz überwiegend, über einen Telefaxanschluss verfügen. Diese völlige Gleichstellung der Telekopie zu anderen Formen der Übermittlung, die auch sonst in der GMV und der Durchführungsverordnung verwirklicht ist, ist eine der wesentlichen verfahrensrechtlichen Neuerungen des Gemeinschaftsmarkensystems, die zu seinem großen Erfolg beiträgt.

17   Für Beschwerdeverfahren gilt nichts anderes. Die Gleichwertigkeit der in R 61 (2) genannten Zustellungsarten gilt auch für die Verfahren vor der BK. Dies bedeutet insbesondere, dass auch die Entscheidungen der Beschwerdekammern ohne weiteres per Telekopie zugestellt werden können und auch seit Mitte 2006 werden.

### 5.1  Zustellung durch die Post

18   Wie der Generalanwalt im »K-Swiss«-Fall eingehend dargelegt hat,[15] ist unter »Post« der bisher staatliche oder staatlich kontrollierte Postdienst, seit der Liberalisierung der Postdienstleistungen jedes private Zustellunternehmen zu verstehen, einschließlich privater Kurierdienste wie zB DHL.[16] Bei der Zustellung durch die Post ist zwischen Zustellungen an Empfänger außerhalb der EG und Empfänger innerhalb der EG zu unterscheiden. Empfänger außerhalb der EG erhalten das Schriftstück als gewöhnlichen Brief übermittelt.

---

14   Ausdrücklich bestätigt durch EuG T-380/02 vom 19.4.2005, ABl-HABM 2005, 1008 (Nr 58, 60) *Pan & Co.*

15   Schlußanträge des Generalanwalts Bot vom 8.5.2008 in der Rs C-144/07 (Nr 47–70).

16   Unzutreffend: EuGH C-144/07 vom 2.10.2008 (Nr 22) *K-Swiss;* bezeichnenderweise ohne jede Erwähnung der vom Generalanwalt dargelegten Argumente und Hinweise auf einschlägige Gemeinschaftsrechtsakte.

Schriftstücke an Empfänger mit Anschrift innerhalb der EG müssen durch 19
eingeschriebenen Brief mit Rückschein zugestellt werden, wenn es sich um
eine beschwerdefähige Entscheidung oder um eine Ladung handelt; von der
Möglichkeit des Präsidenten, auch andere Schriftstücke diesem Erfordernis
zu unterstellen, ist kein Gebrauch gemacht worden (R 62 (1) Satz 1). Nicht
der Beschwerde unterliegende Entscheidungen, Mitteilungen, die eine Frist
in Lauf setzen, und alle anderen Schriftstücke werden durch gewöhnlichen
Brief zugestellt.

Für die Zustellung durch eingeschriebenen Brief mit Rückschein gelten die 20
folgenden Beweisregeln.

Verweigert der Empfänger die Annahme des Briefes, so gilt die Zustellung 21
unwiderleglich als bewirkt (R 62 (4)).

Die Zustellung gilt als mit dem zehnten Tag nach der Aufgabe zur Post als 22
bewirkt (R 62 (3)). Der Nachweis, dass das zuzustellende Schriftstück nicht
oder an einem späteren Tag eingegangen ist, ist zulässig.[17] Im Zweifel hat
das HABM den Zugang zu beweisen (R 62 (3) letzter Satz);[18] diese Bestimmung entstammt § 4 DE-VwZG und hat über R 78 EPÜ Eingang in die
DV gefunden. Durch die Worte »gilt« und »es sei denn« wird zwar normalerweise eine widerlegbare Vermutung gekennzeichnet, hier für Tatsache und
Zeitpunkt des Zugangs. Hier aber handelt es sich um eine unvollständige
Vermutung: Ausgeschlossen ist der Gegenbeweis, dass das Schriftstück vor
Ablauf der Zehntagesfrist zugestellt worden ist.[19] Insoweit schützt die Vorschrift den Empfänger, der bei dem recht häufigen Fall des tatsächlichen Zugangs vor Ablauf von zehn Tagen effektiv einige Tage an Rechtsmittelfrist gewinnt. Grund für diese Regelung ist die Sicherstellung einer tatsächlichen
Gleichbehandlung von Zustellungsempfängern in unterschiedlichen Regio-
nen der EG. Der letzte Absatz von R 62 (3), wonach das Amt im Zweifel
den Zugang des Schriftstückes und den Tag des Zugangs nachzuweisen hat,
enthält dagegen in Wahrheit überhaupt keine Vermutungsregelung, sondern
nur einen Anscheinsbeweis: Der Zustellungsempfänger kann die Vermutung

---

17 HABM-BK R 786/2006-4 vom 8.8.2006 (Nr 12) *TRABECULAR METAL*.
18 López de Rego, Comentarios, S 742; von Mühlendahl/Ohlgart, S 94.
19 Schlussanträge des Generalanwalts Bot vom 8.5.2008 in der Rs C-144/07
 (Nr 76); Siehe Singer/Kroher, Art 119 Rn 13; Ströbele/Kober-Dehm, MarkenG,
 § 94 Rn 16; Schulte, PatG, § 127 Rn 70; BVerwG NJW 1965, 2363; übersehen
 in EuG T-014/06 vom 14.12.2006 (Nr 28) *K-Swiss*.

des Zugangs am zehnten Tag nach Absendung durch glaubhaftes Bestreiten entkräften, so dass daraufhin die Behörde den Zugang und dessen Zeitpunkt zu beweisen hat.[20] Es muss aber der Empfänger den Zugang nicht pauschal, sondern substantiiert bestreiten und einen vom normalen Ablauf abweichenden Geschehensablauf vortragen.[21] Nur dann, nicht schon beim pauschalen Leugnen, das Schriftstück erhalten zu haben, wird das HABM für die Tatsache und das Datum der Zustellung hauptbeweispflichtig. Ein »Zweifel« iSd R 62 (3) wird auch nicht schon dann begründet, wenn in den Akten des Amtes der Rückschein oder die Empfangsbestätigung fehlen.[22]

23  Das Zugangsdatum verschiebt sich nicht auf den folgenden Werktag, wenn der zehnte Tag nach der Aufgabe zur Post ein Sonn- oder Feiertag ist, da die Zehn-Tages-Regelung keine Frist iSd R 70, 72 (1) ist,[23] so dass das HABM nicht bei jeder Zustellung berücksichtigen muss, ob der fragliche Tag in dem Mitgliedstaat, in dem der Empfänger ansässig ist, Feiertag war.

24  Für die Zustellung mit einfachem Brief (gleich ob für Empfänger innerhalb oder außerhalb der EG) gilt die Beweisregel der R 62 (5). Die Zustellung gilt mit dem 10. Tage nach der Aufgabe zur Post als bewirkt (R 62 (2)). Der Nachweis, das Schriftstück später erhalten zu haben, ist nicht zulässig. Auch der Nachweis, das Schriftstück nicht erhalten zu haben, ist nicht zulässig. Bei Übermittlung eines einfachen Briefs ist weder der Beweis, dass das Schreiben zugegangen ist, noch dass es nicht zugegangen ist, führbar. R 62 (5) enthält eine unwiderlegbare Vermutung. Dies folgt auch daraus, dass R 62 (5) nicht auf R 62 (3) Satz 2 verweist, die den Nachweis eines späteren Zugangs erlaubt. Wollte man dem nicht folgen, so müsste zumindest vom Empfänger der substantiierte Vortrag (vom BGH als »sekundäre Darlegungslast« bezeichnet) gefordert werden, warum das Schriftstück nicht eingegangen ist, der allerdings ebensowenig führbar ist wie der Beweis des Zugangs (diese Lösung hat der BGH für die ähnlichen Wertungsgesichtspunkten unterliegende

20  EuG T-191/11 vom 25.10.2012 (Nr 33f) *Miura*; so auch Ströbele/Kober-Dehm, MarkenG, § 94 Rn 16.
21  So die deutsche Literatur und Rspr: Schulte, PatG, § 127 Rn 73; Knack/Henneke, VwVfG, § 41 Rn 18; BFH NJW 1976, 2040; BFHE 134, 213; VGH Mannheim NJW 1986, 210.
22  TechnBK EPA T 247/98.
23  Singer/Kroher, Art 119 Rn 12; so auch die deutsche Rspr; BFHE 120, 142; 146, 27; Kopp/Ramsauer, VwVfG, § 41 Rn 44; aA Knack/Henneke, VwVfG, § 41 Rn 19; Stelkens/Bonk/Sachs, VwVfG, § 41 Rn 66.

Frage des Nachweises des Zugangs eines Abmahnschreibens in UWG-Sachen entwickelt).[24] Jedenfalls ist es dem Empfänger verwehrt, schlicht den Zugang zu bestreiten und die Übermittlung mit einfachem Brief zunichtezumachen. Dafür ist R 62 nF nun gegenüber R 62 aF insoweit günstiger, als für alle Übermittelungen per Post 10 Tage hinzugegeben werden.

### 5.2 Zustellung durch eigenhändige Übergabe

Die Zustellung kann auch durch eigenhändige Übergabe des Schriftstückes 25 an den Empfänger gegen Empfangsbekenntnis erfolgen (R 63). Diese Zustellung kann nur im Dienstgebäude des Amtes erfolgen.

### 5.3 Hinterlegung im Abholfach

Eine Zustellung an Empfänger, denen beim HABM ein Abholfach eingerichtet worden ist, kann auch durch Hinterlegung des Schriftstückes in diesem Abholfach erfolgen. Diese Zustellungsform setzt voraus, dass der Empfänger ein Abholfach eingerichtet hat;[25] worin sein Einverständnis mit dieser Zustellungsart liegt. Die Zustellung gilt am fünften Tag nach Hinterlegung im Abholfach als bewirkt. Diese Beweisregel ist nicht durch den Nachweis entkräftbar, das Schriftstück erst später erhalten zu haben, da es bei dieser Zustellungsart auf die tatsächliche Kenntnisnahme eben nicht ankommt.[26]

### 5.4 Zustellung durch Telekopie oder technische Kommunikationsmittel

Von den Zustellungsarten hat die Zustellung durch Telekopie gemäß R 65 27 (1) die weitaus größte Bedeutung in der Praxis. Das Amt hat nach R 61 (3) nF die Wahl, per Telekopie zuzustellen, und wird dies auch regelmäßig tun. Diese Zustellform setzt lediglich voraus, dass der Verfahrensbeteiligte seine Telefaxnummer angegeben hat, worin das Einverständnis mit dieser Zustellungsart liegt, R 1 (1) (b) Satz 4.[27] Von der nach R 65 (1) Satz 2 aF vorgese-

---

24 BGH GRUR 2007, 629; ebenso OLG Frankfurt, WRP 2009, 347; die zuvor hM wollte allein die Absendung des Schreibens genügen lassen, was nach wie vor überzeugender erscheint: Teplitzky, Wettbewerbsrechtliche Ansprüche, 9. Aufl, S 541.

25 EuG T-380/02 vom 19.4.2005, ABl-HABM 2005, 1008 (Nr 57) *Pan & Co.*

26 Vgl BPatGE 17, 3; Ströbele/Kober-Dehm, MarkenG, § 94 Rn 20.

27 RiLi Teil A, 1.3.2.1, ABl-HABM 2006, 628, 631.

henen Möglichkeit, die Einzelheiten dieser Übermittlung durch Beschluss des Präsidenten zu regeln, ist kein Gebrauch gemacht worden, da hierfür kein Bedürfnis bestand. Diese Regel wurde daher mit VO Nr 1041/2005 gestrichen. Die Übermittlung durch Telekopie hat sich inzwischen soweit durchgesetzt, dass Bedenken gegen diese Übermittlungsart spitzfindig und weltfremd erscheinen müssen. Auch hinsichtlich der Kompatibilität der Geräte besteht kein Regelungsbedarf. Bei nicht ordnungsgemäßer Übermittlung (Inkompatibilität der Geräte, kein Papier im Gerät des Empfängers, Leitung besetzt) erfolgt die Fehlermeldung »nicht gesendet«. Die Meldung im Absendergerät über die ordnungsgemäße Übermittlung »ok« begründet die tatsächliche Vermutung für den Zugang beim Empfänger.[28] Diesem obliegt es, zu beweisen, dass er das Schriftstück gleichwohl nicht oder nur in verstümmelter Form erhalten hat. Noch weiter geht die Entscheidung der HABM-BK »FELINE PLUS«:[29] Der Zugang ist zu dem Zeitpunkt als bewirkt anzusehen, für den das beim Amt eingegangene Sendeprotokoll die ordnungsgemäße Übermittlung belegt, und den Empfänger trifft die Obliegenheit für das ordnungsgemäße Funktionieren seines Faxgeräts, so dass der Empfänger ggf bei Funktionsstörungen seines Geräts (Papierstau) beim Amt um Übersendung einer Kopie bitten muss. Danach kann also der Empfänger den Zugang praktisch nicht widerlegen, wenn ein eine ordnungsgemäße Übermittlung belegendes Sendeprotokoll vorliegt. Verfügt das HABM über einen Sendebericht »o.k.« mit Namen und Nummer des Adressaten, und kann der Adressat keine eigenen Fax-Logs vorlegen, so ist der Beweis des Zugangs erbracht.[30]

**28**  Wie R 65 (1) nunmehr ausdrücklich klarstellt, ist Zeitpunkt der Zustellung per Fax der Tag des tatsächlichen Eingangs beim Empfänger, auch dann, wenn dieser Tag ein Sonntag oder Feiertag ist.[31] Bei der Zustellung einer Telekopie direkt über den Fax-Server des Amtes handelt es sich ebenfalls um eine Zustellung gemäß R 65 (1), nicht nach Art 79 (2).

---

28  So im Ergebnis HABM-BK R 101/1999-3 vom 22.7.1999 (Nr 17) *NATHA-LIE M/NATALYS.*

29  HABM-BK R 068/1999-2 vom 8.11.2000, Mitt 2001, 311 *FELINE PLUS.*

30  EuG T-380/02 vom 19.4.2005, ABl-HABM 2005, 1008 (Nr 69, 84) *Pan & Co.*

31  HABM-BK R 068/1999-2 vom 8.11.2000, Mitt 2001, 311 (Nr 21) *FELINE PLUS.*

### 5.5  MyPage

R 65 (2) eröffnet dem Präsidenten des HABM die Möglichkeit, die Zustel-   29
lung durch andere technische Kommunikationsmittel zu regeln. Hiervon ist
ursprünglich durch Beschluß Nr EX-04-6 vom 16.7.2004 Gebrauch gemacht worden; nunmehr gilt Beschluss Nr EX-11-3 vom 18.4.2011,[32] der
alle Regelungen zu elektronischen Übermittlungen zusammenfasst. Über
»MyPage« werden zuzustellende Schriftstücke und andere Informationen
elektronisch übermittelt. Man hat sich »MyPage« als eine Art elektronisches
Abholfach vorzustellen, von dem der Teilnehmer die Schriftstücke abrufen
(lesen und abspeichern und ausdrucken) kann. Art 2 des Beschlusses Nr
EX-11-3 definiert MyPage als die elektronische Plattform für den gezielten
Direktzugang zu Dokumenten und Dienstleistungen des Amtes das das Un-
tersystem »MAILBOX«, das dem Benutzer gestattet, Dokumente und Zu-
stellungen zu empfangen, zu sichten und zu speichern (Art 6 des Beschlusses
Nr EX-11-3). Der Zugang zu diesen Mitteilungen umfasst die Möglichkeit,
das zugestellte Schriftstück anzusehen, zu drucken und auf dem eigenen
Computer zu speichern sowie darauf zu erwidern. Der Zugang zu MyPage –
und damit auch zu dessen Untersystemen – erfordert die Benutzung eines
Passworts, welches dem Benutzer von MyPage vom Amt mitgeteilt wird.
Der Benutzer von MyPage ist für die ordnungsgemäße Verwendung des
Passwortes, insbesondere für die ordnungsgemäße Verwendung eines Passwortes durch verschiedene Personen, verantwortlich. Die Zustellung besteht
in der elektronischen Bereitstellung des Schriftstücks im Posteingangsfach
von MyPage (Art 7 (1) des Beschlusses Nr EX-11-3). Das Schriftstück gilt
als am fünften Tag nach seiner Bereitstellung als zugestellt, unabhängig davon, ob der Empfänger das Schriftstück tatsächlich geöffnet und gelesen hat
(Art 7 (1) des Beschlusses Nr EX-11-3).[33] Das Datum der Bereitstellung
wird vom Amt protokolliert und ist jederzeit nachweisbar. Wer an »MyPage«
teilnimmt, muss nicht alle Funktionen nutzen, er kann jederzeit sich bereit
erklären, die elektronische Zustellung zu nutzen, und jederzeit davon wieder
Abstand nehmen. »MyPage« wird inzwischen auch für Zustellungen im Rahmen von Widerspruchsverfahren genutzt. 40 % der Vertreter nutzen zumindest einen Teil der MyPage-Funktionen.

---

32  ABl-HABM 2011, Nr 6.
33  Siehe auch RiLi Teil A, 1.3.2.5, ABl-HABM 2006, 628, 631; HABM-BK R
    1459/2008-2 vom 7.1.2009 (Nr 14) *DICTATOR.*

### 5.6 Öffentliche Zustellung

**30** Die öffentliche Zustellung erfolgt durch die Bekanntmachung der Art des Schriftstückes, des Empfängers und weiterer Einzelheiten. Seit Neufassung von R 66 durch VO Nr 1041/2005 bestimmt der Präsident des HABM das Publikationsorgan, ohne dass die Veröffentlichung im Blatt für Gemeinschaftsmarken vorgeschrieben ist. Durch Beschluss Nr EX-05-6[34] hat der Präsident bestimmt, dass die Veröffentlichung im Internet erfolgt.[35] Das zuzustellende Schriftstück gilt nach R 66 (2) unwiderleglich nach Ablauf einer Frist von einem Monat als zugestellt; diese Frist beginnt gemäß Art 3 des Beschlusses Nr EX-05-6 mit dem Datum, an dem die Bekanntmachung ins Internet eingestellt wird; dieses ist in der Bekanntmachung zu vermerken.

**31** Für die Anordnung der öffentlichen Zustellung ist die Stelle zuständig, die das zuzustellende Schriftstück erlassen hat.[36]

**32** Die öffentliche Zustellung darf nur erfolgen, wenn die Anschrift des Empfängers nicht festgestellt werden kann, zB wenn der nicht vertretene Anmelder in seiner Anmeldung keine Anschrift angegeben hat, oder wenn mindestens ein Versuch (nach R 66 aF waren zwei Versuche nötig) des HABM einer Zustellung nach R 62 per Post gescheitert sind. Dies betrifft besonders den Fall, dass die Anschrift des Empfängers zu unbestimmt war oder das der Post zugestellte Schriftstück als unzustellbar zurückkommt, weil der Empfänger verzogen ist. Die Verweisung in R 66 nF auf R 62 insgesamt bedeutet, dass auch bei erfolgloser Zustellung mit normalem Brief zur öffentlichen Zustellung überzugehen ist; die Fiktion des Zugangs nach 10 Tagen nach R 62 (5) bewirkt nichts anderes und gilt nur, wenn weder der Zugang noch der Nichtzugang bewiesen werden kann. Da R 66 (1) nur auf R 62 verweist, stellt die erfolglose Übermittlung per Telefax keinen erfolglosen Zustellungsversuch im Sinne der R 66 (1) dar. Ein vorübergehendes Besetztsignal des empfangenden Telefaxgerätes bedeutet nicht, dass die Zustellung nicht möglich sei. Von einer Unmöglichkeit der Zustellung per Telefax wird daher nur dann gesprochen werden können, wenn hartnäckig über einen längeren Zeitraum hinweg die Übermittlung sich als unmöglich erweist, etwa bei Inkompatibilität der Faxgeräte. In diesem Fall wird aber ein Zustellungsversuch per

---

34  Beschluß Nr EX-05-6 vom 27.7.2005, ABl-HABM ABl 2005, 1212; dieser löst den Beschluss Nr EX-96-5, ABl-HABM 1996, 1450, ab.

35  Unter http://oami.europa.eu/de/office/diff/pub-notif.htm.

36  Siehe Singer/Kroher, Art 119 Rn 24.

Post erfolgen können, der erfolglos wiederholt werden muss, bevor die öffentliche Zustellung möglich ist.

Trotz zunehmender Nutzung elektronischer Kommunikationsmedien muss **33** von der öffentlichen Zustellung immer häufiger Gebrauch gemacht werden, 2007 über 500 mal.

## 6 Rechtsfolgen eines Verstoßes gegen die Zustellungsvorschriften

Ist das Schriftstück dem Empfänger tatsächlich zugegangen, so heilt dies **34** grundsätzlich einen Zustellungsmangel, R 68. Die Beweislast für den tatsächlichen Zugang und den Zeitpunkt des Zugangs trifft hier nach R 68 das HABM.[37] Steht fest, dass die Zustellung nicht ordnungsgemäß war, so bestehen für den tatsächlichen Zugang keine Beweiserleichterungen. Beispielsweise kann der Verfahrensbeteiligte selbst den Beweis führen, dass das Schreiben an einem bestimmten Tag bei ihm eingegangen ist, zB durch Vorlage einer Kopie mit seinem Eingangsstempel.[38] Der Beweis der Zustellung ist erbracht, wenn der Empfänger Handlungen vornimmt, die den Erhalt des Schriftstücks voraussetzen.[39] Liegen keine anderen Nachweise oder Anhaltspunkte vor, so liegt dieser Zeitpunkt nicht früher als das Datum, an dem die Partei bzw ihr Vertreter auf das zugestellte Schriftstück reagiert hat.[40] Dem HABM steht es jedoch frei, sich auf die Heilung zu berufen oder die Zustellung ordnungsgemäß zu wiederholen. R 68 heilt zum einen den Zustellungsmangel und regelt zum anderen das Zustellungsdatum: dies ist das Datum des tatsächlichen Zugangs. Dieses kann vor dem Datum liegen, dass sich aus der 10-Tages-Regelung nach R 62 (3) ergibt; somit kann uU der Beteiligte schlechter stehen, als wenn die Zustellung ordnungsgemäß erfolgt wäre.[41] Noch nicht geklärt ist, ob eine Heilung nach R 68 auch vorliegt, wenn zwar die Zustellung an den Vertreter zu erfolgen hätte, aber feststeht, dass der Ver-

---

37  EuG T-380/02 vom 19.4.2005, ABl-HABM 2005, 1008 (Nr 63f) *Pan & Co.*;
EuG T-028/09 vom 13.1.2011, GRUR Int 2011, 427 (Nr 32) *Pine Tree.*
38  HABM-BK R 786/2006-4 vom 8.8.2006 (Nr 9) *TRABECULAR METAL.*
39  HABM-BK R 521/2006-4 vom 23.10.2006 (Nr 15, 17) *GREEN PLUS*; Ströbele/
Kober-Dehm, MarkenG, § 94 Rn 33; Ingerl/Rohnke, § 94 Rn 14.
40  HABM-BK R 1269/2009-4 vom 14.12.2009 (Nr 26) *GOLDSMITH GROUP.*
41  HABM-BK R 786/2006-4 vom 8.8.2006 (Nr 9) *TRABECULAR METAL*; unzutreffend Schlußanträge des Generalanwalts Bot vom 8.5.2008 in der Rs C-144/07 (Nr 91).

tretene das Schriftstück erhalten hat,[42] oder ob R 68 nur hinsichtlich der Person gilt, an die das Schriftstück zu übermitteln war (siehe oben, Rdn 8).

35 Die Heilung des Zustellungsmangels tritt auch dann ein, wenn die Zustellung eine Rechtsmittelfrist in Lauf setzt; diese Frist beginnt dann mit dem Datum des tatsächlichen Zugangs.[43] Im deutschen Recht ist dies durch Änderung von § 94 DE-MarkenG neuerdings ebenso geregelt.[44]

36 Ein Zustellungsmangel liegt zB vor:
- wenn ein einfacher Brief an eine andere als die dem Amt bekannte letzte Anschrift adressiert wird;
- wenn eine Zustellung per Einschreiben mit Rückschein an eine Postfachadresse versucht wird;[45]
- wenn eine mit Einschreiben zuzustellende Mitteilung mit normalem Brief übermittelt wird;
- wenn an den Anmelder statt an den Vertreter zugestellt wurde, umstritten ist, ob es dann auf den tatsächlichen Zugang beim Vertreter ankommt[46] oder die Zustellung insgesamt unwirksam ist;[47]
- wenn eine im Gesetz nicht oder für die betr Mitteilung nicht vorgesehene Zustellungsart verwendet wurde; wohl wird die Einschränkung gefordert, dass das HABM dadurch die gesetzlichen Vorschriften nicht bewusst und systematisch ausgehebelt haben darf;[48]
- eine Heilung nach R 68 ist dagegen ausgeschlossen bei Verstößen gegen zwingende Erfordernisse bei der öffentlichen Zustellung, weil bei dieser Zustellungsart keine tatsächliche Übergabe des Schriftstückes an den Empfänger stattfindet.

---

42 Offengelassen in EuG T-279/09 vom 12.7.2012 (Nr 28) *100% Capri/Capri*: offenbar war auch letzteres nicht feststellbar.

43 EuG T-380/02 vom 19.4.2005 (Nr 62, 64) *Pan & Co.*; HABM-BK R 786/2006-4 vom 8.8.2006 (Nr 9) *TRABECULAR METAL*.

44 Ströbele/Kober-Dehm, MarkenG, § 94 Rn 33.

45 HABM-BK R 786/2006-4 vom 8.8.2006 (Nr 8) *TRABECULAR METAL*.

46 So HABM-BK R 1269/2009-4 vom 14.12.2009 (Nr 25) *GOLDSMITH GROUP*; Singer/Kroher, Art 119 Rn 28, 36.

47 So wohl EuG T-326/11 vom 25.4.2011 (Nr 49) *Brainlab*.

48 In diesem Sinne: Schlußanträge des Generalanwalts Bot vom 8.5.2008 in der Rs C-144/07 (Nr 93).

Wurden die Zustellvorschriften befolgt, so ist R 68 nicht anwendbar, und es 37
ist rechtsfehlerhaft,[49] gleichwohl das Datum des tatsächlichen Erhalts des
Schriftstücks zugrundezulegen. Vielmehr gilt dann R 62 (2), (5) nF.

## Artikel 80 (ex Artikel 77a)  Löschung oder Widerruf

(1) Nimmt das Amt eine Eintragung ins Register vor oder trifft es eine
Entscheidung, so löscht es diese Eintragung oder widerruft diese Entscheidung, wenn die Eintragung oder die Entscheidung offensichtlich mit einem dem Amt anzulastenden Verfahrensfehler behaftet ist. Gibt es nur einen einzigen Verfahrensbeteiligten und berührt die Eintragung oder der
Vorgang dessen Rechte, so werden die Löschung bzw. der Widerruf auch
dann angeordnet, wenn der Fehler für den Beteiligten nicht offenkundig
war.

(2) Die Löschung oder der Widerruf gemäß Absatz 1 werden von Amts
wegen oder auf Antrag eines der Verfahrensbeteiligten von derjenigen Stelle angeordnet, die die Eintragung vorgenommen oder die Entscheidung erlassen hat. Die Löschung oder der Widerruf werden binnen sechs Monaten
ab dem Datum der Eintragung in das Register oder dem Erlass der Entscheidung nach Anhörung der Verfahrensbeteiligten sowie der möglichen
Inhaber der Rechte an der betreffenden Gemeinschaftsmarke, die im Register eingetragen sind, angeordnet.

(3) Dieser Artikel gilt unbeschadet des Rechts der Beteiligten, gemäß den
Artikeln 58 und 65 Beschwerde einzulegen, sowie der Möglichkeit, nach
den in der Durchführungsverordnung festgelegten Verfahren und Bedingungen sprachliche Fehler, Schreibfehler und offensichtliche Fehler in Entscheidungen des Amtes sowie solche Fehler bei der Eintragung der Marke
oder bei der Veröffentlichung der Eintragung, die dem Amt anzulasten
sind, zu berichtigen.

*Schennen*

---

49  Übersehen in EuG T-014/06, Beschluß vom 14.12.2006 (Nr 28) *K-Swiss*.

## 1 Allgemeines

1 Art 80 wurde durch VO Nr 422/2004,[1] in Kraft seit 25.7.2005,[2] eingefügt. Die Regelung wird ergänzt durch R 53a. Sie ermöglicht die Löschung einer Eintragung im Register und den Widerruf einer Entscheidung, wenn die Eintragung oder Entscheidung mit einem offensichtlichen, dem Amt anzulastenden Verfahrensfehler behaftet ist. Die gesetzliche Regelung in Art 80 beendet einen Meinungsstreit, ob und wenn ja welche allgemeinen Grundsätze des europäischen oder (nach Art 83) nationalen Verwaltungsrechts über den Widerruf von begünstigenden oder belastenden Verwaltungsakten herangezogen werden können, um solche Eintragungen im Register oder Entscheidungen zu beseitigen, die mit offensichtlichsten Mängeln behaftet sind, gegen die jedoch Rechtsmittel nicht möglich sind oder nicht im Interesse des Betroffenen sind.

2 In den Beratungen in der Ratsarbeitsgruppe wurde die überragende Bedeutung des Grundsatzes der Rechtssicherheit, die auch zur Aufrechterhaltung von rechtswidrigen Entscheidungen, so nicht angefochten, zwingt, erkannt. Die tatbestandlichen Voraussetzungen wurden sehr eng gefasst, eine sehr enge Frist von 6 Monaten (Abs 2) wurde vorgesehen, die Rechte des anderen Verfahrensbeteiligten wurden betont, und es wurde bestimmt (Abs 1 Satz 2, Gegenschluss), dass in inter-partes-Verfahren die Unrichtigkeit für den betroffenen Beteiligten erkennbar sein musste.

3 Art 80 ist sowohl aus der teleologischen als auch aus dieser historischen Auslegung heraus auf solche Fälle zu beschränken, in denen die Eintragung oder Entscheidung so unerträglich ist, dass ausnahmsweise eine Durchbrechung der Rechtskraft hingenommen werden kann. Nur schwerste Mängel können daher nach Art 80 korrigiert werden. Zur Parallelität von Art 80 und der Beschwerde siehe Rdn 21.

---

1 ABl-EG L 70 vom 9.3.2004, S 70.
2 Mitteilung der Kommission, ABl-EG C 163 vom 5.7.2005, S 8 = ABl-HABM 2005, 1186.

Die Reformvorschläge der Kommission vom 27.3.2013 wollen die Wider- 4
rufsfrist von 6 auf 12 Monate verlängern und statt Verfahrensfehlern generell
Fehler (wohl auch materiellrechtlicher Art?) als Widerrufsgrund von Entscheidungen ausreichen lassen.

## 2 Eintragungen im Register

Offensichtliche Fehler in Entscheidungen können nach R 53 berichtigt wer- 5
den; diese Bestimmung bleibt nicht nur, wie Art 80 (4) nahelegt, unberührt,
sondern geht als lex specialis vor. Für Schreibfehler in Entscheidungen, zB
Vertauschen der Parteibezeichnungen »Widersprechender« und »Anmelder«
oder falscher Namens- und Adressenangaben in Entscheidungen, gilt R 53,
sofern der Fehler offensichtlich ist und aus dem Zusammenhang erkennbar
ist, dass nur etwas anderes gemeint sein konnte,[3] dies selbst dann, wenn der
Entscheidungstenor unrichtig wird, aber die richtige Fassung noch aus den
Entscheidungsgründen ersichtlich ist.[4]

Eintragungen im Register können bereits nach R 27 berichtigt werden, wenn 6
es sich um einen Fehler handelt (siehe dazu unter Art 87 Rdn 11) in dem
Sinne, dass eine Entscheidung des Amtes im Register rein mechanisch unrichtig oder gar nicht nachvollzogen wurde. Beispiel: Es wurde eine Entscheidung der Nichtigkeitsabteilung über die Löschung der GM für einen Teil
der Waren und Dienstleistungen unzutreffend umgesetzt.

Art 80 greift nur, soweit R 27 (lex specialis) nicht reicht. 7

Art 80 greift also für solche Registereintragungen, die ohne oder gegen den 8
Antrag des Beteiligten vorgenommen wurden. Beispiel: Eintragung der Verlängerung ohne Antrag oder Zahlung der Verlängerungsgebühr. Fehlt es am
Antrag, so bestehen weder aus Sicht der Partei noch der Öffentlichkeit schützenswerte Interessen am Fortbestand der Registereintragung.

Art 80 greift auch, wenn die GM eingetragen wurde, obwohl noch ein Wi- 9
derspruch anhängig ist (der »übersehene Widerspruch«).[5] Dies ist ein offensichtlicher Verfahrensfehler. Er ist auch nach Abs 1 Satz 2 für den Anmelder
der GMA offensichtlich, wenn und sobald ihm der Widerspruch zugestellt
worden ist. Würde die Eintragung nicht gelöscht, so hätte der Widerspruch

---

3 Fitzner/Wickenhöfer, PatG, § 47 Rn 40.
4 Recht weitgehend: HABM-BK R 894/2011-1 vom 4.9.2012 *IRIS/IRIS.*
5 HABM-BK R 078/2009-4 vom 9.11.2009 (Nr 12–18) *HUDSON.*

kein Objekt und müsste ignoriert werden. Die Abwägung der Parteiinteressen führt dazu, dass der Inhaber hinnehmen muss, dass seine Marke erst eingetragen wird, wenn das Widerspruchsverfahren durchgeführt wird, dh hinnehmen muss, so wie jeder andere Anmelder gestellt zu werden, während der Widersprechende nicht hinnehmen muss, dass sein ordnungsgemäßer Widerspruch ignoriert wird.[6] Der Löschung ist somit hier stets der Vorzug zu geben. Dazu ist der Anmelder der GMA als der vom Widerruf Belastete gemäß R 53a (1), (2) anzuhören; eine Anhörung des Widersprechenden ist nach R 53a nicht vorgesehen, doch wird das HABM ihn in jedem Fall vom Schriftwechsel unterrichten müssen. Der Anmelder der GMA kann der Löschung zustimmen; dann löscht das Amt die Eintragung (R 53a (3) Satz 1). Stimmt er nicht zu, so löscht das Amt ebenfalls durch »Entscheidung«, R 53a (3) Satz 2. Die Löschung hat die Wirkung, dass das Widerspruchsverfahren fortgeführt wird.

10 Es ist zu bezweifeln, dass Art 80 auch greift, wenn die GM eingetragen wurde, obwohl bereits eine Beanstandung aus absoluten Gründen (R 11) erlassen wurde, auch wenn in solchen Fällen der Fehler für den Anmelder nicht offensichtlich sein muss (Abs 1 Satz 2). Es kann danach differenziert werden, ob die Eintragung noch während der Stellungnahmefrist oder gar ohne die Stellungnahme abzuwarten erfolgte. Die Eintragung kann jedenfalls auch zwanglos als Fallenlassen der Beanstandung interpretiert werden. Ohnehin ist das Vorliegen von Eintragungshindernissen kein Verfahrensfehler iSv Art 80 (1). Auch das Übersehen von Drittbemerkungen ist kein widerrufsbegründender Verfahrensfehler, weil der Dritte nicht am Verfahren beteiligt wird, Art 40 (1) Satz 2.[7]

11 Art 80 greift auch für verfahrensfehlerhafte Registereintragungen in interpartes-Konstellationen, etwa beim Streit zwischen zwei Prätendenten über die Eintragung eines Rechtsübergangs. Hier hat jedoch die Lösung Vorrang, dass der ursprüngliche Inhaber nach R 31 Antrag auf Rück-Eintragung stellen kann. Sein Antrag, den angeblich fehlerhaften Rechtsübergang nach Art 80 zu widerrufen, ist als ein solcher Antrag nach R 31 umzudeuten.[8] Erfolgte der Eintrag des Rechtsübergangs auf Grund von Unterlagen, die sich später als nicht ausreichend erweisen, so lag noch nicht einmal ein Verfah-

---

6  HABM-BK R 078/2009-4 vom 9.11.2009 (Nr 20) *HUDSON*.
7  HABM-BK R 801/2010-4 vom 30.8.2010 (Nr 14, 18f) *CREME GLOSS*.
8  HABM-BK R 251/2008-4 vom 1.10.2008 *POHLSCHRÖDER*.

rensfehler des Amtes vor. Der ursprüngliche Inhaber ist rückeinzutragen, wenn der zu Unrecht als Inhaber neu Eingetragene den Nachweis eines wirksamen Rechtsübergangs nicht erbringen kann.

## 3 Entscheidungen

Die zweite Fallgruppe sind verfahrensfehlerhafte Entscheidungen. **12**

Entscheidungen, die materiellrechtlich falsch sind, können nicht widerrufen **13** werden, auch wenn sie offensichtlich inhaltlich falsch sind. Sie sind hinzunehmen, wenn der Belastete kein Rechtsmittel eingelegt hat. So können nicht widerrufen werden Entscheidungen,
- die auf gelöschten Marken als Widerspruchsgrund beruhen;
- die auf älteren Rechten, die nicht geltend gemacht wurden, beruhen;
- in denen übersehen wurde, dass der Anmelder der GMA die Benutzung der Widerspruchsmarke bestritten hatte,
- die Begründungsmängel aufweisen,
- die Reputation von Amts wegen oder ohne Nachweis akzeptieren.

Bei Entscheidungen in inter-partes- Verfahren muss außerdem der Fehler **14** »offensichtlich« sein, sowohl aus Sicht des Amtes als auch des von der Entscheidung Begünstigten.

In Betracht kommen Entscheidungen über Widersprüche, deren Tenor im **15** Widerspruch zu den Entscheidungsgründen steht (zB Vertauschen der Parteibezeichnungen) oder deren Tatbestand unrichtig ist (zB Vertauschen der Marken im Tatbestand mit Auswirkungen auf die Entscheidungsgründe). Kann ein scheinbarer Widerspruch im Tenor durch Auslegung korrigiert werden, so hat das Vorrang; auch kann zur Klarstellung des als Ergebnis eines Widerspruchsverfahrens verbleibenden VerzWDL eine neue Entscheidung ergehen, ohne dass die alte widerrufen werden müsste.[9]

Art 80 greift auch, wenn im Anschluss an eine Entscheidung der HABM-BK **16** die erste Instanz erneut entscheidet, aber dabei die Entscheidung der HABM-BK ignoriert. Beispiel 1: Auf die Beschwerde des Widersprechenden hebt die HABM-BK die Widerspruchsentscheidung, die die Benutzung der Widerspruchsmarke verneinte, auf; die Widerspruchsabteilung weist den Widerspruch erneut wegen Nichtbenutzung zurück. Beispiel 2: Die HABM-

---

9  HABM-BK R 357/2008-4 vom 21.4.2010 (Nr 14) *RACING GREEN/RACING GREEN.*

BK entscheidet endgültig (rechtskräftig) über den Widerspruch, aber die Widerspruchsabteilung trifft anschließend erneut dieselbe Entscheidung trifft. In diesem Fall geht die zweite Entscheidung an sich ins Leere, ihrer Aufhebung bedürfte es eigentlich nicht. Der Unterlegene kann aber beschwert sein, indem ihm ein zweites Mal die Kosten auferlegt werden. Auch hier ist das Verfahren nach R 53a durchzuführen, was aber mangels vernünftiger Einwendungen des Gegners keinen Sinn macht.

17  Widerrufen werden kann auch eine Zwischenentscheidung, mit der Weiterbehandlung in eine Frist gewährt wurde, für die das Gesetz die Weiterbehandlung ausschließt;[10] ein solcher Widerruf ist »beschwerdedefest«, auch wenn das Verfahren nach Art 80 nicht eingehalten wurde, denn die begünstigte Partei darf aus der rechtswidrigen Gewährung eines Rechtsbehelfs im Ergebnis keine Vorteile ziehen. Die Gewährung der Weiterbehandlung einer nicht weiterbehandlungsfähigen Frist ist immer ein Verfahrensfehler, weil eine verfahrensrechtliche Norm (Art 82 (2)) falsch angewandt wurde mit der Folge eines fehlerhaften Verfahrensablaufs.

18  Fehlerhafte Zustellungen der Entscheidung fallen unter Art 79 und R 68 und nicht unter Art 80: War die Entscheidung nicht zugestellt, so ist sie nicht außenwirksam geworden, ansonsten geht R 68 vor.

19  Nicht jeder Verfahrensfehler darf für Art 80 ausreichen. Wurde unterlassen, einer Partei einen Schriftsatz der anderen Seite zur Stellungnahme zu übersenden, so sollte Art 80 nicht angewendet werden, denn es mag für den Ausgang des Falles auf den Inhalt des nicht übermittelten Schriftsatzes gar nicht ankommen, und wenn ja, so sollte eine Anfechtung mit der Beschwerde Vorrang haben. In Betracht kommt ein Widerruf allenfalls, wenn über einen Widerspruch entschieden wurde, der dem Anmelder nie zugestellt wurde.

20  Verfehlt ist die Anwendung von Art 80 auch,
    – wenn der Prüfer nachträglich eingereichte oder angekündigte Schriftsätze noch berücksichtigen möchte;[11]
    – wenn der Prüfer Fehler in der Entscheidung berichtigen möchte, die ohne Einfluß auf das Ergebnis sind.[12]

---

10  HABM-BK R 172/2008-G vom 14.10.2009 (Nr 32–35) *VISTA/VISTAR.*
11  So im Fall HABM-BK R 323/2008-G vom 28.4.2009 (Nr 10) *BEHAVIOURAL INDEXING.*
12  So im Fall HABM-BK R 1582/2007-4 vom 21.1.2009 (Nr 5) *LYNN YOUNG.*

*Schennen*

## 4 Vorrang der Beschwerde

Aus Art 80 (3) ergibt sich nur, dass die Widerrufsmöglichkeit – und die **21**
Möglichkeit des Betroffenen, einen solchen beim Amt anzuregen – nicht die
Berechtigung beeinträchtigt, Beschwerde einzulegen. Bei einer fehlerhaften
Entscheidung (nicht bei einer fehlerhaften Eintragung, die nicht beschwerdefähig ist) kann also der davon Belastete sowohl Beschwerde einlegen als auch
beim Amt den Widerruf anregen. Sobald Beschwerde gegen die Entscheidung eingelegt wird, geht die Beschwerde vor, geht die Zuständigkeit auf die
HABM-BK über und ist dem Prüfer oder der Widerspruchsabteilung jede
Änderung oder Aufhebung der angefochtenen Entscheidung verwehrt, außer
im Wege der Abhilfe (Art 61, Art 62), die lex specialis ist.[13] Dies gilt sofort
ab Einlegung der Beschwerde. Eine gleichwohl von der 1. Instanz getroffene
Entscheidung nach Art 80 ist von einer unzuständigen Stelle erlassen und
aufzuheben.

Dass neben dem Widerruf nach Art 80 stets die Beschwerde eröffnet ist, hat **22**
für den von einer mit schwerwiegendsten Mängeln behafteten Entscheidung
Belasteten die unerwünschte Folge, dass er immer die Beschwerdefrist be-
achten muss; wenn er auf den Widerruf, auch soweit vom Amt bereits in
Aussicht gestellt, vertraut, dieser aber nicht erfolgt, so läuft er Gefahr, das
Beschwerderecht durch Fristablauf zu verlieren.[14] Das wäre praktisch hinnehmbar, wenn ein Widerruf schnell innerhalb der Beschwerdefrist erfolgen
könnte. In Inter-partes-Verfahren ist dies aber wegen des Erfordernisses nach
R 53a, den anderen Verfahrensbeteiligten anzuhören, wofür nach R 71 (1)
Satz 1 mindestens ein Monat Frist einzuräumen ist, nicht der Fall. Dann
aber sollte der Belastete in jedem Fall eine Beschwerde vorbereiten, zumal
ein Verfahrensfehler iSv Art 80 stets auch ein Grund für die Rückzahlung
der Beschwerdegebühr nach R 51 b darstellt, wenn es zu einer – stattgebenden – Entscheidung über die Beschwerde kommt.

Umgekehrt hat die Praxis hat gezeigt, dass es gerade dann zu Unzuträglich- **23**
keiten und verfahrensrechtlichen Wirren kommt, wenn das Amt sich trotz
einer Beschwerde für einen Widerruf entscheidet. Ergeht zusammen mit
dem Widerruf eine Sachentscheidung mit entgegengesetztem Inhalt, so wird

---

13 HABM-BK R 323/2008-G vom 28.4.2009 (Nr 22f) *BEHAVIOURAL INDE-
XING.*
14 Siehe HABM-BK R 2030/2010-4 vom 6.6.2011 (Nr 20) *PEPPABY/PEPPA-
DEW.*

eine schon eingelegte Beschwerde hinfällig, was für den Beschwerdeführer die kaum hinnehmbare Konsequenz hat, dass ihm die Beschwerdegebühr trotz R 51 a nicht zurückgezahlt werden kann, weil es nicht zur einer Stattgabe der Beschwerde kommt. Reicht der Beschwerdeführer im Vertrauen auf den angekündigten Widerruf keine Beschwerdebegründung mehr ein, so riskiert er die Zurückweisung der Beschwerde als unzulässig, wenn es doch nicht zu einem Widerruf kommt. Wird doch widerrufen, so kann nun der ursprünglich Begünstigte seinerseits Beschwerde einlegen, so dass es zu einer zweiten Beschwerde gegen dieselbe Entscheidung kommt,[15] über die sodann die HABM-BK entscheiden muss, was sie auch ohne Widerruf getan hätte, nur schneller. Ergeht zusammen mit dem Widerruf eine Sachentscheidung mit demselben Inhalt,[16] so müsste der Beschwerdeführer eine zweite Beschwerde einlegen und 1600 Euro zahlen, weil das Amt einen Fehler gemacht hat. Das erscheint unzumutbar.

24  Diese Schwierigkeiten können nur durch den in Rdn 21 geschilderten Vorrang der Beschwerde gelöst werden. Nach Einlegung einer Beschwerde sollte die, nunmehr unzuständige, erste Instanz sich jeder weiteren Handlung und jedes Widerrufs enthalten. Wird gleichwohl widerrufen, so muss auf die Beschwerde sowohl die erste als auch die widerrufende Entscheidung von der HABM-BK aufgehoben werden, so dass eine zweitinstanzliche Entscheidung in der Sache ergehen kann.[17]

## 5  Weitere Mängel der Regelung

25  Die Sechsmonatsfrist nach Art 80 (2) erschwert die Anwendung der Regelung. Sie ist in Wirklichkeit sehr kurz, da die Stellungnahmefrist der R 53a (2) einzurechnen ist, so dass eine Mitteilung nach R 53a (1), dass ein Widerruf beabsichtigt ist, frühestens vier Monate nach Erlass der Entscheidung ergehen kann. Maßgeblich nach Abs 2 ist nicht das Datum der Rechtskraft, so dass, weil abgewartet werden muss, ob Beschwerde eingelegt wird, de facto nur der dritte und vierte Monat nach Erlass der Entscheidung zur Verfügung stehen wird. Ob der Fehler ausgerechnet in diesem kurzen Zeitraum ent-

---

15  So im Fall HABM-BK R 601/2008-4 vom 11.8.2009 (Nr 9, 11) *DIPLOMATICO/DIPLOMAT.*

16  So im Fall HABM-BK R 1582/2007-4 vom 21.1.2009 (Nr 5) *LYNN YOUNG.*

17  HABM-BK R 601/2008-4 vom 11.8.2009 (Nr 23f) *DIPLOMATICO/DIPLOMAT.*

deckt werden kann, mag Zufall sein. Soll im Fall der R 53a (4), wenn mehrere Personen vom Widerruf belastet sein könnten, diesen auch noch untereinander Möglichkeit zur Stellungnahme gegeben werden, so bleibt von den 6 Monaten nichts mehr über.

R 53 (3) lässt offen, ob die Entscheidung auch widerrufen werden kann, **26** wenn der von ihr Begünstigte dem Widerruf nicht zustimmt. Die Entscheidung des Amtes kann nach Art 80, anders als nach Art 62, nicht von der Zustimmung desjenigen abhängen, der von dem offensichtlichen Fehler einen Vorteil hat. R 53a (3) hat auch nicht die Wirkung, dass die Stellungnahme des ursprünglich Begünstigten (und nun zu Belastenden) das Amt binden könnte. Der Widerruf wird in jedem Falle durch Entscheidung ergehen müssen. Zustimmung des ursprünglich Begünstigten nach R 53a (3) Satz 1 wird als Rechtsmittelverzicht auszulegen sein, nicht aber bloßes Schweigen.

Verfehlt im Wortlaut von Art 80 sind die Worte widerruft« (engl: »shall revo- **27** ke«, der ursprüngliche Kommissionsvorschlag lautete »may revoke«) und »auf Antrag eines Verfahrensbeteiligten«. Art 80 ist kein Rechtsbehelf der Parteien, sondern eine Möglichkeit des Amtes, rechtskräftige Entscheidungen ungeschehen zu machen, und steht im Ermessen des Amtes. Die Partei kann dazu nur Anregungen geben. Keinesfalls kann die Partei durch Stellung eines Antrags auf Widerruf ein justizförmiges Verfahren zur Annullierung der Entscheidung einleiten. Das stünde im Widerspruch zu dem in Art 80 niedergelegten Grundgedanken, dass auch falsche Entscheidungen hinzunehmen sind, sobald sie rechtskräftig sind.

Dagegen schließt Art 80 nicht die Beschwerdefähigkeit der den Widerruf an- **28** ordnenden Entscheidung aus; Art 80 (4) und R 53a (3) Satz 2. Die Beschwerde hat aber aufschiebende Wirkung (Art 58 (1) Satz 2), so dass der Widerruf oder die Löschung nicht vollzogen werden kann. Handelt es sich um eine Registereintragung, so bleiben deren Legitimationswirkungen nach Art 17 (6), Art 23 (1) trotz deren »Löschung« intakt. Damit können die Parteien verhindern, dass auch die gröbsten Fehler in einer schnellen und verlässlichen Weise beseitigt werden.

Die praktischen Erfahrungen mit Art 80 sind negativ, weil die Bestimmung **29** die HABM-Prüfer zum Missbrauch durch Berichtigung geringfügiger Mängel einlädt und selbst dort, wo ihre Anwendung berechtigt erscheint, kaum durchführbar erscheint.

Artikel 81 (ex Artikel 78)  Wiedereinsetzung in den vorigen Stand

(1) Der Anmelder, der Inhaber der Gemeinschaftsmarke oder jeder andere an einem Verfahren vor dem Amt Beteiligte, der trotz Beachtung aller nach den gegebenen Umständen gebotenen Sorgfalt verhindert worden ist, gegenüber dem Amt eine Frist einzuhalten, wird auf Antrag wieder in den vorigen Stand eingesetzt, wenn die Verhinderung nach dieser Verordnung den Verlust eines Rechts oder eines Rechtsmittels zur unmittelbaren Folge hat.

(2) Der Antrag ist innerhalb von zwei Monaten nach Wegfall des Hindernisses schriftlich einzureichen. Die versäumte Handlung ist innerhalb dieser Frist nachzuholen. Der Antrag ist nur innerhalb eines Jahres nach Ablauf der versäumten Frist zulässig. Ist der Antrag auf Verlängerung der Eintragung nicht eingereicht worden oder sind die Verlängerungsgebühren nicht entrichtet worden, so wird die in Artikel 47 Absatz 3 Satz 3 vorgesehene Frist von sechs Monaten in die Frist von einem Jahr eingerechnet.

(3) Der Antrag ist zu begründen, wobei die zur Begründung dienenden Tatsachen glaubhaft zu machen sind. Er gilt erst als gestellt, wenn die Wiedereinsetzungsgebühr entrichtet worden ist.

(4) Über den Antrag entscheidet die Dienststelle, die über die versäumte Handlung zu entscheiden hat.

(5) Dieser Artikel ist nicht auf die in Absatz 2 sowie in Artikel 41 Absätze 1 und 3 und Artikel 82 genannten Fristen anzuwenden.

(6) Wird dem Anmelder oder dem Inhaber der Gemeinschaftsmarke die Wiedereinsetzung in den vorigen Stand gewährt, so kann er Dritten gegenüber, die in der Zeit zwischen dem Eintritt des Rechtsverlusts an der Anmeldung oder der Gemeinschaftsmarke und der Bekanntmachung des Hinweises auf die Wiedereinsetzung in den vorigen Stand unter einem mit der Gemeinschaftsmarke identischen oder ihr ähnlichen Zeichen gutgläubig Waren in den Verkehr gebracht oder Dienstleistungen erbracht haben, keine Rechte geltend machen.

(7) Dritte, die sich auf Absatz 6 berufen können, können gegen die Entscheidung über die Wiedereinsetzung des Anmelders oder des Inhabers der Gemeinschaftsmarke in den vorigen Stand binnen zwei Monaten nach dem Zeitpunkt der Bekanntmachung des Hinweises auf die Wiedereinsetzung in den vorigen Stand Drittwiderspruch einlegen.

(8) Dieser Artikel läßt das Recht eines Mitgliedstaats unberührt, Wiedereinsetzung in den vorigen Stand in bezug auf Fristen zu gewähren, die in dieser Verordnung vorgesehen und den Behörden dieses Staats gegenüber einzuhalten sind.

*Schennen*

**Literatur:**
*Müller,* Die Rechtsprechung des Bundesgerichtshofs zur Wiedereinsetzung in den vorigen Stand, NJW 2000, 322; *dies,* Typische Fehler bei der Wiedereinsetzung in den vorigen Stand, NJW 1993, 681; *Schennen,* Fristen und Wiedereinsetzung im Verfahren vor dem Harmonisierungsamt, Mitt. 1999, 258; *Straus,* Verhinderung trotz Beachtung der »gebotenen Sorgfalt« als Wiedereinsetzungsgrund bei Fristversäumnis im europäischen Patenterteilungsverfahren, in: FS für Vieregge, 1995, S 835.

## 1 Allgemeines

1   Art 81 erlaubt die Wiedereinsetzung in den vorigen Stand (restitutio in integrum), wenn ein Beteiligter trotz Beachtung aller nach den gegebenen Umständen erforderlichen Sorgfalt verhindert war, gegenüber dem Amt eine von ihm versäumte Frist einzuhalten. Die Wiedereinsetzung kann nicht dem Anmelder oder Inhaber der GM, sondern jedem anderen Verfahrensbeteiligten vor dem HABM (Widersprechender, Antragsteller auf Erklärung der Nichtigkeit oder des Verfalls, Antragsteller auf Akteneinsicht) gewährt werden, wenn dieser eine gegenüber dem HABM einzuhaltende Frist versäumt hat. Diese Regelung ist weitergehend als Art 122 (1) EPÜ und R 136 (3) EPÜ-AO, der die Wiedereinsetzung als gegenüber der Weiterbehandlung subsidiär ausgestaltet.[1] Eine in ihren Antragsvoraussetzungen einfachere Möglichkeit, die Folgen einer Fristversäumnis zu beseitigen, sieht nun der

---

1  Schulte, PatG, § 123 Rn 3; Singer/Kroher, Art 122 Rn 1.

mit Wirkung zum 25.7.2005 neu eingefügte Art 82 vor: die Weiterbehandlung.

Die Wiedereinsetzung wird nur auf Antrag gewährt; der Antrag ist gebührenpflichtig. Die Wiedereinsetzung wird ferner nur gewährt, wenn die versäumte Handlung nachgeholt worden ist. Im Interesse der Rechtssicherheit sind für die Stellung des Wiedereinsetzungsantrags Ausschlussfristen vorgesehen.

Die Wirkung der gewährten Wiedereinsetzung besteht grundsätzlich darin, dass die versäumte Handlung als rechtzeitig vorgenommen gilt, mit allen sich daraus ergebenden weiteren verfahrensrechtlichen Konsequenzen. 2

Diese Wirkung kann in dem (Wieder-)Eintritt der Wirkungen einer GM bestehen. Zum Schutz gutgläubiger Dritter sieht Art 81 (6) daher ein Zwischenbenutzungsrecht vor.

Die Wiedereinsetzung ist ein Akt der Billigkeit gegenüber dem betroffenen Antragsteller. Dies bedeutet aber nicht etwa, dass Wiedereinsetzung in Exparte- Verfahren leichter gewährt werden könnte nur deshalb, weil Interessen Dritter nicht berührt sind.[2] Dritte müssen die Gewährung der Wiedereinsetzung grundsätzlich hinnehmen und sind auch am Wiedereinsetzungsverfahren nicht beteiligt. Jedoch sieht Art 81 (7) unter bestimmten Voraussetzungen ein Drittwiderspruchsrecht für betroffene Dritte vor. Dieses Verfahren hat in anderen Rechtsordnungen keine Parallelen.

Art 81 wurde geändert durch Art 1 Nr 22 der VO Nr 422/2004 vom 3 19.2.2004,[3] und zwar mit Wirkung zum 10.3.2004. Damit wurde die Wiedereinsetzung in die Prioritätsfrist ermöglicht und für die gleichzeitig neu eingeführte Weiterbehandlung ausgeschlossen.

Art 81 wird ergänzt durch Art 2 Nr 19 GebV, der für den Wiedereinsetzungsantrag eine Gebühr von 200 Euro vorsieht. R 83 (1) (h), die ein Formblatt für den Wiedereinsetzungsantrag vorsah, wurde durch VO Nr 1041/2005 mit Wirkung zum 25.7.2005 gestrichen. Besondere Verfahrensvorschriften für das Wiedereinsetzungsverfahren enthält die DV nicht; es gel- 4

---

2 HABM-BK R 060/2001-4 vom 15.11.2001, ABl-HABM 2002, 2116 (Nr 14) *IT-WEBCAST*; EuG T-158/04 Beschluss vom 28.6.2005 (Nr 23) *UUP'S*.
3 ABl-EG L 70 vom 9.3.2004 = ABl-HABM 2004, 622.

ten die allgemeinen verfahrensrechtlichen Bestimmungen der DV. Das HABM hat als Teil A, Abschnitt 6, RiLi für die Wiedereinsetzung erlassen.[4]

5  Die Regelungen über die Fristen finden sich nicht in der GMV, sondern in der DV in R 70–72; diese Bestimmungen sind unter Rdn 160 kommentiert. Diese Regelungen wurden zT durch die VO Nr 1041/2005 mit Wirkung zum 25.7.2005 geändert.

## 2  Der Wiedereinsetzung zugängliche Fristen

6  Der Wiedereinsetzung sind alle Fristen zugänglich, die von einem Beteiligten gegenüber dem Amt versäumt worden sind, vorausgesetzt, dass ihre Versäumung für diesen Beteiligten einen unmittelbaren Rechtsnachteil zur Folge hatte. Es kann sich dabei sowohl um gesetzliche als auch um vom HABM gesetzte Fristen handeln. Ausgenommen sind lediglich kraft ausdrücklicher Bestimmung (Art 81 (5)) die Wiedereinsetzungsfrist selbst, die Frist für die Beantragung der Weiterbehandlung und die Widerspruchsfrist.

### 2.1  Gesetzliche oder vom Amt gesetzte Fristen

7  Der Wiedereinsetzung sind grundsätzlich alle Fristen zugänglich: Gesetzliche Fristen, zB für die Einreichung von Anträgen oder die Zahlung von Gebühren, und vom Amt gesetzte Fristen, zB für die Beantwortung von Prüfungsbescheiden und die nachträgliche Erfüllung von Zulässigkeitsvoraussetzungen für einen Widerspruch (R 17).

8  Die Wiedereinsetzung ist ein außerordentlicher Rechtsbehelf gegen die Versäumnis von Fristen. Sie ist kein Rechtsbehelf, mit der inhaltliche Mängel eingereichter Schriftsätze oder diesen beigefügter Anlagen korrigiert werden können. Die Wiedereinsetzung befasst sich nur mit dem äußerlichen Tatbestand der Vornahme einer Handlung innerhalb einer Frist, sie greift nicht ein, wenn die Handlung tatsächlich vorgenommen wurde, aber nicht begründet war und die vorgelegten Unterlagen inhaltlich nicht ausreichten, den erstrebten Erfolg zu erreichen.[5]

9  Vielfach sehen Bestimmungen, die Fristen für die Zahlung von Gebühren vorschreiben, vor, dass bei Nichtzahlung der Gebühr oder Versäumung der Zahlungsfrist der Antrag, für den die Gebühr geschuldet wird, als nicht ge-

---

4  ABl-HABM 2004, 770.
5  HABM-BK R 2394/2010-4 vom 16.2.2012 (Nr 25) *Bildmarke/H&R*.

stellt wird, so zB Art 113 (1) Satz 2 für die Umwandlungsgebühr und Art 60 S 2 und R 49 (3) für die Beschwerdegebühr. Auch in diesen Fällen ist ohne weiteres Wiedereinsetzung möglich.

Es muss sich um eine von dem Beteiligten gegenüber dem Amt einzuhalten-  10
de Frist handeln. Um eine solche handelt es sich nicht bei der Frist von zwei Monaten für die Weiterleitung einer bei einem nationalen Amt eingereichten GMA an das HABM nach Art 25 (3).[6] Diese Frist ist von dem nationalen Amt einzuhalten. Bei verzögerter Weiterleitung einer solchen Anmeldung, die die Verschiebung des Anmeldetages zur Folge hat, ist daher eine Wiedereinsetzung ausgeschlossen, obwohl hier den Anmelder keine Schuld an der Fristversäumnis trifft.

Es muss sich überhaupt um eine Frist handeln. Eine Frist ist ein Zeitraum  11
von gesetzlich vorgeschriebener Länge, der für die Vornahme einer bestimmten Verfahrenshandlung festgelegt worden ist.[7] Keine Frist ist das Datum der Anmeldung. Bei der Einreichung einer GMA gehen Verzögerungen der Postzustellung zu Lasten des Anmelders. Grund hierfür ist nicht so sehr, dass das Anmeldedatum im Interesse der Rechtssicherheit und des Schutzes der Rechte Dritter, die in der Zwischenzeit angemeldet haben, unverrückbar sein soll, denn die Frist für die Zahlung der Anmeldegrundgebühr ist ja der Wiedereinsetzung zugänglich, sondern vielmehr, dass es sich überhaupt nicht um eine Frist handelt, weil der Zeitpunkt der Einreichung einer Anmeldung im freien Belieben des Anmelders steht. Das Datum der Anmeldung ist auch dann der Wiedereinsetzung nicht zugänglich, wenn die Anmeldung eine Priorität in Anspruch nimmt. Dies gilt ganz unabhängig davon, ob, wie neuerdings nach Änderung durch VO Nr 422/2004, die Wiedereinsetzung in die sechsmonatige Prioritätsfrist zulässig ist: eine solche Wiedereinsetzung rettet nur die Prioritätsbeanspruchung nach Ablauf von sechs Monaten, beeinflusst aber nicht aber den Anmeldetag der Anmeldung.

Ebenfalls nicht um eine Frist handelt es sich bei verfahrensbezogenen Gestal-  12
tungsrechten,[8] auch wenn die rechtsgestaltende Erklärung innerhalb einer (Ausschluss-)Frist vorzunehmen ist, zB:

---

6 Singer/Kroher, Art 122 Rn 10 (zur entsprechenden Regelung in Art 77 EPÜ).
7 JurBK EPA J 24/03, ABl-EPA 2004, 544.
8 RiLi Teil A Abschnitt 6 (Wiedereinsetzung), 6.1.4, ABl-HABM 2004, 770; so auch
  JurBK EPA J 24/04, ABl-EPA 2004, 544 und JurBK EPA J 18/04, ABl-EPA 2006,

- die Bestellung eines neuen Vertreters zur Wiederaufnahme eines unterbrochenen Verfahrens nach R 73 (3);
- die Zurücknahme der Anmeldung innerhalb der cooling-off-Frist im Widerspruchsverfahren nach R 18 (2) mit dem Ziel, die Widerspruchsgebühr erstattet zu erhalten (R 18 (5));
- die Beantragung der Verlängerung der cooling-off-Frist nach R 18 (1), die nur vor Ablauf der cooling-off-Frist möglich ist.

Wiedereinsetzung ist hier somit ausgeschlossen.

### 2.2 Unmittelbarer Rechtsnachteil

13  Die versäumte Frist muss einen unmittelbaren Rechtsnachteil zu Lasten des Betroffenen zur Folge gehabt haben.

14  Ein solcher unmittelbarer Rechtsnachteil liegt vor, wenn die Fristversäumnis einen Rechtsverlust, zB die Fiktion der Nichtstellung eines Antrags oder der Zurücknahme eines Antrags oder der GMA, zur Folge hat, außerdem dann, wenn eine Rechtsmittelfrist versäumt ist, da dies die Unzulässigkeit des Rechtsmittels und zur Rechtskraft der negativen Entscheidung führt.

15  Ein unmittelbarer Rechtsnachteil liegt auch dann vor, wenn für den Fall der Versäumnis der vom Amt gesetzten Frist (sei es durch Ausräumung von Mängeln, sei es durch Einreichung einer sachlichen Stellungnahme) eine negative Entscheidung wie die Zurückweisung der GMA lediglich in Aussicht gestellt wird.[9]

16  In diesem Fall muss für den Fall des Fristablaufs der Beteiligte mit der negativen Rechtsfolge zunächst rechnen. Auch wenn der Beanstandungsbescheid aus formellen oder absoluten Gründen keine eigenständige Beantwortungspflicht statuiert und das HABM nicht verpflichtet ist, ihn durch eine negative Entscheidung zu bestätigen, steht dies aus Sicht des Beteiligten im vorhinein nicht fest. Die Unmittelbarkeit des Rechtsnachteils kann daher nicht mit dem Argument verneint werden, dass das HABM bei erneuter Prüfung noch von Amts wegen zu einer günstigeren Beurteilung kommen und die Beanstandung fallenlassen könnte. Wohl aber kann, solange noch keine negative Entscheidung ergangen ist, eine verspätete Eingabe in den Grenzen

---

560 für die Möglichkeit, ab einem bestimmten Zeitpunkt eine Teilanmeldung einzureichen.

9  RiLi Teil A Abschnitt 6, 6.1.4, ABl-HABM 2004, 770.

des Art 76 (2) sachlich berücksichtigt werden; dann muss über die Wiedereinsetzung nicht entschieden werden (siehe unter Rdn 99).

Im Prüfungsverfahren ist die Wiedereinsetzung ist somit zulässig:                    17
– in die Frist zur Antwort auf einen Bescheid gemäß R 11 (1) oder (2) wegen einer Beanstandung aus absoluten Gründen,
– in die Frist zur Antwort auf einen Bescheid gemäß R 9 (3) wegen einer Beanstandung der GMA oder des Prioritäts- oder Senioritätsanspruchs aus formellen Gründen.

Im zweiseitigen Verfahren (Widerspruchsverfahren) ist der unmittelbare   18
Rechtsnachteil eine negative Rechtsfolge, die das Gesetz für den Fall der Versäumnis der Frist zwingend vorsieht.

Die Wiedereinsetzung ist somit zulässig:
– in die gesetzliche Frist nach R 17 (2) (bisher R 18 (1)) zur Behebung von Zulässigkeitsmängeln des Widerspruchs, zB zur Angabe des älteren Rechts,
– in die vom Amt gesetzte Frist nach R 17 (4) (bisher R 18 (2)) zur Behebung von Zulässigkeitsmängeln des Widerspruchs,
– in die vom Amt dem Widersprechenden gesetzte Frist nach R 22, den Benutzungsnachweis zu erbringen,[10] da für den Fall der Nichtvorlage oder verspäteten Vorlage des Benutzungsnachweises R 22 (1) Satz 2 zwingend vorsieht, dass der Widerspruch zurückgewiesen wird.
– Auch die Fristen zur Stellungnahme auf Äußerungen der anderen Partei   19
in zweiseitigen Verfahren sind wiedereinsetzungsfähig,[11] auch dann, wenn die Versäumung nicht zwingend den Ausschluss des Vorbringens nach sich zieht. Demnach ist zB die Frist zur Stellungnahme des Anmelders auf den Widerspruch und die Gegenäußerung des Widersprechenden nach R 19 (1), 20 (2)–(4) der Wiedereinsetzung zugänglich.[12] Allerdings tritt kein Rechtsnachteil ein, wenn die betr Partei auch ohne Berücksichtigung ihrer verspäteten Stellungnahme gewinnt. Dann bedarf es keiner Entscheidung über den Wiedereinsetzungsantrag mehr (siehe unter Rdn 99).

---

10 HABM-BK R 796/2001-1 vom 3.6.2002 *CARILA/CLARINA*; HABM-BK R 868/2001-1 vom 18.7.2002 *HOLOS/HELOS*; HABM-BK R 1356/2008-4 vom 8.10.2010 (Nr 19ff) *DADA&CO/DADA III.*
11 HABM-BK R 026/2001-1 vom 26.9.2002 (Nr 27) *PAN&CO/PAN.*
12 RiLi Teil A, 6.1.4, ABl-HABM 2004, 770.

**20** – Für die meisten Fristen im Widerspruchsverfahren ist nach Änderung der DV durch VO Nr 1041/2005 der unmittelbare Rechtsnachteil im Gesetz bestimmt. Nach R 19 (4) sind nach Ablauf der gesetzten Fristen eingehende Stellungnahmen und Beweismittel zwingend als verspätet außer Betracht zu lassen. Nach R 22 (1) kann der Benutzungsnachweis nur noch innerhalb der ersten Stellungnahmefrist verlangt werden. In diesen Fällen stellt der Ausschluss des Vorbringens oder des Verlangens, die Benutzung nachzuweisen, einen Rechtsnachteil dar, der unmittelbar und konkret iSd Art 81 ist.

### 2.3 Prioritätsfrist

**21** Art 81 (5) schloss bislang die Frist des Art 29 (1) von der Wiedereinsetzung aus. Diese Einschränkung ist mit Wirkung zum 10.3.2004 entfallen (Art 1 Nr 22 der VO Nr 422/2004). Die Frist des Art 29 (1) von sechs Monaten für die Einreichung der Nachanmeldung (vgl Art 4 C PVÜ) ist nunmehr wiedereinsetzungsfähig.[13] Die gewährte Wiedereinsetzung in die Prioritätsfrist verändert nicht den Anmeldetag der GMA, sondern bewirkt nur, dass die Beanspruchung der Priorität einer mehr als sechs Monate vor diesem Datum liegenden Voranmeldung wirksam ist und zB eine Nachanmeldung, die beim HABM etwa auf Grund eines Versehens der Post später als sechs Monate nach dem Datum der prioritätsbegründenden Hinterlegung eingeht, wirksam eine Priorität beanspruchen kann.

**22** Die Gewährung der Wiedereinsetzung in die Prioritätsfrist ist mit der PVÜ vereinbar.[14] Sie entspricht einem internationalen Trend, und zwar wurde sie im EPÜ mit der am 29.11.2000 beschlossenen revidierten Fassung[15] eingeführt und in Deutschland, nachdem sie 1936 abgeschafft worden war, im Markenrecht 1994 (§ 91 (1) Satz 2 DE-MarkenG) und im PatG 1998 wieder eingeführt.[16]

---

13  HABM-BK R 2175/2010-2 vom 7.6.2011 (Nr 20ff) *CONNECTED CAR*.

14  Beier/Katzenberger, GRUR Int 1990, 277; Schäfers/Schennen, GRUR Int 1991, 853.

15  GRUR Int 2001, 309 = ABl-EPA, Sonderausgabe Nr 4/2001, siehe Art 123 EPÜ.

16  Änderung von § 123 (1) DE-PatG durch Gesetz vom 16.7.1998, BGBl I S 1827.

Die Wiedereinsetzung ist auch in die Frist von zwei Monaten zur Abgabe 23
der Prioritätserklärung möglich; die Prioritätserklärung kann in der GMA
oder noch innerhalb einer Nachfrist von zwei Monaten abgegeben werden
(Art 30, R 6 (1)).

Zulässig ist ferner die Wiedereinsetzung in die Frist zur Angabe des Akten- 24
zeichens und zur Einreichung einer Abschrift der Voranmeldung nach R 6
(1).

### 2.4 Ausschluss der Widerspruchsfrist

Ausgeschlossen von der Wiedereinsetzung ist die Widerspruchsfrist (Art 81 25
(5)).

Diese Regelung gewährt Rechtssicherheit zugunsten des Anmelders der GM, 26
der nicht nach längerer Zeit noch mit einem Widerspruch konfrontiert werden möchte oder wenn gar bereits die Eintragung der GM vollzogen ist, da
die Fristen des Art 81 weitaus länger laufen können, als die Widersruchsfrist
dauert. Der Widersprechende geht damit nicht seiner Verteidigungsmöglich-
keiten verlustig, denn ihm bleibt das Nichtigkeitsverfahren.[17]

Art 81 (5) idF von Art 1 Nr 22 der VO Nr 422/2004) stellt klar, dass auch 27
die Frist für die Zahlung der Widerspruchsgebühr gemäß Art 41 (3) von der
Wiedereinsetzung ausgeschlossen ist.[18] Die verspätete Zahlung der Widerspruchsgebühr hat zur Folge, dass der Widerspruch als nicht erhoben gilt
(Art 41 (3) Satz 1), und ist nur eine von mehreren Voraussetzungen eines
wirksamen Widerspruchs.[19] Auch ein Verspätungszuschlag gemäß Art 8 (3)
GebV ist integraler Bestandteil der Widerspruchsgebühr, und es in die Frist
für die Nachzahlung des Zuschlags ist in gleicher Weise die Wiedereinsetzung ausgeschlossen.[20]

---

17 Vgl Benkard/Schäfers, PatG, § 123 Rn 9 zur Parallele im patentrechtlichen Einspruchsverfahren.
18 Mitteilung Nr 6/05 vom 16.9.2005, ABl-HABM 2005, 1402.
19 So schon zu Art 81 (5) aF: Mühlendahl/Ohlgart, S 140.
20 HABM-BK R 1619/2010-4 vom 10.5.2011 (Nr 12f) *LIFTRA/LIFTA*.

### 2.5 Ausschluss der Wiedereinsetzungsfrist

28 Ebenfalls im Interesse der Rechtssicherheit sieht Art 81 (5) vor, dass die Fristen des Art 81 (2) nicht wiedereinsetzungsfähig sind.[21] Es handelt sich um die Frist zur Stellung des Wiedereinsetzungsantrags, die Frist für die Nachholung der versäumten Handlung und die Ausschlussfrist von einem Jahr nach Ablauf der versäumten Frist. Es werden damit »Kettentatbestände« vermieden.

29 Auch Art 81 (5) geht auf Art 122 EPÜ zurück; dagegen schließen § 123 DE-PatG und § 91 DE-MarkenG die Wiedereinsetzung in die Frist zur Stellung des Wiedereinsetzungsantrags nicht aus, sondern nur – indirekt über § 91 (5) DE-MarkenG – in Ausschlußfrist von einem Jahr nach Ablauf der versäumten Frist.[22]

### 2.6 Ausschluss der Frist des Art 25 (2), (3)

30 Nach Art 25 (2), (3) gilt für GMAen, die bei einem nationalen Amt eingereicht wurden, aber beim HABM erst nach Ablauf von zwei Monaten nach dem Datum des Eingangs beim nationalen Amt eingehen, eine Verschiebung des Anmeldetages auf den Tag des tatsächlichen Eingangs beim HABM.

31 Diese Frist ist nicht von einem Beteiligten in Verfahren vor dem Amt, dh dem Anmelder, einzuhalten, sondern von dem nationalen Amt. Deshalb ist in diese Frist eine Wiedereinsetzung nicht möglich.

### 2.7 Ausschluss der Fristen des Art 82

32 Durch Art 1 Nr 23 der VO 422/2004 wurde mit Wirkung zum Jahr 2005 die Weiterbehandlung eingeführt. Art 82 (1) legt für die Stellung des Weiterbehandlungsantrags und die Zahlung der Weiterbehandlungsgebühr eine Frist von 2 Monaten fest, die mit dem Ablauf der versäumten Frist beginnt. Durch die Änderung von Art 81 (5) kraft Art 1 Nr 22 der VO 422/2004 sind diese Fristen ebenfalls von der Wiedereinsetzung ausgeschlossen.[23] Grund dafür ist, dass Kettentatbestände vermieden werden sollen. Wer erst die Grundfrist und dann die Frist, innerhalb derer Weiterbehandlung beantragt werden kann, verpasst, ist nicht schutzbedürftig. Umgekehrt schließt

---

21  Mitteilung Nr 6/05 vom 16.9.2005, ABl-HABM 2005, 1402.

22  Busse, PatG, § 123 Rn 23; Ströbele/Kober-Dehm, MarkenG, § 91 Rn 7.

23  Mitteilung Nr 6/05 vom 16.9.2005, ABl-HABM 2005, 1402.

Art 82 (2) die Fristen für die Wiedereinsetzung von der Weiterbehandlung aus. Für die versäumte Grundfrist steht somit nur einmal ein Rechtsbehelf zur Verfügung, entweder Wiedereinsetzung oder Weiterbehandlung. Natürlich bezieht sich die Bezugnahme auf Art 82 nur auf die Fristen im Zusammenhang mit der Stellung eines Weiterbehandlungsantrags, nicht auf die Fristen, für die die Weiterbehandlung ausgeschlossen ist.[24]

### 3 Sorgfaltsmaßstab

Voraussetzung für die Wiedereinsetzung ist, dass der Antragsteller »trotz Be- **33** achtung aller nach den gegebenen Umständen gebotenen Sorgfalt« an der Fristeinhaltung verhindert war. Diese Sorgfaltspflichten gehen über mangelndes Verschulden hinaus.[25] So sind übermäßige Arbeitsbelastung und organisatorische Zwänge kein Wiedereinsetzungsgrund.[26] Andererseits besteht für die Sorgfaltspflicht ein Maßstab der Zumutbarkeit, nicht der objektiven Unmöglichkeit.[27] Die Wiedereinsetzung ist nicht auf Fälle unabwendbaren Zufalls oder höherer Gewalt begrenzt. Entgegen älterer Entscheidungen[28] und anders als nach Art 42 des Statuts des EuGH ist Wiedereinsetzung nicht nur bei unabwendbarem Zufall oder höherer Gewalt oder außerhalb der Kontrolle des Antragstellers liegender Schwierigkeiten zu gewähren. Vielmehr ist in einem ersten Schritt die Sorgfaltspflichtverletzung durch den Beteiligten oder seinen Vertreter zu identifizieren, in einem zweiten Schritt der Maßstab der zu fordernden Sorgfalt zu definieren und in einem dritten Schritt zu prüfen, ob die Ursache der Fristversäumnis derart außergewöhnlich war, dass es entweder nicht möglich oder nicht zumutbar war, letztere zu verhindern,[29] was regelmäßig auf die Frage nach dem »einmaligen Fehler in

---

24  EuG T-227/06 vom 7.5.2009, GRUR Int 2009, 926 (Nr 45) *Omnicare*.
25  Siehe Singer/Kroher, Art 122 Rn 40.
26  EuG T-146/00 vom 20.6.2001, MarkenR 2001, 316 (Nr 62) *Dakota*.
27  HABM-BK R 495/1999-1 vom 31.1.2000 *DNA ALCOHOLIC SPRINGWATER*; Busse, PatG, § 123 Rn 36.
28  HABM-BK R 235/2000-3 vom 30.6.2000 *Thaï Express*; HABM-BK R 219/2002-1 vom 12.12.2003 (Nr 23) *G/G*; und erneut HABM-BK R 2192/2010-2 vom 8.6.2011 (Nr 24) *PETPLANET.CO.UK*.
29  EuG T-146/00 vom 20.6.2001, MarkenR 2001, 316 *Dakota*; EuG T-397/10 vom 13.9.2011 (Nr 28 f) *Ara AG*; HABM-BK R 495/1999-1 *DNA ALCOHOLIC SPRINGWATER*; HABM-BK R 068/1999-2 vom 8.11.2000 *FELINE PLUS*; HABM-BK R 198/1998-1 vom 28.3.2000 *DAKOTA*; HABM-BK R 60/2001-4

einem sonst gut funktionierenden Fristenüberwachungssystem« hinausläuft. Letztlich wird regelmäßig doch vom Antragsteller verlangt, das Vorliegen außergewöhnlicher und unvorhersehbarer Geschehnisse nachzuweisen.[30]

34 Dabei ist zunächst auf die Ursache abzustellen, die für die Fristversäumnis kausal war. Nur auf diese ist bei der Prüfung der Beachtung der gebotenen Sorgfalt abzustellen. Der Beteiligte, seine Hilfspersonen, sein Vertreter oder dessen Hilfspersonen müssen an dieser Handlung verhindert gewesen sein.[31] Auf Dritte ist dabei nicht abzustellen. So sind etwa andere Wünsche einer Muttergesellschaft der Inhaberin der GM betr die Aufrechterhaltung der Marke oder die Verfahrensführung der Inhaberin unbeachtlich.[32] Überlässt der Anmelder der GM einem Dritten die Einzahlung einer Gebühr, so ist nur auf seine Person abzustellen, nicht darauf, wie sorgfältig oder unsorgfältig der Dritte gewesen sein mag, mit der Folge, dass Wiedereinsetzung nicht möglich ist.[33] Schließlich muss diese kausale Ursache den Beteiligten objektiv an der Fristwahrung gehindert haben. Daran fehlt es zB, wenn eine Gehilfin die fragliche Akte auf den falschen Stapel gelegt haben soll, jedoch aufgrund des Sachverhalts feststand, dass der Fehler aufgrund der innerkanzleilichen Organisation kurze Zeit später oder zumindest bei dem nachfolgenden Schriftverkehr betreffend diese Akte hätte auffallen müssen.[34] Ebenso, wenn vorgetragen wird, es sei eine Frist notiert worden, ohne dass dargetan wird, wie dies für sich die Fristversäumnis hätte abwenden können.[35] Ebenso fehlt es an der Kausalität, wenn die Beschwerdebegründungsfrist versäumt wurde und dafür nur geltend gemacht wurde, der Beschwerdeführer sei über die Rechtzeitigkeit der Beschwerdeschrift im unklaren gelassen worden.[36] An der Kausalität zwischen Sorgfaltsverstoß und Fristversäumnis fehlt es außer-

---

vom 15.11.2001, ABl-HABM 2002, 2116 *ITWEBCAST*; HABM-BK R 868/2001-1 vom 18.7.2002 *HOLOS/HELOS.*
30 EuG T-136/08 vom 13.5.2009 (Nr 15, 27) *Aurelia*; EuG T-314/10 vom 28.6.2012 (Nr 19) *Cook's*; HABM-BK R 965/2002-1 vom 1.4.2003 *PLAYONLINE.com.*
31 Vgl HABM-BK R 771/2008-4 vom 13.5.2009 (Nr 21, 24) *ROMUALD PRINZ SOBIESKI/JAN III SOBIESKI.*
32 HABM-BK R 1397/2010-1 vom 31.3.2011 (Nr 20) *CAPTAIN.*
33 Siehe Benkard/Schäfers, PatG, § 123 Rn 12a.
34 EuG T-146/00 vom 10.7.2002, MarkenR 2001, 316 (Nr 56-60) *Dakota.*
35 EuG T-314/10 vom 28.6.2012 (Nr 42) *Cook's.*
36 HABM-BK R 1569/2011-2 vom 16.7.2012 (Nr 20, 22) *PLANIO/PLANIO.*

dem, wenn die fragliche Ursache nur die effektiv zur Verfügung stehende
Frist verkürzt, aber deren Einhaltung nicht unmöglich gemacht hat, wenn also nach Wegfall des Hindernisses noch ausreichend Zeit zur Wahrung der
Frist zur Verfügung stand.[37] An der Kausalität fehlt es, wenn die Fristversäumnis eine erneute Mitteilung des Amtes auslöst, die eine Nachfrist gewährt. An der Kausalität für die Fristversäumnis fehlt es erst recht, wenn der
Verfahrensbeteiligte bewusst die Frist hat verstreichen lassen; bei einem späteren Sinneswandel steht ihm die Wiedereinsetzung nicht zu Gebote.[38] Soweit es an dieser Kausalität fehlt, liegt grundsätzlich auch kein Hindernis vor,
die Frist einzuhalten.

Der Maßstab der zu fordernden Sorgfalt variiert weder nach der Art des Ver-     35
fahrens oder der Schwere der Auswirkung der Fristversäumnis noch danach,
ob Nachteile für Dritte (iSv Art 81 (6), (7)) zu besorgen sind.[39] Er variiert
auch nicht im Sinne eines Proportionalitätsprinzips nach der Bedeutung der
Frist oder den Auswirkungen auf Dritte.[40] Der Maßstab der Sorgfalt bezieht
sich auf das, was zur Vermeidung der Fristversäumnis vernünftigerweise vom
vorsichtigen Anmelder oder Vertreter zu verlangen war, wobei wegen der
Formulierung »aller« nach den Umständen »gebotenen« Sorgfalt ein hoher
Maßstab anzulegen ist. Nur ein geringer Prozentsatz der Anträge meistert
diese hohen Hürden.[41]

Es bietet sich somit folgende Prüfungsreihenfolge an:                            36
– Welches ist die versäumte Handlung?
– Welches ist die Ursache für die Versäumnis?
– Geht diese Ursache unmittelbar oder mittelbar auf das Verhalten des Be-
  teiligten oder einer Person, für die er einstehen muss (Hilfsperson, Vertre-
  ter) zurück?
– Welches ist der Maßstab der Sorgfaltspflichten, die den Beteiligten oder
  den Vertreter treffen?

---

37  BGH NJW 1976, 626; BVerwGE 88, 66; Stelkens/Bonk/Kallerhoff, VwVfG,
    § 32 Rn 14; Zöller/Greger, ZPO, § 233 Rn 9.
38  López de Rego, Comentarios, S 748 f.
39  EuG T-136/08 vom 13.5.2009 (Nr 20, 24) *Aurelia*.
40  HABM-BK R 1211/2008-4 vom 27.1.2009 (Nr 23) *SUPERSLEEK*; HABM-BK
    R 2575/2011-4 vom 24.8.2012 (Nr 14) *CLUBLAND IBIZA/CLUBLAND*;
    TechnBK EPA T 1465/07 vom 9.5.2008, S 24.
41  Statistiken bei: Pfleghar/Schramek, MarkenR 2007, 288; Curell Suñol, in: FS
    für Elzaburu, Barcelona 2009, S 306.

- Hat der Beteiligte oder der Vertreter die gebotene Sorgfalt beachtet, dh welche Maßnahmen hat er konkret getroffen?
- Falls ein Verhalten einer Hilfsperson ursächlich war, wurde der Organisations- und Aufsichtspflicht genügt?

37 Im folgenden werden die hauptsächlichen Fallgruppen der Wiedereinsetzung behandelt.

### 3.1 Verzögerung durch Post und Bank

38 Der Verfahrensbeteiligte darf sich zur Übermittlung von Schriftstücken an das Amt der Post oder eines privaten Kurierdienstes bedienen. Für ein Verschulden der Post bei verspäteter Übermittlung hat er nicht einzustehen. Klassische Wiedereinsetzungsfälle sind daher Fälle verspäteter Postzustellung.

39 Es fehlt an der Einhaltung der gebotenen Sorgfalt, wenn die Absendung des Schreiben nur wenige Tage vor Fristablauf erfolgte, überdies an der Kausalität, wenn dies am letzten Tag erfolgte, so dass ein Eingang gar nicht mehr möglich war.[42] Wer auf die letzte Minute Schriftstücke übermittelt, handelt sorgfaltswidrig. Es ist also das Datum der Absendung mit der normalen Postlaufzeit zu vergleichen, wobei ein übermäßig spätes Datum des Eingangs ein zusätzliches Indiz sein kann, dass der Absender mit der Postlaufzeit nicht rechnen musste. Dafür ist auf die Verhältnisse in ganz Europa Rücksicht zu nehmen. Es muss eine Postlaufzeit von 2 Tagen als Mindestlaufzeit, die unter günstigsten Bedingungen zu erzielen ist, plus einer Sicherheitsmarge einkalkuliert werden. Zu empfehlen ist, zu den vom Postdienst garantierten Laufzeiten konkret vorzutragen. Kann dieser garantieren, über 90 % der Sendungen in 2 Tagen zuzustellen, so ist eine Absendung 5 Tage vor Fristablauf nicht sorgfaltswidrig, auch nicht, wenn in diese Zeitspanne Feiertage fielen.[43] Strenger einige ältere Entscheidungen, in denen die Absendung 8 Tage[44] oder sogar die Absendung als Einschreibpäckchen 15 Tage[45] vor Fristablauf als nicht ausreichend angesehen wurde.

---

42 In anderem Zusammenhang: HABM-BK R 911/2008-4 vom 27.11.2008 (Nr 24) *DADA&CO/DADA I.*

43 HABM-BK R 1356/2008-4 vom 8.10.2010 (Nr 20ff) *DADA&CO/DADA III.*

44 HABM-BK R 796/2001-1 vom 3.6.2002 *CARILA/CLARINA.*

45 HABM-BK R 868/2001-1 vom 18.7.2002 *HOLOS/HELOS.*

Es sind nur die von der Partei benutzten Übermittlungsarten zu würdigen, **40** nicht hypothetische andere, möglicherweise schnellere Übermittlungswege. Ob das Schriftstück auch – und zwar schneller – per Telefax hätte übermittelt werden können, ist unerheblich, unabhängig davon, ob dem Beteiligten ein Telefaxanschluss zur Verfügung steht. Somit ist für die Rechtzeitigkeit der Übermittlung der konkret nachgewiesene Übermittelungszeitraum zugrundezulegen und nicht der übliche oder zugesagte, falls dieser länger ist.[46] Der Verfahrensbeteiligte muss nicht angeben, warum er einen Kurierdienst anstelle der Post eingeschaltet hat.[47] Umgekehrt darf dem Verfahrensbeteiligten nicht zum Vorwurf gemacht werden, keinen Kurierdienst eingeschaltet zu haben.[48]

Private Kurierdienste sind wie die reguläre Post zu behandeln. Es wurde für **41** ausreichend erachtet, wenn der Kurierdienst eine Zustellung innerhalb der Frist – sogar am nächsten Tag – zugesagt hatte.[49] Bei Kurierdiensten wird sich leichter nachweisen lassen, welche Laufzeiten der Dienst regulär erzielen kann.[50] Das führt im Ergebnis zu einer Privilegierung der Kurierzustellung und zu nicht gerechtfertigten Spreads zwischen Kurierdienst und normaler Post. Vielmehr sollte bei allen Zustellungsarten eine Sicherheitsmarge zusätzlich zu der zugesagten Laufzeit verlangt werden.

Verlässt sich der Beteiligte auf die Übermittlung per Telefax am letzten Tag **42** der Frist und ist die Übermittlung gestört, so kann keine Wiedereinsetzung gewährt werden. Es muss immer damit gerechnet werden, dass kurzzeitige Übermittlungsstörungen auftreten. Etwas anderes kann nur gelten, wenn die Telefaxanlage des Amtes gestört ist. Dies liegt in der Sphäre des Amtes, außerhalb des Zurechnungsbereichs des Beteiligten. Allerdings wird dann im Rahmen der Sorgfaltspflicht erforderlich sein, dass der Beteiligte sich telefonisch mit dem HABM zur Behebung des Problems in Verbindung setzt und jedenfalls der Übermittlungsversuch bis Fristablauf (Mitternacht) ständig

---

46  Unzutreffend HABM-BK R 2138/2010-1 vom 4.5.2011 (Nr 8, 17) *YELLOWLI-NE/YELLO.*

47  HABM-BK R 855/2002-4 vom 25.8.2003 (Nr 14) *AVENOSES/AVEENO.*

48  So aber HABM-BK R 796/2001-1 vom 3.6.2002 *CARILA/CLARINA.*

49  HABM-BK R 038/2009-2 vom 2.9.2009 *INNOFLEXX/ENOFLEX 180*; HABM-BK R 855/2002-4 vom 25.8.2003 (Nr 14) *AVENOSES/AVEENO.*

50  Siehe HABM-BK R 855/2002-4 vom 25.8.2003 (Nr 14) *AVENOSES/AVEE-NO.*

wiederholt wird. Derartige Störungen sind technisch praktisch ausgeschlossen.

43  Wiedereinsetzung kann gewährt werden, wenn eine vom Beteiligten rechtzeitig veranlasste Banküberweisung verspätet beim Amt eingeht. Die 10-Tage-Sicherheitsfrist nach Art 8 (3), (4) GebV geht vor.

44  Art 8 (3) GebV hat zur Folge,
   –  dass die Veranlassung einer Banküberweisung, die mehr als zehn Tage vor Fristablauf erfolgt ist, als fristgerecht gilt, und
   –  dass bei Veranlassung der Überweisung innerhalb der zehn Tage vor Fristablauf stets der Zuschlag von 10 % (jedoch maximal 200 Euro) zu zahlen ist und dass eine Wiedereinsetzung in die Zahlungsfrist mit dem Ziel, den Zuschlag zu ersparen, ausgeschlossen ist. Nur für die Nachzahlung der Zuschlagsfrist auf Aufforderung des Amtes gemäß Art 8 (4) GebV ist die Wiedereinsetzung eröffnet.

### 3.2  Umstände in der Person des Beteiligten

45  Als Ursache für Fristversäumnisse kommen Ortsabwesenheit und Krankheit in Betracht.

46  Bei Ortsabwesenheit wegen Urlaubs oder Dienstreise verlangt die Sorgfaltspflicht eines Gewerbetreibenden, für Vertretung oder Postnachsendung zu sorgen. Die deutsche Rspr, wonach ein Bürger wegen einer nur vorübergehenden Abwesenheit von seiner Wohnung, zB wegen Jahresurlaubs, keine Vorkehrungen treffen muss, um behördliche Zustellungen entgegenzunehmen,[51] kann auf Wiedereinsetzungsfälle nach Art 81 nur insoweit übertragen werden, als es um Einzelpersonen und nicht um Firmen geht.

47  Krankheit des Beteiligten ist Wiedereinsetzungsgrund nur dann, wenn auf Grund der krankheitsbedingten Beeinträchtigung die notwendigen Maßnahmen (Anweisungen an Hilfspersonen, Vertreter) nicht mehr vorgenommen werden konnten. Firmen (auch Personenhandelsgesellschaften) haben stets für eine angemessene Vertretungsregelung zu sorgen.

48  Mittellosigkeit (Unvermögen, fällige Gebühren zu zahlen) ist kein Wiedereinsetzungsgrund. So zB wirtschaftliche Schwierigkeiten im Rahmen einer

---

51  BVerfG NJW 1993, 987; siehe Zöller/Greger, ZPO, § 233 Rn 23 Stichwort Abwesenheit; Knack/Clausen, VfVfG, § 32 Rn 16; Schulte, PatG, § 123 Rn 109.

Werksschließung, verbunden mit dem Verlust von Arbeitsplätzen,[52] unabhängig davon, ob sie plötzlich eintraten oder sie vorhersehbar waren.[53] Der großzügigeren Rspr der JurBK EPA, die unverschuldete finanzielle Schwierigkeiten als Wiedereinsetzungsgrund jedenfalls dann akzeptiert, wenn sie vorübergehender Art sind,[54] wird im Rahmen der GMV nicht gefolgt. Und zwar gilt allgemein im Rechtsleben: »Geld hat man zu haben«,[55] und die GM ist am Markt zu benutzen und ein Instrument des Wettbewerbs.

All diese Umstände begründen dann keine Wiedereinsetzung, wenn der Be-  **49** teiligte gemäß Art 93 (1) vertreten ist. In diesem Falle können und müssen fristwahrenden Handlungen vom Vertreter vorgenommen werden. Das Ausbleiben von Weisungen des Mandanten ist kein Wiedereinsetzungsgrund (siehe unter Rdn 81). Gleiches gilt für das Unterbleiben eines Vorschusses auf zu zahlende Gebühren.

### 3.3 Innerbetriebliche Fehler

Der Anmelder kann Arbeiten im Zusammenhang mit der Bearbeitung von  **50** GMAen Hilfskräften übertragen. In diesem Falle hat er zwar für das Verhalten seiner Hilfskräfte einzustehen, doch treffen ihn Sorgfaltspflichten in Bezug auf Auswahl und Überwachung dieser Hilfspersonen. Im einzelnen treffen den Anmelder folgende Pflichten:[56]

– Auswahl der Hilfspersonen: Soweit Aufgaben im Zusammenhang mit der  **51** Erledigung von Verfahren vor dem HABM nicht vom Anmelder selbst wahrgenommen werden, hat er die Hilfspersonen ordentlich auszuwählen.[57] Im Regelfall werden derartige Aufgaben von spezialisierten Abteilungen (Marken-, Patent- oder Rechtsabteilung) innerhalb eines größeren Unternehmens wahrgenommen. Bei Ausfall von Mitarbeitern wegen Urlaub, Krankheit usw gelten für die Auswahl der Ersatzkraft dieselben Anforderungen wie für die ersetzte Kraft. Die Rechtsprechung hat die Ten-

---

52  HABM-BK R 1397/2010-1 vom 31.3.2011 (Nr 23) *CAPTAIN*.

53  So aber differenzierend wohl: Singer/Kroher, Art 122 Rn 69.

54  JurBK EPA J 22/88, ABl-EPA 1990, 244, und JurBK EPA J 26/95, ABl-EPA GRUR Int. 2000, 167.

55  BGHZ 63, 139.

56  Singer/Kroher, Art 122 Rn 57; JurBK EPA J 50/80, ABl-EPA 1981, 343, bestätigt durch JurBK EPA J 16/82, ABl-EPA 1983, 262; Schulte, PatG, § 123 Rn 86–92; Straus, FS für Vieregge, S 835, 841–845.

57  Zöller/Greger, ZPO, § 233 Rn 23.

denz, eine Betrauung von Aufgaben erst nach einer gewissen Einarbeitungszeit zuzulassen.[58] Dies ist wohl zu streng, da jeder Mitarbeiter an einem neuen Arbeitsplatz zunächst eine gewisse Einarbeitung benötigt und sonst der Ersatz bewährter Kräfte praktisch unmöglich wäre. Allerdings sind dann an die Überwachung unter Umständen schärfere Anforderungen zu stellen.

– Eignung der Hilfsperson für die jeweils konkret zu erfüllende Aufgabe: Die konkret zu erfüllende Aufgabe muss dem Ausbildungs- und Bildungsniveau der Hilfsperson entsprechen. Erforderlich ist, dass der Anmelder die Aufgabe im Rahmen einer sinnvollen und üblichen Arbeitsteilung der betreffenden Kategorie von Hilfskräften übertragen durfte. Die Absendung von Schreiben kann Sekretärinnen, die Zahlung von Gebühren der Buchhaltungsabteilung überlassen werden. Die Kontrolle der Fristen kann dem Sekretariats- und Sachbearbeitungsbereich überlassen werden. Treten rechtliche Zweifelsfragen auf, so dürfen die untergeordneten Hilfspersonen die Entscheidung nicht selbst treffen, sondern müssen die Entscheidung der sachlich für die Bearbeitung der Akte zuständigen Person herbeiführen.

52 – Innerbetriebliche Ablauforganisation: Diese muss so gestaltet sein, dass GMAen betreffende Schriftstücke, insbesondere fristrelevante Schriftstücke, unverzüglich der innerbetrieblich zuständigen Person vorgelegt werden. Das System der Kontrolle des Postausgangs muss zuverlässig sein; fristgebundene Faxe dürfen nicht auf irgendwelchen Stapeln abgelegt sein.[59] Das Fristenüberwachungssystem darf nicht lediglich auf einem Fristenbuch basieren, sondern es ist zwingend eine Gegenkontrolle vorzusehen.[60]

53 – Regelmäßige Kontrolle: Das betroffene Personal ist in regelmäßigen Abständen zu unterweisen und zu kontrollieren; vor allem muss ein ordnungsgemäßes System der Fristenkontrolle eingehalten werden. Je weniger qualifiziert und je weniger erfahren die Hilfskraft, desto höher sind die Anforderungen an die Kontrolle.

54 – Lernen aus Fehlern: Tritt ein isolierter Fehler auf, so muss er umgehend abgestellt werden. Wiederholt sich derselbe Fehler in mehreren Verfahren,

---

58 JurBK EPA J 16/82, ABl-EPA 1983, 262; RGZ 126, 257; Benkard/Schäfers, PatG, § 123 Rn 20.

59 HABM-BK R 965/2002-1 vom 1.4.2003 *PLAYONLINE.com*.

60 HABM-BK R 720/2002-3 vom 19.2.2003 (Nr 21 f.) *KBB*.

so kann dies keine Wiedereinsetzung mehr begründen. Auch wenn in derselben Akte zwei unterschiedliche Fehler nacheinander auftreten, ist mit Wiedereinsetzung nicht zu rechnen.[61]

- Handeln von Angestelltenvertretern: Der oder die in der GMA be-  55 nannten Angestelltenvertreter werden üblicherweise innerbetrieblich für die Bearbeitung der GMA verantwortlich sein. Doch ist zum einen auch das Handeln anderer Angestellter möglich, zum anderen haben diese wiederum Hilfspersonen (Bürokräfte). Die oben genannten Verpflichtungen zur Auswahl und Kontrolle treffen den Anmelder selbst, nicht den konkret benannten Angestelltenvertreter. Die Wahrnehmung von Aufgaben durch andere Hilfskräfte als die benannten Angestelltenvertreter begründet für sich keinen Sorgfaltsverstoß.

### 3.4 Sorgfaltspflichten des Vertreters

Ist ein berufsmäßiger Vertreter gemäß Art 93 (1) (Rechtsanwalt, zugelassener  56 Vertreter) bestellt, so wird die Sorgfalt oder die Abwesenheit der gebotenen Sorgfalt seitens des Vertreters dem Anmelder oder Beschwerdeführer zugerechnet.[62] Für die Beurteilung der Einhaltung der gebotenen Sorgfalt und die Verhinderung an der Einhaltung der versäumten Frist ist in erster Linie auf den Vertreter abzustellen und auf den Vertretenen nur dann, wenn dessen Sorgfaltsverstoß dazu geführt hat, dass der Vertreter die Frist versäumt hat[63] oder wenn sich der Vertreter die fristwahrende Handlung (zB Gebührenzahlung) selbst vorbehalten hat.[64]

Handeln Hilfspersonen des Vertreters, so ist auf den Vertreter abzustellen;[65]  57 hinsichtlich seiner Hilfspersonen geht die Sorgfalt des Vertreters dahin, sein Büro so zu organisieren, dass Fristversäumnisse bei normalem Ablauf und

---

61  HABM-BK R 720/2002-3 vom 19.2.2003 (Nr 18) *KBB*.
62  HABM-BK R 068/1999-2 vom 8.11.2000, Mitt. 2001, 311 (Nr 31) *FELINE PLUS*; HABM-BK R 625/2000-3 vom 4.4.2000 (Nr 18) *GALBANI MOZZARELLA*; EuG T-314/10 vom 28.6.2012 (Nr 18) *Cook's*.
63  EuG T-397/10 vom 13.9.2011 (Nr 25) *Ara AG*; EuG T-271/09 vom 15.9.2011, GRUR Int 2012, 360 (Nr 54) *Romuald Prinz Sobieski/Jan III Sobieski*.
64  HABM-BK R 855/2011-4 vom 25.8.2011 (Nr 17) *WOLF/WOLF*.
65  HABM-BK R 771/2008-4 vom 13.5.2009 (Nr 20, 24) *ROMUALD PRINZ SOBIESKI/JAN III SOBIESKI*; HABM-BK R 976/2002-1 (Nr 23) *SCALA/SKALA*.

bei Beachtung seiner Weisung vermieden werden.[66] Bei Fehlern von Hilfskräften des Vertreters lautet die Faustformel somit, ob es sich um einen einmaligen Fehler in einem ansonsten gut funktionierenden Kanzleisystem handelt.[67]

58 Der Vertreter hat alle zumutbaren Vorkehrungen zu treffen, um Fristversäumnisse zu vermeiden. Bei drohendem einer verlängerbaren Frist hat er notfalls Fristverlängerung zu beantragen. Ist die Gewährung der Fristverlängerung unsicher (vor allem in inter-partes-Verfahren, siehe R 71 (2)), so hat er gleichwohl noch vor Fristablauf das noch Mögliche zu tun, statt untätig auf den Erfolg des Fristverlängerungsgesuchs zu warten.

59 Bei unsicherer Rechtslage, in komplexen Verfahrenssituationen und bei Zweifeln hat der Vertreter von zwei denkbaren Möglichkeiten die verfahrensrechtlich sicherste zu wählen.[68] Ggf kann und muss er dies durch entsprechende Formulierung seines Begehrens, wie durch die Stellung von Hilfsanträgen für den Fall, dass der für seinen Mandanten günstigsten Auslegung des Gesetzes nicht gefolgt wird, unterstützen. Er hat überhaupt in jeder Lage des Verfahrens die Interessen seines Mandanten zu schützen.

60 Rechtsirrtum entschuldigt den Vertreter nicht.[69] Der Vertreter muss die gesetzlichen Bestimmungen kennen. Beruht die Fristversäumnis kausal darauf, dass der Anwalt eine Rechtsnorm mit nicht existierendem Inhalt angenommen oder eine existierende Rechtsnorm nicht gekannt hat, so ist Wiederein-

---

66 EuG T-397/10 vom 13.9.2011 (Nr 28) *Ara AG*; HABM-BK R 68/1999-2 vom 8.11.2000, Mitt. 2001, 311 (Nr 32) *FELINE PLUS*; HABM-BK R 198/1998-1 vom 28.3.2000, MarkenR 2001, 316 *DAKOTA*.

67 RiLi Teil A. 6.2.3, ABl-HABM 2004, 770; HABM-BK R 623/2004-1 vom 14.3.2005 (Nr 24) *MEDIFLOR/FLOR*; Schulte, PatG, § 123 Rn 126.

68 HABM-BK R 1044/2006-2 vom 25.1.2007 (Nr 18) *YORK/VIYORK*; HABM-BK R 1498/2010 vom 16.12.2010 (Nr 25) *REGINE'S/REGINA DETECHA*; Baumbach/Lauterbach/Albers/Hartmann, ZPO, § 233 Rn 120; Zöller/Greger, ZPO, § 233 Rn 23 Stichwort *Rechtsirrtum*.

69 EuG T-366-04, Beschluss vom 6.9.2006 (Nr 45, 50), *Hensotherm*; HABM-BK R 827/1999-3 vom 21.11.2001 (Nr 17) *THE INTERNATIONAL ACADEMY OF DIGITAL ARTS AND SCIENCES*; HABM-BK R 937/2002-2 vom 24.10.2003 (Nr 21) *PARAGON/PARAGON*; HABM-BK R 771/2008-4 vom 13.5.2009 (Nr 27) *ROMUALD PRINZ SOBIESKI/JAN III SOBIESKI*, Singer/Kroher, Art 122 Rn 66.

setzung ausgeschlossen.[70] Vom Vertreter sind komplette Kenntnisse des Gemeinschaftsmarkenrechts zu erwarten. Von ihm sind zumindest die Kenntnis des Textes der Verordnungen und der im ABl-HABM veröffentlichten amtlichen Texte, zB Beschlüsse und Mitteilungen des Präsidenten des HABM, zu fordern. Das Vertrauen auf fehlerhafte oder unvollständige Darlegungen in Lehrbüchern oder Zeitschriftenveröffentlichungen kann die Wiedereinsetzung nicht rechtfertigen, auch nicht auf in gängigen Kommentaren vertretene Auffassungen;[71] allerdings sollte in Anlehnung an die deutsche Rspr zum Anwaltshaftungsrecht[72] die Ausnahme gemacht werden, dass der Vertreter auf letztinstanzliche Entscheidungen der Beschwerdekammern, des EuG, des EuGH oder, was Nichtigkeits- und Verfallsentscheidungen angeht, der Gemeinschaftsmarkengerichte vertrauen kann, es sei denn, dass es zu der Rechtsfrage divergierende Entscheidungen gibt. Auch kann sich der Vertreter nicht darauf berufen, das Verfahren nach der GMV sei anfangs neu gewesen.[73]

Wurde eine zutreffende Rechtsmittelbelehrung gegeben, so ist Wiedereinsetzung ausgeschlossen, wenn der Adressat diese lediglich unzutreffend gewürdigt hat. Die Rechtsmittelbelehrungen in den angefochtenen Entscheidungen und, sodann, die Empfangsbestätigungen der HABM-BK weisen klar und zutreffend auf die Beschwerdebegründungsfrist und den Zeitpunkt für ihren Beginn hin. Eine entgegen dieser Belehrung falsch vorgenommene Fristberechnung ist nicht entschuldbar.[74] Daran ändert nichts, wenn weitere Mitteilungen des Amtes uU abweichende oder widersprüchliche Informationen geben; in jedem Fall bleibt die, zutreffende, Rechtsmittelbelehrung maßgeblich.[75] Auch auf mündliche Auskünfte von Mitarbeitern des HABM darf nicht vertraut werden, zumal entsprechende Behauptungen wohl kaum beweisbar oder widerlegbar wären. Der Adressat darf auch nicht Informationen 61

---

70 EuG T-098/10, Beschluss vom 10.5.2010 (Nr 10) *Franssons Verkstäder.*
71 Großzügiger: Baumbach/Lauterbach/Albers/Hartmann, ZPO, § 233 Rn 116; BGH NJW 1985, 496; Schulte, PatG, § 123 Rn 137.
72 BGH NJW 1993, 3324; 1983, 1665; E. Schneider, MDR 1972, 747.
73 EuG T-146/00 vom 10.7.2002, MarkenR 2001, 316 (Nr 62) *Dakota.*
74 HABM-BK R 720/2002-3 vom 19.2.2003 (Nr 19) *KBB.*; HABM-BK R 1044/2006-2 vom 25.1.2007 (Nr 18) *YORK/VIYORK*; HABM-BK R 1498/2010 vom 16.12.2010 (Nr 21) *REGINE'S/REGINA DETECHA.*
75 HABM-BK R 1498/2010 vom 16.12.2010 (Nr 21) *REGINE'S/REGINA DETECHA* goßzügiger.

und Aufforderungen des HABM ignorieren in der Annahme, er habe das Erforderliche bereits zuvor veranlasst;[76] auch dann liegt ein nicht berücksichtigungsfähiger Rechtsirrtum vor.

62  Das Unterbleiben einer Rechtsmittelbelehrung entschuldigt den Vertreter nicht, wie aus R 52 (2) S 3 ausdrücklich hervorgeht.[77]

63  Eine falsche (der GMV und der GMDV widersprechende) Berechnung einer Frist stellt stets einen nicht entschuldbaren Rechtsirrtum dar.[78] Mehrfach kamen Fälle vor, in denen Vertreter oder deren Kanzleikräfte die Beschwerdebegründungsfrist von 4 Monaten ab dem Datum der Beschwerdefrist statt ab dem Datum der Zustellung der Entscheidung berechnet hatten, was auf eine Beschwerdebegründungsfrist von 6 Monaten hinausliefe.[79] Das erst recht nicht entschuldbar, wenn die Frist zuerst sogar richtig notiert war und auf eine zutreffende Mitteilung der Geschäftsstelle hin neu, diesmal falsch, berechnet wurde.[80] Das ist auch dann nicht entschuldbar, wenn die Fristennotierung von einer Kanzleikraft vorgenommen wurde und der Vertreter diese nicht überprüfen konnte oder brauchte; der Rechtsirrtum der Kanzleikraft wird dem Vertreter zugerechnet.[81] Nicht entschuldet wird, wenn ein Vertreter für die Fristerstreckung auf den nächsten Werktag (R 72) die in seinem Sitzstaat geltenden Feiertage zugrundelegt.[82] Dabei ist auf die Rechtsunkenntnis des Vertreters und nicht auf eventuell unzutreffende Vorstellun-

76  HABM-BK R 827/1999-3 vom 21.11.2001 (Nr 17, 18) *THE INTERNATIONAL ACADEMY OF DIGITAL ARTS AND SCIENCES*.

77  HABM-BK R937/2002-2 vom 24.10.2003 (Nr 20) *PARAGON/PARAGON*.

78  EuG T-366-04, Beschluss vom 6.9.2006 (Nr 45, 50) *Hensotherm*; HABM-BK R 964/2008-2 vom 23.10.2008 (Nr 21) *RYZEX*.

79  HABM-BK R 452/2008-4 vom 29.1.2009 (Nr 14–16) *COMO TU QUIERAS*; HABM-BK R 1468/2009 vom 20.9.2010 (Nr 22) *DOS/VOSS*; HABM-BK R 1211/2008-4 vom 27.1.2009 (Nr 15) *SUPERSLEEK*; ebenso (nicht entscheidungserheblich): HABM-BK R 1672/2010-2 vom 21.2.2011 (Nr 7, 10) *ENERGYFORCE/ENERGI*; HABM-BK R 1122/2007-1 vom 25.2.2008 (Nr 21) *Gittergurte mit Kastennaht II*.

80  EuG T-397/10 vom 13.9.2011 (Nr 12) *Ara AG*; HABM-BK R 452/2008-4 vom 29.1.2009 (Nr 14–16) *COMO TU QUIERAS*.

81  HABM-BK R 1468/2009 vom 20.9.2010 (Nr 22) *DOS/VOSS*; HABM-BK R 1302/2011-4 vom 12.3.2012 (Nr 14f) *DER CHECKER*.

82  HABM-BK R 731/2008-1 vom 3.9.2008 (Nr 25, 31) *5 HOUR ENERGY II*.

gen seiner Kanzleikräfte abzustellen.[83] Auch sofern dies nicht unter dem Gesichtspunkt des Rechtsirrtums gewürdigt wird, bleibt es sorgfaltswidrig.[84] Es fehlt in solchen Fällen an der Kausalität zum Rechtsverlust, wenn der Vertreter eine angemessene Vorfrist notiert und befolgt hat. Der Rechtsirrtum ist auch dann nicht entschuldbar, wenn der Vertreter die rechtsirrig berechnete Frist dem Mandanten mitteilt und dieser im Vertrauen darauf die fristgebundene Handlung verspätet vornimmt.[85]

Das Unterbleiben von Mitteilungen des HABM entschuldigt den Vertreter **64** nicht.[86] Es liegt in der Natur von »Servicemitteilungen«, dass ihr versehentliches Unterbleiben keine Ansprüche des Vertreters auslösen kann.[87] Erging die Servicemitteilung an den falschen Adressaten (Anmelder statt Vertreter), so trifft diesen die Sorgfaltspflicht, deren Inhalt zu beachten.[88] Das Unterbleiben einer Empfangsbestätigung (R 5) befreit nicht von der Verpflichtung zur Zahlung der Anmeldegrundgebühr, sondern muss im Gegenteil Anlass für den Vertreter sein, erhöhte Sorgfalt auszuüben. Auch ein Unterbleiben der Mitteilung nach R 9 (1), mit der eine Ausschlussfrist von zwei Monaten für die nachträgliche Erfüllung der Anmeldetagserfordernisse zu setzen ist, ist kein Wiedereinsetzungsgrund:[89] Diese Mitteilung schränkt allein das Recht des Anmelders ein, nachträglich noch die Anmeldetagserfordernisse mit einem entsprechend späterem Datum zu erfüllen, um auf diese Weise den Schwebezustand der Nichtbehandlung als GMA zu beenden, und hat nicht die Funktion, den Anmelder auf die Erfordernisse als solche hinzuweisen. Es ist auch nicht entschuldbar, bei Abwesenheit generell Anweisung zu geben, Fristverlängerungsanträge zu stellen für nicht verlängerbare Rechtsmittelfristen.[90]

---

83  EuG T-366-04, Beschluss vom 6.9.2006 (Nr 49) *Hensotherm*.

84  EuG T-397/10 vom 13.9.2011 (Nr 29) *Ara AG*.

85  HABM-BK R 1324/2010-4 vom 6.4.2011 (Nr 23) *PURICIN/PURIVIST*- für den Fall der Zahlung einer Gebühr durch den Mandanten selbst.

86  Singer/Kroher, Art 122 Rn 42.

87  Siehe JurBK EPA J 5/83 vom 28.2.1984; JurBK EPA J 1/84, ABl-EPA 1985, 108.

88  HABM-BK R 1596/2010-4 vom 15.4.2011 *BRAINLAB*; anders BPatG Mitt. 2009, 285.

89  HABM-BK R 198/1998-1 vom 28.3.2000, MarkenR 2001, 316 (Nr 30f) *DAKOTA*.

90  Singer/Kroher, Art 122 Rn 68; TechnBK EPA T 881/98 vom 23.5.2000 – entgegen früherer, teils großzügigerer, Rspr.

65  Auch Unkenntnis oder Fehlinterpretation gebührenrechtlicher Bestimmungen entschuldet nicht. So liegt ein nicht entschuldbarer Rechtsirrtum des Vertreters vor, wenn er annimmt, dass die Anmeldegebühr nur ab Eingang einer Empfangsbestätigung[91] oder auf Zahlungsaufforderung zu zahlen sei oder nicht den Anmeldetag berühre.[92] Die Zahlung per Scheck mit der Erwähnung »Scheck liegt bei« im unterschriebenen Anwaltsschriftsatz 3 Jahre nach Abschaffung der Zahlungsmöglichkeit per Scheck mit der Folge, dass die Zahlung verspätet einging, wurde als Rechtsirrtum über die nach Art 5 GebV zulässigen Zahlungsmittel angesehen und Wiedereinsetzung abgelehnt,[93] denn der Anwalt musste sich an dem Inhalt des von ihm unterzeichneten Schriftsatzes festhalten lassen. Adressierung eines durch private Übermittlungsdienste persönlich auszuhändigen Briefes an die falsche, weil alte Anschrift des Amtes entschuldigt nicht.[94]

66  Der Anwalt muss im Falle eines Konkurses seines Mandanten Weisungen des Konkursverwalters für die weitere Behandlung des Verfahrens einholen und hierzu Nachforschungen nach dem Verbleib des Mandanten anzustellen, jedoch nur im Rahmen des Zumutbaren; im Falle HABM-BK »DNA Alcoholic Springwater«[95] wurde Wiedereinsetzung gewährt, weil der Anwalt, um Instruktionen des Mandanten einholen zu können, einen gleichsam detektivischen Aufwand hätte betreiben müssen.

67  Das Ausbleiben von Weisungen des Mandanten ist für sich jedoch kein Wiedereinsetzungsgrund.

### 3.5  Anforderungen an die Kanzleiorganisation

68  Für die innerkanzleiliche Organisation und die Auswahl und Überwachung von Hilfspersonen gelten die unter Rdn 50 genannten Grundsätze. Eine Absenkung der Anforderungen bei untergeordneten (keine Rechtsfragen implizierenden) Tätigkeiten ist nicht veranlasst.[96] Im Gegenteil muss der anzu-

---

91  HABM-BK R 354/2002-1 vom 7.10.2002 (Nr 36, 46) *LET'S TOAST.*
92  EuG T-146/00 vom 10.7.2002, MarkenR 2001, 316 *Dakota.*
93  HABM-BK R 771/2008-4 vom 13.5.2009 (Nr 22, 27) *ROMUALD PRINZ SOBIESKI/JAN III SOBIESKI.*
94  HABM-BK R 636/2003-4 vom 6.4.2005 (Nr 15) *SIMPLETECH.*
95  HABM-BK R 495/1999-1 vom 31.1.2000 *DNA ALCOHOLIC SPRINGWATER.*
96  EuG T-136/08 vom 13.5.2009 (Nr 20) *Aurelia.*

wendende Sorgfaltsmaßstab im Bereich der Fristenkontrolle strenger sein, da
es zu den beruflichen Aufgaben und Pflichten des Vertreters gehört, GMAen
zu bearbeiten und den Mandanten bestmöglich zu beraten und vertreten. Es
sind deshalb folgende Besonderheiten zu beachten:

– Fristenkontrolle: Der Vertreter hat dafür zu sorgen, dass ein ausreichend si-  **69**
  cheres Fristenkontrollsystem besteht. Dies muss so beschaffen sein, dass
  der Vertreter rechtzeitig vor Fristablauf auf die Akte aufmerksam gemacht
  wird (Vorfrist). Es muss ein System der doppelten Kontrolle von Fristen
  eingerichtet sein.[97] Die Kontrolle der Fristen darf Mitarbeitern übertragen
  werden. Diese müssen zuverlässig sein und angemessen unterrichtet und
  überwacht werden.[98] Bereits notierte Fristen dürfen nicht »aus dem Gedächtnis heraus« gestrichen werden; wurde eine Frist für die Einreichung
  von Beschwerden in drei miteinander verbundenen Verfahren notiert, so
  ist es sorgfaltwidrig, die Frist für alle drei Beschwerden zu streichen, während in Wirklichkeit nur in zwei Verfahren bereits Beschwerde eingelegt
  worden war.[99] Wiedereinsetzung wird auch abgelehnt, wenn eine Mitarbeiterin eine bereits notierte Frist streicht, ohne dafür einen triftigen
  Grund nennen zu können,[100] oder wenn eine Mitarbeiterin eine Frist
  streicht, ohne sich davon zu überzeugen, dass die fristgebundene Handlung
  (hier Einreichung einer Anmeldung) auch tatsächlich vollzogen wurde.[101]

– Arbeitsteilung: Der Vertreter hat alle Verfahrenshandlungen und rechtlich  **70**
  bedeutsamen Äußerungen selbst vorzubereiten und darf die Entscheidung
  hierüber nicht auf Personen, die nicht selbst nach Art 93 (1) vertretungsberechtigt sind, übertragen. Alles andere würde der Wertung der GMV,
  dass Verfahrenshandlungen nur vom Vertreter selbst vorgenommen werden dürfen, widersprechen.[102] Dem Vertreter obliegt es, durch seine Unterschrift die Verantwortung für ein Schriftstück zu übernehmen, auch
  wenn es von Hilfspersonen vorbereitet oder abgesandt wird. So darf der

---

97  EuG T-158/04, Beschluß vom 28.6.2005 (Nr 23) *UUP'S*; HABM-BK
    R 620/2004-2 vom 2.5.2005, Mitt. 2006, 279 (Nr 26f) *T*; EuG T-397/10
    vom 13.9.2011 (Nr 29) *Ara AG*.

98  EuG T-158/04, Beschluß vom 28.6.2005 (Nr 23) *UUP'S*; EuG T-397/10
    vom 13.9.2011 (Nr 28) *Ara AG*.

99  HABM-BK R 60/2001-4 vom 15.11.2001, ABl-HABM 2002, 2116 (Nr 11,
    12) *ITWEBCAST*.

100 HABM-BK R 292/2004-2 vom 11.2.2005 (Nr 30) *E ONLINE/T-ONLINE*.

101 R 2175/2010-2 vom 7.6.2011 (Nr 29) *CONNECTED CAR*.

102 Schulte, PatG, § 123 Rn 90.

Vertreter nicht einfach die erste Seite eines Schreibens unterschreiben und sodann der Sekretärin die Korrektur von Fehlern auf den folgenden Seiten überlassen, sondern darf die Unterschrift erst vornehmen, wenn er sich vor der Ordnungsgemäßheit des zu unterzeichnenden Schriftstücks versichert hat.[103]

71 – Untergeordnete Arbeiten: Der Vertreter darf einfache Arbeiten, die keine juristische Schulung verlangen, entsprechendem Personal überlassen, wie die Fertigung von Kopien, die Absendung von Schriftstücken, die Durchführung von Zahlungen nach Weisung.[104] Bei solchen einfachen Tätigkeiten ist keine Überwachung und nur stichprobenartig eine Kontrolle durch den Vertreter nötig, wohl aber ist darzulegen, dass der Mitarbeiter sorgfältig ausgewählt wurde und die Routinetätigkeit dem Kenntnis- und Ausbildungsstand des Mitarbeiters entsprach.[105]

72 – Telekopie: Der Vertreter hat sicherzustellen, dass bei an das HABM gerichteten Telekopien überprüft wird, ob das Gerät die ordnungsgemäße Übermittlung anzeigt (»o.k.«-Vermerk oder Fehlermeldung »nicht gesendet«), und das Sendeprotokoll bei der Verfahrensakte oder in einer besonderen Ablage aufbewahrt wird. Die pauschale Behauptung eines »Übertragungsfehlers« reicht nicht aus. Nach HABM-BK »SCALA/SKALA«[106] muss der Vertreter bei Störungen im Eingang von Telekopien (etwa wenn sein Gerät einen Papierstau verursacht hat) von sich aus beim HABM nachfragen und um erneute Übermittlung bitten; dies übersieht, dass, wenn eine Entscheidung des HABM beim Empfänger nicht eingeht, keine Zustellung stattgefunden hat und erst keine Frist in Gang gesetzt wird. Zu streng HABM-BK »G/G«,[107] wonach Wiedereinsetzung verweigert wird, wenn aus Versehen die Seiten verkehrt herum in das Telekopiergerät eingelegt wurden, so dass beim HABM fünf weiße Seiten eingingen.

73 – Absendung eines Schecks statt wirksamer Zahlung per Überweisung: der Scheck sollte normalerweise bei der Postausgangskontrolle entdeckt werden.[108]

---

103  HABM-BK R 074/2006-1 vom 2.6.2006 (Nr 48) *NEURIM PHARMACEUTICALS/EURIM-PHARM.*

104  Siehe Straus, FS für Vieregge, S 835, 841.

105  Müller, NJW 2000, 329.

106  HABM-BK R 976/2001-1 vom 25.6.2002 (Nr 35) *SCALA/SKALA.*

107  HABM-BK R 219/2002-1 vom 12.12.2003 (Nr 28) *G/G.*

108  EuG T-271/09 vom 15.9.2011, GRUR Int 2012, 360 (Nr 60) *Romuald Prinz Sobieski/Jan III Sobieski.*

– Schriftverkehr unter den Beteiligten: Läuft für einen Beteiligten eine Frist  74
und erhält dieser vom anderen Beteiligten Kopie eines Aussetzungsantrags, so hat er sich selbst davon zu versichern, dass dieser auch tatsächlich an das HABM gesandt wurde, zB durch Überprüfung der Faxnum-
mern.[109]

– Innerkanzleiliche Organisation: Diese muss den Aufgaben (Bearbeitung  75
von GM-Verfahren) angemessen sein. Doch dürfen die Sorgfaltsanforde-
rungen auch nicht überspannt werden. Wenn im Rahmen eines ansonsten
gut funktionierenden Kanzleiablaufs individuelle Fehler vorkommen oder
mehrere ungünstige Umstände zusammentreffen, so sollte Wiedereinsetzung gewährt werden können. Der Vertreter muss die Kanzleiorganisation nicht so einrichten, dass jeder theoretisch denkbare Fehler ausgeschlossen ist, sondern nur den Betriebsablauf auf die ordnungsgemäße
Sachbehandlung ausrichten. Der Vertreter kann und muss nicht erwarten,
dass seine Mitarbeiter perfekt und unfehlbar sind. Die Anforderungen
dürfen nicht überspannt werden.[110]

– Büroversehen: Pauschale Hinweise auf ein Büroversehen und die Nicht-  76
befolgung ausdrücklicher Anweisungen entschuldigen nicht, sondern lassen im Gegenteil erahnen, dass erforderliche Kontrollen des Büroper-
sonals nicht erfolgt sind.[111]

– Computerfehler: Auch der pauschale Hinweis auf Computerfehler ent-  77
schuldigt nicht; in gewissem Umfang muss mit solchen Fehlern oder Störungen gerechnet werden.[112]

– Übermäßige Arbeitsbelastung oder organisatorische Zwänge entschuldi-  78
gen nicht.[113] Der Vertreter hat seine Kanzleiorganisation entsprechend
einzurichten.

– Vertreterwechsel: Im Verhältnis zur Partei (nicht gegenüber dem HABM,  79
R 76 (6)) enden alle Sorgfaltspflichten des bisherigen Vertreters, sobald
ihm das Mandat entzogen wird. Die Partei oder ihren neuen Vertreter
trifft dann die Sorgfaltspflicht, die Übergabe der Akten so zu organisieren, dass im Übergangszeitraum ablaufende oder in ihm neu entstehende

109  HABM-BK R 623/2004-1 vom 14.3.2005 (Nr 31) *MEDIFLOR/FLOR*.
110  BVerfG Mitt. 2000, 73; Ostler, Mitt 1966, 165; Schulte, PatG, § 123 Rn 76.
111  HABM-BK R 449/2004-2 vom 18.10.2004 (Nr 16) *MOBILE ID*.
112  EuG T-314/10 vom 28.6.2012 (Nr 30) *Cook's*.
113  EuG T-146/00 vom 10.7.2002, MarkenR 2001, 316 (Nr 62) *Dakota*; Singer/
Kroher, Art 122 Rn 65.

Fristen korrekt notiert und bearbeitet werden können. Dies darf nicht einfach dem bisherigen Vertreter überlassen werden.[114]

80 – Abwesenheit: Im Falle der Abwesenheit wegen Urlaubs oder Krankheit hat der Vertreter einen berufsmäßigen Vertreter gemäß Art 93 (1) zu seinem Vertreter zu bestimmen, den dann die gleichen Sorgfaltspflichten treffen wie den benannten Vertreter.[115] Plötzliche, unvorhersehbare Erkrankung kurz vor Fristablauf kann dagegen ein Wiedereinsetzungsgrund sein, wenn diese trotz ordnungsgemäßer, solche Fälle berücksichtigender Kanzleiorganisation zur Fristversäumnis führt.

### 3.6 Sorgfaltspflichten bei der Verlängerung (Art 47)

81 Bei Wiedereinsetzungsanträgen wegen unterlassener Verlängerung der Marke ist zwischen der Willensbildung, die GM zu verlängern, und deren Umsetzung zu unterscheiden. Nur bei letzterer liegt ein Hinderungsgrund an der Fristwahrung vor.

82 – Das Ausbleiben einer Servicemitteilung nach Art 47 (2)[116] oder deren Versand an den Inhaber statt an den Vertreter[117] ist nach ausdrücklicher gesetzlicher Regelung kein Umstand, auf den sich der Inhaber berufen könnte. Dies bedeutet, dass zumindest ein Vertreter von sich aus die entsprechenden Fristen notieren muss und nicht erst nach Erhalt einer solchen Mitteilung.

83 – Das Ausbleiben der Weisung des Mandanten, die Verlängerung vorzunehmen, ist kein Wiedereinsetzungsgrund (siehe oben, Rdn 67). Ob der Mandant die Verlängerung vornehmen möchte, ist seine freie Willensentscheidung. Trifft er diese zu spät, so fehlt es an der Kausalität zu einer Fristversäumnis.[118] Dazu muss der Wiedereinsetzungsantrag ausführen, dass der Mandant die entsprechende Weisung getroffen und rechtzeitig (nach den unter Rdn 39 ausgeführten Kriterien) an seinen Vertreter übermittelt hat.[119]

---

114 HABM-BK R 1045/2006-4 vom 3.10.2008 (Nr 12–15) *ROWELLS/OR-WELL.*

115 Siehe Schulte, PatG, § 123 Rn 95.

116 HABM-BK R 2492/2011-3 vom 11.7.2012 (Nr 16) *Luftbehandlungsapparate.*

117 Unzutreffend EuG T-326/11 vom 25.4.2012 *Brainlab.*

118 HABM-BK R 678/2008-4 vom 24.7.2008 (Nr 15) *NOBALUX.*

119 HABM-BK R 1596/2010-4 vom 15.4.2011 (Nr 14f) *BRAINLAB;* unzutreffend EuG T-326/11 vom 25.4.2012 *Brainlab.*

– Hat der Inhaber sich ausdrücklich entschieden, die GM fallenzulassen, 84
und seinen Vertreter entsprechend informiert, so kann dies später weder
unter Berufung auf einen Sinneswandel noch auf innerbetriebliche Fehler
in der Willensbildung (Mismanagement, Unterlassen der Konsultierung
dre verantwortlichen Personen) korrigiert werden.[120]

– Erging eine Weisung zur Verlängerung, so haben die vom Markeninhaber 85
eingeschalteten Vertreter (einschließlich des auswärtigen Korrespondenz-
anwalts) alle sachdienlichen Handlungen vorzunehmen, um diese umzusetzen. Sie haben die vom Amt erlassenen Mitteilungen selbst zu prüfen
und die entsprechenden Fristen zu überwachen.[121] Die bloße Tatsache
der Beauftragung einer ansonsten zuverlässigen Kanzlei entschuldigt den
Inhaber nicht.[122] Vielmehr ist nachzuweisen, dass der Vertreter sorgfältig
gehandelt hat.

– An der Kausalität fehlt es, wenn der Vertreter genügend Zeit hatte, die 86
Mandantenweisung fristwahrend umzusetzen, weil noch Monate zur –
ggf zuschlagspflichtigen – Antragstellung verbleiben.[123]

– Zumindest fehlt es an der Sorgfalt, wenn eine gegebene Mandantenwei- 87
sung monatelang nicht umgesetzt wurde.[124]

– An der Kausalität fehlt es, wenn der Vertreter die Frist falsch notiert hat, 88
aber keine Mandantenweisung einging bzw nicht dargetan wurde, dass
bei richtiger Fristnotierung eine Weisung zur Verlängerung erfolgt wäre.[125]

– Die Umsetzung der Mandantenweisung obliegt dem Vertreter, auch wenn 89
er Dritte einschaltet. Der Vertreter hat sich davon zu überzeugen, dass
der Verlängerungsantrag beim HABM eingeht und die Verlängerung vorgenommen wird. Zwar wird der Vertreter von der vorgenommenen Verlängerung nicht sofort informiert, sondern erst nach Ablauf der Schutzfrist (siehe unter Art 47 Rdn 30). Es verbleiben dann aber immer noch
die 6 Monate der Nachfrist nach Art 47 (3) Satz 2, um den Antrag nachzuholen. Überzeugen muss sich der Vertreter zumindest davon, dass der
Antrag ordnungsgemäß beim HABM eingegangen ist, auch wenn es un-

---

120  HABM-BK R 1397/2010-1 vom 31.3.2011 (Nr 18f) *CAPTAIN.*
121  HABM-BK R 1596/2010-4 vom 15.4.2011 (Nr 14f) *BRAINLAB.*
122  EuG T-314/10 vom 28.6.2012 (Nr 34f) *Cook's.*
123  HABM-BK R 964/2008-2 vom 23.10.2008 (Nr 18) *RYZEX.*
124  EuG T-314/10 vom 28.6.2012 (Nr 34) *Cook's*; HABM-BK R 1187/2010-2
vom 8.3.2011 (Nr 24, 26) *VR.*
125  HABM-BK R 1596/2010-4 vom 15.4.2011 (Nr 14, 17) *BRAINLAB.*

erheblich ist, wann das HABM ihn bearbeitet. Der Vertreter darf auf keinen Fall es bei der Antragstellung bewenden lassen; der Vollzug der Verlängerung bildet den Kern dessen, was der Vertreter überwachen muss. Auch wird regelmäßig der Vertreter die gezahlte Verlängerungsgebühr mit dem Mandanten abrechnen (zB bei Zahlung über das laufende Konto des Vertreters). Dann ist es Teil seiner Sorgfaltspflicht, nachzuhalten, ob und wann das HABM die Gebühr abbucht,[126] da andernfalls der Vertreter um die vom Mandanten gezahlte Gebühr bereichert würde.

90  –  Vielfach wird CPA oder eine andere private Agentur für die Zahlung der Verlängerungsgebühr in Anspruch genommen. Das verändert die Verantwortlichkeiten des Vertreters und das Abstellen auf dessen Sorgfaltspflichten in keiner Weise. Es ist also unverändert auf das Verhalten des Vertreters und ob er die Verlängerung überwacht hat abzustellen, nicht auf die interne Organisation von CPA.[127] Es reicht also nicht, die Bearbeitung der Verlängerung outzusourcen und sich dann auf angebliche Computerfehler im Rahmen angeblich perfekter Verfahren des externen Dienstleisters zurückzuziehen.[128] Teilweise hat das EuG hier auf die Ordnungsmäßigkeit des Fristenüberwachungssystems von CPA abgestellt,[129] was nicht überzeugt. Vielmehr kommt es auch hier grundsätzlich darauf an, ob der Vertreter und der Inhaber der GM sich angemessen um die Umsetzung der Weisung, die Verlängerung vorzunehmen, gekümmert haben.[130] CPA kann auch nicht den Kanzleikräften des Vertreters gleichgestellt werden, so dass es nicht darum geht, ob der Vertreter die Arbeit von CPA überwacht hat.[131] Vielmehr muss der Vertreter selbst prüfen, ob nach Tätigwerden von CPA die gewünschte Verlängerung erfolgte.[132]

91  Die Verlängerungsgebühr kann zwar von jedermann gezahlt werden kann, aber der erforderliche Antrag nur vom Inhaber oder seinem Vertreter nach Art 93 gestellt werden darf, nicht von außenstehenden Organisationen wie

---

126  HABM-BK R 678/2008-4 vom 24.7.2008 (Nr 17) *NOBALUX*.

127  HABM-BK R 1214/2007-1 vom 9.1.2008 (Nr 15, 18) *AURELIA*; HABM-BK R 989/2007-4 vom 13.1.2008 (Nr 19, 22) *ELITE GLASS SEAL*; Singer/Kroher, Art 122 Rn 48.

128  HABM-BK R 2192/2010-2 vom 8.11.2011 (Nr 22) *PETPLANET.CO.UK*.

129  EuG T-136/08 vom 13.5.2009 (Nr 15, 27) *Aurelia*.

130  So nunmehr: EuG T-314/10 vom 28.6.2012 (Nr 34, 43, 48) *Cook's*.

131  HABM-BK R 989/2007-4 vom 13.1.2008 (Nr 24–26) *ELITE GLASS SEAL*.

132  HABM-BK R 964/2008-2 vom 23.10.2008 (Nr 16f) *RYZEX*.

CPA,[133] die auch keine ermächtigte Person nach Art 47 (1) 2. Alternative ist.[134] Wer nicht Partei des Verlängerungsverfahrens war, kann nicht selbst Wiedereinsetzung beantragen, zB mit dem Argument, er habe erst spät vom Ablauf der Eintragung erfahren.[135]

## 4  Wirkung der Wiedereinsetzung

Die gewährte Wiedereinsetzung hat die Wirkung, dass der Verfahrensbetei- 92 ligte wieder in den vorigen Stand eingesetzt wird (engl: »re-established in his rights«; franz: »rétabli dans ses droits«). Diese Wirkung besteht darin, dass
– die versäumte Frist als gewahrt gilt,
– der infolge des Fristablaufs eingetretene Rechtsverlust automatisch und rückwirkend wieder hinfällig wird, und
– Entscheidungen des HABM oder gemäß Art 65, die auf dem Rechtsverlust basieren, hinfällig werden.[136]

Solche Entscheidungen müssen somit nicht mit der Beschwerde angegriffen 93 werden, um aus der Welt geschafft zu werden;[137] sie können aber zur Klarstellung aufgehoben werden.[138]

Bei der Wirkung, dass die versäumte Frist als gewahrt gilt, handelt es sich 94 um eine Fiktion; es wird also nicht etwa die versäumte Frist verlängert oder neu in Gang gesetzt.

## 5  Verhältnis zu anderen Rechtsbehelfen

Rechtsbehelfe, die dazu führen, dass schon keine Fristversäumnis vorlag, ge- 95 hen der Wiedereinsetzung vor.

So führt die Einhaltung der Zehn-Tage-Sicherheitsfrist nach Art 8 (3), (4) 96 GebV dazu, dass die Zahlungsfrist als gewahrt gilt.

So führt die Anwendung von R 72 dazu, dass Fristen erst am nächsten Werk- 97 tag oder am Tage nach Beendigung der Störung der Postzustellung ablaufen.

---

133  HABM-BK R 989/2007-4 vom 13.1.2008 (Nr 16f) *ELITE GLASS SEAL*.
134  HABM-BK R 989/2007-4 vom 13.1.2008 (Nr 18) *ELITE GLASS SEAL*.
135  EuG T-410/07 vom 12.5.2009, Slg 2009 II-1345 (Nr 15, 27) *Jurado*.
136  RiLi Teil A, 6.1.5, ABl-HABM 2004, 770; siehe auch Schulte, PatG, § 123 Rn 9.
137  Siehe Zöller/Greger, ZPO, § 238 Rn 3.
138  Feiber, Münchner Kommentar zur ZPO, § 238 Rn 13.

**98**   Nach R 73 kann das Verfahren unterbrochen sein; die Unterbrechung tritt automatisch, im Falle von R 73 (1) (a) Satz 2 nur auf Antrag des Vertreters ein.

**99**   Stellt sich heraus, dass gar kein Fall der Fristversäumnis vorlag (etwa weil das angeblich fehlende Schriftstück später aufgefunden wird oder sein rechtzeitiger Zugang festgestellt werden konnte, siehe unten, Rdn 110–115), so bedarf es keines Wiedereinsetzungsantrags. Wurde der Wiedereinsetzungsantrag im Laufe eines anhängigen Verfahrens gestellt in der Befürchtung (sei sie vom Amt selbst veranlasst oder nicht), eine bestimmte Verfahrenshandlung sei verspätet gewesen, und stellt sich heraus, dass in Wirklichkeit keine Fristversäumnis vorlag, oder war der Schriftsatz verspätet, wurde aber noch nach Art 76 berücksichtigt, so kann durch Zwischenentscheidung festgestellt werden, dass der Wiedereinsetzungsantrag mangels Rechtsnachteils gegenstandslos ist.[139] Ist schon eine Entscheidung auf der Grundlage der angeblichen Fristversäumnis ergangen, so sollte im Interesse der Rechtssicherheit auf Wiedereinsetzungsantrag hin diese Entscheidung zur Klarstellung aufgehoben werden.

**100**   Möglich ist, gegen eine Entscheidung des Amtes, die auf einer Fristversäumnis beruht, sowohl Wiedereinsetzung zu beantragen als auch Beschwerde gegen die Entscheidung einzulegen. Die Handlung, die nicht fristgerecht vorgenommen worden war, ist dann nachzuholen, was sowohl den Wiedereinsetzungsantrag nach Art 81 (2) Satz 2 als auch die Beschwerde begründet macht. Wird erstinstanzlich Wiedereinsetzung gewährt, so ist die HABM-BK daran gebunden,[140] und die Beschwerde wird hinfällig (siehe unten, Rdn 140). Andernfalls entscheidet die HABM-BK inzidenter über die Wiedereinsetzung im Rahmen der Beschwerde, dh darüber, ob die Ablehnung der Wiedereinsetzung durch die erste Instanz rechtmäßig war.[141] Zur Möglichkeit der Abhilfe in diesen Fällen siehe unter Art 61 Rdn 30–35.

**101**   In den Fällen, in denen das HABM nach R 54 einen Rechtsverlust feststellt, kann sowohl ein Antrag nach R 54 (2) als auch ein Wiedereinsetzungsantrag gestellt werden. Nach Singer/Kroher[142] wird, falls das Amt dem Antrag nach

---

139   HABM-BK R 651/2003-4 vom 22.11.2004 (Zwischenentscheidung), (Nr 12) *HARMONY/HARMONET.*
140   Siehe Ströbele/Kober-Dehm, MarkenG, § 91 Rn 36.
141   HABM-BK R 395/2002-4 vom 16.7.2004 (Nr 17) *SIDEX/SYBEX.*
142   Singer/Kroher Art 122 Rn 111.

R 54 (2) stattgibt, der Wiedereinsetzungsantrag hinfällig. Andernfalls schließt sich ggf ein Beschwerdeverfahren an.

Die Beschwerdefrist wird nicht durch einen beantragten oder in Aussicht gestellten Widerruf nach Art 80 berührt. Es muss also stets Beschwerde eingelegt werden, auch solange ein Widerruf in der Diskussion ist (zum Verhältnis der Beschwerde zu einem erfolgten Widerruf siehe unter Art 80 Rdn 21). Wird die Beschwerdefrist in der Erwartung eines Widerrufs versäumt, so liegt kein Hinderungsrund und damit auch kein Wiedereinsetzungsgrund vor.[143]    102

### 6 Wiedereinsetzungsverfahren

Die Wiedereinsetzung wird nur auf Antrag gewährt.    103

#### 6.1 Antragsberechtigung

Antragsberechtigt ist derjenige Verfahrensbeteiligte, der die Frist versäumt hat. Dies muss nicht notwendigerweise die Person sein, auf deren Verhinderung bei der Prüfung des Wiedereinsetzungsantrags abzustellen ist; so ist im Fall der Rechtsnachfolge der nunmehr formell Legitimierte antragsberechtigt.[144] Wer nicht Beteiligter des Ausgangsverfahrens war, ist auch nicht befugt, Wiedereinsetzung zu beantragen.[145] Bei der Beurteilung des Wiedereinsetzungsantrags ist auf das Verhalten des Antragstellers, seines Vertreters, deren Hilfspersonen oder ggf seiner Rechtsvorgänger abzustellen.    104

#### 6.2 Gebühr

Der Antrag gilt nur und erst als gestellt, wenn die Gebühr von 200 Euro gemäß Art 2 Nr 19 GebO gezahlt ist. Weil der Antrag innerhalb der Fristen des Abs 2 (2-Monats-Frist nach Satz 1 oder Jahresfrist nach Satz 3, siehe Rdn 119) zu stellen ist, muss auch die Gebühr innerhalb dieser Fristen gezahlt werden. Allerdings erfordert die Feststellung, dass die Fristen nicht eingehalten wurden, die Prüfung, wann für den Antragsteller das Hindernis wegfiel (siehe Rdn 124), also uU doch eine gewisse inhaltliche Prüfung des mit dem Antrag vorgetragenen Lebenssachverhalts.    105

---

143 HABM-BK R 2497/2010-2 vom 11.5.2011 (Nr 28) *GRUPOTEL VALPARAISO/VALE PARAISO*.
144 So nunmehr auch Ingerl/Rohnke, § 91 Rn 27.
145 EuG T-410/07 vom 12.5.2009, Slg 2009 II-1345 (Nr 24) *Jurado*.

**106**  Wird der Antrag innerhalb der Fristen gestellt, aber die Gebühr nicht gezahlt, so gilt mit Ablauf der Fristen der Antrag als nicht gestellt.[146] Die Gebühr muss der Antragsteller von sich aus zahlen, auch ohne entsprechende Hinweise des Amtes; auf solche zu vertrauen, würde auch nur weitere Sorgfaltsmängel (Rechtsirrtümer) offenbaren.[147]

**107**  Ein erst nach Ablauf der Fristen gestellter Wiedereinsetzungsantrag gilt als nicht gestellt, wenn die Gebühr ebenfalls erst nach Ablauf der Frist eingeht. Dies ist stets der Fall, wenn der Antragsteller ein laufendes Konto hat, da dann die Gebühr mit der Stellung des Antrags als gezahlt gilt, Art 6, 7 des Beschlusses Nr EX-96-1 über laufende Konten idF des Beschlusses Nr EX-96-7.[148] Erst recht gilt der Antrag als nicht gestellt, wenn er nach Ablauf der Fristen gestellt wird und die Gebühr nicht gezahlt wird.[149]

**108**  Die Gebühr ist für den Antrag zu zahlen und mit dessen Stellung verfallen; sie wird weder bei Zurücknahme des Wiedereinsetzungsantrags noch im Falle der Gewährung der Wiedereinsetzung erstattet.[150]

**109**  Die Wiedereinsetzungsgebühr ist aber zu erstatten, wenn die Gebühr verspätet gezahlt wurde und deshalb der Antrag als nicht gestellt gilt.[151] Sie ist auch zu erstatten, wenn sich herausstellt, dass eine Fristversäumnis tatsächlich gar nicht vorlag,[152] etwa wenn das angeblich versäumte Schriftstück später aufgefunden wird.

### 6.3 Sprache

**110**  Für die Sprache des Wiedereinsetzungsantrags ist auf das Verfahren abzustellen, in dem die Frist versäumt wurde. Die Sprache dieses Verfahrens wird zur Sprache des »Nebenverfahrens« Wiedereinsetzung.

---

146  HABM-BK R 2205/2011-4 vom 16.4.2012 (Nr 8) *SECUSAFE/SECU.*
147  HABM-BK R 855/2011-4 vom 25.8.2011 (Nr 6, 16) *WOLF/WOLF.*
148  ABl-EG 1996, 48 und 1996, 1454.
149  HABM-BK R 428/1999-2 vom 26.7.2000 (Nr 12) *INTELLIGENTE SCHALT-TECHNIK.*
150  So auch Pfleghar/Schramek, MarkenR 2007, 288, 289.
151  HABM-BK R 074/2006-1 vom 2.6.2006 (Nr 38, 42) *NEURIM PHARMA-CEUTICALS/EURIM-PHARM.*
152  HABM-BK R 651/2003-4 vom 22.11.2004 (Zwischenentscheidung) (Nr 12) *HARMONY/HARMONET.*

Für den Wiedereinsetzungsantrag in eine im Eintragungsverfahren versäum- 111
te Frist stehen nach R 95 (a) sowohl die erste als auch die zweite Sprache der
Anmeldung zur Verfügung (siehe unter Art 119 Rdn 62), R 96 (1) gilt
nicht.[153] Das Amt kann gemäß Art 119 (4) Satz 2 mit Zustimmung des Antragstellers die zweite Sprache verwenden, wenn die erste Sprache nicht eine
der fünf Sprachen des HABM ist.[154]

Im Widerspruchsverfahren ist der Wiedereinsetzungsantrag in der Verfah- 112
renssprache des Widerspruchsverfahrens einzureichen (siehe unter Art 119
Rdn 60). Dies kann die erste oder zweite Sprache der Anmeldung (Art 119
(3), (6)) oder jede andere der 22 Sprachen der Gemeinschaft (Art 119 (7))
sein. In jedem Fall steht nur eine Sprache zur Verfügung.

Entsprechendes gilt für das Verfalls- und Nichtigkeitsverfahren, Art 119 (2), 113
(7).

In ex-parte-Verfahren, die eine eingetragene GM betreffen (zB Versäumung 114
der Frist zur Zahlung der Verlängerungsgebühr, Versäumung von Fristen im
Verfahren zur Eintragung von Rechtsübergängen oder Lizenzen), kann der
Antrag in jeder Sprache des Amtes (Deutsch, Englisch, Französisch, Italienisch, Spanisch) gestellt werden (Art 119 (2), R 95 (b); siehe unter Art 119
Rdn 63). Dies ist unabhängig von der Sprache, die in dem Verfahren verwendet wurde, in dem die Fristversäumnis eingetreten ist.[155]

Für ergänzende Unterlagen gilt R 96. 115

### 6.4 Zuständigkeit

Zuständig für die Entscheidung über den Wiedereinsetzungsantrag ist dieje- 116
nige Stelle, die über die versäumte Handlung zu entscheiden hat (Art 81
(4)), dh die Stelle, die für das Verfahren zuständig ist, in dem die Frist versäumt wurde.

Für Fristen im Eintragungsverfahren ist dies der Prüfer (Art 131), für Fristen 117
im Widerspruchsverfahren die Widerspruchsabteilung und für die Beschwer-

---

153 R 2175/2010-2 vom 7.6.2011 (Nr 16f) *CONNECTED CAR*.
154 AA von Mühlendahl/Ohlgart, S 105: nur die Sprache, in der der Wiedereinset-
    zungsantrag gestellt ist; diese werde dann Sprache des Wiedereinsetzungsverfah-
    rens.
155 Wie hier von Mühlendahl/Ohlgart, S 105.

defrist die BK. Im Verhältnis zwischen Wiedereinsetzung und Beschwerde bedeutet dies: Wird Beschwerde eingelegt und zugleich Wiedereinsetzung beantragt mit der Begründung, eine Frist vor der Widerspruchsabteilung sei versäumt worden, so entscheidet die Widerspruchsabteilung,[156] der ggf die Akte von der Geschäftsstelle der Beschwerdekammer zurückgeleitet wird. Wird Beschwerde eingelegt und zugleich Wiedereinsetzung beantragt mit der Begründung, die Beschwerdefrist sei versäumt worden, so entscheidet die Beschwerdekammer, und eine gleichwohl getroffene Wiedereinsetzungsentscheidung der Widerspruchsabteilung ist nichtig.[157] Wurde eine Frist im Widerspruchsverfahren versäumt, deshalb der Widerspruch zurückgewiesen und wird Wiedereinsetzung beantragt, ohne dass Beschwerde eingelegt wird, so ist die Widerspruchsentscheidung zuständig; wohl kann gegen deren ablehnende Entscheidung Beschwerde eingelegt werden.

118   Der Anfall des Verfahrens bei der HABM-BK ändert als solcher an der Zuständigkeit nichts; wegen der klaren Regelung in Art 81 (4) besteht kein Vorrang der zweiten Instanz. Wird Wiedereinsetzung in die Frist zur Zahlung der Verlängerungsgebühr (Art 47 (3)) beantragt, so entscheidet hierüber die für die Verlängerung zuständige Marken- und Musterverwaltungs- und Rechtsabteilung (siehe unter Art 133 Rdn 13, 14), und zwar auch dann, wenn gleichzeitig ein Beschwerdeverfahren vor der HABM-BK anhängig ist, etwa über einen Antrag auf Erklärung des Verfalls. Gleiches muss auch gelten, wenn ein Verfahren vor dem EuG anhängig ist. Die Wiedereinsetzungsentscheidung ist insoweit sogar für die höhere Instanz bindend.[158] Zur Zuständigkeit in Fällen, in denen Abhilfe gewährt werden könnte, siehe unter Art 61 Rdn 31–33.

### 6.5 Frist

119   Der Wiedereinsetzungsantrag ist nach Art 81 (2) innerhalb einer Frist von zwei Monaten nach Wegfall des Hindernisses zu stellen. Innerhalb der gleichen Frist ist die versäumte Handlung nachzuholen.[159] Nach Art 81 (2) Satz 3 ist der Antrag nur innerhalb eines Jahres nach Ablauf der versäumten

---

156  HABM-BK R 395/2002-4 vom 16.7.2004 (Nr 11) *SIDEX/SYBEX*; HABM-BK R 2394/2010 vom 16.2.2012 (Nr 10) *Bildmarke/H&R*.

157  HABM-BK R 164/2001-4 vom 26.5.2004 *W/W*.

158  Eingehend Hövelmann, Mitt. 1997, 237.

159  HABM-BK R 428/1999-2 vom 26.7.2000 (Nr 12) *INTELLIGENTE SCHALT-TECHNIK*.

Frist zulässig. In alle diese Fristen ist nach Art 81 (5) die Wiedereinsetzung ihrerseits ausgeschlossen.

Die Jahresfrist nach Art 81 (2) Satz 3 ist eine Ausschlussfrist.[160] Billigkeits- **120**
erwägungen kommen nicht zum Tragen.[161]

Die Bedeutung der Jahresfrist nach Art 81 (2) Satz 3 zeigt sich dann, wenn **121**
das Hindernis für die Fristwahrung erst spät wegfällt, da die Jahresfrist bereits mit dem Ablauf der versäumten Frist beginnt. Im Ergebnis verkürzt die Frist nach Art 81 (2) Satz 3 die Frist zur Stellung des Wiedereinsetzungsantrags somit dann, wenn das Hindernis erst mehr als zehn Monate nach Ablauf der versäumten Frist wegfällt.[162] Für den Fall der Versäumung der Frist zur Stellung des Verlängerungsantrags oder zur Zahlung der Verlängerungsgebühr (Art 47 (3)) wird nach Art 81 (2) Satz 4 die Nachfrist von sechs Monaten in die Jahresfrist des Art 81 (2) Satz 3 eingerechnet. Dies bedeutet dass die Jahresfrist ein Jahr nach Ablauf der Grundfrist abläuft, nicht ein Jahr nach Ablauf der Nachfrist.

Der Wegfall des Hindernisses, der die Frist nach Art 81 (2) Satz 1 in Gang **122**
setzt, tritt zu dem Zeitpunkt ein, zu dem der Antragsteller nicht mehr an der Vornahme der Handlung gehindert war;[163] dieser wird regelmäßig nach Fristablauf, kann jedoch auch schon vor Fristablauf liegen.[164] Bei mehreren hindernden Umständen beginnt die Frist erst, wenn der letzte dieser Umstände wegfällt.[165]

Maßgeblich ist der tatsächliche Wegfall, nicht ein fiktives Datum wie das der **123**
Zustellung einer Mitteilung an den Antragsteller.[166] Spätestens die positive Kenntnis des Antragstellers oder, wenn er vertreten ist, seines Vertreters scha-

---

160  HABM-BK R 026/2001-1 vom 26.9.2002 (Nr 25) *PAN&CO/PAN*; bestätigt durch EuG T-380/02 vom 19.4.2005, ABl-HABM 2005, 1008 *Pan & Co.*
161  Schulte, PatG, § 123 Rn 32; aA HABM-BK R 214/1998-2 vom 22.7.1999 *AREPA.*
162  Siehe EuG T-020/08 vom 23.9.2009 (Nr 21) *Danelectro.*
163  Singer/Kroher, Art 122 Rn 76.
164  Wieczorek, ZPO, § 234 Anm B II b; Stein/Jonas/Roth, ZPO, § 234 Rn 3; HABM-BK R 354/2002-1 vom 7.10.2002 (Nr 36, 46) *LET'S TOAST.*
165  Stein/Jonas/Roth, ZPO, § 234 Rn 5.
166  JurBK EPA J 15/84 vom 4.6.1985; Singer/Kroher, Art 122 Rn 77; Schulte, PatG, § 123 Rn 29.

det.[167] Dies wird spätestens der Zeitpunkt sein, zu dem er erstmals vom HABM auf den Fehler oder die Fristversäumnis hingewiesen wird[168] und nicht erst mit der Entscheidung des HABM, die daraus die rechtlichen Konsequenzen zieht.[169] Bei Verschulden von Hilfspersonen wird dies der Zeitpunkt sein, zu dem der Vertreter oder der mit der Bearbeitung betraute Angestellte des Anmelders der GMA den Fehler bemerkt. Der Nachweis dafür ist erbracht, wenn der Vertreter eine solche Mitteilung des Amtes bestätigt und sich daraus ergibt, dass er das Problem richtig erkannte.[170] Wird im Anmeldeformular angekreuzt, die Gebühr werde innerhalb eines Monats gezahlt, und wird die Gebühr erst danach gezahlt, so ist für den Beginn der Zweimonatsfrist nicht die Mitteilung des HABM über den Anmeldetag maßgeblich, sondern der Tag der Einreichung der Anmeldung, da der Anmelder von der Pflicht der Zahlung der Gebühr wusste oder wissen musste.[171] Bei verspätetem Eingang eines Schriftstücks oder einer Zahlung fällt das Hindernis nicht schon zum Zeitpunkt des verspäteten Zugangs weg, sondern erst mit der Unterrichtung durch das HABM über die Fristversäumnis, da erst mit diesem Zeitpunkt der Antragsteller von der Versäumung der Frist Kenntnis haben konnte;[172] dazu muss schon die telefonische Mitteilung ausreichen, vorausgesetzt, dass sie vom HABM aktenkundig gemacht worden ist. Dagegen ist das Datum der tatsächlichen Kenntnis vom Wegfall des Hindernisses dann nicht maßgebend, wenn die verspätete Kenntnis ihrerseits wiederum auf mangelnder Sorgfalt beruht: Bei Fristversäumnis wegen Urlaub oder Krankheit ist auf den Zeitpunkt der Rückkehr[173] oder der Genesung abzustellen, auch wenn der Antragsteller erst einige Zeit später die zwischenzeitlich angefallene Korrespondenz bearbeitet.

---

167   Schulte, PatG, § 123 Rn 28.

168   EuG T-020/08 vom 23.9.2009 (Nr 17) *Danelectro*; HABM-BK R 219/2002-1 vom 12.12.2003 (Nr 18) *G/G*.

169   HABM-BK R 1122/2007-1 vom 25.2.2008 (Nr 17f) *Gittergurte mit Kastennaht II*.

170   HABM-BK R 074/2006-1 vom 2.6.2006 (Nr 42) *NEURIM PHARMACEUTI-CALS/EURIM-PHARM*.

171   HABM-BK R 354/2002-1 vom 7.10.2002 (Nr 36, 46 *LET'S TOAST*.

172   Siehe Singer/Kroher, Art 122 Rn 75 zum Fall der Feststellung eines Rechtsverlusts.

173   EuG T-017/03 vom 17.9.2003, ABl-HABM 2003, 2362 (Nr 38) *Beckett Expression*.

Soweit der Antragsteller nach Art 93 vertreten ist, ist hinsichtlich der Kennt- 124
nis oder des Kennenmüssens von dem Wegfall des Hindernisses auf die
Kenntnis des Vertreters selbst abzustellen, nicht auf die des Antragstellers
selbst, weil die Kenntnis des Vertreters nach R 77 der der Partei gleich-
steht.[174] Es ist auch nicht auf die Kenntnis der Hilfskräfte des Vertreters abzustellen,[175] erkennen diese die Fristversäumnis, ohne den Vertreter zu informieren, so setzt dies die Antragsfrist noch nicht in Gang.

### 6.6 Nachzuholende Handlung

Die nachzuholende Handlung kann eine Gebührenzahlung, die Stellung ei- 125
nes Antrags, die Einlegung einer Beschwerde oder die Einreichung von Angaben oder Unterlagen sein. War eine Gebühr nur teilweise gezahlt, so besteht die Nachholung in der Nachzahlung des Fehlbetrags. Vielfach wird die
nachzuholende Handlung schon vor der Stellung des Wiedereinsetzungsantrags, nur eben verspätet, vorgenommen worden sein; sie muss dann
selbstverständlich nicht wiederholt werden.[176] Im Falle einer Gebührenzahlung muss die Gebühr am letzten Tag der Zweimonatsfrist des Art 81 (2)
Satz 2 eingehen; die Zehn-Tage-Sicherheitsfrist nach Art 8 (3), (4) GebV gilt
aber auch hierfür. In den anderen Fällen bietet es sich an, den Wiedereinsetzungsantrag mit dem versäumten Antrag, der Beschwerde oder der Eingabe
zu verbinden.

### 6.7 Begründung des Antrags

Nach Art 81 (3) Satz 1 ist der Antrag zu begründen und sind die zur Begrün- 126
dung dienenden Tatsachen glaubhaft zu machen.

Nach Sinn und Zweck der Vorschrift ist zu fordern, dass die Begründung in- 127
nerhalb der nach Art 81 (2) maßgeblichen Frist beim HABM eingeht.[177]

---

174 EuG T-020/08 vom 23.9.2009 (Nr 21ff) *Danelectro*.
175 EuG T-020/08 vom 23.9.2009 (Nr 32f) *Danelectro*; TechnBK EPA T 191/82,
ABl-EPA 1985, 189; Singer/Kroher, Art 122 Rn 79; Schulte, PatG, § 123
Rn 30.
176 Siehe JurBK EPA J 1/80, ABl-EPA 1980, 289.
177 HABM-BK R 219/2002-1 vom 12.12.2003 (Nr 20) *G/G*; aA Singer/Kroher,
Art 122 Rn 82 für den Fall, dass die Jahresfrist nach Abs 2 Satz 3 vor der Zweimonatsfrist nach Abs 2 Satz 1 abläuft.

Deshalb müssen innerhalb der Frist alle den Wiedereinsetzungsantrag stützenden Tatsachen, insbesondere die Tatsachen, die die Verhinderung an der Fristgewährung betreffen, vorgebracht werden.

128  Danach vorgebrachte Angaben und Beweismittel sind grundsätzlich verspätet iSv Art 76 (2). Trägt der fristgerechte Sachvortrag des Antragstellers den Wiedereinsetzungsantrag nicht, so besteht für das HABM für weitere Ermittlungen und Rückfragen kein Anlass. Das HABM muss weder gesondert auf offensichtliche Mängel des Antrags hinweisen[178] noch Gelegenheit zu weiterer Vervollständigung des Vortrags einräumen.

129  Die Begründung des Antrags sollte im Interesse des Antragstellers so vollständig wie möglich sein. Erforderlich sind Darlegungen
   – über die Tatsache der Fristversäumnis,
   – über die Umstände und Ursachen der Fristversäumnis,
   – über die im Rahmen der Sorgfaltspflicht erfolgten Maßnahmen und
   – zum Wegfall des Hindernisses und dessen Zeitpunkt.

130  Pauschale und floskelhafte Angaben reichen nicht. Der Sachverhalt, der die Wiedereinsetzung rechtfertigen soll, muss unter Darlegung der erforderlichen Einzelheiten möglichst genau vorgetragen werden.[179] Pauschale Hinweise auf Büroversehen[180] oder unerklärliche Vorkommnisse[181] sind nicht ausreichend. Es sind genaue Angaben zur Überwachung und Kontrolle von Hilfspersonen, zur Art und Weise der Fristenkontrolle und zur Organisation der Kanzlei zu machen.[182] Es ist genau anzugeben, welche Unterlassung die Hilfsperson begangen hat und welche Vorkehrungen der Anwalt getroffen hat, um diese zu verhindern und warum gleichwohl ein Fehler unterlaufen ist.

131  Für die zur Begründung des Wiedereinsetzungsantrags dienenden Tatsachen begnügt sich Art 81 (3) Satz 1 mit der Glaubhaftmachung (engl: Set out the

---

178  In diesem Sinne wohl EuG T-020/08 vom 23.9.2009 (Nr 51) *Danelectro*.

179  Müller, NJW 2000, 325.

180  HABM-BK R 449/2004-2 vom 18.10.2004 (Nr 16) *MOBILE ID*.

181  EuG T-271/09 vom 15.9.2011, GRUR Int 2012, 360 (Nr 59ff) *Romuald Prinz Sobieski/Jan III Sobieski*.

182  HABM-BK R 623/2004-1 vom 14.3.2005 (Nr 31) *MEDIFLOR/FLOR*; HABM-BK R 2369/2010-1 vom 26.5.2011 (Nr 21) *NOVA SWEETZ/NOVI*.

facts on which it relies). Glaubhaftmachung bedeutet einen geringeren Grad an Wahrscheinlichkeit als der Vollbeweis.[183]

Bloß glaubhaft gemachte Tatsachen haben aber noch nicht den selben Beweiswert wie voll bewiesene Tatsachen. 132

Geeignete Mittel der Glaubhaftmachung sind vor allem die in Art 78 (1) für 133 den Vollbeweis zugelassenen Beweismittel, insbesondere die eidesstattliche Versicherung (Art 78 (1) (f)). Allerdings sind auch andere Mittel zulässig, wie einfache schriftliche Erklärungen.

Dem Antragsteller kommt regelmäßig zugute, dass das HABM und das EuG 134 regelmäßig einen glaubhaft vorgetragenen Lebenssachverhalt als richtig unterstellen, ohne in eine Beweisaufnahme (beispielsweise durch Vernehmung der Bürokraft, die die eidesstattliche Versicherung abgegeben hat, als Zeugin) einzutreten, und sich mit einer rechtlichen Würdigung dieses Sachverhalts begnügen.[184]

### 6.8 Entscheidung über den Antrag; Rechtsbehelfe

War der Antrag nicht in der richtigen Form oder Sprache oder nicht inner- 135 halb der Fristen nach Art 81 (2) gestellt oder begründet worden, so ist er als unzulässig zurückzuweisen. Andernfalls erfolgt eine Abweisung als unbegründet. Gegen die Entscheidung, den Wiedereinsetzungsantrag zurückzuweisen, steht dem Antragsteller die Beschwerde nach folgenden Maßgaben zu:

Wird nur isoliert der Wiedereinsetzungsantrag zurückgewiesen, so kann Be- 136 schwerde nur erhoben werden, wenn entweder die gesonderte Beschwerde ausdrücklich zugelassen worden ist (Art 58 (2)) oder in dem Verfahren, in dem die Fristversäumnis eingetreten war, die abschließende Entscheidung bereits ergangen war. Es ist aber verfahrensfehlerhaft, zuerst den Wiedereinsetzungsantrag zurückzuweisen und sodann innerhalb der Beschwerdefrist dagegen die, auf der Fristversäumnis beruhende, Entscheidung in der Sache zu treffen, weil dies die Partei zu zwei Beschwerden zwingt.[185]

---

183 HABM-BK R 678/2008-4 vom 24.7.2008 (Nr 22) *NOBALUX*; siehe auch Singer/Kroher, Art 122 Rn 91; BPatG GRUR 1987, 359; BGHZ 93, 306; Zöller/Greger, ZPO, § 294 Rn 1, 6.
184 So in den Fällen EuG T-146/00 vom 10.7.2002, MarkenR 2001, 316 *Dakota*; HABM-BK R 720/2002-3 vom 19.2.2003 (Nr 15) *KBB*.
185 R 2175/2010-2 vom 7.6.2011 (Nr 34) *CONNECTED CAR*.

137  Wird, was vorzuziehen ist, die Entscheidung über den Wiedereinsetzungsantrag mit der Entscheidung in der Sache verbunden, so ist die Wiedereinsetzungsentscheidung nicht isoliert anfechtbar; anfechtbar ist nur die das
Verfahren abschließende Entscheidung als solche mit der Begründung, dass
die Wiedereinsetzung hätte gewährt werden sollen.

138  Wird dem Anmelder ein späterer als der ursprüngliche Anmeldetag zuerkannt, so kann hiergegen isoliert Wiedereinsetzung in die Monatsfrist zur
Zahlung der Anmeldegebühr beantragt werden;[186] wird die zugrundeliegende Mitteilung über den verspäteten Anmeldetag nicht ebenfalls angegriffen –
hierzu könnte der Wiedereinsetzungsantrag hilfsweise gestellt werden –, so
ist die Prüfung auf die Voraussetzung der Wiedereinsetzung beschränkt, und
es können Fragen der Gebührenzahlung nur insoweit wieder aufgegriffen
werden, als es um die Frage geht, ob überhaupt eine Fristversäumnis vorlag.
Dagegen hat das EuG[187] anschließend doch die Rechtmäßigkeit der Mitteilung nach R 9 über die fehlende Zahlung der Anmeldegebühr geprüft; dafür
bestand kein Anlass.

139  Das Wiedereinsetzungsverfahren ist stets ein ex-parte-Verfahren, an dem nur
der Antragsteller beteiligt ist. Auch wenn die Fristversäumnis in einem zweiseitigen Verfahren (Widerspruchsverfahren, Löschungsverfahren) erfolgt ist,
ist der andere Beteiligte am Wiedereinsetzungsverfahren nicht beteiligt. Zur
Wahrung seiner Rechte ist er auf das Drittwiderspruchsverfahren nach
Art 81 (7) beschränkt. Wird die Wiedereinsetzung abgelehnt, so bedarf es
seiner Beteiligung ohnehin nicht, die ursprüngliche Entscheidung wurde mit
Ablauf der Rechtsmittelfrist bereits rechtskräftig. Verfehlt ist es, gegen die
die Wiedereinsetzung gewährende Entscheidung die gesonderte Beschwerde
der anderer Partei des Widerspruchsverfahrens zuzulassen,[188] zumal dann
meist noch gar nicht feststeht, ob es für die Endentscheidung auf die versäumte Frist bzw verspätete Nachweise ankommt (zB im Fall der Versäumung der Frist nach R 19 (1) zur Vervollständigung des Widerspruchs).

140  Die Gewährung der Wiedereinsetzung ist somit unanfechtbar. Sie bindet die
entscheidende Stelle sowie etwaige weitere Instanzen,[189] vorausgesetzt, sie

---

186  HABM-BK R 198/1998-1 vom 28.3.2000 *DAKOTA*.

187  EuG T-146/00 vom 20.6.2001 MarkenR 2001, 316 *Dakota*.

188  So aber HABM-BK R 2138/2010-1 vom 4.5.2011 (Nr 13) *YELLOWLINE/*
*YELLO*.

189  Schulte, PatG, § 123 Rn 10–14 (mit Differenzierungen).

wurde von der zuständigen Stelle gewährt.[190] Ein Widerspruchsverfahren ist nach gewährter Wiedereinsetzung in der Weise wieder zu eröffnen, dass der andere Beteiligte die dann ergehende verfahrensabschließende Sachentscheidung normal anfechten kann und (nur) in diesem Rahmen auch rügen kann, die Wiedereinsetzung sei zu Unrecht gewährt worden.[191] Die von der 1. Instanz gewährte Wiedereinsetzung bindet die HABM-BK (siehe auch oben unter Rdn 117).[192] Die Bindung besteht in der Feststellung, dass die fragliche Frist als gewahrt gilt.

## 7 Drittwiderspruch

Nach Art 81 (7) können Dritte gegen die Entscheidung, einem Anmelder **141** oder Inhaber einer GM Wiedereinsetzung zu gewähren, Drittwiderspruch einlegen, wenn sie in der Zeit zwischen dem Eintritt des Rechtsverlusts an der GMA oder der GM und der Bekanntmachung des Hinweises auf die Wiedereinsetzung unter einem mit der GM identischen oder ähnlichen Zeichen gutgläubig Waren in den Verkehr gebracht oder Dienstleistungen erbracht haben.

Dritter kann sein: **142**
– der Beteiligte des zugrundeliegenden Widerspruchs oder Löschungsverfahrens, der ja am Wiedereinsetzungsverfahren nicht beteiligt war,
– jeder andere Dritte, der gutgläubig den Tatbestand des Art 81 (6) erfüllt hat.

Der Drittwiderspruch ist innerhalb einer Frist von zwei Monaten zu erheben. **143**

Art 81 (7) lässt diese Frist mit der Bekanntmachung des Hinweises auf die **144** Wiedereinsetzung beginnen. R 84 erwähnt eine solche Bekanntmachung nicht; sie könnte sich jedenfalls auf R 84 (4) stützen. Die Stellung eines Wiedereinsetzungsantrags wird nicht bekannt gemacht.

Die Bekanntmachung der gewährten Wiedereinsetzung ist nur sinnvoll, **145** wenn sie eine bereits veröffentlichte GMA oder eingetragene GM betrifft und zu einer Veröffentlichung oder Registereintragung geführt hat, die ein

---

190 Singer/Kroher, Art 122 Rn 130.
191 Siehe HABM-BK R 930/2011-4 vom 25.1.2012 (Nr 11) *TORQUE VERTRI-DE.*
192 Ebenso Hövelmann, Mitt 1997, 242 f.

Erlöschen der GMA oder der GM zur Folge hat. Nur dann kann nämlich ein Dritter ein Vertrauen in das Erlöschen der GMA oder GM gesetzt haben, das ihn dazu veranlasst haben kann, im Vertrauen auf die Schutzfreiheit den Gegenstand der GM zu benutzen. Das HABM veröffentlicht daher nur in diesen Fällen einen den Hinweis auf die gewährte Wiedereinsetzung.[193] Beispielsweise hat eine Bekanntmachung der Wiedereinsetzung zu erfolgen, wenn nach R 84 (3) (1) ein Vermerk über den Ablauf der Eintragung im Blatt für Gemeinschaftsmarken veröffentlicht worden war. Bei einer Wiedereinsetzung im Rahmen eines noch anhängigen Widerspruchsverfahrens kann ein Vertrauen des Widersprechenden oder eines Dritten in den Wegfall des Schutzes nicht entstehen, solange das Widerspruchsverfahren selbst noch gar nicht abgeschlossen ist.

146   In den Fällen, in denen die Bekanntmachung der Wiedereinsetzung nicht erfolgt, hat die Frist für die Erhebung des Drittwiderspruchs bereits mit dem Wirksamwerden der der Wiedereinsetzung stattgebenden Entscheidung, dh mit deren Zustellung an den Antragsteller der Wiedereinsetzung, zu beginnen.

147   Das Verfahren für den Drittwiderspruch ist in Art 81 (7) nicht geregelt. Es handelt sich jedenfalls um ein echtes zweiseitiges Verfahren, an dem der Dritte und der von Wiedereinsetzung Begünstigte beteiligt sind. Es handelt sich um ein kontradiktorisches Verfahren, das gewisse Züge des Widerspruchsverfahrens aufweisen dürfte.

148   Zuständig ist in erweiternder Anwendung von Art 81 (4) die Stelle, die bereits über den Wiedereinsetzungsantrag entschieden hatte.[194] Von Mühlendahl[195] befürwortet eine Zuständigkeit der Markenverwaltungs- und Rechtsabteilung wegen Art 133 (1).

149   Gegenstand des Drittwiderspruchsverfahrens ist die Beseitigung der die Wiedereinsetzung gewährenden Entscheidung. Interesse des Dritten wird es sein, das Zwischenbenutzungsrecht des Art 81 (6) zum Weiterbenutzungsrecht werden zu lassen, dh die Benutzung fortsetzen zu können. Prüfungsmaßstab

---

193  RiLi Teil A Abschnitt 6, 6.3.6, ABl-HABM 2004, 774; von Mühlendahl/Ohlgart, S 96.

194  RiLi Teil A Abschnitt 6, 6.4, ABl-HABM 2004, 774.

195  Von Mühlendahl/Ohlgart, S 96.

hat zu sein, ob die Wiedereinsetzung hätte gewährt werden können. Insoweit steht die Wiedereinsetzungsentscheidung voll zur Nachprüfung an.

Die Entscheidung über den Drittwiderspruch kann von dem unterliegenden **150** Beteiligten mit der Beschwerde angefochten werden. Dies kann dazu führen, dass die Wirkungen der GM zunächst wegen Fristversäumnis erlöschen, durch die Gewährung der Wiedereinsetzung wieder hergestellt werden, auf Drittwiderspruch wieder zeitweilig erlöschen und sodann auf Beschwerde des Inhabers der GM von der HABM-BK wieder hergestellt werden, wobei diese zweite Erlöschensperiode wiederum Drittwidersprüche nach Art 81 (7) eröffnet. Dass dies weder zu einem geordneten Verfahrensablauf führt noch zur Rechtssicherheit beiträgt, liegt auf der Hand.

Rechtspolitisch wäre zu fordern, dieses monströse Verfahren nach Art 81 (7) **151** abzuschaffen und stattdessen das Recht nach Art 81 (6) zu einem unentgeltlichen Weiterbenutzungsrecht auch über die Zeit nach der Wiederherstellung der GM hinaus auszugestalten, nach dem Vorbild von Art 122 (5) EPÜ und § 123 (5) DE-PatG.

## 8  Zwischenbenutzungsrecht gutgläubiger Dritter

Art 81 (6) schützt gutgläubige Dritte, die in der Zeit zwischen dem Erlö- **152** schen der GMA oder der GM und der Bekanntmachung über die erfolgte Wiedereinsetzung oder der Entscheidung, die Wiedereinsetzung zu gewähren, unter einem mit der GM identischen oder ihr ähnlichen Zeichen Waren in den Verkehr gebracht oder Dienstleistungen erbracht haben. Zweck der Vorschrift ist der Schutz eines redlich erworbenen Besitzstands Dritter.[196]

Der Schutz besteht nur während dieses Zwischenreitraums; eine Weiterbe- **153** nutzung des Zeichens für die Zeit nach Wiedereintritt der Wirkungen der GM wird nicht gewährt.[197] Allerdings sollte für den Vertrieb von mit der Marke gekennzeichneten Waren eine Aufbrauchsfrist in Betracht gezogen werden.[198] Die nach der Vorschrift rechtmäßig in den Verkehr gebrachten

---

196  Vgl BGH GRUR 1952, 566 *Wäschepresse.*
197  Von Mühlendahl/Ohlgart, S 96; Fezer, MarkenG, § 91 Rn 13 zur entsprechenden Vorschrift des § 91 (8) DE-MarkenG.
198  Zu dieser Möglichkeit allgemein Ingerl/Rohnke, vor § 14 Rn 384; Gloy/Loschelder, Handbuch des Wettbewerbsrechts, 3. Aufl, S 1698 ff.

Waren bleiben auch für die Zeit nach Wiederinkrafttreten der GM »marken-frei«.

154   Voraussetzung ist, dass der Dritte gutgläubig war. Der gute Glaube muss sich auf das Erlöschen der GMA oder GM beziehen. Am guten Glauben fehlt es, wenn der Benutzer mit der Wiederherstellung der Rechte gerechnet hat oder rechnen musste.[199] Dies wird dann der Fall sein, wenn der Dritte an dem zugrundeliegenden ex-parte-Verfahren beteiligt war und die Tatsache der Beantragung der Wiedereinsetzung kannte. Am guten Glauben fehlt es ebenfalls, wenn mit der Benutzung bereits vor dem Erlöschen der GM begonnen worden war.[200] Dagegen wird positive Kenntnis des Erlöschens der GMA oder GM nicht gefordert.[201] Wie der BGH[202] betont, wäre eine solche Kenntnis auch nicht für den guten Glauben kausal, da der Dritte bei Einsicht in die amtlichen Veröffentlichungen nur erfahren würde, dass das Schutzrecht nicht besteht.

155   Inhaltlich erstreckt sich das Zwischenbenutzungsrecht auf alle Handlungen, die andernfalls nach Art 9–13 eine Verletzung darstellen würden. Der Begriff »identisches oder ähnliches Zeichen« ist somit nach Art 9 und 8 zu beurteilen und bedarf hier keiner anderen Auslegung; auf die Identität oder Ähnlichkeit der Waren muss daher im Wortlaut von Art 81 (6) nicht besonders abgestellt werden.

156   Die Benutzungshandlung muss innerhalb des unter Rdn 152 erläuterten Zwischenzeitraums verwirklicht worden sein; bloße Vorbereitungshandlungen reichen nicht aus. Die Benutzungshandlung muss ferner in der Gemeinschaft verwirklicht worden sein. Benutzungshandlungen in Drittstaaten sind nicht relevant.

157   Wegen der einheitlichen Wirkung der GM (Art 1 (2)) besteht das Zwischenbenutzungsrecht in der gesamten Gemeinschaft; eine Beschränkung auf den Mitgliedstaat, in dem das Inverkehrbringen der Waren erfolgt ist, besteht nicht.

---

199   Ströbele/Kober-Dehm, MarkenG, § 91 Rn 37; Benkard/Schäfers, PatG, § 123 Rn 77.
200   BGH GRUR 1993, 462 *Wandabstreifer.*
201   Ströbele/Kober-Dehm, MarkenG, § 91 Rn 37; BGH GRUR 1952, 566 *Wäsche-presse*; Benkard/Schäfers, PatG, § 123 Rn 77.
202   BGH GRUR 1952, 566 *Wäschepresse.*

**9 Nationale Wiedereinsetzung**

Art 81 (8) lässt das Recht eines jeden Mitgliedstaates unberührt, Wiederein- **158**
setzung in Fristen zu gewähren, die nach der GMV gegenüber nationalen
Behörden einzuhalten sind. Diese Bestimmung besagt eine Selbstverständlichkeit: für Verfahren vor nationalen Ämtern und Gerichten gilt nationales
Recht. Im übrigen schreibt die GMV keine Fristen vor, die gegenüber nationalen Ämtern einzuhalten wären.

Nach Art 81 (8) ist somit jeder Mitgliedstaat frei, die Wiedereinsetzung in **159**
nationalen Verfahren betreffend eine GM anders zu regeln. Die abweichende
Auffassung von Straus[203] zur entsprechenden Vorschrift des Art 122 (7)
EPÜ hat im Text der Vorschrift keine Grundlage.

**10 Anhang: Fristen**

Die Bestimmungen über Fristen finden sich in R 70–72; diese betreffen die **160**
zur Berechnung und Dauer der Fristen, automatische Fristverlängerungen in
besonderen Fällen und die Verlängerung von Fristen auf Antrag. Nähere
Konkretisierungen enthalten die RiLi in Teil A, Allgemeine Verfahrensvorschriften, Kapitel 1.[204]

R 70–72 sind durch VO Nr 1041/2005 mit Wirkung zum 25.7.2005 wie **161**
folgt geändert worden:

In R 72 (2) werden nur noch solche Störungen der Postzustellung berück- **162**
sichtigt, die in Spanien (dem Sitz des Amtes) vorkommen. Störungen in
dem Mitgliedstaat, in dem der Anmelder oder Vertreter seinen Sitz hat, werden nicht mehr automatisch berücksichtigt, weil diese dem Anmelder oder
Vertreter bekannt sein müssen und ihm zugemutet werden kann, das Schriftstück erneut per Fax zu senden. Dafür werden auch solche Störungen berücksichtigt, die den Zugang des Amtes zu elektronischen Kommunikationsmitteln beeinträchtigen, etwa wenn die E-Mail-Server abstürzen würden.

Dafür werden in R 72 (4) nun auch solche außerordentlichen Ereignisse wie **163**
Naturkatastrophen berücksichtigt, die außerhalb Spaniens stattfinden, wenn
und soweit dadurch die ordnungsgemäße Kommunikation des Amtes mit

---

203 Straus, FS für Vieregge, S 835, 848 f; zustimmend Singer/Kroher, Art 122
    Rn 122.
204 ABl-HABM 2006, 628.

der Anmelder- und Vertreterschaft gestört ist. Dies wäre zB am 11.9.2001 der Fall gewesen.

**164**   R 70–72 sind eigenständig und abschließend, so dass daneben ein Rückgriff auf nationale Rechtsgrundsätze auch über Art 83 GMV nicht erfolgen kann.[205] Eine ausdrückliche Ermächtigung in der GMV, die Fristenregelung in der Durchführungsverordnung zu regeln, wurde für entbehrlich gehalten; die Ermächtigung zur Regelung der Fristen in der Durchführungsverordnung folgt vielmehr bereits aus der allgemeinen Bestimmung des Art 162 (1).

### 10.1 Begriff der Fristen

**165**   Unterschieden werden können
- gesetzliche Fristen und vom Amt gesetzte Fristen; nur vom Amt gesetzte Fristen können verlängert werden (R 71);
- verfahrensleitende Fristen und Ausschlussfristen; als Ausschlussfristen werden diejenigen Fristen bezeichnet, deren fruchtloser Ablauf zwingend eine bestimmte Rechtsfolge zur Folge hat und die auch nicht später im Verfahren zB durch Einlegung einer Beschwerde »geheilt« werden können. Beispielsweise sind alle Gebührenzahlungsfristen Ausschlussfristen.
- Fristen, die für die Verfahrensbeteiligten gelten, und Fristen, die für das Amt gelten (für den Verfahrensbeteiligten gelten zB nicht die Monatsfrist für die Übermittlung der Anmeldung nach Art 25 (3) und die Wartefrist für die Veröffentlichung der Anmeldung nach Art 38 (6)).
- Eigentliche (echte) und uneigentliche Fristen. Uneigentliche Fristen, besser Termine oder Zeiträume, sind solche, an deren Ablauf das Gesetz lediglich eine objektive Rechtsfolge knüpft, die jedoch nicht Handlungen im Verfahren vor dem Amt betreffen. Nach der Rspr der EPA-BKn[206] fallen unter den Begriff der Fristen nur solche Zeiträume von gesetzlich vorgeschriebener Länge, die für die Vornahme einer bestimmten Verfahrenshandlung festgesetzt sind. Beispiele für solche uneigentlichen Fristen sind der Zehnjahreszeitraum für die Dauer der Eintragung (Art 46), die Be-

---

205   HABM-BK R 68/1999-2 vom 8.1.2000, Mitt. 2001, 311 (Nr 21) *FELINE PLUS*; von Mühlendahl/Ohlgart, S 94.
206   JurBK EPA J 24/03, ABl-EPA 2004, 544 mit rechtsvergleichenden Hinweisen zum Prozessrecht der Mitgliedstaaten (unter Nr 3).

nutzungsschonfrist von fünf Jahren nach Art 15 (1)[207] und die Fünfjahresfrist für die Verwirkung durch Duldung nach Art 54 (1). Die deutsche Fassung der GMV verwendet den Begriff »Frist« in Art 15, während in Art 54 zutreffend der Begriff »Zeitraum« verwendet wird. In der engl Fassung wird in beiden Fällen der Begriff »period« verwendet, der neutraler ist als der Begriff »time limit«, jedoch in der GMV auch für vom Amt gesetzte Fristen verwendet wird, etwa in Art 112 (4). Für solche uneigentlichen Fristen gelten die Vorschriften der R 70–72 über die Fristberechnung nur teilweise, so dass es insbesondere nicht auf Öffnungstage des HABM, Sonntage oder Feiertage ankommt.

Ausschlussfristen sind Fristen, an deren fruchtlosen Ablauf die GMV den automatischen Eintritt einer bestimmten Rechtsfolge knüpft. So verschiebt sich, wenn die Anmeldegebühr nicht innerhalb eines Monats nach Eingang der Gemeinschaftsmarkenanmeldung gezahlt wird (Art 27 GMV), nach R 9 (2) der Anmeldetag auf den Tag des Eingangs der Gebühr. Anträge und Rechtsmittel (Widerspruch, Beschwerde, Antrag auf Erklärung der Nichtigkeit, Antrag auf Umwandlung, Antrag auf Eintragung einer Lizenz) gelten grundsätzlich erst als gestellt, wenn die entsprechende Gebühr entrichtet worden ist (Art 41 (3) Satz 2, Art 60 Satz 2, Art 113 (1) Satz 2, R 33 (1), (4)). **166**

Verfahrensleitende Fristen haben zur Folge, dass ihr Ablauf dem Amt die Möglichkeit gibt, eine negative Sachentscheidung zu treffen,[208] nachdem dem Anmelder formale Mängel der Anmeldung oder das Bestehen absoluter Eintragungshindernisse mitgeteilt wird (R 9 (3), (4), R 11 (1), (3)). Grund für die negative Sachentscheidung ist in diesen Fällen nicht das Ausbleiben einer Stellungnahme des Anmelders, sondern die Nichterfüllung der gesetzlichen Erfordernisse; dies bedeutet, dass das HABM nicht an seinen Beanstandungsbescheid gebunden ist, sondern durchaus – auch unabhängig vom Fristablauf – zu einer anderen Beurteilung gelangen kann. **167**

### 10.2 Fristbeginn

Für den Beginn einer Frist bedarf es eines auslösenden Ereignisses; dies ist nach R 70 (2) der Ablauf einer früheren Frist oder eine Handlung, etwa eine Zustellung. Der Tag, an dem dieses Ereignis eintritt, wird bei der Frist- **168**

---

207  Siehe Ströbele/Hacker, MarkenG, § 26 Rn 206.
208  Siehe von Mühlendahl/Ohlgart, S 94.

berechnung noch nicht mitgezählt (R 70 (2) Satz 1), doch ergeben sich daraus für die Fristberechnung regelmäßig keine Auswirkungen (siehe unten unter Rdn 176). Das fristauslösende Ereignis kann zum einen die Einreichung einer Anmeldung oder eines Antrags sein. In diesem Fall kommt es auf den tatsächlichen Zugang beim Amt an, die für den Fristablauf geltenden Regeln gelten nicht.[209]

169 Zum anderen kann das fristauslösende Ereignis eine Zustellung eines Schriftstücks durch das HABM sein; hierfür ist die Feststellung des Datums der Zustellung von besonderer Bedeutung. Hierzu verweist R 70 (2) Satz 2 auf die Regeln über Zustellungen (R 61–69). Dabei fällt nur bei der Zustellung durch eigenhändige Übergabe (R 63) und der Zustellung durch Telekopie (R 65 (1)) das Datum der Zustellung mit dem Datum des tatsächlichen Eingangs beim Empfänger oder der tatsächlichen Übergabe zusammen.

170 Bei allen anderen Zustellungsarten stellt die DV teils widerlegliche, teils unwiderlegliche Vermutungen für die Zustellung zu einem bestimmten festgelegten Zeitpunkt auf, und zwar den zehnten Tag nach der Aufgabe zur Post bei Zustellung durch Einschreiben (R 62 (3)) oder durch normalen Brief (R 62 (5) nF), den fünften Tag nach Hinterlegung bei Zustellung durch Hinterlegung im Abholfach beim HABM (R 64), den fünften Tag nach Einstellung ins System bei Zustellung über das elektronische Postfach »MyPage« (Art 6 (3) des Beschlusses EX-07-4 vom 16.7.2007) und einen Monat nach Veröffentlichung im Internet im Falle der öffentlichen Zustellung (R 66 (2)), Beschluss Nr EX-05-6 vom 27.7.2005.[210] Diese Regeln, die gerade nicht auf den tatsächlichen Zugang abstellen, werden leider immer wieder missachtet oder übersehen.[211]

### 10.3 Fristdauer

171 Die Dauer der Fristen ist entweder gesetzlich bestimmt, oder sie ist vom Amt festzulegen. Für die vom Amt festzulegenden Fristen bestimmt R 71 eine Mindestdauer und die regelmäßige Höchstdauer.

---

209 EuG T-218/06 vom 17.9.2008, GRUR Int 2009, 417 (Nr 66) *Neurim Pharmaceuticals/Eurim-Pharm.*
210 ABl-HABM 2005, 1212.
211 So in EuG T-014/06, Beschluss vom 14.12.2006 (Nr 28) *K-Swiss* (betr die Zehntagesregel nach R 62 (2), (5) nF).

### 10.3.1 Mindestdauer

Zur Mindestdauer bestimmt R 71: Ist der Beteiligte innerhalb der EG ansäs- 172
sig, so beträgt die Dauer der Frist mindestens einen Monat, ist er außerhalb
der EG ansässig, so beträgt sie zwei Monate. Zu beachten ist, dass es immer
auf den Wohnsitz des Beteiligten ankommt, nicht auf den des Empfängers.
Die Mindestfrist von zwei Monaten gilt also auch dann, wenn die Zustellung
an den innerhalb der EG ansässigen Vertreter des Beteiligten erfolgt (siehe
R 67 (1)), da ein Beteiligter mit Sitz oder Wohnsitz außerhalb der EG gemäß Art 92 (2) verpflichtet ist, sich durch einen Vertreter gemäß Art 93 vertreten zu lassen. Die Mindestfrist von zwei Monaten für Beteiligte außerhalb
der EG wurde deshalb vorgesehen, weil eine Frist von einem Monat wegen
der längeren Kommunikationslaufzeiten nicht als ausreichend angesehen
wurde, um dem Vertreter die Einholung von Weisungen seines Mandanten
zu ermöglichen. Nach den RiLi, Teil A, 1.2, wird regelmäßig allen Beteiligten unabhängig vom Wohnsitz eine Frist von zwei Monaten gesetzt.[212] Die
Beschwerdekammern geben für einfache Mitteilungen eine Frist von einem
Monat.

### 10.3.2 Höchstdauer

R 71 (1) bestimmt, dass die Frist höchstens sechs Monate beträgt. Diese Be- 173
stimmung gilt allerdings nur für die Grundfrist (die zuerst gesetzte Frist);
Fristverlängerungen können auch über den Zeitraum von sechs Monaten hinaus gewährt werden.

### 10.4 Fristablauf

Der Ablauf der Frist richtet sich danach, ob die Frist in Jahren, Monaten, 174
Wochen oder Tagen bemessen ist. Die größte Bedeutung haben Fristen, die
in Monaten bemessen sind. Bei diesen endet die Frist gemäß R 70 (4) an
dem Tag, der durch seine Zahl dem Tag entspricht, an dem das Ereignis eingetreten ist; hat jedoch der betreffende Monat keinen Tag mit der entsprechenden Zahl oder war der betr Tag der Monatsletzte, so läuft die Frist am
letzten Tage des Monats ab. Beispiele: Ist das fristauslösende Ereignis die
Einreichung einer Anmeldung und ist die Anmeldung am 28. April eingereicht worden, so endet die Frist von einem Monat am 28. Mai. Handelt es
sich um eine Frist, die durch die Zustellung eines Schriftstückes in Gang ge-

---

212 Siehe von Mühlendahl/Ohlgart, S 95.

setzt wird, und ist das Schriftstück am 28. April zugestellt worden, so endet eine darin gesetzte Zweimonatsfrist am 28. Juni. Bei Zustellung am 31. Juli endet die Frist nach der Regel des letzten Tages des Monats (R 70 (4)) am 30. September, bei Zustellung am 30. Juni am 31. August.[213]

175  Vom Sonderfall des Monatsletzten abgesehen entspricht der Ablauf der Frist immer der Zahl des Tages, an dem das fristauslösende Ereignis eingetreten ist, nicht der Zahl des Tages, an dem die Frist gemäß R 70 (2) Satz 1 beginnt.[214] Die Neufassung der RiLi Teil A aus dem Jahre 2005 stellt dies richtig.

176  Nach R 70 (2) wird bei der Fristberechnung mit dem Tag begonnen, der auf den Tag folgt, an dem das Ereignis eingetreten ist, aufgrund dessen der Fristbeginn festgestellt wird. Dies bedeutet nichts anderes, als dass die Frist an dem Tag beginnt, der auf das fristauslösende Ereignis folgt. Die deutsche Fassung von R 70 (2) Satz 1 ist ungenau, was die termini »Fristberechnung« und »Fristbeginn« betrifft; die franz Fassung ist präziser: »Le délai commence à courir le jour suivant la date de l'événement qui fait courir le délai«. Wie bereits Gall[215] im einzelnen nachgewiesen hat, ist die Bestimmung des Fristbeginns letztlich entbehrlich, da bei der Berechnung der Frist nicht an den Fristbeginn, sondern an das fristauslösende Ereignis, zB die Zustellung eines Schriftstückes durch das HABM, angeknüpft wird. R 70 (2) Satz 1 bedeutet somit nur, dass zB eine am 28. August, 15.00 Uhr, durch die Zustellung eines Schriftstücks per Telekopie in Gang gesetzte Frist nicht rückwirkend am 28. August um 0.01 Uhr beginnt.[216] Sie endet aber am 28. August und nicht am 29.. Gelegentlich wurde dies übersehen und eine um einen Tag zu lange Frist berechnet.[217] Letztlich sind die Ergebnisse der Fristberechnung nach der GMV keine anderen als die, die sich nach §§ 187, 188 DE-BGB,

---

213  Siehe RiLi Teil A, 1.2, ABl-HABM 2006, 629.
214  EuG T-218/06 vom 17.9.2008, GRUR Int 2009, 417 (Nr 63) *Neurim Pharmaceuticals/Eurim-Pharm*; HABM-BK  R 312/2009-4  vom  4.9.2009  (Nr 15f) *Q/QUADRATA*;  HABM-BK   R 611/2003-2   vom   3.3.2004 *UUP'S/UP* (Nr 14,18); HABM-BK R 219/2002-1 vom 12.12.2003 (Nr 15) *G/G*; HABM-BK 192/2003-1  vom  17.9.2003  (Nr 9) *AUCTIONPLACE*;  HABM-BK R 449/2004-2 vom 18.10.2004 (Nr 16) *MOBILE ID*.
215  Gall, Mitt. 1991, 137.
216  HABM-BK R 312/2009-4 vom 4.9.2009 (Nr 15f) *Q/QUADRATA*.
217  So in: EuG T-366/04, Beschluss vom 6.9.2006 (Nr 26, 38) *Hensotherm/Hensotherm*;  HABM-BK  R 956/2002-1  vom  6.6.2003  (Nr 17) *NAOMI/MAONI*; Ekey/Klippel/von Kapff, GMV, Art 78 Rn 16.

die im nationalen deutschen Markenverfahren maßgeblich sind, ergeben, weil beide Absätze des § 187 DE-BGB iVm § 188 (2) DE-BGB dazu führen, dass stets ein voller Monat zur Verfügung steht; auch bei Fristberechnung nach § 187 (2) DE-BGB ist dies der Fall, so dass etwa ein am 1.8. beginnender Ein-Monats-Arbeitsvertrag am 31. August endet.

Bei Fristen, die in Jahren bemessen sind, endet die Frist gemäß R 70 (3) an dem Tag und Monat mit derselben Zahl des Tages und des Monats, in dem das maßgebliche Ereignis eingetreten ist (Beispiel: 24.1.1996-24.1.1997); nur wenn das maßgebliche Ereignis auf einen 29. Februar fällt, endet die Frist gemäß dem zweiten Halbsatz von R 70 (3) bereits am 28. Februar des Folgejahres und nicht erst am 1. März. **177**

Bei Wochenfristen endet nach R 70 (5) die Frist an dem gleichen Wochentag (Beispiel: Zustellung erfolgte am 12. Mai; eine darin gesetzte Einwochenfrist endet am 19. Mai). Bei nach Tagen bemessenen Fristen (R 70 (1)) wird wegen R 70 (2) der Tag des maßgeblichen Ereignisses nicht mitgezählt, so dass eine Frist von sieben Tagen, die mit Zustellung eines Schriftstücks am 12. Mai erfolgt, ebenfalls am 19. Mai abläuft. Wochen- und Tagesfristen kommen wegen R 71 jedoch nur bei Fristverlängerungen und in dem Sonderfall des Art 8 (3) GebV vor. **178**

Fristablauf ist um 24.00 Uhr des betr Tages. Bis zu diesem Zeitpunkt muss das Schriftstück vollständig beim Amt eingegangen sein, um die Frist zu wahren. Beispielsweise muss bei Übermittlung per Telefax, um die Frist für die Einreichung der Beschwerdebegründung nach Art 60 Satz 3 zu wahren, die vollständige Beschwerdebegründung vor 24.00 Uhr eingegangen sein, wobei es unerheblich ist, ob Anlagen zur Beschwerdebegründung, die nicht notwendiger Bestandteil der Beschwerdebegründung sind, nach 24.00 Uhr eingehen.[218] **179**

### 10.5 Fristablauf in besonderen Fällen

Abweichend von diesen Grundregeln verschiebt sich von Gesetzes wegen nach R 72 der Fristablauf (nicht der Fristbeginn![219]) in bestimmten Sonder- **180**

---

218 HABM-BK R 651/2003-4 vom 22.11.2004 (Nr 10f) *HARMONY/HARMONET.*
219 EuG T-218/06 vom 17.9.2008, GRUR Int 2009, 417 (Nr 66) *Neurim Pharmaceuticals/Eurim-Pharm.*

fällen. Diese Regeln gelten nicht nur für die Wahrung von Fristen durch Einreichung von Anträgen, Schriftsätzen usw, sondern auch für die Rechtzeitigkeit von Zahlungen.[220] Sie gelten ferner unabhängig davon, ob zwischen dem Grund für die Fristerstreckung (Feiertag, Poststreik) und der Wahrung der Frist durch den Beteiligten ein Kausalzusammenhang bestand.

### 10.5.1 Tage, an denen das HABM geschlossen ist

181 Ist der letzte Tag der Frist ein Tag, an dem das HABM zur Entgegennahme von Schriftstücken nicht geöffnet ist oder an dem gewöhnliche Postsendungen am Sitz des HABM nicht zugestellt werden, so erstreckt sich die Frist auf den nächstfolgenden Tag, an dem diese beiden Bedingungen erfüllt sind (R 72 (1)). Das HABM ist gemäß Beschluss Nr ADM-95-23[221] an Samstagen und Sonntagen nicht geöffnet; ferner bestimmen jährliche Beschlüsse des Präsidenten des HABM[222] die Feiertage, an denen das HABM geschlossen ist. Hierbei handelt es sich überwiegend um spanische lokale Feiertage, wobei die Feiertagsregelung in Spanien und sogar innerhalb der Provinz Alicante von Ort zu Ort verschieden ist; zum Teil handelt es sich um solche Tage, die nicht in Spanien, wohl aber in der überwiegenden Zahl der Mitgliedstaaten Feiertage sind, wie den Pfingstmontag. Ferner handelt es sich um die Tage zwischen Weihnachten und Neujahr, an denen die Mitarbeiter des HABM generell dienstfrei haben. Die Fristerstreckung erfolgt auch bei solchen Tagen, an denen das HABM zwar geöffnet ist, jedoch keine Post zugestellt erhält. An einigen Tagen, die in der Provinz Alicante oder zum Teil nur in der Stadt Alicante arbeitsfrei sind, hat das HABM wegen des rein örtlichen Charakters dieser Feiertage geöffnet. Gleichwohl erstreckt sich die Frist auf den nächsten Tag, an dem sowohl das HABM geöffnet ist als auch ihm Post zugestellt wird. Von Bedeutung ist, dass diese Fristerstreckung auch dann eintritt, wenn sich der Anmelder nicht der Post, sondern eines anderen Übermittlungsmittels wie zB Telefax bedient; die Frist kann dann also noch durch ein am nächsten Werktag übermitteltes Fax gewahrt werden. Ferner betrifft diese Regelung nur die Wahrung von Fristen, ändert dagegen nichts am tatsächlichen Zeitpunkt des Zugangs. Geht beim HABM an einem Sonntag ein Telefax ein oder wird an einem Tag, an dem das HABM geöffnet ist, jedoch keine Postzustellung in Alicante erfolgt, ein Schreiben persön-

---

220 JurBK EPA, ABl-EPA 1983, 53.
221 ABl-HABM 1995, 486.
222 Zuletzt Beschluss Nr EX-09-2 vom 17.12.2009, ABl-HABM 2010, Nr 1.

lich beim HABM abgegeben, so ist dieser Tag als tatsächlicher Tag des Zugangs maßgeblich.

Bei der Erstreckung von Fristen auf den folgenden Werktag gemäß R 72 **182** handelt es sich nicht um eine Fristverlängerung; vielmehr endet von vornherein die Grundfrist an einem späteren Tag, als dies nach der Grundregelung für die Fristberechnung nach R 70 der Fall wäre.[223]

### 10.5.2 Tage, an denen die nationalen Ämter geschlossen sind

Gemäß R 72 (3) gilt die Feiertagsregel auch für Fristen für Handlungen bei **183** nationalen Ämtern (einschließlich des Benelux-Amts), wobei es dabei auf die Tage ankommt, an denen dasjenige nationale Amt geschlossen ist bzw keine gewöhnlichen Postsendungen zugestellt erhält, bei dem die Handlung vorgenommen wird. Somit werden nicht etwa alle Feiertage der EG kumuliert, sondern es kommt nur auf die Tage an, an denen das jeweilige konkret benutzte nationale Amt geschlossen ist. Die GMV kennt nur einen einzigen Fall, in dem ein Verfahrensbeteiligter eine Handlung vor einem nationalen Amt vornehmen darf, und zwar die Einreichung der GMA bei einem nationalen Amt gemäß Art 25 (1) (b). Da der Anmeldetag keine Frist ist und vom tatsächlichen Zugang, nicht von der Feiertagslage des jeweiligen Amtes abhängt, gibt es nur eine einzige Frist, auf die R 72 (3) Anwendung findet, und zwar die sechsmonatige Prioritätsfrist gemäß Art 29 (1). Beispiel: Eine am 4.1.1999 beim DPMA eingereichte GMA kann demnach die Priorität einer am 1.7.1998 eingereichten Voranmeldung in Anspruch nehmen, da das DPMA am 1.1.1999 wegen Feiertags und am 2. und 3. Januar, Samstag und Sonntag, geschlossen war. Die Übermittlung von Recherchenberichten an die nationalen Ämter gemäß Art 38 (2) geschieht dagegen ohne Zutun des Anmelders. Auch an der Übermittlung des Umwandlungsantrags an die nationalen Ämter gemäß Art 113 (3) ist der Anmelder nicht beteiligt; etwaige Fristen im Umwandlungsverfahren hat er vor dem HABM zu wahren.

### 10.5.3 Unterbrechungen der Postzustellung

Eine Erstreckung der Frist auf ein späteres Datum erfolgt ferner dann, wenn **184** die Postzustellung in Spanien allgemein unterbrochen oder im Anschluss an eine solche Unterbrechung gestört war, etwa wegen eines Poststreiks (R 72 (2)). Die Frist erstreckt sich hierbei auf den ersten Tag nach Beendigung der

---

223  Siehe Gall, Mitt. 1991, 140.

Unterbrechung oder Störung, deren Dauer vom Präsidenten des HABM durch Beschluss festgelegt wird. Hiervon musste gelegentlich,[224] zuletzt anlässlich von mehreren Generalstreiks[225] Gebrauch gemacht werden. Gleiches gilt, wenn die Erreichbarkeit des Amtes über elektronische Kommunikationsmittel allgemein beeinträchtigt ist; das gilt aber nur für die vom Amt bereitgehaltenen elektronischen Dienstleistungen und nur soweit sie Verfahrenshandlungen betreffen, also die Verfügbarkeit von e-filing, nicht aber für CTM-Online. Auch hiervon musste bereits anlässlich einer mehrtägigen Unterbrechung der Fax-Erreichbarkeit Gebrauch gemacht werden.[226] Die Festlegung durch den Präsidenten ist deklaratorisch, der Verfahrensbeteiligte kann sich auch ohne vorherigen Erlass einer Mitteilung des Präsidenten auf das Vorliegen einer allgemeinen Störung des Postbetriebs berufen. Der Präsident des HABM trifft derartige Mitteilungen aufgrund der ihm vorliegenden Informationen, insbesondere der Darlegung des Verfahrensbeteiligten selbst und amtlicher Auskünfte der spanischen Post. Die Fristerstreckung gilt für alle Beteiligten. R 72 (2) aF sah noch eine Fristerstreckung bei Poststreiks in anderen Mitgliedstaaten vor, wobei die Fristerstreckung nur für Beteiligte galt, die in diesem Staat ihren Wohnsitz oder Sitz haben oder dort einen Vertreter bestellt haben. Da eine Übersendung von Schreiben per normaler Post inzwischen eher die Ausnahme ist, ist diese Rechtswohltat mit VO Nr 1041/2005 abgeschafft worden. Der Anmelder oder Vertreter, der weiß, dass die örtliche Post streikt, kann zumutbarerweise das Schriftstück auf anderem Wege, etwa per Fax, erneut übermitteln. Eine Unterbrechung oder Störung der Postzustellung in Staaten außerhalb der EG ist unerheblich.

185 R 72 (4) gewährt eine Fristverlängerung kraft Beschluss des Präsidenten des Amtes, wenn er feststellt, dass die Kommunikation zwischen den Verfahrensbeteiligten und dem HABM durch ein unvorhersehbares Ereignis wie eine Naturkatastrophe (Poststreiks fallen unter R 72 (2)), das die Fähigkeit der Beteiligten zur Reaktion gegenüber dem Amt oder gar die weltweiten Kommunikationsstrukturen beeinträchtigt, gestört ist. Bei Ereignissen innerhalb Spaniens gilt dies für alle Verfahrensbeteiligten. Für Ereignisse, die die ord-

---

224 Siehe Mitteilungen des Präsidenten des HABM Nr 7/96, ABl-HABM 1997, 117, Nr 6/97, ABl-HABM 1997, 1395, und Nr 5/98, ABl-HABM 1998, 891.

225 Beschlüsse des Präsidenten Nr EX-12-1 vom 27.3.2012 und Nr EX-12-4 vom 9.11.2012.

226 Beschluss des Präsidenten Nr EX-12-6 vom 20.12.2012.

nungsgemäße Kommunikation mit dem Amt allgemein stören, gilt dies grundsätzlich nur für Verfahrensbeteiligte mit Sitz in oder Vertreter aus dem betr Staat, für alle Verfahrensbeteiligte nur, wenn die weltweiten Kommunikationsstrukturen beeinträchtigt sind. Allerdings muss das Ereignis schwerwiegend sein, etwa größere Naturkatastrophen. Der Präsident bestimmt ein Datum (regelmäßig einige Tage oder Wochen nach Beendigung des Ereignisses), auf das sich alle betr Fristen erstrecken. Von dieser Regelung musste leider schon drei Mal Gebrauch gemacht werden, beim Vulkanausbruch in Island,[227] bei der Erdbebenkatastrophe in Japan[228] und beim Hurrikan »Sandy«.[229] Bis zur Änderung der DV im Jahr 2005 bestand eine Regelungslücke, die im Falle des 11.9.2001 durch generelle Anweisung des Präsidenten des Amtes zur Fristverlängerung gemäß R 71 (1) Satz 2 und durch Anweisung, an die Betroffenen vorerst keine Schreiben mit Fristsetzungen zu versenden, geschlossen wurde.[230]

### 10.6 Fristverlängerung

Fristverlängerung ist nur für solche Fristen möglich, deren Dauer vom Amt **186** festgelegt wird. Nur soweit das HABM die Rechtsmacht hatte, die Dauer einer Frist ab initio festzulegen, hat es auch nach R 71 die Rechtsmacht, diese Frist später zu verlängern. Somit können gesetzliche Fristen nicht verlängert werden. Ferner können Fristen nicht verlängert werden, die zwar vom HABM gesetzt werden, deren Dauer jedoch bereits in der GMV oder in der DV bestimmt ist. Beispiele hierfür sind die Frist von zwei Monaten ab Aufforderung durch das Amt, bestimmte Mängel des Widerspruchs zu beseitigen (R 17 (4)) und die Frist von drei Monaten, die das HABM nach Art 112 (4) für die Einreichung eines Umwandlungsantrags stellt. Eine Ausnahme gilt nur, wenn das Gesetz die Verlängerung einer solchen Frist ausdrücklich erlaubt; dies ist der Fall für die Cooling-Off-Frist von zwei Monaten für den Beginn des streitigen Teils des Widerspruchsverfahrens, die nach R 18 (1) auf gemeinsamen Antrag des Anmelders und des Widersprechenden bis auf 24 Monate verlängert werden kann.

---

227 Beschluss Nr EX-10-1 vom 23.4.2010, ABl-HABM 2010, Nr 5.
228 Beschluss Nr EX-11-2 vom 17.3.2011, ABl-HABM 2011, Nr 4.
229 Beschluss Nr EX-12-3 vom 31.10.2012, ABl-HABM 2012, Nr 12.
230 Mitteilung Nr 6/01 vom 13.9.2001, ABl-HABM 2001, 1946; aufgehoben durch Mitteilung Nr 8/01 vom 3.10.2001, ABl-HABM 2001, 2152.

#### 10.6.1 Voraussetzungen für eine Fristverlängerung

187 Die Gewährung einer Fristverlängerung setzt voraus, dass dies ausdrücklich beantragt wird, dass der Antrag vor Ablauf der ursprünglichen Frist beim Amt eingeht und dass die Fristverlängerung unter den gegebenen Umständen angezeigt ist (R 71 (1) Satz 2). Der Antrag bedarf der Schriftform (R 79).

188 Der Antrag muss vor Ablauf der Grundfrist beim HABM eingehen.[231] Es kommt nicht darauf an, ob der Fristverlängerungsantrag dem zuständigen Bediensteten des HABM noch vor Fristablauf vorgelegt wird. Die Fristverlängerung kann auch nach Fristablauf gewährt werden; dies wird vielmehr sogar regelmäßig der Fall sein, da erfahrungsgemäß Fristverlängerungsanträge erst am letzten Tag der Grundfrist gestellt werden.

189 R 71 (1) Satz 2 verlangt, dass die Verlängerung »unter den gegebenen Umständen angezeigt« sein muss. Die RiLi des HABM verlangen eine einzelfallbezogene Begründung, die sich nicht in Standardphrasen erschöpft.[232] Es ist somit zu empfehlen, die für die Fristverlängerung entsprechenden Umstände so substantiiert wie möglich darzulegen. Glaubhaftmachung oder gar Nachweis dieser Umstände ist regelmäßig nicht erforderlich. Wann Fristverlängerungen angezeigt sind, ergibt sich vielfach aus der Natur der von den Verfahrensbeteiligten angeforderten Angaben. Dafür dürfte es unter anderem darauf ankommen, wie substantiiert bereits Vortrag in das Verfahren eingeführt worden ist, ob komplizierte Nachforschungen und Nachweise zu bereits wirksam in das Verfahren eingeführten Tatsachen erwartet werden (dann Fristverlängerung im Zweifel ja) oder ob lediglich eine Stellungnahme auf Rechtsausführungen des HABM oder des anderen Verfahrensbeteiligten erwartet wird (dann Fristverlängerung eher nein).

#### 10.6.2 Besonderheiten in zweiseitigen Verfahren

190 In inter-partes-Verfahren ist die Gewährung einer Fristverlängerung nach R 71 (2) von der zusätzlichen Voraussetzung abhängig, dass das Amt die Verlängerung der Frist von der Zustimmung des oder der anderen Verfahrensbeteiligten abhängig machen kann. Die engl Fassung von R 71 (2) ist unrichtig; statt »may extend a period subject to the agreement of the other

---

231 RiLi Teil A, 1.2, AB-HABM 2006, 628.
232 RiLi Teil A, 1.2, ABl-HABM 2006, 628.

parties« müsste es heißen »may make the extension of a period subject to the agreement of the other parties«. Diese Bestimmung kann zum einen in der Weise Anwendung finden, dass das HABM beim anderen Verfahrensbeteiligten rückfragt, ob der Verlängerung zugestimmt wird, oder in der Weise, dass der Antragsteller seinem Fristverlängerungsantrag von vornherein die Zustimmungserklärung des anderen Beteiligten beifügt. Die erstgenannte Variante ist recht unpraktisch, da das HABM dem anderen Verfahrensbeteiligten seinerseits eine Frist setzen muss, die wiederum nach R 71 (1) mindestens einen Monat betragen muss, so dass sich das Verfahren somit länger hinzieht, als wenn sogleich die Fristverlängerung gewährt würde.

Nach den RiLi[233] »wird die Verlängerung grundsätzlich« bzw »darf grundsätzlich« nur mit Zustimmung des anderen Beteiligten gewährt werden. Die Praxis der Widerspruchsabteilung des HABM ist jedoch flexibler: Im allgemeinen wird begründeten Fristverlängerungsanträgen auch ohne Zustimmung des Gegners stattgegeben; wiederholten Fristverlängerungsanträgen wird dagegen nur bei Zustimmung des Gegners stattgegeben. Hintergrund solcher Anträge sind vielfach Verhandlungen zwischen den Beteiligten. **191**

### 10.6.3 Rechtscharakter der Fristverlängerung

Die Gewährung oder Versagung der Fristverlängerung ist eine verfahrensleitende Maßnahme, die im Ermessen des HABM steht. Eine ablehnende Entscheidung ist zu begründen; die Begründung kann kurz sein, und rechtliches Gehör braucht nicht gewährt zu werden, da sich der Antragsteller bereits in seinem Antrag zu den maßgeblichen Gründen geäußert hat, Art 75 Satz 2. Die ablehnende Entscheidung ist nicht selbständig mit der Beschwerde anfechtbar (Art 58 (2)). **192**

### 10.6.4 Berechnung der verlängerten Frist

Anders als bei zusammengesetzten Fristen führt die Fristverlängerung nicht dazu, dass eine neue, weitere Frist beginnt, sondern dazu, dass die ursprünglich gesetzte Frist durch einen längeren Zeitraum ersetzt wird; das fristauslösende Ereignis der ursprünglichen Frist bleibt somit auch das maßgebliche Ereignis für die Berechnung der verlängerten Frist.[234] **193**

---

233 Teil A, 1.2, ABl-HABM 2006, 628.
234 Siehe Gall, Mitt. 1991, 141.

**194** Es ist somit unerheblich, ob das Ende der ursprünglichen Frist auf einen Sonntag oder Feiertag oder in einen Zeitraum der Störung des Schriftverkehrs (R 72 (2)) fiel. Wird also eine vom HABM in einer am 1.3.2002 zugestellten Mitteilung gesetzten Frist von zwei Monaten »um weitere zwei Monate« verlängert, so endet die Frist nunmehr am 1.7.2002, ohne dass es darauf ankommt, dass der 1.5.2002 Feiertag war. Die Feiertagsregel wird vielmehr auf das Ende der so verlängerten Frist angewandt.[235] Denkbar ist auch die Verlängerung bis zu einem bestimmten Datum (im vorigen Beispiel »bis zum 1.7.2002«).

## Artikel 82 (ex Artikel 78a) Weiterbehandlung

(1) Dem Anmelder, dem Inhaber einer Gemeinschaftsmarke oder einem anderen an einem Verfahren vor dem Amt Beteiligten, der eine gegenüber dem Amt einzuhaltende Frist versäumt hat, kann auf Antrag Weiterbehandlung gewährt werden, wenn mit dem Antrag die versäumte Handlung nachgeholt wird. Der Antrag auf Weiterbehandlung ist nur zulässig, wenn er innerhalb von zwei Monaten nach Ablauf der versäumten Frist gestellt wird. Der Antrag gilt erst als gestellt, wenn die Weiterbehandlungsgebühr gezahlt worden ist.

(2) Dieser Artikel gilt weder für die in Artikel 25 Absatz 3, Artikel 27, Artikel 29 Absatz 1, Artikel 33 Absatz 1, Artikel 36 Absatz 2, Artikel 41, Artikel 42, Artikel 47 Absatz 3, Artikel 60, Artikel 62, Artikel 65 Absatz 5, Artikel 81 und Artikel 112 genannten noch für die in diesem Artikel und für die in der Durchführungsverordnung vorgesehenen Fristen, um nach der Anmeldung eine Priorität gemäß Artikel 30, eine Ausstellungspriorität gemäß Artikel 33 oder einen Zeitrang gemäß Artikel 34 in Anspruch zu nehmen.

(3) Über den Antrag entscheidet die Stelle, die über die versäumte Handlung zu entscheiden hat.

(4) Gibt das Amt dem Antrag statt, so gelten die mit Fristversäumnis verbundenen Folgen als nicht eingetreten.

(5) Weist das Amt den Antrag zurück, so wird die Gebühr erstattet.

*Schennen*

---

235 Siehe die Beispiele bei Gall, Mitt. 1991, 141.

**Literatur:**

*Bender*, Das neue Rechtsinstitut der Weiterbehandlung im Gemeinschaftsmarkensystem: ein Danaergeschenk!, Mitt. 2006, 63; *Braitmayer*, Die Weiterbehandlung oder Schilda liegt in Deutschland, in FS 50 Jahre BPatG, 2011, S 129; *Pfleghar/Schramek*, Das Rechtsinstitut der Weiterbehandlung in inter-partes-Verfahren vor dem HABM, MarkenR 2007, 288; *von Mühlendahl*, Weiterbehandlung im europäischen Markenrecht, GRUR Int 2008, 685.

## 1 Allgemeines

Dieser Art sieht als Alternative zur Wiedereinsetzung den Rechtsbehelf der **1** Weiterbehandlung gegen die Versäumung von Fristen vor. Der Anmelder oder Inhaber einer GM und jeder andere an einem Marken[1]-Verfahren vor dem HABM Beteiligte kann die Folgen einer Fristversäumnis ungeschehen

---

1 Denn die GGV sieht die Weiterbehandlung (noch) nicht vor.

machen, wenn er innerhalb der anwendbaren Zweimonatsfrist unter Zahlung einer Gebühr von 400 Euro die Weiterbehandlung beantragt. Er muss dazu lediglich die versäumte Handlung nachholen und insbesondere die Fristversäumnis in keiner Weise entschuldigen oder erklären. Die Weiterbehandlung steht somit zum einen zur Verfügung, wenn die von der Rspr und Praxis recht streng gehandhabten Voraussetzungen für die Wiedereinsetzung nicht gegeben oder zweifelhaft sind, zum anderen, wenn der Antragsteller vermeiden möchte, Details über seine Kanzleiorganisation preisgeben zu müssen und schließlich auch dann, wenn der Beteiligte die Frist sogar bewusst verstreichen ließ, es sich aber später anders überlegt oder anderweitige Mandantenweisung erhält.

2   Es handelt sich somit um das Freikaufen von den Folgen einer Fristversäumnis. Missbräuchen schiebt aber die spürbar hohe Gebühr von 400 Euro einen Riegel vor. Da die Zweimonatsfrist für die Antragstellung mit dem Ablauf der versäumten Frist beginnt, besteht auch weder die Notwendigkeit für das Amt, auf die Möglichkeit der Stellung eines Weiterbehandlungsantrages extra hinzuweisen, noch die Besorgnis einer allgemeinen Verzögerung der Verfahren. Wie die gewährte Wiedereinsetzung, so macht auch die gewährte Weiterbehandlung etwa aufgrund der Fristversäumnis getroffene Entscheidungen des HABM ohne weiteres wirkungslos (siehe unter Art 81 Rdn 92), so dass das Amt auch mit einer negativen Entscheidung nicht noch einmal zwei Monate abwarten muss. Im Ergebnis wird somit nicht der Zahlungskräftige begünstigt, sondern es wird eine flexiblere Handhabung der Rechtsfolgen von Fristversäumnissen geboten und insbesondere eine Korrektur geschaffen zu der notwendigen (siehe unter Art 76 Rdn 41) strengen Handhabung des Fristenregimes insbesondere in zweiseitigen Verfahren. Insgesamt bietet die Kombination von strengem Ausschluss verspäteten Vorbringens und der Weiterbehandlungsmöglichkeit eine im zweiseitigen Verfahren für beide Seiten gerechte, vorhersehbare und einsehbare Lösung.

3   Art 82 wurde eingefügt durch VO Nr 422/2004, trat jedoch erst am 25.7.2005 in Kraft,[2] weil erst zu diesem Datum Art 2 Nr 21 GebV[3] in Kraft trat. Ergänzend bestimmt R 50 (1) Satz 2, dass sich der Ausschluss der das Widerspruchsverfahren betr Fristen in der Beschwerdeinstanz fortsetzt. Wei-

---

2  Mitteilung der Kommission über die Bekanntgabe des Geltungsbeginns von bestimmten Vorschriften der VO Nr 422/2004, ABl-HABM 2005, 1186.
3  Eingefügt durch VO Nr 1042/2005 vom 29.6.2005, ABl-HABM 2005, 1180.

terer ergänzender verfahrensrechtlicher Bestimmungen in der DV bedurfte
es nicht. Die Praxis des Amtes insbesondere hinsichtlich der der Weiterbehandlung zugänglichen Fristen ist in der Mitteilung des Präsidenten Nr 6/05
vom 16.9.2005[4] niedergelegt.

## 2 Geschichtliche Entwicklung und Bedeutung der Vorschrift

Die Einführung der Möglichkeit der Weiterbehandlung erwies sich zunächst 4
im Rahmen der Vorarbeiten zu der VO Nr 422/2004 als geboten, da, ausgehend vom EPÜ und ihm folgend dem PLT, sich die Gewährung der Weiterbehandlung als Rechtsbehelf als internationaler Trend darstellte. In den
Vorarbeiten der WIPO für eine Revision des TLT war zunächst vorgesehen,
dass ein Vertragsstaat entweder die Weiterbehandlung oder eine automatische Fristverlängerung auf Antrag gewähren muss. In der nun in März 2006
in Singapur angenommenen revidierten Fassung des TLT (STLT) ist (Art 14
(2) STLT) jedoch nun die Weiterbehandlung nur noch als Alternative zur
Fristverlängerung nach Fristablauf und zur Wiedereinsetzung vorgesehen.
Somit wäre auch die bisherige Fassung der GMV letztlich mit dem STLT
vereinbar gewesen.

Die revidierte Fassung des EPÜ 2000 hat den Anwendungsbereich der Wei- 5
terbehandlung nach Art 121 EPÜ erweitert und überlässt die Festlegung der
Fristen, die von der Weiterbehandlung ausgeschlossen sind, der EPÜ-AO.

Eine restriktivere Konzeption verfolgt § 91a DE-MarkenG. Dieser Rechts- 6
behelf gilt nur, wenn die Markenanmeldung nach Versäumung einer vom
DPMA bestimmten Frist zurückgewiesen wurde. Da auch dort die versäumte Handlung nachgeholt werden muss, wird gefolgert, dass § 91a DE-MarkenG gar keinen relevanten Anwendungsbereich habe.[5] Abgesehen davon,
dass damit ein ungeschriebenes Tatbestandsmerkmal des unmittelbaren
Rechtsnachteils (siehe unter Art 81 Rdn 13–20) in die Vorschrift interpretiert wird, was immer noch Fälle erfasst, in denen eine Anmeldung aus
formellen Gründen zurückgewiesen wurde, jedoch mit dem Weiterbehandlungsantrag der Formmangel beseitigt oder das fehlende Schriftstück nachgereicht wird, trifft es allerdings zu, dass § 91a DE-MarkenG gegenüber
Art 82 einen weitaus geringeren Anwendungsbereich haben dürfte.

---

4  ABl-HABM 2005, 1402.
5  Ströbele/Kober-Dehm, MarkenG § 91a Rn 3, 6.

7   Die Kommission hat, im Einklang mit den Vorschlägen des Amtes und entsprechend dem internationalen Trend, bewusst einen weiten Anwendungsbereich vorgeschlagen. Allerdings ist dieser Ansatz im Zuge der Beratungen
im Rat verwässert worden, indem auf Initiative der Mitgliedstaaten in Abs 2
eine lange Liste von Fristen hineingeschrieben wurde, für die die Weiterbehandlung nicht zulässig ist. Diese Bestimmung ist insgesamt ein Kompromiss, wenn auch ein vielleicht nicht sehr einsichtiger. Im Rahmen der Beratungen im Rat war eingewandt worden, eine Weiterbehandlung solle,
entsprechend der damaligen Fassung des EPÜ, in zweiseitigen Verfahren
stets ausgeschlossen sein, um die Interessen der anderen Partei zu wahren.
Diese Parallele besteht so nicht, denn das EPÜ kennt zwar ein einheitliches
Einspruchsverfahren, jedoch kein zentrales Nichtigkeitsverfahren, und gerade
in zweiseitigen Verfahren zeigen sich die Folgen von Fristversäumnissen in
voller Härte, während im Prüfungsverfahren Fristen eher verfahrensleitend
und eher flexibel gehandhabt werden.

8   Ergebnis ist der kompromisshafte Abs 2, der neben solchen Fristen, für die
es schon aus rechtsdogmatischen Gründen eine Weiterbehandlung nicht geben kann, die in zweiseitigen Verfahren gemäß Art 41, 42 und 62 gesetzten
Fristen von der Weiterbehandlung ausschließt. Es ist jedoch hier klar zu betonen, dass ein genereller Ausschluss von Fristen in zweiseitigen Verfahren
nicht Gesetz geworden ist, was entsprechende Folgen für die Auslegung des
Abs 2 hat. Generell ist diese Ausschlussbestimmung restriktiv auszulegen,
und zwar nicht deshalb, weil es sich um eine Ausnahme von einer Grund-
norm handelt, sondern weil Interessen des anderen Verfahrensbeteiligten in
zweiseitigen Verfahren im Normtext des Art 82 nicht zum Ausdruck gekommen sind.

9   Dass die Weiterbehandlung zum Massenphänomen werden sollte, war nie
beabsichtigt und wird schon durch die spürbar hohe Gebühr von 400 Euro
vermieden. Anträge auf Weiterbehandlung kommen in der Praxis des
HABM durchaus in zu erwartender Häufigkeit vor.[6] Die Vorschrift hat den

---

6   Beispielsfälle: HABM-BK R 269/2006-4 vom 29.9.2006 (Nr 13) *ATEENWORLD*
sowie HABM-BK 856/2004-G vom 10.7.2006, GRUR Int 2007, 59 (Nr 24) *Lego-
Baustein*; HABM-BK R 074/2006-1 vom 2.6.2006 (Nr 12, 36, 41) *NEURIM
PHARMACEUTICALS/EURIM-PHARM*.

Bewährungstest vor dem EuG überstanden.[7] Die Kritik an Art 82[8] erscheint daher nicht berechtigt.

### 3 Voraussetzungen

#### 3.1 Antrag

Die Weiterbehandlung ist antragsgebunden. Der Wunsch nach Weiterbe- **10** handlung muss klar und eindeutig erkennbar sein. Er kann aus der Zahlung der Gebühr von 400 Euro indiziert sein, die sich von allen anderen Rechtsbehelfsgebühren unterscheidet.

#### 3.2 Gebühr

Die Gebühr beträgt 400 Euro, Art 2 Nr 21 GebV. Wird die Gebühr nicht, **11** nicht vollständig oder nicht fristgerecht gezahlt, so gilt der Antrag als nicht gestellt, Abs 1 Satz 3. Es handelt sich um eine Erfolgsgebühr, Abs 5. Weist das Amt den Antrag zurück, etwa weil der Antrag verspätet gestellt worden war oder die versäumte Handlung nicht oder nicht vollständig nachgeholt wurde, so wird die Gebühr erstattet. Die Stellung eines Weiterbehandlungsantrags ist somit für den Beteiligten risikolos.

#### 3.3 Weiterbehandlungsfähige Fristen

Die Weiterbehandlung setzt voraus, dass der Verfahrensbeteiligte eine Frist **12** vor dem HABM versäumt hat. Es kann sich um jede Art von Frist handeln, um vom Amt gesetzte oder gesetzliche Fristen. Zum Begriff der Frist überhaupt siehe unter Art 81 Rdn 11.

Es muss auch kein unmittelbarer Rechtsnachteil eingetreten sein (wie dies **13** bei Art 81 (1) erforderlich ist). Somit sind weiterbehandlungsfähig auch solche Fristen, die für die Einreichung von Stellungnahmen gesetzt werden, unabhängig davon, welchen Stellenwert die Stellungnahme anschließend im weiteren Verfahren zukommen wird.

---

7 EuG T-218/06 vom 17.9.2008, GRUR Int 2009, 417 *Neurim Pharmaceuticals/Eurim-Pharm*.
8 Bender, Mitt. 2006, 62; Ströbele/Kober-Dehm, MarkenG, § 91a Rn 3, 12; dagegen, wie hier, von Mühlendahl, GRUR Int 2008, 689. Rechtlich unzutreffend – und dadurch schon im Titel unfreiwillig komisch – Braitmayer, in FS 50 Jahre BPatG, S 131.

14  Allerdings ist eine Reihe von Fristen nach Abs 2 von der Weiterbehandlung ausdrücklich ausgeschlossen, siehe unten, Rdn 25–43.

### 3.4 Antragsfrist

15  Die Antragsfrist beträgt zwei Monate, beginnend mit dem Tag des Ablaufs der versäumten Frist.[9] Anders als bei der Wiedereinsetzung kommt es somit nicht darauf an, wann der Fehler bemerkt wurde, zumal kein Fehler seitens des Anmelders oder Vertreters erforderlich ist. Auch beginnt die Frist unabhängig von jeder Benachrichtigung durch das Amt. (Dies ist bei Art 121 EPÜ und § 91a DE-MarkenG anders.) Das Amt muss somit den Beteiligten weder auf die eingetretene Fristversäumnis noch auf die Möglichkeit einer Weiterbehandlung hinweisen.

### 3.5 Nachholung der Handlung

16  Die versäumte Handlung muss nachgeholt werden. Dies kann die Zahlung einer Gebühr, die Stellung eines Antrags, die Ausräumung von Eintragungshindernissen, die Einreichung einer Stellungnahme oder die Vorlage von Benutzungsnachweisen sein.

17  Handelt es sich um Stellungnahmen oder die Einreichung von Benutzungsnachweisen, so besteht die Nachholung der Handlung lediglich darin, dass nunmehr derartige Unterlagen vorgelegt werden. Die Weiterbehandlung führt dazu, dass diese im weiteren Verfahren berücksichtigt werden, nicht notwendigerweise mit positivem Ergebnis.

18  Handelt es sich um die Stellung eines Antrags oder die Zahlung einer Gebühr, so muss dieser Antrag zulässig sein und die Gebühr vollständig sein. Andernfalls wäre die Handlung nicht in der gebotenen Form nachgeholt.

19  Handelt es sich um die Ausräumung von Beanstandungen, beispielsweise Mängel der Zulässigkeit, des Widerspruchs oder Löschungsantrags, so muss die nachgeholte Handlung darin bestehen, diese vollständig auszuräumen und den Anforderungen des Amtes voll Genüge zu tun. Andernfalls würden sich erneute Beanstandungen oder die Notwendigkeit einer neuen Sachent-

---

9  Siehe auch HABM-BK R 074/2006-1 vom 2.6.2006 (Nr 32) *NEURIM PHARMA-CEUTICALS/EURIM-PHARM*; EuG T-218/06 vom 17.9.2008 (Nr 64) *Neurim Pharmaceuticals/Eurim-Pharm*.

scheidung mit neuen Rechtsmittelfristen anschließen, was nicht Sinn der Weiterbehandlungsmöglichkeit ist. In diesen Fällen muss also die versäumte Handlung vollständig und allen Anforderungen der GMV und DV entsprechend nachgeholt werden.

Gründe, warum die Frist versäumt wurde, müssen nicht angegeben werden. 20
Im Extremfall kann der Vertreter die Frist bewusst verstreichen lassen.

## 4 Entscheidung

Zuständig für die Entscheidung ist die Stelle, die über die versäumte Hand- 21
lung zu entscheiden hatte, Abs 3.

Die Weiterbehandlung muss gewährt werden, wenn die Voraussetzungen 22
hierfür vorliegen. Es handelt sich um eine gebundene Entscheidung; der Begriff »kann« im Abs 1 Satz 1 ist unzutreffend. Zutreffend ist die engl Fassung: »the applicant may obtain continuation of the proceedings«. »May obtain« bedeutet »kann erhalten«, somit ein Recht, etwas zu erhalten, wenn dies beantragt wird.

Die Entscheidung über die Weiterbehandlung ergeht gegenüber dem Antrag- 23
steller stets im einseitigen Verfahren, auch wenn das betreffende Verfahren selbst ein zweiseitiges Verfahren war. Der andere Verfahrensbeteiligte kann die gewährte Weiterbehandlung nicht anfechten. Die Ablehnung der Weiterbehandlung ist nicht beschwerdefähig, es sei denn die Beschwerde würde gesondert zugelassen, Art 58 (2). Die Ablehnung der Weiterbehandlung kann dann allerdings inzidenter mit Rechtsmittel gegen die Endentscheidung überprüft werden.

## 5 Wirkungen der Weiterbehandlung

Die gewährte Weiterbehandlung hat die Wirkung, dass die versäumte Frist 24
als gewahrt gilt und dass etwa wegen dieser Fristversäumnis getroffene Entscheidungen des Amtes wirkungslos werden, ohne dass es einer ausdrücklichen Aufhebung bedürfte. Es gilt somit das gleiche wie bei der Wiedereinsetzung (siehe unter Art 81 Rdn 92).

## 6 Ausschluss der Weiterbehandlung

25 Abs 2 schließt etliche Fristen von der Weiterbehandlung aus.[10]

### 6.1 Prioritätsfrist

26 Dass es für die Sechsmonatsfrist für die Einreichung einer Nachanmeldung keine Weiterbehandlung geben kann, ist einleuchtend: Die Verlängerung der Prioritätsfrist kann nicht dem Belieben des Anmelders unterliegen. Deshalb ist die Frist nach Art 29 und 33 ausgeschlossen. Ausgeschlossen ist außerdem die Frist für die nachträgliche Inanspruchnahme der Priorität gemäß R 6 (2), 7 (2) sowie die Frist für die nachträgliche Inanspruchnahme der Seniorität (R 8 (2)), jedoch nicht die Frist für die Nachreichung einer Abschrift der Voranmeldung gemäß R 6 (1) und der Ausstellungsbescheinigung gemäß R 7 (1).

### 6.2 Anmeldetag

27 Ausgeschlossen ist die Frist des Art 27 für die Zahlung der Anmeldegrundgebühr. Für die anderen Anmeldetagserfordernisse ist der Anmeldetag der Tag, an dem diese erfüllt sind, so dass sich die Thematik der Weiterbehandlung insoweit nicht stellt. Ausgeschlossen ist auch die Frist nach Art 25 (3), die jedoch gar nicht vom Anmelder einzuhalten ist.[11] Im Ergebnis kann somit der Anmeldetag einer GMA durch die Weiterbehandlung nicht beeinflusst werden.

### 6.3 Widerspruchsfrist

28 Durch Verweisung in Abs 2 auf Art 41 ist auch die Widerspruchsfrist (einschließlich der Frist für die Zahlung der Widerspruchsgebühr) ausgeschlossen, für die es auch keine Wiedereinsetzung gibt.

### 6.4 Umwandlung

29 Nicht weiterbehandlungsfähig ist die Frist von drei Monaten für die Stellung eines Umwandlungsantrags nach Art 112. Ein rechtspolitischer Grund für

---

10 Mitteilung des Präsidenten Nr 6/05 vom 16.9.2005, ABl-HABM 2005, 1402 Pfleghar/Schramek, MarkenR 2007, 288.
11 Von Mühlendahl, GRUR Int 2008, 687.

diese Bestimmung ist jedoch nicht erkennbar, da die Umwandlung stets zu nationalen Anmeldungen mit einem sehr alten HABM-Datum führt.

### 6.5 Fristen für Wiedereinsetzung und Weiterbehandlung

Ausgeschlossen sind die Fristen des Art 81. Seinerseits schließt Art 81 (5) die **30** Wiedereinsetzung in die Fristen des Art 82 aus. Dies betrifft alle Fristen im Zusammenhang mit Anträgen auf Wiedereinsetzung und Weiterbehandlung, nicht nur die Antragsfrist, sondern auch die Jahresfrist nach Art 81 (2) Satz 2. Es gibt somit keine Wiedereinsetzung in die Fristen für den Antrag auf Wiedereinsetzung, keine Wiedereinsetzung in die Fristen für die Beantragung der Weiterbehandlung, keine Weiterbehandlung in die Fristen für die Beantragung der Wiedereinsetzung und keine Weiterbehandlung in die Frist für die Beantragung der Weiterbehandlung. Beispielsweise gibt es keine Wiedereinsetzung in die Frist nach Art 82 (1) für die Stellung des Weiterbehandlungsantrags und die Nachholung der versäumten Handlung.[12] Somit steht für jede versäumte Grundfrist nur ein Rechtsbehelf zur Verfügung, und es werden Kettentatbestände vermieden.[13]

Soweit Art 81 (5) von den in Art 82 genannten Fristen spricht, meint dies **31** nicht die in Art 82 (2) erwähnten Fristen. Art 82 (2) bewirkt nur den Ausschluss von der Weiterbehandlung, nicht von der Wiedereinsetzung.[14]

### 6.6 Fristen im Widerspruchsverfahren

Bezüglich des Widerspruchsverfahrens nimmt Abs 2 die »in Art 41, 42 ge- **32** nannten Fristen« aus. Hierbei handelt es sich um die gemäß Art 42 (1) gesetzten Fristen, mit denen das Amt die Beteiligten zur Einreichung von Stellungnahmen auffordert.

Art 41 (3) regelt für sich selbst keine Fristen. Art 41 (3) Satz 2 wird erst **33** durch die Konkretisierung in R 15–20 zu einer anwendbaren Norm. Sein Normgehalt im Rahmen des Art 41 beschränkt sich darauf, festzuhalten, dass die »Begründung« des Widerspruchs gemäß Art 41 (3) Satz 1 weitaus enger

---

12 HABM-BK R 2575/2011-4 vom 24.8.2012 (Nr 13) *CLUBLAND IBIZA/CLUB-LAND IBIZA.*
13 Mitteilung Nr 6/05 vom 16.9.2005, ABl-HABM 2005, 1402.
14 Mitteilung Nr 6/05 vom 16.9.2005, ABl-HABM 2005, 1402, unter Nr 1 am Ende; EuG T- 277/06 vom 7.5.2009, GRUR Int 2009, 926 (Nr 48) *Omnicare.*

zu verstehen ist, als der Vortrag von Tatsachen und Beweismitteln zur Stützung des Widerspruchs.

34 Art 42 (1) Bestimmung bezieht sich nicht auf Zulässigkeitsmängel des Widerspruchs, deren Behebung keine »Stellungnahme« ist. Sie bezieht sich auch nicht auf die Erbringung des Benutzungsnachweises, die nicht »Stellungnahme zu einem Schriftsatz anderer Beteiligter« ist. Art 42 (2) regelt den Benutzungszwang, jedoch keine damit im Zusammenhang stehende Frist.

35 Fristen, die erst in R 15–22 bestimmt sind, fallen nicht unter Art 82 (2), denn die betreffenden Fristen müssen in den betreffenden Artikel »genannt« sein. Deshalb ergibt sich gemäß Mitteilung Nr 6/05[15] folgendes Bild:

36 Ausgeschlossen von der Weiterbehandlung sind die Frist nach R 19 (1) für die Substantiierung des Widerspruchs und den Nachweis der älteren Rechte,[16] die Frist der R 20 (1) für den Vortrag weiterer Tatsachen und Beweismittel innerhalb von 2 Monaten nach Ablauf der Cooling-off-Frist, die Frist der R 20 (3) für den Anmelder, hierauf zu antworten, und die Frist gemäß R 18 (3), sich zu äußern, ob der Widerspruch im Hinblick auf eine Einschränkung des VerzWDL durch den Anmelder aufrecht erhalten wird.

37 Der Ausschluss der Weiterbehandlung gilt für diese Fristen auch in der 2. Instanz. Die im Beschwerdeverfahren gesetzten Fristen zur Stellungnahme des Beschwerdegegners sind nach R 50 (1) Satz 2 ebenfalls von der Weiterbehandlung ausgeschlossen.[17] Die Frist für die Beschwerdebegründung ist schon durch die Verweisung auf Art 60 ausgeschlossen.

38 Nicht ausgeschlossen von der Weiterbehandlung sind die Frist nach R 16 (1) zur Übersetzung des Widerspruchs, da diese nicht vom Amt gesetzt wurde, die Frist nach R 17 (4) zur Beseitigung von Zulässigkeitsmängeln des Widerspruchs,[18] da Art 42 (1) nichts mit der Beseitigung von Mängeln zu tun hat, die Frist nach R 22 (1) zur Aufforderung, dass der Widersprechende die Benutzung nachweise, die Frist nach R 22 (2) für die Erbringung des Benut-

---

15  ABl-HABM 2005, 1402.

16  HABM-BK R 172/2008-G vom 14.10.2009 (Nr 26f) *VISTA/VISTAR*.

17  Anders HABM-BK R 1317/2011-1 vom 12.11.2012 *WOO/WU* (ohne Abs 2 überhaupt zu erwähnen).

18  Im Fall HABM-BK R 2575/2011-4 vom 24.8.2012 *CLUBLAND IBIZA/CLUB-LAND IBIZA* implizit vorausgesetzt.

zungsnachweises und die Frist nach R 22 (6) für die Übersetzung der Benutzungsunterlagen.[19]

### 6.7 Fristen für Beschwerde und Klage

Ausgeschlossen sind die Frist für die Beschwerde nach Art 60, Fristen im Abhilfeverfahren nach Art 62 und die Frist für die Erhebung der Klage zum EuG nach Art 65. **39**

Die Verweisung auf Art 60 schließt nicht nur die Frist für die Einlegung der Beschwerde, sondern auch zu deren Begründung ein. Dieser Ausschluss der Weiterbehandlung dient der Rechtssicherheit bezüglich des Eintritts der Rechtskraft einer Entscheidung.[20] Allerdings wenden die Beschwerdekammern R 96 (1) auf die Einreichung der Beschwerdebegründung in einer Nicht-Verfahrenssprache an. Da diese Frist nicht in Art 60 selbst bestimmt ist, wird die Weiterbehandlung in die Frist zur Einreichung einer Übersetzung der Beschwerdebegründung nach R 96 (1) gewährt.[21] **40**

Bei den Fristen nach Art 62 geht es um die Frist zur Stellungnahme für den Gegner, ob er der Abhilfe im zweiseitigen Verfahren zustimmt. **41**

Die Klagefrist vor dem EuG nach Art 65 war schon deshalb von der Weiterbehandlung auszuschließen, weil über die Weiterbehandlung das HABM zu entscheiden hätte, während die Klagefrist vor dem EuG gewahrt werden müsste. Die VerfO EuG sieht keine Weiterbehandlung vor. Eine solche in der GMV vorzusehen, hätte einen Eingriff in das Verfahrensrecht des EuG bedeutet. **42**

### 6.8 Löschungsverfahren

Fristen im Löschungsverfahren vor dem HABM sind in Absatz 2 nicht erwähnt und somit uneingeschränkt der Weiterbehandlung zugänglich. **43**

---

19 Ebenso von Mühlendahl, GRUR Int 2008, 687.
20 HABM-BK R 312/2009-4 vom 4.9.2009 (Nr 15f) *Q/QUADRATA*.
21 HABM-BK R 269/2006-4 vom 29.9.2006 (Nr 13) *ATEENWORLD*; wohl auch HABM-BK R 074/2006-1 vom 2.6.2006 (Nr 39) *NEURIM PHARMACEUTICALS/EURIM-PHARM*.

## 7 Verhältnis zu anderen Rechtsbehelfen

**44** Eine Entscheidung über die Weiterbehandlung ist nur dann obsolet, wenn ein Fall der Fristversäumnis in Wahrheit nicht vorgelegen hat; in diesem Fall ist auch die Gebühr zur erstatten (als Ausnahme vom Grundsatz der Erfolgsgebühr; siehe auch unter Art 81 Rdn 95–99). Ein Rechtsverlust ist dagegen nicht Voraussetzung für die Weiterbehandlung (anders als nach Art 81 (1)). Über die Weiterbehandlung ist also auch dann zu entscheiden, wenn das Amt die verspätete Handlung aus anderen Gründen berücksichtigen könnte oder die Fristversäumnis nach Art 76 entschuldigen könnte.[22]

**45** Beruht eine negative Entscheidung auf einer Fristversäumnis, so kann Beschwerde eingelegt und gleichzeitig Weiterbehandlung beantragt werden. Über die Weiterbehandlung hätte dann zuerst die erste Instanz zu entscheiden.[23] Wird diese gewährt, so wird die Beschwerde gegenstandslos, da die angegriffene Entscheidung wirkungslos wird, somit die Beschwerde kein Ziel mehr hat. Es wäre hier fehlerhaft, beide Rechtsbehelfe in ein Haupt- und Hilfsverhältnis zu stellen, da es eine hilfsweise eingelegte Beschwerde nicht gibt und andererseits nach einer Beschwerdeentscheidung nachträglich für die Gewährung einer Weiterbehandlung kein Raum mehr ist.

**46** Gleichzeitig Wiedereinsetzung und Weiterbehandlung zu beantragen, macht nur Sinn, wenn man sich nicht sicher ist, ob die – gegenüber der Wiedereinsetzung kürzere – Weiterbehandlungsfrist gewahrt ist. In jedem Fall ist die höhere der beiden Gebühren, nämlich 400 Euro, zu entrichten. Mangels Rechtschutzbedürfnisses ist es dann unzulässig, beide Rechtsbehelfe in ein Haupt- und Hilfsverhältnis in der Weise zu setzen, dass das Amt zunächst über die Wiedereinsetzung entscheiden solle,[24] da der Weiterbehandlungsantrag in jedem Falle begründet ist, wenn die Weiterbehandlungsfrist gewahrt ist, umgekehrt bei verspäteter Stellung des Weiterbehandlungsantrags dieser als nicht gestellt wird, da auch die Gebühr dann verspätet ist.[25]

---

22  AA von Mühlendahl, GRUR Int 2008, 689.
23  Anders Pfleghar/Schramek, MarkenR 2007, 288.
24  AA von Mühlendahl, GRUR Int 2008, 689.
25  In HABM-BK R 074/2006-1 vom 2.6.2006 (Nr 12, 36, 41) *NEURIM PHARMACEUTICALS/EURIM-PHARM* offengelassen, doch wurde zuerst Weiterbehandlung geprüft.

## 8 Unterschiede und Gemeinsamkeiten zur Wiedereinsetzung

Zusammenfassend soll hier ein kurzer Überblick über die Unterschiede und 47
Gemeinsamkeiten von Wiedereinsetzung und Weiterbehandlung gegeben
werden.

Die Frist für die Weiterbehandlung beginnt mit Eintritt der Säumnis, für die 48
Wiedereinsetzung erst ab Wegfall des Hindernisses. Die Weiterbehandlungsgebühr ist doppelt so hoch, wird jedoch nur einbehalten, wenn die Weiterbehandlung gewährt wird (Erfolgsgebühr). Für die Wiedereinsetzung ist eine
detaillierte Begründung erforderlich und das Einhalten höchster Sorgfalt
nachzuweisen; für die Weiterbehandlung ist keine Begründung und kein
Sorgfaltsmaßstab erforderlich. Die Weiterbehandlung lässt anders als die
Wiedereinsetzung keine Zwischenbenutzungsrechte gutgläubiger Dritter entstehen.

Nur der Wiedereinsetzung, nicht der Weiterbehandlung zugänglich sind die 49
Prioritätsfristen, die Frist für die Zahlung der Anmeldegrundgebühr, die
Fristen für die Einreichung einer Beschwerde oder Klage, die Frist für die
Stellung des Umwandlungsantrags und die Stellungnahmefristen im Wider-
spruchsverfahren.

Nur der Weiterbehandlung, nicht der Wiedereinsetzung zugänglich ist die 50
Frist nach R 22 (1), vom Widersprechenden den Benutzungsnachweis zu
verlangen.

Weder der Wiedereinsetzung noch der Weiterbehandlung zugänglich sind 51
die Fristen für die Beantragung einer Weiterbehandlung oder Wiedereinsetzung, die Widerspruchsfrist, die Frist für die Übermittlung der Anmeldung
durch das nationale Amt gemäß Art 25 und die in Art 62 genannten Fristen.

## 9 Übergangsregelung

Art 82 gilt mit Wirkung vom 25.7.2005. Dies bedeutet, dass nach diesem 52
Zeitpunkt Anträge auf Weiterbehandlung gestellt werden können, auch
wenn die versäumte Frist vor dem 25.7.2005 ablief. Auch ist die Weiterbehandlung zulässig, wenn das zugrunde liegende Verfahren bereits vor dem
25.7.2005 begonnen hatte. Maßgeblich ist allein der Zeitpunkt der Stellung
des Antrags, vorausgesetzt, dass zu diesem Datum alle Antragsvoraussetzungen erfüllt waren.

## Artikel 83 (ex Artikel 79)   Heranziehung allgemeiner Grundsätze

Soweit diese Verordnung, die Durchführungsverordnung, die Gebührenordnung oder die Verfahrensordnung der Beschwerdekammern Vorschriften über das Verfahren nicht enthält, berücksichtigt das Amt die in den Mitgliedstaaten im allgemeinen anerkannten Grundsätze des Verfahrensrechts.

*Schennen*

### 1   Allgemeines

1   Die GMV und die DV enthalten eine vollständige Regelung nicht nur des materiellen Gemeinschaftsmarkenrechts, sondern auch des anwendbaren Verfahrensrechts. Gleichwohl hat der Gesetzgeber die Notwendigkeit gesehen, für den Fall, dass Lücken bestehen bleiben, eine Verweisung auf die in den Mitgliedstaaten anerkannten Rechtsgrundsätze vorzusehen. Hierzu bestimmt Art 83, dass, soweit die GMV, die DV usw keine Verfahrensvorschriften enthalten, das HABM die in den Mitgliedstaaten allgemein[1] (nicht »im allgemeinen«) anerkannten Grundsätze des Verfahrensrechts berücksichtigt.

2   Enthalten die Verordnungen keine ausdrücklichen Regelungen, so sind die erforderlichen Rechtssätze zunächst durch Auslegung zu gewinnen. Hierfür sind die allgemeinen geltenden Grundsätze der Auslegung von Rechtsvorschriften heranzuziehen, wie sie in den Mitgliedstaaten und in der Rechtslehre im Allgemeinen anerkannt sind und auch vom EuGH in ständiger Rspr angewendet werden. In den meisten Fällen wird sich danach ergeben, dass ei-

---

1   So auch Ekey/Klippel/Bender, GMV, Art 130 Rn 53.

ne Regelungslücke, die durch Rückgriff auf nationales Recht geschlossen werden müsste, in Wirklichkeit nicht besteht. Soweit Regelungsbedarf gesehen werden mag, ist in erster Linie der Gesetzgeber gefordert, der mit VO Nr 422/2004 und VO Nr 1041/05 eine Reihe verfahrensrechtlicher Klärungen vorgenommen hat.

Nur wenn eine echte Lücke besteht,[2] so verweist Art 83 auf die in den Mit- **3** gliedstaaten allgemein anerkannten Grundsätze des Verfahrensrechts. Auffällig ist zunächst, dass nicht auf Grundsätze des EG-Rechts verwiesen wird. Was das Verfahrensrecht der Mitgliedstaaten angeht, so ist primär zu fragen, ob die in den Mitgliedstaaten etwa geltenden Grundsätze sich überhaupt auf vergleichbare Verfahren beziehen. Fehlt es an der Vergleichbarkeit der Verfahren – zB bei der Abhilfe, Art 61 – so scheidet eine Anwendung von Grundsätzen des Verfahrensrechts der Mitgliedstaaten ohnehin aus. Ferner ist problematisch, ob Verfahrensgrundsätze des Rechts im Allgemeinen oder spezifische Verfahrensgrundsätze des Markenrechts Anwendung finden sollen. Auch hierbei sind wesentliche Unterschiede zu berücksichtigen; so ist etwa das Widerspruchsverfahren im deutschen Recht kaum in seiner verfahrensrechtlichen Ausgestaltung mit dem nach der GMV vergleichbar. In Betracht kommt im übrigen auch die Anwendung allgemeiner Grundsätze des materiellen Rechts, zB über die Wirksamkeit von Willenserklärungen.

Der Rekurs auf nationale Rechtsgrundsätze wird weiter dadurch einge- **4** schränkt, dass die GMV und DV konventionsfreundlich und unter Berücksichtigung der völkerrechtlichen Verpflichtungen der EG auszulegen sind, zu denen das TRIPS-Abkommen gehört. Art 41 TRIPS-Abkommen bestimmt einige allgemeine Verfahrensgrundsätze, wie »faire und gerechte« und nicht »unnötig komplizierte und kostspielige« Verfahren, die, wie sich aus Art 41 (4) TRIPS-Abkommen ergibt, nicht nur für Zivilgerichte, sondern auch für Markenämter gelten. Diese Grundsätze sind andererseits extrem unscharf formuliert und jedenfalls nicht self-executing. Weitere verfahrensrechtliche Grundsätze ergeben sich aus dem TLT II vom 27.3.2006, dem die EG beizutreten beabsichtigt.

Bisher war der Rückgriff auf Art 83 erfolglos, meist auch unsubstantiiert. **5** In keinem einzigen Fall konnte so das Gemeinschaftsmarkenverfahrensrecht sinnvoll durch nationales Recht ergänzt werden. Angesichts des bereits jetzt erreichten gemeinschaftlichen und international-konventionsrecht-

---

2 EuG T-223/08 vom 3.12.2009 (Nr 26) *Bahman*.

lichen Standes der Harmonisierung des Verfahrensrechts des gewerblichen Rechtsschutzes ist Art 83 eher kontraproduktiv, indem er gelegentlich Parteien ermuntert, das eigene gewohnte nationale Verfahrensrecht als allgemein geltende Grundsätze zu deklarieren.

## 2 Einzelfälle

**6**  Art 83 ist nicht einschlägig, wenn die betr Frage in der GMV selbst geregelt ist. Er greift nur ein, wenn eine ergänzungsbedürftige Lücke oder Unklarheit vorliegt.[3] Das gilt erst recht, wenn unklar ist, warum es auf das nationale Recht ankommt oder wie der Kläger beschwert ist.[4] Erfolglos berufen sich Kläger meistens nur auf ihr eigenes nationales Recht. Art 83 setzt aber voraus, dass der Kläger das Recht aller oder der meisten Mitgliedstaaten darlegt,[5] was als Tatfrage nicht dem Prinzip iura novit curia unterliegt.[6]

**7**  Die verfahrensrechtlichen Regelungen der GMV und der DV sind grundsätzlich abschließend. So ist Art 83 nicht relevant im Rahmen der Verfahrensgrundsätze der Art 75 und 76,[7] für die Antragsbefugnis im Nichtigkeitsverfahren (Art 56)[8] oder im Verfallsverfahren,[9] für die Frage, wer vor dem HABM vertreten darf,[10] für die Berechtigung mehrerer Personen, gemeinsam Widerspruch einzulegen[11] und die Fristberechnung bei Zustellung eines Telefax an einem Sonntag.[12]

**8**  Es stellt keine Gesetzeslücke dar, dass die GMV keine Prozesskostenhilfe vorsieht.[13] Hierbei handelt es sich um eine bewusste Entscheidung des Gesetzgebers (siehe oben, Rdn 3).

---

3  EuG T-072/08 vom 27.9.2010 (Nr 76) *Smartwings/Eurowings*; EuG T-535/08 vom 27.9.2012 (Nr 109, 111) *Emidio Tucci/Tuzzi*.
4  EuG T-321/07 vom 3.3.2010 (Nr 86) *A+/AirPlus International*.
5  EuG T-160/07 vom 8.7.2008 (Nr 28) *Color Edition*.
6  HABM-BK R 001/1998-2 vom 7.10.1998 *Déclic*.
7  EuG T-535/08 vom 27.9.2012 (Nr 109, 111) *Emidio Tucci/Tuzzi*.
8  EuG T-160/07 vom 8.7.2008, Slg 2008 II-1733 (Nr 27) *Color Edition*.
9  EuG T-223/08 vom 3.12.2009 (Nr 26) *Bahman*.
10  HABM-BK R 770/2002-1 vom 16.7.2003 (Nr 24) *X-ACTIVE/V-AKTIV*.
11  HABM-BK R 623/1999-1 vom 11.10.2000 (Nr 17) *EMULTEX/EMULTECH*.
12  HABM-BK R 068/1999-2 vom 8.11.2000, Mitt. 2001, 311 *FELINE PLUS*.
13  HABM-BK R 950/2007-3 vom 18.7.2007 (Nr 13f) *Mini-Fußball-Trikot* (zur GGV).

Mitunter haben die HABM-BK Dinge als allgemeine Rechtsgrundsätze aus- 9
gegeben, die in der GMV klar geregelt sind.[14] Eine praktische Auswirkung
von Art 83 war in keinem Fall gegeben.

## 3 Allgemeine Grundsätze des EG-Rechts

Weitaus häufiger greifen EuG und Beschwerdekammern auf allgemeine 10
Grundsätze des EG-Rechts zurück.

Diese Grundsätze sind andererseits wiederum so allgemein, dass sie für je- 11
weils ganz unterschiedliche Erwägungen in Anspruch genommen werden
können, zB der Grundsatz der Rechtssicherheit für die Bestandskraft von
Entscheidungen (zugunsten des Markeninhabers) ebenso wie für die Eindeutigkeit der Markenwiedergabe und des Inhalts des Registers (zu Lasten des
Markenanmelders).

### 3.1 Gleichbehandlungsgrundsatz

Der Gleichbehandlungsgrundsatz gilt, doch muss er stets in Einklang ge- 12
bracht werden mit dem Gebot rechtmäßigen Handelns, so dass sich niemand auf eine fehlerhafte Rechtsanwendung zugunsten eines anderen berufen kann, um eine identische Entscheidung zu erlangen.[15] Er muss auch mit
dem Grundsatz der Rechtssicherheit in Einklang gebracht werden.[16] Er bedeutet letztlich, wie bei Art 3 des Grundgesetzes, nur, dass gleiches gleich
und ungleiches ungleich behandelt werden soll und nicht aus sachwidrigen
Gründen diskriminiert werden darf. Solches fiele unter die Definition des
Ermessensmissbrauchs in Art 65[17] und stellt einen eigenen Klagegrund zum
EuG dar (siehe unter Art 65 Rdn 15). Absolut diskriminierend und damit

---

14 So in HABM-BK R 184/2001-3 vom 26.9.2001 (Nr 14) *SMARTGUARD/
   SMARTPASS* – zum rechtlichen Gehör; und in HABM-BK R 327/2000-3 vom
   12.9.2001 (Nr 10) *INTERACTIVE MAGAZINE* - zur Möglichkeit der Zurücknahme der Beschwerde.
15 EuGH C-188/83 vom 9. 10.1984 (Nr 15), Slg 1984, 3465 *Witte/Parlament*,
   EuGH C-039/08, Beschluss vom 12.2.2009, MarkenR 2009, 201 (Nr 18) *Volkshandy*; EuG T-106/00 vom 27.2.2002, ABl-HABM 2002, 1090 (Nr 66–69) *Streamserve*.
16 EuGH C-051/10 vom 10.3.2011 (Nr 77) *1000*.
17 EuG T-019/99 vom 12.1.2000, GRUR 2000, 429 (Nr 33) *Companyline*.

rechtswidrig ist das Abstellen auf die in Art 10 EU-V genannten Kriterien. Berufungen auf eine Praxis des Amtes zu identischen oder gar nur angeblich ähnlichen Marken waren vor dem Amt soweit ersichtlich noch nie erfolgreich (Einzelheiten unter Art 37 Rdn 15).

### 3.2 Grundsatz der Rechtssicherheit

13 Der Grundsatz der Rechtssicherheit folgt schon aus dem Grundprinzip des Gemeinschaftsmarkensystems, das nur eine GM kraft Eintragung kennt (Art 6), so dass der Gegenstand des Schutzrechts (dh die Marke und die Waren und Dienstleistungen) aus dem Register zweifelsfrei ersichtlich sein muss. So verlangt der EuGH, dass die Wiedergabe der Marke dauerhaft, in sich abgeschlossen, leicht zugänglich und objektiv sein muss[18] und der Gegenstand des Schutzrechts für Dritte zweifelsfrei ermittelbar sein muss.[19] Dabei handelt es sich unbeschadet der Auswirkungen in den verschiedenen Stadien des Prüfungsverfahrens um ein Gebot materiellen Rechts.[20] Auch das Gebot der vollständigen Prüfung vor der Eintragung findet seine Grundlage im Gebot der Rechtssicherheit.[21] Aus ihm folgen auch strenge Anforderungen an eine Änderung der Marke.[22]

### 3.3 Prinzip des Vertrauensschutzes

14 Auch der Grundsatz des Vertrauensschutzes, soweit es einen so vagen Grundsatz überhaupt geben kann, steht unter dem Vorbehalt des Gebots rechtmäßigen Handelns. Die Berufung auf Vertrauensschutz setzt eine eindeutige Zusicherung der Verwaltung voraus, die bestimmte Erwartungen geweckt hat. Die Partei kann sich nur auf Zusagen berufen, deren Inhalt nicht gegen

---

18  EuGH C-273/00 vom 12.12.2002, ABl-HABM 2003, 728 = GRUR 2003, 145 (Nr 37) *Sieckmann/Geruchsmarke.*

19  EuGH C-049/02 vom 24.4.2004, ABl-HABM 2005, 328 = GRUR 2004, 858 (Nr 35) *Heidelberger*; EuGH C-307/10 vom 19.6.2012, GRUR Int 2012, 749 (Nr 40-49) *IP Translator.*

20  EuGH C-307/10 vom 19.6.2012, GRUR Int 2012, 749 (Nr 40) *IP Translator.*

21  EuGH C-104/01 vom 6.5.2003, ABl-HABM 2003, 1734 (Nr 59) *Libertel*; EuGH C-051/10 vom 10.3.2011 (Nr 77) *1000.*

22  HABM-BK R 007/1997-3 vom 12.2.1998, ABl-HABM 1998, 898 (Nr 10) *Orange*; HABM-BK R 200/1998-3 vom 29.4.1999 (Nr 13) *EDITORIAL PLANETA.*

Rechtsvorschriften verstößt.[23] Geschützt ist nur berechtigtes Vertrauen, und ein solches kann weder durch das einseitige Verhalten der Partei, der es zugute käme,[24] noch durch eine oberflächliche oder einseitige Auslegung des Inhalts amtlicher Bescheide[25] begründet werden.

### 3.4 Angemessene Frist

Das EuG nimmt die Existenz eines Grundsatzes einer angemessenen Frist 15 an, lehnt aber praktische Folgerungen daraus ab; eine angeblich zu lange Verfahrensdauer ist kein Aufhebungsgrund.[26] Weder kann sich der Anmelder auf Zusagen betr einer bestimmten Verfahrensdauer berufen, noch führt ein Zeitablauf dazu, dass eine Marke nicht mehr beanstandet werden könnte.[27] Jedenfalls gibt es nach dem System der GMV keine Untätigkeitsklage (siehe auch unter Art 59 Rdn 7); eventuellen Rückständen wäre durch inneramtliche Maßnahmen Rechnung zu tragen, nicht im Wege von Rechtsmittelverfahren.

### 3.5 Rechtsmittelfähigkeit bestätigender Entscheidungen

Gegen eine bestätigende Entscheidung kann Rechtsmittel eingelegt werden, 16 wenn die ursprüngliche Entscheidung noch nicht bestandskräftig war, als die bestätigende Entscheidung erlassen wurde;[28] Einzelheiten siehe unter Art 58 Rdn 8. Das folgt schon aus allgemeinen Grundsätzen des EG-Rechts und hätte von der HABM-BK nicht auch noch auf Art 83 und die allgemein in den Mitgliedstaaten geltenden Grundsätze des nationalen Verfahrensrechts gestützt werden brauchen, da es allgemein in den Mitgliedstaaten keine Beschwerdeverfahren innerhalb des Amtes gibt.

---

23  EuG T-304/06 vom 9.7.2008 (Nr 64) *Mozart*; EuG T-523/10 vom 27.6.2012 (Nr 83) *Mybaby/Mybaby*.

24  EuG T-107/02 vom 30.6.2004 (Nr 87), ABl-HABM 2005, 206 *Biomate*.

25  EuG T523/10 vom 27.6.2012 (Nr 97, 105) *Mybaby/Mybaby*.

26  EuG T-242/02 vom 13.7.2005, GRUR Int 2005, 908 (Nr 51 ff) *Top*.

27  EuG T-293/10 vom 14.6.2012 (Nr 38f) *Seven squares of different colours*.

28  HABM-BK R 016/1997-3 vom 10.9.1998 (Nr 27) *CAMPUS TALK*.

## Artikel 84 (ex Artikel 80)  Beendigung von Zahlungsverpflichtungen

(1) Ansprüche des Amts auf Zahlung von Gebühren erlöschen nach vier Jahren nach Ablauf des Kalenderjahres, in dem die Gebühr fällig geworden ist.

(2) Ansprüche gegen das Amt auf Rückerstattung von Gebühren oder von Geldbeträgen, die bei der Entrichtung einer Gebühr zuviel gezahlt worden sind, erlöschen nach vier Jahren nach Ablauf des Kalenderjahres, in dem der Anspruch entstanden ist.

(3) Die in Absatz 1 vorgesehene Frist wird durch eine Aufforderung zur Zahlung der Gebühr und die Frist des Absatzes 2 durch eine schriftliche Geltendmachung des Anspruchs unterbrochen. Diese Frist beginnt mit der Unterbrechung erneut zu laufen und endet spätestens sechs Jahre nach Ablauf des Jahres, in dem sie ursprünglich zu laufen begonnen hat, es sei denn, dass der Anspruch gerichtlich geltend gemacht worden ist; in diesem Fall endet die Frist frühestens ein Jahr nach der Rechtskraft der Entscheidung.

*Schennen*

### 1. Allgemeines

1   Die Vorschrift regelt die Beendigung von Zahlungsverpflichtungen für Gebühren, die an das HABM zu zahlen sind. Sie verwirklicht das Gebot der Rechtssicherheit, zugunsten der Gebührenschuldner und zugunsten des Amtes. Die Ansprüche erlöschen unmittelbar nach Ablauf einer Frist von vier Jahren, ohne dass sich der Verpflichtete darauf berufen müsste, wie bei der Einrede der Verjährung. Beträge, die nach Ablauf der Frist gleichwohl noch gezahlt wurden, sind nach den Grundsätzen der ungerechtfertigten Bereicherung zu erstatten.

Die Vorschrift betrifft Ansprüche des HABM auf Zahlung von Gebühren 2
(Art 84 (1)), Ansprüche einer Privatperson gegen das HABM auf Erstattung
von Gebühren oder zuviel gezahlten Beträgen (Art 84 (2)) und die Unterbrechung der Frist für das Erlöschen der Zahlungsverpflichtung (Art 84 (3)).

Die Vorschrift wird ergänzt durch R 74 (Verzicht auf Beitreibung).. 3

## 2. Ansprüche des Amtes

Art 84 (1) betrifft nur Gebühren gemäß Art 2 GebV. Ansprüche des HABM 4
auf Zahlung von Gebühren erlöschen 4 Jahre nach Ablauf des Kalenderjahrs,
in dem die Gebühr fällig geworden ist.

Es sind hier nur drei Fälle denkbar, die gemeinsam haben, dass Unklarheiten 5
oder Streit über die Wirksamkeit einer Zahlung entstand: Es wurde entgegen
den gesetzlichen Vorschriften eine beantragte Verfahrenshandlung vorgenommen, obwohl die Gebühr nicht gezahlt war (es wurde versehentlich unterlassen, zu prüfen, ob die Gebühr gezahlt war).[1] Es wurde Anweisung gegeben, ein laufendes Konto zu belasten, doch wurde zunächst nicht abgebucht,
weil Streit über die Wirksamkeit der Verfahrenshandlung entstand, doch
wird später entschieden, dass die Gebühr doch fällig wurde.[2] Es wurde eine
bereits gezahlte Gebühr erstattet, obwohl sich später herausstellt, dass sie verfallen war (zB wurde eine Widerspruchs- oder Beschwerdegebühr zurückgezahlt, weil kein Eingang eines Widerspruchs oder einer Beschwerde festgestellt wurde, doch wurde diese später aufgefunden).

Nicht anwendbar ist Art 84 (2) im Regelfall, wenn die GMV für den Fall
der Nichtzahlung der Gebühr eine negative Rechtsfolge eintritt: Verschiebung des Anmeldetags der GMA auf den Tag der Zahlung der Anmeldegrundgebühr (R 9 (2) Satz 1), Fiktion der Zurücknahme bei Nichtzahlung
von Klassengebühren (R 9 (5)), Fiktionen der Nichteinreichung von Rechts-
mitteln und Anträgen wie Widerspruch oder Beschwerde (Art 41 (3) Satz 2,
Art 60 Satz 2) oder eines Antrag auf Akteneinsicht (R 89 (1) Satz 3). In diesen Fällen bleibt es bei der im Gesetz für den Fall der Nichtzahlung angeordneten Rechtsfolge, und eine Beitreibung der Gebühr erfolgt nicht. Obwohl
dem HABM ein öffentlich-rechtlicher Anspruch auf Zahlung der Gebühr
zusteht und es nicht im freien Belieben des Beteiligten steht, ob er die Ge-

---

1 Ströbele/Kirschneck, MarkenG, § 64a Rn 18.
2 So im Fall HABM-BK R 1148/2009-4 vom 29.4.2010, *SPAR ESHELF/SPAR*.

bühr zahlt oder nicht, sind doch die Zahlungsansprüche des HABM nur dann vollstreckbar, wenn nicht eine anderweitige Rechtsfolge angeordnet ist.[3] Wohl faktisch, nicht aber rechtlich[4] steht die Zahlung im Belieben des Beteiligten. Vollstreckbar ist die Gebührenschuld aber deshalb nicht, weil nach Eintritt der für den Fall der Nichtzahlung angeordneten Rechtsfolge (zB Fiktion der Zurücknahme der Anmeldung oder der Nichtstellung des Antrags) ein gebührenpflichtiger Antrag oder sonstiger Tatbestand (Widerspruch usw) nicht mehr vorhanden ist (siehe auch unter Art 144 Rdn 10).

6 Auch bei Zuschlägen ist die Zahlung des Zuschlags Voraussetzung für die Gültigkeit der Rechtshandlung: Nach Art 8 GebV gilt bei Nichtzahlung des Zuschlags die ursprüngliche Zahlungsfrist als versäumt.

Bei Zuwenigzahlung gilt entweder die Zahlungsfrist als insgesamt versäumt, so dass die negativen Rechtsfolgen eintreten, oder es wird der fehlende Betrag als geringfügig niedergeschlagen gemäß Art 9 (2) GebV mit der Folge, dass der Anspruch erlischt und auch später nicht beigetrieben werden kann.

7 Art 84 (1) wäre nur für solche Gebühren anwendbar, deren Fälligkeit sich nicht aus der GMV oder der DV ergibt, Art 4 (1) GebV, und für die nach Art 4 (2) GebV die Vornahme der gebührenpflichtigen Leistung nicht von der vorherigen Zahlung der Gebühr abhängig gemacht wurde; solche Gebühren gibt es aber in der Praxis nicht.

8 Vollstreckbare Ansprüche des HABM ergeben sich für die Kosten einer Beweisaufnahme in den Fällen, in denen nach R 59 (5) (b) der Beteiligte, der die Beweisaufnahme beantragt hat, für deren Kosten haftet. Dies ist dann der Fall, wenn das HABM von der Möglichkeit, die Durchführung der Beweisaufnahme von einem Kostenvorschuss abhängig zu machen, keinen Gebrauch gemacht hat. Das HABM trifft dann die Kostenentscheidung zu Lasten des unterliegenden Beteiligten, in der die Verpflichtung zur Erstattung der Kosten der Beweisaufnahme gegenüber dem HABM ausgesprochen wird; Art 85 (1) wird insoweit durch R 59 (5) überlagert. Die Kostenfestsetzung erfolgt nach Art 85 (6) von Amts wegen; die Entscheidung kann das HABM nach Art 82 zu seinen Gunsten vollstrecken. Auch für diese Kosten gilt Art 84 (2) nicht.

---

3 Ebenso Benkard/Schäfers, PatG, vor § 17 Rn 8, 71.
4 Benkard/Schäfers, PatG, vor § 17 Rn 8.

Art 84 (1) gilt nicht für Preise, die der Präsident des HABM nach 9
Art 3 GebV festsetzt. Die GebV unterscheidet klar zwischen Gebühren und
Preisen (Art 1 GebV), durchgängig für alle Bestimmungen der GMV, die
den Begriff »Gebühren« verwenden. Bei Preisen handelt es sich um privatrechtliche Entgelte, zB für die Lieferung von Publikationen. Die Verjährung
richtet sich nach dem anwendbaren nationalen Recht, idR nach spanischem
Recht.

Das Erlöschen des Gebührenanspruchs tritt 4 Jahre nach Ablauf des Jahres 10
ein, in dem die Gebühr fällig geworden ist. Ist zB die Gebühr am
11.11.1997 fällig geworden, so tritt das Erlöschen am 31.12.2001 ein.

Es handelt sich nicht um eine Frist, sondern um einen Termin.[5] R 70–72 11
sind nicht anwendbar, und es ist unerheblich, ob einer der maßgeblichen Tage ein Sonn- oder Feiertag war. Eine Wiedereinsetzung (Art 78) ist ausgeschlossen.

### 3. Ansprüche von Privatpersonen

Art 84 (2) regelt das Erlöschen von Ansprüchen von Privatpersonen gegen 12
das HABM auf Rückerstattung von Gebühren oder von zuviel gezahlten
Geldbeträgen.

Art 84 (2) betrifft fünf Fälle: rechtsgrundlos gezahlte Gebühren, unmotivier- 13
te Zahlungen, zuviel gezahlte Gebühren, gesetzlich vorgesehene Rückerstat-
tungsansprüche und verfrühte Zahlungen.

Rechtsgrundlos ist eine Gebühr zB gezahlt, wenn ein gebührenpflichtiger
Antrag gar nicht vorlag. Dies kann praktisch werden, wenn diese Tatsache
erst später festgestellt wird, wenn zB eine Widerspruchs- oder Beschwerdegebühr gezahlt wurde und der Beteiligte zu Unrecht geltend machte, innerhalb
der Frist auch den Widerspruch oder die Beschwerde eingereicht zu haben.
Dies ist also sozusagen der umgekehrte Fall von Rdn 7.

Darunter fallen auch Zahlungen, die keinem Verfahren zugeordnet werden
können oder die in der irrtümlichen Annahme erfolgten, für eine Verfahrenshandlung bestehe eine Gebührenpflicht, zB für einen mittlerweile gebührenfreien Antrag auf Eintragung eines Rechtsübergangs. Auch dabei handelt es sich letztlich um einen Fall einer rechtsgrundlosen Zahlung.

---

5 Unzutreffend Bender, Mitt. 2006, 63.

Zuviel gezahlte Gebühren werden nach Art 10 GebV von Amts wegen zurückgezahlt, es sei denn, dass der überschüssige Betrag geringfügig ist. Was »geringfügig« ist, wird durch Beschluss des Präsidenten des HABM festgesetzt. Seit dem 1.1.2003 beträgt die Grenze 15 Euro.[6] Überschüssige Beträge bis zu diesem Betrag werden nur auf ausdrücklichen Antrag erstattet (siehe auch unter Art 144 Rdn 42).

14 Den Anspruch auf Rückerstattung einer – zunächst wirksam und auch in voller Höhe – gezahlten Gebühr sieht die GMV in folgenden Fällen vor: Nach R 9 (2) Satz 3 werden die Anmeldegrundgebühr und die Klassengebühren zurückgezahlt, wenn die Anmeldung nicht als GMA behandelt wird, weil auch nach Fristsetzung die Erfordernisse für die Zuerkennung eines Anmeldetages nicht erfüllt worden sind. Nach R 18 (5) wird die Widerspruchsgebühr erstattet, wenn die GMA während der cooling-off-Frist zurückgenommen wird. Nach R 21 (4) wird 50% der Widerspruchsgebühr erstattet, wenn sich ein Widerspruch erledigt, weil das HABM auf einen anderen Widerspruch hin die GMA zurückgewiesen hat. Nach R 51 wird die Beschwerdegebühr in bestimmten Fällen erstattet. Schließlich ist die Gebühr immer dann zu erstatten, wenn ihre Zahlung Voraussetzung dafür ist, dass ein Antrag, der Widerspruch oder die Beschwerde als eingelegt gilt, die Zahlung aber nicht zu einem wirksamen Antrag, Widerspruch oder Beschwerde geführt hat, weil die Zahlung entweder unvollständig oder nach Ablauf der Zahlungsfrist eingegangen ist.

15 Schließlich fällt darunter die verfrühte Zahlung von Gebühren, wenn vor dem Fälligwerden der Gebühr die GMA oder GM wegfällt,[7] etwa wenn vor Eintritt der Fälligkeit zunächst die Verlängerungsgebühr gezahlt und dann auf die GM verzichtet wird.

16 Der Anspruch besteht zugunsten desjenigen, der die Gebühr ursprünglich gezahlt hatte. Dies kann ein Dritter sein, der die Gebühr gezahlt hatte.

17 Das Erlöschen tritt vier Jahre nach Ablauf des Jahres ein, in dem der Anspruch entstanden ist.

18 Ist zB der Anspruch am 10.10.1997 entstanden, so tritt das Erlöschen am 31.12.2001 ein.

---

6 Beschluss Nr EX-03–6 vom 20.1.2003, ABl-HABM 2003, 876.
7 Siehe Benkard/Schäfers, PatG, vor § 17 Rn 32.

*Schennen*

Der Anspruch auf Rückerstattung entsteht bei Zuvielzahlung mit dem Zeit- 19
punkt der Zahlung (siehe Art 8 GebV), nicht erst mit dem Ablauf der Zahlungsfrist. In den Fällen, in denen die DV die Erstattung vorsieht, entsteht
der Anspruch mit dem Zeitpunkt, zu dem die Entscheidung des HABM
über den Widerspruch oder die Beschwerde bestandskräftig wird bzw zu
dem die nach R 9 (2) Satz 1 gesetzte Frist abläuft.

In allen anderen Fällen entsteht der Rückerstattungsanspruch, wenn fest- 20
steht, dass die Gebühr nicht mehr fällig werden kann.

Eine Wiedereinsetzung in die Möglichkeit, das Erlöschen des Anspruchs 21
durch Geltendmachung zu unterbrechen (Art 81(3)), ist ausgeschlossen.

### 4. Unterbrechung

Nach Art 84 (3) wird die Vierjahres-»Frist« durch bestimmte Handlungen 22
unterbrochen:
– Bei Ansprüchen des HABM durch eine einfache Aufforderung zur Zahlung der Gebühr;
– bei Ansprüchen von Privatpersonen durch schriftliche Geltendmachung
  des Anspruchs, die durch einfaches, an das HABM adressiertes Schreiben
  zu erfolgen hat. Es kommt nicht darauf an, welche Stelle innerhalb des
  HABM für die Rückerstattung oder die Beitreibung des Anspruchs zuständig wäre. Das Schreiben bedarf nach R 79 der Unterschrift.

Nach Art 84 (3) Satz 2 beginnt die »Frist« mit dieser Aufforderung oder Gel- 23
tendmachung erneut zu laufen. Jedoch wird nicht eine erneute Frist in Gang
gesetzt, sondern die ursprüngliche Frist von vier Jahren auf sechs Jahre hi-
nausgeschoben, unabhängig davon, zu welchem Zeitpunkt die Geltendmachung oder Aufforderung erfolgt. In den unter Rdn 10, 18 genannten Beispielen träte dann das Erlöschen erst am 31.12.2003 ein. Ausnahme ist
jedoch, wenn der Anspruch gerichtlich geltend gemacht wird; dann tritt das
Erlöschen erst ein Jahr nach der Rechtskraft der gerichtlichen Entscheidung
ein.

Die Privatperson kann den Anspruch auf Gebührenrückerstattung mit pri- 24
vatrechtlichen Mitteln nicht durchsetzen. Dem stehen der öffentlichrecht-
liche Charakter dieses Anspruchs und die Immunität des HABM (Art 117)
entgegen. Die Privatperson sollte daher die schriftliche Geltendmachung des
Anspruchs (Art 84 (3) Satz 1) damit verbinden, für den Fall der Ablehnung
eine beschwerdefähige Entscheidung zu verlangen. Zuständig wird dann die

Marken- und Musterverwaltungs- und Rechtsabteilung (Art 133). Gegen die Ablehnung der Rückerstattung kann die Privatperson dann Beschwerde einlegen.

## 5. Beitreibung

25 Nicht geregelt in der GMV ist, wie das HABM Ansprüche auf Zahlung von Gebühren durchsetzen kann. Der Zivilrechtsweg scheidet aus, da es sich nicht um privatrechtliche Forderungen handelt. Hat der Betreffende ein laufendes Konto, so kann die Gebühr abgebucht werden, weil der Inhaber des laufenden Kontos zugestimmt hat, dass sein Konto mit allen fälligen Gebühren belastet werden kann (siehe unter Art 144 Rdn 27). Andernfalls kommt der Erlass eines Leistungsbescheids in Betracht, entsprechend dem verwaltungsrechtlichen Grundsatz, dass eine Behörde den materiellrechtlichen Anspruch selbst vollstrecken kann.[8]

26 Ein solcher Leistungsbescheid wäre in zumindest analoger Anwendung von Art 86 (2) als ein vollstreckbarer Titel anzusehen, aus dem nach nationalem Recht die Zwangsvollstreckung betrieben werden kann. Hierfür spricht auch R 74, der mit dem Begriff »Beitreibung« eine Durchsetzung des Anspruchs mit öffentlichrechtlichen Mitteln vorgibt.

27 Nach R 74 kann der Präsident des HABM von der Beitreibung der Gebühren absehen, wenn der beizutreibende Betrag unbedeutend oder die Beitreibung zu ungewiss ist.

28 R 74 gilt auch für die Beitreibung anderer geschuldeter Geldbeträge als Gebühren, dh für Preise und Kostenerstattungsansprüche.

## 2. Abschnitt Kosten

### Artikel 85 (ex Artikel 81) Kostenverteilung

(1) Der im Widerspruchsverfahren, im Verfahren zur Erklärung des Verfalls oder der Nichtigkeit oder im Beschwerdeverfahren unterliegende Beteiligte trägt die von dem anderen Beteiligten zu entrichtenden Gebühren sowie – unbeschadet des Artikels 119 Absatz 6 – alle für die Durchführung

---

8 Siehe Knack/Henneke, VwVfG, vor § 35 Rn 39.

der Verfahren notwendigen Kosten, die dem anderen Beteiligten entstehen, einschließlich der Reise- und Aufenthaltskosten und der Kosten der Bevollmächtigten, Beistände und Anwälte im Rahmen der Tarife, die für jede Kostengruppe gemäß der Durchführungsverordnung festgelegt werden.

(2) Soweit jedoch die Beteiligten jeweils in einem oder mehreren Punkten unterliegen oder soweit es die Billigkeit erfordert, beschließt die Widerspruchsabteilung, die Nichtigkeitsabteilung oder die Beschwerdekammer eine andere Kostenverteilung.

(3) Der Beteiligte, der ein Verfahren dadurch beendet, dass er die Anmeldung der Gemeinschaftsmarke, den Widerspruch, den Antrag auf Erklärung des Verfalls oder der Nichtigkeit oder die Beschwerde zurücknimmt oder die Eintragung der Gemeinschaftsmarke nicht verlängert oder auf diese verzichtet, trägt die Gebühren sowie die Kosten der anderen Beteiligten gemäß den Absätzen 1 und 2.

(4) Im Falle der Einstellung des Verfahrens entscheidet die Widerspruchsabteilung, die Nichtigkeitsabteilung oder die Beschwerdekammer über die Kosten nach freiem Ermessen.

(5) Vereinbaren die Beteiligten vor der Widerspruchsabteilung, der Nichtigkeitsabteilung oder der Beschwerdekammer eine andere als die in den vorstehenden Absätzen vorgesehene Kostenregelung, so nimmt die betreffende Abteilung diese Vereinbarung zur Kenntnis.

(6) Die Widerspruchsabteilung, die Nichtigkeitsabteilung oder die Beschwerdekammer setzt den Betrag der nach den vorstehenden Absätzen zu erstattenden Kosten fest, wenn sich diese Kosten auf die an das Amt gezahlten Gebühren und die Vertretungskosten beschränken. In allen anderen Fällen setzt die Geschäftsstelle der Beschwerdekammer oder ein Mitarbeiter der Widerspruchsabteilung oder der Nichtigkeitsabteilung auf Antrag den zu erstattenden Betrag fest. Der Antrag ist nur innerhalb einer Frist von zwei Monaten zulässig, die mit dem Tag beginnt, an dem die Entscheidung, für die die Kostenfestsetzung beantragt wird, unanfechtbar wird. Gegen die Kostenfestsetzung ist der fristgerechte Antrag auf Überprüfung durch die Widerspruchsabteilung, die Nichtigkeitsabteilung oder die Beschwerdekammer zulässig.

*Schennen*

**Literatur:**
*Pohlmann*, Die Kostenverteilung in Verfahren vor dem HABM, Mitt. 2003, 490.

## 1 Allgemeines

Diese Bestimmung regelt die Kostenverteilung (Art 85 (1) bis (5)) und die **1**
Kostenfestsetzung (Art 85 (6)). Die Entscheidung über die Kostenverteilung
ist die Entscheidung darüber, wer welche Kosten des Verfahrens zu tragen
hat. Die Kostenentscheidung ergeht nur im Verfahren mit mehreren Beteiligten zu Gunsten des anderen Beteiligten (Wortlaut des Art 85 (1)). Bei Verfahren mit nur einem Beteiligten, also insbesondere im Prüfungsverfahren,
ergeht keine Kostenentscheidung (siehe unter Rdn 30). Dies bedeutet, dass
auch der obsiegende Beteiligte sämtliche Kosten selbst zu tragen hat.

Die Kostenentscheidung wird zusammen mit der Sachentscheidung getrof- **2**
fen. Wird diese aus Versehen unterlassen (was sich aus den Gründen der Entscheidung erschließen muss), so kann sie isoliert nachgeholt werden. Wird
das Verfahren ohne Sachentscheidung abgeschlossen, zB wegen Zurücknahme eingestellt, so wird regelmäßig eine isolierte Kostenentscheidung getroffen. Wenn der Widerspruch als nicht erhoben gilt und Kostenerstattung beantragt wird, wird entschieden, dass keine Kostenentscheidung ergeht.

Gegenstand der Kostenentscheidung ist, ob eine Partei die ihr entstandenen **3**
Kosten von der anderen erstattet verlangen kann. Dies umfasst die Vertre-
tungs- und Reisekosten der Beteiligten, die Kosten einer Beweisaufnahme sowie die vom obsiegenden Beteiligten gezahlten Amtsgebühren (R 94 (6)). Im
Verhältnis zum Amt sind jedoch diese Gebühren mit der Antragstellung verfallen, es sei denn, das Gesetz ordnet ausdrücklich eine Erstattung an, was lediglich ausnahmsweise möglich ist, und zwar nach R 51 für die Rückzahlung
der Beschwerdegebühr und nach R 18 (5) und R 21 (4) hinsichtlich der Widerspruchsgebühr.

Von der Kostenentscheidung zu unterscheiden ist die Entscheidung über die **4**
Kostenfestsetzung gemäß Art 85 (6). In der Kostenfestsetzungsentscheidung
wird über die Notwendigkeit und die Höhe der einzelnen geltend gemachten
Positionen befunden. Die Kostenfestsetzungsentscheidung ist nach Art 85
(6) Satz 4 überprüfbar.

Art 85 wird ergänzt durch R 94 über das Verfahren sowie die Höhe der er- **5**
stattungsfähigen Kosten und durch R 59, die Höhe der an Zeugen und
Sachverständige zu zahlenden Vergütungen und Auslagen im Falle einer Beweisaufnahme regelt und dadurch mittelbar die Höhe der erstattungsfähigen
Kosten betrifft.

6  Durch VO 422/2004 und die Änderungen der DV durch VO 1041/2005 sind einige verfahrensrechtliche Aspekte der Kostenverteilung geändert und gestrafft worden. Folgende Neuregelungen sind wichtig:
   - Die erstattungsfähigen Höchstsätze für Vertretungskosten (R 94 (7)) sind geringfügig um 50 Euro angehoben worden.
   - Die Kostenfestsetzung erfolgt nun im Regelfall zusammen mit der Kostengrundentscheidung, sofern möglich (Art 85 (6) S 1).
   - Für die Beantragung einer gesonderten Kostenfestsetzung ist eine Ausschlussfrist eingeführt worden (Art 85 (6) S 3).
   - Die für die Kostenfestsetzung nötigen Nachweise sind gelockert bzw ganz entfallen (R 94 (3)).

Die RiLi über das Widerspruchsverfahren[1] enthalten nähere Einzelheiten.

7  Die Kostenregelung folgt folgenden Grundsätzen:
   - Wird das Verfahren durch Sachentscheidung beendet, so trägt der Verlierer die Kosten (Art 85 (1), R 94 (1)), jedoch kann die Widerspruchsabteilung, Nichtigkeitsabteilung oder HABM-BK bei Teilunterliegen oder aus Billigkeitserwägungen eine andere Kostenverteilung bestimmen (Art 85 (2), R 94 (1)).
   - Wird das Verfahren anders als durch Sachentscheidung beendet und liegt der Grund für die Einstellung des Verfahrens in einer Verfahrenshandlung eines Beteiligten, so wird dieser als Verlierer angesehen und trägt die Kosten (Art 85 (3), R 94 (2)), wobei auch hier bei Teilrücknahme oder aus Billigkeitserwägungen eine andere Kostenverteilung erfolgen kann (Art 85 (3) mit Verweisung auf Art 85 (2)).
   - Bei einer Einstellung des Verfahrens aus anderen Gründen wird über die Kosten nach freiem Ermessen entschieden (Art 85 (4)).
   - Vereinbaren die Beteiligten eine bestimmte Kostenregelung, so legt die Widerspruchsabteilung, Nichtigkeitsabteilung oder HABM-BK diese Regelung ihrer Kostenentscheidung ohne weiteres zu Grunde; dies gilt unabhängig von der Art der Beendigung des Verfahrens (Art 85 (5)).

8  Da die erstattungsfähigen Höchstsätze nach R 94 (7) äußerst niedrig sind und im Widerspruchsverfahren bis zum Ablauf der cooling-off-Frist gemäß R 18 (4) überhaupt keine Kostenerstattungspflicht entsteht und da schließlich mündliche Verhandlungen vor dem HABM seltene Ausnahme bleiben,

---

1  RiLi, Teil C, Kapitel 1 D, S 57–62, veröffentlicht lediglich auf der HABM-Webseite, in Kraft gesetzt durch Beschluss Nr EX-07-6.

ist das Kostenrisiko in den Verfahren vor dem HABM trotz des Grundsatzes des Unterliegensprinzips äußerst gering. Dies ist begrüßenswert, da ein Anmelder einer GMA mit oder ohne Recherchenberichte nicht abschätzen kann, welches Risiko älterer Rechte er eingeht. Andererseits wird als Nachteil empfunden, dass die gesetzliche Regelung keine Handhabe bietet, zu Lasten von aussichtslosen oder mutwilligen (»frivolous«) Widersprüchen höhere Sätze anzusetzen.[2]

## 2 Unterliegensprinzip

Bei streitiger Entscheidung trägt grundsätzlich der Verlierer die Kosten, und **9** zwar seine eigenen Kosten sowie die Kosten des anderen Beteiligten (Art 85 (1)). Dies gilt unabhängig davon, aus welchem Grund das Unterliegen eingetreten ist. Diese Kostengrundentscheidung ist unabhängig davon zu treffen, ob Kosten angefallen sind; letzteres gehört ins Kostenfestsetzungsverfahren.[3]

Die Beurteilung, wer unterliegt, erfolgt auf der Grundlage der gestellten An- **10** träge. Wird nur teilweise Beschwerde erhoben, so kommt es nur auf diesen Teil an. Im Widerspruchsverfahren ist Entscheidungsgegenstand, ob die GMA für die Waren und Dienstleistungen, gegen die sich der Widerspruch richtet, zurückzuweisen ist. Greift der Widersprechende die GMA nur hinsichtlich einer bestimmten Ware an und ist er damit erfolgreich, so ist unerheblich, ob die GMA auch für weitere Waren und Dienstleistungen angemeldet war. Der Widersprechende obsiegt auch dann voll, wenn die GMA (ganz oder, wenn sich der Widerspruch nur gegen einige der Waren oder Dienstleistungen richtete, hinsichtlich dieser Waren oder Dienstleistungen) zurückgewiesen wurde und sich der Widerspruch auf mehrere ältere Rechte stützte, von denen nur eines durchgreift.

Bei Teilunterliegen erfolgt die Kostenentscheidung gemäß Art 85 (2). Nach **11** ständiger Praxis, wird weder auf den Umfang der Waren und Dienstleistungen, hinsichtlich derer die eine Partei obsiegt, noch auf den vermutlichen wirtschaftlichen Schwerpunkt der Parteien abgestellt ist. Es wird somit normalerweise bei einem Teilunterliegen eine Aufhebung der Kosten auch dann ausgesprochen, die eine Partei nur zu einem geringfügigen Bruchteil unterliegt.

---

2 Kritisch Gevers, FS für von Mühlendahl, S 409, 423.
3 HABM-BK R 488/2006-4 vom 28.8.2006 (Nr 12) *OCHA/OSKA*.

12 Teilunterliegen liegt nicht nur vor, wenn der Widerspruch oder Nichtigkeitsantrag sich nur hinsichtlich eines Teils der angegriffenen Waren oder Dienstleistungen als begründet erweist, sondern auch dann, wenn der Nichtigkeitsantrag auf absolute Gründe gestützt war, jedoch die GM nunmehr aufgrund
von Verkehrsdurchsetzung (Art 7 (3)) eingetragen bleibt.

### 3 Grundsätze bei Einstellung des Verfahrens

13 Art 85 (3) gilt dann, wenn eine Partei dem Verfahren einseitig die Verfahrensgrundlage entzieht und dies zur Verfahrenseinstellung führt. Art 85 (3)
gilt für alle Fälle, in denen das Verfahren durch einseitige Verfahrenshandlung eines Beteiligten oder die Unterlassung einer solchen Handlung beendet
wird, ohne dass unterschieden wird, ob die zurückgenommene Verfahrenshandlung die verfahrenseinleitende Handlung oder eine andere Handlung
war oder ob der Grund für die Zurücknahme eine Einigung zwischen den
Parteien war.[4] Im Falle des Art 85 (3) wird derjenige, der den Verfahren die
Grundlage für den Fortgang entzieht, als Verlierer angesehen. Im Falle der
Teilzurücknahme wird der Betreffende hinsichtlich dieses Teils als Verlierer
angesehen (Art 85 (3) mit Verweisung auf Art 85 (2)). Art 85 (3) ist gegenüber Art 85 (4) lex specialis.[5] Art 85 (4) gilt also nur für Einstellungen des
Verfahrens aus anderen Gründen als denen, die in Art 85 (3) genannt sind.

14 Als Gründe für die Kostentragungspflicht werden in Art 85 (3) die Zurücknahme der GMA, die Zurücknahme des Widerspruchs, die Rücknahme des
Antrags auf Erklärung des Verfalls oder der Nichtigkeit, die Rücknahme der
Beschwerde, die Nichtverlängerung der GM und der Verzicht auf die GM
genannt. Diese Handlungen »beenden« das Verfahren jedoch nicht automatisch; vielmehr betrifft Art 85 (3) auch solche Fälle, in denen aufgrund einer dieser Handlungen das Verfahren eingestellt wird.

15 Die Zurücknahme der GMA oder des Widerspruchs führt zur Einstellung
des Widerspruchsverfahrens oder des sich daran anschließenden Beschwerdeverfahrens oder Verfahrens vor dem EuG. Im Nichtigkeitsverfahren führt es
zur Einstellung des Verfahrens, wenn der Antragsteller den Antrag zurücknimmt oder wenn der Inhaber der GM auf diese verzichtet oder die Eintragung der GM nicht verlängert. Wird jedoch der Widerspruch oder der Antrag auf Erklärung der Nichtigkeit auf ein älteres Recht gestützt, das eine

---

4  EuG T-124/02 vom 28.4.2004, ABl-HABM 2005, 696 (Nr 37, 39) *Vitataste.*
5  EuG T-124/02 vom 28.4.2004, ABl-HABM 2005, 696 (Nr 38) *Vitataste.*

GMA oder GM ist, und wird dieses ältere Recht, auf das sich der Widerspruch oder der Antrag auf Erklärung der Nichtigkeit stützt, zurückgenommen oder fallengelassen, so ist dies kein Fall des Art 85 (3). Vielmehr wird dann der Widerspruch oder der Antrag auf Erklärung der Nichtigkeit unbegründet, weil das geltend gemachte ältere Recht in Wirklichkeit nicht oder nicht mehr besteht.

Grund für die Regelung in Art 85 (3) ist, dass derjenige, der den Widerspruch oder die GMA zurücknimmt, damit sein Unterliegen anerkennt. In diesem Falle trägt er nach der schematischen Regelung des Art 85 (3) die Kosten; auf die Frage, wie das Verfahren im Falle seiner Weiterführung ausgegangen wäre, kommt es nicht an. Eine Prüfung der Erfolgsaussichten des Widerspruchs oder Nichtigkeitsantrag kann und darf daher in diesen Fällen nicht erfolgen.[6] Erst recht ist unerheblich, welche Beweggründe, wie zB Einsicht in das erwartete Unterliegen oder Wegfall des geschäftlichen Interesses an der Marke, zur Zurücknahme führten.[7] Auf Argumente der Parteien zu den Erfolgsaussichten ist nicht näher einzugehen.[8]  **16**

## 4  Möglichkeit der Billigkeitsentscheidung

In allen Fällen, auch im Falle einer Einstellung des Verfahrens, kann die Widerspruchsabteilung, Nichtigkeitsabteilung oder HABM-BK eine hiervon abweichende Kostenentscheidung treffen, sofern es die Billigkeit erfordert (Art 85 (2)). Im Rahmen einer solchen Billigkeitsentscheidung kann etwa das prozessuale Verhalten der obsiegenden Partei und die Tatsache, dass die angefochtene Entscheidung bei ihrem Erlass korrekt war, berücksichtigt werden.  **17**

So wird es der Billigkeit entsprechen, die Kosten des Verfahrens gegeneinander aufzuheben,  **18**

– wenn in der Beschwerdeinstanz ein Wiedereinsetzungsantrag gegen die Zurückweisung von Benutzungsnachweisen als verspätet erfolgreich ist und dadurch der Widerspruch begründet wird; hier hat in 1. Instanz der Anmelder, in 2. Instanz der Widersprechende obsiegt bzw muss der An-  **19**

6  EuG T-124/02 vom 28.4.2004, ABl-HABM 2005, 696 (Nr 38) *Vitataste*; HABM-BK R 386/2000-2 vom 17.1.2002 *VITATASTE/VITAKRAFT*.
7  HABM-BK R 184/2008-4 vom 23.7.2008 (Nr 7, 11) *OCULUSGEN/OCULUS*.
8  HABM-BK R 308/2004-4 vom 23.11.2004 (Nr 8) *GLOBIX THE GLOBAL INTERNET EXCHANGE/GLOBEX*.

melder nicht für in der Sphäre des Widersprechenden liegende Wiedereinsetzungsgründe aufkommen;[9]

20 – wenn in der Beschwerdeinstanz auf Grund veränderter Umstände (zB nachträglicher Änderungen im Schutzumfang der Widerspruchsmarke) anders entscheiden werden muss als in der 1. Instanz korrekt entschieden wurde[10] und diese Gründe in der Sphäre des Gewinners lagen bzw der Verlierer zu den veränderten Umständen keinen Beitrag oder Anlass gab;

21 – wenn der Beschwerdeführer auf Grund von erstmals in der Beschwerdeinstanz vorgebrachten Tatsachen obsiegt;[11]

22 – wenn der Obsiegende das Verfahren verzögert hat;

23 – wenn sich die Beschwerde gegen eine offensichtlich falsche Kostenentscheidung der Widerspruchsabteilung richtet, um die Parteien so zu stellen, als sei der Fehler nicht erfolgt.[12]

24 – Dagegen führt es regelmäßig nicht zu einer Korrektur nach Billigkeitsgrundsätzen, wenn das Teilunterliegen sich nur auf einen geringen Teil (oder auch nur eine einzige Ware) eines langen VerzWDL (siehe unter Rdn 11) bezieht.

## 5  Absehen von Kostenentscheidung

25  Kosten werden gemäß der Regelung in Art 85 zugesprochen, auch wenn die Partei keinen entsprechenden Antrag gestellt hat. Der Widerspruchs- oder Beschwerdegegner muss ohnehin weder Anträge stellen noch Stellungnahmen einreichen, R 20 (3).

26  Die Parteien können aber beantragen, dass von einer Kostenentscheidung abgesehen wird oder eine Kostenentscheidung gemäß dem von ihnen Vereinbarten getroffen werde, Art 85 (5). Die Parteien können also, statt eine Entscheidung des HABM abzuwarten, dem HABM eine bestimmte Kostenregelung mitteilen, wobei die Beteiligten zum Zeitpunkt dieser Mitteilung natürlich noch nicht wissen können, wie die Entscheidung des HABM aus-

---

9  HABM-BK R 1356/2008-4 vom 8.10.2010 (Nr 46) *DADA & CO/DADA III.*

10  HABM-BK, R 2000/2010-4 vom 3.5.2011 (Nr 21) *FORERUNNER/FORERUNNER.*

11  Anders HABM-BK R 206/2005-2 vom 23.4.2007 (Nr 33) *H 15 BOSWELAN/H 15*: Kosten der ersten Instanz zu Lasten des Verlierers, Kosten der 2. Instanz zu Lasten des Beschwerdeführers.

12  HABM-BK R 241/2006-4 vom 1.8.2006 (Nr 14) *VICTORY/V VICTORY.*

fallen würde; sie können somit jede beliebige Kostenregelung mitteilen, nicht nur eine »andere« als die sich aus die Art 85 (1) bis (4) ergebende.

So sieht das HABM von einer Kostenentscheidung ab, wenn die Regelung   27
der Kostenteilung mitgeteilt wird[13] oder wenn die Parteien dem HABM lediglich mitteilen, dass sie sich auf eine bestimmte Kostenregelung geeinigt haben, ohne deren Inhalt mitzuteilen.[14] Es reicht, wenn die Parteien bloß mitteilen, sie hätten sich über die Kosten geeinigt, ohne mitzuteilen, wie diese Einigung beschaffen ist.[15] In diesem Falle erhalten die Parteien keinen vollstreckbaren Titel. Es ist dann Sache der Parteien, wie sie den Inhalt der Vereinbarung im Streitfalle durchsetzen. Insbesondere kann sich die Vereinbarung auf höhere Beträge beziehen, als sie vom Amt nach R 94 (7) festsetzbar wären.

Es kann auch die obsiegende Partei einseitig erklären, sie benötige keine Kos-   28
tenentscheidung oder verzichte auf Kostenerstattung.[16] Es kann aber nur die obsiegende (begünstigte) Partei derart disponieren; entsprechende Erklärungen der anderen Partei sind unbeachtlich.[17]

Verfahrensmäßig wird wie folgt vorgegangen: Im Widerspruchsverfahren er-   29
gehen im Falle der Zurücknahme keine Nachfragen mehr, ob eine Einigung vorlag bzw wenn ja, ob sie auch den Kostenpunkt umfasst. Ergibt sich aus den Akten keine Einigung über die Kosten, so wird sogleich eine Kostenregelung nach den gesetzlichen Bestimmungen getroffen. Auch dann bleibt es Sache der Parteien, ob sie diese Ansprüche vollstrecken wollen, wenn sie sich doch geeinigt haben sollten, aber unterlassen haben, dies dem HABM mitzuteilen. Im Beschwerdeverfahren erfolgen bislang regelmäßig entsprechende Nachfragen, ob die Einigung auch den Kostenpunkt umfasste; ein Bedürfnis dafür besteht aber nicht. Teilen die Parteien mit, dass die Zurücknahme auf einer Einigung beruht, so bedarf es keiner Nachfrage, ob diese auch den Kostenpunkt einschloss; das kann unterstellt werden und sogleich Kostenteilung angeordnet werden. Das gilt erst recht, wenn im Ergebnis der Einigung bei-

---

13  Statt vieler: HABM-BK R 088/2000-3 vom 7.3.2002 *PAUL SMITH/JOHN SMITH.*

14  RiLi Teil C Kapitel 1, D V. 2.1 (S 64).

15  HABM-BK R 548/1999-3 vom 29.5.2000 *NORAXON/NORAXON.*

16  HABM-BK R 780/2009-4 vom 4.11.2009 (Nr 10) *IXATIS/IXARTO*; RiLi Teil C Kapitel 1, D V. 2.2 (S 64).

17  HABM-BK R 387/2010-4 vom 16.6.2010 (Nr 16) *GEKA/GELHA.*

de Seiten teilweise zurücknehmen, was schon nach der Grundregel des Art 85 (2) Kostenteilung nach sich zieht.[18]

## 6  Keine Anwendbarkeit im Prüfungsverfahren

30  Im Prüfungsverfahren[19] oder in anderen Verfahren mit nur einem Beteiligten (Eintragung von Rechtsübergängen usw) gibt es keine Kostenentscheidung, da es sich nicht um ein zweiseitiges Verfahren handelt. Dies bedeutet, dass auch der obsiegende Anmelder sämtliche Kosten zu tragen hat.

## 7  Kostenentscheidung im Widerspruchsverfahren

31  Im Widerspruchsverfahren wird grundsätzlich eine Kostenentscheidung zu Lasten des Unterliegenden getroffen, es sei denn, die Parteien hätten darauf verzichtet, siehe oben Rdn 26.

### 7.1  Ausnahmen

32  Gilt der Widerspruch mangels Zahlung der Gebühr als nicht eingelegt, so ist kein Widerspruchsverfahren im Rechtssinn eröffnet, und es ergeht keine Kostenentscheidung.

33  Wird der Widerspruch vor Ablauf der Cooling-off-Frist (R 18 (1)) zurückgewiesen (was nur wegen Zulässigkeitsmängeln möglich ist, R 17 (2), (4)), so ergeht keine Kostenentscheidung.[20] Das ergibt sich aus R 18 (4) in Zusammenschau mit R 17 (5). Solange die kontradiktorische Phase des Widerspruchsverfahrens noch nicht begonnen hat, haftet der Widersprechende nicht für die Kosten. Das gilt auch in einem sich daran anschließenden Beschwerdeverfahren.[21]

### 7.2  Rücknahme vor Ablauf der cooling-off-Frist

34  Im Falle der Rücknahme des Widerspruchs oder der GMA sind verschiedene Fallkonstellationen zu unterscheiden.

---

18  HABM-BK R 323/2011-4 vom 4.7.2012 (Nr 10) *I.XPO/ISPO.*
19  HABM-BK R 311/2008-4 vom 8.8.2008 (Nr 34) *JUST REWARDS*; RiLI Teil A, 2.5.2, ABl-HABM 2006, 628, 635.
20  RiLi Teil C, Kapitel 1, D V.1 (S 63).
21  HABM-BK R 634/2011-4 vom 17.5.2011 (Nr 6) *SWISSDENT/SWISSDENT.*

### 7.2.1 Rücknahme der Anmeldung

Die Rücknahme der GMA, gegen die sich der Widerspruch richtet, führt bis **35** zum Zeitpunkt des Ablaufs der Cooling-off-Frist (R 18 (1)) zur Einstellung des Verfahrens. R 18 (4) nF bestimmt ausdrücklich, dass keine Kostenentscheidung getroffen wird, und ein Anspruch des Widersprechenden auf Kostenerstattung entsteht nicht.[22] Dadurch wird es den Parteien ermöglicht, während der Cooling-off-Frist ohne Hinzutreten des Amtes und ohne das Risiko von Kostenfolgen die Sache einvernehmlich zu regeln.

Auch jede andere Einstellung des Widerspruchsverfahrens, die zum Wegfall **36** der Anmeldung führt (Zurückweisung in parallelen Verfahren), die vor Ablauf der Cooling-off-Frist erfolgt, führt nach R 18 (2), (4) dazu, dass keine Kostenentscheidung ergeht, da der streitige Teil des Widerspruchsverfahrens noch nicht begonnen hat.

### 7.2.2 Teilrücknahme der Anmeldung

Eine Teilrücknahme der Anmeldung vor Ablauf der cooling-off-Frist führt **37** dann zur Einstellung des Widerspruchsverfahrens, wenn sie sich auf alle Waren und Dienstleistungen bezieht, gegen die sich der Widerspruch richtet, R 18 (2). In diesem Fall wird ebenfalls keine Kostenentscheidung getroffen, R 18 (4). Wenn nur ein Teil der Waren und Dienstleistungen zurückgenommen wird, gegen die sich der Widerspruch richtet, so ist der Widersprechende zur Stellungnahme aufzufordern, ob er den Widerspruch aufrechterhält, R 18 (3).[23] Hält der Widersprechende den Widerspruch nicht aufrecht oder nimmt er ihn sogar ausdrücklich zurück, so wird das Widerspruchsverfahren eingestellt, R 18 (3). In diesem Fall wird ebenfalls keine Kostenentscheidung getroffen, R 18 (4). In allen genannten Fällen wird außerdem die Widerspruchsgebühr erstattet, R 18 (5).[24]

Hält der Widersprechende den Widerspruch aufrecht, so wird das Verfahren **38** fortgesetzt, und das Amt trifft eine Entscheidung. Die Widerspruchsgebühr wird nicht erstattet. Die Teilzurücknahme der GMA wird aber bei der Endentscheidung über die Kosten nicht berücksichtigt (dh nicht als Teilunterlie-

---

22 So schon zur DV aF: Von Mühlendahl/Ohlgart, S 99.
23 RiLi Teil C, Kapitel 1, D IV. 2.2 (S 60).
24 RiLi Teil C, Kapitel 1, D IV. 2.2 (S 60).

gen betrachtet),[25] entsprechend der gesetzlichen Wertung, dass die Zurücknahme während der Cooling-off-Frist keine Kostennachteile haben soll.

### 7.2.3 Rücknahme des Widerspruchs

**39**  Im Falle der Rücknahme des Widerspruchs vor Ablauf der cooling-off-Frist wird das Verfahren eingestellt, und es ergeht keine Kostenentscheidung. R 18 (5) bestimmt, dass eine Erstattung der Widerspruchsgebühr nicht erfolgt. In diesem Falle ist der Widersprechende als Unterliegender anzusehen, da er durch die Rücknahme des Widerspruchs zum Ausdruck gibt, dass er dem Widerspruch keine Erfolgsaussichten mehr beimisst (vgl Art 85 (3)). Nach R 18 (5) sind nur solche Zurücknahmen des Widerspruchs gebührenprivilegiert, die gemäß R 18 (3) im Anschluss an eine Einschränkung (Teilzurücknahme) der Anmeldung erfolgen.

### 7.3 Rücknahme nach Ablauf der cooling-off-Frist

### 7.3.4 Rücknahme der Anmeldung

**40**  Nimmt der Anmelder die GMA nach Ablauf der cooling-off-Frist zurück, so wird das Verfahren eingestellt. Es ergeht eine Kostenentscheidung auf der Grundlage des Art 85 (3): der Anmelder trägt die Kosten des Widerspruchsverfahrens. R 18 (4), (5) gilt nicht. Dies gilt auch bei Rücknahme im Beschwerdeverfahren: Da die Beschwerde aufschiebende Wirkung hat, kommt es nicht darauf an, wer im Verfahren vor der Widerspruchsabteilung obsiegt hatte.[26]

**41**  Entsprechendes gilt, wenn die angefochtene Anmeldung eine IR ist. Jede Löschung der IR im Register der WIPO, die auf Initiative oder Untätigkeit des Inhabers der IR zurückgeht, steht der Zurücknahme nach Art 85 (3) gleich,[27] zB eine Löschung der IR auf Antrag des Inhabers gemäß R 25 (1) (v) GAO[28] oder wegen Nichtverlängerung gemäß R 31(4) GAO.

---

25  HABM-BK R 387/2010-4 vom 16.6.2010 (Nr 13) *GEKA/GELHA.*
26  HABM-BK R 306/2000-1 vom 12.6.2001 *REFIT/CEVITT.*
27  RiLi Teil M, II.6.4.1.
28  HABM-BK R 384/2011-4 vom 14.3.2012 (Nr 6) *ED HARDY/HARDY.*

### 7.3.5 Teilrücknahme der Anmeldung

Die Teilrücknahme der Anmeldung erledigt das Widerspruchsverfahren betr  42
dieser Waren siehe oben, Rdn 37. Hinsichtlich dieser Waren ist der Anmelder als Verlierer anzusehen, Art 85 (3). Der Widersprechende kann reagieren, indem er den Widerspruch für den Rest zurücknimmt, sei es im Wege
einer Einigung, sei es, weil ihm die verbleibenden Waren weniger wichtig
sind. Er kann auch den Widerspruch gegen die verbleibenden Waren aufrechterhalten. Nimmt der Widersprechende auf die Teilzurücknahme der
GMA den Widerspruch (gegen den Rest) zurück, so sind beide Verfahrensbeteiligte in gleicher Weise für den Tatbestand des Art 85 (3) verantwortlich,
so dass es sachgerecht ist, dass jeder die eigenen Kosten trägt.[29] Nimmt nämlich der Anmelder nur einen Teil der Waren und Dienstleistungen zurück,
gegen die sich der Widerspruch richtet, so kommt die Erklärung des Widersprechenden, den Widerspruch nicht aufrecht zu erhalten, einer Rücknahme
des Widerspruchs hinsichtlich der weiterhin im Verfahren verbleibenden
Waren und Dienstleistungen gleich, so dass die Verfahrensbeendigung teilweise auf der Erklärung des Anmelders, teilweise auf einer Erklärung des Widersprechenden beruht. Es gelten dann Art Art 85 (2), (3) und es ist dann
sachgerecht, dass jede Partei ihre eigenen Kosten trägt.[30] Das gilt auch dann,
wenn die Einschränkung (Teilzurücknahme) der Anmeldung erklärt wurde,
um einen anderen Widerspruch zu erledigen; es kommt nicht auf die Moti-
vation des Anmelders an, sondern nur darauf, ob im Ergebnis auf Grund
von Verfahrenserklärungen beider Seiten die Notwendigkeit einer Sachentscheidung entfällt.[31] Es ist nicht angemessen, darauf abzustellen, ob die Teilzurücknahme der GMA einen großen oder kleinen Prozentsatz der in der
GMA enthaltenen Waren oder Dienstleistungen betraf, zumal die Kosten
nicht davon abhängen, wie breit das Warenverzeichnis ist, gegen das sich der
Widerspruch richtet. Eine Prüfung der Erfolgsaussichten des Widerspruchs
(wer gewonnen hätte, wäre es zu einer Sachentscheidung gekommen) darf
nicht erfolgen.[32]

---

29  EuG T-124/02 vom 28.4.2004, ABl-HABM 2005, 696 (Nr 38, 39) *Vitataste*;
    HABM-BK R 1338/2009-1 vom 23.11.2010 (Nr 16) *HERR-BERGE/PIERRE
    BERGÉ*; HABM-BK R 1493/2009-4 vom 17.11.2010 (Nr 11) *RED FRIENDS/
    Bildmarke*.
30  HABM-BK R 386/2000-2 vom 17.1.2002 (Nr 18) *VITATASTE/VITAKRAFT*.
31  HABM-BK R 675/2005-4 vom 3.2.2006 (Nr 16, 18) *VSA/TPG*.
32  EuG T-124/02 vom 28.4.2004, ABl-HABM 2005, 696 (Nr 58) *Vitataste*.

**43**  Hält der Widersprechende den Widerspruch aufrecht, so hat in jedem Fall der Anmelder hinsichtlich der Teilzurücknahme teilweise verloren. Bleibt der Widerspruch erfolgreich, so trägt der Anmelder die gesamten Kosten. Wird der Widerspruch vollständig zurückgewiesen, so ist Art 85 (2) anzuwenden und sind die Kosten gegeneinander aufzuheben.[33]

### 7.3.6 Rücknahme des Widerspruchs

**44**  Wird der Widerspruch nach Ablauf der cooling-off-Frist zurückgenommen, ohne dass dem eine Einschränkung des Warenverzeichnisses durch den Anmelder vorausging, so wird Art 85 (3) angewendet: Der Widersprechende trägt die Kosten des Widerspruchsverfahrens.[34]

### 7.3.7 Einstellung aus anderen Gründen

**45**  Nach Beginn des streitigen Teils des Widerspruchsverfahrens führt eine Einstellung des Widerspruchsverfahrens auch aus anderen Gründen als durch Rücknahme oder Einschränkung der GMA oder Rücknahme des Widerspruchs zu einer Kostenentscheidung gemäß Art 85 (4).

**46**  Dies bedeutet, dass die Widerspruchsabteilung über die Kosten nach freiem Ermessen entscheidet, sofern die Parteien keine anderweitige Regelung gemäß Art 85 (5) mitteilen. Das Ermessen geht grundsätzlich dahin, keine Kostenentscheidung zu treffen, was bedeutet, dass jeder Beteiligte seine eigenen Kosten trägt. Eine Prüfung der Erfolgsaussichten darf nicht erfolgen;[35] der Rechtsgedanke von § 91a DE-ZPO gilt nicht.

**47**  Das Widerspruchsverfahren kann etwa aus folgenden anderen Gründen gemäß Art 85 (4) eingestellt worden sein:
– Die Parteien haben dem HABM mitgeteilt, dass sie das Verfahren nicht fortführen wollen. Da es die Parteien durch Zurücknahme der GMA oder des Widerspruchs in der Hand haben, ob das Widerspruchsverfahren fortgesetzt wird, können sie auch einfach ohne Angabe von Gründen beim Amt die Einstellung des Verfahrens beantragen.[36]

---

33  RiLi Teil C, Kapitel 1, D V.3 (S 65); HABM-BK R 1098/2010-4 vom 4.2.2011 (Nr 30) *ISENSE/EYESENSE.*

34  RiLi Teil C, Kapitel 1, D V.3 (S 65).

35  EuG T-124/02 vom 28.4.2004, ABl-HABM 2005, 696 (Nr 58) *Vitataste*; HABM-BK R 386/2000-2 vom 17.1.2002 (Nr 18) *VITATASTE/VITAKRAFT.*

36  RiLi Teil C, Kapitel 1, D 1. (S 53).

– Das Widerspruchsverfahren war ausgesetzt, da zunächst über einen anderen Widerspruch gegen dieselbe GMA entschieden wurde. Hat sich durch diesen anderen Widerspruch das Verfahren erledigt, so gilt R 21 (3), der auf Art 85 (4) verweist, und es trägt jeder seine eigenen Kosten.[37] In diesem Fall sind außerdem 50 % der Widerspruchsgebühr zu erstatten, R 21 (4). Wer sich gegen mehrere Widersprüche verteidigen muss, muss, wenn einer von ihnen zum Erfolg führt, nicht die Kosten aller anderen Widersprechenden tragen, deren Erfolg gar nicht feststeht,[38] sondern es gilt auch dann der Grundsatz, dass ein Unterliegender nicht ermittelt werden kann und braucht.[39] Hat sich durch diesen anderen Widerspruch das Verfahren nur teilweise erledigt und nimmt daraufhin der Widersprechende den Widerspruch wegen der noch übrigen Waren zurück, so ist es angemessen, insgesamt nach Art 85 (2) jeder Partei ihre eigenen Kosten aufzuerlegen.[40] Das gilt auch, wenn der Anmelder wegen jenes anderen Verfahrens die GMA eingeschränkt hat, analog der Regelung bei Teil-Einschränkung und anschließender Zurücknahme des Widerspruchs in ein und demselben Verfahren, siehe oben, Rdn 40. Das gilt auch wenn das zweite Widerspruchsverfahren nicht ausgesetzt war.[41] Allerdings greift die Rückerstattung nach R 21 (4) nur ein, wenn das zweite Widerspruchsverfahren ausgesetzt war.

– Die GMA ist in einem parallelen Verfahren aus absoluten Gründen zurückgewiesen worden. Wiederum kann kein »Sieger« ermittelt werden, und jeder trägt seine eigenen Kosten.[42] Dies gilt nach 2006 geänderter Praxis des Amtes auch dann, wenn die Zurückweisung nach Art 92 (2) er-

---

37 RiLi Teil C, Kapitel 1, D V.4.1.1 (S 66); HABM-BK R 522/2005-4 vom 19.7.2006 (Nr 9) *ATLOX/ARCOX*; HABM-BK R 682/2006-4 vom 11.12.2006 (Nr 13) *GAVINAR/GAVISCON*; unter Aufgabe von HABM-BK R 1007/2002-4 vom 13.11.2003 *LYCO-A/LYCO PROTECT.*

38 EuG T-032/04 vom 16.11.2006, GRUR Int 2007, 245 (Nr 22) *Lyco-A*; HABM-BK R 522/2005-4 vom 19.7.2006 (Nr 9) *ATLOX/ARCOX*; HABM-BK R 909/2010-4 vom 27.4.2011 (Nr 9) *UBU USED BUT USEFUL/UHU.*

39 HABM-BK R 675/2005-4 vom 3.2.2006 (Nr 25) *VSA/TPG.*

40 HABM-BK R 247/2003-2 vom 27.4.2005 *MEDIA PARK* (auch noch bei Rücknahme im Beschwerdeverfahren).

41 EuG T-032/04 vom 16.11.2006 (Nr 22) *Lyco-A*; HABM-BK R 651/2005-4 vom 19.7.2006 (Nr 12) *ATLOX/AVALOX*; HABM-BK R 1487/2005-4 vom 21.8.2006 (Nr 14) *CYSAT/C SAT.*

42 RiLi Teil C, Kapitel 1, D V. 4.2 (S 61).

folgte, weil der Anmelder nicht länger vertreten ist.[43] Eine solche Situation kann sich ggf auch noch im Beschwerdeverfahren ergeben, wenn die HABM-BK den Mangel der Vertretung feststellt und daraufhin dem Prüfer Raum zur Zurückweisung nach Art 92 (2) gibt.[44]

### 7.4 Streitige Entscheidung

48 Bei streitiger Entscheidung ergeht die Kostenentscheidung zu Lasten des Verlierers, also zu Lasten des Widersprechenden, wenn der Widerspruch zurückgewiesen wird, oder zu Lasten des Anmelders der GMA, wenn die GMA für alle Waren und Dienstleistungen, gegen die sich der Widerspruch richtet, zurückgewiesen wird, oder schließlich im Sinne einer Kostenaufhebung oder anderweitigen Verteilung der Kosten, sofern beide Parteien teilweise obsiegt haben.

### 8 Kostenentscheidung im Beschwerdeverfahren

49 Ist eine Entscheidung der Widerspruchsabteilung mit der Beschwerde angefochten worden, so gilt für die Kostenentscheidung der HABM-BK folgendes:

### 8.1 Beschwerde gegen Sachentscheidung

50 Normalerweise wird sich die Beschwerde gegen die Entscheidung der Widerspruchsabteilung gegen die Sachentscheidung richten. Diese Beschwerde umfasst die Kostenentscheidung als deren rechtliche Folge, auch ohne entsprechenden Antrag.[45] Der Antrag auf Aufhebung der Kostenentscheidung kann gesondert gestellt werden, ist aber ein nicht notwendiger, »unselbständiger« Antrag. Es wäre zwar unsinnig, ist aber zulässig und dann bindend,[46] die Kostenentscheidung von der Anfechtung auszunehmen.

---

43 RiLi Teil C, Kapitel 1, D V. 4. 2 (S 61).
44 HABM-BK R 1057/2005-1 vom 24.8.2006 (Nr 10f) *DOUSSY/TUSSI*.
45 HABM-BK R 1539/2007-4 vom 19.12.2008 (Nr 7–10) *VIVA LA VITA/VIVAVI-TAL*.
46 EuG T-413/11 vom 15.1.2013, GRUR Int 2013, 250 (Nr 76) *European Drives-haft Services*.

### 8.1.1 Zurückweisung der Beschwerde

Wurde die Widerspruchsentscheidung insgesamt angefochten und wird die 51
Beschwerde zurückgewiesen, so trägt der Beschwerdeführer als Unterliegender die Kosten des Verfahrens in beiden Instanzen, Art 85 (1).

War die Kostenentscheidung der Widerspruchsabteilung unzutreffend, so 52
wird sie von der HABM-BK durch eine andere Kostenentscheidung ersetzt.
Wenn zB die Widerspruchsabteilung übersehen hat, dass der Anmelder die
GMA im Widerspruchsverfahren teilweise zurückgenommen hat, so sind in
der Entscheidung der HABM-BK die Kosten des Widerspruchsverfahrens
(nicht des Beschwerdeverfahrens) gegeneinander aufzuheben und ist notfalls
die Entscheidung der Widerspruchsabteilung entsprechend abzuändern.[47]

War die Beschwerde nur teilweise eingelegt (R 48 (1) (c) und bleibt die Be- 53
schwerde erfolglos, so fallen die Kosten des Beschwerdeverfahrens in jedem
Fall dem Beschwerdeführer zur Last. Für die Kosten des Widerspruchsverfahrens bleibt es beim Ergebnis des Widerspruchsverfahrens, unter Mitberücksichtigung des nicht angegriffenen Teils, dh hat der Beschwerdegegner
im Widerspruchsverfahren vollständig obsiegt, so trägt der Beschwerdeführer
die Kosten beider Instanzen, hat der Beschwerdeführer obsiegt, so trägt der
Beschwerdegegner nur die Kosten des Widerspruchsverfahrens, gab es erstinstanzlich bereits ein Teilunterliegen, so bleibt es bei der Kostenteilung für
das Widerspruchsverfahren.

Eine Ausnahme gilt nur, wenn die Beschwerde sich gegen eine Entscheidung 54
der Widerspruchsabteilung richtet, mit der der Widerspruch vor Ablauf der
Cooling-off-Frist als unzulässig zurückgewiesen wurde. Dann folgt aus R 18
(4) iVm R 50 (1), dass auch für das Beschwerdeverfahren keine Kostenentscheidung ergeht, weil die kontradiktorische Phase des Widerspruchsverfahrens noch gar nicht begonnen hatte.[48]

### 8.1.2 Stattgabe der Beschwerde

Wurde die Widerspruchsentscheidung insgesamt angefochten und gibt die 55
HABM-BK der Beschwerde statt, indem sie eine Sachentscheidung über
den Widerspruch trifft, so trägt der Beschwerdegegner die Kosten des Be-

---

47 HABM-BK R 2235/2010-4 vom 19.4.2011 (Nr 21) *ZYDAC/ZODAC.*
48 HABM-BK R 634/2011-4 vom 17.5.2011 (Nr 6) *SWISSDENT/SWISSDENT.*

schwerdeverfahrens und des Widerspruchsverfahrens gemäß Art 85 (1). Die HABM-BK entscheidet über die Verpflichtung zur Tragung der Kosten des Beschwerdeverfahrens und des Widerspruchsverfahrens.

56  Wurde die Widerspruchsentscheidung nur teilweise angefochten und gibt die HABM-BK der Beschwerde statt, so trägt der Beschwerdegegner die Kosten des Beschwerdeverfahrens. Für die Kosten des Widerspruchsverfahrens bleibt es beim Ergebnis des Widerspruchsverfahrens.

### 8.1.3  Teilstattgabe der Beschwerde

57  Wurde der Beschwerde teilweise stattgegeben, so werden die Kosten des Beschwerdeverfahrens gegeneinander aufgehoben, Art 85 (2). Für die Kosten des Widerspruchsverfahrens gilt das gleiche, egal wer ganz oder teilweise unterlegen war und ob in vollem Umfang oder teilweise Beschwerde eingelegt wurde, weil auch im Ergebnis des Widerspruchsverfahrens und auch unter Einbeziehung der nicht angefochtenen Teile jede Partei zumindest teilweise unterlegen ist.

### 8.1.4  Aufhebung und Zurückverweisung

58  Gibt die HABM-BK der Beschwerde statt und hebt sie die Entscheidung der Widerspruchsabteilung auf, ohne gleichzeitig in der Sache zu entscheiden, verweist sie also das Verfahren erneut an die Widerspruchsabteilung zurück, so entscheidet die HABM-BK lediglich über die Kosten des Beschwerdeverfahrens. In diesem Fall ist die Beschwerde erfolgreich gewesen. Gleichwohl ist in diesem Falle nicht stets der Beschwerdegegner zur Tragung der Kosten des Beschwerdeverfahrens gemäß R 81 (1) zu verurteilen. Insbesondere im Falle eines Verfahrensfehlers der Widerspruchsabteilung bedeutet die Stattgabe der Beschwerde noch nicht, dass der Beschwerdeführer auch in der Sache Recht gehabt hätte. Je nach dem Grund für die Aufhebung und Zurückverweisung kommt somit sowohl eine Kostenentscheidung zu Lasten des Unterliegenden gemäß Art 85 (1) als auch eine Billigkeitsentscheidung gemäß Art 85 (2), bei der grundsätzlich die Kosten gegeneinander aufgehoben werden, in Betracht.

59  Eine solche Entscheidung der HABM-BK erfasst die Kosten des Widerspruchsverfahrens nicht. Die Widerspruchsentscheidung wird nicht rechtskräftig. Die Widerspruchsabteilung hat das Widerspruchsverfahren weiter-

zuführen. Am Ende dieses Verfahrens hat sie über die Kosten des Widerspruchsverfahrens als Ganzes zu befinden.[49] Die Vertretungskosten für das Widerspruchsverfahren fallen nur einmal an, da es sich um ein einziges Widerspruchsverfahren handelt; dazu kommt jedoch der Betrag für die Vertretung im Beschwerdeverfahren, dh insgesamt 850 Euro. Die erneute Entscheidung der Widerspruchsabteilung kann dann erneut mit der Beschwerde angegriffen werden.

### 8.2 Beschwerde nur gegen die Kostenentscheidung

Wird die Entscheidung der Widerspruchsabteilung nur im Kostenpunkt angegriffen, so ist Beschwerdegegenstand nur, ob unter Zugrundelegung des Tenors der Widerspruchsentscheidung die Kostenentscheidung den Grundsätzen des Art 85 (1)–(4) entspricht.[50] Dabei ist eine Überprüfung einer Billigkeitsentscheidung der Widerspruchsabteilung nach Art 85 (2) nicht möglich. Ebenso wenig kann die Ermessensentscheidung der Widerspruchsabteilung nach Art 85 (4) überprüft werden. Auch bei der Frage, ob bei dem Aufeinandertreffen einer Zurücknahme oder Teilzurücknahme der GMA und einer Zurücknahme des Widerspruchs die eine oder andere Erklärung des Beteiligten zur Einstellung des Verfahrens geführt hat, steht der Widerspruchsabteilung ein Ermessen zu. **60**

### 8.3 Kostenentscheidung bei Einstellung

Nimmt der Beschwerdeführer die Beschwerde zurück und wird daraufhin das Beschwerdeverfahren eingestellt, so hat der Beschwerdeführer nach Art 85 (3) die Kosten des Beschwerdeverfahrens zu tragen. Durch die Einstellung des Beschwerdeverfahrens wird die Widerspruchsentscheidung auch im Kostenpunkt rechtskräftig, so dass sich die Kosten des Widerspruchsverfahrens nach dem Inhalt der Entscheidung der Widerspruchsabteilung richten. Allerdings kann es uU der Billigkeit entsprechen, die Kosten gegeneinander aufzuheben, wenn die Zurücknahme Teil einer gütlichen Einigung ist, die mehrere anhängige Beschwerdeverfahren umfasst.[51] **61**

Nimmt der im Widerspruchsverfahren unterlegene Anmelder als Beschwerdeführer seine GMA zurück, so stellt die HABM-BK das Verfahren ein und **62**

---

49  HABM-BK R 1003/2004-1 vom 11.5.2005 (Nr 17) *KCC/GCC*.
50  Siehe HABM-BK R 387/2010-4 vom 16.6.2010 (Nr 10) *GEKA/GELHA*.
51  HABM-BK R 1054/2005-4 vom 17.12.2007 (Nr 19–25) *AIRDUC I*.

legt ihm die Kosten des Widerspruchs- und des Beschwerdeverfahrens auf.[52] Gleiches gilt, wenn der erstinstanzlich obsiegende Anmelder als Beschwerdegegner die GMA zurücknimmt, sei es auch nur als Reaktion auf neuen Vortrag des Widersprechenden, denn auf die Motive zur Zurücknahme der GMA kommt es nicht an.[53] Gleiches gilt auch, wenn Beschwerdeführer oder Beschwerdegegner seinen Widerspruch zurücknimmt; allerdings wird dann die Widerspruchsentscheidung nicht rechtskräftig, und die GMA ist der Eintragung zuzuführen.[54]

63 War in diesen Fällen die Entscheidung der Widerspruchsabteilung nur teilweise angefochten worden, so ist der Zurücknehmende stets nach Art 85 (3) in die Kosten des Beschwerdeverfahrens zu verurteilen und für die Kosten des Widerspruchsverfahrens gesondert zu prüfen, ob im Ergebnis der beiden Instanzen ein Teilunterliegen oder ein vollständiges Unterliegen vorliegt, gleichgültig ob als Ergebnis einer Zurücknahme oder eines rechtskräftig gewordenen Teils der Widerspruchsabteilung. Verliert zB der Anmelder als Ergebnis der von ihm nicht angefochtenen Widerspruchsentscheidung die Waren A und B und nimmt er die verbleibenden, vom Widersprechenden angefochtenen Waren C und D in der Beschwerdeinstanz zurück, so trägt er alle Kosten, auch des Widerspruchsverfahrens.[55] Verliert der Anmelder im Widerspruchsverfahren einen Teil der Waren, legt er diesbezüglich Beschwerde ein und nimmt anschließend teilweise die GMA, teilweise die Beschwerde zurück, so trägt er die Kosten des Beschwerdeverfahrens, während es für das Widerspruchsverfahren bei der Kostenteilung bleibt.[56] Dabei darf die Teilzurücknahme der GMA für Waren, die nicht Gegenstand der Beschwerde sind, nicht berücksichtigt werden, denn eine solche Zurücknahme ist auch unabhängig vom Widerspruchs- oder Beschwerdeverfahren jederzeit möglich.[57]

---

52  HABM-BK R 427/2002-2 vom 18.9.2003 *T-FLEXITEL/FELXITEL*.
53  HABM-BK R 18382007-4 vom 11.7.2008 (Nr 9) *MICRO-SOFT/MICRO-SOFT*.
54  HABM-BK R 1143/2005-4 vom 7.11.2006 (Nr 8) *PHILOSOPHY/PHILOSOPHY DI ALBERTA FERRETTI*.
55  HABM-BK R 1539/2007-4 vom 19.12.2008 (Nr 9) *VIVA LA VITA/VIVAVITAL*; abzulehnen EuG T-010/06 vom 12.12.2007 (Nr 40–46) *Bial/Bial*.
56  HABM-BK R 1174/2009-4 vom 14.4.2010 (Nr 17f) *KUALA/KOALA*.
57  HABM-BK R 1174/2009-4 vom 14.4.2010 (Nr 11) *KUALA/KOALA*.

Auch im Beschwerdeverfahren gilt der Grundsatz, dass bei Einstellung des 64
Verfahrens wegen des Ergebnisses paralleler Verfahren eine Kostenteilung
stattfindet, siehe oben unter Rdn 47. Das gilt zB bei mehreren Widersprüchen, wenn die Widerspruchsabteilung nicht entsprechend R 21 (1) nicht
die anderen Verfahren ausgesetzt hat, sondern über alle Widersprüche entscheiden hat (es kommt vor, dass dies am selben Tag geschieht) und dann
während der Anhängigkeit der Beschwerde die Entscheidung, die GMA auf
der Basis des anderen Widerspruchs zurückzuweisen, rechtskräftig wird.[58]
Auch dann gilt der Grundsatz, dass im vorliegenden Verfahren ein Verlierer
nicht ermittelt werden kann und der Anmelder nicht die Kosten mehrerer
Widersprüche tragen muss, wenn nur einer zu eine rechtskräftigen Sachentscheidung gegen ihn geführt hat.

### 8.4 Beschwerde unzulässig oder nicht eingelegt

Ist die Beschwerde unzulässig, zB weil keine Beschwerdebegründung einge- 65
reicht wurde (Art 60 Satz 3), so ist gleichwohl eine Kostenentscheidung zugunsten der anderen Partei zu treffen, unabhängig davon, ob er aufgefordert
wurde, zu der Beschwerde sachlich Stellung zu nehmen.[59] Gleiches gilt,
wenn zwar der Widerspruch als nicht eingelegt galt, aber die Beschwerde zulässig war.[60]

Gilt dagegen die Beschwerde gegen eine Widerspruchsentscheidung als nicht 66
eingelegt, weil die Beschwerdegebühr nicht oder nicht innerhalb der Beschwerdefrist gezahlt wurde, so ist keine Entscheidung über die Kosten des
Beschwerdeverfahrens zu treffen, denn es ist kein Beschwerdeverfahren im
Rechtssinne eröffnet worden, auch wenn die andere Partei des Widerspruchsverfahrens von Amts wegen am Verfahren zur Feststellung, dass die
Beschwerde als nicht eingelegt gilt, beteiligt bleibt.[61]

---

58 HABM-BK R 1487/2005-4 vom 21.8.2006 (Nr 14) *CYSAT/C SAT*; HABM-BK
   R 909/2010-4 vom 27.4.2011 (Nr 9) *UBU USED BUT USEFUL/UHU*.
59 HABM-BK R 830/2006-2 vom 27.2.2007 (Nr 15) *INNOVA/INNOWAVE*;
   HABM-BK R 395/2008-4 vom 23.7.2008 (Nr 9) *MAXIMO/MAXIMO*.
60 HABM-BK R 1384/2007-4 vom 22.1.2008 (Nr 18) *ONDACELL/OKACELL*.
61 HABM-BK R 722/2006-4 vom 8.3.2007 (Nr 24) *SUPERPOP/POP*; HABM-BK
   R 881/2005-2 vom 10.1.2006 (Nr 9) *RUFF RYDERS/RIDER*; HABM-BK R
   1356/2010-4 vom 10.1.2011 (Nr 7) *VITACHRON MALE/VITATHION*;
   HABM-BK R 044/2012-1 vom 20.6.2011 (Nr 14) *MIDO/NIDO*; HABM-BK
   R 1550/2012-4 vom 4.2.2013 (Nr 21) *E.N.O. GRIDMASTER/E.ON*.

## 9 Kostenentscheidung im Löschungsverfahren

67 Im Nichtigkeits- und Verfallsverfahren gilt das oben unter Rdn 31–47 und Rdn 49–66 Gesagte entsprechend. Ein Unterschied liegt lediglich darin, dass es im Nichtigkeits- und Verfallsverfahren keine Cooling-off-Frist gibt. Die Gebührenfolge der Einstellung des Verfahrens bei Vorliegen mehrerer Anträge nach R 21 (4) gilt jedoch für das Nichtigkeits- und Verfallsverfahren entsprechend, R 41 (2).

## 10 Höhe der Kosten und deren Festsetzung

68 Es ist streng zwischen der Kostengrundentscheidung und der Festsetzung der Höhe der Kosten zu unterscheiden. Für letztere steht ein gesondertes Verfahren und ein gesonderter Rechtsweg zur Verfügung, Art 85 (6), R 94 (3) zum Verfahren der Festsetzung und Art 85 (6) S 4, R 94 (4) zum Rechtsmittelverfahren, Antrag auf Überprüfung. Es ist deshalb methodisch ungenau, wenn gelegentlich auf Pflicht zur Tragung der Kosten in der Höhe von X Euro tituliert wird.

69 Die erstattungsfähigen Kosten setzen sich zusammen aus den von einem Beteiligten aufgewendeten Amtsgebühren, den Vertretungskosten und den Kosten für eine etwaige Beweisaufnahme oder mündliche Verhandlung. Wie sich aus R 94 (6), (7) (g) ergibt, sind andere Kosten nicht erstattungsfähig. Insbesondere ist der dem Beteiligten selbst erwachsende Kostenaufwand nicht erstattungsfähig.

### 10.1 Gebühren des Amtes

70 Zu den erstattungsfähigen Kosten zählen die von dem obsiegenden Beteiligten aufgewendeten Amtsgebühren nach der GebV. Hierbei handelt es sich um die von dem obsiegenden Beteiligten entrichtete Widerspruchsgebühr, Gebühr für den Antrag auf Erklärung des Verfalls oder der Nichtigkeit und die Beschwerdegebühr, wie R 94 (6) in Ergänzung zu Art 85 (1) klarstellt.[62] Die Gebühr für die Anmeldung der GMA fällt nicht darunter.

### 10.2 Vertretungskosten

71 Vertretungskosten sind nur erstattungsfähig, wenn es sich um Kosten für einen berufsmäßigen Vertreter iSd Art 93 (1) handelt, R 94 (7) (d), und zwar

---

62 Siehe von Mühlendahl/Ohlgart, S 98.

nur für einen Vertreter, R 94 (7) (f).[63] Vertritt ein Anwalt zwei Mitanmelder, so steht diesen der Anspruch nur einmal, gesamtgläubigerisch, zu, R 94 (7) (e).[64] Aufwendungen für Angestelltenvertreter (Art 92) sind nach dem klaren Wortlaut von R 94 (7) (d) nicht erstattungsfähig, auch nicht, wenn ein Angestellter einer Firma mit wirtschaftlichen Verbindungen (Art 92 (3)) eine andere Firma vertritt.[65] Auch ist R 94 (7) (d) nicht anwendbar auf jemand, der in seiner Eigenschaft als Angestellter handelt, obwohl er gleichzeitig auf der Liste der zugelassenen Vertreter nach Art 93 (1) ist, denn es handelt sich hierbei um die eigene Rechtswahrnehmung, nicht um eine honorarpflichtige Vertretung durch Dritte.[66]

Kosten für die Selbstvertretung sind nicht erstattungsfähig, also wenn sich **72** zB ein zugelassener Rechtsanwalt selbst vertritt oder durch die Kanzlei, der er als Partner angehört, vertreten lässt.[67] In diesem Fall fehlt es an einem kostenrelevanten Umsatzgeschäft und an der nach Art 85, R 94 (7) (d) vorausgesetzten honorarpflichtigen Besorgung fremder Rechtsangelegenheiten.

Die zu erstattenden Vertretungskosten sind ferner durch R 94 (7) (d) deutlich begrenzt. Durch VO Nr 1041/2005 sind die Höchstsätze um jeweils **73** 50 Euro angehoben worden und betragen nun für das Widerspruchsverfahren 300 Euro, für das Nichtigkeitsverfahren 450 Euro und für das Beschwerdeverfahren 550 Euro. Falls das für den Vertreter zu zahlende Honorar über diesem Betrag liegt – dies wird jedenfalls für das Widerspruchsverfahren regelmäßig der Fall sein –, so hat der obsiegende Beteiligte den Restbetrag selbst zu tragen und kann insoweit keine Erstattung vom Gegner verlangen. Diese Begrenzung ist notwendig, da keine Gebührenordnungen oder andere Maßstäbe für eine Beurteilung der Angemessenheit von Vertretungskosten zur Verfügung stehen. Sie ist ferner auch deshalb notwendig, um dem obsiegenden Beteiligten ein gewisses Kostenrisiko aufzubürden und somit missbräuchliche Widersprüche oder Nichtigkeitsanträge zu verhindern bzw je-

---

63  Von Mühlendahl/Ohlgart, S 98.
64  HABM-BK R 1086/2005-4 vom 17.7.2006 (Nr 24) *AMATI/MATY*.
65  RiLi, Teil A, 2.5.2, ABl-HABM 2006, 628, 636; HABM-BK R 5/2004-4 vom 28.6.2006 (Nr 32) *SMART/SMART*; HABM-BK R 069/2007-2 vom 26.7.2007 (Nr 41) *TIEPOLO/POLO*.
66  HABM-BK R 336/2002-2 vom 3.5.2006 (Nr 12f) *MIRODAN/RODAN*.
67  Siehe HABM-BK R 018/2006-4 vom 3.3.2006 (Nr 9) *SCHWEIZER RECHTS-ANWÄLTE*.

denfalls zu verhindern, dass die Kostentragungspflicht prozesstaktisch in der einen oder anderen Richtung missbraucht wird.

74  Da es sich um Höchstsätze handelt, ist theoretisch denkbar, dass diese Sätze auch unterschritten werden.[68] Erfolgt die Kostenfestsetzung gemäß Art 85 (6) zusammen mit der Kostengrundentscheidung (Sachentscheidung), so sind die Vertretungskosten unabhängig davon anzusetzen, ob sie tatsächlich in dieser Höhe entstanden sind, R 94 (3) Satz 4.[69] Hierbei handelt es sich um eine gesetzliche Fiktion; der Einwand, der Standardsatz sei unterschritten worden, ist unstatthaft. Irgendwelche Nachweise sind nicht erforderlich. R 94 (3) Satz 4 setzt nur voraus, dass Vertretungskosten überhaupt angefallen sind (siehe oben, Rdn 70).

75  Erfolgt die Kostenfestsetzung gesondert (R 94 (3) Satz 1 iVm Art 85 (6) Satz 1), so genügt hinsichtlich der Vertretungskosten eine anwaltliche Versicherung, dass mindestens die in R 94 (7) (d) bestimmten Höchstsätze entstanden sind, R 94 (3) Satz 2. Seit Änderung der R 94 (3) durch VO Nr 1041/2005 brauchen somit für Vertretungskosten keine Rechnungen mehr vorgelegt zu werden. Damit ist in der Praxis eine ganz wesentliche Erleichterung verbunden, denn bisher mussten Anwälte befürchten, dass im Rahmen der Kostenfestsetzung ihre Honorarpolitik offenbart wurde. Für alle anderen Kosten, dh Kosten für mündliche Verhandlungen und Beweisaufnahmen, sind unverändert Rechnungen vorzulegen, R 94 (3) Satz 1, doch reicht als Beweismaß, dass ihr Entstehen glaubhaft gemacht wird (im engl: if their plausibility is established), R 94 (3) Satz 3.

### 10.3  Beweisaufnahme, mündliche Verhandlung

76  Findet eine mündliche Verhandlung statt, zu der das Amt geladen hat, so können hierfür zusätzlich je 600 Euro je Verfahren erstattet werden, R 94 (7) (d) (vii). Für die mündliche Verhandlung selbst sind keine zusätzlichen Vertretungskosten zu erstatten. Eine eigene Beweisaufnahmegebühr (R 94 (7) f) aF) ist mit der VO Nr 1041/2005 gestrichen worden. Kosten der Beteiligten bzw der Vertreter für die Teilnahme an einer Beweisaufnahme, die nicht mit einer mündlichen Verhandlung zusammenfällt, sind nach R 94 (7) nF ebenfalls nicht mehr erstattungsfähig. Kosten für Zeugen und Sachverständige,

---

68  Siehe von Mühlendahl/Ohlgart, S 99.
69  EuG T-294/07, Beschluss vom 25.9.2008 (Nr 34) *Golf Fashion Masters/The Masters*; *HABM-BK R 488/2006-4 vom 28.8.2006 (Nr 13) OCHA/OSKA.*

die zu einer Beweisaufnahme oder mündlichen Verhandlung geladen wurden, sind nach R 94 (7) (c) erstattungsfähig, wenn diese auf Initiative einer Partei durchgeführt wurde, so dass hierfür die Partei die Kostentragungspflicht trifft, R 59 (5).[70] Erstattungsfähig sind Reisekosten, Aufenthaltskosten und Verdienstausfall nach Maßgabe der R 59 (2), (3) und (4).

Für die Teilnahme an einer mündlichen Verhandlung (Art 77), zu der das **77** Amt geladen hatte, sieht R 94 (7) (a), (b), (d) (vii) vor: Ist der Beteiligte nicht vertreten, so erhält er Reise- und Aufenthaltskosten sowie Verdienstausfall nach Maßgabe von R 94 (7) (a) (i) –(iii) iVm dem EG-Beamtenstatut. Angestelltenvertreter stehen dem Beteiligten gleich (siehe Wortlaut von R 94 (7) (b)). Nimmt ein berufsmäßiger Vertreter an der mündlichen Verhandlung teil, so erhält er Reise- und Aufenthaltskosten nach R 94 (7) (b) iVm R 94 (7) (a) (i), ii) sowie eine Pauschalgebühr für die mündliche Verhandlung von zusätzlich 400 Euro nach R 94 (7) (d) (vii), jedoch (keine Verweisung auf R 94 (7) (a) (iii)) keinen Verdienstausfall, den dieser kann nicht neben seinem Vertretungshonorar doppelt verlangt werden. Weitere Beträge kann der Vertreter nicht verlangen. Nehmen sowohl der Beteiligte als auch der Vertreter teil, so können für den Beteiligten selbst keine Beträge angesetzt werden (Wortlaut von R 94 (7) (a)); es wäre nicht einzusehen, warum der Gegner das Erscheinen des anderen Beteiligten zahlen sollte, wenn dessen persönliches Erscheinen nicht angeordnet wurde. R 94 (7) nF hat damit die Kostentragung erheblich einfacher und logischer gestaltet. Für eine doppelte Kostentragung (Verdienstausfall und Pauschalhonorar) besteht kein Anlass, ebensowenig für eine besondere Beweisgebühr neben der Gebühr für die mündliche Verhandlung.

### 10.4 Übersetzungskosten

Für Übersetzungskosten enthält Art 119 (6) die Bestimmung, dass eine Er- **78** stattungspflicht nicht besteht; Art 85 (1) verweist darauf. Darüber hinaus bestimmt jedoch R 94 (7) (g), dass andere als die in R 94 (7) genannten Kosten, Aufwendungen oder Honorare nicht erstattungsfähig sind. Deshalb sind Übersetzungskosten, die den Parteien erwachsen sind, in keinem Falle erstattungsfähig.[71]

---

70  Von Mühlendahl/Ohlgart, S 99.
71  Von Mühlendahl/Ohlgart, S 99.

## 10.5 Kostenfestsetzung zusammen mit der Entscheidung

79 Die Festsetzung der zu erstattenden Kosten erfolgt gemäß Art 85 (6), R 94 (3) grundsätzlich zusammen mit der Entscheidung der Widerspruchsabteilung, Nichtigkeitsabteilung oder Beschwerdekammer. Diese Änderung des Art 85 (6) durch VO Nr 422/2004, in Kraft getreten am 25.7.2005, soll das Verfahren vereinfachen und den Obsiegenden von der Stellung eines Antrags auf Kostenfestsetzung entheben. Eine solche Festsetzung durch die Widerspruchsabteilung, Nichtigkeitsabteilung oder Beschwerdekammer setzt voraus, dass sich der zu erstattende Betrag auf die Amtsgebühren nach R 94 (6) und die pauschalierten Vertretungskosten nach R 94 (7) (d) beschränkt. Die Festsetzung der Vertretungskosten in Höhe der in R 94 (7) (d) genannten Pauschalbeträge erfolgt unabhängig davon, ob diese angefallen sind, R 94 (3) Satz 4. Der Einwand, die Kosten seien nicht oder nicht in dieser Höhe entstanden, ist unbeachtlich.

80 Eine Kostenfestsetzung in der Sachentscheidung kann oder muss unterbleiben:

81 Wenn entschieden wurde, dass jeder Beteiligte seine eigenen Kosten trägt, gibt es nichts festzusetzen.

82 Wenn sich die erstattungsfähigen Kosten auf Vertretungskosten beschränken und der Obsiegende gar nicht oder nur durch einen Angestellten vertreten war (siehe oben, Rdn 70), gibt es nichts festzusetzen; zur Klarstellung kann im Tenor ausgesprochen werden, dass die Kosten auf Null festgesetzt werden.[72]

83 Wenn die Entscheidung vor dem 25.7.2005 getroffen wurde (siehe unten, Rdn 94–97).

84 Folgenlos bleibt, wenn die Kostenfestsetzung einfach unterblieben ist. Art 85 (6) Satz 1 ist eine sanktionslose Ermächtigung. Das kann sogar sachliche Gründe gehabt haben, etwa wenn dazu weitere Prüfungen erforderlich wären, die für die Sachentscheidung nicht erforderlich sind, wie ob die Be-

---

72 Beispielsfälle: HABM-BK R 659/2005-4 vom 18.12.2006 *QAMPAS/COMPASS*; HABM-BK R 830/2006-2 vom 27.2.2007 (Nr 15) *INNOVA/INNOWAVE*; HABM-BK R 1553/2010-4 vom 28.4.2011 (Nr 20) *MYPIXLER/MYPIXX*.

schwerde aufschiebende Wirkung hatte[73] oder ob der Vertreter Angestellten- oder Rechtsanwaltsstatus hatte.[74]

### 10.6 Kostenfestsetzung auf gesonderten Antrag

In allen Fällen, in denen die Kostenfestsetzung nicht mit der Kostengrund- 85 entscheidung verbunden wurde, ist unverändert ein gesonderter Antrag erforderlich, Art 85 (2). Der Antrag ist nur innerhalb von zwei Monaten, nachdem die zu Grunde liegende Entscheidung der Widerspruchsabteilung, Nichtigkeitsabteilung oder HABM-BK rechtskräftig geworden ist, zulässig, Art 85 (6) Satz 3. Nach Ablauf dieser Frist gestellte Anträge sind unzulässig. Dem Antrag auf Kostenfestsetzung sind eine Kostenrechnung und die Belege beizufügen, R 94 (3) Satz 1. Zur Festsetzung der Vertretungskosten genügt es, dass der Vertreter versichert, diese seien angefallen, R 94 (3) Satz 2. Für alle anderen Kosten genügt, dass sie glaubhaft gemacht werden, R 94 (3) Satz 3. Die Vorlage von Anwaltsrechnungen ist auch im Falle der Stellung eines gesonderten Antrags entbehrlich.

Die Entscheidung über den Antrag auf Kostenfestsetzung ergeht ohne Anhö- 86 rung des Gegners auf Grund der Aktenlage und der vorgelegten Belege. Sie ist dem Gegner (Kostenschuldner) zuzustellen, der etwaige Einwände im Wege des Antrags auf Überprüfung der Kostenfestsetzung geltend machen kann. Die Kostenfestsetzung kann allein mit dem Antrag auf Überprüfung (siehe unten, Rdn 88–93) angefochten werden, nicht mit der Beschwerde oder Klage nach Art 65.[75] Die Entscheidungen des HABM enthalten insoweit gespaltene Rechtsmittelbelehrungen.

Diese Kostenfestsetzungsentscheidung gemäß Art 85 (6) Satz 1 oder 2 stellt 87 eine Entscheidung gemäß Art 86 (1) und somit einen vollstreckbaren Titel dar.

### 10.7 Überprüfung der Kostenfestsetzung

Gegen die Kostenfestsetzung ist innerhalb eines Monats der Antrag auf 88 Überprüfung der Kostenfestsetzung zulässig, Art 85 (6) S 4, R 94 (4). Innerhalb der gleichen Frist ist der Antrag zu begründen und die Gebühr für die

---

73  HABM-BK R 963/2009-4 vom 20.5.2010 (Nr 17) *HAMMER*.
74  HABM-BK R 1050/2009-4 vom 20.7.2010 (Nr 40) *SAVANNA/SAVANNA*.
75  Unzutreffend EuG T-010/06 vom 12.12.2007 (Nr 40–46) *Bial/Bial*.

Überprüfung der Kostenfestsetzung von 100 Euro gemäß Art 2 Nr 30 GebV zu zahlen. Wird die Gebühr nicht fristgerecht gezahlt, so gilt der Antrag als nicht gestellt, R 94 (4) Satz 2. Die Gebühr wird nicht zurückgezahlt, auch wenn der Antrag unzulässig ist.

89 Dies gilt unabhängig davon, ob die Kostenfestsetzung in der Kostengrundentscheidung (nach Art 85 (6) S 1) oder isoliert (nach Art 85 (6) S 2) getroffen wurde. Der Antrag auf Überprüfung (R 94 (4)) ist in allen Fällen der alleinige Rechtsbehelf gegen die Kostenfestsetzung. Die sofortige Beschwerde gegen die Kostenfestsetzung ist stets ausgeschlossen, auch wenn letztere mit der Kostengrundentscheidung verbunden war. Die HABM-Entscheidungen enthalten in solchen Fällen eine gespaltene Rechtsmittelbelehrung. Die Monatsfrist beginnt mit der Zustellung der Kostenfestsetzung (Wortlaut der R 94 (4), falls die Kostenfestsetzung mit der Sachentscheidung verbunden war (Fall des Art 85 (6) Satz 1) also schon vor Eintritt der Rechtskraft der Entscheidung. Das ist problemlos, weil nicht die Kostengrundentscheidung, sondern nur der festgesetzte Betrag überprüft werden kann. Allerdings sollte dann das HABM die Rechtskraft der Kostengrundentscheidung abwarten, da im Falle einer Aufhebung der Kostengrundentscheidung die Festsetzung unzutreffend werden kann.

90 Die Kostenfestsetzung erfolgt ohne Anhörung des Gegners, auch soweit sie isoliert getroffen wird. Erst im Verfahren zur Überprüfung der Kostenfestsetzung ist der andere Beteiligte des Ausgangsverfahrens beteiligt und anzuhören.[76] Dies gilt, wenn die Überprüfung der Kostenfestsetzung vom Unterlegen beantragt wird (der Obsiegende muss Gelegenheit erhalten, seinen bereits festgesetzten Anspruch zu verteidigen), aber auch, wenn die Überprüfung vom Obsiegenden verlangt wird, weil er höhere als die festgesetzten Kosten verlangt.

91 Im Wege des Antrags auf Überprüfung der Kostenfestsetzung kann der Antragsteller folgendes vorbringen:
– der Betrag sei inkorrekt festgesetzt worden, beispielsweise sei die Übergangsregelung (siehe unten, Rdn 96) unzutreffend angewandt worden:
– es seien vorgelegte Belege nicht oder nicht zutreffend gewürdigt worden;
– die Kostenfestsetzung stimme nicht mit der Kostengrundentscheidung überein;

---

76 Von Mühlendahl/Ohlgart, S 100.

– es seien zu Unrecht Kosten für einen Angestelltenvertreter angesetzt worden, oder es seien Kosten für einen zugelassenen Vertreter zu Unrecht nicht angesetzt worden;
– der Antrag auf Kostenfestsetzung sei zu Unrecht als wegen Art 85 (6) Satz 3 verspätet abgelehnt worden.[77]

Es kann nicht vorgebracht werden:                                      **92**
– dass die Kostengrundentscheidung unzutreffend gewesen sei;[78]
– dass die Beschwerdekammer zu Unrecht eine Kostengrundentscheidung unterlassen habe;[79]
– dass die Beschwerdekammer zu Unrecht eine Kostengrundentscheidung getroffen habe;[80]
– dass in der Kostengrundentscheidung über einen Verfahrensabschnitt (Widerspruchsverfahren) nicht entschieden worden sei;
– dass eine Beweisaufnahme oder eine mündliche Verhandlung nicht erforderlich gewesen sei; dazu ist lediglich noch über die Notwendigkeit der einzelnen geltend gemachten Positionen (zB Notwendigkeit bestimmter Reisekosten) zu befinden.[81]

Dies kann nur im Wege der Beschwerde gegen die Kostengrundentscheidung gerügt werden; ein allein auf solche Gründe gestützter Antrag ist als unzulässig (nicht als unbegründet) zu verwerfen.[82]

Zuständig für die Überprüfung der Kostenfestsetzung ist stets die Stelle, die **93** für das Ausgangsverfahren zuständig war, R 94 (5). Bei einer Kostenfestsetzung im Widerspruchsverfahren ist dies also die Widerspruchsabteilung, gleich ob die Kostenfestsetzung in der Widerspruchs- Sachentscheidung ent-

---

77 Beispielsfall: HABM-BK R 562/2003-4-REV vom 27.7.2006 *CROSSPACK* (Kostenfestsetzung).
78 HABM-BK R 260/2004-1-REV vom 3.2.2006 *VICTORIA/VICTORIA* (Kostenfestsetzung).
79 HABM-BK R 227/2001-2 vom 30.11.2005 (Nr 16) *CRANDIM/GRANDIS.*
80 HABM-BK R 209/2011-2 vom 6.11.2012 (Nr 16) *SPA VILLAGE/SPA* (Kostenfestsetzung).
81 Anders wohl von Mühlendahl/Ohlgart, S 100.
82 HABM-BK R 562/2003-4-REV vom 27.7.2006 *CROSSPACK* (Kostenfestsetzung); HABM-BK R 209/2011-2 vom 6.11.2012 (Nr 20) *SPA VILLAGE/SPA* (Kostenfestsetzung); aA HABM-BK R 227/2001-2 vom 30.11.2005 (Nr 13) *CRANDIM/GRANDIS*: zulässig, aber unbegründet.

halten war oder von der Geschäftsstelle getroffen wurde. Im Beschwerdeverfahren ist dies ebenfalls die Beschwerdekammer. Das Bedenken, hier entscheide dieselbe Stelle wie die, die die angefochtene Entscheidung traf, greift nicht, da es sich nicht um ein echtes Rechtsmittel handelt, sondern um eine Überprüfung des festgesetzten Betrages. Die nach R 94 (5) zuständige Stelle trifft eine Entscheidung, die ohne mündliche Verhandlung ergeht und mit der Beschwerde (Art 58) angefochten werden kann.[83]

### 10.8 Übergangsregelung

**94**  Art 85 (6) nF, geändert durch VO Nr. 422/2004 vom 19.2.2004,[84] und R 94 nF, geändert durch VO Nr 1041/2005 vom 29.6.2005, sind am 25.7.2005 in Kraft getreten.[85]

**95**  Die Befugnis, mit der Sachentscheidung die Kostenfestsetzung vorzunehmen, gilt nur für Entscheidungen, die nach diesem Datum getroffen wurden.

**96**  Die in R 94 (7) (d) um jeweils 50 Euro erhöhten Pauschalbeträge für Vertretungskosten gelten für alle Kostenfestsetzungen (egal ob in der Sachentscheidung oder gesondert), die nach dem 25.7.2005 getroffen wurden.[86] Maßgeblich ist das Datum der Festsetzung der Kosten, zumal es sich um Pauschalbeträge handelt, während die tatsächlich entstandenen Kosten regelmäßig um ein vielfaches höher liegen. Es gilt der Grundsatz, dass das neue Recht auf alle Sachverhalte und Entscheidungen Anwendung findet, die nach seinem Inkrafttreten entstanden sind bzw getroffen werden, es sei denn, dass ausnahmsweise bestimmt ist, dass vor Inkrafttreten der Änderung eingereichte Widersprüche oder Anmeldungen noch nach altem Recht zu behandeln sind, was hier nicht der Fall ist. Auf die Einreichung des Widerspruchs kann nicht abgestellt werden, da dieser für die Höhe der Kosten belanglos ist, auf die Rechnung nicht, weil R 94 (3) Satz 4 eine solche gar nicht erfordert. Die neuen Beträge werden auch dann festgesetzt, wenn der Antrag auf

---

83  Von Mühlendahl/Ohlgart, S 100.

84  ABl-EG Nr L 172 vom 5.7.2005, S 4.

85  Mitteilung der Kommission, ABl-EG Nr C 163 vom 5.7.2005, S 8.

86  So ständige Praxis der Widerspruchsabteilungen sowie der 4. HABK-BK, zB HABM-BK R 1062/2000-4 vom 18.8.2005 *GRAMMY/GRAMMY*; HABM-BK R 671/2004-4 vom 23.1.2006 (Nr 32) *ACOTEL/ASCOTEL*. Anders die 1. und 2. HABM-BK.

Festsetzung vor dem 25.7.2005 gestellt worden war; eine Regelung, dass es auf das Datum des Antrags ankäme, enthält die VO Nr 1041/2005 ebenfalls nicht, und der Antragsteller könnte ohnehin den Antrag zurücknehmen und nach dem 25.7.2005 neu stellen.

Vor dem 25.7.2005 galt keine Ausschlussfrist für den Antrag auf Kostenfest- **97** setzung. Nach allgemeinen Grundsätzen wurden später als ein Jahr nach Rechtskraft gestellte Anträge als verfristet betrachtet. Fraglich ist, wie nach dem 25.7.2005 gestellte Anträge in Bezug auf Kostenentscheidungen, die vor dem 25.7.2005 getroffen wurden, zu behandeln sind. Nach der von der 4. HABM-BK gestützten[87] Praxis der Widerspruchsabteilungen wird die Zweimonatsfrist des Art 85 (6) Satz 3 ab dem Inkrafttreten der Neuregelung, dh ab dem 25.7.2005 berechnet. Wenn die Entscheidung vor dem 25.7.2005 rechtskräftig wurde, läuft also die Frist am 25.9.2005 ab. Einerseits stehen so dem Antragsteller stets zwei Monate ab Inkrafttreten der Neuregelung zur Verfügung. Eine Anwendung des Art 85 (6) auch auf Altfälle ist geboten, um zu vermeiden, dass für vor dem 25.7.2005 getroffenen Entscheidungen Anträge weiterhin ad infinitum gestellt werden können.

### Artikel 86 (ex Artikel 82)  Vollstreckung der Entscheidungen, die Kosten festsetzen

(1) Jede Entscheidung des Amtes, die Kosten festsetzt, ist ein vollstreckbarer Titel.

(2) Die Zwangsvollstreckung erfolgt nach den Vorschriften des Zivilprozeßrechts des Staates, in dessen Hoheitsgebiet sie stattfindet. Die Vollstreckungsklausel wird nach einer Prüfung, die sich lediglich auf die Echtheit des Titels erstrecken darf, von der staatlichen Behörde erteilt, welche die Regierung jedes Mitgliedstaats zu diesem Zweck bestimmt und dem Amt und dem Gerichtshof benennt.

(3) Sind diese Formvorschriften auf Antrag der die Vollstreckung betreibenden Partei erfüllt, so kann diese Zwangsvollstreckung nach innerstaatlichem Recht betreiben, indem sie die zuständige Stelle unmittelbar anruft.

---

87  HABM-BK R 562/2003-4-REV vom 27.7.2006 (Nr 29) *CROSSPACK* (Kostenfestsetzung); abweichend HABM-BK R 804/2004-1 vom 18.10.2006 *RUFFLES WOW/RIFFLES*.

(4) Die Zwangsvollstreckung kann nur durch eine Entscheidung des Gerichtshofs ausgesetzt werden. Für die Prüfung der Ordnungsmäßigkeit der Vollstreckungsmaßnahmen sind jedoch die Rechtsprechungsorgane des betreffenden Staates zuständig.

*Schennen*

## 1 Allgemeines

1 Art 86 bestimmt, dass Entscheidungen des HABM, die Kosten festsetzen, in jedem Mitgliedstaat ein vollstreckbarer Titel sind (Art 86 (1)) und auf welche Weise der Vollstreckungsgläubiger daraus die Zwangsvollstreckung betreiben kann. Die Entscheidung muss rechtskräftig sein, wie sich aus den anderen Sprachfassungen von Art 86 (1) ergibt (»final decision«, »décision définitive«). Art 86 gilt für die Entscheidungen der Stellen des HABM (Widerspruchsabteilungen, Nichtigkeitsabteilungen und Beschwerdekammern), die nach Art 85 (6) den Betrag der von dem anderen Beteiligten zu erstattenden Kosten festsetzen, nicht aber für die Entscheidungen über die Kosten dem Grunde nach gemäß Art 85 (3), (4). Art 86 gilt ferner für Entscheidungen, mit denen die Kostenpflicht eines Beteiligten gegenüber dem HABM festgestellt wird, etwa für Kosten, die nach R 59 (5) der Beteiligte gegenüber dem HABM zu tragen hat.

Aus solchen Entscheidungen kann die Zwangsvollstreckung unmittelbar und in jedem Mitgliedstaat nach den Bestimmungen des jeweiligen nationalen Rechts betrieben werden. Art 86 (3) unterstreicht, dass die Entscheidung ein vollstreckbarer Titel ist und unmittelbar Vollstreckungsgrundlage ist, ohne dass eine Anerkennung nach Art 38 der VO Nr 44/2001 vom 22.12.2000[1] oder ein anderes besonderes Verfahren wie die Erlangung eines Vollstreckungsurteils (siehe § 722 DE-ZPO) erforderlich ist. Jedoch regelt die Be-

---

1 Siehe bei Art 94 Rdn 2.

stimmung nur die Vollstreckung in den Mitgliedstaaten: soll in Drittstaaten vollstreckt werden, so geht dies nur über eine »exequatur«.[2]

Gegen Kostenfestsetzungsentscheidungen des HABM (siehe unter Art 85 Rdn 79) kann Antrag auf Überprüfung der Kostenfestsetzung gestellt werden (Art 85 (6)); in diesem Fall wird die Kostenfestsetzungsentscheidung erst nach Entscheidung über den Antrag auf Überprüfung der Kostenfestsetzung rechtskräftig. Auf Antrag erteilt das HABM gebührenfrei einen Rechtskraftvermerk.

Art 86 ist weitgehend wortgleich mit Art 256 EG-V (Art 192 aF), der die   2 Vollstreckung von Entscheidungen des Rates und der Kommission und, praktisch bedeutender, über Art 244 EG-V (Art 187 EG-V aF) auch des EuGH und des EuG regelt. Auf die Rspr und Literatur zu dieser Bestimmung kann daher bei der Auslegung von Art 86 zurückgegriffen werden.

## 2 Erteilung der Vollstreckungsklausel

Nach nationalem Recht ist regelmäßig die Erteilung einer Vollstreckungs-   3 klausel erforderlich. Diese ist für Kostenfestsetzungsentscheidungen des HABM von einer staatlichen »Behörde« zu erteilen, die jeder Mitgliedstaat bestimmt und dem HABM und dem EuGH mitteilt, Art 86 (2). Wie sich aus der engl Fassung (»authority«) ergibt, kommen dazu sowohl Gerichte als auch Behörden in Betracht.[3] Solange die Mitgliedstaaten keine zentrale Stelle bestimmt haben, muss gemäß dem Rechtsgedanken des Art 95 (5) von einer Zuständigkeit derjenigen nationalen Stellen ausgegangen werden, die generell für die Erteilung von Vollstreckungsklauseln für vergleichbare Vollstreckungstitel zuständig sind. Die Erteilung der Vollstreckungsklausel erfolgt nach nationalem Recht; es darf lediglich die Echtheit, nicht etwa die Richtigkeit der Entscheidung des HABM überprüft werden. Nach Art 86 (3) kann mit dieser Vollstreckungsklausel unmittelbar die Zwangsvollstreckung betrieben werden.

## 3 Zuständige Stellen

Bislang haben lediglich Deutschland, Österreich, Spanien, Frankreich, Dä-   4 nemark, Großbritannien, die Slowakei, die Niederlande, Irland, Estland und

---

2 López de Rego, Comentarios, S 765.
3 López de Rego, Comentarios, S 764.

Belgien die nach Art 86 (2) Satz 2 zuständige Stelle notifiziert; Einzelheiten siehe HABM-Broschüre »Nationales Recht zur GM«, Kapitel 10.

5  In Großbritannien ist der Secretary of State zuständig,[4] der seine Befugnisse insoweit auf Bedienstete des GB-Patentamts delegiert hat, so dass Anträge an das Trade Marks Registry des GB-Patentamts zu richten sind. In Irland ist der High Court zuständig.[5]

6  In den Niederlanden sind sämtliche Landgerichte (Arrondissementsrechtbanken) zuständig.[6]

7  In Spanien ist eine Dienststelle des Justizministeriums bestimmt worden.[7]

8  In Belgien sind sämtliche Gerichte erster Instanz zuständig.[8]

9  In Frankreich,[9] Dänemark[10] und Estland[11] ist das jeweilige nationale Patentamt bestimmt worden.

10  In Deutschland ist mit der am 1.1.2002 in Kraft getretenen Änderung des DE-MarkenG (§ 125i DE-MarkenG)[12] das Bundespatentgericht bestimmt worden.[13] Davor waren alle Amtsgerichte zuständig (Einzelheiten siehe Voraufl). Für die Vollstreckung von Entscheidungen des EuGH und des EuG besteht dagegen die Zuständigkeit des Bundesministers der Justiz.[14]

---

4  *The European Communities (Enforcement of Community Judgments) (Amendments) Order 1998*, Statutory Instruments 1998, 1259; Mitteilung des Präsidenten des HABM Nr 8/98, ABl-HABM 1998, 1381.

5  Mitteilung des Präsidenten des HABM Nr 1/07, ABl-HABM 3/2007.

6  Mitteilung des Präsidenten des HABM Nr 6/99, ABl-HABM 1999, 1516.

7  Dekret Nr 1523/97 vom 26.9.1997.

8  Mitteilung des Präsidenten des HABM Nr 3/07, ABl-HABM 4/2007.

9  Mitteilung des Präsidenten des HABM Nr 1/02 vom 19.2.2002, ABl-HABM 2002, 886.

10  Mitteilung des Präsidenten des HABM Nr 7/02 vom 17.5.2002, ABl-HABM 2002, 1883.

11  Mitteilung des Präsidenten des HABM Nr 1/09 vom 7.8.2009, ABl-HABM 10/2009.

12  Bundestags-Drucksache 13/3841, S 11.

13  Benannt gemäß Mitteilung des Präsidenten des HABM Nr 3/05 vom 26.4.2005, ABl-HABM 2005, 854.

14  Bekanntmachung, BGBl 1961 II S 50; siehe Zöller/Geimer, ZPO, § 722 Rn 28; Groeben/Thiesing/G. Schmidt, EG-V Art 192 Rn 14.

Der Schuldner wird vor der Erteilung der Klausel nicht gehört,[15] außer **11**
wenn die Vollstreckungsklausel vom Rechtsnachfolger beantragt wird,
§§ 727, 730 DE-ZPO. Da die Gerichtssprache Deutsch ist (§ 184 des DE-
GVG), ist bei Entscheidungen des HABM in anderen Sprachen eine Übersetzung einzureichen.

Zulässig ist der Rechtsbehelfe der Erinnerung (§ 766 DE-ZPO), mit dem
Einwendungen gegen die Art und Weise der Zwangsvollstreckung erhoben
werden können.

Die Vollstreckungsgegenklage (§ 767 DE-ZPO), mit der Einwendungen ge- **12**
gen den zu vollstreckenden Anspruch geltend gemacht werden können, ist
nur zulässig, soweit sich die Einwendungen nicht gegen den Titel selbst richten, dh soweit Anspruchsgrund und Anspruchshöhe nicht angegriffen werden.[16] Zulässig sind Einwendungen, die das Erlöschen des Anspruchs durch
Rechtshandlungen der Parteien betreffen. Zulässig ist somit der Einwand der
Aufrechnung[17] und der Erfüllung. Zulässig ist auch die Einrede der Verjährung,[18] für die also ebenfalls das Recht des Staates gilt, in dem die Zwangsvollstreckung stattfinden soll; in DE gilt die 30jährige Verjährung rechtskräftiger Titel. Diese Einwendungen sind nicht durch Art 86 (4) ausgeschlossen.

### 4  Aussetzung der Zwangsvollstreckung

Nach Art 86 (4) kann die Zwangsvollstreckung aus einer Entscheidung des **13**
HABM nur durch eine Entscheidung des Gerichtshofs, dh des EuG, ausgesetzt werden, wobei für die Prüfung der Ordnungsgemäßheit der Zwangsvollstreckung die nationalen Gerichte zuständig sind.

In Deutschland gilt folgendes: Ausgeschlossen durch Art 86 (4) ist der **14**
Rechtsbehelf des Antrags auf einstweilige Einstellung der Zwangsvollstre-
ckung nach § 769 DE-ZPO. Nicht ausgeschlossen ist der Rechtsbehelf der
Erinnerung gegen die Erteilung der Vollstreckungsklausel nach § 732 DE-
ZPO. Mit diesem kann nur geltend gemacht werden, dass die Kostenfestset-
zungsentscheidung des HABM unecht sei oder – falls die Zwangsvollstre-

---

15  Zimmermann, ZPO, § 724 Rn 8.
16  Lenz, EG-V, Art 192 Rn 10.
17  EuGH C-004/73, Slg 1977, 3 *Nold/Ruhrkohle*; aA Groeben/Thiesing/G.
    Schmidt, Art 192 Rn 24.
18  Baumbach/Lauterbach/Albers/Hartmann, ZPO, § 767 Rn 33.

ckung aus einer Kostenfestsetzungsentscheidung vorgenommen wird, ohne dass ein Rechtskraftvermerk des HABM vorgelegt wurde – dass sie noch nicht rechtskräftig sei.

# 3. Abschnitt  Unterrichtung der Öffentlichkeit und der Behörden der Mitgliedstaaten

## Artikel 87 (ex Artikel 83)  Register für Gemeinschaftsmarken

**Das Amt führt ein Register mit der Bezeichnung »Register für Gemeinschaftsmarken«, in dem alle Angaben vermerkt werden, deren Eintragung oder Angabe in dieser Verordnung oder der Durchführungsverordnung vorgeschrieben ist. Jedermann kann in das Register Einsicht nehmen.**

*Schennen*

### 1 Allgemeines

1 Diese Bestimmung regelt die Einrichtung des Registers für GMn. Es enthält die Angaben zum Rechtsstand aller eingetragenen GMn. Vor der Eintragung der GM werden die entsprechenden Rechtsstandsänderungen in der Anmeldungsakte vermerkt (zB R 31 (8) und R 33 (4)).

2 Art 87 wird ergänzt durch R 84 und R 87 sowie zahlreiche weitere Regelungen der GMV und der DV, die die Eintragung bestimmter Angaben vorsehen. R 84 enthält die in das Register einzutragenden Angaben, und R 87 enthält die Ermächtigung für den Präsidenten des HABM, das Register elektronisch zu führen. R 84 (4) wird ergänzt durch Art 2 Nr 26 GebV.

Änderungen im Register sind geregelt in Art 48 und R 25 (Änderung der Eintragung), in R 84 (3) (q), (r), (s) sowie in R 26 (Änderung des Namens oder der Anschrift des Inhabers oder Vertreters) und R 27 (Berichtigung von Fehlern im Register).

Für die Benennung der EG in einer IR wird das Register von der WIPO ge- 3 führt. Im Rahmen der Anwendung des MP werden nur solche Angaben in das Register für GMn eingetragen, die eine GM betreffen, die für eine IR Basismarke ist, R 84 (2) (p), (3) (t)–(v).

## 2 Ins Register einzutragende Angaben

Ins Register einzutragen sind erstens die gemäß R 84 (2) einzutragenden An- 4 gaben für die ursprüngliche Eintragung der Marke; diese entsprechen den Angaben, die gemäß R 12 bei der Veröffentlichung der GMA für die Zwecke des Widerspruchs im Blatt für GMn veröffentlicht werden. Dabei handelt es sich um den Anmeldetag, das Aktenzeichen, das Datum der Veröffentlichung der Anmeldung gemäß Art 39, Angaben zum Inhaber und zum Vertreter, die Wiedergabe der Marke einschließlich etwaiger Farbansprüche oder einer Beschreibung, das VerzWDL, Angaben zu Prioritäten oder Senioritäten, gegebenenfalls die Angabe, dass die Marke auf Grund von Verkehrsdurchsetzung (Art 7 (3)) eingetragen wurde oder dass es sich um eine Kollektivmarke handelt, die erste und zweite Sprache der Anmeldung sowie das Datum der Eintragung in das Register. Soweit R 84 (2) (o) neben dem Datum der Eintragung auch die Nummer der Eintragung erwähnt, ist dies überflüssig, weil das HABM keine eigene Eintragungsnummer vergibt, sondern die Anmeldenummer (R 84 (2) (b)) auch nach der Eintragung gültig bleibt.

Zweitens sind ins Register einzutragen alle Änderungen des Rechtsstandes 5 der eingetragenen Marke, die in R 84 (3) im einzelnen aufgelistet sind. Hierbei handelt es sich um Änderungen der gemäß R 84 (2) eingetragenen Angaben sowie um die Eintragung von Rechtsübergängen, Lizenzen, dinglichen Rechten und Konkursmaßnahmen und Änderungen solcher Angaben, Erlöschen der GM durch Verzicht oder Ablauf der Eintragung, Löschung des Vertreters, Löschung einer Seniorität und den Eingang eines Umwandlungsantrags nach Art 112 (2).

Darüber hinaus werden nach R 84 (3) (n), (o) im Falle der Erhebung einer 6 Widerklage auf Erklärung der Nichtigkeit oder des Verfalls (Art 100) oder

der Stellung eines direkten Antrags auf Erklärung der Nichtigkeit oder des Verfalls beim Amt (Art 56) eingetragen

– der Tag der Erhebung der Widerklage bzw der Stellung des Antrags und
– der Tag und der Inhalt der Entscheidung über die Widerklage durch das Gemeinschaftsmarkengericht bzw über den Antrag durch das Amt.

Nach Art 57 (6) idF der VO Nr 422/2004 ist die Entscheidung über den Antrag auf Erklärung der Nichtigkeit sowohl im Fall der Nichtigerklärung als auch im Fall der Zurückweisung des Antrags einzutragen; so auch bereits die Praxis des HABM vor Inkrafttreten der VO Nr 422/2004.[1] Da die entsprechenden Daten oft von den Gemeinschaftsmarkengerichten nicht von sich aus gemäß Art 100 (4) mitgeteilt werden, kann auch die begünstigte Partei (Inhaber der GM oder Widerkläger) die Eintragung beantragen, unter Nachweis des gerichtlichen Urteils.

### 3  Änderungen und Berichtigungen

7  Für Änderungen der eingetragenen Marke sei auf die Kommentierung zu Art 48 verwiesen.

8  Änderungen des Namens oder der Anschrift des Inhabers oder seines Vertreters sind in R 26 geregelt. Sie werfen keine besonderen Schwierigkeiten auf mit Ausnahme der Abgrenzung von Namensänderungen des Inhabers von einem Rechtsübergang gemäß Art 17 (siehe R 26 (1)); siehe dazu unter Art 17 Rdn 12.

9  Der Inhaber der GM erhält über jede Änderung der Eintragungen im Register eine Mitteilung, R 84 (5).

10  Gemäß R 27 werden Fehler im Register, die dem Amt zuzuschreiben sind, entweder von Amts wegen oder auf gebührenfreien Antrag des Inhabers berichtigt. Die Berichtigung wird im Blatt für GMn veröffentlicht. Für den Antrag des Inhabers gelten die Formalitäten nach R 26 (R 27 (1) Satz 1)); jedoch ist ohnehin das Amt von Amts wegen verpflichtet, dem behaupteten Fehler nachzugehen.

11  Fehler im Register, die eine bereits bestehende Rechtslage einfach nicht oder unzutreffend umsetzen, fallen unter R 27 und sind ohne weiteres zu berichtigen. Dafür ist keine Frist vorgesehen. Fehlerhafte Registereintragungen, die

---

1  Beschluss Nr EX-00-1 vom 27.11.2000, ABl-HABM 2001, 294.

auf vom HABM zu verantwortenden Verfahrensfehlern beruhen, können nun in engen Grenzen und nur innerhalb von 6 Monaten nach Art 80 rückgängig gemacht (Art 80 verwendet den Begriff »gelöscht«) werden. Inhaltlich unrichtige Entscheidungen sind keine »Fehler« und weder nach R 27 noch nach Art 80 korrigierbar.

## 4 Sprache des Registers

Die Eintragungen im Register erfolgen in allen Amtssprachen der EG, Art 120 (2).   12

## 5 Einsicht in das Register

Die Einsicht in das Register für GMn steht jedermann frei, Art 87 Satz 2.   13
Von der Ermächtigung in R 84 (1) und R 87, den elektronischen Zugang zum Register zu eröffnen, hat der Präsident des Amtes noch keinen Gebrauch gemacht. Es ist deshalb ein schriftlicher Registerauszug anzufordern. Dieser ist gebührenpflichtig, R 85 (6). Die Gebühr beträgt 10 Euro für den unbeglaubigten und 30 Euro für den beglaubigten Registerauszug, Art 2 Nr 26 GebV iVm Art 145 (2) Nr 9 GMV.

## 6 CTM-Online

Der Präsident des Amtes hat gemäß R 87 als elektronischen Zugang zur Datenbank des Amtes den Dienst CTM-Online eingerichtet, der kostenlos über die Internet-Seite des HABM erfolgt. Der Inhalt entspricht dem Register, enthält aber nicht alle nach R 94 im Register einzutragenden Angaben, andererseits auch zusätzliche Angaben, auch noch nicht veröffentlichten GMAen.   14

CTM-Online ist eine kostenlose Datenbank, die den komfortablen Zugriff auf die bibliographischen Daten und Rechtsstandsdaten aller eingereichten GMAen und eingetragenen GMn gewährt. Es wird auch auf Widerspruchsverfahren, Löschungsverfahren und Klageverfahren vor dem EuG hingewiesen.   15

CTM-Online wird auf der Internet-Seite des HABM im Startmenü unter »Qualität Plus«, »Datenbanken«, »Suche nach einer GM« aufgerufen.[2] Durch Klicken auf das 2. Symbol von links kann eine Expertenrecherche   16

---

2 Unter http://oami.europa.eu/CTMOnline/RequestManager/de.

mit zusätzlichen Suchkriterien wie zB nach Anmeldetag oder Namen des Inhabers gestartet werden.

## Artikel 88 (ex Artikel 84)  Akteneinsicht

(1) Einsicht in die Akten von Anmeldungen von Gemeinschaftsmarken, die noch nicht veröffentlicht worden sind, wird nur mit Zustimmung des Anmelders gewährt.

(2) Wer nachweist, dass der Anmelder behauptet hat, dass die Gemeinschaftsmarke nach ihrer Eintragung gegen ihn geltend gemacht werden würde, kann vor der Veröffentlichung dieser Anmeldung und ohne Zustimmung des Anmelders Akteneinsicht verlangen.

(3) Nach der Veröffentlichung der Anmeldung der Gemeinschaftsmarke wird auf Antrag Einsicht in die Akten der Anmeldung und der darauf eingetragenen Marke gewährt.

(4) Im Falle einer Akteneinsicht entsprechend Absatz 2 oder 3 können Teile der Akten jedoch gemäß der Durchführungsverordnung von der Einsicht ausgeschlossen werden.

*Schennen*

## 1 Allgemeines

1  Diese Bestimmung regelt die Einsicht in die Akten der GMAen und GMn. Grundsatz ist, dass die Akteneinsicht ab dem Zeitpunkt der Veröffentlichung

der GMA im Blatt für GMn gemäß Art 39, R 12 jedermann freisteht, vor diesem Zeitpunkt aber nur mit Zustimmung des Anmelders der GMA oder im Sonderfall der Verwarnung aus der noch nicht veröffentlichten GMA möglich ist. Im Rahmen der Vorarbeiten zur VO Nr 422/2004 war erwogen worden, die Akteneinsicht uneingeschränkt freizugeben; diese Überlegungen konnten sich jedoch bei den beteiligten Kreisen nicht durchsetzen.

Die Bestimmung wird ergänzt durch R 88 bis 91. R 89 und R 91 sind durch 2 VO Nr 1041/2005 mit Wirkung zum 25.7.2005 geändert worden, R 89 außerdem durch VO Nr 782/2004 (betr Einsicht in die Akten internationaler Registrierungen). Das HABM hat die Aktenführung in Art 5 des Beschlusses des Präsidenten Nr EX-11-03, der gleichlautende frühere Beschlüsse ersetzte, und in den RiLi für die Akteneinsicht, aktualisiert idF des »Manuals« Stand 2012, geregelt.[1]

Die Akten einer IR werden bei der WIPO geführt. Gegenstand der Akten- 3 einsicht beim HABM sind nur die vom HABM erzeugten Aktenteile für die Benennung der EG. Diese Einsicht ist gemäß R 89 (6) ab der ersten Nachveröffentlichung nach Art 152 (1) frei, also praktisch sofort, da die Nachveröffentlichung unmittelbar nach Unterrichtung des HABM von der Benennung der EG erfolgt.

Der persönliche Anwendungsbereich von Art 88 erstreckt sich auf den An- 4 melder oder Inhaber der GMA oder GM und jeden Dritten, mit Ausnahme der Staatsanwaltschaften, nationalen Ämter und sonstigen Behörden und Gerichte der Mitgliedstaaten, für die ergänzend Art 90 gilt.

Die Einsicht in die Akten des HABM durch Gerichte, Staatsanwaltschaften 5 und Behörden (insbesondere nationale Markenämter) der Mitgliedstaaten ist in Art 90 und R 92, 93 geregelt.

Der zeitliche Anwendungsbereich von Art 88 besteht, solange die Aktenteile 6 vorliegen. Auch nach Abschluss des Verfahrens oder Erlöschens der GM bleibt die Einsicht in die Akten solange möglich, wie die Akten noch nicht nach R 91 vernichtet worden sind.[2] Die Beschränkungen der Akteneinsicht für nicht veröffentlichte GMAen und für die in R 88 bezeichneten Aktenteile bestehen dann auch nach Abschluss des Verfahrens unverändert fort.

---

1 RiLi Teil E, Kapitel 7, ABl-HABM 1998, 786.
2 RiLi Teil E, 7.3.1.

## 2 Aktenführung

7   Zu den Akten der GMAen und GMn gehören alle Vorgänge, die die Anmeldung oder Marke betreffen, also nicht nur die Akten betreffend das Eintragungsverfahren und die weiteren nach Eintragung der GM erfolgenden Verfahren, sondern in gleicher Weise die Akten der entsprechenden Widerspruchs-, Nichtigkeits-, Verfalls- und Beschwerdeverfahren einschließlich aller weiteren denkbaren Nebenverfahren, wie die Vorgänge über Akteneinsichtsanträge[3] und die Ausstellung von Prioritätsbelegen. Nicht zu den Akten gehören interne Weisungen an Prüfer und Regelungen der Geschäftsverteilung (Manual Teil E, 7.4.1.2).

8   Zu den Akten der GMAen und GMn gehören auch die Akten des HABM im Rahmen eines Klageverfahrens vor dem EuG nach Art 65. Die Originalakten des HABM verbleiben in Alicante, das EuG erhält, soweit notwendig, Kopien aus den Akten. Unabhängig davon führt das EuG nach seinen eigenen Grundsätzen seine eigenen Akten; für diese gilt Art 88 nicht.

9   Zu den Akten einer GMA oder GM als Basismarke gemäß Art 146 gehören auch die vom HABM geführten Aktenteile für die IA. Dies folgt aus Art 145.

10   Die Form und Dauer der Aufbewahrung der Akten ist in R 91 geregelt (siehe auch Manual, Teil E, 7.3).

11   Die Akten werden grundsätzlich elektronisch geführt. Die »Akte« iSv Art 88 ist die elektronische Akte. Diese wird erzeugt durch die per e-filing oder e-opposition oder über MyPage eingehenden elektronischen Mitteilungen der Parteien, die in Form einer aus den XML-Daten gewonnen Bilddatei in die Akte aufgenommen werden (Art 5 des Beschlusses des Präsidenten Nr EX-11-03), die eingehenden Faxe, die aus dem Eingangsserver direkt in die elektronische Akte abgespeichert werden, durch die von den Parteien eingereichten Papierdokumente, die gescant werden, und die Schreiben des HABM, die ebenfalls überwiegend elektronisch oder per Fax versandt werden.

12   Normalerweise werden alle Papierdokumente gescant, ausgenommen sehr umfangreiche Schriftstücke (wie zB Nachweise für die rechtserhaltende Be-

---

3  AA Singer/Heusler, Art 128 Rn 23.

nutzung), und dann werden die betr Aktenteile in Papierform aufbewahrt. Rechtlich bilden sie aber Teil der einheitlichen Akte der GMA.

Originalschriftstücke müssen bei den Akten verbleiben und werden nicht 13 zurückgesandt.[4] In inter-partes-Verfahren müssen Schriftstücke, die in Papierform eingereicht werden, in 2 Exemplaren eingereicht werden, das 2. Exemplar wird dem Gegner übermittelt. Original von Verpackungen, Erzeugnissen usw werden tel quel aufbewahrt. Werden sie in inter-partes-Verfahren in nur einem Exemplar eingereicht, so werden sie wegen des rechtlichen Gehörs der Gegenpartei nicht berücksichtigt. Schriftstücke dürfen nicht auf CD übermittelt werden (siehe R 79). Eine CD beweist also nur ihre Existenz, doch wird ihr Inhalt nicht berücksichtigt.

R 91 (2), (3) regelt die Aufbewahrungsdauer. Zu unterscheiden sind Akten- 14 teile, die nur in Papierform vorliegen, Aktenteile, die nur elektronisch vorliegen, und Aktenteile, die gescant wurden und damit sowohl in Papierform als auch elektronisch vorliegen. Dementsprechend differenziert R 91 (2), (3) die Aufbewahrungsdauer.

Aktenteile, die nur in Papierform vorliegen, werden nach R 91 (3) für min- 15 destens fünf Jahre ab dem Ende des Jahres, in dem das Verfahren rechtskräftig abgeschlossen wird oder der Schutz der GM endet, aufbewahrt.

Aktenteile, die nur in elektronischer Form vorliegen, werden ohne jede zeitli- 16 che Begrenzung aufbewahrt (R 91 (2) Satz 1). Elektronische Speicherkapazität steht heute fast unbegrenzt zur Verfügung.

Aktenteile, die in elektronischer Form durch Scannen eines Papierdoku- 17 ments gewonnen wurden, werden ebenfalls ohne jede zeitliche Begrenzung aufbewahrt (R 91 (2) Satz 1). Die zugrundeliegenden Papierdokumente können nach einer vom Präsidenten des Amtes bestimmten Frist vernichtet werden, und zwar berechnet ab Eingang des Dokuments und nicht, wie bei R 91 (3), nach Ablauf des Schutzrechts. Hiervon hat der Präsident des HABM durch Art 5 des Beschlusses des Präsidenten Nr EX-11-03, der unverändert dem Beschluß Nr EX-05-4 vom 10.10.2005[5] entspricht, Gebrauch gemacht. Die farbige Wiedergabe einer Marke (R 3 (2), (5)) wird ohne zeitliche Begrenzung aufbewahrt. Diese werden in einem gesonderten Archiv, von normalen Papierdokumenten getrennt, aufbewahrt. Grund ist

---

4 RiLi Teil C, 1.C.4.2.
5 ABl-HABM 2006,10.

die Libertel-Rspr des EuGH[6] sowie die Notwendigkeit, die farbige Wiedergabe der Marke jederzeit zur Kontrolle heranziehen zu können, ob die Veröffentlichung im Blatt für GMn und die Wiedergabe im Register oder einem Auszug aus dem Register die Farben der Wiedergabe der Marke korrekt wiedergibt. Alle anderen Papierdokumente, die gescant wurden, werden 3 Jahre nach ihrem Eingang beim Amt vernichtet.

### 3 Arten der Akteneinsicht

18  Arten der Akteneinsicht sind:

19  Erstens: Die Einsicht in die physischen Akten in den Diensträumen des Amtes. Die Einsicht wird gewährt in Ausdrucke aus dem Euromarc-System. Die per Post eingegangenen Schriftstücke werden zwar, nachdem sie gescant und im Euromarc-System in papierloser Form gespeichert worden sind, im chronologischen Archiv aufbewahrt; Einsicht in diese Schriftstücke wird dagegen nicht gewährt (RiLi Teil E, 7.5.8.2). Sie stehen allenfalls für den Fall der Beweisbedürftigkeit des Datums ihres Eingangs zur Verfügung.

20  Die Einsichtnahme in die Akten des HABM ist nur am Sitz (Hauptgebäude, Rezeption) des HABM möglich (R 89 (3)). Eine Einsichtnahme bei den nationalen Ämtern ist nicht möglich (anders als beim EPA[7]).

21  Die Gebühr für die Akteneinsicht beträgt 30 Euro (Art 2 Nr 27 GebV). Die Gebühr ist je Akte, in die Einsicht genommen werden soll, zu zahlen.

22  Zweitens: Die Erteilung von Kopien aus den Akten (R 89 (4)). Bei dieser Form der Akteneinsicht werden dem Antragsteller Kopien des gesamten Akteninhalts oder der von ihm gewünschten Seiten übersandt. Die Kopien können beglaubigt oder unbeglaubigt sein.

23  Die Gebühr beträgt bei beglaubigten Kopien 30 Euro zuzüglich 1 Euro für jede die Zahl 10 überschreitende Seite (Art 2 Nr 28 (b) GebV), bei unbeglaubigten Kopien 10 Euro zuzüglich 1 Euro für jede die Zahl 10 überschreitende Seite (Art 2 Nr 28 (a) GebV). Hat der Antragsteller kein laufendes Konto, so informiert das HABM den Antragsteller in geeigneter Form (Manual, Teil E, 7.5.2.4.3) über die genaue Seitenzahl der Akte.

---

6  EuGH C-104/01 vom 6.5.2003, ABl-HABM 2003, 1734 (Nr 29) *Libertel*.
7  Singer/Heusler, Art 128 Rn 39.

Die Gebühr für die physische Akteneinsicht von 30 Euro ist daneben zusätz-  24
lich nur fällig, wenn der Antragsteller zunächst physisch Akteneinsicht im
Amt nimmt und dann einzelne Seiten ausgedruckt zu erhalten wünscht.

Drittens: Die Ausstellung von Kopien der GMA (R 84 (5), Art 2 Nr 26  25
GebV). R 84 (5) spricht auch von Kopien des Akteninhalts; diese sind aber
bereits von R 84 (4) erfasst.

Die Gebühr für die Ausstellung von Kopien der GMA beträgt 30 Euro je be-  26
glaubigte Anmeldungskopie, dh je Prioritätsbeleg, unabhängig von der Zahl
der Seiten der GMA (Art 2 Nr 26 (b) GebV), und 10 Euro für die unbeglaubigte Kopie der Anmeldung, unabhängig von der Zahl der Seiten (Art 2
Nr 26 (a) GebV).

Es können beglaubigte oder unbeglaubigte Kopien der GMA ausgestellt wer-  27
den. Bei der beglaubigten Kopie der GMA handelt es sich um den Prioritätsbeleg, der zur Inanspruchnahme der Priorität einer GMA (vgl Art 32) für
Nachanmeldungen in anderen Staaten vorzulegen ist. Die beglaubigte Kopie
kann man sich seit September 2010 auch im Selbstbedienungsverfahren über
MyPage oder auch über CTM-Online (siehe Manual, Teil E, 7.5.1) ausdrucken. Der Beglaubigungsvermerk ist der Kopie der Anmeldung (bei der elektronischen Kopie einem Blatt mit den bibliographischen Daten ähnlich wie
in der HABM-Empfangsbestätigung) vorgeheftet. Der Beglaubigungsvermerk ist, zur Vereinfachung der Benutzung des Prioritätsbelegs in anderen
Staaten, in den fünf Sprachen des Amtes verfasst und bestätigt das Aktenzeichen und den Anmeldetag der GMA. Die beglaubigte Kopie trägt bei Papierversion eine Originalunterschrift, bei der elektronisch erzeugten Version
nur eine Faksimile-Unterschrift. Die beglaubigte Kopie trägt einen »unique
idnetification code«, an Hand dessen das nationalke Amt, dem der Prioritätsbeleg vorgelegt wird, auf der Webseite des HABM die Echtheit des Belegs
verifizieren kann (Manual, Teil E, 7.5.1). Für die Ausstellung des Belegs ist
erforderlich, dass die GMA die Voraussetzungen für die Zuerkennung eines
Anmeldetages erfüllt und insbesondere die Anmeldegrundgebühr (Art 27)
bereits gezahlt ist. Nicht erforderlich ist, dass der Anmeldetag dem Anmelder
von der Prüfungsabteilung bereits mitgeteilt worden war; insofern erfolgt die
Anmeldetagsfeststellung inzidenter. Die Ausstellung unbeglaubigter Kopien
der GMA hat daneben in der Praxis keine eigenständige Bedeutung.

Eine – in wenigen Staaten noch immer verlangte – Legalisierung der vom  28
HABM ausgestellten Prioritätsbelege können nationale Stellen nicht vornehmen. Das HABM hat bei den Botschaften in Spanien der fraglichen Staaten

Unterschriftsproben hinterlegt. Seit September 2000 besteht auf Grund eines Beschlusses der Kommission ein Verfahren zur Überbeglaubigung durch die diplomatische Vertretung der EG in Madrid. Der Leiter der ständigen Vertretung der Kommission bei der spanischen Regierung nimmt auf Antrag die Überbeglaubigung der vom HABM ausgestellten Dokumente vor.[8] Dessen Unterschrift ist bei den Botschaften aller Drittstaaten in Spanien hinterlegt; dort ist das Schriftstück sodann zur Legalisierung vorzulegen.

29   Viertens: Die Gewährung von Auskünften aus den Akten (R 90). Hierbei handelt es sich um einfache Auskünfte in der Form von Bestätigungen des HABM, etwa darüber, ob eine bestimmte GMA noch anhängig ist, ob und unter welchem Aktenzeichen Anmeldungen eines bestimmten Anmelders vorliegen, usw. Bei umfangreicheren Auskunftsersuchen verweist das HABM auf die Akteneinsicht (R 90 Satz 2, Manual Teil E, 7.5.2.7.1), etwa wenn Auskunft über im Widerspruchsverfahren vorgebrachte Argumente oder den genauen Wortlaut des VerzWDL begehrt wird. Diese Angaben sollten Interessenten kostenfrei über CTM-Online konsultieren.

30   R 90 hebt ausdrücklich hervor, dass die Beschränkungen der Akteneinsicht bei nicht veröffentlichten Anmeldungen auch für die Gewährung von Auskünften aus den Akten gelten.

31   Die Gebühr beträgt nach Art 2 Nr 29 GebV 10 Euro. Die zusätzliche Seitengebühr von 1 Euro wurde mit VO Nr 1042/2005 zum 25.7.2005 abgeschafft, weil sich solche Auskunftsersuchen nicht auf 10 Seiten oder mehr erstrecken sollen.

32   Fünftens: Die Ausstellung eines Auszugs aus dem Register für GMn. Gemäß R 84 (6) liefert das Amt auf Antrag beglaubigte oder unbeglaubigte Auszüge aus dem Register. Das Register steht jedermann zur Einsicht offen (Art 87 Satz 2).

33   Die Gebühr beträgt 30 Euro für jeden beglaubigten und 10 Euro für jeden unbeglaubigten Registerauszug (Art 2 Nr 26 GebV).

34   Sechstens: Die Ausstellung von Kopien der Eintragungsurkunde (R 24 (2), Art 2 Nr 26 GebV). Die erste Ausfertigung der Eintragungsurkunde ist gebührenfrei (R 24 (1)). Durch Änderung von R 24 (2) durch VO Nr

---

8   Mitteilung Nr 1/01 des Präsidenten des Amtes vom 16.2.2001, ABl-HABM 2001, 1218.

1041/2005 ist nunmehr bestimmt, dass nicht nur der Inhaber, sondern jeder derartige Kopien erhalten kann. Die Eintragungsurkunde (erste wie jede weitere, auch elektronisch ausgedruckte) ist mit einer Faksimile-Unterschrift versehen.

Die Gebühr beträgt 30 Euro je beglaubigte und 10 Euro je unbeglaubigte **35** Kopie (Art 2 Nr 26 GebV).

Siebtens: Die elektronische Akteneinsicht über CTM-Online, eingeführt auf **36** Grund von R 89 (1) (Einzelheiten siehe RiLi, Teil E, 7.5.1). Diese ist nur für bereits veröffentlichte Anmeldungen verfügbar, steht aber jedermann offen. Zu nach R 88 ausgeschlossenen Schriftstücken (dazu unter Rdn 50–56 unten) wird kein Zugang gewährt. Der Zugang erfolgt über CTM-Online für die betroffene Marke.[9]

Diese Form der Akteneinsicht besteht in zwei Varianten. Zu einen kann der **37** Akteninhalt angesehen und ausgedruckt werden. Hierfür ist gemäß R 89 (1) keine Gebühr zu zahlen. Dies entspricht der Ausstellung von unbeglaubigten Kopien aus den Akten gemäß R 89 (4) und von unbeglaubigten Kopien der GMA gemäß R 84 (5) (siehe oben, Rdn 22 und Rdn 25). Zum anderen kann jeder Antrag auf Akteneinsicht der Arten 1 bis 6 über CTM-Online und MyPage auch elektronisch beantragt werden. Diese Art der Beantragung der Akteneinsicht steht nur den Inhabern laufender Konten (dazu unter Art 144 Rdn 27) zu.

Achtens: Die elektronische Akteneinsicht zu nicht veröffentlichten GMAen **38** über MyPage. Diese steht nur dem Anmelder oder seinem Vertreter offen, dazu muß er sich in MyPage einloggen. Dies erweitert den gebührenfreien direkten Online-Zugang zum Akteninhalt zugunsten des Anmelders auf alle Aktenteile seiner eigenen Anmeldung.

Neuntens: Der elektronische Erhalt beglaubigter Kopien der GMA (siehe **39** oben, Rdn 26) über MyPage. Dieser steht nur dem Anmelder (Inhaber) der GM oder seinem Vertreter zu und ist gebührenfrei.

Mit Einführung der elektronischen Akteneinsicht sind die physische Akten- **40** einsicht im Amt und die Anforderung nicht beglaubigter Kopien aus der Anmeldungsakte stark zurückgegangen und besteht kein praktisches Bedürfnis, frei zugängliche Information noch gegen Gebühr abzufragen.

---

9 Unter http://oami.europa.eu/CTMOnline/RequestManager/en_Detail_NoReg.

#### 4 Einsicht Dritter in nicht frei einsehbare Akten

41  Vor Veröffentlichung der GMA im Blatt für GMn gemäß Art 39, R 12 steht Dritten die Akteneinsicht nur mit Zustimmung des Anmelders der GMA oder im Sonderfall der Verwarnung aus der GMA offen (Art 88 (1), (2)). Die Zurverfügungstellung von Daten von GMAen auf CTM-Online stellt weder eine solche Veröffentlichung noch die Gewährung von Akteneinsicht dar.

42  Ferner sind die in R 88 bezeichneten Aktenteile von der Akteneinsicht ausgeschlossen, unabhängig davon, ob die GMA bereits veröffentlicht ist.

43  Wenn also
   – ein Dritter Antrag auf Einsicht in eine nicht veröffentlichte GMA stellt, gestützt auf Art 88 (2); oder
   – ein Dritter Einsicht in als geheimhaltungsbedürftig von der Akteneinsicht ausgeschlossene Aktenteile nehmen will und dafür ein vorrangiges berechtigtes eigenes Interesse an der Einsicht (R 88 (c)) geltend macht,
   so hat ein kontradiktorisches Verfahren stattzufinden.

#### 4.1 Zustimmung des Anmelders

44  Der Dritte, der die Einsicht in die Akten einer nicht veröffentlichten GMA beantragt, muß die Zustimmung des Anmelders in schriftlicher Form vorlegen. Die Übermittlung der unterschriebenen Erklärung per Telefax reicht aus. Die Zustimmungserklärung muß aber unterschrieben sein. Die Erleichterungen der R 82 (3) gelten nur für den Antrag selbst, nicht für begleitende Unterlagen wie die Erklärung der Zustimmung.

45  Die Zustimmung des in den Akten vermerkten Vertreters des Anmelders steht der Zustimmung des Anmelders gleich (R 77 Satz 2).

#### 4.2 Berufung auf die Gemeinschaftsmarkenanmeldung

46  Der Zustimmung des Anmelders bedarf es nicht, wenn der Dritte, der Akteneinsicht beantragt, nachweist, dass der Anmelder behauptet (R 89 (2) (b)) verwendet das Verb »erklärt«) hat, dass er nach Eintragung der GM ihm gegenüber die Rechte aus der GM geltend machen werde (Art 88 (2), R 89 (2) (b)).

47  Dem Dritten wird damit das Recht auf Akteneinsicht gewährt, um sich gegen die Schutzrechtsverwarnung verteidigen zu können. Er kann so in Erfah-

rung bringen, ob die behauptete GMA tatsächlich angemeldet worden ist, mit welcher Priorität und für welche Waren und Dienstleistungen, und welche Rechtsstandsänderungen sich im Verfahren vor dem HABM ergeben haben.

Die Berufung auf die GMA muß in hinreichend konkreter Form erfolgen. **48** Bloße allgemeine Hinweise darauf, eine GMA angemeldet zu haben, reichen nicht aus. Andererseits muß nicht ausdrücklich der vorläufige Schutz nach Art 9 (3) Satz 2 geltend gemacht oder für den Zeitpunkt nach der Eintragung mit einer Unterlassungsklage gedroht werden. Ausreichend ist vielmehr, wenn sich aus den Äußerungen des Anmelders der GMA hinreichend deutlich ergibt, dass die Rechte aus der GM geltend gemacht werden.

Wer aus der nicht veröffentlichten GMA gegen die nationale Markenanmel- **49** dung eines Dritten Widerspruch einlegt, macht ebenfalls die Rechte aus ihr geltend, zwar nicht in der Form der Drohung mit einem Unterlassungsanspruch, aber inzidenter durch die Berufung auf ein eigenes besseres Recht. Das HABM gewährt in diesen Fällen die Akteneinsicht.[10] Allerdings wird es in diesen Fällen primär Sache des Widersprechenden (dh des Anmelders der GMA) sein, das Bestehen seines Rechts durch Vorlage von beglaubigten Kopien aus den Akten des HABM nachzuweisen.

### 4.3 Geheimhaltungsbedürftige Schriftstücke

Wer als Verfahrensbeteiligter (Anmelder, Widersprechender oder sonstiger **50** Verfahrensbeteiligter) Akteneile einreicht, an deren Geheimhaltung er ein überwiegendes Interesse belegen kann, kann diese Akteneile von der freien Einsicht ausschließen lassen (Art 88 (4), R 88 (c)). Dritte können gleichwohl in diese Akteneile Einsicht nehmen, wenn sie ein vorrangig berechtigtes Interesse nachweisen (R 88 c)), siehe unter Rdn 57.

Diese Bestimmung ist als Ausnahme vom Grundsatz der öffentlichen Zu- **51** gänglichkeit der Akten eng auszulegen. Das Geheimhaltungsinteresse muß dieses Interesse überwiegen. Wer meint, sich zum Erwerb des gegen jeden Dritten wirkenden Markenschutzes oder zum Nachweis der Benutzung seiner Widerspruchsmarke zur Stützung seines Vorbringens auf betriebsinterne Vorgänge berufen zu müssen, muß grundsätzlich deren Transparenz im Wege der Akteneinsicht in Kauf nehmen. Insbesondere müssen alle Akteneile,

---

10 RiLi Teil E, 7.5.2.5.2.

die zum Nachweis einer Verkehrsdurchsetzung (Art 7 (3)) beigebracht werden, Dritten zur Prüfung der Schutzfähigkeit der Marke, auch im Hinblick auf die Einleitung eines Nichtigkeitsverfahrens, zur Einsicht offenstehen. Ein berechtigtes Interesse am Ausschluss der freien Akteneinsicht besteht nicht, wenn die betr Informationen anderweitig öffentlich zugänglich sind, zB im Internet.[11]

52 Umsatzzahlen und ähnliche Details der rechtserhaltenden Benutzung sind keine Betriebsgeheimnisse. Das Erfordernis der öffentlichen Wahrnehmbarkeit einer Benutzungshandlung, dh dass sich die Benutzung am Markt manifestiert haben muß,[12] bedeutet, dass die entsprechenden Nachweise keine Interna darstellen. Gerade Umsatzzahlen, da marktbezogen, sind nicht rein intern. Wohl aber können Benutzungsunterlagen für den zu entscheidenden Vorgang nicht relevante vertrauliche Klauseln enthalten, zB Klauseln über finanzielle Beziehungen zwischen der alten und der neuen Inhaberin der GM beim Nachweis eines Rechtsübergangs[13] oder Klauseln über Lizenzgebühren beim Nachweis einer Lizenz. In diesen Fällen sollte es ausreichen, die entsprechenden Passagen des Vertrags zu schwärzen (siehe auch Art 17 Rdn 43).

53 Ausgeschlossen werden von der freien Einsicht sollten dagegen solche Vorgänge, die den Schutz der Privat- und Intimsphäre betreffen. Beispiele sind Vorgänge und Ereignisse, die im Rahmen eines Wiedereinsetzungsantrags für das Verschulden im Rahmen der betrieblichen Sphäre des Antragstellers von Bedeutung sind, wie etwa medizinische oder psychiatrische Gutachten,[14] und personenbezogene Daten von Kunden auf Rechnungen aus dem Bereich der medizinischen oder geriatrischen Betreuung.[15]

54 Diese Bestimmung schließt nur die freie Einsichtnahme aus; sie schließt nicht aus, dass diese Schriftstücke in zweiseitigen Verfahren dem anderen Verfahrensbeteiligten zur Stellungnahme zuzuleiten sind.[16] Der Einreicher

---

11 JurBK EPA T 2254/08 vom 11.2.2010.
12 EuG T-174/01 vom 12. März 2003, GRUR Int 2003, 763 (Nr 39) *Silk Cocoon.*
13 HABM-BK R 357/2010-4 vom 13.9.2010 (Nr 16) *CARBORUNDUM*; Manual Teil E, 7.4.1.3.
14 Singer/Heusler, Art 128 Rn 29; Schulte, PatG, § 31 Rn 10.
15 HABM-BK R 068/2010-4 vom 7.11.2011 (Nr 35) *SANIVITA/SENIVITA.*
16 RiLi Teil E, 7.4.1.3.

solcher Aktenteile bleibt selbst zur Einsicht in diese Aktenteile und zum Erhalt von Kopien aus diesen Aktenteilen berechtigt.

Wer sich auf die Geheimhaltungsbedürftigkeit von Aktenteilen beruft, muß 55
die entsprechenden Aktenteile kennzeichnen und das Geheimhaltungsinteresse daran konkret darlegen. Dies muß bei Einreichung des Schriftstücks geschehen, und kann nach Praxisänderung neuerdings danach nicht mehr geltend gemacht werden (siehe RiLi (Manual) Teil E, 7.4.1.3, anders noch die RiLi von 1998). Akteneinsichtsanträge Dritter werden bearbeitet, ohne zuvor den Einreicher der Aktenteile wegen einer etwa denkbaren Geheimhaltungsbedürftigkeit anzuhören.

Das Amt weist den Dritten nicht von sich aus auf das Vorhandensein geheimhaltungsbedürftiger und damit von der Akteneinsicht ausgeschlossener 56
Aktenteile hin. Beruft sich der Dritte auf ein vorrangiges Interesse, so muß das HABM vor der Entscheidung über den Akteneinsichtsantrag den Anmelder der GM dazu hören. Es ist ein zweiseitiges Verfahren durchzuführen, das mit der Entscheidung über die Gewährung oder Versagung der Einsicht in die betroffenen Aktenteile abgeschlossen wird. Währenddessen ist die Einsicht in die Aktenteile, die der freien Einsicht unterliegen, zu gewähren, um die Einsicht in die unzweifelhaft freien Aktenteile nicht zu verzögern.

## 4.4 Antrag

Der Dritte muß für diese Einsicht einen Antrag stellen. Es handelt sich um 57
ein Nebenverfahren im Rahmen des Verfahrens für die betroffene GMA oder GM mit der Folge, dass die Vorgänge des Akteneinsichtsverfahrens ihrerseits Bestandteil der Akten der betroffenen GMA oder GM werden.

Der Antrag gilt erst als gestellt, wenn die betr Gebühr gezahlt wurde, R 89 58
(1) Satz 3. Zur Höhe der Gebühr siehe oben, Rdn 18–36.

Wird die Gebühr nicht oder nicht in der vollen Höhe gezahlt, so unterrich- 59
tet das HABM den Antragsteller entsprechend. Es handelt sich nicht um die Feststellung eines Rechtsverlusts nach R 54, da der Antrag noch nicht als gestellt gilt und noch kein Recht entstanden ist. Für die förmliche Feststellung, dass der Antrag als nicht gestellt gilt, besteht kein Bedarf; der Antrag kann jederzeit wiederholt werden.

Wird die Gebühr innerhalb angemessener Zeit gezahlt oder wird bei nicht 60
vollständiger Zahlung der fehlende Betrag nachgezahlt, so wird der Antrag in Behandlung genommen, ohne dass er wiederholt werden muß.

**61**   Eine Lieferung von Kopien aus den Akten oder Prioritätsbelegen gegen Rechnung oder Zusage der Kostenerstattung ist nicht möglich. Nur für die Zahlung von Preisen (Art 3 GebV) kann der Präsident des HABM von der Vorauszahlung absehen, nicht für die in Art 2 GebV festgesetzten Gebühren (Art 4 (2) GebV).

**62**   Zuständig für Akteneinsichtsanträge ist die Marken- und Musterverwaltungs- und Rechtsabteilung (Art 133), und zwar unabhängig davon, ob es sich um die Einsicht in die Akten einer GMA oder einer eingetragenen GM handelt.[17] Organisatorisch werden diese Aufgaben von der Hauptabteilung Unterstützung des Kerngeschäfts, Dienststelle Akteneinsicht wahrgenommen.[18] Diese ist auch für die Ausstellung von Prioritätsbelegen zuständig (siehe oben, Rdn 25).

**63**   Diese Zuständigkeit besteht auch dann, wenn Akteneinsicht während eines laufenden Widerspruchs- oder Beschwerdeverfahrens und nur in die diese Nebenverfahren betreffenden Aktenteile beantragt wird. Die Akten betr jede GMA bzw GM bilden eine Einheit.

**64**   Betrifft der Antrag die Einsicht in die Akten einer GMA, gleichgültig ob veröffentlicht oder nicht, so ist der Antrag in der ersten oder der zweiten Sprache der GMA zu stellen, R 95 (a). Diese Sprache wird Verfahrenssprache des Nebenverfahrens auf Akteneinsicht. Einzelheiten siehe unter Art 119 Rdn 59-62. Diese Regelung gilt auch während eines laufenden Widerspruchsverfahrens und unabhängig davon, ob die Akteinsicht mit dem Widerspruchsverfahren in Zusammenhang steht. Betrifft der Antrag die Einsicht in die Akten einer eingetragenen GM, so kann der Antrag in jeder beliebigen der fünf Sprachen des Amtes (deutsch, engl, franz, spanisch, italienisch; Art 119 (2)) gestellt werden. Diese Sprache wird unabänderlich Verfahrenssprache des Nebenverfahrens auf Akteneinsicht.

**65**   Im Falle der Akteneinsicht vor Veröffentlichung muß der antragstellende Dritte die Zustimmung des Anmelders oder Nachweise der Berufung auf die GMA vorlegen. Sind diese unzureichend, wird Gelegenheit zur Nachbesserung gegeben. Auch hört das Amt den Anmelder zu den betr Behauptungen des Antragstellers an.[19] Die Einsicht wird gewährt, wenn sich der Anmelder

---

17  Schennen, Comentarios, S 1082.
18  RiLi Teil E, 7.5.2.6.
19  RiLi Teil E, 7.5.2.5.2.

nicht äußert oder wenn er die Zustimmung zur Einsichtnahme erklärt. Widerspricht er, so trifft das HABM eine Entscheidung, gegen die die beschwerte Partei, im Falle der Gewährung der Akteneinsicht also der Anmelder, Beschwerde einlegen kann. Die aufschiebende Wirkung der Beschwerde (Art 58 (1) Satz 2) bewirkt, dass die Einsicht dann vor Eintritt der Rechtskraft nicht erfolgen kann.

Im Falle der Einsicht in geheimhaltungsbedürftige Schriftstücke muß der an- **66** tragstellende Dritte ein vorrangig berechtigtes Interesse nachweisen (R 88 c)), Wann ein solches vorrangiges Interesse vorliegt, ist in den RiLi nicht geregelt und bleibt der Beurteilung des Einzelfalls überlassen.

### 5 Vorgänge über Ausschließung und Ablehnung

Nach Art 137 sind Prüfer, Mitglieder der Abteilungen des HABM und der **67** Beschwerdekammern unter bestimmten Voraussetzungen von der Mitwirkung an Verfahren ausgeschlossen und können von den Parteien abgelehnt werden. Nach R 88 (a) sind Vorgänge über die Frage der Ausschließung oder Ablehnung von der Akteneinsicht ausgeschlossen.

Ausgeschlossen sind nur Vorgänge, in denen die Begründetheit oder Unbe- **68** gründetheit der Ausschließung oder Ablehnung näher dargelegt wird, dh dienstliche Äußerungen des betr Bediensteten des HABM und Schriftsätze, in denen die angeblich die Unparteilichkeit beeinträchtigenden Umstände näher dargelegt werden. Nicht dazu zählt der Schriftsatz eines Verfahrensbeteiligten, in dem der Ablehnungsantrag gestellt wird. Nicht dazu zählt auch die im Anschluß an die Ablehnung getroffene Maßnahme, etwa die Entscheidung nach Art 137 (4). Andernfalls wäre nicht aus den Akten ersichtlich, dass und mit welchem Ergebnis eine Ausschließung oder Ablehnung stattgefunden hat.

R 88 (a) will nur die Umstände, die für die Ausschließung oder Ablehnung **69** von Bedeutung sind und die hauptsächlich in der Privatsphäre des betr Bediensteten des HABM liegen, von der öffentlichen Einsichtnahme ausschließen. Wegen dieses Schutzzwecks ist die Akteneinsicht in diese Aktenteile auch dem Anmelder oder Inhaber der GM selbst verwehrt.[20]

---

20 Von Mühlendahl/Ohlgart, S 103.

### 6  Vorentwürfe von Entscheidungen

70  Nach R 88 (b) sind Entwürfe zu Entscheidungen und Bescheiden sowie alle sonstigen inneramtlichen Schriftstücke, die der Vorbereitung von Entscheidungen und Bescheiden dienen, von der Einsicht ausgeschlossen. Die Einsicht in diese Aktenteile ist auch dem Anmelder oder Inhaber der GM selbst verwehrt.[21]

71  Unter diese Vorschrift fallen Voten für Entscheidungen im Kollegialverfahren und Vorentwürfe für Entscheidungen, schriftliche Stellungnahmen zu den Entwürfen anderer Kammermitglieder und interne Vermerke. Diese werden aber ohnehin nicht in die Akte aufgenommen.

## Artikel 89 (ex Artikel 85)  Regelmäßig erscheinende Veröffentlichungen

Das Amt gibt regelmäßig folgende Veröffentlichungen heraus:

a)  ein Blatt für Gemeinschaftsmarken, das die Eintragungen in das Register für Gemeinschaftsmarken wiedergibt sowie sonstige Angaben enthält, deren Veröffentlichung in dieser Verordnung oder in der Durchführungsverordnung vorgeschrieben ist;

b)  ein Amtsblatt, das allgemeine Bekanntmachungen und Mitteilungen des Präsidenten des Amtes sowie sonstige diese Verordnung und seine Anwendung betreffende Veröffentlichungen enthält.

*Schennen*

### 1  Allgemeines

1  Diese Bestimmung verpflichtet das Amt, folgende amtliche Veröffentlichungen herauszugeben:

---

21  Von Mühlendahl/Ohlgart, S 103.

– das Blatt für GMn (»Community Trade Marks Bulletin«),
– das Amtsblatt (»Official Journal«).

Art 89 wird ergänzt durch R 85 (Blatt für GMn) und R 86 (Amtsblatt) sowie durch Art 120 (1) (Sprache der Veröffentlichungen im Blatt für GMn).

R 85 ermächtigt den Präsidenten des Amtes, Erscheinungsform und – häu- **2** figkeit zu bestimmen. R 86 ermächtigt zur Herausgabe des Amtsblatts in lediglich elektronischer Form. Die Reformvorschläge der Kommission vom 27.3.2013 wollen die Möglichkeit der elektronischen Publikationsweise, klarstellend, im Normtext von Art 89 selbst verankern.

An nicht zwingenden Veröffentlichungen gibt das HABM außerdem heraus **3**
– die kostenlose Broschüre »Nationales Recht zur GM«;
– eine Textausgabe der GMV, und zwar in fünfsprachig synoptischer sowie 5 getrennten Sprachversionen.

## 2 Blatt für Gemeinschaftsmarken

Das Blatt für GMn enthält die hauptsächlich die Veröffentlichung der An- **4** meldungen und die Veröffentlichung der Eintragungen im Register (Art 89 (a)) sowie R 85 (2) iVm R 84 (2), (3)). Im einzelnen enthält es
– in Teil A die Veröffentlichung der Anmeldungen iSd Art 39, mit den in R 12 bezeichneten Angaben;
– in Teil B die Veröffentlichung der Eintragung der Marke (R 23 (5)); ist zwischen Veröffentlichung und Eintragung keine Änderung erfolgt, so erfolgt die Veröffentlichung unter Angabe des Tags der Eintragung in das Register (R 84 (2) o)) und im übrigen in Form einer bloßen Bezugnahme auf die Veröffentlichung (R 85 (4)) und Angabe ihres Datums; andernfalls wird nur die geänderte Angabe veröffentlicht und im übrigen ebenfalls auf die Veröffentlichung verwiesen; die zu veröffentlichenden Angaben ergeben sich aus R 84 (2) und umfassen die nach R 12 zu veröffentlichenden Angaben;
– die Verlängerung (R 84 (3) k)) oder das Erlöschen der Eintragung wegen Ablaufs oder (R 84 (3) m)) Erklärung des Verzichts;
– in Teil C die weiteren in R 84 (3) bezeichneten Eintragungen von Änderungen, Rechtsübergängen, Lizenzen und dinglichen Rechten, Angaben betreffend Anträge auf Erklärung des Verfalls oder der Nichtigkeit usw;
– Berichtigungen der oa Angaben;
– in Teil M Nachveröffentlichungen von Benennungen der EG in einer IR gemäß Art 152.

5  Seit geraumer Zeit erscheint keine Papierversion des Blatts für GM mehr. Die Veröffentlichung erfolgt ausschließlich im Internet in einem fast täglichen Rhythmus. Maßgebliches Datum für die Veröffentlichung ist das im Internet vermerkte Datum, R 85 (3).

6  Sämtliche Veröffentlichungen im Blatt für GMn erfolgen in allen 22 Amtssprachen der EG (Art 120 (1), (2) iVm R 85 (2); siehe unter Art 120 Rdn 3). Die Bezeichnung der verschiedenen Angaben erfolgt über dreistellige Zahlencodes, die auf den WIPO-INID-Codes aufbauen, deren Bedeutung in jeder Ausgabe in allen 22 Sprachen angegeben ist. Bei der einzelnen Anmeldung oder Eintragung beschränkt sich die Mehrsprachigkeit damit auf das VerzWDL und ggf auf Angaben zur Beschreibung, Farbansprüche oder Disclaimer.

### 3 Amtsblatt

7  Das Amtsblatt des Amtes erscheint seit Anfang 2007 nur noch im pdf-Format kostenlos im Internet.[1]

8  Es enthält alle rechtlich bedeutsamen Veröffentlichungen, die keinen Bezug auf eine bestimmte Markeneintragung haben. Hauptsächlich enthält es Eintragungen in die Liste der zugelassenen Vertreter (siehe Art 93 Rdn 34) und Beschlüsse und Mitteilungen des Präsidenten des HABM. Für letztere ist zT ausdrücklich die Veröffentlichung des Beschlusses im ABl-HABM vorgeschrieben (zB in Art 5 (3) GebV), doch werden solche Beschlüsse generell im ABl-HABM veröffentlicht, auch soweit die Veröffentlichung nicht ausdrücklich vorgeschrieben ist.

9  Das Amtsblatt erscheint in den fünf Sprachen des Amtes, Deutsch, Englisch, Französisch, Spanisch und Italienisch (R 86 (1); Art 119 (2)). Von der Möglichkeit nach R 86 (2), einzelne Mitteilungen auch in den 15 anderen Amtssprachen der EG zu veröffentlichen, ist noch nie Gebrauch gemacht worden.

### Artikel 90 (ex Artikel 86)  Amtshilfe

**Das Amt und die Gerichte oder Behörden der Mitgliedstaaten unterstützen einander auf Antrag durch die Erteilung von Auskünften oder die Gewäh-**

---

1  Unter   http://oami.europa.eu/ows/rw/pages/OHIM/OHIMPublications/official-Journal.de.do.

rung von Akteneinsicht, soweit nicht Vorschriften dieser Verordnung oder des nationalen Rechts dem entgegenstehen. Gewährt das Amt Gerichten, Staatsanwaltschaften oder Zentralbehörden für den gewerblichen Rechtsschutz Akteneinsicht, so unterliegt diese nicht den Beschränkungen des Artikels 88.

*Schennen*

## 1 Allgemeines

Dieser Artikel regelt die Erteilung von Auskünften und die Gewährung von Akteneinsicht im Verhältnis vom HABM zu nationalen Behörden und Gerichten. Er wird ergänzt durch R 92 und R 93. Entgegen der Überschrift »Amtshilfe« (im englischen: »Administrative cooperation«) handelt es sich nicht um eine uneingeschränkte Amtshilfe im Sinne des deutschen VwVfG; es handelt sich vielmehr um eine eigenständige Regelung europäischen Rechts. 1

Die Bestimmung entspricht Art 131 (1) EPÜ, unterscheidet sich jedoch von Art 131 dadurch, dass sie dem HABM keine Befugnisse einräumt, nationale Behörden oder Gerichte um Rechtshilfe zu ersuchen und Beweisaufnahmen vorzunehmen.[1]

Zu Art 90 gibt es die Protokollerklärungen Nr 19 und 20.[2]

## 2 Erteilung von Auskünften

Zur Erteilung von Auskünften ist das HABM gegenüber allen Gerichten 2 und Behörden (einschließlich Staatsanwaltschaften und nationalen Ämtern) der Mitgliedstaaten verpflichtet, sofern dem nicht Vorschriften der GMV

---

[1] López de Rego, Comentarios, S 782.
[2] Gemeinsame Erklärungen von Rat und Kommission im Ratsprotokoll, ABl-HABM 1996, 606, 612.

entgegenstehen. Eine spiegelbildliche Verpflichtung trifft nationale Gerichte und Behörden gegenüber dem HABM, sofern dem nicht Vorschriften des nationalen Rechts entgegenstehen. Hierbei kann es sich zB um solche Vorschriften handeln, die die Gewährung von Amtshilfe einschränken. Für die Frage jedoch, ob nationale Behörden und Gerichte überhaupt zu solchen Auskünften berechtigt oder verpflichtet sind, enthält Art 90 eine eigenständige Rechtsgrundlage, neben der es einer gesonderten Ermächtigung für die Amtshilfe nach den nationalen Rechtsvorschriften nicht mehr bedarf. Somit gelten etwaige Beschränkungen, die das nationale Recht für eine Amtshilfe vorsieht, auch gegenüber dem HABM; ein Mitgliedstaat ist aber nicht berechtigt, die Amtshilfe gerade gegenüber dem HABM anders zu regeln als gegenüber seinen Gerichten oder Behörden sonst auch.[3] Eine Sonderregelung besteht ferner in Art 38 für Recherchenberichte; die Erstellung von Recherchen fällt nicht unter Art 90.

3  »Auskünfte« können Angaben aller Art sein, jedoch mit Ausnahme der Akteneinsicht und der Auskunft aus den Akten gemäß R 90, die einen Unterfall der Akteneinsicht darstellt. Soweit es sich um andere Auskünfte als solche nach R 90 handelt und diese nicht nach gesonderten Regelungen zu beurteilen sind, gilt nach R 92 (1) Satz 2, dass, soweit die Auskünfte GMAen betreffen, die Auskunft den Beschränkungen des Art 88 nicht unterliegt.

4  R 92 (2) sieht vor, dass das HABM und die betreffenden nationalen Gerichte oder Behörden in unmittelbarem Verkehr miteinander kommunizieren, also nicht die diplomatische Route über die ständige Vertretung des betreffenden Mitgliedstaates bei der EG einschlagen müssen. Schließlich sieht R 92 (3) vor, dass für solche Auskünfte keine Gebühren oder Kosten in Rechnung gestellt werden dürfen.

### 3  Gewährung von Akteneinsicht

5  Art 90 regelt ferner die Gewährung von Akteneinsicht durch das HABM an Gerichte oder Behörden der Mitgliedstaaten oder umgekehrt. Für Akteneinsichten, die die Gerichte oder Behörden der Mitgliedstaaten gewähren, gilt dies nur, soweit Vorschriften des nationalen Rechts ihm nicht entgegenstehen. Hierunter fallen insbesondere Vorschriften des nationalen Rechts, die die Einsicht in die Akten noch nicht veröffentlichter Anmeldungen einschränken.

---

3  Protokollerklärung Nr 19, abgedruckt in ABl-HABM 1996, 606, 612.

In dem umgekehrten Fall, dass das HABM Einsicht in die Akten von GMA- 6
en gewährt, gilt, dass diese nicht den Beschränkungen des Art 88 unterliegt,
wenn sie gegenüber Gerichten, Staatsanwaltschaften oder nationalen Ämtern
der Mitgliedstaaten erfolgt. Soweit es sich um Gerichte und Staatsanwaltschaften der Mitgliedstaaten handelt – nicht also um nationale Ämter – können diese anschließend unter gewissen Einschränkungen Dritten Einsicht in
die vom HABM übermittelten Akten gewähren, R 93 (2).

Die Akteneinsicht an Gerichte, Staatsanwaltschaften und nationale Ämter 7
der Mitgliedstaaten unterliegt nicht den Beschränkungen des Art 88, so dass
diesen Institutionen auf Zugang zu den Akten noch nicht veröffentlichter
GMAen sowie zu Aktenteilen gewährt werden kann, an deren Geheimhaltung der Beteiligte ein besonderes Interesse dargelegt hat (siehe Art 90
Satz 2, R 88). In der Ratserklärung Nr 20[4] von Rat und Kommission ist dies
noch einmal wiederholt. Jedoch werden diesen nationalen Institutionen Vorgänge über die Frage der Ausschließung oder Ablehnung (R 88 (a)) sowie
Entwürfe zu Entscheidungen und Bescheiden und inneramtlichen Schriftstücken, die der Vorbereitung von Entscheidungen dienen (R 88 (b)), nicht zugänglich gemacht.[5]

Soweit Gerichte oder Staatsanwaltschaften der Mitgliedstaaten (nicht jedoch 8
nationale Ämter) die ihnen übermittelten Akten oder Kopien aus den Akten
verwerten wollen, ist zu beachten, dass sie diese nach R 93 (2) Dritten nur
zugänglich machen dürfen, soweit dem nicht die Beschränkungen des Art 88
und der R 88 entgegen stehen. Diese weitere Akteneinsicht durch Dritte bei
den nationalen Gerichten und Staatsanwaltschaften ist also nur unter den
gleichen Voraussetzungen zulässig wie beim HABM selbst (RiLi, E.7.6.2).
»Dritter« ist jeder Privatmann; die Beschränkung gilt somit also auch gegenüber dem an dem betreffenden nationalen Verfahren unmittelbar Beteiligten.
Damit wird verhindert, dass die Beschränkungen der Akteneinsicht, die vor
dem HABM gelten, durch die Einleitung nationaler Verfahren umgangen
werden können.

Das Amt weist gemäß R 93 (3) die Gerichte und Staatsanwaltschaften der 9
Mitgliedstaaten bei der Übermittlung der Akten auf die Beschränkungen
hin, denen die Gewährung der Einsicht in die Akten einer GMA gemäß

---

4  ABl-HABM 1996, 606, 612.
5  RiLi, E.7.6.2, ABl-HABM 1998, 786.

Art 88 und R 88 sowie die Einsicht in die Akten einer eingetragenen GM gemäß R 88 unterliegt (siehe RiLi, E.7.6.2).

10   Das Amt erhebt für die Akteneinsicht keine Gebühr. Dies ist in R 93 (2) Satz 3 nur für den Fall, dass nationale Stellen Dritten Einsicht in die ihnen übermittelten Akten gewähren, ausdrücklich geregelt, jedoch gilt auch insoweit die Grundregel der R 92 (3). Ebenfalls anwendbar ist R 92 (2).

11   Was die Form der Einsichtnahme angeht, so erlaubt R 93 (1) die Akteneinsicht in das Originalschriftstück oder in eine Kopie der Akten. Da die Akten des HABM elektronisch geführt sind und keine »Originale« in diesem Sinne enthalten, stellt das Amt den nationalen Gerichten und Behörden Ausdrucke aus dem Euromarc-System zur Verfügung.[6]

### 4   Bedeutung der Vorschrift

12   Da das HABM den nationalen Ämtern der Mitgliedstaaten seine elektronische Datenbank mit allen Angaben über GMAen und GMn, einschließlich nicht veröffentlichter GMAen, grundsätzlich kostenlos zur Verfügung stellt und im übrigen jedermann, einschließlich nationaler Gerichte oder sonstiger Behörden, sämtliche bibliographischen und Rechtsstandsangaben zu allen GMAen und GMn kostenlos in CTM-Online abfragen kann, besteht für die förmliche Übermittlung von Auskünften und Gewährung von Akteneinsicht in dem Verfahren nach Art 90 in der Praxis kaum ein Bedürfnis. Noch am häufigsten kommt die Vorschrift dann zur Anwendung, wenn nationale Gerichte förmliche, als Beweismittel verwertbare Auskünfte des HABM über den Verfahrensstand von GMAen anfordern, zB die Bestätigung, dass eine bestimmte GM angemeldet oder zurückgewiesen worden ist.

13   Weitaus größere Bedeutung hat die Zusammenarbeit, die das HABM mit den nationalen Ämtern pflegt, schon seit 1996 im Rahmen der Verbindungstreffen und zuletzt seit 2011 verstärkt im Rahmen des Konvergenzprogramms, das zahlreiche Projekte zur Diskussion und Harmonisierung der Prüfungs- und Verfahrenspraxis umfasst.

---

6   RiLi, E.7.6.3, ABl-HABM 1998, 786.

## Artikel 91 (ex Artikel 87) Austausch von Veröffentlichungen

(1) Das Amt und die Zentralbehörden für den gewerblichen Rechtsschutz der Mitgliedstaaten übermitteln einander auf entsprechendes Ersuchen kostenlos für ihre eigenen Zwecke ein oder mehrere Exemplare ihrer Veröffentlichungen.

(2) Das Amt kann Vereinbarungen über den Austausch oder die Übermittlung von Veröffentlichungen treffen.

*Schennen*

### 1 Allgemeines

Art 91 (1)) betrifft den Austausch von Veröffentlichungen zwischen dem 1 Amt und den nationalen Ämtern der Mitgliedstaaten, (Art 91 (2)) den mit Ämtern von Drittstaaten oder supranationalen Ämtern wie der WIPO. Er entspricht Art 132 EPÜ.

In erster Linie maßgeblich sind R 92 betr die Übermittlung von Angaben zu 2 einzelnen spezifischen Anmeldungen, was aber auch die elektronische Weitergabe von Datenbeständen abdeckt, und R 87 über den Zugang der Öffentlichkeit zur Datenbank des Amtes.

### 2 Blatt für GMn

Art 91 (1) meint in erster Linie das Blatt für GMn. Der Begriff »Exemplare 3 von Veröffentlichungen« setzt Papierform voraus. Seit das Blatt für GMn nicht mehr in Papierversion erscheint, ist diese Bestimmung obsolet.

Das HABM ist am Erhalt der Markenblätter nationaler Ämter in Papierform 4 nicht mehr interessiert.

### 3  Austausch anderer Publikationen

5 In Betracht kommt noch nach Art 91 der Austausch anderer Veröffentlichungen auf Papier wie Jahresberichte und rechtliche Broschüren. Insoweit bedeutet Art 91 nur, dass solche Veröffentlichungen, falls für die Öffentlichkeit kostenpflichtig, kostenfrei an nationale Ämter oder gemäß Abs 2 an andere supranationale Ämtern für den gewerblichen Rechtsschutz[1] und Ämter von Drittstaaten, abgegeben werden können. Solche Broschüren, Jahresberichte usw werden aber auch schon regelmäßig auch oder nur noch im Internet publiziert.

### 4  Weitergabe elektronischer Daten

6 Die in R 87 genannten Datenbanken des HABM, einschließlich aller Rechtsstandsdaten und Angaben aus dem Register, können nicht nur von der Öffentlichkeit frei eingesehen werden, ihr Inhalt kann auch an die nationalen Ämter und an Ämter von Drittstaaten zur Nutzung für ihre eigenen Zwecke, insbesondere für Recherchen, übermittelt werden.. Seit 1.1.2011 ist der Zugang zu »CTM-Download« auch für Private (wie zB Datenbankanbieter) kostenlos.[2] Die nationalen Ämter dürfen diese Datenbestände aber nur für eigene Zwecke verwenden, Art 91 (1), und nicht an kommerzielle Anbieter weitergeben.[3]

## 4. Abschnitt  Vertretung

### Artikel 92 (ex Artikel 88)  Allgemeine Grundsätze der Vertretung

**(1) Vorbehaltlich des Absatzes 2 ist niemand verpflichtet, sich vor dem Amt vertreten zu lassen.**

**(2) Unbeschadet des Absatzes 3 Satz 2 müssen natürliche oder juristische Personen, die weder Wohnsitz noch Sitz noch eine tatsächliche und nicht nur zum Schein bestehende gewerbliche oder Handelsniederlassung in der**

---

1  Siehe von Mühlendahl/Ohlgart, S 228.
2  Beschluss Nr EX-10-2 des Präsidenten des Amtes vom 22.9.2010, ABl-HABM 2010, Nr 10.
3  Siehe Singer/Heusler, Art 132 Rn 5.

Gemeinschaft haben, in jedem durch diese Verordnung geschaffenen Verfahren mit Ausnahme der Einreichung einer Anmeldung für eine Gemeinschaftsmarke gemäß Artikel 93 Absatz 1 vor dem Amt vertreten sein; in der Durchführungsverordnung können weitere Ausnahmen zugelassen werden.

(3) Natürliche oder juristische Personen mit Wohnsitz oder Sitz oder einer tatsächlichen und nicht nur zum Schein bestehenden gewerblichen oder Handelsniederlassung in der Gemeinschaft können sich vor dem Amt durch einen ihrer Angestellten vertreten lassen. Angestellte einer juristischen Person im Sinne dieses Absatzes können auch andere juristische Personen, die mit der erstgenannten Person wirtschaftlich verbunden sind, vertreten, selbst wenn diese anderen juristischen Personen weder Wohnsitz noch Sitz noch eine tatsächliche und nicht nur zum Schein bestehende gewerbliche oder Handelsniederlassung in der Gemeinschaft haben.

(4) Die Durchführungsverordnung regelt, ob und unter welchen Bedingungen ein Angestellter beim Amt eine unterzeichnete Vollmacht zu den Akten einzureichen hat

*Schennen*

## 1 Allgemeines

Nach Art 92 (1), (2) müssen Verfahrensbeteiligte in Verfahren vor dem Amt 1 – ausgenommen für die Einreichung einer GMA – nur dann durch einen berufsmäßigen Vertreter gemäß Art 93 vertreten sein, wenn sie weder Wohnsitz noch Sitz noch eine tatsächliche und nicht nur zum Schein bestehende gewerbliche oder Handelsniederlassung in der EG haben. Für solche EG-Ausländer besteht somit Vertretungszwang; sie können sich jedoch, wenn es sich um eine juristische Person iSd Art 3 handelt, jedoch auch durch den Angestellten eines gesellschaftlich verbundenen Unternehmens vertreten lassen, sofern letzteres seinen Sitz oder eine Niederlassung in der EG hat.

Für die Frage, ob Vertretungszwang besteht, ist auf den Wohnsitz oder Sitz abzustellen, nicht auf die Staatsangehörigkeit. Auch Deutsche mit alleinigem Wohnsitz in einem Drittstaat unterliegen dem Vertretungszwang.

2 Allen anderen Verfahrensbeteiligten (»EG-Inländer«) steht es frei, sich vertreten zu lassen; tun sie dies, so unterliegt die Vertretung den Einschränkungen des Art 92 (3) und des Art 93.

3 Art 92 wurde geändert durch VO Nr 422/2004,[1] in Kraft seit 25.7.2005.[2] Art 92 wird ergänzt durch R 75 und R 77 sowie durch die RiLi des HABM zur berufsmäßigen Vertretung.[3]

4 Art 92 (4) wird ergänzt durch R 76 (2). Danach besteht für Angestellte unverändert eine Pflicht zur Vorlage einer Vollmacht.

### 2 Vertretungszwang

5 Der Vertretungszwang nach Art 92 (2) ist eine prozessuale Vorschrift, mit der in erster Linie sichergestellt werden soll, dass das HABM ausschließlich mit Beteiligten innerhalb der EG kommuniziert. Außerdem ist erforderlich, dass der Vertreter über hinreichende Sachkunde auf dem Gebiet des Gemeinschaftsmarkenrechts verfügt. Der Vertretungszwang führt aber nicht dazu, dass der Verfahrungsbeteiligte selbst nicht mehr postulationsfähig ist. Er kann selbst Verfahren in Gang setzen und, unabhängig ob er vertreten ist oder nicht, während des Verfahrens wirksam Erklärungen gegenüber dem HABM abgeben.[4] Allerdings treffen ihn verfahrensrechtliche Sanktionen (etwa im Nichtigkeitsverfahren die Nichtberücksichtigung seines Vorbringens), wenn er der Verpflichtung zur Bestellung oder der Beibehaltung der Bestellung eines Vertreters nicht nachkommt.

6 Im Anmeldeverfahren ist diese Sanktion die Zurückweisung der GMA gemäß R 9 (3). Für internationale Registrierungen mit Wirkung für die EG gelten Sondervorschriften: R 112 (1), (4). Die Bestellung eines Vertreters ist kein Anmeldetagserfordernis gemäß Art 26, 27. Es ist deshalb überflüssig, wenn in Art 92 (2) von allen Verfahrenshandlungen »mit Ausnahme der Ein-

---

1 ABl-EG L 70 vom 9.3.2004, S 70.
2 Mitteilung der Kommission, ABl-EG C 163 vom 5.7.2005, S 8 = ABl-HABM 2005, 1186.
3 ABl-HABM 2000, 24.
4 Anders TechnBK EPA T-717/04, ABl-EPA Sonderausgabe Rspr 2007, S 88.

reichung einer GMA« die Rede ist. Mit dieser Formulierung ist eine Einschränkung des Vertretungszwangs in Wahrheit nicht verbunden.[5] Im Widerspruchsverfahren ist der Widerspruch, der nicht von einem nach Art 92 Vertretenen eingereicht wird, unzulässig; fällt die Vertreterbestellung während des Widerspruchsverfahrens weg, so wird der Widerspruch unzulässig, und die Vertreterbestellung muss bis zum Zeitpunkt der Entscheidung, ggf bis zur Entscheidung im Beschwerdeverfahren, fortbestehen.[6] Ist im Widerspruchsverfahren der Anmelder nicht mehr vertreten, so wird das Widerspruchsverfahren ausgesetzt und die Anmeldung durch einen Formalprüfer nachbeanstandet; zu den Kostenfolgen siehe unter Art 85 Rdn 47.

### 3 Personen, die sich vertreten lassen müssen

Der Verfahrensbeteiligte muss sich vertreten lassen, wenn er keinen Wohnsitz 7 oder Sitz oder eine tatsächliche und nicht nur zum Schein bestehende gewerbliche oder Handelsniederlassung in der EG hat. Zu diesem Begriff siehe unter Art 5 Rdn 12–16. Bei einer Niederlassung reicht eine Scheinniederlassung (Briefkasten) oder eine bloße Zustelladresse nicht aus.

Die Bestimmung des Sitzes wird einheitlich nach Art 54 EU-V (bisher 8 Art 48 EG-V) angeknüpft (RiLi, Teil A, 5.3.1.1), der das Erfordernis des tatsächlichen Sitzes mit dem Kriterium des Rechts des betreffenden Staates verbindet. Soweit nach dieser Vorschrift auch eine effektive Hauptniederlassung ausreicht, ist der Verfahrensbeteiligte ohnehin aufgrund des Kriteriums der Niederlassung in Art 92 (2) vom Vertretungszwang befreit, ohne dass es noch auf das Kriterium der »Staatsangehörigkeit« der juristischen Person ankäme. Für den Sitz juristischer Personen ist somit bei Art 92 (2) auf den effektiven Firmensitz abzustellen (»Sitztheorie«), nicht auf das Recht des Staates, nach dem die Gesellschaft gegründet worden ist (»Gründungstheorie«) oder die Staatsangehörigkeit der Anteilseigner (»Kontrolltheorie«). Zwar gilt inzwischen im Hinblick auf die Niederlassungsfreiheit innerhalb der EG die Gründungstheorie.[7] Jedoch wird nach deutschem Recht weiterhin an der Sitztheorie festgehalten, und zwar erstens, soweit Gesichtspunkte der Nieder-

---

5  Schennen, Mitt. 1996, 362.

6  HABM-BK R 1257/2005-4 vom 14.3.2006 (Nr 17) *YAGER/YAGA*; HABM-BK R 1198/2010-4 vom 28.3.2011 (Nr 10) *HOLY/OLI*.

7  EuGH C-208/00 vom 5.11.2002, NJW 2002, 3614 *Überseering*; dem folgend, soweit EG-Inländer betroffen sind, BGH NJW 2003, 1461; BGH NJW 2004, 3707.

lassungsfreiheit (Schutz der Gesellschaft bei Sitzverlegung in einen anderen Mitgliedstaat) nicht betroffen sind,[8] zweitens in jedem Fall, soweit Angehörige von Drittstaaten betroffen sind.[9] Einer Anwendung der Gründungstheorie bei Art 92 (2) steht der Wortlaut der Norm (»Sitz«), ihr Anwendungsbereich (EG-Ausländer) und ihr Zweck (Sicherstellung eines Inlandsvertreters und nicht der Freiheit der Erbringung der Dienstleistung »Vertretung«) entgegen. Maßgeblich ist nicht das nationale Recht des Staates, auf dessen Staatsangehörigkeit oder Sitz sich der Verfahrensbeteiligte beruft. Art 59, 60 der VO Nr 44/2001 gelten nur im Rahmen von Art 94.

Der Sitz, Wohnsitz oder die Niederlassung usw muss sich »in der EG« befinden. Zu diesem Begriff und den Sonderproblemen für Mitgliedstaaten wie GB, FR und DK siehe unter Art 1 Rdn 68, 76, 78, 81, 89 und in Kapitel 4 der Broschüre »Nationales Recht zur GM«.

## 4 Vertretung durch Angestellte

9 Soweit natürliche und juristische Personen nicht nach Art 92 (2) verpflichtet sind, einen berufsmäßigen Vertreter zu bestellen, können sie sich auch durch einen oder mehrere ihrer Angestellten vertreten lassen. Der Angestellte ist nicht Vertreter im eigentlichen Sinne, sondern handelt für seinen Arbeitgeber. In den Formularen des Amtes sind Angaben zum Angestellten nicht unter »Vertreter« zu machen. Der Name des Angestellten ist in der Zeile unter der Unterschrift anzugeben. Der Angestellte muss jedoch eine Vollmacht vorlegen.

10 Das Amt stellt nicht an den Angestellten, sondern an den Vertretenen zu. Die Adresse des Angestellten kann jedoch als Zustellanschrift gemäß R 1 (1) (e) angegeben werden. Der Name des Angestellten wird nicht im Blatt für Gemeinschaftsmarken veröffentlicht (siehe R 12 (b)). Die Vertretung durch Angestellte löst keinen Kostenerstattungsanspruch aus, siehe R 94 (7) (d).

## 5 Vertretung durch Angestellte wirtschaftlich verbundener Unternehmen

11 Art 92 (3) Satz 2 lässt die Vertretung durch Angestellte wirtschaftlich verbundener Unternehmen zu. Sowohl der vertretende Angestellte als auch sein

---

8 Zöller/Vollkommer, ZPO, § 50 Rn 9a; Kindler, NJW 2003, 1079.
9 BGH NJW 2009, 289; BGH ZIP 2004, 2230; Schwerdtfeger, Gesellschaftsrecht, S 2238 (allerdings mit Plädoyer für die Anwendung der Gründungstheorie).

Arbeitgeber müssen Sitz oder Wohnsitz in der EG haben. Dagegen muss das vertretene Unternehmen nicht in der EG ansässig sein (anders Art 133 (3) EPÜ).[10]

Kriterien für das Vorliegen wirtschaftlicher Verbindungen sind nach ständiger Amtspraxis:[11]      12

Gemäß Art 2 der RL 80/723/EWG vom 25.6.1980[12] und VO Nr 240/96 vom 31.1.1996 über Technologietransfer-Vereinbarungen[13] bestehen wirtschaftliche Verbindungen, wenn eine Gesellschaft die Mehrheit des Kapitals oder der Aktien der anderen Gesellschaft hält oder mehr als die Hälfte der Mitglieder des Leitungsgremiums der anderen Gesellschaft bestimmen kann. Gemäß der Rspr des EuGH zu Art 85 (1) EG-V[14] bestehen wirtschaftliche Verbindungen, wenn beide Unternehmen eine wirtschaftliche Einheit bilden, bei der die Tochtergesellschaft keine wirkliche Autonomie bei der Bestimmung ihrer Marketingstrategie besitzt.

Vertragliche Verbindungen auf der Grundlage einer Markenlizenz, eines Vertriebs- oder Franchisevertrags oder mit dem Ziel gegenseitiger Vertretung reichen nicht aus.

Der Angestellte hat in diesen Fällen ebenfalls keine Angaben unter »Vertreter« zu machen. Vielmehr ist in den Formblättern des Amtes das Feld »wirtschaftliche Verbindungen« anzukreuzen, und es sind Angaben zu machen zum Namen und zur Anschrift des Angestellten sowie zur Art der wirtschaftlichen Verbindungen. Diese sind so genau wie möglich darzulegen.      13

Der Name des Angestellten des Unternehmens mit wirtschaftlichen Verbindungen wird im Blatt für GMn veröffentlicht; dies folgt aus R 12 (b), die auf Art 92 (3) Satz 1 Bezug nimmt, nicht jedoch auf Art 92 (3) Satz 2.      14

---

10  Kritisch: Curell Suñol, Marca y Diseno Comunitario, S 182.
11  Siehe Melgar, Comentarios, S 796 f.; RiLi Teil A, 5.2.3.2.
12  ABl-EG L 195, S 35.
13  ABl-EG L 31, S 2.
14  EuGH Slg 1972, 619; 1974, 1147.

## Artikel 93 (ex Artikel 89)  Zugelassene Vertreter

(1) Die Vertretung natürlicher oder juristischer Personen vor dem Amt kann nur wahrgenommen werden

a)  durch einen Rechtsanwalt, der in einem der Mitgliedstaaten zugelassen ist und seinen Geschäftssitz in der Gemeinschaft hat, soweit er in diesem Staat die Vertretung auf dem Gebiet des Markenwesens ausüben kann, oder

b)  durch zugelassene Vertreter, die in einer beim Amt geführten Liste eingetragen sind.

Die Durchführungsverordnung regelt, ob und unter welchen Bedingungen Vertreter, die vor dem Amt auftreten, beim Amt eine unterzeichnete Vollmacht zu den Akten einzureichen haben.

(2) In die Liste der zugelassenen Vertreter kann jede natürliche Person eingetragen werden, die folgende Voraussetzungen erfüllt:

a)  sie muß die Staatsangehörigkeit eines Mitgliedstaats besitzen;

b)  sie muß ihren Geschäftssitz oder Arbeitsplatz in der Gemeinschaft haben;

c)  sie muß befugt sein, natürliche oder juristische Personen auf dem Gebiet des Markenwesens vor der Zentralbehörde für den gewerblichen Rechtsschutz eines Mitgliedstaats zu vertreten. Unterliegt in diesem Staat die Befugnis nicht dem Erfordernis einer besonderen beruflichen Befähigung, so muß die Person, die die Eintragung in die Liste beantragt, die Vertretung auf dem Gebiet des Markenwesens vor der Zentralbehörde für den gewerblichen Rechtsschutz dieses Staates mindestens fünf Jahre lang regelmäßig ausgeübt haben. Die Voraussetzung der Berufsausübung ist jedoch nicht erforderlich für Personen, deren berufliche Befähigung, natürliche oder juristische Personen auf dem Gebiet des Markenwesens vor der Zentralbehörde für den gewerblichen Rechtsschutz eines Mitgliedstaats zu vertreten, nach den Vorschriften dieses Staates amtlich festgestellt worden ist.

(3) Die Eintragung erfolgt auf Antrag, dem eine Bescheinigung der Zentralbehörde für den gewerblichen Rechtsschutz des betreffenden Mitgliedstaats beizufügen ist, aus der sich die Erfüllung der in Absatz 2 genannten Voraussetzungen ergibt.

(4) Der Präsident des Amtes kann Befreiung erteilen

a) vom Erfordernis nach Absatz 2 Buchstabe c) Satz 2, wenn der Antragsteller nachweist, dass er die erforderliche Befähigung auf andere Weise erworben hat;

b) in besonders gelagerten Fällen vom Erfordernis nach Absatz 2 Buchstabe a).

(5) In der Durchführungsverordnung wird festgelegt, unter welchen Bedingungen eine Person von der Liste der zugelassenen Vertreter gestrichen werden kann.

*Schennen*

**Literatur:**

*Curell Suñol*, Representación profesional, in: Marca y diseño comunitarios, S 179, Pamplona 1996; *Dybdahl*, Discipline and Competition – Good Professional Conduct for European Patent Attorneys, IIC 26 (1995), 350; *Schennen*, Die Vertretung vor dem Harmonisierungsamt für den Binnenmarkt, Mitt. 1996, 361.

## 1 Allgemeines

1 Gemäß Art 93 kann die Vertretung Dritter vor dem Amt nur wahrgenommen werden von Rechtsanwälten nach Maßgabe von Art 93 (1) (a) und von den in die vom HABM geführte Liste eingetragenen zugelassenen Vertretern nach Maßgabe von Art 93 (1) (b) Satz 2, 3. Einzige Ausnahme ist Art 92 (3), der die Vertretung juristischer Personen durch Angestellte einer anderen juristischen Person zulässt, vorausgesetzt, dass beide juristischen Personen miteinander wirtschaftliche Verbindungen haben und die juristische Person, der der Angestellte angehört, in der EG ansässig ist (siehe unter Art 92 Rdn 11–14). Hiervon abgesehen ist eine Vertretung Dritter vor dem Amt durch andere Personen unzulässig, auch soweit sie nicht geschäftsmäßig erfolgt. Anders als nach deutschem Recht ist auch eine gelegentliche, nicht geschäftsmäßige Vertretung vor dem HABM unzulässig; sie stellt auch keine berufliche Befähigung im Sinne des Art 93 (2) dar, so dass eine solche gelegentliche Tätigkeit auch keinen Anspruch auf Eintragung in die Liste der zugelassenen Vertreter gibt.

Die Terminologie in der deutschen und franz Fassung der GMV unterscheidet zwischen berufsmäßigen Vertretern (représentants professionnels) als Oberbegriff für Rechtsanwälte und in die Liste eingetragene zugelassene Vertreter einerseits sowie zugelassenen Vertretern (mandataires agrées) für den Personenkreis nach Art 93 (1).[1] Der Tatsache, dass in der Überschrift der deutschen Fassung von Art 93 der Begriff »zugelassener Vertreter« enthalten ist, während die französische Fassung den Begriff »représentation professionnelle« (dh berufsmäßige Vertretung) benutzt, kommt für die Auslegung der

---

1 Siehe auch Mitteilung des Präsidenten des HABM, ABl-HABM 1995, 15.

Vorschrift keine Bedeutung bei. Die engl Fassung versteht unter »professional representative« nur den zugelassenen Vertreter. Sind auch die Rechtsanwälte gemeint, so wird in den Veröffentlichungen des HABM entweder der Begriff des professional representatives durch den Zusatz »im Sinne von Art 93 (1) (a), (b)« präzisiert oder nur vom »representative« gesprochen.

Art 93 wurde mit Wirkung zum 25.7.2005 durch VO Nr 422/2004 geändert. Die Frage, ob eine Vollmacht vorzulegen ist, wird nun in der DV geregelt, und der Nexus in Abs 2 (c) zwischen dem Geschäftssitz des Vertreters und dem Staat, in dem er die berufliche Qualifikation erworben hat, wurde gelockert. **2**

Art 93 wird ergänzt durch Titel XI, Teil G der DV (R 75–78) sowie durch R 83 (1) (h) über das Vollmachtformular sowie durch R 67 iVm R 1 (1) (e) über die Zustellung an Vertreter. R 76 wurde durch VO Nr 1041/2005 geändert. **3**

Das HABM hat ausführliche RiLi zur berufsmäßigen Vertretung erlassen.[2] **4**

Von der Vertretung Dritter ist die Selbstvertretung zu unterscheiden, dh die Frage, durch welche Personen der Anmelder (natürliche oder juristische Personen) für sich selbst nach außen handeln kann. Juristische Personen handeln durch ihre Organe, dh bei Aktiengesellschaften durch Vorstandsmitglieder, bei einer GmbH durch den Geschäftsführer oder bei einer OHG durch den persönlich haftenden Gesellschafter. Fälle der gesetzlichen Vertretungsmacht sind ferner die Vertretung Minderjähriger durch die Eltern, einen Vormund oder einen Pfleger sowie die Befugnisse der Insolvenzverwalter, Nachlaßverwalter und Testamentsvollstrecker.[3] Hier liegt ein Fall gesetzlicher Vertretungsmacht vor. Für diese Fälle gilt Art 93 überhaupt nicht, auch nicht Art 92. Zu dem Unterschied zwischen Fremdvertretung und Selbstvertretung siehe auch das Urteil des EuGH[4] »Reisebüro Broede/Sandker«: darin, dass im Falle der Fremdvertretung ein Anwaltszwang vorgesehen wird, obwohl die Selbstvertretung zulässig ist, liegt keine Diskriminierung iSd EG-V. **5**

---

2 RiLi Teil A, Kapitel 5, ABl-HABM 2000, 24.
3 Siehe Palandt/Ellenberger, BGB, vor § 164 Rn 9.
4 EuGH C-003/95 vom 12.12.1996, Slg 1996 I-6511 (Nr 26) *Reisebüro Broede/Sandker.*

## 2 Die rechtshistorische und rechtspolitische Entwicklung

**6** Art 93 verwirklicht das Prinzip, dass diejenigen Personen, die vor dem nationalen Patent- und Markenamt – berufsmäßig – befugtermaßen als Vertreter auftreten, auch vor dem HABM vertretungsberechtigt sind. Curell Suñol[5] bezeichnet dies als »extrapolación« der nationalen Vertretungsbefugnis.

Art 93 verwirklicht für die nationalen Vertreter im wesentlichen den Bestandsschutz. Allerdings sind die Bestimmungen des Art 93 eigenständig; ein automatischer Gleichklang besteht nicht. Auch ist das HABM nicht an die Beurteilung nationaler Behörden gebunden, auch nicht an die gemäß Art 93 (3) von den nationalen Ämtern ausgestellten Bescheinigungen.

**7** Während es sich bei den Rechtsanwälten um ein in allen Mitgliedstaaten der EG einheitliches, festumrissenes Berufsbild handelt, war dem Gesetzgeber bei den besonderen Vertretern in Patent- und Markensachen der Weg versperrt, auf eine bestimmte Berufsbezeichnung oder Qualifikation Bezug zu nehmen, da die Bestimmungen in den einzelnen Mitgliedstaaten höchst unterschiedlich sind und in einigen Mitgliedstaaten sogar die berufsmäßige Vertretung vor dem dortigen Patentamt keinerlei Einschränkungen unterworfen ist.

Die in Art 93 getroffene Regelung entspricht der Regelung des Art 163 EPÜ für eine Übergangszeit nach Inkrafttreten des EPÜ und jeweils beim Betritt neuer Vertragsstaaten. Die Dauerregelung in Art 134 EPÜ verlangt dagegen für die Eintragung in die Liste der zugelassenen Vertreter beim EPA die Ablegung der Europäischen Eignungsprüfung.[6] Während aber die beim EPA zugelassenen Vertreter in einem eigenen Institut zusammengeschlossen sind und einer eigenen Disziplinarordnung unterliegen (siehe Art 134 (8) EPÜ), die vom Disziplinarrat des Instituts der beim EPA zugelassenen Vertreter, dem Disziplinarausschuss des EPA und in letzter Instanz von der HABM-BK in Disziplinarangelegenheiten des EPA wahrgenommen wird,[7] gibt es für die

---

5  Curell Suñol, Marca y Diseno Comunitarios, S 183.

6  Siehe die Vorschriften vor dem EPA, ABl-EPA 1991, 15, 18, 79.

7  Siehe Vorschriften in Disziplinarangelegenheiten, ABl-EPA 1978, 91, Beschluß des Verwaltungsrats der EPO zur Genehmigung der ergänzenden Verfahrensordnungen des Disziplinarrates des Instituts der beim EPA zugelassenen Vertreter, des Disziplinarausschusses des EPA und der HABM-BK in Disziplinarangelegenheiten des EPA, ABl-EPA 1980, 176, sowie Verfahrensordnungen, ABl-EPA 1980, 177, 183, 188.

Vertreter vor dem HABM keine einheitliche Standesaufsicht. Mangels eigener Disziplinarregelungen in der GMV gelten für die zugelassenen Vertreter die nationalen Disziplinarregelungen, in Deutschland also die §§ 95–144 DE-Patentanwaltsordnung. In anderen Mitgliedstaaten gibt es dagegen für zugelassene Vertreter keinerlei disziplinarrechtliche Rahmenregelungen.

Der Gemeinschaftsgesetzgeber hat auf eine Prüfung und eine eigene Disziplinarordnung verzichtet, obwohl eine gewichtige Zahl von Mitgliedstaaten dies im Verlauf der Beratungen in der Ratsarbeitsgruppe gefordert hatte, die zuletzt 1983 über Art 93 beraten hatte. Diese Entscheidung ist kritisiert worden, vor allen Dingen von den Vertretern der Patentanwaltschaft.[8] In einer – nicht veröffentlichten – Protokollerklärung hat sich die Kommission verpflichtet, innerhalb von drei Jahren nach Beginn der Tätigkeit des Amtes, dh bis April 1999, einen Bericht über das Funktionieren des Systems der berufsmäßigen Vertretung und insbesondere darüber vorzulegen, ob sich die Einführung einer Eignungsprüfung empfiehlt. Die beteiligten Berufsverbände haben sich für eine Prüfung auf nationaler Ebene, die auch das Gemeinschaftsmarkenrecht einbezieht, ausgesprochen, sich jedoch gegen die Einführung einer zentralen europäischen Eignungsprüfung gewandt. Die Kommission hat jedoch in ihrem Bericht vom 27.12.2002 eine derartige Eignungsprüfung nicht für sinnvoll erachtet; sie hat sich auf die Anregung beschränkt, in den nationalen Eignungsprüfungen, so sie stattfinden, auch den Nachweis der Kenntnisse im Gemeinschaftsmarkenrecht zu verlangen. Zu einer zentralen Eignungsprüfung und einer europäischen Deontologieregelung für HABM-Vertreter wird es deshalb nicht mehr kommen. **8**

### 3 Vertretung durch Rechtsanwälte

Rechtsanwälte sind gemäß Art 93 (1) (a) vor dem HABM automatisch vertretungsbefugt, vorausgesetzt, dass sie ihren Geschäftssitz in der EG haben, in einem Mitgliedstaat zur Rechtsanwaltschaft zugelassen sind und berechtigt sind, in diesem Mitgliedstaat die Vertretung auf dem Gebiet des Markenwesens auszuüben und. Letztere Voraussetzung war bisher theoretischer Natur, daran hat sich aber durch die Verhältnisse in den 13 neuen Mitgliedstaaten Erhebliches geändert (siehe unten, Rdn 14). **9**

Welche Berufsbezeichnungen in den Mitgliedstaaten unter den Begriff »Rechtsanwalt« fallen, ist gemeinschaftsrechtlich autonom auszulegen und **10**

---

8  Kritisch Curell Suñol, Marca y Diseno Comunitarios, S 189.

nicht nach den jeweiligen nationalen Berufsregeln.[9] Zugrundezulegen sind die Definitionen in der RL 98/5/EG[10] über die Erleichterung der Ausübung des Berufs des Rechtsanwalts vom 16.2.1998,[11] die durch den Beitrittsvertrag angepasst wurde, indem die entsprechenden Berufsbezeichnungen aus den neuen 10 Mitgliedstaaten hinzugefügt wurden.[12] Dies entspricht dem Begriff des »Rechtsanwalts« in Art 19 der Satzung des EuGH: den »Rechtsanwälten« ist gemeinsam, dass sie national einer Standesaufsicht unterliegen und als Organe der Rechtspflege anerkannt sind.[13] Die betr Berufsbezeichnungen sind im einzelnen in den RiLi, Teil A Nr 5.2.1.1[14] sowie in den Erläuterungen zur Fassung 2004 des Formblatts »Antrag auf Eintragung in die Liste der zugelassenen Vertreter« aufgeführt, so dass für die einzelnen Mitgliedstaaten folgendes gilt:

11  Der Begriff des Rechtsanwalts ist im Deutschen eindeutig. Für Österreich fallen darunter die Rechtsanwälte, nicht aber die Notare, auch nicht unter Art 93 (1) (b), unabhängig davon, dass diese vor dem Österreichischen Patentamt gemäß § 61 AT-MarkenG vertretungsberechtigt sind, da die Voraussetzungen des »Rechtsanwalts« und der »Vertretungsbefugnis« kumulativ sind.[15] In Großbritannien sind die barristors, solicitors und advocats umfasst (siehe Art 1 (2) (a) der RL 98/5/EG). Der Begriff »legal practitioner« in der englischen Fassung der GMV bezeichnet allein diese drei Berufsgruppen, keinesfalls ganz allgemein Juristen.[16] Auch in Schweden sind nur zugelassene Rechtsanwälte umfasst.[17] Die dem Begriff »praktizierender Jurist« entspre-

---

9  EuGH C-363/06, Beschlußs vom 20.2.2008 (Nr 21, 25) *Comunidad Valenciana/ Kommission*; EuG T-487/07, Zwischenbeschluß vom 20.10.2008 (Nr 20) *Factory Finish*.

10  EuG T-487/07, Zwischenbeschluß vom 20.10.2008 (Nr 23) *Factory Finish*.

11  ABl-EG Nr L 77 S 36.

12  Beitrittsvertrag der Tschechischen Republik etc zur EG, Anhang II. 2. C.II.2.

13  EuG T-445/04, Beschluß vom 28.2.2005 *Schwedischer Jurist*; EuG T-453/05, Beschluß vom 26.6.2006 (Nr 12) *Vonage Holdings*.

14  ABl-HABM 2000, 26.

15  AA Melgar, Comentarios, S 804.

16  JurBK EPA, J 19/89 ABl-EPA 1991, 425, zu Art 163 EPÜ, unter Berufung auf eine authentische Interpretation durch die Münchner Diplomatische Konferenz, Berichte M/BR/I Nr 805.

17  EuG T-445/04, Beschluß vom 28.2.2005 *Schwedischer Jurist* zur vergleichbaren Situation der Vertretung vor dem EuG; so auch Melgar, Comentarios, 1. Aufl, S 908.

chende Formulierung in der schwedischen Fassung der GMV ist ein Übersetzungsfehler; der zutreffende Begriff »advokat« ist auf bei der schwedischen Rechtsanwaltskammer zugelassene Anwälte beschränkt.[18] In Italien sind vertretungsberechtigt die avvocati und die procuratori.

### 3.1 Zulassung in einem Mitgliedstaat

Der Rechtsanwalt muß in einem Mitgliedstaat zugelassen sein. In Deutschland müssen Rechtsanwälte gemäß § 18 DE-Bundesrechtsanwaltsordnung bei einem Gericht zugelassen sein.   12

### 3.2 Geschäftssitz in der EG

Der Rechtsanwalt muß einen Geschäftssitz, dh eine Kanzlei, in der EG haben. Es besteht kein Erfordernis einer bestimmten Staatsangehörigkeit.[19] Der Geschäftssitz des Rechtsanwalts muß sich nicht notwendigerweise in dem Mitgliedstaat befinden, in dem er zugelassen ist. Dagegen darf der Rechtsanwalt nicht vertreten, wenn sich sein einziger Geschäftssitz außerhalb der EG befindet, auch wenn er in einem Mitgliedstaat zugelassen ist. Beispiel: Der in Deutschland zugelassene, von der Residenzpflicht befreite Rechtsanwalt darf vertreten, wenn er seine Kanzlei in Frankreich hat, nicht jedoch, wenn er seine Kanzlei in der Schweiz hat.[20]   13

### 3.3 Berechtigung zur Vertretung in Markensachen

Der Rechtsanwalt muß ferner in dem Mitgliedstaat, in dem er seinen Geschäftssitz hat, die Berechtigung besitzen, die Vertretung auf dem Gebiet des Markenwesens auszuüben kann. Unproblematisch ist jeweils die Befugnis zur Vertretung in Markensachen vor Gerichten, die dem Rechtsanwalt kraft seiner allgemeinen Befugnis zur Vertretung in allen Rechtsangelegenheiten zusteht, wobei unerheblich ist, dass diese Befugnis auf bestimmte Gerichte örtlich (Prinzip der Singularzulassung) und sachlich (beschränkt auf Amts- und Landgerichte) beschränkt sein kann. Erforderlich ist aber außerdem, dass der Rechtsanwalt die Vertretung in Markensachen vor dem betreffenden nationalen Patent- und Markenamt ausüben kann. Diese Einschränkung ist   14

---

18 EuG T-453/05, Beschluß vom 26.6.2006 (Nr 10) *Vonage Holdings*.
19 Melgar, Comentarios, S 802; Schennen, Mitt. 1996, 363.
20 Siehe Schennen, Mitt. 1996, 363.

nicht sachgerecht, da Rechtsanwälte, die vor Gerichten auftreten dürfen, erst recht vor Behörden auftreten dürfen. Sie ist für die alten Mitgliedstaaten ohnehin nicht relevant. Spanische Rechtsanwälte besitzen gemäß einer offiziellen Auskunft des spanischen nationalen Amtes die Vertretungsbefugnis vor dem spanischen Amt und somit auch vor dem HABM;[21] die gegenteilige Angabe in der Mitteilung Nr 1/95 des Präsidenten des HABM[22] ist überholt. Auch irische Barristers und Solicitors sind gemäß Art 85 (7) des Irischen Trade Marks Act national vertretungsbefugt;[23] die auf einer ursprünglich anderen Rechtsauffassung der irischen Behörden beruhenden gegenteilige Angabe in der Mitteilung des Präsidenten des HABM Nr 1/95[24] ist überholt. Bei den zum 1.5.2004 beigetretenen Mitgliedstaaten bestehen teilweise noch anachronistische Einschränkungen: In Estland, Lettland, Litauen und Polen müssen Rechtsanwälte, um vor dem nationalen Amt vertretungsbefugt zu sein, eine Sonderprüfung im Markenrecht abgelegt haben, in Slowenien in die Liste der Patentanwälte oder Markenvertreter eingetragen sein. Das HABM trägt Personen, die dies nachweisen, in die Liste der zugelassenen Vertreter nach Abs 1 (b) ein. Solche Personen werden als Personen mit besonderer beruflicher Qualifikation iSv Abs 2 (c) Satz 2, 1. Alternative, behandelt, dh die Tatsache, dass sie Rechtsanwälte sind, wirkt sich für sie in keiner Weise positiv aus. In Ungarn, Malta, der Slowakei, der Tschechischen Republik, Zypern, Rumänien und Bulgarien (Beitritt 2007) sind Rechtsanwälte auch vor dem nationalen Patentamt vertretungsbefugt.

### 3.4 Automatische Vertretungsbefugnis

15   Rechtsanwälte, die unter Abs 1 (a) fallen, sind automatisch vertretungsbefugt. Sie haben ein absolutes Recht zur Vertretung Dritter vor dem Amt. Eine Eintragung von Rechtsanwälten in die Liste der zugelassenen Vertreter (Art 93 (2)) ist nicht nur unnötig, sondern auch rechtlich nicht möglich, da Art 93 (2) ausschließlich die besondere Kategorie der berufsmäßigen Vertreter auf dem Gebiet des gewerblichen Rechtsschutzes betrifft.[25] Das HABM

---

21   Mitteilung des Präsidenten des HABM Nr 2/96, ABl-HABM 1996, 590.
22   ABl-HABM 1995, 16.
23   Mitteilung des Präsidenten des HABM Nr 2/99, ABl-HABM 1999, 1002; RiLi Nr 5.2.1.1, ABl-HABM 2000, 26.
24   ABl-HABM 1995, 16, 18.
25   Siehe Schennen, Mitt. 1996, 363 f.

lehnt in ständiger Praxis Anträge auf Eintragung in die Liste ab.[26] Dies steht auch mit der Praxis des EPA im Einklang, Anträge von Rechtsanwälten auf Eintragung in die dort geführte Liste abzulehnen.[27] Rechtsanwälte, die schon vor dem HABM aufgetreten sind, können aber in einer Datenbank auf der HABM-Webseite recherchiert werden.[28]

### 3.5 Umfang der Vertretungsbefugnis

Die Vertretungsbefugnis der Rechtsanwälte erstreckt sich auf alle Verfahren 16 vor dem HABM, auch auf Verfahren in Geschmacksmusterangelegenheiten. Grund dafür ist, dass nach Art 78 (1) (a) GGV Rechtsanwälte in Geschmacksmusterangelegenheiten vertretungsbefugt sind, wenn sie in dem betreffenden Mitgliedstaat »die Vertretung auf dem Gebiet des gewerblichen Rechtsschutzes ausüben« können, dh einschließlich des Markenrechts. Da in allen alten Mitgliedstaaten Rechtsanwälte auch in Markensachen vertreten dürfen, dürfen Rechtsanwälte aus allen Mitgliedstaaten vor dem HABM auch in Geschmacksmusterangelegenheiten vertreten.[29]

### 3.6 Berufsbezeichnung

Rechtsanwälte sind nicht berechtigt, Bezeichnungen zu führen, die auf eine 17 Eintragung in die Liste nach Art 93 (2) hindeuten. Unzulässig ist zB die Bezeichnung »... ist zugelassener Vertreter vor dem Europäischen Gemeinschaftsamt für Marken und Muster (European Trademark & Design Attorney«.[30] Bedenken begegnet, dass die Bezeichnung »Attorney for European Trademarks« durch einen Rechtsanwalt unbeanstandet blieb.[31]

---

26 Siehe bereits Mitteilung Nr 1/95 des Präsidenten des HABM, ABl-HABM 1995, 16, 18; Melgar, Comentarios, S 805; so bereits schon zur entsprechenden Vorschrift im EPÜ: BayVGH BlfPMZ 1979, 157.
27 JurBK EPA J 27/95 vom 9.4.1997; JurBK EPA J 9/99 vom 10.10.2003, ABl-EPA 2004 309, 318.
28 Unter http://oami.europa.eu/FRP/RequestManager/de_SearchBasic_0.
29 Schennen, in: FS für Eisenführ, 2003, S 99, 110.
30 LG München I vom 17.11.2004, 7 O 17204/04 (Anerkenntnisurteil).
31 LG Düsseldorf Mitt. 2007, 476.

## 4  Zugelassene Vertreter

18  Die zweite Kategorie von berufsmäßigen Vertretern sind die in die beim HABM geführte Liste eingetragenen zugelassenen Vertreter. Voraussetzung für die Eintragung ist, dass der Antragsteller die Staatsangehörigkeit eines Mitgliedstaates besitzt, seinen Geschäftssitz oder Arbeitsplatz in der EG hat und die in Art 93 (2) (c) bezeichneten Befugnisse besitzt; ferner müssen diese Voraussetzungen durch eine Bescheinigung des zuständigen nationalen Amts nachgewiesen werden (Art 93 (3)). Vom Erfordernis der Staatsangehörigkeit und in bestimmten Fällen von dem Erfordernis einer fünfjährigen Berufsausübung kann der Präsident des HABM Befreiung erteilen (Art 93 (4)).

### 4.1  Erforderliche Qualifikation

19  Nach Art 93 (2) (c) muß der Antragsteller befugt sein, Dritte – geschäftsmäßig – vor dem zuständigen nationalen Amt zu vertreten; ferner muß er die nach den drei Fallgruppen des Art 93 (2) (c) für seinen Mitgliedstaat erforderliche Qualifikation besitzen.

20  Art 93 (2) (c) unterscheidet vier Gruppen von Mitgliedstaaten.

21  In den Mitgliedstaaten, in denen die Vertretung vor dem nationalen Amt von einer besonderen beruflichen Befähigung abhängig ist, muß der Antragsteller diese Befähigung besitzen. Hierbei handelt es sich um Mitgliedstaaten, in denen der Patentanwalt ein geregelter Beruf ist.

22  In Deutschland fallen darunter die Patentanwälte (§§ 3, 5 und § 41a DE-Patentanwaltsordnung), die Patentassessoren, die in Deutschland eine Tätigkeit auf dem gewerblichen Rechtsschutzes aufgrund eines ständigen Dienstverhältnisses ausüben (§ 155 (1) Nr 1 DE-Patentanwaltsordnung) und die Erlaubnisscheininhaber (§ 177 DE-Patentanwaltsordnung). Die Befugnis zur Führung des Titels »Patentassessor«, die durch Ablegung der Prüfung nach § 11 Patentanwaltsordnung erworben wird, berechtigt für sich noch nicht zur Vertretung, wenn nicht die weiteren in § 155 (1) Nr 1 DE-Patentanwaltsordnung bezeichneten Voraussetzungen erfüllt sind. Patentassessoren mit Arbeitsplatz außerhalb Deutschlands oder in einem anders gearteten Beschäftigungsverhältnis können somit nicht in die Liste der zugelassenen Vertreter eingetragen werden.[32]

---

32  Siehe Schennen, Mitt. 1996, 365.

Unter die erste Alternative des Art 93 (2) (c) fallen ferner in Spanien die   23
Agentes de Propiedad Industrial, in Österreich die Patentanwälte, in Irland
die Trade Mark Agents, in Italien die Consulenti in materia di proprietà industriale, Liste »Marken«,[33] in den Niederlanden die Octrooigemachtigden
und in Frankreich die Conseils en propriété industrielle. Mit Dekret
Nr 97–863 vom 17.9.1997 ist die bisherige Vertretungsberechtigung der
Personen, die in der »liste des personnes qualifiées« und der »liste speciale«
aufgeführt waren, abgeschafft worden. Ferner fallen unter die erste Alternative des Abs 2 (c) die Patentanwälte aus Polen, Ungarn, Slowakei, der Tschechischen Republik, Estland, Lettland und Litauen.

Die zweite Kategorie von Mitgliedstaaten sind diejenigen, bei denen die Be-   24
rufsausübung nicht von einer besonderen beruflichen Befähigung abhängt,
dh in denen die Ausübung des Berufs des Markenvertreters in Patent- und
Markensachen jedermann freisteht. Dies trifft zu auf Großbritannien, Dänemark, Finnland, Schweden und Belgien. Für diese Mitgliedstaaten ist erforderlich, dass der Antragsteller eine mindestens fünfjährige Berufserfahrung
auf dem Gebiet der Markenangelegenheiten vor dem betreffenden Amt (für
Belgien das Benelux-Markenamt) besitzt. Ob dies der Fall ist, bescheinigt
das nationale Amt gemäß Art 93 (3), und zwar nach Überprüfung, wieviele
Markenanmeldungen und -verfahren der Betreffende betrieben hat.

Die dritte Kategorie von Mitgliedstaaten sind diejenigen, die zwar in die   25
zweite Kategorie fallen (Vertretung frei), die jedoch ein System der amtlichen
Feststellung der beruflichen Befähigung zur Vertretung in Markensachen besitzen. Dies trifft auf Großbritannien zu, das den offiziellen Beruf des »trade
mark agent« kennt. In diesen Fällen ist die fünfjährige Berufsausübung nicht
erforderlich. Gleiches gilt für Malta.

Die vierte Kategorie von Mitgliedstaaten sind diejenigen, in denen die Ver-   26
tretung vor dem nationalen Amt Rechtsanwälten vorbehalten ist; dies trifft
auf Griechenland und Zypern zu (»Dikigoroz«). Aus diesen Staaten kann somit niemand in die Liste nach Art 93 (1) (b), (2) eingetragen werden.

---

33  Mitteilung des Präsidenten des HABM Nr 2/96, ABl-HABM 1996, 590.

#### 4.2 Staatsangehörigkeit und Geschäftssitz

27 Der Antragsteller muß die Staatsangehörigkeit eines Mitgliedstaates (nicht notwendig des Mitgliedstaates, in dem er die Vertretungsberechtigung besitzt) besitzen.

28 Er muß ferner seinen Geschäftssitz in einem Mitgliedstaat besitzen. Allein auf diesen Mitgliedstaat ist für die Erfüllung der Kriterien des Art 93 (2) (c) abzustellen. Dies bedeutet, dass ein Vertreter mit Geschäftssitz in Deutschland die für Deutschland geltenden Voraussetzungen zu erfüllen hat und sich nicht auf eine Berufsausübung oder Vertretungsberechtigung in dem Mitgliedstaat seiner Staatsangehörigkeit oder eines früheren Geschäftssitzes berufen kann. Es ist somit nicht möglich, sich für die Erfüllung der Voraussetzungen des Art 93 (2) (c) den Mitgliedstaat mit den günstigsten Bedingungen auszusuchen. Daran hat sich auch durch die Neufassung von Art 93 (2) (c) nichts geändert, weil unverändert eine Befähigung zur Vertretung vor einem bestimmten Amt erforderlich ist, nicht ein bloßes Tätigwerden.

#### 4.3 Antrag, Entscheidung über die Eintragung

29 Die Eintragung erfolgt auf Antrag, dem eine Bescheinigung des zuständigen nationalen Amtes über die Erfüllung der Voraussetzungen des Art 93 (2) (c) beizufügen ist (Art 93 (3)). Das vom HABM zur Verfügung gestellte Formblatt ist in ABl-HABM 1995, 34 wiedergegeben.

30 Deutschland (nur für Patentanwälte und Erlaubnisscheininhaber), Österreich sowie eine Reihe weiterer Mitgliedstaaten haben dem HABM die Bescheinigungen gemäß Art 93 (3) in Form von Sammelbescheinigungen übermittelt. Andernfalls hat der Antragsteller sich von seinem nationalen Amt die auf der Rückseite des Antragsformblattes abgedruckte Einzelbescheinigung erteilen zu lassen.

31 Zuständig für die Entscheidungen über den Antrag ist die Marken- und Musterverwaltungs- und Rechtsabteilung (siehe Art 133 Rdn 6). Bei Mängeln des Antrages wird dem Antragsteller unter Fristsetzung Gelegenheit gegeben, die Mängel zu beseitigen, insbesondere etwa fehlende Bescheinigungen des nationalen Amtes beizubringen.

32 Das HABM hat die volle Prüfungskompetenz für das Vorliegen der Voraussetzungen des Art 93 (2) und ist auch nicht an die von den nationalen Äm-

tern erteilten Bescheinigungen gebunden.[34] Allerdings überprüft das HABM nicht erneut die tatsächlichen Feststellungen, die der Bescheinigung des nationalen Amtes zugrundeliegen, ob also der Antragsteller 5 Jahre lang vor dem nationalen Amt vertreten hat.

Ablehnende Entscheidungen können gemäß Art 58 mit der Beschwerde an- **33** gefochten werden. Im Falle einer positiven Entscheidung über den Antrag wird dem Vertreter gleichzeitig seine individuelle ID-Nummer mitgeteilt.

R 78 (6) schreibt nur die Veröffentlichung von Änderungen, nicht die der **34** ursprünglichen Eintragungen vor, doch werden alle Eintragungen, Löschungen und Änderungen von zugelassenen Vertretern im ABl-HABM veröffentlicht. Das Amt führt eine frei zugängliche Datenbank, in der auch Rechtsanwälte und Angestellte aufgelistet sind.[35]

### 4.4 Befreiung

Der Präsident des HABM kann nach Art 93 (4) Befreiung erteilen **35**
– vom Erfordernis der Staatsangehörigkeit und
– vom Erfordernis einer regelmäßigen Berufsausübung von fünf Jahren (in bezug auf die Mitgliedstaaten, die zur zweiten Kategorie von Staaten gemäß Art 93 (2) (c) fallen), vorausgesetzt, dass der Antragsteller nachweist, dass er die erforderliche Befähigung auf andere Weise erworben hat.

Der Antragsteller muß somit die einschlägige Berufserfahrung von mindes- **36** tens fünf Jahren anderweitig erworben haben. In Betracht kommen wissenschaftliche Tätigkeit, die Tätigkeit als Markenprüfer in einem nationalen Amt oder einer der Vertretungstätigkeit gleichwertige Tätigkeit in der Markenabteilung eines Unternehmens. Der Präsident des HABM hat diese Ermächtigung auf den zuständigen Abteilungsdirektor übertragen.[36] Er macht von dieser Möglichkeit zurückhaltend Gebrauch.

Dagegen wurde in allen Fällen, in denen dies beantragt worden war, Befrei- **37** ung vom Erfordernis der Staatsangehörigkeit erteilt. Meist handelte es sich um Antragsteller, die schon lange Jahre in den Mitgliedstaaten ihres Ge-

---

34 Siehe Schennen, Mitt. 1996, 365; BayVGH Blf. PMZ 1979, 157 = ABl-EPA 1979, 94.
35 Zugänglich unter http://oami.europa.eu/FRP/RequestManager/de_SearchBasic_0.
36 Beschluß Nr ADM–11–38 vom 14.6.2011.

schäftssitzes ansässig waren und dort auch die entsprechenden Qualifikationen (Patentanwaltsprüfung) erworben hatten.

### 4.5 Bezeichnung

**38** Die GMV sieht keine bestimmte Berufsbezeichnung für die beim HABM zugelassenen Vertreter vor. Die Zulässigkeit von Berufsbezeichnungen richtet sich nach nationalem Berufs- und Wettbewerbsrecht des Mitgliedstaates, in dem der zugelassene Vertreter tätig ist oder wirbt.

**39** Durch Empfehlung des Verwaltungsrats des HABM vom 3.11.1997[37] ist den zugelassenen Vertretern empfohlen worden, für ihre berufliche Tätigkeit die Bezeichnung»Europäischer Markenvertreter« zu führen; für die übrigen Sprachen des HABM lautet die empfohlene Bezeichnung »Agente europeo de marcas«, »European Trade Mark Attorney«, »Conseil européen en marques« und»Consulente europeo in marchi«. Die übrigen 17 Sprachen der EG sind in der Empfehlung des Verwaltungsrates nicht behandelt. Dadurch wird nicht ausgeschlossen, dass andere Bezeichnungen geführt werden, solange sie nicht irreführend sind. Die Empfehlung des Verwaltungsrats kann nicht rechtlich, höchstens faktisch garantieren, dass die nationalen Gerichte die betr Bezeichnungen unbeanstandet lassen, da dem Verwaltungsrat keine Zuständigkeit zur Regelung der Berufsbezeichnung zusteht. Der Begriff »Markenanwalt« dürfte wegen der Assoziation zum Titel »Rechtsanwalt« irreführend sein. Wettbewerbswidrigkeit ist bejaht worden, wenn die oa vom Verwaltungsrat empfohlenen Bezeichnungen von Personen geführt werden, die nicht oder noch nicht in die Liste der zugelassenen Vertreter eingetragen sind.[38]

**40** Seit dem Inkrafttreten der GGV können die Vertreter die Bezeichnung »Europäischer Marken- und Mustervertreter« führen; eine entsprechende Empfehlung des Verwaltungsrats ist am 18.11.2002 ergangen.[39]

### 4.6 Umfang der Vertretungsbefugnis

**41** Zugelassene Vertreter nach Art 93 dürfen nach Art 78 (1) (b) GGV vor dem Amt auch in Geschmacksmusterangelegenheiten vertreten. Zwar gibt es nach

---

37 ABl-HABM 1997, 140.
38 LG Düsseldorf Mitt. 2007, 476 (zur entsprechenden Liste der Vertreter nach dem EPÜ).
39 Empfehlung des Verwaltungsrats vom 18.11.2002, ABl-HABM 2003, 558.

Art 78 (1) (c) eine besondere Liste für Vertreter in Geschmacksmusterangelegenheiten; in diese werden jedoch nur Personen aufgenommen, die nicht in
die Liste der zugelassenen Vertreter nach Art 93 GMV aufgenommen sind
und die auch keinen Anspruch darauf haben.[40]

## 5 Löschung von der Liste der zugelassenen Vertreter

R 78 (2)–(6) sieht die Löschung, die zeitweilige Streichung und die Wieder-    42
eintragung von zugelassenen Vertretern in der Liste vor.

### 5.1 Voraussetzungen für die Löschung

Die Eintragung wird von Amts wegen gelöscht, wenn eine der Voraussetzun-    43
gen des Art 93 (2) nachträglich entfällt oder (R 78 (2) (a)) der Vertreter
stirbt oder geschäftsunfähig wird. Verliert der Vertreter die Staatsangehörigkeit, so kann der Präsident des HABM noch nachträglich eine Befreiung
nach Art 93 (4) erteilen. Erst recht ist eine Streichung möglich, wenn der
Antragsteller bereits zum Zeitpunkt der Eintragung in die Liste die Voraussetzungen nicht erfüllte. Gemäß Abs 2 (c) nF ist die Verlegung des Kanzlei-
sitzes in einen anderen Mitgliedstaat, in dem ggf keine besondere berufliche
Qualifikation erworben wurde, kein Löschungsgrund mehr.

Das Amt kann von den maßgeblichen Tatsachen auf verschiedene Weise er-    44
fahren, etwa durch Mitteilung des Vertreters selbst oder durch Unterrichtung
des nationalen Amtes. Die nationalen Ämter sind nach R 78 (5) gehalten,
dem HABM relevante Tatsachen mitzuteilen. Das HABM kann seinerseits
Auskünfte des nationalen Amts einholen. Das HABM hört den Vertreter
grundsätzlich an. Gelegentlich ergibt sich, dass der Vertreter in der Liste verbleiben kann, weil sich seine Vertretungsbefugnis aus einer anderen Grundlage ergibt, zB wenn ein deutscher Patentanwalt auf seine Zulassung verzichtet, er aber als Patentassessor weiter vertretungsberechtigt bleibt.

### 5.2 Zeitweilige Streichung von der Liste

Nach R 78 (3) kann die Eintragung zeitweilig gestrichen werden, wenn des-    45
sen Befugnis zur Vertretung vor dem nationalen Amt suspendiert (»suspen-
ded«, »suspendue«) wurde. Die deutsche Sprachfassung der DV, die den Be-

---

40  Mitteilung des Präsidenten Nr 10/02 vom 28.6.2002; Schennen, in: FS für Eisen-
    führ, 2003, S 99, 111.

griff »aufgehoben« und »gestrichen« verwendet, ist ungenau; es handelt sich um Fälle der zeitweiligen Einschränkung der Vertretungsbefugnis, etwa aufgrund befristeter Disziplinarmaßnahmen. Das deutsche Patentanwaltsrecht kennt keine derartige zeitweilige Suspendierung. Die zeitweilige Streichung erfolgt von Amts wegen (»of the Office's own motion«); auch insoweit ist die deutsche Sprachfassung (»auf Antrag des Amtes«) fehlerhaft.

### 5.3  Wiedereintragung

**46**  Eine Person, deren Eintragung gelöscht worden ist, wird auf ihren Antrag wieder eingetragen, wenn die Voraussetzungen für die Löschung nicht mehr gegeben sind (R 78 (4)). Auch in diesem Fall ist eine Bescheinigung des nationalen Amtes nach Art 93 (3) erforderlich. Somit ist bei veränderten tatsächlichen Umständen ein neuer Antrag möglich, und es kann ein Vertreter, dessen Antrag zunächst abgelehnt worden ist, weil er nicht die erforderliche fünfjährige Berufserfahrung hat, den Antrag nach Ablauf des erforderlichen Zeitraums neu stellen.

### 6  Zusammenschlüsse von Vertretern

**47**  Die Bestellung und die Bevollmächtigung eines Zusammenschlusses von Vertretern gilt als Bevollmächtigung für jeden Vertreter, der nachweist, dass er in diesem Zusammenschluss tätig ist (R 76 (9)). Ein Zusammenschluss von Vertretern ist nichts weiter als eine frei wählbare Kanzleibezeichnung (»Rechtsanwälte Sowieso und Kollegen«). Die Angabe dieser Kurzbezeichnung ersetzt die Angabe der einzelnen bestellten und bevollmächtigten Vertreter. Der Zusammenschluss von Vertretern ist nicht selbst vertretungsbefugt; es bleibt dabei, dass nur natürliche Personen vor dem HABM vertretungsbefugt sind.

**48**  Bei Angabe eines Zusammenschlusses von Vertretern erstreckt sich die Bevollmächtigung auf jeden berufsmäßigen Vertreter gemäß Art 93 (1), der zum Zeitpunkt der Vornahme der Rechtshandlung tatsächlich in dem Zusammenschluss tätig ist. Neu in die Kanzlei eintretende Vertreter werden automatisch bevollmächtigt, aus der Kanzlei ausscheidende Vertreter verlieren automatisch die Bevollmächtigung. Hierin liegt der Vorteil der Angabe eines Zusammenschlusses von Vertretern; würden alle in der Kanzlei tätigen Vertreter gesondert (als mehrere Vertreter) angegeben, so müsste ein aus der Kanzlei ausscheidender Vertreter jeweils seine Vertretung mit Wirkung für jedes einzelne Verfahren niederlegen; andernfalls würde das Amt, wenn dieser Vertreter der zuerst genannte Vertreter ist, an ihn unter seiner neuen Kanzleianschrift zustellen müssen.

Es ist nicht erforderlich und sogar davon abzuraten, neben dem Zusammen- 49 schluss von Vertretern jeweils die Namen der einzelnen Vertreter zusätzlich aufzuführen.

Es ist darauf zu achten, eindeutige Angaben zu machen. Insbesondere sind 50 widersprüchliche Angaben wie die Angabe einer einzelnen Person auf Satz 1 des Anmeldeformulars unter »Vertreter« und die Angabe eines Zusammenschlusses auf Satz 3 des Formulars, zu vermeiden. In Zweifelsfällen, sofern kein entgegenstehender Wille erkennbar ist, behandelt das HABM die Angabe als Bevollmächtigung eines Zusammenschlusses.

Für den Zusammenschluss kann nur ein nach Art 93 berechtigter Vertreter 51 handeln. Der tatsächlich handelnde Vertreter hat seinen Namen unter der Unterschrift deutlich lesbar zu wiederholen; es empfiehlt sich, Angaben über die Vertretungsbefugnis wie »Rechtsanwalt« oder die ID-Nummer des zugelassenen Vertreters hinzuzufügen. Das HABM überprüft regelmäßig nicht, ob der Vertreter tatsächlich in dem Zusammenschluss tätig ist.

Auch Zusammenschlüsse von Vertretern erhalten ID-Nummern, deren An- 52 gabe in allen Formularen und Mitteilungen an das Amt die Angabe der Anschrift und der Telekommunikationsnummern ersetzt. Hat ein Zusammenschluss mehrere Kanzleiadressen, so erhält er für jede Adresse eine eigene ID-Nummer, ohne dass sich dies materiell-rechtlich auf die Bevollmächtigung auswirkt. ID-Nummern für Zusammenschlüsse von Vertretern und für Rechtsanwälte tragen Nummern ab 10 000 aufwärts.

## 7 Vollmacht

Berufsmäßige Vertreter können, Angestelltenvertreter müssen eine unter- 53 zeichnete Vollmacht einreichen (Art 93 (1) Satz 2, Art 92 (3), R 76 (1) – (3)). Sowohl die Vollmacht als auch deren Erlöschen (R 76 (6)) wird gegenüber dem HABM erst mit Zugang beim HABM wirksam. Die Vollmacht erlischt gegenüber dem HABM nicht mit dem Tod des Vollmachtgebers, es sei denn, in der Vollmacht ist gegenteiliges bestimmt (R 76 (7)).

Die Vollmacht kann sich auf ein einzelnes oder mehrere Verfahren beziehen 54 (Einzelvollmacht, R 76 (1) Satz 2) oder in der Form einer Allgemeinen Vollmacht eingereicht werden (R 76 (2)).

### 7.1 Unterzeichnung

55 Die Vollmacht ist vom Vollmachtgeber firmenmäßig zu unterzeichnen. Bei Erteilung von Untervollmacht hat der Vollmachtgeber seine Berechtigung, für den Vertretenen zu zeichnen, im Streitfall lückenlos nachzuweisen. Die Unterschrift bedarf keiner Beglaubigung. Die Einreichung per Telekopie ist zulässig. Ebenso ist es zulässig, eine Kopie der Vollmacht einzureichen. So kann etwa der bevollmächtigte Vertreter das Original der Vollmacht zurückbehalten und zu jedem betreffenden Anmeldeverfahren jeweils eine Kopie der Vollmacht einreichen.

### 7.2 Einzelvollmacht

56 Einzelvollmachten können auf dem vom HABM zur Verfügung gestellten Formular[41] oder mit frei gewähltem Text eingereicht werden. Das Verfahren, auf das sich die Vollmacht bezieht (zB »Anmeldung Nr 12345«) ist deutlich anzugeben.

57 Die Vollmacht kann sachliche Einschränkungen enthalten, zB den Ausschluss der Erklärung des Verzichts. Die Vollmacht kann auf einen bestimmten Verfahrensabschnitt beschränkt sein, zB das Widerspruchsverfahren oder das Verfahren zur Eintragung einer Lizenz. Gemäß R 76 (1) Satz 2 kann sich die Anmeldung auf mehrere Verfahren beziehen; in diesem Fall kopiert das HABM die Vollmacht in jede betreffende Akte.

### 7.3 Allgemeine Vollmacht

58 Es kann auch eine allgemeine Vollmacht eingereicht werden, R 76 (3). Seit Anfang 2003 werden allgemeine Vollmachten nicht mehr gesondert registriert.[42] Die Allgemeine Vollmacht muß sich auf alle Verfahren vor dem Amt beziehen, inhaltliche Einschränkungen sind nicht zulässig. Insbesondere muß die Vollmacht auch die Befugnis umfassen, im Wege des Widerspruchs oder des Antrags auf Erklärung der Nichtigkeit gegen Schutzrechte Dritter vorzugehen. Die einzige zulässige Einschränkung ist die des Ausschlusses der Erteilung von Untervollmachten. Die Benutzung des vom HABM herausgegebenen Formulars[43] wird empfohlen; allgemeine Vollmachten mit ande-

---

41 ABl-HABM 1995, 458.
42 Mitteilung Nr 2/03 des Präsidenten vom 10.2.2003, ABl-HABM 2003, 882.
43 ABl-HABM 1995, 458.

ren Formaten und mit anderen Texten sind zulässig, soweit ihr sachlicher Inhalt dem HABM-Formblatt entspricht. Die im Musterformblatt Nr 2 zum TLT[44] vorgesehenen Möglichkeiten der Einschränkung allgemeiner Vollmachten auf bestimmte Verfahrensabschnitte sind vor dem HABM nicht möglich.

Entspricht die allgemeine Vollmacht diesen Anforderungen nicht, so wird sie **59** als Einzelvollmacht behandelt.

### 7.4 Fehlen der Vollmacht

Unter Fehlen der Vollmacht kann sowohl Fehlen einer Bevollmächtigung im **60** Verhältnis zwischen Vertretenem und Vertreter (zB Unwirksamkeit des Auftrags) als auch das Fehlen der Vorlage einer Vollmacht verstanden werden. Im Verfahren vor dem HABM ist nur letzteres beachtlich; nur hierauf beziehen sich die folgenden Ausführungen.

Seit 2005 muß grundsätzlich keine Vollmacht mehr vorgelegt werden. **61** Art 93 (3), (4) nF, idF der VO Nr 422/2004 vom 19.2.2004, hat die Regelung der Vollmachten in die DV verwiesen. Wie bereits mit Erlass der VO Nr 422/2004 beabsichtigt, ist sodann R 76 durch VO Nr 1041/2005 mit Wirkung zum 25.7.2005 geändert worden. Eine Vorlage der Vollmacht ist nur noch erforderlich:

– ausnahmsweise auf Verlangen des Amtes, R 76 (1);
– in mehrseitigen Verfahren auf Verlangen des Gegners, R 76 (1);
– in jedem Fall für Angestellte, R 76 (2) (auch solche mit wirtschaftlichen Verbindungen gemäß Art 92 (3)).

Lediglich in Ausnahmefällen, etwa bei Zweifeln an der Legitimation des sich **62** bestellenden Vertreters, wird das Amt von sich aus verlangen, dass eine Vollmacht vorgelegt wird. Bei Anträgen auf Rechtsübertragungen oder Lizenzen (siehe Art 17, 22) und Erklärungen des Verzichts (Art 50) wird jedenfalls dann eine Vollmacht anzufordern sein, wenn ein bisher nicht in die Akte vermerkter Vertreter Handlungen vornimmt, die den Bestand der GM gefährden oder einschränken. In diesem Fall hat das Amt zur Nachreichung der Vollmacht eine Frist zu setzen, (R 76 (1)). Im Anmeldeverfahren handelt es sich dann um einen Formmangel, der gemäß R 9 (3) zur Zurückweisung der Anmeldung führt. Diese Mitteilung ergeht an den Vertreter. Die Zurück-

---

44  Abgedruckt ABl-HABM 1998, 291.

weisung der Anmeldung wird anschließend dem Vertretenen mitgeteilt (R 76 (4) Satz 2).

63 Im Widerspruchs- und Nichtigkeitsverfahren kann nach R 76 (1) der andere Beteiligte verlangen, dass sein Gegner eine Vollmacht vorlegt.[45] Dazu ist eine Frist zu bestimmen, R 76 (4) Satz 1. Diese kann das Amt beliebig verlängern, solange nur bis zur Entscheidung die Vollmacht vorgelegt wird; der andere Beteiligte hat kein legitimes Interesse, dass der Widerspruch oder Nichtigkeitsantrag vorzeitig aus diesem Grund zurückgewiesen wird.[46] Erst wenn nach allen ggf konkludent gewährten Fristverlängerungen keine Vollmacht eingeht, führt dies zur Zurückweisung des Widerspruchs oder Antrags als unzulässig.[47]

64 Der Vertretene kann das Handeln des vollmachtlosen Vertreters genehmigen. Dies ist nicht erforderlich für die Einreichung einer GMA (R 76 (4) Satz 3).

### 7.5 Widerruf von Vollmachten

65 Der Widerruf einer Vollmacht muß unter Angabe des Aktenzeichens des oder der Verfahren, für die der Widerruf gelten soll, mitgeteilt werden (Mitteilung zur Akte). Er wirkt nur für die Zukunft, dh bereits vorgenommene Handlungen bleiben wirksam zu Gunsten und zu Lasten des Vertretenen vorgenommen (R 77; siehe auch R 76 (6)). Der vom Vertretenen selbst mitgeteilte Widerruf ist ohne weiteres beachtlich. Gleiches gilt, wenn der bisherige Vertreter sein Mandat niederlegt. Bestellt sich ein neuer Vertreter und widerruft zugleich die Vollmacht des alten Vertreters, so ist dies nur wirksam, wenn der neue Vertreter eine Vollmacht vorlegt. Die Erklärung des Widerrufs einer Vollmacht gilt als Widerruf der Bestellung des Vertreters.

66 Im Falle des Widerrufs Allgemeiner Vollmachten ist genau anzugeben, welche frühere Allgemeine Vollmacht widerrufen werden soll; Vollmachtsformulare, in denen formularmäßig sämtliche vom Vertretenen zuvor erteilten anderweitigen Allgemeinen Vollmachten widerrufen werden, sind nicht zulässig.

---

45 Beispielsfall: HABM-BK R 077/2004-4 vom 13.7.2006 (Nr 22) *FOCUS MONEY/FOCUS* (Zweifel an der Bevollmächtigung zur Beschwerdeeinlegung durch den Insolvenzverwalter).

46 HABM-BK R 363/2005-2 (Nr 20–22) *ESTANCIA PIEDRA/PIEDRA*.

47 HABM-BK R 149/1999-2 vom 21.9.2000 (Nr 16–18) *STANFORD UNIVERSITY/STANFORD*.

### 8 Bestellung des Vertreters

Die Bestellung des Vertreters ist von der Vorlage einer Vollmacht zu unter- 67
scheiden. Auch der Vertreter, der zunächst noch keine Vollmacht vorlegt,
wird vom HABM als Vertreter des Beteiligten angesehen. Kommt er einer
Aufforderung, eine Vollmacht vorzulegen, nicht nach, so wird das Verfahren
mit dem Vertretenen fortgesetzt (R 76 (4)), und zwar entweder

– wenn Vertretungszwang nach Art 92 besteht, indem die GMA zurückgewiesen oder der Antrag (Widerspruch, Beschwerde) für unzulässig erklärt wird;[48] »Fortsetzung des Verfahrens mit dem Vertretenen« bedeutet
  hier, dass die Entscheidung dem Anmelder oder Verfahrensbeteiligten
  selbst zugestellt wird und der vollmachtlose Vertreter aus dem Verfahren
  ausscheidet;

– wenn kein Vertretungszwang besteht, indem das Verfahren mit dem Anmelder oder Verfahrensbeteiligten in der Lage fortgesetzt wird, in der es
  sich befindet; die Zurechnung von vom vollmachtlosen Vertreter abgegebenen Erklärungen setzt nach R 76 (4) voraus, dass der Vertretene sie
  genehmigt.

Die Bestellung eines Vertreters erfolgt idR zu Beginn des Verfahrens im ent- 68
sprechenden Formular (zB Anmeldeformular). Es muß klar sein, ob es sich
um die Bestellung eines oder mehrerer einzelner Vertreter oder die Bestellung eines Zusammenschlusses von Vertretern (siehe oben, Rdn 47–52) handelt. Durch VO Nr 1041/2005 sind mit Wirkung zum 25.7.2005 verschiedene Regeln der DV geändert worden, und es ist mit R 76 (8) Satz 1 eine
neue horizontale Regelung eingeführt worden, die bewirkt, dass Name und
Anschrift des Vertreters nur bei der erstmaligen Bestellung angegeben werden müssen, nicht erneut in jedem Schriftsatz.

Erfolgt die Bestellung zu einem späteren Zeitpunkt, so ist darauf zu achten, 69
dass klar angegeben wird, ob eine bestehende Vertreterbestellung widerrufen
wird oder nicht. Erfolgt keine Angabe, so bleibt der bisherige Vertreter zwar
in der Akte vermerkt, doch wird der sich bestellende Vertreter als Vertreter
für das von ihm eingeleitete Verfahren oder Nebenverfahren behandelt. Beispiel: Ein Nichtigkeitsantrag wird gegen einen von Vertreter A vertretenen
GM-Inhaber gerichtet; es antwortet Vertreter B; das Nichtigkeitsverfahren ist
mit B zu führen.[49] Die Abgabe von Verfahrenserklärungen durch einen Ver-

---

48  So geschehen in HABM-BK R 995/2001-2 vom 10.6.2003 (Nr 15–19) *JB.*
49  HABM-BK R 363/2005-2 (Nr 14) *ESTANCIA PIEDRA/PIEDRA.*

treter unter Vorlage einer Vollmacht ist als konkludente Bestellung als Vertreter zu sehen (RiLi Teil A, 5.3.4). Umgekehrt stellt die Vorlage einer allgemeinen Vollmacht keine Vertreterbestellung für andere Verfahren und ersetzt nicht die ausdrückliche Vertreterbestellung zur jeweiligen Akte (RiLi Teil A, 5.3.4).

70  Eine Doppelvertretung beider Parteien eines Widerspruchsverfahrens (oder sonstigen zweiseitigen Verfahrens) durch denselben Vertreter oder dieselbe Kanzlei ist unzulässig. Ein solcher Interessenkonflikt wäre mit einer geordneten Rechtspflege unvereinbar. Das Amt fordert in solchen Fällen den anderen Beteiligten auf, einen anderen Vertreter zu bestellen.

### 9  Tod des Vertreters

71  Stirbt der Vertreter des Anmelders oder Inhabers der GM, so wird das Verfahren bis zur Bestellung eines neuen Vertreters, andernfalls zunächst für drei Monate, unterbrochen (R 73 (a), (c)). Die Wiederaufnahme des Verfahrens erfolgt gemäß R 73 (3).

### 10  Schriftwechsel mit Vertretern

72  Gemäß R 67 erfolgen Zustellungen des Amtes, wenn ein Vertreter bestellt worden ist, stets an den Vertreter. Dies gilt auch, solange der Vertreter noch keine Vollmacht vorgelegt hat, bis R 76 (4) zur Anwendung gekommen ist. Gemäß R 77 haben alle Zustellungen oder sonstigen Mitteilungen des HABM an den ordnungsgemäß bevollmächtigten Vertreter dieselbe Wirkung, als wären sie an die vertretene Person gerichtet.

73  Gemäß R 67 (2) erfolgt, wenn ein Beteiligter mehrere Vertreter hat, die Zustellung an den zuerst genannten Vertreter, es sei denn, es ist eine davon abweichende Zustellanschrift (siehe R 1 (1) (b), R 15 (2) (c) (i)) angegeben worden.

74  Bei mehreren Beteiligten erfolgen die Zustellungen ebenfalls nur an eine Person, und zwar an den gemeinsamen Vertreter der Beteiligten (R 75). Gemeinsamer Vertreter der Beteiligten ist, wer als solcher von den Beteiligten bezeichnet ist, hilfsweise der berufsmäßige Vertreter desjenigen unter den Beteiligten, der nach Art 92 zur Vertreterbestellung verpflichtet ist, weiter hilfsweise der berufsmäßige Vertreter des zuerst genannten Verfahrensbeteiligten, äußerst hilfsweise der zuerst genannte Verfahrensbeteiligte selbst (R 75 (1)). Wenn in R 67 (2), (3) formuliert wird, dass bei mehreren Vertretern die Zu-

stellung an einen von ihnen »genügt«, so bedeutet dies, dass in der Praxis das HABM stets nur an einen Vertreter zustellt.

Der Angestellte (Art 92 (3) Satz 1) ist nicht Vertreter im Sinne dieser Be- 75 stimmungen. Zustellungen erfolgen nur an den Verfahrensbeteiligten, nicht an den Angestellten. Der Angestellte kann auch nicht gemeinsamer Vertreter iSd R 75 sein. Wohl kann seine Anschrift als Zustellanschrift angegeben werden (R 1 (1) (b)).

# Titel X Zuständigkeit und Verfahren für Klagen, die Gemeinschaftsmarken betreffen

## 1. Abschnitt Anwendung der Verordnung (EG) Nr. 44–2001

### Artikel 94 (ex Artikel 90) Anwendung der Verordnung (EG) Nr. 44/2001

(1) Soweit in dieser Verordnung nichts anderes bestimmt ist, ist die Verordnung (EG) Nr. 44/2001 auf Verfahren betreffend Gemeinschaftsmarken und Anmeldungen von Gemeinschaftsmarken sowie auf Verfahren, die gleichzeitige oder aufeinanderfolgende Klagen aus Gemeinschaftsmarken und aus nationalen Marken betreffen, anzuwenden.

(2) Auf Verfahren, welche durch die in Artikel 96 genannten Klagen und Widerklagen anhängig gemacht werden,

a) sind Artikel 2, Artikel 4, Artikel 5 Nummern 1, 3, 4 und 5 sowie Artikel 31 der Verordnung (EG) Nr. 44/2001 nicht anzuwenden;

b) sind Artikel 23 und 24 der Verordnung (EG) Nr. 44/2001 vorbehaltlich der Einschränkungen in Artikel 97 Absatz 4 dieser Verordnung anzuwenden;

c) sind die Bestimmungen des Kapitels II der Verordnung (EG) Nr. 44/2001, die für die in einem Mitgliedstaat wohnhaften Personen gelten, auch auf Personen anzuwenden, die keinen Wohnsitz, jedoch eine Niederlassung in einem Mitgliedstaat haben.

*Schennen*

**Literatur:**

*Besse,* Die Vergemeinschaftung des EuGVÜ, Baden-Baden 2001; *Beyerlein,* Prozessuale Probleme der Klage auf Erklärung des Verfalls oder der Nichtigkeit einer Gemeinschaftsmarke vor den Gemeinschaftsmarkengerichten, WRP 2004, 302; *Bumiller,* Europäische Gerichtsbarkeit und europäische Verfahrensordnung für alle gemeinschaftlichen gewerblichen Schutzrechte? ZIP 2002, 115; *de Wit,* Die Anwendungspraxis des EuGVÜ und des LugÜ in Patent- und Markensachen mit internationalem Bezug durch die Gerichte in den Niederlanden, Mitt. 1996, 225; *Desantes Real,* La marca comunitaria y el derecho internacional privado, in: Marca y Diseño Comunitarios, Pamplona 1996, S 225; *Fayaz,* Sanktionen wegen der Verletzung von Gemeinschaftsmarken, GRUR Int 2009, 459, 566; *Fernández Rabuzzi,* La designación de los tribunales de marcas comunitarias en España: Problemática y soluciones, Comunicaciones IDEI 6/1996, S 3; *Geschke,* Vom EuGVÜ zur EuGVVO – ein Überblick, Mitt. 2003, 249; *Grabinski,* Zur Bedeutung des EuGVÜ (Brüsseler Übereinkommens) und des Lugano-Übereinkommens in Rechtsstreitigkeiten über Patentverletzungen, GRUR Int 2001, 199; *Hartmann,* Die Gemeinschaftsmarke im Verletzungsverfahren, Frankfurt 2009; *Heinze/Raffael,* Internationale Zuständigkeit für Entscheidungen über die Gültigkeit ausländischer Immaterialgüterrechte, GRUR Int 2006, 787; *Herr,* EuGH erteilt grenzüberschreitenden Patentverletzungsverfahren eine Absage, Mitt. 2006, 481; *Hoffrichter-Daunicht,* Die Durchsetzung der Gemeinschaftsmarke vor nationalen Gerichten, Mitt. 2008, 449; *Jung,* Gemeinschaftsmarke und Rechtsschutz, in: FS für Everling, 1995, S 611; *Knaak,* Die Durchsetzung der Rechte aus der Gemeinschaftsmarke, GRUR 2001, 21; *ders,* Die Rechtsdurchsetzung der Gemeinschaftsmarke und der älteren nationalen Rechte, GRUR Int 1997, 864; *ders,* Erste höchstrichterliche Entscheidungen aus den Mitgliedstaaten zur Verletzung von Gemeinschaftsmarken, MarkenR 2007, 2; *ders,* Internationale Zuständigkeiten und Möglichkeiten des forum shopping in Gemeinschaftsmarkensachen, GRUR Int 2007, 386; *Koch/Samwer,* Strategische Überlegungen zur Durchsetzung der Gemeinschaftsmarke in den Mitgliedstaaten der EU, MarkenR 2006, 493; *Kohler,* Kollisionsrechtliche Anmerkungen zur Verordnung über die Gemeinschaftsmarke, in: FS für Everling, 1995, S 651; *König,* Materiellrechtliche Probleme der Anwendung von Fremdrecht bei Patentverletzungsklagen und -Verfügungsverfahren nach der Zuständigkeitsordnung des EuGVÜ, Mitt. 1996, 296; *Kouker,* Verteidigung und Durchsetzung der Gemeinschaftsmarke in der Europäischen Union, Mitt. 2000, 241; *Krieger/ Brouër/Schennen,* Die dritte Luxemburger Konferenz über das Gemeinschaftspatent vom 11.–15.12.1989, Bericht der deutschen Delegation, GRUR Int. 1990, 173; *Kubis,* Das revidierte Lugano-Übereinkommen, Mitt. 2010, 151; *Llewelyn,* Forum-Shopping for Trade Mark Litigation in the Context of the Community Trade Mark Regulation, Revue des affaires européennes 1999/1, 38; *Lobato García-Mijan,* La marca comunitaria, Bologna 1997; *López-Tarruella Martínez,* Litigios transfronterizos sobre derechos de propiedad industrial e intelectual, Madrid 2008; *Menebröcker/Stier,* Gemeinschaftsweite Bekämpfung von Marken- und Produktpiraterie, WRP 2012, 885;

*Morenilla Allard*, La Protección Jurisdiccional de la Marca Comunitaria, Madrid 1999; *Neuhaus*, Das Übereinkommen über die gerichtliche Zuständigkeit und die Vollstreckung gerichtlicher Entscheidungen in Zivil- und Handelssachen vom 27.9.1968 (EuGVÜ) und das Luganer Übereinkommen vom 16.9.1988 (LugÜ), soweit hiervon Streitigkeiten des gewerblichen Rechtsschutzes betroffen werden, Mitt. 1996, 257; *Rohnke*, Gemeinschaftsmarken oder nationale Marken?, GRUR Int 2002, 979; *Sack*, Das IPR des geistigen Eigentums nach der Rom II-VO, WRP 2008, 1405; *Schacht*, Neues zum internationalen Gerichtsstand der Streitgenossen bei Patentverletzungen, GRUR 2012, 1110; *Schulte-Beckhausen*, Die gerichtliche Durchsetzung von Ansprüchen wegen Verletzung der Gemeinschaftsmarke, WRP 1999, 300; *Scordamaglia*, Die Gerichtsstandsregelung im Gemeinschaftspatentübereinkommen und das Vollstreckungsübereinkommen von Lugano, GRUR Int. 1990, 777; *ders*, L'accordo sul brevetto comunitario, Foro Italiano 1991, 1; *ders*, La tutela giurisdizionale dei privati nei confronti delle decisioni degli uffici comunitari di proprietà industriale, Rivista di diritto industriale 1996, 107; *Stauder*, Aspekte der Durchsetzung gewerblicher Schutzrechte: Fachkundiger Richter, schnelles Verfahren und europaweites Verletzungsverbot, in: FS für Beier, Köln/Berlin/Bonn/München 1996, S 619; *ders*, Die Anwendung des EWG-Gerichtsstands- und Vollstreckungsabkommens auf Klagen im gewerblichen Rechtsschutz und Urheberrecht, GRUR Int. 1976, 465, 510; *ders*, Die internationale Zuständigkeit in Patentverletzungsklagen – »Nach drei Jahrzehnten«, in: FS für Schricker, 2005, S 917; *ders*, Die Vereinbarung über Gemeinschaftspatente, das Streitregelungsprotokoll und das Änderungsprotokoll, GRUR Int. 1986, 302; *ders*, Einheitliche Anknüpfung der Verletzungssanktionen im Gemeinschaftspatentübereinkommen, GRUR Int. 1983, 586; *Sujecki*, Die Solvay-Entscheidung des EuGH und ihre Auswirkungen auf Verfahren über Immaterialgüterrechte, GRUR Int 2013, 201; *ders*, Torpedoklagen im europäischen Binnenmarkt, GRUR Int 2012, 18; *Veron*, ECJ Restores Torpedo Power, IIC 2004, 638; *Vivant*, Das Europäische Gerichtsstands- und Vollstreckungsabkommen und die gewerblichen Schutzrechte, RIW 1991, 26; *von Mühlendahl*, Der Angriff auf die Gültigkeit der Gemeinschaftsmarke im Verletzungsprozeß, GRUR Int 1978, 317.

## 1 Allgemeines

Art 94 erklärt die VO (EG) Nr 44/2001 des Rates vom 22.12.2000 über die **1** gerichtliche Zuständigkeit und die Anerkennung und Vollstreckung von Entscheidungen in Zivil- und Handelssachen[1] für anwendbar, soweit nicht in Art 94 (2) für Verfahren nach Art 96 Ausnahmen vorgesehen sind. Für

---

1 ABl-EG L 12 vom 16.1.2001, S 1.

andere Klagen als die in Art 96 genannten Klagen, dh für die Klagen, für die Art 106 gilt, gilt die VO (EG) Nr 44/2001 nach Art 94 uneingeschränkt.

2  Die VO (EG) Nr 44/2001 löst das EuGVÜ ab, mit lediglich geringfügigen, für Verfharen nach der GMV nicht interessierenden Ausnahmen. Zum Restanwendungsbereich des EuGVÜ siehe die Kommentierung von Art 108.

3  Die VO Nr 44/2001 enthält das System der direkten Kompetenz (der Richter des Urteilsstaats prüft direkt seine internationale Zuständigkeit nach der VO, der Richter des Anerkennungsstaats darf die Einhaltung der VO nicht überprüfen) und enthalten den Grundsatz der automatischen Anerkennung (nach Maßgabe bestimmter Einschränkungen wie der mangelnden Einlassung oder Ladung des Beklagten, der Verletzung gewisser Zuständigkeitsvorschriften und des Verstoßes der Anerkennung – nicht des anzuerkennenden Urteils – gegen den ordre public des Anerkennungsstaats) und erleichterten Vollstreckung von Urteilen aus anderen EG-Mitgliedstaaten.

## 2 Auswirkungen auf Art 94

4  Wie das EuGVÜ ist die VO Nr 44/2001 nicht uneingeschränkt anwendbar. Sie gilt nur für Sachverhalte mit Auslandsbezug und nur für Zivil- und Handelssachen, Art 1, 2 VO Nr 44/2001. Sie enthält in Art 22 (entsprechend Art 16 (4) EuGVÜ; beide Bestimmungen sind gleich auszulegen)[2] eine ausschließliche Zuständigkeit des Staates, in dem das Schutzrecht eingetragen ist, für Klagen wegen der Eintragung oder Gültigkeit von gewerblichen Schutzrechten einschließlich Marken; dies gilt nicht für vertragliche Übertragungsansprüche (siehe unter Art 106 Rdn 11) und nicht, wenn die Gültigkeit bloß Vorfrage ist.[3]

5  Die VO Nr 44/2001 gilt im wesentlichen nur, wenn der Beklagte seinen Sitz oder Wohnsitz in einem EuGVÜ-Mitgliedstaat hat. Für Beklagte mit Sitz oder Wohnsitz in einem EFTA-Staat gilt das Übereinkommen von Lugano. Art 94 (2) (c) erweitert dies auf Personen, die in einem solchen Staat lediglich eine Niederlassung haben, jedoch nur für Klagen nach Art 96, nicht für die sonstigen Klagen gemäß Art 106.

6  Die wichtigsten Gerichtsstände der VO Nr 44/2001 sind die des Wohnsitzes des Beklagten, der unerlaubten Handlung (forum delicti comissi), Art 5

---

2  EuGH C-616/10 vom 12.7.2012 (Nr 42) *Solvay/Honeywell*.
3  Stauder, GRUR Int 1976, 511.

Nr 3 VO Nr 44/2001, der rügelosen Einlassung, der Gerichtsstandsverein-
barung (Art 23, 24 VO Nr 44/2001) und des Erfüllungsorts. Ausgeschlossen
sind als exorbitante Gerichtsstände der Gerichtsstand des Klägerwohnsitzes,
des Vermögens und des Inlandsvertreters (Art 3 (2) VO Nr 44/2001 und deren Anhang I mit Verweisung auf § 23 DE-ZPO; für § 25 (3) DE-PatG gilt
nichts anderes, da Anhang I nicht abschließend[4] ist).

Das System der Gerichtsstände der GMV für Verletzungsklagen, Widerkla-    7
gen auf Erklärung des Verfalls oder der Nichtigkeit, Klagen auf Feststellung
der Nichtverletzung und wegen angemessener Entschädigung, das insbesondere in Art 96 und Art 97 niedergelegt ist, weicht in wesentlichen Punkten
von der Regelung der VO Nr 44/2001 ab. Art 94 (2) erklärt hierfür die Bestimmungen der VO Nr 44/2001, die damit in Widerspruch stünden, für
unanwendbar. Die Gerichtsstandsregeln der GMV gelten für die Klagen, die
unter Art 96 fallen, uneingeschränkt und nicht nur im Falle der Staatsangehörigkeit oder des Wohnsitzes der Parteien in einem EG-Mitgliedstaat. Dies
ist auch notwendig, um Zuständigkeiten von Drittstaaten auszuschließen.
Das System der Zuständigkeit der Gemeinschaftsmarkengerichte für Verletzungen mit der Möglichkeit der Widerklage, die die Klagemarke zentral und
mit erga-omnes-Wirkung zu Fall bringt, kann nur funktionieren, wenn ausschließlich Gemeinschaftsmarkengerichte zuständig sind.

Jedoch greifen nach wie vor Regeln der VO Nr 44/2001 ein, wenn die in    8
Art 96, 97 enthaltenen Gerichtsstandsregeln anzuwenden sind: ist zu entscheiden, ob bzw in welchem Mitgliedstaat eine Partei ihren Wohnsitz hat,
so wendet das angerufene Gericht sein eigenes Recht (die lex fori) an,
Art 59 VO Nr 44/2001, und bei Gesellschaften und juristischen Personen
gilt als Wohnsitz der satzungsgemäße Sitz oder der Sitz der Hauptniederlassung, ausgenommen Gesellschaften und juristische Personen aus GB, für die
das registered office oder, falls ein solches nicht besteht, der place of incorpo-
ration maßgeblich ist, Art 60 VO Nr 44/2001. Beide Vorschriften gelten für
Beklagte, die im Urteilsstaat ansässig sind, sowie für Beklagte, die geltend
machen, in einem anderen Mitgliedstaat als dem der lex fori ansässig zu sein;
das Gericht des Urteilsstaats hat dann das nationale Recht desjenigen EG-
Mitgliedstaats anzuwenden, in dem der Beklagte ansässig zu sein behauptet.[5]

---

4  Geimer/Schütze, Europäisches Zivilverfahrensrecht, S 145.
5  Geimer/Schütze, Europäisches Zivilverfahrensrecht, S 714.

**9** Außerdem gelten die Gerichtsstandsregeln der VO Nr 44/2001 betr Beklagtenmehrheit (Art 6 VO Nr 44/2001, welches Gericht kann angerufen werden, wenn mehrere Beklagte zusammen verklagt werden?) und der Konnexität auch im Rahmen von Art 96. Art 6 VO Nr 44/2001 gilt unmittelbar für den Gerichtsstand der Beklagtenmehrheit. Dieser schafft einen Gerichtsstand für den Zweitbeklagten, abgeleitet von dem des Erstbeklagten.[6] Die Einschränkung des Art 98 (2) gilt für den Zweitbeklagten nicht, wenn sie nicht für den Erstbeklagten gilt; für den Zweitbeklagten beruht der Gerichtsstand eben nicht auf Art 97 (1)–(4). Dies bedeutet, dass gegen einen Zweitbeklagten, der mit einem im Gerichtsstand des Beklagtenwohnsitzes oder der rügelosen Einlassung beklagten Erstbeklagten zusammen verklagt wird, Unterlassung EG-weit verlangt werden kann, gegen einen mit einem im Gerichtsstand der unerlaubten Handlung verklagten Erstbeklagten zusammen Verklagten nur Unterlassung in demselben Mitgliedstaat. Art 6 VO Nr 44/2001 setzt weit mehr voraus als Verletzung derselben Marke durch mehrere Personen: verlangt wird Identität des Sachverhalts (Streitgegenstands), Art 6 Nr 3 VO Nr 44/2001, oder eine so enge Beziehung, dass eine einheitliche Entscheidung geboten ist (Art 6 Nr 1 VO Nr 44/2001). Bei Streitigkeiten über die Verletzung eines europäischen Patents ist dies der Fall bei Identität der Verletzungsform und Konzernzugehörigkeit der Beklagten.[7] Dies lässt sich ohne weiteres auf Markenverletzungen übertragen.[8] Dagegen darf Art 6 VO Nr 44/2001 nicht dazu führen, dass dein beklagter einseitig der Zuständigkeit der Gerichte seines Wohnsitzstaates entzogen wird.[9] Nicht mitverklagt werden können also mehrere voneinander unabhängige Verletzer und auch nicht mehrere Einzelhändler oder ambulante Verkäufer, auch wenn sie die schutzrechtsverletzende Ware aus der gleichen Quelle bezogen haben.

**10** Allerdings setzt dieser Gerichtsstand des Art 6 VO Nr 44/2001 einen Fall des Art 3 VO Nr 44/2001 (Klageerhebung in einem anderen Mitgliedstaat als dem des Wohnsitzes des Beklagten) und Beklagtenwohnsitz in einem

---

6  Siehe Kropholler, Europäisches Zivilprozessrecht, Art 6 EuGVVO, Rn 4.

7  EuGH C-616/10 vom 12.7.2012 (Nr 30) *Solvay/Honeywell*, allerdings mit dem Vorbehalt, dass die Gefahr widerstreitender Entscheidungen vom nationalen Gericht zu beurteilen ist.

8  Kropholler, Europäisches Zivilprozessrecht, Art 6 EuGVVO, Rn 11; Stauder, IPrax 1998, 321.

9  EuGH C-616/10 vom 12.7.2012 (Nr 22) *Solvay/Honeywell*.

Mitgliedstaat voraus.[10] Das hat folgende Konsequenzen: Art 6 begründet keinen Gerichtsstand, wenn der Mitbeklagte im Mitgliedstaat seines Wohnsitzes verklagt wird; der Gerichtsstand muss sich dann aus anderen Gründen ergeben. Für einen Mitbeklagten, der keinen Wohnsitz in einem Mitgliedstaat hat (EG-Ausländer), ist Art 6 VO Nr 44/2001 nicht anwendbar. Beispiel: Ein Deutscher und ein Japaner sollen gemeinsam in Deutschland verklagt werden. Für den Japaner ist kein Gerichtsstand nach Art 6 begründbar. Er könnte dort allenfalls im Gerichtsstand der unerlaubten Handlung verklagt werden, bezogen auf Verletzungshandlungen in Deutschland, Art 98 (3). Beispiel 2: Ein Deutscher und ein Japaner sollen gemeinsam beim Gemeinschaftsmarkengericht Alicante verklagt werden. Gegen den Japaner ist der Gerichtsstand Alicante nach Art 97 (3) gegeben, gegen den Deutschen der Gerichtsstand des Art 6, für beide bezogen auf alle EG-weiten Verletzungshandlungen.

### 3 Anerkennung und Vollstreckung von Urteilen

Für die Anerkennung und Vollstreckung von Urteilen der Gemeinschaftsmarkengerichte in anderen EG-Mitgliedstaaten gilt die VO Nr 44/2001 unmittelbar. Für die Anerkennung und Vollstreckung von Urteilen der Gemeinschaftsmarkengerichte in EFTA-Staaten gilt das Übereinkommen von Lugano. Für die Anerkennung und Vollstreckung von Urteilen von Drittstaaten gilt nationales Recht des Anerkennungs- (Vollstreckungs-) Staats nach Maßgabe der jeweiligen Staatsverträge. **11**

### 3.1 Anerkennung

Im Geltungsbereich der VO Nr 44/2001 ist die Anerkennung automatisch. »Anerkennung« bedeutet, einem ausländischen Urteil dieselben Rechtswirkungen wie einem inländischen Urteil zuzuerkennen, zB die Wirkung der Rechtskraft oder der Präklusion.[11] Anerkennung bedeutet also Wirkungserstreckung. Diese erstreckt sich nicht auf Vorfragen.[12] **12**

Die Anerkennung setzt voraus, dass die VO Nr 44/2001 anwendbar ist. Das ist nach Art 66 (2) der VO Nr 44/23001 nicht der Fall, wenn sie – oder das EuGVÜ – in dem Mitgliedstaat, in dem anerkannt werden soll, zu dem **13**

---

10  Siehe Kropholler, Europäisches Zivilprozessrecht, Art 6 EuGVVO, Rn 2, 6, 7.
11  Geimer, Internationales Zivilprozessrecht, 4. Aufl, 2001, S 843, 847.
12  Geimer, Internationales Zivilprozessrecht, S 836, 838.

Zeitpunkt des Erlasses des anzuerkennenden Urteils noch nicht in Kraft war.[13] Ferner ist die Anerkennung zwingend[14] zu versagen, wenn

14 – die Anerkennung dem inländischen Ordre public des Anerkennungsstaates widerspräche (Art 34 Nr 1 VO Nr 44/2001); es muss gerade die Anerkennung selbst, nicht das anzuerkennende Urteil, dem Ordre public widersprechen; die Vorschriften über die Zuständigkeit sind nicht Bestandteil des Ordre public, Art 35 (3) VO Nr 44/2001;

15 – dem Beklagten die Klage nicht zugestellt wurde, Art 34 Nr 2 VO Nr 44/1002;

16 – die anzuerkennende Entscheidung mit einer früheren rechtskräftigen Entscheidung, die anerkennungsfähig ist, unvereinbar ist (Vorrang der res iudicata), Art 34 Nr 3 VO Nr 44/2001;

17 – das Gemeinschaftsmarkengericht über eine Widerklage auf Erklärung des Verfalls und der Nichtigkeit urteilt, aber dafür nicht nach Art 22 Nr 4 VO Nr 44/2001 (früher Art 16 (4) EuGVÜ) zuständig war, Art 35 (1) VO Nr 44/2001 mit Verweis auf deren Art 22.

18 Der Anerkennungsstaat ist nicht berechtigt, das Urteil sachlich zu überprüfen, Art 36 VO Nr 44/2001. Der Anerkennungsstaat ist ebenfalls nicht berechtigt, die Anerkennung wegen Verletzung der Zuständigkeitsvorschriften der VO Nr 44/2001 für Verletzungsklagen (Wohnsitz, Gerichtsstand der unerlaubten Handlung usw, siehe oben unter Rdn 4) zu versagen, denn das Gericht des Anerkennungsstaats darf die Zuständigkeit der Gerichte des Ursprungsmitgliedstaats nicht überprüfen.[15]

19 Urteile der Gemeinschaftsmarkengerichte sind ohne weiteres anzuerkennen.[16] Wie sich aus dem Zusatz in Art 22 (4) VO Nr 44/2001 betr europäische Patente und aus der Zuständigkeitsregelung von Art 94, 96, die alle Gemeinschaftsmarkengerichte in der sachlichen und internationalen Zuständigkeit gleichstellen, ergibt, folgt aus Art 22 (4) VO Nr 44/2001 für Gemeinschaftsmarken, dass alle Gemeinschaftsmarkengerichte gleichermaßen nach Art 22 (4) VO Nr 44/2001 zuständig sind. Darauf, dass das Gemein-

---

13 EuGH C-514/10 vom 21.6.2012, GRUR Int 2012, 772 (Nr 21, 34) *Wolf Naturprodukte*.

14 Zöller/Geimer, ZPO, Art 32 EuGVVO, Rn 18 und Art 34 EuGVVO, Rn 1 (anders noch nach dem EuGVÜ: Vorrang des anerkennungsfreundlicheren nationalen Rechts).

15 Musielak/Weth, ZPO, Art 35 VO Nr 44/2001, Rn 2, 4.

16 EuGH C-235/09 vom 12.4.2011, WRP 2011, 736 (Nr 55) *DHL*.

schaftsmarkengericht seine internationale Zuständigkeit nach Art 97 oder innerhalb des betr Mitgliedstaats seine örtliche Zuständigkeit zu Unrecht angenommen habe, darf die Verweigerung der Anerkennung nicht gestützt werden. Somit kann ein Fall des Ausschlusses der Anerkennung nach Art 35 (1) VO Nr 44/2001 bei einem Urteil eines Gemeinschaftsmarkengerichts über eine Verletzungsklage nach Art 96 (a) oder eine Widerklage nach Art 96 (d), 100 niemals eintreten.

Urteilen von Drittstaaten, die die Nichtigerklärung einer GM zum Gegen- **20** stand haben, ist schon nach Art 35 (1) VO Nr 44/2001 iVm Art 22 (4) VO 44/2001 die Anerkennung in der Gemeinschaft zwingend zu versagen. Das gilt auch, soweit eine Nichtigerklärung der GM abgelehnt wurde; auch ein solcher Ausspruch kann nicht in der Gemeinschaft in Rechtskraft erwachsen mit der Folge, dass das Amt oder Gemeinschaftsmarkengerichte an der Entscheidung über einen Löschungsantrag oder eine Widerklage betr dieselbe GM gehindert wären. Doch auch Urteilen von Drittstaaten auf Feststellung der Verletzung einer GM wäre die Anerkennung in der Gemeinschaft zu versagen, da solche Urteile mit dem System der ausschließlichen Zuständigkeit nach Art 96 GMV inkompatibel wären.

Die Anerkennung ausländischer Urteile in Deutschland richtet sich nach **21** § 322 DE-ZPO. § 322 (1) Nr 1 DE-ZPO schließt die Anerkennung aus, wenn die Gerichte des Urteilsstaats nach deutschem Recht nicht zuständig sind. Dafür sind nicht die Gerichtsstände nach § 23 DE-ZPO oder der EuGVÜ (der VO Nr 44/2001) maßgeblich, sondern direkt Art 96. Damit ist nach deutschem Recht die Anerkennung von in Drittstaaten ergangenen Urteilen wegen Verletzung einer GM zwingend ausgeschlossen.

Umgekehrt stehen der Anerkennung der Urteile der Gemeinschaftsmarken- **22** gerichte in Drittstaaten Hindernisse gegenüber. Hinsichtlich der Entscheidung über eine Widerklage gibt es im Ausland nichts anzuerkennen, aber problematisch ist die Anerkennung von Verletzungsurteilen (Untersagung der Benutzung und Schadenersatz wegen Verletzung einer GM). Staatsverträge mit den USA oder Japan hat kein EG-Mitgliedstaat getroffen, so dass die Anerkennung sich dort nach nationalem Recht richtet.[17] Es kann davon ausgegangen werden, dass – spiegelbildlich zu § 322 DE-ZPO – dort die Anerkennung von Urteilen, die nach dortigem Recht in exorbitanten Gerichts-

---

17 Übersicht bei López-Tarruella Martínez/Miazzetto, Trademark Reporter 2005, 1308, 1331.

ständen ergangen sind, scheitern kann. Betroffen ist der Gerichtsstand des Klägerwohnsitzes nach Art 97 (2), nicht jedoch der der internationalen Norm entsprechende Gerichtsstand des Beklagtenwohnsitzes bzw der Beklagtenniederlassung nach Art 97 (1) und der Gerichtsstand der unerlaubten Handlung nach Art 97 (5). Weiter ist zu berücksichtigen, dass amerikanische Gerichte »personal jurisdiction« des Urteilsstaats über den Beklagten verlangen können und diese nach ihrem eigenen internationalen Privatrecht selbständig qualifizieren können, unabhängig von der Einhaltung der GMV, während andererseits die Anerkennung wohl stets möglich ist, wenn sich der Beklagte auf das Verfahren eingelassen hatte.[18]

### 3.2 Vollstreckung von Urteilen der Gemeinschaftsmarkengerichte

23 Die Vollstreckung von Urteilen der Gemeinschaftsmarkengerichte in einem anderen Mitgliedstaat der Gemeinschaft erfolgt nach Art 94 iVm Art 38 VO Nr 44/2001. Die Entscheidung wird vollstreckt, wenn sie im Vollstreckungsstaat auf Antrag eines Beteiligten für vollstreckbar erklärt worden ist. Der Antrag ist an die in Anhang II zur VO Nr 44/2001 bezeichnete Stelle zu richten, in DE also an den Vorsitzenden der Kammer des LG (Art 39 VO Nr 44/2001); zu beachten ist, dass Art 86 nur für Entscheidungen des HABM gilt, nicht für die der Gemeinschaftsmarkengerichte. Das Urteil wird unverzüglich für vollstreckbar erklärt, sobald eine Vollstreckbarerklärung vorgelegt wird, ohne dass das Gericht des Vollstreckungsstaats prüfen darf, ob die Voraussetzungen für eine Urteilsanerkennung gegeben wären, Art 41, 53 VO Nr 44/2001. Dies bedeutet, dass das Gericht des Vollstreckungsstaats die internationale oder örtliche Zuständigkeit des Gerichts des Urteilsstaats nicht überprüfen darf. Vor allem ist eine Urteilsanerkennung nicht Voraussetzung für die Vollstreckbarerklärung. Das deutsche Vollstreckungsurteil stellt nicht die Erstreckung der ausländischen Vollstreckbarkeit fest, sondern ist ein prozessuales Gestaltungsurteil, das seine Wirkung nicht verliert, wohl aber mit der Vollstreckungsgegenklage nach § 767 DE-ZPO angegriffen werden kann, wenn die Vollstreckbarkeit im Urteilsstaat wegfällt.[19] Das gesonderte Verfahren der Vollstreckbarerklärung soll nach einem neuesten Kommissionsvorschlag zur Änderung der VO Nr 44/2001 vollständig wegfallen.[20]

---

18  Weiterführende Hinweise bei Geimer/Schütze, Europäisches Zivilverfahrensrecht, S 1336 ff.

19  Geimer, Internationales Zivilprozessrecht, S 934.

20  Bach, ZRP 2011, 97.

Der Vollstreckung von Urteilen der Gemeinschaftsmarkengerichte werden 24
die im Urteil tenorierten Sanktionen zugrundegelegt. Sieht das nationale
Recht des Vollstreckungsstaats keine Zwangsmaßnahme vor, die der im Urteil tenorierten entspricht, so muss das Gericht des Vollstreckungsstaats
gleichwertige, dem am nächsten kommende Maßnahmen aussprechen, um
die Befolgung des Verbots in gleichwertiger Weise zu gewährleisten.[21]

Die Vollstreckung von Urteilen der Gemeinschaftsmarkengerichte in Dritt- 25
staaten erfolgt nach dortigem nationalem Recht. Die vorherige Anerkennung
des Urteils im Vollstreckungsstaat ist nicht erforderlich. Allerdings ist in
Drittstaaten ein Gleichlauf der Anerkennungs- und Vollstreckungsvorausset-
zungen wahrscheinlich. Jedenfalls wird dies für etliche US-Bundesstaaten (es
gilt dort einzelstaatliches Recht) berichtet und vor der Durchsetzung von Urteilen mit weniger als 100 000 Dollar Streitwert gewarnt.[22] Deshalb ist die
in der Lit geäußerte Befürchtung,[23] die Vollstreckung von Urteilen der Gemeinschaftsmarkengerichte in den USA und Japan könne auf Schwierigkeiten stoßen, grundsätzlich begründet. Entgegen dieser Befürchtungen wird
sich dies aber nicht negativ auf die Gerichtstandswahl nach Art 97 und die
Attraktivität des subsidiären Gerichtsstands Alicante für Klagen, die Parteien
aus den USA und Japan involvieren, auswirken können, weil kein einziger
EG-Mitgliedstaat mit den USA oder Japan bilaterale Abkommen über die
Anerkennung und Vollstreckung von Urteilen abgeschlossen hat und man
sich somit bei allen Gemeinschaftsmarkengerichten in der gleich schlechten
Situation befindet.

# 2. Abschnitt  Streitigkeiten über die Verletzung und Rechtsgültigkeit der Gemeinschaftsmarken

## Artikel 95 (ex Artikel 91)  Gemeinschaftsmarkengerichte

(1) Die Mitgliedstaaten benennen für ihr Gebiet eine möglichst geringe
Anzahl nationaler Gerichte erster und zweiter Instanz, nachstehend »Ge-

---

21 EuGH C-235/09 vom 12.4.2011, WRP 2011, 736 (Nr 56, 59) *DHL*.
22 Geimer/Schütze, Europäisches Zivilverfahrensrecht, S 1336 ff.
23 López-Tarruella Martínez/Miazzetto, Trademark Reporter 2005, 1308, 1334.

meinschaftsmarkengerichte« genannt, die die ihnen durch diese Verordnung zugewiesenen Aufgaben wahrnehmen.

(2) Jeder Mitgliedstaat übermittelt der Kommission innerhalb von drei Jahren ab Inkrafttreten dieser Verordnung eine Aufstellung der Gemeinschaftsmarkengerichte mit Angabe ihrer Bezeichnungen und örtlichen Zuständigkeit.

(3) Änderungen der Anzahl, der Bezeichnung oder der örtlichen Zuständigkeit der Gerichte, die nach der in Absatz 2 genannten Übermittlung der Aufstellung eintreten, teilt der betreffende Mitgliedstaat unverzüglich der Kommission mit.

(4) Die in den Absätzen 2 und 3 genannten Angaben werden von der Kommission den Mitgliedstaaten notifiziert und im Amtsblatt der Europäischen Union veröffentlicht.

(5) Solange ein Mitgliedstaat die in Absatz 2 vorgesehene Übermittlung nicht vorgenommen hat, sind Verfahren, welche durch die in Artikel 96 genannten Klagen und Widerklagen anhängig gemacht werden und für die die Gerichte dieses Mitgliedstaats nach Artikel 97 zuständig sind, vor demjenigen Gericht dieses Mitgliedstaats anhängig zu machen, das örtlich und sachlich zuständig wäre, wenn es sich um Verfahren handeln würde, die eine in diesem Staat eingetragene nationale Marke betreffen.

*Eisenführ, Overhage*

## 1 Allgemeines

1  Streitigkeiten über die Verletzung von GMn (Art 96 (a) bis (c)) – und in gewissem Umfange über die Rechtsgültigkeit (Art 96 (d)) – werden von nationalen Gerichten entschieden.[1] Der Besonderheit und Komplexität nicht nur

---

[1] Die Parallelnormen für die Gemeinschaftsgeschmacksmustergerichte finden sich in § 63 GeschmMG und Art 80 ff GGV.

des Markenrechts schlechthin, sondern der noch darüber hinausgehenden des Gemeinschaftsmarkenrechts trägt die GMV dadurch Rechnung, dass sie den Mitgliedstaaten aufgibt, spezielle Gemeinschaftsmarkengerichte erster und zweiter Instanz einzurichten, die für die in Art 96 genannten Klagen ausschließlich zuständig sind. Die Reichweite ihrer Zuständigkeit ergibt sich aus Art 98.

Die europäische Einheitlichkeit der Rspr der Gemeinschaftsmarkengerichte  2 wird durch ihre Berechtigung gesichert, Rechtsfragen grundsätzlicher Bedeutung dem EuGH vorzulegen. Darüber hinaus dürfte die – ebenfalls der Überprüfung durch die europäische Gerichtsbarkeit unterliegende – Rspr des Amtes namentlich in Widerspruchsverfahren, deren regelmäßige Kernfrage der Verwechslungsgefahr auch in den meisten Verletzungsstreitigkeiten gestellt wird, einen harmonisierenden Einfluss ausüben.

§ 125e DE-MarkenG setzt die für die Bildung der Gemeinschaftsmarkenge-  3 richte einschlägigen Vorgaben der GMV in deutsches Recht um.

Neben den zwei in Art 95 (1) garantierten gerichtlichen Instanzen steht den  4 Mitgliedstaaten die Schaffung weiterer Instanzen frei. Art 105 (3) erklärt die Anwendbarkeit nationaler Bestimmungen über Rechtsmittel gegen Entscheidungen der Gemeinschaftsmarkengerichte zweiter Instanz. Demzufolge ist im deutschen Rechtszug der Bundesgerichtshof auch in Gemeinschaftsmarkensachen sowohl nach Art 96 als auch Art 106 Revisionsgericht.

Für andere als die von Art 96 erfassten Klagen verbleibt es gemäß Art 106  5 (1) bei der nationalen örtlichen und sachlichen Zuständigkeit, wie sie Art 95 (5) für die Übergangszeit bis zur Bildung der Gemeinschaftsmarkengerichte vorsah.

## 2 Bildung der Gemeinschaftsmarkengerichte

Mit dem Begriff »benennen« stellt Art 95 (1) klar, dass nicht die Bildung be-  6 sonderer Gerichte, sondern nur eine besondere Zuweisung von Gemeinschaftsmarkensachen an bestehende Gerichte gemeint ist. Damit schafft die GMV keine autonome Gerichtsbarkeit mit gemeinschaftsunmittelbaren Rechtsprechungsorganen der EU,[2] sondern weist bestimmte Streitigkeiten den nationalen Gerichten zu. Die weitergehende Absicht, die gerichtliche

---

2 Vgl Art 115 Abs 1 GMV für das Harmonisierungsamt für den Binnenmarkt; Kouker, Mitt 2000, 241, 248.

Expertise in Gemeinschaftsmarkensachen zu bündeln, kommt darin zum Ausdruck, dass die Mitgliedstaaten eine »möglichst geringe« Anzahl nationaler Gerichte als Gemeinschaftsmarkengerichte ausweisen sollen. Die dadurch beabsichtigte Spezialisierung soll der Entscheidungsqualität und der Verfahrensdauer zugute kommen. Deutschland hatte zunächst gemäß § 125e (1) DE-MarkenG sämtliche deutschen Landgerichte zu Gemeinschaftsmarkengerichten erster Instanz erklärt und der Kommission iSv Art 95 (2) benannt;[3] dann erfolgte, soweit von den Bundesländern gemäß § 140 (2) DE-MarkenG eine Konzentration nationaler Markensachen auf ein Landgericht oder deren mehrere vorgenommen wurde, auch bezüglich der Gemeinschaftsmarkengerichte auf Grund der Ermächtigung gemäß § 125e (3) DE-MarkenG eine entsprechende Beschränkung und wurde durch die Mitteilung des Präsidenten des Amtes Nr 10/05 vom 28.11.2005 veröffentlicht.[4] Im Hinblick auf die Intention des Art 95 (1) erscheint die Zahl der in Deutschland zuständigen Gemeinschaftsmarkengerichte zu hoch, was auch ein Vergleich mit der deutlich geringeren Anzahl der jeweils von den anderen Mitgliedstaaten benannten Gemeinschaftsmarkengerichte zeigt.[5] Zurückzuführen ist die hohe Anzahl der deutschen Gemeinschaftsmarkengerichte auf das Föderalismusprinzip (die Justiz ist in Deutschland Ländersache). Allein in NRW sind nicht alle nach § 140 (2) DE-MarkenG für Markensachen benannten Gerichte[6] zuständig, sondern nur das LG Düsseldorf.[7]

7   Für die einzelnen Bundesländer stellt sich die Zuständigkeit der Landgerichte folgendermaßen dar:

| | |
|---|---|
| Baden-Württemberg: | LG Mannheim (OLG-Bezirk Karlsruhe) |
| | LG Stuttgart (OLG-Bezirk Stuttgart) |
| Bayern: | LG München I (OLG-Bezirk München) |
| | LG Nürnberg-Fürth (OLG-Bezirke Nürnberg und Bamberg) |
| Berlin: | LG Berlin |
| Brandenburg: | LG Berlin |
| Bremen: | LG Bremen |

---

3  ABl-HABM 2001, 2151.
4  ABl-HABM 2006, 102; vgl Anhang 8.
5  Mit Ausnahme von Italien; vgl Anhang 8.
6  LG Düsseldorf, LG Köln, LG Bielefeld, LG Bochum.
7  VO vom 10. 10. 1996 GV NW. 1996, 428.

| | |
|---|---|
| Hamburg: | LG Hamburg |
| Hessen: | LG Frankfurt am Main |
| Mecklenburg-Vorpommern: | LG Rostock |
| Niedersachsen: | LG Braunschweig |
| Nordrhein-Westfalen: | LG Düsseldorf |
| Rheinland-Pfalz: | LG Frankenthal (OLG-Bezirk Zweibrücken) |
| | LG Koblenz (OLG-Bezirk Koblenz) |
| Saarland: | LG Saarbrücken |
| Sachsen: | LG Leipzig |
| Sachsen-Anhalt: | LG Magdeburg |
| Schleswig-Holstein: | LG Kiel |
| Thüringen: | LG Erfurt |

Gemeinschaftsmarkengerichte zweiter Instanz sind in Deutschland nach **8** § 125e (2) DE-MarkenG die den zuständigen Landgerichten jeweils übergeordneten Oberlandesgerichte. Auf diese Weise ist in Deutschland die von Art 95 (5) vorgesehene Übergangsregelung zur Dauereinrichtung geworden: Jedes für Klagen aus nationalen Marken sachlich zuständige deutsche Landgericht ist auch für Klagen aus GMn sachlich zuständig.[8]

Anhang 8 listet alle Gemeinschaftsmarkengerichte der Gemeinschaft auf. **9**

## 3 Instanzenzug

Gemäß Art 105 und Art 101 (3), der bestimmt, dass die Gemeinschaftsmar- **10** kengerichte ihr nationales Verfahrensrecht anwenden, soweit die Verordnung nichts anderes vorsieht, gelten auch in Gemeinschaftsmarkensachen die deutschen Vorschriften für die Berufungseinlegung bei und die Berufungsverfahren vor den Oberlandesgerichten. Gegen deren Entscheidungen ist – bei Vorliegen der Voraussetzungen nationalen Rechts – die Revision an den Bundesgerichtshof gegeben, bei der es sich nach geltendem deutschen Verfahrensrecht um eine Annahmerevision handelt: Sieht der BGH keine Rechtsfrage von grundsätzlicher Bedeutung und/oder hält er die Revision für erfolglos, so verweigert er die Annahme, wodurch das Berufungsurteil rechtskräftig wird.

---

8 Mit Ausnahme von NRW, wo nur das LG Düsseldorf zuständig ist.

11  Eine unmittelbare Anrufung des EuG oder EuGH ist den Parteien in Verfahren gemäß Art 96 oder 106 verwehrt. Möglich ist lediglich die Anrufung des EuGH im Vorlageverfahren durch ein nationales Gericht jeder Instanz.

### Artikel 96 (ex Artikel 92)  Zuständigkeit für Verletzung und Rechtsgültigkeit

Die Gemeinschaftsmarkengerichte sind ausschließlich zuständig
a)  für alle Klagen wegen Verletzung und – falls das nationale Recht dies zulässt – wegen drohender Verletzung einer Gemeinschaftsmarke,
b)  für Klagen auf Feststellung der Nichtverletzung, falls das nationale Recht diese zulässt,
c)  für Klagen wegen Handlungen im Sinne des Artikels 9 b Absatz 2 Satz 2,
d)  für die in Artikel 100 genannten Widerklagen auf Erklärung des Verfalls oder der Nichtigkeit der Gemeinschaftsmarke.

*Eisenführ, Overhage*

### 1 Allgemeines

1  Diese Vorschrift bestimmt die sachliche Zuständigkeit (nationaler) Gemeinschaftsmarkengerichte. Die Struktur der GMV weist Rechtsstreitigkeiten über die Verletzung von GMn ausnahmslos den nationalen Gerichten zu, unbeschadet der diesen überlassenen Möglichkeit, klärungsbedürftige Rechtsfragen dem EuGH vorzulegen.

2  Die Entscheidung von Streitigkeiten über die Rechtsgültigkeit von GMn obliegt hingegen grundsätzlich dem von der GMV angelegten Rechtszug aus Amt und europäischer Gerichtsbarkeit, jedoch besteht insoweit eine Ausnahme, als Widerklagen auf Erklärung des Verfalls oder der Nichtigkeit einer GM gemäß Art 100 den nationalen Gemeinschaftsmarkenrichten zugewiesen sind, bei denen eine auf die GM gestützte Verletzungsklage anhängig ist.

Eine isolierte Löschungsklage (wegen Verfalls oder Nichtigkeit), die nach dem DE-MarkenG gegen eine nationale Markeneintragung bei den ordentlichen Gerichten anzubringen ist, kennt die GMV nicht; insoweit ist ausschließlich der beim Amt anzubringende Antrag auf Erklärung des Verfalls oder der Nichtigkeit (Art 56 iVm Art 52, 53) zulässig.

## 2 Abschließende Zuständigkeitsregelung

Art 96 begründet eine sachlich ausschließliche Zuständigkeit der Gemein- 3 schaftsmarkengerichte für die in Art 96 (a) bis Art 96 (d) genannten Streitfälle. Weder die Abbedingung der Zuständigkeit der Gemeinschaftsmarkengerichte noch eine Heilung einer aus diesem Grund bestehenden Unzuständigkeit ist möglich.[1] In allen hier nicht genannten Bereichen gilt die allgemeine sachliche Zuständigkeitsregelung des betreffenden Mitgliedstaates (Art 106 (1)). In der Bundesrepublik Deutschland macht das keinen Unterschied, weil – wie zu Art 95 erwähnt – dort keine Konzentration der Gemeinschaftsmarkengerichte (§ 125e DE-MarkenG) über die für nationale Marken getroffene Zuständigkeitsregelung (§ 140 (2) DE-MarkenG) hinaus vorgesehen wurde.[2]

## 3 Umfang der sachlichen Zuständigkeit

Ausschließlich sachlich zuständig – zur örtlichen Zuständigkeit siehe Art 97 4 und 98 – sind die als Gemeinschaftsmarkengerichte benannten nationalen Gerichte
- für Verletzungsklagen auf Grund eines Eingriffs in die Rechte aus einer GM gemäß Art 9;
- für vorbeugende Unterlassungsklagen, soweit im Falle eines in Deutschland angerufenen Gemeinschaftsmarkengerichts die nationalen Voraussetzungen dafür vorliegen und soweit die beantragte Maßnahme in der gesamten Gemeinschaft wirksam sein soll (Art 103 (2)); nur in Deutschland wirksame einstweilige Maßnahmen einschließlich Sicherungsmaßnahmen kann ungeachtet der örtlichen Zuständigkeit eines anderen Gerichts für die Hauptsache (Art 97) jedes deutsche Gericht beschließen (Art 103 (1));

---

1 Dies ergibt sich durch Gegenschluss aus Art 23 und 24 EuGVO.
2 Mit Ausnahme von NRW, wo nur das LG Düsseldorf zuständig ist.

- für negative Feststellungsklagen nach Maßgabe des nationalen Rechts, wobei die Klage auf die Feststellung als solche gerichtet sein muss; d.h. die Nichtverletzung darf nicht nur Vorfrage in einem anderen Verfahren sein;
- für Klagen auf eine angemessene Entschädigung auf Grund von Benutzungshandlungen nach Veröffentlichung einer GM, die nach ihrer Eintragung Verletzungshandlungen wären (Art 9 (3));
- für Widerklagen des Verletzungsbeklagten auf Erklärung des Verfalls oder der Nichtigkeit der anspruchsbegründenden GM (Art 100).

5   Ungeachtet der spezifischen Formulierung der lit a) unterfallen ihr – und damit der ausschließlichen Zuständigkeit der Gemeinschaftsmarkengerichte – zivilgerichtliche Verfahren aller Art, in denen aus einer GM Rechte iSv Art 9, also Ansprüche wegen Markenverletzung geltend gemacht werden. Darunter fallen demzufolge auch Ansprüche aus Art 22 (2) gegen einen Lizenznehmer, der gegen eine Bestimmung des Lizenzvertrages verstößt; ferner Auseinandersetzungen über die Gültigkeit, Reichweite etc einer Abgrenzungsvereinbarung über eine GM, sofern der Kläger eine Verletzung der Vereinbarung und damit einen Eingriff in die aus der GM herleitbaren Rechte geltend macht. Entsprechendes gilt für Klagen auf Feststellung der Nichtverletzung gemäß Art 96 (b) in solchen und vergleichbaren Fällen.

6   Lediglich für Verfalls- oder Nichtigerklärungen gibt es konkurrierende Rechtszüge. Nur wenn bei einem Gemeinschaftsmarkengericht ein auf Art 96 (a) gegründeter Verletzungsprozess anhängig ist, kann der Beklagte im Wege der Widerklage gemäß Art 100 die Erklärung des Verfalls oder der Nichtigkeit dieser GM verlangen und sein Begehren ggf bis zum BGH treiben, wobei möglicherweise eines der im Instanzenzug eingeschalteten Gerichte die Sache dem EuGH vorlegt. Ohne eine derartige Anhängigkeit eines Verletzungsprozesses vor einem Gemeinschaftsmarkengericht steht nur das Amtsverfahren auf Erklärung des Verfalls oder der Nichtigkeit gemäß Art 56 offen, welches von der Nichtigkeitsabteilung über eine Beschwerdekammer zum EuG und ggf EuGH führen kann. Im Hinblick auf diese Doppelgleisigkeit enthält Art 104 besondere Vorschriften über im Zusammenhang stehende Verfahren, nämlich Widerklagen jener Art im Verletzungsstreit und Amtsverfahren auf Erklärung des Verfalls oder der Nichtigkeit.

7   Die in lit a) unter dem Vorbehalt der nationalen Zulässigkeit ausgesprochene vorbeugende Unterlassungsklage wegen einer bestehenden Erstbegehungsgefahr ist in Deutschland gegeben, ebenso wie die negative Feststellungsklage

gemäß lit b), die nur die Nichtverletzung einer GM zum Gegenstand haben kann, sei es durch die Benutzung einer GM, einer nationalen Marke oder durch die Benutzung eines sonstigen unter Art 9 fallenden Zeichens.

Die Widerklage ist nicht zulässig gegen eine Klage auf Feststellung der **8** Nichtverletzung; dies schließt Art 99 (2) aus. Die Widerklage ist auch nicht gegen eine Klage gemäß lit c) eröffnet, weil noch keine eingetragene GM vorliegt, die für nichtig erklärt werden könnte.

### 4 Annexansprüche

§ 125b (2) DE-MarkenG subsumiert zunächst unter den Verletzungsbegriff **9** der lit a) nicht nur Ansprüche aufgrund Art 10 (GM-Wiedergabe in Wörterbüchern) und Art 11 (Benutzung einer Agenten-GM). Darüber hinaus stellt er klar, dass dem Kläger aus einer GM vor einem deutschen Gemeinschaftsmarkengericht dieselben Annexansprüche zustehen wie einem Kläger aus einer nationalen Marke, also insbesondere Schadensersatzansprüche und damit verknüpfte Auskunftsansprüche und Ansprüche auf Vernichtung verletzend markierter Waren.[3]

### Artikel 97 (ex Artikel 93)  Internationale Zuständigkeit

(1) Vorbehaltlich der Vorschriften dieser Verordnung sowie der nach Artikel 94 anzuwendenden Bestimmungen der Verordnung (EG) Nr. 44/2001 sind für die Verfahren, welche durch eine in Artikel 96 genannte Klage oder Widerklage anhängig gemacht werden, die Gerichte des Mitgliedstaats zuständig, in dem der Beklagte seinen Wohnsitz oder – in Ermangelung eines Wohnsitzes in einem Mitgliedstaat – eine Niederlassung hat.

(2) Hat der Beklagte weder einen Wohnsitz noch eine Niederlassung in einem der Mitgliedstaaten, so sind für diese Verfahren die Gerichte des Mitgliedstaats zuständig, in dem der Kläger seinen Wohnsitz oder – in Ermangelung eines Wohnsitzes in einem Mitgliedstaat – eine Niederlassung hat.

(3) Hat weder der Beklagte noch der Kläger einen Wohnsitz oder eine Niederlassung in einem der Mitgliedstaaten, so sind für diese Verfahren die Gerichte des Mitgliedstaats zuständig, in dem das Amt seinen Sitz hat.

---

3  Beitrittsvertrag, Anh II Nr 18 A 3, ABl-EG L 236, S 17; siehe Kropholler, Europäisches Zivilprozessrecht, vor Art 1 EuGVVO, Rn 20.

(4) Ungeachtet der Absätze 1, 2 und 3 ist

a) Artikel 23 der Verordnung (EG) Nr. 44/2001 anzuwenden, wenn die Parteien vereinbaren, dass ein anderes Gemeinschaftsmarkengericht zuständig sein soll,

b) Artikel 24 der Verordnung (EG) Nr. 44/2001 anzuwenden, wenn der Beklagte sich auf das Verfahren vor einem anderen Gemeinschaftsmarkengericht einlässt.

(5) Die Verfahren, welche durch die in Artikel 96 genannten Klagen und Widerklagen anhängig gemacht werden – ausgenommen Klagen auf Feststellung der Nichtverletzung einer Gemeinschaftsmarke –, können auch bei den Gerichten des Mitgliedstaats anhängig gemacht werden, in dem eine Verletzungshandlung begangen worden ist oder droht oder in dem eine Handlung im Sinne des Artikels 9 Absatz 3 Satz 2 begangen worden ist.

*Eisenführ, Overhage*

## 1 Allgemeines

1 Art 97 regelt – bei Grenzziehung durch Art 98 – die internationale, also zwischenstaatliche Zuständigkeit der Gerichte für die in Art 96 genannten Verfahren unter Vorbehalt anderweitiger Vorschriften der GMV und des Art 94 bezüglich der Verordnung (EG) Nr. 44/2001 (EuGVO), auf die nun auch ausdrücklich verwiesen wird. Die EuGVO ersetzt das EuGVÜ mit gemeinschaftsweiter Wirkung, unter Ausnahme von Dänemark,[1] und genießt als sekundäres Gemeinschaftsrecht Vorrang gegenüber dem nationalen Zivilpro-

---

1 Am 1.3.2002 in Kraft getreten; die Verweise in Art 90 und 93 der Verordnung (EG) Nr. 40/94 auf das EuGVÜ waren gemäß Art 68 Abs 2 EuGVO als Verweis auf die EuGVO zu lesen. Die ausdrückliche Bezugnahme auf die EuGVO war insofern rechtlich nicht notwendig, dient aber der Vereinfachung; vgl Art 1 III EuGVO.

zessrecht.[2] Allerdings setzt Art 94 (2) die entscheidenden Zuständigkeitsregelungen der EuGVO gerade außer Kraft und ersetzt sie durch die lex specialis der GMV.[3]

Die ausdrückliche Bezugnahme auf Art 96 beschränkt die internationale Zuständigkeitsregelung auf Verfahren für die nach dieser Vorschrift sachlich zuständigen Gemeinschaftsmarkengerichte, insoweit aber mit gemeinschaftsweiter Wirkung (Art 98 (1)). Ausgeschlossen ist die gemeinschaftsweite Wirkung jedoch für Verfahren am Tatort gemäß Art 97 (5) durch Art 98 (2), siehe Rdn 8. Für alle nicht in Art 96 genannten Verfahren bestimmt sich die sachliche Zuständigkeit nach nationalem Recht. **2**

## 2 Die Regelungen der Abs 1 bis 4

Die internationale Zuständigkeit bestimmt sich in absteigender Reihenfolge nach dem Mitgliedstaat **3**
– des Wohnsitzes des Beklagten
– einer Niederlassung des Beklagten
– des Wohnsitzes des Klägers
– einer Niederlassung des Klägers
– des Sitzes des Amtes.

Dem Wohnsitz gleichgestellt ist bei einer juristischen Person der Sitz.[4] Hinsichtlich des nach der Rechtsprechung des EuGH auszulegenden Begriffs der Niederlassung[5] ist die Bildung des Mittelpunktes der geschäftlichen Tätigkeit maßgeblich, wobei dem Kläger bei mehreren Niederlassungen ein Wahlrecht zusteht.[6] In Bezug auf den an letzter Stelle in Betracht kommenden Sitz des Amtes wurde das einzige Gemeinschaftsmarkengericht für ganz Spanien am Sitz des Harmonisierungsamts in Alicante errichtet.[7]

Art 97 regelt nur die internationale Zuständigkeit und überlässt die Bestimmung des innerhalb des Mitgliedstaates örtlich zuständigen Gerichts den nationalen Regeln des betreffenden Mitgliedstaates, Art 101 (3). Für den Fall, dass deutsche Gemeinschaftsmarkengerichte international zuständig sind, re- **4**

---

2 Vgl Kropholler, Einl. Rn 19.
3 Näheres dazu bei Fayaz, GRUR Int 2009, 459, 467.
4 Art 94 (1) GMV iVm Art 60 EuGVO; Kouker, Mitt. 2000, 241, 243.
5 Hierzu Leible/Müller, WRP 2013, 1.
6 Schulte-Beckhausen, WRP 1999, 300, 301.
7 Schaper, 8; vgl Anl 8.

gelt § 125g DE-MarkenG die örtliche Zuständigkeit. Danach ist grundsätzlich die für deutsche Marken geltende Zuständigkeit (§ 140 DE-MarkenG iVm §§ 12f und 32 DE-ZPO) gegeben. Falls daraus keine örtliche Zuständigkeit folgt, soll der allgemeine Gerichtsstand des Klägers zuständig sein. § 125 Satz 2 DE-MarkenG trägt dem Umstand Rechnung, dass das deutsche Verfahrensrecht diesen Gerichtsstand nicht kennt.

5  Abs 4 (a) lässt auch eine Parteivereinbarung über ein anderes als das nach Sitz oder Niederlassung zuständige Gemeinschaftsmarkengericht mit gemeinschaftsweiter Zuständigkeit zu (Art 23 EuGVO). Ferner erlangt gemäß Abs 4 (b) das vom Kläger angerufene, nach Sitz oder Niederlassung nicht zuständige Gemeinschaftsmarkengericht gemeinschaftsweite Zuständigkeit, wenn sich der Beklagte auf das Verfahren vor diesem Gemeinschaftsmarkengericht einlässt (Art 24 EuGVO[8]).

6  Diese Gerichtsstände der Prorogation und der rügelosen Einlassung stehen alternativ bzw wahlweise zu den hierarchisch geordneten Gerichtsständen nach Abs 1 oder 2 zur Verfügung. Im Unterschied zu Art 23, 24 EuGVO können auf diesem Wege nur Gemeinschaftsmarkengerichte zuständig werden, so dass deren ausschließliche sachliche Zuständigkeit und damit die gemeinschaftsweite Entscheidungskompetenz gewahrt bleibt.[9] Die Vereinbarung eines anderen Gerichts (also eines Gerichts eines Mitgliedstaates, das kein Gemeinschaftsmarkengericht ist, oder eines Gerichts eines Drittstaates) ist nicht zulässig. Entscheidungen solcher anderen Gerichte über die Gültigkeit der GM sind unwirksam.

### 3  Gerichtsstand der Verletzungshandlung

7  Alternativ lässt Abs 5 den Gerichtsstand am Orte der unerlaubten Handlung zu. Werden die in Art 9 (2) nicht abschließend (»insbesondere«) aufgezählten Verletzungshandlungen in unterschiedlichen Mitgliedstaaten begangen oder tritt ihr Erfolg in unterschiedlichen Mitgliedstaaten ein, so sind nach Art 97 (5) die Gemeinschaftsmarkengerichte an all diesen Orten für die Verletzungen im jeweiligen Mitgliedstaat zuständig. Vom Gerichtsstand der Verlet-

---

8  Art 23 und 24 EuGVO sind inhaltsgleich zu den zuvor anwendbaren Art 17, 18 EuGVÜ.

9  Vgl Bumiller, ZIP 202, 116: einzige Ausnahme zur Zuständigkeit der Gemeinschafts-markengerichte nach Art 97 ist Art 103 GMV im Rahmen einstweiliger Maßnahmen.

zungshandlung ausgenommen sind allerdings negative Feststellungsklagen, so dass sich die vom Tatort begründete Zuständigkeit für Streitfälle gemäß Art 96 auf dessen lit a), c) und d) verkürzt.

Bei der Wahl des Gerichtsstandes der Verletzungshandlung ist jedoch nach **8** Art 98 (2) die Reichweite der Zuständigkeit des Gerichts der unerlaubten Handlung auf vollzogene oder drohende Verletzungshandlungen in diesem Mitgliedstaat und damit auch die territoriale Wirksamkeit der in solchen Verfahren ergangenen Entscheidungen beschränkt. Beispielsweise darf ein nach Art 97 (5) zuständiges deutsches Gemeinschaftsmarkengericht auch nur über die Verletzungsfälle in Deutschland entscheiden. Soweit allerdings Widerklagen auf Verfall oder Nichtigkeit der den Klageanspruch begründenden GM beim Gericht des Tatortes Erfolg haben, ist deren Wirkung aufgrund der Einheitlichkeit der GM gemeinschaftsweit.[10]

Der Kläger kann unter Berücksichtigung der rechtlichen oder tatsächlichen **9** Vorteile des jeweiligen Begehungslandes wählen, in welchem Mitgliedstaat er ein Verfahren gegen eine Verletzungshandlung in diesem Mitgliedstaat anstrengt. Auch wenn die Möglichkeit des »forum shoppings« wegen der nur nationalen Wirkungen von Verletzungs- oder Entschädigungsentscheidungen des in einem Mitgliedstaat unter dem Gesichtspunkt der unerlaubten Handlung angerufenen Gerichts in der Zuständigkeitsordnung des Art 97 nicht angelegt ist,[11] kann für den Kläger der Vorteil der territorial umfassenden Zuständigkeit eines »Sitz«- oder »Niederlassungs«-Gerichts und die entsprechende Reichweite seiner Entscheidungen zurücktreten hinter seinen Wunsch, im Mitgliedstaat der unerlaubten Handlung – oder einem von mehreren – ihm besonders geeignet erscheinende prozessuale Verhältnisse in Anspruch zu nehmen. Denn es dürfte davon auszugehen sein, dass die Gemeinschaftsmarkengerichte in den verschiedenen Mitgliedstaaten zumindest über einen absehbaren Zeitraum nicht überall über dieselbe Expertise im Gemeinschaftsmarkenrecht verfügen; weitere Umstände wie der Ablauf einschlägiger Verfahren und insbesondere deren Zeitdauer treten hinzu.

Dem zunächst außergerichtlich in Anspruch genommenen (vermeintlichen) **10** Verletzer ist es allerdings nicht gestattet, sich mit einer negativen Feststellungsklage an ein Gericht im Mitgliedstaat seiner angegriffenen Handlungen

---

10  Vgl Art 98 Rdn 10.
11  Knaak, GRUR Int 2007, 386, 388; vgl Schaper, 125 ff.

zu wenden (Abs 5). Er muss sich an die Regeln für die internationale Zuständigkeit nach Abs 1 bis 3 halten oder mit dem potentiellen Kläger eine Vereinbarung nach Abs 4 (a) treffen.

11 Hinsichtlich des Ortes der Verletzungshandlung iSd Art 97 (5) sind trotz abweichenden Wortlauts des Art 5 Nr 3 EuGVO keine sachlichen Gründe ersichtlich, nicht auf die zu dieser Vorschrift ergangene Rechtsprechung des EuGH (*forum delicti*) zurückzugreifen,[12] wonach die Verletzung einer GM unter den Begriff der unerlaubten Handlung iSd Art 5 Nr 3 EuGVO fällt.[13] Sowohl der Ort der Begehung der Verletzungshandlung (Handlungsort) als auch der Ort der tatbestandsmäßigen Deliktsvollendung (Erfolgsort) können maßgeblich sein, nicht aber der möglicherweise abweichende Ort, an dem die Schadensfolgen eintreten (Folgeschadensort).[14]

12 Im Zeitalter des Internets stellt sich allerdings die Frage, ob und inwieweit das vorstehend beschriebene Ubiquitätsprinzip, welches seinerzeit im Zusammenhang mit Printmedien bei Verletzungen von GM für anwendbar erklärt wurde, einer Einschränkung bedarf. Für den Fall, dass bei Verletzungshandlungen im Internet, etwa durch Werbeanzeigen oder Verkaufsangebote, der Server der Website oder die verletzende Ware und damit der Handlungsort in einem anderen als dem Wohnsitzmitgliedstaat des die Seite abrufenden Verbrauchers liegt, reicht die bloße Abrufbarkeit des Internetinhaltes für die Bestimmung des Erfolgsortes in einem Mitgliedstaat nicht aus, sondern die rechtsverletzenden Angebote müssen sich auch gerade an Verbraucher in-

---

12 Büscher/Dittmer/Schiwy, Art 93, 94 (jetzt 97, 98) Rn 2; Knaak, GRUR Int 1997, 864, 866; Kouker, Mitt. 2000, 241, 245; Schulte-Beckhausen, WRP 1999, 300, 302; Wichard, ZEuP 2002, 23, 49; Schaper, 86 ff; kritisch dazu Österreichischer OGH, Beschluss 17 Ob 22/07w *PERSONAL SHOP.*

13 Kropholler Art 5 Rn 66; Schaper 99, 100.

14 Sog. Ubiquitätsprinzip; vgl EuGH C-68/93 vom 07.03.1995, GRUR Int 1998, 298, 299, (Nr 20) *Fiona Shevill I*; hier wurden die in der Entscheidung *Mines de potasse d'Alsace* (EuGH Rs 21/76 vom 30.11.1976, NJW 1977, 493) getroffenen Feststellungen hinsichtlich der Verletzung materieller Rechte auch bei Verletzung immaterieller Rechte für anwendbar erklärt; diesen Grundsätzen ebenfalls folgend: Tribunal de grande Instance de Paris vom 19.03.1984, GRUR Int. 1986, 555 *Caroline de Monaco/Burda*; ebenso BGH I ZR/11 vom 28.06.2012, GRUR Int 2012, 925, 928 (Nr 20) mwN *Parfumflakon II.*

nerhalb dieses Mitgliedstaates richten.[15] Die Prüfung, an welche Verkehrskreise sich der Internetinhalt richtet, ist einzelfallabhängig, anhand objektiver
Kriterien von den nationalen Gerichten vorzunehmen.[16]

Vom Kriterium des Ortes der Abrufbarkeit des Internetinhaltes hat der **13**
EuGH allerdings jüngst in einem Verfahren betreffend die Verletzung einer
nationalen Marke Abstand genommen und die Gerichte des Eintragungslan-
des und damit des Schutzbereiches der Marke (Erfolgsort) sowie alternativ
die Gerichte am Ort der Niederlassung des Verletzers (Handlungsort) gemäß
Art 5 Nr 3 EuGVO für zuständig zur Entscheidung über den Gesamt-
schaden erklärt.[17] Fraglich ist, ob diese – vom EuGH mit Blick auf die
Vorhersehbarkeit der zuständigen Gerichte getroffene – Rechtsprechung auf
die Verletzung einer GM zu übertragen ist,[18] da sich der Schutzbereich einer GM auf mehrere Mitgliedstaaten erstreckt und das Eintragungsland
(wegen des Amtssitzes regelmäßig Spanien) daher nicht typischerweise am
(Wohn-)sitz des Klägers liegt.[19] Insofern dürfte in Bezug auf die GM das
Kriterium, an welche Verkehrskreise sich der Internetinhalt richtet, weiterhin
relevant sein.[20]

Aktuell hat der EuGH im Rahmen eines Vorabentscheidungsgesuches des **14**
BGH darüber zu entscheiden, ob bei mehreren Beteiligten einer Rechtsverletzung in unterschiedlichen Mitgliedstaaten die Handlungsorte wechselsei-

---

15 Auf Art 97 (5) übertragbar: EuGH C-324/09 vom 12.07.2011, GRUR 2011,
   1025, 1028 (Nr 65) *L'Oréal*; EuGH C-585/08 und C-144/09 vom 07.12.10,
   MMR 2011, 132, 136 (Nr 83) *Pammer/Alpenhof*.
16 EuGH C-324/09 vom 12.07.2011, GRUR 2011 1025, 1028 (Nr 66) *L'Oréal*;
   EuGH MMR 2011, 132, 136 (Nr 84) *Pammer/Alpenhof*, mit – nicht abschließender – Aufzählung einschlägiger Kriterien; dazu auch Föhlisch, MMR-Aktuell
   2010, 3111895.
17 EuGH C-523/10 vom 19.04.2012, GRUR 2012, 654, 656 (Nr 39) *Winterstei-
   ger*.
18 Die Übertragbarkeit grds bejahend: Picht, GRUR Int 2013, 19, 24, 26.
19 Bei nationalen Marken ist dies typischerweise auch der Ort des Mittelpunktes
   der Interessen des Klägers, vgl. EuGH C-509/09 und C-161/10 vom 25.10.2011,
   GRUR Int 2012, 47, 51 (Nr 49) *eDate Advertising*; Dietze, EuZW 2012, 513,
   516.
20 So auch Dietze, EuZW 2012, 513, 516.

tig zuzurechnen sind.[21] Es wäre wünschenswert, dass der EuGH sich hier dem die Vorlagefragen bejahenden BGH anschließt. Wären nämlich von der internationalen Zuständigkeit auch Handlungen eines Gehilfen erfasst, dessen Tatbeitrag zur Verwirklichung des Schadenseintritts im Inland beigetragen hat, bedeutete dies eine erweiterte Zuständigkeit und damit eine Stärkung der Gemeinschaftmarkengerichte.[22]

### 4   Gerichtsstand der Streitgenossenschaft

15   Neben den sich aus Art 97 ergebenden Zuständigkeiten regelt Art 6 EuGVO alternativ den Gerichtsstand der Streitgenossenschaft,[23] wonach trotz unterschiedlicher internationaler Gerichtsstände ein Verfahren gegen mehrere Beklagte mit (Wohn-)Sitz bzw Niederlassung in unterschiedlichen Mitgliedstaaten am selben Gerichtsstand möglich ist (Abs 1), um divergierende Entscheidungen in unterschiedlichen Verfahren zu vermeiden. Voraussetzung ist eine enge Beziehung zwischen den Klagen (Konnexität), welche zur Vermeidung widersprüchlicher Entscheidungen eine gemeinsame Verhandlung und Entscheidung als geboten erscheinen lässt. Art 6 EuGVO bestimmt so nicht nur die internationale, sondern auch die innerstaatliche örtliche Zuständigkeit.

16   Während der BGH das Vorliegen von Konnexität bei Zusammenwirken von Konzernunternehmen in sogenannten Verletzerketten (Hersteller, Lieferanten, Vertreiber usw) bejaht hat,[24] hat sich der EuGH zu dieser Frage bislang lediglich in Bezug auf Patentverletzungsverfahren geäußert und eine Konnexität verneint.[25] Im Gegensatz zur Gemeinschaftsmarke handelt es sich beim europäischen Patent um ein Bündel aus einzelnen nationalen Rechten mit Folge der Anwendung unterschiedlicher nationaler Rechtsordnungen, so dass trotz gleichem Sachverhalt unterschiedliche Entscheidungen im Rechts-

---

21   BGH I ZR/11 vom 28.06.2012, GRUR Int 2012, 925 *Parfumflakon II*; vgl dieselbe Vorlagefrage betreffend BGH I ZR 35/11 vom 28.06.2012, GRUR Int 2012, 932 *Hi Hotel*; RIW 2011, 810 Anm von Hein.
22   Vgl Schapenberger, GRUR Prax 2012, 456; von Hein, LMK 2012, 338414; ders, RIW 2011, 811 ff.
23   Vgl EuGH C-539/03 vom 13.07.2006, GRUR Int 2006, 836, 839 *Roche Niederlande*; im deutschen Recht subjektive Klagehäufung nach §§ 59, 60 DE-ZPO.
24   BGH I ZR 11/04 vom 14.12.2006, GRUR Int 2007, 864, 866 *K/JALAIR*.
25   EuGH C-539/03 vom 13.07.2006, GRUR Int 2006, 836, 839 *Roche Niederlande*.

sinne nicht divergieren.[26] GM sind gemeinschaftsweit einheitliche Rechte, die hinsichtlich der Voraussetzungen der Verletzungen den einheitlichen Regelungen der GMV unterliegen, was die Anwendbarkeit des Art 6 Nr 1 EuGVO rechtfertigt,[27] wenngleich das Vorliegen von Konnexität restriktiv zu beurteilen ist.[28] Die Anwendbarkeit des Art 6 Nr 1 EuGVO erstreckt sich wegen der Einheitlichkeit der GM nicht nur auf solche in der GMV geregelten Sanktionen (zB Art 9 iVm Art 98 (1); Art 9 (3) Satz 2) sondern auch auf sämtliche Folgeansprüche iSd Art 102 (2).[29]

Wegen der möglichen Häufung der Gerichtsstände kann Art 6 EuGVO entgegen der Intention der EuGVO zur Möglichkeit des »forum shopping« führen.[30]   17

## Artikel 98 (ex Artikel 94)   Reichweite der Zuständigkeit

**(1) Ein Gemeinschaftsmarkengericht, dessen Zuständigkeit auf Artikel 97 Absätze 1 bis 4 beruht, ist zuständig für**

**a) die in einem jeden Mitgliedstaat begangenen oder drohenden Verletzungshandlungen,**

**b) die in einem jeden Mitgliedstaat begangenen Handlungen im Sinne des Artikels 9 Absatz 3 Satz 2.**

**(2) Ein nach Artikel 97 Absatz 5 zuständiges Gemeinschaftsmarkengericht ist nur für die Handlungen zuständig, die in dem Mitgliedstaat begangen worden sind oder drohen, in dem das Gericht seinen Sitz hat.**

---

26  EuGH C-539/03 vom 13.07.2006, GRUR Int 2006, 836, 839 *Roche Niederlande*; Lange, GRUR 2007, 107, 108.

27  So auch BGH I ZR 11/04 vom 14.12.2006, GRUR Int 2007, 864, 866 *KIJA-LAIR*; Hoffrichter-Daunicht, Art 102 Rn 9; Lange, GRUR 2007, 107, 112; Schaper, 141.

28  EuGH C-539/03 vom 13.07.2006, GRUR Int 2006, 836, 839 *Roche Niederlande*; Knaak, GRUR Int 2007, 386, 391.

29  So auch BGH I ZR 11/04 vom 14.12.2006, GRUR Int 2007, 864, 866 *KIJA-LAIR*; Schaper, 140, 141; Schricker/Bastian/Knaak, Gemeinschaftsmarke und Recht der EU-Mitgliedstaaten, 128; Wichard, ZeuP 2002, 23, 48; aA Lange, GRUR 2007, 107, 108.

30  Knaak, GRUR Int 2007, 386, 391; EuGH C-539/03 vom 13.07.2006, GRUR Int 2006, 836, 839 (Nr 37 f) *Roche Niederlande*.

*Eisenführ, Overhage*

## 1 Allgemeines

1    Wie bereits im Rahmen der Erläuterung des Art 97 erwähnt, differenziert Art 98 die sachliche Reichweite der Zuständigkeit danach, ob die internationale Zuständigkeit auf die Sitz- bzw Niederlassungsregelung des Art 97 (1) bis (3) sowie die vereinbarte bzw kraft Einlassung des Beklagten gegebene Zuständigkeit gemäß Art 97 (4) oder auf die internationale Zuständigkeit des Ortes der unerlaubten Handlung gemäß Art 97 (5) zurückgeht.

## 2 Gemeinschaftsweite Reichweite

2    Abs 1 erstreckt die Reichweite der in Art 97 (1) bis (4) international zuständigen Gemeinschaftsmarkengerichte auf alle in der Gemeinschaft begangenen oder drohenden Verletzungshandlungen sowie Benutzungshandlungen zwischen Anmeldungs- und Eintragungsveröffentlichung iSv Art 9 (3) Satz 2, unabhängig davon, in welchem Mitgliedstaat oder in welchen Mitgliedstaaten diese Handlungen begangen wurden. Demnach muss ein Kläger, wenn er Verletzungen derselben GM in verschiedenen Mitgliedstaaten im Rahmen eines einzigen Verletzungsprozesses verfolgen will, sich entweder der internationalen Zuständigkeitsregelung des Art 97 (1) bis (3) unterwerfen oder mit dem Beklagten eine Gerichtsstand-Vereinbarung iSv Art 97 (4) (a) treffen; er kann natürlich auch darauf hoffen, dass sich der Beklagte gemäß Art 97 (4) (b) auf ein Verfahren vor einem nach Art 97 (1) bis (3) nicht international zuständigen Gericht einlässt. Die unter diesen Voraussetzungen ergangenen Urteile haben unmittelbare Wirkung in allen 27 Mitgliedstaaten.

3    Soweit das Gemeinschaftsmarkengericht gemeinschaftsweite Zuständigkeit besitzt, ist die GMV materiell Rechtsgrundlage für Sanktionen auf Grund der in Abs 1 genannten Handlungen in allen betroffenen Mitgliedstaaten (Art 102 (1)). Dementsprechend ist Art 102 (1) dahingehend auszulegen, dass sich die Reichweite eines von einem nach Art 97 (1) bis (4) zuständigen

Gericht ausgesprochenen Unterlassungsgebotes grundsätzlich auf das gesamte Gebiet der Union erstreckt.[1] Der einheitliche Charakter einer GM verlangt es, abweichende Entscheidungen der Gerichte und des HABM infolge erneuter Benutzung des fraglichen Zeichens in einem anderen Mitgliedstaat, für den das Verbot nicht ausgesprochen wurde, zu verhindern.[2] Allein in Fällen, in denen die (potenzielle) Beeinträchtigung der Markenfunktionen für bestimmte Mitgliedstaaten ausscheidet, kommt eine Begrenzung der territorialen Reichweite des Verbotes auf einen Mitgliedstaat oder einen Teil der Gemeinschaft in Betracht,[3] sei es, weil der aus der GM Klagende die territoriale Beschränkung beantragt oder weil dem Beklagten der Beweis gelingt, dass seine Benutzungshandlung die Markenfunktionen – etwa aus sprachlichen Gründen – nicht beeinträchtigt.[4]

Alle von dem Unterlassungsgebot des Art 102 (1) abgeleiteten Folgeansprüche, namentlich auf Schadensersatz, unterliegen gemäß Art 102 (2) den jeweiligen Rechtsordnungen der betroffenen Mitgliedstaaten (einschließlich ihres internationalen Privatrechts), welche vom angerufenen Gemeinschaftsmarkengericht anzuwenden sind. Die Anerkennung und Vollstreckung des Urteils richtet sich gemäß Art 94 nach den Regeln des EuGVO,[5] wonach die anderen Mitgliedstaaten grundsätzlich zur Anerkennung und Vollstreckung einer gerichtlichen Entscheidung verpflichtet sind und ihr damit grenzüberschreitende Reichweite verleihen. **4**

---

1  EuGH C-235/09 vom 12.04.2011, GRUR 2011, 518, 520 (Nr 44) *DHL Express France SAS/Chronopost*; Sosnitza, GRUR 2011, 465; Kochendörfer, GRUR Prax 2010, 503.
2  EuGH C-235/09 vom 12.04.2011, GRUR 2011, 518, 520 (Nr 42) *DHL Express France SAS/Chronopost*; EuGH C-316/05 vom 14.12.06, GRUR 2007, 228 (Nr 60) *Nokia/Wärdell*; zur Einheitlichkeit der GM in diesem Zusammenhang: Sosnitza, GRUR 2011, 465, 466.
3  Vgl EuGH C-236/08 bis C-238/08 vom 23.03.10, GRUR 2010, 445, 448 (Nr 75) *Google France und Google* sowie die dort angeführte Rechtsprechung; zur territorialen Aufspaltung vgl EuGH GRUR 2009, 1158, 1159 *PAGO International*.
4  EuGH C-235/09 vom 12.04.2011, GRUR 2011, 518, 520 (Nr 48) *DHL Express France SAS/Chronopost*.
5  Näheres bei von Mühlendahl/Ohlgart § 26 (II) (2) und § 29. Siehe auch Tagungsbericht Max-Planck-Institut, GRUR Int 2001, 965, 966.

5  Das bedeutet, dass in einem Verletzungsprozess vor einem (nationalen) Gericht mit internationaler Reichweite seiner Zuständigkeit das Gericht auch über Verletzungshandlungen in anderen Mitgliedstaaten befinden muss. Dabei muss es zum einen den Verletzungstatbestand beurteilen, der ungeachtet der Einheitlichkeit der GM zB aus sprachlichen Gründen oder solchen der Marktverfassung (Produktähnlichkeit) in den betroffenen Mitgliedstaaten durchaus unterschiedlich sein kann, und zum anderen die nationalen Rechte dieser Staaten in Bezug insbesondere auf Schadensersatzansprüche anwenden.

6  Ein nach Art 97 (1) bis (4) zuständiges Gemeinschaftsmarkengericht verliert seine gemeinschaftsweite Zuständigkeit nicht, wenn es nach nationalem Verfahrensrecht seine örtliche Zuständigkeit aus dem Gerichtsstand der unerlaubten Handlung ableitet. Gegen eine Beschränkung spricht zum einen der Wortlaut des Art 98 Abs 2 GMV,[6] zum anderen die sich aus einer Beschränkung durch nationale Regelungen ergebenden Ungleichheiten in den einzelnen Mitgliedstaaten: Die Entscheidungen in Ländern, in denen nur ein Gemeinschaftsmarkengericht existiert, hätten bei einer Zuständigkeit nach Art 97 (1) bis (4) stets eine gemeinschaftsweite Wirkung, während die Gerichte in Ländern mit mehreren Gemeinschaftsmarkengerichten auch im Falle der Zuständigkeit nach Art 97 (1) bis (4) nur eine territorial beschränkte Zuständigkeit hätten, wenn die örtliche Zuständigkeit nach nationalem Recht aus dem Gerichtsstand der nationalen Handlung folgte.[7]

7  Im Falle des Wunsches nach umfassender, gemeinschaftsweiter Klärung durch ein nach Art 97 (1) bis (4) zuständiges Gericht ist dem Kläger zu raten, seinen Anspruch ausdrücklich auf die gesamte Gemeinschaft zu erstrecken, da dieser bei fehlender territorialer Bestimmung regelmäßig als auf den Mitgliedstaat des angerufenen Gerichts begrenzt verstanden wird.[8] Dies zeigt zugleich, dass die territoriale Begrenzung des Streitgegenstandes jedenfalls stillschweigend als zulässig angesehen wird.[9] Als Ausfluss der – sofern im nationalen Recht anerkannten – Dispositionsmaxime ist eine territoriale Be-

---

6  Vgl Fayaz, GRUR Int 2009, 459, 465.
7  Vgl Fayaz, GRUR Int 2009, 459, 465.
8  ZB BGH GRUR Int 2005, 719 *Lila-Schokolade*; Österreichischer OGH GRUR Int 2005, 945 *Goldhase*; BGH GRUR Int 2007, 344 *Goldhase*.
9  Hoffrichter-Daunicht, Mitt 2008, 451; Knaak, GRUR Int 2007, 386, 388; Rohnke, GRUR Int 2002, 979, 986, Koch/Samwer, 493, 499.

schränkung der Klage insbesondere dann sinnvoll, wenn der Verletzungstatbestand in Teilen der Gemeinschaft zweifelhaft erscheint.[10]

Nicht in der GMV geregelt ist der aufgrund der Möglichkeit der territorialen **8** Beschränkung mögliche Fall paralleler Klagen aus einer Gemeinschaftsmarke wegen gleicher Verletzungshandlungen in mehreren Mitgliedstaaten.[11] Hier richtet sich die Zuständigkeit nach Art 28 EuGVO, in dessen Rahmen das später angerufene Gericht das Verfahren aussetzen kann.[12]

### 3 Gerichtsort der unerlaubten Handlung

Wenn ein Verletzungskläger ein Verfahren nach Art 96 (a) oder (c) gemäß **9** Art 97 (5) in demjenigen Mitgliedstaat anhängig macht, in welchem die angegriffenen Handlungen begangen worden sind oder drohen und weder eine internationale Zuständigkeit des angerufenen Gerichts nach Abs 1 bis 3 gegeben noch nach Abs 4 (a) vereinbart worden ist, darf sich dieses Gericht nur mit den in seinem Mitgliedstaat begangenen oder drohenden Handlungen befassen. Seine Entscheidung hat keine Rechtswirkungen auf gleichartige Handlungen in anderen Mitgliedstaaten. Sie müssen ggf in unabhängigen Verfahren verfolgt werden, für die die Entscheidung des ersten Gerichts allenfalls indizielle Bedeutung hat. Insofern wird die durch Art 97 (5) eröffnete Wahlmöglichkeit (mit der Folge eines »forum shopping«) beschränkt.[13]

Ungeachtet dessen hat eine beim Gericht des Tatorts erhobene Widerklage **10** wegen Verfalls oder wegen Nichtigkeit (auf Grund absoluter und/oder relativer Eintragungshindernisse) mit Rücksicht auf die Einheitlichkeit der GM gemeinschaftsweite Wirkung. Die Einheitlichkeit der Gemeinschaftsmarke führt dazu, dass der Verfall oder die Nichtigkeit der GM nur einheitlich erklärt werden können. Dafür spricht auch der Wortlaut des Art 98 (2), nach dem die beschränkte Reichweite nur »Handlungen« erfasst, während die Widerklage auf Erklärung des Verfalls oder der Nichtigkeit keine Handlung betrifft, sondern vielmehr einen weiteren Streitgegenstand darstellt.[14]

---

10 Dazu Knaak, GRUR Int 2007, 386, 388; Koch/Samwer, 493, 499.
11 Vgl OLG Düsseldorf v. 8.11.2005, Az. I-20 U 110/04, S. 11 *Rodeo*; Cour d'appel de Paris 04/22431 vom 2.12.2005 *Rodeo*.
12 Vgl EuGH, GRUR Int 2006, 836 (Nr 22, 26) *Roche Niederlande*; Näheres dazu bei Knaak, GRUR Int 2007, 386, 388.
13 Vgl Art 97 Rdn 9.
14 Fayaz, GRUR Int 2009, 459, 464.

## Artikel 99 (ex Artikel 95)  Vermutung der Rechtsgültigkeit; Einreden

(1) Die Gemeinschaftsmarkengerichte haben von der Rechtsgültigkeit der Gemeinschaftsmarke auszugehen, sofern diese nicht durch den Beklagten mit einer Widerklage auf Erklärung des Verfalls oder der Nichtigkeit angefochten wird.

(2) Die Rechtsgültigkeit einer Gemeinschaftsmarke kann nicht durch eine Klage auf Feststellung der Nichtverletzung angefochten werden.

(3) Gegen Klagen gemäß Artikel 96 Buchstaben a) und c) ist der Einwand des Verfalls oder der Nichtigkeit der Gemeinschaftsmarke, der nicht im Wege der Widerklage erhoben wird, insoweit zulässig, als sich der Beklagte darauf beruft, dass die Gemeinschaftsmarke wegen mangelnder Benutzung für verfallen oder wegen eines älteren Rechts des Beklagten für nichtig erklärt werden könnte.

*Eisenführ, Overhage*

### 1 Allgemeines

1  Wenigen Vorschriften der Verordnung sieht man ihren Kompromiss-Charakter, dem Zustandekommen aus Einflüssen unterschiedlicher nationaler Markenrechtsordnungen, so deutlich an wie dieser. Das eine Regelungssystem will die Entscheidung über den Rechtsbestand einer durch Eintragung geschützten Marke ausschließlich dem zentralen Eintragungsamt und dem zur Überprüfung seiner Entscheidungen vorgesehenen (einzigen) Gerichtszug überlassen, das andere will jedes mit einer streitigen Geltendmachung des Markenschutzes befasste Gericht ermächtigen, der Rechtsgültigkeit der Anspruchsgrundlage, also der Rechtsgültigkeit der Markeneintragung nachzugehen und diese gegebenenfalls zu verneinen. Herausgekommen ist mit den Art 99, 100 eine Melange aus beidem. Die Novellierungsvorschläge der Kommission beziehen sich nur auf Abs 3 und sehen neben dem Ersatz von »Gemeinschaftsmarke« durch »Europäische Marke« die Änderung des

letzten Teilsatzes zur Fassung »..., dass die Europäische Marke wegen mangelnder ernsthafter Benutzung zum Zeitpunkt der Klageerhebung für verfallen erklärt werden könnte«.

## 2 Rechtsgültigkeit der Klagemarke

Grundsätzlich muss das Gemeinschaftsmarkengericht, das wegen der Verletzung einer GM angerufen wird, dessen Rechtsbestand unterstellen. Jedoch kann der Beklagte beim selben Gemeinschaftsmarkengericht diesen Rechtsbestand gemäß Art 100 mit einer Widerklage wegen Verfalls oder Nichtigkeit angreifen und im Erfolgsfalle die GM insgesamt »dezentral«, dh irgendwo in der Gemeinschaft und ohne Einwirkung des Amtes zu Fall bringen (sofern nicht gemäß Art 100 (7) ein Amtsverfahren erzwungen wird). Sogar der bloße Einwand des Verfalls der klägerischen GM wegen mangelnder Benutzung und/oder ihrer Nichtigkeit aus relativen Gründen ist ihm möglich. Damit bestehen für die Gemeinschaftsmarkengerichte lediglich die beiden genannten Möglichkeiten, die Rechtsgültigkeit einer GM zu überprüfen, darüber hinaus darf es keinesfalls eine solche Prüfung von Amts wegen vornehmen.[1] Der Beklagte kann aber nicht der Verletzungsklage dadurch zu entgehen versuchen, dass er mittels einer negativen Feststellungsklage den Rechtsbestand der GM angreift, indem er im Rahmen einer solchen Klage etwa den Verfall oder die Nichtigkeit der GM geltend macht; beides ist – solange keine Verletzungsklage anhängig ist – nur im Antragsverfahren beim Amt möglich.

## 3 Verfall oder Nichtigkeit der Klagemarke

Dem aus einer GM in Anspruch genommenen Beklagten stehen aber, wenn er die Klagemarke aus einem der in Art 51 genannten Gründe für verfallen oder aus einem der in den Art 52, 53 aufgeführten Gründe für nichtig hält, verschiedene Verfahrensmaßnahmen zur Geltendmachung dieser Umstände zur Verfügung. Soweit die Verfallsgründe auf mangelnder Benutzung oder die Nichtigkeitsgründe auf einem älteren, dem Beklagten zur Verfügung stehenden Recht beruhen, kann er – gewissermaßen auf unterster Stufe – einen Einwand gemäß Abs 3 erheben. Dass im Erfolgsfalle die Wirkung des Einwandes nur inter partes eintritt, muss den Beklagten nicht stören: Entschei-

2

3

---

1 Von Kapff in Ekey/Klippel, Art 99 Rn 1; Österreichischer OGH 4 Ob 239/04 vom 30.11.04, GRUR Int 2005, 945, 947 *Goldhase*.

dend ist für ihn zunächst, dass er der gegen ihn gerichteten Klage erfolgreich Paroli geboten hat. Und es ist darüber hinaus möglicherweise von zusätzlichem Vorteil für ihn, dass die GM mit ihrer Schutzwirkung gegenüber Dritten bestehen bleibt. Allerdings sind Kläger wie Beklagter darauf angewiesen, dass das angerufene Gemeinschaftsmarkengericht den Sachverhalt mit ausreichender Expertise beurteilt.

4   Gibt es aus Sicht des Beklagten insoweit Zweifel oder will er andere Verfalls- bzw. Nichtigkeitsgründe geltend machen als die, auf die der bloße Einwand nach Abs 3 beschränkt ist, etwa den Verfall auf Grund Umwandlung der Marke zu einer sekundären Gattungsbezeichnung (Art 51 (2)) oder die Nichtigkeit der Marke aus absoluten Gründen (Art 52), so wird er Widerklage gemäß Art 100 erheben (Art 99 Rdn 6) oder den ihm jederzeit offenstehenden Weg der Antragstellung auf Erklärung des Verfalls oder der Nichtigkeit beim Amt beschreiten. Zum Einfluss eines solchen Antrages, wenn er erst nach Erhebung einer Klage im Sinne von Art 100 und ohne vorherige Widerklageerhebung gestellt wird, auf das Verfahren vor dem Gemeinschaftsmarkengericht äußert sich die GMV nicht.[2] Es ist aber davon auszugehen, dass das Verletzungsgericht das Verfahren bis zur Entscheidung über den Amtsantrag jedenfalls dann aussetzt, wenn dies iSv Art 104 (2) von einer Partei beantragt wird.

5   Letzteres sieht Art 104 (2) Satz 2 als Kann-Vorschrift ausdrücklich vor, wenn der Beklagte im Verletzungsverfahren zunächst eine Widerklage und erst dann – aus eigenem Antrieb oder auf Grund einer Aufforderung durch das Gericht gemäß Art 100 (7) – beim Amt einen Antrag auf Verfalls- oder Nichtigerklärung stellt. Das Gemeinschaftsmarkengericht wird von dieser Kann-Vorschrift regelmäßig Gebrauch machen. Geht der spätere Antrag beim Amt auf eine Aufforderung durch das Gericht zurück, wäre es ohnehin widersinnig, wenn ungeachtet dessen das Verletzungsverfahren fortgeführt werden würde. Aber auch im Falle einer eigenständigen Antragstellung von Seiten des Beklagten dürfte es prozessökonomisch sinnvoll sein, zunächst das Ergebnis des Amtsverfahrens abzuwarten. Überdies steht dem Gericht die Möglichkeit des Art 104 (3) offen, für die Dauer der Aussetzung einstweilige Maßnahmen einschließlich Sicherungsmaßnahmen anzuordnen.

---

2  Art 104 (1) betrifft den Fall eines Amtsantrages vor Klagerhebung, Art 104 (2) den Fall einer (früheren) Widerklage.

Statt des bloßen Einwandes von Verfall oder Nichtigkeit der Klagemarke, 6
der ohnehin auf wenige, aber die wohl am häufigsten vorkommenden Fallgestaltungen beschränkt ist, kann der Beklagte das Schwert der Widerklage
gemäß Art 100 einsetzen. Es ist aus seiner Sicht schärfer, weil es die Geltendmachung sämtlicher Verfalls- oder Nichtigkeitsgründe der Art 51 bis 53 erlaubt, aber auch aus Sicht des Klägers und Widerbeklagten, weil es im Erfolgsfalle zur Registerlöschung (oder zumindest Teillöschung) der GM mit
Wirkung erga omnes führt. Im Hinblick darauf steht dem Kläger und Widerbeklagten offen, den Beklagten – sofern ihm das Gericht darin folgt – gemäß Art 100 (7) zu zwingen, seine Verfalls- oder Nichtigkeitsansprüche im
Wege der Antragstellung beim Amt geltend zu machen und das Amt darüber
mit Bindungswirkung für das Verletzungsgericht entscheiden zu lassen. Im
Falle des bloßen Verfalls- oder Nichtigkeitseinwandes hat der Kläger diese
Möglichkeit nicht, und im übrigen steht sie auch nur dem Inhaber der GM
zu, der – wenn er nicht selbst Kläger ist – dem Verfahren gemäß Art 100 (3)
beitreten muss.

Die Entscheidung in einem Verletzungsprozess mit Verfalls- oder Nichtig- 7
keitswiderklage dürfte regelmäßig – jedenfalls in Deutschland – uno actu
durch ein Endurteil ergehen.[3] Die Widerklage ist – jedenfalls nach deutschem Zivilprozessrecht – eine selbständige Klage, über die auch dann zu
entscheiden ist, wenn die Verletzungsklage zurückgenommen wird. Über die
Widerklage sollte zuerst entschieden werden, weil die erfolgreiche Widerklage die Verletzungsklage unbegründet macht.[4] Will das Gericht der Widerklage nur teilweise stattgeben, nämlich hinsichtlich eines Teils der Waren und
Dienstleistungen, so muss es auch über die restlichen Waren und Dienstleistungen entscheiden, dh die Widerklage insoweit abweisen. In diesem Fall
wird die Verletzungsklage nicht automatisch unbegründet; es kommt vielmehr darauf an, ob der vom Verletzungskläger geltend gemachte Verletzungstatbestand auf Grund der verbleibenden, nicht für verfallen oder nichtig erklärten Waren und Dienstleistungen begründet ist. Die Widerklage
kann sich nämlich gegen alle Waren und Dienstleistungen der GM richten,
nicht nur gegen diejenigen, auf die die Verletzungsklage gestützt ist.

---

3  Siehe aber Art 99 Rdn 11.
4  Siehe LG München I 1 HK O 13862/00 vom 15.11.00, GRUR Int 2001, 247 *Mozart.*

## 4  Wirkung von Widerklage und Einwand

8  Das Widerklageverfahren (Art 100) entspricht materiell und im prozessualen Ergebnis dem Antragsverfahren auf Erklärung des Verfalls oder der Nichtigkeit, nur dass dieses vor dem Amt und gegebenenfalls dem ihm übergeordneten europäischen Gerichtszug, jenes aber vor einem der zahlreichen Gemeinschaftsmarkengerichte in einem der nachgerade zahlreichen Mitgliedstaaten der Gemeinschaft ausgetragen wird. Hat die Widerklage Erfolg, führt sie zur Erklärung des Verfalls oder der Nichtigkeit (gegebenenfalls des teilweisen Verfalls oder der teilweisen Nichtigkeit gemäß Art 100 (5) iVm Art 57 (5)) der Klagemarke erga omnes.

9  Demgegenüber ist einredeweise nur der erste der Verfallsgründe des Art 51, nämlich die mangelnde Benutzung der Klagemarke geltend zu machen (Art 51 (1) (a)). Und auch der Nichtigkeitseinwand kann nicht auf die absoluten Nichtigkeitsgründe des Art 52, sondern nur auf die relativen Nichtigkeitsgründe des Art 53 (insoweit allerdings einschließlich die des Art 53 (2)) gestützt werden. Dieser materiell begrenzte Einwand des Verfalls oder der Nichtigkeit hat nur Wirkung inter partes im Rahmen des anhängigen Verletzungsverfahrens, in welchem der Einwand geltend gemacht wurde. Die Beschränkung des Abs 3, welcher den Einwand des Verfalls oder der Nichtigkeit in bestimmtem Umfange zulässt, auf Klagen gemäß Art 96 (a) und (c) hat im Ergebnis keine Bedeutung, weil die in Art 96 (b) angesprochenen negativen Feststellungsklagen gemäß Abs 2 ohnehin nicht mit einem Angriff auf die Rechtsgültigkeit der GM verknüpft werden dürfen, und weil Art 96 (d) nur die Widerklage anspricht.

10  Weder die als Einwand beschränkt noch die für die Widerklage umfassend ins Feld zu führenden Verfalls- und Nichtigkeitsgründe stellen auf das Verhältnis des Mitgliedstaats, in dem sie vorliegen, zu dem Mitgliedstaat ab, in dem das vom Kläger angerufene Gemeinschaftsmarkengericht seinen Sitz hat. Das ist im Hinblick auf die Einheitlichkeit der GM (Art 1 (2)) sachgerecht, kann aber zur Folge haben, dass einer klägerischen Gemeinschaftsmarke ein älteres Recht des Beklagten in einem anderen Mitgliedstaat als dem des Gerichtsorts entgegengehalten wird. Greift dieses ältere Recht im Wege der Widerklage durch, muss das Gericht auf Nichtigkeit der GM erkennen, was die Klage unbegründet werden lässt. Es dürfte sich in solchem Fall aber empfehlen, dass das Gericht der Widerklage durch Teilurteil stattgibt und das Klageverfahren ruhen lässt, wenn der Kläger die Umwandlung seiner GM gemäß Art 112 betreibt und, sobald auf die so entstandenen nationalen

Anmeldungen Marken eingetragen worden sind, das Verfahren in den nicht vom älteren Recht erfassten Mitgliedstaaten auf deren Grundlage weiterverfolgt. Zu beachten ist, dass bereits entstandene Schadensersatzansprüche bei der Umwandlung untergehen.[5]

Diese Probleme ergeben sich nicht, wenn das ältere Recht im Wege des Einwands geltend gemacht wird und der Mitgliedstaat, in dem es belegen ist, nicht in die Klage einbezogen ist. Dann wäre der bloße Einwand aber auch sinnlos; er könnte nur insoweit Erfolg haben, wie sich das Territorium des älteren Rechts und das der Klageansprüche überschneiden. 11

Für eine auf absolute Nichtigkeit gestützte Widerklage gilt das zuvor Gesagte entsprechend, mit der Maßgabe, dass eine Umwandlung nur für diejenigen Mitgliedstaaten stattfinden kann, in denen der absolute Nichtigkeitsgrund – beispielsweise aus sprachlichen Gründen – nicht besteht. Ein entsprechender Einwand ist jedoch unzulässig. 12

Für eine auf den Verfall gegründete Widerklage sind teils ähnliche, teils andere Konsequenzen festzustellen. Eine auf unzureichende Benutzung der Klage-GM gestützte und erfolgreiche Widerklage kann nur in dem Sonderfall zur Umwandlung in einem Mitgliedstaat führen, in dem die Benutzung der GM als national ausreichend angesehen wird; im Übrigen ist eine Umwandlung ausgeschlossen (Art 112 (2) (a)). Demzufolge hat der Einwand des Verfalls wegen Nichtbenutzung die gleiche Wirkung wie die hierauf bezogene Widerklage. 13

Eine Widerklage wegen Verfalls aus anderen Gründen als dem der Nichtbenutzung (kein Einredegrund) entspricht in ihren Wirkungen der Widerklage aus relativen Gründen, weil jene anderen Gründe im Wesentlichen (Üblichwerden, Irreführung) territorial unterschiedlich gegeben sein können. 14

Hinsichtlich des Nichtigkeitseinwands stellt Abs 3 ausdrücklich auf ein älteres Recht »des Beklagten« ab. Es ist jedoch davon auszugehen, dass es sich dabei ebenso um ein von einem Dritten – etwa durch Lizenzvereinbarung – abgeleitetes älteres Recht handeln kann, wie gemäß Art 56 (1) (c) im Falle eines auf Art 53 gestützten Antrages auf Erklärung der Nichtigkeit. Das Gemeinschaftsmarkengericht muss das ältere Recht nach dem jeweils maßgeb- 15

---

5 Vgl Eisenführ, FS für von Mühlendahl, 2005, S 341/355 f.

lichen Recht des Schutzlandes prüfen;[6] auch bei Vorliegen der weiteren Voraussetzungen kommt ihm kein Aussetzungsrecht iSd Art 104 (2) Satz 2 zu.[7]

## Artikel 100 (ex Artikel 96)  Widerklage

(1) Die Widerklage auf Erklärung des Verfalls oder der Nichtigkeit kann nur auf die in dieser Verordnung geregelten Verfalls- oder Nichtigkeitsgründe gestützt werden.

(2) Ein Gemeinschaftsmarkengericht weist eine Widerklage auf Erklärung des Verfalls oder der Nichtigkeit ab, wenn das Amt über einen Antrag wegen desselben Anspruchs zwischen denselben Parteien bereits eine unanfechtbar gewordene Entscheidung erlassen hat.

(3) Wird die Widerlage in einem Rechtsstreit erhoben, in dem der Markeninhaber noch nicht Partei ist, so ist er hiervon zu unterrichten und kann dem Rechtsstreit nach Maßgabe des nationalen Rechts beitreten.

(4) Das Gemeinschaftsmarkengericht, bei dem Widerklage auf Erklärung des Verfalls oder der Nichtigkeit einer Gemeinschaftsmarke erhoben worden ist, teilt dem Amt den Tag der Erhebung der Widerklage mit. Das Amt vermerkt diese Tatsache im Register für Gemeinschaftsmarken.

(5) Die Vorschriften des Artikels 57 Absätze 2 bis 5 sind anzuwenden.

(6) Ist die Entscheidung des Gemeinschaftsmarkengerichts über eine Widerklage auf Erklärung des Verfalls oder der Nichtigkeit rechtskräftig geworden, so wird eine Ausfertigung dieser Entscheidung dem Amt zugestellt. Jede Partei kann darum ersuchen, von der Zustellung unterrichtet zu werden. Das Amt trägt nach Maßgabe der Durchführungsverordnung einen Hinweis auf die Entscheidung im Register für Gemeinschaftsmarken ein.

(7) Das mit einer Widerklage auf Erklärung des Verfalls oder der Nichtigkeit befasste Gemeinschaftsmarkengericht kann auf Antrag des Inhabers der Gemeinschaftsmarke nach Anhörung der anderen Parteien das Verfahren aussetzen und den Beklagten auffordern, innerhalb einer zu bestimmenden Frist beim Amt die Erklärung des Verfalls oder der Nichtigkeit zu

---

6  Knaak, GRUR Int 1997, 864, 868.
7  Anders bei der Widerklage, vgl Art 100 Rdn 6.

beantragen. Wird der Antrag nicht innerhalb der Frist gestellt, wird das Verfahren fortgesetzt; die Widerklage gilt als zurückgenommen. Die Vorschriften des Artikels 104 Absatz 3 sind anzuwenden.

*Eisenführ, Overhage*

## 1 Allgemeines

Zur Einordnung der Widerklage in das einerseits den Erwerb und den 1 Rechtsbestand, andererseits die Rechte aus der GM und deren Geltendmachung in den nationalen Gerichtszügen der Mitgliedsstaaten umfassende System der GMV ist insbesondere auf die Erläuterungen der Art 96 und 99 zu verweisen. Weil die Entscheidung über den Verfall oder die Nichtigkeit einer GM sowohl dem Amt im Antragswege als auch den Gemeinschaftsmarkengerichten im Wege der Widerklage zugewiesen ist, muss die Verfahrens- und Entscheidungskonkurrenz geregelt werden, wobei zu berücksichtigen ist, dass das HABM aus einer »Angriffshaltung« und ein Gemeinschaftsmarkengericht aus einer »Verteidigungshaltung« angerufen wird.[1] Auch können sich bezüglich derselben GM verschiedene Parteien dem Begehren auf Erklärung des Verfalls oder der Nichtigkeit einerseits im Antragsverfahren, andererseits im Widerklageverfahren gegenübersehen, weil ersteres gegen den vor dem Amt allein passiv legitimierten Markeninhaber, letzteres aber auch gegen den auf Grund abgeleiteten Rechts (zB Lizenznehmer) Ansprüche gerichtlich geltend machenden Kläger gerichtet sein kann.

Die Vorschläge der Kommission zur Änderung der Verordnung sehen vor, 2 dass im Abs 4 die Unterrichtung des Amtes über eine Widerklage wahlweise dem Gericht oder der interessierten Partei überlassen wird und das Gericht bis dahin die Widerklage nicht prüft. Falls ein entsprechender Antrag beim

---

1 Schulte-Beckhausen, WRP 1999, 300, 304; Fayaz, GRUR Int 2009, 459, 466.

Amt anhängig ist, soll es das Gericht informieren, welches das Gerichtsverfahren aussetzt, bis die Entscheidung über den Antrag rechtskräftig geworden ist oder dieser zurückgenommen wurde. Abs 6 soll dahingehend geändert werden, dass die Gerichtsentscheidung dem Amt unverzüglich übersandt werden soll, entweder seitens des Gerichts oder einer Partei des nationalen Verfahrens, wobei sowohl das Amt als auch jede interessierte Partei um Unterrichtung über die Zustellung bitten kann. Neben der Eintragung eines Hinweises auf die Entscheidung in das Register ergreift das Amt die notwendigen Maßnahmen zu seiner Umsetzung.

3  Im Zusammenhang stehende Verfahren behandelt Art 104.

## 2  Gründe der Widerklage

4  Die GM ist autonom, ihre Wirkung bestimmt sich gemäß Art 14 ausschließlich nach der GMV. Kein nationales Gericht, auch kein Gemeinschaftsmarkengericht, darf Vorschriften der jeweiligen nationalen Rechtsordnung auf eine GM anwenden, soweit die GMV deren Anwendung nicht ausdrücklich vorsieht. Es ist nachvollziehbar, dass die GMV das gerade dort in Erinnerung ruft, wo prozessual am deutlichsten ein Einbruch in das europäische, supranationale System der GM erfolgt, nämlich durch das vor nationalen Gerichten betriebene, aber den Rechtsbestand der GM insgesamt, also gemeinschaftsweit betreffende Widerklageverfahren. Abs 1 macht daher die Widerkläger und die nationalen Gemeinschaftsmarkengerichte darauf aufmerksam, dass die Verfalls- und Nichtigkeitsgründe in der Verordnung abschließend geregelt sind und vom damit befassten Gericht in keiner Weise »ergänzt« werden dürfen. So wird die Entscheidung über die Nichtigkeit der Gemeinschaftsmarke dem materiellen Einfluss des nationalen Rechts entzogen.

5  Die Widerklage wegen Verfalls kann auf die Gründe des Art 51 gestützt werden, die Widerklage wegen Erklärung der Nichtigkeit auf die absoluten Nichtigkeitsgründe des Art 52 und die relativen Nichtigkeitsgründe des Art 53.

6  Mit einer Widerklage wegen Verfalls kann geltend gemacht werden, dass die Klagemarke innerhalb des relevanten Zeitraums von fünf Jahren nicht rechtserhaltend im Sinne von Art 15 benutzt wurde. Das dürfte der häufigste Grund einer Widerklage wegen Verfalls sein. Eine solche Widerklage kann aber auch darauf gestützt werden, dass die Klagemarke auf Grund ihrem Inhaber zuzurechnender Umstände zu einer gebräuchlichen Bezeichnung für

die von ihr erfassten Waren oder Dienstleistungen geworden ist, also einer sekundären Gattungsbezeichnung iSv Art 7 (1) (d). Dieser Verfallsgrund gehört nur deshalb nicht zu den absoluten Nichtigkeitsgründen des Art 52 (1) (a), weil er auf einen nach der Eintragung der GM eingetretenen Zustand abstellt und darüber hinaus subjektive Tatbestandsmerkmale enthält. Ähnliches gilt für die Geltendmachung einer zwischenzeitlich eingetretenen Irreführungsgefahr gemäß Art 51 (1) (c). Aber auch der Wegfall der Inhaberqualifikation gemäß Art 5 kann im Wege der Widerklage als Verfallsgrund geltend gemacht werden.

Die Widerklage auf Erklärung der Nichtigkeit kann auf sämtliche absoluten 7 und relativen Nichtigkeitsgründe der Art 52, 53 gestützt werden. Hinsichtlich der relativen Nichtigkeitsgründe geht damit die Widerklage im Verletzungsverfahren vor einem Gemeinschaftsmarkengericht, ebenso wie der Nichtigkeitsantrag beim Amt gemäß Art 56, über die Anspruchsgrundlage des Widerspruchsverfahrens hinaus, indem sie nicht nur ältere Marken- und Kennzeichenrechte, sondern auch die in Art 53 (2) genannten sonstigen älteren Rechte (Namensrecht, Urheberrecht usw) einschließt.

Durch die VO (EG) 422/2004 vom 19.2.2004 ist Abs 5 dahingehend geän- 8 dert worden, dass im Widerklageverfahren die Abs 2 bis 5 des Art 57 anzuwenden sind. Demgemäß ist, wenn eine Widerklage wegen Nichtigkeit auf eine ältere GM oder nationale Marke gestützt wird, auf Verlangen des Verletzungsklägers die rechtserhaltende Benutzung dieser Marke im Schutzgebiet der älteren Marke nachzuweisen.

Ferner sollte ebenso wie das Amt im Verfahren über einen Verfalls- oder 9 Nichtigkeitsantrag das mit einer Widerklage angerufene Gemeinschaftsmarkengericht die Parteien »ersuchen, sich zu einigen«, wenn es dies für sachdienlich hält. Demzufolge dürfte mit jenem Ersuchen regelmäßig eine Anregung oder ein Vorschlag des Gerichts einhergehen, wie eine derartige Einigung aussehen könnte. Ein solcher Vorschlag wird dann im allgemeinen ein globaler sein, der auch den Gegenstand der Klage einbezieht, obgleich auch eine Teileinigung über den Gegenstand der Widerklage und damit den Rechtsbestand der Klagemarke, ggf den Umfang ihres Rechtsbestandes, nicht ausgeschlossen ist.

Für den Fall, dass sich eine Widerklage auf Erklärung des Verfalls oder der 10 Nichtigkeit der Klagemarke nur in Bezug auf einen Teil der Waren oder Dienstleistungen für berechtigt erweist, für die die Klagemarke eingetragen ist, darf die gerichtliche Entscheidung selbstverständlich nur bezüglich dieser

Waren und/oder Dienstleistungen den Verfall oder die Nichtigkeit der Klagemarke erklären.

### 3  Res judicata

11  Die GMV will Parallelentscheidungen über den Verfall oder die Nichtigkeit einer GM verhindern, die einerseits im Antragsverfahren vor dem Amt und gegebenenfalls in dem daran anschließenden Rechtszug sowie andererseits vor den nationalen Gemeinschaftsmarkengerichten und dem sich daran anschließenden Rechtszug (mit der Möglichkeit einer Vorlage an den EuGH) ergeben könnten. Deshalb muss gemäß Abs 2 ein Gemeinschaftsmarkengericht eine auf Verfall oder Nichtigkeit gestützte Widerklage abweisen, wenn in einem Verfahren gleicher Konstellation im Amtsverfahren bereits rechtskräftig entschieden wurde. Voraussetzung ist allerdings, dass der Anspruch derselbe ist und dass die Parteien dieselben sind.[2]

12  Diese Vorschrift korreliert mit Art 56 (3), der einen beim Amt gestellten Antrag auf Erklärung des Verfalls oder der Nichtigkeit einer GM als unzulässig bezeichnet, wenn über einen Antrag wegen desselben Anspruchs zwischen denselben Parteien von einem Gericht eines Mitgliedstaats bereits rechtskräftig entschieden wurde. Über einen solchen Antrag kann ein Gericht eines Mitgliedstaates nur im Rahmen eines Widerklageverfahrens und daher nur ein Gemeinschaftsmarkengericht gemäß Art 96 (d) entscheiden.

13  Die Nichtberücksichtigung eines Einwands des Verfalls oder der Nichtigkeit durch ein Gemeinschaftsmarkengericht gemäß Art 99 (3) schließt weder eine Widerklage (etwa in der zweiten Instanz) noch – alternativ – einen späteren Verfalls- oder Nichtigkeitsantrag beim Amt von Seiten des Beklagten aus.

### 4  Beitritt

14  Soweit die auf eine GM gestützte und mit deren Verletzung oder drohender Verletzung begründete Klage (Art 96 (a)), welche zur Widerklage des Beklagten führte, nicht vom Markeninhaber, sondern von einem durch Lizenzvertrag oder auf andere Weise autorisierten Dritten erhoben wurde, hat das angerufene Gemeinschaftsmarkengericht die Tatsache der Widerklage dem

---

2  Vgl EuGH T-275/10 vom 22.11.11 (Nr 15-18) *MPAY24*; EuGH C-552/09 vom 24.03.11, GRUR Int 2011, 500, 503 (Nr 34-37) *TiMi KiNDERJOGHURT.*

Markeninhaber mitzuteilen und ihm anheim zu stellen, dem Rechtsstreit beizutreten (Abs 3). Tut der Markeninhaber dies, wird er selbst Partei, jedoch nur bezüglich des Widerklageverfahrens. Im Übrigen regelt sich seine Rechtsstellung und Beteiligung am Verfahren nach den nationalen Vorschriften der Nebenintervention. Regelmäßig dürfte der Gemeinschaftsmarkeninhaber gut beraten sein, die Möglichkeit des Beitritts wahrzunehmen. Er muss es tun, wenn er einen Antrag gemäß Abs 7 auf Einleitung des Amtsverfahrens stellen will (Art 100 Rdn 17).

### 5 Verweis auf Amtsverfahren

Zeitgleiche Parallelverfahren vor dem Amt und/oder Gemeinschaftsmarken-gerichten, welche dieselbe GM einerseits im Verletzungsprozess, andererseits im Amts- oder Widerklageverfahren auf Erklärung des Verfalls oder der Nichtigkeit zum Gegenstand haben, werden in Art 104 behandelt. Generell setzt ein Gemeinschaftsmarkengericht das bei ihm anhängige Verfahren von Amts wegen oder auf Antrag einer Partei aus, wenn bereits beim Amt oder bei einem anderen Gemeinschaftsmarkengericht ein entsprechendes Verfahren anhängig ist.[3] Dann steht dem Gemeinschaftsmarkengericht die Aussetzungsmöglichkeit des Art 104 (2) Satz 2 zur Vermeidung der Anwendung des nationalen Rechts anderer Länder zur Verfügung, wenn der Beklagte seine Widerklage auf ältere Rechte aus anderen Mitgliedstaaten stützt.[4]

15

Unabhängig davon bestimmt Abs 7, dass der Inhaber der die Klaggrundlage bildenden GM im Falle einer Widerklage auf Erklärung ihres Verfalls oder ihrer Nichtigkeit beim Gemeinschaftsmarkengericht beantragen kann, das Verfahren auszusetzen und den Beklagten und Widerkläger aufzufordern, innerhalb einer vom Gericht bestimmten Frist beim Amt einen Antrag auf Erklärung des Verfalls oder der Nichtigkeit zu stellen. Gibt das Gericht dem Antrag – nach Anhörung der anderen Parteien – statt und folgt der Beklagte der Aufforderung nicht, gilt die Widerklage als zurückgenommen und das Klageverfahren wird fortgesetzt. Stellt hingegen der Beklagte den Verfalls- oder Nichtigkeitsantrag beim Amt, so setzt das Gericht das Verfahren aus,

16

---

3 Dies soll auch dann gelten, wenn ein Amtsverfahren erst nach Rechtshängigkeit der Verletzungsklage angestrengt wird, OLG Hamburg 5 W 81/02 vom 27.01.03, GRUR RR 2003, 356 *TAE BO*.
4 Knaak, GRUR 1997, 864, 868; anders beim Einwand nach Art 103 (3), vgl Art 99 Rdn 15.

kann aber aufgrund der Anwendungserklärung von Art 104 (3) für die Dauer der Aussetzung einstweilige Maßnahmen einschließlich Sicherungsmaßnahmen treffen. Solche kommen dann in Frage, wenn anderenfalls dem Kläger infolge der Aussetzung des Verfahrens Rechtsnachteile drohen. Dass dies mit nicht unerheblicher Wahrscheinlichkeit der Fall ist, hätte der Kläger darzutun, damit nicht andererseits dem Beklagten und Widerkläger bzw Antragsteller Nachteile aus Einschränkungen erwachsen, die sich im Falle des Erfolgs der Antragstellung auf Erklärung des Verfalls oder der Nichtigkeit als unberechtigt erweisen.

17  Zu beachten ist, dass nur der Inhaber einer GM den Antrag stellen kann, das Verletzungsverfahren auszusetzen und dem Widerkläger aufzugeben, die Erklärung des Verfalls oder der Nichtigkeit beim Amt zu beantragen; das setzt voraus, dass der Markeninhaber selbst Verfahrensbeteiligter ist und ggf dem Rechtsstreit beitritt (Art 100 Rdn 14). Er wird den »Verweisungsantrag« im übrigen weniger streng beurteilen als das Gemeinschaftsmarkengericht, oder wenn er – mit Blick auf die Dauer des Amtsverfahrens – aus irgendwelchen Gründen ein Interesse daran hat, den Verletzungsprozess in der Schwebe zu halten.

18  Das Verletzungsverfahren, welches mit der Aufforderung zur Antragstellung ausgesetzt wurde, wird regelmäßig ausgesetzt bleiben; vgl. Art 104 (1). Die dort erwähnten besonderen Gründe, welche für eine Fortsetzung des Klageverfahrens bestehen könnten, wären vom Kläger geltend zu machen.

## 6  Widerklageverfahren

19  Unbeschadet des ebenso wie auf das Ausgangsverfahren auch auf das Widerklageverfahren anzuwendenden nationalen Verfahrensrechts (Art 101 (3); § 125 (5) DE-MarkenG) ist das mit der Widerklage angerufene Gemeinschaftsmarkengericht verpflichtet, die Tatsache und den Tag der Erhebung der Widerklage dem Amt mitzuteilen, welches beides im Register für Gemeinschaftsmarken vermerkt (Abs 4). Eine Frist ist gesetzlich nicht vorgesehen, jedoch sollte die Unterrichtung des Amtes in jedem Falle umgehend erfolgen, weil die Öffentlichkeit und insoweit namentlich Wettbewerber – regelmäßig sowohl des Klägers als auch des Beklagten – ein Interesse an der Kenntnis haben, welche sie durch Einsicht des Gemeinschaftsmarkenregisters beim Amt erhalten können. Zwar dürfte Dritten – außer ggf dem Gemeinschaftsmarkeninhaber – der Beitritt zu einem Widerklageverfahren versperrt sein, und auch das Antragsverfahren beim Amt kennt keine Neben-

intervention, jedoch kann das Amt gemäß R 41 mehrere bei ihm anhängige Anträge auf Erklärung des Verfalls oder der Nichtigkeit, welche dieselbe GM betreffen, zu einem Verfahren zusammenfassen.

Ergeht in einem Widerklageverfahren eine rechtskräftige gerichtliche Ent- **20** scheidung – weil der Inhaber der GM keinen Antrag auf »Verweisung« gestellt oder das Gericht ihm nicht stattgegeben hat –, dann ist wiederum das Amt hiervon zu unterrichten. Das Amt trägt Tag und Inhalt der Entscheidung gemäß R 84 (3) (o) in das Register ein, einerlei, ob die Entscheidung für oder gegen den Rechtsbestand der GM gefallen ist.[5]

Nicht in der GMV geregelt ist der Fall, dass ein unzuständiges Gericht ange- **21** rufen wird. Insofern stellt sich die Frage, ob ein international unzuständiges Gericht die Klage durch Prozessurteil abweisen muss, oder ob eine Verweisung von Amts wegen, für ein deutsches Gemeinschaftsmarkengericht etwa nach den Regeln des § 281 (1) Satz 1 DE-ZPO, in Betracht kommt.[6] Bei Anwendung der Grundsätze des internationalen Zivilprozessrechts wäre eine Verweisung an ein ausländisches Gericht über die Staatsgrenzen nicht möglich,[7] weshalb die Klageerhebung beim unzuständigen Gericht ohne Heilungsmöglichkeit zur Unzulässigkeit der Klage führen würde.[8] Der Anwendung dieser das Territorialitätsprinzip berücksichtigenden Grundsätze ist die Einheitlichkeit der GM entgegenzuhalten, nach der Staatsgrenzen im Rahmen der Anwendung der GMV keine Rolle spielen dürfen.[9] Wegen der Einheitlichkeit der Gemeinschaftsmarke und der in diesem Rahmen einheitlichen Zuständigkeitsregelungen muss die Verweisung an ein ausländisches Gericht möglich sein. Schließlich gilt es auch, den GM-Inhaber vor einem durch Unzuständigkeitserklärung des jeweils angerufenen Gerichts entstehenden Kompetenzkonflikt und einer damit drohenden Rechtsverweigerung zu schützen.[10]

---

5 Die früher abweichende Fassung des Abs 6 ist durch die VO Nr 422/2004 vom 19.2.2004 geändert worden.

6 Näheres dazu bei Fayaz, GRUR Int 2009, 459, 466.

7 OLG Köln 24 U 182/87, RIW 1988, 555, 558; Rohnke, GRUR Int 2002, 979, 989, Schack, Internationales Zivilverfahrensrecht, § 8 Rn 395.

8 Rohnke, GRUR Int 2002, 979, 989.

9 Fayaz, GRUR Int 2009, 459, 466.

10 Fayaz, GRUR Int 2009, 459, 466; Schack, Internationales Zivilverfahrensrecht, § 8 Rn 396.

## Artikel 101 (ex Artikel 97)   Anwendbares Recht

(1) Die Gemeinschaftsmarkengerichte wenden die Vorschriften dieser Verordnung an.

(2) In allen Fragen, die nicht durch diese Verordnung erfasst werden, wenden die Gemeinschaftsmarkengerichte ihr nationales Recht einschließlich ihres internationalen Privatrechts an.

(3) Soweit in dieser Verordnung nichts anderes bestimmt ist, wendet das Gemeinschaftsmarkengericht die Verfahrensvorschriften an, die in dem Mitgliedstaat, in dem es seinen Sitz hat, auf gleichartige Verfahren betreffend nationale Marken anwendbar sind.

*Eisenführ, Overhage*

### 1  Allgemeines

1  Es versteht sich, dass die Gemeinschaftsmarkengerichte primär das supranationale Recht der GMV anzuwenden haben, einerlei, ob sie im Rahmen ihrer ausschließlichen Zuständigkeit gemäß Art 96 oder in einem anderen, jedoch eine GM zumindest auch betreffenden Verfahren tätig werden. Letzteres gilt angesichts des konstitutiven Charakters der GMV auch für andere Gerichte, sie haben außerhalb der von Art 96 erfassten Verfahren die GMV zu beachten, soweit es um eine GM geht und die zur Entscheidung stehenden Fragen von den Vorschriften der GMV tangiert werden.

2  Subsidiär aber schreiben sowohl Art 14 als auch Art 101 die Anwendung des nationalen Rechts des betreffenden Mitgliedstaats vor. Das gilt sowohl für das materielle Recht (Abs 2) als auch das Verfahrensrecht (Abs 3) insoweit, als die GMV selbst keine Vorschriften enthält.

3  Im Rahmen der in Deutschland die gesetzliche Verbindung vom Gemeinschaftsmarkenrecht zum nationalen Markenrecht herstellenden §§ 125a bis 125i DE-MarkenG ist für die angesprochene Rechtsanwendung § 125b DE-MarkenG einschlägig.

## 2 Materielles Recht

Der wichtigste Anspruch des Inhabers einer GM oder eines daran Berechtig- 4
ten, nämlich im Falle eines Eingriffs in sein von Art 9 (1) gewährtes ausschließliches Recht die Unterlassung der Verletzung zu bewirken, ist durch
Art 102 (1) unmittelbar begründet. Zu den weiteren unmittelbar durch die
GMV geregelten Ansprüchen bei Verletzung einer GM wird auf die Ausführungen zu Art 102 verwiesen.

In den sachlichen Anwendungsbereich des Art 101 (2) fallen all jene Fragen, 5
die die Verletzung einer Gemeinschaftsmarke in einem anderen Mitgliedstaat
als dem des angerufenen Gemeinschaftsmarkengerichts betreffen und nicht
unter die in der spezielleren Vorschrift des Art 102 geregelten Sanktionen fallen. Der EuGH hat sich zu der Frage, welche Vorschriften unter Art 101 (2)
mit der Folge der Anwendung des nationalen Rechts des Mitgliedstaats des
Gemeinschaftsmarkengerichts und welche unter Art 102 (2) mit der Folge
der Anwendbarkeit des Rechts des Begehungsstaates zu fassen sind, bislang
nicht geäußert.[1]

Hinsichtlich der Schutzschranke der Verwirkung der Rechte aus einer Ge- 6
meinschaftsmarke trifft die GMV keine Regelung für den Fall, dass der Inhaber einer GM einen Anspruch auf Unterlassung der Benutzung eines jüngeren, in Deutschland geschützten Rechts geltend macht und der Beklagte
dagegen den Einwand der Verwirkung erhebt.[2] Insoweit ist die Regelung
§ 21 DE-MarkenG heranzuziehen,[3] vgl § 125b Ziff 3 DE-MarkenG.

Ebenfalls nach nationalem Recht bestimmen sich im Falle der Zuständigkeit 7
eines deutschen Gemeinschaftsmarkengerichts Fragen der Verjährung von
Ansprüchen aus Gemeinschaftsmarken (§ 20 DE-MarkenG verweist wiederum auf die Verjährungsfristen des BGB).[4]

---

1 Vgl Schricker/Bastian/Knaak, Gemeinschaftsmarke und Recht der EU-Mitgliedstaaten, 240.
2 Zur Reichweite des Verweises in § 125b Ziff 3 DE-MarkenG: Schricker/Bastian/
Knaak (Fn 1), 240 f; Art 54 regelt lediglich den Fall der Verwirkung von Rechten
gegenüber einer jüngeren GM.
3 Dabei handelt es sich um harmonisiertes Recht, vgl Art 9 (1) Markenrechts-Richtlinie.
4 Näheres dazu bei Schricker/Bastian/Knaak (Fn 1), 241.

**8** Mangels ausschließlicher Zuständigkeit der Gemeinschaftsmarkengerichte nach Art 96 fallen in den Zuständigkeitsbereich der nationalen Gerichte, die in diesem Falle keine Gemeinschaftsmarkengerichte sein müssen, außerdem Klagen bezüglich der Berechtigung der Gemeinschaftsmarke, Klagen betreffend die Gemeinschaftsmarke als Eigentumsrecht sowie Klagen in Bezug auf vertragliche Verpflichtungen betreffend die GM wie z.B. Lizenzeinräumung und Lizenzzahlung.[5] Gleiches gilt für Löschungsklagen aus einer Gemeinschaftsmarke oder auf eine Gemeinschaftsmarke gestützte Löschungsanträge oder Löschungsklagen wegen einer älteren Gemeinschaftsmarke.[6]

### 3 Verfahrensrecht

**9** Das bei GMn betreffenden Verfahren anzuwendende Recht ist ein Zusammenspiel aus den speziellen Regeln der GMV, den allgemeinen Regeln der EuGVO und dem nationalen Verfahrensrecht. Dementsprechend haben die Gemeinschaftsmarkengerichte nach Abs 3 die Verfahrensvorschriften anzuwenden, die sie in einem nationale Marken betreffenden Verfahren anwenden würden, sofern die GMV nichts anderes bestimmt. Im Hinblick auf Art 95 (1) geht es dabei um die von Art 96 den Gemeinschaftsmarkengerichten zugewiesenen Verfahren. Für diese trifft, sieht man von Zuständigkeitsfragen sowie den Aussetzungsvorschriften des Art 100 (7) und 104 ab, die GMV keine eigenen prozessualen Vorschriften. Eine in Deutschland klagende oder beklagte Partei wird sich damit in einem die Verletzung (oder Nichtverletzung) einer GM betreffenden Prozess überwiegend mit einem Verfahrensablauf (zB hinsichtlich Zulässigkeitsvoraussetzungen, Beweisregeln, Kosten und Dauer) konfrontiert sehen, wie sie ihn von einem nationalen Markenrechtsstreit in Deutschland gewohnt ist.

**10** Das OLG Hamburg hat in der Sache TAE BO[7] die Aussetzungsregelung des § 148 DE-ZPO für die Fallkonstellation für anwendbar erklärt, in der nach bereits rechtshängiger Verletzungsklage aus einer Gemeinschaftsmarke durch die Beklagte ein Löschungsantrag beim HABM gestellt wurde. Etwas anderes ergebe sich auch nicht aus den Vorschriften der Art 99, 100, 104. Die Beurteilung der Gründe für die Aussetzung eines bei einem Gemeinschaftsmar-

---

5 Schulte-Beckhausen, WRP 1999, 300.
6 Knaak, GRUR Int 1997, 864, 866.
7 OLG Hamburg, Beschluss 5 W 81/02 vom 27.1.2003 GRUR RR 2003, 356 *TAE BO*.

kengericht anhängigen Verfahrens sei nicht abschließend durch die GMV geregelt, so dass hier der Verweis des Art 101 (3) auf das nationale Recht zur Anwendung komme. Zudem sei der zu beurteilende Fall dem in Art 100 (7) geregelten vergleichbar mit dem Unterschied, dass vorliegend keine Erhebung der Widerklage stattgefunden habe. Das Ziel der Art 95 ff, uneinheitliche Entscheidungen von HABM und Gemeinschaftsmarkengerichten zu vermeiden, sei indes durch Anwendung des § 148 nicht gefährdet.

## Artikel 102 (ex Artikel 98)  Sanktionen

**(1) Stellt ein Gemeinschaftsmarkengericht fest, dass der Beklagte eine Gemeinschaftsmarke verletzt hat oder zu verletzen droht, so verbietet es dem Beklagten, die Handlungen, die die Gemeinschaftsmarke verletzen oder zu verletzen drohen, fortzusetzen, sofern dem nicht besondere Gründe entgegenstehen. Es trifft ferner nach Maßgabe seines innerstaatlichen Rechts die erforderlichen Maßnahmen, um sicherzustellen, dass dieses Verbot befolgt wird.**

**(2) In Bezug auf alle anderen Fragen wendet das Gemeinschaftsmarkengericht das Recht des Mitgliedstaats, einschließlich dessen internationalen Privatrechts, an, in dem die Verletzungshandlungen begangen worden sind oder drohen.**

*Eisenführ, Overhage*

## 1 Allgemeines

Wie bereits im Zusammenhang mit Art 101 (2) erwähnt wurde, beschränken sich die in der GMV für Verletzungen einer GM ausdrücklich und spezifisch vorgesehenen Sanktionen auf einige wenige Vorschriften, insbesondere das Verbot in Art 102 (1), vollzogene Verletzungshandlungen fortzusetzen oder drohende aufzunehmen. Dieser Anspruch ergibt sich unmittelbar aus 1

Art 14 (1) Satz 1 iVm Art 9 (1) Satz 1 ohne Hinzuziehung von Vorschriften des nationalen Rechts.[1] Schon die Art und Weise der Bewehrung eines derartigen Verbotsanspruchs, etwa eine Strafandrohung für den Fall der Zuwiderhandlung, überlässt die Verordnung dem nationalen Recht des Mitgliedstaats, in dem das angerufene Gemeinschaftsmarkengericht seinen Sitz hat (Art 102 (1) Satz 2). Alle über die in der GMV geregelten Ansprüche hinausgehenden Ansprüche des durch Handlungen eines Dritten verletzten Inhabers einer GM (oder eines anderweitig an der Marke Berechtigten) hat das Gemeinschaftsmarkengericht ebenfalls nach nationalem Recht zu beurteilen und zuzusprechen oder abzulehnen.

2   Art 102 (2) verweist hinsichtlich der nicht in der GMV geregelten Sanktionen auf das nationale Recht einschließlich des internationalen Privatrechts des Mitgliedstaats, in dem die Verletzungshandlung begangen wurde. Die Anwendung von Vorschriften des internationalen Privatrechts wird (nur) dort eine Rolle spielen, wo grenzüberschreitende Sachverhalte vorliegen.[2] Abs 2 soll nach den Vorschlägen der Kommission dahingehend geändert werden, dass das Gericht auch diejenigen Maßnahmen oder Verfügungen erlassen kann, die ihm nach dem anwendbaren Recht zur Verfügung stehen, und die ihm nach den Umständen des Falles geeignet erscheint.

3   In diesem Zusammenhang wird im Verletzungsfall vom Kläger zu bedenken sein, dass er im Falle der Wahl des Tatortes als Gerichtsstand Ansprüche nur bezüglich solcher Handlungen geltend machen kann, die in dem betreffenden Mitgliedstaat vom Verletzer vorgenommen wurden (Art 97 (5)). Ein forum shopping hinsichtlich der Wahl besonders günstiger Schadensersatzregelungen in einem bestimmten Mitgliedstaat ist so jedenfalls ausgeschlossen. Sowohl die vorbeugende Unterlassungsklage des Verletzten wegen einer drohenden Erstbegehung als auch die negative Feststellungsklage des vermeintlichen Verletzers, deren Bereitstellung Art 96 (a) bzw (b) den nationalen Rechtsordnungen überlässt, werfen keine zusätzlichen materiellrechtlichen Probleme auf. Sie sind im Kern mit den Mitteln des Art 9 – und im ersten Falle zusätzlich des Art 102 – zu entscheiden. Soweit die Erstbegehungsgefahr eine materiellrechtliche Prozessvoraussetzung ist, unterliegt sie der nationalen Rechtsanwendung.

---

1  Anders dagegen BGH I ZR 91/02 vom 07.10.04, GRUR Int 2005, 719 *Lila Schokolade*, der den Unterlassungsanspruch auf nationales Recht stützt.
2  Näheres bei von Mühlendahl/Ohlgart, 213 f.

Für Deutschland ergänzt § 143a DE-MarkenG die zivilrechtlichen Vor- 4
schriften der §§ 125a f DE-MarkenG durch strafrechtliche Sanktionen.

## 2 Unterlassungsgebot

Bei den durch Abs 1 sanktionierten Handlungen handelt es sich in erster Li- 5
nie um die Maßnahmen, welche Art 9 (2) unter den Voraussetzungen des
Art 9 (1) aufführt, also Waren oder deren Aufmachung mit dem kollidierenden Zeichen zu versehen, anzubieten, in den Verkehr zu bringen oder zu diesen Zwecken zu besitzen bzw Dienstleistungen unter dem kollidierenden
Zeichen anzubieten oder zu erbringen, ferner Waren unter dem Zeichen einzuführen oder auszuführen und das Zeichen in den Geschäftspapieren und
in der Werbung zu benutzen. Dabei sind unter den angesprochenen Waren
und/oder Dienstleistungen (nur) diejenigen zu verstehen, die der Schutzbereich der geschützten GM erfasst.

Art 9 (2) regelt jedoch den Verbotskatalog, der der Sanktionsvorschrift des 6
Art 102 (1) zu Grunde liegt, nicht abschließend, wie sich aus dem einleiten-
den »insbesondere« ergibt. Immer unter der Voraussetzung, dass das durch
Art 9 (1) gewährte ausschließliche Recht betroffen ist, kann das Gemeinschaftsmarkengericht weitere Sanktionen verhängen. Maßgeblich dafür sind
einerseits die Vorgaben und Grenzen des insoweit bestehenden nationalen
Rechts am Sitz des Gerichts, andererseits der Umstand, dass die zu sanktio-
nierende Handlung eine Verletzung des von der GM begründeten supranationalen Rechts in möglicherweise mehreren Mitgliedstaaten darstellt.

In prozessualer Hinsicht richten sich wegen Art 101 (3) die Anforderungen 7
an den Unterlassungsantrag nach nationalem Recht. In Deutschland sind
hier insbesondere die geltenden Grundsätze zur Bestimmtheit des Antrags zu
beachten. Materiellrechtliche Aspekte wie zB die Auslegung der Wieder-
holungs- und Erstbegehungsgefahr sind gemeinschaftsrechtliche Fragen, insofern verbietet sich wegen der Auslegungskompetenz des EuGH ein Rückgriff auf die nationalen Grundsätze, sofern der EuGH diese nicht für
anwendbar erklärt hat.[3] Das im deutschen Recht geltende Erfordernis der
Beschränkung des Unterlassungsanspruchs auf die konkrete Verletzungshandlung dürfte hingegen über Art 101 (2) als in der GMV nicht geregelte
Schranke des Unterlassungsanspruchs anwendbar sein.[4]

---

3 Schricker/Bastian/Knaak, 244 f.
4 Schricker/Bastian/Knaak, 245.

**8**  Art 102 (1) Satz 2 unterwirft die erforderlichen Maßnahmen zur Einhaltung des Unterlassungsgebots den nationalen Rechtsordnungen. In Deutschland sind dies die nach § 890 DE-ZPO vorgesehenen Ordnungsmittel wie Ordnungsgeld und Ordnungshaft. Die territoriale Reichweite des Ordnungsmittels bestimmt sich nach der Regelung des Art 98, denn der Schutz der GM vor Verletzungen ist nur dann gewährleistet, wenn ein Ordnungsmittel auch in demselben Gebiet wirkt wie dem, in dem die gerichtliche Verbotsentscheidung selbst Wirkung entfaltet (vgl Art 98 Rn 3).[5] Sieht das innerstaatliche Recht eines dieser anderen Mitgliedstaaten kein Ordnungsmittel vor, das dem von dem Gemeinschaftsmarkengericht angeordneten ähnlich ist, ist das mit dieser Maßnahme verfolgte Ziel vom zuständigen Gericht dieses Mitgliedstaates zu erreichen, indem es die einschlägigen Bestimmungen des innerstaatlichen Recht dieses Staates, welche die Befolgung dieses Verbots in gleichwertiger Weise zu gewährleisten vermögen, heranzieht.[6]

**9**  Die für die Verletzung nationaler Markenrechte zutreffenden nationalen Vorschriften des betreffenden Mitgliedstaats sind maßgeblich für »alle anderen Fragen«, die mit den Verletzungshandlungen zusammenhängen. Dabei kann es sich um Annexansprüche wie Schadensersatz (vgl § 125b Ziff 2 DE-MarkenG), Auskunftserteilung, Informationsmaßnahmen, Vernichtung verletzender Produkte etc handeln (vgl Art 102 Rdn 15), aber auch um Ansprüche, welche von denselben Handlungen ausgelöst werden, aber nicht aus der GMV, sondern davon unabhängigen nationalen Vorschriften herleitbar sind. Das gilt beispielsweise für innerstaatliche Rechtsvorschriften über die zivilrechtliche Haftung und den unlauteren Wettbewerb, die Art 14 (2) erwähnt, aber wie anderes einschlägiges nationales Recht ausdrücklich unberührt lässt. Ansprüche hieraus können vor einem Gemeinschaftsmarkengericht zugleich mit Ansprüchen aus der GMV wegen Verletzung einer GM geltend gemacht werden. Soweit gleichzeitig Rechte aus GMn und nationalen Marken geltend gemacht werden, ist Art 109 zu beachten.

**10**  Hinsichtlich der Haftung von Mittelspersonen kennt die GMV zwar keine Störerhaftung,[7] aus Art 11 Satz 3 der Richtlinie 2004/48/EG vom 29. April

---

5  EuGH C-235/09 vom 12.04.2011, GRUR 2011, 518, 520, 521 (Nr 54) *DHL Express France/Chronopost.*

6  EuGH C-235/09 vom 12.04.2011, GRUR 2011, 518, 521 (Nr 59) *DHL Express France/Chronopost.*

7  Vgl. Leible/Sosnitza, WRP 2004, 592, 594.

2004 (Durchsetzungsrichtlinie) ergibt sich für die Auslegung des gemeinschaftsrechtlichen Unterlassungsanspruches nach Art 102 GMV aber, dass eine Haftung von Mittelspersonen gemeinschaftsweit gewährleistet sein muss.[8]
In Deutschland geschieht dies durch das Institut der Störerhaftung.[9]

Den Ausspruch der Verbotssanktion wegen Verletzung einer GM stellt Abs 1   **11**
allerdings unter den Vorbehalt, dass »dem nicht besondere Gründe entgegenstehen«. Eine diesbezügliche Vorlage von Seiten des Högsta domstol, dem
höchsten schwedischen Gericht, hat der EuGH zur Klarstellung benutzt,
dass für den Schutz der GMn die Durchsetzung des Verbots ihrer Verletzung
grundlegend ist, und dass daher kein Gemeinschaftsmarkengericht berechtigt
ist, aufgrund abweichender (schwächerer) nationaler Regelungen oder aufgrund der eigenen Einschätzungen des Fortsetzungsrisikos von einem Verbot
und den dessen Befolgung sicherstellenden Maßnahmen abzusehen.[10] Ein
»besonderer Grund« könnte allenfalls darin bestehen, dass eine Verfolgung
der als verletzend angesehenen Handlungen nicht mehr möglich ist, insbesondere weil gegen den Inhaber der verletzten GM ein erfolgreicher Nich-
tigkeits- oder Verfallsantrag eingereicht wurde (Nr 35).

### 3  Durch die GMV geregelte Ansprüche

Ebenfalls unmittelbar durch die GMV geregelt und insoweit die nationalen   **12**
Vorschriften für nicht anwendbar erklärend ist der Entschädigungsanspruch
nach Art 9 (3) Satz 2 bei Handlungen, die nach Veröffentlichung der GM
vorgenommen werden und die nach Veröffentlichung der Eintragung aufgrund der Gemeinschaftsmarke verboten wären. Hier kann das Gericht allerdings bis zur Veröffentlichung der Erteilung mangels Klarheit über den
Erfolg der Eintragung und damit der Wirksamkeit der GM keine Entscheidung in der Hauptsache treffen.[11] Wegen des Fehlens eines entsprechenden
Anspruchs im deutschen Recht kommt diesem in dem Fall besondere Bedeutung zu, dass die Veröffentlichung der Anmeldung der Gemeinschaftsmarke
vor Eintragung einer ebenfalls beantragten nationalen Marke erfolgt ist, da

---

8  BGH I ZR 35/04 vom 19.04.07, GRUR 2007, 708, 711 (Nr 36f) *Internet-Ver-
   steigerung II*; OLG Düsseldorf I-20 U 204/02 vom 24.02.2009, ZUM 2004,
   474 *Rolex S.A. u.a./eBay GmbH u.a.*
9  Ströbele/Hacker, Markengesetz, 9. Aufl., § 14 Rn 274 f.
10 EuGH C-316/05 vom 16.12.2006, GRUR 2007, 228 *Nokia/Wärdell*.
11 Vgl Art 6, wonach die GM erst durch Eintragung erworben wird.

in diesem Fall wegen der Verletzung der nationalen Marke kein Schadensersatz verlangt werden kann[12]

13 Schließlich hat der Inhaber einer GM oder ein anderweitig daran Berechtigter gemäß Art 10 gegenüber dem Verleger von Nachschlagewerken, der darin die Marke ohne Hinweis auf ihren Charakter als eingetragenen Marke aufführt und so den Eindruck einer Gattungsbezeichnung erweckt, den Anspruch auf Aufnahme eins solchen Hinweises spätestens bei der Neuauflage des Nachschlagwerkes. Ebenfalls unmittelbar durch die GMV geregelt ist der Anspruch aus Art 11 auf Untersagung der Benutzung der GM, die für einen Agenten oder Vertreter des Inhabers der GM ohne dessen Zustimmung eingetragen worden ist. Diese unmittelbar aus der GMV herleitbaren materiellen Vorschriften werden mithin vom Gericht primär angewendet. Das gilt auch für andere, beispielsweise mit Ansprüchen aus Art 10 oder der GM als Vermögensgegenstand befasste Gerichte, welche gemäß Art 96 keine Gemeinschaftsmarkengerichte zu sein brauchen (aber natürlich sein können).

14 Weiter ist der Rückgriff auf nationales Recht wegen unmittelbarer Regelung durch die GMV untersagt bei Ansprüchen aus Art 18 auf Übertragung von Agentenmarken auf den Inhaber der GM, Ansprüchen des Inhabers der GM aus Art 22 (2) gegen den Lizenznehmer, Schadensersatzansprüchen gemäß Art 72 (2) durch die zur Benutzung einer Gemeinschaftskollektivmarke befugten Person bzw des Inhabers der GM im Namen dieser Person.

### 4 »Andere Fragen«

15 Während gemäß Art 101 die Gemeinschaftsmarkengerichte allgemein in allen Fragen, die nicht durch die GMV erfasst werden, ihr nationales Recht einschließlich ihres nationalen Privatrechts anzuwenden haben, bestimmt Art 102 (2), dass im Rahmen auszusprechender Sanktionen das Recht desjenigen Mitgliedstaats einschließlich dessen internationalen Privatrechts anzuwenden ist, in dem die Verletzungshandlungen begangen worden sind oder drohen. Dies fällt zusammen, wenn der Rechtsstreit bei einem Gericht desjenigen Mitgliedstaates anhängig gemacht worden ist, in dem die Verletzungshandlung begangen wurde oder droht. Handelt es sich dabei zugleich um ein gemäß Art 97 (1) bis (4) international zuständiges Gemeinschaftsmarkengericht, so ist dieses auch für die Behandlung der in anderen Mitgliedstaaten, in denen Verletzungshandlungen stattgefunden haben oder drohen,

---

12 Vgl Rohnke, GRUR Int 2002, 979, 981.

anstehenden »anderen Fragen« zuständig und muss nationales Sanktionsrecht des anderen Mitgliedstaates oder mehrerer anderer Mitgliedstaaten anwenden. Ist das Gericht jedoch nur Tatortgericht iSv Art 97 (5), so erstreckt sich die Reichweite der Zuständigkeit des Gerichts ohnehin nur auf das Territorium dieses Mitgliedstaates (Art 98 (2)).[13]

Wegen des Spannungsverhältnisses von Abs 2 zu Art 101 (2) kann es zur Anwendung unterschiedlicher Rechtssysteme bei der verfahrensrechtlichen Behandlung und materiellrechtlichen Beurteilung namentlich der akzessorischen Ansprüche, die an der Markenverletzung anknüpfen, einerseits und beim Verhängen der daraus folgenden Sanktionen andererseits kommen.[14]    **16**

Von einer Verletzungshandlung ausgelöste, in der GMV nicht geregelte und daher vom Gemeinschaftsmarkengericht nach nationalem Recht zu beurteilende Annexansprüche bestehen in erster Linie aus dem Anspruch auf Ersatz des dem Verletzten erwachsenen Schadens und im Zusammenhang damit dem Anspruch auf Auskunft über die Art und den Umfang aller Verletzungshandlungen sowie ggf den vom Verletzer damit erzielten wirtschaftlichen Erfolg. Auch Ansprüche auf Vernichtung der in verletzender Weise gekennzeichneten Produkte, auf Unkenntlichmachung verletzender Kennzeichnungen, Informationsmaßnahmen, Urteilsveröffentlichungen und dergleichen gehören dazu.[15]    **17**

Grund für die Verweisung auf die nationalen Rechtsordnungen der Mitgliedstaaten bezüglich der Verletzungshandlungen war seinerzeit die wegen des erforderlichen Eingriffs in den Kernbereich der nationalen Zivilrechtsordnungen bestehende Unmöglichkeit, eine einheitliche Regelung zu schaffen.[16] Die Unterschiede hinsichtlich der nationalen Voraussetzungen, der Gestaltung und des Umfangs[17] der jeweiligen nationalen Regelungen wurden inzwischen mit der Mindestregelungen ua zum Auskunftsrecht, zur Vernich-    **18**

---

13 Näheres bei von Mühlendahl/Ohlgart, § 29.
14 Siehe auch Tagungsbericht Max-Planck-Institut, GRUR Int 2001, 965.
15 Vgl § 125b Ziff 2 DE-MarkenG.
16 Ekey/Klippel, Art 98 Rn 20.
17 ZB verlangt das italienische Recht im Gegensatz zu Deutschland kein Verschulden für einen Schadensersatzanspruch; das englische und französische Recht kennen keinen materiellen Auskunftsanspruch, stattdessen gibt es hier besondere einstweilige Maßnahmen; vgl Eisenkolb, GRUR 2007, 387, 391; Seichter, WRP 2006, 391, 395; Fayaz, GRUR Int 2009, 566, 568.

tung oder zum Schadensersatzrecht treffenden Durchsetzungsrichtlinie[18] im Kernbereich angeglichen, wobei trotz der damit faktisch eingetretenen Harmonisierung wegen der Möglichkeit der einzelnen Mitgliedstaaten, über die Richtlinie hinauszugehen, auch in Zukunft Uneinheitlichkeit mit der Folge der Anwendung von theoretisch bis zu 27 Rechtsordnungen bestehen.[19]

19   Zur Vollstreckung von mehrere Mitgliedstaaten betreffende Sanktionen international zuständiger Gemeinschaftsmarkengerichte siehe Art 94.

## 5 Anwendbares Recht

20   Problematisch kann das Auffinden des anwendbaren Rechts sein. Zum für das jeweilige Sachenrecht maßgeblichen Ort der Verletzungshandlung ist auf die Ausführungen zu Art 97 (5) zu verweisen, wonach sowohl der Handlungs- als auch der Erfolgsort in Betracht kommen. Unproblematisch ist der Fall, in dem sämtliche Verletzungshandlungen in demselben Mitgliedstaat stattgefunden haben,[20] dann wendet das Gemeinschaftsmarkengericht hinsichtlich der Folgeansprüche nur das Recht dieses Staates an. Ebenfalls eindeutig bestimmt ist das anwendbare Recht in solchen Fällen, in denen der Kläger seine Anträge hinsichtlich der Folgeansprüche im Rahmen der allgemein anerkannten Dispositionsmaxime auf das Territorium eines Mitgliedstaates beschränkt oder in denen der Kläger den Verletzer am Gerichtsstand des Tatorts nach Art 97 (5) verklagt, da das zuständige Gemeinschaftsmarkengericht dann ohnehin nur das Recht seines Forumstaates (mit der Folge des Art 98 (2)) anwendet.[21]

21   Schwierig wird das Auffinden des anwendbaren Rechts, wenn die Verletzungshandlungen in verschiedenen Mitgliedstaaten stattgefunden haben. Art 102 (2) verweist hierfür nicht nur auf das Sachenrecht, sondern auch auf das jeweils geltende internationale Privatrecht des Mitgliedstaates der Verletzungshandlung.

22   Vor Inkrafttreten der das Immaterialgüterrecht ausdrücklich erfassenden sogenannten Rom II-Verordnung (VO) am 11.01.2009[22] war das jeweilige

---

18   ABl EG Nr L 195 vom 2.6.2004.
19   Vgl. Knaak, GRUR Int 2004, 745; Fayaz, GRUR Int 2009, 566, 568.
20   BGH I ZR 91/02 vom 07.10.04, GRUR Int 2005, 719 *Lila-Schokolade*.
21   Fayaz, GRUR Int 2009, 566, 569.
22   ABl EU Nr L 199/44 v 31.7.2007; gilt gemäß Art 1 (4) VO für alle Mitgliedstaaten außer Dänemark.

IPR des betroffenen Mitgliedstaates anzuwenden.[23] Die VO trägt hier insofern zur Vereinheitlichung bei, dass sie die Frage, welches nationale Kollisionsrecht bei Verletzung einer Gemeinschaftsmarke hinsichtlich der nicht geregelten Sanktionen anzuwenden ist, in ihrem Art 8 als autonome Kollisionsnorm für alle Mitgliedstaaten regelt. Der Verweis auf das IPR der einzelnen Mitgliedstaaten ist nun als Verweis auf Art 8 VO zu lesen.[24] In Ergänzung zu dem hier nicht weiterhelfenden, in Art 8 (1) VO geregelten Schutzlandprinzip (die gesamte Gemeinschaft ist insoweit Schutzland), ist gemäß Art 8 (2) VO das Recht des Staates anzuwenden, »in dem die Verletzungshandlung begangen wurde«.

Identischer Anknüpfungspunkt in Art 8 VO und in Art 102 (2) ist die Verletzungshandlung. So ist zwar die Problematik des Kollisionsrechtes (und sich daraus möglicherweise ergebender Weiterverweisungen) entfallen, die Frage nach einer einheitlichen Rechtsanwendung bei Verletzungshandlungen in verschiedenen Mitgliedstaaten aber noch immer nicht beantwortet.[25] Im Fall »The Home Store« hat das OLG Hamburg sämtliche Folgeansprüche wegen Verletzungshandlungen in verschiedenen Mitgliedstaaten aufgrund der einheitlichen Markenverwendung und des Sitzes der Konzernleitung als Ort der Hauptursache bzw Verhaltenssteuerung in Deutschland einheitlich nach deutschem Recht beurteilt.[26] Dieser Ansatz scheitert jedenfalls dann, wenn jener Ort in einem Drittstaat außerhalb der Gemeinschaft liegt oder wenn der Ort der Hauptursache in mehreren Mitgliedstaaten liegt.[27] Der BGH hat jene Frage im Revisionsverfahren mangels Entscheidungserheblichkeit zwar offengelassen, aber angedeutet, dem OLG hier nicht zu folgen.[28] Mangels weiterer Rechtsprechung werden in der Literatur von einer streng

**23**

---

23 Näheres bei *Fayaz*, GRUR Int 2009, 566, 569 ff; hier waren auch Rück- und Weiterverweisungen (Renvoi) nicht auszuschließen, vgl *Kegel/Schurig*, Internationales Privatrecht, 139; *Wagner*, IPRax 2008, 1, 4.

24 *Fayaz*, GRUR Int 2009, 566, 572.

25 Näheres bei *Fayaz*, GRUR Int 2009, 566, 572; ein Renvoi findet wegen Art 24 Rom II-VO nicht statt.

26 Ausnahme BGH I ZR 33/05 vom 13.09.07, GRUR 2008, 254, 258 (Nr 50) *The Home Store*, jedenfalls hätten die Parteien hier stillschweigend die Anwendbarkeit des deutschen Rechts vereinbart.

27 *Fayaz*, GRUR Int 2009, 566, 574.

28 BGH I ZR 33/05 vom 13.09.07, GRUR 2008, 254, 256 (Nr 42) *The Home Store*.

am Wortlaut des Art 102 (2) orientierten, die verschiedenen Rechtsordnungen für nebeneinander anwendbar erklärenden Lösung[29] bis hin zu einer einheitlichen Lösung[30] unter Anwendung des internationalen Deliktsrechts bei Anknüpfung an den Schwerpunkt der Verletzungshandlung verschiedene Ansätze vertreten.[31] Eine Lösung des Problems durch die Ermöglichung einer Rechtswahl durch die Parteien wird uneinheitlich beurteilt,[32] zudem ist hier ein Zusammenwirken der Parteien erforderlich, was in der Praxis häufig nicht gegeben sein wird.[33] Eine Anwendung des Art 101 (2) für nicht in der GMV geregelte Sanktionen ist aufgrund der Spezialität des Art 102 (2) abzulehnen.[34] Da aus Gesichtspunkten der Praktikabilität oder mangels Vorliegens der jeweiligen Voraussetzungen oder wegen der Einzelfallbezogenheit kein bisher vorgebrachter Lösungsansatz vollständig überzeugt, wäre die Schaffung eines einheitlichen Sanktionsrechts in GM-Angelegenheiten durch den europäischen Gesetzgeber zu begrüßen.

24 Die Wirkungen der Entscheidungen eines nach Art 97 (5) zuständigen Gerichts am Ort der Verletzungshandlung sind nach Art 98 (2) auf den Mitgliedstaat dieses Gerichts beschränkt, wenn es nach seinem nationalen Recht über Folgeansprüche entscheidet, während die Entscheidungen eines nach Art 97 (1) bis (4) zuständigen Gerichts unter Zugrundelegung des Rechts (einschließlich des IPR) des jeweiligen Mitgliedstaates der Verletzungshandlung gemeinschaftsweite Geltung haben, Art 98 (1).

## Artikel 103 (ex Artikel 99)  Einstweilige Maßnahmen einschließlich Sicherungsmaßnahmen

**(1) Bei den Gerichten eines Mitgliedstaats – einschließlich der Gemeinschaftsmarkengerichte – können in Bezug auf eine Gemeinschaftsmarke oder die Anmeldung einer Gemeinschaftsmarke alle einstweiligen Maßnahmen einschließlich Sicherungsmaßnahmen beantragt werden, die in**

---

29 Siehe oben Art 102 Rdn 15; Rohnke, GRUR Int 2002, 979, 989; Tilman, GRUR Int 2001, 673, 676.

30 Knaak, GRUR 2001, 21, 27; von Mühlendahl/Ohlgart, 214.

31 Ausführlich bei Fayaz, GRUR Int 2009, 566, 574 ff.

32 Von Mühlendahl/Ohlgart, 214; Schaper, 202; kritisch Fayaz GRUR Int 2009, 566, 577.

33 Fayaz, GRUR Int 2009, 566, 577.

34 AA Tilman, GRUR Int 2001, 673, 675.

dem Recht dieses Staates für eine nationale Marke vorgesehen sind, auch wenn für die Entscheidung in der Hauptsache aufgrund dieser Verordnung ein Gemeinschaftsmarkengericht eines anderen Mitgliedstaats zuständig ist.

(2) Ein Gemeinschaftsmarkengericht, dessen Zuständigkeit auf Artikel 97 Absätze 1, 2, 3 oder 4 beruht, kann einstweilige Maßnahmen einschließlich Sicherungsmaßnahmen anordnen, die vorbehaltlich des gegebenenfalls gemäß Titel III der Verordnung (EG) Nr. 44/2001 erforderlichen Anerkennungs- und Vollstreckungsverfahrens in einem jeden Mitgliedstaat anwendbar sind. Hierfür ist kein anderes Gericht zuständig.

*Eisenführ, Overhage*

## 1 Allgemeines

Die GVM nennt »einstweilige Maßnahmen« stets mit dem Zusatz »einschließlich Sicherungsmaßnehmen« (Art 103 (1) und (2), Art 104 (3) mit Verweis in Art 100 (7)). Diese Unterordnung erscheint insofern nicht ganz zutreffend, als Sicherungsmaßnahmen zwar einstweilige Maßnahmen sein können (und häufig auch sein werden), jedoch keineswegs sein müssen. Vielmehr kann es sich bei Sicherungsmaßnahmen beispielsweise auch um solche handeln, die eine Sanktion durchsetzen sollen, wie dies in Art 102 (1) Satz 2 angesprochen ist. Auch solche Sicherungsmaßnahmen, die nicht im eigentlichen Sinne einstweilige Maßnahmen sind, will die Vorschrift offenbar erfassen.[1]

1

Schutzgegenstand ist nicht nur eine (eingetragene) GM, sondern auch eine – veröffentlichte oder noch nicht veröffentlichte – GMA, offenbar mit Rücksicht darauf, dass auch schon eine Anmeldung dem Anmelder eine Rechtsposition verleiht (Widerspruchsrecht gemäß Art 8 (2) (b)) und nach ihrer

2

---

1 Siehe auch von Mühlendahl/Ohlgart, S 223.

Veröffentlichung sogar einen Anspruch auf angemessene Entschädigung für eine nach der Eintragung verbotene Zeichenbenutzung auslöst (Art 9 (3) Satz 2); insoweit darf allerdings vor der Eintragungs-Veröffentlichung keine Hauptsache-Entscheidung getroffen werden (Art 9 (3) Satz 3).

## 2  Zuständiges Gericht

3  Isolierte Maßnahmen, die lediglich dem einstweiligen Rechtsschutz oder der Sicherung anderweitig geltend zu machender Ansprüche dienen, müssen nicht – können aber natürlich – vor ein Gemeinschaftsmarkengericht gebracht werden. Das gilt auch dann, wenn in der Hauptsache ein Gemeinschaftsmarkengericht eines anderen Mitgliedstaates zuständig ist; es handelt sich also um eine partielle Erweiterung der gestuften internationalen Zuständigkeit gemäß Art 97.

4  Aber soweit ein Nicht-Gemeinschaftsmarkengericht oder ein Gemeinschaftsmarkengericht am Ort der unerlaubten Handlung (Art 97 (5)) angerufen wird, ist die Wirksamkeit der einstweiligen Maßnahme auf das Territorium des betreffenden Mitgliedstaates beschränkt (Art 98 (2)). Wird hingegen ein Sitz gemäß Art 97 (4) (a) und (b) angerufen, so erstreckt sich die Wirkung einer von diesem angeordneten einstweiligen Maßnahme auf das Territorium der gesamten Gemeinschaft – vorbehaltlich der von der EuGVO geforderten Anerkennungs- und Vollstreckungsmaßnahmen.

## 3  Inhalt einstweiliger Maßnahmen

5  In Deutschland ist die (einstweilige) Unterlassungsverfügung der Hauptfall einstweiliger Maßnahmen (§ 940 DE-ZPO). Sie ergeht meist durch Beschluss, seltener durch Urteil nach mündlicher Verhandlung, die vom zunächst noch unentschiedenen Gericht nach Eingang des Verfügungsantrages anberaumt wurde. Auch im Bestätigungsverfahren nach einem Widerspruch des Antraggegners wird die Beschlussverfügung durch Urteil aufrecht erhalten oder der Antrag unter Aufhebung der Beschlussverfügung zurückgewiesen.

6  Der zur Bekämpfung der Produktpiraterie vorgesehene Auskunftsanspruch des § 19 DE-MarkenG kann nach § 19 (3) DE-MarkenG auch im Wege der einstweiligen Verfügung durchgesetzt werden.

**4 Inhalt von Sicherungsmaßnahmen**

In Frage kommen zunächst Maßnahmen der Beweissicherung (§§ 485 f. **7** DE-ZPO), durch die alle näheren Umstände einer Markenverletzung festgehalten werden, um nach möglicherweise länger dauerndem Zwischenstreit beispielsweise über den Rechtsbestand einer geltend gemachten Marke eine sichere Tatbestandsgrundlage zu haben.

Ferner ist die Möglichkeit einer Sequestration von widerrechtlich mit einer **8** GM versehener Ware gegeben (zB gemäß § 938 (2) DE-ZPO), um nicht zuletzt einer Vereitelung des Vernichtungsanspruchs (§ 18 DE-MarkenG) vorzubeugen.[2]

## Artikel 104 (ex Artikel 100)  Besondere Vorschriften über im Zusammenhang stehende Verfahren

(1) Ist vor einem Gemeinschaftsmarkengericht eine Klage im Sinne des Artikels 96 – mit Ausnahme einer Klage auf Feststellung der Nichtverletzung – erhoben worden, so setzt es das Verfahren, soweit keine besonderen Gründe für dessen Fortsetzung bestehen, von Amts wegen nach Anhörung der Parteien oder auf Antrag einer Partei nach Anhörung der anderen Parteien aus, wenn die Rechtsgültigkeit der Gemeinschaftsmarke bereits vor einem anderen Gemeinschaftsmarkengericht im Wege der Widerklage angefochten worden ist oder wenn beim Amt bereits ein Antrag auf Erklärung des Verfalls oder der Nichtigkeit gestellt worden ist.

(2) Ist beim Amt ein Antrag auf Erklärung des Verfalls oder der Nichtigkeit gestellt worden, so setzt es das Verfahren, soweit keine besonderen Gründe für dessen Fortsetzung bestehen, von Amts wegen nach Anhörung der Parteien oder auf Antrag einer Partei nach Anhörung der anderen Parteien aus, wenn die Rechtsgültigkeit der Gemeinschaftsmarke im Wege der Widerklage bereits vor einem Gemeinschaftsmarkengericht angefochten worden ist. Das Gemeinschaftsmarkengericht kann jedoch auf Antrag einer Partei des bei ihm anhängigen Verfahrens nach Anhörung der anderen Parteien das Verfahren aussetzen. In diesem Fall setzt das Amt das bei ihm anhängige Verfahren fort.

---

2  Vgl OLG Frankfurt/Main 6 W 108/02 vom 31.12.2002 (F.A.Z. vom 5.2.2003).

(3) Setzt das Gemeinschaftsmarkengericht das Verfahren aus, kann es für die Dauer der Aussetzung einstweilige Maßnahmen einschließlich Sicherungsmaßnahmen treffen.

*Schennen*

Übersicht

## 1 Allgemeines

1 Art 104 enthält besondere Vorschriften über im Zusammenhang stehende Verfahren, wenn ein Verfahren vor dem HABM oder einem Gemeinschaftsmarkengericht anhängig gemacht wird zu einem Zeitpunkt, zu dem bereits vor einem anderen Gemeinschaftsmarkengericht oder dem HABM die Gültigkeit der GM mit erga-omnes-Wirkung angegriffen worden ist. Die Vorschrift entspricht Art 91 GGV und Art 34 des Streitregelungsprotokolls zum Gemeinschaftspatentübereinkommen.[1]

2 Die Bestimmung betrifft nur Situationen, in denen die Rechtsgültigkeit der GM bereits mit erga-omnes-Wirkung angefochten worden ist, dh durch Antrag auf Erklärung des Verfalls oder der Nichtigkeit beim HABM oder durch Widerklage auf Erklärung des Verfalls oder der Nichtigkeit bei einem Gemeinschaftsmarkengericht. Die Bestimmung setzt nicht voraus, dass die Parteien beider Verfahren dieselben sind; dies ist deshalb nicht erforderlich, weil es nicht so sehr um die Rechtskraftwirkung zwischen zwei Parteien geht als um das Vermeiden widersprechender Entscheidungen über die Gültigkeit der GM. Sind die Parteien nicht dieselben und ist das zweite Verfahren erfolgversprechend, so braucht allerdings von der Möglichkeit der Aussetzung des zweiten Verfahrens kein Gebrauch gemacht werden. Die Bestimmung betrifft dagegen nicht solche Fälle, in denen die Rechtsgültigkeit der GM vor einem Gemeinschaftsmarkengericht im Wege der Einrede mit inter-par-

---

1 BlfPMZ 1992, 80.

tes-Wirkung angegriffen wird;[2] dies ist nach Art 99 (3) insoweit zulässig, als sich der Beklagte darauf beruft, dass die GM wegen mangelnder Benutzung für verfallen oder wegen eines älteren Rechts des Beklagten für nichtig erklärt werden könnte. In diesen Fällen sind somit die Aussetzungsregeln des Art 104 unanwendbar. Dies ist dadurch gerechtfertigt, dass die Einrede eben nicht zu einer Vernichtung der GM als solche führt, so dass der Kläger bzw Antragsteller im zweiten Verfahren nicht auf den Ausgang des ersten Verfahrens verwiesen werden kann; das erste Verfahren erwüchse nicht in absoluter Rechtskraft.

Von den vier denkbaren Fallkonstellationen (zuerst Widerklage beim Gemeinschaftsmarkengericht oder Antrag beim HABM; Einleitung eines zweiten Verfahrens vor einem Gemeinschaftsmarkengericht oder dem HABM) regelt Art 104 derer drei, nicht jedoch den Fall, dass ein Antrag auf Erklärung des Verfalls oder der Nichtigkeit beim HABM gestellt wird und sodann beim HABM ein weiterer derartiger Antrag gestellt wird. Dieser Fall richtet sich nach Titel VI; nach Art 53 (4) ist lediglich eine Pflicht zur Konzentration aller älteren Rechte eines Inhabers vorgesehen. Außerdem bestimmt Art 56 (3), dass der Antrag auf Erklärung des Verfalls oder der Nichtigkeit beim HABM unzulässig ist, wenn ein Gemeinschaftsmarkengericht wegen desselben Anspruchs zwischen denselben Parteien bereits rechtskräftig entschieden hat. **3**

## 2 Verhältnis zur VO Nr 40/2001

Die VO Nr 44/2001 enthält in Art 27, 28 ebenfalls Aussetzungsregeln (im EuGVÜ: Art 21 und 22). Nach Scordamaglia[3] geht Art 104 Art 28 (2) der VO Nr 40/2001 als lex specialis vor. Dem wird nur insoweit zuzustimmen sein, als der Angriff auf die Gültigkeit auf die GM betroffen ist. Für Verletzungsklagen aus GMn, bei denen keine Widerklage erhoben wird, sollte dagegen Art 27, 28 der VO Nr 40/2001 anwendbar bleiben. Danach besteht eine Pflicht zur Aussetzung, wenn Klagen wegen desselben Anspruchs zwischen denselben Parteien anhängig gemacht werden, und die Möglichkeit der Aussetzung, wenn in Zusammenhang stehende Klagen erhoben werden. Dies gilt allerdings nur, wenn die verschiedenen Klagen vor Gerichten ver- **4**

---

2 Knaak, GRUR Int. 1997, 868.
3 Scordamaglia, European Design Protection, S 378.

schiedener Vertragsstaaten anhängig gemacht werden; soweit Verletzungsklagen vor verschiedenen Gemeinschaftsmarkengerichten desselben Mitgliedstaates anhängig gemacht werden, gelten die nationalen Verfahrensregeln; insoweit kommt wieder Art 101 zum Zuge.

5  Desantes Real[4] weist auf die Problematik unterschiedlicher Verletzungsklagen hin, die entweder nur mit Wirkung für einen Mitgliedstaat (Art 97 (5)) oder mit Wirkung auf die gesamte Gemeinschaft (Art 97 (1)–(4)) erhoben werden können. Nach seiner Auffassung greift Art 21 EuGVÜ dann nicht ein, wenn die erste Verletzungsklage auf Art 97 (5) GMV gestützt ist. Dem ist zuzustimmen, da ansonsten der Inhaber der GM an der Verfolgung weiterer Verletzungshandlungen in anderen Mitgliedstaaten gehindert wäre, wenn er eine erste Verletzungsklage basierend auf der internationalen Zuständigkeit des Tatorts (Art 97 (5)) erhoben hätte.

### 3  Die Aussetzungsregelung des Art 104 (1)

6  Art 104 (1) betrifft den Fall, dass die zweite Klage vor einem Gemeinschaftsmarkengericht erhoben wird. Bei der zweiten Klage muss es sich um eine Klage gemäß Art 96 (a) oder (c) handeln. Die Aussetzungsmöglichkeit besteht in zwei Fällen:
  – es war zuvor vor dem HABM ein Antrag auf Erklärung des Verfalls oder der Nichtigkeit gestellt worden, oder
  – es war zuvor vor einem Gemeinschaftsmarkengericht eine Widerklage auf Erklärung des Verfalls oder der Nichtigkeit eingereicht worden.

7  Im ersten Fall muss die zweite Verletzungsklage zeitlich nach dem Löschungsantrag beim Amt liegen.[5] Maßgeblicher Zeitpunkt für letzteren ist der Tag der Antragstellung beim Amt, wobei zu beachten ist, dass der Antrag beim Amt erst als gestellt gilt, wenn die Gebühr gezahlt ist.

8  Im zweiten Fall muss die zweite Verletzungsklage zeitlich nach dem Tag der Erhebung der ersten Verletzungsklage (nicht der Widerklage), dh der Tag der Zustellung der Klage erhoben worden sein. Art 104 (1) setzt voraus, dass schon vor dem Beginn des zweiten Verfahrens ein anderes Verfahren vor einem Gemeinschaftsmarkengericht anhängig war, und erlaubt es nicht, in ei-

---

4  Desantes Real, Comentarios, S 916.
5  Von Mühlendahl/Ohlgart, S 218; AT-OGH GRUR Int 2003, 861 *Manpower II.*

nem zweiten Verfahren eine solche Widerklage erst nachträglich zu erheben.[6]

Eine Aussetzung erfolgt dagegen nicht, wenn die zweite Klage eine Klage auf   9
Feststellung der Nichtverletzung gemäß Art 96 (b) ist; in diesen Fällen wäre
es unangemessen, dem angeblichen Verletzer die Feststellung der Nichtverletzung bis zur Entscheidung anderer Verfahren vorzuenthalten.[7]

Die Aussetzungsmöglichkeit nach Art 104 gilt nicht, wenn in dem ersten   10
Verfahren ältere Rechte im Wege der Einrede nach Art 99 (3) geltend gemacht werden.[8]

Von einer Aussetzung wäre auch dann abzusehen, wenn das zuerst anhängig   11
gemachte Verfahren nur auf eine teilweise Verfalls- oder Nichtigerklärung
der GM gerichtet ist.[9]

Die Aussetzungsregelung greift dagegen auch dann, wenn die zweite Klage   12
noch nicht mit einer Widerklage auf Erklärung des Verfalls oder der Nichtigkeit gekontert worden ist. Der erkennende Richter des zweiten Verfahrens
wird somit gezwungen, über die Frage der Aussetzung zu entscheiden, noch
bevor der Beklage eine Widerklage auf Erklärung des Verfalls oder der Nichtigkeit gestellt hat; Motiv ist allein, dass er einen solchen Antrag jederzeit im
Verlauf des Verfahrens stellen könnte.

Die Aussetzung ist nicht automatisch; sie erfordert zum einen eine Betei-   13
ligung der Parteien und erfolgt zum zweiten dann nicht, wenn dem besondere Gründe entgegenstehen, was im Ermessen des später angerufenen Gerichts
liegt. Solche besonderen Gründe, das Verfahren nicht auszusetzen, können
sich zum einen daraus ergeben, dass die Rechtsgültigkeit der GM in dem
späteren Verfahren noch gar nicht angefochten ist (der im vorigen Absatz geschilderte Fall). Andere Gründe, das später initiierte Verfahren fortzusetzen,
könnten sein: Die zu erwartende lange Dauer des Löschungsverfahrens vor
dem Amt,[10] die mangelnden Erfolgsaussichten der in den ersten Verfahren
erhobenen Angriffe auf die Gültigkeit der GM, wenn der Widerkläger nicht

---

6  AT-OGH ÖBl 2012, 169 *Goldhase VII* – für den Fall erneuter Nichtigkeitseinwände nach Zurückverweisung an das Erstgericht.
7  Scordamaglia, European Design Protection, S 378 f.
8  Knaak, GRUR Int. 1997, 868.
9  Desantes Real, Comentarios, S 912.
10 Von Mühlendahl/Ohlgart, S 218.

mit dem Antragsteller vor dem HABM identisch ist, die verschiedenartige Natur des Angriffs, die unterschiedlich gearteten Angriffsmittel. Diese beiden zuletztgenannten Punkte ergeben sich daraus, dass die Aussetzungsregelung nicht danach differenziert, ob das zuerst angestrengte Verfahren die gleiche Zielrichtung (Erklärung des Verfalls, Erklärung der Nichtigkeit aus relativen Gründen, Erklärung der Nichtigkeit aus absoluten Gründen), geschweige denn denselben Streitgegenstand (dasselbe ältere Recht) hat. Handelte es sich bei dem ersten Verfahren um die Erklärung des Verfalls, die nur Wirkung ex nunc ab der Verfallserklärung zeitigt, so besteht in einem zweiten Verfahren regelmäßig ein Rechtsschutzinteresse auf Erklärung der Nichtigkeit mit Wirkung ex nunc (Beseitigung rückwirkend der Wirkungen der GM), weil der Beklagte regelmäßig sich gegen den in der Vergangenheit liegenden Verletzungsvorwurf wehrt. Auch dient es keineswegs der Prozessökonomie, es dem Beklagten vor einem Gemeinschaftsmarkengericht zu verwehren, sich auf die Nichtigkeit der GM aus relativen Gründen wegen eines besseren älteren Rechts zu berufen, nur weil vor dem HABM ein Verfahren zur Erklärung der Nichtigkeit aus absoluten Gründen anhängig ist.

Wird die Verletzungsklage auch auf nationale Marken gestützt, so kommt höchstens eine Aussetzung des Verfahrens betr die GM in Betracht, da die Rechtsgültigkeit der GM für die Ansprüche aus der nationalen Marke nicht vorgreiflich ist.[11]

Aus all diesen Gründen kann es keinen Zwang zur Aussetzung geben,[12] und es wäre wünschenswert, wenn von der Möglichkeit der Aussetzung differenziert und nicht unbesehen Gebrauch gemacht würde.

### 4  Der Fall des Art 104 (2)

14   Art 104 (2) betrifft den Fall, dass das später angestrengte Verfahren ein Nichtigkeits- oder Verfallsverfahren vor dem HABM ist. In diesem Fall besteht die Aussetzungsmöglichkeit, wenn zuvor direkt eine Widerklage auf Erklärung des Verfalls oder der Nichtigkeit bei einem Gemeinschaftsmarkengericht gestellt worden war. Maßgeblicher Zeitpunkt hierfür ist der Tag der Zustellung der Widerklage, nicht der Tag der Einreichung der Klage vor dem Gemeinschaftsmarkengericht, so dass das Verfahren vor dem HABM auch dann ausgesetzt werden kann, wenn zum Zeitpunkt der Antragstellung

---

11  AT-OGH GRUR 2003, 859 *Manpower.*
12  AA AT-OGH GRUR Int 2003, 861 *Manpower II.*

das Verfahren vor dem Gemeinschaftsmarkengericht bereits anhängig war. Auch hier ist ausgeschlossen, dass das Verfahren vor dem Gemeinschaftsmarkengericht ein solches auf Feststellung der Nichtverletzung (Art 96 (b)) ist, da im Rahmen einer solchen Klage die Widerklage oder Klage auf Erklärung des Verfalls oder der Nichtigkeit nicht zulässig ist (Art 99 (2)). Im übrigen gelten dieselben Grundsätze wie für Art 104 (1).

Eine Besonderheit besteht darin, dass kein Vorrang für das zuerst angestreng-  **15** te Verfahren besteht, sondern das zuerst angerufene Gemeinschaftsmarkengericht das Verfahren auch nach Anhörung der Parteien zugunsten des Nichtigkeits- oder Verfallsverfahrens vor dem HABM aussetzen kann.

Zusammen mit Art 100 (7) (das Gemeinschaftsmarkengericht kann den Be-  **16** klagten auffordern, innerhalb einer Frist beim HABM die Erklärung des Verfalls oder der Nichtigkeit zu beantragen) deutet dies auf eine gewisse Bevorzugung der Verfahren vor dem HABM hin.

### 5 Maßnahmen zur Sicherstellung der Aussetzungsmöglichkeit

Die Aussetzungsmöglichkeit besteht von Amts wegen. Hierzu muss das  **17** HABM bzw das Gemeinschaftsmarkengericht über das jeweils andere Verfahren unterrichtet sein. Dazu bestimmt Art 100 (4) eine Pflicht zur Unterrichtung des HABM. Der Tag der Stellung eines Antrags auf Erklärung des Verfalls oder auf Nichtigkeit beim HABM oder der Erhebung einer Widerklage sowie das Ergebnis dieser Verfahren werden nach R 84 (3) (n), (o) im Register für GMn eingetragen (siehe unter Art 87 Rdn 6).

### 6 Einstweilige Maßnahmen während der Aussetzung

Nach Art 104 (3) kann das Gemeinschaftsmarkengericht für die Dauer der  **18** Aussetzung des Verfahrens einstweilige Maßnahmen treffen.[13]

---

13  Siehe dazu Scordamaglia, European Design Protection, S 379.

## Artikel 105 (ex Artikel 101)  Zuständigkeit der Gemeinschaftsmarkengerichte zweiter Instanz; weitere Rechtsmittel

(1) Gegen Entscheidungen der Gemeinschaftsmarkengerichte erster Instanz über Klagen und Widerklagen nach Artikel 96 findet die Berufung bei den Gemeinschaftsmarkengerichten zweiter Instanz statt.

(2) Die Bedingungen für die Einlegung der Berufung bei einem Gemeinschaftsmarkengericht zweiter Instanz richten sich nach dem nationalen Recht des Mitgliedstaats, in dem dieses Gericht seinen Sitz hat.

(3) Die nationalen Vorschriften über weitere Rechtsmittel sind auf Entscheidungen der Gemeinschaftsmarkengerichte zweiter Instanz anwendbar.

*Schennen*

### 1 Allgemeines

1 Dieser Artikel sieht zwingend vor, dass Entscheidungen der Gemeinschaftsmarkengerichte erster Instanz bei Gemeinschaftsmarkengerichten zweiter Instanz angefochten werden können. Die Art dieses Rechtsmittels wird als Berufung gekennzeichnet; damit ist ausgeschlossen, dass ein Mitgliedstaat den Rechtszug zu dem Gemeinschaftsmarkengericht zweiter Instanz auf reine Rechtsfragen reduziert. Die Verpflichtung, Gemeinschaftsmarkengerichte zweiter Instanz vorzusehen, folgt auch aus Art 95 (1).

2 Art 105 (2) bestimmt, dass sich die »Bedingungen« für die Einlegung der Berufung zu den Gemeinschaftsmarkengerichten zweiter Instanz nach nationalem Recht richten.

3 Die neueste Liste der Gemeinschaftsmarkengerichte erster und zweiter Instanz ist in der Mitteilung des Präsidenten des HABM Nr 10/05 vom

28.11.2005 betreffend die Benennung von Gemeinschaftsmarkengerichten[1] abgedruckt.

Art 105 (3) regelt die Rechtsmittel gegen Urteile der Gemeinschaftsmarken-  4 gerichte zweiter Instanz, also die dritte Instanz.

Auf die Gemeinschaftsmarkengerichte zweiter Instanz wie auch auf die Ge-  5 richte dritter Instanz trifft dasselbe zu wie für die Gemeinschaftsmarkengerichte erster Instanz, nämlich dass es sich um nationale Gerichte mit gemeinschaftsweiter Kompetenz nach der GMV handelt (siehe Art 95 (1)).

## 2  Bedingungen für die Einlegung der Berufung

Art 105 (2) regelt, dass sich die Bedingungen für die Einlegung der Berufung  6 zu den Gemeinschaftsmarkengerichten zweiter Instanz nach nationalem Recht richten. Dazu gehören die Fragen der Form und der Frist der Berufung sowie alle sonstigen rein prozessualen Fragen der Zulässigkeit. Dazu gehören auch Beschränkungen der Berufung auf Verfahren ab einem gewissen Streitwert. Ebenfalls Sache des nationalen Rechts, obwohl in Art 105 (3) nicht ausdrücklich angesprochen, ist es, die örtliche Zuständigkeit der Gemeinschaftsmarkengerichte zweiter Instanz im Verhältnis zu denen der ersten Instanz zu regeln; dies ergibt sich mittelbar aus Art 95 (3).

## 3  Weitere Rechtsmittel

Art 105 (3) erklärt die nationalen Vorschriften für weitere Rechtsmittel auf  7 Entscheidungen der Gemeinschaftsmarkengerichte zweiter Instanz für anwendbar. Damit bleibt es dem nationalen Recht überlassen, ob und unter welchen Voraussetzungen es überhaupt ein Rechtsmittel gegen deren Entscheidungen gibt und ob dies etwa als Berufung oder Revision ausgestaltet ist. Solche Gerichte sind Gemeinschaftsmarkengerichte dritter Instanz[2] und in jedem Falle ebenfalls nationale Gerichte;[3] diese unterliegen denselben Vorschriften der GMV wie die Gemeinschaftsmarkengerichte erster und zweiter Instanz. Obwohl die GMV diese Terminologie nicht verwendet, sollten diese Gerichte als Gemeinschaftsmarkengerichte dritter Instanz bezeich-

---

1  ABl-HABM 2006, 102.
2  So auch Ekey/Klippel/von Kapff, GMV, Art 101 Rn 4; Ströbele/Kober-Dehm, MarkenG, § 125e Rn 7.
3  AT-OGH ÖBl 2003, 186 *Rothmans*; Knaak, GRUR Int 1997, 864.

net werden. Es besteht allerdings ein Mangel an Transparenz darin, dass diese Gerichte nicht nach Art 95 notifiziert werden und auch in der Mitteilung des Präsidenten Nr 10/05 vom 28.11.2005[4] nicht aufgeführt sind, so dass sich die Frage, ob es ein solches weiteres Rechtsmittel gibt und damit auch die Frage, ob und wann ein Urteil eines Gemeinschaftsmarkengerichts zweiter Instanz rechtskräftig wird (siehe Art 100 (6)), erst aus der Kenntnis des nationalen Zivilverfahrensrechts aller Mitgliedstaaten erschließt.

## 4  Rechtslage in Deutschland

8  Was die Zuständigkeit der Gemeinschaftsmarkengerichte zweiter Instanz angeht, so bestimmt § 125e (2) DE-MarkenG, dass Gemeinschaftsmarkengericht zweiter Instanz das OLG ist, in dessen Bezirk das Gemeinschaftsmarkengericht erster Instanz seinen Sitz hat. Der Rechtsweg führt somit mit der Berufung vom Landgericht zu dem für dieses Gericht zuständigen Oberlandesgericht. Welches Landgericht innerhalb Deutschlands örtlich zuständig ist, ergibt sich aus § 125g DE-MarkenG. § 125f DE-MarkenG verpflichtet das Bundesministerium der Justiz, der Kommission auch die Gemeinschaftsmarkengerichte zweiter Instanz und Änderungen in deren Zuständigkeit mitzuteilen.

9  Maßgeblich ist die Liste in der Mitteilung Nr 10/05 vom 28.11.2005 des Präsidenten des HABM.[5] Nachweise zu den landesrechtlichen Regelungen, auf denen diese Zuständigkeiten beruhen, finden sich bei Ingerl/Rohnke.[6]

10  Zu den Bedingungen für die Einlegung der Berufung gemäß Art 105 (2) zählt nach § 511a DE-ZPO, dass die Berufung erst ab einem Streitwert von 600 Euro (bisher: 1 500 DM) eröffnet ist.

11  Gegen die Urteile der Gemeinschaftsmarkengerichte zweiter Instanz ist die Revision zum BGH eröffnet.[7] Die Bedingungen für die Einlegung der Revision richten sich nach § 543 DE-ZPO (bisher: § 546 DE-ZPO), der durch das Zivilprozessreformgesetz vom 27.7.2001[8] eine neue Ausgestaltung des Revisionsrechts gebracht hat und insbesondere nunmehr die Zulassung der

---

4  ABl-HABM 2006, 102.
5  ABl-HABM 2006, 102; abdedruckt im Anh 8.
6  Ingerl/Rohnke, § 125e Rn 9ff.
7  Siehe Ingerl/Rohnke, § 125e Rn 6.
8  BGBl I S 1887.

Revision durch das Berufungsgericht oder im Wege der Nichtzulassungsbeschwerde durch das Revisionsgericht als alleinige Zugangsvoraussetzung aufgestellt hat, ohne dass es auf die Erreichung eines Streitwerts – bisher waren 60 000 DM die Grenze – ankommt. Die Revision ist zuzulassen, wenn die Rechtssache grundsätzliche Bedeutung hat oder die Fortbildung des Rechts oder die Sicherung einer einheitlichen Rechtsprechung eine Entscheidung des Revisionsgerichts erfordert.[9]

### 5 Verhältnis zu Art 103

Auch die Zuständigkeit der Gemeinschaftsmarkengerichte erster Instanz in einstweiligen Verfügungsverfahren und Sicherungsverfahren nach Art 103 setzt sich in die zweite und ggf dritte Instanz fort, wenn und soweit das nationale Zivilprozessrecht für solche Verfahren Rechtsmittel vorsieht.[10]  12

# 3. Abschnitt  Sonstige Streitigkeiten über Gemeinschaftsmarken

**Artikel 106 (ex Artikel 102)  Ergänzende Vorschriften über die Zuständigkeit der nationalen Gerichte, die keine Gemeinschaftsmarkengerichte sind**

**(1) Innerhalb des Mitgliedstaats, dessen Gerichte nach Artikel 94 Absatz 1 zuständig sind, sind andere als die in Artikel 92 genannten Klagen vor den Gerichten zu erheben, die örtlich und sachlich zuständig wären, wenn es sich um Klagen handeln würde, die eine in diesem Staat eingetragene nationale Marke betreffen.**

**(2) Ist nach Artikel 94 Absatz 1 und Absatz 1 des vorliegenden Artikels kein Gericht für die Entscheidung über andere als die in Artikel 96 genannten Klagen, die eine Gemeinschaftsmarke betreffen, zuständig, so kann die Klage vor den Gerichten des Mitgliedstaats erhoben werden, in dem das Amt seinen Sitz hat.**

*Schennen*

---

9  Einzelheiten siehe Baukelmann, FS für Erdmann, S 767.
10  AT-OGH ÖBl 2003, 186 *Rothmans*.

## 1 Allgemeines

1 Die Vorschrift enthält ergänzende Bestimmungen über die Zuständigkeiten nationaler Gerichte für andere als die in Art 96 bestimmten Klagen. Art 96 enthält die Bestimmung der ausschließlichen Zuständigkeit der Gemeinschaftsmarkengerichte für Klagen wegen Verletzung oder Feststellung der Nichtverletzung, auf angemessene Entschädigung sowie Widerklagen auf Erklärung des Verfalls oder der Nichtigkeit. Art 106 betrifft andere Klagen betreffend eine GM; für diese besteht keine ausschließliche Zuständigkeit der Gemeinschaftsmarkengerichte. Art 106 steht im Zusammenhang mit Art 107, der die Bindung an die Rechtsgültigkeit der GM manifestiert.

2 Was solche anderen als die in Art 96 genannten Klagen angeht, stellt Art 106 (1) die GM für die Zwecke der Bestimmung der örtlichen und sachlichen Zuständigkeit einer nationalen Marke gleich und enthält somit eine Bestimmung der örtlichen und sachlichen Zuständigkeit für die Gerichte eines bestimmten Mitgliedstaates, dessen Gerichte gemäß Art 94 international zuständig sind.

3 Art 106 (2) bestimmt, dass solche anderen Klagen der Zuständigkeit der spanischen Gerichte unterliegen, wenn nach Art 106 (1) oder Art 94 kein anderes Gericht zuständig wäre. Hierbei handelt es sich um eine Bestimmung der internationalen Zuständigkeit.

## 2 Die Regelung des Art 106 (1)

4 Art 106 (1) enthält eine Regelung der sachlichen und örtlichen Zuständigkeit innerhalb eines bestimmten Mitgliedstaates für andere Klagen als die, die unter Art 96 fallen.

### 2.1 Begriff der »anderen Klagen«

5 Nicht in Art 106 (1), wohl aber in Art 106 (2) sowie in Art 107 wird bestimmt, dass es sich bei den anderen als in Art 96 genannten Klagen um sol-

che in Bezug auf eine GM handeln muss. Diese Einschränkung des Anwendungsbereichs ist auch bei Art 106 (1) zu machen, ohne dass dies im Wortlaut des Gesetzes seinen Niederschlag findet. Anders als bei Art 107, dessen Zweck, die Bindungswirkung der Gerichte an die Eintragung der GM sicherzustellen, einen weiten Anwendungsbereich erfordert, stellt sich jedoch im Rahmen des Art 106 die Frage, ob es ausreicht, dass das Bestehen der GM lediglich Vorfrage des Prozesses ist. Da Art 106 (1) immerhin eine Regelung der örtlichen Zuständigkeit vornimmt, die entgegenstehendes nationales Recht verdrängt, ist im Zweifel von einem eher engen Begriff der »anderen Klagen« auszugehen.

In Betracht kommen: 6
– Klagen wegen der Erfüllung oder Nichterfüllung eines Lizenzvertrags an einer GM. Jedoch fallen unter Art 106 nicht Klagen gegen Lizenznehmer, die den Inhalt der Lizenz überschreiten (Art 22 (3)); diese sind Klagen wegen der Verletzung einer GM gemäß Art 96 (a).
– Klagen auf Übertragung der Marke, die der ungetreue Agent hat eintragen lassen, gemäß Art 18 (siehe unter Art 18 Rdn 13).
– Klagen, mit denen ein vertraglicher Anspruch auf Übertragung einer GM geltend gemacht wird.
– Auseinandersetzungsklagen im Falle des Vorliegens einer Bruchteilsgemeinschaft an einer GM.
– Klagen gemäß Art 10 zur Durchsetzung des Anspruchs gegen den Herausgeber von Wörterbüchern auf Anbringung eines Hinweises, dass es sich um eine Marke handelt (siehe dazu unter Art 10 Rdn 6).
– Klagen wegen Untersagung der Benutzung einer GM nach Art 110, 111 fallen nicht hierunter.[1] Solche Klagen sind nicht auf eine GM als Anspruchsgrundlage gegründet, sondern auf ein älteres nationales Recht oder sonstige Ansprüche wie unlauteren Wettbewerb.[2] Für das Bestehen derartiger Ansprüche ist die Frage, ob derjenige, der die jüngere Marke rechtswidrig benutzt, selbst Inhaber einer GM ist, irrelevant, da die GM kein Recht zur Verletzung von Rechten Dritter verleiht. Demzufolge wäre nicht einzusehen, dass die Tatsache, dass der Beklagte ein Kennzeichen

---

1 Zweifelnd: Ingerl/Rohnke, § 125e Rn 59.
2 So auch LG München I, WRP 2000, 652 *Betty Spaghetty*: keine Widerklage auf Nichtigerklärung der GM, wenn die Verletzungsklage auf eine nationale Marke gestützt ist.

benutzt, das auch als GM geschützt ist, zur einer Änderung der örtlichen Zuständigkeit führen sollte.

– Fraglich ist, ob Art 106 auch für Anträge auf Einleitung von Zwangsvollstreckungsmaßnahmen, die keine »Klagen« sind, gilt, zB auf Einleitung des Zwangsversteigerungsverfahrens. Die Assimilation der GM mit einer nationalen Marke folgt aus Art 16 (siehe unter Art 16 Rdn 10). Ist einmal die internationale Zuständigkeit der Gerichte eines bestimmten MS begründet, so dürfte die Bestimmung der sachlichen und örtlichen Zuständigkeit für solche Anträge jedenfalls keine Probleme bereiten.

### 2.2 Gleichstellung mit nationaler Marke

7 Art 106 (1) stellt die GM der nationalen Marke in diesen Fällen gleich, jedoch nur für die Zwecke der Bestimmung der örtlichen und sachlichen Zuständigkeit innerhalb eines bestimmten Mitgliedstaates. Es handelt sich nicht um eine Regel der internationalen Zuständigkeit; diese bestimmt sich vielmehr nach Art 94 (1).

### 3 Die Bestimmung des Art 106 (2)

8 Art 106 (2) enthält eine subsidiäre Zuständigkeit für die spanischen Gerichte, da das Amt in Spanien seinen Sitz hat. Diese subsidiäre Zuständigkeit besteht dann, wenn gemäß Art 94 (1) oder Art 106 (1) kein anderes Gericht eines Mitgliedstaates international zuständig wäre. Die Verweisung auf Art 106 (1) geht dabei fehl, da zum einen Art 106 (1) keine Regelung der internationalen Zuständigkeit enthält und zum anderen immer zur Bestimmung eines örtlich zuständigen Gerichts führt.

9 Auch was die Verweisung auf Art 94 angeht, ist ein Fall, dass danach kein Gericht eines Mitgliedstaates international zuständig wäre, kaum vorstellbar.

10 Für Schuldverhältnisse gilt das Vertragsstatut. Da der Lizenzvertrag über eine GM die Benutzung einer GM betrifft, die zwangsläufig in der Gemeinschaft stattfinden muss, wird danach wohl immer die Zuständigkeit eines EG-Mitgliedstaates gegeben sein. Auch kann Art 106 (2) nichts daran ändern, dass im Lizenzvertrag die Geltung des Rechts eines Drittstaats vertraglich vereinbart werden kann. Auch ist es ohne weiteres möglich, dass für Ansprüche aus einem Lizenzvertrag an einer GM Gerichte eines Drittstaats zuständig sind, da das EuGVÜ bzw die VO (EG) Nr 44/2001 vom 22.12.2000 nicht die in-

ternationale Zuständigkeit für Klagen zwischen zwei EG-Ausländern (Personen ohne Wohnsitz oder Niederlassung innerhalb der EG) regelt.

Das Vertragsstatut gilt ebenfalls für Klagen, mit denen vertragliche Ansprüche auf Übertragung (Abtretung) des Schutzrechts durchgesetzt werden soll.[3] **11**

Für Klagen auf Übertragung gemäß Art 18 (Vindikationsklagen) gilt gemäß Art 94 Art 22 (4), da Art 94 (2) Art 22 (4) nicht erwähnt. Es besteht somit die ausschließliche Zuständigkeit der Gerichte des Staates, in dem das Schutzrecht »belegen« ist. Diese ausschließliche Zuständigkeit nach Art 16 GVÜ gilt für Eintragungs- und Gültigkeitsklagen und somit auch für Übertragungsklagen, mit denen ein gesetzlicher Anspruch auf Übertragung des Schutzrechts durchgesetzt werden soll.[4] Die GM ist nach Art 16 in dem Mitgliedstaat als belegen anzusehen, dessen Recht sie als Gegenstand des Vermögens unterliegt, dh in der Praxis, dort, wo der Inhaber der GM seinen Sitz hat; subsidiär führt Art 16 zur Anwendung des spanischen Rechts als des Staates des Sitzes des Amtes. Somit folgt bereits aus Art 16 sowie Art 16 EuGVÜ eine internationale Zuständigkeit desjenigen Mitgliedstaates, dessen Recht die GM als Gegenstand des Vermögens unterliegt. **12**

Art 16 (4) EuGVÜ entspricht nunmehr Art 22 (4) der VO (EG) Nr 44/2001 vom 22.12.2000, ohne dass sich eine sachliche Änderung ergeben hat. **13**

## Artikel 107 (ex Artikel 103)  Bindung des nationalen Gerichts

**Das nationale Gericht, vor dem eine nicht unter Artikel 96 fallende Klage betreffend eine Gemeinschaftsmarke anhängig ist, hat von der Rechtsgültigkeit der Gemeinschaftsmarke auszugehen.**

*Schennen*

---

3 Stauder, GRUR Int 1976, 512.
4 Stauder, GRUR Int 1976, 512; siehe unter Art 18 Rdn 13.

## 1 Allgemeines

1 Art 107 bestimmt, dass das nationale Recht, vor dem eine andere als unter Art 96 fallende Klage betr einer Gemeinschaftsmarke anhängig ist, von der Rechtsgültigkeit der GM auszugehen hat, und enthält damit sowohl eine Vermutungswirkung für die Gültigkeit der GM als auch ein materiell-rechtliches Verbot, die GM, für ungültig zu behandeln. Dies bedeutet, dass die Entscheidung des HABM über die Eintragung der GM in dem Verfahren vor dem nationalen Gericht volle Bindungswirkung hat.

2 Art 107 betrifft Hauptsacheklagen, die nicht unter Art 96 fallen, dh die Verfahren, für die Art 106 gilt. (Welche dies sind, ist unter Art 106 Rdn 6 erläutert). Art 107 betrifft nicht die Verfahren im einstweiligen Rechtsschutz nach Art 103.

3 Konkret führt Art 107 dazu, dass der auf Übereignung der GM oder auf Zahlung der vertraglich vereinbarten Lizenzgebühr in Anspruch genommene Beklagte weder die Schutzunfähigkeit der GM aus absoluten Gründen oder relativen Gründen noch ihre Verfallsreife wegen Nichtbenutzung noch andere absolute oder relative Nichtigkeitsgründe oder Verfallsgründe nach der GMV einwenden kann. Diese können nur Berücksichtigung finden, wenn der Beklagte gesondert einen Antrag auf Erklärung der Nichtigkeit oder des Verfalls der GM bei dem HABM (Art 51 (1), 51 (1), 52 (1)) stellt und die Aussetzung des Verfahrens vor dem Zivilgericht beantragt. Aus einem Umkehrschluss zu Art 99, 100 ergibt sich, dass sich der Dritte in solchen verfahren auch nicht mit einer auf Nichtigerklärung oder Erklärung der Schutzunfähigkeit gerichteten Widerklage verteidigen kann, zumal dadurch die ausschließliche Zuständigkeit des HABM nach Art 52, 53 umgangen würde.

4 Art 107 schließt auch aus, dass der Bestand der GM auf Umwegen in nationalen Verfahren, die nicht Art 96 unterfallen, angegriffen wird. Unzulässig und rechtswidrig ist es somit, den Inhaber der GMA oder GM in nationalen Verfahren außerhalb der Art 96, 97, 104 zur Zurücknahme einer GMA oder zur Erklärung des Verzichts auf eine GM zu verurteilen, da dies eine Widerklage nach Art 100 voraussetzen würde und es andere Ansprüche als auf Löschung oder Übertragung nach der GMV nicht gibt. Für eine derartige Klage fehlte dem Gemeinschaftsmarkengericht, erst recht jedem anderen na-

tionalen Gericht, jede Zuständigkeit.[1] Die entgegenstehende Rspr des BGH[2] ist mit Nachdruck zu missbilligen, sie stürzt den Inhaber der GM in einen unauflösbaren Konflikt zwischen Urteilsrespekt und Gesetzesrespekt. Weder aus § 1004 DE-BGB noch aus § 1 UWG noch aus den Grundsätzen der Verwirkung kann Anderes folgen.

Fraglich ist, ob Art 107 auch die Geltendmachung von Einwendungen des   5 Beklagten aus nationalem Recht ausschließt. Art 110 gilt für diese Frage nicht. Die Frage dürfte nur für die folgenden, nicht in der GMV geregelten Einwendungen zu bejahen sein: Verwirkung (mit Ausnahme der Duldung der Benutzung, Art 54 GMV), sittenwidriges Verhalten, wettbewerbswidrige Geltendmachung der GM (siehe Art 14 (2)).

## 2 Drittstaaten

Art 107 richtet sich zunächst an Gerichte der Mitgliedstaaten, vor denen eine   6 unter Art 106 fallende Klage anhängig gemacht wird. Qualifiziert man jedoch Art 106 (1) nicht als Regelung der internationalen, sondern nur der örtlichen und sachlichen Zuständigkeit (siehe unter Art 106 Rdn 4) und Art 106 (2) nicht als ausschließliche Zuständigkeit, so bleiben Fälle, in denen die oa genannten anderen Klagen, die GM betreffen, vor Gerichten dritter Staaten anhängig gemacht werden können, nämlich soweit dies zum einen gemäß Art 94 nach der VO (EG) Nr 44/2001 des Rates vom 22.12.2000 über die gerichtliche Zuständigkeit und die Anerkennung und Vollstreckung von Entscheidungen in Zivil- und Handelssachen[3] möglich ist und zum anderen, soweit die VO Nr 44/2001 nicht eingreift, weil der Beklagte nicht in der EG ansässig ist, oder soweit im Anwendungsbereich des Lugano-Übereinkommens ein Bezug zu einem EFTA-Staat besteht.[4] Auch insoweit gilt Art 107; auch das Gericht des Drittstaats ist also an die Eintragung der GM gebunden. Art 107 hat somit einen weiteren Anwendungsbereich als Art 106. Dies ist – obwohl die Richter eines Drittstaats an sich nicht an das Verfahrensrecht der GMV gebunden sind – möglich, da die in

1 Wie hier: OLG Naumburg 10U50/07 vom 21.12.2007; kritisch auch: Hartmann, MarkenR 2003, 379.
2 BGH MarkenR 2005, 268 *The Colour of Elegance* (betr Anspruch auf Rücknahme einer GMA aus UWG).
3 ABl-EG L 12 vom 16.1.2001, S 1.
4 Siehe Desantes, La marca comunitaria y el derecho internacional privado, Marca y diseños comunitarios, S 256.

Art 107 stipulierte Bindungswirkung, obwohl keine bloße Vermutung, nicht nur verfahrensrechtliche, sondern auch materiellrechtliche Elemente enthält.

## 3 Verhältnis zu Art 22 (4) VO 44/2001

7   Nach Art 22 (4) der VO (EG) Nr 44/2001 des Rates vom 22.12.2000, der Art 16 (4) EuGVÜ entspricht, besteht für Klagen, welche die Eintragung oder die Gültigkeit von Marken und anderen durch Eintragung erworbenen gewerblichen Schutzrechten zum Gegenstand haben, eine ausschließliche Zuständigkeit der Gerichte des Vertragsstaats, in dessen Hoheitsgebiet die Registrierung vorgenommen worden ist oder auf Grund eines Gemeinschaftsrechtsakts als vorgenommen gilt. Diese Vorschrift steht mit Art 107 nicht im Widerspruch, da unabhängig davon, ob sie überhaupt für gemeinschaftliche Schutzrechte anwendbar ist, Art 107 ohnehin auf die Ungültigerklärung gerichtete Klageziele ausschließt.[5]

8   Der EuGH hat entschieden, dass ein Widerspruch zwischen Art 22 (4) VO Nr 44/2001 und Art 31 VO Nr 44/2001, der zwar nach Art 94 (2) (a) nicht gilt, mit dem aber Art 103 inhaltsgleich ist, oder ein Vorrang der einen vor den anderen Norm nicht besteht und Art 22 (4) VO Nr 44/2001 keinen Einfluss darauf hat, ob der Verfügungsbeklagte sich mit der Wahrscheinlichkeit der Schutzunfähigkeit der Klagemarke verteidigen kann. Das bedeutet im Klartext, dass der nationale Richter ohne weiteres befugt ist, einen Antrag auf einstweilige Unterlassungsverfügung zurückzuweisen, wenn er der Auffassung ist, dass eine vernünftige und nicht zu vernachlässigende Möglichkeit besteht, dass das Klageschutzrecht für nichtig erklärt wird.[6] Dieser Einwand führt nur zur Verneinung des Verfügungsgrunds und hat keinen Einfluss auf die Gültigkeit der GM. Damit ist die, gerade mit Hinweis auf das Bindungsprinzip, zu nationalen deutschen Marken vertretene Auffassung,[7] solche Einwendungen überhaupt nicht zuzulassen, nicht mehr vereinbar; sie würde den Beklagten gegen mit einstweiliger Verfügung begehrte Anträge auf Unterlassung der Benutzung schutzunfähiger Marken generell rechtlos stellen.

---

5   AA Kohler, FS für Everling 1995, S 651, 657.
6   EuGH C-616/10 vom 12.7.2012 (Nr 49) *Solvay/Honeywell.*
7   So Ströbele/Hacker, § 14 Rn 22; differenzierend, wie hier, zuvor schon Ingerl/ Rohnke, vor §§ 14-19, Rn 100.

# 4. Abschnitt  Übergangsbestimmung

## Artikel 108 (ex Artikel 104)  Übergangsbestimmung betreffend die Anwendung der Verordnung (EG) Nr. 44/2001

**Die Vorschriften der Verordnung (EG) Nr. 44/2001, die aufgrund der vorstehenden Artikel anwendbar sind, gelten für einen Mitgliedstaat nur in der Fassung der genannten Verordnung, die für diesen Staat jeweils in Kraft ist.**

*Schennen*

### 1 Allgemeines

Es handelt sich um eine Übergangsbestimmung, die ursprünglich ihren 1 Grund darin hatte, dass das Übereinkommen vom 27.9.1968 über die gerichtliche Zuständigkeit und Vollstreckung gerichtlicher Entscheidungen in Zivil- und Handelssachen (Brüsseler Übereinkommen, EuGVÜ) mehrfach im Zuge des Beitritts neuer Mitgliedstaaten zur EG geändert worden ist, und zwar am 3.6.1971, 9.10.1978, 25.10.1982, 26.5.1989 und am 29.11.1996.[1] Das Brüsseler Übereinkommen galt im Verhältnis zwischen zwei Staaten, die es ratifiziert haben, nur in der letzten Fassung, dem die beiden betroffenen Staaten angehören.

Jedoch hat Art 108 aus den folgenden Gründen heute keine Bedeutung 2 mehr, so dass die Aufnahme dieser Bestimmung in die VO Nr 207/2009 unnötig war:

Heute gilt die VO (EG) Nr 44/2001 des Rates vom 22.12.2000 über die gerichtliche Zuständigkeit und die Anerkennung und Vollstreckung von Entscheidungen in Zivil- und Handelssachen.[2]

Die in Art 68 (1) VO Nr 44/2001 gemachte Einschränkung, dass das EuG- 4 VÜ für bestimmte Gebiete anwendbar bleibt, für die der EG-V nach seinem Art 299 nicht gilt, ist nicht von Bedeutung, da für die Gebiete, für die die VO Nr 44/2001 vom 22.12.2000 nicht gilt, auch die GMV nicht gilt.

---

1 Einzelheiten siehe Desantes, Comentarios, S 932 ff.
2 EuGVVO, ABl-EG L 12 vom 16.1.2001, S 1.

5 Die VO Nr 44/2001 vom 22.12.2000 galt zunächst nach ihrem Art 1 (3) und ihrem Erwägungsgrund 21 nicht für Dänemark. Dies hat sich aber geändert; die VO Nr 44/2001 gilt seit dem 1.7.2007 auch für Dänemark.[3] Die VO Nr 44/2001 gilt damit heute für alle anderen EG-Mitgliedstaaten, einschließlich der am 2004 und 2007 beigetretenen neuen Mitgliedstaaten.[4]

6 Die VO Nr 44/2001 gilt nach ihrem Art 66 nur, wenn zum relevanten Zeitpunkt der Staat entweder bereits der EG beigetreten war oder dem EuGVÜ angehörte. Der relevante Zeitpunkt ist die Klageerhebung, für die Anerkennung und Vollstreckung der Erlass der anzuerkennenden oder zu vollstreckenden gerichtlichen Entscheidung.[5] Für die Zeitraum bis 2004 sind daher die neuen Mitgliedstaaten als Drittstaaten zu behandeln.

---

3 Abkommen zwischen der EG und dem Königreich Dänemark über die gerichtliche Zuständigkeit und die Anerkennung und Vollstreckung von Entscheidungen in Zivil- und Handelssachen, ABl-EG Nr L 299 vom 16.11.2005, S 62.
4 Beitrittsvertrag, Anh II Nr 18 A 3, ABl-EG L 236,S 17; siehe Kropholler, Europäisches Zivilprozeßrecht, vor Art 1 EuGVVO, Rn 20.
5 EuGH C-514/10 vom 21.6.2012, GRUR Int 2012, 772, *Wolf Naturprodukte*.

# Titel XI  Auswirkungen auf das Recht der Mitgliedstaaten

## 1. Abschnitt  Zivilrechtliche Klagen aufgrund mehrerer Marken

### Artikel 109 (ex Artikel 105)  Gleichzeitige und aufeinanderfolgende Klagen aus Gemeinschaftsmarken und aus nationalen Marken

(1) Werden Verletzungsklagen zwischen denselben Parteien wegen derselben Handlungen bei Gerichten verschiedener Mitgliedstaaten anhängig gemacht, von denen das eine Gericht wegen Verletzung einer Gemeinschaftsmarke und das andere Gericht wegen Verletzung einer nationalen Marke angerufen wird,

a) so hat sich das später angerufene Gericht von Amts wegen zugunsten des zuerst angerufenen Gerichts für unzuständig zu erklären, wenn die betreffenden Marken identisch sind und für identische Waren oder Dienstleistungen gelten. Das Gericht, das sich für unzuständig zu erklären hätte, kann das Verfahren aussetzen, wenn der Mangel der Zuständigkeit des anderen Gerichts geltend gemacht wird;

b) so kann das später angerufene Gericht das Verfahren aussetzen, wenn die betreffenden Marken identisch sind und für ähnliche Waren oder Dienstleistungen gelten oder wenn sie ähnlich sind und für identische oder ähnliche Waren oder Dienstleistungen gelten.

(2) Das wegen Verletzung einer Gemeinschaftsmarke angerufene Gericht weist die Klage ab, falls wegen derselben Handlungen zwischen denselben Parteien ein rechtskräftiges Urteil in der Sache aufgrund einer identischen nationalen Marke für identische Waren oder Dienstleistungen ergangen ist.

(3) Das wegen Verletzung einer nationalen Marke angerufene Gericht weist die Klage ab, falls wegen derselben Handlungen zwischen denselben Parteien ein rechtskräftiges Urteil in der Sache aufgrund einer identischen Gemeinschaftsmarke für identische Waren oder Dienstleistungen ergangen ist.

(4) Die Absätze 1, 2 und 3 gelten nicht für einstweilige Maßnahmen einschließlich solcher, die auf eine Sicherung gerichtet sind.

*Schennen*

## 1 Allgemeines

1   Art 109 soll verhindern, dass der Markeninhaber nationale Marken und eine identische GM zu der Erhebung mehrfacher Verletzungsklagen aufgrund inhaltsgleicher Schutzrechte missbraucht. Es handelt sich um einen Zwang zur Klagenkonzentration, mit dem der Schutzrechtsinhaber mittelbar veranlasst wird, nationale Marken und die GM gleichzeitig geltend zu machen. Ihr Zweck ist erläutert in Erwägungsgrund Nr 23: Abweichende Gerichtsentscheidungen sollen vermieden werden. Sie wird ergänzt durch die Gemeinsame Erklärung im Ratsprotokoll Nr B 24:[1] Die Aussetzungsentscheidung soll am Anfang des Verfahrens stehen, und Art 109 soll so anzuwenden sein, dass das Ziel der Vorschrift nicht durch eine »Differenzierung des Eigentums an den Marken umgangen« werden darf. Art 109 setzt aber Identität der Parteien voraus.

2   Die Vorschrift entspricht Art 95 GGV und § 145 DE-PatG.

## 2 Begrenzung des Anwendungsbereichs

3   Art 109 gilt nur bei Klagen in verschiedenen Mitgliedstaaten.[2] Die Vorschrift sollte aber bei Klagen in demselben Mitgliedstaat analog angewendet werden.

---

1   ABl-HABM 1996, 612.
2   Hartmann, Die Gemeinschaftsmarke im Verletzungsverfahren, S 162.

Art 109 gilt nicht, wenn parallele Klagen aus unterschiedlichen nationalen 4
Marken erhoben werden.[3] Soweit es um nationale Marken in verschiedenen
Mitgliedstaaten geht, besteht kein Grund für die Aussetzung von Verfahren,
da jede nationale Marke nur in dem betreffenden Mitgliedstaat Wirkung
hat. Was parallele Marken in demselben Mitgliedstaat angeht, so liegt die
Regelung dieses Sachverhalts außerhalb des Anwendungsbereich der GMV.

Art 109 betrifft außerdem nicht parallele Verletzungsverfahren aus derselben 5
oder aus identischen GMn (siehe unter Art 104 Rdn 1–3). Hierfür gilt
Art 27, 28 VO Nr 44/2001 (bisher Art 21, 22 EuGVÜ), nicht Art 97.[4]

### 3 Identität des Streitgegenstands

Art 109 setzt voraus, dass es sich um Verletzungsklagen zwischen denselben 6
Parteien wegen derselben Handlung handelt. Art 109 gilt nicht, wenn das
andere Verfahren lediglich die Gültigkeit betraf, zB ein nationales Widerspruchsverfahren war.[5]

Es muss sich um Klagen auf Unterlassung oder Schadensersatz handeln; die 7
Verletzung darf nicht Vorfrage sein.

Es muss sich um Klagen derselben Parteien handeln.[6] Eine solche Identität 8
ist zu verneinen, wenn der Lizenznehmer der GM – wenn auch mit Zustimmung dessen Inhabers – klagt (Art 22 (3)) und der Inhaber der GM Inhaber
einer parallelen nationalen Marke ist.[7]

Vorausgesetzt ist ferner, dass es sich um dieselben Handlungen (»the same 9
cause of action«) handelt. Dies ist nach dem Verfahrensrecht des angerufenen
Gerichts (Art 101) zu bestimmen. Ein deutsches Gericht hätte somit zu prüfen, ob Identität des Streitgegenstandes besteht, der sich aus dem Antrag und

---

3  GB-Court of Appeal vom 12.3.2003, 2003 EWCA Civ 327 (Nr 18) Prudential
   UK/Prudential USA.
4  Desantes Real, Comentarios, S 916; LG Hamburg, 20 U 110/04 vom 8.11.2005
   *Rodeo*, zugänglich unter http://oami.europa.eu/de/mark/aspects/ctmcourt.htm;
   aA Posner, European Design Protection, S 387.
5  GB-Court of Appeal vom 12.3.2003, 2003 EWCA Civ 327 (Nr 44) Prudential
   UK/Prudential USA.
6  Siehe auch GB-Court of Appeal vom 12.3.2003, 2003 EWCA Civ 327 (Nr 37)
   *Prudential UK/Prudential USA*.
7  Wohl anders Vicent Chuliá, Comentarios, S 946.

dem geltend gemachten Lebenssachverhalt ergibt.[8] Der Fall der parallelen Klage aus einer nationalen und einer GM fällt nicht unter Art 21 EuGVÜ,[9] obwohl dort in der engl Fassung ebenfalls der Begriff »the same cause of action« gebraucht wird, während die deutsche Fassung von »Klagen wegen desselben Anspruchs« spricht, denn es mag zwar die Verletzungshandlung, identisch sein, nicht aber die Anspruchsgrundlage; dazu oben unter Art 104 Rdn 5.

## 4  Anhängigkeit mehrerer Klagen

10  Art 109 (1) betrifft den Fall, dass Verletzungsklagen bei verschiedenen Gerichten anhängig sind, ohne dass eines dieser Gerichte bereits ein rechtskräftiges Urteil erlassen hat. In diesen Fall hängt die Rechtsfolge davon ab, ob sowohl die Marken als auch die Waren und Dienstleistungen identisch sind (Fall des Art 8 (1) (a)). In diesem Fall besteht eine Pflicht des später angerufenen Gerichts, von Amts wegen sich zugunsten des zuerst angerufen Gerichts für unzuständig zu erklären (Art 105 (1) (a)). Besteht dagegen bloß Ähnlichkeit der Marken oder der Waren und Dienstleistungen, so besteht nur eine Aussetzungsmöglichkeit zugunsten des zuerst angerufenen Gerichts (Art 105 (1) (b)). Dies gilt auch dann, wenn sowohl die Marken als auch die Waren und Dienstleistungen jeweils nur ähnlich sind. Problematisch ist, wie die Identität oder Ähnlichkeit festgestellt wird. Hierbei geht es um den Vergleich der beiden Marken des Klägers, nicht um den Vergleich der Marke des Klägers mit der Marke oder der Benutzungshandlung des Beklagten.

11  Die Identität oder Ähnlichkeit der Waren und Dienstleistungen der nationalen Marke im Vergleich zu der GM erscheint nicht als das geeignete Kriterium. Vielmehr sollte die Aussetzungsentscheidung des zuletzt angerufenen Richters darauf abstellen, ob dieselbe Verletzungshandlung in Streit steht. Ist dies der Fall, so obliegt es dem Kläger, möglichst alle parallelen Schutzrechte gleichzeitig in das Verfahren einzuführen. Andernfalls wird die Verteidigung des Beklagten erschwert. Unterschiedliche VerzWDL in der GM einerseits und der nationalen Marke andererseits rechtfertigen nicht die Erhebung aufeinanderfolgender Klagen, wenn Unterlassung derselben Verletzungshandlung begehrt wird.

---

8  Siehe dazu Zöller/Vollkommer, ZPO, Einleitung Rn 60–91.
9  AA Hartmann, Die Gemeinschaftsmarke im Verletzungsverfahren, S 165.

### 5 Frühere rechtskräftige Entscheidung

Nach Art 109 (2) und (3) ist die Klage aus einer GM oder einer nationalen 12
Marke abzuweisen, wenn wegen derselben Verletzungshandlung zwischen
denselben Parteien ein rechtskräftiges Urteil aufgrund einer identischen nationalen Marke oder GM für identische Waren und Dienstleistungen ergangen ist. Hierbei kommt es nicht darauf an, welches Verfahren zuerst anhängig gemacht wurde, sondern darauf, welches Verfahren zuerst rechtskräftig
entschieden wird. Da ein Urteil wegen einer nationalen Marke nicht hinsichtlich der Benutzung einer identischen GM in Rechtskraft erwächst und
umgekehrt, bedeutet die Formulierung »weist die Klage ab«, dass es sich um
ein Zulässigkeitshindernis eigener Art für das nachfolgende Verfahren handelt. Die Bestimmung setzt nicht nur Identität der Verletzungshandlung,
sondern auch der Marken und der Waren und Dienstleistungen des ersten
und des zweiten Verfahrens voraus. Deshalb kann bei nur ähnlichen Marken
oder Waren und Dienstleistungen das später angerufene Gericht zwar zunächst nach Art 109 (1) (b) aussetzen, muss dann aber nach Erlass des ersten
Urteils sein Verfahren vollumfänglich fortsetzen.

Art 109 (2) und (3) dürften auch deshalb kaum praktisch werden, weil er- 13
fahrungsgemäß identische nationale Marken und GMn fast immer im
VerzWDL geringfügig abweichen.

### 6 Unanwendbarkeit bei einstweiligen Maßnahmen

Nach Art 109 (4) gelten Art 109 (1) bis (3) nicht für einstweilige und Siche- 14
rungsmaßnahmen.

## 2. Abschnitt Anwendung des einzelstaatlichen Rechts zum Zweck der Untersagung der Benutzung von Gemeinschaftsmarken

### Artikel 110 (ex Artikel 106) Untersagung der Benutzung von Gemeinschaftsmarken

(1) Diese Verordnung lässt, soweit nichts anderes bestimmt ist, das nach
dem Recht der Mitgliedstaaten bestehende Recht unberührt, Ansprüche
wegen Verletzung älterer Rechte im Sinne des Artikels 8 oder des Arti-

kels 53 Absatz 2 gegenüber der Benutzung einer jüngeren Gemeinschaftsmarke geltend zu machen. Ansprüche wegen Verletzung älterer Rechte im Sinne des Artikels 8 Absätze 2 und 4 können jedoch nicht mehr geltend gemacht werden, wenn der Inhaber des älteren Rechts nach Artikel 54 Absatz 2 nicht mehr die Nichtigerklärung der Gemeinschaftsmarke verlangen kann.

(2) Diese Verordnung lässt, soweit nichts anderes bestimmt ist, das Recht unberührt, aufgrund des Zivil-, Verwaltungs- oder Strafrechts eines Mitgliedstaats oder aufgrund von Bestimmungen des Gemeinschaftsrechts Klagen oder Verfahren zum Zweck der Untersagung der Benutzung einer Gemeinschaftsmarke anhängig zu machen, soweit nach dem Recht dieses Mitgliedstaats oder dem Gemeinschaftsrecht die Benutzung einer nationalen Marke untersagt werden kann.

*Eisenführ, Eberhardt*

## 1 Allgemeines

1   Die GMV geht davon aus, dass eine GM als einheitliches Recht im gesamten Territorium der Gemeinschaft und damit allen ihren Mitgliedstaaten besteht. Wenn ein solch einheitlicher Schutz wegen der Existenz kollidierender älterer Rechte auch in nur einem Mitgliedstaat nicht möglich ist, weil eine GMA wegen Widerspruchs nicht zur Eintragung gelangt (Art 42) oder eine GM einem Nichtigkeitsantrag auf Grund relativer Eintragungshindernisse zum Opfer fällt (Art 56), bleibt es – ggf auf dem Wege der Umwandlung gemäß Art 112 – beim nationalen Schutz der Marke in den übrigen Mitgliedstaaten. Eine GM für ein dem Gemeinschaftsterritorium gegenüber verkleinertes Territorium gibt es nicht.

2   Gleichwohl erlaubt Art 110 nationalen Gerichten (die keine Gemeinschaftsgerichte zu sein brauchen), die Benutzung einer GM isoliert für das Territo-

rium dieses Mitgliedstaats zu untersagen, wenn in diesem Territorium jener Benutzung nach nationalem Recht entgegenstehende ältere Rechte bestehen und nicht gemäß Art 54 (2) verwirkt sind. Hiervon Gebrauch zu machen dürfte insbesondere dort der relativ raschen und kostengünstigen Herstellung des Rechtsfriedens dienen, wo der gemeinschaftsweit angelegten GM territorial und ihrer wirtschaftlichen Bedeutung nach begrenzte Rechte entgegentreten und die Nichtbenutzung der GM in diesem Territorium für ihren Inhaber nicht von wesentlicher Bedeutung ist und, sofern er seine Marke anderwärts benutzt, keine negativen Auswirkungen auf deren Rechtsbestand hat (Art 15). Der Inhaber kann seine einheitliche GM behalten und in allen übrigen Mitgliedstaaten mit der Schutzausstattung der GMV normal benutzen.

Ebensowenig wie im Widerspruchs- oder auf ältere Rechte gestützten Löschungsverfahren kann in einem Verfahren nach Abs 1 Satz 1 dem damit geltend gemachten Unterlassungsanspruch das Bestehen eines noch älteren Rechts im relevanten Territorium entgegengehalten werden. Die Durchsetzung jenes noch älteren Rechts gegen das gegenüber der streitbefangenen GMA oder GM geltend gemachten nationalen Rechts obliegt allein seinem Inhaber und kann nur in einem unabhängigen Verfahren erfolgen. Mit einer analogen Anwendung der vermeintlichen Koexistenzregel des Art 110 hat das nichts zu tun.[1]   **3**

Abs 2 stellt fest, dass solche einzelstaatlichen Benutzungsverbote auch aufgrund allgemeiner Rechtsvorschriften im betreffenden Mitgliedstaat oder nach Gemeinschaftsrecht – in Verwaltungs- oder Gerichtsverfahren – erlassen werden können. Dabei kann es sich um Maßnahmen im Bereich der öffentlichen Ordnung, Werbeverbote für bestimmte Produkte und dergleichen handeln.   **4**

## 2 Reichweite des Unterlassungsanspruchs

Der auf ältere Kennzeichenrechte gestützte Unterlassungsanspruch gegen die Benutzung einer GM in einem Mitgliedstaat (oder deren mehrere, jedenfalls einem Teil des Gemeinschaftsterritoriums) flankiert die Möglichkeit des Inhabers des älteren nationale Rechts gegen den Bestand der GMA/GM zB im Wege des Widerspruchs vorzugehen (Art 53, 56). Die Regelung wird vor al-   **5**

---

1 EuG T-288/03 vom 25.5.2005, GRUR Int 2005, 692 (Nr 29, 35 f.) *Teletech Global Ventures.*

lem relevant, wenn schnell - zB im Wege einstweiligen Rechtsschutzes - gegen die Benutzung einer GMA/GM im Gebiet des älteren nationalen Rechts vorgegangen werden soll. Der Inhaber des älteren Recht kann also nach seiner Wahl (i) die GM in ihrem Bestand angreifen und zusätzlich Unterlassung geltend machen oder (ii) nur die GM in ihrem Bestand angreifen oder (iii) nur Unterlassung geltend machen. Letzteres kann z.B. dann angezeigt, wenn der Inhaber des älteren Rechts kein Interesse daran hat, dass der GM-Inhaber seine GM verliert und in dem nicht von älteren Rechten betroffen Territorium nur nationale Marken erwerben kann.

6 Soweit es sich bei dem älteren Recht ebenfalls um eine GM handelt, kann ihr Inhaber (theoretisch) in jedem Mitgliedstaat die Benutzung der jüngeren GM untersagen (lassen); sinnvoll könnte das natürlich nicht sein. Handelt es sich um ein älteres Kennzeichen- oder sonstiges Recht (Art 8 (2) und (4) bzw Art 53 (2)), kann sich der Unterlassungsanspruch nur auf den Mitgliedstaat bzw die Mitgliedstaaten erstrecken, in denen das ältere Recht besteht.

### 3  Verwirkung von Ansprüchen auf Grund älterer Rechte

7 Abs 1 Satz 2 lässt den Unterlassungsanspruch wegen der Verletzung eines älteren Marken- oder sonstigen Kennzeichenrechts iSv Art 8 (2) bzw (4) untergehen, wenn der Rechtsinhaber eine fünfjährige Benutzung der jüngeren GM im Territorium dieser Rechte wissentlich geduldet hat. Dann nämlich kann er – gestützt auf seine älteren Rechte – gemäß Art 54 (2) auch die Nichtigerklärung der jüngeren GM nicht mehr verlangen. Kommt es zu jener Verwirkung von älteren Rechten iSv Art 8 (2) oder (4), weil ihr Inhaber diese Rechte nicht oder nicht rechtzeitig gemäß Abs 1 Satz 1 durch Unterlassungsklage gegen die Benutzung der jüngeren GM geltend gemacht hat (und auch keinen Widerspruch gemäß Art 41 erhoben oder einen Nichtigkeitsantrag gemäß Art 53 gestellt hatte, der die jüngere GM zu Fall gebracht hätte), so tritt die von Art 54 (3) bestimmte Koexistenz der jüngeren GM mit dem älteren Recht ein.

8 Für die in Abs 1 Satz 1 ferner als Anspruchsgrundlage genannten sonstigen älteren Rechte iSv Art 53 (2) tritt die Verwirkung infolge Duldung allerdings nicht ein; vgl Art 54 Rdn 6.

9 Auf den ersten Blick erscheint daher ein bewusster Verzicht des älteren Inhabers nationaler Rechte, der nur am Territorium seines Rechts Interesse hat, auf eine Unterlassungsklage gegen die Benutzung der jüngeren GM (oder gar einen Widerspruch bzw einen Nichtigkeitsantrag gegen ihren Bestand)

oder gutgläubig erworben wurde oder gegebenenfalls ein Prioritätsdatum hat, das vor dem Tag des Beitritts dieses Staats liegt. Eine Ausnahme besteht bei bösgläubigem Erwerb des älteren Rechts. Allerdings ist auch hier die Verwirkung der älteren Rechte iSv Art 8 infolge von Benutzungsduldung (Art 54 (2)) zu beachten (Art 110 Rdn 13).

Bei Vorliegen von absoluten Schutzhindernissen wie z.B. Irreführung oder Verstoß gegen die öffentliche Ordnung oder die guten Sitten in einem neuen Mitgliedstaat kann ebenfalls eine Untersagung der Benutzung unter den Voraussetzungen des Art 110 (2) erwirkt werden. **15**

### 5 Weitere Untersagungsgründe

Soweit Vorschriften des nationalen oder des Gemeinschaftsrechts in einem Mitgliedstaat der Benutzung einer bestimmten nationalen Marke entgegenstehen würden, kann in diesem Mitgliedstaat gemäß Abs 2 auch die Benutzung der gleichlautenden GM untersagt werden. Die GMV nennt als derartige Vorschriften solche des Zivil-, Verwaltungs- oder Strafrechts eines Mitgliedstaats sowie Bestimmungen des Gemeinschaftsrechts generell. Damit wiederholt und ergänzt Abs 2 die von Art 14 (2) bestimmte Anwendbarkeit einzelstaatlichen Rechts. Das umfasst insbesondere innerstaatliche Rechtsvorschriften über die zivilrechtliche Haftung (beispielsweise die auch an Marken anknüpfende Produkthaftung) und über den unlauteren Wettbewerb. **16**

Ein instruktives Beispiel für einen zu diesem Bereich gehörenden Fall ist die Vorlageentscheidung des EuGH »Graffione/Fransa«.[5] Es ging um die Marke »Cotonelle« für Toilettenpapier. Ein italienisches Berufungsgericht hatte die nationale Markeneintragung nach italienischem Markenrecht wegen Täuschung (fehlender Baumwollgehalt) für ungültig erklärt und ihre Benutzung untersagt. Als ein italienischer Supermarkt (Fransa) mit der Marke versehenes Toilettenpapier aus Frankreich bezog[6] und in Italien vertrieb, wurde er vom bisherigen italienischen Großhändler (Graffione) verklagt. Dabei spielte ua eine Rolle, inwieweit im Lichte des Art 12 (2) (b)) MarkenRichtl[7] das nationale Verbot jenes Vertriebs zulässig ist. Der EuGH hat das bejaht und darauf hingewiesen, dass die MarkenRichtl keine vollständige Harmonisierung **17**

---

5  EuGH C-313/94 vom 26.11.1996, GRUR Int 1997, 546 *Graffione/Fransa*.
6  Dort hatte die nationale französische Markeneintragung »*Cotonelle*« Bestand.
7  = Art 51 (1) (c) GMV.

des Markenrechts der Mitgliedstaaten bezwecke, und dass Art 12 (2) MarkenRichtl es dem innerstaatlichen Recht überlässt festzustellen, inwieweit die Benutzung einer verfallenen Marke zu verbieten ist.

18  Dem ist an dieser Stelle hinzuzufügen, dass jener Streit nur nationale Marken betraf. Wäre es bei dem italienischen Berufungsurteil, das dem Ausgangsstreit des Vorlageverfahrens voraufging, um eine GM gegangen und der Verfall (in Italien) gemäß Art 51 (1) (c) auf Grund einer Widerklage erklärt worden, hätte dies die GM insgesamt zu Fall gebracht.

19  Aber auch auf anderen Gebieten als dem der Täuschung[8] kann aufgrund nationalen Rechts die Benutzung einer GM im betreffenden Mitgliedstaat untersagt werden, beispielsweise dem der guten Sitten ungeachtet des Umstandes, dass die GM (für bestimmte Produkte unter Zurückweisung im Übrigen) auch unter Berücksichtigung von Art 7 (1) (f) eingetragen wurde.[9]

## 6 Verfahren

20  Bei zivilrechtlichem Vorgehen gegen die Benutzung einer GM sind neben dem jeweiligen nationalen Verfahrensrecht die Grundsätze des internationalen Zivilprozessrechts, insbesondere der EuGVVO, zu berücksichtigen.[10] Die in der GMV geregelten Verfahrensvorschriften betreffen indes nur die Verletzung von GMen.

21  Nicht in der EuGVVO geregelt ist die Reichweite der Zuständigkeit eines international zuständigen Gerichts in dem Fall, dass der Inhaber mehrerer paralleler älterer Marken in unterschiedlichen Mitgliedstaaten einheitlich gegen die Benutzung einer jüngeren GM in diesen Mitgliedstaaten vorgehen möchte und ob insoweit zwischen Sitz- und Tatortgerichten zu unterscheiden ist, wie es in der Literatur hauptsächlich vertreten wird.[11] Schließlich kann selbst in dem Fall, dass die GM in einem dieser Staaten noch nicht genutzt wird, ein Interesse an einer vorbeugenden Unterlassungsklage im Rahmen eines einheitlichen Verfahrens bestehen. Folgt man der Ansicht einer gemeinschaftsweiten Zuständigkeit, könnte ein Gericht auch über Mar-

---

8  Vgl HABM-BK R 1264/2006-2 vom 21.8.2007 (Nr 33) *KRÉMOVÝ*.

9  HABM-BK R 495/2005-G vom 6.7.2006 (Nr 13) *SCREW YOU*.

10  Näheres dazu bei *Schricker/Bastian/Knaak*, 93.

11  Näheres und weitere Nachweise bei *Schricker/Bastian/Knaak*, 94.

kenverletzungen auf dem Territorium eines anderen Mitgliedstaats entscheiden.

## Artikel 111 (ex Artikel 107)  Ältere Rechte von örtlicher Bedeutung

(1) Der Inhaber eines älteren Rechts von örtlicher Bedeutung kann sich der Benutzung der Gemeinschaftsmarke in dem Gebiet, in dem dieses ältere Recht geschützt ist, widersetzen, sofern dies nach dem Recht des betreffenden Mitgliedstaats zulässig ist.

(2) Absatz 1 findet keine Anwendung, wenn der Inhaber des älteren Rechts die Benutzung der Gemeinschaftsmarke in dem Gebiet, in dem dieses ältere Recht geschützt ist, während fünf aufeinanderfolgender Jahre in Kenntnis dieser Benutzung geduldet hat, es sei denn, dass die Anmeldung der Gemeinschaftsmarke bösgläubig vorgenommen worden ist.

(3) Der Inhaber der Gemeinschaftsmarke kann sich der Benutzung des in Absatz 1 genannten älteren Rechts nicht widersetzen, auch wenn dieses ältere Recht gegenüber der Gemeinschaftsmarke nicht mehr geltend gemacht werden kann.

*Eisenführ, Eberhardt*

## 1 Allgemeines

Diese Vorschrift erstreckt – unter dem Vorbehalt der Zulässigkeit im betreffenden Mitgliedstaat – die Anspruchsgrundlage für einen Unterlassungsanspruch iSv Art 110 (1) auf ältere Kennzeichenrechte von örtlicher Bedeutung, die gegenüber einer jüngeren kollidierenden GM nicht gänzlich schutz- und wirkungslos bleiben sollen, sofern sie in ihrem Wirkungsbereich nach nationalem Recht die Unterlassung des Gebrauchs kollidierender Marken verlangen können. Denn zur Stützung eines Widerspruchs oder eines Antrags auf Nichtigerklärung sind solche älteren Kennzeichenrechte von lediglich örtlicher Bedeutung nicht qualifiziert, weil die in Art 8 (4) genannten  1 älteren Marken oder Kennzeichenrechte mehr als lediglich örtliche Bedeutung haben müssen.[1] Art 111 ist daher als Ergänzung zu Art 8 (4) zu sehen. In den Anwendungsbereich dieser örtlich begrenzte Rechte umfassenden Vorschrift fallen vor allem nur lokal geschützte Handelsnamen und nur lokal durch Benutzung/Verkehrsgeltung geschützte Marken.

2  Abs 2 setzt diese Erstreckung für den Fall der Verwirkung außer Kraft, er entspricht der Regelung in Art 54 (2) unter Anpassung an das betroffene Territorium.

### 2  Voraussetzung des Unterlassungsanspruchs

3  Der Anspruch, sich der Benutzung der GM im Schutzterritorium des älteren Rechts zu widersetzen, ohne jedoch deren Bestand anzugreifen, steht dem Inhaber des älteren Rechts von lokaler Bedeutung nur dann zu, wenn das nationale Recht des betreffenden Mitgliedstaats hierfür eine Grundlage bietet. Das wird regelmäßig dann der Fall sein, wenn sich der Inhaber jenes älteren Rechts auch der Benutzung einer inhaltsgleichen nationalen Marke oder einem anderen nationalen Kennzeichen (zB Firmenschlagwort) widersetzen könnte.

4  Nach Gemeinschaftsrecht beurteilt sich hingegen, was ein Recht von örtlicher Bedeutung ist. Eine Verkehrsgeltung, wie sie § 4 Nr 2 DE-MarkenG in Deutschland verlangt und früher § 25 DE-WZG für die – regionale oder örtliche – Benutzungsmarke verlangte, fordert Art 111 nicht direkt, aber indirekt dadurch, dass er den Unterlassungsanspruch an die Anspruchsvoraussetzungen nach dem nationalen Recht des betreffenden Mitgliedstaates bindet.

5  Art 165 erklärt Art 111 bei Kollision eines älteren Rechts von örtlicher Bedeutung mit einer durch die Erweiterung der Gemeinschaft auf dieses Gebiet erstreckten GM für anwendbar. Hinsichtlich dieser Problematik wird auf die Ausführungen bei Art 110 Rdn 14 f verwiesen.

### 3  Territoriale Wirksamkeit

6  Der Unterlassungsanspruch des Inhabers eines älteren Rechts von örtlicher Bedeutung ist auf das Gebiet beschränkt, in dem dieses ältere Recht besteht. Das mag je nach Gegebenheit eine Stadt oder auch eine (kleinere) Region ei-

---

1  Vgl EuG T-225/06 ua vom 16.12.2008 (Nr 180) *BUD/Bud.*

nes Mitgliedstaates sein, in der sich das Kennzeichen beispielsweise auf Grund geographischer oder sprachlicher Umstände etablieren konnte.

### 4 Verwirkung durch Duldung

Analog Art 110 (1) Satz 2 und Art 54 (2) erlischt der Anspruch des Inhabers 7 eines Rechts von lediglich lokaler Bedeutung, sich der Benutzung einer kollidierenden GM im Gebiet des Bestehens jenes Rechts (und seiner produktmäßigen Reichweite) zu widersetzen, wenn er die Benutzung der GM in diesem Gebiet über einen Zeitraum von fünf Jahren in Kenntnis der Benutzung geduldet hatte.[2] Ausgenommen ist auch hier die Bösgläubigkeit des Anmelders der GM bei deren Anmeldung, der mit dem Inhaber der GM zum Zeitpunkt des Eintritts der Kollision bzw der Kenntniserlangung auf Seiten des älteren Rechtsinhabers nicht identisch zu sein braucht.

Die Konsequenz einer derartigen Verwirkung des Unterlassungsanspruchs ist 8 wiederum, ebenso wie gemäß Art 54 (3), eine Koexistenz der GM mit dem älteren Recht, beide können nebeneinander benutzt werden (Art 111 (3)); siehe aber die Hinweise bei Art 110 Rdn 7–11.

# 3. Abschnitt  Umwandlung in eine Anmeldung für eine nationale Marke

## Artikel 112 (ex Artikel 108)  Antrag auf Einleitung des nationalen Verfahrens

**(1) Der Anmelder oder Inhaber einer Gemeinschaftsmarke kann beantragen, dass seine Anmeldung oder seine Gemeinschaftsmarke in eine Anmeldung für eine nationale Marke umgewandelt wird,**

**a)  soweit die Anmeldung der Gemeinschaftsmarke zurückgewiesen wird oder zurückgenommen worden ist oder als zurückgenommen gilt;**

**b)  soweit die Gemeinschaftsmarke ihre Wirkung verliert.**

---

2 So geschehen im Urteil des Handelsgerichts Brüssel A.C. 08628/2002 vom 10.2.2003 *Amazones ./. Amazon.com.*

(2) Die Umwandlung findet nicht statt,

a) wenn die Gemeinschaftsmarke wegen Nichtbenutzung für verfallen erklärt worden ist, es sei denn, dass in dem Mitgliedstaat, für den die Umwandlung beantragt wird, die Gemeinschaftsmarke benutzt worden ist und dies als eine ernsthafte Benutzung im Sinne der Rechtsvorschriften dieses Mitgliedstaats gilt;

b) wenn Schutz in einem Mitgliedstaat begehrt wird, in dem gemäß der Entscheidung des Amtes oder des einzelstaatlichen Gerichts der Anmeldung oder der Gemeinschaftsmarke ein Eintragungshindernis oder ein Verfalls- oder Nichtigkeitsgrund entgegensteht.

(3) Die nationale Anmeldung, die aus der Umwandlung einer Anmeldung oder einer Gemeinschaftsmarke hervorgeht, genießt in dem betreffenden Mitgliedstaat den Anmeldetag oder den Prioritätstag der Anmeldung oder der Gemeinschaftsmarke sowie gegebenenfalls den nach Artikel 34 oder Artikel 35 beanspruchten Zeitrang einer Marke dieses Staates.

(4) Für den Fall, dass die Anmeldung der Gemeinschaftsmarke als zurückgenommen gilt, teilt das Amt dies dem Anmelder mit und setzt ihm dabei für die Einreichung eines Umwandlungsantrags eine Frist von drei Monaten nach dieser Mitteilung.

(5) Wird die Anmeldung der Gemeinschaftsmarke zurückgenommen oder verliert die Gemeinschaftsmarke ihre Wirkung, weil ein Verzicht eingetragen oder die Eintragung nicht verlängert wurde, so ist der Antrag auf Umwandlung innerhalb von drei Monaten nach dem Tag einzureichen, an dem die Gemeinschaftsmarke zurückgenommen wurde oder die Eintragung der Gemeinschaftsmarke ihre Wirkung verloren hat.

(6) Wird die Anmeldung der Gemeinschaftsmarke durch eine Entscheidung des Amtes zurückgewiesen oder verliert die Gemeinschaftsmarke ihre Wirkung aufgrund einer Entscheidung des Amtes oder eines Gemeinschaftsmarkengerichts, so ist der Umwandlungsantrag innerhalb von drei Monaten nach dem Tag einzureichen, an dem diese Entscheidung rechtskräftig geworden ist.

(7) Die in Artikel 32 genannte Wirkung erlischt, wenn der Antrag nicht innerhalb der vorgeschriebenen Zeit eingereicht wurde.

*Schennen*

**Literatur:**

*Casado*, Schnittstellen zwischen spanischer nationaler Marke und Gemeinschaftsmarke, in: FS für von Mühlendahl, 2005, S 317; *Clayton-Chen*, Umwandlung von Gemeinschaftsmarken beim Deutschen Patent- und Markenamt, Mitt. 2000, 100; *Monteiro*, Transformation de demande de marque communautaire ou demande de marque communautaire, en demande de marque nationale, Revue des affaires européennes 1998/4, 309; *Mota Maia*, Transformaçao do pedido ou registo de marca comunitária em pedido de registo de marca nacional, Revista de Estudos da Propriedade Industrial 1997, 9; *Schennen*, Die Umwandlung der Gemeinschaftsmarke, Mitt. 1998, 121; *Stürmann/Humphreys*, Umwandlung von Marken im Gemeinschaftsrecht, GRUR Int 2007, 112.

## 1 Allgemeines

Art 112–114 eröffnen dem Anmelder oder Inhaber einer fehlgeschlagenen 1 GMA oder GM die Möglichkeit der Umwandlung der GMA oder GM in nationale Anmeldungen der Mitgliedstaaten. Für die Benelux-Länder bedeutet dies Umwandlung in eine Benelux-Anmeldung. Die Umwandlung erfolgt auf Antrag, der beim HABM zu stellen ist; in dem Antrag sind die Mitgliedstaaten, für die die Umwandlung gewünscht wird, anzugeben (zu benennen), Art 113 (1). Art 112–114 werden ergänzt durch R 44–47 und Art 2 Nr 20 GebV. Das HABM hat 1999 zum Umwandlungsverfahren RiLi erlassen,[1] die 2002 ergänzt und 2010 neu gefasst wurden. Art 112 (4) – (6)

---

1 Teil E, Kapitel 2, der RiLi für die Verfahren vor dem HABM, ABl-HABM 1999, 40.

wurde geändert, Art 113 (3) und Art 114 (1) neu gefasst durch VO Nr 422/2004[2] mit Wirkung zum 10.3.2004. R 44, 45, 47 wurden neu gefasst durch VO Nr 1041/2005,[3] in Kraft seit 25.7.2005. Weitere Umwandlungsmöglichkeiten ergeben sich bei Benutzung des Madrider Protokolls nach Art 159.

Die Umwandlungsmöglichkeit ist einer der Fälle der »Durchlässigkeit«,[4] der Verzahnung, der »friedlichen Koexistenz« von GM und nationalen Markensystemen. Sie ist verfahrensmäßige Ausprägung des Grundsatzes, dass GM und nationale Markensysteme grundsätzlich – nach Maßgabe der Entscheidungen der nationalen Gesetzgeber – auf unabsehbare Zeit nebeneinander bestehen sollen, siehe fünfter Erwägungsgrund der GMV.

Gleichwohl steht die Möglichkeit, den fehlgeschlagenen GM-Schutz gegen ein Bündel nationaler Anmeldungen einzutauschen, prinzipiell im Widerspruch zum Grundgedanken der Vereinheitlichung des europäischen Markeneintragungsverfahrens. Kann nämlich der Anmelder der GM unliebsamen Entscheidungen des HABM durch Umschwenken auf nationale Anmeldungen ausweichen, so steht dies der Harmonisierungswirkung der Entscheidungspraxis des HABM entgegen und belastet Dritte, die die Eintragung der GM angreifen, mit einer Multiplikation von Widerspruchs- oder Nichtigkeitsverfahren. Es ist nicht zu verkennen, dass darin ein Risiko für eine einheitliche europäische Entscheidungspraxis und für die Rechtssicherheit liegt, zumal wohl theoretisch, aber nicht notwendigerweise in der Praxis die aus der Umwandlung hervorgegangenen nationalen Markenanmeldungen den gleichen, auf Grund der MarkenRichtl harmonisierten materiellrechtlichen Normen unterworfen sind. Aus diesen Gründen sahen frühere Entwürfe der GMV noch keine derartige Umwandlungsmöglichkeit vor, und aus diesen Gründen sieht das EPÜ eine Umwandlungsmöglichkeit für im Verfahren vor dem EPA fehlgeschlagene europäische Patentanmeldungen auch nur für engumgrenzte Sonderfälle (etwa nicht weitergeleitete Geheimanmeldungen) vor. Aus diesen Gründen ist in Art 112 (2) eine bedeutsame Einschränkung der Umwandlungsmöglichkeit vorgesehen.

Rechtfertigung für die Umwandlungsmöglichkeit ist vielmehr: Nach Art 7 (2) steht der GM ein absolutes Eintragungshindernis auch dann entgegen,

---

2  ABl-EG L 70 vom 9.3.2004, S 1.

3  ABl-EG L 172 vom 5.7.2005, S 4.

4  Fernández-Nóvoa, S 38.

wenn es nur in einem Mitgliedstaat besteht. Nach Art 8, Art 53 steht der GM ein relatives Eintragungshindernis auch entgegen, wenn es sich um ein älteres Recht handelt, das nur in einem Mitgliedstaat besteht. Es besteht also das Prinzip Alles oder Nichts. Mit Art 112 wird dem Anmelder oder Inhaber der GMA oder GM die Möglichkeit eröffnet, anstelle der EG-weit einheitlichen GM wenigstens nationalen Markenschutz in den Mitgliedstaaten zu erwerben, in denen das absolute oder relative Eintragungshindernis nicht besteht, und zwar unter Wahrung der Priorität der GMA (Art 112 (3)). Da kaum vorher abzusehen ist, ob nicht doch in irgendeinem Mitgliedstaat ein Eintragungshindernis besteht, wäre ohne die Umwandlungsmöglichkeit die Anmeldung einer GM so riskant, dass die Attraktivität des Gemeinschaftsmarkensystems erheblich leiden würde. Die Umwandlungsmöglichkeit ist eingeschränkt, wenn das HABM ein absolutes oder relatives Schutzhindernis festgestellt hat, das auch in dem benannten Mitgliedstaat gilt. Nun entscheidet hierüber das HABM, nicht mehr das nationale Amt (Art 113 (3) nF), doch kann der Anmelder der GM der Entscheidung des HABM zuvorkommen, indem er die GMA bereits nach der ersten Beanstandung des HABM oder bereits nach Einlegung eines Widerspruchs zurücknimmt, so dass die Umwandlung für alle Mitgliedstaaten erfolgen kann.

Die Umwandlungsmöglichkeit wird bisher nur relativ selten genutzt. Pro Jahr werden circa 200 Anträge gestellt. Zur Vermeidung von Missbräuchen tragen auch die erheblichen Kosten (nationale Gebühren, Inlandsvertreter, Übersetzungen) bei, die mit einer Umwandlung in nationale Anmeldungen mit Wirkung für die 27 Mitgliedstaaten verbunden sind.

## 2 Umwandlungsgründe

Umwandlungsgründe sind die nachfolgend aufgeführten Tatbestände des Wegfalls der GMA (Art 112 (1) (a)) und Verlusts der Wirkungen der GM (Art 112 (1) (b)). Diese Tatbestände ergeben sich aus den einzelnen Bestimmungen der GMV, sind aber auch zum großen Teil in Art 112 (2), (4), (5) und (6) noch ausdrücklich angesprochen. **2**

### 2.1 Gründe für die Umwandlung einer GMA

Die GMA kann umgewandelt werden, wenn sie **3**
– zurückgewiesen worden ist,
– zurückgenommen worden ist oder
– als zurückgenommen gilt.

Eine Zurückweisung kann erfolgen im Prüfungsverfahren, ggf auch noch nach Veröffentlichung, oder im Widerspruchsverfahren, ggf auch noch im Beschwerdeverfahren.

4   Es muss eine GMA vorliegen, die die Wirkung einer vorschriftsmäßigen Anmeldung hat, also zum Zeitpunkt der Stellung des Umwandlungsantrags bereits die Voraussetzungen für die Zuerkennung eines Anmeldetags erfüllt. Dies bedeutet, dass die GMA die Anmeldetagserfordernisse des Art 26 (1) erfüllen muss und dass die Anmeldegrundgebühr innerhalb eines Monats nach Eingang der GMA gezahlt worden sein muss. Werden diese Erfordernisse verspätet erfüllt, so verschiebt sich nach R 9 (3) der Anmeldetag. Werden diese Erfordernisse nicht erfüllt, so unterrichtet das Amt, dass die Anmeldung nicht als GMA behandelt wird, und schließt die Akte; die Umwandlung ist in diesem Falle nicht möglich. Zu den verfahrensrechtlichen Folgen siehe unter Art 113 Rdn 27.

5   Zeitlich kann die Zurücknahmeerklärung erfolgen:
   – frühestens ab der Erfüllung der Anmeldetagserfordernisse, siehe Rdn 4;
   – spätestens solange die GMA anhängig ist.
   – Dies bedeutet, dass die Zurücknahmeerklärung erfolgen kann:
   – bis zur Zustellung der Zurückweisungsentscheidung oder
   – falls Beschwerde eingelegt worden ist, bis zur Zustellung der Beschwerdeentscheidung oder der Entscheidung des EuG oder des EuGH.

Geht eine Zurücknahmeerklärung nach Zustellung der Zurückweisungsentscheidung aber vor Ablauf der Beschwerdefrist, ohne dass Beschwerde eingelegt wird, ein, was die GrBK für wirksam hält,[5] so bleibt es nach der Praxis des Amtes (RiLi Teil E, 2.4) dabei, dass Umwandlungsgrund die Zurückweisung ist: Art 112 (2) bleibt anwendbar. Die in Art 112 (2) bestimmten Einschränkungen der Umwandlungsmöglichkeit dürfen nicht durch Zurücknahmeerklärungen des Anmelders ausgehebelt werden.

6   Eine Rücknahmefiktion sieht die GMV vor, wenn die Klassengebühren nicht entrichtet worden sind, R 9 (5). In aller Regel wird die Rücknahmefiktion nur für bestimmte Klassen (maximal die über drei hinausgehenden Klassen) eintreten, da das HABM sich im Zweifel an der Reihenfolge der Klassifikation orientiert, auch wenn gar keine Klassengebühren gezahlt sind, so dass stets die ersten drei Klassen erhalten bleiben (siehe unter Art 36

---

5   HABM-BK R 333/2006-G vom 27.9.2006 *OPTIMA*.

*Schennen*

Rdn 22). Dann liegt eine Teilumwandlung vor (siehe unten, Rdn 9). Eine Umwandlung in nationale Anmeldungen nur für einzelne Klassen wird selten sinnvoll sein.

## 2.2 Gründe für die Umwandlung einer Gemeinschaftsmarke

Die GM kann umgewandelt werden, wenn                                            7
- sie vom HABM oder auf Widerklage im Verletzungsverfahren vom Gemeinschaftsmarkengericht für verfallen erklärt worden ist (Art 51),
- sie vom HABM oder auf Widerklage im Verletzungsverfahren vom Gemeinschaftsmarkengericht für nichtig erklärt worden ist (Art 52, 53); die Nichtigerklärung kann auf absoluten Schutzhindernissen, relativen Schutzhindernissen oder der Bösgläubigkeit zum Zeitpunkt der Anmeldung beruhen,
- die Eintragung der GM nicht verlängert wurde, Art 47, R 30 (4), (5),
- ihr Inhaber auf die GM verzichtet hat. Wegen Art 50 (2) Satz 2 ist dazu die Eintragung des Verzichts im Register notwendig.

Die gemeinsame Protokollerklärung von Rat und Kommission Nr 24[6] führt   8
aus, dass die Worte »die GM verliert ihre Wirkung« in Art 112 (1) sich auf die oben unter Rdn 7 dargelegten vier Fälle erstrecken. Damit wird nur Selbstverständliches betont, weil alle diese vier Fälle in Art 112 ausdrücklich als Umwandlungsgründe angesprochen sind: Verfall (Art 112 (2) (a) und (b)); Erklärung der Nichtigkeit (Art 112 (2) (b)); Nichtverlängerung (Art 112 (5)); Verzicht (Art 112 (5)). Deshalb bringt auch die gemeinsame Protokollerklärung von Rat und Kommission Nr 3[7] nichts Neues, wonach »Verzicht« iSd Art 1 Verzicht iSd Art 47 bedeutet.

## 3 Teilumwandlung

Die Umwandlung kann auch teilweise beantragt werden, und zwar           9
- für einen Teil der Waren und Dienstleistungen, und
- für verschiedene Mitgliedstaaten für unterschiedliche Waren und Dienstleistungen (R 44 (1) (e)).

Damit kann der Anmelder oder Inhaber der GM den ggf unterschiedlichen absoluten oder relativen Eintragungshindernissen in den Mitgliedstaaten

---

6 ABl-HABM 1996, 620.
7 ABl-HABM 1996, 612.

maßgeschneidert Rechnung tragen. Er kann zB für einen bestimmten Mitgliedstaat nur für einen Teil des VerzWDL die Umwandlung beantragen. Er muss die Teilumwandlung betreiben, wenn die GMA oder GM nur teilweise zurückgewiesen oder für nichtig erklärt worden ist.

Erforderlich ist in jedem Fall, dass die Waren und Dienstleistungen, für die die Umwandlung beantragt wird, nicht über die Waren und Dienstleistungen hinausgehen, für die der Umwandlungsgrund gegeben ist. Ist zB die GM für einen Teil der Waren und Dienstleistungen für nichtig erklärt worden, so kann nur für diese Waren und Dienstleistungen oder einen Teil davon die Umwandlung beantragt werden; dagegen kann die Umwandlung nicht für diejenigen Waren und Dienstleistungen beantragt werden, die in der GM verbleiben. Zum Prüfungsstandard in diesem Fall siehe RiLi, Teil E, 2.5.3, sowie unter Art 113 Rdn 28.

### 4 Ausschluss der Umwandlung

10  Art 112 (2) schließt die Umwandlung aus, wenn
   – die GM wegen Nichtbenutzung für verfallen erklärt worden ist, es sei denn, dass in dem betr Mitgliedstaat die GM iSd nationalen Rechts dieses Mitgliedstaates ernsthaft benutzt worden ist, und
   – wenn das Amt oder Gemeinschaftsmarkengericht in der Entscheidung, die GMA oder GM zurückzuweisen oder zu löschen, ein Eintragungshindernis oder einen Verfalls- oder Nichtigkeitsgrund festgestellt hat und dieser dem Schutz in dem betr Mitgliedstaat entgegensteht.

Damit soll vermieden werden, dass die Entscheidungen des HABM, des EuGH und der Gemeinschaftsmarkengerichte durch Umwandlung und Betreibung des nationalen Verfahrens wieder ausgehebelt werden.

11  Die Umwandlung ist ausgeschlossen, wenn gemäß der entgegenstehenden Entscheidung des HABM oder Gemeinschaftsmarkengerichts ein Eintragungshindernis in einem Mitgliedstaat besteht. Dann schließt Art 112 (2) (b) die Umwandlung in Bezug auf diesen Mitgliedstaat aus.[8] Dies gilt auch dann, wenn danach zurückgenommen wird, ohne dass Beschwerde eingelegt wird (RiLi Teil E, 2.4.3). Zu prüfen ist dies gemäß Neufassung von Art 113

---

8  Siehe Fernández-Nóvoa, S 402 f.

(3) durch das HABM. Der anzuwendende Prüfungsstandard ist durch R 44 (4) nF präzisiert worden.[9]

### 4.1 Absolute Eintragungshindernisse

Die Umwandlung ist für den betr Mitgliedstaat ausgeschlossen, wenn die **12** Entscheidung des HABM oder des Gemeinschaftsmarkengerichts feststellt, dass das Eintragungshindernis in einem Mitgliedstaat besteht.

Die Umwandlung ist auch ausgeschlossen, wenn die Entscheidung des HABM oder des Gemeinschaftsmarkengerichts ein Eintragungshindernis in einer bestimmten Amtssprache eines EG-Mitgliedstaates feststellt. Dies war seit jeher Auffassung des HABM[10] und ist nun in R 44 (4) nF ausdrücklich bestimmt und vom HABM nach Art 113 (3) anzuwenden.

Regelmäßig stellen die Zurückweisungsentscheidungen aus absoluten Gründen nicht auf das Territorium eines Mitgliedstaates ab, sondern auf eine Sprache der Gemeinschaft; dies stützt sich auf Art 7 (2). Beispielsweise wird also darauf abstellt, dass die Marke in der deutschen Sprache die Bezeichnung der Ware darstellt oder über die Waren täuscht. Damit ist dann festgestellt, dass ein Eintragungshindernis in den Mitgliedstaaten vorliegt, in denen Deutsch Amtssprache iSd Art 120 ist, also in Deutschland und Österreich. Dass Deutsch in einem Mitgliedstaat gesprochen wird, ohne Amtssprache zu sein, kann im Rahmen von Art 112 (2) (b) nicht ausreichen. Die Umwandlung in eine Benelux-Markenanmeldung scheiterte also nicht daran, dass in Luxemburg deutsch gesprochen wird, da Deutsch dort nicht Amtssprache ist. Dagegen ist Deutsch in Belgien Amtssprache, wenngleich nicht Amtssprache des Benelux-Amtes. Aus R 44 (4) nF ergibt sich somit, dass in unserem Beispiel die Umwandlung für Deutschland, Österreich und in eine Benelux-Markenanmeldung ausgeschlossen ist. Entsprechend bilden Begriffe in engl Sprache ein Hindernis für die Umwandlung in Irland und Großbritannien (seit 1.5.2004 auch in Malta) und hindern franz Begriffe die Umwandlung in eine franz und eine Benelux-Markenanmeldung. Vielfach sind engl Begriffe auch in anderen Mitgliedstaaten beschreibend, in denen Englisch verstanden wird, oder als Gattungsbegriffe allgemein üblich. Für die Frage des Ausschlusses der Umwandlung ist dies jedoch unerheblich, solange die Entscheidung des HABM nicht ausdrücklich auf die Situation in

---

9 Ergänzend siehe RiLi Teil E 2.4.
10 Ebenso Fernández-Nóvoa, S 402.

diesen anderen Mitgliedstaaten eingeht. Dass Englisch und Französisch Welthandelssprachen sind mit der Folge, dass Begriffe aus diesen Sprachen auch im nationalen deutschen Verfahren vielfach von der Eintragung ausgeschlossen sind und dass einige Wörter aus diesen Sprachen als Fachbegriffe Bestandteil der deutschen Sprache geworden sind, ist dagegen im Umwandlungsverfahren unbeachtlich. Insoweit kommt es gemäß R 44 (4) allein auf die Gründe der Entscheidung des HABM oder des Gemeinschaftsmarkengerichts an; nur wenn diese ausdrücklich auch die Feststellung enthalten, dass der Begriff engl oder franz Ursprungs auch in der deutschen Sprache als Fremdwort oder anderweitig schutzunfähig ist, ist die Umwandlung auch insoweit unzulässig. Allerdings wird anschließend das nationale Amt bei der Prüfung der aus der Umwandlung resultierenden nationalen Markenanmeldung selbständig zu entscheiden haben, ob der Begriff fremdsprachigen Ursprungs schutzunfähig ist.[11] Bei der Umwandlung in eine deutsche Markenanmeldung wird die genaue Subsumtion unter die Entscheidungsgründe des HABM oder des Gemeinschaftsmarkengerichts aber wichtig, wenn es um die Umwandlung einer bereits eingetragen gewesen GM geht, weil für diesen Fall § 125d (4) DE-MarkenG vorsieht, dass das DPMA die Marke ohne weitere Prüfung auf absolute Eintragungshindernisse einträgt (siehe dazu unter Art 114 Rdn 30–32).

13 Art 112 (2) greift nicht nur ein, wenn die Schutzfähigkeit in einem oder mehreren Mitgliedstaaten fehlt, sondern auch, wenn sie in allen Mitgliedstaaten fehlt. Die Umwandlung ist dann für alle Mitgliedstaaten ausgeschlossen. R 44 (4) bestimmt dies nun ausdrücklich.[12] Dies ist etwa dann der Fall, wenn der Marke generell die Unterscheidungskraft fehlt, ohne dass ein Bezug zur Situation in bestimmten Mitgliedstaaten besteht, zB bei einzelnen Farben, banalen dreidimensionalen Formen der Waren oder einfachen geometrischen Figuren. Die Kommissionsvorschläge vom 27.3.2013 zur MarkenRichtl sehen vor, dass nationalen Marken absolute Eintragungshindernisse aus allen Sprachen der Gemeinschaft entgegenstehen sollen, unabhängig davon, ob sie in dem betr Mitgliedstaat verstanden werden oder verbreitet sind. Die Verwirklichung dieses Vorschlags würde bedeuten, dass eine Zurückweisung wegen absoluter Eintragungshindernisse zwangsläufig die Umwandlung nach Art 112 (2) (b) ausschließen würde.

---

11 EuGH C-421/04 vom 9.3.2006, ABl-HABM 2006, 857 *Matratzen II*.
12 So schon bisher: von Mühlendahl/Ohlgart, S 189.

## 4.2 Relative Eintragungshindernisse

Besteht ein nationales älteres Recht in einem Mitgliedstaat, so ist die Um-    14
wandlung für diesen Mitgliedstaat ausgeschlossen.[13] Bei mehreren älteren
Rechten ist es nicht erforderlich, alle zu prüfen, nur um dies im Hinblick auf
Art 112 festzustellen (siehe unter Art 42 Rdn 191). Besteht eine ältere GM,
so ist die Umwandlung insgesamt ausgeschlossen, da damit ein relatives Eintragungshindernis für alle Mitgliedstaaten festgestellt ist, R 44 (4)[14] und die
ältere GM wegen ihrer einheitlichen Wirkung die jüngere GMA insgesamt
hindert, ohne dass es darauf ankäme, in welchem Teil der EG Verwechslungsgefahr besteht.[15]

## 4.3 Verfallserklärung wegen Nichtbenutzung

Nach Art 112 (2) (a) ist die Umwandlung ausgeschlossen, wenn die GM we-    15
gen Nichtbenutzung für verfallen erklärt worden ist, es sei denn, dass in dem
betr Mitgliedstaat die GM iSd nationalen Rechts dieses Mitgliedstaates
ernsthaft benutzt worden ist.

Art 15 erfordert eine »ernsthafte« Benutzung der GM, andererseits hat die    16
Rspr die quantitativen Anforderungen an die rechtserhaltende Benutzung
sehr gering angesetzt.[16] Im Regelfall wird daher eine Benutzung in der EG, die
zu geringfügig ist, um für die GM rechtserhaltend zu sein, auch nicht für eine nationale Marke ausreichend sein. Gleichwohl kann man sich zumindest
theoretisch Fälle vorstellen, wo die Benutzungsintensität noch für die Erhaltung der nationalen Marke ausreicht, etwa bei sehr kleinen Mitgliedstaaten.[17] Solche Spekulationen haben überflüssigerweise neue Nahrung durch
das »Onel«- Urteil des EuGH erhalten, wonach die rechtserhaltende Benutzung ganz ohne Rücksicht auf innergemeinschaftliche Staatengrenzen zu beurteilen sein soll und mit dem die bewährte Faustfomel »die Benutzung in
einem Mitgliedstaat ist ausreichend« (gemeinsame Protokollerklärung von

---

13  RiLi, E.2.4.2.

14  RiLi, E.2.4.2; von Mühlendahl/Ohlgart, S 189.

15  Übersehen von EuGH C-514/06 vom 18.9.2008 (Nr 62) *Armafoam/Nomafoam*,
    befremdlicherweise und trotz der Erkenntnis in Nr 57 der einheitlichen Wirkung
    der älteren GM.

16  EuGH C-259/02, Beschluss vom 27.1.2004, Slg 2004 I-1159 (Nr 21) *La Mer*;
    EuG T-131/06 vom 30.4.2008 (Nr 41) *Sonia Rykiel/Sonia*.

17  So Ubertazzi, GRUR Int 1995 474.

Rat und Kommission Nr 10[18]) verworfen wurde, gleichzeitig aber, inkohärent, doch auf den Unterschied der Größe der Gemeinschaft gegenüber der eines Mitgliedstaats hingewiesen wird.[19] Wohl aber hat der EuGH, in Übereinstimmung mit den Schlussanträgen der Generalanwältin, klargestellt, dass diese Auslegung des Art 15 nicht beeinflusst wird, dh dass auch nicht indirekt die Anforderungen an die territoriale Reichweite einer rechtserhaltende Benutzung der GM durch Art 112 (2) (a) verschärft werden.

Art 112 (2) sollte nicht als Kronzeuge für qualitativ oder quantitativ unterschiedliche Benutzungsbegriffe überinterpretiert werden. Zweck des Art 112 (2) (a) ist es, ein Auffangbecken für Umwandlungen bei Verfallserklärungen zu eröffnen, falls sich jemals doch Fälle der national noch ausreichenden Benutzung ergeben werden. Dieser Zweck ist verfehlt, da für die Umwandlung unbenutzter Marken eine Rechtfertigung nicht zu finden ist. Übrigens ist auch die umgekehrte Konstellation vorstellbar, dass eine Benutzung in mehreren Mitgliedstaaten erfolgte, die zusammen nach Art 15 ausreichte, aber nicht für die betroffenen Mitgliedstaaten einzeln. Verfahrensmäßig muss das HABM die Umwandlung immer ablehnen, außer es ergäben sich aus den Grün den der Entscheidung positive Feststellungen über die Benutzung in einem Mitgliedstaat, wofür aber nie Anlass bestünde. Ließe das HABM die Umwandlung ausnahmsweise zu, so wäre für den Anmelder noch nichts gewonnen, weil dies das nationale Amt nicht binden würde, die Benutzung als ausreichend anzusehen.

## 5  Frist für den Umwandlungsantrag

**17**   Der Umwandlungsantrag ist fristgebunden; die Frist beträgt drei Monate. Die Frist ist der Wiedereinsetzung, aber nicht der Weiterbehandlung (Art 82 (2)) zugänglich. Der Beginn der Frist hängt von dem Umwandlungsgrund ab. Durch Neufassung von Art 112 (4)–(6) beginnt die Frist nunmehr in allen Fällen außer der Fiktion der Zurücknahme der GMA automatisch, ohne dass es einer Nachricht des HABM bedarf.

**18**   Wird die GMA zurückgenommen, so beginnt die Frist mit dem Eingang der Zurücknahmeerklärung beim HABM (Art 112 (5)).

---

18  ABl-HABM 1996, 614.
19  EuGH C-149/11 vom 19.12.2012 (Nr 33, 44f, 54) *Onel*.

Wird die Eintragung der GM nicht verlängert, so beginnt die Frist von drei 19
Monaten an dem Tag, der auf den letzten Tag der Frist folgt, innerhalb derer
gemäß Art 47 (3) ein Verlängerungsantrag gestellt werden kann, dh sechs
Monate ab dem letzten Tag des Monats, in dem die Schutzdauer endet (R
44 (2), RiLi, Teil E, 2.5.1.2).

Verliert die GM ihre Wirkung aufgrund der Entscheidung eines Gemein- 20
schaftsmarkengerichts, so beginnt die Frist mit dem Tag, an dem die Entscheidung rechtskräftig wird (Art 112 (6)). Die Rechtskraft der Entscheidung richtet sich nach nationalem Recht. Grundsätzlich ist dafür der Ablauf
der Rechtsmittelfrist erforderlich; letztinstanzliche Entscheidungen werden
mit Verkündung oder Zustellung rechtskräftig.

Im Falle der Zurückweisung der GMA oder der Erklärung der Nichtigkeit 21
oder des Verfalls der GM beginnt diese Frist mit dem Eintritt der Rechtskraft
der Entscheidung, Art 112 (5), (6). Nach der bis zum 10.3.2004 geltenden
Fassung von Art 112 begann die Dreimonatsfrist mit einer entsprechenden
Mitteilung des HABM. Da in vielen Fällen diese Mitteilungen mit erheblicher Verspätung verschickt wurden, ergab sich eine Rechtsunsicherheit. Außerdem besteht für eine solche Mitteilung kein Bedürfnis, da der Anmelder
oder Inhaber die Zurückweisungs- oder Nichtigkeitsentscheidung kennt.

Wird die GMA durch den Prüfer oder eine Widerspruchsabteilung zurück- 22
gewiesen, oder wird die GM durch die Löschungsabteilung für nichtig oder
verfallen erklärt, ohne dass Beschwerde eingelegt wird, so beginnt die Frist
automatisch mit Ablauf der Beschwerdefrist (Art 60 Satz 1). Wird Beschwerde eingelegt, so beginnt die Frist mit rechtskräftigem Abschluss des Beschwerdeverfahrens. Art 64 (3) sieht vor, dass die Entscheidung der HABM-
BK nach Ablauf der Klagefrist zum EuG bzw nach rechtkräftigem Abschluss
des Verfahrens vor dem EuG und ggf vor dem EuGH rechtskräftig werden.
Für die Klagefrist zum EuG sind die 2 Monate nach Art 65 (3) und die pauschale 10-Tages-Entfernungsfrist nach Art 102 § 2 VerfO EuG zu addieren,
so dass die Umwandlungsfrist 2 Monate plus 10 Tage plus 3 Monate
(Art 112 (6)) nach Zustellung der Entscheidung der HABM-BK endet.[20]

Im Falle eines Verzichts beginnt die Frist am Tage der Eintragung des Ver- 23
zichts im Register, Art 112 (5).[21]

---

20  HABM-BK R 873/2012-1 vom 7.1.2013 (Nr 16) *MY COFFEE.*
21  RiLi E.2.5.1.2.

24 Gilt eine GMA als zurückgenommen, so teilt das HABM dem Anmelder diese Tatsache mit und setzt die Frist für die Stellung des Umwandlungsantrags, Art 112 (4) (RiLi E.2.5.1.1 und Formschreiben 501). Da dies gleichzeitig ein Fall der R 54 ist, setzt Formschreiben 501 ebenfalls eine Frist nach R 54 (2) Satz 1, nach Ablauf derer keine beschwerdefähige Entscheidung über den Rechtsverlust mehr beantragt werden kann. Antrag auf beschwerdefähige Entscheidung und Antrag auf Umwandlung schließen einander aus.

25 Im Falle der Teilumwandlung läuft die Frist gesondert für den vom Umwandlungsrund betroffenen Teil des VerzWDL. Das ist ohne weiteres einsichtig, wenn die GM teilweise zurückgenommen wurde oder gelöscht wurde. Das gilt aber auch, wenn nur teilweise Beschwerde eingelegt wurde (siehe auch Art 58 Rdn 17). Beispiel: Dem Widerspruch wird gegen Klasse 1 stattgegeben, gegen Klasse 2 nicht; nur der Widersprechende legt Beschwerde ein; die Frist für den Umwandlungsantrag betr Klasse 1 beginnt mit Ablauf der Beschwerdefrist gegen Klasse 1 und nicht erst nach rechtskräftiger Entscheidung über die Beschwerde zu Klasse 2.

### 6 Wirkung und Zeitrang des Umwandlungsantrags national

26 Die GMA und GM hat nach Art 32 in allen Mitgliedstaaten zugleich die Wirkung einer vorschriftsmäßigen nationalen Hinterlegung. Diese Wirkung
   – erlischt, wenn innerhalb der vorgeschriebenen Zeit (recte: Frist von 3 Monaten) kein Umwandlungsantrag gestellt wird (Art 112 (7)), oder
   – bleibt im Falle einer Teilumwandlung für diejenigen Mitgliedstaaten bestehen, für die fristgemäß die Umwandlung beantragt wird.

27 Wird der Umwandlungsantrag vom HABM zurückgewiesen, so endet damit auch die Hinterlegungswirkung nach Art 32.

28 Wird der Umwandlungsantrag an die nationalen Ämter übermittelt, so wird mit dem Zeitpunkt des Zugangs beim nationalen Amt aus der bloßen Hinterlegungswirkung nach Art 32 tatsächlich eine nationale Anmeldung. Diese nationale Anmeldung behält nach Art 112 (3) den Anmelde- und Prioritätstag bei. Die Feststellung des Anmeldetages durch das HABM bindet die nationalen Ämter formal und sachlich. Die Feststellung, dh Nichtzurückweisung des Prioritätsanspruchs (siehe R 9 (3), (6)) bindet die nationalen Ämter formal; die Berechtigung der Inanspruchnahme der Priorität bleibt nach allgemeinen Grundsätzen in späteren Verfahren überprüfbar.

Die nationale Anmeldung behält somit ihre Wirkung als älteres Recht mit 29
dem ursprünglichen Anmelde- oder Prioritätstag.

Art 112 (3) geht aber noch einen bedeutenden Schritt weiter: War für die 30
GMA oder GM wirksam nach Art 34 oder Art 35 die Seniorität einer in
dem betr Mitgliedstaat eingetragenen nationalen Marke beansprucht worden, so erhält die nationale Anmeldung nicht den HABM-Anmeldetag, sondern dieses Senioritätsdatum als »Prioritätsdatum«, also als Zeitrang. Die nationale Anmeldung erhält dann die Wirkung als älteres Recht in diesem
Mitgliedstaat mit dem Senioritätsdatum.[22] Diese Wirkung ist unabhängig
davon, ob die ältere nationale Marke bereits fallengelassen worden ist, ob also der Senioritätsanspruch iSd Art 34 (2) »operativ« geworden ist. Die Umwandlung in eine nationale Anmeldung kann trotz Bestehens einer identischen nationalen Marke in dem betr Mitgliedstaat attraktiv sein, wenn das
VerzWDL der umgewandelten GMA oder GM breiter ist als das der nationalen Marke, da Teilsenioritätsansprüche zulässig sind.

Dies ist der einzige Fall, in dem die Seniorität gemäß Art 34, 35 zu einem 31
echten früheren Zeitrang führt.

## Artikel 113 (ex Artikel 109)  Einreichung, Veröffentlichung und Übermittlung des Umwandlungsantrags

(1) Der Umwandlungsantrag ist beim Amt zu stellen; im Antrag sind die
Mitgliedstaaten zu bezeichnen, in denen die Einleitung des Verfahrens zur
Eintragung einer nationalen Marke gewünscht wird. Der Antrag gilt erst
als gestellt, wenn die Umwandlungsgebühr entrichtet worden ist.

(2) Falls die Anmeldung der Gemeinschaftsmarke veröffentlicht worden
ist, wird ein Hinweis auf den Eingang des Antrags im Register für Gemeinschaftsmarken eingetragen und der Antrag veröffentlicht.

(3) Das Amt überprüft, ob der Umwandlungsantrag den Erfordernissen
dieser Verordnung, insbesondere Artikel 112 Absätze 1, 2, 4, 5 und 6 sowie
Absatz 1 des vorliegenden Artikels entspricht und die formalen Erfordernisse der Durchführungsverordnung erfüllt. Sind diese Bedingungen erfüllt, so übermittelt das Amt den Umwandlungsantrag den Behörden für

---

22  Kucsko/Bartos, Marken.schutz, S 74; Ingerl/Rohnke, § 125d Rn 13.

den gewerblichen Rechtsschutz der im Antrag bezeichneten Mitgliedstaaten.

*Schennen*

## 1 Allgemeines

1 Dieser Art regelt das Verfahren vor dem HABM zur Behandlung des Umwandlungsantrags. Abs 3 wurde geändert durch VO Nr 422/2004. Er wird ergänzt durch R 44–47, die durch VO Nr 1041/2005 neu gefasst worden sind, und, soweit es um eine Umwandlung einer IR geht, in der die EG benannt ist, durch R 122, 123.

## 2 Stellung des Umwandlungsantrags

Der Umwandlungsantrag ist beim HABM zu stellen (Art 113 (1) Satz 1). Er 2
ist gebührenpflichtig. Der notwendige Inhalt des Antrags ist in R 44 geregelt.

### 2.1 Ort und Form der Einreichung des Antrags

Der Antrag ist schriftlich beim HABM zu stellen. Zu beachten ist, dass na- 3
tionale Ämter keinen Schriftverkehr an das HABM weiterleiten, mit Ausnahme von GMAen nach Art 25 (1). Für die Form der Einreichung gilt R 79.
Das HABM hat ein Umwandlungsformblatt zur Verfügung gestellt.[1]

### 2.2 Umwandlungsgebühr

Der Umwandlungsantrag gilt erst als gestellt, wenn die Umwandlungsgebühr 4
von 200 Euro (Art 2 Nr 20 GebV) entrichtet ist. Da der Umwandlungsantrag fristgebunden ist (Art 112 (4)–(6)), muss die Umwandlungsgebühr
bis zum Ablauf der Frist eingegangen sein. Wird ein Umwandlungsantrag
gestellt, ohne dass angegeben wird, dass und wie die Gebühr gezahlt worden
ist, so unterrichtet das Amt den Antragsteller mit Formschreiben 510[2] von
der Rechtsfolge des Art 113 (1) Satz 2.

Wird die Gebühr nicht gezahlt, so findet kein Umwandlungsverfahren statt. 5
Weder tritt das HABM in die formale und inhaltliche Prüfung des Umwandlungsantrags (R 45) ein, noch veröffentlicht es den Antrag (R 46).
Wird der Umwandlunsgantrag zurückgewiesen, so wird die Gebühr nicht erstattet (RiLi Teil E, 2.6.2.4).

Teilt das Amt mit, dass der Antrag als nicht gestellt gilt, so kann der Antrag- 6
steller gemäß R 54 (2) eine Entscheidung über die Feststellung eines Rechtsverlustes verlangen. Die dahingehende Entscheidung sollte in jedem Fall die
gesonderte Beschwerde gemäß Art 58 (2) zulassen, wenn man nicht ohnehin
in der Feststellungsentscheidung eine dem Beteiligten gegenüber abschließende Entscheidung iSv Art 58 (2) sehen will, weil mit der Nichtberücksichtigung des Umwandlungsantrags das Verfahren vor dem HABM definitiv beendet wäre.

---

1 ABl-HABM 2001, 2172.
2 ABl-HABM 1999, 55.

## 2.3 Sprache des Antrags

7  Der Umwandlungsantrag muss in einer zulässigen Sprache gestellt sein.

8  Handelt es sich um die Umwandlung einer GMA, so muss der Umwandlungsantrag in der ersten oder der zweiten Sprache, die in der GMA angegeben sind, gestellt werden, R 95 (a) und Art 119 (3), bei einer IR in der ersten oder zweiten Sprache, die der Anmelder im WIPO-Formular angeben musste.[3] Diese Sprache wird Verfahrenssprache für das Nebenverfahren Umwandlung (siehe unter Art 119 Rdn 59–62). Für jede weitere Korrespondenz mit dem Amt in bezug auf den Umwandlungsantrag hat der Antragsteller die in R 96 vorgesehenen Möglichkeiten. Dies bedeutet, dass dann, wenn die Verfahrenssprache des Umwandlungsverfahrens die erste Sprache der GMA ist und diese nicht eine der fünf Sprachen des Amtes ist, der Antragsteller den weiteren Schriftwechsel sowohl in der ersten als auch in der zweiten Sprache der GMA führen kann, R 96 (1).

9  Wenn Verfahrenssprache des Umwandlungsverfahrens eine Sprache des Amtes ist (entweder die zweite Sprache der GMA oder die erste Sprache der GMA, die eine Sprache des Amtes ist), so hat der weitere Schriftwechsel sowohl für den Antragsteller als auch für das HABM in der Verfahrenssprache des Umwandlungsverfahrens zu erfolgen; unbeschadet bleibt das Recht des Antragstellers, gemäß R 96 (1) Satz 2 jede beliebige Sprache des Amtes zu verwenden, sofern er innerhalb eines Monats eine Übersetzung in die Verfahrenssprache nachreicht.

10  Wird die Umwandlung einer bereits eingetragenen GM beantragt, so ist der Umwandlungsantrag in einer der fünf Sprachen des HABM (Deutsch, Englisch, Französisch, Spanisch, Italienisch) einzureichen, R 95 (b) und Art 119 (2).[4] Der Antragsteller hat zwischen diesen Sprachen die Wahl. Die Sprache des Umwandlungsantrags wird Verfahrenssprache für das Umwandlungsverfahren vor dem HABM, gleichgültig, welches die Verfahrenssprache in dem zugrunde liegenden Verfahren war (siehe unter Art 119 Rdn 63–64). Wurde beispielsweise die GM von der Nichtigkeitsabteilung des HABM für nichtig erklärt und war Verfahrenssprache dieses Verfahrens Englisch, so kann der

---

3  RiLi Teil E, 2.5.3.
4  RiLi Teil E, 2.5.3.

Inhaber der GM den Umwandlungsantrag gleichwohl in einer anderen Sprache des Amtes, beispielsweise Deutsch, stellen.[5]

Gemäß den RiLi Teil E, 2.6.2.3 und R 95 (b) kann, wenn der Antrag auf dem Formblatt des HABM eingereicht wird, jede beliebige Sprachfassung dieses Formblatts verwendet werden, vorausgesetzt, dass das Formblatt in der nach dem oben Gesagten zulässigen Sprache ausgefüllt ist. 11

Die Erfordernisse hinsichtlich der Sprache gelten für alle Bestandteile des Umwandlungsantrags gemäß R 44, einschließlich des VerzWDL. Für sonstige dem Antrag beigefügte Unterlagen gilt R 96 (2) mit Ausnahme des in R 44 (1) (f) geregelten Falles (siehe dazu Rdn 19). 12

### 2.4 Notwendiger Inhalt des Antrags

Der notwendige Inhalt des Umwandlungsantrags ist in R 44 geregelt, wobei für Umwandlungen einer IR nach Art 159 aus R 122, 123 teilweise abweichende Formerfordernisse gelten. Er lässt sich in drei Gruppen von Angaben unterteilen: 13

– Angaben, die die umzuwandelnde GMA oder GM identifizieren (R 44 (1) (a), (b)),
– obligatorische Angaben zur Umwandlung (Umwandlungsgrund, Angabe der Mitgliedstaaten, in denen nationaler Schutz gewünscht wird; R 44 (1) (c), (d)),
– fakultative Angaben zur Umwandlung (Teilumwandlung), R 44 (1) (e).

### 2.4.1 Nummer der Marke

Nach R 44 (1) (b) ist die umzuwandelnde GMA oder GM durch Angabe ihres Aktenzeichens, dh der Anmelde- und Eintragungsnummer, zu identifizieren. 14

R 44 (1) nF erwähnt nicht mehr die Wiedergabe der Marke und die Angabe des Anmeldetages. Dies entspricht der vor 2005 geübten Praxis des HABM: Der Antragsteller soll nicht gezwungen sein, Angaben zu machen, die dem Amt bereits vorliegen; außerdem soll der Aufwand vermieden werden, die entsprechenden Angaben des Antragstellers auf ihre Richtigkeit zu überprüfen. 15

---

5 Schennen, Mitt. 1998, 126.

16   Teilweise abweichende Erfordernisse gelten bei Umwandlung einer IR, in
der die EG benannt ist, nach Art 159; dort ist nach R 122 (1) (b) auch das
Datum der IR oder der nachträglichen Benennung der EG nach dem MP
anzugeben.

### 2.4.2  Vertreter, Vollmacht

17   Nach R 76 (8) nF sind Name und Anschrift des Vertreters nur noch bei der
erstmaligen Bestellung eines Vertreters anzugeben. Handelt ein Vertreter, so
reicht die Angabe seines Namens oder seiner ID-Nummer. Dass sich erstmals bei der Stellung des Umwandlungsantrags ein Vertreter bestellt, dürfte
seltene Ausnahme sein. Die Vorlage einer Vollmacht beim HABM ist entbehrlich, R 76 (1) nF. Die Vertreterbestellung vor dem HABM berechtigt
nicht automatisch auch zur Vertretung vor dem nationalen Amt. Jedoch erlaubt das Umwandlungsformblatt des HABM, bereits einen Vertreter vor
dem jeweiligen nationalen Amt zu bestellen, mit dem das nationale Amt die
erste Korrespondenz führen kann.[6]

### 2.4.3  Angabe der Mitgliedstaaten

18   Es sind die Mitgliedstaaten anzugeben, mit Wirkung für die die Umwandlung beantragt wird (R 44 (d)). Im Falle des Art 159 ist anzugeben, ob eine
Umwandlung in eine nationale Anmeldung (R 122) oder in eine Benennung
eines Mitgliedstaats nach dem MP (R 123) gewünscht wird. Für Belgien,
Luxemburg und Niederlande kann nur einheitlich die Umwandlung in eine
Benelux-Markenanmeldung beantragt werden. Das HABM legt die Benennung eines dieser drei Staaten als Antrag auf Umwandlung in eine Benelux-
Markenanmeldung aus (RiLi, Teil E, 2.5.2). Aus Sicht des Antragstellers
empfiehlt sich immer, alle Mitgliedstaaten zu benennen, da dies für das Verfahren vor dem HABM keinen Unterschied macht und der Antragsteller die
nicht gewünschten Mitgliedstaaten, für die keine Kosten investiert werden
sollen, immer noch durch Nichtzahlung der nationalen Gebühr oder in
sonstiger Weise vor dem jeweiligen nationalen Amt fallenlassen kann.

### 2.4.4  Angabe des Umwandlungsgrunds

19   Anzugeben ist ferner der Umwandlungsgrund in Übereinstimmung mit
Art 112 (1), R 44 (1) (d). Nach R 44 (1) (f) ist außerdem, wenn es sich um

---

6  Siehe RiLi Teil E, 2.5.2.

eine Entscheidung eines Gemeinschaftsmarkengerichts handelt, eine Abschrift der dieser Entscheidung vorzulegen. Hierbei handelt es sich um den Fall, dass die GM von einem Gemeinschaftsmarkengericht gemäß Art 100 im Wege der Widerklage für verfallen oder nichtig erklärt worden ist. Diese Abschrift der gerichtlichen Entscheidung bedarf für das Verfahren vor dem HABM keiner Übersetzung, R 44 (1) (f). Zu beachten ist aber, dass diese Abschrift den nationalen Ämtern mit dem Umwandlungsantrag übermittelt wird und dann zu den Unterlagen gehört, die nach Art 114 (3) (c) für die nationalen Ämter zu übersetzen sind.

### 2.4.5 Angaben bei Teilumwandlung

Wird eine Teilumwandlung beantragt (R 44 (1) (e)), so sind zwingend die    20
Waren und Dienstleistungen, für die die Umwandlung beantragt wird, anzugeben. Es können für verschiedene Mitgliedstaaten verschiedene VerzWDL beantragt werden. Es kann auch für einen Mitgliedstaat die Umwandlung für alle Waren und Dienstleistungen und für einen anderen Mitgliedstaat eine Teilumwandlung beantragt werden. In keinem Fall dürfen die Waren und Dienstleistungen, für die die Teilumwandlung beantragt wird, über die Waren und Dienstleistungen hinausgehen, die zuletzt, zum Zeitpunkt des Eintritts des Umwandlungsgrunds, in der GMA oder GM enthalten waren (siehe unten, Rdn 28).

### 3 Veröffentlichung des Umwandlungsantrags

R 46 bestimmt, ob und wie der Umwandlungsantrag zu veröffentlichen ist.    21
Eine Veröffentlichung erfolgt nur, wenn der Antrag als gestellt gilt, wenn also die Umwandlungsgebühr gezahlt worden ist (RiLi Teil, 2.6.4).

### 3.1 Umwandlung einer noch nicht veröffentlichten GMA

Wird die Umwandlung einer GMA beantragt, die noch nicht nach Art 39    22
veröffentlicht worden ist, so findet nach R 46 (1) keine Veröffentlichung des Umwandlungsantrags statt. Von solchen Umwandlungsanträgen kann nur durch etwa anschließende Veröffentlichungen der nationalen Ämter Kenntnis erlangt werden. Auch CTM-Download enthält keine Angaben zu Umwandlungsanträgen.

### 3.2 Umwandlung einer veröffentlichten GMA oder GM

23 In allen anderen Fällen veröffentlicht das HABM gemäß R 46 den Umwandlungsantrag im Blatt für GMn mit den in R 46 (2) näher bezeichneten Angaben (siehe auch R 85 (2)). Das HABM veröffentlicht auch Umwandlungsanträge, die eine IR mit Benennung der EG betreffen, allerdings ohne Hinweis auf die Veröffentlichung der unzuwandelnden Marke (R 123 (3) mit Verweisung auf R 46 (2), aber nicht auf dessen Abs 2 (c)).

Handelt es sich um die Umwandlung einer eingetragenen GM, so wird außerdem gemäß Art 113 (2) und R 84 (3) (p) im Register ein bloßer Hinweis auf den Eingang des Umwandlungsantrags eingetragen.

### 3.3 Keine Veröffentlichung des Ergebnisses

24 Veröffentlicht werden nur Angaben in Bezug auf die Stellung des Umwandlungsantrags. Nicht veröffentlicht wird, ob und wann der Umwandlungsantrag an die nationalen Ämter übermittelt wird, ob also tatsächlich aus dem Umwandlungsantrag eine nationale Markenanmeldung hervorgeht. Gerade diese Information wäre aber für Dritte wichtig, während Dritte auf das Umwandlungsverfahren vor dem HABM keinen Einfluss nehmen können; die Möglichkeit von Drittbemerkungen (Art 40) besteht insoweit nicht.

## 4 Prüfung des Umwandlungsantrags durch das HABM

25 Das HABM prüft den Umwandlungsantrag, Art 113 (3) und R 45. Als Organ zuständig ist die Marken- und Musterverwaltungs- und Rechtsabteilung, Art 133 (siehe unter Art 133 Rdn 13). Wahrgenommen wird diese Funktion von der Hauptabteilung Unterstützung des Kerngeschäfts, Dienststelle Register und Gebühren. Zu prüfen ist, ob die Gebühr gezahlt worden ist; siehe dazu oben Rdn 4–6. Der Prüfungsumfang erstreckt sich ferner auf alle Erfordernisse der Verordnungen einschließlich der Voraussetzungen des Art 112 (2).

### 4.1 Vorliegen eines Umwandlungsgrunds

26 Es muss ein Umwandlungsgrund gegeben sein. Siehe dazu unter Art 112 Rdn 1 sowie RiLi, Teil E, 2.1. Die bloße Beantragung einer Umwandlung kann die ausdrückliche Erklärung der Zurücknahme der GMA oder des Verzichts auf die GM nicht ersetzen; es muss eine ausdrückliche Zurücknahme- oder Verzichtserklärung vorliegen. Eine Erklärung der Zurücknahme oder

des Verzichts, die unter der Bedingung abgegeben wird, dass das HABM dem Umwandlungsantrag stattgibt, ist wirkungslos.

Bei einer GMA sind Zurücknahme, Zurücknahmefiktion und Zurückweisung Umwandlungsgründe (Art 112 (1) (a)). Fehlt es dagegen an den Voraussetzungen für die Gewährung eines Anmeldetages, so wird die Anmeldung nicht als GMA behandelt (R 9 (2)), stellt also keine GMA im Rechtssinne dar. Das HABM behandelt diese Frage im Rahmen der Prüfung von Umwandlungsanträgen wie folgt: War bereits die Frist auf eine Mitteilung nach R 9 (2) ergebnislos verstrichen, so kann nicht umgewandelt werden, da nur eine anhängige GMA umgewandelt werden kann. Gleiches gilt, wenn die Anmeldung zum Zeitpunkt der Stellung des Umwandlungsantrags die Mindesterfordernisse für die Vergabe des Anmeldetages nicht erfüllt. Beispielsweise wird die Umwandlung abgelehnt, wenn die Anmeldung vor Zahlung der Anmeldegrundgebühr zurückgenommen wurde. Sind die Erfordernisse für die Vergabe eines Anmeldetages dagegen zum Zeitpunkt der Antragstellung erfüllt, so lässt das HABM die Umwandlung zu. 27

Wird teilweise Umwandlung beantragt, so prüft das HABM, ob die Waren und Dienstleistungen, für die Umwandlung beantragt wird, über die hinausgehen, auf die sich der Umwandlungsgrund bezieht. War die GMA oder GM nur teilweise zurückgenommen, zurückgewiesen oder für nichtig erklärt worden, so darf die Umwandlung nicht für solche Waren und Dienstleistungen beantragt werden, die von der Zurücknahmeerklärung, Zurückweisung oder Verzichtserklärung nicht erfasst sind, weil diese Waren und Dienstleistungen dann doppelt anhängig wären und der Effekt nicht eine Umwandlung, sondern eine Multiplizierung des Schutzrechts wäre. Das HABM beanstandet dagegen nicht, wenn bei einer teilweisen Umwandlung die Waren und Dienstleistungen, für die Umwandlung beantragt wird, hinter denen zurückbleiben, auf die sich der Umwandlungsgrund bezieht. 28

### 4.2 Frist, formelle Erfordernisse

Der Antrag muss innerhalb der Frist von drei Monaten gestellt worden sein. Art 112 (4)–(6) bestimmt näher, welches Datum bei den verschiedenen Umwandlungsgründen für den Fristbeginn maßgeblich ist (siehe unter Art 112 Rdn 17–24). 29

Fehlt es an einem der in R 44 (1) genannten Formerfordernisse, so setzt das HABM dem Antragsteller mit Formschreiben 506 eine Frist von zwei Monaten zur Nachholung des Versäumnisses (siehe RiLi, Teil E, 2.5.2.4). Als pra- 30 xisrelevant in Betracht kommt wohl nur die fehlende Angabe des Umwandlungsgrundes.

### 4.3  Prüfung der Zulässigkeit der Umwandlung

**31**  Seit Neufassung von Art 113 (3), also seit März 2004, prüft das HABM nunmehr zentral, ob und für welche Mitgliedstaaten ein Ausschluss der Umwandlung nach Art 112 (2) (siehe unter Art 112, Rdn 10–16) vorliegt. Dies hat aus mindestens vier Gründen gegenüber der bisherigen Zuständigkeit der nationalen Ämter Vorteile. Zum einen ist das HABM am besten dazu berufen, seine eigene Entscheidung im Hinblick darauf zu interpretieren, für welchen Teil der EG ein Zurückweisungs- oder Nichtigkeitsgrund festgestellt wurde. Zum zweiten werden widerstreitende Entscheidungen nationaler Ämter vermieden. Drittens sind die nationalen Ämter rein tatsächlich nicht in der Lage, eine Vorabentscheidung über die Zulässigkeit der Umwandlung zu treffen, solange ihnen noch keine Anmeldegebühr und Übersetzung in die eigene Amtssprache vorliegt, was auch erklärt, dass es zu solchen Entscheidungen offenbar nirgends gekommen ist.[7] Viertens ist es sinnvoll, den Rechtsschutz gegen die Zulässigkeit der Umwandlung ablehnende Entscheidungen bereits bei der Übermittlung des Umwandlungsantrags ansetzen zu lassen.

**32**  Ist die Umwandlung danach unzulässig, so weist das HABM den Umwandlungsantrag zurück. Trifft dies nur für einzelne Mitgliedstaaten zu, so weist das HABM den Antrag nur insoweit zurück. Diese Entscheidung ist beschwerdefähig (Art 58 (2)); die aufschiebende Wirkung der Beschwerde (Art 58 (1) Satz 2) bewirkt, dass die Zulässigkeit der Umwandlung noch durch die HABM-BK festgestellt werden kann, wie überhaupt für die Übermittlung des Umwandlungsantrags an die nationalen Ämter keine Frist bestimmt ist.

### 5  Übermittlung an die nationalen Ämter

**33**  Gibt das HABM dem Umwandlungsantrag statt, so übermittelt es den Antrag unverzüglich (gleich ob die Veröffentlichung bereits erfolgte) an die benannten nationalen Ämter und im Falle von Belgien, Luxemburg und den Niederlanden an das Benelux-Markenamt, R 47 Satz 1. Gleichzeitig unterrichtet das HABM gemäß R 47 Satz 2 den Antragsteller mit Formschreiben

---

7  AA Kucsko/Ullrich, Marken.schutz, S 946.

509 unter Angabe des Datums der Übermittlung und der übermittelten Unterlagen. Dies ist wichtig, weil der Antragsteller nunmehr innerhalb von zwei Monaten vor jedem benannten nationalen Amt die nach Art 114 und dem jeweiligen nationalen Recht notwendigen Verfahrensschritte einleiten muss.

Ist die Umwandlung nur für einzelne Mitgliedstaaten unzulässig, so wird der 34 Umwandlungsantrag nur insoweit zurückgewiesen, die Anmeldung aber an die übrigen nationalen Ämter unverzüglich weitergeleitet, R 44 (3) Satz 2. Das neue Verfahren führt somit zu keiner Verzögerung der Weiterleitung an die nationalen Ämter, die von Art 112 (2) nicht betroffen sind.

### 5.1 Umfang der Übermittlung

Aus R 47 und Art 114 (3) (b) ergibt sich, dass den nationalen Ämtern zu 35 übermitteln sind:
– eine Kopie des Umwandlungsantrags,
– eine Kopie der ihm beigefügten Unterlagen,
– ein Datenbankauszug mit den in R 84 (2) genannten Angaben.

Dies reicht aus, wenn der Antrag zu keinen Beanstandungen gemäß R 45 36 Anlass gegeben hat. Andernfalls versendet das HABM auch eine Kopie der Schreiben des Antragstellers, mit dem Beanstandungen ausgeräumt wurden.

### 5.2 Sprache der Übermittlung

Das HABM übermittelt den Umwandlungsantrag und alle weiteren Unterlagen 37 so, wie sie vom Antragsteller eingereicht worden sind, ohne eine Übersetzung beizufügen. Übersetzungen in die Sprache des jeweiligen nationalen Amtes vorzulegen, ist Sache des Antragstellers in dem nachfolgenden nationalen Verfahren (siehe Art 114 (3) (b)). Dies gilt auch für das VerzWDL; liegt dies, wie im Falle einer eingetragenen GM, in den anderen Sprachen der EG vor, so ist es Sache des Antragstellers, die im Blatt für GMn veröffentlichte Übersetzung für das nationale Verfahren zu verwenden.

Das Anschreiben an die nationalen Ämter, mit dem der Umwandlungsantrag 38 übermittelt wird, wird in der Verfahrenssprache des Umwandlungsverfahrens oder, wenn diese nicht eine Sprache des Amtes war, der zweiten Sprache der GMA (siehe Art 119 (4) und oben Rdn 7–12) versandt, jedoch wird eine Übersetzung des Formschreibens, nicht dagegen des Umwandlungsantrags oder anderer Unterlagen, in die Sprache des betr nationalen Amtes bei-gefügt.[8]

### 6 Spätere Übermittlung von Auskünften und Unterlagen

**39** Reichen die Unterlagen, die dem nationalen Amt nach R 47 übermittelt worden sind, ausnahmsweise nicht aus, um die Erfüllung der geltenden nationalen Erfordernisse festzustellen, so kann das nationale Amt nach Art 114 (1) vom HABM ergänzende Auskünfte und Unterlagen anfordern.

**40** Die so angeforderten Auskünfte und Unterlagen werden, ebenso wie der übermittelte Umwandlungsantrag selbst, Bestandteil der Akten der nationalen Markenanmeldeverfahren. Die Einsicht in die nationalen Anmeldungs-akten richtet sich allein nach nationalem Recht; siehe unter Art 114 Rdn 21.

### 7 Wirkung des übermittelten Umwandlungsantrags

**41** Der Umwandlungsantrag wird mit seinem Zugang bei dem nationalen Amt zu einer normalen, bei diesem Amt eingereichten nationalen Anmeldung. Diese Anmeldung wird normal geprüft, vorbehaltlich der Beschränkungen für den nationalen Gesetzgeber nach Art 114 und vorbehaltlich solcher Re-gelungen des nationalen Rechts, die in bestimmten Fällen eine erleichterte Eintragung ohne Sachprüfung und Widerspruchsmöglichkeit vorsehen (sie-he dazu unter Art 114, Rdn 31, 36).

**42** Nach Art 112 führt die Umwandlung immer zu einer nationalen Anmel-dung; insoweit besteht auch für den nationalen Gesetzgeber kein Spielraum. Die Wirkung der fallengelassenen nationalen Marke besteht zwar weiter, wenn ihre Seniorität in einer GM beansprucht ist, diese Wirkung endet aber dann, wenn die GM wegfällt. Der Umwandlungsantrag führt deshalb im Fall der Beanspruchung einer Seniorität nicht etwa zur »Wiederherstellung« der nationalen Senioritätsmarke.[9] Die Wirkung der Seniorität ist der GM akzessorisch, andernfalls bestünden die nationalen fallengelassenen Marken ewig weiter. Eine GM kann aber nur umgewandelt werden, nachdem sie weggefallen ist.

---

8   Siehe Formschreiben 508, ABl-HABM 1999, 54.
9   AA von Mühlendahl/Ohlgart, S 189.

## Artikel 114 (ex Artikel 110) Formvorschriften für die Umwandlung

(1) Jede Zentralbehörde für den gewerblichen Rechtsschutz, der der Umwandlungsantrag übermittelt worden ist, kann vom Amt alle ergänzenden Auskünfte bezüglich dieses Antrags erhalten, die für sie bei der Entscheidung über die nationale Marke, die aus der Umwandlung hervorgeht, sachdienlich sein können.

(2) Eine Anmeldung bzw. Gemeinschaftsmarke, die nach Artikel 113 übermittelt worden ist, darf nicht solchen Formerfordernissen des nationalen Rechts unterworfen werden, die von denen abweichen, die in der Verordnung oder in der Durchführungsverordnung vorgesehen sind oder über sie hinausgehen.

(3) Die Zentralbehörde für den gewerblichen Rechtsschutz, der der Umwandlungsantrag übermittelt worden ist, kann verlangen, dass der Anmelder innerhalb einer Frist, die nicht weniger als zwei Monate betragen darf,
a) die nationale Anmeldegebühr entrichtet,
b) eine Übersetzung – in einer der Amtssprachen des betreffenden Staats – des Umwandlungsantrags und der ihm beigefügten Unterlagen einreicht,
c) eine Anschrift angibt, unter der er in dem betreffenden Staat zu erreichen ist,
d) in der von dem betreffenden Staat genannten Anzahl eine bildliche Darstellung der Marke übermittelt.

*Schennen*

## 1 Allgemeines

1 Diese Bestimmung regelt die Behandlung des Umwandlungsantrags durch die nationalen Ämter. Das HABM übermittelt den Umwandlungsantrag an diejenigen nationalen Ämter, die im Umwandlungsantrag angegeben sind.

2 Der Umwandlungsantrag besteht gewöhnlich aus dem Umwandlungsformblatt sowie einem Auszug aus der HABM-Datenbank, die es dem nationalen Amt ermöglichen, den Umwandlungsantrag als nationale Markenanmeldung weiterzubehandeln. Reichen die Angaben im Umwandlungsformblatt nicht aus, so wird das HABM weitere Unterlagen aus den Akten (etwa eine Kopie der Anmeldung) übermitteln, Art 114 (1). Mit dieser Übermittlung liegt nun dem nationalen Amt ein Umwandlungsantrag vor, der zugleich eine ordnungsgemäße nationale Markenanmeldung darstellt.

## 2 Umfang der Prüfung durch das nationale Amt

3 Art 114 begrenzt den Prüfungsumfang der nationalen Ämter wie folgt:

4 – Hinsichtlich der Voraussetzungen der Umwandlung hat das nationale Amt keinerlei Prüfungskompetenz, Art 113 (3).
   – Hinsichtlich der aus der Umwandlung hervorgegangenen nationalen Markenanmeldung darf das nationale Amt
   – in formeller Hinsicht die in Art 114 (3) genannten Voraussetzungen verlangen und im übrigen keine strengeren Erfordernisse aufstellen als die GMV und die DV
   – und in materieller Hinsicht die so entstandene nationale Markenanmeldung normal prüfen und behandeln.

### 3 Zulässige Formerfordernisse

Das nationale Recht darf nach Art 114 (2) die infolge der Umwandlung 5
entstandene nationale Markenanmeldung (nicht, wie der Text von Art 114
(2) suggeriert, die GM oder die GMA) keinen anderen oder zusätzlichen
Formerfordernissen als denen der GMV und der DV unterwerfen. Hiervon
macht Art 114 (3) eine Ausnahme: Zulässig ist es, eine oder alle der in
Art 114 (3) (a)–(d) genannten Anforderungen aufzustellen (Zahlung der Anmeldegebühr, Einreichung einer Übersetzung, Inlandsanschrift, Zahl der
Wiedergaben der Marke). Einzelheiten zu diesen Erfordernissen siehe die
HABM-Broschüre »Nationales Recht zur GM«, Abschnitt 8.

### 3.1 Keine anderen oder zusätzlichen Formerfordernisse

Der Gedanke, dass das nationale Recht keine anderen oder zusätzlichen For- 6
merfordernisse aufstellen darf, wurde aus Art 27 (1) PCT und Art 137 EPÜ
übernommen.

Dies bedeutet etwa, dass das nationale Amt nicht verlangen darf, die Anmel- 7
dung noch einmal auf dem nationalen Anmeldeformular zu präsentieren.
Bei einer dreidimensionalen Marke kann nicht zwingend eine bestimmte
Anzahl von perspektivischen Wiedergaben verlangt werden (siehe R 3 (4)
DV).

Bei einer Hörmarke darf keine klangliche Wiedergabe verlangt werden (siehe 8
R 3 (6) DV). Dies bedeutet, dass das nationale Amt die Umwandlungs-
anmeldung nicht zurückweisen darf, auch wenn sich der Anmelder weigert,
solche zusätzlichen Unterlagen nachzureichen. Nach § 11 (3) DE-MarkenV
muss für Hörmarken außer der graphischen Darstellung eine CD-ROM eingereicht werden. Art 114 (3) schließt aus, dies für Umwandlungsanträge zu
verlangen. Nicht durch Art 114 (3) gedeckt ist, dass § 69b Nr 2 AT-MarkenG idF des Änderungsgesetzes vom 22.7.1999 bei Umwandlungsanträgen
für Hörmarken die Einreichung einer klanglichen Wiedergabe auf Tonträger
fordert.

Auch das VerzWDL darf nicht abweichenden nationalen Formvorschriften 9
unterworfen werden. So darf nicht verlangt werden, dass eine vom HABM
bereits klassifizierte Anmeldung umklassifiziert wird.[1] Nach R 2 (4) DV
dient nämlich die Klassifikation ausschließlich Verwaltungszwecken und hat

---

1  AA Kucsko/Newerkla, Marken.schutz, S 950.

keinen Einfluss auf den Schutzumfang. Auch darf nicht beanstandet werden, dass das VerzWDL nur aus den Klasseneinteilungen der Nizzaer Klassifikation (»class headings«) besteht. Allerdings dürfen die nationalen Ämter unbestimmte oder zu breite Begriffe beanstanden; das ist keine formelle, sondern eine sachliche Rüge. Erst recht darf das nationale Amt einen Begriff als nicht schutzfähig beanstanden. Der Prüfungsumfang des nationalen Amts in Bezug auf das VerzWDL entspricht damit grds demjenigen für IR-Marken, die auf den betr Mitgliedstaat erstreckt werden.

10 Die Aussage in der amtlichen Begründung zum DE-Markenrechtsänderungsgesetz vom 19.7.1996,[2] zu § 125d DE-MarkenG, letzter Absatz, das deutsche Recht kenne für nationale Marken keine anderen oder strengeren Formvorschriften als für GMn, ist daher in dieser Allgemeinheit zu pauschal.

11 In Spanien bestand noch bis zum Inkrafttreten eines neuen ES-MarkenG im Jahre 2002 ein Einklassensystem; für jede Klasse war eine gesonderte Anmeldung erforderlich. Dies galt jedoch auch damals nicht mehr für umgewandelte GMAen und GMn; hierfür bestimmt Art 87 ES-MarkenG idF des Änderungsgesetzes vom 31.7.1999, dass die aus der Umwandlung entstehende nationale spanische Anmeldung als eine Anmeldung behandelt wird, unabhängig von der Zahl der Klassen, und dass die Gebührenberechnung nach der Zahl der Klassen erfolgte, so dass die nationalen Anmelde- und Eintragungsgebühren mit der Zahl der Klassen zu multiplizieren waren. Nunmehr gilt auch in Spanien das Mehrklassensystem.

Nicht zu den Formerfordernissen gehört die Prüfung darauf, ob die nationale umgewandelte Anmeldung über den Inhalt der GMA in der eingereicht und zum Zeitpunkt des Umwandlungsantrags noch anhängigen Form hinausgeht, denn dies betrifft die Feststellung des Zeitrangs der nationalen Marke, die das nationale Amt autonom vorzunehmen hat. Zwar prüft bereits das HABM die Übereinstimmung des umzuwandelnden mit dem umwandlungsfähigen Warenverzeichnis, doch kann daraus deshalb keine Bindungswirkung für das nationale Amt resultieren, weil es eine materiell-rechtliche Bindungswirkung eines vom Amt anerkannten Prioritätsanspruchs nicht geben kann. Das nationale Amt ist daher befugt, die Übereinstimmung des im Umwandlungsantrag beanspruchten VerzWDL mit dem in der GMA enthaltenen VerzWDL autonom nachzuprüfen.[3]

---

2 BlfPMZ 1996, 393.

3 Kucsko/Newerkla, Marken.schutz, S 953.

### 3.2 Zahlung der nationalen Anmeldegebühr

In Art 114 (2) (a) wird den nationalen Ämtern das Recht eingeräumt, zu ver- 12
langen, dass nationale Anmeldegebühren entrichtet werden. Der Fristbeginn
ist national unterschiedlich geregelt. Österreich (§ 69b S 1 AT-MarkenG)[4]
und das Benelux-Recht (Art 34 der Durchführungsverordnung zum Einheitlichen Benelux-MarkenG) lassen die Frist mit einer Aufforderung des Amtes
beginnen. Einzelheiten siehe HABM-Broschüre »Nationales Recht zur GM«,
Kapitel 8, Spalte 2.

Art 114 (3) (a) ist »self-executing«. Da die Umwandlung zu einer nationalen 13
Anmeldung führt, sind die entsprechenden nationalen Anmelde- und Klassengebühren auch dann zu zahlen, wenn der betr Mitgliedstaat keine gesonderten Bestimmungen über die Gebührenpflicht von aus GM umgewandelten Anmeldungen erlassen hat.

### 3.3 Übersetzung des Umwandlungsantrags

Das HABM übermittelt die Umwandlungsanträge und die weiteren Unterla- 14
gen an die nationalen Ämter in der Sprache, in der sie abgefasst sind. Eine
Übersetzung durch das HABM erfolgt nicht.

Die nationalen Ämter können nach Art 114 (3) (b) eine Übersetzung des 15
Umwandlungsantrags und aller vom HABM übermittelten weiteren Unterlagen verlangen. Zielsprache ist nach Wahl des Anmelders eine der Amtssprachen des betr nationalen Amts, die nicht notwendigerweise eine Amtssprache der EG iSd Art 119 (1) sein muss. Für eine Benelux-Anmeldung
besteht die Wahl zwischen Niederländisch und Französisch, für Irland zwischen Englisch und Gälisch. Eine Übersetzungspflicht besteht nicht, wenn
der Umwandlungsantrag bereits in einer dieser Sprachen abgefasst ist.

In der Praxis wird dem Anmelder die Erfüllung dieses Übersetzungserforder- 16
nisses dadurch erleichtert, dass das HABM die Übersetzung des VerzWDL
und der sonstigen Textbestandteile der GMA im Laufe des Prüfungsverfahrens von Amts wegen vornimmt; der Anmelder kann diese Übersetzung einfach übernehmen. Für die übrigen Angaben kann der Anmelder einfach die
entsprechende Sprachfassung des HABM-Anmeldeformulars verwenden.

---

4 Dazu Kucsko/Ullrich, Marken.schutz, S 947.

### 3.4 Inlandsanschrift

17  Ferner kann verlangt werden, eine Anschrift anzugeben, unter der der Anmelder in dem betreffenden Mitgliedstaat zu erreichen ist.

18  Damit ist in erster Linie das Erfordernis einer Zustellungsanschrift gemeint (siehe Art 18 (3) AO zum einheitlichen Benelux-MarkenG).

19  Über den Wortlaut der Bestimmung hinaus ist es aber auch zulässig, wenn das nationale Recht die Bestellung eines Inlandsvertreters verlangt.[5]

20  Alle Mitgliedstaaten verlangen für auswärtige Anmelder entweder die Bestellung eines Vertreters oder die Angabe einer Zustellanschrift.[6]

### 4  Akteneinsicht in die nationale Markenanmeldung

21  Die nach R 47 an das im Umwandlungsantrag bestimmte nationale Amt übermittelten Unterlagen (Kopie des Umwandlungsantrags, ggf Kopie der Anmeldung oder weiterer Aktenbestandteile, Kopie von Entscheidungen) unterliegen bei diesem betr nationalen Amt den für nationale Markenanmeldungen geltenden Grundsätzen der Akteneinsicht. Maßgeblich ist das nationale Recht des betr Mitgliedstaates; die GMV regelt dazu nichts. R 93 findet auf den Umwandlungsantrag und die ihm beigefügten Unterlagen, die an das nationale Amt übermittelt werden, keine Anwendung.

22  Dies bedeutet, dass vor dem DPMA die Einsicht in die Unterlagen der in eine deutsche Markenanmeldung umgewandelten GM zunächst beschränkt ist und erst ab der Eintragung der Marke in das nationale Register frei ist (§ 62 DE-MarkenG).

### 5  Vor dem Deutschen Patentamt geltende Erfordernisse

23  Für die Umwandlung einer GM in eine nationale deutsche Marke gelten vor dem DPMA folgende Erfordernisse.

---

5 Ströbele/Kober-Dehm, MarkenG, § 125d Rn 11; Schennen, Mitt. 1998, 128; aA Ingerl/Rohnke, § 125d Rn 11.
6 Siehe HABM-Broschüre »Nationales Recht zur GM«, Kapitel 8, Spalte 1 c.

## 5.1 Gebühren

Das DE-Kostenrechtsbereinigungsgesetz[7] hat Höhe, Fälligkeit und Rechts- 24
folgen der Nichtzahlung für die Umwandlungsgebühr erneut geändert. Die
Gebühr beträgt nunmehr 300 Euro für eine Individualmarke oder 900 Euro für eine Kollektivmarke zuzüglich 100 Euro (für eine Kollektivmarke
150 Euro) für jede über drei hinausgehende Klasse (§ 125d DE-MarkenG
iVm Nr 331100–331400 des Anhangs zum Patentkostengesetz); diese Gebühren sind mit den nationalen Anmeldegebühren identisch. Die Gebühren
sind mit Zugang des Umwandlungsantrags beim DPMA fällig (§ 125d (1)
DE-MarkenG) und innerhalb von drei Monaten nach Eingang des Umwandlungsantrags beim DPMA zu zahlen; andernfalls gilt der Umwandlungsantrag als zurückgenommen. Das DPMA fordert formlos zur Zahlung
auf.[8]

Nach § 125d (1) Satz 3 DE-MarkenG in der bis zum Inkrafttreten des Pa- 25
tentkostengesetzes am 1.1.2002 geltenden Fassung galt der Umwandlungsantrag als nicht gestellt, wenn die Gebühr nicht innerhalb von zwei Monaten
nach Eingang des Umwandlungsantrags gezahlt wurde.

## 5.2 Anmeldetag

Nach § 125d (2) DE-MarkenG wird der Umwandlungsantrag wie die An- 26
meldung einer deutschen Marke behandelt mit der Maßgabe, dass an die
Stelle des Anmeldetages beim DPMA der Anmeldetag der Gemeinschaftsmarke nach Art 27 GMV, ggf mit der in Anspruch genommenen Priorität
oder Seniorität nach Art 34 oder 35 GMV tritt; insoweit wird Art 112 (3)
GMV umgesetzt. Diese Regelung ist materiellrechtlicher und nicht verfahrensrechtlicher Art; insbesondere bedeutet dies, dass die deutsche nationale
Marke ab dem Anmelde- oder Prioritätstag oder sogar schon ab dem Seniori-
tätstag als älteres Recht gilt. Soweit die Regelungen des deutschen Rechts
verfahrensrechtlich an den Anmeldetag anknüpfen, insbesondere im Hinblick auf Fristen, ist jedoch der Tag des Eingangs des Umwandlungsantrags
beim DPMA maßgeblich.

---

7  DE-Patentkostengesetz vom 13.12.2001, BGBl I S 3656.
8  Ströbele/Kober-Dehm, MarkenG, § 125d Rn 6.

### 5.3 Übersetzung

**27** Das DPMA fordert auf, eine deutsche Übersetzung einzureichen, soweit erforderlich. Hierfür wird eine Frist von zwei Monaten ab Zugang der Zugangsbestätigung gesetzt. Die Verpflichtung zur Einreichung der Übersetzung folgt aus § 93 DE-MarkenG. Nicht anwendbar ist § 68 DE-MarkenV, der für fremdsprachige Anmeldungen gilt. Nicht geregelt sind dagegen die verfahrensrechtlichen Konsequenzen bei Nichterfüllung des Erfordernisses. Eine Anmeldetagsverschiebung nach § 68 DE-MarkenV scheidet aus. Das DPMA behandelt die Nichteinreichung als formalen Mangel gemäß § 36 (4) DE-MarkenG.

### 5.4 Zustellanschrift

**28** Nach § 96 DE-MarkenG, der über § 125d (4) gilt, ist ein in Deutschland zugelassener Rechtsanwalt oder Patentanwalt als Inlandsvertreter zu bestellen.[9] Daran hat auch die Änderung von § 94 (1) DE-MarkenG durch Art 3 Nr 5 des Gesetzes zur Vereinfachung und Modernisierung des Patentrechts[10] nichts geändert; lediglich Patent- und Rechtsanwälte aus dem EU-Ausland sind nun von der Angabe einer Zustellanschrift im Inland befreit. Patentassessoren und Erlaubnisscheininhaber können nach dem klaren Gesetzeswortlaut nicht als Inlandsvertreter bestellt werden. Das Inlandsvertretererfordernis nach § 96 DE-MarkenG setzt Art 114 (3) (c) GMV um.[11]

### 5.5 Zahl der Wiedergaben der Marke

**29** Nach §§ 8–12 DE-MarkenV verlangt das DPMA für alle Markenformen außer Wortmarken, dh für Bildmarken, dreidimensionale Marken, Kennfadenmarken, Hörmarken und bei sonstigen Markenformen, vier übereinstimmende zweidimensionale graphische Wiedergaben der Marke.

---

9 Siehe HABM-Broschüre »Nationales Recht zur GM«, Kapitel 8, Spalte 2 und 4.

10 Gesetz vom 31.7.2009, BGBl I S 2521 = BlfPMZ 2009, 301; in Kraft ab 1.10.2009. Siehe insbesondere die Amtliche Begründung, BlfPMZ 2009, 312 (zu § 25 DE-PatG).

11 Wie hier Ingerl, S 120, ungenau amtliche Begründung zum DE-Markenrechtsänderungsgesetz, BT-Drs 13/3841 vom 23.2.1996, II, zu § 125b.

### 5.6 Verzicht auf erneute Prüfung

Nach § 125d (3) DE-MarkenG trägt das DPMA die Marke ohne weitere **30** Prüfung ein, ohne dass gegen die Eintragung kein Widerspruch erhoben werden kann, wenn der Umwandlungsantrag eine Marke betrifft, die bereits als GM eingetragen war. Hierbei kommt es nicht darauf an, ob die Marke schon einmal als GM geschützt worden war, sondern allein darauf, ob der dem DPMA zugeleitete Umwandlungsantrag auf Art 112 (1) (b) (Verlust der Wirkung der GM) basiert.

Zweck ist, den Prüfungsaufwand bis zur Eintragung der GM nicht durch **31** das DPMA wiederholen zu lassen; an die Stelle der Prüfung der absoluten und relativen Schutzhindernisse durch das DPMA tritt somit die Prüfung auf »länderspezifische« Umwandlungshindernisse nach Art 112 (2) durch das HABM. Dies gleicht die Nachteile aus, die dadurch entstehen, dass der Umwandlungsantrag zunächst zu einer nationalen Anmeldung (und nicht zu einem nationalen Vollrecht) führt.

Entgegen dem Wortlaut (»ohne weitere Prüfung«) schließt § 125d (3) DE- **32** MarkenG die erneute Prüfung auf Formerfordernisse nicht aus. Hinsichtlich der Fähigkeit, Inhaber einer nationalen deutschen Marke zu sein, gibt es nichts zu prüfen (§ 7 DE-MarkenG).

### 6 Vor anderen nationalen Ämtern geltende Erfordernisse

Einige Mitgliedstaaten sind dem deutschen Beispiel gefolgt und sehen unter **33** bestimmten Voraussetzungen eine erleichterte Eintragung vor.[12]

### 6.1 Frankreich

In Frankreich gilt: Hat die umgewandelte GM wirksam die Seniorität **34** (Art 34, 35) einer früheren franz nationalen Marke in Anspruch genommen, so wird die umgewandelte Anmeldung ohne sachliche Prüfung eingetragen, ohne dass Widerspruch erhoben werden kann (Art L-717–5). Das Gesetz unterscheidet nicht danach, ob die frühere nationale Marke, deren Seniorität beansprucht ist, noch eingetragen ist oder bereits fallengelassen worden ist. Diese Regelung favorisiert ebenfalls diejenigen Umwandlungsanträge, für die bereits Markenschutz in Frankreich bestanden hat, und ist mit der deutschen Regelung vergleichbar, nur mit dem Unterschied, dass nicht darauf abgestellt

---

12 Siehe HABM-Broschüre »Nationales Recht zur GM«, Kapitel 8, Spalte 4.

wird, ob bereits die GM eingetragen (und somit geprüft) war, sondern darauf, ob bereits eine frühere identische franz Marke eingetragen war.

### 6.2 Österreich

35  Das AT-MarkenG idF des Änderungsgesetzes vom 22.7.1999 bestimmt in § 69c (2), dass im Falle der Umwandlung einer GM die aus der Umwandlung entstehende Markenanmeldung nicht auf absolute Eintragungshindernisse geprüft wird. Die Regelung entspricht damit dem deutschen Recht, abgesehen davon, dass in Österreich relative Eintragungshindernisse nur im Löschungsverfahren geltend gemacht werden können. § 69b (1) AT-MarkenG ist noch nicht an die Änderung von Art 114 (1) angepasst worden, doch wird eine entsprechende Novelle vorbereitet.[13]

### 6.3 Spanien

36  Das spanische MarkenG (Art 87 idF des Änderungsgesetzes vom 31.7.1999; übernommen im 2002 in Kraft getretenen neuen spanischen MarkenG) sieht für den Fall der Umwandlung einer eingetragenen GM folgende Besonderheit vor: Die Marke wird ohne Prüfung auf das Vorliegen absoluter oder relativer Eintragungshindernisse eingetragen, es sei denn, dass der Umwandlungsgrund der Verzicht oder die unterlassene Verlängerung war und dieser Umwandlungsgrund zu einem Zeitpunkt eintrat, zu dem ein Nichtigkeits- oder Verfallsverfahren anhängig war und dieses Verfahren einen Nichtigkeits- oder Verfallsgrund betraf, der den Schutz in Spanien betreffen könnte.[14] Anders ausgedrückt erfolgt die automatische Eintragung dann nicht, wenn sich der Inhaber der GM einem Nichtigkeits- oder Verfallsverfahren vor dem HABM durch Verzicht oder Nichtverlängerung entzogen hat, außer wenn dieses Verfahren nur Nichtigkeits- oder Verfallsgründe betraf, die keinen Einfluss auf die Schutzfähigkeit der Marke in Spanien gehabt hätten.

---

13  Kucsko/Ullrich, Marken.schutz, S 947.
14  Dazu Casado, in: FS für von Mühlendahl, S 317, 331.

# Titel XII  Das Amt

## 1. Abschnitt  Allgemeine Bestimmungen

### Artikel 115 (ex Artikel 111)  Rechtsstellung

(1) Das Amt ist eine Einrichtung der Gemeinschaft und besitzt Rechtspersönlichkeit.

(2) Es besitzt in jedem Mitgliedstaat die weitestgehende Rechts- und Geschäftsfähigkeit, die juristischen Personen nach dessen Rechtsvorschriften zuerkannt ist; es kann insbesondere bewegliches und unbewegliches Vermögen erwerben oder veräußern und vor Gericht auftreten.

(3) Das Amt wird von seinem Präsidenten vertreten.

*Schennen*

## 1 Allgemeines

Das durch die GMV errichtete (vgl Art 2) HABM ist eine Einrichtung der   1
EG. Art 115 regelt die Rechtsstellung des HABM innerhalb des Gemeinschaftsrechts und nach außen.

Der EG-V hat die EG als internationale Organisation geschaffen und deren Organe (franz: »institutions«) bestimmt. Organe sind insbesondere der Rat, die Kommission, das Europäische Parlament und der Gerichtshof (EuGH unter Einschluss des EuG). Das HABM ist kein Organ der EG, sondern eine Einrichtung, die durch Art 235 EG-V geschaffen wurde. Die Bestimmungen des EG-V, die sich auf Organe beziehen, gelten daher nicht für das HABM.

Das HABM ist als Einrichtung der EG aber Teil deren Rechtsordnung. Seine   2
Akte sind solche der Gemeinschaft. Sein Personal ist EG-Personal (Art 116),

es genießt dieselben Vorrechte und Immunitäten wie die Institutionen der EG (Art 117).

3 Die Rechtsstellung des HABM wird am griffigsten durch den zehnten Erwägungsgrund der GMV beschrieben: »Deshalb ist es erforderlich, unter Wahrung des bestehenden organisatorischen Aufbaus der Gemeinschaft und des Gleichgewichts ein fachlich unabhängiges sowie rechtlich, organisatorisch und finanziell hinreichend selbständiges HABM zu schaffen. Hierfür ist die Form einer Einrichtung der Gemeinschaft mit eigener Rechtspersönlichkeit erforderlich und geeignet, welche ihre Tätigkeit gemäß den ihr in dieser Verordnung zugewiesenen Ausführungsbefugnissen im Rahmen des Gemeinschaftsrechts und unbeschadet der von den Organen der Gemeinschaft wahrgenommenen Befugnisse ausübt.«

Dies bedeutet, dass die Aufgaben und Befugnisse der Organe der EG nach dem EG-V unberührt bleiben. Die Aufgaben des HABM nach der GMV sind solche, die neu geschaffen worden sind, so dass den Organen der EG keine Kompetenzen genommen wurden. Dass die Aufgaben und Befugnisse der Organe der EG unberührt bleiben, bedeutet vielmehr, dass sie diese Befugnisse auch in Bezug auf die Ausführung und Anwendung der GMV ausüben; so ist der Gerichtshof (EuGH und EuG) auch weiterhin die alleinige Rechtsprechungsinstanz und zuständig für die gerichtliche Kontrolle der Entscheidungen des HABM.

## 2  Rechtspersönlichkeit

4 Das HABM hat Rechtspersönlichkeit (Art 115 (1)). Dies drückt sich ua darin aus, dass es in jedem Mitgliedstaat rechtsfähig ist und Vermögen erwerben kann (Art 115 (2)). Das HABM kann insbesondere klagen und – unter Beachtung der Immunität nach Art 117 – verklagt werden. Das HABM ist somit juristische Person des öffentlichen Rechts.[1] Entsprechend den Grundsätzen des internationalen Verwaltungsrechts ist die Rechtsfähigkeit einer juristischen Person des öffentlichen Rechts auch in Drittstaaten ohne weiteres automatisch anerkannt. Die Rechtsfähigkeit des HABM ist deshalb auch ohne ausdrückliche Bestimmung auch in Drittstaaten gegeben.

---

1 Von Mühlendahl/Ohlgart, S 227.

Das HABM ist dagegen nicht selbst internationale Organisation.[2] Es kann 5 also nicht selbst völkerrechtliche Verträge abschließen, wohl aber Vereinbarungen auf Verwaltungsebene (etwa über den Austausch von Veröffentlichungen, Art 81 (2)).

Die Vertretung des HABM nach außen richtet sich nach allgemeinen Regeln des EG-Rechts. Zu unterscheiden ist die Vertretung des HABM für sich selbst, die sich aus Art 115 und Art 124 ergibt, von der Frage, ob das HABM die EG als solche vertreten darf. Die Vertretung der EG als internationaler Organisation nach außen steht der Kommission zu, eine eigene Außenvertretung von Einrichtungen oder sogar Organen der EG gibt es nicht. An den Beratungen in der WIPO ist eine Mitwirkung von Vertretern des HABM nur im Rahmen der Delegation der EG oder ggf der Kommission möglich[3] und auch allgemeine Praxis.

### 3 Vertretung durch den Präsidenten

Die Vertretung des HABM nach außen wird durch den Präsidenten des Amtes wahrgenommen (monokratische Behördenstruktur). Die Befugnisse des 6 Präsidenten sind in Art 124 geregelt.

## Artikel 116 (ex Artikel 112)  Personal

(1) Die Vorschriften des Statuts der Beamten der Europäischen Gemeinschaften, der Beschäftigungsbedingungen für die sonstigen Bediensteten der Europäischen Gemeinschaften und der von den Organen der Europäischen Gemeinschaften im gegenseitigen Einvernehmen erlassenen Regelungen zur Durchführung dieser Vorschriften gelten für das Personal des Amtes unbeschadet der Anwendung des Artikels 136 auf die Mitglieder der Beschwerdekammern.

(2) Das Amt übt unbeschadet der Anwendung des Artikels 125 die der Anstellungsbehörde durch das Statut und die Beschäftigungsbedingungen für die sonstigen Bediensteten übertragenen Befugnisse gegenüber seinem Personal aus.

*Schennen*

---

2  Miranda de Sousa, Comentarios, S 1003.
3  Von Mühlendahl/Ohlgart, S 229.

## 1 Allgemeines

1   Art 116 (1) bestimmt die Geltung des EG-Beamtenstatuts in der jeweils geltenden Fassung für die Bediensteten des Amtes. Für die Bediensteten des
HABM gelten das Statut der Beamten der EG (zuletzt grundlegend revidiert
durch VO vom 22.3.2004) und die Beschäftigungsbedingungen für die sonstigen Bediensteten der EG, ferner auch sämtliche sonstigen Verordnungen
und Regelungen für die Beamten und sonstigen Bediensteten, die die Organe der EG erlassen, automatisch. Art 1a (2) des Beamtenstatuts bestimmt
nun ausdrücklich dessen Geltung auch für das Personal der Agenturen, zu
denen das HABM gehört, ohne daß es einer solchen Bestimmung bedurft
hätte. Ein Regelungsspielraum für den Präsidenten des Amtes besteht nur
eingeschränkt, etwa bei der Festsetzung der Dienstzeiten und der Feiertage.
Das Beamtenstatut gilt auch für den Präsidenten und die Vizepräsidenten,
mit Ausnahme der Amtszeit und der Ernennung durch den Rat (Art 125,
auf den Art 116 (2) verweist) und der Probezeit (Art 34 des Beamtenstatuts).

2   Art 116 (2) bestimmt, daß das Amt gegenüber dem Personal die Befugnisse
der Anstellungsbehörde ausübt. Art 124 (2) (e) bestimmt, daß der Präsident
des Amtes Anstellungsbehörde ist. Dieser Begriff entstammt dem Statut der
Beamten der EG und bedeutet die Befugnis, die Bediensteten einzustellen,
zu befördern und zu entlassen, vergleichbar dem Begriff des Dienstherrn im
deutschen Recht.

3   Die Bediensteten müssen grundsätzlich die Staatsangehörigkeit eines EG-
Mitgliedstaates haben, allerdings kann der Präsident des Amtes von diesem
Erfordernis absehen (siehe Art 28 (a) des Beamtenstatuts). Eine solche Befreiung wurde und wird generell erteilt für Staatsangehörige der Staaten, der
EG neu beigetreten sind oder ihr beitreten werden; das Amt nahm jeweils
die Einstellung von Bediensteten aus den Beitrittsstaaten Rumänien, Bulgarien und Kroatien vor.

Eine angemessene prozentuale Verteilung der Mitgliedstaaten ist gegeben.
Feste Länderquoten bestehen nicht; im Gegenteil verbietet Art 27 Satz 3 des

Beamtenstatuts, einen bestimmten Dienstposten den Angehörigen eines bestimmten Mitgliedstaates vorzubehalten.

## 2 Kategorien von Bediensteten des Amtes

Das EG-Beamtenrecht kennt 4
– Beamte (»fonctionnaire«),
– Bedienstete auf Zeit (»agent temporaire«),
– Hilfskräfte (»agent auxiliaire«),
– örtliche Bedienstete (»agent local«),
– Vertragsbedienstete,
– nationale Experten
und
– Sonderberater.

Das HABM beschäftigt Bedienstete der sechs erstgenannten Kategorien. 5
Grundsätzlich werden Bedienstete zunächst als Bedienstete auf Zeit für eine
Dauer von zwei Jahren eingestellt. Für Bedienstete auf Zeit gelten mit wenigen Ausnahmen dieselben Beschäftigungsbedingungen wie für Beamte (Titel
II der Beschäftigungsbedingungen für die sonstigen Bediensteten der EG).
Eine Umwandlung in eine Stelle als Beamter auf Lebenszeit ist möglich; in
diesem Falle wird der Bedienstete zunächst zum Beamten zur Probe ernannt
und hat erneut eine Probezeit (Art 34 des Beamtenstatuts) abzuleisten.

Hilfskräfte werden nur in Sonderfällen verwendet. Für Hilfskräfte gelten 6
nach Titel III der Beschäftigungsbedingungen für die sonstigen Bediensteten
der EG im wesentlichen gleiche Beschäftigungsbedingungen wie für Beamte,
jedoch mit Ausnahme der sozialen Sicherheit. Gemäß Art 52 der Beschäftigungsbestimmungen für die sonstigen Bediensteten der EG dürfen nach
dem 31.12.2006 keine Kräfte mehr als Hilfskräfte eingestellt werden.

Örtliche Bedienstete werden vom HABM für Tätigkeiten wie Fahrer und 7
Boten verwendet. Die Beschäftigungsbedingungen sind flexibel und richten
sich nach den örtlichen Gepflogenheiten; das Beamtenstatut gilt nicht (Titel
IV der Beschäftigungsbedingungen für die sonstigen Bediensteten der EG).
Für nationale Experten (von den Markenämtern der EG-Mitgliedstaaten auf
Zeit an das HABM abgeordnete Mitarbeiter) gilt das EG-Beamtenstatut
überhaupt nicht.

### 3 Gehälter und Beschäftigungsbedingungen

8 Auch die Gehälter der Beamten und Bediensteten auf Zeit des HABM bestimmen sich nach dem EG-Beamtenstatut. Vom Gehalt wird eine interne Steuer einbehalten; dafür sind die Gehälter und später auch die Ruhegehälter von der nationalen Einkommensteuer befreit (Art 13 des Immunitätenprotokolls). Das deutsche Steuerrecht darf den Progressionsvorbehalt nach § 32b DE-EStG nicht anwenden (siehe unter Art 117 Rdn 14). Eine solche Besteuerung wäre wegen des Fehlens einer ausdrücklichen Ermächtigung im EG-Immunitätenprotokoll nicht zulässig.

9 Die Bediensteten des Amtes sind in das Krankenversicherungs- und Versorgungssystem der EG einbezogen.

### 4 Besonderheiten für die Mitglieder der Beschwerdekammern

10 Auch die Mitglieder der HABM-BK gehören zum Personal des HABM und unterliegen als Bedienstete auf Zeit gemäß den Beschäftigungsbedingungen für die sonstigen Bediensteten der EG und Art 124 denselben dienst- und personalrechtlichen Regeln wie die übrigen Bediensteten, lediglich mit den Einschränkungen und Besonderheiten nach Art 136 (»unbeschadet der Anwendung des Art 136«). Zum einen werden die Mitglieder der Beschwerdekammern nicht von der Anstellungsbehörde, sondern vom Verwaltungsrat oder dem EG-Ministerrat ernannt, und zwar auf Zeit. Zum anderen ist das nach dem Beamtenstatut den Vorgesetzten (Präsident und Präsident der Beschwerdekammern) zustehende Weisungsrecht dahingehend eingeschränkt, dass die HABM-BK bei der Behandlung einer Beschwerde weder im Einzelfall noch generell irgendeiner Weisung unterliegen und auch die vom Präsidenten des Amtes erlassenen RiLi sie nicht binden (siehe unter Art 136 Rdn 10).

### Artikel 117 (ex Artikel 113) Vorrechte und Immunitäten

Das Protokoll über die Vorrechte und Befreiungen der Europäischen Gemeinschaften gilt für das Amt.

*Schennen*

## 1 Allgemeines

Nach Art 117 gilt das Protokoll über die Vorrechte und Befreiungen der Eu- 1
ropäischen Gemeinschaften für das Amt. Damit wird dem HABM als Einrichtung der EG, die für internationale Organisationen, zu denen die EG
zählt, typischen Erleichterungen gewährt, und es wird das HABM im Interesse des Funktionierens des Amtes weitgehend der innerstaatlichen Gerichtsbarkeit entzogen.

Grundlage der Vorrechte und Befreiungen des HABM ist Art 343 EU-V 2
(bisher Art 218 EG-V und sodann Art 291 EG-V idF von Art 28 (1) des Fu-
sionsvertrages), wonach die EG im Hoheitsgebiet der Mitgliedstaaten die zur
Erfüllung ihrer Aufgaben erforderlichen Vorrechte und Befreiungen nach
Maßgabe des Protokolls über die Vorrechte und Befreiungen der EG genießen; gleiches gilt für die Europäische Investitionsbank und die Europäische
Zentralbank. Das Protokoll über die Vorrechte und Befreiungen der EG
vom 8.4.1965 ist dem Fusionsvertrag als Anhang beigefügt und im ABl-EG[1]
veröffentlicht. Es ist integraler Bestandteil des EG-V und des EU-V. Das Immunitätenprotokoll gilt für die EG und alle ihre Organe und Einrichtungen,
nicht nur für Kommission und Rat.

Erst am 20.9.2011 unterzeichneten das HABM und die spanische Regierung 3
ein Sitzabkommen (»acuerdo de sede«). Dieses bringt gegenüber dem Protokoll über die Vorrechte und Immunitäten der EG nichts neues, sondern
präzisiert lediglich einige Einzelheiten betr die steuerliche Behandlung und
verbessert die administrative Betreuung der HABM-Angehörigen durch die
spanischen Behörden.

---

1 ABl-EG Nr 152/1967, S 13.

## 2  Rechtsnatur der Vorrechte und Immunitäten

4  Die dem HABM eingeräumten Vorrechte und Immunitäten dienen ausschließlich im Interesse des guten Funktionierens des Amtes und nicht zur Gewährung persönlicher Vorteile. Nach Art 18 des Protokolls über die Vorrechte und Befreiungen der EG und Art 2 des Sitzabkommens werden die Vorrechte, Befreiungen und Erleichterungen den Beamten und sonstigen Bediensteten ausschließlich im Interesse der EG gewährt. Die Befreiung eines Beamten oder sonstigen Bediensteten ist in allen Fällen aufzuheben, in denen dies den Interessen der EG nicht zuwiderläuft. Zudem bestimmt Art 23 des EG-Beamtenstatuts, dass die Beamten weder von der Erfüllung ihrer persönlichen Verpflichtungen noch von der Beachtung der geltenden Gesetze und polizeilichen Vorschriften befreit sind, soweit im Protokoll über die Vorrechte und Befreiungen der EG selbst nichts anderes bestimmt ist. Gewährleistet werden soll somit die faktische Freiheit und Unabhängigkeit des HABM und ihres Verwaltungsapparats gegenüber störenden Einflüssen aus der Machtsphäre ihrer Mitgliedstaaten, insoweit richten sich die Vorrechte und Immunitäten in erster Linie, aber nicht ausschließlich, gegen den Sitzstaat der Organisation, dh Spanien.[2] Die fiskalischen Vorrechte und Befreiungen werden eingeräumt, um sicherzustellen, dass die Mittel zur Erfüllung der Aufgaben der Einrichtung verwendet werden und um auszuschließen, dass den Mitgliedstaaten, vor allem dem Sitzstaat, aus der Anwesenheit und Tätigkeit des HABM ungebührliche Vorteile erwachsen.[3]

5  Auch wenn traditionell Bestimmungen über Vorrechte und Immunitäten ihre Wurzeln im Diplomatenrecht finden, sind die Vorrechte und Immunitäten des HABM – ebenso wie die internationaler Organisationen – geographisch weiter, aber sachlich enger als die diplomatischer Missionen und ihrer Angehöriger. Anders als die Vorrechte der Diplomaten bestehen die Vorrechte der Bediensteten des HABM nicht nur im Sitzstaat, sondern auch in allen anderen EG-Mitgliedstaaten einschließlich des Heimatstaats der Bediensteten. Dagegen bestehen sie nicht für private Handlungen.

---

2  Siehe Kunz-Hallstein, Münchener Kommentar zum EPÜ, 11. Lieferung, S 6; Jenks, International immunities, S 46.

3  Kunz-Hallstein, Münchener Kommentar zum EPÜ, 11. Lieferung, S 31, Hailbronner, German Yearbook of International Law, 1979, 313.

Anders als im Rahmen des Immunitätenprotokolls zum EPÜ[4] genießt nicht einmal der Präsident des HABM die Vorrechte und Immunitäten, die Diplomaten nach dem Wiener Übereinkommen über diplomatische Beziehungen vom 18.4.1961 eingeräumt werden, sondern er genießt allein die Vorrechte der Beamten der EG.

Soweit das Protokoll über die Vorrechte und Befreiungen der EG (im folgenden: »Protokoll«) die Unverletzlichkeit der Räumlichkeiten des HABM schützt, bewirkt dies keine Extraterritorialität, sondern allein die Freiheit von staatlicher Zwangsgewalt. Hierdurch werden nicht etwa die Räumlichkeiten des HABM der nationalen – spanischen – Rechtsordnung entzogen, sondern es wird allein die Durchsetzung dieser Rechtsordnung mit staatlichen Mitteln ausgeschlossen.[5] Beispielsweise sind in den Räumlichkeiten des HABM erfolgte Straftaten nach dem anwendbaren nationalen Recht strafbar, aber Ermittlungs- und Verfolgungsmaßnahmen der spanischen Strafverfolgungsbehörden in den Räumlichkeiten des HABM grundsätzlich entzogen. Die spanischen Behörden können also in den Räumlichkeiten des HABM nur intervenieren, zB Durchsuchungen oder Festnahmen vornehmen, wenn der Präsident des HABM darum ersucht, wobei in jedem Fall die spanischen Behörden die Sicherheit des HABM sicherstellen (Art 9 und 10 des Sitzabkommens). **6**

### 3 Vorrechte und Befreiungen zugunsten der Tätigkeit des Amtes

Zu den Vorrechten und Befreiungen zugunsten der amtlichen Tätigkeit des HABM gehören insbesondere: **7**
- Unverletzlichkeit der Räumlichkeiten; dazu gehört generell die Befreiung von Zwangsvollstreckungs- und anderen Zwangsmaßnahmen (Art 1 des Protokolls).
- Befreiung von allen Zöllen sowie Ein- und Ausfuhrbeschränkungen für die Gegenstände für den amtlichen Gebrauch (Art 4 des Protokolls).
- Befreiung von jeder direkten Besteuerung; für die Befreiung von der Mehrwertsteuer enthält Art 4 des Sitzabkommens Regelungen.

---

4 Siehe Kunz-Hallstein, Münchener Kommentar zum EPÜ, 11. Lieferung, S 42, 46.
5 Seidl-Hohenveldern, Das Recht der internationalen Organisationen, 4. Aufl, Rn 1938.

– Unverletzlichkeit der Archive des HABM (Art 2 des Protokolls); dieser Begriff ist weit auszulegen und umfasst nicht nur Akten von Gemeinschaftsmarkenanmeldungen, sondern alle Schriftstücke, die im Eigentum oder Besitz des HABM stehen.

8 Nicht das Protokoll, wohl aber Art 2 (2) des Sitzabkommens sieht ausdrücklich die Immunität von der nationalen Gerichtsbarkeit für die amtlichen Handlungen des HABM vor.

9 Die Entscheidungen des HABM in Anwendung der GMV sind als Akte einer supranationalen Einrichtung iSd Art 24 GG der nationalen deutschen Gerichtsbarkeit entzogen.[6] Dies folgt bereits aus dem EG-V und dem Vorrang des EG-Rechts, ohne dass es einer Erwähnung im Immunitätenprotokoll bedurfte.

### 4  Vorrechte und Befreiungen des Personals des HABM

10 Die Beamten des HABM genießen Immunität hinsichtlich ihrer amtlichen Tätigkeit (Art 12 des Protokolls, Art 2 (2) des Sitzabkommens). Jede Einflussnahme staatlicher Stellen, insbesondere des Sitzstaats, auf die amtliche Tätigkeit des HABM wird so ausgeschlossen. Für private, außerdienstliche Handlungen besteht dagegen keine Immunität.

Die genannten Vorrechte und Befreiungen werden unabhängig von der Staatsangehörigkeit gewährt (Art 12 des Protokolls). Dies bedeutet, dass die Vorrechte und Befreiungen auch im Heimatstaat des Beamten bestehen, für spanische Bedienstete des HABM also auch in Spanien. Von Bedeutung ist dies weiter für Familienangehörige der Bediensteten mit einer anderen Staatsangehörigkeit als der eines EG-Mitgliedstaates.

### 4.1  Beispiele

11 Zu den Vorrechten und Befreiungen des Personals gehören im einzelnen:

12 Die Bediensteten des HABM haben das Recht, steuer- und zollfrei ihre persönliche Habe einschließlich ihres privaten Kraftfahrzeugs bei Dienstantritt

---

6 Siehe BayVerwGH ABl-EPA 2000, 205 und BayVerwGH GRUR Int 2007, 352, zu einer Klage vor einem deutschen Gericht gegen Einspruchs- und Beschwerdeentscheidungen des EPA.

oder Beendigung ein- und auszuführen (Art 12 (d), (e) des Protokolls, Art 3 (2) des Sitzabkommens).

Die Bediensteten des HABM, ihre Ehegatten und die zu ihrem Haushalt ge- 13 hörenden Personen sind von allen Einwanderungsbeschränkungen und Meldepflichten befreit (Art 12 (b) des Protokolls, Art 3 (2) des Sitzabkommens).

Die Gehälter der Bediensteten des Amtes unterliegen nach Art 13 des Pro- 14 tokolls einer internen Steuer und sind von jeder nationalen Einkommens- oder sonstigen direkten Steuer befreit. Art 13 des Protokolls erstreckt sich auch auf die mittelbare Besteuerung und verbietet, ein der nationalen Steuer unterliegendes Einkommen deshalb höher zu besteuern, weil der Beamte daneben ein Gehalt der EG bezieht.[7] Die Beamten des HABM unterliegen deshalb nach deutschem Steuerrecht nicht dem Progressionsvorbehalt nach § 32b DE-EStG, da Art 13 des Protokolls über die Vorrechte und Befreiungen der EG anders als Art 16 (1) S 3 des Immunitätenprotokolls der EPO für die Bediensteten des EPA[8] keinen Vorbehalt enthält, die befreiten Gehälter bei der Festsetzung auf Einkommen aus anderen Quellen zu erhebenden Steuerbetrags zu berücksichtigen.[9]

### 4.2 Persönlicher Anwendungsbereich

Der persönliche Anwendungsbereich der Vorrechte und Befreiungen des Per- 15 sonals erstreckt sich auf Beamte und Bedienstete auf Zeit des HABM. Für örtliche Bedienstete und Hilfskräfte gelten die Vorrechte und Befreiungen nur eingeschränkt. Für Ruhegehaltsempfänger gilt die Befreiung von der nationalen Steuer, nicht aber Art 14 des Protokolls über die Vorrechte und Befreiungen der EG. Einzelheiten sind in der VO Nr 549/69 des Rates vom 25.3.1969 zur Bestimmung der Gruppen der Beamten und sonstigen Bediensteten, auf welche die Art 12, 13 (2) und Art 14 des Protokolls über die Vorrechte und Befreiungen der Gemeinschaft Anwendung finden, geregelt. Auf die Vertragsbediensteten, Sonderberater und nationale Experten dehnt Art 3 des Sitzabkommens die Vorrechte und Befreiungen aus, was aber nur Auswirkungen auf das spanische Hoheitsgebiet hat, da die anderen EG-Mitgliedstaaten an das Sitzabkommen nicht gebunden sind.

---

7 EuGH C-229/98 vom 14.10.1999 *Vander Zwalmen/Belgien.*
8 BFHE 162, 284.
9 Blümich/Krabbe, Kommentar zum EStG, § 32b Rn 56a.

### 5 Vorrechte und Befreiungen der Mitglieder des Verwaltungsrats

16   Die Mitglieder des Verwaltungsrats und des Haushaltsausschusses genießen für die Teilnahme an den Sitzungen zu diesen Gremien die üblichen Einreiseerleichterungen, da diese Gremien beratende Organe der EG iSd Art 11 des Protokolls sind.

17   Art 5 des Sitzabkommens ist so zu lesen, dass diese Vorrechte für alle auf Einladung des HABM an diesen Sitzungen teilnehmenden Personen gilt, also auch für die Vertreter von Drittstaaten, die Beobachterstatus im Verwaltungsrat haben, wie die Türkei und Kroatien.

## Artikel 118 (ex Artikel 114)   Haftung

(1) Die vertragliche Haftung des Amtes bestimmt sich nach dem Recht, das auf den betreffenden Vertrag anzuwenden ist.

(2) Der Gerichtshof der Europäischen Gemeinschaften ist für Entscheidungen aufgrund einer Schiedsklausel zuständig, die in einem vom Amt abgeschlossenen Vertrag enthalten ist.

(3) Im Bereich der außervertraglichen Haftung ersetzt das Amt den durch seine Dienststellen oder Bediensteten in Ausübung ihrer Amtstätigkeit verursachten Schaden nach den allgemeinen Rechtsgrundsätzen, die den Rechtsordnungen der Mitgliedstaaten gemeinsam sind.

(4) Der Gerichtshof ist für Streitsachen über den in Absatz 3 vorgesehenen Schadensersatz zuständig.

(5) Die persönliche Haftung der Bediensteten gegenüber dem Amt bestimmt sich nach den Vorschriften ihres Statuts oder der für sie geltenden Beschäftigungsbedingungen.

*Schennen*

Übersicht

## 1 Allgemeines

Diese Bestimmung regelt die Grundsätze der vertraglichen und der außer- 1
vertraglichen Haftung des HABM. Sie ist Ausfluss der Rechtsfähigkeit des
HABM (Art 115). Berechtigter und Verpflichteter ist das HABM, nicht die
EG und auch nicht das jeweilige Organ des HABM.

Die Regelungen des Art 118 entsprechen denen, die für die EG gelten. Im 2
Vergleich zum EG-V bringt Art 118 damit nichts Neues.

Art 118 (1) entspricht Art 340 Satz 1 EU-V (bisher Art 288 (1) EG-V), 3
Art 118 (3) und (5) entsprechen Art 340 Satz 2 und 4 EU-V, Art 118 (4)
entspricht Art 268 EU-V (bisher Art 235 EG-V), und Art 118 (2) entspricht
Art 272 EU-V.

## 2 Vertragliche Haftung

Weder Art 118 noch der EG-V regeln, welches nationale Recht auf einen 4
vom HABM geschlossenen privatrechtlichen Vertrag (zB über die Lieferung
von Büromaterial) anwendbar ist. Hierzu gilt das nationale Recht einschließlich des internationalen Privatrechts der Mitgliedstaaten, unabhängig vom
Sitz der anderen Vertragspartei.[1] Regelmäßig enthalten die vom HABM abgeschlossenen privatrechtlichen Verträge Gerichtsstandsklauseln. Prozessual
ist zu beachten, dass vertragliche Streitigkeiten der Zuständigkeit der nationalen Gerichte nicht entzogen sind (Art 272 EU-V) und das angerufene nationale Gericht über seine internationale Zuständigkeit selbst nach Maßgabe
seines internationalen Privatrechts zu befinden hätte.[2]

Art 118 (1) bestimmt, dass sich die vertragliche Haftung nach dem auf den 5
Vertrag anwendbaren Recht richtet. Dies bedeutet, dass das so zur Anwendung berufene nationale Recht nicht nur auf die Erfüllung des Vertrages,
sondern auch auf die Konsequenzen der Nichterfüllung und das Recht der
Leistungsstörungen Anwendung findet.

Art 118 (1) gilt nicht für Verträge des HABM mit seinen Bediensteten, au- 6
ßer für die Arbeitsverträge mit örtlichen Bediensteten (vgl Art 116).[3]

---

1 Anders Singer/Stauder, Art 9 Rn 5.
2 Siehe Oppermann, Europarecht, S 72.
3 Siehe dazu Groeben/Thiesing/Gilsdorf/Oliver, Art 215 Rn 10, 87.

### 3 Zuständigkeit des EuGH bei Vereinbarung einer Schiedsklausel

7  Art 118 (2) begründet eine Zuständigkeit des EuGH, wenn das HABM diese in einem privatrechtlichen oder öffentlichrechtlichen Vertrag[4] vereinbart hat. Andernfalls bleiben die nationalen Gerichte zuständig (siehe oben Rdn 4–6). Die Vereinbarung einer Schiedsklausel ändert nichts daran, dass der EuGH dabei im Rahmen seiner allgemeinen Verfahrensbestimmungen und insbesondere im Rahmen seiner Verfahrensordnung tätig wird; so ist nach Art 38 § 6 der Verfahrensordnung des EuGH eine Klageschrift nötig.[5] Der EuGH wird somit nicht als echtes Schiedsgericht tätig.

### 4 Außervertragliche Haftung

8  Art 118 (3) regelt die außervertragliche Haftung des HABM; darunter fallen die Amtshaftung und die privatrechtliche deliktische Haftung (zB § 823 DE-BGB). Das HABM haftet nach allgemeinen Rechtsgrundsätzen, die den Rechtsordnungen der Mitgliedstaaten gemeinsam sind. Welche dies sind, ist durch eine recht umfangreiche Rspr des EuGH zu Art 288 EG-V (jetzt Art 340 EU-V) herausgearbeitet worden.[6] Dazu gehören insbesondere das Vorliegen einer rechtswidrigen Handlung, die Verletzung einer Rechtsnorm, die gerade auch dem Schutz des Geschädigten dient, und ein Kausalzusammenhang zwischen Amtshandlung und Schaden.[7] Ferner ist zu fordern, dass der Betroffene alle Rechtsmittel gegen die angeblich schädigende Handlung ausgeschöpft hat.[8] Für Einzelheiten muss auf die Literatur zum Gemeinschaftsrecht verwiesen werden.[9]

### 5 Regress gegenüber dem Bediensteten

9  Nach Art 118 (5) richtet sich die persönliche Haftung der Bediensteten des HABM gegenüber Dritten nach dem EG-Beamtenstatut und den Beschäftigungsbedingungen für die sonstigen Bediensteten.

---

4  Siehe Geiger, EG-V, Art 181 Rn 2; Groeben/Thiesing/Krück, Art 181 Rn 7.
5  Geiger, EG-V, Art 181 Rn 1, 7; Groeben/Thiesing/Krück, Art 181 Rn 2.
6  Näher Bleckmann, Europarecht, S 282 f.
7  Siehe Callies/Ruffert, EG-V, Art 288 Rn 4, 13.
8  Groeben/Thiesing/Gilsdorf, Art 215 Rn 57 mwN.
9  Insbesondere Groeben/Thiesing/Gilsdorf, Art 215; Bleckmann, Europarecht, S 282–287; Weis, JA 1980, 480.

Das HABM kann bei dem Bediensteten Regress nehmen. Maßgeblich dafür 10
ist Art 22 des EG-Beamtenstatuts; Voraussetzung für den Regress ist danach,
ob den Bediensteten ein schwerwiegendes Verschulden in der Ausübung des
Amtes trifft.

Eine unmittelbare Haftung des Bediensteten gegenüber dem Dritten ist stets
ausgeschlossen;[10] das ist anders als im deutschen Recht, das eine unmittelbare Haftung des Beamten bei privatrechtlichen Handlungen kennt
(Art 34 DE-GG und § 839 (1) DE-BGB). Art 12 (a) des Protokolls über die
Vorrechte und Befreiungen der EG iVm Art 117 schließt die Eigenhaftung
des Beamten nicht aus, sondern entzieht sie der staatlichen Justiz, gerade was
den Regress durch das Amt betrifft; die Vorschrift befreit die Beamten und
sonstigen Bediensteten des HABM von der staatlichen Gerichtsbarkeit, was
die in amtlicher Eigenschaft vorgenommenen Handlungen betrifft. Art 118
(entsprechend Art 340 EU-V) bleibt vorbehalten. Soweit die Beamten und
Bediensteten haften, ist das EuG für die entsprechenden Streitsachen zwischen HABM und Bediensteten zuständig.

## 6 Zuständigkeit des Gerichtshofs bei außervertraglicher Haftung

Nach Art 118 (4) ist der EuGH für Streitsachen nach Art 118 (3) wegen au- 11
ßervertraglicher Haftung zuständig. Zu beachten ist, dass für die Einreichung der Klage beim EuGH nach Art 43 der Satzung des EuGH eine Ver-
jährungsfrist von fünf Jahren gilt.[11]

## Artikel 119 (ex Artikel 115) Sprachen

(1) Anmeldungen von Gemeinschaftsmarken sind in einer der Amtssprachen der Europäischen Gemeinschaft einzureichen.

(2) Die Sprachen des Amtes sind Deutsch, Englisch, Französisch, Italienisch und Spanisch.

(3) Der Anmelder hat eine zweite Sprache, die eine Sprache des Amtes ist,
anzugeben, mit deren Benutzung als möglicher Verfahrenssprache er in
Widerspruchs-, Verfalls- und Nichtigkeitsverfahren einverstanden ist.

---

10 Geiger, EG-V, Art 215 Rn 16.
11 Siehe EuGH Slg 1989, 1533; Geiger, EG-V, Art 178 Rn 7.

Ist die Anmeldung in einer Sprache, die nicht eine Sprache des Amtes ist, eingereicht worden, so sorgt das Amt dafür, dass die in Artikel 26 Absatz 1 vorgesehene Anmeldung in die vom Anmelder angegebene Sprache übersetzt wird.

(4) Ist der Anmelder der Gemeinschaftsmarke in einem Verfahren vor dem Amt der einzige Beteiligte, so ist Verfahrenssprache die Sprache, in der die Anmeldung der Gemeinschaftsmarke eingereicht worden ist. Ist die Anmeldung in einer Sprache, die nicht eine Sprache des Amtes ist, eingereicht worden, so kann das Amt für schriftliche Mitteilungen an den Anmelder auch die zweite Sprache wählen, die dieser in der Anmeldung angegeben hat.

(5) Widersprüche und Anträge auf Erklärung des Verfalls oder der Nichtigkeit sind in einer der Sprachen des Amtes einzureichen.

(6) Ist die nach Absatz 5 gewählte Sprache des Widerspruchs oder des Antrags auf Erklärung des Verfalls oder der Nichtigkeit die Sprache, in der die Anmeldung der Gemeinschaftsmarke eingereicht wurde, oder die bei der Einreichung dieser Anmeldung angegebene zweite Sprache, so ist diese Sprache Verfahrenssprache.

Ist die nach Absatz 5 gewählte Sprache des Widerspruchs oder des Antrags auf Erklärung des Verfalls oder der Nichtigkeit weder die Sprache, in der die Anmeldung der Gemeinschaftsmarke eingereicht wurde, noch die bei der Einreichung der Anmeldung angegebene zweite Sprache, so hat der Widersprechende oder derjenige, der einen Antrag auf Erklärung des Verfalls oder der Nichtigkeit gestellt hat, eine Übersetzung des Widerspruchs oder des Antrags auf eigene Kosten entweder in der Sprache, in der die Anmeldung der Gemeinschaftsmarke eingereicht wurde – sofern sie eine Sprache des Amtes ist –, oder in der bei der Einreichung der Anmeldung der Gemeinschaftsmarke angegebenen zweiten Sprache vorzulegen. Die Übersetzung ist innerhalb der in der Durchführungsverordnung vorgesehenen Frist vorzulegen. Die Sprache, in der die Übersetzung vorliegt, wird dann Verfahrenssprache.

(7) Die an den Widerspruchs-, Verfalls-, Nichtigkeits- oder Beschwerdeverfahren Beteiligten können vereinbaren, dass eine andere Amtssprache der Europäischen Gemeinschaft als Verfahrenssprache verwendet wird.

*Schennen*

**Literatur:**

*Bender*, Rechtsprechung und Übersetzung oder Übersetzung statt Rechtsprechung, in: FS für Tilmann, S 259; *Elzaburu*, El problema lingüístico en las instituciones europeas de propiedad industrial, in: Marca y diseño comunitarios, S 55, Pamplona 1996; *von Kapff*, Sprachensystem der Gemeinschaftsmarke, European Law Reporter 2001, 228; *von Mühlendahl*, Die Sprachenregelung des Harmonisierungsamts für den Binnenmarkt (Marken, Muster und Modelle), in: FS für Piper, 1996, S 575.

## 1 Allgemeines

Dieser Art enthält die Sprachenregelung für das HABM. Er wird ergänzt  1 durch Art 120, R 95–99, R 48 (2) zur Sprache des Beschwerdeverfahrens, R 16 zur Sprachenregelung für das Widerspruchsverfahren, R 19 (4) für Übersetzungen im Widerspruchsverfahren, R 38 zur Sprachenregelung für das Verfalls- und Nichtigkeitsverfahren, R 22 (6) für Unterlagen zum Nachweis der Benutzung im Widerspruchsverfahren sowie eine Reihe von Einzelregelungen, und zwar Art 61 und R 6 (3) für Prioritätsbelege, R 76 (3) zur Sprache der Vollmacht, und R 85 (5) und R 86 (2) zur Sprache des Blatts für GMn und des ABl-HABM.

2   Grundsatz ist, dass das Amt fünf Sprachen hat, nämlich Deutsch, Englisch, Französisch, Spanisch und Italienisch. Dieser Grundsatz ist in Art 119 (2) festgelegt; die übrigen Absätze des Art 119 sind gleichwohl lediglich Ausnahmen zu diesem Grundsatz. Der Grundsatz der Fünfsprachigkeit gilt sowohl für das Amt als solches als auch für alle Verfahren vor dem HABM nach der GMV.

3   Grundsatz ist weiter, dass für die Verfahren vor dem HABM eine dreifach abgestufte Regelung gilt, die darauf basiert, dass der Anmelder in seiner Anmeldung eine zweite Sprache anzugeben hat, die eine der fünf Sprachen des Amtes sein muss (Art 119 (3)):

4   Erstens das Verfahren von der Anmeldung bis zur Eintragung der GM mit Ausnahme des Widerspruchsverfahrens: Das Verfahren findet zwingend in einer der beiden vom Anmelder angegebenen zwei Sprachen statt. Die erste vom Anmelder angegebene Sprache, die jede beliebige der 23 Sprachen der EG sein kann, wird Verfahrenssprache des Prüfungs- und Eintragungsverfahrens. Das HABM kann jedoch, wenn die erste Sprache keine der fünf Sprachen des Amtes ist, mit Zustimmung des Anmelders auch in die zweite Sprache verwenden, Art 119 (4). Auch der Anmelder kann nach R 96 (1) Satz 2 alle Schriftstücke auch in der zweiten Sprache einreichen. Anträge oder Erklärungen, die ein sogenanntes Nebenverfahren in Gang setzen, etwa die Eintragung eines Rechtsübergangs oder einer Lizenz, den Antrag auf Umwandlung oder auf Akteneinsicht, können wahlweise in einer der beiden Sprachen gestellt werden.

5   Zweitens gilt in Widerspruchs-, Verfalls- und Nichtigkeitsverfahren: Verfahrenssprache ist eine der beiden vom Anmelder angegebenen Sprachen, vorausgesetzt, dass sie eine der fünf Sprachen des Amtes ist. Ist die erste Sprache nicht eine der Sprachen des Amtes, so ist Verfahrenssprache notwendigerweise die zweite Sprache, andernfalls hat der Widersprechende oder Antragsteller die Wahl zwischen der ersten oder zweiten Sprache. Der Widerspruch oder Nichtigkeitsantrag kann auch in jeder anderen der fünf Sprachen des Amtes eingereicht werden; jedoch ist sodann eine Übersetzung in die Verfahrenssprache innerhalb eines Monats einzureichen (Art 119 (6),

R 16(1), R 38 (1)). Die Parteien können sodann jede beliebige der 23 Amtssprachen der EG als Verfahrenssprache vereinbaren, Art 119 (7).

Drittens gilt für Verfahren nach der Eintragung der GM mit Ausnahme des **6** Verfalls- und Nichtigkeitsverfahrens: Schriftstücke können in jeder beliebigen der fünf Sprachen des HABM eingereicht werden. Soweit hierzu durch einen Antrag ein sogenanntes Nebenverfahren in Gang gesetzt wird, wird die so gewählte Sprache Sprache dieses Nebenverfahrens, zB Umwandlungs-, Verzichts-, Akteneinsichts-, Änderungs- und Verlängerungsverfahren sowie Verfahren zur Eintragung von Lizenzen, Rechtübergängen und dinglichen Rechten. Die Sprachregelung für Beschwerde- und Wiedereinsetzungsverfahren richtet sich im wesentlichen nach der Sprache des Ausgangsverfahrens (siehe unten unter Rdn 65–71).

R 95 bis R 99 enthalten darüber hinaus einige weitere »horizontale« Rege- **7** lungen.

Nach R 95 können verfahrenseinleitende Anträge sowie Erklärungen (der **8** Teilung, des Verzichts) im Falle der GMA in der ersten oder zweiten Sprache und im Falle einer eingetragenen GM in jeder der 5 Sprachen des HABM eingereicht werden. Nach R 95 (b) können Formblätter in allen 22 Sprachen der EG verwendet werden, sofern sie in der Verfahrenssprache ausgefüllt werden; es kommt somit nicht auf die Sprache des Formblatts, sondern auf die Sprache des Textes an, in der sie ausgefüllt sind. Hierzu muss allerdings in dem Formblatt die zutreffende Verfahrenssprache angegeben werden (zB durch Ankreuzen der ersten und zweiten Sprache im Anmeldeformular). Dies gilt auch für Formblätter, die sich auf eine GMA[1] beziehen, das Widerspruchsformblatt[2] und das Beschwerdeformblatt;[3] der Standort der Bestimmung am Ende der R 95 (b), die sich auf GMn bezieht, ist missverständlich.

R 96 (1) erlaubt in weitgehendem Umfang die Einreichung von Schriftstü- **9** cken im laufenden Verfahren in anderen Sprachen mit der Maßgabe der Nachreichung einer Übersetzung. Nach R 96 (2) können ergänzende Unterlagen, Beweisstücke usw ebenfalls in jeder der 23 Amtssprachen der EG ein-

---

1 HABM-BK R 074/2006-1 vom 2.6.2006 (Nr 27) *NEURIM PHARMACEUTICALS/EURIM-PHARM* (zur Verwendung eines Formulars in einer Beschwerde gegen eine Widerspruchsentscheidung).
2 RiLi C 1. A.IV.
3 HABM-BK R 950/2011-5 vom 24.7.2012 (Nr 13) *RAPSÖL/RAPSO*.

gereicht werden mit der Maßgabe, dass das HABM eine Übersetzung in die Verfahrenssprache verlangen kann. Für letztere Bestimmung gelten jedoch verschiedene Ausnahmen; sie ist somit jeweils bei den einzelnen Verfahrensabschnitten kommentiert.

10  R 97 sieht für mündliche Verfahren (mündliche Verhandlung, Art 77; Beweisaufnahme, Art 78) weitere Sondervorschriften vor, insbesondere im Hinblick auf die Vernehmung von Personen, die nicht Verfahrenspartei sind.

11  Ohne praktische Bedeutung sind R 98 (Beglaubigung von Übersetzungen) und R 99 (Glaubwürdigkeit der Übersetzung). Näheres dazu und zur Vollständigkeit der Übersetzungen siehe unten unter Rdn 72–73.

12  Rechtsfolge bei einem Verstoß gegen die Sprachvorschriften ist stets, dass das in der »falschen« Sprache eingereichte Dokument oder Schriftstück als nicht eingereicht gilt, R 98 (2) (a) nF. Ist jedoch das Schriftstück in einer Sprache eingereicht, die zwar eine der fünf Sprachen des Amtes ist, jedoch im konkreten Fall nicht Verfahrenssprache ist oder werden kann, so kommt ist der verfahrenseinleitende Antrag (Widerspruch, Nichtigkeit, Beschwerde) unzulässig.[4] R 17 (3) nF sieht vor, dass ein Widerspruch, der in einer der fünf Sprachen des Amtes eingereicht worden ist, ohne dass die erforderliche Übersetzung nach R 16 (1) fristgerecht nachgereicht worden ist, unzulässig ist. Ist ein Antrag in einer der 17 Sprachen des Amtes gestellt worden, die nicht zu den Sprachen des HABM gehören (und ist auch keine Übersetzung gemäß R 96 (1) nachgereicht worden), oder in einer Sprache, die nicht Sprache der EG ist (zB Chinesisch) eingereicht worden, so ist der Antrag in jedem Fall nicht bloß unzulässig,[5] sondern rechtlich nicht existent. Der Unterschied hat Bedeutung, weil im letzteren Fall bereits gezahlte Gebühren nicht verfallen sind, sondern zu erstatten sind.

## 2  Historische Entwicklung

13  Die Sprachenregelung der GMV hat erstmals im Bereich des Gemeinschaftsrechts eine Lösung verwirklicht, die die Sprachen, deren Benutzung zulässig ist, beschränkt hat, wobei diese Beschränkung lediglich für die Verfahren vor dem HABM gilt, nicht für die Veröffentlichungen der Schutzrechte, die in

---

4  So grundsätzlich von Mühlendahl/Ohlgart, S 104.
5  So jedoch für Anträge in einer der Sprachen der EG von Mühlendahl/Ohlgart, S 104.

allen Amtssprachen der EG vorzunehmen sind (Art 120). Vorbild ist das EPÜ mit seiner Beschränkung auf drei Amtssprachen (Deutsch, Englisch, Französisch). Art 119 (2) erweitert dies auf Italienisch und Spanisch. Die Beschränkung auf diese fünf Sprachen des Amtes wurde auf einem Sondergipfel der Staats- und Regierungschefs der EG-Mitgliedstaaten am 29.10.1993 in Brüssel zusammen mit der Festlegung des Sitzes des Amtes und des Sitzes einiger anderer Einrichtungen der EG nach schwierigen Beratungen beschlossen. In der Folgezeit wurde in den weiteren Beratungen des Rates bis zur Annahme der GMV am 20.12.1993 diese Regelung aber wieder verwässert,[6] wobei zur Lösung des Problems, einen angemessenen Ausgleich der Interessen in zweiseitigen Verfahren (Widerspruch und Löschung) zu finden, auf das von der Kommission ursprünglich vorgeschlagene System der Verpflichtung zur Angabe einer zweiten Sprache zurückgegriffen wurde, das ursprünglich für eine Elf-Sprachen-Regelung gedacht war. Eine weitere Verwässerung liegt darin, dass nicht nur die fünf Sprachen des Amtes, sondern auch die anderen 18 Sprachen nicht nur als erste Sprache für die Einreichung der GMA zur Verfügung stehen, sondern auch »Verfahrenssprache« sind. Deshalb ist es zwingend, dass die Zulassung dieser anderen 18 Sprachen als Verfahrenssprache durch die Möglichkeit ausgeglichen wird, dass das Amt stets eine Sprache des Amtes verwenden kann. (Dies übersehen alle Kritiker des Art 119 (4)). Die R 95 und 96 enthalten weniger Aufweichungen dieser Grundsätze als vielmehr notwendige technische Anpassungen.

Eine Vollsprachenregelung wäre für das HABM nicht finanzierbar und für 14 die Verfahrensbeteiligten mit nur um so größeren Nachteilen verbunden. Wenn ein Widersprechender auf die Wahl zwischen Dänisch und Schwedisch oder seit 2004 zwischen Tschechisch und Slowakisch beschränkt wäre, also zwei ganz ähnlichen Sprachen, so wäre die Waffengleichheit empfindlich gestört.

Die letztlich in der GMV gefundene Regelung muss als Maximum dessen 15 angesehen werden, das an Sprachenvielfalt noch in Kauf genommen werden kann, ohne die Funktionsfähigkeit des Gemeinschaftsmarkensystems zu gefährden. Bereits die Erweiterung der EG zum 1.5.2004 um mittel- und osteuropäische Staaten mit dem Hinzukommen von neun weiteren Amtssprachen der EG, die mit den bisherigen Amtssprachen keinerlei Ähnlichkeit aufweisen, hat das bestehende System hart belastet. Die Diskussion wurde

---

6 Näher zur Entstehungsgeschichte von Mühlendahl/Ohlgart, S 6.

bisher auf Gemeinschaftsebene nur unter dem Scheinproblem eines »Abweichens« vom Grundsatz der Vollsprachigkeit geführt wurde. Einen solchen Grundsatz stellt der EG-V jedoch gar nicht auf; nach Art 217 EG-V beschließt der Rat einstimmig die Sprachenregelung für Rat und Kommission. Allerdings ging noch der Entwurf der GMV der Kommission aus dem Jahre 1980[7] in seinem Art 120 noch von der Gleichberechtigung aller Sprachen aus und sieht auch Art 34 der VO Nr 2100/94 des Rates über den gemeinschaftlichen Sortenschutz[8] eine Vollsprachen-Lösung vor.

### 3 Rechtmäßigkeit der Regelung

**16** Art 119, einschließlich Art 119 (4), verstößt nicht gegen höherrangiges Recht.[9] Frau Kik, Anwältin aus den Niederlanden, hatte in einer GMA als erste und als zweite Sprache niederländisch angegeben und gegen die Zurückweisung ihrer GMA[10] eingewandt, Art 119 (3) sei rechtswidrig. Das EuG wies dies zurück. Art 119 verstoße nicht gegen das Diskriminierungsverbot. Die Sprachenregelung für die Organe der EG ist in VO Nr 1 des Rates vom 15.4.1958[11] niedergelegt. Diese gilt zum einen nur für die Organe der EG, zu denen das HABM nicht gehört, und ist zum anderen selbst eine Vorschrift des abgeleiteten Rechts. Der EG-V selbst sieht vielmehr in Art 217 vor, dass die Sprachenregelung für die Organe der EG vom Rat getroffen wird. Das EuG bestätigte auch den allgemeinen Grundsatz des Gemeinschaftsrechts, dass nur das Gericht, nicht die Behörden der EG, die Kompetenz hat, eine Vorschrift des Gemeinschaftsrechts (zu der auch die GMV und DV gehören) wegen Verstoßes gegen höherrangige Rechtsvorschriften außer Anwendung zu lassen. Nicht erwähnt hat das EuG, dass Art 12 EG-V (ehemals Art 6) Diskriminierungen nur aus Gründen der Staatsangehörigkeit verbietet, nicht aus Gründen der Sprache. Frau Kik hatte zuvor bereits versucht, Art 119 mit einer direkten Nichtigkeitsklage nach

---

7  GRUR Int 1981, 86.

8  ABl-EG L 227 vom 1.9.1994, S 1.

9  EuGH C-363/01 vom 9.9.2003, ABl-HABM 2003, 2198 *Kik*; EuG T-120/99 vom 12.7.2001, MarkenR 2001, 327 *Kik*.

10  HABM-BK R 065/1998-3 vom 19.3.1999, ABl-HABM 1999,1032 = GRUR Int 1999, 762 *Kik*.

11  ABl-EG 1958, Nr 17, S 385.

Art 230 EG-V zu Fall zu bringen; der EuGH hat eine solche direkte Klage für unzulässig erklärt.[12]

## 4 Sprachenregelung für das Amt

Der Grundsatz der Fünf-Sprachen-Regelung (Art 119 (2)) hat zur Folge, 17 dass für die gesamte Tätigkeit des Amtes, soweit es sich nicht um Verfahren nach der GMV handelt, alle fünf Sprachen des HABM gleichwertig und nur diese zur Verfügung stehen. Der Verwaltungsrat des Amtes, der Haushaltsausschuss und sämtliche sonstigen vom HABM durchgeführten Sitzungen arbeiten in allen fünf Sprachen des Amtes; in diesen werden die Dokumente vorgelegt und die Debatten geführt, für die Simultanübersetzung erfolgt. Das ABl-HABM des HABM wird nach R 86 (2) in den fünf Sprachen des Amtes veröffentlicht; von der Möglichkeit nach R 86 (2) Satz 2 dieser Vorschrift, bestimmte Mitteilungen in allen 23 Sprachen zu veröffentlichen, wird in der Praxis kein Gebrauch gemacht. Auch intern werden nur die fünf Sprachen des HABM benutzt. Art 119 gilt ferner gegenüber dem Bürger außerhalb von Verfahren nach der GMV dann nicht, wenn Vorschriften des Gemeinschaftsrechts eine abweichende Sprachregelung vorsehen. Beispielsweise erscheinen Stellenausschreibungen und Ausschreibungen zur Vergabe von Aufträgen, die im ABl-EG zur veröffentlichen sind, dort in allen Amtssprachen der EG. Nicht anwendbar für das HABM ist hingegen Art 21 (3) EG-V nF (ehemals Art 8 (d) EG-V), wonach sich jeder Unionsbürger schriftlich in jeder Sprache des EG-V (einschließlich Gälisch) an die Organe der EG wenden kann und eine Antwort in derselben Sprache erhalten kann, weil das HABM nicht zu den in Art 7 (1) EG-V genannten Organe der EG (Parlament, Rat, Kommission, Gerichtshof, Rechnungshof) gehört.[13] Außerdem gewährt Art 21 (3) EG-V lediglich ein Petitionsrecht, das stets außerhalb verwaltungsbehördlicher oder gerichtlicher Verfahren ausgeübt wird und auf diese keinerlei Einfluss hat. In der Praxis sieht es jedoch das HABM als nobile officium an, Beschwerden und Gegenvorstellungen außerhalb anhängiger Verfahren sowie Bitten um allgemeine Information in der Sprache der Eingabe, soweit eine der EG, zu beantworten.

---

12  EuGH C-270/95 vom 28.3.1996, Slg 1996 I-1987 *Kik/Rat*.
13  EuG T-120/99 vom 12.7.2001, MarkenR 2001, 327 (Nr 64) *Kik*.

## 5 Anmeldeverfahren

18   Für das Anmelde- und Prüfungsverfahren, also das Verfahren zur Eintragung der GM mit Ausnahme des Widerspruchsverfahrens, stehen gemäß Art 119 (1) alle Amtssprachen der EG zur Verfügung. Zu den 11 Amtssprachen der EG sind mit der Erweiterung der EG zum 1.5.2004 9 neue Sprachen hinzugekommen, und mit der zweiten Erweiterung zum 1.1.2007[14] sind Bulgarisch und Rumänisch hinzugekommen, und mit der 3. Erweiterung zum 1.7.2013 Kroatisch. Zwar ist Gälisch (Irisch) mit Wirkung zum 1.1.2007 auch als Amtssprache der EG anerkannt worden, doch gilt eine Übergangsregelung, die zur Folge hat, dass mindestens bis 2012 Gälisch noch keine Sprache ist, die nach Art 119 (1) für GMAen zur Verfügung steht und in die nach Art 120 zu übersetzen ist.[15] Somit haben wir seit dem 1.1.2013 23 Amtssprachen der EG.

### 5.1 Angabe der ersten und der zweiten Sprache

19   Die Anmeldung der GM ist in einer der Amtssprachen der EG einzureichen (Art 119 (1)); gleichzeitig ist eine zweite Sprache anzugeben, die eine der fünf Sprachen des Amtes sein muss (Art 119 (3)) und von der ersten Sprache verschieden sein muss.[16] Die erste Sprache wird Verfahrenssprache des Prüfungs- und Eintragungsverfahrens (Art 119 (4) Satz 1). Diese Sprache ist unwandelbar; die Angabe der Sprache kann nicht geändert werden. Art 43 und R 13 erfassen diesen Sachverhalt nicht. Jedoch kommt eine Berichtigung gemäß Art 43 bei offensichtlich unrichtigen Angaben in Betracht. Beispielsweise enthält das Anmeldeformular des HABM für Griechisch die Abkürzung »EL«, die leicht mit »EN« für Englisch verwendet werden kann.

Wenn die erste Sprache nicht eine der fünf Sprachen des Amtes ist, so hat die zweite Sprache im Prüfungsverfahren folgende drei Funktionen:

20   Erstens kann das HABM kann nach Art 119 (4) Satz 2 alle schriftlichen Mitteilungen an den Anmelder auch in der zweiten Sprache abfassen. Darunter

---

14   Mitteilung der Kommission, ABl-EG L 157 vom 21.6.2005, S 10.

15   VO Nr 920/2005 vom 13.6.2005 zur Änderung der VO Nr 1 über das Sprachenregime der Institutionen der EG, ABl-EG L 156 vom 18.6.2005, S 3, mit Übergangsregelung in Art 2.

16   HABM-BK R 065/1998-3 vom 19.3.1999, ABl-HABM 1999, 1032 = GRUR Int 1999, 762 *KIK*; von Mühlendahl, FS für Piper, S 575, 578.

fallen nicht beschwerdefähige Entscheidungen[17] oder Verfahrenshandlungen wie zB Bescheide, die Fristen setzen.[18] Damit kann das HABM ohne Zustimmung des Anmelders praktisch nur wenige Servicemitteilungen wie zB Empfangsbestätigungen und die Übermittlung der Recherchenberichte in der zweiten Sprache abfassen, was aber in der Praxis nicht geschieht, da es sich um vorformulierte Standardtexte handelt. So wird die Empfangsbestätigung regelmäßig in der ersten Sprache versandt. Andererseits kann nach dem Grundsatz volenti non fit iniuria das HABM die zweite Sprache mit Zustimmung des Anmelders verwenden. Das elektronische Anmeldeformular enthält ein Kästchen, mit dem der Anmelder sein Einverständnis mit der Benutzung der zweiten Sprache erklären kann;[19] macht er davon keinen Gebrauch, so wird für alle Mitteilungen die erste Sprache verwendet.[20] Ein solches Einverständnis muss für jede Akte gesondert erklärt werden; eine Einverständniserklärung mit Wirkung für alle zukünftigen Fälle desselben Anmelders oder Vertreters wird vom HABM nicht akzeptiert.

Zweitens kann nach R 96 (1) auch der Anmelder die zweite Sprache wählen. **21** Dies folgt aus einem Erst-recht-Schluss aus R 96 (1) Satz 3: Wenn der Anmelder die zweite Sprache benutzen kann für die Einreichung von Übersetzungen von Schriftsätzen, die in Sprachen eingereicht worden sind, die nicht erste oder zweite Sprache sind, so kann er dies erst recht von vornherein tun.[21]

Drittens ist, wenn der Anmelder die Übersetzung in die zweite Sprache nicht **22** bereits selbst eingereicht hat, der Anmelder vor der Festlegung der Übersetzung in die zweite Sprache zu hören, Art 119 (3), R 85 (6). Anders als die Übersetzungen in die anderen Sprachen ist die Übersetzung in die zweite Sprache in diesem Fall (erste Sprache nicht eine der Sprachen des Amtes) die Fassung der Anmeldung, die rechtlich maßgeblich ist (Art 120 (3)). Es liegt nahe, dass diese rechtlich maßgebliche Fassung nur mit Zustimmung des Anmelders festgestellt werden kann.[22] Die Übersetzungen in andere Spra-

---

17 EuG T-120/99 vom 12.7.2001, MarkenR 2001, 327 (Nr 61) *Kik*.
18 EuGH C-363/01 vom 9.9.2003, ABl-HABM 2003, 2198 (Nr 46) *Kik*; EuG T-242/02 vom 13.7.2005, GRUR Int 2005, 908 (Nr 34, 37) *Top*.
19 Insoweit überholt: Mitteilung des Präsidenten des HABM Nr 4/04 vom 30.4.2004, ABl-HABM 2004, 830.
20 RiLi Teil A, 4.1.1.
21 Von Mühlendahl/Ohlgart, S 104.
22 Siehe von Mühlendahl/Ohlgart, S 104.

chen – auch in die zweite Sprache, wenn die erste Sprache eine der fünf Sprachen des Amtes ist – werden dagegen vom HABM in freiem Ermessen festgestellt, ohne dass der Anmelder ein Mitspracherecht hat, da diese Übersetzungen rechtlich nicht maßgeblich sind.

23  Die Angabe einer zutreffenden Sprache in der GMA ist nach R 1 (1) (j) Formerfordernis; Mängel führen zur Zurückweisung der Anmeldung nach R 9 (3) (a). Bei Mängeln in Bezug auf die Angabe der Sprache ergeht ein Beanstandungsbescheid. Räumt der Anmelder innerhalb von zwei Monaten die Beanstandung nicht aus, gibt er also nicht eine zweite Sprache an, so wird die Anmeldung zurückgewiesen. So wurde im Falle »KIK«[23] die Anmeldung zurückgewiesen, da die von der Anmelderin angegebene zweite Sprache einerseits keine Sprache des Amtes war und andererseits mit der ersten Sprache identisch war. Solange eine zweite Sprache, die eine Sprache des Amtes ist, nicht festgelegt war, konnte das HABM nur in der ersten Sprache mit der Anmelderin kommunizieren.

### 5.2  Ergänzende Unterlagen

24  Für die Sprachenregelung hinsichtlich der vom Anmelder im Prüfungsverfahren eingereichten Unterlagen ist zwischen Prioritätsunterlagen, Senioritätsunterlagen und sonstigen Unterlagen zu unterscheiden.

25  Für Prioritätsunterlagen (Prioritätsbelege) gilt Art 30 und R 6 (3). Danach ist der Prioritätsbeleg in einer der fünf Sprachen des HABM einzureichen oder auf Aufforderung durch das HABM in eine dieser Sprachen zu übersetzen.[24] Dies gilt auch dann, wenn die erste Sprache der GMA keine Sprache des Amtes ist und die Priorität einer Voranmeldung des betreffenden Mitgliedstaats beansprucht wird. Ist beispielsweise die erste Sprache schwedisch, so muss der Anmelder, der die Priorität einer schwedischen Voranmeldung in Anspruch nimmt, den Prioritätsbeleg in eine beliebige der fünf Sprachen des HABM übersetzen.

26  Belege für die Beanspruchung einer Seniorität (R 8, R 28), dh Urkunden über die Eintragung der Marke in einem Mitgliedstaat, bedürfen grundsätz-

---

23  HABM-BK R 065/1998-3, ABl-HABM 1999, 1032 = GRUR Int 1999, 762 *Kik*.
24  RiLi Teil B, 4.1.

lich keiner Übersetzung. Es gilt insoweit R 96 (2);[25] von der Möglichkeit, eine Übersetzung zu verlangen, machen die Prüfer keinen Gebrauch.

Für sonstige ergänzende Unterlagen, die vom Anmelder im Prüfungsverfah- 27
ren vorgelegt werden, gilt R 96 (2). Solche Schriftstücke können somit grundsätzlich in jeder der 23 Sprachen der EG eingereicht werden; das Amt kann jedoch eine Übersetzung in die Verfahrenssprache oder alternativ nach Wahl des Anmelders in eine der fünf Sprachen des Amtes verlangen.

### 5.3 Mündliche Verhandlung

Mündliche Verhandlungen, die – was allerdings kaum vorkommt – im Prü- 28
fungsverfahren durchgeführt werden, finden grundsätzlich in der Verfahrenssprache statt, jedoch kann sowohl der Anmelder (R 97 (1) Satz 2) als auch das Personal des Amtes (R 97 (2) Satz 1) frei zwischen der ersten und der zweiten Sprache wählen. Wer die zweite Sprache wählt, hat, sofern die andere Seite nicht mit der Verwendung der zweiten Sprache einverstanden ist (R 97 (4)), auf seine Kosten Vorkehrungen für die Übersetzung in die Verfahrenssprache zu treffen (für den Fall der Verwendung der zweiten Sprache durch den Anmelder R 97 (1) Satz 1; hinsichtlich des Amtes R 97 (5)). Im Regelfall dürfte das Amt gegen die Verwendung der zweiten Sprache durch den Anmelder keine Bedenken haben. Der Anmelder kann statt der ersten oder zweiten Sprache auch jede andere beliebige Amtssprache der EG verwenden, sofern er für die Übersetzung in die erste Sprache sorgt (R 97 (1) Satz 1).

Bei einer Beweisaufnahme ist die erste oder zweite Sprache zu verwenden, 29
Aussagen der Zeugen oder Beteiligten in einer anderen als einer dieser beiden Sprachen werden nur entgegengenommen, wenn der Anmelder selbst für die Übersetzung in die Verfahrenssprache sorgt (R 97 (3)). Von diesen Regeln kann das Amt Abweichungen gestatten (R 97 (3) Satz 4).

### 5.4 Keine Änderung der Verfahrenssprache

Die Wahl der ersten und zweiten Sprache ist unwandelbar. Erst ab der Ein- 30
tragung der GM steht dem Inhaber der GM das Wahlrecht zwischen den fünf Sprachen des Amtes zu. Bis dahin kann die Verfahrenssprache auch nicht wegen veränderter Umstände (Rechtsübergang, Art 17) geändert wer-

---

25  Siehe Mitteilung Nr 3/96, ABl-HABM 1996, 594.

den.[26] Zulässig ist dagegen die Berichtigung offensichtlicher Unrichtigkeiten, etwa wenn aus Versehen statt des Kästchens für Englisch (Abkürzung »EN«) irrtümlich das Kästchen für Griechisch (Abkürzung »EL«) angekreuzt wurde (siehe auch oben unter Rdn 19 und unter Art 43 Rdn 1–3).

### 5.5 Rechtsfolgen

31   Rechtsfolge bei dem Verstoß gegen die Verpflichtung, eine erste und eine zweite Sprache der GMA anzugeben, die voneinander verschieden sein müssen und deren zweite Sprache eine Sprache des Amtes sein muß, ist gemäß Art 119 (3), R 1 (1) (j) und R 9 (3) (a), (4) die Zurückweisung der GMA.[27]

32   Bei Verstößen gegen die Verpflichtung, Prioritätsbelege zu übersetzen, gilt R 9 (3) (c), (6) mit der Folge, dass der Prioritätsanspruch für die Anmeldung erlischt.

33   Wird der Aufforderung des Amtes zur Einreichung von Übersetzungen sonstiger ergänzender Unterlagen gemäß R 96 (2) nicht nachgekommen, so bleibt das betreffende Dokument unberücksichtigt; es gilt dann das Dokument als nicht eingereicht, R 98 (2) (a) nF.

34   Gibt der Anmelder Stellungnahmen in einer unzulässigen Sprache ab, so gilt ebenfalls das betr Schriftstück als nicht eingereicht, R 98 (2) (a) nF. Jedoch kann das Amt den Anmelder formlos auffordern, das Schriftstück in der Verfahrenssprache einzureichen, und Unterlagen und Eingaben auch noch nach Ablauf von vom Amt gesetzten Fristen berücksichtigen, entsprechend dem allgemeinen Grundsatz, dass im Prüfungsverfahren vom Amt gesetzte Fristen grundsätzlich keine Ausschlussfristen sind.

### 6 Widerspruchsverfahren

35   Im Widerspruchsverfahren gilt folgende Regelung:

### 6.1 Verfahrenssprache des Widerspruchsverfahrens

36   Zu unterscheiden ist zwischen der Sprache, in der der Widerspruch eingelegt werden kann, und der Verfahrenssprache.

---

26  RiLi Teil A, 4.5, ABl-HABM 2006, 628, 638.
27  HABM-BK R 065/1998-3 vom 19.3.1999, ABl-HABM 1999, 1032 = GRUR Int 1999, 762 (Nr 22) *KIK.*

Verfahrenssprache des Widerspruchsverfahrens ist                    37
- zwingend die zweite Sprache der GMA, wenn die erste Sprache der GMA nicht eine der fünf Sprachen des Amtes war (Beispiel: Kombination Dänisch/Deutsch; Verfahrenssprache ist dann Deutsch);
- nach Wahl des Widersprechenden die erste oder zweite Sprache der GMA, wenn beide zu den fünf Sprachen des Amtes zählen (Beispiel: Kombination Deutsch/Englisch; der Widersprechende hat die Wahl);
- alternativ jede beliebige Amtsprache der EG, falls sich die Parteien auf diese Sprache einigen, Artikel 119 (7) GMV.

Der Widerspruch kann in jeder der fünf Sprachen des Amtes eingereicht 38 werden, Art 119 (5), RiLi C 1. A.IV. Ist diese Sprache eine der beiden Sprachen der Anmeldung, so wird die Sprache, in der der Widerspruch eingelegt worden ist, zur Verfahrenssprache, Art 119 (6). Wird der Widerspruch in einer der Sprachen des Amtes erhoben, die nicht eine der beiden Sprachen der Anmeldung ist, so hat der Widersprechende gemäß Art 119 (6), R 16 (1) innerhalb eines Monats nach Ablauf der Widerspruchsfrist eine Übersetzung der Widerspruchsfrist in eine als Verfahrenssprache zulässige Sprache (dh eine der beiden Sprachen der Anmeldung, sofern diese auch Sprache des Amtes ist) vorzulegen. Wird die Übersetzung nicht fristgerecht eingereicht, so ist der Widerspruch nach R 17 (3) sogleich als unzulässig zurückzuweisen. Eine erneute Fristsetzung durch das Amt, wie noch unter R 18 (2) aF praktiziert, erfolgt nicht. Werden nur Teile der Widerspruchsschrift oder der Anlagen innerhalb dieser Frist übersetzt, so werden bei der Zulässigkeitsprüfung nur die übersetzten Teile in Betracht gezogen, R 17 (3) S 2. Dies bedeutet, dass bei mehreren älteren Rechten der Widerspruch nur hinsichtlich derjenigen Rechte zulässig ist, für die die notwendigen Angaben fristgerecht übersetzt wurden.

Die Wahl einer beliebigen anderen EG-Amtsprache als Verfahrenssprache 39 gemäß Art 119 (7) ist erst möglich, nachdem der Widerspruch bereits in einer nach Art 119 (5), (6) zulässigen Verfahrenssprache eingelegt worden ist.[28] Erst danach kann mit Zustimmung des Gegners (des Anmelders der GMA) eine andere Verfahrenssprache vereinbart werden. Aus Art 119 (7) folgt, dass zunächst wirksam eine zulässige Verfahrenssprache vorgelegen haben muß, bevor eine andere Sprache als Verfahrenssprache vereinbart werden kann. Der Hinweis in R 16 (2) (und, was das Nichtigkeitsverfahren betrifft,

---

28  AA Pohlmann, S 41.

in R 38 (3)) auf das Vorliegen der Widerspruchsschrift in der so gewählten Sprache ist unzutreffend und ein Redaktionsversehen. Die Wahl einer anderen Sprache als Verfahrenssprache muß dem Amt vor der formellen Eröffnung des Widerspruchsverfahrens nach R 18 (1) mitgeteilt werden, R 16 (2).[29] Der Widersprechende hat sodann innerhalb eines Monats nach Beginn des streitigen Teils des Widerspruchsverfahrens eine Übersetzung der Widerspruchsschrift in die so gewählte Sprache vorzulegen, R 16 (2). Tut er dies nicht, so wirkt sich dies nicht auf die Zulässigkeit des Widerspruchs aus; vielmehr verbleibt nach R 16 (2) S 2 bei der ursprünglichen Sprache als Verfahrenssprache. Die Verpflichtung zur Übersetzung sollte nicht nur die Widerspruchsschrift in der eingereichten Form erfassen, sondern auch alle bis dahin vom Widersprechenden eingereichten Schriftstücke, soweit sie einer Übersetzung bedürfen, um wiederholte Fristsetzungen zu vermeiden.

40  Vereinbarungen nach Art 119 (7) kommen praktisch nicht vor. Eine solche Vereinbarung könnte nur in den Fällen sinnvoll erscheinen, in denen beide Parteien dieselbe Muttersprache haben und diese nicht eine Sprache des Amtes ist.

### 6.2 Ergänzende Unterlagen und Benutzungsnachweise

41  Zu unterscheiden ist zwischen Nachweisen zur Stützung des Widerspruchs (R 19 (1), (2)), Unterlagen und Nachweisen, die vom Anmelder der angefochtenen GM vorgelegt werden, und Nachweisen über die Benutzung der Widerspruchsmarke, wenn der Anmelder der GMA die Benutzung bestritten hatte (R 22).

42  Alle Schriftstücke, die der Widersprechende zur Stützung seines Widerspruchs vorlegt (insbesondere Nachweise über das Bestehen des älteren Rechts) sind in der Verfahrenssprache einzureichen. Der Widersprechende hat innerhalb eines Monats nach Ablauf der Widerspruchsfrist oder gegebenenfalls innerhalb der vom Amt gemäß R 19 (1) festgesetzten Frist (zwei Monate nach Beginn des streitigen Teils des Widerspruchsverfahrens) eine Übersetzung des Schriftstücks vorzulegen, R 19 (3), RiLi C 1. A.IV. Diese Schriftstücke werden rechtlich wie ein Bestandteil der Widerspruchsschrift behandelt. Eine Ausnahme hiervon gilt nur für die Vollmacht, die in jeder Sprache des Amtes oder in der Verfahrenssprache (dh wenn die erste Sprache Verfahrenssprache ist) abgefasst sein kann (R 76 (3)).

---

29  Von Mühlendahl/Ohlgart, S 104.

Unberührt bleibt R 96 (1), aber nur für Schriftsätze; für beigefügte Unterla-  43
gen ist R 19 (3) lex specialis.[30] Auch kann sich der Widersprechende auf eine
beim Amt registrierte allgemeine Vollmacht berufen (R 76 (2)), die, wie
R 76 (3) nF klarstellt, in jeder Sprache der EG abgefaßt sein kann und nicht
in die Verfahrenssprache übersetzt werden muß.

Für alle ergänzenden Unterlagen, die vom Anmelder der angefochtenen GM  44
vorgelegt werden, gilt die allgemeine Regel der R 96 (2): solche Unterlagen
können in jeder Sprache der EG eingereicht werden, wobei das HABM innerhalb einer von ihm festgesetzten Frist eine Übersetzung verlangen kann,
die der Anmelder der GM nach seiner Wahl in der Verfahrenssprache oder
irgendeiner der fünf Sprachen des Amtes vorlegen kann.[31] Es besteht somit
eine Disparität zwischen den Erfordernissen für Unterlagen und Schriftstücke des Widersprechenden, für die R 19 (3) gilt, und den Erfordernissen für
Unterlagen und Schriftstücke des Anmelders der GM, für die R 96 (2)
gilt.[32]

Für Nachweise über die rechtserhaltende Benutzung gilt nach R 22 (6), dass  45
das Amt, wenn diese Unterlagen nicht in der Sprache des Widerspruchsverfahrens vorgelegt werden, den Widersprechenden auffordern kann, eine
Übersetzung in die Sprache des Widerspruchsverfahrens innerhalb einer
vom Amt festgesetzten Frist vorzulegen. Anders als bei R 96 (2) hat der Widersprechende nicht die Möglichkeit, die Übersetzung in eine andere Sprache des Amtes vorzulegen.[33]

### 6.3 Mündliche Verhandlungen

Für mündliche Verhandlungen und Beweisaufnahmen im Rahmen eines Wi-  46
derspruchsverfahrens gilt R 97. Zu verwenden ist die Verfahrenssprache. Jeder Beteiligte kann eine andere Sprache der EG und das Personal des Amtes
eine andere Sprache des Amtes verwenden, soweit der Beteiligte bzw das
Amt auf eigene Kosten für die Übersetzung in die Verfahrenssprache sorgt.
Mit Einverständnis aller Beteiligten und des Amtes kann jede Sprache der
EG verwendet werden, R 97 (4). Für die Beweisaufnahme gilt, dass Zeugen
mit Erklärungen in anderen Sprachen als der Verfahrenssprache nur gehört

---

30  RiLi C 1. C.III.1.
31  RiLi, C. 1. C.III.1.3.
32  EuG T-006/05 vom 6.9.2006 (Nr 44), ABl-HABM 2006, 1300 *Def-Tec*.
33  Von Mühlendahl/Ohlgart, S 107.

werden, wenn der Beteiligte, der die Vernehmung beantragt hat, für die Übersetzung in die Verfahrenssprache sorgt, R 97 (3).

**47** R 97 gilt nicht für informelle Gespräche zB am Telefon; für diese bedarf es auch keiner näheren Regelungen.[34] Telefonische Erörterungen mit dem Verfahrensbeteiligten sind ohnehin rechtlich wirkungslos, müssen also schriftlich bestätigt werden.[35]

### 6.4 Rechtsfolgen

**48** Eine Widerspruchsschrift, die nicht in einer der fünf Sprachen des Amtes abgefasst ist, ist nicht nur unzulässig, sondern rechtlich wirkungslos. Wird der Widerspruch in einer Sprache des Amtes eingereicht, jedoch entgegen R 16 (1) keine Übersetzung der Widerspruchsschrift in eine zulässige Verfahrenssprache eingereicht, so ist der Widerspruch als unzulässig abzuweisen, R 17 (3). R 17 (3) ist Spezialregelung gegenüber R 17 (4); es ist somit keine erneute, zweite Frist zu setzen. Erklärungen und Schriftsätze in einer anderen Sprache als der Sprache des Widerspruchsverfahrens sind unbeachtlich.[36]

**49** Für Unterlagen und Beweismittel zur Stützung des Widerspruchs gilt: Werden die nach R 19 (1), (2) erforderlichen Übersetzungen in die Verfahrenssprache nicht fristgerecht vorgelegt, so gilt das betreffende Schriftstück als nicht eingereicht. Auch hier ergibt sich die Rechtsfolge des Verstoßes gegen die Übersetzungspflicht unmittelbar aus R 19 (3) iVm R 98 (2) (a). Die Vorschriften über Zulässigkeitsmängel des Widerspruchs (bisher: R 18 (2) aF) sind nicht anzuwenden,[37] weil es sich nicht um Fragen der Zulässigkeit, sondern der Substantiierung und damit der Begründetheit des Widerspruchs handelt. Das Urteil des EuG »Chef« hat klargestellt, dass die Rechtsfolge der Nichteinreichung von Unterlagen zur Stützung des Widerspruchs oder von Übersetzungen derartiger Unterlagen darin besteht, dass nicht oder verspätet eingereichte Unterlagen nicht berücksichtigt werden können, was nun in R 98 (2) (a) auch gesetzlich bestimmt ist.

---

34 Von Mühlendahl, in: FS für Piper, S 575, 587.
35 Von Mühlendahl/Ohlgart, S 92.
36 Das folgt aus EuG T-426/09 vom 26.10.2011 (Nr 24) *BAM/BAM*.
37 EuG T-232/00 vom 13.6.2002, ABl-HABM 2002, 1835 (Nr 43 f.) *Chef*; HABM-BK R 047/2000-4 vom 15.2.2001, ABl-HABM 2001, 1707, 1725 *KRISS/CHRIS&CRIS*.

Auch bei der Anwendung von R 22 (6) gilt, dass, falls der Aufforderung zur 50
Übersetzung der Benutzungsnachweise nicht entsprochen wird, die Unterlagen unberücksichtigt bleiben.

Falls nur Teile der erforderlichen Schriftstücke (Widerspruchsschrift, ergän- 51
zende Unterlagen) übersetzt worden sind, werden nur die fristgerecht übersetzten Teile berücksichtigt. Für die Widerspruchsschrift ist dies nun in R 17 (3) Satz 2 nF ausdrücklich bestimmt: Wird nur ein Teil der Widerspruchsschrift in der Übersetzung vorgelegt, so gilt der nicht übersetzte Teil als nicht eingereicht; der in Übersetzung eingereichte Teil kann jedoch die Voraussetzungen von R 15 und Art 41 erfüllen, so dass das Amt hinsichtlich der übrigen, nicht berücksichtigten Bestandteile eine Mitteilung nach R 17 (4) zu versenden hätte. Wer eine unvollständige Übersetzung einreicht, wird so gestellt, als habe er ein unvollständiges Dokument eingereicht.

## 7 Löschungsverfahren

Für das Löschungsverfahren (Verfahren zur Erklärung des Verfalls oder der 52
Nichtigkeit) gilt grundsätzlich dieselbe Regelung wie im Widerspruchsverfahren. Im einzelnen:

### 7.1 Verfahrenssprache des Löschungsverfahrens

Der Antrag auf Erklärung des Verfalls oder der Nichtigkeit ist in einer Spra- 53
che des Amtes einzureichen; handelt es sich hierbei jedoch nicht um die zweite Sprache oder, falls diese eine Sprache des Amtes ist, um die erste Sprache der Anmeldung, so hat der Antragsteller innerhalb eines Monats nach Einreichung des Antrags eine Übersetzung in die Verfahrenssprache vorzulegen, Art 119 (5), (6), R 38 (1). Verfahrenssprache ist somit die zweite Sprache oder – falls die erste Sprache eine Sprache ist, die nicht Sprache des Amtes ist – die erste oder zweite Sprache nach Wahl des Antragstellers. Ein Unterschied zum Widerspruchsverfahren besteht hier faktisch nur insoweit, als der Löschungsantrag nicht fristgebunden ist.

Die Parteien des Löschungsverfahrens können sich auch auf jede andere 54
Amtssprache der EG als Verfahrenssprache einigen, Art 119 (7). Diese Einigung kann nur innerhalb einer Frist von zwei Monaten ab Zustellung des Löschungsantrags an den Inhaber der GM (R 40 (1)) erfolgen, R 38 (3); innerhalb einer weiteren Frist von einem Monat ist die Übersetzung des Löschungsantrags in die so gewählte Verfahrenssprache vorzulegen, R 38

(3).[38] Geschieht dies nicht, so bleibt die Sprache des Löschungsantrags Verfahrenssprache, R 38 (3) Satz 2 nF. Zum einen ist eine solche Vereinbarung nach Ablauf dieser Zweimonatsfrist unzulässig; zum anderen setzt R 38 (3) (Wortlaut der Vorschrift: »andere Verfahrenssprache«) voraus, dass der Antrag zunächst einmal in einer der Sprachen des Amtes eingereicht worden ist, und erst dann kann eine andere als die ursprüngliche Verfahrenssprache gewählt werden. Es ist somit nicht möglich, ein Löschungsverfahren durch einen Antrag in einer der Sprachen, die nicht Sprachen des Amtes sind, in Gang zu setzen.

### 7.2 Ergänzende Unterlagen und Benutzungsnachweise

55 Vom Antragsteller vorgelegte ergänzende Unterlagen und Beweismittel sind in der Verfahrenssprache des Löschungsverfahrens vorzulegen, oder es hat der Verfahrensbeteiligte von sich aus eine Übersetzung in die Verfahrenssprache innerhalb von zwei Monaten nach Einreichung der Beweismittel vorzulegen, R 38 (2). Geschieht dies nicht, so gilt R 98, und die Beweismittel sind nicht zu berücksichtigen.[39] Jedoch hat das Amt gemäß Art 76 die Möglichkeit zu eigenen Ermittlungen, soweit nicht relative Eintragungshindernisse betroffen sind.

56 Für vom Inhaber der GM vorgelegte Unterlagen gilt R 96 (2) (siehe oben, Rdn 44).

57 Erhebt der Inhaber der Gemeinschaftsmarke im Verfahren zur Erklärung der Nichtigkeit aus relativen Gründen die Einrede der Nichtbenutzung des älteren Rechts (Art 57 (2), (3)), so gilt für die Sprache der Benutzungsnachweise dasselbe wie im Widerspruchsverfahren (R 40 (5), 22 (3)).

### 7.3 Rechtsfolgen bei »falscher« Sprache des Antrags

58 Ein Löschungsantrag, der nicht in einer der fünf Sprachen des Amtes abgefasst ist, ist nicht nur unzulässig, sondern rechtlich wirkungslos. Wird der Antrag in einer Sprache des Amtes eingereicht, die nicht als Verfahrenssprache zur Verfügung steht, so muß der Antragsteller gemäß R 38 (1) innerhalb eines Monats nach Einreichung des Antrags eine Übersetzung in die Verfah-

---

38 Siehe von Mühlendahl/Ohlgart, S 105.
39 Schlussanträge von Generalanwalt Mengozzi vom 16.2.2012, Rs C-100/11 (Nr 44), *Botolist/Botocyl.*

rennsprache vorlegen. Hierbei ist die Fiktion zu beachten, dass der Antrag erst mit der Zahlung der Gebühr als gestellt gilt (Art 56 (2)), so dass die Frist für die Vorlage der Übersetzung ggf erst einen Monat nach Zahlung der Gebühr (für die nach R 39 (2) eine zusätzliche Frist zu setzen ist) abläuft. Wird innerhalb der Monatsfrist der R 38 (1) keine Übersetzung des Löschungsantrags in eine zulässige Verfahrenssprache eingereicht, so bestimmt R 39 (2) nF, dass der Löschungsantrag als unzulässig abzuweisen ist. Seit Änderung der R 39 wird dem Antragsteller keine weitere Frist zur Behebung des Mangels mehr gesetzt.

## 8 Annexverfahren vor der Eintragung

Für sogenannte Neben- oder Annexverfahren, die eine GMA betreffen, kann der Antragsteller für den Antrag nach seiner Wahl die erste oder die zweite Sprache der GMA verwenden (R 95 (a));[40] diese Sprache wird dann Verfahrenssprache dieses Annex- oder Nebenverfahrens.[41] Dies gilt auch dann, wenn ein Dritter den Antrag stellt. **59**

Darunter fallen Akteneinsichtsverfahren für eine GMA, Anträge auf Eintragung von Rechtsübergängen und Lizenzen für eine GMA, Änderungen (R 13) und Umwandlungsverfahren (Art 112–114) in Bezug auf eine fehlgeschlagene GMA. Darunter fallen nach R 95 (a) auch »Erklärungen«, dh die Erklärung der Teilung nach Art 44 und die Erklärung der Zurücknahme (siehe Art 43 Rdn 45). Darunter fallen auch Wiedereinsetzungsanträge; jedoch gilt eine Ausnahme für Wiedereinsetzungsanträge, die im Widerspruchsverfahren gestellt werden: Hierfür ist die Sprachenregelung des Widerspruchsverfahrens maßgeblich, dh der Wiedereinsetzungsantrag ist in der Verfahrenssprache des Widerspruchsverfahrens zu stellen (siehe unter Art 81 Rdn 110). **60**

R 96 (1) gilt nicht für den verfahrenseinleitenden Antrag. **61**

Ist die Verfahrenssprache des Neben- oder Annexverfahrens die erste Sprache und ist diese Sprache keine Sprache des Amtes, so können sowohl der Anmelder (R 96 (1)) als auch das Amt (Art 119 (4) für die weitere Korrespon- **62**

---

40 Für das Umwandlungsverfahren: RiLi E.2.4.3, ABl-HABM 1999, 40.
41 RiLi Teil A, 4.1.2, ABl-HABM 2006, 628, 638; von Mühlendahl, in: FS für Piper, S 575, 584.

denz[42] wahlweise auch die zweite Sprache verwenden, das Amt jedoch nur, wenn es sich um Korrespondenz mit dem Anmelder handelt (Wortlaut des Art 119 (4): »schriftliche Mitteilungen an den Anmelder«)[43] und nur für Schriftstücke, die keine Verfahrenshandlungen darstellen (siehe oben unter Rdn 20). Ist die Verfahrenssprache des Neben- oder Annexverfahrens die zweite Sprache, so steht die erste Sprache weder für den Antragsteller (Anmelder oder Dritter) noch für das Amt zur Verfügung.

### 9 Annexverfahren nach der Eintragung

63 Für sogenannte Neben- oder Annexverfahren, die eine eingetragene GM betreffen, steht nach Wahl des Antragstellers jede beliebige der fünf Sprachen des Amtes zur Verfügung (R 95 (b); für das Umwandlungsverfahren: RiLi E.2.4.3),[44] und zwar unabhängig von den bisher im Verlauf des Verfahrens benutzten Sprachen. Diese Sprache wird dann Verfahrenssprache dieses Annex- oder Nebenverfahrens.[45] Dies gilt auch dann, wenn ein Dritter den Antrag stellt. Dieses Wahlrecht steht für jedes Annex- oder Nebenverfahren neu zur Verfügung. Nach R 95 (b) können für den Antrag Fassungen der HABM-Formblätter in jeder beliebigen Sprache verwendet werden, sofern sie in der Verfahrenssprache ausgefüllt sind.[46]

64 Bei solchen Neben- oder Annexverfahren für eine eingetragene GM handelt es sich zB um Akteneinsichtsverfahren für eine GM, Anträge auf Eintragung von Rechtsübergängen und Lizenzen für eine GM, Änderungen der GM nach Art 48, Umwandlungsverfahren (Art 112–114) in Bezug auf eine fehlgeschlagene GM, die Eintragung eines Verzichts (Art 50) und den Antrag auf Verlängerung (Art 47 (1), R 30 (1)). Auch hier gilt R 96 (1) nicht für den Antrag, nur für die sich anschließende Korrespondenz.

### 10 Sprachenregelung im Beschwerdeverfahren

65 R 48 (2) regelt die Sprache, in der die Beschwerdeschrift abgefasst sein muß; diese Sprache wird Verfahrenssprache des Beschwerdeverfahrens. Die Be-

---

42 Mühlendahl/Ohlgart, S 105.

43 AA von Mühlendahl/Ohlgart, S 105, die für die Zulässigkeit der Benutzung der zweiten Sprache durch das Amt nach Verfahrensarten differenzieren.

44 ABl-HABM 1999, 40.

45 Von Mühlendahl/Ohlgart, S 105.

46 Für das Umwandlungsverfahren: RiLi E.2.4.3, ABl-HABM 1999, 40.

schwerdeschrift muß in der Verfahrenssprache eingereicht werden, in der die angefochtene Entscheidung ergangen ist. Jedoch berücksichtigt der Wortlaut von R 48 (2) nicht hinreichend, dass die Sprache, in der die Entscheidung ergangen ist, nicht mit der Verfahrenssprache identisch ist, wenn das Amt im ex-parte-Verfahren von der Möglichkeit nach Art 119 (4) Gebrauch gemacht hat, die zweite Sprache zu verwenden. In diesem Fall ist dem Beschwerdeführer das Wahlrecht zwischen der ersten Sprache (der Verfahrenssprache) und der zweiten Sprache (der Sprache der angefochtenen Entscheidung) einzuräumen.

Im Anmeldeverfahren (ex parte) kann das HABM, auch wenn nach dem **66** EuG-Urteil »Kik«[47] Art 119 (4) nur für »Mitteilungen« gilt, nicht für beschwerdefähige Entscheidungen iSv Art 58, weiterhin mit Zustimmung des Anmelders die 2. Sprache verwenden (siehe oben, Rdn 20). In einem solchen Fall ist es die einzig sinnvolle Lösung, dem Anmelder, nachdem das Amt die Wahl für die Benutzung der ersten oder zweiten Sprache als Sprache der Entscheidung ausgeübt hat, ebenfalls für die Einlegung der Beschwerde die Wahl zwischen der ersten und der zweiten Sprache einzuräumen, wobei diese Sprache dann Verfahrenssprache des Beschwerdeverfahrens wird.

Dies gilt unabhängig davon, ob die 2. Sprache verwenden durfte. **67**

Hat das Amt aber die 2. Sprache verwendet, ohne dazu berechtigt zu sein, so **68** kann der Beschwerdeführer beantragen, dass die Entscheidung schon deshalb auf Grund dieses Verfahrensfehlers aufgehoben wird; andernfalls bleibt es bei der von ihm gewählten Sprache als Verfahrenssprache. Falls die HABM-BK zu Unrecht die zweite Sprache verwendet, so hat dieser Verstoß gegen die Grundsätze der Auslegung des Art 119 (4) Satz 2 gleichwohl dann nicht die Aufhebung der Entscheidung der HABM-BK zur Folge, wenn der Beschwerdeführer die Gründe für die Zurückweisung der GMA verstehen konnte und deshalb in der Ausübung seiner Verteidigungsrechte nicht beeinträchtigt worden ist.[48] Deshalb sollte auch in den Fällen, in denen das HABM die zweite Sprache nicht verwenden durfte, vom Beschwerdeführer verlangt werden, dies ausdrücklich zu rügen, andernfalls dies als Einverständnis zu werten sein sollte, die zweite Sprache als Sprache des Beschwerdeverfahrens zu verwenden Mit dieser Lösung sind alle berechtigten Interessen des Anmelders berücksichtigt.

---

47 EuG T-120/99 vom 12.7.2001, MarkenR 2001, 327 (Nr 61) *Kik.*
48 EuG T-242/02 vom 13.7.2005, GRUR Int 2005, 908 (Nr 41, 45) *Top.*

**69** Im Beschwerdeverfahren im Anschluss an ein Widerspruchsverfahren ist ebenfalls die Beschwerde in der Verfahrenssprache des Widerspruchsverfahrens einzulegen. Ist allerdings verfahrensfehlerhaft die Entscheidung der Widerspruchsabteilung in einer anderen Sprache (im konkreten Fall in der ersten Sprache der GMA statt in der zweiten Sprache, in der der Widerspruch eingelegt worden war) ergangen, so darf die Beschwerde auch in der Sprache der angefochtenen Entscheidung eingelegt werden.[49] Dieses Ergebnis folgt bereits aus R 48 (2). Wird der Fehler der Widerspruchsabteilung vom Beschwerdeführer nicht gerügt, so ist es nicht erforderlich, die Entscheidung nur deshalb aufzuheben.[50]

**70** Wird die Beschwerdeschrift in einer anderen Sprache des Amtes als der, die Verfahrenssprache sein kann, eingereicht, so kann der Beschwerdeführer gleichwohl noch innerhalb eines Monats eine Übersetzung nachreichen, R 96 (1).[51] Die Beschwerdebegründung muß ebenfalls in der Verfahrenssprache eingereicht werden,[52] es gilt hierfür R 98 (2) (a) und auch hier die Monatsfrist für die Nachreichung einer Übersetzung nach R 96 (1).

**71** Rechtsfolge der in der falschen Sprache des Amtes eingereichten Beschwerdeschrift oder Beschwerdebegründung ist die Unzulässigkeit der Beschwerde, R 48 (2), soweit nicht R 96 (1) eingreift.

### 11  Anforderungen an Übersetzungen

**72** Nach R 98 (1) Satz 2 kann das HABM die Beglaubigung einer eingereichten Übersetzung innerhalb einer bestimmten Frist verlangen; wird dem nicht nachgekommen, so gilt das Originalschriftstück als nicht eingereicht, R 98 (2) (b). Hiervon ist, soweit ersichtlich, bisher noch nie Gebrauch gemacht worden. Nach R 99 gilt bis zum Beweis des Gegenteils eine Übersetzung als mit dem jeweiligen Urtext übereinstimmend. Auf diese Bestimmung ist ohne praktische Bedeutung, da sie nicht mehr eingreift, wenn festgestellt worden ist, dass die Übersetzung unzutreffend ist; solange dies noch nicht der Fall

---

49 HABM-BK 794/2001-3 vom 20.2.2002, ABl-HABM 2002, 2150 (Nr 17) *JU.ST/JUST.*
50 HABM-BK 794/2001-3 vom 20.2.2002, ABl-HABM 2002, 2150 (Nr 17) *JU.ST/JUST.*
51 HABM-BK R 667/2005–G vom 7.6.2007 (Nr 14) *CARDIOLOGY UPDATE.*
52 HABM-BK R 074/2006-1 vom 2.6.2006 (Nr 20) *NEURIM PHARMACEUTICALS/EURIM-PHARM.*

ist, ist somit die Übersetzung, die eingereicht worden ist, ohne weiteres zu berücksichtigen. Das HABM kann auch im Widerspruchsverfahren die Ordnungsgemäßheit der Übersetzung von Amts wegen überprüfen und muß, wenn es einen Mangel der Übersetzung feststellt, die fehlerhafte Übersetzung unberücksichtigt sein lassen und die zutreffende Übersetzung zugrundelegen.[53]

Nach R 98 (1) Satz 1 muss die Übersetzung eines Schriftstücks das Original-  **73** schriftstück, auf das sie sich bezieht, identifizieren und die Struktur und den Inhalt des Originalschriftstücks getreulich wiedergeben.[54] Es reicht also nicht aus, wenn sich die zu übersetzenden Angaben aus mehreren Teilstücken wie bei einem Puzzle ergeben. Die Übersetzung muß eindeutig als solche gekennzeichnet sein; es kann nicht dem Amt überlassen werden, die Angaben in der Übersetzung den jeweiligen Originaldokumenten aufwendig zuzuordnen, und ebensowenig dem Widersprechenden überlassen werden, zu entscheiden, was er für erheblich hält.[55] So ist bei Urkunden über die Eintragung einer nationalen Marke eine Übersetzung des VerzWDL sowie sonstiger Textbestandteile, die sich auf den Widerspruch auswirken können, erforderlich. Die Übersetzung des VerzWDL allein reicht nicht aus, schon gar nicht, wenn sie nicht als Übersetzung des Originalschriftstücks gekennzeichnet ist. Enthält die Eintragungsurkunde Farbansprüche und werden diese nicht mitübersetzt, so ist die Übersetzung unvollständig und unwirksam.[56] Nicht übersetzt werden müssen verwaltungstechnische Angaben wie Name des ausstellenden Amtes und INID-Codes.[57] Allerdings muß die Übersetzung vollständig sein in der Weise, dass diese Bestandteile vollständig im Originalwortlaut übernommen werden. Nicht übersetzt werden müssen diejenigen Teile des VerzWDL einer älteren Marke, auf die der Widerspruch nicht gestützt wird, allerdings sind dann die Auslassungen deutlich zu kennzeichnen. Eine Übersetzung muß immer nach oder gleichzeitig mit dem

---

53  HABM-BK R 703/2005-4 vom 16.6.2006 (Nr 31) *SEKURA/PAXSECURA*.

54  EuG T-232/00 vom 13.6.2002, ABl-HABM 2002, 1834 (Nr 64) *Chef*.

55  HABM-BK R 047/2000-4 vom 15.2.2001, ABl-HABM 2001, 1707 *KRISS/ CHRIS&CRIS*; HABM-BK R 296/1999-1 vom 11.1.2001 (Nr 15) *SPORTS EXPERTS/SPORTS EXPERTS*.

56  HABM-BK R 1071/2005-2 vom 26.6.2006 (Nr 22, 36) *TOLL HOUSE/TOLLHAUS*.

57  HABM-BK R 1071/2005-2 vom 26.6.2006 (Nr 35) *TOLL HOUSE/TOLLHAUS*.

Original vorgelegt werden; die Vorlage einer Übersetzung in die Verfahrenssprache ohne Vorlage des Originalschriftstücks ist unzulässig.

### Artikel 120 (ex Artikel 116) Veröffentlichung, Eintragung

(1) Die in Artikel 26 Absatz 1 beschriebene Anmeldung der Gemeinschaftsmarke und alle sonstigen Informationen, deren Veröffentlichung in dieser Verordnung oder in der Durchführungsverordnung vorgeschrieben ist, werden in allen Amtssprachen der Europäischen Gemeinschaft veröffentlicht.

(2) Sämtliche Eintragungen in das Gemeinschaftsmarkenregister werden in allen Amtssprachen der Europäischen Gemeinschaft vorgenommen.

(3) In Zweifelsfällen ist der Wortlaut in der Sprache des Amtes maßgebend, in der die Anmeldung der Gemeinschaftsmarke eingereicht wurde. Wurde die Anmeldung in einer Amtssprache der Europäischen Gemeinschaft eingereicht, die nicht eine Sprache des Amtes ist, so ist der Wortlaut in der vom Anmelder angegebenen zweiten Sprache verbindlich.

*Schennen*

### 1 Allgemeines

1 Dieser Artikel sieht vor, dass alle Veröffentlichungen im Blatt für GMn und alle Eintragungen im Register für GMn in allen (jetzt 23) Amtssprachen der EG erfolgen müssen. Dies gilt natürlich für alle Angaben zu GMAen und GMn, jedoch darüber hinaus und eingeschränkt für alle Angaben, deren Veröffentlichung in der GMV oder DV vorgesehen ist. Maßgeblich ist nur die Veröffentlichung in einer Sprache (der ersten oder, wenn die erste Sprache

nicht eine Sprache des Amtes ist, der zweiten Sprache), so dass die Übersetzungen in die anderen Sprachen keine rechtliche Wirkung haben (Art 120 (3)).

Art 120 wird ergänzt durch R 12, 84 und 85.  2

**2 Veröffentlichungen im Blatt für Gemeinschaftsmarken**

Sowohl die Veröffentlichung der Anmeldung (R 12) als auch die Veröffent-  3
lichung der Eintragungen der GM (R 85 (2), R 84 (2)) sowie die Veröffentlichungen von späteren Rechtsstandsänderungen (R 85 (2), R 84 (3)) sind gemäß Art 120 (1) in allen 22 Amtssprachen der EG vorzunehmen. Zu übersetzen sind jedoch nur solche Angaben, die nicht durch die WIPO-INID-Codes repräsentiert werden können. Zu übersetzen sind damit im wesentlichen das VerzWDL, Beschreibungen, Farbansprüche und Disclaimer. Zu übersetzen ist auch der gesamte übrige Inhalt des Blatts für GMn, zB die Beschreibungen der INID-Codes der Einleitung zu jeder Ausgabe des Blatts. Die Grundregel des Art 120 (1) wird in R 85 (5) wiederholt.

**3 Eintragungen in das Register**

Art 120 (2) sieht vor, dass sämtliche Eintragungen in das Register für GMn  4
in allen Amtssprachen der EG vorgenommen werden. Grundsätzlich enthält das Register alle Eintragungen für GMn, die auch im Blatt für GMn veröffentlicht sind, mit Ausnahme der Veröffentlichung der Anmeldung nach R 12 (R 85 (2)).

**4 Maßgeblicher Wortlaut**

Art 120 (3) bestimmt, welche Sprachfassung der Veröffentlichungen im Blatt  5
für GMn und im Register maßgeblich ist. Danach ist nur die erste Sprache der GMA bzw, wenn diese nicht eine Sprache des Amtes ist, nur die zweite Sprache der GMA maßgeblich. Dies gilt für das gesamte Verfahren, also nicht nur für die Veröffentlichung der GMA, sondern auch für die Wirkung der Eintragung der GM über die gesamte Laufzeit der GM.

Während grundsätzlich die Übersetzungen allein Sache des Amtes sind  6
(Art 119 (3) Satz 2, Art 121), muss das Amt in den Fällen, in denen das VerzWDL und der sonstige Inhalt der Anmeldung in der zweiten Sprache maßgeblich sein soll, dem Anmelder Gelegenheit geben, sich zu der vom Amt vorgelegten Übersetzung zu äußern. Dieses Prinzip verwirklicht R 85

(6). Einzelheiten des Verfahrens sind in der Mitteilung Nr 5/97 vom 26.9.1997[1] dargelegt. Danach ist zu unterscheiden, ob die erste Sprache Sprache des Amtes ist oder nicht und ob der Anmelder eine Übersetzung eingereicht hat.

### 4.1 Die erste Sprache ist eine Sprache des Amtes

7 In diesem Fall ist nur die erste Sprache nach Art 120 (3) maßgeblich; die Übersetzung des VerzWDL in die zweite Sprache hat ebenso wie die Übersetzung in die anderen Sprachen nur informative Funktion.

8 Hat der Anmelder keine Übersetzung in die zweite Sprache eingereicht, so wird diese Übersetzung ebenso wie die Übersetzungen in die anderen 14 Sprachen vom Amt beim Übersetzungszentrum in Auftrag gegeben (Art 119 (3), Art 121). Diese Übersetzungen werden vom Amt nicht überprüft. Wie aus R 85 (6) folgt, werden die vom Übersetzungszentrum gefertigten Übersetzungen dem Anmelder nicht mitgeteilt; dies gilt auch für die Übersetzung in die zweite Sprache (Mitteilung Nr 5/97, II. 1 (a)).

9 Hat der Anmelder eine Übersetzung in die zweite Sprache eingereicht, so wird diese vom HABM ohne weitere Prüfung zu Grunde gelegt; dem Übersetzungszentrum werden nur die Übersetzungen in die verbleibenden Sprachen in Auftrag gegeben, wobei das Übersetzungszentrum als Grundlage für die Übersetzung ausschließlich den Wortlaut in der ersten Sprache zu Grunde legt.

### 4.2 Die erste Sprache ist keine Sprache des Amtes

10 In diesen Fall ist der Inhalt der GMA in der zweiten Sprache maßgeblich (Art 120 (3)), und das HABM muss den Anmelder gemäß R 85 (6) konsultieren.

11 Hat der Anmelder keine Übersetzung eingereicht, so wird diese vom Übersetzungszentrum im Auftrag des HABM vorgenommen und vom HABM dem Anmelder gemäß R 85 (6) vor der Veröffentlichung der GMA mitgeteilt. Der Anmelder kann Änderungen der Übersetzung vorschlagen; im Falle von Meinungsverschiedenheiten zwischen dem Amt und dem Anmelder entscheidet das Amt über die Übersetzung.

---

1 ABl-HABM 1997, 1378.

Hat der Anmelder eine Übersetzung in die zweite Sprache eingereicht, so 12
geht das HABM von der Richtigkeit der Übersetzung aus. Ist die Übersetzung jedoch offensichtlich unrichtig, so wird sie vom HABM korrigiert. Hiervon wird der Anmelder unterrichtet, der gemäß R 85 (6) Änderungen der Übersetzung vorschlagen kann. Bei Meinungsverschiedenheiten gilt dasselbe wie in den Fällen, in denen der Anmelder keine Übersetzung eingereicht hatte.

### 4.3 Berichtigungen von Übersetzungen

Auch das Verfahren zur Berichtigung fehlerhafter Übersetzungen ist in der 13
Mitteilung Nr 5/97 des Präsidenten des Amtes behandelt (unter III.). Hierfür gilt grundsätzlich R 14, wonach das Amt ihm selbst zuzuschreibende Fehler (hierzu zählen auch die Übersetzungen, die ja vom Amt angefertigt worden sind) von Amts wegen zu berichtigen hat und eine solche Berichtigung auch vom Anmelder beantragt werden kann.

Handelt es sich um eine Anmeldung, die in einer Sprache des Amtes abgefasst ist, so werden Berichtigungen von Übersetzungen nur akzeptiert, wenn 14
der Fehler offensichtlich ist. Stellt sich ein solcher Fehler während eines Widerspruchsverfahrens in der zweiten Sprache heraus, so wirkt sich dies auf das Widerspruchsverfahren nicht weiter aus, da die Widerspruchsabteilung gemäß Abs 3 den Wortlaut in der ersten Sprache zugrundelegt.[2]

Handelt es sich um eine Anmeldung, die nicht in einer Sprache des Amtes 15
abgefasst ist, und um die Richtigkeit der Übersetzung in die zweite Sprache, so wird späteren Anträgen auf Berichtigung grundsätzlich nicht stattgegeben, da die Übersetzung in die zweite Sprache entweder vom Anmelder selbst eingereicht war oder nach R 85 (6) seine Billigung gefunden hat. Solche Berichtigungen können nur in Betracht kommen, wenn die vom Anmelder vorgelegte Übersetzung in die zweite Sprache eindeutig fehlerhaft war.

### 5 Internationale Registrierungen

Art 120 gilt nicht für Internationalen Registrierungen, deren Schutz auf die 16
EG erstreckt worden ist; für diese ist Art 152 lex specialis.

Art 152 sieht vor, dass Angaben zu Internationalen Registrierungen, deren 17
Schutz auf die EG erstreckt worden ist, nur in eingeschränkter Form zu ver-

---

2 HABM-BK R 438/2011-4 vom 18.10.2011 (Nr 19) *SLIM-FIX/SLIMFIX*.

öffentlichen sind. Es handelt sich um eine Nachveröffentlichung; maßgeblich für den Inhalt des Schutzrechts ist allein das von der WIPO geführte Register.

18   Art 152 (1) sieht eine Nachveröffentlichung vor, sobald dem HABM die Benennung der EG in einer IA mitgeteilt wurde. Diese enthält lediglich bibliographische Daten, eine Wiedergabe der Marke und die Angabe der Klassennummern. Sie enthält also nicht die Angabe der Waren und Dienstleistungen. Diese werden also nicht in die anderen Sprachen des HABM bzw der EG übersetzt.

19   Art 152 (2) sieht eine zweite Veröffentlichung vor, sobald die IR die rechtlichen Wirkungen einer eingetragenen GM erhält (Art 151 (2). Diese umfasst nur die Nummer der IR und das Datum der Veröffentlichung.

20   Es bedarf keiner gesetzlichen Regelung, sondern folgt unmittelbar aus dem MP, dem die EG zugestimmt hat, dass die maßgebliche Sprache der IR, insbesondere des VerzWDL, die Sprache ist, in der die IA angemeldet und von der WIPO eingetragen worden ist. Es ist also das in der WIPO-Gazette veröffentlichte VerzWDL maßgeblich.

## Artikel 121 (ex Artikel 117)  (Übersetzungszentrale)

**Die für die Arbeit des Amtes erforderlichen Übersetzungen werden von der Übersetzungszentrale für die Einrichtungen der Union angefertigt.**

*Schennen*

### 1 Allgemeines

1   Die GMV verpflichtet das HABM in Art 119, die für die Veröffentlichung der GMA in allen Sprachen und die Durchführung von Verfahren in anderen als den fünf Sprachen des HABM erforderlichen Übersetzungen in eigener Regie durchzuführen. Ferner fallen nicht verfahrensbezogene Überset-

zungen an, wie der Texte des ABl-HABM und der Dokumente des Verwaltungsrats.

Art 121 verpflichtet das HABM, jegliche an sich von ihm vorzunehmende 2 Übersetzung, »soweit erforderlich«, von der Übersetzungszentrale der Union in Luxemburg vornehmen zu lassen. Die Übersetzungen für die Veröffentlichung der GMA, insbesondere der VerzWDL, werden ausschließlich von der Übersetzungszentrale angefertigt, soweit erforderlich; die Übersetzung der GMA in die zweite in der Anmeldung angegebene Sprache ist nicht erforderlich, wenn der Anmelder selbst die Übersetzung eingereicht hat (R 85 (6)).

Auf Grund eines Redaktionsversehens enthält der amtliche, im ABl-EG ver- 3 öffentlichte Text der GMV zu Art 121 keine Überschrift. Die in den Veröffentlichungen des HABM verwendete Überschrift ist hier hinzugefügt worden.

## 2 Die Übersetzungszentrale der Union

Die Übersetzungszentrale der Union in Luxemburg ist Folge der Schaffung 4 einer Vielzahl von Agenturen der EG und hat die Aufgabe, sämtliche für diese Agenturen erforderlichen Übersetzungen anzufertigen. Sie ist auf Grund einer nach Art 235 EG-V aF erlassenen VO des Rates errichtet worden. Ihre Schaffung ging auf Initiative des Europäischen Parlaments zurück.

Die Übersetzungszentrale beschäftigt keinen eigenen Übersetzungsdienst, 5 sondern vergibt die Aufträge freihändig und beschränkt sich auf eine Revision der Übersetzungen vor Weiterleitung an das HABM. Die Übersetzungszentrale stellt dem HABM 55 Euro pro Schreibmaschinenseite (35 Zeilen à 50 Anschläge) in Rechnung.

Übersetzungen des VerzWDL in die neun Sprachen, die nicht die erste oder 6 zweite Sprache der Anmeldung (Art 119 (1), (3)) sind, sind nicht maßgeblich, Art 120 (3). Die Prüfer des Amtes sind nach Art 121 nicht dazu befugt und auch tatsächlich nicht in der Lage, die Übersetzungen zu überprüfen und zu berichtigen.

Was andere Texte wie zB PrüfRiLi oder Formulare angeht, so bindet die not- 7 wendige Nachrevision durch Mitarbeiter des HABM erhebliche Ressourcen.

### 3 Datenbanken

8 Das HABM hat sich frühzeitig dem Thema der Rationalisierung der Übersetzungen der VerzWDL angenommen.

9 Dazu dienten die Datenbanken EUROACE und EURONICE, die nun durch TMCLASS ersetzt wurden. Sie dienen sowohl der Übersetzung von VerzWDL als auch der Überprüfung der korrekten Klassifizierung. Es handelt sich um eine Datenbank mit Begriffen von Waren und Dienstleistungen, die vom Amt ohne weiteres akzeptiert werden. Wenn der Anmelder diese Begriffe verwendet, sichert ihm das HABM zu, keine Einwände gegen die Klassifizierung zu erheben. Die Suchmaske bietet alle Begriffe, die den gesuchten Begriff enthalten, mit Angabe der korrekten Klassennummer. Die Datenbank enthält auch die von den nationalen Ämtern akzeptierten Begriffe. In einer zweiten Suchmaske kann der gewählte Begriff in jede gewünschte Amtssprache der EG übersetzt werden. Damit können die Anmelder einerseits die korrekte Klassifizierung ihrer Waren überprüfen, andererseits selbst die Übersetzungen ihres VerzWDL erstellen.

10 An die Übersetzungszentrale werden nur die Begriffe zur Übersetzung versandt, die noch nicht in diese Datenbank enthalten sind. Dabei handelt es sich nur noch um Begriffe, die nicht in der Nizzaer Klassifikation enthalten sind.

### 4 Dolmetscherdienstleistungen

11 Für das Simultandolmetschen in den Sitzungen des Verwaltungsrats und des Haushaltsausschusses oder öffentlichen Veranstaltungen und Konferenzen verpflichtet das HABM freiberufliche Dolmetscher, die auch regelmäßig für die Kommission arbeiten. Art 121 ist auf Dolmetscherdienstleistungen nicht anwendbar.

12 In mündlichen Verfahren nach der GMV obliegt die Bereitstellung der Dolmetscherdienste teils dem HABM, teils den Parteien (R 97).

## Artikel 122 (ex Artikel 118)   Rechtsaufsicht

**(1) Die Kommission überwacht die Rechtmäßigkeit derjenigen Handlungen des Präsidenten des Amtes, über die im Gemeinschaftsrecht keine Rechtsaufsicht durch ein anderes Organ vorgesehen ist, sowie der Handlungen des nach Artikel 138 beim Amt eingesetzten Haushaltsausschusses.**

(2) Sie verlangt die Änderung oder Aufhebung von Handlungen nach Absatz 1, die das Recht verletzen.

(3) Jede ausdrückliche oder stillschweigende Handlung nach Absatz 1 kann von jedem Mitgliedstaat oder jeder dritten Person, die hiervon unmittelbar und individuell betroffen ist, zur Kontrolle ihrer Rechtmäßigkeit vor die Kommission gebracht werden. Die Kommission muß innerhalb eines Monats nach dem Zeitpunkt, zu dem der Beteiligte von der betreffenden Handlung erstmals Kenntnis erlangt hat, damit befaßt werden. Die Kommission trifft innerhalb von drei Monaten eine Entscheidung. Wird innerhalb dieser Frist keine Entscheidung getroffen, so gilt dies als Ablehnung.

*Schennen*

## 1 Allgemeines

Diese Bestimmung sieht eine Rechtsaufsicht der Kommission über den Präsidenten des HABM vor. Diese Rechtsaufsicht besteht, soweit im Gemeinschaftsrecht keine Rechtsaufsicht durch ein anderes Organ vorgesehen ist. Eine solche anderweitige Kontrolle ist in Art 141 und Art 142 für die Finanzkontrolle und die Rechnungsprüfung vorgesehen. **1**

Art 122 betrifft nicht die Kontrolle solcher Entscheidungen, gegen die Rechtsbehelfe nach der GMV zur Verfügung stehen. Der gesamte Bereich der Prüfung und Eintragung von Marken nach den in der GMV und der DV geregelten Verfahren einschließlich der Folgeverfahren wie Widerspruch, Nichtigkeit und Beschwerde sowie alle weiteren nach der GMV getroffenen Entscheidungen, etwa in Angelegenheiten der zugelassenen Vertreter, sind der Rechtsaufsicht der Kommission entzogen. Etwaige Befürchtungen, die Kommission könne die Anwendung und Auslegung der GMV über Art 122 beeinflussen oder gar kontrollieren, sind, wie auch die Erfahrung der vergangenen Jahre gezeigt hat, unbegründet. **2**

Im Anwendungsbereich von Art 122 verbleiben somit praktisch nur Handlungen des Präsidenten beamtenrechtlicher Art, für nach dem EG-Beamten- **3** statut keine Rechtsbehelfe gegeben sind, und die Einhaltung von Zuständigkeitsregeln im Außenverhältnis (Verbot des Handelns »ultra vires«).

Art 122 (3) wurde durch VO Nr 422/2004[1] mit Wirkung zum 10.3.2004 geändert, indem die Fristen von 2 Wochen und einem Monat auf 1 Monat und drei Monate verlängert wurden, um der Kommission Gelegenheit zur sorgfältigen Prüfung zu geben, da Untätigkeit der Kommission als Ablehnung des Einschreitens gilt.

## 2 Gemeinsame Protokollerklärung Nr 26

4   Zu Art 122 haben Rat und Kommission folgende Gemeinsame Protokollerklärung abgegeben,[2] die allerdings wegen eines Druckfehlers als Erklärung zu Art 124 bezeichnet ist: »Der Rat und die Kommission sind der Auffassung, dass Handlungen des Präsidenten im Sinne dieses Artikels seine Handlungen aufgrund seiner Befugnisse gemäß Artikel 124 (2) dieser Verordnung sowie gemäß jeder anderen Regelung betreffend die Gemeinschaftsmarke sind.« Das bezieht sich auf die in Art 122 (3) vorgesehene Möglichkeit, dass ein Mitgliedstaat oder ein unmittelbar betroffener Dritter unmittelbar die Kommission mit der Bitte um Kontrolle einer Handlung des Präsidenten des HABM anruft. Die Protokollerklärung wollte offenbar den Begriff der »Handlung« des Präsidenten näher präzisieren.

5   Das ist misslungen. Für das Vorliegen einer Handlung des Präsidenten kommt es nicht darauf an, ob er dazu befugt war. Gerade die Handlungen des Präsidenten, zu denen er nach Art 124 nicht befugt ist, können mangels Zuständigkeit rechtswidrig sein. Umgekehrt enthält Art 124 die grundlegende Befugnis des Präsidenten des HABM, das Amt zu leiten. Gerade dies ist der Aufsicht durch die Kommission weitestgehend entzogen, weil die Aufsicht nach Art 122 Rechtsaufsicht und nicht Fachaufsicht ist. Die Protokollerklärung verdunkelt eher den Anwendungsbereich von Art 122. Entscheidend ist, dass Art 122 nicht auf Entscheidungen der in Art 130 genannten Stellen des Amtes anwendbar ist.

---

1  ABl-EG L 70 vom 9.3.2004, S 1.
2  ABl-HABM 1996, 622.

## Artikel 123 (ex Artikel 118a) Zugang zu den Dokumenten

(1) Die Verordnung (EG) Nr. 1049/2001 des Europäischen Parlaments und des Rates findet Anwendung auf die Dokumente des Amtes.

(2) Der Verwaltungsrat erlässt in Bezug auf die vorliegende der Verordnung die praktischen Durchführungsbestimmungen.

(3) Gegen die Entscheidungen, die das Amt gemäß Artikel 8 der Verordnung (EG) Nr. 1049/2001 trifft, kann Beschwerde beim Bürgerbeauftragten oder Klage beim Gerichtshof der Europäischen Gemeinschaften nach Maßgabe von Artikel 195 bzw. 230 EG-Vertrag erhoben werden.

*Schennen*

## 1 Allgemeines

Im Interesse der Schaffung von Transparenz über die von der Kommission 1 geführten Vorgänge und Akten wurde die VO Nr 1049/2001 des Europäischen Parlaments und des Rates vom 30.5.2001[1] erlassen, die die Möglichkeit gewährt, dass ein Bürger Zugang zu Dokumenten, auch zu Kopien von Dokumenten, bekommt, die bei der Kommission, dem Rat oder dem Parlament geführt werden, vorbehaltlich vertraulicher Dokumente. Bei Annahme dieser VO waren sich Kommission und Rat einig, dass entsprechende Regelungen auch für die Agenturen und anderen Einrichtungen der EG eingeführt werden sollten. Daher wurde durch VO Nr 1653/2003 vom 18.6.2003 zur Änderung der GMV[2] mit Wirkung zum 1.10.2003 Art 123 in die GMV eingefügt und die VO Nr 1049/2001 für das HABM für anwendbar erklärt.

---

1 ABl-EG L 145 vom 31.5.2001, S 43.
2 ABl-EG L 245 vom 29.9.2003, S 36.

**2** Abs 2 betrifft vom Verwaltungsrat (Art 126) zu erlassende Durchführungsbestimmungen. Diese hat der Verwaltungsrat mit Beschluss vom 24.11.2003
erlassen.[3]

**3** Abs 3 schafft gegen Entscheidungen, die den Zugang zu Dokumenten ablehnen, einen eigenständigen Rechtsweg.

## 2 Bedingungen für den Zugang

**4** Der Beschluss des Verwaltungsrats Nr CA-03-22 sieht verschiedene Voraussetzungen und Modalitäten für den Zugang vor. Zugangsberechtigt sind nur
Unionsbürger. Anträge auf Zugang zu einem Dokument sind per e-mail an
das Amt zu richten und haben das gewünschte Dokument präzise zu bezeichnen. Hierin liegt schon eine praktisch wesentliche Einschränkung, da
das Zugangsrecht nur ausgeübt werden kann, wenn der Interessent bereits
von der Existenz des Dokuments weiß. Zugang zu Dokumenten, die Dritte
beim HABM eingereicht haben, wird nur gewährt, wenn der Inhalt bereits
anderweitig verbreitet wurde, oder nach Konsultation des Dritten. Als vertraulich bezeichnete Dokumente und amtsinterne Dokumente sind vom Zugang ausgeschlossen. Anträge auf Zugang werden innerhalb von 3 Wochen
bearbeitet. Welche Dokumente verfügbar sind, ist vom HABM in einem
»Register« auf der Webseite veröffentlicht;[4] dort ist auch das elektronische
Antragsformular verfügbar.

## 3 Verhältnis zur Akteneinsicht

**5** Art 123 ist systematisch-teleologisch auszulegen und im Zusammenhang mit
Art 84 und Art 74 GGV zu sehen. Daraus folgt, dass Art 123 nicht für Do-
kumente gilt, die Bestandteil der Akten von Anmeldungen von GMn und
Gemeinschaftsgeschmacksmustern sind; hierfür gelten allein die jeweiligen
Akteneinsichtsregeln. Der Zugang zu Aktenbestandteilen unveröffentlichter
GMAen und Gemeinschaftsgeschmacksmuster bleibt somit ausgeschlossen
bzw von der Zustimmung des Anmelders oder (nach Art 74 (2) GGV) ei-
nem berechtigten Interesse abhängig.

---

3 ABl-HABM 2004, 318.

4 Http://oami.europa.eu/en/office/preg/preg2.htm.

## 2. Abschnitt  Leitung des Amtes

Artikel 124 (ex Artikel 119)  Befugnisse des Präsidenten

(1) Das Amt wird von einem Präsidenten geleitet.

(2) Zu diesem Zweck hat der Präsident insbesondere folgende Aufgaben und Befugnisse:

a)  Er trifft alle für die Tätigkeit des Amtes zweckmäßigen Maßnahmen, einschließlich des Erlasses interner Verwaltungsvorschriften und der Veröffentlichung von Mitteilungen;

b)  er kann der Kommission Entwürfe für Änderungen dieser Verordnung, der Durchführungsverordnung, der Verfahrensordnung der Beschwerdekammern und der Gebührenordnung sowie jeder anderen Regelung betreffend die Gemeinschaftsmarke vorlegen, nachdem er den Verwaltungsrat sowie zu der Gebührenordnung und den Haushaltsvorschriften dieser Verordnung den Haushaltsausschuß angehört hat;

c)  er stellt den Voranschlag der Einnahmen und Ausgaben des Amtes auf und führt den Haushaltsplan des Amtes aus;

d)  er legt der Kommission, dem Europäischen Parlament und dem Verwaltungsrat jedes Jahr einen Tätigkeitsbericht vor;

e)  er übt gegenüber dem Personal die in Artikel 116 Absatz 2 vorgesehenen Befugnisse aus;

f)  er kann seine Befugnisse übertragen.

(3) Der Präsident wird von einem oder mehreren Vizepräsidenten unterstützt. Ist der Präsident abwesend oder verhindert, so wird er nach dem vom Verwaltungsrat festgelegten Verfahren vom Vizepräsidenten oder von einem der Vizepräsidenten vertreten.

*Schennen*

## 1 Allgemeines

1   Der Präsident leitet das Amt. Zu den Vizepräsidenten (Art 124 (3)) siehe Art 125. Er ist Anstellungsbehörde für das Personal (Art 124 (2) (e), siehe auch unter Art 116 Rdn 1–3) und entscheidet über Einstellungen, Beförderungen und Entlassungen des Personals. Als Behörde ist das HABM somit monokratisch organisiert. Art 124 (2) (f) unterstreicht das; in der Praxis handelt das HABM überwiegend nicht durch den Präsidenten selbst, sondern durch einzelne Beamte im Rahmen ihrer Zuständigkeit und unter Beachtung etwaiger Weisungen.

2   Lediglich im Falle der Abwesenheit oder Verhinderung des Präsidenten haben die Vizepräsidenten eigene, nicht nach Art 124 (2) (f) abgeleitete Leitungs- und Weisungsbefugnisse. Die Vertretungsregelung ist im Beschluss Nr CA-96–3 des Verwaltungsrats des Amtes vom 28.2.1996[1] niedergelegt: Sofern es mehrere Vizepräsidenten gibt (derzeit nur 1), vertritt der dienstälteste, bei gleichem Dienstalter der lebensälteste Vizepräsident.

3   Die Kommissionsvorschläge vom 27.3.2013 wollen aus dem Präsidenten des Amtes einen Executive Director machen.

## 2 Prüfungsrichtlinien

4   Die RiLi stellen in eine nach außen transparente Form gegossene generelle Weisungen an die Mitarbeiter der in Art 130 (a) – (d) genannten Organe sowie an alle im Verwaltungsvollzug tätigen Mitarbeiter des HABM dar, soweit die Prüfung und administrative Bearbeitung von GMAen und die in der GMV vorgesehenen Verfahren betroffen ist. Zu solchen Weisungen ist der Präsident auch sonst, sowohl im Einzelfall als auch in genereller Form, kraft seiner Weisungsbefugnis nach Art 124 (1) befugt.[2] Die in Art 124 (2) (a) angesprochenen RiLi bestehen aus den eigentlichen PrüfRiLi und Abschnitten für die weiteren Verfahren (Formalprüfung, Widerspruch, Löschung, Registereintragungen). Die Notwendigkeit ihrer Vorlage gegenüber dem Verwaltungsrat (dann in allen 5 Sprachen des Amtes) macht ihre Anpassung insbesondere an die aktuelle Rspr schwierig und zäh. Deshalb hat das HABM parallel dazu eine als Manual (Handbuch) bezeichnete laufend angepasste

---

1   ABl-HABM 1996, 1079.

2   Vgl auch Benkard/Schäfers, PatG, § 26 Rn 11.

Fassung der RiLi veröffentlicht.[3] Diese hat dieselbe intern bindende Wirkung wie die »offizielle« Fassung der RiLi und ist die einzige, die, da regelmäßig und in kurzen Abständen aktualisiert, garantiert, dass sie der tatsächlichen Praxis entspricht. Deshalb wird in diesem Kommentar unter dem Begriff »RiLi« unterschiedslos auf die »offiziellen« RiLi wie auf das Manual verwiesen, und zwar jeweils auf die aktuellste Fassung, die nur über das Internet (nicht im ABl-HABM) zugänglich ist..

Die RiLi sind Instrumente der Herbeiführung einheitlicher Grundsätze zur Herbeiführung einer konsistenten und insbesondere nicht von dem nationalen Hintergrund des jeweiligen Prüfers abhängigen Entscheidungspraxis und fördern Vorhersehbarkeit und Transparenz. Sie binden die GrBK nicht. Die GrBK hat schon in mehreren Entscheidungen die in den RiLi niedergelegte Praxis der 1. Instanz des HABM korrigiert. Auch entbinden sie den Prüfer nicht von der, gesetzlich geforderten,[4] Einzelfallprüfung..

### 3 Kein Selbsteintrittsrecht

Freilich gelten für die in der GMV vorgesehenen Verfahren Besonderheiten. 5 Entscheidungen in den in der GMV vorgesehenen Verfahren, also alle Entscheidungen im Zusammenhang mit einer angemeldeten oder eingetragenen Marke und sich anschließende Folgeverfahren sowie Entscheidungen im Zusammenhang mit der Eintragung von Vertretern in die Liste der zugelassenen Vertreter (Art 93 (2)), ergehen nur durch die in Art 130 genannten Organe.

Einzige Ausnahme ist Art 93 (4): Der Präsident kann Befreiung von der Er- 6 füllung bestimmter Voraussetzungen für die Eintragung in die Liste der zugelassenen Vertreter erteilen; die Entscheidung über die Eintragung in die Liste der zugelassenen Vertreter wird dagegen stets von der Markenverwaltungs- und Rechtsabteilung durch eines ihrer Mitglieder getroffen (siehe Art 133 (2), (3)).

---

3 Unter    http://oami.europa.eu/ows/rw/pages/CTM/legalReferences/guidelines/ OHIMManual.de.do.

4 Vgl EuGH C-363/99 vom 12.2.2004, GRUR 2004, 674 (Nr 34) *Postkantoor* zu absoluten, EuGH C-251/95 vom 11.11.1997, GRUR 1998, 387 (Nr 22) *Sabèl/ Puma* zu relativen Eintragungshindernissen.

7 Der Präsident des Amtes legt fest, wer Prüfer oder Mitglied von Nichtig-
keits- oder Widerspruchsabteilungen und Markenverwaltungs- und Rechtsabteilung ist, und bestimmt die Geschäftsverteilung. Weder er selbst noch
ein Vizepräsident gehört einem der in Art 130 (a)–(d) bezeichneten Organe
an. Der Präsident kann deshalb nicht an Stelle eines Prüfers oder einer Widerspruchsabteilung selbst über eine Anmeldung oder einen Widerspruch
entscheiden. Ein Selbsteintrittsrecht steht ihm nicht zu.

#### 4 Beschlüsse des Präsidenten mit Außenwirkung

8 Die GebV und die DV ermächtigen den Präsidenten zu einer Reihe von
Maßnahmen mit Außenwirkung.

9 Ua sind dies R 3 (6) (Klangmarken), R 6 (4), R 8 (4) und R 28 (4) (Formerfordernisse bei Priorität und Seniorität), R 59 (4) (Auslagen von Zeugen),
R 66 (2) (öffentliche Zustellung),R 65 (2), R 72 (2), (4) und R 82 (1)
(Übermittlung von Schriftstücken), R 87 und R 91 (2) (Zugang zu Daten
und Akten) und Art 3, 5 und 10 GebV (Preise, Zahlungsarten und Bagatell-
grenzen).

10 Es handelt sich nicht um Entscheidungen, denn dieser Begriff ist nach
Art 130 den Entscheidungen in den von der GMV geregelten Verfahren vorbehalten; insoweit ist der deutsche Text von Art 5 (3), Art 10 (2) GebV nicht
zutreffend, und auch nicht um Verwaltungsvorschriften, da sie Außenwirkung haben, sondern um Rechtsnormen. Die Beschlüsse des Präsidenten, zu
denen er nach der DV und der GebV ermächtigt ist, binden die Verfahrensbeteiligten und das HABM einschließlich der Beschwerdekammern ebenso
wie die DV und die GebV selbst. Es wird der Inhalt des Beschlusses des Präsidenten kraft (gleitender) Verweisung zum Inhalt der Norm der DV oder
der GebV selbst.

11 Überwiegend ist den genannten Bestimmungen gemeinsam, dass dem Präsidenten des Amtes Spielraum zur flexiblen Handhabung und zur Berücksichtigung moderner technischer Entwicklungen gegeben wird. Indem die
DV breite Spielräume für die Nutzung moderner technischer Kommunikati-
ons- und Publikationsmittel erlaubt, gibt sie zugleich die gesetzgeberische
Zielvorgabe, dass deren umfassende Nutzung erwünscht ist.

## Artikel 125 (ex Artikel 120)   Ernennung hoher Beamter

(1) Der Präsident des Amtes wird anhand einer Liste von höchstens drei Kandidaten, die der Verwaltungsrat aufstellt, vom Rat ernannt. Er wird auf Vorschlag des Verwaltungsrates vom Rat entlassen.

(2) Die Amtszeit des Präsidenten beläuft sich auf höchstens fünf Jahre. Wiederernennung ist zulässig.

(3) Der oder die Vizepräsidenten des Amtes werden nach Anhörung des Präsidenten entsprechend dem Verfahren nach Absatz 1 ernannt und entlassen.

(4) Der Rat übt die Disziplinargewalt über die in den Absätzen 1 und 3 genannten Beamten aus.

*Schennen*

### 1 Allgemeines

Art 125 bestimmt besondere Regelungen über den Präsidenten und die Vizepräsidenten des Amtes. Diese hohen Beamten unterliegen dem Personalstatut (Art 116), aber nur nach Maßgabe dieses Artikels, was die Amtszeit, das Verfahren zu ihrer Ernennung und die Ausübung der Disziplinargewalt betrifft. Nach Art 125 (1) trifft die Entscheidung der Rat der EG nach Anhörung des Verwaltungsrats. Der Verwaltungsrat stellt eine Liste von drei Kandidaten auf, aus denen der Rat der EG einen Kandidaten auswählt.   1

Erster Präsident des HABM ab dem 1.9.1994 war Jean-Claude Combaldieu (Frankreich). Seine Amtszeit wurde um gut ein Jahr bis zum Erreichen der Altersgrenze bis zum 30.9.2000 verlängert.[1] Zu seinen Nachfolgern wurden   2

---

1 Beschluss des Rates der EG vom 3.12.1998, ABl-HABM 1999, 594.

Wubbo de Boer (Niederlande) (ab dem 1.10.2000,[2] verlängert bis zum 30.9.2010[3]) und seit 1.10.2010 Antonio Campinos (Portugal)[4] ernannt. Vizepräsidenten bis 2004/2005 waren Alexander von Mühlendahl (Deutschland) und Alberto Casado Cerviño (Spanien). Seit 2004 hat das Amt nur einen Vizepräsidenten, seit 1.11.2005 Peter Lawrence (GB)[5] und seit 1.11.2010 Christian Archambeau (BE).[6]

## 2 Amtszeit des Präsidenten

3 Die Amtszeit des Präsidenten beträgt nach Art 125 (2) höchstens fünf Jahre; Wiederernennung ist zulässig. Die Ernennung ist also unbegrenzt oft für eine Dauer von je fünf Jahren oder einen geringeren Zeitraum möglich bis zum Erreichen der Altersgrenze von 65 Jahren nach dem EG-Beamtenstatut.

## 3 Vizepräsidenten

4 Die Zahl der Vizepräsidenten ist in Art 120 nicht festgelegt. Anfangs gab es zwei, nun noch einen Vizepräsidenten. Auch die Amtszeit der Vizepräsidenten ist in Art 125 (3) nicht ausdrücklich geregelt. Doch ist Art 125 (2) analog anzuwenden. So ist vom Rat bisher verfahren worden.

## 4 Disziplinargewalt

5 Die Disziplinargewalt über den Präsidenten übt der Rat der EG aus. Die Disziplinargewalt über die Vizepräsidenten wird nach Art 125 (4) nicht vom Präsidenten als der Anstellungsbehörde (Art 116 (2) iVm Art 124 (2) (e)), sondern vom Rat ausgeübt. Der Präsident ist gegenüber den Vizepräsidenten wie gegenüber allen anderen Bediensteten des Amtes weisungsbefugt. Disziplinarmaßnahmen kann aber nur der Rat aussprechen.

## 5 Reformvorschläge

6 Die Kommissionsvorschläge vom 27.3.2013, in Verwirklichung des »Common approach on decentralised agencies«, sehen außer der Änderung des Ti-

---

2 Beschluss des Rates vom 2.5.2000, ABl-HABM 2000, 1080.
3 Beschluss des Rates vom 17.2.2005, ABl-EG C 53 vom 3.3.2005, S 15.
4 Beschluss des Rates vom 25.5.2010, ABl-EG C 152 vom 11.6.2010, S 1.
5 Beschluss des Rates vom 12.7.2005, ABl-EG C 178 vom 20.7.2005, S 3.
6 Beschluss des Rates vom 25.5.2010, ABl-EG C 152 vom 11.6.2010, S 1.

tels in Executive Director auch Änderungen der Zuständigkeiten und der politischen Kontrolle vor. Für die Ernennung soll künftig das Management Board (entsprechend dem Verwaltungsrat) zuständig sein, auf der Basis eines Vorschlags der Kommission, um die Entscheidungsprozesse zu entpolitisieren; die Amtszeit soll auf 5 plus 5 Jahre limitiert werden.

# 3. Abschnitt Verwaltungsrat

## Artikel 126 (ex Artikel 121) Errichtung und Befugnisse

(1) Beim Amt wird ein Verwaltungsrat errichtet. Unbeschadet der Befugnisse, die dem Haushaltsausschuß im fünften Abschnitt – Haushalt und Finanzkontrolle – übertragen werden, übt er die nachstehend bezeichneten Befugnisse aus.

(2) Der Verwaltungsrat stellt die in Artikel 125 genannte Liste von Kandidaten auf.

(3) Er berät den Präsidenten im Zuständigkeitsbereich des Amtes.

(4) Er wird vor der Genehmigung von Richtlinien für die vom Amt durchgeführte Prüfung sowie in den übrigen in dieser Verordnung vorgesehenen Fällen gehört.

(5) Soweit er es für notwendig erachtet, kann er Stellungnahmen abgeben und den Präsidenten und die Kommission um Auskunft ersuchen.

*Schennen*

## 1 Allgemeines

Der Verwaltungsrat ist das politische Aufsichtsgremium für das Amt. Seine 1 entsprechenden Befugnisse sind jedoch in zweierlei Hinsicht eingeschränkt.

Zum einen bleiben wesentliche Kontrollfunktionen der Kommission überlassen, nicht so sehr die, wenig bedeutsame, Rechtsaufsicht (Art 122)
sondern in erster Linie die legislative Zuständigkeit im Bereich der Durch-
führungs- und Gebührenvorschriften (Art 144, 145). Die Beschäftigungsbedingungen für das Personal ergeben sich aus der Anwendung des EG-Per-
sonalstatuts (Art 116). Zum anderen ist für die Haushaltsfragen und vor
allem die Beschlussfassung über den Haushaltsplan der Haushaltsausschuss
zuständig (Art 138–143).

2  Die Reformvorschläge der Kommission vom 27.3.2013 basieren auf dem
»Common approach on decentralised agencies« von Rat, Kommission und
Parlament vom Juli 2012. Sie beabsichtigen eine grundsätzliche Änderung
der Leitungsstruktur des Amtes: Aus dem Präsidenten soll der Executive Director werden, aus dem Verwaltungsrat das Management Board, das ein Executive Board einrichten kann. Die Ernennung leitender Beamter soll nicht
mehr durch den Rat erfolgen. Die Befugnisse des Management Board sollen
sehr viel weiter gehen als die des Verwaltungsrats gegenwärtig und vor allem
den Präsidenten in Fragen der Strategie und der Planung stärker an die Vorgaben des Management Board binden. Der Einfluss der Kommission würde
dadurch ebenfalls gestärkt.

## 2  Befugnisse des Verwaltungsrats nach Art 126

3  Die Befugnisse des Verwaltungsrats sind in Art 126 (2) – (5) aufgeführt. Von
besonderer praktischer Bedeutung ist, dass er nach Art 126 (4) vor Erlass der
PrüfRiLi anzuhören ist. Eine weitere Befugnis die Wahl der Mitglieder der
Beschwerdekammern nach Art 136 (2).[1] Die Befugnis, den Stichtag für die
Einreichung von GMAen festzulegen (Art 121 (3) aF), ist wegen Zeitablaufs
gestrichen worden.

4  Art 126 räumt dem Verwaltungsrat eine wertvolle beratende Funktion gegenüber dem Präsidenten des Amtes ein. Dazu gehört, dass der Präsident des
Amtes den Verwaltungsrat über alle wesentlichen Vorkommnisse unterrichtet. Eine solche Unterrichtung kann der Verwaltungsrat erbitten; er kann
auch die Kommission um Auskunft bitten. Zur Bedeutung dieser Bestimmung haben Rat und Kommission bei der Annahme der GMV folgende ge-

---

1  Änderung von Art 136 gemäß VO Nr 422/2004 vom 19.2.2004, in Kraft seit
28.12.2004, ABl-EG L 362 vom 9.12.2004, S 16.

meinsame Protokollerklärung abgegeben:[2] »Der Rat und die Kommission sind der Auffassung, dass sich diese ›Auskunft‹ auf die Tätigkeit des Amtes erstrecken kann.« In den anderen Sprachfassungen dieser Erklärung steht das Wort »auch« (»also«, »également«). Diese Protokollerklärung ist überflüssig, denn der Verwaltungsrat hat Beratungs- und Auskunftsrecht nur bezogen auf den Bereich seiner eigenen Zuständigkeit und somit nur bezogen auf das Amt.

### 3 Befugnisse des Verwaltungsrats nach anderen Vorschriften

Weitere Befugnisse, die sich aus anderen Vorschriften der GMV ergeben, 5 sind:

Der Verwaltungsrat stellt nicht nur die Liste der Kandidaten für den Prä- 6 sidenten und die Vizepräsidenten des Amtes (Art 126 (2)), sondern auch die Liste der Kandidaten des Präsidenten und der Vorsitzenden der Beschwerdekammern auf (Art 136 (1)). Der Verwaltungsrat wählt die Mitglieder (nicht die Vorsitzenden) der Beschwerdekammern, Art 136 (2).

Er wird vom Präsidenten des Amtes angehört, bevor dieser der Kommission 7 einen Entwurf zur Änderung der DV oder der GebV unterbreitet, Art 124 (2) (b).

Er erlässt die Regelung über die Vertretung des Präsidenten durch die Vize- 8 präsidenten (Art 124 (3)). Eine solche Regelung hat er mit Beschluss vom 28.2.1996[3] getroffen.

Er erlässt Durchführungsbestimmungen über den Zugang zu Dokumenten 9 des HABM[4] gemäß Art 122a (2).

### 4 Bedeutung der Anhörung des Verwaltungsrats

Ist der Verwaltungsrat nach der GMV »anzuhören«, so wird der Präsident 10 des Amtes im allgemeinen eine etwaige Stellungnahme des Verwaltungsrats oder einzelner Delegationen sorgfältig berücksichtigen. Dagegen ist der Präsident des Amtes nicht verpflichtet, einem ablehnenden Votum des Verwal-

---

2 Gemeinsame Erklärung Nr B. 27., veröffentlicht im ABl-HABM 1996, 622.
3 ABl-HABM 1996, 1078.
4 Beschluss des Verwaltungsrats Nr CA-03-22 vom 24.11.2003, ABl-HABM 2004, 304.

tungsrats Folge zu leisten.[5] Erforderlich ist die »Anhörung«, nicht die Zustimmung des Verwaltungsrats, noch nicht einmal die Abgabe einer Stellungnahme. Somit bleibt die politische Verantwortung für die PrüfRiLi und die Praxis des Amtes, die der Kontrolle durch die Beschwerdekammern unterliegt, beim Präsidenten des Amtes.

11 Die Anhörung kann auch im schriftlichen Verfahren erfolgen.

## Artikel 127 (ex Artikel 122) Zusammensetzung

(1) Der Verwaltungsrat besteht aus je einem Vertreter jedes Mitgliedstaats und einem Vertreter der Kommission sowie aus je einem Stellvertreter.

(2) Die Mitglieder des Verwaltungsrates können nach Maßgabe seiner Geschäftsordnung Berater oder Sachverständige hinzuziehen.

*Schennen*

## 1 Allgemeines

1 Der Verwaltungsrat besteht aus Mitgliedern und Stellvertretern, die von den Mitgliedstaaten und der Kommission ad personam benannt worden sind. Die Liste der Mitglieder und Stellvertreter wird regelmäßig im ABl-HABM[1] sowie auch im Jahresbericht des HABM abgedruckt. Mitglieder seitens der Mitgliedstaaten sind überwiegend Vertreter aus den jeweiligen nationalen Ämtern oder den für diese zuständigen Ministerien, und zwar meistens die Personen, die auch Mitglieder des Haushaltsausschusses sind. Andere Personen können als Berater oder Sachverständige in der Delegation eines Mitgliedstaates oder der Kommission teilnehmen.[2]

---

5 Maier, Comentarios, S 1064.
1 Erstmals: ABl-HABM 1995, 232; zuletzt: ABl-HABM 2001, 409.
2 Maier, Comentarios, S 1064.

Die Mitgliedstaaten und die Kommission können die Mitglieder und Vertre- 2
ter frei auswechseln, so dass die Freiheit der Mitgliedstaaten, die Delegierten
ihrer Wahl zu benennen, nicht eingeschränkt ist.

## 2 Rolle der Kommission im Verwaltungsrat

Die Kommission hat im Verwaltungsrat Sitz wie die Mitgliedstaaten. In der 3
Praxis kann die Haltung der Kommission im Verwaltungsrat für die Mei-
nungsbildung gerade dann Bedeutung erlangen, wenn der Verwaltungsrat zu
Vorschlägen des Präsidenten des Amtes angehört wird, über die anschließend
die Kommission selbst entscheidet, etwa über Vorschläge zur Änderung der
DV oder zur Erhöhung von Gebühren (siehe Art 124 (2) (a), Art 144 (3),
Art 162 (2), 163). Dagegen hat die Kommission kein Stimmrecht,[3] wie sich
aus Art 129 (5) sowie aus Art 8 der Geschäftsordnung des Verwaltungsrats
ergibt.

## Artikel 128 (ex Artikel 123) Vorsitz

**(1) Der Verwaltungsrat wählt aus seinen Mitgliedern einen Präsidenten
und einen Vizepräsidenten. Der Vizepräsident tritt im Falle der Verhinderung des Präsidenten von Amts wegen an dessen Stelle.**

**(2) Die Amtzeit des Präsidenten und des Vizepräsidenten beträgt drei Jah-
re. Wiederwahl ist zulässig.**

*Schennen*

## 1 Allgemeines

Zum ersten Präsidenten des Verwaltungsrats wurde José Mota Maia (Portu- 1
gal) gewählt. Ihm folgten Carl-Anders Ifvarsson (Schweden) (März 2000 bis
2003), Marti Enäjärvi (Finnland), Antonio Campinos (Portugal) (2006 bis
Ende 2010) und seit 1.1.2011 Mihaly Ficsor (Ungarn).

---

3  Maier, Comentarios, S 1066 f.

## Artikel 129 (ex Artikel 124) Tagungen

(1) Der Verwaltungsrat wird von seinem Präsidenten einberufen.

(2) Der Präsident des Amtes nimmt an den Beratungen teil, sofern der Verwaltungsrat nicht etwas anderes beschließt.

(3) Der Verwaltungsrat hält jährlich eine ordentliche Tagung ab; außerdem tritt er auf Veranlassung seines Präsidenten oder auf Antrag der Kommission oder eines Drittels der Mitgliedstaaten zusammen.

(4) Der Verwaltungsrat gibt sich eine Geschäftsordnung.

(5) Der Verwaltungsrat faßt seine Beschlüsse mit der einfachen Mehrheit der Vertreter der Mitgliedstaaten. Beschlüsse, zu denen der Verwaltungsrat nach Artikel 125 Absätze 1 und 3 befugt ist, bedürfen jedoch der Dreiviertelmehrheit der Vertreter der Mitgliedstaaten. In beiden Fällen verfügt jeder Mitgliedstaat über eine Stimme.

(6) Der Verwaltungsrat kann Beobachter zur Teilnahme an den Tagungen einladen.

(7) Die Sekretariatsgeschäfte des Verwaltungsrates werden vom Amt wahrgenommen.

*Schennen*

## 1 Allgemeines

1 Die Bestimmung regelt die Tätigkeit des Verwaltungsrats des Amtes. Zu Art 129 (7) siehe unter Rdn 7.

2 Die Tagungen finden am Sitz des Amtes in Alicante statt, und zwar in der Regel zeitlich zusammen mit denen des Haushaltsausschusses und auch zusammen mit einer gemeinsamen Tagung des Verwaltungsrats und des Haushaltsausschusses, zu Fragen, die die Zuständigkeit beider Gremien berühren.

Die erste Tagung des Verwaltungsrats fand am 21.2.1994 statt. Tagungen 3
finden normalerweise halbjährlich statt.

## 2 Geschäftsordnung des Verwaltungsrats

Der Verwaltungsrat hat sich gemäß Art 129 (4) eine Geschäftsordnung gege- 4
ben, VO Nr CA-1-94 vom 21.3.1994, im wesentlichen unverändert ersetzt
durch VO Nr CA-1-10 vom 23.11.2010 (verfügbar unter http://oami.euro-
pa.eu/ows/rw/pages/OHIM/institutional/ABBC/ab-decisions-r.de.do).

## 3 Personalfragen

Abstimmungen über Personalfragen (Wahl des Präsidenten des Verwaltungs- 5
rats, Vorschlag an den Rat zur Ernennung des Präsidenten, Vizepräsidenten
Präsidenten der Beschwerdekammern und der Vorsitzenden der Beschwerdekammern, Wahl der Mitglieder der Beschwerdekammern) sind nach Art 8
(4) der Geschäftsordnung geheim. Für diese Beschlüsse ist die Dreiviertelmehrheit nach Art 129 (5) Satz erforderlich (Art 136 (1) Satz 1, der auf
Art 125 verweist). Für die Dreiviertelmehrheit müssen 21 von 27 Stimmen
erreicht sein.

Die Tagungen des Verwaltungsrats sind teils auch den Beobachtern zugäng- 6
lich, teils auch gegenüber diesen vertraulich, Art 4 (4) der Geschäftsordnung.

## 4 Teilnahme der Vertreter des Amtes

Das Amt stellt das Sekretariat des Verwaltungsrats und bereitet in Abstim- 7
mung mit dem Präsidenten des Verwaltungsrats die Tagungsdokumente vor,
Art 5a der Geschäftsordnung.

Der Präsident des Amtes (Art 129 (2)) und die von ihm bestimmten, für 8
den betreffenden Tagesordnungspunkt zuständigen Bediensteten nehmen an
den Tagungen teil. Der Präsident des Amtes hat kein Stimmrecht.

Art 3 der Geschäftsordnung sieht vor, dass der Präsident des Amtes beliebig 9
Mitarbeiter des Amtes zu den Sitzungen hinzuziehen kann, sofern der Verwaltungsrat nichts anderes beschließt, und dass der Verwaltungsrat zu bestimmten Punkten die Teilnahme der Personalvertretung gestatten kann.

**5  Beobachter im Verwaltungsrat**

10  Nach Art 129 (6) und nach Art 4 der Geschäftsordnung des Verwaltungsrats
können Beobachter zugelassen werden. Als Beobachter sind das Benelux-
Amt, die WIPO zugelassen worden, außerdem einige Organisationen der beteiligten Kreise, deren Zahl sich bis 2014 auf 11 erhöhen wird, darunter
GRUR.

11  Gemäß Art 4 (3) der Geschäftsordnung kann Staaten, die einen Antrag auf
Beitritt zur EG gestellt haben, Beobachterstatus im Verwaltungsrat eingeräumt werden. Auf dieser Grundlage sind die Staaten, die am 2004 und
2007 beigetreten sind, und Kroatien und die Türkei eingeladen worden.

# 4. Abschnitt  Durchführung der Verfahren

## Artikel 130 (ex Artikel 125)  Zuständigkeit

Für Entscheidungen im Zusammenhang mit den in dieser Verordnung vorgeschriebenen Verfahren sind zuständig:
a)  die Prüfer;
b)  die Widerspruchsabteilungen;
c)  die Markenverwaltungs- und Rechtsabteilung;
d)  die Nichtigkeitsabteilungen;
e)  die Beschwerdekammern.

*Schennen*

## 1  Allgemeines

1  Dieser Art bestimmt, welche Organe für Entscheidungen im Zusammenhang mit den in der GMV vorgeschriebenen Verfahren zuständig sind. Die

Liste des Art 130 ist abschließend; zu erwähnen ist lediglich noch die Zuständigkeit des Präsidenten des HABM für die Erteilung oder Versagung von Befreiungen von bestimmten Voraussetzungen für die Eintragung in die Liste der zugelassenen Vertreter (Art 93 (4)), die aber auch nur eine Vorfrage im Rahmen des Verfahrens zur Eintragung in die Liste der zugelassenen Vertreter betrifft, während die eigentliche Entscheidung über die Eintragung in die Liste der Marken- und Musterverwaltungs- und Rechtsabteilung obliegt (Art 133 (2); siehe unter Art 133 Rdn 6).

Art 130 wird ergänzt durch R 55 (siehe unter Rdn 7) und R 100, die mit **2** VO Nr 1041/2005 völlig neu gefasst wurde (siehe unter Rdn 8–11).

Der abschließende Charakter von Art 130 bedeutet: **3**

Erstens besteht keine Zuständigkeit des Präsidenten oder eines Vizepräsidenten für die Bearbeitung von einzelnen Verfahren. Der Präsident ist zu allgemeinen (PrüfRiLi) und besonderen Weisungen an die gemäß Art 130 (a)–(d) zuständigen Bediensteten befugt, aber es steht ihm kein Selbsteintrittsrecht zu. **4**

Zweitens bezieht sich der abschließende Charakter von Art 130 auf die »in **5** der GMV« (und der DV sowie der GebV) »vorgeschriebenen« (besser: geregelten) »Verfahren«. Darunter fallen alle Verfahrenshandlungen in Bezug auf eine GMA oder eine GM sowie Vertreter- und Vollmachtsfragen. Andere Verwaltungsakte und privatrechtliche Handlungen unterliegen weder dem Zuständigkeitssystem des Art 130 noch dem Beschwerderechtszug nach Art 58 noch den verfahrensrechtlichen Bestimmungen der GMV wie etwa dem Titel IX.

## 2 Erst- und zweitinstanzliche Zuständigkeiten

Die in Art 130 (a)–(d) bezeichneten Organe sind solche der ersten Instanz, **6** während die HABM-BK in zweiter Instanz tätig werden.[1] Dies gilt auch für die Nichtigkeitsabteilungen, obwohl im Falle des Antrags auf Erklärung der Nichtigkeit aus absoluten Gründen (Art 52 (1) (a)) regelmäßig der Prüfer zuvor dieselben Tat- und Rechtsfragen entschieden hat; im Falle der Erklärung des Verfalls (Art 51 (1)) entscheidet die Nichtigkeitsabteilung ohnehin einen neuen Sachverhalt.

---

1 Fernández-Novoa, S 63.

### 3 Identifizierung des zuständigen Organs

7 Nach R 55 (1) müssen alle Entscheidungen, Mitteilungen oder Bescheide die zuständige Dienststelle oder Abteilung des Amtes sowie den Namen des zuständigen Bediensteten angeben. Nach R 55 (2) kann der Präsident die äußeren Anforderungen an Schriftstücke des Amtes lockern. Davon hat er mit Beschluss Nr EX-97-1[2] Gebrauch gemacht: Entscheidungen, Mitteilungen oder Bescheide müssen danach den Namen des oder der Bediensteten angeben und im Kopfbogen des Schreibens die erlassende »Stelle oder Abteilung«, also die Hauptabteilung oder Dienststelle. Eine eigenhändige Unterschrift oder ein Dienstsiegel sind nicht erforderlich.

### 4 R 100

8 Art 130 wird außerdem ergänzt durch R 100.

9 R 100 nF ermächtigt nur noch zur Entscheidung durch ein Mitglied in ansonsten Kollegialentscheidungen vorbehaltenen Verfahren. Zur Ernennung der Prüfer siehe unter Art 131 Rdn 7.

10 Die Neufassung von R 100 (VO Nr 1041/2005) hob auch R 100 (1) aF auf, wonach der Präsident des HABM die Prüfer und ihre Anzahl und die Mitglieder der Widerspruchs- und Nichtigkeitsabteilungen bestimmte und die Geschäfte verteilte. Nach R 100 (2) aF konnte der Präsident bestimmen, dass Prüfer auch Mitglieder einer Widerspruchs-, Nichtigkeits- oder der Markenverwaltungs- und Rechtsabteilung sind und umgekehrt. Nach R 100 (4) aF konnte der Präsident mit der Wahrnehmung einzelner den Prüfern usw obliegender Geschäfte, die keine besonderen Schwierigkeiten bieten, andere Bedienstete betrauen.

11 Von beidem hatte er in breitestem Ausmaß Gebrauch gemacht, weil für Einschränkungen der internen Geschäftsverteilung kein praktisches Bedürfnis bestand.

### 5 Verstöße gegen Zuständigkeitsvorschriften

12 Ein Verstoß gegen R 55 stellt zugleich einen Verstoß gegen Art 130 dar, da nicht erkennbar ist, ob der Handelnde zur Mitwirkung berechtigt war; die

---

2 ABl-HABM 1997, 423.

Beschwerdegebühr ist zurückzuzahlen.[3] Verstöße gegen Art 130–134 führen zur Rechtswidrigkeit der Entscheidung, nicht zur Nichtigkeit.[4] Die Entscheidung ist ohne weitere Sachprüfung aufzuheben, will die Beschwerdekammer nicht in der Sache selbst entscheiden (Art 64 (2) Satz 2).

## Artikel 131 (ex Artikel 126)  Prüfer

**Die Prüfer sind zuständig für namens des Amtes zu treffende Entscheidungen im Zusammenhang mit einer Anmeldung einer Gemeinschaftsmarke, einschließlich der in den Artikeln 36, 37 und 68 genannten Angelegenheiten, sofern nicht eine Widerspruchsabteilung zuständig ist.**

*Schennen*

## 1 Allgemeines

Die in diesem Art geregelte Zuständigkeit der Prüfer bezieht sich auf die Bearbeitung der GMA vom Zeitpunkt der Einreichung beim HABM bis zur Eintragung, mit Ausnahme des Widerspruchsverfahrens. Ausdrücklich erwähnt sind die wichtigsten Verfahrensschritte wie die Prüfung auf das Vorliegen der Voraussetzungen zur Zuerkennung des Anmeldetages, die Formalprüfung und die Prüfung auf absolute Eintragungshindernisse. Diese Aufzählung ist nicht abschließend.  **1**

Auch während der Widerspruchsfrist oder der Anhängigkeit eines Widerspruchsverfahrens dauert die Zuständigkeit des Prüfers für die Berücksichtigung absoluter Eintragungshindernisse an, sei es von Amts wegen, sei es zur Berücksichtigung von Bemerkungen Dritter nach Art 40. Dabei kann es sich um nachträgliche Beanstandungen der Schutzfähigkeit handeln (siehe Art 37 Rdn 14). Der Prüfer ist auch zuständig, wenn die GMA während eines Widerspruchsverfahrens wegen Fehlens der Bestellung eines zugelassenen Ver-  **2**

---

3  HABM-BK R 643/2009-4 vom 10.7.2009 (Nr 10, 12) *RE SALE*.
4  AA Kucsko/Bartos, Marken.schutz, S 50 (nichtiger Akt).

treters zurückzuweisen ist. Seit der Abschaffung der Eintragungsgebühr umfasst seine Zuständigkeit auch den Vollzug der Eintragung.

3 Prüfer ist jeder Mitarbeiter der betr Hauptabteilungen, der durch interne dienstliche Weisung mit der Bearbeitung der Akten von GMAen betraut ist. R 100 wurde durch VO Nr 1041/2005 mit Wirkung zum 25.7.2005 aufgehoben.

## 2 Ausnahmen von der Zuständigkeit bis zur Eintragung

4 Folgende Verfahren und Handlungen vor der Eintragung der GM gehören nicht in die Zuständigkeit des Prüfers:
- das Widerspruchsverfahren (Art 132),
- Eintragung von Rechtsübergängen einer GMA (Art 17 iVm Art 23),
- Eintragung von Lizenzen an einer GMA (Art 22 (5) iVm Art 23),
- Eintragung von dinglichen Rechten, Zwangsvollstreckungsmaßnahmen und Konkursverfahren (Art 19–21 iVm Art 23),
- Gewährung von Akteneinsicht in GMA (Art 88, R 89, R 90),
- Ausstellung von Prioritätsbelegen und Kopien von Anmeldungsunterlagen (R 89),
- Gewährung von Amtshilfe an nationale Ämter, Gerichte und Staatsanwaltschaften in Bezug auf GMAen (Art 90),
- Bearbeitung von Anträgen auf Umwandlung einer GMA in nationale Markenanmeldungen (Art 112).

5 Für diese Verfahrensschritte, außer für das Widerspruchsverfahren, ist die Auffangzuständigkeit die Marken- und Musterverwaltungs- und Rechtsabteilung (Art 133) begründet.

## 3 System des Einzelprüfers

6 Die GMV hat von einem Kollegialorgan im Prüfungsverfahren abgesehen und das vom nationalen Recht her bewährte Prinzip des Einzelprüfers verwirklicht. Dagegen entscheidet in Widerspruchs-, Nichtigkeits- und Verfallsverfahren ein Kollegialorgan aus drei Mitgliedern (Art 132 (2), Art 134 (2)).

7 Eine Geschäftsverteilung nach Sprachen der Anmeldung hat das HABM bewusst nicht verwirklicht, um sicherzustellen, dass unabhängig von der Sprache, in der die GMA eingereicht wurde, einheitliche Prüfungsstandards zur Anwendung kommen. Ohnehin müssen die Prüfer absolute Eintragungshindernisse aus allen 27 EG-Mitgliedstaaten und aus allen 22 EG-Sprachen be-

rücksichtigen. Hierzu hat das HABM Maßnahmen der internen Qualitätskontrolle verwirklicht, wobei Prüfer mit Muttersprachenkenntnissen der Verfahrenssprache in den Entscheidungsfindungsprozess einbezogen werden. Eine dreiköpfige Prüfungsabteilung vorzusehen, wäre zur Lösung dieses Problems kein taugliches Mittel.

## Artikel 132 (ex Artikel 127) Widerspruchsabteilungen

(1) Die Widerspruchsabteilungen sind zuständig für Entscheidungen im Zusammenhang mit Widersprüchen gegen eine Anmeldung einer Gemeinschaftsmarke.

(2) Die Widerspruchsabteilungen entscheiden in der Besetzung von drei Mitgliedern. Mindestens ein Mitglied muß rechtskundig sein. In bestimmten in der Durchführungsverordnung geregelten Fällen kann die Entscheidung durch ein Mitglied getroffen werden.

*Schennen*

### 1 Allgemeines

Die Widerspruchsabteilungen sind für die Behandlung, Prüfung und Ent-  1
scheidung von Widersprüchen zuständig. Ergänzende Regelungen trifft R 100.

Eine Besonderheit während des Widerspruchsverfahrens, das der Eintragung  2
vorausgeht, ist, dass nach Art 40 noch während der laufenden Widerspruchsfrist und auch noch bis zur Eintragung der Marke Dritte Bemerkungen zu absoluten Schutzvoraussetzungen einreichen können. Ferner kann der Prüfer bis zur Eintragung noch ex officio die Schutzfähigkeit beanstanden. Für die Behandlung solcher Beanstandungen aus absoluten Gründen, sei es auf Initiative eines Dritten, der damit nicht Verfahrensbeteiligter wird, sei es auf Initiative des HABM, ist die Widerspruchsabteilung nicht zuständig. Zuständig dafür ist der Prüfer. Der ursprüngliche Vorschlag der Kommission

vom November 1980[1] sah in seinem Art 141 (1) noch eine Zuständigkeit der Widerspruchsabteilung für die Prüfung aller relativen und absoluten Schutzvoraussetzungen nach Einreichung eines Widerspruchs, dh eine umfassende Zuständigkeit für die Prüfung der GMA ab dem Zeitpunkt der Einlegung des Widerspruchs vor. Dieses Modell hat die GMV nicht aufrechterhalten; die Widerspruchsabteilungen prüfen die GMA ausschließlich im Hinblick auf die relativen Eintragungshindernisse (Art 8).

## 2 Zusammensetzung der Widerspruchsabteilungen

3  Eine Widerspruchsabteilung besteht aus drei Mitgliedern. Mindestens ein Mitglied muss rechtskundig, dh Volljurist sein. Darüber, ob die übrigen Mitglieder ebenfalls Akademiker sein müssen, wird keine Aussage getroffen. Derzeit sind zusätzlich zu den Angehörigen der Laufbahngruppe A auch die Angehörige der Laufbahngruppe AST zu Mitgliedern der Widerspruchsabteilungen ernannt worden. Es gibt keine Entscheidungen, die ihrer Art oder ihrem Schwierigkeitsgrad nach den Angehörigen der Laufbahngruppe A reserviert wären.

4  Feste Widerspruchsabteilungen in der Form von Spruchkörper mit im Voraus bestimmten Mitgliedern bestehen nicht mehr, die Zusammensetzung ergibt sich vielmehr ad hoc im Rahmen der jeweiligen Dienststelle. Die Geschäftsverteilung obliegt dem Präsidenten bzw qua Delegation den zuständigen Hauptabteilungs- und Dienststellenleitern.

## 3 Mitwirkung im Prüfungsverfahren

5  Nach Art 137 (1) Satz 2 dürfen zwei der Mitglieder der Widerspruchsabteilung nicht bei der Prüfung der Anmeldung mitgewirkt haben. Diese Vorschrift ist missglückt, da der Prüfer, der die Prüfung der GMA auf absolute Eintragungshindernisse vorgenommen hat, durchaus im Widerspruchsverfahren mitwirken darf, es andererseits für seinen Ausschluss auch keinen Grund gäbe, da die Widerspruchsabteilungen keine »zweite Instanz« darstellen, sondern ausschließlich Eintragungshindernisse prüfen, die bis zur Veröffentlichung der GMA nicht beachtlich waren.

---

1  ABl-EG Nr C 351 vom 31.12.1980, S 1 = GRUR Int 1981, 86.

**4 Entscheidung durch ein Mitglied**

Nach Abs 2 Satz 3, eingefügt durch VO Nr 422/2004, und R 100 idF der 6
VO Nr 1041/2005, beide in Kraft seit 25.7.3005, können bestimmte einfache Entscheidungen auch durch ein einzelnes Mitglied der Widerspruchsabteilung getroffen werden. Dabei handelt es sich um Kostenentscheidungen
nach Einstellung des Verfahrens (R 100 (a)), Kostenfestsetzungen gemäß
Art 85 (6) Satz 2 (die Erwähnung von Art 85 (6) Satz 1 in R 100 (b) stellt
ein Redaktionsversehen dar), Zurückweisungen des Widerspruchs als unzulässig (R 100 (d)) und bestimmte verfahrensleitende Entscheidungen (R 100
(e), (f)).

## Artikel 133 (ex Artikel 128) Markenverwaltungs- und Rechts-  abteilung

(1) Die Markenverwaltungs- und Rechtsabteilung ist zuständig für Entscheidungen aufgrund dieser Verordnung, die nicht in die Zuständigkeit eines Prüfers, einer Widerspruchs- oder einer Nichtigkeitsabteilung fallen.
Sie ist insbesondere zuständig für Entscheidungen über Eintragungen und
Löschungen von Angaben im Register für Gemeinschaftsmarken.

(2) Die Markenverwaltungs- und Rechtsabteilung ist ferner zuständig für
die Führung der in Artikel 93 genannten Liste der zugelassenen Vertreter.

(3) Entscheidungen der Abteilung ergehen durch eines ihrer Mitglieder.

*Schennen*

## 1 Allgemeines

1 Die Markenverwaltungs- und Rechtsabteilung hat eine Auffangzuständigkeit für alle Verfahren, die nicht ausdrücklich anderen Organen des Amtes zugewiesen sind. Mit der Führung des Registers für GMn und der Liste der zugelassenen Vertreter werden in Art 133 (1) und (2) zwei der wohl wichtigsten Zuständigkeiten beispielhaft herausgegriffen.

2 Die VO Nr 207/2009 ließ den Text von Art 133 unverändert, ohne zu berücksichtigen, dass durch Art 104 GGV, in Kraft getreten am 6.3.2002, die Markenverwaltungs- und Rechtsabteilung bereits in Marken- und Musterverwaltungs- und Rechtsabteilung umbenannt wurde. Art 104 GGV hat zugleich ihre Zuständigkeit auf Register- und Vertretungsfragen in Geschmacksmusterangelegenheiten ausgedehnt.

## 2 Organisatorische Zuordnung

3 Die Marken- und Musterverwaltungs- und Rechtsabteilung ist organisatorisch wiederholt unterschiedlichen Hauptabteilungen zugeordnet gewesen. Sie ist heute organisatorisch Teil der Hauptabteilung »Unterstützung des Kerngeschäfts«.

## 3 Mitglieder

4 Die Marken- und Musterverwaltungs- und Rechtsabteilung entscheidet durch eines ihrer Mitglieder, Art 133 (3).

## 4 Zuständigkeit für Vertreter- und Vollmachtsfragen

5 Die Marken- und Musterverwaltungs- und Rechtsabteilung ist zuständig für die Führung der Liste der zugelassenen Vertreter (Art 133 (2)), genauer für die Vorbereitung und das Treffen von Entscheidungen über die Eintragung und Löschung von zugelassenen Vertretern in der nach Art 93 (1) (b) geführten Liste. Dazu gehören zunächst die positiven Entscheidungen über die Eintragung in die Liste.[1] Dazu gehören ferner die Bescheide, mit denen dem Antragsteller Gelegenheit zur Behebung von Mängeln, Nachreichung von Unterlagen oder zur Stellungnahme gegeben wird, sowie die Entscheidungen, die Eintragung in die Liste abzulehnen. Schließlich gehören dazu Ent-

---

1 Siehe Schennen, Mitt. 1996, 365; ders, Comentarios, S 1080.

scheidungen über die Löschung oder Streichung von zugelassenen Vertretern gemäß R 78 (1)–(3).

Die Eintragung in die Liste der zugelassenen Vertreter, die Änderungen, Be- 6 richtigungen und Löschungen werden im ABl-HABM (das inzwischen nur noch in elektronischer Ausgabe erscheint) veröffentlicht, obwohl R 78 (6) DV an sich nur die Veröffentlichung der Änderungen vorschreibt.[2]

Schließlich gehören dazu atypische Entscheidungen im Zusammenhang mit 7 Vertreterfragen, etwa wenn sich ein zugelassener Vertreter gegen die Art und Weise der Veröffentlichung seiner Eintragung im Amtsblatt wenden würde. Ein Beispielsfall vor dem EPA hierfür ist die Entscheidung der JurBK EPA J 01/78.[3] Die Zuständigkeit der Marken- und Musterverwaltungs- und Rechtsabteilung für die Eintragung in die Liste der zugelassenen Vertreter bzw deren Ablehnung besteht auch dann, wenn der Präsident des Amtes Befreiung von den Erfordernissen der Staatsangehörigkeit oder der fünfjährigen Berufsausübung erteilt oder verweigert hat (Art 93 (4)). In diesem Fall wird zunächst die Entscheidung des Präsidenten des Amtes über die Erteilung oder Verweigerung der Befreiung herbeigeführt und sodann auf dieser Grundlage die Entscheidung über die Eintragung oder die Versagung der Eintragung in die Liste getroffen, die dann – anders als die Befreiung oder deren Verweigerung durch den Präsidenten des Amtes selbst – der Beschwerde unterliegt (Art 58).

## 5 Register für Gemeinschaftsmarken

Die Marken- und Musterverwaltungs- und Rechtsabteilung entscheidet über 8 Eintragung und Löschung von Angaben im Register für GMn (siehe Art 87). Die im Register einzutragenden Angaben ergeben sich aus R 84. Sie ist zuständig, auch soweit die Eintragungen nicht durch Entscheidung vorgenommen wird, wie der Text von Art 133 (1) naheliegt, sondern durch Mitteilung (zB Mitteilung über die Eintragung eines Rechtsübergangs).

Die Marken- und Musterverwaltungs- und Rechtsabteilung ist ferner zuständig 9 für die Eintragung der GM im Register gemäß Art 45.

---

2 Schennen, Mitt. 1996, 365.
3 JurBK EPA J 01/78, ABl-EPA 1979, 285.

### 6  Eintragung von Rechtsübergängen und Lizenzen

10  Die Marken- und Musterverwaltungs- und Rechtsabteilung ist zuständig für Eintragungen von Rechtsübergängen, Lizenzen, dinglichen Rechten, Zwangsvollstreckungsmaßnahmen und Konkursverfahren oder konkursähnlichen Verfahren (Art 17–22) und die im Zusammenhang damit zu treffenden positiven und negativen Entscheidungen. Vor der Eintragung der GM werden die genannten Rechte und Maßnahmen in den Anmeldungsakten vermerkt (R 31 (8), 33 (4)). Für Rechtsübergänge, Lizenzen und dingliche Rechts besteht somit eine umfassende Zuständigkeit der Marken- und Musterverwaltungs- und Rechtsabteilung ab dem Zeitpunkt des Eingangs der GMA.

11  Auch Änderungen des Namens des Anmelders, die sich ja auf alle anhängigen Verfahren eines Anmelders oder Vertreters auswirken können, werden von der Marken- und Musterverwaltungs- und Rechtsabteilung bearbeitet.

12  Auch nach der Eintragung der GM fallen alle Änderungen gemäß R 26 in die Zuständigkeit der Marken- und Musterverwaltungs- und Rechtsabteilung.

### 7  Weitere Zuständigkeiten

13  Zuständig ist die Marken- und Musterverwaltungs- und Rechtsabteilung weiter für:
   – sonstige Änderungen nach Eintragung der GM, und zwar Änderungen der eingetragenen Marke gemäß Art 48, R 25 und Änderungen der Satzung einer Kollektivmarke gemäß Art 71;
   – die Prüfung von Erklärungen des Verzichts und die Eintragung eines Verzichts in das Register, Art 50, R 36;
   – die Prüfung und Bearbeitung von Umwandlungsanträgen, Art 112, Art 113;
   – die Bearbeitung von Zeitranganprüchen, die nach Eintragung der GM gestellt werden, sowie den Verzicht auf den beanspruchten Zeitrang (Art 35, R 84 (3) (r));
   – die Bearbeitung von Anträgen auf Verlängerung der GM (Art 47);
   – die Bearbeitung von Anträgen auf Akteneinsicht in die Akten von angemeldeten und eingetragenen GMn, Art 88, R 88 und R 89, und zwar auch soweit Gerichten, nationalen Ämtern oder Staatsanwaltschaften Akteneinsicht zu gewähren ist, Art 90, R 92, R 93. Letzteres betrifft nicht die Fragen der technischen Zusammenarbeit mit nationalen Ämtern etwa über die Art und Weise von der Übermittlung von Veröffentlichungen

und des Austausches von Daten, sondern die Durchführung von Verfahren im konkreten Fall.

Dagegen sind Anträge auf Wiedereinsetzung in den vorigen Stand (Art 81) 14 und auf Weiterbehandlung (Art 82) Folgeverfahren zu den jeweiligen Hauptverfahren, und die Zuständigkeit richtet sich danach, welche Stelle innerhalb des Amtes für den Verfahrensschritt zuständig war, in Bezug auf den der Beteiligte die Frist versäumt hat (siehe unter Art 81 Rdn 116).

Auch beschränkt sich die Zuständigkeit der Marken- und Musterverwal- 15 tungs- und Rechtsabteilung auf die in Art 1–89 geregelten Verfahren. Sie besteht also nicht

– für den Zugang zu Dokumenten nach Art 123, die ja keine Akten von GMn oder GMAen betreffen;
– für abstrakt-generelle Regelungen, innerorganisatorische Maßnahmen, Haushaltsmaßnahmen;
– für in der GMV nicht geregelte Dienstleistungen gegenüber der Öffentlichkeit.

## Artikel 134 (ex Artikel 129)  Nichtigkeitsabteilungen

(1) Die Nichtigkeitsabteilungen sind zuständig für Entscheidungen im Zusammenhang mit einem Antrag auf Erklärung des Verfalls oder der Nichtigkeit einer Gemeinschaftsmarke.

(2) Die Nichtigkeitsabteilungen entscheiden in der Besetzung von drei Mitgliedern. Mindestens ein Mitglied muß rechtskundig sein. In bestimmten in der Durchführungsverordnung geregelten Fällen kann die Entscheidung durch ein Mitglied getroffen werden

*Schennen*

## 1 Allgemeines

1 Dieser Art bestimmt die Bildung der Nichtigkeitsabteilungen und ihre Zuständigkeit. Die Nichtigkeitsabteilungen sind zuständig für Entscheidungen über Anträge auf Erklärung des Verfalls (Art 51 (1), Art 56 (1)), der Nichtigkeit aus absoluten Gründen (Art 52 (1), Art 56 (2)) und aus relativen Gründen (Art 54 (1), Art 56 (1)), die beim Amt gestellt werden. Daneben besteht noch die Möglichkeit der Erklärung des Verfalls oder der Nichtigkeit im Rahmen eines Verletzungsverfahrens auf Widerklage (Art 100).

2 Allerdings ist Art 134 ungenau formuliert. Es geht nicht um Entscheidungen, die in irgendeinem Zusammenhang mit einem Nichtigkeitsantrag stehen, durch diesen also lediglich äußerlich verursacht sind, sondern um den Nichtigkeitsantrag selbst. Andererseits umfasst die Zuständigkeit das gesamte Verfahren zur Prüfung des Antrags, das in Art 57 geregelt ist, somit auch die Zustellung an die Parteien und die Einräumung von Schriftsatzfristen.

3 Nicht umfasst sind hingegen Nebenverfahren, die während der Anhängigkeit des Nichtigkeitsantrags anhängig sind und sich auf den Rechtsbestand der angegriffenen GM auswirken, wie zB die Erklärung eines Verzichts (siehe unter Art 50 Rdn 7). Hierfür ist die Marken- und Musterverwaltungs- und Rechtsabteilung zuständig (Art 133).

## 2 Zusammensetzung der Nichtigkeitsabteilungen

4 Die Nichtigkeitsabteilungen entscheiden in der Besetzung mit drei Mitgliedern, Abs 2 Satz 1; Ausnahmen sind nach R 100 möglich (siehe unter Rdn 9).

5 Abs 2 Satz 2 bestimmt, dass mindestens ein Mitglied der Nichtigkeitsabteilung rechtskundig sein muss. »Rechtskundig« bedeutet, dass es sich um einen Volljuristen handelt, also in Deutschland jemand, der das zweite juristische Staatsexamen absolviert hat.

6 Das Nichtigkeitsverfahren ist in verschiedener Hinsicht gegenüber dem Widerspruchsverfahren oder dem Prüfungsverfahren als ein besonders justizförmiges Verfahren ausgestaltet. Die Bedeutung des Nichtigkeitsverfahrens zeigt sich auch an der höheren Gebühr und an den höheren Erstattungssätzen gemäß R 94 (7), ferner in der Konkurrenz zu den Gemeinschaftsmarkengerichten und in der Rechtskraftwirkung der Entscheidung der Nichtigkeitsabteilung gemäß Art 100 (2), für die es im Prüfungs- und Widerspruchsbereich keine Parallele gibt.

Gleichwohl verlangt Art 134 für die beiden weiteren Mitglieder keine be- 7
stimmte akademische Qualifikation. Inspiriert wurde die Bestimmung von
patentrechtlichem Gedankengut, wonach die Einbeziehung von technischem
Sachverstand sachgerecht sein könnte. Das mag für Verfahren nach der
GGV zutreffen, nicht jedoch, nach nunmehr langjährigen Erfahrungen im
Amt, auf Nichtigkeitsverfahren für GMn. In der Praxis führt die Bestim-
mung nur dazu, dass zunehmend auch Angehörige der Laufbahngruppe
AST an Nichtigkeitsentscheidungen mitwirken.

Art 137 (1) Satz 3 bestimmt ein Mitwirkungsverbot: Die Mitglieder der 8
Nichtigkeitsabteilungen dürfen nicht im Prüfungs- oder Widerspruchsverfahren mitgewirkt haben. Diese Regelung geht weiter als die entsprechende
Regelung für die Widerspruchsabteilungen nach Art 137 (1) Satz 2. Sie ist
dann sachgerecht, wenn im Nichtigkeitsverfahren absolute oder relative Eintragungshindernisse geprüft werden, mit denen der Betreffende bereits zuvor
betraut war. Sie ist jedoch dann überflüssig, wenn im Nichtigkeitsverfahren
absolute Nichtigkeitsgründe vorgebracht werden und das Mitglied der Abteilung an einem Widerspruchsverfahren mitgewirkt hat und umgekehrt. Sie
ist ferner dann nicht sachgerecht, wenn es sich um ein Verfallsverfahren handelt, dem erstinstanzlich kein entsprechender Verfahrensabschnitt entspricht.
Die Bestimmung zeigt allerdings, dass es sich beim Nichtigkeitsverfahren
um ein Verfahren mit herausgehobener Bedeutung handelt.

### 3 Entscheidung durch ein Mitglied

Nach Abs 2 Satz 3, eingefügt durch VO Nr 422/2004, und R 100 idF der 9
VO Nr 1041/2005, beide in Kraft seit 25.7.3005, können bestimmte einfache Entscheidungen auch durch ein einzelnes Mitglied der Nichtigkeitsabteilung getroffen werden. Zu den davon erfassten Fällen siehe unter
Art 132 Rdn 6.

## Artikel 135 (ex Artikel 130)  Beschwerdekammern

**(1) Die Beschwerdekammern sind zuständig für Entscheidungen über Be-
schwerden gegen Entscheidungen der Prüfer, der Widerspruchsabteilungen, der Markenverwaltungs- und Rechtsabteilung und der Nichtigkeitsabteilungen.**

**(2) Die Beschwerdekammern entscheiden in der Besetzung von drei Mit-
gliedern. Mindestens zwei Mitglieder müssen rechtskundig sein. Bestimm-**

te Fälle werden in der Besetzung einer erweiterten Kammer unter dem Vorsitz des Präsidenten der Beschwerdekammern oder durch ein Mitglied entschieden, das rechtskundig sein muss.

(3) Bei der Festlegung der Fälle, in denen eine erweiterte Kammer entscheidungsbefugt ist, sind die rechtliche Schwierigkeit, die Bedeutung des Falles und das Vorliegen besonderer Umstände zu berücksichtigen. Solche Fälle können an die erweiterte Kammer verwiesen werden

a)  durch das Präsidium der Beschwerdekammern, das gemäß der in Artikel 162 Absatz 3 genannten Verfahrensordnung der Beschwerdekammern eingerichtet ist, oder

b)  durch die Kammer, die mit der Sache befasst ist.

(4) Die Zusammensetzung der erweiterten Kammer und die Einzelheiten ihrer Anrufung werden gemäß der in Artikel 162 Absatz 3 genannten Verfahrensordnung der Beschwerdekammern geregelt.

(5) Bei der Festlegung der Fälle, in denen ein Mitglied allein entscheidungsbefugt ist, wird berücksichtigt, dass es sich um rechtlich oder sachlich einfache Fragen oder um Fälle von begrenzter Bedeutung handelt und dass keine anderen besonderen Umstände vorliegen. Die Entscheidung, einen Fall einem Mitglied allein zu übertragen, wird von der den Fall behandelnden Kammer getroffen. Weitere Einzelheiten werden in der in Artikel 162 Absatz 3 genannten Verfahrensordnung der Beschwerdekammern geregelt.

*Schennen*

**Literatur:**
*Hoffrichter-Daunicht*, Alicantiner Beschwerden – ein Plädoyer für eine europäische Rechtsprechung zur Gemeinschaftsmarke, in: FS für Tilmann, 2003, S 335; *von Kapff*, Die Große Beschwerdekammer des HABM, in: FS 50 Jahre BPatG, 2011, S 959.

## 1 Allgemeines

Diese Bestimmung regelt die Zuständigkeit der Beschwerdekammern. Die 1
Beschwerdekammern sind Organe des Amtes (siehe Art 130), sind echte zweite Instanz. Die Beschwerdekammern sind keine gegenüber dem HABM selbständige Einrichtung, sondern besondere Abteilungen innerhalb des HABM.

Angefochten werden können die Entscheidungen der Prüfer, der Wider- 2
spruchsabteilungen, der Marken- und Musterverwaltungs- und Rechtsabteilung und der Nichtigkeitsabteilungen. Äußerungen anderer Organe oder Stellen des HABM können dagegen nicht vor den Beschwerdekammern angefochten werden. Handlungen des Präsidenten sind allenfalls nach Art 122 kontrollierbar, ferner nach den Bestimmungen des EG-Beamtenstatuts, sofern er in seiner Eigenschaft als Anstellungsbehörde handelt. Mitteilungen der Dienststelle Finanzen, Haushalt und Rechnungswesen, etwa über die Führung laufender Konten oder die Zahlung oder Rückzahlung von Gebühren, sind nicht mit der Beschwerde anfechtbar.

Das Beschwerdeverfahren ist in Art 58–64 geregelt. Für Struktur und Ver- 3
fahren der Beschwerdekammern maßgeblich ist die Verfahrensordnung der Beschwerdekammern (VerfOBK).[1]

Art 135 wurde geändert durch VO Nr 422/2004,[2] wobei Abs 1 unverändert 4
blieb, Abs 2 umformuliert wurde und neue Absätze 3–5 angefügt wurden. Diese Änderungen sind seit Inkrafttreten der Änderungen der VerfOBK,[3] also seit dem 27.12.2004[4] in Kraft.

---

1 VO der Kommission Nr 216/96 vom 5.2.1996, ABl-EG L 28 vom 6.2.1996, S 11 = ABl-HABM 1996, 398, geändert durch VO Nr 2082/2004 vom 6.12.2004, ABl-EG L 360 vom 7.12.2004, S 8.
2 ABl-HABM 2004, 622.
3 VO Nr 2082/2004 vom 6.12.2004, ABl-EG L 360 vom 7.12.2004, S 8.
4 Mitteilung der Kommission, ABl-EG L 362 vom 9.12.2004, S 16 = ABl-HABM 2005, 464.

## 2  Rechtszug zum EuGH

5  Gegen die Entscheidungen der Beschwerdekammern kann der Unterliegende Klage zum EuG einlegen (Art 65). In diesem Verfahren ist das HABM (nicht die BK) Beklagter. Durch Änderung der VerfO EuG vom 6.7.1995[5] sind die notwendigen Änderungen erfolgt, die sich insbesondere daraus ergeben, dass in zweiseitigen Beschwerdeverfahren, etwa Widerspruchs- oder Nichtigkeitsverfahren, in denen ja in Wahrheit ein Streit zweier Parteien mit widerstreitenden Interessen entschieden wird, die Parteistellung des Amtes als Beklagter zumindest durch parteiähnliche Rechte des vor der HABM-BK Obsiegenden ergänzt werden muss (siehe unter Art 65 Rdn 3).

## 3  Funktion der Kammern im Rechtsschutzsystem

6  Die Beschwerdekammern sind keine gerichtliche Instanz.[6] Historisch zwar vom Vorbild der Beschwerdekammern des EPA inspiriert, mussten sie, dies wurde bald im Verlauf der Beratungen der GMV klar, in ihrer Funktion als Kontrollinstanz in das Rechtswegsystem des EG-V eingepasst werden. Gerichte auf Gemeinschaftsebene kann es außer dem EuGH und dem EuG[7] nicht geben. Den Beschwerdekammern Gerichtsqualität zuzumessen, hätte somit einerseits eine Änderung des EG-V erfordert, wäre andererseits aber wegen der Kontrollbefugnisse des EuG, die sich aus Art 230 EG-V ergeben (Klagegründe sind Unzuständigkeit, Verletzung wesentlicher Formvorschriften, Verletzung des EG-V oder einer bei seiner Durchführung anzuwendenden Rechtsnorm und Ermessensmissbrauch) unnötig gewesen. Vorschläge, die Kontrolle von Entscheidungen der Beschwerdekammern im Sinne einer Zulassungsbeschwerde oä zu beschränken, konnten sich wegen des Erfordernisses echten gerichtlichen Rechtsschutzes im Umfang von Art 230 EG-V nicht durchsetzen.[8]

7  Die Beschwerdekammern sind insoweit mit den Beschwerdekammern des EPA nicht zu vergleichen. Die Frage der Gerichtsqualität der Beschwerde-

---

5  ABl-EG L 172 vom 22.7.1995, S 3 = ABl-HABM 1995, 218.

6  EuG T-163/98 vom 8.7.1999, ABl-HABM 1999, 1468 (Nr 38, 43) *Baby-Dry*; unzutreffend Ekey/Klippel/Bender, GMV, Art 130 Rn 6.

7  Errichtet auf Grund von Art 168a EG-V durch Beschluß 88/591/EGKS, EWG, Euratom vom 24.10.1988, ABl-EG L 319 vom 25.11.1988, S 1, geändert durch Beschluß vom 7.3.1994, ABl-EG L 66 vom 10.3.1994, S 29.

8  Näher dazu von Mühlendahl, in: FS für Beier, S 305 f., 309.

kammern des EPÜ stellt sich dort lediglich, weil es an einer weiteren Möglichkeit der Überprüfung der Entscheidungen der Beschwerdekammern des EPA fehlt und somit die Beschwerdekammern des EPA der Rechtsweggarantie genügen müssen.[9]

Allerdings kann nicht geleugnet werden, dass die Beschwerdekammern wenigstens rechtsprechungsähnliche Funktionen[10] ausüben und in einem justizförmigen Verfahren[11] entscheiden. Vor allem erscheint es verfehlt, aus der Tatsache, dass die Beschwerdekammern Bestandteil des Amtes sind, auf eine rein administrative Tätigkeit zu schließen. Eine rein administrative Tätigkeit liegt schon deshalb nicht vor, weil das HABM keine Eigeninteressen vertritt, sondern einen Markenkonflikt zwischen Privaten streitig entscheidet. Wenn der EuGH und das EuG die »funktionale Kontinuität der Beschwerdekammern« mit der ersten Instanz (Prüfer, Widerspruchsabteilung) betonen,[12] so wird damit zum einen nur die in Art 64 (2) niedergelegte Kompetenzverteilung mit anderen Worten umschrieben, zum anderen Missverständnissen über das Verhältnis der Instanzen Tür und Tor geöffnet. Für die praktische Rechtsanwendung geben Begriffe wie »funktionelle Kontinuität« nichts her. **8**

### 4 Besetzung

Die Beschwerdekammern entscheiden grundsätzlich in der Besetzung von drei Mitgliedern, Art 135 (2), von denen zwei Volljuristen sein müssen. **9**

Ausnahme: Es kann die GrBK befasst werden (Abs 2, 3, siehe unten unter Rdn 13–17), oder es kann ein Einzelmitglied bestellt werden (Abs 2, 5, siehe unten, unter Rdn 18). **10**

Zu den drei Mitgliedern gehören der Vorsitzende und der Berichterstatter (Art 4 VerfOBK), wobei der Vorsitzende sich selbst als Berichterstatter bestimmen kann. Der HABM-BK können mehr als drei Mitglieder angehören, und jedes Mitglied einer HABM-BK kann zum Mitglied mehrerer Beschwerdekammern bestimmt werden. Dies ergab sich bereits aus Art 1 (1) VerfOBK aF, ergibt sich nunmehr aber auch aus dem Wortlaut von Abs 2, **11**

---

9 Vgl dazu JurBK EPA, ABl-EPA 1997, 493 zur Frage der Überprüfbarkeit von Entscheidungen der Beschwerdekammern des EPA.

10 Jüngst/Schork, Mitt. 2006, 109, 110.

11 Von Kapff, in: FS 50 Jahre BPatG, S 959, 960.

12 EuG vom 8.7.1999, T 163/98, ABl-HABM 1999, 1468 (Nr 38–44) *Baby-Dry*; EuG T-164/02 vom 10.11.2004, GRUR Int 2005, 327 (Nr 28) *Arcol/Capol*.

der nicht mehr, wie Abs 2 aF, auf »die Kammer«, sondern die Personen, die die Beschwerdeentscheidung treffen, abstellt, sowie den Wortlaut von Art 1 (5) VerfOBK nF. Aus den Mitgliedern der Kammer bestimmt der Vorsitzende die beiden weiteren Mitglieder. Für jeden Vorsitzenden und jedes Mitglied ist ein Vertreter zu bestellen (Art 1 (2), Art 2 VerfOBK). Wer dies ist, ergibt sich aus dem gemäß Art 1 (5) VerfOBK aufgestellten Geschäftsverteilungsplan.[13]

12 Gegenwärtig bestehen fünf Kammern, von denen die 3. Kammer nur für Verfahren nach der GGV zuständig ist. Die 4., 1. und 2. Kammer haben neben dem Vorsitzenden 4 Mitglieder, die 5. Kammer hat 2 Mitglieder. Verfahren in Deutsch werden nur der 1. und der 4., Verfahren in Italienisch nur der 1., 2. Und 5. Kammer zugeteilt. Ansonsten erfolgt die Zuweisung der Fälle an die drei Kammern chronologisch, wobei konnexe Fälle (zB mehrere ähnliche Anmeldungen desselben Anmelders) derselben Kammer zugewiesen werden.

### 5 Große Kammer

13 Abs 2, 3 sehen eine erweiterte Kammer vor. Diese wird in Art 1a VerfOBK als Große Kammer bezeichnet (hier abgekürzt als GrBK).

14 Die GrBK soll die Recht-Sprechung der Beschwerdekammern vereinheitlichen. Sie kann angerufen werden, wenn die rechtliche Schwierigkeit, die Bedeutung des Falls oder das Vorliegen besonderer Umstände rechtfertigen, insbesondere wenn die Beschwerdekammern voneinander abweichende Entscheidungen zu einer Rechtsfrage getroffen haben (Art 1b (1) VerfOBK). Sie muss angerufen werden, wenn eine Kammer von einer Entscheidung der GrBK abweichen will (Art 1b (2) VerfOBK); letzteres kann nur für die Rechtsfragen gelten, wegen derer die GrBK befasst wurde. Die GrBK kann von der Kammer, der der Fall vorliegt, und – seltsamerweise – vom Präsidium angerufen werden, was einer begründeten Zwischenentscheidung (Art 1b (4), (5) VerfOBK) bedarf. Die GrBK kann einen Fall ablehnen, wenn sie die Voraussetzungen für ihre Anrufung nicht für gegeben hält.

15 Der GrBK gehören 9 Mitglieder an, nämlich der Präsident der Beschwerdekammern (Art 136 (1), vorletzter Satz), die drei Kammervorsitzenden und 5 Mitglieder aus der Liste der Mitglieder nach dem Rotationsprinzip.

---

13 ABl-HABM 2005, 950; ABl-HABM 2005, 1220.

Die GrBK hat seit 2005 8 Entscheidungen erlassen. Deren Schwergewicht 16 liegt in Verfahrensfragen des Beschwerdeverfahrens. Damit wird einerseits die Praxis der Kammern und der 1. Instanz vereinheitlicht, andererseits dem EuG im Falle einer Klage aufgezeigt, welche Verfahrensweise das HABM als rechtlich und praktisch geboten befolgt.

Für die interne Vereinheitlichung materiellrechtlicher Fragen besteht ange- 17 sichts der Tatsache, dass diese letztlich der Rspr des EuG und des EuGH un- terliegen, kein praktisches Bedürfnis, es sei denn zu dem Zweck, dem EuG Geschlossenheit der Auffassung des HABM zu demonstrieren, wie im Lego- Fall[14] geschehen. Der zweite entschiedene materiell-rechtliche Fall[15] gehört eher in den Bereich der Kuriositäten.

## 6 Einzelmitglied

Eine Entscheidung kann auf ein Einzelmitglied (Abs 2, 5) übertragen wer- 18 den, wenn es sich um einfache Fälle handelt, zB Kostenentscheidungen und Entscheidungen, mit denen eine Beschwerde als unzulässig verworfen wird (Art 1c (1) VerfOBK). Art 135 (5) und Art 1c VerfOBK sind Musterbeispie- le gesetzgeberischen Übereifers und führen mit ihrem komplexen Regelungs- geflecht dazu, dass von der Möglichkeit der Übertragung bisher kein Ge- brauch gemacht wurde und auch wohl nie Gebrauch gemacht werden wird, denn es ist zeit- und arbeitsaufwendiger, eine Zwischenentscheidung über die Übertragung zu erlassen und den Parteien zuzustellen, die natürlich von den drei Mitgliedern unterschrieben sein muss (Art 135 (5) Satz 2), als gleich die Kostenentscheidung zu erlassen. Je einfacher die Entscheidung ist, desto weniger Aufwand wird es bereiten, diese zu dritt zu treffen.

## 7 Präsidium

Von Bedeutung ist ferner das Präsidium; zum Präsidenten der Beschwerde- 19 kammern siehe unter Art 136.

Die Geschäftsverteilung und die Besetzung der Beschwerdekammern werden 20 von einem Präsidium festgelegt, dem der Präsident der Beschwerdekam- mern, die Vorsitzenden der Kammern und Mitglieder der Beschwerdekam-

---

14  HABM-BK R 856/2004-G vom 10.7.2006, GRUR Int 2007, 59 *Lego-Brick*.
15  HABM-BK R 495/2005-G vom 6.7.2006 *SCREW YOU*.

mern angehören (Art 1 VerfOBK). Das Präsidium ist ein echtes Kollegial-organ.

## 8 Geschäftsstellen

21 Bei den Beschwerdekammern werden Geschäftsstellen eingerichtet (Art 5 VerfOBK). Sie erstellen einen – nicht bindenden – Bericht über die Zulässigkeit einer neu eingegangenen Beschwerde (siehe Art 5 (3) VerfOBK).

22 Die Geschäftsstellen bearbeiten das gesamte Verfahren bis zum Abschluss der schriftlichen Stellungnahmen der Partei(en), ggf nach Rücksprache beim Kammervorsitzenden.

## 9 Beteiligung des Präsidenten

23 Nach Art 11 VerfOBK kann der Präsident des Amtes beteiligt werden und sich schriftlich oder mündlich zu Fragen von allgemeinem Interesse, die sich im Rahmen eines vor der HABM-BK anhängigen Verfahrens stellen, äußern. Einzelheiten siehe unter Art 63 Rdn 37.

## Artikel 136 (ex Artikel 131) Unabhängigkeit der Mitglieder der Beschwerdekammern

(1) Der Präsident der Beschwerdekammern und die Vorsitzenden der einzelnen Kammern werden nach dem in Artikel 125 für die Ernennung des Präsidenten des Amtes vorgesehenen Verfahren für einen Zeitraum von fünf Jahren ernannt. Sie können während ihrer Amtszeit nicht ihres Amtes enthoben werden, es sei denn, dass schwerwiegende Gründe vorliegen und der Gerichtshof auf Antrag des Organs, das sie ernannt hat, einen entsprechenden Beschluss fasst. Die Amtszeit des Präsidenten der Beschwerde-kammern und der Vorsitzenden der einzelnen Kammern kann jeweils um fünf Jahre oder bis zu ihrem Eintritt in den Ruhestand verlängert werden, sofern sie das Ruhestandsalter während ihrer neuen Amtsperiode errei-chen.

Der Präsident der Beschwerdekammern ist unter anderem für Verwal-tungs- und Organisationsfragen zuständig, insbesondere dafür,
a) dem Präsidium der Beschwerdekammern vorzusitzen, das in der in Ar-tikel 162 Absatz 3 genannten Verfahrensordnung vorgesehen und da-

mit beauftragt ist, die Regeln und die Organisation der Aufgaben der Kammern festzulegen;

b) die Durchführung der Entscheidungen dieses Präsidiums sicherzustellen;

c) die Fälle aufgrund der vom Präsidium der Beschwerdekammern festgelegten objektiven Kriterien einer Kammer zuzuteilen;

d) dem Präsidenten des Amtes den Ausgabenbedarf der Kammern zu übermitteln, damit der entsprechende Ausgabenplan erstellt werden kann.

Der Präsident der Beschwerdekammern führt den Vorsitz der erweiterten Kammer.

Weitere Einzelheiten werden in der in Artikel 162 Absatz 3 genannten Verfahrensordnung der Beschwerdekammern geregelt.

(2) Die Mitglieder der Beschwerdekammern werden vom Verwaltungsrat für einen Zeitraum von fünf Jahren ernannt. Ihre Amtszeit kann jeweils um fünf Jahre oder bis zum Eintritt in den Ruhestand verlängert werden, sofern sie das Ruhestandsalter während ihrer neuen Amtszeit erreichen.

(3) Die Mitglieder der Beschwerdekammern können ihres Amtes nicht enthoben werden, es sei denn, dass schwerwiegende Gründe vorliegen und der Gerichtshof, der auf Vorschlag des Präsidenten der Beschwerdekammern nach Anhörung des Vorsitzenden der Kammer, der das betreffende Mitglied angehört, vom Verwaltungsrat angerufen wurde, einen entsprechenden Beschluss fasst.

(4) Der Präsident der Beschwerdekammern sowie die Vorsitzenden und die Mitglieder der einzelnen Kammern genießen Unabhängigkeit. Bei ihren Entscheidungen sind sie an keinerlei Weisung gebunden.

(5) Der Präsident der Beschwerdekammern sowie die Vorsitzenden und die Mitglieder der einzelnen Kammern dürfen weder Prüfer sein noch einer Widerspruchsabteilung, der Marken- und Musterverwaltungs- und Rechtsabteilung oder einer Nichtigkeitsabteilung angehören.

*Schennen*

## 1 Allgemeines

1 Diese Bestimmung regelt die Ernennung der Mitglieder der Beschwerde-kammern (Abs 1, 2), die Unabhängigkeit und Weisungsfreiheit ihrer Mit-glieder (Abs 4, aber auch Abs 3), die Inkompatibilität der Mitgliedschaft in einer Beschwerdekammer mit anderen Funktionen innerhalb des HABM (Abs 5) und die Ernennung und die Aufgaben des Präsidenten der Beschwer-dekammern (Abs 1).

2 Art 136 wurde durch VO Nr 422/2004[1] geändert. Diese Änderungen sind seit Inkrafttreten der Änderungen der VerfOBK,[2] also seit dem 27.12.2004[3] in Kraft. Dabei wurde das in Art 136 (1) aF vorgesehene Verfahren der Ernennung geändert, Art 136 (2), (3) aF wurde zu Art 136 (4), (5), und es wurde das Amt eines Präsidenten der Beschwerdekammern geschaffen (Abs 1; siehe auch Art 135 (2) Satz 2). Die in Abs 1 aE angesprochenen nä-heren Regeln in der VerfOBK sind nicht getroffen worden, sondern dort fin-den sich in Art 1 VerfOBK nF einige Regelungen über das Präsidium und dessen Rolle als Selbstverwaltungsorgan und gegenüber dem Präsidenten der Kammern beratendes Organ.

## 2 Ernennung der Mitglieder der Beschwerdekammern

3 Die Vorsitzenden der Beschwerdekammern werden nach dem Verfahren des Art 125 auch weiterhin auf Vorschlag des Verwaltungsrats des HABM vom Rat der EG ernannt, und zwar für einen Zeitraum von fünf Jahren (Abs 1 Satz 1). Die fünfjährige Amtszeit ist grundsätzlich beliebig oft verlängerbar,

---

1 ABl-EG L 9.3.2004, S 1.

2 VO Nr 2082/2004 vom 6.12.2004, ABl-EG L 360 vom 7.12.2004, S 8.

3 Mitteilung der Kommission, ABl-EG L 362 vom 9.12.2004, S 16 = ABl-HABM 2005, 464.

wobei klargestellt ist, dass eine Verlängerung auch für weniger als 5 Jahre erfolgen kann, um die Amtszeit mit dem Erreichen der Altersgrenze enden zu lassen (Abs 1 Satz 3).). Da die Vorsitzenden und Mitglieder der Beschwerdekammern als Bedienstete auf Zeit dem Beamtenstatut der EG unterliegen, gilt auch für sie die allgemeine Altersgrenze von 65 Jahren. Auch der Präsident der Beschwerdekammern wird nach diesem Verfahren vom Rat ernannt.[4] Der Kommissionsvorschlag für eine Änderung der GMV[5] sah noch vor, dass auch die Vorsitzenden der Kammern nunmehr vom Verwaltungsrat ernannt werden sollten, doch hat im Zuge der Beratungen der VO Nr 422/2004 die Mehrheit der Mitgliedstaaten im Rat auf einer Ernennung durch den Rat insistiert.

Die Mitglieder der Kammern werden dagegen nunmehr gemäß Abs 2 vom **4** Verwaltungsrat ernannt (siehe auch unter Art 126 Rdn 3), bei gleicher Verlängerungsmöglichkeit wie für die Vorsitzenden. Gleichzeitig beschloss der Verwaltungsrat eine Absenkung der Eingangsbesoldung der Mitglieder der Beschwerdekammern von (nach altem Beamtenstatut) A 3 auf A 5. Die feinsinnige Ausdifferenzierung der verschiedenen Funktion (im franz: président des chambres, président d'une chambre, Mitglieder, daneben GrBK, Präsidium), die durch die Neufassung der VerfOBK noch verstärkt wird, erscheint gesetzgeberisch wenig gelungen. Während einerseits die Stellung der Beschwerdekammern (genauer gesagt: deren Leitung) innerhalb des Amtes durch Abs 1 (a), (d) deutlich gestärkt wurde, wurde andererseits die Rolle der Mitglieder der Kammern so eher geschwächt und die Leitung der Kammern durch die VerfOBK weiter kompliziert. Nötig erscheint nicht so eher, den Akzent auf organisatorische Details zu legen, sondern vielmehr die Stärkung der Unabhängigkeit der Kammern nach außen.

### 3 Inkompatabilität mit anderen Tätigkeiten

Nach Abs 5 dürfen die Vorsitzenden und Mitglieder der Beschwerdekam- **5** mern weder Prüfer sein noch einer Widerspruchsabteilung, Nichtigkeitsabteilung oder der Markenverwaltungs- und Rechtsabteilung angehören.

Abs 5 wird ergänzt durch Art 137 (1) Satz 4, der dann eingreift, wenn das betr Mitglied der Beschwerdekammer zu einem früheren Zeitpunkt als Prüfer, Mitglied einer Widerspruchsabteilung usw tätig geworden ist.

---

4  Beschluss Nr 2005/32705 des Rates vom 12.12.2005, ABl-HABM 2006, 380.
5  Kommissionsdokument KOM (2002) 767 vom 27.12.2002.

**6**  Die Vorschrift gewährt dagegen keinerlei Garantien, wenn eine Wiederernennung nicht erfolgt. Das Mitglied der Beschwerdekammer hat dann aus
dem Dienst des HABM auszuscheiden. Eine Vorschrift entsprechend
Art 141 des Beamtenstatuts des EPA, welche die weitere Verwendung an anderer Stelle garantiert,[6] fehlt.

### 4  Rechtscharakter der Unabhängigkeit der Mitglieder der Beschwerde-kammer

**7**  Die Unabhängigkeit der Mitglieder der Beschwerdekammern soll den Beteiligten der Verfahren vor dem HABM besondere Verfahrensgarantien bieten.
Aufgabe der HABM-BK ist eine dem gerichtlichen Verfahren vor dem
EuGH als Filter vorgeschaltete Rechtmäßigkeitskontrolle und die Sicherung
einer einheitlichen Amtspraxis der Dienststellen des Amtes.[7] Weder darf aus
der Gewährung weitgehender Unabhängigkeit auf einen Rechtsprechung-
scharakter der Beschwerdekammer geschlossen werden, noch sind Parallelen
zum Erinnerungsverfahren nach dem deutschen Markenrecht[8] oder zum verwaltungsrechtlichen Widerspruchsverfahren tragfähig.

**8**  Obwohl die Beschwerdekammern des EPA anders als die HABM-BK recht-
sprechende Funktion ausüben, kann für die Bestimmung des Rechtscharak-
ters der Unabhängigkeit der HABM-BK auf die Dogmatik des EPÜ zurückgegriffen werden, weil auch im HABM die Beschwerdekammern die
Funktion einer zweitinstanzlichen Kontrolle in Verfahren über die Gültigkeit
von Schutzrechten ausüben und nicht verwaltungsinterne Interessen oder
Opportunitätserwägungen vertreten.

### 5  Weisungsfreiheit

**9**  Die Mitglieder und Vorsitzenden der Kammern und damit auch die Beschwerdekammern als Kollegialorgan sind bei ihren Entscheidungen an keinerlei Weisung gebunden (Abs 4 Satz 2). Weisungsfreiheit besteht nicht nur
gegenüber dem Präsidenten, den Vizepräsidenten oder gar anderen Mitgliedern des HABM, sondern auch gegenüber dem Präsidenten der Beschwerdekammern und Institutionen oder Stellen von außen.

---

6  Siehe dazu Gori/Löden, Münchner Kommentar zum EPÜ, Art 23 Rn 15.
7  Ingerl, S 142; von Mühlendahl, GRUR Int 1989, 358.
8  So aber Ingerl, S 142.

Weisungsfreiheit bedeutet, dass auf die Art und Weise der Sachbehandlung 10
und Entscheidungsfindung in einem konkreten Fall in keinem Stadium des
Beschwerdeverfahrens Einfluss genommen werden darf.[9] Dies schließt nicht
nur Einzelweisungen, sondern auch allgemeine Weisungen aus. Die PrüfRiLi
(siehe Art 124 (2) a)) binden die Beschwerdekammern nicht.[10] Eine Art 23
(3) EPÜ vergleichbare Regelung, wonach die Mitglieder der Beschwerdekammern nur Rechtsnormen unterworfen wären,[11] enthält die GMV zu
Recht nicht. Zu beachten haben die HABM-BK neben der GMV, der DV
und der GebV auch die vom Präsidenten des Amtes in Ausführung der DV
und der GebV erlassenen Beschlüsse, da diese abstrakt-generellen Charakter
haben.

Die Weisungsfreiheit ist auf die Erledigung von Beschwerdeverfahren be- 11
schränkt, im übrigen unterliegen die Mitglieder der Beschwerdekammern als
Bedienstete des HABM im Rahmen des Beamtenstatuts Weisungen.[12]
Durch diese darf allerdings auch nicht mittelbar auf die Bearbeitung der Beschwerdeverfahren Einfluss genommen werden. Den Rechten des Präsidenten des Amtes, im Rahmen seiner Organisationsgewalt die Bediensteten des
Amtes mit beliebigen Aufgaben zu betrauen, sind daher bei den Beschwerdekammern engste Grenzen gesetzt. Von Bedeutung sind weiter Art 12 Satz 2,
3 VerfOBK, wonach an den Beratungen der HABM-BK allenfalls noch Dolmetscher und Geschäftsstellenbeamte teilnehmen dürfen und wonach die
Beratungen geheim sind, so dass auch indirekte Einflussnahmen Dritter auf
die Entscheidungsfindung ausgeschlossen sind.

Weisungsfreiheit der Mitglieder der Beschwerdekammern gegenüber dem 12
Vorsitzenden der jeweiligen HABM-BK bedeutet Verwirklichung des Kolle-
gialprinzips. Der Vorsitzende kann überstimmt werden, Art 13 VerfOBK.

Es besteht Weisungsfreiheit gegenüber nationalen Regierungen oder Stellen. 13
So ist jeder Versuch der Einflussnahme politischer Art, auch im Rahmen von
Stellungnahmen politischer Gremien in Beschwerdeverfahren, unstatthaft.[13]

---

9 Gori/Löden, Münchner Kommentar zum EPÜ, Art 23 Rn 20.
10 EuG T-410/07 vom 12.5.2009, Slg 2009 II-1345 (Nr 20) *Jurado*; HABM-BK
   R 004/1998-2 vom 11.3.1998, ABl-HABM 1998, 1058 *IX*; Singer/Stauder,
   Art 23 Rn 6.
11 Siehe dazu Gori/Löden, Münchner Kommentar zum EPÜ, Art 23 Rn 21.
12 Siehe von Mühlendahl/Ohlgart, S 234.
13 EuG T-341/09 vom 17.5.2011 (Nr 53) *Txakoli*.

Diese Weisungsfreiheit besteht übrigens für alle Bediensteten des HABM gemäß Art 11 (1) des Statuts der Beamten der EG, wonach der Beamte von
keiner Regierung, Behörde, Organisation oder Person außerhalb seines Organs Weisungen anfordern oder entgegennehmen darf.

#### 6  Bindung an Entscheidungen anderer Kammern?

14  Unabhängigkeit bedeutet Unabhängigkeit vor dem Recht, nicht Unabhängigkeit von dem Recht. Wie alle anderen Instanzen des HABM haben die
HABM-BK die Rspr des EuG und des EuGH zu beachten. Entscheidungen
anderer Instanzen des Amtes können die Beschwerdekammern naturgemäß
nicht binden, weil diese zweitinstanzlichen Charakter hat.

15  Im Verhältnis der Kammern untereinander besteht eine Bindungswirkung
indirekt nur durch Entscheidungen der GrBK, weil eine Kammer an die
GrBK vorlegen muss, wenn sie von einer früheren Entscheidung der GrBK
abweichen will, Art 1b VerfOBK. Im übrigen kann die Kammer die GrBK
anrufen, wenn verschiedene Kammern zu einer Rechtsfrage unterschiedliche
Entscheidungen erlassen haben, doch besteht dazu keine Verpflichtung. Eine
Bindungswirkung früher erlassener Entscheidungen einer HABM-BK gegenüber einer anderen HABM-BK kann es nicht geben; mangels Rechtspre-
chungscharakter der Entscheidungen der Beschwerdekammern ist eine Begründungspflicht bei der Abweichung von bisherigen Entscheidungen, wie
sie in Art 15 (1) der VerfOBK EPA vorgesehen ist, nicht vorgesehen und
auch nicht sinnvoll.

16  Daher kann es vorkommen und ist auch völlig normal, dass eine HABM-BK
gleichgelagerte Fälle anders entscheidet als eine andere Kammer dies zuvor
tat, und es ist sogar möglich, dass eine HABM-BK denselben Fall anders entscheidet als eine andere HABM-BK, die die Angelegenheit zur erneuten Prüfung an die Erstinstanz zurückverwies, wenn erneut Beschwerde eingelegt
wird;[14] dem steht weder Art 64 (2) noch Art 1b VerfOBK entgegen (siehe
unter Art 64 Rdn 20). Es besteht auch keine Bindungswirkung im Verhältnis
einer Entscheidung der HABM-BK im Eintragungsverfahren und einer späteren Entscheidung der HABM-BK über einen Nichtigkeitsantrag gegen dieselbe Marke.[15] Es bleibt auch im Verhältnis der Kammern des HABM unter-

---

14  So im Fall HABM-BK R 214/2008-4 vom 31.8.2009 (Nr 9–14) *SERENISSIMA/
LA SERENISIMA.*
15  So im Fall HABM-BK R 1614/2008-4 vom 4.9.2009 (Nr 22) *Gelenksteigbügel.*

einander bei dem allgemeinen Grundsatz, dass frühere Entscheidungen, auch soweit sie in völlig gleichgelagerten Fällen ergangen sind, zwar eine gewisse Entscheidungshilfe geben können, aber keine Bindungswirkung entfalten (siehe unter Art 37 Rdn 15–18 mwN).

### 7  Unabsetzbarkeit

Die Vorsitzenden und Mitglieder der Beschwerdekammern können während **17** ihrer Amtszeit ihrer Funktion nicht enthoben werden, es sei denn, dass schwerwiegende Gründe vorliegen (Abs 1 Satz 2, Abs 3). Hierfür ist allein der EuGH auf Antrag des Rates der EG zuständig. Es handelt sich um eine absolute Ausnahmebestimmung, die Art 6 der Satzung des EuGH, der die Unabsetzbarkeit der Richter der EuGH garantiert, entspricht und die Unabhängigkeit der Beschwerdekammern zusätzlich stärkt.

### 8  Präsident der Beschwerdekammern

Abs 1 sieht nun das Amt eines Präsidenten der Beschwerdekammern vor. **18** Dessen Amt hat Doppelnatur: Einerseits ist er ein, besonders herausgehobenes, Mitglied der Kammern und hat insbesondere den Vorsitz der GrBK inne (Abs 1 aE). Andererseits leitet er die Organisationseinheit Beschwerdekammern (»ist für Verwaltungs- und Organisationsfragen zuständig«, im engl treffender: »shall have managerial and organisational powers«; Abs 1 Satz 4), ist Dienstvorgesetzter der Mitarbeiter der Beschwerdekammern, hat anders als normale Hauptabteilungsleiter das Recht, dem Präsidenten des Amtes den Entwurf für den Ausgabenbedarf der Kammern vorzulegen (Abs 1 (d)) und untersteht hierarchisch nur dem Präsidenten. Eine Hybridfunktion stellt sein Vorsitz im Präsidium (Abs 1 (a)) dar. Die in Abs 1 (b) aufgeführte Geschäftsverteilung wird in Wirklichkeit vom Präsidium und nach objektiven Kriterien festgelegt.[16]

## Artikel 137 (ex Artikel 132)  Ausschließung und Ablehnung

**(1) Die Prüfer, die Mitglieder der im Amt gebildeten Abteilungen und die Mitglieder der Beschwerdekammern dürfen nicht an der Erledigung einer Sache mitwirken, an der sie ein persönliches Interesse haben oder in der sie**

---

16 Geschäftsverteilungsplan,    http://oami.europa.eu/ows/rw/resource/documents/ common/decisionsPresidiumBoA/boa-decision-2008-01_en.pdf.

vorher als Vertreter eines Beteiligten tätig gewesen sind. Zwei der drei Mitglieder einer Widerspruchsabteilung dürfen nicht bei der Prüfung der Anmeldung mitgewirkt haben. Die Mitglieder der Nichtigkeitsabteilungen dürfen nicht an der Erledigung einer Sache mitwirken, wenn sie an deren abschließender Entscheidung im Verfahren zur Eintragung der Marke oder im Widerspruchsverfahren mitgewirkt haben. Die Mitglieder der Beschwerdekammern dürfen nicht an einem Beschwerdeverfahren mitwirken, wenn sie an der abschließenden Entscheidung in der Vorinstanz mitgewirkt haben.

(2) Glaubt ein Mitglied einer Abteilung oder einer Beschwerdekammer, aus einem der in Absatz 1 genannten Gründe oder aus einem sonstigen Grund an einem Verfahren nicht mitwirken zu können, so teilt es dies der Abteilung oder der Kammer mit.

(3) Die Prüfer und die Mitglieder der Abteilungen oder einer Beschwerdekammer können von jedem Beteiligten aus einem der in Absatz 1 genannten Gründe oder wegen Besorgnis der Befangenheit abgelehnt werden. Die Ablehnung ist nicht zulässig, wenn der Beteiligte im Verfahren Anträge gestellt oder Stellungnahmen abgegeben hat, obwohl er bereits den Ablehnungsgrund kannte. Die Ablehnung kann nicht mit der Staatsangehörigkeit der Prüfer oder der Mitglieder begründet werden.

(4) Die Abteilungen und die Beschwerdekammern entscheiden in den Fällen der Absätze 2 und 3 ohne Mitwirkung des betreffenden Mitglieds. Bei dieser Entscheidung wird das Mitglied, das sich der Mitwirkung enthält oder das abgelehnt worden ist, durch seinen Vertreter ersetzt.

*Schennen*

## 1 Allgemeines

1 Diese Vorschrift regelt die Ausschließung und Ablehnung der Bediensteten des Amtes. Sie gilt unterschiedslos für die erstinzanzlich tätigen Bediensteten

(Prüfer, Mitglieder der Widerspruchs- und Nichtigkeitsabteilungen und der Marken- und Musterverwaltungs- und Rechtsabteilung) und für die Mitglieder der Beschwerdekammern. Zweck der Vorschrift ist die Gewährung der Unbefangenheit der Bediensteten des Amtes.

Art 137 wird, soweit Beschwerdeverfahren betroffen sind, ergänzt durch **2** Art 3 VerfOBK.

Die Vorschrift ist inspiriert von Art 16 der Satzung des EuGH und Art 24 EPÜ,[1] gilt allerdings nicht wie diese nur für richterliche oder justizähnliche Tätigkeit, sondern generell für die Bediensteten des Amtes.

Die Durchführungsverordnung enthält keine Ausführungsbestimmungen. Allerdings bestimmt R 88 (a), dass Vorgänge über die Ausschließung und Ablehnung nicht der Akteneinsicht unterliegen.

## 2 Mitwirkungsverbote nach Art 137 (1)

Art 137 (1) enthält drei Mitwirkungsverbote: persönliches Interesse an der **3** Erledigung der Sache, vorherige Mitwirkung als Vertreter des Beteiligten und frühere Mitwirkung im Verfahren. Die ersten beiden Mitwirkungsverbote gelten unterschiedslos für alle Bediensteten des Amtes, das dritte Mitwirkungsverbot ist relativ in dem Sinne, dass nach der Art des Verfahrens und der Zahl der Mitwirkenden differenziert wird.

Das Mitwirkungsverbot des persönlichen Interesses an der Erledigung oder **4** vielmehr am Ausgang der Sache überschneidet sich mit dem Ablehnungsgrund der Besorgnis der Befangenheit. In Betracht kommt ein finanzielles Interesse aus der Stellung als Gesellschafter oder Mehrheitsaktionär des Verfahrensbeteiligten. Bloßer Aktienbesitz im Rahmen normaler Kapitalanlage, der keine prozentual relevante Beteiligung darstellt, ist dagegen unerheblich. In Betracht kommen weiter verwandtschaftliche Beziehungen zum Verfahrensbeteiligten.

Das Verbot der Mitwirkung an der Erledigung einer Sache, in der der Be- **5** dienstete vorher als Vertreter eines Beteiligten tätig geworden ist, bezieht sich nur auf dieselbe Sache, also dieselbe Anmeldung oder die frühere Vertretung in Sachen derselben Widerspruchsmarke. Es betrifft nicht schlechthin die

---

1 Siehe Gori/Löden, Münchner Kommentar zum EPÜ, Art 24 Rn 1.

Vertretung in Angelegenheiten identischer oder ähnlicher Marken oder gar desselben Verfahrensbeteiligten.

6   Zwei der drei Mitglieder der Widerspruchsabteilung dürfen nicht zuvor bei der Erledigung der Anmeldung mitgewirkt haben. Dies bedeutet, dass der Prüfer, der die Anmeldung formal und auf absolute Schutzhindernisse geprüft hat, durchaus am Widerspruchsverfahren mitwirken darf. Dies ist unbedenklich, da es um unterschiedliche Aspekte der Schutzfähigkeit und nicht um die sachliche Überprüfung einer früheren Entscheidung geht, und sogar vorteilhaft, wenn der Prüfer die angegriffene GMA kennt.

7   Die Mitglieder der Nichtigkeitsabteilungen dürfen nicht an der Erledigung der Sache mitwirken, wenn sie an deren abschließender Entscheidung im Prüfungsverfahren oder im Widerspruchsverfahren mitgewirkt haben. Dies heißt, dass sie nicht der für die Anmeldung zuständige Prüfer und auch nicht Mitglied der Widerspruchsabteilung gewesen sein dürfen. Dies gilt unabhängig davon, ob im Nichtigkeitsverfahren dieselben Fragen wie im Prüfungsverfahren oder im Widerspruchsverfahren zu erörtern waren, dh auch dann, wenn das Nichtigkeitsverfahren keine Kontrolle der Entscheidung im Eintragungsverfahren beinhaltet.

8   Mitglieder der Beschwerdekammern dürfen nicht mitwirken, wenn sie an der abschließenden Entscheidung in der Vorinstanz mitgewirkt haben. Das Mitwirkungsverbot gilt auch für die Mitglieder der GrBK. Es gilt auch dann, wenn das Mitglied zwar nicht die abschließende Entscheidung selbst erlassen hat, wohl aber im Verlauf des Prüfungs- oder Widerspruchsverfahrens mit der Bearbeitung befasst war und anschließend die Sache an einen anderen Bearbeiter abgegeben hat. Dies gilt auch dann, wenn die Mitwirkung nicht die Entscheidung betraf, die mit der Beschwerde angefochten wurde. Beispiel: Das Mitglied der Beschwerdekammer hat an der Zurückweisung des Widerspruchs mitgewirkt; mit der Beschwerde angefochten ist die Zurückweisung des Antrags auf Erklärung der Nichtigkeit; das Mitglied ist dann von der Mitwirkung ausgeschlossen. Die Beschwerdekammern des EPA nehmen in derartigen Fällen Besorgnis der Befangenheit an;[2] das ist bedenklich, weil damit grundlos unterstellt wird, das betr Mitglied sei nicht in der Lage, neuen Vortrag vorurteilsfrei zu würdigen.

---

2  TechnBK EPA T 1028/96, ABl-EPA 2000, 475, 491.

### 3 Ablehnung wegen Besorgnis der Befangenheit

Die Beteiligten können nach Art 137 (3) Bedienstete des Amtes (Prüfer, 9
Mitglieder der Widerspruchs- und Nichtigkeitsabteilungen und der Marken-
und Musterverwaltungs- und Rechtsabteilung, Mitglieder der Beschwerdekammern) wegen Besorgnis der Befangenheit ablehnen.

Besorgnis der Befangenheit besteht, wenn vom Standpunkt des Verfahrens- 10
beteiligten aus gesehen bei vernünftiger Würdigung aller Umstände Anlass
besteht, an der Unvoreingenommenheit und objektiven Einstellung des Beamten zu zweifeln;[3] diese zum deutschen Recht entwickelte Formel kann
auch für die GMV zugrunde gelegt werden. Dies enthält objektive und subjektive Elemente.[4] Das subjektive Element liegt darin, dass es ausreicht,
wenn aus der Sicht des Verfahrensbeteiligten Gründe bestehen, die an der
Unvoreingenommenheit zweifeln lassen, unabhängig davon, ob tatsächlich
Befangenheit vorliegt;[5] schon der äußere Anschein der Unvoreingenommenheit reicht aus. Das objektive Element liegt darin, dass diese Gründe tatsächlich vorliegen müssen und nicht vom Verfahrensbeteiligten erfunden oder
konstruiert sein dürfen.[6] Die Rspr der Beschwerdekammern des EPA hat die
Formel entwickelt, es gehe nicht darum, ob das Mitglied tatsächlich befangen war, sondern darum, ob objektive oder verständliche Gründe dafür vorliegen, das Mitglied der Befangenheit zu verdächtigen.[7]

Im Zweifel wird Besorgnis der Befangenheit zu verneinen sein, wenn das
Verhalten des Bediensteten des Amtes aus der Sicht eines anderen, mit dem
Fall nicht vertrauten Bediensteten des Amtes äußerlich korrekt und nicht un-
gewöhnlich ist.

In der Literatur wurde versucht, Fallgruppen der Befangenheit zu ent- 11
wickeln. Deren schematische Anwendung ist aber unangemessen.[8] Die folgenden Konstellationen können allenfalls eine gewisse Richtschnur geben::

---

3  Benkard/Schäfers, PatG, § 27 Rn 18; BVerfGE 35, 253; BPatGE 22, 63.
4  TechnBK EPA T 190/03, ABl-EPA 2006, 502, 518.
5  Fezer/Grabrucker, Handbuch der Markenpraxis, Band I, S 343.
6  Siehe Gori/Löden, Münchner Kommentar zum EPÜ, Art 24 Rn 27; Schennen,
   Comentarios, S 1105.
7  GrBK EPA G 5/91, ABl-EPA 1992, 617; TechnBK EPA T 1028/96, ABl-EPA
   2000, 475, 491; TechnBK EPA T 190/03, ABl-EPA 2006, 502, 517.
8  Fezer/Grabrucker, Handbuch der Markenpraxis, Band I, S 344.

- Wenn der Bedienstete aus dem Ausgang des Verfahrens finanzielle Vorteile zöge; vgl auch Art 137 (1) und siehe oben unter Rdn 4.
- Feindschaft,[9] jedoch nicht bloße Bekanntschaft[10] und freundschaftlicher Kontakt auf beruflicher Ebene; andernfalls würde eine vertrauensvolle Zusammenarbeit des Amtes mit der Vertreterschaft erschwert.
- Anzeichen willkürlichen Verhaltens.[11]

12  Keine Besorgnis der Befangenheit besteht bei:
- Früheren Äußerungen schriftstellerischer Art oder auf Konferenzen oder in Besprechungen zu einer Rechtsfrage.[12]
- Bekanntgabe einer Rechtsansicht oder bereits der zu erwartenden Entscheidung in einem Zwischenbescheid; zu solchen Zwischenbescheiden ist das HABM nicht nur berechtigt, sondern gemäß Art 75, R 9 und R 11 uU sogar verpflichtet. Abzulehnen ist die Auffassung, Befangenheit liege vor, wenn der Prüfer im Zwischenbescheid bereits zu erkennen gibt, dass seine Meinung unabänderlich ist,[13] ist es doch gerade Ausdruck der Unbefangenheit des Prüfers, wenn er sich nicht durch die Schärfe und Entschiedenheit, mit der der Verfahrensbeteiligte seine Argumente vorträgt, beeinflussen lässt.
- Vorschlag der Einschränkung des VerzWDL. Dies ist nicht nur zulässig und unbedenklich, sondern ist nach Art 42 (4) für das Widerspruchsverfahren sogar ausdrücklich erwünscht.
- Hinweisen an einen der Verfahrensbeteiligten zur sachgemäßen Führung des Verfahrens. Auch hierzu wird das HABM ggf sogar verpflichtet sein, auch wenn dies dem anderen Verfahrensbeteiligten zum Nachteil gereicht (vgl § 139 DE-ZPO);
- Nur der Versuch mit unsachlichen Mitteln, den Anwalt zur Zurücknahme eines Antrags zu bewegen, wird zu beanstanden sein,[14] nicht aber der Versuch, Anwälte zu sachgerechten Anträgen zu bewegen oder mangelnde Erfolgsaussichten zu verdeutlichen;
- Mitwirkung des Mitglieds der Beschwerdekammer an Verfahren betr dieselbe oder ähnliche Marken auf nationaler Ebene; dies fällt nicht unter

---

9   Siehe Schulte, PatG, § 27 Rn 47.
10  Anders, zu streng, Schulte, PatG, § 27 Rn 47.
11  Siehe BGH GRUR 1986, 731 *Mauerkasten*.
12  Siehe Schulte, PatG, § 27 Rn 46.
13  So aber Schulte, PatG, § 27 Rn 47.
14  Vgl den recht extremen Fall BPatGE 22, 63.

Abs 1 Satz 4 und ist ebensowenig bedenklich wie die Mitwirkung in Verfahren vor dem HABM betr ähnliche Marken desselben Anmelders.[15]

Nach Art 137 (3) ist die Ablehnung wegen Besorgnis der Befangenheit ausdrücklich ausgeschlossen: **13**

– Wegen der Staatsangehörigkeit des Bediensteten. Niemand hat Anspruch darauf, dass sein Fall von Bediensteten bestimmter Staatsangehörigkeit entschieden oder nicht entschieden wird. (So auch Art 24 (3) Satz 3 EPÜ).

– Wenn der Verfahrensbeteiligte in Kenntnis des Ablehnungsgrundes einen Antrag gestellt oder eine Stellungnahme abgegeben hat.[16] Der Vertreter steht dem Verfahrensbeteiligten gleich, siehe R 77. Die Ablehnung ist also bereits dann ausgeschlossen, wenn eine der beiden Personen (Verfahrensbeteiligter, Vertreter) den Ablehnungsgrund kannte.

## 4 Verfahrensfragen

Die Bediensteten des Amtes können zum einen sich selbst von der Mitwirkung im Verfahren für ausgeschlossen halten (»Ausschließung«, Art 137 (2)) und von einem Verfahrensbeteiligten abgelehnt werden (»Ablehnung«, Art 137 (3)). **14**

Die Ausschließung gilt nach Art 137 (2) in den Fällen der Mitwirkungsverbote des Art 137 (1). Die Bediensteten sind nicht nur berechtigt, sondern verpflichtet, sich in einem solchen Fall für ausgeschlossen zu erklären. Art 137 (2) erwähnt nur die Mitglieder der Abteilungen und der Beschwerdekammern, sollte aber auch für die Prüfer gelten (siehe oben, Rdn 1). Die Ausschließung gilt auch ohne gesetzliche Bestimmung für die Fälle des Art 137 (3), dh wenn der Bedienstete selbst meint, er sei befangen. Gleich aus welchem Grund sich der Bedienstete für ausgeschlossen erachtet, sollte die Entscheidung der Kammer oder Abteilung nach Art 137 (4) in diesem Falle stets automatisch auf Ersetzung des betr Mitglieds lauten. **15**

Die Ablehnung nach Art 137 (3) gilt ebenfalls für alle Bediensteten des HABM. Gründe für die Ablehnung durch einen Verfahrensbeteiligten sind **16**

---

15 Siehe BGH GRUR 1986, 731 *Mauerkasten*; unnötige Selbstablehnung: HABM-BK R 926/2002-1 vom 10.6.2004 *INTUITU CAPITAL/INTIUT.*

16 EuG T-063/01 vom 12.12.2002, ABl-HABM 2003, 814 (Nr 25) *Soap II.*

die Mitwirkungsverbote des Art 137 (1) sowie die Besorgnis der Befangenheit (Art 137 (3)).

17 Erklärt sich der Bedienstete für ausgeschlossen oder lehnt der Verfahrensbeteiligte den Bediensteten ab, so entscheidet die Abteilung ohne den betr Bediensteten (Art 137 (4) Satz 1), wobei der betr Bedienstete durch seinen geschäftsordnungsmäßigen Vertreter ersetzt wird (Art 137 (4) Satz 2). Im Beschwerdeverfahren gilt außerdem Art 3 VerfOBK: Die HABM-BK setzt das Verfahren bis zur Entscheidung über die Ausschließung oder Ablehnung aus und fordert das betr Mitglied auf, sich zu dem Ausschließungs- oder Ablehnungsgrund zu äußern.

Nach der Rspr der Beschwerdekammern des EPA[17] soll bei einer Ablehnung wegen Befangenheit die betr Kammer zunächst in der ursprünglichen Besetzung über die Zulässigkeit der Ablehnung entscheiden, dh ob die Ablehnung nach Art 137 (3) zulässig ist oder jeder sachlichen Begründung ermangelt. Die Übernahme dieser Rspr für das HABM ist allerdings mit dem Wortlaut von Art 137 (4) und von Art 3 VerfOBK nicht vereinbar.

18 Der Prüfer wird die Ausschließung oder Ablehnung dem Leiter der Prüfungsabteilung vorlegen müssen, der einen anderen Prüfer bestimmt; allerdings wird der abgelehnte Prüfer über die Zulässigkeit der Ablehnung nach Art 137 (3) zu entscheiden haben.

19 Hält die Abteilung die Ausschließung oder Ablehnung des Bediensteten für begründet, so verbleibt der Vertreter des Bediensteten in dem Verfahren. Andernfalls tritt der abgelehnte Bedienstete wieder in das Verfahren ein.[18]

20 Die Entscheidung über die Ausschließung oder Ablehnung ist gemäß Art 58 (1) beschwerdefähig, jedoch gemäß Art 58 (2) nur mit der Endentscheidung, es sei denn, die Entscheidung über die Ausschließung oder Ablehnung lässt die gesonderte Beschwerde zu (siehe unter Art 58 Rdn 15).

---

17  TechnBK EPA T 1028/96, ABl-EPA 2000, 483.
18  Fernández-Nóvoa, S 63.

# 5. Abschnitt Haushalt und Finanzkontrolle

## Artikel 138 (ex Artikel 133) Haushaltsausschuß

(1) Beim Amt wird ein Haushaltsausschuß eingesetzt. Der Haushaltsausschuß übt die Befugnisse aus, die ihm in diesem Abschnitt sowie in Artikel 38 Absatz 4 übertragen werden.

(2) Artikel 126 Absatz 6, die Artikel 127 und 128, sowie Artikel 129 Absätze 1 bis 4 und Absätze 6 und 7 finden auf den Haushaltsausschuß entsprechend Anwendung.

(3) Der Haushaltsausschuß faßt seine Beschlüsse mit der einfachen Mehrheit der Vertreter der Mitgliedstaaten. Beschlüsse, zu denen der Haushaltsausschuß nach Artikel 38 Absatz 4, Artikel 140 Absatz 3 und Artikel 143 befugt ist, bedürfen jedoch der Dreiviertelmehrheit der Vertreter der Mitgliedstaaten. In beiden Fällen verfügen die Mitgliedstaaten über je eine Stimme.

*Schennen*

## 1 Allgemeines

Der Haushaltsausschuss des Amtes hat wichtige Funktionen, sogar eine stär- 1
kere Stellung als der Verwaltungsrat (siehe unter Art 126 Rdn 1–2). Darin besteht ein grundlegender Unterschied zum EPÜ. Mit der Feststellung des Haushaltsplans des Amtes, der auch den Stellenplan umfasst, verfügt der Haushaltsausschuss über weitreichende Befugnisse. Art 138 (2) nennt die den Verwaltungsrat betr Vorschriften, die auf den Haushaltsausschuss entsprechende Anwendung finden. Der Haushaltsausschuss hat sich eine

Geschäftsordnung gegeben, die der des Verwaltungsrats weitgehend entspricht.[1]

## 2 Mitglieder, Tagungen

2  Mitglieder des Ausschusses sind die Mitgliedstaaten und die Kommission (Abs 2 mit Verweisung auf Art 127 (1)). Die Liste der Mitglieder wurde regelmäßig im ABl-HABM[2] und auf der Webseite des HABM[3] veröffentlicht. Die Tagungen des Haushaltsausschusses finden unmittelbar vor oder nach denen des Verwaltungsrats statt; dazu werden gemeinsame Sitzungen zu Fragen abgehalten, die in die Zuständigkeit beider Gremien fallen. Seit Frühjahr 2003 nehmen die Staaten, die Beitrittsantrag zur EG gestellt haben, als Beobachter teil (Art 4 (3) der Geschäftsordnung).

3  Präsidenten des Haushaltsausschusses waren Renzo Antonini (Italien) bis 1997, Peter Lawrence (GB) und Robert Ullrich (AT). Gegenwärtige Präsidentin ist Anne Rejnhold Jørgensen (DK).

## 3 Befugnisse des Haushaltsausschusses

4  Die Befugnisse des Haushaltsausschusses umfassen:
   – Feststellung des Haushalts- und Stellenplans des Amtes (Art 140);
   – Erlass der Haushaltsordnung des Amtes (Art 143);
   – Erteilung der Entlastung gegenüber dem Präsidenten des Amtes (Art 142 (1));
   – Kenntnisnahme von der Haushaltsrechnung (Art 142 (1));
   – Festsetzung des Betrages, der den nationalen Ämtern für die optionellen Recherchenberichte gezahlt wird (Art 38 (5). Gemäß Beschluss Nr CB–07–10 vom November 2007 gilt zZt ein Betrag von 16 Euro, siehe unter Art 38 Rdn 25;
   – Anhörung zu Vorschlägen des Präsidenten des Amtes zur Änderung der GebV oder der Haushaltsvorschriften der GMV (Art 124 (2) (b));

---

1  Neueste Fassung: Verordnung Nr CB-2-10 des Haushaltsausschusses vom 23.11.2010 über die Geschäftsordnung des Haushaltsausschusses; verfügbar auf der HABM-Webseite unter http://oami.europa.eu/ows/rw/pages/OHIM/institutional/ABBC/bc-decisions-r.de.do.
2  Zuletzt: ABl-HABM 2001, 410.
3  Http://oami.europa.eu/ows/rw/resource/documents/OHIM/institutional/ABBC/cb-memb-31-10-2011.pdf.

– bestimmte in der Haushaltsordnung vorgesehene Maßnahmen wie Mittelübertragungen und Befugnisse gegenüber den Rechnungsführern.

## 4 Beschlussfassung

Grundsätzlich werden die Beschlüsse des Ausschusses mit einfacher Mehrheit 5 gefasst. Die in Art 138 (3) Satz 2 aufgeführten besonders wichtigen Maßnahmen der Festsetzung des Betrages für die Recherchenberichte der nationalen Ämter, der Feststellung des Haushaltsplans und des Erlasses der Finanzvorschriften (Haushaltsordnung) bedürfen der Dreiviertelmehrheit. Die VO Nr 207/2009 übersah erneut, die Verweisung auf Art 38 (4) in die auf Art 38 (5) anzupassen, nachdem die am 10.3.2008 in Kraft getretene Fassung von Art 38 die Beschlüsse über den Preis der nationalen Recherchen in Abs 5 regelt.

Aus Art 138 (3) ergibt sich, dass die Kommission im Haushaltsausschuss 6 zwar Sitz, jedoch kein Stimmrecht hat.

## Artikel 139 (ex Artikel 134) Haushalt

(1) Alle Einnahmen und Ausgaben des Amtes werden für jedes Haushaltsjahr veranschlagt und in den Haushaltsplan des Amtes eingesetzt. Haushaltsjahr ist das Kalenderjahr.

(2) Der Haushaltsplan ist in Einnahmen und Ausgaben auszugleichen.

(3) Die Einnahmen des Haushalts umfassen unbeschadet anderer Einnahmen das Aufkommen an Gebühren, die aufgrund der Gebührenordnung zu zahlen sind, das Aufkommen an Gebühren, die aufgrund des in Artikel 140 genannten Madrider Protokolls für eine internationale Registrierung, in der die Europäische Gemeinschaft benannt ist, zu zahlen sind und sonstige Zahlungen an die Vertragsparteien des Madrider Protokolls, das Aufkommen an Gebühren, die aufgrund der Genfer Akte gemäß Artikel 106c der Verordnung (EG) Nr. 6/2002 des Rates vom 12. Dezember 2001 über das Gemeinschaftsgeschmacksmuster für eine internationale Eintragung, in der die Europäische Gemeinschaft benannt ist, zu zahlen sind und sonstige Zahlungen an die Vertragsparteien der Genfer Akte, und, soweit erforderlich, einen Zuschuss, der in den Gesamthaushaltsplan der Europäischen Gemeinschaften, Einzelplan Kommission, unter einer besonderen Haushaltslinie eingesetzt wird.

*Schennen*

## 1 Allgemeines

1   Der Haushalt des Amtes ist nicht Bestandteil des Gesamthaushaltsplans der
EG. Das Amt genießt weitgehende Haushaltsautonomie. Art 139 (3) regelt,
welche Einnahmen der Haushaltsplan enthält. Zu Art 139 (1) und Art 139
(2) siehe auch Art 143, der zum Erlass einer Haushaltsordnung ermächtigt,
die nähere Regelungen zur Art und Weise der Aufstellung und Ausführung
des Haushalts enthält.

2   Abs 3 wurde zweimal geändert, durch Art 1 Nr 2 der VO Nr 1992/2003
vom 27.10.2003,[1] um klarzustellen, dass Gebühren und sonstige Zahlungen
der WIPO aus dem Vollzug des Madrider Systems Teil der Einnahmen des
HABM sind, und durch Art 1 der VO Nr 1891/2006,[2] mit dem gleichen
Ziel, was die Einnahmen aus dem Vollzug der Genfer Akte des Haager Musterabkommens betrifft. Die kodifizierte Fassung (VO Nr 207/2009) hat den
Text von Art 139 entsprechend angepasst, aber in Abs 3 übersehen, die Verweisung auf Art 140 (jetzt Art 145 der VO Nr 207/2009) anzupassen.

## 2 Zuschuss aus dem Gemeinschaftshaushalt

3   In der Anfangsphase der Tätigkeit des Amtes konnte die Deckung der Aus-
gaben durch eigene Einnahmen des Amtes noch nicht sichergestellt werden.
Hierzu stellte ein Zuschuss aus dem Haushaltsplan der Kommission (siehe
Art 140 (2)) die Deckung sicher.

4   Die Selbstfinanzierung aus Gebühreneinnahmen konnte schon 1997 erreicht
werden; seitdem bedarf es keines Zuschusses aus dem Haushaltsplan der
Kommission mehr. Strukturelle Gebührenüberschüsse führten sogar 2005
und 2009 zu zwei deutlichen Gebührensenkungen.

---

1   ABl-EG L 296 vom 14.11.2003, S 1 = ABl-HABM 2004, 98.

2   ABl-EG L 396 vom 29.12.2006, S 14.

### 3 Eigene Einnahmen des Amtes

Einnahmen des Amtes sind in erster Linie die Einnahmen aus Gebühren 5 (Art 1 (a) GebV).

Obwohl in Art 139 (3) nicht erwähnt, zählen zu den Einnahmen auch die 6 Einnahmen aus Preisen (Art 1 (b), Art 3 GebV), zB aus dem Verkauf von Veröffentlichungen und Markeninformationsprodukten. Diese spielen aber keine Rolle mehr, seit das Blatt für GM kostenlos im Internet veröffentlicht wird.

Sonstige Einnahmen sind zB solche aus der Veräußerung von Inventar. 7

Ein etwaiger Zuschuss aus dem EG-Gesamthaushaltsplan zählt gemäß 8 Art 139 (3) ebenfalls zu den Einnahmen.

Vertragspartei des MP ist die EG, doch sind die individuellen Gebühren 9 (Art 11, 12 GebV;[3] Erklärung zur individuellen Gebühr, Anhang zum Beschluss des Rates vom 27.10.2003),[4] die der Anmelder an die WIPO zu zahlen hat, Substitut für die Gebühren für eine HABM-Direktanmeldung. Auch die regelmäßig von der WIPO an die Vertragsparteien des MP ausgeschütteten Überschüsse gelten die Tätigkeit der nationalen Ämter im Rahmen des Madrider Systems ab. Deshalb bestimmt der mit VO Nr 1992/2003 mit Wirkung zum 1.10.2004 geänderte Abs 3, dass die individuellen Gebühren und etwaige Überschüsse aus dem Madrider System, die die WIPO an ihre Vertragsparteien ausschüttet, dem HABM – und nicht der EG als solcher oder der Kommission – zugutekommen. Diese werden an das HABM gezahlt und bilden eine der Einnahmequellen des Amtes. Gleiches gilt für die Einnahmen aus dem Vollzug der Genfer Akte zum Haager Musterabkommen, dh die individuellen Gebühren für eine internationale Eintragung, die in der EG die Wirkung eines Gemeinschaftsgeschmacksmusters hat.

### Artikel 140 (ex Artikel 135)  Feststellung des Haushaltsplans

**(1) Der Präsident stellt jährlich für das folgende Haushaltsjahr einen Vorschlag der Einnahmen und Ausgaben des Amtes auf und übermittelt ihn**

---

3  Eingefügt durch VO Nr 781/2004 der Kommission vom 26.4.2004, ABl-EG L 123 vom 27.4.2204, S 85 = ABl-HABM 2004, 886.

4  Beschluss des Rates vom 27.10.2003 über die Genehmigung des Beitritts der EG zum MP, ABl-EG L 296 vom 14.11.2003, S 20 = ABl-HABM 2004, 126.

sowie einen Stellenplan spätestens am 31. März jedes Jahres dem Haushaltsausschuß.

(2) Ist in den Haushaltsvoranschlägen ein Gemeinschaftszuschuß vorgesehen, so übermittelt der Haushaltsausschuß den Voranschlag bezüglich der Kommission, die ihn an die Haushaltsbehörde der Gemeinschaften weiterleitet. Die Kommission kann diesem Voranschlag eine Stellungnahme mit abweichenden Voranschlägen beifügen.

(3) Der Haushaltsausschuß stellt den Haushaltsplan fest, der auch den Stellenplan des Amtes umfaßt. Enthalten die Haushaltsvoranschläge einen Zuschuß zu Lasten des Gesamthaushaltsplans der Gemeinschaften, so wird der Haushaltsplan des Amtes gegebenenfalls angepaßt.

*Schennen*

## 1 Allgemeines

1 Der Haushaltsplan wird vom Haushaltsausschuss des Amtes festgestellt (Art 140 (3)). Dazu hat der Präsident des Amtes dem Haushaltsausschuss bis zum 31.3. den Entwurf des Haushaltsplans für das nächste Kalenderjahr vorzulegen.

2 Das Verfahren ist unterschiedlich, je nachdem, ob ein Zuschuss aus dem Gesamthaushaltsplan der EG nötig ist.

## 2 Verfahren im Falle eines Zuschusses

3 Solange der Haushalt des Amtes eines Zuschusses aus dem Gesamthaushaltsplan der EG bedarf (dies ist seit 1997 nicht mehr der Fall), ist die Feststellung des Haushalts des Amtes Ergebnis eines vierstufigen Verfahrens.

4 Auf Vorschlag des Präsidenten des Amtes erstellt der Haushaltsausschuss einen Voranschlag, dh den Entwurf des Haushalts- und Stellenplans, aus dem sich die Höhe des benötigten Zuschusses ergibt.

Der Voranschlag ist vom Haushaltsausschuss unverzüglich an die Kommis- 5
sion zu übermitteln. Der Begriff »bezüglich« in Abs 2 ist ein auch in der VO
Nr 207/2009 nicht korrigierter Übersetzungsfehler, wie sich aus allen anderen Sprachfassungen ergibt (»immediately«, »sans délai«).

Im Verfahren nach Art 140 (2) bestimmt die EG die Höhe des von ihr ge- 6
währten Zuschusses.

Daraufhin beschließt der Haushaltsausschuss den Haushaltsplan, wobei ge- 7
gebenenfalls der Entwurf anzupassen ist, wenn der benötigte Zuschuss nicht
in der beantragten Höhe bewilligt worden ist.

### 3 Verfahren ohne Zuschuss

Seit das Amt sich voll aus eigenen Einnahmen finanziert, ist das Verfahren 8
zweistufig: Der Präsident des Amtes stellt den Entwurf des Haushaltsplans
auf, und der Haushaltsausschuss beschließt ihn, ggf mit Änderungen.

## Artikel 141 (ex Artikel 136)  Rechnungsprüfung und Kontrolle

(1) Beim Harmonisierungsamt für den Binnenmarkt wird die Funktion eines Internen Prüfers eingerichtet, die unter Einhaltung der einschlägigen
internationalen Normen ausgeübt werden muss. Der von dem Präsidenten
benannte Interne Prüfer ist diesem gegenüber für die Überprüfung des
ordnungsgemäßen Funktionierens der Systeme und der Vollzugsverfahren
des Amtshaushalts verantwortlich.

(2) Der Interne Prüfer berät den Präsidenten in Fragen der Risikokontrol-
le, indem er unabhängige Stellungnahmen zur Qualität der Verwaltungs-
und Kontrollsysteme und Empfehlungen zur Verbesserung der Bedingungen für die Abwicklung der Vorgänge sowie zur Förderung einer wirtschaftlichen Haushaltsführung abgibt.

(3) Der Anweisungsbefugte führt interne Kontrollsysteme und -verfahren
ein, die für die Ausführung seiner Aufgaben geeignet sind.

*Schennen*

## 1 Allgemeines

1   Dieser Art wurde durch VO Nr 1653/2003 vom 18.6.2003, in Kraft getreten am 1.10.2003, neu gefasst und durch VO Nr 207/2009 durch Ersetzung des Begriffs »Amt« durch »Funktion« redaktionell korrigiert. Die nachträgliche interne Kontrolle durch den Finanzkontrolleur wurde ersetzt durch eine ex-ante-Kontrolle innerhalb des Amtes. Das entspricht dem neuen Rechnungsprüfungssystem der Kommission, das durch VO Nr 1605/2002 vom 25.6.2002[1] eingeführt wurde, so dass gemäß Art 143 einheitliche Verfahren der internen Rechnungsprüfung bestehen.

## 2 Ausführungsvorschriften

2   Die Haushaltsvorschriften des Amtes bestehen aus der VO Nr CB-3-09 vom 17.7.2009,[2] in Kraft ab 1.9.2009, die die VO Nr CB-2–03 vom 7.11.2003 (Haushaltsordnung)[3] ersetzt, und der VO Nr CB-1-10 vom 24.112010 mit Durchführungsbestimmungen zur Haushaltsordnung. Diese sehen als Finanzakteure des Amtes vor den Anweisungsbefugten, den Rechnungsführer, den Zahlstellenverwalter (Art 42 der Durchführungsbestimmungen zur Haushaltsordnung) und den internen Prüfer gemäß Art 141 (Art 81 der Durchführungsbestimmungen zur Haushaltsordnung).

3   Der interne Prüfer ist nicht, wie bisher der Finanzkontrolleur, für die Genehmigung der Ausgaben verantwortlich, sondern ein Auditor, der die Einhaltung der Rechnungsführungsvorschriften unter Einbeziehung der internationalen Normen für das interne Audit prüft (Artikel 71 der Haushaltsordnung) und dabei völlig unabhängig und weisungsfrei ist (Art 85 der Durchführungsbestimmungen zur Haushaltsordnung). Er legt einmal im Jahr dem Präsidenten des HABM einen Bericht über das interne Audit vor (Artikel 72 der Haushaltsordnung).

## Artikel 142 (ex Artikel 137)  Rechnungsprüfung

**(1) Der Präsident übermittelt der Kommission, dem Europäischen Parlament, dem Haushaltsausschuß und dem Rechnungshof spätestens am**

---

1   ABl-EG L 248 vom 16.9.2002, S 1, zuletzt geändert durch VO Nr 1081/2010, ABl-EU L 311 vom 26.11.20100, S 9.

2   Http://oami.europa.eu/de/office/admin/pdf/CB_09_S35_8-1_AN1_DE_T.pdf.

3   ABl-HABM 2004, 318.

31. März jedes Jahres die Rechnung für alle Einnahmen und Ausgaben des Amtes im abgelaufenen Haushaltsjahr. Der Rechnungshof prüft die Rechnung nach Artikel 248 EG-Vertrag.

(2) Der Haushaltsausschuß erteilt dem Präsidenten des Amtes Entlastung zur Ausführung des Haushaltsplans.

*Schennen*

## 1 Allgemeines

Die Rechnungsprüfung erfolgt durch den Rechnungshof der EG; weitere 1 Zuständigkeiten im Bereich der Rechnungsprüfung liegen beim Haushaltsausschuss, bei der Kommission und beim Europäischen Parlament.

## 2 Befugnisse des Rechnungshofs

Der Rechnungshof der EG (Art 285–287 EU-V) prüft die Rechnung über 2 alle Einnahmen und Ausgaben und kann hierzu nach Art 287 (3) EU-V alle Unterlagen einsehen und Prüfungen am Sitz des Amtes vornehmen. Er erstattet einen Jahresbericht, der im ABl-EG veröffentlicht wird. Art 71–73 der Haushaltsordnung enthalten hierzu nähere Bestimmungen.

## 3 Befugnisse des Haushaltsausschusses

Der Haushaltsausschuss prüft den Bericht des Rechnungshofs sowie die Ant- 3 worten des Amtes und erteilt dem Präsidenten Entlastung zur Ausführung des Haushaltsplans.[1]

---

1 Zuletzt Beschluss Nr CB-10–5 des Haushaltsausschusses vom 14.4.2010.

#### 4  Befugnisse der Kommission und des Europäischen Parlaments

4  Da der Haushalt des Amtes vom Haushaltsausschuss festgestellt wird (Art 140 (3)), ist die Jahresrechnung der Kommission und dem Europäischen Parlament lediglich zur Kenntnisnahme vorzulegen. Falls allerdings der Haushalt des Amtes einen Zuschuss aus dem Gesamthaushaltsplan der EG aufweist, kann die Kommission die Verwendung dieses Zuschusses kontrollieren, da die Kommission nach Art 317 EU-V (Art 274 EG-V) den Haushaltsplan der EG in eigener Verantwortung ausführt.[2] Diese Kontrolle dürfte sich darauf beschränken müssen, ob die Subvention ordnungsgemäß in den Haushaltsplan des Amtes Eingang findet und zweckentsprechend verwendet worden ist, und nicht die Durchführung der vom Amt zu tätigenden Ausgaben umfassen. Eine Kontrolle, ob die vom Amt getätigten Ausgaben erforderlich sind, kommt der Kommission nur im Rahmen des Art 140 (2) bei der Aufstellung des Haushaltsplans zu.

### Artikel 143 (ex Artikel 138) Finanzvorschriften

**Der Haushaltsausschuß erläßt nach Stellungnahme der Kommission und des Rechnungshofs der Europäischen Gemeinschaften die internen Finanzvorschriften, in denen insbesondere die Einzelheiten der Aufstellung und Ausführung des Haushaltsplans des Amtes festgelegt werden. Die Finanzvorschriften lehnen sich, soweit dies mit der Besonderheit des Amtes vereinbar ist, an die Haushaltsordnungen anderer von der Gemeinschaft geschaffener Einrichtungen an.**

*Schennen*

#### 1  Allgemeines

1  In Ausübung dieser Ermächtigung hat der Haushaltsausschuss die folgenden Vorschriften erlassen:
- VO Nr CB-3-09 vom 17.7.2009,[1]
- VO Nr CB-1-10 des Haushaltsausschusses des HABM vom 24.11.2010 mit Durchführungsbestimmungen zur VO Nr CB-3–09 des Haushaltsausschusses über die Finanzvorschriften des Amtes.

---

2  Marten, Comentarios, S 1128.
1  ABl-HABM 2009, Nr 11.

## Artikel 144 (ex Artikel 139) Gebührenordnung

(1) Die Gebührenordnung bestimmt insbesondere die Höhe der Gebühren und die Art und Weise, wie sie zu entrichten sind.

(2) Die Höhe der Gebühren ist so zu bemessen, dass die Einnahmen hieraus grundsätzlich den Ausgleich des Haushaltsplans des Amtes gewährleisten.

(3) Die Gebührenordnung wird nach dem in Artikel 163 Absatz 2 vorgesehenen Verfahren angenommen und geändert.

*Schennen*

### 1 Allgemeines

Die DV, die GebV und die VerfOBK sind Verordnungen der EG, die im Rahmen der Ermächtigung in Art 144 (3) und Art 162 von der Kommission erlassen werden. Die Befugnis des Rates, der Kommission die Befugnis zum Erlass von Durchführungsverordnungen zu vom Rat beschlossenen Grundverordnungen zu übertragen, stützt sich auf Art 202 EG-V. **1**

Art 144 (1) bestimmt den wesentlichen Inhalt der GebV. Die GebV enthält Regelungen über die Höhe der Gebühr, die Währungen, die Zahlungsmodalitäten, die Fälligkeit und den maßgeblichen Zahlungstag. Diese sind weitgehend der Gebührenordnung zum EPÜ nachempfunden. Die GebV ist im folgenden kommentiert. **2**

**3** Art 144 (2) bestimmt den Grundsatz der Kostendeckung. Nur in den ersten beiden Jahren des Bestehens des HABM war zur Deckung der Ausgaben ein Zuschuss aus dem Haushalt der EG, Einzelplan Kommission, erforderlich. Seitdem stellen die Gebühreneinnahmen die Deckung der Kosten des HABM sicher. Die seit 2006 anfallenden Verlängerungsgebühren führten zu immer größeren Haushaltsüberschüssen. Das in Art 144 (2) niedergelegte Ziel des Gleichgewichts von Einnahmen und Ausgaben erforderte zwei Gebührensenkungen.

**4** Art 144 (3) bestimmt, dass die GebV im Komitologieverfahren nach Art 163 angenommen und geändert wird; gleiches gilt für die DV.

## 2 Gebührenverordnung

**5** Die GebV[1] ist nach ihrem Art 11 am 22.12.1995 in Kraft getreten. Sie wurde mehrfach geändert, und zwar durch VO Nr 781/2004 vom 26.4.2004[2] zur Umsetzung des MP (individuelle Gebühr und deren Erstattung), durch VO Nr 1042/2005 vom 29.6.2005[3] (Umsetzung der VO Nr 422/2004, Gebührentatbestände für Teilung und Weiterbehandlung, Abschaffung der Gebührenpflicht der Eintragung des Rechtsübergangs), durch VO Nr 1687/2005 vom 22.10.2005[4] (erste deutliche Gebührensenkung, Abschaffung von Scheck und Barzahlung als Zahlungsmittel) und zuletzt durch VO Nr 355/2009 vom 31.3.2009[5] (weitere deutliche Gebührensenkung), in Kraft getreten am 1.5.2009. Die GebV regelt die allgemeinen Grundsätze des Gebührenrechts (Währungen, maßgeblicher Zahlungstag, Folgen von Zuviel- und Zuwenigzahlung usw) und in Art 2 GebV die Gebührenhöhe. Der Gebührentatbestand, dh die Anordnung, dass ein bestimmter Sachverhalt gebührenpflichtig ist, findet sich regelmäßig in den verschiedenen Bestimmungen der GMV oder der DV selbst, wobei Art 145 (2) eine Liste der Tatbestände enthält, für die die DV eine Gebührenpflicht vorsehen muss. Die individuelle Gebühr für eine Benennung der EG in einer IR findet sich jedoch in der GebV selbst, auf der Grundlage von Anhang I zum Beschluss des Rates vom 27.10.2003 über die Genehmigung des Beitritts der EG zum

---

1 VO der Kommission Nr 2696/95 vom 13.12.1995, ABl-EG L 303, S 33 = ABl-HABM 1995, 414.
2 ABl-EG L 123 vom 27.4.2004, S 84 = ABl-HABM 2004, 886.
3 ABl-EG L 172 vom 5.7.2005, S 22 = ABl-HABM 2005, 1180.
4 ABl-EG L 271 vom 15.10.2005, S 14 = ABl-HABM 2005, 1413.
5 ABl-EG L 109 vom 30.4.2009, S 3.

MP.[6] Die einzelnen Gebührentatbestände sind in der Liste des Art 2 GebV nur grob umrissen und ergeben sich erst aus den dort zitierten Rechtsgrundlagen der GMV und der DV selbst.

Die GebV regelt außerdem die Preise für Leistungen des HABM, die nicht **6** gebührenpflichtig sind, beispielsweise für Publikationen; siehe dazu unter Rdn 43–48.

### 3 Allgemeine Grundsätze des Gebührenrechts

Gebühren, die nach Fälligkeit auf eine anhängige Anmeldung oder Marke **7** oder anhängigen Antrag entrichtet werden, sind verfallen, es sei denn, das Gesetz ordnet ausdrücklich die Erstattung an. Die Gebühren sind keine Erfolgsgebühren; einmal gezahlte Gebühren auf einen gestellten Antrag sind mit Rechtsgrund gezahlt und auch dann verfallen, wenn das HABM den Antrag oder die gebührenpflichtige Handlung ablehnt oder wenn der Antrag zurückgenommen wird.[7]

Die Gebühr ist zu erstatten, wenn es an einem gebührenpflichtigen Tat- **8** bestand fehlt, etwa wenn der Antrag oder die Verfahrenshandlung vor Eingang der Zahlung zurückgenommen worden war oder ein Antrag in Bezug auf eine Marke gestellt wird, die bereits im Register gelöscht ist.[8]

Gebührengläubiger ist das HABM. Zahlungen an nationale Ämter sind un- **9** beachtlich; das nationale Amt hat solche Zahlungen auch nicht an das HABM weiterzuleiten.[9] Dem entspricht es, dass nach Art 8 (1) GebV – mit der Ausnahme des Art 8 (3) GebV – für die Beurteilung des Zeitpunkts der Zahlung nur der Eingang beim HABM maßgeblich ist.

Es besteht eine echte Pflicht zur Zahlung, die sachliche Einwendungen gegen **10** die Berechtigung der Gebührenforderung ausschließt, keine Aufrechnung mit angeblichen Gegenforderungen des Gebührengläubigers zulässt[10] und

---

6 ABl-EG L 296 vom 14.11.2003, S 20, 30 = ABl-HABM 2004, 126.
7 Siehe zB RiLi Teil E, 4.4.3, ABl-HABM 1999, 121; Gall, Münchner Kommentar zum EPÜ, Art 51 Rn 79, 174.
8 Siehe RiLi Teil E, 4.4.3, ABl-HABM 1999, 121; Benkard/Schäfers, PatG, vor § 17 Rn 29.
9 Mitteilung Nr 2/97 des Präsidenten des HABM, ABl-HABM 1997, 758.
10 HABM-BK R 1240/2009-4 vom 8.2.2010 (Nr 13) *RELAXGROUP/RELAXHOME*.

zugunsten des HABM vollstreckt werden kann (siehe Art 84), auch wenn regelmäßig das Gesetz für den Fall der Nichtzahlung einer Gebühr die Rechtsfolge vorsieht, dass die betroffene Verfahrenshandlung als nicht vorgenommen gilt oder die Anmeldung oder der Antrag zurückzuweisen ist oder als zurückgenommen gilt.[11] Diese Rechtsfolge hat Vorrang, so dass, wenn sie eintritt, der Anspruch des HABM auf Zahlung der Gebühr erlischt. Das ändert aber nichts daran, dass der Anspruch zunächst entsteht. Nur die Annahme einer echten Zahlungspflicht – und nicht nur einer bloßen Obliegenheit – ist schließlich mit der Tatsache vereinbar, dass eine fällige Gebühr, die mit Rechtsgrund gezahlt wurde, nur bei ausdrücklicher gesetzlicher Regelung (zB R 21 (4), R 51) erstattet werden kann.

11  Falls also das HABM vergisst, eine Gebühr vom laufenden Konto abzubuchen oder die weitere Bearbeitung des Verfahrens von der Anforderung der Gebühr abhängig zu machen, so kann die Gebühr auch noch nachträglich eingefordert werden.

12  Eine echte Zahlungspflicht entsteht nicht zuletzt auch für die Preise gemäß Art 3 GebV.

13  Gebührenschuldner ist derjenige, der den Antrag stellt oder die Verfahrenshandlung (Einreichung der GMA) vornimmt. Bei mehreren Mitanmeldern oder mehreren Personen, die gemeinsam einen Antrag stellen, sind alle Personen gesamtschuldnerisch Gebührenschuldner. (Gleiches gilt übrigens für die Kostenschuld nach Art 85.) Handelt ein Vertreter iSd Art 93 oder ein Angestellter, so ist Gebührenschuldner gleichwohl der Verfahrensbeteiligte selbst, nicht der Vertreter. Bei der Abbuchung vom laufenden Konto ist jedoch darauf abgestellt, wer die Handlung vornimmt; stellt den Antrag der Vertreter, so kann die Gebühr nicht vom Konto des Verfahrensbeteiligten abgebucht werden.

14  Gebühren können wirksam nicht nur vom Verfahrensbeteiligten (Gebührenschuldner) selbst, sondern auch von seinem Vertreter oder sogar auch von Dritten gezahlt werden. In diesem Fall erlischt die Gebührenforderung; der Verfahrensbeteiligte hat kein Widerspruchsrecht. Sind Gebühren zu erstatten, so erfolgt die Erstattung gegenüber dem Zahlenden.[12] Die Erstattung

---

11  Anders als nach dem DE-Patentkostengesetz; dazu Benkard/Schäfers, PatG, vor § 17 Rn 18.

12  Siehe Gall, Münchner Kommentar zum EPÜ, Art 51 Rn 172.

der individuellen Gebühr für die Benennung der EG in einer IR erfolgt in Euro per Banküberweisung an den Anmelder der IR oder, wenn dieser einen Vertreter vor dem HABM bestellt hat, an diesen Vertreter (Art 13 (4) GebV; siehe Art 156 (4)).

### 4 Gebührenhöhe

Die Gebührenhöhe ergibt sich aus der Gebührentabelle zu Art 2 GebV. Der **15** Gebührenbetrag muss in voller Höhe beim HABM eingehen. Der Zahlende muss somit sicherstellen, dass etwaige Bankspesen zu seinen Lasten gehen, so dass der gesetzlich geschuldete Betrag auch tatsächlich beim HABM eingeht.[13]

Die Zahlung gilt grundsätzlich nur als bewirkt und die Zahlungsfrist ge- **16** wahrt, wenn der volle Gebührenbetrag rechtzeitig gezahlt worden ist; ist die Gebühr nicht in voller Höhe gezahlt worden, so wird der gezahlte Betrag nach Ablauf der Frist erstattet (Art 9 (1) GebV). Das Amt kann jedoch bei Minderzahlung, wenn dies gerechtfertigt erscheint, geringfügige Fehlbeträge ohne Rechtsnachteil für den Einzahler unberücksichtigt lassen. Feste Beträge gibt es hierfür nicht, da andernfalls die Gefahr bestünde, dass von vornherein nur der geringere Betrag gezahlt würde. Die 4. Beschwerdekammer hat einen Fehlbetrag von 12 Euro als geringfügig iSv Art 9 (2) GebV anerkannt, obwohl der Einzahler im Überweisungsformular »Entgeltteilung« angegeben hatte und somit verhindert hatte, dass der volle Betrag beim HABM einging; die HABM-BK hat jedoch zu seinen Gunsten berücksichtigt, dass er den Fehlbetrag in dreifacher Höhe nachgezahlt hat.[14] Bankspesen in Höhe von 20 Euro sind jedenfalls nicht mehr geringfügig.[15] Eine Ausnahme kann jedoch unabhängig von der genauen Höhe des Fehlbetrags dann gemacht werden, wenn der Zahlende nachweist, dass er seiner Bank korrekterweise die Instruktion gegeben hat, alle Bankspesen dem Zahlenden zu belasten, jedoch gleichwohl aus vom Zahlenden nicht zu verantwortenden Gründen an irgendeiner Stelle des Überweisungsweges Bankspesen einbehalten worden sind, vorausgesetzt, dass der Unterschiedsbetrag nachgezahlt wird.

---

13  Mitteilung Nr 6/96 des Präsidenten des HABM vom 8.8.1996, ABl-HABM 1996, 1274.
14  HABM-BK R 943/2000-4 vom 21.2.2002 (Nr 9, 11) *ROSSO BIANCO*.
15  Mitteilung Nr 6/96 des Präsidenten des Amtes vom 8.8.1996, ABl-HABM 1996, 1274.

17 Ist ein Zuschlag fällig geworden (Art 2 Nr 11, 16 GebV), so muss ab diesem Zeitpunkt der gesamte Gebührenbetrag einschließlich des Zuschlags gezahlt werden. Die Höhe des Zuschlags beträgt 25 % der nachzuzahlenden Gebühr, ist jedoch durch einen Höchstbetrag begrenzt. Der Zuschlag berechnet sich aus dem Gesamtbetrag der fehlenden Gebühren, wobei eine Zuwenigzahlung als Nichtzahlung betrachtet wird. Wenn beispielsweise nur 1300 Euro statt der Verlängerungsgrundgebühr von 1500 Euro (Art 2 Nr 12 GebV) gezahlt wurden, so ist ein Zuschlag von 25 % von 1500 Euro zu zahlen. Sind für die Verlängerung 1500 Euro Grundgebühr und 400 Euro Klassengebühren geschuldet und nur 1500 Euro gezahlt, so beträgt der Zuschlag 25 % von 400 Euro.

## 5 Fälligkeit

18 Die Zahlungsfristen sind grundsätzlich in der GMV oder der DV vorgesehen. In vielen Fällen gilt die betr Verfahrenshandlung als nicht vorgenommen, wenn die Gebühr nicht innerhalb der Frist für ihre Vornahme gezahlt wird (beispielsweise bei der Erhebung des Widerspruchs; der Widerspruch gilt als nicht erhoben, wenn die Gebühr nicht innerhalb der Widerspruchsfrist gezahlt wird).

19 Auch bei einer Reihe nicht fristgebundener Verfahrenshandlungen bestimmt die GMV oder die DV, dass der Antrag erst als gestellt gilt, wenn die Gebühr gezahlt worden ist. Beispiele:
– Antrag auf Akteneinsicht, R 89 (1) Satz 3;
– Antrag auf Umwandlung, Art 113 (1) Satz 2;
– Einreichung einer IA beim HABM, Art 147 (5);
– Antrag auf Eintragung einer Lizenz, R 33 (2).

20 Beim Antrag auf Erklärung des Verfalls oder der Nichtigkeit besteht die Besonderheit, dass das Amt eine Nachfrist für die Entrichtung der Gebühr setzt und erst nach deren Ablauf der Antrag als nicht gestellt gilt (siehe R 39 (1), die Art 56 (2) Satz 2 konkretisiert).

21 Soweit die GMV oder die DV keine Fälligkeitsregelungen enthalten, sind Gebühren und Preise gemäß Art 4 (1) GebV mit dem Eingang des Antrags auf Vornahme der entsprechenden Amtshandlung oder Leistung fällig.

## 6 Währungen

Gemäß Art 6 GebV idF der VO Nr 781/2004 vom 26.4.2004 ist der Euro 22 die einzige zugelassene Währung. Vor der Einführung des Euro als physischem Zahlungsmittel waren alle Zahlungen ebenfalls bereits in ECU zu leisten, Art 6 GebV aF.[16] Bis zum 31.12.2001 waren Barzahlungen beim Amt in spanischen Peseten zu leisten.

## 7 Zahlungsarten

Folgende Zahlungsarten sind gemäß Art 5 (1) von Gesetzes wegen oder ge- 23 mäß Art 5 (2) GebV auf Grund eines Beschlusses des Präsidenten des HABM zugelassen:
– Einzahlung oder Überweisung auf ein Bankkonto des Amtes;
– Benutzung eines laufenden Kontos;
– in eingeschränktem Umfang auch per Kreditkarte.

Für die Überweisung oder Bareinzahlung auf ein Konto des Amtes stehen 24 zwei Konten des HABM in Alicante zur Verfügung, bei der Banco Bilbao Vizcaya Argentaria und der »La Caixa«.[17] Da ohnedies alle Zahlungen in Euro erfolgen müssen, hat sich das HABM bewusst dagegen entschieden, Konten in den jeweiligen Mitgliedstaaten einzurichten; ein solches System hätte einen großen Verwaltungsaufwand verursacht und komplizierte Fragen im Falle von Währungsschwankungen aufgeworfen.

Durch Änderung von Art 5 (1) GebV durch VO Nr 1687/2005 vom 25 14.10.2005[18] ist mit Wirkung zum 22.10.2005 die Möglichkeit der Barzahlung und der Zahlung per Scheck abgeschafft worden. Gleichwohl danach eingereichte Schecks sind unwirksam und werden dem Einsender zurückgesandt. Diese Zahlungsarten sind übrigens seit 2007 auch nicht mehr für GGM-Anmeldungen[19] und beim EPA[20] zulässig. Auch Postanweisung ist keine zulässige Zahlungsart.[21]

---

16  Dazu Mitteilung Nr 9/98 vom 27.10.1998, ABl-HABM 1998, 1382.
17  Mitteilung Nr 11/02 vom 11.10.2002, ABl-HABM 2003, 20.
18  ABl-EG L 271 vom 15.10.2005, S 14.
19  Art 1 Nr 3 der VO Nr 877/2007 vom 24.7.2007, ABl-EG L 193, S 16 = ABl-HABM 9/2007.
20  Beschluss des Verwaltungsrats des EPA, ABl-EPA 2007, 533, 626.
21  HABM-BK R 949/2007-3 vom 18.9.2007 (Nr 12) *Mini-Fußball-Trikot.*

**26** Die Zahlung per Kreditkarte wurde zunächst nur für Transaktionen am Schalter der Annahmestelle (Beschluss Nr EX-01-1)[22] und ab 2006 nur für die Anmelde- und Klassengebühren bei elektronischer Anmeldung einer GMA (e-filing) zugelassen (Beschluss Nr EX-06-3 vom 18.5.2006).[23] Nunmehr gilt Art 22–24 des Beschlusses Nr EX-11-3 vom 18.4.2011:[24] Die Zahlung per Kreditkarte ist möglich – nur – für die Anmelde- und Verlängerungsgebühren im Rahmen einer elektronischen Einreichung der GMA (e-filing) und im Rahmen der elektronischen Übermittlung des Verlängerungsantrags (siehe Art 47 Rdn 12). Bei erfolgreicher Transaktion gilt die Gebühr als am Tag der Einreichung der GMA oder des Verlängerungsantrags gezahlt (Art 24 (1) des Beschlusses Nr EX-11-3. Abgebucht wird stets der Nominalbetrag der Gebühr, wobei eventuelle Spesen zugunsten des Kreditkartenunternehmens zu Lasten des HABM gehen. Scheitert die Kreditkartentransaktion aus irgendeinem, von wem auch immer zu vertretenden Grund, wird also die Karte nicht angenommen, so gilt die Zahlung als nicht erfolgt, Art 24 (2) des Beschlusses Nr EX-11-3. Akzeptiert werden Visa, Mastercard und Eurocard. Es ist nicht möglich, schriftlich die Abbuchung einer Gebühr von der Kreditkarte zu verlangen. Obwohl bereits auch Widersprüche elektronisch eingereicht werden können (Art 11 des Beschlusses Nr EX-11-3), können Widerspruchsgebühren nicht per Kreditkarte gezahlt werden. Auch alle anderen Verfahrensgebühren können nicht per Kreditkarte gezahlt werden. Die Kreditkarte kann auch nicht für die Zahlung von Preisen gemäß Art 3 GebV oder für die Auffüllung eines laufenden Kontos benutzt werden (Art 23 (3) des Beschlusses Nr EX-11-3).

**27** Mit Beschluss Nr EX-96-1,[25] geändert durch Beschlüsse Nr EX-96-7, Nr EX-03-1 vom 20.1.2003[26] und Nr EX-06-1 vom 12.1.2006,[27] ist die Möglichkeit der Zahlung über ein laufendes Konto eingeführt worden; Einzelheiten siehe Mitteilung Nr 5/96.[28] Laufende Konten können beim HABM ge-

---

22 ABl-HABM 2002, 198, ABl-HABM 2003, 858.
23 ABl-HABM 2006, 844.
24 ABl-HABM 2011, Nr 6.
25 ABl-HABM 1996, 48, 1454.
26 ABl-HABM 2003, 1042.
27 ABl-HABM 2006, 324.
28 ABl-HABM 1996, 1460.

gen Zahlung einer Mindesteinlage von 3000 Euro[29] eingerichtet werden. Mit der Einrichtung des laufenden Kontos gibt der Inhaber sein Einverständnis, dass automatisch das laufende Konto mit der Zahlung aller Gebühren für die von ihm vorgenommenen Verfahrenshandlungen belastet wird. Es handelt sich somit um ein automatisches Abbuchungssystem. Soweit die GMV Zahlungsfristen vorsieht (Monatsfrist für die Zahlung der Anmeldegrundgebühr, Grundfrist für die Zahlung der Eintragungsgebühr), erfolgt die Abbuchung mit Wirkung zum letzten Tag der Grundfrist. Entgegen einiger Entscheidungen der HABM-BK[30] kommt es dabei auf den Tag der Erteilung der Abbuchungsermächtigung nicht an, da eine solche nicht erforderlich ist. Der Fall einer verspäteten Zahlung bzw eine Zuschlagspflicht kann damit von vornherein nicht eintreten. Ein ausdrücklicher Auftrag zur Abbuchung könnte allenfalls dann gefordert werden, wenn, kein ausdrücklicher Antrag, für den das Gesetz eine Gebühr vorsieht, vorliegt;[31] dann aber wäre es logischer, das Vorliegen eines wirksamen Antrags zu verneinen. Der Verfahrensbeteiligte kann auch die Abbuchung zu einem früheren Zeitpunkt ausdrücklich beantragen. Nach Art 7 des Beschlusses Nr EX-96-1 gilt bei Gebühren, die für einen Antrag oder eine Beschwerde zu zahlen sind (bei denen also der Antrag als nicht gestellt gilt, wenn die Gebühr nicht fristgerecht gezahlt wurde) die Zahlung als an dem Tag des Eingangs des Antrags oder der Beschwerde als erfolgt, sofern die Belastung des laufenden Kontos möglich war.[32] Mit erfolgreicher Abbuchung gilt die Zahlung als erfolgt; der Tag, an dem die Abbuchung tatsächlich vorgenommen wird, ist dabei ohne Belang. Auch kann der Verfahrensbeteiligte erklären, dass das laufende Konto für die Zahlung nicht verwendet werden soll (»Opting-out«; Art 6 (2) des Beschlusses Nr EX-96-1). Er kann auch ankreuzen, dass die Grundgebühr erst am Ende der Monatsfrist abgebucht werden soll. Die alte Fassung des Anmeldeformulars sah ein Kästchen »Zahlung erfolgt später« vor, dessen An-

---

29 Art 3 (7) des Beschlusses Nr EX-96-1 idF des Beschlusses Nr EX-06-1 vom 12.1.2006, ABl-HABM 2006, 324.

30 HABM-BK R 565/2001-3 vom 6.11.2001 *PERBIO/PROBIO*; HABM-BK R 997/2007-2 vom 23.10.2007 (Nr 18) *SERAPHIN/VILLA SERAFIN*.

31 So die Lösung in HABM-BK R 1672/2010-2 vom 21.2.2011 (Nr 21) *ENERGY-FORCE/ENERGI*.

32 HABM-BK R 449/2004-2 vom 18.10.2004 *MOBILE ID* (Nr 16); HABM-BK R 074/2006-1 vom 2.6.2006 (Nr 38) *NEURIM PHARMACEUTICALS/EURIM-PHARM*.

kreuzen kein solches Opting-out bedeutete.[33] Bei Opting-out kann die Zahlung dann später auf einer der anderen Zahlungsarten gemäß Art 5 (1) GebV oder auch durch den Auftrag, das laufende Konto nunmehr zu belasten, erfolgen; ggf sind dann Verspätungszuschläge zu entrichten. Nach Maßgabe von Art 5 des Beschlusses Nr EX-96-1[34] kann auch das Konto eines Dritten benutzt werden, auch in der Weise, dass der Dritte mit Zustimmung des Anmelders beantragt, dass das Amt sein Konto mit der betr Gebühr belastet.[35]

28 Weist das laufende Konto zu dem Zeitpunkt, zu dem das HABM die Abbuchung vornehmen will, keine ausreichende Deckung auf, so fordert das HABM den Kontoinhaber auf, das laufende Konto aufzufüllen und eine Verwaltungsgebühr in Höhe von 20 % des Betrags der verspätet gezahlten Gebühr, jedoch höchstens 500 Euro und mindestens 100 Euro zu zahlen (Art 8 des Beschlusses Nr EX-96-1). Nur wenn das Konto innerhalb dieser Frist so wieder aufgefüllt wird, dass alle betr Gebühren und die Verwaltungsgebühr abgedeckt sind, gilt hinsichtlich dieser Gebühren die ursprüngliche Zahlungsfrist als gewahrt, Art 8 (1), (2) des Beschlusses Nr EX-96-1.[36] Fehlt es an der Deckung zum Abbuchungszeitpunkt, so ist es irrelevant, ob das Konto zuvor zum Fälligkeitszeitpunkt Deckung aufwies. Das kommt dem Kontoinhaber uU sogar zugute, denn er kann ohne Rechtsnachteil in der Zwischenzeit noch das Konto auffüllen.[37]

29 Es ist unbedingt zu beachten, dass das System der laufenden Konten ein automatisches Abbuchungssystem ist und für den Fall, dass eine Gebührenzahlung (beispielsweise die Zahlung der Eintragungsgebühr) unterbleiben soll, dies dem HABM ausdrücklich vor Ablauf der Grundfrist für die betreffende Zahlung mitgeteilt werden muss.

---

33  HABM-BK R 1012/2003-1 vom 28.2.2003 *LOKY*; anders noch HABM-BK R 012/1999-1 vom 18.3.1999, ABl-HABM 1999, 1008 *MEU*.

34  Eingefügt durch Beschluss Nr EX-03-1 vom 20.1.2003, ABl-HABM 2003, 1041.

35  HABM-BK R 1312/2009-4 vom 7.1.2010 (Nr 9) *ERMAGORA*.

36  Siehe HABM-BK R 1384/2007-4 vom 22.1.2008 (Nr 12) *ONDACELL/OKA-CELL*; bestätigt durch EuG T-126/08, Beschluss vom 10.2.2009, Slg 2009 II-2477 *Okalux*.

37  HABM-BK R 1350/2007-1 vom 3.9.2008 (Nr 23–26) *SCHNEIDER/SCHNEIDER*.

Das System der laufenden Konten hat sich als äußerst erfolgreich erwiesen: 30
es sind 1200 Konten eingerichtet, und 70 % aller Gebührenumsätze werden
darüber abgewickelt.

## 8 Angabe des Zahlungszwecks

Art 7 GebV sieht vor, dass und wie der Zweck der Zahlung anzugeben ist. 31
Die Angabe muss so eindeutig sein, dass das Amt die Zahlung einer bestimmten Akte und einem bestimmten gebührenpflichtigen Vorgang zweifelsfrei zuordnen kann. Art 7 (1) (a) GebV verlangt für die Zahlung der Anmeldegebühr nur die Angabe des Zahlungszwecks »Anmeldegebühr«; dies
reicht jedoch in der Praxis nicht aus, und es muss auch das Aktenzeichen
oder wenn dieses, was in der Regel der Fall sein wird, noch nicht bekannt ist,
die Marke angegeben werden.

Art 7 (2) GebV bestimmt, dass falls der Zahlungszweck nicht eindeutig er- 32
kennbar ist, das Amt den Zahlenden auffordert, die nötigen Angaben innerhalb einer vom Amt gesetzten Frist nachzureichen. Wird dem nicht entsprochen, so gilt die Zahlung als nicht erfolgt, und der gezahlte Betrag wird
erstattet.

## 9 Maßgeblicher Zahlungstag

Maßgeblicher Zahlungstag ist nach Art 8 (1) GebV: 33
- bei Einzahlung oder Überweisung auf das Bankkonto des Amtes der Tag,
  an dem die Gebühr auf dem Konto eingeht;
- bei Benutzung des laufenden Kontos der in Artikel 7 des Beschlusses Nr
  EX-96-1 des Präsidenten und Nr III der Mitteilung Nr 5/96 des Präsidenten[38] genannte Tag;
- bei Zahlung per Kreditkarte der Tag, an dem die GMA über e-filing eingereicht wird.

Geht eine Überweisung erst nach Fristablauf ein, so gilt die Zahlungsfrist 34
gleichwohl nach Artikel 8 (3) GebV als gewahrt, wenn der Zahlende nachweist, dass er
- in einem Mitgliedstaat
- die Einzahlung oder Banküberweisung veranlasst hat,
- wenn dies vor Fristablauf geschehen ist und

---

38  ABl-HABM 1996, 1460.

- ein Zuschlag in Höhe von 10 % der Gebühr, höchstens jedoch 200 Euro, entrichtet wird;
- der Zuschlag entfällt, wenn die Veranlassung der Zahlung zehn Tage vor Ablauf der Zahlungsfrist, oder davor erfolgte (»Zehntagessicherheitsfrist«).

35 Der Einzahler hat grundsätzlich von sich aus mit der Zahlung den Nachweis zu erbringen, wann und wie er die Zahlung in der in Art 8 (3) GebV bestimmten Weise veranlasst hat. Es ist das Datum heranzuziehen, zu dem die Bank den Überweisungsauftrag erhalten hat (Stempel auf dem Überweisungsbeleg), weil erst ab diesem Zeitpunkt das weitere Schicksal der Zahlung, insbesondere die Schnelligkeit der Abwicklung, nur noch in den Händen der beauftragten Bank liegt, nicht der Zeitpunkt der internen Willensbildung des Einzahlers.[39] Der Einzahler kann vom Amt auch noch nachträglich nach Fristablauf aufgefordert werden, den Nachweis über die rechtzeitige Veranlassung der Zahlung zu erbringen oder den Zuschlag von 10 % nachzuzahlen. Dazu setzt das HABM gemäß Art 8 (4) GebV eine Frist, normalerweise von einem Monat. Innerhalb dieser muss der Zuschlag eingegangen sein, und die Rechtswohltat des Art 8 (3) GebV kann nicht erneut für die Zahlung des Zuschlags in Anspruch genommen werden.[40]

36 Nachdem in Art 8 (3) GebV die Bezugnahme auf andere Zahlungsarten als Überweisung gestrichen wurde, argumentierten einige Beschwerdeführer, die Voraussetzungen der rechtzeitigen Veranlassung und der Zahlung eines Zuschlags seien nach dem Wortlaut der jetzt geltenden Fassung alternativ, was schon durch einen Blick auf die anderen Sprachfassungen der GebV widerlegt wird. Diese abwegige These, die nicht einmal erklären konnte, bis wann dann Gebühren überhaupt noch gezahlt werden könnten, haben die HABM-BKn[41] und das EuG[42] zurückgewiesen. In der Tat soll Art 8 (3)

---

39 HABM-BK R 1406/05-4 vom 8.2.2006 (Nr 16) *MACAPURE*.
40 HABM-BK R 203/2005-1 vom 10.10.2006 (Nr 23) *BLUE CROSS MEDICARE/ BLUE CROSS*; HABM-BK R 1430/2006-1 vom 28.3.2007 (Nr 28) *EUROGAMING*; HABM-BK R 1070/2009-2 vom 18.1.2010 (Nr 20) *IOGURT/JOGURTAS*; HABM-BK R 853/2012-4 vom 31.7.2012 (Nr 14) *POWERED BY PRINT/POWER PRINT*; HABM-BK R 1619/2010-4 vom 10.5.2011 (Nr 14) *LIFTRA/LIFTA*.
41 HABM-BK R 442/2009-4 vom 29.9.2009 *REDTUBE*.
42 EuG T-271/09 vom 15.9.2011, GRUR Int 2012, 360 (Nr 30-37) *Romuald Prinz Sobieski/Jan III Sobieski*; EuG T-489/09 vom 12.5.2011 (Nr 38-47) *Redtube*.

GebV nur dem Einzahler das von ihm nicht immer zu beeinflussende Risiko des rechzeitigen Eingangs der Zahlung abnehmen, wenn er entweder mehr als 10 Tage vor Fälligkeit zahlt oder einen Zuschlag zahlt. Der Einzahler kann sich entweder durch Zahlung zehn Tage vor Fristablauf der Sorge um den Zeitpunkt des Zahlungseingangs ganz entheben oder sich gegen Zahlung der Zuschlagsgebühr von 10 % das Recht erkaufen, mit der Veranlassung der Zahlung bis zum letzten Tag der Frist zu warten.

Für die Berechnung der Zehntagesfrist gilt R 70 (2). Demnach sind von **37** dem Tag, der auf die Veranlassung der Zahlung iSd Art 8 (3) GebV folgt, volle zehn Tage weiterzuzählen.[43] Die Sonn- und Feiertagsregelung der R 72 (1) gilt nur für das Ende, nicht den Beginn der Frist (siehe unter Art 81 Rdn 181–182); ist der elfte Tag vor Fristablauf ein Samstag, so muss die Zahlung an diesem Tag oder vorher veranlasst worden sein, um den Zuschlag zu vermeiden.[44]

## 10 Erstattung

Grundsätzlich ist eine Gebühr verfallen, wenn sie für eine existierende An- **38** meldung oder einen Antrag oder eine sonstige Rechtshandlung (Beschwerde) entrichtet wird. Sie wird nicht erstattet, auch wenn die Anmeldung zurückgewiesen wird, die Verfahrenshandlung oder Beschwerde unzulässig ist oder der Antrag zurückgewiesen wird. Die Zurücknahme eines Antrags oder Rechtsmittels führt deshalb nur dann zur Zurückerstattung der Gebühr, wenn die Zurücknahme vor oder spätestens am gleichen Tage eingeht, zu dem die Gebühr als gezahlt gilt. Dies gilt auch dann, wenn die Zurücknahme vor Ablauf der Antrags- oder Rechtsmittelfrist eingeht. Für den praktisch bedeutsamsten Fall eines laufenden Kontos bleibt also bei einer Zurückname nach Eingang des gebührenpflichtigen Antrags oder Rechtsmittels die Gebühr verfallen, weil sie als mit dem Tag des Eingangs des Antrags oder Rechtsmittels als gezahlt gilt.[45]

Wenn Art 8 (3) GebV zur Anwendung kommt, so ist regelmäßig ein Zu- **39** schlag zu zahlen, siehe oben, Rdn 34. Die Gebühr – einschließlich der Zuschlagsgebühr - verfällt nicht, wenn der Zuschlag nicht gezahlt wird oder

---

43 Gall, Die europäische Patentanmeldung und der PCT in Frage und Antwort, 5. Aufl, S 160.
44 So auch im Ergebnis Singer/Heusler, Art 7 GebV Rn 7.
45 HABM-BK R 1148/2009-4 vom 29.4.2010 (Nr 9, 14) *SPAR ESHELF/SPAR.*

wenn er verspätet gezhalt wird. wird fingiert, dass die Zahlung bereits am letzten Tag der Zahlungsfrist beim HABM eingegangen ist. Eine Erklärung der Zurücknahme vermeidet dann den Verfall der Gebühr nur, wenn sie beim Amt vor Eingang der Zuschlagsgebühr eingeht.

40 Eine Ausnahme gilt für die Anmeldegebühr: Bei Benutzung eines laufenden Kontos wird der Verfall der Gebühr vermieden, wenn die Anmeldung vor Ablauf der Monatsfrist für die Zahlung der Anmeldegrundgebühr zurückgenommen wird.

41 Erstattet wird eine Gebühr dann, wenn eine Anmeldung nicht als Anmeldung einer GM behandelt wird (R 9 (2)) oder ein Antrag oder eine Rechtshandlung als nicht gestellt gilt. Teilweise ist diese Rechtsfolge in der DV ausdrücklich angeordnet (so in R 9 (2) und R 39 (2)), sie ergibt sich jedoch aus allgemeinen Rechtsgrundsätzen. Dies bedeutet zB, dass wenn die Widerspruchsgebühr erst nach Ablauf der Widerspruchsfrist entrichtet worden ist, der Widerspruch als nicht eingereicht gilt und die Widerspruchsgebühr erstattet wird. Gleiches gilt für die Zahlung der Beschwerdegebühr (siehe Art 60 Satz 2). Die Erstattung erfolgt in Höhe der tatsächlich geleisteten Zahlung und an den Einzahler (siehe auch Art 14 GebV). Wurde die 10 %ige Zuschlagsgebühr nach Art 8 (3) GebV gezahlt, so wird auch diese erstattet.[46]

42 Ist ein Betrag gezahlt worden, der höher ist als die geschuldete Gebühr, so wird der überschüssige Betrag gemäß Art 10 GebV nur auf Antrag erstattet, wenn er die Grenze der Geringfügigkeit unterschreitet, die der Präsident des Amtes mit Beschluss Nr EX-03-6 vom 20.1.2003 auf 15 Euro festgesetzt hat.[47] Oberhalb dieser Grenze ist die Erstattung von Amts wegen vorzunehmen.

### 11 Preise

43 Preise sind Entgelte für andere als die in der Gebührentabelle (Art 2 GebV) genannten gebührenpflichtigen Leistungen des HABM, Art 3 GebV.

44 Die Höhe der Preise wird vom Präsidenten des Amtes festgelegt und im ABl-HABM des Amtes veröffentlicht, Art 3 (4) GebV. Dies erfolgte durch Be-

---

46 HABM-BK R 1406/05-4 vom 8.2.2006 (Nr 19) *MACAPURE*.
47 ABl-HABM 2003, 876; zuvor lag dieser Betrag bei 10 Euro, ABl-HABM 1996, 1270.

schluss Nr EX-99-2 vom 15.3.1999.[48] Mit Ausnahme der Textausgabe zur GMV sind alle dort genannten Veröffentlichungen heute kostenlos. So sind das ABl und das Blatt für GMn heute nur noch kostenlos über das Internet verfügbar. Zuletzt wurde mit Beschluss des Präsidenten Nr EX-10-2 vom 28.9.2010[49] auch der Zugang zum vollen Datenbestand, »CTM-DOWN-LOAD«, kostenlos eröffnet.

Die Textausgabe der GMV kann nicht direkt beim HABM bezogen werden, sondern nur über das Amt für Veröffentlichungen der EG in Luxemburg oder den Buchhandel. **45**

Auch für Preise gelten Art 4 GebV (Fälligkeit), Art 5 GebV (Zahlungsarten), Art 6 GebV (Währung) und Art 10 GebV (Erstattung geringfügiger Beträge). **46**

Jedoch hat der Präsident des Amtes die Zahlung von Preisen per Kreditkarte nicht zugelassen. **47**

Art 8 (3) GebV gilt für die Preise nicht, da für diese keine Zahlungsfristen bestehen.[50] **48**

---

48  ABl-HABM 1999, 730.
49  ABl-HABM 2010, Nr 10.
50  Von Mühlendahl/Ohlgart, S 115.

# Titel XIII  Internationale Registrierung von Marken

## 1. Abschnitt  Allgemeine Bestimmungen

### Artikel 145 (ex Artikel 140)  Anwendung der Bestimmungen

Sofern in diesem Titel nichts anderes bestimmt ist, gelten die vorliegende Verordnung und alle zu ihrer Durchführung gemäß Artikel 158 erlassenen Verordnungen für Anträge auf internationale Registrierung nach dem am 27. Juni 1989 in Madrid unterzeichneten Protokoll zum Madrider Abkommen über die internationale Registrierung von Marken (nachstehend ›internationale Anmeldungen‹ bzw. ›Madrider Protokoll‹ genannt), die sich auf die Anmeldung einer Gemeinschaftsmarke oder auf eine Gemeinschaftsmarke stützen, und für Markeneintragungen im internationalen Register des Internationalen Büros der Weltorganisation für geistiges Eigentum (nachstehend ›internationale Registrierungen‹ bzw. ›Internationales Büro‹ genannt), deren Schutz sich auf die Europäische Gemeinschaft erstreckt.

*Schennen*

Literatur:
*Bock*, Ausgewählte Aspekte des Protokolls zum Madrider Markenabkommen und der gemeinsamen Ausführungsordnung, GRUR Int 1996, 991; *Botana Agra*, Enlace de la Marca Comunitaria con el sistema de la Marca Internacional, in: FS für Alberto Bercovitz, Barcelona 2005, S 191; *Casado*, El vínculo entre los sistemas comunitario e internacional de protección de marcas, Gaceta jurídica de la Union Europea, 2003, Nr 11, S 3; *Eisenführ*, Die Koexistenz von nationaler und supranationaler Markeneintragung für dieselbe Marke, in: FS für von Mühlendahl, Köln/Berlin/Bonn/München 2005, S 341; *Kunze*, Die Internationale Registrierung von Marken unter der Gemeinsamen Ausführungsordnung zum Madrider Markenabkommen und zum Protokoll,

Mitt. 1996, 190; *ders*, Die Verzahnung der Gemeinschaftsmarke mit dem System der internationalen Registrierung von Marken unter der Gemeinsamen Ausführungsordnung zum Madrider Markenabkommen und dem Madrider Protokoll, GRUR 1996, 627; *ders*, The Madrid System for the International Registration of Marks as Applied under the Protocol, EIPR 1994, 223; *Niebel*, Der Beitritt der USA zum Madrider Protokoll, Mitt. 2004, 351; *Tatham*, A history of the »Madrid« system for the International Registration of Marks, in: FS für von Mühlendahl, Köln/Berlin/Bonn/München 2005, S 379; *Weberndörfer*, Die Einbindung des HABM in das Madrider System, Mitt. 2007, 547.

## 1 Allgemeines

1 Titel XIII, Internationale Registrierungen, eingefügt mit Wirkung zum 1.10.2004 durch VO Nr 1992/2003,[1] regelt die Anwendung des MP durch die EG und das HABM. Seit dem 1.10.2004 ist das MP für die EG in Kraft und ist es möglich, in einer IR, die dem MP unterliegt, die EG zu benennen.[2] Wird vom HABM keine Schutzverweigerung erklärt, so hat die Benennung der EG dieselben Wirkungen wie eine eingetragene GM (Art 151). Ebenso ist es möglich, ab diesem Zeitpunkt ein HABM als Ursprungsamt ein internationales Gesuch (so die Formulierung in Art 3 MP), dh eine internationale Anmeldung auf der Grundlage einer GMA oder eingetragenen GM einzureichen (IR mit GMA oder GM als Basismarke).

2 Für die Tätigkeit des HABM als Ursprungsamt und benanntes Amt gelten zunächst die Art 145–161. Die EG hat dem Beitritt zum MP mit Beschluß des Rates vom 27.10.2003 über die Genehmigung des Beitritts der EG zum MP zugestimmt.[3] Das MP, nicht aber die GAO, sind diesem Beschluß als Anhang im ABl-EG abgedruckt. Damit sind das MP und die GAO[4] (»gemeinsame« Ausführungsordnung, da sie sowohl für das MP als auch für das MMA gilt) als Völkerrecht Bestandteil des EG-Rechts geworden und gehen kraft völkerrechtlicher Verpflichtung dem Gemeinschaftsrecht vor. Die Zustimmung erfasst auch von der Versammlung der Madrider Union erfasste spätere Änderungen des MP und der GAO. Das MP und auch die GAO haben somit Vorrang vor entgegenstehenden Bestimmungen der GMV oder

---

1 ABl-HABM 2004, 98.
2 Mitteilung Nr 9/04 des Präsidenten vom 15.9.2004, ABl-HABM 2004, 1386.
3 ABl-HABM 2004, 126; abgedruckt im Anh 7.1.
4 Ab 1.9.2009 geltende Neufassung: http://www.wipo.int/madrid/en/legal_texts/common_regulations.htm.

der DV. Die notwendigen Durchführungsbestimmungen sind in der DV in R 102–126 enthalten, die durch VO Nr 781/2004 vom 26.4.2004 eingefügt wurden[5] und noch einmal, zur Anpassung an die Umsetzung der VO Nr 422/2004, durch VO Nr 1041/2005 geändert wurden. Ferner gelten für IR Art 2 Nr 1a, 20, 31 und Art 11–14 GebV, eingefügt durch VO Nr 782/2004 vom 26.4.2004[6] und bereits wieder geändert durch VO Nr 1042/2005 vom 29.6.2005,[7] durch VO 1687/2005 vom 14.10.2005[8] und durch VO Nr 355/2009 vom 31.3.2009,[9] durch die die Gebühren für GMn und entsprechend auch die individuellen Gebühren gesenkt worden sind. Die GAO ist mit Wirkung zum 1.4.2004 geändert worden, insbesondere um bestimmten Besonderheiten des Gemeinschaftsmarkensystems (2. Sprache, Senioritätsansprüche) Rechnung zu tragen. Eine weitere Änderung (Änderungen der R 16–18 GAO betr Schutzverweigerungen) erfolgte mit Wirkung zum 1.9.2009.[10]

Ergänzend sind heranzuziehen die RiLi des HABM für die Anwendung des MP, die 2005 erlassen[11] und 2007 geringfügig überarbeitet[12] wurden, sowie die vom HABM herausgegebenen Formblätter EM 2 und EM 4,[13] die den WIPO-Formblättern MM 2 und MM 4 entsprechen. Auf das Inkrafttreten des MP wurde durch Mitteilungen des Präsidenten hingewiesen.[14]  **3**

Der Regelungsgehalt des Art 145 ist gering, denn die beiden Verfahren (HABM als Ursprungsamt = GM als Basismarke; HABM als Bestimmungsamt = auf die EG erstreckte IR bzw dem MP unterliegende GM) sind zu verschieden. Stattdessen folgt die Kommentierung den PrüfRiLi des HABM, aufgebaut nach Verfahrensabschnitten. Hier sollen nur einige allgemeine Hinweise zum Beitritt der EG zum MP gegeben werden.  **4**

---

5 ABl-HABM 2004, 886.

6 ABl-HABM 2004, 840.

7 ABl-HABM 2005, 1180.

8 ABl-HABM 2005, 1413.

9 ABl-EG L 109 vom 30.4.2009, S 3.

10 Verfügbar unter http://www.wipo.int/madrid/en/notices/(Notice vom 18.12.2008).

11 RiLi Teil B, Kapitel 13, ABl-HABM 2005, 30.

12 Beschluß Nr EX-07-6 des Präsidenten des HABM, ABl-HABM 12/2007.

13 ABl-HABM 2004, 896.

14 Mitteilung Nr 7/04 vom 28.5.2004, ABl-HABM 2004, 836; Mitteilung Nr 9/04 vom 15.9.2004, ABl-HABM 2004, 1386.

## 2 Geschichtliche Entwicklung

5 Einer der Hauptzwecke des am 27.6.1989 in Madrid angenommenen MP ist die Möglichkeit der Verzahnung (»link«) des Madrider Systems mit der GM: während das MMA nur Staaten den Beitritt erlaubt, wurde mit dem MP ein eigenständiger Vertrag geschaffen, der auch der EG zum Beitritt offen steht (Art 14 (1) (b) MP), aber in vielfältiger Weise mit dem MMA verzahnt ist.[15] In der Folge kam es zum Inkrafttreten des MP zunächst noch ohne die EG, bereits jedoch im Jahre 1994 zu einem ersten Rückzieher der USA, die damals nicht bereit waren, einem Vertrag beizutreten, der der EG ein zusätzliches Stimmrecht neben ihren Mitgliedstaaten einräumte (siehe Art 10 MP, Versammlung und Stimmrecht).[16] Sofort nach Abschluss der Arbeiten an der GMV nahm die Kommission die Arbeiten am Beitritt zum MP auf und legte 1996 einen Vorschlag für eine Änderung der GMV und einen Ratsbeschluß zum Beitritt zum MP vor.

6 Obwohl im Verlauf des Jahres 1997 im Ministerrat und in der Ratsarbeitsgruppe alle heute als Art 145–161 bekannten Vorschriften durchberaten wurden, kam es 1998 zu einer politischen Blockade, die drei Gründe hatte. Zum einen opponierten einige Mitgliedstaaten gegen die von der Kommission für die Tätigkeit des HABM als Ursprungsamt vorgeschlagene Sprachenregelung und wünschten eine weitgehende Gleichstellung aller Amtssprachen der EG, eine Problematik, die inzwischen durch das Kik-Urteil des EuG[17] (siehe auch unter Art 119, Rdn 20) weitgehend entschärft ist. Zweitens legte Spanien einen Vorbehalt gegen die Opting-Back-Regelung des Art 159 (1) (b) (Umwandlung einer fehlgeschlagenen Benennung der EG in Benennung einzelner Mitgliedstaaten) ein. Schließlich belastete der Widerstand der USA in der Stimmrechtsfrage.

7 In weiterer Folge konnten diese Schwierigkeiten überwunden werden, indem die Sprachenregelung in Art 147 weitgehend den Wünschen der belgischen Delegation entspricht, Spanien seinen Widerstand gegen die Opting-Back-Klausel im Gegenzug gegen die Zulassung von Spanisch als Arbeitssprache des MP (siehe R 7 GAO) aufgab und mit den USA ein Gentleman's Agreement über die Ausübung des Stimmrechts gefunden werden konnte.

---

15 Kunze, EIPR 1994, 223; ders., Mitt. 1996, 190.

16 Kunze, Mitt. 1996, 190, 192.

17 EuG T-120/99 vom 12.7.2001, MarkenR 2001, 327 *Kik*.

Somit kam es zum Beitritt der EG zum MP zum 1.10.2004 und zuvor schon  8
zum Beitritt der USA zum 2.11.2003 und Japans zum 14.3.2000. Alle Mitgliedstaaten der EG bis auf Malta sind inzwischen Mitglieder des MP, dem
heute (Stand 1.1.2011) 83 Mitgliedstaaten angehören. Nur noch 2 Staaten
gehören nur dem MMA und nicht auch dem MMP an.

Für das Verhältnis von MMA zu MP ist zu beachten, daß die Sicherungs-  9
klausel des Art 9sexies MP, wonach im Verhältnis von Staaten, die auch dem
MMA angehören, das MMA Vorrang hat, mit Wirkung zum 1.9.2008 in einen grundsätzlichen Vorrang des MP geändert wurde.[18] Für die EG gilt:
Wird ein Gesuch für eine IR auf eine GMA oder GM als Basismarke gestützt, so können nur Vertragsparteien des MP benannt werden, gleichgültig
ob sie auch Mitglied des MMA sind; eine solche IR unterliegt nur dem MP.
Für eine Benennung der EG in einer IR gilt: ist das Ursprungsamt durch das
MMA und das MP gebunden, so unterliegt die Benennung der EG dem
MP. Die Benennung von Vertragsparteien, die auch durch das MMA gebunden sind, unterliegt ebenfalls nach der Neufassung des Art 9sexies MP[19]
dem MP. Die Benennung der EG und die aus einer GMA oder GM als Basismarke hervorgehende IR unterliegen somit immer nur dem MP. Für nationale Ämter gilt: Im Verhältnis zwischen Staaten, die durch MMA und
MP gebunden sind, bleibt nach der Neufassung des Art 9sexies MP die
12-Monats-Schutzverweigerungsfrist und das Verbot, eine individuelle Gebühr zu verlangen, weiter anwendbar; in jeder weiteren Hinsicht ist das MP
anwendbar. Somit kann eine IA bei einem Ursprungsamt, das durch MMA
und MP gebunden ist (wie DE, CH), jetzt auch stets auf eine Anmeldung
gestützt werden. Vertragsparteien, die nur dem MMA angehören, können
weder die EG benennen noch in einer auf eine Basismarke GM gestützten
IR benannt werden. Damit ist das MMA zwangsläufig zum Absterben verurteilt.

### 3 Nutzung des Systems, Vorteile

Schon im ersten Jahr wurden 1.600 internationale Anmeldungen beim  10
HABM als Ursprungsamt eingereicht, heute jährlich 3800. Von den 65.000

---

18  Siehe Hinweis des DPMA, BlPMZ 2008, 263.
19  Abgedruckt inm Anh 7.2; verfügbar unter http://www.wipo.int/madrid/en/legal_texts/trtdocs_wo016.html#P154_30907.

Anmeldungen im Jahre 2005 waren bereits 5700 Benennungen nach dem MP. Inzwischen sind dies 14 % aller Anmeldungen.

11  Seit dem 1.10.2004 können somit Angehörige des Madrider Systems, also praktisch inzwischen alle Industriestaaten, Schutz in den 27 Mitgliedstaaten der EG über das MP in Form einer GM erhalten. Die Mitgliedstaaten der EG national zu benennen, macht immer weniger Sinn: Die osteuropäischen Staaten werden inzwischen hauptsächlich durch die GM mit abgedeckt, und die individuelle Gebühr für das HABM ist günstiger als die Summe der Benennungsgebühren und individuellen Gebühren für die Benennung der einzelnen Mitgliedstaaten. Nur die Benennung der EG über das MP kombiniert die Vorteile des MP mit den Vorteilen der GM, nämlich hauptsächlich die einheitlichen Verletzungsverfahren (Art 97) und die rechtserhaltende Benutzung in nur einem Mitgliedstaat (siehe unter Art 112, Rdn 15).

12  Gewisse Nachteile können sich gleichwohl ergeben: Wer eine GMA oder GM als Basismarke benutzt, setzt sich einem geographisch und sprachlich weitaus höherem Risiko eines Zentralangriffs aus, als wenn er eine nationale Marke als Basismarke benutzen würde. Wer die EG über das MP benennt, geht im Vergleich zur Direktanmeldung das ggf unnötige Risiko eines Zentralangriffs während der fünfjährigen Abhängigkeit ein; dies ist besonders zu berücksichtigen für Ursprungsämter, deren Beanstandungsrate extrem hoch ist, wie das USPTO.

13  Für den Anmelder vorteilhaft ist, daß die individuellen Gebühren für die Benennung der EG niedriger sind als die Gebühren für eine HABM-Direktanmeldung. Für das HABM ergeben sich Vorteile, weil eine Reihe von Aufgaben für IR nicht ausgeführt werden müssen, nämlich Dateneingabe, Prüfung der Klassifizierung, Übersetzung, Führung des Registers und Verlängerung. Diese schlagen sich auch unmittelbar zugunsten des Anmelders nieder, zB einheitlich formulierte und von einem Amt zentral akzeptierte VerzWDL und einheitliche Verlängerung.

### 4  Regelungsgehalt von Art 145

14  Was nicht schon in Art 146–161 geregelt ist, ist jedenfalls sehr detailliert in R 102–126 geregelt, so daß sich das komplexe Geflecht zwischen GMV und MP aus dem Gesetzeswortlaut bis in die Einzelheiten erschließt. Art 145 stellt die Vorschriften des Titel XIII der GMV als Sondervorschriften dar, die als lex specialis neben den allgemeinen Bestimmungen der GMV gelten; dies ist jedoch bereits insofern missverständlich, als das MP und die GAO in je-

dem Fall vorgehen. Auch ist zu berücksichtigen, daß für die Tätigkeit des HABM als Ursprungsamt eine Anwendung der allgemeinen Bestimmungen der GMV meistens unnötig ist, während für die Benennung der EG in einer IR Art 151 die zentrale Gleichstellungsnorm bildet, ergänzt durch weitere verfahrensrechtliche (Art 156, Art 158) und materiellrechtliche (Art 160) Gleichstellungsnormen.

Für die Anwendung der allgemeinen Bestimmungen der GMV und der DV 15 bleibt somit im Wesentlichen hauptsächlich nur noch Raum für das Verfahrensrecht, allerdings sind auch dort wesentliche Einschränkungen zu machen: Zum einen gelten alle Vorschriften der GMV und der DV, die sich auf das Register für GMn beziehen, nicht; das Register für IR wird allein zentral bei der WIPO geführt. Zweitens bestehen gerade für praxisrelevante verfahrensrechtliche Fragen wie Sprachen und die Bestellung eines Vertreters Sonderregelungen. Drittens gilt Titel XIII der GMV nur, soweit das HABM (und das EuG sowie die Gemeinschaftsmarkengerichte) betroffen sind, nicht für die Tätigkeit der WIPO. Die WIPO ist extraterritorial, gegen ihre im Rahmen eines Schutzerstreckungsverfahrens vorgenommenen Handlungen gibt es keinen Rechtsschutz.[20]

## 5 Kommunikation mit der WIPO

Für die Benutzung des Madrider Systems sind mit wenigen Ausnahmen Formulare vorgeschrieben (siehe zB Art 147 (1) Satz 1, R 105 (1) (a)). R 126 (2) stellt Formulare in Papierform und elektronische Formulare gleich. 16

Die Übermittlung der internationalen Anmeldungen an die WIPO bzw 17 durch die WIPO erfolgt elektronisch. Das gilt auch für Mitteilungen der Schutzverweigerung (»refusal of protection«) und der Schutzgewährung (»statement of grant of protection« bzw »interim status of a mark«). Diese werden ebenfalls der WIPO elektronisch übermittelt und von der WIPO per Einschreiben dem Anmelder übermittelt. Das HABM ist weder für die Richtigkeit des internationalen Registers noch für die Kommunikation der WIPO mit dem Anmelder oder anderen Ämtern verantwortlich; die ordnungsgemäße Durchführung der Verfahren durch die WIPO kann vor dem HABM nicht überprüft werden.

---

20 HABM-BK R 521/2006-4 vom 23.10.2006 (Nr 26) *GREEN PLUS*.

# 2. Abschnitt Internationale Registrierung auf der Grundlage einer Anmeldung einer Gemeinschaftsmarke oder einer Gemeinschaftsmarke

## Artikel 146 (ex Artikel 141)  Einreichung einer internationalen Anmeldung

(1) Internationale Anmeldungen gemäß Artikel 3 des Madrider Protokolls, die sich auf eine Anmeldung einer Gemeinschaftsmarke oder auf eine Gemeinschaftsmarke stützen, werden beim Amt eingereicht.

(2) Wird eine internationale Registrierung beantragt, bevor die Marke, auf die sich die internationale Registrierung stützen soll, als Gemeinschaftsmarke eingetragen ist, so muss der Anmelder angeben, ob die internationale Registrierung auf der Grundlage einer Anmeldung einer Gemeinschaftsmarke oder auf der Grundlage der Eintragung als Gemeinschaftsmarke erfolgen soll. Soll sich die internationale Registrierung auf eine Gemeinschaftsmarke stützen, sobald diese eingetragen ist, so gilt für den Eingang der internationalen Anmeldung beim Amt das Datum der Eintragung der Gemeinschaftsmarke.

*Schennen*

## 1 Allgemeines

Dieser Art bestimmt, dass und in welcher Weise eine IA beim HABM als 1
Ursprungsamt eingereicht werden kann, die auf eine GMA oder eingetrage-
ne GM als Basismarke gestützt ist. Zur nachträglichen Benennung siehe
Art 149.

Die Einreichung einer IA beim HABM erfordert                               2
– die Zahlung der Übermittlungsgebühr;                                      3
– korrektes Ausfüllen des Formblatts MM 2 oder EM 2;                        4
– das Bestehen einer Basis-Anmeldung oder -Eintragung (Basismarke);        5
– Identität der IA und der Basismarke.                                      6

Art 146 wird ergänzt durch Art 147, der hier mitkommentiert ist, 7
R 102–106, R 84 (3) (u), (v) zum Vermerk im Register für GMn über die
Tatsache, dass diese als Basismarke für eine IA in Anspruch genommen wurde, und Art 2 Nr 31 GebV, der eine Übermittlungsgebühr von 300 Euro
vorsieht.

## 2 Übermittlungsgebühr

Eine IA, die beim HABM eingereicht wird, gilt nur als eingereicht, wenn 8
mit der Anmeldung die Gebühr von 300 Euro gezahlt wird; Art 147 (5),
Art 2 Nr 31 GebV. Die Gebühr wird auch als »Übermittlungsgebühr« bezeichnet, ist aber mit dem Antrag verfallen, auch wenn die IA nicht an die
WIPO weitergeleitet werden kann.

Die Zahlung muss gegenüber dem HABM erfolgen, und zwar in einer 9
der nach Art 5 GebV zugelassenen Zahlungsarten (siehe unter Art 144
Rdn 23–30).

Hat die Person, die die IA tätigt, ein laufendes Konto beim HABM, so wird 10
dieses automatisch belastet, und die Gebühr wird als fristgerecht gezahlt angesehen. Dies gilt auch dann, wenn das Kästchen zur Gebührenzahlung
(Punkt 0.4 im HABM – Formblatt EM 2) nicht angekreuzt ist.

Bei Banküberweisung ist ein Eingang der Zahlung am selben Tag der Einrei- 11
chung der IA in der Praxis nicht zu erreichen. Dies hat jedoch keine unmittelbaren negativen Folgen. Stellt jedoch der Prüfer während der Prüfung der
IA fest, dass die Gebühr noch nicht eingegangen ist, so teilt er dem Anmelder gemäß R 103 (1) mit, dass die Anmeldung als nicht eingereicht gilt, bis
die Gebühr gezahlt wurde, und dass das Datum der Zahlung als Eingangs-

datum der Anmeldung gilt, welches das Amt der WIPO gemäß R 104 mitteilt (siehe R 103 (1)). Erfolgt immer noch keine Zahlung, so lehnt das Amt gemäß R 103 (4) die Weiterleitung der IA an die WIPO ab.

12 Das Gebührenberechnungsblatt (Anhang zum WIPO-Formblatt MM 2) ist notwendiger Bestandteil der IA: wenn es nicht ausgefüllt ist, erlässt die WIPO einen Beanstandungsbescheid. Die engl, franz und spanische Fassung des HABM-Formblatts EM 2 enthalten dieses Blatt in der jeweiligen Sprache. Allen anderen Sprachfassungen des HABM-Formblatts EM 2 muss der Anmelder das Gebührenberechnungsblatt in der Sprache, in der die IA an die WIPO übermittelt werden soll, beifügen. Das HABM prüft jedoch nicht, ob das Gebührenberechnungsblatt beigefügt ist oder zutreffend ausgefüllt ist. Vielmehr leitet der Prüfer es so wie es ohne jede Prüfung an die WIPO weiter.

13 Die WIPO-Gebühren sind direkt an die WIPO zu zahlen; es kann auch der WIPO – Gebührenkalkulator unter http://www.wipo.int/madrid/feecalc/ FirstStep benutzt werden.

14 Für jede eingegangene IA, auch wenn sie Mängel aufweist, erlässt der Prüfer eine Empfangsbestätigung, R 102 (3).

## 3 Ordnungsgemäßes Ausfüllen des Formblatts

### 3.1 Die verschiedenen Fassungen des Formblatts

15 Die IA ist in einer der 22 Amtssprachen der EG einzureichen (Art 147 (1)) und muss an die WIPO in einer der 3 Sprachen des MP (franz, engl, spanisch) weitergeleitet werden. Die Sprache kann vom Anmelder frei gewählt werden, unabhängig von seiner Staatsangehörigkeit oder den Sprachen der Basis-GMA. Zwingend muss das offizielle Formblatt verwendet werden (Art 147 (1), R 103 (2) (a)), dh entweder das WIPO-Formblatt MM 2 (in franz, engl, spanisch) oder die HABM-Fassung dieses Formblatts (HABM-Formblatt EM 2), die in franz, engl, spanisch[1] sowie in allen weiteren 17 Amtssprachen der EG verfügbar ist.

16 Das HABM-Formblatt EM 2 hat in der engl, franz und spanischen Fassung den gleichen Inhalt und fast das gleiche Layout wie das WIPO-Formblatt MM 2, mit folgenden Modifikationen:

---

1 ABl-HABM 2004, 902.

– Der einleitende Punkt 0 dient zur Angabe von Einzelheiten über die Zah- 17
lung (Punkt 0.4) und der Angabe der Zahl der Seiten (Punkt 0.5);

– Bestimmte Wahlmöglichkeiten sind auf die für das HABM möglichen 18
Fälle reduziert (zB ist das HABM stets Ursprungsamt, und die Staatsangehörigkeit des Anmelders muss die eines Mitgliedstaats der EG sein);

– Da keine Selbstbenennung möglich ist (Art 3bis Satz 2 MP), ist die EG 19
nicht in der Liste der Vertragsparteien aufgeführt, die benannt werden
können;

– Die Wiedergabe der Marke kann und soll nicht angegeben werden, son- 20
dern wird vom HABM aus seiner Datenbank ergänzt.

Alle anderen Sprachfassungen des HABM-Formblatts EM 2 sind Übersetz- 21
zungen dieses Formblatts, die zusätzlich enthalten:

– Punkt 0.1 zur Angabe der Sprache, in der die IA an die WIPO weiterge- 22
leitet werden soll;

– Punkt 0.3, wo anzugeben ist, ob eine Übersetzung des VerzWDL bei- 23
gefügt wird oder ob das HABM ermächtigt wird, die Übersetzung vorzunehmen;

– Punkt 0.2 zur Wahl der Sprache, in der das HABM mit dem Anmelder 24
in Sachen der IA korrespondieren soll; hierfür stehen wahlweise zur Verfügung die Sprache, in der die IA eingereicht worden ist und die Sprache,
in der sie an die WIPO weitergeleitet werden soll, Art 147 (1) Satz 2.

Das Ankreuzen der zutreffenden Kästchen in Punkt 0.1, 0.2 und 0.3 ist 25
zwingend. Ist 0.2 nicht angekreuzt, so verwendet das HABM automatisch
die Sprache, in der die IA eingereicht wurde (Umkehrschluss aus Art 146
(2)), nämlich die Sprache des Formblatts EM 2.

Die Verwendung eines dieser Formblätter ist zwingend (Art 147 (1) Satz 1, 26
R 103 (2) (a)), und Anmelder dürfen keine anderen Formblätter verwenden
und auch nicht Inhalt und Layout der Formblätter verändern. Jedoch sind
sowohl WIPO-MM 2 als auch HABM-EM 2 im Internet im Format .doc
erhältlich, so dass man beliebig viel Text in den jeweiligen Abschnitten einfügen kann und keine Zusatzblätter benötigt.

Die Abschnitte in HABM-EM 2 weisen dieselben Nummern auf wie in 27
WIPO-MM 2. Somit überspringt EM 2 einige Punkte, die für das HABM
nicht relevant sind.

**28** Das Formblatt ist in derselben Sprache auszufüllen; es ist nicht möglich, eine andere Sprache als die Sprache des Formblatts zu verwenden, und R 95 (b) gilt nicht.

**29** Unvollständiges Ausfüllen des Formblatts bedeutet einen Mangel, R 103 (2) (a).

### 3.2 Angaben zum Anmelder und Vertreter

**30** Die Angaben zum Anmelder sind vollständig zu machen, auch soweit das HABM bereits im Besitz dieser Daten ist.

**31** Unter Punkt 2e) kann eine bevorzugte Sprache für die Korrespondenz mit der WIPO angegeben werden, was nur Sinn macht, wenn dies nicht dieselbe Sprache ist, in der die IA an die WIPO weitergeleitet werden soll; dieser Punkt ist für das Verfahren vor dem HABM nicht relevant.

**32** Somit sind zu unterscheiden die Sprache, in der die IA an die WIPO weitergeleitet werden soll (dh engl, franz oder spanisch), die Sprache, in der der Anmelder wünscht, dass das HABM mit ihm korrespondiert (dh die Sprache, in der die IA eingereicht wurde), und die Sprache, in der er wünscht, dass die WIPO mit ihm korrespondiert (eine der beiden anderen WIPO-Sprachen).

**33** Unter Punkt 3 sind Angaben zur Berechtigung zur Einreichung der Anmeldung zu machen. Berechtigt, die IA beim HABM als Ursprungsamt einzureichen, ist, wer die Staatsangehörigkeit, den Wohnsitz oder eine tatsächliche und nicht nur zum Schein bestehende Niederlassung in einem Mitgliedstaat der EG hat. Der Anmelder hat die Wahl (Art 2 (1) (ii) MP; anders als bei Geltung des MMA),[2] auf welches dieser Kriterien er die Anmeldeberechtigung stützt. Beispielsweise kann ein dänischer Staatsangehöriger mit Wohnsitz in Deutschland das dänische Amt (gebunden durch das MP), das DPMA (gebunden durch MMA und MP) oder das HABM (gebunden durch das MP) als Ursprungsamt wählen, vorausgesetzt dass er eine entsprechende Basismarke besitzt; wählt er das HABM, so hat er die Wahl, ob er die Anmeldeberechtigung auf seine Staatsangehörigkeit oder seinen Wohnsitz stützt. Stützt er die Anmeldeberechtigung auf die Staatsangehörigkeit, so muss die unter Punkt 2 b) angegebene Anschrift nicht in der EG sein, dann

---

2 Siehe WIPO Guide to the International Registration of Marks, B.II.10; Kunze, Mitt. 1996, 190, 193; Tatham, in: FS für von Mühlendahl, S 379, 395.

jedoch ein Vertreter vor dem HABM bestellt werden (Art 92 GMV). Für eine tatsächliche und nicht nur zum Schein bestehende Niederlassung reicht ein Postfach oder eine Korrespondenzanschrift nicht aus.

Das HABM überprüft die Anmeldeberechtigung auf der Basis der im Form- 34 blatt gemachten Angaben, R 103 (2) (f)). Es geht also von der Richtigkeit dieser Angaben aus. Bei falschen Angaben geht aber der Inhaber der IR der Rechte aus der IR verlustig.

Das HABM korrespondiert mit dem Anmelder unter der in Punkt 2 b) oder 35 c) angegebenen Anschrift, wenn kein HABM – Vertreter bestellt wurde.

Die Angabe eines Vertreters vor der WIPO ist optional. Dieser Vertreter 36 muss nicht zum Auftreten vor dem HABM oder irgendeinem benannten Amt befugt sein, R 3 (1) GAO. Das HABM korrespondiert nicht mit dem WIPO-Vertreter, sondern leitet diese Angabe lediglich an WIPO weiter. Besteht der Wunsch, dass der Vertreter vor der WIPO auch derjenige sein soll, mit dem das HABM in Sachen der IA korrespondiert, so muss außerdem Punkt 4 b) ausgefüllt werden.

Unter Punkt 4 b) kann und, wenn der Anmelder keinen Wohnsitz oder Ge- 37 schäftssitz in der EG hat, muss ein Vertreter vor dem HABM bestellt werden. Dieser muss die Voraussetzungen des Art 93 erfüllen. Ist jedoch in den Akten des HABM für die Basismarke bereits ein Vertreter vermerkt, so korrespondiert das HABM automatisch mit jenem Vertreter auch in Sachen der IA.

### 3.3 Bestehen einer Basismarke

Der Anmelder muss Inhaber einer GM oder GMA sein, die mit der IA iden- 38 tisch sein muss, Art 2 (1) MP, R 9 (5) (d) GAO, R 103 (2) (b) – (e).

Inhaberidentität ist im strengen Sinne zu verstehen; die IA darf nicht von ei- 39 nem Lizenznehmer oder von einem verbundenen Unternehmen eingereicht werden. Es reicht nicht aus, wenn die Anmeldung der IA von einer Mutter- oder Tochtergesellschaft des Inhabers der Basismarke vorgenommen wird.[3]

Basismarke kann eine GMA oder eine bereits eingetragene GM sein (Art 146 40 (1), (2)). Eine IA kann auch auf mehrere GMn gestützt werden, R 9 (5) (e) GAO.[4]

---

3 Kunze, Mitt. 1996, 190, 913.
4 RiLi Teil M, 1.1.2.5.

41 Basismarke kann auch eine GM sein, sobald diese eingetragen ist (Art 146 (2) Satz 2). In diesem Falle wird die IA auf eine GM als Basismarke gestützt, jedoch bereits vor deren Eintragung eingereicht. Sie gilt dann als zu dem Datum eingereicht, an dem die GM eingetragen wird, und dies wird auch, bei rechtzeitiger Weiterleitung an die WIPO, zum Datum der IR. In diesem Fall behandelt und prüft das HABM die IA aber erst nach dem Zeitpunkt der Eintragung der GM.

42 Die Basismarke (Basisanmeldung) muss zum Zeitpunkt der Anmeldung der IA und noch zum Zeitpunkt der Weiterleitung an die WIPO (siehe R 22 GAO) anhängig und in Kraft sein.

### 3.4 Prioritätsanspruch

43 Wird Priorität beansprucht, so sind das Amt, bei dem die frühere Anmeldung eingereicht wurde, die Anmeldenummer und das Anmeldedatum anzugeben. Prioritätsbelege sollten nicht beigefügt werden; sie werden nicht an die WIPO weitergeleitet. Die Prüfung des HABM erstreckt sich nicht auf die Gültigkeit des Prioritätsanspruchs.

### 3.5 Identität der Marken

44 Die Punkte 7 bis 9 des Formblatts MM 2 bzw EM 2 betreffen die Marke, für die die IA eingereicht wird, und ihre Identität mit der Basismarke.

45 Im HABM-Formblatt EM 2 ist zwingend vorgegeben, dass das HABM die Wiedergabe der Basismarke tel quel weiterleitet. Wird WIPO MM 2 benutzt, so muss eine Wiedergabe der Marke eingereicht werden; diese muss mit der Basismarke identisch sein.

46 Die WIPO behandelt alle Marken als Bilddateien, auch wenn die Basismarke eine Wortmarke ist, erlaubt jedoch die Angaben, dass es sich bei der Marke um eine Marke in Standardschrift handeln soll, wenn dies tatsächlich so ist. Punkt 7 c) im Formblatt kann angekreuzt werden,

47 – Wenn die Basismarke eine Wortmarke ist oder

48 – Wenn die Basismarke als Bildmarke eingereicht wurde, jedoch tatsächlich ausschließlich aus Worten besteht, die in Standardschrift (wie zB Times New Roman oder Arial) ohne zusätzliche grafische Elemente oder beson-

dere Schrifteffekte (wie alternierende Verwendung von Klein- und Großbuchstaben, Unterstreichung, Schrägschrift) geschrieben sind.[5]

Unter Punkt 8 a) kann Farbe beansprucht werden, und der Prüfer muss prü- **49**
fen, ob derselbe Farbanspruch in der Basismarke erfolgt ist oder ob die Basismarke tatsächlich dieselben Farben aufweist (R 103 (2) (e), R 9 (4) (a) (vii)
GAO).

Handelt es sich bei der Basismarke um eine Marke für eine Farbe oder Farb- **50**
kombination als solche, eine dreidimensionale Marke, Hörmarke oder Kollektivmarke, so ist zwingend dieselbe Angabe in der IA zu machen, R 103
(2) (d), R 9 (4) (a) (vii bis) – (x) GAO.

Die Aufnahme einer in der Basismarke enthaltenen Beschreibung in die IA **51**
ist fakultativ, R 103 (2) (d) und R 9 (4) (a) (xi) GAO.

Ein Disclaimer kann auch dann aufgenommen werden, wenn die Basismarke **52**
keinen Disclaimer enthält, R 103 (2), R 9 (4) (b) (v) GAO. Ein Disclaimer
hat die Wirkungen des nationalen Rechts des Bestimmungsamts. In Rechtsordnungen, die keinen Disclaimer kennen, wie zB das DE-MarkenG, ist er
vor dem Bestimmungsamt wirkungslos.

Fakultativ sind eine Übersetzung der Marke oder die Angabe, dass die Marke **53**
keine Bedeutung hat und nicht übersetzt werden kann, R 9 (4) (b) (iii)
GAO. Ob solche Angaben vor Bestimmungsämtern rechtliche Bedeutung
haben, ist nicht bekannt.

Unter Punkt 9 a) des Formblatts kann eine Transliteration der Marke gege- **54**
ben werden. Das HABM wird das Fehlen einer solchen Angabe nicht beanstanden; siehe R 103 (2), wo dieser Punkt bewusst nicht als möglicher Mangel behandelt wird. Jedoch beanstandet die WIPO, wenn die Marke andere
als lateinische Schriftzeichen enthält und keine Transliteration in lateinische
Schriftzeichen gegeben wird, R 9 (4) (a) (xii) GAO; diese muss vom Anmelder direkt gegenüber der WIPO ausgeräumt werden (R 11 (2) GAO).

### 3.6 Waren und Dienstleistungen

Punkt 10 des Formblatts verlangt vom Anmelder die Angabe des VerzWDL, **55**
in der Reihenfolge der Klassen gruppiert. Das Verzeichnis kann gegenüber
der Basismarke identisch oder enger sein, jedoch nicht breiter. Diesem Ver-

---

5 Beispiel: EuG T-032/00 vom 5.12.2000, ABl-HABM 2001, 608 *Electronica.*

gleich ist das Verzeichnis der Basismarke zu dem Zeitpunkt der Einreichung der IA zu Grunde zu legen. Beispiel: Die Basisanmeldung wurde für fünf Klassen eingereicht. Im Anschluss an einen Widerspruch wird sie nur für die Klassenüberschrift von Klasse 10 eingetragen. Ab diesem Zeitpunkt kann eine IA nur die Klassenüberschrift der Klasse 10 oder einzelne Waren, die in Klasse 10 fallen, beanspruchen.

56  Innerhalb dieser Grenzen kann das Verzeichnis für verschiedene Bestimmungsämter unterschiedlich sein.

57  Das VerzWDL ist stets in der Sprache der IA anzugeben. Ist diese Sprache nicht franz, engl oder spanisch, so kann der Anmelder eine Übersetzung in diese Sprache einreichen, Art 147 (3).

58  Tut er dies nicht, so muss er das zweite Kästchen unter Punkt 0.3 ankreuzen und das HABM ermächtigen, die Übersetzung vorzunehmen oder eine existierende Übersetzung zu benutzen (R 102 (4), 103 (3)). Die Übersetzung wird, sofern verfügbar, von der Basismarke übernommen, insbesondere wenn es sich um eine bereits veröffentlichte GMA oder eingetragene GM handelt. Ist dies nicht möglich, dh wenn die Übersetzung der Basisanmeldung noch nicht vorliegt oder wenn das VerzWDL, obwohl enger, andere Formulierungen als das Verzeichnis der Basismarke aufweist oder wenn der Anmelder verschiedene Verzeichnisse für verschiedene Bestimmungsämter vorgelegt hat, so muss das VerzWDL an das Übersetzungszentrum (Art 121) versandt werden.

59  Der Anmelder wird zu den vom HABM erstellten Übersetzungen nicht gehört. Liegt die Übersetzung für die Basismarke bereits vor, so kennt der Anmelder die Übersetzung.

60  Das VerzWDL muss ordnungsgemäß gruppiert und korrekt klassifiziert werden. Dies ist sichergestellt, wenn die Klassifizierung der Basis- GMA bereits geprüft war. Andernfalls ist das VerzWDL so wie vom Anmelder eingereicht an die WIPO zu übermitteln. Falls WIPO eine Beanstandung erlässt, so macht das HABM von der Möglichkeit gemäß R 12 (2) GAO, eine abweichende Meinung zu äußern, keinen Gebrauch. Der Anmelder wird durch die WIPO von dem Mangel unterrichtet und kann seine Auffassung dem HABM, nicht jedoch direkt der WIPO mitteilen. Das HABM hat aber keinen Grund, auf eine solche Stellungnahme einzugehen, wenn der Anmelder selbst nicht oder nicht korrekt klassifiziert hatte.

### 3.7 Benannte Vertragsparteien

Eine beim HABM eingereichte IA unterlegt ausschließlich dem MP. Es kön- 61
nen nur Vertragsparteien des MP benannt werden, gleich ob sie auch Mitglied des MMA sind.

Das HABM prüft, ob mindestens eine der Benennungen wirksam ist. Werden 62
auch Staaten benannt, die nicht dem MP angehören, so wird die IA gleichwohl weitergeleitet, da dies die Wirksamkeit der anderen Benennungen nicht
beeinträchtigt. Jedoch wird dann die WIPO eine Beanstandung aussprechen.

### 3.8 Unterschrift

Die Unterschrift des Anmelders ist fakultativ. Die EG hat von der Möglich- 63
keit gemäß R 9 (2) (b) GAO, eine Unterschrift des Anmelders zu verlangen,
keinen Gebrauch gemacht, da an die WIPO lediglich Datenbestände und
nicht das Original des Formblatts weitergeleitet werden. R 79 gilt nicht.

### 3.9 Andere Formblätter

Werden die USA benannt, so muss der Anmelder das unterzeichnete 64
WIPO-Formblatt MM 18 beifügen.[6] Dieses Formblatt muss stets auf engl
sein, unabhängig von der Sprache der IA. Dies wird nicht vom HABM, wohl
aber anschließend von der WIPO beanstandet.

WIPO-Formblatt MM 17 ermöglicht, in einer IA die Seniorität einer natio- 65
nalen Marke zu beanspruchen, wenn die EG benannt ist. Dies ist in einer
IA, für die das HABM Ursprungsamt ist, nicht möglich. Wird MM 17
gleichwohl beigefügt, so leitet das HABM dies nicht an die WIPO weiter.

### 4 Weiterleitung der IA

Liegen Mängel vor, so gibt das HABM gibt eine Frist von 2 Monaten zur 66
Mängelbeseitigung, R 103 (2), (3). Wird der Mangel nicht beseitigt, so lehnt
der Prüfer die Weiterleitung der IA ab, R 103 (4).

Die Weiterleitung erfolgt unverzüglich, sobald sich der Prüfer überzeugt hat, 67
dass die internationale Anmeldung in Ordnung ist, auf elektronischem Wege, Art 147 (4), R 104, 125 (1). Die elektronische Übermittlung enthält die

---

6  Siehe Niebel, Mitt. 2004, 351, 353, mit Einzelheiten zu den detaillierten Anforderungen an die Unterschrift.

in Art 3 (1) MP genannte Bescheinigung. Aus diesem Grund ist Punkt 13 des WIPO-Formblatts MM 2 nicht in HABM EM 2 enthalten.

### Artikel 147 (ex Artikel 142) Form und Inhalt der internationalen Anmeldung

(1) Die internationale Anmeldung wird mittels eines vom Amt bereitgestellten Formblatts in einer der Amtssprachen der Europäischen Gemeinschaft eingereicht. Gibt der Anmelder auf diesem Formblatt bei der Einreichung der internationalen Anmeldung nichts anderes an, so korrespondiert das Amt mit dem Anmelder in der Sprache der Anmeldung in standardisierter Form.

(2) Wird die internationale Anmeldung in einer anderen Sprache als den Sprachen eingereicht, die nach dem Madrider Protokoll zulässig sind, so muss der Anmelder eine zweite Sprache aus dem Kreis dieser Sprachen angeben. Das Amt legt die internationale Anmeldung dem Internationalen Büro in dieser zweiten Sprache vor.

(3) Wird die internationale Anmeldung in einer anderen Sprache als den Sprachen eingereicht, die nach dem Madrider Protokoll für die Einreichung internationaler Anmeldungen zulässig sind, so kann der Anmelder eine Übersetzung der Liste der Erzeugnisse oder Dienstleistungen in der Sprache vorlegen, in der die internationale Anmeldung dem Internationalen Büro gemäß Absatz 2 vorgelegt werden soll.

(4) Das Amt übermittelt die internationale Anmeldung so rasch wie möglich dem Internationalen Büro.

(5) Für die Einreichung einer internationalen Anmeldung wird eine an das Amt zu entrichtende Gebühr verlangt. In den in Artikel 146 Absatz 2 Satz 2 genannten Fällen wird diese Gebühr zum Zeitpunkt der Eintragung der Gemeinschaftsmarke fällig. Die Anmeldung gilt erst als eingereicht, wenn die Gebühr gezahlt worden ist.

(6) Die internationale Anmeldung muss den einschlägigen Bedingungen genügen, die in der Durchführungsverordnung vorgesehen sind.

*Schennen*

---

1 Die Bestimmung ist unter Art 146 kommentiert.

## Artikel 148 (ex Artikel 143) Eintragung in die Akte und in das Register

(1) Tag und Nummer einer auf der Grundlage einer Anmeldung einer Gemeinschaftsmarke beantragten internationalen Registrierung werden in die Akte der betreffenden Anmeldung eingetragen. Wird im Anschluss an die Anmeldung eine Gemeinschaftsmarke eingetragen, so werden Tag und Nummer der internationalen Registrierung in das Register eingetragen.

(2) Tag und Nummer einer auf der Grundlage einer Gemeinschaftsmarke beantragten internationalen Registrierung werden in das Register eingetragen.

*Schennen*

### 1 Allgemeines

Art 148 behandelt unvollständig die Aufgaben des HABM als Ursprungsamt 1 außer denen der Prüfung und Weiterleitung einer IA (Art 146) oder nachträglichen Benennung (Art 149).

Art 148 behandelt den Vermerk im Register für eine GM oder GMA als Basismarke und wird ergänzt durch R 84 (3) (u), (v). Weitaus wichtiger sind 2 die Aufgaben des HABM der Übermittlung von Angaben an die WIPO während der fünfjährigen Abhängigkeitsfrist und der Übermittlung weiterer registerrelevanter Anträge und Angaben. Diese behandeln R 106, 120 und R 19, 20, 20bis, 22, 25 GAO.

### 2 Abhängigkeit

Fällt innerhalb eines Zeitraums von fünf Jahren ab dem Datum der IR die 3 Basismarke ganz oder teilweise weg, so wird IR im gleichen Umfang gelöscht, Art 6 MP, R 22 GAO. Dies wird allgemein als »Abhängigkeit« der IR von der Basismarke oder als »Zentralangriff« bezeichnet,[1] obwohl die IR nicht nur wegfällt, wenn ein Dritter die Basismarke angreift, sondern auch wenn die Basismarke aufgrund einer Handlung oder der Untätigkeit ihres Inhabers wegfällt.

4 Bei einer GM trifft dies zu, wenn entweder ganz oder teilweise (für einige Waren oder Dienstleistungen)

5 – die GMA, auf der die IR basiert, zurückgenommen wurde, als zurückgenommen gilt oder zurückgewiesen wurde;

6 – die GM, auf der IR basiert, nicht erneuert wurde, auf sie verzichtet wurde, oder vom HABM oder auf Widerklage von einem Gemeinschaftsmarkengericht für verfallen oder nichtig erklärt wurde.

7 Beruht dies auf einer Entscheidung des HABM oder eines Gemeinschaftsmarkengerichts, so muss diese rechtskräftig geworden sein.

8 Tritt dies während der Fünf-Jahres-Frist ein, so ist dies der WIPO mitzuteilen, R 106 (1) (a), (b) (2).

9 Eine Mitteilung an die WIPO muss in folgenden Fällen auch dann erfolgen, wenn ein Verfahren gegen die Basismarke vor Ablauf der Fünf-Jahres-Frist begonnen hat, jedoch innerhalb dieser Frist nicht abgeschlossen wurde; diese Mitteilung ist dann unmittelbar nach Ablauf der Fünf-Jahres-Frist zu machen (R 106 (3)):

10 – Eine Zurückweisung der GMA aus absoluten Gründen wurde mit der Beschwerde angefochten, und die Beschwerde ist noch anhängig;

11 – Ein Widerspruchsverfahren gegen die GMA ist anhängig;

12 – Ein Löschungsverfahren vor dem HABM ist anhängig;

13 – Gemäß der Eintragung im Register für GMn ist eine Widerklage gegen eine GM vor einem Gemeinschaftsmarkengericht anhängig.

14 In diesen Fällen ist eine weitere Mitteilung über den Ausgang dieses Verfahrens an die WIPO zu senden, sobald eine rechtskräftige Entscheidung vorliegt oder das Verfahren anderweitig beendet ist, R 106 (4).

15 Eine solche Mitteilung erfolgt nicht, wenn an dem Tag, an dem die Fünf-Jahres-Frist abläuft,

---

1 Kritisch dazu: von Mühlendahl, Markenschutz zu Beginn des 21. Jahrhunderts: Rückblick, Bestandsaufnahme, Ausblick, in: NJW-Sonderheft 100 Jahre Markenverband, 2003, S 74, 77.

– die GMA aus absoluten Gründen zurückgewiesen war, jedoch keine Be- 16
schwerde eingelegt wurde oder die Beschwerde nach Ablauf der Fünf-Jahres-Frist eingelegt wurde;

– ein Widerspruch oder ein Löschungsantrag als nicht eingereicht gilt, da 17
die Gebühr nicht gezahlt wurde.

Der WIPO ist auch mitzuteilen, wenn die Basis-GMA oder GM innerhalb 18
der Fünf-Jahres-Frist nach R 32, Art 44 oder Art 49 geteilt wurde, R 106 (1)
(c), (2). Diese Mitteilung wirkt sich aber auf die Gültigkeit der IR nicht aus;
sie dient nur der Transparenz, auf welche Marken die internationale Registrierung gestützt ist. Daher behandelt R 106 (2) (d) diesen Fall nicht als
Grund für die Löschung der IR.

### 3 Weiterleitung von Änderungen, die die IR betreffen

Das internationale Register wird von der WIPO geführt. Prinzipiell ist ein 19
Ursprungsamt nicht von Änderungen in der IR betroffen, und die Bestimmungsämter sind lediglich insoweit betroffen, als sie Mitteilungen der
WIPO über Änderungen erhalten, die sie in ihren eigenen Datenbanken aufführen können.

Grundsatz ist, dass alle Änderungen bezüglich einer IR von deren Inhaber di- 20
rekt bei der WIPO einzureichen sind. Das HABM akzeptiert keine Verlänge-
rungsanträge oder Verlängerungsgebühren, R 107 GMDV.

### 3.1 Anträge, die ohne Prüfung weitergeleitet werden

Folgende Anträge auf Änderungen bezüglich einer IR können auch beim 21
HABM als Amt der Vertragspartei des Inhabers eingereicht werden (siehe
R 20, 20bis, 25 (1) GAO):

– Eine Änderung des Inhabers (WIPO-Formblatt MM 5), auch soweit nur 22
ein Teil der Waren oder Dienstleistungen oder nur einzelne Bestimmungsämter betroffen sind; in der Terminologie der GMV entspricht dies
einem Rechtsübergang;

– Eine Einschränkung des VerzWDL oder ein Verzicht (WIPO-Formblätter 23
MM 6 oder 7); in der Terminologie der GMV entspricht dies einem vollständigen oder teilweisen Verzicht;

– Eine vollständige oder teilweise Löschung der IR (WIPO-Formblatt MM 24
8); hierbei handelt es sich um eine Einschränkung oder einen Verzicht
mit Wirkung für alle Bestimmungsämter;

25 – Eine Änderung des Namens oder der Anschrift des Inhabers (WIPO-Formblatt MM 9);

26 – Eine Lizenz (WIPO-Formblatt MM 13);

27 – Eine Einschränkung des Verfügungsrechts des Inhabers, R 20 GAO (hierfür gibt es kein WIPO-Formblatt); in der Terminologie der GMV entspricht dies einem dinglichen Recht, einer Zwangsvollstreckungsmaßnahme oder einem Insolvenzverfahren.

28 Solche Anträge werden vom HABM ohne jede Prüfung an die WIPO lediglich weitergeleitet. Die Bestimmungen der GMV und der DV für die analogen Verfahren gelten nicht. Insbesondere gelten die Sprachenregeln der GAO, und es ist keine HABM-Gebühr zu zahlen.

29 Ein solcher Antrag kann nur über das HABM eingereicht werden, wenn dieses das Amt der Vertragspartei des Inhabers ist, dh wenn es Ursprungsamt war oder für den Inhaber in Folge einer Übertragung der IR zuständig geworden ist (R 1 (xxvi bis) GAO). Jedoch wird diese Voraussetzung vom HABM nicht geprüft, da es lediglich den Antrag weiterleitet und der Antrag ohnehin direkt bei der WIPO hätte gestellt werden können.

30 Das HABM agiert für solche Anträge lediglich als Briefkasten.

31 R 20 (1) GAO erlaubt einem Amt der Vertragspartei des Inhabers, aus eigener Initiative eine Einschränkung des Verfügungsrechts des Inhabers mitzuteilen, davon macht aber das HABM keinen Gebrauch.

### 3.2 Anträge, die nach begrenzter Prüfung weitergeleitet werden

32 Nach R 20 (1) (a), 20bis (1) und 25 (1) (b) GAO darf ein Antrag auf Eintragung einer Änderung des Inhabers, einer Lizenz oder einer Einschränkung des Verfügungsrechts des Inhabers nur dann direkt bei der WIPO eingereicht werden, wenn er vom Inhaber der IR gestellt wird. Es wäre somit praktisch unmöglich, eine Änderung des Inhabers oder eine Lizenz bei der WIPO einzutragen, wenn der ursprüngliche Inhaber nicht mehr existiert oder der Inhaber sich gegenüber seinem Lizenznehmer oder dem von einer Zwangsvollstreckungsmaßnahme Begünstigten unkooperativ zeigt.

33 Dann hat der neue Inhaber oder der Lizenznehmer oder der Inhaber des dinglichen Rechts nur die Möglichkeit, den Antrag auf Eintragung der Änderung beim Amt der Vertragspartei des Inhabers einzureichen. Die WIPO trägt solche Anträge ohne Sachprüfung ein.

Um zu vermeiden, dass ein Dritter ohne jede Prüfung Inhaber oder Lizenz- 34
nehmer einer internationalen Registrierung werden kann, bestimmt R 120,
dass das HABM alle Anträge auf Eintragung einer Änderung des Inhabers,
einer Lizenz oder einer Einschränkung der Verfügungsbefugnis des Inhabers,
die nicht vom Inhaber der internationalen Registrierung eingereicht werden,
daraufhin prüft, ob ein Nachweis des Rechtsübergangs, der Lizenz oder des
anderen Rechts vorgelegt wird. Die Prüfung beschränkt sich auf den Nachweis des Rechtsübergangs oder der Lizenz oder des anderen Rechts (R 31 (1),
(5)), und die entsprechenden Abschnitte der RiLi über Rechtsübergänge und
Lizenzen[2] gelten analog. Wird der Nachweis nicht vorgelegt, so hat der Prüfer die Weiterleitung des Antrags an die WIPO abzulehnen. Diese Entscheidung ist beschwerdefähig.

In jeder anderen Hinsicht gelten die Vorschriften der GMV und der DV 35
nicht. Insbesondere muss der Antrag in einer der WIPO-Sprachen und auf
dem betr WIPO-Formblatt gestellt werden, und es ist keine Gebühr an das
HABM zu zahlen.

Wird ein Antrag auf Eintragung einer Änderung des Inhabers, einer Lizenz 36
oder eines anderen Rechts beim HABM in seiner Eigenschaft als Amt der
Vertragspartei des Inhabers eingereicht, so ist es möglich, dass der bisherige
Inhaber Staatsangehöriger eines Vertragsstaats des MP war und Staaten benannt hat, die durch das MMA gebunden sind, und anschließend die IR auf
einen Staatsangehörigen eines EG-Mitgliedstaats übertragen hat, der durch
das MMA gebunden ist (zB Deutschland). Dann hat der neue Inhaber für
Anträge auf Änderungen die Wahl zwischen dem nationalen Amt der Vertragspartei des Inhabers und dem HABM. Der Antrag auf Eintragung der
Änderung kann sodann jede Benennung betreffen, einschließlich der Benennung eines Staates, der nur durch das MMA gebunden ist.

## Artikel 149 (ex Artikel 144)  Antrag auf territoriale Ausdehnung des Schutzes im Anschluss an die internationale Registrierung

**Ein Antrag auf territoriale Ausdehnung des Schutzes im Anschluss an die
internationale Registrierung gemäß Artikel 3ter Absatz 2 des Madrider
Protokolls kann über das Amt gestellt werden. Der Antrag muss in der**

---

2  ABl-HABM 1999, 121; ABl-HABM 2005, 162.

Sprache eingereicht werden, in der die internationale Anmeldung gemäß
Artikel 147 eingereicht wurde.

*Schennen*

## 1 Allgemeines

1  Nachträgliche Benennungen (Anträge auf territoriale Ausdehnung des Schutzes im Anschluss an die IR) können erst erfolgen, nachdem eine erste IA erfolgt ist und zu einer IR geführt hat. Anders als eine ursprüngliche IA muss
eine nachträgliche Benennung nicht über das Ursprungsamt eingereicht werden, sondern kann auch direkt bei der WIPO eingereicht werden, R 24 (2)
(a) GAO.

2  Art 149 wird ergänzt durch R 105 und R 24 GAO. Eine Übermittlungsgebühr erhebt das HABM nicht.

## 2 Formblatt, Sprache

3  Für nachträgliche Benennungen muss das amtliche Formblatt verwendet
werden, R 102 (1), (2), 103 (2) (a). In franz, engl und spanisch ist dies das
WIPO-Formblatt MM 4. In diesen Sprachen existiert keine HABM-Fassung, da keine speziellen Angaben für das HABM benötigt werden. In den
anderen Amtssprachen der EG muss das HABM-Formblatt EM 4[1] benutzt
werden.

4  Nachträgliche Benennungen müssen in derselben Sprache eingereicht werden wie die ursprüngliche IA, Art 149. Andernfalls lehnt das Amt die Weiterleitung der nachträglichen Benennung ab, R 105 (1) (a), (2), (4).

5  Ist diese Sprache nicht franz, engl oder spanisch, so muss der Anmelder in
HABM EM 4 die Sprache angeben, in der die nachträgliche Benennung an
die WIPO weitergeleitet werden soll; diese Sprache kann von der Sprache

---

1 ABl-HABM 2004, 926.

der IR verschieden sein. Die Punkte 0.2 und 0.3 zur Übersetzung des VerzWDL und der Sprache für die Korrespondenz zwischen Anmelder und HABM müssen ebenfalls ausgefüllt werden.

### 3 Erforderliche Angaben

In MM 4 und EM 4 sind die erforderlichen Angaben im Vergleich zu MM **6** 2 erheblich reduziert; sie beschränken sich im wesentlichen auf Angaben zum Anmelder und seiner Anmeldeberechtigung, zum Vertreter, das VerzWDL und die Benennung zusätzlicher Vertragsparteien des MP. Bei der Anmeldeberechtigung besteht lediglich insofern ein Unterschied, als eine nachträgliche Benennung beim HABM auch eingereicht werden kann, wenn dieses nicht Ursprungsamt war, wenn die IR auf eine Person mit Staatsangehörigkeit eines Mitgliedstaats der EG oder mit Sitz oder Wohnsitz in der EG übertragen wurde; das HABM handelt dann als »Amt der Vertragspartei des Inhabers« (siehe R 1 (xxvi bis), 24 (2) GAO).

Das VerzWDL kann gegenüber der IR identisch oder enger sein. Das Ver- **7** zeichnis darf nicht breiter sein als das der IR, auch wenn es von der Basismarke abgedeckt ist, R 105 (c). Innerhalb dieser Grenzen können für verschiedene nachträglich benannte Staaten unterschiedliche Verzeichnisse vorgelegt werden.

Die Marke ist notwendigerweise dieselbe wie die der IR. **8**

### Artikel 150 (ex Artikel 145) Internationale Gebühren

**Alle an das Internationale Büro aufgrund des Madrider Protokolls zu entrichtenden Gebühren sind unmittelbar an das Internationale Büro zu zahlen.**

*Schennen*

## 1 Allgemeines

1 Dieser Art stellt klar, dass das HABM keine Gebühren an die WIPO weiterleitet. Gebühren an das HABM sind in Euro zu entrichten, Gebühren an die WIPO in Schweizer Franken.

2 Bei Einreichung einer IA beim HABM als Ursprungsamt ist an das HABM somit nur die Übermittlungsgebühr von 300 Euro (Art 2 Nr 31 GebV) zu zahlen. Schecks über Gebühren zu Gunsten der WIPO werden zurückgesandt; HABM-Gebühren können inzwischen ohnehin nicht mehr per Scheck gezahlt werden (Art 5 (1) GebV idF der VO Nr 1687/2005). Zum Gebührenberechnungsblatt (Anlage zum Formular MM 2) siehe unter Art 146, Rdn 12.

## 2 Verlängerung

3 Aus Art 150 und R 107 ergibt sich ebenfalls, dass das HABM keine Gebühren für die Verlängerung einer IR entgegennimmt oder an die WIPO weiterleitet.

# 3. Abschnitt Internationale Registrierungen, in denen die europäische Gemeinschaft benannt ist

## Artikel 151 (ex Artikel 146) Wirkung internationaler Registrierungen, in denen die Europäische Gemeinschaft benannt ist

(1) Eine internationale Registrierung, in der die Europäische Gemeinschaft benannt ist, hat vom Tage der Registrierung gemäß Artikel 3 Absatz 4 des Madrider Protokolls oder vom Tage der nachträglichen Benennung der Europäischen Gemeinschaft gemäß Artikel 3ter Absatz 2 des Madrider Protokolls an dieselbe Wirkung wie die Anmeldung einer Gemeinschaftsmarke.

(2) Wurde keine Schutzverweigerung gemäß Artikel 5 Absätze 1 und 2 des Madrider Protokolls mitgeteilt oder wurde eine solche Verweigerung widerrufen, so hat die internationale Registrierung einer Marke, in denen die Europäische Gemeinschaft benannt wird, von dem in Absatz 1 genannten Tag an dieselbe Wirkung wie die Eintragung einer Marke als Gemeinschaftsmarke.

(3) Für die Zwecke der Anwendung des Artikels 9 Absatz 3 tritt die Veröffentlichung der in Artikel 152 Absatz 1 genannten Einzelheiten der internationalen Registrierung, in der die Europäische Gemeinschaft benannt wird, an die Stelle der Veröffentlichung der Anmeldung einer Gemeinschaftsmarke, und die Veröffentlichung gemäß Artikel 152 Absatz 2 tritt an die Stelle der Veröffentlichung der Eintragung einer Gemeinschaftsmarke.

*Schennen*

## 1 Allgemeines

Dieser Art regelt die Wirkungen der IR als GMA und GM. Er wird ergänzt **1** durch Art 152, 158 und 161 sowie R 116–119.

## 2 Wirkung als Anmeldung

Alle Wirkungen einer eingereichten GMA (siehe Art 25, 26, 32) treten mit **2** dem Datum der internationalen Registrierung oder der nachträglichen Schutzerstreckung ein, nicht erst mit dem Datum des Zugangs der Benennung an HABM oder gar der ersten Nachveröffentlichung nach Art 152 (1). Das Datum der internationalen Registrierung durch die WIPO ist auch nicht einmal das Datum, an dem die Registrierung in der WIPO-Gazette veröffentlicht wird, sondern das Datum des Eingangs der IA beim Ursprungsamt vorausgesetzt, dass diese innerhalb von 2 Monaten an die WIPO weitergeleitet wird.

Die GMV knüpft an die Veröffentlichung der GMA nach Art 39 bestimmte **3** Rechtswirkungen, und zwar den Beginn der Widerspruchsfrist und den Beginn des vorläufigen Schutzes nach Art 9 (3).

Hierzu bestimmt Abs 3, dass der Beginn des vorläufigen Schutzes nach Art 9 **4** (3) mit der ersten Nachveröffentlichung nach Art 152 (1) eintritt. Für den Beginn der Widerspruchsfrist gilt nicht Art 151, sondern Art 156 (2): Die Widerspruchsfrist beginnt 6 Monate nach dem Datum der ersten Nachveröffentlichung nach Art 152 (1). Für den Benutzungszwang ist zu unterscheiden: Ab wann die IR für die Zwecke des Benutzungszwangs als eingetragen gilt, ist in Art 160 geregelt. Wann eine von einer 5 Jahre alten Marke angegriffene IR als für die Zwecke des Art 42 (2) veröffentlicht gilt, ist in Abs 3 nicht angesprochen. Abs 1 wird durch Art 152 verdrängt: Es kommt weder auf die Eintragung im WIPO-Register noch auf den Beginn der Widerspruchsfrist, sondern das Datum der ersten Nachveröffentlichung durch das HABM gemäß Art 152 (1) an.

### 3  Wirkungen einer eingetragenen Marke

5  Nach dem MP ist die Prüfung der Schutzfähigkeit durch die benannten Ämter der internationalen Registrierung nachgeschatet; es erfolgt somit eine Phasenverschiebung in der Weise, dass die Marke erst eingetragen und dann geprüft wird, nicht wie bei einer direkten Anmeldung umgekehrt. Folglich kann der Eintritt der Wirkungen als eingetragene Marke nicht schon mit dem Datum der internationalen Registrierung einsetzen, denn eine IR soll nur verfahrensmäßig und gebührenmäßig privilegiert werden, nicht hinsichtlich der Tatsache, dass der volle Schutz erst nach Durchführung der Prüfung auf absolute Eintragungshindernisse und eines Widerspruchsverfahrens eintritt.

6  Demzufolge bestimmt Art 151 (1), (3), dass der volle Schutz als GM erst nach Abschluss des Prüfungs- und Widerspruchsverfahrens durch das HABM eintritt. Die Regelung ist jedoch nicht aus sich aus verständlich, sondern muss im Kontext gelesen werden mit R 112–116 sowie der Erklärung Nr III, Anhang zum Beschluss des Rates vom 27.10.2003 über die Genehmigung des Beitritts der EG zum MP,[1] mit der die EG von der Option einer Schutzverweigerungsfrist von 18 Monaten Gebrauch gemacht hat. Somit gilt:

7  Ist keine Schutzverweigerung aus absoluten Gründen ausgesprochen worden und ist die Widerspruchsfrist abgelaufen, ohne dass Widerspruch eingelegt wurde, so versendet das Amt eine Mitteilung über die Schutzgewährung (Statement of Grant of Protection) an die WIPO gemäß R 116 (1) und R 18ter (1) GAO; aufgrund der gesetzlichen Fiktion gemäß R 116 (2), dass dies einer Zurücknahme einer erfolgten Schutzverweigerung gleichstehe, hat

---

1  ABl-HABM 2004, 126, 180.

*Schennen*

dies gemäß Art 151 (2) die Wirkung, dass ab diesem Tag der Schutz als eingetragene GM eintritt.

Wurde keine Schutzverweigerung aus absoluten Gründen ausgesprochen **8** und Widerspruch eingelegt, so ergeht zunächst eine vorläufige Schutzverweigerung an die WIPO (R 115 (1)) und im Falle des rechtskräftigen Abschlusses des Widerspruchsverfahrens zu Gunsten des Anmelders, ggf auch nur für einzelne Waren und Dienstleistungen, eine Schlussmitteilung an die WIPO, dass bzw in welchem Umfang die IR als GM geschützt ist, R 115 (5) (a), (c) und R 18ter (2) GAO. Diese Schlussmitteilung wird nach der neuen Terminologie der R 18ter GAO idF vom 1.9.2009 ebenfalls als Statement of Grant of Protection bezeichnet. Sie ergeht erst nach rechtskräftigem Abschluss des Verfahrens einschließlich etwaiger Klageverfahren vor dem EuGH; für Mitteilungen über jeweilige Zwischenstände des Verfahrens an die WIPO sieht die DV nicht vor, und für sie ist nach der GOA in der seit 1.9.2009 geltenden Fassung ohnehin kein Raum mehr. Eine solche Mitteilung stellt eine Zurücknahme der vorläufigen Schutzverweigerung im Sinne von Art 151 (2) dar, so dass der Schutz als GM mit dem Tag der Schlussmitteilung an die WIPO eintritt.

Ist sowohl eine vorläufige Schutzverweigerung aus absoluten Gründen ergan- **9** gen als auch ein Widerspruchsverfahren anhängig gemacht worden, so wird zunächst die absolute Schutzverweigerung weiterbetrieben und das Widerspruchsverfahren vor Beginn des streitigen Teils ausgesetzt, R 114 (5). Das Widerspruchsverfahren wird nur noch soweit betrieben, als nicht im absoluten Prüfungsverfahren bereits ein Teil oder alle der Waren und Dienstleistungen zurückgewiesen wurden. Nach rechtskräftigem Abschluss beider Verfahren ergeht sodann eine Schlussmitteilung (Statment of Grant of Protection) gemäß R 18ter (3) GAO an die WIPO (einheitlich, sowohl die Ergebnisse des Prüfungsverfahrens als auch des Widerspruchsverfahrens einbeziehend), mit der mitgeteilt wird, ob und für welche Waren die IR als GM geschützt ist, R 115 (4). Hierbei handelt es sich ebenfalls um eine Zurücknahme der Schutzverweigerung im Sinne von Art 151 (2).

Nach der GMV treten die vollen Wirkungen des Schutzes der GM mit dem **10** Akt der Eintragung ein (siehe unter Art 45 Rdn 16), mit einer Ausnahme: Die Schutzwirkung gegenüber Dritten treten nach Art 9 (3) erst mit der Veröffentlichung der Eintragung im Blatt für GMn ein. Deshalb bestimmt Art 151 (3), dass die Schutzwirkungen der IR als GM gegenüber Dritten erst mit dem Datum der zweiten Nachveröffentlichung gemäß Art 152 (2) im

Blatt für GM eintreten (und nicht schon mit dem Datum der entsprechenden Veröffentlichung in der WIPO-Gazette).

11   Immer wenn in der GMV oder einer sonstigen Rechtsvorschrift[2] von einer GM oder dem Schutz einer eingetragenen GM die Rede ist, schließt dies somit eine IR, für die das HABM den Schutz gewährt hat, ein. So sind alle Sanktionen nach Art 102, 103, nach der Zollverordnung Nr 1383/2003[3] und der RL Nr 48/2004 zur Durchsetzung der Rechte des geistigen Eigentums[4] ohne Unterschied auch auf eine IR, die nach Art 151 die Wirkungen einer GM hat, anwendbar.

## Artikel 152 (ex Artikel 147)   Veröffentlichung

(1) Das Amt veröffentlicht das Datum der Eintragung einer Marke, in der die Europäische Gemeinschaft benannt ist, gemäß Artikel 3 Absatz 4 des Madrider Protokolls oder das Datum der nachträglichen Benennung der Europäischen Gemeinschaft gemäß Artikel 3ter Absatz 2 des Madrider Protokolls, die Sprache, in der die internationale Anmeldung eingereicht worden ist, und die zweite Sprache, die vom Anmelder angegeben wurde, die Nummer der internationalen Registrierung und das Datum der Veröffentlichung dieser Registrierung in dem von Internationalen Büro herausgegebenen Blatt, eine Wiedergabe der Marke und die Nummern der Erzeugnis- oder Dienstleistungsklassen, für die ein Schutz in Anspruch genommen wird.

(2) Wurde für eine internationale Registrierung, in der die Europäische Gemeinschaft benannt ist, gemäß Artikel 5 Absätze 1 und 2 des Madrider Protokolls keine Schutzverweigerung mitgeteilt oder wurde eine solche Verweigerung widerrufen, so veröffentlicht das Amt diese Tatsache gleichzeitig mit der Nummer der internationalen Registrierung und gegebenenfalls das Datum der Veröffentlichung dieser Registrierung in dem vom Internationalen Büro herausgegebenen Blatt.

*Schennen*

---

2   EuGH C-302/08 vom 2.7.2009, GRUR 2009, 870 *Zino Davidoff/Bundesfinanzdirektion Südost.*

3   EuGH C-302/08 vom 2.7.2009, GRUR 2009, 870 *Zino Davidoff/Bundesfinanzdirektion Südost.*

4   ABl-EG L 195 vom 2.6.2004, S 16.

## 1 Allgemeines

Abs 1 regelt die erste, Abs 2 die zweite Nachveröffentlichung einer IR, in der 1
die EG benannt ist.

Die hauptsächlichen Verfahrensschritte vor dem HABM als Bestimmungs- 2
amt sind:
– Erste Nachveröffentlichung von internationalen Registrierungen, in de- 3
  nen die EG benannt ist;
– Prüfung auf absolute Eintragungshindernisse (siehe unter Art 154); 4
– Prüfung von Widersprüchen gegen internationale Registrierungen (siehe 5
  unter Art 156);
– Bearbeitung von Recherchen und Senioritätsansprüchen, parallel mit der 6
  übrigen Prüfung (siehe unter Art 153, 155).

Dem chronologischen Gang des Verfahrens entsprechend ist Abs 2 bei 7
Art 156, Rdn 28–32 kommentiert.

## 2 Die Benennung der EG

Jeder, der die Staatsangehörigkeit von oder den Sitz oder seine gewerbliche 8
Niederlassung in einem Mitgliedstaat des MP hat und der Inhaber einer nationalen Anmeldung oder Registrierung in dem selben Staat (einer Basismarke) ist, kann durch Vermittlung des nationalen Amts, bei dem die Basismarke eingetragen ist (dem Ursprungsamt), eine IA beim Ursprungsamt oder
eine nachträgliche Benennung beim Ursprungsamt oder der WIPO einreichen und darin andere Staaten oder internationale Organisationen benennen, die Vertragsparteien des MP sind, einschließlich der EG.

9 Dazu muss er das WIPO-Formblatt MM 2 (IA, die nur dem MP unterliegt), MM 3 (IA, die sowohl dem MMA als auch dem MP unterliegt) oder MM 4 (nachträgliche Benennung) verwenden.

10 Diese Formblätter sind von der WIPO angepasst worden, insbesondere um die Angabe einer zweiten Sprache im Falle der Benennung des HABM zu ermöglichen.

11 Für Senioritätsansprüche in der IA ist ein separates Formblatt MM 17 geschaffen worden, das der IA oder nachträglichen Benennung der EG beizufügen ist.

12 Die WIPO registriert die IA nach Prüfung gewisser Formerfordernisse und auf der Grundlage der Bestätigung des Ursprungsamts, dass die IA mit der nationalen Basisanmeldung oder Basiseintragung identisch ist.

13 Die WIPO ist auch zuständig für die Erstellung oder Überprüfung der Klassifizierung; bei Meinungsverschiedenheiten mit einem nationalen Amt hat die WIPO das letzte Wort. Die WIPO trägt die IR im internationalen Register ein, veröffentlicht sie in der Gazette und versendet eine Eintragungsbescheinigung. Anschließend übermittelt sie die IR an die Bestimmungsämter.

14 Für eine IR wird vom HABM keine Formalprüfung vorgenommen, mit Ausnahme der Angabe der zweiten Sprache und einer Markensatzung für Kollektivmarken; Senioritätsansprüche werden gesondert geprüft.

### 3 Nachträgliche Benennungen

15 Der Begriff »IR, in der die EG benannt ist« umfasst sowohl territoriale Schutzausdehnungen iSv Art 3ter (1) MP als auch nachträgliche Schutzausdehnungen iSv Art 3ter (2) MP, und R 112–117 gelten für beide. Eine nachträgliche Benennung der EG kann seit dem 1.10.2004 (Inkrafttreten des MP für die EG) auch dann erfolgen, wenn sie sich auf eine IR mit Registrierungsdatum vor dem 1.10.2004 bezieht, da die EG von der Option nach Art 14 (5) MP keinen Gebrauch gemacht hat.[1]

---

1 Mitteilung Nr 9/04 des Präsidenten vom 15.9.2004, ABl-HABM 2004, 1386.

## 4 Zweite Sprache

Gemäß Art 145 iVm Art 119 und R 126 ist die Sprache, in der die IR durch 16
die WIPO eingetragen ist, die erste Sprache iSv Art 119 (3), da alle Sprachen
des MP auch Sprachen des Amtes sind.

Nach R 9 (5) (g) (ii) GAO und R 126 muss der Anmelder, wenn er die EG 17
benennt, in seiner IA im internationalen Formblatt eine zweite Sprache aus
den anderen vier Sprachen des Amtes angeben, und zwar ausschließlich für
die Zwecke der Verfahren vor dem HABM.

Grundsätzlich dürfte die Erfüllung dieses Erfordernisses von der WIPO si- 18
chergestellt werden. Jedenfalls ist es für das HABM unbedingt erforderlich,
zu prüfen, ob die zweite Sprache angegeben ist. Ist dies nicht der Fall, so erlässt der Prüfer so schnell wie möglich eine vorläufige Schutzverweigerung
an die WIPO unter Fristsetzung von zwei Monaten, R 112 (3). Ggf verlangt
er außerdem die Bestellung eines Vertreters (Art 92) innerhalb der gleichen
Frist.

Wird die zweite Sprache innerhalb dieser Frist angegeben und außerdem der 19
erforderliche Vertreter bestellt, so wird die IA gemäß Art 152 (1) nachveröffentlicht. Andernfalls wird die vorläufige Schutzverweigerung an den Inhaber und nach Ablauf der Beschwerdefrist an die WIPO bestätigt, R 112 (4).

War die zweite Sprache korrekt angegeben, so wird die IA umgehend gemäß 20
Art 152 (1) nachveröffentlicht.

Die Nachveröffentlichung ist auf die bibliographischen Daten, die Wieder- 21
gabe der Marke und die Nummern der Klassen beschränkt und enthält nicht
das VerzWDL. Dies bedeutet, dass das HABM eine IR nicht übersetzt. Die
Veröffentlichung enthält eine Bezugnahme auf die entsprechende Veröffentlichung der IR in der Gazette der WIPO, das auch im übrigen zu konsultieren ist. Weitere Einzelheiten siehe Teil M des Vademecums.[2]

Ab der ersten Nachveröffentlichung hat die IR die gleiche Wirkung wie eine 22
veröffentlichte GMA, Art 151. Mit ihr wird die Akteneinsicht in die beim
HABM geführten Akten frei, R 89 (6).

---

2 Http://oami.europa.eu/bulletin/ctm/ctm_bulletin_en.htm.

## 5 Markensatzung

23 Basiert die IR auf einer Basismarke, die eine Kollektivmarke, Garantiemarke oder certification mark ist, so wird die Benennung der EG als Gemeinschafts- Kollektivmarke behandelt und unterliegt den Art 66–74, R 121 (1). Dies ist zwingend, ein Wahlrecht steht dem Inhaber der IR vor dem HABM nicht zu.

24 In diesem Fall muss der Inhaber der IR eine Markensatzung direkt beim HABM einreichen. Nach R 121 (2) stehen hierfür zwei Monate ab Eingang der IR beim HABM zur Verfügung. Ist bis dahin die Markensatzung nicht vorgelegt, so erlässt der Prüfer eine vorläufige Schutzverweigerung aus absoluten Gründen, R 121 (3) (b).

25 Ist der Inhaber der IR verpflichtet, vor dem Amt vertreten zu sein, so enthält die vorläufige Schutzverweigerung die Aufforderung, einen Vertreter zu bestellen. Geschieht dies nicht fristgerecht, so bestätigt der Prüfer die Schutzverweigerung für die Kollektivmarke insgesamt.

## 6 Gebühren

26 Für die Benennung der EG in einer IR ist eine individuelle Gebühr an die WIPO zu zahlen, Art 11 GebV, Erklärung Nr I, Anhang zum Beschluss des Rates vom 27.10.2003 über die Genehmigung des Beitritts der EG zum MP,[3] und Art 8 (7) MP. Die individuelle Gebühr beträgt gemäß Art 11 (3) GebV (idF der VO Nr 355/2009) 870 Euro zuzüglich 150 Euro für jede über drei hinausgehende Klasse. Dies ist um 180 Euro (im Vergleich zum e-filing einer GMA nur um 30 Euro) günstiger als die GM-Direktanmeldung (Art 2 Nr 1, 2 GebV). Es gelten die WIPO-Regeln über Gebührenzahlungen, Art 14 GebV. Der Betrag ist von der WIPO in Schweizer Franken festgesetzt, R 35 GAO und an diese in Schweizer Franken zu zahlen. Der Betrag ist 1311 Franken zuzüglich 226 Franken für jede über drei hinausgehende Klasse.[4] Dieser Betrag gilt für die ab dem 12.8.2009 eingereichten IAen. Bis zu diesem Zeitpunkt, dh vor der Änderung der GebV durch die VO Nr 355/2009, galt eine Gebühr von 2855 Franken zuzüglich 609 Franken für jede über drei hinausgehende Klasse, die der Summe der bis dato geltenden Anmelde- und Eintragungsgebühren entsprach.

---

3 ABl-HABM 2004, 126, 180; abgedruckt im Anh 7.2, aE.

4 Http://www.wipo.int/edocs/madrdocs/en/2009/madrid_2009_15.pdf.

Nachdem mit der VO Nr 355/2009[5] die Eintragungsgebühr auf Null gesetzt 27
wurde, wird, wenn der IR durch das HABM endgültig der Schutz verweigert
wird, auch nichts mehr erstattet, Art 13 GebV nF. Die Erstattung des der
Eintragungsgebühr entsprechenden Betrages erfolgt nur für Benennungen
der EG, die vor dem 12.8.2009 erfolgten, Art 3 Satz 3 der VO Nr 355/
2009.[6]

Für eine Kollektivmarke gelten höhere Beträge gemäß Art 13 (1) (b) GebV, 28
und zwar 2441 Franken plus 452 Franken für jede über drei hinausgehende
Klasse.

### 7 Zweite Nachveröffentlichung

Zum Zeitpunkt und Inhalt der zweiten Nachveröffentlichung (Art 152 (2) 29
siehe unter Art 156, Rdn 28–32.

### 8 Verlängerung

Die Verlängerung der IR, auch soweit die EG in ihr benannt ist, ist zentral 30
über die WIPO zu beantragen. Hierfür ist gemäß Art 12 GebV eine individuelle Gebühr zugunsten der EG, dh zugunsten des Haushalts des HABM
(siehe unter Art 139 Rdn 2) an die WIPO zu zahlen.[7] Gemäß Art 11 (3)
GebV (nicht geändert durch die VO Nr 255/2009) beträgt diese individuelle
Verlängerungsgebühr 1450 Euro zuzüglich 300 Euro für jede über drei hinausgehende Klasse. Der Betrag ist von der WIPO in Schweizer Franken
festgesetzt, R 35 GAO und beträgt 1808 Franken zuzüglich 603 Franken für
jede über drei hinausgehende Klasse.[8] Dieser Diskont von 50 Euro entspricht den Ersparnissen des HABM durch die zentrale Durchführung des
internationalen Verfahrens bei der WIPO, Art 8 (7) (a) MP.

Für eine Gemeinschaftskollektivmarke beträgt die individuelle Verlänge- 31
rungsgebühr 2700 Euro zuzüglich 600 Euro für jede über drei hinausgehende Klasse, entsprechend 4068 Franken zuzüglich 1205 Franken.

---

5 ABl-EG L 109 vom 30.4.2009, S 5.
6 Http://www.wipo.int/edocs/madrdocs/en/2009/madrid_2009_15.pdf,      Nr 5;
  HABM-BK R 1155/2008-5 vom 11.5.2009 (Nr 7) *Fauteuil.*
7 Siehe Erklärung Nr 3, Anlage zum Beschluss des Rates vom 27.10.2003 über die
  Genehmigung des Beitritts der EG zum MP, ABl-HABM 2004, 126.
8 Http://www.wipo.int/edocs/madrdocs/en/2009/madrid_2009_15.pdf, Nr 4.

## Artikel 153 (ex Artikel 148) Zeitrang

(1) Der Anmelder einer internationalen Registrierung, in der die Europäische Gemeinschaft benannt ist, kann in der internationalen Anmeldung gemäß Artikel 34 den Zeitrang einer älteren Marke in Anspruch nehmen, die in einem Mitgliedstaat, einschließlich des Benelux-Gebiets, oder gemäß internationaler Regelungen mit Wirkung für einen Mitgliedstaat registriert ist.

(2) Der Inhaber einer internationalen Registrierung, in der die Europäische Gemeinschaft benannt ist, kann ab dem Datum der Veröffentlichung der Wirkungen der Registrierung im Sinne von Artikel 152 Absatz 2 beim Amt gemäß Artikel 35 den Zeitrang einer älteren Marke in Anspruch nehmen, die in einem Mitgliedstaat, einschließlich des BENELUX-Gebiets, oder gemäß internationaler Regelungen mit Wirkung für einen Mitgliedstaat registriert ist. Das Amt setzt das Internationale Büro davon in Kenntnis.

*Schennen*

### 1 Allgemeines

1 Seniorität (Art 34, 35) kann, soweit die EG benannt ist, in einer IA (Abs 1) und sodann nach Schutzgewährung direkt vor dem HABM (Abs 2) beansprucht werden.

2 Die Benennung der EG in einer IR kann somit in gleicher Weise und unter den gleichen materiellrechtlichen Voraussetzungen und Wirkungen die Seniorität einer älteren in einem EG-Mitgliedstaat eingetragenen nationalen Marke beanspruchen wie eine direkt angemeldete GM.

3 R 9 (5) (g) (ii), R 21bis und R 32 (1) (xi) GAO setzen dies, was die Möglichkeit der Beanspruchung in der IA und die Veröffentlichung von Angaben über Senioritätsansprüche betrifft, auf der Ebene der WIPO im internationalen Verfahren um.

4 Art 153 wird ergänzt durch R 108–111.

## 2 Senioritätsanspruch in der IA

Gemäß R 9 (5) (g) (ii) GAO, Art 153 (1) und R 108 GMDV kann der An- 5
melder in einer IA mit Wirkung für die Benennung der EG die Seniorität einer älteren nationalen Marke beanspruchen. Hierzu ist Formblatt MM 17
auszufüllen und der IA (Formblatt MM 2 oder MM 3) beizufügen.

Anzugeben sind der EG-Mitgliedstaat, in dem das ältere Recht eingetragen 6
ist, die Eintragungsnummer und der Anmeldetag der älteren Marke. Nach
R 8 (1) idF durch VO Nr 1041/2005 ist nunmehr nur noch der Anmeldetag, nicht mehr das Prioritäts- oder Eintragungsdatum anzugeben.

Die notwendigen Belege sind direkt beim HABM einzureichen, und zwar in- 7
nerhalb von drei Monaten ab dem Datum der Übermittlung der IR durch
die WIPO (R 108 (1)).

Ist der Inhaber der IR verpflichtet, vor dem HABM vertreten zu sein 8
(Art 92), so muss er gemäß R 108 (2) schon für die Zwecke der Einreichung
der Senioritätsdokumente einen berufsmäßigen Vertreter (Art 93) bestellen;
tut er dies nicht, so fordert ihn der Prüfer unter Fristsetzung von zwei Monaten hierzu auf, widrigenfalls der Verlust des Senioritätsanspruchs gemäß
R 109 (2) festzustellen ist.

Im übrigen sind Senioritätsansprüche in einer IA nach den gleichen Kriterien 9
zu prüfen wie für direkte GMAen gemäß R 9 (3) (d), (7).

Führt die Prüfung des Senioritätsanspruchs gemäß R 109 zu einem negati- 10
ven Ergebnis, so muss diese Tatsache der WIPO mitgeteilt werden. Gleiches
gilt für Zurücknahmen des Senioritätsanspruchs, die gemäß R 13 bis zu dem
in Art 152 (2) genannten Veröffentlichungszeitpunkt möglich sind, oder jede
andere Entscheidung, die die Gültigkeit des Senioritätsanspruchs betrifft.
Solche Änderungen werden von der WIPO veröffentlicht und dem Inhaber
mitgeteilt, R 21bis GAO.

Akzeptiert das Amt den Senioritätsanspruch, so hat es die davon betroffenen 11
nationalen Ämter (einschließlich des Benelux-Amtes) entsprechend zu unterrichten, R 109 (4). Die Unterrichtung der WIPO ist nicht erforderlich, da
keine Änderung der WIPO-Veröffentlichung nötig ist.

## 3 Nachträgliche Beanspruchung der Seniorität

Art 35 ermöglicht die Beanspruchung der Seniorität nach Eintragung der 12
GM. Gemäß Art 153 (2) können solche Senioritätsansprüche für eine IR

nach der zweiten Veröffentlichung erfolgen. R 110 sieht hierzu ein ähnliches Verfahren für die Prüfung solcher Senioritätsansprüche vor. Anders als bei Art 153 (1) kann im Rahmen von Art 153 (2) die Seniorität nur vor dem HABM, nicht vor der WIPO beansprucht werden, R 110 (1).

13   Art 153 (2) sieht nicht vor, dass die Seniorität im Intervall zwischen der Einreichung der IA und der zweiten Nachveröffentlichung nach Art 152 (2) beansprucht werden kann. Gleichwohl in diesem Zeitraum eingereichte Senioritätsansprüche werden erst nach diesem Datum als Ansprüche gemäß Art 153 (2) behandelt und gemäß R 110 geprüft.

14   Enthält der Senioritätsanspruch nicht alle in R 110 (3) genannten Angaben, so wird der Antrag auf Beanspruchung der Seniorität zurückgewiesen.

15   Im Rahmen des Art 153 (2) werden nur akzeptierte Senioritätsansprüche der WIPO mitgeteilt (R 21bis (1) GAO, R 110 (5)). Parallel dazu werden die betroffenen nationalen Ämter von dem Senioritätsanspruch unterrichtet (R 110 (6) GMDV).

16   Wird der Antrag gemäß Art 153 (2), die Seniorität zu beanspruchen, vom Amt zurückgewiesen, so braucht der WIPO nichts mitgeteilt werden.

17   Materiellrechtlich ist zu prüfen, ob die IR jünger ist als die Marke, deren Seniorität in Anspruch genommen wird. Das ist bei einer IR, in der die EG benannt ist, gegenüber nationalen Benennungen in derselben IR nicht der Fall, außer wenn die IR, in der die EG benannt ist, eine nachträgliche Benennung ist und die nationalen Marken, deren Seniorität beansprucht wird, in der ursprünglichen IR beansprucht waren, da dann die Daten, an denen die Eintragung wirksam wurde, unterschiedlich sind. Auch bei Art 153 (2) gilt, dass der Senioritätsanspruch unwirksam ist, wenn die nationale Marke vor dem Datum der Senioritätsbeanspruchung wegen Nichtverlängerung oder aus anderen Gründen nicht mehr bestand.[1]

---

1   HABM-BK R 2603/2011-2 vom 4.12.2012 (Nr 25) *BARISTA*; grundsätzlich schon von Mühlendahl, Seniority, S 56 unten.

Artikel 154 (ex Artikel 149)  Prüfung auf absolute Eintragungshindernisse

(1) Internationale Registrierungen, in denen die Europäische Gemeinschaft benannt ist, werden ebenso wie Anmeldungen von Gemeinschaftsmarken auf absolute Eintragungshindernisse geprüft.

(2) Der Schutz aus einer internationalen Registrierung darf nicht verweigert werden, bevor dem Inhaber der internationalen Registrierung Gelegenheit gegeben worden ist, auf den Schutz in der Europäischen Gemeinschaft zu verzichten, diesen einzuschränken oder eine Stellungnahme
einzureichen.

(3) Die Schutzverweigerung tritt an die Stelle der Zurückweisung einer
Anmeldung einer Gemeinschaftsmarke.

(4) Wird der Schutz einer internationalen Registrierung aufgrund dieses
Artikels durch eine unanfechtbare Entscheidung verweigert oder hat der
Inhaber einer internationalen Registrierung auf den Schutz in der Europä-
ischen Gemeinschaft gemäß Absatz 2 verzichtet, so erstattet das Amt dem
Inhaber der internationalen Registrierung einen Teil der individuellen Ge-
bühr, die in der Durchführungsverordnung festzulegen ist.

*Schennen*

## 1 Allgemeines

Unmittelbar nach der ersten Nachveröffentlichung (Art 152 (1)) wird die **1**
Anmeldung der Prüfung auf absolute Eintragungshindernisse unterzogen,
Art 154. Die Eintragungshindernisse und die dabei anzuwendenden Prüfungskriterien sind dieselben wie für Direktanmeldungen, Abs 1. Die Zurückweisungsgründe der Art 7, 68, 92 und 164 entsprechen den Schutzver-
weigerungsgründen nach Art 5 (1) MP. Terminologisch handelt es sich um
eine Schutzverweigerung für die IR (Abs 3) und nicht um eine Zurückweisung einer Anmeldung.

2  Art 154 wird ergänzt durch R 112, 113. Abs 4 geht ins Leere, siehe unter Art 156 Rdn 7.

## 2  Mitteilung über die Schutzgewährung

3  Die Prüfung auf absolute Eintragungshindernisse kann theoretisch bis zum Ablauf von 18 Monaten erfolgen, soll aber praktisch vor dem Beginn der Widerspruchsfrist (Art 156 (2)) abgeschlossen sein.

4  Die EG hat von der Option einer Mitteilung über die Schutzgewährung Gebrauch gemacht, R 112 (5), durch die praktisch die Logik des MP, das Ergebnis der Prüfung nur im negativen Fall mitzuteilen, wieder umgekehrt und der Verfahrensablauf wieder an den für die Direktanmeldung geltenden Ablauf angeglichen wird. Diese »Statements of grant of protection« haben sich so bewährt, dass die Versammlung der Madrider Union sie mit Änderung der R 16–18 GAO zum 1.9.2009 (mit Übergangsfrist bis 1.1.2011) nun für alle Ämter verpflichtend macht.[1] Der Anmelder der IR bekommt somit bereits vor Ablauf der 18 Monate, spätestens nach Ablauf von 6 Monaten, Gewissheit, wenn das HABM keine Schutzverweigerung aus absoluten Gründen ausspricht. Diese Mitteilung, nach der Terminologie von R 17 (6) GAO aF ein »Statement of grant of protection«, heißt nun in der seit 1.9.2009 geltenden Fassung (R 18bis GAO) »Interim Status of a Mark«. In der Sache ist dies dasselbe: Das HABM teilt der WIPO mit, dass die Prüfung auf absolute Eintragungshindernisse erfolgreich abgeschlossen ist, gegen die IR aber noch Widersprüche und Bemerkungen Dritter (Art 40) möglich sind.

5  Bei positivem Prüfungsergebnis erlässt das Amt eine solche Mitteilung gemäß R 112 (5) und R 18bis GAO. Dies teilt die WIPO ihrerseits dem Inhaber mit und veröffentlicht es in der Gazette sowie im internationalen Register.

6  Diese Mitteilung über die Schutzgewährung bindet das HABM in der Weise, dass anschließend keine Beanstandungen aus absoluten Gründen von Amts wegen mehr ausgesprochen werden können, wohl aber auf Grund von Bemerkungen Dritter (Art 40).

---

1 Ab 1.9.2009 geltende Neufassung: http://www.wipo.int/madrid/en/legal_texts/ common_regulations.htm.

Ist bei Ablauf von 6 Monaten noch keine vorläufige Schutzverweigerung aus- 7
gesprochen worden, so ergeht automatisch die Mitteilung über die Schutzgewährung, so dass dem Anmelder auf jeden Fall innerhalb von 6 Monaten
ein Ergebnis über die Prüfung auf absolute Eintragungshindernisse vorliegt.
Damit werden die Nachteile der von der EG in Anspruch genommenen längeren Schutzverweigerungsfrist von 18 Monaten praktisch mehr als ausgeglichen.

## 3 Schutzverweigerung

Stellt der Prüfer ein absolutes Eintragungshindernis fest, so hat er eine vor- 8
läufige Schutzverweigerung an die WIPO zu senden, R 112 (1). Diese muss
eine begründete Beanstandung enthalten, wie im Falle einer normalen
GMA. Ist der Anmelder nach Art 92 verpflichtet, sich vertreten zu lassen, so
muss die vorläufige Schutzverweigerung die Aufforderung zur Bestellung eines Vertreters enthalten, R 112 (1) Satz 2. Für den Erlass einer vorläufigen
Schutzverweigerung gilt die 18-Monats-Frist[2] nach Art 5 (2) MP, dh das
HABM muss auch im Falle des Eintretens auf Drittbemerkungen die
Schutzverweigerung innerhalb dieser 18-Monats-Frist an die WIPO versenden, andernfalls die WIPO die Schutzverweigerung als nicht vorschriftsmäßig betrachtet, R 18 GAO. Die 18-Monats-Frist beginnt nicht etwa mit
dem Datum der internationalen Registrierung, sondern mit der Versendung
der Mitteilung über die IR durch die WIPO an das HABM, R 18 (1) (a) (iii)
GAO.[3] Innerhalb der 18-Monats-Frist müssen alle Schutzversagungsgründe
mitgeteilt werden. Danach dürfen keine neuen Schutzversagungsgründe
mehr ins Verfahren eingeführt werden. So bleibt ein nach Ablauf der 18-Mo-
nats-Frist eintretender Vertretungsmangel (Niederlegung des Mandats) folgenlos.[4]

Die vorläufige Schutzverweigerung setzt eine Frist von zwei Monaten, die 9
mit dem Tag ihrer Ausstellung beginnt (anders als bei einer normalen GMA,
wo das Datum der Zustellung maßgeblich ist), siehe R 113 (1) (b). Die
WIPO übermittelt die vorläufige Schutzverweigerung an den Inhaber nach

---

2 Erklärung Nr III, Anhang zum Beschluss des Rates vom 27.10.2003 zur Genehmigung des Beitritts der EG zum MP, ABl-HABM 2004, 126, 180.
3 So auch BPatG GRUR 2006, 868 *Go seven* und CH-RKGE sic 2006, 31.
4 Vgl HABM-BK R 2163/2011-4 vom 8.11.2012 (Nr 12) *PARACELSUSCLINICA
  AL RONC/PARACELSUS.*

den verfahrensrechtlichen Regeln der GAO. Ob dies überhaupt oder korrekt erfolgt, obliegt nicht der Nachprüfung vor dem HABM.[5]

10   Das anschließende Prüfungsverfahren ist dasselbe wie für eine Direktanmeldung. Der Anmelder muss innerhalb der gesetzten Frist direkt an das HABM antworten. Ggf ergeben sich weitere Mitteilungen; Fristverlängerungen und die Beanspruchung von Verkehrsdurchsetzung im weiteren Verlauf sind möglich.

11   Räumt der Anmelder die Beanstandungen nicht aus oder kann er den Prüfer nicht überzeugen, dass die Beanstandungen unbegründet waren, so erlässt das HABM direkt an den Anmelder eine negative Entscheidung gemäß Art 154 (3), die gemäß Art 58 beschwerdefähig ist und gegen die gegebenenfalls eine Klage beim Gerichtshof gemäß Art 65 eingelegt werden kann.

12   Wird nicht ordnungsgemäß ein Vertreter bestellt, so wird ebenfalls der Schutz verweigert, unabhängig davon, ob der Inhaber die Beanstandungen im übrigen ausräumt (R 112 (4)). Der Vertretungsmangel stellt also einen eigenständigen Schutzversagungsgrund dar. Er kann aber durch Vertreterbestellung in der Beschwerdeschrift geheilt werden.[6]

13   Sobald die Entscheidung über die Schutzverweigerung (Art 154 (3)) rechtskräftig wird, wird eine abschließende Mitteilung an die WIPO geschickt, in der mitgeteilt wird, ob und für welche Waren oder Dienstleistungen die Marke abschließend zurückgewiesen oder akzeptiert worden ist, R 113 (2). Wird die vollständige Schutzverweigerung rechtskräftig, so bestätigt das HABM der WIPO, dass der Marke der Schutz für die EG verweigert worden ist, gemäß R 113 (2) (c) und R 18ter (3) GAO. Wird die Schutzverweigerung ganz oder teilweise aufgehoben zB weil der Prüfer die Beanstandung zurücknimmt oder die HABM-BK die Zurückweisungsentscheidung des Prüfers aufhebt), so erlässt, sobald die Entscheidung rechtskräftig ist, das HABM eine Mitteilung an die WIPO, dass die Marke ganz oder für bestimmte Waren und Dienstleistungen in der EG geschützt ist, R 113 (2) (a) oder (b) und R 18ter (2) GAO. Eine solche Mitteilung heißt in der Terminologie der GAO idF vom 1.9.2009 ebenfalls »Statement of Grant of Protection« oder, gleichbedeutend, »Final Disposition on Status of a Mark«.

---

5   HABM-BK R 521/2006-4 vom 23.10.2006 (Nr 26) *GREEN PLUS*.
6   HABM-BK R 521/2006-4 vom 23.10.2006 (Nr 27, 30) *GREEN PLUS*.

War jedoch zwischenzeitlich ein Widerspruchsverfahren anhängig gemacht, 14
so ergeht diese Schlussmitteilung erst nach rechtskräftigem Abschluss des
Widerspruchsverfahrens. Zwischenstände über den jeweiligen Verfahrensstand werden der WIPO nicht mitgeteilt.

### 4 Bemerkungen Dritter

Bemerkungen Dritter (Art 40, R 112 (5)) können beim HABM wirksam 15
vom Tag der Mitteilung der IR an das HABM bis zum Ablauf der Widerspruchsfrist und, wenn Widerspruch eingelegt wurde, bis zum Ablauf von
18 Monaten eingereicht werden.

Gehen die Bemerkungen Dritter vor dem Beginn der Widerspruchsfrist 16
(Art 156 (2)) ein und hält das HABM sie für berechtigt, so ergeht eine normale Mitteilung der vorläufigen Schutzverweigerung an die WIPO, unabhängig davon, ob ihr Bemerkungen Dritter zu Grunde liegen oder nicht.

Gehen die Bemerkungen Dritter während der Widerspruchsfrist ein und hält 17
das Amt sie für begründet, so erlässt es eine vorläufige Schutzverweigerung
aus absoluten Gründen an die WIPO, auch dann, wenn bereits eine erste
Mitteilung der Schutzgewährung (R 112 (5)) an die WIPO versandt wurde.
Dies ist der einzige Fall, in dem die Prüfung auf absolute Eintragungshin-
dernisse wirksam neu aufgenommen werden kann. Das Verfahren mit der
WIPO und dem Inhaber ist dasselbe wie bei einer normalen vorläufigen
Schutzverweigerung.

Wurde die erste Mitteilung über die Schutzgewährung (»Interim Status of a 18
Mark«) versandt und sind keine Widersprüche eingegangen, so werden Bemerkungen Dritter nur bis zu dem Zeitpunkt akzeptiert, zu dem die endgültige Mitteilung über die Schutzgewährung (»Final Disposition on Staus of a
Mark«) zum Versand vorbereitet wird.

Wenn das Amt die Bemerkungen Dritter nicht für berechtigt hält, dh wenn 19
diese keine Zweifel an der Schutzfähigkeit der Marke aufwerfen, so wird der
WIPO nichts mitgeteilt.

Unabhängig von dem Erlass einer vorläufigen Schutzverweigerung werden 20
Bemerkungen Dritter auch normal bearbeitet, dh dem Anmelder der IR mit-

geteilt, und der Dritte wird gemäß Mitteilung Nr 3/02 des Präsidenten[7] vom Ausgang des Verfahrens unterrichtet.

21  Das HABM muss auch im Falle des Eintretens auf Drittbemerkungen die Schutzverweigerung innerhalb der 18-Monats-Frist nach Art 5 (2) MP an die WIPO versenden, andernfalls die WIPO die Schutzverweigerung als nicht vorschriftsmäßig betrachtet, R 18 GAO.

## Artikel 155 (ex Artikel 150)  Recherche

(1) Hat das Amt die Mitteilung einer internationalen Registrierung erhalten, in der die Europäische Gemeinschaft benannt ist, erstellt es gemäß Artikel 38 Absatz 1 einen Gemeinschaftsrecherchenbericht.

(2) Sobald das Amt die Mitteilung einer internationalen Registrierung erhalten hat, in der die Europäische Gemeinschaft benannt ist, übermittelt es der Zentralbehörde für den gewerblichen Rechtsschutz eines jeden Mitgliedstaats, die dem Amt mitgeteilt hat, dass sie in ihrem eigenen Markenregister eine Recherche durchführt, gemäß Artikel 38 Absatz 2 ein Exemplar der internationalen Registrierung.

(3) Artikel 38 Absätze 3 bis 6 gilt entsprechend.

(4) Das Amt unterrichtet die Inhaber älterer Gemeinschaftsmarken oder Anmeldungen von Gemeinschaftsmarken, die in dem Gemeinschaftsrecherchenbericht genannt sind, von der in Artikel 152 Absatz 1 vorgesehenen Veröffentlichung der internationalen Registrierung, in der die Europäische Gemeinschaft benannt ist.

*Schennen*

---

7 ABl-HABM 2002, 1372.

## 1 Allgemeines

Dieser Art bestimmt, dass eine IR, in der die EG benannt ist, in gleicher 1
Weise einer Recherche unterzogen wird wie eine GMA (siehe Art 38). Dies
betrifft sowohl die Gemeinschaftsrecherchenberichte als auch die nationalen
Recherchenberichte, letztere seit 2008 lediglich optional auf besonderen Antrag. Hierzu wurde Art 155 (3) durch VO Nr 422/2004 mit Wirkung zum
10.3.2008 an die ab diesem Zeitpunkt geltende Fassung von Art 38 angepasst. Ergänzt wird Art 155 durch R 10 (2) und Art 2 Nr 1a GebV.

## 2 Verfahren

Die Recherchenberichte werden in Veranlassung gegeben, sobald die IR ein- 2
gegangen ist und geprüft worden ist, ob die zweite Sprache angegeben ist.
Die Recherchenberichte liegen somit auf jeden Fall bereits vor Beginn der
Widerspruchsfrist gemäß Art 156 (2) vor, welche 6 Monate nach dem Datum der ersten Nachveröffentlichung beginnt. Somit hat der Anmelder wie
bei einer Direktanmeldung die Möglichkeit, die Anmeldung zurückzunehmen, bevor Widerspruch eingelegt werden kann.

Die Erstellung der Recherchenberichte erfolgt parallel und völlig unabhängig 3
von dem übrigen Prüfungsverfahren. Der Anmelder muss lediglich für die
Zwecke der Entgegennahme der Recherchenberichte keinen Vertreter bestellen. Wie bei einer Direktanmeldung kann auch für eine IR der Recherchenbericht über MyPage übermittelt werden, wenn der Anmelder dies so
wünscht.

## 3 Gemeinschaftsrecherchenbericht

Wie bei einer Direktanmeldung erhält der Anmelder einer IR einen Gemein- 4
schaftsrecherchenbericht, der ältere GM und GMA aufführt. Inhalt und Format des Recherchenberichts unterscheiden sich nicht von dem für Direktanmeldungen.

Inhaber älterer GM, die in einem solchen Recherchenbericht zitiert werden, 5
werden hiervon gemäß Art 150 (4) in gleicher Weise vom HABM unterrichtet, wie dies für Direktanmeldungen erfolgt.

## 4 Nationale Recherchenberichte

Seit 10.3.2008 werden die nationale Recherchenberichte auch für eine IR 6
nur auf gesonderten Antrag und gegen gesonderte Gebühr erstellt. Die Ge-

bühr ist in Artikel 2 Nr 1a GebV auf 12 Euro multipliziert mit der Zahl der teilnehmenden nationalen Ämter festgelegt worden und beträgt zZt 144 Euro.

7 R 10 (2) bestimmt, dass in diesem Fall der Antrag auf Erstellung nationaler Recherchenberichte direkt an das HABM zu richten ist, und zwar innerhalb eines Monats ab Übermittlung der IA an das HABM; innerhalb der gleichen Frist ist die Gebühr für die nationale Recherche zu entrichten. Damit wird vermieden, dass die WIPO mit diesem rein nationalen Thema befasst wird und das Formular MM 2 mit Angaben, die nichts direkt mit dem Schutz der IR zu tun haben, befrachtet wird.

## Artikel 156 (ex Artikel 151) Widerspruch

(1) Gegen internationale Registrierungen, in denen die Europäische Gemeinschaft benannt ist, kann ebenso Widerspruch erhoben werden wie gegen veröffentlichte Anmeldungen von Gemeinschaftsmarken.

(2) Der Widerspruch ist innerhalb einer Frist von drei Monaten zu erheben, die sechs Monate nach dem Datum der Veröffentlichung gemäß Artikel 152 Absatz 1 beginnt. Er gilt erst als erhoben, wenn die Widerspruchsgebühr entrichtet worden ist.

(3) Die Schutzverweigerung tritt an die Stelle der Zurückweisung einer Anmeldung einer Gemeinschaftsmarke.

(4) Wird der Schutz einer internationalen Registrierung aufgrund einer gemäß diesem Artikel ergangenen unanfechtbaren Entscheidung verweigert oder hat der Inhaber einer internationalen Registrierung auf den Schutz in der Europäischen Gemeinschaft vor einer gemäß diesem Artikel ergangenen unanfechtbaren Entscheidung verzichtet, so erstattet das Amt dem Inhaber der internationalen Registrierung einen Teil der individuellen Gebühr, die in der Durchführungsverordnung festzulegen ist.

*Schennen*

## 1 Allgemeines

Gegen eine IR mit Benennung der EG kann in gleicher Weise Widerspruch 1
eingelegt werden wie gegen eine Direktanmeldung, Art 156. Lediglich im
Verfahrensablauf bestehen einige Besonderheiten. Die Widerspruchsfrist von
3 Monaten beginnt mit dem 6. Monat nach dem Datum der ersten Nachveröffentlichung, Art 156 (2). Zu den Reformvorschlägen siehe unter Rdn 7.
Die Widerspruchsfrist ist vom Ausgang der Prüfung auf absolute Eintragungshindernisse unabhängig. Die bloße Einlegung eines Widerspruchs
führt zwingend zu einer Mitteilung über die vorläufige Schutzverweigerung.
Der rechtskräftige Abschluss des Widerspruchsverfahrens führt zu einer
Schlussmitteilung an die WIPO, mit der eine endgültige Schutzverweigerung
ausgesprochen oder die vorläufige Schutzverweigerung zurückgenommen
wird (siehe Art 151 (2)).

Art 156 wird ergänzt durch R 114–116 sowie durch Art 13 GebV, der die 2
Erstattung eines Teils der individuellen Gebühr regelt.

## 2 Kein Widerspruch eingelegt

Wurde die Marke bei der Prüfung auf absolute Eintragungshindernisse ak- 3
zeptiert (wurde die Mitteilung über die Schutzgewährung gemäß R 112 (5)
versandt) und liegt bei Ende der Widerspruchsfrist kein Widerspruch vor, so
wird die endgültige Mitteilung über die Schutzgewährung gemäß R 116 (1),
R 18ter (1) GAO an die WIPO versandt.

Hieran schließt sich die zweite Veröffentlichung an (Art 152 (2)), und der 4
Inhaber der IR hat die Garantie, dass für die Benennung der EG der Schutz
nicht mehr verweigert werden kann. Ab diesem Datum hat die IR die gleiche
Wirkung wie eine eingetragene GM (R 116 (2) iVm Art 151 (2), siehe oben

unter Art 151, Rdn 5–11). Diese Wirkung tritt somit vor Ablauf der 18-Monats-Frist ein.

5  Wird eine Schutzverweigerung aus absoluten Gründen ausgesprochen, geht jedoch kein Widerspruch ein, so wird keine Mitteilung über die Schutzgewährung versandt, und zwar auch dann, wenn die vorläufige Schutzverweigerung aus absoluten Gründen vor Ablauf von 18 Monaten zurückgenommen werden kann.

### 3  Widerspruch eingelegt

6  Der Widerspruch gegen die Benennung der EG in der IR ist beim HABM einzulegen.

#### 3.1  Widerspruchsfrist und Gebühr

7  Die Widerspruchsfrist läuft zwischen dem 6. und dem 9. Monat nach der ersten Nachveröffentlichung, Art 156 (2) iVm Art 152 (1). Damit soll, in Parallele zum Verfahren für GMA-Direktanmeldungen, ermöglicht werden, dass die Prüfung auf absolute Eintragungshindernisse vor Beginn der Widerspruchsfrist abgeschlossen ist. Dass Widersprüche gegen IRn eingelegt werden müssen, die noch Gegenstand einer Beanstandung aus absolute Gründen sind, kann diese Regelung aber auch nicht völlig verhindern (siehe unten, Rdn 20). Die Reformvorschläge der Kommission wollen diese 6-Monats-Wartefrist auf 1 Monat verkürzen, was zu begrüßen wäre, einmal im Interesse der Verfahrensbeschleunigung, dann auch in der Abwägung der Parteiinteressen, führt doch die gegenwärtige Regelung de facto zu einer Privilegierung der Widersprechenden mit einer 9monatigen Widerspruchsfrist. Dies, weil verfrüht eingegangene Widersprüche auf Halde gelegt werden und erst als am ersten Tag der Widerspruchsfrist eingegangen gelten, R 114 (3). Wird vor diesem Datum der Widerspruch zurückgenommen, so wird die Widerspruchsgebühr erstattet. Der Widerspruch gilt nur als eingereicht, wenn die Widerspruchsgebühr gezahlt wurde (Art 156 (2)).

#### 3.2  Verfahrenssprache

8  Der Widerspruch muss nach Wahl des Widersprechenden in der Sprache der internationalen Anmeldung (der ersten Sprache) oder in der vom Anmelder angegebenen zweiten Sprache eingereicht werden. Diese Sprache wird Verfahrenssprache des Widerspruchsverfahrens. Der Widerspruch kann auch in jeder der drei anderen Sprachen des Amtes eingereicht werden, wobei dann

innerhalb eines Monats eine Übersetzung in die Verfahrenssprache einzureichen ist; Art 119 (6) und R 16 (1) gelten unmittelbar.

Das HABM verwendet                                                                          9
– die Sprache des Widerspruchsverfahrens für alle Mitteilungen, die direkt   10
   an die Parteien ergehen;
– die Sprache, in der die IR von der WIPO eingetragen wurde (erste Spra-      11
   che) für alle Mitteilungen an die WIPO, zB für die vorläufige Schutzverweigerung.

### 3.3 Zulässigkeitsprüfung

Das HABM erteilt dem Widersprechenden eine Empfangsbestätigung und   12
übersendet dem Anmelder der IR den Widerspruch zur Information, R 16a.
Es prüft sodann, ob der Widerspruch gemäß R 15, 17 zulässig ist und die in
R 115 (2), (3) genannten Angaben, dh die von der WIPO nach R 17 (3)
GAO verlangten Angaben, enthält und ob der Widersprechende gemäß
Art 92 vertreten ist. Im Verlaufe dieser Prüfung korrespondiert das HABM
ggf direkt mit dem Widersprechenden. Wird der Widerspruch für unzulässig
befunden, so teilt das HABM dem Anmelder der IR dies direkt mit (R 17
(5)), versendet aber keine Mitteilung über die vorläufige Schutzverweigerung
mehr.

### 3.4 Vertretung

Ist der Anmelder der IR verpflichtet, vor dem Amt gemäß Art 92 (2) vertre-   13
ten zu sein und hat er noch keinen Vertreter bestellt, so erfolgt die Übermittlung des Widerspruchs gemäß R 16a in der normalen Weise. Jedoch enthält
die Mitteilung der vorläufigen Schutzverweigerung an die WIPO die Aufforderung, einen Vertreter im Sinne von Art 93 (1) innerhalb einer Frist von
zwei Monaten ab Zustellung der Mitteilung zu bestellen (R 114 (4)). Dem
Widersprechenden wird nicht zugemutet, ein Verfahren gegen einen nicht
vertretenen Anmelder der IR führen zu müssen.

Tut der Anmelder der IR dies nicht oder nicht fristgerecht, so verweigert das   14
HABM der IR den Schutz, R 114 (4) Satz 2.

Die Schutzverweigerung wegen unterlassener Bestellung eines Vertreters be-   15
endet das Widerspruchsverfahren. Für die Kostenverteilung gilt R 18 (4),
(5): Es ergeht keine Kostenentscheidung, da die Cooling-off-Frist noch nicht
vorüber ist; die Widerspruchsgebühr wird nur erstattet, wenn der Anmelder

der IR bereits vor Erlass der vorläufigen Schutzverweigerung ausdrücklich auf die IR verzichtet hatte. Der Schutzverweigerungsgrund kann allerdings durch Vertreterbestellung in der Beschwerdeschrift geheilt werden; in diesem Fall wird an die Widerspruchsabteilung zur Prüfung des Widerspruchs zurückverwiesen.[1]

### 3.5 Vorläufige Schutzverweigerung

16 R 115 (1) sieht vor, dass jeder Widerspruch, der als eingelegt gilt und zulässig ist, zu einer vorläufigen Schutzverweigerung aufgrund eines Widerspruchs gemäß Art 5 (1) (2) (a) (b) MP und R 17 (1) (a) GAO führt. Für jeden Widerspruch ergeht eine gesonderte Mitteilung an die WIPO.

17 Die WIPO benötigt das VerzWDL, gegen das sich der Widerspruch richtet und das VerzWDL, auf dem der Widerspruch beruht. Dieses wird für die Zwecke der WIPO nicht übersetzt (R 17 (2) (v) GAO). Das HABM übermittelt diese Angaben gemäß R 115 (3) (v), (4).

18 Die WIPO übermittelt die vorläufige Schutzverweigerung sodann an den Inhaber der IR.

19 Das weitere Verfahren hängt vom Ausgang der Prüfung auf absolute Eintragungshindernisse ab.

### 3.6 Aussetzung bei absoluten Eintragungshindernissen

20 Wurde der Widerspruch zu einem Zeitpunkt eingelegt, zu dem das HABM bereits eine vorläufige Schutzverweigerung aus absoluten Gründen erlassen hatte, so teilt das HABM dem Anmelder der IR direkt mit, dass ab sofort das Widerspruchsverfahren ausgesetzt ist, bis eine abschließende Entscheidung zu den absoluten Eintragungshindernissen vorliegt, R 115 (5). Führt die vorläufige Schutzverweigerung aus absoluten Gründen zu einer endgültigen Schutzverweigerung für alle Waren und Dienstleistungen, die mit dem Widerspruch angegriffen werden, so wird das Widerspruchsverfahren eingestellt und die Widerspruchsgebühr erstattet, R 115 (5) Satz 2. Wird die Schutzverweigerung aus absoluten Gründen nicht aufrechterhalten (bei-

---

1 HABM-BK R 358/2008-2 vom 29.4.2008 (Nr 13) *MIRACA*; HABM-BK R 398/2008-4 vom 8.9.2008 (Nr 11) *CIRQUE ON ICE*; HABM-BK R 2467/2011-4 vom 18.3.2012 (Nr 13) *GENNEX*.

spielsweise wenn der Inhaber im Beschwerdeverfahren obsiegt), so wird das Widerspruchsverfahren wieder aufgenommen.

### 3.7 Prüfung des Widerspruchs

Wurde der Widerspruch zu einem Zeitpunkt eingereicht, zu dem keine vor- 21 läufige Schutzverweigerung aus absoluten Gründen ergangen war, dh wenn bereits eine Mitteilung der Schutzgewährung (R 112 (5) und R 18bis (1) GAO) ergangen war, so teilt das HABM den Beteiligten den Beginn der zweimonatigen Cooling-off-Frist (R 18 (1)) mit und setzt Fristen gemäß R 19 (1), (2), den Widerspruch innerhalb von zwei Monaten nach Ablauf der Cooling-off-Frist zu vervollständigen, und gemäß R 20 (2) für die Antwort des Anmelders der IR innerhalb von vier Monaten nach Ablauf der Cooling-off-Frist. Die Cooling-off-Frist kann bis auf (nicht um) insgesamt 24 Monate verlängert werden; es gilt die Praxisänderung des HABM,[2] die Cooling-off-Frist nur en bloc auf 24 Monate zu verlängern mit der Möglichkeit des einseitigen Opting-out mit der Folge, dass der streitige Teil des Widerspruchsverfahrens in Gang gesetzt wird, mit Anpassung der nach R 19 (1) und R 20 (2) gesetzten Fristen.

Das anschließende Widerspruchsverfahren läuft wie bei einer normalen 22 GMA ab. R 15–22 gelten für das Widerspruchsverfahren nach Maßgabe der besonderen Durchführungsbestimmungen in R 114. Ist die ältere Marke mehr als 5 Jahre vor der ersten Nachveröffentlichung eingetragen, so kann nach Art 42 (2) der Benutzungsnachweis verlangt werden, dh die 5 Jahre gemäß Art 42 werden ab dem Datum der ersten Nachveröffentlichung (und nicht dem Beginn der Widerspruchsfrist) zurückgerechnet.[3] Art 85 gilt für die Kosten des Widerspruchsverfahrens.

### 3.8 Bestätigung oder Zurücknahme der vorläufigen Schutzverweigerung

Wurden eine oder mehrere vorläufige Schutzverweigerungen der WIPO mit- 23 geteilt, so muss das HABM, sobald alle Verfahren rechtskräftig abgeschlossen sind (gegebenenfalls nach einer Beschwerde oder einem Klageverfahren nach Art 65), gemäß R 115 (5) eine Schlussmitteilung an die WIPO versenden, ob die vorläufige Schutzverweigerung vollständig oder teilweise bestätigt

---

2 Mitteilung des Präsidenten Nr 1/06 vom 2.2.2006 über die Verlängerung der Cooling-off-Frist, ABl-HABM 2006, 332.
3 HABM-BK R 439/2008-4 vom 2.12.2009 (Nr 15) *CUSHE/SHE*.

oder aufgehoben wird und ob und für welche Waren und Dienstleistungen die IR mit Wirkung für die EG geschützt ist. Dabei handelt es sich entweder um eine »Confirmation of Total Provisional Refusal« gemäß R 18ter (3) GAO oder ein »Statement of Grant of Protection Following a Provisional Refusal« (auch bezeichnet als »Final Disposition on Status of a Mark«) gemäß R 18ter (2) GAO.

24 Zwischendurch erfolgt keine Mitteilung an die WIPO über das Ergebnis der Prüfung auf absolute oder relative Eintragungshindernisse.

25 Also erfolgt auch wenn eine teilweise Schutzverweigerung aus absoluten Gründen erlassen wurde und gegen die übrigen Waren und Dienstleistungen ein Widerspruch gerichtet wurde, oder wenn mehrere Widersprüche eingereicht wurden, nur eine einzige Schlussmitteilung gemäß R 115 (5), sobald alle Verfahren rechtskräftig abgeschlossen sind.

26 Beispiel: Die IR enthält drei Klassen. Für die Waren in Klasse 1 wird von Amts wegen eine vorläufige Schutzverweigerung ausgesprochen, da die Marke für diese Waren beschreibend sei. Zu einem Zeitpunkt, zu dem die 18 Monate bereits abgelaufen sind, wird diese Schutzverweigerung von der Beschwerdekammer bestätigt. Inzwischen wurde gegen die Waren in den Klassen 2 und 3 Widerspruch eingelegt. Das Widerspruchsverfahren beginnt erst, sobald die Entscheidung, die Klasse 1 zurückzuweisen, rechtskräftig geworden ist. Anschließend verzichtet der Inhaber vor dem HABM im Hinblick auf den Widerspruch auf die Waren in Klasse 2. Für die Waren in Klasse 3 wird sodann der Widerspruch aufgrund einer rechtskräftigen Entscheidung der Beschwerdekammer zurückgewiesen. Sobald diese Entscheidung rechtskräftig geworden ist, sendet das HABM eine einzige Mitteilung an die WIPO, dass die IR in der EG für die Waren in Klasse 3 geschützt ist.

### 4 Gebührenerstattung

27 Mit der Aufnullsetzung der Eintragungsgebühr in Art 2 Nr 7 GebV durch VO Nr 355/2009[4] gibt es seit 12.8.2009[5] auch keine Erstattung von Gebührenbeträgen mehr, wenn der IR nach einem Widerspruch der Schutz versagt wird, Art 13 (1) GebV nF. Mit anderen Worten beträgt der gemäß Art 156 (4) zu erstattende Betrag gemäß Art 13 (1) GebV nF null Euro. Diese Rege-

---

4 ABl-EG L 109 vom 30.4.2009, S 5.
5 Http://www.wipo.int/edocs/madrdocs/en/2009/madrid_2009_15.pdf, Nr 5.

lung gilt für die nach dem 12.8.2009 dem HABM übermittelten IAen und nachträglichen Benennungen, Art 3 Satz 3 der VO Nr 355/2009. Für etliche Altfälle bleibt damit die Erstattung von den der Eintragungsgebühr entsprechenden 850 Euro gemäß Art 13 (1) GebV aF maßgeblich.[6]

## 5 Zweite Nachveröffentlichung

Die zweite Nachveröffentlichung (Art 152 (2)) durch das HABM erfolgt, **28** wenn schließlich die IR für die EG geschützt bleibt, dh wenn
– eine zweite Mitteilung der Schutzgewährung gemäß R 116 (1) versandt **29** wurde oder
– alle vorläufigen Schutzverweigerungen zurückgenommen oder aufgeho- **30** ben wurden, zumindest teilweise, dh wenn nach Abschluss aller Verfahren die IR für alle oder einen Teil der angemeldeten Waren und Dienstleistungen geschützt bleibt.

Das Datum der zweiten Nachveröffentlichung setzt die Fünf-Jahres-Frist für **31** die Benutzung in Gang (Art 160 GMV) und ist dafür maßgeblich, ab wann die Eintragung gegen einen Verletzer geltend gemacht werden kann (Art 151 (3) GMV).

Gemäß Art 152 (2) werden nur die Nummer der IR, das Datum der Ver- **32** öffentlichung in der Gazette der WIPO, Datum, Nummer und Seite der früheren Veröffentlichung im Blatt für GMn sowie das Datum der Veröffentlichung der IR im Blatt für GMn veröffentlicht.

## Artikel 157 (ex Artikel 152)  Ersatz einer Gemeinschaftsmarke durch eine internationale Registrierung

**Das Amt trägt auf Antrag in das Register ein, dass eine Gemeinschaftsmarke als durch eine internationale Registrierung gemäß Artikel 4bis des Madrider Protokolls ersetzt anzusehen ist.**

*Schennen*

---

6  HABM-BK R 1584/2008-2 vom 27.1.2010 (Nr 11) *ONOFF/ONOFF.*

## 1 Allgemeines

1   Art 4bis MP iVm Art 157 bestimmt, dass eine IR, die für den selben Inhaber die selben Waren und Dienstleistungen schützt wie eine prioritätsältere GM, letztere »ersetzt« (»replacement«). Dies gilt nach Art 4bis MP allerdings nur für dieselbe benannte Vertragspartei[1] und unbeschadet der durch »die ältere Eintragung erworbenen Rechte«. Aus diesen beiden Einschränkungen (Regelung gilt nur für die Waren und Dienstleistungen, die in der jüngeren IR enthalten sind; Vorbehalt der erworbenen Rechte) ergibt sich jedoch bereits, dass hier nicht von einer echten Ersetzung der Eintragung durch die andere die Rede ist, sondern von einem qualifizierten Doppelschutzverbot.[2]

2   Art 157 bestimmt, dass eine solche Ersetzung auf – gebührenfreien – Antrag des Inhabers der IR in das Register für GMn eingetragen wird; R 84 (3) (t) listet dies unter den Angaben im Register für GMn auf. Aus der Bestimmung ergibt sich bereits, dass es sich hierbei um eine freiwillige Angabe auf Initiative des Inhabers der IR handelt. Deren Unterbleiben hat auch keine negativen Rechtsfolgen.

3   Art 4bis (1) (iii) MP lässt aber den Fall ungeregelt, dass nach dem Datum einer IR-Schutzerstreckung auf die EG eine GMA eingereicht wird; in diesem Fall gelten keine Sonderregeln.

## 2 Auswirkungen auf die ältere Marke

4   Aus der auf ein Doppelschutzverbot begrenzten Bedeutung dieser »Ersetzung« folgt ua, dass die auf diese Weise »ersetzte« nationale oder regionale Marke weder suspendiert noch anderweitig beeinträchtigt wird, dass eine GM, die auf diese Weise durch eine IR »ersetzt« wurde, weiterhin im Register für GMn verbleibt und dass sie, wie der WIPO-Leitfaden ausdrücklich betont, trotz der »Ersetzung« separat verlängert werden muss.[3]

5   Auch kann die »ersetzte« GM als älteres Recht gegen jüngere GMA geltend gemacht werden kann. Begründet wurde die Bestimmung damals damit, dass vermieden werden müsse, dass die »ersetzte« ältere Marke ein Schutz-

---

1   Siehe Eisenführ, in: FS für von Mühlendahl, S 341, 350.

2   So schon LG Berlin, GRUR 1957, 374 *Heller/Haller*; ferner Eisenführ, in: FS für von Mühlendahl, S 341, 347.

3   WIPO Guide to the International Registration of Marks, B II. 86; aA Eisenführ, FS für von Mühlendahl, S 341, 348.

hindernis gegen die Gültigkeit der IR bildet.[4] Das war und ist für Ämter mit Amtsprüfung auf ältere Rechte durchaus praktisch, aber ohne Relevanz für das HABM.

Allerdings verschmelzen die »ersetzte« GMA und die IR insofern zu einer 6 rechtlichen Einheit, als über einen Widerspruch, der gegen beide eingelegt wird, nur einheitlich entschieden werden kann, so dass die gegen beide Rechte eingeleiteten Widerspruchs- und Beschwerdeverfahren von Amts wegen zu verbinden sind (Rechtsgedanke von R 21 (1)).

Für das amerikanische Recht wird berichtet, dass die »Ersetzung« bedeutet, 7 dass die IR eine »incontestability« der nationalen Marke erbt, was für die GM bedeuten würde, dass der IR eine bereits nach Art 54 eingetretene Verwirkung durch Duldung gegenüber dem Inhaber einer noch älteren Marke zu Gute käme. Auf die Berechnung der Benutzungsschonfrist wirkt sich die Ersetzung allerdings nicht aus.

## Artikel 158 (ex Artikel 153)  Nichtigerklärung der Wirkung einer internationalen Registrierung

(1) Die Wirkung einer internationalen Registrierung, in der die Europäische Gemeinschaft benannt ist, kann für nichtig erklärt werden.

(2) Der Antrag auf Nichtigerklärung der Wirkung einer internationalen Registrierung, in der die Europäische Gemeinschaft benannt ist, tritt an die Stelle eines Antrags auf Erklärung des Verfalls gemäß dem Artikel 51 oder der Nichtigkeit gemäß Artikel 52 oder 53.

*Schennen*

### Allgemeines

Eine IR mit Benennung der EG kann in der gleichen Weise und in demsel- 1 ben Verfahren für nichtig oder verfallen erklärt werden wie eine GM. Dies gilt sowohl für den direkten Antrag beim Amt als auch für die Widerklage im Verletzungsprozess, Art 100.

Art 158 verwendet den Begriff »Nichtigerklärung der Wirkung der IR«, weil 2 nicht die Eintragung als solche für nichtig oder verfallen erklärt wird, son-

---

4 Travaux de la Conférence de Bruxelles, Propriété industrielle 1898, 10.

dern nur die Benennung der EG, dh die Schutzerstreckung auf die EG; die IR bleibt für die übrigen benannten Vertragsstaaten registriert. Dies ist aber lediglich eine Frage der Terminologie. Für das Nichtigkeits- oder Verfallsverfahren vor dem HABM gelten keine Besonderheiten. Es ist lediglich zulässig ab dem Tag der zweiten Nachveröffentlichung gemäß Art 152 (2), dh ab dem Tag, an dem die IR die volle Wirkung einer eingetragenen GM hat.

3 R 117 regelt die Einzelheiten der Übermittlung des Ergebnisses des Nichtigkeitsverfahrens an die WIPO. An die WIPO übermittelt wird weder die Einreichung des Antrags noch dessen Abweisung, sondern lediglich die Löschung oder Teillöschung der IR, soweit die EG benannt ist. Diese Mitteilung erfolgt erst, wenn die Entscheidung der Nichtigkeitsabteilung rechtskräftig geworden ist.

4 Gemeinschaftsmarkengerichte müssen die Mitteilung an das HABM über die Erhebung der Widerklage und deren Ergebnis (Art 100 (4), (6)) auch für eine IR mit Benennung der EG machen. Jedenfalls ergibt sich dies aus Art 145. Damit kann das HABM die Mitteilung gemäß R 117 auch dann an die WIPO versenden, wenn die Erklärung der Nichtigkeit oder des Verfalls von einem Gemeinschaftsmarkengericht ausgesprochen wurde.

### Artikel 159 (ex Artikel 154) Umwandlung einer im Wege einer internationalen Registrierung erfolgten Benennung der Europäischen Gemeinschaft in eine nationale Markenanmeldung oder in eine Benennung von Mitgliedstaaten

(1) Wurde eine Benennung der Europäischen Gemeinschaft im Wege einer internationalen Registrierung zurückgewiesen oder hat sie ihre Wirkung verloren, so kann der Inhaber der internationalen Registrierung beantragen, dass die Benennung der Europäischen Gemeinschaft umgewandelt wird, und zwar entweder

a) gemäß den Artikeln 112, 113 und 114 in eine Anmeldung für eine nationale Marke oder

b) in eine Benennung eines Mitgliedstaates, der Vertragspartei des Madrider Protokolls oder des am 14. April 1981 in Madrid unterzeichneten Madrider Abkommens über die internationale Registrierung von Marken in seiner revidierten und geänderten Fassung (nachstehend das ›Madrider Abkommen‹ genannt) ist, sofern die direkte Benennung dieses Mitgliedstaates auf der Grundlage des Madrider Protokolls oder des

Madrider Abkommens zum Zeitpunkt des Antrags auf Umwandlung möglich war. Die Artikel 112, 113 und 114 finden Anwendung.

(2) Die nationale Markenanmeldung oder die Benennung eines Mitgliedstaats, der Vertragspartei des Madrider Protokolls oder des Madrider Abkommens ist, die sich aus der Umwandlung der Benennung der Europäischen Gemeinschaft im Wege einer internationalen Registrierung ergibt, erhält in dem betreffenden Mitgliedstaat das Datum der internationalen Eintragung gemäß Artikel 3 Absatz 4 des Madrider Protokolls oder das Datum der Ausdehnung auf die Europäische Gemeinschaft gemäß Artikel 3ter Absatz 2 des Madrider Protokolls, wenn diese Ausdehnung nach der internationalen Registrierung erfolgte, oder den Prioritätstag dieser Eintragung sowie gegebenenfalls den nach Artikel 153 beanspruchten Zeitrang einer Marke dieses Staates.

(3) Der Umwandlungsantrag wird veröffentlicht.

*Schennen*

## 1 Allgemeines

Dieser Art ermöglicht die Umwandlung einer fehlgeschlagenen IR, in der 1
die EG benannt ist, und zwar nach Wahl des Anmelders oder Inhabers in nationale Anmeldungen der Mitgliedstaaten (siehe Art 112) oder in nachträgliche Benennungen nach dem MP. Dies kann auch in der Weise miteinander kombiniert werden, dass für einzelne Mitgliedstaaten eine nationale Markenanmeldung, für andere Mitgliedstaaten eine nachträgliche Benennung nach dem EP gewünscht wird. Dem Anmelder oder Inhaber stehen damit zum einen die normalen Umwandlungsmöglichkeiten nach Art 112, zusätzlich dazu die Möglichkeit der Umwandlung in nachträgliche Benennungen nach dem MP mit der Folge zur Verfügung, dass er innerhalb des Madrider Systems bleibt und dessen Vorteile weiter nutzen kann.

**2** Art 159 wird ergänzt durch R 122 (zur Umwandlung in nationale Anmeldungen), R 123 (zur Umwandlung in nachträgliche Benennungen) sowie durch Art 2 Nr 20 (b) GebV. Er wird ferner ergänzt durch R 24 (7) GAO, wo insbesondere geregelt ist, dass eine solche nachträgliche Benennung, anders als im Normalfall, das Datum der ursprünglichen IR behält. Diese Regelung ist mit dem MP vereinbar, was schon daraus ersichtlich ist, dass die WIPO seinerseits selbst diese Regeländerung vorgelegt hatte.

**3** Die neu gefassten RiLi des HABM zur Umwandlung beziehen die Umwandlung einer IR ein.[1]

### 2 Verfahren, Gebühr

**4** Das Verfahren entspricht grundsätzlich dem der Umwandlung einer fehlgeschlagenen GM oder GMA gemäß Art 112–114, mit nur wenigen Besonderheiten.

**5** Der Umwandlungsantrag ist beim HABM zu stellen, auch, soweit eine Umwandlung in nachträgliche Benennungen gewünscht ist. Es sollte das HABM-Formblatt[2] verwendet werden. Das WIPO-Formblatt MM 16 ist nicht zu verwenden. Es ist die Umwandlungsgebühr von 200 Euro an das HABM zu entrichten, Art 2 Nr 20 GebV; geschieht dies nicht, so gilt der Umwandlungsantrag als nicht eingereicht. Dies folgt aus Art 159 mit Verweisung auf Art 113 (1) Satz 2 sowie R 122 (3) und R 123 (2) jeweils mit Verweisung auf R 45 (2).

**6** Das HABM prüft, ob die Umwandlung gemäß Art 112 (2), 113 (3) wegen eines Schutzhindernisses in dem Mitgliedstaat, in dem umgewandelt werden soll, ausgeschlossen ist. Zum Sinn und Zweck dieses Ausschlusses siehe unter Art 112, Rdn 10–16. Die Neufassung der Art 112–114, die nun dem HABM diese Prüfung zentral übertragen hat, erweist sich auch unter dem Aspekt des Art 159 als notwendig und sachgerecht, da weder die WIPO noch die nationalen Ämter im Rahmen der Prüfung einer nachträglichen Benennung eine solche Zulässigkeitsprüfung vorab durchführen könnten.

---

1 RiLi Teil E.2, ABl-HABM 2005, 118.
2 Das derzeit verfügbare Formblatt, ABl-HABM 2001, 2172, ist aber noch nicht entsprechend angepasst worden.

Modifiziert gegenüber einer Direktanmeldung sind lediglich die Fristen, in 7
denen die Umwandlung beantragt werden muss: Die Frist von drei Monaten
beginnt:

- Wenn die IR nicht erneuert wurde, an dem Tag, der auf den letzten Tag 8
folgt, an dem gemäß Art 7 (4) MP die Erneuerung (dies ist die Terminologie des MP für eine Verlängerung) bei der WIPO vorgenommen werden kann; wenn die IR für die EG zurückgewiesen würde, so beginnt die
Frist an dem Tag, an dem diese Entscheidung rechtskräftig wird; an dieses
Datum schließt sich unmittelbar die Schlussmitteilung an die WIPO gemäß R 113 (2) (b), R 115 (5) (b) oder R 115 (6) an;

- Wenn die Wirkungen der IR für die EG gemäß Art 158 für nichtig er- 9
klärt wurde, so beginnt die Frist an dem Tag, an dem die Entscheidung
des HABM oder des Gemeinschaftsmarkengerichts rechtskräftig wird;

- Wenn die IR mit Wirkung für die EG eingeschränkt oder auf sie verzich- 10
tet wurde, so beginnt de Frist an dem Tag, an dem dies von der WIPO
gemäß R 27 (1) (b) GAO im internationalen Register vermerkt wurde.

### 3 Umwandlung in nationale Anmeldungen

Die Umwandlung in nationale Anmeldungen erfolgt durch Übermittlung an 11
die jeweiligen nationalen Ämter, Art 113 (3) Satz 2. Die aus der Umwandlung hervorgehende nationale Markenanmeldung erhält das Datum der internationalen Registrierung bzw wenn die Benennung der EG aus einer
nachträglichen Benennung resultierte, das Datum der nachträglichen Benennung der EG, Art 159 (2). Die nationale Markenanmeldung behält außerdem das Senioritätsdatum gemäß Art 34, 35, wenn in der IR eine solche Seniorität beansprucht war und es sich um denselben Mitgliedstaat handelt.

### 4 Nachträgliche Benennungen

Art 159 (1) (b) erlaubt auch die Umwandlung in eine nachträgliche Benen- 12
nung (Gesuch um nachträgliche Schutzerstreckung) gemäß Art 3ter (2) MP.
Die Besonderheit besteht hier darin, dass die daraus resultierende nachträgliche Benennung eines Mitgliedstaats der EG das Datum der IR (und außerdem ein wirksam beanspruchtes Senioritätsdatum, Art 34, 35) behält; ohne
diese Bestimmung wäre eine solche Umwandlungsmöglichkeit nutzlos, da eine nachträgliche Benennung, die dann das Datum ihrer Einreichung hat,
ohnehin jederzeit bei der WIPO mit Wirkung für jede Vertragspartei des
MMA oder MP eingereicht werden kann.

**13**  Die Mitteilungen an die WIPO regelt R 123 sowie seitens der WIPO-Be-
stimmungen R 24 (7) GAO. Wie auch eine normale Umwandlung nach
Art 112 kann auch dieses opting-back in Form der nachträglichen Benen-
nung nur für einzelne Waren und Dienstleistungen erfolgen, R 24 (7) (b) (ii)
GAO. Das WIPO-Formular MM 4 ist hier irrelevant, da das HABM die
Daten an die WIPO elektronisch übermittelt.

**14**  R 123 (2) präzisiert die etwas missverständliche Bestimmung in Art 159 (1)
(b): Da die opting-back-Umwandlung zu einer nachträglichen Benennung
mit dem ursprünglichen Datum der IR führt, kann sie nur zulässig sein,
wenn bereits zu diesem Datum der betreffende Mitgliedstaat in der IA wirksam hätte benannt werden können. Es kann nicht auf das Datum des Umwandlungsantrags abgestellt werden; die nachträgliche Benennung des Mitgliedstaats kann nicht zu einer IR mit Wirkung für diesen Mitgliedstaat mit
einem Datum führen, das vor dem Datum dessen Beitritts zum MMA oder
MP liegt. Dagegen ist es nicht erforderlich, dass der betr Mitgliedstaat auch
dem MP angehört. Entscheidend ist, dass er zum damaligen Zeitpunkt nach
dem MMA hätte benannt werden können. Dies wirkt sich jedoch in der Praxis nicht aus, da alle EG-Mitgliedstaaten, die dem Madrider System angehören, auch dem MP beigetreten sind. Dagegen ist eine nachträgliche Benennung Maltas, das weder dem MMA noch dem MP angehört, nicht möglich;
praktisch werden kann diese Regelung auch beim Beitritt künftiger Mitgliedstaaten zur EG. Außerdem ist erforderlich, dass der betr Mitgliedstaat auch
noch zum Zeitpunkt des Umwandlungsantrags einem der beiden Verträge
angehörte; er darf somit nicht aus dem Madrider Verband ausgetreten sein,
was allerdings eine rein hypothetische Frage bleibt.

**15**  Der Vorteil der Umwandlung im Wege des opting-back liegt darin, dass der
Anmelder nicht die normalen nationalen Anmeldegebühren zu zahlen hat,
sondern lediglich die Gebühren für eine nachträgliche Benennung der
WIPO bzw die jeweiligen individuellen Gebühren. Diese Gebühren muss er
unmittelbar an die WIPO zahlen (siehe Art 150, der trotz seinem Standort
nicht nur für die Tätigkeit des HABM als Ursprungsamt gilt). Ob eine solche nachträgliche Benennung dem MMA oder dem MP unterliegt, richtet
sich nicht danach, ob das HABM dem MP angehört, sondern nach der Vertragspartei des Inhabers, dh letztlich dem Ursprungsland (R 24 (1) GAO).

**16**  Es gibt allerdings einen, im Gesetz nicht ausdrücklich erwähnten, Fall, in
dem die opting-back-Umwandlung ausgeschlossen ist. Dies ist dann der Fall,
wenn die IR gelöscht wurde (R 25 GAO) oder zum Zeitpunkt, zu dem die

opting-back-Umwandlung beantragt wird, die Benennung der EG die einzige verbliebene Benennung in der IR ist. Dann ist nämlich die IR mit der Schlussmitteilung an die WIPO und der entsprechenden Veröffentlichung im internationalen Register die IR insgesamt weggefallen. In einem solchen Fall der Löschung der IR kann keine nachträgliche Benennung mehr erfolgen, da die IR nicht mehr existiert.[3]

## Artikel 160 (ex Artikel 155) Benutzung einer Marke, die Gegenstand einer internationalen Registrierung ist

Für die Zwecke der Anwendung der Artikel 15 Absatz 1, 42 Absatz 2, 51 Absatz 1 Buchstabe a) und 57 Absatz 2 tritt zur Festlegung des Datums, ab dem die Marke, die Gegenstand einer internationalen Registrierung mit Benennung der Europäischen Gemeinschaft ist, ernsthaft in der Gemeinschaft benutzt werden muss, das Datum der Veröffentlichung gemäß Artikel 152 Absatz 2 an die Stelle des Datums der Eintragung.

*Schennen*

### 1 Allgemeines

Diese Bestimmung stellt hinsichtlich des Benutzungszwangs und der Benut- 1 zungsschonfrist die IR, in der die EG benannt ist, einer eingetragenen GM dadurch gleich, dass für den Beginn der Schonfrist auf den Zeitpunkt des Art 152 (2), nämlich der zweiten Nachveröffentlichung, abgestellt wird. Dies ist der Zeitpunkt, zu dem das Amt entweder eine Mitteilung der Schutzgewährung ausgesprochen hat oder eine vorläufige Schutzverweigerung zurückgenommen hat.

---

3 WIPO Guide to the International Registration of Marks, B II 54.

## 2 Rechtsprechung

2 Diese Regelung entspricht der Amtspraxis[1] zu solchen Fällen, in denen es um eine IR mit Benennung eines Mitgliedstaats der EG als älteres Recht geht. Der Benutzungszwang beginnt mit Abschluss des Eintragungsverfahrens, dh für die IR mit Abschluss der Prüfung auf absolute und relative Eintragungshindernisse, allerfrühestens 12 Monate nach dem Datum der IR.[2] Der Inhaber soll erst dann in die Benutzung der Marke investieren müssen, wenn er ein geprüftes Schutzrecht (sowie anschließend 5 Jahre Überlegungsfrist) hat. Für das deutsche Recht ergibt sich dies aus § 116 DE-MarkenG. Insgesamt ergibt sich diese Rechtsfolge auch unmittelbar aus Art 4 (1) MP, wonach die IR lediglich, entgegen dem Begriff »Registrierung«, die Wirkungen einer Anmeldung hat, und die Wirkungen einer Eintragung erst ab dem Zeitpunkt von 12 oder 18 Monaten oder nach Widerruf einer vorläufigen Schutzverweigerung (entsprechend der Regelung in Art 151). Der EuGH ist zwar im Vorlageverfahren » Chef de cuisine« den Schlussanträgen des Generalanwalts, der auf das Datum der Registrierung der IR durch die WIPO abstellen wollte, nicht gefolgt, hält aber[3] ebenso wie das EuG[4] das maßgebliche Datum für das, das das nationale Recht festlegt. Dies ist unzutreffend, ist doch die Wirkung der IR in Art 4 (1) MP selbst geregelt. Allerdings ist damit im Ergebnis bestätigt, dass das Datum der endgültigen Schutzgewährung und nicht das Datum der Registrierung durch die WIPO maßgeblich ist.

## Artikel 161 (ex Artikel 156) Umwandlung

(1) Vorbehaltlich des Absatzes 2 gelten die für Anmeldungen von Gemeinschaftsmarken anwendbaren Vorschriften entsprechend für Anträge auf Umwandlung einer internationalen Registrierung in eine Anmeldung einer Gemeinschaftsmarke gemäß Artikel 9quinquies des Madrider Protokolls.

(2) Betrifft der Umwandlungsantrag eine internationale Registrierung, in der die Europäische Gemeinschaft benannt ist und deren Einzelheiten ge-

---

1 RiLi Teil C, Kapitel 6, 9.2.1.3.
2 HABM-BK R 561/2004-2 vom 2.2.2006 (Nr 23) *XS/IXS*; HABM-BK R 1126/2004-2 vom 11.1.2006 (Nr 21ff) *ATOZ/ARTOZ*, bestätigt durch EuG T-100/06 vom 26.11.2009 (Nr 44) *Atoz/Artoz*.
3 EuGH C-246/05 vom 14.6.2007, GRUR 2007, 702 (Nr 29) *Chef de cuisine*.
4 EuG T-100/06 vom 26.11.2009 (Nr 43) *Atoz/Artoz*.

mäß Artikel 152 Absatz 2 veröffentlicht worden sind, so sind die Artikel 37 bis 42 nicht anwendbar.

*Schennen*

## 1 Allgemeines

Dieser Artikel betrifft eine »transformation« gemäß Art 9quinquies MP. Die amtliche deutsche Übersetzung dieser Bestimmung des MP und dem nachfolgend die deutsche Fassung von Art 161 stiftet dadurch Verwirrung, dass sie den Begriff der »Umwandlung« verwendet, den die GMV für die Umwandlung gemäß Art 112 verwendet. Damit hat die »Transformation« jedoch nichts zu tun. Vielmehr handelt es sich darum, dass eine fehlgeschlagene IR, die aufgrund von Ereignissen innerhalb der fünfjährigen Abhängigkeitsfrist (Art 6 MP) gelöscht worden ist (auch als »Zentralangriff« bezeichnet)[1] in eine GMA transformiert werden kann, die dann als Anmeldetag das Datum der so zu Fall gebrachten IR behält. Vorausgesetzt wird, dass in der IR die EG bereits benannt war. Die Transformation zugunsten einer GMA steht nicht zur Verfügung, wenn eine Benennung eines Mitgliedstaats der EG kraft Zentralangriffs gelöscht wurde.[2] **1**

Die Bestimmung wird ergänzt durch R 124. **2**

## 2 Rechtsnatur der Transformation

Die Transformation stellt keine eigene Schutzrechtsart dar, sondern sie bedeutet lediglich, dass eine GMA das Datum der IR (oder, wenn die Benennung der EG eine nachträgliche Benennung war, das Datum dieser nachträglichen Benennung) beibehält. Eine solche Transformation ist nur zulässig, **3**

---

1 Siehe auch Kunze, Mitt. 1996, 190, 200.
2 Eisenführ, in: FS für von Mühlendahl, S 341, 353.

wenn die IR auf Antrag des Ursprungsamts gelöscht wurde, Art 9quinquies MP, R 124 (1).

4 Es handelt sich somit um eine normale GMA, die den Zeitrang der IR in Anspruch nehmen muss; sie ist gebührenrechtlich nicht, verfahrensrechtlich nur in den ganz engen Grenzen des Art 161 (2) privilegiert.

### 3 Verfahren

5 Die Angabe, dass es sich um eine Transformation handelt, kann nur in der Anmeldung der GMA, nicht zu einem späteren Zeitpunkt erklärt werden, R 124 (1) Satz 2. In diesem Fall sind die in R 124 (2) genannten Angaben zu machen, insbesondere Datum der IR und Tag der Löschung der IR. Eine solche Transformation kann für die GMA nur in Anspruch genommen werden, wenn letztere innerhalb von 3 Monaten nach dem Zeitpunkt der Löschung der IR eingereicht wurde; maßgebliches Datum der Einreichung der GMA ist der Anmeldetag gemäß Art 26, 27.

6 Die GMA ist in keiner Weise gebührenprivilegiert.

7 Eine Privilegierung gilt nach Art 161 (2) nur dann, wenn die gelöschte IR mit Benennung der EG bereits die Wirkung einer eingetragenen GM erlangt hatte (Art 152 (2), 151). Dann wird die GMA, für die die Transformation nach Art 161 in Anspruch genommen wird, nicht erneut auf absolute Eintragungshindernisse überprüft, nicht für die Zwecke des Widerspruchs veröffentlicht und nicht der Recherche unterzogen. In diesem Fall führt also die Transformation unmittelbar und ohne erneute Prüfung sofort wieder zu einer eingetragenen GM.

### 4 Rechtsfolgen

8 Sind die Voraussetzungen für die Transformation nicht erfüllt, etwa weil die GMA nach Ablauf der Dreimonatsfrist eingereicht wurde oder mehr Waren und Dienstleistungen enthält als die gelöschte IR, so steht dem Anmelder ein Wahlrecht zu.

9 Er kann zum einen das VerzWDL der GMA so einschränken, dass es der gelöschten IR entspricht, und behält in diesem Fall das Datum der IR (R 124 (3)).

10 Er kann auch auf die Inanspruchnahme der Transformation verzichten oder das HABM eine Feststellung treffen lassen, dass das Recht auf das Datum

*Schennen*

der gelöschten IR verloren gegangen ist, R 124 (4). In diesem Fall wird die GMA einfach so behandelt, als ob kein Fall der Transformation nach Art 9quinquies MP vorliegt. Der Anmelder geht somit mit der Beanspruchung der Transformation keinerlei Risiko ein.

# Titel XIV  Schlussbestimmungen

Artikel 162 (ex Artikel 157)  Gemeinschaftliche Durchführungsvorschriften

(1) Die Einzelheiten der Anwendung dieser Verordnung werden in einer
Durchführungsverordnung geregelt.

(2) Außer den in den vorstehenden Artikeln vorgesehenen Gebühren werden Gebühren für die nachstehend aufgeführten Tatbestände nach Maßgabe der Durchführungsverordnung erhoben:
a) verspätete Zahlung der Eintragungsgebühr;
b) Ausstellung einer Ausfertigung der Eintragungsurkunde;
c) Eintragung einer Lizenz oder eines anderen Rechts an einer Gemeinschaftsmarke
d) Eintragung einer Lizenz oder eines anderen Rechts an der Anmeldung
einer Gemeinschaftsmarke;
e) Löschung der Eintragung einer Lizenz oder eines anderen Rechts;
f) Änderung einer eingetragenen Gemeinschaftsmarke;
g) Erteilung eines Auszugs aus dem Register;
h) Einsicht in die Akten;
i) Erteilung von Kopien;
j) Ausstellung von beglaubigten Kopien der Anmeldung;
k) Auskunft aus den Akten;
l) Überprüfung der Festsetzung zu erstattender Verfahrenskosten.

(3) Die Durchführungsverordnung und die Verfahrensordnung der Beschwerdekammern werden nach dem in Artikel 163 Absatz 2 genannten
Verfahren angenommen und geändert.

*Schennen*

## 1 Allgemeines

1 Dieser Art bildet die Ermächtigungsgrundlage für die DV und die VerfOBK. Er wird ergänzt durch Art 163, der – zusammen mit Art 162 (3) – das Verfahren der Annahme und Änderung dieser Vorschriften regelt. Außerdem bestimmt Art 162 (2) Tatbestände, für die die GebV eine Gebühr vorsehen muss. Die Ermächtigungsnorm für die GebV findet sich in Art 144 (1), die Bestimmung über das Verfahren zu deren Annahme und Änderung in Art 144 (3) und Art 163. Die Bestimmung wurde durch VO Nr 422/2004 geändert, indem die Tatbestände der Änderung der GMA und der Eintragung eines Rechtsübergangs gestrichen wurden, und VO Nr 207/2009 hat die Tatbestände entsprechend neu durchnumeriert, diesmal mit Buchstaben.

2 Nach Maßgabe dieser Vorschrift wurden erlassen:
– die DV am 13.12.1995, in Kraft getreten am 22.12.1995;[1]
– die GebV ebenfalls am 13.12.1995, in Kraft getreten am 22.12.1995;[2]
– die VerfOBK am 5.2.1996, in Kraft getreten am 9.2.1996,[3]
– allesamt inzwischen teils mehrfach geändert.

## 2 Durchführungsverordnung

3 Art 162 (1) bestimmt den Inhalt der DV als »Einzelheiten der Anwendung dieser VO«. Die DV ist nicht auf Bestimmungen beschränkt, die lediglich die Durchführung des in der GMV bereits Geregelten bestimmen. Sie ist auch nicht auf die Erläuterung und Erleichterung der Anwendung der GMV beschränkt. Vielmehr enthält sie auch Regeln, die materiellrechtliche und verfahrensrechtliche Pflichten für die Verfahrensbeteiligten statuieren und für ihre Nichtbefolgung Rechtsverluste vorsehen. Die DV hat normativen Charakter und ist unmittelbar für die Anmelder und Verfahrensbeteiligten bindend. Gleiches gilt für die GebV. Beispielsweise ist der gesamte Ablauf des Widerspruchsverfahrens einschließlich der Cooling-off-Frist (R 18 (1)) und diverser Kostenfolgen und Gebührenerstattungen (R 18 (4), R 21 (3), (4)) nur in der DV geregelt.

---

1 VO Nr 2868/95, ABl-EG L 303 vom 15.12.1995, S 1.
2 VO Nr 2869/95, ABl-EG L 303 vom 15.12.1995, S 33.
3 VO (EG) Nr 216/96 der Kommission vom 5.2.1996 über die Verfahrensordnung vor den Beschwerdekammern des Harmonisierungsamts für den Binnenmarkt (Marken, Muster und Modelle), ABl-EG L 28 vom 6.2.1996.

Die DV ermächtigt den Präsidenten des Amtes, bestimmte Einzelheiten des 4
Verfahrens und insbesondere technische Modalitäten durch Beschluss zu regeln. Siehe auch unter Art 124 Rdn 9. Solche Beschlüsse des Präsidenten haben Außenwirkung[4] und den Charakter von Rechtsnormen kraft gesetzlicher
Ermächtigung. Soweit sie begünstigenden Charakter haben, wie die Beschlüsse zu R 3, R 6 und R 8, führen sie über den Grundsatz der Selbstbindung der Verwaltung zu einem vor den Beschwerdekammern und dem
EuGH durchsetzbaren Anspruch des Anmelders. Soweit sie belastenden
Charakter in dem Sinne haben, dass sie Ansprüche oder Handlungsmöglich-
keiten (wie die Benutzung technischer Kommunikationsmittel) des Anmelders beschränken, konkretisieren sie damit nur eine in der DV mögliche
günstige Rechtsfolge, indem sie sie bestimmten Bedingungen unterwerfen.
Die DV gewährt eine solche Vergünstigung (wie E-filing) von vornherein
nur bedingt; dies gilt für das »ob« und ebenso für das »wie«. Diese dem Präsidenten des Amtes eingeräumte Flexibilität ist ausgesprochen nützlich und
erlaubt vor allem, die Verfahrenspraxis des Amtes dem jeweiligen Stand der
technischen Entwicklung anzupassen.

Auf der anderen Seite ist der Regelungsgegenstand der DV nicht unbegrenzt. 5
Die DV darf nicht im Widerspruch zur GMV stehen und nicht so ausgelegt
werden, dass ein solcher Widerspruch entsteht. In der Normenhierarchie ist
sie der GMV nachrangig. Eine ausdrückliche dahingehende Bestimmung ist
zwar in der GMV nicht enthalten, doch ergibt sich dies aus allgemeinen
Grundsätzen des Gemeinschaftsrechts.

Ein solcher Widerspruch besteht aber nur, wenn die GMV eine Regelung 6
trifft, die sowohl direkt und self-executing als auch abschließend ist. Viele
Bestimmungen der GMV bedürfen der Präzisierung in der DV, viele allgemeine Verfahrensregeln bedürfen der Anpassung auf die verschiedenen
Verfahrenskonstellationen. Dies leistet die DV und kann von der GMV nicht
immer erwartet werden. Vor allem aber ist es unzutreffend, eine klare Bestimmung der DV wegen eines angeblich abweichenden Grundsatzes der
GMV nicht anzuwenden. Vielmehr präzisiert die DV die GMV.

### 3 Aufbau der Durchführungsverordnung

Die DV enthält in Art 1 DV die Regeln zur Anwendung der GMV, in 7
Art 2 DV Übergangsvorschriften. Die Regeln sind nach Verfahrensabschnit-

---

4 Ingerl, S 22.

ten, sonach nach allgemeinen Verfahrensgrundsätzen geordnet: Anmeldeverfahren, Widerspruchsverfahren und Benutzungsnachweis, Eintragungsverfahren, Verlängerung, Rechtsübergang und Lizenzen, Verzicht, Verfall und Nichtigkeit, Gemeinschaftskollektivmarke, Umwandlung, Beschwerdeverfahren, Allgemeine Bestimmungen mit den Unterabschnitten über Entscheidungen, Bescheide und Mitteilungen des Amtes, mündliche Verhandlung und Beweisaufnahme, Zustellungen, Fristen, Unterbrechung des Verfahrens, Verzicht auf Beitreibung, schriftliche Mitteilungen und Formblätter, Unterrichtung der Öffentlichkeit, Blatt für GMn und ABl, Akteneinsicht und -aufbewahrung, Amtshilfe, Kosten, Sprachenregelung und Organisation des Amtes sowie Verfahren nach dem MP.

## 4 Gebührenverordnung

8 Art 162 (2) zählt die Gebührentatbestände auf, für die nach der GebV Gebühren erhoben werden müssen. Art 144 (1) erwähnt als Inhalt der GebV die Gebührenhöhe und die Zahlungsweise, nicht die Festsetzung von Gebührentatbeständen. Art 162 (2) ist für sich genommen jedoch noch keine Rechtsgrundlage für die Erhebung einer Gebühr. Art 162 (2) regelt keine Rechte und Pflichten für den Bürger.[5]

9 Art 162 (2) erwähnt nur solche Gebührentatbestände, die nicht schon anderswo in der GMV geregelt sind. Beispiel: Die Anmeldegrundgebühr ist in Art 26 (2) geregelt und in Art 162 (2) nicht erneut aufgeführt. Die Gebühr für die Festsetzung der Überprüfung zu erstattender Verfahrenskosten (Art 145 (2) Nr 14) ist in Art 85 (6) selbst nicht vorgesehen, sondern in R 94 (4) DV.

10 Weitere Gebührentatbestände können in der DV und der GebV selbst vorgesehen werden. Beispiel: Die individuelle Gebühr gemäß Art 11, 12 GebV.

11 In der Gebührentabelle in Art 2 GebV sind die Rechtsgrundlagen in GMV und DV übersichtlich und benutzerfreundlich aufgeführt.

12 Die GebV unterscheidet zwischen Gebühren und Preisen (»tarifs«, »charges«; nach dem Sprachgebrauch des EPÜ »Auslagen«, »costs« bzw »frais«). Für Preise gilt Art 162 (2) nicht. Der Präsident des Amtes ist ermächtigt, Preise für Leistungen des Amtes und insbesondere die Verkaufspreise der Publika-

---

5 HABM-BK R 168/2007-4 vom 19.3.2007 (Nr 16) *Gebühr für Rechtsübergang.*

tionen (Blatt für GMn, ABl-HABM) festzusetzen. Rechtsgrundlage dafür ist Art 1 (b), Art 3 GebV.

Die GebV ist unter Art 144 kommentiert.

13

## Artikel 163 (ex Artikel 158) Einsetzung eines Ausschusses und Verfahren für die Annahme der Durchführungsvorschriften

(1) Die Kommission wird von einem Ausschuss, dem »Ausschuss für Gebühren, Durchführungsvorschriften und das Verfahren der Beschwerdekammern des Harmonisierungsamtes für den Binnenmarkt (Marken, Muster und Modelle)«, unterstützt.

(2) Wird auf diesen Absatz Bezug genommen, so gelten die Artikel 5 und 7 des Beschlusses 1999/468/EG.

Der Zeitraum nach Artikel 5 Absatz 6 des Beschlusses 1999/468/EG wird auf drei Monate festgesetzt.

(3) Der Ausschuss gibt sich eine Geschäftsordnung.

*Schennen*

### 1 Allgemeines

Die DV, die GebV und die VerfOBK sind VOen der EG, die im Rahmen der Ermächtigung der Art 144 und 163 von der Kommission erlassen werden. Die Befugnis des Rates, der Kommission die Befugnis zum Erlass von Durchführungsverordnungen zu vom Rat beschlossenen Grundverordnungen zu übertragen, stützt sich auf Art 200 EG-V.

1

Art 163 wurde geändert durch VO Nr 807/2003 vom 14.4.2003, umnumeriert durch VO Nr 1992/2003 vom 27.10.2003,[1] durch die neue Art 145–161 zur Anwendung des MP durch das HABM eingefügt wurden, und schließlich

2

---

1 ABl-EG L 296 vom 14.11.2003, S 1.

durch die Kodifizierung durch VO Nr 207/2009² vom 26.2.2009 erneut umnumeriert.

## 2 Die Annahme der Durchführungsverordnung

3 Die Kommission hatte beim Erlass dieser Vorschriften den »Ausschuß für
Gebühren, Durchführungsvorschriften und das Verfahren der BK des
HABM« zu beteiligen. Wie im 18. Erwägungsgrund der GMV näher dargelegt, handelte es sich um das in der EG-Komitologie³ als »Variante III b« bezeichnete Verfahren.⁴

## 3 Die Änderungen der Durchführungsverordnung

4 Mit Beschluss Nr 1999/468/EG ist das Komitologieverfahren für die Institutionen der EG geändert worden. Somit verweist Art 163 auf das neue Verfahren gemäß Art 5, 7 des Beschlusses Nr 1999/468/EG.⁵

5 Mit Verabschiedung der GGV wuchs dem Ausschuss auch die Aufgabe zu,
die Kommission beim Erlass der Durchführungsvorschriften zur GGV zu
unterstützen. Nach Art 109 (2) GGV gilt ebenfalls das in Art 5 und 7 des
Beschlusses des Rates 1999/468/EG vorgesehene Verfahren. Dieser galt noch
nicht für die GMV, als die Durchführungsvorschriften zur GGV beschlossen
wurden. Deshalb konnte damals keine für Marken- und Musterverfahren
gleichermaßen geltende GebV erlassen werden.

6 Nunmehr ist die Geschäftsordnung des Ausschusses geändert, und er ist für
die GMV und GGV zuständig.

7 Auf dieser Basis wurden die jüngsten Änderungen der DV und GebV durch
VO Nr 781/2004, 1041/2005, 782/2004, 1042/2005, 1687/2005 und 355/
2009 beschlossen.

---

2 ABl-EG L 78 vom 24.3.2009, S 1.

3 Beschluss des Rates 87/373/EWG vom 13.7.1987, ABl-EG L 197 vom 18.7.1987,
  S 33.

4 Siehe von Mühlendahl, in: FS DPMA 100 Jahre Marken-Amt, S 215, 229 f.

5 ABl-EG L 184 vom 17.7.1999, S 23.

## Artikel 164 (ex Artikel 159) Vereinbarkeit mit anderen Bestimmungen des Gemeinschaftsrechts

Die Verordnung (EWG) Nr. 510/2006 des Rates, und insbesondere deren Artikel 14, bleibt von der vorliegenden Verordnung unberührt.

*Schennen*

Literatur:

*Ahrens*, Geographische Herkunftsangaben – Tätigkeitsverbot für den BGH?, GRUR 1997, 508; *Büscher*, Der Schutz geografischer Herkunftsangaben nach der Warsteiner-Entscheidung des EuGH, in: FS für Erdmann, 2002, S 257; *ders*, Unionsrechtlich geschützte Ursprungsbezeichnungen und geographische Angaben im markenrechtlichen Eintragungs- und Löschungsverfahren nach GMV und MarkenG, in: FS 50 Jahre BPatG, 2011, S, 583; *Fontaine*, Les indications géographiques et le système de la marque communautaire, Paris 2011; *Gorny*, Markenrecht und geographische Herkunftsangaben bei Lebensmitteln, GRUR 1996, 447; *Harte-Bavendamm*, Ende der geographischen Herkunftsbezeichnungen? – »Brüsseler Spitzen« gegen den ergänzenden nationalen Rechtsschutz, GRUR 1996, 717; *Holzer*, Koexistenz von Marken und geographischen Herkunftsangaben, MarkenR 2008, 53; *Knaak*, Der Schutz geographischer Angaben nach der EG-Verordnung Nr. 2081/92, in: FS für Schricker, 2005, S 815; *ders*, Die EG-Verordnung Nr. 510/2006 zum Schutz von geographischen Angaben und Ursprungsbezeichnungen, GRUR Int 2006, 893; *ders*, Die Rechtsprechung des EuGH zum Schutz geographischer Angaben und Ursprungsbezeichnungen nach der EG-Verordnung Nr. 2081/92, GRUR Int 2000, 401; *ders*, Schutzentziehung geistigen Eigentums durch Unionsrecht, GRUR Int 2012, 705; *Loschelder*, Die Bedeutung der zweiseitigen Abkommen über den Schutz geografischer Herkunftsangaben, Ursprungsbezeichnungen und anderen geografischen Bezeichnungen in der Bundesrepublik Deutschland unter Berücksichtigung der VO (EWG) Nr 2081/92, in: FS für Erdmann, 2002, S 387; *ders*, Die Reichweite der nationalen Schutzsysteme für geographische Herkunftsangaben nach der Bud II-Entscheidung des EuGH, in: FS 50 Jahre BPatG, 2011, S 671; *Martínez Gutiérrez*, La tutela comuniatria de las indicaciones geográficas, Barcelona 2009; *Meyer*, Verordnung (EWG) Nr. 2081/92 zum Schutz von geographischen Angaben und Ursprungsbezeichnungen, WRP 1995, 783; *Oberg-*

*fell*, American Bud II, MarkenR 2010, 469; *Ohlgart*, Neue Entwicklungen im Verhältnis von Marken zu geographischen Herkunftsangaben in Europa, in: FS für von Mühlendahl, 2005, S 97; *Omsels*, Überlegungen zu einer Reform des Rechts der geographischen Herkunftsangaben in Deutschland, GRUR Int 2009, 971; *Tilmann*, Ausschließlicher Schutz für geographische Herkunftsangaben nach der EG-VO 2081/92?, GRUR 1996, 959; *ders*, Die Ausschließungsregeln der EG-VO 2081/92 und TRIPS, WRP 2000, 1039; *ders*, Grundlage und Reichweite des Schutzes geographischer Herkunftsangaben nach der VO/EWG 2081/92, GRUR Int 1993, 610; *Ullmann*, Der Schutz der Angabe zur geographischen Herkunft – wohin?, GRUR 1999, 666; *von Danwitz*, Ende des Schutzes der geographischen Herkunftsangabe? – Verfassungsrechtliche Perspektiven, GRUR 1997, 81.

## 1 Allgemeines

1 Diese Vorschrift bestimmt, dass die GMV von der VO Nr 510/2006 »unberührt« bleibt.

2 Die Vorschrift wurde im Zuge der Einfügung Titels XIII (Vorschriften zum MP) durch Art 1 Nr 5 der VO Nr 1992/2003 vom 27.10.2003[1] mit Wirkung zum 1.10.2004 umnumeriert. Durch VO Nr 207/2009 wurde die Vorschrift erneut umnumeriert, und die Bezugnahme auf die VO Nr 2081/92 wurde durch die Bezugnahme auf die VO Nr 510/2006 ersetzt.

3 Die VO Nr 510/2006 vom 20.3.2006[2] ersetzte die VO Nr 2081/92 vom 14.7.1992.[3] Ohnehin waren gemäß der gleitenden Verweisung gemäß Art 19 der VO Nr 510/2006 Bezugnahmen in anderen Rechtsvorschriften auf die VO 2081/92 als Bezugnahmen auf die VO Nr 510/2006 zu lesen, dh seit dem 1.4.2006 (Tag des Inkrafttretens der VO Nr 510/2006) war Art 164 als Bezugnahme auf die VO Nr 510/2006 zu lesen. Inzwischen wurde die VO Nr 510/2006 auch schon wieder abgelöst durch die VO Nr 1151/2012 vom 21. November 2012 über Qualitätsregelungen für Agrarerzeugnisse und Lebensmittel,[4] die nach ihrem 13. und 14. Erwägungsrund im Lichte der Klarheit und Transparenz der VO Nr 512/2006 sowie einiger weiterer verwandter Regelungen in einem einzigen Rechtsakt zusammenfassen will.

---

1 ABl-EG L 296 vom 14.11.2003, S 1 = ABl-HABM 2004, 98.
2 ABl-EG L 93 vom 31.3.2006, S 12; abgedruckt in GRUR Int 2006, 893 und bei Ströbele/Hacker, MarkenG, Anh 13.
3 ABl-EG L 208 vom 24.7.1992, S 1.
4 ABl-EU L 343 vom 14.12.2012, S 1.

Inhaltlich besteht zwischen VO 2081/92 und VO Nr 510/2006 nur der Un- **4**
terschied, dass die VO Nr 510/2006 kein Eintragungshindernis für geographische Angaben mehr vorsieht, die mit Reputationsmarken übereinstimmen (Art 14 (3) der VO Nr 2081/92). Alle bereits geschützten
Herkunftsangaben wurden in das nach der VO Nr 510/2006 bei der Kommission geführte Register übertragen (Art 17 der VO Nr 510/2006). Art 13
und 14 der VO Nr 510/2006 stimmen mit Art 13 und 14 der VO Nr
1151/2012 vollständig überein. Zur Vereinfachung wird im folgenden weiterhin die VO Nr 512/2006 zitiert.

Geschützt sind nach Art 2, 4 der VO Nr 510/2006 »Ursprungsbezeichnun- **5**
gen« (offiziell abgekürzt g.U.) und »geographische Angaben« (abgekürzt
g.g.A.) für zum menschlichen Verzehr bestimmte Agrarerzeugnisse, bestimmte Lebensmittel und bestimmte nicht zum Verzehr bestimmte Agrarerzeugnisse wie Heu, Blumen, Kork und Wolle. Geschützt sind danach ua
Bier, Getränke auf der Grundlage von Pflanzenextrakten und Backwaren,
nicht jedoch Wein und Spirituosen und seit 2003 auch nicht mehr Mineralwässer, außerdem nicht industrielle Erzeugnisse wie zB Solinger Schneidwaren.[5] »Ursprungsbezeichnungen« sind nach Art 2 (1) der VO Nr 510/2006
der Name einer Gegend, eines bestimmten Ortes oder eines Landes, der zur
Bezeichnung von Erzeugnissen dient, die von dort stammen und ihre Güte
oder Eigenschaften überwiegend oder ausschließlich den geographischen
Verhältnissen einschließlich der natürlichen und menschlichen Einflüsse ver-
danken. »Geographische Angaben« sind der Name einer Gegend, eines bestimmten Ortes oder eines Landes, der zur Bezeichnung von Erzeugnissen
dient, die von dort stammen, bei denen sich eine bestimmte Qualität, das
Ansehen oder eine andere Eigenschaft aus diesem geographischen Ursprung
ergibt und die in dem abgegrenzten geographischen Gebiet erzeugt und/oder
verarbeitet und/oder hergestellt wurden.

Dass diese Regelung »unberührt« bleibt, bedeutet erstens zunächst nur die **6**
Selbstverständlichkeit, dass die GMV, konkreter die Einragung einer GM,
nicht den Schutz nach anderen Rechtsvorschriften zum Schutz des geistigen
Eigentums ausschließt. Nach der VO Nr 510/2006 geschützte Angaben sind
»geistiges Eigentum«, wie der EuGH bereits mehrfach anerkannt hat.[6] Zwei-

---

5 VO zum Schutze des Namens Solingen vom 16.12.1994, BGBl 1994 I S 3833.
6 EuGH C-388/05 vom 16.5.2000, GRUR Int 2000, 750 (Nr 54) *Belgien/Spanien*;
  EuGH C-469/00 vom 16.5.2003, GRUR 2003, 609 (Nr 49) *Grana Padano*.

tens bedeutet dies, dass eine geschützte Ursprungsbezeichnung oder geographische Angabe Schutz nach Art 13 der VO Nr 510/2006 genießt und nach Art 14 der VO Nr 510/2006 die Eintragung und bereits die Anmeldung einer Ursprungsbezeichnung oder geographischen Angabe der Eintragung einer GM entgegensteht (dazu siehe unten unter Rdn 9).

7 Ein »Vorrang« der VO Nr 510/2006 wird damit aber nicht begründet.

## 2 Verhältnis zu Art 7

8 Art 14 der VO Nr 510/2006 bestimmt, dass eine nach dieser VO eingetragene geschützte Ursprungsbezeichnung oder geographische Angabe für die gleiche Art von Erzeugnis nicht als Marke (und damit wegen Art 164 auch nicht als GM) eingetragen werden darf, wenn ein Tatbestand des Art 13 der VO vorliegt, und dass entgegen dieser Regelung eingetragene Marken für ungültig zu erklären sind. Dies entspricht im Ausgangspunkt dem Eintragungsverbot nach Art 7 (1) (c) für Angaben, die die geographische Herkunft der Ware beschreiben. Angaben, die nach EG-Sondergesetzen als geographische Angaben geschützt sind (und das gilt nicht nur für die VO Nr 510/2006, sondern auch für weinrechtlich geschützte Herkunftsangaben,[7] siehe unten unter Rdn 35) sind ex lege beschreibend nach Art 7 (1) (c), weil die Tatsache, dass sie die geographische Herkunft der Waren, für die sie geschützt sind, beschreiben, amtlich festgestellt worden ist. Einerseits ist Art 7 (1) (c) enger, indem er nur ausschließlich aus solchen Angaben bestehende Marken erfasst, andererseits ist er weiter als Art 14 der VO Nr 510/2006, weil Art 7 (1) (c) GMV auch solche geographische Bezeichnungen umfasst, die nicht als Herkunftsangabe sondergesetzlich geschützt sind, bei denen die Qualität des Erzeugnisses nicht von geographischen Komponenten beeinflusst wird und bei denen die geographische Komponente nicht auf die Herkunft der Ware, sondern auf andere Merkmale der Ware Bezug nimmt (zB »Nordsee« für Fischkutter, die zum Einsatz in der Nordsee vorgesehen sind). Insoweit regelt Art 7 (1) (c) keine »Herkunftsangaben«, sondern beschreibende Bezeichnungen, wobei es sich um geographische Merkmale der Ware handeln kann.[8]

---

7 Unzutreffend HABM-BK R 479/2004-1 vom 25.4.2006 (Nr 65) *Bocksbeutelflasche.*
8 EuGH C-108/97 vom 4.5.1999, ABl-HABM 1999, 1054 (Nr 24 ff.) *Chiemsee.*

Dagegen begründet Art 14 (1) der VO Nr 510/2006 ein absolutes Eintra- 9
gungshindernis bereits dann, wenn die betr Bezeichnung bei der Kommission erst angemeldet worden ist; maßgeblich ist der Vergleich des Anmel-
etages der GMA (nicht des Prioritätstages, weil Art 4 PVÜ nicht vor der
Verschlechterung der materiellen Eintragungsvoraussetzungen schützt und
die GMA noch am Tag der Entscheidung über die Eintragung schutzfähig
sein muss) mit dem Datum des Eingangs des Antrags bei der Kommission.

Nach dem Grundsatz »doppelt gemoppelt hält besser« hat der Gesetzgeber 10
außerdem auf Vorschlag der Kommission durch VO Nr 422/2004 vom
19.2.2004 mit Wirkung zum 10.3.2004 die Liste der Eintragungshindernisse des Art 7 um Art 7 (1) (k) erweitert, der von der Eintragung solche Zeichen ausschließt, die aus einer geschützten Ursprungsbezeichnung oder geographischen Angabe bestehen oder diese enthalten, wenn ein Fall des Art 13
der VO Nr 510/2006 vorliegt, wenn die GMA nach Eingang des Antrags
bei der Kommission auf Schutz der Angabe eingereicht worden ist und wenn
die GMA die gleiche Art von Erzeugnis beansprucht. Art 7 (1) (k) geht, wie
Art 7 (1) (j), über Art 7 (1) (c) insofern hinaus, als nicht nur solche Zeichen
ausgeschlossen sind, die ausschließlich aus der geschützten Angabe bestehen,
sondern auch solche, die die geschützte Angabe nur enthalten. Natürlich ist
dieses Eintragungshindernis nach Art 52 (1) (a) zugleich absoluter Nichtigkeitsgrund.

Jedoch regelt Art 13 kein umfassendes Eintragungsverbot, sondern nur einen 11
Sonderfall der Täuschungsgefahr.

Art 13 (1) der VO Nr 510/2006 bestimmt: »Eingetragene Namen werden 12
geschützt gegen
(a) jede direkte oder indirekte kommerzielle Verwendung für Erzeugnisse,
    die nicht unter die Eintragung fallen, soweit diese Erzeugnisse mit denen
    unter diesem Namen eingetragenen Erzeugnissen vergleichbar sind oder
    soweit durch diese Verwendung das Ansehen des geschützten Namens
    ausgenutzt wird;
(b) jede widerrechtliche Aneignung, Nachahmung oder Anspielung, selbst
    wenn der tatsächliche Ursprung des Erzeugnisses angegeben ist oder
    wenn der geschützte Name in Übersetzung oder zusammen mit Ausdrü-
    cken wie »Art«, »Typ«, »Fasson«, »Nachahmung« oder dergleichen ver-
    wendet wird;
(c) alle sonstigen falschen oder irreführenden Angaben, die sich auf Her-
    kunft, Ursprung Natur oder wesentliche Eigenschaften der Erzeugnisse

beziehen und auf der Aufmachung oder der äußeren Verpackung, in der Werbung oder in Unterlagen zu den betr Erzeugnissen erscheinen, sowie die Verwendung von Behältnissen, die geeignet sind, einen falschen Ursprung hinsichtlich des Ursprungs zu erwecken;

(d) alle sonstigen Praktiken, die geeignet sind, den Verbraucher in Bezug auf den tatsächlichen Ursprung des Erzeugnisses irrezuführen. Enthält ein eingetragener Name den als Gattungsbezeichnung angesehenen Namen eines Agrarerzeugnisses oder Lebensmittels so gilt die Verwendung dieser Gattungsbezeichnung für das betr Agrarerzeugnis oder Lebensmittel nicht als Verstoß gegen die Buchstaben a oder b.«

13 Die Absätze (b) – (d) sprechen direkt täuschende und irreführende Angaben an, wobei das Verbot der Verwendung zusammen mit Angaben wie »Art« oder »Nachahmung« direkt gegen die Verbrauchertäuschung durch Vorspiegelung einer Gattungsangabe oder gleicher Qualität gerichtet ist[9] und zum klassischen Arsenal des Schutzes geographischer Herkunftsangaben zählt, etwa nach Art 23 (1) des TRIPS-Abkommens und Art 48 der VO Nr 1493/99[10] über die gemeinsame Marktorganisation für Wein. Die Absätze (c) und (d) betreffen Fragen der Benutzung des Zeichens in der Produktaufmachung und der Werbung, die im Markeneintragungsverfahren nicht zur Debatte stehen. Absatz (b) erweitert den Schutzbereich der geographischen Angabe gegen bestimmte Formen der Nachahmung und Anspielung, wobei auch hier die Täuschungsgefahr im Vordergrund steht, weil andernfalls die Bezugnahme nicht »widerrechtlich« wäre. Abs (a) enthält den Grundtatbestand der täuschenden Benutzung der geographischen Angabe, die dann vorliegt, wenn die Angabe für Erzeugnisse verwendet wird, die nicht der Produktspezifikation nach Art 4 der VO Nr 510/2006 entsprechen, ohne dass es der Gefahr bedarf, dass dadurch Verbraucher irregeführt werden.[11] Abs (a) erweitert diesen Schutz auf andere Erzeugnisse als die, für die die geschützte Angabe eingetragen ist, soweit dadurch der Ruf der geschützten Angabe ausgenutzt wird; dieser Rufausbeutungstatbestand für andersartige Wa-

---

9 Grundlegend zur historischen Entwicklung und zum Schutzbedürfnis: Tilmann, Die geographische Herkunftsangabe, S 59–142.

10 ABl-EG L 179 vom 17.7.1999, S 1.

11 Während der Schutz nach § 127 DE-MarkenG grundsätzlich eine Irreführungsgefahr voraussetzt; zu deren Voraussetzungen Ströbele/Hacker, MarkenG, § 127 Rn 2, 15; kritisch gegenüber dem Abstellen auf das Verständnis der Endverbraucher: Omsels, GRUR Int 2009, 971, 978.

ren entspricht in seinen Grundgedanken Art 8 (5) und § 127 (3) DE-MarkenG.[12]

Erforderlich ist danach, vom Sonderfall des Rufausbeutungstatbestands abgesehen, immer die Feststellung, dass die geschützte Ursprungsbezeichnung oder geographische Angabe für Erzeugnisse benutzt wird, die nicht aus dem definierten geographischen Gebiet kommen oder, wenn dies der Fall ist, die nicht den sonstigen Anforderungen der Produktspezifikation nach Art 4 der VO 510/2006, zB hinsichtlich der vorgeschriebenen Rohstoffe oder Verfahren zur Gewinnung des Lebensmittels, entspricht. Die bloße Anmeldung einer Marke als GM verstößt dagegen nicht. Die Anmeldung einer GMA, die eine geschützte Ursprungsbezeichnung oder geographische Angabe enthält, ist somit nach Art 164 iVm Art 14 der VO Nr 510/2006 zurückzuweisen, wenn sie ausschließlich aus dieser besteht, jedoch grundsätzlich nach Art 7 (1) (k) iVm Art 13 der VO Nr 510/2006 schutzfähig, wenn sie daneben weitere selbständig unterscheidungskräftige Bestandteile enthält und das Warenverzeichnis solche Erzeugnisse abdeckt, die aus dem definierten geographischen Gebiet stammen. Anders als beim normalen Irreführungstatbestand des Art 7 (1) (g) fordert Art 7 (1) (j) für Marken, die Wein oder Spirituosen betreffen, die Einschränkung des Warenverzeichnisses auf Waren aus dem betr Gebiet. Gleiches muß nach Art 7 (1) (k) gefordert werden. Ggf ist somit die GMA auf Waren aus dem von der Eintragung der Ursprungsbezeichnung erfassten Gebiet einzuschränken.[13]

Art 7 (1) (k) betrifft nur die Erzeugnisse (Waren), für die die g.g.A. eingetragen ist und (nach seinem Wortlaut) »die gleiche Art von Erzeugnis«. Das umfasst zB bei einer Eintragung für »Fleischerzeugnisse« alle Fleisch- und Wurstwaren und diese enthaltenden Fertigprodukte.[14] Der Begriff liegt irgendwo zwischen Identität und Warenähnlichkeit in dem in Art 8 gebrauchten Sinne. Mit »Erzeugnissen, die nicht unter die Eintragung fallen« in Art 13 (1) (a) der VO Nr 510/2006 sind nicht andersartige Waren gemeint, sondern die eingetragenen Waren, für die die geographische Herkunft nicht zutrifft oder für die die geographische Angabe sonstwie (zB wegen Nichterfüllung der Produktspezifikation) nicht benutzt werden darf. 14

---

12 Dazu BGH GRUR 1988, 453 *Ein Champagner unter den Mineralwässern.*
13 So geschehen für Spirituosen in HABM-NA 707 C vom 31.5.2005 (Nr 29–31) *SCOTCHJITO.*
14 HABM-BK R 1331/2011-4 vom 1.2.2012 (Nr 18) *NUERNBERGA.*

15  Ist die GMA auf aus dem von der Ursprungsbezeichnung erfassten Gebiet
stammende Waren eingeschränkt, so ist die GMA zunächst einmal eintragbar. Dabei kommt es nicht auf die Person und die geographische Herkunft
des Anmelders an. Im Eintragungsverfahren ist als Prognose zugrundezulegen, dass der Gegenstand der Anmeldung für die angemeldeten Waren in
rechtmäßiger Weise Verwendung finden soll. Erst wenn feststeht, dass die
Bezeichnung tatsächlich vom Anmelder rechtswidrig benutzt wird, ist Art 7
(1) (k) iVm Art 13 (1) der VO Nr 510/2006 verletzt. Das ist im Löschungsverfahren vom Antragsteller nachzuweisen, im Eintragungsverfahren nur unter außergewöhnlichen Umständen feststellbar. Eine Art 13 der VO Nr 510/
2006 widersprechende Benutzung stellt auch einen Verfallsgrund nach
Art 51 (1) (b) dar.

16  Das Eintragungshindernis des Art 7 (1) (k) und ein absoluter Löschungsgrund nach Art 52 (1) (a) liegt ohne weiteres vor, wenn die GMA Waren ohne Unterschied ihrer geographischen Herkunft beansprucht. Ob die GM eine nach Art 13 (1) (b) der VO Nr 510/2006 widerrechtliche Anlehnung an
die geschützte Angabe darstellt, kann regelmäßig schon auf Grund des eingetragenen Zeichens beurteilt werden.

17  Der EuGH hat »Cambozola« als nach Art 13 der VO Nr 2081/92 unerlaubte Anlehnung an »Gorgonzola« angesehen.[15] Nach dem EuGH erfasst der
Begriff der Anspielung in Art 13 (1) (b) der VO Nr 2081/92 eine Fallgestaltung, in der der zur Bezeichnung eines Erzeugnisses verwendete Ausdruck einen Teil einer geschützten Bezeichnung in der Weise einschließt, dass der
Verbraucher durch den Namen des Erzeugnisses veranlasst wird, gedanklich
einen Bezug zu der Ware herzustellen, die die Bezeichnung trägt. Eine solche
Anspielung auf eine geschützte Bezeichnung kann auch dann vorliegen,
wenn keinerlei Gefahr der Verwechslung zwischen den betroffenen Erzeugnissen besteht. Bei einem Blauschimmelweichkäse, dessen Aussehen demjenigen des »Gorgonzola«-Käses nicht unähnlich ist, liege eine Anspielung auf
die geschützte Bezeichnung vor, wenn der zu seiner Benennung verwendete
Ausdruck auf die beiden gleichen Silben endet wie diese Bezeichnung und
die gleiche Silbenzahl wie diese umfasst, woraus sich eine offensichtliche
phonetische und optische Ähnlichkeit zwischen den beiden Ausdrücken ergibt.

---

15  EuGH C-087/97 vom 4.3.1999, ABl-HABM 1999, 738 (Nr 25–29) *Gorgonzola/
Cambozola*.

Beispielsfälle für einen Verstoß gegen Art 13 (1) der VO Nr 510/2006: »Nu- **18** ernberga«[16] als phonetisch gleichwertig zu »Nürnberger« für Bratwürste; »Roncarifort«[17] als unerlaubte Anlehnung an »Roquefort«, unter Berücksichtigung auch der Reputation von »Roquefort«; Bildmarke »Bergazola«,[18] angemeldet von einem bayerischen Käsehersteller, als unerlaubte Anlehnung an »Gorgonzola«, weil dadurch eine absichtliche Nähe geschaffen wird und die Anspielung auf ein italienisches Erzeugnis durch die Verwendung der Farben der italienischen Flagge und den Begriff »Berga«, der italienisch klingt und sogar als Hinweis auf die Stadt Bergamo verstanden werden kann, verstärkt wird, wobei es nicht darauf ankommt, ob die beiden Begriffe iSv Art 8 (1) verwechselbar sind.

Art 13 (1) (a) der VO Nr 510/2006 (»oder«) erweitert den Schutz auf mit **19** den eingetragenen Produkten nicht vergleichbare Produkte, verlangt dazu als höhere Eingriffsschwelle aber Reputation der Angabe. Dieser erweiterte Schutz kann ausschließlich im Verletzungsverfahren geltend gemacht werden, da die Eintragungshindernisse und Löschungsgründe des Art 14 (1) Satz 1, 2 der VO Nr 510/2006 (unabhängig von der Formulierung des Art 7 (1) (k)) nur für »die gleiche Art von Erzeugnis« gelten. Dieser Reputationsschutz entspricht in etwa dem des § 127 (3) DE-MarkenG.[19]

### 3 Verhältnis zu Art 8

Art 164 und Art 13, 14 der VO Nr 510/2006 wirken sich nicht auf den **20** Schutz eingetragener geographischer Angaben als ältere Rechte im Rahmen von Art 8, 53 aus.

Allerdings ist durch VO Nr 422/2004 mit Wirkung zum 10.3.2004 Art 8 **21** (4) dahin geändert worden, dass Kennzeichenrechte, die keine Marken sind, auch dann einen Widerspruchs- und relativen Nichtigkeitsgrund darstellen, wenn sie nicht auf nationalem Recht, sondern auf Gemeinschaftsrecht basieren. Diese Änderung ist ohne sachliche Auswirkung, weil auch ein durch EG-Rechtsakt geschütztes Recht gleichzeitig nach dem nationalen Recht aller EG-Mitgliedstaaten Schutz genießt. Sie ist auch deshalb ohne sachliche Auswirkung, weil die nach der VO Nr 510/2006 geschützten Angaben keine In-

---

16 HABM-BK R 1331/2011-4 vom 1.2.2012 (Nr 11-15) *NUERNBERGA*.
17 HABM-NA 609 C vom 6.10.2004 *RONCARIFORT*.
18 HABM-NA 279 C vom 12.12.2003 (Nr 16) *BERGAZOLA*.
19 Siehe Ingerl/Rohnke, MarkenG, § 127 Rn 12.

dividualrechte zugunsten bestimmter Inhaber, sei es auch nur von Verbänden, verleihen. Das System der VO Nr 510/2006 ist nicht auf Individualrechtsschutz angelegt. Zwar bestimmt Art 5 der VO Nr 510/2006 dass der Antrag auf Eintragung nur von einer Vereinigung von Erzeugern oder Verarbeitern gestellt werden darf, doch werden diese dadurch nicht zum »Inhaber« der eingetragenen Ursprungsbezeichnung. Die Benutzungsberechtigung steht vielmehr allen zu, die der Produktspezifikation entsprechende Erzeugnisse herstellen, völlig unabhängig davon, wie sie zur antragstellenden Vereinigung stehen. Neben den absolute Eintragungshindernisse und Nichtigkeitsgründe darstellenden Regelungen der Art 13, 14 der VO Nr 510/2006 ist für die Möglichkeit, auch aus relativen Nichtigkeitsgründen vorzugehen, kein Bedürfnis erkennbar.

22 Durch VO Nr 422/2004 wurde in gleichem Sinne auch Art 53 (2), relative Nichtigkeitsgründe, geändert. Damit ist zumindest das praktische Bedürfnis erfüllt, klarzustellen, dass auch das Gemeinschaftsgeschmacksmuster als sonstiges gewerbliches Schutzrecht einen relativen Nichtigkeitsgrund darstellt.

23 Vernünftig an diesem System erscheint, dass geographische Herkunftsangaben, die nach EG-Recht Sonderschutz genießen, gegenüber GMn vollen Schutz gegen alle klassischen Rufausbeutungs- und Annäherungstatbestände und unabhängig von konkreten Verbrauchervorstellungen genießen, somit gegen alle Handlungen, deretwegen der Schutz geographischer Herkunftsangaben überhaupt geschaffen wurde. Vernünftig erscheint auch, dass geographische Herkunftsangaben neu, ex nihil auf Grund administrativer Verfahren entstehen können und der Konflikt nach Art 14 (1) der VO Nr 510/2006 nach dem Prioritätsprinzip, Konflikte nach Art 13 der VO Nr 510/2006 nur zu Gunsten des Markenbenutzers gelöst werden, wenn dieser gutgläubig war.[20] Auch der Schutz geographischer Angaben muss sich an dynamischer Entwicklung der Marktverhältnisse messen lassen. Traditionell genießen noch viele Herkunftsangaben Sonderschutz, die keine nennenswerte wirtschaftliche Bedeutung haben, während die Erzeuger ein Interesse haben mögen, neue, wirtschaftlich starke, gut zu vermarktende geschützte Herkunftsangaben zu kreieren. Überzogen erscheint aber, die geographische Herkunftsangabe, soweit gemeinschaftsrechtlich geschützt, gleich mehrfach nach Art 7, 8, 164 und sondergesetzlichen Vorschriften zu schüt-

---

20 AA Ohlgart, in: FS für von Mühlendahl, S 97, 106, was Art 14 (2) der VO Nr 510/2006 betrifft.

zen, und zwar im Eintragungs- und im Kollisionsverfahren, nationale Herkunftsangaben jedoch gar nicht. Das läuft auf eine unnötige Privilegierung der Verwender von nach EG-Recht geschützten geographischen Herkunftsangaben gegenüber allen sonstigen von Schutzrechten des geistigen Eigentums Begünstigten hinaus.

## 4 Verhältnis zum nationalen Schutz

Ursprünglich umstritten war, ob die VO Nr 2081/92 ergänzenden nationa-  **24**
len Schutz als geographische Herkunftsangabe ausschließt, was von der Kommission ohne Einschränkung bejaht,[21] ansonsten überwiegend abgelehnt wurde.[22] Die Frage ist durch die EuGH-Urteile »Warsteiner«[23] und »Budvar/ Ammersin«[24] jedenfalls dahin geklärt, dass nationaler Schutz nicht ausgeschlossen ist für geographische Angaben, die nicht in den sachlichen Anwendungsbereich der VO Nr 510/2006 fallen (etwa für Bier oder industrielle Erzeugnisse wie Solinger Schneidwaren), nicht ausgeschlossen ist für Bezeichnungen, die nicht die besonderen Voraussetzungen an den Zusammenhang zwischen geographischer Bezeichnung und Art oder Qualität des Erzeugnisses erfüllen.[25] Einem solchen Schutz steht Art 30 EG-V nicht entgegen.[26]

Der nationale Schutz ist ausgeschlossen, sobald die Bezeichnung bei der  **25**
Kommission angemeldet ist: Wird die geographische Angabe eingetragen, so verdrängt der Schutz nach der VO Nr 510/2006 verdrängt nationalen Schutz.[27] Ein solcher Schutz würde die Qualitätsgarantie der qualifizierten

---

21 Siehe Mitteilung der Kommission, ABl-EG C 273 vom 9.10.1993, S 4; ebenso von Danwitz, GRUR 1997, 81.

22 BGH GRUR 1995, 354 *Rügenwalder Teewurst II*; Harte-Bavendamm, GRUR 1996, 717; Ahrens, GRUR 1997, 508.

23 EuGH C-312/98 vom 7.11.2000, GRUR Int 2001, 51 *Warsteiner*; dazu Büscher, in: FS für Erdmann, S 237.

24 EuGH C-478/07 vom 8.9.2009 GRUR Int 2010, 401 (Nr 107–129) *Budvar/ Ammersin*; dazu Loschelder, in: FS 50 Jahre BPatG, S 671.

25 EuGH C-312/98 vom 7.11.2000, GRUR Int 2001, 51 (Nr 46–49, 52) *Warsteiner*.

26 EuGH C-478/07 vom 8.9.2009, GRUR Int 2010, 401 (Nr 92) *Budvar/Ammersin*.

27 EuGH C-478/07 vom 8.9.2009 GRUR Int 2010, 401 (Nr 107–129) *Budvar/ Ammersin*; EuGH C-129/97 vom 9.6.1998, GRUR Int 1998, 790 *Chiziak*; Ullmann, GRUR 1999, 666, 669.

geographischen Herkunftsangabe aushöhlen können. Versagt die Kommission den Schutz, so ist der nationale Schutz ebenfalls ausgeschlossen, denn es liegt eine Verwaltungsentscheidung mit Bindungswirkung für andere Verfahren vor, spiegelbildlich zu der Situation, dass gegen eine eingetragene Bezeichnung nicht mehr eingewandt werden kann, sie stelle keine geographische Angabe dar.

26 Nach wie vor nicht völlig geklärt ist, was für geographische Angaben gilt, die nicht angemeldet wurden. Nach wie vor besteht ein unauflösbarer Widerspruch zwischen der Argumentation des EuGH, die Vorschriften der VO Nr 516/2001 dürften nicht durch großzügigere nationale Schutzregelungen ausgehöhlt werden, und der Argumentation, nicht in den Anwendungsbereich dieser VO fallende Angaben könnten nationalen Schutz genießen, weil die Feststellung, dass die Angabe der VO Nr 516/2001 unterfällt, nur die Kommission treffen kann, nicht das Verletzungsgericht, und dies auch nur auf der Grundlage einer Definition der Kriterien der VO Nr 516/2001, wie des Zusammenhangs von Herstellungsort und Produktqualität. Zwar kann als gesichert gelten, dass einfache Herkunftsangaben nach wie vor national geschützt werden können,[28] doch löst dies nicht das Problem, wie diese von qualifizierten Angaben abzugrenzen sind und wer darüber entscheidet, wenn kein Verfahren nach der VO Nr 516/2001 durchgeführt wurde. Im Extremfall müsste der aus einer national geschützten geographischen Angabe Verklagte letztlich, in Umkehrung der normalen Parteirollen, darlegen, die Angabe hätte auch nach der VO Nr 510/2006 geschützt werden können.[29]

## 5 EG-Weinrecht

27 Art 164 ist unvollständig, weil er die zahlreichen EG-rechtlichen Vorschriften zum Schutz geographischer Angaben für Wein und Spirituosen nicht einbezieht. Auch diese Regelungen bleiben unberührt, ohne vor der GMV Vorrang zu genießen, und enthalten Bestimmungen zum Verhältnis gegenüber Marken. Die Reformvorschläge der Kommission vom 27.3.2013 sehen daher vor, in Art 7 generelle Eintragungshindernisse für alle von auf gemeinschaftsrechtlicher Grundlage geschützten geographischen Angaben vorzusehen, so dass Art 164 entfiele.

---

28 EuGH C-312/98 vom 7.11.2000, GRUR Int 2001, 51 *Warsteiner.*
29 Loschelder, in: FS 50 Jahre BPatG, S 671, 685.

Einschlägig sind im Bereich des Weinrechts die VO Nr 479/2008 über die **28** gemeinsame Marktorganisation für Wein,[30] die ein Irreführungsverbot enthält und deren Anhang Kollisionsnormen für mit Anbaugebieten und anderen geographischen Bezeichnungen identische Marken enthält, Art 52 und 54 der VO Nr 1493/99[31] über die gemeinsame Marktorganisation für Wein und die VO (EG) Nr 1234/2007 über eine gemeinsame Organisation der Agrarmärkte, ferner im Bereich der Spirituosen die VO Nr 110/2008 vom 15.1.2008 zur Festlegung der allgemeinen Regeln für die Begriffsbestimmung, Bezeichnung und Aufmachung von Spirituosen sowie zum Schutz von geographischen Angaben für Spirituosen.[32] Die sogenannten traditionellen Begriffe gemäß Art 23 der VO Nr 753/2002, inzwischen aber schon aufgehoben durch VO Nr 607/2009 der Kommission vom 14.7.2009,[33] und die garantierten nationalen Spezialitäten gemäß Art 17 der VO Nr 1151/2012 sind dagegen keine geografischen Angaben,[34] sondern beschreibende Angaben in Bezug auf Verfahren der Erzeugung, Bereitung und Reifung bzw auf Qualität, Farbe oder Art des Weins oder einen Ort oder ein historisches Ereignis im Zusammenhang mit der Geschichte eines Weins.

Daneben gelten folgende völkerrechtliche Verträge, die die EG mit Drittstaa- **29** ten abgeschlossen hat:

- Australien: Übereinkommen über den Handel mit Wein vom **30** 31.1.1994;[35]
- Kanada: Übereinkommen über den Handel mit Wein und Spirituosen **31** vom 16.9.2003;[36]
- Chile: Übereinkommen über Wein und Spirituosen vom 18.11.2002;[37] **32**
- Südafrika: Übereinkommen über den Handel mit Wein vom **33** 28.1.2002;[38]
- Schweiz: Übereinkommen vom 21.6.1999.[39] **34**

---

30 ABl-EG L 148 vom 6.6.2008, S 1.
31 ABl-EG L 179 vom 17.7.1999, S 1.
32 ABl-EG L 39 vom 13.2.2008, S 16.
33 ABl-EG L 193 vom 14.7.2009, S. 60.
34 EuG T-341/09 vom 17.5.2011 (Nr 25-33) *Txakoli*.
35 ABl-EG L 86 vom 31.3.1994, S 3.
36 ABl-EG L 35 vom 6.2.2004, S 3.
37 ABl-EG L 352 vom 30.12.2002, S 1083.
38 ABl-EG L 28 vom 30.1.2002, S 4.
39 ABl-EG L 1147 vom 30.4.2002, S 179.

**35** Danach geschützt sind die in ihren Anhängen aufgeführten geschützten Bezeichnungen aus allen Mitgliedstaaten der EG sowie die geschützten Bezeichnungen des jeweiligen Drittstaats. Letztere werden wie inländische Herkunftsangaben geschützt. Diese Bezeichnungen sind damit für Wein oder Spirituosen bereits nach Art 7 (1) (c) als solche beschreibend und schutzunfähig. Danach wurde zB zurückgewiesen »Casablanca« für Wein,[40] im Abkommen mit Chile als chilenische Herkunftsangabe aufgelistet.[41]

**36** Nach diesen bilateralen Verträgen (zB Art 5 (2), (3) des Übereinkommens mit Chile) werden die in den jeweiligen Anhängen aufgelisteten Wein- und Spirituosenbezeichnungen ausschließlich Erzeugnissen der Vertragspartei, für die sie geschützt sind, vorbehalten und dürfen in der anderen Vertragspartei nur benutzt werden, wenn sie den Rechtsvorschriften des Ursprungslands entsprechen; dieser Schutz bedeutet, dass diese Bezeichnungen für Erzeugnisse anderer geographischer Herkunft nicht benutzt werden dürfen. Diese Verträge enthalten weiter Bestimmungen (zB Art 7 des Übereinkommens mit Chile), die die Eintragung von Marken verbieten, die den genannten Bestimmungen widersprechen und eine geschützte geographische Bezeichnung enthalten oder aus ihr bestehen oder ihr ähnlich sind. Diese bilateralen Verträge enthalten Eintragungshindernisse auch bezüglich der in den Anhängen zu diesen Verträgen gelisteten Weinbezeichnungen aus der EG.[42] Auch hier geht es, wie bei Art 13 der VO 510/2006 (siehe oben unter Rdn 13) nur um ein Irreführungsverbot, nicht um ein Verbot der Eintragung geographischer Angaben schlechthin, was auch im Hinblick darauf, dass diese Bestimmungen auch Marken umfasst, die aus einem schutzfähigen Namen des Erzeugers und der geographischen Angabe bestehen, völlig widersinnig wäre. Diese Bestimmungen greifen somit nur, wenn festgestellt worden ist, dass der Verwender unter der Marke Wein oder Spirituosen anderer Herkunft vertreibt. Das ist normalerweise im Nichtigkeitsverfahren feststellbar. Es ist auch im Eintragungsverfahren dann feststellbar, wenn der Anmelder sich ausdrücklich darauf beruft, das Zeichen für Produkte anderer geographischer Herkunft oder gar jedweder geographischer Herkunft zu benutzen oder benut-

---

40  HABM-BK R 1185/2006-1 vom 7.11.2006 *CASABLANCA* (in erster Linie auf Art 7 (1) (c) gestützt).

41  ABl-EG L 352 vom 30.12.2002, S 1171.

42  EuG T-237/08 vom 11.5.2010, GRUR Int 2010, 732 (Nr 89, 116) *Cuvee Palomar*.

zen zu wollen.[43] Diese Übereinkommen enthalten weiter Vorschriften, durch die sich der Drittstaat und die Kommission verpflichten, einander danach schutzunfähige Marken zu notifizieren. Dies ändert nichts daran, dass eine Löschung der GM nur in den nach der GMV vorgesehenen Verfahren erfolgen kann, mithin nur auf gebührenpflichtigen Löschungsantrag, nicht von Amts wegen.

Es bleibt somit dabei, dass auch die bilateralen Weinabkommen der EG der 37 Eintragung von Marken, die eine geschützte Weinbezeichnung lediglich enthalten, nur im Falle der rechtswidrigen Benutzung für Erzeugnisse anderer geographischer Herkunft entgegenstehen und sich markenrechtlich nur dahin auswirken, dass auch die Wein- und Spirituosenbezeichnungen der jeweiligen Drittstaaten in der EG gemeinschaftsrechtlich als geographische Herkunftsangaben geschützt sind, und zwar, entsprechend den bisherigen Herkunftsabkommen »neuen Typs«,[44] unter den Voraussetzungen (Definition der geographischen Region, sonstige Vorschriften zB über die Qualität und Rebsorten des Erzeugnisses) und Schranken (Umwandlung zur Gattungsbezeichnung) des Ursprungslands.

## Artikel 165 (ex Artikel 159a) Bestimmungen über die Erweiterung der Gemeinschaft

(1) Ab dem Tag des Beitritts Bulgariens, der Tschechischen Republik, Estlands, Kroatiens, Zyperns, Lettlands, Litauens, Ungarns, Maltas, Polens, Rumäniens, Sloweniens und der Slowakei (im Folgenden ›neue Mitgliedstaaten‹ genannt) wird eine gemäß dieser Verordnung vor dem jeweiligen Tag des Beitritts eingetragene oder angemeldete Gemeinschaftsmarke auf das Hoheitsgebiet dieser Mitgliedstaaten erstreckt, damit sie dieselbe Wirkung in der gesamten Gemeinschaft hat.

(2) Die Eintragung einer Gemeinschaftsmarke, die am Tag des Beitritts bereits angemeldet war, darf nicht aufgrund der in Artikel 7 Absatz 1 aufgeführten absoluten Eintragungshindernisse abgelehnt werden, wenn diese Hindernisse lediglich durch den Beitritt eines neuen Mitgliedstaats entstanden sind.

---

43 EuG T-237/08 vom 11.5.2010, GRUR Int 2010, 732 (Nr 104ff) *Cuvee Palomar*.

44 Dazu Tilmann, Die geographische Herkunftsangabe, S 418, 435.

(3) Wird eine Gemeinschaftsmarke während der sechs Monate vor dem Tag des Beitritts angemeldet, so kann gemäß Artikel 41 Widerspruch erhoben werden, wenn eine ältere Marke oder ein sonstiges älteres Recht im Sinne von Artikel 8 in einem neuen Mitgliedstaat vor dem Beitritt erworben wurde, sofern der Erwerb gutgläubig war und das Anmeldedatum oder gegebenenfalls das Prioritätsdatum oder das Datum der Erlangung der älteren Marke bzw. des sonstigen älteren Rechts im neuen Mitgliedstaat vor dem Anmeldedatum oder gegebenenfalls vor dem Prioritätsdatum der angemeldeten Gemeinschaftsmarke liegt.

(4) Eine Gemeinschaftsmarke im Sinne von Absatz 1 kann nicht für nichtig erklärt werden:
– gemäß Artikel 52, wenn die Nichtigkeitsgründe lediglich durch den Beitritt eines neuen Mitgliedstaats entstanden sind,
– gemäß Artikel 53 Absätze 1 und 2, wenn das ältere innerstaatliche Recht in einem neuen Mitgliedstaat vor dem Tag des Beitritts eingetragen, angemeldet oder erworben wurde.

(5) Die Benutzung einer Gemeinschaftsmarke im Sinne von Absatz 1 kann gemäß Artikel 110 und Artikel 111 untersagt werden, wenn die ältere Marke oder das sonstige ältere Recht in dem neuen Mitgliedstaat vor dem Tag des Beitritts dieses Staats eingetragen, angemeldet oder gutgläubig erworben wurde oder gegebenenfalls ein Prioritätsdatum hat, das vor dem Tag des Beitritts dieses Staates liegt.

*Schennen*

**Literatur:**
*Bosch*, Die Auswirkungen der Erweiterung der EU auf die Gemeinschaftsmarke, ÖBl 2005, 100; *Folliard-Monguiral/Rogers*, The Community Trade Marks and Designs System and the Enlargement of the European Union, EIPR 2004, 48; *Herzog*, Die Erstreckung von Gemeinschaftsmarken und Gemeinschaftsgeschmacksmustern auf die neuen Mitgliedsstaaten der EU, MarkenR 2003; 181; *von Mühlendahl*, The Enlargement of the European Union and Community Trade Marks – Harmony or Conflict?, ECTA Special Newsletter No 49, Den Haag 2003; *Vormann/Milbradt*, Die EU-Osterweiterung und die Immaterialgüterrechte, MarkenR 2004, 329.

## 1 Allgemeines

Gemäß dem Beitrittsvertrag vom 16.4.2003[1] sind mit Wirkung zum **1** 1.5.2004 10 neue Mitgliedstaaten der EG beigetreten, und zwar die Tschechische Republik, Estland, Zypern, Lettland, Litauen, Ungarn, Malta, Polen, Slowenien und die Slowakei. Durch den Beitrittsvertrag ist ein neuer Art 142a in die GMV eingefügt worden, der sofort anschließend durch VO Nr 1992/2003[2] in Art 159a umnummeriert wurde. Diese Bestimmung wurde bereits durch den Beitrittsvertrag mit Rumänien und Bulgarien[3] wieder geändert, und zwar mit Wirkung zum Beitritt dieser Staaten, dh zum 1.1.2007.[4] Eine erneute Anpassung erfolgte für den Beitritt Kroatiens zum 1.7.2013.[5] Der so geänderte Text erwähnt nun alle neuen Mitgliedstaaten und nimmt auf das »jeweilige« Datum des Beitritts Bezug. Im folgenden

---

1  ABl-EG L 342 vom 23.9.2003, S 342.
2  ABl-HABM 2004, 98.
3  Anhang III.1 des Beitrittsvertrags, ABl-EG L 157 vom 21.6.2005, S 1, 231.
4  Mitteilung der Kommission, ABl-EG L 157 vom 21.6.2005, S 10.
5  Beitrittsvertrag, Anhang III, Nr 2.1; Mitteilung des Präsidenten des HABM Nr 4/12 vom 12.12.2012, ABl-HABM 2013, Nr 2.

wird die Situation für die am 1.5.2004 beigetretenen Staaten zugrundegelegt; für Bulgarien, Rumänien und Kroatien, Bulgarisch, Rumänisch und Kroatisch sowie absolute und relative Eintragungshindernisse und ältere Rechte in diesen Staaten gilt Entsprechendes für den Stichtag 1.1.2007 bzw 1.7.2013.

2   Die Bestimmung verwirklicht zwei Prinzipien, nämlich erstens die automatische Erstreckung aller angemeldeten GMAen und existierenden GMn zum 1.5.2004 auf das Gebiet der 10 neuen Mitgliedstaaten, und zum anderen das Prinzip des Bestandsschutzes, so dass vor dem 1.5.2004 angemeldeten GMn und GMAen keine absoluten Eintragungshindernisse, die erst durch den Beitritt entstanden sind, und keine vor dem 1.5.2004 in den 10 neuen Mitgliedstaaten begründeten älteren Rechte entgegengehalten werden können. Entsprechendes gilt für Rumänien und Bulgarien zum Stichtag 1.1.2007[6] und Kroatien zum Stichtag 1.7.2013.[7]

3   Art 165 regelt zwar nicht ausdrücklich, wohl aber indirekt den umgekehrten Fall, welche Wirkung eine auf das Gebiet der neuen Mitgliedstaaten erstreckte GM gegenüber nationalen Marken hat. Die MarkenRichtl enthält keine entsprechenden Änderungen. Allerdings hat das nationale Recht der neuen Mitgliedstaaten bereits Regelungen verwirklicht, die spiegelbildlich Art 165 entsprechen. Einzelheiten unter Rdn 49. Für absolute Eintragungshindernisse stellt sich diese umgekehrte Problematik nicht.

4   Das HABM hat PrüRiLi zu Fragen der Erweiterung erlassen, und zwar in Form einer Änderung der RiLi Teil B,[8] was absolute Eintragungshindernisse betrifft, sowie Abschnitt 7 der Widerspruchsrichtlinien (lediglich im Internet veröffentlicht).

5   Für das Gemeinschaftsgeschmacksmuster enthält Art 110a GGV ähnliche Regelungen; dort stellt sich allerdings die Problematik wegen des weltweiten Neuheitsbegriffs in weitaus geringerem Maße.

---

6   Mitteilung des Präsidenten des HABM Nr 2/06 vom 3.7.2006, ABl-HABM 2006, 1044.

7   Mitteilung des Präsidenten des HABM Nr 4/12 vom 12.12.2012.

8   ABl-HABM 2004, 793.

## 2 Grundsatz der Erstreckung

Alle am 1.5.2004 anhängigen GMAen und GMn werden gemäß Abs 1 auf 6 die 10 neuen Mitgliedstaaten erstreckt. Abs 2–5 nehmen auf Abs 1 Bezug, betreffen somit ebenfalls nur erstreckte GMAen und GMn.[9]

Diese Erstreckung tritt automatisch ein, ohne Zutun des Anmelders oder In- 7 habers, ohne Antrag und ohne Gebühr.

Eine solchermaßen erstreckte GM hat weiterhin einheitliche Wirkung, und 8 zwar ab dem 1.5.2004 in allen 25, jetzt 27 Mitgliedstaaten. Sie kann auch weiterhin lediglich einheitlich für nichtig erklärt werden. Eine GM mit »Löchern« gibt es auch weiterhin nicht. Die Ausnahmen in Abs 5 entsprechen systemgerecht Art 110, 111: Die GM wird erstreckt und hat auch weiterhin einheitliche Wirkung in der gesamten EG, jedoch darf sie in den neuen Mitgliedstaaten nicht benutzt werden, solange das ältere Recht besteht.

## 3 Grundsatz des Bestandsschutzes

Durch den Beitritt entstehen neue absolute Eintragungshindernisse und 9 Nichtigkeitsgründe, nämlich vor allem solche, die auf der Bedeutung einer Wortmarke in den neuen neu hinzugekommenen Amtssprachen der EG bestehen. Es entstehen auch neue relative Eintragungshindernisse und Nichtigkeitsgründe, auf der Grundlage älterer Rechte, die vor dem Beitritt in den neuen Mitgliedstaaten begründet wurden. Abs 2–5 verwirklichen hier den Grundsatz des Bestandsschutzes: Aus solchen Gründen kann eine erstreckte GMA oder GM nicht zurückgewiesen oder für nichtig erklärt werden. Eine, allerdings systemwidrige, Ausnahme bildet das Sonderwiderspruchsrecht nach Abs 3. Im Gegenzug bestimmt Abs 5, dass solche älteren nationalen Rechte, die der Gültigkeit der erstreckten GM nicht entgegengesetzt werden können, in dem betreffenden Mitgliedstaat einen Anspruch auf Untersagung der Benutzung der GM geben. Der Inhaber eines solchen älteren Rechts ist somit in der gleichen Situation wie vor dem Beitritt, als er einerseits ein ausschließliches Recht in seinem Mitgliedstaat hatte, anderseits die – damals noch nicht für diesen Mitgliedstaat geltende – GM nicht angreifen konnte.

Modifiziert wird dieses Prinzip durch den Ausschluss der Geltendmachung 10 von Rechten, die bösgläubig erworben wurden (Abs 3, 5; siehe unten, Rdn 45–48).

---

9 Von Mühlendahl, ECTA Special Newsletter No 49, S 10.

11 Mit Nachdruck zu betonen ist aber, dass Abs 2–5 dieses Prinzip mit präzise formulierten Tatbeständen verwirklichen, es jedoch keinen Grundsatz gibt, wonach die erstreckte GM oder GMA so anzusehen wäre, als sei der Beitritt nie erfolgt. So behandelt Abs 4 keine Verfallsgründe. Auch enthält Art 165 keine Sondervorschriften für das Verhältnis von GMn untereinander. Somit ist ab dem 1.5.2004 uneingeschränkt auch auf die Verhältnisse in den neuen Mitgliedstaaten abzustellen, soweit Art 165 (2)-(5) keine Sondervorschriften vorsehen.

### 4 Verfahren vor dem Amt

12 Die Erweiterung wirkt sich auf die Verfahren vor dem HABM wie folgt aus.[10]

### 4.1 Berufsmäßige Vertretung

13 Seit dem 1.5.2004 sind Personen aus den 10 neuen Mitgliedstaaten nicht mehr verpflichtet, sich durch einen berufsmäßigen Vertreter gemäß Art 92 (2) vertreten zu lassen. Dies gilt auch dann, wenn das entsprechende Verfahren bereits vorher begonnen hatte. Seit dem 1.5.2004 können Rechtsanwälte und, nach Maßgabe der Eintragung in die Liste gemäß Art 93 (2), berufsmäßige Vertreter aus den neuen Mitgliedstaaten Dritte vor dem HABM vertreten. Die Eintragung in diese Liste konnte vorher bereits beantragt werden, wurde jedoch erst zum 1.5.2004 wirksam.

### 4.2 Sprachen

14 Am 1.5.2004 sind als Amtsprachen der EG Tschechisch, Estnisch, Ungarisch, Lettisch, Litauisch, Maltesisch, Polnisch, Slowakisch und Slowenisch hinzugekommen. Diese Sprachen können gemäß Art 119 (1) nur für ab dem 1.5.2004 eingereichte GMA verwendet werden.

### 4.3 Übersetzungen

15 Übersetzungen in diese 9 neuen Amtsprachen der EG gemäß Art 120 nimmt das HABM nur für solche GMAen vor, die ab dem 1.5.2004, ins Bulgarische und Rumänische nur für solche GMAen, die ab dem 1.1.2007 eingereicht wurden. Somit ist der Anmeldetag der GMA dafür maßgebend, ob sie

---

10 Siehe RiLi Teil B.12.2–12.9, ABl-HABM 2004, 793.

in 11, 20 oder 22 Sprachen veröffentlicht wird. Jede andere Lösung hätte auf dem rein internen Arbeitsablauf beim HABM aufsetzen müssen (zB ob die Anmeldung bereits klassifiziert war, geprüft war oder bereits zum Übersetzungszentrum geschickt wurde) und wäre willkürlich gewesen. Wegen der allgemeinen Formulierung in Art 120 (Amtssprachen der EG) muss das HABM ins Maltesische übersetzen, obwohl das maltesische Amt nur auf Englisch veröffentlicht.

### 4.4 Recherche

Aus den gleichen Gründen hat das HABM lediglich solche GMA zur Recherche an nationale Ämter (Art 38 (2)) versandt, die seit dem 1.5.2004 eingereicht wurden. Solche älteren nationalen Marken würden ohnehin keine relativen Eintragungshindernisse begründen, außer im Rahmen des Sonderwiderspruchsrechts gemäß Abs 3. Außerdem ist es nicht Aufgabe der Recherchenberichte, Widerspruchsverfahren vorzubereiten. **16**

### 4.5 Seniorität

Ab dem 1.5.2004 kann auch die Seniorität einer älteren nationalen Marke, die in einem neuen Mitgliedstaat eingetragen ist, beansprucht werden. Aufgrund der Frist gemäß R 8 für die Beanspruchung der Seniorität in der Anmeldung kann dies letztlich nur in der Form des Senioritätsanspruchs nach Art 35 nach Eintragung der GM erfolgen. Vor dem 1.5.2004 gestellte Anträge auf Beanspruchung der Seniorität waren zurückzuweisen. **17**

Grundsätzlich bereitet die Vorstellung der Beanspruchung der Seniorität einer Marke, die vor dem Beitritt des betreffenden Staats zur EG angemeldet worden war, keine Schwierigkeiten, denn auch für die alten EG-Mitgliedstaaten kann die Seniorität bedeuten, dass der Zeitrang einer älteren nationalen Marke beansprucht wird, die sogar vor der Gründung der EG eingetragen wurde. Im Fall des Art 165 tritt jedoch das Problem auf, dass einer nach Abs 1 erstreckten GM ein gespaltener Zeitrang insofern zusteht, als für die Frage des Vorrangs von Rechten grundsätzlich, mit Ausnahme des Sonderwiderspruchsrechts nach Abs 3, auf die »Erstreckungspriorität« des 1.5.2004 abzustellen ist. Da Seniorität nur für eine »ältere« nationale Marke beansprucht werden kann, wurde die Auffassung vertreten, dass eine solche Seniorität nur beansprucht werden kann, wenn die nationale Marke absolut prioritätsälter ist, als die nach Absatz 1 erstreckte GM. Das HABM hat je- **18** doch in den RiLi[11] gegenüber den dafür letztlich zuständigen nationalen Ämtern die Auffassung durchzusetzen versucht, dass es ausreicht, dass die in Anspruch genommene nationale Marke einen Prioritätstag (noch nicht einmal Anmeldetag) vor dem 30.4.2004 hat, da der erstreckten GM in dem betreffenden Mitgliedstaat nur der Zeitrang 1.5.2004 zusteht. Beispiel: Nach dem 1.5.2004 kann für eine am 1.4.1996 angemeldete GM die Seniorität einer am 1.4.1999 angemeldeten polnischen Marke beansprucht werden. Mit Ausnahme Ungarns scheinen inzwischen alle nationalen Ämter dieser Auslegung zu folgen. Andernfalls müsste in dem genannten Beispiel der Inhaber der GM die nationale Marke auf ewig aufrecht erhalten, um Rechte gegenüber zwischen 1999 und dem 1.5.2004 getätigten nationalen polnischen Anmeldungen sowie nicht eingetragenen Rechten wie zB Firmennamen zu behalten. Genau die Möglichkeit, die nationale Marke fallen zu lassen, stellt aber die ratio des Art 35 dar.

## 4.6 Umwandlung

19 Die Umwandlung (Art 112–114) einer fehlgeschlagenen GMA oder GM kann ab dem 1.5.2004 auch mit Wirkung für einen der 10 neuen Mitgliedstaaten und auch dann beantragt werden, wenn die umgewandelte GMA oder GM einen Anmelde- oder Prioritätstag vor dem 1.5.2004 hat. Allerdings darf eine solche Umwandlung nicht dazu führen, dass der aus der Umwandlung hervorgehenden nationalen Markenanmeldung in dem betreffenden Mitgliedstaat eine stärkere Wirkung zukommt, als sie die GM nach Art 165 hatte. Es ist somit auszuschließen, dass einer so umgewandelten nationalen Markenanmeldung in dem betr neuen Mitgliedsstaat ein besserer Anmeldetag (Art 112 (3)) als der 1.5.2004 zukommt, was freilich nur durch entsprechende nationale Bestimmungen, die die Wirkung der erstreckten GM als älteres Recht gegenüber nationalen Marken regeln, möglich ist.[12]

20 Allerdings erbt die umgewandelte GM auch das Senioritätsdatum, wenn Seniorität einer nationalen Marke aus dem betr Mitgliedstaat beansprucht worden war (Art 112 (3)). Dieses Senioritätsdatum tritt dann für die umgewandelte nationale Anmeldung an die Stelle des Prioritäts- oder Anmeldetages (siehe unter Art 112, Rdn 30). Der gleiche Effekt tritt auch für eine nach

---

11  RiLi Teil B, 12.7, ABl-HABM 2004, 790.
12  Änderung der RiLiTeil B, 12.12, ABl-HABM 2006, 443; von Mühlendahl, ECTA Special Newsletter No 49, S 23.

Abs 1 erstreckte GM ein. Das Datum 1.5.2004 ist hier ohne Belang, da es nur um die Konservierung des Zeitrangs einer älteren nationalen Marke geht, die in dem betr Mitgliedstaat bereits bestand oder noch besteht.

## 5 Absolute Eintragungshindernisse

Abs 2 bestimmt, dass eine GMA nicht zurückgewiesen werden kann, und 21
Abs 4, 1. Spiegelstrich, bestimmt, das eine GM nicht für nichtig erklärt werden kann aufgrund eines absoluten Eintragungshindernisses oder Nichtigkeitsgrundes, der erst durch den Beitritt entstanden ist.

Praktisch bedeutet dies, dass eine nach Abs 1 erstreckte GMA oder GM 22
nicht zurückgewiesen werden oder für nichtig erklärt werden kann, wenn sie aus einem Begriff besteht, der in einer der neuen neu hinzugekommenen Amtssprachen der EG beschreibend, nicht unterscheidungskräftig, generisch, irreführend oder sittenwidrig ist. Eine Prüfung solcher GMA auf Wortbedeutungen in diesen neuen Sprachen hat somit zu unterbleiben.

Allerdings sind auch hier zwei Einschränkungen zu machen. 23

Erstens wäre es ein Missverständnis, zu formulieren, dass eine GMA oder 24
GM nicht zurückzuweisen oder für nichtig zu erklären ist, wenn sie in einer Sprache des neuen Mitgliedstaats schutzunfähig ist. Abs 2, 4 fordern, dass die beschreibende Bedeutung erst aufgrund des Beitritts entstanden sein muss. Eine Reihe von Begriffen aus den 9 neuen Amtssprachen der EG sind auch im Hinblick auf das Territorium und die Sprachgewohnheiten der bisherigen 15 Mitgliedstaaten beschreibend. Zum Einfluss von Sprachen, die nicht Amtssprache des prüfenden Amtes sind, auf die Prüfung der Schutzfähigkeit siehe das EuGH-Urteil »Matratzen II«.[13] Auch waren geographische Herkunftsangaben aus den neuen Mitgliedstaaten, die nach bilateralen Verträgen mit der EG geschützt waren, auch schon vor dem 1.5.2004 von Gesetzes wegen als absolute Eintragungshindernisse zu berücksichtigen. Abs 2, 4 hat nicht zur Folge, dass solche Begriffe nunmehr schutzfähig werden, sondern er setzt voraus, dass zum 30.4.2004 eine gültige, nach Art 7 schutzfähige Marke vorlag.

Zweitens ist auch ohne gesetzliche Sonderregelung die Einschränkung zu 25
machen, dass die GMA nicht bösgläubig im Vorgriff auf die Erweiterung getätigt sein durfte. Wer vor dem 1.5.2004 in Kenntnis der sich anbahnenden

---

13 EuGH C-421/04 vom 9.3.2006, ABl-HABM 2006, 857 *Matratzen II.*

Erweiterung bewusst Begriffe angemeldet hat, die in der Sprache eines neuen Mitgliedstaats beschreibend sind, wird aufgrund der gesetzgeberischen Wertung in Art 165 als bösgläubig im Sinne des Art 52 (1) (b) angesehen werden müssen, wie die RiLi Teil B, 12.11, vorsorglich anmahnen.[14] Eine feste zeitliche Grenze besteht hier nicht, doch wird generell aus der Kombination beschreibende Angabe – glatter Warenbezug auf Bösgläubigkeit zu schließen sein, wenn der Anmelder keinen Bezug zu der betr Sprache hat oder keine sachlichen Gründe für die Wahl gerade dieser Bezeichnung darlegen kann. Allerdings kann dies nur im Nichtigkeitsverfahren auf Antrag eines Dritten Berücksichtigung finden.

26 Für eine erstreckte, also vor dem 1.5.2004 angemeldete GMA ist Verkehrsdurchsetzung (Art 7 (3)) nur für das Gebiet der bisherigen 15 Mitgliedstaaten nachzuweisen.[15] Dies ergibt sich nicht aus dem Wortlaut des Abs 2, jedoch wird der Tatbestand der Überwindung des Eintragungshindernisses dem Eintragungshindernis analog behandelt.

27 Soweit eine erstreckte GMA oder GM nach Abs 2 nicht zurückgewiesen oder für nichtig erklärt werden kann, unterliegt sie gleichwohl im Hinblick auf die Bedeutung der Marke und die Situation in den neuen Mitgliedstaaten Schranken nach Art 12, 110, die durch den Beitrittsvertrag und Art 165 in ihrer Anwendung auf nach Abs 1 erstreckte GMAen und GMn nicht beeinträchtigt werden.

28 So verwirklicht eine beschreibende Bedeutung eines Begriffs, die wegen Abs 1 kein absolutes Eintragungshindernis bildet, jedenfalls den Tatbestand des Art 12 (b), und der Begriff kann frei in beschreibender Weise, und zwar auch ggf in Form eines markenmäßigen Gebrauchs,[16] verwendet werden. Es handelt sich um einen Einwand, der im Verletzungsverfahren berücksichtigt werden kann. Dieses Recht auf lautere Benutzung besteht ohne weiteres in dem betroffenen Mitgliedstaat, wegen des Grundsatzes der Einheitlichkeit der GM (Art 1) aber darüber hinaus in der gesamten EG, zumal ein legitimes Interesse an mehrsprachigen beschreibenden Informationen auf der Verpackung der Ware besteht.

---

14 Dazu von Mühlendahl, ECTA Special Newsletter No 49, S 13.
15 RiLi Teil B,12.10, ABl-HABM 2004, 793; von Mühlendahl, ECTA Special Newsletter No 49, S 12.
16 EuGH C-100/02 vom 7.1.2004, ABl-HABM 2004, 1183 (Nr 19, 24) *Gerolsteiner/Putsch.*

Zweitens wirkt sich weiterhin die Schranke des Art 110 aus: Ein in einem 29 neuen Mitgliedstaat irreführender oder sittenwidriger Begriff darf dort, unabhängig von Abs 1, nicht benutzt werden. Dieses Benutzungsverbot besteht allerdings nur in dem betroffenen Mitgliedstaat. Andererseits ist hier wie folgt zu differenzieren: Täuschende Angaben in einer Amtssprache eines neuen Mitgliedstaats oder in Bezug auf die Verhältnisse in diesem Mitgliedstaat sind durchaus vorstellbar. Verstößt jedoch ein Zeichen in einer Sprache eines neuen Mitgliedstaats gegen die guten Sitten (Art 7 (1) (f)), so wird dies regelmäßig bereits vor dem 1.5.2004 einen Zurückweisungs- oder Nichtigkeitsgrund dargestellt haben, da es auch vor diesem Datum kein Recht gab, beleidigende oder blasphemische Äußerungen in anderen Sprachen zu äußern, und es insoweit auf die Auffassung und das Verständnis der Mehrheit der Verbraucher nicht ankommt, diese vielmehr gegen eine ungewollte Propaganda rassistischer oder politisch-radikaler Natur geschützt werden müssen.[17]

## 6 Relative Eintragungshindernisse

### 6.1 Grundsätze

Für die Berücksichtigung älterer Rechte im Widerspruchs-, Nichtigkeits- 30 und Verletzungsverfahren treffen Abs 2, 4, 5 folgende grundsätzliche Regeln: Gegen eine nach Abs 1 erstreckte ältere GMA oder GM kann aufgrund einer älteren nationalen Marke aus einem neuen Mitgliedstaat, deren Prioritätsdatum vor dem 1.5.2004 liegt, kein Widerspruch erhoben werden und nicht die Nichtigerklärung verlangt werden. Ausnahme ist ein Widerspruchsrecht gegen die innerhalb der sechs Monate vor dem 1.5.2004 angemeldeten GMA (Abs 3). Dies gilt auch für sonstige ältere nationale Kennzeichenrechte gemäß Art 8 (4) und sonstigen nationalen Rechte, die relative Nichtigkeitsgründe gemäß Art 53 (2) darstellen.

Solche Rechte, die gegen den Bestand der GM nicht mehr geltend gemacht 31 werden können, gewähren, wenn sie nicht bösgläubig erworben worden waren, jedoch einen Anspruch auf Untersagung der Benutzung der GM in den betreffenden neuen Mitgliedstaat gemäß Abs 5. Einen solchen Anspruch auf Untersagung der Benutzung gewähren auch solche nationalen Rechte, die lediglich von örtlicher Bedeutung sind (also ohnehin nicht gegen die Gültig-

---

17 Siehe HABM-BK R 177/2004-2 vom 29.9.2004 *Bin Laden arabisch*; Mitteilung Nr 5/03, ABl-HABM 2004, 68, Nr. II.4.

keit der GM geltend gemacht werden könnten), wenn die weiteren Voraussetzungen des Art 111 erfüllt sind. Der Inhaber eines solchen nationalen Rechts in einem neuen Mitgliedstaat wird somit hinsichtlich des Anspruchs auf Untersagung der Benutzung der GM – aber nur insoweit – so gestellt, als ob die Erstreckung nicht stattgefunden hätte.

32 Dies wirkt sich wie folgt aus.

### 6.2 Gemeinschaftsmarke vom 2.5.2004

33 Eine am 2.5.2004 oder später angemeldete GMA ist von Art 165 nicht betroffen. Wird gegen sie aus einer (zB) ungarischen Marke vorgegangen, so wird ohne Besonderheiten auf den absolut besseren Anmelde- bzw. Prioritätstag abgestellt. Eine am 15.3.2004 angemeldete ungarische Marke ist somit ein relativer Nichtigkeitsgrund gegen eine am 2.5.2004 angemeldete GM, jedoch nicht, wenn die GM ein Prioritätsdatum vom 15.1.2004 in Anspruch genommen hat.[18] Die ungarische Marke setzt sich in diesem Beispiel jedoch dann durch, wenn sie eine Priorität vom 15.12.2003 beansprucht.

34 Dass sich in diesem Fall die GM gegenüber einer nationalen Marke aus einem neuen Mitgliedstaat durchsetzt, obwohl zum Zeitpunkt der Anmeldung der nationalen Marke keine GM mit Wirkung für diesen Mitgliedstaat angemeldet werden konnte, ist nichts Besonderes. Dieselbe Situation trat bei Einführung der GM auf. Auch dort setzten sich am 1.4.1996 angemeldete GM gegen vor diesem Datum angemeldete ältere nationale Marken dann durch, wenn sie ein besseres Prioritätsdatum beanspruchten.

### 6.3 Gemeinschaftsmarke vom 1.5.2004

35 Abs 2, 4 führen dazu, dass eine ältere ungarische Marke gegenüber einer GM den Zeitrang 1.5.2004 erhält. Somit ist eine am 1.5.2004 eingereichte GMA mit einer solchen ungarischen Marke prioritätsgleich, was die Anwendung von Art 165 betrifft. Dies gilt dann nicht, wenn die GMA eine vor dem 1.5.2004 liegende Priorität beansprucht. Andererseits kann für die ältere ungarische Marke eine Priorität nicht berücksichtigt werden, da sie nichts an der »Erstreckungspriorität« 1.5.2004 ändert und es auf den absolut besseren Zeitrang nicht ankommt.

---

18 So auch von Mühlendahl, ECTA Special Newsletter No 49, S 24.

### 6.4 Gemeinschaftsmarke vom 1.11.2003 bis 30.4.2004

Gegen eine vom 1.11. 2003 bis zum 30.4.2004 angemeldete GMA kann ge- 36
mäß Abs 3 aus einer älteren ungarischen Marke oder einem älteren ungarischen Kennzeichenrecht gemäß Art 8 (4) Widerspruch eingelegt werden. Dieses Widerspruchsrecht besteht auch, wenn die GMA eine vor dem
1.11.2003 liegende Priorität beansprucht.

Das ältere nationale Recht muss die absolut bessere Priorität haben, dh es 37
wird wie auch sonst im Rahmen des Art 8 auf den Vergleich des Anmelde-
und Prioritätsdatum abgestellt. Der Widerspruch bleibt somit erfolglos,
wenn die ältere ungarische Marke einen Prioritätstag vom 1.12.2003, die am
2.2.2004 angemeldete GMA einen Prioritätstag vom 15.10.2003 hat. Bei älteren Rechten gemäß Art 8 (4) kommt es darauf an, wann dieses Recht im
Sinne des Art 8 (4) erworben wurde.

Mit diesem Sonderwiderspruchsrecht sollte offenbar verhindert werden, dass 38
noch kurz vor der Erstreckung in Kenntnis bestehender nationaler Rechte
Rechte an GMn begründet werden, die mit diesen nationalen Rechten im
Konflikt stehen. Andererseits hat dieses Sonderwiderspruchsrecht auf der
Ebene des nationalen Rechts der neuen Mitgliedstaaten keine Parallele;
Inhabern von GM steht kein derartiges Widerspruchsrecht gegen vor dem
1.5.2004 angemeldete nationale Marken zu.

Wird die Widerspruchsfrist verpasst, so kann gegen eine solche im Zeitraum 39
vom 1.11.2003 bis 30.4.2004 angemeldete GM kein Antrag auf Nichtigkeit
aus relativen Gründen mehr gestellt werden; es gilt dann uneingeschränkt
Abs 4, 2. Spiegelstrich.

### 6.5 Gemeinschaftsmarke vor dem 1.11.2003

Aus Abs 3 und Abs 4, 2. Spiegelstrich, folgt, dass gegen eine vor dem 40
1.11.2003 angemeldete GMA oder GM aus einer nationalen Marke oder einem sonstigen älteren Recht aus einem neuen Mitgliedstaat weder Widerspruch erhoben noch Nichtigerklärung beantragt werden kann. Den Inhabern solcher nationalen Rechte steht lediglich der Anspruch auf Untersagung
der Benutzung gemäß Abs 5 zu.

### 6.6 Widerspruchsverfahren

Art 165 (2)–(5) enthält materialrechtliche Regelungen über den Konflikt 41
zwischen GMn und nationalen Schutzrechten, jedoch weder Verfahrens-

regelungen noch Regelungen, die den Konflikt zwischen zwei GMn betreffen.

42 Verwechslungsgefahr muss in dem Gebiet bestehen, in dem die ältere Marke geschützt ist (Art 8 (1) (b)); für eine ältere GM ist dies die gesamte Gemeinschaft, dh es reicht aus, dass die Verwechslungsgefahr in einem Mitgliedstaat besteht. Seit dem 1.5.2004 ist dies die EG, die aus 25 Mitgliedstaaten besteht. Für Konflikte zwischen zwei vor dem 1.5.2004 angemeldeten GMAen bzw für vor dem 1.5.2004 eingelegte Widersprüche gilt nichts anderes. Auch hier reicht es aus, wenn die Verwechslungsgefahr nunmehr, zum Zeitpunkt der Entscheidung, in einem neuen Mitgliedstaat besteht, beispielsweise aufgrund einer sich in der Sprache eines neuen Mitgliedstaates ergebenden phonetischen Ähnlichkeit. Auch ist die Verbraucherauffassung in der EG-25 unter Einschluss der neuen Mitgliedstaaten zu berücksichtigen. Jedoch wächst zum einen hier dem Inhaber der älteren Marke nicht notwendigerweise ein Mehr an Schutz zu, sondern es wird lediglich der allgemeine Grundsatz verwirklicht, dass der Schutzbereich einer Anmeldung nicht konstant ist, sondern sich im Zeitverlauf ändern kann. Zum anderen muss sich die Einbeziehung zusätzlicher Mitgliedstaaten nicht unbedingt im Sinne einer Steigerung der Verwechslungsgefahr auswirken, sondern es kann durchaus daran gedacht werden, begriffliche Unterschiede in einer Sprache eines neuen Mitgliedstaats zu berücksichtigen oder angesichts der nun erweiterten EG eher zu dem Ergebnis zu kommen, dass ein Rest an Verwechslungsgefahr hinzunehmen ist.

43 Ist die Benutzung älterer GMn nachzuweisen, so beinhaltet dies ab dem 1.5.2004 die EG-25, jedoch können Benutzungshandlungen, die vor dem 1.5.2004 in einem neuen Mitgliedstaat verwirklicht wurden, nicht berücksichtigt werden, da sie zu dem Zeitpunkt, zu dem sie vorgenommen wurden, nicht in der Gemeinschaft stattfanden.

44 Jedoch wirkt sich Art 165 auf den Widerspruchsgrund (oder Löschungsgrund) des Art 8 (3), Agentenmarke, nicht aus, da das Bestehen einer Marke in einem Mitgliedstaat gar nicht vorausgesetzt wird. Es kann also eine vor 2003 angemeldete GM aus Art 8 (3) angegriffen werden, wenn die Marke des Prinzipals zB 1997 in Polen eingetragen wurde.[19] Art 165 verhindert nur, dass Widerspruchs- oder Löschungsgründe erst durch den Beitritt ent-

---

19 EuG T-537/10 vom 29.11.2012 (Nr 19) *Fagumit/Fagumit*.

stehen. Auch hier zeigt sich, dass Art 165 nicht so weit geht, den Beitritt des neuen Mitgliedstaats als nicht geschehen zu fingieren (siehe oben, Rdn 11).

## 7 Ausnahme Bösgläubigkeit

Sowohl das Sonderwiderspruchsrecht nach Abs 3 als auch der Anspruch auf 45 Untersagung der Benutzung nach Abs 5 steht dem Inhaber des älteren nationalen Rechts dann nicht zu, wenn er bei dessen Erwerb bösgläubig war. Im Übrigen ist zu berücksichtigen, dass auch außerhalb des Anwendungsbereichs von Art 165 die ältere nationale Marke nach jeweiligem nationalen Recht wegen Bösgläubigkeit für nichtig erklärt werden kann; eine Verbesserung der Rechtsstellung des Anmelders der GMA enthält Art 165 (3) deshalb nur insofern, als der Anmelder der GMA diesen Einwand bereits im Widerspruchsverfahren vorbringen kann und nicht auf den Angriff auf die Gültigkeit der nationalen Marke verwiesen wird. Umgekehrt unterliegt auch eine GM der Nichtigerklärung, wenn sie bösgläubig angemeldet war (Art 52 (1) (b)), was sich etwa dann auswirken kann, wenn vor dem 1.5.2004 ein im Polnischen oder Slowakischen beschreibender Begriff angemeldet wurde (siehe dazu oben unter Rdn 25) oder wenn eine in einem neuen Mitgliedstaat bestehende Marke in sittenwidriger Behinderungsabsicht als GM angemeldet wurde.

Bösgläubigkeit ist von dem zu beweisen, der sich darauf beruft, in den Fällen 46 des Abs 2, 5 also vom Anmelder oder Inhaber der GM.

Im Vorfeld der Erweiterung hat das HABM mit den betr nationalen Ämtern 47 Fallgruppen und Szenarien möglicher Bösgläubigkeit durchgespielt. Erfreulicherweise haben sich dann in der Praxis des HABM keine Probleme gezeigt: Fälle der Berufung auf bösgläubig angemeldete Marken sind nicht bekannt geworden.

Es wurde lediglich berichtet, dass vor der Erweiterung in bösgläubiger Ab- 48 sicht Firmennamen angemeldet wurden, wohl mit dem Hintergedanken, dass diese keiner Prüfung und eventueller Nichtigerklärung durch das nationale Patentamt unterliegen. Berufungen auf solche Rechte vor dem HABM sind dann doch nicht erfolgt. Dem könnte auch durch sachgemäße Auslegung des Erfordernisses der Benutzung (Wortlaut von Art 8 (4): »im geschäftlichen Verkehr benutztes Kennzeichenrecht«) begegnet werden.

### 8 Wirkung erstreckter GMn gegenüber nationalen Marken

49 Kann eine erstreckte GM mit Anmeldetag 1996 einer danach angemeldeten und eingetragenen nationalen (zB) ungarischen Marke entgegengehalten werden?

50 Maßgeblich ist nur das Prioritätsdatum der ungarischen Marke. Liegt es nach dem 1.5.2004, so kann die GM normal zB als relativer Nichtigkeitsgrund oder im Verletzungsverfahren gegen die ungarische Marke durchgesetzt werden, da mit Wirkung zum 1.5.2004 die GM erstreckt ist und später angemeldete ungarische Marken jünger sind.

51 Eine erstrecke GM mit Anmeldetag 1996 setzt sich dagegen gegen jüngere ungarische Marken mit Prioritätsdatum vor dem 1.5.2004 nicht durch. Aus dem Grundsatz des Bestandsschutzes folgt, dass nicht die absolut bessere, sondern die Erstreckungspriorität zählt. Die GM wird gemäß Abs 1 in Ungarn mit einer virtuellen Priorität 1.5.2004 berücksichtigt (so wie umgekehrt die ungarische Marke, Rdn 35). Das kann aus dem Wortlaut von Art 165 abgeleitet werden: Die Erstreckungswirkung tritt nach Abs 1 »ab dem Tag des Beitritts«, nicht quasi rückwirkend ein. Nach Abs 5 kann der Inhaber dieser ungarischen Marke in Ungarn die Benutzung der GM untersagen. Nach Abs 4 kann die GM nicht für nichtig erklärt werden, was in dieser Fallkonstellation zu regeln überflüssig wäre, wenn sie ihrerseits die ungarische Marke vernichten könnte. Der Bestandsschutz nach Abs 4, 5 geht in beide Richtungen.

52 Im Ergebnis kann der Inhaber einer erstreckten GM weder die Nichtigerklärung einer ungarischen Marke mit Priorität vor dem 1.5.2004 beantragen noch ihre Benutzung in Ungarn untersagen, auch dann nicht, wenn die ungarische Marke jünger als 1.4.1996 ist.

### Artikel 166 Aufhebung

Die Verordnung (EG) Nr. 40/94 in der durch die in Anhang I angegebenen Rechtsakte geänderten Fassung wird aufgehoben.

Bezugnahmen auf die aufgehobene Verordnung gelten als Bezugnahmen auf die vorliegende Verordnung und sind nach Maßgabe der Entsprechungstabelle in Anhang II zu lesen.

*Schennen*

## 1 Allgemeines

Diese Vorschrift ist unglücklich formuliert. Die VO Nr 40/94, die im vorlie- 1
genden Art aufgehoben wird, ist durch die VO Nr 207/2009 lediglich kodi-
fiziert worden. So bestimmt Satz 2 folgerichtig, daß jede Bezugnahme auf
die VO Nr 40/94 als eine Bezugnahme auf die VO Nr 207/23009 zu verstehen ist, so dass rechtlich beide VOen identisch sind. Das bedeutet, daß auch
jede Bezugnahme auf die Art der GMV nach der alten Numerierung gültig
bleibt und es rechtlich gleichgültig ist, ob die neue oder die alte Artikelnumerierung angegeben wird.

Die in Satz 1 genante Konkordanztabelle ist im Anh 1.1 abgedruckt. Im Text 2
der Norm haben wir die bisherige Numerierung in Klammern gesetzt. In der
Kommentierung selbst wird nur noch auf die neue Numerierung Bezug genommen.

Die Verfahrensweise, in der kodifizierten Fassung die ursprüngliche VO und 3
die Rechtsakte zu deren Änderung aufzuheben, entspricht der allgemeinen
Praxis der Institutionen der EG (siehe zur VO Nr 2081/92 unter Art 164
Rdn 3). Zur Formulierung in Satz 1 ist allerdings anzufügen, daß Vorschriften, die die VO Nr 40/94 geändert haben, durch das Inkrafttreten der Änderung konsumiert worden sind.

Zum Glück noch nicht angepaßt an die VO Nr 207/2009 wurde die DV 4
und die GebV. Die dortigen Bezugnahmen auf die GMV mit der Artikelnumerierung gemäß VO Nr 40/94 wurden in Klammern um die Bezugnahmen
auf die neue Numerierung ergänzt. Dabei haben wir die vom HABM im Internet zur Verfügung gestellte Fassung zugrundegelegt. Gemäß Satz 2 sind
diese Bezugnahmen ohne weiteres als solche auf die entsprechenden Art der
VO Nr 207/2009 gültig.

## Artikel 167 (ex Artikel 160) Inkrafttreten

(1) Diese Verordnung tritt am zwanzigsten Tag nach ihrer Veröffentlichung im Amtsblatt der Europäischen Union in Kraft.

(2) Die Mitgliedstaaten treffen die nach den Artikeln 95 und 114 erforderlichen Maßnahmen innerhalb einer Frist von drei Jahren nach Inkrafttreten der Verordnung Nr. 40/94.

Diese Verordnung ist in allen ihren Teilen verbindlich und gilt unmittelbar in jedem Mitgliedstaat.

Geschehen zu Brüssel am 26. Februar 2009.

Im Namen des Rates
Der Präsident
I. LANGER

*Schennen*

## 1 Allgemeines

1 Diese Vorschrift, neu gefasst durch VO Nr 207/2009, ersetzt Art 160 der VO Nr 40/94, weil die dort genannten Übergangsbestimmungen heute durch Zeitablauf obsolet sind. Die Bestimmung wurde von Art 143 in Art 160 umnumeriert durch VO Nr 1992/2003 vom 27.10.2003,[1] durch die neue Art 140–156 zur Anwendung des MP durch das HABM eingefügt wurden.

2 Art 160 der VO Nr 40/94 bleibt aber auf Altfälle anwendbar. Art 167 der VO Nr 207/2009 ist daher irreführend. Außerdem wird die Regelung durch Art 2 DV ergänzt, der unverändert in Kraft ist.

3 Die GMV ist von Anfang an mit den Änderungen durch VO Nr 3288/94 des Rates vom 22.12.1994 zur Änderung der VO Nr 40/94 über die Gemeinschaftsmarke zur Umsetzung der im Rahmen der Uruguay-Runde getroffenen Übereinkünfte in Kraft getreten,[2] mit der Art 5, Art 7 und Art 29 GMV geändert worden sind und die nach ihrem Art 2 am 1.1.1995 in Kraft getreten ist.

---

1 ABl-EG L 296 vom 14.11.2003, S 1.
2 ABl-EG L 349 vom 31.12.1994, S 83.

Die GMV trat am 60. Tag nach der Veröffentlichung der VO Nr 40/94 im  4
ABl-EG[3] in Kraft. Dies war der 15.3.1994.[4]

## 2 Übergangsfrist für Umsetzungsmaßnahmen

Absatz 2 belässt den Mitgliedstaaten für bestimmte Übergangsmaßnahmen  5
des nationalen Rechts zur Umsetzung der GMV eine Frist von drei Jahren
Diese Frist rechnet grundsätzlich ab dem 15.3.1994, dh bis zum 15.3.1997.
Dies betrifft die Bestimmung der Gemeinschaftsmarkengerichte (Art 95)
und allfällige Form- und Verfahrensvorschriften für die Umwandlung von
GMn in nationale Marken (Art 114). Für die 2004 und 2007 neu beigetretenen Mitgliedstaaten berechnen sich die 3 Jahre ab dem Datum des Beitritts.

Nach der MarkenRichtl und aus dem Sachzusammenhang heraus sind die  6
Mitgliedstaaten ferner gehalten, die GMn in ihre nationales Recht zu »integrieren«, hauptsächlich indem sie sie als älteres Recht anerkennen und ihre
Verletzung den gleichen Sanktionen unterwerfen, die für nationale Marken
vorgesehen sind. Dafür gilt nicht Abs 2, sondern die in der MarkenRichtl
bestimmte Umsetzungsfrist, nunmehr Art 17 der RL Nr 2008/95 nebst
Anh 1 Teil B.

## 3 Übergangsfrist für die Einreichung von Anmeldungen

Nach Art 160 (3), (4) der VO Nr 40/94 und Art 2 (1) DV konnten GMAen  7
ab dem vom Verwaltungsrat des HABM festgesetzten Tag eingereicht werden, und übergangsweise in den drei Monaten vor diesem Tag bereits GMA-
en eingereicht werden, die aber als an diesem Tag eingereicht gelten.

Durch Beschluss des Verwaltungsrats des HABM vom 11.7.1995[5] ist be-  8
stimmt worden, dass GMAen beim HABM oder bei den nationalen Ämtern
(siehe Art 25) vom 1.4.1996 an eingereicht werden konnten. Es konnten daher zwischen dem 1.1.1996 und dem 31.3.1996 schon GMAen angemeldet
werden, die als am 1.4.1996 eingereicht gelten und frühestens diesen Anmeldetag erhalten haben. Der 1.4.1996 ist für alle diese Anmeldungen Anmel-

---

3  ABl-EG L 11 vom 14.1.1994, S 1.
4  Siehe von Mühlendahl, in: FS DPA 100 Jahre Marken-Amt, S 215, 219.
5  ABl-HABM 1995, 12.

detag im Rechtssinne mit allen daraus sich ergebenden Folgen zB für die Frage, welchen Altersrang die Anmeldung hat. So haben GMAen, die am 25. und 29.3.1996 eingegangen sind, denselben Anmeldetag, und keine ist gegenüber der anderen älter.[6]

9  Art 2 (1), (3), (4), (5) DV regelt, wie solche Anmeldungen vom HABM zu behandeln waren. Das HABM durfte Empfangsbestätigungen übermitteln (Art 2 (3) DV); hiervon wurde Gebrauch gemacht. Kein Gebrauch gemacht wurde von der Möglichkeit nach Art 2 (4) DV, GMAen bereits vor dem 1.4.1996 zu prüfen und sich mit dem Anmelder zur Behebung von Mängeln in Verbindung zu setzen.

10  Auch die vor dem 1.4.1996 eingereichten GMAen konnten Prioritäten beanspruchen. Nach Art 2 (2) DV wird in diesen Fällen die Prioritätsfrist vom 1.4.1996 an gerechnet. Frühestmögliches Prioritätsdatum (siehe Art 29) ist daher der 1.10.1995. Art 2 (2) DV erwähnt auch die Ausstellungspriorität. 1995 und 1996 haben aber keine internationalen Ausstellungen iSd Art 33 stattgefunden (siehe unter Art 33 Rdn 6).

## 4 Verfrüht eingereichte Anmeldungen

11  Nach Art 2 (6) DV gelten vor dem 1.1.1996 beim HABM eingegangene GMAen als nicht eingereicht; die Anmeldungsunterlagen waren dem Anmelder zurückzusenden. Auch GMAen, die vor diesem Datum bei einem nationalen Amt eingegangen sind[7] mussten unberücksichtigt bleiben und durften nicht, auch nicht nach dem 1.1.1996, an das HABM weitergeleitet werden.

Vor dem 1.1.1996 sind beim HABM keine Anmeldungen eingegangen.

## 5 Inkrafttreten späterer Änderungen der GMV

12  Spätere Änderungen der GMV, zB durch die VO Nr 422/2004, sehen keine besonderen Übergangsbestimmungen vor.

13  Deshalb gelten Änderungen der GMV ab ihrem Inkrafttreten für alle auf die geänderte Bestimmung anwendbaren Sachverhalte, und nicht nur für Anmeldungen oder Anträge, die erst nach Inkrafttreten der Änderung einge-

---

6  HABM-BK R 1219/2000-3 vom 17.10.2001 *MANEX/SANEX*.
7  Siehe Mitteilung des Präsidenten des DPMA vom 5.1.1996, BlPMZ 1996, 37.

reicht werden. Beispielsweise kann auch eine vor dem 10.3.2004 erfolgte Registereintragung nach diesem Zeitpunkt nach Art 80 widerrufen und nach dem 25.7.2005 eine für eine vor diesem Zeitpunkt eingereichte GMA die Weiterbehandlung nach Art 82 beantragt werden.

# Anhänge

# Anhang 1

## VERORDNUNG (EG) Nr. 2868/95 DER KOMMISSION

vom 13. Dezember 1995

zur Durchführung der Verordnung (EG) Nr 40/94 des Rates über die Gemeinschaftsmarke

(ABl EG Nr L 303 vom 15.12.1995, S 1)

geändert durch:

Verordnung (EG) Nr 782/2004 der Kommission vom 26. April 2004

(ABl EG Nr L 123 vom 27.4.2004, S 88)

(in Kraft seit 1. Oktober 2004)

Verordnung (EG) Nr 1041/2005 der Kommission vom 29. Juni 2005

(ABl EG Nr. L 172 vom 5.7.2005, S. 4)

(in Kraft seit 25. Juli 2005)

Verordnung (EG) Nr. 355/2009 der Kommission vom 31. März 2009

(ABl EG Nr. L 109 vom 30.4.2009, S. 3)

(in Kraft seit 1. Mai 2009)

Inhaltsübersicht (nicht Bestandteil des amtlichen Textes)

Artikel 1

DIE KOMMISSION DER EUROPÄISCHEN GEMEINSCHAFTEN —

gestützt auf den Vertrag zur Gründung der Europäischen Gemeinschaft,

gestützt auf die Verordnung (EG) Nr. 40/94 des Rates vom 20. Dezember 1993 über die Gemeinschaftsmarke,[1] geändert durch die Verordnung (EG) Nr. 3288/94, insbesondere auf Artikel 140 *(nunmehr Artikel 162)*,[2]

in Erwägung nachstehender Gründe: Durch die Verordnung (EG) Nr. 40/94, nachstehend »die Verordnung« genannt, wird ein neues Markensystem geschaffen, das es ermöglicht, aufgrund einer Anmeldung beim Harmonisierungsamt für den Binnenmarkt (Marken, Muster und Modelle), nachstehend »das Amt« genannt, eine Marke mit Wirkung für das gesamte Gebiet der Gemeinschaft zu erlangen.

Zu diesem Zweck enthält die Verordnung insbesondere die notwendigen Vorschriften für ein Verfahren, das zur Eintragung einer Gemeinschaftsmarke führt, für die Verwaltung der Gemeinschaftsmarken, für ein Beschwerdeverfahren gegen die Entscheidungen des Amtes sowie für ein Verfahren zur Erklärung des Verfalls oder der Nichtigkeit einer Gemeinschaftsmarke.

In Artikel 140 *(nunmehr Artikel 162)* der Verordnung ist festgelegt, daß die Einzelheiten der Anwendung der Verordnung in einer Durchführungsverordnung geregelt werden.

Die Durchführungsverordnung wird gemäß dem in Artikel 141 *(nunmehr Artikel 163)* der Verordnung festgelegten Verfahren erlassen.

Diese Durchführungsverordnung sollte deshalb diejenigen Bestimmungen enthalten, die zur Durchführung der Vorschriften der Verordnung erforderlich sind.

Diese Bestimmungen sollen den reibungslosen und effizienten Ablauf der Markenverfahren vor dem Amt gewährleisten.

Gemäß Artikel 116 Absatz 1 *(nunmehr Artikel 120 Absatz 1)* der Verordnung sollten sämtliche in Artikel 26 Absatz 1 der Verordnung aufgeführten Bestandteile der Anmeldung einer Gemeinschaftsmarke und alle sonstigen Informationen, deren Veröffentlichung in dieser Durchführungsverordnung vorgeschrieben ist, in allen Amtssprachen der Gemeinschaft veröffentlicht werden.

Die Marke selbst, Namen, Anschriften, Zeitangaben und ähnliche Angaben sind jedoch nicht zur Übersetzung und Veröffentlichung in allen Amtssprachen der Gemeinschaft geeignet.

Das Amt sollte für die Verfahren vor dem Amt Formulare in allen Amtssprachen zur Verfügung stellen.

Die in dieser Verordnung vorgesehenen Maßnahmen entsprechen der Stellungnahme des gemäß Artikel 141 *(nunmehr Artikel 163)* der Verordnung eingesetzten Ausschusses —

HAT FOLGENDE VERORDNUNG ERLASSEN:

## Artikel 1

Die Einzelheiten der Anwendung der Verordnung werden wie folgt geregelt:

---

1 *ABl. Nr. L 11 vom 14.1.1994, S. 1.*
2 Neue Nummerierung gemäß VO Nr 207/2009: **nicht** Bestandteil des amtlichen Textes.

## TITEL I ANMELDEVERFAHREN

### Regel 1 Inhalt der Anmeldung

(1) Die Anmeldung für eine Gemeinschaftsmarke muß enthalten:

a) einen Antrag auf Eintragung einer Gemeinschaftsmarke;

b) den Namen, die Anschrift und die Staatsangehörigkeit sowie den Staat des Wohnsitzes, des Sitzes oder der Niederlassung des Anmelders. Bei natürlichen Personen sind Familienname und Vornamen anzugeben. Bei juristischen Personen sowie bei Gesellschaften und anderen in den Anwendungsbereich des Artikels 3 der Verordnung fallenden juristischen Einheiten sind die amtliche Bezeichnung und die Rechtsform anzugeben, wobei deren gewöhnliche Abkürzung ausreicht. Telefon- und Telefaxnummern, E-Mail-Adressen sowie Einzelheiten zu sonstigen Datenkommunikationsmitteln, über die der Anmelder Mitteilungen entgegennehmen möchte, können angegeben werden. Für jeden Anmelder soll grundsätzlich nur eine Anschrift angegeben werden. Werden mehrere Anschriften angegeben, so wird nur die zuerst genannte Anschrift berücksichtigt, es sei denn, der Anmelder benennt eine Anschrift als Zustellanschrift;[3]

c) gemäß Regel 2 ein Verzeichnis der Waren und Dienstleistungen, für welche die Marke eingetragen werden soll, oder ein Verweis[4] auf das Verzeichnis der Waren und Dienstleistungen einer früheren Gemeinschaftsmarkenanmeldung,[5]

d) gemäß Regel 3 eine Wiedergabe der Marke;

e) falls ein Vertreter bestellt ist, seinen Namen und seine Geschäftsanschrift gemäß Buchstabe b). Hat der Vertreter mehrere Geschäftsanschriften oder wurden zwei oder mehr Vertreter mit verschiedenen Geschäftsanschriften bestellt, so ist die Anschrift anzugeben, die als Zustellanschrift gelten soll. Ohne diese Angabe wird nur die zuerst genannte Anschrift als Zustellanschrift berücksichtigt;

f) falls die Priorität einer früheren Anmeldung gemäß Artikel 30 der Verordnung in Anspruch genommen wird, eine entsprechende Erklärung, in der der Tag dieser Anmeldung und der Staat angegeben sind, in dem oder für den sie eingereicht worden ist;

g) falls die Priorität der Zurschaustellung auf einer Ausstellung gemäß Artikel 33 der Verordnung in Anspruch genommen wird, eine entsprechende Erklärung, in der der Name der Ausstellung und der Tag der ersten Zurschaustellung der Waren oder Dienstleistungen angegeben sind;

h) falls der Zeitrang einer oder mehrerer älterer in einem Mitgliedstaat eingetragener Marken, einschließlich einer im Benelux-Gebiet oder einer mit Wirkung für einen Mitgliedstaat international registrierten Marke (nachstehend »eingetragene ältere Marke gemäß Artikel 34 der Verordnung«) gemäß Artikel 34 der Verordnung in Anspruch genommen wird, eine entsprechende Erklärung, in der der Mitgliedstaat oder die Mitgliedstaaten, in denen oder für die diese Marken eingetragen sind, der Zeitpunkt des Beginns des Schutzes dieser Marken und die Nummern der Eintragungen sowie die eingetragenen Waren und Dienstleistungen angegeben sind;

i) gegebenenfalls eine Erklärung, daß die Eintragung als Gemeinschaftskollektivmarke gemäß Artikel 64 *(nunmehr Artikel 66)* der Verordnung beantragt wird;

---

3 Geändert durch Verordnung (EG) Nr. 1041/2005 der Kommission vom 29.6.2005.

4 Zutreffend: »Bezugnahme«.

5 Geändert durch Verordnung (EG) Nr. 1041/2005 der Kommission vom 29.6.2005.

j)  die Angabe der Sprache, in der die Anmeldung eingereicht wurde, und einer zweiten Sprache gemäß Artikel 115 Absatz 3 *(nunmehr Artikel 119 Absatz 3)* der Verordnung;

k)  die Unterschrift des Anmelders oder Vertreters gemäß Regel 79,[6]

l)  gegebenenfalls die Anforderung eines Recherchenberichts nach Artikel 39 Absatz 2 *(nunmehr Artikel 38 Absatz 2)* der Verordnung.[7]

(2) Die Anmeldung einer Gemeinschaftskollektivmarke kann die Satzung enthalten.

(3) Die Anmeldung kann eine Erklärung des Anmelders enthalten, daß er das ausschließliche Recht an einem von ihm anzugebenden Bestandteil der Marke, der nicht unterscheidungskräftig ist, nicht in Anspruch nimmt.

(4) Im Fall mehrerer Anmelder sollte die Anmeldung die Bezeichnung eines Anmelders oder Vertreters als gemeinsamer Vertreter enthalten.

### Regel 2 Verzeichnis der Waren und Dienstleistungen

(1) Die Klassifizierung der Waren und Dienstleistungen richtet sich nach der gemeinsamen Klassifikation des Artikels 1 des geänderten Nizzaer Abkommens vom 15. Juni 1957 über die internationale Klassifikation von Waren und Dienstleistungen für die Eintragung von Marken.

(2) Das Verzeichnis der Waren und Dienstleistungen ist so zu formulieren, daß sich die Art der Waren und Dienstleistungen klar erkennen läßt und es die Klassifizierung der einzelnen Waren und Dienstleistungen in nur jeweils einer Klasse der Nizzaer Klassifikation gestattet.

(3) Die Waren und Dienstleistungen sollten möglichst nach den Klassen der Nizzaer Klassifikation zusammengefaßt werden. Dabei wird jeder Gruppe von Waren und Dienstleistungen die Nummer der einschlägigen Klasse in der Reihenfolge dieser Klassifikation vorangestellt.

(4) Die Klassifikation der Waren und Dienstleistungen dient ausschließlich Verwaltungszwecken. Daher dürfen Waren und Dienstleistungen nicht deswegen als ähnlich angesehen werden, weil sie in derselben Klasse der Nizzaer Klassifikation genannt werden, und dürfen Waren und Dienstleistungen nicht deswegen als verschieden angesehen werden, weil sie in verschiedenen Klassen der Nizzaer Klassifikation genannt werden.

### Regel 3 Wiedergabe der Marke

(1) Beansprucht der Anmelder keine besondere graphische Darstellung oder Farbe, so ist die Marke in üblicher Schreibweise, insbesondere zum Beispiel durch maschinenschriftliches Aufdrucken der Buchstaben, Zahlen und Zeichen in der Anmeldung wiederzugeben. Der Gebrauch von Klein- und Großbuchstaben ist zulässig und wird entsprechend bei den Veröffentlichungen der Marke und bei der Eintragung durch das Amt übernommen.

(2) In allen anderen als den in Absatz 1 genannten Fällen, außer bei elektronischer Anmeldung, ist die Marke auf einem gesonderten Blatt, getrennt vom Textblatt der Anmeldung, wiederzugeben. Das gesonderte Blatt darf nicht größer als Format DIN A4 (29,7 cm hoch, 21 cm breit) und die für die Wiedergabe benutzte Fläche (Satzspiegel) nicht größer als 26,2 cm ×

---

6  Geändert durch Verordnung (EG) Nr. 1041/2005 der Kommission vom 29.6.2005.

7  Eingefügt durch Verordnung (EG) Nr. 1041/2005 der Kommission vom 29.6.2005. Anwendbar ab dem 10. März 2008.

17 cm sein. Vom linken Seitenrand ist ein Randabstand von mindestens 2,5 cm einzuhalten. Die richtige Stellung der Marke ist durch Hinzufügen des Wortes ›oben‹ auf jeder Wiedergabe anzugeben, soweit sich diese nicht von selbst ergibt. Die Wiedergabe der Marke muss von einer Qualität sein, die die Verkleinerung oder Vergrößerung auf das Format für die Veröffentlichung im Blatt für Gemeinschaftsmarken von höchstens 8 cm in der Breite und 16 cm in der Höhe zulässt.[8]

(3) Wird die Eintragung gemäß Absatz 2 beantragt, so muß die Anmeldung eine entsprechende Angabe enthalten. Die Anmeldung kann eine Beschreibung der Marke enthalten.

(4) Wird die Eintragung einer dreidimensionalen Marke beantragt, muß die Anmeldung eine entsprechende Angabe enthalten. Die Wiedergabe muß aus einer fotografischen Darstellung oder einer graphischen Wiedergabe der Marke bestehen. Es können bis zu sechs verschiedene Perspektiven der Marke wiedergegeben werden.

(5) Wird die Eintragung in Farbe beantragt, so muss die Wiedergabe der Marke gemäß Absatz 2 farbig sein. Zusätzlich sind die Farben, aus denen sich die Marke zusammensetzt, in Worten anzugeben, wobei die Benennung der Farben anhand eines anerkannten Farbcodes beigefügt werden kann.[9]

(6) Wenn eine Hörmarke angemeldet wird, besteht die Wiedergabe der Marke aus einer grafischen Wiedergabe der Klangfolge, vornehmlich in Form einer Notenschrift; bei elektronischer Anmeldung kann eine elektronische Datei beigefügt werden, die die klangliche Wiedergabe enthält. Der Präsident des Amtes bestimmt die zulässigen Formate und die maximale Größe der elektronischen Datei.[10]

## Regel 4  Anmeldegebühren

Für die Anmeldung sind folgende Gebühren zu entrichten:[11]
a) eine Grundgebühr;
b) eine Klassengebühr ab der vierten Klasse für jede zusätzlich beanspruchte Waren- oder Dienstleistungsklasse nach Regel 2;
c) gegebenenfalls eine Recherchengebühr.

## Regel 5  Einreichung der Anmeldung

(1) Das Amt vermerkt auf den Unterlagen der Anmeldung den Tag ihres Eingangs und das Aktenzeichen der Anmeldung. Es übermittelt dem Anmelder unverzüglich eine Empfangsbescheinigung, die mindestens das Aktenzeichen, eine Wiedergabe, eine Beschreibung oder sonstige Identifizierung der Marke, die Art und Zahl der Unterlagen und den Tag ihres Eingangs enthält.

(2) Wird die Anmeldung gemäß Artikel 25 der Verordnung bei einer Zentralbehörde für den gewerblichen Rechtsschutz eines Mitgliedstaates oder beim Benelux-Markenamt eingereicht, so

---

8   Geändert durch Verordnung (EG) Nr. 1041/2005 der Kommission vom 29.6.2005.
9   Geändert durch Verordnung (EG) Nr. 1041/2005 der Kommission vom 29.6.2005.
10  Geändert durch Verordnung (EG) Nr. 1041/2005 der Kommission vom 29.6.2005.
11  Geändert durch Verordnung (EG) Nr. 1041/2005 der Kommission vom 29.6.2005. Absatz c) anwendbar ab dem 10. März 2008.

numeriert diese Behörde alle Blätter der Anmeldung mit arabischen Zahlen. Sie vermerkt auf den Unterlagen, aus denen sich die Anmeldung zusammensetzt, vor ihrer Weiterleitung das Eingangsdatum und die Zahl der Blätter. Sie übermittelt dem Anmelder unverzüglich eine Empfangsbescheinigung, in der mindestens die Art und Zahl der Unterlagen und der Tag ihres Eingangs angegeben werden.

(3) Hat das Amt eine Anmeldung durch Vermittlung einer Zentralbehörde für den gewerblichen Rechtsschutz eines Mitgliedstaats oder des Benelux-Markenamtes erhalten, so vermerkt es auf der Anmeldung das Eingangsdatum und das Aktenzeichen und übermittelt dem Anmelder unverzüglich eine Empfangsbescheinigung gemäß Absatz 1 Satz 2 unter Angabe des Tages des Eingangs beim Amt.

### Regel 5a Recherchenbericht

Die Recherchenberichte sind anhand eines Standardformulars zu verfassen, das mindestens folgende Informationen enthält:[12]

a) die Bezeichnung der Zentralbehörde für den gewerblichen Rechtsschutz, die die Recherche durchgeführt hat;

b) das Aktenzeichen der im Recherchenbericht aufgeführten Markenanmeldungen oder die Nummer der Markeneintragungen, die Gegenstand des Recherchenberichts sind;

c) den Anmeldetag und gegebenenfalls Prioritätstag der im Recherchenbericht aufgeführten Markenanmeldungen oder eintragungen;

d) den Tag der Eintragung der im Recherchenbericht aufgeführten Marken;

e) den Namen und die Kontaktadresse des Inhabers der im Recherchenbericht aufgeführten Markenanmeldungen oder eintragungen;

f) eine Wiedergabe der im Recherchenbericht aufgeführten angemeldeten oder eingetragenen Marken;

g) die Angabe der Klassen gemäß der Nizzaer Klassifikation, für die die älteren nationalen Marken angemeldet oder eingetragen wurden, oder der Waren und Dienstleistungen, für die die Marken, die Gegenstand des Recherchenberichts sind, angemeldet oder eingetragen wurden.

### Regel 6 Inanspruchnahme der Priorität

(1) Wird in der Anmeldung die Priorität einer oder mehrerer früherer Anmeldungen gemäß Artikel 30 der Verordnung in Anspruch genommen, so muß der Anmelder innerhalb einer Frist von drei Monaten nach dem Anmeldetag das Aktenzeichen der früheren Anmeldung angeben und eine Abschrift von ihr einreichen. Die Abschrift muß von der Behörde, bei der die frühere Anmeldung eingereicht worden ist, als mit der früheren Anmeldung übereinstimmend beglaubigt sein; der Abschrift ist eine Bescheinigung dieser Behörde über den Tag der Einreichung der früheren Anmeldung beizufügen. Falls es sich bei der älteren Anmeldung um eine Gemeinschaftsmarkenanmeldung handelt, fügt das Amt von Amts wegen eine Abschrift der älteren Gemeinschaftsmarkenanmeldung bei.[13]

---

12 Eingefügt durch Verordnung (EG) Nr. 1041/2005 der Kommission vom 29.6.2005. Anwendbar ab dem 10. März 2008.

13 Geändert durch Verordnung (EG) Nr. 1041/2005 der Kommission vom 29.6.2005.

(2) Möchte der Anmelder die Priorität einer oder mehrerer früherer Anmeldungen gemäß Artikel 30 der Verordnung nach Einreichung der Anmeldung in Anspruch nehmen, so ist die Prioritätserklärung unter Angabe des Datums, an dem, und des Landes, in dem die frühere Anmeldung erfolgt ist, innerhalb einer Frist von zwei Monaten nach dem Anmeldetag vorzulegen. Die in Absatz 1 verlangten Angaben und Unterlagen sind dem Amt innerhalb einer Frist von drei Monaten nach Empfang der Prioritätserklärung vorzulegen.

(3) Ist die frühere Anmeldung nicht in einer der Sprachen des Amtes abgefaßt, so fordert das Amt den Anmelder auf, innerhalb einer vom Amt festgesetzten Frist von mindestens drei Monaten eine Übersetzung der früheren Anmeldung in einer dieser Sprachen vorzulegen.

(4) Der Präsident des Amtes kann bestimmen, daß der Anmelder weniger als die gemäß Absatz 1 zu erbringenden Nachweise vorzulegen hat, wenn die erforderliche Information dem Amt aus anderen Quellen zur Verfügung steht.

## Regel 7 Ausstellungspriorität

(1) Wird die Ausstellungspriorität gemäß Artikel 33 der Verordnung in der Anmeldung in Anspruch genommen, so muß der Anmelder innerhalb einer Frist von drei Monaten nach dem Anmeldetag eine Bescheinigung einreichen, die während der Ausstellung von der für den Schutz des gewerblichen Eigentums auf dieser Ausstellung zuständigen Stelle erteilt worden ist. Diese Bescheinigung muß bestätigen, daß die Marke für die entsprechenden Waren oder Dienstleistungen tatsächlich benutzt worden ist, und sie muß außerdem den Tag der Eröffnung der Ausstellung und, wenn die erste öffentliche Benutzung nicht mit dem Eröffnungstag der Ausstellung zusammenfällt, den Tag der ersten öffentlichen Benutzung angeben. Der Bescheinigung ist eine Darstellung über die tatsächliche Benutzung der Marke beizufügen, die mit einer Bestätigung der vorerwähnten Stelle versehen ist.

(2) Will der Anmelder eine Ausstellungspriorität nach Einreichung der Anmeldung in Anspruch nehmen, so ist die Prioritätserklärung unter Angabe der Ausstellung und des Datums der ersten Zurschaustellung der Waren und Dienstleistungen innerhalb einer Frist von zwei Monaten nach dem Anmeldetag vorzulegen. Die gemäß Absatz 1 erforderlichen Angaben und Nachweise sind dem Amt innerhalb einer Frist von drei Monaten nach Empfang der Prioritätserklärung vorzulegen.

## Regel 8 Inanspruchnahme des Zeitrangs einer nationalen Marke

(1) Wird der Zeitrang einer oder mehrerer eingetragener älterer Marken gemäß Artikel 34 der Verordnung in der Anmeldung in Anspruch genommen, so hat der Anmelder innerhalb einer Frist von drei Monaten nach dem Anmeldetag eine Abschrift der diesbezüglichen Eintragung vorzulegen. Die Abschrift muß von der zuständigen Stelle als die genaue Abschrift der Eintragung beglaubigt sein.

(2) Will der Anmelder den Zeitrang einer oder mehrerer eingetragener älterer Marken gemäß Artikel 34 der Verordnung nach Einreichung der Anmeldung in Anspruch nehmen, so ist die Erklärung über den Zeitrang unter Angabe des Mitgliedstaates oder der Mitgliedstaaten, in denen oder für die die Marke eingetragen ist, der Nummer und des Anmeldetags der entsprechenden Eintragung sowie der Waren und Dienstleistungen, für die die Marke eingetragen ist, innerhalb einer Frist von zwei Monaten nach dem Anmeldetag vorzulegen. Der in Absatz 1

verlangte Nachweis ist dem Amt innerhalb einer Frist von drei Monaten nach Empfang der Erklärung über den Zeitrang vorzulegen.[14]

(3) Das Amt unterrichtet die für den gewerblichen Rechtsschutz zuständige Zentralbehörde
des betreffenden Mitgliedstaats und das Benelux-Markenamt über die wirksame Inanspruchnahme des Zeitrangs.

(4) Der Präsident des Amtes kann bestimmen, daß der Anmelder weniger als die gemäß Absatz 1 zu erbringenden Nachweise vorzulegen hat, wenn die erforderliche Information dem
Amt aus anderen Quellen zur Verfügung steht.

### Regel 9   Prüfung der Erfordernisse in bezug auf den Anmeldetag und die Anmeldung

(1) Erfüllt die Anmeldung die Erfordernisse für die Zuerkennung eines Anmeldetages nicht,
weil
a)  die Anmeldung folgendes nicht enthält:
    i)    einen Antrag auf Eintragung einer Gemeinschaftsmarke,
    ii)   Angaben, die es erlauben, die Identität des Anmelders festzustellen,
    iii)  ein Verzeichnis der Waren oder Dienstleistungen, für die die Marke eingetragen wer-
          den soll,
    iv)   eine Wiedergabe der Marke; oder
b)  die Grundgebühr für die Anmeldung nicht innerhalb eines Monats nach der Anmeldung
    beim Amt oder, im Fall der Anmeldung bei der für den gewerblichen Rechtsschutz zustän-
    digen Zentralbehörde eines Mitgliedstaates oder beim Benelux-Markenamt, bei diesem
    Amt entrichtet worden ist, so teilt das Amt dem Anmelder mit, daß aufgrund dieser Män-
    gel kein Anmeldetag zuerkannt werden kann.

(2) Werden die in Absatz 1 erwähnten Mängel innerhalb einer Frist von zwei Monaten nach
Empfang der Mitteilung behoben, so ist für den Anmeldetag der Tag maßgeblich, an dem alle
Mängel beseitigt sind. Werden die Mängel nicht fristgemäß behoben, so wird die Anmeldung
nicht als Anmeldung einer Gemeinschaftsmarke behandelt. In diesem Fall werden alle bereits
entrichteten Gebühren erstattet.

(3) Ergibt die Prüfung trotz der Zuerkennung eines Anmeldetages, daß
a)  die Erfordernisse der Regeln 1, 2 und 3 oder die anderen formalen Anmeldeerfordernisse
    der Verordnung oder dieser Regeln nicht erfüllt sind,
b)  die gemäß Regel 4 Buchstabe b) in Verbindung mit der Verordnung (EG) Nr. 2868/95[15]
    der Kommission, nachstehend Gebührenordnung genannt, zu zahlende Klassengebühr
    nicht in voller Höhe beim Amt eingegangen ist,
c)  im Fall der Inanspruchnahme der Priorität gemäß der Regeln 6 und 7 entweder in der An-
    meldung oder innerhalb von zwei Monaten nach dem Anmeldetag die übrigen Erforder-
    nisse der betreffenden Regeln nicht erfüllt sind, oder
d)  im Fall der Inanspruchnahme des Zeitrangs gemäß Regel 8 entweder in der Anmeldung
    oder innerhalb von zwei Monaten nach dem Anmeldetag die übrigen Erfordernisse der Re-
    gel 8 nicht erfüllt sind,

---

14   Geändert durch Verordnung (EG) Nr. 1041/2005 der Kommission vom 29.6.2005.
15   Lies: »Nr. 2869/95«.

so fordert das Amt den Anmelder auf, die festgestellten Mängel innerhalb einer vom Amt festgelegten Frist abzustellen.

(4) Werden die in Absatz 3 Buchstabe a) erwähnten Mängel nicht fristgemäß beseitigt, so weist das Amt die Anmeldung zurück.

(5) Werden die ausstehenden Klassengebühren nicht fristgemäß entrichtet, so gilt die Anmeldung als zurückgenommen, es sei denn, daß eindeutig ist, welche Waren- oder Dienstleistungsklassen durch den gezahlten Gebührenbetrag gedeckt werden sollen. Liegen keine anderen Kriterien vor, um zu bestimmen, welche Klassen durch den gezahlten Gebührenbetrag gedeckt werden sollen, so trägt das Amt den Klassen in der Reihenfolge der Klassifikation Rechnung. Die Anmeldung gilt für diejenigen Klassen als zurückgenommen, für die die Klassengebühren nicht oder nicht in voller Höhe gezahlt worden sind.

(6) Betreffen die in Absatz 3 erwähnten Mängel die Inanspruchnahme der Priorität, so erlischt der Prioritätsanspruch für die Anmeldung.

(7) Betreffen die in Absatz 3 erwähnten Mängel die Inanspruchnahme des Zeitrangs, so kann der Zeitrang für diese Anmeldung nicht mehr in Anspruch genommen werden.

(8) Betreffen die in Absatz 3 erwähnten Mängel lediglich einige Waren und Dienstleistungen, so weist das Amt die Anmeldung nur in bezug auf diese Waren oder Dienstleistungen zurück, oder es erlischt der Anspruch in bezug auf die Priorität oder den Zeitrang nur in bezug auf diese Waren und Dienstleistungen.

### Regel 10 Recherchen durch die Zentralbehörden der Mitgliedstaaten

1. Wird bei der Anmeldung einer Gemeinschaftsmarke kein Recherchenbericht gemäß Artikel 39 Absatz 2 *(nunmehr Artikel 38 Absatz 2)* der Verordnung angefordert oder wird die Recherchengebühr gemäß Regel 4 Buchstabe c nicht innerhalb der für die Zahlung der Grundgebühr für die Anmeldung vorgesehenen Frist entrichtet, so erfolgt keine Recherche durch die Zentralbehörden für den gewerblichen Rechtsschutz der Mitgliedstaaten.[16]
2. Im Falle einer internationalen Registrierung, in der die Europäische Gemeinschaft benannt ist, erfolgt keine Recherche durch die Zentralbehörden für den gewerblichen Rechtsschutz der Mitgliedstaaten, wenn innerhalb eines Monats ab dem Tag, an dem das Internationale Büro dem Amt die internationale Registrierung mitteilt, kein Recherchenbericht gemäß Artikel 39 Absatz 2 *(nunmehr Artikel 38 Absatz 2)* der Verordnung angefordert wird oder die Recherchengebühr nicht innerhalb dieses Zeitraums entrichtet wurde.

### Regel 11 Prüfung auf absolute Eintragungshindernisse

(1) Ist die Marke gemäß Artikel 7 der Verordnung für alle oder einen Teil der Waren oder Dienstleistungen, für die sie angemeldet ist, von der Eintragung ausgeschlossen, so teilt das Amt dem Anmelder mit, welche Hindernisse der Eintragung entgegenstehen. Das Amt setzt dem Anmelder eine Frist zur Zurücknahme oder Änderung der Anmeldung oder zur Abgabe einer Stellungnahme.

---

16 Geändert durch Verordnung (EG) Nr. 1041/2005 der Kommission vom 29.6.2005. Anwendbar ab 10. März 2008.

(2) Wird die Eintragung der Gemeinschaftsmarke gemäß Artikel 38 Absatz 2 *(nunmehr Artikel 37 Absatz 2)* der Verordnung von der Erklärung des Anmelders abhängig gemacht, daß er ein ausschließliches Recht an nicht unterscheidungskräftigen Bestandteilen der Marke nicht in Anspruch nimmt, so teilt das Amt dies dem Anmelder unter Angabe der Gründe mit und fordert ihn auf, die entsprechende Erklärung innerhalb einer vom Amt festgelegten Frist abzugeben.

(3) Beseitigt der Anmelder die der Eintragung entgegenstehenden Hindernisse oder erfüllt er die in Absatz 2 genannte Bedingung nicht fristgemäß, so weist das Amt die Anmeldung ganz oder teilweise zurück.

### Regel 12   Veröffentlichung der Anmeldung

Die Veröffentlichung der Anmeldung enthält:

a)  den Namen und die Anschrift des Anmelders;

b)  gegebenenfalls den Namen und die Geschäftsanschrift des vom Anmelder bestellten Vertreters, soweit es kein Vertreter im Sinne des Artikels 88 Absatz 3 Satz 1 *(nunmehr Artikel 92 Absatz 3 Satz 1)* der Verordnung ist; bei mehreren Vertretern mit derselben Geschäftsanschrift werden nur Name und Geschäftsanschrift des zuerst genannten Vertreters, gefolgt von den Worten »und andere«, veröffentlicht; bei mehreren Vertretern mit verschiedenen Geschäftsanschriften wird nur die Zustellanschrift gemäß Regel 1 Absatz 1 Buchstabe e) angegeben; im Fall eines Zusammenschlusses von Vertretern gemäß Regel 76 Absatz 9 werden nur Name und Geschäftsanschrift des Zusammenschlusses veröffentlicht;

c)  die Wiedergabe der Marke mit Angaben und Beschreibungen gemäß Regel 3; ist die Wiedergabe der Marke farbig oder enthält sie Farben, erfolgt die Veröffentlichung farbig unter Angabe der Farbe(n), aus der (denen) sich die Marke zusammensetzt, sowie gegebenenfalls des angegebenen Farbcodes;[17]

d)  das Verzeichnis der in Übereinstimmung mit den Klassen der Nizzaer Klassifikation in Gruppen zusammengefaßten Waren und Dienstleistungen, wobei jeder Gruppe die Zahl der einschlägigen Klasse in der Reihenfolge der Klassifikation vorangestellt wird;

e)  den Anmeldetag und das Aktenzeichen;

f)  gegebenenfalls Angaben über die Inanspruchnahme einer Priorität gemäß Artikel 30 der Verordnung;

g)  gegebenenfalls Angaben über die Inanspruchnahme der Ausstellungspriorität gemäß Artikel 33 der Verordnung;

h)  gegebenenfalls Angaben über die Inanspruchnahme des Zeitranges gemäß Artikel 34 der Verordnung;

i)  gegebenenfalls eine Angabe, daß die Marke gemäß Artikel 7 Absatz 3 der Verordnung durch ihre Benutzung Unterscheidungskraft erlangt hat;

j)  gegebenenfalls eine Erklärung, daß die Anmeldung für eine Gemeinschaftskollektivmarke erfolgt;

k)  gegebenenfalls die Erklärung des Anmelders, daß er das ausschließliche Recht an einem Bestandteil der Marke gemäß Regel 1 Absatz 3 oder Regel 11 Absatz 2 nicht in Anspruch nimmt;

---

17   Geändert durch Verordnung (EG) Nr. 1041/2005 der Kommission vom 29.6.2005.

l)   die Sprache, in der die Anmeldung eingereicht wurde, und die zweite Sprache, die der Anmelder in seiner Anmeldung gemäß Artikel 115 Absatz 3 *(nunmehr Artikel 119 Absatz 3)*
der Verordnung angegeben hat;

m)   gegebenenfalls die Erklärung, dass die Anmeldung sich aus der Umwandlung einer internationalen Registrierung, in der die Europäische Gemeinschaft benannt ist, gemäß Artikel 156 *(nunmehr Artikel 161)* der Verordnung ergibt, sowie den Tag der internationalen
Registrierung gemäß Artikel 3 Absatz 4 des Madrider Protokolls oder den Tag der Eintragung der territorialen Ausdehnung auf die Europäische Gemeinschaft im Anschluss an die
internationale Registrierung gemäß Artikel 3ter Absatz 2 des Madrider Protokolls und das
Prioritätsdatum der internationalen Registrierung.[18]

### Regel 13   Änderung der Anmeldung

(1) Der Antrag auf Änderung der Anmeldung gemäß Artikel 44 *(nunmehr Artikel 43)* der Verordnung muß folgende Angaben enthalten:
a)   das Aktenzeichen der Anmeldung;
b)   den Namen und die Anschrift des Anmelders gemäß Regel 1 Absatz 1 Buchstabe b);
c)   [gestrichen][19]
d)   den Teil der Anmeldung, der berichtigt oder geändert werden soll, und denselben Teil in
seiner berichtigten oder geänderten Fassung;
e)   betrifft die Änderung die Wiedergabe der Marke, die Wiedergabe der geänderten Marke
gemäß Regel 3.

(2) [gestrichen][20]

(3) Sind die Erfordernisse für den Antrag auf Änderung der Anmeldung nicht erfüllt, so teilt
das Amt dem Anmelder den Mangel mit. Wird der Mangel nicht innerhalb einer vom Amt
festgelegten Frist behoben, so weist es den Antrag auf Änderung der Anmeldung zurück.

(4) Wird die Änderung gemäß Artikel 44 Absatz 2 *(nunmehr Artikel 43 Absatz 2)* der Verordnung veröffentlicht, so gelten die Regeln 15 bis 22 entsprechend.

(5) Für die Änderung desselben Bestandteils in zwei oder mehreren Anmeldungen desselben
Anmelders kann ein einziger Änderungsantrag gestellt werden. Muß im Zusammenhang mit
dem Änderungsantrag eine Gebühr gezahlt werden, so ist diese für jede einzelne zu ändernde
Anmeldung zu zahlen.

(6) Die Absätze 1 bis 5 gelten entsprechend für Anträge auf Berichtigung des Namens oder der
Geschäftsanschrift eines vom Anmelder bestellten Vertreters. Diese Anträge sind nicht gebührenpflichtig.

### Regel 13a   Teilung der Anmeldung

(1) Eine Erklärung der Teilung der Anmeldung gemäß Artikel 44a *(nunmehr Artikel 44)* der
Verordnung muss folgende Angaben enthalten:[21]

---

18   Eingefügt durch Verordnung (EG) Nr. 782/2004 der Kommission vom 26.4.2004.
19   Gestrichen durch Verordnung (EG) Nr. 1041/2005 der Kommission vom 29.6.2005.
20   Gestrichen durch Verordnung (EG) Nr. 1041/2005 der Kommission vom 29.6.2005.
21   Eingefügt durch Verordnung (EG) Nr. 1041/2005 der Kommission vom 29.6.2005.

a) das Aktenzeichen der Anmeldung;

b) den Namen und die Anschrift des Anmelders gemäß Regel 1 Absatz 1 Buchstabe b;

c) das Verzeichnis der Waren und Dienstleistungen, die Gegenstand der Teilanmeldung sind, oder, falls die Teilung in mehr als eine Teilanmeldung angestrebt wird, das Verzeichnis der Waren und Dienstleistungen für jede Teilanmeldung;

d) das Verzeichnis der Waren und Dienstleistungen, die Gegenstand der ursprünglichen Anmeldung bleiben.

(2) Stellt das Amt fest, dass die Auflagen in[22] Absatz 1 nicht erfüllt sind oder das Verzeichnis der Waren und Dienstleistungen, die Gegenstand der Teilanmeldung sind, sich mit dem Verzeichnis der Waren und Dienstleistungen überschneidet, die Gegenstand der ursprünglichen Anmeldung bleiben, fordert das Amt den Anmelder auf, die festgestellten Mängel innerhalb einer vom Amt festgelegten Frist zu beseitigen.

Werden die Mängel nicht fristgerecht beseitigt, so weist das Amt die Teilungserklärung als unzulässig[23] zurück.

(3) Die Zeiträume, während denen die Teilungserklärung nach Artikel 44a Absatz 2 Buchstabe b *(nunmehr Artikel 44 Absatz 2 Buchstabe b)* der Verordnung nicht zulässig ist, sind:

a) die Zeit[24] bis zur Zuerkennung eines Anmeldetages;

b) die Frist von drei Monaten nach Veröffentlichung der Anmeldung gemäß Artikel 42 Absatz 1 *(nunmehr Artikel 41 Absatz 1)* der Verordnung;

c) [gestrichen][25]

(4) Stellt das Amt fest, dass die Teilungserklärung gemäß Artikel 44a *(nunmehr Artikel 44)* der Verordnung oder gemäß Absatz 3 Buchstaben a und b nicht zulässig ist, so weist es die Teilungserklärung als unzulässig[26] zurück.

(5) Das Amt legt für die Teilanmeldung eine getrennte Akte an, die eine vollständige Abschrift der Akte der ursprünglichen Anmeldung sowie die Teilungserklärung und den diesbezüglichen Schriftwechsel beinhaltet. Das Amt erteilt außerdem ein neues Aktenzeichen für die Teilanmeldung.

(6) Betrifft die Teilungserklärung eine Anmeldung, die bereits gemäß Artikel 40 *(nunmehr Artikel 39)* der Verordnung veröffentlicht wurde, so wird die Teilung im Blatt für Gemeinschaftsmarken veröffentlicht. Die Teilanmeldung wird veröffentlicht; die Veröffentlichung beinhaltet die in Regel 12 aufgeführten Angaben. Die Veröffentlichung setzt keine neue Widerspruchsfrist in Gang.

**Regel 14  Berichtigung von Fehlern in Veröffentlichungen**

(1) Enthält die Veröffentlichung der Anmeldung einen dem Amt zuzuschreibenden Fehler, so berichtigt das Amt den Fehler von Amts wegen oder auf Antrag des Anmelders.

---

22  Anmerkung: Lies: »die Erfordernisse nach«.

23  Anmerkung: Die Worte »als unzulässig« sind unzutreffend.

24  Anmerkung: Lies »der Zeitraum«.

25  Gestrichen durch Verordnung (EG) Nr. 355/2009 der Kommission vom 31.3.2009.

26  Anmerkung: Die Worte »als unzulässig« sind unzutreffend.

(2) Stellt der Anmelder einen solchen Antrag, so gilt Regel 13 entsprechend. Dieser Antrag ist gebührenfrei.

(3) Die aufgrund dieser Regel vorgenommenen Berichtigungen werden veröffentlicht.

(4) Betrifft die Berichtigung das Verzeichnis der Waren oder Dienstleistungen oder die Wiedergabe der Marke, so gelten Artikel 42 Absatz 2 *(nunmehr Artikel 41 Absatz 2)* der Verordnung und die Regeln 15 bis 22 entsprechend.

## TITEL II  WIDERSPRUCHSVERFAHREN UND BENUTZUNGSNACHWEIS

### Regel 15  Widerspruchsschrift

(1) Widerspruch kann aufgrund einer oder mehrerer älterer Marken im Sinne des Artikels 8 Absatz 2 der Verordnung (»ältere Marken«) und/oder eines oder mehrerer sonstiger älterer Rechte im Sinne des Artikels 8 Absatz 4 der Verordnung (»ältere Rechte«) erhoben werden, sofern alle älteren Marken oder Rechte demselben Inhaber bzw. denselben Inhabern gehören. Gehört eine ältere Marke und/oder ein älteres Recht mehr als einem Eigentümer (Miteigentum), so kann der Widerspruch von einem, mehreren oder allen Eigentümern eingelegt werden.[27]

(2) Die Widerspruchsschrift muß enthalten:

a) das Aktenzeichen der Anmeldung, gegen die Widerspruch eingelegt wird, ferner den Namen des Anmelders der Gemeinschaftsmarke;

b) eine eindeutige Angabe der älteren Marke oder des älteren Rechts wie folgt:

  i) wird der Widerspruch auf eine ältere Marke im Sinne von Artikel 8 Absatz 2 Buchstabe a oder b oder auf Artikel 8 Absatz 3 der Verordnung gestützt, so ist das Aktenzeichen der Anmeldung oder die Eintragungsnummer der älteren Marke anzugeben, oder[28] ob diese ältere Marke eingetragen oder angemeldet ist, außerdem sind die Mitgliedstaaten einschließlich der Benelux-Staaten zu nennen, in denen oder für die die ältere Marke geschützt ist, oder es ist gegebenenfalls anzugeben, dass es sich um eine Gemeinschaftsmarke handelt;

  ii) wird der Widerspruch auf eine ältere Marke gestützt, die im Sinne des Artikels 8 Absatz 2 Buchstabe c der Verordnung notorisch bekannt ist, so ist anzugeben, in welchem Mitgliedstaat die ältere Marke notorisch bekannt ist, zusätzlich sind entweder die Angaben nach Ziffer i oder eine Wiedergabe der Marke erforderlich;

  iii) wird der Widerspruch auf ein älteres Recht im Sinne von Artikel 8 Absatz 4 gestützt, so ist anzugeben, um was für ein Recht es sich handelt, ferner ist eine Wiedergabe des älteren Rechts erforderlich sowie die Angabe, ob dieses ältere Recht in der gesamten Gemeinschaft oder in einem oder mehreren Mitgliedstaaten besteht, und wenn Letzteres der Fall ist, in welchen Mitgliedstaaten;

c) die Gründe, auf die sich der Widerspruch stützt, also eine Erklärung, dass die jeweiligen Erfordernisse nach Artikel 8 Absätze 1, 3, 4 und 5 der Verordnung erfüllt sind;

---

27  Regeln 15 bis 20 geändert durch Verordnung (EG) Nr. 1041/2005 der Kommission vom 29.6.2005.
28  Anmerkung: lies »und«.

d) den Anmeldetag und, soweit bekannt, den Eintragungstag sowie den Prioritätstag der älteren Marke, sofern es sich nicht um eine nicht eingetragene notorisch bekannte Marke handelt;

e) eine Wiedergabe der älteren Marke, so wie sie eingetragen oder angemeldet wurde; ist die ältere Marke farbig, muss die Wiedergabe farbig sein;

f) die Waren und Dienstleistungen, auf die sich der Widerspruch stützt,

g) wird der Widerspruch auf eine ältere Marke gestützt, die im Sinne des Artikels 8 Absatz 5 der Verordnung Wertschätzung genießt bzw. Bekanntheit besitzt,[29] die Angabe, in welchem Mitgliedstaat und für welche Waren und Dienstleistungen die Marke Wertschätzung genießt bzw. bekannt ist;[30]

h) in Bezug auf den Widersprechenden,

   i) den Namen und die Anschrift des Widersprechenden gemäß Regel 1 Absatz 1 Buchstabe b;

   ii) hat der Widersprechende einen Vertreter bestellt, den Namen und die Geschäftsanschrift des Vertreters gemäß Regel 1 Absatz 1 Buchstabe e;

   iii) wird der Widerspruch von einem Lizenznehmer eingelegt oder von einer Person, die nach den einschlägigen nationalen Bestimmungen zur Ausübung eines älteren Rechts befugt ist, eine diesbezügliche Erklärung mit Angaben zur Bevollmächtigung oder Befugnis zur Einlegung des Widerspruchs.

(3) Die Widerspruchsschrift soll[31] enthalten:

a) die Angabe der Waren und Dienstleistungen, gegen die sich der Widerspruch richtet; in Ermangelung dieser Angabe wird davon ausgegangen, dass sich der Widerspruch auf alle Waren und Dienstleistungen bezieht, die Gegenstand der beanstandeten Gemeinschaftsmarkenanmeldung sind;[32]

b) eine Begründung mit den wesentlichen Fakten und Argumenten, auf die sich der Widerspruch stützt, sowie die entsprechenden Beweismittel.

(4) Beruht der Widerspruch auf mehr als einer älteren Marke oder mehr als einem älteren Recht, gelten die Absätze 2 und 3 für jedes dieser Rechte.

### Regel 16  Sprachen der Widerspruchsschrift

(1) Die Frist nach Artikel 115 Absatz 6 *(nunmehr Artikel 119 Absatz 6)* der Verordnung, innerhalb der der Widersprechende eine Übersetzung seines Widerspruchs einzureichen hat, beträgt einen Monat nach Ablauf der Widerspruchsfrist.

(2) Unterrichtet der Widersprechende oder der Anmelder das Amt vor dem Tag, an dem das Widerspruchsverfahren nach Regel 18 Absatz 1 beginnt, davon, dass sich beide Parteien nach Artikel 115 Absatz 7 *(nunmehr Artikel 119 Absatz 7)* der Verordnung auf eine andere Verfahrenssprache geeinigt haben, so muss der Widersprechende, wenn die Widerspruchsschrift nicht in dieser Sprache vorgelegt worden war, innerhalb eines Monats nach dem besagten Tag eine

---

29  Anmerkung: Lies: »die eine im Sinne des Artikels 8 Absatz 5 der Verordnung bekannte Marke ist«.

30  Anmerkung: Lies: »... die Marke bekannt ist;«.

31  Lies: »kann«.

32  Anmerkung: Lies: »in Ermangelung dieser Angabe gilt der Widerspruch als gegen alle Waren und Dienstleistungen gerichtet, die Gegenstand der angefochtenen Gemeinschaftsmarkenanmeldung sind«.

Übersetzung der Widerspruchsschrift in dieser Sprache einreichen. Wird die Übersetzung nicht oder nicht rechtzeitig vorgelegt, bleibt es bei der ursprünglichen Verfahrenssprache.

### Regel 16a   Benachrichtigung des Anmelders

Die Widerspruchsschriften[33] und die vom Widersprechenden vorgelegten Unterlagen sowie die Mitteilungen des Amts an eine der Parteien vor Ablauf der in Regel 18 aufgeführten Frist werden der Gegenpartei vom Amt[34] übermittelt.

### Regel 17   Zulässigkeitsprüfung

(1) Wird die Widerspruchsgebühr nicht innerhalb der Widerspruchsfrist entrichtet, so gilt der Widerspruch als nicht erhoben. Wird die Widerspruchsgebühr nach Ablauf der Widerspruchsfrist entrichtet, wird sie dem Widersprechenden erstattet

(2) Wird die Widerspruchsschrift nicht innerhalb der Widerspruchsfrist vorgelegt[35] oder lässt die Widerspruchsschrift nicht eindeutig nach Regel 15 Absatz 2 Buchstaben a und b erkennen, gegen welche Anmeldung Widerspruch erhoben wird oder auf welche ältere Marke oder welches ältere Recht sich der Widerspruch gründet,[36] oder enthält die Widerspruchsschrift keine Widerspruchsbegründung gemäß Regel 15 Absatz 2 Buchstabe c und werden diese Mängel nicht vor Ablauf der Widerspruchsfrist beseitigt, so weist das Amt den Widerspruch als unzulässig zurück.

(3) Reicht der Widersprechende die nach Regel 16 Absatz 1 erforderliche Übersetzung nicht ein, wird der Widerspruch als unzulässig zurückgewiesen. Reicht der Widersprechende eine unvollständige Übersetzung ein, bleibt der nicht übersetzte Teil der Widerspruchsschrift bei der Zulässigkeitsprüfung unberücksichtigt.

(4) Wird die Widerspruchsschrift den sonstigen Bestimmungen von Regel 15 nicht gerecht, so benachrichtigt das Amt den Widersprechenden und fordert ihn auf, die festgestellten Mängel binnen zwei Monaten zu beseitigen. Werden die Mängel nicht fristgerecht beseitigt, so weist das Amt den Widerspruch als unzulässig zurück.

(5) Die Feststellung gemäß Absatz 1, dass die Widerspruchsschrift[37] als nicht eingereicht gilt, und die Entscheidung gemäß den Absätzen 2, 3 oder 4, einen Widerspruch als unzulässig zurückzuweisen, wird dem Anmelder mitgeteilt.

### Regel 18   Beginn des Widerspruchsverfahrens

(1) Gilt der Widerspruch gemäß Regel 17 als zulässig,[38] so teilt das Amt den Parteien mit, dass das Widerspruchsverfahren zwei Monate nach Empfang dieser Mitteilung beginnt. Diese Frist kann um höchstens 24 Monate verlängert werden, wenn beide Parteien vor Ablauf der Frist eine derartige Verlängerung beantragen.

---

33   Anmerkung: Lies: »Der Widerspruch«.
34   Anmerkung: Es fehlen die Worte »zur Information«; vgl. englische Fassung.
35   Lies: »eingereicht«.
36   Anmerkung: Lies: »stützt«.
37   Anmerkung: Lies: »der Widerspruch«.
38   Anmerkung: Lies: »Wird der Widerspruch gemäß Regel 17 für zulässig befunden«.

(2) Wird die Anmeldung innerhalb der in Absatz 1 genannten Frist zurückgenommen oder auf Waren und Dienstleistungen eingeschränkt, die nicht Gegenstand des Widerspruchs sind,[39] oder wird dem Amt mitgeteilt, dass sich die Parteien gütlich geeinigt haben, oder wird die Anmeldung in einem Parallelverfahren zurückgewiesen, dann wird das Widerspruchsverfahren eingestellt.

(3) Wenn der Anmelder die Anmeldung innerhalb der in Absatz 1 genannten Frist einschränkt, indem auf die Beanspruchung bestimmter Waren und Dienstleistungen verzichtet, die Gegenstand des Widerspruchs sind, so fordert das Amt den Widersprechenden auf, innerhalb einer vom Amt festgelegten Frist zu erklären, ob er den Widerspruch aufrechterhält und bejahendenfalls auf welche der verbleibenden Waren und Dienstleistungen er sich bezieht.[40] Nimmt der Widersprechende den Widerspruch aufgrund der Einschränkung zurück, wird das Widerspruchsverfahren eingestellt.

(4) Wird das Widerspruchsverfahren gemäß Absatz 2 oder 3 vor Ablauf der in Absatz 1 genannten Frist eingestellt, wird keine Kostenentscheidung getroffen.

(5) Wird das Widerspruchsverfahren vor Ablauf der in Absatz 1 genannten Frist wegen der Zurücknahme oder Einschränkung der Anmeldung oder gemäß Absatz 3 eingestellt, wird die Widerspruchsgebühr erstattet.

### Regel 19 Substanziierung des Widerspruchs

(1) Das Amt gibt dem Widersprechenden Gelegenheit, die Tatsachen, Beweismittel und Bemerkungen zur Stützung seines Widerspruchs vorzubringen oder Tatsachen, Beweismittel und Bemerkungen zu ergänzen, die bereits nach Regel 15 Absatz 3 vorgelegt wurden; dazu setzt das Amt eine Frist von mindestens zwei Monaten ab dem Tag der Eröffnung des Widerspruchsverfahrens nach Regel 18 Absatz 1.

(2) Innerhalb der in Absatz 1 genannten Frist muss der Widersprechende außerdem einen Nachweis über die Existenz, die Gültigkeit und den Schutzumfang seiner älteren Marke oder seines älteren Rechts einreichen und den Nachweis erbringen, dass er zur Einlegung des Widerspruchs befugt ist. Im Besonderen muss der Widersprechende folgende Beweismittel vorlegen:
a) wird der Widerspruch auf eine Marke gestützt, die keine Gemeinschaftsmarke ist, so ist ihre Anmeldung oder Eintragung wie folgt zu belegen:
i) wenn die Marke noch nicht eingetragen ist, durch eine Abschrift der Anmeldebescheinigung oder eines gleichwertigen Schriftstücks der Stelle, bei der die Anmeldung eingereicht wurde; oder
ii) wenn die Marke eingetragen ist, durch eine Abschrift der Eintragungsurkunde oder der jüngsten Verlängerungsurkunde, aus der hervorgeht, dass die Schutzdauer der Marke über die in Absatz 1 genannte Frist und ihre etwaige Verlängerung hinausgeht, oder durch gleichwertige Schriftstücke der Stelle,[41] die die Markeneintragung vorgenommen hat;

---

39  Anmerkung: Lies: »gegen die sich der Widerspruch nicht richtet«.
40  Anmerkung: Lies: »gegen welche der verbleibenden Waren und Dienstleistungen er sich weiter richtet«.
41  Anmerkung: Lies: »ausgestellt von der Behörde«.

b) beruht der Widerspruch auf einer Marke, die im Sinne des Artikels 8 Absatz 2 Buchstabe c der Verordnung notorisch bekannt ist, so ist der Nachweis zu erbringen, dass diese Marke in dem betreffenden Gebiet notorisch bekannt ist;

c) wird der Widerspruch auf eine ältere Marke gestützt, die im Sinne des Artikels 8 Absatz 5 der Verordnung Wertschätzung genießt bzw. bekannt ist,[42] ist dies zusätzlich zu dem in Buchstabe a aufgeführten Nachweis zu belegen; ferner sind Beweismittel und Bemerkungen vorzubringen, dass die Benutzung der angemeldeten Marke die Unterscheidungskraft oder die Wertschätzung der älteren Marke ohne rechtfertigenden Grund in unlauterer Weise ausnutzen oder beeinträchtigen würde;

d) wird der Widerspruch auf ein älteres Recht im Sinne des Artikels 8 Absatz 4 der Verordnung gestützt, ist der Erwerb, der Fortbestand und der Schutzumfang dieses Rechts nachzuweisen;

e) wird der Widerspruch auf Artikel 8 Absatz 3 der Verordnung gestützt, so ist das Eigentum des Widersprechenden sowie die Art seines Rechtsverhältnisses zum Agenten oder Vertreter zu belegen.

(3) Die Auskünfte und Nachweise nach Absatz 1 und 2 müssen in der Verfahrenssprache verfasst sein, andernfalls muss ihnen eine Übersetzung beiliegen. Die Übersetzung ist innerhalb der Frist für die Einreichung der Originalunterlagen vorzulegen.

(4) Das Amt lässt schriftliche Vorlagen oder Unterlagen oder Teile davon unberücksichtigt, die nicht innerhalb der vom Amt gesetzten Frist vorgelegt oder in die Verfahrenssprache übersetzt wurden.

### Regel 20 Prüfung des Widerspruchs

(1) Belegt der Widersprechende nicht innerhalb der in Regel 19 Absatz 1 genannten Frist die Existenz, die Gültigkeit und den Schutzumfang seiner älteren Marke oder seines älteren Rechts sowie seine Befugnis zur Einlegung des Widerspruchs, wird der Widerspruch als unbegründet abgewiesen.

(2) Wird der Widerspruch nicht gemäß Absatz 1 abgewiesen, so übermittelt das Amt die Vorlagen des Widersprechenden an den Anmelder und fordert ihn auf, innerhalb einer vom Amt gesetzten Frist dazu Stellung zu nehmen.

(3) Gibt der Anmelder keine Stellungnahme ab, so entscheidet das Amt anhand der vorliegenden Beweismittel über den Widerspruch.

(4) Die Stellungnahme des Anmelders wird dem Widersprechenden mitgeteilt, der nötigenfalls vom Amt aufgefordert wird, sich innerhalb einer vom Amt gesetzten Frist dazu zu äußern.

(5) Regel 18 Absätze 2 und 3 gelten entsprechend ab Eröffnung des Widerspruchsverfahrens.

(6) Je nach Sachlage kann das Amt die Parteien auffordern, ihre Stellungnahmen auf bestimmte Fragen zu beschränken; in diesem Fall erhalten die Parteien Gelegenheit, die sonstigen Fragen zu einem späteren Verfahrenszeitpunkt zu erörtern. Das Amt ist nicht verpflichtet, die Parteien darauf hinzuweisen, welche Tatsachen oder Beweismittel vorgebracht werden sollten oder nicht vorgebracht wurden.

---

42 Anmerkung: Lies: die eine im Sinne des Artikels 8 Absatz 5 der Verordnung bekannte Marke ist«.

(7) Das Amt kann ein Widerspruchsverfahren wie folgt aussetzen:

a) wenn der Widerspruch auf einer Anmeldung gemäß Artikel 8 Absatz 2 Buchstabe b der Verordnung gestützt wird, bis zu einer abschließenden Entscheidung in dem betreffenden Verfahren;

b) wenn der Widerspruch auf einer Anmeldung einer geografischen Angabe oder Ursprungsbezeichnung gemäß der Verordnung (EWG) Nr. 2081/92[43] des Rates beruht, bis zu einer abschließenden Entscheidung in dem betreffenden Verfahren, oder

c) wenn die Aussetzung den Umständen entsprechend zweckmäßig ist.

### Regel 21 Mehrfache Widersprüche

(1) Wurden mehrere Widersprüche gegen dieselbe Anmeldung einer Gemeinschaftsmarke erhoben, so kann das Amt diese im Rahmen desselben Verfahrens behandeln. Das Amt kann anschließend beschließen, anders zu verfahren.

(2) Ergibt eine Vorprüfung, daß die angemeldete Gemeinschaftsmarke für alle oder einen Teil der Waren oder Dienstleistungen, für die die Eintragung beantragt worden ist, aufgrund eines oder mehrerer Widersprüche möglicherweise von der Eintragung ausgeschlossen ist, so kann das Amt die anderen Widerspruchsverfahren aussetzen. Das Amt unterrichtet die verbleibenden Widersprechenden über jede sie betreffende Entscheidung, die in den Verfahren ergeht, die fortgeführt werden.

(3) Sobald eine Entscheidung über die Zurückweisung der Anmeldung rechtskräftig geworden ist, gelten die Widersprüche, über die eine Entscheidung gemäß Absatz 2 zurückgestellt wurde, als erledigt. Die Widersprechenden werden hiervon in Kenntnis gesetzt. Eine derartige Erledigung wird als eine Einstellung des Verfahrens im Sinne des Artikels 81 Absatz 4 *(nunmehr Artikel 85 Absatz 4)* der Verordnung angesehen.

(4) Das Amt erstattet jedem Widersprechenden, dessen Widerspruch gemäß den vorstehenden Absätzen als erledigt angesehen wird, 50 % der von ihm entrichteten Widerspruchsgebühr.

### Regel 22 Benutzungsnachweis

(1) Die Benutzung gemäß Artikel 43 Absätze 2 oder 3 *(nunmehr Artikel 42 Absätze 2 oder 3)* der Verordnung ist nur dann nachzuweisen, wenn der Anmelder diesen Nachweis innerhalb der vom Amt nach Regel 20 Absatz 2 gesetzten Frist verlangt.[44]

(2) Hat der Widersprechende den Nachweis der Benutzung zu erbringen oder den Nachweis, dass berechtigte Gründe für die Nichtbenutzung vorliegen, so fordert das Amt ihn auf, die erforderlichen Beweismittel innerhalb einer vom Amt gesetzten Frist vorzulegen. Legt der Widersprechende diese Beweismittel nicht fristgemäß vor, so weist das Amt den Widerspruch zurück.

(3) Zum Nachweis der Benutzung dienen[45] Angaben über Ort, Zeit, Umfang und Art der Benutzung der Widerspruchsmarke für die Waren und Dienstleistungen, für die sie eingetragen

---

43  *ABl. L 208 vom 24.7.1992, S. 1.*

44  Geändert durch Verordnung (EG) Nr. 1041/2005 der Kommission vom 29.6.2005.

45  Anmerkung: Der englische Text wurde nicht geändert. Deshalb lies: »Die Angaben und Beweismittel zum Nachweis der Benutzung bestehen aus«.

wurde und auf die der Widerspruch gestützt wird, sowie diesbezügliche Beweismittel gemäß Absatz 4.

(4) Die Beweismittel sind gemäß den Regeln 79 und 79a einzureichen und beschränken sich grundsätzlich auf die Vorlage von Urkunden und Beweisstücken, wie Verpackungen, Etiketten, Preislisten, Katalogen, Rechnungen, Fotografien, Zeitungsanzeigen und auf die in Artikel 76 Absatz 1 Buchstabe f *(nunmehr Artikel 78 Absatz 1 Buchstabe f)* der Verordnung genannten schriftlichen Erklärungen.

(5) Die Auforderung zum Nachweis der Benutzung setzt nicht voraus, dass gleichzeitig der Widerspruch begründet wird. Derartige Begründungen können zusammen mit den Erwiderungen auf den Benutzungsnachweis vorgelegt werden.[46]

(6) Werden die Beweismittel nicht in der Sprache des Widerspruchsverfahrens vorgelegt, so kann das Amt den Widersprechenden auffordern, eine Übersetzung der Beweismittel in diese Sprache innerhalb einer vom Amt gesetzten Frist vorzulegen.

## TITEL III  EINTRAGUNGSVERFAHREN

### Regel 23  Eintragung der Marke

[Fassung vor in Kraft treten der Verordnung (EG) Nr. 355/2009 der Kommission vom 31 März 2009]:

(1) Die Eintragungsgebühr gemäß Artikel 45 der Verordnung setzt sich zusammen aus
a)  einer Grundgebühr
und
b)  einer Klassengebühr ab der vierten Klasse für jede Klasse, für die die Marke eingetragen werden soll.

(2) Ist kein Widerspruch erhoben worden oder hat sich ein erhobener Widerspruch durch Zurücknahme, Zurückweisung oder auf andere Weise endgültig erledigt, so fordert das Amt den Anmelder auf, die Eintragungsgebühr innerhalb von zwei Monaten nach Zugang der Aufforderung zu entrichten.

(3) Wird die Eintragungsgebühr nicht rechtzeitig entrichtet, so kann sie noch innerhalb einer Frist von zwei Monaten nach Zustellung einer Mitteilung, in der auf die Fristüberschreitung hingewiesen wird, rechtswirksam entrichtet werden, sofern innerhalb dieser Frist die in der Gebührenordnung festgelegte zusätzliche Gebühr entrichtet wird.

(4) Nach Eingang der Eintragungsgebühr wird die angemeldete Marke mit den in Regel 84 Absatz 2 genannten Angaben in das Register für Gemeinschaftsmarken eingetragen.

(5) Die Eintragung wird im Blatt für Gemeinschaftsmarken veröffentlicht.

(6) Die Eintragungsgebühr wird erstattet, wenn die angemeldete Marke nicht eingetragen wird.

---

46  Anmerkung: Sinnentstellende Übersetzung: Lies: »Die Aufforderung zum Nachweis der Benutzung kann mit oder ohne gleichzeitige Stellungnahme in der Sache erfolgen. Eine derartige Stellungnahme kann noch zusammen mit der Antwort auf den Benutzungsnachweis eingereicht werden«.

[Fassung nach in Kraft treten der Verordnung (EG) Nr. 355/2009 der Kommission vom 31 März 2009]:[47]

(1) Ist kein Widerspruch erhoben worden oder hat sich ein erhobener Widerspruch durch Zurücknahme, Zurückweisung oder auf andere Weise endgültig erledigt, wird die angemeldete Marke mit den in Regel 84 Absatz 2 genannten Angaben in das Register für Gemeinschaftsmarken eingetragen.

(2) Die Eintragung wird im Blatt für Gemeinschaftsmarken veröffentlicht.

### Regel 24 Eintragungsurkunde

(1) Das Amt stellt dem Markeninhaber eine Eintragungsurkunde aus, die alle in Regel 84 Absatz 2 vorgesehenen Eintragungen in das Register und die Erklärung enthält, daß die betreffenden Angaben in das Register eingetragen worden sind.

(2) Das Amt liefert gegen Entrichtung einer Gebühr beglaubigte oder unbeglaubigte Abschriften der Eintragungsurkunde.[48]

### Regel 25 Änderung der Eintragung

(1) Der Antrag auf Änderung der Eintragung gemäß Artikel 48 Absatz 2 der Verordnung muß enthalten:
a) die Nummer der Eintragung;
b) den Namen und die Anschrift des Markeninhabers gemäß Regel 1 Absatz 1 Buchstabe b);
c) [gestrichen][49]
d) die Angabe des zu ändernden Bestandteils der Wiedergabe der Marke und denselben Bestandteil in seiner geänderten Fassung;
e) eine Wiedergabe der geänderten Marke gemäß Regel 3.

(2) Der Antrag gilt erst als gestellt, wenn die diesbezügliche Gebühr gezahlt worden ist. Wird die Gebühr nicht oder nicht vollständig entrichtet, so teilt das Amt dies dem Antragsteller mit.

(3) Sind die Erfordernisse für den Antrag auf Änderung der Eintragung nicht erfüllt, so teilt das Amt dem Antragsteller den Mangel mit. Wird der Mangel nicht innerhalb einer vom Amt festgelegten Frist behoben, so weist es den Antrag zurück.

(4) Wird die Eintragung der Änderung gemäß Artikel 48 Absatz 3 der Verordnung angefochten, so gelten die in der Verordnung und in diesen Regeln vorgesehenen Vorschriften für den Widerspruch entsprechend.

---

47 Gemeinschaftsmarkenanmeldungen, bei denen bereits vor dem Zeitpunkt des Inkrafttretens der Verordnung (EG) Nr. 355/2009 der Kommission vom 31.3.2009 eine Aufforderung entsprechend Regel 23 Absatz 2 der Verordnung (EG) Nr. 2868/95 in der vor diesem Zeitpunkt geltenden Fassung versandt wurde, unterliegen weiterhin der Verordnung (EG) Nr. 2868/95 und der Verordnung (EG) Nr. 2869/95 in der jeweils vor Inkrafttreten der Verordnung (EG) Nr. 355/2009 der Kommission vom 31.3.2009 geltenden Fassung.
48 Geändert durch Verordnung (EG) Nr. 1041/2005 der Kommission vom 29.6.2005.
49 Gestrichen durch Verordnung (EG) Nr. 1041/2005 der Kommission vom 29.6.2005.

(5) Für die Änderung desselben Bestandteils in zwei oder mehreren Eintragungen desselben Markeninhabers kann ein einziger Änderungsantrag gestellt werden. Die diesbezügliche Gebühr muß für jede zu ändernde Eintragung entrichtet werden.

## Regel 25a   Teilung der Eintragung

(1) Eine Erklärung der Teilung einer Eintragung gemäß Artikel 48a *(nunmehr Artikel 49)* der Verordnung muss folgende Angaben enthalten:[50]
a)  die Nummer der Eintragung;
b)  den Namen und die Anschrift des Markeninhabers gemäß Regel 1 Absatz 1 Buchstabe b;
c)  das Verzeichnis der Waren und Dienstleistungen, die Gegenstand der Teileintragung sind, oder, falls die Teilung in mehr als eine Teileintragung angestrebt wird, das Verzeichnis der Waren und Dienstleistungen für jede Teileintragung;
d)  das Verzeichnis der Waren und Dienstleistungen, die Gegenstand der ursprünglichen Eintragung bleiben.

(2) Stellt das Amt fest, dass die Bedingungen in[51] Absatz 1 nicht erfüllt sind oder das Verzeichnis der Waren und Dienstleistungen, die Gegenstand der Teileintragung sind, sich mit dem Verzeichnis der Waren und Dienstleistungen überschneidet, die Gegenstand der ursprünglichen Eintragung bleiben, fordert das Amt den Anmelder auf, die festgestellten Mängel innerhalb einer vom Amt festgelegten Frist zu beseitigen.

Werden die Mängel nicht fristgerecht beseitigt, so weist das Amt die Teilungserklärung als unzulässig zurück.

(3) Stellt das Amt fest, dass die Teilungserklärung gemäß Artikel 48a *(nunmehr Artikel 49)* der Verordnung unzulässig ist, so weist das Amt die Teilungserklärung zurück.

(4) Das Amt legt für die Teileintragung eine getrennte Akte an, die eine vollständige Abschrift der Akte der ursprünglichen Eintragung sowie die Teilungserklärung und den diesbezüglichen Schriftwechsel beinhaltet. Das Amt erteilt außerdem eine neue Eintragungsnummer für die Teilanmeldung.

## Regel 26   Änderung des Namens oder der Anschrift des Inhabers der Gemeinschaftsmarke oder seines eingetragenen Vertreters

(1) Eine Änderung des Namens oder der Anschrift des Inhabers der Gemeinschaftsmarke, die nicht die Änderung einer Eintragung gemäß Artikel 48 Absatz 2 der Verordnung darstellt und nicht die Folge eines völligen oder teilweisen Übergangs der eingetragenen Marke ist, wird auf Antrag des Inhabers in das Register eingetragen.

(2) Ein Antrag auf Änderung des Namens oder der Anschrift des Inhabers der eingetragenen Marke muß folgende Angaben enthalten:
a)  die Nummer der Eintragung der Marke;
b)  den Namen und die Anschrift des Markeninhabers, wie sie im Register stehen;

---

50  Eingefügt durch Verordnung (EG) Nr. 1041/2005 der Kommission vom 29.6.2005.
51  Anmerkung: Lies: »die Erfordernisse nach«.

c) die Änderung des Namens und der Anschrift des Markeninhabers gemäß Regel 1 Absatz 1 Buchstabe b);

d) [gestrichen][52]

(3) Der Antrag ist gebührenfrei.

(4) Für die Änderung des Namens oder der Anschrift in bezug auf zwei oder mehrere Eintragungen desselben Markeninhabers genügt ein einziger Antrag.

(5) Sind die Voraussetzungen für die Eintragung einer Änderung nicht erfüllt, teilt das Amt dem Antragsteller den Mangel mit. Wird dieser Mangel nicht innerhalb einer vom Amt festgesetzten Frist beseitigt, so weist das Amt den Antrag zurück.

(6) Die Absätze 1 bis 5 gelten entsprechend für eine Änderung des Namens oder der Anschrift des eingetragenen Vertreters.

(7) Die Absätze 1 bis 6 gelten entsprechend für Anmeldungen von Gemeinschaftsmarken. Die Änderung wird in der vom Amt geführten Anmeldungsakte vermerkt.

### Regel 27 Berichtigung von Fehlern im Register und in der Veröffentlichung der Eintragung

(1) Enthält die Eintragung der Marke oder die Veröffentlichung der Eintragung einen dem Amt zuzuschreibenden Fehler, so berichtigt das Amt den Fehler von Amts wegen oder auf Antrag des Markeninhabers.

(2) Stellt der Markeninhaber einen solchen Antrag, so gilt Regel 26 entsprechend. Der Antrag ist gebührenfrei.

(3) Das Amt veröffentlicht die aufgrund dieser Regel vorgenommenen Berichtigungen.

### Regel 28 Inanspruchnahme des Zeitrangs nach Eintragung der Gemeinschaftsmarke

(1) Ein gemäß Artikel 35 der Verordnung gestellter Antrag auf Inanspruchnahme des Zeitrangs einer oder mehrerer registrierter älterer Marken gemäß Artikel 34 der Verordnung muß folgende Angaben enthalten:

a) die Nummer der Eintragung der Gemeinschaftsmarke;

b) den Namen und die Anschrift des Inhabers der Gemeinschaftsmarke gemäß Regel 1 Absatz 1 Buchstabe b);

c) [gestrichen][53]

d) die Angabe des Mitgliedstaates oder der Mitgliedstaaten, in denen oder für die die ältere Marke eingetragen ist, der Nummer und des Anmeldetags der entsprechenden Eintragung sowie der Waren und Dienstleistungen, für die die ältere Marke eingetragen ist;[54]

e) die Angabe der Waren und Dienstleistungen, für die der Zeitrang in Anspruch genommen wird;

f) eine Abschrift der betreffenden Eintragung; die Abschrift muß von der zuständigen Stelle als die genaue Abschrift der nationalen Eintragung beglaubigt werden.

---

52  Gestrichen durch Verordnung (EG) Nr. 1041/2005 der Kommission vom 29.6.2005.

53  Gestrichen durch Verordnung (EG) Nr. 1041/2005 der Kommission vom 29.6.2005.

54  Geändert durch Verordnung (EG) Nr. 1041/2005 der Kommission vom 29.6.2005.

(2) Sind die Erfordernisse für den Antrag auf Inanspruchnahme des Zeitrangs nicht erfüllt, so teilt das Amt dem Antragsteller den Mangel mit. Wird der Mangel nicht innerhalb einer vom Amt festgesetzten Frist beseitigt, so weist es den Antrag zurück.

(3) Das Amt unterrichtet die für den gewerblichen Rechtsschutz zuständige Zentralbehörde des betreffenden Mitgliedstaats und das Benelux-Markenamt über die wirksame Inanspruchnahme des Zeitrangs.

(4) Der Präsident des Amtes kann bestimmen, daß der Anmelder weniger als die gemäß Absatz 1 Buchstabe f) zu erbringenden Nachweise vorzulegen hat, wenn die erforderliche Information dem Amt aus anderen Quellen zur Verfügung steht.

## TITEL IV VERLÄNGERUNG

### Regel 29 Unterrichtung vor Ablauf

Mindestens sechs Monate vor Ablauf der Eintragung unterrichtet das Amt den Inhaber der Gemeinschaftsmarke und die Inhaber von im Register eingetragenen Rechten an der Gemeinschaftsmarke, einschließlich von Lizenzen, von den[55] bevorstehenden Ablauf der Eintragung. Unterbleibt die Unterrichtung, so beeinträchtigt dies nicht den Ablauf der Eintragung.

### Regel 30 Verlängerung der Eintragung

(1) Der Antrag auf Verlängerung muß folgende Angaben enthalten:[56]
a) den Namen der Person, die die Verlängerung beantragt;
b) die Eintragungsnummer der zu verlängernden Gemeinschaftsmarke;
c) wird die Verlängerung nur für einen Teil der Waren und Dienstleistungen beantragt, für die die Marke eingetragen ist, die Angabe der Klassen oder der Waren und Dienstleistungen, für die die Verlängerung beantragt wird, oder der Klassen oder der Waren und Dienstleistungen, für die die Verlängerung nicht beantragt wird; zu diesem Zweck sind die Waren und Dienstleistungen gemäß den Klassen der Nizzaer Klassifikation in Gruppen zusammenzufassen, ferner ist jeder Gruppe die Nummer der einschlägigen Klasse in der Reihenfolge dieser Klassifikation voranzustellen.

(2) Die gemäß Artikel 47 der Verordnung für die Verlängerung einer Gemeinschaftsmarke zu entrichtenden Gebühren sind:
a) eine Grundgebühr;
b) eine Klassengebühr ab der vierten Klasse für jede Klasse, für die eine Verlängerung beantragt wird; ferner
c) gegebenenfalls eine Zuschlagsgebühr laut Gebührenordnung für die verspätete Zahlung der Verlängerungsgebühr oder die verspätete Einreichung des Verlängerungsantrags gemäß Artikel 47 Absatz 3 der Verordnung.

(3) Werden die in Absatz 2 genannten Gebühren mittels einer in Artikel 5 Absatz 1 der Gebührenordnung genannten Zahlungsart entrichtet, so gilt dies als Verlängerungsantrag, sofern

---

55  Lies: »dem«.
56  Geändert durch Verordnung (EG) Nr. 1041/2005 der Kommission vom 29.6.2005.

die Angaben nach Absatz 1 Buchstaben a und b dieser Regel und nach Artikel 7 Absatz 1 der Gebührenordnung gemacht werden.

(4) Wird der Verlängerungsantrag zwar innerhalb der in Artikel 47 Absatz 3 der Verordnung vorgesehenen Fristen gestellt, sind aber die sonstigen in Artikel 47 der Verordnung und in diesen Regeln genannten Voraussetzungen für den Verlängerungsantrag nicht erfüllt, so teilt das Amt dem Antragsteller die festgestellten Mängel mit.

(5) Wird ein Verlängerungsantrag nicht oder erst nach Ablauf der Frist gemäß Artikel 47 Absatz 3 Satz 3 der Verordnung gestellt oder werden die Gebühren nicht oder erst nach Ablauf dieser Frist entrichtet oder werden die festgestellten Mängel nicht fristgemäß beseitigt, so stellt das Amt fest, dass die Eintragung abgelaufen ist, und teilt dies dem Inhaber der Gemeinschaftsmarke mit.

Reichen die entrichteten Gebühren nicht für alle Klassen von Waren und Dienstleistungen aus, für die die Verlängerung beantragt wird, so erfolgt keine derartige Feststellung, wenn eindeutig ist, auf welche Klassen sich die Gebühren beziehen. Liegen keine anderen Kriterien vor, so trägt das Amt den Klassen in der Reihenfolge der Klassifikation Rechnung.

(6) Ist die Feststellung des Amtes gemäß Absatz 5 rechtskräftig, so löscht das Amt die Marke im Register. Die Löschung wird am Tag nach Ablauf der Eintragung wirksam.

(7) Wenn die Verlängerungsgebühren gemäß Absatz 2 zwar entrichtet wurden, die Eintragung aber nicht verlängert wird, so werden diese Gebühren erstattet.

(8) Für zwei und mehr Marken kann ein einziger Verlängerungsantrag gestellt werden, sofern für jede Marke die erforderlichen Gebühren entrichtet werden und es sich bei dem Markeninhaber bzw. dem Vertreter um dieselbe Person handelt.

## TITEL V RECHTSÜBERGANG, LIZENZEN UND ANDERE RECHTE, ÄNDERUNGEN

### Regel 31 Rechtsübergang

(1) Der Antrag auf Eintragung eines Rechtsübergangs gemäß Artikel 17 der Verordnung muß folgende Angaben enthalten:
a) die Nummer der Eintragung der Gemeinschaftsmarke;
b) Angaben über den neuen Inhaber gemäß Regel 1 Absatz 1 Buchstabe b);
c) die Angabe der eingetragenen Waren und Dienstleistungen, auf die sich der Rechtsübergang bezieht, falls nicht alle eingetragenen Waren und Dienstleistungen Gegenstand des Rechtsübergangs sind;
d) Unterlagen, aus denen sich der Rechtsübergang gemäß Artikel 17 Absätze 2 und 3 der Verordnung ergibt.

(2) Der Antrag kann gegebenenfalls den Namen und die Geschäftsanschrift des Vertreters des neuen Markeninhabers gemäß Regel 1 Absatz 1 Buchstabe e) enthalten.

(3) [gestrichen][57]

---

[57] Gestrichen durch Verordnung (EG) Nr. 1041/2005 der Kommission vom 29.6.2005.

(4) [gestrichen][58]

(5) Als Beweis für den Rechtsübergang im Sinne von Absatz 1 Buchstabe d) reicht aus, daß

a)  der Antrag auf Eintragung des Rechtsübergangs vom eingetragenen Markeninhaber oder seinem Vertreter und vom Rechtsnachfolger oder seinem Vertreter unterschrieben ist,

b)  der Antrag, falls er vom Rechtsnachfolger gestellt wird, mit einer vom eingetragenen Markeninhaber oder seinem Vertreter unterzeichneten Erklärung einhergeht, die besagt, daß der eingetragene Markeninhaber der Eintragung des Rechtsnachfolgers zustimmt,

c)  dem Antrag ein ausgefülltes Formblatt oder Dokument gemäß Regel 83 Absatz 1 Buchstabe d) beigefügt ist. Der Antrag[59] muß vom eingetragenen Markeninhaber oder seinem Vertreter und vom Rechtsnachfolger oder seinem Vertreter unterzeichnet sein.

(6) Sind die Voraussetzungen für den Antrag auf Eintragung des Rechtsübergangs gemäß Artikel 17 Absätze 1 bis 4 der Verordnung und der obigen Absätze 1 bis 4 sowie der sonstigen Regeln für einen solchen Antrag nicht erfüllt, so teilt das Amt dem Antragsteller den Mangel mit. Wird der Mangel nicht innerhalb einer vom Amt festgelegten Frist beseitigt, so weist es den Antrag auf Eintragung des Rechtsübergangs zurück.

(7) Für zwei oder mehrere Marken kann ein einziger Antrag auf Eintragung eines Rechtsübergangs gestellt werden, sofern der eingetragene Markeninhaber und der Rechtsnachfolger in jedem Fall dieselbe Person ist.

(8) Die Absätze 1 bis 7 gelten entsprechend für Anmeldungen von Gemeinschaftsmarken. Der Rechtsübergang wird in der vom Amt geführten Anmeldungsakte eingetragen.

### Regel 32  Teilweiser Rechtsübergang

(1) Betrifft der Antrag auf Eintragung eines Rechtsübergangs nur einige Waren und Dienstleistungen, für die die Marke eingetragen ist, so sind im Antrag die Waren und Dienstleistungen anzugeben, die Gegenstand des teilweisen Rechtsübergangs sind.

(2) Die Waren und Dienstleistungen der ursprünglichen Eintragung sind auf die restliche und die neue Eintragung so zu verteilen, daß sich die Waren und Dienstleistungen der restlichen und der neuen Eintragung nicht überschneiden.

(3) Regel 31 gilt entsprechend für Anträge auf Eintragung eines teilweisen Rechtsübergangs.

(4) Das Amt legt für die neue Eintragung eine getrennte Akte an, die eine vollständige Abschrift der Akte der ursprünglichen Eintragung sowie den Antrag auf Eintragung des teilweisen Rechtsübergangs und den diesbezüglichen Schriftwechsel beinhaltet. Das Amt erteilt außerdem eine neue Eintragungsnummer für die neue Eintragung.[60]

(5) Ein Antrag des ursprünglichen Markeninhabers, über den in bezug auf die ursprüngliche Eintragung noch nicht entschieden ist, gilt in bezug auf die verbleibende Eintragung und die neue Eintragung als noch nicht erledigt. Müssen für einen solchen Antrag Gebühren gezahlt werden und hat der ursprüngliche Markeninhaber diese Gebühren entrichtet, so ist der neue Inhaber nicht verpflichtet, zusätzliche Gebühren für diesen Antrag zu entrichten.

---

58  Gestrichen durch Verordnung (EG) Nr. 1041/2005 der Kommission vom 29.6.2005.

59  Lies: »Das Formblatt oder Dokument«.

60  Geändert durch Verordnung (EG) Nr. 1041/2005 der Kommission vom 29.6.2005.

**Regel 33 Eintragung von Lizenzen und anderen Rechten**

(1) Regel 31 Absätze 1, 2, 5 und 7 gelten mit folgenden Einschränkungen entsprechend für die Eintragung einer Lizenz, für die Übertragung einer Lizenz, für ein dingliches Recht, für die Übertragung eines dinglichen Rechts, für eine Zwangsvollstreckungsmaßnahme oder ein Insolvenzverfahren:

a) Regel 31 Absatz 1 Buchstabe c gilt nicht für einen Antrag auf Eintragung eines dinglichen Rechts, einer Zwangsvollstreckungsmaßnahme oder eines Insolvenzverfahrens;

b) Regel 31 Absatz 1 Buchstabe d und Absatz 5 gilt nicht, wenn der Antrag vom Inhaber der Gemeinschaftsmarke gestellt wurde.[61]

(2) Der Antrag auf Eintragung einer Lizenz, der Übertragung einer Lizenz, eines dinglichen Rechts, der Übertragung eines dinglichen Rechts oder einer Zwangsvollstreckungsmaßnahme gilt erst als gestellt, wenn die diesbezügliche Gebühr entrichtet worden ist.[62]

(3) Werden die Erfordernisse für den Antrag einer Eintragung gemäß Artikeln 19 bis 22 der Verordnung und gemäß obigem Absatz 1 sowie Regel 34 Absatz 2 für einen solchen Antrag nicht erfüllt, so teilt das Amt dem Antragsteller den Mangel mit. Wird der Mangel nicht innerhalb einer vom Amt festgelegten Frist abgestellt, so weist es den Eintragungsantrag zurück.[63]

(4) Die Absätze 1 und 3 gelten entsprechend für Anmeldungen von Gemeinschaftsmarken. Lizenzen, dingliche Rechte, Insolvenzverfahren und Zwangsvollstreckungsmaßnahmen werden in der beim Amt geführten Anmeldungsakte vermerkt.[64]

**Regel 34 Besondere Angaben bei der Eintragung von Lizenzen**

(1) Mit dem Antrag auf Eintragung einer Lizenz kann beantragt werden, dass die Lizenz wie folgt im Register eingetragen wird:[65]

a) als ausschließliche Lizenz;

b) als Unterlizenz, wenn sie von einem Lizenznehmer erteilt wird, dessen Lizenz im Register eingetragen ist;

c) als Teillizenz, die sich auf einen Teil der Waren und Dienstleistungen beschränkt, für die die Marke eingetragen ist;

d) als Teillizenz, die sich auf einen Teil der Gemeinschaft beschränkt;

e) als zeitlich begrenzte Lizenz.

(2) Wird der Antrag gestellt, die Lizenz nach Absatz 1 Buchstabe c, d oder e zu führen, so ist im Antrag auf Lizenzeintragung anzugeben, für welche Waren und Dienstleistungen, für welchen Teil der Gemeinschaft und für welchen Zeitraum die Lizenz gewährt wird.

---

61  Geändert durch Verordnung (EG) Nr. 1041/2005 der Kommission vom 29.6.2005.
62  Geändert durch Verordnung (EG) Nr. 1041/2005 der Kommission vom 29.6.2005.
63  Geändert durch Verordnung (EG) Nr. 1041/2005 der Kommission vom 29.6.2005.
64  Geändert durch Verordnung (EG) Nr. 1041/2005 der Kommission vom 29.6.2005.
65  Geändert durch Verordnung (EG) Nr. 1041/2005 der Kommission vom 29.6.2005.

**Regel 35   Löschung oder Änderung der Eintragung von Lizenzen und anderen Rechten**

(1) Die Eintragung gemäß Regel 33 Absatz 1 wird auf Antrag eines der Beteiligten gelöscht.

(2) Der Antrag muß folgende Angaben enthalten:
a)   die Nummer der Eintragung der Gemeinschaftsmarke
     und
b)   die Bezeichnung des Rechts, dessen Eintragung gelöscht werden soll.

(3) Der Antrag auf Löschung einer Lizenz, eines dinglichen Rechts oder einer Zwangsvollstreckungsmaßnahme gilt erst als gestellt, wenn die diesbezügliche Gebühr entrichtet worden ist.[66]

(4) Dem Antrag sind Urkunden beizufügen, aus denen hervorgeht, daß das eingetragene Recht nicht mehr besteht, oder eine Erklärung des Lizenznehmers oder des Inhabers eines anderen Rechts, daß er in die Löschung der Eintragung einwilligt.

(5) Werden die Erfordernisse für den Antrag auf Löschung der Eintragung nicht erfüllt, so teilt das Amt dem Antragsteller den Mangel mit. Wird der Mangel nicht innerhalb einer vom Amt festgelegten Frist beseitigt, so weist es den Antrag auf Löschung der Eintragung zurück.

(6) Die Absätze 1, 2, 4 und 5 gelten entsprechend für einen Antrag auf Änderung einer Eintragung gemäß Regel 33 Absatz 1.

(7) Die Absätze 1 bis 6 gelten entsprechend für Vermerke, die gemäß Regel 33 Absatz 4 in die Akte aufgenommen werden.

## TITEL VI   VERZICHT

**Regel 36   Verzicht**

(1) Eine Verzichtserklärung gemäß Artikel 49 *(nunmehr Artikel 50)* der Verordnung muß folgende Angaben enthalten:
a)   die Nummer der Eintragung der Gemeinschaftsmarke;
b)   den Namen und die Anschrift des Markeninhabers gemäß Regel 1 Absatz 1 Buchstabe b);
c)   [gestrichen][67]
d)   wird der Verzicht nur für einen Teil der Waren und Dienstleistungen, für die die Marke eingetragen ist, erklärt, die Bezeichnung der Waren und Dienstleistungen, für die der Verzicht erklärt wird, oder der Waren und Dienstleistungen, für die die Marke weiterhin eingetragen ist.

(2) Ist im Register ein Recht eines Dritten an der Gemeinschaftsmarke eingetragen, so reicht als Beweis für seine Zustimmung zu dem Verzicht, daß der Inhaber dieses Rechts oder sein Vertreter eine schriftliche Zustimmung zu dem Verzicht unterzeichnet. Ist eine Lizenz im Register eingetragen, so wird der Verzicht drei Monate nach dem Tag eingetragen, an dem der Inhaber der Gemeinschaftsmarke gegenüber dem Amt glaubhaft gemacht hat, daß er den Lizenznehmer von seiner Verzichtsabsicht unterrichtet hat. Weist der Inhaber vor Ablauf dieser Frist dem Amt die Zustimmung des Lizenznehmers nach, so wird der Verzicht sofort eingetragen.

---

66   Geändert durch Verordnung (EG) Nr. 1041/2005 der Kommission vom 29.6.2005.
67   Gestrichen durch Verordnung (EG) Nr. 1041/2005 der Kommission vom 29.6.2005.

(3) Sind die Voraussetzungen für den Verzicht nicht erfüllt, so teilt das Amt dem Markeninhaber den Mangel mit. Wird dieser Mangel nicht innerhalb einer vom Amt festgesetzten Frist beseitigt, so lehnt das Amt die Eintragung des Verzichts in das Register ab.

## TITEL VII  VERFALL UND NICHTIGKEIT

### Regel 37  Antrag auf Erklärung des Verfalls oder der Nichtigkeit

Der Antrag beim Amt auf Erklärung des Verfalls oder der Nichtigkeit einer Gemeinschaftsmarke gemäß Artikel 55 *(nunmehr Artikel 56)* der Verordnung muß folgende Angaben enthalten:
a) hinsichtlich der Eintragung, für die eine Verfalls- oder Nichtigkeitserklärung beantragt wird,
   i) die Nummer der Eintragung der Gemeinschaftsmarke, für die eine Verfalls- oder Nichtigkeitserklärung beantragt wird;
   ii) den Namen und die Anschrift des Inhabers der Gemeinschaftsmarke, für die eine Verfalls- oder Nichtigkeitserklärung beantragt wird;
   iii) eine Erklärung darüber, für welche eingetragenen Waren und Dienstleistungen die Verfalls- oder die Nichtigkeitserklärung beantragt wird;
b) hinsichtlich der Gründe für den Antrag,
   i) bei Anträgen gemäß Artikel 50 oder 51 *(nunmehr Artikel 51 oder 52)* der Verordnung die Angabe der Verfalls- oder Nichtigkeitsgründe, auf die sich der Antrag stützt;
   ii) bei Anträgen gemäß Artikel 52 Absatz 1 *(nunmehr Artikel 53 Absatz 1)* der Verordnung Angaben, aus denen hervorgeht, auf welches Recht sich der Antrag auf Erklärung der Nichtigkeit stützt, und erforderlichenfalls Angaben, die belegen, daß der Antragsteller berechtigt ist, das ältere Recht als Nichtigkeitsgrund geltend zu machen;
   iii) bei Anträgen gemäß Artikel 52 Absatz 2 *(nunmehr Artikel 53 Absatz 2)* der Verordnung Angaben, aus denen hervorgeht, auf welches Recht sich der Antrag auf Erklärung der Nichtigkeit stützt, und Angaben, die beweisen, daß der Antragsteller Inhaber eines in Artikel 52 Absatz 2 *(nunmehr Artikel 53 Absatz 2)* der Verordnung genannten älteren Rechts ist oder daß er nach einschlägigem nationalen Recht berechtigt ist, dieses Recht geltend zu machen;
   iv) die Angabe der zur Begründung vorgebrachten Tatsachen, Beweismittel und Bemerkungen;
c) hinsichtlich des Antragstellers
   i) seinen Namen und seine Anschrift gemäß Regel 1 Absatz 1 Buchstabe b);
   ii) hat der Antragsteller einen Vertreter bestellt, den Namen und die Geschäftsanschrift dieses Vertreters gemäß Regel 1 Absatz 1 Buchstabe e).

### Regel 38  Sprachenregelung im Verfalls- oder Nichtigkeitsverfahren

(1) Die Frist nach Artikel 115 Absatz 6 *(nunmehr Artikel 119 Absatz 6)* der Verordnung, innerhalb der eine Übersetzung des Antrags auf Feststellung[68] des Verfalls oder der Nichtigkeit einzureichen ist, beträgt einen Monat ab Einreichung des Antrags; wird die Übersetzung nicht innerhalb dieser Frist eingereicht, wird der Antrag als unzulässig zurückgewiesen.[69]

---

68  Anmerkung: Lies: »Erklärung«.
69  Geändert durch Verordnung (EG) Nr. 1041/2005 der Kommission vom 29.6.2005.

(2) Werden die zur Begründung des Antrags vorgebrachten Beweismittel nicht in der Sprache des Verfalls- oder des Nichtigkeitsverfahrens eingereicht, so muß der Antragsteller eine Übersetzung der betreffenden Beweismittel in dieser Sprache innerhalb einer Frist von zwei Monaten nach Einreichung der Beweismittel vorlegen.

(3) Teilt der Antragsteller auf Erklärung des Verfalls oder der Nichtigkeit oder der Inhaber der Gemeinschaftsmarke dem Amt vor Ablauf einer Frist von zwei Monaten nach Empfang der in Regel 40 Absatz 1 erwähnten Mitteilung durch den Markeninhaber mit, daß sich beide gemäß Artikel 115 Absatz 7 *(nunmehr Artikel 119 Absatz 7)* der Verordnung auf eine andere Verfahrenssprache geeinigt haben, so muß der Antragsteller in den Fällen, wo der Antrag nicht in der betreffenden Sprache gestellt wurde, innerhalb einer Frist von einem Monat nach dem besagten Zeitpunkt eine Übersetzung des Antrags in dieser Sprache einreichen. Wird die Übersetzung nicht oder nicht rechtzeitig vorgelegt, bleibt es bei der ursprünglichen Verfahrenssprache.[70]

### Regel 39  Zurückweisung des Antrags auf Feststellung des Verfalls oder der Nichtigkeit als unzulässig

(1) Stellt das Amt fest, dass die Gebühr nicht entrichtet wurde, so fordert es den Antragsteller auf, die Gebühr innerhalb der vom Amt gesetzten Frist zu entrichten. Wird die Gebühr nicht innerhalb der vom Amt gesetzten Frist entrichtet, so teilt das Amt dem Antragsteller mit, dass der Antrag auf Verfalls- oder Nichtigkeitserklärung als nicht gestellt gilt. Wird die Gebühr nach Ablauf der gesetzten Frist entrichtet, wird sie dem Antragsteller erstattet.[71]

(2) Wird die nach Regel 38 Absatz 1 erforderliche Übersetzung nicht innerhalb der vorgeschriebenen Frist vorgelegt, weist das Amt den Antrag auf Feststellung[72] des Verfalls oder der Nichtigkeit als unzulässig zurück.

(3) Stellt das Amt fest, dass der Antrag nicht den Anforderungen der Regel 37 entspricht, so fordert es den Anmelder auf, die festgestellten Mängel innerhalb einer vom Amt gesetzten Frist zu beseitigen. Werden die Mängel nicht fristgemäß beseitigt, so weist das Amt den Antrag als unzulässig zurück.

(4) Jede Entscheidung, durch die ein Antrag auf Feststellung[73] des Verfalls oder der Nichtigkeit gemäß Absatz 2 oder 3 zurückgewiesen wird, wird dem Antragsteller und dem Inhaber der Gemeinschaftsmarke mitgeteilt.

### Regel 40  Prüfung des Antrags auf Erklärung des Verfalls oder der Nichtigkeit

(1) Jeder angenommene Antrag auf Feststellung des Verfalls oder der Nichtigkeit[74] wird dem Inhaber der Gemeinschaftsmarke mitgeteilt. Hat das Amt den Antrag als zulässig erklärt, fordert es den Inhaber der Gemeinschaftsmarke zur Stellungnahme innerhalb einer vom Amt gesetzten Frist auf.[75]

---

70  Geändert durch Verordnung (EG) Nr. 1041/2005 der Kommission vom 29.6.2005.
71  Geändert durch Verordnung (EG) Nr. 1041/2005 der Kommission vom 29.6.2005.
72  Anmerkung: Lies: »Erklärung«.
73  Anmerkung: Lies: »Erklärung«.
74  Anmerkung: Lies: »Jeder Antrag auf Erklärung des Verfalls oder der Nichtigkeit, der als gestellt gilt,«.
75  Geändert durch Verordnung (EG) Nr. 1041/2005 der Kommission vom 29.6.2005.

(2) Gibt der Inhaber der Gemeinschaftsmarke keine Stellungnahme ab, so kann das Amt anhand der ihm vorliegenden Beweismittel über den Verfall oder die Nichtigkeit entscheiden.

(3) Das Amt teilt die Stellungnahme des Inhabers der Gemeinschaftsmarke dem Antragsteller mit und fordert ihn erforderlichenfalls auf, sich hierzu innerhalb einer vom Amt festgesetzten Frist zu äußern.

(4) Sofern Regel 69 nichts anderes bestimmt, werden alle von den Parteien vorgelegten Stellungnahmen der Gegenpartei übermittelt.[76]

(5) Im Falle eines Antrags auf Verfallserklärung gemäß Artikel 50 Absatz 1 Buchstabe a *(nunmehr Artikel 50 Absatz 1 Buchstabe a)* der Verordnung setzt das Amt dem Inhaber der Gemeinschaftsmarke eine Frist, innerhalb der er den Nachweis der ernsthaften Benutzung der Marke zu führen hat. Wird der Nachweis nicht innerhalb der gesetzten Frist geführt, verfällt die Gemeinschaftsmarke. Regel 22 Absätze 2, 3 und 4 gilt entsprechend.[77]

(6) Hat der Antragsteller gemäß Artikel 56 Absatz 2 oder 3 *(nunmehr Artikel 57 Absatz 2 oder 3)* der Verordnung den Nachweis der Benutzung oder den Nachweis zu erbringen, dass berechtigte Gründe für die Nichtbenutzung vorliegen, setzt das Amt dem Antragsteller eine Frist, innerhalb der er den Nachweis der ernsthaften Benutzung der Marke zu führen hat. Wird der Nachweis nicht innerhalb der gesetzten Frist geführt, wird der Antrag auf Feststellung[78] der Nichtigkeit zurückgewiesen. Regel 22 Absätze 2, 3 und 4 gilt entsprechend.[79]

### Regel 41   Mehrere Anträge auf Erklärung des Verfalls oder der Nichtigkeit

(1) Das Amt kann mehrere bei ihm anhängige Anträge auf Erklärung des Verfalls oder der Nichtigkeit, die dieselbe Gemeinschaftsmarke betreffen, innerhalb desselben Verfahrens bearbeiten. Das Amt kann anschließend entscheiden, die Anträge wieder getrennt zu bearbeiten.

(2) Regel 21 Absätze 2, 3 und 4 gilt entsprechend.

## TITEL VIII   GEMEINSCHAFTSKOLLEKTIVMARKE

### Regel 42   Anwendbare Vorschriften

Vorbehaltlich der Regel 43 gelten für Gemeinschaftskollektivmarken die Vorschriften dieser Regeln.

### Regel 43   Satzung für die Gemeinschaftskollektivmarke

(1) Enthält die Anmeldung einer Gemeinschaftskollektivmarke nicht die für ihre Benutzung maßgebliche Satzung gemäß Artikel 65 *(nunmehr Artikel 67)* der Verordnung, so muß diese Satzung dem Amt innerhalb einer Frist von zwei Monaten nach dem Anmeldetag vorgelegt werden.

---

76   Geändert durch Verordnung (EG) Nr. 1041/2005 der Kommission vom 29.6.2005.
77   Geändert durch Verordnung (EG) Nr. 1041/2005 der Kommission vom 29.6.2005.
78   Anmerkung: Lies: »Erklärung«.
79   Eingefügt durch Verordnung (EG) Nr. 1041/2005 der Kommission vom 29.6.2005.

(2) Die Satzung für die Gemeinschaftskollektivmarke muß folgende Angaben enthalten:

a) den Namen des Anmelders und die Anschrift seiner (eingetragenen) Niederlassung;

b) den Zweck des Verbandes oder den Gründungszweck der juristischen Person des öffentlichen Rechts;

c) die zur Vertretung des Verbandes oder der juristischen Person befugten Organe;

d) die Voraussetzungen für die Mitgliedschaft;

e) die zur Benutzung der Marke befugten Personen;

f) gegebenenfalls die Bedingungen für die Benutzung der Marke, einschließlich Sanktionen;

g) gegebenenfalls die Möglichkeit gemäß Artikel 65 Absatz 2 Satz 2 *(nunmehr Artikel 67 Absatz 2 Satz 2)* der Verordnung, Mitglied des Verbandes zu werden.

## TITEL IX  UMWANDLUNG

### Regel 44  Umwandlungsantrag

(1) Der Antrag auf Umwandlung einer Gemeinschaftsmarkenanmeldung oder einer eingetragenen Gemeinschaftsmarke in eine nationale Markenanmeldung gemäß Artikel 108 *(nunmehr Artikel 112)* der Verordnung muss folgende Angaben enthalten:[80]

a) den Namen und die Anschrift des Antragstellers der Umwandlung gemäß Regel 1 Absatz 1 Buchstabe b;

b) das Aktenzeichen der Anmeldung oder die Eintragungsnummer der Gemeinschaftsmarke;

c) die Gründe für die Umwandlung gemäß Artikel 108 Absatz 1 Buchstabe a oder b *(nunmehr Artikel 112 Absatz 1 Buchstabe a oder b)* der Verordnung;

d) die Angabe des Mitgliedstaats oder der Mitgliedstaaten, für die die Umwandlung beantragt wird;

e) betrifft der Antrag nicht alle Waren und Dienstleistungen, für die die Anmeldung eingereicht oder die Marke eingetragen wurde, müssen in der Anmeldung[81] die Waren und Dienstleistungen angegeben werden, für die die Umwandlung beantragt wird; wird die Umwandlung für mehrere Mitgliedstaaten beantragt und ist das Verzeichnis der Waren und Dienstleistungen nicht für alle Mitgliedstaaten gleich, sind die jeweiligen Waren und Dienstleistungen für die einzelnen Mitgliedstaaten anzugeben;

f) wird die Umwandlung gemäß Artikel 108 Absatz 6 *(nunmehr Artikel 112 Absatz 6)* der Verordnung beantragt, muss die Anmeldung[82] das Datum enthalten, an dem die Entscheidung des nationalen Gerichts rechtskräftig geworden ist, ferner eine Abschrift dieser Entscheidung; diese Abschrift kann in der Sprache vorgelegt werden, in der die Entscheidung getroffen wurde.

(2) Der Umwandlungsantrag muss innerhalb der in Artikel 108 Absätze 4, 5 oder 6 *(nunmehr Artikel 112 Absätze 4, 5 oder 6)* der Verordnung bestimmten Frist eingereicht werden. Wird die Umwandlung nach erfolglosem Antrag auf Verlängerung der Eintragung beantragt,[83] beginnt die in Artikel 108 Absatz 5 *(nunmehr Artikel 112 Absatz 5)* der Verordnung bestimmte Dreimonatsfrist am Folgetag des Tages, an dem der Verlängerungsantrag gemäß Artikel 47 Absatz 3 der Verordnung spätestens zu stellen ist.

---

80  Geändert durch Verordnung (EG) Nr. 1041/2005 der Kommission vom 29.6.2005.

81  Anmerkung: Die Worte »in der Anmeldung« sind unzutreffend.

82  Anmerkung: Lies: »der Antrag«.

83  Anmerkung: Lies: »nachdem die Eintragung nicht verlängert wurde«.

## Regel 45   Prüfung des Umwandlungsantrags

(1) Erfüllt der Umwandlungsantrag nicht die Voraussetzungen des Artikels 108 Absätze 1 oder 2 *(nunmehr Artikel 112 Absätze 1 oder 2)* der Verordnung, oder wird er nicht innerhalb der vorgeschriebenen Dreimonatsfrist eingereicht oder steht er nicht im Einklang mit Regel 44 der Durchführungsverordnung, so teilt das Amt dies dem Antragsteller mit und setzt ihm eine Frist, innerhalb der er den Antrag abändern oder die fehlenden Angaben nachreichen kann.[84]

(2) Wird die Umwandlungsgebühr nicht innerhalb einer Frist von drei Monaten gezahlt, so teilt das Amt dem Antragsteller mit, daß der Umwandlungsantrag als nicht gestellt gilt.

(3) Werden die fehlenden Angaben nicht innerhalb der vom Amt gesetzten Frist nachgereicht, weist das Amt den Antrag zurück.

Findet Artikel 108 Absatz 2 *(nunmehr Artikel 112 Absatz 2)* der Verordnung Anwendung, so weist das Amt den Widerspruch[85] nur für die Mitgliedstaaten als unzulässig zurück, für die die Umwandlung nach diesen Bestimmungen ausgeschlossen ist.

(4) Hat das Amt oder ein Gemeinschaftsmarkengericht wegen absoluter Eintragungshindernisse bezüglich der Sprache eines Mitgliedstaats die Gemeinschaftsmarkenanmeldung zurückgewiesen oder die Gemeinschaftsmarke für nichtig erklärt, so ist die Umwandlung nach Artikel 108 Absatz 2 *(nunmehr Artikel 112 Absatz 2)* der Verordnung für alle Mitgliedstaaten unzulässig, in denen die betreffende Sprache Amtssprache ist. Hat das Amt oder ein Gemeinschaftsmarkengericht wegen absoluter, für die gesamte Gemeinschaft geltender Eintragungshindernisse oder aufgrund einer älteren Gemeinschaftsmarke oder eines sonstigen gemeinschaftsrechtlichen gewerblichen Schutzrechts die Gemeinschaftsmarkenanmeldung zurückgewiesen oder die Gemeinschaftsmarke für nichtig erklärt, so ist die Umwandlung nach Artikel 108 Absatz 2 *(nunmehr Artikel 112 Absatz 2)* der Verordnung für alle Mitgliedstaaten unzulässig.

## Regel 46   Veröffentlichung des Umwandlungsantrags

(1) Betrifft der Umwandlungsantrag eine Anmeldung, die bereits im Blatt für Gemeinschaftsmarken gemäß Artikel 40 *(nunmehr Artikel 39)* der Verordnung veröffentlicht worden ist, oder betrifft der Umwandlungsantrag eine Gemeinschaftsmarke, so wird der Umwandlungsantrag im Blatt für Gemeinschaftsmarken veröffentlicht.

(2) Die Veröffentlichung des Umwandlungsantrags enthält:

a)   das Aktenzeichen oder die Eintragungsnummer der Marke, für die die Umwandlung beantragt wird;

b)   einen Hinweis auf die frühere Veröffentlichung der Anmeldung oder der Eintragung im Blatt für Gemeinschaftsmarken;

c)   die Angabe des Mitgliedstaates oder der Mitgliedstaaten, für die die Umwandlung beantragt worden ist;

d)   betrifft der Antrag nicht alle Waren und Dienstleistungen, für die die Anmeldung eingereicht oder die Marke eingetragen wurde, die Angabe der Waren und Dienstleistungen, für die die Umwandlung beantragt wird;

---

84   Geändert durch Verordnung (EG) Nr. 1041/2005 der Kommission vom 29.6.2005.
85   Anmerkung: Lies: »den Umwandlungsantrag«.

e) wird die Umwandlung für mehrere Mitgliedstaaten beantragt und ist das Verzeichnis der Waren und Dienstleistungen nicht für alle Mitgliedstaaten dasselbe Verzeichnis, die Angabe der jeweiligen Waren und Dienstleistungen für die einzelnen Mitgliedstaaten;

f) das Datum des Umwandlungsantrags.

### Regel 47   Übermittlung des Antrags an die Zentralbehörden für den gewerblichen Rechtsschutz der Mitgliedstaaten

Erfüllt der Umwandlungsantrag die Voraussetzungen der Verordnung und der vorliegenden Regeln, so übermittelt das Amt den Umwandlungsantrag und die in Regel 48 Absatz 2 genannten Daten an die Zentralbehörden für den gewerblichen Rechtsschutz der Mitgliedstaaten, einschließlich des Benelux-Markenamts, für die der Antrag als zulässig erklärt wurde. Das Amt teilt dem Antragsteller das Datum der Weiterleitung seines Antrags mit.[86]

### TITEL X   BESCHWERDEVERFAHREN

### Regel 48   Inhalt der Beschwerdeschrift

(1) Die Beschwerdeschrift muß folgende Angaben enthalten:

a) den Namen und die Anschrift des Beschwerdeführers gemäß Regel 1 Absatz 1 Buchstabe b);

b) hat der Beschwerdeführer einen Vertreter bestellt, den Namen und die Geschäftsanschrift dieses Vertreters gemäß Regel 1 Absatz 1 Buchstabe e);

c) eine Erklärung, in der die angefochtene Entscheidung und der Umfang genannt werden, in dem ihre Änderung oder Aufhebung begehrt wird.

(2) Die Beschwerdeschrift muß in der Verfahrenssprache eingereicht werden, in der die Entscheidung, die Gegenstand der Beschwerde ist, ergangen ist.

### Regel 49   Zurückweisung der Beschwerde als unzulässig

(1) Entspricht die Beschwerde nicht den Artikeln 57 bis 59 *(nunmehr Artikel 58 bis 60)* der Verordnung sowie Regel 48 Absatz 1 Buchstabe c) und Absatz 2, so weist die Beschwerdekammer sie als unzulässig zurück, sofern der Mangel nicht bis zum Ablauf der gemäß Artikel 59 *(nunmehr Artikel 60)* der Verordnung festgelegten Frist beseitigt worden ist.

(2) Stellt die Beschwerdekammer fest, daß die Beschwerde sonstigen Vorschriften der Verordnung oder sonstigen Vorschriften dieser Regeln und insbesondere Regel 48 Absatz 1 Buchstaben a) und b) nicht entspricht, so teilt sie dies dem Beschwerdeführer mit und fordert ihn auf, die festgestellten Mängel innerhalb einer von ihr festgelegten Frist zu beseitigen. Werden die Mängel nicht fristgemäß beseitigt, so weist die Beschwerdekammer die Beschwerde als unzulässig zurück.

(3) Wurde die Beschwerdegebühr nach Ablauf der Frist für die Einlegung der Beschwerde gemäß Artikel 59 *(nunmehr Artikel 60)* der Verordnung entrichtet, so gilt die Beschwerde als nicht eingelegt und wird dem Beschwerdeführer die Gebühr erstattet.

---

86   Geändert durch Verordnung (EG) Nr. 1041/2005 der Kommission vom 29.6.2005.

**Regel 50   Prüfung der Beschwerde**

(1) Die Vorschriften für das Verfahren vor der Dienststelle, die die mit der Beschwerde angefochtene Entscheidung erlassen hat, sind im Beschwerdeverfahren entsprechend anwendbar, soweit nichts anderes vorgesehen ist.

In dem besonderen Fall, dass sich[87] die Beschwerde gegen eine in einem Widerspruchsverfahren getroffene Entscheidung richtet, ist Artikel 78a *(nunmehr Artikel 82)* der Verordnung nicht auf die Fristen anwendbar, die nach Artikel 61 Absatz 2 *(nunmehr Artikel 63 Absatz 2)* der Verordnung gesetzt werden.

Richtet sich die Beschwerde gegen die Entscheidung einer Widerspruchsabteilung, so beschränkt die Beschwerdekammer die Prüfung der Beschwerde auf die Sachverhalte und Beweismittel, die innerhalb der von der Widerspruchsabteilung nach Maßgabe der Verordnung und dieser Regeln festgesetzten Frist[88] vorgelegt werden, sofern die Beschwerdekammer nicht der Meinung ist, dass zusätzliche oder ergänzende Sachverhalte und Beweismittel gemäß Artikel 74 Absatz 2 *(nunmehr Artikel 76 Absatz 2)* der Verordnung berücksichtigt werden sollten.[89]

(2) Die Entscheidung der Beschwerdekammer muß enthalten:

a)   die Feststellung, daß sie von der Beschwerdekammer erlassen ist;
b)   das Datum, an dem die Entscheidung erlassen worden ist;
c)   die Namen des Vorsitzenden und der übrigen Mitglieder der Beschwerdekammer, die bei der Entscheidung mitgewirkt haben;
d)   die Namen des zuständigen Bediensteten der Geschäftsstelle;
e)   die Namen der Beteiligten und ihrer Vertreter;
f)   die Anträge der Beteiligten;
g)   eine kurze Darstellung des Sachverhalts;
h)   die Entscheidungsgründe;
i)   den Tenor der Entscheidung der Beschwerdekammer, einschließlich — soweit erforderlich — der Entscheidung über die Kosten.

(3) Die Entscheidung wird vom Vorsitzenden und den anderen Mitgliedern der Beschwerdekammer und von dem Bediensteten der Geschäftsstelle der Beschwerdekammer unterschrieben.

**Regel 51   Erstattung der Beschwerdegebühr**

Die Beschwerdegebühr wird nur auf Anordnung einer der folgenden Stellen erstattet:[90]

a)   der Dienststelle, deren Entscheidung angefochten wurde, wenn sie der Beschwerde nach Artikel 60 Absatz 1 *(nunmehr Artikel 61 Absatz 1)* oder Artikel 60a (nunmehr Artikel 62) der Verordnung abhilft,

---

87   Anmerkung: Lies: »Wenn sich«.
88   Anmerkung: Lies: »Fristen«, vgl. englische Fassung.
89   Geändert durch Verordnung (EG) Nr. 1041/2005 der Kommission vom 29.6.2005.
90   Regel 51 geändert durch Verordnung (EG) Nr. 1041/2005 der Kommission vom 29.6.2005. Anmerkung zur Überschrift: »Erstattung« lies: »Rückzahlung«; Anmerkung zu (1) »erstattet« lies: »zurückgezahlt«.

b) der Beschwerdekammer, wenn sie der Beschwerde stattgibt und zu der Auffassung gelangt, dass die Rückzahlung wegen eines wesentlichen Verfahrensmangels der Billigkeit entspricht.

## TITEL XI   ALLGEMEINE BESTIMMUNGEN

### Teil A   Entscheidungen, Bescheide und Mitteilungen des Amtes

### Regel 52   Form der Entscheidungen

(1) Entscheidungen des Amtes werden schriftlich abgefaßt und begründet. Findet eine mündliche Verhandlung vor dem Amt statt, so können die Entscheidungen verkündet werden. Anschließend werden sie schriftlich abgefaßt und den Beteiligten zugestellt.

(2) Die Entscheidungen des Amtes, die mit der Beschwerde angefochten werden können, sind mit einer schriftlichen Belehrung darüber zu versehen, daß die Beschwerdeschrift beim Amt innerhalb von zwei Monaten nach dem Datum der Zustellung der Entscheidung, von dem ab die Beschwerde eingelegt werden muß, schriftlich eingereicht werden muß. In der Belehrung sind die Beteiligten auch auf Artikel 57, 58 und 59 *(nunmehr Artikel 58, 59 und 60)* der Verordnung aufmerksam zu machen. Die Beteiligten können aus der Unterlassung der Rechtsmittelbelehrung keine Ansprüche herleiten.

### Regel 53   Berichtigung von Fehlern in Entscheidungen

Stellt das Amt von Amts wegen oder auf Betreiben eines Verfahrensbeteiligten einen sprachlichen Fehler, einen Schreibfehler oder einen offensichtlichen Fehler in einer Entscheidung fest, so sorgt es dafür, dass der Irrtum oder Fehler von der zuständigen Dienststelle oder Abteilung korrigiert wird.[91]

### Regel 53a   Widerruf einer Entscheidung, Löschung einer Registereintragung

(1) Stellt das Amt von Amts wegen oder auf entsprechende Hinweise der Verfahrensbeteiligten fest, dass die Voraussetzungen für den Widerruf einer Entscheidung oder die Löschung einer Registereintragung nach Artikel 77a *(nunmehr Artikel 80)* der Verordnung gegeben sind, unterrichtet es die betroffene Partei von dem beabsichtigten Widerruf bzw. der beabsichtigten Löschung.[92]

(2) Die betroffene Partei kann innerhalb einer vom Amt gesetzten Frist Stellung zu dem beabsichtigten Widerruf bzw. der beabsichtigten Löschung nehmen.

(3) Stimmt die betroffene Partei dem beabsichtigten Widerruf bzw. der beabsichtigten Löschung zu oder nimmt sie innerhalb der Frist nicht dazu Stellung, kann das Amt die Entscheidung widerrufen bzw. den Eintrag löschen. Stimmt die betroffene Partei dem beabsichtigten Widerruf bzw. der beabsichtigten Löschung nicht zu, so entscheidet das Amt.

(4) Die Absätze 1, 2 und 3 gelten entsprechend, wenn der Widerruf bzw. die Löschung voraussichtlich mehrere Parteien betrifft. In diesen Fällen wird die Stellungnahme einer Partei gemäß

---

91   Geändert durch Verordnung (EG) Nr. 1041/2005 der Kommission vom 29.6.2005.
92   Eingefügt durch Verordnung (EG) Nr. 1041/2005 der Kommission vom 29.6.2005.

Absatz 3 der anderen Partei bzw. den anderen Parteien mit der Aufforderung zur Stellungnahme übermittelt.

(5) Hat der Widerruf oder die Löschung Auswirkungen auf eine bereits veröffentlichte Entscheidung bzw. Registereintragung, wird der Widerruf bzw. die Löschung ebenfalls veröffentlicht.

(6) Zuständig für den Widerruf bzw. die Löschung nach Absatz 1 bis 4 ist die Dienststelle oder Abteilung, die die Entscheidung erlassen hat.

### Regel 54 Feststellung eines Rechtsverlustes

(1) Stellt das Amt fest, daß ein Rechtsverlust aufgrund der Verordnung oder dieser Regeln eingetreten ist, ohne daß eine Entscheidung ergangen ist, so teilt es dies dem Betroffenen gemäß Artikel 77 *(nunmehr Artikel 79)* der Verordnung mit und macht ihn auf den wesentlichen Inhalt des Absatzes 2 dieser Regeln aufmerksam.

(2) Ist der Betroffene der Auffassung, daß die Feststellung des Amtes nicht zutrifft, so kann er innerhalb von zwei Monaten nach Zustellung der Mitteilung gemäß Absatz 1 eine diesbezügliche Entscheidung des Amtes beantragen. Eine solche Entscheidung wird nur erlassen, wenn das Amt die Auffassung des Antragstellers nicht teilt; anderenfalls berichtigt das Amt seine Feststellung und unterrichtet den Antragsteller.

### Regel 55 Unterschrift, Name, Dienstsiegel

(1) Alle Entscheidungen, Mitteilungen oder Bescheide des Amtes geben die zuständige Dienststelle oder Abteilung des Amtes sowie die Namen der zuständigen Bediensteten an. Sie werden von den Bediensteten unterzeichnet oder statt dessen mit einem vorgedruckten oder aufgestempelten Dienstsiegel des Amtes versehen.

(2) Der Präsident des Amtes kann beschließen, daß andere Mittel zur Feststellung der zuständigen Dienststelle oder Abteilung des Amtes und der Namen der zuständigen Bediensteten oder eine andere Identifizierung als das Siegel verwendet werden können, wenn Entscheidungen, Mitteilungen oder Bescheide durch Fernkopierer oder andere technische Kommunikationsmittel übermittelt werden.

### Teil B Mündliche Verhandlung und Beweisaufnahme

### Regel 56 Ladung zur mündlichen Verhandlung

(1) Die Beteiligten werden unter Hinweis auf Absatz 3 zur mündlichen Verhandlung gemäß Artikel 75 *(nunmehr Artikel 77)* der Verordnung geladen. Die Ladungsfrist beträgt mindestens einen Monat, sofern die Beteiligten nicht mit einer kürzeren Frist einverstanden sind.

(2) Mit der Ladung weist das Amt auf die Fragen hin, die seiner Ansicht nach im Hinblick auf die Entscheidung erörterungsbedürftig sind.

(3) Ist ein zu einer mündlichen Verhandlung ordnungsgemäß geladener Beteiligter vor dem Amt nicht erschienen, so kann das Verfahren ohne ihn fortgesetzt werden.

### Regel 57  Beweisaufnahme durch das Amt

(1) Hält das Amt die Vernehmung von Beteiligten, Zeugen oder Sachverständigen oder eine Augenscheinseinnahme für erforderlich, so erläßt es eine entsprechende Entscheidung, in der das betreffende Beweismaterial, die rechtserheblichen Tatsachen sowie Tag, Uhrzeit und Ort angegeben werden. Hat ein Beteiligter die Vernehmung von Zeugen oder Sachverständigen beantragt, so ist in der Entscheidung des Amtes die Frist festzusetzen, in der der antragstellende Beteiligte dem Amt Name und Anschrift der Zeugen und Sachverständigen mitteilen muß, die er vernehmen zu lassen wünscht.

(2) Die Frist zur Ladung von Beteiligten, Zeugen und Sachverständigen zur Beweisaufnahme beträgt mindestens einen Monat, sofern diese nicht mit einer kürzeren Frist einverstanden sind. Die Ladung muß enthalten:

a) einen Auszug aus der in Absatz 1 genannten Entscheidung, aus der insbesondere Tag, Uhrzeit und Ort der angeordneten Beweisaufnahme sowie die Tatsachen hervorgehen, über die die Beteiligten, Zeugen und Sachverständigen vernommen werden sollen;

b) die Namen der am Verfahren Beteiligten sowie die Ansprüche, die den Zeugen und Sachverständigen gemäß Regel 59 Absätze 2 bis 5 zustehen.

### Regel 58  Beauftragung von Sachverständigen

(1) Das Amt entscheidet, in welcher Form das Gutachten des von ihm beauftragten Sachverständigen zu erstatten ist.

(2) Der Auftrag an den Sachverständigen muß enthalten:

a) die genaue Beschreibung des Auftrags;

b) die Frist für die Erstattung des Gutachtens;

c) die Namen der am Verfahren Beteiligten;

d) einen Hinweis auf die Ansprüche, die er gemäß Regel 59 Absätze 2, 3 und 4 geltend machen kann.

(3) Die Beteiligten erhalten eine Abschrift des schriftlichen Gutachtens.

(4) Die Beteiligten können den Sachverständigen wegen Unfähigkeit oder aus denselben Gründen ablehnen, die zur Ablehnung eines Prüfers oder Mitglieds einer Abteilung oder Beschwerdekammer gemäß Artikel 132 Absätze 1 und 3 *(nunmehr Artikel 137 Absätze 1 und 3)* der Verordnung berechtigen. Über die Ablehnung entscheidet die zuständige Dienststelle des Amtes.

### Regel 59  Kosten der Beweisaufnahme

(1) Das Amt kann die Beweisaufnahme davon abhängig machen, daß der Beteiligte, der sie beantragt hat, beim Amt einen Vorschuß hinterlegt, dessen Höhe nach den voraussichtlichen Kosten bestimmt wird.

(2) Zeugen und Sachverständige, die vom Amt geladen worden sind und vor diesem erscheinen, haben Anspruch auf Erstattung angemessener Reise- und Aufenthaltskosten. Das Amt kann ihnen einen Vorschuß auf diese Kosten gewähren. Satz 1 ist auch auf Zeugen und Sachverständige anwendbar, die ohne Ladung vor dem Amt erscheinen und als Zeugen oder Sachverständige vernommen werden.

(3) Zeugen, denen gemäß Absatz 2 ein Erstattungsanspruch zusteht, haben Anspruch auf eine angemessene Entschädigung für Verdienstausfall; Sachverständige haben Anspruch auf Vergütung ihrer Tätigkeit. Diese Entschädigung oder Vergütung wird den Zeugen und Sachverständigen gezahlt, nachdem sie ihrer Pflicht oder ihrem Auftrag genügt haben, wenn sie das Amt aus eigener Initiative geladen hat.

(4)[93] Die gemäß Absatz 1, 2 und 3 zahlbaren Beträge und Kostenvorschüsse werden vom Präsidenten des Amtes festgelegt und im Amtsblatt des Amtes veröffentlicht. Die Beträge werden auf der Grundlage der einschlägigen Bestimmungen im Statut der Beamten der Europäischen Gemeinschaften und dessen Anhang VII berechnet.

(5) Für die aufgrund der vorstehenden Absätze geschuldeten oder gezahlten Beträge haftet ausschließlich

a)  das Amt in den Fällen, in denen es aus eigener Initiative Zeugen oder Sachverständige zur Vernehmung geladen hat,
    oder

b)  der Beteiligte in den Fällen, in denen er die Vernehmung von Zeugen oder Sachverständigen beantragt hat, vorbehaltlich der Entscheidung über die Kostenverteilung und Kostenfestsetzung gemäß Artikel 81 und 82 *(nunmehr Artikel 85 und 86)* der Verordnung und Regel 94. Der Beteiligte erstattet dem Amt alle ordnungsgemäß gezahlten Vorschüsse.

## Regel 60  Niederschrift über mündliche Verhandlungen

(1) Über die mündliche Verhandlung oder die Beweisaufnahme wird eine Niederschrift angefertigt, die Folgendes beinhaltet:[94]

a)  den Tag der Verhandlung;
b)  die Namen der zuständigen Bediensteten des Amts, der Parteien und ihrer Vertreter sowie der Zeugen und Sachverständigen, die bei der Verhandlung anwesend sind;
c)  die Anträge der Parteien;
d)  die Beweismittel;
e)  gegebenenfalls die Anordnungen oder die Entscheidung des Amtes.

(2) Die Niederschrift wird Bestandteil der betreffenden Gemeinschaftsmarkenanmeldung oder eintragung. Die Beteiligten erhalten eine Abschrift der Niederschrift.

(3) Werden Zeugen, Sachverständige oder Parteien gemäß Artikel 76 Absatz 1 Buchstaben a oder d *(nunmehr Artikel 78 Absatz 1 Buchstaben a oder d)* der Verordnung oder gemäß Regel 59 Absatz 2 vernommen, werden ihre Erklärungen in der Niederschrift festgehalten.[95]

## Teil C  Zustellungen

## Regel 61  Allgemeine Vorschriften über Zustellungen

(1) In den Verfahren vor dem Amt werden Mitteilungen des Amtes mittels Originalschriftstück, unbeglaubigter Abschrift dieses Schriftstücks oder Computerausdruck gemäß Re-

---

93  Geändert durch Verordnung (EG) Nr. 1041/2005 der Kommission vom 29.6.2005.
94  Geändert durch Verordnung (EG) Nr. 1041/2005 der Kommission vom 29.6.2005.
95  Anmerkung: Lies: »auf Tonband aufgenommen«.

gel 55, Schriftstücke der Beteiligten mittels Zweitschrift oder unbeglaubigter Abschrift zugestellt.[96]

(2) Die Zustellung erfolgt:
a)  durch die Post gemäß Regel 62;
b)  durch eigenhändige Übergabe gemäß Regel 63;
c)  durch Hinterlegung im Abholfach beim Amt gemäß Regel 64;
d)  durch Fernkopierer oder andere technische Kommunikationsmittel gemäß Regel 65;
e)  durch öffentliche Zustellung gemäß Regel 66.

(3) Hat der Empfänger seine Telefaxnummer oder andere technische Kommunikationsmittel angegeben, kann das Amt zwischen diesen Mitteln und der Postzustellung wählen.[97]

**Regel 62  Zustellung durch die Post**

(1) Entscheidungen, durch die eine Beschwerdefrist in Lauf gesetzt wird, Ladungen und andere vom Präsidenten des Amtes bestimmte Schriftstücke werden durch eingeschriebenen Brief mit Rückschein zugestellt. Alle anderen Mitteilungen[98] erfolgen durch gewöhnlichen Brief.[99]

(2) Zustellungen an Empfänger, die weder Wohnsitz noch Sitz oder eine Niederlassung in der Gemeinschaft haben und einen Vertreter gemäß Artikel 88 Absatz 2 *(nunmehr Artikel 92 Absatz 2)* der Verordnung nicht bestellt haben, werden dadurch bewirkt, daß das zuzustellende Schriftstück als gewöhnlicher Brief unter der dem Amt bekannten letzten Anschrift des Empfängers zur Post gegeben wird.[100]

(3) Bei der Zustellung durch eingeschriebenen Brief mit oder ohne Rückschein gilt dieser mit dem zehnten Tag nach der Aufgabe zur Post als zugestellt, es sei denn, daß das zuzustellende Schriftstück nicht oder an einem späteren Tag eingegangen ist; im Zweifel hat das Amt den Zugang des Schriftstücks und gegebenenfalls den Tag des Zugangs nachzuweisen.

(4) Die Zustellung durch eingeschriebenen Brief mit oder ohne Rückschein gilt auch dann als bewirkt, wenn der Empfänger die Annahme des Briefes verweigert.

(5) Eine Mitteilung durch gewöhnlichen Brief gilt zehn Tage nach Aufgabe zur Post als zugestellt.[101]

**Regel 63  Zustellung durch eigenhändige Übergabe**

Die Zustellung kann in den Dienstgebäuden des Amtes durch eigenhändige Übergabe des Schriftstücks an den Empfänger bewirkt werden, der dabei den Empfang zu bescheinigen hat.

---

96   Geändert durch Verordnung (EG) Nr. 1041/2005 der Kommission vom 29.6.2005.
97   Eingefügt durch Verordnung (EG) Nr. 1041/2005 der Kommission vom 29.6.2005.
98   Lies: »Zustellungen«.
99   Geändert durch Verordnung (EG) Nr. 1041/2005 der Kommission vom 29.6.2005.
100  Satz 2 gestrichen durch Verordnung (EG) Nr. 1041/2005 der Kommission vom 29.6.2005.
101  Geändert durch Verordnung (EG) Nr. 1041/2005 der Kommission vom 29.6.2005.

### Regel 64   Zustellung durch Hinterlegung im Abholfach beim Amt

Die Zustellung an Empfänger, denen beim Amt ein Abholfach eingerichtet worden ist, kann dadurch erfolgen, daß das Schriftstück im Abholfach des Empfängers hinterlegt wird. Über die Hinterlegung ist eine schriftliche Mitteilung zu den Akten zu geben. Auf dem Schriftstück ist zu vermerken, an welchem Tag es hinterlegt worden ist. Die Zustellung gilt am fünften Tag nach Hinterlegung im Abholfach als bewirkt.

### Regel 65   Zustellung durch Fernkopierer oder andere technische Kommunikationsmittel

(1) Die Zustellung durch Fernkopierer erfolgt durch Übermittlung des Originalschriftstücks oder einer Abschrift dieses Schriftstücks gemäß Regel 61 Absatz 1. Eine Mitteilung gilt als an dem Tag zugestellt, an dem sie auf dem Fernkopierer des Empfängers eingetroffen ist.[102]

(2) Die Zustellung durch andere technische Kommunikationsmittel wird vom Präsidenten des Amtes geregelt.

### Regel 66   Öffentliche Zustellung

(1) Ist die Anschrift des Empfängers nicht feststellbar oder hat sich eine Zustellung gemäß Regel 62 nach wenigstens einem Versuch des Amtes als unmöglich erwiesen, so wird die Mitteilung öffentlich zugestellt.[103]

(2) Der Präsident des Amtes bestimmt, in welcher Weise die öffentliche Bekanntmachung erfolgt und wann die Frist von einem Monat zu laufen beginnt, nach deren Ablauf das Schriftstück als zugestellt gilt.

### Regel 67   Zustellung an Vertreter

(1) Ist ein Vertreter bestellt worden oder gilt der zuerst genannte Anmelder bei einer gemeinsamen Anmeldung als der gemeinsame Vertreter gemäß Regel 75 Absatz 1, so erfolgen Zustellungen an den bestellten oder an den gemeinsamen Vertreter.

(2) Sind mehrere Vertreter für einen Beteiligten bestellt worden, so genügt die Zustellung an einen von ihnen, sofern eine bestimmte Zustellanschrift gemäß Regel 1 Absatz 1 Buchstabe e) angegeben worden ist.

(3) Haben mehrere Beteiligte einen gemeinsamen Vertreter bestellt, so genügt die Zustellung nur eines Schriftstücks an den gemeinsamen Vertreter.

### Regel 68   Zustellungsmängel

Hat der Adressat das Schriftstück erhalten, obwohl das Amt nicht nachweisen kann, daß es ordnungsgemäß zugestellt wurde oder die Zustellungsvorschriften befolgt wurden, so gilt das Schriftstück als an dem Tag zugestellt, den das Amt als Tag des Zugangs nachweist.

---

102   Geändert durch Verordnung (EG) Nr. 1041/2005 der Kommission vom 29.6.2005.
103   Geändert durch Verordnung (EG) Nr. 1041/2005 der Kommission vom 29.6.2005.

**Regel 69   Zustellung von Schriftstücken bei mehreren Beteiligten**

Von den Beteiligten eingereichte Schriftstücke, die Sachanträge oder die Erklärung der Rücknahme eines Sachantrags enthalten, sind den übrigen Beteiligten von Amts wegen zuzustellen. Von der Zustellung kann abgesehen werden, wenn das Schriftstück kein neues Vorbringen enthält und die Sache entscheidungsreif ist.

**Teil D   Fristen**

**Regel 70   Berechnung der Fristen**

(1) Die Fristen werden nach vollen Jahren, Monaten, Wochen oder Tagen berechnet.

(2) Bei der Fristberechnung wird mit dem Tag begonnen, der auf den Tag folgt, an dem das Ereignis eingetreten ist, aufgrund dessen der Fristbeginn festgestellt wird; dieses Ereignis kann eine Handlung oder der Ablauf einer früheren Frist sein. Besteht die Handlung in einer Zustellung, so ist das maßgebliche Ereignis der Zugang des zugestellten Schriftstücks, sofern nichts anderes bestimmt ist.

(3) Ist als Frist ein Jahr oder eine Anzahl von Jahren bestimmt, so endet die Frist in dem maßgeblichen folgenden Jahr in dem Monat und an dem Tag, die durch ihre Benennung oder Zahl dem Monat oder Tag entsprechen, an denen das Ereignis eingetreten ist; hat der betreffende nachfolgende Monat keinen Tag mit der entsprechenden Zahl, so läuft die Frist am letzten Tag dieses Monats ab.

(4) Ist als Frist ein Monat oder eine Anzahl von Monaten bestimmt, so endet die Frist in dem maßgeblichen folgenden Monat an dem Tag, der durch seine Zahl dem Tag entspricht, an dem das Ereignis eingetreten ist. War der Tag, an dem das Ereignis eingetreten ist, der letzte Tag des Monats oder hat der betreffende nachfolgende Monat keinen Tag mit der entsprechenden Zahl, so läuft die Frist am letzten Tag dieses Monats ab.

(5) Ist als Frist eine Woche oder eine Anzahl von Wochen bestimmt, so endet die Frist in der maßgeblichen Woche an dem Tag, der durch seine Benennung dem Tag entspricht, an dem das Ereignis eingetreten ist.

**Regel 71   Dauer der Fristen**

(1) Ist in der Verordnung oder in diesen Regeln eine Frist vorgesehen, die vom Amt festzulegen ist, so beträgt diese Frist, wenn der Beteiligte seinen Wohnsitz oder seinen Hauptgeschäftssitz oder eine Niederlassung in der Gemeinschaft hat, nicht weniger als einen Monat oder, wenn diese Bedingungen nicht vorliegen, nicht weniger als zwei Monate und nicht mehr als sechs Monate. Das Amt kann, wenn dies unter den gegebenen Umständen angezeigt ist, eine bestimmte Frist verlängern, wenn der Beteiligte dies beantragt und der betreffende Antrag vor Ablauf der ursprünglichen Frist gestellt wird.

(2) Bei zwei oder mehreren Beteiligten kann das Amt die Verlängerung einer Frist von der Zustimmung der anderen Beteiligten abhängig machen.

**Regel 72  Fristablauf in besonderen Fällen**

(1) Läuft eine Frist an einem Tag ab, an dem das Amt zur Entgegennahme von Schriftstücken nicht geöffnet ist oder an dem gewöhnliche Postsendungen aus anderen als den in Absatz 2 genannten Gründen am Sitz des Amtes nicht zugestellt werden, so erstreckt sich die Frist auf den nächstfolgenden Tag, an dem das Amt zur Entgegennahme von Schriftstücken geöffnet ist und an dem gewöhnliche Postsendungen zugestellt werden. Vor Beginn eines jeden Kalenderjahres werden die in Satz 1 genannten Tage durch den Präsidenten des Amtes festgelegt.[104]

(2) Läuft eine Frist an einem Tag ab, an dem die Postzustellung in dem Mitgliedstaat, in dem das Amt seinen Sitz hat, allgemein unterbrochen ist, oder, sofern der Präsident des Amtes die elektronische Zustellung gemäß Regel 82 zugelassen hat, an dem der Zugang des Amtes zu den elektronischen Kommunikationsmitteln gestört ist, so erstreckt sich die Frist auf den ersten Tag nach Beendigung der Unterbrechung oder Störung, an dem das Amt wieder Schriftstücke entgegennimmt und an dem gewöhnliche Postsendungen zugestellt werden. Der Präsident des Amtes stellt die Dauer der Unterbrechung oder Störung fest.[105]

(3) Die Absätze 1 und 2 gelten entsprechend für die Fristen, die in der Verordnung oder in diesen Regeln für Handlungen bei der zuständigen Behörde im Sinne des Artikels 25 Absatz 1 Buchstabe b) der Verordnung vorgesehen sind.

(4) Wird die Kommunikation zwischen den Verfahrensbeteiligten und dem Amt durch ein nicht vorhersehbares Ereignis, zum Beispiel eine Naturkatastrophe oder einen Streik, unterbrochen oder gestört, kann der Präsident des Amtes für die Beteiligten, die in dem betreffenden Staat ihren Wohnsitz oder Sitz haben oder einen Vertreter mit Geschäftssitz in diesem Staat bestellt haben, alle normalerweise an oder nach dem Tag des von ihm festgestellten Ereigniseintritts ablaufenden Fristen bis zu einem von ihm festzulegenden Tag verlängern. Ist der Sitz des Amtes von dem Ereignis betroffen, stellt der Präsident fest, dass die Fristverlängerung für alle Verfahrensbeteiligten gilt.[106]

**Teil E  Unterbrechung des Verfahrens**

**Regel 73  Unterbrechung des Verfahrens**

(1) Das Verfahren vor dem Amt wird unterbrochen:
a) im Fall des Todes oder der Geschäftsunfähigkeit des Anmelders oder Inhabers der Gemeinschaftsmarke oder der Person, die nach nationalem Recht zu dessen Vertretung berechtigt ist. Solange die genannten Ereignisse die Vertretungsbefugnis eines gemäß Artikel 89 *(nunmehr Artikel 93)* der Verordnung bestellten Vertreters nicht berühren, wird das Verfahren jedoch nur auf Antrag dieses Vertreters unterbrochen;
b) wenn der Anmelder oder Inhaber der Gemeinschaftsmarke aufgrund eines gegen sein Vermögen gerichteten Verfahrens aus rechtlichen Gründen verhindert ist, das Verfahren vor dem Amt fortzusetzen;

---

104  ABl. HABM 2009, Nr. 1.
105  Geändert durch Verordnung (EG) Nr. 1041/2005 der Kommission vom 29.6.2005.
106  Geändert durch Verordnung (EG) Nr. 1041/2005 der Kommission vom 29.6.2005.

c) wenn der Vertreter des Anmelders oder Inhabers der Gemeinschaftsmarke stirbt, seine Geschäftsfähigkeit verliert oder aufgrund eines gegen sein Vermögen gerichteten Verfahrens aus rechtlichen Gründen verhindert ist, das Verfahren vor dem Amt fortzusetzen.

(2) Wird dem Amt bekannt, wer in den Fällen des Absatzes 1 Buchstaben a) und b) die Berechtigung erlangt hat, das Verfahren vor dem Amt fortzusetzen, so teilt es dieser Person und gegebenenfalls den übrigen Beteiligten mit, daß das Verfahren nach Ablauf einer von ihm festgesetzten Frist wiederaufgenommen wird.

(3) In dem in Absatz 1 Buchstabe c) genannten Fall wird das Verfahren wiederaufgenommen, wenn dem Amt die Bestellung eines neuen Vertreters des Anmelders angezeigt wird oder das Amt die Anzeige über die Bestellung eines neuen Vertreters des Inhabers der Gemeinschaftsmarke den übrigen Beteiligten zugestellt hat. Hat das Amt drei Monate nach Beginn der Unterbrechung des Verfahrens noch keine Anzeige über die Bestellung eines neuen Vertreters erhalten, so teilt es dem Anmelder oder Inhaber der Gemeinschaftsmarke folgendes mit:

a) im Falle der Anwendung des Artikels 88 Absatz 2 *(nunmehr Artikel 92 Absatz 2)* der Verordnung, daß die Anmeldung der Gemeinschaftsmarke als zurückgenommen gilt, wenn die Anzeige nicht innerhalb von zwei Monaten nach Zustellung dieser Mitteilung erfolgt, oder

b) im Falle der Nichtanwendung des Artikels 88 Absatz 2 *(nunmehr Artikel 92 Absatz 2)* der Verordnung, daß das Verfahren vom Tag der Zustellung dieser Mitteilung an mit dem Anmelder oder Inhaber der Gemeinschaftsmarke wiederaufgenommen wird.

(4) Die am Tag der Unterbrechung für den Anmelder oder Inhaber der Gemeinschaftsmarke laufenden Fristen, mit Ausnahme der Frist für die Entrichtung der Verlängerungsgebühren, beginnen an dem Tag von neuem zu laufen, an dem das Verfahren wiederaufgenommen wird.

**Teil F  Verzicht auf Beitreibung**

**Regel 74  Verzicht auf Beitreibung**

Der Präsident des Amtes kann davon absehen, geschuldete Geldbeträge beizutreiben, wenn der beizutreibende Betrag unbedeutend oder die Beitreibung zu ungewiß ist.

**Teil G  Vertretung**

**Regel 75  Bestellung eines gemeinsamen Vertreters**

(1) Wird eine Gemeinschaftsmarke von mehreren Personen angemeldet, und kein gemeinsamer Vertreter bezeichnet, so gilt der Anmelder, der in der Anmeldung als erster genannt ist, als gemeinsamer Vertreter. Ist einer der Anmelder jedoch verpflichtet, einen zugelassenen Vertreter zu bestellen, so gilt dieser Vertreter als gemeinsamer Vertreter, sofern nicht der in der Anmeldung an erster Stelle genannte Anmelder einen zugelassenen Vertreter bestellt hat. Entsprechendes gilt für gemeinsame Inhaber von Gemeinschaftsmarken und mehrere Personen, die gemeinsam Widerspruch erheben oder einen Antrag auf Erklärung des Verfalls oder der Nichtigkeit stellen.

(2) Erfolgt im Laufe des Verfahrens ein Rechtsübergang auf mehrere Personen und haben diese Personen keinen gemeinsamen Vertreter bezeichnet, so gilt Absatz 1 entsprechend. Ist eine entsprechende Anwendung nicht möglich, so fordert das Amt die genannten Personen auf, inner-

halb von zwei Monaten einen gemeinsamen Vertreter zu bestellen. Wird dieser Aufforderung nicht entsprochen, so bestimmt das Amt den gemeinsamen Vertreter.

### Regel 76  Vollmacht

(1) Rechtsanwälte und zugelassenen[107] Vertreter, die gemäß Artikel 89 Absatz 2 *(nunmehr Artikel 93 Absatz 2)* der Verordnung in die Liste der zugelassenen Vertreter eingetragen sind, müssen nur auf ausdrückliches Verlangen des Amtes oder bei mehreren Verfahrensbeteiligten auf ausdrückliches Verlangen der Gegenpartei eine unterzeichnete Vollmacht zu den Akten geben.[108]

(2) Angestellte, die gemäß Artikel 88 Absatz 3 *(nunmehr Artikel 92 Absatz 3)* der Verordnung eine natürliche oder juristische Person vertreten, müssen dem Amt eine unterzeichnete Vollmacht zu den Akten geben.

(3) Die Vollmacht kann in jeder Amtssprache der Gemeinschaft vorgelegt werden. Sie kann sich auf eine oder mehrere Markenanmeldungen oder -eintragungen erstrecken oder als allgemeine Vollmacht zur Vertretung in sämtlichen Verfahren vor dem Amt berechtigen, an denen der Vollmachtgeber beteiligt ist.

(4) Ist eine unterzeichnete Vollmacht gemäß Absatz 1 oder 2 zu den Akten zu geben, setzt das Amt eine Vorlagefrist fest. Wird die Vollmacht nicht fristgemäß vorgelegt, so wird das Verfahren mit dem Vertretenen fortgesetzt. Die Handlungen des Vertreters mit Ausnahme der Einreichung der Anmeldung gelten als nicht erfolgt, wenn der Vertretene sie nicht innerhalb einer vom Amt gesetzten Frist genehmigt. Artikel 88 Absatz 2 *(nunmehr Artikel 92 Absatz 2)* der Verordnung bleibt unberührt.

(5) Die Absätze 1, 2 und 3 gelten entsprechend für Schriftstücke über den Widerruf von Vollmachten.

(6) Der Vertreter, dessen Vollmacht erloschen ist, wird weiter als Vertreter angesehen, bis dem Amt das Erlöschen der Vollmacht angezeigt worden ist.

(7) Sofern in der Vollmacht nichts anderes vorgesehen ist, erlischt diese gegenüber dem Amt nicht mit dem Tod des Vollmachtgebers.

(8) Wird dem Amt ein bestellter Vertreter[109] mitgeteilt, sind sein Name und seine Geschäftsanschrift gemäß Regel 1 Absatz 1 Buchstabe e anzugeben. Wird ein bereits bestellter Vertreter vor dem Amt tätig, muss er seinen Namen und vorzugsweise seine ihm vom Amt zugeteilte Kennnummer angeben. Hat ein Beteiligter mehrere Vertreter bestellt, so sind diese ungeachtet anders lautender Vollmachten[110] berechtigt, sowohl gemeinschaftlich als auch einzeln zu handeln.

(9) Die Bestellung oder Bevollmächtigung eines Zusammenschlusses von Vertretern gilt als Bestellung oder Bevollmächtigung jedes einzelnen Vertreters, der in diesem Zusammenschluss tätig ist.

---

107  Lies: »zugelassene«.
108  Geändert durch Verordnung (EG) Nr. 1041/2005 der Kommission vom 29.6.2005.
109  Anmerkung: Lies: »die Bestellung eines Vertreters«.
110  Anmerkung: Lies: »ungeachtet einer abweichenden Bestimmung in der Vollmacht«.

**Regel 77   Vertretung**

Alle Zustellungen oder anderen Mitteilungen des Amtes an den ordnungsgemäß bevollmächtigten Vertreter haben dieselbe Wirkung, als wären sie an die vertretene Person gerichtet. Alle Mitteilungen des ordnungsgemäß bevollmächtigten Vertreters an das Amt haben dieselbe Wirkung, als wären sie von der vertretenen Person an das Amt gerichtet.

**Regel 78   Änderung in der Liste der zugelassenen Vertreter**

(1) Die Eintragung des zugelassenen Vertreters in der Liste der zugelassenen Vertreter gemäß Artikel 89 *(nunmehr Artikel 93)* der Verordnung wird auf dessen Antrag gelöscht.

(2) Die Eintragung in der Liste der zugelassenen Vertreter wird von Amts wegen gelöscht:
a)   im Fall des Todes oder der Geschäftsunfähigkeit des zugelassenen Vertreters;
b)   wenn der zugelassene Vertreter nicht mehr die Staatsangehörigkeit eines Mitgliedstaates besitzt, sofern der Präsident des Amtes nicht eine Befreiung gemäß Artikel 89 Absatz 4 Buchstabe b) *(nunmehr Artikel 93 Absatz 4 Buchstabe b))* der Verordnung erteilt hat;
c)   wenn der zugelassene Vertreter seinen Geschäftssitz oder Arbeitsplatz nicht mehr in der Gemeinschaft hat;
d)   wenn der zugelassene Vertreter die Befugnis gemäß Artikel 89 Absatz 2 Buchstabe c) Satz 1 *(nunmehr Artikel 93 Absatz 2 Buchstabe c) Satz 1)* der Verordnung nicht mehr besitzt.

(3) Die Eintragung eines zugelassenen Vertreters wird auf Antrag des Amtes gestrichen, wenn dessen Befugnis zur Vertretung einer natürlichen oder juristischen Person vor der Zentralbehörde für den gewerblichen Rechtsschutz des Mitgliedstaates gemäß Artikel 89 Absatz 2 Buchstabe c) Satz 1 *(nunmehr Artikel 93 Absatz 2 Buchstabe c) Satz 1)* der Verordnung aufgehoben wurde.

(4) Eine Person, deren Eintragung gelöscht worden ist, wird auf Antrag gemäß Artikel 89 Absatz 3 *(nunmehr Artikel 93 Absatz 3)* der Verordnung in die Liste der zugelassenen Vertreter wieder eingetragen, wenn die Voraussetzungen für die Löschung nicht mehr gegeben sind.

(5) Das Benelux-Markenamt und die betreffende Zentralbehörde für den gewerblichen Rechtsschutz des Mitgliedstaates teilen dem Amt unverzüglich alle in den Absätzen 2 und 3 erwähnten Vorkommnisse mit, soweit sie ihnen bekannt sind.

(6) Die Änderungen der Liste der zugelassenen Vertreter werden im Amtsblatt des Amtes veröffentlicht.

**Teil H   Schriftliche Mitteilungen und Formblätter**

**Regel 79   Schriftliche und andere Übermittlungen**

Anmeldungen einer Gemeinschaftsmarke sowie alle anderen in der Verordnung vorgesehenen Anträge und Mitteilungen sind dem Amt wie folgt zu übermitteln:[111]
a)   durch Einreichung des unterzeichneten Originalschriftstücks beim Amt beispielsweise per Post, durch eigenhändige Übergabe oder auf andere Weise;

---

111   Geändert durch Verordnung (EG) Nr. 1041/2005 der Kommission vom 29.6.2005.

b) durch Einsendung[112] eines Schriftstücks per Fernkopierer gemäß Regel 80;

c) [gestrichen]

d) durch Übertragung des Inhalts auf elektronischem Wege gemäß Regel 82.

### Regel 79a   Anlagen zu schriftlichen Übermittlungen

Legt eine Partei ein Schriftstück oder ein Beweismittel gemäß Regel 79 Buchstabe a in einem Verfahren mit mehreren Beteiligten vor, so sind das Schriftstück oder Beweismittel und alle etwaigen Anlagen des Schriftstücks in so vielen Exemplaren vorzulegen, wie es Verfahrensbeteiligte gibt.[113]

### Regel 80   Übermittlung durch Fernkopierer

(1) Wird dem Amt eine Markenanmeldung durch Fernkopierer übermittelt und enthält die Anmeldung eine Wiedergabe der Marke, die die Voraussetzungen von Regel 3 Absatz 2 nicht erfüllt, so ist die erforderliche, veröffentlichungsfähige Wiedergabe dem Amt gemäß Regel 79 Buchstabe a vorzulegen. Erhält das Amt die Wiedergabe innerhalb eines Monats nach Empfang der Fernkopie, so gilt die Wiedergabe als am Empfangstag der Fernkopie eingegangen.[114]

(2) Ist eine durch Fernkopierer erhaltene Mitteilung unvollständig oder unleserlich oder hat das Amt ernste Zweifel in bezug auf die Richtigkeit der Übermittlung, so teilt das Amt dies dem Absender mit und fordert ihn auf, innerhalb einer vom Amt festgelegten Frist das Originalschriftstück durch Fernkopierer nochmals zu übermitteln oder das Originalschriftstück gemäß Regel 79 Buchstabe a) vorzulegen. Wird dieser Aufforderung fristgemäß nachgekommen, so gilt der Tag des Eingangs der nochmaligen Übermittlung oder des Originalschriftstücks als der Tag des Eingangs der ursprünglichen Mitteilung, wobei jedoch die Vorschriften über den Anmeldetag angewandt werden, wenn der Mangel die Zuerkennung eines Anmeldetags betrifft. Wird der Aufforderung nicht fristgemäß nachgekommen, so gilt die Mitteilung als nicht eingegangen.

(3) Jede dem Amt durch Fernkopierer übermittelte Mitteilung gilt als ordnungsgemäß unterzeichnet, wenn die Wiedergabe der Unterschrift auf dem Ausdruck des Fernkopierers erscheint. Wird eine Mitteilung elektronisch durch Fernkopierer übermittelt, gilt die Namensangabe des Absenders als Unterschrift.[115]

(4) [gestrichen][116]

### Regel 81

(gestrichen)[117]

---

112   Anmerkung: Lies: »durch Übermittlung«.

113   Eingefügt durch Verordnung (EG) Nr. 1041/2005 der Kommission vom 29.6.2005.

114   Geändert durch Verordnung (EG) Nr. 1041/2005 der Kommission vom 29.6.2005.

115   Geändert durch Verordnung (EG) Nr. 1041/2005 der Kommission vom 29.6.2005.

116   Gestrichen durch Verordnung (EG) Nr. 1041/2005 der Kommission vom 29.6.2005.

117   Gestrichen durch Verordnung (EG) Nr. 1041/2005 der Kommission vom 29.6.2005.

## Regel 82 Übermittlung durch elektronische Mittel

(1) Der Präsident des Amtes bestimmt, in welchem Umfang und unter welchen technischen Voraussetzungen Mitteilungen elektronisch an das Amt übermittelt werden können.[118]

(2) Wird eine Mitteilung elektronisch übermittelt, so gilt Regel 80 Absatz 2 entsprechend.

(3) Wird dem Amt eine Mitteilung elektronisch übermittelt, so ist die Angabe des Namens des Absenders gleichbedeutend mit der Unterschrift.

(4) [gestrichen][119]

## Regel 83 Formblätter

(1) Das Amt stellt gebührenfrei Formblätter für folgende Fälle zur Verfügung:[120]

a) Anmeldung einer Gemeinschaftsmarke, gegebenenfalls samt Anforderung des Recherchenberichts;
b) Erhebung eines Widerspruchs;
c) Antrag auf Feststellung[121] des Verfalls oder der Nichtigkeit;
d) Antrag auf Eintragung eines Rechtsübergangs sowie das Formblatt und die Urkunde des Rechtsübergangs gemäß Regel 31 Absatz 5;
e) Antrag auf Eintragung einer Lizenz;
f) Antrag auf Verlängerung einer Gemeinschaftsmarke;
g) Einlegung einer Beschwerde;
h) Bevollmächtigung eines Vertreters in Form einer Spezial-[122] oder einer allgemeinen Vollmacht;
i) internationale Anmeldung oder eine anschließende Benennung[123] gemäß dem Madrider Protokoll.

(2) Die an einem Verfahren vor dem Amt Beteiligten können darüber hinaus folgende Formblätter verwenden:

a) Formblätter nach dem Vertrag über das Markenrecht[124] oder gemäß den Empfehlungen der Versammlung des Pariser Verbands zum Schutz des gewerblichen Eigentums;
b) mit Ausnahme des in Absatz 1 Buchstabe i genannten Formulars Formblätter desselben Inhalts und Formats.

(3) Das Amt stellt die in Absatz 1 genannten Formblätter in allen Amtssprachen der Gemeinschaft zur Verfügung.

---

118  Geändert durch Verordnung (EG) Nr. 1041/2005 der Kommission vom 29.6.2005.
119  Gestrichen durch Verordnung (EG) Nr. 1041/2005 der Kommission vom 29.6.2005.
120  Geändert durch Verordnung (EG) Nr. 1041/2005 der Kommission vom 29.6.2005.
121  Anmerkung: Lies: »Erklärung«.
122  Anmerkung: Lies: »Einzel-«.
123  Anmerkung: Lies: »nachträgliche Schutzerstreckung«.
124  Anmerkung: Lies: »Markenrechtsvertrag«.

**Teil I Unterrichtung der Öffentlichkeit**

**Regel 84 Register für Gemeinschaftsmarken**

(1) Das Register für Gemeinschaftsmarken kann in Form einer elektronischen Datenbank geführt werden.

(2) In das Register für Gemeinschaftsmarken sind einzutragen:

a) der Anmeldetag;

b) das Aktenzeichen der Anmeldung;

c) der Tag der Veröffentlichung der Anmeldung;

d) Name und Anschrift des Anmelders;[125]

e) der Name und die Geschäftsanschrift des Vertreters, soweit es sich nicht um einen Vertreter im Sinne des Artikels 88 Absatz 3 Satz 1 *(nunmehr Artikel 92 Absatz 3 Satz 1)* der Verordnung handelt; bei mehreren Vertretern werden nur Name und Geschäftsanschrift des zuerst genannten Vertreters, gefolgt von den Worten »und andere«, eingetragen; im Fall eines Zusammenschlusses von Vertretern werden nur Name und Anschrift des Zusammenschlusses eingetragen;

f) die Wiedergabe der Marke mit Angaben über ihren Charakter, sofern die Marke nicht in den Anwendungsbereich der Regel 3 Absatz 1 fällt; bei Eintragung der Marke in Farbe der Vermerk »farbig« und die Angabe der Farben, aus denen sich die Marke zusammensetzt; gegebenenfalls eine Beschreibung der Marke;

g) die Bezeichnung der in Gruppen in Übereinstimmung mit den Klassen der Nizzaer Klassifikation zusammengefaßten Waren und Dienstleistungen; jeder Gruppe wird die Nummer der einschlägigen Klasse in der Reihenfolge der Klassifikation vorangestellt;

h) Angaben über die Inanspruchnahme einer Priorität gemäß Artikel 30 der Verordnung;

i) Angaben über die Inanspruchnahme einer Ausstellungspriorität gemäß Artikel 33 der Verordnung;

j) Angaben über die Inanspruchnahme des Zeitrangs einer eingetragenen älteren Marke gemäß Artikel 34 der Verordnung;

k) die Erklärung, daß die Marke gemäß Artikel 7 Absatz 3 der Verordnung infolge ihrer Benutzung Unterscheidungskraft erlangt hat;

l) die Erklärung des Anmelders, daß er das ausschließliche Recht an einem Bestandteil der Marke gemäß Artikel 38 Absatz 2 *(nunmehr Artikel 37 Absatz 2)* der Verordnung nicht in Anspruch nehmen wird;

m) die Angabe, daß es sich um eine Gemeinschaftskollektivmarke handelt;

n) die Sprache, in der die Anmeldung eingereicht wurde, und die zweite Sprache, die der Anmelder in seiner Anmeldung gemäß Artikel 115 Absatz 3 *(nunmehr Artikel 119 Absatz 3)* der Verordnung angegeben hat;

o) der Tag der Eintragung der Anmeldung in das Register und die Nummer der Eintragung;

p) die Erklärung, dass die Anmeldung sich aus der Umwandlung einer internationalen Registrierung, in der die Europäische Gemeinschaft benannt ist, gemäß Artikel 156 *(nunmehr Artikel 161)* der Verordnung ergibt, sowie der Tag der internationalen Registrierung gemäß Artikel 3 Absatz 4 des Madrider Protokolls oder der Tag der Eintragung der territorialen Ausdehnung auf die Europäische Gemeinschaft im Anschluss an die internationale Regis-

---

125 Geändert durch Verordnung (EG) Nr. 1041/2005 der Kommission vom 29.6.2005.

trierung gemäß Artikel 3ter Absatz 2 des Madrider Protokolls und das Prioritätsdatum der internationalen Registrierung.[126]

(3) In das Register für Gemeinschaftsmarken sind außerdem unter Angabe des Tages der jeweiligen Eintragung einzutragen:

a) Änderungen des Namens, der Anschrift, der Staatsangehörigkeit oder des Staates des Wohnsitzes, des Sitzes oder der Niederlassung des Inhabers der Gemeinschaftsmarke;

b) Änderungen des Namens oder der Geschäftsanschrift des Vertreters, soweit es sich nicht um einen Vertreter im Sinne des Artikels 88 Absatz 3 Satz 1 *(nunmehr Artikel 92 Absatz 3 Satz 1)* der Verordnung handelt;

c) wird ein neuer Vertreter bestellt, den Namen und die Geschäftsanschrift dieses Vertreters;

d) Änderungen der Marke gemäß Artikel 48 der Verordnung und Berichtigungen von Fehlern;

e) der Hinweis auf die Änderungen der Satzung gemäß Artikel 69 *(nunmehr Artikel 71)* der Verordnung;

f) Angaben über die Inanspruchnahme des Zeitrangs einer eingetragenen älteren Marke nach Artikel 34 der Verordnung gemäß Artikel 35 der Verordnung;

g) der vollständige oder teilweise Rechtsübergang gemäß Artikel 17 der Verordnung;

h) die Begründung oder Übertragung eines dinglichen Rechts gemäß Artikel 19 der Verordnung und die Art des dinglichen Rechts;

i) Zwangsvollstreckungsmaßnahmen gemäß Artikel 20 der Verordnung sowie Insolvenzverfahren gemäß Artikel 21 der Verordnung;[127]

j) die Erteilung oder Übertragung einer Lizenz gemäß Artikel 22 der Verordnung und gegebenenfalls die Art der Lizenz gemäß Regel 34;

k) die Verlängerung einer Eintragung gemäß Artikel 47 der Verordnung und der Tag, an dem sie wirksam wird, sowie etwaige Einschränkungen gemäß Artikel 47 Absatz 4 der Verordnung;

l) ein Vermerk über die Feststellung des Ablaufs der Eintragung gemäß Artikel 47 der Verordnung;

m) die Erklärung des Verzichts des Markeninhabers gemäß Artikel 49 *(nunmehr Artikel 50)* der Verordnung;

n) der Tag der Stellung eines Antrags gemäß Artikel 55 *(nunmehr Artikel 56)* der Verordnung oder der Erhebung einer Widerklage auf Erklärung des Verfalls oder der Nichtigkeit gemäß Artikel 96 Absatz 4 *(nunmehr Artikel 100 Absatz 4)* der Verordnung;

o) der Tag und der Inhalt der Entscheidung über den Antrag oder die Widerklage gemäß Artikel 56 Absatz 6 *(nunmehr Artikel 57 Absatz 6)* oder Artikel 96 Absatz 6 Satz 3 *(nunmehr Artikel 100 Absatz 6 Satz 3)* der Verordnung;

p) ein Hinweis auf den Eingang des Umwandlungsantrags gemäß Artikel 109 Absatz 2 *(nunmehr Artikel 113 Absatz 2)* der Verordnung;

q) die Löschung des gemäß Absatz 2 Buchstabe e) eingetragenen Vertreters;

r) die Löschung des Zeitranges einer eingetragenen älteren Marke;

s) die Änderung oder die Löschung der nach den Buchstaben h), i) und j) eingetragenen Angaben.

---

126  Eingefügt durch Verordnung (EG) Nr. 782/2004 der Kommission vom 26.4.2004.
127  Geändert durch Verordnung (EG) Nr. 1041/2005 der Kommission vom 29.6.2005.

t) der Ersatz der Gemeinschaftsmarke durch eine internationale Registrierung gemäß Artikel 152 *(nunmehr Artikel 157)* der Verordnung;[128]

u) der Tag und die Nummer einer internationalen Registrierung auf der Grundlage der Anmeldung der Gemeinschaftsmarke, die zur Eintragung einer Gemeinschaftsmarke geführt hat, gemäß Artikel 143 Absatz 1 *(nunmehr Artikel 148 Absatz 1)* der Verordnung;[129]

v) der Tag und die Nummer einer internationalen Registrierung auf der Grundlage der Gemeinschaftsmarke gemäß Artikel 143 Absatz 2 *(nunmehr Artikel 148 Absatz 2)* der Verordnung;[130]

w) die Teilung der Eintragung gemäß Artikel 48a *(nunmehr Artikel 49)* der Verordnung und Regel 25a mit den Angaben nach Absatz 2 bezüglich der Teileintragung sowie die geänderte Liste der Waren und Dienstleistungen der ursprünglichen Eintragung;[131]

x) der Widerruf einer Entscheidung oder die Löschung einer Registereintragung gemäß Artikel 77a *(nunmehr Artikel 80)* der Verordnung, wenn der Widerruf bzw. die Löschung eine bereits veröffentlichte Entscheidung bzw. Eintragung betrifft.[132]

(4) Der Präsident des Amtes kann bestimmen, daß noch andere als die in den Absätzen 2 und 3 vorgesehenen Angaben eingetragen werden.

(5) Der Markeninhaber erhält über jede Änderung im Register eine Mitteilung.

(6) Das Amt liefert auf Antrag gegen Entrichtung einer Gebühr beglaubigte oder unbeglaubigte Auszüge aus dem Register.

**Teil J Blatt für Gemeinschaftsmarken und Amtsblatt des Amtes**

**Regel 85 Blatt für Gemeinschaftsmarken**

(1) Aufmachung und Periodizität des Blattes für Gemeinschaftsmarken werden vom Präsidenten des Amtes bestimmt.[133]

(2) Das Blatt für Gemeinschaftsmarken enthält Veröffentlichungen der Anmeldungen und Eintragungen in das Register sowie andere Angaben im Zusammenhang mit Anmeldungen oder Eintragungen, deren Veröffentlichung die Verordnung oder diese Regeln vorschreiben.

(3) Werden Angaben, deren Veröffentlichung die Verordnung oder diese Regeln vorschreiben, im Blatt für Gemeinschaftsmarken veröffentlicht, so ist das auf dem Blatt angegebene Datum der Ausgabe des Blatts als das Datum der Veröffentlichung der Angaben anzusehen.

(4) Beinhalten die Eintragungen im Zusammenhang mit der Eintragung einer Marke keine Änderungen im Vergleich zu der Veröffentlichung der Anmeldung, so werden diese Eintragungen unter Hinweis auf die in der Veröffentlichung der Anmeldung enthaltenen Angaben veröffentlicht.

---

128 Eingefügt durch Verordnung (EG) Nr. 782/2004 der Kommission vom 26.4.2004.
129 Eingefügt durch Verordnung (EG) Nr. 782/2004 der Kommission vom 26.4.2004.
130 Eingefügt durch Verordnung (EG) Nr. 782/2004 der Kommission vom 26.4.2004.
131 Eingefügt durch Verordnung (EG) Nr. 1041/2005 der Kommission vom 29.6.2005.
132 Eingefügt durch Verordnung (EG) Nr. 1041/2005 der Kommission vom 29.6.2005.
133 Geändert durch Verordnung (EG) Nr. 1041/2005 der Kommission vom 29.6.2005.

(5) Die Bestandteile der Anmeldung einer Gemeinschaftsmarke gemäß Artikel 26 Absatz 1 der Verordnung sowie gegebenenfalls jede weitere Angabe, deren Veröffentlichung nach Regel 12 vorgeschrieben ist, werden in allen Amtssprachen der Gemeinschaft veröffentlicht.

(6) Das Amt trägt jeder vom Anmelder vorgelegten Übersetzung Rechnung. Ist die Sprache der Anmeldung nicht eine der Sprachen des Amtes, so wird die Übersetzung dem Anmelder in der von ihm angegebenen zweiten Sprache mitgeteilt. Der Anmelder kann Änderungen an der Übersetzung innerhalb einer vom Amt festzulegenden Frist vorschlagen. Bleibt eine Antwort des Anmelders innerhalb dieser Frist aus oder vertritt das Amt die Auffassung, daß die vorgeschlagenen Änderungen unangebracht sind, so wird die vom Amt vorgeschlagene Übersetzung veröffentlicht.

### Regel 86  Amtsblatt des Amtes

(1) Das Amtsblatt des Amtes wird in regelmäßigen Ausgaben veröffentlicht. Das Amt kann der Öffentlichkeit das Amtsblatt auf CD-ROM oder in einer anderen maschinenlesbaren Form zur Verfügung stellen.

(2) Das Amtsblatt wird in den Sprachen des Amtes veröffentlicht. Der Präsident des Amtes kann festlegen, daß bestimmte Mitteilungen in allen Amtssprachen der Gemeinschaft veröffentlicht werden.

### Regel 87  Datenbank

(1) Das Amt unterhält eine elektronische Datenbank mit Angaben über die Anmeldungen von Gemeinschaftsmarken und Eintragungen in das Register. Das Amt kann den Inhalt dieser Datenbank auch auf CD-ROM oder in einer anderen maschinenlesbaren Form zur Verfügung stellen.

(2) Der Präsident des Amtes legt die Bedingungen für den Zugang zur Datenbank und die Art und Weise fest, in der der Inhalt dieser Datenbank in maschinenlesbarer Form bereitgestellt werden kann, einschließlich der Preise für diese Leistungen.

### Teil K  Akteneinsicht und Aufbewahrung der Akten

### Regel 88  Von der Einsicht ausgeschlossene Aktenteile

Von der Akteneinsicht sind gemäß Artikel 84 Absatz 4 *(nunmehr Artikel 88 Absatz 4)* der Verordnung folgende Aktenteile ausgeschlossen:

a) Vorgänge über die Frage der Ausschließung oder Ablehnung gemäß Artikel 132 *(nunmehr Artikel 137)* der Verordnung;

b) Entwürfe zu Entscheidungen und Bescheiden sowie alle sonstigen inneramtlichen Schriftstücke, die der Vorbereitung von Entscheidungen und Bescheiden dienen;

c) Aktenteile, an deren Geheimhaltung der Beteiligte vor der Stellung des Antrags auf Akteneinsicht ein besonderes Interesse dargelegt hat, sofern die Einsicht in diese Aktenteile nicht durch vorrangig berechtigte Interessen der um Einsicht nachsuchenden Partei begründet wird.

**Regel 89   Durchführung der Akteneinsicht**

(1) Die Einsicht in die Akten angemeldeter und eingetragener Gemeinschaftsmarken wird in die Originalschriftstücke oder in Abschriften davon oder in die elektronischen Datenträger gewährt, wenn die Akten in dieser Weise gespeichert sind. Die Art der Einsichtnahme wird vom Präsidenten des Amtes bestimmt.[134]

Bei einer Akteneinsicht gemäß den Absätzen 3, 4 und 5 gilt der Antrag auf Einsichtnahme erst als gestellt, wenn die diesbezügliche Gebühr entrichtet worden ist. Die Online-Einsichtnahme in elektronische Datenträger ist gebührenfrei.

(2) Wird die Einsicht in die Akten einer Gemeinschaftsmarkenanmeldung beantragt, die noch nicht gemäß Artikel 40 *(nunmehr Artikel 39)* der Verordnung veröffentlicht wurde, so muss der Antrag den Nachweis enthalten, dass der Anmelder der Einsichtnahme zugestimmt oder aber erklärt hat, dass er nach Eintragung der Marke seine Rechte aus der Marke gegen die um Akteneinsicht nachsuchende Partei geltend machen wird.[135]

(3) Die Akteneinsicht findet im Dienstgebäude des Amtes statt.

(4) Die Akteneinsicht wird auf Antrag durch Erteilung von Kopien gewährt. Diese Kopien sind gebührenpflichtig.

(5) Das Amt erteilt auf Antrag gegen Entrichtung einer Gebühr beglaubigte oder unbeglaubigte Kopien der Anmeldung der Gemeinschaftsmarke oder des Akteninhalts gemäß Absatz 4.

(6) Die vom Amt geführten Akten über internationale Registrierungen, in denen die Europäische Gemeinschaft benannt ist, können vorbehaltlich der Regel 88 auf Antrag ab dem Tag der Veröffentlichung gemäß Artikel 147 Absatz 1 *(nunmehr Artikel 152 Absatz 1)* der Verordnung unter den in Absatz 1, 3 und 4 festgelegten Bedingungen eingesehen werden.[136]

**Regel 90   Auskunft aus den Akten**

Das Amt kann vorbehaltlich der in Artikel 84 *(nunmehr Artikel 88)* der Verordnung und Regel 88 vorgesehenen Beschränkungen auf Antrag und gegen Entrichtung einer Gebühr Auskünfte aus den Akten angemeldeter oder eingetragener Gemeinschaftsmarken erteilen. Das Amt kann jedoch verlangen, daß von der Möglichkeit der Akteneinsicht Gebrauch gemacht wird, wenn dies im Hinblick auf den Umfang der zu erteilenden Auskünfte zweckmäßig erscheint.

**Regel 91   Aufbewahrung der Akten**

(1) Der Präsident des Amtes bestimmt, in welcher Form die Akten aufbewahrt werden.[137]

(2) Bei elektronischer Speicherung werden die Akten, oder Sicherungskopien davon, auf unbestimmte Zeit aufbewahrt. Die Originalschriftstücke der Verfahrensbeteiligten, die vom Amt entgegengenommen und elektronisch gespeichert wurden, werden nach Ablauf einer vom Präsidenten des Amtes bestimmten Frist vernichtet.

---

134   Geändert durch Verordnung (EG) Nr. 1041/2005 der Kommission vom 29.6.2005.
135   Geändert durch Verordnung (EG) Nr. 1041/2005 der Kommission vom 29.6.2005.
136   Eingefügt durch Verordnung (EG) Nr. 782/2004 der Kommission vom 26.4.2004.
137   Geändert durch Verordnung (EG) Nr. 1041/2005 der Kommission vom 29.6.2005.

(3) Werden Akten oder Teile davon in nicht-elektronischer Form aufbewahrt, gilt für die dazugehörigen Schriftstücke oder Beweismittel eine Aufbewahrungsfrist von mindestens fünf Jahren ab dem Ende des Jahres, in dem:

a) die Anmeldung zurückgewiesen oder zurückgenommen worden ist oder als zurückgenommen gilt oder

b) die Gemeinschaftsmarke gemäß Artikel 47 der Verordnung vollständig erloschen[138] ist oder

c) der vollständige Verzicht auf die Gemeinschaftsmarke gemäß Artikel 49 *(nunmehr Artikel 50)* der Verordnung eingetragen worden ist oder

d) die Gemeinschaftsmarke aufgrund von Artikel 56 Absatz 6 *(nunmehr Artikel 57 Absatz 6)* oder Artikel 96 Absatz 6 *(nunmehr Artikel 100 Absatz 6)* der Verordnung vollständig im Register gelöscht worden ist.

**Teil L   Amtshilfe**

**Regel 92   Gegenseitige Unterrichtung und Verkehr des Amtes mit Behörden der Mitgliedstaaten**

(1) Das Amt und die Zentralbehörden für den gewerblichen Rechtsschutz der Mitgliedstaaten sowie das Benelux-Markenamt übermitteln einander auf Ersuchen sachdienliche Angaben über Anmeldungen von Gemeinschaftsmarken oder nationalen Marken und über Verfahren, die diese Anmeldungen und die darauf eingetragenen Marken betreffen. Diese Übermittlungen von Angaben unterliegen nicht den Beschränkungen des Artikels 84 *(nunmehr Artikel 88)* der Verordnung.

(2) Bei Mitteilungen, die sich aus der Anwendung der Verordnung oder dieser Regeln ergeben, verkehren das Amt und die Gerichte oder Behörden der Mitgliedstaaten unmittelbar miteinander. Diese Unterrichtungen können auch durch die Zentralbehörden für den gewerblichen Rechtsschutz der Mitgliedstaaten und das Benelux-Markenamt erfolgen.

(3) Ausgaben, die durch die in den Absätzen 1 und 2 genannten Mitteilungen entstehen, sind von der Behörde zu tragen, die die Mitteilung gemacht hat; diese Mitteilungen sind gebührenfrei.

**Regel 93   Akteneinsicht durch Gerichte und Behörden der Mitgliedstaaten oder durch deren Vermittlung**

(1) Die Einsicht in die Akten einer angemeldeten oder eingetragenen Gemeinschaftsmarke durch Gerichte und Behörden der Mitgliedstaaten wird in das Originalschriftstück oder in eine Kopie gewährt; ansonsten findet Regel 89 keine Anwendung.

(2) Gerichte und Staatsanwaltschaften der Mitgliedstaaten können in Verfahren, die bei ihnen anhängig sind, Dritten Einsicht in die vom Amt übermittelten Akten oder Kopien gewähren. Diese Akteneinsicht unterliegt Artikel 84 *(nunmehr Artikel 88)* der Verordnung. Das Amt erhebt für diese Akteneinsicht keine Gebühr.

---

138   Anmerkung: Lies: »abgelaufen«.

(3) Das Amt weist die Gerichte und Staatsanwaltschaften der Mitgliedstaaten bei der Übermittlung der Akten oder Kopien der Akten auf die Beschränkungen hin, denen die Gewährung der Einsicht in die Akten einer angemeldeten oder eingetragenen Gemeinschaftsmarke gemäß Artikel 84 *(nunmehr Artikel 88)* der Verordnung und Regel 88 unterliegt.

## Teil M   Kosten

### Regel 94   Kostenverteilung und Kostenfestsetzung

(1) Die Kostenverteilung gemäß Artikel 81 Absätze 1 und 2 *(nunmehr Artikel 85 Absätze 1 und 2)* der Verordnung wird in der Entscheidung über den Widerspruch, in der Entscheidung über den Antrag auf Erklärung des Verfalls oder der Nichtigkeit einer Gemeinschaftsmarke oder in der Entscheidung über die Beschwerde angeordnet.

(2) Die Kostenverteilung gemäß Artikel 81 Absätze 3 und 4 *(nunmehr Artikel 85 Absätze 3 und 4)* der Verordnung wird in einer Kostenentscheidung der Widerspruchsabteilung, der Nichtigkeitsabteilung oder der Beschwerdekammer angeordnet.

(3) Werden keine Kosten gemäß Artikel 81 Absatz 6 Satz 1 *(nunmehr Artikel 85 Absatz 6 Satz 1)* der Verordnung festgesetzt, sind dem Antrag auf Kostenfestsetzung eine Kostenaufstellung und entsprechende Belege beizufügen. Für die in Absatz 7 Buchstabe d genannten Vertretungskosten genügt eine Zusicherung des Vertreters, dass die Kosten entstanden sind. Für sonstige Kosten genügt, dass sie nachvollziehbar dargelegt[139] werden. Werden die Kosten gemäß Artikel 81 Absatz 6 Satz 1 *(nunmehr Artikel 85 Absatz 6 Satz 1)* der Verordnung festgesetzt, so werden Vertretungskosten gemäß Absatz 7 Buchstabe d unabhängig davon erstattet, ob sie tatsächlich angefallen sind.[140]

(4) Der Antrag gemäß Artikel 81 Absatz 6 Satz 3 *(nunmehr Artikel 85 Absatz 6 Satz 3)* der Verordnung auf Überprüfung der Entscheidung über die Kostenfestsetzung der Geschäftsstelle ist innerhalb eines Monats nach Zustellung der Kostenfestsetzung beim Amt einzureichen und zu begründen. Der Antrag gilt erst als gestellt, wenn die Gebühr für die Überprüfung der Kostenfestsetzung entrichtet worden ist.[141]

(5) Die Widerspruchsabteilung, die Nichtigkeitsabteilung oder die Beschwerdekammer entscheidet über den in Absatz 4 genannten Antrag ohne mündliche Verhandlung.

(6) Die gemäß Artikel 81 Absatz 1 *(nunmehr Artikel 85 Absatz 1)* der Verordnung von dem unterliegenden Beteiligten zu tragenden Gebühren beschränken sich auf die vom anderen Beteiligten entrichtete Gebühr für den Widerspruch, für den Antrag auf Erklärung des Verfalls oder der Nichtigkeit der Gemeinschaftsmarke und für die Beschwerde.

(7) Vorbehaltlich Absatz 3 trägt die unterliegende Partei nach Artikel 81 Absatz 1 *(nunmehr Artikel 85 Absatz 1)* der Verordnung die der obsiegenden Partei tatsächlich entstandenen und für die Durchführung des Verfahrens notwendigen Kosten im Rahmen der folgenden Höchstsätze:

---

139   Anmerkung: Lies: »glaubhaft gemacht«.
140   Geändert durch Verordnung (EG) Nr. 1041/2005 der Kommission vom 29.6.2005.
141   Geändert durch Verordnung (EG) Nr. 1041/2005 der Kommission vom 29.6.2005.

a) sofern die Partei nicht vertreten wird, die folgenden Reise- und Aufenthaltskosten für eine Person für die Hin- und Rückfahrt zwischen dem Wohnort oder dem Geschäftsort und dem Ort der mündlichen Verhandlung gemäß Regel 56:

  i) Beförderungskosten in Höhe des Eisenbahnfahrpreises 1. Klasse einschließlich der üblichen Zuschläge, falls die Gesamtentfernung nicht mehr als 800 Eisenbahnkilometer beträgt;

  ii) Beförderungskosten in Höhe des Flugpreises der Touristenklasse, falls die Gesamtentfernung mehr als 800 Eisenbahnkilometer beträgt oder der Seeweg benutzt werden muss;

  iii) Aufenthaltskosten gemäß Artikel 13 des Anhangs VII zum Statut der Beamten der Europäischen Gemeinschaften;

b) die Reisekosten für Vertreter im Sinne des Artikels 89 Absatz 1 *(nunmehr Artikel 93 Absatz 1)* der Verordnung nach Maßgabe von Buchstabe a Ziffern i und ii;

c) die Reise und Aufenthaltskosten, Verdienstausfallentschädigungen und Vergütungen, die den Zeugen und Sachverständigen gemäß Regel 59 Absätze 2, 3 oder 4 zustehen, sofern eine der Parteien gemäß Regel 59 Absatz 5 Buchstabe b dafür aufzukommen hat;

d) die Vertretungskosten im Sinne des Artikels 89 Absatz 1 *(nunmehr Artikel 93 Absatz 1)* der Verordnung

| | | |
|---|---|---:|
| i) | des Widersprechenden im Widerspruchsverfahren: | 300 Euro; |
| ii) | des Anmelders im Widerspruchsverfahren: | 300 Euro; |
| iii) | des Antragstellers im Verfahren zur Feststellung des Verfalls oder der Nichtigkeit der Gemeinschaftsmarke: | 450 Euro; |
| iv) | des Markeninhabers im Verfahren zur Feststellung des Verfalls oder der Nichtigkeit der Gemeinschaftsmarke: | 450 Euro; |
| v) | des Beschwerdeführers im Beschwerdeverfahren: | 550 Euro; |
| vi) | des Beklagten im Beschwerdeverfahren: | 550 Euro; |
| vii) | sofern eine mündliche Verhandlung stattgefunden hat, zu der die Parteien gemäß Regel 56 geladen wurden, erhöht sich der unter den Ziffern i) bis vi) genannte Betrag um | 400 Euro; |

e) sofern mehrere Personen Anmelder oder Miteigentümer der Gemeinschaftsmarke sind oder mehrere Personen gemeinsam als Widersprechende oder als Antragsteller auf Feststellung des Verfalls oder der Nichtigkeit auftreten, trägt die unterliegende Partei die in Buchstabe a genannten Kosten lediglich für eine dieser Personen;

f) ist die obsiegende Partei von mehreren Vertretern im Sinne des Artikels 89 Absatz 1 *(nunmehr Artikel 93 Absatz 1)* der Verordnung vertreten worden, so hat die unterliegende Partei die in den Buchstaben b und d genannten Kosten lediglich für einen Vertreter zu tragen;

g) andere als die in den Buchstaben a bis f genannten Kosten, Aufwendungen oder Honorare hat die unterliegende Partei der obsiegenden Partei nicht zu erstatten.[142]

---

142  Geändert durch Verordnung (EG) Nr. 1041/2005 der Kommission vom 29.6.2005.

Teil N  Sprachenregelung

**Regel 95  Anträge und Anmeldungen**

Unbeschadet der Anwendung des Artikels 115 Absatz 5 *(nunmehr Artikel 119 Absatz 5)* der Verordnung[143]

a) können alle Anträge oder Erklärungen, die sich auf die Anmeldung einer Gemeinschaftsmarke beziehen, in der Sprache der Anmeldung der Gemeinschaftsmarke oder in der vom Anmelder in seiner Anmeldung angegebenen zweiten Sprache gestellt werden;

b) können alle Anträge oder Erklärungen, die sich auf eine eingetragene Gemeinschaftsmarke beziehen, in einer Sprache des Amtes gestellt bzw. abgegeben werden. Wird ein Antrag jedoch eines vom Amt gemäß Regel 83 bereitgestellten Formblätter verwendet, so genügen die Formblätter in einer der Amtssprachen der Gemeinschaft, vorausgesetzt, daß das Formblatt, soweit es Textbestandteile betrifft, in einer der Sprachen des Amtes ausgefüllt ist.

**Regel 96  Schriftliche Verfahren**

(1) Unbeschadet Artikel 115 Absätze 4 und 7 *(nunmehr Artikel 119 Absätze 4 und 7)* der Verordnung und sofern diese Regeln nichts anderes vorsehen, kann jeder Beteiligte im schriftlichen Verfahren vor dem Amt jede Sprache des Amtes benutzen. Ist die von einem Beteiligten gewählte Sprache nicht die Verfahrenssprache, so legt dieser innerhalb eines Monats nach Vorlage des Originalschriftstücks eine Übersetzung in der Verfahrenssprache vor. Ist der Anmelder einer Gemeinschaftsmarke der einzige Beteiligte an einem Verfahren vor dem Amt und ist die für die Anmeldung der Gemeinschaftsmarke benutzte Sprache keine Sprache des Amtes, so kann die Übersetzung auch in der vom Anmelder in seiner Anmeldung angegebenen zweiten Sprache vorgelegt werden.

(2) Sofern diese Regeln nichts anderes vorsehen, können Schriftstücke, die in Verfahren vor dem Amt verwendet werden sollen, in jeder Amtssprache der Gemeinschaft eingereicht werden. Soweit die Schriftstücke nicht in der Verfahrenssprache abgefaßt sind, kann das Amt jedoch verlangen, daß eine Übersetzung innerhalb einer von ihm festgelegten Frist in dieser Verfahrenssprache oder nach der Wahl des Beteiligten in einer der Sprachen des Amtes nachgereicht wird.

**Regel 97  Mündliche Verfahren**

(1) Jeder an einem mündlichen Verfahren vor dem Amt Beteiligte kann anstelle der Verfahrenssprache eine der anderen Amtssprachen der Gemeinschaft benutzen, sofern er für die Übersetzung in die Verfahrenssprache sorgt. Findet das mündliche Verfahren im Zusammenhang mit der Anmeldung einer Gemeinschaftsmarke statt, so kann der Anmelder entweder die Sprache der Anmeldung oder die von ihm angegebene zweite Sprache verwenden.

(2) Im mündlichen Verfahren betreffend die Anmeldung einer Gemeinschaftsmarke kann das Amtspersonal entweder die Sprache der Anmeldung oder die vom Anmelder angegebene zweite Sprache benutzen. In allen anderen Verfahren kann das Amtspersonal anstelle der Verfahrens-

---

143  Lies »Erklärungen«; vgl. Text der R. 95.

sprache eine der anderen Sprachen des Amtes verwenden, sofern die am Verfahren Beteiligten hiermit einverstanden sind.

(3) In der Beweisaufnahme können sich die zu vernehmenden Beteiligten, Zeugen oder Sachverständigen, die sich in der Verfahrenssprache nicht hinlänglich ausdrücken können, jeder Amtssprache der Gemeinschaft bedienen. Ist die Beweisaufnahme auf Antrag eines Beteiligten angeordnet worden, so werden die zu vernehmenden Beteiligten, Zeugen oder Sachverständigen mit Erklärungen, die sie in einer anderen Sprache als der Verfahrenssprache abgeben, nur gehört, sofern der antragstellende Beteiligte selbst für die Übersetzung in die Verfahrenssprache sorgt. In Verfahren betreffend die Anmeldung einer Gemeinschaftsmarke kann anstelle der Sprache der Anmeldung die vom Anmelder angegebene zweite Sprache verwendet werden. In allen Verfahren mit nur einem Beteiligten kann das Amt auf Antrag des Beteiligten Abweichungen von dieser Regel gestatten.

(4) Mit Einverständnis aller Beteiligten und des Amtes kann jede Amtssprache der Gemeinschaft verwendet werden.

(5) Falls notwendig, trifft das Amt auf eigene Kosten Vorkehrungen für die Übersetzung in die Verfahrenssprache oder in eine andere Sprache des Amtes, sofern diese Übersetzung nicht einem der Verfahrensbeteiligten obliegt.

(6) Erklärungen der Bediensteten des Amtes, der Beteiligten, Zeugen und Sachverständigen in einem mündlichen Verfahren, die in einer Sprache des Amtes abgegeben werden, werden in dieser Sprache in die Niederschrift aufgenommen. Erklärungen, die in einer anderen Sprache abgegeben werden, werden in der Verfahrenssprache in die Niederschrift aufgenommen. Änderungen am Text der Anmeldung einer Gemeinschaftsmarke oder einer eingetragenen Gemeinschaftsmarke werden in der Verfahrenssprache in die Niederschrift aufgenommen.

### Regel 98   Übersetzungen

(1) Ist die Übersetzung eines Schriftstücks einzureichen, so muss sie auf das Originalschriftstück Bezug nehmen und die Struktur und den Inhalt des Originalschriftstücks wiedergeben. Das Amt kann innerhalb einer von ihm zu setzenden Frist eine Beglaubigung darüber verlangen, dass die Übersetzung mit dem Urtext übereinstimmt. Der Präsident des Amtes bestimmt, wie Übersetzungen zu beglaubigen sind.[144]

(2) Sofern die Verordnung oder die vorliegenden Regeln nichts anderes bestimmen, gilt ein Schriftstück, für das eine Übersetzung einzureichen ist, als nicht beim Amt eingegangen, wenn:
a) die Übersetzung nach Ablauf der Frist für die Einreichung des Originalschriftstücks oder der Übersetzung eingeht;
b) wenn die Beglaubigung gemäß Absatz 1 nicht innerhalb der gesetzten Frist eingereicht wird.

### Regel 99   Glaubwürdigkeit der Übersetzung

Das Amt kann, sofern nicht der Beweis des Gegenteils erbracht wird, davon ausgehen, daß eine Übersetzung mit dem jeweiligen Urtext übereinstimmt.

---

144   Geändert durch Verordnung (EG) Nr. 1041/2005 der Kommission vom 29.6.2005.

**Teil O   Organisation des Amtes**

**Regel 100   Entscheidungen eines einzelnen Mitglieds**

Folgende Entscheidungen dürfen gemäß Artikel 127 Absatz 2 *(nunmehr Artikel 132 Absatz 2)* oder Artikel 129 Absatz 2 *(nunmehr Artikel 134 Absatz 2)* der Verordnung von einem einzelnen Mitglied der Widerspruchs oder Nichtigkeitsabteilung getroffen werden:[145]

a) Entscheidungen über die Kostenverteilung;

b) Kostenfestsetzungsentscheidungen gemäß Artikel 81 Absatz 6 Satz 1 *(nunmehr Artikel 85 Absatz 6 Satz 1)* der Verordnung;

c) Entscheidungen, das Verfahren einzustellen;

d) Entscheidungen, einen Widerspruch vor Ablauf der in Regel 18 Absatz 1 genannten Frist als unzulässig zurückzuweisen;

e) Entscheidungen über die Aussetzung des Verfahrens;

f) Entscheidungen über die Verbindung oder Trennung von Widersprüchen gemäß Regel 21 Absatz 1.

## TITEL XII   GEGENSEITIGKEIT

**Regel 101   Veröffentlichung der Gegenseitigkeit**

(1) Falls erforderlich, beantragt der Präsident des Amtes bei der Kommission die Prüfung, ob ein Staat, der nicht Vertragspartei der Pariser Verbandsübereinkunft oder des Abkommens zur Errichtung der Welthandelsorganisation ist, im Sinne des Artikels 29 Absatz 5 der Verordnung Gegenseitigkeit gewährt.[146]

(2) Stellt die Kommission fest, dass die Gegenseitigkeit nach Absatz 1 gewährt wird, so veröffentlicht sie eine entsprechende Mitteilung im Amtsblatt der Europäischen Union.

(3) Artikel 29 Absatz 5 der Verordnung findet ab dem Tag der Veröffentlichung der in Absatz 2 erwähnten Mitteilung im Amtsblatt der Europäischen Union Anwendung, es sei denn, in der Mitteilung ist ein früheres Gültigkeitsdatum angegeben. Die Anwendbarkeit erlischt mit dem Tag, an dem die Kommission im Amtsblatt der Europäischen Union eine Mitteilung über die Aberkennung der Gegenseitigkeit veröffentlicht, es sei denn, in der Mitteilung ist ein früheres Gültigkeitsdatum angegeben.

(4) Mitteilungen im Rahmen der Absätze 2 und 3 werden auch im Amtsblatt des Amtes veröffentlicht.

## TITEL XIII   Verfahren betreffend die internationale Registrierung von Marken

*(Titel XIII (Regeln 102–126) eingefügt durch Verordnung (EG) Nr. 782/2004 der Kommission vom 26.4.2004.)*

---

145   Geändert durch Verordnung (EG) Nr. 1041/2005 der Kommission vom 29.6.2005.

146   Absätze 1 bis 3 geändert durch Verordnung (EG) Nr. 1041/2005 der Kommission vom 29.6.2005.

**TEIL A** Internationale Registrierung auf der Grundlage einer Anmeldung einer Gemeinschaftsmarke oder einer Gemeinschaftsmarke

**Regel 102** Einreichung einer internationalen Anmeldung

1. Das Formblatt, das das Amt für die Einreichung einer internationalen Anmeldung gemäß
   Artikel 142 Absatz 1 *(nunmehr Artikel 147 Absatz 1)* der Verordnung bereitstellt, lehnt sich
   an das vom Internationalen Büro bereitgestellte Formblatt an; es hat dasselbe Format, sieht
   jedoch zusätzliche Angaben und Bestandteile vor, die gemäß diesen Regeln erforderlich
   oder angebracht sind. Die Anmelder können auch das vom Internationalen Büro bereitgestellte offizielle Formblatt verwenden.

2. Absatz 1 gilt entsprechend für das Formblatt zur Beantragung der territorialen Ausdehnung
   des Schutzes im Anschluss an die internationale Registrierung gemäß Artikel 144 *(nunmehr
   Artikel 149)* der Verordnung.

3. Das Amt teilt dem Anmelder, der eine internationale Registrierung beantragt hat, den Tag mit
   mit, an dem die Unterlagen, aus denen die internationale Anmeldung besteht, beim Amt
   eingegangen sind.

4. Wird die internationale Anmeldung in einer Amtssprache der Europäischen Gemeinschaft
   eingereicht, die nicht nach dem Madrider Protokoll für die Einreichung internationaler
   Anmeldungen zugelassen ist, und enthält die internationale Anmeldung keine Übersetzung
   des Verzeichnisses der Waren und Dienstleistungen und der sonstigen Textbestandteile, die
   Bestandteil der internationalen Anmeldung sind, in die Sprache, in der die Anmeldung gemäß Artikel 142 Absatz 2 *(nunmehr Artikel 147 Absatz 2)* der Verordnung beim Internationalen Büro eingereicht werden soll, so hat der Anmelder das Amt zu ermächtigen, der internationalen Anmeldung eine Übersetzung des betreffenden Verzeichnisses der Waren und
   Dienstleistungen und der sonstigen Textbestandteile, die Bestandteil der internationalen
   Anmeldung sind, in die Sprache, in der die Anmeldung gemäß Artikel 142 Absatz 2 *(nunmehr Artikel 147 Absatz 2)* der Verordnung beim Internationalen Büro eingereicht werden
   soll, beizufügen. Ist noch keine solche Übersetzung im Laufe des Verfahrens für die Eintragung der Gemeinschaftsmarke, auf die sich die internationale Anmeldung stützt, erstellt
   worden, so veranlasst das Amt unverzüglich die Übersetzung.

**Regel 103** Prüfung internationaler Anmeldungen

1. Geht beim Amt eine internationale Anmeldung ein, für die die in Artikel 142 Absatz 5
   *(nunmehr Artikel 147 Absatz 5)* der Verordnung erwähnte Gebühr noch nicht entrichtet
   wurde, teilt das Amt dem Anmelder mit, dass die internationale Anmeldung erst als eingereicht gilt, wenn die Gebühr gezahlt ist.

2. Ergibt die Prüfung der internationalen Anmeldung, dass diese einen bzw. mehrere der folgenden Mängel aufweist, so fordert das Amt den Anmelder auf, die festgestellten Mängel
   innerhalb einer vom Amt festgelegten Frist zu beseitigen:
   a) die internationale Anmeldung ist nicht auf einem der in Regel 102 Absatz 1 vorgesehe-
      nen Formblätter eingereicht worden und enthält nicht alle in diesem Formblatt geför-
      derten Angaben und Informationen;
   b) das Verzeichnis der Waren und Dienstleistungen in der internationalen Anmeldung ist
      nicht durch das Verzeichnis der Waren und Dienstleistungen in der zugrunde liegenden
      Anmeldung oder Eintragung der Gemeinschaftsmarke gedeckt;

c) die Marke, auf die sich die internationale Anmeldung bezieht, ist nicht mit der Marke, die Gegenstand der Basisanmeldung oder Basiseintragung der Gemeinschaftsmarke ist, identisch;

d) eine die Marke betreffende Angabe in der internationalen Anmeldung mit Ausnahme einer Erklärung gemäß Artikel 38 Absatz 2 *(nunmehr Artikel 37 Absatz 2)* der Verordnung oder eines Farbanspruchs, ist nicht in der Basisanmeldung oder Basiseintragung der Gemeinschaftsmarke enthalten;

e) in der internationalen Anmeldung wird Farbe als unterscheidendes Merkmal der Marke beansprucht, aber die Basisanmeldung oder Basiseintragung der Gemeinschaftsmarke ist nicht in denselben Farben, oder

f) der Anmelder ist den Angaben auf dem internationalen Formblatt zufolge nicht gemäß Artikel 2 Absatz 1 Ziffer ii) des Madrider Protokolls berechtigt, eine internationale Anmeldung über das Amt einzureichen.

3. Hat der Anmelder es versäumt, das Amt gemäß Regel 102 Absatz 4 zu ermächtigen, eine Übersetzung beizufügen, oder ist unklar, welches Verzeichnis von Waren und Dienstleistungen der internationalen Anmeldung zugrunde gelegt werden soll, fordert das Amt den Anmelder auf, diese Angaben innerhalb einer vom Amt festgelegten Frist nachzuliefern.

4. Werden die in Absatz 2 erwähnten Mängel nicht beseitigt oder die erforderlichen Angaben gemäß Absatz 3 nicht innerhalb der vom Amt gesetzten Frist vorgelegt, beschließt das Amt, die Weiterleitung der internationalen Anmeldung an das Internationale Büro zu verweigern.

### Regel 104   Weiterleitung der internationalen Anmeldung

Das Amt leitet die internationale Anmeldung zusammen mit der in Artikel 3 Absatz 1 des Madrider Protokolls vorgesehenen Bescheinigung an das Internationale Büro weiter, sobald die internationale Anmeldung die Anforderungen der Regeln 102 und 103 sowie der Artikel 141 und 142 *(nunmehr Artikel 146 und 147)* der Verordnung erfüllt.

### Regel 105   Territoriale Ausdehnung im Anschluss an die internationale Registrierung

1. Wird gemäß Artikel 144 *(nunmehr Artikel 149)* der Verordnung im Anschluss an die internationale Registrierung beim Amt ein Antrag auf territoriale Ausdehnung des Schutzes gestellt, so fordert das Amt den Antragsteller gegebenenfalls auf, folgende Mängel innerhalb einer von ihm festgelegten Frist zu beseitigen:

a) der Antrag auf territoriale Ausdehnung ist nicht auf einem der in Regel 102 Absätze 1 und 2 vorgesehenen Formblatt eingereicht worden und enthält nicht alle in diesem Formblatt geforderten Angaben und Informationen;

b) im Antrag auf territoriale Ausdehnung ist die Nummer der internationalen Registrierung, auf die er sich bezieht, nicht angegeben;

c) das Verzeichnis der Waren und Dienstleistungen ist nicht von dem in der internationalen Registrierung enthaltenen Verzeichnis der Waren und Dienstleistungen gedeckt; oder

d) der Antragsteller ist den Angaben auf dem internationalen Formblatt zufolge nicht gemäß Artikel 2 Absatz 1 Ziffer ii und Artikel 3ter Absatz 2 des Madrider Protokolls berechtigt, über das Amt einen Antrag auf territoriale Ausdehnung im Anschluss an die internationale Registrierung zu stellen.

2. Werden die in Absatz 1 erwähnten Mängel nicht vor Ablauf der vom Amt gesetzten Frist beseitigt, beschließt das das Amt, die Weiterleitung des im Anschluss an die internationale Registrierung gestellten Antrags auf territoriale Ausdehnung an das Internationale Büro zu verweigern.
3. Das Amt teilt dem Antragsteller den Tag mit, an dem der Antrag auf territoriale Ausdehnung beim Amt eingegangen ist.
4. Das Amt leitet den im Anschluss an die internationale Registrierung gestellten Antrag auf territoriale Ausdehnung an das Internationale Büro weiter, sobald die in Absatz 1 erwähnten Mängel beseitigt und die in Artikel 144 *(nunmehr Artikel 149)* der Verordnung festgelegten Anforderungen erfüllt sind.

**Regel 106   Abhängigkeit der internationalen Registrierung von der Basisanmeldung oder Basiseintragung**

1. Das Amt unterrichtet das Internationale Büro, wenn innerhalb von fünf Jahren ab dem Tag der internationalen Registrierung,
   a) die Anmeldung der Gemeinschaftsmarke, die der internationalen Registrierung zugrunde lag, zurückgenommen worden ist, als zurückgenommen gilt oder durch eine unanfechtbare Entscheidung zurückgewiesen worden ist;
   b) die Gemeinschaftsmarke, die der internationalen Registrierung zugrunde lag, ihre Wirkung verloren hat, weil darauf verzichtet wurde, weil ihre Eintragung nicht verlängert wurde, weil sie für verfallen erklärt worden ist oder weil sie durch eine unanfechtbare Entscheidung des Amtes oder auf Grund einer Widerklage in einem Verletzungsverfahren von einem Gemeinschaftsmarkengericht für nichtig erklärt worden ist;
   c) die Anmeldung oder Eintragung der Gemeinschaftsmarke, die der internationalen Registrierung zugrunde lag, in zwei Anmeldungen oder Eintragungen geteilt worden ist.
2. Die in Absatz 1 erwähnte Mitteilung enthält:
   a) die Nummer der internationalen Registrierung;
   b) den Namen des Inhabers der internationalen Registrierung;
   c) die Tatsachen und Entscheidungen, die die Basisanmeldung oder Basiseintragung berühren, sowie den Zeitpunkt, an dem diese Tatsachen eingetreten sind und diese Entscheidungen getroffen wurden;
   d) in den in Absatz 1 Buchstabe a) oder b) aufgeführten Fällen den Antrag auf Löschung der internationalen Registrierung;
   e) wenn im Falle des Absatzes 1 Buchstabe a) oder b) die Basisanmeldung oder Basiseintragung nur in Bezug auf einen Teil der Waren und Dienstleistungen betroffen ist, die Waren und Dienstleistungen, die betroffen sind, oder die Waren und Dienstleistungen, die nicht betroffen sind;
   f) im Falle des Absatzes 1 Buchstabe c) die Nummer der betroffenen Anmeldungen oder Eintragungen von Gemeinschaftsmarken.
3. Das Amt unterrichtet das Internationale Büro, wenn bei Ablauf einer Frist von fünf Jahren ab dem Tag der internationalen Registrierung:
   a) eine Beschwerde gegen eine Entscheidung des Prüfers gemäß Artikel 38 *(nunmehr Artikel 37)* der Verordnung auf Zurückweisung der Anmeldung der Gemeinschaftsmarke, die der internationalen Registrierung zugrunde lag, anhängig ist;
   b) ein Widerspruch gegen die Anmeldung der Gemeinschaftsmarke, die der internationalen Registrierung zugrunde lag, anhängig ist;

c) ein Antrag auf Erklärung des Verfalls oder der Nichtigkeit der Gemeinschaftsmarke anhängig ist, die der internationalen Registrierung zugrunde lag;

d) im Register für Gemeinschaftsmarken ein Hinweis darauf eingetragen ist, dass bei einem Gemeinschaftsmarkengericht Widerklage auf Erklärung des Verfalls oder der Nichtigkeit der Gemeinschaftsmarke, die der internationalen Registrierung zugrunde lag, erhoben worden ist, das Register jedoch noch keinen Eintragung über die Entscheidung des Gerichtes über die Widerklage enthält.

4. Sind die in Absatz 3 erwähnten Verfahren durch eine unanfechtbare Entscheidung oder eine Eintragung in das Register abgeschlossen worden, so teilt das Amt dies gemäß Absatz 2 dem Internationalen Büro mit.

5. Jede Bezugnahme auf eine Gemeinschaftsmarke, die der internationalen Registrierung zugrunde lag, in Absatz 1 und 3 gilt auch als Bezugnahme auf eine Eintragung einer Gemeinschaftsmarke aufgrund einer Anmeldung einer Gemeinschaftsmarke, die der internationalen Anmeldung zugrunde lag.

### Regel 107 Erneuerung

Die Erneuerung einer internationalen Registrierung ist unmittelbar beim Internationalen Büro vorzunehmen.

### TEIL B Internationale Registrierungen, in denen die Europäische Gemeinschaft benannt ist

### Regel 108 Beanspruchung des Zeitrangs in einer internationalen Anmeldung

1. Ist der Zeitrang einer oder mehrerer älterer Gemeinschaftsmarken nach Artikel 34 der Verordnung in einer internationalen Anmeldung gemäß Artikel 148 Absatz 1 *(nunmehr Artikel 153 Absatz 1)* der Verordnung beansprucht worden, so muss der Anmelder innerhalb von drei Monaten ab dem Tag, an dem das Amt die Mitteilung des Internationalen Büros über die internationale Registrierung erhält, eine Abschrift der betreffenden Eintragung vorlegen. Die Abschrift muss von der zuständigen Behörde als genaue Abschrift der Eintragung beglaubigt sein.

2. Muss der Inhaber der internationalen Registrierung im Verfahren vor dem Amt gemäß Artikel 88 Absatz 2 *(nunmehr Artikel 92 Absatz 2)* der Verordnung vertreten sein, so muss die in Absatz 1 erwähnte Mitteilung die Bestellung eines Vertreters im Sinne des Artikels 89 Absatz 1 *(nunmehr Artikel 93 Absatz 1)* der Verordnung enthalten.

3. Der Präsident des Amtes kann bestimmen, dass der Anmelder weniger als die gemäß Absatz 1 zu erbringenden Nachweise vorzulegen hat, wenn die erforderliche Information dem Amt aus anderen Quellen zur Verfügung steht.

### Regel 109 Prüfung des Zeitrangs

1. Stellt das Amt fest, dass die Beanspruchung des Zeitrangs nach Regel 108 Absatz 1 nicht die Anforderungen des Artikels 34 der Verordnung erfüllt oder die weiteren Anforderungen der Regel 108 nicht erfüllt, so fordert es den Inhaber auf, die festgestellten Mängel innerhalb einer vom Amt festgelegten Frist zu beseitigen.

2. Werden die Anforderungen gemäß Absatz 1 nicht fristgerecht erfüllt, so erlischt der Anspruch auf den Zeitrang für die betreffende internationale Registrierung. Betreffen die

Mängel lediglich einige Waren und Dienstleistungen, so erlischt der Anspruch nur in Bezug auf diese Waren und Dienstleistungen.

3. Das Amt unterrichtet das Internationale Büro über jede Erklärung des Verlustes des Anspruchs auf den Zeitrang gemäß Absatz 2 sowie über jede Rücknahme oder Einschränkung des Anspruchs auf den Zeitrang.

4. Das Amt unterrichtet das Benelux-Markenamt oder die Zentralbehörde für den gewerblichen Rechtsschutz des betreffenden Mitgliedstaates über die Beanspruchung des Zeitrangs, sofern Erlöschen des Anspruchs auf den Zeitrang gemäß Absatz 2 festgestellt wurde.

**Regel 110   Beanspruchung des Zeitrangs beim Amt**

1. Der Inhaber einer internationalen Registrierung, in der die Europäische Gemeinschaft benannt ist, kann nach Artikel 148 Absatz 2 *(nunmehr Artikel 153 Absatz 2)* der Verordnung unmittelbar beim Amt den Zeitrang einer oder mehrerer älterer Marken gemäß Artikel 35 der Verordnung beanspruchen, und zwar ab dem Tag, an dem das Amt gemäß Artikel 147 Absatz 2 *(nunmehr Artikel 152 Absatz 2)* der Verordnung die Tatsache veröffentlicht hat, dass keine Schutzverweigerung für die internationale Registrierung, in der die Europäische Gemeinschaft benannt ist, mitgeteilt wurde oder dass eine solche Verweigerung widerrufen wurde.

2. Wird die Inanspruchnahme des Zeitrangs beim Amt vor dem in Absatz 1 angegebenen Zeitpunkt beantragt, so gilt der Antrag als an dem in Absatz 1 angegebenen Tag beim Amt eingegangen.

3. Ein Antrag auf Inanspruchnahme des Zeitrangs gemäß Absatz 1 und Artikel 148 Absatz 2 *(nunmehr Artikel 153 Absatz 2)* der Verordnung muss enthalten:

   a) den Hinweis, dass die Inanspruchnahme des Zeitrangs für eine internationale Registrierung nach dem Madrider Protokoll beantragt wird;

   b) die Nummer der internationalen Registrierung;

   c) den Namen und die Anschrift des Inhabers der internationalen Registrierung gemäß Regel 1 Absatz 1 Buchstabe b;

   d) falls der Markeninhaber einen Vertreter bestellt hat, den Namen und die Geschäftsanschrift dieses Vertreters gemäß Regel 1 Absatz 1 Buchstabe e;

   e) die Angabe des Mitgliedstaates oder der Mitgliedstaaten, in denen oder für die die ältere Marke eingetragen ist, des Tags, ab dem die entsprechende Eintragung wirksam war, der Nummer dieser Eintragung sowie der Waren und Dienstleistungen, für die die ältere Marke eingetragen ist;

   f) falls der Zeitrang nicht für alle Waren und Dienstleistungen der älteren Eintragung beansprucht wird, die Angabe der Waren und Dienstleistungen, für die der Zeitrang beansprucht wird;

   g) eine Abschrift der betreffenden Eintragung; die Abschrift muss von der zuständigen Behörde als mit der früheren Anmeldung übereinstimmend beglaubigt sein;

   h) falls der Inhaber der internationalen Registrierung im Verfahren vor dem Amt gemäß Artikel 88 Absatz 2 *(nunmehr Artikel 92 Absatz 2)* der Verordnung vertreten sein muss, die Bestellung eines Vertreters im Sinne des Artikels 89 Absatz 1 *(nunmehr Artikel 93 Absatz 1)* der Verordnung.

4. Sind die Erfordernisse für die Inanspruchnahme des Zeitrangs nicht erfüllt, so teilt das Amt dem Inhaber der internationalen Registrierung den Mangel mit. Wird der Mangel

nicht innerhalb einer vom Amt festgelegten Frist beseitigt, so weist das Amt den Antrag zurück.

5. Hat das Amt den Antrag auf Inanspruchnahme des Zeitrangs angenommen, teilt es dies dem Internationalen Büro mit unter Angabe
   a) der Nummer der betreffenden internationalen Registrierung,
   b) der Mitgliedstaaten, in denen oder für die die ältere Marke eingetragen ist,
   c) der Nummer der betreffenden Eintragung und
   d) des Zeitpunkts des Beginns des Schutzes dieser Marke.

6. Das Amt unterrichtet die die Zentralbehörde für den gewerblichen Rechtsschutz des betreffenden Mitgliedstaats oder das Benelux-Markenamt, wenn es einen Antrag auf Inanspruchnahme des Zeitrangs angenommen hat.

7. Der Präsident des Amtes kann bestimmen, dass der Inhaber der internationalen Registrierung weniger als die gemäß Absatz 1 Buchstabe g zu erbringenden Nachweise vorzulegen hat, wenn die erforderliche Information dem Amt aus anderen Quellen zur Verfügung steht.

### Regel 111  Entscheidungen, die den Zeitrang betreffen

Wird ein gemäß Artikel 148 Absatz 1 *(nunmehr Artikel 153 Absatz 1)* der Verordnung in Anspruch genommener Zeitrang oder eine gemäß Regel 110 Absatz 5 mitgeteilte Beanspruchung eines Zeitrangs vom Amt gelöscht, teilt das Amt dies dem Internationalen Büro mit.

### Regel 112  Prüfung auf absolute Eintragungshindernisse

1. Stellt das Amt bei der Prüfung gemäß Artikel 149 Absatz 1 *(nunmehr Artikel 154 Absatz 1)* der Verordnung fest, dass die Marke, für die die territoriale Ausdehnung auf die Europäische Gemeinschaft beantragt wird, nach Artikel 38 Absatz 2 *(nunmehr Artikel 37 Absatz 2)* der Verordnung für alle oder einen Teil der Waren oder Dienstleistungen, für die sie vom Internationalen Büro registriert worden ist, von der Eintragung ausgeschlossen ist, so übermittelt das Amt gemäß Artikel 5 Abätze 1 und 2 des Madrider Protokolls und Regel 17 Absatz 1 der Gemeinsamen Ausführungsordnung dem Internationalen Büro eine Mitteilung über eine vorläufige Schutzverweigerung von Amts wegen.
   Muss der Inhaber der internationalen Registrierung im Verfahren vor dem Amt gemäß Artikel 88 Absatz 1 *(nunmehr Artikel 92 Absatz 1)* der Verordnung vertreten sein, so enthält die Mitteilung eine Aufforderung zur Bestellung eines Vertreters im Sinne des Artikels 89 Absatz 1 *(nunmehr Artikel 93 Absatz 1)* der Verordnung.
   Die Mitteilung über die vorläufige Schutzverweigerung hat die Gründe, auf die sich die Schutzverweigerung stützt, zu enthalten sowie eine Frist anzugeben, innerhalb derer der Inhaber der internationalen Registrierung eine Stellungnahme abgeben kann und gegebenenfalls einen Vertreter bestellen muss.
   Die Frist beginnt an dem Tag, an dem die vorläufige Schutzverweigerung durch das Amt ergeht.

2. Stellt das Amt bei der Prüfung gemäß Artikel 149 Absatz 1 *(nunmehr Artikel 154 Absatz 1)* fest, dass die Eintragung der Marke nach Artikel 38 Absatz 2 *(nunmehr Artikel 37 Absatz 2)* der Verordnung an die Bedingung geknüpft ist, dass der Anmelder den Verzicht auf die Inanspruchnahme des ausschließlichen Rechts an einem nicht unterscheidungskräftigen Bestandteil erklärt, so ist in der Mitteilung gemäß Absatz 1 über die vorläufige Schutzverwei-

gerung von Amts wegen darauf hinzuweisen, dass der Schutz aus der internationalen Registrierung verweigert wird, wenn diese Erklärung nicht innerhalb der gesetzten Frist eingereicht wird.

3.  Stellt das Amt bei der Prüfung gemäß Artikel 149 Absatz 1 *(nunmehr Artikel 154 Absatz 1)* fest, dass in der internationalen Anmeldung, in der die Europäische Gemeinschaft benannt ist, keine zweite Sprache gemäß Regel 126 und Regel 9 Absatz 5 Buchstabe g) Ziffer ii) der Gemeinsamen Ausführungsordnung angegeben ist, übermittelt das Amt dem Internationalen Büro eine Mitteilung über eine vorläufige Schutzverweigerung von Amts wegen gemäß Artikel 5 Absätze 1 und 2 des Madrider Protokolls und Regel 17 Absatz 1 der Gemeinsamen Ausführungsordnung. Es gilt Absatz 1, Sätze 2, 3 und 4.

4.  Hat der Inhaber der internationalen Registrierung nicht fristgerecht die der Eintragung entgegenstehenden Hindernisse beseitigt oder die in Absatz 2 festgelegte Bedingung erfüllt oder, sofern erforderlich, einen Vertreter bestellt oder eine zweite Sprache angegeben, erlässt das Amt eine Entscheidung, durch die der Schutz für alle oder einen Teil der Waren und Dienstleistungen, für die die internationale Registrierung erfolgt ist, verweigert wird. Die Entscheidung kann gemäß Artikel 57 bis 63 *(nunmehr Artikel 58 bis 65)* angefochten werden.

5.  Hat das Amt bis zum Beginn der Widerspruchsfrist gemäß Artikel 151 Absatz 2 *(nunmehr Artikel 156 Absatz 2)* der Verordnung keine Mitteilung über eine vorläufige Schutzverweigerung von Amts wegen gemäß Absatz 1 übermittelt, übermittelt es dem Internationalen Büro eine Erklärung über die Gewährung des Schutzes, in der es angibt, dass die Prüfung auf absolute Eintragungshindernisse gemäß Artikel 38 *(nunmehr Artikel 37)* der Verordnung abgeschlossen ist, dass gegen die internationale Registrierung noch immer Widersprüche eingelegt oder Bemerkungen Dritter eingereicht werden können.

**Regel 113   Mitteilung über die vorläufige Schutzverweigerung von Amts wegen an das Internationale Büro**

1.  Die Mitteilung über die vorläufige Schutzverweigerung von Amts wegen für die internationale Registrierung oder einen Teil davon gemäß Regel 112 wird dem Internationalen Büro übermittelt und enthält:
    a)  die Nummer der internationalen Registrierung;
    b)  alle Gründe, auf die sich die vorläufige Schutzverweigerung stützt, mit einem Verweis auf die einschlägigen Bestimmungen der Verordnung;
    c)  den Hinweis, dass die vorläufige Schutzverweigerung durch eine Entscheidung des Amtes bestätigt werden wird, wenn der Inhaber der internationalen Registrierung nicht innerhalb von zwei Monaten ab dem Tag, an dem die vorläufige Schutzverweigerung ergeht, die Eintragungshindernisse mit einer Stellungnahme gegenüber dem Amt beseitigt;
    d)  falls die vorläufige Schutzverweigerung nur einen Teil der Waren und Dienstleistungen betrifft, die Angabe dieser Waren und Dienstleistungen.

2.  Zu jeder Mitteilung über eine vorläufige Schutzverweigerung von Amts wegen gemäß Absatz 1 teilt das Amt dem Internationalen Büro Folgendes mit, sofern die Widerspruchsfrist abgelaufen ist und keine vorläufige Schutzverweigerung aufgrund eines Widerspruchs gemäß Regel 115 Absatz 1 ausgesprochen wurde:
    a)  falls das Verfahren vor dem Amt zur Rücknahme der vorläufigen Schutzverweigerung geführt hat, dass die Marke in der Europäischen Union geschützt ist;

b) falls eine Entscheidung über die Schutzverweigerung für die Marke, gegebenenfalls nach einer Beschwerde gemäß Artikel 57 *(nunmehr Artikel 58)* oder einer Klage gemäß Artikel 63 *(nunmehr Artikel 65)* der Verordnung rechtskräftig geworden ist, dass der Schutz der Marke in der Europäischen Gemeinschaft verweigert wird;

c) falls die Schutzverweigerung gemäß Buchstabe a) oder b) nur einen Teil der Waren und Dienstleistungen betrifft, die Waren und Dienstleistungen, für die die Marke in der Europäischen Gemeinschaft geschützt ist.

**Regel 114   Widerspruchsverfahren**

1. Wird gegen eine internationale Registrierung, in der die Europäische Gemeinschaft benannt ist, gemäß Artikel 151 *(nunmehr Artikel 156)* der Verordnung Widerspruch eingelegt, muss die Widerspruchsschrift Folgendes enthalten:

   a) die Nummer der internationalen Registrierung, gegen die sich der Widerspruch richtet;

   b) die Angabe der in der internationalen Registrierung enthaltenen Waren und Dienstleistungen, gegen die sich der Widerspruch richtet;

   c) den Namen des Inhabers der internationalen Registrierung;

   d) die in Regel 15 Absatz 2 Buchstaben b) bis h) aufgeführten Angaben und Bestandteile.[147]

2. Regel 15 Absätze 1, 3 und 4 und Regel 16 bis 22 sind mit folgender Maßgabe anwendbar:[148]

   a) jede Bezugnahme auf die Anmeldung einer Gemeinschaftsmarke gilt als Bezugnahme auf eine internationale Registrierung;

   b) jede Bezugnahme auf die Zurücknahme der Anmeldung einer Gemeinschaftsmarke gilt als Bezugnahme auf den Verzicht auf die internationale Registrierung für die Europäische Gemeinschaft;

   c) jede Bezugnahme auf den Anmelder gilt als Bezugnahme auf den Inhaber der internationalen Registrierung.

3. Wird die Widerspruchsschrift vor Ablauf der Sechsmonatsfrist nach Artikel 151 Absatz 2 *(nunmehr Artikel 156 Absatz 2)* der Verordnung eingereicht, so gilt sie als am ersten Tag der Dreimonatsfrist nach Ablauf der Sechsmonatsfrist eingereicht. Die Anwendung des Artikels 42 Absatz 3 Satz 2 *(nunmehr Artikel 41 Absatz 3 Satz 2)* der Verordnung bleibt unberührt.

4. Muss der Inhaber der internationalen Registrierung im Verfahren vor dem Amt gemäß Artikel 88 Absatz 2 *(nunmehr Artikel 92 Absatz 2)* der Verordnung vertreten sein und hat er noch keinen Vertreter im Sinne des Artikels 89 Absatz 1 *(nunmehr Artikel 93 Absatz 1)* der Verordnung bestellt, so enthält die Mitteilung des Widerspruchs an den Inhaber der internationalen Registrierung gemäß Regel 19 die Aufforderung, innerhalb von zwei Monaten ab dem Tag der Zustellung der Mitteilung einen Vertreter im Sinne des Artikels 89 Absatz 1 *(nunmehr Artikel 93 Absatz 1)* der Verordnung zu bestellen.

5. Bestellt der Inhaber der internationalen Registrierung innerhalb dieser Frist keinen Vertreter, beschließt das Amt den Schutz für die internationale Registrierung zu verweigern.

---

147   Geändert durch Verordnung (EG) Nr. 1041/2005 der Kommission vom 29.6.2005.

148   Geändert durch Verordnung (EG) Nr. 1041/2005 der Kommission vom 29.6.2005.

6. Das Widerspruchsverfahren wird ausgesetzt, wenn eine vorläufige Schutzverweigerung von Amts wegen gemäß Regel 112 erfolgt oder bereits erfolgt ist. Hat die vorläufige Schutzverweigerung von Amts wegen zu einer unanfechtbaren Entscheidung auf Verweigerung des Schutzes der Marke geführt, stellt das Amt das Verfahren ein und erstattet die Widerspruchsgebühr; in diesem Fall ergeht keine Kostenentscheidung.

**Regel 115    Mitteilung einer vorläufigen Schutzverweigerung, die auf einen Widerspruch gestützt ist**

1. Wenn ein Widerspruch gegen eine internationale Registrierung beim Amt gemäß Artikel 151 Absatz 2 *(nunmehr Artikel 156 Absatz 2)* der Verordnung eingereicht wird oder gemäß Regel 114 Absatz 3 als eingereicht gilt, übermittelt das Amt dem Internationalen Büro eine Mitteilung über eine vorläufige Schutzverweigerung, die auf einen Widerspruch gestützt ist.

2. Die Mitteilung über eine vorläufige Schutzverweigerung, die auf einen Widerspruch gestützt ist, enthält:
   a) die Nummer der internationalen Registrierung;
   b) den Hinweis, dass die Schutzverweigerung sich darauf stützt, dass Widerspruch eingereicht wurde, und den Verweis auf die Bestimmungen des Artikels 8, auf die sich der Widerspruch stützt;
   c) den Namen und die Anschrift des Widersprechenden.

3. Falls sich der Widerspruch auf die Anmeldung oder Eintragung einer Marke stützt, enthält die Mitteilung gemäß Absatz 2 folgende Angaben:
   i) den Anmeldetag, den Eintragungstag und, soweit zutreffend, den Prioritätstag;
   ii) die Nummer der Anmeldung und, sofern sie davon abweicht, die Nummer der Eintragung,
   iii) den Namen und die Anschrift des Inhabers,
   iv) eine Wiedergabe der Marke und
   v) ein Verzeichnis der Waren und Dienstleistungen, auf die sich der Widerspruch stützt.

4. Falls die vorläufige Schutzverweigerung nur einen Teil der Waren und Dienstleistungen betrifft, sind diese in der Mitteilung gemäß Absatz 2 anzugeben.

5. Das Amt teilt dem Internationalen Büro Folgendes mit:
   a) wenn das Widerspruchsverfahren zur Rücknahme der vorläufigen Schutzverweigerung führt, dass die Marke in der Europäischen Gemeinschaft geschützt ist;
   b) wenn eine Entscheidung über die Schutzverweigerung für die Marke, gegebenenfalls nach einer Beschwerde gemäß Artikel 57 *(nunmehr Artikel 58)* oder einer Klage gemäß Artikel 63 *(nunmehr Artikel 65)* der Verordnung, rechtskräftig geworden ist, dass der Schutz der Marke in der Europäischen Gemeinschaft verweigert wird;
   c) wenn die Schutzverweigerung gemäß Buchstabe a) oder b) nur einen Teil der Waren und Dienstleistungen betrifft, die Waren und Dienstleistungen, für die die Marke in der Europäischen Gemeinschaft geschützt ist.

6. Ist für dieselbe internationale Registrierung mehr als eine vorläufige Schutzverweigerung gemäß Absatz 1 oder Regel 112 Absätze 1 und 2 ergangen, so bezieht sich die Mitteilung nach Absatz 5 auf die vollständige oder teilweise Schutzverweigerung für die Marke, so wie sie sich als Ergebnis sämtlicher Verfahren nach Artikel 149 und 151 *(nunmehr Artikel 154 und 156)* der Verordnung ergibt.

**Regel 116   Erklärung über die Schutzgewährung**

1.  Hat das Amt keine Mitteilung über eine vorläufige Schutzverweigerung von Amts wegen gemäß Regel 112 übermittelt und ist innerhalb der Widerspruchsfrist beim Amt keine Widerspruch gemäß Artikel 151 Absatz 2 *(nunmehr Artikel 156 Absatz 2)* eingegangen, übermittelt das Amt dem Internationalen Büro eine weitere Erklärung über die Schutzgewährung, in der mitgeteilt wird, dass die Marke in der Europäischen Gemeinschaft geschützt ist.

2.  Für die Zwecke des Artikels 146 Absatz 2 *(nunmehr Artikel 151 Absatz 2)* der Verordnung hat die weitere Erklärung über die Schutzgewährung gemäß Absatz 1 dieselbe Wirkung wie eine Erklärung des Amtes über die Rücknahme einer Schutzverweigerung.

**Regel 117   Mitteilung über die Ungültigerklärung an das Internationale Büro**

1.  Ist gemäß Artikel 56 oder 96 *(nunmehr Artikel 57 und 100)* und Artikel 153 *(nunmehr Artikel 153)* der Verordnung die Wirkung einer internationalen Registrierung, in der die Europäische Gemeinschaft benannt ist, für ungültig erklärt worden und ist diese Entscheidung rechtskräftig geworden, so teilt das Amt dies dem Internationalen Büro mit.

2.  Die Mitteilung muss datiert sein und Folgendes enthalten:
    a)  den Hinweis, dass die Ungültigerklärung durch das Amt erfolgt ist, oder die Angabe des Gemeinschaftsmarkengerichts, das die Nichtigerklärung ausgesprochen hat;
    b)  Angaben darüber, ob die Ungültigerklärung in Form einer Erklärung des Verfalls der Rechte des Inhabers der internationalen Registrierung oder einer Erklärung der Nichtigkeit der Marke aufgrund absoluter Nichtigkeitsgründe oder einer Erklärung der Nichtigkeit der Marke aufgrund relativer Nichtigkeitsgründe erfolgt ist;
    c)  den Hinweis, dass die Ungültigerklärung nicht mehr einem Rechtsmittel unterliegt;
    d)  die Nummer der internationalen Registrierung;
    e)  den Namen des Inhabers der internationalen Registrierung;
    f)  falls die Ungültigerklärung nur einen Teil der Waren und Dienstleistungen betrifft, die Angabe derjenigen Waren und Dienstleistungen, für die die Ungültigerklärung ausgesprochen worden ist oder für die sie nicht ausgesprochen worden ist, und
    g)  den Tag, an dem die Ungültigerklärung ausgesprochen worden ist und die Angabe, ob sie an diesem Tag oder rückwirkend wirksam wurde.

**Regel 118   Rechtswirkung der Eintragung eines Rechtsüberganges**

Für die Zwecke des Artikels 17 der Verordnung, auch in Verbindung mit Artikel 23 Absatz 1 oder 2 und Artikel 24 der Verordnung, tritt die Eintragung einer Änderung des Inhabers der internationalen Registrierung im Internationalen Register an die Stelle der Eintragung eines Rechtsüberganges im Register für Gemeinschaftsmarken.

**Regel 119   Rechtswirkung der Eintragung von Lizenzen und anderen Rechten**

Für die Zwecke der Artikel 19, 20, 21 und 22 der Verordnung, auch in Verbindung mit Artikel 23 und Artikel 24 der Verordnung, tritt die Eintragung einer Lizenz oder einer Einschränkung des Verfügungsrechts des Inhabers einer internationalen Registrierung im internationalen Register an die Stelle der Eintragung einer Lizenz, eines dinglichen Rechts, einer Zwangsvollstreckungsmaßnahme oder eines Insolvenzverfahrens im Register für Gemeinschaftsmarken.

**Regel 120**  Prüfung von Anträgen auf Eintragung eines Rechtsüberganges, einer Lizenz oder einer Einschränkung des Verfügungsrechts des Inhabers

1. Wird von einer anderen Person als dem Inhaber der internationalen Registrierung über das Amt die Eintragung einer Änderung des Inhabers, einer Lizenz oder einer Einschränkung des Verfügungsrechts des Inhabers beantragt, so verweigert das Amt die Weiterleitung des Antrags an das Internationale Büro, wenn dem Antrag kein Nachweis des Rechtsüberganges, der Lizenz oder der Einschränkung des Verfügungsrechts des Inhabers beigefügt ist.
2. Wird vom Inhaber der internationalen Registrierung über das Amt ein Antrag auf Eintragung einer Änderung oder Löschung einer Lizenz oder einer Aufhebung einer Einschränkung des Verfügungsrechts des Inhabers gestellt, so verweigert das Amt die Weiterleitung des Antrags an das Internationale Büro, wenn dem Antrag kein Nachweis darüber beigefügt ist, dass die Lizenz nicht mehr besteht oder geändert worden ist oder dass die Einschränkung des Verfügungsrechts aufgehoben worden ist.

**Regel 121**  Kollektivmarken

1. Ist in der internationalen Registrierung vermerkt, dass sie auf einer Anmeldung oder Eintragung basiert, die sich auf eine Kollektivmarke, Garantiemarke oder Gewährleistungsmarke bezieht, wird die internationale Registrierung, in der die Europäische Gemeinschaft benannt ist, als Gemeinschaftskollektivmarke behandelt.
2. Der Inhaber der internationalen Registrierung muss die Markensatzung gemäß Artikel 65 *(nunmehr Artikel 67)* der Verordnung und Regel 43 innerhalb von zwei Monaten, gerechnet ab dem Tag der Benachrichtigung durch das Amt, unmittelbar beim Amt vorlegen.
3. Eine Mitteilung über die vorläufige Schutzverweigerung von Amts wegen gemäß Regel 112 ergeht auch:
    a) wenn einer der Zurückweisungsgründe gemäß Artikel 66 Absatz 1 oder 2 *(nunmehr Artikel 68 Absatz 1 oder 2)* der Verordnung, gegebenenfalls in Verbindung mit Artikel 66 Absatz 3 *(nunmehr Artikel 68 Absatz 3)* der Verordnung, vorliegt;
    b) wenn die Markensatzung nicht gemäß Absatz 2 vorgelegt worden ist.
    Es gelten Regel 112 Absätze 2 und 3 und Regel 113.
4. Mitteilungen über die Änderung der Markensatzung gemäß Artikel 69 *(nunmehr Artikel 71)* werden im Blatt für Gemeinschaftsmarken veröffentlicht.

**Regel 122**  Umwandlung einer internationalen Registrierung in eine nationale Anmeldung

1. Ein Antrag auf Umwandlung einer internationalen Registrierung, in der die Europäische Gemeinschaft benannt ist, in eine Anmeldung einer nationalen Marke gemäß Artikel 108 und 154 *(nunmehr Artikel 112 und 159)* der Verordnung muss Folgendes enthalten:
    a) die Nummer der internationalen Registrierung;
    b) den Tag der internationalen Registrierung oder den Tag der Benennung der Europäischen Gemeinschaft, wenn diese gemäß Artikel 3ter Absatz 2 des Madrider Protokolls im Anschluss an die internationale Registrierung erfolgt ist, und gegebenenfalls Angaben zur Beanspruchung des Prioritätsdatums der internationalen Registrierung gemäß Artikel 154 Absatz 2 *(nunmehr Artikel 159 Absatz 2)* der Verordnung sowie Angaben über die Beanspruchung des Zeitrangs gemäß Artikel 34, 35 und 148 *(nunmehr Artikel 34, 35 und 153)* der Verordnung;

c) die in Regel 44 Absatz 1 Buchstaben a), c), d), e) und f) aufgeführten Angaben und Bestandteile.[149]

2. Falls die Umwandlung gemäß Artikel 108 Absatz 5 *(nunmehr Artikel 112 Absatz 5)* und Artikel 154 *(nunmehr Artikel 159)* der Verordnung beantragt wird, nachdem die internationale Registrierung nicht erneuert wurde, muß die Anmeldung gemäß Absatz 1 einen entsprechender Hinweis und den Tag, an dem der Schutz abgelaufen ist, enthalten. Die in Artikel 108 Absatz 5 *(nunmehr Artikel 112 Absatz 5)* der Verordnung vorgesehene Dreimonatsfrist beginnt an dem Tag, der auf den letzten Tag folgt, an dem die Erneuerung gemäß Artikel 7 Absatz 4 des Madrider Protokolls möglich ist;

3. Regel 45, 46 Absatz 2 Buchstaben a und c und 47 gelten entsprechend.

### Regel 123 Umwandlung einer internationalen Registrierung in die Benennung eines Mitgliedstaates, der Vertragspartei des Madrider Protokolls oder des Madrider Abkommens ist

1. Ein Antrag auf Umwandlung einer internationalen Registrierung, in der die Europäische Gemeinschaft benannt ist, in die Benennung eines Mitgliedstaates, der Vertragspartei des Madrider Protokolls oder des Madrider Abkommens ist, gemäß Artikel 154 *(nunmehr Artikel 159)* der Verordnung muss die in Regel 122 Absatz 1 aufgeführten Angaben und Bestandteile enthalten.

2. Regel 45 gilt entsprechend. Das Amt weist den Umwandlungsantrag auch dann zurück, wenn die Voraussetzungen für die Benennung des Mitgliedstaates, der Vertragspartei des Madrider Protokolls oder des Madrider Abkommens ist, nicht sowohl am Tag der internationalen Registrierung als auch am Tag, an dem der Umwandlungsantrag eingegangen ist oder gemäß Artikel 109 Absatz 1 Satz 2 *(nunmehr Artikel 113 Absatz 1 Satz 2)* der Verordnung als eingegangen gilt, erfüllt war.

3. Regel 46 Absatz 2 Buchstaben a) und c) gilt entsprechend. Die Veröffentlichung des Umwandlungsantrags enthält auch den Hinweis, dass die Umwandlung in die Benennung eines Mitgliedstaates, der Vertragspartei des Madrider Protokolls oder des Madrider Abkommens ist, gemäß Artikel 154 *(nunmehr Artikel 159)* der Verordnung beantragt wurde.

4. Erfüllt der Umwandlungsantrag die Anforderungen der Verordnung und dieser Regeln, so übermittelt das Amt ihn unverzüglich an das Internationale Büro. Das Amt teilt dem Inhaber der internationalen Registrierung den Tag der Übermittlung mit.

### Regel 124 Umwandlung einer internationalen Registrierung, in der die Europäische Gemeinschaft benannt ist, in eine Anmeldung einer Gemeinschaftsmarke

1. Damit die Anmeldung einer Gemeinschaftsmarke als Umwandlung einer internationalen Registrierung gilt, die gemäß Artikel 9quinquies des Madrider Protokolls und Artikel 156 *(nunmehr Artikel 161)* der Verordnung vom Internationalen Büro auf Antrag der Ursprungsbehörde gelöscht worden ist, muss sie einen entsprechenden Hinweis enthalten. Dieser Hinweis muss bei der Einreichung der Anmeldung erfolgen.

2. Die Anmeldung muss neben den in Regel 1 aufgeführten Angaben und Bestandteilen Folgendes enthalten:

---

149   Geändert durch Verordnung (EG) Nr. 1041/2005 der Kommission vom 29.6.2005.

a) die Angabe der Nummer der internationalen Registrierung, die gelöscht worden ist;

b) den Tag, an dem die internationale Registrierung vom Internationalen Büro gelöscht wurde;

c) den Tag der internationalen Registrierung gemäß Artikel 3 Absatz 4 des Madrider Protokolls oder den Tag der Eintragung der territorialen Ausdehnung auf die Europäische Gemeinschaft im Anschluss an die internationale Registrierung gemäß Artikel 3ter Absatz 2 des Madrider Protokolls;

d) gegebenenfalls das in der internationalen Anmeldung in Anspruch genommene und in das vom Internationalen Büro geführte internationale Register eingetragene Prioritätsdatum.

3. Stellt das Amt bei der Prüfung nach Regel 9 Absatz 3 fest, dass die Anmeldung nicht innerhalb von drei Monaten nach dem Tag der Löschung der internationalen Registrierung durch das Internationale Büro eingereicht wurde, oder dass die Waren und Dienstleistungen, für die die Gemeinschaftsmarke eingetragen werden soll, nicht in dem Verzeichnis der Waren und Dienstleistungen enthalten sind, für die die internationale Registrierung mit Wirkung für die Europäische Gemeinschaft erfolgte, so fordert das Amt den Anmelder auf, die festgestellten Mängel innerhalb einer vom Amt festgelegten Frist zu beseitigen und insbesondere das Verzeichnis der Waren und Dienstleistungen auf diejenigen Waren und Dienstleistungen zu beschränken, die im Verzeichnis der Waren und Dienstleistungen, für die die internationale Registrierung mit Wirkung für die Europäische Gemeinschaft erfolgte, enthalten waren.

4. Werden die in Absatz 3 aufgeführten Mängel nicht fristgerecht beseitigt, so erlischt der Anspruch auf das Datum der internationalen Registrierung oder der territorialen Ausdehnung und das Prioritätsdatum der internationalen Registrierung.

### TEIL C  Übermittlungen

#### Regel 125  Übermittlungen an das Internationale Büro und elektronische Formblätter

1. Übermittlungen an das Internationale Büro erfolgt in der Form und unter Verwendung der Formate, die zwischen dem Internationalen Büro und dem Amt vereinbart werden, vorzugsweise auf elektronischem Weg.

2. Jede Bezugnahme auf Formblätter schließt in elektronischer Form bereitgestellte Formblätter ein.

#### Regel 126  Sprachen

Für die Zwecke der Anwendung der Verordnung und dieser Regeln auf internationale Registrierungen, in denen die Europäische Gemeinschaft benannt ist, gilt die Sprache der internationalen Anmeldung als Verfahrenssprache im Sinne des Artikels 115 Absatz 4 *(nunmehr Artikel 119 Absatz 4)* der Verordnung und die in der internationalen Anmeldung angegebene zweite Sprache als zweite Sprache im Sinne des Artikels 115 Absatz 3 *(nunmehr Artikel 119 Absatz 3)* der Verordnung.

#### Artikel 2  Übergangsbestimmungen

(1) Anmeldungen von Gemeinschaftsmarken, die innerhalb von drei Monaten vor dem gemäß Artikel 143 Absatz 3 der Verordnung festgelegten Tag eingereicht werden, werden vom Amt

mit dem gemäß dieser Vorschrift festgelegten Anmeldetag oder dem tatsächlichen Datum des Eingangs der Anmeldung versehen.

(2) Die in Artikel 29 und 33 der Verordnung vorgesehene Prioritätsfrist von sechs Monaten wird bei einer derartigen Anmeldung von dem gemäß Artikel 143 Absatz 3 der Verordnung festgelegten Tag an gerechnet.

(3) Das Amt kann dem Anmelder vor dem gemäß Artikel 143 Absatz 3 der Verordnung festgelegten Tag eine Empfangsbestätigung übermitteln.

(4) Das Amt kann derartige Anmeldungen vor dem gemäß Artikel 143 Absatz 3 der Verordnung festgelegten Tag prüfen und sich mit dem Anmelder in Verbindung setzen, um etwaige Mängel vor diesem Tag zu beseitigen. Entscheidungen in bezug auf derartige Anmeldung können nur nach diesem Tag erlassen werden.

(5) Das Amt führt für eine derartige Anmeldung, gleich ob für sie eine Priorität gemäß Artikel 29 oder 33 der Verordnung in Anspruch genommen wurde oder nicht, keine Recherche gemäß Artikel 39 Absatz 1 *(nunmehr Artikel 38 Absatz 1)* der Verordnung durch.

(6) Liegt der Tag des Eingangs der Anmeldung einer Gemeinschaftsmarke beim Amt, der Zentralbehörde für den gewerblichen Rechtsschutz eines Mitgliedstaats oder beim Benelux-Markenamt vor dem Beginn der Dreimonatsfrist des Artikels 143 Absatz 4 der Verordnung, so gilt die Anmeldung als nicht eingereicht. Der Anmelder wird hiervon unterrichtet und erhält die Anmeldeunterlagen zurück.

### Artikel 3  Inkrafttreten

Diese Verordnung tritt am siebten Tag nach ihrer Veröffentlichung im *Amtsblatt der Europäischen Gemeinschaften* in Kraft.[150]

Diese Verordnung ist in allen ihren Teilen verbindlich und gilt unmittelbar in jedem Mitgliedstaat.

Brüssel, den 13. Dezember 1995

*Für die Kommission*

Mario MONTI
*Mitglied der Kommission*

---

150   Tag des Inkrafttretens: 22.12.1995.

# Anhang 2

## VERORDNUNG (EG) Nr. 2869/95 DER KOMMISSION

vom 13. Dezember 1995

über die an das Harmonisierungsamt für den Binnenmarkt (Marken, Muster und Modelle) zu entrichtenden Gebühren

(ABl. EG Nr. L 303 vom 15.12.1995, S. 33)

geändert durch:

**Verordnung (EG) Nr. 781/2004 der Kommission vom 26. April 2004**

(ABl. EG Nr. L 123 vom 27.4.2004, S. 85)

(in Kraft seit 1. Oktober 2004)

**Verordnung (EG) Nr. 1042/2005 der Kommission vom 29. Juni 2005**

(ABl. EG Nr. L 172 vom 5.7.2005, S. 22)

(in Kraft seit 25. Juli 2005)

**Verordnung (EG) Nr. 1687/2005 der Kommission vom 14. Oktober 2005**

(ABl. EG Nr. L 271 vom 15.10.2005, S. 14)

(in Kraft seit 22. Oktober 2005)

**Verordnung (EG) Nr. 355/2009 der Kommission vom 31. März 2009**

(ABl. EG Nr. L 109 vom 30.4.2009, S. 3)

(in Kraft seit 1. Mai 2009)

DIE KOMMISSION DER EUROPÄISCHEN GEMEINSCHAFTEN —

gestützt auf den Vertrag zur Gründung der Europäischen Gemeinschaft,

gestützt auf die Verordnung (EG) Nr. 207/2009 des Rates vom 26. Februar 2009 über die Gemeinschaftsmarke,[1] insbesondere auf Artikel 144,

gestützt auf die Verordnung (EG) Nr. 2868/95 der Kommission vom 13. Dezember 1995 zur Durchführung der Verordnung (EG) Nr. 40/94 des Rates über die Gemeinschaftsmarke,[2]

in Erwägung nachstehender Gründe: Gemäß Artikel 144 Absatz 3 der Verordnung (EG) Nr. 207/2009, nachstehend die Verordnung genannt, wird die Gebührenordnung nach dem in Artikel 163 der Verordnung vorgesehenen Verfahren angenommen.

Gemäß Artikel 144 Absatz 1 der Verordnung bestimmt die Gebührenordnung insbesondere die Höhe der Gebühren und die Art und Weise, wie sie zu entrichten sind.

---

1 ABl. Nr. L 78 vom 24.3.2009, S. 1.
2 ABl. Nr. L 303 vom 15.12.1995, S. 1.

Gemäß Artikel 144 Absatz 2 der Verordnung ist die Höhe der Gebühren so zu bemessen, daß die Einnahmen hieraus grundsätzlich den Ausgleich des Haushaltsplans des Harmonisierungsamts für den Binnenmarkt (Marken, Muster und Modelle), nachstehend »das Amt« genannt, gewährleisten.

In der Anlaufphase des Amts ist ein Ausgleich nur möglich, wenn das Amt einen Zuschuß gemäß Artikel 139 Absatz 3 der Verordnung aus dem Gesamthaushalt der Europäischen Gemeinschaften erhält.

Die Grundgebühr für die Anmeldung einer Gemeinschaftsmarke enthält auch den Betrag, den das Amt gemäß Artikel 39 Absatz 4 der Verordnung jeder Zentralbehörde für den gewerblichen Rechtsschutz der Mitgliedstaaten für jeden Recherchenbericht zu zahlen hat.

Um die erforderliche Flexibilität zu gewährleisten, ist der Präsident des Amts (nachstehend »der Präsident«) zu ermächtigen, unter bestimmten Voraussetzungen die Preise für Leistungen des Amts, für den Zugang zur Datenbank des Amts und für den Erhalt des Inhalts dieser Datenbank in maschinenlesbarer Form sowie für die Publikationen des Amtes zu bestimmen.

Um eine mühelose Zahlung der Gebühren und Preise zu ermöglichen, ist der Präsident zu ermächtigen, auch andere als die in dieser Verordnung ausdrücklich vorgesehenen Zahlungsarten zuzulassen.

Die Gebühren und Preise sollten in derselben Rechnungseinheit festgelegt werden, in der der Haushalt des Amts aufgestellt wird.

Der Haushalt des Amts wird in EUR[3] aufgestellt.

Durch die Festsetzung der Beträge in EUR[4] werden etwaige Unterschiede durch Wechselkursschwankungen *vermieden*.

Barzahlungen sollten in der Währung des Mitgliedstaats möglich sein, in dem das Amt seinen Sitz hat.

Die in dieser Verordnung vorgesehenen Maßnahmen entsprechen der Stellungnahme des mit Artikel 141 der Verordnung eingesetzten Ausschusses —

HAT FOLGENDE VERORDNUNG ERLASSEN:

### Artikel 1 Allgemeines

Nach Maßgabe dieser Verordnung werden erhoben:
a) die gemäß der Verordnung und der Verordnung (EG) Nr. 2868/95 an das Amt zu entrichtenden Gebühren;
b) die vom Präsidenten nach Artikel 3 Absätze 1 und 2 festgesetzten Preise.

---

3 Der Verweis auf EUR eingefügt durch Verordnung (EG) Nr. 781/2004 der Kommission vom 26.4.2004.
4 Der Verweis auf EUR eingefügt durch Verordnung (EG) Nr. 781/2004 der Kommission vom 26.4.2004.

**Artikel 2** Gebühren nach Maßgabe der Verordnung und der Verordnung (EG) Nr. 2868/95

Die nach Artikel 1 Buchstabe a) an das Amt zu entrichtenden Gebühren werden wie folgt festgesetzt:[5]

(in EUR)

| | | |
|---|---|---|
| 1. | Grundgebühr für die Anmeldung einer Gemeinschaftsmarke (Artikel 26 Absatz 2, Regel 4 Buchstabe a) | 1050 |
| 1a. | Recherchengebühr | |
| | Der Betrag von 12 EUR multipliziert mit der Zahl der Zentralbehörden für den gewerblichen Rechtsschutz gemäß Artikel 38 Absatz 2 der Verordnung; dieser Betrag und seine späteren Anpassungen werden vom Amt im Amtsblatt des Amtes veröffentlicht. | |
| | a) für die Anmeldung einer Gemeinschaftsmarke (Artikel 38 Absatz 2, Regel 4 Buchstabe c) | |
| | b) für eine internationale Registrierung, in der die Europäische Gemeinschaft benannt ist (Artikel 38 Absatz 2 und Artikel 155 Absatz 2, Regel 10 Absatz 2) | |
| 1b. | Grundgebühr für die elektronische Anmeldung einer Gemeinschaftsmarke (Artikel 26 Absatz 2, Regel 4 Buchstabe a) | 900 |
| 2. | Gebühr für jede Waren- und Dienstleistungsklasse ab der vierten Klasse für eine Gemeinschaftsmarke (Artikel 26 Absatz 2, Regel 4 Buchstabe b)) | 150 |
| 3. | Grundgebühr für die Anmeldung einer Gemeinschaftskollektivmarke (Artikel 26 Absatz 2 und Artikel 66 Absatz 3, Regel 4 Buchstabe a) und Regel 42) | 1800 |
| 4. | Gebühr für jede Waren- und Dienstleistungsklasse ab der vierten Klasse für eine Gemeinschaftskollektivmarke (Artikel 26 Absatz 2, Artikel 66 Absatz 3, Regel 4 Buchstabe b) und Regel 42) | 300 |
| 5. | Widerspruchsgebühr (Artikel 41 Absatz 3, Regel 18 Absatz 1) | 350 |
| 6. | [gestrichen] | |
| 7. | Grundgebühr für die Eintragung einer Gemeinschaftsmarke (Artikel 45) | 0 |
| 8. | Gebühr für jede Waren- und Dienstleistungsklasse ab der vierten Klasse für eine Gemeinschaftsmarke (Artikel 45) | 0 |
| 9. | Grundgebühr für die Eintragung einer Gemeinschaftskollektivmarke (Artikel 45 und Artikel 66 Absatz 3) | 0 |
| 10. | Gebühr für jede Waren- und Dienstleistungsklasse ab der vierten Klasse für eine Gemeinschaftskollektivmarke (Artikel 45 und Artikel 66 Absatz 3) | 0 |
| 11. | Zuschlagsgebühr für die verspätete Zahlung der Eintragungsgebühr (Artikel 162 Absatz 2 Buchstabe a)) | 0 |

---

5  Gebührenbeträge geändert durch Verordnung der Kommission 781/2004 vom 26.4.2004, Nr. 1042/2005 vom 29.6.2005, Nr. 1687/2005 vom 14.10.2005 und Nr. 355/2009 vom 31.3.2009.

| | | |
|---|---|---:|
| 12. | Betrag gesenkt durch Verordnung (EG) Nr. 1687/2005 der Kommission vom 14.10.2005. Grundgebühr für die Verlängerung einer Gemeinschaftsmarke (Artikel 47 Absatz 1, Regel 30 Absatz 2 Buchstabe a)) | 1500 |
| 12a. | Grundgebühr für die elektronische Verlängerung einer Gemeinschaftsmarke (Artikel 47 Absatz 1, Regel 30 Absatz 2 Buchstabe a)) | 1350 |
| 13. | Verlängerungsgebühr für jede Waren- und Dienstleistungsklasse ab der vierten Klasse für eine Gemeinschaftsmarke (Artikel 47 Absatz 1, Regel 30 Absatz 2 Buchstabe b)) | 400 |
| 14. | Grundgebühr für die Verlängerung einer Gemeinschaftskollektivmarke (Artikel 47 Absatz 1, Artikel 66 Absatz 3, Regel 30 Absatz 2 Buchstabe a) und Regel 42) | 3000 |
| 15. | Verlängerungsgebühr für jede Waren- und Dienstleistungsklasse ab der vierten Klasse für eine Gemeinschaftskollektivmarke (Artikel 47 Absatz 1, Artikel 66 Absatz 3, Regel 30 Absatz 2 Buchstabe b) und Regel 42) | 800 |
| 16. | Zuschlagsgebühr wegen verspäteter Zahlung der Verlängerungsgebühr oder wegen verspäteter Stellung des Verlängerungsantrags (Artikel 47 Absatz 3, Regel 30 Absatz 2 Buchstabe c)) | |
| | 25 % der nachzuzahlenden Verlängerungsgebühr, jedoch nicht mehr als | 1500 EUR |
| 17. | Gebühr für den Antrag auf Erklärung des Verfalls oder der Nichtigkeit (Artikel 56 Absatz 2, Regel 39 Absatz 2) | 700 |
| 18. | Beschwerdegebühr (Artikel 60, Regel 49 Absatz 1) | 800 |
| 19. | Gebühr für den Antrag auf Wiedereinsetzung (Artikel 81 Absatz 3) | 200 |
| 20. | Gebühr für den Antrag auf Umwandlung einer Gemeinschaftsmarkenanmeldung oder einer eingetragenen Gemeinschaftsmarke (Artikel 113 Absatz 1, auch in Verbindung mit Artikel 159 Absatz 1; Regel 45 Absatz 2, auch in Verbindung mit Regel 123 Absatz 2) | |
| | a) in eine nationale Markenanmeldung | |
| | b) in eine Benennung der Mitgliedstaaten gemäß dem Madrider Abkommen oder dem Madrider Protokoll | 200 |
| 21. | Weiterbehandlungsgebühr (Artikel 82 Absatz 1) | 400 |
| 22. | Gebühr für die Erklärung der Teilung einer eingetragenen Gemeinschaftsmarke (Artikel 49 Absatz 4) oder der Anmeldung einer Gemeinschaftsmarke (Artikel 44 Absatz 4) | 250 |
| 23. | Gebühr für den Antrag auf Eintragung einer Lizenz oder eines anderen Rechts an einer eingetragenen Gemeinschaftsmarke (Artikel 162 Absatz 2 Buchstabe c), Regel 33 Absatz 1) oder an der Anmeldung einer Gemeinschaftsmarke (Artikel 162 Absatz 2 Buchstabe d), Regel 33 Absatz 4) | |
| | a) Erteilung einer Lizenz | |
| | b) Übergang einer Lizenz | |
| | c) Bestellung eines dinglichen Rechts | |
| | d) Übertragung eines dinglichen Rechts | |
| | e) Zwangsvollstreckungsmaßnahmen | |
| | | 1000 EUR |

|  |  |  |
|---|---|---|
|  | 200 EUR je Eintragung, werden mehrere Anträge in einem gemeinsamen Antrag oder gleichzeitig gestellt, nicht mehr als insgesamt |  |
| 24. | Gebühr für die Löschung der Eintragung einer Lizenz oder eines anderen Rechts (Artikel 162 Absatz 2 Buchstabe e), Regel 35 Absatz 3) |  |
|  | 200 EUR je Löschung, werden mehrere Anträge in einem gemeinsamen Antrag oder gleichzeitig gestellt, nicht mehr als insgesamt | 1000 EUR |
| 25. | Gebühr für die Änderung einer eingetragenen Gemeinschaftsmarke (Artikel 162 Absatz 2 Buchstabe f), Regel 25 Absatz 2) | 200 |
| 26. | Gebühr für die Ausstellung einer Kopie der Anmeldung einer Gemeinschaftsmarke (Artikel 162 Absatz 2 Buchstabe j), Regel 89 Absatz 5), einer Kopie der Eintragungsurkunde (Artikel 162 Absatz 2 Buchstabe b), Regel 25 Absatz 2) oder eines Auszugs aus dem Register (Artikel 162 Absatz 2 Buchstabe g), Regel 84 Absatz 6) |  |
|  | a) unbeglaubigte Kopie oder Auszug | 10 |
|  | b) beglaubigte Kopie oder Auszug | 30 |
| 27. | Gebühr für die Akteneinsicht (Artikel 162 Absatz 2 Buchstabe h), Regel 89 Absatz 1) | 30 |
| 28. | Gebühr für Kopien aus den Akten (Artikel 162 Absatz 2 Buchstabe i), Regel 89 Absatz 5) |  |
|  | a) unbeglaubigte Kopie | 10 |
|  | b) beglaubigte Kopie | 30 |
|  | zusätzlich für jede die Zahl 10 überschreitende Seite | 1 |
| 29. | Gebühr für die Aktenauskunft (Artikel 162 Absatz 2 Buchstabe k), Regel 90) | 10 |
| 30. | Gebühr für die Überprüfung der Kostenfestsetzung (Artikel 162 Absatz 2 Buchstabe l), Regel 94 Absatz 4) | 100 |
| 31. | Gebühr für die Einreichung einer internationalen Anmeldung beim Amt (Artikel 147 Absatz 5) | 300 |

## Artikel 3 Vom Präsidenten festgesetzte Preise

(1) Der Präsident setzt die Beträge fest, die für andere als die in Artikel 2 genannten Leistungen des Amts zu entrichten sind.

(2) Der Präsident setzt außerdem die Beträge fest, die für das Blatt für Gemeinschaftsmarken, für das Amtsblatt und für sonstige Veröffentlichungen des Amts zu entrichten sind.

(3) Die Höhe der Beträge wird in EUR festgesetzt.

(4) Die Höhe der Preise, die vom Präsidenten gemäß den Absätzen 1 und 2 festgesetzt worden sind, wird im Amtsblatt des Amts veröffentlicht.

## Artikel 4 Fälligkeit der Gebühren und Preise

(1) Gebühren und Preise, deren Fälligkeit sich nicht aus der Verordnung oder der Verordnung (EG) Nr. 2868/95 ergibt, werden mit dem Eingang des Antrags auf Vornahme der entgeltlichen Leistung fällig.

(2) Der Präsident kann davon absehen, die Leistungen nach Absatz 1 von der vorherigen Zahlung der entsprechenden Gebühren oder Preise abhängig zu machen.

### Artikel 5   Zahlung der Gebühren und Preise

(1) Die an das Amt zu zahlenden Gebühren und Preise sind zu entrichten:[6]
a)   durch Einzahlung oder Überweisung auf ein Bankkonto des Amts,
b)   [gestrichen]
c)   [gestrichen].

(2) Der Präsident kann andere als die in Absatz 1 genannten Zahlungsarten zulassen, insbesondere mit Hilfe laufender Konten beim Amt.

(3) Entscheidungen des Präsidenten gemäß Absatz 2 werden im Amtsblatt des Amtes veröffentlicht.

### Artikel 6   Währungen

Alle Zahlungen, auch mittels jeder anderen Zahlungsart, die der Präsident nach Artikel 5 Absatz 2 zugelassen hat, sind in EUR zu leisten.[7]

### Artikel 7   Zahlungsmodalitäten

(1) Jede Zahlung muß den Namen des Einzahlers und die notwendigen Angaben enthalten, die es dem Amt ermöglichen, den Zweck der Zahlung ohne weiteres zu erkennen. Insbesondere ist anzugeben:
a)   bei der Zahlung der Anmeldegebühr der Zweck der Zahlung, d. h. »Anmeldegebühr«,
b)   bei Zahlung der Eintragungsgebühr das Aktenzeichen der Anmeldung, die der Eintragung zugrunde liegt, und der Zweck der Zahlung, d. h. »Eintragungsgebühr«,
c)   bei Zahlung der Widerspruchsgebühr das Aktenzeichen der Anmeldung und der Name des Anmelders der Gemeinschaftsmarke, gegen deren Eintragung Widerspruch eingelegt wird, und der Zweck der Zahlung, d. h. »Widerspruchsgebühr«,
d)   bei Zahlung der Gebühr für die Erklärung des Verfalls oder der Nichtigkeit die Nummer der Eintragung und der Name des Inhabers der Gemeinschaftsmarke, gegen die sich der Antrag richtet, und der Zweck der Zahlung, d. h. »Verfallsgebühr« oder »Nichtigkeitsgebühr«.

(2) Ist der Zweck der Zahlung nicht ohne weiteres erkennbar, so fordert das Amt den Einzahler auf, innerhalb einer vom Amt bestimmten Frist diesen Zweck schriftlich mitzuteilen. Kommt der Einzahler der Aufforderung nicht fristgemäß nach, so gilt die Zahlung als nicht erfolgt. Der gezahlte Betrag wird zurückerstattet.

---

6   Buchstaben b) und c) gestrichen durch Verordnung (EG) Nr. 1687 der Kommission vom 14.10.2005.
7   Geändert durch Verordnung (EG) Nr. 781/2004 der Kommission vom 26.4.2004.

### Artikel 8  Maßgebender Zahlungstag

(1) Als Tag des Eingangs einer Zahlung beim Amt gilt:

a) im Fall des Artikels 5 Absatz 1 Buchstabe a) der Tag, an dem der eingezahlte oder überwiesene Betrag auf einem Bankkonto des Amts tatsächlich gutgeschrieben ist;

b) [8][gestrichen]

c) [9][gestrichen]

(2) Läßt der Präsident gemäß Artikel 5 Absatz 2 andere als in Artikel 5 Absatz 1 genannte Zahlungsarten zu, so bestimmt er auch den Tag, an dem diese Zahlungen als eingegangen gelten.

(3) Gilt eine Gebührenzahlung im Sinne der Absätze 1 und 2 erst nach Ablauf der Frist, innerhalb deren sie fällig war, als eingegangen, so gilt diese Frist als gewahrt, wenn gegenüber dem Amt nachgewiesen wird, daß der Einzahler

a) innerhalb der Zahlungsfrist in einem Mitgliedstaat

   i) [10][gestrichen]

   ii) einer Bank einen ordnungsgemäßen Überweisungsauftrag erteilt hat oder

   iii) [11][gestrichen]

b) einen Zuschlag von 10 % der entsprechenden Gebühr(en), jedoch nicht mehr als 200 EUR, entrichtet hat; der Zuschlag entfällt, wenn eine der unter Buchstabe a) genannten Voraussetzungen spätestens zehn Tage vor Ablauf der Zahlungsfrist erfüllt wird.

(4) Das Amt kann den Einzahler auffordern nachzuweisen, an welchem Tag eine der in Absatz 3 Buchstabe a) genannten Voraussetzungen erfüllt worden ist, und gegebenenfalls den Zuschlag innerhalb einer vom Amt festgesetzten Frist nach Absatz 3 Buchstabe b) zu entrichten. Kommt der Einzahler dieser Aufforderung nicht nach, ist der Nachweis unzureichend oder wird der Zuschlag nicht fristgemäß entrichtet, so gilt die Zahlungsfrist als versäumt.

### Artikel 9  Nicht ausreichender Gebührenbetrag

(1) Eine Zahlungsfrist gilt grundsätzlich nur dann als eingehalten, wenn der volle Gebührenbetrag rechtzeitig gezahlt worden ist. Ist die Gebühr nicht in voller Höhe gezahlt worden, so wird der gezahlte Betrag nach Ablauf der Zahlungsfrist erstattet.

(2) Das Amt kann jedoch, soweit es die laufende Frist erlaubt, dem Einzahler Gelegenheit geben, den fehlenden Betrag nachzuzahlen oder, wenn dies gerechtfertigt erscheint, geringfügige Fehlbeträge ohne Rechtsnachteil für den Einzahler unberücksichtigt lassen.

### Artikel 10  Erstattung geringfügiger Beträge

(1) Zuviel gezahlte Gebühren oder Preise werden nicht zurückerstattet, wenn der überschüssige Betrag geringfügig ist und der Einzahler die Erstattung nicht ausdrücklich beantragt hat. Der Präsident bestimmt, was unter einem geringfügigen Betrag zu verstehen ist.

---

8   Gestrichen durch Verordnung (EG) Nr. 1687/2005 der Kommission vom 14.10.2005.

9   Gestrichen durch Verordnung (EG) Nr. 1687/2005 der Kommission vom 14.10.2005.

10  Gestrichen durch Verordnung (EG) Nr. 1687/2005 der Kommission vom 14.10.2005.

11  Gestrichen durch Verordnung (EG) Nr. 1687/2005 der Kommission vom 14.10.2005.

(2) Entscheidungen[12] des Präsidenten nach Absatz 1 werden im Amtsblatt des Amtes veröffentlicht.

### Artikel 11   Individuelle Gebühr für eine internationale Registrierung, in der die Europäische Gemeinschaft benannt ist

(1) Für einen Antrag auf eine internationale Registrierung, in der die Europäische Gemeinschaft benannt ist, ist an das Internationale Büro eine individuelle Gebühr gemäß Artikel 8 Absatz 7 des Madrider Protokolls für die Benennung der Europäischen Gemeinschaft zu entrichten.[13]

(2) Der Inhaber einer internationalen Registrierung, der einen Antrag auf territoriale Ausdehnung des Schutzes im Anschluss an die internationale Registrierung stellt, in dem die Europäischen Gemeinschaft benannt ist, hat an das Internationale Büro eine individuelle Gebühr gemäß Artikel 8 Absatz 7 des Madrider Protokolls für die Benennung der Europäischen Gemeinschaft zu entrichten.

(3) Die in Absatz 1 und Absatz 2 genannten Gebühren sind in Schweizer Franken zu entrichten und entsprechen dem Gegenwert der folgenden vom Generaldirektor der Weltorganisation für geistiges Eigentum gemäß Regel 35 Absatz 2 der Gemeinsamen Ausführungsordnung zum Madrider Abkommen und zum Madrider Protokoll festgelegten Beträge:
a) [14]bei einer Gemeinschaftsmarke: 870 EUR zuzüglich 150 EUR für jede Waren- und Dienstleistungsklasse ab der vierten Klasse;
b) [15]bei einer Gemeinschaftskollektivmarke gemäß Regel 121 Absatz 1 der Verordnung (EG) Nr. 2868/95: 1 620 EUR zuzüglich 300 EUR für jede Waren- und Dienstleistungsklasse ab der vierten Klasse.

### Artikel 12   Individuelle Gebühr für die Erneuerung einer internationalen Registrierung, in der die Europäische Gemeinschaft benannt ist

(1) Der Inhaber einer internationalen Registrierung, in der die Europäische Gemeinschaft benannt ist, hat als Teil der Gebühren für die Erneuerung an das Internationale Büro eine individuelle Gebühr gemäß Artikel 8 Absatz 7 des Madrider Protokolls für die Benennung der Europäischen Gemeinschaft zu zahlen.

(2) Die in Absatz 1 genannte Gebühr ist in Schweizer Franken zu entrichten und entspricht dem Gegenwert der folgenden vom Generaldirektor der Weltorganisation für geistiges Eigentum gemäß Regel 35 Absatz 2 der Gemeinsamen Ausführungsordnung zum Madrider Abkommen und zum Madrider Protokoll festgelegten Beträge:
a) bei einer Gemeinschaftsmarke: EUR 1200 zuzüglich EUR 400 für jede in der internationalen Registrierung enthaltene Waren- und Dienstleistungsklasse ab der vierten Klasse;

---

12  Zutreffend: »Beschlüsse«.
13  Die Artikel 11 bis 14 eingefügt durch Verordnung (EG) Nr. 781/2004 der Kommission vom 26.4.2004.
14  Geändert durch Verordnung (EG) Nr. 355/2009 der Kommission vom 31.3.2009.
15  Geändert durch Verordnung (EG) Nr. 355/2009 der Kommission vom 31.3.2009.

b) bei einer Gemeinschaftskollektivmarke gemäß Regel 121 Absatz 1 der Verordnung (EG) Nr. 2868/95 der Kommission: EUR 2700 zuzüglich EUR 800 für jede in der internationalen Registrierung enthaltene Waren- und Dienstleistungsklasse ab der vierten Klasse.[16]

**Artikel 13   Erstattung von Gebühren nach Verweigerung des Schutzes**

[Fassung vor in Kraft treten der Verordnung (EG) Nr. 355/2009 der Kommission vom 31 März 2009]:[17]

(1) Bezieht sich die Schutzverweigerung auf alle in der Benennung der Europäischen Gemeinschaft enthaltenen Waren und Dienstleistungen, beträgt die gemäß Artikel 154 Absatz 4 oder Artikel 156 Absatz 4 der Verordnung (EG) Nr. 207/2009 des Rates zu erstattende Gebühr

a) bei einer Gemeinschaftsmarke: EUR 850 zuzüglich EUR 150 für jede in der internationalen Registrierung enthaltene Waren- und Dienstleistungsklasse ab der vierten Klasse;

b) bei einer Gemeinschaftskollektivmarke: EUR 1700 zuzüglich EUR 300 für jede in der internationalen Registrierung enthaltene Waren- und Dienstleistungsklasse ab der vierten Klasse.[18]

(2) Bezieht sich die Verweigerung lediglich auf einen Teil der in der Benennung der Europäischen Gemeinschaft enthaltenen Waren und Dienstleistungen, beläuft sich die gemäß Artikel 149 Absatz 4 oder Artikel 151 Absatz 4 der Verordnung zu erstattende Gebühr auf 50 % der Differenz zwischen den gemäß Artikel 11 Absatz 3 zu zahlenden Klassengebühren und den Klassengebühren, die gemäß Artikel 11 Absatz 3 zu zahlen gewesen wären, wenn die Benennung der Europäischen Gemeinschaft nur die Waren und Dienstleistungen enthalten hätte, für die die internationale Registrierung in der Europäischen Gemeinschaft geschützt bleibt.

(3)[19] Die Erstattung erfolgt nach der Mitteilung an das Internationale Büro gemäß Regel 113 Absatz 2 Buchstabe b) und c) oder gemäß Regel 115 Absatz 3 Buchstabe b) und c) und Absatz 6 der Verordnung (EG) Nr. 2868/95 der Kommission.

(4) Die Erstattung erfolgt an den Inhaber der internationalen Registrierung oder seinen Vertreter.

[Fassung nach in Kraft treten der Verordnung (EG) Nr. 355/2009 der Kommission vom 31 März 2009]:

1. Bezieht sich die Schutzverweigerung auf alle oder auch lediglich auf einen Teil der in der Benennung der Europäischen Gemeinschaft enthaltenen Waren und Dienstleistungen, ent-

---

16  Buchstaben a) and b) geändert durch Verordnung (EG) Nr. 1687/2005 der Kommission vom 14.10.2005.

17  Internationale Anmeldungen oder Anträge auf territoriale Ausdehnung, in denen die Europäische Gemeinschaft benannt ist und die vor dem Tag eingereicht wurden, ab dem die in Artikel 11 Absatz 3 Buchstaben a und b der Verordnung (EG) Nr. 2869/95 in der durch die Verordnung (EG) Nr. 355/2009 der Kommission vom 31.3.2009 geänderten Fassung genannten Beträge gemäß Artikel 8 Absatz 7 Buchstabe b des Madrider Protokolls wirksam werden, unterliegen weiterhin Artikel 13 der Verordnung (EG) Nr. 2869/95 in der vor Inkrafttreten der Verordnung (EG) Nr. 355/2009 der Kommission vom 31.3.2009 geltenden Fassung.

18  Buchstaben a) and b) geändert durch Verordnung (EG) Nr. 1687/2005 der Kommission vom 14.10.2005.

19  Geändert durch Verordnung (EG) Nr. 1042/2005 der Kommission vom 29.6.2005.

spricht die gemäß Artikel 154 Absatz 4 oder Artikel 156 Absatz 4 der Verordnung (EG) Nr. 207/2009 des Rates zu erstattende Gebühr

a) bei einer Gemeinschaftsmarke: der Höhe der in der Tabelle in Artikel 2 unter Nummer 7 angegebenen Gebühr zuzüglich eines Betrags in Höhe der unter Nummer 8 derselben Tabelle angegebenen Gebühr für jede in der internationalen Registrierung enthaltene Waren- und Dienstleistungsklasse ab der vierten Klasse;

b) bei einer Gemeinschaftskollektivmarke: der Höhe der in der Tabelle in Artikel 2 unter Nummer 9 angegebenen Gebühr zuzüglich eines Betrags in Höhe der unter Nummer 10 derselben Tabelle angegebenen Gebühr für jede in der internationalen Registrierung enthaltene Waren- und Dienstleistungsklasse ab der vierten Klasse.

2. Die Erstattung erfolgt nach der Mitteilung an das Internationale Büro gemäß Regel 113 Absatz 2 Buchstaben b und c oder gemäß Regel 115 Absatz 5 Buchstaben b und c und Absatz 6 der Verordnung (EG) Nr. 2868/95.

3. Die Erstattung erfolgt an den Inhaber der internationalen Registrierung oder seinen Vertreter.

### Artikel 14

Artikel 1 bis 10 finden keine Anwendung auf an das Internationale Büro zu entrichtende individuelle Gebühr.

### Artikel 15 Inkrafttreten

Diese Verordnung tritt am siebten Tag nach ihrer Veröffentlichung im *Amtsblatt der Europäischen Gemeinschaften* in Kraft.[20]

Diese Verordnung ist in allen ihren Teilen verbindlich und gilt unmittelbar in jedem Mitgliedstaat.

Brüssel, den 13. Dezember 1995

*Für die Kommission*

Mario MONTI
*Mitglied der Kommission*

---

20  Neue Nummerierung des Artikels durch den Herausgeber. Tag des Inkrafttretens: 22.12.1995.

# Anhang 3

## VERORDNUNG (EG) Nr 216/96 DER KOMMISSION

vom 5. Februar 1996

**über die Verfahrensordnung vor den Beschwerdekammern des Harmonisierungsamts für den Binnenmarkt (Marken, Muster und Modelle)**

(ABl EG Nr L 28 vom 6.2.1996, S 11)

geändert durch:

**Verordnung der Kommission Nr 2082/2004 vom 6. Dezember 2004**

(ABl EG Nr L 360 vom 7.12.2004, S 8)

DIE KOMMISSION DER EUROPÄISCHEN GEMEINSCHAFTEN –

gestützt auf den Vertrag zur Gründung der Europäischen Gemeinschaft,

gestützt auf die Verordnung (EG) Nr. 40/94 des Rates vom 20. Dezember 1993 über die Gemeinschaftsmarke, geändert durch die Verordnung (EG) Nr. 3288/94, insbesondere auf Artikel 140 Absatz 3, in Erwägung nachstehender Gründe:

Mit der Verordnung (EG) Nr. 40/94 (»die Verordnung«) ist ein neues Markensystem eingeführt worden, durch das eine beim Harmonisierungsamt für den Binnenmarkt (Marken, Muster und Modelle) (»das Amt«) angemeldete Marke gemeinschaftsweite Geltung erlangt.

Die Verordnung enthält unter anderem Verfahrensvorschriften für die Eintragung einer Gemeinschaftsmarke, für die Markenverwaltung, für Beschwerden gegen Entscheidungen des Amts und für die Erklärung des Verfalls oder der Nichtigkeit einer Gemeinschaftsmarke.

Nach Artikel 130 der Verordnung entscheiden die Beschwerdekammern über Beschwerden gegen Entscheidungen der Prüfer, der Widerspruchsabteilungen, der Markenverwaltungs- und Rechtsabteilung und der Nichtigkeitsabteilungen.

Titel VII der Verordnung enthält Grundbestimmungen für Beschwerden gegen Entscheidungen der Prüfer, der Widerspruchsabteilungen, der Markenverwaltungs- und Rechtsabteilung und der Nichtigkeitsabteilungen.

Die Durchführungsvorschriften zu Titel VII der Verordnung sind in Titel X der Verordnung (EG) Nr. 2868/95 der Kommission vom 13. Dezember 1995 zur Durchführung der Verordnung (EG) Nr. 40/94 des Rates über die Gemeinschaftsmarke niedergelegt.

Die vorliegende Verordnung ergänzt die vorgenannten Bestimmungen insbesondere im Hinblick auf die Organisation der Beschwerdekammern und das mündliche Verfahren.

Zu Beginn eines jeden Geschäftsjahrs sollte vor einem hierzu eingesetzten Präsidium für die Beschwerdekammern ein Geschäftsverteilungsplan nach objektiven Kriterien wie Waren- und Dienstleistungsklassen oder Anfangsbuchstaben der Beschwerdeführer aufgestellt werden.

Um die Bearbeitung und Erledigung von Beschwerden zu erleichtern, ist für jede Beschwerde ein Berichterstatter zu bestimmen, der unter anderem die Mitteilungen an die Parteien vorbereitet und die Entscheidungen entwirft.

Die an Beschwerdeverfahren Beteiligten sind unter Umständen nicht in der Lage oder willens, den Beschwerdekammern Fragen von allgemeinem Interesse im Zusammenhang mit einem anhängigen Fall zur Kenntnis zu bringen. Die Beschwerdekammern sollten deshalb das Recht haben, den Präsidenten des Amts von Amts wegen oder auf dessen Wunsch einzuladen, um sich zu Fragen von allgemeinem Interesse zu äußern, die einen vor den Beschwerdekammern anhängigen Fall betreffen.

Die in dieser Verordnung vorgesehenen Maßnahmen entsprechen der Stellungnahme des durch Artikel 141 der Verordnung eingesetzten Ausschusses -

HAT FOLGENDE VERORDNUNG ERLASSEN:

**Artikel 1  Präsidium der Beschwerdekammern**

(1) Das in den Artikeln 130 und 131 der Verordnung vorgesehene Präsidium der Beschwerdekammern wird im Folgenden »Präsidium« genannt.[1]

(2) Das Präsidium setzt sich zusammen aus dem Präsidenten der Beschwerdekammern als Vorsitzenden, den Vorsitzenden der Kammern und Mitgliedern der Kammern, die von der Gesamtheit der Mitglieder in den einzelnen Kammern mit Ausnahme des Präsidenten der Beschwerdekammern und der Vorsitzenden der Kammern für jedes Kalenderjahr gewählt werden. Die Zahl der so gewählten Mitglieder beläuft sich auf ein Viertel der Kammermitglieder mit Ausnahme des Präsidenten der Beschwerdekammern und der Vorsitzenden der Kammern und wird gegebenenfalls auf die nächsthöhere Einheit aufgerundet.

(3) Ist der Präsident der Beschwerdekammern verhindert oder sein Amt nicht besetzt, so wird der Vorsitz im Präsidium wahrgenommen:
a)  vom dienstältesten Kammervorsitzenden oder
b)  bei gleichem Dienstalter vom ältesten Kammervorsitzenden.

(4) Das Präsidium ist beschlussfähig, wenn mindestens zwei Drittel seiner Mitglieder einschließlich des Präsidenten und zweier Kammervorsitzender anwesend sind. Das Präsidium entscheidet mit Stimmenmehrheit; bei Stimmengleichheit gibt die Stimme des Vorsitzenden den Ausschlag.

(5) Vor Beginn eines jeden Kalenderjahres legt das Präsidium die objektiven Kriterien des Geschäftsverteilungsplans für die Kammern im betreffenden Jahr fest und bestimmt die Mitglieder der einzelnen Kammern und ihre Vertreter; Artikel 1b bleibt hiervon unberührt. Jedes Mitglied einer Beschwerdekammer kann zum Mitglied mehrerer Kammern oder zum Vertreter in mehreren Kammern bestimmt werden. Diese Maßnahmen können im Laufe des betreffenden Kalenderjahres geändert werden. Die vom Präsidium nach Maßgabe dieses Absatzes getroffenen Entscheidungen werden im Amtsblatt des Amtes veröffentlicht.

---

1  Geändert durch Verordnung Nr 2082/04.

(6) Das Präsidium ist außerdem zuständig für:

a) die Festlegung der verfahrenstechnischen Vorschriften, die für die Behandlung der Fälle, mit denen die Kammern befasst werden, erforderlich sind, und der Vorschriften, die für die Organisation der Arbeit der Kammern notwendig sind,

b) die Entscheidung aller Streitigkeiten, die den Geschäftsverteilungsplan für die Beschwerdekammern betreffen,

c) die Verabschiedung seiner Geschäftsordnung,

d) die Ausarbeitung praktischer verfahrenstechnischer Anweisungen für die Parteien der Verfahren vor den Beschwerdekammern, insbesondere hinsichtlich der Einreichung von Schriftsätzen und schriftlichen Stellungnahmen sowie des Ablaufs der mündlichen Verhandlung,

e) die Wahrnehmung aller sonstigen Befugnisse, die ihm durch diese Verordnung übertragen werden.

(7) Der Präsident der Beschwerdekammern hört das Präsidium zur Festlegung des Ausgabenbedarfs der Kammern, den er dem Präsidenten des Amtes zwecks Aufstellung des vorläufigen Ausgabenplans mitteilt, und, wenn er es für angezeigt hält, zu anderen Fragen, die die Verwaltung der Beschwerdekammern betreffen.

### Artikel 1a   Große Kammer

(1) Die durch Artikel 130 Absatz 3 der Verordnung eingeführte erweiterte Kammer wird als Große Kammer bezeichnet.[2]

(2) Die Große Kammer ist mit neun Mitgliedern besetzt, zu denen der Präsident der Beschwerdekammern als Vorsitzender, die Vorsitzenden der Kammern, gegebenenfalls der vor der Verweisung an die Große Kammer bestimmte Berichterstatter sowie die Mitglieder zählen, die nach dem Rotationsprinzip aus einer Liste ausgewählt werden, die alle Mitglieder der Beschwerdekammern mit Ausnahme des Präsidenten der Beschwerdekammern und der Vorsitzenden der Kammern umfasst.

Das Präsidium erstellt anhand objektiver Kriterien die in Unterabsatz 1 genannte Liste und die Regeln zur Auswahl der auf dieser Liste aufgeführten Mitglieder, mit denen die Große Kammer besetzt wird. Die Liste und die Regeln werden im Amtsblatt des Amtes veröffentlicht. Ist kein Berichterstatter vor Verweisung an die Große Kammer bestimmt worden, so bestimmt der Vorsitzende der Großen Kammer eines der Mitglieder der Großen Kammer als Berichterstatter.

(3) Ist der Präsident der Beschwerdekammern verhindert oder sein Amt nicht besetzt oder wird er gemäß Artikel 132 der Verordnung ausgeschlossen oder abgelehnt, so wird der Vorsitz in der Großen Kammer wahrgenommen:

a) vom dienstältesten Kammervorsitzenden oder

b) bei gleichem Dienstalter vom ältesten Kammervorsitzenden.

(4) Ist ein anderes Mitglied der Großen Kammer verhindert oder wird es gemäß Artikel 132 der Verordnung ausgeschlossen oder abgelehnt, wird es anhand der in Absatz 2 genannten Liste nach Maßgabe der dort aufgeführten Reihenfolge ersetzt.

---

2  Eingefügt durch Verordnung Nr 2082/2004.

(5) Die Große Kammer ist beschlussfähig und kann mündliche Verhandlungen führen, wenn mindestens sieben ihrer Mitglieder, darunter der Vorsitzende und der Berichterstatter, anwesend sind.

Berät die Kammer in Besetzung mit nur acht Mitgliedern, so nimmt das Mitglied mit dem geringsten Dienstalter bei den Beschwerdekammern nicht an der Abstimmung teil, es sei denn, bei diesem Mitglied handelt es sich um den Vorsitzenden oder den Berichterstatter; in diesem Fall nimmt das Mitglied mit dem nächsthöheren Dienstalter nach dem Vorsitzenden oder dem Berichterstatter nicht an der Abstimmung teil.

### Artikel 1b   Anrufung der Großen Kammer

(1) Eine Kammer kann eine Sache, mit der sie befasst wird, an die Große Kammer verweisen, wenn sie der Meinung ist, dass die rechtliche Schwierigkeit, die Bedeutung des Falles oder das Vorliegen besonderer Umstände es rechtfertigen, insbesondere wenn Beschwerdekammern unterschiedliche Entscheidungen über eine im betreffenden Fall aufgeworfene Rechtsfrage getroffen haben.[3]

(2) Eine Kammer verweist eine Sache, mit der sie befasst wird, an die Große Kammer, wenn sie der Meinung ist, dass sie von einer Auslegung des anwendbaren Rechts in einer früheren Entscheidung der Großen Kammer abweichen muss.

(3) Das Präsidium kann auf Vorschlag des Präsidenten der Beschwerdekammern, der auf dessen eigene Initiative oder auf den Antrag eines Präsidiumsmitgliedes zurückgeht, eine Sache, mit der eine Kammer befasst ist, an die Große Kammer verweisen, wenn es der Meinung ist, dass die rechtliche Schwierigkeit, die Bedeutung des Falles oder das Vorliegen besonderer Umstände dies rechtfertigen, insbesondere wenn Beschwerdekammern unterschiedliche Entscheidungen über eine im betreffenden Fall aufgeworfene Rechtsfrage getroffen haben.

(4) Die Große Kammer verweist eine Sache unverzüglich an die zuerst befasste Kammer zurück, wenn sie der Auffassung ist, dass die Voraussetzungen für ihre Anrufung nicht erfüllt sind.

(5) Entscheidungen über die Verweisung an die Große Kammer sind zu begründen. Sie werden den Parteien mitgeteilt.

### Artikel 1c   Entscheidung in der Besetzung mit einem Mitglied

(1) Das Präsidium erstellt eine nicht abschließende Liste der Verfahrensarten, die die Kammern, wenn keine besonderen Umstände vorliegen, einem Mitglied allein übertragen können, wie beispielsweise Entscheidungen, mit denen das Verfahren nach einer Einigung der Parteien abgeschlossen wird, Kostenentscheidungen oder Entscheidungen über die Zulässigkeit von Beschwerden.[4]

Das Präsidium kann ferner eine Liste der Verfahrensarten aufstellen, die nicht einem einzigen Mitglied übertragen werden dürfen.

---

3  Eingefügt durch Verordnung Nr 2082/2004.
4  Eingefügt durch Verordnung Nr 2082/2004.

(2) Die Entscheidung, eine Sache, die unter die vom Präsidium gemäß Absatz 1 festgelegten Verfahrensarten fällt, einem einzigen Mitglied zu übertragen, kann die Kammer an ihren Vorsitzenden delegieren.

(3) Die Parteien werden davon unterrichtet, dass die Sache einem Mitglied allein übertragen worden ist.

Das Mitglied, dem die Sache übertragen worden ist, verweist sie an die Kammer zurück, wenn es feststellt, dass die Voraussetzungen für die Übertragung nicht mehr erfüllt sind.

### Artikel 1d   Zurückverweisung einer Sache aufgrund eines Urteils des Gerichtshofs

(1) Wenn die Maßnahmen nach Artikel 63 Absatz 6 der Verordnung, die sich aus einem Urteil des Gerichtshofs ergeben, durch das die Entscheidung einer Beschwerdekammer oder der Großen Kammer ganz oder teilweise aufgehoben wird, eine erneute Prüfung der Sache durch die Beschwerdekammern beinhalten, entscheidet das Präsidium, ob die Sache an die Kammer, die die Entscheidung getroffen hat, zurückverwiesen oder an eine andere Kammer oder die Große Kammer verwiesen wird.[5]

(2) Wird die Sache an eine andere Kammer verwiesen, so gehört dieser keines der Mitglieder an, die die angefochtene Entscheidung getroffen haben. Diese Bestimmung gilt nicht, wenn die Sache an die Große Kammer verwiesen wird.

### Artikel 2   Vertretung der Mitglieder

(1) Vertretungsgründe sind insbesondere Urlaub, Krankheit, unabweisbare Verpflichtungen sowie die Ausschlußgründe nach Artikel 132 der Verordnung.

(2) Will ein Mitglied vertreten werden, so unterrichtet es unverzüglich den betreffenden Kammervorsitzenden von seiner Verhinderung.

### Artikel 3   Ausschließung und Ablehnung

(1) Hat eine Beschwerdekammer von einem möglichen Ausschließungs- oder Ablehnungsgrund nach Artikel 132 Absatz 3 der Verordnung auf anderem Wege als durch ein Mitglied oder einen Verfahrensbeteiligten Kenntnis erhalten, so wird das Verfahren nach Artikel 132 Absatz 4 der Verordnung angewendet.

(2) Das betreffende Mitglied wird aufgefordert, sich zu dem Ausschließungs- oder Ablehnungsgrund zu äußern.

(3) Bis zur Entscheidung nach Artikel 132 Absatz 4 der Verordnung wird das Verfahren in der Sache ausgesetzt.

### Artikel 4   Berichterstatter

(1) Der Vorsitzende jeder Beschwerdekammer bestimmt für jede Beschwerde eines der Kammermitglieder oder sich selbst als Berichterstatter.

---

5   Eingefügt durch Verordnung Nr 2082/2004.

(2) Der Berichterstatter führt eine erste Untersuchung der Beschwerde durch. Er kann auf Anordnung des Kammervorsitzenden Mitteilungen an die Beteiligten abfassen. Die Mitteilungen werden vom Berichterstatter im Namen der Beschwerdekammer unterzeichnet.

(3)[6] Der Berichterstatter entwirft die Entscheidungen.

### Artikel 5   Geschäftsstelle

(1) Bei den Beschwerdekammern wird eine Geschäftsstelle eingerichtet, die dem Präsidenten der Beschwerdekammern untersteht; ihre Aufgaben sind der Empfang, die Weiterleitung, die Aufbewahrung und die Zustellung aller die Verfahren vor den Beschwerdekammern betreffenden Dokumente sowie die Zusammenstellung der entsprechenden Akten.[7]

(2) Die Geschäftsstelle wird von einem Geschäftsstellenleiter geleitet. Der Präsident der Beschwerdekammern bestimmt einen Bediensteten der Geschäftsstelle, der bei Abwesenheit oder Verhinderung des Leiters, oder wenn dessen Amt nicht besetzt ist, dessen Funktionen wahrnimmt.

(3) Die Geschäftsstelle wacht insbesondere über die Einhaltung der Fristen und die Beachtung der übrigen Formerfordernisse für die Einreichung von Beschwerden und Beschwerdebegründungen.

Wird eine Unregelmäßigkeit festgestellt, die die Unzulässigkeit der Beschwerde nach sich ziehen kann, so richtet der Geschäftsstellenleiter unverzüglich eine begründete Stellungnahme an den Vorsitzenden der betreffenden Beschwerdekammer.

(4) Niederschriften über mündliche Verhandlungen und Beweisaufnahmen werden vom Geschäftsstellenleiter oder mit Zustimmung des Präsidenten der Beschwerdekammern von einem anderen Bediensteten der Beschwerdekammern, den der Vorsitzende der betreffenden Kammer dazu bestimmt, angefertigt.

(5) Der Präsident der Beschwerdekammern kann dem Geschäftsstellenleiter die Aufstellung des Geschäftsverteilungsplans für die Beschwerdekammern nach den vom Präsidium festgelegten Kriterien übertragen.

Das Präsidium kann auf Vorschlag des Präsidenten der Beschwerdekammern der Geschäftsstelle andere Aufgaben im Zusammenhang mit den Verfahren vor den Beschwerdekammern übertragen.

### Artikel 6   Änderungen in der Zusammensetzung einer Beschwerdekammer

(1) Ändert sich die Zusammensetzung einer Beschwerdekammer nach einer mündlichen Verhandlung, so wird den Beteiligten mitgeteilt, daß auf Antrag eine neue mündliche Verhandlung vor der Beschwerdekammer in ihrer neuen Zusammensetzung stattfindet. Eine neue mündliche Verhandlung findet auch dann statt, wenn dies von dem neuen Mitglied beantragt wird und die übrigen Mitglieder der Beschwerdekammer damit einverstanden sind.

(2) Das neue Mitglied ist wie die übrigen Mitglieder an bereits getroffene Zwischenentscheidungen gebunden.

---

6   Bisheriger Absatz 3 gestrichen durch Verordnung Nr 2082/2004.
7   Geändert durch Verordnung Nr 2082/2004.

(3) Ist ein Mitglied verhindert, nachdem die Beschwerdekammer bereits zu einer abschließenden Entscheidung gelangt ist, so wird kein Vertreter bestellt. Ist der Vorsitzende verhindert, so wird die Entscheidung vom dienstältesten Mitglied der Beschwerdekammer und bei gleichem Dienstalter vom ältesten Mitglied im Namen des Vorsitzenden unterzeichnet.

## Artikel 7   Verbindung von Beschwerdeverfahren

(1) Sind gegen eine Entscheidung mehrere Beschwerden erhoben worden, so werden sie in einem gemeinsamen Verfahren behandelt.

(2) Sind Beschwerden gegen verschiedene Entscheidungen erhoben worden und ist für deren Behandlung eine Beschwerdekammer in derselben Zusammensetzung zuständig, so kann die Beschwerdekammer die Beschwerden mit Zustimmung der Beteiligten in einem gemeinsamen Verfahren behandeln.

## Artikel 8   Verfahrensablauf

(1) Richtet der Geschäftsstellenleiter eine Stellungnahme über die Zulässigkeit einer Beschwerde gemäß Artikel 5 Absatz 3 Unterabsatz 2 an den Vorsitzenden einer Beschwerdekammer, kann der Kammervorsitzende entweder die Anberaumung eines Termins für die mündliche Verhandlung aussetzen und die Kammer auffordern, über die Zulässigkeit der Beschwerde zu entscheiden, oder die Entscheidung über die Zulässigkeit der Beschwerde im Rahmen der Entscheidung treffen lassen, die das Verfahren vor der Beschwerdekammer abschließt.[8]

(2) Bei mehrseitigen Verfahren können unbeschadet des Artikels 61 Absatz 2 der Verordnung die Beschwerdebegründungen und Stellungnahmen zu den Beschwerdebegründungen ergänzt werden durch eine Erwiderung des Beschwerdeführers, die binnen zwei Monaten nach Zustellung der Stellungnahme zur Beschwerdebegründung einzureichen ist, sowie durch eine Duplik des Beschwerdegegners, die binnen zwei Monaten nach Zustellung der Erwiderung einzureichen ist.

(3) In mehrseitigen Verfahren kann der Beschwerdegegner in seiner Stellungnahme zur Beschwerdebegründung Anträge stellen, die auf die Aufhebung oder Abänderung der angefochtenen Entscheidung in einem in der Beschwerde nicht geltend gemachten Punkt gerichtet sind. Derartige Anträge werden gegenstandslos, wenn die Beschwerde zurückgenommen wird.

## Artikel 9   Mündliche Verhandlung

(1) Ist eine mündliche Verhandlung vorgesehen, so sorgt die Beschwerdekammer dafür, daß die Beteiligten vor der Verhandlung alle entscheidungserheblichen Informationen und Unterlagen vorgelegt haben.

(2) Die Beschwerdekammer kann der Ladung zur mündlichen Verhandlung eine Mitteilung beifügen, in der auf Punkte, die besonders bedeutsam erscheinen, oder auf die Tatsache hingewiesen wird, daß bestimmte Fragen nicht mehr strittig zu sein scheinen; die Mitteilung kann auch andere Bemerkungen enthalten, die es erleichtern, die mündliche Verhandlung auf das Wesentliche zu konzentrieren.

---

8   Geändert durch Verordnung Nr 2082/2004. Die Absätze 2 und 3 sind nur auf Verfahren anwendbar, in denen nach deren Inkrafttreten Beschwerde eingelegt wurde (Art 2 VO 2082/2004).

(3) Die Beschwerdekammer sorgt dafür, daß die Sache am Ende der mündlichen Verhandlung entscheidungsreif ist, sofern dem nicht besondere Gründe entgegenstehen.

### Artikel 10 Mitteilungen an die Beteiligten

Hält eine Beschwerdekammer es für zweckmäßig, den Beteiligten ihre Ansicht über die mögliche Beurteilung tatsächlicher oder rechtlicher Fragen mitzuteilen, so hat das so zu geschehen, daß die Mitteilung nicht als bindend für die Beschwerdekammer verstanden werden kann.

### Artikel 11 Äußerung zu Fragen von allgemeinem Interesse

Die Beschwerdekammer kann den Präsidenten des Amts von Amts wegen oder auf dessen schriftlichen, begründeten Antrag hin auffordern, sich zu Fragen von allgemeinem Interesse, die sich im Rahmen eines vor der Beschwerdekammer anhängigen Verfahrens stellen, schriftlich oder mündlich zu äußern. Die Beteiligten sind berechtigt, zu diesen Äußerungen Stellung zu nehmen.

### Artikel 12 Beratung vor der Entscheidung

Der Berichterstatter legt den übrigen Mitgliedern der Beschwerdekammer den Entscheidungsentwurf vor und setzt eine angemessene Frist, in der Einwände erhoben oder Änderungen vorgeschlagen werden können. Sind nicht alle Mitglieder der Beschwerdekammer der gleichen Ansicht über die zu treffende Entscheidung, so findet eine Beratung statt. An der Beratung nehmen nur die Mitglieder der Beschwerdekammer teil. Der Vorsitzende der Beschwerdekammer kann jedoch die Anwesenheit anderer Bediensteter wie Geschäftsstellenbeamte oder Dolmetscher zulassen. Die Beratungen sind geheim.

### Artikel 13 Reihenfolge bei der Abstimmung

(1) Bei den Beratungen der Beschwerdekammer wird zuerst der Berichterstatter gehört; der Vorsitzende äußert sich, wenn er nicht Berichterstatter ist, zuletzt.

(2) Ist eine Abstimmung notwendig, so werden die Stimmen in der gleichen Reihenfolge abgegeben; der Kammervorsitzende stimmt jedoch, auch wenn er Berichterstatter ist, zuletzt ab. Stimmenenthaltungen sind nicht zulässig.

### Artikel 14 Inkrafttreten

Diese Verordnung tritt am dritten Tag nach ihrer Veröffentlichung im *Amtsblatt der Europäischen Gemeinschaften* in Kraft.

Diese Verordnung ist in allen ihren Teilen verbindlich und gilt unmittelbar in jedem Mitgliedstaat.

Brüssel, den 5. Februar 1996

*Für die Kommission*

Mario MONTI
*Mitglied der Kommission*

# Anhang 4

Richtlinie 2008/95/EG des Europäischen Parlaments und des Rates

vom 22. Oktober 2008

zur Angleichung der Rechtsvorschriften der Mitgliedstaaten über die Marken

(kodifizierte Fassung der Richtlinie 89/104/EWG des Rates vom 21. Dezember 1988 zur Angleichung der Rechtsvorschriften der Mitgliedstaaten über die Marken)

(ABl-EG Nr L 299 vom 8.11.2008, S 25)

Anhang I

|                | Anhang I Tit. A | Aufgehobene Richtlinie mit ihrer Änderung (gemäß Artikel 17) |
|---|---|---|
|                | Anhang I Tit. B | Fristen für die Umsetzung in innerstaatliches Recht (gemäß Artikel 17) |
| Anhang II | Entsprechungstabelle | |

DAS EUROPÄISCHE PARLAMENT UND DER RAT DER EUROPÄISCHEN UNION —

gestützt auf den Vertrag zur Gründung der Europäischen Gemeinschaft, insbesondere auf Artikel 95,

auf Vorschlag der Kommission,

nach Stellungnahme des Europäischen Wirtschafts- und Sozialausschusses,[1]

gemäß dem Verfahren des Artikels 251 des Vertrags,[2]

in Erwägung nachstehender Gründe:

(1) Die Richtlinie 89/104/EWG des Rates vom 21. 12. 1988 zur Angleichung der Rechtsvorschriften der Mitgliedstaaten über die Marken[3] wurde inhaltlich geändert.[4] Aus Gründen der Klarheit und der Übersichtlichkeit empfiehlt es sich, sie zu kodifizieren.

(2) Das vor Inkrafttreten der Richtlinie 89/104/EWG in den Mitgliedstaaten geltende Markenrecht wies Unterschiede auf, durch die der freie Warenverkehr und der freie Dienstleistungsverkehr behindert und die Wettbewerbsbedingungen im Gemeinsamen Markt verfälscht werden konnten. Um das gute Funktionieren des Binnenmarkts sicherzustellen, war daher eine Angleichung der Rechtsvorschriften der Mitgliedstaaten erforderlich.

(3) Die Möglichkeiten und Vorzüge, die das Markensystem der Gemeinschaft den Unternehmen bieten kann, die Marken erwerben möchten, dürfen nicht außer Acht gelassen werden.

(4) Es erscheint nicht notwendig, die Markenrechte der Mitgliedstaaten vollständig anzugleichen. Es ist ausreichend, wenn sich die Angleichung auf diejenigen innerstaatlichen Rechtsvorschriften beschränkt, die sich am unmittelbarsten auf das Funktionieren des Binnenmarkts auswirken.

(5) Die vorliegende Richtlinie sollte den Mitgliedstaaten das Recht belassen, die durch Benutzung erworbenen Marken weiterhin zu schützen; diese Marken sollten lediglich in ihrer Beziehung zu den durch Eintragung erworbenen Marken berücksichtigt werden.

(6) Den Mitgliedstaaten sollte es weiterhin freistehen, Verfahrensbestimmungen für die Eintragung, den Verfall oder die Ungültigkeit der durch Eintragung erworbenen Marken zu erlassen. Es steht ihnen beispielsweise zu, die Form der Verfahren für die Eintragung und die Ungültigerklärung festzulegen, zu bestimmen, ob ältere Rechte im Eintragungsverfahren oder im Ver-

---

1  ABl Nr C 161 vom 13.7.2007, S 44.
2  Stellungnahme des Europäischen Parlaments vom 19. Juni 2007 (ABl Nr C 146 E vom 12.6.2008, S 76) und Beschluss des Rates vom 25. September 2008.
3  ABl Nr L 40 vom 11.2.1989, S 1.
4  Siehe Anhang I Teil A.

fahren zur Ungültigerklärung oder in beiden Verfahren geltend gemacht werden müssen, und — wenn ältere Rechte im Eintragungsverfahren geltend gemacht werden dürfen — ein Widerspruchsverfahren oder eine Prüfung von Amts wegen oder beides vorzusehen. Die Mitgliedstaaten sollen weiterhin festlegen können, welche Rechtswirkung dem Verfall oder der Ungültigerklärung einer Marke zukommt.

(7) Diese Richtlinie sollte nicht ausschließen, dass auf die Marken andere Rechtsvorschriften der Mitgliedstaaten als die des Markenrechts, wie die Vorschriften gegen den unlauteren Wettbewerb, über die zivilrechtliche Haftung oder den Verbraucherschutz, Anwendung finden.

(8) Die Verwirklichung der mit der Angleichung verfolgten Ziele setzt voraus, dass für den Erwerb und die Aufrechterhaltung einer eingetragenen Marke in allen Mitgliedstaaten grds. gleiche Bedingungen gelten. Zu diesem Zweck muss eine Beispielliste der Zeichen erstellt werden, die geeignet sind, Waren oder Dienstleistungen eines Unternehmens von denjenigen anderer Unternehmen zu unterscheiden, und die somit eine Marke darstellen können. Die Eintragungshindernisse und Ungültigkeitsgründe betreffend die Marke selbst, wie fehlende Unterscheidungskraft, oder betreffend Kollisionen der Marke mit älteren Rechten sollten erschöpfend aufgeführt werden, selbst wenn einige dieser Gründe für die Mitgliedstaaten fakultativ aufgeführt sind und es diesen folglich freisteht, die betreffenden Gründe in ihren Rechtsvorschriften beizubehalten oder dort aufzunehmen. Die Mitgliedstaaten sollten in ihrem Recht Eintragungshindernisse oder Ungültigkeitsgründe beibehalten oder einführen können, die an die Bedingungen des Erwerbs oder der Aufrechterhaltung der Marke gebunden sind, für die keine Angleichungsbestimmungen bestehen und die sich beispielsweise auf die Markeninhaberschaft, auf die Verlängerung der Marke, auf die Vorschriften über die Gebühren oder auf die Nichteinhaltung von Verfahrensvorschriften beziehen.

(9) Um die Gesamtzahl der in der Gemeinschaft eingetragenen und geschützten Marken und damit die Anzahl der zwischen ihnen möglichen Konflikte zu verringern, muss verlangt werden, dass eingetragene Marken tatsächlich benutzt werden, um nicht zu verfallen. Außerdem ist vorzusehen, dass wegen des Bestehens einer älteren Marke, die nicht benutzt worden ist, eine Marke nicht für ungültig erklärt werden kann, wobei es den Mitgliedstaaten unbenommen bleibt, den gleichen Grundsatz hinsichtlich der Eintragung einer Marke anzuwenden oder vorzusehen, dass eine Marke in einem Verletzungsverfahren nicht wirksam geltend gemacht werden kann, wenn im Wege der Einwendung Nachweise erbracht werden, dass die Marke für verfallen erklärt werden könnte. In allen diesen Fällen sind die jeweiligen Verfahrensvorschriften von den Mitgliedstaaten festzulegen.

(10) Zur Erleichterung des freien Waren- und Dienstleistungsverkehrs ist es von wesentlicher Bedeutung, zu erreichen, dass die eingetragenen Marken im Recht aller Mitgliedstaaten einen einheitlichen Schutz genießen. Hiervon bleibt jedoch die Möglichkeit der Mitgliedstaaten unberührt, bekannten Marken einen weiter gehenden Schutz zu gewähren.

(11) Der durch die eingetragene Marke gewährte Schutz, der insbesondere die Herkunftsfunktion der Marke gewährleisten sollte, sollte im Falle der Identität zwischen der Marke und dem Zeichen und zwischen den Waren oder Dienstleistungen absolut sein. Der Schutz sollte sich ebenfalls auf Fälle der Ähnlichkeit von Zeichen und Marke und der jeweiligen Waren oder Dienstleistungen erstrecken. Es ist unbedingt erforderlich, den Begriff der Ähnlichkeit im Hinblick auf die Verwechslungsgefahr auszulegen. Die Verwechslungsgefahr sollte die spezifische Voraussetzung für den Schutz darstellen; ob sie vorliegt, hängt von einer Vielzahl von Umständen ab, insbesondere dem Bekanntheitsgrad der Marke im Markt, der gedanklichen Verbin-

dung, die das benutzte oder eingetragene Zeichen zu ihr hervorrufen kann, sowie dem Grad der Ähnlichkeit zwischen der Marke und dem Zeichen und zwischen den damit gekennzeichneten Waren oder Dienstleistungen. Bestimmungen über die Art und Weise der Feststellung der Verwechslungsgefahr, insbesondere über die Beweislast, sollten Sache nationaler Verfahrensregeln sein, die von dieser Richtlinie nicht berührt werden sollten.

(12) Aus Gründen der Rechtssicherheit und ohne in die Interessen der Inhaber älterer Marken in unangemessener Weise einzugreifen, muss vorgesehen werden, dass diese nicht mehr die Ungültigerklärung einer jüngeren Marke beantragen oder sich deren Benutzung widersetzen können, wenn sie deren Benutzung während einer längeren Zeit geduldet haben, es sei denn, dass die Anmeldung der jüngeren Marke bösgläubig vorgenommen worden ist.

(13) Alle Mitgliedstaaten sind durch die Pariser Verbandsübereinkunft zum Schutz des gewerblichen Eigentums gebunden. Es ist erforderlich, dass sich die Vorschriften dieser Richtlinie mit denen der genannten Übereinkunft in vollständiger Übereinstimmung befinden. Die Verpflichtungen der Mitgliedstaaten, die sich aus dieser Übereinkunft ergeben, sollten durch diese Richtlinie nicht berührt werden. Ggf. sollte Artikel 307 Absatz 2 des Vertrags Anwendung finden.

(14) Diese Richtlinie sollte die Verpflichtung der Mitgliedstaaten hinsichtlich der in Anhang I Teil B genannten Frist für die Umsetzung der Richtlinie 89/104/EWG in innerstaatliches Recht unberührt lassen —

haben folgende Richtlinie erlassen:

### Artikel 1  Anwendungsbereich

Diese Richtlinie findet auf Individual-, Kollektiv-, Garantie- und Gewährleistungsmarken für Waren oder Dienstleistungen Anwendung, die in einem Mitgliedstaat oder beim Benelux-Amt für geistiges Eigentum eingetragen oder angemeldet oder mit Wirkung für einen Mitgliedstaat international registriert worden sind.

### Artikel 2  Markenformen

Marken können alle Zeichen sein, die sich graphisch darstellen lassen, insbesondere Wörter einschließlich Personennamen, Abbildungen, Buchstaben, Zahlen und die Form oder Aufmachung der Ware, soweit solche Zeichen geeignet sind, Waren oder Dienstleistungen eines Unternehmens von denjenigen anderer Unternehmen zu unterscheiden.

### Artikel 3  Eintragungshindernisse — Ungültigkeitsgründe

(1) Folgende Zeichen oder Marken sind von der Eintragung ausgeschlossen oder unterliegen im Falle der Eintragung der Ungültigerklärung:
a)  Zeichen, die nicht als Marke eintragungsfähig sind;
b)  Marken, die keine Unterscheidungskraft haben;
c)  Marken, die ausschließlich aus Zeichen oder Angaben bestehen, welche im Verkehr zur Bezeichnung der Art, der Beschaffenheit, der Menge, der Bestimmung, des Wertes, der geographischen Herkunft oder der Zeit der Herstellung der Ware oder der Erbringung der Dienstleistung oder zur Bezeichnung sonstiger Merkmale der Ware oder Dienstleistung dienen können;

d) Marken, die ausschließlich aus Zeichen oder Angaben bestehen, die im Allgemeinen Sprachgebrauch oder in den redlichen und ständigen Verkehrsgepflogenheiten üblich sind;

e) Zeichen, die ausschließlich bestehen:

   i) aus der Form der Ware, die durch die Art der Ware selbst bedingt ist;

   ii) aus der Form der Ware, die zur Erreichung einer technischen Wirkung erforderlich ist;

   iii) aus der Form, die der Ware einen wesentlichen Wert verleiht;

f) Marken, die gegen die öffentliche Ordnung oder gegen die guten Sitten verstoßen;

g) Marken, die geeignet sind, das Publikum z. B. über die Art, die Beschaffenheit oder die geographische Herkunft der Ware oder Dienstleistung zu täuschen;

h) Marken, die mangels Genehmigung durch die zuständigen Stellen gemäß Artikel 6 ter der Pariser Verbandsübereinkunft zum Schutz des gewerblichen Eigentums, nachstehend »Pariser Verbandsübereinkunft« genannt, zurückzuweisen sind.

(2) Jeder Mitgliedstaat kann vorsehen, dass eine Marke von der Eintragung ausgeschlossen ist oder im Falle der Eintragung der Ungültigerklärung unterliegt, wenn und soweit

a) die Benutzung dieser Marke nach anderen Rechtsvorschriften als des Markenrechts des jeweiligen Mitgliedstaats oder der Gemeinschaft untersagt werden kann;

b) die Marke ein Zeichen mit hoher Symbolkraft enthält, insbesondere ein religiöses Symbol;

c) die Marke nicht unter Artikel 6 ter der Pariser Verbandsübereinkunft fallende Abzeichen, Embleme oder Wappen enthält, denen ein öffentliches Interesse zukommt, es sei denn, dass die zuständigen Stellen nach den Rechtsvorschriften des Mitgliedstaats ihrer Eintragung zugestimmt haben;

d) der Antragsteller die Eintragung der Marke bösgläubig beantragt hat.

(3) Eine Marke wird nicht gemäß Absatz 1 Buchstabe b, c oder d von der Eintragung ausgeschlossen oder für ungültig erklärt, wenn sie vor der Anmeldung infolge ihrer Benutzung Unterscheidungskraft erworben hat. Die Mitgliedstaaten können darüber hinaus vorsehen, dass die vorliegende Bestimmung auch dann gilt, wenn die Unterscheidungskraft erst nach der Anmeldung oder Eintragung erworben wurde.

(4) Jeder Mitgliedstaat kann vorsehen, dass abweichend von den Absätzen 1, 2 und 3 die Eintragungshindernisse oder Ungültigkeitsgründe, die in diesem Staat vor dem Zeitpunkt des Inkrafttretens der zur Durchführung der Richtlinie 89/104/EWG erforderlichen Bestimmungen gegolten haben, auf Marken Anwendung finden, die vor diesem Zeitpunkt angemeldet worden sind.

### Artikel 4   Weitere Eintragungshindernisse oder Ungültigkeitsgründe bei Kollision mit älteren Rechten

(1) Eine Marke ist von der Eintragung ausgeschlossen oder unterliegt im Falle der Eintragung der Ungültigerklärung:

a) wenn sie mit einer älteren Marke identisch ist und die Waren oder Dienstleistungen, für die die Marke angemeldet oder eingetragen worden ist, mit den Waren oder Dienstleistungen identisch sind, für die die ältere Marke Schutz genießt;

b) wenn wegen ihrer Identität oder Ähnlichkeit mit der älteren Marke und der Identität oder Ähnlichkeit der durch die beiden Marken erfassten Waren oder Dienstleistungen für das Publikum die Gefahr von Verwechslungen besteht, die die Gefahr einschließt, dass die Marke mit der älteren Marke gedanklich in Verbindung gebracht wird.

(2) »Ältere Marken« im Sinne von Absatz 1 sind

a) Marken mit einem früheren Anmeldetag als dem Tag der Anmeldung der Marke, ggf. mit der für diese Marken in Anspruch genommenen Priorität, die den nachstehenden Kategorien angehören:

   i) Gemeinschaftsmarken;

   ii) in dem Mitgliedstaat oder, soweit Belgien, Luxemburg und die Niederlande betroffen sind, beim Benelux-Amt für geistiges Eigentum eingetragene Marken;

   iii) mit Wirkung für den Mitgliedstaat international registrierte Marken;

b) Gemeinschaftsmarken, für die wirksam der Zeitrang gemäß der *Verordnung (EG) Nr. 40/94* des Rates vom 20. 12. 1993 über die Gemeinschaftsmarke auf Grund einer unter Buchstabe a Ziffern ii und iii genannten Marke in Anspruch genommen wird, auch wenn letztere Marke Gegenstand eines Verzichts gewesen oder verfallen ist;

c) Anmeldungen von Marken nach Buchstaben a und b, vorbehaltlich ihrer Eintragung;

d) Marken, die am Tag der Anmeldung der Marke, ggf. am Tag der für die Anmeldung der Marke in Anspruch genommenen Priorität, in dem Mitgliedstaat im Sinne des Artikels 6 bis der Pariser Verbandsübereinkunft »notorisch bekannt« sind.

(3) Eine Marke ist auch dann von der Eintragung ausgeschlossen oder unterliegt im Falle der Eintragung der Ungültigerklärung, wenn sie mit einer älteren Gemeinschaftsmarke im Sinne des Absatzes 2 identisch ist oder dieser ähnlich ist und für Waren oder Dienstleistungen eingetragen werden soll oder eingetragen worden ist, die nicht denen ähnlich sind, für die die ältere Gemeinschaftsmarke eingetragen ist, falls diese ältere Gemeinschaftsmarke in der Gemeinschaft bekannt ist und die Benutzung der jüngeren Marke die Unterscheidungskraft oder die Wertschätzung der älteren Gemeinschaftsmarke ohne rechtfertigenden Grund in unlauterer Weise ausnutzen oder beeinträchtigen würde.

(4) Jeder Mitgliedstaat kann zudem vorsehen, dass eine Marke von der Eintragung ausgeschlossen ist oder im Falle der Eintragung der Ungültigerklärung unterliegt, wenn und soweit

a) sie mit einer älteren nationalen Marke im Sinne des Absatzes 2 identisch ist oder dieser ähnlich ist und für Waren oder Dienstleistungen eingetragen werden soll oder eingetragen worden ist, die nicht denen ähnlich sind, für die die ältere Marke eingetragen ist, falls diese ältere Marke in dem Mitgliedstaat bekannt ist und die Benutzung der jüngeren Marke die Unterscheidungskraft oder die Wertschätzung der älteren Marke ohne rechtfertigenden Grund in unlauterer Weise ausnutzen oder beeinträchtigen würde;

b) Rechte an einer nicht eingetragenen Marke oder einem sonstigen im geschäftlichen Verkehr benutzten Zeichen vor dem Tag der Anmeldung der jüngeren Marke oder ggf. vor dem Tag der für die Anmeldung der jüngeren Marke in Anspruch genommenen Priorität erworben worden sind und diese nicht eingetragene Marke oder dieses sonstige Zeichen dem Inhaber das Recht verleiht, die Benutzung einer jüngeren Marke zu untersagen;

c) die Benutzung der Marke auf Grund eines sonstigen, nicht in Absatz 2 oder in vorliegendem Absatz unter Buchstabe b genannten älteren Rechts untersagt werden kann, insbesondere auf Grund eines

   i) Namensrechts;

   ii) Rechts an der eigenen Abbildung;

   iii) Urheberrechts;

   iv) gewerblichen Schutzrechts;

d) die Marke mit einer älteren Kollektivmarke identisch ist oder dieser ähnlich ist, die ein Recht verliehen hat, das längstens 3 Jahre vor der Anmeldung erloschen ist;

e) die Marke mit einer älteren Garantie- oder Gewährleistungsmarke identisch ist oder dieser ähnlich ist, die ein Recht verliehen hat, das in einem vom Mitgliedstaat festzulegenden Zeitraum vor der Anmeldung erloschen ist;

f) die Marke mit einer älteren Marke identisch ist oder dieser ähnlich ist, die für identische oder ähnliche Waren oder Dienstleistungen eingetragen war und ein Recht verliehen hat, das innerhalb eines Zeitraums von höchstens 2 Jahren vor der Anmeldung wegen Nichtverlängerung erloschen ist, es sei denn, dass der Inhaber der älteren Marke der Eintragung der jüngeren Marke zugestimmt hat oder seine Marke nicht benutzt hat;

g) die Marke mit einer Marke verwechselt werden kann, die zum Zeitpunkt der Einreichung der Anmeldung im Ausland benutzt wurde und weiterhin dort benutzt wird, wenn der Anmelder die Anmeldung bösgläubig eingereicht hat.

(5) Die Mitgliedstaaten können zulassen, dass unter geeigneten Umständen die Eintragung nicht versagt oder die Marke nicht für ungültig erklärt wird, wenn der Inhaber der älteren Marke oder des älteren Rechts der Eintragung der jüngeren Marke zustimmt.

(6) Jeder Mitgliedstaat kann vorsehen, dass abweichend von den Absätzen 1 bis 5 die Eintragungshindernisse oder Ungültigkeitsgründe, die in diesem Staat vor dem Zeitpunkt des Inkrafttretens der zur Umsetzung der Richtlinie 89/104/EWG erforderlichen Bestimmungen gegolten haben, auf Marken Anwendung finden, die vor diesem Zeitpunkt angemeldet worden sind.

### Artikel 5 Rechte aus der Marke

(1) Die eingetragene Marke gewährt ihrem Inhaber ein ausschließliches Recht. Dieses Recht gestattet es dem Inhaber, Dritten zu verbieten, ohne seine Zustimmung im geschäftlichen Verkehr

a) ein mit der Marke identisches Zeichen für Waren oder Dienstleistungen zu benutzen, die mit denjenigen identisch sind, für die sie eingetragen ist;

b) ein Zeichen zu benutzen, wenn wegen der Identität oder der Ähnlichkeit des Zeichens mit der Marke und der Identität oder Ähnlichkeit der durch die Marke und das Zeichen erfassten Waren oder Dienstleistungen für das Publikum die Gefahr von Verwechslungen besteht, die die Gefahr einschließt, dass das Zeichen mit der Marke gedanklich in Verbindung gebracht wird.

(2) Die Mitgliedstaaten können ferner bestimmen, dass es dem Inhaber gestattet ist, Dritten zu verbieten, ohne seine Zustimmung im geschäftlichen Verkehr ein mit der Marke identisches oder ihr ähnliches Zeichen für Waren oder Dienstleistungen zu benutzen, die nicht denen ähnlich sind, für die die Marke eingetragen ist, wenn diese in dem betreffenden Mitgliedstaat bekannt ist und die Benutzung des Zeichens die Unterscheidungskraft oder die Wertschätzung der Marke ohne rechtfertigenden Grund in unlauterer Weise ausnutzt oder beeinträchtigt.

(3) Sind die Voraussetzungen der Absätze 1 und 2 erfüllt, so kann insbesondere verboten werden:

a) das Zeichen auf Waren oder deren Aufmachung anzubringen;

b) unter dem Zeichen Waren anzubieten, in den Verkehr zu bringen oder zu den genannten Zwecken zu besitzen oder unter dem Zeichen Dienstleistungen anzubieten oder zu erbringen;

c) Waren unter dem Zeichen einzuführen oder auszuführen;

d) das Zeichen in den Geschäftspapieren und in der Werbung zu benutzen.

(4) Konnte vor dem Zeitpunkt des Inkrafttretens der zur Umsetzung der Richtlinie 89/104/EWG erforderlichen Vorschriften in einem Mitgliedstaat nach dem Recht dieses Mitgliedstaats die Benutzung eines Zeichens gemäß Absatz 1 Buchstabe b und Absatz 2 nicht verboten werden, so kann das Recht aus der Marke der Weiterbenutzung dieses Zeichens nicht entgegengehalten werden.

(5) Die Absätze 1 bis 4 berühren nicht die in einem Mitgliedstaat geltenden Bestimmungen über den Schutz gegenüber der Verwendung eines Zeichens zu anderen Zwecken als der Unterscheidung von Waren oder Dienstleistungen, wenn die Benutzung dieses Zeichens die Unterscheidungskraft oder die Wertschätzung der Marke ohne rechtfertigenden Grund in unlauterer Weise ausnutzt oder beeinträchtigt.

### Artikel 6   Beschränkung der Wirkungen der Marke

(1) Die Marke gewährt ihrem Inhaber nicht das Recht, einem Dritten zu verbieten,

a) seinen Namen oder seine Anschrift,

b) Angaben über die Art, die Beschaffenheit, die Menge, die Bestimmung, den Wert, die geographische Herkunft oder die Zeit der Herstellung der Ware oder der Erbringung der Dienstleistung oder über andere Merkmale der Ware oder Dienstleistung,

c) die Marke, falls dies notwendig ist, als Hinweis auf die Bestimmung einer Ware, insbesondere als Zubehör oder Ersatzteil, oder einer Dienstleistung, im geschäftlichen Verkehr zu benutzen, sofern die Benutzung den anständigen Gepflogenheiten in Gewerbe oder Handel entspricht.

(2) Ist in einem Mitgliedstaat nach dessen Rechtsvorschriften ein älteres Recht von örtlicher Bedeutung anerkannt, so gewährt die Marke ihrem Inhaber nicht das Recht, einem Dritten die Benutzung dieses Rechts im geschäftlichen Verkehr in dem Gebiet, in dem es anerkannt ist, zu verbieten.

### Artikel 7   Erschöpfung des Rechts aus der Marke

(1) Die Marke gewährt ihrem Inhaber nicht das Recht, einem Dritten zu verbieten, die Marke für Waren zu benutzen, die unter dieser Marke von ihm oder mit seiner Zustimmung in der Gemeinschaft in den Verkehr gebracht worden sind.

(2) Absatz 1 findet keine Anwendung, wenn berechtigte Gründe es rechtfertigen, dass der Inhaber sich dem weiteren Vertrieb der Waren widersetzt, insbesondere wenn der Zustand der Waren nach ihrem Inverkehrbringen verändert oder verschlechtert ist.

### Artikel 8   Lizenz

(1) Die Marke kann für alle oder einen Teil der Waren oder Dienstleistungen, für die sie eingetragen ist, und für das gesamte Gebiet oder einen Teil des Gebiets eines Mitgliedstaats Gegenstand von Lizenzen sein. Eine Lizenz kann ausschließlich oder nicht ausschließlich sein.

(2) Der Inhaber einer Marke kann die Rechte aus der Marke gegen einen Lizenznehmer geltend machen, der in Bezug auf Folgendes gegen eine Bestimmung des Lizenzvertrags verstößt:

a) die Dauer der Lizenz;
b) die von der Eintragung erfasste Form, in der die Marke verwendet werden darf;
c) die Art der Waren oder Dienstleistungen, für die die Lizenz erteilt wurde;
d) das Gebiet, in dem die Marke angebracht werden darf;
e) die Qualität der vom Lizenznehmer hergestellten Waren oder erbrachten Dienstleistungen.

### Artikel 9   Verwirkung durch Duldung

(1) Hat in einem Mitgliedstaat der Inhaber einer älteren Marke im Sinne von Artikel 4 Absatz 2 die Benutzung einer jüngeren eingetragenen Marke in diesem Mitgliedstaat während eines Zeitraums von 5 aufeinander folgenden Jahren in Kenntnis dieser Benutzung geduldet, so kann er für die Waren oder Dienstleistungen, für die die jüngere Marke benutzt worden ist, auf Grund der älteren Marke weder die Ungültigerklärung der jüngeren Marke verlangen noch sich ihrer Benutzung widersetzen, es sei denn, dass die Anmeldung der jüngeren Marke bösgläubig vorgenommen worden ist.

(2) Die Mitgliedstaaten können vorsehen, dass Absatz 1 auch für den Inhaber einer in Artikel 4 Absatz 4 Buchstabe a genannten älteren Marke oder eines sonstigen in Artikel 4 Absatz 4 Buchstabe b oder c genannten älteren Rechts gilt.

(3) In den Fällen der Absätze 1 oder 2 kann der Inhaber der jüngeren eingetragenen Marke sich der Benutzung des älteren Rechts nicht widersetzen, auch wenn dieses Recht gegenüber der jüngeren Marke nicht mehr geltend gemacht werden kann.

### Artikel 10   Benutzung der Marke

(1) Hat der Inhaber der Marke diese für die Waren oder Dienstleistungen, für die sie eingetragen ist, innerhalb von 5 Jahren nach dem Tag des Abschlusses des Eintragungsverfahrens nicht ernsthaft in dem betreffenden Mitgliedstaat benutzt oder wurde eine solche Benutzung während eines ununterbrochenen Zeitraums von 5 Jahren ausgesetzt, so unterliegt die Marke den in dieser Richtlinie vorgesehenen Sanktionen, es sei denn, dass berechtigte Gründe für die Nichtbenutzung vorliegen.

Folgendes gilt ebenfalls als Benutzung im Sinne des Unterabsatzes 1:
a) Benutzung der Marke in einer Form, die von der Eintragung nur in Bestandteilen abweicht, ohne dass dadurch die Unterscheidungskraft der Marke beeinflusst wird;
b) Anbringen der Marke auf Waren oder deren Aufmachung in dem betreffenden Mitgliedstaat ausschließlich für den Export.

(2) Die Benutzung der Marke mit Zustimmung des Inhabers oder durch eine zur Benutzung einer Kollektivmarke, Garantiemarke oder Gewährleistungsmarke befugte Person gilt als Benutzung durch den Inhaber.

(3) In Bezug auf vor dem Zeitpunkt des Inkrafttretens der zur Umsetzung der Richtlinie 89/104/EWG erforderlichen Vorschriften in dem betreffenden Mitgliedstaat eingetragene Marken gilt Folgendes:
a) War vor dem genannten Zeitpunkt eine Vorschrift in Kraft, die für die Nichtbenutzung einer Marke während eines ununterbrochenen Zeitraums Sanktionen vorsah, so gilt als Beginn des in Absatz 1 Unterabsatz 1 genannten 5-jährigen Zeitraums der Tag, an dem ein zu jenem Zeitpunkt bereits laufender Zeitraum der Nichtbenutzung begann;

b) war vor dem genannten Zeitpunkt keine Vorschrift über die Benutzung in Kraft, so gilt als Beginn der in Absatz 1 Unterabsatz 1 genannten 5-jährigen Zeiträume frühestens der genannte Zeitpunkt.

### Artikel 11 Sanktionen in Gerichts- oder Verwaltungsverfahren für die Nichtbenutzung einer Marke

(1) Eine Marke kann wegen des Bestehens einer kollidierenden älteren Marke nicht für ungültig erklärt werden, wenn die ältere Marke nicht den Benutzungsbedingungen des Artikels 10 Absätze 1 und 2 oder ggf. des Artikels 10 Absatz 3 entspricht.

(2) Die Mitgliedstaaten können vorsehen, dass die Eintragung einer Marke nicht auf Grund des Bestehens einer kollidierenden älteren Marke, die den Benutzungsbedingungen des Artikels 10 Absätze 1 und 2 oder ggf. des Artikels 10 Absatz 3 nicht entspricht, zurückgewiesen werden kann.

(3) Unbeschadet der Anwendung des Artikels 12 in den Fällen, in denen eine Widerklage auf Erklärung des Verfalls erhoben wird, können die Mitgliedstaaten vorsehen, dass eine Marke in einem Verletzungsverfahren nicht wirksam geltend gemacht werden kann, wenn im Wege der Einwendung Nachweise erbracht werden, dass die Marke gemäß Artikel 12 Absatz 1 für verfallen erklärt werden könnte.

(4) Wurde die ältere Marke lediglich für einen Teil der Waren oder Dienstleistungen, für die sie eingetragen ist, benutzt, so gilt sie im Sinne der Absätze 1, 2 und 3 lediglich für diesen Teil der Waren oder Dienstleistungen als eingetragen.

### Artikel 12 Verfallsgründe

(1) Eine Marke wird für verfallen erklärt, wenn sie innerhalb eines ununterbrochenen Zeitraums von 5 Jahren in dem betreffenden Mitgliedstaat für die Waren oder Dienstleistungen, für die sie eingetragen ist, nicht ernsthaft benutzt worden ist und keine berechtigten Gründe für die Nichtbenutzung vorliegen.

Der Verfall einer Marke kann jedoch nicht geltend gemacht werden, wenn nach Ende dieses Zeitraums und vor Stellung des Antrags auf Verfallserklärung die Benutzung der Marke ernsthaft begonnen oder wieder aufgenommen worden ist.

Wird die Benutzung innerhalb eines nicht vor Ablauf des ununterbrochenen Zeitraums von 5 Jahren der Nichtbenutzung beginnenden Zeitraums von 3 Monaten vor Stellung des Antrags auf Verfallserklärung begonnen oder wieder aufgenommen, so bleibt sie unberücksichtigt, sofern die Vorbereitungen für die erstmalige oder die erneute Benutzung erst stattgefunden haben, nachdem der Inhaber Kenntnis davon erhalten hat, dass der Antrag auf Verfallserklärung gestellt werden könnte.

(2) Eine Marke wird unbeschadet des Absatzes 1 für verfallen erklärt, wenn sie nach dem Zeitpunkt ihrer Eintragung

a) infolge des Verhaltens oder der Untätigkeit ihres Inhabers im geschäftlichen Verkehr zur gebräuchlichen Bezeichnung einer Ware oder Dienstleistung geworden ist, für die sie eingetragen wurde;

b) infolge ihrer Benutzung durch den Inhaber oder mit seiner Zustimmung für Waren oder Dienstleistungen, für die sie eingetragen ist, geeignet ist, das Publikum insbesondere über die Art, die Beschaffenheit oder die geographische Herkunft dieser Waren oder Dienstleistungen irrezuführen.

### Artikel 13   Zurückweisung, Verfall oder Ungültigkeit nur für einen Teil der Waren oder Dienstleistungen

Liegt ein Grund für die Zurückweisung einer Marke von der Eintragung oder für ihre Verfalls- oder Ungültigerklärung nur für einen Teil der Waren oder Dienstleistungen vor, für die die Marke angemeldet oder eingetragen ist, so wird sie nur für diese Waren oder Dienstleistungen zurückgewiesen, für verfallen oder für ungültig erklärt.

### Artikel 14   Nachträgliche Feststellung der Ungültigkeit oder des Verfalls einer Marke

Wird bei einer Gemeinschaftsmarke der Zeitrang einer älteren Marke in Anspruch genommen, die Gegenstand eines Verzichts gewesen oder erloschen ist, so kann die Ungültigkeit oder der Verfall der Marke nachträglich festgestellt werden.

### Artikel 15   Besondere Bestimmungen für Kollektiv-, Garantie- und Gewährleistungsmarken

(1) Unbeschadet des Artikels 4 können die Mitgliedstaaten, nach deren Rechtsvorschriften die Eintragung von Kollektiv-, Garantie- oder Gewährleistungsmarken zulässig ist, vorsehen, dass diese Marken aus weiteren als den in den Artikeln 3 und 12 genannten Gründen von der Eintragung ausgeschlossen oder für verfallen oder ungültig erklärt werden, soweit es die Funktion dieser Marken erfordert.

(2) Abweichend von Artikel 3 Absatz 1 Buchstabe c können die Mitgliedstaaten vorsehen, dass Zeichen oder Angaben, welche im Verkehr zur Bezeichnung der geographischen Herkunft der Ware oder Dienstleistung dienen können, Kollektiv-, Garantie- oder Gewährleistungsmarken darstellen können. Eine solche Marke berechtigt den Inhaber nicht dazu, einem Dritten die Benutzung solcher Zeichen oder Angaben im geschäftlichen Verkehr zu untersagen, sofern die Benutzung den anständigen Gepflogenheiten in Gewerbe oder Handel entspricht; insbesondere kann eine solche Marke einem Dritten, der zur Benutzung einer geographischen Bezeichnung berechtigt ist, nicht entgegengehalten werden.

### Artikel 16   Mitteilungspflicht

Die Mitgliedstaaten übermitteln der Kommission den Wortlaut der wichtigsten innerstaatlichen Rechtsvorschriften, die sie auf dem unter diese Richtlinie fallenden Gebiet erlassen.

### Artikel 17   Aufhebung

Die Richtlinie 89/104/EWG i. d. F. der in Anhang I Teil A aufgeführten Rechtsakte wird unbeschadet der Verpflichtung der Mitgliedstaaten hinsichtlich der in Anhang I Teil B genannten Fristen für die Umsetzung dieser Richtlinie in innerstaatliches Recht aufgehoben.

Verweisungen auf die aufgehobene Richtlinie gelten als Verweisungen auf die vorliegende Richtlinie und sind nach Maßgabe der Entsprechungstabelle in Anhang II zu lesen.

**Artikel 18   Inkrafttreten**

Diese Richtlinie tritt am 20. Tag nach ihrer Veröffentlichung im Amtsblatt der Europäischen Union in Kraft.

**Artikel 19   Adressaten**

Diese Richtlinie ist an die Mitgliedstaaten gerichtet.

**Anhang I**

**TEIL A   Aufgehobene Richtlinie mit ihrer Änderung**

(gemäß Artikel 17)

| | |
|---|---|
| Richtlinie 89/104/EWG des Rates | (ABl. L 40 vom 11.2.1989, S. 1). |
| Entscheidung 92/10/EWG des Rates | (ABl. L 6 vom 11.1.1992, S. 35). |

**TEIL B   Frist für die Umsetzung in innerstaatliches Recht**

(gemäß Artikel 17)

| Richtlinie | Umsetzungsfrist |
|---|---|
| 89/104/EWG | 31. Dezember 1992 |

**Anhang II   Entsprechungstabelle**

| Richtlinie 89/104/EWG | Vorliegende Richtlinie |
|---|---|
| Artikel 1 | Artikel 1 |
| Artikel 2 | Artikel 2 |
| Artikel 3 Absatz 1 Buchstaben a bis d | Artikel 3 Absatz 1 Buchstaben a bis d |
| Artikel 3 Absatz 1 Buchstabe e einleitende Worte | Artikel 3 Absatz 1 Buchstabe e einleitende Worte |
| Artikel 3 Absatz 1 Buchstabe e 1. Gedankenstrich | Artikel 3 Absatz 1 Buchstabe e Ziffer i |
| Artikel 3 Absatz 1 Buchstabe e 2. Gedankenstrich | Artikel 3 Absatz 1 Buchstabe e Ziffer ii |
| Artikel 3 Absatz 1 Buchstabe e 3. Gedankenstrich | Artikel 3 Absatz 1 Buchstabe e Ziffer iii |
| Artikel 3 Absatz 1 Buchstaben f, g und h | Artikel 3 Absatz 1 Buchstaben f, g und h |
| Artikel 3 Absätze 2, 3 und 4 | Artikel 3 Absätze 2, 3 und 4 |
| Artikel 4 | Artikel 4 |
| Artikel 5 | Artikel 5 |
| Artikel 6 | Artikel 6 |

| Richtlinie 89/104/EWG | Vorliegende Richtlinie |
|---|---|
| Artikel 7 | Artikel 7 |
| Artikel 8 | Artikel 8 |
| Artikel 9 | Artikel 9 |
| Artikel 10 Absatz 1 | Artikel 10 Absatz 1 Unterabsatz 1 |
| Artikel 10 Absatz 2 | Artikel 10 Absatz 1 Unterabsatz 2 |
| Artikel 10 Absatz 3 | Artikel 10 Absatz 2 |
| Artikel 10 Absatz 4 | Artikel 10 Absatz 3 |
| Artikel 11 | Artikel 11 |
| Artikel 12 Absatz 1 1. Satzteil | Artikel 12 Absatz 1 Unterabsatz 1 |
| Artikel 12 Absatz 1 2. Satzteil | Artikel 12 Absatz 1 Unterabsatz 2 |
| Artikel 12 Absatz 1 3. Satzteil | Artikel 12 Absatz 1 Unterabsatz 3 |
| Artikel 12 Absatz 2 | Artikel 12 Absatz 2 |
| Artikel 13 | Artikel 13 |
| Artikel 14 | Artikel 14 |
| Artikel 15 | Artikel 15 |
| Artikel 16 Absätze 1 und 2 | — |
| Artikel 16 Absatz 3 | Artikel 16 |
| — | Artikel 17 |
| — | Artikel 18 |
| Artikel 17 | Artikel 19 |
| — | Anhang I |
| — | Anhang II |

# Anhang 5

Gemeinsame Erklärungen des Rates und der Kommission der Europäischen Gemeinschaften im Protokoll des Rates anläßlich der Annahme der Verordnung des Rates vom 20. Dezember 1993 über die Gemeinschaftsmarke

A. Erklärung des Rates (nicht abgedruckt)

B. Erklärungen des Rates und der Kommission

### 1. zu Artikel 1 Absatz 1

»Der Rat und die Kommission sind der Auffassung, dass die Tätigkeit des Wareneinzelhandels als solche keine Dienstleistung darstellt, für die aufgrund dieser Verordnung eine Gemeinschaftsmarke eingetragen werden kann.«

### 2. zu Artikel 1 Absatz 2

»Der Rat und die Kommission sind der Auffassung, dass der Ausdruck ›Verzicht‹ in Artikel 1 Absatz 2 Verzicht im Sinne des Artikels 49 bedeutet.«

### 3. zu Artikel 4

a) »Der Rat und die Kommission sind der Auffassung, dass Artikel 4 nicht die Möglichkeit ausschließt,
als Gemeinschaftsmarke eine Farbzusammenstellung oder eine einzige Farbe einzutragen,
in Zukunft Tonzeichen als Gemeinschaftsmarken einzutragen,
vorausgesetzt, dass sie geeignet sind, Waren oder Dienstleistungen eines Unternehmens von denen anderer Unternehmen zu unterscheiden.«
b) »Der Rat und die Kommission sind der Auffassung, dass der Ausdruck »Form« auch eine dreidimensionale Form der Ware umfaßt.«

### 4. zu Artikel 7 Absatz 1 Buchstabe e)

»Der Rat und die Kommission sind der Auffassung, dass bei verpackten Waren der Ausdruck ›Form der Ware‹ auch die Verpackungen umfaßt.«

### 5. zu Artikel 8 Absatz 1 Buchstabe b) und Artikel 9 Absatz 1 Buchstabe b)

»Der Rat und die Kommission stellen fest, dass der Begriff ›Gefahr einer gedanklichen Verbindung‹ ein insbesondere in der Rechtsprechung der Beneluxländer entwickeltes Konzept darstellt.«

**6. zu Artikel 9**

»Der Rat und die Kommission sind der Auffassung, dass die Bezugnahme auf die Werbung in Absatz 2 Buchstabe d) nicht die Benutzung einer Gemeinschaftsmarke in der vergleichenden Werbung betrifft.«

**7. zu Artikel 12**

»Der Rat und die Kommission sind der Auffassung, dass die Befugnis eines Dritten, seinen Namen gemäß Buchstabe a) zu benutzen, nur für natürliche Personen gilt.«

**8. zu Artikel 14 Absatz 2**

»Der Rat und die Kommission sind der Auffassung, dass die Bezugnahme auf innerstaatliche Rechtsvorschriften, insbesondere über die zivilrechtliche Haftung und den unlauteren Wettbewerb, so auszulegen ist, dass ›passing-off‹ eingeschlossen ist. ›Passing-off‹ ist ein in Ländern des Common law, wie beispielsweise dem Vereinigten Königreich, gebräuchlicher Begriff. Er wird verwendet, wenn jemand Waren oder Dienstleistungen in einer Weise anbietet, die geeignet ist, die Geschäftsinteressen oder den Ruf einer anderen Person zu beeinträchtigen, beispielsweise dadurch, dass die Öffentlichkeit zu der Annahme veranlaßt wird, dass es sich um Waren oder Dienstleistungen handelt, die mit dieser anderen Person in Verbindung stehen. Um in einer Klage wegen ›passing-off‹ zu obsiegen, muß der Kläger nachweisen, dass die Art und Weise, in der der Beklagte seine Waren oder Dienstleistungen anbietet, eine Verwechslungsgefahr beinhaltet und dass er durch diese Verwechslungsgefahr voraussichtlich geschädigt wird; er braucht jedoch nicht nachzuweisen, dass der Beklagte beabsichtigte, die Öffentlichkeit zu täuschen oder irrezuführen.«

**9. zu Artikel 15**

»Der Rat und die Kommission sind der Auffassung, dass eine ernsthafte Benutzung im Sinne von Artikel 15 in einem einzigen Land eine ernsthafte Benutzung in der Gemeinschaft darstellt.«

**10. zu Artikel 20**

»Der Rat und die Kommission sind der Auffassung, dass, soweit die nach Artikel 16 maßgebende Rechtsordnung eines Mitgliedstaats Regelungen über die Schranken von Maßnahmen der Zwangsvollstreckung in Vermögensgegenstände des Schuldners, wie zB bei Eingriffen in sein Persönlichkeitsrecht, enthält, diese Regelungen auch in den Fällen des Artikels 20 Anwendung finden.«

**11. zu Artikel 21**

a) »Der Rat und die Kommission sind der Auffassung, dass, soweit die Rechtsordnung des nach Artikel 21 bestimmten Mitgliedstaats Regelungen über die Schranken von Maßnahmen enthält, die in bezug auf Vermögensgegenstände des Schuldners bei einem Konkursverfahren oder einem ähnlichen Verfahren, wie zB bei Eingriffen in sein Persönlichkeitsrecht, getroffen werden können, diese Regelungen auch in Fällen des Artikels 21 Anwendung finden.«

b) »Der Rat und die Kommission stellen fest, dass die in Artikel 234 des EG-Vertrags niedergelegten Grundsätze für Übereinkünfte gelten, die vor Inkrafttreten der Verordnung zwischen einem oder mehreren Mitgliedstaaten einerseits und einem oder mehreren Drittländern andererseits geschlossen wurden.«

## 12. zu Artikel 23 Absatz 1

»Der Rat und die Kommission sind der Auffassung, dass Artikel 23 Absatz 1 nicht in dem Sinne auszulegen ist, dass Artikel 15 Absatz 3 auf den Fall der Benutzung einer Gemeinschaftsmarke durch einen Lizenznehmer nur dann angewendet werden kann, wenn die Lizenz eingetragen ist.«

## 13. zu Artikel 39 Absatz 6

»Der Rat und die Kommission sind der Auffassung, dass im Rahmen des Verfahrens nach Artikel 39 Absatz 6 dieser Verordnung die Zentralbehörden für den gewerblichen Rechtsschutz der Mitgliedstaaten frei sind, die Inhaber älterer nationaler Marken oder älterer nationaler Markenanmeldungen, die in den nationalen Recherchenberichten genannt sind, von der Veröffentlichung der Anmeldung der Gemeinschaftsmarke zu unterrichten.«

## 14. zu Artikel 43 Absatz 4 und Artikel 56 Absatz 4

»Der Rat und die Kommission sind der Auffassung, dass diese Bestimmungen nicht ausschließen, dass das Amt selbst Einigungsvorschläge macht, wenn es dies für zweckdienlich erachtet.«

## 15. zu Artikel 44 Absatz 2

»Der Rat und die Kommission sind der Auffassung, dass unter ›offensichtlichen Unrichtigkeiten‹ Unrichtigkeiten zu verstehen sind, die ganz eindeutig berichtigt werden müssen, da ein anderer als der berichtigte Text nicht beabsichtigt gewesen sein kann.«

## 16. zu Artikel 64 Absatz 1

»Der Rat und die Kommission sind der Auffassung, dass, sofern der Verband, der Inhaber der Gemeinschaftskollektivmarke ist, aus verschiedenen Mitgliedsverbänden besteht, die Marke nicht nur von diesen Mitgliedsverbänden, sondern auch von deren Mitgliedern benutzt werden kann.«

## 17. zu Artikel 66 Absatz 2

»Der Rat und die Kommission sind der Auffassung, dass eine Kollektivmarke, die nur von den Mitgliedern des Verbands, der Inhaber der Marke ist, benutzt werden darf, im Sinne von Artikel 66 Absatz 2 irreführend ist, wenn sie den Eindruck erweckt, dass sie von jeder Person benutzt werden darf, die bestimmte objektive Kriterien erfüllt.«

### 18.  zu Artikel 86

»Der Rat und die Kommission sind der Auffassung, dass der Hinweis auf das nationale Recht so zu verstehen ist, dass die im nationalen Recht eines Mitgliedstaats vorgesehenen Beschränkungen bei der Amtshilfe zwischen den Gerichten oder Behörden dieses Staates auch für die Zusammenarbeit zwischen dem Amt und den Gerichten oder Behörden gelten, dass dieser Mitgliedstaat aber nicht berechtigt ist, nationale Rechtsvorschriften einzuführen, wonach die Amtshilfe zwischen dem Amt und den Gerichten oder Behörden dieses Staates anders behandelt würde als die Zusammenarbeit zwischen seinen Gerichten und Behörden.«

### 19.  zu Artikel 86 letzter Satz

»Der Rat und die Kommission sind der Auffassung, dass dieser Satz so zu verstehen ist, dass die den Behörden gewährte Akteneinsicht im Unterschied zu der der Öffentlichkeit gewährten Akteneinsicht nicht den Beschränkungen des Artikels 84 unterliegt.«

### 20.  zu Artikel 90 Absatz 1

»Der Rat und die Kommission sind der Auffassung, dass mit Absatz 1 erreicht werden soll, dass die Bestimmungen des Übereinkommens über die gerichtliche Zuständigkeit und die Vollstreckung gerichtlicher Entscheidungen in Zivil- und Handelssachen im Rahmen dieser Verordnung Anwendung finden, soweit in der Verordnung nichts anderes bestimmt ist. Aus diesem Grund ist es nicht erforderlich, in jedem Artikel des Titels X auf die Bestimmungen des Übereinkommens zu verweisen oder sie ausdrücklich in den Text der Artikel einzubeziehen.«

### 21.  zu Artikel 91 Absatz 1

»Der Rat und die Kommission sind der Auffassung, dass die Aufgaben, die den Gemeinschaftsmarkengerichten durch die Verordnung zugewiesen werden, nur Klagen wegen Verletzung und wegen Rechtsgültigkeit von Gemeinschaftsmarken sowie die in Artikel 99 genannten einstweiligen Maßnahmen und Sicherungsmaßnahmen betreffen.«

### 22.  zu Artikel 105

»Der Rat und die Kommission sind der Auffassung, dass in dem Bestreben, böswillige oder schikanöse Klagen zu verhindern, insbesondere zwei Erfordernissen Rechnung zu tragen ist, nämlich zum einen dem Erfordernis, zu verhindern, dass Artikel 105 durch eine Differenzierung des Eigentums an den Marken, auf die sich die Klagen beziehen, umgangen wird, und zum anderen dem Erfordernis, dass die Entscheidung über die Aussetzung oder gegebenenfalls über die Unzuständigkeitserklärung am Anfang und auf der Grundlage der Informationen, über die der Richter bereits verfügt, ergehen muß.«

### 23.  zu Artikel 108 Absatz 1

»Der Rat und die Kommission sind der Auffassung, dass sich der Ausdruck ›die Gemeinschaftsmarke verliert ihre Wirkung‹ auf folgende Fälle erstreckt: Nichtverlängerung der Eintragung der Gemeinschaftsmarke (Artikel 47), Verzicht auf die Gemeinschaftsmarke (Artikel 49),

Verfall der Rechte des Inhabers der Gemeinschaftsmarke und Erklärung der Nichtigkeit der Gemeinschaftsmarke (Artikel 54).«

### 24. zu Artikel 117

»Für den Rat und die Kommission gilt als vereinbart, dass die mit Beschluß des Europäischen Rates vom 29. Oktober 1993 geschaffene Übersetzungszentrale für die Einrichtungen der Union ab 1. Januar 1994 in Luxemburg einsatzbereit ist, damit die Übersetzungsdienste sichergestellt werden, die für die Arbeitsaufnahme aller in diesem Beschluß genannten Einrichtungen und Dienststellen in dem Maß erforderlich sind, wie sie mit ihrer jeweiligen Tätigkeit beginnen.«

### 25. zu Artikel 119

»Der Rat und die Kommission sind der Auffassung, dass Handlungen des Präsidenten im Sinne dieses Artikels seine Handlungen aufgrund seiner Befugnisse gemäß Artikel 119 Absatz 2 dieser Verordnung sowie gemäß jeder anderen Regelung betreffend die Gemeinschaftsmarke sind.«

### 26. zu Artikel 121 Absatz 6

»Der Rat und die Kommission sind der Auffassung, dass sich diese ›Auskunft‹ auf die Tätigkeit des Amtes erstrecken kann.«

# Anhang 6

Gemeinsame Erklärungen des Rates und der Kommission der Europäischen Gemeinschaften im Protokoll des Rates anläßlich der Annahme der Ersten Richtlinie des Rates vom 21. Dezember 1988 zur Angleichung der Rechtsvorschriften der Mitgliedstaaten über die Marken

### 1. zu Artikel 1

»Der Rat und die Kommission sind der Ansicht, dass die Richtlinie in jedem Mitgliedstaat für Dienstleistungsmarken, Kollektivmarken sowie Garantie- oder Gewährleistungsmarken nur insoweit gilt, als diese Markenarten in dem betreffenden Staat gesetzlich geregelt sind; durch die Richtlinie wird ein Mitgliedstaat, in dem es diese Markenarten nicht gibt, nicht dazu verpflichtet, solche Markenarten einzuführen.«

### 2. zu Artikel 2

a) »Der Rat und die Kommission sind der Auffassung, dass Artikel 2 nicht die Möglichkeit ausschließt,
   – als Marke eine Farbzusammenstellung oder eine einzige Farbe einzutragen,
   – in Zukunft Tonzeichen als Marken einzutragen,
b) vorausgesetzt, dass sie geeignet sind, Waren oder Dienstleistungen eines Unternehmens von denen anderer Unternehmen zu unterscheiden.«
a) »Der Rat und die Kommission sind der Auffassung, dass der Ausdruck ›Form‹ auch eine dreidimensionale Form der Ware umfaßt.«

### 3. zu Artikel 3 Absatz 1 Buchstabe b)

»Der Rat und die Kommission sind der Ansicht, dass eine Marke keine Unterscheidungskraft besitzt, wenn sie nicht geeignet ist, Waren oder Dienstleistungen eines Unternehmens von denjenigen anderer Unternehmen zu unterscheiden.«

### 4. zu Artikel 3 Absatz 1 Buchstabe e)

»Der Rat und die Kommission sind der Ansicht, dass bei verpackten Waren der Ausdruck ›Form der Ware‹ auch die Verpackungen umfaßt.«

### 5. zu Artikel 4 Absatz 1 Buchstabe b) und Artikel 5 Absatz 1 Buchstabe b)

a) »Der Rat und die Kommission sind der Ansicht, dass Waren für die Zwecke dieser Richtlinie unter bestimmten Umständen als Dienstleistungen ähnlich angesehen werden können.«
b) »Der Rat und die Kommission stellen fest, dass der Begriff, ›Gefahr einer gedanklichen Verbindung‹ ein insbesondere in der Rechtsprechung der Beneluxländer entwickeltes Konzept darstellt.«

**6. zu Artikel 5 Absatz 3 Buchstabe d)**

»Der Rat und die Kommission sind der Auffassung, dass durch das Verbot der Benutzung des Zeichens zu Werbezwecken einzelstaatliche Bestimmungen über die Möglichkeit der Verwendung einer Marke in vergleichender Werbung nicht berührt werden.«

**7. zu Artikel 6 Absatz 1 Buchstabe a)**

»Der Rat und die Kommission sind der Auffassung, dass die Befugnis eines Dritten, seinen Namen gemäß Buchstabe a zu benutzen, nur für natürliche Personen gilt.«

**8. zu Artikel 9 Absätze 1 und 2**

»Der Rat und die Kommission sind der Auffassung, dass Artikel 9 Absätze 1 und 2, wonach die Möglichkeit zur Einleitung eines Verfahrens gegen eine jüngere Marke nach einem Duldungszeitraum von fünf aufeinanderfolgenden Jahren verfällt, die einzelstaatlichen Stellen nicht daran hindert, in Übereinstimmung mit nationalen Rechtsvorschriften zu entscheiden, ob diese Möglichkeit aufgrund anderer Umstände entfällt, selbst wenn der Duldungszeitraum weniger als fünf Jahre betragen hat.«

**9. zu Artikel 10 Absatz 1**

»Der Rat und die Kommission sind der Ansicht, dass die Mitgliedstaaten den Tag der Veröffentlichung des Abschlusses des Eintragungsverfahrens als maßgeblich für den Beginn der Fünfjahresfrist bestimmen können.«

**10. zu Artikel 16 Absatz 2**

»Der Rat und die Kommission erklären, dass die aufgrund der Richtlinie erforderlichen innerstaatlichen Vorschriften zu demselben Zeitpunkt in Kraft gesetzt werden sollten, ab dem auch die Anmeldung der Gemeinschaftsmarke möglich ist. Zu diesem Zweck wird erforderlichenfalls von Artikel 16 Absatz 2 Gebrauch gemacht.«

# Anhang 7.1

BESCHLUSS DES RATES

vom 27. Oktober 2003

über die Genehmigung des Beitritts der Europäischen Gemeinschaft zu dem am 27. Juni 1989 in Madrid angenommenen Protokoll zum Madrider Abkommen über die internationale Registrierung von Marken

(2003/793/EG)

DER RAT DER EUROPÄISCHEN UNION —

gestützt auf den Vertrag zur Gründung der Europäischen Gemeinschaft, insbesondere auf Artikel 308 in Verbindung mit Artikel 300 Absatz 2 Satz 2 und Absatz 3 Unterabsatz 1,

auf Vorschlag der Kommission ([1]),

nach Stellungnahme des Europäischen Parlaments ([2]),

nach Stellungnahme des Europäischen Wirtschafts- und Sozialausschusses ([3]),

in Erwägung nachstehender Gründe:

(1) Die Verordnung (EG) Nr. 40/94 des Rates vom 20. Dezember 1993 über die Gemeinschaftsmarke,[4] die sich auf Artikel 308 des Vertrags stützt, zielt auf die Schaffung eines Markts ab, der ordnungsgemäß und unter Bedingungen funktioniert, die denen eines nationalen Markts entsprechen. Damit ein solcher Markt errichtet und sich in zunehmendem Maße zu einem einheitlichen Markt entwickeln kann, wurde mit dieser Verordnung das Markensystem der Gemeinschaft eingeführt, das den Unternehmen ermöglicht, in einem einzigen Verfahren Gemeinschaftsmarken zu erwerben, die einen einheitlichen Schutz genießen und im gesamten Gebiet der Gemeinschaft wirksam sind.

Nach Vorarbeiten, die die Weltorganisation für geistiges Eigentum unter Mitwirkung der Mitgliedstaaten, die der Madrider Union angehören, der Mitgliedstaaten, die der Madrider Union nicht angehören, und der Europäischen Gemeinschaft eingeleitet und durchgeführt hat, wurde das Protokoll zum Madrider Abkommen über die internationale Registrierung von Marken (nachstehend das »Madrider Protokoll« genannt) auf der Diplomatischen Konferenz zum Abschluss eines Protokolls zum Madrider Abkommen über die internationale Registrierung von Marken am 27. Juni 1989 in Madrid angenommen.

(3) Das Madrider Protokoll wurde ausgearbeitet, um einigen neuen Aspekten in dem nach dem Madrider Abkommen vom 14. April 1891 in seiner geänderten Fassung (nachstehend das »Madrider Abkommen« genannt) bestehenden System der internationalen Registrierung von Marken Rechnung zu tragen.

---

1   ABl. C 293 vom 5.10.1996, S. 11.
2   ABl. C 167 vom 2.6.1997, S. 252.
3   ABl. C 89 vom 19.3.1997, S. 14.
4   ABl. L 11 vom 14.1.1994, S. 1. Zuletzt geändert durch die Verordnung (EG) Nr. 1653/2003 (ABl. L 245 vom 29.9.2003, S. 36).

(4) Das Madrider Protokoll zielt darauf ab, den Zugang bestimmter Staaten, insbesondere der Mitgliedstaaten, die ihm bisher nicht angehören, zum internationalen Registrierungssystem zu vereinfachen.

(5) Im Vergleich zum Madrider Abkommen besteht eine der Hauptneuerungen des Madrider Protokolls gemäß Artikel 14 in der Möglichkeit, dass eine zwischenstaatliche Organisation, die eine regionale Behörde für die Eintragung von Marken mit Wirkung im Gebiet der Organisation hat, Vertragspartei des Madrider Protokolls werden kann.

(6) Die Möglichkeit für eine zwischenstaatliche Organisation mit einer regionalen Behörde für die Eintragung von Marken, Vertragspartei des Madrider Protokolls zu werden, wurde in das Madrider Protokoll aufgenommen, um insbesondere der Europäischen Gemeinschaft zu gestatten, dem Madrider Protokoll beizutreten.

(7) Das Madrider Protokoll trat am 1. Dezember 1995 in Kraft und wurde am 1. April 1996 wirksam; das Markensystem der Gemeinschaft wurde ebenfalls am 1. April 1996 wirksam.

(8) Das Markensystem der Gemeinschaft und das nach dem Madrider Protokoll bestehende internationale Registrierungssystem ergänzen sich. Damit Unternehmen die Vorteile der Gemeinschaftsmarke im Rahmen des Madrider Protokolls im umgekehrt nutzen können, müssen die Anmelder und Inhaber von Gemeinschaftsmarken deshalb die Möglichkeit erhalten, den internationalen Schutz für ihre Marken durch eine internationale Anmeldung gemäß dem Madrider Protokoll zu beantragen und umgekehrt müssen Inhaber einer internationalen Registrierung nach dem Madrider Protokoll den Schutz für ihre Marken gemäß dem Markensystem der Gemeinschaft beantragen können.

(9) Außerdem würde die Kopplung des Markensystems der Gemeinschaft an das internationale Registrierungssystem des Madrider Protokolls zu einer harmonischen Entwicklung der Wirtschaft beitragen und wird Wettbewerbsverfälschungen beseitigen, kosteneffizient sein und die Integration und Funktionsweise des Binnenmarktes fördern. Der Beitritt der Gemeinschaft zum Madrider Protokoll ist deshalb notwendig, damit das Markensystem der Gemeinschaft an Attraktivität gewinnt.

(10) Die Europäische Kommission sollte ermächtigt werden, die Europäische Gemeinschaft nach dem Beitritt der Gemeinschaft zum Madrider Protokoll in der Versammlung der Madrider Union zu vertreten. Die Europäische Gemeinschaft wird in der Versammlung zu Fragen, die ausschließlich das Madrider Abkommen betreffen, keine Stellungnahme abgeben.

(11) Die Zuständigkeit der Europäischen Gemeinschaft, internationale Vereinbarungen oder Verträge zu schließen oder diesen beizutreten, leitet sich nicht nur aus der ausdrücklichen Kompetenzzuweisung des Vertrags, sondern auch aus anderen Vertragsvorschriften ab sowie von auf deren Grundlage von den Gemeinschaftsorganen erlassenen Rechtsakten.

(12) Dieser Beschluss berührt nicht das Recht der Mitgliedstaaten, in Fragen, die ihre nationalen Marken betreffen, an der Versammlung der Madrider Union teilzunehmen —

Der Wortlaut des Madrider Protokolls ist diesem Beschluss beigefügt.

BESCHLIESST:

### Artikel 1

Das am 27. Juni 1989 in Madrid angenommene Protokoll zum Madrider Abkommen über die internationale Registrierung von Marken (nachstehend das »Madrider Protokoll« genannt) wird im Namen der Gemeinschaft bezüglich Fragen, die ihrer Zuständigkeit unterliegen, genehmigt.

### Artikel 2

(1) Der Präsident des Rates wird ermächtigt, die Beitrittsurkunde beim Generaldirektor der Weltorganisation für geistiges Eigentum von dem Zeitpunkt an zu hinterlegen, zu dem der Rat die für die Herstellung einer Verbindung zwischen der Gemeinschaftsmarke und dem Madrider Protokoll notwendigen Maßnahmen erlassen hat.

(2) Die Erklärungen und die Mitteilungen, die diesem Beschluss beigefügt sind, werden zusammen mit der Beitrittsurkunde hinterlegt.

### Artikel 3

(1) Die Kommission wird ermächtigt, die Europäische Gemeinschaft in den Sitzungen der Versammlung der Madrider Union, die unter der Leitung der Weltorganisation für geistiges Eigentum stattfinden, zu vertreten.

(2) Über alle Fragen, die im Rahmen der Gemeinschaftsmarke in den Zuständigkeitsbereich der Gemeinschaft fallen, verhandelt die Kommission in der Versammlung der Madrider Union im Namen der Gemeinschaft nach Maßgabe folgender Bestimmungen:

a) Der Standpunkt, den die Gemeinschaft in der Versammlung einnehmen kann, wird von der zuständigen Arbeitsgruppe des Rates oder, wenn dies nicht möglich ist, in Ad-hocSitzungen ausgearbeitet, die im Verlauf der Beratungen im Rahmen der Weltorganisation für geistiges Eigentum einberufen werden.

b) In Bezug auf Beschlüsse, die eine Änderung der Verordnung (EG) Nr. 40/94 oder eines anderen Rechtsakts des Rates, für den Einstimmigkeit vorgeschrieben ist, erfordern, wird der Standpunkt der Gemeinschaft vom Rat auf Vorschlag der Kommission einstimmig festgelegt.

c) In Bezug auf sonstige Beschlüsse, die sich auf die Gemeinschaftsmarke auswirken, wird der Standpunkt der Gemeinschaft vom Rat auf Vorschlag der Kommission mit qualifizierter Mehrheit festgelegt.

Geschehen zu Luxemburg am 27. Oktober 2003.

*Im Namen des Rates*

*Der Präsident*
A. MATTEOLI

# Anhang 7.2

PROTOKOLL

zum Madrider Abkommen über die internationale Registrierung von Marken, angenommen am 27.6.1989

### Artikel 1 Mitgliedschaft im Madrider Verband

Die Staaten, die Vertragsparteien dieses Protokolls sind (im Folgenden als »Vertragsstaaten« bezeichnet), auch wenn sie nicht Vertragsparteien des Madrider Abkommens über die internationale Registrierung von Marken in der Stockholmer Fassung von 1967 mit den Änderungen von 1979 (im Folgenden als »Madrider Abkommen (Stockholmer Fassung)« bezeichnet) sind, und die in Artikel 14 Absatz 1 Buchstabe b) bezeichneten Organisationen, die Vertragsparteien dieses Protokolls sind (im Folgenden als »Vertragsorganisationen« bezeichnet, sind Mitglieder desselben Verbands, dem die Vertragsparteien des Madrider Abkommens (Stockholmer Fassung) als Mitglieder angehören. Jede Bezugnahme in diesem Protokoll auf »Vertragsparteien« ist als Bezugnahme sowohl auf die Vertragsstaaten als auch auf die Vertragsorganisationen auszulegen.

### Artikel 2 Erwerb des Schutzes durch internationale Registrierung

(1) Wurde ein Gesuch um Eintragung einer Marke bei der Behörde einer Vertragspartei eingereicht oder eine Marke im Register der Behörde einer Vertragspartei eingetragen, so kann sich die Person, auf deren Namen das Gesuch (im Folgenden als »Basisgesuch« bezeichnet) oder die Eintragung (im Folgenden als »Basiseintragung« bezeichnet) lautet, nach diesem Protokoll den Schutz dieser Marke im Gebiet der Vertragsparteien dadurch sichern, dass sie die Eintragung der Marke im Register des Internationalen Büros der Weltorganisation für geistiges Eigentum (im Folgenden als »internationale Registrierung«, »internationales Register«, »Internationales Büro« und »Organisation« bezeichnet) herbeiführt, vorausgesetzt, dass

i) wenn das Basisgesuch bei der Behörde eines Vertragsstaats eingereicht oder die Basiseintragung von einer solchen Behörde vorgenommen wurde, die Person, auf deren Namen das Gesuch oder die Eintragung lautet, Angehöriger des betreffenden Vertragsstaats ist oder in diesem Vertragsstaat ihren Wohnsitz oder eine tatsächliche und nicht nur zum Schein bestehende gewerbliche oder Handelsniederlassung hat;

ii) wenn das Basisgesuch bei der Behörde einer Vertragsorganisation eingereicht oder die Basiseintragung von einer solchen Behörde vorgenommen wurde, die Person, auf deren Namen das Gesuch oder die Eintragung lautet, Angehöriger eines Mitgliedstaats dieser Vertragsorganisation ist oder im Gebiet dieser Vertragsorganisation ihren Wohnsitz oder eine tatsächliche und nicht nur zum Schein bestehende gewerbliche oder Handelsniederlassung hat.

(2) Das Gesuch um internationale Registrierung (im Folgenden als »internationales Gesuch« bezeichnet) ist beim Internationalen Büro durch Vermittlung der Behörde einzureichen, bei der das Basisgesuch eingereicht, beziehungsweise von der die Basiseintragung vorgenommen wurde (im Folgenden als »Ursprungsbehörde« bezeichnet).

(3) Jede Bezugnahme in diesem Protokoll auf eine »Behörde« oder eine »Behörde einer Vertragspartei« ist als Bezugnahme auf die Behörde, die namens einer Vertragspartei für die Eintragung von Marken zuständig ist, und jede Bezugnahme in diesem Protokoll auf »Marken« ist als Bezugnahme auf Warenmarken und Dienstleistungsmarken auszulegen.

(4) Für die Zwecke dieses Protokolls bedeutet »Gebiet einer Vertragspartei«, wenn es sich bei der Vertragspartei um einen Staat handelt, das Hoheitsgebiet des betreffenden Staates, und wenn es sich bei der Vertragspartei um eine zwischenstaatliche Organisation handelt, das Gebiet, in dem der Gründungsvertrag der betreffenden zwischenstaatlichen Organisation Anwendung findet.

**Artikel 3   Internationales Gesuch**

(1) Jedes internationale Gesuch aufgrund dieses Protokolls ist auf dem von der Ausführungsordnung vorgeschriebenen Formular einzureichen. Die Ursprungsbehörde bescheinigt, dass die Angaben im internationalen Gesuch den Angaben entsprechen, die zum Zeitpunkt der Bescheinigung im Basisgesuch beziehungsweise in der Basiseintragung enthalten sind. Die Behörde gibt außerdem Folgendes an:

i)   bei einem Basisgesuch das Datum und die Nummer des Gesuchs,

ii)  bei einer Basiseintragung das Datum und die Nummer der Eintragung sowie das Datum und die Nummer des Gesuchs, aus dem die Basiseintragung hervorging. Die Ursprungsbehörde gibt außerdem das Datum des internationalen Gesuchs an.

(2) Der Hinterleger hat die Waren und Dienstleistungen, für die der Schutz der Marke beansprucht wird, anzugeben sowie, wenn möglich, die Klasse oder die Klassen entsprechend der Klassifikation, die durch das Abkommen von Nizza über die Internationale Klassifikation von Waren und Dienstleistungen für die Eintragung von Marken festgelegt wurde. Macht der Hinterleger diese Angabe nicht, so ordnet das Internationale Büro die Waren und Dienstleistungen in die entsprechenden Klassen der erwähnten Klassifikation ein. Die vom Hinterleger angegebene Einordnung unterliegt der Prüfung durch das Internationale Büro, das hierbei im Zusammenwirken mit der Ursprungsbehörde vorgeht. Im Fall einer Meinungsverschiedenheit zwischen dieser Behörde und dem Internationalen Büro ist die Ansicht des letzteren maßgebend.

(3) Beansprucht der Hinterleger die Farbe als unterscheidendes Merkmal seiner Marke, so ist er verpflichtet,

i)   dies ausdrücklich zu erklären und seinem internationalen Gesuch einen Vermerk beizufügen, der die beanspruchte Farbe oder Farbenzusammenstellung angibt;

ii)  seinem internationalen Gesuch farbige Darstellungen der Marke beizulegen, die den Mitteilungen des Internationalen Büros beigefügt werden; die Anzahl dieser Darstellungen wird in der Ausführungsordnung bestimmt.

(4) Das Internationale Büro trägt die gemäß Artikel 2 hinterlegten Marken sogleich in ein Register ein. Die internationale Registrierung erhält das Datum, an dem das internationale Gesuch bei der Ursprungsbehörde eingegangen ist, sofern das internationale Gesuch innerhalb von zwei Monaten nach diesem Zeitpunkt beim Internationalen Büro eingegangen ist. Ist das internationale Gesuch nicht innerhalb dieser Frist eingegangen, so erhält die internationale Registrierung das Datum, an dem das betreffende internationale Gesuch beim Internationalen Büro eingegangen ist. Das Internationale Büro teilt den beteiligten Behörden unverzüglich die internationale Registrierung mit. Die im internationalen Register eingetragenen Marken wer-

den in einem regelmäßig erscheinenden, vom Internationalen Büro herausgegebenen Blatt auf der Grundlage der im internationalen Gesuch enthaltenen Angaben veröffentlicht.

(5) Um die im internationalen Register eingetragenen Marken zur allgemeinen Kenntnis zu bringen, erhält jede Behörde vom Internationalen Büro unentgeltlich eine Anzahl von Stücken des genannten Blattes sowie eine Anzahl von Stücken zu ermäßigtem Preis zu den Bedingungen, die von der in Artikel 10 genannten Versammlung (im Folgenden als »Versammlung« bezeichnet) festgelegt werden. Diese Bekanntgabe gilt für die Zwecke aller Vertragsparteien als ausreichend; eine weitere Bekanntgabe darf vom Inhaber der internationalen Registrierung nicht verlangt werden.

### Artikel 3bis   Territoriale Wirkung

Der Schutz aus der internationalen Registrierung erstreckt sich auf eine Vertragspartei nur auf Antrag der Person, die das internationale Gesuch einreicht oder Inhaber der internationalen Registrierung ist. Ein solcher Antrag kann jedoch nicht für die Vertragspartei gestellt werden, deren Behörde die Ursprungsbehörde ist.

### Artikel 3ter   Gesuch um »territoriale Ausdehnung«

(1) Jedes Gesuch um Ausdehnung des Schutzes aus der internationalen Registrierung auf eine Vertragspartei ist im internationalen Gesuch besonders zu erwähnen.

(2) Ein Gesuch um territoriale Ausdehnung kann auch nach der internationalen Registrierung gestellt werden. Ein solches Gesuch ist auf dem in der Ausführungsordnung vorgeschriebenen Formular einzureichen. Das Internationale Büro trägt es sogleich im Register ein und teilt diese Eintragung unverzüglich der oder den beteiligten Behörden mit. Die Eintragung wird in dem regelmäßig erscheinenden Blatt des Internationalen Büros veröffentlicht. Diese territoriale Ausdehnung wird von dem Datum an wirksam, an dem sie im internationalen Register eingetragen wird; sie verliert ihre Wirkung mit dem Erlöschen der internationalen Registrierung, auf die sie sich bezieht.

### Artikel 4   Wirkungen der internationalen Registrierung

(1)

a)   Von dem Datum der Registrierung oder der Eintragung nach den Bestimmungen der Artikel 3 und 3*ter* an ist die Marke in jeder der beteiligten Vertragsparteien ebenso geschützt, wie wenn sie unmittelbar bei der Behörde dieser Vertragspartei hinterlegt worden wäre. Wurde dem Internationalen Büro keine Schutzverweigerung nach Artikel 5 Absätze 1 und 2 mitgeteilt oder wurde eine nach jenem Artikel mitgeteilte Schutzverweigerung später zurückgenommen, so ist die Marke in der beteiligten Vertragspartei von dem genannten Datum an ebenso geschützt, wie wenn sie von der Behörde dieser Vertragspartei eingetragen worden wäre.

b)   Die in Artikel 3 vorgesehene Angabe der Klassen der Waren und Dienstleistungen bindet die Vertragsparteien nicht hinsichtlich der Beurteilung des Schutzumfangs der Marke.

(2) Jede internationale Registrierung genießt das durch Artikel 4 der Pariser Verbandsübereinkunft zum Schutz des gewerblichen Eigentums festgelegte Prioritätsrecht, ohne dass es erforderlich ist, die unter Buchstabe D jenes Artikels vorgesehenen Förmlichkeiten zu erfüllen.

**Artikel 4bis**  Ersetzung einer nationalen oder regionalen Eintragung durch eine internationale Registrierung

(1) Ist eine Marke, die Gegenstand einer nationalen oder regionalen Eintragung bei der Behörde einer Vertragspartei ist, auch Gegenstand einer internationalen Registrierung und lauten sowohl die Eintragung als auch die Registrierung auf den Namen derselben Person, so gilt die internationale Registrierung als an die Stelle der nationalen oder regionalen Eintragung getreten, unbeschadet der durch die letzteren erworbenen Rechte, sofern

i)  der Schutz aus der internationalen Registrierung sich nach Artikel 3*ter* Absatz 1 oder 2 auf die betreffende Vertragspartei erstreckt,

ii)  alle in der nationalen oder regionalen Eintragung aufgeführten Waren und Dienstleistungen auch in der internationalen Registrierung in Bezug auf die betreffende Vertragspartei aufgeführt sind,

iii)  diese Ausdehnung nach dem Datum der nationalen oder regionalen Eintragung wirksam wird.

(2) Die in Absatz 1 bezeichnete Behörde hat auf Antrag die internationale Registrierung in ihrem Register zu vermerken.

**Artikel 5**  Schutzverweigerung und Ungültigerklärung der Wirkungen der internationalen Registrierung in Bezug auf bestimmte Vertragsparteien

(1) Soweit die geltenden Rechtsvorschriften sie dazu ermächtigen, hat die Behörde einer Vertragspartei, der das Internationale Büro eine Ausdehnung des sich aus der internationalen Registrierung ergebenden Schutzes auf die Vertragspartei nach Artikel 3*ter* Absatz 1 und 2 mitgeteilt hat, das Recht, in einer Mitteilung der Schutzverweigerung zu erklären, dass der Marke, die Gegenstand dieser Ausdehnung ist, der Schutz in der betreffenden Vertragspartei nicht gewährt werden kann. Eine solche Schutzverweigerung kann nur auf Gründe gestützt werden, die nach der Pariser Verbandsübereinkunft zum Schutz des gewerblichen Eigentums im Fall einer unmittelbar bei der Behörde, welche die Schutzverweigerung mitteilt, hinterlegten Marke anwendbar wären. Der Schutz darf jedoch weder ganz noch teilweise allein deshalb verweigert werden, weil die geltenden Rechtsvorschriften die Eintragung nur für eine beschränkte Anzahl von Klassen oder für eine beschränkte Anzahl von Waren oder Dienstleistungen zulassen.

(2)

a)  Die Behörden, die von diesem Recht Gebrauch machen wollen, teilen dem Internationalen Büro ihre Schutzverweigerung unter Angabe aller Gründe innerhalb der Frist mit, die in den für diese Behörden geltenden Rechtsvorschriften vorgesehen ist, spätestens jedoch, vorbehaltlich der Buchstaben b) und c), vor Ablauf eines Jahres nach dem Zeitpunkt, zu dem die in Absatz 1 genannte Mitteilung der Ausdehnung dieser Behörde vom Internationalen Büro übersandt worden ist.

b)  Ungeachtet des Buchstabens a) kann jede Vertragspartei erklären, dass für internationale Registrierungen aufgrund dieses Protokolls die unter Buchstabe a) genannte Frist von einem Jahr durch 18 Monate ersetzt wird.

c)  In dieser Erklärung kann außerdem festgelegt werden, dass eine Schutzverweigerung, die sich aus einem Widerspruch gegen die Schutzgewährung ergeben kann, von der Behörde der betreffenden Vertragspartei dem Internationalen Büro nach Ablauf der Frist von 18 Monaten mitgeteilt werden kann. Eine solche Behörde kann hinsichtlich einer vorgenommenen internationalen Registrierung eine Schutzverweigerung nach Ablauf der Frist von 18 Monaten nur dann mitteilen, wenn

i) sie vor Ablauf der Frist von 18 Monaten das Internationale Büro über die Möglichkeit unterrichtet hat, dass Widersprüche nach Ablauf der Frist von 18 Monaten eingelegt werden können, und

ii) die Mitteilung der auf einen Widerspruch gestützten Schutzverweigerung innerhalb einer Frist von nicht mehr als sieben Monaten nach dem Zeitpunkt gemacht wird, zu dem die Widerspruchsfrist beginnt; läuft die Widerspruchsfrist vor dieser Frist von sieben Monaten ab, so muss die Mitteilung innerhalb einer Frist von einem Monat nach Ablauf der Widerspruchsfrist erfolgen.

d) Eine Erklärung nach Buchstabe b) oder c) kann in den in Artikel 14 Absatz 2 genannten Urkunden abgegeben werden; der Zeitpunkt des Wirksamwerdens der Erklärung ist derselbe wie der Zeitpunkt des Inkrafttretens dieses Protokolls für den Staat oder die zwischenstaatliche Organisation, welche die Erklärung abgegeben haben. Eine solche Erklärung kann auch später abgegeben werden; in diesem Fall wird die Erklärung drei Monate nach ihrem Eingang beim Generaldirektor der Organisation (im Folgenden als »Generaldirektor« bezeichnet) oder zu einem in der Erklärung angegebenen späteren Zeitpunkt in Bezug auf jede internationale Registrierung wirksam, deren Datum mit dem Zeitpunkt des Wirksamwerdens der Erklärung übereinstimmt oder deren Datum nach diesem Zeitpunkt liegt.

e) Nach Ablauf von zehn Jahren nach Inkrafttreten dieses Protokolls prüft die Versammlung die Arbeitsweise des unter den Buchstaben a) bis d) errichteten Systems. Danach können die Bestimmungen dieser Buchstaben durch einstimmigen Beschluss der Versammlung geändert werden.

(3) Das Internationale Büro übermittelt dem Inhaber der internationalen Registrierung unverzüglich ein Exemplar der Mitteilung der Schutzverweigerung. Der betreffende Inhaber hat dieselben Rechtsmittel, wie wenn er die Marke unmittelbar bei der Behörde hinterlegt hätte, die ihre Schutzverweigerung mitgeteilt hat. Ist das Internationale Büro nach Absatz 2 Buchstabe c) Ziffer i) unterrichtet worden, so leitet es diese Information unverzüglich an den Inhaber der internationalen Registrierung weiter.

(4) Das Internationale Büro teilt jeder interessierten Person auf Antrag die Gründe für die Schutzverweigerung mit.

(5) Die Behörden, die hinsichtlich einer vorgenommenen internationalen Registrierung dem Internationalen Büro keine vorläufige oder endgültige Schutzverweigerung nach Absatz 1 oder 2 mitgeteilt haben, verlieren für diese internationale Registrierung die Vergünstigung des in Absatz 1 vorgesehenen Rechts.

(6) Die zuständigen Behörden einer Vertragspartei dürfen die Wirkung einer internationalen Registrierung im Gebiet einer Vertragspartei nicht für ungültig erklären, ohne dem Inhaber der internationalen Registrierung Gelegenheit gegeben zu haben, seine Rechte rechtzeitig geltend zu machen. Die Ungültigerklärung ist dem Internationalen Büro mitzuteilen.

**Artikel 5bis  Belege für die Rechtmäßigkeit des Gebrauchs gewisser Markenbestandteile**

Die Belege für die Rechtmäßigkeit des Gebrauchs gewisser Markenbestandteile, wie Wappen, Wappenschilde, Bildnisse, Auszeichnungen, Titel, Handels- oder Personennamen, die anders lauten als die des Hinterlegers, oder andere Inschriften ähnlicher Art, die von den Behörden der Vertragsparteien etwa angefordert werden, sind von jeder Beglaubigung sowie von jeder anderen Bestätigung als der der Ursprungsbehörde befreit.

**Artikel 5ter    Abschriften der im internationalen Register eingetragenen Angaben; Recherchen nach älteren Registrierungen; Auszüge aus dem internationalen Register**

(1) Das Internationale Büro übermittelt auf Antrag jedermann gegen Zahlung einer in der Ausführungsordnung festgesetzten Gebühr eine Abschrift der im Register eingetragenen Angaben über eine bestimmte Marke.

(2) Das Internationale Büro kann gegen Entgelt auch Recherchen nach älteren Marken vornehmen, die Gegenstand internationaler Registrierungen sind.

(3) Die zur Vorlage bei einer der Vertragsparteien beantragten Auszüge aus dem internationalen Register sind von jeder Beglaubigung befreit.

**Artikel 6    Dauer der Gültigkeit der internationalen Registrierung; Abhängigkeit und Unabhängigkeit der internationalen Registrierung**

(1) Die Registrierung einer Marke beim Internationalen Büro erfolgt für zehn Jahre mit der Möglichkeit der Erneuerung unter den in Artikel 7 festgesetzten Bedingungen.

(2) Mit dem Ablauf einer Frist von fünf Jahren von dem Datum der internationalen Registrierung an wird diese, vorbehaltlich der folgenden Bestimmungen, vom Basisgesuch oder der sich aus ihr ergebenden Eintragung beziehungsweise von der Basiseintragung unabhängig.

(3) Der durch die internationale Registrierung erlangte Schutz, gleichgültig ob die Registrierung Gegenstand einer Übertragung gewesen ist oder nicht, kann nicht mehr in Anspruch genommen werden, wenn vor Ablauf von fünf Jahren von dem Datum der internationalen Registrierung an das Basisgesuch oder die sich aus ihr ergebende Eintragung beziehungsweise die Basiseintragung in Bezug auf alle oder einige der in der internationalen Registrierung aufgeführten Waren und Dienstleistungen zurückgenommen wurde, verfallen ist, auf sie verzichtet wurde oder Gegenstand einer rechtskräftigen Zurückweisung, Nichtigerklärung, Löschung oder Ungültigerklärung gewesen ist. Dasselbe gilt, wenn

i)   ein Rechtsmittel gegen eine Entscheidung, welche die Wirkung des Basisgesuchs zurückweist,

ii)   ein Verfahren, in dem die Rücknahme des Basisgesuchs oder die Nichtigerklärung, Löschung oder Ungültigerklärung der sich aus dem Basisgesuch ergebenden Eintragung oder der Basiseintragung beantragt wird, oder

iii)   ein Widerspruch gegen das Basisgesuch

nach Ablauf der Fünfjahresfrist zu einer rechtskräftigen Zurückweisung, Nichtigerklärung, Löschung oder Ungültigerklärung oder zu der Anordnung der Rücknahme des Basisgesuchs oder der sich aus ihr ergebenden Eintragung beziehungsweise der Basiseintragung führt, sofern ein solches Rechtsmittel, ein solches Verfahren oder ein solcher Widerspruch vor Ablauf der genannten Frist eingeleitet wurde. Dasselbe gilt auch, wenn nach Ablauf der Fünfjahresfrist das Basisgesuch zurückgenommen oder auf die sich aus dem Basisgesuch ergebende Eintragung oder auf die Basiseintragung verzichtet wird, sofern zum Zeitpunkt der Rücknahme oder des Verzichts das betreffende Gesuch oder die Eintragung Gegenstand eines unter der Ziffer i), ii) oder iii) genannten Verfahrens war und ein solches Verfahren vor Ablauf der genannten Frist eingeleitet worden war.

(4) Die Ursprungsbehörde teilt dem Internationalen Büro entsprechend der Ausführungsordnung die nach Absatz 3 maßgeblichen Tatsachen und Entscheidungen mit, und das Internationale Büro unterrichtet entsprechend der Ausführungsordnung die Beteiligten und veranlasst entsprechende Veröffentlichungen. Die Ursprungsbehörde fordert gegebenenfalls das Internationale Büro auf, die internationale Registrierung im anwendbaren Umfang zu löschen, und das Internationale Büro verfährt demgemäß.

### Artikel 7 Erneuerung der internationalen Registrierung

(1) Die internationale Registrierung kann für einen Zeitraum von zehn Jahren nach Ablauf des vorangegangenen Zeitraums durch einfache Zahlung der Grundgebühr und, vorbehaltlich des Artikels 8 Absatz 7, der Zusatz- und Ergänzungsgebühren, die in Artikel 8 Absatz 2 vorgesehen sind, erneuert werden.

(2) Die Erneuerung darf nicht zu einer Änderung der internationalen Registrierung in ihrer letzten Fassung führen.

(3) Sechs Monate vor Ablauf der Schutzfrist erinnert das Internationale Büro den Inhaber der internationalen Registrierung und gegebenenfalls seinen Vertreter durch Zusendung einer offiziösen Mitteilung an den genauen Zeitpunkt dieses Ablaufs.

(4) Gegen Zahlung einer in der Ausführungsordnung festgesetzten Zuschlagsgebühr wird eine Nachfrist von sechs Monaten für die Erneuerung der internationalen Registrierung gewährt.

### Artikel 8 Gebühren für das internationale Gesuch und die internationale Registrierung

(1) Die Ursprungsbehörde kann nach eigenem Ermessen eine Gebühr festsetzen und zu ihren Gunsten vom Hinterleger oder dem Inhaber der internationalen Registrierung im Zusammenhang mit dem Einreichen des internationalen Gesuchs oder der Erneuerung der internationalen Registrierung erheben.

(2) Vor der Registrierung einer Marke beim Internationalen Büro ist eine internationale Gebühr zu entrichten, die sich, vorbehaltlich des Absatzes 7 Buchstabe a), zusammensetzt aus
i)   einer Grundgebühr,
ii)  einer Zusatzgebühr für jede die dritte Klasse übersteigende Klasse der internationalen Klassifikation, in welche die Waren oder Dienstleistungen eingeordnet werden, auf die sich die Marke bezieht,
iii) einer Ergänzungsgebühr für jedes Gesuch um Ausdehnung des Schutzes gemäß Artikel 3*ter*.

(3) Die in Absatz 2 Ziffer ii) geregelte Zusatzgebühr kann jedoch, ohne dass sich dies auf das Datum der internationalen Registrierung auswirkt, innerhalb der in der Ausführungsordnung festgesetzten Frist entrichtet werden, wenn die Anzahl der Klassen der Waren oder Dienstleistungen vom Internationalen Büro festgesetzt oder bestritten worden ist. Ist bei Ablauf der genannten Frist die Zusatzgebühr nicht entrichtet oder das Verzeichnis der Waren oder Dienstleistungen vom Hinterleger nicht in dem erforderlichen Umfang eingeschränkt worden, so gilt das internationale Gesuch als zurückgenommen.

(4) Der jährliche Gesamtbetrag der verschiedenen Einnahmen aus der internationalen Registrierung, mit Ausnahme der Einnahmen aus den in Absatz 2 Ziffern ii) und iii) genannten Gebühren, wird nach Abzug der durch die Durchführung dieses Protokolls verursachten Kosten und Aufwendungen vom Internationalen Büro zu gleichen Teilen unter die Vertragsparteien verteilt.

(5) Die sich aus den Zusatzgebühren gemäß Absatz 2 Ziffer ii) ergebenden Beträge werden nach Ablauf jedes Jahres unter die beteiligten Vertragsparteien im Verhältnis zur Anzahl der Marken verteilt, für die während des abgelaufenen Jahres in jeder dieser Vertragsparteien der Schutz beantragt worden ist; soweit es sich um Vertragsparteien mit einer Prüfung handelt, wird diese Anzahl mit einem Koeffizienten vervielfacht, der in der Ausführungsordnung festgesetzt wird.

(6) Die sich aus den Ergänzungsgebühren gemäß Absatz 2 Ziffer iii) ergebenden Beträge werden nach den Regeln des Absatzes 5 verteilt.

(7)

a) Jede Vertragspartei kann erklären, dass sie im Zusammenhang mit jeder internationalen Registrierung, in der sie nach Artikel 3ter genannt wird, und im Zusammenhang mit jeder Erneuerung einer solchen internationalen Registrierung anstelle eines Anteils an den Einnahmen aus den Zusatz- und Ergänzungsgebühren eine Gebühr zu erhalten wünscht (im Folgenden als »individuelle Gebühr« bezeichnet), deren Betrag in der Erklärung anzugeben ist und in weiteren Erklärungen geändert werden kann; dieser Betrag darf nicht höher sein als der Gegenwert des Betrags, den die Behörde der betreffenden Vertragspartei vom Hinterleger für eine zehnjährige Eintragung oder vom Inhaber einer Eintragung für eine zehnjährige Erneuerung der Eintragung der Marke im Register dieser Behörde zu erhalten berechtigt wäre, wobei der Betrag um die Einsparungen verringert wird, die sich aus dem internationalen Verfahren ergeben. Ist eine individuelle Gebühr zu zahlen, so sind

   i)  keine der in Absatz 2 Ziffer ii) genannten Zusatzgebühren zu zahlen, falls nur solche Vertragsparteien nach Artikel 3ter genannt worden sind, die eine Erklärung nach diesem Buchstaben abgegeben haben, und

   ii)  keine der in Absatz 2 Ziffer iii) genannten Ergänzungsgebühren in Bezug auf eine Vertragspartei zu zahlen, die eine Erklärung nach diesem Buchstaben abgegeben hat.

b) Eine Erklärung nach Buchstabe a) kann in den in Artikel 14 Absatz 2 genannten Urkunden abgegeben werden; der Zeitpunkt des Wirksamwerdens der Erklärung ist derselbe wie der Zeitpunkt des Inkrafttretens dieses Protokolls für den Staat oder die zwischenstaatliche Organisation, welche die Erklärung abgegeben haben. Eine solche Erklärung kann auch später abgegeben werden; in diesem Fall wird die Erklärung drei Monate nach ihrem Eingang beim Generaldirektor oder zu einem in der Erklärung angegebenen späteren Zeitpunkt in Bezug auf jede internationale Registrierung wirksam, deren Datum mit dem Zeitpunkt des Wirksamwerdens der Erklärung übereinstimmt oder deren Datum nach diesem Zeitpunkt liegt.

### Artikel 9 Eintragung einer Änderung des Inhabers einer internationalen Registrierung

Auf Antrag der Person, auf deren Namen die internationale Registrierung lautet, oder auf Antrag einer beteiligten Behörde, der von Amts wegen oder auf Antrag eines Beteiligten gestellt wird, trägt das Internationale Büro im internationalen Register jede Änderung des Inhabers der betreffenden Registrierung in Bezug auf alle oder einige der Vertragsparteien ein, in deren Gebiet die Registrierung wirksam ist, und in Bezug auf alle oder einige der in der Registrierung aufgeführten Waren und Dienstleistungen, sofern der neue Inhaber eine Person ist, die nach Artikel 2 Absatz 1 berechtigt ist, internationale Gesuche einzureichen.

(1) Kommen mehrere Vertragsstaaten überein, ihre innerstaatlichen Gesetze auf dem Gebiet des Markenrechts zu vereinheitlichen, so können sie dem Generaldirektor notifizieren,

i) dass eine gemeinsame Behörde an die Stelle der nationalen Behörde jedes dieser Länder tritt und

ii) dass die Gesamtheit ihrer Hoheitsgebiete für die vollständige oder teilweise Anwendung der diesem Artikel vorhergehenden Bestimmungen sowie der Artikel 9*quinquies* und 9*sexies* als ein Staat gilt.

(2) Diese Notifikation wird erst drei Monate nach dem Zeitpunkt der Benachrichtigung wirksam, die der Generaldirektor den anderen Vertragsparteien darüber zugehen lässt.

### Artikel 9bis   Bestimmte Eintragungen bei einer internationalen Registrierung

Das Internationale Büro trägt Folgendes im internationalen Register ein:

i) jede Änderung des Namens oder der Anschrift des Inhabers der internationalen Registrierung,

ii) die Bestellung eines Vertreters des Inhabers der internationalen Registrierung und alle sonstigen maßgeblichen Angaben bezüglich des Vertreters,

iii) jede Einschränkung der in der internationalen Registrierung aufgeführten Waren und Dienstleistungen in Bezug auf alle oder einige Vertragsparteien,

iv) jeden Verzicht, jede Löschung oder jede Ungültigerklärung der internationalen Registrierung in Bezug auf alle oder einige Vertragsparteien,

v) alle sonstigen in der Ausführungsordnung festgelegten maßgeblichen Angaben über die Rechte an einer Marke, die Gegenstand einer internationalen Registrierung ist.

### Artikel 9ter   Gebühren für bestimmte Eintragungen

Jede Eintragung aufgrund des Artikels 9 oder 9*bis* kann von der Zahlung einer Gebühr abhängig gemacht werden.

### Artikel 9quater   Gemeinsame Behörde für mehrere Vertragsstaaten

(1) Kommen mehrere Vertragsstaaten überein, ihre innerstaatlichen Gesetze auf dem Gebiet des Markenrechts zu vereinheitlichen, so können sie dem Generaldirektor notifizieren,

I. dass eine gemeinsame Behörde an die Stelle der nationalen Behörde jedes dieser Länder tritt und

II. dass die Gesamtheit ihrer Hoheitsgebiete für die vollständige oder teilweise Anwendung der diesem Artikel vorhergehenden Bestimmungen sowie der Artikel 9quinquies und 9sexies als ein Staat gilt.

(2) Diese Notifikation wird erst drei Monate nach dem Zeitpunkt der Benachrichtigung wirksam, die der Generaldirektor den anderen Vertragsparteien darüber zugehen lässt.

**Artikel 9quinquies  Umwandlung einer internationalen Registrierung in nationale oder regionale Gesuche**

Wird eine internationale Registrierung auf Antrag der Ursprungsbehörde nach Artikel 6 Absatz 4 für alle oder einige der in der Registrierung aufgeführten Waren und Dienstleistungen gelöscht und reicht die Person, die Inhaber der internationalen Registrierung war, ein Gesuch um Eintragung derselben Marke bei der Behörde einer der Vertragsparteien ein, in deren Gebiet die internationale Registrierung wirksam war, so wird dieses Gesuch so behandelt, als sei es zum Datum der internationalen Registrierung nach Artikel 3 Absatz 4 oder zum Datum der Eintragung der territorialen Ausdehnung nach Artikel 3ter Absatz 2 eingereicht worden, und genießt, falls die internationale Registrierung Priorität genoss, dieselbe Priorität, sofern

I.  das Gesuch innerhalb von drei Monaten nach dem Zeitpunkt eingereicht wird, zu dem die internationale Registrierung gelöscht wurde,

II.  die im Gesuch aufgeführten Waren und Dienstleistungen in Bezug auf die betroffene Vertragspartei tatsächlich von der in der internationalen Registrierung enthaltenen Liste der Waren und Dienstleistungen erfasst sind und

III. dieses Gesuch allen Vorschriften des geltenden Rechts einschließlich der Gebührenvorschriften entspricht.

**Article 9sexies  Relations Between States Party to both this Protocol and the Madrid (Stockholm) Agreement**

(1)

(a) This Protocol alone shall be applicable as regards the mutual relations of States party to both this Protocol and the Madrid (Stockholm) Agreement.[1]

(b) Notwithstanding subparagraph (a), a declaration made under Article 5(2)(b), Article 5(2)(c) or Article 8(7) of this Protocol, by a State party to both this Protocol and the Madrid (Stockholm) Agreement, shall have no effect in the relations with another State party to both this Protocol and the Madrid (Stockholm) Agreement.

(2) The Assembly shall, after the expiry of a period of three years from September 1, 2008, review the application of paragraph (1)(b) and may, at any time thereafter, either repeal it or restrict its scope, by a three-fourths majority. In the vote of the Assembly, only those States which are party to both the Madrid (Stockholm) Agreement and this Protocol shall have the right to participate.

**Artikel 10  Versammlung**

(1)

a)  Die Vertragsparteien sind Mitglieder derselben Versammlung wie die Länder, die Vertragsparteien des Madrider Abkommens (Stockholmer Fassung) sind.

b)  Jede Vertragspartei wird in dieser Versammlung durch einen Delegierten vertreten, der von Stellvertretern, Beratern und Sachverständigen unterstützt werden kann.

---

1  Ab dem 1.9.2008 geltende Fassung; amtliche deutsche Übersetzung noch nicht verfügbar.

c) Die Kosten jeder Delegation werden von der Vertragspartei getragen, die sie entsandt hat, mit Ausnahme der Reisekosten und der Aufenthaltsentschädigung für einen Delegierten jeder Vertragspartei, die zulasten des Verbands gehen.

(2) Die Versammlung hat zusätzlich zu den Aufgaben, die sie nach dem Madrider Abkommen (Stockholmer Fassung) wahrnimmt, folgende Aufgaben:

i) Sie behandelt alle Angelegenheiten betreffend die Durchführung dieses Protokolls,

ii) sie erteilt dem Internationalen Büro Weisungen für die Vorbereitung von Konferenzen zur Revision dieses Protokolls unter gebührender Berücksichtigung der Stellungnahmen der Länder des Verbands, die nicht Vertragsparteien dieses Protokolls sind,

iii) sie beschließt und ändert die Bestimmungen der Ausführungsordnung über die Durchführung dieses Protokolls,

iv) sie nimmt sonstige Aufgaben wahr, die sich aus diesem Protokoll ergeben.

(3)

a) Jede Vertragspartei hat in der Versammlung eine

b) Stimme. In Angelegenheiten, die nur Länder betreffen, die Vertragsparteien des Madrider Abkommens (Stockholmer Fassung) sind, haben Vertragsparteien, die nicht Vertragsparteien jenes Abkommens sind, kein Stimmrecht, während in Angelegenheiten, die nur die Vertragsparteien betreffen, nur diese Stimmrecht haben.

c) Die Hälfte der Mitglieder der Versammlung, die in einer bestimmten Angelegenheit Stimmrecht haben, bildet das Quorum für die Zwecke der Abstimmung über diese Angelegenheit.

d) Ungeachtet des Buchstabens b) kann die Versammlung Beschlüsse fassen, wenn während einer Tagung die Anzahl der in der Versammlung vertretenen Mitglieder, die in einer bestimmten Angelegenheit Stimmrecht haben, zwar weniger als die Hälfte, aber mindestens ein Drittel der in dieser Angelegenheit stimmberechtigten Mitglieder der Versammlung beträgt; jedoch werden diese Beschlüsse mit Ausnahme der Beschlüsse über das Verfahren der Versammlung nur dann wirksam, wenn die folgenden Bedingungen erfüllt sind. Das Internationale Büro benachrichtigt die Mitglieder der Versammlung, die in der genannten Angelegenheit Stimmrecht haben und nicht vertreten waren, über diese Beschlüsse und lädt sie ein, innerhalb einer Frist von drei Monaten vom Zeitpunkt der Benachrichtigung an ihre Stimme oder Stimmenthaltung schriftlich bekannt zu geben. Entspricht nach Ablauf der Frist die Anzahl dieser Mitglieder, die auf diese Weise ihre Stimme oder Stimmenthaltung bekannt gegeben haben, mindestens der Anzahl der Mitglieder, die für das Erreichen des Quorums während der Tagung gefehlt hatte, so werden diese Beschlüsse wirksam, sofern gleichzeitig die erforderliche Mehrheit noch vorhanden ist.

e) Vorbehaltlich des Artikels 5 Absatz 2 Buchstabe e), des Artikels 9*sexies* Absatz 2 sowie der Artikel 12 und 13 Absatz 2 fasst die Versammlung ihre Beschlüsse mit einer Mehrheit von zwei Dritteln der abgegebenen Stimmen.

f) Stimmenthaltung gilt nicht als Stimmabgabe.

g) Ein Delegierter kann nur ein Mitglied der Versammlung vertreten und in dessen Namen abstimmen.

(4) Zusätzlich zu dem Zusammentreten zu den im Madrider Abkommen (Stockholmer Fassung) vorgesehenen ordentlichen oder außerordentlichen Tagungen tritt die Versammlung nach Einberufung durch den Generaldirektor zu einer außerordentlichen Tagung zusammen, wenn ein Viertel der Mitglieder der Versammlung, die Stimmrecht in den Angelegenheiten ha-

ben, deren Aufnahme in die Tagesordnung der Tagung vorgeschlagen wird, dies verlangt. Die Tagesordnung einer solchen außerordentlichen Tagung wird vom Generaldirektor vorbereitet.

### Artikel 11  Internationales Büro

(1) Die Aufgaben hinsichtlich der internationalen Registrierung sowie die anderen Verwaltungsaufgaben aufgrund oder bezüglich dieses Protokolls werden vom Internationalen Büro wahrgenommen.

(2)

a) Das Internationale Büro bereitet nach den Weisungen der Versammlung die Konferenzen zur Revision dieses Protokolls vor.

b) Das Internationale Büro kann bei der Vorbereitung solcher Revisionskonferenzen zwischenstaatliche sowie internationale nichtstaatliche Organisationen konsultieren.

c) Der Generaldirektor und die von ihm bestimmten Personen nehmen ohne Stimmrecht an den Beratungen dieser Revisionskonferenzen teil.

(3) Das Internationale Büro nimmt alle anderen Aufgaben wahr, die ihm bezüglich dieses Protokolls übertragen werden.

### Artikel 12  Finanzen

Soweit die Vertragsparteien betroffen sind, werden die Finanzen des Verbands nach denselben Bestimmungen geregelt, die in Artikel 12 des Madrider Abkommens (Stockholmer Fassung) enthalten sind, wobei jede Bezugnahme auf Artikel 8 jenes Abkommens als Bezugnahme auf Artikel 8 dieses Protokolls gilt. Außerdem gelten, vorbehaltlich eines gegenteiligen einstimmigen Beschlusses der Versammlung, Vertragsorganisationen für die Zwecke des Artikels 12 Absatz 6 Buchstabe b) jenes Abkommens als der Beitragsklasse I (eins) nach der Pariser Verbandsübereinkunft zum Schutz des gewerblichen Eigentums zugehörig.

### Artikel 13  Änderung bestimmter Artikel des Protokolls

(1) Vorschläge zur Änderung der Artikel 10, 11, 12 und dieses Artikels können von jeder Vertragspartei oder vom Generaldirektor vorgelegt werden. Die Vorschläge werden vom Generaldirektor mindestens sechs Monate, bevor sie in der Versammlung beraten werden, den Vertragsparteien mitgeteilt.

(2) Jede Änderung der in Absatz 1 bezeichneten Artikel wird von der Versammlung beschlossen. Der Beschluss erfordert drei Viertel der abgegebenen Stimmen; jede Änderung des Artikels 10 und dieses Absatzes erfordert jedoch vier Fünftel der abgegebenen Stimmen.

(3) Jede Änderung der in Absatz 1 bezeichneten Artikel tritt einen Monat nach dem Zeitpunkt in Kraft, zu dem die schriftlichen Notifikationen der verfassungsmäßig zustande gekommenen Annahme des Änderungsvorschlags von drei Vierteln der Staaten und zwischenstaatlichen Organisationen, die im Zeitpunkt der Beschlussfassung über die Änderung Mitglieder der Versammlung waren und das Recht zur Abstimmung über die Änderung hatten, beim Generaldirektor eingegangen sind. Jede auf diese Weise angenommene Änderung der genannten Artikel bindet alle Staaten und zwischenstaatlichen Organisationen, die im Zeitpunkt des Inkrafttretens der Änderung Vertragsparteien sind oder später werden.

**Artikel 14 Möglichkeiten, Vertragspartei des Protokolls zu werden; Inkrafttreten**

(1)

a) Jeder Staat, der Vertragspartei der Pariser Verbandsübereinkunft zum Schutz des gewerblichen Eigentums ist, kann Vertragspartei dieses Protokolls werden.

b) Ferner kann auch jede zwischenstaatliche Organisation Vertragspartei dieses Protokolls werden, wenn die folgenden Voraussetzungen erfüllt sind:

   i) Mindestens einer der Mitgliedstaaten der betreffenden Organisation ist Vertragspartei der Pariser Verbandsübereinkunft zum Schutz des gewerblichen Eigentums;

   ii) die betreffende Organisation hat eine regionale Behörde für die Zwecke der Eintragung von Marken mit Wirkung im Gebiet der Organisation, soweit diese Behörde nicht Gegenstand einer Notifikation nach Artikel 9*quater* ist.

(2) Jeder Staat oder jede Organisation nach Absatz 1 kann dieses Protokoll unterzeichnen. Jeder dieser Staaten oder jede dieser Organisationen kann, wenn sie das Protokoll unterzeichnet haben, eine Ratifikations-, Annahme- oder Genehmigungsurkunde zu dem Protokoll oder, falls sie dieses Protokoll nicht unterzeichnet haben, eine Beitrittsurkunde zu dem Protokoll hinterlegen.

(3) Die in Absatz 2 bezeichneten Urkunden werden beim Generaldirektor hinterlegt.

(4)

a) Dieses Protokoll tritt drei Monate nach der Hinterlegung von vier Ratifikations-, Annahme-, Genehmigungs- oder Beitrittsurkunden in Kraft; jedoch muss mindestens eine dieser Urkunden von einem Land, das Vertragspartei des Madrider Abkommens (Stockholmer Fassung) ist, und mindestens eine weitere dieser Urkunden von einem Staat, der nicht Vertragspartei des Madrider Abkommens (Stockholmer Fassung) ist, oder von einer der in Absatz 1 Buchstabe b) bezeichneten Organisationen hinterlegt worden sein.

b) Für jeden anderen Staat oder jede andere Organisation nach Absatz 1 tritt dieses Protokoll drei Monate nach dem Zeitpunkt in Kraft, zu dem seine Ratifikation, Annahme, Genehmigung oder der Beitritt dazu durch den Generaldirektor notifiziert worden ist.

(5) Die in Absatz 1 bezeichneten Staaten oder Organisationen können bei der Hinterlegung ihrer Ratifikations-, Annahme-, Genehmigungs- oder Beitrittsurkunde zu diesem Protokoll erklären, dass der Schutz aus einer internationalen Registrierung, die vor Inkrafttreten des Protokolls für sie aufgrund des Protokolls bewirkt wurde, auf sie nicht ausgedehnt werden kann.

**Artikel 15 Kündigung**

(1) Dieses Protokoll bleibt ohne zeitliche Begrenzung in Kraft.

(2) Jede Vertragspartei kann dieses Protokoll durch eine an den Generaldirektor gerichtete Notifikation kündigen.

(3) Die Kündigung wird ein Jahr nach dem Tag wirksam, an dem die Notifikation beim Generaldirektor eingegangen ist.

(4) Das in diesem Artikel vorgesehene Kündigungsrecht kann von einer Vertragspartei nicht vor Ablauf von fünf Jahren nach dem Zeitpunkt ausgeübt werden, zu dem dieses Protokoll für sie in Kraft getreten ist.

(5)

a) Ist eine Marke zum Zeitpunkt des Wirksamwerdens der Kündigung Gegenstand einer internationalen Registrierung mit Wirkung in dem kündigenden Staat oder der kündigenden zwischenstaatlichen Organisation, so kann der Inhaber dieser Registrierung bei der Behörde des kündigenden Staates oder der kündigenden zwischenstaatlichen Organisation ein Gesuch um Eintragung derselben Marke einreichen, das so behandelt wird, als sei es zum Datum der internationalen Registrierung nach Artikel 3 Absatz 4 oder zum Datum der Eintragung der territorialen Ausdehnung nach Artikel 3*ter* Absatz 2 eingereicht worden; es genießt, falls die internationale Registrierung Priorität genoss, dieselbe Priorität, sofern i) dieses Gesuch innerhalb von zwei Jahren nach dem Zeitpunkt eingereicht wird, zu dem die Kündigung wirksam wurde, ii) die im Gesuch aufgeführten Waren und Dienstleistungen in Bezug auf den kündigenden Staat oder die kündigende zwischenstaatliche Organisation tatsächlich von der in der internationalen Registrierung enthaltenen Liste der Waren und Dienstleistungen erfasst sind und iii) dieses Gesuch allen Vorschriften des geltenden Rechts einschließlich der Gebührenvorschriften entspricht.

b) Die Bestimmungen des Buchstabens a) finden ebenfalls in Bezug auf Marken Anwendung, die im Zeitpunkt des Wirksamwerdens der Kündigung Gegenstand einer internationalen Registrierung mit Wirkung in anderen Vertragsparteien als dem kündigenden Staat oder der kündigenden zwischenstaatlichen Organisation sind und deren Inhaber wegen der Kündigung nicht mehr berechtigt sind, internationale Gesuche nach Artikel 2 Absatz 1 einzureichen.

**Artikel 16   Unterzeichnung; Sprachen; Aufgaben des Verwahrers**

(1)

a) Dieses Protokoll wird in einer Urschrift in englischer, französischer und spanischer Sprache unterzeichnet und beim Generaldirektor hinterlegt, wenn es in Madrid nicht mehr zur Unterzeichnung aufliegt. Der Wortlaut ist in den drei Sprachen gleichermaßen verbindlich.

b) Amtliche Fassungen dieses Protokolls werden vom Generaldirektor nach Beratung mit den beteiligten Regierungen und Organisationen in arabischer, chinesischer, deutscher, italienischer, japanischer, portugiesischer und russischer Sprache sowie in anderen Sprachen hergestellt, welche die Versammlung bestimmen kann.

(2) Dieses Protokoll liegt bis zum 31. Dezember 1989 in Madrid zur Unterzeichnung auf.

(3) Der Generaldirektor übermittelt zwei von der spanischen Regierung beglaubigte Abschriften des unterzeichneten Wortlauts dieses Protokolls allen Staaten und zwischenstaatlichen Organisationen, die Vertragspartei des Protokolls werden können.

(4) Der Generaldirektor lässt dieses Protokoll beim Sekretariat der Vereinten Nationen registrieren.

(5) Der Generaldirektor notifiziert allen Staaten und internationalen Organisationen, die Vertragsparteien dieses Protokolls werden können oder sind, die Unterzeichnungen, Hinterlegungen von Ratifikations-, Annahme-, Genehmigungs- oder Beitrittsurkunden, das Inkrafttreten des Protokolls und etwaiger Änderungen desselben, jede Notifikation einer Kündigung und jede in dem Protokoll vorgesehene Erklärung.

**ERKLÄRUNG zur individuellen Gebührenordnung**

Der Präsident des Rates fügt der Beitrittsurkunde anlässlich ihrer Hinterlegung beim General-direktor der Weltorganisation für geistiges Eigentum folgende Erklärung bei:

»Die Europäische Gemeinschaft erklärt, dass sie im Zusammenhang mit jeder internationalen Registrierung, in der sie nach Artikel 3ter Absatz 1 oder 2 des Madrider Protokolls benannt wird, und im Zusammenhang mit jeder Erneuerung einer solchen internationalen Registrie-rung anstelle eines Anteils an den Einnahmen aus den Zusatz- und Ergänzungsgebühren Fol-gendes erhalten möchte:

für eine Gemeinschaftsmarke:
- eine Benennungsgebühr von 1 875 EUR zuzüglich gegebenenfalls 400 EUR für jede Wa-ren- und Dienstleistungsklasse ab der vierten Klasse oder gegebenenfalls
- eine Erneuerungsgebühr von 2 300 EUR zuzüglich gegebenenfalls 500 EUR für jede Wa-ren- oder Dienstleistungsklasse ab der vierten Klasse;

für eine Gemeinschaftskollektivmarke:
- eine Benennungsgebühr von 3 675 EUR zuzüglich gegebenenfalls 800 EUR für jede Wa-ren- oder Dienstleistungsklasse ab der vierten Klasse oder gegebenenfalls
- eine Erneuerungsgebühr von 4 800 EUR zuzüglich gegebenenfalls 1 000 EUR für jede Warenoder Dienstleistungsklasse ab der vierten Klasse.«

**MITTEILUNG über die Umwandlung einer Benennung der Europäischen Gemeinschaft in eine Benennung der Mitgliedstaaten**

Der Präsident des Rates fügt der Beitrittsurkunde anlässlich ihrer Hinterlegung beim General-direktor der Weltorganisation für geistiges Eigentum folgende Erklärung bei:

»Die Europäische Gemeinschaft erklärt, dass eine im Internationalen Register eingetragene Be-nennung der Europäischen Gemeinschaft im Falle ihrer Zurückweisung oder des Verlusts ihrer Wirkung in eine Benennung eines ihrer Mitgliedstaaten umgewandelt werden kann, sofern die Bedingungen des Artikels 154 der Verordnung über die Gemeinschaftsmarke in der geänderten Fassung und die einschlägigen Bestimmungen des Madrider Abkommens und des Madrider Protokolls erfüllt sind.«

**ERKLÄRUNG der Europäischen Gemeinschaft gegenüber dem internationalen Büro zur Frist für die Mitteilung der Schutzverweigerung im Hoheitsgebiet einer Vertragspartei**

Die Europäische Gemeinschaft erklärt, dass gemäß Artikel 5 Absatz 2 Buchstabe b) des Pro-tokolls zum Madrider Abkommen über die internationale Registrierung von Marken (1989) die in Artikel 5 Absatz 2 Buchstabe a) des Protokolls genannte Frist von einem Jahr, innerhalb deren von dem Recht auf Mitteilung der Schutzverweigerung Gebrauch gemacht werden kann, durch eine Frist von achtzehn Monaten ersetzt wird.[2]

---

2  Die Europäische Gemeinschaft weist darauf hin, dass diese Erklärung nur vorläufiger Art sein soll. Sie wird zurückgezogen, wenn die Gründe für diese Erklärung hinfällig geworden sind.

# Anhang 8

## Liste der Gemeinschaftsmarkengerichte und Gemeinschaftsgeschmacksmuster- gerichte

### A. Liste der Gemeinschaftsmarkengerichte

(gemäß Mitteilung Nr 10/05 des Präsidenten des Amtes vom 28.11.2005)
(1) erster Instanz
(2) zweiter Instanz

#### Belgien

(1) Tribunal de Commerce de Bruxelles/Rechtbank van Koophandel te Brussel
(2) Cour d'appel de Bruxelles/Hof van Beroep te Brussel

#### Dänemark

(1) Sø- og Handelsretten, København
(2) Højesteret, København

#### Deutschland

(1) Landgericht Mannheim
  Landgericht Stuttgart
  Landgericht Nürnberg-Fürth
  Landgericht München I
  Landgericht Berlin
  Landgericht Bremen
  Landgericht Hamburg
  Landgericht Frankfurt am Main
  Landgericht Rostock
  Landgericht Braunschweig
  Landgericht Düsseldorf
  Landgericht Koblenz
  Landgericht Frankenthal (Pfalz)
  Landgericht Saarbrücken
  Landgericht Leipzig
  Landgericht Magdeburg
  Landgericht Kiel
  Landgericht Erfurt
(2) Oberlandesgericht Karlsruhe
  Oberlandesgericht Stuttgart
  Oberlandesgericht Nürnberg
  Oberlandesgericht München

Kammergericht Berlin
Hanseatisches Oberlandesgericht Bremen
Hanseatisches Oberlandesgericht Hamburg
Oberlandesgericht Frankfurt am Main
Oberlandesgericht Rostock
Oberlandesgericht Braunschweig
Oberlandesgericht Düsseldorf
Oberlandesgericht Koblenz
Pfälzisches Oberlandesgericht Zweibrücken
Saarländisches Oberlandesgericht Saarbrücken
Oberlandesgericht Dresden
Oberlandesgericht Naumburg
Schleswig-Holsteinisches Oberlandesgericht
Thüringer Oberlandesgericht

### Estland

(1) Harju Maakohus
(2) Tallinna Ringkonnakohus

### Finnland

(1) Helsingin käräjöikeus
(2) Helsingin hovioikeus

### Frankreich

(1) Tribunal de grande instance de Paris
(2) Cour d'appel de Paris

### Griechenland

(1) Tribunal de première instance d'Athènes
    Tribunal de première instance de Thessaloniki
(2) Cour d'appel d'Athènes
    Cour d'appel de Thessaloniki

### Irland

(1) the High Court
(2) the Supreme Court

### Italien

(1) Tribunale di Bari
    Tribunale di Bologna
    Tribunale di Catania
    Tribunale di Firenze

Tribunale di Genova
Tribunale di Milano
Tribunale di Napoli
Tribunale di Palermo
Tribunale di Roma
Tribunale di Torino
Tribunale di Trieste
Tribunale di Venezia
(2) Corte d'appello di Bari
Corte d'appello di Bologna
Corte d'appello di Catania
Corte d'appello di Firenze
Corte d'appello di Genova
Corte d'appello di Milano
Corte d'appello di Napoli
Corte d'appello di Palermo
Corte d'appello di Roma
Corte d'appello di Torino
Corte d'appello di Trieste
Corte d'appello di Venezia

### Litauen

(1) Vilniaus apygardos teismas
(2) Apeliacinis Teismas

### Luxemburg

(1) Tribunal d'Arrondissement de Luxembourg
(2) Cour Supérieure de Justice

### Malta

(1) First hall of the Civil Court
(2) The Court of Appeal

### Niederlande

(1) Arrondissementsrechtbank te 's – Gravenhage
(2) Gerechtshof te 's – Gravenhage

### Österreich

(1) Handelsgericht Wien
(2) Oberlandesgericht Wien

**Polen**

(1) Sąd Okręgowy w Warszawie
(2) Sąd Apelacyjny w Warszawie

**Portugal**

(1) Tribunal do Comércio de Lisboa
    Tribunal do Comércio de Vila Nova de Gaia
(2) Tribunal da Relação de Coimbra
    Tribunal da Relação de Evora
    Tribunal da Relação de Faro
    Tribunal da Relação de Guimarães
    Tribunal da Relação de Lisboa
    Tribunal da Relação de Porto

**Schweden**

(1) Stockholms tingsrätt
(2) Svea hovrätt, Stockholm

**Slowakei**

(1) Okresný súd v Bratislave I
    Okresný súd v Banskej Bystrici
    Okresný súd v Košiciach I
(2) Krajský súd v Bratislave
    Krajský súd v Banskej Bystrici
    Krajský súd v Košiciach
    (Bratislava; Banska Bystrica; Košice)

**Slowenien**

(1) Okrožno sodišèe v Ljubljani
(2) Višje sodišèe v Ljubljani

**Spanien**

(1) Juzgados de lo Mercantil de Alicante
(2) Audiencia Provincial de Alicante

**Tchechische Republik**

(1) Městský soud v Praze
(2) Vrchní soud v Praze

### Vereinigtes Königreich

(1) England and Wales: The High Court
    The Patents County Court
    Birmingham County Court
    Bristol County Court
    Cardiff County Court
    Leeds County Court
    Liverpool County Court
    Manchester County Court
    Newcastle upon Tyne County Court
    Scotland: The Court of Session
    Northern Ireland: The High Court
(2) The Court of Appeal

### B. Liste der Gemeinschaftsgeschmacksmustergerichte

(gemäß Mitteilung Nr 9/05 des Präsidenten des Amtes vom 28.11.2005)
(1) erster Instanz
(2) zweiter Instanz

### Belgien

(1) Tribunal de Commerce de Bruxelles/Rechtbank van Koophandel te Brussel
(2) Cour d'appel de Bruxelles/Hof van Beroep te Brussel

### Dänemark

(1) Sø – og Handelsretten, København
(2) Højesteret, København

### Deutschland

(1) Landgericht München I
    Landgericht Nürnberg-Fürth
    Landgericht Mannheim
    Landgericht Stuttgart
    Landgericht Berlin
    Landgericht Bremen
    Landgericht Hamburg
    Landgericht Frankfurt am Main
    Landgericht Neubrandenburg
    Landgericht Rostock
    Landgericht Schwerin
    Landgericht Stralsund
    Landgericht Braunschweig
    Landgericht Düsseldorf
    Landgericht Bad Kreuznach

Landgericht Kaiserslautern
Landgericht Koblenz
Landgericht Trier
Landgericht Landau in der Pfalz
Landgericht Mainz
Landgericht Gera
Landgericht Meiningen
Landgericht Mühlhausen
Landgericht Frankenthal (Pfalz)
Landgericht Saarbrücken
Landgericht Bautzen
Landgericht Chemnitz
Landgericht Dresden
Landgericht Görlitz
Landgericht Leipzig
Landgericht Zwickau
Landgericht Magdeburg
Landgericht Flensburg
Landgericht Itzehoe
Landgericht Kiel
Landgericht Lübeck
Landgericht Erfurt

(2) Oberlandesgericht München
Oberlandesgericht Nürnberg
Oberlandesgericht Karlsruhe
Oberlandesgericht Stuttgart
Kammergericht Berlin
Hanseatisches Oberlandesgericht Bremen
Hanseatisches Oberlandesgericht Hamburg
Oberlandesgericht Frankfurt am Main
Oberlandesgericht Rostock
Oberlandesgericht Braunschweig
Oberlandesgericht Düsseldorf
Pfälzisches Oberlandesgericht Zweibrücken
Oberlandesgericht Koblenz
Saarländisches Oberlandesgericht Saarbrücken
Oberlandesgericht Dresden
Oberlandesgericht Naumburg
Schleswig-Holsteinisches Oberlandesgericht
Oberlandesgericht Jena

## Estland

(1) Harju Maakohus
(2) Tallinna Ringkonnakohus

### Finnland

(1) Helsingin käräjöikeus
(2) Helsingin hovioikeus

### Griechenland

(1) Athens city court
    Thessaloniki city court
(2) Athenes Court of Appeal
    Thessaloniki Court of Appeal

### Irland

(1) The High Court
(2) The Supreme Court

### Italien

(1) Tribunale di Bari
    Tribunale di Bologna
    Tribunale di Catania
    Tribunale di Firenze
    Tribunale di Genova
    Tribunale di Milano
    Tribunale di Napoli
    Tribunale di Palermo
    Tribunale di Roma
    Tribunale di Torino
    Tribunale di Trieste
    Tribunale di Venezia
(2) Corte d'appello di Bari
    Corte d'appello di Bologna
    Corte d'appello di Catania
    Corte d'appello di Firenze
    Corte d'appello di Genova
    Corte d'appello di Milano
    Corte d'appello di Napoli
    Corte d'appello di Palermo
    Corte d'appello di Roma
    Corte d'appello di Torino
    Corte d'appello di Trieste
    Corte d'appello di Venezia

### Lettland

(1) Riga Regional Court
(2) Latvia Supreme Court – Chamber of Civil Cases

**Litauen**

(1) Vilniaus apygardos teismas
(2) Apeliacinis Teismas

**Niederlande**

(1) Arrondissementsrechtbank te 's – Gravenhage
(2) Gerechtshof te 's – Gravenhage

**Österreich**

(1) Handelsgericht Wien
(2) Oberlandesgericht Wien

**Polen**

(1) Sąd Okręgowy w Warszawie
(2) Sąd Apelacyjny w Warszawie

**Portugal**

(1) Tribunal do Comércio de Lisboa
(2) Tribunal da Relação de Lisboa

**Schweden**

(1) Stockholms tingsrätt
(2) Svea hovrätt, Stockholm

**Slowakei**

(1) Okresný súd v Bratislave I
   Okresný súd v Banskej Bystrici
   Okresný súd v Košiciach I
(2) Krajský súd v Bratislave
   Krajský súd v Banskej Bystrici
   Krajský súd v Košiciach

**Slowenien**

(1) Okrožno sodišèe v Ljubljani
(2) Višje sodišèe v Ljubljani

**Spanien**

(1) Juzgados de lo Mercantil de Alicante
(2) Audiencia Provincial de Alicante

**Tschechische Republik**

(1) Městský soud v Praze
(2) Vrchní soud v Praze

**Ungarn**

(1) Fővárosi Biróság
(2) Fővárosi Itélőtábla

**Vereinigtes Königreich**

(1) The High Court
    The Patents County Court
    The Court of Session
(2) The Court of Appeal

# Anhang 9

Übersicht über Beschlüsse und Mitteilungen des Präsidenten des Amtes, Richtlinien und Formblätter

(Hingewiesen wird nur noch auf heute geltende oder praktisch bedeutsame, nicht mehr auf aufgehobene oder durch Zeitlablauf obsolete Beschlüsse und Mitteilungen.)

## I. Beschlüsse des Präsidenten des Amtes

(elektronisch verfügbar unter http://oami.europa.eu/ows/rw/pages/CTM/legalReferences/decisionsPresident.de.do)

| | |
|---|---|
| Nr ADM-95-23 vom 22.12.1995 zur Festlegung der Tage und Uhrzeiten, an denen das Amt zur Entgegennahme von Schriftstücken geöffnet ist und an denen gewöhnliche Postsendungen zugestellt werden | ABl 1995, 486 |
| Nr EX-96-1 vom 11.1.1996 über die Eröffnung von laufenden Konten bei dem Amt | ABl 1996, 6 |
| Nr EX-96-3 vom 5.3.1996 über die bei der Beanspruchung einer Priorität oder eines Zeitrangs vorzulegenden Nachweise | ABl 1996, 394 |
| Nr EX-96-7 vom 30.7.1996 zur Änderung des Beschlusses Nr EX-96-1 über die Eröffnung von laufenden Konten bei dem Amt | ABl 1996, 1454 |
| Nr EX-97-1 vom 1 4.1997 zur Bestimmung der Form von Entscheidungen, Mitteilungen und Bescheiden des Amtes | ABl 1997, 422 |
| Nr EX-98-1 vom 30.6.1998 zur Inkraftsetzung von Richtlinien für die Verfahren vor dem Amt | ABl 1998, 766 |
| Nr EX-98-3 vom 26.11.1998 zur Inkraftsetzung von Richtlinien für die Verfahren vor dem Amt | ABl 1999, 22 |
| Nr EX-99-1 vom 12.1.1999 über die Festlegung der Entschädigungen und Vergütungen, die Zeugen und Sachverständigen gewährt wird | ABl 1999, 506 |
| Nr EX-99-3 vom 4.11.1999 zur Inkraftsetzung von Richtlinien für die Verfahren vor dem Amt | ABl 2000, 6 |
| Nr EX-00-1 vom 27.11.2000 über Eintragungen in das Gemeinschaftsmarkenregister | ABl 2001, 294 |
| Nr EX-02-1 vom 19.4.2002 zur Inkraftsetzung von Richtlinien für die Verfahren vor dem Amt | ABl 2002, 1140 |
| Nr EX-03-1 vom 20.1.2003 zur Änderung des Beschlusses Nr EX-96-1 vom 11. Januar 1996 über die Eröffnung von laufenden Konten bei dem Amt | ABl 2003, 1042 |

Nr EX-03-2 vom 20.1.2003 zur Änderung des Beschlusses Nr EX-99-1 vom 12. Januar 1999 über die Festlegung der Entschädigungen und Vergütungen, die Zeugen und Sachverständigen gewährt wird — ABl 2003, 854

Nr EX-03-5 vom 20.1.2003 über die formalen Voraussetzungen von Prioritäts- und Senioritätsansprüchen — ABl 2003, 868

Nr EX-03-6 vom 20.1.2003 zur Bestimmung des geringfügigen Betrags einer Gebühr oder eines Preises — ABl 2003, 876

Nr EX-03-7 vom 20.2.2003 zur Inkraftsetzung von Richtlinien für die Verfahren vor dem Amt — ABl 2003, 1054

Nr EX-03-10 vom 27.11.2003 zur Inkraftsetzung von Richtlinien für die Verfahren vor dem Amt — ABl 2004, 6

Nr EX-04-2 vom 10.5.2004 zur Inkraftsetzung von Richtlinien für die Verfahren vor dem Amt — ABl 2004, 728

Nr ADM-04-35 vom 18.11.2004 über die Schaffung einer Dienststelle für die Kundenbetreuung

Nr EX-04-4 vom 25.11.2004 zur Inkraftsetzung von Richtlinien für die Verfahren vor dem Amt — ABl 2005, 6

Nr EX-05-3 vom 10.10.2005 über die elektronische Anmeldung von Hörmarken — ABl 2006, 6

Nr EX-05-4 vom 10.10.2005 betreffend die Aufbewahrung der Akten — ABl 2006, 10

Nr EX-05-5 vom 1.6.2005 über die bei Inanspruchnahme von Priorität und Zeitrang vorzulegenden Nachweise — ABl 2005, 1082

Nr EX-05-6 vom 27.7.2005 betreffend die öffentliche Zustellung — ABl 2005, 1212

Nr EX-06-1 vom 12.1.2006 zur Änderung des Beschlusses Nr EX-96-1 vom 11.1.1996 über die Eröffnung von laufenden Konten beim Amt — ABl 2006, 324

Nr EX-06-4 vom 23.3.2006 zur Inkraftsetzung von Richtlinien für die Verfahren vor dem Amt — ABl 2006, 440

Nr EX-07-1 vom 16.3.2007 über Eintragungen in das Gemeinschaftsmarkenregister — ABl 2007, Nr 5

Nr EX-07-6 vom 29.11.2007 zur Inkraftsetzung von Richtlinien für die Verfahren vor dem Amt — ABl 2007, Nr 12

Nr EX-08-1 vom 24.4.2008 zur Inkraftsetzung von Richtlinien für die Verfahren vor dem Amt — ABl 2008, Nr 5

Nr EX-09-1 vom 30.4.2009 über die Verlängerung der Widerspruchsfrist gegen die in den Blättern für GMn 007/2009 und 008/2009 veröffentlichten GMAen — ABl 2009, Nr 6

Nr EX-10-1 vom 23.4.2010 über Fristverlängerungen — ABl 2010, Nr 5

| | |
|---|---|
| Nr EX-10-2 vom 28.9.2010 betreffend die Abschaffung von Gebühren für die Daten zu Anmeldungen von Gemeinschaftsmarken (CTM-DOWNLOAD) | ABl 2010, Nr 10 |
| Nr EX-11-1 vom 18.2.2011 über die Zustellung von Eintragungsurkunden | ABl 2011, Nr 3 |
| Nr EX-11-2 vom 17.3.2011 über Fristverlängerungen | ABl 2011, Nr 4 |
| Nr EX-11-3 vom 18.4.2011 betreffend die elektronische Übermittlung an und durch das Amt | ABl 2011, Nr 6 |
| Nr ADM-11-38 vom 14. Juni 2011 zur Änderung des Beschlusses Nr ADM-09-51 | ABl 2011, Nr 7 |
| Nr EX-11-4 vom 1.8.2011 über die Verwaltungsgebühren für die Mediation | ABl 2011, Nr 9 |
| Nr EX-11-5 vom 16.12.2011 zur Festlegung der Tage, an denen das Amt nicht zur Entgegennahme von Schriftstücken geöffnet ist und an denen gewöhnliche Postsendungen nicht zugestellt werden | ABl 2012, Nr 1 |
| Nr ADM-11-98 zur Regularisierung bestimmter Gebührenerstattungen | ABl 2012, Nr 2 |
| Nr EX-12-1 vom 27.3.2012 zu Fristverlängerungen | ABl 2012, Nr 4 |
| Nr EX-12-2 vom 29.6.2012 zu Fristverlängerungen | ABl 2012, Nr 8 |
| Nr Ex-12-3 vom 31.10.2012 zu Fristverlängerungen | ABl 2012, Nr 12 |
| Nr EX-12-4 vom 9.11.2012 zu Fristverlängerungen | ABl 2012, Nr 12 |
| Nr EX-12-6 vom 20.12.2012 zu Fristverlängerungen | |
| Nr EX-12-5 vom 19.12.2012 zur Festlegung der Tage, an denen das Amt nicht zur Entgegennahme von Schriftstücken geöffnet ist und an denen gewöhnliche Postsendungen nicht zugestellt werden | ABl 2013, Nr 1 |
| Nr Ex-12-6 vom 20.12.2012 zu Fristverlängerungen | ABl 2013, Nr 2 |

## II. Mitteilungen des Präsidenten des Amtes

(elektronisch verfügbar unter http://oami.europa.eu/de/office/aspects/deciscommunic.htm)

| | |
|---|---|
| Nr 1/95 vom 18.9.1995 über berufsmäßige Vertretung | ABl 1995, 16 |
| Nr 2/95 vom 12.12.1995 über die Liste der beim Amt zugelassenen Vertreter | ABl 1995, 464 |
| Nr 1/96 vom 16.1.1996 über das Formular zur Anmeldung einer Gemeinschaftsmarke | ABl 1996, 6 |
| Nr 2/96 vom 22.3.1996 über zugelassene Vertreter | ABl 1996, 590 |
| Nr 3/96 vom 22.3.1996 über die bei der Beanspruchung einer Priorität oder eines Zeitrangs vorzulegenden Nachweise | ABl 1996, 594 |
| Nr 4/96 vom 19.7.1996 über berufsmäßige Vertretung | ABl 1996, 1272 |

| | |
|---|---|
| Nr 5/96 vom 8.8.1996 über laufende Konten | ABl 1996, 1460 |
| Nr 6/96 vom 8.8.1996 über die Zahlung von Gebühren per Scheck | ABl 1996, 1274 |
| Nr 7/96 vom 18.12.1996 über eine Unterbrechung der Postzustellung in Spanien | ABl 1997, 116 |
| Nr 2/97 vom 3.7.1997 über die Zahlung der Anmeldegebühr | ABl 1997, 758 |
| Nr 3/97 vom 17.12.1997 über den Schutz von Marken auf internationalen Ausstellungen | ABl 1998, 178 |
| Nr 4/97 vom 23.6.1997 über die berufsmäßige Vertretung | ABl 1997, 1182 |
| Nr 5/97 vom 26.9.1997 zu den Übersetzungen von Anmeldungen und ihrer Prüfung | ABl 1997, 1378 |
| Nr 6/97 vom 15.10.1997 über eine Unterbrechung und anschließende Störung der Postzustellung in Spanien | ABl 1997, 1394 |
| Nr 2/98 vom 8.4.1998 über die Prüfung von dreidimensionalen Marken | ABl 1998, 700 |
| Nr 3/98 vom 20.4.1998 zu den Übersetzungen von Anmeldungen | ABl 1998, 698 |
| Nr 4/98 vom 6.7.1998 über die Angabe des Anmeldetages in der Empfangsbescheinigung | ABl 1998, 884 |
| Nr 5/98 vom 16.6.1998 über eine Unterbrechung der Postzustellung in Spanien | ABl 1998, 862 |
| Nr 6/98 vom 14.11.1998 über die Prüfung von Zeitrangansprüchen | ABl 1999, 6 |
| Nr 7/98 vom 3.8.1998 über die Einrichtung eines Briefkastens für die Einreichung von Dokumenten beim Amt | ABl 1998, 928 |
| Nr 8/98 vom 29.9.1998 über die zuständige Stelle gemäß Artikel 82 Absatz 2 GMV in Vereinigten Königreich | ABl 1998, 1380 |
| Nr 9/98 vom 27.10.1998 über die Einführung des Euro | ABl 1998, 1382 |
| Nr 11/98 vom 15.12.1998 über die Veröffentlichung der Eintragung von Gemeinschaftsmarken | ABl 1999, 270 |
| Nr 2/99 vom 7.5.1999 über berufsmäßige Vertretung | ABl 1999, 1002 |
| Nr 5/99 vom 14.7.1999 über die Benennung von Gemeinschaftsmarkengerichten | ABl 1999, 1140 |
| Nr 6/99 vom 30.7.1999 über die zuständige Stelle gemäß Artikel 82 Absatz 2 GMV in den Niederlanden | ABl 1999, 1516 |
| Nr 7/99 vom 21.9.1999 über die Benennung von Gemeinschaftsmarkengerichten | ABl 2000, 472 |
| Nr 8/99 vom 8.11.1999 über die Aufbewahrung der Akten | ABl 2000, 72 |
| Nr 10/99 vom 8.12.1999 über Prioritätsansprüche | ABl 2000, 476 |
| Nr 2/00 vom 25.2.2000 über Zeitrangansprüche | ABl 2000, 484 |
| Nr 4/00 vom 4.8.2000 über die deutsche Rechtschreibung | ABl 2000, 1560 |

Nr 6/00 vom 14.12.2000 über die Schließung eines Bankkontos — ABl 2001, 644

Nr 1/01 vom 16.2.2001 zur Überbeglaubigung von Dokumenten des Amtes — ABl 2001, 1218

Nr 5/01 vom 29.6.2001 über die Verfügbarkeit von Kontoauszügen für laufende Konten auf der Internetsite des Amtes — ABl 2001, 1634

Nr 6/01 vom 13.9.2001 über Fristverlängerungen — ABl 2001, 1946

Nr 7/01 vom 28.9.2001 betreffend die Benennung von Gemeinschaftsmarkengerichten — ABl 2001, 2150

Nr 8/01 vom 3.10.2001 über Fristverlängerungen — ABl 2001, 2152

Nr 10/01 vom 20.12.2001 betreffend das Gebäude in der Avenida Aguilera — ABl 2002, 478

Nr 1/02 vom 19.2.2002 über die zuständige Stelle gemäß Artikel 82 Absatz 2 GMV in Frankreich — ABl 2002, 886

Nr 4/02 vom 27.6.2002 über vorgeschlagene Abkürzungen von Rechtsvorschriften — ABl 2002, 1626

Nr 5/02 vom 17.5.2002 über Veröffentlichungen des Amtes — ABl 2002 1628

Nr 6/02 vom 8.5.2002 über die Benennung von Gemeinschaftsmarkengerichten — ABl 2002, 1630

Nr 7/02 vom 17.5.2002 über die zuständige Stelle gemäß Artikel 82 (2) GMV in Dänemark — ABl 2002, 1882

Nr 8/02 vom 17.6.2002 über eine Unterbrechung der Postzustellung in Spanien — ABl 2002, 1634

Nr 9/02 vom 16.7.2002 über die 8. Auflage der Nizzaer Klassifikation — ABl 2002, 1884

Nr 10/02 vom 28.6.2003 über die berufsmäßige Vertretung im Rahmen der Gemeinschaftsgeschmacksmusterverordnung — ABl 2002, 1636

Nr 11/02 vom 11.10.2002 über die Eröffnung eines weiteren Bankkontos — ABl 2003, 20

Nr 12/02 vom 5.12.2002 betreffend die berufsmäßige Vertretung in Geschmacksmusterangelegenheiten — ABl 2003, 524

Nr 1/03 vom 27.1.2003 zur Ausstellungspriorität — ABl 2003, 880

Nr 2/03 vom 10.2.2003 über die Erfassung von Vollmachten in der Hauptabteilung Marken- und Musterverwaltung — ABl 2003, 882

Nr 5/03 vom 16.10.2003 über die Erweiterung der Europäischen Union im Jahr 2004 — ABl 2004, 8

Nr 6/03 vom 10.11.2003 betreffend Farbmarken — ABl 2004, 88

Nr 7/03 vom 10.11.2003 über eine Unterbrechung der Postzustellung im Vereinigten Königreich — ABl 2004, 92

Nr 8/03 vom 18.11.2003 über das Madrider Protokoll — ABl 2004, 94

| | |
|---|---|
| Nr 1/04 vom 11.2.2004 über die zuständige Stelle gemäß Artikel 82 Absatz 2 GMV in Österreich | ABl 2004, 558 |
| Nr 2/04 vom 11.2.2004 über die zuständige Stelle gemäß Artikel 71 Absatz 2 GGV in Österreich | ABl 2004, 560 |
| Nr 3/04 vom 1.3.2004 über die 8. Ausgabe der Locarno-Klassifikation | ABl 2004, 618 |
| Nr 4/04 vom 30.4.2004 über die Verwendung der Sprache der Anmeldung | ABl 2004, 830 |
| Nr 6/04 vom 11.5.2004 über Fristen | ABl 2004, 834 |
| Nr 7/04 vom 28.5.2004 über das Madrider Protokoll | ABl 2004, 836 |
| Nr 8/04 vom 22.9.2004 über die zuständige Stelle gemäß Artikel 82 (2) GMV und Artikel 71 GGV in der Slowakei | ABl 2004, 1272 |
| Nr 9/04 vom 15.9.2004 zum Inkrafttreten des Madrider Protokolls | ABl 2004, 1386 |
| Nr 10/04 vom 14.12.2004 über neue Formblätter | ABl 2005, 318 |
| Nr 11/04 vom 21.10.2004 bezüglich unverbindlicher Auskünfte über das Ergebnis des Prüfungsverfahrens | ABl 2005, 194 |
| Nr 13/04 vom 21.12.2004 über die Ablösung von EURONICE ONLINE durch EUROACE 2004 | ABl 2005, 446 |
| Nr 14/04 vom 21.12.2004 betreffend die Benennung von Gemeinschaftsmarkengerichten | ABl 2005, 571, 622 |
| Nr 1/05 vom 26.1.2005 über den Schutz von Marken und Geschmacksmustern auf internationalen Ausstellungen | ABl 2005, 948 |
| Nr 2/05 vom 26.4.2005 über die zuständige Stelle gemäß Artikel 71 Absatz 2 GGV in Deutschland | ABl 2005, 852 |
| Nr 3/05 vom 26.4.2005 über die zuständige Stelle gemäß Artikel 82 Absatz 2 GMV in Deutschland | ABl 2005, 854 |
| Nr 4/05 vom 14.6.2005 betreffend die Berichtigung von Fehlern und Irrtümern im Register und in der Bekanntmachung der Eintragung von Gemeinschaftsgeschmacksmustern | ABl 2005, 1092 |
| Nr 5/05 vom 27.7.2005 über Anträge auf Verlängerung | ABl 2005, 1216 |
| Nr 6/05 vom 16.9.2005 über Rechtsbehelfe bei Fristversäumnis | ABl 2005, 1402 |
| Nr 7/05 vom 31.10.2005 betreffend die Eintragung von Gemeinschaftsmarken für Einzelhandelsdienstleistungen | ABl 2006, 14 |
| Nr 8/05 vom 21.12.2005 über die Verlängerung von Gemeinschaftsmarken | ABl 2006, 196 |
| Nr 9/05 vom 28.11.2005 betreffend die Benennung von Gemeinschaftsgeschmacksmustergerichten | ABl 2006, 98 |
| Nr 10/05 vom 28.11.2005 betreffend die Benennung von Gemeinschaftsmarkengerichten | ABl 2006, 102 |

| | |
|---|---|
| Nr 1/06 vom 2.2.2006 über die Verlängerung der Cooling-off-Frist | ABl 2006, 332 |
| Nr 2/06 vom 19.6.2006 über die Erweiterung der Europäischen Union im Jahr 2007 | ABl 2006, 1044 |
| Nr 3/06 vom 31.10.2006 über die 9. Ausgabe der Nizzaer Klassifikation | ABl 2007, Nr 1 |
| Nr 1/07 vom 2.2.2007 über die zuständige Stelle gemäß Artikel 82 Absatz 2 GMV in Irland | ABl 2007, Nr 3 |
| Nr 2/07 vom 2.2.2007 über die zuständige Stelle gemäß Artikel 71 Absatz 2 GGV in Irland | ABl 2007, Nr 3 |
| Nr 3/07 vom 13.3.2007 über die zuständige Stelle gemäß 82 Absatz 2 GMV in Belgien | ABl 2007, Nr 4 |
| Nr 4/07 vom 13.3.2007 über die zuständige Stelle gemäß Artikel 71 Absatz 2 GGV in Belgien | ABl 2007, Nr 4 |
| Nr 5/07 vom 12.9.2007 über die Änderungen bei der Praxis im Widerspruchsverfahren | ABl 2007, Nr 11 |
| Nr 1/08 vom 24.1.2008 über den Schutz von Marken und Geschmacksmustern auf internationalen Ausstellungen | ABl 2008, Nr 3 |
| Nr 2/08 vom 20.11.2008 über die 9. Ausgabe der Locarno-Klassifikation | ABl 2008, Nr 12 |
| Nr 1/09 vom 7.8.2009 über die zuständige Stelle gemäß Artikel 86 (2) GMV in Estland | ABl 2009, Nr 10 |
| Nr 2/09 vom 9.11.2009 betr Bemerkungen gemäß Art 40 GMV | ABl 2009, Nr 12 |
| Nr 2/12 vom 20.6.2012 über die Verwendung von Klassenüberschriften | ABl 2012, Nr 7 |
| Nr 3/12 vom 18.12.2012 über die 10. Ausgabe der Nizzaer Klassifikation, Version 2013 | ABl 2013, Nr 2 |
| Nr 4/12 vom 12.12.2012 über die Erweiterung der Europäischen Union auf Kroatien | ABl 2013, Nr 2 |

## III. Richtlinien für die Verfahren vor dem Amt

Neben den Richtlinien, die dem Verwaltungsrat vorgelegt wurden und vom Präsidenten des Amtes gemäß Art 124 (2) durch Beschluss in Kraft gesetzt sind

(http://oami.europa.eu/ows/rw/pages/CTM/legalReferences/guidelines/guidelines.de.do),

besteht noch eine Fassung, die ständig aktualisiert wird und ebenfalls für die Prüfer bindend ist, wenngleich vorläufig, das sogenannte Manual oder Praxishandbuch

(http://oami.europa.eu/ows/rw/pages/CTM/legalReferences/guidelines/OHIMManual.de.do).

In der Kommentierung wird jeweils auf die aktuellste Version hingewiesen, auf frühere Versionen nur, soweit für die Kommentierung von Interesse, und es wird dabei nicht zwischen den

Richtlinien und dem Manual unterschieden, da beide denselben Rechtscharakter der intern verbindlichen Prüferanweisung haben.

## IV. Formblätter des Amtes (R 83 DV)

(elektronisch verfügbar unter http://oami.europa.eu/de/mark/marque/form.htm)

| | |
|---|---|
| Antragsformblatt für die berufsmäßige Vertretung | ABl 1995, 30 |
| Formular zur Anmeldung einer Gemeinschaftsmarke | ABl 1995, 438; 1996, 16; ABl 2000, 91; ABl 2006, 749 |
| Vollmachtsformular | ABl 1995, 458 |
| Widerspruchsformblatt | ABl 1997, 183; 1997, 785 |
| Beschwerdeformblatt | ABl 1997, 765; ABl 2006, 520 |
| Formblatt für den Antrag auf Erklärung der Nichtigkeit | ABl 2006, 557 |
| Formblatt für den Antrag auf Erklärung des Verfalls | ABl 2005, 1324 |
| Umwandlungsformblatt | ABl 2001, 2172 |
| EM 2 Deutsch (Internationale Anmeldung nach dem Madrider Protokoll) | ABl 2004, 902 |
| EM 4 Deutsch (Nachträgliche Benennung nach dem Madrider Protokoll) | ABl 2004, 926 |
| Verlängerungsformblatt | ABl 2005, 1305 |
| Formblatt für die Eintragung von Änderungen im Register (Rechtsübergang, Lizenzen usw.) | ABl 2006, 692 |

# Entscheidungsregister

Die Entscheidungen sind sortiert nach Spruchkörper und Stichwörtern.

Halbfett gedruckte Ziffern verweisen auf den Artikel und mager gedruckte Ziffern auf die Randnummer der Kommentierung.

Zum Teil werden für eine Entscheidung unterschiedliche Stichwörter benutzt. Um das Auffinden zu erleichtern wird beim abweichenden Stichwort in der Spalte »Fundstelle« auf das Stichwort verwiesen, unter dem Aktenzeichen und Fundstelle erscheint.

Rechtsprechungsübersichten befinden sich unter den Randnummern 71, 72, 78-80, 119 und 120 (zu Art 7) sowie 176-190, 208-211 und 220-222 (zu Art 8).

## Gerichtshof der Europäischen Gemeinschaften (EuGH)

Alle Entscheidungen sind elektronisch verfügbar unter http://oami.europa.eu/ows/rw/pages/CTM/caseLaw/judgementsECJ.de.do. Seit einiger Zeit liegen die Entscheidungen überwiegend nur in der Verfahrenssprache und auf Französisch vor.

| Stichwort | Aktenzeichen | Fundstelle oder Datum | GMV, **Art**, Rdn |
|---|---|---|---|
| 1000 | C-51/10 | GRUR 2011, 1035; GRUR Int 2011, 400; MarkenR 2011, 112 | **4**, 41; **7**, 83; **75**, 15; **83**, 12, 13 |
| 222, 333, 555 | C-54/10, C-55/10 | 22.06.2011 | **7**, 83 |
| 350, 250, 150 | C-54/10, C-55/10 | 22.06.2011 | **7**, 83 |
| α | C-265/09 | GRUR 2010, 1096 | **4**, 41 |
| A+/AirPlus | C-216/10 | 25.11.2010 | **65**, 73, 74 |
| Adidas | C-102/07 | GRUR Int 2008, 589; MarkenR 2008, 167; Mitt. 2008, 338; ÖBl 2008, 306; WRP 2008, 767; Slg 2008 I-2439 | **8**, 12; **9**, 36 |
| Adidas/Fitness World | C-408/01 | GRUR 2004, 58; GRUR Int 2004, 121; MarkenR 2003, 453; IIC 2004, 65; Slg 2003 I-12537 | **8**, 238, 244 |
| Adidas/Marca Mode | C-425/98 | ABl-HABM 2000, 1290; GRUR Int 2000, 899; MarkenR 2000, 150; Slg 2000 I-4861 | **8**, 31, 44, 142, 238, 247 |
| Ahornblatt + RW | C-208/08 | GRUR Int 2010, 45 Slg 2009 I-6933 | **7**, 254, 255 |
| Aire Limpio | C-488/06 | GRUR Int 2008, 830; MarkenR 2008, 486; Slg 2008 I-5725 | **8**, 78, 94, 217 |

| Stichwort | Aktenzeichen | Fundstelle oder Datum | GMV, **Art**, Rdn |
|---|---|---|---|
| Alpine Pro Sportswear/Alpine | C-42/12 | 29.11.2012 | **65**, 74 |
| Anheuser-Busch | C-245/02 | ABl-HABM 2005, 378; GRUR Int 2005, 231; GRUR 2005, 153; MarkenR 2005, 33; Slg 2004-10989 | 1, 17; **9**, 60, 61; **12**, 10, 13, 20 |
| Ansul/Ajax | C-40/01 | ABl-HABM 2003, 1320; GRUR 2003, 425; MarkenR 2003, 223; Slg 2003 I-2439 | **15**, 47, 50 |
| Antonissen | C-292/89 | 26.02.1991 | 7, 224; **9**, 52 |
| Archer MacLean | C-552/10 | 29.06.2011 | **65**, 70, 74 |
| Armafoam/Nomafoam | C-514/06 | 18.09.2008 | 1, 30; **8**, 11; **112**, 14 |
| Arsenal | C-206/01 | ABl-HABM 2003, 392; GRUR Int 2003, 229; MarkenR 2002, 394; IIC 2003, 542; Slg 2002 I-10273 | **8**, 50; **9**, 29, 34, 38, 52; **12**, 66; **15**, 5 |
| Arthur et Félicie | C-291/00 | ABl-HABM 2003, 1349; GRUR 2003, 422; GRUR Int 2003, 533; MarkenR 2003, 134; Slg 2003 I-2799 | **8**, 39; **34**, 19 |
| Atoz/Artoz | C-559/08 | 16.09.2010 | **65**, 70, 74, 76 |
| Baby-Dry | C-383/99 | ABl-HABM 2003, 1296; GRUR 2001, 1145; GRUR Int 2002, 47; MarkenR 2001, 400; Mitt. 2001, 513; WRP 2001, 1276; Slg 2001 I-6251 | 7, 5, 7, 17, 64, 70, 125, 148, 154, 163, 167, 169, 182, 185; **65**, 49, 75 |
| Bainbridge/Bridge | C-234/06 | GRUR 2008, 343; GRUR Int 2007, 1009; MarkenR 2007, 427; Slg 2007 I-7333 | **8**, 67, 153; **15**, 12, 47; **65**, 71 |
| Barbara Becker | C-51/09 | GRUR 2010, 933; GRUR Int 2010, 857 | **8**, 36 |
| Bateaux Mouches | C-78/09 | 24.09.2009 | 7, 32 |
| Bavaria | C-343/07 | GRUR 2009, 961; MarkenR 2009, 377; Slg 2009 I-5491 | 7, 245 |
| Belgien/Spanien | C-388/05 | GRUR Int 2000, 750; Slg 2007 I-7555 | **164**, 6 |
| Benetton/G-Star | C-371/06 | GRUR 2007, 970; GRUR Int 2008, 42; MarkenR 2007, 435; Slg 2007 I-7709 | 7, 213, 220 |
| BergSpechte | C-278/08 | GRUR 2010, 451; GRUR Int 2010, 398; Slg 2010 I-2517 | **9**, 3, 6, 46 |
| BEST | C-657/11 | 11.07.2013 | **9**, 54 |
| BEST BUY II | C-92/10 | GRUR Int 2011, 255; MarkenR 2011, 12 | 7, 77 |
| BioID | C-37/03 | ABl-HABM 2005, 1434; GRUR 2006, 229; GRUR Int 2005, 1012; MarkenR 2005, 391; Slg 2005 I-7975 | 1, 51; 7, 63, 85; **37**, 15; **63**, 20; **65**,15 |

| Stichwort | Aktenzeichen | Fundstelle oder Datum | GMV, **Art**, Rdn |
|---|---|---|---|
| Biomild | C-265/00 | ABl-HABM 2004, 582; GRUR 2004, 680; GRUR Int 2004, 410; MarkenR 2004, 111; Mitt. 2004, 222; Slg 2004 I-1699 | 7, 18, 64; **66**, 24 |
| Blue/Bilbao Blue | C-325/03 | ABl-HABM 2005, 1354; Slg 2005 I-403 | **65**, 24, 25 |
| BMW/Deenik | C-63/97 | ABl-HABM 1999, 666; MarkenR 1999, 84; WRP 1999, 407; Slg 1999 I-905 | 7, 116; **9**, 3, 33, 53, 59; **12**, 25, 35; **28**, 37; **66**, 7 |
| Boehringer Ingelheim | C-348/04 | GRUR 2007, 586; GRUR Int 2007, 723; MarkenR 2007, 255; Slg 2007 I-3391 | **13**, 24 |
| Bonbonverpackung | C-25/05 | ABl-HABM 2006, 1136; GRUR 2006, 1022; GRUR Int 2006, 846; Slg 2006 I-5719 | 7, 91; **37**, 60 |
| Bostongurka | C-371/02 | ABl-HABM 2004, 1150; GRUR 2004, 682; GRUR Int 2004, 629; MarkenR 2004, 336; WRP 2004, 728; Slg 2004 I-5791 | **51**, 27 |
| Botocyl/Botox | C-100/11 | GRUR Int 2012, 630 | **8**, 241, 248, 254; 265; **65**, 74 |
| Bravo | C-517/99 | GRUR 2001, 1148; GRUR Int 2002, 145; MarkenR 2001, 403; WRP 2001, 1272; Slg 2001 I-6959 | 7, 208 |
| Brighton | C-624/11 | 27.09.2012 | **65**, 69, 72, 74 |
| Bristol-Myers Squibb | C-427/93 | WRP 1996, 880; Slg 1996 I-3457 | **13**, 1, 24, 29 |
| BSS | C-192/03 | Slg 2004 I-8993 | 7, 31, 205; **37**, 23 |
| Bud | C-96/09 | GRUR 2011, 737; GRUR Int 2011, 506; MarkenR 2011, 158; Slg 2011 I-2131 | **42**, 138; **78**, 47, 60 |
| Budvar/Ammersin | C-478/07 | GRUR Int 2010, 401; Slg 2009 I-7712 | **164**, 24, 25 |
| Budweiser II | C-482/09 | GRUR Int 2011, 939; MarkenR 2011, 448; WRP 2011, 1559 | **9**, 50; **54**, 10, 14, 20 |
| Camelo/Camel | C-136/08 | Slg 2008 I-7793 | **8**, 282 |
| Cannabis | C-5/10 | 16.05.2011 | 7, 194, 243 |
| Canon | C-39/97 | ABl-HABM 1998, 1406; GRUR 1998, 922; GRUR Int 1998, 875; IIC 1999, 72; MarkenR 1999, 22; Mitt. 1998, 427; WRP 1998, 1165; Slg 1998 I-5507 | 4, 9, 18; 7, 153; **8**, 31, 59, 61, 75, 115, 116, 140, 144; **9**, 39; **17**; 7; **76**; 18 |
| Caroline de Monaco/Burda | C-21/76 | GRUR Int. 1986, 555; NJW 1977, 493 | **97**, 11 |
| Celaya | C-488/10 | 16.02.2012 | **1**, 56 |

| Stichwort | Aktenzeichen | Fundstelle oder Datum | GMV, **Art**, Rdn |
|---|---|---|---|
| Céline | C-17/06 | GRUR 2007, 971; GRUR Int 2007, 1007; MarkenR 2007, 424; WRP 2008, 95; Slg 2007 I-7041 | 4, 15; **9**, 3, 31, 60, 61, 65; **12**, 10, 17 |
| Celltech | C-273/05 | MarkenR 2007, 204; Slg 2007 I-2883 | 7, 55 |
| Center Shock | C-353/09 | 15.02.2011 | **65**, 72, 73, 80 |
| Centrapharm/Winthrop | C-16/74 | GRUR Int 1974, 456 | **13**, 1 |
| CFCMCEE | C-282/09 | Slg 2010 I-2395 | 75, 18 |
| Chef de cuisine | C-246/05 | GRUR 2007, 702; GRUR Int 2007, 836; MarkenR 2007, 311; Slg 2007 I-4673 | 15, 42; **160**, 2 |
| Chevy | C-375/97 | ABl-HABM 1999, 1468; GRUR Int 2000, 73; MarkenR 1999, 388; WRP 1999, 1130; Slg 1999 I-6927 | **8**, 230, 234, 240, 241, 242, 243 |
| Chiemsee | C-108/97 | ABl-HABM 1999, 1054; GRUR 1999, 723; GRUR Int 1999, 727; MarkenR 1999, 189; WRP 1999, 629; Slg 1999 I-2779 | 1, 17; **7**, 16, 147, 151, 165, 183, 200, 259, 261, 265, 268, 270; **8**, 147, 148; **12**, 25, 33, 35; **37**, 54, 55, 57; **78**; 90; **164**, 8 |
| Chiziak | C-129/97 | GRUR Int 1998, 790 | **164**, 25 |
| Cilgin Bolga | C-235/09 | 12.04.2011 | 1, 32 |
| CK Creaciones Kennya/CK | C-254/09 | GRUR 2010, 1098; GRUR Int 2010, 978; MarkenR 2010, 382; WRP 2010, 254; Slg 2010 I-7989 | **8**, 78, 144; 244; 245; **52**, 6; **65**, 73, 74, 76 |
| Claro | C-349/10 | 02.03.2011 | **60**, 20; **63**, 12 |
| Class/Colgate-Palmolive | C-405/03 | GRUR Int 2006, 40 | **13**, 13 |
| Clina/Clinair | C-22/10 | MarkenR 2011, 22 | **65**, 70, 73, 74 |
| Clinique | C-315/92 | GRUR Int 1994, 231 | **51**, 33 |
| Cognac | C-4/10 | GRUR Int 2011, 834; MarkenR 2011, 308 | 7, 257 |
| COLOUR EDITION | C-408/08 | GRUR 2010, 931; MarkenR 2010, 126; Slg 2010 I-1347 | 7, 148; **56**, 10; **65**, 70, 73 |
| Companyline | C-104/00 | ABl-HABM 2002, 2468; GRUR Int 2003, 56; MarkenR 2002, 391; Slg 2002 I-7561 | 7, 51, 70, 171, 187, 258; **65**, 43 |
| CompUSA | C-196/06 | Slg 2007 I-36 | **8**, 60, 134; **65**, 80 |
| Comunidad Valenciana/Kommission | C-363/06 | 20.02.2008 | 93, 10 |
| Copad/Dior | C-59/08 | GRUR 2009, 593; GRUR Int 2009, 711; MarkenR 2009, 250; Mitt. 2009, 326; WRP 2009, 938; Slg 2009 I-3421 | **9**, 43, 71; **13**, 21, 33 |

| Stichwort | Aktenzeichen | Fundstelle oder Datum | GMV, **Art**, Rdn |
|---|---|---|---|
| Coronita-Flasche | C-286/04 | GRUR Int 2005, 823; MarkenR 2005, 311; Slg 2005 I-5797 | 7, 131 |
| Corpo Livre | C-90/08 | 05.03.2009 | 76, 38 |
| Coty / Simex | C-127/09 | GRUR 2010, 723; GRUR Int 2010, 713; MarkenR 2010, 250; WRP 2010, 865; Slg 2010 I-4965 | 13, 12 |
| Cristal Castellblanch | C-131/06 | 24.04.2007 | 65, 80 |
| Danelectro | C-479/09 | 30.09.2010 | 79, 8 |
| Das Prinzip der Bequemlichkeit | C-64/02 | ABl-HABM 2005, 350; GRUR 2004, 1027; GRUR Int 2005, 224; MarkenR 2005, 22; Mitt. 2004, 552; Slg 2004 I-10031 | 4, 35; 7, 53, 75 |
| Davidoff/Durffee | C-292/00 | GRUR 2003, 240; GRUR Int 2003, 353; MarkenR 2003, 61; WRP 2003, 370; Slg 2003 I-389 | 8, 15, 32, 33, 92, 103, 236 |
| Davidoff/Levi Strauss | C-414/99 | GRUR 2002, 156; GRUR Int 2002, 147; MarkenR 2001, 448; WRP 2002, 65; Slg 2003 I-389 | 9, 2, 72; **13**, 15, 16, 38 |
| Deutsche Grammophon | C-78/70 | GRUR Int 1971, 450 | 22, 4 |
| Develey-Flasche | C-238/06 | GRUR 2008, 339; GRUR Int 2008, 135; MarkenR 2007, 475; Slg 2007 I-9375 | 7, 131; **34**, 27; **78**, 44, 45 |
| DHL Express | C-235/09 | GRUR 2011, 518; GRUR Int 2011, 514; MarkenR 2011, 152; WRP 2011, 736 | **1**, 31, 32, 33; **9**, 78; **94**, 19, 24; **98**, 3; **102**, 8 |
| Dior/Evora | C-337/95 | ABl-HABM 1998, 44; GRUR Int 1998, 140; Mitt. 1998, 35; WRP 1998, 150; Slg 1997 I-6013 | 13, 23, 32 |
| Dominio de la Vega/Palacio de la Vega | C-459/09 | 16.09.2010 | **1**, 30; **65**, 70, 73 |
| Doublemint | C-191/01 | ABl-HABM 2004, 192; GRUR 2004, 146; GRUR Int 2004, 124; MarkenR 2003, 450; Mitt. 2004, 28, IIC 2004, 310; Slg 2003 I-12447 | 7, 64, 182 |
| Dyson | C-321/03 | GRUR 2007, 231; GRUR Int 2007, 324; MarkenR 2007, 66; Mitt. 2007, 153; Slg 2007 I-693 | 4, 1, 6; 7, 37; **26**, 24 |
| ebay | C-324/09 | GRUR 2001, 1025; GRUR 2011, 1025 | 9, 21, 22, 25, 28 |
| Ecoblue | C-23/09 | 22.01.2010 | 65, 70, 71, 73, 74, 80 |
| eDate Advertising | C-509/09, C-161/10 | GRUR Int 2012, 47 | 97, 13 |

| Stichwort | Aktenzeichen | Fundstelle oder Datum | GMV, Art, Rdn |
|---|---|---|---|
| Educa Memory Game/Memory | C-370/10 | 14.03.2011 | 7, 76, 166; **65**, 73; 77, 7 |
| Eis.de (Bananabay) | C-91/00 | GRUR 2010, 641 | **9**, 46 |
| Elio Fiorucci | C-263/09 | GRUR 2011, 1132; GRUR Int 2011, 821; MarkenR 2011, 318 | **42**, 138; **78**, 60 |
| Elizabeth Emanuel | C-259/04 | GRUR 2006, 416; GRUR Int 2006, 594; MarkenR 2006, 205; Slg 2006 I-3089 | 7, 245; **17**, 7, 51 |
| Enercon/Transformers Energon | C-204/10 | 23.11.2010 | **65**, 73, 74 |
| Eurim Pharm | C-71/94, C-72/94, C-73/94 | WRP 1996, 867 | **13**, 1, 24, 29 |
| Europolis | C-108/05 | ABl-HABM 2006, Heft 12; GRUR 2007, 234; MarkenR 2006, 388; Slg 2006 I-7605 | 7, 268, 272; **37**, 59, 60 |
| F1-LIVE/F1 | C-196/11 | GRUR 2012, 825; GRUR Int 2012, 640 | **1**, 50; **6**, 21 |
| Famoxin/Lamoxin | C-461/09 | GRUR Int 2010, 1058 | **65**, 43, 74 |
| FCI/FCIPP | C-561/11 | 21.02.2013 | **9**, 12 |
| Fédération Cynologique Internationale | C-561/11 | 21.02.2013 | **1**, 56 |
| Ferro/Ferrero | C-108/07 | MarkenR 2008, 261 | **65**, 75 |
| FERRO/FERRERO | C-225/06 | 11.09.2007 | **8**, 94 |
| Fiona Shevill I | C-68/93 | GRUR Int 1998, 298 | **97**, 11 |
| Flugbörse | C-332/09 | 23.04.2010 | 7, 34; **26**, 10; **37**, 20, 23, 25 |
| Form einer Uhr mit Briefmarkenzähnung | C-453/11 | 14.05.2012 | 7, 117 |
| Freixenet-Flaschen | C-344/10 | GRUR 2012, 610; GRUR Int 2012, 39; MarkenR 2011, 529; WRP 2011, 1559 | 7, 131 |
| GENESIS | C-190/10 | GRUR 2012, 613; GRUR Int 2012, 431; MarkenR 2012 142 | **26**, 7; **32**, 4 |
| Gerolsteiner/Putsch | C-100/02 | ABl-HABM 2004, 1183; GRUR 2004, 234; GRUR Int 2004, 320; MarkenR 2004, 57; Slg 2004 I-691 | **1**, 54; **165**, 28 |
| Gilette | C-228/03 | GRUR Int 2005, 479 MarkenR 2005, 179; Mitt. 2005, 263; IIC 2005, 722; Slg 2005-I 2337 | **12**, 20 |
| Gitarrenkopf | C-546/10 | 13.09.2011 | 7, 91, 118 |
| Glasmuster | C-445/02 | MarkenR 2004, 449; Slg 2004-I 6267 | 7, 53, 99, 140 |

| Stichwort | Aktenzeichen | Fundstelle oder Datum | GMV, **Art**, Rdn |
|---|---|---|---|
| Goldhase | C-529/07 | GRUR 2009, 763 GRUR Int 2009, 914; MarkenR 2009, 361; Mitt. 2009, 329; Slg 2009 I-4893 | 52, 10 |
| Google | C-236/08 | GRUR 2010, 445; GRUR Int 2010, 385; Slg 2010 I-2417 | **9**, 3, 6, 25, 28, 46, 47, 66; **98**, 3 |
| Gorgonzola/Cambozola | C-087/97 | ABl-HABM 1999, 738; GRUR Int 1999, 443; MarkenR 1999, 129; Mitt 1999, 234; WRP 1999, 486; Slg 1999 I-1301 | **164**, 17 |
| Graffione/Fransa | C-313/94 | GRUR Int 1997, 546 | **51**, 33; **110**, 17 |
| Grain Millers | C-447/10 | 24.10.2012 | **65**, 82 |
| Grana Padano | C-469/00 | GRUR 2003, 609; MarkenR 2003, 294; Slg 2003 I-5053 | **164**, 6 |
| Gut Springenheide | C-210/96 | ABl-HABM 1999, 560; GRUR Int 1998, 795; IIC 1999, 190; WRP 1998, 848; Slg 1998 I-4681 | **7**, 49, 243; **8**, 47; **78**, 90 |
| Hag II | C-10/89 | ABl-HABM 1997, 300; GRUR Int 1990, 960; IIC 1992, 92; Slg 1990 I-3711 | **9**, 39; **13**, 20; **17**, 7 |
| Hairtransfer | C-212/07 | MarkenR 2008, 160 | **37**, 15, 43; **78**, 44 |
| HALLUX | C-87/11 | MarkenR 2012, 324 | **7**, 197; **65**, 70, 74 |
| Häupl/Lidl | C-246/05 | GRUR 2007, 702 | **15**, 66 |
| HAVE A BREAK | C-353/03 | GRUR 2005, 763; GRUR Int 2005, 826; MarkenR 2005, 320; Mitt. 2005, 457; WRP 2005, 1159; Slg 2005 I-6135 | **8**, 78 |
| Heidelberger | C-49/02 | ABl-HABM 2005, 328; GRUR 2004, 858; GRUR Int 2004, 846; MarkenR 2004, 338; Mitt. 2004, 367; WRP 2004, 475; IIC 2005, 139; Slg 2004 I-6129 | **4**, 50; **7**, 102; **26**, 18; **36**, 23; **83**, 13 |
| Henkel | C-218/01 | GRUR 2004, 428; GRUR Int 2004, 413; MarkenR 2004, 116; Slg 2004 I-1725 | **4**, 43; **7**, 57, 105, 113, 128, 133, 216, 225, 230; **37**, 15 |
| Hölterhoff/Freiesleben | C-02/00 | ABl-HABM 2002, 1769; GRUR 2002, 692; GRUR Int 2002, 841; MarkenR 2002, 189; WRP 2002, 664; Slg 2002 I-4187 | **9**, 33, 36, 37, 38; **12**, 47; **15**, 8; **51**, 23 |
| I.T.@MANPOWER | C-520/08 | 24.09.2009 | **7**, 244 |
| Ideal Standard | C-09/93 | ABl-HABM 1997, 314; GRUR Int 1994, 614; Slg 1994 I-2789 | **8**, 116; **13**, 20; **22**, 4, 15 |
| Intel | C-252/07 | GRUR 2009, 56; GRUR Int 2009, 56; MarkenR 2009, 39; Slg 2008 I-8823 | **8**, 245, 246, 249, 250, 262, 272; **9**, 6, 57 |

| Stichwort | Aktenzeichen | Fundstelle oder Datum | GMV, **Art**, Rdn |
|---|---|---|---|
| Interflora | C-323/09 | GRUR 2011, 1124; GRUR Int 2011, 1050; MarkenR 2011, 454 | 9, 46, 49 |
| IP TRANSLATOR | C-307/10 | GRUR 2012, 822; GRUR Int 2012, 749; MarkenR 2012, 318; WRP 2012, 1080 | 4, 17; **26**, 15, 17, 21; **28**, 7, 9, 11, 16; **83**, 13; **Einleitung**, 67 |
| Karamellbonbon | C-24/05 | ABl-HABM 2006, 1096; GRUR Int 2006, 842; Slg 2006 II-5677 | 37, 57 |
| Karo-Stoffmuster | C-311/05 | 04.10.2007 | 7, 91 |
| Kaul | C-29/05 | GRUR 2007, 504; GRUR Int 2007, 516; MarkenR 2007, 112; Slg 2007 I-2213 | **58**, 1; **59**, 9; **65**, 43; 75, 38; **76**, 29, 33, 35, 45, 46, 47 |
| Kerry Spring/Gerri | C-100/02 | GRUR 2004, 234 | **12**, 4, 15, 28, 35; **15**, 8 |
| Kik/Rat | C-270/95 | Slg 1996 I-1987 | **119**, 16 |
| Kommission/Rat | C-122/94 | Slg 1996 I-881 | 75, 4 |
| Kompressor Plus | C-88/11 | 10.11.2011 | 7, 194; **65**, 70, 76; **78**, 8, 26 |
| K-Swiss | C-144/07 | 02.10.2008 | 79, 18 |
| KWS/Orange | C-447/02 | GRUR Int 2005, 227; MarkenR 2005, 27; IIC 2005, 720; Slg 2004 I-10107 | 7, 53, 102, 105; **75**, 4, 33, 41 |
| La Mer | C-259/02 | Slg 2004 I-1159 | 15, 44, 52; **112**, 16 |
| Lego | C-48/09 | GRUR 2010, 1008; GRUR Int 2010, 985; WRP 2010, 1359; Slg 2010 I-8403 | 7, 214, 217 |
| Levi Strauss/Casucci | C-145/05 | GRUR 2006, 495; GRUR Int 2006, 597; MarkenR 2006, 209; Slg 2006 I-3703 | 51, 27 |
| Libertel | C-104/01 | ABl-HABM 2003, 1734; GRUR 2003, 604; GRUR Int 2003, 638; MarkenR 2003, 227; WRP 2003, 735; IIC 2004, 56; Slg 2003 I-3793 | 4, 1, 22, 28, 50; **7**, 20, 51, 102, 153, 156; **9**, 52; **12**, 37; **26**, 17, 18; **36**, 21; **83**, 13; **88**, 17 |
| Lifting Creme | C-220/98 | GRUR Int 2000, 354; Slg 2000 I-117 | 7, 244 |
| Limoncello | C-334/05 | GRUR 2007, 700; GRUR Int 2007, 833; MarkenR 2007, 315; Slg 2007 I-4529 | 8, 68 |
| Linde, Winward und Rado | C-53/01 | GRUR 2003, 514; GRUR Int 2003, 632; MarkenR 2003, 187; Mitt. 2003, 270; IIC 2003, 803; WRP 2003, 627; Slg 2003 I-3161 | 7, 41, 43, 53, 111, 124, 150, 180, 270; **78**, 44 |
| Linea Natura/Natur hat immer Stil | C-306/11 | GRUR Int 2012, 755; MarkenR 2012, 310 | 65, 73, 74 |

| Stichwort | Aktenzeichen | Fundstelle oder Datum | GMV, **Art**, Rdn |
|---|---|---|---|
| Lloyd | C-342/97 | ABl-HABM 1999, 1568; GRUR Int 1999, 734; IIC 2000, 420; MarkenR 1999, 236; WRP 1999, 806; Slg 1999 I-3819 | 7, 113, 270; **8**, 44, 46, 47, 59, 64, 70, 72, 75, 87, 142, 147, 148 |
| Loenderslot/Ballentine | C-349/95 | GRUR Int 1998, 145; Slg 1997 I-6227 | **13**, 25 |
| Longevity Health Products | C-84/10 | 22.10.2010 | **65**, 45, 70, 71, 77, 80 |
| López/Gerichtshof | C-174/96 | Slg 1996 I-6401 | **65**, 42 |
| L'Oréal | C-487/07 | GRUR 2009, 756; GRUR Int 2009, 1010; WRP 2009, 930; Slg 2009 I-5185 | **8**, 251; **9**, 3, 6, 31, 44, 55; **12**, 7, 66; **97**, 12 |
| Maissaatgut | C-258/78 | GRUR Int 1982, 530 | **22**, 15 |
| Makro/Diesel | C-324/08 | GRUR 2009, 1159; GRUR Int 2010, 135; MarkenR 2009, 531; Slg 2009 I-10019 | **13**, 17 |
| Manpower | C-553/08 | GRUR Int 2010, 495 | **65**, 74 |
| Matratzen II | C-421/04 | ABl-HABM 2006, 857; GRUR 2006, 411; GRUR Int 2006, 502; MarkenR 2006, 157; Mitt. 2006, 228; Slg 2006 I-2303 | 7, 258; **8**, 199; **37**, 12, 15; **122**; 12; **165**, 24 |
| Matratzen Markt Concord | C-03/03 | ABl-HABM 2005, 1330; GRUR Int 2004, 843; Mitt. 2004, 312; Slg 2004 I-3657 | **8**, 11, 57, 198; **12**, 39 |
| Micheletti | C-369/90 | Slg 1992, 4239 | **5**, 8 |
| Milchmäuse | C-96/11 | GRUR Int 2012, 107; MarkenR 2012, 409 | 7, 111; **65**, 74 |
| Mines de potasse d'Alsace | C-68/93 | GRUR Int 1998, 298 | **97**, 11 |
| MPA | C-232/94 | WRP 1996, 874 | **13**, 1, 24, 29 |
| Multi Markets Fund MMF | C-91/11 | GRUR 2012, 616 | 7, 69, 85 |
| NAI – Der Natur-Aktien-Index | C-90/11 | GRUR 2012, 616 | 7, 69, 85 |
| Nestlé | C-353/03 | GRUR 2005, 763 | 7, 275; **8**, 95 |
| New Born Baby | C-498/01 | Slg 2004 I-11349 | 7, 65; **65**, 63, 82 |
| Nichols | C-404/02 | ABl-HABM 2004, 1282; GRUR 2004, 946; GRUR Int 2005, 42; MarkenR 2004, 453; IIC 2005, 249; Slg 2004 I-8499 | 7, 67; **12**, 10 |
| Nokia/Wärdell | C-316/05 | GRUR 2007, 228; GRUR Int 2007, 320; MarkenR 2007, 19; Mitt. 2007, 70; Slg 2006 I-12083 | **1**, 31, 34; **9**, 78, 83; **98**, 3; **102**, 11 |
| Nold/Ruhrkohle | C-4/73 | Slg 1977, 3 | **86**, 12 |
| Norma/Yorma's | C-191/11 | MarkenR 2012, 374 | **8**, 44 |
| Nuño/Franquet | C-328/06 | GRUR 2008, 70; GRUR Int 2008, 229; MarkenR 2008, 10; WRP 2008, 212; Slg 2007 I-10093 | **8**, 18 |

| Stichwort | Aktenzeichen | Fundstelle oder Datum | GMV, **Art**, Rdn |
|-----------|-------------|----------------------|-------------------|
| O2 | C-533/06 | GRUR 2008, 698; MarkenR 2008, 316 825; Slg 2008 I-4231 | 9, 36, 52, 54, 56; **12**, 6 |
| Obelix/Mobilix | C-16/06 | GRUR Int 2009, 397; MarkenR 2009, 47; Slg 2008 I-10053 | 8, 43, 79, 154 |
| Onel | C-149/11 | GRUR 2013, 183; GRUR Int 2013, 137 | 1, 25, 48, 61, 70; **15**, 60; **112**, 16; **Einleitung**, 82 |
| Omnicare | C-588/11 | 18.09.2012 | 64, 36; **65**, 62, 82 |
| Opel-Logo | C-48/05 | GRUR 2007, 318; GRUR Int 2007, 404; MarkenR 2007, 70; Mitt. 2007, 150; Slg 2007 I-1023 | 9, 35, 64; **12**, 62 |
| Orifarm/Merck | C-400/09 | GRUR 2011, 814 | 13, 27 |
| Pago | C-301/07 | GRUR 2009, 1158; GRUR Int 2010, 134; WRP 2010, 92; Slg 2009 I-9429 | 1, 30, 31; **8**, 242; **98**, 3 |
| Pammer/Alpenhof | C-585/08 | Slg 2010 I-12527 | 97, 12 |
| Parlament/Richard | C-174/99 | Slg 2000 I-6189 | 65, 79 |
| Patentconsult | C-80/09 | GRUR Int 2010, 503 | 7, 147 |
| Peak Holding | C-16/03 | GRUR 2005, 507; MarkenR 2005, 41; Slg 2004-I 11313 | 13, 10, 11 |
| Pharmacia/Paranova | C-379/97 | ABl-HABM 2000, 258; GRUR Int 2000, 159; MarkenR 1999, 391; WRP 1999, 1264 | 13, 1 |
| Philips/Remington | C-299/99 | ABl-HABM 2002, 2034; GRUR 2002, 804; GRUR Int 2002, 842; MarkenR 2002, 231; WRP 2002, 924; Slg 2002 I-5475 | 4, 42; 7, 19, 53, 111, 216, 217, 265, 266; **8**, 110; **12**, 46; **37**, 33, 54, 55 |
| Picaro/Picasso | C-361/04 | ABl-HABM 2006, 210; GRUR 2006, 237; GRUR Int 2006, 229; MarkenR 2006, 67; Slg 2006 I-643 | 8, 48, 72 |
| Pollo Tropical | C-171/12 | 28.02.2013 | 65, 74 |
| Portakabin | C-558/08 | GRUR 2010, 841; GRUR 2011, 1124; WRP 2010, 1350 | 9, 46; **12**, 32, 56 |
| Postkantoor | C-363/99 | GRUR 2004, 674; GRUR Int 2004, 500; MarkenR 2004, 99; IIC 2004, 657; Slg 2004 I-1619 | 1, 15; 7, 4, 18, 58, 64, 125, 165, 169, 176, 250; **37**, 6, 15, 16; **43**, 18; **124**, 4 |
| Praktiker | C-418/02 | ABl-HABM 2005, 1366; GRUR 2005, 764; GRUR Int 2005, 827; MarkenR 2005, 315; Mitt. 2005, 453; WRP 2005, 1154; Slg 2005 I- 5873 | 4, 16; **28**, 32 |

| Stichwort | Aktenzeichen | Fundstelle oder Datum | GMV, **Art**, Rdn |
|---|---|---|---|
| Pure Digital | C-542/07 | GRUR Int 2009, 917; MarkenR 2009, 365; Slg 2009 I-4937 | 7, 276; **37**, 58 |
| Quantum/Quantième | C-171/06 | 15.03.2007 | **6**, 21; **8**, 48 |
| Quartz/Quartz | C-416/08 | 10.07.2009 | **65**, 80 |
| Quick/Quicky | C-193/06 | MarkenR 2008, 387 | **8**, 216 |
| R 10 | C-53/11 | GRUR Int 2012, 236; MarkenR 2012, 57 | **59**, 6; **60**, 26, 27 |
| Radetzky-Orden | C-442/07 | GRUR 2009, 156; GRUR Int 2009, 319; MarkenR 2009, 46; Slg 2008 I-9223 | **15**, 48 |
| Ralf Schräder/CPVO | C-38/09 | GRUR Int 2010, 591 | **65**, 16 |
| Redtube | C-402/11 | GRUR Int 2012, 1102; MarkenR 2012, 469 | **42**, 41 |
| Reifen.eu | C-569/08 | GRUR Int 2010, 849 | **Einleitung**, 2 |
| Reisebüro Broede/Sandker | C-03/95 | Slg 1996 I-6511 | **93**, 5 |
| Resverol/Lesterol | C-81/11 | 08.03.2012 | **65**, 74 |
| Rintisch/Eder | C-553/11 | GRUR 2012, 1257; GRUR Int 2012, 1106; MarkenR 2012, 466; Mitt. 2013, 78; WRP 2012, 1514 | **Einleitung**, 63; **15**, 12 |
| Robeco/Robelco | C-23/01 | ABl-HABM 2003, 424; GRUR 2003, 143; GRUR Int 2003, 446; MarkenR 2003, 23; WRP 2003, 66; Slg 2002 I-10913 | **9**, 60; **12**, 10 |
| Roche Niederlande | C-539/03 | GRUR Int 2006, 836; Mitt. 2006, 420 | **97**, 15, 16, 17; **98**, 8 |
| ROI Analyzer | C-536/10 | 07.07.2011 | 7, 196 |
| Sabèl/Puma | C-251/95 | ABl-HABM 1998, 78; GRUR 1998, 387; GRUR Int 1998, 56; Mitt. 1997, 395; WRP 1998, 39; Slg 1997 I-6191 | **8**, 31, 44, 46, 49, 53, 58, 64, 66, 83, 98, 142, 151, 155, 247; **15**, 17; **124**, 4 |
| Saint Hubert 41/Hubert | C-106/03 | ABl-HABM 2004, 1460; GRUR Int 2005, 221; MarkenR 2005, 18; Slg 2004 I-9573 | **8**, 67, 73, 201; **65**, 9, 10 |
| SAT.2 | C-329/02 | ABl-HABM 2004, 1300; GRUR 2004, 943; GRUR Int 2005, 44; MarkenR 2004, 393; Mitt. 2004, 513; Slg 2004 I-8317 | 7, 5, 12, 20, 21 |
| Schokoladenhase mit rotem Band | C-98/11 | GRUR 2012, 925; GRUR Int 2012, 637 | 7, 117; **37**, 60 |
| Scomber Mix | C-582/11 | 10.07.2012 | 7, 63 |
| Sebago | C-173/98 | ABl-HABM 1999, 1200; GRUR Int 1999, 870; IIC 2000, 587; MarkenR 1999, 240; WRP 1999, 803; Slg 1999 I-5421 | **13**, 2, 19 |

| Stichwort | Aktenzeichen | Fundstelle oder Datum | GMV, **Art**, Rdn |
|---|---|---|---|
| Shield Mark | C-283/01 | GRUR 2004, 54; GRUR Int 2004, 126; MarkenR 2004, 26; Mitt. 2004, 24; IIC 2004, 431; Slg 2003 I-14313 | 4, 22, 25; **26**, 17, 20, 22 |
| Sieckmann/Geruchsmarke | C-273/00 | ABl-HABM 2003, 728; GRUR 2003, 145; GRUR Int 2003, 449; MarkenR 2003, 26; Mitt. 2003, 126; WRP 2003, 249; IIC 2003, 548; Slg 2002 I-11737 | 4, 20, 22, 27, 56; **7**, 137; **26**, 17, 21, 22; **83**, 13 |
| Siemens/Vipa | C-59/05 | GRUR 2006, 345; Slg 2006 I-2147 | **12**, 54 |
| Silberquelle | C-495/07 | GRUR 2009, 410; MarkenR 2009, 111; Mitt. 2009, 127; Slg 2009 I-137 | **15**, 49 |
| Silhouette | C-355/96 | ABl-HABM 1998, 1010; GRUR 1998, 919; GRUR Int 1998, 695; WRP 1998, 851; Slg 1998 I-4822 | **13**, 2 |
| Sir/Zirh | C-206/04 | ABl-HABM 2006, 790; GRUR Int 2006, 504; MarkenR 2006, 160; Slg 2006 I-2717 | **1**, 18; **8**, 8, 59, 61, 70, 72, 87 |
| Sissi Rossi/Miss Rossi | C-214/05 | ABl-HABM 2006, 1194; GRUR 2006, 1054; GRUR Int 2006, 939; Slg 2006 I-7075 | **8**, 129, 165 |
| Sitzendes Männchen | C-101/11 | MarkenR 2012, 476 | **65**, 16 |
| Slopek | C-171/12 | 28.02.2013 | **52**, 15 |
| SmithKline Beecham/Class | C-405/03 | GRUR Int 2006, 40; MarkenR 2005, 489; Slg 2005 I-8735 | **9**, 81, 82 |
| Solvay/Honeywell | C-616/10 | GRUR 2012, 1169; GRUR Int 2012, 1008; Mitt. 2012, 552 | **94**, 4, 9; **107**, 8 |
| Stabilat/Stabilator | C-418/10 | MarkenR 2011, 338 | **65**, 74 |
| Standbeutel | C-173/04 | GRUR 2006, 233; GRUR Int 2006, 226; MarkenR 2006, 19; Slg 2006 I-551 | **1**, 51; **7**, 125, 128, 216; **63**, 20; **65**, 15 |
| Streamserve | C-150/02 | Slg 2004-I 1461 | **7**, 151 |
| Strumpfspitze in Orange | C-429/10 | GRUR Int 2011, 720; MarkenR 2011, 257 | **4**, 45 |
| Stüssy | C-244/00 | GRUR 2003, 512; GRUR Int 2003, 643; MarkenR 2003, 193; Slg 2003 I-3051 | **13**, 39; **78**, 65 |
| Tabs Henkel | C-456/01 | GRUR 2004, 957; GRUR Int 2004, 631; MarkenR 2004, 224; WRP 2004, 722; Slg 2004 I-5089 | **7**, 20, 31, 53, 56, 114, 270 |
| Tabs Procter & Gamble | C-468/01 | ABl-HABM 2004, 1196; GRUR Int 2004, 635; MarkenR 2004, 231; Slg 2004 I-5173 | **7**, 31, 53, 114 |

| Stichwort | Aktenzeichen | Fundstelle oder Datum | GMV, **Art**, Rdn |
|---|---|---|---|
| Tabs Procter & Gamble II | C-473/01 | GRUR Int 2004, 639; IIC 2005, 133; Slg 2004 I-5173 | 7, 31, 111, 114 |
| Taschenlampe | C-136/02 | ABl-HABM 2005, 474; GRUR Int 2005, 135; MarkenR 2004, 461; Mitt. 2004, 556; Slg 2004-I 9165 | 7, 41, 54, 111, 112, 215; **78**, 88 |
| TDI | C-82/04 | 19.01.2006 | 65, 63, 79, 82 |
| Teletech | C-312/05 | 27.03.2007 | 53, 6 |
| Terranus/Terra | C-243/07 | MarkenR 2008, 163 | 65, 71 |
| Texturierte Glasoberfläche | C-513/07 | 17.10.2008 | 7, 99 |
| The Kitchen Company | C-239/05 | GRUR 2007, 425; GRUR Int 2007, 408; MarkenR 2007, 249; Mitt. 2007, 233; Slg 2007 I-1455 | 7, 6; **37**, 28; **75**, 17 |
| Thomson Life | C-120/04 | ABl-HABM 2005, 1468; GRUR 2005, 1042; GRUR Int 2006, 37; MarkenR 2005, 438; Mitt. 2005, 511; WRP 2005, 1505; Slg 2005 I-8551 | 1, 17; **8**, 54, 68, 100 |
| Timehouse | C-453/11 | MarkenR 2012, 485 | 65, 73 |
| TiMi Kinderjoghurt | C-552/09 | GRUR Int 2011, 500; MarkenR 2011, 170 | 8, 244, 245; **50**, 7; **65**, 73, 76; **100**, 11 |
| Travatan/Trivastan | C-412/05 | GRUR Int 2007, 718; MarkenR 2007, 210; Slg 2007 I-3569 | 15, 71 |
| Turkish Power | C-324/05 | MarkenR 2006, 527 | 8, 81, 101, 206 |
| Überseering | C-208/00 | NJW 2002, 3614 | 92, 8 |
| UDV/Brandtraders | C-62/08 | GRUR 2009, 1156 | 9, 20, 30 |
| Valsabbia/Kommission | C-209/83 | Slg 1984, 3089 | 65, 25 |
| Vander Zwalmen/Belgien | C-229/98 | 14.10.1999 | 117, 14 |
| Viking/Kosan | C-46/10 | GRUR Int 2011, 827; GRUR Int. 2011, 827 | 13, 31 |
| Vitafruit | C-416/04 | ABl-HABM 2006, 1058; GRUR 2006, 582; GRUR Int 2006, 735; MarkenR 2006, 265; WRP 2006, 1102; Slg 2006 I-4237 | 15, 52, 57 |
| Volkshandy | C-39/08 | GRUR 2009, 667; MarkenR 2009, 201; Mitt. 2009, 286 | 1, 15; **37**, 15, 18; **75**, 15; **83**, 12 |
| Vorsprung durch Technik | C-398/08 | GRUR Int 2010, 225; WRP 2010, 364; Slg 2010 I-535 | 65, 75 |
| Waagerechte Kombination der Farben Grau und Rot | C-45/11 | GRUR Int 2012, 333 | 7, 106 |
| Warsteiner | C-312/98 | GRUR Int 2001, 51; IIC 2001, 430; MarkenR 2000, 409; WRP 2000, 1389 | 164, 24, 26 |

| Stichwort | Aktenzeichen | Fundstelle oder Datum | GMV, **Art**, Rdn |
|---|---|---|---|
| Waschmittel-Tabs | C-144/06 | GRUR Int 2008, 43; MarkenR 2007, 437; Slg 2007 I-8109 | 7, 113 |
| Waterford | C-398/07 | GRUR Int 2009, 911 | 65, 76 |
| Wellcome/Paranova | C-276/05 | GRUR 2009, 154; MarkenR 2009, 59 | 13, 41 |
| Wellness | C-495/07 | GRUR 2009, 410 | 51, 9 |
| Windenergiekonverter | C-20/08 | MarkenR 2009, 108 | 75, 4, 9, 39 |
| Windsurfing International | C-193/83 | GRUR Int 1986, 635 | 22, 7 |
| Winkel | C-307/11 | 02.04.2012 | 7, 98 |
| Winters/Red Bull | C-119/10 | GRUR Int 2012, 268 GRUR Int 2012, 234; MarkenR 2012, 63 | 9, 23, 25, 27, 30 |
| Wintersteiger | C-523/10 | GRUR 2012, 654 GRUR Int 2012, 526; MarkenR 2012, 197; ÖBl 2012, 234 | 97, 13 |
| Wir machen das Besondere einfach | C-311/11 | GRUR Int 2012, 914; MarkenR 2012, 304 | 4, 35; 7, 74; 65, 74 |
| Witte/Parlament | C-188/83 | Slg 1984, 3465 | 83, 12 |
| Wolf Naturprodukte | C-514/10 | GRUR Int 2012, 772 | 94, 13; 108, 6 |
| Zentylor/Xentrior | C-69/12 | 21.09.2012 | 65, 18, 24, 25 |
| Zigarettenschachtel | C-497/07 | 27.06.2008 | 7, 131 |
| Zino Davidoff/Bundesfinanzdirektion Südost | C-302/08 | GRUR 2009, 870; GRUR Int 2009, 1017; MarkenR 2009, 388 | 151, 11 |
| Zipcar/Cicar | C-394/08 | 03.06.2009 | 65, 76 |

### Gericht erster Instanz der Europäischen Gemeinschaften (EuG)

(elektronisch verfügbar unter http://oami.europa.eu/ows/rw/pages/CTM/caseLaw/appealsOffice.de.do)

| Stichwort | Aktenzeichen | Fundstelle oder Datum | GMV, **Art**, Rdn |
|---|---|---|---|
| 100 | T-425/07 | 19.11.2009 | 7, 83; 37, 33 |
| 100% Capri/Capri | T-279/09 | 12.07.2012 | 75, 29, 42; 79, 8, 34 |
| 16PF | T-507/08 | GRUR Int 2011, 1081 | 52, 11 |
| 24 Farbkästchen | T-400/07 | GRUR 2009, 173 | 7, 103 |
| 5 HTP | T-190/09 | GRUR Int 2011, 519 | 7, 204 |
| A+/AirPlus International | T-321/07 | 03.03.2010 | 83, 6 |
| Acno Focus | T-466/08 | GRUR Int 2011, 738 | 15, 42 |
| Acopat/Copat | T-409/07 | 23.09.2009 | 15, 1, 52, 54, 73 |
| Addis Group | T-253/08 | 15.12.2008 | 65, 24 |

| Stichwort | Aktenzeichen | Fundstelle oder Datum | GMV, **Art**, Rdn |
|---|---|---|---|
| Adolf Ahlers | T-115/02 | GRUR Int 2005, 254 | **6**, 19; **65**, 35; **77**, 6, 7 |
| Affilene/Affilin | T-87/07 | MarkenR 2009, 179 | **8**, 120; **28**, 17 |
| Ahornblatt + RW | T-215/06 | 28.02.2008 | 7, 252 |
| Air Maritime | T-257/01 | 03.07.2003 | **8**, 55 |
| Aire Limpio | T-168/04 | ABl-HABM 2006, 1364; GRUR Int 2007, 142; Slg 2006 II-2699 | **8**, 78; **75**, 26 |
| AK 47 | T-419/09 | 24.03.2011 | **52**, 8 |
| Aladin/Aladdin | T-126/03 | GRUR Int 2005, 914; Slg 2005 II-2861 | **8**, 118; **51**, 36 |
| Alaska | T-226/08 | 08.07.2009 | 7, 201; **37**, 23 |
| Almdudler-Flasche | T-12/04 | GRUR Int 2006, 136; Slg 2006 II-21 | 7, 131 |
| ALPHAREN/Alpha D3 | T-222/09 | 09.02.2011 | **8**, 44 |
| AMS | T-425/03 | GRUR Int 2008, 494; Slg 2007 II-4265 | **8**, 126 |
| An einem Ende nach vorn gebogenes Parallelogramm | T-159/10 | 13.04.2011 | 7, 96 |
| Ansicht einer Tasche | T-73/06 | 21.10.2008 | 7, 91 |
| Aprile/Anvil | T-179/07 | 24.09.2008 | **78**, 8, 56 |
| Ara AG | T-397/10 | 13.09.2011 | **81**, 33, 56, 57, 63, 69 |
| Arantax/Antax | T-387/10 | 02.02.2012 | **15**, 10 |
| Arantax/Atarax | T-14/10 | 14.07.2011 | **65**, 63 |
| Arcol/Capol | T-164/02 | GRUR Int 2005, 327; Slg 2004 II-3807 | **76**, 24, 33; **135**, 8 |
| Armafoam/Nomafoam | T-172/05 | ABl-HABM 2006, Heft 12; GRUR Int 2007, 55; Slg 2006 II-4061 | **8**, 176 |
| Artex/Alrex | T-154/03 | ABl 2006, 34; GRUR Int 2006, 141; Slg 2003 II-4743 | **8**, 119 |
| Asetra/Astara | T-252/04 | Slg 2006 II-2115 | **76**, 33 |
| Astex/Astex | T-48/06 | 10.09.2008 | **8**, 126, 128 |
| Atlas Transport | T-482/08 | GRUR Int 2011, 60 | **15**, 11, 18 |
| Atomic Blitz/Atomic | T-318/03 | GRUR Int 2005, 686; MarkenR 2005, 372; Mitt. 2006, 435; Slg 2005 II-1319 | **42**, 131, 138; **78**, 60 |
| Atoz/Artoz | T-100/06 | 26.11.2009 | **160**, 2 |
| Atrium | T-513/10 | 17.01.2012 | 7, 198 |
| ATURION/URION | T-146/06 | 13.02.2008 | **8**, 119, 167 |

| Stichwort | Aktenzeichen | Fundstelle oder Datum | GMV, **Art**, Rdn |
|---|---|---|---|
| Aurelia | T-136/08 | GRUR Int 2010, 138; Slg 2009 II-1361 | **81**, 33, 35, 68, 90 |
| Ausrufezeichen | T-75/08 | 30.09.2009 | 7, 100, 139 |
| B.K.R./BK Rods | T-423/04 | GRUR Int 2005, 1026; Slg 2005 II-4035 | **8**, 66 |
| Babilu/Babidu | T-66/11 | 31.01.2013 | **28**, 8 |
| Baby-Dry | T-163/98 | GRUR Int 1999, 1060; Mitt. 1999, 276 | 7, 70, 174; **37**, 50, 52; **58**, 1; **63**, 19; **65**, 48; **76**, 32, 33; **135**, 6, 8 |
| Bahman | T-223/08 | 03.12.2009 | **51**, 3; **56**, 6; **83**, 3, 7 |
| Bainbridge | T-194/03 | ABl-HABM 2006, 873; GRUR Int 2006, 404; Slg 2006 II-445 | **8**, 67, 153, 177; **15**, 1, 11, 63; **78**, 8 |
| BAM/BAM | T-426/09 | 26.10.2011 | **43**, 11, 45; **75**, 9, 10, 26; **119**, 48 |
| Barbara Becker/Becker | T-212/07 | GRUR Int 2009, 603; Slg 2008 II-3431 | **8**, 90 |
| BASICS | T-164/06 | 12.09.2007 | 7, 268 |
| Baskaya/Passaia | T-170/11 | 12.07.2012 | **15**, 63 |
| BASmALI/BASMATI | T-304/09 | GRUR Int 2012, 644 | **8**, 23 |
| Bass/Pash | T-292/01 | GRUR Int 2003, 1017; Slg 2003 II-4335 | **8**, 64, 70, 72 |
| Beatle/Beatles | T-369/10 | GRUR 2012, 791 | **8**, 276 |
| Bateaux mouches | T-365/06 | 10.12.2008 | 7, 197 |
| Beckett Expression | T-071/02 | ABl-HABM 2003, 2362; GRUR Int 2003, 1013; Slg 2003 II-3181 | **81**, 123 |
| Best buy | T-122/01 | ABl-HABM 2003, 2006; GRUR Int 2003, 834; MarkenR 2003, 314; Slg 2003 II- 2235 | 7, 96; **37**, 15 |
| Best buy II | T-476/08 | 16.12.2009 | **65**, 53; **76**, 3; **78**, 44 |
| Betwin | T-258/09 | 06.07.2011 | **75**, 18 |
| Beverly Hills Polo Club/Polo | T-214/04 | GRUR Int 2006, 401; Slg 2006 II-239 | **8**, 94, 153 |
| Bial/Bial | T-10/06 | 12.12.2007 | **85**, 63, 86 |
| Bic-Feuerzeug | T-262/04 | GRUR 2006, 587; GRUR Int 2006, 315; Slg 2005 II-5959 | 7, 274; **8**, 242; **37**, 56, 58; **78**, 38, 45 |
| Bierflasche | T-323/11 | 12.07.2012 | 7, 131 |
| BIGAB | T-33/11 | GRUR Int 2012, 647 | **52**, 10 |
| Biker Miles/Miles | T-385/03 | GRUR Int 2005, 940 | **8**, 67 |

| Stichwort | Aktenzeichen | Fundstelle oder Datum | GMV, **Art**, Rdn |
|---|---|---|---|
| Bild einer eine Karte haltenden Hand | T-414/07 | Slg 2009 II-2505 | 7, 101 |
| Bild eines (Koffer-) Verschlusses | T-237/10 | 14.12.2011 | 7, 92 |
| Bild Torbogen | T-304/07 | 05.11.2008 | **8**, 212 |
| Bimbo Doughnuts/Doghnuts | T-569/10 | 10.10.2012 | **65**, 48 |
| BIODANZA | T-298/10 | 08.03.2012 | **15**, 73 |
| BioGeneriX | T-47/07 | 16.09.2008 | 7, 168 |
| Biomate | T-107/02 | ABl-HABM 2003, 2006; GRUR Int 2003, 834; MarkenR 2003, 314; Slg 2003 II- 2235 | **42**, 123, 141; **63**, 20; **65**, 9, 10, 15; **76**, 11; **83**, 14 |
| BKK | T-289/08 | GRUR Int 2010, 520 | 37, 58, 61 |
| Bonbonverpackung | T-402/02 | ABl-HABM 2005, 254; GRUR Int 2005, 317; MarkenR 2005, 102; Slg 2004 II-3849 | 7, 274 |
| Boomerang | T-420/03 | GRUR Int 2009, 39 | **8**, 18; **42**, 40, 123, 141; **76**, 16 |
| Botumax/Botox | T-131/09 | 28.10.2010 | **1**, 30 |
| Bounty-Riegel | T-28/08 | 08.07.2009 | 37, 52, 59, 60; **75**, 36; **78**, 45 |
| Brainlab | T-326/11 | 25.04.2011; 25.04.2012 | **79**, 8, 36; **81**, 82, 83 |
| Brighton/Brighton | T-403/10 | 27.09.2011 | **65**, 43 |
| Brothers by Camper/Brothers | T-43/05 | Slg 2006 II-95 | **65**, 16, 34, 35 |
| BSS | T-237/01 | GRUR Int 2003, 751; Slg 2003 II-411 | 7, 87, 204; **37**, 23 |
| Buchstabe | T-23/07 | 29.04.2009 | 7, 53 |
| Bud/Bit | T-350/04 | GRUR Int 2006, 1024; MarkenR 2006, 557; Slg 2006 II-4255 | **8**, 260 |
| BUD/bud | T-225/06 | 16.12.2008 | **8**, 20, 21; **111**, 1 |
| Bud/Budmen | T-129/01 | ABl-HABM 2003, 2236; GRUR Int 2003, 939; MarkenR 2003, 317; Slg 2003 II-2251 | **8**, 67, 89 |
| Budweiser | T-191/07 | 25.03.2009 | **15**, 73; **42**, 132 |
| Bulur Giyim Sanayi | T-431/08 | 12.04.2010 | **65**, 62 |
| Caipi | T-405/04 | 23.10.2007 | 7, 204 |
| Calvo/Calavo | T-53/05 | GRUR 2007, 919; Slg 2007 II-37 | **42**, 68; **65**, 10; **76**, 13, 15, 21 |
| Canal Jean/Canali | T-301/03 | GRUR Int 2005, 844; Slg 2005 II-2479 | **8**, 66; **65**, 12 |
| Cannabis | T-234/06 | 19.11.2009 | **52**, 9 |

| Stichwort | Aktenzeichen | Fundstelle oder Datum | GMV, **Art**, Rdn |
|---|---|---|---|
| CAPIO/CAPIOX | T-325/06 | 10.09.2008 | 8, 128; 15, 52 |
| Carcard | T-356/00 | ABl-HABM 2002, 1552; GRUR Int 2002, 751; WRP 2002, 510; Slg 2002 II-1963 | 1, 24, 7, 148; 65, 46, 49 |
| Cargo Partner | T-123/04 | GRUR Int 2005, 1023; Slg 2005 II-3979 | 37, 15; 65, 34 |
| Carlo Roncato/Roncato | T-124/09 | 07.07.2010 | 8, 19 |
| Carpo/Harpo Z | T-35/03 | 12.10.2004 | 8, 66 |
| Carpovirusine/Carpo | T-169/04 | 14.12.2005 | 8, 67 |
| Castillo | T-85/02 | GRUR Int 2004, 322 | 8, 136, 137 |
| Cellutrim/Cellidrin | T-169/07 | 02.12.2008 | 65, 17 |
| CENTER | T-16/08 | 01.07.2009 | 8, 62 |
| CENTROTHERM | T-427/09 | 15.09.2011 | 15, 54, 75 |
| CENTROTHERM II | T-434/09 | GRUR Int 2012, 356 | 15, 71, 75 |
| Ceratix/Ceratofix | T-312/11 | 13.06.2012 | 15, 77 |
| Charcutero | T-242/06 | 13.12.2007 | 8, 209 |
| Charlott/Charlot | T-169/06 | 08.11.2007 | 15, 53 |
| Chef | T-232/00 | ABl-HABM 2002, 1834; MarkenR 2002, 304; WRP 2002, 822; Slg 2002 II-2749 | 42, 49, 123, 141; 76, 13; 78, 47; 119, 49, 73 |
| Choice of champions | T-3/03 | 14.10.2004 | 65, 63 |
| Chufi/Chufafit | T-117/02 | GRUR Int 2005, 14; Slg 2004 II-20730 | 8, 144, 155 |
| Cine Action | T-135/99 | GRUR Int 2001, 556; Slg 2001 II-379 | 37, 27 |
| CITI | T-181/05 | GRUR Int 2009, 53 | 8, 235, 244, 250, 283; 65, 10; 78, 49 |
| Cititravel/Citibank | T-241/11 | 12.07.2011 | 65, 23, 24, 64, 65 |
| CK Calvin Klein/CK Creaciones Kennya | T-185/07 | GRUR Int 2009, 923 | 8, 43, 46, 66, 105, 145 |
| Cloppenburg | T-379/03 | ABl-HABM 2005, 1484; GRUR 2006, 240; GRUR Int 2006, 47; Mitt. 2006, 35; Slg 2005 II-4633 | 7, 201, 259; 65, 10 |
| Club Gourmet/Club del Gourmet | T-573/11 | 20.03.2013 | 42, 138; 78, 60 |
| CM/Capital Markets CM | T-390/03 | GRUR Int 2005, 928; Slg 2005 II-1699 | 8, 104 |
| College | T-165/11 | 12.06.2012 | 52, 9 |
| Color Edition | T-160/07 | Slg 2008 II-1733 | 7, 194; 51, 3; 83, 6, 7 |

| Stichwort | Aktenzeichen | Fundstelle oder Datum | GMV, **Art**, Rdn |
|---|---|---|---|
| Coloris | T-353/07 | GRUR Int 2010, 318 | **15**, 11 |
| Comit/Comet | T-84/08 | GRUR Int 2011, 608 | **59**, 12 |
| COMP USA | T-202/03 | GRUR Int 2006, 508 | **8**, 119, 187 |
| Companyline | T-19/99 | ABl-HABM 2000, 698; GRUR Int 2000, 429; IIC 2001, 79; MarkenR 2000, 70; WRP 2000, 296; Slg 2000 II-1 | **7**, 70, 171; **65**, 15; **76**, 45; **83**, 12 |
| Complete | T-123/10 | 30.11.2011 | **75**, 18 |
| Conforflex/Flex | T-10/03 | GRUR Int 2004, 518; MarkenR 2004, 157; Mitt. 2004, 273; IIC 2005, 253; Slg 2004 II-719 | **8**, 56; **15**, 17 |
| Cook's | T-314/10 | 28.06.2012 | **81**, 33, 34, 56, 77, 85, 87, 90 |
| Cor/Dor | T-342/05 | GRUR Int 2007, 842 | **65**, 43 |
| Corona/Karuna | T-357/10 | 20.06.2012 | **8**, 270; **37**, 12 |
| Coronita-Flasche | T-399/02 | GRUR Int 2004, 664; IIC 2005, 479; Slg 2004 II-1391 | **7**, 274; **65**, 43; **78**, 45 |
| Corpo Livre | T-86/05 | GRUR Int 2008, 334; Slg 2007 II-4923 | **76**, 38 |
| COYOTE UGLY | T-161/07 | 04.11.2008 | **8**, 122 |
| Cristal Castellblanch/Cristal | T-29/04 | GRUR Int 2006, 307; Slg 2005 II-5309 | **15**, 15 |
| Cuvée Palomar | T-237/08 | GRUR Int 2010, 732 | **7**, 256; **164**, 36 |
| Dakota | T-146/00 | MarkenR 2001, 316; Slg 2001 II-1797 | **26**, 26; **78**, 84; **81**, 33, 34, 60, 65, 78, 134, 138 |
| Danelectro | T-20/08 | 23.09.2009 | **63**, 13; **81**, 121, 123, 124, 128 |
| Das Prinzip der Bequemlichkeit | T-138/00 | ABl-HABM 2002, 730; GRUR 2002, 238; MarkenR 2002, 52; Slg 2001 II-3739 | **4**, 35; **7**, 75 |
| David Mayer/Daniel&Mayer | T-498/10 | 08.03.2013 | **1**, 15; **53**, 2 |
| Daxon/Dalton | T-29/12 | 28.11.2012 | **65**, 7 |
| DEF-TEC | T-6/05 | ABl-HABM 2006, 1300; GRUR Int 2007, 51; Slg 2006 II-2671 | **18**, 3, 8, 12; **63**, 15; **65**, 10; **75**, 46; **78**, 29, 74; **119**, 44 |
| DEITECH | T-86/07 | GRUR Int 2009, 609 | **15**, 47, 73; **42**, 180, 181; **78**, 37, 105 |
| Delivering the essentials of life | T-128/07 | 12.03.2008 | **37**, 15, 28 |

| Stichwort | Aktenzeichen | Fundstelle oder Datum | GMV, **Art**, Rdn |
|---|---|---|---|
| Develey-Flasche | T-129/04 | ABl-HABM 2006, 943; GRUR Int 2006, 413; Slg 2006 II-811 | **76**, 3; **78**, 9, 19, 41, 44 |
| Dieselit/Diesel | T-186/02 | GRUR Int 2004, 854; Slg 2004 II-1887 | **8**, 55, 89, 128, 171; **28**, 8 |
| Dignitude/Dignity | T-504/11 | 04.02.2013 | **65**, 16 |
| Dr. No | T-435/05 | GRUR Int 2010, 50 | **8**, 21; **42**, 138; **65**, 43; **78**, 60 |
| E | T-302/06 | GRUR Int 2008, 1035 | **7**, 81 |
| Easybank | T-87/00 | ABl-HABM 2001, 2056; GRUR Int 2001, 756; MarkenR 2001, 181; WRP 2001, 528; Slg 2001 II-1259 | **7**, 52; **75**, 30 |
| Easycamp | T-29/09 | 11.11.2010 | **65**, 62 |
| Easyhotel | T-316/07 | 27.01.2009 | **8**, 121, 130 |
| ECA | T-127/02 | GRUR 2004, 773; GRUR Int 2004, 657; IIC 2005, 473; Slg 2004 II-1113 | **7**, 253; **65**, 35 |
| Echinaid/Echinacin | T-202/04 | GRUR 2006, 585; GRUR Int 2006, 599; Slg 2006, II-1115 | **8**, 119, 144, 167 |
| Ecopy | T-247/01 | GRUR Int 2003, 646; MarkenR 2003, 82; Slg 2002 II-5301 | **7**, 31, 276; **26**, 10; **37**, 52, 58; **65**, 48; **76**, 9; **78**, 45 |
| EDS im Europa-Sterne-Kreis | T-413/11 | 15.01.2013 | **7**, 252 |
| Educa Memory Game/Memory | T-243/08 | GRUR Int 2010, 875 | **1**, 54 |
| Electronica | T-32/00 | ABl-HABM 2001, 608; GRUR Int 2001, 338; MarkenR 2001, 36; Slg 2000 II-3829 | **1**, 15; **37**, 15; **146**, 48 |
| Elio Fiorucci | T-165/06 | GRUR Int 2010, 140 | **7**, 245; **17**, 7, 51; **53**, 16 |
| Ellos | T-219/00 | ABl-HABM 2002, 1014; GRUR Int 2002, 600; MarkenR 2002, 98; Slg 2002 II-753 | **1**, 16; **7**, 197; **43**, 11, 12 |
| Emidio Tucci/Tuzzi | T-535/08 | 27.09.2012 | **1**, 15; **75**, 9; **78**, 8; **83**, 6, 7 |
| EMILIO PUCCI/EMIDIO TUCCI | T-8/03 | 13.12.2004 | **8**, 128, 168 |
| Eneloop/Loop | T-309/09 | 24.05.2011 | **65**, 61, 62 |
| EPCOS | T-132/09 | 15.12.2010 | **15**, 75 |
| esf ecole du ski français | T-41/10 | 05.05.2011 | **7**, 244 |
| Espetec | T-72/11 | 13.09.2012 | **37**, 12, 49, 55, 57; **65**, 35, 45 |

| Stichwort | Aktenzeichen | Fundstelle oder Datum | GMV, **Art**, Rdn |
|---|---|---|---|
| Etrax/Etra I+D | T-70/08 | 09.09.2010 | **60**, 4, 15 |
| EU-LEX | T-79/99 | 08.12.1999 | **65**, 42 |
| Euro Automatic Payment | T-28/10 | 12.04.2011 | **75**, 18 |
| Eurocool | T-34/00 | ABl-HABM 2002, 1042; MarkenR 2002, 88; Slg 2002-II 683 | **7**, 51; **75**, 30 |
| EuroHealth | T-359/99 | GRUR 2001, 835; GRUR Int 2001, 970; MarkenR 2001, 320; WRP 2001, 904; Slg 2001 II-1645 | **37**, 27; **38**, 6; **75**, 30 |
| Euromaster | T-31/04 | 15.03.2006 | **8**, 134 |
| European Driveshaft Services | T-413/11 | GRUR Int 2013, 250 | **60**, 9; **85**, 50 |
| Europig | T-207/06 | Slg 2007 II-1961 | **7**, 164 |
| Europremium | T-334/03 | ABl-HABM 2005, 518; GRUR Int 2005, 428; Slg 2005 II-65 | **7**, 148, 163, 164 |
| F1-LIVE/F1 | T-10/09 | 17.02.2011 | **1**, 50 |
| Faber/Naber | T-211/03 | GRUR Int 2005, 600; MarkenR 2005, 243; Slg 2005 II-1297 | **8**, 65, 73, 82, 89 |
| Facettiertes Gehäuse eines Elektromotors | T-253/09 | 09.12.2010 | **37**, 49, 51 |
| Factory Finish | T-487/07 | 20.10.2008 | **65**, 38; **93**, 10 |
| Fagumit/Fagumit | T-537/10 | 29.11.2012 | **18**, 4; **165**, 44 |
| Farbkombinationen Gelb/Silbergrau | T-299/09; T-300/09 | 03.02.2011 | **7**, 105 |
| Farbton Kastanie | T-329/09 | 09.12.2010 | **7**, 105 |
| Ferro/Ferrero | T-35/04 | GRUR 2006, 1026; GRUR Int 2006, 510; Slg 2006 II-785 | **8**, 92,176 |
| Ferromaxx/Ferromix | T-305/06 | 15.10.2008 | **8**, 56 |
| Fertilityinvivo | T-175/10 | 21.03.2011 | **65**, 42 |
| Filter mit gelber Spitze | T-201/06 | 10.09.2008 | **7**, 140 |
| FIRST DEFENSE | T-6/05 | GRUR 2007, 428 | **11**, 7 |
| Fishbone/Fishbone Beachwear | T-415/09 | 29.09.2011 | **76**, 38, 43 |
| Fläche mit schwarzen Punkten | T-331/10 | GRUR Int 2012, 1125 | **7**, 212 |
| Flasche mit reliefartiger Abbildung | T-347/10 | 19.04.2013 | **37**, 33, 35 |
| Flaschenform (wendelförmiger Hals) | T-24/08 | GRUR Int 2010, 717 | **8**, 226 |
| Flexi-Air/Flex | T-112/03 | ABl-HABM 2005, 808; GRUR Int 2005, 589; MarkenR 2005, 365; Slg 2005 II-949 | **8**, 208; **42**, 154, 156, 191 |

| Stichwort | Aktenzeichen | Fundstelle oder Datum | GMV, **Art**, Rdn |
|---|---|---|---|
| Flugbörse | T-189/07 | GRUR Int 2010, 145; MarkenR 2009, 464 | 7, 34, 205; **37**, 23 |
| Focus/Micro Focus | T-491/04 | GRUR Int 2007, 839 | **8**, 208 |
| Form einer Zigarre | T-110/02 | GRUR Int 2003, 944; Slg 2003 II-1897 | 7, 41 |
| Form eines Lautsprechers | T-460/05 | GRUR Int 2008, 52; Slg 2007 II-4207 | 7, 220 |
| Form eines Lautsprechers II | T-508/08 | GRUR Int 2012, 560 | 7, 125, 220; **37**, 14 |
| Forme d'un paquet de cigarettes | T-140/06 | 12.09.2007 | **8**, 228; **75**, 41 |
| Franssons Verkstäder | T-98/10 | 10.05.2010 | **65**, 24; **81**, 60 |
| Free/Free | T-365/09 | 27.10.2010 | **42**, 191 |
| FRUIT OF THE LOOM | T-514/10 | GRUR Int 2013, 45 | **15**, 77 |
| FS | T-227/09 | GRUR Int 2012, 651 | **52**, 5, 15 |
| FUN | T-67/07 | GRUR Int 2009, 518 | 7, 55, 62 |
| Fusion/Fusion | T-21/04 | 01.12.2004 | **8**, 133; **65**, 63 |
| FVB/FVD | T-10/07 | GRUR Int 2009, 157 | **8**, 145, 223 |
| Galaxia/Gala | T-66/03 | GRUR Int 2004, 1024; MarkenR 2004, 310; Slg 2004 II-1765 | **78**, 48, 58 |
| Gateway | T-434/05 | 27.11.2007 | **8**, 187 |
| General Bearing Corporation | T-394/09 | 14.12.2010 | **65**, 34, 35 |
| General Optica | T-318/06 | GRUR Int 2009, 728 | **8**, 20; **78**, 61 |
| Geronimo Stilton/Stilton | T-466/04 | ABl-HABM 2006, 814; GRUR Int 2006, 329; Slg 2006 II-183 | **65**, 10 |
| Geruch einer frischen Erdbeere | T-305/04 | ABl-HABM 2006, 388; GRUR 2006, 327; GRUR Int 2006, 134; MarkenR 2005, 537; Mitt. 2005, 556; Slg 2005 II-4705 | 7, 137; **26**, 21 |
| GG | T-278/09 | 15.11.2012 | 7, 85 |
| Gigabyte/Gibabiter | T-451/11 | 15.01.2013 | **78**, 8 |
| Ginstergelb und Silbergrau | T-299/09 | 03.02.2011 | 1, 16; **26**, 18; **37**, 7, 16; **75**, 15; 77, 7; **78**, 8, 9, 44 |
| GIORDANO | T-483/08 | 16.12.2009 | **8**, 37, 129; **42**, 69 |
| GIORGIO BEVERLY HILLS | T-162/01 | ABl-HABM 2003, 2066; GRUR Int 2003, 840; Slg. 2003, II-2821 | **8**, 43; **15**, 65 |
| Giroform | T-313/99 | GRUR Int 2001, 866; MarkenR 2001, 175; Slg 2001 II-433 | **65**, 48 |
| Gitarre | T-317/05 | GRUR Int 2007, 330 | **37**, 13 |

| Stichwort | Aktenzeichen | Fundstelle oder Datum | GMV, **Art**, Rdn |
|---|---|---|---|
| Glasmuster | T-036/01 | ABl-HABM 2002, 2558; GRUR Int 2003, 61; Slg 2002-II 3887 | **4**, 37; 7, 140 |
| Glaverbel II | T-141/06 | 12.09.2007 | 37, 56, 59, 60 |
| Glove/Globe | T-261/03 | 10.10.2004; 10.12.2004 | **65**, 17; **75**, 4 |
| Goldbarren | T-110/02 | ABl-HABM 2003, 1886; GRUR Int 2003, 944; MarkenR 2003, 280 | 7, 41, 131 |
| Golden Elephant Brand | T-300/08 | 14.07.2009 | **8**, 23; **42**, 191 |
| Goldhase | T-336/08 | GRUR 2011, 425 | 7, 128 |
| Golf Fashion Masters/The Masters | T-294/07 | 25.09.2008 | **85**, 74 |
| Good Life/Good Life | T-108/08 | GRUR Int 2011, 1092 | **15**, 76; **78**, 31 |
| Grana Biraghi | T-291/03 | GRUR 2007, 974; GRUR Int 2008, 142; MarkenR 2007, 508; Slg 2007 II-3081 | **52**, 9 |
| GRANUFLEX | T-534/08 | 30.09.2010 | **8**, 27; **29**, 3; **34**, 6 |
| Green by Missako/Mi Sa Ko | T-162/08 | 11.11.2009 | **28**, 33 |
| Griff | T-391/07 | 16.09.2009 | 37, 31; **75**, 4, 9 |
| Grünes Achteck | T-263/11 | 06.02.2013 | 7, 96 |
| Grün-gelb | T-137/08 | GRUR Int 2010, 153 | 7, 102, 105, 271, 274, 275; **8**, 107; **37**, 54, 57; **75**, 6; **78**, 39, 46, 47, 61, 103 |
| Grün-grau | T-316/00 | ABl-HABM 2002, 2490; GRUR Int 2003, 59; GRUR Int 2003, 59; Slg 2001-II 3843 | 7,102 |
| Grupo Osborne | T-165/10 | 14.07.2010 | **65**, 61 |
| Grupo Sada/Sadia | T-31/03 | GRUR Int 2005, 705 | **8**, 67; **76**, 18 |
| G-Star/G Stor | T-309/08 | 21.01.2010 | **8**, 270 |
| Hairtransfer | T-204/04 | GRUR Int 2007, 420 | **37**, 27 |
| Halber Smiley | T-139/08 | 29.09.2009 | 7, 97 |
| Hannover-Wappen | T-397/09 | GRUR Int 2011, 949 | 7, 252 |
| Happidog/Happy Dog | T-20/02 | GRUR Int 2004, 654; MarkenR 2004, 199; Slg 2004 II-1001 | **8**, 145; **12**, 21; **65**, 35 |
| Hell/Hella | T-522/10 | 17.01.2012 | **65**, 44, 48 |
| Hellim/Halloumi | T-534/10 | 13.06.2012 | **37**, 12 |
| Hensotherm/Hensotherm | T-366/04 | 06.09.2006 | **81**, 60, 63, 176 |
| Hi-Focus/Focus | T-257/04 | ABl-HABM 2006, 412; GRUR Int 2006, 138 | **76**, 33 |

| Stichwort | Aktenzeichen | Fundstelle oder Datum | GMV, **Art**, Rdn |
|---|---|---|---|
| HIJOPUTA | T-417/10 | 09.03.2012 | 7, 236 |
| Hippovit/Hipoviton | T-334/01 | GRUR Int 2004, 95; GRUR Int 2004, 955 | 15, 52, 53; **65**, 50; **76**, 28, 42 |
| Hiwatt | T-39/01 | ABl-HABM 2003, 270; GRUR Int 2003, 456; GRUR Int 2003,456; WRP 2003, 258; Slg 2002 II-5233 | 15, 47, 74; **42**, 180; **78**, 35 |
| Hooligan/Olly Gan | T-57/03 | ABl-HABM 2005, 624; GRUR 2005, 493; Slg 2005 II-287 | **8**, 73, 76; **63**, 13, 19, 24, 35; **65**, 75; **76**, 13, 15, 18, 19, 20, 23; **78**, 8, 10, 48, 57, 58 |
| Hubert/Saint-Hubert 41 | T-110/01 | ABl-HABM 2004, 1484; GRUR Int 2003, 552; Slg 2002 II-5275 | **8**, 67, 73, 80, 94; **65**, 10 |
| Hugo Boss | T-94/02 | GRUR Int 2004, 1027 | **65**, 12 |
| Hundebild | T-385/08 | 08.07.2010 | 7, 197 |
| I | T-441/05 | GRUR Int 2007, 856; Slg 2007 II-1937 | 7, 81, 100 |
| I.T.@MANPOWER | T-248/05 | 24.09.2008 | 7, 208 |
| ID Solutions | T-211/10 | 08.07.2010 | **65**, 34 |
| Idea/IKEA | T-112/06 | 16.01.2008 | **8**, 73 |
| IFS | T-462/05 | 10.12.2008 | 7, 85 |
| Ignis | T-261/06 | 17.10.2006 | **65**, 63 |
| ILS/ELS | T-388/00 | ABl-HABM 2003, 188; GRUR Int 2003, 237; Slg 2002-II 4301 | **8**, 88, 89, 91, 160; **76**, 38 |
| Immunocell/Immunorell | T-368/06 | 05.05.2008 | **65**, 62 |
| Insulate for life | T-157/08 | 08.02.2011 | 58, 8, 9; **75**, 14 |
| Intelligent Voltage Guard | T-297/07 | GRUR Int 2009, 244 | 7, 92 |
| Intertops | T-140/02 | GRUR Int 2005, 1017; Slg 2005 II-3247 | 7, 237; **65**, 33 |
| Jello Schuhpark | T-183/08 | 13.05.2009 | 15, 37; **42**, 181; **78**, 104, 105 |
| Jello Schuhpark/Schuhpark | T-32/03 | GRUR Int 2005, 583 | **8**, 128 |
| Julian Murua Entrena/Murua | T-40/03 | Slg 2005 II-2831 | **65**, 43 |
| Jurado | T-410/07 | Slg 2009 II-1345 | 47, 40; **81**, 91, 104; **136**, 10 |
| Justing | T-103/11 | GRUR Int 2012, 654 | **34**, 19 |
| Karomuster | T-329/10 | 19.09.2012 | **63**, 28; **75**, 15; **76**, 3 |
| Karra/Kara | T-270/10 | 03.05.2012 | **52**, 6 |

| Stichwort | Aktenzeichen | Fundstelle oder Datum | GMV, **Art**, Rdn |
|---|---|---|---|
| Käseschachtel | T-360/03 | GRUR Int 2005, 329; Slg 2004 II-4097 | 7, 131 |
| Keil mit Dreieck | T-388/04 | GRUR Int 2007, 246 | 7, 97 |
| Kiap Mou/Mou | T-286/02 | GRUR Int 2004, 143; Slg 2003-II 4953 | 8, 67 |
| Kids Vits/Vits4Kids | T-484/08 | 09.12.2009 | 65, 28 |
| Kik | T-120/99 | ABl-HABM 2003, 2198; MarkenR 2001, 327; Mitt 2001, 384; Slg 2001-II 2235 | **36**, 17; **44**, 15; **65**, 41; **119**, 16, 17, 20, 66; **145**, 6 |
| Kindertraum/Kinder | T-580/10 | GRUR Int 2012, 1128 | 52, 6 |
| Kinji by Spa/Kinnie | T-3/04 | GRUR Int 2006, 236; Slg 2005 II-4837 | 8, 66; 75, 35 |
| Kiss device with plume | T-198/00 | ABl-HABM 2002, 1815; WRP 2002, 818; Slg 2002 II-2567 | 75, 15, 26, 37 |
| Kleencare/Carclean | T-308/01 | ABl-HABM 2003, 2388; GRUR Int 2003, 1015; MarkenR 2003, 488; Slg 2003 II-3253 | 58, 1; **63**, 15, 35 |
| Konvex berandetes grünes Quadrat | T-282/09 | 09.12.2010 | 7, 96 |
| Kopfflasche | T-393/02 | Mitt. 2005, 229; Slg 2004 II-4115 | 7, 130 |
| Kreuzende Kurven auf Hosentasche | T-388/09 | 28.09.2010 | 7, 143 |
| K-Swiss | T-14/06 | 14.12.2006 | 79, 22, 37; **81**, 170 |
| Kuhhaut | T-153/03 | ABl-HABM 2006, 1222; GRUR Int 2006, 749; Slg 2006 II-1677 | 8, 94 |
| Kühlergrill | T-128/01 | GRUR Int 2003, 262; MarkenR 2003, 162; Slg 2003 II-701 | 7, 93 |
| Kuijer/Rat | T-188/98 | Slg 2000 II-1959 | 75, 4 |
| L112/L114 | T-78/10 | 29.02.2012 | 15, 77; **65**, 32 |
| La Española/Carbonell | T-363/04 | GRUR Int 2008, 406 | 8, 94 |
| LABORATOIRE DE LA MER/ LA MER | T-418/03 | 27.09.2007 | 15, 53 |
| Last Minute Tour | T-114/07 | GRUR Int 2010, 147; Slg 2009 II-1919 | 8, 24; **42**, 138; **53**, 11 |
| Lemon Symphony | T-133/08 | 18.09.2012 | 78, 46 |
| Libro/Libero | T-418/07 | 18.06.2009 | 8, 108, 121; **36**, 10, 11 |
| Life Blog/Life | T-460/07 | 20.01.2010 | 65, 35 |

| Stichwort | Aktenzeichen | Fundstelle oder Datum | GMV, **Art**, Rdn |
|---|---|---|---|
| LifeScience/Life Sciences Partners | T-413/07 | 11.02.2009 | 65, 43, 50 |
| LIMO | T-311/02 | ABl-HABM 2005, 734; GRUR Int 2004, 952; Slg 2004 II-2957 | 7, 163, 204 |
| Limoncello/Limonchelo | T-7/04 | GRUR Int 2005, 934; MarkenR 2005, 531; Slg 2008 II-3085 | 8, 68, 73, 145, 208 |
| Linderhof/Lindenhof | T-296/02 | ABl-HABM 2005, 778; GRUR Int 2005, 493; Slg 2005 II-563 | 8, 127 |
| Lite | T-79/00 | ABl-HABM 2002, 1068; GRUR Int 2002, 604; WRP 2002, 426; IIC 2003, 83; Slg 2002 II-705 | 7, 41, 63, 145 |
| Lyco-A | T-32/04 | GRUR Int 2007, 245; Slg 2006 II-4427 | 85, 47 |
| Madridexporta | T-180/07 | 16.09.2007 | 7, 201 |
| MAGIC SEAT/SEAT | T-363/06 | GRUR Int 2009, 149; Slg 2008 II-2217 | 8, 147 |
| Mangiami/Mangini | T-250/09 | 22.09.2011 | 76, 39, 43 |
| MANGO adorably/J'adore | T-308/08 | 15.09.2009 | 8, 261 |
| MANPOWER | T-405/05 | GRUR Int 2009, 427; Slg 2008 II-2883 | 7, 268, 272, 273, 276 |
| Manu/Manou | T-392/04 | 14.12.2006 | 59, 9; 75, 44, 45 |
| Manueller Fliesenschneider | T-25/11 | 29.01.2013 | 4, 5; 7, 214 |
| Marcorossi/Sergio Rossi | T-97/05 | 12.07.2006 | 65, 10 |
| Matratzen Markt Concord | T-6/01 | ABl-HABM 2003, 760; GRUR Int 2003, 243; MarkenR 2002, 417; Slg 2002-II 4335 | 8, 11, 57, 58, 197; 12, 39 |
| MaxiBridge | T-132/08 | 11.06.2009 | 7, 198 |
| Medi | T-470/09 | 12.07.2012 | 37, 13 |
| Medidata/Medita | T-270/09 | 30.09.2010 | 65, 46 |
| Medinet | T-378/11 | 20.02.2013 | 75, 15; 77, 7 |
| Memory | T-108/09 | GRUR Int 2010, 877 | 7, 198 |
| Messerhandgriff | T-164/11 | 19.09.2012 | 7, 216 |
| METRO | T-191/04 | ABl-HABM 2006, 1412; GRUR Int 2006, 1019; WRP 2006, 1357; Slg 2006 II-2855 | 42, 132; 63, 15, 17; 65, 10; 78, 51 |
| Metronia/Metro | T-290/07 | 10.12.2008 | 65, 53 |
| MEZZOPANE/MEZZOMIX | T-175/06 | GRUR Int 2009, 143 ; Slg 2008 II-1055 | 8, 121, 144 |

| Stichwort | Aktenzeichen | Fundstelle oder Datum | GMV, **Art**, Rdn |
|---|---|---|---|
| MGM | T-342/02 | ABl-HABM 2004, 1356; GRUR Int 2005, 56; Slg 2004 II-3191 | **42**, 191; **59**, 13; 75, 19 |
| MINERAL SPA/SPA | T-93/06 | 19.06.2008 | **8**, 264 |
| MIP Metro Group | T-124/06 | 24.01.2007 | **65**, 59, 63 |
| Miss fifties/Fifties | T-104/01 | ABl-HABM 2003, 228; GRUR Int 2003, 247; Slg 2002 II-4359 | **8**, 58, 90, 196 |
| Miteinander verbundene Kugeln | T-137/12 | 18.01.2013 | **65**, 43 |
| Miura | T-191/11 | 25.10.2012 | **79**, 22 |
| Mobilix/Obelix | T-336/03 | ABl-HABM 2006, 236; GRUR Int 2006, 49; Slg 2005 II-4667 | **8**, 73, 154, 177; **65**, 31, 44; **76**, 16 |
| monBeBe/bebe | T-164/03 | Slg 2005 II-1401 | **8**, 138 |
| Montebello | T-430/07 | 29.04.2009 | **8**, 119 |
| Mozart | T-304/06 | GRUR Int 2009, 410; Slg 2008 II-1927 | 7, 149, 195; **37**, 15; **65**, 44; **75**, 4, 9, 10, 17; **83**, 14 |
| MPAY24 | T-275/10 | 22.11.2011 | **100**, 11 |
| Mtronix/Montronix | T-353/09 | 01.02.2012 | **65**, 32 |
| Mundicor/Mundicolor | T-183/02 | GRUR 2004, 957; GRUR Int 2004, 647; IIC 2005, 463; Slg 2004 II-965 | **8**, 89; **15**, 72; **42**, 156, 158 |
| MunichFinancialServices | T-316/03 | GRUR Int 2005, 839; Slg 2005 II-1951 | **65**, 35 |
| Mybaby/Mybaby | T-523/10 | 27.06.2012 | **42**, 124, 125; **83**, 14 |
| Mystery/Mixery | T-99/01 | ABl-HABM 2003, 1984; GRUR Int 2003, 760; Mitt. 2003, 275; Slg 2003 II-43 | **8**, 87, 128, 149, 166; **65**, 50 |
| Nars/Mars | T-88/05 | 08.02.2007 | **8**, 73, 102 |
| NASDAQ | T-47/06 | 10.05.2007 | **8**, 176, 241, 256, 271 |
| NaviKey/Navi | T-393/09 | 13.10.2011 | **75**, 9 |
| Nestle-Flasche | T-305/02 | GRUR Int 2004, 326 | 7, 130 |
| Neurim Pharmaceuticals/Eurim-Pharm | T-218/06 | GRUR Int 2009, 417; Slg 2008 II-2275 | **81**, 168, 175, 180; **82**, 9, 15 |
| New born Baby | T-140/00 | MarkenR 2001, 415; Slg 2001 II-2927 | 7, 65 |
| New Look | T-435/07 | 26.11.2008 | **78**, 8, 273 |
| Ngenius/Genius | T-75/05 | 13.09.2005 | **65**, 59 |
| Nicky/Noki | T-396/04 | GRUR Int 2006, 142; Slg 2005 II-4789 | **8**, 176 |

| Stichwort | Aktenzeichen | Fundstelle oder Datum | GMV, **Art**, Rdn |
|---|---|---|---|
| NIMEI LA PERLA MODERN CLASSIC | T-59/08 | GRUR Int 2011, 324 | **8**, 275 |
| Nu-Tride/Tufftride | T-224/01 | GRUR Int 2003, 829; MarkenR 2003, 200; Slg 2003 II-1589 | **8**, 151, 155, 166; **40**, 9, 17 |
| Nutriskin | T-415/11 | 08.11.2012 | **75**, 9, 15 |
| O STORE | T-116/06 | GRUR Int 2009, 421; Slg 2008 II-2455 | **8**, 123, 138 |
| Okalux | T-126/08 | Slg 2009 II-2477 | **65**, 35; **144**, 28 |
| Oldenburger | T-295/01 | ABl-HABM 2004, 484; GRUR 2004, 148; GRUR Int 2003, 1020; MarkenR 2003, 493; Slg 2003 II-4365 | **7**, 201, 259; **37**, 31, 43 |
| Omega | T-90/05 | 06.11.2007 | **34**, 25 |
| Omnicare | T-277/06 | GRUR Int 2009, 926 | **60**, 10; **81**, 32; **82**, 31 |
| Online Bus/Bus | T-135/04 | ABl-HABM 2006, 60; GRUR Int 2006, 232; Slg 2005 II-4865 | **15**, 18; **65**, 43 |
| Optimum | T-424/07 | 20.01.2009 | **75**, 4, 34; **76**, 3 |
| Options | T-91/99 | MarkenR 2000, 150 | **7**, 272; **37**, 59, 60 |
| Orange | T-173/00 | ABl-HABM 2002, 2506; GRUR Int 2003, 168; MarkenR 2002, 412; Slg 2002 II-3483 | **7**, 105; **75**, 33 |
| Orange Farbton | T-97/08 | 13.09.2010 | **7**, 105 |
| Orange-grau | T-234/01 | GRUR Int 2003, 836; IIC 2004, 201; Slg 2003 II-2867 | **7**, 102 |
| OUTBURST | T-214/08 | GRUR Int 2012, 786 | **15**, 71, 78; **76**, 43; **78**, 97 |
| Outils Wolf | T-570/10 | GRUR Int 2012, 1132 | **8**, 250, 277 |
| Ovoide Waschtablette | T-194/01 | GRUR Int 2003, 754; Slg 2003 II-383 | **7**, 55, 60; **65**, 44; **78**, 44 |
| Pagesjaunes.com/Les pages jaunes | T-134/06 | 13.12.2007 | **6**, 21 |
| Pagine Gialle | T-589/11 | 20.11.2012 | **37**, 12, 59 |
| PAKI | T-526/09 | GRUR Int 2012, 247 | **7**, 234 |
| PAM PLUVIAL | T-364/05 | Slg 2007 II-757 | **8**, 126, 128; **15**, 71 |
| Pan & Co | T-380/02 | ABl-HABM 2005, 1008; GRUR Int 2005, 680; Slg 2005 II-1233 | **79**, 16, 26, 27, 34, 35; **81**, 120 |
| Paperlab | T-19/04 | GRUR Int 2005, 842; Slg 2005 II-2383 | **7**, 146; **75**, 18 |

| Stichwort | Aktenzeichen | Fundstelle oder Datum | GMV, **Art**, Rdn |
|---|---|---|---|
| Parmitalia | T-373/03 | GRUR Int 2005, 689; Slg 2005 II-1881 | **60**, 4, 15; **65**, 16 |
| Paasionately Swiss | T-377/09 | 15.12.2011 | 7, 201 |
| Past Perfect | T-133/06 | 23.10.2008 | 7, 168, 202, 204; **52**, 9 |
| Payweb Card | T-406/07 | Slg 2009 II-1441 | 75, 18 |
| PC WORKS/W WORK PRO | T-352/02 | GRUR Int 2005, 931; Slg 2005 II-1745 | **8**, 186 |
| Peerstorm/Peter Storm | T-30/09 | 08.07.2010 | **15**, 55 |
| Pelikan | T-136/11 | GRUR Int 2013, 144 | **52**, 20 |
| Pentagon | T-304/05 | GRUR Int 2008, 51 | 7, 96 |
| Pferdebild | T-386//08 | 08.07.2010 | 7, 197 |
| Pflanzensorte Sumcol 01 | T-187/06 | GRUR Int 2009, 133; Slg 2008 I-3151 | **61**, 22, 51; **78**, 11, 109 |
| PharmaCheck | T-296/07 | 21.02.2009 | 7, 6 |
| PHOTOS.COM | T-338/11 | 21.11.2012 | 7, 68 |
| Picaro/Picasso | T-185/02 | ABl-HABM 2004, 1236; GRUR Int 2004, 850; MarkenR 2004, 305; Mitt. 2004, 370; Slg 2004 II-1739 | **8**, 177; **78**, 8 |
| Pickwick COLOUR GROUP/ PicK OuiC | T-450/07 | Slg 2009 II-1951 | 15, 72; 42, 158; 57, 10 |
| Pine Tree | T-28/09 | GRUR Int 2011, 427 | 42, 18; 63, 14; 78, 101, 104, 105; 79, 34 |
| PiraÑAM/PIRANHA | T-443/05 | GRUR Int 2007, 845; Slg 2007 II-2579 | 8, 128 |
| Pollo Tropical | T-291/09 | GRUR Int 2012, 453 | 52, 15 |
| Port Louis | T-230/06 | GRUR Int 2009, 241 | 7, 201 |
| Powerball | T-484/09 | 16.11.2011 | 8, 7, 25; 65, 34 |
| Pranahaus | T-226/07 | GRUR Int 2008, 1040 | 7, 7, 164 |
| PRAZOL/PREZAL | T-95/07 | 21.10.2008 | 8, 88 |
| PROMAT/PROMA | T-243/06 | GRUR Int 2009, 154 | 8, 126 |
| Prosima/Promina | T-71/08 | 08.07.2009 | 8, 118, 127 |
| Protiactive/Proti | T-152/09 | 16.12.2011 | 76, 33, 40, 43 |
| PTR/RPT | T-168/07 | 04.03.2009 | 8, 53, 105 |
| Publicare | T-358/07 | 28.04.2008 | 65, 24, 25 |
| Pure Digital | T-461/04 | 20.09.2007 | 7, 32, 276; 37, 35 |
| Quantum | T-147/03 | GRUR Int 2006, 319; Slg 2006 II-11 | 8, 56, 176, 186; 15, 17; 65, 53 |
| Quicky/Quickies | T-74/04 | 22.02.2006 | 8, 216 |

| Stichwort | Aktenzeichen | Fundstelle oder Datum | GMV, **Art**, Rdn |
|---|---|---|---|
| R.U.N./Ran | T-490/07 | 17.12.2009 | **75**, 5, 10 |
| R10/R10 | T-137/09 | GRUR Int 2011, 160 | **59**, 6 |
| RAUTARUUKKI | T-269/06 | 19.11.2008 | **7**, 268, 272 |
| Rechteck in Purpur | T-499/09 | 13.07.2011 | **7**, 96; **75**, 17 |
| Redrock/Rock | T-146/08 | 13.10.2009 | **65**, 50 |
| Redtube | T-489/09 | 12.05.2011 | **144**, 36 |
| Renoflex/Flex | T-146/05 | 06.03.2006 | **65**, 58 |
| Respicur/Respicort | T-256/04 | GRUR Int 2007, 593; Slg 2007 II-449 | **8**, 47 |
| Restore | T-363/10 | 15.11.2011 | **65**, 43; **75**, 9, 15, 41 |
| Resverol/Lesterol | T-363/09 | 16.12.2010 | **8**, 44 |
| Reverie/Revert | T-246/06 | 06.05.2008 | **78**, 56 |
| Rockbass | T-315/03 | GRUR Int 2005, 837 | **76**, 3, 31 |
| Romuald Prinz Sobieski/Jan III Sobieski | T-271/09 | GRUR Int 2012, 360 | **81**, 56, 73, 130; **144**, 36 |
| Roter Lego-Stein | T-270/06 | GRUR Int 2009, 508; WRP 2009, 36; Slg 2008 II-3117 | **7**, 217 |
| Royal Shakespeare | T-60/10 | GRUR Int 2013, 52 | **8**, 241, 255, 268, 274 |
| Royal/Royal Feitoria | T-501/04 | 15.02.2007 | **8**, 90 |
| RT/RTH | T-371/09 | 22.05.2012 | **65**, 44 |
| Ruffles/Riffels | T-269/02 | ABl-HABM 2005, 970; GRUR Int 2005, 604; Slg 2005 II-1341 | **1**, 19, 50; **6**, 20 |
| Saint-Hubert 41/Hubert | T-110/01 | GRUR Int 2003, 552 | **8**, 201 |
| Salvita/Solevita | T-303/03 | GRUR Int 2005, 701; Slg 2005 II-1917 | **42**, 141, 181; **75**, 9, 26, 36, 42; **76**, 13; **78**, 31, 38, 55, 97, 104, 105 |
| Sao Paulo Alpargatas | T-391/11 | 27.10.2011 | **65**, 34, 64 |
| SAT.2 | T-323/00 | GRUR 2002, 858; GRUR Int 2002, 858; MarkenR 2002, 260; WRP 2002, 936; Slg 2002 II-2839 | **7**, 20; **63**, 20 |
| Saw blade | T-127/06 | 05.12.2007 | **7**, 91, 150; **65**, 47; **78**, 44 |
| Scala | T-235/02 | Slg 2003 II-4903 | **42**, 141 |
| Schwedischer Jurist | T-445/04 | 28.02.2005 | **65**, 37; **93**, 10, 11 |
| Sedonium/Predonium | T-10/01 | Slg 2003 II-2225 | **64**, 35; **65**, 59 |
| Selectron | T-253/10 | 29.09.2010 | **65**, 65 |

| Stichwort | Aktenzeichen | Fundstelle oder Datum | GMV, **Art**, Rdn |
|---|---|---|---|
| SELENIUM-ACE | T-312/03 | GRUR Int 2005, 943; GRUR Int. 2005, 943; Slg 2005 II-2897 | **1**, 30; **8**, 58 |
| Seve Trophy/Seve Trophy | T-192/09 | 17.12.2010 | **8**, 278 |
| Seven Fashion Shoes/Seven | T-244/10 | 08.05.2012 | **42**, 191 |
| Seven squares of different colours | T-293/10 | 14.06.2012 | **4**, 52; **83**, 15 |
| Silk Cocoon | T-174/01 | GRUR Int 2003, 763; Mitt. 2003, 470; Slg 2003 II-789 | **15**, 47; **88**, 52 |
| Sir/Zirh | T-355/02 | MarkenR 2004, 162; IIC 2005, 459; Slg 2004 II-791 | **1**, 18, 30; **8**, 177 |
| Sissi Rossi/Miss Rossi | T-169/03 | GRUR Int 2005, 503; Slg 2005 II-685 | **8**, 116, 129, 196; **78**, 8, 59 |
| Skiken | T-156/09 | 24.06.2009 | **65**, 63 |
| Smartwings/Eurowings | T-72/08 | 27.09.2010 | **83**, 6 |
| Soap | T-122/99 | ABl-HABM 2001, 1170; GRUR Int 2002, 73; IIC 2001, 214; MarkenR 2000, 107; Slg 2000 II-265 | **7**, 214; **43**, 42 |
| Soap II | T-63/01 | ABl-HABM 2003, 814; GRUR Int 2003, 459;MarkenR 2003, 77; WRP 2003, 254; Slg 2002 II-5255 | **7**, 180, 214; **137**, 13 |
| Solvo/Volvo | T-434/07 | 02.12.2009 | **8**, 44 |
| Sonia Rykiel/Sonia | T-131/06 | 30.04.2008 | **15**, 1; **112**, 16 |
| Spa Group/Spar | T-378/09 | 31.01.2012 | **76**, 49 |
| Spa Therapy/Spa | T-109/07 | GRUR Int 2009, 738; Slg 2009 II-675 | **8**, 145 |
| SPA-FINDERS | T-67/04 | GRUR Int 2005, 698; Slg 2005 II-1825 | **8**, 235, 240, 278; **78**, 49 |
| Spaform/Spa | T-186/04 | GRUR Int 2005, 690; Slg 2005 II-2333 | **42**, 45, 49 |
| SpagO/SPA | T-438/07 | 12.11.2009 | **8**, 264 |
| Spaline/Spa | T-21/07 | GRUR Int 2009, 735 | **8**, 234, 264 |
| Spannfutter | T-7/09 | 21.04.2010 | **4**, 6; **7**, 91; **78**, 27, 44 |
| Spielkarte Heraclio Fournier | T-160/02 | GRUR Int 2005, 833; Slg 2005 II-1643 | **7**, 91 |
| Stapelkisten | T-392/04 | 18.10.2011 | **75**, 44 |
| Star TV/Star TV | T-359/02 | GRUR Int 2005, 925; Slg 2005 II-1515 | **65**, 48 |

| Stichwort | Aktenzeichen | Fundstelle oder Datum | GMV, **Art**, Rdn |
|---|---|---|---|
| Starix/Asterix | T-311/01 | ABl-HABM 2004, 514; GRUR Int 2004, 138; MarkenR 2003, 498; Slg 2003 II-4625 | **65**, 16 |
| Steadycontrol | T-108/07 | 02.04.2008 | **37**, 16 |
| Stella | T-27/09 | GRUR Int 2010, 324 | **65**, 34, 35; **75**, 9 |
| Steninge | T-499/04 | 17.10.2006 | **8**, 10 |
| Stilisierte Handdarstellungen | T-404/10 | 13.09.2012 | **53**, 11 |
| Streamserve | T-106/00 | ABl-HABM 2002, 1090; MarkenR 2002, 92; Slg 2002 II-723 | **1**, 15; **37**, 15, 16; **63**, 20; **65**, 15; **75**, 18; **83**, 12 |
| Sunless/Sunless | T-662/11 | 29.01.2013 | **65**, 44 |
| Taschenlampe | T-88/00 | ABl-HABM 2002, 1322; GRUR Int 2002, 531; MarkenR 2002, 56; WRP 2002, 316; Slg 2002 II-467 | **4**, 42; **7**, 41, 54; **37**, 15; **63**, 28; **75**, 15 |
| TDI II | T-174/07 | GRUR Int 2009, 720 | **7**, 81, 263 |
| TDI | T-16/02 | GRUR Int 2004, 328; Mitt. 2004, 179; Slg. 2003, II-5167 | **7**, 204; **37**, 52, 53, 60; **63**, 19; **75**, 4, 9, 41 |
| TDI III | T-418/10 | MarkenR 2011, 353 | **7**, 196; **37**, 60 |
| TDK | T-477/04 | GRUR Int 2007, 327; Slg 2007 II-399 | **8**, 176, 224, 281 |
| Tek | T-458/05 | GRUR Int 2008, 501; Slg 2007 II-4721 | **7**, 203; **65**, 44 |
| Telepharmacy Solutions | T-289/02 | ABl-HABM 2004, 1324; GRUR Int 2004, 947; Slg 2004 II-2851 | **37**, 4, 16, 29 |
| TELETECH GLOBAL VENTURES | T-288/03 | GRUR Int 2005, 692; Slg 2005 II-1767 | **8**, 176, 186; **110**, 3 |
| Teletech International | T-194/05 | Slg 2006 II-1367 | **59**, 7, 13 |
| Teleye | T-128/99 | ABl-HABM 2002, 434; GRUR Int 2002, 528; MarkenR 2001, 487; Slg 2001 II-3273 | **29**, 6; **43**, 32, 34, 39 |
| Tennis Warehouse | T-290/10 | 27.11.2011 | **1**, 15 |
| Terranus/Terra | T-322/05 | GRUR Int 2007, 597 | **1**, 30; **8**, 176 |
| The Carlyle | T-505/09 | 06.09.2010 | **65**, 61, 62 |
| The Footwear Company | T-49/10 | 11.08.2010 | **65**, 63 |
| The Future has Zero Emissions | T-422/12 | 20.02.2013 | **65**, 23, 24, 25 |
| Timi Kinderjoghurt/Kinder | T-140/08 | GRUR Int 2010, 58 | **8**, 244; **53**, 1; **64**, 18 |

| Stichwort | Aktenzeichen | Fundstelle oder Datum | GMV, **Art**, Rdn |
|---|---|---|---|
| Top | T-242/02 | GRUR Int 2005, 908; MarkenR 2005, 418; Slg 2005 II-2793 | 75, 12, 33; **83**, 15; **119**, 20, 68 |
| TOP CRAFT | T-374/08 | GRUR Int 2011, 1086 | 15, 77 |
| Torre Albeniz/Torres | T-287/06 | 18.12.2008 | 8, 144 |
| Tosca Blu/Tosca | T-150/04 | GRUR Int 2007, 1023 | 8, 129 |
| Tosca de Fedeoliva/Tosca | T-63/07 | GRUR Int 2010, 719 | 76, 25 |
| Toska/Tosca | T-263/03 | 11.07.2007 | 8, 30 |
| Transcendental Meditation | T-412/11 | 06.02.2013 | 64, 11, 21 |
| Travatan/Trivastan | T-130/03 | GRUR Int 2005, 1019; Slg 2005 II-3859 | 8, 176; **65**, 16, 43 |
| Trenton/Lenton | T-171/06 | GRUR Int 2009, 725 | 43, 11; **65**, 10 |
| Trivento Bodegas | T-318/11 | 27.10.2011 | 65, 23, 64 |
| Trubion/TriBion Harmonis | T-412/09 | 15.12.2009 | 65, 44 |
| Truckcard | T-358/00 | ABl-HABM 2002, 2242; Slg 2002 II-1993 | 37, 27 |
| Trustedlink | T-345/99 | ABl-HABM 2001, 448; GRUR Int 2001, 241; MarkenR 2000, 150; Slg 2000 II-3525 | 1, 15; 7, 41; **37**, 15; **75**, 17 |
| Turkish Power | T-34/04 | GRUR Int 2005, 938; Slg 2005 II-2401 | 8, 101, 206 |
| Txakoli | T-341/09 | 17.05.2011 | 66, 19; **136**, 13; **164**, 28 |
| Uhr | T-68/10 | GRUR Int 2011, 746 | 65, 15 |
| Ultimate Fighting | T-118/06 | GRUR Int 2009, 741; Slg 2009 II-841 | 7, 6; **37**, 28 |
| Ultimate Fighting Championship | T-379/05 | 02.04.2009 | 75, 18 |
| Unibanco/Unizero | T-392/06 | GRUR Int 2010, 730 | 76, 45 |
| UUP'S | T-158/04 | 28.06.2005 | 81, 2, 69 |
| Variant/Derbivariant | T-317/03 | GRUR Int 2006, 312 | 8, 22, 67 |
| Veramonte | T-14/04 | Mitt. 2005, 46; Slg 2004 II-3077 | 65, 38 |
| Viaguara/Viagra | T-332/10 | 25.01.2012 | 8, 266 |
| VIPS | T-215/03 | GRUR Int 2007, 730; Slg 2007 II-711 | 8, 234, 235; **42**, 190; **58**, 1; **59**, 9, 11, 12; **63**, 15; 75, 19 |
| VISIBLE WHITE | T-136/07 | 09.12.2008 | 7, 194 |
| Vitachron Male | T-95/11 | 15.04.2011 | 60, 14; **65**, 64, 65 |
| Vitafruit/Vitafrut | T-203/02 | GRUR Int 2005, 47; Slg 2004 II-2811 | 8, 176 |

| Stichwort | Aktenzeichen | Fundstelle oder Datum | GMV, **Art**, Rdn |
|---|---|---|---|
| Vitakraft/Krafft | T-356/02 | GRUR Int 2005, 256; Slg 2004 II-3445 | **8**, 176 |
| Vital&Fit/Vitafit | T-111/06 | 21.11.2007 | **75**, 9 |
| Vitalite | T-24/00 | GRUR 2001, 332; GRUR Int 2001, 332; MarkenR 2001, 178; Slg 2001 II-449 | **37**, 15 |
| Vitataste | T-124/02; T-156/02 | ABl-HABM 2005, 696; GRUR Int 2004, 660; Slg 2004 II-1149 | **64**, 30; **75**, 4; **85**, 13, 16, 42, 46 |
| Völkl/Völkl | T-504/09 | GRUR 2012, 777 | **28**, 17; **59**, 8, 9; **78**, 35 |
| Vonage Holdings | T-453/05 | Slg 2006 II-1877 | **65**, 37; **93**, 10, 11 |
| Waschmitteltablette | T-129/00 | MarkenR 2001, 418; Slg 2001 II-2793 | **4**, 42; **7**, 112, 113, 177; **63**, 31 |
| Waschtablette, blauer ovaler Kern | T-398/04 | GRUR Int 2006, 326; MarkenR 2006, 127 | **7**, 91; **63**, 20; **65**, 15 |
| Waschtablette/Bildmarke | T-30/00 | GRUR Int 2002, 75; MarkenR 2001, 481; Slg 2001 II-2663 | **7**, 91, 108, 143, 214; **37**, 15, 24; **65**, 15; **76**, 45 |
| Waterford Stellenbosch/Waterford | T-105/05 | 12.06.2007 | **8**, 132; **78**, 59 |
| Weiße Seiten | T-322/03 | ABl-HABM 2006, 973; GRUR 2006, 498; GRUR Int 2006, 417; Slg 2006 II-835 | **1**, 15; **7**, 31, 204, 243; **65**, 24, 25 |
| Western Gold/Wesergold | T-278/10 | 21.09.2012 | **59**, 11; **63**, 15, 24 |
| Westlife/West | T-22/04 | ABl-HABM 2005, 1054; GRUR Int 2005, 922; Slg 2005 II-1559 | **8**, 67; **65**, 10 |
| Windenergiekonverter | T-71/06 | 15.11.2007 | **7**, 274; **37**, 52, 59 |
| Xenteo/Penteo | T-585/10 | 22.05.2012 | **9**, 7 |
| Ygeia | T-7/10 | 17.05.2011 | **37**, 55, 59, 60; **75**, 5 |
| Zapper-Click | T-360/10 | 03.10.2012 | **65**, 24, 47 |
| Zerstäuber | T-104/08 | GRUR Int 2009, 920 | **7**, 131 |
| Zifferblatt Lange-Uhr | T-152/07 | 14.09.2009 | **7**, 91, 93, 274 |
| Zydus/Zimbus | T-288/08 | 15.03.2012 | **65**, 43, 60 |

**Nichtigkeitsabteilungen des Harmonisierungsamtes für den Binnenmarkt (HABM-NA)**

(elektronisch verfügbar unter http://oami.europa.eu/search/legaldocs/la/DE_cancella tion_index.cfm)

| Stichwort | Aktenzeichen | Fundstelle oder Datum | GMV, **Art**, Rdn |
|-----------|--------------|------------------------|-------------------|
| ALASKA | 330 C | 01.08.2004 | 78, 34 |
| AROMATONIC | C-670042/1 | Mitt. 2001, 319 | **50**, 7; **56**, 21; **57**, 20 |
| BE NATURAL | C-479899/1 | ABl-HABM 2001; Mitt. 2001, 225 | **57**, 21 |
| BERGAZOLA | 279 C | 12.12.2003 | **164**, 18 |
| GINA WILD | C-1378173-1 | 05.08.2004 | **3**, 8 |
| INTERTOPS | C-422014 | Mitt. 2000, 304 | 7, 240 |
| Lego-Baustein | 63 C | 30.07.2004 | 37, 27 |
| Mastercard/Regents Associates | C-743799/1 | Mitt. 2002, 189 | 56, 14 |
| Mörser und Stößel | C-172734/1 | Mitt. 2000, 302 | **56**, 5; **57**, 19 |
| RONCARIFORT | 609 C | 06.10.2004 | **164**, 18 |
| SCOTCHJITO | 707 C | 31.05.2005 | **164**, 13 |
| SENSO DI DONNA. | C-61679/1 | ABl-HABM 2001, 368; Mitt. 2001, 44; WRP 2001, 304 | 57, 6 |
| TEEKAMPAGNE. | C-225250/1 | ABl-HABM 2000, 436; Mitt. 2000, 116 | 57, 20 |
| THE CHALLENGER AGENCY | C-533182/1 | ABl-HABM 2002, 152 | **8**, 19, 205; **57**, 23 |
| TRILLIUM | C-5344/1 | ABl-HABM 2001, 1574; Mitt. 2001, 224 | 57, 21 |

**Beschwerdekammern des Harmonisierungsamtes für den Binnenmarkt (HABM-BK)**

Alle Entscheidungen sind elektronisch verfügbar unter http://oami.europa.eu/search/ legaldocs/la/DE_boa_index.cfm. Die nicht im ABl-HABM veröffentlichten Entscheidungen sind nur in der Verfahrenssprache verfügbar.

| Stichwort | Aktenzeichen | Fundstelle oder Datum | GMV, **Art**, Rdn |
|-----------|--------------|------------------------|-------------------|
| 7 | R 063/1999-3 | MarkenR 1999, 323 | **4**, 41; **7**, 81 |
| 90 | R 197/1999-2 | GRUR Int 2000, 554 | 7, 81 |
| 300 | R 1275/2006-4 | 03.09.2007 | 37, 33 |
| 4T/T-4 | R 1171/2000-1 | 11.11.2002 | 8, 104 |
| 5 HOUR ENERGY II | R 731/2008-1 | 03.09.2008 | **60**, 13; **81**, 63 |
| 5 HTP | R 595/2008-4 | 21.04.2009 | **7**, 261; **51**, 22 |

| Stichwort | Aktenzeichen | Fundstelle oder Datum | GMV, **Art**, Rdn |
|---|---|---|---|
| 5 Streifen auf Sportschuh | R 1109/2004-1 | 26.09.2005 | 7, 144 |
| 800 FLOWERS | R 846/2006-4 | 08.06.2007 | **8**, 22; **29**, 11 |
| 9 TELECOM/TELEKOM | R 496/2003-4 | 22.03.2005 | 37, 61 |
| @NET INDEX | R 041/2000-3 | 28.02.2001 | **64**, 26; **75**, 16 |
| π | R 1279/2011-2 | 28.11.2011 | 4, 41 |
| a | R 091/1998-2 | ABl-HABM 2000, 388 | 7, 82, 89 |
| A device of a pocket | R 730/2009-4 | 11.01.2010 | 7, 145 |
| A device of a pocket | R 868/2009-4 | 29.07.2010 | 7, 145 |
| A im Europa-Sterne-Kreis | R 1903/2010-1 | 14.07.2011 | 7, 252 |
| A2A/A ZWEI | R 1099/2000-3 | ABl-HABM 2003, 1388; MarkenR 2002, 424 | 8, 90 |
| AB TERRA LEAF/TERRA | R 2122/2011-4 | 01.10.2012 | 38, 6 |
| Absperrorgan | R 730/2007-1 | 14.02.2008 | 7, 218 |
| ACAMOL/AGAROL | R 501/1999-1 | ABl-HABM 2000, 1404; IIC 2001, 326 | 8, 162 |
| ACETAT SILICON 101E / 10 | R 2499/2010-1 | 29.03.2012 | 37, 37 |
| ACOTEL/ASCOTEL | R 671/2004-4 | 23.01.2006 | 85, 96 |
| ADVANTAGE WITH SPE-CIALISTS | R 440/2012-1 | 12.07.2012 | 75, 42 |
| ADVANTAGE/ADVANTA | R 038/2000-1 | ABl-HABM 2001, 1306 | 8, 164 |
| AGROTEL/AGRITEC | R 261/2004-2 | 24.02.2005 | 8, 162 |
| AIRail | R 432/2002-3 | 12.03.2003 | 29, 4 |
| AIRDUC I | R 1054/2005-4 | 17.12.2007 | 85, 61 |
| AIR MARITIME/AIR MA-RIN | R 789/1999-2 | ABl-HABM 2002, 1642 | 8, 55, 182 |
| ALAMOS/ALAMO | R 850/2004-1 | 15.09.2005 | 64, 10 |
| ALARIS | R 334/2011-5 | 11.05.2012 | 51, 2 |
| ALASKA | R 1124/2004-4 | 08.04.2008 | 7, 245 |
| ALASKA | R 877/2004-4 | 08.04.2008 | 7, 245 |
| ALDER CAPITAL | R 486/2008-2 | 20.02.2009 | 53, 12 |
| ALFA / ALFA ENERGY | R 1359/2008-1 | 15.10.2009 | 60, 18 |
| ALL AMERICAN PLAN | R 010/1997-3 | 08.07.1998 | **58**, 13; **78**, 66 |
| ALMIRALL | R 006/1998-1 | 31.07.1998 | 75, 28 |
| ALPHA STAR/ALPHACARB | R 195/2000-4 | ABl-HABM 2002, 352 | 8, 194 |
| ALTERTFIND | R 539/2005-1 | GRUR Int 2000, 554; MarkenR 1999, 323 | 29, 6; 43, 33, 34 |
| ALVA/ELVEA | R 2377/2010-4 | 08.06.2012 | 34, 25 |
| AMATI/MATY | R 1086/2005-4 | 17.07.2006 | 85, 71 |
| AMAZING ELASTIC PLAS-TIC II | R 249/2008-4 | 27.02.2009 | 15, 52; 57, 13 |

| Stichwort | Aktenzeichen | Fundstelle oder Datum | GMV, **Art**, Rdn |
|---|---|---|---|
| AMTEUS/AMADEUS | R 1732/2007-2 | 09.09.2008 | **8**, 72 |
| APETITO/APETIT | R 278/2003-2 | 19.03.2004 | **37**, 37 |
| APPEL | R 298/1999-3 | MarkenR 2000, 35 | **7**, 67, 193, 258 |
| AQUARELLE/AQUARELLO | R 664/2003-4 | 10.02.2006 | **8**, 126 |
| ARANDA | R 874/2006-1 | 07.03.2007 | **8**, 134 |
| ARCADIA | R 246/1999-1 | 27.03.2000 | **7**, 247 |
| Arcol/Capol | R 782/2000-3 | 04.03.2002 | **42**, 136 |
| ARDEX/JARDEX | R 1324/2012-1 | 14.03.2013 | **76**, 44 |
| ARENA DI VERONA | R 635/2003-2 | 16.05.2006 | **53**, 17 |
| AREPA | R 214/1998-2 | 22.07.1999 | **81**, 120 |
| ARKOBIOTIC/ARKO | R 1867/2010-2 | 14.11.2011 | **76**, 44 |
| AROMACOSMETIQUE | R 039/2002-4 | 11.03.2004 | **57**, 23 |
| ASPIRIN/ASPIR WILLOW | R 007/2001-1 | ABl-HABM 2002, 1706 | **76**, 18 |
| ATEENWORLD | R 269/2006-4 | 29.09.2006 | **82**, 9, 40 |
| ATLAS TRANSPORT | R 1858/2007-4 | 09.09.2008 | **15**, 9, 38; **51**, 3, 9 |
| ATLOX/ARCOX | R 522/2005-4 | 19.07.2006 | **85**, 47 |
| ATLOX/AVALOX | R 651/2005-4 | 19.07.2006 | **64**, 29; **85**, 47 |
| Atma | R 182/1998-1 | ABl-HABM 1999, 1448 | **7**, 96 |
| ATOZ/ARTOZ | R 1126/2004-2 | 11.01.2006 | **160**, 2 |
| AUCTIONPLACE | R 192/2003-1 | 17.09.2003 | **81**, 175 |
| AURELIA | R 1214/2007-1 | 09.01.2008 | **81**, 90 |
| Ausrufezeichen | R 1134/2007-1 | 26.11.2007 | **4**, 14 |
| AVEMAR/MAR | R 373/2001-3 | Mitt. 2002, 288 | **15**, 74 |
| AVENA/AVEENO | R 198/2005-4 | 13.06.2007 | **28**, 33 |
| AVENOSES/AVEENO | R 855/2002-4 | 25.08.2003 | **81**, 40, 41 |
| B!O/BO | R 068/2011-4 | 17.11.2011 | **60**, 21 |
| BABY-DRY | R 035/1998-1 | ABl-HABM 1999, 1432; Mitt. 1998, 388 | **7**, 70, 174 |
| BALI KITCHEN/BALI | R 247/2006-4 | 27.05.2008 | **8**, 44 |
| BANK 24 | R 1011/2001-1 | 11.06.2002 | **57**, 23 |
| BANKLINE | R 427/2006-2 | 04.09.2006 | **7**, 273 |
| BANOFTAL/PAN-OPHTAL | R 2123/2012-4 | 30.01.2013 | **65**, 51 |
| BARISTA | R 2603/2011-2 | 04.12.2012 | **34**, 7; **153**, 17 |
| BATMARK | R 005/1997-1 | 15.05.1998 | **34**, 18; **58**, 14 |
| Beauty isn't about looking young but looking good | R 073/1998-2 | MarkenR 1999, 173 | **4**, 35; **7**, 73 |
| BECO/B BEKOX | R 45/2008-2 | 28.11.2008 | **34**, 5 |
| BED SUPPERCLUB/SUP-PERCLUB | R 810/2008-4 | 04.06.2009 | **42**, 72 |
| Behältnis mit/ohne Deckel | R 1906/2010-4 | 07.06.2011 | **75**, 42 |

| Stichwort | Aktenzeichen | Fundstelle oder Datum | GMV, **Art**, Rdn |
|---|---|---|---|
| BEHAVIOURAL INDE-XING | R 323/2008-G | 28.04.2009 | **58**, 16; **61**, 3; **80**, 20, 21 |
| BEL | R 673/2008-2 | 23.02.2009 | 7, 166 |
| BELEBT GEIST UND KÖR-PER | R 348/2004-2 | 01.12.2004 | **58**, 19 |
| BELEBT GEIST UND KÖR-PER | R 702/2002-1 | 17.12.2003 | **37**, 61 |
| BEST MEDICAL | R 778/2010-1 | 04.11.2010 | 7, 247 |
| BETA/BETA | R 1171/2004-4 | 22.05.2006 | **64**, 10 |
| Bianchi-Grün | R 595/2007-4 | 22.10.2007 | **37**, 58, 59, 61, 63 |
| Bild einer Trense | R 2311/2010-1 | 12.01.2012 | 7, 94 |
| Bild eines Teddybären | R 110/2011-1 | 08.09.2011 | 7, 92 |
| Bild Milchflasche | R 1442/2009-2 | 16.06.2010 | 7, 91 |
| Bild stilisierte Blüte | R 1235/2009-1 | 09.09.2010 | 7, 96 |
| Bildmarke Dübel | R 1843/2011-2 | 01.06.2012 | 7, 95 |
| Bildmarke/H&R | R 2394/2010-4 | 16.02.2012 | **81**, 8, 117 |
| Bildschirm eines Mobiltelefons | R 625/2004-4 | 01.12.2004 | **37**, 27 |
| BIMBO | R 061/2008-1 | 16.10.2008 | **29**, 5 |
| Bin Laden arabisch | R 177/2004-2 | 29.09.2004 | 7, 236; **165**, 29 |
| BINA/PINAR | R 028/2007-4 | 15.02.2008 | **12**, 41; **37**, 12 |
| BIO SONNE/ÖKO-SONNE | R 664/2004-4 | 07.09.2005 | **64**, 10 |
| BIOARCHIVE | R 492/2012-4 | 06.09.2012 | **37**, 9; **75**, 11, 13 |
| BIODERMA | R 282/2000-4 | 20.11.2001 | **54**, 5 |
| BIOGENERIX | R 006/2002-3 | GRUR 2003, 75; MarkenR 2002, 441 | **28**, 4, 35; **43**, 17; **58**, 14, 15 |
| BIOLACT/BIO | R 503/2001-4 | 14.10.2002 | **64**, 27 |
| BIOSAN/BIO SAN FRI-SCHEDUFT | R 294/2002-1 | 28.10.2002 | **64**, 27 |
| BLACK AND WHITE PAT-TERN | R 2600/2011-1 | 14.11.2012 | 7, 96 |
| BLUE BIRD | R 102/210-4 | 17.05.2010 | 7, 246 |
| BLUE CROSS MEDICARE/BLUE CROSS | R 203/2005-1 | 10.10.2006 | **144**, 35 |
| BLUE WATER/BLUEWA-TER | R 117/1998-1 | 16.11.1998 | **43**, 34; **58**, 14 |
| BOA | R 1126/2005-4 | 29.06.2006 | 7, 22 |
| Bocksbeutelflasche | R 479/2004-1 | 25.04.2006 | 7, 131; **66**, 19, 24; **164**, 8 |
| BODYLINE/BODYFINE | R 516/2002-1 | 28.04.2003 | **42**, 125, 126 |
| BOMBA ENERGIA/BAMBA | R 263/2002-1 | 08.09.2003 | **8**, 111 |
| BONOLAT/PONALAR | R 303/1999-2 | MarkenR 2000, 451 | **8**, 167 |
| BOSS/HUGO BOSS | R 764/2009-4 | 09.03.2010 | **15**, 67 |

| Stichwort | Aktenzeichen | Fundstelle oder Datum | GMV, **Art**, Rdn |
|---|---|---|---|
| BOUNTY 3-D | R 003/1997-1 | 29.04.1998 | **78**, 38, 66 |
| BOXSTER/BOSKER | R 77/2003-2 | 11.05.2004 | **8**, 36 |
| BRAINLAB | R 1596/2010-4 | 15.04.2011 | **81**, 64, 83, 85, 88 |
| BRASSERIE DU THEATRE | R 619/2010-2 | 13.08.2010 | **29**, 2 |
| Bremstrommel | R 301/1999-3 | GRUR Int 2000, 551; MarkenR 2000, 292 | **4**, 37; **6**, 5; **7**, 93; **43**, 42 |
| Bremstrommel-Kerben | R 394/2005-4 | 06.11.2006 | **4**, 45 |
| BRILLENETUI | R 381/2000-1 | ABl-HABM 2001, 1520 | **7**, 229 |
| BROKEN SPHERE | R 290/2011-2 | 07.11.2011 | **29**, 5 |
| BRU/Flasche B | R 486/2004-1 | 24.02.2005 | **8**, 111 |
| Brunneneinheitsflasche | R 205/1998-2 | GRUR Int 2000, 549 | **7**, 123, 226 |
| BRUSCHETTA | R 328/2002-2 | 01.07.2003 | **7**, 208 |
| BSB | R 1633/2006-1 | 23.03.2007 | **7**, 85 |
| BSS-OPTHAL/BSS | R 192/2006-1 | 07.01.2008 | **60**, 17 |
| Bud/Bit | R 447/2002-2 | 22.06.2004 | **15**, 18 |
| BULLROT WEAR/BULL-ROT WEAR | R 1487/2007-4 | 11.08.2009 | **42**, 183 |
| CABALLER | R 1610/2006-1 | 27.01.2009 | **12**, 21 |
| CABEZA DE TORO/SANGRE DE TORO | R 1896/2007-1 | 19.11.2008 | **7**, 256 |
| CAMOMILLA II | R 1617/2011-1 | 29.11.2012 | **78**, 46 |
| CAMP CALIFORNIA/CAMP AMERICA | R 509/2008-4 | 16.07.2009 | **59**, 5 |
| CAMPUS TALK | R 016/1997-3 | 10.09.1998 | **26**, 36; **58**, 9, 13; **78**, 66, 106; **83**, 16 |
| CAN SLIM/CAN | R 1192/2010-1 | 24.02.2011 | **75**, 19 |
| CANCAN/CAN CAN PRODUCCIONES | R 1477/2012-4 | 18.03.2013 | **42**, 119 |
| CAPTAIN | R 1397/2010-1 | 31.03.2011 | **81**, 34, 48, 84 |
| CARBORUNDUM | R 357/2010-4 | 13.09.2010 | **17**, 13; **88**, 52 |
| CARDIOLOGY UPDATE | R 667/2005-G | 07.06.2007 | **37**, 49; **60**, 5; **78**, 35; **119**, 70 |
| CARDIVA/CARDIMA | R 1313/2006-G | 15.07.2008 | **42**, 48; **59**, 11, 12; **63**, 35 |
| CARILA/CLARINA | R 796/2001-1 | 03.06.2002 | **81**, 18, 39, 40 |
| CARMIN, FUCHSIA ET VERMILLON | R 317/2010-2 | 17.09.2010 | **7**, 102 |
| CAROSIO/CARUSO | R 319/2001-4 | 12.05.2003 | **60**, 21 |
| CAROTINA DONA/DONA | R 640/1999-3 | 25.04.2001 | **63**, 12 |
| CARTIER I | R 1232/2010-4 | 06.09.2010 | **17**, 11 |
| CASABLANCA | R 1185/2006-1 | 07.11.2006 | **164**, 35 |

| Stichwort | Aktenzeichen | Fundstelle oder Datum | GMV, **Art**, Rdn |
|---|---|---|---|
| Casas de Fernando Alonso | R 0011/2008-4 | 22.07.2010 | **8**, 240 |
| CEE | R 001/2006-2 | 16.05.2006 | **7**, 254 |
| CELLFOOD /CELLFOOD | R 460/2003-2 | 14.09.2004 | **18**, 3 |
| CENDRILLON | R 1154/2010-4 | 14.01.2011 | **60**, 6 |
| CFROI | R 390/2007-1 | 16.09.2007 | **7**, 85 |
| CHANTILLY POLO CLUB/ BEVERLY HILLS POLO CLUB | R 714/2000-1 | ABl-HABM 2001, 2056 | **7**, 96 |
| CHARTERED DIRECTOR | R 822/2008-5 | 24.03.2009 | **37**, 55 |
| CHÂTEAU/CHÂTEAU BLANC | R 554/2011-5 | 03.12.2012 | **42**, 118 |
| CHILENO SHIRAZ CABER-NET | R 818/2004-2 | 11.02.2005 | **40**, 17; **58**, 6; **59**, 3 |
| choc-.o-.laté | R 197/2008-4 | 03.11.2008 | **7**, 247 |
| Chocolate bar | R 513/2011-2 | 11.12.2012 | **37**, 60 |
| CHONDROGUARD | R 816/2005-2 | 26.01.2006 | **7**, 258; **43**, 17, 18 |
| CHOOSY/CHOOSI | R 632/2007-2 | 29.02.2008 | **52**, 15 |
| CHROMA | R 1429/2008-4 | 08.05.2009 | **38**, 8 |
| CHRYSTAL ROCK | R 407/2010-1 | 20.01.2011 | **29**, 7 |
| CINE-ACTION | R 098/1998-3 | GRUR Int 1999, 768 | **64**, 27 |
| CIRQUE ON ICE | R 398/2008-4 | 08.09.2008 | **156**, 15 |
| CLASSIC | R 445/2006-1 | 07.09.2006 | **64**, 26 |
| CLEAN | R 976/2004-1 | 26.04.2005 | **43**, 18 |
| CLINICWARE | R 087/1999-3 | GRUR 1999, 1081 ; MarkenR 1999, 364 | **7**, 63 |
| CLUBHOUSE | R 227/1998-3 | 30.04.1999 | **26**, 6 |
| CLUBLAND IBIZA/CLUB-LAND | R 2575/2011-4 | 24.08.2012 | **81**, 35; **82**, 30, 38 |
| COLOURS OF THE WORLD/UNITED CO-LOURS OF BENETTON | R 733/2007-4 | 07.07.2008 | **42**, 143; **76**, 40, 44, 50 |
| COMM CONTRAL | R 142/1998-3 | 27.11.1998 | **43**, 36, 40 |
| COMO TU QUIERAS | R 452/2008-4 | 29.01.2009 | **60**, 17; **81**, 63 |
| COMPANYLINE | R 072/1998-1 | ABl-HABM 2000, 506; GRUR Int 1999, 449 | **7**, 70 |
| COMPONENT USER'S CONFERENCE | R 208/1999-1 | MarkenR 2000, 458 | **7**, 73 |
| CONNECTED CAR | R 2175/2010-2 | 07.06.2011 | **81**, 21 |
| CONSOFT | R 742/2005-2 | 05.07.2006 | **15**, 36 |
| CORE SHELL | R 581/2003-4 | 28.11.2005 | **7**, 194 |
| COSANA/SONANA | R 993/2005-4 | 05.06.2007 | **42**, 181; **78**, 99, 105, 106 |

| Stichwort | Aktenzeichen | Fundstelle oder Datum | GMV, **Art**, Rdn |
|---|---|---|---|
| COSMOTE CORNER/ CORNER | R 800/2011-2 | 17.02.2012 | **42**, 131; **76**, 40, 44 |
| COYOTE UGLY | R 165/2006-2 | 02.03.2007 | **8**, 122 |
| CP SECURE | R 900/2006-4 | 22.12.2006 | **36**, 21 |
| CRANDIM/GRANDIS | R 227/2001-2 | 30.11.2005 | **85**, 92 |
| CREME GLOSS | R 801/2010-4 | 30.08.2010 | **40**, 14, 17; **80**, 10 |
| CROMAFLEX | R 881/2009-4 | 22.02.2010 | **34**, 10 |
| CROSSFADE | R 311/2005-4 | 02.02.2006 | **43**, 18 |
| CROSSPACK | R 562/2003-4-REV | 27.07.2006 | **85**, 91, 92, 97 |
| CROSSRACER | R 788/2007-4 | 13.06.2007 | **29**, 14; **30**, 6 |
| CROWN LOUNGE/ CROWN | R 1182/2011-4 | 22.01.2013 | **42**, 139 |
| CROWN ORIENTAL FOODS | R 153/2009-4 | 29.04.2009 | **58**, 18; **60**, 6 |
| CRUNCH | R 1168/2005-4 | 30.08.2007 | **15**, 50 |
| CTI | R 421/2006-1 | 22.11.2006 | **43**, 18 |
| CUCCHI GIOVANNI/PIE-TRO CUCCHI | R 1196/2004-1 | 15.09.2005 | **53**, 2, 20 |
| CURVE 100 | R 254/2012-2 | 01.06.2012 | **7**, 236 |
| CUSHE/SHE | R 439/2008-4 | 02.12.2009 | **156**, 22 |
| CYSAT/C SAT | R 1487/2005-4 | 21.08.2006 | **85**, 47, 64 |
| D DECOLINE/DEKO LINE | R 1569/2010-1 | 04.05.2011 | **64**, 26 |
| DADA&CO/DADA I | R 911/2008-4 | 27.11.2008 | **81**, 39 |
| DADA&CO/DADA III | R 1356/2008-4 | 08.10.2010 | **81**, 18, 39; **85**, 19 |
| DAKOTA | R 198/1998-1 | MarkenR 2001, 316 | **81**, 33, 57, 64, 138 |
| DANIEL SWAROVSKI PRI-VAT/SWAROVSKI | R 348/2008-1 | 09.11.2008 | **8**, 16 |
| DARKTAN | R 382/2004-4 | 04.11.2005 | **7**, 203 |
| Darstellung eines Tampons | R 2168/2010-1 | 20.07.2011 | **7**, 92 |
| DAS BESTE GEBEN | R 232/2001-3 | GRUR 2002, 702 | **4**, 35 |
| Déclic | R 001/1998-2 | 07.10.1998 | **26**, 19; **83**, 6 |
| DEGUSMILES & MORE/ MILES & MORE | R 216/2007-4 | 10.12.2007 | **8**, 124 |
| DEKA/DETA | R 163/2006-4 | 04.04.2007; 04.07.2007 | **42**, 49, 131, 138; **78**, 54 |
| Dentalbehälter | R 618/2006-4 | 12.06.2006 | **36**, 23 |
| DER CHECKER | R 1302/2011-4 | 12.03.2012 | **81**, 63 |
| Der Duft von Himbeeren | R 711/1999-3 | ABl-HABM 2002, 1676; GRUR 2002, 348 | **4**, 26, 56; **7**, 138; **26**;21 |
| DER KLEINE SCHLEM-MER UND SCHLUM-MER ATLAS | R 1809/2008-2 | 04.11.2009 | **37**, 30, 31, 35 |

| Stichwort | Aktenzeichen | Fundstelle oder Datum | GMV, **Art**, Rdn |
|---|---|---|---|
| DERBI/BERBY | R 025/2009-4 | 09.09.2009 | 76, 38 |
| Device of a swallow/ SCHWÄLBCHEN | R 633/2006-2 | 30.07.2007 | 42, 131; 76, 40, 46, 48 |
| Device of stitching on rear pocket of jeans | R 919/2012-4 | 24.09.2012 | 7, 143 |
| DI DIAMONDS/DI DIA-MONDS | R 1716/2008-4 | 04.11.2009 | **28**, 33 |
| DICK & FANNY | R 111/2002-4 | 25.03.2003 | 7, 236 |
| DICTATOR | R 1459/2008-2 | 07.01.2009 | **36**, 21; **63**, 18; **64**, 28; **79**, 29 |
| DIESEL/DIESELIT | R 525/2001-3 | ABl-HABM 2002, 1744 | **8**, 171 |
| DINKY | R 35/2007-2 | 04.09.2007 | **15**, 52 |
| DIPLOMATICO/DIPLO-MAT | R 601/2008-4 | 11.08.2009 | **80**, 23, 24 |
| DISHDRAWER | R 002/1999-3 | 09.09.1999 | **58**, 13 |
| DISPLAYWARE | R 045/1998-1 | 26.10.1998 | **37**, 36 |
| DK | R 457/2009-2 | 10.12.2009 | 76, 38 |
| DNA ALCOHOLIC SPRINGWATER | R 495/1999-1 | 31.01.2000 | **81**, 33, 66 |
| DOC 3/DOC 3D | R 1550/2008-4 | 15.05.2009 | **8**, 130 |
| DOPODOPO/DP DOPO | R 911/2005-4 | 13.03.2006 | 42, 119; **59**, 9 |
| DOS/VOSS | R 1468/2009-4 | 20.09.2010 | **60**, 17; **81**, 63 |
| DOUGHNUT THEATER/ DONUT | R 229/2009-2 | 11.02.2010 | **37**, 38 |
| DOUSSY/TUSSI | R 1057/2005-1 | 24.08.2006 | **85**, 47 |
| DR.NOPAL/HANDONO-PAL | R 1586/2008-4 | 20.05.2009 | **43**, 11 |
| Dreiecke | R 073/1999-3 | GRUR Int 1999, 966; MarkenR 1999, 321 | 7, 96 |
| Dreieckseinsatz | R 330/2003-1 | 08.09.2004 | 7, 140 |
| DUQUE DE PENAFIL | R 1220/2000-2 | 11.12.2002 | 7, 256 |
| DUQUE DE VILLENA | R 1221/200-2 | 11.12.2002 | 7, 256 |
| E ONLINE/T-ONLINE | R 292/2004-2 | 11.02.2005 | **81**, 69 |
| E.N.O. GRIDMASTER/ E.ON | R 1550/2012-4 | 04.02.2013 | **85**, 66 |
| EAST SIDE MARIO'S | R 582/2003-4 | 13.12.2004 | **52**, 23 |
| EASYCOVER | R 120/1999-3 | GRUR 1999, 1085 | 7, 62 |
| EASY-MUSIC/EASY-COMM | R 834/2006-4 | 05.12.2007 | 42, 126 |
| ED HARDY/HARDY | R 384/2011-4 | 14.03.2012 | **85**, 41 |
| EDITORIAL PLANETA | R 200/1998-3 | ABl-HABM 1999, 1526 | **8**, 13; **83**, 13 |
| EDUCA MEMORY GAME/ MEMORY | R 597/2007-2 | 08.04.2008 | **8**, 244 |

| Stichwort | Aktenzeichen | Fundstelle oder Datum | GMV, **Art**, Rdn |
|---|---|---|---|
| efcon | R 325/2004-2 | GRUR 2005, 684 | 7, 254 |
| EFG-HERMES/EFG | R 255/2005-2 | 30.11.2005 | **58**, 11 |
| EL | R 2102/2012-4 | 12.03.2013 | **43**, 12 |
| Electric tool | R 354/1999-2 | ABl-HABM 2002, 508 | 7, 104 |
| ELIO FIORUCCI | R 238/2005-1 | 06.04.2006 | 17, 7 |
| ELITE GLASS SEAL | R 989/2007-4 | 13.01.2008 | **81**, 90, 91 |
| ELITO | R 1139/2000-3 | 19.06.2002 | **60**, 24 |
| Elongated rectangle with square hole | R 524/2009-4 | 15.01.2010 | 7, 96 |
| EMIGO | R 228/2007-4 | 06.08.2007 | **61**, 19; **63**, 18 |
| EMULTEX/EMULTECH | R 623/1999-1 | 11.10.2000 | **83**, 7 |
| en | R 288/2000-2 | ABl-HABM 2002, 1392 | **29**, 4 |
| Enantone/Enantyum | R 222/1999-2 | ABl-HABM 2001, 1464 | **8**, 55, 170 |
| ENERGYFORCE/ENERGI | R 1672/2010-2 | 21.02.2011 | **81**, 63; **144**, 27 |
| ENVIRODEGREASER | R 323/1999-1 | 14.04.2000 | **60**, 24 |
| EPCOS/EPCO SISTEMAS | R 1088/2008-2 | 19.01.2009 | **15**, 18, 30, 32; **42**, 178 |
| EPICAN FORTE/EPIGRAN | R 1069/2005-1 | 05.10.2006 | **15**, 32; **51**, 35 |
| ER | R 31/2005-1 | 02.02.2007 | **11**, 3; **52**, 15 |
| ERMAGORA | R 1312/2009-4 | 07.01.2010 | **64**, 26; **144**, 27 |
| EROTIK LOUNGE | R 356/2005-4 | 12.05.2006 | 7, 234 |
| E-RTG | R 1425/2008-4 | 18.01.2010 | 7, 85 |
| ESA | R 1414/2007-1 | 19.11.2008 | 7, 252 |
| ESTANCIA PIEDRA/PIEDRA | R 363/2005-2 | 28.03.2006 | **93**, 63, 69 |
| ETA | R 74/2009-2 | 29.02.2009 | 7, 236 |
| EURO PRIVTAE PLACEMENT | R 1518/2006-1 | 07.03.2007 | **60**, 11 |
| EUROGAMING | R 1430/2006-1 | 28.03.2007 | **144**, 35 |
| EUROPA EINS/T Europe One | R 505/2002-3 | 04.06.2003 | **53**, 1 |
| Europa-Emblem | R 1104/2011-2 | 28.06.2012 | 7, 254 |
| Europa-Emblem | R 1211/2011-1 | 01.03.2012 | 7, 244 |
| Euro-Symbol | R 190/1999-3 | 25.07.2000 | 7, 252, 253 |
| EXAKTA | R 671/2001-4 | 15.03.2004 | **34**, 25 |
| EXPECT GREAT MEASURES | R 1857/2012-4 | 14.03.2013 | **37**, 16 |
| FA MULAN | R 607/2001-2 | 07.08.2002 | **53**, 13, 17 |
| FA/FADOWN | R 594/2004-4 | 05.04.2006 | **8**, 259 |
| Fan | R 888/2006-4 | 18.10.2006 | 7, 93 |

| Stichwort | Aktenzeichen | Fundstelle oder Datum | GMV, **Art**, Rdn |
|---|---|---|---|
| Farbanzeige bei Messinstrumenten | R 1538/2009-1 | 27.05.2010 | **4**, 5; **7**, 107 |
| Farbbecher I | R 272/2008-4 | 25.06.2008 | **26**, 19; **43**, 12 |
| Farbe Gelb | R 379/1999-1 | ABl-HABM 2001, 46 | **7**, 102 |
| Farbe Gelb/Orange | R 255/2004-2 | 06.10.2005 | **7**, 269 |
| Farbe Orange | R 332/2006-1 | 19.07.2007 | **60**, 20 |
| Farbmarke Blau und Schwarz | R 2244/2010 -2 | 15.06.2012 | **4**, 50 |
| Farbmarke Gelb-schwarz | R 150/2008-4 | 02.04.2008 | **78**, 45 |
| Farbmarke Grün | R 1264/2008-4 | 17.03.2010 | **7**, 105 |
| Farbmarke Opal-grün | R 1675/2008-4 | 21.04.2009 | **37**, 59 |
| Farbmarke Orange | R 233/2009-4 | 01.07.2009 | **37**, 60; **64**, 9 |
| Farbmarke Rot | R 1032/2006-4 | 21.03.2007 | **37**, 51, 56 |
| Farbquadrate | R 030/2007-4 | 30.08.2007 | **7**, 103 |
| FAT AWAY PAN | R 480/2004-4 | 18.11.2005 | **7**, 169, 193 |
| Fauteuil | R 1155/2008-5 | 11.05.2009 | **152**, 27 |
| FAY/FAY&CO | R 1404/2007-2 | 15.09.2008 | **42**, 178 |
| Feld auf Tür II, I, III | R 1214/2010-4 | 08.03.2011 | **7**, 142 |
| FELINE PLUS | R 068/1999-2 | Mitt. 2001, 311 | **78**, 78; **79**, 27, 28; **81**, 33, 56, 57, 164; **83**, 7 |
| FERI EURORATING SERVICES | R 328/2010-4 | 04.05.2010 | **64**, 30 |
| Feuerzeug | R 466/1999-3 | ABl-HABM 2002, 1894; Mitt. 2001, 314 | **4**, 42 |
| FIRST DEFENSE (II) | R 493/2002-4 (II) | 04.05.2009 | **18**, 7, 8 |
| FIRST/FIRST | R 625/2006-4 | 26.06.2007 | **42**, 124 |
| Flasche mit rotem Verschluss | R 183/2011-1 | 15.09.2011 | **7**, 131 |
| FLEXI/FLEXY | R 067/2000-2 | ABl-HABM 2001, 2286 | **8**, 37 |
| FLOORLINE | R 596/2004-2 | 16.12.2004 | **64**, 11 |
| FLUGBÖRSE | R 1084/2004-4 | 22.03.2007 | **7**, 34 |
| FLUGBÖRSE | R 1105/2010-5 | 21.09.2011 | **7**, 169 |
| FOCUS MONEY/FOCUS | R 077/2004-4 | 13.07.2006 | **93**, 63 |
| FOCUS/MICROFOCUS | R 542/2002-2 | 18.10.2004 | **64**, 25 |
| FORERUNNER/FORERUNNER | R 2000/2010-4 | 03.05.2011 | **85**, 20 |
| Form einer Flasche | R 1913/2011-1 | 27.07.2012 | **7**, 129 |
| Form einer Flasche | R 666/2005-1 | 18.01.2006 | **7**, 261, 266, 269 |
| Form einer roten Schale | R 262/2004-2 | 20.10.2005 | **7**, 262, 270, 274, 276 |
| Form von Prüfköpfen | R 1270/2010-4 | 25.08.2010 | **63**, 18 |
| FRANKI/FRANKI | R 975/2006-4 | 21.10.2009 | **42**, 173 |

| Stichwort | Aktenzeichen | Fundstelle oder Datum | GMV, **Art**, Rdn |
|---|---|---|---|
| FRM | R 637/2007 | 18.10.2007 | 7, 85 |
| FRÜHER AN SPÄTER DENKEN! | R 153/1998-2 | ABl-HABM 2000, 334; GRUR 1999, 739;GRUR Int 1999, 964 | 7, 73 |
| FS | R 529/2008-4 | 01.04.2009 | 52, 13 |
| FUSION | R 991/2002-2 | 17.11.2003 | 57, 23 |
| G UNIT/UN 1 T | R 534/2008-4 | 26.05.2009 | 42, 120 |
| G/G | R 219/2002-1 | 12.12.2003 | 81, 33, 72, 123, 127, 175 |
| GALA FRIENDS/GALA | R 1522/2010-2 | 02.11.2011 | 76, 44 |
| GALBANI MOZZARELLA | R 625/2000-3 | 04.04.2000 | 81, 56 |
| GALERIE GABY | R 1424/2008-4 | 13.05.2009 | 63, 18; 64, 28 |
| GALLERY HOTEL ART | R 1562/2001-4 | 17.09.2012 | 54, 12, 15 |
| Galliano-Flasche | R 537/1999-2 | ABl-HABM 2002, 490 | 7, 226 |
| GALLO | R 2559/2010-1 | 15.02.2012 | 8, 278 |
| GASOLINE | R 1455/2008-2 | 13.07.2009 | 57, 10 |
| GAVINAR/GAVISCON | R 682/2006-4 | 11.12.2006 | 85, 47 |
| Gebäck | R 1130/2010-4 | 13.10.2010 | 4, 37 |
| Gebühr für Rechtsübergang | R 168/2007-4 | 19.03.2007 | 17, 37; 162, 8 |
| GEKA/GELHA | R 387/2010-4 | 16.06.2010 | 85, 28, 38, 60 |
| Gelb | R 339/2010-1 | 23.09.2010 | 7, 105 |
| Gelb | R 371/2009-2 | 11.02.2010 | 7, 105 |
| Gelb/Grau | R 208/1998-2 | MarkenR 1999, 326 | 7, 102 |
| Gelb/Schwarz | R 150/2008-4 | 02.04.2008 | 37, 49, 56 |
| Gelber Golfschläger | R 185/2008-1 | 03.09.2008 | 43, 44 |
| Gelenksteigbügel | R 1614/2008-4 | 04.09.2009 | 78, 46; 136, 16 |
| GENERAL OPTICA | R 945/2005-1 | 08.08.2006 | 53, 12 |
| GENERAL TRANSPORTS | R 1863/2011-4 | 10.02.2012 | 60, 18 |
| GENNEX | R 2467/2011-4 | 18.03.2012 | 64, 28; 156, 15 |
| GEO | R 1533/2007-4 | 03.10.2008 | 15, 23 |
| Geräuschmarke | R 781/1999-4 | GRUR 2003, 1054; GRUR Int 2004, 333; MarkenR 2003, 504; IIC 2004, 438 | 7, 136; 26, 20 |
| GERMAN SOCIAL ACCI-DENT INSURANCE | R 716/2010-4 | 28.07.2010 | 60, 15 |
| GERMANSAT | R 367/1999-3 | 05.04.2000 | 7, 247 |
| GERMANY 2006 | R 1467/2005-1 | 30.06.2008 | 52, 24 |
| Geruchs-Farbcode | R 186/2000-4 | MarkenR 2004, 315 | 7, 137 |
| Gesäßtasche rechts | R 668/2006-1 | 15.05.2007 | 4, 45 |
| Getränkekasten | R 561/2005-4 | 03.04.2006 | 66, 24 |
| GG | R 1568/2008-1 | 30.04.2009 | 66, 24 |

| Stichwort | Aktenzeichen | Fundstelle oder Datum | GMV, **Art**, Rdn |
|---|---|---|---|
| GHIBLI | R 1299/2007-2 | 21.10.2008 | 54, 3, 4 |
| GIACOMELLI SPORT | R 046/1998-2 | ABl-HABM 2000, 730 | 4, 16; **28**, 30 |
| Gittergurte mit Kastennaht II | R 1122/2007-4 | 25.02.2008 | 60, 17; **81**, 63, 123 |
| Glasmuster | R 137/2000-1 | ABl-HABM 2001, 1262 | 7, 140 |
| GLOBAL INTERCOM/IN-TERKOM | R 672/2004-2 | 07.03.2005 | **36**, 10 |
| GLOBIX THE GLOBAL IN-TERNET EXCHANGE/ GLOBEX | R 308/2004-4 | 23.11.2004 | **85**, 16 |
| GOLD BUNNY/GOLD BUNNY | R 250/2012-4 | 05.07.2012 | **42**, 121 |
| GOLDEN ELEPHANT BRAND | R 889/2007-1 | 07.05.2008 | 5, 4; 8, 23 |
| GOLDSMITH GROUP | R 1269/2009-4 | 14.12.2009 | 60, 6; **64**, 26; **78**, 66; **79**, 34, 36 |
| GOLFAMEDIA/AMEDIA | R 817/2008-4 | 23.10.2009 | 8, 22 |
| GORDON & SMITH | R 336/2001-1 | 07.07.2003 | 18, 2, 9, 10 |
| GOURMET/GOURMET | R 1259/2011-4 | 26.10.2012 | **42**, 175 |
| Grafik mit geometrischen Figuren | R 785/2005-1 | 27.01.2006 | 7, 97, 157 |
| GRAMMY/GRAMMY | R 1062/2000-4 | 18.08.2005 | **85**, 96 |
| Granini-Bottle | R 139/1999-1 | GRUR 1999, 1080; GRUR Int 2000, 359; MarkenR 1999, 366; Mitt. 1999, 437 | 7, 130 |
| GRANUflex | R 1277/2007-2 | 15.09.2008 | 8, 27 |
| GRASHOFF/GASTHOF | R 460/2010-4 | 13.10.2010 | **42**, 126 |
| GREAT CHINA WALL | R 281/2009-1 | 26.01.2010 | 7, 201, 245 |
| GREEN PLUS | R 521/2006-4 | 23.10.2006 | 60, 7; **79**, 34; 145, 15; **154**, 9, 12 |
| GREENCOOK/GREEN-COOK | R 1427/2011-2 | 15.06.2012 | **42**, 41 |
| GREENPOWER UPS | R 962/2010-1 | 08.07.2010 | 58, 4 |
| Grün | R 1628/2010-4 | 14.04.2011 | 7, 105 |
| Grünes Kreuz | R 16062008-4 | 23.02.2010 | 7, 203 |
| GRUPOTEL VALPARAISO/ VALE PARAISO | R 2497/2010-2 | 11.05.2011 | 60, 13; **81**, 102 |
| Gürtelschnalle | R 272/1999-3 | ABl-HABM 2000, 1624 | 7, 123 |
| H | R 209/2004-4 | 24.04.2006 | 8, 104 |
| H 15 BOSWELAN/H 15 | R 206/2005-2 | 23.04.2007 | **85**, 21 |
| HAMMER | R 963/2009-4 | 20.05.2010 | 59, 10; **85**, 84 |
| Hands logo | R 214/2004-2 | 13.03.2006 | 8, 235, 279 |
| HARMONY/HARMONET | R 651/2003-4 | 22.11.2004 | **81**, 99, 109, 179 |
| HAWAIIANA / HAVAIANAS | R 1640/2010-4 | 14.03.2011 | **28**, 10 |

| Stichwort | Aktenzeichen | Fundstelle oder Datum | GMV, **Art**, Rdn |
|-----------|-------------|----------------------|-------------------|
| HD | R 345/2000-3 | ABl-HABM 2001, 2014 | 7, 85 |
| Heart Device | R 609/2000-4 | 20.03.2003 | **60**, 8; **61**, 19 |
| HEILKOSMETIKERIN | R 178/2011-4 | 31.05.2011 | **60**, 18 |
| HELLO HELLOWEEN/ HELLO | R 606/2005-2 | 10.02.2006 | **8**, 56 |
| Henkelflasche | R 607/1999-3 | ABl-HABM 2001, 104 | 7, 104, 214 |
| HERBAPURA/HERVALIA | R 361/1999-1 | ABl-HABM 2000, 1832 | **8**, 163 |
| HERR-BERGE/PIERRE BERGÉ | R 1338/2009-1 | 23.11.2010 | **85**, 42 |
| Herz auf Gesäßtasche | R 238/2010-2 | 20.03.2010 | 7, 140 |
| Herzförmiger Becher | R 1742/2010-4 | 28.02.2011 | **78**, 7 |
| HEXAL | R 295/2005-4 | MarkenR 2005, 541 | 4, 25, 54; 7, 136 |
| HH HELLY HANSEN | R 117/2009-1 | 07.05.2010 | **34**, 19 |
| HID/HID | R 1122/2009-2 | 16.03.2010 | **76**, 44 |
| Hilti-Koffer | R 001/2005-4 | 11.01.2006 | 7, 105, 269, 278; **37**, 60, 61; **78**, 94 |
| HOKAMP/HOLTKAMP | R 1947/2007-4 | 24.09.2008 | 42, 161, 168; **78**, 33 |
| HOLLYWOOD/HOLLY-WOOD | R 283/1999-3 | ABl-HABM 2002, 281 | **76**, 18; **77**, 5, 8, 50 |
| HOLOS/HELOS | R 868/2001-1 | 18.07.2002 | **81**, 18, 33, 39 |
| HOLY/OLI | R 1198/2010-4 | 28.03.2011 | **92**, 6 |
| HOOTERS | R 1933/2007-1 | 28.05.2009 | **15**, 3; **51**, 12; 57, 14 |
| HORIZON/HORIZON | R 1916/2011-4 | 10.02.2012 | **60**, 20 |
| Hosentasche | R 088/1998-2 | MarkenR 2000, 110 | 7, 143 |
| HOTELSUPERMARKT | R 1248/2009-4 | 12.03.2010 | **60**, 20 |
| HOUBIGANT/PARFUMS HOUBIGANT PARIS | R 2305/2010-4 | 04.07.2012 | **76**, 44 |
| HOUSE DOCTOR | R 239/2007-4 | 20.03.2009 | **8**, 23; **34**, 35 |
| HUDSON | R 078/2009-4 | 09.11.2009 | **80**, 9 |
| HUGO BOSS/BOSS | R 764/2009-4 | 09.03.2010 | **15**, 43, 67 |
| HUSKY | R 748/2012-1 | 14.03.2013 | **76**, 44 |
| HYP/HYPOTHEKENBANK | R 763/2001-3 | GRUR 2002, 817 | **8**, 204 |
| HYPERLITE | R 163/1999-3 | GRUR 1999, 1084 | 7, 194 |
| I INDIVIDUAL/INDIVI-DUAL | R 807/2008-4 | 18.12.2008 | **42**, 69 |
| I LOVE YOU | R 1447/2009-2 | 16.06.2010 | 7, 96 |
| i plus/e-plus | R 1179/2005-4 | 11.06.2007 | **8**, 108 |
| I.XPO/ISPO | R 323/2011-4 | 04.07.2012 | **85**, 29 |
| iCR | R 163/2010-2 | 07.07.2010 | 7, 85 |

| Stichwort | Aktenzeichen | Fundstelle oder Datum | GMV, **Art**, Rdn |
|---|---|---|---|
| ID EFIX/IDEFIX | R 991/2004-4 | 01.08.2005 | **51**, 6 |
| IFM INTERNATIONAL FLEET MANAGEMENT | R 790/2001-4 | 25.10.2004 | **53**, 11 |
| ILS/ELS | R 074/2000-3 | 18.10.2000 | **8**, 160 |
| IMVAMUN/IMVAMUNE | R 484/2005-1 | 12.12.2005 | **29**, 6 |
| INCA/INCCA | R 004/2011-1 | 01.09.2011 | **76**, 44 |
| INFORMATICA | R 1610/2006-1 | 06.09.2007 | **12**, 21 |
| INHOUSE-OUTSORCING | R 057/1998-3 | GRUR Int 1999, 967 | **7**, 169 |
| INNOFLEXX/ENOFLEX 180 | R 038/2009-2 | 02.09.2009 | **81**, 41 |
| INNOVA/INNOWAVE | R 830/2006-2 | 27.02.2007 | **85**, 65, 82 |
| INSUVITAL/INUVITAL | R 1821/2007-4 | 13.08.2008 | **42**, 28 |
| INTELLIGENTE SCHALT-TECHNIK | R 428/1999-2 | 26.07.2000 | **81**, 107, 119 |
| INTERACTIVE MAGAZI-NE | R 327/2000-3 | 12.09.2001 | **83**, 9 |
| Internationaler ST HUBER-TUS ORDEN | R 1498/2008-4 | 31.08.2009 | **8**, 22 |
| INTERNATIONAL STAR REGISTRY | R 468/1999-1 | ABl-HABM 2002, 1184 | **7**, 248 |
| INTERTOPS | R 338/2000-4 | ABl-HABM 2002, GRUR 2002, 897 | **7**, 237; **57**, 22; **76**, 6 |
| INTERVIEW | R 031/1999-3 | 17.09.1999 | **7**, 62 |
| INTUITU CAPITAL/INTI-UT | R 926/2002-1 | 10.06.2004 | **137**, 12 |
| Inverted U | R 698/2012-2 | 16.12.2012 | **7**, 96 |
| IOGURT/JOGURTAS | R 1070/2009-2 | 18.01.2010 | **144**, 35 |
| IP_LAW@MBP | R 1071/2008-4 | 23.06.2009 | **78**, 33, 38, 104 |
| IREBEL / REBEL TV | R 1660/2010-4 | 11.01.2011 | **60**, 6, 9 |
| IRIS/IRIS | R 894/2011-1 | 04.09.2012 | **80**, 5 |
| ISENSE/EYESENSE | R 1098/2010-4 | 04.02.2011 | **85**, 43 |
| ISOWA | R 891/2004-2 | 01.03.2005 | **8**, 126 |
| ITEM | R 287/1999-1 | 14.04.2000 | **7**, 62 |
| iti/T | R 965/2000-2 | MarkenR 2002, 433; Mitt. 2003, 280 | **8**, 94, 104 |
| ITWEBCAST | R 060/2001-4 | ABl-HABM 2002, 2116 | **81**, 2, 33, 69 |
| IX | R 004/1998-2 | ABl-HABM 1998, 1058; GRUR Int 1998, 613; Mitt. 1998, 234 | **4**, 41; **8**, 222; **136**, 10 |
| IXATIS/IXARTO | R 780/2009-4 | 04.11.2009 | **85**, 28 |
| J | R 480/1999-2 | ABl-HABM 2002, 2094 | **7**, 82, 89 |
| J.G.B.8/J & B | R 512/2000-4 | ABl-HABM 2002, 2310 | **8**, 104 |

| Stichwort | Aktenzeichen | Fundstelle oder Datum | GMV, **Art**, Rdn |
|---|---|---|---|
| JABUBO/FLOR DE SIERRA DE JABUGO | R 021/2008-4 | 06.10.2008 | 37, 37, 39 |
| JACK&JACK/JACK | R 670/2009-4 | 27.05.2010 | 63, 32 |
| JAHRGANGSSCHOKOLA-DE | R 1265/2004-4 | GRUR 2006, 344 | 52, 9 |
| Jaune et vert | R 1374/2010-2 | 27.01.2011 | 36, 23 |
| JB | R 995/2001-2 | 10.06.2003 | 36, 16; 93, 67 |
| Jeanstasche | R 088/1998-2 | ABl-HABM 2000, 892; GRUR Int 2000, 365; MarkenR 2000, 110 | 7, 145 |
| JOHNSON PUMP | R 255/2006-1 | 31.05.2007 | 52, 5 |
| JU.ST/JUST | R 794/2001-3 | ABl-HABM 2002, 2150; MarkenR 2002, 173 | 8, 174; 119, 69 |
| JUKEBOX I | R 2322/2012-4 | 10.04.2013 | 37, 17 |
| JURADO | R 1206/2004-1 | 24.02.2006 | 58, 6, 8 |
| JURADO | R 157/2005-2 | 24.04.2006 | 57, 23 |
| JUST REWARDS | R 311/2008-4 | 08.08.2008 | 85, 30 |
| K 5 | R 878/1999-2 | 21.09.2000 | 26, 36; 58, 13; 78, 66 |
| Kabel 1/ARD 1 | R 070/2002-2 | 11.09.2003 | 8, 70, 94, 104 |
| KALI | R 147/1998-2 | MarkenR 1999, 247 | 7, 22, 258 |
| KAPPA | R 0297/2011-5 | 12.03.2012 | 8, 278 |
| Kastanienbraunes Farbrechteck mit Buchstabenimitat | R 1404/2011-2 | 16.01.2012 | 7, 107 |
| KBB | R 720/2002-3 | 19.02.2003 | 81, 52, 54, 61, 134 |
| KCC/GCC | R 1003/2004-1 | 11.05.2005 | 61, 39; 64, 26; 85, 59 |
| KEYCLEAN | R 1031/2005-4 | 11.07.2006 | 7, 250; 43, 12 |
| Kik | R 065/1998-3 | ABl-HABM 1999, 1032; GRUR Int 1999, 762 | 36, 17; 119, 16, 19, 23, 31 |
| Kochgerät mit Kupferring | R 902/2011-5 | 25.01.2012 | 7, 145 |
| KontraKalk | R 899/2002 | 01.03.2004 | 7, 244 |
| KOSMO/COSMONE | R 1341/2007-G | 18.04.2008 | 42, 108; 60, 18, 20; 63, 29 |
| Kreisteilfläche und Kreisflächengruppen | R 409/2012-2 | 09.10.2012 | 7, 96 |
| KRÉMOVÝ | R 1264/2006-2 | 21.08.2007 | 52, 7; 110, 19 |
| KRISS/CHRIS&CRIS | R 047/2000-4 | ABl-HABM 2001, 1707 | 119, 49,73 |
| Kristall auf Zollstock | R 1004/2011-1 | 14.06.2012 | 4, 46 |
| KRÜGER ALL DAY/ALL-DAY AQUA | R 814/2000-3 | ABl-HABM 2002, 1988 | 8, 184 |
| KUALA/KOALA | R 1174/2009-4 | 14.04.2010 | 85, 63 |
| Kunststoffhohlkammerprofil | R 1187/2006-4 | 29.05.2007 | 37, 33 |

| Stichwort | Aktenzeichen | Fundstelle oder Datum | GMV, **Art**, Rdn |
|---|---|---|---|
| Kunststoffplatte mit Faden | R 490/2006-2 | 05.09.2006 | 7, 121, 145 |
| LA COLOMBAIA/LA CO-LOMBARA | R 1488/2009-2 | 05.03.2010 | **64**, 26 |
| LA TERRE | R 1049/2011-4 | 30.01.2012 | **78**, 102, 103 |
| Lamborghini Bewegungsmarke | R 772/2001 | GRUR 2004, 63 | **4**, 39 |
| Lampe | R 100/2010-1 | 08.07.2010 | 7, 111 |
| LANDMARK/LANDMARK | R 209/2010-4 | 03.05.2010 | **60**, 29 |
| Längsrillen | R 247/2007-1 | 04.12.2007 | **4**, 45, 47 |
| LCD | R 304/2010-2 | 14.06.2010 | 7, 194 |
| LE MERIDIEN | R 285/2005-1 | 24.01.2008 | **51**, 3 |
| LE PATRON | R 1477/2009-2 | 01.12.2010 | 7, 256 |
| Lego-Brick | R 856/2004-G | GRUR Int 2007, 59 | 7, 217; **82**, 9; **135**, 17 |
| LEKKY/LEKI | R 1474/2012-1 | 13.03.2013 | **42**, 72 |
| LET'S TOAST | R 354/2002-1 | 07.10.2002 | **81**, 65, 122, 123 |
| LI MEI | R 409/2010-4 | 08.06.2010 | **64**, 26, 30 |
| LIFESTYLE SELECTOR | R 1289/2006-2 | 11.05.2007 | **15**, 41; **51**, 13 |
| LIFTRA/LIFTA | R 1619/2010-4 | 10.05.2011 | **81**, 27; **144**, 35 |
| LIGHT GREEN | R 122/1998-3 | ABl-HABM 1999, 604; GRUR Int 1999, 543; IIC 2000, 329; MarkenR 1999, Mitt. 1999, 187 | 7, 102; **76**, 3 |
| LIMO | R 363/2000-2 | 31.07.2002 | 7, 204 |
| LINDEBOOM/LINDENER | R 380/1999-2 | ABl-HABM 2001, 1036 | **8**, 89, 169 |
| LINDERHOF/LINDEN-HOF | R 036/2002-3 | MarkenR 2002, 448 | **8**, 127 |
| LINGLONG | R 1718/2008-1 | 22.03.2011 | **8**, 242 |
| LOCKETS/ROCKLETS | R 115/1999-2 | ABl-HABM 2001, 2030 | **8**, 172 |
| LOCKMASTER/LOCK | R 788/2008-4 | 09.01.2009 | **42**, 117, 143; **76**, 40 |
| LOGO/LOGOS | R 574/2005-2 | 26.04.2006 | **42**, 69 |
| LOKY | R 1012/2003-1 | 28.02.2003 | **26**, 26; **144**, 27 |
| LOTUS | R 1295/2007-4 | 02.12.2008 | **15**, 11, 18, 34, 53, 59 |
| Loudspeaker I | R 497/2005-1 | 22.09.2005 | 7, 220; |
| Loudspeaker II | R 497/2005-1 | 10.09.2008 | 7, 220; **64**, 6 |
| Loudspeaker IV | R 002/2007-4 | 05.06.2007 | 7, 38 |
| Lpc-37 | R 1995/2011-2 | 20.06.2012 | 7, 82 |
| LUCEA LED/LUCEO | R 67/2011-4 | 13.02.2012 | **29**, 11 |
| Luftbehandlungsapparate | R 2492/2011-3 | 11.07.2012 | **81**, 82 |
| LUXSS/LOOX | R 2114/2012-4 | 29.04.2013 | **42**, 28 |

| Stichwort | Aktenzeichen | Fundstelle oder Datum | GMV, **Art**, Rdn |
|---|---|---|---|
| LYCO-A/LYCO PROTECT | R 1007/2002-4 | 13.11.2003 | **85**, 47 |
| LYNN YOUNG | R 1582/2007-4 | 21.01.2009 | **80**, 20, 23 |
| m | R 715/2011-1 | 09.01.2012 | **7**, 81 |
| M & M Minis Tube/Smarties Tube | R 506/2003-2 | 30.08.2004 | **8**, 111; **40**, 9 |
| M&M/Nestlé | R 1031/2000-3 | ABl-HABM 2002, 946 | **8**, 227 |
| M&K/M&K MEINE KÜCHE | R 1080/2007-2 | 17.12.2008 | **15**, 20; **76**, 38 |
| MACAPURE | R 1406/2005-4 | 08.02.2006 | **60**, 24; **144**, 35, 41 |
| MAE B/MAE SENSATIONS | R 418/2008-4 | 23.09.2008 | **42**, 130 |
| Magenta | R 463/2009-4 | 22.10.2010 | **50**, 7 |
| MAG-FORM/MAGE | R 557/2004-1 | 15.12.2004 | **15**, 4 |
| MAJESTIC/MAJESTIC | R 546/2009-4 | 12.01.2010 | **42**, 120; **59**, 5; **78**, 37 |
| Malteserkreuz | R 1444/2005-2 | 28.06.2006 | **7**, 254 |
| MAMAS & PAPAS/MAMA'S & PAPA'S | R 674/2000-4 | ABl-HABM 2002, 1252 | **8**, 126, 129, 183 |
| MANEX/SANEX | R 1219/2000-3 | 17.10.2001 | **34**, 25; **167**, 8 |
| MANPOWER | R 499/2004-4 | 22.07.2005 | **52**, 24 |
| MANUFACTURE PRIM 1949 | R 826/2010-4 | 05.03.2012 | **52**, 10 |
| Maple | R 503/2006-2 | 16.06.2006 | **7**, 254 |
| MARIE CLAIRE | R 530/2004-2 | 06.03.2006 | **8**, 263 |
| MARIN | R 1492/2005-4 | 07.04.2006 | **7**, 250; **43**, 18 |
| Mars/Nestlé (m&m's/Smarties) | R 506/2003-2 | 30.08.2004 | **8**, 227 |
| MAS KOLOMBIANA/COLOMBIANA | R 1191/2010-4 | 15.03.2011 | **42**, 139; **78**, 94 |
| Mastercard/Regents Associates | R 264/2002-4 | 25.02.2004 | **57**, 23 |
| MATRATZEN MARKT CONCORD/MATRATZEN | R 1045/2000-2 | 25.01.2002 | **8**, 197 |
| MAXIMO/MAXIMO | R 395/2008-4 | 23.07.2008 | **85**, 65 |
| MEDIA PARK | R 247/2003-2 | 27.04.2005 | **85**, 47 |
| MEDIACOM | R 1716/2007-4 | 13.03.2008 | **64**, 27; **75**, 5 |
| MEDIFLOR/FLOR | R 623/2004-1 | 14.03.2005 | **81**, 57, 74, 130 |
| MEDINET | R 1598/2010-4 | 10.05.2011 | **34**, 19 |
| MEDITEX/MEDITEX | R 435/2011-2 | 07.11.2011 | **76**, 44 |
| MEDVANTIS/ADVANTIS | R 059/2005-1 | 22.11.2005 | **60**, 32 |
| MEHR FÜR IHR GELD | R 239/2002-3 | MarkenR 2002, 443 | **4**, 35 |
| MEISTER | R 188/2005-1 | 06.04.2006 | **34**, 25, 35 |
| MEISTERSTÜCK | R 866/2005-2 | 05.07.2006 | **7**, 271 |

| Stichwort | Aktenzeichen | Fundstelle oder Datum | GMV, Art, Rdn |
|---|---|---|---|
| MEMORY | R 305/2008-2 | 08.01.2009 | 7, 166 |
| MEMORY | R 728/2000-4 | 25.01.2002 | 15, 62 |
| MENS HEALTH | R 364/1999-1 | 15.05.2000 | 77, 6 |
| MERCURY | R 139/2005-4 | 02.02.2006 | 15, 17 |
| MES COCKPIT | R 736/2012-4 | 15.01.2013 | 76, 6 |
| Messer | R 1091/2000-2 | ABl-HABM 2002, 2106 | 7, 123 |
| METAL JACKET | R 314/2002-1 | 23.10.2002 | 7, 244 |
| METSO POWDERMET | R 2136/2012-4 | 25.05.2012 | 48, 9 |
| MEU | R 012/1999-1 | ABl-HABM 1999, 1008 | 144, 27 |
| MEY | R 745/2005-2 | 10.07.2006 | 51, 2, 36 |
| M-förmige Steppnähte | R 108/2000-1 | Mitt. 2001, 273 | 7, 143, 145 |
| MGM/MGM | R 437/2001-3 | 05.09.2002 | 8, 104; 59, 13 |
| MICHEL LEON | R 2274/2011-4 | 25.04.2012 | 7, 256 |
| MICROJACK | R 217/2000-3 | 20.02.2001 | 29, 13 |
| MICRO-SOFT/MICRO-SOFT | R 18382007-4 | 11.07.2008 | 85, 62 |
| MIDO/NIDO | R 044/2012-1 | 20.06.2011 | 85, 66 |
| MIHA BODYTEC/BODY-TEC | R 1316/2009-4 | 08.10.2010 | 42, 163 |
| Mikita I | R 1847/2012-4 | 07.03.2013 | 61, 24, 43 |
| MINI BIG BUBBLER/BIG MINI | R 1224/2006-4 | 16.03.2007 | 42, 47 |
| Mini-Fußball-Trikot | R 949/2007-3 | 18.09.2007 | 83, 8; 144, 25 |
| MIO/MIE | R 1633/2010-2 | 09.06.2011 | 76, 44 |
| MIPS | R 871/2006-1 | 19.07.2007 | 7, 85 |
| MIRACA | R 358/2008-2 | 29.04.2008 | 156, 15 |
| MIRODAN/RODAN | R 336/2002-2 | 03.05.2006 | 85, 71 |
| MISS INTERCONTINEN-TAL | R 769/2002-2 | MarkenR 2002, 438 | 17, 43 |
| MISS INTERCONTINEN-TAL | R 77/2006-1 | 11.12.2007 | 15, 67; 78, 106 |
| MOBILE ID | R 449/2004-2 | 18.10.2004 | 60, 13; 81, 76, 130, 175; 144, 27 |
| MOBILECLOUD | R 242/2012-4 | 23.07.2012 | 37, 13 |
| MONO LIMON/MONO | R 252/2004-2 | 28.02.2005 | 15, 32 |
| Moon-Power/Manpower | R 997/2009-4 | 18.06.2010 | 15, 67 |
| MORELLO/MORENO | R 770/2010-4 | 20.10.2010 | 63, 32 |
| MOTO/MOTOR | R 260/1999-3 | ABl-HABM 2000, 1378 | 8, 89, 161 |
| MPPI | R 618/2008-4 | 08.08.2008 | 7, 209; 51, 27 |
| MSI | R 540/2003-1 | 29.07.2004 | 43, 18 |
| MULTINET | R 1804/2007-4 | 17.04.2008 | 37, 16, 28 |

| Stichwort | Aktenzeichen | Fundstelle oder Datum | GMV, **Art**, Rdn |
|---|---|---|---|
| Muschelförmige Pumpe | R 082/1999-1 | 21.12.1999 | 7, 111 |
| MVP | R 103/2010-2 | 15.03.2010 | 7, 85 |
| MY COFFEE | R 873/2012-1 | 07.01.2013 | **112**, 22 |
| MYPIXLER/MYPIXX | R 1553/2010-4 | 28.04.2011 | **85**, 82 |
| MYSTERY/MIXERY | R 251/2000-3 | ABl-HABM 2002, 10 | **8**, 166 |
| MYTHBUSTERS/MYTH-BUSTERS | R 1169/2006-4 | 23.11.2006 | **58**, 15, 18 |
| NANOFILT/NANOLIFT | R 267/2010-4 | 18.08.2010 | **42**, 19 |
| NAOMI/MAONI | R 956/2002-1 | 06.06.2003 | **81**, 176 |
| NARS/MARS | R 379/2004-1 | 17.12.2004 | **64**, 10 |
| NATHALIE M/NATALYS | R 101/1999-3 | 22.07.1999 | **79**, 27 |
| NATURAL BEAUTY | R 040/1998-3 | ABl-HABM 1999, 204; GRUR Int 1999, 448 | **43**, 36, 42 |
| NATURAL VISCO/VLISCO | R 977/2010-1 | 31.03.2011 | **15**, 46; **34**, 29 |
| Nauta Dutilh | R 195/1998-1 | 28.07.1998 | **3**, 19 |
| NET ECONOMY | R 1512/2007-2 | 01.07.2008 | **53**, 17 |
| NEURIM PHARMACEUTI-CALS/EURIM-PHARM | R 074/2006-1 | 02.06.2006 | **81**, 70, 109, 123; **82**, 9, 15, 40, 46; **119**, 8, 70; **144**, 27 |
| NEW GAMES | R 548/2000-1 | ABl-HABM 2002, 2406 | **8**, 19 |
| NIDEK/NIDER(S) | R 562-1999-1 | ABl-HABM 2000, 1786 | **8**, 94 |
| NIKE/D'NICKERS | R 301/2005-2 | 19.05.2006 | **8**, 280 |
| NO LIMITS | R 290/2002-3 | 18.06.2003 | **54**, 4 |
| NO LIMITS/LIMMIT | R 360/2000-4 | 08.01.2002 | **34**, 26 |
| NOBALUX | R 678/2008-4 | 24.07.2008 | **81**, 83, 89, 131 |
| NOBLESSE/NOBLESSE | R 1803/2010-4 | 18.05.2011 | **60**, 21 |
| NORAXON/NORAXON | R 548/1999-3 | 29.05.2000 | **85**, 27 |
| NORPHARMA / NO-RISPHARM | R 1661/2012-4 | 19.02.2013 | **76**, 44 |
| NOSOLOALPARGATAS/ BTC | R 1485/2011-4 | 15.06.2012 | **76**, 44 |
| NOVA SWEETZ/NOVI | R 2369/2010-1 | 26.05.2011 | **81**, 130 |
| NOVEX PHARMA/MOBEC | R 068/2000-2 | ABl-HABM 2001, 2258 | **76**, 16 |
| NOW EVERYONE CAN FLY | R 596/2005-2 | 01.12.2005 | **7**, 266 |
| NUERNBERGA | R 1331/2011-4 | 01.02.2012 | **164**, 14, 18 |
| OASE LIVING WATER | R 437/2009-4 | 29.04.2010 | **4**, 6; **26**, 24 |
| OBELIX | R 688/2005-4 | 10.06.2008 | **15**, 7 |
| OBERON | R 004/1999-2 | ABl-HABM 2000, 1810 | **7**, 204 |
| oceanfree.net/OCEANO | R 1155/2006-4 | 22.10.2009 | **8**, 20 |

| Stichwort | Aktenzeichen | Fundstelle oder Datum | GMV, **Art**, Rdn |
|---|---|---|---|
| OCHA/OSKA | R 488/2006-4 | 28.08.2006 | **85**, 9 |
| OCULUSGEN/OCULUS | R 184/2008-4 | 23.07.2008 | **85**, 16 |
| OLD PORT | R 635/2005-1 | 25.09.2005 | **7**, 256 |
| OLD RIVER/OLD RIDEL | R 070/2004-4 | 17.01.2006 | **57**, 9 |
| OLYMPIO/OLYMPIA | R 599/2011-4 | 12.01.2012 | **78**, 102 |
| Omega | R 370/2006-4 | 12.07.2006 | **7**, 81 |
| OMEGA.INFO/OMEGA | R 848/2009-1 | 09.09.2010 | **42**, 18 |
| OMEGA/OMEGA | R 1333/2010-1 | 26.05.2011 | **34**, 25 |
| ONDACELL/OKACELL | R 1384/2007-4 | 22.01.2008 | **42**, 13; **85**, 65; **144**, 28 |
| ONEPIECE | R 2300/2011-4 | 17.12.2012 | **60**, 20 |
| ONOFF/ONOFF | R 1584/2008-2 | 27.01.2010 | **156**, 27 |
| OPTIMA | R 331/2006-G | 27.09.2006 | **43**, 9; **58**, 19; **112**, 5 |
| OPTIMAL MARKET | R 591/1999-3 | 22.06.2000 | **58**, 4 |
| Orange | R 007/1997-3 | ABl-HABM 1998, 898; GRUR Int 1998, 612; MarkenR 1999, 38; Mitt. 1998, 192 | **4**, 23; **7**, 102; **83**, 13 |
| Orange | R 1200/2009-2 | 24.11.2010 | **7**, 105 |
| Orange Farbton | R 148/2004-2 | 26.04.2006 | **7**, 271, 278 |
| Orange/Hellgrau | R 477/2000-1 | GRUR 2002, 449 | **7**, 102 |
| ORDACTIN/ORTHANGIN | R 1294/2008-4 | 07.07.2009 | **42**, 163, 168 |
| ORLANDO | R 232/2000-4 | ABl-HABM 2002, 1266 | **8**, 127, 139, 173 |
| ORNILUX/UNILUX | R 766/2010-4 | 21.04.2010 | **42**, 119 |
| ORYZON/ORIZON | R 1280/2012-4 | 20.03.2013 | **63**, 32 |
| OSEOFORT/OSTEOFOR-TE | R 883/2005-4 | 27.05.2008 | **15**, 43 |
| OTDYKH LEISURE | R 935/2009-1 | 30.09.2010 | **37**, 12 |
| Ovale Form | R 542/2011-1 | 19.01.2012 | **7**, 129 |
| P | R 459/2004-4 | 27.04.2005 | **8**, 104 |
| Paedimed/Praecimed | R 368/2008-4 | 29.10.2008 | **15**, 19 |
| Pair of strips on the back of a garment | R 1674/2010-1 | 31.03.2011 | **7**, 142 |
| PALAZZO/HELADERIA PA-LAZZO | R 608/2000-4 | 05.09.2001 | **15**, 18 |
| PALERMO/FREE | R 473/2000-3 | 07.03.2001 | **8**, 94 |
| PAN AM | R 855/2007-4 | 14.05.2008 | **15**, 65; **51**, 17 |
| PAN AM II | R 1764/2007-4 | 09.09.2008 | **15**, 63, 65 |
| PAN&CO/PAN | R 026/2001-1 | 26.09.2002 | **81**, 19, 120 |
| PANCALDI | R 080/1998-3 | 05.11.1998 | **75**, 3 |

| Stichwort | Aktenzeichen | Fundstelle oder Datum | GMV, **Art**, Rdn |
|---|---|---|---|
| Papierfähnchen | R 2322/2011-1 | 27.09.2012 | 7, 140 |
| PARACELSUSCLINICA AL RONC/PARACELSUS | R 2163/2011-4 | 08.11.2012 | 154, 8 |
| PARAGON/PARAGON | R 937/2002-2 | 24.10.2003 | **81**, 60, 62 |
| Parfümflasche | R 739/1999-1 | ABl-HABM 2002, 42 | 7,130 |
| PATHFINDER/MARS PATHFINDER | R 1785/2008-4 | 15.11.2011 | **15**, 45; **52**, 21 |
| Pattern of Ovals | R 1527/2009-2 | 11.02.2010 | 7, 91 |
| PAUL SMITH/JOHN SMITH | R 088/2000-3 | 07.03.2002 | **85**, 27 |
| PAVIS/MAVIS | R 568/2001-4 | 23.02.2005 | **36**, 16 |
| PAY BY TOUCH | R 762/2005-2 | 30.11.2005 | 7, 203 |
| PAYCASSO | R 203/2008-4 | 13.06.2008 | **61**, 19 |
| PCT FILER | R 416/2007-2 | 16.07.2007 | 7, 85 |
| PEDRAS SALGADAS/PE-DRAS | R 836/2010-4 | 24.07.2012 | **42**, 197 |
| Peek & Cloppenburg | R 262/2005-1 | 28.02.2011 | **12**, 21 |
| PEERSTORM/PETER STORM | R 167/2008-5 | 28.10.2009 | **15**, 73 |
| PEGASO/PEGASUS | R 010/2004-1 | 08.04.2005 | **59**, 10 |
| PELASPAN/PELASPAN | R 1986/2011-4 | 22.03.2013 | **42**, 178 |
| Pelikan | R 1428/2009-2 | 09.12.2010 | **52**, 20 |
| PEPPABY/PEPPADEW | R 2030/2010-4 | 06.06.2011 | **58**, 11; **80**, 22 |
| PERACILLIN/PIPERACIL-LIN | 551/2006-2 | 15.09.2006 | 7, 246 |
| PERBIO/PROBIO | R 565/2001-3 | 06.11.2001 | **144**, 27 |
| PERFORMANCE BOBBIUS | R 506/2005-1 | 24.01.2006 | 7, 258 |
| PETFIT | R 2210/2010-4 | 29.07.2011 | **64**, 26; **75**, 16 |
| PETPLANET.CO.UK | R 2192/2010-2 | 08.06.2011; 08.11.2011 | **81**, 33, 90 |
| Pflanzkübel mit Auslauf | R 458/2004-2 | 17.12.2004 | 7, 214 |
| Pflasterstein | R 857/2006-4 | 23.02.2006 | **43**, 12 |
| PHILADELPHIA | R 690/2000-4 | 03.05.2001 | 7, 96 |
| PHILOSOPHY/PHILOSO-PHY DI ALBERTA FER-RETTI | R 1143/2005-4 | 07.11.2006 | **85**, 62 |
| PHOTO SERVICE | R 1062/2005-4 | 03.09.2009 | **8**, 21 |
| PIECES ACCESSORIES | R 1689/2007-4 | 02.02.2009 | 7, 275 |
| PIKANTISSIMO | R 681/2008-4 | 17.07.2008 | **79**, 9 |
| PINE TREE | R 1882/2007-4 | 13.11.2008 | **15**, 73; **56**, 24; **78**, 38, 103 |
| Pineapple | R 1588/2009-4 | 14.06.2011 | **8**, 242 |
| PK MAX/TK MAXX | R 397/2005-1 | 05.07.2006 | **28**, 32 |

| Stichwort | Aktenzeichen | Fundstelle oder Datum | GMV, **Art**, Rdn |
|---|---|---|---|
| PLANIO/PLANIO | R 1569/2011-2 | 16.07.2012 | **81**, 34 |
| PLANOPT/PD PLANO DI-GITAL | R 1230/2012-4 | 28.01.2013 | **42**, 119 |
| PLAYONLINE.com | R 965/2002-1 | Mitt. 2003, 523 | **81**, 33, 52 |
| POHLSCHRÖDER | R 251/2008-4 | 01.10.2008 | **17**, 56; **21**, 30; **78**, 46, 52, 108; **80**, 11 |
| PORTER | R 1245/2005-4 | 19.11.2007 | **8**, 19, 26 |
| Positionsmarke auf Sportschuh | R 938/2000-1 | ABl-HABM 2003, 266; GRUR 2002, 1082; MarkenR 2002, 430 | **4**, 46; **7**, 144 |
| Positionsmarke Rohrrillen | R 247/2007-1 | 04.12.2007 | **7**, 144 |
| Posthorn-Darstellung | R 836/2011-4 | 03.05.2012 | **7**, 101 |
| POUPELE/PELE | R 536/2012-4 | 30.05.2012 | **64**, 29 |
| POWERBALL | R 1547/2006-4 | 30.09.2009 | **8**, 7, 19, 22, 25 |
| POWERED BY PRINT/POWER PRINT | R 853/2012-4 | 31.07.2012 | **60**, 16; **144**, 35 |
| PREMIUM CONTACT | R 1936/2012-4 | 20.03.2013 | **37**, 16; **61**, 24, 43 |
| PRESIDENT/PRESIDENT'S CHOICE | R 1744/2008-4 | 17.08.2009 | **60**, 20 |
| PRIMACALL / PRIMATV | R 280/2011-4 | 28.11.2011 | **76**, 42 |
| PRIMESOURCING/PT PRI-MESOURCE | R 760/2008-4 | 19.09.2008 | **42**, 40, 119, 125 |
| Propellerbild | R 888/2006-4 | 18.10.2006 | **7**, 244 |
| PROSES/PROMESS | R 1114/2010-4 | 10.07.2012 | **59**, 12 |
| PROTEOMICS | R 397/2000-1 | ABl-HABM 2001, 1504 | **57**, 20 |
| PURE-PROVEN-PERFECT | R 010/2013-4 | 19.04.2013 | **37**, 16 |
| PURICIN/PURIVIST | R 1324/2010-4 | 06.04.2011 | **81**, 63 |
| PURPLE/WHITE | R 1004/2006-2 | 13.12.2006 | **4**, 51; **7**, 38 |
| Q | R 294/2010-4 | 12.05.2011 | **7**, 81, 181 |
| Q/QUADRATA | R 312/2009-4 | 04.09.2009 | **81**, 175, 176; **82**, 40 |
| QAMPAS/COMPASS | R 659/2005-4 | 18.12.2006 | **85**, 82 |
| QUANTEN-MEDICINE | R 1671/2008-4 | 16.12.2009 | **77**, 6 |
| R im Kreis | R 135/2005-4 | 17.11.2005 | **7**, 82 |
| R im Quadrat | R 527/2005-2 | 22.11.2005 | **7**, 82 |
| R/W | R 414/2009-4 | 12.01.2010 | **42**, 194 |
| RACING GREEN/RACING GREEN | R 357/2008-4 | 21.04.2010 | **80**, 15 |
| Ranier | R 196/1998-2 | ABl-HABM 2000, 1324 | **43**, 36 |
| RAPSÖL/RAPSO | R 950/2011-5 | 24.07.2012 | **119**, 8 |
| Räumliche Linienscharen | R 11/2010-2 | 30.04.2010 | **7**, 96 |

| Stichwort | Aktenzeichen | Fundstelle oder Datum | GMV, **Art**, Rdn |
|---|---|---|---|
| RE SALE | R 643/2009-4 | 10.07.2009 | **130**, 12 |
| Rechteck I | R 1633/2008-4 | 21.05.2010 | 7, 96 |
| RED BULL | R 991/2008-1 | 14.05.2009 | **15**, 3; **56**, 4; **57**, 14 |
| Red Dog /RED BULL | R 070/2009-1 | 11.01.2010 | **8**, 267 |
| RED FLAG | R 553/2008-2 | 16.02.2009 | **15**, 11 |
| RED FRIENDS/Bildmarke | R 1493/2009-4 | 17.11.2010 | **85**, 42 |
| Red liquid flowing in sequence of stills | R 443/2010-2 | 23.09.2010 | 4, 40 |
| REDTUBE | R 442/2009-4 | 29.09.2009 | **144**, 36 |
| REFIT/CEVITT | R 306/2000-1 | 12.06.2001 | **85**, 40 |
| Regalträger | R 353/2006-1 | 26.09.2006 | 7, 92 |
| REGINE'S/REGINA DETE-CHA | R 1498/2010-4 | 16.11.2010; 16.12.2010 | **58**, 9; **60**, 11, 18; **79**, 6; **81**, 59, 61 |
| RELAX LIGHT/RELAX | R 1678/2007-1 | 06.11.2008 | **59**, 5 |
| RELAXGROUP/RELAXHO-ME | R 1240/2009-4 | 08.02.2010 | **144**, 10 |
| RENO 911 | R 835/2008-1 | 18.09.2008 | **43**, 18 |
| RENO 911!/RENO | R 236/2008-4 | 18.06.2010 | **63**, 32 |
| Repsol | R 0724/2009-4 | 29.04.2010 | **8**, 269 |
| REVA | R 558/2006-2 | 18.07.2006 | 7, 234 |
| REVOLT/REVOLT | R 834/2004-1 | 25.04.2005 | **78**, 105 |
| RHEINTALER | R 1478/2009-1 | 08.07.2010 | **59**, 12 |
| RIELLO | R 1610/2006-1 | 30.11.2007 | **12**, 21 |
| RIOJA SANTIAGO | R 53/2010-2 | 28.04.2010 | 7, 256 |
| RM2000T/RM2000T | R 1446/2006-4 | 05.11.2007 | **42**, 17, 63 |
| ROCCO BAROCCO/ROCO BAROCO | R 723/2001-2 | 16.12.2003 | **34**, 25; **57**, 23 |
| ROCKWOOL | R 686/2003-2 | 03.08.2004 | **17**, 12 |
| RODEO/RODEO | R 440/2004-4 | 03.01.2006 | **60**, 20 |
| Rohrförmiger Verpackungs-behälter | R 506/2003-2 | 30.08.2004 | **8**, 50 |
| Rohrreiniger | R 747/2005-2 | 05.09.2006 | 7, 217 |
| ROLLIES/WESTROLLIES | R 230/2006-1 | 15.02.2007 | **60**, 28 |
| ROMA/ROMAR | R 741/2002-4 | 19.10.2004 | **54**, 4 |
| ROMUALD PRINZ SO-BIESKI/JAN III SOBIESKI | R 771/2008-4 | 13.05.2009 | **59**, 14; **60**, 11; **81**, 34, 57, 60, 65 |
| ROSSO BIANCO | R 943/2000-4 | ABl-HABM 2002, 1960 | **144**, 16 |
| Roter Punkt | R 983/2001-3 | Mitt. 2003, 218 | 7, 139 |
| Roter Rhombus | R 1272/2011-4 | 23.08.2011 | 7, 96 |
| Roter Stromgenerator | R 218/2005-1 | 15.09.2005 | 7, 126 |
| Rotes Bild | R 445/2004-2 | 22.02.2006 | **8**, 94, 107 |

| Stichwort | Aktenzeichen | Fundstelle oder Datum | GMV, Art, Rdn |
|---|---|---|---|
| Rotes Zeichenwort | R 1274/2009-2 | 05.07.2010 | 7, 104 |
| ROWELLS/ORWELL | R 1045/2006-4 | 03.10.2008 | 81, 79 |
| RUFF RYDERS/RIDER | R 881/2005-2 | 10.01.2006 | 85, 66 |
| RUFF RYDERS/RR RUF-FRYDERS | R 609/2003-2 | 15.06.2004 | 42, 118, 119 |
| RUFFLES WOW/RIFFLES | R 804/2004-1 | 18.10.2006 | 85, 97 |
| RYZEX | R 964/2008-2 | 23.10.2008 | 75, 9; 81, 63, 86, 90 |
| SABCO/SABECO | R 1801/2007-4 | 20.05.2008 | 60, 20 |
| SAGA | R 585/2008-2 | 09.07.2008 | 48, 20 |
| SAINT JACK/JACK'S | R 1916/2007-4 | 09.01.2009 | 60, 9 |
| Sanitärschlauch | R 612/2005-4 | 16.01.2006 | 4, 47 |
| SANIVITA/SENIVITA | R 068/2010-4 | 07.11.2011 | 88, 53 |
| SAVANNA/SAVANNA | R 1050/2009-4 | 20.07.2010 | 85, 84 |
| SCALA/SKALA | R 976/2001-1 | 25.06.2002 | 81, 57, 72 |
| Schachbrettmuster | R 1854/2011-1 | 16.05.2012 | 7, 96 |
| SCHMUCKWELTEN | R 978/2008-1 | 27.11.2008 | 7, 247 |
| SCHNEIDER | R 1602/2007-4 | 13.08.2008 | 8, 136 |
| SCHNEIDER/SCHNEIDER | R 1350/2007-1 | 03.09.2008 | 42, 13; 144, 28 |
| Schogetten-Stück | R 203/2000-3 | 08.03.2001 | 63, 19 |
| Schreibgerät | R 417/2007-4 | 26.02.2009 | 7, 274; 37, 60 |
| Schwarzer Schlauch mit gelben Längsstreifen | R 1243/2009-4 | 21.04.2010 | 7, 139 |
| Schwarz-Grün-Schwarz | R 136/1999-1 | GRUR Int 2000, 556 | 7, 102 |
| SCHWEIZER RECHTS-ANWÄLTE | R 018/2006-4 | 03.03.2006 | 85, 72 |
| sci.net | R 1016/2006-1 | 31.05.2007 | 7, 85 |
| SCOMBER MIX | R 230/2007-4 | 20.03.2009 | 7, 163 |
| SCREW YOU | R 495/2005-G | 06.07.2006 | 7, 233, 241; 110, 19; 135, 17 |
| SDZ/SAZ | R 040/2006-4 | 10.07.2007 | 8, 105, 108; 78, 14, 22 |
| SECUSAFE/SECU | R 2205/2011-4 | 16.04.2012 | 81, 106 |
| SEKURA/PAXSECURA | R 703/2005-4 | 16.06.2006 | 42, 125; 119, 72 |
| SELECTA | R 104/1998-3 | GRUR Int 1999, 758; Mitt. 1999, 115 | 7, 51, 66 |
| SEMELLE ROUGE | R 2272/2010-2 | 16.06.2011 | 7, 139 |
| Senfglas | R 263/1999-3 | 13.04.2000 | 77, 6; 78, 90 |
| SER | R 412/2004-4 | 17.01.2006 | 54, 15 |
| SERAFINO | R 715/2008-1 | 11.06.2009 | 7, 179 |

| Stichwort | Aktenzeichen | Fundstelle oder Datum | GMV, **Art**, Rdn |
|---|---|---|---|
| SERAPHIN/VILLA SERA-FIN | R 997/2007-2 | 23.10.2007 | 144, 27 |
| SERENISSIMA/LA SERENI-SIMA | R 214/2008-4 | 31.08.2009 | 64, 20; 136, 16 |
| Shape of a bottle | R 805/2009-1 | 03.02.2010 | 7, 131 |
| Shape of a box of cigarettes | R 182/2005-4 | MarkenR 2007, 230 | 8, 228 |
| Shape of a chair | R 486/2010-2 | 14.12.2010 | 7, 219 |
| Shape of a hinge | R 1220/2012-1 | 25.03.2013 | 63, 31 |
| Shape of a loudspeaker | R 782/2010-2 | 13.09.2010 | 7, 125 |
| Shape of a triangle | R 915/2008-1 | 28.01.2009 | 37, 49, 52 |
| Shape of an oven | R 808/2009-2 | 26.01.2010 | 7, 124, 217 |
| Shape of engine | R 348/2006-4 | 05.09.2006 | 37, 52; 76, 32 |
| SHARPIE | R 908/2007-4 | 04.03.2009 | 7, 274 |
| SHIELD/GOLDSHIELD | R 415/1999-1 | ABl-HABM 2001, 672 | 8, 191 |
| SIDI/SIDE 1 | R 641/1999-3 | ABl-HABM 2001, 1056 | 8, 94 |
| SIDEX/SYBEX | R 395/2002-4 | 16.07.2004 | 81, 100, 117 |
| SIMPLETECH | R 636/2003-4 | 06.04.2005 | 25, 7; 81, 65 |
| SIMPLY SODA | R 201/1999-3 | ABl-HABM 2000, 932 | 7, 169 |
| SKILLPAGES | R 692/2012-2 | 11.03.2013 | 64, 26 |
| SLIM-FIX/SLIMFIX | R 438/2011-4 | 18.10.2011 | 42, 169; 120, 14 |
| SMART/SMART | R 5/2004-4 | 28.06.2006 | 85, 71 |
| SMARTGUARD/SMART-PASS | R 184/2001-3 | 26.09.2001 | 83, 9 |
| SMARTPEN | R 356/1999 | 14.04.2000 | 7, 62 |
| SMARTTHERM/OSTEN-DORF | R 1071/2012-4 | 08.02.2013 | 42, 72 |
| Smart-Turm | R 001/2003-4 | GRUR 2004, 1033 | 7, 110 |
| SMETANOVÝ | R 1264/2006-2 | 21.08.2007 | 52, 7 |
| SNAKEBITE | R 232/2004-4 | 18.11.2005 | 7, 193 |
| Soap | R 074/1998-3 | ABl-HABM 2001, 951 | 43, 42 |
| Socken | R 1506/2006-1 | 26.09.2007 | 4, 45 |
| SOHO LAB/LAB | R 1051/2007-4 | 08.05.2008 | 42, 120 |
| SOLAR FRONTIER | R 291/2011-2 | 27.10.2011 | 29, 5 |
| SOLEA/solae | R 1426/2006-4 | 27.09.2007 | 8, 130 |
| SOUNDEQUITY | R 517/2001-1 | ABl-HABM 2003, 32 | 29, 7 |
| SPA VILLAGE/SPA | R 209/2011-2 | 06.11.2012 | 85, 92 |
| SPACE NK/ SPA | R 417/2008-1 | 22.07.2010 | 8, 278 |
| SPAR ESHELF/SPAR | R 1148/2009-4 | 29.04.2010 | 84, 5; 144, 38 |
| SPEEDY | R 012/1997-3 | 30.09.1998 | 26, 36 |
| SPORT TV INTERNATIO-NAL/SPORTV | R 2079/2010-4 | 23.05.2012 | 76, 44 |

| Stichwort | Aktenzeichen | Fundstelle oder Datum | GMV, **Art**, Rdn |
|---|---|---|---|
| SPORTS EXPERTS/SPORTS EXPERTS | R 296/1999-1 | ABl-HABM 2001, 1548 | 119, 73 |
| Stand up pouch | R 1489/2009-1 | 16.09.2010 | 7, 113 |
| STANFORD UNIVERSITY/ STANFORD | R 149/1999-2 | 21.09.2000 | 93, 63 |
| STAX/STIXXS | R 353/2003-4 | 06.08.2004 | 60, 8 |
| STELLA | R 693/2008-4 | 13.11.2008 | 15, 32 |
| STENOGRAPH | R 668/1999-3 | 12.04.2000 | 7, 62 |
| Stiched pattern | R 1051/2010-2 | 23.11.2010 | 7, 96 |
| Stilisierter Haftverschluss I | R 874/2005-4 | 08.02.2006 | 7, 93 |
| STILOLINEA | R 813/2007-1 | 02.04.2009 | 34, 20 |
| Stockschlaufe | R 1156/2005-1 | 14.06.2007 | 7, 218 |
| STORM | R 564/2010-4 | 20.06.2012 | 15, 59 |
| STORM/STORM | R 576/2009-4 | 05.02.2010 | 42, 69 |
| Strahlregler | R 104/1999-3 | GRUR Int 2000, 363 | 4, 42 |
| Strahlregler III | R 1138/2007-1 | 03.09.2008 | 43, 18; 77, 6 |
| Streifen auf Sportschuh | R 306/2007-1 | 26.09.2007 | 7, 144 |
| SUNOL/SUMOL | R 2263/2011-2 | 01.03.2013 | 76, 18 |
| SUPERIOR SEEDLESS | R 1378/2007-1 | 03.09.2008 | 43, 18 |
| SUPERPOP/POP | R 722/2006-4 | 08.03.2007 | 58, 18; 85, 66 |
| SUPERSLEEK | R 1211/2008-4 | 27.01.2009 | 81, 35, 63 |
| SUPREME | R 044/1998-3 | Mitt. 1998, 396 | 77, 6 |
| SWAROWSKI | R 348/2008-1 | 09.11.2008 | 12, 18 |
| SWISSDENT/SWISSDENT | R 634/2011-4 | 17.05.2011 | 85, 33, 54 |
| SYSNET/T-SYSTEMNET | R 569/2000-4 | MarkenR 2002, 422 | 8, 56 |
| T | R 620/2004-2 | Mitt. 2006, 279 | 81, 69 |
| Tabs (rund, rot-weiß) | R 73/1999-3 | GRUR Int 2000, 360 | 66, 24 |
| TAE BO | R 803/2004-1 | 05.04.2005 | 7, 206; 52, 9 |
| TAGGER | R 520/2006-2 | 13.09.2006 | 75, 31 |
| TARZAN YELL | R 708/2006-4 | 27.09.2007 | 4, 25, 54; 7, 38; 26, 20 |
| Tastmarke | R 1174/2006-1 | 30.10.2007 | 4, 61; 7, 38 |
| Tavolaverde/Vinho Verde | R 1589/2010-4 | 11.04.2011 | 42, 18 |
| TAZZA/TAZZA D'ORO | R 1330/2007-1 | 05.06.2008 | 8, 126 |
| tds | R 294/1999-2 | ABl-HABM 2001, 1834 | 7, 31, 86 |
| TELEPAELLA | R 054/1998-1 | 16.06.1998 | 37, 15 |
| TELEYE | R 219/1998-3 | ABl-HABM 1999, 1020 | 29, 6; 58, 14 |
| TELSAT/TELDAT | R 828/2004-2 | 03.10.2005 | 60, 8 |
| TEN | R 1121/2006-2 | 04.10.2006 | 7, 76 |
| TEQUILERO | R 333/2009-1 | 29.04.2010 | 7, 244 |

| Stichwort | Aktenzeichen | Fundstelle oder Datum | GMV, **Art**, Rdn |
|---|---|---|---|
| TERRANOVA/NOVA TER-RA | R 677/2003-1 | 09.09.2004 | **64**, 25, 26 |
| TEST EQUITY | R 197/1998-3 | 19.04.1999 | **78**, 78 |
| TEXABRI | R 375/2005-2 | 03.05.2006 | **15**, 21 |
| T-FLEXITEL/FELXITEL | R 427/2002-2 | 18.09.2003 | **85**, 62 |
| Thaï Express | R 235/2000-3 | 30.06.2000 | **81**, 33 |
| THE | R 374/2000-1 | 17.11.2000 | **7**, 22, 76 |
| THE E-COMMERCE AUT-HORITY | R 803/2000-1 | 11.07.2001 | **7**, 248 |
| THE FAT TROUT | R 1142/2007-4 | 10.12.2007 | **7**, 256 |
| THE INTERNATIONAL ACADEMY OF DIGITAL ARTS AND SCIENCES | R 827/1999-3 | 21.11.2001 | **81**, 60, 61 |
| THE SKY IS THE LIMIT | R 2319/2012-4 | 14.03.2013 | **37**, 16 |
| The smell of fresh cut grass | R 156/1998-2 | ABl-HABM 1999, 1238; MarkenR 1999, 142; WRP 1999, 681 | **4**, 26, 56; **7**, 138; **26**, 21 |
| THE URBAN MARKET COMPANY | R 2517/2010-1 | 08.09.2011 | **37**, 8 |
| THERAPEUTIC LISTE-NING | R 153/2005-2 | 18.11.2005 | **64**, 11 |
| THEVS | R 439/2009-1 | 05.08.2009 | **28**, 32 |
| THINKPAD | R 010/1998-2 | 15.07.1998 | **34**, 19 |
| THIOPLATIN | R 564/2004-1 | 10.02.2005 | **52**, 9; **57**, 20 |
| TIEPOLO/POLO | R 069/2007-2 | 26.07.2007 | **85**, 71 |
| TIFFANY & CO/TIFANY | R 519/2003-2 | 14.12.2004 | **8**, 111 |
| Tiffany | R 518/2003-2 | 14.12.2004 | **15**, 17 |
| TOLL HOUSE/TOLLHAUS | R 1071/2005-2 | 26.06.2006 | **76**, 44; **119**, 73 |
| TOP | R 314/1999-1 | ABl-HABM 2003, 282 | **75**, 31 |
| TOPCUT | R 118/1999-1 | ABl-HABM 2000, 1098 | **77**, 6 |
| TOPSTONE/TOPSTON | R 2198/2012-4 | 07.03.2013 | **76**, 49 |
| TORQUE VERTRIDE | R 930/2011-4 | 25.01.2012 | **81**, 140 |
| TORREFAZIONE ITALIA COFFEE/THE ITALIAN COFFEE COMPANY | R 264/2008-2 | 04.11.2008 | **60**, 20 |
| TOSCA DE FEDEOLIVA/ TOSCA | R 761/2006-2 | 18.12.2006 | **78**, 49 |
| TOSKA/TOSCA | R 070/2007-4 | 05.05.2008 | **78**, 49, 50 |
| TOSTI/TORTI | R 566/2001-3 | ABl-HABM 2002, 2128 | **8**, 175 |
| TOXALERT | R 172/1998-2 | GRUR 1999, 737; GRUR Int 1999, 962; Mitt. 1999, 193 | **7**, 62 |
| TOY PLANET | R 275/2008-2 | 06.11.2008 | **53**, 11 |

| Stichwort | Aktenzeichen | Fundstelle oder Datum | GMV, **Art**, Rdn |
|---|---|---|---|
| TRABECULAR METAL | R 786/2006-4 | 08.08.2006 | **64**, 29; **79**, 22, 34, 35, 36 |
| Tulpenform eines Flaschenver-schlusses | R 248/2005-1 | 16.01.2006 | **7**, 127 |
| TURBO | R 378/2006-2 | 19.06.2007 | **15**, 26; **51**, 36 |
| TURNING LEAF | R 869/2004-1 | 06.07.2005 | **53**, 17 |
| TWINS SPECIAL/TWIN | R 1598/2008-4 | 08.07.2009 | **42**, 131 |
| Twitter | R 1074/2011-5 | 16.03.2012 | **8**, 273 |
| TX-AUDIO/TX | R 923/2006-4 | 11.12.2006 | **60**, 20 |
| UBU USED BUT USEFUL/ UHU | R 909/2010-4 | 27.04.2011 | **85**, 47, 64 |
| ÜLKER ALPELLA | R 725/2001-3 | 16.10.2002 | **40**, 17; **59**, 3 |
| ULTRAFILTER INTERNA-TIONAL | R 374/2010-4 | 18.05.2011 | **56**, 11 |
| UNIVERSAL LASER SYS-TEMS | R 1453/2007-4 | 08.09.2008 | **37**, 59, 63 |
| UUP'S/UP | R 611/2003-2 | 03.03.2004 | **60**, 15; **81**, 175 |
| V/V | R 1466/2006-4 | 16.06.2009 | **60**, 9 |
| VALAD/WALA | R 634/2007-4 | 09.06.2009 | **8**, 121 |
| VALENTINE CLAVEROL | R 447/1999-2 | ABl-HABM 2002, 1662 | **43**, 33, 36 |
| Valle della Luna | R 269/2004-1 | 24.11.2004 | **15**, 18 |
| VARA-Schleife | R 254/1999- | ABl-HABM 2000, 1188 | **7**, 271, 278; **8**, 147 |
| Verkehrsrot | R 1175/2004-4 | 04.09.2006 | **7**, 105 |
| Verpackungsform | R 217/1999-1 | ABl-HABM 2001, 318 | **7**, 227 |
| VICTORIA/VICTORIA | R 260/2004-1-REV | 03.02.2006 | **85**, 92 |
| VICTORY/V VICTORY | R 241/2006-4 | 01.08.2006 | **64**, 26; **85**, 23 |
| VIKING. | R 324/2007-2 | 15.06.2009 | **57**, 17 |
| VILLA CULINARIA/CULI-NARIA | R 801/2011-1 | 14.03.2013 | **64**, 27 |
| VINATURA/WINATUR | R 1369/2006-4 | 08.05.2007 | **42**, 131, 143 |
| VINO NOBILE | R 280/2006-1 | 05.10.2006 | **66**, 19, 21 |
| VISION | R 284/2007-4 | 22.10.2007 | **53**, 1 |
| VISIONACE | R 143/1998-1 | ABl-HABM 2000, 144 | **78**, 66 |
| VISTA/VISTAR | R 172/2008-G | 14.10.2009 | **58**, 15; **76**, 40, 44; **80**, 17; **82**, 36 |
| VITACHRON MALE/VI-TATHION | R 1356/2010-4 | 10.01.2011 | **58**, 18; **59**, 14; **85**, 66 |
| VITALITE | R 221/2012-4 | 03.07.2012 | **65**, 49 |
| VITATASTE/VITAKRAFT | R 386/2000-2 | 17.01.2002 | **85**, 16, 42, 46 |
| VIVA LA VITA/VIVAVITAL | R 1539/2007-4 | 19.12.2008 | **60**, 8; **85**, 50, 63 |
| VR | R 1187/2010-2 | 08.03.2011 | **81**, 87 |

| Stichwort | Aktenzeichen | Fundstelle oder Datum | GMV, **Art**, Rdn |
|---|---|---|---|
| VSA/TPG | R 675/2005-4 | 03.02.2006 | **85**, 42, 47 |
| VULCANO | R 098/2008-1 | 30.10.2008 | **53**, 11 |
| VULCANO SADECA/VUL-CANO | R 450/2007-2 | 04.10.2007 | **60**, 20, 22 |
| W | R 1008/2010-2 | 30.09.2010 | **7**, 81 |
| W/W | R 164/2001-4 | 26.05.2004 | **81**, 117 |
| W@P | R 169/2001-3 | 20.11.2002 | **60**, 10 |
| Waffel | R 565/1999-1 | MarkenR 2000, 454 | **7**, 123 |
| WAPApplicance | R 1176/2000-4 | ABl-HABM 2003, 48 | **7**, 173 |
| Waschmittel (Kugel, grün) | R 134/2001-1 | ABl-HABM 2002, 2182 | **7**, 132 |
| WATERCELL | R 408/2000-3 | 14.03.2001 | **7**, 249; **75**, 27 |
| Wave design | R 123/2010-2 | 13.10.2010 | **63**, 18 |
| Webkante | R 174/2002-2 | MarkenR 2002, 454 | **4**, 47; **7**, 121, 139 |
| WEISSE SEITEN | R 580/2001-1 | 19.06.2003 | **7**, 31, 243 |
| Wellenkupplung | R 1198/2005-4 | 05.07.2006 | **7**, 10, 218 |
| Wertstoffsammelbehälter | R 753/1999-1 | 17.01.2001 | **7**, 123 |
| WHISTLES | R 090/08-4 | 26.03.2008 | **36**, 21 |
| WIFI NETWORKED/WISI | R 994/2005-1 | 07.07.2006 | **76**, 19 |
| WINE OH! | R 1074/2005-4 | 07.03.2006 | **7**, 243 |
| WINNER'S CHOICE | R 042/2005-1 | 24.01.2006 | **15**, 14 |
| WOLF/WOLF | R 855/2011-4 | 25.08.2011 | **81**, 56, 106 |
| WOO/WU | R 1317/2011-1 | 12.11.2012 | **82**, 37 |
| WORLD OF ART | R 717/2005-1 | 16.01.2006 | **7**, 266 |
| WUKO | R 210/2009-1 | 02.06.2010 | **52**, 19 |
| X LITE | R 1055/2007-1 | 08.11.2007 | **7**, 85 |
| X-ACTIVE/V-AKTIV | R 770/2002-1 | 16.07.2003 | **83**, 7 |
| X-CITE | R 222/2005-2 | 10.05.2006 | **8**, 127 |
| xdye | R 1417/2011-4 | 15.10.2012 | **51**, 9 |
| XS/IXS | R 561/2004-2 | 02.02.2005; 02.02.2006 | **36**, 10; **160**, 2 |
| YAGER/YAGA | R 1257/2005-4 | 14.03.2006 | **92**, 6 |
| Yellow frame | R 500/2009-2 | 09.12.2010 | **7**, 96 |
| YELLOWLINE/YELLO | R 2138/2010-1 | 04.05.2011 | **81**, 40, 139 |
| YOGHURT-GUMS II | R 523/2012-4 | 11.06.2012 | **75**, 14 |
| YORK/VIYORK | R 1044/2006-2 | 25.01.2007 | **81**, 59, 61 |
| YUPI/YUKI. | R 547/2003-1 | 23.04.2004 | **54**, 4 |
| ZAPPER-CLICK | R 1795/2008-4 | 14.06.2010 | **8**, 242 |
| ZARA | R 547/2005-4 | 17.10.2008 | **8**, 21 |
| ZELIUM/ZOLIUM | R 1938/2007-4 | 15.09.2008 | **42**, 131 |
| Zigarettenpackung | R 182/2005-4 | MarkenR 2007, 230 | **8**, 111 |

| Stichwort | Aktenzeichen | Fundstelle oder Datum | GMV, **Art**, Rdn |
|---|---|---|---|
| ZIGARETTENSCHACH-TEL | R 182/2005-4 | MarkenR 2007, 230 | 7, 230 |
| Zinkgelb | R 1325/2012-1 | 22.11.2012 | 7, 105 |
| ZWEI | R 1627/2006-4 | 21.02.2008 | **37**, 28 |
| Zweifarbige Sprühflaschen | R 1123-2005/2 | 05.04.2006 | 7, 108 |
| ZYDAC/ZODAC | R 2235/2010-4 | 19.04.2011 | **85**, 52 |

# Sachregister

Die **halbfett** gedruckten Zahlen geben den Artikel der GMV an, die mager gedruckten Zahlen nach dem Komma die jeweiligen Randnummern der Kommentierung.

# Sachregister

# Sachregister

# Sachregister

# Sachregister

# Sachregister